भारत के प्राचीन भाषा परिवार और हिन्दी

[खंड 1 : आर्यभाषा केन्द्र और हिन्दी जनपद]

रामविलास शर्मा

राजकमल प्रकाशन

ISBN : 978-93-90971-54-1

मूल्य : ₹ 2800
(तीन खंडों का सेट)

पहला संस्करण : 1979
सातवाँ संस्करण : 2019

प्रकाशक : राजकमल प्रकाशन प्रा.लि.
1-बी, नेताजी सुभाष मार्ग, दरियागंज
नई दिल्ली-110 002

शाखाएँ : अशोक राजपथ, साइंस कॉलेज के सामने, पटना-800 006
पहली मंजिल, दरबारी बिल्डिंग, महात्मा गांधी मार्ग, प्रयागराज-211 001
36-ए, शेक्सपियर सरणी, कोलकाता-700 017

वेबसाइट : www.rajkamalprakashan.com
ई-मेल : info@rajkamalprakashan.com

मुद्रक : बी.के. ऑफसेट
नवीन शाहदरा, दिल्ली-110 032

BHARAT KE PRACHEEN BHASHA PARIVAR AUR HINDI-1
A philological study by Dr. Ram Bilas Sharma

बारहवीं सदी में अवधी का व्याकरण लिखकर अ
आर्यभाषाओं का विवेचन आरम्भ करने वाले उक्ति
प्रकरणकार दामोदर पंडित की स्मृति को '
प्राचीन भाषा परिवार और हिन्दी' पुस्तक स

विषय सूची

भूमिका

यह पुस्तक आर्य, द्रविड़ आदि भारत के प्राचीन भाषा परिवारों के आपसी संबन्धों को ध्यान में रखते हुए, ऐतिहासिक भाषाविज्ञान की लीक से अलग हटकर, हिन्दी का विवेचन प्रस्तुत करती है।

पिछले कुछ वर्षों में भारत को एक भाषाई क्षेत्र मानकर आर्य-द्रविड़ परिवारों के आपसी संबन्धों पर विचार किया गया है। ऐतिहासिक भाषाविज्ञान के लिए यह दृष्टिकोण अपेक्षाकृत नया है। इस दृष्टिकोण के अनुसार एक ही भाषाई क्षेत्र में सैकड़ों साल तक एक साथ रहते-रहते आर्य-द्रविड़ परिवारों ने कुछ ऐसी सामान्य विशेषताओं का विकास किया है जो उनमें मूलतः नहीं थीं। ये विशेषताएं आर्य-द्रविड़ के अतिरिक्त कोल (या मुंडा) और नाग (या तिब्बती-बर्मी अथवा तिब्बती-चीनी) भाषा-परिवारों में भी मिल सकती हैं।

यह दृष्टिकोण भाषाविज्ञानी को प्रेरित करता है कि वह किसी एक भाषा-परिवार पर ध्यान केन्द्रित न करके पूरे भाषाई क्षेत्र पर ध्यान दे। उसमें यह मान्यता निहित है कि भाषा-परिवार स्थिर, जड़ इकाई नहीं है, वह गतिशील है; वह अन्य भाषा-परिवारों से अलग-थलग शून्य में अपना विकास नहीं करता, उसका विकास अन्य भाषा-परिवारों के संपर्क में होता है। भारत को भाषाई क्षेत्र मानकर, आर्य-द्रविड़ परिवारों के परस्पर संबन्धों का अध्ययन करते हुए, ऐतिहासिक भाषाविज्ञान के विकास के लिए नये तथ्यों का पता लगाया जा सकता है, भाषा-परिवारों के विकास और उनके संबन्धों के बारे में नयी जानकारी प्राप्त की जा सकती है, नई स्थापनाएं प्रस्तुत की जा सकती हैं, न केवल भाषा परिवारों के बारे में वरन् इन परिवारों की भाषाएं बोलनेवाले मानव-समुदायों के बारे में पुरानी मान्यताएं बदली जा सकती हैं, ऐतिहासिक भाषाविज्ञान के सैद्धान्तिक आधार में मूलभूत परिवर्तन किया जा सकता है।

किन्तु भारत को भाषाई क्षेत्र मान लेने के बाद विद्वानों ने जो खोजबीन की, उससे उन्नीसवीं सदी की ऐतिहासिक भाषाविज्ञान संबन्धी मान्यताओं में कोई उल्लेख-नीय परिवर्तन नहीं हुआ। ऐतिहासिक भाषाविज्ञान के सिद्धान्त अपनी जगह कायम हैं; इंडोयूरोपियन परिवार के निर्माण और विकास की जो रूपरेखा बनाई गई थी, वह अपरिवर्तित है; द्रविड़ परिवार का अध्ययन करने के लिए जो पद्धति अपनाई गई है, वह

इंडोयूरोपियन परिवार का ही विवेचन करते हुए विकसित की गई थी। एक नया दृष्टिकोण प्राप्त होने पर भी पुरानी मान्यताओं में कोई उल्लेखनीय परिवर्तन नहीं हुआ, इसका मुख्य कारण यह है कि इस दृष्टिकोण को अपनानेवाले विद्वान् यह मानकर चलते हैं कि भाषाई क्षेत्र में परस्पर संपर्क होने से पहले ही उस क्षेत्र के भाषा परिवार अपनी मूल विशेषताओं का विकास कर चुके हैं, किन्हीं निश्चित लक्षणोंवाले भाषा-समुदायों के रूप में उनका निर्माण हो चुका है, ये लक्षण उनके अपने हैं, कोई अन्य भाषा परिवार न तो उन पर अपना हक जता सकता है, न उनकी रचना में उसका योगदान हो सकता है। इस प्रकार भाषाई क्षेत्र के सिद्धान्त में जो क्रान्तिकारी संभावनाएं हैं, वे इस पूर्वाग्रह से निरस्त हो जाती हैं। भाषा परिवार स्थिर और जड़ इकाई नहीं है, उसका विकास दूसरे परिवारों के साथ रहकर होता है, इस मान्यता के आड़े आती है अन्य धारणा कि दूसरों के संपर्क में आने से पहले ही भाषा परिवार का निर्माण हो चुका है। भाषाई क्षेत्र के सिद्धान्त में यह अन्तर्विरोध है; जब तक इसे दूर न किया जायगा, तब तक भाषाई विवेचन के लिए उसमें निहित संभावनाओं से लाभ न उठाया जा सकेगा।

आर्य और द्रविड़ भाषाएं बोलनेवाले जन-समुदाय सहस्राब्दियों से भारत नाम के भाषाई क्षेत्र में रहते आये हैं, उनका आपसी और पुराना संबन्ध वह मुख्य कारण है जिससे भारत को 'एक' भाषाई क्षेत्र माना गया है। इन परिवारों के मूल तत्वों की छानबीन करते हुए यदि यह सिद्ध हो जाय कि ये परिवार अपने मूल तत्व रच लेने के बाद ही एक दूसरे से मिले, तो क्षेत्रीयता के सिद्धान्त के बारे में प्रचलित धारणा को सत्य मान लेना चाहिए, यह स्वीकार करना चाहिए कि भाषा परिवार नाम का प्रपंच एकान्त शून्य में ही विकसित होता है। किन्तु यदि उस तरह की छानबीन से यह सिद्ध हो कि इन परिवारों के मूल तत्व परस्पर संपर्क से विकसित हुए हैं, विकास की प्राचीनतम मंजिलों में परस्पर संपर्क के प्रमाण मिलते हैं, तो उक्त पूर्वाग्रह छोड़ देना चाहिए, तब यह मानना चाहिए कि जैसे निर्मित हो जाने पर भाषा परिवार एक दूसरे को प्रभावित करते हैं, वैसे ही निर्माण काल में वे एक दूसरे को प्रभावित करते हैं। किसी भाषा-परिवार का निर्माण सुदीर्घ प्रक्रिया है। निर्माण-क्रिया समाप्त होने का कोई दिन, मास या वर्ष निश्चित नहीं किया जा सकता। अतः यह अत्यन्त स्वाभाविक है कि अपनी मूल विशेषताओं का विकास करते समय विभिन्न भाषा समुदाय एक दूसरे के संपर्क में आयें। यह बात तब और भी स्वाभाविक लगेगी जब हम यह जानने का प्रयत्न करेंगे कि भाषा परिवार के निर्माण काल में उस परिवार की भाषाएं बोलनेवाले मानव समुदाय किस रूप में संगठित थे, सामाजिक विकास की किस मंजिल से गुज़र रहे थे।

भाषा परिवार के निर्माणकाल में उस परिवार की भाषाएं बोलनेवाले मानव समुदाय गणसमाजों में संगठित होते हैं। ये गण, कबीले, 'ट्राइब' हजारों साल तक घुमन्तू जीवन बिताते हैं; सामाजिक विकासक्रम में कृषि-सभ्यता की मंज़िल काफी देर से आती है। कृषि-सभ्यता का आरंभ होने से पहले अपने घुमन्तू जीवन के कारण विभिन्न

गणसमाज एक दूसरे के संपर्क में आते हैं। भाषा-परिवारों के मूल तत्वों का निर्माण गणव्यवस्था की इस पहली मंज़िल में होता है जब कबीले अधिकतर घुमन्तू जीवन बिताते हैं। स्वभावत: ये 'मूल' तत्व किसी एक कबीले के नहीं होते, अनेक कबीलों के होते हैं, उन्हें ये कबीले अनेक स्रोतों से प्राप्त करते हैं। किन्तु भाषा विज्ञानी गणसमाजों के घुमन्तू जीवन, उनकी भाषाई विविधता, उनके आपसी संपर्क को भाषाई विवेचन से बाहर रखते हैं। इसके बदले वे मानते हैं कि एक आदिम मानवसमुदाय कोई स्वत: विकसित भाषा बोलता था; वह मानवसमुदाय अनेक शाखाओं में विभाजित हुआ; आदिम मानवसमुदाय की जननीभाषा से इन शाखा-समुदायों की पुत्री-भाषाओं की उत्पत्ति हुई। वे मानते हैं कि भाषा परिवार का निर्माण विभिन्न गणभाषाओं के मिलने से नहीं होता; उसका निर्माण होता है किसी आदिम जननीभाषा के शाखाओं में विभाजित हो जाने से। ऐतिहासिक भाषाविज्ञान के गतिरोध का यह प्रबल कारण है, किसी आदि जननी भाषा से पुत्री-भाषाओं की उत्पत्ति का सिद्धान्त। आप भाषाई क्षेत्र की बात करते रहिए किन्तु जननीभाषा स्वयंभू है; वह जिस क्षेत्र में अवतरित होती है, उसमें या उसके आसपास कोई दूसरी जननीभाषा नहीं होती। अपने निर्माण काल में भाषा परिवार एक दूसरे के संपर्क में आये होंगे, इस बात की छानबीन की आवश्यकता ही नहीं रह जाती। उन गणसमाजों की भाषाओं में कैसी विविधता थी जिनके एकत्र होने से भाषा परिवार बना, इसकी छानबीन अनावश्यक ठहरती है। गणसमाजों के सुदीर्घ भाषाई विकास की प्रक्रिया के स्थान पर जननीभाषा और उसकी पुत्री-भाषाओं की उत्पत्ति का सिद्धान्त स्थापित कर दिया जाता है।

कृषि सभ्यता का विकास आरंभ होने पर गणसमाजों का आपसी संपर्क समाप्त नहीं हो जाता वरन् और बढ़ता है, सुदृढ़ होता है। मिले और चल दिये की स्थिति से निकलकर निश्चित आवास भूमि में रहनेवाले गणसमाज आपस में अधिक टिकाऊ संबन्ध कायम करते हैं। ये संबन्ध चाहे मित्र-भाव से कायम किये गये हों, चाहे शत्रु-भाव से, वे गणसमाजों के संपर्क को टिकाऊ अवश्य बनाते हैं। भाषा-परिवारों की रूप-रेखाएं इस काल में और भी निखरती और पुष्ट होती हैं। कृषि-सभ्यता का विकास काफी लंबी प्रक्रिया है। उत्पादन-कौशल में सुधार होने से, विनिमय की बढ़ती से गण-समाजों के जीवन में भारी परिवर्तन होता है, मानव-समुदायों का संपर्क शिथिल होने के बदले और बढ़ता है, भाषाओं के विकास में विशेष प्रगति होती है। कृषि-सभ्यता के मुख्य केन्द्र सामाजिक विकास में पिछड़े हुए अन्य केन्द्रों को प्रभावित करते हैं।

किन्तु ऐतिहासिक भाषाविज्ञान में गणसमाजों के घुमन्तू जीवन को तथा उनके उत्तरकालीन कृषि-सभ्यतावाले जीवन को मिलाकर एक कर दिया जाता है। एक परिवार की भाषाओं में जो कुछ सामान्य है, वह आदिभाषा की देन माना जाता है। यदि कृषि-सभ्यता की शब्दावली सामान्य हो तो आदिभाषा बोलनेवाले समुदाय, घुमन्तू कबीलों में विभाजित होने से पहले, कृषि-सभ्यता में दाखिल हो जाता है। यदि घुमन्तू जीवन की सामान्य शब्दावली मिले तो वह भी आदिभाषा की देन है। कृषि-सभ्यता के

केन्द्र अन्य क्षेत्रों को प्रभावित कर सकते हैं, इस तरह कृषि-कौशल के साथ कृषि-शब्दावली का प्रसार हो सकता है, यह धारणा अभी ऐतिहासिक भाषाविज्ञान की परिधि के बाहर है।

क्षेत्रीयता के सिद्धान्त की परख के लिए भारत बहुत अच्छी प्रयोग भूमि है। कृषि-सभ्यता के प्राचीनतम केन्द्र जिन क्षेत्रों में निर्मित हुए, उनमें भारत का स्थान प्रमुख है। यहां चार भाषा-परिवार ज्ञात इतिहास के आरंभ से विद्यमान हैं : आर्य, द्रविड़, कोल और नाग। इनका गहरा संबन्ध यूरुप और एशिया की भाषाओं से है। आर्य भाषा परिवार का संबन्ध यूरुप की भाषाओं से ऐसा घनिष्ठ है कि परिवार विशेष का नाम चाहे इंडोजर्मेनिक रखा जाय, चाहे इंडोयूरोपियन, चाहे इंडोहित्ताइत, उसमें भारत-सूचक 'इंडो' अवश्य होगा। भारत की आर्य भाषाओं को इंडोयूरोपियन आदिभाषा की एक शाखा के अन्तर्गत गिना जाता है। एशिया और यूरुप की भाषाओं का एक समुदाय फिनोउग्रियन कहलाता है; इससे द्रविड़ भाषाओं का संबन्ध है। कुछ विद्वान् द्रविड़ भाषा समुदाय को इसी फिनोउग्रियन परिवार की शाखा मानते हैं। कोल भाषाएं आस्ट्रिक परिवार से संबद्ध हैं और नागभाषाएं तिब्बती-चीनी परिवार से। इंडो-यूरोपियन, फिनोउग्रियन, आस्ट्रिक और तिब्बती-चीनी परिवारों की भाषाएं बोलनेवाले जन-समुदाय विश्वमानवता का बहुसंख्यक अंश हैं; इन परिवारों का भाषाक्षेत्र भी संसार के कुल क्षेत्रफल का विशद भाग है। भारत से इन परिवारों का निकट संबन्ध है। इस कारण क्षेत्रीयता का सिद्धान्त परखने के लिए भारत बहुत अच्छी प्रयोगभूमि है। उक्त चार परिवारों के अतिरिक्त तुर्क-मंगोल और सामी भाषा-परिवार हमारे पड़ोसी हैं। तुर्क-मंगोल और फिनोउग्रियन परिवारों में इतनी समानता है कि कुछ लोग इन्हें एक परिवार मानकर यूराल-अल्ताई नाम देते हैं; काल्डवेल उसे शक-परिवार कहते थे। प्राचीन मिस्र और सुमेर की भाषाएं पश्चिमी एशिया की सामी और इंडो-यूरोपियन भाषाओं की पड़ोसी रही हैं; सिन्धु नदी से लेकर नील नदी तक का भाषा-क्षेत्र सिन्धु और गंगा के भाषाक्षेत्र से संबद्ध रहा है। एशिया और यूरुप के भाषाई विकास में किस भाषाक्षेत्र की देन प्रमुख है, यह जानने के लिए भारत बहुत अच्छी अनुसंधान भूमि है। यहां एक अन्य पूर्वाग्रह बाधक होता है। पूर्वाग्रह यह है कि भारत में सदा बाहर से लोग आकर बसते रहे हैं, यहां के आदमी बाहर निकलकर कहीं बसने नहीं गये; भारत में जो भी आकर बस गया, वह नये आक्रमणकारियों से पराजित हुआ; भारत का इतिहास यहां के जनसमुदायों की अटूट पराजय-शृंखला का इतिहास है। भाषाविज्ञान के लिए इससे निष्कर्ष यह निकलता है कि भारत प्राचीन काल से अब तक भाषा-तत्वों का आयात-केन्द्र रहा है, भाषा-तत्वों का निर्यात-केन्द्र कभी नहीं रहा। भारत का अपना भाषाई रिक्थ कुछ भी नहीं है; केवल आर्य नहीं, द्रविड़-कोल-नाग भी अपने भाषा-तत्व बाहर से लाये। संसार के सभी भाषा-परिवारों का निर्माण भारत से बाहर हुआ है, यहां किसी भाषा परिवार का निर्माण नहीं हुआ। आर्य, द्रविड़, कोल, नाग, इन चार परिवारों की भाषाएं बोलनेवाले जनसमुदायों में

कोई भी भारत का मूल निवासी नहीं है। आदिवासी, मूल निवासी, ये शब्द सापेक्ष अर्थ में सही हैं, निरपेक्ष दृष्टि से निरर्थक हैं। किसने किसको जीता, यह विवादास्पद है। जीते सब गये, यह निर्विवाद है। ऐतिहासिक भाषाविज्ञान के लिए विजेता और विजित के संबन्धों के बिना भाषाओं का प्रसार नहीं होता। डारविन का वन्य नियम भाषाक्षेत्र पर लागू होता है; जो योग्य होगा, वह दूसरों को जीतकर अपनी भाषा का प्रसार करेगा। जिसकी लाठी उसकी भैंस, अर्थात् जिसकी लाठी चलेगी, उसी की भाषा चलेगी।

किसी ने यह पता लगाने का प्रयत्न नहीं किया कि दक्षिण-पूर्वी एशिया में जो सामान्य आस्ट्रिक-कोल भाषा तत्व मिलते हैं, उन पर कहीं कोई आर्य-द्रविड़ संपर्क का चिन्ह तो नहीं है। यदि ऐसा चिन्ह मिले तो उक्त पूर्वाग्रह पर पुर्नविचार आवश्यक होगा। यदि भारतीय भाषातत्व प्रशान्त महासागर के द्वीपों में पहुँचे होंगे तो कोल-चिन्हों के अलावा उन पर आर्य-द्रविड़-नाग चिन्ह भी अंकित होंगे। इसी प्रकार जहां भारतीय नाग भाषाओं तथा तिब्बती-चीनी परिवार की भाषाओं में सामान्य तत्व मिलते हैं, वहां ध्यान से देखना चाहिए कि इन पर कोल-द्रविड़-आर्य भाषाओं के चिन्ह तो अंकित नहीं हैं। यदि इंडोयूरोपियन परिवार में आर्येतर भारतीय भाषा-तत्व हों, यदि आस्ट्रो-एशियाटिक परिवार में कोलेतर भारतीय भाषा-तत्व हों, यदि तिब्बती-चीनी परिवार में नागेतर भारतीय भाषा-तत्व हों, यदि शक परिवार में द्रविड़ेतर भारतीय भाषा तत्व हों, तो यह स्थापना स्वीकार करनी होगी कि भारत के चार भाषा परिवार अत्यन्त प्राचीन हैं, इनका परस्पर संपर्क बहुत पुराना है, भारत भाषा तत्वों का निर्यात केन्द्र भी है, और जहां भी मुख्यतः एक भारतीय परिवार के भाषा-तत्व बाहर जाते हैं, वहां कुछ न कुछ अन्य परिवारों के भाषा-तत्व भी उनके साथ होते हैं।

जब हम भारत को भाषाई क्षेत्र कहते हैं, तब आशय वर्तमान भौगोलिक सीमाओं-वाले भारत से नहीं होता। आशय होता है बृहत्तर भारत से जिसमें पाकिस्तान का भूभाग शामिल है, बँगला देश और बर्मा शामिल हैं। जिसे किसी समय उत्तराखंड कहते थे, उसमें पश्तो भाषा का क्षेत्र आता है। दक्षिण-पूर्वी एशिया के जिस भाग में आस्ट्रिक भाषाएं बोली जाती हैं, उसे अनेक भाषा-विज्ञानियों ने बृहत्तर भारत के अंतर्गत माना है। एशिया और यूरुप का कोई भाषा परिवार नहीं है जिसका विवेचन इस बृहत्तर भारत को ध्यान में रखे बिना किया जा सके।

यद्यपि ऐतिहासिक भाषा विज्ञान की स्थापनाएं भारत में प्रचलित रूढ़िबद्ध धारणाओं से भिन्न मानी जाती हैं किन्तु यह भिन्नता दिखाऊ है। वास्तव में दोनों की एक ही सामान्य भूमि है कि समस्त आधुनिक आर्य भाषाओं का उद्भव और विकास उस आदि आर्य भाषा से हुआ है जो वैदिक भाषा के रूप में उपलब्ध है। ऐतिहासिक भाषाविज्ञानी मानते हैं कि यह वैदिक भाषा भारत-ईरानी शाखा की एक टहनी थी; भारतीय रूढ़िवादी पंडित ऐसा नहीं मानते। इतना ही अन्तर है। जहां तक आधुनिक आर्य भाषाओं के विकास का संबन्ध है, भारत के पुरानपंथी पंडित और यूरुप के आधु-

निकता बोधवाले विद्वान् दोनों मानते हैं कि इनका स्रोत वैदिक भाषा है; यही नहीं, वैदिक भाषा के बाद संस्कृत-पालि-प्राकृत-अपभ्रंशवाली परंपरा भी दोनों कोटि के विद्वानों को स्वीकार है। वैदिक भाषा से भिन्न यहां एक या अनेक आर्य भाषाएं थीं, यह उनके लिए कल्पनातीत है; वैदिक भाषा से पहले भी यहां कोई प्राचीनतर आर्य भाषा थी, ऐसा सोचने का पाप न तो प्राचीनता प्रेमी भारतीय पंडितों ने किया है, न आधुनिकता-प्रेमी पाश्चात्य विद्वानों ने। ऐसी स्थिति में ऐतिहासिक भाषाविज्ञान के विकास के लिए आचार्य किशोरीदास वाजपेयी की स्थापनाओं का महत्व स्वतः स्पष्ट हो जाता है।

वैदिक भाषा एक सुदीर्घ विकास का परिणाम है। "जब वेदों की रचना हुई, उससे पहले ही भाषा का वैसा पूर्ण विकास हो चुका होगा।" (**भारतीय भाषाविज्ञान**, वाराणसी, पृ० ११३)। वैदिक भाषा का आधार एक जन भाषा थी। उसमें बहुत-सा साहित्य रचा गया जो नष्ट हो गया। वेदों की रचना से पहले "छोटा-मोटा और हलका-भारी न जाने कितना साहित्य बना होगा, तब वेदों का नंबर आया होगा। वह सब काल-कवलित हो गया!" (उप०)। उस जनभाषा के अनेक प्रादेशिक भेद थे; "उन प्रादेशिक भेदों में से जो कुछ साहित्यिक रूप प्राप्त कर चुका होगा, उसी में वेदों की रचना हुई होगी; परन्तु अन्य प्रादेशिक रूपों के भी शब्द प्रयोग गृहीत हुए होंगे।" (उप० पृ० ११४)। हिंदी का विकास समझने के लिए प्राचीन आर्य जनभाषा के उन रूपों पर ध्यान देना होगा जो न वैदिक भाषा में हैं, न संस्कृत में। उदाहरण: "पालि में 'इध' है और संस्कृत में 'इह' है। ऐसा जान पड़ता है कि 'मूल भाषा' में 'इध' ही था...हिन्दी का 'इधर' पालि के 'इध' से जान पड़ता है।" (उप० पृ० १२६)

इन स्थापनाओं से निष्कर्ष यह निकलता है कि वैदिक भाषा से पहले जो जन-भाषा परंपरा रही है, उसे पहचानना ज़रूरी है, उसके प्रदेशगत भेदों को ध्यान में रखना ज़रूरी है। ये प्रदेशगत भेद ऋग्वेद की रचना के समय विद्यमान थे, उससे पहले भी थे। **इह** का पूर्वरूप **इध** था, इसकी पुष्टि पालिरूप के अतिरिक्त हिन्दी **इधर** से होती है। संस्कृत के ज्ञान से तो हिन्दी का विकास समझ में आता ही है, इसके विपरीत हिन्दी का ज्ञान भी संस्कृत का विकास समझने में सहायक होता है। हिन्दी प्रदेश की जनपदीय भाषाओं का विवेचन किया जाय तो पुरानी जनभाषा के प्रदेशगत भेदों को समझने में सहायता मिलेगी। वाजपेयी जी ने जिन्हें प्रादेशिक भेद कहा है, उन्हें इस पुस्तक में प्राचीन गणभाषाएं कहा गया है। एक बार प्राचीन भारत की भाषाई स्थिति समझ में आ जाय तो इंडोयूरोपियन परिवार के विवेचन में सहायता मिलेगी।

ऐतिहासिक भाषाविज्ञान की सबसे बड़ी उपलब्धि यह मानी जाती है कि उसने ध्वनि परिवर्तन के अटल नियम निश्चित किये हैं। इन नियमों के अनुसार एक भाषा के शब्द दूसरी भाषा में अपना ध्वनि-रूप बदलते हैं; इन्हीं नियमों के सहारे हम उस अप्राप्त आदि-भाषा की ध्वनि-व्यवस्था पहचानते हैं जिससे प्राप्त भाषाओं की शाखाएं फूटी हैं। वास्तव में ऐतिहासिक भाषाविज्ञान प्राप्त भाषाओं के सामान्य तत्वों से अप्राप्त भाषा की जो ध्वनि-व्यवस्था रचता है, वह निराधार और काल्पनिक है।

जो ध्वनियां एक विकास-प्रक्रिया के अन्त में किसी भाषा के तंत्र में व्यवस्थित हुई हैं, उन्हें यह विज्ञान प्रक्रिया के आरंभ में ही विकसित, और किसी भाषातंत्र में व्यवस्थित, मान लेता है। आज भी यूरुप में ऐसी भाषाएं हैं और इंडोयूरोपियन परिवार की भाषाएं हैं जिनमें **क्, त्, प्** जैसी तीनों सामान्य ध्वनियाँ नहीं हैं; तीन में दो हैं, एक का अभाव है। जब सघोषता और महाप्राणता के लक्षणों पर विचार करते हैं, तब ध्वनियों का प्रसार और वितरण और भी विषम हो जाता है। जहां ये दोनों लक्षण मिल जाते हैं, वहां ध्वनियां और भी विरल हो जाती हैं। **घ्, ध्, भ्,** ये सघोष महाप्राण स्पर्श ध्वनियां हैं। इनका व्यवहार भारत के बाहर न तो किसी प्राचीन भाषा में मिलता है, न आधुनिक भाषा में। ईरान की प्राचीन और नवीन भाषाओं की भी यही स्थिति है। इसका कारण यह है कि विशिष्ट ध्वनियों के विकास-केन्द्र अलग-अलग रहे हैं; उनके परस्पर सम्पर्क से प्राचीन भाषाओं की ध्वनि-व्यवस्था निर्मित हुई थी। वैदिक भाषा गण-समाजों के सुदीर्घ संपर्क के फलस्वरूप बहुत कुछ मानक रूप प्राप्त कर चुकी थी और विभिन्न गणक्षेत्रों की सामान्य व्यवहार-भाषा बन चुकी थी। फिर भी उसमें विभिन्न आर्यभाषा केन्द्रों का अस्तित्व प्रमाणित करने के लिए पर्याप्त सामग्री है। प्रसिद्ध जर्मन वैयाकरण ब्रुगमन ने **स्कंभ** और **स्तंभ** दो समानार्थी संस्कृत रूप देखकर मान लिया था कि इनमें कौन पूर्वरूप है, यह कहना असंभव है। किसी ध्वनि नियम से इनमें एक को दूसरे का परिवर्तित रूप सिद्ध नहीं किया जा सकता। यूनान में भारत की अपेक्षा उत्पादन और विनिमय का विकास विलंब से हुआ, फलतः वहां सामान्य अखिल यूनानी भाषा का चलन देर से हुआ। यूनान की पुरानी गणभाषाओं का अस्तित्व बहुत दिन तक बना रहा, उनका व्यवहार होता रहा। एक यूनानी गणभाषा के शब्द में **क्** है तो दूसरी गणभाषा के प्रतिरूप में **त्** और तीसरी के प्रतिरूप में **प्** है। किसी ने अभी तक यह प्रयत्न नहीं किया कि अकेले यूनान की गणभाषाओं में जो ध्वनि-परिवर्तन होते हैं, उनके नियमों को पहचाने। तब ग्रीक-संस्कृत में ध्वनि-परिवर्तन के कौन से नियम हैं, उनका पता लगाना तो और भी कठिन कार्य है। वास्तव में ध्वनि-परिवर्तन जैसी कोई प्रक्रिया घटित नहीं होती। एक भाषा में **क्** है, दूसरी में **त्**। पहली भाषा बोलनेवाला जब कहेगा **स्कंभ,** तब दूसरी भाषा बोलनेवाला दोहरायेगा—**स्तंभ**। वह **क्** ध्वनि को **त्** रूप में ही ग्रहण करता है। व्यंजनों की अपेक्षा स्वरों की विविधता नियमों की अवहेलना और भी करती है। स्वरों की ह्रस्वता और दीर्घता से शब्द के अर्थ में भेद हो, यह व्यवस्था कायम होते-होते होती है। जिन भाषाओं में शब्द के किसी विशेष वर्ण पर बल देना सार्थक होता है, उनमें स्वर की ह्रस्वता और दीर्घता आज भी महत्वपूर्ण नहीं है।

प्राचीन लिखित भाषाओं की ध्वनि-व्यस्था में अनेक स्रोतों से भिन्न ध्वनि प्रवृत्तियां आकर शामिल हुई हैं। अतः भाषा की ध्वनि-व्यवस्था में परस्पर विरोधी ध्वनि-प्रवृत्तियां मिलती हैं। बोलचाल के स्तर पर जहां भाषाओं का विवरण प्राप्त किया जाता है, वहां ध्वनि-प्रवृत्तियों की विविधता और भी विकट होती है। प्रत्येक

भाषा बोलियों का समुदाय दिखाई देती है और प्रत्येक बोली के पचीसों भेद हैं। बारह कोस पर बोली बदलती जो है। अत: भाषाओं में 'ध्वनि-परिवर्तन' के अटल नियम स्थापित करने के बदले ध्वनि-प्रवृत्तियों को पहचानने का प्रयत्न करना चाहिए; जहां उनमें सामंजस्य है, उसे देखना चाहिए, जहां वैषम्य है, उस पर भी ध्यान देना चाहिए।

सामंजस्य और वैषम्य भाषा के हर स्तर पर देखा जाता है। ऐतिहासिक भाषा विज्ञान में रूपतंत्र के लिए दावा नहीं किया गया कि यहां भी कोई निश्चित नियम लागू होते हैं। आवश्यक तथ्यों के प्राप्त न होने की शिकायत बार-बार की जाती है और अटकल से काम लेना पड़ रहा है, यह स्वीकार किया जाता है। इंडोयूरोपियन भाषा परिवार के रूपतंत्र पर तो काम भी हुआ है, अन्य परिवारों के रूपतंत्र अपेक्षाकृत अछूते हैं। द्रविड़ भाषाओं के अनेक विशेषज्ञ इस स्थिति पर क्षोभ व्यक्त कर चुके हैं कि ऐतिहासिक दृष्टि से इन भाषाओं के रूपतंत्र का विवेचन नहीं हुआ। कोल और नाग भाषाओं के रूपतंत्र के ऐतिहासिक विकास की बात भी करना बेकार है। संसार के प्रमुख भाषा परिवारों को लें तो ऐतिहासिक और तुलनात्मक भाषाविज्ञान अभी ध्वनितंत्र के दायरे से बाहर नहीं निकला।

जहां तक वाक्यतंत्र का संबंध है, ऐतिहासिक भाषा विज्ञान में वह उपेक्षित है। कुछ विद्वान् यह भी मानते हैं कि वाक्यतंत्र का विवेचन ऐतिहासिक भाषाविज्ञान के लिए विशेष लाभदायक नहीं होता। यह भ्रान्त धारणा है। वाक्य में उद्देश्य पहले आता है या विधेय, वाक्य क्रिया से आरंभ होता है या कर्ता से, क्रियापद रचना कृदन्त प्रधान है (यानी उसमें संज्ञा-तत्व भी है) या तिङन्त प्रधान (यानी उसमें संज्ञा तत्व का अभाव है), कारक और क्रियापद परस्पर कितना संबद्ध हैं कितना असंबद्ध, आदि-आदि बातें भाषा-समुदायों के विकास और उनके परस्पर संबंधों को पहचानने में सहायक होती हैं। अंग्रेज़ी वाक्यतंत्र में उद्देश्य का स्थान पहले है, विधेय का स्थान बाद को है। उसी की पड़ोसी स्काटलैंड की गेलिक भाषा में विधेय का स्थान पहले है, उद्देश्य का स्थान बाद को है। ऐतिहासिक भाषाविज्ञान के लिए यह तथ्य असाधारण महत्व का है। कारक रचना, क्रियापद रचना, समास रचना आदि को वाक्यतंत्र प्रभावित करता है, अत: रूपतंत्र को वाक्यतंत्र का अंश मानकर उस पर विचार करना चाहिए। जो भाषा विज्ञानी किसी भाषा विशेष का ऐतिहासिक व्याकरण लिखते हुए उसके रूपतंत्र का विवरण प्रस्तुत करने के बाद उसके वाक्यतंत्र का विवेचन करते हैं, वे रूपतंत्र के बारे में कही हुई अधिकांश बातें दोहराते हैं। ऐसा होना अनिवार्य है क्योंकि उनकी धारणा के रूपतंत्र का अधिक अंश वाक्यतंत्र से अभिन्न है। रूपतंत्र से शब्दतंत्र को अलग कर लेना लाभदायी होगा। शब्दतंत्र में शब्द निर्माण-प्रक्रिया के विश्लेषण पर बल देना आवश्यक है। इस प्रक्रिया में शब्दों का रूपात्मक गठन, उपसर्ग-प्रत्यय आदि का व्यवहार महत्वपूर्ण हैं; इससे भी अधिक महत्वपूर्ण हैं अर्थ-संसर्ग की प्रवृत्तियां जिनसे एक ही शब्द-मूल अपने चारों ओर अर्थ की विशद परिधि बना लेता है। यदि पो शब्द-मूल का अर्थ चलना है तो **पवन, पद, पथ** आदि शब्द अर्थप्रसार की एक ही परिधि में

सिमट आते हैं। शब्द निर्माण-प्रक्रिया के अन्तर्गत अर्थप्रसार के इस व्यापार में कृषि सभ्यता के विकास से कितना बड़ा परिवर्तन हुआ, इसका विवेचन भी होना चाहिए।

ऐतिहासिक भाषाविज्ञान में भाषा के रूप-तत्व पर अधिक ज़ोर दिया गया, अर्थ-तत्व की उपेक्षा की गई। भाषा के माध्यम से लोग दूसरों की बात सुनते समझते हैं। उन्हें अपनी बात सुनाते समझाते हैं। अत: ध्वनितंत्र, शब्दतंत्र, विन्यासतंत्र (रूपतंत्र + वाक्यतंत्र), इनमें किसी भी स्तर पर भाषा का विवेचन अर्थतत्व को ध्यान में रखे बिना संभव नहीं है। किन्तु अर्थतत्व अरूप नहीं होता, वह रूप से संवद्ध होता है। **गिरा अरथ जल बीचि सम कहियत भिन्न न भिन्न**; अर्थ और रूप का ऐसा ही संबन्ध है। रूपात्मक भाषा-चिन्तन से क्षुब्ध होकर जो भाषाविज्ञानी अरूप अर्थतत्व का अनुसन्धान कर रहे हैं, वे भाषा की निसर्गसिद्ध द्वन्द्वात्मक प्रकृति की अवहेलना करते हैं।

इस पुस्तक के प्रथम खंड—**आर्यभाषा केन्द्र और हिन्दी जनपद**—में हिन्दी के ध्वनितंत्र; शब्दतंत्र और रूपतंत्र का विवेचन है। मानक हिन्दी के साथ हिन्दी प्रदेश की जनपदीय भाषाओं को ध्यान में रखा गया है; मगही, मैथिली, अवधी आदि पर एक स्वतंत्र अध्याय में अलग से भी विचार किया गया है। हिन्दी के साथ आवश्यकतानुसार अन्य आधुनिक आर्यभाषाओं की विशेषताओं का उल्लेख है।

वैदिक भाषा से पहले की आर्य-भाषा-विकास-परंपरा पहचानने के लिए मध्य-देश को विवेचन की केन्द्र भूमि बनाना होगा। इस मध्यदेश में एक कोसल गणभाषा समुदाय था, दूसरा वह भाषा समुदाय था जो शूरसेन नाम से प्रसिद्ध होनेवाले जनपद में व्यवहृत था। पूर्व में मगध गणभाषा समुदाय और उत्तर में कुरु गणभाषा समुदाय थे। इनके ध्वनितंत्र और वाक्यतंत्र में यथेष्ट भेद था। यह भेद वर्तमान जनपदीय भाषाओं में ही अंशत: विद्यमान नहीं है, वह यूरुप की भाषाओं में भी पाया जाता है। वैदिक भाषा का विकास मध्यदेशीय भाषा या भाषाओं के आधार पर हुआ है। वैदिक भाषा का ध्वनितंत्र प्राचीन मध्यदेशीय भाषा के ध्वनितंत्र से बहुत भिन्न है; बांगरू को छोड़कर ब्रज से लेकर मैथिली तक हिन्दी जनपदीय भाषाओं का ध्वनितंत्र वैदिक भाषा—और संस्कृत—के ध्वनितंत्र की अपेक्षा प्राचीन मध्यदेशीय भाषा के ध्वनितंत्र से अधिक मिलता जुलता है। शब्दतंत्र की अनेक प्रक्रियाएं संस्कृत के अनुरूप हैं, अनेक भिन्न हैं, और अत्यन्त प्राचीन हैं। इसकी पुष्टि इंडोयूरोपियन और द्रविड़ परिवारों में प्राप्त उदाहरणों से हो जाती है। रूपतंत्र की अनेक विशेषताएं वैदिक काल में पुरानी पड़ने लगी हैं; बहुधा वे अवधी, मगही, मैथिली आदि में अब भी मिलती हैं।

आर्यभाषा परिवार के निर्माण में उक्त चार गणभाषा-समुदायों की भूमिका निर्णायक है। ये समुदाय अन्य आर्यभाषा समुदायों से प्रभावित भी हुए, विशेषत: ध्वनितंत्र के स्तर पर, किन्तु कुल मिलाकर भारतीय आर्य भाषाओं के ताने-बाने के केन्द्र में है मध्यदेश। वह कुरु और मगध दोनों ओर के क्षेत्रों को प्रभावित करता है; पुन: कुरु समुदाय उत्तरी भाषाओं को, शूरसेन समुदाय पश्चिमी आर्य भाषाओं को और मगध समुदाय पूर्वी भाषाओं को प्रभावित करते हैं। ये भाषा-समुदाय स्वयं भी गहराई

से एक दूसरे को प्रभावित करते हैं, परस्पर संपर्क से अपना भाषाई विकास निर्धारित करते हैं। यह क्रम प्राग्वैदिक काल से चला आ रहा है। मानक हिन्दी के निर्माण में एक ओर तो ब्रज, अवधी जैसी जनपदीय भाषाओं का योगदान है, दूसरी ओर आधुनिक आर्यभाषाओं के विकास में इन जनपदीय भाषाओं का योग है। पूर्वी आर्य-भाषाओं के विकास में केवल पूर्वी हिन्दी बोलियों का योगदान नहीं है, पश्चिमी हिन्दी बोलियों का योगदान भी है। सिन्धी और कश्मीरी दो भाषाएं ऐसी हैं जो मध्यदेश से सर्वाधिक दूर हैं; ग्रियर्सन आदि विद्वान् इन्हें दरद भाषा-समुदाय से प्रभावित मानते हैं। मैंने इन पर अलग एक अध्याय लिखा है जिससे आर्य भाषापरिवार के निर्माण में मध्यदेश की भूमिका स्पष्ट हो सके।

बारहवीं सदी में अवधी जाननेवालों को संस्कृत सिखाने के लिए जब दामोदर पंडित **उक्ति व्यक्ति प्रकरण** लिख रहे थे, तब तक मध्यदेश एक भाषिक इकाई के रूप में अपनी प्राचीन ख्याति बनाये हुए था। द्रविड़ भाषा क्षेत्र से यह मध्यदेश अलग है, यह जताते हुए उन्होंने मध्यदेशवासी द्रविड़ों को लक्ष्य करके लिखा था : **दृश्यते ही द्रविड़ देशजातस्य मध्यदेशे वसतस्तद्‌भाषाज्ञानं संकेतग्रहणे।** जिन लोगों को मध्यदेश की चर्चा अटपटी लगे, वे इस प्राचीन ख्याति का स्मरण करें।

आर्यों, दासों, दस्युओं, राक्षसों, दैत्यों आदि को लेकर विद्वानों ने जो नयी पुराण कथाएँ रची हैं, वे भारत में उपलब्ध पुराण कथाओं से कुछ भिन्न हैं। इन नयी कथाओं की तुलना में पुरानी कथाएं अधिक सारगर्भित हैं। ऐतिहासिक भाषाविज्ञान बार-बार ऐसी कथाओं का सहारा लेता है, नयी कथाएं रचता है और उनके चौखटे में पुराने कथातत्वों को जड़ देता है, अतः एक अध्याय इन पुराण कथाओं के विवेचन पर भी है।

पुस्तक के दूसरे खंड—**इंडोयूरोपियन परिवार की भारतीय पृष्ठभूमि**—में इंडोयूरोपियन परिवार के ध्वनितंत्र, शब्दतंत्र तथा रूपतंत्र पर भारतीय भाषाई परि-वेश को ध्यान में रखते हुए विचार किया गया है। यहां भारतीय भाषाई परिवेश में आर्य भाषाएं तो हैं ही, नाग-द्रविड़ आदि परिवारों को भी इस परिवेश का अभिन्न अंग माना गया है। संस्कृत और यूरुप की भाषाओं के सामान्य शब्दों में जो ध्वनि-भिन्नता दिखाई देती है, वह अकारण नहीं है। 'ध्वनि-परिवर्तन' अकारण नहीं होता; **भ्रातर्** को कुछ भाषाओं ने **फ्रातेर्**, अन्य ने **ब्रदर्** रूप में ग्रहण किया, तो यह इन भाषाओं के बोलनेवालों की सनक के कारण नहीं था। भारतीय भाषाई परिवेश पर ध्यान देने से विदित होगा, ऐसे ध्वनि परिवर्तन आर्येतर भारतीय भाषाओं में होते रहे हैं, कभी-कभी इस आर्येतर प्रभाव से संस्कृत में भी हुए हैं। ग्रीक, लैटिन आदि भाषाओं का ध्वनितंत्र इस सिद्धान्त की पुष्टि करता है कि विभिन्न केन्द्रों में विकसित होनेवाली ध्वनियों के मेल से भाषा विशेष की ध्वनि-व्यवस्था निर्मित होती है। भारत से बाहर इंडो-यूरोपियन परिवार की भाषाओं पर भारतीय आर्यभाषाओं का गहरा प्रभाव है किन्तु इन भाषाओं के निर्माण में आर्येतर भाषाओं का योगदान भी है। इसके सिवा उक्त

भाषाओं के अपने केन्द्र रहे हैं। इस तरह कम-से-कम तीन स्रोतों से भाषा तत्व ग्रहण करके इन भाषाओं ने अपना रूप सँवारा है। प्रत्येक स्रोत में गणभाषाओं की विविधता और बहुलता है। इस जटिल प्रक्रिया के स्थान पर विद्वानों ने कल्पित आदि-भाषा की प्रतिष्ठा करके ऐतिहासिक भाषाविज्ञान में विसंगतियों का विशाल ताना-बाना प्रस्तुत किया है। उक्त जटिल प्रक्रिया भाषा के हर स्तर पर—ध्वनितंत्र, शब्दतंत्र और रूपतंत्र पर—घटित होती है।

भारतीय भाषा-परिवेश में, अपनी असाधारण विविधता के बावजूद, प्राचीन काल में ही यहां के भाषा परिवार कुछ सामान्य विशेषताओं का विकास कर चुके थे। ये विशेषताएं केवल आर्य नहीं, अखिल भारतीय हैं, और वे यूरुप की भाषाओं के विकास को प्रभावित करती हैं। इस प्रक्रिया में आर्यद्रविड़ भाषा-समवाय धुरी के समान है; इतर प्राचीन भारतीय भाषा-परिवार इस धुरी के चारों ओर गतिशील होते हैं। इंडोयूरोपियन परिवार का निर्माण विश्व के भाषाई इतिहास का प्राचीनतम अध्याय नहीं है। इंडोयूरोपियन भाषाओं के निर्माण काल से पहले, बृहत्तर भारत में, आर्य-द्रविड़ भाषा-धुरी की रचना आरंभ हो चुकी है। आर्य और द्रविड़ परिवार स्वयं परि-वर्तनशील इकाइयां हैं; इन परिवर्तनों की छाया यूरुप की भाषाओं में दिखाई देती है। किसी ने यह दावा नहीं किया कि इंडोयूरोपियन आदिभाषा बोलनेवाला समुदाय, यूरुप अथवा एशिया के अज्ञात प्रदेश में, कृषि सभ्यता का यथेष्ट विकास कर चुका था, तब वह शाखाओं में विभाजित हुआ! किन्तु भारत और यूरुप की भाषाओं में कृषि-संबंधी शब्दावली के अनेक स्तर सामान्य हैं। इसका अर्थ यह है कि भारतीय आर्यों की गण-व्यवस्था जब अपनी अन्तिम मंज़िल में प्रवेश करती है, तब तक यूरुप की भाषाओं का निर्माण-क्रम समाप्त नहीं हुआ। आर्य-अभियान-कथा सुनानेवालों को चाहिए कि एक अध्याय कृषि सभ्यता पर जोड़ लें, यह कहें कि शीतप्रधान भूमि में कृषि कौशल का विकास कर लेने के बाद इंडोयूरोपियन जन भारत में इस कौशल का बीजारोपण करने आये!

पश्चिमी एशिया में हित्ती भाषा के दस्तावेज मिलने से ऐतिहासिक भाषाविज्ञान के पुराने मानचित्र में परिवर्तन करना आवश्यक हो गया। यूरुप और अमरीका में हित्ती भाषा और उससे उत्पन्न नयी परिस्थिति पर काफी विचार किया गया किंतु भारत के विद्वानों ने इस ओर सबसे कम ध्यान दिया। संस्कृत और द्रविड़ भाषाओं के विशेषज्ञ बरो ने पुरानी मान्यताओं में थोड़ी-बहुत तब्दीली की। एक उल्लेखनीय बात यह हुई कि बरो ने भारत-ईरानी शाखा के क्षेत्र को इंडोयूरोपियन परिवार की केन्द्रीय भूमि माना। यह भूमि भारत के बाहर है किन्तु भारत के पड़ोस में है और यूरुप के बाहर है। एक समय था जब भाषाविज्ञानी द्रविड़ और इंडोयूरोपियन परिवारों के आपसी संबन्धों पर विचार करते थे। अनुसंधान का यह सही मार्ग छोड़कर उन्होंने आर्यों द्वारा द्रविड़ों की पराजय को आधारभूत तथ्य मानकर यूरुप की भाषाओं को द्रविड़ संपर्क से एकदम अलग कर दिया। हित्ती भाषा के महत्व को ध्यान में रखते हुए दूसरे खंड में

एक अध्याय मैंने ऐतिहासिक **भाषाविज्ञान के परिवर्तित परिप्रेक्ष्य और हित्ती** लिखा है।

ईरानी भाषा क्षेत्र से भारत का संबन्ध सर्वविदित है। कहा जाता है कि भारत पर आक्रमण करनेवाले आर्य ईरान से ही आये थे। अतः एक अध्याय मैंने **ईरानी भाषा क्षेत्र और भारत** लिखा है। यह ईरानी भाषा क्षेत्र वर्तमान ईरान की सीमाओं से बहुत बड़ा है। इस समूचे क्षेत्र को ध्यान में रखने से भारत-ईरान के भाषाई संबन्धों का सम्यक् विवेचन हो सकेगा। सिन्धुघाटी की सभ्यता को पुरातत्वज्ञ और भाषा-विज्ञानी, दोनों ही भारत-ईरान के भाषाई संबन्धों से जोड़ देते हैं। संक्षेप में इस विषय पर कुछ विद्वानों के मतों की आलोचना उक्त अध्याय में है। ईरानी क्षेत्र की एक महत्वपूर्ण भाषा पश्तो है। पश्तोभाषियों और उनकी निवास भूमि से भारतीय जनों का बहुत पुराना संबन्ध है; अतः इस भाषा पर किंचित् विस्तार से विचार किया गया है।

इंडोयूरोपियन परिवार की भाषाओं से भारतीय भाषा-परिवारों का संबन्ध एक ही मंज़िल में समाप्त नहीं हो जाता, वह अनेक मंज़िलों में बँटा हुआ है। इंडोयूरोपियन परिवार के सभी भाषा-समुदायों से हमारी—आर्य और आर्येतर—भाषाओं का संबन्ध एक-सा नहीं है। हमारी ओर से यह संबन्ध कहीं मध्यदेशीय आर्य भाषाओं की ओर संकेत करता है, तो कहीं कौरवी या मागधी आर्य भाषाओं की ओर, कहीं कन्नड़ भाषा समुदाय से संपर्क के चिन्ह हैं तो कहीं तमिल-समुदाय से संपर्क के, कहीं ऐसे स्रोतों से संपर्क के जिनका प्रभाव आर्य द्रविड़ दोनों भाषा-परिवारों पर पड़ा है। यूरुप की ओर ग्रीक भाषा-समुदाय से संपर्क एक प्रकार का है, बाल्तिक स्लाव समुदाय से दूसरी प्रकार का, केल्त समुदाय से तीसरी प्रकार का।

इंडोयूरोपियन परिवार के विवेचन में जर्मन समुदाय पर ज़्यादा ध्यान दिया गया है। इसका एक कारण यह है कि ऐतिहासिक भाषाविज्ञान का विकास मुख्य रूप से जर्मनी में हुआ है। बाल्तिक-स्लाव भाषाओं पर अपेक्षाकृत कम ध्यान दिया गया है; केल्त भाषा समुदाय अभी तक उपेक्षित है। किसी समय इटली से लेकर आयर्लेन्ड तक केल्त भाषाओं का प्रसार था। इनकी अधिकांश भूमि पर लैटिन-जर्मन समुदायों की भाषाएं बोलनेवालों ने अधिकार कर लिया। केल्त भाषाओं की चर्चा से इंडोयूरोपियन परिवार के निर्माण का रूमानी सपना चकनाचूर हो जाता है। एक अध्याय में केल्त भाषा-समुदाय पर विशेष बल देते हुए मैंने इंडोयूरोपियन भाषाओं से भारतीय भाषा समुदायों के विविध और विशिष्ट संबन्धों पर संक्षेप में विचार किया है। यूरुप की भाषाओं के लिए भारत के अतिरिक्त एशिया की अन्य प्राचीन-अर्वाचीन भाषाएं स्रोत-भाषाएं रही हैं, इसका उल्लेख भी किया है। इस समस्त विवेचन में पाठक विभिन्न भाषा-समुदायों को किसी न किसी रूप में हिन्दी प्रदेश से संबद्ध पायेंगे।

पुस्तक के तीसरे खंड—**नाग-द्रविड़-कोल और हिन्दी प्रदेश**—में भारत के आर्येतर परिवारों का विवेचन है, इनसे आर्य भाषाओं के संबन्धों का विश्लेषण है। यह विश्लेषण ध्वनितंत्र, शब्दतंत्र और रूपतंत्र के स्तरों पर किया गया है। आर्य भाषाओं

से आर्येतर भाषाओं का संबन्ध सर्वत्र एक-सा नहीं है। द्रविड़ भाषाओं का जैसा घनिष्ठ संबन्ध कौरवी भाषाओं से है, वैसा मध्यदेशीय भाषाओं से नहीं। इन द्रविड़ भाषाओं में तमिल समुदाय को उक्त संबन्ध कायम करने में जो महत्व प्राप्त है, वह अन्य द्रविड़ भाषाओं को नहीं। इसी प्रकार मध्यदेशीय आर्य भाषाओं से कन्नड़-तेलुगु समुदाय का विशेष संबन्ध है। आर्य-द्रविड़ धुरी बहुत पुरानी है, अतः यह स्वाभाविक है कि आर्य द्रविड़ परिवारों के मूलतत्वों में बहुत बड़ी समानता हो। द्रविड़ भाषाओं ने संस्कृत से जो शब्द उधार लिये हैं, मैं उनके आधार पर समानता की बात नहीं कह रहा हूं। यह उस तरह की समानता है कि संज्ञारूप द्रविड़ भाषाओं में है तो क्रियामूल आर्यभाषाओं में, संज्ञा शब्द संस्कृत में है तो क्रियामूल द्रविड़ भाषाओं में। बहुत से संस्कृत शब्दों के मूल अर्थ की व्याख्या द्रविड़ भाषाओं में उनके प्रतिरूपों का अर्थ-प्रसार देखकर ही की जा सकती है। भाषाओं के निर्माण की इस मंज़िल में कौन से भाषा तत्व आर्य हैं, कौन से द्रविड़, यह निर्धारित करना सरल नहीं होता। वे भाषा तत्व भारतीय हैं, इतना निर्धारित हो जाय तो काफी है। संक्षेप में कोल-द्रविड़ नाग परिवारों के आपसी संबंधों का उल्लेख भी मैंने किया है। इन आर्येतर भाषा समुदायों के ज्ञान के बिना आर्य भाषाओं का विवेचन संभव नहीं है, यह बात तो परंपरागत ऐतिहासिक भाषाविज्ञानी मान लेंगे। किन्तु इसके अलावा यह भी देखने में आयेगा कि उक्त आर्येतर भाषाओं के ज्ञान के बिना यूरुप की भाषाओं का वैज्ञानिक विवेचन संभव नहीं है। इन आर्येतर भाषाओं के—विशेषतः द्रविड़ भाषाओं के—विवेचन में इंडोयूरोपियन परिवार का ज्ञान सहायक होता है, हिन्दी प्रदेश की प्राचीन और नवीन भाषाओं के विवेचन में तो वह सहायक होता ही है।

उक्त आर्येतर भाषाओं के साथ मैंने पश्चिम और मध्य एशिया के सुमेरियन-सामी, तुर्क मंगोल आदि भाषा समुदायों पर विचार किया है। यह चर्चा संक्षिप्त है और उसका उद्देश्य भाषा-परिवारों के निर्माण में बृहत् क्षेत्रीय भाषाई परिवेश के महत्व की ओर संकेत करना भर है। मध्य एशिया, पश्चिमी एशिया, दक्षिण पूर्वी एशिया, प्रशान्त महासागर के द्वीप समूह और यूरुप की भाषाओं से, विभिन्न युगों में, हमारे देश के भाषा-परिवारों का संबन्ध रहा है। यह पुस्तक एशिया और यूरुप के भाषाई मानचित्र में भारत की स्थिति को पहचानने का प्रयत्न है। वह उक्त मानचित्र में, स्वयं भारत के भाषाई विकास में, हिन्दी प्रदेश की भूमिका को पहचानने का प्रयत्न है।

भारत के प्राचीन भाषा परिवार और हिन्दी, इस अध्याय में तीनों खंडों के विवेचन-सूत्रों को एक जगह मिलाकर, जहां-तहां नये तथ्यों का समावेश करते हुए, पूरी पुस्तक के निष्कर्षों को मैंने संकलित कर दिया है।

ऐतिहासिक भाषाविज्ञान की कोई भी पुस्तक हो, वह भाषाविज्ञान के मूल सिद्धान्तों का विवेचन भले न करे, किन्हीं मूल सिद्धान्तों के आधार के बिना वह लिखी नहीं जा सकती। यूरुप में ऐतिहासिक भाषाविज्ञान का जो विकास हुआ, उस पर भारतीय व्याकरण-परंपरा की छाप है। विवरणात्मक भाषाविज्ञान के संस्थापक

ब्लूमफील्ड और द्रविड़ भाषाओं के विशेषज्ञ एमेनो, दोनों ही उक्त व्याकरण परंपरा से—विशेषतः पाणिनि से—प्रभावित हैं। अतः इस पुस्तक में एक अध्याय **भारतीय व्याकरण परंपरा और ऐतिहासिक भाषाविज्ञान** पर है। समाजी भाषाविज्ञान, ऐतिहासिक भाषाविज्ञान और विवरणात्मक भाषाविज्ञान परस्पर संबद्ध हैं, इन तीनों के मेल से बृहत्तर भाषाशास्त्र की इकाई निर्मित होती है; ध्वनितंत्र, विन्यासतंत्र (रूपतंत्र + वाक्यतंत्र) परस्पर संबद्ध हैं, इन तीनों के मेल से भाषातंत्र की बृहत्तर इकाई निर्मित होती है; इस इकाई में अर्थतत्व प्राण की तरह प्रतिष्ठित है; इस दृष्टिकोण का उल्लेख भी उक्त अध्याय में है। इस अध्याय में समस्त भारतीय व्याकरण परंपरा के मूल्याङ्कन का प्रयत्न नहीं किया गया; मैंने यह दिखाने का प्रयास किया है कि पाणिनि ने जो नियम बनाये हैं, उनके आधारभूत कारणों का ज्ञान उस ऐतिहासिक भाषाई परिस्थिति से होता है जिनका विवेचन इस पुस्तक में है।

अंत में एक शब्द सूची है। इसके एक अंश में 'ध्वनि परिवर्तन' के ऐसे उदाहरण हैं जो एक से अधिक भाषा परिवारों में प्राप्त होते हैं। इन पर दृष्टिपात करने से ध्वनि परिवर्तन संबन्धी नियमों के बदले, प्रवृत्तियों का बोध होगा; बृहत्तर भारत के भाषाई परिवेश को ध्यान में रखते हुए विभिन्न भाषा परिवारों का विवेचन करना उचित है, यह सत्य उजगार होगा। शब्द-सूची के दूसरे अंश में वे शब्द हैं जो पहले भारतीय भाषाओं में व्यवहृत थे किन्तु जो लुप्त हो गए थे, या जिनका ध्वनि-रूप बदल गया था या जिनका मूल अर्थ परिवर्तित हो गया था; इनके साथ वे शब्द हैं जो इंडोयूरोपियन परिवार की अभारतीय भाषाओं तथा आर्येतर भारतीय भाषाओं—विशेषतः द्रविड़ भाषाओं—में सामान्य हैं। इनके साथ कुछ अन्य वर्गों के शब्द हैं जो हिन्दी प्रदेश का भाषाई विकास समझने में सहायक होते हैं।

भाषाई विवेचन एक कौशल है; यह कौशल यंत्रवत् निश्चित किया जा सकता है। जैसे उद्योग धन्धों की एक टेकनौलौजी है, वैसे ही भाषावैज्ञानिक धन्धे की एक टेकनौलौजी है। टेकनौलौजी स्वयं विज्ञान नहीं है; वैसे ही भाषाई विवेचन का कौशल भाषाविज्ञान नहीं है। जब भाषाई टेकनौलौजी में टेकनीकल शब्दावली की भरमार हो तो उसे विज्ञान समझने के भ्रम से बचना और भी ज़रूरी है। प्रत्येक विज्ञान में अनुसंधानकर्ता का संवेदनशील होना उस विज्ञान के विकास की पहली शर्त है। भाषाविज्ञान के विकास के लिए यह संवेदनशीलता और भी आवश्यक है। कारण यह कि भाषा निसर्गतः संवेदनाओं के निखार और उन्हें दूसरों तक पहुंचाने का माध्यम है। साहित्यिक बोध यहां सहायक होता है। कौशल की उपयोगिता असंदिग्ध है। भाषाओं के विवेचन के लिए जितना कौशल आवश्यक और उपयोगी है, उतना अवश्य स्वीकार करना चाहिए। किन्तु बहुत-सी भाषाई टेकनौलौजी ऐसी है जिसकी उपयोगिता प्रमाणित नहीं हुई। कला के लिए कला—जैसे यह सिद्धान्त अमान्य है, वैसे ही कौशल के लिए कौशल—यह सिद्धान्त भी अमान्य है।

भारत में ऐतिहासिक भाषा विज्ञान की समस्याएं इतिहास की पुरानी पड़

चुकी, वर्तमान युग से असंबद्ध, समस्याएं नहीं हैं। वर्तमान भारत की अनेक राजनीतिक, सामाजिक, सांस्कृतिक समस्याओं की जड़ में ऐसी मान्यताएं हैं जिनका संबन्ध यहां की भाषाओं के विकास से है, यहां क भाषा समुदायों के आपसी संबन्धों से है। ये मान्यताएं मुख्यतः उन्नीसवीं सदी के ऐतिहासिक भाषाविज्ञान द्वारा, अंशतः रूढ़िवादी भारतीय पुरोहित वर्ग द्वारा स्थिर की गई हैं। दोनों की मान्यताओं में जो समानता है, उसका उल्लेख पहले हो चुका है। इसीलिए भारत के भाषाई विकास पर नये आलोचनात्मक दृष्टिकोण से विचार की गुंजाइश है और उसकी आवश्यकता है। जो लोग भारत की वर्तमान स्थिति से असन्तुष्ट हैं, उस स्थिति में मौलिक परिवर्तन करना चाहते हैं, उनके लिए अनिवार्य है कि वे इस स्थिति को अच्छी तरह पहचानें। भारत के बारे में बहुत-सी ऐसी बातें हैं जिनका ज्ञान भाषा समुदायों के तुलनात्मक और ऐतिहासिक विवेचन से ही हो सकता है। जो लोग मानते हैं कि सामाजिक विकास का वैज्ञानिक दर्शन ऐतिहासिक भौतिकवाद है, उन्हें यह भी मानना चाहिए कि ऐतिहासिक भाषा विज्ञान के बिना मानव-समाज के इतिहास का ज्ञान अधूरा है, ऐतिहासिक भौतिकवाद का ज्ञान अधूरा है।

इस पुस्तक में अनेक त्रुटियां हों यह संभव है। मैंने भरसक प्रयास किया है कि वे न हों। इस पुस्तक की स्थापनाओं से विद्वान् असहमत हों तो यह स्वाभाविक बात होगी। विशेषरूप से शब्दों के प्रतिरूप निश्चित करने में, उनके व्युत्पत्ति और अर्थ प्रसार दिखाने में मतभेद की बहुत गुंजाइश है। पाठकों से निवेदन है कि वे इधर-उधर शब्दों की व्युत्पत्ति, व्याख्या आदि में न उलझकर विवेचन के मूल ढांचें पर निगाह जमाये रहें। यदि वे सहमत हों कि ऐतिहासिक भाषाविज्ञान का पुराना पंथ छोड़ना आवश्यक है तो मैं समझूंगा, मुझे आंशिक सफलता मिल गई। यदि उन्हें यह बात तर्कसंगत लगे कि इंडोयूरोपियन आदिभाषा जैसी कोई आदिभाषा नहीं थी, यूरुप की भाषाओं के निर्माण में भारतीय आर्य भाषाओं के अलावा आर्येतर भाषाओं की भूमिका भी महत्वपूर्ण थी, तो मैं समझूंगा मुझे पूर्ण सफलता मिल गई। अन्य स्थापनाओं के बारे में चाहे जितना मतभेद हो, आपके लिए तब यह अनिवार्य हो जायगा कि आप किसी-न-किसी रूप में विवेचन की वह पद्धति अपनायें जिसका निदर्शन इस पुस्तक में है।

मैं भाषाओं की समानता, उनका व्यवहार करनेवाले मानव समुदायों की समानता के सिद्धान्त में विश्वास करता हूं। साथ ही मैं मानता हूं कि यह समानता कभी पूर्ण और निरपेक्ष नहीं होती। विश्व के पूंजीवादी विकास में इँग्लैन्ड की भूमिका सर्वाधिक महत्वपूर्ण है, इस ऐतिहासिक तथ्य के प्रतिपादन से राष्ट्रों की समानता का सिद्धान्त खंडित नहीं हो जाता। विश्व के समाजवादी विकास में सोवियत संघ की भूमिका प्रमुख है और सोवियत संघ में रूसी जाति की भूमिका सर्वाधिक महत्वपूर्ण है, इस ऐतिहासिक तथ्य की घोषणा से जातीय समानता के सिद्धान्त का उल्लंघन नहीं होता। इसी प्रकार एशिया और यूरुप के भाषाई विकास में भारत की भूमिका प्रमुख

है और स्वयं भारत के भाषाई विकास में हिन्दी प्रदेश की भूमिका सर्वाधिक महत्वपूर्ण है, यह कहने से भाषाओं की समानता के सिद्धान्त का खण्डन नहीं हो जाता।

मेरी पुस्तक **भाषा और समाज** में जिन सिद्धान्तों का प्रतिपादन है, उनका यहां संवर्धन और विस्तार है; उनमें कहीं मौलिक परिवर्तन करना आवश्यक प्रतीत नहीं हुआ। कुछ शब्दों की व्युत्पत्ति में फेर-बदल संभव है। जहां उस पुरानी पुस्तक को देखते किसी शब्द की व्युत्पत्ति के बारे में यहां भिन्न मत प्रकट किया गया हो, वहां इस पुस्तक में व्यक्त मत को मेरी वर्तमान धारणा का सूचक मानना चाहिए। जिस विवेचन में अटल नियमों की अस्वीकृति हो, उसमें किसी भी स्थापना के लिए पूर्ण सत्य का दावा करना हास्यास्पद होगा। जो लोग अटल नियमों का प्रतिपादन करते हैं, उनके ग्रंथों में भी 'संभव है,' 'ऐसा हुआ होगा,' 'शायद ऐसा हो,' 'हो सकता है कि' इत्यादि की खपत काफी होती है। इस पुस्तक में कोई भी स्थापना चाहे जितने आत्मविश्वास से प्रस्तुत की गई हो, आप अपनी ओर से उसके आगे-पीछे 'संभव' और 'शायद' जोड़ लें। मेरा प्रयत्न यह है कि प्रत्येक स्थापना के विरोध में जो तर्क दिया जा सके उस पर विचार करने के बाद अपनी स्थापना प्रस्तुत करूं।

अंग्रेज़ी में भाषाविज्ञान की जो पुस्तकें प्रकाशित होती हैं, उन सभी में सामान्य ध्वनिचिन्हों का व्यवहार नहीं होता। हिन्दी में सामान्य ध्वनिचिन्हों के व्यवहार पर अभी गहराई से विचार-विमर्श आरंभ नहीं हुआ। ऐसी स्थिति में इस पुस्तक के लिए मैंने कुछ कामचलाऊ ध्वनिचिन्हों का सहारा लिया है। इनमें सुधार और परिष्कार की बहुत गुंजाइश है। हिन्दी समेत विभिन्न भाषाओं के शब्दों को ठीक-ठीक जैसे वे बोले जाते हैं, वैसे ही लिखूं, यह कोशिश मैंने नहीं की। विवेचन के विषेश संदर्भ में उनका भाषा तात्विक महत्व स्पष्ट हो जाय, शब्दों के लेखन में यह ध्येय मुख्य है। कुछ भाषाओं के शब्द लिखते समय स्वरों के ह्रस्व दीर्घ होने की ओर मैंने विशेष ध्यान नहीं दिया; कुछ भाषाओं में स्वर ह्रस्व है या दीर्घ, यह निर्णय करना सरल नहीं है। जहां स्वर की लघुता-गुरुता विवेचन के संदर्भ में महत्वपूर्ण है, वहां मैंने उस पर अवश्य ध्यान दिया है। कुछ भाषाओं की लिपि में **र्, न्, स्** आदि ध्वनियों के लिए एक से अधिक चिन्ह हैं यद्यपि बोलने में कोई भेद नहीं है। ऐसी स्थिति में मैंने एक ही ध्वनि-चिन्ह से काम लिया है। शब्दों पर बलाघात के चिन्ह मैंने नहीं लगाये क्योंकि सामान्यतः विवेचन के लिए यह आवश्यक न था।

ऐ और **औ**, ये संयुक्त स्वर संस्कृत शब्दों में **अइ** और **अउ** वत् बोले जायेंगे; अन्यत्र जहां ऐसे संयुक्त स्वरों का व्यवहार दिखाना अभीष्ट है, वहां **अइ** और **अउ** से काम लिया गया है। संस्कृत शब्दों को छोड़कर **ऐ-औ** का ध्वनिमूल्य वही है जो मानक हिन्दी के **वैसा** तथा **और** शब्दों में इन संयुक्त स्वरों का है। ह्रस्व एकार-ओंकार के लिए **अॅ, ऑ** चिन्हों का उपयोग किया गया है; ह्रस्व ऐकार-औकार लिखना हो तो **ऐॅ**, **औॅ** चिन्ह होंगे। हिन्दी शब्दों के दीर्घ स्वर जहां अनुनासिक हैं, वहां पूर्ण बिन्दु का व्यवहार हुआ है। जहां ह्रस्व स्वर अनुनासिक हैं, वहां चन्द्रबिन्दु का व्यवहार किया

गया है। संस्कृत शब्दों में दीर्घ स्वर के साथ पूर्ण बिन्दु का मूल्य नासिक्य व्यंजन के बराबर है यथा **आंशिक** में। हिन्दी **आंसू** में पूर्ण बिन्दु दीर्घ स्वर का अनुनासिक होना सूचित करती है। संघर्षी व्यंजनों के लिए नीचे बिन्दी लगाई गई है यथा **काग़ज़** में। एक अन्य संघर्षी ध्वनि—फ़ारसी के **मिझ़गां**, अंग्रेज़ी के **प्लेझ़र** की संघर्षी ध्वनि—**झ़** चिन्ह द्वारा व्यक्त है। इस संघर्षी **झ़** से संघोष महाप्राण स्पर्श **झ्** का कोई संबन्ध नहीं है। तमिल, मराठी आदि के मूर्धन्य पार्श्विक **ल्** के लिये **ळ्** चिन्ह है; इसी के पश्चमूर्धन्य रूप—**तमिऴ्** के **ऴ्** के लिए **ऴ्** चिन्ह का व्यवहार किया है। कुछ अन्य ध्वनि-चिन्ह हैं जिनका सीमित उपयोग पुस्तक के विशेष स्थानों पर हुआ है; उनकी व्याख्या वहीं कर दी गई है।

अंग्रेज़ी के **फोनीम** शब्द के लिए मैंने **अक्षर-ध्वनि** और **सिलेबल्** के लिए **वर्ण** शब्दों का प्रयोग किया है। जो शब्द संज्ञा, क्रिया, किसी भी वर्ग के शब्द की विशेषता बताये, उसे मैंने **विशेषक** कहा है; जो शब्द संबन्ध-सूचक है—चाहे वह अंग्रेज़ी का प्रिपोज़ीशन हो, चाहे पोस्टपोज़ीशन—उसे मैंने **सम्बन्धक** कहा है। **कृदन्त**, **तिङन्त** शब्दों का व्यवहार व्यापक अर्थ में हुआ है जो संदर्भ से स्पष्ट हो जायगा।

इस पुस्तक में जहां-जहां आधुनिक अवधी के उदाहरण दिये गये हैं, वहां आशय अवधी की उस बोली से है जो बैसवाड़ी नाम से विख्यात है। कुछ उदाहरण अवधी की अन्य बोलियों से भी लिये गये हैं।

यह पुस्तक मैंने उन सभी हिन्दी-अहिन्दी भाषी पाठकों को ध्यान में रखकर लिखी है जिन्हें इस देश की भाषाओं से प्रेम है और जो उनका आपसी संबन्ध तथा ऐतिहासिक विकास समझना चाहते हैं। वे विशेषज्ञ हैं कि नहीं, यह प्रश्न मेरे लिए गौण है। मुख्य प्रश्न यह है कि ऐतिहासिक भाषाविज्ञान का विवेचन, अपनी समस्त उलझी हुई समस्याओं सहित, सामान्य शिक्षित जनों के मन में पैठ सकता है या नहीं। यदि विशेषज्ञ भी मेरी पुस्तक पढ़ें तो मैं अपना भाग्य सराहूँगा। मैं यह अवश्य चाहता हूँ कि शिक्षा केन्द्रों में भाषाविज्ञान की वर्तमान उपेक्षा का अन्त हो। दुर्भाग्य से इस उपेक्षा के लिए अंशतः 'विशेषज्ञ' ही उत्तरदायी हैं।

मुझे कुछ समय तक कन्हैयालाल माणकलाल मुंशी हिन्दी तथा भाषाविज्ञान विद्यापीठ में काम करने का अवसर मिला था। पुस्तक के लिए अधिकांश सामग्री मैंने विद्यापीठ के ग्रंथालय से संग्रह की है। कुछ पत्रिकाएं और पुस्तकें जुटाने में विद्यापीठ के मेरे सहयोगियों—डा० जगन्नाथ पार्थसारथी, डा० रामेश्वर प्रसाद अग्रवाल, डा० मुरारिलाल उप्रेति, डा० कैलाशचन्द्र अग्रवाल, डा० विश्वजीत तथा श्री उदयशंकर शास्त्री—ने मेरी सहायता की है। कुछ पुस्तकें दकन कालेज, पूना के अधिकारियों ने मेरे उपयोग के लिये विद्यापीठ-ग्रंथालय को भेज दी थीं। मैंने केन्द्रीय हिन्दी संस्थान आगरा के ग्रंथालय से भी लाभ उठाया है और इस कार्य में संस्थान के श्री मदनलाल वर्मा ने मेरी सहायता की है। कुछ मूल्यवान सामग्री जीवविज्ञान के क्षेत्र में शोध करने वाले डा० विद्यासागर शर्मा ने मेरे लिए आस्ट्रेलिया से भेजी थी। इन सबके प्रति मैं

आभार व्यक्त करता हूं। केल्त भाषाओं के विशेषज्ञों से आवश्यक जानकारी प्राप्त करके इन भाषाओं से संबन्धित सामग्री इंग्लैन्ड से मेरे पुत्र विजय मोहन लाये थे। पुस्तक लिखने की तैयारी करते और उसे लिखते समय मुझे अनेक तमिल भाषी और हिन्दी भाषी विद्वानों से अपनी धारणाओं को लेकर चर्चा का सुयोग मिला है और उससे मुझे लाभ हुआ है। इसके लिए मैं इन बन्धुओं को धन्यवाद देता हूं।

३०, नई राजामंडी, **रामविलास शर्मा**
आगरा-२,
८ जनवरी, १९७९

१

आर्य भाषा केन्द्र और हिन्दी ध्वनितंत्र

१. प्रस्तावना

संस्कृत और हिन्दी के कुछ वाक्य मिलाकर एक साथ पढ़े जायँ तो यह तथ्य तुरत स्पष्ट हो जाएगा कि संस्कृत में कुछ ध्वनियाँ ऐसी हैं जैसी बोलचाल की हिन्दी में नहीं हैं या बहुत कम सुनने को मिलती हैं। संस्कृत का मूर्धन्य **ष्**, **ऋ**, **क्ष्** ऐसी ध्वनियाँ हैं जो किसी भी आधुनिक आर्य भाषा के बोलचालवाले रूप में प्रयुक्त नहीं होतीं। नये शब्दों के निर्माण में—पुन: बोलचाल के स्तर पर—इनकी भूमिका शून्य है। इनका व्यवहार केवल तत्सम रूपों में होता है या उन रूपों के आधार पर गढ़े हुए नए विशिष्ट शब्दों में होता है। ये सभी ध्वनियाँ मूर्धन्य हैं। इस वर्ग की ध्वनियों में एक महत्वपूर्ण नासिक्य ध्वनि है—**ण्**। उत्तर-पश्चिमी आर्य भाषाओं में इसका व्यवहार प्रचुर रूप से होता है किन्तु ब्रज प्रदेश से लेकर असम तक बोलचाल के स्तर पर आर्य भाषाओं में यह ध्वनि बहिष्कृत है। मध्य भारत में जहाँ अवधी समुदाय की उप-भाषाओं का चलन है, वहाँ भी इस ध्वनि का व्यवहार नहीं होता। कह सकते हैं कि हिन्दी और संस्कृत के ध्वनितंत्रों में एक प्रमुख भेद मूर्धन्य ध्वनियों को लेकर है। जहाँ तक **ष्**, **ऋ** और क्ष् का सम्बन्ध है, यह भेद व्यापक है, संस्कृत तथा सभी आधुनिक आर्य भाषाओं में है। जहाँ तक मूर्धन्य नासिक्य का सम्बन्ध है, यह भेद आंशिक है। कश्मीरी को छोड़कर उत्तर पश्चिमी भाषा-समुदाय में इसका चलन है और मध्य तथा पूर्वी भाषा-समुदाय में इसका व्यवहार प्राय: नहीं होता।

विचारणीय समस्या यह है कि **ष्**, **ऋ**, **क्ष्** ध्वनियाँ संस्कृत की मूल ध्वनियाँ हैं या विकास की किसी अवस्था में उनका व्यवहार होने लगा था। आधुनिक आर्य भाषाओं में इनका व्यवहार नहीं होता तो क्या इसका कारण यह है कि इन्हें बोलने वालों की ध्वनि-पद्धति अथवा उच्चारण-क्षमता में परिवर्तन हो गया है या प्राचीन आर्य भाषाओं के एक समुदाय में कभी इनका चलन ही न था। जो लोग यह मानते हैं कि प्राचीन काल में केवल एक आर्य भाषा संस्कृत का व्यवहार होता था, उनके लिए इस समस्या का निदान सरल है। जैसे प्राचीन संस्कृति के अनेक तत्व नष्ट हो गए, वैसे ही इन ध्वनियों का व्यवहार भी क्षीण होता गया। पर आश्चर्य की बात यह है कि मूर्धन्य

ध्वनियों में नासिक्य विद्यमान है; और इस तरह विद्यमान है—यथा बाँगरू में—कि जहाँ संस्कृत में भी उसका व्यवहार न होता था, वहाँ 'तत्सम' और तद्भव रूपों में उसका व्यवहार होता है। तत्सम **वन** हो गया **वण**; तद्भव **नहान** हुआ **न्हाण**। और इसका कारण क्या है कि उत्तर-पश्चिमी क्षेत्र में णकार-संकुल भाषाएँ बोली जाती हैं और मध्य तथा पूर्वी क्षेत्रों में, उड़िया को छोड़कर, मूर्धन्य नासिक्य का व्यवहार नहीं होता। प्राकृतों में इस ध्वनि की बहुलता है। जिन प्राकृतों को शूरसेन आदि जनपदों से जोड़ा जाता है, उन प्राकृतों की प्रिय नासिक्य ध्वनि उन्हीं जनपदों की आधुनिक भाषाओं से गायब है। अपभ्रंशों से आधुनिक भाषाओं का सम्बन्ध और भी गहरा है, ऐसा माना जाता है। इनमें शूरसेनी अपभ्रंश का चलन सबसे ज्यादा था और इसी के क्षेत्र, शूरसेन जनपद के वर्तमान संस्करण, ब्रज प्रदेश में इसका चलन नहीं है। जिसे पूर्वी अपभ्रंश कहा जाता है, उसमें भी णकार की बहुलता है। विद्वानों ने कल्पना की है कि मध्य और पूर्वी क्षेत्रों में पहले इस ध्वनि का व्यवहार होता था, फिर उसका लोप हो गया। एक विशाल प्रदेश में एक साथ एक ही समय में किसी ध्वनि विशेष का लोप हो जाय, यह आश्चर्यजनक घटना है। पड़ोस के एक विशाल क्षेत्र में उसी ध्वनि का व्यवहार होता रहे, यह चमत्कार है। पंजाबी या बाँगरू का वह सम्बन्ध शूरसेन जनपद की अपभ्रंश से नहीं हो सकता जो ब्रजभाषा का होगा। तब इस अपभ्रंश की मूर्धन्य नासिक्य ध्वनि बाँगरू और पंजाबी में कैसे बच गई और ब्रज प्रदेश से उसका लोप कैसे हो गया?

संस्कृत और हिन्दी के ध्वनितंत्रों में एक भेद तालव्य **श्** को लेकर है। बाँगरू समेत हिन्दी प्रदेश की सभी बोलियों में दन्त्य सकार का व्यवहार होता है। पूर्वी समुदाय की आर्य भाषाओं में केवल बँगला, अपने परिनिष्ठित रूप में, तालव्य **श्** का व्यवहार करती है और इतना करती है कि तत्सम रूपों के दन्त्य सकार को भी वह तालव्य बना देती है। क्या अधिकांश आर्य-भाषा-क्षेत्र में ध्वनि-प्रकृति-सम्बन्धी ऐसा मौलिक परिवर्तन हुआ कि तालव्य **श्** का लोप हो गया? या इस संभावना को स्वीकार करें कि आर्य भाषाओं के एक समुदाय में तालव्य **श्** का व्यवहार होता ही न था? **क्ष्** और **ण्** के समान श् सुसंस्कृत उच्चारण की विशेषता माना जाता है। यदि लोग श् नहीं बोल पाते तो यह उनके अशिक्षित और असंस्कृत होने का प्रमाण है। परिनिष्ठित बँगला में तत्सम शब्दों के दन्त्य **स्** का उच्चारण नहीं होता, तो इसे कोई बंगाली भद्रजनों के असंस्कृत होने का प्रमाण नहीं मानता।

संस्कृत और हिन्दी के कुछ वाक्यों पर दृष्टिपात करते हुए एक अन्य तथ्य जो उजागर होता है, वह यह कि संस्कृत में संयुक्त ध्वनियों की भरमार है। दो व्यंजन ही नहीं, तीन-तीन व्यंजन भी संयुक्त हो सकते हैं। एक ही व्यंजन की आवृत्ति तो आधुनिक आर्य भाषाओं में सामान्य है जैसे **चक्कर, खच्चर, चम्मच** शब्दों में। समवर्गीय ध्वनियाँ भी संयुक्त होती हैं जैसे **पत्थर, लिद्धड़, बग्घी**। किन्तु विषमवर्गीय ध्वनियों का जैसा संयोग संस्कृत में होता है, वैसा हिन्दी या अन्य आर्य भाषाओं

मे नहीं होता। ऋ को स्वर मानें चाहे व्यंजन, यह ध्वनि जिस तरह संस्कृत में व्यंजनों से संयुक्त होती है, उस तरह आधुनिक आर्यभाषाओं में नहीं होती। और यह स्वाभाविक है क्योंकि ऋ ध्वनि जब स्वतंत्र रूप से आधुनिक आर्य भाषाओं में नहीं है, तब अन्य व्यंजनों के साथ वह संयुक्त कैसे होगी ? कृतित्व, व्यक्तित्व, परिपक्व, लावण्य, गृद्ध, स्पर्द्धा आदि आदि शब्दों में जिस तरह का ध्वनि-संयोग है, वह आधुनिक आर्य भाषाओं की ध्वनि प्रकृति के विपरीत है। प्रश्न यह है : संस्कृत की कितनी धातुओं में, उसके शब्द-मूलों में व्यंजनों का संयोग दिखाई देता है ? यह संयोग किस प्रकार के व्यंजनों का है; समवर्गीय व्यंजनों का, पूर्ण स्पर्श व्यंजनों का, एक पूर्ण स्पर्श व्यंजन से अन्तस्थ अथवा नासिक्य व्यंजन का ?

आधुनिक आर्य भाषाओं के ध्वनितंत्र पर विचार करते हुए यह बात निरंतर ध्यान में रखनी चाहिए कि वैदिक भाषा एक सुदीर्घ विकास परम्परा का परिणाम है। वह उस परम्परा का कारण नहीं है। जिस समय इस भाषा का व्यापक व्यवहार होता है, उस समय विभिन्न आर्य गणभाषाओं के बीच यथेष्ट सम्पर्क कायम हो चुका है। इन आर्य गणभाषाओं के अनेक तत्व वैदिक भाषा में समाहित हैं। लौकिक संस्कृत के समान यह भाषा परिनिष्ठित नहीं है, वह अभी 'भाषा' है, 'संस्कृत' नहीं बनी। इसके अतिरिक्त वैदिक भाषा के विश्लेषण से ही उसके विकास की अनेक मंजिलों का पता लगाया जा सकता है। यहाँ एक उदाहरण पर्याप्त होगा। वैदिक भाषा में मूर्धन्य नासिक्य ध्वनि का व्यवहार प्रचुर मात्रा में होता है किन्तु इस भाषा की धातुओं में उसका उपयोग अति अल्प है। इससे यह प्रमाणित होता है कि वैदिक भाषा के शब्द-मूलों की रचना में **ण्** की भूमिका नगण्य है। इस भाषा की एक अवस्था में इस ध्वनि का व्यवहार होता ही न था, अन्य अवस्था में उसका प्रचुर व्यवहार होने लगा।

संस्कृत के विकास की अनेक मंजिलें हैं, संस्कृत के समानान्तर अनेक आर्य गणभाषाएँ बोली जाती थीं। इन गणभाषाओं की सामग्री जहाँ तहाँ पालि-प्राकृत-अपभ्रंश में मिलती है। आधुनिक आर्य भाषाओं का विकास समझने के लिए संस्कृत का विवेचन आवश्यक है, साथ ही संस्कृत का विवेचन करने के लिए, उसका ऐतिहासिक विकास समझने के लिए, आधुनिक आर्य भाषाओं से सहायता ली जा सकती है। इस समस्त विवेचन को अखिल भारतीय भाषाई संदर्भ में प्रस्तुत करना चाहिए।

इस दृष्टि से आधुनिक आर्य भाषा—विशेषतः हिन्दी—की कुछ विशेषताओं पर आगे विचार किया जाएगा।

२. मूर्धन्य ध्वनियों के केन्द्र

इंडोयूरोपियन भाषा-परिवार का ऐतिहासिक विवेचन करनेवाले विद्वान् यह मानते हैं कि आदि इंडोयूरोपियन भाषा में मूर्धन्य ध्वनियाँ नहीं थीं। इस आदि भाषा की भारत-ईरानी शाखा में भी ये ध्वनियाँ नहीं थीं। इनका विकास भारत में आर्यों के आने के बाद द्रविड़ जनों के सम्पर्क से हुआ अथवा स्वतः स्फूर्त ढंग से हुआ। मेरी

मान्यता भी है कि संस्कृत के मूल रूप में ये ध्वनियाँ नहीं थीं। ऊपर से देखने में इस मान्यता तथा ऐतिहासिक भाषाविज्ञान की परम्परागत स्थापना में कोई अंतर नहीं है। वास्तव में दोनों में बहुत बड़ा अन्तर है और यहाँ उसे स्पष्ट कर देना उचित है।

अंग्रेज़ी और जर्मन आदि उत्तरी यूरुप की जिन भाषाओं में भारतीय **ट्, ड्** जैसी ध्वनियाँ सुनाई देती हैं, उन्हें अनेक भाषाशास्त्री मूर्धन्य से भिन्न वर्त्स्य मानते हैं। इस प्रकार वे यूरुप की भाषाओं को मूर्धन्य-वृत्ति से मुक्त रखते हैं। किन्तु अनेक ध्वनि-शास्त्री हिन्दी की टवर्गीय ध्वनियों को वर्त्स्य मानते हैं; तब अंग्रेज़ी और हिन्दी की एक जैसी लगने वाली ध्वनियों में मौलिक अन्तर नहीं रह जाता। कुछ विद्वानों के अनुसार ऐसी ध्वनियों की पहचान जीभ की नोंक को ऊपर की ओर उलटने से होती है। इस-लिए मूर्धन्य के बदले वे ऐसी ध्वनियों को प्रतिवेष्टित कहना पसन्द करते हैं। उनकी यह बात मान लेने पर भी इस धारणा की पुष्टि नहीं होती कि प्रतिवेष्टित ध्वनियाँ केवल भारत में हैं, यूरुप में नहीं हैं। इंग्लैंड के उत्तर में नौर्थम्बरलैंड, और यूरुप के उत्तर में नौर्वे तथा स्वीडन, की भाषाओं में **ट्, ण्** का प्रतिवेष्टित उच्चारण होता है। यदि भारत में मूर्धन्य ध्वनियाँ स्वतः स्फूर्त ढंग से विकसित हुईं तो ऐसी ही क्रिया यूरुप के एक भाग में भी सम्पन्न हुई। इस बात के प्रमाण हैं कि यूरुप की प्राचीन भाषाओं में अनेक शब्द ऐसे हैं जो मूर्धन्य ध्वनियों वाले भारतीय शब्दों के प्रतिरूप हैं, प्रतिरूप ही नहीं वे भारतीय शब्दों के तद्भव रूप हैं। ग्रीक भाषा में एक शब्द **तेख्ने** है जो **तक्षन्** का सम्बन्धी है। ग्रीक शब्द का अर्थ है कौशल। यहां **क्ष्** का रूपान्तर **ख्** वैसे ही हुआ है, जैसे, मागधी वृत्ति के अनुरूप, **क्षेत्र** का रूपान्तर **खेत** है। इसलिए मेरी मान्यता यह है कि प्राचीन ग्रीक जैसी भाषाओं का शब्द-भंडार उस समय निर्मित हो रहा था जिस समय भारत में मूर्धन्य ध्वनियों का विकास हो चुका था।

मेरी मान्यता यह भी है कि मूर्धन्य ध्वनियों के विकास-केन्द्र भारत में ही थे। भारत के आसपास कोई ऐसा क्षेत्र नहीं है जहाँ दन्त्य **त्** का उच्चारण **ट्** (वर्त्स्य, मूर्धन्य या प्रतिवेष्टित) होता हो यानी ऐसा कोई भाषा-क्षेत्र मध्य या पश्चिमी एशिया में नहीं है जिसमें **त्, द्** का नितान्त अभाव हो। न ऐसा क्षेत्र दक्षिण भारत में है। किन्तु भारत के पश्चिम में सौराष्ट्र और पूर्व में असम ऐसे प्रदेश हैं जिनमें **त्, द्** का अभाव है। इसलिए यह मानना युक्तिसंगत है कि किसी अज्ञातनाम भाषा-परिवार ने आर्य और द्रविड़, दोनों परिवारों को प्रभावित किया है। तमिल में उसका कोई भी अपना शब्द **ट्** से आरम्भ नहीं होता। संस्कृत में थोड़े से शब्द **ट् ठ् ड् ढ्** से आरम्भ होते हैं। तमिल और संस्कृत से भिन्न हिन्दी में **ट् ठ् ड् ढ्** से आरम्भ होने वाले शब्द पचीसों हैं। असम और सौराष्ट्र दोनों क्षेत्र हिन्दी प्रदेश के दो छोरों पर हैं। इसलिए यह अनुमान तर्क-संगत है कि इन क्षेत्रों की भाषाओं के प्रभाव से, संस्कृत और तमिल की तुलना में, हिन्दी तथा अन्य आर्य भाषाएँ शब्द के आदि स्थान में, **ट् ठ् ड् ढ्** का व्यवहार अधिक करती हैं। यह तथ्य उल्लेखनीय है कि ईरानी क्षेत्र में ये ध्वनियाँ नहीं हैं किन्तु पश्तो में **ट्** के अलावा उत्क्षिप्त मूर्धन्य **ड़** की ध्वनि भी है। कश्मीरी, सिन्धी, पश्चिमी पंजाबी भाषाएं

दरद-समुदाय में गिनी जाती हैं। इस समुदाय का विशेष लक्षण ईरानी प्रभाव माना गया है किन्तु इस तथाकथित दरद-समुदाय में मूर्धन्य ध्वनियों का व्यवहार होता है और फ़ारसी में नहीं होता। कश्मीरी में **ढ्** और **ण्** की ध्वनियाँ नहीं हैं पर **ट्** और **ठ्** का व्यवहार खूब होता है। पंजाबी में **ण्** की भरमार है, **ट्** और **ड्** का प्रयोग भी खूब होता है। सिन्धी में जैसे दो तरह के **ब्** हैं, वैसे ही दो तरह के **ड्** हैं। एक में वायु का विस्फोट बाहर को होता है और दूसरे में वायु भीतर को खींची जाती है। सौराष्ट्र में **ण्** की बहुलता है, असम में इसका अभाव है। आर्य भाषा-क्षेत्र में मूर्धन्य ध्वनियों का विकास विषम रूप में हुआ है, संस्कृत की अपेक्षा अधिक हुआ है, आदि स्थानीय व्यवहार को देखते हुए द्रविड़ भाषाओं की अपेक्षा आधुनिक आर्य भाषाओं में ऐसी ध्वनियों का प्रयोग अधिक हुआ है। **ढ़्** और **ड़्** का व्यवहार संस्कृत से हिन्दी की अलग ध्वनितंत्रीय विशेषता सूचित करता है। किन्तु वैदिक भाषा में संभवतः इनका व्यवहार होता था। ऋग्वेद के पहले ही मंत्र में **ईडे** और उसका प्रतिरूप **ईळे** दोनों प्रयुक्त होते हैं। सायण ने इस मंत्र के भाष्य में यह प्रचलित स्थापना उद्धृत की है: **अज्मध्यस्थ डकारस्य ळकारं बह्वृचा जगुः। अज्मध्यस्थ ढकारस्य ळ्हकारं वै यथा क्रमम्॥** दो स्वरों के बीच **ड्** और **ढ्** का उच्चारण उत्क्षिप्त होता है।

संस्कृत के मूल रूप में मूर्धन्य ध्वनियाँ नहीं थीं। संस्कृत के विकास की एक अवस्था में जब इन ध्वनियों का व्यवहार होने लगा, तब यूरुप की अनेक भाषाओं ने ऐसे भारतीय भाषा-तत्व ग्रहण किये जो मूर्धन्यीकरण वृत्ति के साक्षी हैं। आर्य और द्रविड़ दोनों भाषा-परिवारों को किसी टवर्ग प्रेमी भाषा परिवार ने प्रभावित किया। यह असंभव नहीं कि यह टवर्ग प्रेमी परिवार भी भारतीय आर्य परिवार के अन्तर्गत हो, उसकी एक शाखा हो। शाखा कहने से यह आशय नहीं है कि उसका उद्भव किसी आदि आर्य भाषा से हुआ। आशय यह है कि यहां भिन्न प्रकार की ध्वनियों के अनेक विकास-केन्द्र रहे हैं। उनके परस्पर सम्पर्क और भाषा-तत्वों के परस्पर आदान-प्रदान से आर्य भाषा-परिवार के ध्वनितंत्र का निर्माण हुआ। किसी-भाषा परिवार का ध्वनितंत्र स्थिर इकाई नहीं होता। आधुनिक आर्य भाषाओं का ध्वनितंत्र एकसा नहीं है; यह सहज अनुमेय है कि प्राचीन काल में विभिन्न आर्य गण-भाषाओं का ध्वनितंत्र भी एक सा नहीं था। संस्कृत में मूर्धन्यीकरण की कुछ प्रवृत्तियाँ व्यापक हैं किन्तु आधुनिक आर्य भाषाओं में उनका अभाव है। दूसरी ओर आधुनिक आर्य भाषाओं में मूर्धन्य ध्वनियों के व्यवहार की कुछ प्रवृत्तियाँ ऐसी हैं जो संस्कृत में अपेक्षाकृत विरल हैं या वहाँ उनका अभाव है। यह बिल्कुल संभव है कि मध्य देश की आर्य भाषा में पहले टवर्गीय ध्वनियों का व्यवहार बिल्कुल न होता हो, उसके पूर्व और पश्चिम की कुछ आर्य गण-भाषाओं में इनका व्यवहार यथेष्ट रूप में होता हो। आर्य गण-भाषाओं में जो भाषा संस्कृत नाम से विख्यात हुई, वह मूलतः मध्यदेश की भाषा थी। अपने मूल रूप में वह मूर्धन्य ध्वनियों का व्यवहार न करती थी। 'संस्कृत' रूप में इन ध्वनियों का व्यवहार वह पर्याप्त रूप में करने लगी। इसका कारण अन्य आर्य गण-भाषाओं का प्रभाव हो सकता है।

भारत में और भारत के बाहर इंडोयूरोपियन परिवार की कोई ऐसी भाषा नहीं है जिसमें मूर्धन्य ष् का व्यवहार अब बोलचाल के स्तर पर होता हो। संस्कृत से चले आते हुए शब्दों में ही इस ध्वनि का प्रयोग होता है, वह भी लिखित रूपों में अधिक, उच्चारण में बहुत कम। द्रविड़ भाषा-परिवार में एक भाषा अब भी ऐसी है जिसमें तीनों सकार बोले जाते हैं और वे अर्थ-विच्छेदक भी हैं। यह नीलगिरि पर्वतमाला में रहने वाली तोद नाम की अल्पसंख्यक द्रविड़ जाति है। इसका अध्ययन और विवेचन संस्कृत तथा द्रविड़ भाषाओं के विशेषज्ञ एमेनो ने किया है। उनका कथन प्रामाणिक माना जाएगा।

द्रविड़ भाषा परिवार के ध्वनितंत्र का ऐतिहासिक विवेचन करने वाले विद्वान् मूल द्रविड़ भाषा में किसी सकार का अस्तित्व नहीं मानते। तोद तथा अन्य द्रविड़ भाषाओं के ध्वनितंत्रों में अनेक विलक्षणताएँ हैं जिनकी व्याख्या किसी आदि द्रविड़ भाषा के आधार पर नहीं की जा सकती। जहां तक तोद भाषा का सम्बन्ध है, उसका ध्वनितंत्र अनेक बातों में पड़ोसी द्रविड़ भाषाओं के ध्वनितंत्र से भिन्न है। ऐतिहासिक भाषाविज्ञान के विशेषज्ञ मानते हैं कि द्रविड़ों ने भारत में उत्तर-पश्चिम से प्रवेश किया। ऐतिहासिक भाषा विज्ञानी यह भी मानते हैं कि उत्तर-पश्चिम भारत के बहुत से द्रविड़, आर्यों से सम्पर्क होने पर, दो भाषाएँ बोलने लगे थे। आर्यों ने द्रविड़ों को पराजित किया, इसलिए कल्पना यह की जाती है कि द्रविड़ों ने ही आर्य भाषा सीखी होगी। पर जैसे आज भी विभिन्न द्रविड़ भाषाएँ बोलने वाले समाज विकास की विभिन्न अवस्थाओं में हैं, वैसे ही प्राचीन आर्य गणसमाज भी विकास की विभिन्न अवस्थाओं में थे। संभव है कि इनमें से अनेक ने द्रविड़ भाषाएँ बोलना शुरू किया हो। जैसे भारत में कुछ कोल-समुदाय अपनी भाषा छोड़कर अब कोई द्रविड़ भाषा ही बोलते हैं, वैसे ही यह संभव है कि कुछ आर्य गण, अपनी भाषा छोड़कर, द्रविड़ भाषा बोलने लगे हों। मेरा अनुमान है कि तोद समुदाय ऐसा ही एक प्राचीन आर्य गण था। इस संदर्भ में उनके शारीरिक गठन की विशेषताएँ उल्लेखनीय हैं।

भाषाशास्त्र में नस्ल के सिद्धान्त को विवेचन से दूर रखना चाहिए, यह बात सही है। आर्य भाषाएँ बोलने वाले गोरे थे या काले, इस विवाद से दूर रहना उचित है। किन्तु एक प्राकृतिक परिवेश में रहते रहते लोगों का रंग रूप एक दूसरे से मिलने जुलने लगता है, भले ही वे अलग नस्लों के हों। अमरीका में अनेक देशों के लोग जाकर बस गए हैं। यूरुप के गोरे लोगों से इन्हें अलग पहचाना जा सकता है। अफ्रीका के काले आदमियों से अमरीका के काले आदमियों को भी अलग पहचाना जा सकता है। बंगाल में यदि तिब्बत और मंगोलिया के निवासियों की सामान्य आकृति से मिलते जुलते रूप रंग वाले लोग मिलें तो यह कल्पना की जा सकती है कि नाग (चीनी तिब्बती) भाषाएँ बोलने वालों ने बँगला नाम की आर्य भाषा स्वीकार कर ली है। तोद लोगों का रूप रंग उन्हें देखने वालों के लिए आश्चर्य का विषय रहा है। आसपास के द्रविड़ों से उनकी आकृति भिन्न है। उनकी नाक लम्बी और रंग गोरा होता है। इस तरह के

लोग भारत के उत्तर पश्चिमी भागों में अधिक दिखाई देते हैं। इस तोद जन-समुदाय ने द्रविड़ भाषा स्वीकार की, साथ ही उसने अपनी मूल आर्य भाषा के ध्वनितंत्र की एक ऐसी विशेषता कायम रखी जो अब किसी आधुनिक आर्य भाषा में नहीं है, अन्य द्रविड़ भाषाओं में तो उसका अभाव है ही। यह विशेषता मूर्धन्य **ष्** का व्यवहार है। यह ध्वनि किन्हीं संस्कृत शब्दों तक सीमित नहीं है, वह अर्थ-विच्छेदक ध्वनि है और उसका व्यवहार उन शब्दों में होता है जो संस्कृत में नहीं हैं। नीलगिरि पर्वतमाला में अलग-थलग शताब्दियों तक एकान्त जीवन बिताने के कारण तोद-समाज इस ध्वनि की रक्षा कर सका। यदि भारत के उत्तर-पश्चिम में काफिर कहलाने वाले इस्लाम धर्मानुयायी जनों की भाषा का अध्ययन करें तो यह देखकर आश्चर्य होगा कि उनमें संस्कृत के ऐसे शब्दों का व्यवहार अपढ़ लोग करते हैं जैसे शब्दों का व्यवहार शिक्षित हिन्दी भाषी अपनी बोलचाल में नहीं करते। इसी प्रदेश का कोई पुराना कबीला अब द्रविड़ भाषा बोलता हो, फिर भी कुछ प्राचीन आर्य ध्वनियों की रक्षा किये हो, तो इसमें आश्चर्य की बात नहीं है। ऐसे अनेक आर्य गण-समाजों ने मध्यदेश की भाषा को प्रभावित किया होगा, यह अनुमान तर्कसंगत है।

तोद भाषा में मूर्धन्य **ष्** की महिमा केवल आधुनिक आर्य भाषाओं को देखते अधिक है; संस्कृत में उसका व्यवहार तोद की अपेक्षा अधिक है। फिर भी संस्कृत के शब्द-निर्माण में उसकी भूमिका गौण है और यह धारणा पुष्ट होती है कि अनेक स्थितियों में वह ध्वनि तालव्य और दन्त्य सकारों का स्थान लेती है। संस्कृत में बहुत थोड़े शब्द हैं जिनके आदि स्थान में **ष्** का प्रयोग होता है। इनमें सामान्य शब्दावली का बहुत महत्वपूर्ण शब्द **षष्** है। जिस समय दशमलव पद्धति की गणना का निर्माण हुआ, उस समय **ष्** ध्वनि का विशेष प्रयोग करने वाला यह गण काफी प्रभावशाली रहा होगा। रूसी में **षष्** का प्रतिरूप **शेस्त** है। मूर्धन्य के स्थान पर तालव्य **श्** का व्यवहार कुछ लोगों के लिए सहज है किन्तु अंग्रेजी में **सिक्स** के आदि स्थान में दन्त्य **स्** है और यही स्थिति लैटिन रूप **सेक्स** की है। ग्रीक प्रतिरूप **हेक्स** मूर्धन्य **ष्** वाले रूप के आधार पर नहीं बना, वह दन्त्य स् वाले रूप के आधार पर बना है। **ह्** वहां **स्** का रूपान्तर है। इसलिए इस बात की पूर्ण संभावना है कि इस शब्द के आदि स्थान में मूलतः दन्त्य **स्** था। मान लीजिए, हिन्दी **छठे** के लिए प्राचीन **सस्थ** जैसा कोई रूप प्रचलित था। जैसे **स्था** क्रिया का एक रूप **तिस्थति** के बदले **तिष्ठति** होता है, वैसे ही **सस्थ** परिवर्तित होकर **सष्ठ** बन सकता है, पुनः अन्तिम वर्ण के मूर्धन्य व्यंजनों के संसर्ग से आदि स्थानीय **स्** भी **ष्** हो गया। फिर **षष्ठ** का शब्द मूल **षष्** कल्पित किया गया।

संस्कृत में ऐसे शब्द बहुत नहीं हैं जिनमें **ष्**, अन्य सकारों से भिन्न, अर्थविच्छेदक भूमिका पूरी करता हो। **भाषते, भासते** जैसे रूपों में इसकी अर्थ-विच्छेदक भूमिका है पर मुख्य अन्तर तालव्य और दन्त्य सकारों में है। विस, विश, विष तीन भिन्न शब्द हैं। पहला शब्द कमलनाल का अर्थ देता है, दूसरा जन समुदाय का सूचक है। यह संभव है कि ऐसे शब्द पहले और भी रहे हों, वैदिक काल तक इनकी संख्या कम हो गई हो।

ऐसे अनेक शब्द हैं जिनमें **स्** और **ष्** का वैकल्पिक प्रयोग होता है। **यस्** और **येष्** दोनों का अर्थ प्रयास करना है। जैसे वैदिक भाषा में **र्** और **ल्** ध्वनियों वाले शब्दों के वैकल्पिक रूप मिलते हैं, वैसे ही उक्त दोनों रूप हैं, और वे दो गण-भाषाओं के सम्पर्क की ओर संकेत करते हैं। इसी प्रकार **कसेरु, कशेरु, कषेरु**—तीनों रूपों का चलन था और तीनों का ही अर्थ मेरु दंड था। एक ही अर्थ देने वाले ऐसे वैकल्पिक रूप भिन्न ध्वनि-प्रकृति वाली भाषाओं के **संगम** का प्रमाण हैं। वैदिक भाषा और उत्तरकालीन संस्कृत में **उषा** शब्द खूब प्रचलित हुआ। **ऊष्मा, उष्ण** आदि शब्द **उष्** क्रिया से निष्पन्न हुए। किन्तु इसके मूल रूप में दन्त्य **स्** का व्यवहार होता था। **वस्** (प्रकाशित होना) का विकास **उष्** है, **उष्** का विकास **वस्** नहीं है। **वस्** क्रिया से **वासर, वसन्त** आदि शब्द बनते हैं। मूर्धन्य **ष्** ने दन्त्य सकार का स्थान कैसे लिया है, इसका बहुत अच्छा उदाहरण **उषा** शब्द है। यदि अब कोई **उसा** कहे तो लोग अशुद्ध कहकर उस पर हँसेंगे पर **वस्** ही नहीं, **वस्** के प्रतिरूप **उस्** में भी दन्त्य सकार है। **उस्र** शुद्ध 'संस्कृत' शब्द है और इसका अर्थ भी प्रभात है।

उकार के संसर्ग से **वस्** के दन्त्य सकार का मूर्धन्यीकरण हुआ हो, ऐसा नहीं कहा जा सकता। ऐसा होता तो **उस्र** जैसा रूप संभव न होता किन्तु संस्कृत में अनेक रूप ऐसे हैं जिनमें किसी ध्वनि विशेष के संसर्ग से मूल दन्त्य **स्** अथवा तालव्य **श्** का मूर्धन्यीकरण हुआ है। क्रिया है **नश्**; इससे कृदन्त रूप बनता है **नष्ट**। क्रिया है **भ्रंश्** (अथवा **भ्रश्**); इससे कृदन्त रूप बना **भ्रष्ट**। (कोश में इसका वैकल्पिक रूप **भ्रंस्** भी दिया हुआ है।) क्रिया है **दंश्**, इससे संज्ञा रूप बना **दंष्ट्र**। ऐसे रूपों में तालव्य **श्** का स्थान मूर्धन्य **ष्** लेता स्पष्ट दिखाई देता है। संस्कृत में फ़ारसी के **गश्त, पुश्त** जैसे रूप हैं ही नहीं। इसका अर्थ यह हुआ कि अनेक शब्दों में **श्** और **ष्** का प्रयोग संदर्भगत है, अर्थगत नहीं। किन्तु तालव्य **श्** के साथ दन्त्य **त्** का संयोग होता क्यों नहीं है? **स्त** जैसे रूप तो संस्कृत में बहुत हैं पर **श्त** जैसे रूप नहीं हैं, इसका कारण यह हो सकता है कि तालव्य **श्** का उच्चारण भी मूर्धन्य जैसा होता था; उसके संसर्ग से **त्** दन्त्य न होकर मूर्धन्य या वर्त्स्य होता था।

संस्कृत में अनेक ऐसे शब्द हैं जिनमें **न्** के संसर्ग से **स्** मूर्धन्य रूप ग्रहण करता दिखाई देता है। **सिध्** क्रिया से **सिद्ध** रूप बना पर जहाँ **नि** उपसर्ग लगा, वहीं **स् निषिद्ध** हो गया! **उपनिषद्** में **सद्** (बैठना) क्रिया है। **नि** के संसर्ग से **ष्** का व्यवहार हुआ। इसी प्रकार **स्था** क्रिया से **निष्ठा** रूप बना। **सेव्** (सेवा करना, रहना) का **नि**-उपसर्ग-युक्त प्रतिरूप **निषेव्** बना, **सूद्** से इसी प्रकार **निषूद्** (मारना) रूप बना। इस परिवर्तन का कारण क्या है? या तो यह **न्** मूर्धन्य था, भले ही उसके लिए उपयुक्त लिखित चिह्न का व्यवहार न किया गया हो, या वह मूर्धन्य नासिक्य के बहुत निकट उच्चरित होता था। संस्कृत में एक भी शब्द **ण्** से आरम्भ नहीं होता, प्राकृतों में ऐसे शब्दों की भरमार है। ऐसे प्राकृत शब्दों को उचित ही अप्राकृतिक माना गया है। किन्तु **निषिद्ध, निष्ठा** जैसे रूप इस संभावना की ओर प्रबल संकेत करते हैं कि वैदिक भाषा में एक

समय मूर्धन्य नासिक्य का आदि स्थानीय व्यवहार होता था। जिस समय सारा वैदिक वाङ्मय लिपिबद्ध किया गया, उस समय आदि स्थानीय **ण्** का व्यवहार नित्य प्रयोग से लुप्त हो चुका था। इसके सिवा लौकिक संस्कृत का विकास करने वाले और वैदिक वाङ्मय का संपादन करने वाले लोग मुख्यत: मध्यदेश के थे जिनके यहाँ आदि स्थानीय **ण्** का व्यवहार होता न था। आधुनिक आर्य भाषाएँ बोलने वाले **ण्** का उच्चारण उत्क्षिप्त ध्वनि जैसा करते हैं, इसलिए वह **ड़्** जैसा सुनाई देता है। इस कारण प्राकृतों में आदि स्थानीय **ण्** आवश्यकता से अधिक अप्राकृतिक लगता है। एक बात असंदिग्ध है कि **नि** जैसे उपसर्ग का साथ होने पर किसी भी आधुनिक आर्य भाषा में दन्त्य सकार का मूर्धन्यीकरण नहीं होता। संस्कृत और इन भाषाओं के ध्वनितंत्र में यह मौलिक भेद है।

संस्कृत में **क्** और **स्** दोनों ध्वनियाँ हैं किन्तु **क्स्** जैसी संयुक्त ध्वनियों वाला रूप एक भी न मिलेगा। अरबी के **अक्स**, **अक्सर** शब्दों जैसा कोई रूप संस्कृत में नहीं है। **दक्ष**, **तक्षन्**, **शिक्षा**, **पक्षी**, **चक्षु** आदि में जो संयुक्त ध्वनि **क्ष्** दिखाई देती है, उसमें पहला तत्व **क्** है और दूसरा **ष्**। यह दूसरा तत्व दन्त्य सकार का रूपान्तरण है। हिन्दी की ध्वनि प्रकृति के लिए **क्** और **स्** का संयोग सहज ग्राह्य है। **अक्सर**, **बक्सर**, **बक्सा**, **सक्सेना** जैसे रूप खूब प्रचलित हैं, चाहे घर के हों चाहे बाहर के। अंग्रेज़ी **डेस्क** छात्रों के सामान्य उच्चारण में **डेक्स** हो जाता है। **रिक्शा** को **रिक्सा** कहना आम बात है। आधुनिक आर्य भाषाओं में उनके ऐसे अपने शब्द बहुत ढूँढ़ने पर मिलेंगे जिनमें **क्स्** संयुक्त ध्वनि का प्रयोग हुआ हो पर ऐसा प्रयोग किसी समय होता था, यह प्रमाणित किया जा सकता है।

लैटिन में एक शब्द है **देक्सतेर्** जिसका अर्थ है दाहने हाथ की ओर। इसी श्रेणी में **देक्सतेरे** (दक्षतापूर्वक), **देक्सतेरितस्** (दक्षता)आदि शब्द हैं। इन शब्दों का सम्बन्ध ग्रीक **तेख्ने** (कौशल) से है जिसका उल्लेख पहले हो चुका है। संस्कृत के **क्ष्** वाले रूप से ग्रीक शब्द बना, इसलिए उसमें **ख्** ध्वनि है, लैटिन रूप का विकास मूल मध्यदेशीय **क्स्** ध्वनि वाले रूप से हुआ, इसलिए यह मूल ध्वनि, मूर्धन्यीकरण से पूर्व ध्वनि-संबंधी स्थिति की सूचना देती हुई वहाँ प्रतिष्ठित है। पर यह लैटिन शब्द-मूल **देक्स** भारतीय स्रोत का है, इसका प्रमाण क्या है ?

दक्ष, **तक्षन्**, **देक्सतेर**, **तेख्ने** आदि रूप बहुत दिलचस्प हैं और इस गोत्र की पूरी नामावली पर ध्यान देने से अर्थ-विकास की प्रक्रिया ही स्पष्ट नहीं हो जाती, वरन् ध्वनि-परिवर्तन की मंज़िलें भी बहुत साफ़ दिखाई देने लगती हैं। प्राचीन आर्यजनों के लिए **करना** क्रिया का बड़ा महत्व था और इस क्रिया का सम्बन्ध मनुष्य को पशुओं से भिन्न करने वाले उसके अंग हाथ से था। हाथ से काम लेने के कारण मनुष्य कौशल का विकास कर सका, पशुओं से भिन्न सामाजिक प्राणी का जीवन बिता सका। **कर** शब्द संज्ञा हाथ और क्रिया करना के अभिन्न सम्बन्ध का प्रमाण है। हाथ का पूर्वरूप **हस्त** था, फ़ारसी प्रतिरूप **दस्त** है। इन दोनों का जनक **धस्त** रूप था जिसका अवशेष केवल

हिन्दी **धंधा** में देखा जा सकता है। **धन्धा** में **न्** वैसे ही है जैसे **हस्त** के अंग्रेजी प्रतिरूप **हैन्ड** में है। पहली मंजिल वह है जिसमें **धस्त** का प्रयोग होता था। दूसरी मंजिल वह जब **धस्त हस्त** बना। **धस्** क्रिया कहीं भी करने के लिए प्रयुक्त नहीं होती किन्तु **दस्** क्रिया होती थी। **दास** का मूल अर्थ है काम करने वाला। अंग्रेज़ी **डू**, रूसी **देलात्** (करना) उसी **दस्** के वंशज हैं। **हस्त** के समानान्तर **दस्त** विकास की तीसरी मंज़िल है। **दस** का अर्थ हाथ भी रहा होगा; इसी से संख्या सूचक **दस** की कल्पना की गई। इस **दस** के सकार का तालव्यीकरण हुआ और संस्कृत **दश** शब्द बना। रूसी में **देस्यत्** शब्द दन्त्य सकार बचाये हुए है। संख्या सूचक **दश** का सम्बन्ध हाथ का अर्थ देने वाले **दस्त** या **दस** से है, इसका प्रमाण पश्तो भाषा का **लस** शब्द है। इसका एक अर्थ है हाथ, दूसरा अर्थ है दस। संस्कृत **दश** मध्य देशीय मूल रूप **दस** का विकास है।

जैसे **दिश्** का एक प्रतिरूप **दिक्** है, वैसे ही **दश** का एक विकास और हुआ **दक**। यह विकास उन नाग लोगों ने किया जो भारत के एक भाग में अब भी शुक्रवार को **कुक्रवार** कहते हैं। **दक्** में **स** प्रत्यय लगने पर **दक्स** रूप बना। यही रूप लैटिन में पहुँचा। फिर विकास की एक और नई मंज़िल आई। इसे लाने वाले संभवत: ऐसे लोग थे जिनकी भाषा में मूर्धन्य छोड़कर अन्य सकार था ही नहीं। **क्** का उच्चारण भी ये लोग मूर्धन्य जैसा करते थे। यदि दन्त्य **स् क्** से पहले आये तो वह सुरक्षित रहता था यथा **तस्कर, भास्कर** आदि रूपों में। किन्तु यदि **क्** पहले आया, तो अनुगामी दन्त्य सकार की खैर नहीं, उसका मूर्धन्यीकरण हो के रहेगा। इस क्रम में **क्** की भूमिका नियामक है; वह अनुगामी ध्वनि को अपने अनुकूल परिवर्तित कर लेता है। भाषाशास्त्रियों ने एक तालव्य **क्** की कल्पना की है, आदि इंडोयूरोपियन भाषा का तालव्य **क्** जो **शतम्** शाखा में तालव्य **श्** बना। उन्होंने मूर्धन्य **क्** की कल्पना नहीं की। वैदिक भाषा के निर्माण काल में एक आर्य गण-भाषा अवश्य ऐसी थी जिसमें मूर्धन्य ध्वनियों की प्रबलता थी। ऐसी ध्वनियों के प्रसंग में सामान्यत: लोग टवर्गीय ध्वनियों का स्मरण करते हैं। प्रस्तुत संदर्भ में जिस गण-भाषा के अस्तित्व की कल्पना की गई है, उसमें **ण्** को छोड़कर अन्य टवर्गीय ध्वनियों का अपेक्षाकृत अभाव था। उसकी विशेषता थी **क्** जैसी ध्वनि का मूर्धन्य उच्चारण, आदि स्थानीय **न्** का मूर्धन्य उच्चारण, और ह्रस्व-दीर्घ **अ आ** को छोड़कर संभवत: सभी स्वरों का मूर्धन्य उच्चारण। स्वरों की चर्चा आगे होगी। यहाँ **दक्ष** वाला प्रसंग है। मूर्धन्य **क्** के प्रभाव से दन्त्य सकार मूर्धन्य हुआ, संयुक्त ध्वनि **क्ष्**—संस्कृत की खास पहचान—का उद्‌भव हुआ, **दक्स** रूपान्तरित होकर **दक्ष** बना। हाथ से हर तरह के काम करने से यह **दक्ष** कौशल का सूचक हुआ। और ये आर्य गण सारे काम अधिकतर दाहने हाथ से करते थे, इसलिए जो हाथ अधिक कुशल था, वह **दक्षिण** कहलाया। **दक्षिणा** लेने देने का काम भी इसी से सम्पन्न हुआ, इसलिए इस कौशल का सूचक शब्द भी **दक्ष** गोत्र में आ मिला। सूर्योपासक आर्यगण उदय होते हुए सूर्य की ओर मुंह करके खड़े हुए, तो उन्होंने सामने की दिशा को **पूर्व** कहा, जो दिशा पीठ पीछे थी उसे **पश्चिम** कहा और जो दाहने हाथ की ओर थी, उसे **दक्षिण** कहा। जिन मैदानों में

खड़े होकर वे सूर्योपासना करते थे, उनसे हिमालय की पवत माला बाईं ओर थी, काफी दूर **थी**, मैदानों को देखते बहुत ऊँची थी. इसलिए वह दिशा **उत्तर** कहलाई।

भारत के उत्तर-पश्चिमी प्रदेशों में द्रविड़ों से घनिष्ठ सम्पर्क होने पर आदि स्थानीय **द्** अघोष हो गया और **दक्ष** ने **तक्ष** रूप धारण किया। इसी **तक्ष** के प्रभाव से गन्धार प्रदेश की **तक्षशिला** नगरी विश्वप्रसिद्ध हुई। रथ बनाना कौशल का एक महत्वपूर्ण काम था। ऐसे कारीगर **तक्षक** कहलाए, तमिल में **तक्षन्** का प्रतिरूप **तट्चन्** अब भी बढ़ई के लिए प्रयुक्त होता है। इसी **तक्ष** या **तक्षन्** से ग्रीक रूप **तेख्ने** बना जिसकी सन्तान **तकनीक, टेकनीकल** आदि सारी दुनिया में छाये हुए हैं।

धस्त, हस्त, दस्त, दस, दश, दक्स, दक्ष, तक्ष आदि रूप भाषा के विकास की अनेक मंजिलें प्रमाणित करते हैं। इनमें एक मंज़िल वह है जिसमें दन्त्य सकार का मूर्धन्यीकरण होता है। वह भाषा के विकास क्रम की आदिम मंजिल नहीं है।

तालव्य **श्** के अतिरिक्त अन्य ध्वनियाँ भी **क्** में परिवर्तित होती हैं और **स्** से संयुक्त होने पर **क्ष्** रूप में व्यक्त होती हैं। **शिक्षा**—यहाँ **शिष्य** के **शिष्** का षकार **क्** में परिर्वावित हुआ है। यह मूर्धन्य **ष्** पहले तालव्य रहा हो तो आश्चर्य नहीं। **पक्षी** में मूल क्रिया **पक्** नहीं है। **पक्ष** और **पक्षी** की व्याख्या के लिए **पक्ष्** जैसी एक क्रिया कल्पित हुई है। **पक्ष** और **पक्षी** का सीधा सम्बन्ध उड़ने का अर्थ देने वाली **पत्** क्रिया से है। इस रूप का अन्तिम व्यंजन **त्** **ष्** में बदलता है और **ष्** पुनः **क्** में। इस प्रकार **पक्** शब्दमूल में **स** प्रत्यय लगने पर **पक्ष** शब्द बना। **पत्** से **पक्ष** के निर्माण की तरह **सृज्** से **सृष्टि** की रचना भी यथेष्ट रोचक है। मूल क्रिया की **ज्** ध्वनि (नाग प्रभाव से) **ज़्** बनी अर्थात् **ज्** व्यंजन-तत्व के स्थान पर सघोष सकार का व्यवहार हुआ जैसे संस्कृत **ध्रस्** के समानान्तर अंग्रेजी की **इज़** क्रिया है। पुनः सघोष सकार में रूपान्तरण हुआ और उसने अघोष सकार का रूप लिया। **त** अथवा **ति** प्रत्यय से संयुक्त होने पर दो मूर्धन्य ध्वनियों का प्रादुर्भाव हुआ, **ष्** और **ट्** का। इस प्रकार **सृष्टि** रूप की रचना हुई। ऐसी रचना मध्य देशीय भाषा के विकास की बहुत बाद की ही मंजिल में संभव हुई, यह मानना होगा। निष्कर्ष यह कि **ष्, क्ष** आदि ध्वनियों के अनेक अमूर्धन्य स्रोत हैं।

क्ष् का एक स्रोत कंठ्य **घ्** है। इसका सघोष **ग्** तत्व जब अघोष हुआ तब रह गया **क्**; **घ्** की महाप्राणता का रूपान्तर हुआ **ह्**, फिर महाप्राण **ह्**, **स्** में परिवर्तित हुआ, पुनः **क्** के संसर्ग से **ष्** बना। इस प्रकार **घ्** **क्ष्** में रूपान्तरित होगा। मोनियर विलियम्स ने **क्षम्** (पृथ्वी) के अन्तर्गत उसके संबन्ध-कारक एक वचन के ये रूप दिये हैं; **ग्मस्, ज्मस्, क्ष्मस्**। तीन वैकल्पिक रूप तीन तरह के ध्वनि परिवर्तनों को वैदिक भाषा में सुरक्षित किये हैं। **ग्म** से **क्ष्म** कैसे बनेगा या **क्ष्म** से **ग्म** कैसे बनेगा, किसी ऐतिहासिक भाषा-विज्ञानी ने इसकी व्याख्या नहीं की। पर ये तीनों रूप **घ्म** के आधार पर आसानी से समझ में आ जाते हैं। एक प्रवृत्ति सघोष महाप्राण ध्वनि को अल्पप्राण रूप में ग्रहण करने की; इससे **ग्म** रूप मिला। दूसरी प्रवृत्ति कंठ्य ध्वनि को तालव्य करने की (इसकी चर्चा थोड़ी ही देर में आगे होगी), इससे **ज्म** रूप मिला। तीसरी प्रवृत्ति मूर्धन्यीकरण की

जिसमेंसघोष महाप्राण ध्वनि को अल्पप्राण ही नहीं, अघोष करने की प्रवृत्ति भी शामिल है, इससे **क्ष्म** रूप मिला ये सारे परिवर्तन, भिन्न गणभाषाओं के प्रभाव से, एक ही भाषा में हो रहे है। ध्वनि परिवर्तन के 'अटल' नियम इन गणभाषाओं की विरोधी प्रवृत्तियों के कारण काफी लचीले साबित होते हैं।

संस्कृत **नक्त** (रात्रि) ग्रीक भाषा में **नुक्स्**, लैटिन में **नोक्स्** है। संयुक्त ध्वनि **क्त्** बदल कर **क्स्** हुई। **नक्त** का भारतीय प्रतिरूप **नक्स** भी यहां प्रचलित था, इसका पता **नक्षत्र** के **नक्ष** से चलता है। **नक्ष**— रात्रि; **तर**—जो चमके (तारा; वर्णसंकोच से **त्र**); इस प्रकार **नक्षत्र** रूप बना। यहाँ संयुक्त मूर्धन्य ध्वनि **क्ष्** का स्रोत है **क्त्**। जैसे **घ्** से **ज्** और **क्ष्** वाले (**घ्म से ज्म** और **क्ष्म**) दो रूप मिलते हैं, वैसे ही यदि **झर्** और **क्षर्** का एक ही अर्थ हो तो मूल रूप **घर्** मान लेना चाहिए।

संस्कृत में **इस, ईस, कीस, उस, ऊस, कूस, एस, केस, श्रोस, कोस** जसे रूप कठिनाई से मिलते हैं। ह्रस्व और दीर्घ अकार के पड़ोस में दन्त्य **स्** अधिकतर सुरक्षित रहता है। अन्यत्र या तो उसका तालव्यीकरण होता है या मूर्धन्यीकरण। **केसर, केसरी, कोसल** जैसे शब्द संस्कृत में बहुत थोड़े हैं। इससे यह अनुमान होता है कि अकार को छोड़कर शेष स्वरों का उच्चारण तालव्य अथवा मूर्धन्य होता था। वैदिक भाषा या संस्कृत का व्यवहार करने वाले सभी आर्यजनों का उच्चारण ऐसा था, यह स्थापना नहीं है। कुछ गण-समाज अधिकांश स्वरों का मूर्धन्य किंवा तालव्य उच्चारण करते थे; वे मध्यदेश की मूल भाषा पर अपनी ध्वनि प्रकृति की अमिट छाप छोड़ गए हैं। इनमें तालव्यीकरण की वृत्ति का सम्बन्ध मगधगण से हो सकता है, मूर्धन्यीकरण किसी उत्तर-पश्चिमी गणसमाज की वृत्ति थी। इसी ने **अ इ उ** आदि के अतिरिक्त एक नए स्वर **ऋ** को जन्म दिया।

ऋ स्वर मूर्धन्य है, इसमें किसी को सन्देह नहीं। इंडोयूरोपियन परिवार की भाषाओं में इसका प्रचुर व्यवहार केवल संस्कृत में है। इसे आदि इंडोयूरोपियन भाषा की मूल ध्वनि भी माना गया है। फिर भी ऐतिहासिक भाषा विज्ञान की मान्यता है कि मूर्धन्य ध्वनियों का विकास आर्यों के भारत में प्रवेश करने के बाद ही हुआ। व्यंजन ही नहीं, स्वर भी मूर्धन्य हो सकते हैं। ऐसे मूर्धन्य स्वरों में **ऋ** है। भारत का कोई आर्येतर भाषा परिवार **ऋ** स्वर का व्यवहार नहीं करता; पहले करता था, इसका प्रमाण नहीं है। स्वर और व्यंजन दिन और रात की तरह एक दूसरे से पूर्णत: भिन्न प्रतीत होते हैं, पर दिन और रात के बीच संध्या की संक्रमण वेला भी होती है, वैसे ही इस **ऋ** स्वर में **र्** व्यंजन तत्व विद्यमान है। यह **र्** स्वयं अन्तस्थ है, उसकी स्थिति स्वरों और व्यंजनों के बीच की है। अत: उसे स्वर का अंश बनने में कठिनाई नहीं होती। **ऋ** का अन्तस्थ **र्** तत्व मूर्धन्य है, मध्यदेशीय दन्त्य **र्** से यह भिन्न है। पाणिनि के समय में इसका आर्ष मूर्धन्य उच्चारण लुप्त हो गया था और मूल दन्त्य **र्** का व्यापक चलन था। पर वैदिक भाषा के निर्माण-काल में यह स्थिति नहीं थी। संस्कृत में **वर्स हर्स उत्कर्ष** जैसे रूप असंभव हैं। **वर्ष** शब्द **वर्** क्रिया से बना है, उसी से **वारि** व्युत्पन्न है। जैसे संस्कृत में **क्** व्यंजन के

साथ दन्त्य **स्** संयुक्त दिखाई नहीं देता, वैसे ही **र्** के साथ इस सकार का संयोग दुर्लभ है। **स्** को ही नहीं, आसपास दन्त्य **न्** हुआ तो यह उसे भी मूर्धन्य रूप दे देता है। **नमस्कार** और **प्रणाम** दोनों रूप **नम्** क्रिया से बने हैं। पहले रूप में **र्** और **न्** के बीच काफ़ी फासला है; दूसरे रूप में दोनों पड़ोसी हैं। इसलिए दूसरे रूप में **र्** के बाद **ण्** का व्यवहार हुआ है। **ऋ** स्वर में इसी मूर्धन्य अन्तस्थ **र्** का तत्व है।

ऋ का उच्चारण इकार-उकारवत्, दोनों प्रकार होता है। उत्तर-पश्चिम और दक्षिण भारत के शिक्षित जन उकारवत् उच्चारण करते हैं। मेरा अनुमान है कि यह उकार पश्च स्वर था और गोलाकार नहीं था। तमिल में इस स्वर का उच्चारण अब भी सुनने को मिलता है, हिन्दी ध्वनियों के अभ्यस्त कानों को वह कभी इकारवत् लगता है और कभी उकारवत्। **ऋ** के अलावा ऐसे मूर्धन्य उकार का व्यवहार पहले आर्य भाषा क्षेत्र में होता रहा होगा। अवधी में आज्ञार्थी क्रिया रूप **सुनु** होगा, **सुनि** रूप पूर्व कालिक माना जाएगा किन्तु ब्रजभाषा में **सुनि** आज्ञार्थी रूप भी होता है। दोनों का विकास मूर्धन्य उकार वाले रूप से संभव है।

ऋ स्वर का व्यवहार स्वतंत्र रूप से हो चाहे किसी व्यंजन के साथ, जिन शब्दों में इसका व्यवहार होता है, उनमें वर्ण-संकोच की प्रक्रिया सम्पन्न होती दिखाई देती है। संस्कृत में **कर्—करोति** रूप का **कर्**—आज्ञार्थी **कुरु** रूप प्रदर्शित करता है। **सुनु** के समान यह **कुरु** कोसली रूप है। संस्कृत में बहुत कम क्रियाओं के मध्यम पुरुष एकवचन आज्ञार्थी रूप उकारान्त होते हैं। इनमें एक विरल बहुमूल्य रूप **कुरु** है। अब मान लीजिए, प्रथम वर्ण के बदले दूसरे वर्ण पर बलाघात होता है; इससे प्रथम वर्ण का स्वर क्षीण होगा। तब **कुरु** से **क्रु** जैसा रूप बनेगा। अब यदि इस **क्** के साथ जुड़ने वाला **र्** मूर्धन्य है तो **कृ** रूप से मूर्धन्य **र्** और मूर्धन्य **उ** दोनों का बोध होगा। इसलिए जो लोग कृ का उच्चारण उकारवादी ढँग से करते हैं, वे प्राचीन मूर्धन्य उच्चारण का अनुसरण करते हैं (यद्यपि उनके उच्चारण में उकार काफी स्पष्ट रूप से गोलाकार होता है)। संस्कृत में **कृ, धृ, हृ, भृ** आदि के बाद दन्त्य **स्** और **न्** का प्रयोग कभी नहीं होता। **कृणोति** रूप होगा, **कृनोति** नहीं, जैसे **ऋ** के साथ **ऋण** रूप ही बनेगा, **ऋन** नहीं।

क्रिया-रूपों के अलावा **पितॄन्, मातॄन्, भ्रातॄन्** आदि रूपों में दीर्घ **ॠ** स्वर वर्ण-संकोच का परिणाम है। **भ्रातर्, मातर्, पितर्** आदि का अन्तस्थ व्यंजन **र् अ** स्वर में बदलता है, तथा **भ्राता, पिता, माता** जैसे रूप बनते हैं।

जब इसका संयोग दीर्घ **आ** से होता है, तब वह इस **आ** को प्रभावित करता है, अपनी मूर्धन्यवृत्ति से **आ** को **ऊ** बनाता है, **र्** व्यंजन के संयोग से ऊ दीर्घ **ॠ** का रूप लेता है। **पित्+अर्+आन्** से **पितॄन्** रूप बना, एक पूरा वर्ण **अर्** संकुचित हुआ, **ॠन्** में समाहित हुआ।

उकार, आकार के अतिरिक्त **र्** अपने संसर्ग से **इ** को भी **ऋ** रूप देता है। उत्तराधिकारियों के लिए सम्पत्ति छोड़ने का अर्थ देने वाली एक क्रिया है **रिच्**। इससे संज्ञा शब्द बनता है **ऋक्थ**। क्रिया के रूप में मूल ध्वनि बनी हुई है, उसका मूर्धन्य रूप

संज्ञा में है। **रि, री** क्रिया का अर्थ है दौड़ना, प्रभावित होना। **ऋ** क्रिया का अर्थ है चलना। स्पष्ट ही सामान्य **रि** का मूर्धन्यीकरण हुआ और मूल रूप के साथ नया वैकल्पिक रूप **ऋ** भी चालू हुआ। **रित्, ऋति** दोनों शब्दों का अर्थ है गतिशीलता। **रीति** और **ऋतु** दोनों शब्दों का मूल अर्थ एक ही है। संस्कृत के जितने शब्दों के आदि वर्ण में व्यंजन के साथ **ऋ** स्वर का संयोग है, उन सब में मूल ध्वनि दन्त्य **र्** हो सकती है जो वर्ण संकोच की प्रवृत्ति के कारण अन्तस्थ **र्** को समेट कर मूर्धन्य **ऋ** स्वर रह गई है। एक शब्द है **कर्म**, दूसरा शब्द है **कृति**। स्पष्ट ही **कर्** में वर्ण-संकोच की प्रक्रिया घटित हुई है और इसलिए **कृ** रूप बना। यहाँ यह भी दर्शनीय है कि **कर्** में क् व्यंजन के साथ **इ** या **उ** स्वर नहीं है वरन् **अ** स्वर है। **अर्** संकुचित होकर **ऋ** स्वर बना। यह स्वाभाविक है कि **ऋषि** से जब **आर्ष** विशेषण बनता है तब वर्ण-संकोच से उद्भूत स्वर पुनः अन्तस्थ **र्** के साथ मूल अकार रूप में प्रकट हो जाता है। **अर्, इर्, उर्** तीनों ही वर्ण संकुचित होने पर **ऋ** स्वरूप धारण कर लेते हैं। इससे सिद्ध होता है कि मध्यदेशीय आर्य भाषा में—संस्कृत के आदिम रूप में—**ऋ** जैसा स्वर नहीं था। यह वर्ण-संकोच वृत्ति का परिणाम है जो मूर्धन्यीकरण की समानान्तर प्रवृत्ति के साथ क्रियाशील होती है। संस्कृत धातुओं और मूल शब्द-भंडार की रचना में इसकी भूमिका अति साधारण है।

र् की जोड़ीदार अन्य अन्तस्थ ध्वनि **ल्** है। जिन असुरों के लिए कहा गया है कि **र्** के स्थान पर **ल्** ही बोलते थे, उनके प्रभाव से **ऋ** के समानान्तर **ऌ** स्वर की कल्पना की गई। इसकी भूमिका वैदिक भाषा में भी नगण्य है। यह मूर्धन्य **ऋ** का मागधीकरण है, **राजा** के **लाजा** रूप की तरह। संस्कृत उस क्षेत्र की मूल भाषा है जिसमें **र्** की प्रधानता थी। इसका एक प्रमाण यह है कि संस्कृत धातुओं में अन्य व्यंजनों के साथ जितना **र्** का संयोग होता है, उतना ल् का नहीं। जहाँ **र्** के स्थान पर **ऋ** का व्यवहार होता है, वहाँ वर्ण-संकोच की वृत्ति काम करती है। **अर्चना** की **अर्च्** धातु का वैकल्पिक रूप **ऋच्** है। यहाँ वर्ण-संकोच की प्रक्रिया स्पष्ट देखी जा सकती है। पर यह प्रक्रिया **र्** के संदर्भ में ही घटित होती है, **ल्** के संदर्भ में नहीं, क्योंकि मध्यदेश में **र्** ध्वनि की प्रधानता थी और यह स्थिति बहुत कुछ अब भी बनी हुई है।

र् के मूर्धन्य उच्चारण के कारण अनेक संस्कृत शब्दों में **त्** परिवर्तित होकर **ट्** बनता है, यह स्थापना सुपरिचित है। **नर्त** और **नट** का सम्बन्ध इसी प्रवृत्ति को ध्यान में रखने से पहचाना जाता है। यहाँ इतना कहना यथेष्ट है कि **ष्** और **ण्** की तुलना में **ट् ठ् ड् ढ्** की भूमिका संस्कृत के ध्वनितंत्र में अति अल्प है। यह भी उल्लेखनीय है कि **कर्ता, भर्ता, हर्ता** जैसे बीसियों शब्दों में **र्** का संयोग होने पर भी **त्** ध्वनि परिवर्तित नहीं होती। **र्** का मूर्धन्य उच्चारण जितनी आसानी से दन्त्य **न्** को प्रभावित कर लेता है, उतनी आसानी से दन्त्य **त्** को नहीं। **त् थ् द् ध्** ध्वनियाँ बड़ी दृढ़ता से मध्यदेश में जमी हुई हैं। **ट् ठ् ड् ढ्** ध्वनियों का समानान्तर प्रयोग होता है पर ये मूर्धन्य या वर्त्स्य ध्वनियाँ अंशतः ही मूल दन्त्य ध्वनियों को विस्थापित कर सकी हैं। हिन्दी में **थाना,**

थानेदार जैसे रूपों का चलन है। **ठाणें** और **ठाणेदार** रूप मराठी की विशेषताएँ हैं।

३. तालव्य ध्वनियों के केन्द्र

मूर्धन्यीकरण के साथ तालव्यीकरण-प्रक्रिया का अध्ययन करना चाहिए। तालव्य ध्वनियों में सबसे पहले तालव्य **श्** पर विचार करना चाहिए। इस ध्वनि के कारण ही इंडोयूरोपियन परिवार की **शतम्** शाखा की कल्पना की गई। इस **शतम्** को हिन्दी वाले **सौ** कहते हैं। **शतम्** शाखा की एक महत्वपूर्ण उपशाखा स्लाव है। रूसी में **श्**, **श्च्**, जैसी ध्वनियों की भरमार है पर उनके यहाँ भी सौ के लिए **सोत्** शब्द है। भारत-ईरानी शाखा की महत्वपूर्ण फ़ारसी भाषा में **सद** शब्द है जिससे बीसवीं सदी का **सदी** शब्द बनता है। उर्दू में **फ़ीसद** कहने का चलन है। यह माना जा सकता है कि हिन्दी भाषियों को **श्** के उच्चारण में कठिनाई होती है, इसलिए वे अपभ्रंश रूप **सौ बोलते हैं**, किन्तु रूसी और फ़ारसी में **श्** के अभाव का कारण क्या है ? आधुनिक आर्य भाषाओं में **सौ** रूप ही अधिक प्रचलित है, अवधी में **सँ** (**सँकड़ा** वाला **सँ**) रूप भी प्रचलित है। जैसे **धस्त** की **धस्** क्रिया रूपान्तरित होती हुई **दश्** बनी वैसे ही **शत** का पूर्व रूप **सत** था। **विंश** का हिन्दी रूप **बीस** है। संभव है, मूल शब्द में दन्त्य **स्** रहा हो। **दश** का **श** अकेले ही **दस** की संख्या का बोध कराने लगा था। **विंश** का मूल अर्थ हुआ दो दस। यदि **दश** पहले **दस** रूप में प्रचलित था तो **विंश** का **श्** भी **स्** रहा होगा।

हिन्दी क्रिया **सोना** से मिलती जुलती संस्कृत क्रिया **स्वप्** है। एक दूसरी क्रिया, **शयन** और **शैया** वाली, **शी** भी है। ये दोनों क्रियाएं एक ही उद्भव की हो सकती हैं। ओकार के साथ दन्त्य **स्** अधिक सुरक्षित रहता है, इकार-एकार के साथ उसमें परिवर्तन जल्दी होता है। **सो** का एक **प्रतिरूप से** रहा होगा। यहाँ एकार के तालव्य उच्चारण के प्रभाव से दन्त्य **स्** भी तालव्य हो गया।

संस्कृत में सोने के लिए **शे** या **शी** क्रिया है। इसका प्रतिरूप **शो** भी रहा होगा जिससे **शव** बना है। द्रविड़ भाषाओं में **शव** रूप नहीं है किन्तु मरने का अर्थ देने वाली तमिल **चा**, मल्तो **केये** क्रिया का पूर्वरूप स्पष्ट ही **शे**, **शा** जैसा था। **सो**, **से** जैसी एक क्रिया और थी जिसका **अर्थ था** बोना, बीज डालना, जन्म देना। अंग्रेजी में **सो** रूप अब भी प्रचलित है। **सीड्** (बीज) में इसी का प्रतिरूप **सी** क्रिया है। **सी** क्रिया से **सीता** शब्द बनता है। **सीता** का अर्थ है हल जोतने से बनी हुई नाली। मोनियर विलियम्स के अनुसार **सीता** को अशुद्ध रूप में **शीता** भी लिखा जाता था। यह **शीता** रूप मराठी **शेत** (खेत) से ज़्यादा दूर नहीं है। **से** क्रिया मराठी में **शे** हुई। जो भूमि जोती-बोई जाय, वह **शेत**। इस **शेत** का प्रतिरूप है **क्षेत्र**।

तालव्यीकरण का घनिष्ठ सम्बन्ध लकार के प्रसार से है। संस्कृत में दन्त्य **स्** के साथ **ल्** का प्रयोग दुष्प्राप्य है। **स्लाव** जैसा शब्द संस्कृत में संभव नहीं है। **ल्** के पहले जिस सकार का संयोग होगा, वह अनिवार्यतः तालव्य होगा। मागधी प्राकृत में शकार

और लकार दोनों के बाहुल्य की परम्परा बनी हुई थी। संस्कृत में अनेक नामों के अन्त में **श्राव** शब्द आता है। हो सकता है कि **श्राव** नाम का कोई गण रहा हो जिसने **श्रावस्ती** नगरी बसाई हो। यह नगरी कोसल प्रदेश में थी, इसलिए बहुत संभव है कि **श्राव** गण का नाम **स्राव** रहा हो। इस **स्राव** का प्रतिरूप **स्लाव** हुआ। (रूसी भाषा में **स्लावा** शब्द का अर्थ है कीर्ति।)

जिसे बहुत से लोग सुनें, वह कीर्ति है। प्राचीन कोसली शब्द **स्राव** का सम्बन्ध **स्रु** क्रिया से होगा, रूसी **स्लाव** का सम्बन्ध **स्लु** से। संस्कृत **श्रु** (सुनना) के रूसी प्रतिरूप **स्लूशात्, स्लीशात्** हैं (एक रूप **स्लीखात्** भी है।) इन सभी रूपों में दन्त्य **स्** का व्यवहार इस धारणा की पुष्टि करता है कि मूल रूप में दन्त्य **स्** ही था। जो सुना जाय वह **शब्द**। शब्द के लिए रूसी **स्लोवो** का सम्बन्ध उसी **स्लू** क्रिया मूल से है। कान सुनता है, वह रूसी में **स्लुख्** है। इन सभी सम्बद्ध शब्दों में दन्त्य **स्** का व्यवहार हुआ है। स्लाव भाषाओं और भारतीय आर्य भाषाओं का सम्बन्ध बहुत पुराना है। इस सम्बन्ध के विकास और प्रसार की अनेक मंज़िलें हैं। इनमें एक मंज़िल वह है जब मध्यदेशीय आर्य भाषाओं पर, मागधी प्रभाव पड़ने से पहले, दन्त्य **स्** वाले शब्द स्लाव समुदाय में पहुँचे थे। संस्कृत और रूसी भाषा की शब्दावली की तुलना करने पर, यदि हिन्दी और रूसी में दन्त्य स् हो, और संस्कृत में तालव्य **श्** हो, तो इसी की संभावना अधिक है कि मूल शब्द में दन्त्य **स्** ही था।

संस्कृत में तालव्य **श्** की अपेक्षा दन्त्य **स्** ही ऊष्म ध्वनि **ह्** में अधिक रूपान्तरित होता है। यदि **हृदय** शब्द के मूल रूप में सकार था, तो वह दन्त्य ही रहा होगा। रूसी भाषा में हृदय के लिए **सेर्द्त्से** शब्द है। संस्कृत **श्रद्धा** में **श्रद्** रूप सिद्ध करता है कि दन्त्य ध्वनि का तालव्यीकरण हुआ है। संस्कृत **विश्व** का प्रतिरूप **रूसी वेस्** (सब) है। **शर्करा** (परिनिष्ठित हिन्दी का **शक्कर**, अवधी की **सक्कर**) रूसी में **सखर** है। संस्कृत **श्वेत** का मूल अर्थ प्रकाश अथवा प्रकाशमय था। रूसी **स्वेत्** का अर्थ प्रकाश, संसार (लोक के समान) है। अंग्रेजी **ह्वाइट** (सफ़ेद) दन्त्य **स्** वाले रूप से बना है, वही ध्वनि **सफ़ेद** में है। नीले रंग के लिए रूसी में **सिनेव्** शब्द है। **शनि** का मूल अर्थ संभवतः नीलवर्ण ही था। **शनि** को **नीलवास** कहा भी गया है। **शनि** का आदि स्थानीय सकार भी संभवतः दन्त्य था। रूसी भाषा में बहुत से शब्द आदि वर्ण में दन्त्य **स्** के साथ **च्** का संयोग करते हैं यथा **स्चास्ते** (सुख), **स्चितात्** (गिनना)। संस्कृत में ऐसे रूप असंभव हैं।

तालव्यीकरण का एक उदाहरण **शक** शब्द का विकास है। यह शब्द मध्य एशिया के लड़ाकू कबीलों के लिए प्रयुक्त हुआ है। **शक्** क्रिया का अर्थ है शक्तिशाली होना। **शक्ति** शब्द का आधार यही **शक्** क्रिया है। बहुत्व सूचक **र्** जोड़कर **शक्र** रूप बनता है जो विभिन्न देवों के लिए, विशेषतः इन्द्र के लिए, प्रयुक्त होता था। जो शब्द किसी गण-समाज के लिए प्रयुक्त होते हैं, वे बहुधा वीरता और बहुलता, दोनों भाव व्यंजित करते हैं जैसे **पुरु** शब्द वीरता का सूचक है, साथ ही बहुलता का भी। यह एक गण का नाम भी था। उसी प्रकार **शक** शब्द भी बहुलता का सूचक था, पर इसकी यह

व्यंजना तालव्य **श्** वाले रूप में नहीं है, यह व्यंजना दन्त्य **स्** वाले **सकल** शब्द में है। मूल शब्द **सक** है, **ल** उसमें बहुत्व-सूचक अतिरिक्त प्रत्यय जुड़ा है, **शक** में **शक्** के साथ **र** के समान। **सगर** नाम के जो राजा हुए, उनका नाम गणवाचक है। ब्रज भाषा में **सिगरे** के अलावा केवल **सिग** का प्रयोग भी होता है। यह **सिगरे सकल** का ही प्रतिरूप है। मध्य एशिया में जो भूमि **सीस्तान** कहलाती है, वह प्राचीन **शकस्थान** है। **सीस्तान** में जो आदि स्थानीय दन्त्य **स्** है, वह **सक** का अवशेष हो सकता है; तालव्य ध्वनि दन्त्य हो गई हो, यह आवश्यक नहीं। **शक** मूलतः दन्त्य स् वाला शब्द था, इसका और प्रमाण भी है। संस्कृत **सह** शब्द का अर्थ है शक्तिशाली; **सह्** क्रिया का अर्थ है विजयी होना। यदि **मघ**, **मग** रूपों के विकास पर ध्यान दें, तो यह बात सहज ही समझ में आ जाएगी कि **सह** का मूलरूप **सघ** है। इसी **सह** से **साहस** शब्द बनता है। **मघ**-मूल के शब्द कार्य कर सकने की क्षमता सूचित करते हैं। रूसी में **मोगु** क्रिया का वही अर्थ है जो हिन्दी में **सकना** का है। अंग्रेज़ी के **मे** और **माइट्** शब्द इसी शृंखला के हैं। **माइट्** का अर्थ शक्ति है और क्रिया रूप में कोई काम कर सकने की व्यंजना भी उसमें है। उसी प्रकार **शक्नोति** जैसे रूप में **शक्** क्रिया का व्यवहार होता है। हिन्दी **सकना** में **सघ्** मूल रूप का दन्त्य **स्** विद्यमान है। संस्कृत में एक सर्वनाम **सक** भी है जिसका अर्थ है वह जन (स्त्री अथवा पुरुष)। जैसे **जन** शब्द बहुत्व सूचक होता है, वैसे ही यह **सक** है जो संज्ञा से सर्वनाम बना है। **सकल** में यही **सक** है। नाग समुदाय की गारो भाषा में जन शब्द का अर्थ देने वाला **सक** अब भी प्रचलित है। **ब-सिक्-सक्-को निकह्**— तुमने कितने आदमी (**सक**) देखे? (बर्लिंग—**ए गारो ग्रामर**; पूना; १९६१; पृ० ५९)। तालव्य **श्** वाले संस्कृत रूप परिनिष्ठित ही नहीं, ऐसे प्रतिष्ठित माने गए कि उनके दन्त्य **स्** वाले पूर्वजों का पता लगाना सरल नहीं है। फिर भी अनुसंधान करने पर कहीं न कहीं, बहुधा संस्कृत में ही, उनके अस्तित्व के प्रमाण मिल जाते हैं।

संस्कृत में तालव्यीकरण की प्रवृत्ति इस सीमा तक बढ़ी कि **ए**, **के**, **खे**, **गे**, **घे**, **चे**, **छे** जे, **ते**, **धे**, **ने**, **पे** के बाद, कुछ अपवादों को छोड़कर, दन्त्य **स्** का व्यवहार हुआ ही नहीं। **केसर**, **केसरी**, **पेस्** (चलना) थोड़े से अपवाद हैं। **रे** के बाद दन्त्य **स्** हो, ऐसा कोई शब्द नहीं है। **लेसक** (हाथी सवार), **वेस्** (चलना), **वेसर** (खच्चर) अन्य अपवाद हैं, वर्ना **ल्** और **व्** के बाद दन्त्य **स्** का व्यवहार नहीं होता। इसी प्रकार ओकार के बाद दन्त्य **स्** का प्रयोग विरल है। **कोसल**, **कोसार** (हल चलाने पर बना हुआ कूंड़ा), **तोसल** (एक गण का नाम) आदि कुछ शब्दों में दन्त्य **स्** का व्यवहार हुआ है। एकार के साथ तालव्य **श्** के व्यवहार की बात समझ में आ सकती है किन्तु ओकार के बाद यदि **श्**, **ष्** का व्यवहार होता है, तो यह अतिशय मूर्धन्यीकरण अथवा तालव्यीकरण की प्रक्रिया मानी जाएगी।

जैसे आर्य भाषाओं के एक क्षेत्र में अब भी दन्त्य **स्** की प्रधानता है, वैसे ही एक अन्य क्षेत्र में तालव्य **श्** का बाहुल्य है। यहाँ आशय परिनिष्ठित बँगला से ही नहीं है; यह प्रवृत्ति मराठी में भी है जो अनेक बातों में बँगला से मिलती है। बँगला से भिन्न,

परिनिष्ठित मराठी दन्त्य **स्** का व्यवहार भी करती है, इसलिए यहाँ तालव्यीकरण की प्रवृत्ति अध्ययन के लिए विशेष महत्वपूर्ण है। हिन्दी **सींग** का मराठी प्रतिरूप **शिंग** है; कहा जा सकता है कि यहाँ संस्कृत के **शृंग** की मूल ध्वनि सुरक्षित है किन्तु संस्कृत **सिन्दूर** का मराठी तद्भव रूप **शेंदुर** है जो स्पष्ट ही **सिंदूर** से नहीं, हिन्दी **सेंदुर** से सम्बन्धित है। हिन्दी **सोखना** के मराठी प्रतिरूप **शोकणें** को **शुष्क** से जोड़ा जा सकता है पर हिन्दी **सेंकना** का मराठी प्रतिरूप **शेंकणें** है। **सीढ़ी, सिंघाड़ा, सीटी, सीसा, सिरका** क्रमश: **शिडी, शिंगाड़ा, शिटी, शिसें, शिरका** हैं। **सख्त, स्याही, सिपाही, सिफ़ारिश** आदि नवागन्तुकों का तालव्यीकरण से वेश-परिवर्तन किया जाता है। हिन्दी से भिन्न मराठी में इनका रूप है **शक्त, शाइ, शिपाई, शिफारस**। आधुनिक आर्य भाषाओं की ये ध्वनि प्रवृत्तियाँ अत्यन्त प्राचीन हैं। दन्त्य और तालव्य सकारों के दो भिन्न केन्द्र रहे हैं। **मृच्छकटिक** के लेखक ने शकारवादियों को अमर कर दिया; मागधी प्राकृत की विशेषता इस तालव्य ध्वनि का व्यवहार है। **मृच्छकटिक** में, और मागधी प्राकृत के नमूनों में, तो यह साफ़ दिखाई देता है कि सकार का तालव्यीकरण हो रहा है किन्तु यह प्रक्रिया कभी प्राचीन काल में, संस्कृत के विकासकाल में भी घटित हुई होगी, यह बहुतों के लिए कल्पनातीत है। भाषाशास्त्री एक कल्पित तालव्य **क्** को **श्** रूप धारण करते हुए देखते हैं किन्तु दन्त्य **स्** के तालव्यीकरण की ओर उनका ध्यान कम जाता है। संस्कृत में **वशिष्ठ** तालव्यीकरण का माना हुआ उदाहरण है। यह शब्द **वसु** से बना है और इसका सही रूप **वसिष्ठ** है। वास्तव में यह रूप भी मूर्धन्यीकरण द्वारा बदला गया है, **वसिस्थ** का नया रूप **वसिष्ठ** हुआ। जब **वसिष्ठ** की जगह **वशिष्ठ** लिखा जाने लगा, तब तालव्यीकरण की प्रक्रिया और जुड़ गई। इसलिए संस्कृत में जहाँ **पासयति** और **पाशयति** (बाँधता है) दो वैकल्पिक रूप मिलें, वहाँ दन्त्य **स्** वाले रूप को ही मूल रूप मानना चाहिए। जो बाँधा जाय वह **पशु** है। **पशु** का मूल मध्यदेशीय रूप **पसु** था।

जैसे संस्कृत में **ण्** की भरमार है किन्तु धातुओं में उसकी संख्या नगण्य है, वैसे ही संस्कृत के सर्वनामों में **स्**-मूल के शब्दों की बहुलता है और **श्** का नितान्त अभाव है। इसी प्रकार संस्कृत के उपसर्गों में तालव्य **श्** का अभाव है, दन्त्य **स्** की बहुलता है। इससे ज्ञात होता है कि संस्कृत के मूल मध्यदेशीय रूप में तालव्य **श्** का अभाव था। संस्कृत की बहुत सी धातुओं के अन्त में **श्** का व्यवहार होता है, **अश्** (खाना), **दंश्** (काटना), **नश्** (नष्ट होना), **पश्** (देखना) इत्यादि। यह कहना कठिन है कि इनमें से कितनी धातुओं में पहले दन्त्य **स्** था जो तालव्य रूप में लिखा और बोला जाने लगा। यह भी स्वाभाविक है कि जिन्होंने मध्यदेशीय भाषा को शकार-वृत्ति से प्रभावित किया, उन्होंने उसे अपने शब्द भी दिए, जिनमें मूलत: **श्** ध्वनि थी। पर यह एक रोचक तथ्य है कि धातुओं के आरम्भ में किसी व्यंजन के साथ दन्त्य **स्** ही अधिक जुड़ता है। **श्लाघ्** (प्रशंसा करना), **श्वंच्** (फैलाना, फैलना), **श्चुत्** (टपकना), **श्वित्** (चमकना), **श्नथ्** (प्रविष्ट करना), **श्लथ्** (शिथिल होना) आदि रूप ढूंढ़ने से मिल जाते हैं। इनकी

तुलना में **स्फुट्** (कूटना), **स्कन्द्** (कूदना), **स्पन्द्** (कम्पित होना), **स्यन्द्** (गतिशील होना), **स्वाद्** (मधुर करना), **स्विद्** (पसीना आना), **स्पर्ध्** (स्पर्धा करना), **स्तन्** (गरजना), **स्वन्** (ध्वनि करना), **स्वप्** (सोना), **स्तंभ्** और **स्कंभ्** (सहारा देना), **स्तुभ्** (प्रशंसा करना), **स्वर्** (चमकना), **स्खल्** (स्खलित होना), **स्पृश्** (छूना), **स्रंस्** (गिरना), **स्निह्** (स्नेह युक्त होना) इत्यादि उदाहरणों में किसी व्यंजन के साथ आदि स्थानीय दन्त्य **स्** का संयोग दर्शनीय है। जिन धातुओं में इसी प्रकार तालव्य **श्** का संयोग है, उनकी संख्या कम है; **स्** वाली धातुओं की तुलना में उनका व्यवहार भी कम हुआ है। संभवत: शब्द के अन्त में दन्त्य **स्** का तालव्यीकरण सरल था किन्तु जहाँ वह आदि स्थान में पहले से किसी व्यंजन के साथ संयुक्त चला आ रहा था, वहाँ उसकी स्थिति को बदलना कठिन था।

पालि भाषा अपने शब्द भंडार और व्याकरण रूपों में अधिकतर संस्कृत का अनुसरण करती है। प्राकृतों के समान संस्कृत से उसका मौलिक भेद ध्वनितंत्र को लेकर है। पालि ध्वनितंत्र की एक महत्वपूर्ण विशेषता यह है कि उसमें केवल दन्त्य **स्** का व्यवहार होता है। मध्यदेश की आर्य भाषा को वैदिक रूप धारण किये, और उस रूप के आधार पर 'संस्कृत' बने, जब हज़ार साल से ऊपर हो गए, तब उसी मध्यदेश के निवासियों ने अपनी भाषाओं के आदिम ध्वनितंत्र के अनुरूप संस्कृत को नया रूप दिया जो वास्तव में बहुत कुछ पुराना था। यह पालिभाषा मगध की भाषा नहीं हो सकती क्योंकि इसमें शकार की बहुलता नहीं है, बहुलता की जगह उसका अभाव है। इसका सम्बन्ध कोसल, शूरसेन आदि जनपदों से होना चाहिए। सांस्कृतिक कार्यों के लिए इसका व्यवहार होता था, उसका सारा ध्वनितंत्र तत्कालीन बोलचाल की भाषा का नहीं है। किन्तु जिस समय उसका यह सीमित व्यवहार होता था, उस समय मध्यदेश की भाषा में दन्त्य **स्** की ही प्रधानता थी। यह प्रवृत्ति उसमें बहुत स्पष्ट रूप से प्रतिबिम्बित हुई हैं। अशोक के शिलालेखों की भाषा पालि नहीं है, यह तथ्य उल्लेखनीय है। अशोक मगध के थे। उन्होंने जिस सांस्कृतिक भाषा का व्यवहार किया, उसकी विशेषताएं पालि के लक्षणों से भिन्न हैं। गौतम बुद्ध पालि बोलते थें, इसका कोई प्रमाण नहीं है, पर वह कोसल के थे, इसलिए उनकी भाषा में दन्त्य **स्** की प्रधानता अवश्य रही होगी। यह विशेषता पालि को गौतम बुद्ध से अवश्य जोड़ती है।

प्राकृत भाषाओं में दन्त्य **स्** की प्रधानता है। पिशल के अनुसार ढक्की और मागधी में संस्कृत का **श्** कायम रहा। ढक्की का एक उदाहरण **शलणम्** है, इसका मूल रूप **शरणम्** है। उदाहरण **मृच्छकटिक** से दिया गया है। ढक्की में यह प्रवृत्ति रही हो चाहे न रही हो, मागधी में अवश्य थी। **शलणम्** में **श्** ही सुरक्षित नहीं है, उसके साथ **र्** भी परिवर्तित होकर **ल्** हो गया है। मागधी और गैर-मागधी प्राकृतों में सकार-सम्बन्धी मुख्य भेद तालव्य और दन्त्य उच्चारण का है। यह स्थिति वर्तमान आर्य भाषाओं के ध्वनितंत्र की स्थिति से मिलती-जुलती है। ऐसी ही स्थिति संस्कृत के विकास की किसी अवस्था में रही होगी, यह कल्पना करना विद्वानों के लिए इस कारण कठिन

है कि वे मागधी और गैर-मागधी प्राकृतों के सकार भेद को अकारण उत्पन्न मानते हैं। एक क्षेत्र में संस्कृत का तालव्य **श्** बना रहा, दूसरे क्षेत्र में वह परिवर्तित होकर **स्** बन गया। ध्वनि-परिवर्तन मानों प्रकृति की लीला है; कोई उसका कारण क्या बताये? पर मागधी प्राकृत में दन्त्य **स्** को तालव्य रूप देने की प्रवृत्ति थी, और यह प्रवृत्ति परिनिष्ठित बँगला में पूरी तरह विद्यमान है; अतः उक्त भेद प्रकृति की लीला नहीं है, वह **स्** और **श्** ध्वनियों के दो भिन्न प्राचीन क्षेत्रों की सूचना देता है।

प्राकृतों के बाद अपभ्रंशों का युग आया। इनमें भी दन्त्य **स्** की प्रधानता है। विद्वानों ने इन्हें दक्षिणी, पश्चिमी और पूर्वी अपभ्रंश कहा है। गजानन वासुदेव तागरे ने अपभ्रंश-व्याकरण पर अपने ग्रंथ में दक्षिणी अपभ्रंश के जो उदाहरण दिए हैं, उनमें **संख, सिरि, सुक्किल, सुण्ण, सेणी, सोस** रूप हैं। इनके संस्कृत रूप क्रमशः **शंख, श्री, शुक्ल, शून्य, श्रेणी, शोष** हैं। यदि **सिपाही** के रूपान्तर **शिपाई** को याद करें तो स्पष्ट हो जाएगा कि इस तथाकथित दक्षिणी अपभ्रंश से मराठी के ध्वनितंत्र का—कम से कम सकार के मामले में—कोई सम्बन्ध नहीं है।

पूर्वी अपभ्रंश के लिए कहा गया है कि इसमें तालव्य **श्** सुरक्षित रहा है। आदि स्थानीय **श्** के व्यवहार के कुल आठ उदाहरण बताये गए हैं। किन्तु **सिरि, सुण्ण, सोस** रूप पूर्वी अपभ्रंश के भी हैं। वास्तव में प्राकृतों के समान अपभ्रंश में भी दन्त्य **स्** की प्रधानता है और अपभ्रंश के ध्वनितंत्र की रूढ़िप्रियता और कृत्रिमता के बावजूद यह तथ्य मध्यदेशीय भाषाओं की वास्तविक विशेषता का प्रतिबिम्ब है, अन्तर केवल इतना है कि मागधी प्राकृत प्राचीन मगध की भाषाई स्थिति की झलक ज़्यादा अच्छी तरह दिखाती है किन्तु तथाकथित पूर्वी अपभ्रंश अवधी की ध्वनि प्रकृति के अनुरूप अधिक है। उसे मगही की प्रकृति के अनुरूप भी कह सकते हैं क्योंकि मगध क्षेत्र की भाषा अब तक मध्यदेशीय दन्त्य **स्** से इतना प्रभावित हो चुकी है कि बोलचाल के स्तर पर तालव्य **श्** का लोप ही हो गया है। मागधी की प्राचीन प्रवृत्ति ठेलकर गौड़ क्षेत्र में पहुँचा दी गई। प्राचीन काल में मध्यदेशीय भाषा का जो तालव्यीकरण घटित होता है, उसका कारण मगधजनों का प्रभाव है। अशोक और चन्द्रगुप्त के समय में इन्होंने भारत में विशाल साम्राज्य स्थापित किये। इन साम्राज्यों का अस्तित्व इतिहास में प्रमाणित है। आर्यों ने उत्तर-पश्चिम से आकर पूर्व तक समस्त उत्तर भारत पर अधिकार किया, इस धारणा का इतना प्रचार किया गया है कि शिक्षित जनों के लिए यह कल्पना करना कठिन है कि किसी समय पूर्व की ओर से आर्य-अभियान ने मध्यदेश तथा उत्तर पश्चिम की भाषाओं को प्रभावित किया होगा। यदि अशोक के शिलालेख न होते, केवल पुराणों में उनके राज्य विस्तार की चर्चा होती, तो कुछ विद्वान् मान लेते कि अशोक का जन्म मध्य एशिया में हुआ था, उनकी राजधानी तक्षशिला थी, वहाँ से चलकर उन्होंने क्रमशः पंजाब, कोसल और मगध पर आधिपत्य जमाया। पर भारत के बाहर, और भारत में भी, मगध को छोड़कर कोई ऐसा केन्द्र नहीं है जहाँ तालव्य **श्** का ऐसा प्रचुर व्यवहार होता हो। मध्यदेश की भाषा में अनेक शब्दों के दन्त्य

संकार का तालव्यीकरण हुआ, यह मानना होगा। इसका कारण मागध प्रभाव ही हो सकता है। किन्तु मध्यदेश की आर्य भाषाओं का मूल ध्वनितंत्र, बोलचाल के स्तर पर, अपनी विशेषताओं के साथ सुरक्षित रहा। यह बात आकस्मिक नहीं है कि तेरहवीं सदी के बाद जब ब्रज और अवधी में नया साहित्य रचा जाने लगा, तब इन भाषाओं में केवल दन्त्य **स्** का व्यवहार हुआ, **श्** का प्रयोग वर्जित माना गया। लोक साहित्य के आधार पर विकसित होने वाला ब्रज और अवधी का उच्चस्तरीय काव्य जनभाषा की ध्वनि प्रकृति प्रतिबिम्बित करता है। अधिकांश हिन्दी प्रदेश में केवल दन्त्य **स्** के व्यवहार की प्राचीन प्रवृत्ति आज भी विद्यमान है। निष्कर्ष यह है कि संस्कृत का विकास समझने पर मध्यदेश की प्राचीन आर्य भाषाओं के स्वरूप की जो झलक हमें मिलती है, उसी से आधुनिक हिन्दी का ध्वनितंत्र अधिक मिलता जुलता है।

४. सघोष महाप्राण ध्वनियों के केन्द्र

प्राचीन आर्य गण-भाषाओं के ध्वनितंत्र में विविधता और भिन्नता थी, इसे ध्यान में रखने से आधुनिक आर्य भाषाओं के विकास की मंजिलें, उनके ध्वनितंत्र की विशेषताएँ ज्यादा अच्छी तरह समझ में आती हैं। संस्कृत में दो शब्द हैं **स्कंभ** और **स्तंभ**। एक में क्रियामूल **स्क** है, दूसरे में **स्त**। हिन्दी में **खंभ** और **थंभ** दोनों रूपों का व्यवहार हुआ है। परिनिष्ठित हिन्दी के क्रिया पद **खड़े होना** का सम्बन्ध **स्क** वाले क्रिया-मूल से है। इसके समानान्तर **ठाढ़, ठड़े** आदि रूपों का सम्बन्ध **स्त** वाले क्रिया-मूल से है। **खड़ा** रूप उत्तर पश्चिमी है, खड़ी बोली का है। ब्रज, बुन्देलखंडी, अवधी आदि जनपदीय भाषाओं में कहीं भी **खड़े** रूप का व्यवहार नहीं होता। क्या इससे यह प्रमाणित नहीं होता कि **स्क** वाला रूप उत्तर पश्चिम में प्रचलित था और **स्त** (संस्कृत का **स्था**) वाला रूप मध्यदेश में प्रचलित था? फ़ारसी में **स्थान** का प्रतिरूप **ख़ाना** है जैसे **कारख़ाना**। बँगला में जो अनेक उत्तर पश्चिमी भाषा-तत्व हैं, उनमें एक **खाना** का प्रयोग भी है यथा **एइखाने**—इस जगह। हिन्दुस्तान से लेकर अफ़गानिस्तान, उज़बेकिस्तान, तुर्किस्तान, सीस्तान तक **स्तान** है, **खान** नहीं। **खान** की जगह **स्तान** मध्यदेशीय प्रभाव का सूचक है। संस्कृत में भी व्यापक व्यवहार **स्था** क्रिया का ही होता था। **स्क** रूप **स्कंभ** जैसे कुछ संज्ञा-शब्दों में बना हुआ है। क्रिया रूप में कुछ गणभाषाओं में इसका व्यवहार अवश्य होता होगा, वर्ना आगे चलकर **खड़े** रूप का ऐसा प्रसार न होता। यह सिद्ध नहीं किया जा सकता कि **स्क** मूल रूप है, किसी ध्वनि-नियम से **स्त** बन गया। दो समानार्थी रूपों के चलन का एक ही कारण हो सकता है कि **क्** और **त्** दो अक्षरध्वनियों का विकास दो भिन्न केन्द्रों में हुआ। इन केन्द्रों में परस्पर इतना सम्पर्क था कि इनकी शब्द-निर्माण प्रक्रिया भी एक सी थी। एक ने मूल क्रिया में **भ** प्रत्यय जोड़ा तो दूसरे ने भी वही काम किया। दोनों केन्द्रों के भाषातत्व संस्कृत में समाहित हुए, अतः **स्कंभ** और **स्तंभ** दोनों रूपों को संस्कृत में स्थान मिला।

शब्द-निर्माण की प्रक्रिया में केवल **भ** प्रत्यय न जोड़ा जाता था, **ध** का भी उसी

प्रकार व्यवहार होता था। **स्कंभ** के अर्थ से मिलता-जुलता अर्थ **स्कंध** का है। इसका एक प्रतिरूप **स्तन्ध** भी था, इसका पता हमें अंग्रेजी **स्टैन्ड** से लग जाता है। **भ** और **ध** का विकास दो पड़ोसी केन्द्रों में हुआ, ऐसा मानना चाहिए। उत्तम पुरुष सर्वनाम के एकवचन रूप **अघम्** और **अधम्** थे। इनमें **अघम्** वाले रूप से लैटिन का **एगो** रूप बना है। पुरानी फ़ारसी में **अदम्** रूप है जो **अधम्** से बना है। यहाँ भी यह स्पष्ट प्रतीत होता है कि **घ्** और **ध्** वाले रूप दो पड़ोसी बोलियों के हैं और उनकी निर्माण-प्रक्रिया एक ही है। लैटिन में **घ्** वाले रूप का विकास हुआ है, इससे माना जा सकता है कि वह रूप पश्चिमी है। संस्कृत में **अभि** और **अधि** निकटता का अर्थ देने वाले दो उपसर्ग हैं। एक ही अर्थ, एक ही रचना-विधि, पर एक रूप में **भ्** दूसरे में **ध्**। कारण—**भ्** और **ध्** ध्वनियों का दो पड़ोसी केन्द्रों में विकास। संस्कृत **यदा, तदा** के आधार पर **जद, तद** रूप पछाहीं बोलियों में अब भी प्रयुक्त होते हैं, पुरानी हिन्दी (खड़ी बोली) के लिखित रूप में इनका काफी व्यवहार होता था। **जब, तब** इन शब्दों के पर्याय हैं; वे अब परिनिष्ठित हिन्दी में प्रयुक्त होते हैं। **जब** और **तब** के लिए मान लिया जाता है कि **द्** किसी प्रकार **ब्** में बदल गया होगा। पर **स्कंभ** और **स्तंभ** के लिए क्या कहा जाय? **क्** ध्वनि **त्** में बदल गई या **त्** ध्वनि **क्** में बदल गई?

घ् ध् भ्—आर्य भाषाओं की शब्द निर्माण-प्रक्रिया में इन ध्वनियों की भूमिका महत्वपूर्ण है। देश काल के निर्देश के लिए इन ध्वनियों से काम लिया जाता है। यथा बाँगरू में **इङ्घे** (यहाँ), हिन्दी में **इधर, उधर**; एक जगह घ्, दूसरी जगह ध्। यहाँ छानबीन इस बात की करनी है कि आर्य भाषाओं के, **घ् ध् भ्** वाले, अलग केन्द्र थे या नहीं। इतना तो स्पष्ट है कि अनेक शब्दों में **घ् ध् भ्** का स्वच्छन्द संचरण दिखाई देता है। चाहे **स्कंभ** कहो और चाहे **स्तंभ**, चाहे **अभि** कहो चाहे **अधि**, चाहे **अधम्** कहो, चाहे **अघम्**, मतलब समझ लिया जाएगा। स्वच्छन्द संचरण की स्थिति तब उत्पन्न होती है जब दो मिलती-जुलती ध्वनियाँ, व्यवहार में, अर्थ-विच्छेदक नहीं होतीं। संस्कृत में **क् त् प्** और **घ् ध् भ्** अर्थ-विच्छेदक हैं। **घन** और **धन** शब्दों का एक ही अर्थ नहीं है, **पुत्र** और **कुत्र** दो भिन्न शब्द हैं। पर यह स्थिति बाद की है, तब की जब भाषा के ध्वनितंत्र में समान लक्षणों वाली ध्वनियाँ अर्थ-विच्छेदक रूप में पूरी तरह प्रतिष्ठित हो गई थीं। उससे पहले ये ध्वनियां अर्थ-विच्छेदक नहीं थीं, वे स्वच्छंद संचरण की अवस्था में थीं, उनका विकास भिन्न किंतु पड़ोसी केन्द्रों में हुआ था।

बाँगरू में इङ्घे और तमिल में इङ्गे रूपों से यह अनुमान दृढ़ होता है कि **क्** और घ् उत्तर-पश्चिमी केन्द्रों में विकसित होने वाली ध्वनियाँ हैं। **खड़े** और **ठाढ़े** के प्रसार क्षेत्र देखकर इस अनुमान की पुष्टि होती है। **अघम्** और लैटिन **एगो** के सम्बन्ध से इसी धारणा को और समर्थन प्राप्त होता है। संस्कृत की उन धातुओं पर ध्यान दिया जाय जो हकारान्त हैं तो कुछ रोचक परिणाम निकलेंगे। इनमें अधिकांश धातुएँ ऐसी हैं जिनके अन्त में पहले **घ्** ध्वनि थी यथा **दुह्** क्रिया से **दुग्ध** रूप बनता है और ऐसा रूप तभी बन सकता है जब मूल क्रिया **दुघ्** हो। दो महाप्राण ध्वनियाँ एक साथ न आयेंगी,

इस कारण **ध्** के पूव **घ्** ध्वनि अल्पप्राण हो गई है। इसी प्रकार **दह्** क्रिया के आधार पर बनने वाले **दग्ध** रूप से **दघ्** के अस्तित्व का ज्ञान होता है। जिन क्रियाओं के अन्त में **ध्** है, उनमें **घ्** की तरह यह **ध्** प्रायः **ह्** में परिवर्तित नहीं होता। **दुग्ध, दग्ध, मुग्ध** रूपों की **दुह्, दह्, मुह्** क्रियाओं से **बुद्ध, सिद्ध, क्रुद्ध** आदि रूपों की **बुध्, सिध्, क्रुध्** धातुओं की तुलना करें तो विदित होगा कि **घ्** के समान मूल रूप का **ध्** परिवर्तित नहीं हुआ। **लब्ध, क्षुब्ध, स्तब्ध** आदि रूपों की **लभ्, क्षुभ्, स्तभ्** धातुओं का अन्तिम व्यंजन **भ्** भी **ह्** का रूप नहीं लेता। संस्कृत में **घ्** जिन धातुओं के अन्त में आता है, उनकी संख्या बहुत ही कम है। **जघ्** (खाना), **लंघ्** (लाँघना), **श्लाघ्** (प्रशंसा करना) आदि थोड़ी सी क्रियाएँ हैं जिनमें यह अन्तिम व्यंजन सुरक्षित है। इसका यह अर्थ नहीं कि **ध्** और **भ्** की तुलना में **घ्** वाली धातुओं की संख्या सदा ही कम थी। संख्या की कमी का कारण यह है कि जिन उत्तर-पश्चिमी गण भाषाओं में **घ्** का व्यवहार अधिक होता था, उन पर वह प्रभाव पहले पड़ा और अधिक पड़ा जिससे **घ्** का संघर्षीकरण हुआ और सर्वाधिक प्रचलित क्रिया-रूपों में **घ्** के बदले **ह्** का व्यवहार होने लगा।

घ् की तुलना में ऐसी धातुओं की संख्या बहुत अधिक है जिनके अन्त में **ध्** व्यंजन का प्रयोग होता है : **क्रुध्, गृध्, बन्ध्, बुध्, युध्, वध्, वृध्, शुध्, सिध्** आदि। ये क्रियाएँ इतना प्रचलित थीं कि इनका व्यवहार किसी न किसी रूप में आधुनिक आर्य भाषाओं में अब भी होता है। **घ्** के समानान्तर अन्त्य व्यंजन **ग्** और **क्** वाली क्रियाओं की संख्या भी सीमित है; इसके विपरीत **त्** और **द्** अन्त्य व्यंजनों वाली धातुओं की संख्या बहुत अधिक है। जिन धातुओं के अन्त में **भ्** या **प्** है, उनकी संख्या काफ़ी है, यद्यपि **ध्** और **त्** अन्त्य व्यंजनों वाली धातुओं से कम है। जिन धातुओं के अन्त में **ब्** है, उनकी संख्या और भी कम है। मेरा अनुमान है कि **ध्, द्, त्** ध्वनियों का मूल केन्द्र मध्यदेश था, **भ् ब् प्** का केन्द्र काशी, मगध और पड़ोसी पूर्वी क्षेत्र थे। **जाएगा** पछाहीं रूप है, **जाइब** पूर्वी रूप है—यह बात आकस्मिक नहीं है, भाषाशास्त्री इन रूपों के **ग्** और **ब्** का स्रोत जहाँ भी ढूँढ़ें।

कहीं-कहीं धातु का अन्त्य **घ्** तो परिवर्तित होता ही है, शब्द का आदि स्थानीय **घ्** भी उसी प्रकार बदलता है। **घन्** क्रिया के एकवचन रूप में **ह्** है : **हन्ति**। बहुवचन रूप में **घ्** विद्यमान है : **घ्नन्ति**। **हत्या** और **घात** जैसे शब्दों में मूल और परिवर्तित ध्वनियां दोनों विद्यमान हैं। संस्कृत में ऐसी बहुत सी क्रियाएँ हैं जिनके आदि स्थान में **ह्** है किन्तु जिनके किसी न किसी रूप में **ज्** ध्वनि का व्यवहार होता है। मूल ध्वनि **घ्** की आवृत्ति होने पर **ज्** का व्यवहार होता है। **हन्** धातु का मूल रूप **घन्** है। एक क्रिया रूप बनता है **जघान**। यहाँ **घ्** की आवृत्ति हुई; प्रथम **घ्** के अल्प प्राण होने पर **गघान** रूप बनता। तालव्यीकरण की प्रवृत्ति से **गघान** के बदले **जघान** रूप बना जैसे **गगाम** के बदले **जगाम**, **ककार** के बदले **चकार**। संस्कृत की जिन धातुओं में आदि स्थानीय **ह्** है किन्तु आवृत्ति मूलक क्रिया-रूप में **ज्** है, वहाँ धातुओं के मूल रूप में **घ्** का अस्तित्व मानना चाहिए। **जहाति** (हा—छोड़ना), **जिहीते** (हा—जाना), **जिघाय** (हि—प्रेरित करना) **जुहोमि**

(**हु**—यज्ञ करना), **जहार** (**हृ**—लेना); इस तरह की क्रियाओं की संख्या काफ़ी है। इनके मूल घ् वाले रूपों पर ध्यान देने से विदित होगा कि अन्त्य **घ्** के समान आदि **घ्** वाली धातुओं की संख्या भी काफी थी। प्राचीन आर्य भाषाओं के **घ** वाले मूल रूप आगे चल कर परिवर्तित हो गए।

अनेक शब्द ऐसे हैं जिनके संस्कृत रूपों में **ह** है किन्तु यूरुप की किन्हीं भाषाओं के प्रतिरूपों में कवर्गीय ध्वनि है। **हंस** का जर्मन प्रतिरूप **गंस** है। **ग्** के अस्तित्व से मूल **घ्** का बोध होता है। संस्कृत **हनु** का ग्रीक प्रतिरूप **गेनुस्** (दाढ़ें, ठोढ़ी); **हेमन्त** का ग्रीक प्रतिरूप **खेइम**; **हिम** का ग्रीक प्रतिरूप **खिम्रोन**, ऐसे बहुत रूप हैं जिनसे आदि स्थानीय **घ्** का बोध होता है। ये शब्द उन उत्तर पश्चिमी भारतीय आर्य गणसमाजों की संपदा हैं जिनमें इस **घ्** ध्वनि का विकास हुआ था, जिनमें **ध्** और **भ्** की अपेक्षा **घ्** की प्रधानता थी।

दो स्वरों के मध्य में आने वाला **घ्** भी इसी तरह बदलता है। संस्कृत **बाहु**, ग्रीक प्रतिरूप **पेखुस्**, मूल रूप **बाघु**; संस्कृत **बहु**, ग्रीक प्रतिरूप **पखुस्** (विशद), मूल रूप **बघु**; संस्कृत **जिह्वा**, लैटिन **लिगुश्रा**, अंग्रेजी **टंग**, मूलरूप **विघुआ** अथवा **विघ्वा**। आदि स्थानीय **द्** जब **ल्** में परिवर्तित हुआ तब **लिह्** (चाटना) रूप बना। संस्कृत में ही इस **लिह्** का **लिघ्** प्रतिरूप विद्यमान है। इसी **लिघ्** का अंग्रेजी प्रतिरूप **लिक्** (चाटना) है। **टंग** में **द्** अघोष हुआ, फिर वर्त्स्य या मूर्धन्य। कहीं-कहीं संस्कृत में आदि स्थानीय **घ्** बना हुआ है और यूरुप की भाषाओं में उसका लोप हो गया है यथा **घुष्** या **घोष्** क्रिया का लैटिन रूप **वोकारे** (बुलाना) है (इसी का तमिल रूप **ओचइ** है)। संस्कृत में आदि स्थानीय **क्** अधिकतर सुरक्षित रहता है किन्तु **अस्थि** के मूल रूप में **क्** था, यह रूसी **कोस्त्** से ज्ञात होता है। लैटिन **कोस्त** (पसली) इसी से सम्बद्ध हो सकता है। हड्डी के लिए लैटिन का प्रचलित शब्द **ओस्** है। इसका ग्रीक प्रतिरूप है **ओस्तेओन**। संभव है ढूंढ़ने से एक आध उदाहरण संस्कृत में मध्यवर्ती **क्** या **द्** के लोप का भी मिल जाय। तमिल भाषा में मध्यवर्ती **क्** का उच्चारण या तो संघर्षी **ग्** के समान होता है या **ह्** के समान। प्राकृतों में मध्यवर्ती **क्** और **ग्** का **व्** में परिवर्तन सुपरिचित है।

ऐसा परिवर्तन कवर्गीय ध्वनियों में क्यों होता है? क्या ये ध्वनियां तवर्गीय, पवर्गीय ध्वनियों की अपेक्षा संघर्षी रूप अधिक सरलता से स्वीकार करती हैं? कन्नड़ शब्दों के **प्** की स्थिति देखें। सामान्य उच्चारण में यह निरन्तर **ह्** में बदलता है और फिर बहुधा **ह्** का भी लोप हो जाता है। संस्कृत में आदि, मध्य और अन्त्य **प्** की स्थिति बहुत सुरक्षित है। **बघु** के **बहु** रूप पर विचार करें तो ज्ञात होगा, जैसा परिवर्तन **घ्** में होता है, वैसा **भ्** में भी होता है। पुरानी अवधी में **लाहु** (लाभ), **लहहि** (लभहि) में **भ्** की स्थिति सुरक्षित नहीं रही। इसलिए यह नहीं कहा जा सकता कि कवर्गीय ध्वनियों का संघर्षीकरण, उनका हकार में रूपान्तरण, अधिक स्वाभाविक है। **बहु**, **लाहु** जैसे रूप संस्कृत में नहीं हैं। **बाहु** आदि रूपों में मूल ध्वनि **घ्** परिवर्तित हुई है। **घ्** ध्वनि का

केन्द्र उत्तर पश्चिमी क्षेत्र था। नाग भाषाओं का प्रभाव उत्तर पश्चिमी सीमान्त पर अधिक था, अतः कवर्गीय ध्वनियों के क्षेत्र में उनका प्रभाव पहले पड़ा और **ध्** वाले मध्य देशीय क्षेत्र में बाद को पड़ा। संघर्षीकरण की प्रवृत्ति नाग भाषाओं की विशेषता है, इसका विवेचन दूसरे खंड में है।

संस्कृत की शब्द निर्माण-प्रक्रिया में **ध्** की भूमिका उल्लेखनीय है। क्रिया मूलों से कृदन्त गढ़ने में **घ्** और **भ्** की अपेक्षा **ध्** से अधिक काम लिया जाता है। **स्तंभ, स्कंभ, शलभ, वृषभ, रासभ, गर्दभ** आदि थोड़े से शब्दों में **भ** का व्यवहार होता है। इनमें कृदन्त रूप **स्कंभ, स्तंभ** ही हैं। मनुष्येतर प्राणियों के नामों के साथ **भ** प्रत्यय जोड़कर शब्द रचना-प्रक्रिया में उसे निम्न स्थान दिया गया है। **स्कंध** शब्द मनुष्य के अंगों के लिए प्रयुक्त होता है और उसमें **ध्** है, **भ्** नहीं। यदि यह माना जाय कि **ध्** मूलतः मध्यदेशीय ध्वनि है तो अंग्रेजी **स्टैन्ड** का पूर्व रूप **स्तन्ध** मध्यदेशीय सिद्ध होगा। अंग्रेजी के **स्टोप्, स्टब्, स्टम्प्** आदि शब्द पूर्वी क्षेत्र से आये हुए माने जायेंगे। **मगध,** अवध जैसे शब्दों में **ध** स्थानवाचक प्रत्यय का काम करता है, अतः पृथ्वी के लिए **धरा, धरती** शब्दों का प्रयोग स्वाभाविक है। **ध** शब्द-मूल स्थिरता का सूचक है। खड़े होने के लिए **स्थ, स्त,** क्रियाएँ **ध** से उत्पन्न हुई हैं। इस न्याय से **स्कंभ** की आधार क्रिया **स्क** पहले **ध** रही होगी। इस तर्क-शृंखला से यह निष्कर्ष भी निकलता है कि आर्य भाषा क्षेत्रों में सघोष महाप्राण ध्वनियों का व्यवहार अधिक होता था। अन्य प्रभावों से **धम्म, धम्भ,** के बदले **स्कम्भ, स्तम्भ** रूपों का चलन हुआ। **धरा, आधार, धारणा** आदि स्थिरता सूचक शब्दों में मूल ध्वनि **ध्** बनी रही। पृथ्वी के ऊपर धरा से भिन्न तत्व **अधर** कहलाया।

संस्कृत में **ध** के समान जहाँ **त** प्रत्यय का व्यवहार होता है, वहाँ इस **त** को पूर्व रूप **ध** का विकास मानना चाहिए। **त्यक्त, शक्त, भक्त** आदि रूप **दग्ध, बद्ध, लब्ध** वाली प्रक्रिया से बने हैं। जैसे **शक्** क्रिया पहले **सघ्** थी, वैसे ही **त** प्रत्यय पहले **ध** था। **त** के अतिरिक्त **ध** भी **द** में रूपान्तरित होता है। **बहुधा** शब्द से **सर्वदा** की तुलना करें। दोनों में **धा** और **दा** का कार्य एक ही कोटि का है। **सर्वतः** और **सर्वत्र** में वही मूल ध्वनि अल्पप्राण और अघोष हो गई है।

घ् प्रत्यय से बनने वाले शब्द कम दिखाई देते हैं। सम्भव है **दीर्घ** शब्द का क्रिया मूल **दीर्** रहा हो जो **दूर** से मिलता जुलता है। मोनियर विलियम्स के कोश में **द्राघ्** धातु का उल्लेख है। **शुष्क** रूप में **शुष्** धातु के बाद **क** प्रत्यय **घ** का रूपान्तर है। **मार्ग** में मूल क्रिया **मर्** अथवा **मार्** है। संस्कृत में यह क्रिया अप्रयुक्त है। इसलिए **मार्ग्** अथवा **मृग्** को क्रिया मूल माना गया है। अंग्रेज़ी **मार्च्** में वही **मार्** धातु है। **मरुत** शब्द वायु का अर्थ देता है। जैसे **वायु** में **वा** क्रिया गति सूचक है, वैसे ही **मरुत** में **मर्** क्रिया गति सूचक है। जैसे **पवन** की मूल क्रिया **पो** या **पव्** का सम्बन्ध **पथ** से है, वैसे ही **मर्** या **मार्** से **मार्ग** शब्द का सम्बन्ध है। संस्कृत में **घ** प्रत्यय से बनने वाले शब्द बहुत कम हैं। इस संदर्भ में हिन्दी का **करघा** शब्द उल्लेखनीय है जो हाथ से चलाया

जाय, वह **करघा**। करघा और **चरखा** दोनों एक दूसरे के साथी हैं। **चरखा** भी पहले **करघा** था। क् का तालव्यीकरण हुआ और **घ्** की सघोषता का लोप हुआ।

करघा के समान अवधी का **बगउधा** शब्द उल्लेखनीय है। यह **बग** क्रिया से बना है जिसका अर्थ चलना, घूमना है। ब्रज भाषा में इसका व्यवहार अब भी होता है। अवधी में क्रिया का व्यवहार नहीं होता किन्तु उसके आधार पर रचा हुआ शब्द प्रचलित है। जो लड़कियाँ घर के बाहर बहुत घूमती फिरती हैं, बैसवाड़े में उन्हें **बगउधा** कहा जाता है। इसका एक प्रतिरूप **बजिन्दा** भी प्रचलित है जिसमें **ध** प्रत्यय अल्प प्राण रूप में है और **ग्**, इ स्वर के संसर्ग से, तालव्य बन गया है। **बगउधा** की तरह **चमरउधा** (चमड़े से बना हुआ यानी जूता) शब्द है। अवधी के ये शब्द उन प्राचीन मध्य देशीय आर्य गण-भाषा-ध्वनितंत्रों के अनुरूप हैं जिनमें मूल सघोष महाप्राण ध्वनियाँ अभी अल्पप्राण और अघोष न बनी थीं। इन प्राचीन ध्वनितंत्रों की विशेषताएँ जानकर ही संस्कृत का विकास पहचाना जा सकता है। **बहुधा** और **सर्वदा** में **दा** या **धा** कौन सा प्रत्यय अधिक प्राचीन है, यह जाना जा सकता है; आधुनिक आर्य भाषाओं में प्राचीन ध्वनितंत्रों की विशेषताएँ कहाँ बनी हुई हैं, इसका विवेचन किया जा सकता है। **घ् ध् भ्** का विकास तीन आर्य भाषा केन्द्रों में हुआ, इनमें **ध्** मध्यदेशीय केन्द्र की देन है।

घ् का विकास केन्द्र उत्तर पश्चिम में था, **भ्** का पूर्व में, और **ध्** का इनके बीच में, इस अनुमान को सिद्ध करने के लिए अभी और छानबीन आवश्यक है। फिर भी जो विवेचन ऊपर प्रस्तुत किया गया है, उससे इतना अवश्य प्रमाणित होता है कि इन ध्वनियों के विकास केन्द्र अलग अलग थे और उनके परस्पर संपर्क से ये तीनों ध्वनियां एक ही सामान्य ध्वनितंत्र का अंग बनीं। इसी तरह **क्, त्, प्** के भी अलग केन्द्र थे और उनके आपसी संपर्क से ये ध्वनियां, तथा सघोष रूप **ग्, द्, ब्** सामान्य ध्वनितंत्र में सम्मिलित हुईं। यह भी स्पष्ट है कि संस्कृत में इन ध्वनियों की मूल स्थिति काफी बदली हुई है। शब्द-निर्माण-प्रक्रिया में **क्-ग्-घ्** और **प्-ब्-भ्** केन्द्रों की तुलना में **त्-द्-ध्** केन्द्र की भूमिका अधिक महत्वपूर्ण रही है। इन्डोयूरोपियन परिवार में भारतीय आर्य भाषाओं की भूमिका पहचानने के लिये, **घ्, ध्, भ्**—इन सघोष महाप्राण ध्वनियों पर ध्यान केन्द्रित करना आवश्यक होगा। इन्डोयूरोपियन परिवार के सन्दर्भ में इन ध्वनियों का विवेचन करते हुए इनके विकास केन्द्रों पर फिर विचार करेंगे। **घ्, ध्, भ्** ध्वनियों की भूमि पर उत्तरपश्चिमी और पूर्वी छोरों से किस प्रकार के दबाव पड़ते रहे हैं जिनसे इन ध्वनियों में परिवर्तन हुआ, इसका विवेचन भी द्रविड़ भाषाओं के सन्दर्भ में आवश्यक होगा, उससे आर्य-द्रविड़ भाषा-समुदायों के संपर्क को समझने में सहायता मिलेगी। यहां इतना कहना काफी है कि संस्कृत में जहां दो महाप्राण ध्वनियों का एकसाथ होना अपवाद सा है, वहां हिन्दी में ऐसी स्थिति साधारण है यथा संस्कृत में **भभूव** तो **बभूव** हो जायगा पर हिन्दी में **भभकना, धधकना** जैसे रूप सहज ग्राह्य हैं।

५. विशिष्ट ध्वनिकेन्द्र और हिन्दी जनपद

संस्कृत और आधुनिक आर्यभाषाओं के ध्वनितंत्रों की तुलना की जाय तो एक तथ्य यह सामने आता है कि **च्** और **ज्** की तुलना में **झ्** का व्यवहार संस्कृत में बहुत कम होता है जबकि आधुनिक आर्य भाषाओं में **च्** और **ज्** के साथ **झ्** का व्यवहार भी खूब होता है, विशेषत: हिन्दी और मराठी में। इसका कारण यह हो सकता है कि **च्-ज्-झ्** के केन्द्र मूलत: मध्यदेश में नहीं थे वरन् पश्चिम में या उत्तर पश्चिम में थे। जिस समय इन केन्द्रों ने संस्कृत के विकास को प्रभावित करना शुरू किया, उस समय संस्कृत पर अल्पप्राण ध्वनि प्रकृति वाली भाषाओं का प्रभाव भी बढ़ रहा था। इसलिए संस्कृत में **च्-ज्** का व्यवहार अधिक हुआ, **झ्** का कम। आधुनिक आर्यभाषाओं पर जहां यह अल्पप्राणता वाला प्रभाव कम था, वहां संस्कृत की अपेक्षा, **झ** का व्यवहार अधिक हुआ।

ऐतिहासिक भाषाविज्ञान में संस्कृत की **च्**, **ज्** ध्वनियों को कल्पित तालव्य **क्**, **ग्** ध्वनियों का विकास माना गया है। यह कल्पना इसलिए की गई है कि संस्कृत **पञ्च** और लिथुआनियन **पेन्कि** (पांच) जैसे शब्दों का एक ही स्रोत सिद्ध किया जा सके। मूल ध्वनि तालव्य **क्**; वह यूरुप की भाषाओं में कंठ्य **क्** में घुलमिल गई, भारत में **च्** बनी। इस कल्पना से इस तथ्य की व्याख्या नहीं होती कि संस्कृत में **च्** और **ज्** का व्यवहार अधिक क्यों है, आधुनिक आर्य भाषाओं में **झ्** का व्यवहार संस्कृत से अधिक क्यों है। बरो ने संस्कृत पर अपने ग्रंथ में यूरुप की भाषाओं से **क्** और **ग्** वाले ऐसे रूप दिये हैं जिनके संस्कृत प्रतिरूपों में **च्** और **ज्** हैं पर उन्होंने **घ्** ध्वनि वाला एक रूप भी नहीं दिया जिसके संस्कृत प्रतिरूप में **झ्** हो। यूरुप की भाषाओं में **घ्** जैसी सघोष महाप्राण ध्वनि है ही नहीं, उदाहरण कहां से देते ? पर कोई आदि इंडोयूरोपियन शब्द-रूप कल्पित करके उसका **झ्** वाला संस्कृत प्रतिरूप दे सकते थे। ऐसा **झ्** वाला उदाहरण इस संदर्भ में उन्हें मिला नहीं। उन्होंने यह मान्यता प्रस्तुत की है कि तालव्य **घ्** पहले **झ्** में बदलता है, फिर यह **झ्** संस्कृत में **ह्** बन जाता है। मान लीजिये, यह धारणा सही है। पर इसका कारण क्या है कि **हन्ति** में तो **झ्** **ह्** बन गया पर **जघान** में वह **झ्** फिर **घ्** बन गया। **अर्हति** में तो **ह्** है पर **अर्घ** में **झ्** के बदले फिर **घ्** है। इन रूपों में या तो **घ्** है या **ह्** है, **झ्** का पता नहीं है। इससे बरो की उक्त मान्यता निराधार सिद्ध होती है। **घ्** ही संघर्षी बन कर **ह्** में परिणत होता है जैसे मध्यवर्ती **क्** तमिल में अब भी अनेक व्यक्तियों द्वारा **ह्** बोला जाता है; **झ्** बदलकर **ह्** नहीं बनता।

क्, **ग्**, **घ्** के समान भारत में भी **च्**, **ज्**, **झ्** के स्वतंत्र केन्द्र थे। इन केन्द्रों ने संस्कृत के ध्वनि केन्द्रों को प्रभावित किया। कल्पित तालव्य **क्** **ग्** नहीं, वास्तविक कंठ्य **क्**, **ग्** संस्कृत में—कुछ ध्वनि-परिवेशों में—**च्**, **ज्**, रूप धारण करते हैं यथा क्रिया की आवृत्ति में **ककार** के बदले **चकार**, **गगाम** के बदले **जगाम** रूपों का व्यवहार होता था। कंठ्य **क्** ही नहीं, दन्त्य **त्** ध्वनि भी **च्** में बदलती है। **तुद्** और **चुद्** क्रियाओं का एक

ही अर्थ है प्रेरित करना। **चतुर्थ** के समानान्तर संस्कृत **तुरीय** शब्द पुनः **त्-च्** के समीकरण की ओर संकेत करता है। हिंदी के **तेंतालिस, पेंतालिस** रूपों में **चालिस** की जगह **तालिस** है। यहां चाहे **चालिस** को पूर्व रूप मानें चाहे **तालिस** को, एक बात सिद्ध हो जाती है कि **क्** और **त्** के समानान्तर **च्** के भी अपने केन्द्र थे।

हिन्दी के **मुझे-तुझे** रूपों का व्यवहार ब्रजभाषा से लेकर बँगला तक कहीं नहीं होता; ये पछाहीं रूप केवल परिनिष्ठित हिन्दी में प्रयुक्त होते हैं। मराठी के **माझा** (मेरा), **झाला** (हुआ) जैसे रूप किसी अन्य आधुनिक आर्य भाषा में नहीं हैं। इससे यह अनुमान दृढ़ होता है कि **च्-ज्-झ्** के केन्द्र पश्चिमी भारत में थे।

मध्य से **मांझ** और **संध्या** से **सांझ** जैसे अनेक रूप **झ्** के पूर्व रूप **ध्** की ओर संकेत करते हैं। **ध्** ध्वनि **झ्** में वहीं बदलेगी जहां सघोष महाप्राण ध्वनियां ग्राह्य होंगी। ऐसा परिवर्तन आर्येतर भाषाओं में—या उनके प्रभाव से—संभव नहीं है, क्योंकि सघोष महाप्राण ध्वनियों का व्यवहार उनकी प्रकृति के अनुकूल नहीं है। **घ्, ध्, भ्** के समान **झ्** का केन्द्र भी आर्यभाषाओं के प्राचीन केन्द्रों में एक है क्योंकि ऐसी सघोष महाप्राण ध्वनियों का व्यवहार केवल भारतीय आर्य भाषाओं की विशेषता है। निस्संदेह ये **झ्** ध्वनि वाले केन्द्र बहुत समय से **ध्** ध्वनि को बदलकर **झ्** रूप देते रहे हैं।

किसी समय यहां जलने-जलाने के अर्थ में **ध्वर्** क्रिया प्रयुक्त होती थी। संस्कृत में इसके प्रतिरूप **ज्वल्** का चलन हुआ; संस्कृत के **अध्वर** (यज्ञ), **अध्वर्यु** (पुरोहित) शब्दों में वही प्राचीन **ध्वर्** क्रिया है। अवधी की **झुर्** धातु—**झूर** (सूखा), **झुरान** (उप०)—उसी **ध्वर्** का प्रतिरूप है किन्तु जैसे **क्** और **ग्**, **च्** और **ज्** में बदलते हैं, वैसे ही **घ्** भी **झ्** में बदलता है। **घर्म** की **घर्** क्रिया—वैकल्पिक रूप **घा**—से पालि में **झान** (आग लगना), **झाम** (प्रज्वलित), **झायति** (जलाता है), **झायन** (दाह) आदि रूप बने हैं। इसी प्रकार प्राकृत **झाय** (भस्म हो चुकी वस्तु), **झाम** (प्रज्वलित), **झापेति** (जलाता है), **झापण** (दाह) आदि रूप हैं। टर्नर ने अपने आधुनिक आर्य भाषाओं के कोश में ये शब्द दिये हैं। इनके साथ पंजाबी का **झाणी** (मसान), बँगला, उड़िया आदि के **झामा** (जली हुई ईंट), **झाल** (गर्मी) रूप दिये हैं। हिन्दी में **झांवा, झार** जैसे रूप प्रचलित हैं। इन सबका स्रोत **घर्** अथवा **घा** क्रिया थी। संस्कृत के समानान्तर अन्य आर्य भाषाओं में **झ्** वाले क्रिया रूप का व्यापक व्यवहार होता था, यह पालि-प्राकृत से लेकर आधुनिक आर्य भाषाओं तक के ऊपर दिये हुए उदाहरणों से सिद्ध है।

यदि संस्कृत के समानान्तर ऐसी आर्य भाषाओं का व्यवहार होता था जिनमें **झ्** एक स्वतंत्र अक्षर ध्वनि थी—किसी अन्य ध्वनि का रूपान्तर मात्र नहीं—तो इन भाषाओं के कुछ शब्द अपनी **झ्** ध्वनि के साथ संस्कृत में अवश्य आये होंगे। ऐसे शब्दों में एक है **झष** जिसका व्यापक व्यवहार **झख** मारने के मुहावरे से प्रमाणित है। **झूड़ा, जूड़ा, चूड़ा** ये तीन शब्द एक साथ रखे जायें तो यह पता लगाते देर न लगेगी कि **झ्** वाला रूप ही अधिक प्राचीन है। टर्नर ने अपने कोश में हिन्दी **झोंटा** के साथ सिन्धी **झूड़ो**, पंजाबी **झूड़ा**, गुजराती **झुड़ो** दिये हैं। संस्कृत **चूड़ा** हिन्दी **जूड़ा** का रूपान्तर है और **जूड़ा** पंजाबी

झूड़ा का। **झोंटा** के साथ अवधी **झवांथर** स्मरणीय है। **झूड़ा**, **झूड़ो** आदि का पूर्व रूप **झोथ** प्रतीत होता है, **थ्→त्→द्→ड्→ड़**—ऐसा विकास हुआ होगा। **झबरा**, **झंडूले**, **झांट** आदि शब्दों में, झोंटा के समान, बालों वाला अर्थ विद्यमान है। टर्नर ने इस संदर्भ में संस्कृत **चूल** शब्द भी दिया है जो बालों के लिए बँगला में अभी प्रयुक्त होता है। **चूड़ा** के समान **चूल** के मूलरूप में **झ्** ध्वनि थी। हिन्दी **जंगल** संस्कृत में भी है; पंजाबी **झंग**, सिन्धी **झंगु**, हिन्दी **झाँखर झ्** ध्वनि वाले मूल रूप की ओर संकेत करते हैं। हिन्दी **झाड़ झंखाड़** में दो समानार्थी शब्दों को एक साथ रखा गया है। किसी पर **झक्** सवार होती है, यानी उस पर हवा का असर होता है, तब वह **झक्की** कहलाता है। हिन्दी **झक्कड़**—सिन्धी **झक** (तूफानी हवा) आपस में संबद्ध हैं। संभव है, **झंझावात** में **झंझा** और **वात** समानार्थी हों।

झांकना, झरोखा, झँगा, झंडा, झउवा, झगड़ा, झप (झपताल का झप), **झाऊ, झाग, झाड़ना, झिल्ली, झींगुर, झील, झुंड, झुकना, झूठ, झेलना, झोंकना**, ऐसे बहुत से शब्द हैं जो संस्कृत की तुलना में हिन्दी तथा अन्य आधुनिक आर्य भाषाओं में **झ्** ध्वनि का बहुल प्रयोग सिद्ध करते हैं। स्थानवाचक शब्दों में **झूसी** और **झांसी** से लेकर नदी-वाचक **झेलम** तक **झ्** का व्यवहारक्षेत्र दर्शनीय है। ये सारे शब्द वहां बोले जाते हैं जहां **घ्** का व्यवहार भी काफी होता है। इसलिए **घ्, ध्, भ्** के समान **झ्** के स्वतंत्र केन्द्र की कल्पना तर्कसंगत है।

संस्कृत में **च्** का प्रयोग काफी होता है किन्तु **झ्** का व्यवहार बहुत कम होता है; इसी तरह **ट्** का व्यवहार तो काफी होता है किन्तु **ढ्** का व्यवहार बहुत कम होता है। आदि स्थान में **ट्** विरल है किन्तु शब्दों के अन्तिम वर्ण में उसका व्यवहार काफी होता है। जो बातें **झ्** के विरल व्यवहार के बारे में कही गई हैं, वे संस्कृत में **ढ्** के व्यवहार के बारे में भी कही जा सकती हैं। मूर्धन्य और तालव्य क्षेत्र मध्य देश के आर्य परिवृत्त में हैं। मध्य देश की मूल भाषा जिस समय संस्कृत रूप ग्रहण करती है, उस समय उसका ध्वनितंत्र इन दोनों क्षेत्रों से प्रभावित हो रहा है। जिस क्षेत्र में वह संस्कृत रूप धारण कर रही है, वह उत्तर पश्चिम में है और अल्पप्राण अघोष ध्वनियों वाले क्षेत्रों से प्रभावित है। इस कारण तालव्य और मूर्धन्य प्रवृत्तियाँ अल्पप्राण और अघोष रूपों में अधिक दिखाई देती हैं, महाप्राण सघोष रूपों में कम दिखाई देती हैं। संस्कृत मे **ट** बहुत जगह, विशेषध्वनि-परिवेश में, **त्** का विकास है किन्तु इसका यह अर्थ नहीं कि सस्कृत में उसका स्वतंत्र अस्तित्व नहीं है। यदि स्वतंत्र अस्तित्व न होता तो जो भाषाविज्ञानी मूर्धन्य ध्वनियों को पहले द्रविड़ प्रभाव का परिणाम मानते थे, वे अब उन्हें संस्कृत में स्वतःस्फूर्त विकास का परिणाम न मानने लगते। प्राचीन भारत में आर्य भाषाओं के एक से अधिक केन्द्र मानने से यह समस्या दूसरे रूप में दिखाई देती है।

भारत के पूर्वी-उत्तरी और पश्चिमी सीमान्तों पर कोई ऐसा क्षेत्र नहीं है जहाँ मूर्धन्य ध्वनियों का ही व्यवहार होता हो। यदि बाहर से आने वाले अपने साथ ये ध्वनियाँ लाते तो अपने मूल निवास में या उसके आस-पास इनका कोई चिन्ह अवश्य

छोड़ आते। काल्डवेल ने शक परिवार से द्रविड़ समुदाय का सम्बन्ध जोड़ा था पर इस शक परिवार में इन ध्वनियों का अभाव है, वे न फिनोउग्रियन समुदाय में हैं, न तुर्क-मंगोल समुदाय में। यूरुप में जहाँ ऐसी ध्वनियाँ प्रयुक्त होती हैं, वहाँ शक परिवार की भाषाएँ नहीं बोली जातीं, इन्डो-यूरोपियन परिवार की भाषाएँ बोली जाती हैं। इन भाषाओं में मूर्धन्य ध्वनियों का व्यवहार भारतीय भाषाओं की तुलना में अल्प है, वह भारतीय पद्धति का अवशेष मात्र है। यह तथ्य महत्वपूर्ण है कि इन ध्वनियों का विशेष व्यवहार आर्य और द्रविड़ दो ही परिवारों में विशेष होता है। यदि आधुनिक आर्य भाषाओं को देखें तो उनमें द्रविड़ भाषाओं की तुलना में ऐसी ध्वनियों की भूमिका शब्द-निर्माण में कहीं अधिक महत्वपूर्ण है। तमिल में जहाँ आदि स्थानीय **ट्** का अभाव है, वहाँ हिन्दी आदि भाषाओं में ऐसे बहुत से शब्द हैं जो **ट्** से आरम्भ होते हैं और जिनमें यह ध्वनि **त्** का रूपान्तर प्रतीत नहीं होती। **टका, टाँग, टाँगना, टाँट, टाँड़ा, टापू, टीका, टिकुली, टिकिया, टीस, टॅट, टॅव, टेसू, टोकरी, टोह, टोली, टालना, टरकाना, टिकाना, टीपना, टेरना, टोकना** आदि शब्द संस्कृत से भिन्न उद्भव के प्रतीत होते हैं। संस्कृत के बहुत से शब्दों के प्रतिरूप द्रविड़ भाषाओं में मिल जाते हैं किन्तु जिन आर्य शब्दों के आदि स्थान में **ट् ठ् ड् ढ्** ध्वनियाँ हों, उनके द्रविड़ प्रतिरूप ढूँढ़ने से भी नहीं मिलते। यदि टवर्गीय ध्वनियों का व्यवहार संस्कृत की अपेक्षा हिन्दी में, द्रविड़ प्रभाव के कारण, अधिक होता तो टकार से आरम्भ होने वाले हिन्दी शब्दों के प्रतिरूप द्रविड़ भाषाओं में अवश्य मिलते। वैसे शब्द कोल और नाग भाषाओं में भी उनके मूल शब्द भंडार का अंश नहीं है। इससे यह स्थापना तर्कसंगत है कि कवर्ग और चवर्ग के समान टवर्ग का भी एक स्वतंत्र आर्य भाषा केन्द्र था। ये सारे केन्द्र एक दूसरे को प्रभावित कर रहे थे। संस्कृत में **टिट्टिभ, टिप्पण** जैसे शब्दों में आदि स्थानीय **ट्** का प्रवेश हो चुका है। जनपदीय आर्य भाषाओं के विकासकाल में विभिन्न केन्द्रों का परस्पर आदान प्रदान और अधिक होगा।

यह कह देना पुनः आवश्यक है कि टवर्ग की सभी ध्वनियों का विकास एक ही केन्द्र में हुआ हो, यह आवश्यक नहीं है। संस्कृत में मूर्धन्य नासिक्य का जितना व्यवहार होता है, उसकी तुलना में शेष सभी टवर्गीय ध्वनियों का व्यवहार अल्प है। **ठक्कुर, डाकिनी** आदि कुछ शब्दों में आदि स्थानीय **ठ्** और **ड्** दिखाई देते हैं। हिन्दी तथा अन्य आर्य भाषाओं में **ठग, ठंढ, ठर्रा, ठसक, ठुमरी, ठिगना, ठूँठ, ठेंगा, ठेठ, ठोकर, ठोंकना,** और **डग, डगर, डफला, डर, डलिया, डाँग** (जंगल, अवधी में लाठी), **डाँगर, डाल, डील-डौल, डेरा, डोकरा** आदि में मूर्धन्य ध्वनियों की भूमिका देखी जा सकती है। जहाँ तक इस वर्ग की सघोष महाप्राण ध्वनि का सम्बन्ध है, संस्कृत में वह **आषाढ** जैसे कुछ शब्दों को छोड़कर अधिकतर कृदन्त रूपों में दिखाई देती है जैसे **गुह्** से **गूढ, मुह्** से **मूढ, वह्** से **ऊढ**। हिन्दी में **ढरना, ढाँपना, ढरकना, ढूँढ़ना, ढोर, ढेर, ढोल, ढिग, ढाक, ढर्रा** जैसे रूपों की भरमार है। बहुत जगह संस्कृत **स्थ्** की संयुक्त ध्वनि हिन्दी में **ठ्** हो जाती है जैसे **स्थान** से **ठाँव**। इसी प्रकार **डाह** का सम्बन्ध **दाह** से है, **ढीला** का **शिथिल** से। संस्कृत में **गूढ,**

मूढ आदि शब्दों में **ढ्** मूल ध्वनि नहीं है, वह किसी अन्य ध्वनि का रूपान्तरण है। इसके विपरीत आधुनिक आर्य भाषाओं की शब्द निर्माण-प्रक्रिया में इसकी स्वतंत्र भूमिका है। परतंत्र भूमिका, संस्कृत और हिन्दी दोनों में, मूर्धन्य नासिक्य की है। संस्कृत में वह अधिकतर, विशेष ध्वनि-परिवेश में, दन्त्य **न्** का स्थान लेता है। हिन्दी के जिन क्षेत्रों में उसका व्यवहार होता है, वहाँ वह मुख्य नासिक्य ध्वनि है। यही स्थिति अन्य उत्तर पश्चिमी भाषाओं की है।

संस्कृत में **प्** और भ् का यथेष्ट व्यवहार होता है। **फ्** का व्यवहार वैसे ही होता है जैसे अन्य वर्गों की अघोष महाप्राण ध्वनियों का। किन्तु संस्कृत में जहाँ **ग् ज् द्** की प्रचुरता है, शब्द निर्माण-प्रक्रिया में इनकी निर्णायक भूमिका है, वहाँ पवर्गीय सघोष अल्पप्राण ध्वनि **ब्** का व्यवहार अत्यन्त विरल है। यूरुप की भाषाओं में इस ध्वनि का यथेष्ट व्यवहार होता है किन्तु वैसे शब्दों के प्रतिरूप संस्कृत में बहुत ही कम हैं। इस कारण अनेक भाषाविज्ञानियों ने सन्देह प्रकट किया है कि शायद आदि इन्डोयूरोपियन भाषा में यह ध्वनि थी ही नहीं। भारतीय आर्य भाषा क्षेत्र में, ब्रज से लेकर बंगाल तक, **ब्** की प्रधानता है। परिनिष्ठित बँगला में इसने अन्तस्थ **व्** को अपदस्थ कर दिया है। ब्रज की तुलना में **व्** का व्यवहार अवधी में अधिक होता है। रोचक तथ्य है कि बँगला में तालव्य **श्** के साथ **व्** का व्यवहार नहीं होता जब कि संस्कृत में इन दोनों की स्थिति सुदृढ़ है, उनका शुद्ध उच्चारण सुसंस्कृत होने का चिन्ह है।

ब् ध्वनि मध्यदेशीय आर्य भाषाओं में थी या नहीं? प्राचीन कोसल गण-भाषा में थी या नहीं? मेरा मत है कि यह ध्वनि इन भाषाओं में थी। मध्यदेश के पूर्व में मगध ऐसा क्षेत्र था जिसमें अन्तस्थ **व्** की जगह **ब्** का व्यवहार ही अधिक होता था। मध्यदेश के उत्तर-पश्चिमी छोर पर ऐसी भाषाएँ हैं जिनमें **ब्** की प्रधानता है और जो **प्** और **ब्** को भी अन्तस्थ **व्** का रूप देती हैं। तमिल में यह प्रवृत्ति काफी शक्तिशाली है; वह अनेक शब्दों में **प्** को **व्** में बदल देती है। तमिल में जहाँ ऐसी प्रवृत्ति दिखाई देती है, वहाँ उसका सम्बन्ध उत्तर-पश्चिमी आर्य भाषाओं से प्रमाणित होता है। संस्कृत का **भंडि** जब तमिल में **वंडि** (गाड़ी) हो जाता है, तब सघोष महाप्राण ध्वनि **भ्** अघोष अल्पप्राण **ब्** में रूपान्तरित न होकर अर्द्ध स्वर **व्** बनती है। संस्कृत **वंक** इसी प्रकार **भंग** का विकास है। **वणिज** का **वणि** पूर्व रूप में **पणि** है जिससे **पण्य** आदि रूप बनते हैं। आर्यों पर चाहे द्रविड़ प्रभाव के कारण हो, चाहे आर्य भाषाओं के केन्द्र-विशेष की शक्ति के कारण हो, **व्** ध्वनि शिष्ट उच्चारण का चिन्ह मानी गई।

संस्कृत में यह स्थिति रोचक है कि अनेक शब्दों के दो वैकल्पिक रूप हैं, एक में **ब्** है, दूसरे में **व्**। **बक, वक; बकुल, वकुल; बटु, वटु; बत, वत** (आश्चर्यसूचक शब्द); **बध्, वध्; बर्ह, वर्ह** (मोर आदि पक्षियों की पूँछ); **बाण, वाण; बीज, वीज; बृहत्, वृहत्;** इत्यादि। संस्कृत के **ब्रह्म** और सामन्ती समाज के पवित्र वर्ण **ब्राह्मण** में **ब्** इतनी दृढ़तापूर्वक प्रतिष्ठित था कि उसे **व्** अपदस्थ न कर सका। वैकल्पिक

रूपों में **व्** का व्यवहार उत्तरकालीन संस्कृत में अधिक दिखाई देता है। जैसे **वसिष्ठ** के दन्त्य स् को तालव्य श् करके कुछ लोगों ने **वशिष्ठ** को अधिक श्रेष्ठ कर दिया, वैसे ही अनेक शब्दों में **ब्** को अपदस्थ करके, **व्** के वैकल्पिक रूप द्वारा, कुछ लोगों ने संस्कृत को और सुसंस्कृत बनाया। कोई आश्चर्य नहीं कि **बिदा** शब्द को **विदा** लिखकर विद्वज्जन उसे संस्कृत बनाते हैं। संस्कृत में **बुद्धि, बुध, बन्धु, बल, बलि, बाहु, बद्ध, ब्रू, बन्ध्** आदि शब्द-भंडार का महत्वपूर्ण अंग है। टवर्गीय ध्वनियों की अपेक्षा शब्द निर्माण में **ब्** की भूमिका अवश्य ही अधिक महत्वपूर्ण थी। हिन्दी के कुछ शब्द जो **ब्** से आरम्भ होते हैं, संस्कृत में नहीं हैं पर इससे यह सिद्ध नहीं होता कि प्राचीन काल में उनका अस्तित्व नहीं था। बंगाल से लेकर हरियाणा तक **बोल्** क्रिया का व्यवहार होता है। बहुत ज़्यादा बोलने के लिए रूसी में क्रिया है **बोल्तात्**। इसका कोई प्रतिरूप संस्कृत में नहीं है। अशोक के समय से उत्तर भारत का श्रृंखलाबद्ध इतिहास मिलता है। इस बीच स्लावजनों से ऐसे सम्पर्क का कोई प्रमाण नहीं है जिससे **बोलना** जैसी क्रिया हिन्दी से रूसी में जाती या रूसी से हिन्दी में आती। यह शब्द भारतीय आर्य भाषाओं में कम से कम ३०० ई० पू० से प्रयुक्त होता रहा है। **बनाना, बरहा, बनरा, बट्टा, बरोठा, बाना, बिहान, बटोरना, बुझना** आदि शब्द इस संदर्भ में विचारणीय हैं। हो सकता है, ये शब्द काफी पुराने हों और इनके साथी दूसरे ऐसे शब्द लुप्त हो गए हों।

हिन्दी में ऐसे बहुत कम शब्द होंगे जिनमें **ब्** के स्थान पर **व्** कर देने से अर्थ भेद उत्पन्न हो। अवधी में **वार नहिन** का अर्थ होगा समय नहीं है और **बार नहिन** का अर्थ होगा बाल नहीं हैं। हिन्दी में **यह वही है**, इस वाक्य में **वही** किसी वस्तु या पुरुष की ओर संकेत करता है, **यह बही है** का अर्थ बही-खाते वाली **बही** है। अवधी में **वारत है** का अर्थ हुआ निछावर करता है, **बारत** है का अर्थ होगा जलाता है। कुल मिलाकर हिन्दी और उसकी जनपदीय उपभाषाओं में **व्** से आरम्भ होने वाले शब्द बहुत कम हैं, जो हैं वे अधिकतर तत्सम हैं। संस्कृत में जो अनुपात **ब्** के व्यवहार का है, लगभग वही अनुपात हिन्दी में **व्** के व्यवहार का है। संस्कृत में भी ऐसे शब्द कठिनाई से मिलेंगे जिनमें **व्** की जगह ब् कहने से अर्थ-भेद पैदा हो। **कुबेर, कूबर** (गाड़ी का जुँआ), **कबन्ध** आदि थोड़े शब्दों में मध्यवर्ती **ब्** दिखाई देता है। हिन्दी और संस्कृत के ध्वनितंत्र में यह मौलिक भेद है कि संस्कृत में **व्** की प्रधानता है और हिन्दी में **ब्** की। इस स्थिति से यह निष्कर्ष बहुत जल्दी निकाला जा सकता है कि संस्कृत का **व्** भ्रष्ट उच्चारण से हिन्दी में **ब्** हो गया है। किन्तु अखिल भारतीय परिवेश में इस समस्या पर विचार करें तो एक तथ्य सामने यह आता है कि तमिल, संस्कृत के समान, व्-प्रधान भाषा है और कन्नड़ हिन्दी के समान ब्-प्रधान। तमिल **वड, वयल्, वीचु, वॅट्टु, वॅतिर्** के कन्नड़ रूप क्रमशः **बड** (उत्तरी), **बयल्** (खेत), **बीसु** (फेंकना), **बॅट्टु**(काटना), **बिदिर** (बाँस) हैं। यह कहना अनुचित होगा कि शुद्ध तमिल रूपों को बोल न पाने से कन्नड़ भाषियों ने **व्** के स्थान पर **ब्** को प्रतिष्ठित कर दिया है। कन्नड़ में काफी

शब्द **ब्** से आरम्भ होते हैं और ये द्रविड़ समुदाय के शब्द हैं। अतः संभावना इसी की अधिक है कि तमिल शब्दों के जिन प्रतिरूपों में **ब्** का व्यवहार हुआ है, वे अधिक पुराने हैं, जैसे कि यह माना जाता है कि तमिल शब्दों में जहाँ **च्** ध्वनि है, वहाँ यदि कन्नड़ प्रतिरूपों में **क्** है, तो ये कन्नड़ रूप ही पुराने हैं। हिन्दी **बिरुद** तमिल में **विरुदु** और कन्नड़ में **बिरुदु** है। **बिरुद** रूप पुराना है। संस्कृत में **विरुद** और **बिरुद** दोनों रूप स्वीकार किये गये हैं। यदि तमिलभाषी जन मध्यदेश में रहते होते तो उनके प्रभाव से हिन्दी में **ब्** की अपेक्षा **व्** का चलन अधिक होता। पर यह **व्** मूलतः उत्तर पश्चिमी ध्वनि है और हिन्दी की अपेक्षा **ब्** और **व्** का अर्थविच्छेदक व्यवहार अंग्रेजी में अधिक होता है। बॅड् (बिस्तर), वॅड् (ब्याह करना); बॅस्ट (श्रेष्ठ), वॅस्ट (पश्चिम); बॅट् (शर्त लगाना), वॅट् (भीगा), ऐसे पचीसों जोड़े आसानी से मिल जायेंगे। ऐसे जोड़े हिन्दी में नहीं हैं क्योंकि हिन्दी **ब्** क्षेत्र की भाषा है, ऐसे जोड़े संस्कृत में इसलिए कम होंगे कि दन्त्य **स्** के तालव्यीकरण के समान बहुत से शब्दों के मूल **ब्** को **व्** में परिवर्तित कर दिया गया था।

संस्कृत में ऐसे अनेक शब्द हैं जिनके क्रिया रूपों में **च् ज्** का व्यवहार होता है और संज्ञा रूपों में **क्** और **ग्** का : **त्यज्** और **त्याग**, **भज्** और **भाग**, **भुज्** और **भोग**, **युज्** और **योग**, **रंज्** और **रंग**, **अर्च्** और **अर्क**, **पच्** और **पाक**। **वाक्य**, **वाच्य**, **भोग्य**, **भोज्य** जैसे जोड़े भी मिलेंगे। यहाँ इस समस्या पर विचार करना है कि मूल ध्वनि कंठ्य थी जिसका तालव्यीकरण हुआ या तालव्य थी जिसे कंठ्य रूप दिया गया। इतना तो विशेष तर्क-वितर्क के बिना माना जा सकता है कि तालव्य और कंठ्य स्पर्श ध्वनियों के केन्द्र आसपास हैं और एक दूसरे को प्रभावित करते हैं। आधुनिक आर्य भाषाओं के ध्वनितंत्र पर विचार करें तो कभी कभी तालव्य और कंठ्य ध्वनियों वाले ऐसे प्रतिरूप मिलेंगे जिनमें एक किसी क्षेत्र विशेष में बोला जाता है और दूसरा अन्य क्षेत्र में। ब्रज भाषा में **भाजत** क्रिया रूप का व्यवहार होता है; अवधी में इसका प्रतिरूप **भागत** और परिनिष्ठित हिन्दी में **भागता** का चलन है। **भीजत** क्रिया रूप ब्रज तथा अवधी में प्रयुक्त होता है, परिनिष्ठित हिन्दी में **भीगता** रूप ही स्वीकृत है। परिनिष्ठित हिन्दी का **क्यों** ब्रज भाषा में **चों** बोला जाता है, ब्रज के प्रभाव से इसका चलन कनौजी में भी है। ब्रज भाषा के उक्त रूपों को देखने से ऐसा लगता है कि संस्कृत में भी अनेक शब्दों की मूल ध्वनि कंठ्य रही होगी और उसका तालव्यीकरण हुआ होगा। संस्कृत क्रिया **भुज्** का प्रयोग हिन्दी में न होगा पर **भोगना** क्रिया चलेगी। **रंज्** क्रिया का व्यवहार नहीं होता, **रंगना** का चलन है। **लोच्** क्रिया **लोचन** में तो है पर तुलसीदास ने **बिलोकत** रूप का व्यवहार किया है, **लोचत** या **बिलोचत** का नहीं। **पच्** क्रिया का हिन्दी प्रतिरूप **पकाना** है, पचना-पचाना क्रियाएँ भिन्न अर्थ में प्रयुक्त होती हैं। ऐसा लगता है कि संस्कृत की अपेक्षा हिन्दी **च् ज्** और **क् ग्** वाले वैकल्पिक क्रिया रूप सामने होने पर कंठ्य ध्वनियों वाले रूपों को ज्यादा पसन्द करती है। संस्कृत के निर्माण में विभिन्न जनपदीय भाषा तत्वों के सन्तुलन और समन्वय का प्रयत्न स्पष्ट है, यह कार्य चाहे

जानबूझकर किया गया हो, चाहे अपने आप हुआ हो।

यह आवश्यक नहीं है कि हर स्थिति में मूल ध्वनि कंठ्य ही हो। अनेक शब्दों में तालव्य ध्वनि को कंठ्य में बदला गया है। **पत्** क्रिया से **पक्षी** रूप **त् → च् → क्** विकासक्रम से संभव होता है। पर भारत के उत्तर-पश्चिमी प्रदेश में ऐसा केन्द्र अवश्य था जो कंठ्य ध्वनियों को तालव्य रूप देता था। संस्कृत में क्रिया तालव्य ध्वनि वाली है तो संज्ञा रूप बहुधा कंठ्य ध्वनि वाला होता है। रूसी भाषा में इसके विपरीत कहीं-कहीं क्रिया अथवा मूल शब्द में कंठ्य ध्वनि होती है और उसके आधार पर बने हुए शब्द में तालव्य ध्वनि होती है यथा **रुक्** (हाथ), **रुच्का** (हत्था, हैन्डिल), **रुच्नोइ** (हाथ से सम्बन्धित), **दोल्ग्** (ऋण), **दोल्झ्ने्न्** (आभारी), **वेक्** (युग), **वेच्नुइ** (शाश्वत)। कभी कभी एक ही क्रिया के दो रूप होते हैं यथा **बेगात्** **बेझात्** (दौड़ना)। यहाँ लैटिन और इटालियन भाषाओं का भेद भी उल्लेखनीय है। लैटिन में **च् ज्** ध्वनियों का अभाव है। इटालियन भाषा तालव्य स्वरों के परिवेश में लैटिन शब्दों के **क् ग्** को **च् ज्** में बदलती है। लैटिन का प्रसिद्ध **केन्तुम्** (सौ) इटालियन में **चेन्तो** है; लैटिन **गेनितोर** (जनक जननी) इटालियन में **जेनितोरे** है। यहाँ **क्यों** और **चों**, **भीजत** और **भीगत** को याद करें तो विदित होगा कि ब्रजभाषा से मिलती जुलती प्रवृत्ति इटालियन में है। इन दोनों भाषाओं में ओकारान्त शब्द भी काफी हैं, इसलिए तालव्यीकरण की प्रवृत्ति का एक सामान्य उद्गम हो सकता है। कुरुक्षेत्र और मध्य देश की प्राचीन भाषाओं की मुख्य प्रवृत्ति कंठ्य ध्वनियों का व्यवहार करने की थी। जब **त्**, **द्**, क्रमश: **च्**, **ज्** में बदलते हैं, तब **क्**, **ग्**, भी क्रमश: **च्**, **ज्** में बदलते हैं। तालव्यीकरण का प्रभाव **क्-ग्** तथा **त्-द्**, दोनों ध्वनियों के केन्द्रों पर पड़ता है।

विभिन्न व्यंजनों का संयोग संस्कृत ध्वनितंत्र की विशेषता है जैसे **वक्ता, दग्ध, क्रुद्ध** आदि रूपों में भिन्न व्यंजन संयुक्त हैं। इन रूपों में कहीं तो दो व्यंजन भिन्न वर्गों के हैं जैसे **वक्ता** में **क्** और **त्**, और कहीं एक ही वर्ग के हैं जैसे **दग्ध** में। संस्कृत में ऐसे शब्द काफी हैं जिनमें किसी स्पर्श व्यंजन के साथ अन्तस्थ ध्वनि का संयोग होता है जैसे **क्रम**। इन्हीं के साथ ऐसे रूप हैं जिनमें दो अन्तस्थ ध्वनियों का संयोग होता है यथा **श्री**। संस्कृत धातुओं पर दृष्टिपात किया जाय तो एक तथ्य यह स्पष्ट होता है कि इनमें दो स्पर्श व्यंजनों का संयोग बहुत कम होता है। जैसे एक क्रिया है **उब्ज्** (बलपूर्वक कोई कार्य करना)। इसमें **ब्** और **ज्** दोनों स्पर्श ध्वनियाँ हैं। इसे अपवाद मानना चाहिए। अधिकतर क्रियाएँ ऐसी हैं जिनमें कोई व्यंजन किसी अन्तस्थ ध्वनि से संयुक्त होता है जैसे **भ्राज्** (चमकना)। कुछ क्रियाएँ ऐसी हैं जिनमें नासिक्य ध्वनि के साथ **ऋ** स्वर संयुक्त होता है जैसे **मृज्** (पोंछना)। यहाँ अन्तस्थ व्यंजन **र्** की छाया मात्र है। **व्रज्** (आगे बढ़ना) में दो अन्तस्थ व्यंजन संयुक्त हुए हैं। **कुट्ट्** (कूटना) जैसा रूप अपवाद है जहाँ एक ही वर्ग के दो व्यंजन संयुक्त हैं। बहुधा एक स्वर और व्यंजन के बीच में अन्तस्थ ध्वनि का व्यवहार होता है यथा **गर्ज्** (गरजना), **तर्ज्** (धमकाना)। नासिक्य ध्वनियाँ पूर्ण स्पर्श व्यंजन नहीं होतीं, वे अन्तस्थ ध्वनियों के समान हैं। इसलिए **म्रुच्, म्लुच्** जैसे रूपों में दो ऐसे

व्यंजन संयुक्त हुए हैं जो पूर्ण स्पर्श नहीं हैं। संस्कृत का मूल ध्वनितंत्र धातुओं में व्यंजनों के संयोग की उक्त विशेषताओं को ध्यान में रखने से समझ में आता है। इन धातुओं के आधार पर बने हुए शब्दों में दो स्पर्श व्यंजनों का संयोग साधारण बात है किन्तु धातुओं में वैसा संयोग अपवाद-रूप में होता है। धातुओं में एक स्पर्श व्यंजन के साथ या तो अन्तस्थ ध्वनि जुड़ेगी या नासिक्य; दो पूर्ण स्पर्श ध्वनियां कम ही संयुक्त होती हैं। इसके अलावा संस्कृत की बहुत सी धातुएँ, हिन्दी धातुओं के समान, संयुक्त व्यंजनों के बिना रची गई हैं। **विद्** (देखना), **लिख्** (लिखना, खरोंचना), **शक्** (योग्य होना), **पश्** (देखना), **याच्** (माँगना), **पूज्** (पूजना), **यज्** (यज्ञ करना), **युज्** (मिलाना), **भाष्** (बोलना), **पत्** (उड़ना), **अद्** (खाना), **गद्** (कहना), **दा** या **दद्** (देना), **वद्** (बोलना), **पठ्** (पढ़ना), **बुध्** (जानना) आदि संस्कृत के मूल शब्द-भंडार के **वन, नदी, धरा, नभ, जन, गण, धन, नर, पुरुष** आदि के समान संयुक्त व्यंजनों से मुक्त हैं। इनकी संरचना से जिस ध्वनितंत्र का परिचय मिलता है, वह हिन्दी तथा अन्य आधुनिक आर्य भाषाओं की ध्वनि-प्रकृति से मिलता जुलता है।

संस्कृत के अनेक शब्द-रूपों में वर्ण-संकोच के कारण संयुक्त व्यंजन दिखाई देते हैं किन्तु उनका पूर्व रूप ऐसा नहीं था। संस्कृत में एक क्रिया है **पुर्** जिसका अर्थ है आगे जाना। इससे सम्बद्ध शब्द **पुरस्** का अर्थ है आगे। **पुरा** अर्थात् पहले समय में; इसी से **पुराण, पुरातन** आदि शब्द बने हैं। **पुर** शब्द संज्ञा, क्रिया और क्रिया-विशेषण, तीनों तरह के अर्थ देता है। इस **पुर** का लैटिन रूप है **पोरो** (आगे, पूर्वकाल में)। लैटिन में ही इसके प्रतिरूप हैं **प्रो, प्रए**। दोनों का अर्थ वही है—आगे। वर्ण-संकोच के परिणाम-स्वरूप संयुक्त व्यंजनों वाले, और उससे पहले के अलग व्यंजनों वाले, दोनों रूप लैटिन में हैं। इसी प्रकार संस्कृत में **पुर** आदि के साथ **प्र** वाला रूप है। **प्रकृति** में यह **प्र** पूर्व-काल का अर्थ देता है। जिसकी रचना पहले हुई वह **प्रकृति** है। **प्र** से **पुर** का विकास मानने का कोई कारण नहीं है। **पुर** से **प्र** का विकास, वर्ण-संकोच के कारण, स्वाभाविक है। **पुर** जैसे स्वतंत्र शब्द, वर्ण-संकोच की प्रक्रिया के बाद, उपसर्ग मात्र रह गए। ध्वनि-तंत्र के विचार से **प्र** का पूर्व रूप **पुर** हिन्दी की ध्वनि प्रकृति के अनुकूल है। एक दूसरा **प्र** पूर्णता का अर्थ देता है। इसका सम्बन्ध **पॄ** क्रिया से है जो स्वयं **पूर्** का रूपान्तर है।

संस्कृत और आधुनिक आर्यभाषाओं के ध्वनितंत्रों को लेकर बहुत सी बातें कही जा सकती हैं। इन पर यथाप्रसंग आगे विचार किया जायगा। यहां जो कुछ कहा गया है, उससे इतना स्पष्ट हो जाता है कि संस्कृत और हिन्दी के कुछ वाक्यों को मिला कर पढ़ने से इनके ध्वनितंत्रों में जितना मौलिक भेद ऊपर से दिखाई देता है, ऐतिहासिक विकास की दृष्टि से वह उतना मौलिक है नहीं। संस्कृत की धातुओं और शब्द-मूलों की संरचना पर विचार करने से विदित होता है कि इस संरचना का आधारभूत ध्वनितंत्र हिन्दी के ध्वनितंत्र से—विशेषत: ब्रज, अवधी आदि जनपदीय भाषाओं के ध्वनितंत्र से—मिलता जुलता है। संस्कृत अपने मूल मध्यदेशीय रूप में स्-त् न्-र् ध्वनियों वाली भाषा है, इन ध्वनियों के तालव्यीकरण और मूर्धन्यीकरण की प्रक्रिया बाद में घटित हुई है, इस

प्रक्रिया से संस्कृत के मूल ध्वनितंत्र में भारी परिवर्तन हुआ किन्तु यह परिवर्तन धातुओं और मूल शब्द-भंडार को बहुत कम स्पर्श कर सका। वर्ण-संकोच के कारण बहुत से शब्दों में जो दो व्यंजनों का संयोग दिखाई देता है, वह पहले नहीं था। समवर्गीय व्यंजनों का संयोग हिन्दी की ध्वनि-प्रकृति के विपरीत नहीं है।

सघोष महाप्राण **घ्, ध्, भ्** ध्वनियों के स्वतंत्र केन्द्र थे, इसी प्रकार **च्, ज्** आदि तालव्य ध्वनियों के, **ट्, ड्**, आदि मूर्धन्य ध्वनियों के स्वतंत्र केन्द्र थे। इन केन्द्रों को आर्य भाषा केन्द्र कहना उचित है। इन विभिन्न केन्द्रों के घनिष्ठ और सुदीर्घ संपर्क के फलस्वरूप संस्कृत के ध्वनितंत्र का निर्माण हुआ। मध्यदेशीय आर्य भाषा अपने मूल रूप में तालव्य और मूर्धन्य ध्वनिकेन्द्रों के प्रभाव से मुक्त थी। बाँगरू, ब्रज, अवधी आदि जनपदीय भाषाओं के ध्वनितंत्रों के विवेचन से जो तथ्य सामने आते हैं, उनकी पुष्टि स्वयं संस्कृत के ध्वनितंत्र के विकास-विश्लेषण से होती है। इस विकास-विश्लेषण की पद्धति यह है कि संस्कृत शब्द भंडार के मूल तत्वों को हम एक ओर रखें, इन तत्वों के आधार पर बने हुए शब्द रूपों को दूसरी ओर रखें; फिर दोनों की तुलना करके मूल और गौण का भेद पहचानें, भाषा की मूल ध्वनि प्रकृति और बाद की अर्जित ध्वनिप्रकृति का भेद जानें। यह मूल ध्वनिप्रकृति हिन्दी तथा जनपदीय भाषाओं की प्रकृति के अनुकूल है। यह निष्कर्ष प्राकृत-अपभ्रंश के साथ हिन्दी का संबन्ध जोड़ने से, हिन्दी को उनके विकास क्रम की एक कड़ी मानने से नहीं निकलता; यह निष्कर्ष संस्कृत के मूल रूप को पहचानने से निकलता है।

बोलचाल के स्तर पर हिन्दी, तथा ब्रज से लेकर मैथिली तक की जनपदीय भाषाओं, का संबन्ध संस्कृत से उतना नहीं है जितना उसके मध्यदेशीय प्राचीन रूप से है। इस प्राचीन रूप की विशेषताएं पहचान कर ही हिन्दी तथा अन्य आधुनिक आर्य भाषाओं के 'उद्भव और विकास' का वैज्ञानिक विवेचन किया जा सकता है।

२

आर्य भाषा केन्द्र और हिन्दी शब्दतंत्र

१. प्रस्तावना।

आधुनिक आर्यभाषाओं के शब्दतंत्र पर विचार करते हुए अनेक समस्याएँ हमारे सामने आती हैं। संस्कृत भाषा एक विकासमान प्रक्रिया का परिणाम है। इस परिणाम से पहले भाषा की जो स्थिति थी, क्या उसकी झलक आधुनिक आर्य भाषाओं के शब्दतंत्र में कहीं मिलती है? संस्कृत के जो शब्द अपना ध्वनिरूप बदलकर आधुनिक आर्य भाषाओं में प्रयुक्त होते हैं, उन्हें तद्भव कहा जाता है। यदि संस्कृत के अनेक शब्द अपने पूर्वरूपों का विकास हैं, तो उन पूर्वरूपों को देखते हुए 'संस्कृत' रूप भी तद्भव हुए। तब हिन्दी आदि भाषाओं के तद्भवों को क्या कहा जाय, तद्भवों के तद्भव? तद्भवीकरण की प्रक्रियाएँ क्या हैं, क्या इनका सम्बन्ध प्राचीन गणभाषाओं या जनपदीय भाषाओं की ध्वनि-प्रकृति से जोड़ा जा सकता है? तद्भवीकरण की इस प्रक्रिया में पालि, प्राकृत, अपभ्रंश की भूमिका क्या है? क्या जैसा तद्भवीकरण प्राकृतों में है, वैसा यूरुप की नवीन और प्राचीन भाषाओं में भी है? ध्वनि-परिवर्तन से जो तद्भव रूप बनते हैं, उनका सम्बन्ध क्या नाग, द्रविड़, कोल आदि आर्येतर भाषा परिवारों से भी है? शब्द-निर्माण प्रक्रिया की विशेषताएँ कौन सी हैं? और ये देशज शब्द किस कोटि के हैं? ये न तद्भव हैं न तत्सम, इन्हें आर्यभाषा परिवार की शब्द सम्पदा माना जाय या नहीं? इन समस्याओं के निराकरण पर यह निर्भर है कि हम इन भाषाओं का ऐतिहासिक विकास किस प्रकार प्रस्तुत करते हैं और उनकी भावी विकास की दिशा किस प्रकार निर्धारित करते हैं।

२. हिन्दी शब्द रूपों की प्राचीनता

पालि और प्राकृतों में कुछ शब्द ऐसे हैं जो उनका वह पूर्व रूप प्रस्तुत करते हैं जो संस्कृत में नहीं है, इस बात की ओर विद्वानों का ध्यान गया है। पालि में **गरु** शब्द है और जनपदीय भाषाओं में अब भी **गरू** बोला जाता है किन्तु संस्कृतमें **गुरु** शब्द है। **गाइगर** ने पालि भाषा और साहित्य पर अपनी प्रसिद्ध पुस्तक में लिखा है: "अनेक शब्दों में पालि की स्वर-संरचना संस्कृत से अधिक प्राचीन है।" (**पालि लिटरेचर ऐन्ड लैंग्वेज**; अनुवादक, बटकृष्ण घोष; कलकत्ता, १९५६, पृष्ठ ८०)। इस

प्रकार **गरु** शब्द **गुरु** से प्राचीनतर रूप माना गया है। पालि में और अशोक के शिलालेखों में स्थानवाचक **इध** शब्द मिलता है। संस्कृत में इसका तद्भव रूप **इह** है। **इह** से **इध** का विकास सम्भव नहीं है किन्तु **इध** से **इत्थ, इत, इह** आदि रूपों का विकास सहज है। हिन्दी का **इधर** सीधे प्राचीन **इध** से सम्बन्धित है, वह **इह** का तद्भव रूप नहीं है। पूर्वी क्षेत्र में **इहर** बोला जाता है जो **इधर** का तद्भव रूप है, अर्थात् तद्भव रूप केवल संस्कृत के आधार पर नहीं बनते, वे किसी एक आधुनिक आर्य भाषा के शब्द रूपों के आधार पर भी बनते हैं। अशोक के शिलालेखों में **इध** का प्रतिरूप **हिद** भी है। यह अंग्रेजी के **हिदर** (यहाँ) की याद दिलाता है। जैसे **इध** से **इधर** बना, वैसे ही **हिद** से **हिदर** रूप बना। **हिद** शब्द मूल रूप **सिध** की ओर संकेत करता है; **सि** निकटवर्ती वस्तु का सूचक सर्वनाम है, **ध** वस्तु या स्थान का बोध कराता है। इस प्रकार **सिध** मूल रूप के दो तद्भव हुए **इध** और **हिद**। **इह** रूप **इध** से बना यानी तद्भव का तद्भव है। अशोक के शिलालेखों में **हेदिश, हेडिस** शब्द है जो संस्कृत के **ईदृश्** का प्रतिरूप है। **हेडिस, हेदिश** का मूलरूप होगा **सेदृश**। **से** सर्वनाम है, **दृश्** का तद्भव रूप **दिश, डिस** है। इस प्रकार प्राकृत रूप आधा तो संस्कृत के आधार पर बना और आधा संस्कृत से भी पहले के मूलरूप के आधार पर। अशोक के शिलालेखों में **अतः, अत्र** के प्रतिरूप **हेता, हेत स** सर्वनाम जोड़कर बनाये गए हैं।

पालिभाषा में एक क्रिया **घस्** है जिसके समानान्तर संस्कृत रूप **ग्रस्** है। भक्षण करने के अर्थ में इन क्रिया-रूपों का व्यवहार होता था। पशु जिसे खाते हैं, वह **घास** है; **घास** शब्द **घस्** क्रिया से बनेगा, **ग्रस्** से नहीं। संस्कृत **ग्रस्** के आधार पर **ग्रास** (भोजन) शब्द बना। अंग्रेजी में यह **घास** के अर्थ में प्रचलित है। हिन्दी **घास** का सम्बन्ध **घस्** से है। **ग्रस्** से **घस्** का विकास अस्वाभाविक है। प्राकृतों में अघोष महाप्राण ध्वनियाँ तो सघोष महाप्राण हो जाती हैं किन्तु सघोष अल्पप्राण ध्वनियाँ सघोष महाप्राण नहीं बनतीं। प्राकृतों में प्रवृत्ति है मध्यवर्ती अघोष ध्वनि को सघोष करने की, सघोष ध्वनि में महाप्राणता जोड़ने की प्रवृत्ति उनमें नहीं है। इस प्रकार **घस्** क्रिया से तो **ग्रस्** रूप बन सकता है किन्तु **ग्रस्** से **घस्** जैसा रूप नहीं बन सकता। प्राकृत में एक शब्द **णिघस** था जो संस्कृत **निकष** का प्रतिरूप है। यहाँ भी **क्** बदल कर **घ्** हो जाय, इसकी सम्भावना नहीं है; महाप्राणता और सघोषता के लोप से **निकष** रूप अवश्य बन सकता है। अवधी में एक शब्द है **नौंघस**। यह विशेषण उस आदमी के लिए प्रयुक्त होता है जिस पर बात का असर न होता हो यानी खूब घिसा हुआ हो। इसका संबन्ध **निकष** से नहीं **निघस** जैसे रूप से होगा।

हिन्दी का सुपरिचित शब्द **घर** बहुत पुराना है। **घर** का मूल अर्थ है अग्नि। जिस स्थान में अग्नि रखते थे, उसे भी **घर** कहने लगे। संस्कृत में **हर्म्य** शब्द **घर्म्य** का रूपान्तर है। इसका अर्थ है **घर** और इसकी व्याख्या उसी तरह की जा सकती है; **घर्म्य** वह स्थान है जहाँ **घर्** अथवा **अग्नि** रखी जाती थी। **घर** शब्द निवास स्थान के अर्थ में अग्नि-पूजक कुरुजनों का शब्द होना चाहिए। संस्कृत शब्द **हर्ष** मूल रूप **घर्ष** का

विकास है; ऊष्मा प्रसन्नता का **बोध** कराती है। **हर** नाम के देवता ऊष्मा के देवता भी हैं। फ़ारसी **गर्म** प्राचीन भारतीय **घर्म** का प्रतिरूप है। **घर्म** का तद्भव रूप **घाम** हिन्दी में अब भी प्रचलित है। प्राकृत में ग्रीष्म के लिए **घिंसु** शब्द है, वह इसी ऊष्मा-सूचक **घर** की शृंखला में आता है। **घर** में **घ्** की महाप्राणता का लोप होने पर **गर** रूप बनेगा, वर्ण संकोच से **ग्र** रह जायगा। इस **ग्र** के आधार पर संस्कृत शब्द **ग्रीष्म** की रचना हुई है, रूसी भाषा में **ग्रेग्रत्** क्रिया गरमी पड़ने के लिए प्रयुक्त होती है। **ग्रेंग्रत्, ग्रीष्म, गर्म**, इन सभी शब्दों का आदि रूप अग्निवाचक **घर** है। जैसे **धाम** का एक प्रतिरूप **धोम** था जिससे रूसी **दोम** बना, अंग्रेजी **डामेस्टिक** (घरेलू) में वही **दोम** है, वैसे ही **घर** का प्रतिरूप **घोर** था जो भयंकर का अर्थ देने लगा। एक प्रतिरूप **घोम** था जिससे निवास सूचक अंग्रेजी का **होम** शब्द बना। संस्कृत **होम** का सम्बन्ध अग्नि से है। संस्कृत **होम** और अंग्रेजी **होम** में केवल ध्वनि-साम्य दिखाई देता है, दोनों शब्द एक दूसरे से नितान्त पृथक् जान पड़ते हैं। हिन्दी का **घर** भी **घाम** से बहुत दूर जान पड़ता है किन्तु **घाम** का विकास **घर्म** से हुआ है, यह सहज बोधगम्य है। **घर्म** और **घर्म्य** एक दूसरे के बहुत पास हैं। निवास स्थान के लिए **घर्म्य** शब्द का प्रयोग इसलिए होता था कि उसमें अग्नि रखी जाती थी और लोग उसकी पूजा करते थे। **घर्म्य** से **हर्म्य** रूप बना, यह सहज बोधगम्य है। संस्कृत और अंग्रेज़ी के **होम** एक दूसरे से जितनी दूर दिखाई देते हैं, उतनी दूर हैं नहीं। अग्निवाचक एक ही शब्द में अर्थ का विभाजन हुआ। संस्कृत **होम** में अग्नि वाला मूल अर्थ बना हुआ है, अंग्रेज़ी **होम** में निवास वाला गौण अर्थ निहित है। अंग्रेज़ी में **हर्थ** और **होम** का जोड़ा है, दोनों शब्द एक दूसरे के अर्थ का संवर्धन करते हैं। **हर्थ** घर के अग्नि-स्थान को कहते हैं। **हर्थ** उसी **घर** शब्दमूल से बना है। **हर्थ** और **होम** दोनों का मूल अर्थ अग्नि या अग्निस्थान होगा।

संस्कृत **ग्रहो** का प्राकृत रूप **ग्रघो** है; यहां प्राकृत रूप ही मूल रूप है। संस्कृत **क्षिप्त** का प्राकृत रूप **घित्त** है। मूल रूप था **घिप्त**; संस्कृत में **घ्** का रूपान्तर **क्ष्** है। संस्कृत **हस्त**, फ़ारसी **दस्त** का मूल रूप **धस्त** था। हाथ से देने, करने आदि क्रियाओं का गहरा संबन्ध है। **द्** ध्वनि वाले शब्द रूप तो संस्कृत में हैं पर **ध्** वाले नहीं है। हिन्दी **धन्धा** मूल ध्वनि **ध्** वाली क्रिया से बना है। **धस्** के रूपान्तर **दस्** से संस्कृत **दक्ष** और **दक्षिण** बने; हाथ से काम करने में जो कुशल हो, वह **दक्ष**, जो हाथ कौशल के लिए अधिक प्रयुक्त हो वह **दक्षिण**। **द्** के अल्पप्राण रूप से कारीगर के लिए **तक्षन्** शब्द बना। इस प्रकार **ध्** के **ह्**, **द्**, **त्** तीनों रूपान्तर संस्कृत में हैं; अंग्रेज़ी के **हैन्ड** (हाथ) और **डू** (करना) में **ह्** और **द्** वाले रूपान्तर हैं, ग्रीक **तेख्ने** (कौशल) में **त्** वाला रूपान्तर है किन्तु **ध्** वाला मूलरूप हिन्दी का **धन्धा** शब्द छोड़कर और कहीं नहीं है। अंग्रेज़ी में **डीड** और रूसी में **देलो** का वही अर्थ है जो **धन्धा** का है। जो किया जाय वह कार्य है, **धन्धा** है। हिन्दी शब्द **धन्धा** की व्याख्या संस्कृत को इन्डोयूरोपियन परिवार की शाखा मानकर या हिन्दी को संस्कृत की पुत्री मानकर नहीं की जा सकती।

घूंट शब्द **घु** जैसी क्रिया से बना है जिसका अर्थ होगा पीना। फ़ारसी में **गुसार**

पीने वाले को कहते हैं। यहाँ घु क्रिया की महाप्राणता का लोप हुआ है। क्रिया के मूल रूप की सघोष महाप्राण ध्वनि हिन्दी में है। हिन्दी शब्द **भूरा** पहले **भुर** या **भुरु** था। प्रथम वर्ण की आवृत्ति से **भभरु** रूप बनेगा। वर्ण संकोच से **भभ्रु**, फिर आदि स्थानीय भ् को अल्पप्राण बनाकर संस्कृत का **बभ्रु** रूप निश्चित हुआ। संस्कृत **बभ्रु** के आधार पर हिंदी **भूरा** का विकास दिखाना संभव नहीं है। **बभ्रु** रूप में प्रथम वर्ण की आवृत्ति हुई है. यह अंग्रेज़ी के **ब्राउन्** रूप से भी ज्ञात होता है जिसमें आदि वर्ण की आवृत्ति नहीं है। इस प्रकार हिन्दी में अनेक शब्द हैं जो प्राचीन मध्यदेशीय भाषा के मूल रूपों से सीधे जुड़े हैं।

हिन्दी तथा आधुनिक आर्यभाषाओं में अनेक ऐसे शब्द हैं जिनके प्रतिरूप यूरुप और मध्य एशिया की प्राचीन और नवीन भाषाओं में मिलते हैं। प्रायः देखा जाता है कि ऐसे शब्दों के प्रतिरूप संस्कृत में नहीं हैं। तुलसीदास **अकनि** क्रिया का प्रयोग करते हैं। अन्य आधुनिक आर्यभाषाओं में भी सुनने का अर्थ देने वाली इस क्रिया का व्यवहार होता है। ग्रीक भाषा में एक क्रिया है **अकोउओ** जिसका अर्थ है सुनना। **अकनि** और **अकोउओ** परस्पर सम्बद्ध हैं यद्यपि संस्कृत में **अक्** जैसी क्रिया नहीं है। माना जाता है कि आर्यों के भारत में आने से पहले ग्रीक शाखा आदि इन्डोयूरोपियन भाषा से अलग हो गई थी। **अकोउओ** प्राचीन ग्रीक शब्द है, आधुनिक ग्रीक नहीं। इस तरह के शब्दों के साम्य से सिद्ध होता है कि इन्डोयूरोपियन परिवार की भाषाओं का विकास समझने के लिए उनका तुलनात्मक अध्ययन केवल संस्कृत से नहीं, आधुनिक आर्यभाषाओं से भी करना चाहिए। अनेक ग्रीक शब्द आर्यभाषाओं में भी नहीं मिलते किन्तु आर्येतर भारतीय भाषाओं में मिलते हैं, इसलिए ऐसे अध्ययन में समस्त भारतीय भाषायी परिवेश को ध्यान में रखना उचित है। ग्रीक भाषा में एक शब्द है **नरोस्** (प्रवहमान)। कन्नड़ में स्नायु के लिए **नर, नरवु** शब्द है। अनुनासिक ध्वनि जोड़ कर तमिल में **नरम्बु** रूप बना। पर्जि में **नॅरुब** अनुनासिक हीन रूप है और कोत भाषा का **नर्ब्** रूप अंग्रेजी के **नर्व** से बिलकुल मिलता जुलता है। कुडुख **नरी** शब्द संस्कृत **नाड़ी** का प्रतिरूप है और मल्तो में **नरु** शिराओं का अर्थ देता है। स्पष्ट ही ये सारे शब्द ग्रीक **नरोस्** से जुड़े हुए हैं। हिन्दी **नाली** अवधी रूप में **नारी** या **नरिया**, पुंल्लिग रूप **नरवा**, ब्रजभाषा का **नार** या **नारो** इसी शृंखला में आते हैं। स्नायुओं, शिराओं में रक्त प्रवाहित है, इसलिए उनका ऐसा नामकरण हुआ। जहाँ पानी बहता है, उसके लिए भी वैसे ही शब्द का प्रयोग हुआ। क्या **नदी** और **नरी** शब्द परस्पर संबद्ध हैं? **नद्** से **नदी**। **नद्** का अर्थ शब्द करना है जिससे **नाद** शब्द बनता है किन्तु एक अन्य क्रिया **नद्** भी थी जिसका अर्थ था बहना। इसी के परिवर्तित रूप **नर्** से ग्रीक, द्रविड़ और हिन्दी जनपदीय भाषाओं के शब्द बने। **नारी, नरी, नाड़ी**, आदि शब्द उस प्राचीन काल की ओर संकेत करते हैं जब भारतीय आर्य, ग्रीक और द्रविड़ परस्पर सम्पर्क से भाषातत्वों का आदान-प्रदान कर रहे थे। इस तुलनात्मक अध्ययन से नदी शब्द की व्युत्पत्ति का ज्ञान होता है, नदी और नाड़ी के परस्पर सम्बन्ध का पता चलता है। अवधी में एक शब्द है **नघाव**। **नघाव** उस स्थान को कहते हैं

जहाँ किसी ताल से नाली खोदकर पानी इकट्ठा करते हैं, फिर बेड़ी से उसे खेत में उलीचते हैं। दो बहुत बड़े सूपों को जोड़ दिया जाय तो उससे बेड़ी जैसी चीज़ बनेगी। दोनों तरफ रस्सी बाँध देते हैं, नधाव से पानी भरकर दोनों तरफ खड़े हुए आदमी उसे खींचते हैं और खेत की नाली में पानी बहा देते हैं। नधाव वह स्थान नहीं है जिसमें पानी बहता है, उसमें पानी बहकर आता है और फिर उससे बहाया जाता है। प्रवहमानता से उसका सम्बन्ध है यद्यपि नदी के समान सीधा सम्बन्ध नहीं है। सम्भव है मूल क्रिया **नध्** रही हो जिसका अर्थ था बहना। इसका एक रूपान्तर **नद्** हुआ जिससे **नद**, **नदी** शब्द बने, दूसरा रूपान्तर नह् हुआ जिससे अरबी का शब्द **नहर** बना। **नदी** और **नहर** आपस में सम्बन्धित हैं, इसका ज्ञान अवधी शब्द **नधाव** में स्थित **नध्** क्रिया से होता है।

पेंदा, **पेंदी** जैसे शब्द संस्कृत में नहीं हैं किन्तु ग्रीक भाषा में **पेज** शब्द का वही अर्थ है जो इन हिन्दी शब्दों का है। ग्रीक भाषा में **द्→ज्→ज़्** रूपान्तर हुआ है। लैटिन में गुदा के लिए **पोदेक्स** शब्द है जो हिन्दी **पोंद** से मिलता जुलता है। लैटिन **पेदो** हिन्दी पादना क्रिया का प्रतिरूप है। ग्रीक भाषा में **पेर्दो**, **पोर्दी** रूप हैं। अंग्रेज़ी में इन्हीं से **फार्ट** रूप बनता है। ग्रीक भाषा में **कुएँ** के लिए एक शब्द **पिगी** है और झरने के लिए **पिगाज़ो** शब्द है। ये हिन्दी **भीग** या **भीगा** से सम्बद्ध जान पड़ते हैं। **भीग** शब्द, संस्कृत में न मिलने पर, देशज कहा जायगा किन्तु ग्रीक प्रतिरूप उसे प्राचीन सिद्ध करता है। **बाट** और **बटोही** का सम्बन्ध संस्कृत **वर्त्म** से नहीं, **वर्त** से है; जैसे **पो** से पथ, वैसे **वर्** से **वर्त**। ग्रीक भाषा में **बाट** से मिलता जुलता **बातोस्** शब्द है। जिस स्थान से होकर मनुष्य आ जा सके, उसे **बातोस्** कहते थे। **वर्त** और **बातोस्** दोनों का ही सम्बन्ध गति सूचक **वर्** क्रिया से है। **वर्** और **वा** दोनों रूपों में यह क्रिया द्रविड़ भाषाओं में प्रयुक्त होती है। अतः **वा** के रूपान्तर **बा** से भी **बाट** और **बातोस** की रचना हो सकती है।

जानवरों को जिस रस्सी से बाँधते हैं उसे **पगही** कहते हैं। सिर पर जो बाँधी जाए वह **पाग** या **पगड़ी** होती है। इन शब्दों का सम्बन्ध **पश्** क्रिया से है जिससे संस्कृत शब्द **पाश** बनता है। जो बांधा जाय वह **पशु** है। यह **श्** **क्** में परिवर्तित हुआ और फिर सघोष हुआ। तब **पग्** क्रिया से **पाग**,**पगही** शब्द बने। लैटिन में एक क्रिया है **पंगो** जिसका अर्थ है बाँधना, निश्चित करना। क्रिया मूल **पग्** में नासिक्य ध्वनि जुड़ने पर **पंगो** रूप बना। **पागुस्** शब्द का अर्थ हुआ देहात का निश्चित भाग, गाँव या ज़िला, फिर गाँव के रहने वालों को **पागानुस्** कहने लगे। ये **ग्** वाले रूप या तो आधुनिक आर्य भाषाओं में हैं या लैटिन और ग्रीक में हैं। ग्रीक क्रिया **पेग्नुमि** का अर्थ है गाड़ना, बाँधना, निश्चित करना। इसी से अंग्रेज़ी का **पेग** शब्द बना है, **पेग** अर्थात् खूँटा जिससे कोई बाँधा जाय या जिसे धरती में गाड़ा जाय। इन सारे शब्दों का मूलरूप **पश्** (**पस्**) है जो संस्कृत **पशु** और **पाश** में विद्यमान है। दिलचस्प बात यह है कि केन्तुम् भाषाओं के समान आधुनिक आर्यभाषाओं में कण्ठ्य ध्वनि वाला रूप है और संस्कृत में तालव्य **श्** वाला। धान से दाने अलग करने पर जो सूखे पौधे बचते हैं, उन्हें अवधी में **पैरा** कहते हैं। लैटिन में भूसे के

लिए इससे ठीक मिलता जुलता शब्द **पलेग्र** है। इसका ग्रीक प्रतिरूप **पलूनो** है जिसका अर्थ बिखेरना है। इससे अधिक मिलता जुलता ग्रीक शब्द **पुरोस्** है जिसका अर्थ है गेहूँ। लिथुआनियन भाषा में भी गेहूँ के लिए **पुरइ** शब्द है। संस्कृत में **पल** शब्द का एक अर्थ भूसा बताया गया है। ये सारे शब्द परस्पर सम्बद्ध जान पड़ते हैं। लैटिन और संस्कृत के लकार वाले रूप **र्** वाले भारतीय रूपों के आधार पर बने हैं।

मोची जिस चीज़ से चमड़ा काटते हैं, उसे **रांपी** कहते हैं। यह ग्रीक भाषा के **हंफिस्** शब्द से मिलता है। इसका अर्थ है सुई। डोरिक बोली में इसका रूप **हंपिस्** है। **र्** के साथ **ह्** का संयोग अतिरिक्त महाप्राणता के कारण है। **रपि, रापि** जैसा शब्द काटने या सीने के उपकरण के लिए प्रयुक्त होता था। ग्रीक भाषा में डंडे के लिए एक शब्द **हंब्दोस्** है। अवधी **लब्दा** की व्युत्पत्ति जब तक संस्कृत से सिद्ध न हो तब तक उसे ग्रीक शब्द का जोड़ीदार मान लेना चाहिए। ब्रजभाषा में इसे **लबेदा** कहते हैं। तुलसीदास ने सुअर नाम के जन्तु के लिए **कोल** शब्द का प्रयोग किया है। यह शब्द लिथुआनियन भाषा में भी है और उसका वही अर्थ है। रूसी में **कोल्** नुकीले डंडे को कहते हैं। सम्भव है, सुअर की छाती में नुकीला डंडा गाड़ कर उसे मारने की पुरानी प्रथा के कारण सुअर और पैने डंडे के लिए एक ही शब्द का प्रयोग हुआ हो। रूसी भाषा में **चायात्** क्रिया का अर्थ आशा करना है। **तुम क्या चाहते हो,** इस हिन्दी वाक्य में **चाह** क्रिया का मिलता जुलता अर्थ है। **चाह** का एक अर्थ देखना भी है। सम्भव है, यही मूल अर्थ हो। रूसी भाषा में एक क्रिया है **बोल्तात्** जिसका अर्थ है बहुत बोलना। इससे बातूनी के लिए शब्द **बोल्तून्** बना। इसका सम्बन्ध हिन्दी की **बोलना** क्रिया से है। रूसी क्रिया **झ़ेवात्** का अर्थ है चबाना, जुगाली करना; संज्ञा शब्द **झ़ेवानिये** है। इसका सम्बन्ध मराठी **जेंवणें**, हिन्दी **जीमना, ज्योनार** आदि से है। टीन के लिए रूसी शब्द **झ़ेस्त्** हिन्दी **जस्ता** से सम्बन्धित है। **चेर्नेत्, चेर्नीत्** क्रियाओं का अर्थ है काला करना। हिन्दी **काला**, अवधी-रूप **कार**, तमिल **करु** (काला), इनके किसी प्रतिरूप **केर्** से, तालव्यीकरण वाली प्रवृत्ति के प्रभाव से, रूसी रूप बना है। रस या शर्बत के लिए रूसी **पतोका** अवधी **पतोई** की याद दिलाता है। गन्ने के रस को गर्म करते समय **पतोई** निकलती है। रूसी क्रिया **पलीत्** का अर्थ जलाना है। इसका सम्बन्ध **पलीता** से है। **झ़र** शब्द ऊष्मा का सूचक है, गर्म करने या भूनने के लिए रूसी में **झ़रीत्** क्रिया है। हिंदी **झरसत, झार**, रूसी **झ़र** का एक ही स्रोत है **घर्**।

जर्मन भाषा के **ज़ागेन्** का अर्थ है कहना। इसी से अंग्रेज़ी क्रिया **से** (कहना) बनी है। मराठी में **सांगणें** क्रिया इसी गोत्र की है। अंग्रेज़ी शब्द **सागा**, गाथा के अर्थ में, इसी वर्ग का है। भारत के उत्तर में किसी समय तुखारी भाषा का व्यवहार होता था हित्ती के समान यह भी काफी प्राचीन भाषा मानी जाती है। इसमें एक शब्द है **तर्क** जो कान की बाली के लिए प्रयुक्त होता था। अवध के गाँवों की स्त्रियाँ कानों में एक सस्ता आभूषण पहनती हैं जिसे **तर्की** कहते हैं। इस शब्द का चलन ब्रज में भी है। सम्भव है **तर्की** शब्द तुखारी **तर्क** का स्त्रीलिंग रूप हो। पुरानी आयरिश भाषा में **बेल्** शब्द

कुल्हाड़ी के लिए प्रयुक्त होता था। **बेल्चा बेल्** जैसे शब्द से निर्मित हुआ है। लिथुआनियन में **तूलस्** बड़ी संख्या की सूचना देता है। हिन्दी में किसी चीज को **तूल** देने का जो मुहावरा है, वह इस **तूलस्** से सम्बन्धित है।

हेमचन्द्र ने उन देशी शब्दों की सूची बनाई जिनके संस्कृत मूल रूप वह खोज न पाये थे। ऐसे शब्दों में एक है **उब्भम्**। इसका अर्थ वही है जो संस्कृत **ऊर्ध्वम्** का है। **उब्भम्** रूप **ऊर्म्वम्** जैसे मूल शब्द से बना है। **ऊर्ध्वम्** का प्रतिरूप **ऊर्म्वम्** उस समय रहा होगा जब **ध्** और **भ्** सघोष महाप्राण ध्वनियाँ स्वच्छन्द संचरण की अवस्था में थीं। जिस केन्द्र में **भ्** ध्वनि का विकास हुआ, उसकी भाषा में **ऊर्भम्** रूप था और जिस केन्द्र में **ध्** ध्वनि का विकास हुआ उसमें **ऊर्ध्वम्** बोलते थे। देशी नाममाला में नींद आने के लिए **उंघ** शब्द है। हिन्दी **ऊंघना** इसी **उंघ** की सन्तान है। यह उन शब्दों में है जिनका व्यवहार संस्कृत में नहीं हुआ और इसलिए जो देशज कहलाए। देशी नाम माला में कहने, बोलने के लिये **चव** क्रिया दी हुई है। इससे **चवाव** शब्द बना। देशी नाम माला के शब्द तेरहवीं सदी में एकत्र किए गए थे। ये तो देशज थे, जो तद्भव कहलाते हैं, वे भी काफी पुराने हैं। अशोक के शिलालेखों में **होति**, होतु क्रिया रूप आए हैं। हिन्दी जनपदों की **हो** क्रिया सम्राट् अशोक के समय में प्रयुक्त होती थी। इसी प्रकार अशोक के शिलालेखों के **देखति** रूप में हिन्दी की **देख** क्रिया विद्यमान है। संस्कृत **न्यग्रोध** का तद्भव रूप **निगोह** अशोक के शिलालेखों में है। इस शब्द का अब व्यवहार कम होता है किन्तु लखनऊ ज़िले में **निगोहां** नामक स्थान उस समय की याद दिलाता है जब अवध के गाँवों में तद्भव रूप **निगोह** का चलन था। **बंभन, सेठ** जैसे तद्भव रूप अब भी प्रयुक्त होते हैं, और ये अशोक के शिलालेखों में हैं, अतः कम से कम दो हज़ार साल पुराने हैं।

पालि में उत्तम पुरुष सर्वनाम का कर्ता कारक बहुवचन रूप **मयम्** है। जो लोग हिन्दी **मैं** को संस्कृत **मया** से उत्पन्न करते हैं, वे पालि रूप **मयम्** पर विचार करें। यहाँ शब्द मूल **मय** है जो **मघ** → **मह** का रूपान्तर है। इस **मय** का कारण कारक में एकवचन रूप संस्कृत **मया** होगा। वही मूल **मय** पालि **मयम्** में है। **मया** से **मयम्** रूप नहीं बना, **मय** से **मया** बना है। उसी प्राचीन **मय** का रूपान्तर हिन्दी **मैं** है।

पालि में बहुत से शब्द ऐसे हैं जो हिन्दी तथा अन्य आधुनिक आर्यभाषाओं में ज्यों के त्यों प्रयुक्त होते हैं। **मोर** शब्द पालि में है और भरतमुनि के नाट्यशास्त्र में आया है। **तेरस, नहान** (स्नान), **साहु, डाह, सत्तरि, झाम** (जला हुआ) ऐसे ही प्राचीन शब्द हैं। मानक भाषाओं में तत्सम या अर्धतत्सम रूपों का चलन अधिक होता है। जनपदीय भाषाओं में पालि के तइस (तैसा), पहिल (पहला) जैसे रूप अब भी प्रयुक्त होते हैं। **कित्तक, एत्तक** जैसे पालि शब्द, **कित्ता, इत्ता** आदि रूपों में अब भी बोले जाते हैं। पालि में बरसात के लिए **पावुस** शब्द मराठी में ऐसा ही प्रयुक्त होता है। समास-रचना में प्रथम शब्द का अन्तिम ह्रस्व स्वर दीर्घ कर दिया जाता है। इस तरह **सखि + भाव = सखीभाव** शब्द बना। इसी प्रवृत्ति के कारण **विश्व** और **मित्र** का समास रूप **विश्वामित्र**

हुआ। प्राकृत का **अन्धयार** रूप अवधी **अंध्यार**, हिन्दी **अंधेरा** से सम्बद्ध है। **तइस** और **पहिल** जैसे रूप भी अवधी में बोले जाते हैं। पालि और प्राकृत में बोल-चाल की भाषाओं के अनेक भाषातत्व समाहित हैं यद्यपि वे बोलचाल की भाषाएँ नहीं थीं। पालि में शब्दों के ओकारान्त रूप ब्रज, राजस्थान आदि पश्चिमी क्षेत्र से उसके सम्बन्ध की ओर संकेत करते हैं। प्राकृतों में इससे भिन्न प्रवृत्ति है। इसके सिवा, पालि से भिन्न, प्राकृतों में णकार की भरमार है। ऐसा लगता है कि प्राकृतों में पंजाब और हरियाणा की बोलियों की नकल की गई है। यद्यपि पालि और प्राकृत बोलचाल की भाषाएँ नहीं थीं, फिर भी उनमें समकालीन भाषाओं के बहुत से तत्व आ गए हैं। इनमें वे अनेक तद्भव रूप हैं जो आधुनिक भाषाओं में अब भी प्रयुक्त होते हैं। इनके सिवा अनेक शब्द ऐसे हैं जो संस्कृत में प्रयुक्त नहीं हुए किन्तु पालि और प्राकृतों में हैं और आधुनिक भाषाओं में भी हैं। इनसे ज्ञात होता है कि इन आधुनिक भाषाओं के शब्द रूप कितने पुराने हैं। इसका यह अर्थ नहीं है कि आधुनिक भाषाएँ अपने वर्तमान रूप में बहुत पहले गठित हो गई थीं; इससे केवल इतना सिद्ध होता है कि आधुनिक आर्यभाषाओं का गठन जिन उपकरणों से हुआ है, वे काफी पुराने हैं।

तद्भवीकरण की प्रक्रिया में अधिकतर ध्वनिपरिवर्तन की ओर ध्यान दिया जाता है। यह उस प्रक्रिया का एक पक्ष है। दूसरा पक्ष अर्थ से सम्बन्धित है। हिन्दी में ऐसे अनेक शब्द हैं जिनमें ध्वनिपरिवर्तन के साथ अर्थपरिवर्तन भी हुआ है। अर्थपरिवर्तन की प्रक्रिया के उदाहरण संस्कृत में भी हैं। **स्तम्भित** और **स्तम्भ** दोनों रूप **स्तम्भ्** क्रिया से बने हैं। **स्तम्भ** खम्भे के लिए प्रयुक्त होता है; वैसे जो चीज़ भी खड़ी हो, वह **स्तम्भ** है। **स्तम्भित** में चकित रह जाने का भाव है, खंभे से उसका कोई सम्बन्ध नहीं है। **स्तम्भ्** का नासिक्य ध्वनिहीन रूप **स्तभ्** है। इससे **स्तब्ध** शब्द बना जिसमें चकित, निःशब्द होने का भाव है। किसी समय **स्तब्ध** के समानान्तर **स्तन्ध** शब्द का भी चलन था। **स्तब्ध** के समान **स्तन्ध** का मूल अर्थ था खड़ा हुआ। अंग्रेज़ी **स्टैंड** में खड़े होने वाला अर्थ बना हुआ है। किन्तु प्राचीन आर्य भाषाओं में **स्तन्ध** का अर्थ-विकास हुआ, जैसे **स्तब्ध** में निःशब्दता का भाव जुड़ा, वैसे ही **स्तन्ध** में शीत का, जड़ता का भाव जुड़ गया। आदमी चकित हो जाए, किसी भाव से अभिभूत हो जाय, तो उससे बोला न जायगा, वह जहां का तहां खड़ा रह जायगा। ज़्यादा सर्दी में ठिठुरने लगा, तो भी जहाँ का तहाँ खड़ा रह जायगा। एक प्रकार की स्थिरता या जड़ता से इन तीनों भावों का सम्बन्ध है, इसलिए एक ही अर्थ देने वाली एक ही मूल क्रिया से इन तीन रूपों का विकास हुआ। अब **स्तब्ध**, **स्तम्भ** और **स्तम्भित** तो संस्कृत में हैं पर **स्तन्ध** नहीं है और शीत का भाव व्यक्त करने वाला उसका कोई रूप इन्डोयूरोपियन भाषाओं में नहीं है। हिन्दी शब्द **ठंढ** इसी **स्तन्ध** का तद्भव रूप है। केवल ध्वनि परिवर्तन नहीं हुआ, **स्तन्ध** शब्द का खड़े होने वाला मूल अर्थ भी बदल गया। **स्तन्ध** शब्द भारत में प्रचलित ही नहीं था वरन् शीत का भाव अर्जित कर चुका था, इसका प्रमाण तमिल भाषा का **तन्नीर** शब्द है। **तन्नीर** अर्थात् ठंढा पानी; बोलचाल में हर तरह के पानी को **तन्नी** कहने लगे हैं, वैसे

नीर शब्द स्वतंत्र रूप में भी तमिल में प्रचलित है। तन्नीर का तन् स्तन्ध का अवशेष है। मूर्धन्यीकरण प्रवृत्ति का प्रभाव पड़ने से पहले स्तन्ध और नीर ने मिलकर तमिल तन्नीर को जन्म दिया। मूर्धन्य ध्वनियों वाला ठंड रूप बाद को बना और वैसे ही बना जैसे ठाढ़।

३. तद्भवीकरण की प्रक्रिया

तद्भवीकरण की प्रक्रिया का अध्ययन करते हुए भाषाविज्ञानी संस्कृत, प्राकृत, अपभ्रंश की मंज़िलें पार करते हुए आधुनिक भाषाओं तक आते हैं। जिस तरह के ध्वनि-परिवर्तन प्राकृतों में मिलते हैं, वे तद्भवों की विशेषता माने जाते हैं। जिन ध्वनि-परिवर्तनों से प्राकृतों के तद्भव रूप बनते हैं, उनका कारण द्रविड़ या कोई अस्पष्ट आर्येतर प्रभाव मान लिया जाता है। जो विशुद्ध इन्डोयूरोपियन भाषा थी, वह पहले ही आर्येतर प्रभाव से संस्कृत बनी, अपनी पूर्व शुद्धता उसने खो दी, और जब अधिक आर्य-अनार्यरक्त सम्मिश्रण हुआ, तब प्राकृतों का जन्म हुआ और भाषा में तद्भव ही तद्भव रह गए। पुन: प्राकृत के काफी तद्भव-रूप गायब हो गए और आधुनिक आर्य भाषाओं में तत्समों को प्रतिष्ठा मिली। इस बात पर ज़ोर देना आवश्यक है कि प्राकृतों में जिस तरह के ध्वनिपरिवर्तन दिखाई देते हैं, वे प्राकृतों के लिए अनोखे नहीं हैं, वे केवल भारतीय भाषाओं में नहीं होते, वैसे अधिकांश परिवर्तन इन्डोयूरोपियन परिवार की भाषाओं में अन्यत्र भी होते हैं। प्राकृतों की कृत्रिमता इस बात में नहीं है कि वैसे ध्वनिपरिवर्तन भाषाओं में होते नहीं हैं या भारतीय भाषाओं में हुए नहीं हैं। कृत्रिमता इस बात में है कि इन परिवर्तनों को रूढ़िबद्ध किया गया और फिर, साहित्यिक स्तर पर, अन्य बहुत से शब्दों में वैसे ही रूढ़िगत परिवर्तन किए गए। प्राकृतों में जैसा ध्वनिपरिवर्तन दिखाई देता है, वैसा परिवर्तन यूरुप की भाषाओं में भी हुआ है, इस बात पर ध्यान देने से तद्भवीकरण की प्रक्रिया समझने में सहायता मिलेगी। पिशल ने प्राकृत भाषाओं का जो व्याकरण लिखा है, उसके आधार पर ध्वनिपरिवर्तन सम्बन्धी कुछ विशेषताओं का उल्लेख यहाँ किया जाता है।

संस्कृत में एक ऋ स्वर माना गया है। इन्डोयूरोपियन भाषाओं के विशेषज्ञ इसे आदि इन्डोयूरोपियन भाषा का स्वर भी मानते हैं। ब्रुगमन ने अपने ग्रंथ में इस स्वर का व्यवहार केवल संस्कृत में होते बताया है, अन्य भाषाओं में या तो अर्, इर्, उर् जैसे रूपान्तर हैं या केवल र् रह गया है। प्राकृतों की एक विशेषता यह बताई गई है कि इनमें ऋ स्वर का अभाव है; तो यह विशेषता संस्कृत छोड़कर इन्डोयूरोपियन परिवार की अन्य सभी भाषाओं में विद्यमान है। प्राकृतों में संस्कृत का ऋ स्वर बदलकर कभी कभी उ हो जाता है जैसे संस्कृत पृथ्वी प्राकृत पुहवि बना। संस्कृत शब्द वृक पुरानी जर्मन में वुल्फस् है, पितृ शब्द का सम्प्रदान कारक में बहुवचन रूप फद्रुम् था; ब्रोथ्‌लवो भी पुरानी जर्मन का शब्द है जिसका अर्थ है भ्रातृ प्रेम। इसमें ब्रोथ् तो भ्रातृ का प्रतिरूप है और लुवो का सम्बन्ध लुभ् क्रिया से है। ऋ स्वर उ में बदलता है, केवल प्राकृतों में

नही, पुरानी जर्मन में भी। उस भाषा के उद्धृत उदाहरण ब्रुगमन के ग्रन्थ से लिए गये हैं।

प्राकृत में **ऋ** स्वर कभी **इ** में बदलता है जैसे **शृगाल** से **सियाल, हृदय** से **हिअग्र**। संस्कृत **मृत्यु** का लिथुआनियन प्रतिरूप **मिर्तिस्** है, **कृमि** का प्रतिरूप उसी भाषा में **किर्मिस्** है। यहाँ प्राकृतों के समान **ऋ** स्वर **इ** में परिवर्तित हुआ है। प्राकृतों में संस्कृत **ऋ** के स्थान पर **अ** स्वर का व्यवहार भी होता है यथा **कृत** से **कड, वृषभ** से **वसभ, वसह**। संस्कृत **हृदय** के ग्रीक प्रतिरूप **कर्दिग्र, क्रदिग्र** हैं; संस्कृत **तृप्यामि** का ग्रीक प्रतिरूप **तर्पोमिथ** है। यहाँ ग्रीक भाषा में स्वर-परिवर्तन प्राकृतों के समान हुआ है।

कहा गया है कि प्राकृतों में **अइ, अउ** संयुक्त स्वरों के स्थान पर **ए, ओ** का चलन हुआ; इस प्रकार **ऐतिहासिक** का रूपान्तर **एदिहासिग्र, कौशिक** का रूपान्तर **कोसिक** हुआ। यूरुप की प्राचीन भाषाओं में ऐसे वैकल्पिक रूप एक ही भाषा में मिलते हैं यथा लैटिन में : **कउपो—कोपो** (छोटा दूकानदार), **कउदा-कोदा** (पूंछ), **कउदेक्स—कोदेक्स** (पेड़ का तना), **अउरीकुला— ओरीकुला** (कान)। ग्रीक भाषा का **दइमोन्** (देव) अंग्रेज़ी में **डेमन्** (दैत्य) हो गया है। संयुक्त स्वरों का एक स्वर में बदलना केवल प्राकृतों की विशेषता नहीं है। संस्कृत **कुष्ठ** प्राकृत में **कोढ** हुआ, **उ** स्वर विवृत होकर **ओ** में परिवर्तित हुआ। लैटिन शब्द **कुर्सुस्** अंग्रेज़ी में **कोर्स** (दौड़, दौड़ने का मार्ग) बना। लैटिन **कूर्** (क्यों) का पुराना रूप **क्वोर्** था। नितम्ब के लिए लैटिन **क्लूनिस्** का ग्रीक प्रतिरूप **क्लोनिस्** है। प्राकृतों में शब्द का अन्तिम स्वर दीर्घ कर दिया जाता है, संस्कृत के विसर्गों का लोप होने पर स्वर की दीर्घता से क्षतिपूर्ति होती है। **अग्निः** से **अग्गी, विष्णुः** से **विण्हू**; इसी प्रकार ग्रीक **पोएसिस्** से अंग्रेजी **पोएज़ी** बना। ग्रीक शब्द में विसर्गों के स्थान पर सकार है, अंग्रजी में उसका लोप हुआ और अन्तिम स्वर दीर्घ हुआ। लैटिन **क्विस्** (कौन) अंग्रेजी में **हू** है; उसी प्रकार सकार-लोप के बाद स्वर दीर्घ हुआ है। अंग्रेजी **शू** जर्मन **शुह्** का प्रतिरूप है। जर्मन शब्द का अन्तिम व्यंजन विसर्गवत् है। कहते हैं कि ह्रस्वस्वर के साथ अनुनासिक ध्वनि हो तो प्राकृत में इस ध्वनि का लोप हो जाएगा और क्षतिपूर्ति के लिए स्वर दीर्घ होगा। संस्कृत **विंश** प्राकृत में **वीस** बना; माना जा सकता है कि इसी प्रकार संस्कृत **पंथ** का अंग्रेजी प्रतिरूप **पाथ** बना। संस्कृत में जहाँ संयुक्त व्यंजन होते हैं, प्राकृत में वहाँ उन्हें अलग कर दिया जाता है और एक अतिरिक्त स्वर जोड़ दिया जाता है। **अग्नि** से प्राकृत **अगणि**; तुलनीय है रूसी रूप **अगोन्**। इसी प्रकार **श्रद्धा** के **श्रद्** का रूसी प्रतिरूप **सेर्द्त्से** (हृदय) है।

प्राकृतों की एक महत्वपूर्ण विशेषता यह है कि दो स्वरों के बीच जो स्पर्श व्यंजन आता है, उसका लोप हो जाता है, कभी लुप्त व्यंजन के स्थान पर **य्, व्** श्रुति का आगम होता है और कभी केवल स्वर का व्यवहार होता है। कण्ठ्य ध्वनि **क्** बदल कर **अ** हुई, तब **शुक** ने **सुग्र** रूप धारण किया। अंग्रेजी शब्द **डेय्** अथवा **डे** (दिन) का जर्मन रूप **डाग** है जो भारतीय **दाघ** का रूपान्तर है। अंग्रेजी की क्षमता सूचक क्रिया **मेय्** अथवा **मे** जर्मन **माग्** का रूपान्तर है और जर्मन शब्द भारतीय **मघ** से बना है। जर्मन **फोगेल**, अंग्रेजी **फाउल** (पक्षी), जर्मन **आइगॅन्**, अंग्रेजी **ओन्** (अपना,

निजी), पुरानी अंग्रेजी का **लगु**, आधुनिक अंग्रेजी का **लाव्** अथवा **लौ** (कानून)। दन्त्य ध्वनियों में ऐसा ही परिवर्तन होता है। संस्कृत **मदन**, प्राकृत **मग्रण**, फिर हिन्दी **मयन**, **मैन**; संस्कृत **हृदय**, प्राकृत **हिग्रग्र**, फिर हिन्दी **हिया**। **पितृ**, **मातृ**, **भ्रातृ** के फ्रांसीसी प्रतिरूप **पेयर्**, **मेयर्**, **फ्रेयर्** हैं। यहाँ भी दन्त्य स्पर्श ध्वनि के लोप की वही प्रवृत्ति है। संस्कृत **निपुण** का प्राकृत रूप **णिउण**, संस्कृत **रूप** का प्राकृत रूपान्तर **रुग्र** ओष्ठ्य ध्वनियों में वैसा ही परिवर्तन दिखलाता है। अंग्रेज़ी **हैव** (रखना) का जर्मन रूप **हाबॅन्** है, **लव** (प्रेम) का जर्मन रूप **लीबन्** है, अंग्रेजी **नेव** (बदमाश छोकरा) का जर्मन मूल रूप **क्नाबे** है, **लीव** (छोड़ना) का पुरानी जर्मन में **लाइबॅन्** रूप है। सर्वत्र मूल जर्मन की ओष्ठ्य ध्वनि अंग्रेजी में अन्तस्थ व्यंजन अथवा अर्ध स्वर का रूप लेती है।

घ् ध् भ् भारत की पुरानी सघोष महाप्राण ध्वनियाँ हैं। प्राकृतों में ये परिवर्तित होकर **ह्** बनती हैं। यह प्रवृत्ति संस्कृत में भी है। संस्कृत **लघुक**, प्राकृत में **लहुग्र** बनता है। इससे पहले प्राचीन मध्यदेशीय **घंस** शब्द संस्कृत में **हंस** बना था। **घंस** की सत्ता का ज्ञान जर्मन रूप **गंस** से होता है। **हंस** का **ह्** उड़ जाता है तब लैटिन का **ग्रंसेर्** रूप बनता है। संस्कृत **ह्लाद** का पूर्व रूप **घ्लाद** था, इसका पता अंग्रेजी **ग्लैड** से लगता है। ग्रीक भाषा में **र्हादिग्रोस** इसका प्रतिरूप है। संस्कृत **रभस** प्राकृत **रहस** बना। यहाँ ओष्ठ्य ध्वनि में परिवर्तन हुआ। संस्कृत **भूमि** का लैटिन प्रतिरूप **हुमुस्** है, अधिकरण कारक में इसका रूप **हुमि** होता है जो भूमि से मिलता जुलता है। संस्कृत **श्रधर** प्राकृत में **ग्रहर** है। संस्कृत **द्राक्षा** का मूल रूप **ध्राक्षा** था, इसका ज्ञान ग्रीक **हंगोस**, **हंक्स** रूपों से होता है। संस्कृत रूप में सघोषता बनी रही है, महाप्राणता का लोप हुआ है; ग्रीक रूप में महाप्राणता बनी है, सघोष स्पर्श तत्व का लोप हुआ है। **द्राक्षा** के लैटिन प्रतिरूप **रकेमुस्** में महाप्राणता का लोप हो गया है।

प्राकृतों में एक चूलिकापैशाची है जो सघोष महाप्राण ध्वनियों की सघोषता का लोप करती है किन्तु महाप्राणता बनाए रहती है। इस प्रकार संस्कृत के **मेघ**, **मधुर** और **भूत** शब्द इस प्राकृत में **मेख**, **मथुर** और **फूत** हो जाते हैं। यहपरिवर्तन बहुत दिलचस्प है क्योंकि संस्कृत की सघोष महाप्राण ध्वनियाँ अधिकतर इसी प्रवृत्ति के अनुरूप ग्रीक भाषा में बदलती हैं। मूल शब्द **बाघु** संस्कृत में **बाहु** किन्तु ग्रीक में **पाखुस्** हुआ। मूल शब्द **घर्ष** संस्कृत में **हर्ष** बना; ग्रीक भाषा में प्रसन्न होने के लिए **खइरो** क्रिया है, जिससे फारसी **खैर** का सम्बन्ध है। **हर्ष** के लिए ग्रीक भाषा में **खर** शब्द है। संस्कृत **धर्ष्** क्रिया साहस सूचित करती है, इसी से **धृष्ट** शब्द बना है। ग्रीक **थर्सेग्रो** (साहसी होना), **थर्सलेग्रोस्** (धृष्ट, संस्कृत के समान ही यहाँ अर्थ की दृष्टि से शब्द का अवमूल्यन हुआ है) उसी **थर्ष** क्रिया से सम्बद्ध हैं। संस्कृत **धाव्**, **धूम** ग्रीक भाषा में **थेग्रो**, **थूमोस्** हैं। इसी प्रकार ओष्ठ्य ध्वनियों की सघोषता का लोप होता है और महाप्राणता बनी रहती है। **भ्रातृ** का ग्रीक प्रतिरूप **फ्रातेर्** इसका सुपरिचित उदाहरण है। संस्कृत **भूति** ग्रीक **फूसिस्** रूप धारण करता है। **फूसिस्** का अर्थ है जन्मजात गुण जो **भूति** के अर्थ से मिलता जुलता है। संस्कृत क्रिया **भर्** का अर्थ है भरण करना, इसका

ग्रीक प्रतिरूप है **फेरो**। एक अन्य संस्कृत क्रिया **भर्** का अर्थ है वहन करना। इसका ग्रीक प्रतिरूप है **फोरेओ**। दोनों रूपों में, चूलिकापैशाची के समान, सघोषता का लोप होता है। **शीत** के लिए लैटिन शब्द **फ्रिगुस्** का ग्रीक प्रतिरूप **हिगोस्** इस बात की ओर संकेत करता है कि इन शब्दों का मूल रूप **भृगुस्** था और सम्भवतः **भृगु** शब्द शीतवाचक था। यूनान में **फ्रुगिया** नाम का जनपद भी था जो डा० सुनीति कुमार चाटुर्ज्या के अनुसार **भृगु** का रूपान्तर है।

संस्कृत **देव** का ग्रीक प्रतिरूप **थओस्** है। **द्** ध्वनि **थ्** में बदल गई होगी, इसका कोई कारण नहीं जान पड़ता। मूल शब्द **धेव** होगा और **धे** क्रिया जलने, प्रकाश करने के लिए प्रयुक्त होती थी। **अध्वर्यु** और **अथर्वन्** में जैसा सम्बन्ध है, वैसा सम्बन्ध प्राचीन मध्यदेशीय **धेवस्** और ग्रीक **थेओस** में है। इस विवेचन से यह निष्कर्ष न निकालना चाहिए कि ग्रीक भाषा की सारी विशेषताएँ चूलिकापैशाची की विशेषताओं से मिलती हैं। निष्कर्ष यह निकलता है कि चूलिकापैशाची और ग्रीक भाषा में एक सामान्य प्रवृत्ति है जिससे सघोष महाप्राण ध्वनियों की सघोषता का लोप होता है। इस सामान्य प्रवृत्ति का कारण ऐसी गण भाषाओं का प्रभाव है जो संस्कृत के समानान्तर बोली जाती थीं; उस प्रभाव से चूलिकापैशाची और ग्रीक, दोनों के रूप परिवर्तित हुए हैं। ग्रीक भाषा की अपेक्षा चूलिकापैशाची अधिक सुसंगत ढंग से सघोषता का लोप करती है। जहाँ महाप्राणता नहीं होती, वहाँ भी वह सघोष ध्वनि को अघोष बना देती है। पिशल ने उदाहरण दिए हैं; **गगन—ककन, जात—चात, जीमूत—चीमूत, दामोदर—तामोतर, बालक—पाळक, बिस—पिस, नगर—नकर, राजन्—राच, तडाग—तटाक, मदन—मतन, भगवती—फकवती**। यदि कोई तमिल भाषी संस्कृत के प्राचीन रूप अपनाता तो शायद उन्हें यही रूप देता। आधुनिक तमिल में मध्यवर्ती अघोष ध्वनियों को भी सघोष बोलने की प्रवृत्ति है पर यह प्रवृत्ति बाद में विकसित हुई। ध्वनियों का त्याग तमिल पहले भी करती थी, अब भी करती है। चूलिकापैशाची महाप्राण की उक्त प्रवृत्ति केवल इस प्राकृत तक सीमित नहीं है। उसके अनुरूप ग्रीक भाषा में ध्वनि परिवर्तन होते हैं और उत्तर भारत में इस प्रवृत्ति का पुराना स्मारक **मथुरा** नगर है। मूल रूप **मधुरा** से **मथुरा** नाम चूलिकापैशाची की ध्वनि प्रकृति के अनुसार ही पड़ा। तमिल में सघोष ध्वनि युक्त **मदुरइ** नगर प्रसिद्ध है।

प्राकृतों में एक प्रबल प्रवृत्ति मध्यवर्ती अघोष स्पर्श ध्वनि को सघोष करने की है। यह प्रवृत्ति आधुनिक तमिल में प्रबल है। प्राकृत में **आगतः—आगदो, मति—मदि, मदकल—मदगल, नायकः—णाअगु** आदि उक्त ध्वनि-परिवर्तन के उदाहरण हैं। हिन्दी में **लोक—लोग, काक—काग** आदि इसी तरह के परिवर्तन के सूचक हैं। फ़ारसी में **पितृ, मातृ, भ्रातृ, पिदर, मादर, बिरादर** हैं। इनसे तुलनीय हैं अंग्रेजी के **फ़ादर, मदर, ब्रदर**। मध्यवर्ती अघोष स्पर्श ध्वनि को सघोष करने की प्रवृत्ति प्राकृतों में ही नहीं है। इन्डोयूरोपियन परिवार की फ़ारसी और अंग्रेजी जैसी भाषाओं को छोड़कर वह द्रविड़ परिवार में भी है और सबसे सुसंगत रूप में तमिल में है। तमिल में सघोषता अर्थ-

भेदक नहीं होती, इसलिए यह विश्वास करना कठिन है कि सघोष ध्वनियों का व्यवहार तमिल ने किसी बाह्य प्रभाव के बिना किया होगा। आर्य भाषाओं में यह प्रवृत्ति पंजाबी में अधिक है और सम्भव है, प्राकृतों में मध्यवर्ती अघोष ध्वनियों को सघोष करने का केन्द्र पंजाब रहा हो। प्राकृतों में **ण्** की भरमार से यह धारणा पुष्ट होती है।

प्राकृतों की जो विशेषता सबसे अधिक ध्यान आकर्षित करती है, वह **ण्** का व्यवहार है। जिन भारतीय भाषाओं में इस ध्वनि का व्यवहार होता है, उनमें कहीं भी शब्द के आदि स्थान पर इसका प्रयोग नहीं होता। नगरों, नदियों, पर्वतों, देवताओं का कोई भी नाम इस ध्वनि से आरम्भ नहीं होता। तमिल में यह ध्वनि अर्थभेदक है किन्तु उसमें भी आदि स्थान पर इसका व्यवहार नहीं होता। इससे विदित होता है कि प्राकृत लिखने वालों ने उत्तर पश्चिमी भाषाओं के ध्वनितंत्र की नकल की है यद्यपि यह माना जा सकता है कि संस्कृत शब्दों में जहाँ सामान्य **न्** लिखा जाता है, वहाँ उसका उच्चारण मूर्धन्य भी होता था। **सेवते** क्रिया रूप के पहले **नि** उपसर्ग लगाने पर दन्त्य सकार मूर्धन्य हो जाता है। **निषेवते** रूप निर्माण का कारण **न्** का मूर्धन्य उच्चारण ही हो सकता है। संस्कृत में जितनी खपत **ण्** की है, उतनी टवर्गीय अन्य ध्वनियों की नहीं। प्राकृतों में इन ध्वनियों का व्यवहार अधिक होता है। इस प्रकार **दोला** से **डोला**, **दर्भ** से **डब्भ** रूप बनते हैं। मूर्धन्य ध्वनियों के केन्द्रों ने आर्य-द्रविड़ भाषाओं को विभिन्न परिमाण में प्रभावित किया है। यूरुप की भाषाएँ भी इनसे प्रभावित हुई हैं। लैटिन समुदाय की भाषाएँ, केल्त और स्लाव भाषाओं के समान, उक्त प्रभाव से मुक्त हैं किन्तु जर्मन समुदाय की भाषाओं पर मूर्धन्यीकरण की प्रक्रिया ने गहरा असर डाला है। अंग्रेजी में **द्** और **ड्** तो अर्थभेदक ध्वनियाँ हैं किन्तु **त्** और **ट्** में अर्थभेद नहीं है। **देयर** (वहाँ) और **डेयर** (साहस करना) में भेद है किन्तु ऐसा भेद **ट्** से आरम्भ होने वाले शब्दों में नहीं होता। वास्तव में **त्** ध्वनि अंग्रेजी में है ही नहीं। जैसे संस्कृत **दोला** से प्राकृत तद्भव **डोला** बना, वैसे ही **धर्ष्** क्रिया के **धर्** से अंग्रेजी **डेयर** बना, **दाघ** पूर्व रूप से **डे** (दिन) बना, ग्रीक **दइमोन्** अंग्रेजी में **डेमन्** हुआ, ग्रीक **देमोक्रातिआ** से अंग्रेजी रूप **डिमोक्रैसी** बना। यदि मूर्धन्य ध्वनियों के व्यवहार से संस्कृत रूप प्राकृत हुए तो ग्रीक रूप भी अंग्रेजी में प्राकृत हुए। यह तर्क व्यर्थ है कि अंग्रेजी में वर्त्स्य ध्वनियों का व्यवहार होता है क्योंकि भारतीय आर्य-द्रविड़ भाषाओं में बहुत सी कल्पित मूर्धन्य ध्वनियाँ वर्त्स्य बोली जाती हैं; उधर मानक अंग्रजी से भिन्न उत्तरी इंगलैंड की कुछ बोलियों में, तथा नार्वे और स्वीडन की भाषाओं में, मूर्धन्य ध्वनियों का स्पष्ट व्यवहार होता है तथा इन ध्वनियों में **ट्** ही नहीं, **ण्** भी है।

प्राकृतों के लिए कहा गया है कि इनमें **श्** और **ष्** के स्थान पर **स्** का ही व्यवहार होता है। यूरुप की भाषाओं में **ष्** नहीं है, इसलिए संस्कृत के **षष्** का अंग्रेजी प्रतिरूप **सिक्स**, संस्कृत **चषक** का रूसी प्रतिरूप **चाश्का**, सब प्राकृत रूप हैं। संस्कृत **शत** का फारसी प्रतिरूप **सद**, संस्कृत **श्रु** का रूसी प्रतिरूप **स्लू** तद्भव हैं। किन्तु मागधी प्राकृत दन्त्य **स्** को तालव्य में बदलती है, **सलिल—शलिल**, **सहस्र-शहश्श**। जर्मन भाषा

में **ल्** के साथ शब्द के आदि स्थान में **श्** का व्यवहार ही होता है। अंग्रेजी **स्लीप्** (सोना) का जर्मन प्रतिरूप **श्लाफ़ॅन्** है। इस प्रकार **स्** का परिवर्तन **श्** में और **श्** का परिवर्तन **स्** में, ये दोनों प्रवृत्तियाँ प्राकृतों में ही नहीं, पुराने समय में इन्डोयूरोपियन परिवार की भाषाओं में भी हैं।

स्, **ष्**, **श्**, इन तीनों सकारों के भिन्न केन्द्र रहे हैं और इनकी स्थिति प्राकृतों तथा अन्य भाषाओं में विभिन्न प्रकार की है। मूर्धन्य **ष्** से मुक्ति पाने में आधुनिक आर्य भाषाएँ, प्राकृतें, प्राचीन और नवीन संस्कृतेतर इन्डोयूरोपियन भाषाएँ एक ही स्तर पर हैं। प्राकृतों में **श्** और **स्** **ह्** में भी बदलते हैं। इस प्रकार **दश** से **दह**, **दिवस** से **दिवह** प्राकृत रूप बनते हैं। संस्कृत **श्रद्धा** का **श्रद्** वाला भाग संस्कृत में ही **हृदय** और अंग्रेजी में **हार्ट** है, और संस्कृत **श्रु** का अंग्रेजी प्रतिरूप **हियर** (सुनना) है। संस्कृत **सूर्य**, लैटिन **सोल्** का ग्रीक प्रतिरूप **हेलिग्रोस्** है। इस प्रकार जैसे प्राकृत में तत्सम शब्दों के **श्**, **स्** के स्थान पर **ह्** मिलता है, वैसे ही प्राकृत रूप यूरुप की भाषाओं में हैं। प्राकृतों में मूर्धन्य **ष्** **ख्** में बदलता है, इस कारण संयुक्त व्यंजन-ध्वनि **क्ष्** भी **ख्** अथवा **क्ख्** में बदलती है। इस प्रकार **क्षीर** का प्राकृत रूपान्तर **खीर** होगा, **क्षुण्ण** का प्राकृत रूप **खुण्ण** होगा। यह भी बहुत पुरानी प्रवृत्ति है। **तक्षन्** की **तक्ष्** क्रिया से ग्रीक **तेख्ने** शब्द बना था। जैसे **वर्षा** का तद्भव रूप **बरखा** होता है, वैसे ही संस्कृत **तृषा** की **तृष्** क्रिया जर्मन भाषा की कुछ बोलियों में **त्रिख्** रूप में प्रचलित है।

प्राकृतों में **क्** ध्वनि कहीं कहीं **च्** में बदलती है। **किरात** का प्राकृत रूप **चिलाअ** हुआ। यह प्रवृत्ति इतालवी भाषा में भी है। लैटिन **केन्तुम्** यहाँ **चेन्तो** है। कुछ शब्दों में **ग्** के स्थान पर **व्** का व्यवहार होता है। **अवगाहते** से **ओगाहइ**, पुनः **ओवाहइ**; यदि फ़्रांसीसी भाषा का **गेर** (युद्ध) मूल रूप माना जाए, तो अंग्रेजी **वार** उसका प्राकृत रूपान्तर हुआ। अंग्रेजी भाषा का **लाव्** या **लौ** (कानून) शब्द **व्** ध्वनि-चिन्ह से लिखा जाता है। पुरानी अंग्रेजी में **लगु** रूप था। यहाँ निश्चय ही **ग्** ध्वनि **व्** में परिवर्तित हुई है। ऐसे ही अंग्रेजी **ओन्** (अपना, निजी) शब्द **व्** ध्वनि से लिखा जाता है, पुरानी अंग्रेजी में इसका रूप **ऐगेन्** था। यहाँ भी **ग्** ध्वनि **व्** में परिवर्तित हुई है यानी आधुनिक अंग्रेजी ने पुरानी अंग्रेजी को प्राकृत रूप दिया है। झुकने का अर्थ देने वाली **बाव्** क्रिया के उच्चारण में **व्** ध्वनि की झलक रहती है। संस्कृत **भुज्** के प्रतिरूप पुरानी अंग्रेजी के **बुगन्** से आधुनिक अंग्रेजी का **बाव** बना है।

प्राकृतों में **य्** ध्वनि बहुधा **ज्** में बदलती है, **यदि** से **जदि**, **यथा** से **जधा** रूप बनते हैं। आधुनिक आर्यभाषाओं में इसी प्रवृत्ति के कारण **यमुना** को **जमुना** कहते हैं और बँगला में यह प्रवृत्ति सर्वाधिक प्रबल है। अंग्रेजी में **याकूब** नाम **जेकब** और **जैक** हुआ, **यूसुफ जोजफ** हो गए, **यरूशलम** नगर **जेरूसलम** बोला जाने लगा। लैटिन और ग्रीक में यह ध्वनि नहीं थी, इसलिए **याकूब** को ग्रीक भाषा में **इम्राकोबोस्** कहा गया। अंग्रेजी में लैटिन-ग्रीक के **इम्रा** को **या** मानकर **जा** में परिवर्तित किया गया। जनवरी का महीना लैटिन में **इम्रानुग्रारिउस्** है, अंग्रेजी में **जैनुऐरी** है। **जुबिली** शब्द मूलतः हीब्रू भाषा का है। लोग मेढे का सींग बजाते थे, उसे **योबेल** कहते थे। लैटिन में उच्च स्वर में नाद करने

के लिए **इउबिलुम** शब्द था। लैटिन और हीब्रू के दोनों शब्दों की मिलावट से अंग्रेजी का **जुबिली** शब्द बना।

प्राकृतों में **त्, द्** ध्वनियाँ **ल्** में बदलती है, इस प्रकार **अतसी** से **अलसी** और **द्वादश** **दुवालस** रूप बने। यह प्रवृत्ति भी बहुत पुरानी है। संस्कृत **देवर** का लैटिन प्रतिरूप **लेविर** है। **दामिनी** में चमकने का अर्थ देनेवाली **दम्** क्रिया से ग्रीक भाषा में **लम्पस्** (मशाल) शब्द बनता है जो अंग्रेजी का परिचित **लैम्प** है। संस्कृत **अश्रु** का मूल रूप **धश्रु** रहा होगा जिससे आँसू का अर्थ देनेवाला ग्रीक शब्द **दक्रु** बना। लैटिन में इसका प्रतिरूप **लक्रिमा** है। अंग्रेजी के कुछ शब्द **ल्** से आरम्भ होते हैं पर उनके संस्कृत प्रतिरूपों में **य्** अथवा **ज्** ध्वनि है। संस्कृत **जीव**, अंग्रेजी **लिव**; संस्कृत **यकृत**, फारसी **जिगर**, अंग्रेजी **लिवर** है। यहाँ **ज्** ध्वनि पहले **द्** में परिवर्तित हुई जैसा कि प्राकृतों में कभी-कभी होता है, फिर **द् ल्** में परिवर्तित हुआ।

प्राकृतों में **प्** ध्वनि **व्** में बदलती है, **दीप** से **दीव**, **कोप** से **कोंव** रूप बनते हैं। संस्कृत की **पण्य** शृंखला में लैटिन **वेन्दो** (बेचना), **वेनेओ** (बिकना), **वेनुम्** (बिक्री) **व्** ध्वनि वाले रूप हैं। **पीना** क्रिया से संबद्ध रूसी **प्यानुइ** (पिये हुए, नशे में) का लैटिन प्रतिरूप **वीनोउुस्** है। अंग्रेजी **कवर** (ढांकना) का फ्रांसीसी **कूव्रीर्** रूप **को** उपसर्ग जोड़ कर लैटिन की **ओपेरीरे** क्रिया के आधार पर बना है। प्राकृतों में **प्** ध्वनि **म्** में भी बदलती है, **भिंडिपाल** का रूपान्तर **भिंडिमाल** होता है। संस्कृत **स्वप्न** अर्धमागधी में **सुमिण** हुआ। इसी प्रकार संस्कृत **स्वप्न** के लैटिन प्रतिरूप **सोम्नुस्** (नींद), **सोम्निओ** (स्वप्न देखना) हैं। पुरानी मानक ग्रीक भाषा और उसकी उपभाषाओं में भी ऐसा फेरबदल मिलता है। इओलिअन का **ओध** मानक भाषा में **ओम्म** (आँख) है, उसी बोली का **पेदा** मानक भाषा में **मेता** (साथ) है।

तत्सम शब्दों में जहाँ दो व्यंजन एक साथ आए हों, वहाँ प्राकृतों में एक व्यंजन हटा कर दूसरे की आवृत्ति करने की पद्धति है। इस प्रकार **रुद्र, शब्द, आवर्त** आदि **रुद्द, सद्द, आवत्त** हो जाते हैं। संस्कृत रूप **तुरुष्क** प्राकृत में **तुरुक्क** है। (विचारणीय है कि **तुर्क** शब्द प्राकृत **तुरुक्क** का ही विकास है अथवा नहीं)। **शुष्क** का लैटिन प्रतिरूप **सिक्कुस्** है। जैसे **तुरुष्क** में **ष्** का लोप हुआ और **क्** व्यंजन की आवृत्ति हुई, वैसे ही **शुष्क** के **ष्** का लोप हुआ, **क्** की आवृत्ति हुई और लैटिन का तद्भव रूप **सिक्कुस्** बना। पालि में **पुत्र** से **पुत्तो** (मागधी में **पुत्ते**) रूप बना। इतालवी भाषा में भी एक शब्द **पुत्तो** है, अर्थ है बच्चा, लड़का। लैटिन में **पुत्र** शब्द नहीं है, **पुसिओ** है जिसका अर्थ है बालक। **पुसिओ** का सम्बन्ध **पुत्र** से वैसे ही है जैसे फ़ारसी **पिसर** का है। **पुसिओ** से **पुत्तो** रूप बन नहीं सकता। मान लेना चाहिए कि इतालवी **पुत्तो** संस्कृत **पुत्र** का प्राकृत रूप है। संस्कृत **अष्ट** लैटिन में **ओक्तो** है, इतालवी में **ओत्तो**; संस्कृत **सप्तम** लेटिन में **सेप्तेम्** है, इतालवी में **सेत्ते**। अंग्रेजी के बहुत से शब्दों में, लैटिन के आधार पर, दो भिन्न व्यंजन एक साथ आते हैं किन्तु इतालवी में एक ही व्यंजन की आवृत्ति होती है। अंग्रेजी **डिक्टेटर** का इतालवी प्रतिरूप **दित्तातोरे** है, अंग्रेजी **सेक्ट** (सम्प्रदाय) का इतालवी

प्रतिरूप सेत्ता है। अंग्रेजी ने लैटिन के तत्सम रूपों को अधिक अपनाया है, तद्भव रूप इतालवी में अधिक हैं।

प्राकृतों की एक विशेषता अनेक स्वरों का एक साथ व्यवहार है। भारतीय आर्य भाषा और यूरुप की भाषाओं में दो स्वरों को टकराने से बचाने के लिए बहुधा **य्**, **व्** श्रुति का आगम होता है। प्राकृत में इस तरह के शब्द मिलते हैं: **उअअ, आगअ**, उऊ, ये क्रमशः इन शब्दों के रूपान्तर हैं; **उवक, आगत, ऋतवः, अवपात**। प्राकृतों में ऐसे रूप किसी रूढ़ि के अन्तर्गत रचे गये हैं। मुख्य बात यह है कि प्राकृतों की और आधुनिक आर्य भाषाओं की तद्भवीकरण-प्रक्रिया में अन्तर है। इनमें मुख्य है स्पर्श व्यंजनों का लोप। यूरुप और भारत, दोनों की भाषाओं में यह प्रवृत्ति अंशतः रही है; फिर उसका अन्त हो जाता है। इसका कारण यही हो सकता है कि इन्डोयूरोपियन परिवार की भारतीय तथा यूरोपीय भाषाएं किसी समय ऐसी भाषाओं से प्रभावित हुई हैं जिनमें व्यंजन-लोप की यह प्रवृत्ति व्यापक थी। फिर इस तरह का प्रभाव समाप्त हो गया, भाषायी परिवेश बदल गया। किन्तु तद्भवीकरण की अन्य प्रक्रियाएँ चालू रहीं। ऐसी प्रक्रियाएँ भारतीय आर्यभाषाओं और जनपदीय उपभाषाओं में अब भी देखने को मिलती हैं। प्राकृतों की ध्वनि-परिवर्तन सम्बन्धी बहुत सी विशेषताएँ यूरुप की भाषाओं में मिलती हैं, यह तथ्य इन विशेषताओं के प्राचीन होने का प्रमाण है। भारत में उनका घनीभूत रूप, रूढ़िबद्ध रूप भी देखने को मिलता है, इससे यह सूचित होता है कि तद्भवीकरण के ऐसे मूल केन्द्र भारत में थे। यह कहा जा सकता है कि प्राकृतों में तो सभी विशेषताएँ एक ही भाषातंत्र में हैं किन्तु यूरुप की भाषाओं में ये सारी विशेषताएँ किसी एक भाषातंत्र में एक साथ नहीं मिलतीं। वास्तव में सभी प्राकृतें एक भाषातंत्र के अन्तर्गत नहीं हैं। **ण्** ध्वनि के व्यवहार का प्रमुख लक्षण पैशाची नाम की प्राकृत में नहीं है। अधिकांश प्राकृतों में मध्यवर्ती स्पर्श ध्वनि सघोष होती है, चूलिकापैशाची में मूल सघोष ध्वनि को भी अघोष कर देते हैं। यदि आधुनिक आर्य भाषाओं के तद्भवों का अध्ययन किया जाय, तो विदित होगा कि यूरुप की भाषाओं की तरह यहाँ भी प्राकृत रूपों की विशेषताएँ एक ही भाषातंत्र में नहीं मिलतीं। यदि रूढ़ियों के कृत्रिम अनुसरण से उत्पन्न होने वाले रूप छोड़ दिए जायं, तो प्राकृतों में ध्वनि-परिवर्तन की ऐसी विशेषताएँ मिलेंगी जो बोलचाल की भाषाओं की विविधता प्रदर्शित करती हैं। पालि और प्राकृत, दोनों से वास्तविक भाषाओं के ध्वनितंत्र के भेद का कुछ कुछ अनुमान हो सकता है। तद्भवीकरण की प्रक्रिया किसी युग विशेष की घटना नहीं है, वह भाषाओं की निरंतर परिवर्तनशीलता की प्रक्रिया है। पहले कोई शुद्ध रूप थे, फिर वे युग विशेष में तद्भव बन गए, यह धारणा मिथ्या है। पुराने शब्द रूपों में परिवर्तन ग्रीक और लैटिन में हुआ है, संस्कृत में हुआ है, आधुनिक आर्यभाषाओं में हुआ है, यूरुप की भाषाओं में हुआ है। तद्भवीकरण-प्रक्रिया को इस व्यापक संदर्भ में देखना चाहिए।

इस पुस्तक में सघोष महाप्राण स्पर्श ध्वनियों के ऐतिहासिक महत्व पर बल

दिया गया है। इन्डोयूरोपियन परिवार की भाषाओं के विवेचन में यह धारणा सही साबित होती है कि संस्कृत शब्दों में सघोष महाप्राण ध्वनि हो और बाहर की भाषाओ के प्रतिरूप में न हो तो संस्कृत रूप प्राचीन होगा। यह भी सामान्यत: सही है कि आधुनिक आर्य भाषाओं में जहाँ सघोष महाप्राण ध्वनि हो और संस्कृत में न हो, वहां आधुनिक रूप प्राचीन ध्वनि सुरक्षित किए होगा। संस्कृत **इह** के समानान्तर **इधर** का **इध** प्राचीन ध्वनि बनाए हुए है। किन्तु यहां भारतीय संदर्भ में बहुत सावधानी बरतने की आवश्यकता है। जिन प्राकृतों में मध्यवर्ती स्पर्श व्यंजन को सघोष करने की प्रवृत्ति रही है, वे अल्पप्राण ही नहीं, महाप्राण अघोष ध्वनियों को भी सघोष करती रही हैं। **लोक** से **लोग** रूप बना तो अल्पप्राण ध्वनि सघोष हुई किन्तु **पठ्** से **पढ़्** रूप बना तो यहाँ महाप्राण ध्वनि सघोष हुई। इसके अतिरिक्त **ह्** के आसपास जो व्यंजन होता है, वह कभी-कभी वर्णसंकोच के कारण **ह्** से मिलकर सघोष महाप्राण रूप धारण कर लेता है। **महिषी** से **भैंस** तद्भव रूप बना जैसे **बहन** को कुछ लोग **भैंण** कहते हैं। **भैंस** मूल रूप नहीं है यद्यपि उसमें सघोष महाप्राण स्पर्श ध्वनि है। संस्कृत **निर्वाह** का तद्भव रूप हुआ **निबाह**, इससे फिर एक नया तद्भव बना **निभाव**। इसमें सघोष महाप्राण **भ्** है। इससे यह सिद्ध नहीं होता कि **निर्वाह** और **निबाह** का मूल रूप **निभाव** है। कभी-कभी विदेशी शब्द आर्य भाषाओं में आकर, इनकी ध्वनि प्रकृति के अनुरूप, सघोष महाप्राण ध्वनि की सृष्टि कर लेते हैं। पुर्तगाली भाषा का **चावी** शब्द हिन्दी में **चाभी** बोला जाता है। मूल रूपमें **भ्** नहीं है। यही स्थिति **गोभी** की है।

४. जनपदीय आदान-प्रदान

तद्भवीकरण के अध्ययन में लोगों के सामने अधिकतर संस्कृत रूप रहते हैं या फिर विदेशी शब्द जो रूप बदलते हैं, उनका विवेचन किया जाता है यद्यपि ऐसे विदेशी शब्दों को तद्भव नहीं कहा जाता। तद्भवीकरण का एक महत्वपूर्ण पक्ष एक आर्य भाषा से दूसरी आर्य भाषा तक पहुँचने वाले शब्दों का रूपान्तर है। किसी भी आर्य-भाषा के तद्भवों का अध्ययन करते समय यह मान लिया जाता है कि ये शब्द उसमें सीधे संस्कृत-प्राकृत-अपभ्रंश मार्ग से आए हैं। इस विवेचन-पद्धति का एक परिणाम यह होता है कि जनपदीय आर्य भाषाओं और आधुनिक जातीय आर्य भाषाओं ने एक दूसरे के विकास में जो योगदान किया है, वह आँखों से ओझल रहता है। इस पद्धति के अनुसार जो सबसे महत्वपूर्ण ग्रन्थ लिखा गया और जिसने विद्वानों को सबसे अधिक प्रभावित किया हैं, वह डा० सुनीति कुमार चाटुर्ज्या का बँगला भाषा के उद्भव और विकास पर ग्रन्थ है। इसका मूल ढाँचा वही है जो ब्लौख के मराठी पर प्रसिद्ध ग्रन्थ का है। दोनों ही ग्रन्थों में संस्कृत-प्राकृत-अपभ्रंश मार्ग का अनुसरण किया गया है, मराठी और बँगला दोनों से हिन्दी जनपदीय भाषाओं का जो सम्बन्ध रहा है, वह इन ग्रन्थों में अविवेचित है। डा० चाटुर्ज्या ने कहीं-कहीं हिन्दी प्रभाव स्वीकार किया है, दो एक जगह तुलना के लिए उन्होंने हिन्दी का उल्लेख किया है किन्तु इससे वस्तुस्थिति का ठीक ठीक बोध नहीं

होता। बँगला में **पितेम** और **पुरुत** रूप सीधे **पितामह** और **पुरोहित** से बने हैं किन्तु **घोम्टा घूंघट** का प्रतिरूप है और उसी का तद्भव रूप है। **ओढ़नी** का बँगला रूपान्तर **उड़नि** है। उसका विकास सीधे किसी प्राकृत रूप से नहीं हुआ। डा० चाटुर्ज्या ने अपनी पुस्तक में बहुत से ऐसे शब्द दिए हैं जो हिन्दी जनपदों की ओर संकेत करते हैं, उनमें कुछ का उल्लेख यहाँ किया जाता है। **पाकड़ी** बलाघात के कारण **पगड़ी** के आदि वर्ण को दीर्घ दिखलाता है। **ठाउरा** (ठहर कर सोचना) **ठहर** क्रिया का रूपान्तर है, महाप्राण ध्वनि का लोप हुआ और आदि वर्ण दीर्घ हुआ। **सांभुड़ा, सांभड़ा** का **ड़ा** उसके मूल राजस्थानी रूप होने का प्रमाण है। एक शब्द **सेंजुति** संध्या के अर्थ में अवधी **सँझवतिया** का रूपान्तर है। **सेंजारु, सोंजारु** हिंदी **सेजरिया** के तद्भव हैं। बङ्गाल की दक्षिण-पूर्वी बोलियों में, **स्** के **ह्** में बदलने पर, इसका एक रूप **हेंजा** भी है। **नेई** ब्रजभाषा के **नेह** से बना है और **छोंड़ा छोरा** का रूपान्तर है। **शालाज** हिन्दी **सलहज** का बँगला रूप है। **बेप्रोड़ा** का सम्बन्ध **व्यापार** से नहीं हिन्दी रूप **ब्यौरा** से है। **बौहारी** (पत्नी) का विकास **व्यवहारिका** की अपेक्षा ब्रजभाषा के **बोहरेजी** से अधिक संभव है। **व्यवहारिका** शब्द में हीन भाव है, उसका अर्थ दासी है; **बोहरेजी** प्रतिष्ठित व्यक्ति हैं और **बोहरे** का स्त्रीलिंग रूप होगा **बोहरी**। ब्रज में **बोहरी** शब्द का चलन नहीं है किन्तु स्त्री के लिए **बैयरबानी** का प्रयोग होता है। **बैयर** और **बोहरे** का उद्गम एक है। बङ्गाल के एक भाग का नाम **राठ** है। यह **रट्ठ** का विकास है। मेरठ के **रठ** के अलावा हिन्दी प्रदेश में **राठ** जैसे स्थान भी हैं। इस **राढ** से दूसरे वर्ण के व्यंजन को सघोष करके बँगला का **राढ** रूप बना है। **रट्ठ, राढ** का मूल रूप है **राष्ट्र**।

हिन्दी प्रदेश के अनेक जनपदों से समय-समय पर लोग जाकर बङ्गाल में बसते रहे हैं। बँगला भाषा के शब्दों में यह मूल जनपदीय विविधता दिखाई देती है। बँगला के **कान्हाइ, कानाइ, कान्हाजि** ब्रजभाषा के **कन्हाई** का रूपान्तर हैं। **नैहर** शब्द हिन्दी के अनेक जनपदों में बोला जाता है। बँगला के **नाइहर, नाइयर, नायर, नायेर** रूप हिन्दी **नैहर** के आधार पर बने हैं। **जैसन, तैसन** रूप अवधी के हैं। डा० चाटुर्ज्या ने लिखा है: "पश्चिमी हिन्दी के **जैसा, तैसा, जैसन, तैसन** आदि शब्द मध्यकालीन बँगला में **छ्** से लिखे जाते थे (और शायद वैसे बोले भी जाते थे)।" (पृष्ठ ४७३)। यहाँ हिन्दी रूपों के प्रवेश को स्पष्ट स्वीकार किया गया है। पुरानी बँगला के **जैछे, जैछन** आदि रूप अवधी के योगदान का स्पष्ट प्रमाण हैं। बँगला का **हेन** अथवा **हेनो** शब्द मध्यकालीन **एहेन** से बना बताया गया है। इस **एहेन** का पूर्व रूप **ऐसन** था। हिन्दी के **जैसा, कैसा, तैसा** पुरानी मराठी में भी प्रयुक्त होते थे। ब्लौख़ ने मराठी पर अपने ग्रन्थ में इन शब्दों का उल्लेख किया है। संत ज्ञानेश्वर ने लिखा था: **जैसा आपलाचि बोल किरीटी ···तैसा समस्ती यां भजना।** (अ० मो० कुंटे सम्पादित **ज्ञानेश्वरी**, पृष्ठ ८८)। संत नामदेव ने लिखा था: **ऐसे भक्त जेवुनि धाले···कैसा पांडुरंगा करावा विचार।** (क० अ० जोशी सम्पादित **श्री सकल संत गाथा**, खंड पहला, पृष्ठ १६६, २४६)। एकनाथ महाराज ने भागवत में लिखा था: **गारुड्याचें वानर जैसें। स्त्रियां संगे नाचे तैसें।**

(रा० कृ० कामत, चंदगडकर सम्पादित **श्री एकनाथी भागवत**, पृष्ठ ३०३)।

ब्लौख़ ने अपनी पुस्तक में मराठी तद्भव रूपों की जो व्याख्या की है, उसमें ओष्ठ्य स्पर्श ध्वनियों का वृत्ताकार उच्चारण उल्लेखनीय है। हिन्दी **भँवर** मराठी में **भोंवर**, हिन्दी **पँवाड़ा** मराठी में **पोंवाड़ा** है। प्रश्न यह है कि **भ्रमर** से **भँवर** और **भोंवर** रूप अलग अलग बने या **भँवर** से **भोंवर** बना। **पँवाड़ा** का मूलरूप **प्रवाद** बताया गया है। **प्रवाद** से **पँवाड़ा** और **पोवाड़ा** स्वतंत्र रूप से बने या **पोवाड़ा** से **पँवाड़ा** बना अथवा **पँवाड़ा** से **पोवाड़ा** बना। मूल शब्द में अकार है, हिन्दी रूपों में उस अकार की स्थिति ज्यों की त्यों है। यदि ओकार वाले रूप से हिन्दी शब्द का विकास होता तो **बोलना-बुलाना** की तरह **पोवाड़ा पुवाड़ा** होता, **पँवाड़ा** नहीं। इसलिए सम्भावना यही है कि हिन्दी तद्भव के आधार पर मराठी रूप बना है। मराठी के पुराने शिलालेखों में ब्लौख ने **दिन्हाला** रूप का उल्लेख किया है। यह अवधी कृदन्त **दीन्ह** के आधार पर बना है अर्थात् कृदन्त का पुनः कृदन्तीकरण हुआ है। **दिध** और **दिन्ध मूल** रूपों से **दिह, दीन्ह** का विकास हुआ है, इसका प्रमाण ब्लौख द्वारा उल्लिखित मराठी के **दिधला, दिन्नला, दीन्हणें** क्रिया रूप हैं। अन्तिम रूप में कृदन्त से क्रियार्थी संज्ञा बनाई गई है। मराठी के **पाहिजे, म्हणिजे** आदि रूप **पाहिय** (चाहिय), **भणिय** का विकास हैं। अवधी में अन्तिम वर्ण दीर्घ नहीं है यथा **कहँ लगि सहिय रहिय रिस मारे। सहिय, रहिय** रूप क्रियामूल में **इय** प्रत्यय लगा कर बने हैं। ब्रजभाषा के **कीजं, दीजं** के समान मराठी में **य्** ध्वनि **ज्** में परिवर्तित हुई; खड़ी बोली के **कीजिए, दीजिए, कहिए, चाहिए** के अनुरूप अन्तिम वर्ण दीर्घ किया गया है। मराठी में अनेक तिङन्त रूप हैं जिनका आधार अवधी रूप हैं। ब्लौख ने **ज्ञानेश्वरी** से दो पंक्तियाँ उद्धृत की हैं : जो स्वधर्म **आचरे**, तो मोक्षा **पावे**। यहाँ **आचरे** और **पावे** के पूर्व रूप आचरइ, पावइ हैं। बाँगरू और मराठी में एक सामान्य प्रवृत्ति है, दोनों भाषाएँ तत्सम शब्दों के **न्** को भी बहुधा मूर्धन्य कर देती हैं। ब्लौख ने उदाहरण दिये हैं : **हानि, विना, धन, जन** शब्द क्रमशः **हाण, विणें, धण, जण** हो गये हैं। इस संदर्भ में मराठी का **बहीण** रूप ध्यान देने योग्य है। **भगिनी** से **बहिणी** रूप बनेगा, **बहीण** नहीं। **बहीण**, खड़ी बोली के **बहन** के समान, अन्तिम वर्ण में इकार का लोप किए है। मराठी शब्द **बहिणी, बहिणि** जैसे रूप के आधार पर बना है, सीधे **भगिनी** से नहीं।

५. शब्द निर्माण प्रक्रिया

हिन्दी में उपसर्गों का प्रयोग बहुत कम होता है। संस्कृत में, स्लाव भाषाओं में उपसर्गों का प्रयोग बहुत होता है। फिर भी कुछ उपसर्ग अब भी प्रयुक्त होते हैं और ये काफी पुराने हैं। डा० सुनीतिकुमार चाटुर्ज्या ने **उक्तिव्यक्ति प्रकरण** की भूमिका में लिखा है कि **अ** उपसर्ग अर्थ को घनत्व प्रदान करता है। **अध्वर्यु** में क्रियामूल **ध्वर्** है, उसमें **अ** उपसर्ग लगा है। फ़ारसी में **अफ़्रोज** का आधार **भ्राज्** क्रिया है। **अ** घनत्व सूचक उपसर्ग है। पर फ़ारसी में कभी कभी ओष्ठ्य ध्वनियों के पहले **अ** स्वर जोड़ देते हैं। **फिरंगी** का फारसी रूप **अफरंजी** है, संस्कृत **भ्रू** का फ़ारसी प्रतिरूप **अब्रू** है। ऐसा

लगता है कि निषेध-भावना अर्थ-घनत्व से सम्बन्धित थी। **अ** के समान **नि**, **वि** उपसर्ग निषेध के लिए प्रयुक्त होते थे। **निगलना** क्रिया में **नि** उपसर्ग निषेधार्थी नहीं है। ऐसे ही **विगलित** में **वि** उपसर्ग **गलित** को विशेष **गलित** बना देता है किन्तु **विफल** में फल हीनता का भाव है, फल की समृद्धि का नहीं। गाँव के लोग जब **निखालिस** और **बेफजल** शब्दों का व्यवहार करते हैं, तब वे शेक्सपियर के ज़माने की अंग्रेजी की तरह दोहरे निषेध से काम लेते हैं। निषेधार्थी **अ** उपसर्ग तमिल में वाक्य या शब्द के अन्त में आता है। हिन्दी में कम से कम एक शब्द है जिसमें निषेधसूचक **अ** मूल शब्द के बाद आया है। यह शब्द है **काना**। यह **कन्** क्रिया मूल से बना है जिसका अर्थ है चमकना। **कनक** शब्द इसी **कन्** से बना है। चमकने, प्रकाशित होने वाली क्रियाओं का उपयोग देखने के अर्थ में हुआ है। इस प्रकार तमिल में **कण्** का अर्थ आँख हुआ। **काना** वह जिसमें आँख का अभाव हो। **काना** का अर्थ, उड़िया भाषा में, अन्धा भी है। दोनों आँखों का अभाव हो तो अर्थ होगा अन्धा, एक आँख का अभाव हो तो अर्थ होगा एक आँख वाला।

हिन्दी में कुछ उपसर्ग पुराने रूप में बने रहे हैं और कुछ का तद्भवीकरण हुआ है। अपढ़ में **अ** उपसर्ग अपरिवर्तित है किन्तु **अनहित** का **अन** संस्कृत उपसर्ग **अन्** का तद्भव रूप कहा जा सकता है। मेरा अनुमान है कि उपसर्ग का मूल रूप **अन** ही था; उत्तर पश्चिमी क्षेत्र में आदि वर्ण पर बलाघात की प्रवृत्ति के कारण दूसरे वर्ण का स्वर लुप्त हो गया। **निडर** जैसे शब्द में जो **नि** उपसर्ग है, वह मूलतः **निः** था, इसमें सन्देह है। **निदेश**, **निवेश** आदि में **नि** उपसर्ग घनत्व सूचक भूमिका निबाहता है और **निः** से भिन्न नहीं है। हिन्दी में पुराने उपसर्ग तत्सम, तद्भव और उधार लिए शब्दों में स्वतंत्रतापूर्वक प्रयुक्त होते हैं। **बेमन** शब्द का **बे** वास्तव में **वि** का परिवर्तित रूप है, भले ही वह हिन्दी में फ़ारसी से आया हो। हिन्दी में **बेमन** वैसा ही सहज रूप है जैसा **निखालिस**। अवधी में नि उपसर्ग से, **फिक्र** को तद्भव बनाकर, **निफिक्किरि** शब्द रचा जाता है। **नि** तत्सम और **फिक्किरि** फ़ारसी से तद्भव, **बेफिक्र** से अधिक अर्थ व्यंजक है, यानी निश्चिन्तता का भाव अवधी रूप में अधिक है। और **बेमन** में **बे** उपसर्ग के साथ तत्सम **मन** जोड़ा गया है।

डा० चाटुर्ज्या ने **उक्तिव्यक्ति प्रकरण** की भूमिका में पूर्णता का अर्थ देने वाले **वि** उपसर्ग का उल्लेख किया है और उसे निषेधसूचक भी बताया है। इससे उक्त धारणा की पुष्टि होती है कि निषेध-भावना अर्थ-घनत्व से संबंधित है। **वि** उपसर्ग से अवधी का **बि** रूप बना जिसका व्यवहार **उक्तिव्यक्ति** में हुआ है। इस **बि** का एक परिवर्तित रूप **बॅ** भी है। **विदग्ध** का पुराना अवधी रूप **बॅदह** बना। इससे फ़ारसी **बे** संस्कृत **वि** का तद्भव रूप सिद्ध होता है। एक पुराना उपसर्ग **प्र** था। डा० चाटुर्ज्या ने अवधी के **प** उपसर्ग को इस **प्र** का विकास माना है। **प्रसवति** से **पसुव**, **प्रभणति** से **पहण** रूप बने। **प्र** उपसर्ग स्वयम् **पर** या **पुर** का विकास था। **पुरोगामी** में **पुर** अग्रता सूचक है। वर्ण संकोच से **प्रु** या **प्र** रूप बनेगा। **नि** उपसर्ग के लिए डा० चाटुर्ज्या ने निषेध और पूर्णता दोनों भावों का उल्लेख किया है।

उपसर्गों की अपेक्षा प्रत्ययों का व्यवहार आधुनिक आर्य भाषाओं में अधिक होता है। इनमें एक प्रत्यय **अ** माना जाता है। **पढ्** क्रिया में **अ** प्रत्यय लगा तो **पढ़** संज्ञा रूप बना। ब्रुगमन ने संस्कृत में **अ** प्रत्यय का व्यवहार भाववाचक संज्ञा बनाने के लिए बताया है। **जन्** क्रिया में **अ** प्रत्यय जोड़कर **जन** शब्द बना। **जनम्** रूप का अर्थ हुआ जन्म लेने का कार्य। हिन्दी में **बाढ़, मार, सोच** ऐसे ही संज्ञा रूप हैं। हिन्दी में, संस्कृत से भिन्न, **आ** प्रत्यय का व्यवहार कृदन्त रूप बनाने के लिए होता है। यह कृदन्त भूतकालिक क्रिया का अर्थ देता है और क्रियार्थी संज्ञा का भी। **वह आया,** यहाँ **आया** रूप का अन्तिम **आ** भूतकाल की सूचना देता है। अवधी में **आवत है** और **आवा** के उदाहरण से बात स्पष्ट हो जायगी। **आवत** में **आव्** क्रियामूल स्पष्ट है; उसमें **आ** प्रत्यय जोड़ने से **आवा** रूप बना। इसी प्रकार **आया** में **आय्** क्रिया मूल है जिसमें **आ** प्रत्यय जोड़ने से **आया** रूप बना। **आया** और **आवा** कृदन्त रूप भूतकालिक क्रिया की सूचना देते हैं किन्तु **वह आया चाहता है,** अवधी में—**वहु आवा चहत है,** इन वाक्यों में **आया** और **आवा** क्रियार्थी संज्ञा हैं। हिन्दी में **देखादेखी, मारामारी,** जैसे शब्द **देख** और **मार** क्रियार्थी संज्ञा रूपों के आधार पर बने हैं।

उक्तिव्यक्ति प्रकरण में **करण, जेंवण** जैसे क्रियार्थी संज्ञा रूपों का व्यवहार हुआ है। **रामचरित मानस** में ऐसे क्रियार्थी संज्ञा रूप बहुत हैं। खड़ी बोली के **करना, चलना** आदि **करन चलन** के प्रतिरूप हैं। यह **न** अथवा **अन** वाला प्रत्यय काफी पुराना है। **यज्** क्रिया में **अन** प्रत्यय जोड़ने से **यजन** रूप बना था। **शयन, चेतन, तपन, हवन** आदि कृदन्त इसी प्रक्रिया से बने थे। **स्वप्न** में **न** प्रत्यय **स्वप्** क्रिया में जोड़ा गया है। **स्वपन** रूप उतना ही पुराना हो सकता है जितना **स्वप्न** क्योंकि **यज्ञ** के समानान्तर **यजन** शब्द की प्राचीनता सिद्ध है। **यज्ञ** रूप में **ज्** ने **न्** को समवर्गीय **ञ्** बना लिया। **स्वप्न** और **यज्ञ** की निर्माण-प्रक्रिया एक ही है।

हिन्दी का एक बहुप्रयुक्त प्रत्यय **आर** है। **सोनार, लोहार** आदि शब्दों में इसका व्यवहार हुआ है। इससे मिलता जुलता **हार** प्रत्यय है जैसे **सिरजनहार में।** डा० चाटुर्ज्या ने **आर** का सम्बन्ध **कार** से जोड़ा है। अन्य भाषाविज्ञानियों ने भी ऐसा ही मत प्रकट किया है। इन सबसे पहले दामोदर पण्डित ने अपने ग्रंथ **उक्तिव्यक्ति प्रकरण** में **सोनार, कमार, सुआर** शब्दों के मूल रूप **स्वर्णकार, कर्मकार, सूपकार** दिये थे। **कार** से अवधी का **आर** प्रत्यय बना है, दामोदर पण्डित जानते थे। किन्तु डा० चाटुर्ज्या ने **गँवार** का मूल रूप भी **ग्रामकार** माना है। **गँवार** गाँव करने वाला नहीं होता, उसका गाँव से संसर्ग मात्र होता है। दामोदर पण्डित ने अवधी का वाक्य लिखा है: **धूतु गमारहि अकल;** इसका संस्कृत रूपान्तर दिया है: **धूर्तो ग्राम्यम् आकलयति।** उन्होंने **गमार** का मूल रूप **ग्रामकार** नहीं दिया वरन् संस्कृत में उसका अर्थ **ग्राम्य** शब्द से सूचित कर दिया है। हिन्दी के कुछ शब्दों में **आर** से मिलता जुलता प्रत्यय **हार** प्रयुक्त होता है जैसे **सिरजनहार** में। डा० चाटुर्ज्या ने **हार** का अर्थ **करने वाला** बताया है किन्तु उसका मूल रूप **धार** माना है। जिन शब्दों में **हार** प्रत्यय लगता है और अर्थ

करने वाला होता है, उनमें **हार** से **धार** की संगति बिठाना कठिन है। **कहार** शब्द के लिए डा० चाटुर्ज्या ने सुझाव दिया है कि इसका मूल रूप **स्कन्धभार** हो सकता है। इस प्रकार **आर** प्रत्यय के तीन मूल रूप हुए : **कार, धार** तथा **भार**। इन तीनों से ही पहले **हार** रूप बनेगा, ह् का लोप होने पर **आर** की प्राप्ति होगी। इस प्रकार **सिरजनहार** का **हार आर** से पुराना है। **उक्तिव्यक्ति प्रकरण** की भूमिका में तथा बँगला भाषा के उद्भव और विकास वाले ग्रन्थ में, दोनों जगह डा० चाटुर्ज्या ने वैदिक **कर्मार** शब्द का उल्लेख किया है और उसका मूल रूप **कर्मकार** बताया है। इससे दो बातें सिद्ध होती हैं। पहली यह कि वैदिक काल में ही कुछ आर्य बोलियों में **कार** प्रत्यय के **क्** का लोप हो गया था, उसके रूपान्तर ह् का भी लोप हो गया था। **हार** प्रत्यय वैदिक **आर** की अपेक्षा पुराना है। दूसरी बात यह कि **कार, धार, भार** आदि स्वतंत्र शब्द हैं; मानना होगा कि प्रत्ययों का विकास स्वतंत्र शब्दों के आधार पर हुआ है। ऐसा प्रतीत होता है कि **आर** प्रत्यय का उद्भव किसी रूप से हो, वह प्राचीन काल में ही अपने मूल रूपों से भिन्न, केवल संसर्ग-बोध व्यक्त करने लगा था। **हार** दो स्वरों की टक्कर से बचने के लिए अतिरिक्त ह् जोड़कर भी बन सकता है। **सिरजनआर** में दो अकार टकराते हैं, इसलिए दोनों के बीच में अन्तस्थ **ह्** जोड़ दिया। अवधी शब्द **भिखियारि** में यही होता है। **भीखआर** में दो स्वरों की टक्कर से बचने के लिए **य्** श्रुति का आगम हुआ है। जिन शब्दों में **आर, यार, हार** के स्थान पर **वार** दिखाई देता है, वहाँ भी यदि **पाल** से सम्बन्ध न हो, तो **व्** श्रुति का आगम विचारणीय होगा।

उक्त विवेचन से एक बात यह सामने आती है कि जैसे **आर** का आधार **कार** है, वैसे ही **अर** का आधार **कर** हो सकता है। यह **अर** बहुत पुराना प्रत्यय है यद्यपि मैकडनल ने लिखा है कि यह **उषर्, देवर्, ननान्दर्** जैसे थोड़े वैदिक शब्दों में मिलता है। इनमें **उषर्** (उषा) और **ननान्दर्** (ननद) स्त्रीलिंग हैं, **देवर्** पुंल्लिग है। शायद **अर** प्रत्यय लगाते समय लिंगभेद का ध्यान न रखा जाता था। इससे मिलती जुलती स्थिति कुछ अन्य वैदिक प्रत्ययों की भी है। **अर** प्रत्यय वैदिक भाषा में भले ही विरल हो, यूरुप की भाषाओं में इसका बहुल प्रयोग होता है। अंग्रेज़ी में **वर्कर**—जो काम करे, **ग्रामर**—जिसका सम्बन्ध लेखन विज्ञान से हो। **आर** के समान **अर** के व्यवहार के लिए भी किसी क्रिया अथवा वस्तु से संसर्ग मात्र पर्याप्त है। जैसे **अर** और **आर** परस्पर सम्बन्धित हैं, वैसे ही अनेक वैदिक प्रत्यय, ह्रस्व और दीर्घ स्वरों वाले, दो रूप प्रस्तुत करते हैं। **अ** प्रत्यय **वेद** शब्द में देखा जाता है, **आ** प्रत्यय निन्दा, भिक्षा जैसे शब्दों में। निन्दा और **भिक्षा** स्त्रीलिंग हैं। सम्भव है, पहले **आ** प्रत्यय का व्यवहार, लिंगभेद के बिना होता हो। **रुचि** शब्द स्त्रीलिंग है, **दधि** नपुंसक लिंग है, **पाणि** पुंल्लिग है। इनमें **इ** प्रत्यय लगा है। इसके साथ दूसरा प्रत्यय **ई** है। **नदी** में यही प्रत्यय है; **नदी** शब्द स्त्रीलिंग है। इसी प्रत्यय से बना **रथी** शब्द पुंल्लिग है। कर्ताभाव व्यक्त करने वाले **गृह्नु** (भिखारी), रिपु (धोखा देने वाला) वैदिक शब्दों में **उ** प्रत्यय लगा है किन्तु **वधू, तनू** (शरीफ) जैसे शब्दों में ऊ प्रत्यय है। **ऊ** प्रत्यय वाले शब्द स्त्रीलिंग हैं। पावक में **अक** प्रत्यय है, **इक्ष्वाकु** में **आकु** है जो **आक**

का ही कोसली उकारान्त रूप है। **चार्वाक** जैसे शब्द में **आक** प्रत्यय देखा जा सकता है। **कृपण** में कर्त्ता भाव व्यक्त करने वाला **अन** प्रत्यय है, **भृगवान** (प्रकाशमान), **वसवान** (धनवान) में **आन** प्रत्यय लगाया गया है। **भृगवन** में **व्** श्रुति का आगम हुआ है। हिन्दी शब्द **धनवान** की व्याख्या भी इसी प्रकार सम्भव है। एक शब्द **ऊर्ध्वसान** (सीधे खड़े हुए) है जिसमें मैकडनल ने **ऊर्ध्व** और **आन** के बीच अन्तस्थ **स्** का आगम बताया है। यह भी सम्भव है कि **अन** और **आन** दोनों **मन** और **मान** का रूपान्तर हों जैसे **अर** और **आर** **कर** तथा **कार** के रूपान्तर हैं। **कर** और **कार** के प्रथम रूपान्तर **हर** और **हार** थे, वैसे ही **मन** और **मान** के प्रथम रूपान्तर **वन** और **वान** होंगे। इस प्रकार **धनवान** और **गाड़ीवान** दोनों शब्द क्रमशः **धन** और **गाड़ी** का संसर्ग बोध कराते हुए सीधे **वान** प्रत्यय से बन सकते हैं और **आन** प्रत्यय के पहले **व्** श्रुति के आगम से भी। **ब्रह्मन्** में **मन्** प्रत्यय है जिसका अर्थ है प्रार्थना करने वाला। इसी प्रकार दाता के अर्थ में **दामन्** शब्द है। किन्तु यह प्रत्यय केवल कर्ता भाव व्यक्त करने के लिए प्रयुक्त नहीं होता। **ब्रह्मन्** का एक अर्थ प्रार्थना, **दामन्** का एक अर्थ दान भी है। **जन्मन्** का अर्थ जन्म है और एक वैकल्पिक रूप **जनिमन** भी है, जहाँ अतिरिक्त **इ** स्वर जोड़ा गया है। **मन्** के साथ दूसरा प्रत्यय **मान** भी है। **मन्** का अन्तिम व्यंजन स्वर के बिना प्रयुक्त है, **मान्** का **न्** स्वर सहित है। सम्भवतः **मन्** भी पहले **मन** था। कृदन्त रूपों के निर्माण में **मान** प्रत्यय का व्यवहार होता था।

मैकडनल ने **पितर्**, **भ्रातर्**, **मातर्** में **तर्** प्रत्यय माना है जो संदिग्ध है। **पित्** क्रिया का अर्थ जन्म देना था, उसी से हिन्दी शब्द **पैदा** बना है किन्तु **कर्तर्** में **तर्** असंदिग्ध है, वह **कर्** क्रिया में जोड़ा गया है। मैकडनल ने तर् के साथ **तार** प्रत्यय नहीं दिया किन्तु हिन्दी में **कर्तार**, **दातार** जैसे रूपों का व्यवहार होता रहा है। इनमें लगा हुआ **तार** प्रत्यय उतना ही पुराना होगा जितना **तर्**। **कर्तर्** से हिन्दी में **कर्ता** रूप सहज ही बनेगा। र् के लोप से जो क्षति हुई है, उसकी पूर्ति **अ** स्वर जोड़ कर कर दी गई। फिर **कर्तार** के लिए अतिरिक्त **र्** की आवश्यकता क्यों हो ? इसलिए **तर** के समानान्तर **तार** प्रत्यय मानना चाहिए और **तर्** का पूर्वरूप **तर** मानना चाहिए, जैसे **मन्** के समानान्तर **मान** प्रत्यय था और **मन्** का पूर्वरूप **मन** था।

मैकडनल ने **ईक** प्रत्यय दिया है जिससे **वृधीक** (वृद्धि करने वाला) शब्द बनता है। **वृश्चिक** में उन्होंने **क** प्रत्यय माना है और **इ** को अतिरिक्त जोड़े हुए स्वर के रूप में देखा है। किन्तु **वृश्चिक** की व्याख्या **इक** प्रत्यय के आधार पर भी हो सकती है। **वधिक** शब्द भी इसी प्रकार बना होगा। **इक** और **ईक** दो साथी प्रत्यय थे। एक प्रत्यय **उक** है जिससे **घातुक** (घात करता हुआ), **विकसुक** (विकसित होता हुआ) रूप बने थे। इसके समानान्तर **जागरूक** का **ऊक** प्रत्यय है। **ऊक** के लिए मैकडनल ने बिलकुल ठीक लिखा है कि **उक** के उकार को दीर्घ करके बनाया हुआ यह उसी का प्रतिरूप है। यह बात ह्रस्व दीर्घ स्वरों वाले अन्य प्रत्ययों के बारे में भी सही है। **शुष्** क्रिया से **शुष्क** रूप बना, **स्तु** क्रिया से **स्तुका** (ऊन या बालों की लच्छी) बना जिसमें **का** प्रत्यय है। **शुष्क** से तद्भव रूप **सूख** बनेगा जो अवधी में प्रयुक्त होता है किन्तु खड़ी बोली में **सूखा** रूप बोला

जाएगा। यह सम्भव है कि अवधी से भिन्न जहाँ खड़ी बोली में आकारान्त रूप मिलते हैं, वहां वे **क**, **अ**, आदि के समानान्तर दीर्घ स्वरों वाले **का**, **आ** जैसे प्रत्यय लगने से बने हों। यानी **सूखा** का मूल रूप **शुष्का** रहा हो, यह संभव है। मैकडनल ने **स्तुका** में स्वतंत्र **का** प्रत्यय नहीं माना; **क** प्रत्यय लगा कर, स्त्रीलिंग रूप के लिए, उसे आकारान्त किया गया, यह माना है। पर अवधी **सूख** और खड़ी बोली **सूखा** के भेद से विदित होता है कि आकारान्त रूप केवल स्त्रीलिंग की व्यंजना के लिए न रचे जाते थे। अवधी **आवत, जात** और खड़ी बोली **आता, जाता** में **सूख** और **सूखा** जैसा भेद है। मैकडनल ने **जीवित, सूत** (सारथी) में **त** प्रत्यय माना है, उसके साथी **ता** का उल्लेख नहीं किया। पर यह संभव है कि **जीवित** और **सूत** के साथ **जीविता** और **सूता** रूपों का व्यवहार भी होता रहा हो।

इस संदर्भ में कुछ वैदिक शब्दों पर ध्यान देना चाहिए जिनके अकारान्त और आकारान्त दोनों प्रकार के रूप प्रचलित थे। ह्विटने ने संस्कृत व्याकरण पर अपनी पुस्तक में बताया है कि क्रिया रूप, कारक रूप, निपात, सभी में ऐसे वैकल्पिक रूप देखे जाते हैं। आज्ञार्थी मध्यम पुरुष एकवचन **पिब** के साथ **पिबा**; अतीत कालीन अन्य पुरुष, एकवचन **वेद** के साथ **वेदा**; करण कारक, एकवचन **एन, तेन, येन** के साथ **एना, तेना, येना**; **अथ, एव, इव, अत्र, तत्र, कुत्र** के साथ **अथा, एवा, इवा, अत्रा, तत्रा, कुत्रा** रूप भी वैदिक भाषा में मिलते हैं। इसमें सन्देह नहीं हो सकता कि वैदिक भाषा में ये दो तरह के रूप दो गण भाषाओं से आए थे और उस तरह का भेद हिन्दी प्रदेश में अब भी विद्यमान है।

इस पुस्तक में उकारान्त रूपों को कोसल गण भाषा की विशेषता कहा गया है। इस स्थापना का आधार यह है कि खड़ी बोली में जहाँ शब्द का सामान्य कर्ता एकवचन रूप अकारान्त है, वहाँ अवधी का प्रतिरूप उकरान्त है। इसकी पुष्टि वैदिक भाषा के प्रत्ययों से होती है। एक प्रत्यय अ है जैसे **वेद, श्रम, तर**, (स्तरण) आदि में; वैसे ही **उ** प्रत्यय है **जायु** (विजेता), **दारु** (विच्छिन्न करने वाला), **शायु** (लेटा हुआ) में। मैकडनल ने **उरु** (चौड़ा), **ऋजु** (सीधा), **मृदु** आदि में यही **उ** प्रत्यय माना है। इसी प्रकार **प्रिय, शुच** (प्रकाशमान), कृश (दुबला पतला) आदि विशेषणों में **अ** प्रत्यय स्वीकार किया है। इससे विदित होता है कि **उ** और **अ** दोनों प्रत्यय एक सी प्रक्रिया द्वारा शब्दों की संरचना में प्रयुक्त होते थे और ये शब्द संज्ञा, विशेषण आदि अनेक वर्गों के होते थे। अकारान्त रूप कौरव हो सकते हैं, कोसली भी। उकारान्त रूपों के कोसली होने में सन्देह नहीं है। इसी प्रकार ब्रज प्रदेश के प्राचीन शब्द ओकारान्त होते थे। पालि के ओकारान्त रूपों में इसी प्रवृत्ति की झलक है किन्तु पालि के इन रूपों से अवधी के उकारान्त रूपों का विकास मानना उचित नहीं है क्योंकि ऐसे उकारान्त रूप वैदिक काल में प्रचलित थे। **दाव** (जलाने वाला), **नाय** (आगे ले चलने वाला), **ग्राभ** (पकड़ने या हड़पने वाला) के साथ **जायु, शायु, गृहु, रिपु** जैसे रूपों का चलन था। **स्तेन, नग्न, पर्ण** (जो उड़े वह पर्ण अर्थात् पत्ता) में **न** प्रत्यय माना गया है। **धेनु** (जो दूध दे), **भानु** (जो चमके), **स्थाणु** (जो स्थिर रहे) में **नु** प्रत्यय माना है। ये **न** और **नु** दोनों प्रत्यय मूलतः एक हैं, अकार उकार का भेद दो प्राचीन गणभाषाओं के ध्वनितंत्र का भेद है।

डा० चाटुर्ज्या ने **उक्ति-व्यक्ति-प्रकरण** की भूमिका में पुरानी अवधी के **आ** प्रत्यय का सम्बन्ध प्राचीन **आक** से जोड़ा है। **सूआ, कउआ** जैसे शब्दों के उदाहरण दिए हैं। उनके चिन्तन के अनुसार यह तभी सम्भव है जब **शुकाक, काकाक** जैसे रूप कभी प्रचलित रहे हों। **आक** प्रत्यय के लिए उन्होंने कहा है कि इसमें मूलत: किंचित् अनादर भाव था। यदि इस समस्या पर इस दृष्टि से विचार करें कि ह्रस्व और दीर्घ स्वरों वाले दो तरह के प्रत्ययों का चलन था, तो **सुआ, कउआ** के अलावा और बहुत से शब्दों की व्याख्या भी हो जाती है। **भगिनी** से **बहिनी** रूप बनेगा किन्तु **भगिनि** का चलन भी रहा हो तो उससे सीधे अवधी के **बहिनि** एकवचन रूप की व्युत्पत्ति समझ में आ जाएगी। इसी प्रकार **भ्रातृ** शब्द का अन्तिम स्वर ह्रस्व और दीर्घ दो प्रकार से बोला जाता था, यह मान लेने पर **भाय, भाइ** तथा दूसरी ओर खड़ी बोली का **भाई**, दोनों तरह के रूपों की व्याख्या हो जाती है। **आक** से व्युत्पन्न **आ** प्रत्यय का विवेचन करते हुए डा० चाटुर्ज्या ने लिखा है कि **सूआ, कउआ** के विपरीत **घोड़, बलद, भल** रूप पुरानी अवधी में हैं, **घोड़ा, बलदा, भला** रूप नहीं। इससे **आक** वाली व्याख्या कमजोर पड़ जाती है। पुरानी अवधी में **पाता, बाछा** आदि रूप कुरु प्रभाव के द्योतक हैं। **तुम डाल डाल हम पात पात** और सूर की पंक्ति **ता दिन तेरे तन तरुवर के सबै पात झरि जैहैं** में अकारान्त **पात** का प्रयोग ही हुआ है। **पात** में आ प्रत्यय लगने से तो **पाता** रूप बना किन्तु **गत** में **आ** लगने से **गा** ही रह गया! वास्तव में **गत** के दो प्रतिरूप थे : **गय** और **गया**। **गय** से ही बघेलखंडी के **गयँसि** जैसे रूप बने। खड़ी बोली में **गया** रूप हुआ। इसी प्रकार **गवा, भवा** जैसे रूप जो पश्चिमी अवधी में कहीं-कहीं बोले जाते हैं, पुरानी अवधी के रूप नहीं है, पश्चिमी प्रभाव के द्योतक हैं। **हाथी** जैसे शब्द की व्युत्पत्ति दिखाने में कठिनाई हुई, इसलिए डा० चाटुर्ज्या ने **हस्ति** और **हस्तिन्** के बदले **हस्तिक** रूप की कल्पना की। यह कल्पना अनावश्यक है। **हस्ति**, और **हस्ती**, दोनों रूपों का चलन था, **हस्ती** रूप से **हाथी** व्युत्पन्न हुआ। अवधी में **सुखिया, दुखिया, बिटिया** जैसे रूप प्रचलित हैं। यहाँ डा० चाटुर्ज्या ने **इक** के साथ **आक** प्रत्यय जोड़कर **इआ** प्रत्यय का विकास बताया है। यदि **सुखिकाक, दुखिकाक** जैसे रूप कभी बोले जाते रहे हों, तो यह व्युत्पत्ति सही होगी। **सुखी, दुखी** शब्दों में **आ** (अथवा **या, वा**) प्रत्यय जोड़ने से **सुखिया, दुखिया, भइया, बेंटवा** जैसे रूप बन जाते हैं। कुछ शब्दों में **या** और **वा** लिंग-भेद सूचित करते हैं जैसे **बिटिया** और **बेंटवा**। **सुखिया, दुखिया** लिंगभेद से मुक्त हैं क्योंकि मूल प्रत्यय भी लिंगभेद सूचित न करता था। अवधी **आगि** के लिए डा० चाटुर्ज्या ने **अग्निका** मूल रूप बताया है। **अग्नि** से **आगि** शब्द सहज व्युत्पन्न होता है। संस्कृत में **अग्नि** स्त्रीलिंग नहीं है, इसलिए **आगि** रूप को **अग्निका** से सिद्ध करना चाहिए, यह कल्पना अनावश्यक है। संस्कृत के अनेक शब्द, रूप बदले बिना ही, हिन्दी में भिन्न लिंग में प्रयुक्त होते हैं। **देवता** शब्द संस्कृत-पद्धति से स्त्रीलिंग है किन्तु हिन्दी में पुंल्लिग है; वैसे ही **अग्नि** संस्कृत में पुंल्लिग है, **आगि** अवधी में स्त्रीलिंग है। तत्सम रूप **अग्नि** का व्यवहार भी जब हिन्दी में होता है, तो हिन्दी व्याकरण के अनुसार स्त्रीलिंग में होता है।

अवधी **दीन** का पूर्व रूप प्राकृत **दिण्ण** माना है और **दिण्ण** का पूर्व रूप **दत्त** है। इस व्युत्पत्ति के साथ डा० चाटुर्ज्या ने कल्पित मूल इन्डोयूरोपियन **दद्नो** भी लिखा है। **दद्नो** जैसा अप्राप्य रूप प्रचलित भी रहा हो तो **दत्त** इससे बिलकुल भिन्न है और यह मानना होगा कि प्राकृत **दिण्ण** भी संस्कृत **दत्त** से बिलकुल अलग है। डा० चाटुर्ज्या ऐसा मानते भी हैं। वे **दत्त** को **दिण्ण** का मूल रूप नहीं कहते, इसलिए उसकी व्युत्पत्ति के लिए **दद्नो** की कल्पना करते हैं। किन्तु **दीन** का पूर्वरूप **दीन्ह** है जो **दीन्हेंसि** में अब भी दिखाई देता है। जायसी और तुलसीदास की रचनाओं में **दीन** और **दीन्ह** दोनों रूप मिलते हैं। **ध** और **न्ध** दो तरह के प्रत्यय क्रियामूल में लगाये जाते थे। क्रिया मूल **दि** में **ध** प्रत्यय लगने पर **दिध** शब्द बना। **ध** का परिवर्तन **ह** में हुआ, तब **दिह** रूप बना। **दिह** के दूसरे वर्ण में महाप्राणता का लोप होने पर **दिय** रूप का विकास हुआ। मानक हिन्दी के **दिया** का आधार **दिय** है, अवधी के **दिहेंसि** का आधार **दिह** है। इसी प्रकार **ग** क्रियामूल में **ध** प्रत्यय लगने से **गध—गह—गय—गव** रूपों का विकास हुआ। **गह** वाला रूप, **गय**, **गव** के प्रभाव से, अवधी में अप्राप्य है। **गत** का विकास **गध** मूल रूप से हुआ है, **ध** की सघोषता और महाप्राणता का लोप होने पर। जैसे **इध** से **इह** और **इत** रूप बने, वैसे ही **गध** से **गह** और **गत** रूप बने थे। **इध** का एक विकास **इत्थ** भी है। उसी तरह **दिध** और **दध** का एक विकास **दित्थ** और **दत्थ** हुआ। संस्कृत में **दत्त** है, पंजाबी में **दित्त** अब भी बोला जाता है।

हिन्दी के **प**, **पा** और **पन** प्रत्यय ऐतिहासिक विकास की दृष्टि से रोचक हैं। **मिलना** क्रिया से **मिलाप** संज्ञा रूप **प** प्रत्यय की सहायता से बनता है। वैदिक भाषा में **पुष्प**, **स्तूप**, **शिल्प** आदि शब्द इसी प्रत्यय की सहायता से बने हैं यद्यपि मैकडनल ने ऐसे शब्दों की व्युत्पत्ति को अस्पष्ट कहा है। संभव है, **दर्प**, **सर्प** जैसे रूप **दर्**, **सर्** क्रियाओं से बने हों। भाववाचक और वस्तुवाचक संज्ञा शब्दों, कृदन्तों विशेषणों आदि के निर्माण में इस प्रत्यय की बहुविध भूमिका थी। इस **प** के समानान्तर **व** प्रत्यय था जो, संभव है, **प** का रूपान्तर हो। **ऊर्ध्व**, **ध्रुव**, **पक्व**, **विश्व** आदि में **व** प्रत्यय का योग है। **व** के साथ **वन** प्रत्यय भी था; **वग्वन** (वाचाल), **सत्वन** (योद्धा) आदि में उसकी सहायता से विशेषण रूप बनाये गये हैं। जैसे **व** के साथ **वन** था, वैसे ही संभव है, **प** के साथ **पन** प्रत्यय रहा हो जो हिन्दी के **बचपन**, **अपनापन** आदि में विद्यमान है। वैदिक भाषा में ऐसे अनेक समरूप प्रत्यय हैं जिनमें एक रूप का स्वर ह्रस्व है, दूसरे का दीर्घ। इसलिए यह अनुमान असंगत नहीं है कि **प** के साथ **पा** प्रत्यय का चलन भी था। **बुढ़ापा**, **मुटापा**, **जलापा** आदि में **प** का जोड़ीदार **पा** प्रत्यय है। हिन्दी में **प**, **पा** और **पन** का व्यवहार भाववाचक संज्ञारूप बनाने के लिए वैसे ही होता है जैसे संस्कृत में **त्व** और **त्वन** प्रत्ययों का। **पुरुषत्व**, **भ्रातृत्व** की तरह **पतित्वनम्** (पति होने की अवस्था), **मर्त्यत्वनम्** (मर्त्य जनों की रीति) जैसे रूप भी यहाँ प्रचलित थे। ब्रुगमन ने लिखा है कि **त्वन** प्रत्यय का वही कार्य है जो **त्व** का है। ठीक यही बात **प-पा** और **पन** के बारे में कही जा सकती है। संभव है, **प** और **पन** **त्व** और **त्वन** से कभी संबद्ध रहे हों।

हिन्दी के प्रत्यय नये हों चाहे पुराने, वे संस्कृत से आए हों, चाहे 'देशज' हों, उनका व्यवहार व्यापक स्तर पर होता रहा है और वे केवल हिन्दी में नहीं, अन्य आर्य भाषाओं में भी प्रयुक्त होते रहे हैं। बँगला भाषा से हिन्दी के सम्बन्ध का उल्लेख पहले हो चुका है। हिन्दी और बँगला का बहुत गहरा सम्बन्ध प्रत्ययों में दिखाई देता है। बँगला भाषा के उद्‌भव और विकास पर अपने ग्रंथ में डा० सुनीतिकुमार चाटुर्ज्या ने बँगला भाषा की शब्द-रचना का विवेचन करते हुए जो प्रत्यय बताये हैं, वे हिन्दी और बँगला, विशेषत: अवधी और बँगला के सम्बन्ध की पुष्टि करते हैं। हिन्दी शब्द **घटती, बढ़ती** बँगला में प्रथम वर्ण पर बलाघात होने से **घाट्ति, बाड़्ति** बोले जाते हैं। यहाँ डा० चाटुर्ज्या के अनुसार संज्ञा रूप बनाने के लिए **ति** अथवा **अती** प्रत्यय का व्यवहार हुआ है। दीर्घ स्वरान्त प्रत्यय हिन्दी में है। **कम्ति, गुन्ति, भर्ति** हिन्दी के **कमती, गिनती, भरती** शब्द हैं। यहाँ बँगला रूपों में प्रथम वर्ण दीर्घ नहीं हुआ किन्तु बलाघात उसी पर है, इसलिए अन्तिम वर्ण ह्रस्व हो गया है। डा० चाटुर्ज्या के मत से **अत** प्रत्यय में **इ** स्वर जोड़ा गया है और **भक्ति, युक्ति** शब्दों के ह्रस्व वर्ण **ति** के प्रभाव से **कम्ति भर्ति** का अन्तिम वर्ण ह्रस्व हो गया है। यह व्याख्या युक्तिसंगत नहीं जान पड़ती। **घाट्ति, बाड़्ति** में भी ह्रस्व **ति** वर्ण है। **भक्ति** के **ति** का प्रभाव **भर्ति** पर ही क्यों माना जाय? फिर हिन्दी रूप **घटती, बढ़ती** के समान **कमती, गिनती, भरती** विद्यमान हैं। **जानत** कृदन्त रूप में **अत** प्रत्यय है जिसका मूल रूप **अन्त** माना गया है। **पथ** और **पन्थ** के समान **अत** और **अन्त** वैकल्पिक रूप हैं। बँगला **आमार जानत** अर्थात् मेरे जानते हुए अवधी में होगा— **हमरे जानत। जानते** उत्तर-पश्चिमी रूप है, **जानत** मध्यदेशीय।

एक प्रत्यय **अन** है जो सीधे संस्कृत से आया है। **झाड़न** बँगला का शब्द उतना ही है जितना हिन्दी का। **कांदन, गायन, छाड़न** (जो वस्तु छोड़ दी जाय, अवधी क्रिया **छांड़** से बना हुआ रूप) ऐसे ही शब्द हैं। डा० चाटुर्ज्या ने लिखा है कि बोलचाल की परिनिष्ठित बँगला में ऐसे रूप पुराने पड़ते जा रहे हैं किन्तु पूर्वी बंगाल में उनका व्यवहार खूब होता है। पुरानी अवधी और वर्तमान कनौजी तथा बाँगरू में भी **अन** प्रत्यय का व्यवहार क्रियार्थी संज्ञा बनाने के लिए होता है। हिन्दी के अनेक रूप परिनिष्ठित बँगला में समाप्त हो चले हैं, वे पूर्वी बंगाल में सुरक्षित हैं और हिन्दी बँगला के पुराने सम्बन्धों के प्रमाण हैं। **अन** प्रत्यय का दूसरा रूप होगा **अना** जैसे कि वैदिक प्रत्ययों में ह्रस्व-दीर्घ स्वरों वाले वैकल्पिक रूप मिलते हैं। डा० चाटुर्ज्या ने **अना** की व्याख्या की है कि **अन** प्रत्यय में **आ** जोड़ा गया है। **ढाकना** (हिन्दी **ढकना**, अवधी क्रिया **ढाक** ही है जिससे **ढाकना** रूप बना है), **पाओना, रान्ना** (राँधना), **कान्ना** (कांदना, क्रन्दन करना) आदि रूप खड़ी बोली कृदन्तों के समान बने हैं जो अवधी के ह्रस्व स्वरान्त प्रत्ययों से भिन्न हैं। **छेनी, छाउनी** शब्दों में डा० चाटुर्ज्या ने **नी, उनी** प्रत्यय माने हैं। **नी** प्रत्यय ही काफी था क्योंकि **छाउनी** में अवधी क्रिया **छाव्** है। **छाव्** का बँगला रूपान्तर **छाउ** (अथवा **छाओ**) होगा। **नी** का विकास भी **अन** प्रत्यय में **इ** जोड़कर माना गया है। प्रत्ययों की कल्पित व्युत्पत्ति के बारे में अधिक कुछ कहना अनावश्यक है।

यहाँ केवल यह देखना चाहिए कि व्यवहार में बँगला के प्रत्ययों का सम्बन्ध हिन्दी प्रत्ययों से किस प्रकार का है। **कूश्रा, गोरा, बाघा, खाँड़ा, बकरा, घुंग्रा, लोना, सफेंदा** आदि शब्द हिन्दी बँगला दोनों में प्रयुक्त होते हैं। इनमें **श्रा** प्रत्यय लगा है। डा० चाटुर्ज्या ने मध्यकालीन बँगला का **नेहा** रूप भी दिया है। हिन्दी लोकगीतों में **नेह** का **नेहा** रूप सुनने को मिलता है। **जावा, करा** आदि कृदन्त रूपों में **श्रा** प्रत्यय है। यहाँ डा० चाटुर्ज्या ने पुरानी हिन्दी के **चल्या**, आधुनिक हिन्दी के **चला**, **देखा** आदि को याद किया है। बाँगरू में राजस्थानी के समान **चल्या** (अथवा **चाल्या**) जैसे रूपों का व्यवहार अब भी होता है। **लड़ाई, खुदाई, ढलाई, मिठाई,** भलाई, **सचाई, बड़ाई, सफाई, चढ़ाई, उतराई, सिलाई, धुलाई** बँगला में क्रमशः **लड़ाइ, खोदाइ ढालाइ, मिठाइ, भालाइ, सांचाइ, बड़ाइ, साफाइ, चड़ाइ, उतराइ, सेलाइ, धोलाइ हैं**। इनमें डा० चाटुर्ज्या ने **श्राइ** प्रत्यय माना है। उनके लिखने से ऐसा लगता है कि **श्राइ** तो मूल प्रत्यय है और हिन्दी का **श्राई** उसका रूपान्तर है। किन्तु **भालाइ, सांचाइ, साफाइ** में आदि वर्ण पर बलाघात की आवश्यकता के कारण अन्तिम दीर्घ स्वर को ह्रस्व किया गया है। डा० चाटुर्ज्या ने उदारतापूर्वक लिखा है कि ऐसे कुछ शब्द हिन्दी से भी बँगला में उधार लिए गये हैं। इनमें **बामनाइ** भी है जो अवधी **बँभनई** का रूपान्तर है। ब्राह्मण की सी ज़िद को **बँभनई** कहते हैं।

कानाइ, रामाइ बँगला नाम अवधी के **कन्हई, रमई** का रूपान्तर हैं। डा० चाटुर्ज्या के अनुसार इनमें बँगला का **आइ** प्रत्यय लगा है; मूलरूप **कृष्णकिक**, अथवा **कृष्णाकिक**; इनसे उत्पन्न हुए **कन्हइश्र, कन्हाइश्र**; तब व्युत्पन्न हुए **कानाइ**। डा० चाटुर्ज्या कहते हैं कि हिन्दुस्तानी और पूर्वी हिन्दी में भी ऐसे रूपों का व्यवहार होता है!

डकैत शब्द का सम्बन्ध शायद चिल्लाने से है जिसके लिये बँगला में **डाक** शब्द है। **डाकू** चाहे न चिल्लाता हो, चिट्ठीरसा जरूर चिल्लाकर चिट्ठी बाँटता है इसलिये **डाकिया** कहलाया और चिट्ठियाँ ले जाने वाली गाड़ी **डाक गाड़ी** हो गई। **डकैत** का बँगला रूप **डाकात**, इसका पूर्वरूप **डकाइत**, प्रत्यय **श्रा, आइत**। डा० चाटुर्ज्या ने हिन्दुस्तानी शब्द **ढलैत** (ढाल ले चलने वाला) दिया है। (हिन्दी के स्थान पर डा० चाटुर्ज्या ने अपने ग्रन्थ में सामान्यतः हिन्दुस्तानी शब्द का प्रयोग किया है)। हिन्दी में **लठैत** जैसे शब्द सुपरिचित हैं।

बँगला में **घाबड़ाओ, चड़ाश्रो, बनाश्रो** आदि संज्ञा रूप प्रचलित हैं। **फालाश्रो** के लिए डा० चाटुर्ज्या ने लिखा है कि यह हिन्दुस्तानी **फइलाव्** से बना है। हिंदी **बनाव-सिंगार** में **बनाव** संज्ञा रूप है। **चढ़ाव, फइलाव** जैसे संज्ञा-रूप अवधी में सामान्य हैं। मानक हिन्दी के **बनाव-सिंगार, चढ़ाव-उतार** जैसे शब्द-युग्मों में उनका व्यवहार अब भी होता है। **चालान, उड़ान** में **श्रान** प्रत्यय है। **पूजारी** (पुजारी), **चामार** (चमार), **बानिजार**, (बनिज करने वाला, बनजारा) में **श्रार** प्रत्यय है। हिन्दी **महरी** का बँगला प्रतिरूप **मेहारी** है जो संस्कृत **महागारिका** से व्युत्पन्न बताया गया है। **वाचाल, छिनाल**

आदि में **आल** प्रत्यय है जो **आर** का ही रूपान्तर है। **गोयाला** (ग्वाला), **बाडीयाला** (बाड़ी वाला) शब्दों का विवेचन करते हुए लिखा है कि पिछले दिनों ये रूप हिन्दी शब्दों से प्रभावित हुए हैं। **वाला** को बँगला में **ओला** रूप में बोला गया तब **कापड़-ओला, गाड़ीओला** रूप बने। **ओला** रूप के अतिरिक्त **वाला** प्रत्यय बँगला में **आरा** भी बोला जाता है। **मतवाला** शब्द का रूपान्तर **मातोआरा** है, **व्** का लोप होने पर **माताल** रूप का भी चलन हुआ। दोनों रूपों में बलाघात की आवश्यकता के कारण प्रथम वर्ण दीर्घ हुआ। **आरा** का पूर्वरूप **आयोरा** मानकर डा० चाटुर्ज्या ने लिखा है कि "बिहारी अथवा हिन्दी प्रभाव से" (पृष्ठ ६७०) यह **आयोरा** (वाला) रूप भी प्राप्त है। **ओला** का स्त्रीलिंग रूप **उली** बनता है। **बाड़ीओला** का स्त्रीलिंग रूप हुआ **बाड़ीउली**।

हिन्दी का एक शब्द **कड़ियल** है जो **कड़ा** से बना है। **कड़ियलपन** के अर्थ में **केड़ेली** शब्द बँगला में प्रयुक्त होता है। डा० चाटुर्ज्या ने इसका पूर्वरूप **कांड़ियल** मान कर एक प्रश्नवाचक चिन्ह के साथ इसका सम्बन्ध **काण्ड** (तीर) से सुझाया है। दीर्घ **ई** से ह्रस्व **इ** वाले प्रत्यय का विकास मानकर डा० चाटुर्ज्या ने बताया है कि इसका उपयोग संज्ञा और विशेषण बनाने के लिए होता है। यद्यपि बँगला लिंगभेद से मुक्त है किन्तु उसमें बहुत से शब्द लिंगभेद के सूचक हो गए हैं। **मालिन** और **माली** में भेद किया जाता है। **देशी** शब्द में **ईय** प्रत्यय मानकर उसका पूर्व रूप **देशीय** बताते हैं। **गुनी, बेनारसी** (बनारसी) में **ई** प्रत्यय फ़ारसी प्रभाव से मानते हैं। **गुणी** सीधा संस्कृत में कर्ता रूप होगा। **स्वामिन्** की तरह इसका अविकारी रूप **गुणिन्** कहा जाएगा। **बढ़ई** का पूर्व-रूप **वर्द्धकिन्** मानते हैं किन्तु **बढ़ई** रूप की मंज़िल स्वीकार किए बिना **वर्द्धकिन्** से सीधे बँगला **बाड़इ, बाड़् इ** की व्युत्पत्ति दिखाते हैं। **बूढ़ा** शब्द का स्त्रीलिंग रूप **बूढ़ी** है। बँगला **बुड़ी** का विकास कल्पित रूप **वृद्धिका** से दिखाया है। हिन्दी के ईकारान्त रूपों का प्रभाव इतना गहरा है कि मूल रूप स्त्रीलिंग होने पर भी उसे दुबारा स्त्री-लिंग बनाया गया है, जैसे **अप्सरा** से **अप्सरी**। **बोली, रोटी, धोती, डकैती, रखवाली** आदि शब्द बँगला में क्रमशः **बुली, रुटी, धुती, डाकाती, राखाली** हैं। बँगला मूलतः लिंगभेद से मुक्त भाषा है, इसलिए इन रूपों का मूल स्त्रीलिंग वाला भाव क्षीण हो गया है। डा० चाटुर्ज्या मानते हैं कि निर्जीव वस्तुओं के नामों में मूल स्त्रीलिंगभाव लुप्त हो गया है किन्तु पश्चिमी हिन्दी, राजस्थानी, पंजाबी आदि में व्याकरणगत लिंगभेद बना हुआ है। पश्चिमी हिन्दी ही नहीं, अवधी में भी ये सारे शब्द स्त्रीलिंग का लक्षण सूचित करते हैं। डा० चाटुर्ज्या ने हिन्दी के **लाली, हरियाली, रखवाली** जैसे शब्द तुलना के लिए ठीक ही उद्धृत किए हैं किन्तु प्रश्न केवल तुलना का नहीं है; प्रश्न है लिंगभेद मुक्त बँगला में लिंगभेद युक्त शब्दों के प्रवेश का। इनका स्रोत हिन्दी और हिन्दी जन-पदों की बोलियाँ हैं। **रोटी, धोती, डकैती** का ई प्रत्यय फ़ारसी से प्रभावित है कि नहीं, यह मूल प्रश्न नहीं है। मूल प्रश्न यह है कि ये सारे स्त्रीलिंग रूप बँगला में हिन्दी क्षेत्र से पहुँचे हैं या नहीं। इस प्रश्न को ध्यान में रखते हुए उन प्रत्ययों के स्रोत पर विचार

करना चाहिए जो हिन्दी और बँगला में सामान्य है।

हिन्दी में **खा, गा, कह** क्रियाओं से बनाये हुए संज्ञा रूप **खवइया, गवइया, कहइया** प्रचलित हैं, विशेषत: अवधी में। बँगला में मध्यवर्ती वर्ण पर बलाघात स्वीकृत न हुआ, इसलिए **बॉलइया, कहइया** से **बॉलिये, कॉहिये** रूप बने। दोनों शब्दों का अर्थ है बोलने वाला। बँगला शब्दों में **इए** प्रत्यय मानकर डा० चाटुर्ज्या ने लिखा है कि हिन्दी के **अइया, अवइया** प्रत्यय तथा आधुनिक बँगला का **इए** अथवा **इये** एक ही प्रतीत होते हैं। फिर कहा है कि बंगला प्रत्यय अधिकतर बोलचाल में मिलता है, इसलिए असम्भव नहीं कि वह कुछ ही दिन पहले हिन्दी से उधार लिया गया हो और पश्चिमी बँगला की सामान्य प्रवृत्ति के अनुसार उसमें वर्ण-संकोचन हुआ हो; उड़िया और असमिया में वैसा प्रत्यय नहीं है। कारण यह कि उड़िया और असमिया की अपेक्षा बँगला पर हिन्दी प्रभाव अधिक है।

करत करत अभ्यास के, जड़मति होत सुजान—यहाँ **करत** कृदन्त का बँगला रूप होगा **करिते**। खड़ी बोली में भी **अभ्यास करते करते**, इस तरह की शब्दावली होगी। यहाँ बँगला रूप अवधी और ब्रजभाषा की अपेक्षा खड़ी बोली के रूप से मिलता है। छुटपन या प्यार जताने के लिए बँगला में **पाँचू, कानू** जैसे ऊ प्रत्यय वाले रूप होते हैं और **उ** प्रत्यय वाले **नीचु, ऊँचु** रूप भी होते हैं। हिन्दी का **बहुत** अवधी में **बहुतु** भी बोला जाता है। **पाँचू** और **कानू** हिन्दी के **बंजू, नत्थू** आदि की तरह हैं। जिस खेत में धान बोया जांय, उसे अवधी में **धनहा** कहते हैं। प्रथम वर्ण के दीर्घ होने पर इसका पहला रूपान्तर होगा **धानुया**, फिर **धेनो** रूप बनेगा। इस प्रकार बँगला में **कलुआ** से **केलो** और मछुआ से **मेछो, कठुवा** से **केठो** रूप बने हैं। **क, अक, इक, उक** प्रत्ययों के प्रसंग में **सड़क, फाटक, झलक, बैठक** शब्द दिए हैं। इस श्रृंखला में हिन्दी **हुचकी** और **सिटकनी** बँगला में **हेंचकि, छिटकनी** हैं। जनपदीय बोलियों की तरह, **छोटी, बड़ी**, इन विशेषणों के प्यार वाले रूप **बड़की, छोटकी** बँगला में प्रचलित हैं। ये शब्द स्त्रीलिंग सूचित करने वाले रूप हैं। बँगला शब्दों में **टा** और **टि** अथवा **टी** प्रत्यय शब्दों के साथ जोड़े जाते हैं। डा० चाटुर्ज्या ने लिखा है कि **टा** प्रत्यय मूलत: पुंल्लिग भाव व्यक्त करता था और किसी वस्तु का बड़ा या अनगढ़ होना सूचित करता था। उसी प्रकार **टि** और **टी** मूलत: स्त्रीलिंग भाव व्यक्त करते थे और किसी वस्तु की लघुता या कोमलता सूचित करने के लिए प्रयुक्त होते थे। बँगला में यह भेद नष्ट हो गया है और ये प्रत्यय वस्तु की निश्चयात्मक स्थिति सूचित करते हैं। राम के साथ **टा** और **टि** दोनों का व्यवहार हो सकता है। **रामटि** कहने में आत्मीयता का भाव है, **रामटा** कहने से राम के भारी-भरकम होने का बोध होगा। इसी प्रकार **गाछटा** और **गाछटि** दोनों रूप, लिंगभेद से तटस्थ, केवल एक निश्चित वृक्ष का बड़ा छोटा होना सूचित करेंगे। ये **टा, टी** राजस्थानी के **डा, डी** मालूम होते हैं। डा० चाटुर्ज्या ने बताया है कि बंगाल की जनपदीय बोलियों में **डा, डी** भी बोले जाते हैं। किसी वस्तु से संसर्ग सूचित करने के लिए **ड़** प्रत्यय का उपयोग होता है। उदाहरण दिया है **घेसेड़ा** जो हिन्दी **घसियारा** का रूपान्तर

है। बाँगरू के समान बँगला भाषा ऱ् की अपेक्षा ड़् से अधिक नेह दरसाती है, इसीलिए बँगला में **घसियारा घेसेड़ा, जुआरी जुयाड़ी, सपेरा सापुड़े** हुए। **बांकुरा** का बँगला रूपान्तर **बांकुड़ा** है। अवधी के **खॅलवार** का बँगला रूपान्तर **खेलोयाड़** (खिलाड़ी) है। हिन्दी **लुटेरा** बँगला में **लुठेरा** है; डा० चाटुर्ज्या ने इसका कल्पित पूर्वरूप **लुठियाड़ा** माना है, मानों मूल ड़् बदल कर हिंदी और बँगला में ऱ् हो गया हो। हिन्दी **भंगड़** बँगला **भांगड़** दोनों में ड़् है। हिन्दी **अखाड़ा** और बँगला **आखड़ा** की भी यही स्थिति है किन्तु हिन्दी **बटमार** पहले **बाटपाड़** हुआ (यह रूप डा० चाटुर्ज्या के अनुसार उत्तरी बंगाल में अब भी बोला जाता है), फिर उसका रूपान्तर हुआ **बाटोयाड़**।

ट्-मूलक प्रत्ययों की चर्चा करते हुए डा० चाटुर्ज्या ने एक महत्वपूर्ण बात कही है। वह यह कि **ट्** वाला प्रत्यय वैदिक भाषा में नहीं है और इसका उद्भव द्रविड़ या कोल प्रभाव से सिद्ध नहीं किया जा सकता, पर वह सभी आधुनिक आर्यभाषाओं में जड़ जमाए हुए है। इस स्थापना का महत्व यह है कि डा० चाटुर्ज्या ने जो तत्व संस्कृत में न मिले, उसे द्रविड़-कोल प्रभाव से उत्पन्न नहीं मान लिया। आधुनिक आर्यभाषाओं में किसी एक तत्व की व्यापकता देख कर उन्होंने कल्पना की है कि उसका स्रोत प्राचीन आर्यभाषा में अवश्य रहा होगा अर्थात् उन्होंने माना है कि आधुनिक आर्यभाषाओं के अध्ययन से प्राचीन आर्य-भाषा-तत्वों का पता लगाया जा सकता है। टवर्गीय ध्वनियों के दो केन्द्र सौराष्ट्र और असम अब भी विद्यमान हैं। बँगला असमिया की पड़ोसी भाषा है, इसलिये **ट** वाले रूपों से उसके लिए **ड** और **ड़** का विकास करना स्वाभाविक है।

कहीं-कहीं अवधी के स्त्रीलिंग इकारान्त रूप, खड़ी बोली की तरह, बँगला में अकारान्त हो गए हैं। जैसे **बहिनि** शब्द खड़ी बोली में **बहन** है, वैसे ही अवधी **नातिनि** बँगला में **नातिन** है। जैसे हिन्दी में **बचपन** और **बचपना** दोनों तरह के रूप प्रचलित हैं, वैसे ही बँगला में **गिन्नीपन** (गृहिणीपन), **ढीठपना** (ढिठाई) हैं। हिन्दी **गभरू गर्भरूप** से और **गोरू गोरूप** से विकसित माने गये हैं, बँगला में **गोरु, गाभरु** रूप हैं। **दूसरा, तीसरा** के बँगला प्रतिरूप **दोसर, तेसर** हैं, इनमें **सर** प्रत्यय बताया गया है जिसका अर्थ है चलना। **दूसरा, तीसरा** के **सर** से चलने वाले **सर** का कोई सम्बन्ध नहीं है। बँगला रूप अवधी के **दूसर, तीसर** से बने हैं। इसी तरह बँगला शब्द **दोहारा, तेहारा** अवधी के **दोहरा, तेहरा** का रूपान्तर हैं।

बँगला में **एमन** और **केमन** का अर्थ है इस तरह, किस तरह। **मन** प्रत्यय तरह का अर्थ देता है। जब यह **तरह** शब्द बंगाल पहुँचा, तब वह भी **मन** के साथ जुड़ गया। महाप्राण ध्वनि का लोप होने पर रूप बने, **एमनतर, केमनतर**। डा० चाटुर्ज्या ने माना है कि हिन्दी में **इस तरह, किस तरह** आदि के समान बँगला के इन रूपों का निर्माण हुआ है। पुराने आर्य भाषातत्व बंगाल में किस रास्ते से पहुँचे, वह तो पुरानी बात है; फ़ारसी का प्रभाव हिन्दी प्रदेश को लांघकर सीधे बंगाल पहुँच न सकता था। ईरानी प्रभाव के मुख्य केन्द्र दिल्ली, आगरा, लखनऊ आदि हिंदी प्रदेश के नगर थे। डा० चाटुर्ज्या ने फ़ारसी प्रत्ययों का विवेचन भी किया है। **दरबान में बान, छापाखाना में**

खाना, कारीगर (बँगला रूप **कारिगर**) में **गर, बाबूगीरी** (बँगला रूप **बाबूगिरि**) में **गिरि, कलमदान** में **दान, चौकीदार** में **दार** प्रत्यय बँगला में वैसे ही प्रयुक्त हुए हैं जैसे हिन्दी में। हिन्दी का एक बहुत अर्थ-व्यंजक शब्द **धड़ीबाज** बँगला में भी प्रचलित है। यहां **बाज** प्रत्यय फ़ारसी का है। **बगीचा** और **चमचा** बँगला में **बागिचा, चामचा** हैं।

तुर्क आक्रमणों के बाद और उनसे पहले हिन्दी प्रदेश के भाषातत्व निरन्तर बंगाल पहुँचते रहे हैं। इनमें प्रत्ययों का स्थान महत्वपूर्ण है। इन प्रत्ययों के कल्पित पूर्व-रूपों की चर्चा इस ढँग से की गई है कि पढ़ने वाले को लगता है कि वे सीधे संस्कृत से, प्राकृत-अपभ्रंश मंजिलें तै करते हुए, बँगला में पहुँच रहे हैं। परिणाम यह कि हिन्दी और बँगला का घनिष्ठ संबन्ध आँखों से ओझल हो जाता है।

शब्द-रचना-प्रक्रिया के अन्तर्गत दो शब्दों को मिलाकर नये अर्थ वाला रूप गढ़ने अथवा एक ही शब्द की आवृत्ति द्वारा नया रूप रचने की प्रवृत्ति बहुत पुरानी है और भारत के अनेक भाषा परिवारों में मिलती है। कोल भाषाओं में क्रियापद रचना संस्कृत क्रिया रूपों की याद दिलाती है। संथाली में **दल**—मारना, **ददल**—ज़्यादा मारना। संस्कृत के **ददाति, पिबति** से ये रूप तुलनीय हैं। कोल भाषाओं में प्रत्यय लगाकर क्रिया को नया अर्थ दिया जाता है। मुण्डारी में **नेल**—देखना, **नेपेल**—एक दूसरे को देखना। संस्कृत के **चल** और **चपल** इस संदर्भ में विचारणीय हैं। पूर्वी अञ्चल में नाग भाषा मोन्पा बोली जाती है। इससे शब्द की आवृत्ति का उदाहरण देते हैं। **रि लेम् लेम्** अर्थात् पानी पूरी तरह भरा हुआ है। **रि** का अर्थ है जल, नदी। नदी के लिए एक अन्य शब्द **गोङ् रि** है। इसमें **रि** नदी वाचक है ही, **गोङ्, गाङ्** अर्थात् गंगा का प्रतिरूप है। जैसे बँगला में **एमन** माने इस तरह, फिर **एमन** में **तरह** जोड़कर **एमनतर** रूप बना, वैसे ही मोन्पा में दो जल सूचक शब्द मिला कर एक नया शब्द बना। इसी भाषा में मनुष्य के लिए **सोङ्** शब्द है। इसका बहुवचन बनाने के लिए **बग** या **बाग** शब्द जोड़ा जाता है। यह वही शब्द है जो हिन्दी के **लोग-बाग** में सुनने को मिलता है। हिंदी में **बाग** शब्द का अलग से प्रयोग नहीं होता किन्तु यह अवश्य ही हिन्दी जनपदों का पुराना शब्द है। मोन्पा के अतिरिक्त अन्य किसी नाग भाषा में यह शब्द मुझे नहीं मिला, न द्रविड़ भाषाओं में दिखाई दिया। इसलिए सम्भावना यह है कि यह हिन्दी जनपदों का पुराना शब्द है जो मोन्पा में यहाँ से पहुँचा है। हिन्दी जनपदों में उसकी स्वतन्त्र सत्ता नहीं है किन्तु मुहावरे में अन्य शब्दों से वह ऐसा अटूट जुड़ा है कि तुलनात्मक भाषाविज्ञान के लिए वह जितना ही बिरला है, उतना ही अनमोल है। **नाप-जोख** का **जोख** मानक हिन्दी में अलग से प्रयुक्त नहीं होता किन्तु जनपदीय भाषाओं में तौलने के लिए **जोख** क्रिया का व्यवहार अब भी होता है। **नाप-जोख** उस रूप की मिसाल है जिसका एक अंश हमारे देखते-देखते पुराना पड़ता जा रहा है। जैसे **बाग** शब्द एक नाग भाषा में पहुँचा है, वैसे ही संस्कृत के अनेक शब्द पुराने समय में ऐसी द्रविड़ भाषाओं में पहुँच गये हैं जिनके बोलने वाले आज सामाजिक दृष्टि से बहुत ही पिछड़े हुए हैं। नीलगिरि पर्वतमाला में रहने वाले तोद लोग परस्पर मिलने पर एक दूसरे से पूछते हैं : **सुद्**

सॉद् विळ्त । जैसे बँगला में **की खबर** कहने का चलन है, वैसे ही तोद भाषा में यह कहने का चलन है कि खबर अच्छी है। **सुद् सॉद्** दो शब्दों का जोड़ा है जैसे **लोगबाग** दो शब्दों का जोड़ा है। इसमें **सॉद्** संस्कृत **शब्द** का रूपान्तर है और **सुद् शुद्ध** का। कहां नीलगिरि की पिछड़ी हुई द्रविड़ जाति तोद, कहां संस्कृत के **शुद्ध और शब्द** ! इनके तद्भव रूपों का व्यवहार ये द्रविड़ जन नित्य प्रति करते हैं, इस पर किसे विश्वास होगा ? पर इस व्यवहार के प्रमाण हैं तोद भाषा के विशेषज्ञ एमेनो। (**एमेनो : कलेक्टेड पेपर्स**, अन्नामलइ यूनिवर्सिटी; १९६७; पृष्ठ ३८) । **शब्द-शुद्ध** का अर्थ हुआ अच्छी खबर।

हिन्दी में दो शब्दों को मिलाकर दोनों के अर्थ से मिलता-जुलता किन्तु अधिक व्यापक अर्थ उत्पन्न किया जाता है। अंग्रेजी शब्द क्लाइमेट के अर्थ में **जलवायु** का प्रयोग होता है। **जलवायु** रूप जल और वायु के अर्थ को समाप्त नहीं करता, उस अर्थ को कायम रखते हुए वह अधिक व्यापक अर्थ की सृष्टि करता है। लोग कहते हैं : **अभी तो मेरे हाथ पैर चलते हैं** जिसका अर्थ है, शरीर अपना काम कर रहा है। गाँवों में **घरदुआर** इसी तरह सम्पति के अर्थ में प्रयुक्त होता है। **हलमाची** का अर्थ होगा खेती के उपकरण। माची के अन्दर बैलों के सिर होते हैं और हल उससे बँधा रहता है। माची के बिना हल नहीं खींचा जा सकता और हल के बिना माची बेकार है। हल माची का अभिन्न भौतिक सम्बन्ध किसान ने हलमाची के जोड़े में कायम रखा है। **बैल बधिया, बियाबैसार** (बीज)—इन जोड़ों में पर्यायवाची शब्दों का व्यवहार हुआ है, किसी नये अर्थ का सृजन नहीं हुआ किन्तु अर्थ को घनत्व अवश्य प्रदान किया गया है।

हिन्दी में शब्दों के अनेक ऐसे जोड़े हैं जिनमें क्रिया और संज्ञा का भेद मिट सा गया है। **मारपीट** में **मार** क्रिया है, संज्ञा भी है। **मार** और **पीट** दोनों का एक ही अर्थ है, किन्तु **मारपीट** का अर्थ दोनों से भिन्न, फिर भी मिलता जुलता, और अधिक व्यापक है। **मारामारी, देखादेखी, तनातनी** जैसे रूपों में एक ही शब्द की आवृत्ति है किन्तु ध्वनि-सौन्दर्य के लिए मूल शब्द के अन्तिम स्वर को आवृत्ति करते समय बदल दिया गया है। **तना, देखा, मारा** कृदन्त हैं किन्तु यहाँ न तो विशेषण का भाव है, न क्रिया का; उनका व्यवहार संज्ञा शब्दों के समान हुआ है। **चिलचिलाती धूप, सांप की फुफकार, बूढ़े आदमी का बरबराना** (व्यर्थ की बातें करना), यहाँ कुछ ध्वनियों की आवृत्ति हुई है और उससे अर्थ घनत्व पैदा किया गया है। **पानी झमाझम बरसा, हाल खचाखच भरा था**— यहाँ अनुकरण मूलक **झम** और **खच** शब्दों की आवृत्ति हुई है किन्तु भाषा की लय को ध्यान में रखते हुए बीच में अतिरिक्त स्वर जोड़ दिया गया है। यह प्रवृत्ति अत्यन्त प्राचीन है और हिन्दी प्रदेश की भाषाओं की विशेषता है। वैदिक भाषा में **गनीगम्, पनीपद्, घनीघन्, पिबापिब** जैसे रूप मिलते हैं। ह्विटने ने ऐसे रूपों का विवरण अपनी संस्कृत व्याकरण पुस्तक में दिया है। लौकिक संस्कृत में ऐसे रूप नहीं के बराबर हैं। वैदिक भाषा की अलौकिकता इसी में है कि बोलचाल की लय के अनुसार जो रूप गढ़े जाते हैं, वे उसके लिए असंस्कृत नहीं हैं। **एक** और **दश**, इन दो शब्दों को मिलाते समय जो अतिरिक्त स्वर जोड़कर **एकादश** रूप बनाया गया, वह इसी प्रवृत्ति का द्योतक है।

क्रिया के एक वर्ण की आवृत्ति वैदिक भाषा में अत्यन्त सामान्य थी, आवृत्ति करते समय बहुधा मूल वर्ण के स्वर में थोड़ा परिवर्तन कर दिया जाता था। **चल्** से **चाचल्**, **लप्** (बोलना) से **लालप्**, **पत्** (गिरना) से **पापत्**, **नी** (ले चलना) से **नेनी**, **भू** (होना) से **बोभू**, **रु** (रोना) से **रोरु**, **नम्** से **नन्नम्**, **स्तन्** से **तंस्तन्** (गरजना) इत्यादि, ये रूप मैकडनल ने वैदिक भाषा वाले व्याकरण में दिए हैं और आवृत्ति का उद्देश्य यह बताया है कि अर्थ को घनत्व प्रदान किया जाय।

हिन्दी में ऐसे बहुत से शब्द हैं जिनमें आदिस्थानीय व्यंजन की आवृत्ति हुई है यथा **पपीहा, गगरी, घाघरा, ठठेरा, ककहरा, ठिठोली, ठिठकना, ठिठुरना, पोपला** (जिसके दांत न हों), **फफोला, तीतर** इत्यादि। कुछ शब्दों में एक ही शब्दांश की आवृत्ति से नया रूप रचा गया है यथा **दलदल**। संस्कृत में **हलाहल** जैसे शब्द इसी प्रवृत्ति के अनुरूप रचे गये थे। दो भिन्न शब्दों को जोड़ कर **उखाड़-पछाड़, उठना-बैठना, धक्का-मुक्की** जैसे व्यापक अर्थ वाले बहुत से रूप हिन्दी में रचे गये हैं। समानार्थी शब्दों के जोड़े—**काम-काज, धरम-ईमान** की तरह—पचासों हैं। आधुनिक आर्य भाषाएं नये शब्द ही नहीं गढ़तीं, पुराने शब्द रूपों को नये ढंग से मिलाकर उन्हें नया अर्थ भी देती हैं।

परिनिष्ठित हिन्दी की अपेक्षा जनपदीय भाषाओं में नयी शब्द रचना का कार्य अधिक स्वच्छन्दता से होता है। **गवैया, बजवैया, अनवैया** (जो किसी व्यक्ति को ले जाने के लिए आये), **दवैया** (जो कोई वस्तु देने को हो), **दवार** (उप०), **लवार** (जो कोई वस्तु लेने को हो), **जवार** (जो व्यक्ति जाने को हो), **अवार** (जो व्यक्ति आने को हो), **बकरिहा** (बकरियों से संबद्ध), **गुलरिहा** (गूलर के वृक्षों से संबद्ध), **अंबिलिहा** (इमलियों से संबद्ध) जैसे रूप परिनिष्ठित हिन्दी की अपेक्षा अवधी में ही अधिक प्रयुक्त होते हैं। जनपदीय भाषाओं की यह शब्द-रचना-क्षमता संस्कृत से अधिक वैदिक भाषा की प्रवृत्ति के अनुरूप है।

संस्कृत हिन्दी क्षेत्र की भाषा थी, अतः उसके प्रत्यय हिन्दी में भी प्रयुक्त होते हैं तो कोई आश्चर्य नहीं। इनमें दो वर्ग हैं। एक वर्ग उन प्रत्ययों का है जो परिनिष्ठित हिन्दी में संस्कृत से उधार लिये गये हैं यथा **पुरुषत्व** का **त्व**। ऐसे प्रत्यय अधिकतर तत्सम रूपों के साथ ही प्रयुक्त होते हैं। दूसरे वर्ग में वे हैं जो संस्कृत के समानान्तर जनपदीय भाषाओं में प्रयुक्त होते थे और आज भी होते हैं जैसे वैदिक भाषा का **अत्** प्रत्यय : **ददत्** (देते हुए), वैसे ही अवधी में जियत् (जीते हुए)। इनके अलावा **पा** और **पन** जैसे प्रत्यय हैं जिनके प्राचीन अस्तित्व के बारे में वैदिक भाषा के प्रत्यय-विश्लेषण से हम तर्कसंगत अनुमान कर सकते हैं। अनेक साहित्यशास्त्रियों, भाषाविज्ञानियों ने यह भ्रम फैलाया है कि १२वीं-१३वीं सदी की वास्तविक भाषाई स्थिति अपभ्रंश रूपों में व्यक्त है, उससे पहले की स्थिति प्राकृत रूपों में। १३वीं सदी के बाद संस्कृत-प्रेम की ऐसी लहर आई कि प्राकृत अपभ्रंश रूप विस्थापित हो गये और उनकी जगह संस्कृत रूप स्थापित हो गये। यह धारणा इन विद्वानों को वैदिक काल से चली आती निरन्तर विकासमान,

परिवर्तनशील फिर भी अविच्छिन्न, जनपदीय आर्य-भाषाओं की शब्द रचना-प्रक्रिया देखने नहीं देती। उनके लिए शब्द-रचना-विश्लेषण का अर्थ है तत्सम, तद्भव और देशज, तीन वर्गों में शब्द सम्पदा को बांट देना। **मुटापा, बुढ़ापा** जैसे शब्द न तो तत्सम हैं, न प्राकृत-अपभ्रंश तंत्र के अनुरूप हैं। अपभ्रंश की प्रतिक्रिया में ये रूप अचानक कैसे अवतरित हो गये ? हिन्दी ही नहीं, बंगला, मराठी आदि अन्य आर्य भाषाओं की जनपदीय शब्दावली की जितना ही छानबीन की जायगी, उतना ही अपभ्रंशों की प्रतिक्रिया में तत्सम रूपों की प्रतिष्ठा का सिद्धान्त झूठा साबित होगा। वास्तव में तत्सम रूपों से भाषा को शिष्ट और परिनिष्ठित बनाने की बीमारी इन विद्वानों को है; अपना वह रोग अपने पूर्वजों पर आरोपित करके वे हिन्दी को उधार लेने वाली भाषा घोषित कर देते हैं। जनपदीय भाषाओं की संपदा की अनदेखी करके वे भदेसपन से अपनी संस्कृति की रक्षा करते हैं। किन्तु प्राकृत-अपभ्रंश और संस्कृत, इन दोनों से अलग जहां जनपदीय भाषाओं की शब्द-निर्माण-प्रक्रिया अबाध चलती रही है, उसकी उपेक्षा करके भाषा के विकास की व्याख्या नहीं की जा सकती। हिन्दी तथा अन्य आर्य भाषाएं विद्वानों की शैली विशेष में उधार लेने वाली भाषाएं हैं; सामान्य जनता की बोलचाल में, क्या मानक भाषाएं, क्या उनकी जनपदीय बोलियां, शब्द-रचना में और शब्दों को नया अर्थ देने में अपनी अपूर्व क्षमता का परिचय देती हैं।

हिन्दी शब्द भंडार के अनेक स्रोत हैं, हिन्दी शब्द रचना प्रक्रिया की अनेक पद्धतियां हैं, अनेक युगों में इनका विकास हुआ है। इनमें बाहर से आये हुए तत्व अति अल्प हैं। समस्त आर्य भाषाओं की जनपदीय बोलियों में शब्द रचना प्रक्रिया का मार्ग मिलता जुलता है, अपभ्रंश के अनुरूप वह कहीं नहीं है जैसा कि बँगला शब्द रूपों के अध्ययन से सिद्ध होता है। उत्तर भारत के समस्त आर्य भाषाई विकास में हिन्दी जनपदों का योगदान महत्वपूर्ण रहा है। यह योगदान प्राकृत-अपभ्रंश वाला विकास मार्ग अपनाने से समझ में नहीं आता। शब्दतंत्र का विश्लेषण ध्वनितंत्र के विश्लेषण से जुड़ा हुआ है। शब्दतंत्र का जो विवेचन यहाँ प्रस्तुत किया गया है, उससे ध्वनितंत्र की कुछ समस्याएं भी विवेचित हैं, विशेषकर तद्भवीकरण-प्रक्रिया के विश्लेषण-संदर्भ में। दूसरी ओर शब्दतंत्र का विश्लेषण रूपतंत्र (और वाक्यतंत्र) के विवेचन से जुड़ा हुआ है। आगे रूपतंत्र के प्रसंग में शब्दतंत्र की अनेक समस्याओं पर फिर विचार करना आवश्यक होगा।

३
आर्य भाषा केन्द्र और हिन्दी रूपतंत्र

१. संश्लिष्ट-विश्लिष्ट-भेद

संस्कृत और आधुनिक आर्य भाषाओं में सबसे बड़ा भेद रूपतंत्र को लेकर बताया गया है। संस्कृत संश्लिष्ट भाषा है, हिन्दी तथा आधुनिक आर्य भाषाएँ विश्लिष्ट हैं, पूरी तरह विश्लिष्ट हैं अथवा उनमें पुराने संश्लिष्ट रूपों के अवशेष मात्र रह गए हैं। यहाँ रूपतंत्र में नाम शब्द और क्रियापद दोनों के विकार शामिल हैं। संस्कृत के समान ग्रीक और लैटिन संश्लिष्ट हैं, हिन्दी और बँगला के समान अंग्रेजी और फ्रेन्च विश्लिष्ट हैं या उनमें पुराने संश्लिष्ट रूपों के अवशेष मात्र हैं। विभिन्न कारकों में नाम शब्दों के प्रयोग के अनुसार उनके रूप बदलते हैं। कारक नाम शब्द का सम्बन्ध क्रिया पद से व्यक्त करता है। इसलिए यह स्वाभाविक है कि यदि भाषा नाम शब्दों के मामले में संश्लिष्ट है तो वह क्रियापदों के मामले में भी संश्लिष्ट होगी। यदि वह नाम शब्दों के मामले में विश्लिष्ट होगी तो वैसी ही स्थिति क्रियापदों के मामले में भी होगी।

जहाँ तक अंग्रेजी जैसी भाषा का सम्बन्ध है, वह यदि आदि जर्मन के संश्लिष्ट रूप छोड़कर विश्लिष्ट हो गई है तो यह प्रगति का चिन्ह है। उसने संश्लिष्ट रूपों का अनावश्यक बोझ उतार फेंका, विश्लिष्ट होकर वह सरल और अधिक शक्तिशाली हो गई, विश्वभाषा बन गई। भारतीय भाषाएँ संस्कृत का सतयुग छोड़कर क्रमशः आधुनिक भाषाओं के कलियुग की ओर बढ़ती गईं, और इस प्रकार उनका आधुनिक विश्लिष्ट रूप ह्रास का परिणाम है। जहाँ तहाँ जो थोड़े से संश्लिष्ट रूप बचे हैं, वे इनके गौरवशाली उद्भव की याद दिलाते हैं। संस्कृत ने जब प्राकृतों का रूप ग्रहण किया तब ध्वनितंत्र में भारी परिवर्तन हुआ किन्तु रूपतंत्र लगभग वैसा ही रहा जैसा वह संस्कृत में था। यह बात अपने में काफी आश्चर्यजनक है। ध्वनितंत्र में ऐसा मौलिक परिवर्तन हो कि शब्द पहचान में न आयें और रूपतंत्र ज्यों का त्यों बना रहे, ऐसा ज़रा कम होता है। सामान्य प्रक्रिया यह है कि भाषा के एक स्तर पर भारी परिवर्तन होता है तो उसके साथ, उतना नहीं तो थोड़ा-बहुत, परिवर्तन अन्य स्तरों पर अवश्य होता है। जो लोग हिन्दुस्तानी ढँग से अंग्रेजी बोलते हैं, वे अंग्रेजी के ध्वनितंत्र को बदलने के साथ थोड़ा बहुत परिवर्तन अंग्रेजी के मुहावरों, उसकी व्याकरण-व्यवस्था में भी करते हैं। कलकत्ते

में या कलकत्ते के बाहर बँगला भाषी भद्रजन जब अपने ढँग से हिन्दी बोलते हैं तब व उसकी वाक्यरचना भी काफी बदल देते हैं। कलकत्ते के बाजार में बंगालियों द्वारा बोली जाने वाली हिन्दुस्तानी डा० सुनीतिकुमार चाटुर्ज्या को व्याकरण की दृष्टि से इतनी सरल प्रतीत होती थी कि वह उसे कभी-कभी राष्ट्र भाषा ही नहीं, हिन्दी साहित्य की भाषा भी बनाने की बात करते थे। किन्तु पुराने जमाने में प्राकृतों ने संस्कृत के ध्वनि-तंत्र में भारी उलटफेर किया, और रूपतंत्र लगभग पहले जैसा बना रहा ।

उसके बाद अपभ्रंश का समय आया। भाषा अचानक विश्लिष्ट होने लगी। कुछ पुराने रूप बचे रहे पर उनके समानान्तर दूसरे रूपों का भी प्रयोग होने लगा। विद्वानों का कहना है कि इस समय कारकों के व्यवहार में बड़ा झमेला पैदा हो गया। किस कारक का प्रयोग कहाँ करना चाहिए, लोगों को इसका ज्ञान ही न रहा। कर्ता और कर्म का भेद मिटा दिया; सम्प्रदान, अपादान, सम्बन्ध, अधिकरण, जहाँ जैसी इच्छा हुई, किसी भी कारक का प्रयोग कर दिया। इससे कारकों की संख्या घट गई और आगे चलकर दो ही कारक रह गए, एक शब्द का सीधा रूप और दूसरा शब्द का तिर्यक् रूप। फिर भी अपभ्रंश में कारक-चिन्ह बहुत हैं; कारकों की संख्या में भले कमी हुई हो, उनके चिन्हों में तो वृद्धि ही हुई। संस्कृत में शब्दों के अनेक वर्ग होते थे, किसी के अन्त में ह्रस्व अ, किसी के अन्त में दीर्घ आ, कोई इकारान्त, कोई उकारान्त, और कोई मात्र हलन्त। इन विभिन्न वर्गों के शब्दों के साथ अलग-अलग तरह के कारक चिन्ह लगते थे। अपभ्रंश में शब्दों के वर्ग कम हो गए किन्तु कारक चिन्हों की संख्या बढ़ गई, यह आश्चर्य की बात है।

इस समय एक नये भाषा-तत्व का जन्म हुआ जिसे कुछ आधुनिक वैयाकरण परसर्ग कहते हैं। यह परसर्ग कारक-चिन्हों से भिन्न माना गया है। कारक-चिन्ह परतंत्र भाषा तत्व है; किसी स्वतंत्र शब्द के साथ जुड़कर ही सार्थक होता है। इसके विपरीत परसर्ग अपेक्षाकृत स्वतंत्र है। उक्तकोटि के वैयाकरणों का कहना है कि कारकों के व्यवहार में झमेला होने से, कारकों की संख्या घट जाने से, कारक-चिन्हों के घिस जाने से परसर्गों का व्यवहार अनिवार्य हो गया।

यहाँ पहले नाम शब्दों को लेकर ही रूपतंत्र की समस्याओं पर विचार करेंगे। इस समस्या का विवेचन करते हुए यह बात ध्यान में रखना उचित है कि संस्कृत की तुलना में जैसा परिवर्तन आधुनिक आर्य भाषाओं में दिखाई देता है, वैसा परिवर्तन ग्रीक और लैटिन को देखते हुए यूरुप की भाषाओं में भी हुआ है, कहीं कम हुआ है, कहीं अधिक हुआ है। इसके सिवा भारत में अन्य भाषा-परिवारों की भाषाएं भी बोली जाती रही हैं, उनके रूपतंत्र को भी ध्यान में रखना चाहिए।

२. कारक-रचना

कारक संस्कृत में हैं, कारक हिन्दी में हैं। दोनों के व्यवहार में अन्तर यह है कि संस्कृत में एकवचन का कारक-चिन्ह द्विवचन और बहुवचन के कारक-चिन्ह से

भिन्न होता है। इसके सिवा पुंल्लिग, नपुंसकलिंग और स्त्रीलिंग के कारक-चिन्ह एक सीमा तक भिन्न होते हैं। इनमें पुंल्लिग और नपुंसकलिंग को लेकर इतना भेद नहीं है जितना स्त्रीलिंग तथा इन दोनों को लेकर है। कह सकते हैं कि संस्कृत नाम-शब्दों की रूप-रचना में कारक के साथ लिंग और वचन का बोध भी होता है। स्वभावत: यह प्रश्न सामने आता है कि कारक का प्रयोजन क्या है। क्या उसका प्रयोजन लिंग और वचन का निर्देश करना है? क्रिया से नाम शब्द का कैसा सम्बन्ध है, यह दिखाना कारक का उद्देश्य है। क्रिया में न तो लिंग का महत्व है, न वचन का। अत: कारक में भी लिंग-वचन का महत्व नहीं है। जैसे अधिकरण कारक का उद्देश्य यह बताना है कि क्रिया के सम्पन्न होने का क्षेत्र कौन सा है; अधिकरण कारक का चिन्ह क्रियापद के प्रभावी क्षेत्र को सूचित करेगा, नाम शब्द की क्षेत्रीयता सूचित करेगा, उस क्षेत्रीयता के एक या अनेक होने का प्रश्न नहीं है। **पेड़ पर** और **पेड़ों पर** इन दो पदों में **पर** क्षेत्रीयता का सूचक है, उसमें एकवचन या बहुवचन का भेद अनावश्यक है। **पेड़** और **पेड़ों** में वचन-भेद आवश्यक है पर यह वचन-भेद बताना कारक चिन्ह का कार्य नहीं है। संस्कृत में कारक-चिन्ह के साथ यदि मुख्यत: वचन बोध, और अंशत: लिंगबोध, होता है तो ऐसा बोध कराना कारक का मुख्य कार्य नहीं है।

नाम शब्द के साथ कारक-चिन्ह किस तरह जोड़ा जाता है, यह विन्यास (वाक्यतंत्र) का विषय है। वाक्य-विन्यास से अलग, चाहें तो, इसे रूप-विन्यास कह सकते हैं। कारक का अस्तित्व क्रिया के संदर्भ में ही सार्थक है, क्रिया के साथ कारक का अस्तित्व वाक्य में ही संभव है। अत: रूप-विन्यास (रूपतंत्र) वाक्य-विन्यास (वाक्य-तंत्र) से अलग करके नहीं देखा जा सकता; रूपतंत्र वाक्यतंत्र के अन्तर्गत है, उसी तंत्र का एक अंश है। वाक्यतंत्र में ध्यान देने की एक बात शब्दों का क्रम होता है। कारक-चिन्ह नाम शब्द के पहले आता है या उसके पीछे, यह विन्यास का विषय है। संस्कृत में कारक-चिन्ह सदा मूल नाम शब्द का अनुगामी होता है, उससे पहले कभी नहीं आता। यह कारक-चिन्ह चाहे लिंग-वचन-बोध के साथ जुड़ा हो, चाहे उससे मुक्त हो, उसकी स्थिति सदा मूल शब्द के पीछे है। जिन्हें लोग परसर्ग कहते हैं, वे भी मूल शब्द के पीछे ही रहते हैं, वाक्य में उसके आविर्भाव के पहले ही उसके आगे आकर खड़े नहीं हो जाते। संस्कृत, प्राकृत, अपभ्रंश, आधुनिक आर्य भाषाओं की यह सामान्य प्रवृत्ति है कि कारक चिन्ह—वह किसी भी कोटि का हो, घिसा, बेघिसा, स्वतंत्र, परतंत्र, पूर्ण शब्द या शब्द-कण, प्रत्यय या परसर्ग—वह सदा मूल शब्द के पीछे रहता है। आर्य भाषा-परिवार ही नहीं, कोल, द्रविड़ और नाग परिवारों की भाषाएँ भी इसी प्रवृत्ति के अनुरूप आचरण करती हैं। केवल कम्बोज समुदाय की भाषाएँ इसका अपवाद हैं। यूरुप की संश्लिष्ट भाषाएँ, संस्कृत के समान, कारक-चिन्ह मूल शब्द के पीछे जोड़ती हैं, किन्तु जो सम्बन्ध सूचक शब्द अपेक्षाकृत स्वतंत्र हैं, वे मूल शब्द से पहले आते हैं। इसीलिए उन्हें 'प्रिपोजीशन' (अग्र संबंधक) कहा जाता है। 'प्रिपोज़ीशन' यूरुप की आधुनिक भाषाओं में ही नहीं हैं, इंडोयूरोपियन परिवार की ग्रीक और लैटिन जैसी प्राचीन भाषाओं में भी

हैं। इंडोयूरोपियन परिवार की इन भाषाओं के अलावा सामी भाषाओं में भी 'प्रिपोज़ीशन' होते हैं। इंडोयूरोपियन भाषाओं की तरह सामी भाषाओं में जहाँ विश्लिष्ट रूप हैं, वहाँ कारक-चिन्ह, संस्कृत-पद्धति के अनुरूप, मूल शब्द के पीछे जोड़ा जाता है। यूरुप की भाषाओं तथा सामी और कम्बोज समुदाय की भाषाओं में 'प्रिपोज़ीशनों' के व्यवहार को लेकर बहुत बड़ी समानता है। अन्तर यह है कि कम्बोज समुदाय की भाषाएँ मूल शब्द के बाद कारक-चिन्ह नहीं जोड़तीं। उनकी पद्धति, संस्कृत के समान सुसंगत है; संस्कृत में कारक-चिन्ह मूल शब्द के पीछे, इनमें मूल शब्द के आगे। ग्रीक, लैटिन, हीब्रू, अरबी समेत सामी और भारत से बाहर की इंडोयूरोपियन भाषाओं में रूप-विन्यास की दो विरोधी प्रवृत्तियाँ देखी जाती हैं, एक भारतीय आर्य पद्धति, दूसरी कम्बोज पद्धति। 'प्रिपोज़ीशनों' का व्यवहार वहाँ या तो स्वतंत्र विकास का परिणाम है या कम्बोज पद्धति के प्रभाव का फल है। भारत के उत्तराखंड में सामी, आर्य, कम्बोज भाषाएँ बोलने वाले कभी पड़ोसी थे, यह स्मरणीय है।

कारक का मूल प्रयोजन क्या है और रूप-विन्यास की किस पद्धति से कारक रचना होती है, ये दोनों बातें भारतीय भाषाओं के विकास को समझने में सहायता देती हैं। संस्कृत और आधुनिक आर्य भाषाओं में कारक-रचना-पद्धति और कारक के प्रयोजन को लेकर कोई मौलिक भेद नहीं है। जहाँ तक 'प्रिपोज़ीशनों' का सम्बन्ध है, इनका प्रयोजन भी वही है जो भारतीय भाषाओं में पश्चगामी सम्बन्धकों—'पोस्ट पोज़ीशनों'—का है। इसी कारण कारक विधि से किसी भी भाषा का विवेचन किया जा सकता है, वह संश्लिष्ट हो चाहे विश्लिष्ट। किन्तु रूप-विन्यास की दृष्टि से भारत और यूरुप की भाषाओं में भेद है। भारतीय भाषाओं में विन्यास की एक ही पद्धति है। यह बात हिन्दी ही नहीं, संस्कृत का विकास समझने में सहायक होती है; संस्कृत की तरह ग्रीक, लैटिन, हीब्रू, अरबी आदि में जहाँ संश्लिष्ट रूपों का चलन है, जहाँ कारक-चिन्ह मूल शब्द के बाद जुड़कर संश्लिष्ट रूप बनाता है, वहाँ भी इस विकास को समझने में सहायता मिलती है।

मूल समस्या यह है: संस्कृत के कारक-चिन्ह कभी स्वतंत्र शब्द थे या नहीं। यदि ये स्वतंत्र शब्द थे तो कारक-चिन्हों के निर्माण की प्रक्रिया समझ में आ जाती है। कारक-चिन्ह स्वतंत्र शब्दों के अवशेष हैं; जिनकी कभी स्वतंत्र सत्ता थी, वे अब चिन्ह मात्र रह गए हैं। स्वतंत्र शब्द थे, तब भी मूल शब्द के पीछे चलते थे; जब चिन्ह रह गए, तब भी मूल शब्द के अनुगामी रहे। स्वतंत्र शब्द की अपेक्षा उसका चिन्ह मूल शब्द से संयुक्त हो गया। इस प्रकार संश्लिष्ट रूप का जन्म हुआ। संश्लिष्ट और विश्लिष्ट, ये शब्द सापेक्ष हैं; इनमें कोई निरपेक्ष भेद नहीं है। कारक-चिन्हों के विकास के बारे में आचार्य किशोरीदास वाजपेयी ने **हिन्दी शब्दानुशासन** में लिखा है: "कहते हैं—ये 'को' 'ने' आदि विभक्तियाँ नहीं, 'परसर्ग' हैं; क्योंकि किन्हीं शब्दों के ये घिसे हुए रूप हैं—मूलतः विभक्ति नहीं। परन्तु संस्कृत की विभक्तियाँ भी किन्हीं शब्दों के घिसे हुए रूप कही जा सकती हैं न?" (पृष्ठ १७१)। विभक्तियाँ शब्दों के घिसे हुए रूप हों तो

हिन्दी कारक-रचना और संस्कृत कारक-रचना में मौलिक अन्तर न होगा। हिन्दी और संस्कृत में बहुत बड़ा भेद वचन और विभक्ति को लेकर दिखाई देता है। ऐसा लगता है कि हिन्दी में विभक्तियाँ बदलती नहीं हैं, संस्कृत में बदलती हैं। इस संदर्भ में वाजपेयीजी की यह स्थापना अत्यन्त सारगर्भित है: "विभक्ति का रूप बदलता नहीं है। हिंदी की **ने को में से** आदि विभक्तियाँ सदा एक रूप रहती हैं।" (**हिन्दी शब्दानुशासन**, पृष्ठ १२८)। क्रिया का सारतत्व जैसे लिंग-वचन-भेद से मुक्त है, वैसे ही क्रिया के साथ कारक का सीधा सम्बन्ध होने से वह भी लिंग-वचन-भेद से मुक्त होगा। "शुद्ध क्रिया में लिंग, वचन आदि कुछ है ही नहीं!" (उप० पृष्ठ १३८)। और भी—"क्रिया के साथ जिसका सीधा सम्बन्ध हो, उसे 'कारक' कहते हैं—'क्रियान्वयित्वं कारकत्वम्'।" (उप० पृष्ठ १३६)। वैदिक भाषा सुदीर्घ विकास का परिणाम है। वैदिक काल में बालकेभिः, रामेभिः जैसे रूप प्रचलित थे जो आगे चलकर बालकैः, रामैः रह गए; प्राकृत में रामेहिं जैसे रूप मिलते हैं। यह हिं अवधी, ब्रजभाषा आदि में अवतरित हुआ। अतः शोधकर्ता को यह बात सदा ध्यान में रखनी चाहिए कि "हिन्दी में 'मूल भाषा' के (तथा वैदिक संस्कृत के) और भी कितने ही अवशेष विद्यमान हैं।" (उप० पृष्ठ १३५)।

वाजपेयी जी ने मूल भाषा तथा वैदिक संस्कृत की चर्चा की है। वैदिक संस्कृत एक मात्र मूल भाषा नहीं है। वैदिक भाषा के समानान्तर कौन सी भाषाएँ बोली जाती थीं, उनका कुछ ज्ञान तुलनात्मक भाषा-विज्ञान से हो सकता है। इस पुस्तक में मध्यदेश की आर्य भाषा अथवा आर्य गणभाषाओं के बारे में जो कुछ कहा गया है, वह **हिन्दी शब्दानुशासन** के इस मूल भाषा वाले सूत्र का विस्तार है।

कौन से शब्द घिस कर विभक्तियाँ बने, यह जानने के लिए मूल भाषा वाले सूत्र का सहारा लेते हुए अनघिसे रूपों की खोज करना चाहिए। कारक-रचना-प्रक्रिया के सिलसिले में ब्रुगमन ने अपने तुलनात्मक व्याकरण में कुछ दिलचस्प बातें कही हैं। उन्होंने कल्पना की है कि आदि इंडोयूरोपियन भाषा **एकुओस्, एकुओम्** (अर्थात् **अश्वः, अश्वम्**) एक शब्द नहीं समास थे, 'फ्रेज़' थे (शब्दबंध थे)। फिर कहते हैं, प्रत्येक शब्द का अन्तिम अंश विभक्ति-चिन्ह बनने से पहले क्या था, इसका पता लगाना व्युत्पत्तिशास्त्रीय खोज से संभव नहीं है। कर्म कारक के एकवचन में जो **म्** लगता है, वह कर्ता के लिए भी प्रयुक्त होता है। इसलिए इस **म्** से कर्मकारक का अर्थ पहले निकलता होगा, यह संभव प्रतीत नहीं होता। विभक्तियाँ पहले स्वतंत्र शब्द थीं, इस बारे में उन्होंने लिखा है: "विभिन्न भाषाओं में विशेषक शब्द (पोस्टपोजीशन आदि) पूर्ण विरचित कारकों से बहुधा ऐसे सम्बद्ध हो गये थे कि वे कारक चिन्हों में विलीन हो गए थे।" (ब्रुगमन: **ए कम्पॅरेटिव ग्रामर आफ द इंडोजर्मेनिक लैंग्वेजेज**; खंड ३; पृष्ठ ६२)। यहाँ कारक-चिन्ह बन जाने के बाद भी उनमें सम्बन्धक शब्दों के विलीन होने की बात कही गई है। अतः कारक-रचना से पहले सम्बन्धक शब्द मूल शब्द से जुड़ता रहा हो तो इसमें आश्चर्य की बात न होगी।

रामात्, तस्मात् के **आत्** अथवा **अत्** पर विचार करें। अपादान कारक के एक-

वचन रूप में एक वर्ग के पुंल्लिग शब्दों के साथ इसका प्रयोग होता था। रूसी भाषा में **अत्** अथवा **ऑत्** का स्वतंत्र प्रयोग होता है। किसी स्थान से गति आरम्भ हो तो उसकी ओर संकेत करने के लिए इसका प्रयोग होता है। **मुइ एखालि अत् वक् ज़ाल न अव्तोमोबीले** (हम स्टेशन से मोटर गाड़ी में आये।) यहाँ चलने का काम स्टेशन से आरम्भ होता है। स्टेशन (**वक्ज़ाल**) से पहले इस सम्बन्धक शब्द अत् का प्रयोग हुआ है। ठीक इसी प्रकार संस्कृत में इसका प्रयोग होता है; संस्कृत में मूल शब्द से सम्बद्ध होकर उसने संश्लिष्ट रूप को जन्म दिया है, रूसी में वह विश्लिष्ट और स्वतंत्र है। किंतु रूसी में जिस शब्द के पहले वह आया है, वह शब्द स्वयं कारक के बंधन में है। **वक्ज़ाल** सम्बन्ध कारक का एकवचन रूप है। अर्थ की दृष्टि से **अत्** अपादान कारक का कार्य कर रहा है किन्तु रूप-रचना के विचार से वह सम्बन्धकारक से जोड़ा गया है। रूसी तथा अन्य इंडोयूरोपियन भाषाओं में कारक-रचना बार बार, इस प्रकार, अर्थ के दायरे से मुक्त हो जाती है। इसका कारण यह है कि एक सम्बन्धक शब्द सीमित अर्थवृत्त में बन्द नहीं रहता। विभिन्न शब्दों के साथ जुड़कर वह नये अर्थ देता है, नये मुहावरों की रचना करता है। कारक-व्यवस्था बाद की है, सम्बन्धक शब्दों की बहुविध भूमिका पहले की है। यही कारण है कि संस्कृत में एक कारक अपनी मुख्य भूमिका छोड़कर दूसरे कारकों के काम करता दिखाई देता है। अपभ्रंश में तो कारक-सम्बन्धी अव्यवस्था की बात कही जाती है किन्तु संस्कृत में किसी कारक का एक ही कार्य अटल नहीं है, यह न भूलना चाहिए।

अपभ्रंश में अपादान कारक का एक चिन्ह **अदु** है (देखें तागरे : **हिस्टौरीकल ग्रामर आफ अपभ्रंश**; पृष्ठ १२८)। तागरे ने इस पर शूरसेनी प्राकृत का प्रभाव माना है। अर्धमागधी में **आदु**, **आदो** रूप होते हैं। मागधी में **आदो**, पैशाची में **आतो**, **आतु** रूप हैं। (उप० पृष्ठ १२६)। पैशाची उत्तरी सीमान्त की प्राकृत मानी गई है। सघोष ध्वनि **द्** वहाँ अघोष हो गई है। महाराष्ट्री प्राकृत में इसके समानान्तर **आहि**, **आउ**, **आओ** रूप हैं। अपभ्रंश में, और उससे पहले प्राकृत में भी, ऐसे रूप हैं जो सीधे संस्कृत की छाया नहीं हैं। इनमें **आदु**, **आहु** या **आहि** जैसे रूप हैं। ये स्वतंत्र शब्द नहीं हैं, विभक्तियाँ हैं। संस्कृत **आत्** से इनका सम्बन्ध स्पष्ट दिखाई देता है, दोनों एक ही कारक की भूमिका निबाहते हैं। संस्कृत में, संभवतः बलाघात् की आवश्यकता के कारण, विभक्ति का अन्तिम अंश हलन्त है। **आदु** रूप उकारान्त है, और अनेक उकारान्त नाम शब्दों के समान, वह पूर्व जन्म के अपने स्वतंत्र अस्तित्व की घोषणा करता है। उसके समानान्तर जो **ह्** वाला रूप है, वह या तो इस **आदु** से बिल्कुल भिन्न है या फिर ये दोनों रूप किसी तीसरे मूल रूप का विकास हैं। **द्** ध्वनि **ह्** में कठिनाई से बदलती है। जैसे **हस्त** और **दस्त** का एक पूर्वरूप **धस्त** कभी प्रयुक्त होता था, वैसे ही यहाँ **द्** और **ह्** का पूर्वरूप **ध्** था। **ध्** या **द्** देश काल वाचक ध्वनि-संकेत है; उसके पहले **इ** निर्देशक सर्वनाम जुड़ता है, तब **इध**, **इदम्** जैसा रूप बनता है। **इ** सर्वनाम उस पदार्थ की ओर संकेत करता है जो वक्ता के निकट है। यह पदार्थ देश और काल हो सकता है। **इध-इद** अर्थात् यहाँ, अब; वह पदार्थ व्यक्ति हो सकता है तब **इध-इद** अर्थात् यह। इस

प्रकार इ सर्वनाम से बना हुआ शब्द विशेषक है जो पुनः सर्वनाम बन जाता है। जो पदार्थ दूर है, उसके लिए अ सर्वनाम का प्रयोग होगा, तब अदु जैसा रूप बनेगा। तमिल में अदु नपुंसकलिंग का निर्देशक सर्वनाम अब भी है।

आर्य-द्रविड़ भाषाओं में निर्देशक सर्वनामों, सम्बन्धक शब्दों और अनेक विशेषकों की रचना-प्रक्रिया एक ही है! जो संबन्धक शब्द है, वह मूलतः विशेषक है। देश-काल सूचक त या द के पहले कोई सर्वनाम-मूल जुड़ जाता है। संस्कृत का अत् सर्वनाम है, विशेषक है; जो रचना-प्रक्रिया इदम् की है, वही इदानीम्, इह, इतः आदि की है। द् और त् शब्द की मूल ध्वनियाँ नहीं हैं; अध, अधु, अधि, बहुधा, मगध जैसे रूपों में देश-काल-सूचक ध् ध्वनि दिखाई देगी। रूसी में अत् के अलावा एक रूप है इज्। इसका कार्य वही है जो अत् का है। मुइ एदेम् इज् गोरोद (हम शहर से आ रहे हैं)। जिस स्थान से गति आरम्भ हुई है, उसके साथ सम्बन्धक इज् का प्रयोग हुआ है। कार्य अपादान का है पर गोरोद सम्बन्ध कारक का रूप है। यदि अत् और इज् का कोई सम्बन्ध है, तो वह अध्, इध् रूप से स्पष्ट हो जाता है। त् द् वाले भारतीय आर्य शब्दों के रूसी प्रतिरूपों में ज् न दिखाई देगा; ध् या घ् वाले शब्दों के प्रतिरूपों में वह इनका स्थान लेता है। रूसी इज् इध् जैसे रूप का विकास है। फ़ारसी में इसी के समान अज् है जिसका सीधा सम्बन्ध अध् से होना चाहिए।

अंग्रेजी में स्थान की ओर निर्देश करने वाला एक सम्बन्धक शब्द ऐट् है। इसे अत् का प्रतिरूप मानना चाहिए। रूसी में जिस स्थान तक गति पूरी हो, उसके साथ व या वॉ शब्द का व्यवहार होता है; अंग्रेजी का सम्बन्धक टु इसी का प्रतिरूप है। रूसी वॉ और अंग्रेजी टु का सम्बन्ध अदु के दु से हो सकता है। या तो यह दु, निर्देशक सर्वनाम के बिना, सम्बन्धक-रूप में प्रयुक्त होता था, या फिर अ का लोप हो गया।

संस्कृत में एक उपसर्ग अधि है। उपसर्ग के अलावा यह स्वतंत्र सम्बन्धक और विशेषक भी है। इसका अर्थ ऊपर, ऊपर से, आदि है। इसका व्यवहार अपादान, अधिकरण और कर्म तीनों कारकों में (मोनियर-विलियम्स के अनुसार) होता था। (अधिकरण में यही अधि है)। यह स्वतंत्र सम्बन्धक था, इसलिए विभिन्न कारकों के साथ प्रयुक्त होता था। ये कारक, रूप-रचना के विचार से, अलग अलग थे;. इन अलग कारकों के साथ प्रयुक्त होने से अधि के मूल अर्थ में कोई अन्तर नहीं आया। अपादान कारक के अत् से ऊपर जिस अध् का सम्बन्ध जोड़ा गया है, वह इसी अधि के गोत्र का है। यहाँ सुपरिचित अथ शब्द का उल्लेख भी करना चाहिए। कोई प्रसंग आरम्भ करने से पहले अथ लिखने की पद्धति रही है। इसका मूल अर्थ काल-सूचक अब है। अथ का एक प्रतिरूप अध, अधा भी है। ध का व्यवहार देशकाल दोनों की ओर संकेत करने के लिए होता है। अध, काल के अलावा, स्थान की ओर भी संकेत करता था जैसें कि अधः (नीचे की ओर) से प्रकट है। यह अध संस्कृत के अपादान कारक-चिन्ह अत् का पूर्व-रूप है।

अधि का एक संस्कृत प्रतिरूप अभि है। यह भी उपसर्ग है, स्वतंत्र विशेषक और

सम्बन्धक भी है। किसी पदार्थ की ओर गति हो तो वहाँ **अभि** का प्रयोग होता है। इसका अर्थ ऊपर और सामने है। **अधि** और **अभि** दोनों गति की दशा का संकेत करने के लिए प्रयुक्त होते थे। जैसे **जब** और **तब** के हिन्दी प्रतिरूप **जद** और **तद** हैं, वैसे ही **अभि अधि** का ही प्रतिरूप है। संस्कृत में नाम शब्दों की रूप रचना में **भि**, **अभि**, **भिस्**, **भ्यस्**, **भ्याम्** आदि के दर्शन खूब होते हैं। एकवचन में **अभि** या उससे मिलता जुलता रूप दिखाई नहीं देता, वह द्विवचन और बहुवचन रूपों में ही काम आता है।

वास्तव में **अभि** और **भि** का संबन्ध किसी वचन विशेष से नहीं था। **अभि** एक स्वतंत्र विशेषक था जो किसी स्थान या देश की ओर संकेत करता था। **भि** उसी का संक्षिप्त रूप है। ग्रीक भाषा में उसका प्रतिरूप **फि** एकवचन और बहु वचन, दोनों तरह के रूपों में प्रयुक्त होता था। ये संबन्धक शब्द स्वतंत्र थे, अत: वचन भेद से मुक्त होने के अलावा वे किसी कारक विशेष के बन्धन से भी मुक्त थे। ग्रीक भाषा में **फि** अधिकरण कारक का अर्थ देता था, साथ ही करण और अपादान कारकों का अर्थ भी देता था। इस प्रकार **अभि** या **भि** की स्वतंत्र विशेषक-सत्ता के बारे में सन्देह नहीं रह जाता।

अधि के साथी **अध** के समान **अभि** का साथी **अभ** भी था। **अभ** का लैटिन प्रतिरूप **अब्** है जो उपसर्ग और स्वतंत्र संबन्धक दोनों की भूमिका निबाहता है। संस्कृत में **अध:** के समान अभ: जैसा रूप नहीं है किन्तु हिन्दी **अब** उसके पूर्व अस्तित्व का प्रमाण है। हिन्दी **अब** के अलावा संस्कृत उपसर्ग **अप** उसी **अभ** का विकास है। लैटिन में **अब्** का व्यवहार अपादान कारक के साथ होता है। जिस देश और काल में क्रिया आरंभ होती है, उसकी ओर लैटिन संबन्धक **अब्** संकेत करता है। स्थान, काल आदि से दूर हटने की व्यंजना संस्कृत उपसर्ग **अप** की है। क्रिया की गति जिस ओर को हो, उसकी व्यंजना **उप** से होती है। समीपता का भाव, ऊपर या नीचे का भाव इससे व्यक्त होता है। उपसर्ग का कार्य वही है जो विशेषक का है। उपसर्गों की रचना और विशेषकों की रचना—एक ही बात है; दोनों में पहला तत्व सर्वनाम होता है। विशेषक—अंग्रेजी के देश-काल सूचक 'ऐड्वर्ब', संबन्धक—अंग्रेज़ी के 'प्रिपोज़ीशन' और 'पोस्टपोज़ीशन', निर्देशक सर्वनाम—अंग्रेज़ी के 'डिमौन्स्ट्रेटिव प्रोनाउन', इन सबकी रचना-पद्धति एक ही है। यही कारक-चिन्ह बनते हैं।

बांगरू के **इंघे**, अवधी के **इंघे**, तमिल के **इंगे** (यहां, इधर) रूप देखकर हम कल्पना करते हैं कि **अध** और **अभ** के समान **अघ**, **इघ** जैसे रूप भी प्रचलित थे। कन्नड़ में **आग** और **अक्क** शब्द ऐसे काल की सूचना देते हैं जो वक्ता से दूर है। तमिल में इनका प्रतिरूप **अंगे** है। लैटिन में **अक्** उपसर्ग समीपता का बोध कराता है। प्राकृतों में **हके**, **हग्गें**, **हक्के**, **हगे** अन्य पुरुष सर्वनाम के एकवचन रूप हैं; वे कन्नड़ के **आके** सर्वनाम की याद दिलाते हैं जो दूरस्थ व्यक्ति के लिए प्रयुक्त होता है। प्राकृत रूपों का ऐतिहासिक महत्व यह है कि उनमें **ह्** ध्वनि सुरक्षित है। **हके** का पूर्व रूप **सके** होगा; उधर **इंघे, इंघे** बता रहे हैं कि **क्** का पूर्व रूप **घ्** था। इस प्रकार लैटिन **अक्** का मूल रूप **सघ** हुआ, कन्नड़ **आग** का मूल रूप **साघ** हुआ। लैटिन **अक्** में आदिस्थानीय **ह्** लुप्त हो

गया है, पर समीपवर्ती व्यक्ति और देश-काल की सूचना देनेवाले लैटिन के **हिक्**, **हृप्रेक्**, **होक्** सर्वनामों में वह विद्यमान है।

३. सर्वनाम और कारक-चिन्ह

संस्कृत में निर्देशक सर्वनामों, सम्बन्धकों, देशकाल-सूचक विशेषकों की रचना प्रक्रिया ही मिलती जुलती नहीं है, बहुधा उनका आधार भी एक ही होता है। **क्**, **त्**, **प्**, **म्**, **न्**, **य्**, **स्** **अ**, **इ**, उ आदि ध्वनियाँ उक्त कोटि के शब्दों के निर्माण में प्रयुक्त होती हैं। विभक्तियों से इनका सम्बन्ध पहचानने पर संस्कृत शब्दों की रूप रचना अधिक स्पष्ट होती है, आर्य भाषाओं का विकास भी समझ में आने लगता है।

सबसे पहले **क** सर्वनाम लेते हैं। संस्कृत **कः** के अतिरिक्त भोजपुरी-अवधी **के**, **का** आदि रूपों में यह सर्वनाम अब भी प्रयुक्त होता है। इस श्रृंखला के सभी सर्वनाम विभिन्न स्वरों के साथ प्रयुक्त होते हैं और इससे उनमें अर्थभेद भी उत्पन्न होता है जैसे संस्कृत **कः** व्यक्तिवाचक है और **किम्** वस्तुवाचक है अथवा उसकी व्यंजना हिन्दी **क्यों** से मिलती जुलती है। यह **क** सर्वनाम मूलतः प्रश्नवाचक न था। हिन्दी के **कुछ** और **कोई** इसी श्रृंखला में हैं पर इन शब्दों में प्रश्न का भाव नहीं है। **कु** उपसर्ग हीनता के अर्थ से सम्बद्ध हो गया। यह उसका मूल अर्थ न रहा होगा।

उक्त सभी सर्वनामों में देश-काल-व्यक्ति- सूचक **ध** जोड़ा जाता है। हिन्दी शब्द **किधर** और संस्कृत **कदा** मूलरूप **कध** या **किध** के आधार पर बने हैं। यह **ध** जब अल्पप्राण होता है तब **कद** रूप मिलता है जो संस्कृत में, **कु** के समान, हीनता का भाव व्यक्त करता है जैसे **कदर्थ**। जब **ध** स्पर्श गुण खोकर **ह** में परिवर्तित होता है तब **कह** या **कहँ** रूप मिलते हैं जो पुरानी अवधी में कर्म या सम्प्रदान की विभक्ति का काम देते हैं। **का**, **के**, **को** इसी **कह** का विकास हैं। भिन्न जनपदों में **ह्** ध्वनि पूर्ववर्ती स्वर को एकार, इकार, ओकार, उकार रूप में बदलती है। अन्य सर्वनामों की रचना प्रक्रिया पर ध्यान देने से ऐसा लगता है कि सर्वनाम-मूल **क** में **ध** जोड़ा गया है और तभी **का के को** आदि का विकास हुआ है। अवधी में **का कहत है**—इस वाक्य में **का** परिनिष्ठित हिन्दी के **क्या** का अर्थ देता है। **वहि का बोलाव्**—इस वाक्य में **का** परिनिष्ठित हिन्दी के **को** की जगह है। उसको बुलाओ, यह भाव है। **कहिका लरिका आय**—अर्थात किसका लड़का है। यहाँ **का** सम्बन्ध सूचक विभक्ति है। कुछ लोग **कह** के विकास की कल्पना **कर** के आधार पर करते हैं। **कर** से **का** का विकास हो सकता है पर अन्य सर्वनामों में हम देखेंगे कि ऐसी कल्पना अनावश्यक है। स्वयं **कर** उसी **कध** के आधार पर बना है। **ध** के अल्पप्राण होने पर **कद** रूप मिला और **द** पुनः **र** में परिवर्तित हुआ। इस प्रकार **कध** के आधार पर विकसित **कर** रूप का करना क्रिया से कोई सम्बन्ध नहीं है। **कार्य** का अपभ्रंश रूप **कर** हो, यह भी निराधार कल्पना है। **क** सर्वनाम बहुत पुराना है, इसमें तो किसी को कोई सन्देह नहीं। बहुत से बहुत उसे प्रश्नवाचक मानकर उसके अर्थ को सीमित किया जा सकता है। यह **क** सम्बन्धक भी है और काफी पुराना है, इसका प्रमाण यह है कि रूसी भाषा में

यह समीपता सूचक सम्बन्धक है और सम्प्रदान कारक के साथ इसका व्यवहार होता है। मैं अध्यापक के पास जाता हूँ, यहाँ 'के पास' के लिए रूसी में **क** सम्बन्धक प्रयुक्त होगा। **क उचीतेल निस्से** अर्थात् अध्यापक के पास। इसी प्रकार शाम तक मैं आऊँगा, यहाँ **क वेचेर** कहकर **क** द्वारा समीपता का भाव व्यक्त किया गया। रूसी क स्वतन्त्र सम्बन्धक या सर्वनाम हो सकता है, कध का विकास भी हो सकता है। इतना निश्चित है कि **कर** या **कार्य** के आधार पर उसकी व्याख्या नहीं की जा सकती। रूसी **क** अवधी **कहँ** से मिलता जुलता है और संभव है, वह **कध्-कह-क** की विकास-प्रक्रिया से प्राचीन **कध** का अवशेष हो। अवधी के **कर, को** आदि 'परसर्गों' की रचना प्रक्रिया वही है जो संस्कृत **अभि, अधि** की है। **क** सर्वनाम से बने 'परसर्ग' संस्कृत में न मिलें तो इससे यह सिद्ध नहीं होता कि पहले उनका व्यवहार न होता था।

त सर्वनाम मूल में **ध** जोड़कर **तध** रूप बना। **ध** के अल्पप्राण होने पर **तद** और उससे, अन्त्य स्वर के लोप के बाद, **तद्** रूप निश्चित हुआ। यह संस्कृत का सुपरिचित सर्वनाम है। **तद्** रूप नपुंसक लिंग में रखा गया। पुंल्लिग रूप **सः** माना गया। **सः** से **तद्** का विकास संभव नहीं है। वास्तव में एक अन्य सर्वनाम **तद्** के साथ जोड़ दिया गया। दो भिन्न सर्वनाम एक ही शब्द की रूप रचना के अन्तर्गत स्वीकृत हुए। बहुवचन रूप **ते** सीधा **तध—तह** का विकास है जैसे कि **कध—कह** का विकास **के** है। संस्कृत में संज्ञा-सर्वनाम शब्दों के बाद **तः** लगाकर जो अपादान कारक जैसा दूर हटने का भाव व्यक्त किया जाता है, वह **तध** के आधार पर निश्चित हुआ है। अवधी आदि में ठीक इसी **तः** के अनुरूप जो **ते** का व्यवहार होता है, वह **तध—तह** का विकास है। **कहँ** के समान **तहँ** में अनुनासिकता वैसे ही है जैसे **को** के समानान्तर **कूँ** का व्यवहार ब्रजभाषा में होता है। **ते** के साथ **तें** का व्यवहार होता है। संस्कृत **तदा** और हिन्दी **तहाँ** में **त** सर्वनाम मूल है। संभव है कि तुलना करने के लिए संस्कृत में विशेषणों के साथ जो **तर** लगाया जाता है, वह **तद** का परिवर्तित रूप हो। यह **तर** विशेषण की विशेषता बताता है, अतः स्वयं विशेषक है। अन्य विशेषकों की तरह वह भी रचा गया होगा। हिंदी में वाक्य आरम्भ करते हुए जिस **तो** का बहुत प्रयोग होता है, वह भी **तध—तह** का विकास हो सकता है।

जैसे **कध—कद** से **कर** रूप प्राप्त होता है, वैसे ही **पध—पद** से **पर** रूप मिलता है। प्राचीन इंडोयूरोपियन भाषाओं का यह सुपरिचित सम्बन्धक है। **सु** या **उ** सर्वनाम जोड़कर **सुपर, उपरि** जैसे रूप बने। संस्कृत में **पद** का अर्थ स्थान भी है। जो **पद** बोला जाता है या गाया जाता है, वह इससे भिन्न शब्द है। जिस **पद** का सम्बन्ध चलने से है, वह शब्द भी अलग है। स्थान सूचक **पद** की रचना वैसे ही हुई है जैसे हिन्दी के काल सूचक **जद, तद** की। आधुनिक आर्य भाषाओं और यूरुप की भाषाओं में लैटिन **सुपर**, ग्रीक **हुपेर** आदि में—**पर** किसी वस्तु या स्थान की ओर संकेत करता है। रूसी भाषा में **पॉद्** नीचे का अर्थ देता है। दोनों शब्द एक ही हैं, रूसी शब्द **पध** के अधिक समीप है। ऊपर और नीचे का अर्थभेद बाद का है। **पर** में **ऊ** जोड़ने से दूर की चीज का

बोध हुआ, फिर **पर ऊपर** का पर्याय बन गया।

जैसे **को** का विकास **कर** से माना जा सकता है, वैसे ही **पो** का विकास **पर** से संभव है। **ह्** और **र्** दोनों अन्तस्थ ध्वनियाँ हैं, दोनों ही व्यंजन तत्व का लोप होने पर पूर्ववर्ती अकार को एकार-ओकार में परिवर्तित कर सकती हैं। दक्खिनी हिन्दी में **पर** की जगह **पो** का प्रयोग होता है, हिन्दी क्षेत्र की पछाहीं बोलियों में **पै** और **पे** का व्यवहार होता है। भारत में **पर** शब्द का चलन रहा है इसलिए **पो, पै** आदि को **पर** से जोड़ना स्वाभाविक है। किन्तु **पो** से मिलता-जुलता रूप **पाँ** रूसी में भी प्रयुक्त होता है। कोई आदमी काम पर है। रूसी में **पाँ रबोतँ** कहने से ठीक वही व्यंजना होगी जो हिन्दी में 'काम पर' कहने से होती है। आसमान में बादल छाये हैं। रूसी कहते हैं **पाँ नेबू**, नभ पर। इसी प्रकार गली में **पाँ ऊलित्सँ**। सम्बन्धक **क** के समान **पाँ** का व्यवहार भी सम्प्रदान कारक के साथ होता है। **क** के समान **पाँ** भी समीपता सूचित करता है। इस **पाँ** का विकास **पर** से हुआ है, यह मानने का कोई कारण नहीं है। वह रूसी **पॉद्** का जोड़ीदार है और दोनों का आधार **पध** है। रूसी भाषा में पाँ क्रियाओं के साथ प्रयुक्त होने वाला प्रत्यय भी है। पुरानी हिन्दी में समीपता सूचित करने के लिए **पहँ** शब्द का व्यवहार होता था। **कहँ** के समान **पहँ** का आधार पध है। **पध** के आधार पर **पह** रूप का व्यवहार प्राचीन काल में यहाँ होता था, यह मानना चाहिए। दक्खिनी हिन्दी का **पो** और पछाहीं हिन्दी का **पै** उसी **पह** के आधार पर विकसित हुए हैं, यह संभव है।

हिन्दी का **पर** अनेक अर्थों में प्रयुक्त होता है। संस्कृत में **पर, अपर** सर्वनाम हैं जो अन्य पुरुष की ओर संकेत करते हैं। हिन्दी में बोलचाल के स्तर पर सर्वनामवत् इसका प्रयोग नहीं होता किन्तु अवधी में **परार, परारि** (दूसरे का, दूसरे की) रूपों में सर्वनाम **पर** अभी बना हुआ है। सम्बन्धक रूप में तो इसका व्यवहार होता ही है; दो वाक्यों का अन्तर दिखाने के लिए भी इसका प्रयोग होता है। **मैंने उसे बुलाया पर वह आया नहीं**; 'परन्तु' के अर्थ में **पर** का प्रयोग होता है और स्वयं **परन्तु पर** के सहयोग से बना है। संस्कृत में **क** जैसे प्रश्नवाचक सर्वनाम बना, वैसे ही गोंडी जैसी द्रविड़ भाषा में **प** सर्वनाम—अपने सघोष ध्वनिरूप में—प्रश्नवाचक बना: **बद्, बउ** (कौन व्यक्ति) (**द्रविड़ व्युत्पत्ति कोश**, शब्द संख्या ४२२८)। **बद्** सीधा **पध** का रूपान्तर है।

म और **न** दो अन्य महत्वपूर्ण सर्वनाम हैं। **पध** के समान **मध** रूप निर्मित हुआ था। **मध्य** इसी का रूपान्तर है। मराठी **मधे** इसका प्रतिरूप है। यह रूप, सर्वनाम से भिन्न, देश-काल-सूचक विशेषक या सम्बन्धक का काम करता है। **मध** के समानान्तर **मिध** भी प्रचलित था, इसका प्रमाण अंग्रेजी का **मिड्** है जो इस भाषा में लैटिन **मेदिउस्** का विकास माना जाता है। लैटिन में इकारवाला रूप भी प्रचलित था, यह **दीमीदीउस्** जैसे शब्द से विदित होता है। इस शब्द का अर्थ है: मध्य से विभाजित। जर्मन समुदाय की भाषाओं में **मित्ति, मिट्टे** जैसे रूप प्रचलित थे। **मिद्** का **द्** जब **न्** में परिवर्तित हुआ तब **मिन्** रूप बना। संस्कृत के **तस्मिन्** का अर्थ होगा उसके भीतर।

संस्कृत में मूल सर्वनाम के बाद **म** का व्यवहार **तस्मिन्** के अलावा **तस्मै, तस्मात्** आदि में भी है। मानना चाहिए कि **मै, मात्, मिन्** आदि **म** सर्वनाम के रूप हैं और किसी समय उनका इतना अधिक प्रयोग होता था कि अन्य सर्वनामों के साथ उन्हें जोड़कर रूप रचना की जाने लगी।

कहँ और **पहँ** के समान पुरानी हिन्दी में **महँ** या **मह** का व्यवहार होता था। इसी मह के आधार पर आधुनिक हिन्दी के **में** रूप की रचना हुई है। **गली में, आकाश में**, अर्थात् गली के मध्य, आकाश के मध्य। जैसे **कह** से **का** रूप बना और सम्बन्ध कारक की व्यंजना के लिए उसका व्यवहार हुआ, वैसे ही **मा** या **म** का व्यवहार भी सम्बन्ध प्रदर्शित करने के लिए होता था। संस्कृत **मम** में पहला **म** उत्तम पुरुष सर्वनाम का एकवचन रूप है; दूसरा **म** सम्बन्धकारक का चिन्ह है। संस्कृत में अपादान कारक एकवचन मत्, सम्बन्धकारक एकवचन **मम** और सम्प्रदानकारक तथा सम्बन्धकारक एकवचन **मे** का आधार यही **म** है। उत्तम पुरुष **अस्** सर्वनाम अन्य स्रोत से आया है। संस्कृत में उत्तम पुरुष सर्वनाम के एकवचन रूप **मत्, मम, मे, मया** इसी **म** सर्वनाम के आधार पर बने हैं। यह बात कुछ आश्चर्यजनक लगेगी कि **म** सर्वनाम-मूल एक ओर अन्य पुरुष का निर्देश करता है, दूसरी ओर उत्तम पुरुष का भी। सर्वनामों की रचना ही इस तरह हुई है कि पहले उत्तम और अन्य पुरुषों का भेद नहीं था। **अस्मद्** के **अस्** पर ध्यान दें तो देखेंगे कि अन्य पुरुष **असौ** में यही उत्तम पुरुष का **अस्** विद्यमान है। **अस्मै, अस्मात्** आदि का सम्बन्ध **इदम्** से जोड़ा जाता है। वास्तव में ये **इदम्** से भिन्न **अस्** के आधार पर बने हुए रूप हैं। इससे मिलती जुलती स्थिति अन्य उत्तम पुरुष सर्वनामों के संदर्भ में दिखाई देगी। उत्तम पुरुष **मद्** से **मदीय** आदि रूप बने हैं; इसी **मद्** का प्रतिरूप फ़ारसी का **मन्** (उत्तम पुरुष, एकवचन) सर्वनाम है।

हिन्दी का उत्तम पुरुष एकवचन सर्वनाम **मैं** और अधिकरणकारक का सम्बन्धक **में** एक दूसरे से बहुत मिलते जुलते हैं। इसका कारण यह है कि दोनों का आधार **मध** है। जनपदीय प्रवृत्तियों के अनुरूप सर्वनाम और सम्बन्धक के उच्चारण में भिन्नता है। बुन्देलखंड और उससे आगे पश्चिम की ओर **मैं** सर्वनाम का उच्चारण **में** सुनाई देता है। अवधी तथा कुछ अन्य भाषाओं में परिनिष्ठित हिन्दी के सम्बन्धक **में** का उच्चारण **मां** होता है। **मध** के आधार पर बने **मां** और **में** दो जनपदीय रूप हैं।

म के समानान्तर दूसरा सर्वनाम **न** है। यह एक स्वतंत्र सर्वनाम था, इसका प्रमाण संस्कृत के दो शब्द **अक्तम्** और **नक्तम्** हैं। **अक्ता, अक्तु** शब्द रात्रि के लिए प्रयुक्त हुए हैं। स्पष्ट ही **नक्त** का सम्बन्ध इन शब्दों से है। या तो यह माना जाय कि **न्** का लोप हो गया और **अक्तु** रूप बच रहा या फिर यह कहा जाय कि अक्तु में **न्** जोड़ दिया गया और इसका कोई प्रयोजन नहीं था। आर्य भाषाओं के प्राचीन लुप्त रूप बहुधा आर्येतर भाषाओं में मिल जाते हैं। संथाली भाषा का बहुप्रयुक्त निर्देशक सर्वनाम

न, नँ है। यह निकटवर्ती वस्तु की ओर संकेत करता है। **नइँ, नँइँ** (यहाँ), इस **रूप में** **इ** पूर्व परिचित **ध** का रूपान्तर है। **नँतँ** (इस ओर), यहाँ **थ्** अघोष अल्पप्राण **रूप** में है। संथाली में **न** के समकक्ष **नि** वाले रूप भी हैं। अब अंग्रेजी के कालवाचक **नाउ** शब्द पर विचार करें। इसका सम्बन्ध पुरानी अंग्रेजी के **नु**, ग्रीक **नुन्**, लैटिन **नुन्क्** से जोड़ा जाता है। ग्रीक **नुन्** का वही अर्थ है जो अंग्रेजी **नाउ** (अब, अभी) का है। इसी **नुन्** के आधार पर लैटिन **नुन्क्** रूप बना है और उसका वही अर्थ है जो ग्रीक शब्द का है। इनके अतिरिक्त संस्कृत **नू** शब्द है और वह भी निकटवर्ती काल की सूचना देता है। संस्कृत में **नेद** जैसा शब्द कभी प्रचलित था; इसी से बने **नेदिष्ठ** (सर्वाधिक समीप), **नेदीयस्** (अधिक समीप)। सर्वनाम **ने** में **द** (मूल **रूप ध**) जोड़कर यह **शब्द** बनाया गया है। इसी **नेद** के आधार पर पंजाबी **नेड़े**, हिन्दी **नेरे**, अंग्रेजी **नियर** शब्द बने हैं और सभी समीपता सूचित करते हैं। फ़ारसी **नज़दीक** में शब्द **मूल नज़** का आधार प्राचीन रूप **नध** है। **उप** के साथ जैसे ऊपर का भाव जुड़ गया, वैसे ही **नीच** शब्द में निम्नता का भाव जुड़ गया, इस शब्द का आधार है **नीध**।

बहुत से संस्कृत शब्दों में **नि** उपसर्ग लगा रहता है। वह किसी वस्तु के मध्य, उसके पीछे या नीचे की ओर संकेत करता है। कहीं वह अभाव की व्यंजना करता है, कहीं वह अर्थ को घनत्व प्रदान करता दिखाई देता है यथा **सद्** माने बैठना और **निषद्** (जैसे उपनिषद् में), विशेष उद्देश्य से बैठना। अभाव सूचक शब्द बहुधा अर्थ को घनत्व भी प्रदान करते हैं। विष मृत्यु का कारण है और औषधि रूप में जीवनदायी भी हो सकता है। वही स्थिति भाव और अभाव दोनों की सूचना देने वाले **नि** की है जो मूलतः सर्वनाम है और उपसर्ग रूप में विशेषक का काम करता है।

संस्कृत में उत्तम पुरुष सर्वनाम के रूपों में **नो, नः** रूप भी हैं; एक से अधिक कारकों में द्विवचन, बहुवचन के लिए प्रयुक्त होते हैं। जैसे **म** के आधार पर बने **मे, मम** आदि रूप हैं, वैसे ही **न** के आधार पर बने **नो, नः** रूप हैं। जैसे **मम** रूप में दूसरा **म** सम्बन्धकारक का चिन्ह है, वैसे ही नदी**नाम्**, आत्म**नाम्**, रामा**णाम्** का **न** या **ण** सम्बन्धकारक का चिन्ह है। **ना, नो, नी** 'परसर्ग' सम्बन्धकारक का भाव बताने के लिए गुजराती में आज भी प्रयुक्त होते हैं। करणकारक में संस्कृत के **रामेण, ज्ञानेन, अमुना, वारिणा** आदि को इस **न** से जोड़ा जा सकता है। संस्कृत **केन** (बँगला **केनो**) के समानान्तर गुजराती **केम** है। यहाँ **म** और **न** की भूमिका एक सी है।

मध के आधार पर जैसे सम्बन्धक **में** का विकास हुआ है, वैसे ही **नध** के आधार पर कारक-चिन्ह **ने** का विकास हुआ। गुजराती, पंजाबी आदि में कर्म और परिनिष्ठित हिन्दी में कर्ताकारक के साथ इसका व्यवहार होता है। पंजाबी का कारक-चिन्ह **नु** भी इसी कुल का है।

रूसी भाषा में, संस्कृत के समान, उत्तम पुरुष सर्वनाम के रूप तो **न** के आधार पर बनते ही हैं, वहाँ सम्बन्धक **नाद्** (ऊपर) का व्यवहार भी होता है। संस्कृत में करणकारक के **न** के समान **नाद्** का व्यवहार भी रूसी में करणकारक के साथ

होता है। इसके अतिरिक्त गति की दिशा बताने के लिए स्वतंत्र सम्बन्धक रूप में भी **न** का व्यवहार होता है। और करणकारक के साथ होता है। संस्कृत करणकारक की **न** विभक्ति स्वतंत्र सम्बन्धक थी, इसका प्रमाण रूसी भाषा में **न** सम्बन्धक का व्यवहार है। यूरुप की अनेक भाषाओं के समान रूसी में भी यह पूर्वगामी है, मूल शब्द से पहले आता है, 'प्रिपोज़ीशन' है। संस्कृत में वह मूल शब्द का अनुगामी है और एक ही स्थिति में निरन्तर प्रयुक्त होने से स्वतंत्र न रहकर विभक्ति बन गया है। संस्कृत की संश्लिष्ट रूप रचना का विकास कैसे हुआ, उसका यह उदाहरण है।

संस्कृत का सर्वाधिक प्रयुक्त सर्वनाम **स** है। यहां दन्त्य **स्** है, तालव्य या मूर्धन्य नहीं, यह तथ्य मध्यदेशीय आर्य भाषा में इस सकार की भूमिका सिद्ध करता है। अन्य सर्वनामों की तरह **स** में **ध** जोड़कर **सध** रूप बना। सम्बन्धक **सह** इसका रूपान्तर है।

संस्कृत, रूसी आदि भाषाओं में जो **स** उपसर्ग प्रयुक्त होता है और किसी वस्तु के साथ होने का अर्थ देता है, वह **सह** का संक्षिप्त रूप है। हिन्दी में विभिन्न कारकों के लिए जिस **से** का व्यवहार होता है, वह **सध—सह** के आधार पर बना है। हिन्दी का अन्य पुरुष सर्वनाम **सो**, इसका बँगला प्रतिरूप **से** (या **शे**) उसी आधार पर बने हैं। हिन्दी में **तो** के समान वाक्य या वाक्यांश के आरम्भ में जिस **सो** का व्यवहार होता है, उसका आधार भी यही है। संस्कृत में जैसे **कद्** का व्यवहार निम्न भाव की व्यंजना के लिए हुआ, वैसे ही **सद्** का व्यवहार गरिमा दिखाने के लिए होने लगा। **कु** के समान, उसका विरोधी अर्थ देते हुए, **सु** को नई व्यंजना दी गई। वास्तव में **सु** सर्वनाम है और सम्बन्धक का कार्य भी करता है। लैटिन के **सुपर** में **पर** के पहले यही सर्वनाम **सु** है। संस्कृत में अधिकरणकारक के बहुवचन रूपों के लिए वह सुरक्षित सा हो गया। **सि** से भिन्न **सु** दूरस्थ वस्तु की सूचना देता था। क्रिया जहाँ सम्पन्न हो रही है, उस स्थान का निर्देश करने के लिए **सु** का प्रयोग होने लगा। **स-सि-सु ह-हि-हु** में परिवर्तित हुए और अनेक भाषाओं में इनका व्यवहार हुआ। फिर हकार का लोप हुआ और **अ-इ उ** सर्वनाम बच रहे जिनका अत्यन्त कुशल और संगत उपयोग तमिल तथा अन्य द्रविड़ भाषाओं में दिखाई देता है। उनकी चर्चा करने से पहले संस्कृत **सह** पर विचार कर लें।

संस्कृत में **न** के अलावा करणकारक के एकवचन में जिस **आ** विभक्ति का व्यवहार होता है, संभवत: उसका आधार सह है। वास्तव में **आ** विभक्ति पुरानी है और **न** विभक्ति अपेक्षाकृत पीछे की है। इसका एक प्रमाण यह भी है कि रूसी में **न** स्वतंत्र सम्बन्धक है, विभक्ति नहीं बन पाया किन्तु **आ**, संस्कृत के समान, वहाँ शब्दानुगामी विभक्ति है। ब्रुगमन ने इस बात का उल्लेख किया है कि **आ** वाले रूप वैदिक भाषा में अधिक हैं और **न** वाले रूप संस्कृत में। **आत्रा, मत्या, मरुता, वाचा** में यही **आ** विभक्ति है। इस **आ** का पूर्वरूप **सा** था जो कुछ प्राकृत भाषाओं में मिलता है। **मनसा** का अनुकरण करके प्राकृत में **कायसा** रूप का चलन हुआ हो, यह संभव है किन्तु पिशल ने **बलसा, पओगसा (प्रयोगसा), णियमसा (नियमसा), जोगसा (योगसा), भयसा**

आदि अनेक रूप दिये हैं, और यह विश्वास नहीं होता कि ये सभी भ्रामक अनुकरण का परिणाम हैं। इनमें **सा** विभक्ति का आधार **सह** है।

संस्कृत की विभक्तियाँ स्वतंत्र सम्बन्धक हैं और उनका एक से अधिक कारकों में प्रयोग होता था, इसके अनेक प्रमाण हैं। **न, ना** संस्कृत में करणकारक की विभक्ति है। संस्कृत **एन** के साथ वैदिक रूप **एना** भी था। **रामाणाम्** में वही **ना** विभक्ति सम्बन्ध-कारक के लिए प्रयुक्त हुई। **रामाणाम्** का **णा** वही विभक्ति है जो करणकारक **एना** में है, इसकी पुष्टि इस बात से होती है कि लिथुआनियन भाषा में **केनो** रूप करण का नहीं, सम्बन्धकारक का है। इसका उल्लेख ब्रुगमन ने किया है। **न** या **ना** में एकवचन या बहुवचन का भाव नहीं है। **न** का व्यवहार करणकारक के बहुवचन रूपों में भी होता था, यह प्राकृत भाषाओं के कुछ रूपों से स्पष्ट है।

भि विभक्ति का व्यवहार संस्कृत में करणकारक के बहुवचन रूप में होता है। अपभ्रंश के एकवचन रूपों में इसी करणकारक के अन्तर्गत जहाँ **हि** विभक्ति मिलती है, वहाँ उसका विकास **भि** से माना जा सकता है। तागरे ने **अप्पहि, बिसहि** आदि रूप करणकारक के एकवचन के अन्तर्गत दिए हैं। **भि** सम्बन्धक है, उसका वचन-बोध से सम्बन्ध नहीं है, इसलिए एकवचन में भी उसका व्यवहार होता रहा होगा। **भ्याम्** और **भिस्** के **स्** और **म्** का कोई सम्बन्ध बहुवचन या द्विवचन से नहीं है, इस धारणा की पुष्टि इस बात से होती है, कि अपभ्रंश में करणकारक के एकवचन में **एँहि** और **एहि** दोनों का व्यवहार होता था। इसी प्रकार संस्कृत में **रामाभ्याम्** तो होता है, **रामेणम्** नहीं होता किंतु अपभ्रंश में करणकारक के एकवचन रूप में **एण** के अलावा **एणं** विभक्ति भी लगाते थे।

सध और **सह** के समानान्तर एक दूसरा सर्वनाम **सम, सन** था। **सम, सिम** जैसे सर्वनाम वैदिक भाषा में प्रयुक्त होते थे। जैसे **मध-मद्-मन्** की विकास प्रक्रिया संपन्न हुई, वैसे ही **सध-सद-सन** की संपन्न हुई। **सन्मार्ग** का **सन् सद्** का रूपान्तर है, इस बारे में किसी को शंका नहीं है। जैसे **कद्** निम्न भाव सूचित करता है, वैसे ही **सद्** उसका विरोधी उच्च भाव। संस्कृत **सम** और **सम् सध** के आधार पर निर्मित **सन** और **सन्** का प्रतिरूप हैं (उनका आधार **सभ** हो, यह भी संभव है)। संस्कृत का **सम्** उपसर्ग किसी के साथ कार्य संपन्न करने का भाव व्यक्त करता है। ठीक यही भाव संबंधक **सह** का है। **सह** और **सम्** का उद्गम एक है या मिलता जुलता है, अर्थ साम्य होना ही चाहिए। अवधी **सन,** ब्रजभाषा **सौं** संस्कृत के **सह, सम्** के अर्थ से मिलता जुलता भाव व्यक्त करते हैं।

सम विशेषक भी है, समानता का भाव दिखाता है। अवधी के **अइसन, जइसन** में **सन** स्पष्ट यह समानता का भाव दिखाता है, वह **सम** का प्रतिरूप है। **अइसन—अइसें—ऐसे**, मानक हिन्दी के **ऐसे-जैसे** की यह विकास-प्रक्रिया है।

जैसे **स-सि-सु** सर्वनाम **ह-हि-हु** का मार्ग पार करके **अ-इ-उ** रूप में प्रयुक्त हुए, वैसे ही **सध-सह-सा-हा-आ** का मार्ग पार करके संस्कृत के करणकारक की **आ** विभक्ति बनी। स्वरों के ह्रस्वदीर्घ भेद, संवृत-विवृत भेद के अनुरूप **से-सो-सी-सू**

आदि और उनके रूपान्तर भी प्रचलित हुए।

संस्कृत में **अ-इ-उ** का प्रयोग स्वतंत्र सर्वनामों के रूप में होता दिखाई नहीं देता किन्तु देश काल व्यक्ति सूचक **घ-ध-भ** के साथ इनका व्यवहार होना रहा। **अध** निम्न स्थान सूचित करने के लिए प्रयुक्त हुआ। इसका मूल अर्थ है अपने से दूर वह स्थान या व्यक्ति। यही **अध** उत्तम पुरुष (एकवचन) सर्वनाम बना। पुरानी फ़ारसी का **अदम्** (**मैं**) इसका रूपान्तर है। **अद** अन्य पुरुष सूचक (एकवचन) सर्वनाम भी है। **असौ** का मूल आधार **अदस्** माना जाता है। **इदम्** के समान **अदम्** और **अदस्** का व्यवहार अन्य पुरुष के लिए अवश्य होता रहा होगा। **असौ** में सर्वनाम मूल **अस्** है। **अस्मै, अस्य** रूपों में **अस्** मूल शब्द है। **इध-इज-इस,** विकास की यह प्रक्रिया रही हैं। **मध-मज-मस** में यही प्रक्रिया है। संस्कृत **मध्य,** कश्मीरी **मज,** ग्रीक **मेसोस्**—तीनों का मूल रूप **मध**।

अद के समानान्तर **इद** का व्यवहार तमिल से लेकर लैटिन तक हुआ। इसका मूलाधार **इध** है, इसका प्रमाण संस्कृत **इह** है। **इह** अर्थात् यह समीपवर्ती स्थान। जैसे **अद** से **असौ** का **अस्** शब्दमूल बना, वैसे ही **इद** से **इस** रूप बनेगा। यदि **असौ** और **अस्मात्** रूप पुराने हैं तो **इस** शब्द मूल को पुराना मानना अनुचित नहीं है। **इद** का ही प्रतिरूप **इन** है जिसका व्यवहार अब बहुवचन के लिए होता है। **इदम्** शब्द के रूप **इमे, इमाः** आदि स्वीकृत हैं। **इने, इनाः** जैसे रूप भी होते होंगे। जो लोग **इस साल** की जगह **इम् साल** कहते हैं, वे **इम्** का व्यवहार एकवचन में करते हैं और यह बहुत पुराना **इम्** है। वह फ़ारसी के **इम्रोज** में विद्यमान है। **इम्रोज** का तमिल प्रतिरूप **इन्रु** है। **रोज** का प्रतिरूप **रु** और **इम्** का प्रतिरूप **इन्**। **इन्रु** अर्थात् यह दिन, आज। (**आज** के पूर्व रूप **अद्य** में **अ** सर्वनाम है और **द्य** **दिव** या **दिवस** का सूचक है।)

इन् सर्वनाम के अतिरिक्त स्वतंत्र सम्बन्धक भी है। अंग्रेजी में भीतर का अर्थ प्रकट करने के लिए **इन्** का व्यवहार होता है। तमिल भाषा में इसी सम्बन्धक का उपयोग अधिकरण के अलावा सम्बन्धकारक के लिए भी किया गया है। रूसी नामों के अन्त में जहाँ **इन्** लगा दिखाई देता है, वहाँ वह सम्बन्धसूचक प्रत्यय का काम करता है यथा **स्ताल्** माने इस्पात, **स्तालिन्** अर्थात् इस्पात का, लौह पुरुष। **इद** में **द्** के मूर्धन्यीकरण से जो **इड** रूप मिलता है, वह तमिल में घर के लिए प्रयुक्त होता है। यहाँ घर का अर्थ 'बाहर' से भिन्न 'भीतर' है। **द्** जहाँ **ल्** में बदलता है, वहाँ **इल** शब्द का अर्थ भी तमिल में घर है। अंतिम वर्ण के स्वर का लोप होने पर यही **इल्** अधिकरण कारक का चिह्न बनकर तमिल में प्रयुक्त होता है, ठीक अंग्रेजी के **इन्** की तरह! **इड** (घर) में जो निवास का भाव है, उसी के कारण **नि** उपसर्ग लगाकर **नीड** शब्द बना है। इस शब्द को लेकर ऐतिहासिक भाषाविज्ञान में काफी ऊहापोह किया गया है। **इड** का मूल रूप **इध** भी घर, बसेरे के लिए प्रयुक्त होता होगा। **नीड** से पहले **नीध, नेध** जैसे शब्द प्रचलित थे। इन्हीं का एक अपभ्रंश रूप अंग्रेजी का **नेस्ट** (घोंसला) है।

इल के **ल** का मूर्धन्यीकरण होने पर इळ जैसा रूप मिलेगा। इसका व्यवहार तमिल में नहीं होता किन्तु उस भाषा में **उ** सर्वनाम से बना हुआ **उळ** रूप है। इसका अर्थ

है भीतर। यह ऐसा 'भीतर' है जो वक्ता के निकट नहीं, उससे कुछ दूर है। **उळ्** के निर्माण की वही प्रक्रिया है जो **इल्** की है। हिन्दी की बोलियों में **इत, उत, इतै, उतै, उरे** आदि इसी शृंखला के शब्द हैं।

इध-इद से जैसे **इस** और **इन** रूपों का विकास हुआ, वैसे ही **उध-उद** से **उस** और **उन** रूपों का विकास हुआ। **इमे** के समान संस्कृत में **उमे** रूप नहीं है किन्तु **इम** के समान **उम** का व्यवहार कुछ गण भाषाओं में होता था, यह कल्पना की जा सकती है। उसी का प्रतिरूप है **उन**। **उद्** रूप दूरी के अलावा ऊँचाई का भाव व्यक्त करने लगा, जैसे **अध** के साथ निचाई का भाव जुड़ गया था।

अ-इ-उ के अतिरिक्त **ब** और **य**, ये दो सर्वनाम भी महत्वपूर्ण थे। भीतर के अर्थ की व्यंजना के लिए इसका व्यवहार रूसी में होता है। इसी के प्रतिरूप **ब** में साथ होने का भाव है और उसका व्यवहार फ़ारसी में होता है। जिस प्रवृत्ति से अन्तस्थ **य्** अधिक स्पर्श तत्व प्राप्त करके **ज्** बनता है, उसी से **व्** अन्तस्थ न रहकर स्पर्श व्यंजन **ब्** रूप ग्रहण करता है। इंडोयूरोपियन परिवार के **ब** और **व** दोनों मूलत: एक ही शब्द हैं। यह **व** उकार में बदलकर लैटिन में प्रश्नसूचक सर्वनाम बनता है। लैटिन **उबी** का अर्थ है—कहाँ। ऐसा ही अर्थ **य** के परिवर्तित रूप **ऍ** में भी आगे दिखाई देगा। जैसे **अ** के साथ **इ** सर्वनाम है, वैसे ही **व** के साथ **वि** सर्वनाम है। संस्कृत में **विधि** शब्द इसी **वि** के सहारे बना है। अंग्रेजी **विद्** (साथ) की भी यही रचना प्रक्रिया है।

संस्कृत में **यद्** सर्वनाम **यध** का विकास है। **य** के प्रतिरूप **ऍ** के आधार पर द्रविड़ भाषाओं में प्रश्नसूचक सर्वनाम रूप बने हैं। जैसे **क** सर्वनाम (**किम्, क** : आदि) मूलत: प्रश्नवाचक नहीं हैं, वैसे ही द्रविड़ भाषाओं का **ऍ** भी मूलत: प्रश्नवाचक नहीं है। हिंदी क्षेत्र के **जो**, जे, जॅहि आदि इसी **यध्** के रूपान्तर हैं।

संस्कृत में विभक्तियां दो प्रकार की हैं : एक वे जो सर्वनाम के साथ कोई वस्तुवाचक ध्वनि चिन्ह जोड़कर बनी हैं, जो मूलत: स्वतंत्र संबन्धक थीं, निरन्तर व्यवहार से अपनी स्वतंत्रता खोकर कारक चिह्न रह गईं; दूसरी वे जो केवल सर्वनाम हैं या सर्वनामों का अवशेष हैं, जिनकी भूमिका संबन्धकों की भूमिका से मिलती-जुलती है। सबन्धकों के निर्माण में सर्वनामों की भूमिका अपरिहार्य है, इसलिए संबन्धकों के स्थान में कहीं कहीं सर्वनामों का ही प्रयोग होने लगा, तो यह आश्चर्य की बात नहीं है।

अधिकरणकारक के बहुवचन रूपों में **सु** विभक्ति का व्यवहार होता था। **सु** सर्वनाम था। कारक-चिन्ह **सु** और सर्वनाम **सु** में कोई संबन्ध है या नहीं? **सु** में उकार दूरस्थ वस्तु का सूचक है, यह बात ब्रुगमन को मालूम थी। उन्होंने इंडोयूरोपियन परिवार के व्यापक संदर्भ में लिखा है कि अधिकरणकारक के बहुवचन में, बहुत संभव है, **सु** और **सि** के अलावा **स्** का व्यवहार भी होता था; ऐसा हो तो सही विभक्ति चिन्ह होगा **स्** और उसमें विशेषक चिन्ह उ लगा, तो शायद अर्थ होगा—वहां; और शायद **इ** का अर्थ था यहां, और हो सकता है कि यही अधिकरणकारक के एकवचन में प्रयुक्त **इ** हो; कुछ भाषाओं में **इ**, उ जोड़े बिना ही **स्** का व्यवहार होता है। (**कम्पॅरेटिव**

ग्रामर०, खंड ३, पृ० २५६-७)।

ब्रुगमन ने **उ** और **इ** को दूरस्थ और निकटस्थ वस्तुओं की ओर संकेत करने वाले चिन्ह ठीक माना है। इंडो-यूरोपियन और द्रविड़, दोनों परिवारों में उनकी यह भूमिका है। किन्तु ये **उ** और **इ**, **सु** और **सि** का विकास हैं, यह बात उनके ध्यान में नहीं है; अतः वे **स्** को मूल विभक्ति मान लेते हैं। अधिकरणकारक क्रिया के स्थान की सूचना देता है, इसलिये स्थानसूचक **उ** और **इ** चिन्ह विभक्ति का अभिन्न अंश हैं, **स्** नहीं। **स्** से किसी स्थान की सूचना नहीं मिलती। ऐसी सूचना **सुध-सिध, उध-इध** जैसे विशेषकों से मिल सकती है, और वह केवल निर्देशक सर्वनाम **सु-सि, उ-इ** से भी मिल सकती है। यही कारण है कि अधिकरणकारक के बहुवचन में विशेषक की जगह केवल सर्वनाम **सु** से काम लिया गया। इसी कारक के एकवचन में प्रयुक्त **इ** अवश्य ही **सि-हि** का रूपान्तर है। विभक्तियों का मूल उद्देश्य शब्द के लिंग की सूचना देना नहीं है। संस्कृत रूप रचना में एक ही विभक्ति अनेक बार विभिन्न लिंगों वाले शब्दों के साथ प्रयुक्त होती है। **रामेषु, गुरुषु** — पुंल्लिग हैं; **वारिषु, नामसु**—नपुंसक लिंग हैं; **मालासु, मतिषु**—स्त्रीलिंग हैं। तीनों लिंगों में एक ही विभक्ति **सु** है। लिंगभेद यहां **राम, वारि, माला** शब्दों के मूल रूपों से सूचित है, विभक्ति से नहीं। अधिकरणकारक के एकवचन में **चन्द्रमसि** पुंल्लिग, **नामनि** नपुंसक लिंग, **मातरि** स्त्रीलिंग हैं। सबमें **इ** विभक्ति का व्यवहार हुआ है। संप्रदानकारक के एकवचन में **हरये, गुरवे, भ्रात्रे** पुंल्लिग हैं; **मतये, धेनवे, मात्रे** स्त्रीलिंग हैं; **वारिणे, मधुने, नाम्ने** नपुंसक लिंग हैं। करणकारक के एकवचन रूप **चन्द्रमसा, अर्चिषा, नाम्ना** क्रमशः पुंल्लिग, स्त्रीलिंग और नपुंसक लिंग हैं। ऐसे और बहुत से उदाहरण दिये जा सकते हैं जिनसे विभक्ति का लिंग-भेद से मुक्त होना सिद्ध होगा। कुछ विभक्तियां कुछ लिंगों के साथ अधिक प्रयुक्त होने लगीं; इस संसर्ग के कारण उनसे लिंगबोध होने लगा। किन्तु संस्कृत रूप रचना में यह विभक्ति की मुख्य भूमिका नहीं है। इसी प्रकार वचन-बोध कराना भी विभक्ति की मुख्य भूमिका नहीं है। उत्तम पुरुष सर्वनाम के अपादान रूप, एकवचन और बहुवचन में, **मत्** और **अस्मत्** हैं। दोनों में एक ही विभक्ति **त्** हैं। इसी कारक में मध्यम पुरुष सर्वनाम के एकवचन-बहुवचन रूप **त्वत्** और **युष्मत्** हैं। **भि** विभक्ति, ग्रीक भाषा के **फि** प्रतिरूप में, एकवचन और बहुवचन दोनों में प्रयुक्त होती थी, इसका उल्लेख पहले हो चुका है। कुछ विभक्तियों का व्यवहार किन्हीं विशेष वचनों में अधिक होने लगा, इस प्रकार संसर्ग से वे वचन-भेद सूचित करने लगीं। यह उनकी मूल या मुख्य भूमिका नहीं है।

भ्याम्, भ्यस्, भिस् जैसी विभक्तियों में मूल तत्व **भि** है। उसके बाद **आम्, अस्, स्** सर्वनाम चिन्ह हैं। इनकी भूमिका वही है जो **रामस्** या **ज्ञानम्** में सर्वनाम चिन्हों **स्** और **म्** की है। इन रूपों की रचना वाक्यतंत्र की उस पद्धति के अनुसार हुई है जिसमें विशेषक मूल शब्द के बाद आता है। **स्** और **म्** निर्देशक सर्वनामों के चिन्ह हैं, वे शब्द से जुड़कर उसकी निश्चित स्थिति का बोध कराते हैं। इनकी भूमिका वही है जो अंग्रेजी में 'डेफिनिट् आर्टिकल्' की है। कर्ताकारक के अलावा जिस कारक में भी इनका

विभक्ति के बाद व्यवहार होता है, उसमें उनका प्रयोजन वचन भेद सूचित करना नहीं वरन् शब्द को निश्चयात्मक्ता प्रदान करना है। **पितामह** जैसे रूप में मूल शब्द **पिता** के बाद विशेषक **मह** लगा है; इसी पद्धति से **रामस्, ज्ञानम्** रूप बने थे।

संस्कृत में दो भिन्न और विरोधी प्रवृत्तियां काम करती दिखाई देती हैं। एक प्रवृत्ति नाम शब्द के बाद सर्वनाम चिन्ह लगाती है, दूसरी नहीं लगाती। **माता, पिता, भ्राता, चन्द्रमा, नदी, रमा, मधु, नाम** आदि शब्द कर्ताकारक के एकवचन में सर्वनाम चिन्ह लगाये बिना प्रयुक्त होते थे। **रामात्** जैसे रूपों में जहां **अत्** संबन्धक लगाया गया है, वहां भी कोई निश्चयार्थी सर्वनाम नहीं है। **रामेषु** जैसे रूपों में जहां **सु** सर्वनाम विभक्ति बन गया है, वहां वह निर्देशक सर्वनाम तो है, स्थान की सूचना तो देता है, पर वह निश्चयोर्थी सर्वनाम नहीं है। सर्वनाम चिन्हों का व्यवहार करें या न करें, जैसे ये दो प्रवृत्तियां हैं, वैसे ही किसी शब्द को कारक रचना में बांधा जाय या नहीं, ऐसी भी दो प्रवृत्तियां हैं। संस्कृत पर अपनी पुस्तक में बरो ने लिखा है कि अधिकरणकारक का सबसे प्राचीन रूप वह है जिसमें कारक चिन्ह था ही नहीं। **अहन्, मूर्धन्, शीर्षन्** आदि रूप अधिकरणकारक का बोध कराते हैं और उनमें इस कारक का कोई चिन्ह नहीं है। **ऊधर्, मधु, नाम** नपुंसक लिंग हैं। कर्ता और कर्मकारकों में इनका एक सा रूप रहता है।

संस्कृत में कारक-चिन्हों का गहरा संबन्ध सर्वनामों से है। यदि भाषा में सर्वनाम चिन्ह जोड़ने और न जोड़ने की दो प्रवृत्तियां होंगी तो शब्द से कारक-चिन्हों को भी जोड़ने और न जोड़ने की दो प्रवृत्तियां होंगी। निष्कर्ष यह कि संस्कृत के भीतर संश्लिष्ट और विश्लिष्ट रूप-रचना की दोनों पद्धतियां काम करती हैं। **अहन्** और **मूर्धन्** जैसे रूप कारक-चिन्ह के बिना ही अधिकरण में हैं, यह वाक्य में उनकी स्थिति से, कथ्य के पूरे संदर्भ से, पहचाना जायगा। क्रियापद-रचना पर भी ध्यान दें तो विदित होगा कि सर्वनाम चिन्ह जोड़ने वाली पद्धति ही पुरानी है। वह नाम शब्दों तक सीमित नहीं है; क्रिया-पद-रचना में उसका प्रसार और भी व्यापक है। वैदिक भाषा से लेकर आधुनिक आर्य भाषाओं तक का विकास यह तथ्य उजागर करता है कि सर्वनाम-संयोजक-पद्धति निरंतर क्षीण होती गई है। इस समय हिन्दी तथा अन्य आर्य भाषाएं कारक रचना में सर्वनाम-संयोजन से मुक्त हो चुकी हैं किन्तु क्रिया पद रचना में उस पद्धति के अवशेष काफी हैं। अपभ्रंश-काल में जो कारक-रचना-संबन्धी 'अराजकता' दिखाई देती है, वह अंशतः संस्कृत में भी है, संस्कृत की अपेक्षा वैदिक भाषा में अधिक है। इस 'अराजकता' का कारण यह है कि वैदिक भाषा के निर्माणकाल में विभिन्न आर्य गण भाषाओं की प्रवृत्तियां एक दूसरे से टकरा रही हैं। संस्कृत में ऐसी टक्कर को सीमित करने का प्रयास किया गया है पर बोलचाल के स्तर पर वैदिक काल की भिन्न प्रवृत्तियां निरंतन सक्रिय बनी रहीं। सर्वनाम-संयोजक-पद्धति के मुख्य केन्द्र मध्यदेश और पूर्वी प्रदेश में थे; सर्वनाम-वियोजकपद्धति का मुख्यकेन्द्र कुरुगण का क्षेत्र था। उदीच्य जन कृदन्त प्रिय थे; कृदन्त क्रियाएं सर्वनामी बन्धनों से मुक्त थीं। यही उदीच्य जन कारक-रचना को

सर्वनाम-चिन्हों से मुक्त कर रहे थे। उनका राजनीतिक-सांस्कृतिक प्रभाव जितना ही बढ़ा, उतना ही वे भाषा को विश्लिष्ट पद रचना की ओर प्रेरित करते रहे। **अहन् और शीर्षन्**, कारक चिन्ह के बिना ही, अधिकरण-भाव व्यंजित करते हैं, यह स्थिति अपभ्रंश और आधुनिक आर्य भाषाओं में प्रतिफलित हुई है। हिन्दी के 'परसर्ग' मूलतः विशेषक हैं जिनका एक अंश सर्वनाम है या वे विशेषक का कार्य करने वाले सर्वनाम हैं। उनकी रचना प्रक्रिया वही है जो संस्कृत की विभक्तियों की है। हिन्दी तथा अन्य आर्य भाषाओं में सर्वनामों की वह प्राचीन भूमिका कभी समाप्त नहीं हुई; इसलिये यह स्वाभाविक है कि ये भाषाएँ पूर्णतः विश्लिष्ट नहीं हुईं। न अंग्रेजी जैसी भाषा पूर्णतः विश्लिष्ट है। जो परस्पर विरोधी प्रवृत्तियां हिन्दी के आदि स्रोतों में काम करती रही हैं, वही अंग्रेजी के आदिस्रोतों को भी प्रभावित करती रही हैं। अतः आधुनिक आर्य भाषाओं की कारक-रचना-संबन्धी स्थिति अपभ्रंश काल में अकस्मात् प्रस्फुटित होने वाली किसी अराजकता का परिणाम नहीं है।

वाक्य में कारक की स्थिति क्रिया पर निर्भर है; क्रिया के सन्दर्भ में ही वह अपना कारक नाम सार्थक करता है। अतः अब क्रियापद-रचना पर विचार करना चाहिए।

४. क्रियापद-रचना : तिङन्त और कृदन्त

आधुनिक आर्य भाषाओं तथा हिन्दी में संस्कृत के समान दो तरह के क्रियापदों का व्यवहार होता है। एक हैं तिङन्त, दूसरे हैं कृदन्त। "तिङ् प्रत्यय जिनके अन्त में हों, वे (पतति आदि) तिङ्त और कृत् जिनके अन्त में हों, वे (पत्र आदि) कृदन्त शब्द। तिङन्तों से क्रिया का आख्यान होता रहा, कृदन्तों से सिद्ध जीवों या वस्तुओं का बोध। बहुत आगे चलकर कृदन्त शब्दों से भी क्रियाओं का आख्यान होने लगा। तब क्रिया शब्दों के तिङन्त और कृदन्त ये दो भेद किये गए।" (**हिन्दी शब्दानुशासन**, पृष्ठ ३९९)। संस्कृत में कृदन्त और तिङन्त, क्रिया के व्यवहार की दो भिन्न पद्धतियाँ हैं। इनमें कृदन्त पद्धति क्रमशः बलवती होती गई। दोनों प्रवृत्तियों में मूल भेद यह है कि तिङन्त क्रियाओं के अन्त में पुरुष सूचक सर्वनाम चिन्ह लगते हैं और कृदन्त रूपों में ऐसे चिन्ह नहीं जोड़े जाते। जैसे **अगच्छत्** और **गतः**, दोनों से वह गया, ऐसा भाव प्रकट होता है। **अगच्छत्** रूप के अन्त में **त्** अन्य पुरुष सर्वनाम का चिन्ह है और कर्त्ता या कर्म के लिंग के अनुसार ऐसे रूप में कोई परिवर्तन न होगा। किन्तु कृदन्त रूपों में लिंगभेद व्यंजित होता है। दो प्रवृत्तियों में जो भेद है, उसका सम्बन्ध वाक्य-रचना की दो पद्धतियों से है।

पठामि—यह केवल क्रियापद नहीं है, पूरा वाक्य है। आरम्भ में क्रिया है और क्रिया के बाद सर्वनाम चिन्ह है जो कर्ता की भूमिका निबाहता है। हिन्दी में **पढ़ता हूँ** कहने से विदित हो जायगा हि पढ़ने वाला मैं हूँ। वाक्य के आरम्भ में कर्ता **मैं** जोड़े बिना भी अर्थ स्पष्ट हो जाएगा। संस्कृत में पुरानी पद्धति **पठामि** कहने की है, **अहम् पठामि** इस तरह का वाक्य-विन्यास बाद का है। संस्कृत समेत भारतीय भाषाओं के वाक्यतंत्र की

विशेषता यह है कि वाक्य के आरम्भ में कर्ता होता है और अन्त में क्रिया। पहले उद्देश्य, फिर विधेय, वाक्य-रचना की यही पद्धति भारत के विभिन्न भाषा परिवारों में प्रचलित है। कोल-परिवार की क्रिया पद रचना में पठामि वाली पद्धति की छाया अब भी दिखाई देती है। कोल भाषा विशेषज्ञ पिनोव् का विचार है कि प्राचीन काल में कोल भाषाओं के वाक्य के आरम्भ में क्रिया रहती थी। यदि ऐसी ही स्थिति आर्य भाषाओं की न होती तो **पठामि** जैसे रूप की रचना न होती। कृदन्त-पद्धति उन आर्य भाषाओं की देन है जो वाक्य-रचना में पहले उद्देश्य, फिर विधेय, यह क्रम रखती थीं। परम्परा से यह प्रसिद्धि रही है कि उदीच्य लोग कृदन्तप्रिय रहे हैं। जो लोग यह मानते हैं कि आर्य गण उत्तर पश्चिम से भारत में आये, वे इस बात की व्याख्या नहीं करते कि तिङन्तप्रेमी आर्यों में यह कृदन्त-प्रेमियों का दल कहाँ से पैदा हो गया। तिङन्त और कृदन्त का भेद दो वाक्य तंत्रों का भेद है, इस पर उन्होंने विचार नहीं किया। इंडोयूरोपियन परिवार में ऐसी भाषाएँ अब भी हैं जो वाक्य क्रिया से आरम्भ करतीं हैं, इस तथ्य का उनके लिए मानों कोई महत्व ही नहीं है। स्काटलैंड में जो गेलिक भाषा बोली जाती है, वह केल्त समुदाय की है, अंग्रेजी भाषा जर्मन समुदाय की है। गेलिक की वाक्य-रचना अंग्रेजी से नितान्त भिन्न रूप में होती है। उसमें क्रिया पहले आती है और कर्ता कर्म आदि उसके बाद आते हैं। भारतीय कोल और आर्य भाषाओं में अनेक समानताएँ हैं। यदि कोई कहे कि स्काटलैंड की गेलिक भाषा पर कोल भाषाओं का प्रभाव है तो मुझे कोई आपत्ति न होगी। स्मरण यह रखना चाहिए कि ग्रीक और संस्कृत की क्रिया पद रचना उसी पद्धति से संभव है जो गेलिक में दिखाई देती है। इंडोयूरोपियन भाषाओं, इनके प्रमुख समुदायों, के विकास की अनेक मंजिलें हैं और यह विकास हजारों साल की दीर्घ अवधि में संपन्न हुआ है। भारतीय संदर्भ में आर्य भाषाओं का एक समुदाय कृदन्तप्रिय है, दूसरा तिङन्तप्रिय। पहला समुदाय उदीच्य है, यह बात प्रसिद्ध है। दूसरा समुदाय मध्य देशीय होना चाहिए, यह निष्कर्ष स्वाभाविक है किन्तु इसका उल्लेख नहीं होता। कारण यह कि वैदिक भाषा बोलने वाले आर्य मध्यदेशीय थे, यह कोई नहीं कहता। वैदिक आर्य उदीच्य हैं और कृदन्तप्रिय आर्य भी उदीच्य हैं! इसलिए यह माना जाता है कि संस्कृत एक ही प्रदेश और एक ही समाज की भाषा है; परिवर्तन होता ही है, यहाँ भी कुछ परिवर्तन हो गया!

यदि आधुनिक आर्य भाषाओं की ओर ध्यान दें तो विदित होगा कि कृदन्त-तिङन्त वाला भेद अब भी बना हुआ है और यह भेद एक ही समाज, एक ही प्रदेश का आन्तरिक भेद नहीं है। वह दो प्रदेशों, दो समाजों, दो भाषा-समुदायों के बीच का भेद है। उदाहरण के लिए **उसने किताब पढ़ी**, यहाँ **पढ़ी** कृदन्त रूप है, कर्म के अनुसार उसका लिंग निर्धारित हुआ, **पढ़ी** में कहीं पुरुष वाचक सर्वनाम चिन्ह नहीं है जिससे अन्य पुरुष या उत्तम पुरुष का बोध हो। अवधी में कहेंगे **वहु किताब पढ़ैसि**। यहाँ **पढ़ैसि** क्रिया कर्म के अनुसार लिंग-भेद सूचित नहीं करती, उसमें अन्य पुरुष का सर्वनाम चिन्ह है, **वहु** कर्ता न भी लगाया जाय, तो भी उसका बोध हो जाएगा। **वहु पढ़ैसि**—ऐसा

प्रयोग ब्रजभाषा, बांगरू या परिनिष्ठित हिन्दी में नहीं होता। जो लोग आधुनिक भाषाओं की स्थिति की छानबीन करते हुए प्राचीन भाषाओं की स्थिति पहचानने का प्रयत्न करते हैं, उनके लिए यह भेद महत्वपूर्ण है। वर्तमान स्थिति यह है कि एक क्षेत्र में भूतकालीन क्रियारूप अब भी तिङन्त है, दूसरे में वह कृदन्त है।

भाषा के अन्य स्तरों—जैसे ध्वनितंत्र—का विश्लेषण करते हुए यह निष्कर्ष निकलता है कि संस्कृत मूलतः मध्य देश की भाषा थी; उसका जो रूप मिलता है, वह बाद का परिवर्तित रूप है। उसी प्रकार वाक्यतंत्र—और वाक्यतंत्र के अन्तर्गत रूपतंत्र—का विश्लेषण करते हुए इस बात का आभास मिलता है कि तिङन्त क्रियारूपों का व्यवहार मध्यदेशीय आर्यभाषाओं की विशेषता थी। तिङन्त-रूपों का सम्बन्ध क्रियापदों में सर्वनाम चिन्हों के व्यवहार से है। ये सर्वनाम-चिन्ह क्रिया के बाद आते हैं और वे उस विन्यास-पद्धति की याद दिलाते हैं जिसमें वाक्य क्रिया से आरम्भ होता था। संस्कृत में जहाँ लोक कथाएँ लिखी गई हैं—उनकी मूल भाषा कोई भी हो—वहाँ बहुधा वाक्य **अस्ति** क्रिया से आरम्भ होता है। **पंचतंत्र** की कथाओं में यह बात देखी जा सकती है। **अस्ति दाक्षिणात्ये जनपदे पाटलिपुत्रं नाम नगरम्।** इसी प्रकार **कथा सरित् सागर** में कथा **अस्ति** से आरम्भ होती है—**अस्ति किन्नर-गन्धर्व-विद्याधर निषेवितः** इत्यादि। **कुमारसंभव** के आरम्भ में जो **अस्ति** का व्यवहार हुआ है—**अस्त्युत्तरस्यां दिशिदेव** **भाल्याम्**—संभव है, वह लोक कथाओं की शैली के प्रभाव के कारण हो। इससे यह निष्कर्ष नहीं निकलता कि कालिदास के समय में लोग संस्कृत वाक्य क्रिया से ही आरम्भ करते थे। वाक्य के आरम्भ में **अस्ति** का आना पुरानी पद्धति का अवशेष मात्र है और वह पद्धति लोक कथाओं में प्रचलित थी। लोक गीत, लोक कथाएँ, कहावतें, मुहाविरे भाषा के ऐसे रूप बनाये रखते हैं जो सामान्य व्यवहार से उठ जाते हैं।

तुलसीदास और जायसी अवधी के दो ऐसे कवि हैं जो लोक संस्कृति में रंगेपगे हैं। यद्यपि वे अवधी का व्यवहार काव्य में कर रहे हैं और काव्य में, शब्दों के रूप की तरह, वाक्यतंत्र में बहुत तरह के परिवर्तन किये जा सकते हैं, फिर भी इनके वाक्य-विन्यास का अध्ययन इस दृष्टि से किया जा सकता है कि वाक्य क्रिया से आरम्भ होते हैं या नहीं, होते हैं तो पद्य-रचना की सुविधा के लिए, या शैली-चमत्कार के लिए, अथवा इन दोनों से भिन्न वाक्यतंत्र की किसी पद्धति का अनुसरण करते हुए वे ऐसा करते हैं। जायसी **पद्मावत** इस प्रकार आरम्भ करते हैं : **सुमिरौं आदि एक करतारू, जेहि जिउ दीन्ह कीन्ह संसारू।** इसके बाद **कीन्ह** क्रिया की आवृत्ति सी करते हुए : **कीन्हेसि प्रथम ज्योति परकासू।** और हर अर्धाली का आरम्भ इसी **कीन्हेसि** क्रिया-रूप से करते चले जाते हैं। पहली पंक्ति के **कीन्ह** की प्रतिध्वनि आगे दोहे में सुनाई देती है : **कीन्ह सबै अस जाकर दूसर छाज न काहि।** इस दोहे के बाद फिर **कीन्हेसि** रूप वाली पंक्तियों का सिलसिला शुरू हो जाता है। जायसी निस्सन्देह कलाकार थे और यहाँ **कीन्हेसि** क्रिया की आवृत्ति उनकी वक्तृत्व कला का उपकरण है। पर आवृत्ति के अलावा भी वह **कीन्हेसि** क्रिया वाक्य के आरम्भ में रखते हैं। कर्ता की आवश्यकता नहीं, क्रिया

के बाद कर्मों की शृंखला है; जो कर्ता है, वह प्रारम्भिक क्रिया सुमिरौं का कर्म है।

वन्दना में एक ही क्रिया की आवृत्ति के अलावा क्रिया से आरम्भ होने वाले वाक्य उनकी रचना में भरे पड़े हैं। सिंहल द्वीप वर्णन खंड में उनकी कुछ पंक्तियाँ इस प्रकार हैं: **फरे भ्रांब भ्रति सघन सोहाये। लाग सबै जस भ्रमृत साखा। रहै लोभाइ सोइ श्रो चाखा। बसहिं पंखि बोलहिं चुहचूही। बोलहिं पंडुक एकै तूही। चमकहिं दसन बीजु कै नाइँ। उतरहिं मेघ चढ़हिं लेइ पानी। चमकहिं मच्छ बीजु कै बानी। साजा राजमँदिर कैलासू। छिपि गए चांद सुरुज श्रौ तारा। बरनौं राजमँदिर रनिवासू।**

इसके बाद जन्म खंड में भै, **भये**, **भा** क्रिया-रूपों का व्यवहार देखते लायक है: **भै चाहै भ्रसि कथा सलोनी। भये दस मास पूरि भइ घरी। भा निसि महँ दिनकर परकासू। भै छठि राति छठीं सुखमानी। भा बिहान पंडित सब भ्राये। भै पदमावति पंडित गुनी। भै उनन्त पदमावति बारी। भएउ रजायसु मारहु सूआ।** इसमें सन्देह नहीं कि बहुत सी पंक्तियाँ इससे भिन्न वाक्य-विन्यास के उदाहरण-स्वरूप प्रस्तुत की जा सकती हैं। पुराना वाक्यतंत्र भिन्न पद्धति के विन्यास द्वारा कई हजार साल तक प्रभावित होता रहा था। ध्यान देने की बात यह है कि अवधी में क्रिया से आरम्भ होने वाली वाक्य-रचना अस्वाभाविक नहीं लगती और वह सामान्य प्रसंगों में प्रयुक्त होती है। **रामचरितमानस** के आरंभ में तुलसीदास ने सोरठा की एक पंक्ति क्रिया से आरम्भ की: **बन्दउँ गुरुपद कंज कृपा सिन्धु नर रूप हरि।** इसके बाद चौपाई उसी क्रिया से आरम्भ की: **बन्दउँ गुरुपद पदुम परागा।** फिर—**बन्दउँ प्रथम महीसुर चरना।** पुनः—**बन्दउँ सन्त समानचित हित भ्रनहित नहिं कोइ।** और—**बहुरि बन्दि खलगन सति भाएँ, जे बिनु काज दाहिनेहु बाएँ।** बन्दउँ के पर्याय रूप में **प्रनवउँ** का भी उन्होंने काफी प्रयोग किया। **प्रनवउँ प्रथम भरत के चरना। प्रनवउँ पवन कुमार खलबन पावक ग्यानघन।** इसी वन्दना प्रसंग में अनेक वाक्य अन्य क्रियाओं से आरम्भ होते हैं: **उघरहिं बिमल बिलोचन ही के। मिटहिं दोष दुख भव रजनी के। सूझहिं रामचरित मनि मानिक, गुपुत प्रगट जहँ जो जेहि खानिक। कीन्हे प्राकृत जन गुनगाना। पहिरहिं सज्जन बिमल उर सोभा भ्रति भ्रनुराग। प्रगटेउ जहँ रघुपति ससि चारू। करउँ प्रनाम करम मन बानी।**

अयोध्या कांड में कुछ पंक्तियों का वाक्यविन्यास इसी कोटि का है: **जनमे एक संग सब भाई। बाजहिं बाजने बिबिध बिधाना। दीख मन्थरा नगरु बनावा। पूछेसि लोगन्ह काह उछाहू। करइ बिचारु कुबुद्धि कुजाती। होइ अकाजु कवनि बिधि राती। हँसि कह रानि गालु बड़ तोरें। दीन्ह लखन सिख भ्रस मन मोरें। तबहुँ न बोल चेरि बड़ि पापिनि। छाड़इ स्वास कारि जनु सापिनि। भयउ कौसिलहि बिधि भ्रति दाहिन। कहहिं झूठि फुरि बात बनाई।**

रामचरितमानस के अतिरिक्त **कवितावली** में इस तरह का विन्यास दर्शनीय है: **पुरतें निकसी रघुबीर बधू; झलकीं भरिभाल कनी जल की; फिरि बूझति हैं चलनो भ्रब केतिक; ठाढ़े हैं नौ द्रुम डार गहे; पूछति ग्राम बधू सियसों; कहि है जग पोच न सोच कछू; राजत राम कुरंग के संग; व्है हैं सिला सब चन्द्रमुखी; कीन्ही भली रघु-**

नायक जू, इत्यादि। **कवितावली** ब्रजभाषा में है। यदि ब्रजभाषा के अन्य किसी कवि की भाषा से तुलसीदास की इस भाषा की तुलना की जाय तो विदित होगा कि क्रिया से आरम्भ होने वाले वाक्य तुलसीदास की रचनाओं में अधिक हैं। यहाँ क्रिया का स्थान पहले है, कर्ता और कर्म उसके बाद आते हैं। सूरदास के पदों में ऐसे वाक्य मिल जाते हैं जिनमें क्रिया कर्ता या कर्म से पहले है जैसे इस प्रसिद्ध पद में : **निसिदिन बरसत नैन हमारे**। किन्तु यदि कहीं से सौ पंक्तियाँ लेकर क्रियामुख वाक्यों का औसत निकाला जाय तो तुलसीदास की अपेक्षा सूरदास के यहाँ यह औसत कम होगा। उनकी ब्रज-भाषा अवधी के वाक्यविन्यास से प्रभावित है, इस कारण, अन्य ब्रजभाषा कवियों की तुलना में, उनके यहाँ क्रियामुख वाक्य अधिक हैं। यदि सूर की भाषा की तुलना रीति-वादी कवियों की ब्रजभाषा से की जाय तो उनके यहाँ, सूर की अपेक्षा, क्रियामुख वाक्यों की संख्या और भी कम होगी। कारण यह है कि रीतिवादी रचनाओं पर लोक संस्कृति से भिन्न नागरिकता की छाप है। हिन्दी प्रदेश में जो भाषा नागरिक संस्कृति का वाहन बनी, उस पर उत्तर पश्चिमी कर्तामुखी वाक्यपद्धति का प्रभाव अधिक है। १८०० ई० से पहले खड़ीबोली की रचनाओं की तुलना बाद की हिन्दी-उर्दू रचनाओं से करें तो प्रतीत होगा कि क्रमशः पुरानी पद्धति का व्यवहार कम होता गया है, गद्य में ही नहीं पद्य में भी। यह एक लम्बी प्रक्रिया है और इस पर ध्यान देने से तिङन्त-कृदन्त क्रिया रचनाओं का विकास भेद समझ में आने लगता है।

कृदन्त रूपों का व्यवहार अकर्मक और सकर्मक दोनों प्रकार की क्रियाओं में होता है। ग्रियर्सन ने यह माना था कि सकर्मक क्रियाओं के भूतकालीन कृदन्त रूपों का व्यवहार जहाँ होता है, वहाँ रचना कर्मवाच्य होती है, जहाँ अकर्मक क्रिया में ऐसे रूपों का व्यवहार होता है, वहाँ वाक्यपद्धति कर्तृवाच्य होती है। **लिंग्विस्टिक सर्वे** (खंड ५, भाग २) में बिहार की भाषाओं की चर्चा करते हुए उन्होंने लिखा था कि हिन्दी में सकर्मक क्रियाओं का भूतकालीन कृदन्त रूप कर्मवाच्य ही होता है। **मैंने उसे मारा** का वास्तविक अर्थ है : वह मेरे द्वारा मारा गया। ग्रियर्सन ने दो तरह के वाक्यों को उलझा दिया है। **मैंने पुरुष को मारा, मैंने स्त्री को मारा**; कर्म चाहे जिस लिंग में हो, **मारा** रूप अपरिवर्तित रहता है। **स्त्री ने मुझे मारा, पुरुष ने मुझे मारा**; यहाँ भी कर्ता के लिंग-भेद से क्रिया में परिवर्तन नहीं होता। **उसने, तुमने, मैंने, हमने, उन्होंने, किसी को मारा**; यहाँ भी पुरुष-वचन-भेद से क्रिया नहीं बदलती। क्रिया का यह शुद्ध रूप है, वह तिङन्त है या कृदन्त, यह बात गौण है। वह भाववाच्य है या कर्तृवाच्य, या कर्मवाच्य, यह बात भी गौण है। आचार्य किशोरीदास वाजपेयी के शब्दों में "शुद्ध क्रिया में लिंग, वचन आदि कुछ है ही नहीं!" (**हिन्दी शब्दानुशासन**, पृष्ठ १३८)। जहाँ क्रिया "सर्वथा स्वतंत्र" है, उसके उदाहरण उक्त ग्रन्थ में इस प्रकार हैं : **हमने तुमको देखा; तुमने हमको देखा; लड़के ने माँ को देखा; माँ ने लड़के को देखा**। यहाँ **देखा** में कोई परिवर्तन नहीं होता। ग्रियर्सन ने जिसे 'पैसिव कन्सट्रक्शन' कहा है, वह वास्तव में स्वतंत्र रूप है। **मैंने उसे मारा** वाक्य को बदलकर कहा जाए, **मैंने उसे लाठी मारी**,

तो क्रिया की स्वतंत्रता नियंत्रित हो जाती है। संस्कृत में कृदन्त रूप लिंग-वचन-भेद से मुक्त नहीं होता; यह भेद कर्ता के लिंग-वचन के अनुसार होगा या कर्म के लिंग-वचन के अनुसार। हिन्दी में कृदन्त जहाँ स्वतंत्र क्रिया रूप हैं, वहाँ वे संस्कृत-पद्धति का अनुसरण नहीं करते।

उसने लाठी मारी में क्रिया दूसरे ढंग से प्रयुक्त हुई है। लाठी चाहे करण-कारक हो, चाहे कर्म, क्रिया उसके लिंगानुसार बदलती है (और पंजाबी में वचन का अनुसरण भी करेगी यानी हिन्दी की अपेक्षा पंजाबी संस्कृत की कृदन्त पद्धति के अधिक समीप है।) बँगला में लिंगभेद होता ही नहीं है किन्तु कृदन्तों का प्रयोग होता है। **उसने लाठी मारी** जैसा प्रयोग बँगला में असंभव है। शायद इसीलिए ग्रियर्सन ने लिखा है कि कृदन्त-रूपों का हिन्दी जैसा भेद बँगला में नहीं है और बँगला तथा बिहारी भाषाओं में सकर्मक-अकर्मक दोनों तरह की क्रियाओं का रूप-विन्यास एक ही ढंग का होता है।

प्रश्न बंगाल और बिहार की भाषाओं का ही नहीं है। अवधी में भी उसने **लाठी मारी, उसने किताब पढ़ी** जैसे प्रयोग संभव नहीं हैं। **वह लाठी मारेसि वह किताब पढ़ेसि,** यहाँ क्रिया में लिंग-भेद नहीं है। किन्तु **मारेसि** का मूल अंश **मार** कृदन्त है। बँगला के **मारिलाम्, गेलाम्,** में कृदन्त-रूपों का व्यवहार स्पष्ट है। फिर भी **लाठी मारी** जैसे क्रियारूप से ये भिन्न हैं। इसका अर्थ यह हुआ कि कृदन्तों के व्यवहार की अनेक पद्धतियाँ हैं, इनका सम्बन्ध अलग-अलग क्षेत्रों की आर्यभाषाओं से है, तिङन्त-कृदन्त भेद काफी नहीं हैं।

अवधी के **कीन्हेसि, दीन्हेसि** में **कीन्ह, दीन्ह** कृदन्त रूप हैं; कृदन्त रूप के पश्चात् पुरुष सूचक चिन्ह लगा है। जैसे तिङन्त क्रियाओं में पुरुष सूचक चिन्ह लगता है, वैसे ही कृदन्त क्रियाओं में, मानों कृदन्त रूपों का पुनः तिङन्तीकरण हुआ हो। इसका कारण भाषा में अन्तर्निहित वाक्यतंत्र की वह प्राचीन पद्धति है जो क्रिया के बाद पुरुष सूचक कर्ता चिन्ह जोड़ती है। तुलसीदास ने कृदन्तों का तिङन्तीकरण किया है और कृदन्तों का विशेषणवत् प्रयोग भी किया है। **मैं पुनि निज गुरु सन सुनी कथा सो सूकर खेत; तदपि कही गुरु बारहिं बारा; चलत मोहि चूड़ामनि दीन्हीं; कही बिभीषन नीति बखानी**। यहाँ क्रिया, कर्म के अनुसार, लिंग-भेद सूचित करती है। ये प्रयोग अवधी के नहीं हैं। अवधी की प्रवृत्ति इस प्रकार है: **रचि पचि कोटिक कुटिलपन, कीन्हेसि कपट प्रबोधु; कहिसि कथा सत सवति कै जेहि बिधि बाढ़ बिरोधु**। यहाँ **कीन्हेसि** और **कहिसि** क्रियाओं की कर्ता एक स्त्री है; **कीन्हेसि** का कर्म **कपट प्रबोध** पुल्लिग है, **कहिसि** का कर्म **कथा** स्त्रीलिंग है। किन्तु **कीन्हेसि** और **कहिसि** दोनों रूप, तिङन्त क्रियाओं के समान, कर्ता के पुरुष और वचन की सूचना देते हैं, कर्म के अनुसार उनमें लिंग-परिवर्तन नहीं होता। तुलसीदास की अवधी पर जहाँ-तहाँ कनौजी, ब्रज, बुन्देलखंडी, बाँगरु आदि पछाहीं बोलियों का प्रभाव भी है। इसलिए रामचरितमानस के क्रिया-रूपों को सर्वत्र पुरानी अवधी के रूप न मान लेना चाहिए।

कृदन्त रूपों का एक सुपरिचित और व्यापक प्रत्यय **ल** है। इसका व्यवहार

भोजपुरी क्षेत्र से लेकर असमिया और उड़िया के प्रदेशों तक होता है। डा० सुनीति कुमार चाटुर्ज्या ने बँगला भाषा पर अपने ग्रन्थ में लिखा है कि यह प्रत्यय काफी पुराना है और मागधी अपभ्रंश में प्रयुक्त होता होगा यद्यपि इस अपभ्रंश के उदाहरण नहीं हैं। यदि यह प्रत्यय मागधी अपभ्रंश में प्रयुक्त होता था तो मानना होगा कि इस अपभ्रंश से न केवल बँगला, उड़िया, मैथिली आदि का जन्म हुआ वरन् मराठी जैसी भाषा का जन्म भी उसी से हुआ। अपने ग्रन्थ के पृष्ठ ९४० पर डा० चाटुर्ज्या ने इस संदर्भ में गुजराती, राजस्थानी और सिन्धी का हवाला दिया है और अगले पृष्ठ ९४१ पर मराठी का उल्लेख भी किया है। जैसे अनेक बातों में बँगला मराठी से मिलती है, वैसे ही कृदन्त रूपों के ल प्रत्यय को लेकर भी दोनों में समानता है। यहाँ मध्यदेश की स्थिति पूर्वी और पछाहीं बोलियों से भिन्न है। डा० चाटुर्ज्या कहते हैं कि पूर्वी और पछाँहीं हिन्दी तथा पूर्वी तथा पछाँहीं पंजाबी का जन्म जिन बोलियों से हुआ है; उनमें कर्मवाच्य कृदन्त के साथ इसका व्यवहार न होता था। मध्यदेश लकारान्त रूपों से घिरा हुआ है; यद्यपि मध्यदेश में कृदन्त रूपों का व्यवहार होता है, फिर भी इस विशेष कृदन्त रूप का व्यवहार अवधी, ब्रज, बाँगरू, पंजाबी और परिनिष्ठित हिन्दी में नहीं होता। साथ ही अवधी में सकर्मक क्रियाओं के भूतकालीन कृदन्तों का कर्मवाच्य प्रयोग नहीं होता। इसका अर्थ यह है कि अवधी का क्षेत्र कृदन्तों से कम प्रभावित हुआ है। आचार्य किशोरीदास वाजपेयी ने लिखा है : "हिन्दी में कृदन्त क्रियाएँ ही अधिक हैं। वर्तमान काल की सबकी सब क्रियाएँ कृदन्त हैं; सहायक क्रिया केवल 'है' ही तिङन्त है—लड़का पढ़ता है. लड़की पढ़ती है। भूतकाल की भी सब क्रियाएँ कृदन्त हैं—लड़का गया और लड़की गई।" (**हिन्दी शब्दानुशासन**, पृष्ठ ४२०)। परिनिष्ठित हिन्दी के लिए यह बात सही है। आधुनिक अवधी में **लड़का पढ़ता है** की तरह **लरिका पढ़त है**, और **लड़की पढ़ती है** की तरह **बिटिया पढ़ति** है प्रयोग होते हैं। किन्तु ये अपेक्षाकृत आधुनिक हैं। तुलसीदास की अवधी में वर्तमानकालीन क्रिया रूप मुख्यत: तिङन्त हैं. कृदन्त नहीं, यथा **सुनि समुझहिं जन मुदित मन मज्जहिं अति अनुराग, लहहिं चारि फल अछत तनु साधु· समाज प्रयाग**। यहाँ **समुझहिं, मज्जहिं** आदि तिङन्त रूप हैं।

पश्चिमी और पूर्वी भाषाओं में कृदन्त रूपों का जो व्यवहार हुआ, उसमें भेद यह है कि पूर्वी भाषाएँ कृदन्तों के अन्त में पुरुष-सूचक चिन्ह लगाती हैं। मगही में उसने रोटी खाई, इस वाक्य को कहेंगे, **उ रोटी खलकइ**। यहाँ **खल** कृदन्त रूप है। **खलकइ** के अन्त में जो इ है, उसका स्त्रीलिंग से कोई सम्बन्ध नहीं है। वह चला गया; मगही में **उ चल गेलइ**। यहाँ भी इकारान्त रूप है और उसका स्त्रीलिंग से कोई सम्बन्ध नहीं है। (ये उदाहरण डा० विश्वनाथ प्रसाद कृत **लिंग्विस्टिक सर्वे आफ सदर सब डिवीज़न आफ मानभूम एन्ड ढलभूम**, बिहार राष्ट्रभाषा परिषद, पटना, में हैं।)

भोजपुरी से भिन्न मगही और मैथिली भाषाओं के क्रिया-रूप न केवल कर्ता की ओर वरन् कर्म की ओर भी संकेत करते हैं और यह संकेत क्रिया के बाद प्रत्यय लगाकर किया जाता है। ग्रियर्सन ने उदाहरण दिए हैं : **देखलथिन्** अर्थात् उसने उस मान्य

व्यक्ति को **देखा**; **देखलथुन्** अर्थात् उसने आपको देखा। कर्ता अन्य पुरुष या मध्यम पुरुष में है, तो यह सूचना क्रिया-रूप देगा। **ओकर भाय अइलथी हइ**—उसका भाई आया है; **तोहर भाय अइलथु हइ**—तुम्हारा भाई आया है। यहाँ भी कृदन्त रूप हैं किन्तु उनके व्यवहार की पद्धति न केवल परिनिष्ठित हिन्दी से भिन्न है वरन् बँगला और भोजपुरी की पद्धति से भी भिन्न है। कृदन्तों के बाद सर्वनाम चिन्ह जुड़े हैं।

अवधी में अकर्मक क्रिया-रूप परिनिष्ठित हिन्दी के रूपों से काफी मिलते जुलते हैं। **हम गये, वे गये**, हिन्दी के इन वाक्यों में **गये** रूप वचन और लिंग सूचित करता है, पुरुष-भेद नहीं बताता। अवधी में **हम गैन, वो गे**—इन वाक्यों में पुरुष-भेद सूचित है। **वो गे** पुंल्लिंग रूप है, **वो गईं** कहें तो स्त्रीलिंग का बोध होगा। अवधी भाषा कृदन्त रूपों के बाद पुरुष-सूचक चिन्ह लगाती है और जहाँ-तहाँ पश्चिमी बोलियों के समान लिंग-भेद भी सूचित करती है।

मुख्य भेद दो तरह की क्रिया पद-रचना का है। एक में पुरुष सूचक चिन्ह लगते हैं, दूसरी में नहीं लगते। इस दूसरी पद्धति में लिंग-भेद भी सूचित किया जाता है और इस तरह का लिंग-भेद उन भाषाओं के क्रिया रूपों में भी कहीं-कहीं झलकता है जिनमें पुरुष-सूचक चिन्ह लगाए जाते हैं। गौण भेद कृदन्त प्रत्ययों के व्यवहार को लेकर है। मध्यदेश के उत्तर पश्चिमी और पूर्वी क्षेत्रों में इन प्रत्ययों का व्यवहार अधिक होता है। अवधी भाषा का क्षेत्र कृदन्त प्रभाव से अपेक्षाकृत मुक्त है।

परिनिष्ठित हिन्दी में भी कृदन्त रूपों का व्यवहार काफी नियन्त्रित है। **लड़का पढ़ता है** में **पढ़ता** पूर्ण क्रिया नहीं है, उसके साथ **है** क्रिया भी है। आचार्य किशोरीदास वाजपेयी ने कृदन्त और तिङन्त के अलावा दोनों के संयुक्त रूपों के व्यवहार की बात कही है। **है**—यह रूप तिङन्त है, **पढ़ता** कृदन्त है। कृदन्तों का ज़ोर भूतकालीन रूपों में अधिक है। इसका कारण यह है कि जिन रूपों को अब काल विशेष से जोड़ा जाता है, वे पहले क्रिया की अवस्था मात्र सूचित करते थे। क्रिया की पूर्णता, अपूर्णता, निरन्तरता आदि का बोध इन अवस्थाओं से होता था। ये अधिकांश अवस्थाएँ आगे चलकर वर्तमान काल से सम्बद्ध हो गईं, अतीतकाल से इनका वैषम्य दिखाने के लिए कृदन्त रूपों का व्यवहार होने लगा। अतीतकाल के लिए कृदन्त रूपों के व्यवहार में भेद है। **हमने लड़की देखी** या **देखी थी**, यहाँ कृदन्त-रूप, विशेषण के समान, कर्म के अनुरूप लिंग-भेद सूचित करता है, किन्तु **हमने लड़की को देखा** या **देखा था** में कृदन्त-रूप लिंग-निरपेक्ष है। **देखा था** रूप पुंल्लिंग लगता है किन्तु यदि कहें कि **लड़की ने, लड़के को देखा** या **देखा था** तो भी क्रिया रूप में परिवर्तन नहीं होता। यह कृदन्त का भाववाच्य प्रयोग है जो संस्कृत में नहीं है। एक तिङन्त पद्धति, दूसरी कृदन्त पद्धति, तीसरी संयुक्त पद्धति, और चौथी वह जिसमें क्रिया स्वतंत्र है। यह पद्धति भी काफी पुरानी होनी चाहिए। क्रिया रूप द्वारा लिंग-भेद सूचित करने की प्रवृत्ति संस्कृत में प्रबल है; इस चौथी पद्धति में उसके प्रभाव से मुक्ति है। यहाँ वाजपेयी जी का यह कथन संस्कृत और हिन्दी का अन्तर समझने के लिए महत्वपूर्ण है: "संस्कृत से हिन्दी

में यहाँ एक मौलिक प्रयोग-भेद है। संस्कृत में सकर्मक क्रियाओं के—कर्म की उपस्थिति में—भाववाच्य प्रयोग नहीं होते हैं। वहाँ कृदन्त सकर्मक क्रियाएँ (भूतकाल की) कभी भी भाववाच्य न होंगी। उपस्थित कर्म के अनुसार ही उनके लिंगवचन होंगे। परन्तु हिन्दी में स्थिति भिन्न है…हमने लड़की देखी और हमने लड़की को देखा यों उसी क्रिया के कर्मवाच्य और भाववाच्य दोनों तरह के प्रयोग होते हैं। और हमने तुमको देखा या तुमने हमको देखा केवल भाववाच्य। तुम और हम—कर्ता और कर्म दोनों ही—बहुवचन हैं; परन्तु क्रिया एकवचन है—देखा। यह भाववाच्य क्रिया कभी भी कर्मवाच्य नहीं बनाई जा सकती।" (**हिन्दी शब्दानुशासन**, पृष्ठ ४२४)। जैसे कारक-रचना में अनेक पद्धतियों का मिश्रण है, वैसे ही क्रियापद रचना में अनेक पद्धतियाँ कार्य करती दिखाई देती हैं।

५. हिन्दी जनपदों के प्राचीन क्रिया रूप

रामचरितमानस और **पदमावत** में भूत और भविष्य के जो क्रिया रूप तिङन्त जैसे प्रतीत होते हैं, वे वास्तव में कृदन्त हैं। वर्तमान काल में अन्य पुरुष के एकवचन रूप **कहइ** की तुलना भूतकाल अन्य पुरुष के एकवचन रूप **कहँसि** से करें तो विदित होगा कि वर्तमान काल में यदि **इ** प्रत्यय **कह** में लगाया गया है तो भूतकालीन रूप में **सि** प्रत्यय **कहँ** में लगाया गया है। यह एकारान्त क्रिया रूप कृदन्त है, परिनिष्ठित हिन्दी के **कहा** का यह अर्ध मागधी परम्परा वाला **कहे** रूप है। इसी प्रकार भविष्य काल में अन्य पुरुष के बहुवचन रूप **करिहहिं** की तुलना वर्तमान काल में, अन्य पुरुष के बहुवचन रूप **करहिं** से करें तो यह भेद दिखाई देगा कि भविष्य काल में क्रिया **कर** के बाद **ह** अथवा **इह** प्रत्यय जुड़ा हुआ है। यह प्रत्यय कृदन्त का है। वर्तमान काल में सीधी तिङन्त क्रिया का व्यवहार होता है। पुरानी पद्धति क्रिया के जिन रूपों में सबसे ज्यादा काम में आती है, उनका सम्बन्ध वर्तमान काल से जोड़ा गया है। संभावना, आज्ञा आदि के रूपों की तुलना वर्तमानकालीन रूपों से की जाय तो उनमें बहुत बड़ी समानता दिखाई देगी। जायसी और तुलसीदास के समय तक कृदन्त-पद्धति का व्यवहार इतना बढ़ चुका है कि विशेषण रूप में ही नहीं, विशुद्ध क्रिया रूप में भी **त** प्रत्यय वाले कृदन्तों का व्यवहार होने लगा है यथा **रामचरितमानस** में—**बारहिंबार लेति उरलाई**। कर्ता स्त्री-लिंग है, उसी के अनुरूप क्रिया भी इकारान्त है। **जानत प्रिया एकु मन मोरा;** यहाँ कर्ता **मन** पुंल्लिग है, उसी के अनुरूप क्रिया अकारान्त है। फिर भी **रामचरितमानस** और **पदमावत** के वर्तमानकालीन रूपों में कृदन्त की अपेक्षा तिङन्त-पद्धति ही प्रधान है।

अवधी के क्रिया रूप अपभ्रंश से बहुत मिलते जुलते हैं और इनका सम्बन्ध अनेक आधुनिक आर्यभाषाओं से है। हिन्दी क्षेत्र के पश्चिमी भाग में **करे है, जाय है** जैसे प्रयोग अब भी काफी प्रचलित हैं। पुरानी खड़ी बोली (हिन्दी या उर्दू) के साहित्य में उनका व्यवहार काफी होता है। ये **करे, जाय** पुरानी अवधी के **करइ, जाइ** का परिवर्तित रूप

हैं। **करे है** की तरह **करे था** रूप का भी चलन है। परिनिष्ठित हिन्दी के **करेगा, जायगा** रूपों में वही वर्तमानकालीन **करे** और **जाय हैं**। ये वर्तमानकालीन रूप ही, भूत और भविष्य के लिए, अन्य काल-चिन्हों के साथ प्रयुक्त हुए। **करे है** में **है** अनावश्यक है किन्तु जब **करे** रूप का व्यवहार भूत और भविष्य के लिए होगा, तो वर्तमान काल का अलग संकेत देने के लिए **है** का प्रयोग अनिवार्य होगा। इससे वर्तमानकालीन रूपों के व्यापक प्रयोग का ज्ञान होता है। अवधी में भविष्य और भूत के चिन्ह **गा** और **था** नहीं हैं; अत: **करइ** के बाद **है** जैसी क्रिया का व्यवहार आवश्यक नहीं है। **करे था** के समानान्तर **किया था** वाला रूप भी विद्यमान था किन्तु भविष्य के लिए भूतकालीन **किया** से काम न चल सकता था। उसके लिए पुराने रूप **करे** से ही काम लिया जा सकता था। **करइ** का संस्कृत प्रतिरूप **करोति** है। प्राकृत में क्रिया के साथ **ति**, उसके सघोष रूप **दि**, और **इ** प्रत्ययों का व्यवहार हुआ है। अपभ्रंश में भी अन्य पुरुष के साथ क्रिया के एकवचन रूप में **इ, दि** दिखाई देते हैं। इसका अर्थ यह है कि **करइ** जैसा अवधी का रूप उतना पुराना है, जितना कोई भी प्राकृत का ऐसा ही रूप। बहुवचन में प्राकृत तो, संस्कृत का अनुसरण करते हुए, **न्ति** वाले रूपों से काम लेती है, अपभ्रंश में **न्ति** वाले रूपों का लोप हो जाता है, उनके स्थान पर **हिं** वाले रूप आ जाते हैं। अपभ्रंश में जहाँ प्राकृत का अनुसरण किया जाता है, वहाँ **न्ति** वाले रूप कायम रहते हैं। समस्या यह है कि यदि संस्कृत के **ति** और **न्ति** वाले रूप मूल हैं, तो एकवचन में **त्** का पूर्ण लोप हो जाता है और **ति** के स्थान पर केवल **इ** ध्वनि बच रहती है किन्तु बहुवचन में **त्** का लोप नहीं होता वरन् वह **ह्** में बदल जाता है। **त्** का **ह्** में परिवर्तन अत्यन्त अस्वाभाविक है। अस्वाभाविक न हो तो भी एक जगह **ह्** के बने रहने और दूसरी जगह उसके लोप हो जाने का कोई कारण होना चाहिए।

रामचरितमानस और **पदमावत** में वर्तमान काल में अन्य पुरुष के लिए क्रिया के एकवचन और बहुवचन रूपों को मिलाकर देखा जाय तो यह स्पष्ट हो जाएगा कि बहुवचन का **हिं** एकवचन के **हि** रूप का अनुस्वारयुक्त प्रयोग है। एकवचन रूपों का व्यवहार बहुवचन रूपों की तुलना में अधिक हुआ, इसलिए अल्पप्राणता के भाषाई परिवेश में **ह्** का लोप हुआ। भविष्य काल के अन्य पुरुष एकवचन रूपों में सामान्यत: **हि** सुरक्षित है। इसी काल और पुरुष के बहुवचन रूपों में **हिं** का व्यवहार होता है। यहाँ **हि** और **हिं** का सम्बन्ध स्पष्ट है। यदि एकवचन में **इ** हो और बहुवचन में **हिं**, तो यह मान लेना चाहिए कि एकवचन में **हि** रूप का चलन था। अवधी के कुछ क्षेत्रों में अब भी **हि** वाले क्रिया रूपों का व्यवहार होता है जिनके समानान्तर अन्य क्षेत्रों के रूपों में **ह्** का लोप हो गया है। बघेली का एक वाक्य है : "ते कर ल्ये वह मोर सहाव निह होही।" (धीरेन्द्र वर्मा : **ग्रामीण हिन्दी**, पृष्ठ ४६)। यहाँ **होही** भविष्यकालीन क्रिया-रूप है; बैसवाड़ी में इसका **होई** प्रतिरूप प्रचलित है। इसी प्रकार बघेली का **चलही** भविष्य काल में अन्य पुरुष का एकवचन रूप है (उप०), उसके स्थान पर बैसवाड़ी में **चली** रूप होगा।

बहुवचन और एकवचन दोनों रूपों में **ह्** ध्वनि विद्यमान थी। अवधी के लिए **त्** का **ह्** में परिवर्तन अस्वाभाविक है किन्तु यदि **त्** के स्थान पर **ध्** हो, तो उसका एक क्षेत्र में **ह्** रूप धारण करना और दूसरे क्षेत्र में **त्** या **द्** रूप धारण करना अत्यन्त स्वाभाविक होगा। **इधर, इहर** और **इत:** रूपों पर ध्यान दें तो ध्वनि-परिवर्तन का उक्त क्रम समझ में आ जाएगा। जो क्षेत्र सघोष महाप्राण ध्वनियों में स्पर्श तत्व की रक्षा करता है, केवल महाप्राणता या उसके साथ सघोषता का लोप करता है, वह **गच्छदि, गच्छति** रूपों का व्यवहार करता है; जो क्षेत्र स्पर्श तत्व का लोप करता है, केवल महाप्राणता की रक्षा करता है, वह **गच्छहि** जैसा रूप अपनाएगा।

मूल रूप गच्छधि में **धि** की भूमिका क्या है ? इसकी भूमिका वही है जो **गच्छामि** में **आमि** की है अर्थात् वह क्रिया के बाद आने वाला कर्ता रूप सर्वनाम है। **गच्छामि** का **मि, अमि** या **आमि** अनेक उत्तम पुरुष सर्वनाम रूपों से मिलता जुलता है, किन्तु **गच्छधि** का वह **धि** कहीं दिखाई नहीं देता। कभी-कभी पुराने रूप मूल क्षेत्र से दूर की भाषाओं में सुरक्षित रहते हैं। ऐसे ही एक भाषा अंग्रेज़ी है। इसके अन्य पुरुष सर्वनाम का बहुवचन कर्ता रूप **दे** होता है। कर्म कारक में **देम** रूप प्रचलित है। एक-वचन कर्ता रूप **ही** है, उसी का कर्म रूप **हिम** है। **हि** और **हिम**; इनके समानान्तर **दे** और **देम**। यदि सर्वनाम के मूल रूप में **ध्** की कल्पना की जाय तो अंग्रेज़ी के इन रूपों की व्याख्या बहुत अच्छी तरह हो जाती है। **ही** और **हिम** एक क्षेत्र के रूप हैं, **दे** और **देम** अन्य क्षेत्र के। दोनों का आधार **धि** सर्वनाम है। दो तरह के रूप सुलभ होने पर एक तरह के रूप एकवचन के लिए सुरक्षित हो गये, दूसरी तरह के रूप बहुवचन के लिए। **ही** के अलावा अंग्रेज़ी में एक सर्वनाम **दि** और है जो अब किसी संज्ञा के पहले आने वाला विशेष संकेतक ('डेफीनिट् आर्टीकिल्') बन गया है। व्युत्पत्ति-विशेषज्ञों को इस **दि** की व्याख्या करने में कठिनाई न होनी चाहिए। वह सीधे प्राचीन आर्य सर्वनाम **धि** का अल्पप्राण रूप है। शिलालेखों की पुरानी फारसी में अन्य पुरुष सर्वनाम का कर्म-कारक रूप **दिम्** (अंग्रेज़ी **हिम्**) इसी **दि** से बना है। फ्रान्सीसी भाषा में यही **दि** या **द ल** में परिवर्तित होकर वैसी ही भूमिका निबाहता है। भारत के पूर्वी क्षेत्र की भाषाओं में कृदन्तीय **त** इसी प्रकार **ल** में बदलकर **कहिल, गेल** आदि रूपों को जन्म देता है।

आचार्य किशोरीदास वाजपेयी ने जिस मूल भाषा का उल्लेख हिन्दी शब्दानुशासन में अनेक बार किया है, उसमें **गच्छधि गच्छन्धि, याधि यान्धि** जैसे रूप किसी समय अवश्य प्रचलित रहे होंगे। **याधि** और **यान्धि** के 'संस्कृत' रूप **याति** और **यान्ति** हैं, अवधी प्रतिरूप **जाहि** और **जाहिं** हैं। इन्हीं रूपों में जब **ह्** का लोप होता है तो जाइ, जाय, जायँ आदि रूप प्राप्त होते हैं।

एक क्रिया है **दुह्**। इसका वर्तमान काल में अन्य पुरुष का एकवचन रूप होता है **दोग्धि**। यहाँ **ध्** स्पष्ट दिखाई दे रहा है। एक क्रिया है **लिह्**। इसका अन्य पुरुष में एकवचन रूप होता है **लेढि**। इसका प्रतिरूप **रिह्** भी है जिससे वर्तमानकालीन अन्य

पुरुष का **रेढि** रूप बनता है। यहाँ भी **ढि** के पूर्व रूप **धि** के अस्तित्व का बोध होता है। वैयाकरण कहते हैं कि वर्तमानकालीन अन्य पुरुष के इन एकवचन रूपों में मूलतः **ति** चिन्ह था जो **धि** में बदल गया है। संस्कृत के सारे विकास को देखते हुए **ध्** ध्वनि **त्** में परिवर्तित हुई, इसकी संभावना अधिक है; **त्** ध्वनि सघोष महाप्राण **ध्** बन जाय, इसका कोई तर्कसंगत कारण प्रतीत नहीं होता।

ऐसे नियमों की कल्पना की गई कि **ति** बदल कर **ढि** हो जाय। यदि अधिकांश रूपों में **धि** के दर्शन होते तो ऐसे नियमों की कल्पना की जाती कि, विशेष संदर्भों में, **ध्** की महाप्राणता और सघोषता का लोप हो जाता है। **ति** वाले रूपों के समानान्तर **धि** और **हिं** वाले रूप प्रचलित **थे,** इसका प्रमाण वर्तमान काल में अन्य पुरुष के वे एकवचन रूप हैं जो प्राकृत, अपभ्रंश और पुरानी अवधी में प्राप्त हैं और जिनके अवशेष परिनिष्ठित हिन्दी समेत अनेक आधुनिक आर्यभाषाओं में अब भी विद्यमान हैं। उनकी व्याख्या **गच्छति** के **ति** चिह्न के बदले **दोग्धि** के **धि** चिन्ह द्वारा ज्यादा अच्छी तरह हो जाती है।

लिह् क्रिया मूलतः **लिघ्** या **रिघ्** थी, इसका ज्ञान अंग्रेज़ी के **लिक्** (चाटना) रूप से होता है। कहा जा सकता है कि बहुत से शब्दों में **ध्** और **घ्** स्वच्छन्द संचरण की स्थिति में दिखाई देते हैं, इसलिए यह संभव है कि **लिह्, रिह्** क्रिया के मूल रूप **लिघ्, लिध्** दोनों हों। इसमें असंभव कुछ नहीं किन्तु **लिह्** क्रिया का वर्तमान काल में मध्यम पुरुष एकवचन रूप **लेक्षि** होता है। जब हम क्रिया का मूल रूप **लिघ्** मानते हैं तब **घ्** का अपने ही वर्ग के अघोष अल्पप्राण **क्** में परिवर्तित होना स्वाभाविक लगता है। **लिह्** (**लिक्**) के साथ **धि** का संयोग होने पर मूर्धन्यीकरण की जिस प्रक्रिया से **धि** के स्थान पर **ढि** का अवतरण होता है, उसी से **लेक्षि** में, **क्** के संसर्ग से, दन्त्य **स्** मूर्धन्य **ष्** में बदल जाता है। **घ्** ध्वनि पड़ोस के तवर्गीय व्यंजन को प्रभावित करती है, इसका एक उदाहरण **मूढ** शब्द है। यहाँ **मुह्** क्रिया का मूल रूप **मुघ्** है, **लिघ्** के समान। **मूढ** का वैकल्पिक रूप **मुग्ध** है। जब **घ्** के अस्तित्व का बोध बना रहता है, तब **मुग्ध** रूप बनता है; **घ्** ध्वनि अल्पप्राण हो जाती है क्योंकि दो महाप्राण व्यंजनों को संस्कृत एक साथ स्वीकार नहीं करती। जब केवल **ह्** का बोध रहता है तब यह व्यंजन (अन्तस्थ) सामने की तवर्गीय ध्वनि को मूर्धन्य कर देता है और **ह्** पूर्व स्वर को दीर्घ करके उसी में लीन हो जाता है। **मुह्** से मिलती जुलती क्रिया **मिह्** है। **मूढ** के समान इसका **मीढ** रूप बनता है। यह क्रिया मूलतः **मिघ्** है, इसका प्रमाण **मिह्** का एक रूप **मेघमान** है।

ऐसा प्रतीत होता है कि अन्य पुरुष और मध्यम पुरुष दोनों के अनेक सर्वनाम रूप **ध्** के आधार पर रचे गये हैं। वर्तमान काल में **अस्** का मध्यम पुरुष एकवचन रूप **एधि** है। **धि** यहां मध्यम पुरुष सर्वनाम का एकवचन रूप है। **शास्** क्रिया का मध्यम पुरुष एकवचन रूप **शाधि** होता है। **चकास्** क्रिया का ऐसा ही **चकाधि** रूप होता है। मध्यम पुरुष के **मोदध्वम्, अलभध्वम्, युध्येध्वम्** जैसे बहुवचन क्रिया रूप देखते हैं तो उक्त कल्पना पुष्ट होती है। आत्मनेपद में **ध्वम्** के स्थान पर **ध्वे** दिखाई देता है (जो

संभवतः **ध्वस्** का 'अर्द्ध मागधी' **ध्वे** रूप है)। मध्यम पुरुष में क्रिया के एकवचन रूपों में **स्व** के दर्शन भी होते हैं, **लभस्व, मोदस्व** आदि। ऐसा प्रतीत होता है कि **ध्व, त्व, स्व,** इन मध्यम पुरुष सर्वनाम् रूपों का एक ही आधार है। विभिन्न वचनों में **थ** का व्यवहार भी होता है यथा द्विवचन में **मोदेथाम्। अलभथ** मध्यम पुरुष में क्रिया का एकवचन रूप है; **बोधथ, भवथ,** ये मध्यम पुरुष के बहुवचन रूप हैं। मध्यम पुरुष सर्वनाम के चिन्ह विभिन्न लकारों और वचनों में बाँट दिए गए हैं किन्तु इन सबका आधारभूत रूप **ध्व** पहचान में आता है। और यह सर्वनाम रूप **ध्** पर आधारित अन्य पुरुष सर्वनाम **धि** से संबद्ध है।

यह उल्लेखनीय है कि संस्कृत में मध्यम पुरुष के एकवचन रूपों में **धि** के अलावा **सि** और **हि** दोनों दिखाई देते हैं। **या** क्रिया का वर्तमान काल में **यासि** रूप है और आज्ञा में **याहि**। **हि** का विकास **सि** से हो सकता है और सीधे **धि** से भी। अपभ्रंश और पुरानी अवधी में मध्यम पुरुष के जो **हि** वाले रूप मिलते हैं, उनका निर्माण संस्कृत काल में हो चुका था। **हि** के साथ अपभ्रंश और अवधी में जहाँ **हु** दिखाई देता है, उसका आधार **ध्व, स्व** अथवा **धु, सु** होना चाहिए।

यहाँ संस्कृत के गच्छामि पठामि रूपों के मि, अमि या आमि पर विचार करना चाहिए। बँगला में आमि सर्वनाम रूप प्रचलित है किन्तु मराठी में उत्तम पुरुष का बहुवचन रूप आम्हीं प्राप्त है। या तो इसमें महाप्राण ध्वनि जोड़ी गई है या बँगला में महाप्राण ध्वनि का लोप हुआ है। यहाँ केवल संस्कृत रूप देखने से समस्या हल नहीं होती। प्राकृतों में जो रूप मिलते हैं, उनसे सहायता मिलती है। पिशल ने अपने प्राकृत व्याकरण में उत्तम पुरुष सर्वनाम का बहुवचन रूप अम्हे दिया। मराठी आम्हीं का सम्बन्ध अम्हे से दिखाई देता है। इस रूप में ह् मूलध्वनि नहीं है। वह किस ध्वनि का परिवर्तित रूप है, इसका अनुमान पिशल द्वारा दिए हुए पैशाची प्राकृत के रूप अम्फ से होता है। इस रूप से विदित होता है कि मूल सर्वनाम अम्भ था जिसके परिवर्तित रूप अम्ह, अम्हे आदि थे। मराठी आम्हीं, बँगला आमि और संस्कृत के पठामि का अमि या आमि तथा पैशाची प्राकृत का अम्फ एक ही मूल सर्वनाम अम्भ के परिवर्तित रूप हैं। सर्वनामों के निर्माण में घ ध भ, देश-काल-व्यक्ति-वस्तु-सूचक संकेत चिन्हों की जिस भूमिका का उल्लेख पहले किया गया है, यहां उसकी पुष्टि होती है।

संस्कृत के क्रियारूपों में जो सर्वनाम चिन्ह दिखाई देते हैं, वे बहुधा परिवर्तित रूप में हैं। कहीं तो **धि ध्वम्** जैसे रूपों में सघोष महाप्राण ध्वनि स्पष्ट है, कहीं वह स्, ह्, त् आदि में बदल गई है। **घ्** के साथ **भ्** ध्वनि का व्यवहार भी सर्वनाम रचना में होता था। अपभ्रंश और आधुनिक आर्यभाषाओं के सर्वनामों का संबन्ध संस्कृत रूपों से उतना नहीं है जितना प्राचीन मध्यदेशीय गणभाषाओं के रूपों से। **आम्हीं** का आधार **अम्भ, अम्भें** जैसा रूप है; इसी तरह अवधी क्रियापद **जाहि** का पूर्वरूप **याधि** है, और यह **याधि** संस्कृत **याति** का भी मूलरूप है।

संस्कृत के क्रिया रूपों के बारे में एक रोचक तथ्य यह है कि इनमें अनेक संज्ञा-रूप

हैं। संज्ञा-रूप होने से वे किसी न किसी कारक चिन्ह के साथ दिखाई देते हैं। मैकडनल ने पूर्वकालिक क्रिया **पीत्वा, भूत्वा, हत्वा** आदि के लिए लिखा है कि ये करणकारक में उस संज्ञा का एकवचन रूप हैं जिसके अन्त में तु चिन्ह था अर्थात् पी तु + आ = पीत्वा। यह उकारान्त **पीतु** संज्ञा का मध्यदेशीय कर्ता रूप है। इसमें करणकारक की **आ** विभक्ति जोड़ी गई है। यदि करणकारक का यह प्रयोजन माना जाय कि किसी वस्तु के कारण कार्य विशेष होता है, तो इससे क्रिया में पूर्वकाल का भाव उत्पन्न नहीं होता। मैकडनल ने, **गत्वा** आदि क्रिया रूपों की व्याख्या करते हुए, लिखा है कि मूल क्रिया जिस कार्य की ओर संकेत करती है, उसके साथ होने वाले कार्य या उससे पहले होने वाले कार्य की ओर यह पूर्वकालिक रूप संकेत करता है। इस व्याख्या से करणकारक सम्बन्धी सामान्य धारणा मेल नहीं खाती। किन्तु कारक पर ध्यान न देकर विभक्ति पर विचार करें तो **गतु** संज्ञा के साथ **आ** सम्बन्धक का संयोग सार्थक है। पहले कहा गया है कि **सह** सम्बन्धक का विकास यह **आ** है। यह कल्पना **गत्वा** में **आ** की भूमिका से पुष्ट होती है। जाने की क्रिया के साथ वाक्य की मूल क्रिया सम्पन्न होती है। दोनों क्रियाएँ एक साथ पूरी तरह सम्पन्न नहीं होतीं, कुछ अन्तराल रहता है, इसलिए गौण क्रिया पूर्वकालिक हो गई।

ऐसे उकारान्त रूप अनेक क्रिया रूपों में प्रयुक्त होते हैं। **गत्वा** के साथ एक वैदिक रूप **गत्वी** है जिसमें, मैकडनल के अनुसार, अधिकरण कारक की विभक्ति लगी है। इस तरह के रूपों में कारक का, वैयाकरणों द्वारा निर्धारित, कार्य छोड़कर विभक्तियों, अर्थात् सम्बन्धकों, की भूमिका पर विचार करना चाहिए। **तुम्हारी बात सुनने पर मैं कुछ कहूँगा**; इस वाक्य को यों भी कह सकते हैं: **तुम्हारी बात सुनकर मैं कुछ कहूँगा। सुनने पर** से मिलता जुलता प्रयोग **गत्वी** का है। उसी **गतु** में **आय** जोड़कर **गत्वाय** रूप बनता है। यह सम्प्रदान कारक का रूप है। क्रियार्थी संज्ञाओं में पातु जैसे उकारान्त रूप से पातवे, पातवै (पीना) शब्द सिद्ध होते हैं। क्रियार्थी संज्ञाओं के बारे में मैकडनल ने लिखा है कि क्रिया के आधार पर बने हुए संज्ञा शब्दों के ये सब कारक रूप हैं। कर्म, सम्प्रदान, अपादान, सम्बन्ध या अधिकरण, किसी न किसी कारक रूप में क्रियार्थी संज्ञाओं का व्यवहार होता है। मैकडनल के अनुसार ऐसे क्रियार्थी संज्ञा रूप ऋग्वेद में लगभग ७०० बार आये हैं। इससे विदित होगा कि ऋग्वेद की रचना के समय क्रियार्थी संज्ञा रूपों का व्यवहार कितना व्यापक था। यह प्रवृत्ति मध्यदेशीय विन्यास तंत्र से भिन्न है जहाँ क्रिया की प्रधानता है। विशुद्ध क्रियाएँ अपने साथ पुरुष संकेत लिए रहती हैं; कृदन्तवादी पद्धति में क्रिया—संज्ञा रूप में—पुरुष सूचना से मुक्त है। कृदन्तों का व्यवहार उस पद्धति के अनुकूल है जिसमें वाक्य के पूर्व भाग में उद्देश्य होता है और उत्तर भाग में विधेय। ऋग्वेद में कर्म की अपेक्षा सम्प्रदान कारक वाले क्रियार्थी संज्ञा रूप अधिक हैं। आगे चलकर इस रूप का व्यवहार कम होता जाता है और कर्मकारक वाले रूप का चलन अधिक होता है। उत्तर भारत की आर्य भाषाओं में सम्प्रदान का कार्य अधिकतर कर्म की विभक्ति करती है, इस प्रवृत्ति की शुरूआत

उत्तर वैदिक काल में हो जाती है।

उकारान्त रूपों में भविष्यकालीन कृदन्त **कर्त्व** (**कर्तु**+**अ**), **वक्त्व** (**वक्तु**+**अ**) का उल्लेख यहाँ कर देना चाहिए। इन रूपों की रचना उसी करण कारक की **अ** विभक्ति से हुई है। **कर्त्व** वह जो निर्मित किया जाएगा; **वक्त्व** वह जो कहा जाएगा। भविष्य का भाव इस रूप पर आरोपित है, एक ही संदर्भ में निरन्तर प्रयुक्त होने से इस संज्ञा रूप ने वैसा भाव अर्जित किया है। ये जितने **त्** वाले रूप हैं, उनके बारे में इस बात की जाँच-पड़ताल के लिए निरन्तर सचेत रहना चाहिए कि ये **ध्** वाले रूपों का विकास तो नहीं है। एक क्रिया है **जक्ष्** (हड़पना, भक्षण करना)। **पीत्वा**, **गत्वा** के समान इसका पूर्वकालिक रूप बनता है **जग्ध्वा**। इसी तरह **बन्ध्** (बाँधना) से **बद्ध्वा** रूप बनता है। **रुह्** (ऊपर चढ़ना) से **रूढ्वा** रूप बनता है। जैसे **गत्वा** के समानान्तर **गत्वी** है, वैसे ही **गुह्** (छिपाना) से **गूढ्वी** रूप बनता है। संभव है, **गत्वा**, **पीत्वा** आदि में पहले **ध्वा** चिन्ह रहा हो, संज्ञा रूप **गधु**, **पीधु** से **गतु**, **पीतु** रूपों का विकास हुआ हो। क्रियार्थी संज्ञाओं में कुछ रूप ऐसे हैं जिनमें स्पष्टतः **ध्** विद्यमान है, उसे किसी अन्य ध्वनि का रूपान्तरण नहीं कहा जा सकता। सम्प्रदानकारक में प्रयुक्त होने वाली क्रियार्थी संज्ञा का एक रूप **गमध्यै** (जाना), **चरध्यै** (चलना) जैसा होता है। मैकडनल के अनुसार ऐसे रूप अधिकतर ऋग्वेद में हैं। इसका अर्थ यह है कि ऋग्वेद की रचना के समय **ध्** वाले कुछ मूल रूप बचे हुए थे, अन्यत्र अल्पप्राण अघोष **त्** का ही साम्राज्य है। विभिन्न लकारों में क्रिया के साथ संयुक्त होने वाले अन्य और मध्यम पुरुष सर्वनामों के बारे में पहले जो कुछ कहा गया है, उसकी यहाँ पुष्टि होती है। यदि **गमध्यै** से **गन्तवै** जैसे रूप की तुलना की जाय तो दोनों की रचना-विधि समान है, यह विदित होगा। दोनों ही क्रियार्थी संज्ञारूप हैं और सम्प्रदान कारक में हैं। ध् के साथ अन्तस्थ य् है जिसका व्यवहार मध्यदेश में अधिक होता है और त् वाले रूप में अन्तस्थ व् है जिसका व्यवहार उत्तर पश्चिमी क्षेत्र में अधिक होता है। इसी उत्तर पश्चिमी क्षेत्र में अल्पप्राणता का जोर अधिक है। **गन्तवै** की तुलना में **गमध्यै** रूप प्राचीन है।

उकारान्त रूपों के साथ इकारान्त संज्ञा रूपों का भी चलन था। **सद्** (बैठना) से संज्ञा रूप **निषदि** बना; उसमें करण कारक की विभक्ति **आ** अथवा **अ** लगाने पर **निषद्या**, **निषद्य** रूप बने। इसी प्रकार **नमस्कृति** में **अ** लगाने पर **नमस्कृत्य** जैसा रूप बना।

पूर्वकालिक क्रिया का एक रूप कर्मकारक में होता है। मैकडनल ने उदाहरण दिया है: **महानागम् अभिसंसारम्** (महानाग के चारों ओर साथ दौड़ते हुए)। ऐसे प्रयोगों के बारे में मैकडनल ने लिखा है कि संहिताकाल में ऐसे संज्ञारूप पूर्वकालिक क्रिया का भाव व्यक्त न करते थे किन्तु आगे चलकर ब्राह्मणों और सूत्र ग्रन्थों में उनसे बहुधा वैसा भाव व्यक्त किया जाने लगा। इससे विदित होता है कि क्रिया के स्थान पर संज्ञा रूपों का व्यवहार करने की प्रवृत्ति निरंतर बढ़ रही थी।

भुजे (भोग करना), **भुवे** (होना) **दृशे** (देखना) क्रियार्थी संज्ञा रूप हैं और

सम्प्रदान कारक में हैं। **दृशये, पीतये, पातवे** (पीना), **पातवइ**, ये रूप भी उसी कारक में हैं। **इत्यै** (जाना), **इयध्यै** (जाना) की तरह **सह्** (विजय प्राप्त करना) से **साढ्यै** रूप बनता है। **मन्**, **मान्** जैसे चिन्ह जोड़कर **शुद्ध** संज्ञा शब्द बनते हैं। **दा** क्रिया से **दामन्** रूप बना और फिर सम्प्रदान कारक में **दामिने** क्रियार्थी संज्ञा रूप रचा गया। इसके ग्रीक प्रतिरूप **दोमेनइ** (देना) में सम्प्रदान कारक की विभक्ति **अइ** विद्यमान है और वह **अय** का वैकल्पिक रूप है।

क्रियार्थी संज्ञाओं में कर्मकारक (या नपुंसक लिंग के कर्ताकारक) रूपों का चलन काफी है। **समिधम्** अर्थात् जलाना, **शुभम्** (अर्थात् चमकना)। **दातु**, **कर्तु** जैसे उकारान्त रूपों से **दातुम्** (देना), **कर्तुम्** (करना) जैसे क्रियार्थी संज्ञा रूप बने। **कर्तोः** (करना), **दातोः** (देना) सम्बन्धकारक में है। क्रियार्थी संज्ञा रूपों की इतनी माँग है कि किसी भी कारक का संज्ञा-रूप क्रिया-भाव की पूर्ति करता है।

संस्कृत में ऐसे कृदन्त रूपों का बहुत चलन है जिनमें क्रिया भाव की प्रधानता है। इनमें अनेक का निर्माण **अत्**, **अन्त्** जैसे प्रत्यय लगाकर होता है जैसे भू क्रिया से **भवन्त्**। यहाँ वर्तमानकाल की व्यंजना है। इसके साथ **भविष्यन्त्** रूप है जिसमें भविष्य काल की व्यंजना है। **पान्त्** (पीने वाली **पा** क्रिया से) अतीत काल की व्यंजना करता है। क्रियार्थी संज्ञा रूपों से काल व्यंजना नहीं होती; किन्तु विशेषण की भूमिका वाले कृदन्तों से काल-व्यंजना होती है। ऐसे क्रियार्थी विशेषकों की समृद्धि हिन्दी में नहीं है; तमिल में है। इसका कारण यह है कि जिस मूल भाषा से तमिल का विकास हुआ है, वह संस्कृत क्षेत्र के पड़ोस में बोली जाती थी और दोनों में एक ही प्रवृत्ति काम कर रही थी। काल सूचक विशेषण भाव वाले कृदन्तों के संदर्भ में तमिल संस्कृत के बहुत समीप है; हिन्दी तिङन्त प्रधान प्राचीन मध्यदेशीय भाषा की प्रवृत्ति व्यंजित करती है। काल भेद सूचित करने के लिए हिन्दी में साधारणतः पूर्ण क्रिया का व्यवहार करना होगा, विशेषक से काम न चलेगा। इसी तरह पूर्वकालिक क्रिया के लिए हिंदी में कारक रूपों का व्यवहार नहीं होता। **पढ़कर**, **लिखकर** जैसे पूर्वकालिक रूपों में **कर** विशुद्ध क्रिया है, कारक बंधन से मुक्त। **करना**, **जाना** संज्ञा रूप हैं यथा **उसका जाना न होगा**; साथ ही वे आज्ञाभाव व्यक्त करनेवाले क्रिया रूप हैं, **तुम जाना**, **तुम यह काम करना**। इस तरह के आज्ञा रूपों में भविष्य काल का बोध भी है। संस्कृत के क्रियार्थी संज्ञा रूपों से काल बोध नहीं होता। **करना**, **जाना** आदि रूपों में भविष्यकालीन भाव, संस्कृत से भिन्न, हिन्दी की अर्जित सम्पत्ति है।

कृदन्त रूप बनाने में तमिल तथा आर्य भाषाओं में एक समानता यह है कि संस्कृत जैसे भूतकालिक कृदन्तों में त प्रत्यय का उपयोग करती है, वैसे ही तमिल क्रिया के भूतकालीन रूपों में इसी **त** या **द** प्रत्यय से काम लेती है। जैसे तमिल क्रिया **पार्** माने देखना। इसका अन्य पुरुष में भूतकालीन एकवचन रूप हुआ **पार्त्तान्**। चॅय् (करना) क्रिया का ऐसा ही रूप **चॅय्दान्**। यहाँ जो प्रक्रिया घटित हुई है, वह यह है कि मूल क्रिया के बाद **त** प्रत्यय लगाकर पुरुष सूचक सर्वनाम चिन्ह जोड़ा गया है। जब पूर्ण

क्रिया के **बदले** केवल कृदन्त का व्यवहार करना हो तो सर्वनाम चिन्ह की आवश्यकता न होगी, **चॅय्द** (किया) काफी होगा। या तो तमिल और संस्कृत में कृदन्त प्रत्यय **त** का व्यवहार आकस्मिक समानता है या अन्य लक्षणों के समान इससे भी दो समुदायों की भाषाओं का सम्पर्क प्रमाणित होता है। आश्चर्य की बात यह है कि हिन्दी में **गतः** के स्थान पर **गया** का चलन हो गया किन्तु तमिल में **त** बना रहा।

अवधी तथा पूर्वी क्षेत्र की अन्य भाषाएँ कृदन्त रूपों को, तिङन्त क्रियाओं के समान, पुरुष-सूचक चिन्हों के साथ मिलाकर कैसे काम में लाती हैं, इस बात पर ध्यान दें तो **त** के समानान्तर दो अन्य कृदन्त प्रत्ययों का ज्ञान होगा। ये प्रत्यय हैं **ह** और **न्ह**। जायसी ने **कीन्ह**, **कीन्हेसि** रूपों का प्रयोग किया है। इनमें करने का अर्थ देने वाली **की** क्रिया है। **कीन्हेसि** के साथ **किहिसि** रूप भी होता है। इसी प्रकार **दिहिसि** (दिया), **लिहिसि** (लिया) रूप हैं। अवधी में **लिहे** जैसे कृदन्त रूप प्रचलित हैं। **लिहे जात है, लीन्हे जात है**, अर्थात् लिये जाता है। परिनिष्ठित हिन्दी का **लिये** इसी **लिहे** का रूपान्तर है। जैसे **गच्छति** से **गच्छहि** रूप सिद्ध नहीं होता, वैसे ही **लिहे, दिहे, किहे** आदि रूप **त** प्रत्यय जोड़कर बनाये गए शब्दों से सिद्ध नहीं होते। **कीन्हे, दीन्हे, लीन्हे** रूप भी न तो **त** प्रत्यय वाले शब्दों से, और न **न्त** प्रत्यय वाले शब्दों से, सिद्ध होते हैं। इनके लिए **त, न्त** के पूर्व रूपों **ध** और **न्ध** की कल्पना करनी होगी। एक ओर संस्कृत और तमिल के **त** वाले रूप और दूसरी ओर अवधी के **ह** और मानक हिन्दी के **य** वाले रूप, ये सब एक ही मूल प्रत्यय **ध** वाले रूपों से विकसित हुए हैं। रूप-रचना के विभिन्न क्षेत्रों में **ध्** की जो भूमिका है, उससे यही विदित होता है कि **ध** प्रत्यय मध्यदेशीय है, और **त** उसका उत्तर पश्चिमी रूपान्तरण।

आधुनिक अवधी में पुराने **कीन्ह** रूप के **ह्** का लोप हो गया है और केवल **न्** रह गया है। **हमार कीन न होई** अर्थात् हमारे किए न होगा। अनेक रूपों में इसी प्रकार महाप्राणता का लोप हुआ है। विचारणीय है कि संस्कृत में **पीन** रूप क्रिया में सीधे **न** प्रत्यय जोड़कर बना है या **पि** (फूलना, स्थूल होना) में **न्ध** जोड़कर **पिन्ध**, उससे **पिन्ह** और फिर **पीन** रूप बना है। यदि अवधी के **कीन** (किया), **दीन** (दिया) आदि से उक्त कोटि के संस्कृत रूपों की कोई समानता है तो इनका सामान्य स्रोत होना चाहिए यह **न्ध** प्रत्यय।

तमिल में एक कृदन्त प्रत्यय **प** या **ब** है। इसका व्यवहार भविष्यकाल के लिए होता है। **पार्प्पान्** (उसने देखा), **चॅय्वान्** (वह करेगा)। मूल प्रत्यय **प** है जो कुछ क्रियाओं के साथ **व** रूप धारण करता है। जहाँ दो **प्** व्यंजन साथ होंगे, वहाँ उनका अघोष उच्चारण होगा। जहाँ अकेला **प्** होगा, वहाँ उसका उच्चारण सघोष होगा। जैसे **उण्** (भोजन करना), इसका भविष्यकाल हुआ **उण्बान्** (वह खायेगा)। **प** या **ब**, इस भविष्य-सूचक कृदन्त प्रत्यय को देखकर पूर्वी क्षेत्र की आर्यभाषाओं के भविष्य सूचक **ब** प्रत्यय की याद आती है। या तो आर्य और द्रविड़ भाषाओं में यह समानता आकस्मिक है या उसका सामान्य स्रोत है। **करब, जाब** जैसे रूपों में **ब** का उद्गम संस्कृत का **तव्य**

प्रत्यय माना गया है। जो **कर्तव्य** है, वह अवधी में **करब** हो गया है। यदि करब के **ब** का उद्भव **तव्य** से हो सकता है, तो तमिल के भविष्य-सूचक **प** का उद्भव इसी **तव्य** से क्यों न माना जाय? किन्तु अवधी में **ब** भविष्य सूचक प्रत्यय ही नहीं है, वह क्रियार्थी संज्ञा बनाने का साधन भी है। **करबु**, **जाबु** क्रियार्थी संज्ञा रूप हैं। जैसे **करना**, **जाना** क्रियार्थी संज्ञा हैं और इनका व्यवहार भविष्यकाल की सूचना के लिए भी हो सकता है, वैसे ही **जाब**, **करब** भविष्यकालीन रूप हैं, संज्ञा सूचक **उ** जोड़ देने पर **जाबु**, **करबु** रूप में वे क्रियार्थी संज्ञा का काम करते हैं। यदि तमिल और आर्यभाषाओं के **प**, **ब** मूलतः एक हैं तो मूल प्रत्यय **तव्य** नहीं, **भ** होगा। संस्कृत में इस **भ** प्रत्यय का व्यवहार **ध** की अपेक्षा कम हुआ है, फिर भी कुछ शब्दों में उसे पहचाना जा सकता है। **प्रगल्भ** उसे कहते हैं जो बहुत बोलता है। इस शब्द में **प्र** उपसर्ग के बाद **गल्** क्रिया है जो **गद्** का रूपान्तर है। (इसी गद् से गद्य शब्द बना है। जो बोला जाये वह गद्य।) **गल्भ** के समानान्तर सुपरिचित **गल्प** शब्द है। जो कहा जाय वह **गल्प**। जहाँ **ग्** का तालव्यीकरण हुआ, वहाँ **जल्प** संज्ञा रूप बना जो क्रिया की तरह प्रयुक्त होने लगा। **प्रगल्भ** और **गल्प** के बीच की कड़ी **ब** वाली है जो पूर्वी आर्यभाषाओं में विद्यमान है।

तमिल में एक प्रत्यय **क** या **ग** भी है। इसका व्यवहार वर्तमान काल के रूपों में होता है। **पार्क्किरान्** (वह देखता है), **चॅय्गिरान्** (वह करता है); इन रूपों में पुरुष सूचक प्रत्यय लगा है। पुरुष सूचक चिन्ह लगाए बिना भी कृदन्त रूपों का व्यवहार होता है यथा **पार्क्क** (देखना) क्रियार्थी संज्ञा रूप है। इसी प्रकार **पोग** (जाना), **चाग** (मरना), **वेग** (जलना, जलाना) क्रियार्थी संज्ञा रूप हैं। तमिल में **क** या **ग** कृदन्त प्रत्यय है, इसमें तो कोई सन्देह नहीं। प्रश्न यह है कि परिनिष्ठित हिन्दी के **जायगा**, **करेगा** का **गा** कृदन्त प्रत्यय है या नहीं। जो लोग आधुनिक आर्यभाषाओं का हर रूप संस्कृत से सिद्ध करते हैं, उन्होंने इस **गा** का आदि रूप **गतः** ढूंढ़ लिया है तो कोई आश्चर्य नहीं। **गा** और **गतः** में **ग** वर्ण सामान्य है, इसलिए **गा** से **गतः** को जोड़ देना कठिन कार्य नहीं है। थोड़ा सा अर्थ-भेद है। **गतः** भूतकालीन रूप है और **जायगा** भविष्यकालीन। **गतः** से **गया** रूप बना, तब केवल **त्** का स्पर्श तत्व तिरोहित हुआ; जब **गतः** से **गा** बना, तब अन्तस्थ **य्** भी तटस्थ हो गया! **वह गया** कहने से पूरा वाक्य बनता है, पूर्ण क्रिया का बोध होता है किन्तु **वह गा** कहने से जाने की क्रिया का बोध नहीं होता, न भविष्यकाल में जाने का, न भूत और वर्तमान में जाने का। ऐसी शंकाएं आचार्य किशोरीदास वाजपेयी किया करते हैं, विश्वविद्यालयों के प्राध्यापकों ने बड़े परिश्रम से आर्यभाषाओं के विकास की जो सीढ़ियाँ बनाई हैं, उन्हें वे उलट पुलट देते हैं। जैसे **गतः** का **त** कृदन्त प्रत्यय है, जैसे **करब** का **ब** कृदन्त प्रत्यय है, वैसे ही **जाऊँगा** का **गा** कृदन्त प्रत्यय है। हिन्दी शब्दानुशासन में आचार्य वाजपेयी कहते हैं : "आज यह 'ग' एक कृदन्त प्रत्यय ही है—भविष्यत् प्रकट करने के लिए; वस्तुतः भविष्यत्--क्रिया की निष्पत्ति में निश्चिति प्रकट करने के लिए···'गतः' भूतकाल की क्रिया से भविष्यत् के 'ग' प्रत्यय का क्या मेल?" (पृष्ठ ४२९-४३०)।

कहा जा सकता है कि हिन्दी का **ग** कृदन्त प्रत्यय मान लिया जाय, तो भी वह तमिल के **क** या **ग** से भिन्न है क्योंकि तमिल में वह वर्तमान काल का सूचक है, हिन्दी में भविष्य काल का। यहाँ क्रिया पद रचना से सम्बन्धित कुछ बातों की याद दिलाना प्रासंगिक होगा। संस्कृत में लकार भेद मूलतः काल भेद व्यक्त नहीं करता, वह क्रिया की अवस्था व्यक्त करता है। कालभेद का विकास काफी बाद में हुआ है। जब यह विकास हुआ तब मूल भेद भूत और अभूत में किया गया। इस अभूत के अन्तर्गत वर्तमान और भविष्य दोनों हैं। अंग्रेजी समेत अनेक भाषाओं में भविष्यकाल का अर्थबोध क्रिया के वर्तमान काल वाले रूप से भी होता है। द्रविड़ भाषा विशेषज्ञों का कहना है कि इन भाषाओं में क्रिया रूपों द्वारा कालभेद की व्यंजना बहुत स्पष्ट नहीं होती और कुछ रूप ऐसे हैं जिनका उपयोग किसी भी काल के लिए हो सकता है। कृदन्त प्रत्यय पहले किसी काल विशेष से सम्बद्ध नहीं थे। विशेष संदर्भों में प्रयुक्त होने से उनके साथ काल विशेष का बोध जुड़ गया। इन सब बातों के अलावा हिन्दी में **गा** प्रत्यय क्रिया के अर्थ को बल प्रदान करने के लिए भी होता है। जैसे आपने किसी से पूछा—**बाबूजी हैंगे** ? और उत्तर मिला : **हैंगे**। यहाँ **गे हैं** की व्यंजना को पुष्ट कर रहा है, भविष्य से उसका कोई सम्बन्ध नहीं है। और कुछ लोग **हैगा** की तरह **थागा** जैसा प्रयोग भी करते हैं। वास्तव में यह **गा** निश्चिति सूचक है, जैसा कि वाजपेयी जी ने कहा है। उसका प्रयोग भविष्य के लिए होता है और भविष्य से भिन्न अन्य प्रसंगों में भी होता है।

परिनिष्ठित हिन्दी के **गा** और पूर्वी क्षेत्र की आर्यभाषाओं के **ब** दोनों कृदन्त प्रत्यय हैं किन्तु दोनों के व्यवहार में थोड़ा अन्तर है जिसका उल्लेख कर देना यहाँ उचित है। अवधी के हम **करिबे** वाक्य में **करिबे** क्रिया रूप पुरुष सूचक **ए** चिन्ह साथ लिए है। इसी तरह भोजपुरी में **देखबि** और **देखबे** क्रमशः उत्तम पुरुष और मध्यम पुरुष के एकवचन रूप हैं। **देखब** कृदन्त रूप में पुरुष सूचक चिन्ह जोड़े गए हैं। क्रिया में विशेषण भाव नहीं है, कृदन्त रूप का उपयोग तिङन्त रूप के समान किया गया है। इसके विपरीत **जाऊँगा** और **जायगा**, परिनिष्ठित हिन्दी के इन उत्तम मध्यम पुरुषों के एकवचन रूपों में **गा** अपरिवर्तित रहता है, उससे पुरुष बोध नहीं होता। यदि **गी** रूप हो तो लिंगभेद सूचित होगा। **जाऊँ** और **जाय** पूर्ण क्रिया रूप हैं। उनका सम्बन्ध वर्तमान काल से था। **जाऊँ हूँ** के वज़न पर **जाऊँगा, जाय है** के वज़न पर **जायगा** रूप रचे गए। जैसे पूर्वी क्षेत्र की भाषाओं में कृदन्त रूपों का तिङन्तीकरण होता है, वैसे ही पश्चिमी क्षेत्र की भाषाओं में तिङन्त रूप का कृदन्तीकरण हुआ है।

घ और **भ** के समान क्या यह कृदन्त प्रत्यय भी सघोष महाप्राण था ? मेरा अनुमान है कि आर्य द्रविड़ भाषाओं का कृदन्त प्रत्यय **ग** मूलतः **घ** था। जैसे तमिल **इंगे** (यहाँ) का पूर्व रूप **इंघे** बांगरू में मिलता है, वैसे ही इस बात की पूर्ण संभावना है कि तमिल के **पोग** जैसे कृदन्त का पूर्व रूप **पोघ** रहा हो। संस्कृत **स्तंभ** से हिन्दी क्रिया **थमना** का विकास हुआ, **स्तम्भ** के पूर्व रूप **स्तभ** से अंग्रेज़ी शब्द **स्टोप्** बना जिसका अर्थ थमना, रोकना है। उसी **स्थ** या **स्त** धातु से तमिल-कन्नड़ **तंगु** क्रिया बनी जिसका अर्थ

रुकना, ठहरना है। इसी का वैकल्पिक रूप कन्नड़ में **तग, तगॅ** है, तमिल में **तगइ** है; अर्थ है रोकना। **स्तंभ** रूप के समानान्तर यहां **स्तंघ** रूप का चलन था; **स्तभ** के समानान्तर **स्तघ** का चलन था। **तग** और **तंगु स्तघ** और **स्तंघ** के रूपान्तर हैं। **पोग** का पूर्वरूप **पोघ** ही रहा हो, यह अनिवार्य नहीं है किन्तु सघोष महाप्राण ध्वनियों वाले प्रत्ययों की जैसी भूमिका प्राचीन आर्यभाषाओं में रही है, उसे देखते हुए इसकी संभावना काफी है।

भविष्य सूचक कृदन्त रूपों में **ग** और **ब** दो मुख्य प्रत्यय दिखाई देते हैं। जिन क्षेत्रों में इनका व्यवहार होता है, वे प्राचीन आर्यभाषाओं के भिन्न समुदायों की ओर संकेत करते हैं। **ग** का व्यवहार क्षेत्र कोसल के उत्तर-पश्चिम में है। पंजाबी, बाँगरू, ब्रज, बुन्देलखंडी तक इसका प्रसार है। कनौजी में इसका प्रवेश नहीं हो पाया। अवधी और उसकी छत्तीसगढ़ी, बघेली, बैसवाड़ी आदि शाखाओं से लेकर मगही और मैथिली तक कहीं इसका व्यवहार नहीं होता। प्राचीन काल में **घ्, ष्, भ्** के जिन तीन विकास क्षेत्रों की यहाँ कल्पना की गई है, वह **ग** (मूलतः **घ**) प्रत्यय के व्यवहार-क्षेत्र से पुष्ट होती है। उधर **ब** वाले कृदन्त का व्यवहार क्षेत्र देखें तो वह पंजाबी, बाँगरू और परिनिष्ठित हिन्दी में अप्राप्य है। ब्रजभाषा के कुछ रूपों में उसके दर्शन होते हैं। अवधी के बैसवाड़ी रूप में क्रियार्थी संज्ञा के अलावा भविष्य काल की सूचना के लिए उसका प्रयोग केवल उत्तम पुरुष के बहुवचन रूप में होता है; **हम जाब, हम पढ़ब,** किन्तु **मैं जइहौं, मैं पढ़िहौं। ब** वाले रूपों का ऐसा ही सीमित व्यवहार छत्तीस गढ़ी में होता है किन्तु बघेली में उसका बिल्कुल व्यवहार नहीं होता। ध्वनितंत्र और रूपतंत्र दोनों की दृष्टि से अवधी के पुराने रूप बघेली में अधिक सुरक्षित हैं। भविष्य काल में उत्तम, मध्यम या अन्य, किसी भी पुरुष के लिए **ब** वाले रूप का प्रयोग उसमें नहीं होता। इससे अनुमान होता है कि कोसल की पुरानी भाषा में **ब** वाले कृदन्त प्रत्यय का व्यवहार न होता था। अवधी के प्रभाव से ब्रज, बुन्देलखंडी आदि में इसका आंशिक चलन है; पहले वहाँ इसका चलन न था। अवधी की अपेक्षा भोजपुरी में इसका व्यवहार अधिक होता है, उत्तम और मध्यम दोनों पुरुषों के लिए भविष्य सूचक क्रिया रूपों में इसका चलन है। अन्य पुरुष में इसका प्रवेश नहीं हुआ। ऐसा बहुधा देखने में आया है कि अन्य पुरुष वाले क्रिया रूप ही भाषा की प्राचीन प्रवृत्ति सर्वाधिक दरसाते हैं। भोजपुरी में अन्य पुरुष के अलावा उत्तम मध्यम पुरुषों में जहाँ **ब** वाले कृदन्त रूपों का व्यवहार होता है, वहाँ दूसरे रूपों का भी चलन है जिनमें इस **ब** का अभाव है। मेरी समझ में ये दूसरे रूप अधिक प्राचीन हैं किन्तु यदि उन्हें अधिक प्राचीन न माना जाय तो भी यह स्पष्ट है कि भोजपुरी के क्रिया रूपों में **ब** वाले कृदन्त रूपों का एकच्छत्र आधिपत्य नहीं है। यही स्थिति मगही और मैथिली की है। इससे भिन्न स्थिति बँगला, असमिया और उड़िया की है। क्रियार्थी संज्ञा के अलावा भविष्य काल के लिए तीनों पुरुषों में इस **ब** वाले रूपों का व्यवहार होता है। ब्रज से अवध होते हुए जैसे-जैसे पूरब को बढ़ते हैं, वैसे-वैसे **ब** वाले कृदन्त अधिक प्रयोग में आते दिखाई देते हैं। आश्चर्य की बात है कि **तव्य** प्रत्यय का उपयोग पंजाबी और

बाँगरू के क्षेत्रों में न हुआ और पूर्वी क्षेत्रों में अधिक हुआ! यह **ब** मगध की देन है जो सघोष महाप्राण भ् की मूल भूमि था। पुरानी मागधी भाषा की अनेक विशेषताएँ वर्तमान मगध से हटकर बंगाल में पहुँच गई हैं। मगध में पहले तालव्य श् की प्रधानता थी, अब यह प्रधानता बंगाल में है (किन्तु असम और उड़ीसा में नहीं है)। उसी तरह **ब** वाला कृदन्त प्रत्यय पहले मगही में प्रयुक्त होता था, फिर वहाँ उसका प्रयोग सीमित हुआ और उसकी प्रधानता बंगाल में बच रही।

हिन्दी की एक विशेषता संयुक्त क्रियाओं का प्रयोग है। क्रिया-भाव-प्रधान कृदन्त रूपों पर विचार करते हुए इन संयुक्त क्रियाओं की चर्चा प्रासंगिक है। कारण यह है कि संयुक्त क्रियाएँ दो समानधर्मा क्रियाओं का मेल नहीं है वरन् उनमें पहली हमेशा कृदन्त होती है और दूसरी क्रिया कृदन्त हो सकती है, नहीं भी हो सकती है। **उसने किताब पढ़ डाली**, इस वाक्य में **पढ़** रूप पूर्वकालिक कृदन्त है और **डाली** भूत-कालिक कृदन्त। यह वाक्य अवधी में होगा—**वहु किताब पढ़ि डारेंसि**; यहाँ **पढ़ि** रूप पूर्वकालिक कृदन्त है, यह तथ्य और भी स्पष्ट है। **डारेंसि** रूप कृदन्त रूप का तिङन्ती-करण है। पूर्वकालिक के अलावा अन्य कृदन्त रूपों का व्यवहार भी संयुक्त क्रियाओं में होता है यथा **कहे जाओ, सुने जाओ**, और **कहते जाओ, सुनते जाओ**। इस तरह की संयुक्त क्रियाओं की एक विशेषता यह है कि जो क्रिया बाद में आती है, वह रूप-रचना की दृष्टि से प्रधान दिखाई देती है किन्तु अर्थ की दृष्टि से पहली क्रिया प्रधान होती है। **बैठ जाओ** में बैठने का भाव प्रधान है, जाने का नहीं। ये बाद वाली क्रियाएँ प्रायः अपना मूल अर्थ खोकर सहायक क्रियाओं का काम करती हैं और पहली क्रिया की अवस्था बताती हैं, कहीं उसकी निरन्तरता—**वह खाता चला गया**, कहीं उसका अकस्मात् घटित होना—**वह हँस पड़ा** कहीं उसकी पूर्णता—**उसने किताब पढ़ डाली**। पहली क्रिया सदा कृदन्त रूप होती है। कृदन्तों के निरन्तर बढ़ते हुए व्यवहार का यह आवश्यक परिणाम था कि जिस कृदन्त का व्यवहार पहले हो, वह पूरी क्रियापद-रचना पर हावी हो जाय।

हिन्दी और संस्कृत में रूपतंत्र को लेकर जैसा अन्तर ऊपर से दिखाई देता है, वैसा वह वास्तव में है नहीं। अति प्राचीन काल से आर्यभाषाओं में वाक्यतंत्र की दो भिन्न पद्धतियां क्रियाशील रही हैं: एक वह जिसमें विधेय प्रधान होता है, वाक्य में पहले आता है; दूसरी वह जिसमें उद्देश्य प्रधान होता है और वाक्य में पहले आता है। वाक्यतंत्र की इन पद्धतियों का गहरा संबन्ध कारक-रचना और क्रियापद रचना दोनों से है। पहली पद्धति अधिक प्राचीन है, इस अर्थ में अधिक प्राचीन है कि वैदिक भाषा के निर्माण में पहली निर्णायक भूमिका उसी की है। इस पद्धति का मूल केन्द्र मध्यदेश तथा मागधी भाषाओं का क्षेत्र था। दूसरी पद्धति ने संस्कृत तथा अन्य आर्यभाषाओं को बाद में प्रभावित करना शुरू किया किन्तु यह प्रभाव निरन्तर शक्तिशाली होता गया। इसका मुख्य केन्द्र कौरवी भाषा-समुदाय का क्षेत्र था। पहली पद्धति में सर्वनामों की भूमिका अतिशय महत्वपूर्ण थी, नाम शब्द के पीछे सर्वनाम चिन्ह लगाकर उसकी

निश्चित स्थिति का बोध कराया जाता था। सर्वनाम-मूलों में वस्तु-व्यक्ति-देश-काल-वाचक प्रत्यय जोड़ कर सम्बन्धक शब्द बनाये गये। ऐसे शब्द स्वतंत्र थे और कारक रचना में मूल नाम शब्द के पीछे आते थे। लिंग-वचन-भेद से इनका कोई संबन्ध न था। यही स्वतंत्र संबन्धक शब्द और उनके अवशिष्ट चिन्ह संस्कृत की विभक्तियां बने। संबन्धकों के अलावा सर्वनामों अथवा सर्वनाम-चिन्हों से भी विभक्तियों का काम लिया गया। इसके साथ दूसरी पद्धति भी सक्रिय थी। यह पद्धति मूल शब्द के बाद निर्देशक सर्वनाम न जोड़ती थी, वह उक्ति के पूरे संदर्भ से कारक रूप पहचानती थी, शब्द के साथ कारक चिन्ह न जोड़ती थी। यह दूसरी पद्धति निरन्तर शक्तिशाली होती गई। इसलिए आधुनिक आर्यभाषाएँ संस्कृत की अपेक्षा कारक रचना में विभक्तियों के बन्धन से अधिक मुक्त हैं। किन्तु संस्कृत कभी भी पूर्णतः विभक्तियों से बँधी हुई नहीं थी, अतः वह कभी भी पूर्णतः संश्लिष्ट भाषा नहीं थी। इसी प्रकार आधुनिक आर्यभाषाएँ पूर्णतः विभक्तियों के बन्धन से मुक्त नहीं हैं, अतः वे पूर्णतः विश्लिष्ट नहीं हैं।

क्रियापद रचना में पुरुषभेद सूचित करने के लिए सर्वनाम चिन्ह जोड़े जाते थे। यह मध्यदेशीय भाषा समुदाय की पुरानी पद्धति थी। क्रिया रूप न कालभेद सूचित करते थे, न लिंग-भेद; वे मुख्यतः क्रिया की अवस्था सूचित करते थे। कृदन्तों के प्रसार का केन्द्र कौरवी भाषा समुदाय का क्षेत्र था। जब भूत और अभूत का मुख्य काल भेद स्थापित हुआ, तब क्रिया-रूप वर्तमान, भविष्य आदि अनेक प्रकार के काल भेद सूचित करने लगे। कृदन्त रूप पुरुष भेद से मुक्त थे; वे लिंग-वचन-काल भेद सूचित करते थे। भूतकाल की सूचना के लिए कृदन्तों का व्यवहार अधिक हुआ क्योंकि तिङन्त रूप भूत-अभूत का भेद प्रकट न करते थे। पुराने तिङन्त रूपों का उपयोग भूत से इतर कालों की व्यंजना के लिए अधिक किया जाने लगा। कारक रचना की तरह क्रियापद रचना में भी सर्वनाम चिन्हों से मुक्त, पुरुषभेदज्ञापन की अनिवार्यता से स्वतंत्र, क्रियारूप प्राचीन काल से यहां व्यवहार में आते रहे हैं। आधुनिक आर्यभाषाओं में न तो सर्वत्र कृदन्तों का व्यवहार है, न सर्वत्र तिङन्तों का। उत्तर पश्चिमी क्षेत्र में तिङन्तों का कृदन्तीकरण हुआ है और मध्यदेशीय तथा पूर्वी क्षेत्र में कृदन्तों का तिङन्तीकरण। इसके साथ इन आर्यभाषाओं ने क्रियापद रचना में नयी अभिव्यंजना क्षमता का विकास भी किया है।

यह सारी विकास-प्रक्रिया मूलतः प्राचीन आर्यभाषाओं की अपनी विकास प्रक्रिया है, वैसी प्रक्रिया इंडोयूरोपियन परिवार की आधुनिक अभारतीय भाषाओं में भी घटित हुई है। यह प्रक्रिया अपभ्रंश के आधार पर विवेचित नहीं हो सकती, न आधुनिक आर्य भाषाओं के मानकरूपों पर ध्यान केन्द्रित कर लेने से उसका विवेचन संभव है। जनपदीय भाषाओं में उक्त ऐतिहासिक विकास-प्रक्रिया के अनेक तत्व सुरक्षित हैं। रूपतंत्र के विवेचन में इनका उल्लेख जहां-तहां हो चुका है। यहां कुछ जनपदीय भाषाओं पर अलग से विचार करना लाभदायी होगा।

४
आर्य भाषा केन्द्र और हिन्दी जनपद

१. मगध

(क) मगही और मागधी भाषा समुदाय

हिन्दी प्रदेश की जनपदीय भाषाओं पर अलग से विचार करने पर प्राचीन भाषा परिवारों के बारे में कुछ नवीन सामग्री प्राप्त हो सकती है तथा इनके और हिन्दी के विकास के बारे में कुछ नयी बातें मालूम हो सकती हैं। ये जनपदीय भाषाएँ शताब्दियों से एक दूसरे को प्रभावित करती रही हैं। जिस रूप में वे आज हैं, उसी रूप में वे सदा से नहीं रही हैं। प्राचीन गण-भाषाओं से इनका सम्बन्ध रहा है। ये गण-भाषाएँ सैकड़ों वर्ष तक एक दूसरे को प्रभावित करती रही हैं, परिवर्तित और विकसित होती रही हैं, अन्य भाषा-परिवारों से तत्व लेती रही हैं, उन्हें देती रही हैं। इस प्रकार भाषाओं के विकास की प्रक्रिया बहुत पेचीदा है और यह प्रक्रिया तब और भी उलझन में डालने वाली हो जाती है जब हम इस बात पर ध्यान देते हैं कि कोई भी जनपदीय भाषा अनेक बोलियों का समूह है, और इन बोलियों में शब्द-भण्डार की ही नहीं, व्याकरण और ध्वनि-तन्त्र की भी काफी विभिन्नता है। जब हम प्राचीन गण-भाषाओं की बात करते हैं, तब हमें यह न भूलना चाहिए कि ये गण-भाषाएँ भी बोलियों का समूह थीं, भले ही तब बोलियों की वैसी विविधता न रही हो जैसी आज है। तब गण-समाज बाद के जनपदीय समाजों की अपेक्षा छोटे होते थे। फिर भी भारत के पूर्वी अंचल में जहाँ नाग भाषाएँ बोली जाती हैं, वहाँ एक गाँव से दूसरे गाँव में बोली की जो भिन्नता आज भी दिखाई देती है, उसे ध्यान में रखना चाहिए। कभी-कभी एक गण-समाज अपनी भाषा के अलावा किसी दूसरे प्रमुख गण-समाज की भाषा सीख लेता है, उसके तत्व अपनी भाषा में मिलाता है या अपनी भाषा छोड़कर वह दूसरी गण-भाषा ही स्वीकार कर लेता है। ऐसी स्थिति भारत के गण-समाजों या आर्थिक दृष्टि से पिछड़ी हुई जातियों में आज भी दिखाई देती है। ऐसी बातें पुराने समय में भी हुई थीं, इसके अनेक संकेत मिलते हैं। इतना सब होने पर भी प्राचीन गण-समाजों की भाषाओं की कुछ विशेषताएँ पहचानी जा सकती हैं। आधुनिक जनपदीय भाषाओं से उन प्राचीन भाषाओं का सम्बन्ध जोड़ा जा सकता है। स्थिति की पेचीदगी के बारे में जो कुछ कहा गया है, उसका आशय केवल इतना है कि

तथ्यों और निष्कर्षों को निरपेक्ष रूप से सत्य न माना जाय, वे सापेक्ष रूप में ही सही हो सकते हैं; जहां किसी एक भाषा का उल्लेख है, वहां भाषाओं या बोलियों का समुदाय है—और यह समुदाय स्थिर और जड़ नहीं है, प्रवहमान और परिवर्तनशील है—ऐसा समझना चाहिए।

सबसे पहले मगही के बारे में विचार करेंगे।

प्राचीन मगध भारत का एक शक्तिशाली गण-राज्य था, यह पौराणिक परम्परा का विख्यात तथ्य है। अशोक और उनके बाद मगध का जो अभ्युदय हुआ, वह आकस्मिक नहीं था, उसके पहले एक सुदीर्घ ऐतिहासिक विकास-प्रक्रिया पूरी हो चुकी थी। वैदिक संस्कृति का केन्द्र उत्तर पश्चिमी भारत में था और भारतीय समाज के विकास में इस संस्कृति के वाहकों का अन्यतम योगदान था। संस्कृत भाषा मूलतः इसी संस्कृति का माध्यम थी। इस कारण मगध की प्राचीन गण-भाषा के अलग से न तो कोई अभिलेख प्राप्त हैं और न उसका संस्कृत के समानान्तर स्वतन्त्र भाषा के रूप में अलग से उल्लेख है। इससे यह न समझना चाहिए कि उसका अस्तित्व ही न था। जिसे मागधी प्राकृत कहते हैं, वह प्राचीन गण-भाषा की कुछ विशेषताओं की झलक भर दिखाती है; अशोक के शिला-लेखों में भाषा के जो रूप मिलते हैं, वे भी प्राचीन गण-भाषा के रूप नहीं हैं। अन्य प्राकृतों के समान मागधी प्राकृत भी संस्कृत का रूपान्तर है और यह रूपान्तर सबसे अधिक ध्वनितन्त्र को लेकर है। सौभाग्य से संस्कृत ऐसी भाषा है जिसने अनेक गण-भाषाओं के विविध तत्व अपने भीतर समेट लिए हैं, अपनी क्षेत्रीय विशेषता की रक्षा करते हुए वह अनेक आर्य गण-भाषाओं के तत्वों का समन्वय प्रस्तुत करती है और इन तत्वों को पहचाना जा सकता है। इस कार्य में हिन्दी प्रदेश की जनपदीय भाषाओं की वर्तमान स्थिति से सहायता मिलती है।

बनारस से लेकर असम तक ह्रस्व अ का उच्चारण वृत्ताकार होता है। जितना ही पूर्व की ओर चलते हैं, उतना ही यह प्रवृत्ति और स्पष्ट होती जाती है। बहुत से लोग समझते हैं कि इस समूचे पूर्वी प्रदेश में पहले ह्रस्व अ का वैसा ही उच्चारण होता था जैसा संस्कृत-पद्धति से शुद्ध माना जाता है। किसी ने इस बात की व्याख्या नहीं की कि इतने विशाल प्रदेश में वह शुद्ध उच्चारण अचानक गायब क्यों हो गया और उसकी जगह वृत्ताकार उच्चारण का चलन क्यों हो गया। किसी भी भाषा-समुदाय के ध्वनि-तंत्र में ऐसे परिवर्तन अकारण अकस्मात् नहीं होते। मेरा कहना है कि इस प्रदेश की भाषाओं में कभी ह्रस्व अ का उच्चारण संस्कृत-पद्धति से होता ही न था, यहाँ की गण-भाषाओं में ह्रस्व ओकार अथवा औकार का ही प्राधान्य था। भारत की प्राचीन गण-भाषाओं की विशेषताएं भारत के बाहर भी मिलती हैं। यह वृत्ताकार उच्चारण ईरान में बोली जाने वाली आधुनिक फ़ारसी में है। भारत में जो लोग फ़ारसी लिखते पढ़ते आए हैं, वे इस मामले में संस्कृत-पद्धति का अनुसरण करते हैं; ईरान में फ़ारसी बोलचाल की भाषा है, वहाँ अति प्राचीन काल से चली आती हुई वृत्ताकार उच्चारण-पद्धति अभी तक बनी हुई है। दक्षिणी स्लाव भाषाएँ फ़ारसी की पड़ोसी हैं और उनमें भी उच्चारण की यह विशेषता विद्यमान

है। संस्कृत के लिए जो अकार है, वह भारतीय प्राच्य भाषाओं, फारसी और दक्षिणी स्लाव भाषाओं के लिए ओकार-औकार है। भारत के पश्चिमी क्षेत्र में ऐसी ही प्रवृत्ति कोङ्कण की भाषा में है। यह नहीं कहा जा सकता कि अकस्मात्-भारत के भीतर और बाहर ह्रस्व अ का लोप हो गया और लोगों ने उस स्वर को वृत्ताकार रूप दे दिया। इण्डो-यूरोपिअन आदि-भाषा में कहीं इस वृत्ताकार उच्चारण का अस्तित्व नहीं माना गया पर यह अवश्य कहा गया है कि यूरुप की भाषाओं में जहां मूल ओकार-एकार हैं, वहां संस्कृत में अकार है। इससे इतना तो सिद्ध होता ही है कि इण्डोयूरोपिअन समुदाय में अ, अॆ, अॉ, इन तीन स्वरों के उच्चारण को लेकर भेद था। यह भेद भारत में आज भी विद्य-मान है। अवधी शब्द **बहिनी** का गुजराती रूप **बेन** और बँगला रूप **बोन** इस तथ्य के साक्षी हैं। जैसे यह कहा जाता है कि इण्डोयूरोपिअन एकार-ओकार संस्कृत में अकार हो गए, वैसे ही यह भी कहा जा सकता है कि संस्कृत का अकार यूरुप की भाषाओं में जहां-तहां एकार-ओकार हो गया। जो लोग यह मानते हैं कि समस्त आधुनिक आर्य भाषाएं संस्कृत से उत्पन्न हुई हैं, उन्हें इस प्रश्न का उत्तर देना चाहिए कि प्राच्य भाषाओं में अकार का उच्चारण वृत्ताकार कैसे हो गया। बहुत सी समस्याओं का समा-धान कोल, द्रविड़ आदि आर्येतर भाषाओं के प्रभाव के उल्लेख से कर दिया जाता है किन्तु दुर्भाग्य से यह ओकारवादी पद्धति न तो कोल भाषाओं की विशेषता है, न द्रविड़ भाषाओं की। इन्हीं दो समुदायों को आदिवासी माना जाता है। नाग-भाषा समुदाय में भी यह विशेषता नहीं है। जहां इन भाषाओं में ऐसा उच्चारण मिलता है, वहां उसकी परिधि सीमित है; वह उधार लिए हुए शब्दों में देखा जाता है और पड़ोसी प्राच्य समुदाय की आर्यभाषाओं के प्रभाव का स्पष्ट परिणाम है। अतः यह स्वीकार करना होगा कि प्राचीन काल से यहां दो आर्यभाषा समुदाय ऐसे थे जिनमें अकार-ओकार का उच्चारण-भेद था। यह मान लेने पर न केवल भारतीय भाषाओं की स्थिति स्पष्ट हो जाती है वरन् इण्डोयूरोपिअन समुदाय में अ, अॆ, अॉ स्वरों का समीकरण भी समझ में आने लगता है।

ओकार के अलावा एकार की भी समस्या है। मागधी प्राकृत की परम्परा में इस विशेषता का उल्लेख है। संस्कृत शब्दों के अकार के स्थान पर मागधी में बहुधा एकार दिखाई देता है। वास्तव में यह प्राच्य भाषाओं की मूल पद्धति नहीं है। मूल पद्धति ओकार-औकार बोलने की है। एकार-ऐकार बोलने की प्रणाली पश्चिमी प्रदेश की है। ककहरा पढ़ते समय पछाँह के लोग **कँ-खँ-गँ-घँ** बोलते हैं, पूरब के लोग **कौ-खौ-गौ-घौ** बोलते हैं, मध्यदेश या कोसल के लोग **का-खा-गा-घा** बोलते हैं। संस्कृत **शत** का हिन्दी प्रतिरूप **सौ** प्राच्य पद्धति वाला रूप है; **सैकड़ा** का **सै** पश्चिमी पद्धति वाला रूप है, अवधी में **सौ** और **सै** दोनों रूपों का चलन है। संस्कृत **षष** का प्रतिरूप **छह** पूरब में **छौ**, पछाँह में **छै**, अवध में **छा** बोला जाता है। परितिष्ठित हिन्दी में ऐकार वाला **छै** उच्चा-रण स्वीकृत है, भले ही लिखित रूप **छह** हो। परिनिष्ठित हिन्दी में **शत** का प्रतिरूप **सौ** ही स्वीकृत है, यह प्राच्य भाषा समुदाय के प्रभाव का परिणाम है।

देखना चाहिए कि मागधी में एकार संस्कृत अकार का स्थान क्यों लेने लगा। यह एक कल्पित और कृत्रिम ध्वनि परिवर्तन नहीं है। बँगला के बहुत से शब्दों में यह एकार-वादी प्रवृत्ति झलकती है। मगही, अवधी आदि भाषाओं में बहुत जगह इसी प्रवृत्ति के दर्शन होते हैं। कभी-कभी तो परिनिष्ठित हिन्दी में अकार है किन्तु पूर्वी बोलियों में एकार है यथा हिन्दी वाक्य **डरता है** का अवधी रूप होगा **डॅरात है**। एकार का यह व्यवहार पूर्वी भाषाओं पर पश्चिमी भाषाओं के प्रभाव के कारण है। मागधी प्राकृत के संदर्भ में उसका उल्लेख होने से यह भ्रम न होना चाहिए कि वह पूर्वी भाषाओं की मूल प्रवृत्ति का द्योतक है। प्राकृतों में कहां वास्तविक प्रादेशिक ध्वनि-प्रवृत्तियां झलकती हैं, इसे परखने में एक सीमा तक आधुनिक भाषाओं से सहायता मिलती है। **छह** के तीन प्रकार के उच्चारण आज भी तीन क्षेत्रों में मिलते हैं। इनमें वृत्ताकार उच्चारण पूर्वी क्षेत्र की विशेषता है। प्राचीन गण-भाषाओं और उनके बाद जनपदीय भाषाओं ने एक दूसरे को इतना प्रभावित किया है कि एक क्षेत्र की मूल प्रवृत्ति अंशत: दूसरे में स्वीकृत हो गई है। संस्कृत में मगध की गण-भाषा का प्रभाव सन्धि रूपों में स्वीकृत है। **रामः** के बाद **अपि** आए तो विसर्ग ओकार में बदल जाएंगे और अकार का लोप हो जायगा। दोनों शब्दों की सन्धि होने पर **रामोपि** रूप बनेगा। इसी प्रकार **कः** और **अपि** का संयोग होने पर **कोपि** रूप बनता है। यदि हिन्दी **कोई** इसी **कोपि** का विकास है तो यह शब्द हिन्दी को मागधी परम्परा की देन है। **रामोपि, कोपि** आदि रूपों के निर्माण में वही प्रक्रिया घटित होती है जो **बहन** के **बोन** रूप धारण करने में घटित होती है। सघोष महाप्राण ह् जब अघोष बनता है तब लिखित रूप में उसकी ध्वनि विसर्गों द्वारा व्यक्त की जाती है। **बोन** रूप में महाप्राणता और भी क्षीण हो जाती है, वह पूर्ववर्ती अकार को ओकार रूप देने के बाद तिरोहित हो जाती है, और अपने साथ ह वर्ण के अकार को भी ले जाती है। इसके समानान्तर गुजराती के **बेन** रूप में मिलती-जुलती प्रक्रिया घटित होती है; यहां ह् की महाप्राणता पूर्ववर्ती अकार को एकार में बदलती है। इससे विदित होता है कि संस्कृत में सन्धि के नियम वैयाकरणों की कल्पना नहीं हैं, वे गण-भाषाओं की वास्तविक ध्वनि-प्रवृत्तियों के आधार पर बने हैं।

संस्कृत में ऐसे अनेक शब्द हैं जिनके एक रूप में स्वर ह्रस्व है और दूसरे में दीर्घ है यथा **उषा** और **ऊषा**। इसका कारण यह प्रतीत होता है कि कुछ गण-भाषाओं में स्वर की लघुता और गुरुता अर्थ-विच्छेदक नहीं थी। यदि वर्तमान पूर्वी आर्य-भाषाओं के ध्वनितंत्र पर ध्यान दिया जाए तो विदित होगा कि वहां परिनिष्ठित हिन्दी या संस्कृत शब्दों के उच्चारण में भी स्वर के ह्रस्व-दीर्घ भेद का बहुत ध्यान नहीं रखा जाता। मिथिला तक की पूर्वी भाषाओं पर कोसल तथा पश्चिमी जनपदों की भाषाओं का बड़ा गहरा प्रभाव पड़ा है। इस कारण ध्वनि-तंत्र की अनेक मूल विशेषताएं बँगला आदि पूर्वी छोर की भाषाओं में सुरक्षित हैं। ह्रस्व-दीर्घ स्वरों का भेद कोसल-कुरु जन-पदों की देन है। वह अब बँगला आदि धुर पूर्वी भाषाओं को भी प्रभावित करता है। फिर भी सामान्य उच्चारण में ह्रस्व-दीर्घ का बहुत ध्यान नहीं रखा जाता। इसका

एक महत्वपूर्ण कारण यह है कि मैथिली, मगही आदि की अपेक्षा बँगला में बलाघात अधिक स्पष्ट सुनाई देता है। वाक्य की लय से भिन्न यह शब्द पर आधारित है और शब्दों के रूप को ही बदल देता है जैसे **हवालात** बँगला में **हाम्रोलात** हो जाता है। शब्द के आदि वर्ण पर बलाघात की प्रवृत्ति भोजपुरी, मगही, मैथिली में भी है किन्तु बँगला की अपेक्षा वह क्षीण है। जो लोग कोसल की भाषा को मागधी या अर्धमागधी से जोड़ते हैं, वे बलाघात की भिन्नता पर ध्यान दें। अवधी आदि-वर्ण पर बलाघात पसन्द नहीं करती, इसलिए आदि-वर्ण का दीर्घ स्वर ह्रस्व हो जाता है और कभी-कभी उसका लोप भी हो जाता है। **एक** से विशेषण बनता है **एकला**, ठीक **पहला** की तरह। मराठी और बँगला दोनों में आदि वर्ण पर आघात के कारण दीर्घ एकार सुरक्षित है। (बँगला में ऐकार रूप में), किन्तु हिन्दी में इसका रूप है—**अकेला**। दूसरे वर्ण पर आघात होने से प्रथम वर्ण की दीर्घता दूसरे वर्ण में आ गई। इसी प्रकार **एकादश** का विकास **एगारह** रूप में हुआ। भोजपुरी से लेकर बँगला तक एकार सुरक्षित है किन्तु परिनिष्ठित हिन्दी में **ग्यारह** रूप स्वीकृत हुआ। यहाँ आदि वर्ण का दीर्घ स्वर ह्रस्व ही नहीं हुआ वरन् उसका लोप हो गया। बँगला रूप में अन्तिम वर्ण **ओ** में बदल गया, अवधी रूप में **ह** के स्थान पर **आ** बोला गया, **एगारो** के समानान्तर **ग्यारा** रूप का चलन हुआ। कोसली और अन्य पूर्वी बोलियों के ध्वनि-तंत्र का भेद यहाँ स्पष्ट हो जाता है।

जो भाषाएँ ह्रस्व-दीर्घ स्वरों के भेद को महत्वपूर्ण नहीं मानतीं, उनकी छन्द रचना में मात्रा की अपेक्षा वर्णों का महत्व होता है। संस्कृत-छन्दरचना वर्णप्रधान है। इसके विपरीत अवधी, ब्रजभाषा, आधुनिक हिन्दी की छन्दरचना में मात्रा-विचार मुख्य है। बँगला आदि पूर्वी भाषाओं में अब भी वर्णप्रधान छन्दरचना का चलन है। उस प्रवृत्ति का एक स्मारक हिन्दी में लोकप्रिय कवित्त है। वैदिक छन्दों में वर्णगणना प्रधान है। बाद के गणात्मक छन्दों में वर्ण-महत्व के साथ मात्रा-महत्व स्वीकार किया गया है। गणात्मक छन्द दो भिन्न प्रवृत्तियों का समन्वय प्रस्तुत करते हैं। संस्कृत महाकाव्यों के अनुष्टुप् में वर्णगणना प्रधान है, वर्णों की लघुता-दीर्घता की भूमिका गौण है। गीतों के लिए मात्रिक छन्दों का व्यवहार बहुत समय से होता रहा था। अपभ्रंश पदों के अलावा उसी परम्परा से प्रभावित होकर जयदेव ने संस्कृत में **गीतगोविन्द** की रचना मात्रिक छन्दों में की। ऐसे गीतों की प्रमुख भूमि शूरसेन जनपद था। ब्रज गीतों की परम्परा मिथिला तक प्रबल रही और मैथिली ने पड़ोसी भाषाओं को प्रभावित किया। इस प्रकार पूर्वी और मध्यदेशीय भाषाएं शब्दरचना से लेकर छन्दरचना तक भाषा के विभिन्न स्तरों पर एक दूसरे को प्रभावित करती रही हैं।

यूरुप की भाषाओं में एक समुदाय ऐसा है जो शब्दबद्ध बलाघात को अधिक महत्व देता है। इस समुदाय में जर्मन, स्लाव समुदायों की भाषाएँ हैं। इनकी यह प्रवृत्ति बँगला आदि आधुनिक आर्यभाषाओं से मिलती जुलती है। दूसरा समुदाय फ्राँसीसी, स्पेनी, इतालवी आदि भाषाओं का है। यह वर्ग अवधी, ब्रज, आधुनिक हिन्दी आदि के समान बलाघात को उतना महत्वपूर्ण नहीं मानता। यूरुप की भाषाओं का उक्त भेद

मगध और मध्यदेश की प्राचीन भाषाओं के भेद से मिलता जुलता है। भारत में मध्य देश के ध्वनि-तंत्र ने पड़ोसी भाषाओं को अधिक प्रभावित किया है, यूरुप में दोनों समुदायों के बीच ध्वनितंत्र वाला फासला ज्यादा बड़ा है। अँग्रेजी ने लैटिन और फ्रांसीसी, इनके बाद इतावली से भी काफी शब्द-सम्पदा प्राप्त की है किन्तु वह उन शब्दों को अपनी ध्वनि-प्रकृति के अनुरूप बलाघात के साँचे मेंढालती रही है। एक सीमा तक हिन्दी तद्भवों के साथ भी ऐसी ही प्रक्रिया घटित होती है किन्तु यहाँ मुख्य भेद बलाघात को लेकर नहीं है। बलाघात के अतिरिक्त वैदिक भाषा में स्वरतान का महत्व भी था। यूरुप की भाषाओं में नौर्वे, स्वीडन और लिथुआनिया की भाषाएँ स्वरतान द्वारा शब्द में एक से अधिक अर्थ उत्पन्न करती हैं। वैदिक भाषा में स्वरतान का व्यवहार अर्थविच्छेदक नहीं था। यह प्रवृत्ति पूर्वी आर्यभाषाओं में नहीं है। स्वरतान का अर्थविच्छेदक व्यवहार नागभाषाओं की विशेषता है। असमिया, बँगला आदि पूर्वी भाषाएँ नाग-भाषा क्षेत्रों से घिरी हुई हैं, वे क्षेत्र इन भाषाओं के प्रदेशों के भीतर भी हैं। किन्तु स्वरतानों का आंशिक व्यवहार पंजाबी में होता है, बँगला में नहीं। या तो पंजाबी और वैदिक भाषा में स्वरतानों का व्यवहार आर्यभाषाओं के पश्चिमी समुदाय की अपनी विशेषता है, या फिर यह मानना चाहिए कि नागभाषाओं ने बंगाल की अपेक्षा पंजाब को अधिक प्रभावित किया है। पूर्वी क्षेत्र में गारो जैसी नागभाषा में स्वरतान का अर्थविच्छेदक महत्व क्षीण हो गया है। इसका कारण पड़ोसी आर्यभाषाओं का प्रभाव है। पंजाबी और वैदिक भाषा में स्वरतानों के व्यवहारको लेकर भेद है, यह बात ध्यान में रखना चाहिए। पंजाबी में स्वरतान अंशत: अर्थविच्छेदक है, वैदिक भाषा में वह नहीं है। वैदिक भाषा में स्वरतानों का व्यवहार संगीत की एक पद्धति का परिणाम था। उधर नौर्वे, स्वीडन आदि की भाषाओं में स्वरतानों का जो अर्थविच्छेदक व्यवहार होता है, वह वैदिक भाषा की अपेक्षा पंजाबी के अधिक अनुरूप है। वैदिक भाषा मूलत: मध्यदेश की भाषा है, इसलिए उसमें स्वरतान का महत्व क्षीण होना ही चाहिए।

पूर्वी भाषाओं की एक विशेषता **ब्** व्यंजन का व्यापक व्यवहार है। इस संदर्भ में भी बँगला भाषा प्राचीन मागधी प्रवृत्ति को बनाए हुए है। उसमें **व्** ध्वनि या तो **ब्** में बदल जाएगी या फिर विघटित होकर **ओ** और **य्** में बदल जाएगी। **वन बन बोला** जाएगा, **हवा** का रूपान्तर **हाओया** होगा। प्रश्न यह है कि संस्कृत में **ब्** ध्वनि वाले कोई मूल शब्द हैं या नहीं। संस्कृत में ऐसे अनेक शब्द हैं जिनके **ब्** और **व्** दोनों ध्वनियों वाले दो रूप स्वीकृत हैं। यहाँ सम्भावना यह है कि **ब्** वाला रूप मौलिक है। संस्कृत में **व्** ध्वनि शिष्ट उच्चारण का प्रतीक बन गई थी। इस कारण बहुत से **ब्**-मूलक शब्दों को **व्**-मूलक किया गया। वैकल्पिक रूपों का चलन दो भिन्न ध्वनि प्रकृतियों के संगम का प्रमाण है। संस्कृत में **ब्** ध्वनि वाले अनेक शब्द हैं, प्राचीन ग्रीक में भी **ब्**-मूलक अनेक शब्द हैं। फिर भी ऐतिहासिक भाषाविज्ञानी **ब्** ध्वनि को आदि इण्डोयूरोपियन भाषा के ध्वनितंत्र में महत्वपूर्ण स्थान नहीं देते; देते हैं तो संकोच के साथ, यह मानते हुए कि इसका व्यापक व्यवहार न होता था। इस ऊहापोह का कारण यह है कि **ब्**-

मूलतः मगध समुदाय की ध्वनि है और संस्कृत में उसका सीमित व्यवहार होता है। [illegible] जैसे कुछ शब्द असंदिग्ध रूप से ब् ध्वनि का मौलिक व्यवहार सिद्ध करते हैं। ब्रज, अवधी आदि में ब् और व् दोनों ध्वनियों का व्यवहार होता है। जहाँ भी इन भाषाओं में ब् हो और संस्कृत में व् हो, वहाँ संस्कृत रूप मौलिक होगा ही, ऐसा मानना आवश्यक नहीं है।

मागधी प्राकृत के लिए प्रसिद्ध है कि इसमें दन्त्य स् के स्थान पर तालव्य श् का व्यवहार होता था। **मृच्छकटिक** में शूद्रक ने इस प्रवृत्ति को अमर कर दिया है। मगही में, ब्रज और अवधी के समान, अब दन्त्य स् की प्रधानता है। इस कारण इस बात पर सन्देह न करना चाहिए कि मगध की प्राचीन जनपदीय भाषा में तालव्य श् का ही व्यवहार होता था। पश्चिम में भोजपुरी और पूर्व में बँगला, दोनों के बीच में मगही का क्षेत्र है। ऐसे केन्द्रीय क्षेत्र जब अन्य भाषाओं से प्रभावित होते हैं तब उनकी अनेक प्रवृत्तियाँ प्रान्तीय प्रदेशों में सुरक्षित रहती हैं। इन विशेषताओं में एक ब् ध्वनि का निर्बाध व्यवहार है, दूसरी तालव्य श् का व्यवहार है। स् और श् की विभाजन रेखा कुछ सामी क्षेत्रों में रही है और जर्मन भाषा क्षेत्र में भी एक सीमा तक दिखाई देती है। इण्डोयूरोपियन परिवार में इस समय परिनिष्ठित बँगला ही एक मात्र ऐसी भाषा है जो तीन सकारों में केवल तालव्य श् का व्यवहार करती है। मगही पर जो मध्यदेशीय प्रभाव पड़ा है, उसका एक परिणाम इस भाषा में दन्त्य स् की वर्तमान प्रधानता है। मध्यदेश दन्त्य स् के उद्‌भव, विकास और प्रसार का मुख्य केन्द्र रहा है।

संस्कृत में ऐसे अनेक शब्द हैं जिनमें पहले दन्त्य स् का व्यवहार होता था, अन्य प्रभाव से उसका तालव्यीकरण हुआ। यह प्रभाव किस भाषा-समुदाय का था? भारतीय जनपदों की भाषायी स्थिति पर ध्यान देने से प्रतीत होता है कि ऐसा केन्द्र जिसमें तालव्य श् के प्रति एकान्त आग्रह हो, पूर्व में था। इस कारण यह मानना समीचीन है कि मध्यदेशीय दन्त्य स् वाले शब्दों में तालव्य श् की प्रतिष्ठा मागधी प्रभाव का परिणाम है। फ़ारसी और संस्कृत दोनों में दन्त्य और तालव्य सकारों में विवेक शिष्ट उच्चारण का लक्षण माना जाता था। ऐसा विवेक मागध समाज में होता हो, यह आवश्यक नहीं। (उस समाज के प्रभाव से उत्तर पश्चिमी आर्य गण समाजों ने एक नयी ध्वनि—तालव्य श्—प्राप्त की, उसे अपने ध्वनितंत्र में शामिल किया और दन्त्य स् से उसकी भिन्नता का उपयोग किया।) संस्कृत में बहुत से शब्द ऐसे हैं जिनमें श् के बाद व् का प्रयोग होता है, **अश्व, श्वान, श्वः** इत्यादि। मागध-वृत्ति ब् को प्रधानता देती है। ऐसे शब्द प्राचीन मागध गण-भाषा के अपने शब्द नहीं हैं। (उनकी रचना उत्तर पश्चिमी गण-समाजों ने मागध समाज से प्राप्त श् ध्वनि के आधार पर की है।) कुछ शब्द ऐसे हैं जिनमें श् ध्वनि शब्दमूल में विद्यमान है और व् का संसर्ग नहीं है। सम्भव है, ऐसे शब्द मूल मागध गणभाषा के अपने शब्द हों। इनमें शे, शो, शा जैसी एक क्रिया थी जिसका अर्थ सोना था और जो मरने के लिए भी प्रयुक्त होती थी। किसी समय इस क्रिया का समस्त उत्तर भारत में व्यवहार होता था। **शयन, शैया, शव** इसी

क्रिया से व्युत्पन्न होते हैं। शव शब्द उत्तर पश्चिमी है किन्तु मूल क्रिया मागधी हो सकती है। द्रविड़ भाषाओं में मरने के लिए **चा** आदि जो शब्द प्रचलित हैं, उनका आधार यही क्रिया है। आधुनिक आर्यभाषाओं में बँगला के बाद शकार वाली प्रवृत्ति मराठी में अधिक है और वह मागध प्रभाव का परिणाम है।

यह सम्भव है कि **र्** का विकास केन्द्र मध्यदेश रहा हो और **ल्** का विकास मगध में हुआ हो। जो परम्परा **श्** को मागधी प्राकृत की प्रधान ध्वनि मानती है, वह उसमें **र्** के स्थान पर **ल्** के व्यवहार पर भी बल देती है। जैसे संस्कृत के अनेक शब्दों के **स्, श्** वाले दो रूप हैं, वैसे ही **रभ्-लभ्, रघु-लघु** आदि **र्-ल्** ध्वनियों वाले वैकल्पिक रूप हैं। जैसे मागध प्रभाव से तालव्य **श्** का प्रसार हुआ, वैसे ही अन्य गण भाषाओं के ध्वनितंत्र ने **ल्** ध्वनि को स्वीकार किया। ऐसे अनेक शब्द हैं जिनमें **ल्** ने **र्** का स्थान लिया है, **रभ्-लभ्, रघु-लघु** के वैकल्पिक रूप इस प्रकार बने थे। फिर भी कुछ शब्द ऐसे प्रतीत होते हैं जिनमें **ल्** ही मूल ध्वनि थी। **कुल, कला** जैसे शब्द इनमें गिने जा सकते हैं। संस्कृत में **जल, कलश** जैसे शब्दों को जो सम्मानप्रद स्थान प्राप्त है, उसका कारण मागध प्रभाव हो सकता है। **बलि, बालि** आदि शब्दों में जहाँ **ल्** के निकट **ब्** ध्वनि है, वहाँ अधिक दृढ़ता से कहा जा सकता है कि ये पुराने मागधी शब्द हैं। इसी प्रकार जहाँ **श** और **ल्** का संयोग है, **श्लथ** जैसे शब्दों में, वहाँ मागधी शब्द-सम्पदा की कल्पना की जा सकती है। इस सम्पदा का एक देदीप्यमान रत्न है **श्लोक**।

आर्य गण भाषाओं के ध्वनि-तंत्र का विवेचन करते हुए इस पुस्तक में यह धारणा प्रस्तुत की गयी है कि **घ्, ध्, भ्** इन तीन ध्वनियों के विकास केन्द्र क्रमशः उत्तर-पश्चिमी क्षेत्र, मध्यदेश और पूर्वी प्रदेश थे। इस धारणा के अनुसार **भ्** ध्वनि का विकास केन्द्र प्राचीन मगध और उसका पड़ोसी क्षेत्र रहा होगा। संस्कृत में प्रकाश सूचक अनेक शब्द **भ्** ध्वनि वाले हैं। **अस्** के समानान्तर अत्यन्त व्यवहृत होने वाली **भू** क्रिया में यही व्यंजन है। संस्कृत शब्दों की रूप रचना में **भ्याम्, भिस्** आदि **भ्** मूलक प्रत्यय महत्वपूर्ण हैं। पारिवारिक शब्दावली में **भ्राता** शब्द इसी श्रेणी का है। वैदिक भाषा में ऐसे शब्दों का महत्व इतना स्पष्ट है कि लोग सहज ही आपत्ति कर सकते हैं कि आर्य लोग तो अभी पंजाब में थे, उन पर इतनी दूर से मगध की भाषा का प्रभाव कैसे पड़ गया ? ऐसी आपत्ति करने वाले आसानी से मान लेते हैं कि आर्य लोग भारत में आने से पहले **घ्, ध् भ्** ध्वनियों का विकास कर चुके थे। किसी कारणवश इन ध्वनियों का व्यवहार सिन्धु नदी के उस पार नहीं होता, न किसी प्राचीन भाषा में और न किसी आधुनिक भाषा में। इनका व्यवहार केवल भारत में होता है, प्राचीन भाषाओं में होता था, आधुनिक भाषाओं में होता है। वैदिक भाषा और लौकिक संस्कृत में इन ध्वनियों के व्यवहार के प्रमाण हैं। ऐसी आपत्ति करने वालों के लिए आदि इन्डोयूरोपियन भाषा का कल्पित ध्वनितंत्र अनेक गण भाषाओं के संयोग से विकसित नहीं हुआ वरन् पूर्व विकसित इन्डोयूरोपियन भाषा के खण्डित होने से विभिन्न गण भाषाओं के ध्वनितन्त्रों का निर्माण हुआ है। जो लोग इन्डोयूरोपियन भाषा की कल्पना

स्वीकार नहीं करते किन्तु वैसी ही कल्पना वैदिक भाषा के बारे में करते हैं, वे भी वैदिक भाषा की एक सुदीर्घ विकास परम्परा अस्वीकार करते हैं। उनके लिए वैदिक भाषा में श्, ष्, स् विभिन्न सकारों का जो समन्वय हुआ है, उसका कोई महत्व नहीं है; मध्यदेश में केवल दन्त्य स् का व्यवहार होता है और परिनिष्ठित बँगला में केवल तालव्य श् का, हरियाणा तक ण् का क्षेत्र है और ब्रज से लेकर असम तक न् का, ऐसे तथ्यों का कोई ऐतिहासिक मूल्य नहीं है।

जिन ऋषियों ने वेद मंत्रों की रचना की, उन्होंने उसी समय वैदिक भाषा की भी रचना न कर डाली थी। वह भाषा एक सुदीर्घ विकास-परम्परा का परिणाम है। इस सम्बन्ध में आचार्य किशोरीदास वाजपेयी का निम्नलिखित तर्क विचारणीय है: "वेदों की भाषा का प्रकृत रूप क्या था, यह जानने के लिए निराधार कल्पना की जरूरत नहीं। वेदों की जो भाषा है, उससे मिलती जुलती ही वह 'प्रकृत-भाषा' होगी, जिसे हम 'भारतीय मूल भाषा' कह सकते हैं। उस 'मूल भाषा' को 'पहली प्राकृत' भाषा समझिए। 'प्राकृत भाषा' का मतलब है 'जनभाषा'।...जब वेदों की रचना हुई, उससे पहले ही भाषा का वैसा पूर्ण विकास हो चुका होगा। तभी तो वेद जैसे साहित्य को वह वहन कर सकी। भाषा के इस विकास में कितना समय लगा होगा! फिर, वेद जैसा उत्कृष्ट साहित्य तो देखिए!...क्या उस मूल भाषा या 'पहली प्राकृत' की पहली रचना ही वेद है? सम्भव नहीं! इससे पहले छोटा मोटा और हल्का भारी न जाने कितना साहित्य बना होगा, तब वेदों का नम्बर आया होगा...सो, वेदों की रचना के समय तक वह मूल भाषा पूरी तरह विकसित हो चुकी होगी और देश-भेद से या प्रदेश-भेद से उसके रूप भेद भी हो गये होंगे। उन प्रादेशिक भेदों में से जो कुछ साहित्यिक रूप प्राप्त कर चुका होगा, उसी में वेदों की रचना हुई होगी; परन्तु अन्य प्रादेशिक रूपों के भी शब्द प्रयोग ग्रहीत हुए होंगे। सभी साहित्यिक भाषाओं की यही स्थिति है। बङ्गाल भर में जो भाषा चलती है—'बँगला'—वह कितने क्षेत्रीय रूपों में विभक्त है?...बङ्गाल भर के लोग बँगला में साहित्य-रचना करते हैं, परन्तु वे अपने क्षेत्र की 'बोली' से प्रभावित होते हैं। यों विभिन्न बोलियों के कुछ शब्द-प्रयोग साहित्यिक भाषा में आ जाते हैं, यद्यपि उसका कलेवर किसी एक ही क्षेत्रीय बोली से बनता है।" (भारतीय भाषाविज्ञान, पृष्ठ ११३-११४)।

यहाँ वाजपेयी जी ने उस भाषा के अस्तित्व पर बल दिया है जो वेदों की रचना से पहले विकसित होती आई थी। वेदों से पहले भी बहुत सा साहित्य रचा गया होगा जो नष्ट हो गया, उन्होंने यह तर्कसम्मत धारणा प्रस्तुत की है। वैदिक भाषा के साथ अनेक प्रादेशिक भेद थे, इन प्रादेशिक रूपों से अनेक प्रकार की शब्द-सम्पदा वैदिक भाषा में स्वीकार की गई, उन्होंने यह निर्भ्रान्त मत प्रतिपादित किया है। भाषा और साहित्य, दोनों ही उनके लिए एक अत्यन्त दीर्घकालीन विकासपरम्परा का परिणाम हैं। वाजपेयीजी की यह मान्यता रूढ़िवादी स्थापनाओं के विपरीत है। यदि उसे भाषा के विभिन्न स्तरों पर लागू किया जाए तो बहुत कुछ वैसी ही विश्लेषण-पद्धति विकसित होगी जैसी

यहाँ प्रतिपादित की गई है। जो लोग वैदिक भाषा को एक सुदीर्घ विकास-परम्परा का परिणाम नहीं मानते, वे इन्डोयूरोपियनवादियों के समान तर्क करते हैं कि एक आदि भाषा, विकास-पथ पार किए बिना ही, अपने पूर्ण रूप में उत्पन्न हो गई। विकास-प्रक्रिया का एक अनिवार्य पक्ष है प्रादेशिक भाषाओं से अनेक तत्व ग्रहण करना। जिन विद्वानों के लिए कहीं कोई विकास-प्रक्रिया नहीं है, उनके लिए कल्पित आदि भाषा के साथ प्रादेशिक भेद भी नहीं हैं। किंतु यदि वैदिक भाषा सुदीर्घ विकास-परम्परा का परिणाम है तो यह विकास-क्रम शब्द भण्डार, वाक्यतंत्र और इनके साथ ध्वनितंत्र में भी परिलक्षित होगा। मागधी समुदाय की कुछ विशेषताएँ परम्परागत उल्लेखों से प्राप्त हैं, उनकी पुष्टि पूर्वी आर्यभाषाओं की वर्तमान स्थिति से होती है। मान लीजिए, वैदिक भाषा का विकास एक हज़ार साल में हुआ। तब क्या एक क्षेत्र का गणसमाज इतने समय तक उसी में बन्द रहा और अन्य गणसमाजों से उसका सम्पर्क ही न हुआ? मगध गण पहले पूर्व में रहता रहा हो चाहे उत्तर पश्चिम में, उसकी भाषा से कुरु गणसमाज का सम्पर्क हुआ, इसमें असम्भव कुछ नहीं है। जो लोग यह मानते हैं कि भारत ईरानी शाखा से टूट कर संस्कृत का विकास हुआ, वे कहीं इस 'विकास' का तर्कसम्मत विवेचन प्रस्तुत नहीं करते।

(ख) मगही शब्दतंत्र

भारतीय आर्यभाषाओं में लिङ्गभेद का विकास विषम रूप में हुआ है। इस विकास का केन्द्र उत्तर पश्चिम के गणसमाज रहे हैं। इन केन्द्रों से बंगाल सबसे दूर है और लिङ्गभेद से सर्वाधिक मुक्त है। द्रविड़ भाषाओं में यही स्थिति केरल की है। भाषा की अन्य विशेषताओं के समान लिङ्गभेद का अभाव मगध क्षेत्र से हटकर अब बङ्गाल में केन्द्रित है। कोसल, ब्रज और कुरु जनपदों का प्रभाव मगध और मिथिला पर जितना पड़ा है, उतना बङ्गाल, उड़ीसा या असम पर नहीं। मगध की प्राचीन गण भाषा अवश्य लिङ्गभेद से मुक्त रही होगी। जिसे लोग पुरानी बँगला कहते हैं, वह अनेक स्थानों पर लिङ्गभेद स्वीकार करती है। इस कारण कुछ भाषाविज्ञानी मानते हैं कि पुरानी बँगला में लिङ्गभेद था और आगे चलकर वह समाप्त हो गया। कभी-कभी वह इसका कारण भी बतलाते हैं। लिङ्गभेद के झमेले से भाषा के व्यवहार में कठिनाई होती थी, इसलिए उसे सरल, सुबोध बनाने के लिए वह झमेला दूर कर दिया गया! यह बात उतनी ही तर्कसंगत है जितनी तर्कसंगत संस्कृत अकार को हटाकर उसके स्थान पर वृत्ताकार उच्चारण का चलन कर देने की बात है। अन्तर इतना ही है कि वृत्ताकार उच्चारण चालू करने से कौन सा झमेला दूर हुआ, यह किसी भाषाविज्ञानी ने नहीं बताया। वास्तव में मागध भाषा समुदाय में न तो पहले संस्कृत अकार का चलन था, न उसमें लिङ्गभेद था। जिसे पुरानी बँगला कहते हैं, वह या तो पुरानी मैथिली है या मैथिली का अनुकरण है। भोजपुरी, मैथिली और मगही में अवधी, ब्रज और बाँगरू की अपेक्षा लिङ्गभेद निर्बल है। पूर्वी क्षेत्रों के शिक्षित जनों को भी परिनिष्ठित हिन्दी का

व्यवहार करते समय शब्दों का लिङ्ग-निर्णय करने में कठिनाई होती है। ऐसा होना स्वाभाविक है क्योंकि पूर्वी क्षेत्रों की भाषाई परम्परा लिङ्गभेद से मुक्त थी।

मगही में अब कुछ शब्द ऐसे हैं जिनमें लिङ्गभेद करना आवश्यक होता है। छोटका, छोटकी, नन्हका, नन्हकी, पियरा, पियरी, भुतहा, भुतही आदि विशेषण लिङ्गभेद सूचित करते हैं। (सम्पत्ति अर्याणी ने **मगही व्याकरण-कोश** में ऐसे शब्दों की सूची दी है।) इसी प्रकार सम्बन्ध कारक में कुछ सर्वनाम, लिङ्गभेद जताने के लिए, रूप बदलते हैं। **मोरा सामी** (मेरा स्वामी), **मोरी बिटिया**। अर्याणी ने ऐसे रूपों का व्यवहार लोकगीतों में होता बताया है और इससे भिन्न **हम्मर बेटा**, **हम्मर बेटी** के प्रयोग की ओर ध्यान दिलाया है जो लिङ्गभेद से मुक्त हैं। इससे विदित होता है कि कोसल का प्रभाव एक समय मगध पर इतना अधिक पड़ा कि वह लोकगीतों में प्रतिबिम्बित है। सम्बन्ध कारक के प्रत्यय **केरा** और **केरी** में वैसा ही भेद दिखायी देता है। अर्याणी ने दो रोचक उदाहरण दिए हैं जिनसे ज्ञात होता है कि **लिङ्गयुक्त** और **लिङ्गमुक्त** दोनों तरह के रूप मगही में स्वीकृत हैं; (१) **ऊ गांव केरी जनी सब कांदते चल गेलथीन**; (२) **ऊ गांव के मेहररुअन कांदते चल गेलथीन** (उस गाँव की स्त्रियाँ रोती हुई गईं)। भूतकालिक कृदन्तों में, हिन्दी के प्रभाव से, पूर्वी भाषाएँ जहाँ-तहाँ लिङ्गभेद सूचित करती हैं। हिन्दी की तुलना में ऐसा भेद वहाँ कम है।

अनेक भाषाविज्ञानियों ने लिखा है कि संस्कृत में शब्द के बहुवचन रूपों का चलन था, हिन्दी में द्रविड़ प्रभाव से शब्द का एक ही रूप एकवचन और बहुवचन में काम आता है। मगही में संज्ञा शब्द के बाद **न** प्रत्यय जोड़ कर बहुवचन रूप वैसे ही बनाए जाते हैं जैसे अवधी में, यथा **बंल—बंलन**, **घर—घरन**। अवधी में बहुवचन के अन्य रूप भी होते हैं। कर्त्ताकारक एक वचन में **घरु** रूप होगा (यही स्थिति कर्मकारक एकवचन में है) **घर** रूप कर्त्ताकारक के बहुवचन में प्रयुक्त होगा। करण आदि कारकों में बहुवचन रूप **घरन** होगा।

मगही का शब्दतंत्र अन्य पश्चिमी आर्यभाषाओं के शब्दतंत्र से मिलता जुलता है। कुछ तथ्य इस संदर्भ में महत्वपूर्ण हैं। **मोरा** रूप सम्बन्ध कारक में ही नहीं, कर्त्ताकारक में भी प्रयुक्त होता है (अर्याणी, उप० पृष्ठ २०)। आधुनिक आर्यभाषाओं के विकास में एक मंज़िल वह है जिसमें कुछ सर्वनाम, अपने कारक चिन्ह के साथ, आधारभूत सर्वनाम मान लिए गए हैं। **मोरा** का आधार **मो** है किन्तु **मो** का स्वतंत्र व्यवहार न अवधी में होता है न मगही में। **मोरा** को आधार मानकर **मोरा के**, **मोरा में**, **मोरा से** आदि रूपों का व्यवहार होता है। मूल सर्वनाम **मध** से एक रूप **मो** बना, दूसरा **मे**, **मैं**। वास्तव में **मध** – **मह** से **मो** रूप का निर्माण मागध प्रवृत्ति का ही परिणाम है किन्तु यह रूप कर्त्ता पद से विस्थापित कर दिया गया है, अब केवल **मोर**, **मोरा** रूप में ही वह प्रतिष्ठित है। इससे संस्कृत कर्त्तारूप **अहम्** तथा सम्बन्धकारक रूप **मम** की तुलना की जा सकती है। **मम** का आधार वही **म** सर्वनाम मूल है जो **मो** और **मैं** का है। **अहम्** ने उसे कर्त्तापद से हटा दिया। वैसे ही **मैं** ने **मो** को कर्त्तापद से हटाया। **मैं** वाला रूप पूर्वी

मगही में प्रयुक्त होता है। **म** के आधार पर **मके** (मुझको) **मर** (मेरा) आदि **रूप** भी प्रचलित हैं। **मोरा** के समानान्तर एकवचन में **हम** का प्रयोग होता है। इस **हम** से बहुवचन रूप **हमनी** बनता है। यह **नी** सम्बन्धकारक का प्रत्यय है जिसका मूल क्षेत्र पश्चिम में है। **नी** और **रा** दोनों सम्बन्धकारक में प्रयुक्त होते हैं; **नी** का व्यवहार सिन्धी, गुजराती में होता है, **रा** का व्यवहार राजस्थानी में। बहुवचन और सम्बन्धकारक के लिए एक ही चिन्ह का प्रयोग होता है। अनेक इंडोयूरोपियन भाषाओं में इसी प्रकार **स्** चिन्ह का व्यवहार बहुवचन तथा सम्बन्धकारक के लिए होता है। मगही, **मोरा** के समान, **हमनी** को आधार रूप मान लेती है और **हमनी** के अतिरिक्त **हमरनी** रूप का भी व्यवहार करती है। आधार रूप **हम**; उससे बहुत्वसूचक, सम्बन्धसूचक **हमर**; पुनः उसमें इन्हीं भावों के सूचक **नी** का योग। मध्यमपुरुष सर्वनाम में **तू**, **तोरा**, **तोहनी** जैसे रूप स्वीकृत हैं। मगही में पूर्वी पश्चिमी, दोनों तरह की ध्वनिप्रवृत्तियाँ मिलती हैं, इसलिए उसमें हिन्दी **कौन** सर्वनाम के प्रतिरूप **को** तथा **के** दोनों हैं। इनके साथ **कौन** भी चलता है। **मध** के समान **कध** से **को**, **के** रूपों का विकास हुआ। मगही में **कॅह** रूप का व्यवहार भी होता है। इसके समानान्तर **जॅह**, **तॅह**, **यध**, **तध** मूल रूपों से विकसित हैं। बहुवचन में **जिन्ह**, **किन्ह**, **तिन्ह** आदि का विकास उन मूल रूपों से हुआ है जिनमें सर्वनाम-मूल के बाद **न्ध** का योग होता था। **तिन्ह**, **तैसा** जैसे रूप अब कम प्रयुक्त होते हैं। **तैसा** की जगह **वैसा**, **तिन्ह** की जगह **उन** का व्यवहार अधिक होता है। संस्कृत में एकवचन पुंल्लिग, कर्त्तारूप **सः** सर्वनाम का व्यवहार होता है। अवधी में, और परिनिष्ठित हिन्दी में भी, **सः** के मागधी रूप **सो** का चलन है किन्तु मगही में **जे** और **के** रूपों के समान कौरवी **से** का चलन है। **तउन** अन्य पुरुष सर्वनाम है, इसका वैकल्पिक रूप **से** है और एकवचन तथा बहुवचन दोनों में प्रयुक्त होता है। ठीक संस्कृत के समान इसका प्रयोग कर्त्ताकारक तक सीमित है किन्तु संस्कृत के विपरीत इसका व्यवहार बहुवचन में भी हो सकता है। यही कौरवी **से** बँगला में भी प्रयुक्त होता है। हिन्दी **यह-वह** निकट और दूर की वस्तुओं के लिए प्रयुक्त होने वाले सर्वनाम हैं। इनके मूल रूप **इध-उध** थे। इनसे एक ओर **ऍह-ऑह** रूप बनते हैं जहाँ **इ**, **उ** को विवृत रूप दिया गया है, दूसरी ओर **ई**, **ऊ** रूप बनते हैं जहाँ अन्तिम वर्ण का स्वर लुप्त हुआ है और महाप्राण ध्वनि ने पूर्व स्वर को दीर्घ किया है। भिन्न ध्वनि प्रवृत्तियों के मेल के कारण मगही में **केऊ** और **कोई** दोनों रूप स्वीकृत हैं। जो लोग **कोई** का विकास **कोपि** से मानते हैं, उन्हें **केऊ** का विकास **केपु** से मानना चाहिए। कठिनाई यह है कि **अपि** के साथ **अपु** जैसे रूप का प्रयोग नहीं मिलता। **केऊ** के साथ मगही में **केहू** रूप भी है। इसे **केपु** से सिद्ध करना कठिन होगा। हिन्दी **क्या** के लिए मगही में **का**, **की** के अलावा एक रूप **कउची** भी है। इन सब रूपों में **क** आधारभूत है, उसमें वस्तु-सूचक विभिन्न प्रत्यय जोड़े जाते रहे हैं। यह **क** सर्वनाम पहले प्रश्नवाचक न होकर किसी वस्तु या व्यक्ति की ओर संकेत करने वाला सामान्य सर्वनाम था, इसलिए **कोई** और **केऊ** प्रश्नसूचक और सामान्य संकेतक, दोनों प्रकार का अर्थ देते हैं। **के** सर्वनाम से सम्बन्धकारक में **केकर**, **केकरा** आदि रूप बनते हैं जहाँ **कर** सम्बन्धकारक का चिन्ह है।

मगही के कारक चिन्ह अवधी और परिनिष्ठित हिन्दी के कारक चिन्हों से मिलते हैं, कहीं-कहीं अवधी की अपेक्षा परिनिष्ठित हिन्दी के कारक चिन्हों से अधिक समानता है। अधिकरण कारक जताने के लिए **में** का व्यवहार होता है: **मोरा में, तोर में, अपने में, अँह में, इन्ह में**। अवधी में सर्वत्र **मा** का व्यवहार होगा। मध सर्वनाम के आधार पर यह सम्बन्धसूचक प्रत्यय बना है। अवधी में जैसे **छह** का उच्चारण **छा** है, वैसे ही **मध-मह** से **मा** रूप बना है। **में** रूप उत्तरपश्चिमी है। एक रोचक तथ्य यह है कि बघेली के समान मगही में सम्प्रदान कारक के लिए **ला** प्रत्यय का व्यवहार होता है—**मोराला, हमराला, हमनीला, तोराला, अपनेला, अँहला** इत्यादि। जो लोग समझते हैं कि आधुनिक आर्यभाषाओं में सम्प्रदान कारक का लोप हो गया और द्रविड़ भाषाओं में कर्म से भिन्न सम्प्रदान का अस्तित्व बना हुआ है, वे मगही में कर्मकारक के लिए **मोराके, हमराके, हमनीके** तथा सम्प्रदान कारक के लिए **मोराला, हमराला, हमनीला** का भेद देखें। अनेक विद्वान् मानते हैं कि अपभ्रंश में कारक भेद मिट गया, केवल संज्ञा का सामान्य रूप और उसका तिर्यक् रूप, ये दो रूप रह गये। इन विद्वानों को विचार करना चाहिए कि जब मागधी अपभ्रंश से मगही का जन्म हुआ, तब यह कर्म और सम्प्रदान का नया भेद कैसे उत्पन्न हो गया। संज्ञा और सर्वनाम, दोनों तरह के नाम शब्दों के सम्प्रदान रूपों में **ला** प्रत्यय का व्यवहार होता है, कर्म या किसी अन्य कारक के लिए नहीं। और **घोड़ा** का तिर्यक् रूप क्या है? एकवचन रूपों में सर्वत्र **घोड़ा** ही रहता है; कर्त्ता के अलावा करण, सम्प्रदान, अधिकरण आदि में **घोड़ा** रूप ही चलता है। यदि हिन्दी में **घोड़े से, घोड़े पर** आदि रूप होते हैं जो कर्त्ता के एकवचन रूप से भिन्न हैं, तो इसका यह अर्थ नहीं कि आधुनिक आर्यभाषाओं में सर्वत्र ऐसा होता है। **घोड़ा** का बहुवचन रूप बनाने के लिए कोई बहुत्वसूचक शब्द जोड़ा नहीं जाता जैसे कि बहुधा बँगला में होता है, वरन् अन्तिम वर्ण के दीर्घ स्वर को ह्रस्व करने के बाद **न** प्रत्यय जोड़ दिया जाता है। इस प्रकार **घोड़ा** का बहुवचन **घोड़न**, जैसे घर का बहुवचन घरन। अवधी में घरन रूप कर्त्ताकारक में प्रयुक्त न होगा; अर्याणी ने **घरन, राजन, पोथिन, बातन** आदि रूपों को कर्त्ताकारक में दिखाया है। स्पष्ट है कि आधुनिक आर्यभाषाओं का विकास एक से नियमों के अनुसार समतल भूमि पर नहीं हुआ और अपभ्रंश की उपलब्ध सामग्री के आधार पर इनके विकास की व्याख्या नहीं की जा सकती।

मगही सर्वनाम ई—जो हिन्दी यह का प्रतिरूप है—कर्त्ता से भिन्न अन्य कारकों में प्रयुक्त नहीं होता; एकवचन रूपों में **अँह** का व्यवहार होता है। कह सकते हैं कि **अँह ई** का तिर्यक् रूप है। (इस प्रकार संस्कृत **मम** के **म** को **अहम्** का तिर्यक रूप क्यों न कहा जाय? और **मम** के अतिरिक्त **वयम्, नः** आदि को ध्यान में रखें तो **अहम्** के अनेक तिर्यक् रूप क्यों न माने जायँ?) **मोरा, हमनी**, कर्त्ता से लेकर अधिकरण तक, सर्वत्र एकवचन में अपरिवर्तित रहते हैं। यही स्थिति **अपने** सर्वनाम की है। इससे यह विदित होता है कि अनेक कारकों में 'तिर्यक्' और 'अतिर्यक्', दोनों तरह के रूपों के व्यवहार की पद्धति मगही में है।

(ग) मगही क्रियापद-रचना

मगही और मैथिली, दोनों मागधी अपभ्रंश से उत्पन्न मानी जाती हैं। जो लोग इनसे बँगला का सम्बन्ध जोड़ते हैं, उनका ध्यान सबसे पहले क्रियारूप **छि** की ओर जाता है। यह महत्वपूर्ण बात है कि इस क्रिया का व्यवहार मगही में नहीं होता, उसमें **छ्**-मूलक क्रिया के बदले ह्-मूलक क्रिया का व्यवहार होता है। इस तथ्य की ओर डा० विश्वनाथ प्रसाद ने ध्यान दिया है। **मगही संस्कार गीत** (पटना, १९६२) पुस्तक में मगही की विशेषताओं की चर्चा करते हुए लिखा है: "मगही की वर्तमान कालिक अन्य पुरुष सहायक क्रिया का रूप 'हे' है, जो मागधी समुदाय की अन्य बोलियों के 'बाटे' या 'बा' या 'बॉटे' और 'अछि', 'छै' से भिन्न हिन्दी 'है' के अनुरूप है। जैसे—ऊ कर सकऽहे, एक्कर ई कारन हे, ई बुझा हे, हमनीके इहे बतावल जाहे,—लगऽहे, होवऽहे। यह हे भारत-यूरोपीय 'अस्' से व्युत्पन्न है; जबकि भोजपुरी—'बाटे' या 'बा' और बँगला 'बॉटे' √वृत्—वर्त्तते से तथा उड़िया 'अछ', मैथिली 'अछि', 'छै' √क्षि से।" (पृष्ठ १८)। मागधी समुदाय की तीन महत्वपूर्ण भाषाओं—मगही, भोजपुरी और मैथिली में—एक ही अर्थ वाली क्रिया के तीन रूप हैं। यह क्रिया भी ऐसी है जिसका व्यवहार भाषा में सर्वाधिक होता है। वास्तव में एक क्रिया के तीन रूप न होकर ये तीन क्रियाएँ हैं जिनका प्रयोग एक से संदर्भों में होता है। डा० विश्वनाथ प्रसाद ने उनके तीन स्रोत बतलाए हैं। ये तीन स्रोत सही हों, चाहे न हों, पर वे तीन हैं और एक दूसरे से भिन्न हैं, इसमें संदेह नहीं। यह इस बात का अतिरिक्त प्रमाण है कि जिन्हें मागधी समुदाय की भाषाएं कहते हैं, उनका जन्म किसी कल्पित मागधी अपभ्रंश से नहीं हुआ।

मगही में एक क्रिया **हथ** है। डा० विश्वनाथ प्रसाद ने इसे भी **अस्** से व्युत्पन्न माना है। **कहोहथिन्** अर्थात् कहते हैं। **हथिन्** का प्रतिरूप **हथुन्** भी प्रयुक्त होता है और एकरूप **हखुन्** भी है। **हथिन्, हथुन्, हखुन्** से ही छुट्टी नहीं मिल जाती। विश्वनाथ प्रसाद ने लिखा है: "केवल पटना जिले में मगही के कम से कम पाँच भेद व्यवहृत हैं।" (उप० पृष्ठ १८)। किन्तु कुछ विद्वानों का विचार है कि सर्वत्र मगही के एक ही रूप का चलन है। डा० उदयनारायण तिवारी **भोजपुरी भाषा और साहित्य** (पटना, १९५४) में कहते हैं: "आधुनिक मगही का क्षेत्र वही नहीं है जो प्राचीन मगध का था। यह गया के शेष भाग तथा हजारीबाग जिले की बोली है। इसके अतिरिक्त यह पालामऊ के पश्चिमी भाग तथा पूरब में मुंगेर और भागलपुर जिलों के कुछ भाग में बोली जाती है। इस समस्त क्षेत्र में मगही का रूप एक ही है और इसमें कहीं भी अन्तर नहीं पड़ता। केवल पटना के आस-पास उर्दू भाषी मुसलमानों के प्रभाव के कारण इसके मुहावरों में अवश्य कुछ अन्तर आ गया है।" (पृष्ठ २१७)। प्रश्न कुछ मुहावरों या शब्दों का नहीं है, प्रश्न भाषा की संरचना, क्रियापदों की रचना, मूल शब्द भंडार का है। एकरूपता वाली धारणा का खण्डन करते हुए डा० विश्वनाथ प्रसाद ने लिखा है: "अन्य बोलियों के समान मगही के भी अनेक रूप हैं। यह समझना भूल है कि 'समस्त मगही

क्षेत्र में मगही का एक ही रूप प्रचलित है और इसमें कहीं अन्तर नहीं पड़ता है।" (**मगही संस्कार गीत**, पृष्ठ १८)। **हथिन्, हथुन्, हखुन्** के उदाहरण देने के बाद **कहऽ होबऽ, कहित हियो, कहऽ हियो** वाक्य उद्धृत करते हैं। इन सबका अर्थ है—कहता हूँ।

जो भी बोलचाल के स्तर पर आधुनिक भाषाओं की विविधरूपता की ओर ध्यान देगा, वह किसी प्राचीन परिनिष्ठित भाषा से इनकी उत्पत्ति मानने में हिचकेगा। प्राकृतों और अपभ्रंशों से आधुनिक भाषाओं का उद्भव मानने में डा० विश्वनाथ प्रसाद को संकोच होता था। आचार्य किशोरीदास वाजपेयी विश्वविद्यालय की परिधि से बाहर रहने वाले विद्वान् हैं किन्तु डा० विश्वनाथ प्रसाद भारत और इंग्लैंड के विश्वविद्यालयों में प्रशिक्षित भाषाशास्त्री थे। उन्होंने आधुनिक आर्यभाषाओं के विकास के बारे में जो मत प्रकट किया है, वह आचार्य वाजपेयी की स्थापनाओं का समर्थन करता है। उन्होंने व्याकरण ग्रंथों, नाटकों आदि में दिये हुए उदाहरणों के बारे में लिखा है कि वे "कल्पित या कृत्रिम रूप मात्र ही हैं"; वे "प्रादेशिक बोलियों के प्रचलित तथा वास्तविक रूपभेदों के परिचायक नहीं थे।" उनसे प्रादेशिक भाषाओं के सम्बन्ध में तत्कालीन मतों का कुछ आभास मिलता है किन्तु वे "बोलचाल की भाषाओं के हूबहू नमूने नहीं" हैं। अतः डा० विश्वनाथ प्रसाद ने यह महत्वपूर्ण निष्कर्ष निकाला है: "उनके आधार पर आधुनिक बोलियों के ऐतिहासिक विकासक्रम का निरूपण करना कठिन ही नहीं, एक प्रकार से असंभव सा है।" किन्तु डा० सुनीतिकुमार चाटुर्ज्या के पथ का अनुसरण करने वाले डा० उदयनारायण तिवारी प्रभृति विद्वान् इसी असम्भव क्रिया में संलग्न रहे हैं। डा० विश्वनाथ प्रसाद विभिन्न जनपदों के आपसी संपर्क पर ध्यान देते हैं, इसलिए इस तथ्य पर जोर देते हैं कि "प्रादेशिक बोलियों में मिश्रण की प्रक्रिया भी शताब्दियों से चलती रही है।" स्वभावतः ऐसी स्थिति में प्राचीन भाषाओं से जितना ज्ञान आधुनिक भाषाओं के विकास का हो सकता है, उतना ज्ञान प्राचीन भाषाओं की स्थिति के बारे में आधुनिक भाषाओं के अध्ययन से भी हो सकता है। परम्परागत ऐतिहासिक भाषाविज्ञान से उल्टी दिशा में चलते हुए डा० विश्वनाथ प्रसाद ने लिखा है: "साहित्यिक प्राकृतों से आधुनिक प्रादेशिक अथवा जनपदीय बोलियों के विकास को समझने के बजाय, यदि हम बोलियों का ही सूक्ष्म अध्ययन करके प्राचीन प्राकृतों के स्वरूपों की रूपरेखाएँ निर्धारित करने का प्रयास करें, तो वह अधिक सार्थक होगा।" (मगही संस्कार गीत, पृष्ठ ८-९)।

मगही में विभिन्न जनपदीय भाषा तत्वों के मिश्रण का एक प्रमाण **हो** और **भे** क्रियाओं का समानान्तर प्रयोग है। **हम होली, हम भेली**, दोनों रूपों का चलन है। **अवधी में हो** क्रिया भूतकाल में प्रयुक्त नहीं होती, भे क्रिया वर्तमान और भविष्य में प्रयुक्त नहीं होती। भविष्यकाल के लिए **ब** वाले क्रियारूप मागधी भाषाओं की विशेषता हैं। मगही में उत्तम और मध्यम पुरुषों के लिए **ब** वाले क्रियारूपों का व्यवहार होता है किन्तु अन्य पुरुष के संदर्भ में उनका नितान्त अभाव है। इससे भिन्न बँगला क्रियारूपों में तीनों पुरुषों के साथ **ब** का व्यवहार होता है। और भी महत्वपूर्ण बात यह है

कि मगही के उत्तम और मध्यम पुरुषों में भविष्यकाल के ऐसे वैकल्पिक रूप हैं जिनमें **ब** का व्यवहार होता ही नहीं है। इसका अर्थ यह है कि **ब** चिन्ह के बिना मगही में भविष्यकाल सूचक क्रियारूपों का व्यवहार हो सकता है। सम्भव है कि किसी समय मगही के सभी भविष्य सूचक क्रियारूपों में **ब** का व्यवहार होता हो किन्तु कोसल के प्रभाव से यह व्यवहार सीमित हो गया हो। उत्तम पुरुष के **होब, होबई** आदि रूपों के साथ **होअम** रूप का भी चलन है। ऐसा लगता है कि इस रूप की रचना ठीक **पठामि** के ढंग पर हुई है। **हो** क्रिया के बाद कर्त्ता सर्वनाम **हम** जोड़ा गया है। **हम** के आदि वर्ण की महाप्राणता का क्षय होने पर **होअम** रूप बना। **अम** या **हम** का कोई विशेष सम्बन्ध भविष्यकाल से नहीं है। **ब** का सम्बन्ध भी भविष्य से हो, ऐसा नहीं है। **हम हिबऽ** अर्थात् **मैं हूँ**, वर्तमान काल का रूप है। भविष्यकाल के मध्यम पुरुष रूपों में **होब**, होबी के साथ **होमही** रूप है। निःसन्देह **मही** प्राचीन सर्वनाम है और संस्कृत के **महे** का जोड़ीदार है। संस्कृत में **महे** क्रियारूपों के साथ उत्तम पुरुष का बोध कराता है, मगही में **मही** मध्यम पुरुष का। **होमही** एकवचन रूप है, बहुवचन में **होमहू** रूप होगा। भविष्यकाल के अन्यपुरुष बहुवचन रूप **होथ, होथिन्, होयुन्, होखिन्** इस दृष्टि से महत्वपूर्ण हैं कि वे **स्**-मूलक अन्य पुरुष सर्वनाम रूप की ओर संकेत करते हैं। यह **स् थ् और ख्** में परिवर्तित होता है। भूतकालीन रूपों में होलथिन, होलखिन और होलहिन तीनों प्रकार के रूप हैं। ऐसी ध्वनि जो ख, थ, ह तीन ध्वनिरूप ग्रहण करती हो, स ही हो सकती है। संस्कृत में सिम सर्वनाम का सिन प्रतिरूप रहा होगा, उससे मगही के ये रूप सम्बद्ध हैं।

मगही के क्रियारूप, कर्त्ता के अतिरिक्त, कर्म की ओर भी संकेत करते हैं, और इन दो के अलावा, श्रोता के सामाजिक स्तर के अनुरूप आदर या अनादर का भाव भी व्यक्त करते हैं। इस कारण मगही की क्रियापद रचना, बँगला या भोजपुरी से भिन्न, बहुत पेचीदा है। ऐसे रूपभेद कृदन्त क्रियापदों में मिलते हैं, वे कृदन्तों के तिङन्तीकरण के उदाहरण हैं। ऐसे रूपों का विकास बाद में हुआ। हिन्दी प्रदेश की अन्य भाषाओं के समान मागधी समुदाय में भी क्रियापद रचना पहले क्रिया की अवस्था सूचित करती थी, कालभेद नहीं। कालभेद के लिए कृदन्त रूपों का सहारा लिया गया। कृदन्त प्रधान वाक्य रचना कौरवी समुदाय की विशेषता थी। मागधी समुदाय ने जब कृदन्त-पद्धति अपनाई, तब कृदन्तों का व्यवहार लिंगभेद युक्त विशेषणवत् न करके तिङन्तवत् पुरुषभेद सहित किया। अवधी की अपेक्षा मगही में कृदन्तों का व्यवहार अधिक होता है। अन्य बातों के साथ इससे भी मागधी-कौरवी के पुराने सम्बन्धों का ज्ञान होता है। यद्यपि कोसल क्षेत्र कुरुक्षेत्र के अधिक समीप है, मगध बहुत दूर है, फिर भी अधिक साम्य कौरवी और मागधी में है। भाषाओं की वर्तमान भौगोलिक स्थिति से भ्रम में पड़कर यह न सोचना चाहिए कि इनके बीच सदा ऐसी दूरी रही होगी।

आदर और अनादर सूचक क्रियापद कृदन्तरूपों के आधार पर ज्यादा बने हैं।

स्वभावत: भूतकालिक कृदन्त का व्यवहार अधिक होता है। उदाहरण के लिए **देखल**—यह मूल कृदन्त रूप बना। अब उत्तम पुरुष के एकवचन में **दॅखलिक्**—अर्थात् मैंने उसे देखा—रूप बना। इसका वैकल्पिक रूप **दॅखलिग्रइ** है। इन दोनों रूपों में जो कुछ जोड़ा गया है, वह मूल कृदन्त के बाद प्रत्ययवत् है, उससे पहले उपसर्गवत् नहीं। ये दोनों रूप उत्तम पुरुष सर्वनाम के साथ ही प्रयुक्त होंगे। **पठामि** शब्द जैसे पूरा वाक्य है, वैसे ही ये रूप पूरे वाक्य हैं। कर्त्ता-सर्वनाम का बोध क्रियापद से हो जाता है, कर्त्ता-बोधक तत्व क्रिया से पहले नहीं, बाद को आता है। यह पुरानी मध्यदेशीय विन्यास पद्धति है। मगही की विशेषता यह है कि उक्त रूपों से कर्म के सामाजिक स्तर का बोध भी होता है। जो कुछ देखा वह क्षुद्र है, तब इन रूपों का व्यवहार होगा। जो देखा वह गौरवपूर्ण है, तब क्रियारूप होंगे—**दॅखलिन्**, **दॅखलिग्रइन्**। स्पष्ट ही **न्** और **क्** से कर्म के सामाजिक स्तर का भेद व्यक्त किया गया है। मगही में इस तरह का भेद सम्भव इसलिए है कि क्रियापद रचना की पुरानी परम्परा में कर्त्ता और कर्म क्रिया के बाद आते थे। जब कौरवी प्रभाव से यह पद्धति उलट गई, तब भी मगही में पुरानी पद्धति जीवित रही। कर्म के अलावा जब श्रोता की क्षुद्रता सूचित करनी हो तब **दॅखलिक्** काफी न होगा, उसकी जगह **दॅखलुक्** रूप का व्यवहार होगा। इसी प्रकार **दॅखलिग्रइ** के बदले **दॅखलिअउ** का प्रयोग होगा। **इ**, **उ** के भेद से श्रोता के सामाजिक स्तर का भेद व्यंजित हुआ। यदि कर्म गौरवपूर्ण हो और श्रोता क्षुद्र हो तो **दॅखलिग्रउन्** रूप चलेगा। यदि कर्म और श्रोता दोनों गौरवपूर्ण हों तो **दॅखलियो** रूप प्रयुक्त होगा। यदि श्रोता गौरवपूर्ण हो और कर्म क्षुद्र हो, तो क्रियारूप **दॅखलिवऽ** रूप का व्यवहार होगा। (जो लोग समझते हैं कि मागधी भाषाओं में **व्** का अस्तित्व है ही नहीं, वे इस क्रियारूप में **व्** के प्रयोग पर ध्यान दें।)

कुछ लोग मैथिली-मगही भाषाओं के सर्वनामों और वाक्यतंत्र पर कोल भाषाओं का प्रभाव देखते हैं। सर्वनामों का गहरा सम्बन्ध क्रियापद रचना से है, अत: उनकी मान्यता यह भी हुई कि मगही की क्रियापद रचना कोल भाषाओं से प्रभावित है। यहाँ पहली बात देखने की यह है कि मगही में मूल क्रिया के बाद प्रत्ययों का सीधा संयोग नहीं होता; कृदन्त रूप के बाद प्रत्यय जोड़े जाते हैं। इसके अतिरिक्त कर्म और श्रोता के स्तरभेद का ज्ञापन उस समाज के लिए आवश्यक होता है जिसमें सामन्ती सम्बन्ध काफी पुराने और रूढ़ हो चुके हों। जिस समय मगही में ऐसे रूपों का विकास हुआ, उस समय कोल भाषाएँ बोलने वाले समाज प्राक्सामन्ती गणव्यवस्था में जीवन बिता रहे थे। इसलिए उनकी भाषाओं में ऐसे स्तरभेद सूचित करने के लिए अब भी क्रिया-रूप नहीं हैं, न उनकी आवश्यकता है। मगध और मिथिला प्राचीन काल से पूर्व में सामन्ती सम्बन्धों के मुख्य प्रसार केन्द्र रहे हैं। इनके बाद कोसल, शूरसेन और कुरु जनपद आते हैं। यह स्थिति भाषा के कुछ स्तरों पर प्रतिबिम्बित होती है।

यद्यपि कर्म और श्रोता के स्तरभेद भूतकालीन क्रियारूपों में अधिक व्यंजित होते हैं किन्तु अन्यकाल सूचित करने वाले क्रियारूपों में उनका नितान्त अभाव नहीं है।

यथा मध्यम पुरुष के हे, **है**, **हही** रूप कर्त्ता की साधारण स्थिति सूचित करते हैं। इसके विपरीत **हहू**, **हहिन्** आदि उसके गौरव की सूचना देते हैं। पर ये भेद एकवचन और बहुवचन के भेद हैं—तू है, तुम हो के भेद के अनुरूप। ऐसे भेद भूतकाल, भविष्य-काल, वर्तमानकाल सभी में हैं। कर्म और श्रोता के स्तर की भिन्नता पूरी तरह भूतकालीन रूपों में ही व्यक्त होती है।

कुछ क्रियारूप मध्यम पुरुष और अन्यपुरुष में मिलते जुलते हैं। **ह** क्रियामूल से वर्तमानकाल में मध्यम और अन्य पुरुषों का एकवचन रूप **हे** बनता है। मध्यम पुरुष का एकवचन रूप **हहि** और अन्यपुरुष का एकवचन रूप **हइ** मूलतः एक हैं। इसी **हइ** का रूपान्तर मध्यम पुरुष एववचन **है** भी है। **हहि** जैसे रूप से इन सबका विकास हुआ है। ध्यान देने की बात यह है कि हइ रूप मगही और अवधी की मूल ध्वनि प्रकृति के अनु-रूप है। **है** रूप वर्तमान परिनिष्ठित हिन्दी की प्रकृति के अनुरूप है और अवधी में प्रयुक्त है किन्तु हे हिन्दी प्रदेश का ठेठ पछाहीं रूप है जैसा कि वह बुंदेलखंड और उसके पश्चिम में सुनने को मिलता है। हे जैसा क्रियारूप अवधी में सम्भव नहीं है, न मध्यम पुरुष में न अन्य पुरुष में। इससे विदित होगा कि मगही पर पश्चिमी प्रभाव यथेष्ट है।

आधुनिक अवधी और परिनिष्ठित हिन्दी के समान मगही में क्रिया के वर्तमान-कालीन रूप कृदन्त के आधार पर बनते हैं। **देखइत ही**—अर्थात् देख रहा हूँ; **देखऽ ही** अर्थात् देखता हूँ। इस दूसरे रूप में ख के बाद अकार संकेत कृदन्त रूप की व्यंजना करता है। इसलिए **खाहइ**—इस क्रियापद को तिङन्त न समझना चाहिए। **खाता है** के **है** के समान हइ स्वतन्त्र क्रिया है। उसके पहले अन्य क्रिया **खा** है। किन्तु लोकगीतों में तिङन्त क्रियारूप मिलते हैं और ये रूप अवधी ही नहीं, पुरानी हिन्दी (खड़ी बोली) के रूपों से भी मिलते हैं। डा० विश्वनाथ प्रसाद के **मगही संस्कार गीत** संग्रह में इस तरह के उदाहरण हैं :

१. कउन बन उपजे हे नरियर, कउन बन उपजे अनार हे।
ललन, कउन बन उपजे गुलाब, तो चुनरी रँगायब हे। (पृष्ठ ८)

२. हम तोंही पूछही दुलारी धनी, अउरो अलारी धनी हे।
ललन, कउन कउन रँग तोरा भावे, तकहिके सुनावहु हे। (पृष्ठ २३)

३. मलिया के बाग में बेलिया फूले हे फुलवा, चमेलिया फूले हे फुलवा।
तहँवा हे कवन सुगइ झारे लामी केसिया। (पृष्ठ १९९)

४. कोइ सखि माथा बन्हावे, कोइ सखि उबटन हे।
कोइ सखि चीर सम्हारे, कोइ रे समुझावत हे। (पृष्ठ २३२)

दूसरे उदाहरण में पूछही क्रिया विशुद्ध पुराना तिङन्त रूप है। इसका व्यवहार उत्तम पुरुष के साथ हुआ है किन्तु ऐसे ही रूप से अन्य पुरुष के लिए **पूछइ, पूछै, पूछे** रूपों का विकास हुआ है। इस उदाहरण की दूसरी पंक्ति में **सुनावहु** रूप से इसी प्रकार **सुनावउ, सुनावो** रूपों का विकास हुआ है; **भावे** क्रियापद **भावइ** और **भावहि** के आधार पर रचा गया है। अवधी में भावैं जैसे रूपों का व्यवहार होगा, एकार वाला

भाखे रूप पश्चिमी प्रभाव का परिणाम है। पहले उदाहरण में **उपजे हे** क्रियापद में **उपजे** और हे दोनों एकारान्त रूप हैं। पहली पंक्ति में **उपजेहे** पूरी क्रिया है, दूसरी पंक्ति में केवल **उपजे** रूप है जिसके साथ पहले कभी हे या है जैसी क्रिया लगाना आवश्यक नहीं था। तीसरे उदाहरण में **फूलेहे** पूरी क्रिया है; **झारे** अर्थात् झारती है रूप का प्रयोग भी है। चौथे उदाहरण में **बन्हावे** (बँधावे), **सम्हारे** वर्तमानकाल में अन्य पुरुष के एकवचन तिङन्त क्रियारूप हैं। जैसा कि विदित है, ऐसे प्रयोग अवधी की अपेक्षा पुरानी हिन्दी में अधिक हैं।

इस प्रसंग में इस बात का उल्लेख करना उचित होगा कि मगही क्षेत्र के लोक-गीतों में मगही के साथ खड़ी बोली के रूप बहुत जगह घुलमिल गए हैं।

आँगन में बतासे लुटा दूँगी, आँगन में।
सासुजी अइहें, चरुआ चढ़इहें।
भला उनको चुनरिया पेन्हा दूँगी, आँगन में। (पृष्ठ ६८)

इस उदाहरण में **दूँगी** क्रियारूप शुद्ध खड़ी बोली का रूप है किन्तु **अइहें, चढ़इहें** मगही रूप हैं। अवधी में **चढ़इहैं, अइहैं** रूप होंगे। ऐकार पश्चिमी प्रभाव से मगही में एकार हो गया। ऐसे लोकगीत मगही, अवधी और खड़ी बोली के क्रियारूपों को घुलते मिलते दिखाते हैं और ऐसी मिश्रण-प्रक्रिया काफी पुरानी है। भाषातत्व ही नहीं, लोकगीत एक जनपद से दूसरे जनपद में पहुँचते रहे हैं। कुछ गीत ऐसे हैं जिनमें खड़ी बोली का ही प्रयोग है पर वे मगध में गाए जाते रहे हैं, इसलिए मगही संस्कार गीतों में उन्हें स्थान मिला है।

रँगीला टोना दुलहे को लगेगा, छबीला टोना दुलहे को लगेगा। (पृष्ठ २५७)
तेरे दुलहे ने लाया सोहाग, सोहागिन तेरे लिए। (पृष्ठ २६०)

दूसरे उदाहरण में **दुलहे ने सोहाग लाया**, ऐसी वाक्यरचना उन्हीं के लिए सम्भव थी जिनके लिए ने का व्यवहार अपेक्षाकृत अपरिचित और नया था। इस तरह खड़ी बोली के रूपों का मिश्रण अन्य जनपदों में भी देखा जाता है।

मगही भाषा, विशेष रूप से उसकी क्रियापद रचना, के बारे में डा० विश्वनाथ प्रसाद ने **मगही संस्कार गीत** की भूमिका में कुछ महत्वपूर्ण बातें कही हैं। इनमें एक बात कृदन्तों के व्यवहार के बारे में है। मगही के साथ मैथिली-भोजपुरी को ध्यान में रखते हुए उन्होंने लिखा है: "बिहारी भाषाओं में भूत, भविष्यत्, वर्तमान सम्भाव्य भूत और सम्भाव्य वर्तमान ये पाँच काल ऐसे हैं, जो कृदन्तीय रूप से बनते हैं। हिन्दी में केवल सम्भाव्य वर्तमान तथा उसी का एक भेद विधि के रूप में मिलता है, जो कृदन्तीय है और जिसमें 'गा' जोड़कर भविष्यत् का रूप बनता है।" (पृष्ठ १२)। यह बात महत्व-पूर्ण है क्योंकि इसमें मगही क्रियारूपों में कृदन्तों की भूमिका पर बल दिया गया है। हिन्दी में क्रियारूपों का आधार कृदन्त किस सीमा तक हैं, इसका ज्ञान आचार्य किशोरीदास वाजपेयी के इस कथन से होगा: "हिन्दी में कृदन्त क्रियाएँ ही अधिक हैं। वर्तमान काल की सबकी सब क्रियाएँ कृदन्त हैं; सहायक क्रिया केवल 'है' ही तिङन्त है—

'लड़का पढ़ता है,' 'लड़की पढ़ती है'। भूतकाल की भी सब क्रियाएँ कृदन्त हैं—'लड़का गया' और 'लड़की गई'।" (**हिन्दी शब्दानुशासन**, पृष्ठ ४२०)। ऐसा होना स्वाभाविक है क्योंकि कृदन्तों का मूल क्षेत्र कुरु जनपद ही है, वहीं से इनका व्यवहार मगध की ओर फैला है।

डा० विश्वनाथ प्रसाद ने कर्तरि-कर्मणि प्रयोगों के बारे में लिखा है: "हिन्दी में जहाँ सकर्मक क्रियाओं के लिङ्ग और वचन कर्त्ता के अनुसार बदलते हैं, वहाँ बिहारी में बँगला, उड़िया के समान सर्वत्र कर्तरि प्रयोग ही चलते हैं, कर्मणि प्रयोग नहीं।" (पृष्ठ १२)। कर्मणि प्रयोग कहीं-कहीं पश्चिमी प्रभाव से प्रचलित हो गए हैं। डा० विश्वनाथ प्रसाद ने सिंहभूम का जो भाषा-सर्वेक्षण किया था, उसमें मगही से एक उदाहरण यह दिया है। **छौंड़ा कहलकव**—लड़के ने कहा; **छौंड़ी कहलकइ**—लड़की ने कहा। यहाँ छौंड़ा और छौंड़ी में तो लिङ्गभेद है ही, क्रियारूप में भी अकार इकार का भेद है। स्पष्ट ही यह भेद लिङ्ग के आधार पर किया गया है। इस तरह के रूप भोजपुरी में भी प्रचलित हैं। डा० उदयनारायण तिवारी ने **भोजपुरी भाषा और साहित्य** पुस्तक में क्रियारूपों के जो उदाहरण दिये हैं, उनमें कुछ केवल स्त्रीलिङ्ग के लिए आरक्षित हैं। मध्यम पुरुष के, आदररहित तथा साधारण, बहुवचन-रूप **देखबु सन्हि, देखबू** केवल स्त्रियों द्वारा प्रयुक्त होते हैं। इसी प्रकार **दॅखलुसन्हि, दॅखलू** रूप हैं जो स्त्रियों के लिए सुरक्षित हैं। इनके अतिरिक्त भूतकालीन कृदन्तों में भी पश्चिमी प्रभाव से जहाँ तहाँ लिङ्गभेद होता है।

इसका कारण यह है कि बँगला की अपेक्षा मगही, और मगही की अपेक्षा भोजपुरी पर अवधी तथा अन्य पश्चिमी भाषाओं का प्रभाव अधिक है। ऊपर डा० विश्वनाथ प्रसाद की भाषा सर्वेक्षण पुस्तक से मगही के जो दो वाक्य उद्धृत किए गए हैं, उनके बँगला प्रतिरूप इस प्रकार हैं: **छेलेटा बोललो, मेयेटी बोललो**। यहाँ क्रियारूप में कोई परिवर्तन नहीं होता, मूल संज्ञाशब्द प्राकृतिक लिङ्गभेद सूचित करते हैं। किन्तु पश्चिमी प्रभाव से व्याकरणगत लिङ्गभेद **टा-टी** के भेद द्वारा व्यक्त किया गया है। मूल संज्ञा शब्द के साथ प्रयुक्त होने वाले इस प्रत्यय में लिङ्गभेद किया जाय, यह आवश्यक नहीं था। पर पश्चिमी प्रभाव से भाषा की प्रकृति में थोड़ा सा परिवर्तन हुआ है। यहाँ यह कहना भी उचित होगा कि यह भेद अभी अस्थिर है। बँगला के उक्त उदाहरण के साथ डा० विश्वनाथ प्रसाद ने इसी भाषा के तीन उदाहरण और दिए हैं। इनमें **मेयेटी** तो सर्वत्र इसी रूप में है किन्तु **छेलेटा** दो उदाहरणों में **छेलेटि** है। **अ-इ** वाला लिङ्गभेद पूरी तरह स्थापित नहीं हुआ। सिंहभूम की कुर्माली भाषा में, मगही और बँगला, दोनों की अपेक्षा लिङ्गभेद अधिक स्पष्ट है। **छोआटा आवइसाँही**—लड़का आता है; **छोआटी आवती**—लड़की आती है; **छोआटा आइलाँक**—लड़का आया; **छोआटी आइलीनी**—लड़की आई। **छोआटा आवताँक**—लड़का आएगा; **छोआटी आवती**—लड़की आएगी। इन उदाहरणों में मूल संज्ञा रूप, बँगला से भिन्न, एक ही है किन्तु टा-टी प्रत्ययों द्वारा लिङ्गभेद सूचित किया गया है। इसके अतिरिक्त तीनों कालों

में क्रियारूप लिङ्गभेद सूचित करते हैं। कुर्माली के लिए डा० विश्वनाथ प्रसाद ने अपने उक्त ग्रन्थ में लिखा है कि वह मगही का ही एक रूप है (पृष्ठ १६)। उनकी यह बात मानी जाय तो कहना होगा कि मगही का एक रूप क्रियापदों में हिन्दी के समान लिङ्ग-भेद सूचित करता है। न मानी जाय तो यह तथ्य स्वीकार करना होगा कि मगही के भाषायी परिवेश में लिङ्गभेद भलीभाँति प्रतिष्ठित हो चुका है। इसमें आश्चर्य की बात नहीं क्योंकि बिहार में अवधी बोलने वाले भी काफी हैं और डा० विश्वनाथ प्रसाद ने सिंहभूम के सर्वेक्षण में ही इन भाषा के उदाहरण दिए हैं। इन उदाहरणों में उन्होंने खड़ी बोली के रूपों के मिश्रण की ओर भी संकेत किया है। इसके अलावा गाँवों से उन्होंने खड़ी बोली हिन्दी के नमूने इकट्ठे किए हैं। **एक आदमी के चार लड़िका रहैं**—यह अवधी का नमूना हुआ। **एक आदमी के चार लड़के थे**—यह गाँव की हिन्दी है जो मानक हिन्दी से भिन्न नहीं है। **एक लोग के चार बेटे थे**—यहाँ थोड़ी सी भिन्नता है। **एक आदमी को चारि लड़का था**, यहाँ भिन्नता और अधिक है। **एक आदमी के चार लड़का छिलो**—यहाँ आधारभूत भाषा हिन्दी को बँगला प्रभावित कर रही है। ये सब नमूने गाँवों से एकत्र किए गए हैं और इन्हें देखने से विदित होता है कि खड़ी बोली हिन्दी शहरों तक सीमित न रहकर बिहार के गाँवों में प्रवेश कर चुकी है। जो आज हमारी आंखों के सामने होता दिखाई दे रहा है, उससे मिलती-जुलती प्रक्रिया पूर्वकाल में घटित हो चुकी है। अन्तर यह है कि आज यदि मगही पश्चिमी प्रभाव अधिक ग्रहण करती दिखाई देती है, तो पूर्वकाल में मागधी समुदाय की भाषाओं ने पश्चिमी भाषाओं को भी प्रभावित किया था।

हिन्दी प्रदेश की जनपदीय भाषाओं के आन्तरिक साम्य के बारे में डा० विश्वनाथ प्रसाद का यह कथन बिलकुल सही है : "विचार किया जाय तो बिहारी बोलियों का व्याकरण तथा उनकी रूपरचना के अनेक मौलिक तत्व हिन्दी के एकरूपी न होते हुए भी समरूपी हैं। अभी हिन्दी के परिनिष्ठित व्यापक रूपों के साथ उनके विभिन्न स्थानीय रूपों का सम्बन्ध निर्दिष्ट किया जा सकता है। पारस्परिक सुबोधता का सम्बन्ध हिन्दी तथा हिन्दी क्षेत्र की अन्यान्य बोलियों से उनका इतना अधिक है कि एक दूसरे की जनपदीय बोली को न जानते हुए भी आसानी से समझ जाते है। यही बात बँगला, असमिया या उड़िया के सम्बन्ध में नहीं कही जा सकती। इसी पारस्परिक सुबोधता के कारण सूर, तुलसी, मीराँ, कबीर, विद्यापति इन सबकी रचनाएँ एक समान रुचि और अवबोध के साथ बिहारी क्षेत्र में पढ़ी जाती हैं।" (**मगही संस्कार गीत**, पृष्ठ १५)। मगही का ऐतिहासिक विवेचन हिन्दी प्रदेश की पछाँहीं बोलियों को छोड़कर नहीं किया जा सकता। न केवल मगही, मैथिली और भोजपुरी, वरन् बँगला, उड़िया और असमिया का भी ऐतिहासिक विवेचन करते हुए उक्त बोलियों को ध्यान में रखना चाहिए।

प्राचीन मागधी नाम की कोई मानक भाषा नहीं थी जिससे आधुनिक मागधी समुदाय की सभी भाषाओं का जन्म हुआ हो, यह ऐतिहासिक तथ्य मगही के विवेचन

से स्पष्ट होता है। प्राचीन मागधी भाषाएँ ओकार-औकारवादी थीं, उनमें संस्कृत अकार के मानक उच्चारण का अभाव था, यह बात भी मगही और उसकी पड़ोसी भाषाओं की वर्तमान स्थिति से ज्ञात होती है। मगही आधुनिक काल में—यानी पिछले पांच सौ वर्षों में—पछाहीं भाषाओं से बहुत प्रभावित हुई है; उसके ध्वनितंत्र के अनेक प्राचीन तत्व अब बँगला में सुरक्षित हैं। मगही के शब्दतंत्र में म, स जैसे सर्वनाम मूल हिंदी की अपेक्षा अधिक सुरक्षित हैं, मागधी समुदाय की अन्य सभी भाषाओं से भिन्न इसमें ह क्रियामूल का व्यवहार उसे अवधी तथा उत्तर-पश्चिमी भाषाओं से जोड़ता है। ऐतिहासिक दृष्टि से मगही की क्रियापद रचना बहुत महत्वपूर्ण है। वह एक ओर भोजपुरी और दूसरी ओर बँगला की क्रियापद रचना से भिन्न है। उसमें प्राचीन सर्वनामी पद्धति सुरक्षित ही नहीं है वरन् उत्तर सामन्तकाल में वह और पल्लवित हुई है। क्रियापद पुरुषभेद व्यक्त करता है, कर्त्ता और कर्म की ओर संकेत करता है और कर्त्ता-कर्म की सामाजिक स्थिति भी व्यंजित करता है। कृदन्तों का तिङन्तीकरण कैसे होता है, इसकी विशद प्रक्रिया मगही में परिलक्षित हैं।

यद्यपि मिथिला जनपद वेदान्त के लिए प्रसिद्ध रहा है और मगध जनपद कट्टर ब्राह्मणों के लिए त्याज्य रहा है, फिर भी समग्र मागधी समुदाय में मगध और मिथिला की भाषाएँ ही, संरचना की दृष्टि से, परस्पर सर्वाधिक समीप हैं। मगही के बाद मैथिली की कुछ विशेषताओं पर ध्यान देना उचित होगा।

२. मिथिला

(क) मागधी समुदाय और मैथिली-

पूर्वी अंचल की एक महत्वपूर्ण भाषा मैथिली है। मगही और मैथिली के क्षेत्रों के बीच गंगा बहती है किन्तु विभाजित करने के बदले वह इन क्षेत्रों की भाषाओं को एक दूसरे के निकट लाई है। मगही और मैथिली में जितनी समानता है, उतनी मगही भोजपुरी या मैथिली-भोजपुरी में नहीं है। डा० सुभद्र झा ने मैथिली भाषा के निर्माण पर अपने ग्रन्थ **दि फौर्मेशन ऑफ दि मैथिली लैंग्वेज** में मगही को मैथिली की बोलियों के अन्तर्गत गिना है, साथ ही मगही को भिन्न मानने वाले विद्वानों के मत का आदर करते हुए उन्होंने मैथिली के अन्तर्गत मगही का विवेचन करना उचित नहीं समझा। उन्होंने मगही और मैथिली की समानताओं का उल्लेख करने के बाद ग्रियर्सन का यह मत उद्धृत किया है कि मगही को अलग बोली न मानकर उसे मैथिली की बोली मजे से कहा जा सकता है।

मगही और मैथिली में एक महत्वपूर्ण भेद **छि** क्रियारूप को लेकर है। मगही में **ह**-मूलक रूपों का चलन है। डा० सुभद्र झा ने लिखा है कि होना क्रिया के मैथिली रूपों में जहाँ छ् है, वहाँ ह् कर दिया जाय तो मगही के रूप बन जाएँगे। इसका अर्थ यह हुआ कि रूपतन्त्र के विचार से दोनों की क्रियापद-रचना में बहुत बड़ी समानता है, भेद ध्वनितंत्र को लेकर है। बँगला और मैथिली की क्रियापद रचना में रूपात्मक

भेद है जिसका सम्बन्ध भाषा की संरचना से है। जो लोग केवल छि देखकर मैथिली को हिंदी की अपेक्षा बँगला के अधिक निकट पाते हैं, वे रूपात्मक समानता के महत्व को अनदेखा करते हैं। गुजराती, नेपाली और अनेक पहाड़ी भाषाओं में **छ्** मूलक क्रिया का व्यवहार होता है। तब मैथिली ही क्या, इन सभी का, पड़ोसी भाषाओं की अपेक्षा, बँगला से अधिक सामीप्य होना चाहिए। वैसे अछत, आछे आदि रूप पुरानी अवधी में प्रयुक्त होते थे। **छ** और **अछ** क्रियाएँ एक ही हैं या भिन्न हैं? संस्कृत में अस्ति और सन्ति एक ही क्रिया के दो रूप हैं। मूल क्रिया अस् मानी गई है। वैसे ही **छ** और **अछ** का आधार एक है।

इसमें सन्देह नहीं कि **अस्** भारतीय आर्यभाषाओं की अत्यन्त व्यापक रूप से व्यवहृत होने वाली प्राचीन क्रिया है। इसका मूल रूप **अस्** ही था, इसमें सन्देह है। **सन्ति** और द्विवचन रूप **स्तः** को देखने से ज्ञात होता है कि या तो **अस्** क्रिया के **अ** का लोप हो गया है या फिर एक ही क्रिया की रूपरचना के अन्तर्गत दो क्रियामूलों को समेट लिया गया है—एक **अस्**, दूसरा **स**। यह **स** क्रियामूल बाँगरू के **सै** रूप में अब भी दिखाई देता है। **स** क्रिया के **छ** और ह, दो रूपान्तर सहज ही बोधगम्य हैं। इसी प्रकार **अस्** क्रिया के **अछ** और **अह** रूपान्तर भी बोधगम्य हैं। **अस्** और **स** धातुओं का मूलरूप एक हो चाहे वे मूलतः दो भिन्न क्रियाएँ हों, इसमें सन्देह नहीं कि आर्य-भाषाओं में दोनों का व्यवहार प्राचीन काल से होता आया है।

यह **अस्** क्रिया संस्कृत के भविष्यकाल में प्रयुक्त नहीं होती और इन्डो-यूरोपियन परिवार की जिन भाषाओं में इसका व्यवहार होता है, उनमें भी भविष्यकाल के लिए इसका प्रयोग नहीं होता। **अस्** के आधार पर जब क्रियापद रचना हुई, तब भविष्यकालीन रूपों का विकास ही न हुआ था। इतनी पुरानी है यह क्रिया। **स** क्रिया बाँगरू में अब भी प्रयुक्त होती है। भारत से बाहर किसी इन्डोयूरोपियन भाषा में इस रूप का व्यवहार नहीं होता। संस्कृत रूप **सन्ति स** क्रिया के आधार पर बना है। जैसे किसी सर्वनाम की रूपरचना के अन्तर्गत—**अहम्, मम, नः** इत्यादि—विभिन्न सर्वनाम एक साथ रख दिए गए हैं, वैसे ही जहाँ तहाँ क्रियापद रचना में एक से अधिक क्रियाएँ एक साथ प्रतिष्ठित हो गई हैं। यही स्थिति **अस्** और **स** की है। **सन्ति** रूप **असन्ति** का संक्षेपीकरण नहीं है। इसी **स** क्रिया से **सत्** रूप बनता है। **सत्व** वह जिसका अस्तित्व है। **य्** वाले क्षेत्र में, **व्** के बदले **य्** के प्रयोग से, **सत्य** शब्द सिद्ध हुआ। सत्य वह जिसका अस्तित्व है। जो लोग **स्** ध्वनि **त्** रूप में ग्रहण करते थे, उन्होंने **सत्व** को **तत्व** रूप में ग्रहण किया, **सत्य** अपनी जगह स्थिर रहा।

मध्यदेशीय दन्त्य सकार अनेक प्रकार से भारतीय भाषाओं में परिवर्तित होकर ग्रहण किया जाता है, ये रूपान्तरण भिन्न भाषाओं की ध्वनि प्रकृति को पहचानने में सहायता देते हैं। द्रविड़ भाषाओं में यह **स्** कहीं **त्** और कहीं **च्** रूपों में ग्रहण किया जाता है। आर्यभाषाओं में अधिकतर इसका रूपान्तरण **छ्** में होता है। यह **छ्** महाप्राणध्वनि है। उसकी महाप्राणता यह सिद्ध करती है कि ऐसा परिवर्तन द्रविड़ भाषाओं के प्रभाव

से नहीं हुआ। उस प्रभाव से ऐसा परिवर्तन होता तो स् का स्थान अल्पप्राण ष् ध्वनि ही लेती। हमें यह मानना होगा कि प्राचीन आर्य भाषाओं में एक वर्ग ऐसा था जिसमें स् ध्वनि का अभाव था, पड़ोसी भाषाओं से स् ध्वनि वाले शब्दों को वह छ् रूप में ग्रहण करता था। साथ ही उसने च वर्गीय ध्वनियों का विकास किया था और इसीलिए ऐसा रूपान्तर उसके लिए स्वाभाविक था। आर्य-द्रविड़ भाषाओं में च वर्गीय ध्वनियों की स्थिति पर विचार करने पर ऐसा प्रतीत होता है कि इन ध्वनियों के विकास केन्द्र उत्तर पश्चिमी प्रदेशों में थे। यह छ् ध्वनि जनपदीय भाषाओं के अंतस्तल में ऐसी व्यापी है कि बच्चे स् का उच्चारण न कर पाने पर छ् बोलते हैं। डा० सुभद्र झा ने मिथिला के बच्चों में इस प्रवृत्ति को लक्ष्य किया है पर वह प्रवृत्ति हिन्दी प्रदेश के प्रायः सभी जनपदों में पाई जाती है। बच्चों के अलावा जहाँ वयस्कजन स् की जगह छ् बोलते हैं, वहाँ वे उच्चारण की एक प्राचीन परम्परा का अनुसरण करते हैं। गुजराती, राजस्थानी, बँगला, मैथिली, पहाड़ी भाषाएँ मध्यदेश को घेरे हुए हैं। च वर्गीय ध्वनियाँ उन आर्य भाषाओं की देन हैं जो मध्यदेश के परिवृत्त में बोली जाती हैं।

डा० सुभद्र झा ने श्-ष्-स् के छ् में बदलने के जो उदाहरण दिए हैं, उनमें अनेक ऐसे हैं जो अवधी के क्षेत्र में नहीं सुने जाते। **सप्तपर्ण** से **छतबन, शौच** से **छौंच, शावक** से **छौंड़ा, सूतक** से **छुतका, श्रम** से **छरम**। इस प्रवृत्ति ने हिन्दी प्रदेश की जनपदीय भाषाओं को कितना प्रभावित किया है, इसका प्रमाण यह है कि संस्कृत **षष** का **छ** वाला रूपान्तरण सर्वत्र प्रचलित है और हिन्दी प्रदेश से बाहर बँगला आदि में **छ** वाले रूपों का चलन है। इस प्रसंग में क्ष् (**क्**+**ष्**) के रूपान्तर भी दर्शनीय हैं। मागधी भाषाओं की यह विशेषता है कि संस्कृत के जिन शब्दों में **क्ष्** है, उनके तद्भव रूपों में **ख्** या **क्ख्** बोला जाता है। यह प्रवृत्ति सर्वाधिक संगत रूप में बंगला में पाई जाती है। संस्कृत **क्षेत्र** के तद्भव रूप **खेत** का जो व्यापक व्यवहार होता है, वह पश्चिमी भाषाओं पर मागधी प्रभाव का पुष्ट प्रमाण है। मैथिली और बँगला में यह अन्तर है कि मैथिली में बहुत जगह **क्ष्** ध्वनि, अवधी के समान, **छ्** रूप में ग्रहण की जाती है। डा० सुभद्र झा ने लिखा है कि मैथिली के तद्भव शब्दों में तो **क्ष्** के स्थान पर **ख्** प्रतिष्ठित हुआ है किन्तु अर्ध-तत्सम शब्दों में उसकी जगह **छ्** का व्यवहार होता हैं। इस प्रकार **क्षेत्र** का तद्भव रूप तो हुआ **खेत** किन्तु उसका अर्ध तत्सम रूप हुआ **छेत्र**। तद्भव रूप पुराने हैं, वे मूल मागधी प्रकृति की ओर संकेत करते हैं। अर्ध तत्सम रूपों का व्यवहार वे लोग करते हैं जो संस्कृत उच्चारण के और समीप पहुँचना चाहते हैं किन्तु भाषा की ध्वनि प्रकृति से विवश होकर अर्ध तत्सम अवस्था में रह जाते हैं। **पक्ष** से **पच्छ, वृक्ष** से **बिरिछ, रक्षपाल** से **रछपाल** अर्धतत्सम रूप कहे गए हैं। इसी प्रकार **छमा, रच्छा** आदि शब्द हैं। अवधी में ये सब शुद्ध तद्भव रूप माने जाएंगे। अशुद्ध अर्ध तत्सम रूप वे हैं जहाँ पंडित जी **इच्छा** को **इक्षा**, और आगरे के बहुत से विद्यार्थी **छात्र** शब्द को बोलते तो **छात्र** ही हैं पर लिखते हैं **क्षात्र**।

क्ष् दो ध्वनियों का संयुक्त रूप है। **क्** और **ष्** में दूसरी ध्वनि **ख्** में बदलती है।

इसीलिए क्ष् के स्थान में क्ख् का भी व्यवहार होता है। हिन्दी भाषा-समुदाय में व्यंजन द्वित्व हटाकर बहुधा एक व्यंजन से काम लिया जाता है। जहाँ क्ष् नहीं है, केवल ष् है, वहाँ भी ख् का व्यवहार मागधी प्रवृत्ति का परिणाम है। इस प्रकार भाषा के लिए भाखा का व्यापक व्यवहार हुआ, भाछा जैसे रूप का चलन कहीं दिखाई नहीं देता। संख्यासूचक छह शब्द का व्यवहार ष्-छ् समीकरण का अन्यतम उदाहरण है।

मगही और मैथिली में मुख्य भेद हे और छि क्रियारूपों को लेकर है। दोनों ही रूप मूल मागधी प्रवृत्ति से बाहर के हैं। जैसे क्ष् से क्ख, ष् से ख्, वैसे ही यदि दन्त्य स को बदलना है, तो उसकी जगह ख्, छ् या फिर उससे मिलती जुलती ध्वनि श् का व्यवहार होना चाहिए। तब प्राचीन मागधी के ध्वनितंत्र की आन्तरिक संगति प्रमाणित होगी। ऐसा परिवर्तन असमिया भाषा में होता है। जो लोग ह् ध्वनि का व्यवहार करने के आदी हैं, उन्हें स् ध्वनि वाले संस्कृत शब्दों के असमिया रूपों में ह् सुनाई देगा। डा० सुभद्र झा ने असमिया के लिए लिखा है कि उसमें स् ध्वनि सर्वत्र ह् में बदल जाती है, पर असमिया में स् के स्थान पर संघर्षी ख् का व्यवहार होता है जो ह् से भिन्न है। संभव है मूल मागधी प्रवृत्ति स् को ख् में बदलने की हो, पश्चिमी प्रभाव से स्पर्श ख् ने संघर्षी ख् का स्थान लिया हो। इतना ध्यान रखना है कि असमिया में तालव्य श् का अभाव है पर यह ध्वनि प्राचीन मागधी में अवश्य थी। पुनः हम इस परिणाम पर पहुँचते हैं कि प्राचीन मागधी भाषा-समुदाय में एक वर्ग श् ध्वनि वाला था, दूसरे में इस ध्वनि का अभाव था; एक वर्ग किसी शब्द में स् सुन कर उसे श् बना लेता था, दूसरा वर्ग उसे ख् बोलता था।

मैथिली में छ क्रिया के बदले ह क्रिया का व्यवहार भी होता है, यह तथ्य महत्वपूर्ण है। डा० सुभद्र झा ने लिखा है कि बोलियों के स्तर पर मैथिली में ह वाले क्रियारूप मिलते हैं यद्यपि वे बिल्कुल मगही रूपों जैसे नहीं होते। यह बात उन्होंने होना क्रिया के प्रसंग में कही है। ह क्रिया का व्यवहार मैथिली में मगही प्रभाव का परिणाम है। बँगला में इस क्रिया का व्यवहार नहीं होता। यह भी उल्लेखनीय है कि मगही में स क्रिया सर्वत्र ह रूप में विद्यमान नहीं है। इसका एक रूपान्तर थ है। उड़िया और बँगला में इस क्रिया का व्यवहार अधिक होता है। डा० सुभद्र झा ने दक्षिणी भागलपुर, दक्षिणी मुंगेर की छिका-छिकी बोली के बारे में लिखा है कि इसमें मानक भाषा का थीक रूप छीक, छिका आदि बोला जाता है। छीक और थीक दोनों रूपों का आधार सीक है। जैसे स् ध्वनि का एक रूपान्तर महाप्राण तालव्य छ् है, वैसे ही दूसरा दन्त्य रूपान्तर थ् भी महाप्राण है। जैसे द्रविड़ भाषाएँ स् को च रूप में ग्रहण करती हैं, वैसे ही वे स् को त् रूप में भी ग्रहण करती हैं। दोनों रूपान्तर अल्पप्राण हैं। इसलिए थ् वाला रूपान्तर भी द्रविड़ नहीं है। स् ध्वनि को आर्यभाषाओं का एक वर्ग छ् रूप में, दूसरा ख् रूप में, तीसरा ह् रूप में, चौथा थ् रूप में ग्रहण करता है। इन सभी रूपान्तरों में महाप्राणता विद्यमान है। इसका कारण यह है कि आर्यभाषाओं के विभिन्न वर्गों की सामान्य विशेषता है महाप्राणता। सभी रूपान्तरों में महाप्राणता का होना कोल-द्रविड़ भाषाओं से इन वर्गों को अलग करता है और इस

कारण हम इन प्राचीन भाषाओं को आर्य समुदाय के अन्तर्गत मानते हैं।

यहाँ ह् ध्वनि के बारे में कुछ देर और विचार करना चाहिए। यद्यपि इन्डोयूरोपियन परिवार की बहुत सी प्राचीन और नवीन भाषाओं में इस ध्वनि का व्यवहार होता है, फिर भी ऐतिहासिक भाषाविज्ञान में इसे आदि इन्डोयूरोपियन भाषा की मूल ध्वनि नहीं माना गया। इसका एक कारण यह हो सकता है कि संस्कृत के जिन शब्दों में इस ध्वनि का व्यवहार होता है, वह बहुधा किसी अन्य मूल ध्वनि का परिवर्तित रूप सिद्ध होती है। घ्-ध्-भ्-स् ध्वनियाँ सर्वाधिक ह् में बदलती हैं, विशेष रूप से जब वे दो स्वरों के बीच में प्रयुक्त होती हैं। यह व्यंजनों के स्पर्श तत्व को लोप करने और उसे संघर्षी रूप देने का परिणाम है। यह प्रवृत्ति कुछ द्रविड़ भाषाओं में भी है और हो सकता है, इसका कारण नागभाषाओं का प्रभाव हो। किन्तु जब कोई भाषा किसी इतर ध्वनि को अपनाती है तो उसका रूप-परिवर्तन अपनी ध्वनि प्रकृति के अनुकूल करती है। यह असम्भव है कि जो प्राचीन आर्य भाषाएँ घ्-ध्-भ्-स् को ह् में बदलती रही हैं, उनके ध्वनि तंत्र की एक मूलभूत ध्वनि ह् न रही हो। वे स् को ह् में इसलिए बदलती थीं कि ह् उनके लिए सुगम ध्वनि थी, इन भाषाओं के बोलने वाले ह् ध्वनि के उच्चारण के अभ्यस्त थे। यह सम्भव है कि मध्य देश की जिस भाषा के आधार पर संस्कृत का निर्माण हुआ है उसके ध्वनि तंत्र में मूलतः ह् ध्वनि न रही हो। किन्तु अवेस्ता की भाषा में जो ह् की भरमार है, ग्रीक, लैटिन, जर्मन आदि में जो ह् का व्यवहार होता है, और बहुधा मूल स् ध्वनि के स्थान पर होता है, उससे इन्डोयूरोपियन परिवार में ह् के प्राचीन और व्यापक प्रसार के बारे में सन्देह नहीं रह जाता। राजस्थान, पंजाब, कश्मीर, गुजरात आदि प्रदेशों की अनेक बोलियों में बहुत से शब्द ऐसे हैं जिनमें स् की जगह ह् बोला जाता है। यह आर्येतर भाषाओं के प्रभाव का परिणाम है, यह मानने का कोई कारण नहीं है। द्रविड़, कोल और नागभाषाओं में ह् ध्वनि का सीमित व्यवहार होता है और विश्लेषण से विदित होता है कि उनमें इस ध्वनि का प्रवेश आर्यभाषाओं के प्रभाव के कारण हुआ है। संस्कृत तथा आधुनिक आर्यभाषाओं में जहाँ ह् ध्वनि का लोप होता है वहाँ इसका कारण आर्येतर प्रभाव है, ऐसा जरूर माना जा सकता है।

बँगला और मैथिली-मगही में एक महत्वपूर्ण भेद महाप्राणता को लेकर है। ह् के अतिरिक्त अनेक स्थितियों में सघोष या अघोष महाप्राण ध्वनियों की महाप्राणता का लोप हो जाता है। इसका कारण मिथिला-मगध की अपेक्षा बंगाल पर द्रविड़ प्रभाव की अधिकता है। इसमें सन्देह नहीं कि प्राचीन मागधी में महाप्राण ध्वनियाँ अन्य आर्यभाषाओं के समान ही थीं। बँगला ने मागधी की कुछ विशेषताओं की रक्षा की है तो कुछ वहाँ लुप्त हो गई हैं। मध्यवर्ती ड़् हिन्दी में उत्क्षिप्त बोला जाता है। यही स्थिति बँगला की है। मैथिली की अपेक्षा अवधी में इसका व्यवहार कम होता है। डा० सुभद्र झा ने कड़ाही, फाड़व, बाड़ी, बड़ (बरगद), कपड़ा, शब्दों को मैथिली शब्दावली में गिना है। ये रूप परिनिष्ठित हिन्दी की प्रकृति के अधिक अनुकूल हैं, अवधी में इन सभी शब्दों के ड़् के स्थान पर र् का व्यवहार होगा। ड़् ध्वनि अवधी शब्दों में प्रयुक्त होती है किन्तु

मानक हिन्दी की अपेक्षा कम होती है। इस संदर्भ में बँगला, अवधी की अपेक्षा, मानक हिन्दी से अधिक मिलती जुलती है। **ड्** के समान मध्यवर्ती **ढ्** भी मानक हिन्दी, अवधी और मैथिली में उत्क्षिप्त बोला जाता है किन्तु बँगला में उसकी महाप्राणता का लोप हो जाता है। यथा **पढ़ना** क्रिया का ढ़् बँगला में ड़् बोला जाता है। डा० सुभद्र झा ने **पढ़ब, गढ़ब, काढ़ब, काढ़ा, बाढ़ी, दाढ़, कोढ़ी, साढ़े** आदि रूप मैथिली शब्दावली में गिनाए हैं। ये सभी शब्द मानक हिन्दी और अवधी आदि जनपदीय उपभाषाओं में बोले जाते हैं। **पढ़ब** की जगह मानक हिन्दी में **पढ़ना** होगा, इतना ही अन्तर है; क्रियामूल **पढ़** का **ढ़्** ज्यों का त्यों रहता है। पर ये रूप बँगला में नहीं मिलते। इसका कारण यही है कि महाप्राणता के मूल केन्द्रों से बँगला का क्षेत्र दूर है। डा० सुभद्र झा ने उचित लिखा है कि बँगला मराठी, गुजराती, असमिया और नेपाली की तुलना में महाप्राणता का लोप मैथिली में कम हुआ है। मैथिली **माँझ** (मध्य), बँगला **मेजो**; मैथिली **साँझ**, गुजराती **साँज**; मैथिली **बूझ**, नेपाली **बुजबुं**; मैथिली **चीखब** (चखना), असमिया **चाके**। जिन भाषाओं में महाप्राणता का लोप दिखाई देता है वे सब हिन्दी परिवृत्त की भाषाएँ हैं, उनमें महाप्राणता के लोप का कारण यह है कि हिन्दी प्रदेश द्रविड़ मण्डल से घिरा हुआ है और हिन्दी परिवृत्त पर इस मण्डल का प्रभाव है।

अवधी की अपेक्षा मैथिली में महाप्राणता क्षीण होती है और कुछ शब्द इस तरह बोले जाते हैं जिस तरह उनका उच्चारण मानक हिन्दी के पछाँहीं रूपों में होता है। **हाथ** को **हात** कहना मैथिली और इन पछाँहीं रूपों में सामान्य वृत्ति का परिचायक है। डा० सुभद्र झा ने **हेठा, हाथी** जैसे शब्दों को मैथिली में **हेट, हाती** रूप में बोला जाता माना है। उनका कहना है कि आधुनिक मैथिली में शब्द के अन्तिम वर्ण की महाप्राण ध्वनि को त्यागने की प्रवृत्ति बढ़ रही है किन्तु वह बहुत सीमित है। ऐसी प्रवृत्ति हिन्दी के पछाँहीं रूपों तथा बुन्देलखंडी आदि पश्चिमी जनपदीय उपभाषाओं में भी दिखाई देती है।

मैथिली भाषा के ध्वनितन्त्र के बारे में डा० सुभद्र झा ने एक महत्वपूर्ण तथ्य की ओर संकेत किया है। इसका सम्बन्ध कुछ शब्दों में ध्वनियों के स्वच्छन्द संचरण से है। ऐसा कुछ ही शब्दों में होता है पर यह उस युग की प्रवृत्ति का अवशेष है जब विभिन्न केन्द्रों में विभिन्न ध्वनियों का विकास हो रहा था और इनका अर्थविच्छेदक व्यवहार अभी निश्चित न हुआ था। उन्होंने उदाहरणरूप जो शब्द दिए हैं, उनमें ऐसा स्वच्छन्द विनिमय ओष्ठ्य और कण्ठ्य ध्वनियों के बीच होता है, जैसे एक रूप **उबरा**, दूसरा रूप **उगरा**। दोनों का एक ही अर्थ है—उर्वर। मैथिली रूपों का मूलाधार **उर्वर** शब्द माना गया है। **व्** का **ब्** में परिणत होना सहज है किन्तु **ब्** के स्थान पर **ग्** का व्यवहार आश्चर्यजनक है। इसका कारण यह हो सकता है कि मैथिली भाषा समवाय में एक बोली ऐसी शामिल है जिसका सम्बन्ध कण्ठ्य ध्वनियों के विकास केन्द्र से था। इस कारण पुराने तद्भव रूपों में ही नहीं, उधार लिए हुए कुछ नये शब्दों में भी ओष्ठ्य ध्वनि के बदले कण्ठ्य ध्वनि का व्यवहार होता है यथा **मजबूत** के बदले **मजगूत** रूप का व्यवहार। इस **मजगूत** रूप को यह कहकर टाला जा सकता है कि गाँव के लोगों ने

मूल शब्द का सही उच्चारण सुना न होगा, उसका अनुकरण न कर पाए होंगे। किन्तु यह परम्परा काफी पुरानी है। डा० झा ने संस्कृत **वृक** के गौथिक प्रतिरूप **वुल्फोस्** (अंग्रेजी **वुल्फ**) का उल्लेख उचित ही किया है। भाषाशास्त्री वाकरनॉगल के आधार पर उन्होंने एक ही भाषा—संस्कृत—में स्वच्छन्द संचरण के उदाहरण दिए हैं : **कुलिका—पुलिका** (एक चिड़िया), **कर्कदु—कर्पद्** (एक जलचर)। इस संदर्भ में **स्तम्भ** और **स्कम्भ** का उदाहरण भी स्मरण करें जिसने ग्रासमन के लिए यह समस्या खड़ी की थी कि इनमें मूलरूप किसे माना जाय। इस प्रकार **मजबूत** और **मजगूत** की समस्या देहातियों के अज्ञान का सहारा लेकर टाली नहीं जा सकती। उसका एक ही समाधान समझ में आता है और वह यह कि विभिन्न ध्वनियों का विकास विभिन्न केन्द्रों में हुआ, इन केन्द्रों के परस्पर सम्पर्क से आगे चल कर भाषाओं के ऐसे ध्वनितंत्रों का निर्माण हुआ जिनमें विभिन्न केन्द्रों के कण्ठ्य, ओष्ठ्य, दन्त्य तथा महाप्राण, अल्पप्राण, सघोष, अघोष, ध्वनिरूप समेट लिए गए। मैथिली के उदाहरणों से ऐसा लगता है कि पहले जो भेद स्थापित किया गया, वह दन्त्य और अदन्त्य ध्वनियों के बीच था। इसी कारण क वर्गीय और प वर्गीय ध्वनियाँ स्वच्छन्द संचरण की स्थिति में दिखाई देती हैं किन्तु त वर्गीय ध्वनियाँ इस व्यापार से बाहर रहती हैं। उधर संस्कृत के **स्कम्भ** और **स्तम्भ** रूपों को देखें तो **त वर्गीय** और **क वर्गीय** ध्वनियाँ स्वच्छन्द संचरण में हैं, प वर्गीय ध्वनियाँ इस व्यापार से बाहर हैं। किन्तु संस्कृत में ही **स्कम्भ** के साथ **स्कन्ध** रूप भी है और मूलतः दोनों का अर्थ एक ही है। **स्तम्भ** के साथ **स्तन्ध** रूप भी यहाँ कभी प्रचलित था। खड़े होने के लिये अंग्रेजी क्रिया **स्टैन्ड** उसी **स्तन्ध** का प्रतिरूप है जैसे **स्तम्भ** का अंग्रेजी प्रतिरूप **स्टम्प** है। इसलिए यह मानना होगा कि कण्ठ्य, ओष्ठ्य और दन्त्य, तीनों वर्गों की ध्वनियों में स्वच्छन्द संचरण की अवस्था कभी थी, उनका विकास भिन्न केन्द्रों में हुआ, क्रमशः एक ही ध्वनितंत्र में उनका अर्थविच्छेदक व्यवहार होने लगा।

मैथिली के कुछ और उदाहरण देखें। संस्कृत **स्खलयति** से **खोलब** और **फोलब**; **उद्वहति** से **उघब** और **उभव**; **उद्घटते** से **उघरब** और **उभरब**; संस्कृत में ही **उत्कटति** और **उत्पटति**, दो रूपों से मैथिली में **उकटब** और **उपटब**; **उत्खनति** से **उखरब** और **उफरब**, **उद्वर्तन** से **उबटन**, **उकटन**। इनके अतिरिक्त **ढेप** (ढेर), **ढेकुरी** (ढेरी); **चेकी चेपी** (~~स्तूप~~); **उब्भी**, **उग्घी**, (छेदवाले बाँस)। जैसा कि अन्य प्रसंगों में बताया गया है, ध्वनियों का ऐसा स्वच्छन्द संचरण उन भाषाओं में सबसे अधिक पाया जाता है जिन्हें मानक रूप प्राप्त नहीं हुआ या मानक रूप में जिनका व्यवहार कम हुआ अथवा जो अन्य मानक भाषाओं से कम प्रभावित हुईं। ध्वनियों के स्वच्छन्द संचरण का तथ्य ऐतिहासिक भाषाविज्ञान की शास्त्रीय रूढ़ियों का खंडन करता है। किसी आदि भाषा के विकसित और पूर्ण प्रतिष्ठित ध्वनितंत्र से उसकी शाखाओं प्रशाखाओं के ध्वनितंत्रों का निर्माण नहीं हुआ। ध्वनियों के स्वच्छन्द संचरण का तथ्य भाषाओं की विकास प्रक्रिया समझने में सहायक होता है। अनेक केन्द्रों में विकसित होने वाली ध्वनियाँ, विभिन्न गण समाजों के परस्पर सम्पर्क में आने पर मिलेजुले ध्वनितंत्रों का निर्माण

करती हैं। ध्वनितंत्रों के विकास की उस आदिम अवस्था की झलक मैथिली में विद्यमान है।

क-त-प वर्गों की भाषाओं को आगे चलकर च वर्ग केन्द्रित भाषाओं ने प्रभावित किया। इस कारण मैथिली में कुछ ऐसे शब्द मिलते हैं जिनमें **झ्** ध्वनि प्रयुक्त है किन्तु इन शब्दों के मूल संस्कृत रूप नहीं मिलते, केवल प्राकृत रूप मिलते हैं। सामान्यतः यह माना जाता है कि आधुनिक आर्यभाषाओं में जहाँ **झ्** ध्वनि है, वहाँ मूलरूप में **ध्** ध्वनि थी। संस्कृत में ही कुछ शब्द **झ्** ध्वनि वाले हैं जिनके मूल **ध्** वाले रूप नहीं मिलते। यदि आधुनिक आर्यभाषाओं में **झ्** ध्वनि वाले शब्द गिने जाएँ और उनमें इसी कोटि के स्थान सूचक नाम भी जोड़ दिए जायँ, तो राग झिंझोटी से लेकर झाँसी और झींझक तक देशज शब्दों की एक स्वतंत्र देशी नाम माला तैयार हो जाएगी। अन्य वर्गों की ध्वनियों के समान च वर्गीय ध्वनियों का विकास भी कुछ विशेष केन्द्रों में हुआ। इन्डोयूरोपियन भाषाओं के विकास काल में ये केन्द्र विद्यमान थे, यह निश्चित है, भले ही कल्पित आदि इन्डोयूरोपियन भाषा के ध्वनितंत्र में च वर्गीय ध्वनियों को स्थान न मिले। डा० सुभद्र झा ने कुछ शब्दों के उदाहरण दिए हैं जो प्राकृत और मैथिली में हैं किन्तु संस्कृत में जिनके पूर्वरूप नहीं हैं : प्राकृत **झोलीग्र, झुट्ठ, झिङ्गुर** के मैथिली प्रतिरूप **झोड़ी, झूठ, झिङ्ङुर** हैं। मैथिली का गहरा सम्बन्ध च वर्गीय केन्द्रों से रहा है। इसीलिए ध् ध्वनि **झ्** में बदलती है, **स्** ध्वनि **छ्** रूप में ग्रहण की जाती है; संयुक्त ध्वनि **क्ष्** को इस वृत्ति के अनुसार **छ्** या **च्छ्** रूप में ग्रहण करना स्वाभाविक है। झ् का एक स्रोत घ् भी है, इसका उल्लेख पहले हो चुका है।

मैथिली और बँगला में एक महत्वपूर्ण भेद यह है कि मैथिली शब्द अजन्त होते हैं जबकि बँगला में हलन्त रूप काफी हैं। ऐसा भेद भोजपुरी और मैथिली में भी है। डा० सुभद्र झा ने लिखा है कि मैथिली शब्दों के अन्त में व्यंजन नहीं आता किन्तु भोजपुरी शब्दों के अन्त में स्वर और व्यंजन दोनों आते हैं। भोजपुरी और मैथिली दोनों में **हम कहब** (मैं कहूँगा)—इस वाक्य का व्यवहार हो सकता है किन्तु मैथिली में, दोनों शब्दों के अन्त में, हल्का अकार सुनाई देगा, भोजपुरी में **म्** और **ब्** हलन्त होंगे। शब्दों के अजन्त रूपों का चलन मैथिली को अवधी से मिलाता है, हलन्त रूपों का चलन भोजपुरी को पश्चिमी आर्य भाषाओं से मिलाता है।

मैथिली और बँगला में एक महत्वपूर्ण भेद बलाघात को लेकर है। जैसा कि डा० सुभद्र झा ने लिखा है, सामान्यतः बँगला शब्दों में बलाघात पहले वर्ण पर होता है, मैथिली में भिन्न वर्णों पर। डा० झा ने यह भी ठीक लिखा है कि बलाघात के मामले में मैथिली और अवधी एक दूसरे से मिलती जुलती हैं। डा० झा ने मैथिली के अन्तर्गत जो शब्द दिए हैं, उनमें **अकास, रजपूत, नरायन, बखान** आदि हैं। इनके मूल रूपों में बलाघात आदि वर्ण पर था, पर मैथिली रूपों में वहाँ से हटकर वह दूसरे वर्णों पर आ गया है। परिणाम यह कि आदि वर्ण का दीर्घ स्वर ह्रस्व हो गया है। ये सारे रूप अवधी में स्वीकृत हैं। मैथिली में बलाघात की अनेक प्रवृत्तियों का मिश्रण दिखाई देता है।

सर्वनाम हम का एक रूप हाम, दूसरा रूप हमा भी मिथिला की बोलियों में प्रचलित है। डा० सुभद्र झा के दिए हुए हम, हाम, हमा, ये तीन रूप तभी सम्भव हैं जब बलाघात भिन्न वर्णों पर हो। बलाघात से स्वर की लघुता और गुरुता का कितना गहरा सम्बन्ध है, यहाँ देखा जा सकता है। अधिकांश भाषाविज्ञानी मानते हैं कि प्राकृत और अपभ्रंश में व्यंजन द्वित्व की प्रवृत्ति थी, आधुनिक आर्यभाषाओं में उसका सरलीकरण हुआ। वे देखें कि मैथिली में हम का एक प्रतिरूप हम्म भी है। महाप्राणता के लोप की प्रवृत्ति जैसे विषम है, वैसे ही बलाघात की प्रवृत्ति भी एक सी नहीं है। एक रूप हुन्ह, दूसरा रूप हुन, तीसरा रूप उन। ये तीनों रूप एक ही क्षेत्र की बोलियों में हैं। उन पश्चिमी हिन्दी का रूप है, हुन्ह अपनी महाप्राणता से प्राचीनता का परिचय देता है। इसी प्रकार कारक चिन्हों में लइ, लै, ले और कइ, कै, के तीन तीन रूप हैं। के और ले सीधे पश्चिमी ध्वनि-वृत्ति के अनुकूल हैं, लइ और कइ कोसली और मागधी वृत्ति के अनुरूप हैं, लै और कै ब्रज प्रवृत्ति के अनुरूप हैं। जिस प्रदेश की उर्वर भूमि में अनेक गणसमाज सिमट आएँगे, वहाँ उनकी बोलियों के अवशेष कहीं न कहीं मिलेंगे ही। इसीलिए परिनिष्ठित भाषा के लिखित मानक रूप के आधार पर भाषाओं के विकास का विश्लेषण एकांगी होता है।

(ख) मैथिली शब्दतंत्र

शब्दतंत्र का अध्ययन करते समय सबसे पहले सर्वनामों पर विचार करें। ऊपर हुन्ह और उन के उदाहरण में महाप्राण और अल्पप्राण ध्वनियों के भेद से वैकल्पिक रूप बने हैं। आधुनिक मैथिली या बँगला में जहाँ महाप्राण ध्वनि न हो, वहाँ यह न मान लेना चाहिए कि वैसा रूप सदा ही अल्पप्राण ध्वनि वाला रहा होगा। आधुनिक मैथिली में ओ, ऊ, ई, संकेतक सर्वनामों का व्यवहार होता है। ये सभी रूप पहले महाप्राण ध्वनियों से युक्त थे। पुरानी मैथिली के लिए डा० झा ने लिखा है कि कर्त्ता रूप में से सर्वनाम का व्यवहार होता था। जैसा कि विदित है, यह सर्वनाम बँगला में अब भी प्रयुक्त होता है और उसका प्रतिरूप सो हिन्दी प्रदेश की बोलियों में प्रयुक्त होता है। पुरानी और आधुनिक मैथिली का ओ इसी सो का विकास है। डा० झा ने पुरानी मैथिली के से सर्वनाम को दूर की वस्तु का संकेतक कहा है। इसके बाद ओ को भी पुरानी मैथिली में दूर का संकेतक बताया है। इस ओ सर्वनाम के भी हुन्हि, हुनि, हुन, उन जैसे रूप प्राचीन मैथिली में मिलते हैं। इससे यह धारणा पुष्ट होती है कि से के समान एक दूसरे सर्वनाम रूप सो का भी चलन था। स् का परिवर्तन ह् ध्वनि में हुआ तब हो रूप बना और महाप्राणता के लोप से ओ रूप रह गया। यह तथ्य महत्वपूर्ण है कि आधुनिक मैथिली में सामान्य रूप के साथ कभी-कभी तिर्यक् भाव में महाप्राण ध्वनि वाला रूप मिलता है यथा ओ सर्वनाम के साथ हुन रूप का व्यवहार होता है। निकटवर्ती व्यक्ति-सूचक सर्वनाम के लिए पुरानी मैथिली में हिनि, हिन, रूप हैं। आधुनिक मैथिली में ई रूप है किन्तु तिर्यक् रूप हिन का व्यवहार भी होता है। मिथिला क्षेत्र की बोलियों में कहीं

कहीं महाप्राण और अल्पप्राण रूप एक साथ चलते हैं। छिकाछिकी बोली में **उनी और हुनी**, **ऊ** और **हउ**—दोनों तरह के रूप दूर संकेतक सर्वनाम के सामान्य रूप हैं। इसी प्रकार इस बोली में तिर्यक् रूप **हुन्ह, हुन, उन्ह,** उन, सभी वैकल्पिक रूप विद्यमान हैं। ये रूप मानक हिन्दी में **उनको, उन्हें** जैसे रूपों के विकास को समझने में सहायता देते हैं। इसी प्रकार निकट संकेतक के सामान्य रूप छिकाछिकी में **इनी** और **हिनी** हैं, तिर्यक् भाव में **हिन्ह**, हिन, इन रूप हैं। हिन्दी के **इनको** और **इन्हें** जैसे रूपों का गहरा सम्बन्ध मैथिली के इन सर्वनाम रूपों से है। पूर्वी अंचल की भाषाओं ने पश्चिमी आर्य भाषाओं की अपेक्षा महाप्राण ध्वनियों की रक्षा अधिक की है। मिथिला के आगे पूर्व में महाप्राणता का लोप होने लगता है। मिथिला के भीतर जहाँ मानक मैथिली में महाप्राण ध्वनि नहीं है, वहाँ कहीं न कहीं उसकी किसी बोली में महाप्राण ध्वनि वाला रूप मिल जाएगा।

महाप्राण ध्वनियों वाले इन रूपों का महत्व यह है कि उनसे प्राचीन सर्वनाम मूलों को पहचानने में मदद मिलती है। कोल भाषाओं तथा मैथिली के सर्वनामों में बड़ी समानता है। यह समानता देखकर भाषाविज्ञानी तुरत इस नतीजे पर पहुँचता है कि मैथिली पर कोल भाषाओं का प्रभाव है। जैसी समानता मैथिली और कोल भाषाओं के कुछ सर्वनामों में है, वैसी समानता यूरुप की अनेक भाषाओं और भारतीय कोल भाषाओं के सर्वनामों में भी है, इस बात की ओर उसका ध्यान नहीं जाता। भाषाशास्त्री कुइपर को भेंट किए हुए ग्रंथ **प्रतिदानम्** में के द व्रीज़ ने कोल भाषाओं के सर्वनामों पर एक लेख लिखा है—**मुन्डा प्रोनाउन्स इन न्यू इन्डोएर्यन**। इसमें उन्होंने यह मत प्रकट किया है कि भारतीय आर्य भाषाओं के आधार पर मैथिली की अपनी विशेषताओं का उल्लेख नहीं हो सकता। सर्वनामों के प्रसंग में उन्होंने दूरी तथा समीपता के संकेतक सर्वनामों को लिया है। इनके साथ भोजपुरी, मगही, बँगला और उड़िया के सर्वनामों को भी उन्होंने लिया है। इनके साथ संथाली के **हिनि, इनि, हुनि, उनि** और संथाली के अलावा मुंडारी आदि अन्य कोल भाषाओं से भी सर्वनाम रूप लिए हैं। इन रूपों में एक बात लक्ष्य करने की यह है कि जहाँ महाप्राण ध्वनि है, वहाँ वह केवल प्रथम वर्ण में है। कोल भाषाएँ कभी महाप्राण ध्वनियों के प्रसार का केन्द्र नहीं रहीं। इसके विपरीत उनमें अल्पप्राणता के लिए आग्रह है। इसलिए कोल भाषाओं में ह् मूलक सर्वनाम देख कर पहले ही सतर्क हो जाना चाहिए कि महाप्राण ध्वनि के आधार पर सर्वनामों का विकास इन भाषाओं में हुआ कैसे। इसके अतिरिक्त मैथिली **हुन्ह, हिन्ह** जैसे रूपों में दूसरे वर्ण की महाप्राण ध्वनि पर ध्यान देना चाहिए। व्रीज़ ने उक्त लेख में भोजपुरी से **हुन्हि, हिन्हि** आदि रूप दिए हैं। कोल भाषाओं में उन्हें कोई ऐसा रूप नहीं मिला जिसके दूसरे वर्ण में ह् ध्वनि हो। यदि मैथिली और भोजपुरी ने कोल भाषाओं के सर्वनाम लिए हैं तो मानना होगा कि या तो कोल भाषाओं में मूल रूप रहे नहीं और दूसरे वर्ण की महाप्राणता लुप्त हो गई या फिर मैथिली और भोजपुरी ने हिन, **हुन** रूप लेकर दूसरे वर्ण में महाप्राणता अपनी ओर से जोड़ दी। ये ह् वाले रूप स सर्वनाम के आधार पर

बने हैं, इसका प्रमाण संस्कृत **सः** से लेकर आधुनिक आर्य भाषाओं के **से** और **सो** सर्वनामों तक विद्यमान है। **से, सो, सी, सू**, आदि के ही प्रतिरूप **हे, हो, ही, हू** आदि हैं और महाप्राणता का लोप होने पर **ए, ओ, ई, ऊ** रूप बने हैं। **स्** ध्वनि **ह्** और **त्** दो भिन्न रूपों में ग्रहण की जा रही है। डा० चाटुर्ज्या ने **हिनि** और **तिनि** जैसे रूपों का सम्बन्ध **सिनि** से जोड़ा था। यहाँ मूलरूप **सिनि** होगा जिससे **तिनि** और **हिनि** का विकास हुआ। किन्तु **सिनि** से **हिन्हि** रूप नहीं बन सकता।

सर्वनाम-मूल **स, सि, सु** आदि के साथ व्यक्ति-वस्तु-देश-काल सूचक **घ** चिन्ह जोड़ा जाता था। **स, सु** आदि का विकास **ह, हु, अ, उ** आदि रूपों में हुआ पर **ध** का विकास एक ओर **ह्** रूप में हुआ और दूसरी ओर महाप्राणता के लोप से **द्** और **त्** रूपों में। आर्य-द्रविड़ भाषाएँ बहुत जगह एक अतिरिक्त नासिक्य ध्वनि का निवेश करती रही हैं यथा **पथ** के प्रतिरूप **पंथ, समुद्र** के प्रतिरूप **समुंदर** में। उसी तरह सर्वनामों में **इध, उध** के समानान्तर इन्ध, उन्ध रूप भी प्रचलित हुए। स्थानसूचक विशेषकों **यहाँ वहाँ** के बाँगरू प्रतिरूपों **इंघे उंघे** में यही प्रक्रिया दिखाई देती है। यहाँ व्यक्ति-वस्तु सूचक **घ** प्रत्यय है; ग्रीज़ ने अपने लेख में बँगला बोलियों से **इन्धे, उन्धे** रूप दिए हैं। इन्हीं के अनुरूप सदनि नाम की कोल भाषा से **हिन्दे, हुन्दे** रूप दिए हैं। ये रूप देकर ग्रीज़ ने समस्या का समाधान ही प्रस्तुत कर दिया है। सघोष महाप्राण स्पर्श ध्वनि **ध्** कोल भाषाओं के क्षेत्र से बाहर की ध्वनि है। ऐसी ध्वनियाँ केवल भारतीय आर्य भाषाओं में हैं। इसलिए बँगला के **इन्धे, उन्धे** का विकास सदनि के **हिन्दे-हुन्दे** से नहीं हो सकता वरन् **हिन्दे-हुन्दे** का विकास **हिन्धे-हुन्धे** जैसे रूपों से हुआ है। **हिन्ह-हुन्ह** के पूर्वरूप **हिन्ध** और **हुन्ध** हैं। इनके मूलरूप **सिन्ध** और **सुन्ध** हैं। देशकाल-संकेतक शब्दों और सर्वनामों में गहरा सम्बन्ध है। संथाली के **हिनि, हिन, हुनि** सर्वनामों के साथ **हेन्ते** (इधर), **होन्ते** (उधर) रूप स्मरणीय हैं। जहाँ **द्** का मूर्धन्यीकरण हुआ है, वहाँ **हेन्डे, एन्डे** जैसे रूप भी प्रचलित हैं। **त्, द्, ड्, ह्** एक ही मूल ध्वनि **ध्** का विकास हैं। इन सबमें आदिस्थानीय सर्वनाम-मूल **स** के अवशेष हैं। जैसा कि मगही के विवेचन में हमने देखा है, यह **स्** ध्वनि **छ्** और **थ्** में भी बदलती है। **छ्** और **थ्** वाले रूप कोल भाषाओं में नहीं हैं किन्तु मिथिला और मगध की बोलियों में हैं। इससे **स्**-मूलक सर्वनाम की सत्ता सिद्ध होती है।

यह मानने का कोई कारण नहीं है कि मैथिली तथा अन्य आर्य भाषाओं में सर्वनाम रूप कोल भाषाओं से आए हैं। ग्रीज़ ने **ह्**-मूलक कोल भाषाओं के सर्वनाम दिए हैं और उनसे इन्डोयूरोपियन भाषाओं के सर्वनामों का सम्बन्ध नहीं देखा, इसलिए यहाँ नौर्वे और स्वीडन की भाषाओं के सर्वनामों पर दृष्टिपात करना उचित होगा। स्वीडन की भाषा में अन्य पुरुष सर्वनाम **हन्** (पुंल्लिग, एकवचन) और **होन्** (स्त्रीलिंग, एकवचन) हैं। नौर्वे की भाषा में इनके प्रतिरूप **हन्** और **हुन्** हैं।

अन्य मागधी भाषाओं के समान मैथिली में भी लिङ्गभेद का प्रसार पश्चिमी भाषाओं के प्रभाव से, सीमित रूप में, हुआ है। अन्य मागधी भाषाओं की अपेक्षा मैथिली का पुराना लिखित साहित्य अधिक उपलब्ध है। ब्रजभाषा से प्रभावित होने के कारण

साहित्य की इस भाषा में बहुत जगह लिङ्गभेद है किन्तु समानान्तर रूपों में आधुनिक काल की मैथिली में वैसा भेद नहीं है। यह देखकर स्वभावतः भाषाविज्ञानी सोचते हैं कि मैथिली में पहले लिङ्गभेद था, आगे चलकर वह पूरी तरह तो नहीं मिटा किन्तु क्षीण अवश्य हो गया। अनेक बँगला-भाषी विद्वान् उस भाषा को पुरानी बँगला कहते हैं जिसे मैथिली भाषी विद्वान् पुरानी मैथिली कहते हैं। बँगला में लिङ्गभेद शून्यवत् है, इसलिए बँगला भाषी विद्वानों का यह सोचना और भी स्वाभाविक है कि पहले किसी समय बँगला में लिङ्गभेद प्रचलित था, आगे चलकर वह मिट गया। बँगला से मिलती-जुलती स्थिति मलयालम की है और मैथिली से मिलती-जुलती स्थिति तमिल की है। किसी ने मलयालम के लिए यह दावा नहीं किया कि पुरानी मलयालम में लिङ्गभेद वर्तमान था, आगे चलकर वह मिट गया। भारत के दो छोरों पर आर्यभाषा बँगला और द्रविड़ भाषा मलयालम लिङ्गभेदशून्य है। भारत को भाषायी क्षेत्र मान कर विभिन्न भाषा परिवारों की विशेषता पर एक साथ विचार करने में लाभ यह है कि बँगला और मलयालम जैसी आर्य-द्रविड़ भाषाओं में लिङ्गभेद की समस्या प्रादेशिक न रहकर अखिल भारतीय हो जाती है। लिङ्गभेद का प्रसार आर्य और द्रविड़ दोनों भाषा परिवारों में समान केन्द्रों से हुआ है। ये केन्द्र उत्तर पश्चिमी भारत में थे। इन केन्द्रों के समीप रहनेवाली गुजराती और मराठी भाषाओं में तीन लिङ्गों के भेद की विशेषता आज भी विद्यमान है। मूलतः मानवीय और मानवेतर वस्तु जगत् में भेद किया गया। ऐसा भेद द्रविड़ भाषाओं में अब भी है। इसके अवशेष बँगला और मैथिली में जहाँ-तहाँ मिलते हैं। इस मूलभेद के आधार पर स्त्री, पुरुष और नपुंसक, इन तीन तरह के लिङ्गों का भेद स्थापित हुआ। संस्कृत तथा आधुनिक आर्य-भाषाओं में लिङ्गभेद अंशतः प्राकृतिक है और अंशतः व्याकरणिक। नाम शब्दों से बाहर वह क्रियापदों को भी प्रभावित करने लगा। संस्कृत में जहाँ यह भेद नहीं भी था, वहाँ हिन्दी ने उसे कायम किया। हिन्दी क्रियापदों में **जाता है, जाती है, जायगा, जायगी, गया था, गई थी**, इसी विकास के परिणाम हैं। कहीं-कहीं हिन्दी उन रूपों में लिङ्गभेद नहीं करती जिनमें संस्कृत के लिए ऐसा भेद आवश्यक था। **सुन्दर लड़का, सुन्दर लड़की**, यहाँ **सुन्दर** विशेषण में लिङ्गभेद करना आवश्यक नहीं है पर **अच्छा लड़का, अच्छी लड़की**, यहाँ लिङ्गभेद किया जाएगा।

डा० सुभद्र झा ने मैथिली के संदर्भ में लिखा है कि मध्य भारतीय आर्य भाषा, अर्थात् प्राकृतों, में लिङ्गभेद अत्यन्त निर्बल हो गया था। इसके अतिरिक्त ध्वनितांत्रिक विकास ऐसा हुआ कि पुंल्लिग और स्त्रीलिङ्ग रूपों का भेद क्रमशः मिट गया। यदि प्राकृतों से केवल बँगला, मैथिली आदि भाषाओं का विकास हुआ हो, तो यह स्थापना मान्य होगी कि प्राकृतों में लिङ्गभेद के निर्बल हो जाने से आधुनिक आर्य भाषाओं में वह भेद नष्ट हो गया। किन्तु डा० झा जहाँ उक्त स्थापना प्रस्तुत करते हैं, वहाँ मराठी, गुजराती और सिंहली भाषाओं का भी उल्लेख करते हैं जिनमें तीनों लिङ्गों के भेद विद्यमान हैं। यह कैसे हुआ कि उन्हीं प्राकृतों से मराठी और गुजराती का उद्भव हुआ,

उन्हीं से बँगला और मैथिली का, और लिङ्गभेद की स्थिति दोनों समुदायों में नितान्त भिन्न है ? प्राकृतों में लिङ्गभेद को लेकर कहीं वैसा अन्तर नहीं है जैसा आधुनिक आर्य भाषाओं के इन दो वर्गों में पाया जाता है। आधुनिक आर्य भाषाओं में जहाँ भी संस्कृत से भिन्नता दिखाई दे, वहाँ भाषाविज्ञानी किसी आर्येतर प्रभाव की कल्पना कर लेते हैं। बँगला और मैथिली आदि में लिङ्गभेद नहीं है तो यह तिब्बती-बर्मी भाषाओं का प्रभाव होगा, बिहार की भाषाओं पर संथाली का प्रभाव होगा। लिङ्गभेद की दृष्टि से अंग्रेजी की स्थिति बँगला से मिलती-जुलती है और जर्मन की स्थिति मराठी जैसी है। मानना चाहिए कि जर्मन समुदाय की एक भाषा अंग्रेजी पर तिब्बती-बर्मी अथवा कोल प्रभाव इतना पड़ा कि उसमें लिङ्गभेद मिट गया।

हिन्दी के समान मैथिली में अनेक विशेषण शब्द लिङ्गभेद सूचित करते हैं। स्त्रीलिङ्ग, पुंल्लिङ्ग का भेद जीव, निर्जीव, मानव, मानवेतर, सभी प्रपंचों पर लागू होता है। डा० सुभद्र झा ने उदाहरण दिये हैं : **छोटा काका, छोटी काकी**; **करिक्का** (काला) **घोड़ा, करिक्की घोड़ी; छोटकी थारी, बड़का थार**। जो कृदन्त विशेषण का काम करते हैं, उनमें यह भेद दिखाई देता है : **सूतल आदमी, सूतलि मउगी**; सोता हुआ पुरुष, सोती हुई स्त्री, ठीक हिन्दी की तरह। जहाँ कृदन्त क्रियारूप में व्यवहृत होते हैं, वहाँ भी यह भेद दिखाई देता है। **ओ आओंत**—वह आएगा; **ओ आओंति**—वह आएगी; **ओ गेलाह**—वह गया, **ओ गेलीह**—वह गई। **हमर माअ्र सूतलि**—मेरी मा सोती थी, **हमर चाकर सूतल**—मेरा नौकर सोता था। ऐसे उदाहरण देने के बाद डा० सुभद्र झा कहते हैं कि आधुनिक मैथिली में लिङ्गभेद की उपेक्षा करने की प्रवृत्ति है; **हमर माअ्र आओंतु, हमर माअ्र आअ्रल**। उनकी इस बात पर विश्वास करना कठिन है क्योंकि मैथिली पर पश्चिमी भाषाओं का प्रभाव बढ़ रहा है, घट नहीं रहा है। यह सम्भव है कि कुछ क्रिया-रूपों में लिङ्गभेद वैकल्पिक हो किन्तु कुल मिलाकर लिङ्गभेद का प्रभाव बढ़ रहा है, इसका प्रमाण बोलचाल के रूपों के वे उदाहरण हैं जो डा० सुभद्र झा ने ही दिए हैं। व्यक्तिवाचक सर्वनामों के सम्बन्धकारक रूप लिङ्गभेद व्यक्त करते हैं। **तोरी बेटी, तकरी नानी, ऑकरी माअ्र**। ये सब उदाहरण उन्होंने बोलचाल की भाषा से दिए हैं। बोलचाल भाषा की सही प्रवृत्ति व्यक्त करती है। यह प्रवृत्ति लिङ्गभेद पर बल देने की है।

डा० चाटुर्ज्या ने इस बात पर ध्यान दिया था कि जीव, निर्जीव का भेद कहीं-कहीं कारक प्रयोगों में देखा जाता है। मैथिली में **हम राम के देखल**—मैंने राम को देखा, यहाँ राम के बाद **के** विभक्ति चिन्ह लगा है; **हम रोटी देखल**—मैंने रोटी देखी, यहाँ **के** अनावश्यक है। हिन्दी में भी **मैंने रोटी को देखा**, अस्वाभाविक वाक्यरचना है। लिखित हिन्दी में ऐसी अस्वाभाविक वाक्यरचना के बहुत से उदाहरण मिल जाएंगे। डा० सुभद्र झा ने मैथिली में मानवेतर जीव के साथ **के** विभक्ति का प्रयोग वहाँ होता दिखाया है जहाँ वह जीव किसी मानव से सम्बद्ध हो गया है। **तोहार बरद के देखल**—यहाँ **बरद** (बैल) के साथ कारक-चिन्ह लगने से संकेत निश्चयात्मक हो गया।

(ग) मैथिली कारक रचना

मैथिली में कारक रचना अवधी से मिलती-जुलती है। आधुनिक आर्यभाषाओं में सामान्य और तिर्यक्, दो शब्दरूपों की कल्पना की गई है। सामान्य रूप कर्ता और कर्म कारकों में प्रयुक्त होता है, तिर्यक् रूप अन्य कारकों में। कुछ शब्द ऐसे हैं जिनका तिर्यक् रूप नहीं होता जैसे **घर**। **घर में, घर से, घर का**, यहाँ मूल घर रूप अपरिवर्तित रहता है। डा० सुभद्र झा ने लिखा है कि आधुनिक मैथिली में सम्बन्धकारक छोड़कर शेष कारकों में शब्द का तिर्यक् रूप सामान्य से भिन्न नहीं होता। इससे इतना तो सिद्ध ही होता है कि तिर्यक् रूपों का व्यवहार अपवाद है, नियम नहीं। अपभ्रंश के आधार पर आधुनिक आर्य भाषाओं का विकास मानने वाले लोग सामान्य और तिर्यक् रूपों का जो भेद करते हैं, उस पर पुनर्विचार आवश्यक है।

अब मैथिली के सम्बन्धकारक में सामान्य और तिर्यक् रूपों का भेद देखें। **गाछ** (पेड़), **माटि, साहु**—ये तीनों रूप तब सामान्य हैं जब इनका अन्तिम स्वर लघुतर होता है। जब वह केवल लघु होता है तब तिर्यक् रूप बन जाता है। तिर्यक् रूप कारक चिन्ह से अलग प्रयुक्त नहीं होता। **गाछ** और **गाछक** (गाछ का), इन दो रूपों में **छ** के अकार की लघुता में सूक्ष्म अन्तर मैथिली की वर्ण-रचना-पद्धति के कारण है। केवल **गाछ** कहने पर बल पहले वर्ण पर रहता है और दूसरे वर्ण का स्वर हलका पड़ता है। जब तीन वर्णों का शब्द होगा, तब प्रथम वर्ण का बल किंचित् हट कर दूसरे वर्ण पर आ जाएगा। ऐसा लघु और लघुतर का भेद व्याकरण की दृष्टि से नगण्य है। यह बात कुछ अन्य शब्दरूपों से पुष्ट होती है। जैसे **भाय़** शब्द है। इसका तिर्यक् रूप भी यही हो सकता है, केवल विकल्प से **भाइ** रूप होगा। इस प्रकार **भाय़क** और **भाइक** (भाई का) दोनों रूप सही हैं। ऐसे शब्दों के उदाहरण डा० सुभद्र झा ने ही दिए हैं। यहाँ **भाय़** रूप तिर्यक् और सामान्य दोनों है अर्थात् मूलरूप में कोई परिवर्तन नहीं होता। वैकल्पिक रूप **भाइ** में अन्तिम स्वर का संवृत उच्चारण है और इसका कारण भी प्रथम वर्ण से बलाघात का किंचित् हटना है।

कुछ अन्य शब्द हैं जिनमें स्वर परिवर्तन होता है। सम्बन्ध कारक में इन शब्दों का **इ, अ** स्वर **उ** में बदल जाता है। **आज, साँझ, राति, दीन** (दिन) के सम्बन्धकारक रूप इस प्रकार होंगे: **आजुक, साँझुक, रातुक, दीनुक**। यहाँ अवधी की उकारान्त रूपरचना का प्रभाव है, लिङ्गभेद महत्वपूर्ण नहीं है, अतः **आजु** और **दिनु** के वजन पर **रातु** और **साँझु** रूप बनाये गये और संबंध कारक में प्रयुक्त हुए। **देखब, चलब, कहल** आदि क्रियार्थी संज्ञारूपों के तिर्यक् रूप **देखबा, चलबा, कहला** होते हैं। फिर भी कुछ बोलियाँ ऐसी हैं जिनमें **चलब, कहल** से ही काम चलता है, बहुत से बहुत अन्तिम वर्ण में लघु और लघुतर स्वर का उच्चारण-भेद है। मैथिली में सामान्य-तिर्यक् रूपों का मौलिक भेद नहीं हैं।

डा० सुभद्र झा ने क्रियाओं के बारे में एक रोचक बात लिखी है। इनमें बहुत्व-

सूचक प्रत्यय लगते हैं किन्तु उनका बहुत्व वाला अर्थ अब नष्ट हो गया है। वे अब गौरव और सामान्य सम्बोधन का भेद व्यक्त करते हैं। **कहलिअइन्हि**—हमने उससे कहा (गौरव-पूर्ण सम्बोधन), **कहलिअइ**—मैंने उससे कहा (सामान्य सम्बोधन); **कहबहून्ह**—आप उससे कहेंगे, **कहबहक**—तुम उससे कहोगे। इन रूपों का विश्लेषण करते हुए डा० झा ने लिखा है कि कर्मकारक में गौरव भाव **न्हि** और **न्ह** प्रत्ययों से व्यक्त होता है जो मूलत: बहुत्वसूचक प्रत्यय थे। इसी प्रकार **ओ गेलाह**—वे गए (गौरवपूर्ण सम्बोधन), **ओ गेल** (सामान्य संदर्भ)। **आह**, डा० झा के अनुसार, बहुत्वसूचक प्रत्यय था। फिर कहते हैं, यह भी सम्भव है कि क्रियापदों के व्यक्तिवाचक प्रत्ययों से संज्ञारूपों के बहुत्व-सूचक प्रत्ययों का मूल सम्बन्ध न रहा हो वरन् दोनों का विकास स्वतंत्र रूप से हुआ हो। वास्तव में जिन्हें डा० झा बहुत्वसूचक प्रत्यय कहते हैं, उनका गहरा सम्बन्ध सर्वनाम-रूपों से है। जिन्हें वह क्रियापदों का व्यक्तिवाचक प्रत्यय कहते हैं, उनका गहरा सम्बन्ध भी सर्वनामों से है। संस्कृत से लेकर मैथिली तक क्रिया और संज्ञा दोनों तरह के शब्दों की रूपरचना में सर्वनामों की भूमिका महत्वपूर्ण है, यह तथ्य ध्यान में रखना उचित है।

डा० सुभद्र झा ने मैथिली भाषा की कारक रचना के बारे में लिखा है कि पुरानी मैथिली में संश्लिष्ट कारक-रचना होती थी, साथ ही प्रत्येक शब्द किसी कारक चिन्ह के बिना वाक्य में प्रयुक्त हो सकता था। यदि इस दूसरी प्रवृत्ति को देखें तो लगेगा कि आधुनिक मैथिली में कारक रचना पहले की अपेक्षा विकसित हुई है। यदि पहली प्रवृत्ति पर ध्यान दें तो लगेगा कि कारक-रचना क्षीण हुई है। डा० झा के अनुसार आधुनिक मैथिली में कर्ता, कर्म और अधिकरण, ये ही तीन संश्लिष्ट कारक रचना में आते हैं। उन्होंने संभवत: कारक चिन्हों को मूल शब्द से हटाकर लिखने वाली पद्धति ध्यान में रखकर ऐसा कहा है। किंतु जैसा कि आचार्य किशोरीदास वाजपेयी ने कहा है, मुख्य बात यह है कि हम बोलते क्या हैं, लिखने में मिलाकर लिखो या हटाकर लिखो, इससे कोई अन्तर नहीं पड़ता। दक्षिणी मैथिली में मगही की तरह सम्प्रदानकारक के लिए **ला** प्रत्यय का व्यवहार होता है। इस **ला** का कोई स्वतंत्र अर्थ नहीं है, लाना वाली क्रिया से उसका प्रत्यक्ष सम्बन्ध नहीं है। अत: उसे कारक चिन्ह ही मानना चाहिए। मगही के समान दक्षिणी मैथिली भी **ला** के प्रयोग द्वारा, कर्म से भिन्न सम्प्रदान का अलग अस्तित्व ज्ञापित करती है। यहाँ कारक-रचना पुष्ट है, क्षीण नहीं हुई। यह उल्लेखनीय है कि अधिकरणकारक के लिए मैथिली का मानक रूप **में** है जो पश्चिमी भाषा-समुदाय की प्रवृत्ति के अनुरूप है, पश्चिमी मैथिली इसके स्थान पर **मा** रूप का व्यवहार करती है। **घर में**—हिन्दी की तरह मानक मैथिली का रूप है; **घरमा**—अवधी के समान यह पश्चिमी मैथिली का रूप है। एक ही क्षेत्र में भिन्न ध्वनि-प्रकृतियों के मिश्रण से ऐसे वैकल्पिक रूपों का चलन हुआ है।

मगही के समान मैथिली की क्रियापद-रचना ऐतिहासिक और तुलनात्मक भाषा-विज्ञान के लिए बहुत महत्वपूर्ण है। भाषाविद् द व्रीज़ ने आधुनिक आर्यभाषाओं पर कोल सर्वनामों के प्रभाव की चर्चा करते हुए अपने पूर्वोक्त लेख में ग्रियर्सन की इस स्थापना

का हवाला दिया है कि मैथिली क्रियारूपों की रचना ऊपर से देखने में आर्य है, सैद्धान्तिक दृष्टि से वह मुण्डा भाषाओं के अनुरूप है। सिद्धान्त यह है कि मैथिली भाषा में क्रिया पहले आती है, उसके बाद जो प्रत्यय लगते हैं, उनसे कर्त्ता, कर्म आदि का निर्देश होता है। इस तरह की रूपरचना उन भाषाओं के लिए स्वाभाविक है जिनके वाक्यतंत्र में क्रिया पहले आती थी, कर्ता बाद को। यह प्रवृत्ति इन्डोयूरोपियन परिवार में व्यापक रूप से रही है। कोल परिवार के लिए यह कल्पना की गई है कि उसमें किसी समय वाक्यतंत्र ऐसा था कि संज्ञा शब्द भी, कर्ताकारक में, क्रिया के बाद आता था। स्काटलैण्ड, वेल्स आदि की केल्त भाषाओं में यह स्थिति अभी तक है। इसलिए विधेय पहले, उद्देश्य बाद को, ऐसा वाक्यतंत्र इन्डोयूरोपियन परिवार में व्यापक रूप से प्रचलित था, यह मानना होगा। इस संदर्भ में डा० सुभद्र झा ने कुछ रोचक बातें कही हैं। उन्होंने लिखा है कि व्यक्तिवाचक प्रत्ययों का उपयोग बहुत पुराना है; इन्डोयूरोपियन आदि भाषा में भी वाक्यतंत्र में क्रिया पहले होती थी और व्यक्तिवाचक सर्वनाम उसके बाद आता था; क्रिया विधेय होती थी और कर्ता सर्वनाम उद्देश्य होता था। ब्रुगमन का हवाला देते हुए डा० झा कहते हैं कि समय बीतने पर उद्देश्य और विधेय एक दूसरे से संयुक्त हो गए; इस प्रकार उन क्रियारूपों की रचना हुई जिनमें क्रिया के बाद व्यक्तिवाचक प्रत्यय लगते थे, और ये प्रत्यय पुराने सर्वनामों के संक्षिप्त रूप मात्र थे।

इसका अर्थ यह हुआ कि संस्कृत आदि भाषाओं में क्रियापदरचना पहले विधेय फिर उद्देश्य, इस क्रम वाले वाक्यतंत्र के आधार पर हुई। आगे चलकर जब ऐसे क्रियापद के पहले कर्ता प्रयुक्त होने लगा, तब पुराने वाक्यतंत्र पर पहले उद्देश्य फिर विधेय, यह नये क्रम वाला वाक्यतंत्र प्रतिष्ठित हुआ। इस नये वाक्यतंत्र का मूल क्षेत्र उत्तर-पश्चिमी भारत था।

डा० झा ने कश्मीरी और सिन्धी भाषाओं में व्यक्तिवाचक प्रत्ययों (सर्वनाम चिन्हों) के व्यवहार को याद करते हुए लिखा है कि सिन्धी में व्यक्तिवाचक प्रत्यय क्रिया के बाद ही नहीं, संज्ञा के बाद भी प्रयुक्त होते हैं। यह स्थिति मध्य एशिया के अन्य भाषा परिवारों में भी है। इस प्रवृत्ति का उद्भव केन्द्र कहाँ है, इसकी जानकारी सर्वनाम रूपों के विश्लेषण से हो सकती है। डा० झा ने ग्रियर्सन का यह मत उद्धृत किया है: "सर्वनाम प्रत्ययों की, बहुत कुछ सम्पूर्ण, एक श्रृंखला अनेक आधुनिक भारतीय आर्य भाषाओं में मिलती है। संस्कृत में जो पुराने भारतीय सर्वनाम मिलते हैं, उनसे उक्त सर्वनाम चिन्हों और प्रत्ययों का विकास हुआ है।" यह बात सही है। ग्रियर्सन ने यह बात कश्मीरी के सर्वनाम-प्रत्ययों की चर्चा करते हुए कही थी। ग्रियर्सन मानते थे कि कश्मीरी दरद भाषा समुदाय में है। तब मानना होगा कि दरद भाषाओं में वही सर्वनाम प्रत्यय प्रयुक्त हुए हैं जो संस्कृत में सुरक्षित हैं। डा० सुभद्र झा कहते हैं कि आदि इन्डोयूरोपियन भाषा के सर्वनाम-प्रत्यय संस्कृत तथा प्राकृतों में सुरक्षित रहे और उन्हें मागधी और दरद भाषाओं ने विरासत में पाया। एक छोर पर मागधी भाषाएँ, दूसरे छोर पर दरद भाषाएँ, बीच का भाषा समुदाय उस विरासत से क्यों वंचित रह गया? बीच के भाषासमुदाय पर

कौरवी भाषा-केन्द्र का गहरा प्रभाव पड़ा, इसलिए पुरानी क्रियापद-रचना के अवशेष यहाँ रह गए, पुराने वाक्यतंत्र के अवशेष सीमान्त भाषाओं में अधिक सुरक्षित रहे। गुजराती-बँगला से सिन्धी-कश्मीरी-लहँदा की तुलना करते हुए डा० झा कहते हैं कि बँगला-गुजराती में व्यक्तिवाचक प्रत्यय केवल कर्ता की ओर संकेत करते हैं किन्तु सिन्धी, कश्मीरी, लहँदा में व्यक्तिवाचक प्रत्यय कर्ता के सिवा अन्य कारकों की ओर भी संकेत करते हैं। इसका अर्थ यह हुआ कि जिस वाक्यतंत्र में क्रिया के बाद कर्ता ही नहीं, कर्म भी आता था, अन्य कारक भी क्रिया के बाद आते थे, उसकी विशेषताएँ गुजराती और बँगला की अपेक्षा सिन्धी, कश्मीरी और लहँदा में अधिक सुरक्षित है। ये विशेषताएँ मैथिली में भी हैं। किन्तु ऐसी विशेषताओं को प्राचीन न मानकर डा० सुभद्र झा उन्हें आधुनिक विकास मानते हैं। ऐसी धारणा इसलिए बनती है कि मैथिली आदि भाषाओं के विकास की व्याख्या संस्कृत-प्राकृत-अपभ्रंश विकासक्रम के आधार पर की जाती है। जो विशेषताएँ इस विकासक्रम में नहीं दिखाई देतीं, वे सब नयी सृष्टि मान ली जाती हैं। संस्कृत कौरवी भाषा-केन्द्र से प्रभावित है; वह सभी आर्य भाषा-केन्द्रों की सभी विशेषताएँ अपने भीतर समान रूप से समाहित नहीं किए हैं।

मान लीजिए, मागधी भाषाओं में यह नया विकासक्रम है, पर क्या यह आश्चर्य की बात नहीं है कि दरद भाषाओं में भी वैसा ही विकास हुआ है ? डा० सुभद्र झा ने लिखा है कि आधुनिक आर्य भाषाओं को कर्ता वाले व्यक्तिवाचक प्रत्यय विरासत में मिले हैं, किन्तु जहाँ ऐसे प्रत्यय अन्य कारकों की ओर भी संकेत करते हैं, वहाँ उनका चलन आधुनिक भाषायी विकास का परिणाम है, ऐसे प्रत्यय प्राकृतों में भी नहीं हैं, फिर पुरानी मैथिली में उनका न मिलना स्वाभाविक है। चर्यापदों की भाषा को पुरानी मैथिली मानते हुए वह कहते हैं कि केवल एक क्रियारूप ऐसा है जहाँ कर्ता से भिन्न अन्य कारक की ओर संकेत है। **जा न जउवण मोर भइलॅसि पूरा**—यहाँ **सि** प्रत्यय मध्यम पुरुष का सूचक है किन्तु उसका प्रयोग अन्य पुरुष के कर्ता के साथ हुआ है। डा० झा के अनुसार इसका कारण सम्भवत: यह उद्देश्य था कि जिस व्यक्ति को सम्बोधित किया गया है, उसकी ओर क्रियारूप में भी संकेत किया जाए जैसा कि आधुनिक मैथिली में होता है। किंतु डा० झा ने जिसे मध्यम पुरुष का प्रत्यय माना है, वह अवधी का (अन्यपुरुष-कर्ता-एकवचन) प्रत्यय है। उससे श्रोता का कोई सम्बन्ध नहीं है। प्राकृतों तथा चर्यापदों के आधार पर मैथिली के पुराने रूपों की व्याख्या नहीं की जा सकती। किन्तु इस प्रसंग में डा० झा ने आधुनिक मैथिली से जो उदाहरण दिए हैं, वे अवधी का विकास समझने में सहायक होते हैं। **हम जाअ॑ब**—मैं जाऊँगा; मैथिली के इस वाक्य में क्रिया अपने साधारण रूप में ही है। **हम जअ॑बइ**—मैं जाऊँगा; मैथिली के इस वाक्य में क्रियारूप बदल गया है और वह कर्ता की एक विशेषता सूचित करता है। विशेषता यह है कि किसी अन्य पुरुष से कर्ता का कुछ सम्बन्ध है। क्रियारूप में एक नया प्रत्यय जुड़ गया जो कर्ता से अन्य पुरुष का सम्बन्ध सूचित करता है। परिनिष्ठित हिन्दी में ऐसे क्रियारूप नहीं होते। अवधी में **हम जाब** और **हम जइबे**, ये दोनों तरह के वाक्य बोले

जाते हैं, किन्तु उनमें कोई विशेष अर्थभेद नहीं किया जाता, कम से कम वैसा अर्थभेद नहीं है जैसा मैथिली में होता है। इसका कारण यह है कि ये ब वाले क्रियारूप अवधी में मागधी प्रभाव से आए हैं। रूप तो आ गए किन्तु अर्थ की संरचना वही बनी रही जो पहले थी। अवधी का अपना रूप ह प्रत्यय से बनता है यथा **मैं जइहौं**। ह वाले रूप के **जाब** और **जइबे** जैसे विकल्प नहीं हैं। विकल्प मैथिली में सार्थक हैं; अवधी में केवल रूप हैं, अर्थभेद नहीं है।

(घ) मैथिली क्रियापद-रचना

मैथिली की क्रियापद-रचना बहुत पेचीदा मानी जाती है और डा० झा कहते हैं कि इसके दो कारण हैं। एक तो आदर-अनादर सूचक कर्ता की स्थिति के अनुसार भिन्न क्रियारूपों का व्यवहार होता है, दूसरे क्रियारूप पर कर्ता, कर्म की स्थिति का ही प्रभाव नहीं पड़ता, वरन् उपकरण, स्थान, सम्बन्ध आदि का प्रभाव भी पड़ता है। इस प्रकार जो क्रिया वाक्य में प्रयुक्त होती है वह कर्ता द्वारा ही निर्धारित नहीं होती वरन् जो अन्य संज्ञा-सर्वनाम कर्ता से सम्बद्ध होते हैं, वे भी क्रिया का रूप निश्चित करते हैं। यह प्रवृत्ति पुरानी पद्धति का ही विकास है। सभी कारक क्रिया से सम्बद्ध होते हैं, वे कारक इसीलिए हैं कि वे क्रिया से सम्बद्ध हैं। इसलिए यदि वे क्रिया की रूपरचना में प्रतिबिम्बित होते हैं तो यह स्थिति कारक रचनापद्धति का सुसंगत परिणाम है। डा० सुभद्र झा ने ठीक लिखा है कि जिस कारक में स्वतंत्र सम्बन्धक ('पोस्टपोज़ीशन') का व्यवहार होता है, वह क्रिया को प्रभावित नहीं करता। जब आर्यभाषाओं में सर्वनामचिन्ह-मुक्त कृदन्त अधिक प्रयुक्त होने लगे, वाक्यतंत्र क्रियाभिमुख न होकर उद्देश्य को प्रधानता देने लगा, तब ऐसे कारक-रूपों की रचना स्वाभाविक थी जिनमें कारकचिन्ह पूर्णतः या अंशतः स्वतंत्र है, और स्वभावतः ऐसा कारक क्रिया को प्रभावित नहीं करता। क्रियाभिमुख वाक्य वह है जिसमें कर्ता-सर्वनाम का उल्लेख, वाक्य के आरम्भ में, न करने पर भी क्रियारूप से उसका बोध हो जाता है। यह स्थिति मैथिली की है। **बेटा के देखलिअहु**—इस वाक्य से यही अर्थ नहीं निकलता कि मैंने बेटे को देखा वरन् यह भी ज्ञात होता है कि मैंने तुम्हारे बेटे को देखा है। यह वाक्य विस्तृत रूप में इस प्रकार कहा जा सकता है : **हम तोरा बेटा के देखलिअहु**। क्रियारूप में श्रोता से कर्म के सम्बन्ध की ओर संकेत किया गया है। इसलिए **तोरा** कहो चाहे न कहो, कोई अन्तर नहीं पड़ता; क्रियारूप उत्तम पुरुष **हम** के साथ ही प्रयुक्त होगा, इसलिए **हम** का प्रयोग किए बिना भी अर्थ व्यक्त हो जाएगा। **मारहुन्ह**—मैथिली का यह शब्द अपने में पूरा वाक्य है। तुमने उन्हें मारा; जो व्यक्ति मारा गया है वह आदरयोग्य है, यह भाव भी क्रियारूप से ध्वनित है। **मारहुक**—इस वाक्य में जिस व्यक्ति के मारे जाने का संकेत है, उसकी सामाजिक स्थिति क्षुद्र है। **भाय छह**—आप मेरे भाई हैं। **भाय छहक**—आप उस साधारण जन के भाई हैं। **भाय छहुन्ह**—आप उन सज्जन के भाई हैं। क्रियारूप 'भाई' के संबंधियों की सामाजिक स्थिति ज्ञापित करता है। **पोथी दीअ**—मुझे पुस्तक दो; **पोथी दि अउन्ह**—उसे पुस्तक दो।

वक्ता से वाक्य में निर्देशित व्यक्ति का सम्बन्ध है या नहीं, यह क्रियारूप से विदित होता है। **देखलिअइ**—मैंने उसे देखा। जिसे देखा, उससे वक्ता या श्रोता का कोई विशेष सम्बन्ध नहीं है। **देखलिअहु**—मैंने उसे देखा जो 'तुम' से सम्बद्ध है। कर्म के समान श्रोता की सामाजिक स्थिति भी क्षुद्र है। **देखलिअइन्हि**—मैंने उसे देखा जो उन सज्जन से सम्बद्ध है। इस वाक्य में कर्म की स्थिति साधारण है किन्तु उसका सम्बन्ध आदरास्पद व्यक्ति से है। **ककर धोती थीक**—किसकी धोती है; यह सामान्य वाक्य है जहाँ धोती से किसी के सम्बन्ध पर विशेष बल नहीं है। **ककर धोती थिकइक**—इस वाक्य का अर्थ वही है, किन्तु धोती से किसी के सम्बन्ध पर बल है।

मगही के समान मैथिली में क्रिया के बाद सर्वनाम चिन्ह लगाने की प्रवृत्ति प्रबल है। जब उसमें कृदन्तरूपों का चलन हुआ, तब उनमें भी, तिङन्त क्रियाओं के समान, सर्वनाम चिन्ह जोड़े जाने लगे। हिन्दी के समान मैथिली में भी विभिन्न कालों के लिए क्रियारूपों की रचना कृदन्तों के आधार पर होती है। वर्तमान काल के लिए आधुनिक मैथिली, **देख** क्रिया से, **देखइत** कृदन्त रूप बनाती है। किन्तु मैथिली की कुछ बोलियों में तिङन्त रूपों का ही चलन है। मध्य क्षेत्र की बोलियों में, डा० झा के अनुसार, क्रिया में **त** प्रत्यय नहीं लगता। **द**—देना से **दइ, जीब**—जीना से **जिबइ, खा**—खाना क्रिया से **खाइ** रूप बनते हैं जो मूलतः वर्तमान कालीन तिङन्त रूप हैं। ठीक ऐसी ही स्थिति **जाता है** के समानान्तर **जाय है** पश्चिमी हिन्दी के रूपों में दिखाई देती है। ऐसे प्रयोग, मगही के समान, मैथिली के लोकगीतों में अधिक हैं। अर्थतत्व की दृष्टि से मैथिली क्रियापद-रचना में पुरानी पद्धति पर चलती है और उसका विकास करती है; रूपतत्व की दृष्टि से वह पश्चिम से आते हुए कृदन्तों को क्रियापद-रचना का आधार बनाती है। मगही के समान मैथिली में भी कृदन्तों का तिङन्तीकरण होता है।

अंगमोर फरकइ, केसिया मोरा भुइयाँ लोटइ हो (तेजनारायणलाल : **मैथिली लोकगीतों का अध्ययन**, आगरा, १९६२, पृष्ठ २९४)—लोकगीत की इस पंक्ति में **फरकइ, लोटइ** रूप तिङन्त हैं। **फरकहि, लोटहि** पूर्वरूपों के अन्तिम वर्ण की महाप्राणता का लोप होने पर ये रूप बने हैं। खड़ी बोली में यही **फरके, लोटे** जैसे रूपों में प्रयुक्त होते हैं। डा० सुभद्र झा ने कृदन्त का एक रूप **देखने** दिया है। यह हिन्दी **देखना** का ही प्रतिरूप है। **देखने छि**—मैंने देखा है; **देखने छल**—उसने देखा था। ऐसे प्रयोग हिन्दी में नहीं होते किन्तु **न** वाला कृदन्त रूप है पश्चिमी समुदाय का।

(ङ) वर्ण-रत्नाकर की मैथिली

मैथिली भाषा के सबसे पुराने नमूने चौदहवीं सदी के हैं। मिथिला के ज्योतिरीश्वर ठाकुर ने **वर्णरत्नाकर** नाम की पुस्तक मैथिली भाषा में लिखी थी। **दाँतक शोभा देखि तालिबे हृदय वीदीर्ण कएल। अधरक शोभा देखि प्रवाल द्विपान्तर गेल। काँनक शोभा देखि बौद्ध ध्यान स्थित भेल। कण्ठक शोभा देखि कम्बु समुद्र प्रवेश कएल। स्तनक शोभा देखि चक्रवाक-उछन्न भेल।** इस तरह की भाषा कवि ज्योतिरीश्वर ठाकुर

ने लिखी थी। यह पुस्तक पद्य में नहीं गद्य में है, यह उसका युगान्तरकारी महत्व है। बङ्गाल की रायल एशियाटिक सोसाइटी ने डा० सुनीतिकुमार चाटुर्ज्या की भूमिका सहित इसे १९४० में कलकत्ते से प्रकाशित किया। मैथिली में एक भूमिका बबुआ मिश्र की है जिसमें उन्होंने लिखा है : "प्रेस कापी तैयार करयक काल श्री सुनीतिबाबू हमरा सँ बहुत शब्दक अर्थ पूछथि; परन्तु सभशब्दक अर्थ कहि सकब हमरा साध्य सँ बाहर छल।" इससे विदित होगा कि वर्ण-रत्नाकर की भाषा पुरानी मैथिली है जिसकी शब्दावली जहाँ-तहाँ आधुनिक मैथिली की शब्दावली से भिन्न है। ज्योतिरीश्वर ठाकुर संस्कृत के कवि थे। दरबारी कवि थे और संस्कृत की रीतिवादी काव्यधारा से प्रभावित थे। उन्होंने मैथिली में यह पुस्तक उन लोगों के लिए लिखी है जो नायिकाओं का वर्णन, ऋतुवर्णन, नगरवर्णन, श्मशानवर्णन करना चाहते हैं। यद्यपि उनके वर्णनों में काव्य के परम्परागत उपादान गिनाए गए हैं, फिर भी अनेक स्थल ऐसे हैं जिनसे तत्कालीन सामाजिक जीवन की जानकारी होती है। **वर्णरत्नाकर** चौदहवीं सदी की रचना है, पन्द्रहवीं सदी में विद्यापति ने मैथिली पदों के अलावा अवहट्ट में **कीर्तिलता** पुस्तक लिखी। जो लोग अवहट्ट यानी अपभ्रंश को पुरानी मैथिली कहते हैं, वे **वर्णरत्नाकर** के लेखक के प्रति अन्याय करते हैं। साहित्य में जिस समय अपभ्रंश में कविता लिखने की रूढ़ि दृढ़ता से जमी हुई थी, उस समय मैथिली जैसी भाषाओं का अस्तित्व था, वे पूर्ण विकसित भी हो चुकी थीं। तेरहवीं सदी में हेमचन्द्र अपभ्रंश का व्याकरण लिख रहे थे। उस अपभ्रंश को कुछ लोग पुरानी गुजराती कहते हैं। यदि गुजराती में कोई ज्योतिरीश्वर ठाकुर हुए होते तो उनके ग्रन्थ की गुजराती अपभ्रंश से वैसे ही भिन्न होती जैसे **वर्ण-रत्नाकर** की मैथिली अवहट्ट से भिन्न है।

प्राकृतों के ध्वनितंत्र का अनुसरण करते हुए अपभ्रंश ने मूर्धन्य नासिक्य ध्वनि का अनवरत और अनावश्यक व्यवहार किया। विद्यापति न केवल अवहट्ट के तद्भव रूपों में इस ध्वनि का व्यवहार करते हैं वरन् तुर्की फ़ारसी आदि विदेशी भाषाओं के शब्दों में जहाँ **न्** है, वहाँ उसे **ण्** कर देते हैं। **वर्णरत्नाकर** के लेखक संस्कृत से प्रभावित हैं किन्तु प्राकृत अपभ्रंश परम्परा के णकारवाद से उन्होंने स्वयम् को मुक्त रखा है। **प्रणाम, करुणा, चूडामणि** आदि तत्सम रूपों में वे मूर्धन्य नासिक्य लिखते हैं किन्तु **उच्चाटन, स्तम्भन, मोहन** आदि के **न्** को **ण्** नहीं कर देते, **मारण** को भी **मारन** लिखते हैं। **वर्णरत्नाकर** की भाषा का निर्माण चौदहवीं सदी से पहले हुआ। तब तक मिथिला और पश्चिमी जनपदों के बीच आदानप्रदान इतना बढ़ चुका था कि व्याकरणगत लिङ्गभेद मैथिली में प्रतिष्ठित हो गया था। डा० चाटुर्ज्या ने अपनी भूमिका में लिखा है कि **वर्णरत्नाकर** की भाषा में सामान्यत: व्याकरणिक लिङ्गभेद का चलन है। विशेषण लिङ्गभेद सूचित करते हैं। **कर** वाले सम्बन्धकारक रूपों में यह भेद दिखाई देता है। यही स्थिति विशेषण की तरह प्रयुक्त होने वाले भूतकालिक कृदन्त की है। **तकरि पताका**—उसकी पताका; **कइसनि नायिका**—कैसी नायिका; **काजरक भीति तेलेसिचलि अइसनि रात्री**—काजल की भीति तेल से सींची हुई, ऐसी रात (यह उपमान रूढ़िगत नहीं है);

मार्कण्ड के सहोदर जेठि बहिनि अइसनि कुट्टनि—मार्कण्डेय की सहोदर जेठी बहन जैसी दूती; **कुलस्त्री सलज्ज भेलि**—कुलवधू लज्जित हुई। मैथिली में लिंगभेद सूचक विशेषता प्रतिष्ठित हो रही है।

बहुवचन रूपों का विश्लेषण करते हुए डा० चाटुर्ज्या ने लिखा है कि संस्कृत में **पुत्र:** का बहुवचन **पुत्रा:** होता था; प्राकृतों में **पुत्तो, पुत्ते** का बहुवचन **पुत्ता** हुआ; अपभ्रंश में **पुत्तु, पुत्त** रूप रह गए; आधुनिक भाषाओं में **पूतु**, पूत रूपों का प्रयोग हुआ। इस प्रकार बहुवचन बनाने की पुरानी पद्धति समाप्त हो गई। **वर्णरत्नाकर** की भाषा में बहुवचन बनाने के लिए **अह, आह**, दो प्रत्ययों का व्यवहार होता है। यह **आह** संस्कृत **पुत्रा:** के आ: (आस्) से बहुत मिलता-जुलता है। आश्चर्य की बात है कि **पुत्तो, पुत्ते, पुत्ता, पूतु, पूत** की लम्बी विकास प्रक्रिया के बाद **पुत्रा:** से मिलता-जुलता रूप चौदहवीं सदी की मैथिली में फिर प्रकट हो गया! इसकी व्याख्या इस प्रकार की गई है: अपभ्रंश के सम्बन्धकारक के एकवचन रूप का **अह, आह** बहुवचन बनाने के लिए प्रयुक्त हुआ, इसका मूलरूप संस्कृत का सम्बन्धकारक चिन्ह **अस्य** है। यदि यह बात सही मानी जाय तो कहना होगा कि प्राकृतों में ह् का लोप हो गया, अपभ्रंश में वह फिर प्रकट हुआ और मैथिली में जमा रहा! एक तर्क दिलचस्प है कि सम्बन्धकारक चिन्ह अन्य आधुनिक आर्यभाषाओं में भी बहुत्वसूचक प्रत्यय का काम देता है। बँगला का सम्बन्धकारक चिन्ह **एर, अर** बहुवचन के लिए **एरा, रा** रूपों में प्रयुक्त होता है। डा० चाटुर्ज्या ने भोजपुरी के **हमनि का, तोहनि का** बहुवचन रूप उद्धृत किए हैं जहाँ सम्बन्धकारक चिन्ह **का** बहुवचन सूचित करता है। इस प्रकार **पुत्रस्य** और **पुत्रास् में स्** सम्बन्धकारक का चिन्ह होने के साथ बहुवचन का सूचक भी माना जा सकता है। तब जैसे बहुवचन रूप संस्कृत में बनता था, वैसे ही मैथिली में बनता है, कोई परिवर्तन न हुआ, और प्राकृतों के रूप अप्रासंगिक ठहरते हैं।

कइसनाह बेतालह—कैसे बेताल, इस शब्दावली का प्रतिरूप कीदृशा: वेताला: देकर डा० चाटुर्ज्या ने मानों सिद्ध कर दिया है कि मैथिली रूप संस्कृत से बिलकुल मिलते-जुलते हैं। आधुनिक मैथिली में **आह** का उपयोग अकर्मक क्रियाओं के सम्मान सूचक रूप बनाने के लिए होता है यथा **चललाह**—वह सज्जन गए। **वर्णरत्नाकर** में भी कृदन्त के साथ उसका व्यवहार होता है। **कृष्ण चतुर्भुज भऍ गेलाह**—कृष्ण चतुर्भुज हो गए।

बहुवचन के लिए एक अन्य प्रत्यय **न्हि** का उपयोग भी **वर्णरत्नाकर में हुआ है। बायसन्हि कोलाहल करु**—कौवों ने कोलाहल किया; **जुवतिन्हि जलकेलि आरहु**—युवतियों ने जलकेलि आरम्भ की। इस **न्हि** प्रत्यय का विकास कैसे हुआ? डा० चाटुर्ज्या का मत है कि संस्कृत के **भि:** से अपभ्रंश का करणकारक चिन्ह **हि** बना; फिर संस्कृत के सम्बन्धकारक बहुवचन प्रत्यय **आनाम्** का अवशेष **न्** रह गया। दोनों को मिलाने से **न्हि** प्रत्यय बन गया। ऐसा प्रतीत होता है कि संस्कृत का कोई भी कारक-चिन्ह आधुनिक आर्य भाषाओं के किसी भी कारक के लिए प्रयुक्त हो जाता है; कारक-चिन्हों के सूक्ष्म

अंश भी ऐसे गतिशील हैं कि तृतीया से टूटकर षष्ठी के ध्वनिखण्ड से जुड़ जाते हैं और एक नये प्रत्यय की सृष्टि हो जाती है। **न्हि** करणकारक का चिन्ह है या सम्बन्धकारक का? **बायसन्हि कोलाहल करु**, सामान्य दृष्टि से **बायसन्हि** कर्ताकारक जान पड़ता है। कौवों ने कोलाहल किया—भाषाविज्ञानी कहते हैं कि **कौवों ने** करणकारक रूप है। इसलिए **बायसन्हि, जुवतिन्हि** ये करणकारक में हैं। किन्तु **जुवतिन्हिक उत्कंठा**—इस शब्दावली में **न्हि** करणकारक में हो नहीं सकता, आगे सम्बन्धकारक चिन्ह **क** विद्यमान है। यदि कोई कहे कि करण और सम्बन्धकारक के मेल से एक नया कारक चिन्ह **न्हिक** बना है तो आश्चर्य की बात न होगी। आधुनिक मैथिली में **लोकनि** शब्द का प्रयोग बहुवचन रूप बनाने के लिए होता है। डा० चाटुर्ज्या कहते हैं कि **लोकनि** का नि उसी **न्हि** का विकास है। कम से कम **लोकनि** रूप करणकारक में नहीं है। **वर्णरत्नाकर** में इसका व्यवहार सामान्य बहुवचन प्रत्यय के रूप में निरन्तर होता है। **उल्कामुखन्हिक उद्योत, खद्योतन्हिक तरंग**। निर्देशक सर्वनामों की निर्माणविधि याद करें तो **अध** का नासिक्य ध्वनियुक्त **अन्ध** वैकल्पिक रूप होगा। **अधि-अन्धि** से **अहि-अन्हि** रूप बने जो क्रिया और संज्ञा दोनों के साथ प्रयुक्त होते हैं। **अन्हि** का अवशेष **न्हि** है। डा० चाटुर्ज्या ने लिखा है कि सम्मानसूचक सन्दर्भ में मैथिली क्रिया यह प्रत्यय लगाती है। **देखल थीन्हि**—उन्होंने उन्हें देखा। सम्मान दिखाने का पुराना तरीका बहुवचन रूप के प्रयोग का है। इसलिए क्रिया के साथ बहुवचन प्रत्यय लगता है, यह स्वाभाविक है। डा० चाटुर्ज्या ने **नायिका जन, वृक्ष समूह** आदि रूपों में **जन, समूह** आदि शब्दों के व्यवहार की ओर संकेत किया है मानों भाषा संश्लिष्ट रूप छोड़कर अश्लिष्ट बन रही हो। ध्यान देने की बात है कि **जन** या **समूह** जैसे शब्द गौरव सूचना के लिए क्रिया के साथ कभी नहीं लगते। क्रिया के साथ **न्हि** जैसे प्रत्यय लगते हैं और वे भाषा की मूल प्रवृत्ति सूचित करते हैं। **वर्णरत्नाकर** में समूहवाचक एक प्रत्यय **न** भी है जिसका प्रयोग अपेक्षाकृत कम हुआ है। **मयूरन चरइतें अछ**—यहाँ ब्रज और अवधी के समान **मयूर** शब्द में **न** प्रत्यय जोड़कर बहुवचन रूप **मयूरन** बनाया गया है। **न्ह** से इस **न** का विकास हुआ है। डा० चाटुर्ज्या ने इसे भी संस्कृत के सम्बन्धसूचक **आनाम्** का अवशेष माना है।

वर्णरत्नाकर के समय की और उसके बाद की भी मैथिली तथा अवधी में अनेक समानताएँ हैं। इनमें एक समूहवाचक प्रत्यय **न** का व्यवहार है। इसके अतिरिक्त सम्बन्ध वाचक **कर** का व्यवहार जैसे **रामचरित मानस** में है, वैसे **वर्णरत्नाकर** में है। अन्तर यह है कि **वर्णरत्नाकर** में उसका उपयोग केवल सर्वनामों के साथ होता है, यथा **जकरे रूपें**—जिसके रूप से। संज्ञा के साथ **क** प्रत्यय जोड़ा जाता है यथा **आदित्यक किरण**। सर्वनामों के साथ जिन प्रत्ययों का व्यवहार होता है, वे प्रायः अधिक प्राचीन सिद्ध होते हैं। **कर** प्राचीन प्रत्यय है, **क** इसी **कर** का प्रतिरूप है। डा० चाटुर्ज्या का मत है कि **कर** का उद्भव **कृत** से हुआ है, **क** इससे भिन्न है। उनका विचार है कि यह कोई नाम शब्द है जिसकी रूपरचना संज्ञा शब्दों के समान होती है। **क** शब्दमूल है जो सामान्य और प्रश्न-वाचक सर्वनाम रूपों के लिए प्रयुक्त हुआ। इसमें देश-काल-व्यक्ति-वस्तुसूचक **ध** चिन्ह

जुड़ा। **कथ** रूप से एक ओर **कह** और दूसरी ओर **कद— कर** आदि रूप बने। हिन्दी में सम्बन्धकारक चिन्ह **का** अवधी की प्रवृत्ति के अनुसार बना है, मैथिली **क** उसी का ह्रस्व रूप है, **कर** उससे पुराना रूप है। मैथिली में **कइ** रूप का व्यवहार भी होता है। **वर्णरत्नाकर** में **रात्रि कइ क्षीणता, व्याध कइ माया** जैसी शब्दावली है। अवधी में **कइ** या **कै** केवल स्त्रीलिङ्ग के साथ प्रयुक्त होगा; वर्णरत्नाकर में **किन्नरकइ गीत** जैसा प्रयोग भी है।

प्रसिद्ध है कि अपभ्रंश में सम्प्रदान और कर्मकारक एक से थे। **वर्णरत्नाकर** की भाषा का विवेचन करते हुए डा० चाटुर्ज्या ने लिखा है कि कर्मकारक के लिए कोई चिन्ह नहीं लगता किन्तु सम्प्रदान में **कइ, कऍं, कैं** चिन्ह लगते हैं। इसका अर्थ यह है कि आधुनिक मैथिली और मगही के समान **वर्णरत्नाकर** में कर्म से अलग सम्प्रदान का अस्तित्व सूचित किया जाता है। अपभ्रंश से मैथिली-मगही का सम्बन्ध जोड़कर उनका विकास समझने में सहायता नहीं मिलती।

वर्तमान कालीन क्रियारूपों में अन्य पुरुष एकवचन रूप **करइ, धरइ** इत्यादि हैं। ये पुरानी अवधी के **करहि, धरहि** हैं जो अब **करै, धरै** बोले जाते हैं। डा० चाटुर्ज्या ने कल्पना की है कि **करइ** कोई क्रियार्थी संज्ञारूप है जो **अछ** क्रिया के साथ वर्तमान काल में प्रयुक्त होता है। **करता है** क्रियारूप में जैसे **करता** कृदन्त है वैसे ही **करे है** में **करे** कृदन्त होना चाहिए। वास्तव में **करइ, करे** तिङन्त **करहि** का रूपान्तर हैं। कृदन्तीकरण के प्रभाव से तिङन्त रूप को, कृदन्त के समान, अपूर्ण मानकर, उसके साथ हिन्दी **है,** मैथिली **अछ** क्रियाओं का प्रयोग होने लगा। एक ओर कृदन्तों का तिङन्तीकरण हुआ तो दूसरी ओर तिङन्तों का कृदन्तीकरण भी हुआ। **होइतें अछ, करइतें आह** जैसे रूपों में **त** प्रत्यय वाला कृदन्त रूप स्पष्ट है। डा० चाटुर्ज्या ने मैथिली के क्रियारूप **होथि** को **होन्ति** जैसे रूप का विकास माना है। यह अन्य पुरुष का वर्तमानकालीन बहुवचन रूप है। समस्या यह है कि अल्पप्राण **त** मैथिली में **थ** कैसे हो गया। **न्** का लोप क्यों हो गया, यह भी समस्या होनी चाहिए। **हो** क्रिया के बाद सर्वनाम चिन्ह **धि** जोड़ा गया। **होधि** का एक वैकल्पिक रूप **होन्धि** बना। दोनों में पहले वचनभेद नहीं था। इसीलिए मैथिली **होथि** बहुवचन के लिए प्रयुक्त होता है। अवधी में **होहि** और **होंहि** एकवचन बहुवचन के लिए अलग कर लिए गए। संस्कृत में **भवति** और **भवन्ति** रूपों का विकास **भवधि** और **भवन्धि** के आधार पर हुआ है।

वर्णरत्नाकर में भूतकाल के लिए **करु, भउ** जैसे क्रियारूपों का व्यवहार हुआ है। बाद की मैथिली में ऐसे रूप नहीं मिलते। डा० चाटुर्ज्या ने कल्पना की है कि ये मागधी भाषाओं के अपने क्रियारूप नहीं हैं; ये पश्चिमी अपभ्रंश के रूप हैं जो मैथिली में जड़ नहीं जमा पाये। गत: से **गउ** रूप बना, वैसे ही ये रूप बने। उल्लेखनीय है कि **करु, भउ** आदि, भूतकालीन कृदन्तों के समान, लिङ्गभेद सूचित नहीं करते। **गत:** से **गउ** रूप बना तो **भउ** का मूल रूप क्या **भत:** था? और **करु** का मूलरूप क्या था? **करु, भउ** का अविकारी रूप देखकर उन्हें तिङन्त क्रियारूप मानना चाहिए। कृदन्त पद्धति के प्रभाव

से इन रूपों का चलन बन्द हो गया। लकारान्त कृदन्तरूपों में लिङ्गभेद व्यक्त होता है और वे **कए, भउ** जैसे रूपों से भिन्न हैं। **भमर पुष्पोद्देशे चलल किन्तु कुलस्त्री सलज्ज भेलि**। **चलल** और **भेलि** लिंगभेद बता रहे हैं।

वर्णरत्नाकर की भाषा में अनेक ऐसे शब्द या शब्दरूप हैं जो पुरानी जनपदीय भाषाओं के आपसी सम्बन्धों की जानकारी देते हैं। **वर्णरत्नाकर** में एक क्रिया है **हल** जिसका अर्थ है **चलना**। **हलु** अर्थात् गया, उकारान्त तिङन्त रूप है। **हलुग्रह** उसी का बहुवचन रूप है। डा० चाटुर्ज्या ने लिखा है कि यह शब्द सिन्धी में प्रचलित है, मैथिली में अब उसका व्यवहार नहीं होता। हिन्दी में **हलचल** और **हालचाल** में वही क्रिया विद्यमान है। **हलचल कामकाज** की तरह है, एक ही अर्थ वाले दो शब्दों का जोड़ा है। **हलचल** में गति की अधिकता सूचित की गई है, उसका हिलने से कोई सम्बन्ध नहीं है। इसी तरह **हालचाल** के **हाल** का अरबी फारसी के **हाल** से कोई सम्बन्ध नहीं है। पश्चिमी क्षेत्र की बोलियों में चलने के लिए **चाल** क्रिया का व्यवहार अब भी होता है। मानक रूप **चल** है जो हिन्दी, बँगला आदि में प्रयुक्त होता है। इसका मूल रूप संस्कृत की **सर्** क्रिया है। मागधी वृत्ति से **र्** **ल्** में परिवर्तित हुआ। **स्** **च्** और **छ्** ध्वनियों में बदलता रहा है। होना चाहिए था **छल्** किन्तु संस्कृत के बहुत से शब्दों में जैसे महाप्राणता का लोप हुआ है, वैसे ही यहाँ भी **छल्** के प्रतिरूप **चल्** का ही व्यवहार मानक रूप में हुआ। दूसरी ओर **स्** ध्वनि **ह्** में परिवर्तित हुई, तब **हल्** रूप बना। सिन्धी और मैथिली दूर के दो छोरों की भाषाओं में गतिसूचक एक ही क्रियारूप मिलता है, यह तथ्य जनपदीय भाषाओं के परस्पर सम्पर्क का प्रमाण है। विद्यापति के समय तक मैथिली में **हल** क्रिया का चलन था। बाद में **चल** ने उसे अपदस्थ कर दिया।

डा० चाटुर्ज्या ने **वर्णरत्नाकर** के **कान्हू, किरतू** जैसे ऊकारान्त रूपों का उल्लेख किया है। ऊपर से देखने में लगता है कि ऐसे रूप अन्त्यानुप्रास के लिए बनाए गए हैं पर बहुत जगह अन्त्यानुप्रास का प्रश्न नहीं है। **वर्णरत्नाकर** के लेखक गद्य लिख रहे थे, और ऐसे ऊकारान्त रूपों के लिए कोई संगत कारण प्रतीति नहीं होता। ह्रस्व **उ** वाले शब्द तो अवधी में अब भी प्रयुक्त होते हैं, सम्भव है सोलहवीं सदी में दीर्घ ऊ वाले शब्दों का प्रयोग भी होता रहा हो। **वर्णरत्नाकर** में उकारान्त शब्द काफी हैं। तत्सम रूपों को छोड़ दें, तो भी आधुनिक मैथिली को देखते **वर्णरत्नाकर** में इनकी संख्या काफी होगी। **अउनगउ, अखलु, अनुनु, अवरु, आगु, आठहु, आरहु** आदि रूप शब्दसूची में दिए हुए हैं। पूरी सूची से इस तरह के सारे शब्द एकत्र किए जायँ तो एक परिणाम यह निकलेगा कि पुरानी मैथिली में उकारान्त रूपों का व्यवहार अधिक होता था। इस दृष्टि से अवधी और मैथिली एक दूसरे के बहुत समीप थीं। यह समीपता कितनी पुरानी थी? चौदहवीं सदी से कुछ शताब्दियाँ पहले ऐसी समीपता कायम हुई होगी, चौदहवीं सदी से कई शताब्दियाँ पहले मैथिली का विकास हो चुका था। यही नहीं, मैथिली में कोई पुरानी साहित्य परम्परा भी रही होगी, यह परम्परा पद्य की ही नहीं गद्य की भी रही होगी। यद्यपि **वर्णरत्नाकर** में अधिकांश वर्णन रूढ़िगत हैं, फिर भी कहीं-कहीं उसका गद्य ऐसा

पुष्ट है और मौलिक भी है कि यह कल्पना करना होता है कि इससे पहले गद्य-लेखन के प्रयोग अवश्य किए गए होंगे। वर्षा की रात्रि का वर्णन इस पुस्तक के उत्कृष्ट स्थलों में है :

काजरक भीति तेलें सिचलि अइसनि रात्रि। पछेवाँकां बेगे काजरक मोंट फुजल अइसन मेघ। निबिल मांसल अन्धकार देषु। मेघपुरित आकाश भए गेल अछ। विद्युल्लताक तरंग में पथदिशज्ञान होंते अछ। लोचनक व्यापार निष्फल होइतें छ। यं रात्रि पातक शब्दे तरुज्ञान। दर्दुरक शब्दे जलाशयज्ञान। चटकक शब्दे बनज्ञान। झिकरुआक शब्दे पृथ्वीज्ञान। मेघकशब्दे आकाशज्ञान। मनुष्यक शब्दे गृहज्ञान। अग्निक द्योतें पुरज्ञान। चरणकशब्दे पथज्ञान। वचनकशब्दे परापरज्ञान। बिज्ञज्ञनहु दिगभ्रम जं रात्रि।

वास्तव में जिसे अपभ्रंशकाल कहते हैं, वह आधुनिक जनपदीय भाषाओं का अभ्युदयकाल है। पहले संस्कृत, फिर प्राकृत और अपभ्रंश की परम्पराओं के कारण साहित्य में इन जनपदीय भाषाओं की प्रतिष्ठा विलम्ब से होती है। इसका यह अर्थ नहीं है कि **वर्णरत्नाकर** के रचनाकाल से पहले मैथिली का अस्तित्व नहीं था। अपभ्रंश में जनपदीय भाषाओं की झलक भर मिलती है; उनकी पूरी छवि उस संत साहित्य में है जो अपभ्रंश की सामन्ती रूढ़िवादी परंपरा का ध्वंस करके लोक संस्कृति के आधार पर जनमानस में प्रतिष्ठित हुआ।

३. भोजपुरी क्षेत्र

हिन्दी क्षेत्र की एक महत्वपूर्ण उपभाषा भोजपुरी है। यह मागधी समुदाय की भाषाओं में है। इस समुदाय में अनेक प्राचीन भाषाएँ थीं और वे ध्वनितंत्र, रूपतंत्र आदि की दृष्टि से काफी भिन्न थीं। इसी कारण, संरचना की दृष्टि से, भोजपुरी और मगही में यथेष्ट अन्तर है। भोजपुरी की कारक-रचना क्रियापद-रचना बहुत जगह अवधी तथा हिन्दी क्षेत्र की अन्य पश्चिमी भाषाओं से प्रभावित है। डा० उदयनारायण तिवारी ने अनेक स्थलों पर यह प्रभाव स्वीकार किया है। **भोजपुरी भाषा और साहित्य** में उन्होंने, अकर्मक और सकर्मक क्रियाओं के प्रसंग में, लिखा है कि भोजपुरी में मूल धातु के स्वर को दीर्घ करके सकर्मक रूप बना लिया जाता है जैसे **कट से काट, पसर से पसार, मर से मार**। भोजपुरी और बँगला के भेद पर प्रकाश डालते हुए कहा है : "बंगला में अकर्मक धातुओं में आ प्रत्यय लगा कर सकर्मक बनाया जाता है और मूल धातु के स्वर को दीर्घ नहीं किया जाता। किन्तु इस सम्बन्ध में भोजपुरी अन्य बिहारी भाषाओं के साथ खड़ी बोली (हिन्दी) से अधिक मिलती है।" (पृष्ठ २५५-२५६)। भोजपुरी ही नहीं, बिहार की अन्य भाषाएँ भी इसी प्रकार अकर्मक से सकर्मक (अथवा सकर्मक से अकर्मक रूप बनाती हैं।) क्रियापद-रचना का आधार धातु रूप हैं और ये धातुरूप ऐसे हैं जो मागधी समुदाय की भाषाओं के एक वर्ग को दूसरे से अलग करते हैं। बँगला आदि एक वर्ग की भाषाओं में क्रियापद और विशेषण लिंगभेद व्यक्त नहीं करते। पहले भोजपुरी में भी यह प्रवृत्ति रही होगी पर अवधी, ब्रजभाषा और खड़ी बोली से भोजपुरी का

ऐसा गहरा सम्बन्ध रहा है कि **अब घर जरि गइल** और **पोथी जरि गइलि** बोला जाता है। डा० उदय नारायण तिवारी के अनुसार "भोजपुरी क्रियापदों में लिंग का पार्थक्य खड़ी बोली के ही प्रभाव से आया है।" (पृष्ठ १८५)। क्रियापदों के अलावा कभी-कभी विशेषणों में भी भेद किया जाता है यथा **बड़ घोड़ा, बड़ि घोड़ी**। क्रिया के भविष्य कालीन रूपों में **ब** प्रत्यय का व्यवहार मागधी भाषाओं की विशेषता है। भोजपुरी में **ब** वाले रूप अन्य पुरुष के लिए प्रयुक्त नहीं होते। मध्यम पुरुष में **ब** और **ह** वाले दोनों तरह के रूप हैं, अन्य पुरुष में केवल **ह** वाले रूप हैं। डा० उदय नारायण तिवारी ने इस **ह** का सम्बन्ध पश्चिमी पंजाबी, राजस्थानी, गुजराती, ब्रजभाषा, कनौजी, बुन्देली, अवधी, बघेली और छत्तीसगढ़ी से जोड़ा है। यह भी लिखा है कि "**स्स्** या **स्** का **ह** में परिवर्तन वस्तुतः पश्चिमी भाषाओं एवं बोलियों की विशेषता है किन्तु इसकी छाप पूरब की भाषाओं एवं बोलियों पर स्पष्ट रूप से दीख पड़ती है।" (पृष्ठ २६६)। इससे इतना तो स्पष्ट ही है कि जो भाषाएँ भोजपुरी क्षेत्र के पश्चिम में है, उन्हें छोड़कर उसका विवेचन नहीं हो सकता। मागधी भाषाओं की एक विशेषता अतीत काल के क्रियारूपों में **ल** प्रत्यय का व्यवहार है "किन्तु पश्चिमी अपभ्रंश के प्रभाव के कारण इनमें **ल** रहित रूप भी आ गये हैं।" (पृष्ठ २६७)। यदि ऐसे रूप पुरानी बँगला में भी हैं तो उनका कारण भी पश्चिमी प्रभाव है।

भोजपुरी में करणकारक के लिए **एँ** प्रत्यय का व्यवहार भी होता है। **बेगें चलि आवहु**—वेग से चले आओ; **कथिएँ मनावों**—किससे मनाऊँ। इसके बारे में तिवारी जी ने लिखा है: "यह दामोदर पण्डित के 'उक्ति व्यक्ति प्रकरण' की प्राचीन कोसली (अवधी) है, यथा—**दुखें सबइ तज**, दुख से सबको छोड़ दे, पृष्ठ ४७; तथा तुलसीदास की अवधी में भी वर्तमान है।" (पृष्ठ १८९)। भोजपुरी के अधिकरणकारक में भी इसी **एँ** प्रत्यय का व्यवहार होता है। इसके लिये डा०तिवारी ने लिखा है: "यह विकारी प्रत्यय (कर्म, करण, सम्प्रदान तथा अधिकरण) के रूप में पश्चिमी हिन्दी तथा 'उक्ति व्यक्ति प्रकरण' की प्राचीन कोसली (अवधी) एवं तुलसीदास में भी मिलता है यथा—**थाहें नाव उखल**, थाह में नाव चलती है, **उक्ति व्यक्ति प्रकरण**, पृष्ठ ४६।" (पृष्ठ १९०)। बँगला और भोजपुरी में एक महत्वपूर्ण अन्तर सम्बन्धकारक चिन्ह को लेकर है। **र** प्रत्यय हिन्दी के समान भोजपुरी के सर्वनाम रूपों में तो मिलता है किन्तु संज्ञा के साथ उसका व्यवहार नहीं होता। बँगला में **र** प्रत्यय संज्ञा रूपों के साथ भी लगता है किन्तु ऐसा हिन्दी क्षेत्र की भाषाओं में नहीं होता। इस दृष्टि से बिहार की सभी भाषाएँ बँगला से भिन्न हैं। पश्चिमी **क** प्रत्यय का प्रसार बंगाल की कुछ बोलियों में भी हुआ है, वह अलग बात है। सम्प्रदान कारक के बारे में बीम्स का मत था कि **कक्ष** से "कोसली (अवधी) के **कह, कहँ, कहु, कहुँ** एवं सिन्धी के **खे** परसर्गों की उत्पत्ति" हुई है। (पृष्ठ १९३)। **के** का सम्बन्ध **कह** से है। उसका मूल रूप **कक्ष** नहीं **कघ** होगा। अधिकरणकारक में भोजपुरी **में** सम्बन्धक का व्यवहार करती है। इसका सम्बन्ध **मध्य** से जोड़ते हुए डा० तिवारी ने लिखा है: "पुरानी हिन्दी में यह **माँहि** रूप में मिलता है।

भोजपुरी के सौ वर्ष के पुराने कागजपत्रों में भी यह मांहि वर्तमान है और कदाचित् यह पश्चिमी हिन्दी से आया है।" (पृष्ठ १९१)। यहाँ पश्चिमी हिन्दी का अर्थ है अवधी। आगे बाबूराम सक्सेना का हवाला देते हुए कहते हैं कि "परसर्ग के रूप में कोसली (अवधी) का **मह**, **महँ** इस बात को सिद्ध करता है कि अर्ध तत्सम प्रत्यय **मध**" भी प्रचलित था और इस संदर्भ में अवेस्ता के **मद** रूप का भी स्मरण करते हैं। (पृष्ठ १९१)। आवश्यक नहीं कि अवेस्ता का रूप अर्ध तत्सम हो। **मध** से जैसे **मह** बना, वैसे ही **कध** से **कह** बना। जैसे **मह** से **में** बना, वैसे ही **कह** से **के** बना। **मध** का मूल रूप **मध्य** था, यह मानना आवश्यक नहीं है जैसे **कध** का पूर्वरूप **कध्य** था, यह मानना आवश्यक नहीं है। वस्तुसूचक **ध** के साथ सर्वनाम **म**, **क** आदि का योग होने पर ऐसे सम्बन्धक रूप बनते हैं। कारक-रचना में इन्हीं से काम लिया जाता है।

ग्रियर्सन भोजपुरी को हिन्दी की अपेक्षा बँगला के अधिक निकट मानते थे पर उन्होंने यह भी कहा था कि ऐतिहासिक रूप से बिहार का सम्बन्ध पश्चिमोत्तर हिन्दी क्षेत्र से अधिक रहा है और भोजपुरियों के पारिवारिक संबंध भी संयुक्त प्रान्त में होते रहे हैं। परिनिष्ठित बँगला में केवल तालव्य **श्** का व्यवहार होता है, दन्त्य सकार का पूर्ण बहिष्कार है। भोजपुरी में स्थिति इससे ठीक उलटी है। ग्रियर्सन ने लिखा था कि बँगला से भिन्न, किन्तु पूर्वी हिन्दी के अनुरूप यहाँ केवल दन्त्य **स्** का व्यवहार होता है। **मां** आदि कारक चिन्हों (या सम्बन्धकों) के बारे में लिखा था कि वे पूर्वी हिन्दी के समान हैं। उन्होंने इस बात पर भी ध्यान दिया था कि बिहार में अवधी बोलने वाले काफी लोग हैं। उन्होंने अपने सर्वेक्षण ग्रन्थ में लिखा था कि मुजफ्फरपुर और चम्पारन के मुसलमान जो भाषा बोलते हैं, वह अवधी से बहुत मिलती-जुलती है। इस कारण अवधी और भोजपुरी में निकट सम्बन्ध होना स्वाभाविक था। उनका विचार था कि मागधी समुदाय की भोजपुरी, बँगला आदि समस्त भाषाओं का एक ही व्याकरण लिखा जा सकता है पर मैथिली और मगही की क्रियापद-रचना पर विचार करते हुए उन्होंने स्वीकार किया कि वह बहुत पेचीदा है, और उसकी तुलना में भोजपुरी की क्रियापद-रचना बहुत सरल है। उन्होंने बताया कि मगही और मैथिली में क्रियारूप कर्म की ओर भी संकेत करता है किन्तु भोजपुरी में क्रियारूप कर्ता की ओर ही संकेत करता है। इस प्रकार समस्त पूर्वी भाषाओं की बात तो दूर, मगही और भोजपुरी के व्याकरण में ही काफी भिन्नता है।

भोजपुरी की क्रियापद-रचना में तिङन्त रूप केवल वर्तमान काल में प्रयुक्त होते हैं। ये रूप पुरुष और वचनभेद तो सूचित करते हैं किन्तु लिंगभेद सूचित नहीं करते। भूत और भविष्य के रूप कृदन्तों के आधार पर बनते हैं, मगही के समान उनका तिङन्तीकरण होता है और मध्यम पुरुष में वे लिंगभेद भी सूचित करते हैं। मागधी समुदाय की मूल प्रवृत्ति लिंगभेद सूचित करने की नहीं है किन्तु भोजपुरी पर पश्चिमी प्रभाव इतना अधिक है कि अवधी भी जहाँ लिंगभेद सूचित नहीं करती, वहाँ भोजपुरी के रूप ऐसा भेद व्यक्त करते हैं।

वर्तमान काल में उत्तम पुरुष के एकवचन और बहुवचन क्रियापद में **चलीं** रूप का व्यवहार होता है किन्तु डा० तिवारी का कहना है कि प्राचीन भोजपुरी में उत्तम पुरुष एकवचन रूप **चलों** भी प्रचलित था। गुजराती के **चालुं** का उल्लेख करने के बाद प्राचीन बँगला के **चलों** का हवाला दिया है, फिर कहा है, "इसी प्रकार असमिया तथा कोसली में भी **चलों** का प्रयोग मिलता है।" (पृष्ठ २६३)। वास्तव में अवधी का पुराना रूप **चलहुँ** है, इसी से **चलउँ** और **चलों** का विकास हुआ। प्राचीन भोजपुरी और प्राचीन बँगला में अवधी का यही रूप मिलता है। **चलहुं** के आधार पर ही मानक हिन्दी का **चलूं** विकसित हुआ है और गुजराती का **चालुं** वैकल्पिक रूप **चालहुँ** का रूपान्तर है। पर मागधी प्राकृत से उत्पन्न भोजपुरी में वे रूप कैसे आ गये जो अवधी ही नहीं, गुजराती में भी हैं? यदि आधुनिक आर्यभाषाओं की क्रियापद-रचना पर विचार किया जाय तो विदित होगा कि जितनी समानता यहां तिङन्त रूपों में है, उतनी कृदन्त रूपों में नहीं है। (ये तिङन्त रूप उस काल की सूचना देते हैं जो वर्तमान है।) इससे यह संकेत मिलता है कि तिङत रूप अधिक प्राचीन हैं किन्तु इससे यह निष्कर्ष न निकालना चाहिए कि वर्तमान काल के रूपों का ही चलन अधिक था, भविष्य और भूतकाल के रूप नहीं थे। वास्तव में पुराने क्रियारूप क्रिया की अवस्था व्यक्त करते थे, काल-भेद नहीं। डा० तिवारी ने लिखा है: "साधारण वर्तमान के अर्थ में मूलात्मक काल का आधुनिक भोजपुरी में लोप हो गया है; किन्तु इसके उदाहरण मुहावरों तथा गीतों में मिलते हैं।" (पृष्ठ २६३)। यह तथाकथित मूलात्मक काल पहले वर्तमान काल सूचित न करता था; अतः उसके अर्थ के लोप का प्रश्न नहीं है। अतीत और भविष्य से वैषम्य व्यक्त करते हुए अब इसने वर्तमान काल का अर्थ अर्जित कर लिया है।

उत्तम पुरुष और मध्यम पुरुष के बहुवचन रूपों में कोई अन्तर नहीं है। दोनों जगह **चलीं** है। मेरी समझ में **चलहिं** से यह रूप बना है। **चलो** अन्य पुरुष का एकवचन रूप है, **चलहु** का रूपान्तर है। अन्य पुरुष का एक रूप, एकवचन में ही, **चलसु** भी है। तिङन्त रूपों की रचना सर्वनाम-चिन्ह जोड़ कर हुई है। **चलसु** का **सु** अन्य पुरुष सूचक सर्वनाम है। **हु** उसी का रूपान्तर है। भोजपुरी में आदर रहित, साधारण और आदरार्थक, अन्य पुरुष के लिए क्रिया के तीन रूप हैं। **चलसु** और **चलो** में भेद करके **चलो** को आदररहित और **चलसु** को साधारण रूप बनाया गया। **चलो** अन्य पुरुष साधारण का बहुवचन रूप भी है। अन्य पुरुष का आदरसूचक **चलीं** रूप एकवचन और बहुवचन दोनों में प्रयुक्त होता है। ऐसे तीन तरह के रूप मध्यम पुरुष में भी होते हैं। आदररहित एकवचन रूप **चलु** अवधी के समान है। मध्यम पुरुष का साधारण एकवचन **चल** हिन्दी से मिलता-जुलता है केवल भोजपुरी के **चल** में दूसरे वर्ण पर बलाघात है और **चल** का उच्चारण **चला** जैसा लगता है। मध्यम पुरुष साधारण का बहुवचन रूप भी ऐसा ही होता है। मध्यम पुरुष के आदरसूचक एकवचन, बहुवचन रूप एक ही हैं, उत्तम पुरुष के एकवचन बहुवचन **चलीं** का व्यवहार यहाँ भी होता है। मध्यम और अन्य पुरुषों के आदररहित बहुवचन रूप एक से हैं और ये बहुत दिलचस्प हैं। उदाहरणों के

लिए **चल** क्रिया को आधार मानकर डा० तिवारी ने ये रूप दिये हैं: **चलसन्हि, चलसन, चलसँ, चलस।** अन्तिम दोनों रूपों में स पर बलाघात है जिससे स्वर दीर्घ सुनाई देगा। प्रश्न यह है कि **सन्हि, सन, सँ, स** परस्पर सम्बद्ध हैं या नहीं। दूसरा प्रश्न है, ये सर्वनाम हैं या नहीं। डा० तिवारी का मत है कि ये परस्पर सम्बद्ध हैं; लिखा है: "वस्तुत: **चलसन, चलसँ** तथा **चलस** रूप **चलसन्हि** के ही संक्षिप्त रूप हैं।" (पृ० २६५)। मुझे यह बात सही जान पड़ती है। **चलसन्हि** रूप पुराना है। **ह्** का लोप होने पर केवल **न्** रह गया और इस व्यंजन का लोप हुआ तो पूर्व स्वर अनुनासिक हुआ, फिर इस अनुनासिकता का भी लोप हुआ। **चलस** रूप संस्कृत के मध्यम पुरुष बहुवचन **चलथ** से मिलता-जुलता है। एकवचन रूप संस्कृत में **चलसि** है, इसलिए **चलस** और **चलथ** एक दूसरे से नितान्त असम्बद्ध नहीं हैं। किन्तु **सन्हि** सर्वनाम है, यह बात बहुतों के लिये कल्पनातीत होगी। डा० तिवारी ने **चलसन्हि** में **चलसि** या **चलसु** को आधार रूप मान कर उसमें **अन्हि** जोड़ा है। **अन्हि** के बारे में लिखा है, "यह सम्बन्धकारक बहुवचन का प्रत्यय है। यथा **घोड़न्हि, घोड़े**। बहुवचन प्रत्यय के रूप में **अन्हि (लोगन्हि)** का व्यवहार गोस्वामी तुलसीदास कृत रामचरित मानस में भी मिलता है।" (पृष्ठ २६५)।

पहली बात तो यह है कि **चलसन्हि** की व्याख्या **चलसि** या **चलसु** में **अन्हि** जोड़कर नहीं की जा सकती; यह **सन्हि** और बहुत से रूपों में जोड़ा जाता है जिनके आसपास कहीं **चलसु** जैसे रूपों का **स्** है ही नहीं। भविष्य के लिये **चलिह सन्हि, देखब सन्हि,** अतीत के लिये **देखुअ सन्हि, देखल सन्हि** प्रमाण हैं। ये सभी मध्यम पुरुष के आदररहित बहुवचन रूप हैं। यहाँ अन्हि से काम न चलेगा, **सन्हि** का स्वतंत्र अस्तित्व मानना होगा। **अन्हि** के पहले किसी क्रियारूप के सकार का योग होने से **सन्हि** बना, यह धारणा व्यर्थ है। **अन्हि** निस्संदेह **सन्हि** का रूपान्तर हो सकता है। वह बहुवचन का प्रत्यय है, सम्बन्धकारक से उसका कोई विशेष सम्बन्ध नहीं है। सम्बन्धकारक के प्रसंग में डा० तिवारी ने इसका उल्लेख भी नहीं किया किन्तु बहुवचन ज्ञापक शब्दावली के प्रसंग में उन्होंने लिखा है कि भोजपुरी में **घरन्ह, घरन्, घरन्हि, घरनि** रूप बोले जाते हैं। इसलिये **अन्हि** का सम्बन्ध बहुवचन से असंदिग्ध है। मानक हिन्दी के **घरों, लोगों** आदि का पूर्वरूप **घरन, लोगन** है। **अन्हि** से संस्कृत **ज्ञानानि** जैसे बहुवचन रूपों के **आनि** की तुलना करना चाहिए। **अन्हि** का कोई सम्बन्ध करण या सम्बन्धकारकों के चिन्हों से नहीं है। मागधी भाषाओं में बहुवचन समूह सूचक शब्दों की सहायता से बनते हैं, यह कहने के बाद डा० तिवारी भोजपुरी के बहुवचन चिन्हों का सम्बन्ध संस्कृत से स्थापित करते हैं: "संस्कृत बहुवचन के रूप तथा बहुवचन सम्बन्धी कतिपय सहायक शब्द प्राकृत भाषा-काल में ही आ गये थे। ये रूप तथा शब्द मागधी एवं अन्य आधुनिक आर्यभाषाओं में आज भी मिलते हैं। इस प्रकार संस्कृत बहुवचन के कतिपय रूप भोजपुरी में भी मिलते हैं। उदाहरणस्वरूप भोजपुरी में बहुवचन **अन्, अनि, अन्ह्, अन्हि, न्ह्, न्हि, न, नि** प्रत्ययों की सहायता से बनते हैं। ये वास्तव में सम्बन्ध के बहुवचन प्रत्यय एवं सम्बन्ध तथा करण के बहुवचन प्रत्ययों के सम्मिश्रण हैं और आज भोजपुरी के कर्ताकारक के

बहुवचन में इनका प्रयोग होता है।" (पृष्ठ १८७)। यह प्रसंग अभी यहीं छोड़ते हैं। आगे भोजपुरी के सर्वनामों की चर्चा करेंगे, तब इस सन्दिह पर फिर विचार करेंगे।

भोजपुरी में **ब**-युक्त और **ब**-विहीन दोनों तरह के भविष्यकालिक रूप हैं, इसी तरह **ल**-युक्त और **ल**-विहीन दोनों तरह के भूतकालीन रूप हैं। इन रूपों का आधार कृदन्त हैं, इसका प्रमाण यह है कि मध्यम पुरुष में स्त्रीलिंग रूप अलग होते हैं। आर्य परिवार की सभी भाषाओं में कृदन्तों का व्यवहार सबसे अधिक भूतकालिक रूपों में होता है। भोजपुरी में भी यही स्थिति है। **ह** वाले भविष्य कालिक रूपों में लिंगभेद नहीं है किन्तु **ब** वाले रूपों में है। **देखब** और **देखबू** मध्यम पुरुष साधारण के एकवचन रूप हैं, पहला पुंल्लिंग है, दूसरा स्त्रीलिंग। यहाँ **ब** प्रत्यय वैसे ही लिंगभेद सूचित करता है जैसे मानक हिन्दी का **गा**। **तू देखेगा—तु देखब, तू देखेगी—तु देखबू**। अवधी में **त्वैं दॅखिहै**, स्त्री और पुरुष दोनों के लिये प्रयुक्त होगा। अवधी को दरकिनार करते हुए यहाँ खड़ी बोली का सीधा प्रभाव भोजपुरी पर पड़ा है। **ल**-विहीन अतीतकालीन, मध्यमपुरुष, साधारण, एकवचन रूप में ऐसा ही भेद है। **तु देखुअ**—तूने (पुरुष ने) देखा, **तु देखुऊ** तू ने (स्त्री ने) देखा। हिन्दी और भोजपुरी में यहाँ अन्तर यह है कि भोजपुरी की सकर्मक क्रिया, कर्म के अनुसार, लिंगभेद सूचित नहीं करती, वरन् कर्ता के अनुसार सूचित करती है। इससे यह सिद्ध नहीं होता कि भोजपुरी की लिंगभेद सूचक क्रियापद-रचना हिन्दी से प्रभावित नहीं है; सिद्ध यह होता है कि भोजपुरी में कर्तृवाच्य प्रवृत्ति शक्तिशाली है, इस कारण भूतकालिक सकर्मक कर्तृवाच्य रूपों में भी, जहाँ हिन्दी में लिंगभेद नहीं है, वहाँ भोजपुरी में वैसा भेद है। कर्मवाच्य प्रयोगों के बारे में डा० चाटुर्ज्या का हवाला देते हुए डा० तिवारी ने लिखा है: "आधुनिक भारतीय आर्यभाषाओं के इतिहास के प्रारम्भिक युग से ही कर्मवाच्य का भाव विश्लेषणात्मक रीति से प्रकट किया जाने लगा तथा प्रत्यय के संयोग से कर्मवाच्य बनाने की विधि का लोप होने लगा। पश्चिम की भाषाओं एवं बोलियों में प्रत्यय के संयोग से निर्मित कर्म-वाच्य पद मिलते हैं; किन्तु मध्यदेश, दक्षिण तथा पूरब की भाषाओं में इनका लोप हो गया है और केवल पुरानी भाषाओं में इसके कहीं-कहीं उदाहरण मिलते हैं।" (पृष्ठ २५८)। पश्चिमी भाषाओं में सिन्धी, राजस्थानी, नेपाली और पंजाबी गिनाई गयी हैं। पंजाबी **पढ़िये**, राजस्थानी **पढ़ीजे**, प्रत्यय जोड़कर, कर्मवाच्य बनाने के उदाहरण बताये गये हैं पर हिन्दी में उनका अभाव माना गया है। इसके बाद ही **रामचरित मानस** से **सोचिय बिप्र जो बेद बिहीना** उदाहरण दिया है। एक-एक उदाहरण विद्यापति और **वर्णरत्नाकर** से भी हैं। ऐसे रूप मूलत: ब्रजभाषा के हैं और उसके प्रभाव से वे अवधी तथा मागधी भाषाओं में आये हैं। आगे डा० तिवारी कहते हैं: "भोजपुरी साहित्यिक भाषा नहीं है। यही कारण है कि इसमें प्रत्यय-संयोगी-कर्मवाच्य के उदाहरण नहीं मिलते।" (पृष्ठ २५६)। भोजपुरी के साहित्यिक या असाहित्यिक होने से **सोचिये**, **चाहिये** जैसे रूपों का कोई सम्बन्ध नहीं है। अवधी के समान भोजपुरी कर्तृवाच्य-प्रधान भाषा है। जिन भाषाओं में कृदन्तों का व्यवहार अधिक है, उनमें कर्मवाच्य की प्रवृत्ति

भी अधिक शक्तिशाली देखी जाती है। **हमरा घर से ओकर घर देखल जाला**—मेरे घर से उसका घर देखा जाता है; **दूध में भेंइ के रोटी खाइल जाला**—दूध में भिगोकर रोटी खाई जाती है (पृष्ठ २६०); इन उदाहरणों में कर्म के अनुसार कृदन्तों का रूप नहीं बदलता। जो रूप पुंल्लिग के लिये है, वही स्त्रीलिंग के लिये। किन्तु कर्म के अनुसार क्रिया में लिंगभेद न भी दिखाकर भोजपुरी कर्ता के अनुसार लिंगभेद सूचित करती है: **तु देखल**—तू ने (पुरुष ने) देखा, **तू देखलू**—तू ने (स्त्री ने) देखा।

बँगला और भोजपुरी में एक भेद यह है कि **छ** क्रिया बँगला में प्रचलित है, इसके विपरीत भोजपुरी में **ह** क्रिया का व्यवहार होता है। भोजपुरी ने लिंगभेद की रीति किस सीमा तक विकसित की है, उसका प्रमाण **ह** क्रिया के रूप हैं। **तु हउअ**—तू है (पुंल्लिग), **तू हयू** (स्त्रीलिंग)। **हउएं**—वह है (पुंल्लिग), **हउइ** (स्त्रीलिंग) (पृष्ठ २७७)। हिन्दी, अवधी आदि में **ह** क्रिया इस प्रकार लिंगभेद सूचित नहीं करती।

भोजपुरी की एक विशेष क्रिया **होख** है। इसका अर्थ वही है जो **हो** क्रिया का है। **हो** की उत्पत्ति **भू** से और **खो** की उत्पत्ति **खलु** से हुई है, यह धारणा अमान्य करते हुए डा० तिवारी ने और कोई सुझाव नहीं दिया। माना है कि **होख** की व्युत्पत्ति देना कठिन है। **गुरु ग्रंथ साहिब** के पदों में तथा पंजाब में लिखे हुए पुराने हिन्दी गद्य में जो **होग** और **होगु** रूप मिलते हैं, वे **होख** की समस्या शायद हल कर सकें। **होग** का **ग** कृदन्त प्रत्यय है जो तमिल में भी कृदन्त रूप बनाने के काम आता है। जैसे तमिल क्रिया **पो** (जाना) से **पोग**, वैसे ही **हो** क्रिया से पंजाब की हिन्दी में **होग**। **ग** प्रत्यय मूलत: **घ** था; उससे **ग** और **ख** रूपों का विकास स्वाभाविक है।

भोजपुरी की एक विशिष्ट क्रिया **नइखे** है। इसकी व्युत्पत्ति वैसे ही रहस्यमय है जैसे **होख** की। नकारात्मक क्रियाओं का व्यवहार द्रविड़ भाषाओं की विशेषता है। सम्भव है, **नइ** किसी **नसि, नहि** जैसे रूप का विकास हो। उसमें **घे** कृदन्त प्रत्यय लगा और वह अघोष **खे** रूप में बोला जाने लगा।

हिन्दी तथा अन्य भाषाओं के समान भोजपुरी की एक क्रिया **रह** है। यह मराठी से बँगला तक और हिन्दी से कश्मीरी तक प्रयुक्त होती है। ऐसे व्यापक रूप में प्रयुक्त होने वाली क्रिया ने भाषाविज्ञानियों के लिये कठिनाई उत्पन्न कर दी क्योंकि उसका व्यवहार संस्कृत में नहीं है। "इस धातु की व्युत्पत्ति अज्ञात है।" (पृष्ठ २७८)। जब तक अज्ञात व्युत्पत्ति का पता न चले तब तक इसे आर्यभाषा परिवार की ऐसी पुरानी क्रिया मान लेना चाहिए जिसका व्यवहार संस्कृत में नहीं हुआ।

भोजपुरी के सर्वनाम रूप अत्यंत रोचक हैं। उत्तम पुरुष का कर्ताकारक एकवचन रूप **मैं** ठेठ पश्चिमी है। डा० तिवारी के अनुसार आधुनिक भोजपुरी में इसका प्राय: लोप हो गया है, केवल स्त्रियां कभी-कभी इसका प्रयोग करती हैं। अब इसके बदले **हम** का व्यवहार होता है। इसका विकारी रूप **हमरा** है किन्तु **हम** का व्यवहार भी होता है। डा० तिवारी का कहना है कि "एकवचन विकारी रूप में **हम** का व्यवहार भोजपुरी में वस्तुत: हिन्दी के प्रभाव के कारण होता है।" (पृष्ठ २१३)। **हम** रूप एकवचन

में प्रयुक्त हुआ, तब उसका बहुवचन रूप बनाना आवश्यक होगा। **हम** का बहुवचन **हमनी**। यह **नी** क्या है? डा० चाटुर्ज्या **उक्ति-व्यक्ति-प्रकरण** की भूमिका में लिख चुके हैं कि सम्बन्धकारक के चिन्ह और बहुवचन के चिन्ह में बहुत बड़ी समानता है। **हमार** में **र** सम्बन्धकारक का चिन्ह है और **हमरा** में बहुवचन का। (भले ही विकारी रूप में **हमरा** का व्यवहार एकवचन के लिये हो)। **र** के समान **नि** भी सम्बन्धकारक का चिन्ह है और गुजराती में इसी गोत्र के चिन्ह प्रयुक्त होते हैं। अंग्रेजी में **दाउ** (तू) का सम्बन्ध रूप **दाइन** (तेरा) है: **काउ** (गाय) का बहुवचन **काइन** है। यहां वही प्रक्रिया देखी जाती है, सम्बन्धकारक और बहुवचन के चिन्ह मिलते-जुलते हैं। **हमनी** का एक वैकल्पिक रूप और है **हमनीका**। यहाँ **नी** के अलावा **का** भी लगा हुआ है और यह **का** सम्बन्धकारक का चिन्ह है, इस बारे में किसी को सन्देह नहीं हो सकता। वैसे तो **हम** शब्द ही बहुत्व-सूचक है किन्तु एकवचन में प्रयुक्त होने से इसका बहुत्व भाव क्षीण हो गया। इसलिये **नी** जोड़कर **हमनी** रूप बनाना आवश्यक हुआ। पुन: **का** जोड़कर बहुत्वभाव को और भी पक्का कर दिया।

उत्तम पुरुष सर्वनाम का एकवचन रूप **मयँ** गोरखपुर की भोजपुरी में प्रचलित है। मूल रूप **मघ** माना जाय तो **मह** का यह रूपान्तर वैसे ही सहज होगा जैसे मालवी में **मोहनमाला** बदल कर **मोयनमाला** हो जाती है। बहुत्वसूचक प्रत्यय और सम्बन्ध-कारक चिन्ह परस्पर कहीं जुड़े हुए हैं, यह जानकारी डा० तिवारी ने भी दी है। लिखा है: "अविकारी तथा विकारी बहुवचन के रूपों में **अनि** तथा **अन्** प्रत्यय **हमनी** (बलिया), **हम्मन** (गोरखपुर), **हमहन्** (बीच में **ह** के साथ बनारस तथा मिर्जापुर)—वास्तव में प्राकृत के सम्बन्धकारक के बहुवचन प्रत्यय के अवशिष्ट हैं। कर्ताकारक के बहुवचन के रूप **हमनीका** या **हमन्का** में यह **का** भोजपुरी के सम्बन्धकारक के परसर्ग **के** का सबल रूप है।" (पृष्ठ २१५)। **नी** और **का** दोनों सम्बन्धकारक के चिन्ह हैं, दोनों बहुवचन के लिये प्रयुक्त होते हैं और यह प्रयोग काफी व्यापक और प्राचीन है।

मध्यम पुरुष के सर्वनाम रूपों में एकवचन के विकारी **तोह**, **तोहरा**, तथा बहुवचन के **तोहन्**, **तोहनी** रूप विचारणीय हैं। **तोह** की तुलना **मोह** से करते हुए डा० तिवारी ने लिखा है: "इनमें **ह** या तो बहुवचन अथवा अधिकरण की विभक्ति **हि** से आया है। संस्कृत **युष्माकम्** प्राकृत **तुम्हाणं** से **तोंहन** की उत्पत्ति हुई है। बहुत सम्भव है कि मूल भोजपुरी में **तुम्हण** रूप वर्तमान हो।" (पृष्ठ २१६)। इतनी सम्भावनाओं के साथ इस बात पर भी विचार कर लें कि मूल रूप **त्वध** या **ताँध** हो सकता है। इसी से एक रूप **तुभ** बनता है, दूसरा रूप बनता है **तोह**, **ताँह** या **तुह**। आधारभूत रूप **तोह** में **नी** और **रा** बहुत्वसूचक प्रत्यय लगाये गये हैं। पश्चिमी भोजपुरी से **तुह**, **तुहार** आदि रूप दिये गये हैं। भोजपुरी की एक बोली नगपुरिया में **तोहनी** का विकल्प **तोहनीमन** भी है। एक **नी** बहुत्वसूचक, फिर **मन** द्वारा उसकी पुन: पुष्टि।

अन्य पुरुष के सर्वनामों में से संगति मूलक है! **जो आया सो गया** की तरह **जे के आइल से से गइल**। डा० तिवारी ने ठीक लिखा है कि यह बँगला और उड़िया में भी

मिलता है। (पृष्ठ २१८)। से का आधार रूप सध मानना चाहिए। से ठेठ कौरवी रूप है, सो मागधी रूप है किन्तु वह मागधी क्षेत्र से बाहर प्रयुक्त होता है। जे और से पंजाब में लिखे हुए पुराने हिन्दी गद्य में मिलते हैं। स् आधारित सर्वनाम का निकटवर्ती रूप सि या सिध है। भोजपुरी में एकवचन के ई, इन्हि हिन्दी यह और इन से मिलते हैं। रोचक रूप हैं हई (आदर रहित), हिन्हि (साधारण)। ये रोचक इसलिये हैं कि इनसे निकटवर्ती और दूरस्थ वस्तुओं के संकेतक उन सर्वनामों के मूल रूपों का पता चलता है जो आर्य भाषा परिवार के अतिरिक्त द्रविड़ परिवार में भी प्रयुक्त होते हैं। मूल रूपों में सकार हैं। मागधी क्षेत्र में स् बड़े पैमाने पर ह् में परिवर्तित हुआ है। ऐसा परिवर्तन केवल पश्चिमी भाषाओं की विशेषता नहीं है। फिर इस ह् का भी लोप होता है। मूल रूपों में ह् जोड़ा गया है, यह मानने का कोई कारण नहीं है। इन्हि और हिन्हि में दूसरा रूप पुराना है। सम्बन्धकारक में एकर का प्रतिरूप हेकर पुराना है। बहुवचन में इन्हन्का, इन्हनिका के साथ हिन्हन्का, हिन्हनीका भी हैं। द्रविड़ परिवार के अतिरिक्त कोल भाषाओं के सर्वनामों से तथा इन्डोयूरोपियन परिवार में नॉर्वे और स्वीडन जैसे देशों की भाषाओं के सर्वनामों से तुलना करने पर इन ह् वाले रूपों की व्यापकता और प्राचीनता का बोध होगा।

निकटवर्ती संकेतक सर्वनाम का मूल चिन्ह सि है, वैसे ही दूरवर्ती संकेतक का चिन्ह सु है। भोजपुरी में उ, उन्हि, हुन्हि, तीनों रूप सु के आधार पर बने हैं। हऊ रूप का आधार स है। ये सब रूप अविकारी हैं। इनके बहुवचन रूपों में उन्हन्, हुन्हन् आदि उसी सु के आधार पर बने हैं। संबन्धकारक के ओकर और होकर का आधार सो है।

पश्चिमी भोजपुरी के ओन्हन् और ओनहन बहुवचन रूप विचारणीय हैं। ये चलिहसन्, चलिहसन्हि क्रियारूपों के सन् और सन्हि की याद दिलाते हैं। हन् का पूर्व-रूप सन् है, सन् का पूर्वरूप सन्हि है और सन्हि का पूर्वरूप सन्धि है। सध्र के वैकल्पिक रूप होंगे सधि, सन्धि। ये सारे रूप संकेतक सर्वनाम हैं जो सर्वनाम मूल स में वस्तुवाचक ध चिन्ह जोड़कर बनाये गये हैं। हन् का उपयोग सर्वनामों के बहुवचन के लिए किया गया; सन्हि, सन् का उपयोग क्रिया के साथ बहुत्वभाव की सूचना के लिए किया गया।

सम्बन्धवाचक सर्वनामों में जे के साथ जेह और जिन्हि रूप ध्यान देने योग्य हैं। अन्य सर्वनामों के समान यहाँ भी सर्वनाम मूल स में ध चिन्ह जोड़ने पर ये रूप बने हैं। यध से कौरवी जे, मागधी जो बनेंगे। जेह, जिह जैसे रूपों में ह का अस्तित्व मूल रूप के ध की ओर संकेत करता है। इस यध के दूसरे वर्ण की महाप्राणता का लोप होने पर संस्कृत का यद् रूप बनता है। जे के समान से और ते के साथ भी ह् का संसर्ग है। एक-वचन में ते के साथ तेह् और तिन्हि रूप हैं। बहुवचन में से के साथ सेह् भी है। सम्बन्ध-कारक में तेकर और सेकर के साथ तेहकर और सेहकर रूप भी हैं। सम्भवतः भोजपुरी एकमात्र भाषा है जो से और ते के साथ ह् जोड़ कर सेह् और तेह् रूपों का व्यवहार करती है। इससे यह धारणा पुष्ट होती है कि म, स, त आदि सर्वनाम-मूलों में वस्तु-स्थान-व्यक्तिसूचक ध चिन्ह जोड़कर मध, तध, सध, जैसे रूप बनाये गए थे। स्वाभाविक

है कि के और केह् के समान भोजपुरी में के के साथ केह् रूप भी हो। **कौन** हिन्दी का मानक रूप है, भोजपुरी में भी प्रयुक्त होता है। पुरानी हिन्दी में **कवन** रूप अक्सर मिलता है। भोजपुरी में **कवन** के साथ **कंवन** रूप भी है। यदि मूल रूप **कध** मानें तो इससे **के, को** रूप तो मिलेंगे ही, इसमें बहुत्वसूचक **न** चिन्ह जोड़ने पर **कवन** रूप भी मिलेगा। मालवी में जैसे **सुहार** का रूपान्तर **सुवार** है, वैसे ही **कहन** का रूपान्तर **कवन** होगा, विशेष रूप से तब जब प्रथम वर्ण के अकार का उच्चारण किंचित् वृत्ताकार हो। निर्जीव पदार्थों के लिये **केथी** रूप ऐतिहासिक दृष्टि से महत्वपूर्ण है। यहाँ मूल रूप का **थ** चिन्ह **ह** के बदले **थ** में परिवर्तित हुआ है, ठीक वैसे ही जैसे **कथम्** से संस्कृत **कथम्** बना। डा० तिवारी ने सम्बन्धकारक के लिये दो रूप दिये हैं, **काहे के** और **केथी के**। फिर टिप्पणी की है : "करण का रूप **कँथिएँ** केवल प्राचीन भोजपुरी के लोकगीतों में मिलता है।" (पृ० २३१)। गोरखपुर की भोजपुरी में निर्जीव पदार्थों के लिये प्रयुक्त होने वाले तीन रूप हैं, **के, केह, केथी**। तीनों का आधार एक है। आजमगढ़ की भोजपुरी में **कथुआ** के साथ **कथुआ** रूप भी है। अनिश्चयवाचक सर्वनाम में **कोऊ** के साथ **केउ** और **केहू** रूप भी हैं। संस्कृत **कोऽपि** से **कोई, कोऊ** सिद्ध करने के बदले **कध** या **कोध** से इनका सम्बन्ध जोड़ना अधिक युक्तिसंगत होगा।

भोजपुरी तथा पश्चिमी भाषाओं के परस्पर सम्बन्ध का एक प्रमाण **राउर** शब्द है। डा० तिवारी ने बताया है कि राजस्थान की बोलियों में **रावरो** का प्रयोग पति के अर्थ में होता है। राजस्थान और भोजपुरी क्षेत्र का सम्बन्ध तो **राउर** से सिद्ध ही हुआ, इसने ब्रजभाषा को भी उसी सम्बन्ध-सूत्र से बांध लिया है। डा० उदय नारायण तिवारी ने लिखा है: "भोजपुरी का **राउर** सर्वनाम इतना प्रसिद्ध है कि ब्रजभाषा के कवियों—सूरदास (१४८३ से १५६३ ई०) से जगन्नाथदास रत्नाकर (१८६६ से १९३२ ई०) तक—ने स्वतंत्रतापूर्वक इसका प्रयोग किया है।" (पृष्ठ २३७)। फिर भी तिवारी जी कहते हैं कि भोजपुरी साहित्यिक भाषा नहीं है! न लिखा हो भोजपुरी में किसी ने सूरसागर, पर सूरसागर में तो भोजपुरी का शब्द है। यह क्या भोजपुरी के साहित्यिक वर्चस्व का प्रमाण नहीं है?

राउर की व्युत्पत्ति बताई है : संस्कृत रूप **राजकुल** या **राजकुल्य** होगा, प्राकृत में **लाउल** रूप है। पश्चिम में इसका रूप **रावल** हुआ। भोजपुरी में **रउरा, रउरां, रउआ, रउवाँ** रूप प्रयुक्त होते हैं। तिवारी जी ने लिखा है : "**रउआँ** या **रउवाँ** वस्तुतः **राउ** के विस्तृत रूप हैं। मूल शब्द राज है।" (पृष्ठ २३७)। अतः **राज** और **राजकुल** में चुनाव करना है। किसी व्यक्ति को सम्मान में **राजा** कहा जाय, यह बात समझ में आती है किन्तु उसे **राजकुल** कहा जाय, यह बात असंगत लगती है। **राजकुल्य** और भी संदिग्ध है। **राव** या **राउ** में बहुत्वसूचक **र य ल** जोड़ने से **राउर** या **रावल** जैसे रूप बनेंगे। प्राकृत में **लाउल** वास्तव में **राउर** की नकल है। यह मानकर कि मगधी समुदाय के सभी लोग **र्** की जगह **ल्** ही बोलते हैं, **राउर** को **लाउल** किया गया था।

ऊपर **सन्** को सर्वनाम मानकर जो कुछ कहा गया है, उसे याद करते हुए भोज-

पुरी के **अइसन्**, **जइसन्** रूपों पर विचार करना चाहिए। **अइसन्** का सम्बन्ध **एतादृश** से और **जइसन्** का सम्बन्ध **यादृश** से जोड़ा गया है। इन संस्कृत रूपों में न् कहीं है नहीं, इसलिये **एतादृशन्** और **यादृशन्** रूपों की कल्पना की गई। वास्तव में **ऐसन**, **जैसन** और हिन्दी के **ऐसा**, **जैसा** आदि का सम्बन्ध **दृश** वाले रूपों से नहीं है। भोजपुरी **सन्** संस्कृत **सम** का रूपान्तर है। इस विशेषक में सर्वनाम मूल जोड़कर ऐसे रूपों की रचना हुई है। **रामचरित मानस** में सम्बन्धक **सन** का बहुत प्रयोग है। वह भी **सम** का रूपान्तर है। इसी **सन** से ब्रजभाषा के **सों**, **सें** रूप बने हैं। भोजपुरी की विशेषता यह है कि वह नासिक्य व्यंजन को सुरक्षित किये है। **अइसन**, **जइसन** रूप अवधी में भी हैं।

भोजपुरी के परिमाण और संख्यासूचक विशेषक बहुत रोचक हैं। **अतेक**, **एतेक** के साथ **हतेक** और **हेतेक** रूप हैं। **ओतेक** के साथ **होतेक** रूप हैं। अतहत्—हतहत्, एतहत्—हेतहत्, **ओतहत्—होतहत्**, **अतना—हतना**, **एतना—हेतना**, **ओतना – होतना** जैसे युग्म भोजपुरी की विशेषता हैं। **अ** के साथ **ए** और **ओ** वाले रूप भी हैं। अकार वाले रूप कोसली प्रवृत्ति के अनुरूप हैं, एकार वाले रूप कौरवी प्रवृत्ति के और ओकार वाले मागधी प्रवृत्ति के। कहीं इनमें अर्थभेद होता है, कहीं नहीं होता। **अइसन**, **ऐसन** और **एइसन** का अर्थ है इस प्रकार किन्तु **ओइसन** का अर्थ है उस प्रकार। **हतना**, **होतना** आदि में महाप्राणता अनावश्यक रूप से जोड़ी नहीं गई; इसका प्रमाण है बंगला और उड़िया के **एते**, **केते**, **जैते** के साथ **सेते** रूप। उससे स्पष्ट है कि ऐसे रूप **स** सर्वनाममूल के आधार पर बने थे। **सेते** का रूपान्तर **हेते**, **एते**; **सतना**, **सोतना** के रूपान्तर **हतना**, **होतना**, **ओतना**। किन्तु डा० तिवारी ने **ह्** को **स्** का रूपान्तर न मानकर **ह्** को जोड़ा हुआ माना है। लिखा है कि **हतेक** आदि रूपों में "वास्तव में **ह्** का आदि में आगमन हुआ है।" (पृष्ठ २३९)। इसी तरह **अतहत्**, **एतहत्**, **ओतहत्** जैसे रूपों में उन्होंने **ह्** को जोड़ा हुआ माना है। **एत्** और **वन्त्** के बीच में आ गया **ह्** और रूप बन **एतहत्**!

सर्वनाममूलक, कालसूचक विशेषकों में **से** का रूपान्तर **हे** और भी स्पष्ट है। **हेबेरां**, **हेजुन्**—इसी समय। इसी प्रकार **होजुन्**—उस समय, **जेहजुन्**—जब; स्थानवाचक विशेषकों में **यहां** के लिये **हिहवां**, **वहां** के लिये **हुहवां** अथवा **हिंहा**, **हुंहा** आदि। दिशासूचक शब्दों में **हेने**—इस ओर, **होने**—उस ओर भी अवलोकनीय हैं। **होहर**—उस ओर, जैसे रूपों में **ह्** की बहुलता आकस्मिक नहीं है। **होहर** में **हो** तो **सो** का रूपान्तर है और **हर** **घर** का। तिवारी जी ने भोजपुरी के **हर** वाले रूपों की तुलना हिन्दी के **इधर**, **उधर** से बिल्कुल ठीक की है। उन्होंने **हर** की उत्पत्ति **घर** से मानी है (पृष्ठ २४२) जो एकदम ठीक है। जैसे **हर** में **ह्** अलग से नहीं जोड़ा गया, वैसे ही **हो**, **हे**, **ह** आदि से आरम्भ होने वाले सर्वनाम रूपों में **ह्** अलग से नहीं जोड़ा गया। वह **सो**, **से**, **स** आदि के **स्** का रूपान्तर है।

मागधी समुदाय की अन्य भाषाओं की अपेक्षा भोजपुरी ने अपने पुराने सर्वनाम-रूपों की रक्षा अधिक की है। जहां **ह्** ध्वनि का बाहुल्य हो, वहां द्रविड़ प्रभाव निर्बल होगा, यही मानना चाहिए। अन्य जनपदीय भाषाओं की तरह भोजपुरी की विशेषताओं

से भी—उसके सर्वनाम रूपों, क्रियापद-रचना आदि की विलक्षणताओं के अध्ययन से—समस्त आर्य भाषाओं के विकास को समझने में सहायता मिलती है।

इन समस्त आर्य भाषाओं में संस्कृत भी शामिल है। मागधी क्षेत्र पर कोल सर्वनामों का प्रभाव है, ऐसा निर्णय करने से पहले भोजपुरी की सर्वनाम-संरचना का विश्लेषण कर लेना चाहिए।

४. कोसल

(क) प्राचीन संपर्क भाषा—कोसली

क्या उत्तर भारत के विशाल क्षेत्र में संस्कृत, प्राकृत, पालि, अपभ्रंश के अलावा प्राचीन काल में किसी अन्य भाषा का व्यवहार होता था? पालि-साहित्य के पंडित और बौद्धकालीन भारत के इतिहास-विशेषज्ञ हिस् डेविड्स ने इस प्रश्न का विश्वासपूर्वक उत्तर दिया है कि बौद्धकाल में समूचे उत्तर भारत में कोसल की भाषा सम्पर्क भाषा के रूप में प्रयुक्त होती थी और यह भाषा संस्कृत ही नहीं, पालि से भी भिन्न थी। **बुधिस्ट इन्डिया** पुस्तक में उन्होंने प्राचीन काल भी भाषायी स्थिति के बारे में लिखा है: "सबसे पहले तो यह स्पष्ट है कि भाषाओं की भिन्नता से परस्पर आदानप्रदान में कोई रुकावट न पैदा हुई थी। दैनिक जीवन की सामान्य बातों को लेकर जो सामान्य बातचीत होती थी, उसमें कोई रुकावट न थी। यही नहीं, सूक्ष्म और उच्चस्तरीय दार्शनिक, धार्मिक चर्चा में कोई कठिनाई न थी। पश्चिम में कुरु प्रदेश से लेकर पूर्व में मगध तक, उत्तर में नेपाली पर्वतमाला में सावत्थी और कुसीनारा तथा दक्षिण में उज्जैन तक, जो सामान्य भाषा व्यापक रूप से समझी जाती थी, वह संस्कृत न हो सकती थी। साहित्यिक संस्कृत का अभी अस्तित्व न था। ब्राह्मण-ग्रन्थों में जिस भाषा का प्रयोग हुआ है, उसे ब्राह्मणों के दूर-दूर तक बिखरे हुए समुदायों के बाहर बहुत कम लोग जानते थे, न वह भाषा ऐसी थी कि उसका उपयोग वादविवाद के लिए किया जा सके।...एक ही तर्कसंगत सम्भावना सामने आती है कि परिव्राजक-गण ऐसी भाषा का व्यवहार करते थे जो शिष्टवर्गों (प्रशासनिक कर्मचारियों, कुलीनजनों, व्यापारियों) आदि में प्रचलित थी। इसका स्थानीय बोलियों से बहुत कुछ वैसा ही सम्बन्ध था जैसा शेक्सपियर के समय में सोमरसेट शायर, यौर्कशायर और एसेक्स की बोलियों से लन्दन की अंग्रेज़ी का था। इस तरह की भाषा का विकास ठीक उसी समय सम्भव हुआ था। यदि यह भाषा कोसल के विशाल राज्य के प्रसार का प्रत्यक्ष परिणाम नहीं थी तो वह उससे बहुत अधिक संवर्धित अवश्य हुई थी। बौद्ध धर्म के अभ्युदय से ठीक पहले इस कोसल राज्य में वर्तमान संयुक्त प्रान्त का सारा प्रदेश ही नहीं था, कुछ और क्षेत्र भी था। अपने विशाल क्षेत्र में एक छोर से दूसरे छोर तक, राजकीय और व्यापारिक शान्तिमय आदानप्रदान के लिए, इस राज्य ने अवसर और सुविधा जुटाई। इन राजनीतिक परिस्थितियों से ही परिव्राजकों की रीतिनीति का विकास तीव्र गति से हुआ। कोसल राज्यसत्ता की स्थापना से पहले इनके बारे में कोई जानकारी नहीं मिलती। इन्होंने निस्सन्देह सामान्य भाषा के उच्चतर बौद्धिक पक्ष के

विकास में बड़ा योगदान किया। कोसल राज्य की शान्तिपूर्ण व्यवस्था में सुरक्षित रह कर इस भाषा को संवर्धित होने का अवसर मिला।" (पृष्ठ ६०)।

इसके बाद संस्कृत नाटकों में प्राकृतों का व्यवहार देखकर यूरुप के विद्वानों को जो भ्रान्ति हुई कि वे लोक भाषाएँ हैं, उसके बारे में लेखक ने आगे कहा है : "यह सम्भव है कि नाटकों के लेखन-काल में भी सामान्य जीवन में हर व्यक्ति यथार्थतः न संस्कृत बोलता था, न प्राकृत, वरन् सीधे लोक भाषाएँ बोलता था। जब संस्कृत सर्वप्रधान साहित्यिक भाषा बन गई, तब शिष्ट जनसमुदाय के लिए नाटककारों ने संस्कृत में, तथा उतनी ही अयथार्थ साहित्यिक प्राकृतों में, संवादों को विभाजित करना उचित समझा।" (पृ० ६१)। हिस् डेविड्स अन्य इतिहासकारों के समान मानते हैं कि आर्यों ने भारत पर आक्रमण किया और उस समय वे जो भाषा बोलते थे, वह वैदिक भाषा थी। बौद्धकाल से पहले यहाँ विभिन्न जनपद थे, मगध से लेकर कुरु और गन्धार जनपदों तक भाषाओं में काफी विभिन्नता थी, यह धारणा उनकी कल्पना से परे है। वह समझते हैं कि कोसल के अभ्युदय के बाद ही एक विशाल प्रदेश में सम्पर्क भाषा का प्रसार हुआ। इससे बहुत पहले गणसमाजों के युग में—सामन्ती व्यवस्था के अभ्युदय और प्रसार से पहले—गण-भाषाओं में परस्पर सम्पर्क काफी बढ़ चुका था। वैदिक भाषा ऐसे ही सम्पर्क का परिणाम थी। वैदिक भाषा की इसी परम्परा के आधार पर संस्कृत का विकास हुआ। यद्यपि पालि और प्राकृतों में जहाँ-तहाँ संस्कृत से इतर तत्व भी मिलते हैं, फिर भी उनका विकास संस्कृत के आधार पर हुआ है, वैदिक भाषा या किसी अन्य भाषा के आधार पर नहीं। पालि भाषा का बौद्ध धर्म से गहरा सम्बन्ध है और प्राकृतों का जैन धर्म से। पर इन दोनों धर्मों के अभ्युदय के बहुत दिन बाद इन भाषाओं का विकास हुआ। इससे पहले संस्कृत अपना साहित्यिक रूप प्राप्त कर चुकी थी। किन्तु जिस समय वैदिक भाषा सम्पर्क भाषा थी, उस समय कोसल और मगध की अपनी भाषाएँ लुप्त न हो गई थीं। जिस समय साहित्य, धर्म और दर्शन के क्षेत्रों में संस्कृत, पालि और प्राकृतों का व्यवहार होता था, उस समय पुरानी गणभाषाओं के आधार पर निर्मित होने वाली जनपदीय भाषाएँ रंगमंच पर आ चुकी थीं। हिस् डेविड्स ने कोसल की भाषा के बारे में जो कुछ लिखा है, उसका महत्व यह है कि उन्होंने एक जनपदीय भाषा का अस्तित्व स्वीकार किया है जो संस्कृत और प्राकृतों से भिन्न है। यह बोलचाल की भाषा थी और एक बहुत बड़े प्रदेश में सम्पर्क भाषा थी। इसे उन्होंने सामान्य बोलचाल की भाषा कहा है। उनकी धारणा है कि इस भाषा के आधार पर पालि का विकास हुआ और पालि ने कोसल की भाषा के उस रूप को अपनाया जो उज्जैन में प्रचलित था। यह धारणा विवादास्पद है। उज्जैन मालव जनपद का प्रधान केन्द्र रहा है। पश्चिमी गणसमाजों के समान मालवगण की भाषा भी णकार बहुला थी किन्तु पालि में इस मूर्धन्य नासिक्य की खपत कम है। दन्त्य स् की प्रधानता उसे मध्यदेश से जोड़ती है। कोसल की भाषा पालि का आधार भले रही हो पर वह पालि से भिन्न थी, हिस् डेविड्स यह मानते हैं। आधुनिक आर्यभाषाओं में कोसल की भाषा के अनेक तत्व मिलते हैं, पूर्वी और पश्चिमी दोनों ओर की आर्यभाषाओं में

मिलते हैं। ये तत्व पुरानी और आधुनिक अवधी दोनों के हैं। यह सिलसिला बहुत पुराना है। कोसल आर्यभाषाओं के केन्द्र में स्थित है। वह पड़ोसी भाषाओं से अनेक तत्व ग्रहण करता रहा है, साथ ही वह अनेक भाषातत्वों का प्रसार केन्द्र भी रहा है। हिन्दी प्रदेश की जनपदीय भाषाओं तथा आधुनिक आर्यभाषाओं के परस्पर सम्पर्क की छानबीन करने पर यह धारणा सत्य मालूम होती है कि कोसल राज्य का विस्तार होने पर जनपदों में सम्पर्क बढ़ा था और जिस सम्पर्क भाषा का व्यवहार सर्वाधिक किया जाता था, वह कोसल की भाषा थी। हिस् डेविड्स का कथन है: "एक बोलचाल की भाषा कोसल के राज-कर्मचारियों, व्यापारियों और शिष्टवर्गों में सामान्य रूप से प्रचलित थी। सम्भवतः इसका आधार कोसल की राजधानी सावत्थी की बोली थी। इस भाषा का व्यवहार समूचे कोसल राज्यों में ही न होता था वरन् पूरब और पच्छिम में, दिल्ली से पटना तक, और उत्तर-दक्खिन में, सावत्थी से अवन्ति तक उसका व्यवहार होता था।" (पृष्ठ ६५)। मेरी समझ में हिस् डेविड्स का यह अनुमान सही है।

प्राचीन काल में कुरु, कोसल और मगध, ये तीन गणसमाज अत्यन्त शक्तिशाली थे। मगध की भाषा ने संस्कृत और उससे पहले वैदिक भाषा के निर्माण में योगदान किया। जो भाषा वैदिक भाषा बनी, वह मूलतः मध्यदेश की भाषा थी। मध्यदेश में जो अनेक गणभाषाएँ बोली जाती थीं, उनमें कोसल की भाषा प्रमुख थी। इस भाषा को कुरुगण की भाषा ने प्रभावित किया और तब उसने अपना वैदिक रूप धारण किया। भारत के सामाजिक सांस्कृतिक इतिहास में शक्ति के केन्द्र बदलते रहे हैं पर इन बदलते हुए केन्द्रों से उक्त तीनों जनपदों का सम्बन्ध कभी न कभी अवश्य रहा है। संस्कृत साहित्य के उत्तर काल में हर्ष के समय तक कोसल की प्रधान भूमिका बनी हुई थी। जिस साम्राज्य का केन्द्र कनौज था, उसके विघटित होने पर इस प्रदेश के बहुत से लोग बङ्गाल, गुजरात सुदूर प्रान्तों में चले गए। कोसल तथा अन्य प्रदेशों की भाषाओं के लिए ये लोग सम्पर्क का ठोस आधार बने। बारहवीं सदी में काशी के दामोदर पण्डित कनौज के राज्य से सम्बद्ध थे। उस राज्य में अवधी का इतना व्यवहार होता था कि बनारस के दामोदर पण्डित ने अवधी जानने वालों को संस्कृत सिखाने के लिए **उक्ति-व्यक्ति-प्रकरण ग्रन्थ** रचा। साहित्य में जो अपभ्रंश की परम्परा चली, उसमें अवधी भाषा के अनेक तत्व मिलते हैं। आगे चलकर ब्रजभाषा तथा परिनिष्ठित हिन्दी के विकास में भी अवधी का योगदान है। प्राचीन कोसल की भाषा की कौनसी विशेषताएँ पहचान में आती हैं, इनका उल्लेख प्रसंगतः जहाँ-तहाँ पहले हो चुका है। यहाँ कुछ बातें अपभ्रंश के बारे में कहना है।

(ख) देशी भाषाएँ और प्राकृत

जैसे अनेक विद्वान् प्राकृतों को लोकभाषा मानते हैं, वैसे ही वे अपभ्रंश को भी लोकभाषा तथा आधुनिक लोकभाषाओं की जननी मानते हैं। जैसे प्राकृतें अनेक हैं पर रूपतंत्र और शब्द भण्डार की दृष्टि से उनमें बहुत कम भेद है, वैसे ही अपभ्रंशों के अनेक

भेद किए गए हैं, पर इनमें तात्विक भेद बहुत कम है। संस्कृत और प्राकृतों में मुख्य अन्तर ध्वनितंत्र को लेकर है। आधुनिक आर्यभाषाओं में ध्वनितंत्र की जो अलग-अलग विशेषताएँ दिखाई देती हैं, उनका आभास प्राकृतों में बहुत कम है। यहां पालि को भी प्राकृतों में गिने लेते हैं। अपभ्रंश और प्राकृतों में अन्तर यह है कि प्राकृतों की अपेक्षा अपभ्रंश में देशी तत्व बहुत अधिक हैं। जो तत्व संस्कृत में नहीं है, प्राकृतों में नहीं है, बाहर से आया हुआ नहीं है, वह देशी कहलाया। प्राकृत ग्रन्थों में देशी भाषाओं का उल्लेख बार-बार किया गया है और उन्हें संस्कृत तथा प्राकृतों से अलग माना गया है। **कुवलयमाला** में अठारह देशी भाषाएँ गिनाई गई हैं और लेखक ने उनके कुछ शब्द भी दिए हैं। इनमें आर्य और द्रविड़, दोनों परिवारों की भाषाएँ हैं। ये देशी भाषाएँ अपभ्रंश से भिन्न थीं यह स्मरण रखना चाहिए। डा० रामसिंह तोमर ने अनेक पुराने ग्रन्थों में देशी भाषाओं के उल्लेख की चर्चा करते हुए बहुत सही लिखा है कि "अत्यन्त प्राचीन समय से प्रदेश-विशेष की बोलियों के लिए देशभाषा शब्द का प्रयोग मिलता है, देश-भाषा से उनका तात्पर्य अपभ्रंश कदापि नहीं था।" (**प्राकृत और अपभ्रंश साहित्य तथा उनका हिन्दी साहित्य पर प्रभाव**, पृष्ठ ६३)।

जिस समय साहित्य में अपभ्रंश का व्यवहार होता था, उस समय देशी भाषाओं का अस्तित्व था। अपभ्रंश ने, संस्कृत से भिन्न, प्राकृत का ध्वनितंत्र अपनाया था। व्यंजन-द्वित्व और णकार-बहुलता इस ध्वनितंत्र के मोटे लक्षण हैं। रूपतंत्र में संस्कृत और प्राकृत की रूढ़ियों का अनुसरण करते हुए अपभ्रंश ने वास्तविक लोकभाषाओं के कुछ तत्वों का मिश्रण किया। ये तत्व अनेक जनपदीय भाषाओं के हैं और सबसे ज्यादा अवधी के हैं। इसलिए आधुनिक आर्य भाषाओं के विकास को समझने में अपभ्रंश से बहुत थोड़ी सहायता मिलती है, उसे आधुनिक भाषाओं की जननी या इनका पूर्वरूप नहीं कहा जा सकता। जातीय भावना के प्रसार से यह आग्रह उत्पन्न हुआ कि अनेक विद्वान् अपभ्रंश को पुरानी बँगला, पुरानी हिन्दी, पुरानी गुजराती आदि कहने लगे। अपभ्रंश कवियों की एक रूढ़ भाषा थी। हेमचन्द्र के समय में भी इसे ग्राम्य भाषाओं से अलग माना गया था। अपभ्रंश में देशी भाषाओं के जो तत्व आए, उनका विकास साहित्य में अपभ्रंश की प्रतिष्ठा से पहले हो चुका था।

उक्त तथ्य का एक प्रमाण उस प्राकृत से मिलता है जिसके दस्तावेज खरोष्ठी लिपि में हैं। ये दस्तावेज तीसरी शताब्दी ईसवी के हैं। इन्हें सर औरेल स्टाइन ने प्राप्त किया था। बरो ने अपनी पुस्तक **द लैंग्वेज ऑफ द खरोष्ठी डॉक्यूमेन्ट्स फ्रॉम चाइनीज तुर्किस्तान** (१९३७) में इन दस्तावेजों की भाषा का अध्ययन किया था। इस भाषा का व्यवहार भारत से बाहर मध्य एशिया में होता था। भाषा वह भारत की है किन्तु वह अन्य प्राकृतों से इस बात में भिन्न है कि उसका रूपतंत्र अनेक बातों में आधुनिक आर्य भाषाओं के रूपतंत्र से मिलता-जुलता है। इस प्राकृत में कर्ता और कर्म कारकों में अलग-अलग चिन्हों द्वारा भेद नहीं किया जाता। सभी संज्ञा शब्दों को रूपरचना के लिए **अ-वर्ग** में रखने की प्रवृत्ति है। स्त्रीलिंग शब्द **ई** चिन्ह द्वारा सूचित किए जाते हैं। ये

विशेषताएँ अपभ्रंश में हैं और माना जाता है कि वे आधुनिक आर्यभाषाओं में अपभ्रंश से आई हैं। पर तीसरी सदी में अपभ्रंश का कहीं व्यवहार न होता था, प्राकृतों में ये विशेषताएँ आने नहीं दी गईं। रूढ़िवाद का चौखटा जहाँ कमजोर था, वहाँ भारत के बाहर वास्तविक भाषाओं की कुछ विशेषताएँ प्राकृत के साँचे में अपनी झलक दिखा गईं। चीनी तुर्किस्तान में जिस प्राकृत का व्यवहार हुआ, उसकी एक अन्य विशेषता अपभ्रंश में नहीं, आधुनिक आर्यभाषाओं में है। यह विशेषता भूतकालीन कर्मवाच्य कृदन्त से वर्तमानकालीन कर्तृवाच्य रूप बनाने से सम्बन्धित है। बरो ने स्वभावतः प्रश्न किया है: विकास की ये प्रवृत्तियाँ इस प्राकृत में इतने पहले विदेशी आक्रमण या प्रभाव के कारण उत्पन्न हुईं या वे भारत में ही अधिक व्यापक थीं पर साहित्यिक प्राकृतों की रूढ़िवादिता के कारण आँखों से ओझल रही थीं?

(ग) अपभ्रंश और अवधी

प्राकृतों में रूढ़िवादिता के कारण वास्तविक भाषाओं की विशेषताएँ प्रतिबिम्बित न हुई थीं। अपभ्रंश में यह रूढ़िवादिता थोड़ा सा खण्डित हुई, पूरी तरह नहीं। इसलिए जो विशेषता आधुनिक आर्यभाषाओं में है, वह तीसरी सदी की खरोष्ठी प्राकृत में तो है, अपभ्रंश में नहीं है। कुछ विद्वान् परवर्ती और पूर्ववर्ती अपभ्रंशों में भेद करते हैं। पूर्वी और पश्चिमी अपभ्रंशों के भेद से यह पूर्ववर्ती और परवर्ती अपभ्रंशों का भेद अधिक सार्थक नहीं है। पूर्वी अपभ्रंश में पूर्वी भाषाओं की ही विशेषताएँ प्रतिबिम्बित हुई हों, ऐसा नहीं है। उसमें पश्चिमी भाषाओं की विशेषताएँ भी हैं। इसी प्रकार पश्चिमी अपभ्रंश में पूर्वी भाषाओं की विशेषताएँ मिल जाएँगी। पूर्ववर्ती और परवर्ती अपभ्रंशों के भेद से यह दिखाया जाता है कि अपभ्रंश बोलचाल की भाषा थी और पूर्ववर्ती मंजिल से चलते हुए परवर्ती मंजिल तक पहुँची। उसके बाद आधुनिक भाषाओं का युग आ गया। क्रमिक विकास की ऐसी कल्पना मिथ्या है। पन्द्रहवीं सदी में विद्यापति परवर्ती अपभ्रंश लिख रहे थे। उसी समय वह मैथिली में भी पदावली रच रहे थे। उनसे पहले चौदहवीं सदी में ज्योतिरीश्वर ठाकुर मैथिली में गद्य लिख रहे थे। उस समय भी अपभ्रंश, अवहट्ट अथवा अवहठ में काव्य-रचना होती थी। उन्होंने भाट वर्णना के अन्तर्गत दरबारी कवियों के लिए जिन भाषाओं की जानकारी आवश्यक बताई, उनमें एक अवहठ भी है। "संस्कृत पराकृत अवहठ पैशाची सौरसेनी मागधी छहु भाषाक तत्वज्ञ।" ज्योतिरीश्वर ठाकुर से पहले तेरहवीं सदी में हेमचन्द्र ने अपभ्रंश व्याकरण लिखा और अपभ्रंश के पद्य उद्धृत किए। इसे कोई परवर्ती अपभ्रंश नहीं कहता। इससे पहले बारहवीं सदी में दामोदर पंडित **उक्ति-व्यक्ति-प्रकरण** में अवधी के रूप दे रहे थे। इसलिए परवर्ती अपभ्रंश बारहवीं सदी से और पहले की होनी चाहिए। अपभ्रंश और प्राकृत—परवर्ती या पूर्ववर्ती—किसी में आधुनिक भाषाओं की वह विशेषता नहीं है जो भारत से बाहर राजकीय भाषा खरोष्ठी प्राकृत में है। इसीलिए कहा कि भाषाओं का क्रमिक विकास जानने के लिए वह परवर्ती-पूर्ववर्ती का भेद निरर्थक है।

किन्तु अपभ्रंश में देशी भाषाओं के तत्व हैं, यह बात सही है। इन देशी भाषाओं में एक भाषा अवधी है, यह बात भी सही है। हर्ष के बाद ही साहित्य में अपभ्रंश प्रतिष्ठित होती है। कान्यकुब्ज साम्राज्य में अवधी बोलने वाले बहुत से कवि थे, विशेषतः इस साम्राज्य के केन्द्र कनौज में। तुर्क-आक्रमण से पहले, जब पूर्व, पश्चिम और दक्षिण से इस साम्राज्य पर आक्रमण होने लगे, तब यहाँ के कवि बिखरने लगे। तुर्क-आक्रमण से यह प्रक्रिया और भी तीव्र हुई। कोसल से अनेक वर्गों के लोग विभिन्न दिशाओं में गए; यह तथ्य इतिहास-सम्मत है। उत्तर के कवि कर्णाटक में भी जाकर बसते हैं और अपभ्रंश में काव्य रचते हैं, यह बात स्वयम्भू के उदाहरण से स्पष्ट है। अपभ्रंश मुख्यतः काव्यभाषा थी। प्राकृत में बहुत सा गद्य लिखा गया, पालि में भी बहुत सा गद्य है, अपभ्रंश में बहुत ढूंढ़ने पर गद्य के कुछ वाक्य जहाँ तहाँ मिलेंगे। अपभ्रंश एक विशेष प्रकार के कवियों की भाषा थी। इन कवियों का एक वर्ग दरबारों से सम्बद्ध था, दूसरा वर्ग धार्मिक साधना से सम्बद्ध था। धार्मिक साधना का कोई भी मत हो, उस समय तंत्रवाद से प्रभावित था। दरबारी कविता और तांत्रिक साधना, दोनों में नारी प्रमुख आलम्बन थी और उक्तियों में चमत्कारवाद व्यापक रूप से प्रदर्शित था। इससे भिन्न धाराएँ अपभ्रंश काव्य में अत्यन्त क्षीण हैं। ह्रासकालीन सामन्ती व्यवस्था में इस तरह के चमत्कारवादी धार्मिक और श्रृंगारी साहित्य का सृजन हुआ। साहित्य में वास्तविक लोक भाषाओं की प्रतिष्ठा भक्ति आन्दोलन ने की। यह आन्दोलन दरबारी चमत्कारवाद, तांत्रिक साधना के विरोध में आगे बढ़ा। उपमानों को लेकर जैसे कवि चमत्कार उत्पन्न करते थे, वैसे ही 'अपभ्रंश' द्वारा वे भाषा का चमत्कार दिखाते थे। नायिका भेद और वाममार्गी धार्मिक साधना में बहुत अन्तर नहीं है। इन दोनों के विरोध में भक्त कवियों ने मानवप्रेम के आधार पर लोक धर्म की प्रतिष्ठा की। लोकभाषाओं का पूरा रूप इनकी काव्यभाषा में दिखाई देता है। अपभ्रंश में देशी भाषाओं के तत्वों की मिलावट भर थी। इन्हें देखकर विद्वान् कहते हैं, ये तत्व बाद की काव्यभाषा में हैं, इससे सिद्ध हुआ कि यह काव्यभाषा अपभ्रंश से उत्पन्न हुई है! वास्तविकता यह है कि अपभ्रंश अत्यन्त अल्पमात्रा में देशी भाषाओं के तत्व ग्रहण करती है। वे भाषाएँ, प्राकृत से भिन्न, विद्यमान हैं। प्राकृतों का ढांचा लेकर उसमें कुछ देशी भाषाओं के तत्व मिलाए गए। दक्षिण भारत में जैसे मणिप्रवालम् शैली में संस्कृत और मलयालम को मिलाया गया, वैसे ही प्राकृत और देशी भाषातत्वों को मिलाकर अपभ्रंश भाषा शैली रची गई। मणिप्रवालम् से मलयालम का जन्म नहीं हुआ, इसी प्रकार अपभ्रंश से अवधी या अन्य किसी भाषा का जन्म नहीं हुआ। मणिप्रवालम् संस्कृत के क्रमिक विकास का परिणाम नहीं है, न अपभ्रंश प्राकृत के क्रमिक विकास का परिणाम है।

अपभ्रंश के जो काव्य मिलते हैं, उनकी भाषा के लिए कहा जाता है कि वह मूलतः शूरसेनी अपभ्रंश है या उससे प्रभावित है। शूरसेन जनपद ब्रज का पुराना नाम है। स्वभावतः ब्रजभाषा का उद्भव इसी शूरसेनी अपभ्रंश से माना गया है। किन्तु इस तथाकथित शूरसेनी अपभ्रंश में ब्रजभाषा की अपेक्षा अवधी के तत्व अधिक हैं। जहाँ तक

मुझे ज्ञात है, सबसे पहले राहुल जी ने अपभ्रंश में अवधी तत्वों की ओर संकेत किया था। उन्होंने **दोहाकोश** सन् १९५७ में प्रकाशित कराया था। इसकी भूमिका में उन्होंने लिखा था : "अपभ्रंश का भूतकालिक प्रयोग अवधी के सबसे नजदीक है। इसके लिए इल-अल प्रत्यय का प्रयोग भोजपुरी आदि में पीछे होने लगा··· सरह की भाषा और स्वयम्भू आदि की अपभ्रंश ने अतीतकाल के सम्बन्ध में प्राकृत आदि से अपना सम्बन्ध बिलकुल तोड़ लिया, और उसका अनुसरण आज भी हमारी भाषाएँ कर रही हैं। भेद इतना है कि जहाँ भोजपुरी, बँगला, मैथिली आदि ने इउ का इल, अल कर दिया, वहाँ अवधी ने पहिले ही की तरह अउ, इउ, एउ को कायम रक्खा।" (पृष्ठ ५७)।

राहुल जी ने **हिन्दी काव्यधारा** की भूमिका में लिखा : "स्वयम्भू की भाषा की क्रियाओं और कितने ही कुंजी के शब्दों को देखने से वह अवधी के सबसे नजदीक मालूम होती है। यद्यपि ऐसा कहने से बहुत दिनों से चली आई इस धारणा के हम खिलाफ जा रहे हैं कि अपभ्रंश साहित्य शौरसेनी और महाराष्ट्री अपभ्रंशों में ही लिखा गया। लेकिन, जो सामग्री हमारे सामने मौजूद है, वह हमें वही कहने के लिए मजबूर करती है।" अपभ्रंश में कर्ता और कर्म में बहुत से शब्द उकारान्त हैं। यह प्रवृत्ति अवधी में भी है। इनके बारे में राहुल जी ने **दोहाकोश** की भूमिका में लिखा है : "प्रथमा एकवचन का यह उकार गोस्वामी तुलसीदास के रामचरितमानस की पुरानी प्रतियों में काफी मिलता है, और रुहेलखण्ड में अब भी बहुत से कवि और वक्ता इसका प्रयोग करते हैं।" अपभ्रंश में वर्तमान काल के अन्य पुरुष एकवचन रूप भणइ, भावइ आदि अवधी तथा हिन्दी प्रदेश की अन्य बोलियों में मिलते हैं। ये भणहि, भावहि आदि के रूपान्तर हैं। पुरानी अवधी में और बघेलखण्डी में अब भी हि वाले रूपों का चलन है। राहुल जी ने **दोहाकोश** की भूमिका में इनका सम्बन्ध पश्चिमी बोलियों से जोड़ा था; "कौरवी में पढ़ै, जावै—जैसे प्रयोग देखे जाते हैं, और **है** को अनिवार्य रूप से प्रयुक्त भी नहीं किया जाता। पुरानी उर्दू कविताओं में—पढ़े है, जावे है—जैसे प्रयोग कभी थे, लेकिन उन्हें त्याज्य कर दिया गया।" (पृष्ठ ५८)।

हेमचन्द्र ने अपने व्याकरण में अपभ्रंश के जो उदाहरण दिए हैं, उनमें अनेक रूप **रामचरित मानस** में मिल जाते हैं। कर्ता और कर्मकारकों में उकारान्त रूपों का व्यवहार होता है। हेमचन्द्र : **अग्गिएँ उण्हउ होइ जगु।** यहाँ जगु कर्ता रूप है। इसी प्रकार मानस में : **नामु सकल कलि कलुष निकंदन।** इसी तरह कर्मकारक में। हेमचन्द्र : **मा कुरु दीहा माणु;** मानस : **नामु सप्रेम जपत अनयासा।** करणकारक में बहुधा एँ चिन्ह का प्रयोग होता है। हेमचन्द्र : **अहरें अहरु न पत्तु;** मानस : **इच्छित फल बिनु सिव अवराधें। लहिअ न कोटि जोग जप साधें।** करण के लिए कभी केवल अनुस्वार का प्रयोग होता है। हेमचन्द्र : **जो पुणु अग्गि सोअला;** मानस : **सुरतरु सरिस सुभायँ सुहाए।** सम्बन्धकारक में सु चिन्ह का प्रयोग होता है। हेमचन्द्र : **कन्तु महारउ हलि सहिए निच्छइँ रूसइ जासु;** मानस : **जासु हृदय आगार बसहिं राम सरचापधर।** अधिकरणकारक के लिए हिं चिन्ह का व्यवहार होता था। हेमचन्द्र : **हउँ कि न जुत्तउ दुहुँ दिसिहिं;** मानस : **बिसरी देह**

तपहिं मनु लागा।

इसी तरह की समानता क्रियाओं की रूपरचना में देखी जाती है। वर्तमान काल के अन्यपुरुष एकवचन रूप का उदाहरण हेमचन्द्र के व्याकरण में : **वड्डवड्ड होइ विहाणु**; मानस में : **जो सुमिरत सिधि होइ**। वर्तमान काल के अन्यपुरुष बहुवचन रूप में हिं चिन्ह का व्यवहार होता है। हेमचन्द्र : **जिवँ जिवँ वड्डत्तणु लहहिं तिवँ तिवँ णवहिं सिरेण**; मानस : **जथा नवहिं बुध बिद्या पाएँ**। वर्तमान काल के उत्तमपुरुष एकवचन रूप में उँ चिन्ह का प्रयोग होता था। हेमचन्द्र : **तोहउँ जावउँ एहो हरि**; मानस : **जानउँ मैं तुम्हारि प्रभुताई**। भूतकाल के अन्यपुरुष एकवचन रूप में उकारान्त कृदन्त का व्यवहार होता था। हेमचन्द्र : **गयउ सु केसरि पिग्रहु जलु**; मानस : **राउ गयउ सुरधाम**। आज्ञा रूप में हु चिन्ह का प्रयोग हेमचन्द्र में : **करहु म अप्पहो घाउ**; मानस में : **सुनहु राम जेहिं सिव धनु तोरा**। हु चिन्ह के बिना आज्ञा के लिए क्रिया के उकारान्त रूप का व्यवहार हेमचन्द्र की अपभ्रंश में इस प्रकार है : **अरि खल मेह म गज्जु**; और मानस में : **मागु मागु पै कहहु पिय**। क्रिया का सम्भावना द्योतक रूप हेमचन्द्र के उदाहरण में : **जं भावइ तं होउ**; मानस में : **न त कन्या बरु रहउ कुआरी**। पूर्वकालिक रूप इस प्रकार है; हेमचन्द्र : **मारइ हियइ पइट्ठि**; मानस : **निज तन प्रगटि प्रीति उर छाई**।

ठीक ऐसे ही उदाहरण चर्यागीतों में मिल जाएँगे। चर्यागीतों की भाषा पूर्वी अपभ्रंश कही जाती है। भोजपुरी, मैथिली आदि के लकारान्त भूतकालिक कृदन्त यहाँ अवश्य हैं। जैसे हेमचन्द्र की अपभ्रंश में अवधी के साथ कुछ रूप पश्चिमी भाषाओं के हैं, वैसे ही चर्यागीतों की भाषा में अवधी के साथ कुछ रूप पश्चिमी भाषाओं के भी हैं। इससे प्रमाणित होता है कि पूर्व, पश्चिम और इनके मध्य, जहाँ भी अपभ्रंश लिखी गई है, उसमें अधिकतर मिलावट अवधी भाषातत्वों की है।

चर्यागीतों का एक संग्रह **चर्यागीतिकोश** नाम से १९५६ में शान्ति निकेतन से छपा था। इसका सम्पादन प्रबोधचन्द्र बागची तथा शान्ति भिक्षु शास्त्री ने किया था। सम्पादकों को जगह-जगह अवधी के रूप याद आते हैं। चर्यागीतों में एक शब्द **चीअण** है; इस पर उन्होंने टिप्पणी की है कि इसका मूल रूप **चीकन** होगा जो अवधी का शब्द है; बँगला रूप **चिकन** होगा। कवि ने अवधी शब्द का प्राकृत रूप दिया है। **गराहक** हिन्दी **गाहक** से अधिक मिलता है; बँगला रूप होगा **गराक**। **अँकवाली** शब्द हिन्दी **अँकवार** का प्रतिरूप है। एक पंक्ति है, **सासु घरे घालि कोञ्चा ताल**; बँगला में **घाल** क्रिया का अर्थ है मारना, हिन्दी में मारने के अलावा, सम्पादकों के अनुसार, उसका अर्थ रखना भी है। तालाकूँची घाल दे—इस तरह के मुहाविरे का प्रयोग यहाँ हुआ है। एक पंक्ति है— **गेला जाम बाहुड़इ कइसें**। यहाँ हिन्दी की **बहुरना** क्रिया का प्रयोग **बाहुड़इ** रूप में हुआ है। सम्पादकों ने अवधी कहानियों के अन्त में आनेवाला वाक्य उद्धृत किया है : **जइस उनके दिन बहुरे तइस सबके दिन बहुरइँ**। **बुड़इ, बुड़िली** रूपों में **बुड़** क्रिया का प्रयोग हुआ है। मानक हिन्दी के **डूब** के समान बँगला में इसका रूप **डुब** है। **बूड़** रूप अवधी का है। सम्पादकों ने यहाँ **रामचरित मानस** से यह सोरठा उद्धृत किया है : **संकर चापु जहाजु**

सागर रघुबर बाहुबलु। बूड़ सो सकल समाजु चढ़ा जो प्रथमहिं मोह बस। एक गीत में **नाहा** शब्द देखकर मानस से इसके प्रयोग का उदाहरण दिया है : **कथा अरंभ करै सोइ चाहा। तेही समय गयउ खगनाहा।** जन्म लेने के लिए अवधी में **बिआबु** क्रिया है। चर्यागीतों के पहिल **बिआण**—पहला जन्म—के समानान्तर मानस से पंक्ति उद्धृत की है : **न तरु बाँझ भलि बादि बिआनी।** तुलसीदास ने **बापुरो** शब्द का प्रसिद्ध प्रयोग किया हैं : **का बापुरो पिनाक पुराना।** एक चर्यागीत में यह शब्द **बापूड़ा** रूप में है। एक गीत में **अमिअ** शब्द का प्रयोग भी हुआ है : **अमिअ भखअ मुसा करअ अहारा।** मानस में प्रसिद्ध पंक्ति है : **अमिअ मूरिमय चूरन चारू।** **थाती** शब्द का प्रयोग देखकर सम्पादकों ने यह चौपाई उद्धृत की है : **थाती राखि न मागिहु काऊ, बिसरि गयउ मोहि भोर सुभाऊ।** एक गीत में **पतिआइ** क्रियारूप का सुन्दर प्रयोग हुआ है : **अइस् सँबोहे को पतिआइ।** मानस में इसी तरह : **कहउँ साँचु सब सुनि पतिआहू, चाहिअ धरमसील नरनाहू।**

अवधी तथा हेमचन्द्र की अपभ्रंश के समान चर्यागीतों में **भणइ** जैसे क्रिया के वर्तमान काल में अन्यपुरुष एकवचन रूप आते हैं : **भणइ लुइ आम्हे झाणे दिठा।** वर्तमान काल में उत्तमपुरुष एकवचन क्रियारूप **करहुँ** अवधी के समान है : **कमल कुलिस घाण्ट करहुँ बिआली।** मध्यमपुरुष का एकवचन रूप अवधी के ही समान होता है : **पुच्छसि, बूझसि** आदि वर्तमान काल के रूप चर्यागीतों में हैं। एक क्रियार्थी संज्ञारूप **कहण** कनौजी रूपों के समान है। आज्ञार्थी **लेहु, होहु** शुद्ध अवधी के रूप हैं। भूतकालीन लकारान्त रूप भोजपुरी, मैथिली, बँगला आदि पूर्वी भाषाओं में मिलते हैं। चर्यागीतों की भाषा ऐसे रूपों में, बँगला से भिन्न, लिङ्गभेद सूचित करती है : **राति पोहाइली, सेजि छाइली, डाली लागेली।** कर्ताकारक के उकारान्त रूपों का उल्लेख पहले हो चुका है। चर्यागीतों में राजस्थानी, ब्रजभाषा आदि के अनुकरण पर **उन्मत्तो, रत्तो, सबरो** आदि ओकारान्त रूपों का प्रयोग हुआ है और एक जगह अवधी रूपों को भी ओकारान्त किया गया है : **गन्ध परसरस जइसों तइसों।** करणकारक में पुरानी अवधी के समान **आलिएँ, लीलें** जैसे रूपों का प्रयोग हुआ है। सम्बन्धकारक के **जासु, तासु** रूप पुरानी अवधी के हैं। चर्यागीत की पंक्ति है : **जासु नाहि अप्पा तासु परेला काहि। अइस सँबोहे को पतिआइ**—इस पंक्ति में भोजपुरी, बंगला आदि के प्रश्नवाचक सर्वनाम **के** की जगह अवधी रूप **को** प्रयुक्त हुआ है। इसी प्रकार उत्तमपुरुष एकवचन हाँउ, मइ रूप अवधी, ब्रज के सर्वनाम रूपों से मिलते-जुलते हैं।

यह सब होने पर भी यह न समझना चाहिए कि चर्यागीतों की भाषा अवधी है। उनकी भाषा अपभ्रंश है। उसमें प्राकृत रूप ही नहीं हैं, **नाचन्ति, गाअन्ति** जैसे 'संस्कृत' रूप भी हैं। भणति, पीवमि, जीवमि आदि रूप संस्कृत के अनुसरण पर बने हैं। चर्यागीतों की णकारबहुला भाषा प्राकृत-अपभ्रंश परम्परा का अनुसरण करती है; अवधी या बँगला से इस परम्परा का कोई सम्बन्ध नहीं है। सम्बन्धकारक रूप **रुखेर** आदि अवधी के नहीं हैं, बँगला, असमिया आदि की सामान्य सम्पत्ति हैं। पर यह सत्य है कि चर्यागीतों

की भाषा में जिन देशी भाषाओं के तत्वों का मिश्रण हुआ है, उनमें अवधी के तत्व मुख्य हैं।

(घ) उक्ति-व्यक्ति-प्रकरण

बारहवीं सदी में दामोदर पण्डित जिस तरह की अवधी के उदाहरण देते हैं, उनसे इस प्रश्न का उत्तर मिल जाता है कि अपभ्रंश में अवधी के तत्व शामिल किए जा रहे थे या अपभ्रंश से अवधी का जन्म हो रहा था। डा० सुनीतिकुमार चाटुर्ज्या ने **उक्ति-व्यक्ति-प्रकरण** की अपनी भूमिका के आरम्भ में अवधी को कोसली का पुराना रूप कहा है। फिर भूमिका के अन्त में उन्होंने लिखा है कि बारहवीं सदी के मध्य में सम्बद्ध क्षेत्र की भाषा लगभग पूरे विकास की उस मंज़िल तक पहुँच गई थी जहाँ उसे हम इस समय पाते हैं। अर्थात् बारहवीं सदी की अवधी और आधुनिक अवधी में बहुत अन्तर नहीं है। यदि आठ सौ साल में—इतनी उथलपुथल होने पर भी—अवधी में कोई विशेष अन्तर नहीं आया तो यह माना जा सकता है कि उससे आठ सौ साल पहले भी, कम से कम बीज रूप में, अवधी विद्यमान रही होगी। यही बात उत्तर भारत की अन्य जनपदीय भाषाओं के बारे में कही जा सकती है। हिन्दी, मराठी, बँगला आदि आधुनिक मानक भाषाएँ बाद को विकसित होती हैं किन्तु जनपदीय भाषाएँ बहुत पुरानी हैं। दामोदर पण्डित के समय में अवधी का व्यवहार एक बहुत बड़े क्षेत्र में होता था। डा० चाटुर्ज्या ने लिखा है कि ग्रन्थकार कनौज और प्रयाग से परिचित है, बनारस से वह सुपरिचित है। वह गया और वहाँ यात्रियों को बटोरने वाले गयावाल ब्राह्मणों को जानता है। उसका कार्यक्षेत्र पूरब में है; अर्थ और संस्कृति के केन्द्र कनौज से वह जुड़ा हुआ है। इसलिए उसकी अवधी पर अनेक क्षेत्रों का प्रभाव है। उसकी भाषा को मिर्जापुरी अवधी, सीतापुरी अवधी या बैसवाड़ी की संज्ञा नहीं दी जा सकती। दामोदर पण्डित विद्वान् हैं, संस्कृत-प्राकृत-अपभ्रंश परम्परा से परिचित हैं। उन्होंने अवधी जानने वालों को संस्कृत सिखाने के लिए पुस्तक संस्कृत में लिखी है। थोड़े हेरफेर से अवधी का रूपान्तर संस्कृत में हो सकता है, यह दिखाने के लिए उन्होंने अवधी का विवरण प्रस्तुत किया है। संस्कृत से आधुनिक आर्यभाषाओं का संबन्ध किस प्रकार का है, इस समस्या का विवेचन **उक्ति-व्यक्ति-प्रकरण** से आरम्भ होता है।

ग्रन्थ की प्रति उनके हाथ की लिखी नहीं है, किसी अन्य व्यक्ति ने प्रतिलिपि की है। डा० चाटुर्ज्या का मत है कि प्रतिलिपिकार भी उसी क्षेत्र का था क्योंकि लिपि की पद्धति मध्यदेश और पूर्वी क्षेत्र की है।

उक्ति-व्यक्ति-प्रकरण की प्रति अपूर्ण और खण्डित है। पूरी प्रति में पाँच प्रकरण थे। पहले दो प्रकरण क्रिया और कारक से सम्बन्धित थे, शेष तीन उक्तिभेद, लेख-लिखनविधि, व्यावहारिक लेखपत्र लिखनक्रम से सम्बन्धित थे। मुनि जिनविजय ने अपनी भूमिका में बताया है कि ग्रन्थ की मूल सूत्रात्मक कारिकाएँ ग्रन्थ के आरम्भ में स्वतन्त्र रूप से लिख दी गई हैं। उनसे इन प्रकरणों का ज्ञान होता है। दामोदर पण्डित की योजना

यह थी कि व्याकरण के अतिरिक्त भाषा-व्यवहार के विभिन्न संदर्भों का परिचय भी दें। जिन व्यापक संदर्भों में अवधी का प्रयोग होता था, उन सब पर ध्यान देते हुए उन्हें अवधीभाषियों को संस्कृत सिखानी थी। इस पुस्तक में जिस तरह की अवधी के नमूने दिए गए हैं, उन्हें देखने से अपभ्रंश-सम्बन्धी मिथ्या धारणाएँ निर्मूल हो जानी चाहिए। उनमें से कुछ नमूने यहाँ देते हैं :

गांग न्हाएं धर्मु हो, पापु जा—गंगा में नहाने से धर्म होता है, पाप जाता है; **धर्मु होइह, पापु जाइह**—धर्म होगा, पाप जाएगा; **जसजस धर्मु बाढ तसतस पापु घाट**—जैसे जैसे धर्म बढ़ता है, वैसे वैसे पाप घटता है; **जाहां जाहां धर्मु नांद ताहां ताहां पापु मांद**—जहाँ जहाँ धर्म की बढ़ती होती है, वहाँ वहाँ पाप घटता है; **छूट बाछा भमि-भमि कूद**—छूटा हुआ बछड़ा घूम-घूम कर कूदता है; **अंधारीं रातिं चोरु ढूक**—अँधेरी रात में चोर आता है; **आगि लागें बांस फूट**—आग लगने पर बाँस फूटता है। **जो फुड [फुर] बोल सो गांग न्हा**—जो सच बोलता है वह गंगा नहाता है; **जब पूतु पाउ पखारु, तब पितरन्हु सर्गु देखाल**—जब पुत्र पाप दूर करता है तब पितरों को स्वर्ग दिखाता है; **जेत जेत पराधनु चोराअ, तेत तेत आपण पूनु हराव**—जितना-जितना परधन चुराता है, आदमी उतना-उतना अपना पुण्य नष्ट करता है; **मेघु नदी बढाव**—मेघ नदी को बढ़ाता है; **मध्यस्थ होइ विचार**—मध्यस्थ होकर विचारता है; **चौकु पूर**—चौक पूरता है; **कन्या वर**—कन्या वरता है; **घर छाअ**—घर छाता है; **लेख बाच**—लेख बाँचता है; **मीठ जेवण मांग**—मीठा खाना माँगता है; **जूठ खा**—जूठा खाता है; **दूजण सबहि नींद**—दुर्जन सबकी निन्दा करता है; **कुपुतु कुलु लांछ**—कुपूत कुल लांछित करता है; **दूजण सबहि सँताव**—दुर्जन सभी को सताता है; **पीठ चाप**—पीठ चापता है; **जमाइ चूंब**—जमाई को चूमता है; **अनाजु जेंव, पाणि अचम**—अन्न खाता है, पानी पीता है; **देवहि नम**—देवता को नमस्कार करता है; **मुअ जीव**—मुर्दा जीता है; **चूंचीं देइ जिआव**—चूंची देकर जिलाती है; **जीभें चाख**—जीभ से खाता है; **सूंघत आछ**—सूंघता है; **अंकवालि दे**—अँकवार देता है; **मूतत आछ**—मूतता है; **हगत आछ**—हगता है; **चूतडं तलें देइ बइस**—चूतड़ के बल बैठता है; **पाक किएसि/पएसि**—खाना पकाया; **भोजन कीएसि/जेंवेसि**—भोजन किया; **जइ देउ वृष्टि करत तब अन्न होंते**—यदि देव वृष्टि करेगा, तो अन्न होगा; **भोजन करिह/जेंविह**—भोजन करेगा; **हउँ पर्व्वतउ टालउँ**—मैं पर्वत भी हटाता हूँ; **सबहिं भूतें दया करु**—सब प्राणियों पर दया करो; **कोवु छाडि क्षमा भजु**—कोप छोड़कर क्षमा करो; **संसारु अनित्यु देखउ**—संसार को अनित्य मानो; **सो पूतें जणि जाम जो निर्गुणु हो**—वह पुत्र न जन्मे जो निर्गुण हो; **ते गुणे जणि उपजति जे सबहि न उपकरति**—वे गुण न उत्पन्न हों जो सबका उपकार न करें; **बहुतु राजा एयुँ भुइँ भय**—बहुत से राजा यहाँ पृथ्वी पर हुए; **सोंअरि सोंअरि रोवा**—बिसूर बिसूर कर रोता है; **पढन आव**—पढ़ने आता है; **ग्राम गमन कर/गाउँ जा**—गाँव जा; **दुहाव गाइ दूधु गुआलें गोसांवि**—गोस्वामी ग्वाले से गाय दुहाता है; **पढाव छात्रहि शास्त्र ओझा**—गुरु छात्र को शास्त्र पढ़ाता है; **गांव हुंत आव**—गाँव

से आता है; **ओझा पास बीदा ले**—गुरु से विद्या लेता है; **सिहासण आछ राजा**—राजा सिंहासन पर है; **जो किछु कीज**—जो कुछ किया जाय; **इंधणे भातु रान्ध ब्राह्मणु**—ईंधन से ब्राह्मण भात पकाता है; **मणुसु जेंम**—मनुष्य भोजन करता है; **दुइ अच्छति**—दो हैं; **बहुतु पूत भए**—बहुत से बेटे हुए; **दुई बेटीं भई**—दो लड़कियाँ हुईं; **हौं करओं**—मैं करता हूँ; **अम्हे दुइ करहु**—हम दो करते हैं; **लहुडा कवण**—लहुरा कौन; **काह इँहां तूं करसि**—तू यहाँ क्या करता है; **पढिहउं**—पढ़ूँगा; **काह करत आछी हसि**—तू क्या कर रहा है; **को ए सोअ**—यह कौन सोता है; **को ताहँ जेंवत आछ**—वहाँ कौन खा रहा है; **इँहां को पढिह**—यहाँ कौन पढ़ेगा; **मोर क्षेम को करिह**—मेरी रक्षा कौन करेगा; **ए कहार काह संपाडति**—ये कहार क्या कर रहे हैं; **बेटा काहां गा**—बेटा क्यों गया; **को मं भोजन मागब**—मैं किससे भोजन माँगूं (को मया भोजनं याचितव्यः)।

इन वाक्यों को देखने से विदित होगा कि सर्वत्र यह गाँव की अवधी नहीं है। इसमें **क्षेम** जैसे शब्द हैं जिन्हें गाँव का आदमी न बोलेगा। कहा जा सकता है कि **क्षेम** लिखित रूप है, आशय **छेम** से होगा। किन्तु कहार क्या सम्पादित करते हैं, यह वाक्य-रचना नगर के लोगों के लिए भी अस्वाभाविक है। **सम्पादति** का प्राकृत रूप **संपाडति** कर देने से वाक्य स्वाभाविक नहीं हो जाता। एक जगह उन्होंने संस्कृत में वाक्य लिखा है—**छात्रेण ग्रामो गम्यते** अर्थात् छात्र द्वारा गाँव को गमन किया जाता है। इसका अवधी रूप है—**छात्रें गाउं जाइआ**। अवधी और संस्कृत दोनों भाषाओं के वाक्य व्याकरण का एक रूप दिखाने के लिए लिखे गए हैं, इनसे यह न समझना चाहिए कि ऐसे वाक्य स्वाभाविक थे। अनेक शब्दों में मूर्धन्य नासिक्य का व्यवहार हुआ है। संस्कृत में जहाँ दन्त्य **न्** है, वहाँ उसे भी बदल कर **ण्** किया है यथा **धन-धण, मानुष-मणुसु, सिंहासन-सिहासण, जन-जण**। किन्तु इसमें कोई नियम नहीं है। दामोदर पण्डित दन्त्य **न्** का व्यवहार भी खूब करते हैं। डा० सुनीति कुमार चाटुर्ज्या ने यह मत प्रकट किया है कि पुरानी कोसली में **ण्** का व्यवहार होता था, आगे चलकर ब्रज से बङ्गाल तक उसका व्यवहार बन्द हो गया। यह धारणा सही नहीं है। दामोदर पण्डित की लिखित अवधी पर संस्कृत-प्राकृत-अपभ्रंश परंपरा की छाप है।

अवधी भाषा के जो नमूने दिए गए हैं, उनमें वैकल्पिक रूप अनेक हैं। डा० चाटुर्ज्या ने कर्मकारक के उदाहरणों में मुहँ, मुहु, खेत, खेतु, शास्त्र, शास्त्रु, दोनों तरह के रूप दिए हैं। इसका कारण यह है कि अपनी भाषा को भी ज्यों का त्यों लिखना सरल काम नहीं है। कभी-कभी प्रमादवश लिखने में भिन्न रूप आ जाते हैं और इससे भी अधिक होता यह है कि बोलते समय हम स्वयम् एक ही प्रकार के मानक रूपों का प्रयोग नहीं करते। सम्भव है, दामोदर पण्डित ने जहाँ **लहुडा** लिखा है, वहाँ यथार्थ जीवन में **लहुरा** ही बोलते हों। कुछ लोग अरबी **ज़रा** को **जरा**, फिर **जरा** को **जड़ा** करके बोलते हैं। डा० चाटुर्ज्या ने इस बात की ओर ठीक ध्यान दिलाया है कि जहाँ **ड्** और **ढ्** दो स्वरों के बीच में आए हैं, वहाँ उनका उच्चारण ड़्, ढ़् था। इस तरह की बातों को ध्यान में रखते हुए **उक्ति-व्यक्ति-प्रकरण** की भाषा का अध्ययन विवेक सहित करना चाहिए।

जिस बोली को दामोदर पण्डित ने अपना मुख्य आधार बनाया है, उसमें दो स्वरों के बीच में आने वाली **ह्** ध्वनि का लोप हो रहा है। इसीलिए **किएसि** जैसे क्रियारूप में **ह्** का अभाव है। पर **किहेसि** जैसा रूप जायसी और तुलसीदास की रचनाओं में ही नहीं है, वह अवधी के अनेक क्षेत्रों में अब भी बोला जाता है। यह न समझना चाहिए कि पुरानी अवधी में **किएसि** रूप था और आगे चलकर उससे **किहेसि** रूप का विकास हुआ। साथ ही **अम्ह, तुम्ह** जैसे रूपों में **ह्** विद्यमान है। आधुनिक हिन्दी का **तुम** सम्बन्ध-कारक रूप **तुम्हारा** में अपना पुराना रूप बनाए हुए है। जायसी और तुलसीदास के अलावा उन्नीसवीं सदी के अनेक हिन्दी लेखक **तुम्ह** लिखते थे। **अम्ह** वर्ण-विपर्यय से **हम** बना, **ह्** स्थानान्तरित हुआ किन्तु बना रहा। पुरानी अवधी की सबसे महत्वपूर्ण विशेषता यहाँ यह है कि प्रत्येक शब्द **अजन्त** है। डा० चाटुर्ज्या ने इस विशेषता की ओर ध्यान दिलाया है। अभी पश्चिमी प्रभाव इतना नहीं पड़ा कि शब्द के अन्तिम वर्ण का स्वर लुप्त होने लगे। डा० चाटुर्ज्या ने लिखा है कि **श्, ष्, स्** में केवल दन्त्य सकार रह गया था। यह बात बोलचाल की अवधी के लिए अवश्य सही है किन्तु दामोदर पण्डित ने **शास्त्र** जैसे तालव्य **श्** वाले शब्दों का प्रयोग किया है। **क्षेम** शब्द का सही उच्चारण वह कर लेते थे, यह न मानने का कोई कारण नहीं है।

उकारान्त रूपों के लिए डा० चाटुर्ज्या ने लिखा है कि यहाँ **उ अो** का विकास है। उनकी समझ में उकारान्त रूप कोसली के नहीं हैं वरन् पश्चिमी अपभ्रंश और ब्रज-भाषा के प्रभाव से कोसली में आ गए हैं। अवधी को अर्ध मागधी की सन्तान माना जाता है। अर्धमागधी में रूप एकारान्त होते हैं। **ए** ह्रस्व होकर **इ** हो सकता है, **उ** नहीं। अर्ध-मागधी वाला इकार कहाँ गया ? शब्द के एकारान्त रूप कौरवी परंपरा की देन हैं। ओकारान्त रूप मागधी परंपरा के, उकारान्त रूप कोसली परंपरा के। उकारान्त रूप दूर-दूर की भाषाओं में मिलते हैं जिनमें एक कश्मीरी भी है। परम्परागत भाषाविज्ञान के अनुसार संस्कृत शब्दों का **ष्** तद्भव रूपों में **ख्** हो जाता है किन्तु कुछ रूप ऐसे हैं जो यह नियम नहीं मानते। अवधी में **चुह** क्रिया **ख्** के बदले **ह्** का व्यवहार करती है। हिन्दी **चूसना** में दन्त्य **स्** है। ब्रज प्रदेश में **चोंख** क्रियारूप का व्यवहार होता है जहाँ अपेक्षित **ख्** ध्वनि है। यह सम्भव है कि संस्कृत **चुष्, चोष्** का **ष्** पहले **स्** रहा हो; यह भी सम्भव है कि **ष्** को **ज्** में बदलने की प्रवृत्ति मूलतः मागधी भाषाओं की है, कोसली प्रवृत्ति के अनुसार वह **स्** में बदल जाएगा जैसा कि अनेक प्राकृतों में भी देखा जाता है।

अवधी में संज्ञा शब्दों के बहुवचन रूपों में **न्ह** चिन्ह दिखाई देता है यथा **सीसन्ह, बम्हणन्ह**। इसमें **न्** ध्वनि तो संस्कृत के सम्बन्धकारक चिन्ह **आनाम्** का अवशेष मानी गयी है और **ह्** तत्व करणकारक के **भिस्** से प्राप्त बताया गया है। डा० चाटुर्ज्या ने लिखा है कि **आनाम्** का **न** प्राकृतों में **ण** हुआ; बङ्गाल से पंजाब तक बहुवचन रूपों में **न** चिन्ह अब भी प्रयुक्त होता है; तिर्यक् रूप के **हि, हिं** चिन्ह से वह प्रभावित हुआ और न्ह बन गया; जब करणकारक का बहुवचन रूप जीवन्त था, तब उसके चिन्ह अहि ने न्ह के ह को पुष्ट किया; सम्बन्धकारक के अलावा वह कर्म, सम्प्रदान और कर्ता के लिए भी

प्रयुक्त होने लगा। इस सारे ऊहापोह के बदले **न्ह** से **न** का विकास मानना अधिक युक्ति-संगत है। मैथिली के संदर्भ में हम देख चुके हैं कि **न्ह** चिन्ह क्रियापदों के साथ भी लगता है। इसका कारण यह है कि कारकों और क्रियारूपों, दोनों में सर्वनाम चिन्ह प्रयुक्त होते थे।

कहा जाता है कि अपभ्रंश तथा आधुनिक आर्यभाषाओं में कारक भेद समाप्त होने लगता है, विशेषत: कर्ता, कर्म, कर्म और सम्प्रदान का भेद मिट जाता है। इस संदर्भ में सर्वनाम रूप दर्शनीय हैं। उत्तम पुरुष का एकवचन **हउँ** रूप केवल कर्ताकारक में प्रयुक्त होता है। कर्मकारक में **मोंहि**, सम्बन्धकारक में **मोर** रूप हैं। कारकभेद स्पष्ट है। इसी प्रकार मध्यम पुरुष का एकवचन **तुं** रूप है। कर्मकारक में **तोहि**, सम्बन्धकारक में **तोर** रूप हैं। करणकारक के लिए डा० चाटुर्ज्या ने **तइँ** रूप दिया है। अन्य पुरुष के लिए **सो** सर्वनाम अभी खूब प्रयुक्त हो रहा है। संस्कृत के समान इसका बहुवचन रूप **ते** है। अन्य कारकों के एकवचन रूपों में **ताहि, ताकर** आदि **त्** वाले रूप ही प्रयुक्त होते हैं। प्रश्नवाचक **को** सम्प्रदान, अपादान आदि में **का** रूप में प्रयुक्त होता है। डा० चाटुर्ज्या ने इसका कर्मकारक रूप **को** दिया है और सम्प्रदानकारक के **काहि, काकिह** रूप दिए हैं।

अवधी के सम्बन्धकारक चिन्ह **कर** से डा० चाटुर्ज्या ने बँगला आदि के **अर** का सम्बन्ध ठीक जोड़ा है। अवधी भाषा के व्यापक प्रभाव का प्रमाण इस **कर** से प्राप्त होता है। डा० चाटुर्ज्या ने लिखा है: "**कर** प्रत्यय विशेषण है जो मूल संज्ञा शब्द के साथ जोड़ दिया जाता है। यह प्रत्यय कोसल से लेकर सुदूर असम और उड़ीसा तक जोरों से चालू था। पूर्वी मागध भाषाओं के सम्बन्ध प्रत्यय **अर** का वह आधार है; मध्य और पश्चिमी मागध भाषाओं (मैथिली और मगही, तथा भोजपुरी) में वह सर्व-नामों के सम्बन्ध-प्रत्यय का आधार है। मध्य कोसली में, यथा तुलसीदास में, उसका काफी व्यवहार होता है। आगे चलकर इसे **क** ने विस्थापित कर दिया।" यदि बँगला, उड़िया, असमिया के **अर-एर** का आधार अवधी प्रत्यय **कर-केर** है, तो इससे कोसली भाषा के व्यापक प्रभाव की पुष्टि होती है। मैथिली, मगही और भोजपुरी के अलावा ब्रजभाषा और हिन्दी में भी उत्तम, मध्यम पुरुषों के सर्वनाम रूपों में **र** प्रत्यय लगता है। राजस्थानी में वह संज्ञा रूपों के लिए भी सामान्य सम्बन्ध-प्रत्यय है। उधर गुजराती में भी कुछ सर्वनामों के साथ यह प्रत्यय लगता है यथा अन्य पुरुष सर्वनाम रूप **त्यार** में।

इस संदर्भ में डा० चाटुर्ज्या ने संस्कृत **अस्य** और प्राकृत **अस्स** के व्यापक व्यवहार का उल्लेख करने के बाद लिखा है, "किन्तु यह भी नितान्त सम्भव है कि बोल-चाल की भाषाओं में अन्य सम्बन्ध-प्रत्यय भी व्यापक रूप से प्रयुक्त होते रहे हों, यद्यपि संस्कृत (और उससे पहले वैदिक भाषा) ने उनकी ओर ध्यान न दिया हो और बाद की प्राकृतों ने उनकी ओर किंचित् दृष्टिपात ही किया हो।" यहाँ जो महत्वपूर्ण सिद्धान्त सामने आता है, वह यह कि संस्कृत के, और उससे पहले वैदिकभाषा के, समानान्तर अन्य आर्य भाषाएँ बोली जाती थीं, उनके सभी रूप संस्कृत या प्राकृतों में नहीं आ गये। यह सिद्धान्त आर्य भाषाओं के विकास का अध्ययन करते समय सदा ध्यान में रखना

चाहिए। आचार्य किशोरीदास वाजपेयी ने इसकी ओर, ज़ोर देकर, बार-बार, और बहुत स्पष्ट रूप में ध्यान आकर्षित किया है। डा० चाटुर्ज्या ने भी उसकी ओर संकेत कियां है।

डा० चाटुर्ज्या **क** प्रत्यय का सम्बन्ध संस्कृत के विशेषक प्रत्यय **क**, उससे विकसित **क्क**, तथा संस्कृत **कृत**, और उससे विकसित प्राकृत **कश्र**, **किश्र** से जोड़ते हैं। यह सब कठिन प्रयास अनावश्यक है। **कध-कह** से **का**, **को** आदि रूप विकसित हुए हैं; **कध-कद** से **कर** का विकास हुआ है। **कह** या **कर** का संक्षिप्त रूप **क** है।

प्राकृत और अपभ्रंश भाषाओं के **हि, हिं** प्रत्यय के बारे में डा० चाटुर्ज्या ने लिखा है कि इसका उद्भव अधिकरणकारक चिन्ह से हुआ है। मूल रूप के लिए उन्होंने प्राचीन आर्य प्रत्यय **धि** की कल्पना की है और लिखा है कि ग्रीक भाषा में इसका प्रतिरूप **थि** विद्यमान है यथा **पोथि** (कहाँ); इसी से **कधि** जैसा रूप बना होगा जिससे प्राकृत में **कहि**, बँगला में **कइ** रूप बने। डा० चाटुर्ज्या की यह कल्पना सार्थक है। **अधिकरण** शब्द का **अधि** इसी **कधि** के गोत्र का है। डा० चाटुर्ज्या ने पालि **इध** और संस्कृत **इह** का उचित उल्लेख किया है। यह **घ** व्यक्ति-वस्तु-देश-काल-वाचक ध्वनि संकेत था; उसके आधार पर देशकाल-सूचक विशेषकों, निर्देशक सर्वनामों, विभिन्न कारकों के प्रत्ययों और तथाकथित परसर्गों की रचना हुई है।

डा० चाटुर्ज्या ने **अछ**, **आछ** क्रियारूपों का सम्बन्ध **अस्** धातु से ठीक जोड़ा है किन्तु उनका विचार है कि पुराना **अच्छति** रूप आदि इन्डोयूरोपियन **एस्-स्के-ति** रूप से बना होगा। उन्हें यह कल्पना इसलिए करनी पड़ी कि बहुत से संस्कृत रूपों में **छ्**, **च्छ्** को आदि इन्डोयूरोपियन **स्क्** का विकास माना जाता है। संस्कृत शब्द **छाया** का मूल रूप इन्डोयूरोपियन **स्किअ** था, यह कहते समय अंग्रेजी **शेड** (छाया) की व्युत्पत्ति—शयन का अर्थ देने वाली **शे** क्रिया से—ध्यान में रखनी चाहिए। डा० चाटुर्ज्या का मत है कि **अस्** धातु के साथ **छ** या **च्छ** विकरण का संयोग है। यह विकरण अनावश्गक है। **प्रश्न** संज्ञा रूप में **प्रश्** क्रिया देखी जा सकती है। इसी से **पृच्छति** आदि रूप बनते हैं। **अस्** धातु से **अह्** और **अछ्** दो रूप विकसित होते हैं जिनका व्यापक व्यवहार आर्य भाषाओं में होता है।

पुरानी अवधी में क्रिया के वर्तमान काल वाले रूप दो तरह के हैं, एक में **अइ**, **ऐ** आता है, दूसरे के अन्त में केवल **अ** रहता है। **उक्ति-व्यक्ति-प्रकरण** में **रहइ**, **मानइ**, **चलइ** आदि रूप हैं, पर इनसे भी अधिक अकारान्त **रह**, **चल** आदि रूप हैं। **रह**, **चल** रूप आज्ञार्थी नहीं हैं, रहता है, चलता है के अर्थ में उनका प्रयोग होता है। डा० चाटुर्ज्या ने इन रूपों के **अ** को **अइ**, **ऐ** का रूपान्तर माना है, और ये **अइ**, **ऐ** संस्कृत **अति**, **अयति** का विकास है। वह जायसी और तुलसीदास की रचनाओं में प्राप्त **अ** और **अइ** वाले दोनों तरह के रूपों का उल्लेख करते हैं। **अइ** के समानान्तर **अहि** वाले क्रिया-रूप भी हैं, इसकी जानकारी डा० चाटुर्ज्या को है किन्तु **अहि** को वह **अइ** का पूर्वरूप नहीं मानते। उनके लिए पूर्वरूप **अइ** है, **ह्** ध्वनि उसमें सौन्दर्यभाव के कारण जोड़ दी गई

है। इस ध्वनि-प्रसाधन की कल्पना का कारण यह है कि संस्कृत के **चलति** आदि रूपों में ति है। ति बदल कर हि रूप धारण कर नहीं सकती। इसलिए **चल्** धातु के साथ जो **अति** जुड़ा, वह पहले **अइ** हुआ, फिर हकार प्रेम के कारण **अहि** बन गया। बहुवचन रूप में **अहिं** का प्रयोग और भी अधिक होता है। इसलिए यहाँ समस्या फिर खड़ी होती है कि **चलन्ति** का **अन्ति अहिं** कैसे बन गया। संज्ञा शब्दों के बहुवचन रूपों में **न** और **न्ह** दो तरह के चिन्ह मिलते हैं। वैसी ही समस्या **अइ** और **अहि** रूपों की है। **अधि-अन्धि, धि-न्धि** प्रत्ययों की कल्पना करने से ये सब कठिनाइयाँ दूर हो जाती हैं। **न** का पूर्वरूप **न्ह** है; **चलइ** का पूर्वरूप **चलहि** है। अब समस्या रह जाती है **चलइ** से **इ** का लोप होने पर **चल** रूप बनने की।

चलइ और **चल** दो भिन्न क्रियारूप हैं; दो भिन्न प्रक्रियाओं द्वारा भाषा में उनकी प्रतिष्ठा हुई है।

चलइ तिङन्त रूप है, उसमें क्रिया व्यक्तिवाचक सर्वनाम चिन्ह लगाये है; **चल** सर्वनाम-चिन्ह-मुक्त क्रियारूप है, कारक-चिन्ह-मुक्त नाम शब्द के समान। जायसी और तुलसीदास की तुलना में ऐसे अतिङन्त क्रियारूपों का व्यवहार दामोदर पण्डित के यहाँ अधिक है।

डा० चाटुर्ज्या ने **उक्ति-व्यक्ति-प्रकरण** की भूमिका में **रह, चल, कर** आदि रूपों के बारे में आगे लिखा है कि ये बोली विशेष के रूप थे; **अइ** वाला भरापूरा रूप भी व्यवहार में आता था, अतः बाद की कोसली में **अ** की अपेक्षा **अइ, ऐ** वाले रूप अधिक हैं। इस कथन का आशय यह है कि मानक रूप तो **अइ** वाला था, अवधी क्षेत्र की जिस बोली से दामोदर पण्डित अधिक परिचित थे, उसमें **इ** का लोप होने से **अ** बच रहा था। यदि यह कल्पना सही है तो मानना होगा कि दामोदर पण्डित की उस बोली विशेष से तुलसीदास और जायसी भी परिचित थे क्योंकि वैसे रूप **पदमावत** और **रामचरित मानस** में भी हैं। वाक्यतंत्र की दो पद्धतियाँ हैं, उन्हीं के अनुरूप कारक-रचना और क्रियापद रचना की दो पद्धतियाँ हैं। यह भेद वैदिक काल से चला आ रहा है।

उक्ति-व्यक्ति-प्रकरण में क्रिया का एक वर्तमान कालीन बहुवचन रूप **करति** है। यहाँ दो कठिनाइयाँ हैं; पहली यह कि **ति** के स्थान पर **इ** नहीं है, दूसरी यह कि संस्कृत में बहुवचन रूप **कुर्वन्ति** है, हिन्दी **करति** में **न्** गायब है। **कुर** की जगह **कर** की समस्या इस तरह हल की गई है कि **कुर्वन्ति** के समानान्तर एक रूप **करन्ति** भी रहा होगा। अवश्य रहा होगा क्योंकि क्रिया मूल **कर्** है, **कॉर्** उसका मागधी रूप होगा, कौरवी में ओकार बदल कर उकार हुआ, **कॉर्** का रूपान्तर **कुर्** हुआ। अधि और अन्धि दो सर्वनाम रूप थे जिनमें **अन्धि** का प्रयोग बहुवचन के लिए होने लगा। **करधि** और **करन्धि** से **करहि** और **करहिं** रूप बने। **अधि** और **अन्धि** क्रमशः **अति** और **अन्ति** बने। **अधि** और **अन्धि** में मूलतः वचनभेद नहीं था, इसलिए **अधि** रूप बहुवचन के लिए भी प्रयुक्त होता था। इस प्रकार पुरानी अवधी का **करति** रूप संस्कृत **कुर्वन्ति** से बिलकुल स्वतंत्र विकसित होता है, उसका मूलाधार है **करधि**। अधि और **अन्धि** के वैकल्पिक

रूप **अथ** और **अन्थ** भी प्रचलित थे। इनसे कृदन्तों के लिए **अत** और **अन्त** प्रत्ययों का विकास हुआ। डा० चाटुर्ज्या ने कल्पना की है कि पुरानी अवधी के **करत**, **पढ़त** जैसे रूप **कुर्वन्त्**, **पठन्त्** जैसे रूपों के आधार पर बने हैं। जैसे **कुर्वन्ति** का एक वैकल्पिक रूप **करन्ति** माना, वैसे ही **कुर्वन्त** का एक वैकल्पिक रूप **करन्त** माना। अन्तर यह है कि संस्कृत रूपों के अन्त में व्यंजन है और हिन्दी रूपों के अन्त में स्वर है। यह कोई बड़ा भेद नहीं है। जैसे **उक्ति-व्यक्ति-प्रकरण** की भाषा के शब्द अजन्त हैं, वैसे ही प्राचीन रूप पठन्त, कुर्वन्त थे, अन्तिम वर्ण का हलन्त उच्चारण कौरवी ध्वनि प्रकृति का परिणाम है। **पठन्त्** से **पढ़त** का विकास देखना आवश्यक नहीं है। एक प्राचीन रूप **पठत** भी था जिससे संस्कृत में **पठत्**, **पठन्** रूप बने। डा० चाटुर्ज्या ने **कुर्वन्त्** के समानान्तर जो **करन्त** रूप माना है, उसमें महत्वपूर्ण बात यह है कि यह कल्पित प्राचीन रूप अजन्त है। यह कल्पना इस तथ्य की स्वीकृति है कि प्राचीन काल में हलन्तरूप **कुर्वन्त्** के साथ अजन्त रूप **करन्त** भी प्रचलित था। ऐसे अजन्त रूप बारहवीं सदी की अवधी में विद्यमान थे। ये अजन्त रूप कोसल की प्राचीन गणभाषा के हैं, कौरवी में इनका हलन्तीकरण हुआ है।

भविष्यकालीन रूपों में, आधुनिक अवधी के समान, क्रिया में **ह** और **ब**, दोनों प्रत्यय लगते हैं। डा० चाटुर्ज्या ने **ब** वाले रूपों को मूलतः कर्मवाच्य मान कर लिखा है कि इनके साथ व्यक्तिसूचक प्रत्यय नहीं लगते। व्यक्तिसूचक प्रत्यय बारहवीं सदी में नहीं लगे क्योंकि ये **ब** वाले रूप मागधी प्रभाव से आए हैं और अवधी के लिए अभी नये हैं। अवधी के मूल भविष्यकाल रूप **ह्** वाले हैं। पश्चिमी अवधी से उत्तर की ओर कनौजी में **ब** वाले रूपों का प्रवेश अभी तक नहीं हुआ, केवल **ह** वाले रूपों का चलन है। मुख्य बात यह है कि **ब** वाले कृदन्त रूप भविष्यकाल के लिए अभी आरक्षित नहीं हुए। **उक्ति-व्यक्ति-प्रकरण** में ऐसे रूपों का व्यवहार भूतकाल के लिए भी हुआ है। डा० चाटुर्ज्या ने उदाहरण दिया है : **केइँ ताहाँ जेंउँब**—किसने वहाँ भोजन किया। पुस्तक में संस्कृत रूपान्तर दिया हुआ है : **कस् तत्र बुभुजे भ्रंजिवद् वा**। इस रूपान्तर से भ्रम की गुंजाइश नहीं रहती। तिङन्त क्रियारूपों के समान पहले कृदन्त क्रियारूप भी कालनिरपेक्ष थे। क्रमशः पूर्वी क्षेत्र की भाषाएँ उनमें व्यक्तिवाचक प्रत्यय लगाने लगीं; **ब** वाले रूप भविष्यकाल के लिए सुनिश्चित हुए।

बारहवीं सदी में किसी संज्ञा शब्द के साथ **करना** क्रिया जोड़कर नयी क्रिया बनाने की पद्धति जोर पकड़ती जा रही थी। दामोदर पण्डित ने **भोजन कर**, **गमन कर**, **दर्शन कर**, **श्रवण कर**, **घ्राण कर** आदि जो उदाहरण दिये हैं, वे सम्भवतः पण्डित वर्ग में प्रचलित थे जो **देख** की अपेक्षा **दर्शन कर** कहना शिष्टता का चिन्ह मानता था। अब लोग मन्दिर में देवता को देखने नहीं जाते, उसके **दर्शन करने** जाते हैं। **दर्शन करना** प्रयोग रूढ़ हो गया और देखना क्रिया से भिन्न अर्थ देने लगा। दामोदर पण्डित के समय में भोजन करेगा, इस वाक्य को दो तरह से कह सकते थे, **भोजन करहि**; और **जेंविह**। अब दूसरे रूप की क्रिया मानक हिन्दी में प्रयुक्त नहीं होती यद्यपि जनपदीय

भाषाओं में दूर-दूर तक उसका व्यवहार होता है। हिन्दी क्रियार्थी संज्ञा का **ना** प्रत्यय पुरानी अवधी के **न** का प्रतिरूप है। **उक्ति-व्यक्ति-प्रकरण में करण चाह** अर्थात् करना चाहता है, इस वाक्य में अवधी का पुराना क्रियार्थी संज्ञा रूप विद्यमान है। अवधी में अब मागधी प्रभाव से **ब**-वाले रूप का अधिक चलन है, **न**-वाला रूप कनौजी में सुरक्षित है।

उक्ति-व्यक्ति-प्रकरण में दो-तीन वाक्य ऐसे आए हैं जो विन्यास की दृष्टि से बहुत महत्वपूर्ण हैं। **दुहाव गाइ दूधु गुआलें गोसाँवि** - गोस्वामी ग्वाले से गाय दुहाता है। इसका संस्कृत रूपान्तर इस प्रकार है : **दोहयति गां दुग्धं गोपालेन गोस्वामी**। अवधी और संस्कृत, दोनों रूपों में वाक्य की विशेषता यह है, कि विधेय पहले है, उद्देश्य बाद में। **पढाव छात्रहि शास्त्र ओझा**, संस्कृत रूपान्तर : **पाठयति छात्रम् शास्त्रं उपाध्याय:**। यहाँ भी विधेय पहले और उद्देश्य बाद को है। कुछ आगे चलकर तीसरा वाक्य है : **सिंहासण आछ राजा—सिंहासने तिष्ठति राजा**। ऐसे वाक्य पद्य में नहीं गद्य में लिखे गए हैं। जायसी और तुलसीदास में ऐसे वाक्य भरे पड़े हैं। ऐसे उदाहरणों से इस धारणा की पुष्टि होती है कि पुराने वाक्यतंत्र में पहले विधेय फिर उद्देश्य, यही क्रम रहता था।

(ङ) पुरानी साहित्यिक अवधी

सन् १३७९ में डलमऊ, जिला रायबरेली के कवि दाऊद ने अवधी में **चांदायन** काव्य लिखा। जिस समय ज्योतिरीश्वर ठाकुर मैथिली में गद्य लिख रहे थे, लगभग उसी समय दाऊद अवधी में पद्य लिख रहे थे। यदि दाऊद का यह काव्य ही प्राप्त होता और **उक्ति-व्यक्ति-प्रकरण** सुलभ न होता तो विद्वान् कहते कि अवधी भाषा का जन्म चौदहवीं सदी में हुआ। पर उससे पहले बारहवीं सदी का वह ग्रंथ सुलभ है, और उसकी भाषा के साँचे और **चांदायन** की भाषा के साँचे में कोई महत्वपूर्ण अन्तर नहीं है। **चांदायन** से तीन सौ साल पहले लगभग वैसी ही अवधी बोली जाती थी। अब मान लीजिए कि **उक्ति-व्यक्ति-प्रकरण** से तीन सौ साल पहले भी, जब महाकवि भवभूति कान्यकुब्ज सम्राट् के यहाँ **मालती माधवम्** और **उत्तररामचरितम्** लिख रहे थे, लगभग वैसी ही अवधी बोली जाती थी जैसी दामोदर पण्डित बोलते थे। **चांदायन** की भूमिका में डा० माताप्रसाद गुप्त ने **उक्ति-व्यक्ति-प्रकरण** की भाषा से इस काव्य की भाषा की तुलना विस्तार से की है। भूमिका के अन्त में उनका निष्कर्ष इस प्रकार दिया हुआ है : "इस प्रकार ऊपर दिए हुए कुछ सौ रूपों में से चार छः रूपों में ही रचना की भाषा उक्ति की भाषा से भिन्न दिखाई पड़ती है, अन्यथा वह उसके समान अथवा उससे विकसित प्रमाणित होती है। जायसी की भाषा से वह मिलती-जुलती होते हुए भी किंचित् पूर्व की स्थिति का आभास देती है।" भाषा धीरे-धीरे इसी प्रकार बदलती है। दो सौ साल पहले की भाषा किंचित् पूर्व का आभास देती है, यह किंचित् बढ़ते-बढ़ते पर्याप्त हो जाता है, इतना कि भाषा में गुणात्मक परिवर्तन दिखाई देने लगते हैं।

पर **भवभूति** के समय में अवधी बोली जाती थी, यह सत्य है।

डा० चाटुर्ज्या से भिन्न डा० माताप्रसाद ने **उक्ति-व्यक्ति-प्रकरण** में **कवण** जैसे रूपों में मूर्धन्य नासिक्य के व्यवहार को प्राकृत प्रभावजन्य माना है, **ण्** को अवधी की ध्वनि नहीं माना। उनकी यह धारणा सही है। **उक्ति-व्यक्ति-प्रकरण** में क्रिया के वर्तमान कालिक एकवचन रूप **इ** वाले तो हैं, **हि** वाले नहीं हैं। यह एक महत्वपूर्ण भेद है। दामोदर पंडित का संपर्क उस अवधी से है जिसमें हकार के लोप की प्रवृत्ति अधिक प्रबल है। दाऊद की अवधी उस क्षेत्र की है जिसमें ह् का उच्चारण अधिक स्पष्ट होता था। एक पंक्ति है : **ओ जस सुना कहत तस आवइ**; यहाँ क्रिया का **इ** वाला रूप है। इसके बाद ही लिखा है : **सो पढ़ति जाको ति पढांवहि**; यहां **हि** वाला रूप है। इसी प्रकार : **दिन दिन पहिरहि चीर धोवाई**। **पढ़ति** रूप में न **इ** है न **हि**, वरन् **ति** है। दाऊद के समय तक साहित्यिक भाषा में ऐसे रूपों का व्यापक चलन हो गया था।

उक्ति-व्यक्ति-प्रकरण के समान **चांदायन** में भी क्रिया सर्वनाम-चिन्हों से स्वतंत्र प्रयुक्त हुई है। **राति जु बइसइ चौकी कुन्त खरग रह छाइ**—यहां संदर्भ से पता चलेगा कि **रह** क्रियारूप किस काल के लिए है और उसका कर्ता किस पुरुष में है। इसके बाद की पंक्ति में क्रियारूप **फिर** है : **पाखर सहस साठ फिर चांटहि सँचरि न जाइ**—यहाँ भी क्रियारूप काल-पुरुष-भेद सूचित नहीं करता। ऐसे रूप अन्य पुरुष के साथ ही प्रयुक्त होते हैं उत्तम-मध्यम पुरुषों के साथ नहीं, इससे सिद्ध होता है कि ये रूप काव्य में छंद की आवश्यकता के कारण प्रयुक्त नहीं हुए; तिङन्त रूपों के समानान्तर ऐसे पूर्ण विश्लिष्ट पद्धति वाले क्रियारूपों का भी व्यापक व्यवहार होता था। **उक्ति-व्यक्ति-प्रकरण** के गद्य में ऐसे रूप बहुत हैं।

दामोदर पंडित से लेकर मुल्ला दाऊद के समय तक काफी सामाजिक परिवर्तन हो चुका था, व्यापार केन्द्रों की बढ़ती के साथ जनपदों का अलगाव टूट रहा था। फलत: अवधी में पश्चिमी जनपदों के अनेक भाषा-तत्व सिमट कर आ रहे थे। **चांदायन** की दूसरी ही पंक्ति है : **जिमि सिरज्या यह वेस दियारू**। यहां **सिरज्या** रूप बांगरू भाषा का है, बाद में अवधी क्रिया **सिरजसि** (सिरजॅसि) का बार-बार प्रयोग हुआ है।

चांदायन में **भव्** या **भय्** (संस्कृत **भू**) के पश्चिमी रूप **भयउ**, **भयो** हैं, अवधी में एकवचन रूप **भवा**, **भया**, **भा** हैं। **चांदायन** में **भएउ**, **भयो**, **भा** तीनों तरह के प्रयोग हैं। साहित्य की भाषा में विभिन्न जनपदों के रूप घुलमिल रहे हैं। हिन्दी **लीजिए**, **दीजिए** के अनुरूप **लीजा**, **दीजा** रूप हैं : **रासि गनित कर नाँउँ न लीजा, दइ** (दइय) **आनि बिधि बेटी दीजा**। इसी प्रकार **पाइए**, **रहिए** आदि की तरह : **अति अवगाहु न पाइअ थाहा, केहुँ न पाइअ बाट**। **कहा**, **रहा**, **देखा** जैसे खड़ी बोली के कृदन्त रूप **चांदायन** में बिखरे हुए हैं : **भाम नगारी कोडचरित हम देखा होइ अपार**; **हरियर आइ देसकर रहा, काग रुद्र** (रूक) **बहु भाषा कहा**। इसी प्रकार भूतकालीन कृदन्तों के कर्मवाच्य प्रयोग बढ़ रहे हैं : **गाँउं तीस भल दइजे पाए; घोर पचास आनि किए ठाढे**। सबसे आश्चर्य-जनक, **किया** की जगह, **कीत** रूप का प्रयोग है : **भानु मंझान न कीत पियारू**। यह

कीत अवश्य ही पछांही प्रयोग है। **किध** से **किह, किय** रूप बने और **कीध** या **किद्ध** से **कीत**।

वाक्यतंत्र की दृष्टि से **चांदायन** का प्रारम्भिक अंश जायसी तथा अन्य कवियों के लिए एक आदर्श बन गया है। **सिरजसि धरती औरु अगासू, सिरजसि मेर मदर कबिलासू**। और इस तरह काफी दूर तक यह सिलसिला चलता रहता है। इसी तरह **पदमावत** में : **कीन्हेसि प्रथम जोति परकासू। कीन्हेसि तेहि पिरीत कैलासू**। और यह कीन्हेसि का सिलसिला भी काफी दूर तक चलता है। अवश्य ही दाऊद और जायसी किसी साहित्यिक परम्परा से बँधे हुए ऐसी वाक्य-रचना कर रहे थे और यह सम्भव है कि अवधी की यह काव्य परम्परा दाऊद से पहले की हो। वाक्यतंत्र की विशेषता यहाँ यह है कि वाक्य क्रिया से आरम्भ होता है, वाक्य का शेष अंश क्रिया के बाद आता है।

मृगावती की रचना १५०३ में हुई। **चांदायन** के **कीत** की तरह यहाँ कृदन्त रूप **लीता** का प्रयोग हुआ है : **उतर न देइ पेम गहि लीता**। इससे भी आश्चर्यजनक प्रयोग **दीतिन्हि** है : **सब कहँ परोहन दीतिन्हि आनी**। अवधी रूप होगा **दीन्हेन्हि**, इसका आधुनिक विकास है **दीन्हेनि**। **दीन्ह** और **दीत** दोनों कृदन्त रूप हैं। कुतुबन ने अवधी की प्रकृति के अनुसार कृदन्त रूप को फिर तिङन्त बनाया है। पर ये अपवाद-रूप प्रयोग हैं; ये केवल यह सूचित करते हैं कि जनपदों के बीच बड़े पैमाने पर भाषातत्वों का विनिमय हो रहा है। कर्मवाच्य प्रयोग **चांदायन** की तरह **मृगावती** में भी हैं : **चितमहँ गड़ि सो पिरम कहानी; एक एक कहँ पूंछी बाता; देस लोरु कहँ पठई पाती**। कहीं-कहीं पश्चिम के बदले पूर्व के प्रयोग भी लिए गए हैं जैसे लकारवाला भूत कृदन्त : **पिउ कत गेला अवर न बोलै**। एक आश्चर्यजनक प्रयोग सम्प्रदानकारक में **ला** प्रत्यय का है : **मन महँ कहेसि नियर होइ धरौं, हाथ न आव तौ एहिला मरौं**। **एहिला** अर्थात् इसके लिए। डा० माताप्रसाद गुप्त ने कल्पना की है कि **ला** के बाद **इ** वर्ण छूट गया है पर यह कल्पना अनावश्यक है। बघेलखण्डी में इस कारक चिन्ह **ला** का प्रयोग अब भी होता है और उसी तरह उधर पूरब में मगही में होता है। **हाथ न आव**—यहाँ **आव** क्रिया का अतिङन्त निरपेक्ष रूप है, हाथ न आई या हाथ न आए, ऐसा आशय है। इसी प्रकार : **निसि अँधियारि तिहि पुनि लागै, सेज न भाव रैनि सब जागै**। यहाँ **लागै, जागै** के समानान्तर **भाव** रूप का व्यवहार हुआ है। **भावै** के स्थान पर **भाव** काफी है। **कहा, देखा** आदि पश्चिमी रूपों के समान **मृगावती** में भी कृदन्ती प्रयोग हैं : **राजइँ नेगिन्ह कहा बुलाई**। अवधी रूप होगा **कहेसि**, सम्मान दिखाना हो तो **कहेन्हि** या **कहेनि** रूप होगा। इसी प्रकार : **धाइन्हि अस कै खीर पिआवा**। कर्ता **धाइन्हि** है, **पियाएन्हि** की जगह **पियावा** रूप का प्रयोग है। अवधी का अपना रूप इस प्रकार है : **पाएन्हि बहुत पसाऊ**। कहीं-कहीं वर्तमानकालीन कृदन्त का प्रयोग क्रिया के तिङन्तरूप के स्थान पर हुआ है यथा : **खेलत सबइ अहेरा जहां**। **खेलत** विशेषण रूप नहीं है, **खेलहिं** की जगह **खेलत** का प्रयोग हुआ है। आधुनिक अवधी के **जात है, आवत है** और हिन्दी के **जाता है, आता है**, कृदन्त क्रिया रूपों के लिए जमीन तैयार हो रही है। तिङन्त रूप कहीं-कहीं कृदन्तवत् भी प्रयुक्त होते हैं। **पण्डित**

आइ पढ़ावहि लागे—पण्डित आकर पढ़ाने लगे। **पढ़ावहि** का एक अर्थ पढ़ाता है भी होगा। आधुनिक अवधी में कहेंगे—**पढ़ावै लागि**; यहाँ **पढ़ावै** कृदन्त रूप है; वह तिङन्त **पढावहि** का रूपान्तर है। इसी प्रकार **सब देखहि आवहि ओहि ठाऊं**—यहाँ **देखहि** वर्तमानकाल में अन्यपुरुष का एकवचन रूप है और क्रियार्थी संज्ञा का काम कर रहा है। जैसे तिङन्त रूप में बहुधा ह् का लोप होता है, वैसे ही कृदन्तीय व्यवहार में महाप्राण ध्वनि का लोप होता है। **हनइ लाग निकसइ नहिं चाहा**—**निकसहि** के स्थान पर **निकसइ** रूप है। **हनइ लाग** संयुक्त क्रिया है जिसमें **हनइ** का प्रयोग कृदन्तवत् है।

पढ़ावहि लागे—संयुक्त क्रियापद है। ऐसी क्रियापद रचना उत्तर-पश्चिमी भाषाओं की विशेषता है, अवधी की नहीं, क्योंकि संयुक्त क्रियापद में पहला क्रियारूप कृदन्त होगा। कृदन्त और तिङन्त दो तरह की क्रियापद रचना के मेल से ऐसी संयुक्त क्रियापद रचना संभव हुई। अवधी कृदन्तहीन क्षेत्र की भाषा है। वह जब संयुक्त क्रिया-पद रचना से प्रभावित होती है, तब अपने तिङन्त रूप को ही कृदन्त की तरह काम में लाती है। **पढ़ावहि, देखहि** आदि वर्तमानकालिक अन्यपुरुष के एकवचन रूप हैं। **लागे** क्रिया के पहले ये कृदन्तवत् प्रयुक्त हुए। आधुनिक अवधी में **पढावै, देखै** जैसे क्रियार्थी संज्ञा रूप वास्तव में वर्तमानकालिक तिङन्त रूप हैं। मजे की बात है कि खड़ी बोली के **पढावैगा, देखैगा** रूपों का आधार भी वही **पढ़ावहि, देखहि** तिङन्त रूप हैं (टकसाली हिन्दी में **पढायेगा, देखेगा** रूप होंगे)। कोसल का तिङन्त रूप कुरु जनपद में पहुँचकर, साधारण क्रियामूल की तरह, कृदन्त प्रत्यय से संयुक्त हो रहा है, उधर कृदन्तों का कौरवी व्यवहार अवधी में संयुक्त क्रियापद रचना को प्रेरित कर रहा है। ऐसा है जन-पदीय भाषाओं का संपर्क जिससे इन भाषाओं में नये-नये रूपों का उद्भव और विकास हुआ।

पढ़ावहि-पढ़ावै, देखहि-देखै रूप जब कृदन्तों का काम देने लगे, तब उनका व्यवहार संयुक्त क्रियापदों तक सीमित न रहा। वे संज्ञारूपों के समान कारकों में प्रयुक्त होने लगे। अवधी के तिङन्त क्रिया रूप संज्ञा बन जायँ, इसका कारण अवधी पर कौरवी समुदाय की भाषाओं का बहुत गहरा प्रभाव ही हो सकता है।

अवधी की अनेक विशेषताओं के बारे में जायसी की भाषा का विवेचन करते हुए आचार्य रामचन्द्र शुक्ल ने अनेक महत्वपूर्ण बातें **जायसी ग्रन्थावली** की भूमिका में कही हैं। ऐतिहासिक भाषाविज्ञान का अध्ययन करने वालों को भी इस विवेचन पर ध्यान देना चाहिए। उक्त क्रियार्थी संज्ञा के संदर्भ में खड़ी बोली और ब्रजभाषा से अवधी का भेद बतलाते हुए शुक्ल जी ने लिखा है: "ठेठ अवधी की एक बड़ी भारी विशेषता को सदा ध्यान में रखना चाहिए। खड़ी बोली और ब्रजभाषा दोनों में कारक चिन्ह सदा क्रिया के साधारण रूप में लगते हैं, जैसे—'करने का', 'करन को' या 'करिबे को'। पर ठेठ या पूरबी अवधी में कारक चिन्ह प्रथम पुरुष, एकवचन की वर्तमानकालिक क्रिया के रूप में लगता है, जैसे—'आवै कहँ', 'खायमाँ', 'बैठेकर'—"। इसके बाद शुक्ल जी ने जायसी से उदाहरण दिए हैं। ये उदाहरण दो तरह के हैं। पहली तरह के उदाहरणों में कारक

चिन्ह लगे हैं यथा **दीन्हेसि स्रवन सुनै कहँ बयना**। दूसरी तरह के उदाहरणों में कारक चिन्ह नहीं हैं यथा **सबै सहेली देखै धाईं** (शुक्लजी परसर्ग नहीं, कारक चिन्ह का प्रयोग करते हैं।)

कारक चिन्ह लगता है या नहीं, यह प्रश्न गौण है; मुख्य बात यह है कि तिङन्त क्रियारूप संज्ञा की तरह वाक्य में प्रयुक्त हो रहा है, वह कारक भाव बता रहा है। कारक भाव वह शब्द बताता है जो त्रिया से संज्ञा रूप में संबद्ध होता है; जहाँ एक क्रिया से दूसरा क्रियारूप सम्बद्ध हो, वहाँ कारकभाव का अस्तित्व ही न होगा।

कोसल तिङन्त क्रियारूपों का मुख्य क्षेत्र है। तिङन्त क्रियारूप पुरुषभेद, कालभेद सूचित करते हैं; ऐसा भेद सूचित करने का साधन हैं सर्वनाम चिन्ह जो क्रियामूल में जोड़े जाते हैं। इससे भिन्न एक दूसरी प्रवृत्ति काम कर रही है जो क्रिया को सर्वनाम चिन्हों से मुक्त रखती है, उसे पुरुषभेद कालभेद से भी मुक्त रखती है। कृदन्त रूप पुरुषभेद से मुक्त हैं पर कालभेद से मुक्त नहीं हैं। इसके सिवा वे लिंगभेद, वचनभेद भी व्यक्त करते हैं। इनसे भिन्न क्रिया का एक अकृदन्त, अतिङन्त रूप है जो लिंग-वचन-पुरुष कालभेद से मुक्त है, सर्वनाम-चिन्हों (व्यक्तिवाचक प्रत्ययों) से मुक्त तो है ही। यहाँ विश्लिष्ट रूपतंत्र वाली क्रियापद रचना की तर्कसंगत चरम परिणति दिखाई देती है। **उक्ति-व्यक्ति-प्रकरण** में क्रिया के ऐसे रूप वर्तमान काल से संबद्ध हैं किन्तु ऐसे रूपों का व्यवहार अन्य कालों के लिए भी होता था। **सुनत राम अभिषेक सुहावा। बाज गहागह अवध बजावा। रामचरित मानस** की इन पंक्तियों में **बाज** भूतकाल की ओर संकेत करनेवाला रूप है, यह संदर्भ से स्पष्ट है।

क्रिया के इस विशुद्ध रूप के बारे में शुक्लजी ने **जायसी ग्रन्थावली** की भूमिका में लिखा है : "पद्य में कभी-कभी वर्तमान काल के रूप के स्थान पर संक्षेप के लिए धातु का रूप रख दिया जाता है, जैसे—(क) **हौं अन्धा जेहि सूझ न पीठी**। (सूझ=सूझती है) (ख) **बिनु गथ बिरिछ निपात जिमि ठाढ़ ठाढ़ पै सूख**। (सूख=सूखता है)"। **उक्ति-व्यक्ति-प्रकरण** में क्रिया के ऐसे शुद्ध रूपों की बहुतायत है। वहाँ पद्य लिखते समय क्रियारूप को संक्षिप्त करना आवश्यक न था। शुक्लजी ने एक रोचक उदाहरण तुलसीदास से दिया है : **मरम बचन जब सीता बोला**। यहाँ **बोला** वास्तव में **बोल** है। छन्द की दृष्टि से संक्षिप्त न होकर और विस्तृत हो गया है। ऐसे पदों का एक उदाहरण जायसी से दिया है : **देखि चरित पदमावति हँसा**। शुक्ल जी कहते हैं : "'बोला' और 'हँसा' वास्तव में 'बोल' और 'हँस' हैं जो छन्द की दृष्टि से दीर्घान्त कर दिए गए हैं। कहने की आवश्यकता नहीं कि संक्षिप्त रूपों का व्यवहार दोनों लिंगों में समान रूप से हो सकता है।" तुलसीदास और जायसी कर्मवाच्य प्रयोगों से परिचित थे और रामचरित मानस में ऐसे रूप भरे पड़े हैं। सम्भव है बोला का सम्बन्ध मरम वचन से हो किन्तु जायसी ने हँसा का प्रयोग निस्सन्देह क्रिया का विशुद्ध रूप ध्यान में रखकर किया है।

अवधी में **ब**-वाले कृदन्त रूप, विशुद्ध क्रिया के समान, किसी भी पुरुष के साथ प्रयुक्त हो सकते थे, पुरुष के साथ रूप बदलना आवश्यक नहीं था। **पावहि** शुद्ध क्रिया

रूप जैसे संज्ञावत् प्रयुक्त हो सकता था, वैसे ही **पाउब** क्रियारूप भी संज्ञावत् प्रयुक्त होता था। इस सम्बन्ध में शुक्ल जी ने लिखा है : "इनमें उत्तम पुरुष के बहुवचन का जो रूप (पाउब) है वह अवधी साहित्य में सब पुरुषों में मिलता है (यद्यपि बोलचाल में उत्तम पुरुष बहुवचन 'हम' के ही साथ आता है)। जायसी और तुलसी दोनों ने सब पुरुषों में और दोनों वचनों में इस रूप का व्यवहार किया है, जैसे—**घर कैसे पैठब मैं छूछे** (उत्तम पुरुष, एकवचन), **गुन अवगुन विधि पूछब** (प्रथम पुरुष, एकवचन)। पूरबी अवधी में साधारण क्रिया (Infinitive) का भी यही 'ब' वर्णान्त रूप है।" यद्यपि जायसी और तुलसीदास की रचनाओं में **ब**-वाले कृदन्तरूप अधिकतर पुरुष-निरपेक्ष क्रियारूप में प्रयुक्त होते हैं, फिर भी जहाँ-तहाँ अवधी की प्रवृत्ति के अनुरूप इस कृदन्त के साथ पुरुष चिन्हों का प्रयोग भी होने लगा है। उक्त स्थापना से पहले शुक्ल जी ने लिखा है : "भविष्यत् के रूप ठेठ अवधी के कुछ निज के होते है—उत्तम पुरुष (१) **कौन उतर देबौं तेहि पूछे।** (एकवचन) मैं (२) **कौन उतर पाउब पैसारू।** (बहुवचन) हम"।

अवधी में कर्तृवाच्य प्रयोग अधिक होते हैं। इस सम्बन्ध में शुक्ल जी ने लिखा है : "शुद्ध अवधी की बोलचाल में क्रिया का रूप सदा कर्ता के पुरुष, लिङ्ग और वचन के अनुसार होता है; कर्म के अनुसार सकर्मक भूतकालिक क्रिया में भी नहीं होता। कारण यह है कि पूरबी बोलियाँ भूतकाल में कृदन्त रूप नहीं लेती हैं, तिङन्तरूप ही रखती हैं। मूल चाहे इन रूपों का कृदन्त ही हो, जैसा कि कहीं-कहीं लिङ्गभेद से प्रकट होता है, पर व्यवहार तिङन्त ही-सा होता है।" शुक्ल जी जब कहते हैं कि पूरबी बोलियाँ भूतकाल में तिङन्तरूप ही रखती हैं, मूल चाहे इन रूपों का कृदन्त ही हो, तब वे अवधी की मूल तिङन्त पद्धति की ओर संकेत करते हैं। जिस प्रक्रिया को मैंने कृदन्तों का तिङन्तीकरण कहा है, यहाँ उसका स्पष्ट उल्लेख है। इसी तिङन्तप्रकृति के कारण जायसी ने **देब** के स्थान पर **देबौं** लिखा। अवधी के कुछ क्षेत्रों में **ब** वाले क्रियारूपों का व्यवहार केवल उत्तम पुरुष के साथ होता है ; **हम जइबे** और **हम जाब** दोनों रूप **हम** के साथ प्रयुक्त होते हैं। **जइबे** रूप में एकार पुरुष बोधक नहीं है, निश्चयार्थ सूचक है, इसका उल्लेख मैथिली के प्रसंग में किया जा चुका है। किन्तु प्रतापगढ़ की अवधी में **ब** वाले रूप का व्यवहार उत्तम और मध्यम, दोनों पुरुषों में होता है। धीरेन्द्र वर्मा की **ग्रामीण हिन्दी** पुस्तिका में दो वाक्य हैं : "तौ ऊ अहिरवा जानिसि कि हमरे बरधवन का पूछत अहैं कि बेचब्या। औ गोहराय के कहिस कि बरधवन का हम न बेचबै।" यहाँ उत्तम पुरुष में **बेचबै** रूप है और मध्यम पुरुष एकवचन **बेचब्या** में पुरुष सूचक दूसरा चिन्ह लगाया गया है। इसी तरह छत्तीसगढ़ी में इस कृदन्त का व्यवहार उत्तम मध्यम पुरुषों में होता है। उक्त पुस्तिका में एक वाक्य है :"नहीं करबे तो तोला साहेब के कचहरी मां ले जाबो।" यहाँ मध्यम पुरुष में एकार है और उत्तम पुरुष में ओकार है, चिन्हों की यह भिन्नता पुरुष भेद सूचित करने के लिए है। यह कृदन्तों का तिङन्तीकरण हुआ।

जहाँ तिङन्त पद्धति प्रधान होगी, वहाँ कर्तृवाच्य प्रयोग प्रधान होंगे पर अवधी में कर्मवाच्य प्रयोग भी होते हैं, विशेषत: जायसी और तुलसीदास की अवधी एक

साहित्यिक भाषा-परम्परा का अंग है और पश्चिमी प्रभाव से उसमें कर्मवाच्य प्रयोग काफी हैं। इस सन्दर्भ में शुक्ल जी ने बहुत स्पष्ट लिखा है : "ऊपर जो पूरबी अवधी के रूप दिखाए गए, उनसे यह न समझना चाहिए कि जायसी ने सर्वत्र पूरबी अवधी ही के व्याकरण का अनुसरण किया है। कवि ने तुलसीदास जी के समान सकर्मक भूतकालिक क्रिया के लिङ्ग वचन अधिकतर पच्छिमी हिन्दी के ढंग पर कर्म के अनुसार ही रक्खे हैं, जैसे—**बसिठन्ह श्राइ कही श्रस बाता।**" शुक्लजी ने यहाँ अवधी पर पच्छिमी हिन्दी के प्रभाव का उल्लेख किया है। यह प्रभाव साहित्यिक भाषा के स्तर पर अधिक था, बोल-चाल की भाषा के स्तर पर कम। इसीलिए जहाँ भूतकालिक क्रिया लिंगभेद सूचित करती है, वहाँ शुक्लजी उसे अवधी व्याकरण के अनुरूप प्रयोग नहीं मानते। शुक्लजी की स्थापना उन सब भाषाविज्ञानियों के लिए ध्यान देने योग्य है जो जायसी या तुलसीदास की भाषा में सर्वत्र पुरानी अवधी के रूप देखते हैं। वे साहित्यिक भाषा की निर्माण-प्रक्रिया भुला देते हैं। जायसी की अपेक्षा पच्छिमी हिन्दी के ढँग पर कर्मवाच्य प्रयोग **रामचरितमानस** में और भी अधिक हैं। इसका कारण यह है कि साहित्यिक भाषा की वह परम्परा **रामचरितमानस** में पूर्णतः विकसित हो चुकी है।

तिङन्त क्रियारूपों की विशेषता है पुरुषभेद की सूचना, इस विशेषता का आधार है वह वाक्यतंत्र जिसमें कर्ता क्रिया के बाद आता था। कृदन्त रूपों की विशेषता है, पुरुषभेद का अभाव, और इस विशेषता का आधार है वह वाक्यतंत्र जिसमें कर्ता पहले आता है और क्रिया वाक्य के अन्त में। अवधी का वाक्यतंत्र मूलतः क्रियाप्रधान है; संस्कृत का वाक्यतंत्र अपने मूलरूप में इसी पद्धति का अनुसरण करता था। किन्तु जैसे-जैसे कृदन्तरूपों का व्यवहार बढ़ता गया, वैसे-वैसे तिङन्त रूप कम होते गए और क्रिया-रूप पुरुषभेद से मुक्त होते गए। पूरब की आर्यभाषाएँ तिङन्त पद्धति का गढ़ रही हैं इसीलिए इनमें बहुधा कृदन्तों का व्यवहार भी तिङन्तवत् होता है। कृदन्त पद्धति के साथ जिस उद्देश्य-विधेय क्रम वाले वाक्यतंत्र का चलन हुआ, उसका प्रभाव अब सभी आर्यभाषाओं पर तो है ही, द्रविड़, कोल और नाग भाषाएँ भी वाक्य कर्ता से आरम्भ करती हैं और क्रिया से उसका अन्त करती हैं। शुक्ल जी ने भूतकालिक क्रिया के लिंगभेद वाले रूप का उदाहरण देने के बाद अवधी पर पश्चिमी प्रभाव को ध्यान में रखते हुए आगे लिखा है : "इसी प्रकार भूतकालिक क्रिया का पुरुष-भेद-शून्य पश्चिमी रूप भी प्रायः मिलता है, जैसे **तुम तौ खेलि मँदिर महँ श्राईं।**" तुम आईं, वे आईं, अकर्मक क्रिया के भूतकाल रूप में पुरुषभेद से कोई परिवर्तन न हुआ। पश्चिमी हिन्दी का प्रभाव भूतकालिक क्रियारूपों पर अन्य प्रकार भी देखा जा सकता है। शुक्लजी ने लिखा है : "पश्चिमी हिन्दी की सकर्मक भूतकालिक क्रिया में पुरुष-भेद नहीं रहता—जैसे **मैंने किया, तुमने किया, उसने किया।** ठेठ अवधी के ऊपर दिए रूपों के अतिरिक्त जायसी और तुलसी दोनों एक सामान्य आकारान्त रूप भी रखते हैं जिसका प्रयोग तीनों पुरुषों, दोनों लिंगों और दोनों वचनों में समान रूप से करते हैं, जैसे—

उत्तम पु० (१) का मैं बोआ जनम ओहि भूँजी ?

(२) हम तो तोहि देखावा पीऊ।

मध्यम पु० (३) तुइ सिरजा यह समुद अपारा।

(४) अब तुम आइ अँतर पट साजा।

प्रथम पु० (५) भूलि चकोर दिस्टि तहँ लावा।

(६) तिन्ह पावा उत्तिम कैलासू।"

एक तरह से यहाँ क्रिया का शुद्ध रूप है, विशेषण के समान उसमें लिंग-भेद नहीं है। मानक हिन्दी में ने चिह्न के साथ **मैंने बोया, हमने दिखाया** आदि प्रयोग होंगे। **मैंने बोया** वाक्य के लिए भाषाविज्ञानी कहेंगे कि यह वाक्य कर्मवाच्य है, मैंने का अर्थ है मेरे द्वारा। उन्हें मानना चाहिए कि कर्ता कारक **हम** भी करण कारक में है; **हमने** का अर्थ है हमारे द्वारा। ने चिह्न लगे चाहे न लगे, कर्ता (या करण) कारक का सम्बन्ध क्रिया के साथ वैसा ही बना रहता है। भले ही **बोआ, दिखावा** आदि क्रियारूप कर्मवाच्य रहे हों पर जायसी उनका प्रयोग कर्तृवाच्यवत् कर रहे हैं। मुख्य बात यह है कि ऐसे रूपों में भाषा की विश्लिष्ट पद्धति फिर झलकती है; उनमें पुरुषभेद का अभाव है यद्यपि कालभेद का अभाव नहीं है।

अवधी में क्रियार्थी संज्ञारूप **न** प्रत्यय जोड़कर बनते थे। ऐसे रूप **उक्ति-व्यक्ति-प्रकरण** में हैं। ऐसे **न** वाले रूप जायसी और तुलसीदास की रचनाओं में भी हैं। ऐसे रूप पूरबी की अपेक्षा पच्छिमी अवधी में अधिक रहे हैं और अब कनौजी में मिलते हैं। ब्रज-भाषा में इनका अभाव है। कनौजी में **न** वाले रूपों को ध्यान में रखते हुए शुक्लजी ने लिखा है : "इसके अतिरिक्त पश्चिमी साधारण क्रिया (Infinitive) के 'न' वर्णान्त रूप का प्रयोग भी कहीं-कहीं देखा जाता है, जैसे—**कित आवन पुनि अपने हाथा।**" यहाँ **आवन** पश्चिमी अवधी का क्रियार्थी संज्ञारूप है और तुलसीदास के अतिरिक्त प्रताप नारायण मिश्र की अवधी में भी उसका प्रयोग हुआ है।

शुक्लजी ने अवधी के ध्वनि-तंत्र के बारे में एक महत्वपूर्ण बात कही है। **होई** और **होइहि**, एक ही अर्थ देने वाले भविष्यकालीन इन दो क्रियारूपों में वह **हि** वाले रूप को पुराना मानते हैं। लिखा है : " 'होइहि' पुराना रूप है। 'ह' के घिस जाने से आजकल 'होई' (=होगा) बोलते हैं।" अनेक भाषाविज्ञानी अन्य पुरुष एकवचन क्रियारूपों में जहाँ **हि** देखते हैं, वहाँ वे उसे मूलरूप **इ** का विकास मानते हैं। वास्तव में पश्चिमी जन-पदों के प्रभाव से महाप्राण ध्वनि का लोप होता है, अतिरिक्त **ह्** व्यंजन जोड़ा नहीं जाता। ऐसे रूप जिनमें पहले **ह्** ध्वनि थी पर आगे चलकर उसका लोप हो गया, बंगाल तक पहुँचे हैं। दो चीजों की तुलना करते हुए बँगला में **चेये** शब्द का प्रयोग होता है। यह **चेये** शब्द अवधी के **चाहि** क्रिया का रूपान्तर है। शुक्लजी ने इस सन्दर्भ में लिखा है : "जायसी और तुलसी ने कुछ पुराने शब्दों का व्यवहार किया है। इनमें से कई एक ऐसे हैं जो अब प्रसिद्ध नहीं हैं। उदाहरण के लिए **'चाहि'** और **'बाज'** इन दो शब्दों को लीजिए। **चाहि** का अर्थ है अपेक्षाकृत अधिक, बढ़कर—(क) **मेघहु चाहि अधिक वे कारे।**

(ख) **एक सों एक चाहि रुपमनी।** (ग) **कुलिसहु चाहि कठोर अति, कोमल कुसुमँहु चाहि**—तुलसी। यह 'चाहि' शायद संस्कृत '**चापि**' से निकला हो। बँगला में यह '**चेये**' इस रूप में बोला जाता है।" **चाह** क्रिया का अर्थ है देखना। **मेघहु चाहि अधिक बँकारे**—अर्थात् मेघ को भी देखते वे अधिक काले हैं। तुलना के लिए **देखते** शब्द का इस तरह प्रयोग अब भी होता है, खास तौर से पूरब के लोग मानक हिन्दी बोलते हुए उसका प्रयोग करते हैं। पूर्वकालिक रूप **चाहि** से बँगला **चेये** का विकास हुआ। देखने के अर्थ में **चाह** क्रिया का प्रयोग जायसी और तुलसीदास तथा अन्य कवियों की भाषा में तथा आधुनिक बँगला में भी देखा जाता है। तुलसीदास ने देखने के अर्थ में **चाह** क्रिया का प्रयोग बालकाण्ड के आरंभ में इस प्रकार किया है : **अस मानस मानस चख चाही। भइ कवि बुद्धि विमल अवगाही।** इसी तरह बालकाण्ड के अन्तिम अंश में : **सखी सीय मुख पुनि पुनि चाही। गान करहिं निज सुकृत सराही।** **चाह** क्रिया का प्रयोग बँगला से हिन्दी में आया होगा, उस समय इसकी कोई सम्भावना न थी। यह क्रिया उन भाषा-तत्वों में है जो अब अवधी से लुप्त हो गए हैं किन्तु बँगला में सुरक्षित हैं। इसी तरह **थाक** क्रिया है जो पहले अवधी में प्रयुक्त होती थी। रहने, स्थित होने के अर्थ में जायसी ने पदमावत के जोगी खण्ड में लिखा है : **हनुवँत केर सुनब पुनि हाँका, दहुँ को पार होइ को थाका।** यह क्रिया बँगला में खूब प्रयुक्त होती है। इसी तरह **आछ** क्रिया पुरानी अवधी में खूब चलती थी पर अब मैथिली और बँगला में उसका व्यवहार होता है। शुक्लजी ने इसके बारे में लिखा है : "यह अस् धातु से निकली जान पड़ती है जिसके रूप पालि में 'अच्छति', 'अच्छन्ति' आदि होते हैं। अब हिन्दी में तो उसका वर्तमान कृदन्त रूप 'अछत' या 'आछत' ही बोलचाल में है, पर बँगला में इसके और रूप प्रचलित हैं।" मेरी समझ में शुक्लजी ने **आछ** क्रिया का सम्बन्ध अस् से ठीक जोड़ा है। इसी तरह उन्होंने **अह** क्रिया का सम्बन्ध भी **अस्** धातु से जोड़ा है और **जायसी ग्रन्थावली** की भूमिका में लिखा है: "यह सत्तार्थक क्रिया '**भू**' धातु से न निकलकर '**अस्**' धातु से निकली जान पड़ती है।" इस प्रकार शुक्लजी **अस्** क्रिया के दो रूपान्तर मानते हैं, एक **अह** (या **आह**), दूसरा **अछ** (या **आछ**)। **अछत** और **आछत** रूप अब मानक हिन्दी में नहीं हैं, सम्भव है अवधी के किसी क्षेत्रीय रूप में उनका चलन हो।

एक अन्य क्रिया **पार**, समर्थ होने के भाव में, पहले अवधी में प्रयुक्त होती थी, अब वह बँगला में प्रयुक्त होती है, हिन्दी प्रदेश में उसका लोप हो गया है। शुक्लजी ने इसके बारे में लिखा है : " '**पारना**' क्रिया के रूप अब बंगाल ही में सुनाई पड़ते हैं। पर जायसी और तुलसी के जमाने तक शायद वे अवध की बोलचाल में भी रहे हों; क्योंकि इनके पहले के कबीर साहब की वाणी में भी वे पाये जाते हैं। जो कुछ हो, जायसी और तुलसी दोनों ने इस '**पारना**' (=सकना) क्रिया का खूब व्यवहार किया है, जैसे—(क) **परीनाथ कोइ छुवै न पारा।**—जायसी; (ख) **तुमहिं अछत को बरनै पारा?**—तुलसी।" **चाह**, **पार** आदि क्रियाएँ अब बँगला में मिलती हैं, पहले अवधी में प्रयुक्त होती थीं, इस तथ्य से एक अन्य धारणा की पुष्टि होती है कि तालव्य **श्** की प्रधानता

पहले मगध में थी, बाद को वैसी प्रधानता मगध से हटकर बंगाल में सुरक्षित रही। जैसे-जैसे मध्यदेश और पूर्वी क्षेत्रों की बोलियों पर पश्चिमी भाषाओं का प्रभाव बढ़ा, वैसे-वैसे अवधी, मगही आदि के अनेक भाषातत्व अपनी मूल भूमि छोड़कर बंगला में सिमट आए। पूर्वी क्षेत्रों के अलावा मराठी जैसी पश्चिमी भाषा में भी पुरानी अवधी के कुछ रूप अभी विद्यमान हैं। **अह** या **आह** क्रिया का **आहे** (है) रूप मराठी में प्रचलित है। जायसी ने लिखा था : **का राजा हों बरनों तासू, सिंघल दीप आहि कैलासू।** यह आहि शब्द महाप्राणता के लोप के बाद अवधी और बुन्देलखण्डी में अब भी बोला जाता है। **को आय** या **कु आय** का अर्थ है, कौन है। **को अयम्** से इसका कोई सम्बन्ध नहीं है। इसके बहुवचन रूप **आहिन** का प्रयोग अवधी में अब भी होता है और उसमें महाप्राण ध्वनि बनी हुई है। **हम आहिन** अर्थात हम हैं, **वो आहीं** अर्थात वे हैं। बहुधा देखा जाता है कि एकवचन रूप में ह् का लोप पहले होता है, बहुवचन में कम होता है या विलम्ब से होता है। जायसी और तुलसीदास की भाषा में **करहि** जैसे रूप कम और **करइ** जैसे रूप ज्यादा हैं किन्तु **करहिं** जैसे रूप खूब प्रयुक्त होते हैं। इसी तरह **आहि** का रूपान्तर **आय है;** **आहिन, आहीं** में ह् सुरक्षित है।

तुलसीदास की भाषा में पश्चिमी प्रयोग और भी अधिक हैं। **मानस** अवधी भाषा का लोकप्रिय श्रेष्ठ ग्रन्थ है, इसलिए उसके बारे में विशेष सावधान रहना चाहिए कि उसकी भाषा के हर प्रयोग को हम पुरानी अवधी न समझ लें। वह परम्परा जिसमें पच्छिमी प्रयोग अवधी में मिलने लगे हैं, तुलसी से पहले जायसी में आरम्भ हो चुकी है। **कीजिए, पाइए,** आधुनिक हिन्दी के इन क्रियारूपों से मिलते-जुलते रूप **पदमावत** में हैं। नागमती सुवा सम्वादखण्ड में जायसी ने लिखा था : **जेहि रिस कै मरिए रस जीजै। सो रस तजि रिस कबहुँ न कीजै। कन्त सोहाग कि पाइय साधा। पावइ सोइ जो उहि चित बाँधा।** यहाँ **जीजै, कीजै, मरिए, पाइय** आदि पच्छिमी प्रयोग हैं। तुलसीदास ने **मानस** के अरण्यकाण्ड में लिखा : **तासों तात बयरु नहिं कीजै। मारें मरिअ जिआएं जीजै।** आधुनिक अवधी के विपरीत तुलसीदास की साहित्यिक अवधी में कर्मवाच्य प्रयोग, जायसी की अपेक्षा, अधिक हैं। बालकाण्ड के आरम्भ में उन्होंने लिखा : **मैं पुनि निज गुरु सन सुनी कथा सो सूकर खेत। समुझी नहिं तसि बालपन तब अति रहेउँ अचेत। तदपि कही गुरु बारहिं बारा। समुझि परी कछु मति अनुसारा।** यहाँ लगातार कर्मवाच्य प्रयोग हुए हैं। कथा सुनी, कथा समझी नहीं, गुरु बारहिबार कथा कही, तब कछु समुझि परी। इस तरह के कृदन्तीय प्रयोग ब्रजभाषा, बुन्देलखण्डी आदि में प्रचलित हैं, अवधी में नहीं। सुन्दरकाण्ड में तुलसीदास ने लिखा था : **नाथ काजु कीन्हेउ हनुमाना, राखे सकल कपिन्ह के प्राना।** यहाँ **राखे** क्रिया का बहुवचन रूप कर्म **प्रान** के अनुरूप है। **चलत मोहि चूड़ामनि दीन्ही। रघुपति हृदय लाइ सोइ लीन्ही।** यहाँ **दीन्ही लीन्ही** कृदन्त रूप कर्म **चूड़ामनि** के अनुरूप लिंगभेद सूचित करते हैं। **केहि अपराध नाथ हौं त्यागी**—यहाँ पुन: कर्म सीता के अनुरूप **त्यागी** स्त्रीलिंग में है। सुन्दरकाण्ड में ही तुलसीदास ने लिखा : **राम कपिन्ह जब आवत देखा,** यहाँ **देखा** आधुनिक हिन्दी के समान लिङ्ग वचन

भेद से मुक्त शुद्ध कृदन्त रूप है। **राम ने देखा**, **ने** लगाकर कर्त्ता का अस्तित्व सूचित करना आवश्यक नहीं है। **देख** के अंतिम स्वर को दीर्घ करके **देखा** रूप नहीं बनाया गया। **पवनतनय के चरित सुहाये। जामवंत रघुपतिहिं सुनाये**। यहाँ **सुनाए** बहुवचन रूप कर्मकारक **पवनतनय के चरित** के अनुरूप है। अवधी का रूप होना चाहिए था **सुनाएन्हि**, **जामवंत पवनतनय के चरित रघुपतिहिं सुनाएन्हि**। तुलसीदास इस तरह के प्रयोगों से अच्छी तरह परिचित हैं यथा लंकाकाण्ड में उन्होंने लिखा है: **गहि कर पादप उपल पहारा। डारेन्हि तापर एकहिं बारा**। और: **जय जय जय रघुबंसमनि धाए कपि दै हूह। एकहि बार तासु पर छाड़ेन्हि गिरि तरु जूह**। ऐसे कर्तृवाच्य प्रयोगों की तुलना में, **मानस** की भाषा में, कर्मवाच्य प्रयोग अधिक हैं। तुलसीदास की काव्य भाषा ब्रज, बुन्देलखण्डी और कनौजी के बहुत निकट है, यह बात सदा ध्यान में रखनी चाहिए। कहीं-कहीं आधुनिक खड़ी बोली के पूर्वरूप तुलसीदास की क्रियापद रचना में मिलते हैं जैसे उन्होंने बालकाण्ड में लिखा: **भले भवन अब बायन दीन्हा। पावहुगे फल आपन्ह कीन्हा**। यहाँ **पाओगे** का पूर्वरूप **पावहुगे** विद्यमान है। **गा, गे** आदि का व्यवहार ब्रज और बुन्देलखण्डी में होता है, अवधी में नहीं। किन्तु मानक हिन्दी का **पाओगे** रूप अवधी के आधार पर बना है, यह **पाओ** के पूर्वरूप **पावहु** से स्पष्ट है। इसी तरह किष्किन्धाकाण्ड में तुलसीदास ने लिखा: **प्रथमहिं देवन्ह गिरिगुहा राखेउ रुचिर बनाइ। राम कृपानिधि कछु दिन बास करहिंगे आइ**। यहाँ **करेंगे**, मानक हिन्दी के इस रूप की रचना कैसे हुई है, इसका ज्ञान **करहिंगे** देखकर होता है।

पुरानी अवधी में तिङन्त प्रयोगों का चलन था। वर्तमान काल के रूपों में जहाँ-तहाँ कृदन्त प्रयोग होने लगे थे। जायसी ने **पदमावत** के राजा सुवा संवाद खण्ड में लिखा था: **हीरामन हौं तेहिक परेवा। कंठा फूट करत तेहि सेवा**। यहाँ **करत** आधुनिक **करता हूँ** का पूर्वरूप है। इसी तरह तुलसीदास ने किष्किन्धा काण्ड में लिखा: **इहां साप बस आवत नाहीं। तदपि सभीत रहउँ मन माहीं**। यहाँ **रहउँ** तो तिङन्त प्रयोग है, **आवत** वर्तमान काल का कृदन्त रूप है। ऐसे कृदन्त रूप संयुक्त क्रियाओं में भी प्रयुक्त होने लगे हैं। किष्किन्धा काण्ड में तुलसीदास ने लिखा: **छन एक सोच मगन होइ रहे। पुनि अस बचन कहत सब भए**। यहाँ कथावाचकों का प्रसिद्ध **कहत भए**, अपने पूर्ण रूप में, विद्यमान है। यह प्रयोग तुलसीदास ने सम्भवत: कथावाचकों से ही लिया होगा।

सर्वनाम रूपों में मानक हिन्दी **मेरा**, अवधी **मोर** रूप स्वीकार करती हैं। तुलसीदास दोनों का व्यवहार करते हैं। बालकाण्ड के आरम्भ में: **भाषाबद्ध करबि मैं सोई। मोरें मन प्रबोध जेहिं होई**। यहाँ तो उन्होंने अवधी का **मोर** रूप लिया पर इसके बाद ही लिखा: **जस कछु बुधि बिबेक बल मेरें। तस कहिहउँ हियँ हरि के प्रेरें**। यहाँ उन्होंने पश्चिमी रूप **मेरे** ग्रहण किया। किसी को यह भ्रम न होना चाहिए कि पुरानी अवधी में **मोरे** के स्थान पर **मेरे** रूप का व्यवहार होता था। इसी प्रकार अनिश्चयसूचक सर्वनाम **कोई** का अवधी रूप **कोऊ** है। तुलसीदास दोनों रूपों का व्यवहार करते हैं। बालकाण्ड के आरम्भ में: **परम स्वतंत्र न सिर पर कोई। भावइ मनहि करहु तुम्ह सोई**। अयोध्याकाण्ड में:

कोउ किछु कहइ न कोइ किछु पूंछा। प्रेम भरा मन निजगति छूंछा। **किछु** रूप अब बँगला में प्रयुक्त होता है। सर्वनाम रूप **जो** अवधी और हिन्दी दोनों में प्रयुक्त होता है। **जे** रूप पूर्वी क्षेत्र की बोलियों में प्रयुक्त होता है। तुलसीदास बहुधा इसी **जे** रूप का व्यवहार करते हैं यथा बालकाण्ड के आरंभ में : **जे पर दूषन भूषन धारी;** और, **जे पर भनिति सुनत हरषाहीं।** इसी तरह हिन्दी **कौन** का प्रतिरूप **को** है। तुलसीदास **के** रूप का व्यवहार बहुधा करते हैं यथा अयोध्याकाण्ड में : **मोहि कुमातु समेत बिहाई। कहहु कहिहि के कीन्ह भलाई।** पर यह सम्भव है कि **जे, के** रूप बोलचाल की पुरानी अवधी में प्रयुक्त होते रहे हों और **जो, को** उसमें बाद में आए हों।

उत्तम पुरुष सर्वनाम का एकवचन रूप **हहुँ, हउँ, हौं, हूँ** पुराना है। इसका प्रमाण यह है कि यह सर्वनाम रूप क्रिया पदों के बाद प्रयुक्त होता है और वह मागधी **अम्भि, अम्हि, आमि** से भिन्न है। मागधी सर्वनाम पश्चिम में संस्कृत में, और पूर्व में बँगला में, प्रयुक्त होता रहा है, **हौं** रूप मध्यदेशीय है। **पढूंगा, करूंगा** आदि में इसका **ऊँ** चिह्न क्रिया रूप को उत्तम पुरुष से जोड़ता है। **मैं, मो, मे** आदि रूप संस्कृत के **मम** वर्ग के हैं और इनका उद्भव **मध** से है। अवधी में **मैं** रूप का चलन अब भी कम है। यदि जायसी और तुलसीदास की तुलना की जाय तो विदित होगा कि जायसी ने **हौं** रूप का अधिक प्रयोग किया है और तुलसीदास ने **मैं** का। **पदमावत** के आरम्भ में : **वै मख-दूम जगत के हौं ओहि घर कै बांद; वै सुगुरु हौं चेला नित बिनवौं भा चेर; हौं पंडितन केर पछलगा।** जायसी **मैं** रूप का भी प्रयोग करते हैं जैसे **गुरु मोहदी खेवक मैं सेवा,** किन्तु इसकी आवृत्ति कम करते हैं। बालकाण्ड के आरम्भ में : **मैं पुनि निज गुरु सन सुनी; किमि समुझौं मैं जीव जड़; भाषाबद्ध करबि मैं सोई।** तुलसीदास ने भी **हौं** का प्रयोग किया है किन्तु कम। सम्भवतः उनके समय तक **हौं** का प्रयोग ब्रजभाषा में अधिक होता था, अवधी में कम। **हौं** क्रियारूप भी है। **जात हौं** अर्थात् जाता हूँ; **हौं जात हौं** अर्थात् **मैं** जाता हूँ। सम्भव है, क्रिया-सर्वनाम की उलझन से बचने के लिए हौं का प्रयोग कम कर दिया गया हो। साहित्यिक ब्रजभाषा में इसका प्रयोग अधिक होता है किन्तु तुलसीदास **विनयपत्रिका** में भी हौं के अतिरिक्त **मैं** का निरंतर प्रयोग करते हैं यथा **नाहिन कछु अवगुन तुम्हार अपराध मोर मैं माना; ज्ञान भवन तन दिएहु नाथ सोउ पाय न मैं प्रभु जाना।** यहाँ **मैं** सर्वनाम ही नहीं, उसके साथ **माना, जाना** क्रियारूपों का प्रयोग भी खड़ी बोली का है। **रामचरितमानस** में **मैं** के अतिरिक्त **हौं** का प्रयोग भी है यथा सुन्दर काण्ड में : **बचनु न आव नयन भरे बारी। अहह नाथ हौं निपट बिसारी।** जो लोग समझते हैं कि कर्मवाच्य प्रयोग से **मैं** रूप का कोई विशेष सम्बन्ध है, वे बिसारी के साथ हौं का प्रयोग यहाँ देखें।

एक सर्वनाम रूप **किसु** है। बालकाण्ड के आरम्भ में : **नारद कर उपदेसु सुनि कहहु बसेहु किसु गेह।** इसी के वजन का एक रूप **जिसु** है। बालकाण्ड में ही : **बंदउँ बालरूप सोइ रामू। सब सिधि सुलभ जपत जिसु नामू।** हिन्दी में **जिस, किस** इसी के प्रतिरूप हैं। पुरानी उर्दू के **किसू** का सम्बन्ध **किसु** रूप से है।

रामचरितमानस में कहीं-कहीं ठेठ ब्रजभाषा के प्रयोग दिखाई देते हैं। बाल-

काण्ड के आरम्भ में: **सुनहि मातु मैं दीख अस सपन सुनावहुँ तोहि**। यहाँ **सुनहि** अर्थ यह नहीं है कि माता सुनती है वरन् माता से सुनने के लिए कहा गया है। मध्यम पुरुष एकवचन आज्ञार्थी रूप **सुनहु** को ब्रजभाषा के अनुरूप **सुनहि** लिखा गया है। ब्रजभाषा की विशेषता रूप को इकारान्त करने में है। सामान्य रूप होगा **सुनि**, अवधी में होगा **सुनु**। उसी तरह **सुनहि** और **सुनहु**। गीतावली में तुलसीदास ने लिखा: **ऋषि नृप सीस ठगोरी सी डारी**···**अति सनेह कातर माता कहे, सुनि सखि! बचन दुखारी**। **गीतावली** में अन्य गीत है: **तू देखि देखि री! पथिक परम सुन्दर दोउ**। और इसके साथ तुलसीदास **सुनु, देखु** आदि रूपों का व्यवहार भी अपनी ब्रजभाषा में करते हैं। **गीतावली** में ही: **सहेली सुनु सोहिलो रे**; और—**देखु कोउ परम सुन्दर सखि! बटोही**। तुलसीदास के इकारान्त आज्ञार्थी रूपों से सूरदास के प्रयोग तुलनीय हैं। उनका एक पद यों आरम्भ होता है: **तेरो तब तिहि दिन, को हितू हो हरि बिनु**; और आगे कहते हैं—**सुनि कृतघन, निसि दिन को सखा आपन; सूर सो सुहृद मानि, ईस्वर अन्तरजानि, सुनि सठ, झूठो हठ कपट न ठानि**। उनका एक प्रसिद्ध पद है: **अब कैं नाथ मोहि उधारि**। ये साहित्यिक ब्रजभाषा के विशिष्ट रूप नहीं हैं वरन् बोलचाल की ब्रजभाषा के हैं। **ब्रज की लोक कहानियां** पुस्तक में ऐसे उदाहरण अनेक हैं: "**रानी बोली: देखि राजा! छं महीना तक तो तू मेरो भंइया और मैं तेरी बहन।**" "**वे बोले: बताइ भइया, कोई अकलि ऐसी बताइ जाते बचि जांइ**" (पृष्ठ ३५)। तुलसीदास के **सुनहि** के जोड़ का **मानहि** प्रयोग सूरसागर में इस प्रकार है: **तू जननी अब दुख जनि मानहि**।

तुलसीदास के भाषासंस्कार अवधी के हैं। उनके समय तक काव्य में ब्रजभाषा अच्छी तरह प्रतिष्ठित हो चुकी है। उसका गहरा प्रभाव उनके ऊपर है। किन्तु जब वह ब्रजभाषा लिखते हैं तब अवधी के रूप जहाँ-तहाँ अपनी झलक दिखाते हैं। **जल को गए लक्खन हैं लरिका**—यहाँ **लरिका** शब्द में कोई विशेष अवधीपन नहीं है किन्तु **लरिकवा** कहा जाय तो अवधीपन अवश्य आ जाएगा। तुलसीदास ने इसका बहुवचन रूप **लरिकवनि गीतावली** में लिखा है। गीत आरम्भ होता है: **कोसलराय के कुअँरोटा**। आगे की पंक्ति है: **कहँ सिव चाप लरिकवनि बूझ बिहँसि चितइ तिरछौंहे**। इसी तरह **गीतावली** के एक गीत **पूजि पारबती भले भाय पाँय परिकै** में आगे पंक्ति है: **अन्तरजामिनि भवभामिनि स्वामिनि सों हौं कही चाहौं बात मातु अन्ततो हौं लरिकै**। **लरिकै तो हौं**—यह शुद्ध अवधी की पदरचना होगी। हिन्दी की **डरना** क्रिया अवधी में ह्रस्व एकार के साथ आरम्भ होती है। **जानकी बर सुन्दर माई**—**गीतावली** के इस पद में लिखा है: **रहे घेरि राजीव उभय मनौं चंचरीक कछु हृदय डेराइ**। **भे** क्रिया रूप का व्यवहार अवधी की विशेषता प्रकट करता है। **गीतावली** में इसके अनेक उदाहरण हैं। **बूझत जनक नाथ ढोटा दोऊ काके हैं**—इस पद में: **स्वारथ रहित परमारथी कहावत हैं, भे सनेह बिवस विदेहता बिबाके हैं**। **भोर फूल बीनबे को गए फुलबाई हैं**—इस गीत में: **सीसनि टिपारे उपबीत पीतपट कटि दोना बाम करनि सलोने भे सवाई हैं**। **लाज तोरि साजि साजि**—इस गीत में: **कुअँर चढ़ाईं भौंहें, अब को बिलोकै सोहैं, जहँ तहँ भे अचेत**,

प्त के से बीते हैं।

वैसे तो अवधी और ब्रजभाषा में घनिष्ठ नाता है और दोनों की क्रियापद रचना में बहुत बड़ी समानता है, इसलिए शुक्लजी ने **जायसी-ग्रन्थावली** की भूमिका में लिखा है : "वर्तमानकालिक क्रिया के रूप ब्रजभाषा के समान ही होते हैं। केवल मध्यमपुरुष एकवचन के रूप के अन्त में संस्कृत के समान 'सि' होता है," फिर भी वर्तमान काल में तिङन्त रूप पुरानी अवधी में अधिक प्रयुक्त होते थे। तुलसीदास कृदन्तों से वर्तमान काल के रूप बनाकर उनका प्रयोग ब्रजभाषा में अधिक करते हैं। **फिरि बूझति हैं चलनो अब केतिक**—**कवितावली** की इस पंक्ति में जैसे उन्होंने **बूझति** हैं लिखा है, ऐसे प्रयोग **रामचरित मानस** में कम मिलेंगे। इसी प्रकार **गीतावली** से एक पंक्ति ऊपर उद्धृत की गई है, **स्वारथ रहित परमारथी कहावत हैं**, यहाँ **कहावत हैं** रूप में कृदन्त के आधार पर क्रिया-पद रचना की गई है। अवधी में वह वर्तमान काल के रूप कृदन्तों के आधार पर बनाते हैं तो होना क्रिया उसके साथ जोड़ना आवश्यक नहीं समझते। किष्किन्धाकाण्ड में : **इहाँ साप बस आवत नाहीं।** **आवत** रूप काफी है। आधुनिक अवधी में भी **हियाँ नहीं आवत** वाक्य अपने में पूर्ण होगा। अरण्यकाण्ड में : **आनहु चर्म कहति बैदेही**—**कहति** कृदन्तरूप हो सकता है, कर्ता के स्त्रीलिङ्ग में होने से इकारान्त है, पर वह तिङन्त भी हो सकता है। ऐसे तिङन्त रूप सूफी कवियों की भाषा में हैं, इसका उल्लेख पहले किया जा चुका है। संस्कृत की परम्परा साहित्यिक अवधी रूपों में घुलमिल जाती है यथा बालकाण्ड के आरम्भ में : **रोवति बदति बहुभाँति करुना करति संकर पहिं गईं।**

क्रियार्थी संज्ञा के लिए **न** और **ब**, दोनों वर्णों वाले रूपों का प्रयोग **मानस** की भाषा में है : बालकाण्ड के आरम्भ में : **तौ मैं जाउँ कृपायतन सादर देखन सोइ**; और—**जों बहोरि को पूछन आवा।** **पूछन, देखन** रूप कर्ताकारक में प्रयुक्त नहीं होते, वहाँ **ब** वाले रूपों का प्रयोग होगा। बालकाण्ड में **मम आधीन जुगुति नृप सोई। मोर जाब तव नगर न होई।** यहाँ **होई** क्रिया के लिए कर्ता रूप **जाब** है। इसी प्रकार कर्म कारक में इस रूप का व्यवहार होता है। उक्त चौपाई से कुछ पहले : **एवमस्तु कहि कपट मुनि बोला कुटिल बहोरि। मिलब हमार भुलाब निज कहहु त हमहि न खोरि।** कर्ता-कर्म के अलावा अन्य कारकों में उसी क्रियारूप का व्यवहार होता है जिसकी ओर शुक्लजी ने संकेत किया था अर्थात् वर्तमानकाल का अन्यपुरुष में एकवचन तिङन्त रूप : **सबै सहेली देखै धाईं। देखै** रूप कर्ता और कर्म कारकों में प्रयुक्त न होगा। जैसे सर्वनामों में भिन्न रूप कुछ कारकों के लिए सुरक्षित कर दिए गए हैं, वैसे ही कारक रचना में क्रियार्थी संज्ञा के कुछ रूप विशेष कारकों में ही प्रयुक्त होते हैं।

ब वर्ण वाले क्रिया-रूपों में विशेष विचारणीय यह है कि कर्ता या कर्म के अनुरूप इसमें लिंगभेद होता है या नहीं। कहीं-कहीं **ब** के स्थान पर **बि** या **बी** का व्यवहार होता है। इससे यह धारणा उत्पन्न होती है कि सम्भवत: ये स्त्रीलिंग रूप हैं। अरण्यकाण्ड में : **सुनहु प्रिया ब्रत रुचिर सुसीला। मैं कछु करबि ललित नर लीला।** यहाँ **लीला** कर्म है और इसके साथ इकारान्त **करबि** रूप है। इसी तरह **विनयपत्रिका** की ब्रजभाषा

में **कबहुँक ग्रंब ग्रवसर पाइ। मेरिग्रो सुधि द्याइबी कछु करुन कथा चलाइ।** **सुधि** के अनुरूप **द्याइबी** रूप है। अयोध्याकाण्ड में मंथरा कहती है: **हमहुं कहबि ग्रब ठकुर सोहाती। नाहिं त मौन रहब दिनु राती।** यहाँ **ठकुर सोहाती** के साथ तो **कहबि** है किन्तु मंथरा के लिए **मौन रहब** है। लगता है, यह कृदन्त कर्म के अनुरूप लिंगभेद सूचित करता है, कर्ता से प्रभावित नहीं होता। किन्तु इसी के आगे मंथरा कहती है: **कोउ नृप होउ हमहि का हानी। चेरि छाँड़ि ग्रब होब कि रानी।** यहाँ **रानी** कर्म है और कर्ता मंथरा भी स्त्रीलिंग है किन्तु क्रियारूप **होबि** नहीं है, **होब** है। बालकाण्ड में कपटमुनि कहता है: **नित नूतन द्विज सहस सत बरेहु सहित परिवार। मैं तुम्हरे संकलप लगि दिनहिं करबि जेवनार।** यहां कर्ता और कर्म दोनों पुंल्लिग हैं, फिर भी कृदन्त इकारान्त है। इससे सिद्ध हुआ कि **करब** और **करबि** वैकल्पिक रूप हैं, लिंगभेद से उनका कोई सम्बन्ध नहीं है। एक उदाहरण **पदमावत** से लें: **ग्रबको हमहिं करिहि भोगिनी। हमहूँ साथ होब जोगिनी।** यहाँ कर्म और कर्ता दोनों स्त्रीलिंग हैं किन्तु **होब** रूप अकारान्त हैं। **पदमावत** से एक दूसरा उदाहरण: **फागु खेलि पुनि दाहब होरी। सेंतब खेह उड़ाउब झोरी।** यहाँ **दाहब** और **उड़ाउब** दोनों क्रियारूपों के कर्म स्त्रीलिंग में हैं। इनके साथ **सेंतब** भी लें तो तीनों का कर्ता स्त्रीलिंग में है। कर्ता और कर्म किसी के अनुरूप भी कृदन्त में परिवर्तन नहीं होता। यही स्थिति **रामचरितमानस** में इस क्रियारूप की है। भाषा की विशिष्ट प्रवत्ति के अनुरूप यह कृदन्त लिंग-वचन-पुरुष-भेद से मुक्त है।

तुलसीदास ने **ब** वर्गवाले इस रूप का व्यवहार उत्तम, मध्यम और अन्य, तीनों पुरुषों में किया है। बालकाण्ड में: **ग्रौर एक तोहि कहउँ लखाऊ। मैं एहि बेष न ग्राउब काऊ।** लंकाकाण्ड में: **तेहि बधब हम निज पानि। फिरे मरन मन महुँ ठानि।** इसी प्रकार मध्यम पुरुष में इस रूप का व्यवहार होता है। अयोध्याकाण्ड में: **तात कहउँ कछु करउँ ढिठाई। अनुचित छमब जानि लरिकाई,** और—**जौं हठ करहु प्रेमबस बामा। तो तुम्ह दुख पाउब परिनामा।** तुलसीदास बहुत जगह इसका व्यवहार अन्य पुरुष के साथ करते हैं। बालकाण्ड में: **ग्रसि प्रतीति सबके मनमाहीं। राम चाप तोरब सक नाहीं।** अयोध्याकाण्ड में: **लखन लखेउ भा ग्रनरथ ग्राजू। एहिं सनेह बस करब ग्रकाजू।** करण कारक से इस रूप का कोई विशेष सम्बन्ध हो ऐसा प्रतीत नहीं होता। अयोध्याकाण्ड में अन्य उदाहरण है: **सीय कि पिय संगु परिहरिहि लखन कि रहिहहिं धाम। राजु कि भूंजब भरत पुर नृप कि जिइहि बिनु राम।** दूसरी पंक्ति में तिङन्त और कृदन्त दोनों रूपों का प्रयोग एक साथ हुआ है। पूरे दोहे में तीन तिङन्त रूप हैं, एक कृदन्त रूप है। **रामचरितमानस** में दोनों का अनुपात लगभग ऐसा ही है।

यह देखना रोचक होगा कि कृदन्त रूपों का व्यवहार तुलसीदास की ब्रजभाषा में अधिक है या उनकी अवधी में। **कवितावली, विनयपत्रिका**, **गीतावली**, सभी में **मानस** की अपेक्षा कृदन्त रूपों का व्यवहार अधिक है। **गीतावली** में: **ग्रानंद उमगत ग्राजु बिबुध बिमान बिपुल बनाइकै। गावत बजावत नटत हरषत सुमन बरषत ग्राइकै।** मानक हिन्दी की विशेषता है वर्तमानकालिक रूपों में कृदन्त का प्रयोग। **गावत, बजावत** आदि

वैसे ही रूप हैं। समापिका क्रिया यहाँ नहीं है पर वैसी क्रिया के साथ भी तुलसीदास अनेक स्थलों पर पदरचना करते हैं यथा **कवितावली** में : **बूड़त जहाज बचेउ पथिक-समाज मानों आजु जाये जानि सब अंकमाल देत हैं। अंगद मयंद नल नील बलसील महा बालधी फिरावें मुख नाना गति लेत हैं।** **बूड़त** रूप विशेषण है, **देत** क्रिया है। **देत** और **लेत** दोनों के साथ समापिका क्रिया लगी है। **फिरावें** तिङन्त रूप भी है। फिरावें के साथ समापिका क्रिया लगा दी जाय तो ब्रज भाषा और खड़ी बोली के बोलचाल वाले क्रियारूप मिल जाएँगे जहाँ तिङ्त रूप कृदन्त के समान प्रयुक्त होता है। **विनयपत्रिका** में लिखा है : **जानि पहिचानि मैं बिसारे हौं कृपानिधान एतो मानि ढीठ हौं उलटि देत खोरि हौं। गाड़ी के स्वान की नाईं माया मोह की बड़ाई छिनहि तजत छिन भजत बहोरि हौं।** उत्तम पुरुष एकवचन रूप **उलटि देत हौं, भजत हौं** के आधुनिक हिन्दी रूप होंगे **उलट देता हूँ, भजता हूँ। हौं** और **हूँ** का ऐसा ही सम्बन्ध है। हौं यहाँ सर्वनाम नहीं है, यह **मैं बिसारे हौं** से स्पष्ट है। आकारान्त कृदन्त रूप बाँगरू, पंजाबी, मानक हिन्दी की विशेषता हैं। **त** प्रत्यय वाले कृदन्त रूप का व्यवहार समापिका क्रिया के साथ तुलसीदास के समय में खूब होने लगा था।

विनयपत्रिका के उक्त पद में भविष्य काल के तिङन्त रूप निहोरिहौं, **बोरिहौं** आदि हैं और इस पद के बाद ही भविष्य काल के **ग** वाले रूप हैं : **रावरी सुधारी जो बिगारी बिगरैगी मेरी कहौं बलि बेद की न लोकु कहा कहैगो**। और इसी प्रकार **दहैगो, सहैगो, रहैगो, लहैगो** रूप पद के अन्त तक चले गए हैं। **बिगरैगी** और मानक हिन्दी के **बिगड़ेगी** प्रयोग में विशेष अन्तर नहीं है। **कहैगो** आदि ओकारान्त रूप ब्रज भाषा की प्रवृत्ति के अनुसार हैं। मानक हिन्दी में, बाँगरू, पंजाबी के समान, आकारान्त **गा** रूप होगा। **ग** कृदन्त प्रत्यय है, वह तिङन्त रूप **कहै, दहै** आदि के साथ जोड़ा जाता है। **कहेगा** जैसा रूप तुलसीदास की ब्रज भाषा के बहुत समीप है। इसके बाद के पद में पहली पंक्ति में : **साहिब उदास भए दास खास खीस होत मेरी कहा चली हौं बजाइ जाइ रह्यो हौं**। यहाँ **भए, चली** रूप आधुनिक हिन्दी के भूतकालीन कृदन्तों के समान हैं। **जाइ रह्योहौं** का हिन्दी रूपान्तर होगा **जा रहा हूँ**। इस प्रकार ब्रज भाषा के रूप आधुनिक हिन्दी क्रियारूपों से बहुत मिलते-जुलते हैं।

सूरसागर में तिङन्त रूपों का व्यवहार अवधी के समान खूब होता है। कृदन्त रूप **पदमावत** या **रामचरितमानस** की अपेक्षा सूरसागर में अधिक हैं। इनमें **ब** वाला कृदन्त रूप भविष्य काल के लिए प्रयुक्त नहीं होता, वह क्रियार्थी संज्ञा रूप में प्रयुक्त होता है। अवधी में उसका व्यवहार कर्ता-कर्म कारकों में ही होता है, ब्रज भाषा में ऐसा कोई बंधन नहीं है। **अपनो पिय ढूंढति फिरौं मोहि मिलिबे को चाव**। (नन्ददुलारे वाजपेयी द्वारा सम्पादित, नागरी प्रचारिणी सभा काशी द्वारा प्रकाशित **सूरसागर** से यहाँ पंक्तियाँ उद्धृत की जा रही हैं; पृष्ठ ६४३)। **अति घटपटी देखिबे चाहत अब लागे अकुलान** (पृष्ठ १३६५)। **ब** वाले कृदन्त रूप के अलावा **न** वाले कृदन्त रूपों का व्यवहार भी, अवधी के समान, सूरदास की ब्रज भाषा में होता है। पद की प्रथम पंक्ति में : **नयना**

अब लगे पछतान, और पहले उद्धृत पंक्ति में **अकुलान**। अवधी और ब्रज भाषा की क्रियापद रचना में बहुत बड़ी समानता है, इसमें संदेह नहीं।

वर्तमान काल के अन्यपुरुष एकवचन रूप अवधी के समान तिङन्त होते हैं। **जाकी कृपा पंगु गिरि लंघै अन्धे कौं सब कछु दरसाई। बहिरौ सुनै, गूंग पुनि बोलै रंक चलै सिर छत्र धराई।** (पृष्ठ १)। **लंघहि, सुनहि** आदि रूप, महाप्राण ध्वनि के लोप के बाद, पहले **लंघइ, सुनइ** हुए, फिर **लंघै, सुनै**। यद्यपि ब्रज भाषा में अवधी के समान **अइ** संयुक्त स्वर का व्यवहार होता है, फिर भी पड़ोसी पश्चिमी भाषाओं के प्रभाव से बहुत से शब्दों में, विशेषतः क्रियारूपों में, उसका उच्चारण विवृत होने लगा। ब्रजभाषा का ऐ (**अ+ऍ**) मानक हिन्दी का ऐकार है। संस्कृत शब्दों के शिष्ट उच्चारण को छोड़कर मानक हिन्दी में पुराने मध्यदेशीय संयुक्त स्वर **अइ** का व्यवहार अब नहीं होता। संयुक्त स्वर के विवृत उच्चारण का प्रभाव **लंघै, सुनै, बोलै** आदि रूपों में देखा जाता है। **सूरसागर** में इसके बाद जो पद मुद्रित है, उसमें **आवै, भावै, उपजावै, पावै, धावै, गावै**—तिङन्त रूपों की पूरी लड़ी है।

इनके साथ ही समापिका क्रिया लगाकर या उसे लगाए बिना ही कृदन्त रूप के आधार पर वर्तमान काल की क्रिया पद रचना की जाती है। **नंदहिं कहति जसोदा रानी** (पृष्ठ ३४७)—यहाँ भ्रम हो सकता है कि **पठति** के समान **कहति** तिङन्त रूप हो, किन्तु अगला ही पद है: **कहत नंद जसुमति सौं बात**। **कहति** का बहुवचन रूप **कहतिं** भी सूरसागर में है: **हँसि हँसि गोपीं कहतिं परसपर प्यारी कौं उर लाइ गएरी।** (पृष्ठ ६३९)। समापिका क्रिया के साथ, आधुनिक हिन्दी के समान, वर्तमान काल की क्रिया पद रचना के काफी उदाहरण **सूरसागर** में हैं: **सखा कहत हैं स्याम खिसाने** (पृष्ठ ३३३); **नन्द बुलावत हैं गोपाल** (पृष्ठ ३३६); **क्यों राधा नहिं बोलति है। काहैं धरनि परी व्याकुल ह्वै काहैं नयन न खोलति है** (पृष्ठ ६४२); **मुरली हरितें छूटति है**, और इस पद में **लूटति है, उचटावति है, करावति है, फूलति है, भूलति है**, समापिका क्रिया के साथ कृदन्त आधारित क्रिया रूपों की पूरी श्रृंखला है।

सूरसागर में भविष्यकालिक तिङन्त रूप हैं और उनके साथ **ग** प्रत्यय वाले रूप भी हैं। **सूर तबहुं न द्वार छांड़ैं डारिहौ कढ़िराइ** (पृष्ठ ३४); **जब सुनिहौ करतूति हमारी। तब मन मन तुमहीं पछितैहौ, बृथा दई हम याकौं गारी** (पृष्ठ ७२५)। **सुनिहौ, पछितैहौ** आदि अवधी रूपों जैसे हैं। उसी पद में आगे की पंक्ति है: **तुम तप कियौ सुन्यौ मैं सोऊ रिस पावहुगी और कहारी**। यहाँ **पावहुगी रामचरितमानस** के ऊपर उद्धृत **पावहुगे** के समान है। **पावहु** स्पष्ट तिङन्त रूप है। उसी के आधार पर **पाओगी** जैसे रूप का विकास हुआ है। **सूरस्याम पूछत सब ग्वालिनि खेलौगे किहिं ठाहर** (पृष्ठ ३४३), **खेलौगे** का पूर्वरूप था **खेलहुगे**। **स्याम बाम कौं सुख दै बोले रैनि तुम्हारैं आऊंगो** (पृष्ठ १०८५); इस पद में **आऊंगो** के बाद **पाऊंगो, परसाऊंगो, कढ़ाऊंगो, कराऊंगो, बझाऊंगो**, ऐसे ही क्रिया पदों की आवृत्ति है। अवधी और ब्रजभाषा में पहले भी यह अन्तर था और अब भी है, भविष्यकाल में **ग** वाले रूपों का व्यवहार अवधी में नहीं

होता। ब्रजभाषा में ग वाले रूपों के साथ ह वाले भविष्यकालिक रूपों को देख कर ऐसा लगता है कि अवधी के समान पहले ब्रजभाषा में भी केवल ह वाले रूपों का व्यवहार होता था। वर्तमान काल के लिए, बोलचाल की भाषा में, अब ग वाले रूप प्रधान हैं। कनौजी में इनका प्रवेश नहीं हुआ, बुन्देलखण्डी में इनका व्यवहार होता है। ब्रज, बुन्देलखण्डी, कनौजी और अवधी, इनकी पुरानी क्रियापद रचना एक-सी है। उसका आधार कोसल की भाषा की क्रिया पद्धति है। बुन्देलखण्डी और कनौजी दोनों ब्रजभाषा से प्रभावित हैं और ब्रजभाषा अन्य पश्चिमी भाषाओं से।

अवधी किसी अर्धमागधी प्राकृत या अपभ्रंश की पुत्री नहीं है। वास्तव में बँगला और मगही किसी एक मागधी भाषा से उत्पन्न नहीं हुईं। अवधी का मूलाधार प्राचीन कोसली समुदाय की गणभाषाएँ हैं। कारक-रचना और क्रियापद रचना दोनों में इस समुदाय की विशेषता थी, सर्वनाम चिन्हों का व्यवहार। इसी से भाषा की संश्लिष्ट प्रकृति का जन्म हुआ। इस समुदाय के समानान्तर कौरवी समुदाय का भाषा क्षेत्र था जो कारकों और क्रियापदों को सर्वनाम चिन्हों से मुक्त रखता था; कारकभेद, क्रिया रूप में पुरुषभेद संदर्भ से पहचाना जाता था। यही क्षेत्र कृदन्तों के प्रसार का मुख्य केन्द्र बना; क्रियाभाव व्यक्त करने वाले कृदन्तों की विशेषता, उनके प्रसार का मुख्य कारण, सर्वनाम-चिन्हों के बन्धन से इन कृदन्तों की मुक्ति थी। यदि संस्कृत में कृदन्तों के चलन से **उक्ति-व्यक्ति-प्रकरण** की अवधी में कृदन्तों के व्यवहार की तुलना की जाय तो ज्ञात होगा कि संस्कृत में उनका चलन अधिक व्यापक है। भूतकाल के लिए **किएसि, पएसि, जेंवेसि** आदि तिङन्त रूपों का व्यवहार होता है; अकर्मक क्रियारूपों में कृदन्तों की पैठ आरम्भ हुई है। भविष्यकाल के लिए **करिह, पैह, जेंविह** आदि तिङन्त रूप हैं। वर्तमान के लिए **मिलइ, फुरइ** जैसे तिङन्त रूप हैं। इनके **मिलहि, फुरहि** आदि पूर्वरूप जायसी और तुलसीदास की अवधी में मिलते हैं। इनमें जो **हि** सर्वनाम-चिन्ह दिखाई देता है, वह **धि** का रूपान्तर है। **ति** का रूपान्तर **हि** में होता था, इसका प्रमाण नहीं है किन्तु **धि** का रूपान्तर **हि** में होता था, इसका प्रमाण **ऋग्वेद** में ही है। **वायवा याहि दर्शते मे सोमा अरंकृताः। तेषां पाहि श्रुधी हवम्।** (१-२-१)। यहाँ **याहि** और **पाहि** आज्ञार्थी रूपों में तो **हि** है किन्तु **श्रुधी** (अर्थात् **श्रुधि**) में **धि** है। यह **श्रुधि** भी आज्ञार्थी रूप है; उससे हम पहचानते हैं कि **याहि** और **पाहि** के पूर्वरूप **याधि** और **पाधि** थे। इसी तरह के रूप कोसल की प्राचीन भाषा में थे। वैदिक भाषा का **धि** मध्यम पुरुष एकवचन का चिन्ह है; कोसली में वह अन्य पुरुष एकवचन का चिन्ह था। वर्तमान काल के लिए **उक्ति-व्यक्ति-प्रकरण** में सर्वनाम चिन्हों से मुक्त **माँग, मान, खा** आदि रूप हैं जो विश्लिष्ट पद्धति का प्रसार सूचित करते हैं किन्तु ये कृदन्त नहीं हैं, ये लिंगभेद सूचित नहीं करते, दामोदर पंडित स्वभावतः इनके संस्कृत रूपान्तर में कृदन्तों के बदले **मंगति, मानयति, खादति** तिङन्त रूप देते हैं। जायसी और तुलसीदास की अवधी में ऐसे रूपों का व्यवहार कम है।

अपभ्रंश का ध्वनितंत्र मूलतः प्राकृतों का है, उसका रूपतंत्र अंशतः प्राकृतों का

है और अंशतः देशी भाषाओं का। अन्य देशी भाषाओं से अवधी के तत्व उसमें अधिक हैं। कारक रचना की अपेक्षा क्रियापद रचना में अपभ्रंश अपनी संश्लिष्ट प्रकृति का परिचय अधिक देती है। विश्लिष्ट तंत्र का प्रभाव कारक रचना पर अधिक दिखाई देता है। यही बात जायसी और तुलसीदास की अवधी पर लागू होती है। इस अवधी में भाषा के बहुत से पुराने रूप हैं किन्तु उस समय एक व्यापक साहित्यिक भाषा का प्रसार हो रहा है जिसमें अनेक जनपदीय भाषाओं के तत्व हैं, अतः सभी रूपों को अवधी के पुराने रूप न मान लेना चाहिए। क्रिया के कर्मवाच्य प्रयोग विशेष रूप से, पश्चिमी भाषाओं के प्रभाव के कारण, साहित्यिक अवधी में आये हैं, बोलचाल की अवधी अब भी उनसे मुक्त है।

कोसल की जनपदीय भाषा उत्तर भारत में लगभग डेढ़ हजार साल तक संपर्क भाषा रही है। गौतम बुद्ध और श्रावस्ती के वैभवकाल से लेकर बारहवीं सदी में गोविन्द चन्द्र गहड़वार और दामोदर पंडित के समय तक अवधी (अथवा प्राचीन कोसली) यह भूमिका निबाहती रही थी। संस्कृत, पालि, प्राकृत का व्यवहार इस अवधी की अपेक्षा बहुत सीमित था; ग्रंथ रचना में उनकी प्रधानता थी; बोलचाल के स्तर पर अवधी का व्यवहार होता था। पुरानी अवधी के व्यापक व्यवहार का ही यह परिणाम था कि उसके रूप सुदूर पूरब और पच्छिम की भाषाओं में मिलते हैं; उसके रूप खड़ी बोली और ब्रज भाषाओं में व्यापक रूप से विद्यमान हैं; अवधी रूप **पावहु** के बिना **पावहुगे** जैसी क्रियापद रचना संभव नहीं है और **पाओगे** (या **पावोगे**) का पूर्वरूप **पावहुगे** है। अवधी स्वयं उत्तर पश्चिमी भाषाओं की विन्यास-पद्धतियों से प्रभावित हुई है और अनेक तत्व उसने मागधी भाषाओं से ग्रहण किये हैं। इन तत्वों में **ब**-वाला कृदन्त रूप मुख्य है। अवधी की निकटवर्ती उपभाषाओं—बुन्देलखण्डी और कनौजी—का ढाँचा अवधी का है; इनके ध्वनितंत्र और रूपतंत्र पर उत्तर पश्चिमी भाषाओं का जितना प्रभाव है, उतना अवधी पर नहीं है। कान्यकुब्ज साम्राज्य के विघटन के बाद संपर्क भाषा के रूप में अवधी की भूमिका समाप्त हुई किन्तु साहित्य में वह अभिव्यक्ति का समर्थ माध्यम बन कर पहली बार प्रतिष्ठित हुई। कान्यकुब्ज साम्राज्य का विघटन उत्तर भारत में सामन्ती व्यवस्था के विघटन का भी एक लक्षण था; इस साम्राज्य का विघटन संस्कृत-प्राकृत-अपभ्रंश के आधिपत्य का विघटन भी था। विघटन के साथ नव-निर्माण की प्रक्रिया जारी थी। आधुनिक हिन्दी के अभ्युदय और प्रसार की परिस्थितियाँ तैयार हो रही थीं। आधुनिक हिन्दी की इस विकास-प्रक्रिया में ब्रजभाषा का योगदान महत्वपूर्ण था।

५. ब्रज

सूरदास की ब्रजभाषा और बोलचाल की आधुनिक ब्रजभाषा को देखने से ऐसा लगता है कि इसमें अवधी और बाँगरू दोनों के तत्व हैं और इसका अपना स्वतंत्र अस्तित्व नहीं है, विशेष रूप से क्रियापद रचना में; जहाँ भविष्यकाल के रूपों में **ग**

चिन्ह है, वहाँ बाँगरू का प्रभाव है, वर्तमान काल के तिङन्तरूप अवधी से आए हैं। कृदन्तों का व्यवहार उत्तरकालीन संस्कृत में अधिकाधिक होने लगा था और इनके प्रसार का मुख्य केन्द्र कुरु जनपद था जैसे तिङन्त रूपों का मुख्य केन्द्र कोसल जनपद था। कोसल और कुरु जनपदों के बीच में स्थित होने से ब्रजभाषा का दोनों ओर से अनेक तत्व ग्रहण करना स्वाभविक था पर उसने अपनी मध्य स्थिति के कारण दोनों ओर की भाषाओं को प्रभावित भी किया है। पुरानी उर्दू समेत आधुनिक हिन्दी का विकास ब्रजभाषा के प्रभाव को ध्यान में रखे बिना समझ में नहीं आ सकता।

कोसल के पूर्व में भोजपुरी, मगही, मैथिली, बँगला, असमिया और उड़िया का एक मागधी भाषा समुदाय है, वैसे ही कोसल के पश्चिम में ब्रज, राजस्थान, गुजरात और सिन्धी का एक शूरसेनी भाषा-समुदाय है, और कोसल के उत्तर में हरियाणा, पंजाब, जम्मू और हिमाचल प्रदेश की भाषाओं का एक कौरवी समुदाय है। मगही और मैथिली में महत्वपूर्ण भेद है, वैसे ही ब्रजभाषा और राजस्थानी में महत्वपूर्ण भेद है, बाँगरू और पंजाबी में भेद है। पूर्वी बंगाल की बँगला, पश्चिमी बंगाल की बँगला की अपेक्षा, अवधी से अधिक दूर है; वैसे ही राजस्थानी की अपेक्षा सिन्धी ब्रजभाषा से अधिक दूर है और पूर्वी पंजाब की भाषा की अपेक्षा पश्चिमी पंजाब की भाषा बाँगरू से अधिक दूर है। बाँगरू का क्षेत्र आधुनिक हिन्दी का आधार क्षेत्र है, यह बात पंजाबी के बारे में नहीं कही जा सकती। ब्रजभाषा और अवधी का जैसा घनिष्ठ सम्बन्ध है, वैसा सम्बन्ध गुजराती और अवधी का नहीं है। बँगला का क्षेत्र अलग बन गया है; मगही, मैथिली और भोजपुरी के क्षेत्र साहित्यिक हिन्दी के प्रधान क्षेत्र रहे हैं। हिन्दी प्रदेश की जनपदीय भाषाओं को एक दूसरे के निकट लाने में, अवधी के बाद, ब्रजभाषा की महत्वपूर्ण भूमिका रही है, और इन दोनों के सहयोग से बाँगरू ने, आधुनिक हिन्दी के रूप में एक व्यापक जातीय भाषा की भूमिका निबाही है। वास्तविक या कल्पित अपभ्रंशों से ब्रज या भोजपुरी का सम्बन्ध जोड़ कर हिन्दी प्रदेश के भाषायी विकास की व्याख्या नहीं की जा सकती। उसके लिए जनपदीय भाषाओं के विकासमान पारस्परिक सम्बन्धों को ध्यान में रखना होगा।

ब्रजभाषा को, अवधी और बाँगरू से भिन्न, राजस्थानी-गुजराती से मिलाने वाली एक प्रवृत्ति बहुत स्पष्ट है, वह है ओकारान्त रूपों का व्यवहार। बाँगरू में जहाँ आकारान्त रूप हैं, वहाँ बहुधा ब्रज भाषा में ओकारान्त रूप होते हैं जैसे **गया** और **गयो**, **मेरा** और **मेरो**। विद्वानों का कहना है कि संस्कृत में जहाँ विसर्ग होते थे, वहाँ ब्रज भाषा में ओकार हुआ, **गतः** से **गयो** रूप बना। इन्डोयूरोपियन भाषा परिवार के सन्दर्भ में इस प्रवृत्ति को देखें तो विदित होगा कि भारत से बाहर एक भाषा और है जिसमें यही प्रवृत्ति है। लैटिन से इतालवी भाषा का वैसा ही सम्बन्ध है जैसा ब्रज भाषा का संस्कृत से है। इतालवी भाषा में ओकारान्त रूप ब्रजभाषा से कुछ अधिक ही हैं। लैटिन के जिन शब्दों के अन्त में **स्** है, वहाँ **स्** को विसर्गों का प्रतिरूप मानकर कहा जा सकता है कि उस ध्वनि के कारण इतालवी रूप ओकारान्त हुए हैं। किन्तु लैटिन में

ऐसे शब्द भी हैं जिनके अन्त में म् है और उनके इतालवी रूप ओकारान्त हैं। इनके अतिरिक्त लैटिन के कुछ इकारान्त रूप हैं जिनके इतालवी प्रतिरूप ओकारान्त हैं। जैसे काशी से लेकर ढाका तक संस्कृत के अकार का उच्चारण गोलाकार होता है और यह प्रवृत्ति भारत के बाहर भी है, वैसे ही ब्रजभाषा के ओकारान्त रूपों में झलकने वाली प्रवृत्ति अत्यन्त प्राचीन है और भारत से बाहर भी है। इतालवी के रूपों को लैटिन से व्युत्पन्न सिद्ध करना कठिन है; वैसे ही **मेरो** को **मम** से व्युत्पन्न सिद्ध करना कठिन है। लैटिन और इतालवी भाषाओं के कुछ प्रतिरूप उदाहरण रूप में लेना प्रासंगिक होगा। संज्ञा, सर्वनाम, विशेषण, सभी वर्गों के शब्दों में ऐसे ओकारान्त शब्द हैं। पहले लैटिन रूप देते हैं, उसके बाद इतालवी प्रतिरूप : **अमिकुस्** (मित्र) —**अमिको**; **असिनुस्** (गधा) —**असिनो**; **अर्मेन्तुम्** (गोरू) —**अर्मेन्तो**; **अर्गेन्तुम** (चाँदी) —**अर्जेन्तो**; **अन्तिकुउम्** (प्राचीन) —**अन्तिको**; **अमारुस्** (कटु) —**अमारो**; **मेई** (मेरा) —**मिओ**; **तुई** (तेरा) —**तुओ**; **सुई** (उसका) —**सुओ**। ध्वनि परिवर्तन के किसी नियम के अन्तर्गत इतालवी के रूपों को लैटिन के आधार पर सिद्ध करना असम्भव है, साथ ही दोनों भाषाओं के रूप मूलतः एक हैं इसमें भी सन्देह नहीं। इस भेद-अभेद की स्थिति का कारण यह है कि जिस बोली के आधार पर लैटिन का विकास हुआ, उसके समानान्तर ओकारान्त प्रवृत्ति वाली दूसरी बोली भी थी जिसके आधार पर इतालवी का विकास हुआ और इन दोनों प्राचीन बोलियों में निकट सम्पर्क के कारण शब्द भण्डार में बड़ी समानता थी। संस्कृत में **गतः** आदि रूप मूलतः, ब्रजभाषा या इतालवी के समान, ओकारान्त नहीं होते। तर्कसंगत बात यह है कि संस्कृत में जहाँ **गतः** बदल कर **गतो** होता है, वहाँ वह किसी ऐसी भाषा के प्रभाव से होता है जिसमें ओकारान्त शब्दों के व्यवहार की प्रवृत्ति विद्यमान है। **बहन** और **बोन** के उदाहरण पर ध्यान दें तो **गतो** रूप मागधी प्रभाव से उत्पन्न विदित होगा। किन्तु मागधी भाषाओं में ऐसे ओकारान्त रूप नहीं होते जैसे ब्रजभाषा में होते हैं। **मेरो** के समानान्तर बँगला में **आमार** होगा, अवधी **हमार** के समान। इसलिए ब्रजभाषा के ओकारान्त रूपों का विकास मागधी प्रभाव से स्वतन्त्र मानना चाहिए, वैसे ही जैसे अवधी के उकारान्त रूपों का विकास स्वतन्त्र हुआ है। जिस जनपद में वृष्णि, अन्धक नाम के प्रसिद्ध गणसमाज पहले रहते थे, उसमें ओकारान्त रूपों का व्यवहार होता था, यह तर्कसंगत निष्कर्ष है। वह प्रवृत्ति ब्रजभाषा तथा अन्य पश्चिमी भारतीय भाषाओं में अब तक विद्यमान है।

राजस्थानी, गुजराती आदि में मूर्धन्य नासिक्य का व्यवहार वैसे ही होता है जैसे बाँगरू और पंजाबी में। राजस्थानी-गुजराती से ब्रजभाषा का गहरा सम्बन्ध है किन्तु ब्रजभाषा में **ण्** ध्वनि का नितान्त अभाव है, न वह साहित्यिक ब्रजभाषा में है, न आज की बोलचाल की ब्रजभाषा में। जो लोग शूरसेनी अपभ्रंश से ब्रजभाषा को उत्पन्न मानते हैं वे इस बात की कैफियत नहीं देते कि इस अपभ्रंश में **ण्** की भरमार है पर ब्रजभाषा से अकस्मात् उसका लोप कैसे हो गया। अपभ्रंश को पुरानी राजस्थानी और गुजराती मानने वाले विद्वान् भी अनेक हैं। अपभ्रंश का **ण्** राजस्थानी और गुजराती में

ही नहीं, बाँगरू और पंजाबी में भी है, इसका कारण क्या है? जिन्हें हम शूरसेनी समुदाय और कौरवी समुदाय कह चुके हैं, उन दोनों में मूर्धन्य नासिक्य का व्यवहार एक सामान्य प्रवृत्ति है। इनसे भिन्न कोसली और मागधी समुदायों की भाषाएँ दन्त्य या वर्त्स्य नासिक्य का व्यवहार ही करती हैं। केवल उड़िया में **ण्** का सीमित व्यवहार होता है। शूरसेन जनपद की प्राचीन भाषा में, गणसमाजों के युग की भाषा में, **ण्** का व्यवहार होता था या नहीं? मेरा अनुमान है कि होता था। ब्रजभाषा से उसका लोप वैसे ही हुआ है जैसे मगही से श् का। यह **श्** मगध से हटकर बङ्गाल में सुरक्षित है, वैसे ही **ण्** ब्रज से हटकर राजस्थान और गुजरात में सुरक्षित है। इण्डोयूरोपियन परिवार की भाषाओं से यहाँ भी एक उदाहरण दिया जा सकता है। नार्वे और स्वीडन की भाषाएँ जर्मन समुदाय के अन्तर्गत हैं। इन भाषाओं में **ण्** का व्यवहार होता है किन्तु जर्मन में नहीं होता। नार्वे और स्वीडन के कुछ जनसमुदाय पहले उत्तर इंगलैंड में आ बसे थे। इसका परिणाम यह है कि नार्थम्बरलैंड की भाषा में—यानी अंग्रेज़ी के उत्तरी रूप में—**ण्** का व्यवहार अब भी होता है पर जर्मन की तरह अंग्रेज़ी में उसका व्यवहार नहीं होता। ब्रज प्रदेश के पड़ोस में कोसल है। अवधी और ब्रजभाषा के क्रियारूपों का अध्ययन करने से विदित होता है कि इन दोनों भाषाओं में बड़ी गहरी व्याकरणगत समानता है, इसलिए दोनों में ध्वनिगत समानता भी हो तो आश्चर्य न होना चाहिए। एक ओर ओकारान्त रूप ब्रजभाषा को अवधी से अलग करते हैं, दूसरी ओर **ण्** के स्थान पर **न्** का व्यवहार उसे अवधी से जोड़ता है। इस सन्दर्भ में ब्रजभाषा, बाँगरू की अपेक्षा, अवधी के अधिक समीप है।

अवधी में मूर्धन्य और तालव्य सकारों का अभाव है। संस्कृत से तद्भव रूप बनाते हुए ब्रजभाषा **श्** को **स्** में बदल देती है। ब्रजभाषा को **भाखा** भी कहा जाता था। **ष्** का **ख्** में बदलना मागधी प्रभाव के कारण है। मगही और मैथिली में एक भेद ह और **छ** वाली समापिका क्रिया के रूपों को लेकर है। मगही ह रूपवाले क्षेत्र में है और मैथिली **छ** वाले क्षेत्र में। उससे मिलता-जुलता भेद राजस्थानी और ब्रजभाषा में है। ब्रजभाषा में **छ** क्रिया का व्यवहार नहीं होता किन्तु राजस्थानी-गुजराती में उसका चलन खूब है। पड़ोस में **है** के अलावा बाँगरू का **सै** रूप भी प्रचलित है किन्तु ब्रजभाषा ने **ह** वाला रूप ही लिया है। मेरी समझ में इसका कारण भी अवधी का प्रभाव है। एक दूसरा उदाहरण **ब्** ध्वनि का लिया जा सकता है। पुरानी साहित्यिक ब्रजभाषा और आधुनिक बोलचाल की ब्रजभाषा दोनों में **ब्** की भरमार है। ब्रजप्रदेश की पुरानी गण भाषाओं में **ण्** के समान **व्** का व्यवहार भी होता रहा होगा, इस कारण गुजराती और राजस्थानी में इसका व्यवहार अब भी होता है। किन्तु ब्रजभाषा सर्वत्र संस्कृत शब्दों या पड़ोसी आर्यभाषाओं के शब्दों में जहाँ **व्** हो, वहाँ उसे **ब्** में नहीं बदलती। जिसे ब्रजभाषा कहते हैं, वह व्यवहारतः अनेक बोलियों का समुदाय है। हिन्दी **वह** का प्रतिरूप कई जगह **ग्वु** बोला जाता है। यह अवश्य ही उस भाषा की प्रवृत्ति है जिसमें कवर्गीय ध्वनियाँ प्रमुख थीं। **व्** का सीधा उच्चारण कठिन होने से उसके पहले सघोष कण्ठ्य ध्वनि जोड़

दी गई। इसी प्रकार **वह** का एक प्रतिरूप **ब्वा** भी है। एक लोक कथा में इस तरह के प्रयोग हैं: **अब नट ब्वा डोरा कूं पकरि कैं ऊपर चढ़ि गयौ** (**ब्रज की लोक कहानियाँ**, पृष्ठ ३३); **आप ब्वाइ राखि कैं कहा करौगे, ब्वाई बखत अपनौ चोला छोड़ि कैं राजा के चोला में जाइ घुस्यौ** (उप०, पृष्ठ ३४); **ब्वा साहूकार पै बुरौ समैयौ आइगौ** (उप० पृष्ठ १५८)। इस तरह के प्रयोग उन पुरानी भाषाओं की प्रवृत्ति के कारण हैं जिनमें कण्ठ्य की अपेक्षा ओष्ठ्य ध्वनियों का व्यवहार अधिक होता था। बँगला से ब्रजभाषा की भिन्नता ध्यान में रखनी चाहिए। शब्द का आदि स्थान छोड़कर ब्रजभाषा में **व्** और **य्** ध्वनियों का व्यवहार होता है।

राजस्थानी, पंजाबी और बाँगरू में **ल्** के अतिरिक्त मूर्धन्य पार्श्विक ध्वनि **ळ्** का व्यवहार भी होता है। यह ध्वनि मराठी तथा द्रविड़ भाषाओं में भी है। जैसे बाँगरू का एक शब्द **काळ**। यह हिन्दी में **काला** बोला जाएगा। सम्भव है, शूरसेन जनपद की पुरानी भाषा में यह ध्वनि भी रही हो। प्रसिद्ध है कि उत्तर-पश्चिमी भाषाएँ लकार प्रधान रही हैं पर ब्रजभाषा, अवधी के समान, **र्** ध्वनि का व्यवहार अधिक करती है। **काळा** तो दूर, **काला** भी ब्रजभाषा में नहीं चलता, **कारो** रूप ही स्वीकृत है।

मेरा, मेरो, मोर—इन तीनों रूपों में एक अन्तर यह है कि ब्रज **मेरो**, बाँगरू **मेरा** के अन्तिम स्वर दीर्घ हैं, अवधी **मोर** का अन्तिम स्वर ह्रस्व है। सूरदास की ब्रजभाषा में, तथा आधुनिक ब्रजभाषा में भी, कुछ सर्वनाम, विशेषण और कृदन्त ऐसे हैं जिनका अन्तिम स्वर दीर्घ है, पर उनके अवधी प्रतिरूप का अन्तिम स्वर ह्रस्व होगा। सूरसागर में जो रूप आए हैं, उनमें से कुछ उदाहरण के लिए दिए जाते हैं। **तेरे, तिहारे, हमारे** सर्वनाम रूपों के अवधी रूप **तोर, हमार, तिहार** होंगे; **तेरा, हमारा, तुम्हारा** आदि हिन्दी रूप आकारान्त हैं। **आँधरो** जैसा विशेषण अवधी में **आँधर** होगा। **ऐसो** विशेषक अवधी में **अइस** होगा। **जातो**—**जात**; **दयो**—**दीन्ह, दीन्हेसि**; **बुढ़ानी**—**बुढ़ान, बुढ़ानि**; **हिरानी**—**हॅरान, हिरानि**; **ठाढ़ो**—**ठाढ़**; यहाँ दोनों भाषाओं के ध्वनितंत्र का भेद देखा जा सकता है। अन्तिम स्वर **ओ** हो चाहे **ई**, अवधी रूपों में वह ह्रस्व दिखाई देता है। **गई** रूप **गइ** बोला जाएगा और यही अब अवधी का स्त्रीलिंग कृदन्त **गै** है। इसी प्रकार **भई** के समानान्तर अवधी के **भइ** और **भै** रूप हैं। ब्रज और बाँगरू दीर्घ स्वरों की सामान्य प्रवृत्ति प्रदर्शित करती हैं। वर्तमानकालीन कृदन्त **देत** ब्रजभाषा में, अवधी के ही समान, ह्रस्व स्वरान्त है, हिन्दी में **देता** रूप होगा। ब्रजभाषा ने बाँगरू और अवधी, दोनों के ध्वनितंत्र की विशेषताएँ ग्रहण की हैं।

बाँगरू और ब्रजभाषा में एक महत्वपूर्ण भेद तिङन्त और कृदन्त प्रयोगों को लेकर है। बोलचाल की बाँगरू में तिङन्त प्रयोगों की भरमार है, विशेषत: वर्तमानकाल के रूपों में, किन्तु बोलचाल की ब्रजभाषा में इनका अनुपात कम है। **ब्रज की लोक कहानियाँ** में तिङन्त रूपों के ऐसे उदाहरण हैं: **"सो बु खूब दूध पीवै"** (पृष्ठ ३); **"तेरे ग्याँ मोइ कछूई नांय दीखै"** (पृष्ठ १२)। इनके विपरीत कृदन्त रूप बहुत हैं। **"कहूँ आदमी के अगार बइअर बैठि सकत्यै"** (पृष्ठ १०, अर्थात् बैठ सकती है); **"आजु कहा बातै जो**

बाहर जातौ" (पृष्ठ १३, **जाते हो**) "**तोपै जो कछू होइ सो धरिवै नइँ तौ तोइ मारतिऊँ**" (पृष्ठ ५६, **मारती हूँ**), "**एक अस्सी कोस जांतिऐ और एक साठ कोस जांतिऐ**" (पृष्ठ ५८, **जाती है**), "जाते हम पल्ली पारि पहुँचिबो चाहंतऐं" (पृष्ठ १०५, **चाहते हैं**) "**अब राज के बेटा ने पूछी कै यार अब मैं पूछे बिना नाउं मान सकतु**" (पृष्ठ १३९, **मान सकता हूँ**।) डा० सत्येन्द्र द्वारा सम्पादित **ब्रज की लोक कहानियाँ** पुस्तक में अनेक स्थानों से लोक कथाएँ लेकर संग्रहीत की गई हैं। इससे कृदन्त प्रयोगों की व्यापकता का पता चलेगा। अवधी में वर्तमानकाल के रूपों में सर्वत्र अब **त** प्रत्यय वाले कृदन्तों का व्यवहार होता है यद्यपि जायसी और तुलसीदास की भाषा में ऐसे रूपों का अनुपात कम है। यदि स्वयं तुलसीदास की ब्रजभाषा की तुलना उनकी अवधी से की जाए तो विदित होगा कि अवधी की अपेक्षा उनकी ब्रजभाषा में कृदन्त प्रयोगों की बहुलता है। इससे यह निष्कर्ष निकलता है कि कृदन्त रूपों के व्यवहार का एक प्रसार केन्द्र ब्रज क्षेत्र था। यह बात तब और पुष्ट होती है जब हम बाँगरू के वर्तमानकालिक क्रियारूप देखते हैं।

डा० जगदेवसिंह ने **ए डिस्क्रिप्टिव ग्रामर आफ बांगरू** नाम से बाँगरू का जो व्याकरण लिखा है, उसमें इस तरह के उदाहरण मिलते हैं: **बाळक खेल्हैं स**—बालक खेलते हैं; **खूब जाणूं सूं**—खूब जानता हूँ; **राम पड्ढै सै**—राम पढ़ता है; **जाऊं जाऊं कहन्दा रहै सै**—जाऊँ जाऊँ कहता रहता है (कृदन्त विशेषण रूप में है, क्रियारूप में नहीं); **घोड़ा करड़ा भाजै सै**—घोड़ा तेज भागता है; **राम बैठ्या बैठ्या दूध पीवै सै**—राम बैठा बैठा दूध पीता है; **मन्नै तिरणा आवै सै**—मुझे तैरना आता है; **कोए आया दिखै**—कोई आया दिखता है। जहाँ नकारात्मक वाक्य रचना होती है, वहाँ कृदन्त रूप का व्यवहार होता है यथा **राम न्हाइ कर्दा**—राम नहीं करता है। भूतकालीन रूपों में भी बाँगरू कृदन्त के बिना काम चलाती है। **राम घरां जा था**—राम घर जाता था; **चाहवै था**—चाहता था; **मर्यामर्या करै था**—मरा मरा करता था। **था, गा, सै** तीनों के साथ तीनों कालों में तिङन्त रूपों का व्यवहार हो सकता है: **काटूं सूं, काटूं था, काटूंगा**। मानक हिन्दी में अब **काटूंगा** रूप ही स्वीकृत है। **काटूं सूं** और **काटूं था** की जगह कृदन्त वाले रूप **काटता हूँ, काटता था** चलते हैं। "कुत्ता सबनि के लत्तानु पकरि कैं खेंचै। परि काऊ की समझ में ब्वा की बात ई न आवै।" (**ब्रज की लोक कहानियाँ**, पृष्ठ ५६)। यहाँ **खेंचै, आवै** भूतकाल का बोध कराते हैं। इनके बारे में कहा जा सकता है कि ये वास्तव में वर्तमानकाल के रूप हैं और भूतकाल के लिए उनका प्रयोग हुआ है। कृदन्त रूप, बाँगरू की अपेक्षा ब्रजभाषा में, अतीतकाल के लिए अधिक प्रयुक्त होते हैं। **बु नित्त-दान पुन्न कियो करत्वो** (पृष्ठ ९, **करता था**); **वे जमुना जी की उल्ली पारि एक भाटि में रह्यौ करतए** (पृष्ठ १०५, **रहा करते थे**); **परि ब्वा कौ मनु नाओ लगतु; ब्वा सहर में एकु साहूकार रह्यौ करतो; साहूकार जब जाइकें ब्वा में डुबकी लगाओ करतुओ, तौ ब्वा के हाथन में हीरा, पन्ना, जवाहिराति आइ जायौ करतऐ** (पृष्ठ ५५, **लगता था, करता था, करते थे**)। भविष्यकाल में **ग** चिन्ह ही, कृदन्त प्रत्यय के समान, बदलता है;

मूल क्रिया ब्रज और बाँगरू, दोनों में तिङन्त रहती है और यह तिङन्त रूप वर्तमानकाल का है। **जाहि** अर्थात् जाता है, **जाहि** से **जाइ**, और **जाय** रूप बने और ग जोड़ने पर **जायगा, जायगी** क्रिया रूप निर्मित हुए। **जाता है, जाती है** रूपों में वर्तमानकालिक कृदन्त लिङ्गभेद सूचित करता है, पुरुषभेद नहीं। **मैं जाता हूँ, तू जाता है,** यहाँ पुरुषभेद होने से जाता में कोई परिवर्तन नहीं हुआ। किन्तु मैं **जाऊंगा,** यहाँ जाय से काम न चलेगा। तिङन्त रूप है, पुरुषभेद सूचित करेगा।

क्रियार्थी संज्ञा के लिए ब्रजभाषा में **ब** वाले पूर्वी रूप प्रयुक्त होते हैं किन्तु इनकी पैठ बाँगरू क्षेत्र में नहीं हुई। यहाँ **न** वाले रूप का चलन है। **ग्रोह कहण लाग्या**—वह कहने लगा; **ग्राज पड्ढण लागूंगा**—आज पढ़ने लगूंगा। ध्यान देने की बात है कि आधुनिक हिन्दी में कहना, पढ़ना आदि क्रियार्थी संज्ञा रूपों में दीर्घ स्वर होता है किन्तु बाँगरू में अवधी का पुराना रूप **कहन, पढ़न** ही ह्रस्व स्वर के साथ प्रचलित है। केवल नासिक्य ध्वनि मूर्धन्य हो गई है। संयुक्त क्रियाओं में कृदन्त रूप का व्यवहार होता है। **सुणदे ग्राए**—सुनते आए; **जागदा रह्या**—जागता रहा। बाँगरू में **त्** के स्थान पर **द्** का व्यवहार पंजाबी की उस प्रवृत्ति के कारण है जो दो स्वरों के बीच के अघोष स्पर्श व्यंजन को सघोष करती है। **रह्या** रूप राजस्थानी की याद दिलाता है। बाँगरू में **भर्या, मर्या, कर्या** आदि के साथ **हुया** रूप भी है। मानक हिन्दी में **य्**-विहीन रूपों का चलन है। **बूझण लाग्या, कहण लाग्था**—ये रूप **बूझने लगा, कहने लगा,** इस प्रकार स्वीकृत हुए हैं।

पुरानी ब्रजभाषा में **मैंने, तैंने** जैसे प्रयोग नहीं मिलते किन्तु आधुनिक ब्रजभाषा में इनका व्यवहार होता है। आश्चर्य की बात यह है कि ने चिन्ह का व्यवहार कर्म कारक में खूब होता है। **मैंने इन हातन ते कबऊ काऊ कौ बुरो न कीयो** (**ब्रज की लोक कहानियाँ,** पृष्ठ ३०); कर्मदेव ने ऊ एक हात जोरि दीयौ (उप०, पृष्ठ २१)। यहाँ मानक हिन्दी के समान कर्ता कारक के लिए ने चिन्ह का व्यवहार हुआ है किन्तु कर्म कारक में भी इसका व्यवहार स्वच्छन्दतापूर्वक होता है : **मैं राजा नें सात तारे भीतर मूंदि राखी हूँ** (उप०, पृष्ठ ३४), **नट चारि बार बतावैं तौ नौकर कान लगाइकैं चार्‌यौ बातन नें सीखि लेय** (उप०, पृष्ठ ३४); **व्वा नें बिराह्‌मनी ते कही कै न होय तौ इन छोरान् नें कहूँ पढ़िबे करि ग्राऊँ** (उप०, पृष्ठ ४०); **मैं याने गेर्‌यौ; सो राजा के हाली हमालीन् ने मालूम भई** (उप०, पृष्ठ ६७)। अन्तिम उदाहरण में ने चिन्ह का व्यवहार सम्प्रदान कारक के लिए हुआ है। जैसे मानक हिन्दी में **को** चिन्ह का व्यवहार कर्म और सम्प्रदान दोनों कारकों के लिए होता है, वैसे ही यहाँ ने का व्यवहार हुआ है। इस चिन्ह का कोई विशेष सम्बन्ध करण कारक से नहीं है। सम्बन्धक शब्दों के आधार पर जो प्रत्यय विकसित होते हैं, वे एक से अधिक कारकों के साथ प्रयुक्त होते देखे जाते हैं; वही स्थिति इस **ने** चिन्ह की है। अवधी में इसका प्रवेश नहीं है, ब्रज और बाँगरू का वह सामान्य चिन्ह है।

६. कुरु जनपद

हिन्दी के लिए प्रसिद्ध है कि यह दिल्ली और मेरठ की भाषा है। ये दोनों शहर कुरु जनपद में हैं और इस जनपद की भाषा का दूसरा नाम बाँगरू है। बाँगरू वर्तमान हरियाणा राज्य के गाँवों में ही नहीं बोली जाती, वरन् उत्तर प्रदेश के कुछ उत्तरी भागों और दिल्ली के आसपास के गाँवों में भी बोली जाती है। दिल्ली, मेरठ और हरियाणा के नगरों में शिष्ट जनों की भाषा हिन्दी है और यह हिन्दी बाँगरू से भिन्न है। बाँगरू एक जनपद की भाषा है, हिन्दी पटना, उज्जैन और दिल्ली के विशाल त्रिकोण में बसने वाली जाति की भाषा है। जातीय भाषा का विकास वैसे ही नहीं होता जैसे किसी जनपदीय भाषा का होता है; कोई जनपदीय भाषा ज्यों की त्यों जातीय भाषा बन जाए, ऐसा नहीं होता। किसी जनपदीय भाषा को मुख्य आधार बनाकर कोई जातीय भाषा विकसित होती है किन्तु उसमें अन्य जनपदों से भाषा-तत्व आकर घुलमिल जाते हैं और आधार भाषा के रूप को काफी बदल देते हैं। इस तरह की प्रक्रिया हर जातीय भाषा के साथ घटित होती है। कलकत्ते की मानक बँगला या पुणे की मानक मराठी किसी जनपद में वहाँ की ग्रामीण भाषा के रूप में नहीं बोली जाती। न अब मानक अंग्रेजी ब्रिटेन के किसी जनपद की ग्रामीण बोली है। यह प्रक्रिया न समझकर कुछ लोग हिन्दी को कृत्रिम भाषा कहते हैं। यदि हिन्दी कृत्रिम है तो संसार की जितनी जातीय भाषाएँ हैं, वे सब कृत्रिम हैं। देहाती बोलियों से सम्पर्क, फिर भी उनसे अलगाव, जातीय भाषा की यह द्वन्द्वात्मक विशेषता है। देहाती बोलियों से तत्व लिए बिना यह भाषा विकसित नहीं हो सकती और किसी एक ही बोली से वह सम्पर्क बनाए रखे तो अनेक जनपदों में उसका प्रसार नहीं हो सकता। इसका यह अर्थ नहीं है कि विभिन्न जनपद, किसी अनुपात विशेष में, अपने भाषातत्व जातीय भाषा को देते हैं, फिर सर्वसम्मति से उसे अपनी मिलीजुली भाषा मान लेते हैं। व्यापार और संस्कृति के मुख्य केन्द्र किन जनपदों में हैं, उनका आपस में और अन्य जनपदों से कैसा सम्बन्ध है, इस पर जातीय भाषा के निर्माण में जनपदों की भूमिका निर्भर है। बारहवीं सदी के बाद व्यापार के प्रमुख केन्द्र उत्तर पश्चिमी प्रदेशों में रहे, इनका प्रभाव पूर्व के क्षेत्रों पर पड़ा। जितना ही विशद जातीय भाषा का क्षेत्र होता है, उतना ही अधिक उसके स्थानीय रूपों की संख्या होती है। इसका कारण यह है कि एक केन्द्र से फैलने वाली जातीय भाषा को अन्य जनपद प्रभावित करते हैं। बनारस की हिन्दी आगरे की हिन्दी से भिन्न है; कारण यह कि बनारस की हिन्दी भोजपुरी से प्रभावित है और आगरे की हिन्दी ब्रजभाषा से। इसी तरह इस समय की दिल्ली की भाषा पंजाबी से प्रभावित है और इलाहाबाद की हिन्दी अवधी से प्रभावित है। जब यह जातीय भाषा अन्य जातीय क्षेत्रों में पहुँचती है तो वहाँ की जातीय भाषाओं का प्रभाव ग्रहण करती है और अपने स्थानीय रूप बनाती है। इस तरह कलकत्ते की हिन्दी और बम्बई की हिन्दी का अपना अलग-अलग रूप है। और जब कलकत्ता बम्बई बड़े शहर न बने थे, तब हैदराबाद की हिन्दी का अपना दक्खिनी रूप निराला

था। यहाँ बोलचाल के स्तर पर जो भाषा व्यवहार में आती है, उसकी चर्चा है। भाषा के लिखित रूप में जैसी समानता देखी जाती है, वैसी बोलचाल के स्तर पर भाषा में नहीं होती। नाटकों, उपन्यासों आदि में कभी-कभी लेखक इन रूपों का व्यवहार करते हैं।

हिन्दी कुरु जनपद की बाँगरू भाषा से भिन्न है, हिन्दी के विकास का विवेचन करते हुए यह तथ्य सदा ध्यान में रखना चाहिए। इसे ध्यान में न रखने पर भाषाविज्ञानी अपभ्रंश से सीधे आधुनिक भाषाओं की मंज़िल में पहुँच जाता है। हिन्दी के अतिरिक्त जिन लोगों ने बँगला आदि के विकास पर ग्रन्थ लिखे हैं, उन्होंने आधुनिक बँगला के विकास की मंज़िल को बंगाल के विभिन्न जनपदों की भाषाओं के विकास की मंज़िल से अलग नहीं रक्खा। पर दोनों मंज़िलों में लम्बा फासला है। जनपदीय भाषाओं के उद्भव की मंज़िल जातीय भाषाओं के उद्भव की मंज़िल हो ही नहीं सकती। जब हम आधुनिक भाषाओं की बात करते हैं, तब सामान्यतः आशय जातीय भाषाओं से होता है और इनका विकास भी शताब्दियों तक चलता है। भारत में वैदिककाल गणसमाजों का युग है और वह उस युग का अन्तिम चरण है। जिस समय संस्कृत, पालि और प्राकृत साहित्य और धर्म तथा विभिन्न सामाजिक कार्यों का माध्यम बनी हुई हैं, उस समय गणसमाज विघटित हो रहे हैं, रक्त-सम्बन्ध के बदले वर्णाश्रम धर्म द्वारा व्यंजित नये श्रम-विभाजन के आधार पर नये जनपद संगठित हो रहे हैं। जिस समय अपभ्रंश साहित्य का माध्यम बनती है, उस समय जनपदीय भाषाएँ अपने विकास के अन्तिम चरण में पहुँच रही हैं। बारहवीं सदी के बाद, अपभ्रंश से भिन्न, जनपदीय भाषाएँ साहित्य में भी प्रतिष्ठित होने लगती हैं। यह जातीय भाषाओं के निर्माण का प्रथम चरण भी है। यद्यपि साहित्य में जनपदीय भाषाओं का व्यवहार होता है किन्तु ये भाषाएँ जनपदों तक सीमित नहीं रहतीं, अन्य जनपदों से भाषा-तत्व लेती हैं, वहाँ की भाषाओं को प्रभावित करती हैं। यही कारण है कि **रामचरितमानस** की भाषा में जनपदीय भाषा अवधी आधारभूत है किन्तु उसमें अन्य भाषाओं के तत्व आकर मिल गए हैं, केवल शब्द नहीं, रूपात्मक विशेषताएँ आकर मिल गई हैं। **रामचरितमानस** अवध के बाहर पढ़ा और समझा जाता था और तुलसीदास ने अवधी के अलावा ब्रजभाषा में भी काव्य लिखा। जातीय निर्माण की प्रक्रिया के लिए यह सब महत्वपूर्ण कार्यवाही थी।

जिस बोली के आधार पर मानक हिन्दी का विकास हुआ है, वह कुरु जनपद की बाँगरू भाषा है। कुरु जनपद अपेक्षाकृत छोटा था, वर्तमान बाँगरू के क्षेत्र में हरियाणा के अलावा दिल्ली तथा उत्तर प्रदेश का काफी उत्तर-पश्चिमी भाग आ जाता है। मानक हिन्दी में और बाँगरू में काफी अन्तर है। इस अन्तर के कारण लोगों का यह कल्पना करना अस्वाभाविक नहीं है कि हिन्दी का आधार बाँगरू के अलावा और कोई बोली रही होगी। अनेक उर्दू के विद्वान् यह समझते रहे हैं कि दिल्ली की कोई अपनी बोली थी और उसी ने उर्दू का रूप धारण किया। पन्द्रहवीं सदी की दिल्ली एक छोटा-सा शहर थी और उसकी भाषा आसपास के गाँव की भाषा से बहुत भिन्न न हो सकती थी। प्रत्येक भाषा के समान बाँगरू भी अनेक बोलियों का समुदाय है पर ये सब

बोलियाँ एक दूसरे से मिलती-जुलती हैं और उन्हें बाँगरू की संज्ञा दी जा सकती है। बाँगरू क्षेत्र की कोई ऐसी बोली नहीं है जिसे ज्यों का त्यों मानक हिन्दी का रूप माना जाए। इसलिए कुछ लोग हिन्दी को कृत्रिम भाषा भी मानते हैं। यह उदारता उन्हें उर्दू के प्रति भी दिखानी चाहिए क्योंकि बोलचाल की हिन्दी बांगरू से जितना भिन्न है, उतना ही उर्दू भी है।

बांगरू ने ब्रजभाषा के प्रभाव से हिन्दी रूप धारण किया। यह हिन्दी रूप बांगरू क्षेत्र के उत्तर में पंजाब में भी काम में लाया गया, इसके अलावा हिन्दी प्रदेश में तथा हिन्दी प्रदेश के बाहर यह भाषा काफी बड़े क्षेत्र में लिखने और बोलने के काम आती थी। हैदराबाद की दक्खिनी वहाँ उत्तर से ही गई है। वह केवल साहित्य का माध्यम नहीं है वरन् बोलचाल का माध्यम भी है। उसका यह बोली रूप मानक हिन्दी उर्दू से भिन्न है और बांगरू से भी भिन्न है। उसमें राजस्थानी उतनी ही है जितनी बांगरू के कुछ रूपों में। पर ब्रजभाषा का प्रभाव बाँगरू की अपेक्षा इस पर बहुत अधिक है। इससे यह अनुमान किया जा सकता है कि पन्द्रहवीं सदी के आसपास ब्रज के प्रभाव से हिन्दी ऐसा रूप धारण कर रही थी जो गाँवों की बांगरू बोली से काफी भिन्न था और मानक हिन्दी के निकट था। आगरा और दिल्ली इस ब्रज प्रभावित बांगरू के दो केन्द्र थे पर यह प्रभाव शहरों तक सीमित नहीं था। कुरु जनपद में ब्रज प्रभावित भाषा में या ब्रजभाषा में ही लिखे हुए दोहे, लोकगीत आदि प्रचलित थे। डा० कृष्णचन्द्र शर्मा ने ऐसे लोक-प्रचलित दोहों का एक संकलन गामेल्लाभास नाम से प्रकाशित किया है (लोकगीत प्रकाशन, मेरठ, १९७६)। इसका पहला दोहा है :

> गोविन्द गाढ़ी भीर में, मैं सुमरत हूं तोय।
> पत राखी पहलाद की, सोइ भरोसो मोय॥

यह दोहा आसानी से ब्रजभाषा का दोहा कहा जा सकता है। एक दूसरी मिसाल है :

> हाय दई कैसी भई, अनचाहत को संग।
> दीपक के भायें नहीं, जल जल मरे पतंग।

ऐसे अनेक दोहे कुरु जनपद में प्रचलित रहे हैं। कहीं-कहीं अवध के किसानों में प्रचलित उक्तियां भी वहां पहुंच गई हैं। उक्त पुस्तक में यह दोहा भी है :

> आलस नींद किसानैं नासे चोरैं नासे खांसी।
> आँखों लीबर बेसुए नासे तिरमिर नासे पांसी।

ठेठ बाँगरू का नमूना इस प्रकार है :

> मैं के जाणूं थी अरी, न्यूं फुट्टेंगे भाग।
> कट के मर ग्या रेल तें, वे ग्या मणें दुहाग।

एक अन्य संकलन लोक जीवन के स्वर में डॉ० कृष्णचन्द्र ने जो गीत संकलित किये हैं, वे मानक हिन्दी के ही हैं, थोड़ा बहुत ब्रज का प्रभाव है। इस संकलन (कुरु लोक संस्थान, मेरठ, १९७७) में एक गीत इस प्रकार है :

दौड़ी-दौड़ी समधन डोलै, पहन पैर में खंडुआ।
होलै-होलै जीमो बराती और परोसूं लडुआ।
रसीले तेरे दो नैना, मेरी समधन चतर सुजान।
दौड़ी-दौड़ी समधन डोलै, पहन हाथ में चूड़ी।
धीरे-धीरे जीमो बराती और परोसूं पूड़ी।
रसीले तेरे दो नैना।
दरवाजे पर दई बिलइया बारौठी पर घूंस।
कन्यादान में दई लोमड़ी जिसको लम्बी पूंछ।
रसीले तरे दो नैना।
चले बिदा हो अब हम समधन खुस राखे भगवान।
राम करै तेरे होय लाडली हम आवें मेंहमान।
रसीले तेरे दो नैना।

इस संकलन में जिस भाषा के गीत हैं, वह अवश्य ऐसे गीतों के माध्यम से गाँवों में पहुंच गई है। यदि इस भाषा को भी कोई कृत्रिम कहे तो उसे मानना चाहिए कि कुरु जनपद के लोग अपने गीतों में कृत्रिम भाषा ही पसन्द करते हैं।

बांगरू की प्रमुख विशेषता उसमें मूर्धन्य ध्वनियों का व्यवहार है पर इनमें मूर्धन्य ष् नहीं है। इस तथ्य से पुनः इस धारणा की पुष्टि होती है कि सभी मूर्धन्य ध्वनियों का विकास एक ही केन्द्र से एकसाथ नहीं हुआ। मूर्धन्य ध्वनियों में प्रमुख है **ण्**। हरियाणा के एक ओर पहाड़ी बोलियां हैं जिनमें इस ध्वनि का व्यवहार होता है। उत्तर में पंजाब और पश्चिम में राजस्थान हैं। ण् ध्वनि पश्चिम में गुजरात, महाराष्ट्र और सिन्ध तक है किन्तु सिन्धु नदी के पार ईरानी क्षेत्र में नहीं है। उत्तर में पंजाब में है किन्तु कश्मीर में नहीं है। इस प्रकार ण् ध्वनि का क्षेत्र उत्तर और पश्चिम में घिरा हुआ है। मध्य एशिया में उसका कोई केन्द्र नहीं है, इसीलिए उसे भारतीय ध्वनि मानना उचित है। हरियाणा के दक्षिण में ब्रज से लेकर असम तक बोलचाल के स्तर पर इस ध्वनि का व्यवहार नहीं होता। आर्य भाषाओं के प्रदेश में इसका व्यवहार-क्षेत्र सीमित है। निस्संदेह प्राचीन काल से अब तक इस ध्वनि के विकीरण का एक प्रमुख केन्द्र हरियाणा रहा है। यह ध्वनि बांगरू को इतनी प्रिय है कि अंग्रेजी और फ़ारसी के तत्सम तद्भव भी—स्टेशन, लालटेन, दामंन, फौरन—ण् के कारण बांगरू रूप धारण करते हैं : **टेस्सण, लाल्टण, दाम्मण, फोरण**। फिर दिन, **वन**, पानी आदि की नासिक्य ध्वनि को मूर्धन्य बनाकर बोलना स्वाभाविक ही है। हिन्दी में, और संस्कृत में भी, ऐसे शब्द कठिनाई से मिलेंगे जिनमें **न** और **ण्** का भेद अर्थ-विच्छेदक हो। डा० जगदेव सिंह ने बांगरू भाषा का जो व्याकरण लिखा है, उसमें उन्होंने **कानी** और **काणी** शब्दों में अर्थ भेद दिखाया है। कपड़े का किनारा तो है **कानी** और जिसे मानक हिन्दी में कानी कहेंगे, वह है **काणी**।

बांगरू की एक विशेषता यह है कि समवर्गीय नासिक्य ध्वनि जोड़ने के सिद्धान्त की चिन्ता न करके वह दन्त्य त् के साथ भी ण् जोड़ती है यथा **उण्तीस**। उर्दू में इस ध्वनि

का पूर्ण बहिष्कार है। साहित्य की पुरानी ब्रजभाषा में, बोलचाल की ब्रजभाषा के समान ही, इसका व्यवहार न होता था। मानक हिन्दी में इसका व्यवहार तत्सम शब्दों में ही होता है। बांगरू संस्कृत शब्दों के **न्** को **ण्** में बदल कर उन्हें तद्भव बनाती है, मानक हिन्दी संस्कृत शब्दों के **ण्** को **न्** में बदलकर तद्भव बनाती है। संस्कृत **किरण** को **किरन** कहें तो वह मानक हिन्दी के लिए तद्भव है, संस्कृत **दिन** को **दिण** कहें तो वह बांगरू के लिए तद्भव है।

मानक हिन्दी के समान बांगरू में उत्क्षिप्त ध्वनि **ड़्** है। यह बहुधा **र्** और **ल्** का स्थान लेती है। इस प्रकार **कुर्ता** बांगरू में **कुड़ता** है। हिन्दी में जो **कटोरा** है वह बांगरू में **कटोड़ा** है।

भरा कटोड़ा दूध बिंण बूरा पिया न जाय।
माई बाप की लाडली पिउ बिण रहा न जाय।

(गामेल्लाभास, पृष्ठ २७)

इसी प्रवृत्ति के कारण उर्दू का बांगरू उच्चारण **उड्डू** है; उर्दू और बांगरू में यह अन्तर है। उर्दू ही नहीं, **वर्दी उड़दी है, यारी** बदलकर **याड़ी** हो जाती है। हिन्दी में **ड़्** के साथ **र्** का संयोग अस्वाभाविक माना जायगा। अवधी **कर्रा** बांगरू में **कड़ाे** है, हिन्दी में **कड़ा** काफी है। हिन्दी की ध्वनि-प्रकृति में **ण्** के पहले किसी अन्य टवर्गीय ध्वनि का व्यवहार कर्कश कहा जायगा किन्तु बांगरू में **कोठरी** के लिए **कोठड़ी** रूप स्वाभाविक है। **ड़्** के अतिरिक्त राजस्थानी और मराठी के समान बांगरू में एक मूर्धन्य पार्श्विक **ळ्** भी है। हिन्दी के अनेक शब्दों में जहां **ल्** है, वहां बांगरू में **ळ्** है जैसे **पीलिया—पीळिया**। यह प्रवृत्ति **न्** को **ण्** में बदलने वाली प्रवृत्ति से मिलती-जुलती है। यह प्रवृत्ति इतनी प्रबल है कि जो शब्द **ल्** से आरम्भ होता है, वह किसी दूसरे शब्द के बाद जल्दी से बोला जाय तो उसका आदिस्थानीय लकार भी मूर्धन्य हो जाता है। हिन्दी **पालागन** या **पालागों** बांगरू में **पाळङ्गा** है। ये उदाहरण मैं डा० जगदेव सिंह की पुस्तक से ले रहा हूँ। यद्यपि **ल्** ध्वनि का मूर्धन्यीकरण होता है, फिर भी बांगरू में **ल्** और **ळ्** अर्थ-विच्छेदक ध्वनियां हैं। **लाल** तो रंग के लिए है पर **लाळ** मुंह से बहने वाली **लार** के लिए है। हिन्दी में दो स्वरों के बीच **ड** का उच्चारण उत्क्षिप्त होगा। **जाडा** जैसा शब्द हिन्दी में सम्भव नहीं, **जाड़ा** ही बोला जायगा, पर बांगरू में हिन्दी **जाड़ा** के लिए **जाडा** है, **जाड़ा** एक घास है। हिन्दी का **मोड़** बांगरू में भी वही अर्थ देता है पर एक शब्द **मोड** भी है जिसका अर्थ है साधू। बांगरू में **ड्** और **ड़्** दो भिन्न ध्वनियां हैं, वैसे ही **ड्** और **ळ्** भी भिन्न ध्वनियां हैं। गोला या चक्र बांगरू में **गोळा** है, **गोडा** का अर्थ है घुटना (अवधी का **गोड़**)। लाड़-प्यार के लिए **लाड** है, **लाळ** का अर्थ है लार। **ड्, ड़्, ळ्**— ऐसा भेद किसी द्रविड़ भाषा में नहीं है। इसलिए मूर्धन्यीकरण के प्रमुख केन्द्र के रूप में हरियाणा का दावा विचारणीय है। हिन्दी में मूर्धन्यीकरण का यह महत्व नहीं है, यह स्पष्ट ही है।

मूर्धन्य ध्वनियों की स्थिति मागधी समुदाय में ध्यान देने योग्य है। इस

समुदाय में उड़िया एकमात्र भाषा है जिसमें **ण्** का व्यवहार होता है। बांगरू के समान वह अनेक संस्कृत शब्दों के **न्** को **ण्** में बदलती है, **जन** और **वन** क्रमशः **जण** और **वण** बोले जाते हैं। मागधी क्षेत्र में इस **ण्** का प्रवेश कैसे हुआ, इसकी कोई व्याख्या नहीं की गई। ब्रज से लेकर बंगाल तक **न्** का राज्य है, फिर अकस्मात् एक छोटे प्रदेश में **ण्** का यह पुनः अवतरण। मागधी भाषाओं पर पश्चिम की भाषाओं का जो प्रभाव पड़ा है, उसका एक प्रमाण है यह **ण्**। **ण्** के साथ उड़िया में **ळ्** भी है और पुनः मागधी समुदाय की एकमात्र भाषा उड़िया ही है जिसमें यह ध्वनि मिलती है। बांगरू की तरह उसमें **ल्** को **ळ्** में बदलने की प्रवृत्ति है। हिन्दी क्रिया निकलना के बांगरू रूप में जैसे **ळ्** है, वैसे ही उड़िया में भी है। उड़िया में हिन्दी की क्रिया **निकलना है**, उसमें बांगरू की **ळ्** ध्वनि भी है, केवल आदि वर्ण में **न्** को **ल्** में नहीं बदला गया; बांगरू **लिकड़**, उड़िया **निकळ**, हिंदी **निकल**! डा० सुनीतिकुमार चाटुर्ज्या ने बँगला भाषा पर अपने ग्रंथ में बताया है कि उड़ियाभाषियों की **ल्** को मूर्धन्य करने की प्रवृत्ति अनेक बंगालियों के मनोरंजन का कारण होती है। हिन्दीभाषियों की तरह बंगाली भी **ळ्** को **ड़्** रूप में ग्रहण करते हैं। उड़िया जनों के उच्चारण की नकल करते हुए वे **कलकत्ता, गोपाल, बलराम**, को **कड़कत्ता, गोपाड़, बड़राम** कहते हैं। डा० गोलोक बिहारी धल ने **इन्डियन लिंग्विस्टिक्स** (१९५५) में उड़िया जनों के अंग्रेज़ी उच्चारण की ओर ध्यान दिलाया है। दो स्वरों के बीच में जहां **ड्** ध्वनि आती है, वहां वे उसका उच्चारण **ड़्** के समान करते हैं। इस प्रकार अंग्रेज़ी शब्द **हार्ड** (सख्त) **हाड़**, **रेडियो रेड़ियो**, **रोड रोड़** बोले जाते हैं। मानक हिन्दी बोलने वाले इस प्रकार अंग्रेज़ी शब्दों के तद्भव तो नहीं बनाते किन्तु दो स्वरों के बीच में जहां **ड्** आयेगा, वहां वे उसका उच्चारण **ड़्** ही करेंगे। उड़िया में **ड्** के स्थान पर **ड़्** इसी प्रकृति के अनुरूप है।

बँगला और भोजपुरी में एक अन्तर यह है कि बँगला में **ड़्** की बहुलता है, भोजपुरी में उसकी अपेक्षाकृत न्यूनता है। मैथिली, मगही और अवधी में यह न्यूनता और भी अधिक है। डा० सुनीतिकुमार चाटुर्ज्या के अनुसार बंगाल की कुछ बोलियों में **चाटुर्ज्या** को **चाड़ुज्जे** बोलते हैं। यहां **ट्** ने सघोष होकर **ड़्** रूप धारण किया। हिन्दी शब्द **गुड्डी** परिवर्तित होकर **घुड़ी बना**। यहां **ड्** ने **ड़्** रूप धारण किया। हिन्दी **छोरा** बँगला में **छोंड़ा** हुआ। **बोरंग** एक प्रकार की तुरही है। वह **भड़ंग** रूप में सुनी जाती है। यहां **र्** ने **ड़्** रूप धारण किया। कहीं-कहीं **पतंग** को **फड़िङ्** बोला जाता है। यहां **त्** ने मूर्धन्य होकर **ड़्** रूप धारण किया। बँगला में **ड़्** के अपेक्षाकृत अधिक प्रयोग का एक कारण यह है कि हिन्दी के जिन शब्दों में **ढ़्** ध्वनि है, उनमें बँगला महाप्राणता का लोप करके **ड़्** से काम लेती है। **आढ़त, अढ़ाई, काढ़ना, गढ़ना, चढ़ाई, ओढ़नी** जैसे शब्दों के बँगला प्रतिरूप **आड़त, आड़ाई, काड़ा, गड़ा, चड़ाइ, उड़ुनी** हैं। कुछ बोलियों में **चण्डाल** और **भण्डार** के **चांड़ाल** और **भांड़ार** रूप हो जाते हैं। हिन्दी **ब्योरा** से मिलता-जुलता बँगला **बेओड़ा** का मूल रूप डा० चाटुर्ज्या के अनुसार **व्यापार** है। इसी प्रकार **संज्ञा** का पहला रूपान्तर **सान** हुआ और **सान** बदलकर **साड़**। बँगला में **ड़्** ध्वनि के

अनेक स्रोत हैं। कुल्हाड़ी के लिये **कुड़ूल** शब्द है जिसका मूल रूप **कुठार** बताया गया है। मुर्दा के लिये **मड़ा** शब्द है। झुटपुटे के लिए बँगला शब्द **सांझुड़ा** राजस्थान की याद दिलाता है। बँगला में **ल्** की ही नहीं **ड़्** की भी बहुलता है; मैथिली-मगही में अवधी के समान **र्** की प्रधानता है। इस भिन्नता का कारण बँगला पर बांगरू जैसी पश्चिमी भाषाओं का प्रभाव है।

बांगरू और बँगला में एक समानता **व्** ध्वनि के व्यवहार के बारे में है। बांगरू मध्यवर्ती **व्** का लोप कर देती है; **गाड़ीवाला** बदलकर **गाड़ीग्राला** हो जाता है। लोप होने के बदले **व्** कभी उ स्वर में बदल जाता है। **जवाब, जवान** क्रमशः **जुग्राब, जुग्रान** बनते हैं। इससे मिलते-जुलते **व्**-संबन्धी परिवर्तन बँगला में होते हैं। आदिस्थानीय **व्** को उ में बदलकर कुछ शब्दों के रूपान्तर बिलकुल बँगला की तरह होते हैं: **वकील-उकील, वजीफा-उजीफा, वजीर-उजीर**। **बेवकूफ** के रूपान्तर **बेकूप** में **व** का पूर्ण लोप होता है; **जानवर** के प्रतिरूप—**जनोर** में **व** का लोप आंशिक है। शब्द के अंत में कभी कभी **व** वर्ण का पूर्ण लोप होता है; **बनाव—बणा**। इससे मिलती जुलती स्थिति **य** वर्ण की है; **जायगा, जायथा** क्रमशः **जा गा, जा था** बोले जाते हैं। नानक चंद शर्मा ने अपनी पुस्तक में आदि और मध्यस्थानीय **य्** के लोप के कुछ उदाहरण दिये हैं। **यतीम** और **यकीन** क्रमशः **ग्रतीम** और **ग्रकीन** हैं; **जायका, किफायत, फायदा** क्रमशः **जाका, किफात, फाद्दा** हैं। बांगरू और बंगला दोनों में **व्-य्** ध्वनियों के लोप और रूपान्तरण की प्रवृत्ति है; यह समानता आकस्मिक नहीं हो सकती।

बँगला और बांगरू में एक महत्वपूर्ण भेद दन्त्य **स्** को लेकर है। बँगला में **श्** की प्रधानता है; बांगरू में **स्** की। अन्य भाषाओं में स क्रिया ह या छ है; यहां वह अपने मूल रूप में सुरक्षित है।

बांगरू की एक विशेषता व्यंजनद्वित्व की बहुलता है। हिन्दी में जहां एक व्यंजन से काम चलता है, वहां बांगरू में बहुधा दो दिखलाई देते हैं। नानक चन्द शर्मा की पुस्तक **हरियाणवी भाषा का उद्‌गम तथा विकास** (होश्यारपुर, १९६८) में उर्दू शब्दों के बांगरू रूपान्तर अत्यन्त शिक्षाप्रद हैं। **खालिस** पहले **निखालिस** बना, फिर **निखाल्लस**। **दोजख—दोज्जक, नौकर—नोक्कर, खातिर—खात्तर, करामात—कराम्मत, नतीजा—नतीज्जा, अक्ल—इक्कल**; जो लोग समझते हैं कि संस्कृत की द्वित्व-वृत्ति संस्कृत का विशेष चिन्ह है, वे बांगरू की इस वृत्ति का अध्ययन करें। यह शक्तिशाली भाषा अपनी ध्वनि प्रकृति के अनुरूप संस्कृत और फ़ारसी दोनों से शब्द लेकर उनके तद्‌भव बनाती है।

बांगरू एकार क्षेत्र की प्रमुख भाषा है। यहां हिन्दी **जो** (यदि) **जं** है, **तौ** का रूपान्तर **तं** है। **सस्ता, लठा, ढह पड़ेगा** क्रमशः **सॅस्ता, लॅठा, ढॅह पॅड़ॅगा** बोले जायेंगे। बांगरू आदिस्थानीय उकार-इकार का भी लोप जब-तब कर देती है। **मन्सी, पछाड़ी** के पूर्व रूप **मुंशी** और **पिछाड़ी** हैं। ब्रज अवधी से भिन्न **अइ-अउ** जैसे संयुक्त स्वर बांगरू में नहीं हैं। मानक हिन्दी ने यह प्रवृत्ति बांगरू से पाई है। बांगरू में मानक हिन्दी के ए के

स्थान पर बहुधा ऐ का उच्चारण होता है। बांगरू के सै, पँड़ आदि मानक हिन्दी में से, पड़े हैं।

जिस भाषा में मूर्धन्यीकरण की प्रवृत्ति प्रबल हो, उसमें तालव्यीकरण की प्रवृत्ति भी हो, तो यह आश्चर्य की बात होगी। किन्तु ये दोनों प्रवृत्तियां बांगरू में हैं। अन्तिम आ बहुधा या में बदलता है। तन्या, भर्या, हट्या, क्रमश: तना, भरा, हटा के प्रतिरूप हैं। ऐसा तालव्यीकरण आदि स्थानीय वर्ण में भी होता है। चार, शाबाश क्रमश: च्यार, स्याबास बोले जायेंगे। ब्रज और बांगरू दोनों में यह प्रवृत्ति है। डा० जगदेव सिंह ने उदाहरण रूप एक वाक्य दिया है : कुत्या नै देखि क्यें गादड़ भाजदा हुया। यहाँ कुत्ता, के, हुआ में अ और ए के साथ य् का योगदान हुआ है। भाजि ज्या अर्थात भाग जा, यहां भाजि तो ब्रजभाषा के समान है किन्तु ज्या में ब्रजभाषा से अधिक तालव्यीकरण है। घोड़्यां (घोड़े), ताल्यां (ताले) बहुवचनरूप पंजाबी से मिलते-जुलते हैं किन्तु य् का संयोग पंजाबी से भिन्न प्रकृति की सूचना देता है। इसी प्रकार कृदन्त रूप खड्या, तोड़्या, बैठ्या आदि पंजाबी की अपेक्षा राजस्थानी से अधिक मिलते हैं।

डा० जगदेव सिंह के अनुसार बांगरू में महाप्राण ध्वनियां पूरी शक्ति से उच्चरित नहीं होतीं। उनके बाद जब स्वर होता है, तब पूरी सुनाई देती हैं। ह् सघोष ध्वनि है। डा० जगदेव सिंह ने लिखा है कि बांगरू में अघोष ह् का व्यवहार भी होता है यथा गोह् (जो घोष का रूपान्तर है)। संस्कृत में विसर्गों का व्यवहार इसी प्रकार सघोष ह् के अघोष होने पर प्रचलित हुआ होगा। ह् के निकट जो अल्पप्राण स्पर्श ध्वनि हो, बांगरू उसे ह् से मिलाकर नई महाप्राण ध्वनि भी बना लेती है। इस प्रकार बहकाया बदलकर हुआ भुकाया। भतेरा का पूर्व रूप था बहुतेरा। कहीं-कहीं वर्ण विपर्यय मे आश्चर्यजनक परिवर्तन होते हैं; भूजि दे का मूल रूप है बूझि दे।

बांगरू की एक विशेषता, बलाघात की आवश्यकता के कारण, आदिस्थानीय स्वरों का ह्रस्व होना या लोप होना है। इस प्रकार इक्यावन इ के बिना क्यावन बोला जाता है। एगारह के आधार पर बना हुआ ग्यारह इसी प्रवृत्ति का परिणाम है। अचम्भा को चम्भा कहना काफी है। ठुआई क. अर्थ है उठवाई। गूंठी का मतलब है अँगूठी। गया इसी प्रवृत्ति के अनुसार ग्या बोला जाता है। चौरासी और चौथाई का आदि वर्ण ह्रस्व होकर चुरासी, चुथाई रूप निर्मित करता है। कहीं-कहीं आदि वर्ण अन्तिम वर्ण को अपने भीतर समेट लेता है जैसे नाम शब्द को नां कहना काफी है। य्, व्, ह्, म्, जैसी ध्वनियों में स्पर्श तत्व क्षीण है, इसलिये इनके साथ व्यंजन-मिश्रण, वर्ण-विपर्यय आदि के चमत्कार विशेष रूप से देखे जाते हैं। बाण्ह अर्थात बहिन, काण्ही अर्थात् कहानी, ल्हाज अर्थात लिहाज, ज्हाईज्ह्याज अर्थात् हवाई जहाज; निस्संदेह बांगरू और मानक हिन्दी के ध्वनितंत्र में यथेष्ट अन्तर है।

बांगरू के शब्द-तंत्र में कुछ विशेषताएं ध्यान देने योग्य हैं। वैदिक काल के त्वन और त्वना प्रत्ययों की तरह बांगरू में भी पण और पणा दोनों तरह के प्रत्यय प्रयुक्त होते हैं, लुचपण, अपणापण और भाईपणा, बाळकपणा। वैदिक काल में ही अकारान्त और

आकारान्त दो तरह के वैकल्पिक रूप प्रचलित थे, उसी तरह बांगरू में क्रियाओं से एक तरह का संज्ञा-रूप बनेगा **मरण**, दूसरी तरह का बनेगा **धरणा**। मानक हिन्दी में **मरना, धरना** जैसे दीर्घ आकारान्त रूप ही स्वीकृत हैं किन्तु **मरन, धरन** जैसे ह्रस्व अकारान्त रूप अवधी और कनौजी में प्रयुक्त होते रहे हैं और बांगरू के उत्तर में पंजाबी और कश्मीरी में भी प्रयुक्त होते हैं। बांगरू में **आर** प्रत्यय जोड़ कर क्रिया से संज्ञा रूप बनाने की पद्धति है। **नचार**— नाचने वाला, **बुलार**—बोलने वाला, **खिल्हार**—खिलाड़ी, यहां वैदिक काल का वही **आर** प्रत्यय लगा है जो **कर्म्मार** में है। यह **कार** का रूपान्तर है। बांगरू में एक तरह की वस्तुओं का समुदाय जताने के लिये कुछ अनोखे प्रत्यय हैं। डा० जगदेव सिंह के अनुसार एक है **ओड़**। **मखोड़**—मक्खियों का झुण्ड; **चमरोड़** — चमारों का समूह, **मटोड़** — मिट्टी का ढेर। यह **ओड़** वास्तव में **उड़** है। अकारान्त शब्दों के बाद आने से सन्धि का सामान्य नियम **अ** और **उ** को मिलाकर **ओ** कर देता है। **उड़** का पूर्व रूप **उर** था जो **पुर** का रूपान्तर है। **ग्राम, पुर, उर** ये तीनों शब्द मनुष्यों के निवास का अर्थ देने के अलावा बहुत्व की सूचना भी देते थे। डा० जगदेव ने एक अन्य प्रत्यय **ईक** का उल्लेख किया है यथा **गडोक** अर्थात् गाड़ियों की पांति। यह **क** प्रत्यय है जो सम्बन्ध कारक का चिन्ह होने के अलावा बहुत्वसूचक भी है। **क** की यह दोहरी भूमिका भोजपुरी में भी देखी जाती है।

बांगरू में चलने का अर्थ देने वाली **चाल** क्रिया है, मानक हिन्दी में **चाल** केवल संज्ञा रूप है। **जौ** की बाल के लिये **सिर्टा** शब्द है जिसका सम्बन्ध बोने, जन्म देने वाली प्राचीन **सि** अथवा **सु** क्रिया से है। कण्डे के लिये **अर्णा** और जंगल के लिये **रन**, दोनों **अरण्य** से सम्बद्ध हैं। खेत के लिये **क्यार केदार** का रूपान्तर है, मानक हिन्दी में केवल स्त्रीलिंग रूप **क्यारी** स्वीकृत है। आवाज लगाने के लिये **गोहा** शब्द **घोष** के आधार पर बना है और **गोहार** या **गुहार** रूप में बांगरू क्षेत्र के बाहर भी प्राप्त है। बांगरू का एक रोचक शब्द **माळ्ह** है जिसका अर्थ है शहद का छत्ता। यह उस समय की यादगार है जब **ध्** पहले अल्पप्राण हुआ, फिर **द् ल्** में परिवर्तित हुआ। ऐसा रूपान्तर मधु सूचक शब्दों में अन्यत्र भी पाया जाता है। बांगरू में घुमन्तू लोगों के लिये **ओड** शब्द है। यह कहीं **वेड** क्रिया से जुड़ा हुआ है। बंगला में इसका रूपान्तर **बेड़** घूमने की क्रिया का अर्थ देता है। अवधी में गरीब घुमन्तू लोगों के लिये **बेंड़िया** शब्द है, वह इसी से सम्बद्ध है।

बांगरू के विभक्ति-चिन्हों में **नै** बहुत महत्वपूर्ण है। मानक हिन्दी में कर्ता कारक के चिन्ह **ने** का यही स्रोत है। मानक हिन्दी में इसका प्रयोग सीमित है किन्तु बांगरू में इसके प्रयोग में बड़ी विविधता है। **घोड़े नै पाणी पिया**, यहां कर्ता कारक के साथ इसका व्यवहार हुआ है। (यह कर्ता कारक मूलतः करण होगा, इससे यहां बहस नहीं।) **उस नै बी आणा था** अर्थात् उसे भी आना था। यहां **नै** हिन्दी **को** का स्थान लेता है। इसी प्रकार: **मन्नै इब जाणा चाहिये**—मुझे अब जाना चाहिये। **राति नै रोज तारे लिकड़ैं सैं**—रात में रोज तारे निकलते हैं, यहां **नै** अधिकरण कारक के लिए है। **किसै नै आणा दिखै सै**—किसी का आना दिखाई देता है, हिन्दी में जहां सम्बन्ध कारक का प्रयोग होगा, वहां

ने है। उरे नैं—वहां : यहां नैं स्थान सूचक विशेषक के साथ जुड़ गया है। बांगरू में एक प्राचीन कारक चिन्ह एँ है जो एक से अधिक कारकों के साथ प्रयुक्त होता है। जायें अर्थात् जाने से, करण कारक; झूठें—झूठ में, साचें अर्थात् सच में, यहां अधिकरण है। एक ही चिन्ह का अनेक कारकों में प्रयोग—पुरानी परम्परा है।

बांगरू क्रियापद रचना में तिङन्त रूप अब भी काफी हैं। मानक हिन्दी के विपरीत एक तिङन्त रूप काटूं से तीनों कालों के उत्तम पुरुष एकवचन रूप काटूं सूं, काटूं था, काटूंगा बन जाते हैं। मानक हिन्दी से भिन्न बांगरू में सोन्दा, जागदा आदि सघोष द् ध्वनि वाले कृदन्त रूप प्रयुक्त होते हैं। इनमें सानुनासिक और निरनुनासिक दोनों तरह के रूप हैं।

मानक हिन्दी और बांगरू में अनेक भेद हैं। आधार भाषा बांगरू है। ब्रज, अवधी के अलावा अन्य बोलियों का प्रभाव भी उस पर पड़ा है और इन अनेक प्रभावों को ग्रहण करके मानक हिन्दी ने अपना रूप स्थिर किया है।

७. पुरानी साहित्यिक हिन्दी और जनपदीय भाषाएँ

ध्वनितन्त्र के अलावा मानक हिन्दी की रूपरचना और अनेक शब्दों के प्रयोग पर ब्रजभाषा का प्रभाव स्पष्ट है, विशेष रूप से पुरानी हिन्दी में। समस्त हिन्दी क्षेत्र में कर्म, सम्बन्ध आदि कारकों के साथ क् ध्वनि वाले चिन्हों का व्यवहार होता है। यह विशेषता बांगरू में भी है और उसे पंजाबी से अलग करती है। ब्रजभाषा में को या कौ के अतिरिक्त कारक चिन्ह कूं का भी चलन है। यह चिन्ह पुरानी हिन्दी में भी है। मुहम्मद अफ़ज़ल नाम के मेरठ निवासी कवि ने बिकट कहानी—बारहमासा नाम की कविता-पुस्तक लिखी थी। उनका देहान्त १६२५ ई० में हुआ था। उनकी भाषा सोलहवीं सदी की हिन्दी का नमूना है। डा० विद्यासागर और डा० मसूद हुसेन खां द्वारा सम्पादित यह पुस्तक हैदराबाद से १९६७ में प्रकाशित हुई। इसमें याद से हमकूं बिसारा, इस तरह के प्रयोग मिलते हैं। शाह अफ़ज़ल के बारे में कहा जा सकता है कि वह कविता लिख रहे थे, इसलिए उन्होंने इस तरह का प्रयोग कर दिया है। पर इस तरह के प्रयोग ईसवी खां बहादुर की गद्य रचना किस्सए मेह्र अफ़रोज व दिलवर में भी हैं। यह गद्य ग्रन्थ मसूद हुसेन खां द्वारा सम्पादित होकर उस्मानिया विश्वविद्यालय के उर्दू विभाग की ओर से सन् १९६६ में प्रकाशित हुआ। सम्पादक के अनुसार यह रचना अठारहवीं सदी के पूर्वार्द्ध की है। इस तरह दो सौ वर्ष तक हिन्दी में कूं कारक चिन्ह का प्रयोग होता रहा और उत्तर से वह दक्खिनी हिन्दी में भी पहुँचा, यथा—अक्ल अच्छे तो अपस कूं होर दूसरे कूं पछाने (श्रीराम शर्मा : दक्खिनी पद्य और गद्य, पृष्ठ ४०९)। इसी तरह कारक-चिन्ह सूं का प्रयोग है। इसके भी सों, सौं प्रतिरूप हैं पर इनका उद्भव मूल रूप सन से हुआ है। रामचरितमानस में इस सन का खूब प्रयोग हुआ है और कुछ क्षेत्रों की अवधी में इसका प्रयोग अब भी होता है। शाह अफ़ज़ल ने लिखा था : अरे ऐ जोशियो तुम सांच बोलो। मिले मोसूं बदेसी स्याम कौलौं। अरे ऊधौ सुनौ यह दुख हमन सूं। कहो

रुक जाय परदेसी सजन सूं। इसी तरह दक्खिनी हिन्दी में इसका प्रयोग होता था : "**यूं कहे तो उसके दिसने वजा सूं यां बी दिसता है**" (**दक्खिनी का पद्य और गद्य**, पृष्ठ ४०६)।

सर्वनामों में शाह अफ़ज़ल **तैं** का प्रयोग करते हैं : **दिया परदेस ें तैं गैर कूं राज।** **तैं** का व्यवहार ब्रजभाषा में होता ही है। शाह अफ़ज़ल के अतिरिक्त सौदा की भाषा में इसका प्रयोग मिलता है : **सौदा से गम गुसार का था दिल ये तैं लिया।** भारतेन्दु हरिश्चन्द्र के समय तक तैं रूप मानक हिन्दी से बहिष्कृत न हुआ था। **सत्य हरिश्चन्द्र** नाटक में उन्होंने लिखा था : **अरे दुष्ट ! तैं** भूल गया; कल पृथ्वी किसको दान दी थी ? आगरे की हिन्दी का अन्य पुरुष एकवचन सर्वनाम **विस** कभी हिन्दी-उर्दू का अपना खास रूप था। **विन** इसी का बहुवचन रूप है। **प्रेमसागर** (काशी संस्करण) की भूमिका में लल्लू जी लाल ने लिखा था : **विस का सार ले, यामनी भाषा छोड़, दिल्ली आगरे की खड़ी बोली में कह, नाम प्रेमसागर धरा।** भूमिका के बाद कथा के प्रारम्भिक अंश में उन्होंने लिखा : **विन्हें देख परीक्षित मन में कहने लगा।** सदल मिश्र ने इन रूपों का प्रयोग नासिकेतोपाख्यान में किया है : **और वेद की आज्ञा से सन्तान के लिए पत्नी सों भोग करना उचित है, नहीं तो विस विन क्या कभी क्रिया सिद्ध होती है और जिस-जिसके लाने को धर्म्मराज विन को बरजते हैं।** अंग्रेजों के पढ़ने के लिए सैण्डफोर्ड आर्नो ने हिन्दुस्तानी भाषा का एक व्याकरण लिखा था जिसमें डंकन फोर्ब्स ने कुछ गद्यपाठ जोड़े थे। **ए ग्रामर ऑफ़ द हिन्दुस्तानी टंग** नाम की पुस्तक डंकन फोर्ब्स द्वारा परिवर्धित होकर लंदन से १८४४ ई० में प्रकाशित हुई। इसके गद्यपाठ में इस तरह के वाक्य हैं : **विन की कुछ चिन्ता हो तो मुझसे टीप लिखवा लो; एक पहर के पीछे इसने घबरा के विसे पुकारा।**

पुरानी हिन्दी के बहुत से प्रयोग ग़ालिब के समय में उर्दू से निकाले गए, फिर हिन्दी में उनका चलन बन्द हुआ। कुछ रूप ऐसे हैं जिनका व्यवहार ग़ालिब की भाषा में किया गया है किन्तु मानक हिन्दी-उर्दू में उनका प्रयोग वर्जित हो गया है। इनमें अवधी का प्रश्नवाचक शब्द **काहे** है। हिन्दी में इसका स्थान **क्यों** ने ले लिया है। पुरानी ब्रजभाषा में काहे का प्रयोग होता था। आजकल ब्रजभाषा में भी **क्यौं** और **चौं** का जोर है। ग़ालिब ने लिखा था : "**मुझमें तुममें नामानिगारी काहे को है, मुकालमा है**" (१७ सितम्बर १८५८ का पत्र, श्रीराम शर्मा सम्पादित : **ग़ालिब के पत्र**)। इसी तरह सौदा ने लिखा था : **नजर आ जाय है जैसी कि हिन्दुस्तान में सूरत। कभू काहे को खल्क ऐसी हुई कनआन में सूरत।** इस शेर में जो **कभू** शब्द आया है, वह **कबहू** का रूपान्तर है। **कबही** से **कभी** रूप बना, **कभू** ब्रजभाषा के हू के आधार पर बना है। सौदा का यह प्रिय शब्द था : **ज्यूं गुंचा तू चमन में बन्दे कबाके खोले। फिर गुल से ऐ पियारे बुलबुल कभू न बोले।** कबहू और **कभू** की तरह पुरानी हिन्दी में **अजहूं** और **अभूं** रूपों का चलन था। शाह अफ़ज़ल ने **बिकट कहानी** में लिखा था : **अहद कर कर गये अजहूं न आए। अरी किन सौत ने टोने चलाए।** और—**दुहल रहलत का भादों ने बजाया। अभूं ला**

सांवरा परदेस छाया। यह शाह अफ़ज़ल का निजी प्रयोग न था, इसका प्रमाण यह है कि दक्खिनी हिन्दी में भी इसका व्यवहार होता था : **ऐसे खुश बास के फूलां अख्यौं किसी बाग में नहीं खिले। ऐसे फूलां अख्यौं किसे नईं मिले।** (दक्खिनी हिन्दी का पद्य और गद्य, पृ० ४०६)।

ऊपर उद्धृत वाक्यों में जो **फूलां** बहुवचन रूप आया है, वह अवधी-ब्रजभाषा के **फूलन** का विकास है। **फूलन** जैसे शब्द से एक रूप बनेगा **फूलों** जैसे सन से सों रूप बना; दूसरा रूप बनेगा **फूलां**। उर्दू कविता में **मकान** का संक्षिप्त रूप **मकां**, पंजाबी और बांगरू में लोक का बहुवचन लोकां किसी बाहरी प्रभाव के कारण नहीं हैं। **चन्द्र** जैसे **चांद** बन जाता है वैसे ही **लोगन** या **लोकन** का उच्चारण **लोगां**, **लोकां** होगा। यह प्रवृत्ति तमिल भाषा में भी है। अन्य पुरुष एकवचन सर्वनाम **अवन्** बोलचाल में **अवां** हो जाता है। हिन्दी में **पुस्तकों**, **बालकों**, **लोगों** आदि जो बहुवचन रूप प्रयुक्त होते हैं, वे अवधी और ब्रजभाषा के **बालकन**, **पुस्तकन** जैसे रूपों से बने हैं।

क्रियार्थी संज्ञा के रूप में भी पुरानी अवधी में, और आजकल कनौजी में **न** प्रत्यय जोड़ा जाता है। उदाहरण के लिए **निकस** क्रिया मूल में **न** जोड़ने से क्रियार्थी संज्ञा रूप **निकसन** बनेगा। नज़ीर अकबराबादी ने जन्म कन्हैयाजी नाम की कविता में लिखा था : **इक आन न निकसन पावें ये फिर उन सबको ये हुक्म दिया**। लल्लूजी लाल के लिए ऐसे प्रयोग स्वाभाविक थे। उन्होंने प्रेमसागर में लिखा : **इससे आपकी आज्ञा ले प्रसेन और मणि के ढूंढन को जाते हैं।** (खेमराज श्रीकृष्णदास संस्करण, पृष्ठ १८८)। मानक हिन्दी क्रियार्थी संज्ञा के लिए **ना** प्रत्यय जोड़ती है। **ढूंढन** और **ढूंढना** में वैसा ही अन्तर है जैसा **तोर** और **तेरा** या **जात** और **जाता** में है अथवा वैदिक **एन** और **एना** में है। मूलत: मानक हिन्दी में क्रियार्थी संज्ञा बनाने की प्रक्रिया वही है जो पुरानी अवधी और वर्तमान कनौजी में है।

पूर्वकालिक क्रिया रूप बनाने में अवधी और ब्रजभाषा क्रिया में **आय** प्रत्यय जोड़ती हैं जैसे **नव** क्रिया से पूर्वकालिक रूप **नवाय** बनाया। नाम शब्दों में यही प्रत्यय जोड़कर क्रिया बना लेते हैं। नज़ीर ने महादेव जी ब्याह कविता में लिखा : पहले नावँ **गनेस का लीजे सीस नवाय। जासे कारज सिद्ध हों सदा मुहूरत लाय।** नज़ीर ने नाम-शब्दों से जो क्रिया रूप बनाए हैं, उनकी एक अच्छी मिसाल **चुंधिआय** शब्द है। सफ़रे आख़िरत की तैयारी में उन्होंने लिखा था : **सर कांपा चांदी बाल हुए मुंह पीला पलकें आन झुकीं। कद टेढ़ा कान हुए बहरे और आंखें भी चुंधिआय गईं।** मानक हिन्दी-उर्दू में अब ऐसे रूपों का व्यवहार नहीं होता किन्तु पूर्वकालिक क्रिया-रूपों में पहले जो **आय** प्रत्यय लगता था, उसी के **य** का लोप होने पर मानक हिन्दी का **आ** प्रत्यय बना है यथा **पढ़ाकर** मूलत: **पढ़ायकर** रूप था।

कहियो, **आइयो** जैसे ओकारान्त रूप ठेठ ब्रजभाषा के हैं। पुरानी हिन्दी में इनका व्यवहार होता था। शाह अफ़ज़ल ने लिखा था : **तुम्हीं टुक कर पकड़ समझाय कहियो। पगन पर सीस धर कर लाय कहियो।** पुरानी हिन्दी ही क्या, दिल्ली की हिन्दी में इन रूपों

का व्यवहार अब भी होता है, यद्यपि वैसा व्यवहार दिल्ली की मानक भाषा में स्वीकृत नहीं है। आगरे के बहुत से कारीगर दिल्ली में जा बसे थे। इनकी बोली, कारखानों में इनके काम करने से, करखन्दारी कहलाती है। यह भी खड़ी बोली है पर उस तरह की है जिस तरह की आगरे की अपनी खड़ी बोली है। जनपदीय भाषाओं के परस्पर सम्पर्क से कैसे नये रूप उभरते हैं, इसकी मिसालें दिल्ली की इस बोली में बहुत हैं। गोकुलचन्द नारंग ने इस बोली पर एक सुन्दर पुस्तक लिखी है: करखन्दारी डायलेक्ट श्रॉफ डेल्ही उर्दू (दिल्ली, १९६१)। इसमें उन्होंने यह दिखाया है कि टकसाली उर्दू दिल्ली के कारीगरों की इस बोली से दूर होती चली गई है, फिर भी "इस बोली के वे रूप जो आज की साहित्यिक उर्दू में पुराने पड़ चुके हैं, पुरानी उर्दू में बने हुए हैं।" (पृष्ठ ६७)। इस बोली में जाइयो, लीजियो आदि ओकारान्त रूपों का प्रयोग खूब होता है और गोकुलचन्द नारंग ने स्वीकार किया है कि यह स्पष्ट ही ब्रजभाषा के प्रभाव के कारण है। ब्रजभाषा का यह प्रभाव दिल्ली के अपढ़ कारीगरों में साहित्य के माध्यम से न पहुंचा था। ग़ालिब और मीर की तरह ये कारीगर आगरे से दिल्ली गए और अपने साथ ब्रज का प्रभाव ले गए। क़िस्सए मेह्र अफ़्रोज की भूमिका में मसूद हुसेन खाँ ने इस बोली को याद किया है। उन्होंने लिखा है: "अमीर खुसरोकालीन खड़ी बोली का स्वरूप दकनी हिन्दी-उर्दू में मिलता है और इसका ब्रजमिश्रित स्वरूप हमें जहांगीर के समय के एक लेखक 'अफजल' की कृति 'बिकट कहानी' में मिलता है। क़िस्से की भाषा तत्कालीन प्रचलित जनभाषा का रूप है। अतः उस समय की भाषा विषयक सभी विशेषताएँ इसमें उपलब्ध होती हैं जिनमें से कुछ दिल्ली की वर्तमान करखन्दारी भाषा में भी पाई जाती हैं।" मसूद हुसेन खाँ ने क़िस्सए मेह्र अफ़्रोज की भाषा को एक ओर "अमीर खुसरो के काल की पंजाबी और हरयानी से प्रभावित खड़ी बोली से भिन्न" बताया है, दूसरी ओर उसे "अकबर और जहांगीर के काल की ब्रजमिश्रित भाषा से" पृथक् बताया है। ऐसी भाषा से उन्होंने करखन्दारी भाषा की समानता दिखाई है। वास्तव में करखन्दारी बोली ब्रजभाषा का गहरा प्रभाव लिए है। क़िस्सए मेह्र अफ़्रोज की भाषा पर भी ब्रज का प्रभाव है जैसे जहाँ-तहाँ ही के स्थान पर हू का व्यवहार। जैसे कबहू, वैसे ही कदहू: अकसाम अकसाम तरह के ऐसे फूल हैं कि उन्होंने कदहू नहीं देखे थे। (पृष्ठ ६)। मानक हिन्दी के आगे के बदले ईसवी खां आगूं लिखते हैं: इस नहर में से पानी पी लीजिए तब आगूं चलिए (पृष्ठ ८)। ब्रजभाषा का कूं भी इस गद्य पुस्तक में निरन्तर प्रयुक्त हुआ है: तो दिलबर उसकी पेशवाई कूं आवती है; दिलबर जोश से गुलरूख कूं मिलती है; सो बादशाहजादे कूं देखा। (पृष्ठ ५२)। अवधी और ब्रज का काहे यहाँ भी है: चुग़ल काहे से हैं कि दिल की जो बात होहे सो ये कह देती हैं। (पृष्ठ ५३)। सर्वनामों में तैं का प्रयोग: तैं अपनी बादशाहत व अपने ऊपर जो रहम नहीं करता (पृष्ठ ३); और उस के स्थान पर तिस का प्रयोग: तिस से मालूम होता है कि मेरे जो जो गुनाह हैं तिस के ऊपर खुदा ताअला ने नजर की है (पृष्ठ २)। ब्रज प्रदेश की हिन्दी का अन्य पुरुष एकवचन सर्वनाम रूप विस: तो विस के भेटने के स्वाद कूं जीभ कहाँ

पहुंचती है कि बयान करे। (पृष्ठ ५५)। **केती, एता, कितेक** जैसे रूप पुरानी हिन्दी में ब्रजभाषा से आए थे: **कितेक दिनों में, साम्रते नेक में बादशाह के बेटा हुआ** (पृष्ठ ४); **बादशाहज़ादा एता खूबसूरत है कि जब कोई इसके ताईं देखता है तब महब हो जाता है** (पृष्ठ ६); **केती मुद्दत मेरे ताईं इसी तलाश में गुजरी थी लेकिन परीज़ाद में ऐसा कोई न मिला** (पृष्ठ ६७)। पूर्वकालिक रूपों में **य** अथवा **ए** का प्रयोग लल्लू जी लाल की याद दिलाता है: **वह जानवर वहां से उड़कर और जग्गा जाए बैठा।** (पृष्ठ ७); **बाग़ में अन्दर जाए के देखते हैं तो चादरें पड़ती हैं** (उप०)। ईसवी खां **आवता, आवते** क्रिया-रूप का व्यवहार वैसे ही करते हैं जैसे पहले ब्रजभाषा के कवि करते थे: **आवत जात पनहियां टूटीं, बिसरि गयो हरि नाम; रसरी आवत जात ते सिल पर होत निसान।**

पुरानी हिन्दी पर ब्रजभाषा का प्रभाव अनेक स्तरों पर है। उसके रूपतंत्र का निर्माण ब्रजभाषा के प्रभाव से हुआ है। कहीं-कहीं पुराने रूप बदल गये हैं, **जायके** की जगह **जाकर** या **जाके** हो गया है, **तें** की जगह **तू** का चलन हुआ है। किन्तु ध्वनितंत्र पर जो प्रभाव पड़ा था, वह बहुत कुछ सुरक्षित है। पुरानी हिन्दी में फ़ारसी शब्दों के जो तद्भव रूप बने थे, वे मानक भाषा से अधिकतर निकाल दिए गए हैं किन्तु बोलचाल में **अकलबंद, तकादा, वखत** दिल्ली के कारीगर अब भी बोलते हैं। यदि मानक हिन्दी के ध्वनितंत्र की तुलना एक ओर पंजाबी के ध्वनितंत्र से की जाए और दूसरी ओर ब्रज-भाषा के ध्वनितंत्र से, तो इस बारे में तनिक भी सन्देह न रहेगा कि मानक हिन्दी का ध्वनितंत्र पंजाबी की अपेक्षा ब्रजभाषा के ध्वनितंत्र के अधिक समीप है। पंजाबी क्या, बांगरू का ध्वनितंत्र भी मानक हिन्दी के ध्वनितंत्र से दूर पड़ गया है। केवल एक बात में ब्रजभाषा और पंजाबी मिलती हैं; दोनों में मध्यवर्ती ह् के लोप की प्रवृत्ति है। इस प्रकार समापिका क्रिया **है ऐ** अथवा **ए** रूप में बोली जाती है। महाप्राणता का ऐसा लोप बांगरू में भी नहीं है। आगरे की हिन्दी में **क्या कर रहा है,** यह वाक्य यों बोला और सुना जाता है: **क्या कर् रिया ऐ**। इसी तरह ब्रज में: **का कर् रम्रो ऐ**। मानक हिन्दी ने इस प्रकार ह् का लोप स्वीकार नहीं किया। ब्रजभाषा प्रभावित पुरानी हिन्दी के अनेक रूप मानक हिन्दी से निकाल दिए गए हैं पर बोलचाल की हिन्दी में उनका प्रयोग बहुत जगह अब भी होता है। इनमें एक क्रियारूप **भया, भई, भए** है। शाह अफज़ल ने **बिकट कहानी** में इसका प्रयोग किया है: **भई मुझ सेज बिन पिउ नागिनी रे। सतावे दूसरे नित चांदनी रे**। यह रूप दिल्ली की हिन्दी में प्रयुक्त होता था, इसका प्रमाण यह है कि शाह आलम द्वितीय ने अपनी हिन्दी कविता में इसका प्रयोग किया है: **आज आनन्द भयो सभी के मन शाहे आलम को सब मिल चलो दें असीस** (नादिरातेशाही, सम्पादक इम्तियाज अली खां अर्शी, रामपुर, १९४४ ई०, पृष्ठ ९०)। यह क्रियारूप अवध के प्रमुख हिन्दी केन्द्र, नवाबों की पुरानी राजधानी, लखनऊ में अब भी प्रयुक्त होता है। इसका प्रमाण यह है कि अमृतलाल नागर के कथापात्र इसका व्यवहार करते हैं। **अरे क्या भया बहू? बहुआ जाड़े में झुरझुरती हुई आई; ऊपर से लाले का लिहाफ बोला—अड़े क्या भया?; गुबिन्दे की बहू ने बाहर झांक कर पूछा—चाची क्या भया?** (**बूंद और समुद्र**, अध्याय ६)।

ये सब पात्र लखनऊ के हैं, स्त्री और पुरुष दोनों भया रूप का व्यवहार करते हैं। लखनऊ में कई तरह की हिन्दी बोली जाती है, उसमें एक यह भया वाली हिन्दी भी है। लखनऊ अवध जनपद में है। अवधी के क्षेत्र में जो हिन्दी बोली जा रही है, उसका एक रूप ब्रजभाषा के पुराने शब्द अब भी अपनाए हुए हैं। ऐसा गहरा नाता ब्रजभाषा, अवधी और खड़ी बोली का है।

पुरानी हिन्दी का एक रूप दक्खिनी का है। यह दक्खिनी हिन्दी ब्रजभाषा का प्रभाव लिए हुए है। इस भाषा के पुराने नमूने बारहवीं सदी से मिलने लगते हैं। इससे यह तथ्य सिद्ध होता है कि बारहवीं सदी में ब्रजभाषा खड़ी बोली को प्रभावित कर रही थी और इससे पहले भी प्रभावित करती आई थी। दक्खिनी हिन्दी के जो पुराने से पुराने नमूने हैं, उनकी भाषा का ध्वनितंत्र न तो बाँगरू का है, न पंजाबी या राजस्थानी का। उसका ध्वनितंत्र ब्रजभाषा से काफी प्रभावित हो चुका है। तुर्क आक्रमणों से पहले यहाँ जनपदों का अलगाव खत्म होने लगा था और ब्रजभाषा बाँगरू को प्रभावित करने लगी थी। एक बात असंदिग्ध है कि चाहे पुरानी हिन्दी हो चाहे आधुनिक, चाहे मानक हिन्दी हो चाहे उसका कोई स्थानीय रूप, वह कुरु जनपद की भाषा बाँगरू से काफी भिन्न है और इस भिन्नता का मुख्य कारण ब्रजभाषा का प्रभाव है। मानक हिन्दी और बाँगरू दोनों के रूपतंत्र का विकास ब्रजभाषा के प्रभाव से हुआ और यह ब्रजभाषा पुरानी अवधी का प्रभाव आत्मसात् किए हुए है। आधुनिक अवधी का रूपतंत्र कई बातों में ब्रजभाषा से प्रभावित है और मानक हिन्दी से मिलता-जुलता है। हिन्दी प्रदेश का पूर्वी क्षेत्र साहित्यिक हिन्दी का मुख्य क्षेत्र रहा है, इसलिए पूर्वी जनपदीय भाषाओं का प्रभाव हिन्दी के स्थानीय रूपों पर ही नहीं, उसके मानक रूप पर भी पड़ा है। ऐसे प्रभाव का एक उदाहरण मानक हिन्दी में मध्यवर्ती ह् ध्वनि की महाप्राणता की रक्षा है। इस प्रकार जनपदीय भाषाओं के सम्पर्क से जातीय भाषा की पेचीदा प्रक्रिया सम्पन्न होती है। शूरसेनी अपभ्रंश से ब्रज का सम्बन्ध जोड़ कर, किसी कल्पित कौरवी अपभ्रंश से बाँगरू का सम्बन्ध जोड़ कर, भाषाई विकास-प्रक्रिया की व्याख्या नहीं की जा सकती।

डा० माताप्रसाद गुप्त ने **कुतुबशतक और उसकी हिन्दुई** नाम की पुस्तक सम्पादित की थी जो १९६७ में भारतीय ज्ञानपीठ से प्रकाशित हुई थी। डा० गुप्त के अनुसार **कुतुबशतक** की रचना पन्द्रहवीं सदी के अन्त में या सोलहवीं सदी के आरम्भ में हुई थी। इसकी भाषा अनेक दृष्टियों से महत्वपूर्ण है। अनेक जनपदों के रूप कैसे आपस में घुल मिल रहे थे और आधुनिक हिन्दी के रूपों के विकास में इनकी भूमिका कितनी महत्वपूर्ण है, इन बातों का पता **कुतुबशतक** की भाषा के विश्लेषण से चलता है। विशेष रूप से अवधी के रूप पहले उत्तर-पश्चिमी प्रदेशों तक फैले हुए थे, इसका ज्ञान होता है, ब्रज भाषा के रूपों का प्रभाव और प्रसार तो यहां है ही। इसके साथ ही कुछ बांगरू या पंजाबी के रूप भी हैं, जो अब मानक हिन्दी में प्रयुक्त नहीं होते। **कुतुबशतक** की भाषा में कुछ अन्य ऐसे रूप हैं जो अब प्रयुक्त नहीं होते या कम होते हैं किन्तु जो भाषाई विकास को समझने में सहायक होते हैं।

सबसे पहले उत्तम पुरुष एकवचन सर्वनाम को लें। एक रूप है हूँ। यह रूप ब्रज भाषा में अब भी प्रयुक्त होता है किन्तु मानक हिन्दी में उसका व्यवहार नहीं होता। अन्य रूप है मइ, मइँ। यह रूप ही मानक हिन्दी का मैं है। जो लोग मैं का सम्बन्ध मया से जोड़ते हैं, वे मइ रूप पर ध्यान दें। यदि संस्कृत के किसी मिलते-जुलते रूप को ही आधार बनाना है तो अधिकरण कारक के एकवचन रूप मयि को आधार क्यों न माना जाय? सम्बन्ध कारक में मेरा के साथ मो रूप भी है। मे, मो, मइ, ये सभी रूप एक ही आधार-भूत रूप मध से विकसित सिद्ध किये जा सकते हैं। जहाँ ध् का तालव्यीकरण हुआ है, वहां कुतुबशतक में मुझ्इ जैसे रूप मिलते हैं। आधार रूप है मुझ; इसमें इ विभक्ति चिह्न जोड़ा गया है। अवधी का विभक्ति चिह्न हि उत्तर पश्चिमी प्रदेशों में महाप्राणता खोकर इ रह गया है। पुराने रूप मुझइ से मानक हिन्दी के मुझे का विकास हुआ है। पुरानी हिन्दी में जो अइ, अउ संयुक्त स्वर मिलते हैं, वे किसी लिपिक द्वारा प्रमादवश नहीं लिखे गये। वैदिक काल से प्रायः सोलहवीं सदी तक इन संयुक्त स्वरों का व्यवहार, कोसल और ब्रज से उत्तर-पश्चिम में, अनेक जनपदों में होता था। अइ, अउ के स्थान पर दूसरी तरह के संयुक्त स्वरों ऐ, औ का व्यवहार अपेक्षाकृत आधुनिक है। यह उत्तर पश्चिमी प्रभाव है जो ब्रज तथा अवधी में पुराने संयुक्त स्वरों को पूरी तरह विस्थापित नहीं कर पाया।

दूरस्थित वस्तु की ओर संकेत करने वाला सर्वनाम सो बहुत दिलचस्प है। सो रूप हिन्दी में अब भी बोला जाता है। से रूप बँगला में प्रचलित है। मध के समान यहाँ भी मूल रूप सध मान तो कोसली का एक रूप सा होना चाहिए। यह रूप यहां मिलता है। जादे जा दिन अग्गला साहिब सा दिन रूप (जादे यानी शाहजादे का जो अगला दिन अर्थात् जवानी का समय है, वही साहिबा के रूप का समय है।) सा के साथ जा रूप भी विद्यमान है। मानक हिन्दी में जो, बँगला में जे का व्यवहार होता है। मध्यवर्ती क्षेत्र का जा रूप यहाँ है। मध और सध के समान एक शब्द यध था; उससे जा, जो, जे रूप बने।

निकटवर्ती वस्तु के लिये इह सर्वनाम का मूल रूप इध होना चाहिए। इसी का परिवर्तित रूप यह हिन्दी का मानक रूप है। ह का लोप होने पर ये रूप बहुवचन के लिये प्रयुक्त होता है। दूरस्थ वस्तु के लिये ओह रूप है। प्रथम वर्ण ओकार अवश्य ही ह्रस्व या और इसी का परिवर्तित रूप वह मानक हिन्दी में प्रयुक्त होता है। बोलचाल में वो रूप प्रचलित है, एकवचन और बहुवचन दोनों के लिये। हिन्दी में वे रूप बहुवचन के लिये सुरक्षित हैं। पूर्वरूप हुआ अध। इसका पूर्वी रूप होगा आँध। इस प्रकार मानक हिन्दी का सर्वनाम रूप वह पूर्वी जनपदों की देन है। उस तिस जैसे रूपों का आधार उध, तिध जैसे रूप हैं। अवधी का ताहि रूप कर्मकारक के लिये कुतुबशतक में भी प्रयुक्त हुआ है। इसमें हि विभक्ति चिह्न है और ता आधारभूत सर्वनाम है। सा, जा के समान ता तध का रूपान्तर है।

कारक रचना के संदर्भ में कर्ता और कर्म कारकों में अनेक स्थानों पर अवधी के समान उकारान्त रूपों का प्रयोग हुआ है यथा ओही हालु। बहुवचन रूपों में सज्जणां जैसे रूप बांगरू और पंजाबी का प्रभाव व्यंजित करते हैं। कर्म कारक के लिये कुँ का प्रयोग

कुतुबशतक में हुआ है, ब्रजभाषा में अब भी होता है, दक्खिनी हिन्दी में भी इसका व्यवहार हुआ है। इसी के जोड़ के सुं, सूं, सौं करण कारक के लिये प्रयुक्त होने वाले विभक्ति चिह्न हैं। अधिकरण में इ और अइ वाले रूप मिलते हैं : कर्मार, दरबारि, हत्थइ, कण्ठइ। यह वही विभक्ति चिह्न हैं जो संस्कृत में एकार रूप में प्राप्त हैं। अधिकरण के लिये महि, मंहि, मइ, मै, मि सम्बन्धक रूप भी प्रयुक्त हुए हैं। इन सबका आधारभूत रूप मध्य हो सकता है। कोई कहे कि मध्य सर्वनाम है तो सर्वनाम और विभक्ति चिह्नों की सामान्य रचना प्रक्रिया याद कर लेनी चाहिए।

कुतुबशतक की भाषा की क्रियापद-रचना में अवधी रूपों की भूमिका ध्यान देने योग्य है। भविष्य काल का एक रूप है करहिगा। अन्य पुरुष एकवचन के वर्तमानकालिक रूप करहि में गा चिह्न जोड़ा गया है। करहि अवधी का वर्तमान काल का रूप है। महाप्राणता का लोप होने पर हि के स्थान पर इ रह जाता है। कुतुबशतक में करहिगा के समानान्तर करइगा जैसे रूप भी हैं। यह करइ मानक हिन्दी का करे है। करइगा से करेगा रूप का विकास हुआ है। वह करे है, वह क्या करे, वह करेगा, हिन्दी के इन विभिन्न रूपों में करे का आधार सर्वत्र अवधी का करहि है। गा चिन्ह जोड़ने से मानक हिन्दी का बोध होता है किन्तु कुतुबशतक में गा-विहीन भविष्यकालीन रूप भी है यथा सोई लज्जा रक्खिहइ जादे साहि नसीब। यहां रक्खिहइ में अवधी का कालवाचक चिन्ह हइ, पूर्वरूप हहि, लगा हुआ है। इससे अवधी रूपों के प्रसार का अनुमान हो सकता है। भविष्य काल के लिये ही अन्य पुरुष के बहुवचन रूप कहइंगे में कहइं का पूर्व रूप कहंहि है। यही अब मानक हिन्दी का कहेंगे रूप है। मध्यम पुरुष के लिये देहुगे जैसे रूप में अवधी का देहु स्पष्ट है। आज्ञा रूपों में ध्यावहु, ल्यावहु, दिखावहु पुनः अवधी के रूप हैं और वे उत्तर पश्चिमी प्रदेशों में कैसे बदल रहे थे, इसके प्रमाण भी कुतुबशतक में हैं। करउ जैसे रूप में महाप्राण ध्वनि का लोप हो गया है और जिलाओ जैसे रूप में संयुक्त स्वर अउ के स्थान पर ओकार का व्यवहार हुआ है। मानक हिन्दी में ये ओकार वाले रूप ही स्वीकृत हैं। वर्तमान काल में उत्तम पुरुष एकवचन के तिङन्त रूप हैं जाणुं, जाणउं। इनका आधार जानहुं जैसा अवधी रूप है। मानक हिन्दी में जब कहते हैं मैं क्या जानूं, तब पूर्वरूप जानहुं के संक्षिप्त रूपान्तर का ही व्यवहार करते हैं। कुतुबशतक में अन्य पुरुष एकवचन के वर्तमानकालिक रूप होइ, देखइ, बखाणइ आदि अवधी के समान हैं। पुरानी अवधी के समान कुतुबशतक की खड़ी बोली में तिङन्त रूपों का व्यवहार काफी होता है किन्तु कृदन्त रूपों को आधार बनाकर क्रियापद-रचना भी होने लगी है यथा जाणता हइ, जाणता हूं। भूतकाल के लिये गया, धाया, आया आदि कृदन्त रूपों का व्यवहार सामान्य है। लिट्या, कह्या, जाण्या जैसे रूप बांगरू की देन हैं जो अब मानक हिन्दी में स्वीकृत नहीं हैं। महत्वपूर्ण रूप लीन्हा, लिन्न, लीना आदि हैं। अवधी के दीन्ह, लीन्ह जैसे रूप इनका आधार हैं और इनका न्ह न्ध का विकास है। वर्तमानकालिक कृदन्त करत, होत, देखत आदि ब्रज अवधी के समान प्रयुक्त हुए हैं। क्रियार्थी संज्ञा रूपों में एक ओर ना वाले फेरणा, मारणा जैसे रूप हैं, दूसरी ओर ब वाले फेरिबे जैसे रूप हैं जो ब्रजभाषा में

प्रयुक्त होते हैं। आज्ञा रूपों में धरि, हेरि, देखि, फेरि आदि ब्रज क्षेत्र में प्रचलित रूपों के समान हैं।

गुरु ग्रंथ साहिब में जो कबीर के पद दिये हुए हैं, उनकी भाषा में कुछ वैसी ही विशेषताएं हैं जैसी कुतुबशतक की भाषा में हैं। इनके अध्ययन से हिन्दी के रूपों के विकास को समझने में सहायता मिलेगी। (शिरोमणि गुरुद्वारा प्रबंधक कमेटी, अमृतसर द्वारा अगस्त १९५१ में प्रकाशित श्री गुरु ग्रंथ साहिब से यहां उद्धरण दिये गये हैं।) एक पद है : हरि जसु सुनहि न हरि गुन गावहि। बातन ही असमानु गिरावहि। ऐसे लोगन सिउ किआ कहीऐ। जो प्रभ कीए भगति ते बाहज तिन ते सदा डराने रहीऐ। आपि न देहि चुरू भरि पानी। तिह निन्दहि जिह गंगा पानी। बैठत उठत कुटिलता चालहि। आप गये अउरन हू घालहि। छाडि कुचरचा आन न जानहि। ब्रह्मा हू को कहिओ न मानहि। आप गये अउरन हू खोवहि। आगि लगाइ मंदर मै सोवहि। अवरन हसत आपि हहि कांने। तिनकउ देखि कबीर लजाने। (पृष्ठ ३३२)। इस पद में सबसे पहले जसु, असमानु जैसे उकारान्त रूपों पर ध्यान देना चाहिए। ऐसे रूप कबीर तथा अन्य सन्तों की भाषा में काफी हैं और पंजाब में जो हिन्दी गद्य लिखा गया था, उसमें भी मिलते हैं। इसके बाद क्रिया के हि वाले रूपों पर ध्यान देना चाहिए। हि पर अनुस्वार का चिन्ह नहीं है किन्तु हैं ये सब बहुवचन के रूप। यह मान लेना चाहिए कि अन्तिम स्वर का उच्चारण अनुनासिक होता था। इनमें एक रूप हहि भी है। अनुस्वारयुक्त हहिं का रूपान्तर हैं मानक हिन्दी में प्रयुक्त होता है। पूर्वकालिक कृदन्त छाडि, वर्तमानकालिक कृदन्त बैठत उठत, सर्वनाम रूप जिह तिह, संज्ञा के बहुवचन रूप, यथा लोगन, अवधी रूपों के व्यापक व्यवहार की ओर संकेत करते हैं। इस पद की छन्द-रचना और शब्द-योजना पर भी अवधी लोक काव्य का प्रभाव झलकता है।

कबीर के पदों की भाषा में बहुत जगह ह् वाले रूप हैं, इनके साथ क्रिया पदों के वैकल्पिक रूप भी हैं जिनमें इस महाप्राण ध्वनि का लोप हो गया है। वर्तमान काल के अन्य पुरुष एकवचन रूपों में इस तरह के उदाहरण हैं। साधू सुख पावहि कलि सागर (पृष्ठ ३२४)। भविष्य काल के रूपों में यह प्रक्रिया और भी अधिक स्पष्ट देखी जा सकती है। तब जानहुगे जब उघरैंगो पाज (पृष्ठ ३२४ । जानहुगे आगे चलकर जानोगे बना। कहत कबीर सुनहु मन मेरे। इही हवाल होहिगे तेरे। (पृष्ठ ३३०)। सुनहु का रूपान्तर सुनो प्रचलित हुआ और होहिंगे से होयँगे, फिर होंगे रूप बना। ग भविष्य काल का चिन्ह है और उत्तर पश्चिमी भाषाओं की विशेषता है। गुरु ग्रंथ साहिब में ग-विहीन विशुद्ध अवधी रूप भी है। कहन कहावन नह पतिअईहै तउ मनु मानै जाते हउ मैं जईहै। (पृष्ठ ३२५)। यहाँ पतिअईहै, जईहै अवधी के भविष्यकालीन रूप हैं। कबीर की भाषा में, यहां तथा अन्यत्र भी जो उनकी रचनाएं मिलती हैं उनमें, खड़ी बोली के रूप काफी हैं, ब्रज के हैं, अवधी के हैं, भोजपुरी के रूप अपेक्षाकृत कम है। आज्ञा रूप कहहु, सुनहु, गावहु आदि के साथ जानउ, पहिरावउ आदि महाप्राण ध्वनिहीन रूप भी हैं। वर्तमान काल के मध्यम पुरुष रूप अवधी के समान इस प्रकार हैं : जब नही चीनसि

आतम राम। (पृष्ठ ३२४)। कहीं-कहीं भविष्य काल के लिए इसी रूप का प्रयोग हुआ है—**बिनु बैराग न छूटसि माइआ**। (पृष्ठ ३२६)।

सर्वनामों में **जासु, जिसु, तिसु, इसु** ध्यान देने योग्य हैं। दिल्ली के पुराने शायर **किसी** के स्थान पर **किसू** रूप का प्रयोग अक्सर करते थे। **जासु तासु** के समान ये अवधी के उकारान्त रूप हैं। एक जगह **तुझहि** का प्रयोग मिलता है—**चलु रे बेकुण्ठ तुझहि ले तारउ** (पृष्ठ ३२६)। यहां **तुझ** में कर्म कारक का चिन्ह **हि** लगा है और इस **तुझहि** से **तुझे** का विकास हुआ है। कबीर के पदों में **एकु, करमु, गिआनु, निरमलु, संसारु, नूरु, अलहु** आदि उकारान्त अवधी रूप भरे पड़े हैं। **कुतुबशतक** के समान यहां भी बहुत जगह संयुक्त स्वरों का व्यवहार हुआ है यथा **जउ**, जिसका वर्तमान रूप **जो** है।

महाराष्ट्र के सन्त नामदेव ने जो हिन्दी पद रचे थे, उनमें भी **ह्** वाले रूप मिलते हैं। एक नामदेव पंजाब में भी थे और इस बात को लेकर विवाद हो सकता है कि कौन से पद किस नामदेव के हैं। किन्तु महाराष्ट्र में किसी भी नामदेव के हिन्दी पद मिलें, इसमें सन्देह नहीं कि उनमें भाषा-सम्बन्धी विशेषताएँ वैसी ही हैं जैसी **कुतुबशतक** में हैं, **गुरु ग्रंथ साहिब** में दिये हुए कबीर के पदों में हैं। ऐसी कुछ विशेषताएँ **रामचरित मानस** की क्रियापद रचना में हैं। इससे सिद्ध होता है कि व्यापक पैमाने पर हिन्दी जनपदीय भाषाओं के तत्वों का मिश्रण हो रहा था और वे खड़ी बोली को प्रभावित कर रही थीं। डा० भगीरथ मिश्र ने पूना विश्वविद्यालय से जो **सन्त नामदेव की हिन्दी पदावली** (१९६४) प्रकाशित की है, उसमें उन्होंने लिखा है : "नामदेव की भाषा मूलतः ब्रज है और उस पर पंजाबी, राजस्थानी, रेखता और मराठी का प्रभाव है। बहुत से शब्द जनपदीय बोलियों से भी लिये गये हैं।" (पृष्ठ ४०)। नामदेव कहते हैं : **बालू के मन्दिर बिनसि जांहिगे** (पृष्ठ ४१), यहां **जांहिगे** खड़ी बोली का रूप है, अवधी रूप **जाँहि** में **गे** जोड़ कर बनाया गया है। इसी पद में कहते हैं : **कोटि उपाइ जु करही रे नर**, और **आंब बबूल न फलही रे नर**। यहां **फलही** और **करही**—**गे** के बिना—अवधी के विशुद्ध भविष्यकालीन रूप हैं। इसी पद में **रतन न मिलहिं उधारे रे नर**, यहां **मिलहिं** वर्तमान काल के अन्य पुरुष का बहुवचन रूप है। पुनः इसी पद में : **झूठे करहु पसारा रे नर**, यहां **करहु** वर्तमान काल के मध्यम पुरुष का बहुवचन रूप है। ऐसा ही रूप आदेश के लिये भी प्रयुक्त होता है, **चेतहु रे चेतनहार** (पृष्ठ ३९)। **जाइगी** (पृष्ठ ७), **कहेंगे** (पृष्ठ ८), **आइये न जाइये** (पृष्ठ १३), **मुख बेद पुरान पढ़ता** (पृष्ठ २८), ऐसे खड़ी बोली के रूप भी हैं। एक पद यों आरम्भ होता है : **काहे रे मन भूला फिरई। चेति न राम चरन चित धरही** (पृष्ठ ३५)। यहां **धरही** अवधी का वर्तमानकालिक अन्य पुरुष, एकवचन रूप है। स्पष्ट ही पहली पंक्ति के पाठ में **फिरई** के स्थान पर **फिरही** पढ़ना उचित है। अवधी के इस एकवचन रूप के समानान्तर वर्तमान काल में ही अन्य पुरुष के बहुवचन रूप **जाँहि खाँहि** हैं : **कांइरे मन विषिया बन जाँहि। देखत ही ठग मूली खाँहि**। (पृष्ठ २७)। अवधी रूप पुरानी हिन्दी कविता में हैं, इसके साथ वे पुराने हिन्दी गद्य में भी मिलते हैं।

पंजाब विश्वविद्यालय के गोविन्दनाथ राज गुरु ने गुरु मुखी लिपि में हिन्दी गद्य (राजकमल, सन् १९६९) नाम की महत्वपूर्ण पुस्तक लिखी है। इसमें उन्होंने सत्रहवीं, अठारहवीं और उन्नीसवीं सदियों के गद्य लेखकों का परिचय दिया है और उनके गद्य के नमूने दिये हैं। इसके अतिरिक्त उन्होंने हरि जी सोढी कृत गोसटि गुरु मिहरिवानु भी सम्पादित की है। यह पुस्तक पंजाब विश्वविद्यालय द्वारा सन् १९७४ में प्रकाशित हुई थी। पंजाब में हिन्दी का जो पुराना गद्य प्राप्त है, उस पर उन्होंने कुछ अन्य निबन्ध भी लिखे हैं। यह सारी सामग्री हिन्दी गद्य के विकास तथा हिन्दी भाषा के मानक स्वरूप के विकास को समझने में सहायक है। सबसे अधिक इस पुराने गद्य का महत्व इस बात में है कि इससे विभिन्न जनपदों की भाषाओं के परस्पर सम्पर्क का प्रमाण मिलता है। इस सम्पर्क के फलस्वरूप एक ऐसी भाषा का व्यवहार साहित्यिक और सांस्कृतिक कार्यों के लिये होने लगा था जिसमें बहुत से रूप अवधी और ब्रज के हैं। जो परिणाम पद्य की भाषा के अध्ययन से जनपदीय सम्पर्क के बारे में निकाले जा सकते हैं, उन सबकी पुष्टि इस गद्य के विश्लेषण से होती है। जिन लोगों को गुरु ग्रंथ साहिब में कबीर आदि सन्तों के दिये हुए पदों की भाषा के बारे में सन्देह हो, उन्हें इस गद्य का अध्ययन करना चाहिए। वर्तनी की अनेक विशेषताएँ दोनों में समान हैं, यह स्वाभाविक है क्योंकि लिपि गुरुमुखी है और लिपि-क्षेत्र पंजाब है। महत्वपूर्ण समानता है गद्य और पद्य की भाषा में संरचना की दृष्टि से। यदि यह संरचना आधुनिक पंजाबी या बांगरू के रूप दिखलाती तो उसका इतना महत्व न होता। यहां खड़ी बोली का जो रूप है, वह पंजाबी से तो भिन्न है ही, बांगरू से भी काफी भिन्न है। वह ब्रज से प्रभावित है किन्तु उसमें ब्रज भाषा की संरचना नहीं है। उसमें अवधी के वे रूप हैं जो कोसल से पूर्व और पश्चिम की अनेक भाषाओं में मिलते हैं। इस गद्य में पंजाबी के भी अनेक रूप हैं जो अब मानक हिन्दी में स्वीकृत नहीं हैं। सत्रहवीं सदी तक, गद्य के माध्यम के रूप में, आधुनिक हिन्दी का ऐसा रूप बन चुका था जिसमें अनेक जनपदीय भाषाओं के तत्व थे किन्तु जो—बांगरू समेत—जनपदीय भाषाओं से भिन्न था।

गुरुमुखी लिपि में हिन्दी गद्य पुस्तक में जो सबसे पुराना उद्धरण है, वह मिहरिवानु कृत सचुखंड पोथी का है। इसमें कुछ बातें जो अत्यन्त रोचक हैं, उनमें सर्वप्रथम है हिन्दी अकार के स्थान पर बहुत जगह एकार का प्रयोग। मेरी इस पुस्तक में—अर्थात् भारत के प्राचीन भाषा परिवार और हिन्दी में—अनेक बार यह बात कही गई है कि उत्तर-पश्चिमी क्षेत्र में अकार के स्थान पर एकार बोलने की प्रवृत्ति है। यह प्रवृत्ति इस क्षेत्र में आज भी देखी जा सकती है किन्तु प्राकृत परम्परा में इस प्रवृत्ति को अर्धमागधी के साथ ऐसा जोड़ा गया है कि ऐतिहासिक भाषा विज्ञान में एक अनावश्यक उलझन पैदा कर दी गई है। यह प्रवृत्ति जहां पूर्वी भाषाओं में मिलती है, वहां वह उत्तर-पश्चिमी प्रभाव का परिणाम है। सचुखंड पोथी में एकार वृत्ति के अनेक उदाहरण हैं: गोसटी राजे जनक की; त्रेते जुग महि राजा जनकु हुआ; अठे पहर सिमरनि धिआनि महि रहै; धरमसाला राजे जनक कीआं चलहि संसार के विखे; तब गुरु बाबे नानक जी कहिआ।

यहां **राजा, श्रेता, श्रठ** (आठ), **संसार, बाबा,** ये शब्द एकार से लिखे गये हैं। यह एकार शब्द के आदि और अन्त में, दोनों जगह आता है। इन रूपों के साथ **जि** और **सि** सर्वनाम तुलनीय हैं। वास्तव में ये एकारान्त रूप हैं, **जि** और **सि** उनके रूपान्तर हैं। ब्रजभाषा में **जि** का प्रयोग अब भी होता है। बँगला में **जे** और **से** रूपों का चलन है जो वास्तव में उत्तर-पश्चिमी हैं– हिन्दी में **जो** और **सो** का व्यवहार होता है और ये रूप मूलतः मागधी हैं। **सचुखंड पोथी** में लिखा है: **कपड़े की धरमसाला चलै जि नागा होइ सि पहिरं।** यहां **जि** और **सि** के मूल रूप **जे** और **से** हैं।

दूसरी बात जो ध्यान देने की है वह उकारान्त रूपों का व्यवहार है: **नामु दानु इसनानु सीलु संजमु कमावै राजा जनकु।** इस तरह के उकारान्त रूप **गुरु ग्रंथ साहिब** में उद्धृत किये हुए पदों में भी हैं। तीसरी ध्यान देने की बात यह है कि **कुतुबशतक** में जैसे ब्रज के प्रभाव से अनेक शब्द इकारान्त हैं, वैसे रूप यहां हैं। **तब, बस, पास** जैसे शब्द **तबि, बसि, पासि** लिखे गये हैं। एक जगह **जनक** को भी **जनकि** लिखा गया है: **तबि जनकि भगति कहिग्रा।** कारक चिन्हों में **सौं, कु** आदि का व्यवहार ब्रजभाषा के अनुरूप है। आदेश के लिये क्रिया का इकारान्त रूप मिलता है: **जिउ जानहु तिउ करि; तब गुरु बाबेनानक जी कहिग्रा जि सुनि हो मुला मैं किसु साथि बोलिउँ।** (**सुनि हो मुला** अर्थात हे मुल्ला, सुन।) **सचुखंड पोथी** में क्रिया के कृदन्त-रूप काफी हैं जैसे आधुनिक हिन्दी में प्रयुक्त होते हैं: **होता है, रहते हैं, करती है, ग्रावते हैं।** इनके साथ कहीं-कहीं बांगरू और पंजाबी के सघोष ध्वनि वाले कृदन्त-रूप **फिरदा है, करदा है** अथवा अघोष ध्वनि वाले **कीती है** जैसे रूप मिलते हैं। आश्चर्य की बात है कि यहां वर्तमान काल के तिङन्त रूप समापिका क्रिया के बिना काफी प्रयुक्त हुए हैं। **रहै, करै, कमावै, पोवै, पहिरै** जैसे प्रयोग अनेक जनपदों में देखने को मिलते हैं। ये रूप वास्तव में **करहि—करइ—करै** इस क्रम से बने हैं। बहुवचन में **हि** वाले रूप अधिक सुरक्षित रहे हैं। **धरमसाला राजे जनक कीग्रां चलहि**—यहां **चलहि** वर्तमान काल का अन्य पुरुष बहुवचन रूप है। इसी के आगे वाक्य है: **पाणी की धरमसाला चलै।** यहां **चलहि** का रूपान्तर **चलै** प्रयुक्त है। **तिसु के तूं निकटि न ग्राइग्रहु** (आयहु)—यहां महाप्राण-ध्वनि-युक्त-अवधी का आदेशात्मक क्रिया-रूप प्रयुक्त हुआ है। इसी प्रकार: **जिउ जाणहु तिउ करि**—इस वाक्य में **जाणहु** वर्तमान काल का मध्यम पुरुष बहुवचन रूप है। **नानक का पंथु चलावउंगा**—यहां **चलावहुं** रूप में **ह्** का लोप हुआ है और **ग** प्रत्यय जोड़ा गया है। इसी प्रकार **देउंगा** पहले **देहुंगा** था। इससे **दूंगा** मानक रूप का विकास हुआ है। **हउं एहा बात पंडित पूछता हउँ**—यहां पहला **हउं** सर्वनाम है, ब्रजभाषा के **हौं, हूं** इसी के रूपान्तर हैं, दूसरा **हउँ** क्रिया है। इसका पूर्वरूप **हहुँ** था। मानक हिन्दी का **हूं** इससे विकसित हुआ है। एक दिलचस्प क्रिया रूप **हैनि** है। **सि एहु भी पछावै कि निग्राई हैनि; रूप जोबनु जि है सि एहि भी पछावे की निग्राई हैनि।** **हैं** का पूर्वरूप है **हैनि**। पाद टिप्पणी में सम्पादक ने लिखा है: "हैं। पंजाबी।" **स** क्रिया के **सै** रूप में बहुवचन के लिये **नि** जोड़ा गया, इस प्रकार **सैनि** से **हैनि** और **हैनि** से **हैं** का विकास हुआ।

हैन और हैनि रूप गोसटि गुरु मिहरियानु में भी हैं : तबि ना किछु उड़ बादरि अकासि महि ग्रबि ग्राए हैंन । सहिजे ही ग्राए सहिजे ही उठ गए हैनि । तैसे ही परमेसुर के भगति ग्रागिग्रा पाई करि सहिजे ग्रावते हैनि ग्ररु सहिजे ही उठि जाते हैनि। (पृष्ठ १७२) । क्रिया रूपों में पार्वाहिगे, करहिगे (पृष्ठ १७३) जैसे रूपों में वर्तमान-कालिक हि वाला तिङन्त रूप विद्यमान है । होइगा (पृष्ठ १७४) होहिगा का रूपान्तर है। बोलहु भाई वाहु गुरु नानक (पृष्ठ १६६), एसु बालके का नामु मनोहरि वामु राखहु (पृष्ठ १७४), तुसी एस के ग्रागे टहल करहु (पृष्ठ १७६), सुनहु भाई संतहु (पृष्ठ १८१), यहां क्रिया के आज्ञार्थ रूप अवधी के समान हैं। उकारान्त रूप इसनानु, फलु, लोकु, बिगसमानु, बलु, रंगु, बहुतु, दिनु, जिसु (पृष्ठ १८३) भरे पड़े हैं। जे ओर से सर्वनाम भी दर्शनीय हैं : ग्ररु साधि जनि जेहैं से जंगम तीरथ चैतंनु रूपु हैं। (पृष्ठ १८५) ।

गुरुमुखी लिपि में हिन्दी गद्य पुस्तक में अठारहवीं सदी के गद्य का नमूना पंचासत उपनिषद भाषा से लिया गया है। इसमें मानक हिन्दी के दीर्घ अकारान्त वर्तमानकालिक कृदन्तों के स्थान पर ब्रजभाषा के समान ह्रस्व अकारान्त रूपों का व्यवहार हुआ है। ग्रंगीकार करत है; कहिलावत है; प्रापत होत है; प्रापति करत है; दूर होत है; जीवत है; उचार होत है; ग्रगनि निकसत है—कहीं-कहीं— सूरज पूरब दिशा सों निकसता है—आकारान्त रूप भी है। ब्रजभाषा का प्रभाव कहियतु जैसे रूप के प्रयोग में देखा जा सकता है; ताको प्रणव कहीग्रतु है; ताको ग्रपान कहिग्रतु है। भया और भये की भरमार है : पुनह मन प्रगट भया। ग्रर करम इन्द्रं उतपत भए। ग्रर भूताकास उतपत भया। ग्रर पवन उतपत भई। ग्रर ग्रगन प्रगट भया। ग्रर ग्रप की उतपत भई। (पृष्ठ २७२)। ये और इस तरह के अनेक वाक्य एक साथ आये हैं।

अठारहवीं सदी की एक पुस्तक विहंगमवाणी में गे के साथ न वाले कृदन्त का प्रयोग ध्यान देने योग्य है : उतरनगे; लगनगे; ग्राराधनगे; चढनगे; होवनगे (पृष्ठ २६७)। यह कृदन्त रूप पुरानी अवधी का है, कनौजी में अब भी प्रयुक्त होता है। इसी पुस्तक में ग वाले दो रूप और हैं : हो , होगु : मुकति तदे पवित्र होग जां तेरी दिसटि होगु। (पृष्ठ २६७)। यह ग कृदन्त प्रत्यय है और अकारान्त भी रहा होगा, गा उसका वैकल्पिक रूप है। गद्य पुस्तक के रूप वर्तनी-सम्बन्धी भूल के कारण नहीं हैं, इसका प्रमाण यह है कि श्री गुरु ग्रंथ साहिब में दिये हुए कबीर के पद में भी ऐसे रूप हैं : नगन फिरत जो पाईऐ जोगु। बन का मिरगु मुकति सभु होगु। (पृष्ठ ३२४)। यह कृदन्त प्रत्यय तमिल में खूब प्रयुक्त होता है यद्यपि उसका संबन्ध भविष्यकाल से निश्चित नहीं है। गा उसी का कौरवी प्रतिरूप है।

ब्रजभाषा का प्रभाव उन्नीसवीं सदी के गद्य में भी दिखाई देता है। गोविन्द नाथ राजगुरु ने उस सदी के अखबारों से जो उद्धरण दिये हैं, उनमें इस तरह के प्रयोग हैं : मुकाबला करते भये (पृष्ठ ३०५); वरषा जोर साथ होती भई (पृष्ठ ३०६)। क्रिया के वर्तमानकालिक ह् वाले रूप उन्नीसवीं सदी में भी प्रयुक्त होते

थे। पंजाब में महाप्राण ध्वनियों का लोप होता है। ऐसे क्रिया-रूपों का व्यवहार साहित्यिक प्रभाव के कारण हो सकता है। **स्री मुषवाक्य सिधांत ज्योति** में ऐसे उदाहरण हैं : **बुझाई देहि; सोजन सचे पावहि मोष दुआरि।** (पृष्ठ ३१७)। कहीं-कहीं साहित्यिक प्रभाव से हटकर वर्तनी में बोलचाल के रूप अपनाये गये हैं। सत्रहवीं सदी की सिंघासनबत्तीसी में ऐसे रूप हैं : **अर राजा उस ऊप्र ऐसा मोहुति भइआ; प्र मेरा मन राणी ऐसा बस कीआ है; जो एक कागदु प्र मूरति राणी की लिषाई करि आपणे पास रषो।** (पृष्ठ २५५)। यहां ऊपर और पर संक्षिप्त होकर **ऊप्र** और **प्र** हो गये हैं। यह पंजाब की बहुत पुरानी प्रवृत्ति है और संस्कृत के कुछ रूपों की व्याख्या इसके आधार पर हो सकती है। पंजाब के हिन्दी गद्य में अनेक जनपदीय रूप मिलते हैं। अठारहवीं सदी की पुस्तक **आरती टीका** में अधिकरण कारक के लिये **मों** का प्रयोग हुआ है : **इहां बात तेरे मों खोटी है; इसका मन जगत पदारथों मों लगा है।** (पृष्ठ २८७)। **मों** का पूर्वरूप **महँ** है। इससे उत्तर-पश्चिमी प्रवृत्ति के अनुसार **में** रूप बनता है, **मों** मागधी प्रवृत्ति का द्योतक है। पहले वाक्य में **इहां** मानक हिन्दी के **यहां** का पूर्व रूप है। इसी प्रकार **सचुषण्ड पोथी** में ईहा, ऊहा, ऊहां मानक हिन्दी के **यहां, वहां** के पूर्व रूप हैं। **उहु** और **इहु** हिन्दी के **वह यह** के पूर्व रूप हैं। ये रूप भी उसी **सचुषण्ड पोथी** में हैं। **विहंगम बाणी** में एक महत्वपूर्ण रूप है **तुध**; यह **तुझ** का मूल रूप है। **षट दरसन तां पवित्र होवनगे जां तुध नूं धिआवनगे।** (पृष्ठ २९७)।

इस प्रकार पंजाब में सत्रहवीं से उन्नीसवीं सदी तक हिन्दी गद्य के जो नमूने मिले, वे हिन्दी भाषा के स्वरूप विकास की दृष्टि से अत्यन्त महत्त्वपूर्ण हैं। एक ओर इनसे ज्ञात होता है कि गद्य के लिये खड़ी बोली बहुत बड़े क्षेत्र में प्रयुक्त होने लगी थी, दूसरी ओर इनसे यह भी पता चलता है कि विभिन्न जनपदों के रूप घुल मिल रहे थे और भाषा के मानक रूपों के स्थिर होने की प्रक्रिया बहुत लम्बी थी। सोलहवीं सदी में व्यापार के विकास के साथ जनपदीय भाषाओं की संपर्क-प्रक्रिया और तेज़ हुई। पंजाब के गद्य में ऐसे संरचना-तत्व, शब्दों के ऐसे रूप, मिलते हैं जो अब मानक भाषा में प्रयुक्त नहीं होते। इन तत्वों और रूपों का अध्ययन और विश्लेषण सरल कार्य नहीं है पर इसके बिना भाषा के विकास का विवेचन भी नहीं किया जा सकता।

८. पंजाब और हिन्दी

पंजाबी और बांगरू में अनेक प्रकार की समानताएँ हैं और कुछ महत्वपूर्ण बातों में भिन्नता है। बांगरू के समान पंजाबी **ण्**-क्षेत्र की भाषा है, बांगरू के समान पंजाबी में **ड्**, **ळ्**, **ड़्** की ध्वनियां हैं। बांगरू के समान पंजाबी में व्यंजन द्वित्व की बहुलता है, दीर्घ स्वर के बाद भी दो व्यंजन आ सकते हैं। बांगरू और पंजाबी में एक महत्वपूर्ण भेद यह है कि दन्त्य स् के अतिरिक्त पंजाबी में **श्** का व्यवहार भी काफी होता है। शब्दों की आवृत्ति करते समय **किताब-शिताब**, **घोड़ा-शोड़ा** कहना सामान्य है। (यहां जो भी उदाहरण दिये जा रहे हैं वे कमिंग्स, बेली और न्यूटन की **पंजाबी मैनुअल ऐन्ड ग्रामर**

पटियाला, तथा ग्रियर्सन की लिंग्विस्टिक सर्वे से लिये गये हैं।) श् के व्यवहार के अलावा कुछ शब्द ऐसे हैं जिनमें हिंदी रूपों के छ् के बदले श् का व्यवहार होता है। पूंछ के लिये पूशल, पीछे के लिये पिशा, पुरानी गच्छ क्रिया के लिये कुछ बोलियों में गश् का व्यवहार पंजाबी क्षेत्र की विशेषता है। यह धारणा सही नहीं है कि छ् के अशुद्ध उच्चारण से ऐसे शब्दों में श् का व्यवहार होता है। वास्तव में पृच्छति और प्रश्न, इन दो सम्बद्ध रूपों में दूसरे रूप का श् ही मूल ध्वनि है। कुरु जनपद से लेकर मिथिला तक जनपदीय भाषाओं में तालव्य श् का अभाव है। यह श् एक छोर पर पंजाब में है और फिर दूसरे छोर पर बंगाल में है। बीच में दन्त्य स् का विशाल क्षेत्र है। दन्त्य स् एक ओर असम में संघर्षी ख् में बदलता है जो ध्वनि ह् के बहुत निकट है, दूसरी ओर पंजाब, कश्मीर, राजस्थान, गुजरात आदि के उत्तरी और पश्चिमी प्रदेशों में स् को ह् में बदलने की शक्तिशाली प्रवृत्ति है। बांगरू से लेकर मिथिला तक तालव्य श् तो शिक्षित जनों द्वारा तत्सम रूपों में ही प्रयुक्त होता है किन्तु स् के परिवर्तित रूप ह् का व्यवहार हिन्दी क्षेत्र के सैंकड़ों जनपदीय शब्दों में होता है। कुरु जनपद की अपेक्षा इस प्रवृत्ति का प्रभाव पंजाब में अधिक है। बीस के लिये वीह, सब के लिये हब्बा इसके उदाहरण हैं। स क्रिया बांगरू में प्रचलित है किन्तु पंजाबी में, कम से कम वर्तमान काल के लिये, ह क्रिया का ही व्यवहार होता है। साथ ही बांगरू की अपेक्षा पंजाबी में ह् का लोप भी अधिक होता है। मानक हिन्दी के विपरीत है के प्रतिरूप हे का उच्चारण पंजाबी में ए होता है। ह् के अतिरिक्त सभी महाप्राण ध्वनियों को अल्पप्राण बोलने की प्रवृत्ति पंजाबी में है। भ्राता से भ्रा और फिर केवल प्रा : भाव के लिये भा, फिर केवल पा : ढाई के लिए टाई, झज्झर के लिये चज्जर इस प्रवृत्ति के द्योतक हैं। महाप्राणता के लोप का बोध एक विशेष प्रकार की स्वरतान से करा दिया जाता है। महाप्राणता का तो लोप होता है, पंजाबी में सघोषता जोड दी जाती है। पंज और आब जितना फ़ारसी हैं, उतना ही पंजाबी हैं।

बांगरू के समान पंजाबी में ट-वर्गीय ध्वनियों का व्यवहार काफी होता है। किन्तु पंजाब में कुछ ऐसे क्षेत्र हैं जिनमें द् के स्थान पर ड् ही बोला जायेगा। ग्रियर्सन के ग्रंथ में पश्चिमी पंजाब की मुल्तानी आदि बोलियों के लिये बताया गया है कि यहां देख क्रिया के लिये डेख रूप है, संख्या वाचक दो यहां डू है, मानक पंजाबी का दित्ता यहां डित्ता बोला जाता है। पर द् ही ड् में नहीं बदलता, स् भी ठ् में बदलता है। नस् माने भागना, इसका कृदन्त रूप नठा है। त्रस् का रूपान्तर त्रह् (डरना) है, इसका कृदन्त त्रठा है जिससे मूल क्रिया त्रस् का अनुमान होता है। हिन्दी की सामान्य क्रिया बैठना का ठ् बंगला और पुरानी मैथिली में स् ही है; बैठना रूप उत्तर-पश्चिमी प्रभाव का परिणाम है। खड़े होने के लिये यहां खड़ क्रिया है। यद्यपि खड़ स्वयं कृदन्त है, पर उसे सामान्य क्रिया मानकर उससे पुनः खड़ोता रूप बनाया गया है। संस्कृत में स्था, ब्रजभाषा, अवधी आदि में ठाढ़ रूप खड़ क्रिया से भिन्न हैं। स्कध से खड़ रूप बनेगा; ध—द—ड—ड़ यह प्रक्रिया पूरी होगी। खड़े होना उत्तरी-पश्चिमी क्षेत्र की विशेष क्रिया है। हिन्दी का नन्हे यहां नंढे है जिससे इसके पूर्व रूप नन्धे का अनुमान होता है। पंजाबी में

सम्बन्ध कारक का चिन्ह **दा** है किन्तु मूर्धन्यीकरण का प्रभाव इतना अधिक है कि सर्व-नामों में **दा** के स्थान पर **डा** का व्यवहार होता है जैसे कि मानक पंजाबी में **साड्डा** (हमारा)। अन्य बोलियों में **मडा** (मेरा), **तंडा** (तेरा), **तुसाडा** या **तुहाडा** (तुम्हारा) में **दा** का परिवर्तित रूप **डा** प्रयुक्त हुआ है। ग्रियर्सन के ग्रंथ में मुलतानी और थली बोलियों से जो उदाहरण दिये गये हैं, उनसे लगता है कि यहां **द्** के स्थान पर **ड्** ही बोला जाता है जैसे असमिया में **त्** के स्थान पर **ट्** बोला जाता है। **दादा, दाल, विहाड़ा** (दिन), **वेहूँ** (सूर्य), **दाह** (दस), **इद्दे** (यहां), **उद्दे** (वहां), ये सब शाहपुर की दोआबी में प्रचलित रूप हैं। इनके बदले थली में **डाडा, डाल, डिहाड़ा, डेहूं, डाह, इड्डे, उड्डे** रूप हैं। इस तरह की प्रवृत्ति सौराष्ट्र में भी है। हिन्दी क्षेत्र के पूर्व में असम, पश्चिम में सौराष्ट्र और उत्तर की ओर पश्चिमी पंजाब, ट्, ठ्, ड्, ढ् ध्वनियों के मुख्य केन्द्र हैं। दोनों ओर का गहरा प्रभाव हिन्दी क्षेत्र पर पड़ा है। किन्तु हिन्दी क्षेत्र में त-वर्गीय ध्वनियां अधिकतर सुरक्षित हैं। जहां **ट्** ने **त्** का स्थान लिया है, वहां कभी-कभी दोनों ध्वनियों से शब्द बनाकर उन्हें भिन्न अर्थ दिया जाता है जैसे **टूटना** और **तोड़ना**। यह उल्लेखनीय है कि द्रविड़ भाषाओं के क्षेत्र में कोई भी ऐसी बोली नहीं है जिसमें **ट्** और **ड्** का ही व्यवहार होता हो, **त्** और **द्** के लिये गुंजाइश ही न हो।

हिन्दी के **अगाड़ी पिछाड़ी** शब्दों के प्रतिरूप **अगेरे पिछेरे** भी पंजाब की बोलियों में हैं। हर जगह हिन्दी की अपेक्षा पंजाबी में मूर्धन्य ध्वनियों का व्यवहार अधिक होता हो, ऐसा नहीं है। **अधिक** के लिये **वधीक** के व्यवहार में, हिंदी **बढ़ना** को देखते, **ध्** सुरक्षित है। पंजाब के उत्तर में बन्नू और मियांवाली की बोली में भी मूर्धन्यीकरण की प्रवृत्ति है। मानक पंजाबी के **दस्स** (कहना) का **डस्स** रूप यहां प्रचलित है। यहां कालसूचक अव्यय जब-तब के लिये **जढा, तढा** दो रूप हैं। स्पष्ट ही इनका सम्बन्ध **यदा, तदा** से है किन्तु **यदा, तदा** के मूल रूप **यधा, तधा** थे, जिनसे **यथा, तथा** रूप भी बनते हैं, इसकी पुष्टि **जढा तढा** से होती है। यह क्षेत्र सघोष महाप्राण ध्वनियों का व्यवहार कम ही करता है, **ढ** वाले रूप अतिरिक्त महाप्राणता के संयोग से नहीं बने। **यदा तदा** में ही **धा** की महाप्राणता का लोप हुआ है।

पंजाबी में **प्-ब्** को **व्** में बदलने की प्रवृत्ति भी काम करती रही है। मानक हिन्दी का **भी** पहले महाप्राणता खोकर **बी** बनता है, फिर स्पर्श तत्व खोकर **वी** रह जाता है। संस्कृत की **प्रेक्ष्** क्रिया हिन्दी में तो **पेख** है किन्तु पंजाबी में **वेख** है। यहां **क्ष** ध्वनि, बंगला के समान **ख्** में बदलती है। कुछ अन्य शब्द भी हैं जहां इसी प्रकार **क्ष्** के स्थान पर **क्ख्** या **ख्** का व्यवहार हुआ है। इनमें एक महत्वपूर्ण शब्द **तरखाण** है जो **तक्षन्** का रूपान्तर है। बांगरू में मूर्धन्यीकरण के साथ तालव्यीकरण की प्रवृत्ति भी है। एक सीमा तक यह स्थिति पंजाबी में भी है। जाने के लिये **वञ्ज्** क्रिया पश्चिमी पंजाब में काफी प्रयुक्त होती है। **वा, वर्, वन्**, एक ही क्रिया के तीन रूप हैं; इनमें **वन्** का कृदन्त रूप **वन्यि** है। इकार में **य्** का स्पर्श होने से **द्** ध्वनि **ज्** में परिवर्तित हुई। **ज्** का लोप करके यह क्रिया **वञ्** रूप में भी बोली जाती है।

पंजाबी की सबसे महत्वपूर्ण विशेषता उसके कुछ शब्दों में स्वरतानों का व्यवहार है। इनका विवरण **इण्डियन लिंग्विस्टिक्स** (जून १९५७) में कालीचरण बहल ने **टोन्स इन पंजाबी** निबन्ध में दिया है। अमृतसर के आसपास की पंजाबी को उन्होंने आधार बनाया है। उनका कहना है कि पंजाबी शब्दों में बलाघात का महत्व नहीं होता किन्तु स्वर-तान अर्थ-विच्छेदक होती है। उन्होंने तीन तरह की स्वरतानें मानी हैं, गिरती, उठती और समतल। तीन स्वरतानों के अनुसार **पाल्ला** शब्द के तीन अर्थ होते हैं—ठंढ, भाला, घमंडी। इसी प्रकार **चा** शब्द के तीन अर्थ हैं, चार, शर्मीलापन, चाय। **टांग** के तीन अर्थ हैं, टांगना, ढंग और टांग यानी पैर। महाप्राणता की क्षतिपूर्ति स्वरतानों से होती है और प्रथम वर्ण का जो स्वर मूलतः ह्रस्व था वह सुनने में दीर्घ जान पड़ता है। इससे विदित होता है कि पंजावी में सर्वत्र स्वर की ह्रस्वता या दीर्घता अर्थ-विच्छेदक नहीं होती। कालीचरण बहल ने जो उदाहरण दिये हैं, उनमें अनेक ऐसे शब्द हैं जिनके मूल रूप में सघोष महाप्राण ध्वनि थी। महाप्राणता के लोप के कारण स्वर के साथ कोई न कोई तान जुड़ जाती है। बेली ने **पंजाबी मैनुअल ऐन्ड ग्रामर्स** में लिखा है कि **ह्** के कारण अनेक शब्दों में स्वर का स्तर बदलता है, ह् बोला नहीं जाता वरन् स्वरतान निश्चित करने के लिये होता है। उक्त पुस्तक में कहा गया कि यह स्थिति चीनी भाषा में स्वरतानों की स्थिति से मिलती जुलती है। यह सम्भव है कि पंजाबी पर नाग भाषाओं का प्रभाव पड़ा हो। नाग भाषाओं में स्वर की दीर्घता महत्वपूर्ण नहीं होती, स्वरतान अर्थ-विच्छेदक होती है। पंजाबी में स्वरतानों का व्यवहार बहुत सीमित है। इसकी तुलना में वैदिक भाषा में स्वरतानों का व्यवहार अधिक होता था पर ये स्वरतानें संगीतात्मक थीं, अर्थविच्छेदक नहीं। पंजाबी की स्वरतानें उनसे सम्बद्ध प्रतीत नहीं होतीं। बांगरू और पंजाबी में स्वरतान संबंधी अन्तर महत्वपूर्ण है। एक रोचक तथ्य यह है कि जिन शब्दों के मूल रूप में सघोष महाप्राण ध्वनि थी, वहां तो सघोषता और महाप्राणता का लोप होने पर स्वरतान का व्यवहार होता है, किन्तु जहां **ब्** के साथ **ह्** दिखाई दिया, वहां पंजाबी दोनों को मिलाकर नयी सघोष महाप्राण ध्वनि बना लेती है यथा **बहन** का पंजाबी रूप **भैंण** काफी प्रसिद्ध है।

ग्रियर्सन ने पश्चिमी पंजाबी और पड़ोसी भाषाओं की एक विशेषता क्रिया के साथ सर्वनाम जोड़ने की पद्धति मानी है। यह पद्धति किसी एक भाषा-परिवार तक सीमित नहीं है और उसे हिन्दी आदि भाषाओं से अलग पश्चिमी पंजाबी को एक विशेष वर्ग में रखने का आधार नहीं बनाया जा सकता। यह पद्धति एक विशेष प्रकार के वाक्यतंत्र की देन है। उस वाक्यतंत्र में क्रिया पहले आती है, कर्ता उसके बाद। इसके विपरीत एक दूसरी तरह का वाक्यतंत्र है जिसमें कर्ता पहले आता है और क्रिया बाद में आती है। **अहम् पठामि** से लेकर **मैं पढ़ता हूँ** तक आर्य भाषाओं के वाक्यतंत्र में दोनों पद्धतियों का समन्वय दिखाई देता है। **पठामि** केवल उत्तम पुरुष एकवचन के साथ प्रयुक्त होगा; अतः अतिरिक्त कर्ता **अहम्** अनावश्यक है। **पढ़ता हूँ** का **हूँ** उत्तम पुरुष एकवचन की सूचना देता है, **मैं** अनावश्यक है। किन्तु दोनों वाक्यों में **अहम्** और **मैं** का प्रयोग उचित

माना गया है। ऐसे वाक्यतंत्र में, जिसमें विधेय पहले आता था, दूसरी तरह का वाक्यतंत्र घुल मिल गया है, जिसमें उद्देश्य पहले आता था। ग्रियर्सन ने अपने भाषा सर्वेक्षण ग्रंथ के आठवें खण्ड के पहले भाग में सिन्धी और लहंदा (पश्चिमी पंजाबी) का विवेचन किया है। इसमें उन्होंने लहंदा और उससे सम्बन्धित जिन बोलियों का विवेचन किया है, उनमें क्रियारूप ऐसे हैं जो अपने सर्वनाम-चिह्न द्वारा कर्त्ता के पुरुष और वचन की सूचना देते हैं, फिर भी वाक्य के आरम्भ में अलग से कर्त्ता प्रयुक्त होता है।

एक वाक्य है : मैं गिउस—मैं गया (पृष्ठ ३६५) यहां गिउस क्रियारूप उत्तम पुरुष एकवचन के लिये सुरक्षित है, फिर भी उसके पहले कर्ता मैं विद्यमान है। मैं हम्—मैं था; यहां क्रियारूप हम् कर्ता मैं की सूचना देता है, फिर भी कर्ता मैं अलग से विद्यमान है। उस नू होश **आइउस**—इस वाक्य का अनुवाद ग्रियर्सन ने इस प्रकार किया है : उसको होश आया उसको (पृष्ठ २८२)। जो सर्वनाम सम्प्रदान कारक में प्रयुक्त हुआ है, वही क्रिया के साथ है। क्रिया के साथ अन्य पुरुष एकवचन की सूचना देने वाला यह सर्वनाम अनावश्यक है क्योंकि **होश,** अलग से कर्ता रूप में ही, विद्यमान है। जब हम कहते हैं, **होश आया**, तब **आया** को अनावश्यक सर्वनाम के बन्धन से मुक्त कर देते हैं। किन्तु पश्चिमी पंजाब की बोलियों के गिउस और **आइउस** रूपों से तुलना कीजिये बघेली के रूपों की। धीरेन्द्र वर्मा की **ग्रामीण** हिन्दी में बघेली का एक वाक्य है : **पछारी ऐसन भइस कि बंपारी कौनऊ बात में राजा के ढिगा कसूर में झुक गइस**। अवध की अवधी में **भइस** और **गइस** की जगह **भा** और **गा** रूप होंगे, **भइस** और **गइस** अवधी के पुराने रूप हैं जो बघेली में सुरक्षित हैं।

ग्रियर्सन के उदाहरणों से एक महत्वपूर्ण निष्कर्ष यह निकलता है कि अन्य पुरुष सर्वनाम का एकवचन रूप **स** उत्तर-पश्चिमी क्षेत्र में खूब प्रयुक्त होता है। **आखेआसु**—उसने कहा; **पुच्छेआस**—उसने पूछा; **तक्केआसु**—उसने देखा; **छोड़ेस**—उसने छोड़ा। कहीं **स** है तो कहीं **सु** और कहीं उससे थोड़ा भिन्न **उस**। यह सर्वनाम रूप उत्तम पुरुष के लिये भी प्रयुक्त होता है यथा **मैं गिउस** वाक्य में। या तो एक ही सर्वनाम अनेक पुरुषों के लिये प्रयुक्त होता है या फिर उत्तम पुरुष वाले **स** का स्रोत कोई दूसरा है। संस्कृत के **अस्मद्** में **अस्** उत्तम पुरुष सर्वनाम का एकवचन रूप है। **अहम्, अदम्** जैसे रूपों से यह निष्कर्ष निकलता है कि **अस्** का आधार **अध** है। पंजाबी का **असीं** या **अस्सीं** उत्तम पुरुष का बहुवचन रूप उसी **अस्** से सम्बद्ध है जिसका आधार **अध** था। होने के लिये आस अस् क्रिया भी थी; इस कारण इस क्रिया के रूप और सर्वनाम रूप कहीं-कहीं बिलकुल एक से होते हैं। **अस्** की प्रतिरूप **आस्** क्रिया का **आह** रूपान्तर पश्चिमी पंजाब में प्रचलित है। उत्तम पुरुष एकवचन में इसके दो भूतकालिक रूप हैं : **आहिस** और **आहिम** (पृष्ठ ३८६)। यहाँ **आहिस** का **स** **अस्मद्** के **अस्** का अवशेष है और **आहिम** का **म** **मद्** का। लहंदा क्षेत्र में मानक हिन्दी का **मैं** सर्वनाम व्यापक रूप से प्रयुक्त होता है। यह **मध** का रूपान्तर है, इसका प्रमाण यह है कि यहाँ उसका वैकल्पिक रूप **मा** भी प्रचलित है। **मया** से चाहे **मैं** सिद्ध कर लीजिये चाहे **मा**, उससे दोनों रूप सिद्ध नहीं हो

सकते। किन्तु **मध** को मूल रूप मानने से उसके रूपान्तर **मैं** और **मा** दोनों सिद्ध होते हैं, कोसली वृत्ति से **मा**, और कौरवी वृत्ति से **मैं**। पंजाब की एक बोली में **ह** क्रिया के **हम, हाउम, हाइम, हाउस** अनेक वैकल्पिक रूप उत्तम पुरुष एकवचन के लिये हैं। यहां भी **म** और **स** चिह्नों का वैसा ही वैकल्पिक प्रयोग दिखाई देता है। अन्य पुरुष के बहुवचन रूप **आहिम** (पृ० ३०४) से अवधी के **हम आहिन** और **वी आहीं** रूप तुलनीय हैं।

भविष्य काल में सभी पुरुषों के क्रिया-रूपों में **स** चिह्न दिखाई देता है। **मारे सां, मारे सें, मारे सी**—उत्तम, मध्यम और अन्य पुरुष के एकवचन रूप हैं। यहां **स** भविष्य काल की सूचना देता है, कर्ता सर्वनाम की नहीं।

लहँदा क्षेत्र में कृदन्तों का प्रयोग काफी शिक्षाप्रद है। **गां डिट्ठीम**—गाय मेरे द्वारा देखी गई (पृ० २७०)। यहां कृदन्त कर्मवाच्य है और कर्ता सर्वनाम-चिह्न द्वारा सूचित है। **उस मारे अम**—मैं उसके द्वारा पिटा (पृष्ठ २१०)। हिन्दी में जब हम कहते हैं: **मैंने मारा**, तब ग्रियर्सन आदि कहते हैं, यह कर्मवाच्य प्रयोग है और **मैंने** का अर्थ है—मेरा द्वारा। किन्तु **उस मारे अम** में कर्ता **उस** के साथ करण कारक का कोई चिह्न नहीं है। अब इसके साथ दिया हुआ एक और वाक्य देखें: **उसनूं मारे अम**—मैंने उसे मारा। यहां उसके साथ कर्म कारक का **नूं** चिह्न लगा है। कर्ता की अलग से आवश्यकता नहीं है क्योंकि क्रिया के **अम** चिह्न से काम चल जाता है। **उस मारे अम**, इस वाक्य में **अम** कर्म की सूचना देता है किन्तु **उसनूं मारे अम**—मैंने उसे मारा, यहां **अम** कर्ता की सूचना देता है। एक ही सर्वनाम रूप कर्ता और कर्म की सूचना दे सकता है। क्रिया के साथ जो सर्वनाम-चिह्न लगता है, वह कर्ता ही नहीं, कर्म की भी सूचना दे सकता है, यह स्थिति यहां आंशिक रूप में झलकती है। इसका पूर्ण प्रसार मगही और मैथिली भाषाओं में है। लहँदा क्षेत्र की बोलियों में हिन्दी के समान जाना का अर्थ देने वाली क्रिया को कृदन्त में जोड़कर कर्मवाच्य बनाते हैं। **मरी वासां**—मारा जाऊँगा; **मरी गए**—वे मारे गए (पृष्ठ २६६)। **कन्दाइं**—मैं कर रहा हूं या मैं करूँगा (पृष्ठ ३८९), यहां कृदन्त **कन्द** में सर्वनाम चिह्न जोड़ा गया है। कृदन्त रूप मूलतः किसी काल की सूचना न देते थे, अतः **कन्दाइं** से वर्तमान और भविष्य दोनों कालों का बोध होता है। कृदन्त रूपों के साथ सर्वनाम-चिह्न जोड़ने की प्रवृत्ति मागधी भाषाओं की याद दिलाती है। **करवित्तुस**—उसने कर दिया (पृष्ठ २८२), यहां **वित्त** कृदन्त में सर्वनाम-चिह्न जोड़ा गया है। पर ऐसा सर्वत्र नहीं होता। हिन्दी के समान कृदन्त-रूप सर्वनाम-चिह्नों से मुक्त भी होते हैं। **दित्ता, वितड़ा**, दोनों का अर्थ है उसने दिया। हिन्दी के समान **करिये**—हम करें, **खाविये**—हम खायें जैसे रूपों का चलन भी है (पृष्ठ २८१)। **आखिया**—कहा, **गिया**—गया रूप हिन्दी से मिलते जुलते हैं। बैठने के लिये **बाह** क्रिया है। इसका भूतकालिक कृदन्त **बइठा, बैठा** है (पृष्ठ ३०५)। यही कृदन्त रूप हिन्दी में सामान्य क्रिया का काम देता है।

ध्वनि-परिवर्तन के कारण भाषा में जो वैकल्पिक रूप मिलते हैं उन्हें नया अर्थ देकर लहँदा क्षेत्र की बोलियां अर्थ-विस्तार करती हैं। **पीस** और **पीह** एक ही क्रिया के

दो वैकल्पिक रूप हैं। स के ह में बदलने से पीह रूप भी प्राप्त हो गया और पीस का अस्तित्व मिटा नहीं। दो तरह की ध्वनि-प्रकृतियां एक साथ काम करती रहीं। तब पीह कर्तृवाच्य हो गया और पीस कर्मवाच्य। डोह—दुहना, डुभ—दुहा जाना (दुग्ध का प्रतिरूप दुग्भ भी प्रचलित रहा होगा; डोह के ह का पूर्व रूप यहां भ था) : सी—सीना, सीप—सिया जाना (मूल क्रिया सी में वहां भी प-वर्गीय कृदन्त चिह्न लगाकर सीप रूप बनाया गया।) : ता—गर्माना, तप—गर्माया जाना (यहां मूल क्रिया त, ता हो सकती है।) रूस क्रिया से रूठा (पृ० ३४४), बैठा की तरह, हिन्दी रूठा की रचना को उजागर करता है। लहँदा में नस—भागना से नठा, त्रह (मूलतः त्रस्—डरना) से त्रठा, यह प्रवृत्ति यहां काफी व्यापक है। एक क्रिया है वत्त—घूमना जो वर्त् का रूपान्तर है। वर्त्—स्वयं मूलतः वर् क्रिया का कृदन्त रूप वर्त है। वत्त का भूतकालिक कृदन्त यहां बद्दा है (पृष्ठ ३४५)। अवश्य ही वर्त में रेफ-संसर्ग के कारण बदा का एक रूप बड़ा भी रहा होगा। इसका कौरवी रूप होगा बेड़ा। बँगला के बेड़ाच्चे (घूमता है) में वही कृदन्त रूप बेड़ मूल क्रिया का काम करता है और अवध में घुमन्तू लोगों के लिये प्रयुक्त बेंड़िया शब्द इसी के आधार पर बना है।

लहँदा क्षेत्र में क्रियार्थी संज्ञा रूप ना-णा और न-ण, दोनों प्रत्ययों के साथ बनता है। कहणा और कहुण दोनों रूप मिलेंगे। एक कृदन्त रूप है पूर्वकालिक क्रियाओं का : घिन्न (लेकर) (पृष्ठ ३३१)। अवधी के दीन्ह, कीन्ह की तरह घिन्न का पूर्व रूप घिन्ह था और घिन्ह का पूर्व रूप घिन्ध था।

यद्यपि लहँदा में कृदन्त रूपों का काफी व्यवहार होता है, फिर भी अनेक बोलियों में तिङन्त रूप अब भी प्रयुक्त होते हैं यथा वर्तमान काल में : मारे—मारता है। (पृष्ठ ३०६)। मारहि—मारइ—मारै—मारे, विकास की यह शृंखला है। मुल्तान में कराहीं पूर्वकालिक क्रिया रूप के 'कर' का अर्थ देता है। खा कराहीं—खा कर (पृष्ठ ३३०)। यह कराहीं वर्तमान काल का अन्य पुरुष रूप है जो पूर्वकालिक रूप के लिये प्रयुक्त होता है। लहँदा क्षेत्र में स सर्वनाम का व्यवहार तो काफी होता है किन्तु स क्रिया का ह रूप ही यहां अधिक प्रचलित है। हम, हांवे, हा उत्तम, मध्यम और अन्य पुरुष के वर्तमान-कालिक एकवचन रूप हैं। हा का स्त्रीलिंग रूप हाइ है : कृदन्त-प्रभाव से क्रिया रूप में विशेषण के समान लिंगभेद किया गया है। अतीत काल के लिये रूप है : झेरा कीतस—उसने झगड़ा किया (पृष्ठ ३७९)। यहां कीत भूतकालिक कृदन्त है जिसमें अन्य पुरुष का सर्वनाम-चिह्न जोड़ कर क्रिया-रूप बनाया गया है। अवधी कीन्हॅसि (भूतकाल, अन्य पुरुष, एकवचन) और कीतस की संरचना का ढंग एक ही है, भूतकालिक कृदन्त में सर्वनाम-चिह्न को जोड़ना। यही कृदन्त-रूपों का तिङन्तीकरण है। लहँदा की एक विशेषता निषेधात्मक भाव से ह क्रिया का व्यवहार है। मैं नहीं हूँ—नी म्हो, हम नहीं हैं—निहसे, निस्से; तू नहीं है—नी हवी, नेही; तुम नहीं हो—नी हवे, ने हे; वह नहीं है—नी हसी, न इह, नहीं; वे नहीं हैं—निन्ने हें, ने हन्। (पृष्ठ ३०४) यहां निषेधात्मक प्रत्यय नी या ना में ह क्रिया जोड़ कर ये रूप बनाये गये हैं। ऊपर अन्य

पुरुष एकवचन रूप नहीं हिन्दी के नहीं से बिल्कुल मिलता है। हिन्दी का यह निषेधात्मक अव्यय इसी प्रकार ह क्रिया के आधार पर बना होगा।

पूर्वकालिक क्रिया का एक रूप विचित्र है। इसके अन्त में ड़ प्रत्यय लगा रहता है। निकलीड़—निकल कर (पृष्ठ २८१)। यह ड़ र का रूपान्तर है और र कर का अवशेष है। निकलीड़ का पूर्वरूप होगा निकलि कर। क्रिया के ऐसे पूर्वकालिक रूप जिनमें र लगा हो, राजस्थानी क्षेत्र में बहुत मिलते हैं। वही र यहां बांगरू प्रभाव से ड़ हो गया है। सामान्यतः लहँदा में क्रिया के पूर्वकालिक रूप हिन्दी के समान बनते हैं, यथा वञ्ज के—जाकर (पृष्ठ २८२)।

लहँदा के सर्वनाम रूप ऐतिहासिक दृष्टि से महत्वपूर्ण हैं। पहले उत्तम पुरुष एकवचन के रूप देखें। हमारा के लिये असाडा, तुम्हारा के लिए तुसाडा या तुहाडा के समान मेरा के लिए माहड़ा रूप भी है (पृष्ठ ५७१)। जैसे असाडा में असा, तुसाडा में तुसा आधार शब्द हैं, वैसे ही माहड़ा का आधार शब्द माह है। इसी का कर्म-सम्प्रदान रूप माहक अथवा माहको है। अब इसमें सन्देह न रहना चाहिए कि उत्तर-पश्चिमी आर्य भाषा-क्षेत्र में किसी समय मध जैसे सर्वनाम रूप का व्यवहार होता था। मह, मव, मस इसी के रूपान्तर होंगे। मध्यम पुरुष के एकवचन करण-कारक का रूप तुध दिया है (पृष्ठ ५७१)। इस तुध से तुझ वाला रूप मिला, वैसे ही मुध से मुझ रूप मिलेगा। मुध, मध, माध वैकल्पिक रूप थे जो विभिन्न कारकों के आधार बने। तुध के साथ सम्बन्ध-कारक में मध्यम पुरुष सर्वनाम का एकवचन रूप तोहड़ा है (पृष्ठ ५७१) जो मागधी भाषाओं के तोहर, तोहार से तुलनीय है। दोनों का ही आधार तध या तांध सर्वनाम होगा। प्रश्नवाचक सर्वनाम का भी कध जैसा रूप प्रचलित था, यह काहड़ा (किसका) से प्रमाणित है (पृष्ठ ५७१); भोजपुरी में भी केह जैसे सर्वनाम रूप का चलन है। लहँदा की अनेक बोलियों में मेरा, तेरा जैसे रूप प्रचलित हैं (पृष्ठ २५९)। इनसे विदित होता है कि मध—मह से मे और तध—तह से ते रूपों का विकास भी हुआ था। जैसे माहड़ा-काहड़ा वाली बोली में क्या के लिये प्रश्नवाचक सर्वनाम के है (पृष्ठ ५७१), वैसे ही मेरा-तेरा वाली बोली में उत्तम पुरुष सर्वनाम का एकवचन रूप मां भी है (पृष्ठ २५९)। मे और मां दोनों रूप मह से बने हैं जिसका आधार मध है। यहां एकार, ओकार और आकार वाली तीनों तरह की ध्वनि-पद्धतियां घुलती-मिलती दिखाई देती हैं। सम्प्रदान-कर्म कारक का चिन्ह को है, क भी है (पृष्ठ ५७१)। खलो रेहा—खड़ा रहा (पृष्ठ २८२)—इस ओकार-एकार मिश्रण का अच्छा उदाहरण है। सुदूर कोहाट में हिन्दी पहले का प्रतिरूप पेलो (पृष्ठ ४६५) दूर-दूर तक हिन्दी जनपदों के भाषा तत्वों का प्रसार सिद्ध करता है।

मध्यम पुरुष के लिए ने, निहे (पृष्ठ ३०३) सर्वनाम प्रत्यय के रूप में प्रयुक्त होते हैं। घर ने अर्थात् तुम्हारा घर। मारेआने—तुमने मारा। केहड़ा शाहुर निहे—तुम्हारा गांव कौन सा है (पृष्ठ ३०३) इस ने, निहे सर्वनाम रूप का आधार भी नध जैसा रूप होगा। संस्कृत नः उत्तम पुरुष के लिए प्रयुक्त होनेवाला रूप है। दोनों परस्पर

सम्बद्ध होने चाहिए। कुछ बोलियों में ने रूप केवल अन्य पुरुष के लिए प्रयुक्त होता है (पृष्ठ ३०३)। एक ही सर्वनाम-रूप अनेक पुरुषों के लिए प्रयुक्त हो सकता है; विभिन्न बोलियाँ कहीं उत्तम पुरुष, कहीं मध्यम पुरुष, कहीं अन्य पुरुष से उसे सम्बद्ध कर लेती हैं, कहीं यह सम्बद्धता एक से अधिक पुरुषों के साथ बनी रहती है।

मध्यम पुरुष सर्वनाम का एकवचन रूप **थूं** भी यहाँ मिलता है (पृष्ठ ३७८)। या तो तूं में अतिरिक्त महाप्राणता के संयोग से यह रूप बना है अथवा यह उस **ध्वम्** का रूपान्तर है जो कुछ संस्कृत क्रिया रूपों के अन्त में दिखाई देता है। दूसरी स्थिति में **त्वम्**, तूं, थूं उसी मूल रूप **ध्वम्** के विकास माने जायेंगे। हिन्दी **तू** के अंग्रेजी प्रतिरूप दाउ में प्रथम वर्ण की सघोष ध्वनि मूल रूप के ध् के कारण हो सकती है।

अन्य पुरुष सर्वनाम के एकवचन रूप **सु** और **स** व्यापक रूप से प्रचलित थे, इसका प्रमाण **ग्राखेग्रासु**—उसने कहा, **पुच्छेग्रास**—उसने पूछा (पृष्ठ ५१३) जैसे क्रिया रूपों से मिलता है। स के ह में परिवर्तित होने पर ह वाले रूपों का चलन भी बड़े पैमाने पर हुआ। हे, हत, अन्य पुरुष सर्वनाम के एकवचन रूप हैं (पृष्ठ ३७८)। हे सीधा से का रूपान्तर है। हत **सध** का विकास है। **सध** के रूपान्तर हह, ग्रह, ग्रॉह भी हो सकते हैं। **ग्रॉह** की व्युत्पत्ति जो भी हो, इसका व्यवहार बड़े पैमाने पर होता था। **माहड़ा-तोहड़ा** वाली बोली में **ग्रोह** भी है(पृष्ठ ५७१); इसी का पूर्वरूप **ग्रॉस** पंजाबी के अन्य क्षेत्रों में प्रयुक्त होता है। **ग्रॉह** रूप भोजपुरी में भी है। मानक हिन्दी में इसका रूपान्तर **वह** स्वीकृत है। **ग्रॉस** का प्रतिरूप **उस** हिन्दी में प्रचलित है। एक उदाहरण में **सुसको** (उसको) रूप भी है (पृष्ठ ५७३)। यदि यह उदाहरण सही है तो **उस** का पूर्वरूप **सुस** होगा और इस **सुस** का मूल रूप **सुध** होगा। ऊपर जहां **केहड़ा** रूप का उल्लेख है वहां उसके समानान्तर **जेहड़ा** रूप भी ध्यान देने योग्य है (पृष्ठ ३०३), अन्य बोली में **केढ़ा, जोढ़ा** रूप हैं (पृष्ठ ३०३)। हर सर्वनाम रूप में किसी न किसी प्रकार ध के अवशेष दिखाई देते हैं। इसका एक रूपान्तर ह है अन्य रूपान्तर स (ध—द—ज—ज़—स)। यह ध सर्वनामों के साथ जुड़कर नये सर्वनाम बनाता है और व्यक्ति, स्थान, काल आदि की सूचना देता है।

लहँदा क्षेत्र के अनेक शब्द ऐतिहासिक दृष्टि से महत्व के हैं। इनमें एक शब्द है समय सूचक **तोड़ी**। **पंजाबी मैनुग्रल ऐण्ड ग्रामर** पुस्तक में **तोड़ी** और **ताड़ी** (इस समय तक) रूप दिए गए हैं। ये रूप अनेक काल-सूचक द्रविड़ शब्दों में मिलते हैं और आगरे की बोली में **ई तोड़ी** (इस समय तक) जैसे रूपों का चलन है। जलने के लिए **सड़ना** पुनः द्रविड़ भाषाओं की **सुळ्** क्रिया की याद दिलाता है। **जदों**, **तदों**, **ग्रोदों** (तब) में **ज**, **त**, **ग्रो** सर्वनाम-चिह्न हैं जिनके संयोग से ये समयसूचक शब्द बने हैं। **ग्रजे** का अर्थ है अभी तक। यह स्पष्ट ही **ग्रद्य** के आधार पर बना है और निकट समय की सूचना देता है। स्वयं **ग्रद्य** में **द्य** दिवससूचक है और **ग्र** सर्वनाम है।

उत्ते, **उताँ**, **उत** (ऊपर) संस्कृत उत्तर के उत् की व्याख्या करते हैं। तीन चौथाई के लिए **मुन्ना** शब्द तमिल **मुन्** (तीन) के आधार पर बना है। इसी प्रकार तमिल **पुद्**

(प्रथम) से मुद्दों (आरम्भ से) सम्बद्ध है। यहां काटने के लिए वर्ध् क्रिया के रूपान्तर वढ्ठ का व्यवहार होता है। हिन्दी में यह क्रिया संज्ञा रूप बढ़ई में रह गई है। टोल शब्द का एक अर्थ है इकट्ठा करना। हिन्दी टोला इसका प्रतिरूप है। इसी प्रकार खेल शब्द पुर के अर्थ में, गाँव और शहरों के नाम के साथ, आता है जैसे ईसा खेल, भंगी खेल। यह मूलतः खेत का विकास है जिसका अर्थ था जोती हुई भूमि, आवास भूमि।

बलूचिस्तान में खेत्रान नाम का एक कबीला रहता है। ग्रियर्सन ने लिखा है कि इस कबीले के लोग सम्भवतः पठान थे जिन्हें अकबर ने बलूचिस्तान में खदेड़ दिया था। इनकी बोली खेत्रानकी कहलाती है। इसमें बहुत से शब्द ठेठ हिन्दी जनपदीय रूपों की याद दिलाते हैं। सौंह ब्रज का अपना शब्द है। घींच का प्रतिरूप यहां गिची प्रचलित है और घुटने के लिए गोडे शब्द है। मक्का को मकाही बोलते हैं। घींच, गोड़, मकई अवध की याद दिलाते हैं। देखने के लिए लखन पुराना सुपरिचित शब्द है। बहुत्व सूचक घन्ने घने का रूपान्तर है। नाभि के लिए नारा अनेक जनपदों में प्रचलित है यद्यपि इस अर्थ में उसका व्यवहार मानक हिन्दी में नहीं होता। लोमड़ी लूंबर है; यह रूप अवध में प्रचलित है।

हिन्दी और पंजाबी का आपसी सम्बन्ध जानने के लिये, इनके मानक रूप छोड़कर, दोनों की बोलियों पर ध्यान देना आवश्यक है। मानक भाषाओं में जितना अन्तर दिखाई देता है, उतना बोलियों में नहीं है। सैकड़ों शब्द, शब्द-भंडार के मूल अंश, सर्वनाम, कारक-चिन्ह, क्रियापद-रचना-तत्व बहुत मिलते-जुलते हैं और कहीं-कहीं बिल्कुल एक से हैं। पंजाबी क्षेत्र के ऐसे रूप किसी एक हिन्दी जनपद के नहीं हैं; उनका सम्बन्ध अनेक जनपदों से है और यह सम्बन्ध पंजाब की सीमाएं पार करके पठानों और बलूचियों के देश तक पहुंचता है। पठान अंग्रेजों से लड़े और मुगलों से लड़े। तुर्कों की तुलना में उन्होंने भारतीय भाषाओं की बहुत बड़ी सेवा की है। ग्रियर्सन ने अकबर से पठानों के संघर्ष की सम्भावना का उल्लेख किया है। अंग्रेज़ों के विरुद्ध जो पठान लड़े और हिन्दुस्तानियों के साथ मिलकर लड़े, उसमें सम्भावना का प्रश्न नहीं है, वह एक ऐतिहासिक तथ्य है और यह तथ्य बीसवीं सदी का नहीं है। १८५७ के महान् संग्राम से कुछ वर्ष पहले हिन्दी प्रदेश में जो अंग्रेज़-विरोधी अभियान शुरू हुआ था, उसका प्रभाव हज़ारा के पश्चिम में तनावल पर्वतमाला में रहने वाले पठानों पर पड़ा था। इसके बारे में ग्रियर्सन ने लिखा है कि ये तनावली पठान १८५३ ई० में हिन्दुस्तानी जेहादियों से मिल गये और दोनों ने अंग्रेज़ों पर हमला किया। "शायद इन लोगों का आपसी सम्पर्क और पहले से चला आ रहा था और इसी कारण उनकी भाषा में जहां तहां हिन्दुस्तानी रूप दिखाई देते हैं।" (पृष्ठ ५७०)।

निस्सन्देह हिन्दियों और पठानों का सम्पर्क बहुत पुराना था। अंग्रेज़ी राज में, और उससे पहले, इस सम्पर्क के कारण हिन्दी भाषा के बहुत से रूप वहां की भाषा में घुल मिल गये। पठानों के देश की तुलना में पंजाब हिन्दी क्षेत्र के और भी निकट है। इसलिए यह बिलकुल स्वाभाविक है कि हिन्दी क्षेत्र की बोलियों के बहुत से रूप पंजाबी क्षेत्र

की बोलियों में मिलें । हिन्दी तथा हिन्दी प्रदेश की बोलियों को अलग रखकर पंजाब की भाषाई स्थिति और मानक पंजाबी के विकास का विवेचन नहीं किया जा सकता।

हिन्दी क्षेत्र के पश्चिम में राजस्थानी का विशाल क्षेत्र है जो एक ओर बांगरू और पंजाबी को छूता है तो दूसरी ओर सिन्धी, गुजराती और मराठी को छूता है। मराठी की तुलना में इस क्षेत्र की बोलियों का सम्बन्ध सिन्ध और गुजरात की बोलियों से अधिक है। हिन्दी क्षेत्र की बोलियों में इनका सम्बन्ध ब्रज और बांगरू से विशेष है। यद्यपि मानक पंजाबी के समान मानक राजस्थानी का विकास नहीं हुआ पर बोलियों के स्तर पर राजस्थान और पंजाब की भाषाई स्थिति मिलती-जुलती है, हिन्दी क्षेत्र की बोलियों से इस स्थिति का सम्बन्ध भी मिलता-जुलता है।

राजस्थान मूर्धन्य ध्वनियों का क्षेत्र है। ट-वर्गीय ध्वनियों के अतिरिक्त यहां ळ, ड़्, और ण् का व्यवहार भी होता है। गुजरात में ऐसे क्षेत्र हैं जहां त-वर्ग का अभाव है, केवल ट-वर्ग की ध्वनियां प्रयुक्त होती हैं। सम्भवत: ऐसा क्षेत्र राजस्थान में भी थी। नेपाल की तराई में जो थारू लोग रहते हैं, वे राजस्थान से आये बताए जाते हैं। उनकी भाषा में ट्, ठ्, ड् आदि ध्वनियां हैं, त्, थ्, द् का अभाव है। उनके आसपास कोई ऐसा भाषाई परिवेश नहीं है जो उन्हें त् के बदले ट् कहने पर बाध्य करता। इन्डियन लिंग्विस्टिक्स (खण्ड १–४, १९३१—३४) में डा० बाबूराम सक्सेना ने थारू लोगों की भाषा पर एक लेख लिखा था। इसमें उन्होंने बताया था कि इस भाषा की सबसे बड़ी विशेषता त्, थ्, द्, ध् के स्थान पर ट्, ठ्, ड्, ढ् का व्यवहार है। डा० बाबूराम सक्सेना ने थारू लोगों के बीच में रहकर और उनकी भाषा सुनकर यह बात लिखी थी। उन्होंने इस बात पर आश्चर्य प्रकट किया था कि ग्रियर्सन ने अपने सर्वेक्षण-ग्रन्थ में इस महत्वपूर्ण तथ्य का उल्लेख नहीं किया। ट-वर्गीय ध्वनियों के उच्चारण में अवधी बोलने वालों की जीभ प्रतिवेष्टित होती है या नहीं, उनके द्वारा उच्चारित ये ध्वनियां मूर्धन्य हैं या वर्त्स्य हैं, थारू लोगों के ट्, ठ्, ड् से वे कितना भिन्न हैं, ये प्रश्न गौण हैं। मुख्य बात यह है कि असम और सौराष्ट्र के अलावा थारू लोगों का भाषा-क्षेत्र ऐसा है जहां ध्वनियों की एक ही शृंखला है; त-वर्गीय और ट-वर्गीय ध्वनियों में अर्थविच्छेदक भेद हिन्दी क्षेत्र में हैं, इन भाषाओं के क्षेत्र में नहीं। राजस्थान और गुजरात में सर्वत्र किसी समय केवल ट-वर्गीय ध्वनियां रही हों, त-वर्गीय नहीं, यह आवश्यक नहीं है। किन्तु वहां कुछ क्षेत्र ऐसे थे, यह विश्वसनीय है। इस आधार पर अनुमान किया जा सकता है कि ट-वर्गीय ध्वनियां हिन्दी क्षेत्र में उधर से पहुंची हैं और त-वर्गीय ध्वनियां उधर के क्षेत्रों में हिंदी प्रदेश से पहुँची हैं। त्-ट् वाला भेद बहुत पुराना है, यह बात यूरुप की त-वर्गीय लैटिन समुदाय तथा स्लाव समुदाय की भाषाओं को देख कर समझी जा सकती है। उत्तरी यूरुप की जर्मन समुदाय की भाषाओं में ट-वर्गीय ध्वनियों की प्रधानता है जैसे कि अंग्रेज़ी में। अंग्रेज़ी में जहां-तहां ड् और द् का भेद तो दिखाई देता है जैसे डॅन, (गुफा) और दॅन् (तब), पर ऐसा भेद त् और ट् में नहीं है। अंग्रेज़ी में त् ध्वनि का पूर्ण अभाव है। उधर रूसी, इतालवी आदि भाषाओं में ट-वर्गीय ध्वनियों का पूर्ण अभाव है।

भारत की अधिकांश भाषाओं में त् और ट् अर्थ-विच्छेदक ध्वनियां बन गई हैं। यह बात आर्य भाषाओं और द्रविड़ भाषाओं, दोनों पर लागू होती है। इसका कारण भारत के त-वर्गीय और ट-वर्गीय क्षेत्रों की भाषाओं का गहरा आपसी सम्पर्क है जैसा सम्पर्क यूरुप के ऐसे क्षेत्रों की भाषाओं में कायम नहीं हो सका।

राजस्थानी क्षेत्र की बोलियों की एक विशेषता स् के स्थान पर ह् बोलने की प्रवृत्ति है। यह प्रवृत्ति गुजरात में और भी बलवती है और अंशतः पंजाब में है। यह प्रवृत्ति अत्यन्त प्राचीन और अत्यंत व्यापक है; वैदिक काल से लेकर अब तक वह आर्य भाषाओं को प्रभावित करती रही है। यह प्रवृत्ति किसी भी ज्ञात आर्येतर परिवार की नहीं है। ध्यान देने की बात है कि असम में जैसे केवल ट्, ठ्, ड् हैं, वैसे ही वहां स् के स्थान पर केवल ख् है जिसका उच्चारण ह् के बहुत निकट है। यह बहुत सम्भव है कि राजस्थान, गुजरात और पड़ोसी प्रदेशों में किसी समय दन्त्य स् का पूर्ण अभाव था, वहां केवल ह् ध्वनि का आधिपत्य था। यदि ऐसी स्थिति रही हो तो मानना होगा कि ऐसे क्षेत्रों में स् ध्वनि मध्य देश से पहुंची है। ट-वर्गीय ध्वनियों और इस संघर्षी काकल्य ह् ध्वनि में कहीं पुराना आपसी सम्बन्ध रहा है। यद्यपि राजस्थान, गुजरात आदि में ह्-लोप की प्रवृत्ति व्यापक है पर यह प्रवृत्ति बाद की जान पड़ती है। स् के स्थान पर ह् का व्यवहार व्यापक रूप से होता था, उसके बाद ही उसके लोप का अवसर आया। जो ट्, ठ्, ड्, ढ् के विशेष क्षेत्र हैं, वे ह्-ख् के भी विशेष क्षेत्र हैं।

राजस्थानी बोलियों की एक विशेषता च् के स्थान पर संघर्षी च़् का व्यवहार है। यह संघर्षी ध्वनि बहुत लोगों को सुनने में स् जैसी प्रतीत होती है किन्तु वास्तव में उससे भिन्न है। एक अन्य क्षेत्र जहां इसका व्यापक व्यवहार होता है असम है। असम में संघर्षी च़् के साथ संघर्षी ज़् ध्वनि भी है, मराठी और बँगला (पूर्वी बंगाल) में है। मराठी में च़् और ज़् के अलावा च् और ज् का व्यवहार भी होता है। पुनः यह कल्पना करनी होगी कि च़् और ज़् जैसी संघर्षी ध्वनियों के कोई विशिष्ट क्षेत्र थे जिन्होंने अन्य क्षेत्रों को भी प्रभावित किया। सम्भव है च्, ज् जैसी स्पर्श अथवा स्पर्श-संघर्षी ध्वनियां हिन्दी क्षेत्र से पश्चिम की ओर गई हों। मराठी की एक विशेषता यह है कि च् और ज् के अलावा महाप्राण छ् और झ् ध्वनियों का भी संघर्षी उच्चारण होता है यद्यपि इन्होंने समरूप स्पर्श ध्वनियों को विस्थापित नहीं किया। मराठी में ट-वर्गीय ध्वनियों के साथ ळ् और ण् की प्रधानता भी है।

राजस्थानी क्षेत्र में एक ओर स् को ह् बोलने की प्रवृत्ति है, दूसरी ओर किसी समय वहां स् को छ् बोलने की प्रवृत्ति भी थी। स क्रिया के ह वाले रूप पश्चिमी राजस्थान में अधिक हैं और छ वाले रूप पूर्वी राजस्थान में। मारवाड़ी में हूँ, है, हाँ, हो, हा जैसे रूप हैं, जयपुरी में छूँ, छे, छाँ, छो, छा जैसे रूप हैं। कुछ बोलियों में ह और स वाले रूप घुल मिल जाते हैं। ग्रियर्सन ने सर्वेक्षण-ग्रंथ के नवें खण्ड के दूसरे भाग में जिन भाषाओं के उदाहरण दिये हैं, उनमें मेवाती हूँ, है आदि के साथ सूं, से, सो, सा का व्यवहार भी करती है। इसमें सन्देह नहीं कि स वाले रूप पुराने हैं। पर यह स-छ वाला समी-

करण-पड़ोसी गुजरात के अलावा मैथिली और बँगला में भी है, नेपाली तथा अनेक पहाड़ी भाषाओं में है। इससे हम कल्पना करते हैं कि किसी समय ऐसे क्षेत्र थे जो स् के स्थान पर छ् का ही व्यवहार करते थे। श् के स्थान पर छ् का व्यवहार संस्कृत के अनेक रूपों को प्रभावित कर सका था जैसा कि प्रश्न और पृच्छति के उदाहरण से ज्ञात होता है। बँगला में एक ओर दन्त्य स् को तालव्य करने की प्रवृत्ति है, दूसरी ओर साधारण बोलचाल के स्तर पर स् को छ् कहने की प्रवृत्ति भी है यथा मुसलमान का मुछोल्मान रूप।

राजस्थान की बोलियों में स् के स्थान पर छ्-ह् का व्यवहार आश्चर्यजनक नहीं है किन्तु थ् के स्थान पर ह्-छ् का व्यवहार आश्चर्यजनक है। एक जगह हिन्दी के समान आई थी है, तो दूसरी जगह आई ही और तीसरी जगह आई छी बोला जाता है। डा० कैलाशचन्द्र अग्रवाल ने शेखावटी बोली का वर्णनात्मक अध्ययन (लखनऊ, १९६४) में जो उदाहरण दिये हैं, उनसे यही सिद्ध होता है। चिड़ावा जिला झुंझुनू में आई थी, सीकर में आई ही चलेगा किन्तु जिला सीकर के ही अंतर्गत नीम का थाना में आई छी बोलेंगे। इससे यह अनुमान होता है कि छ् ध्वनि केवल स् के लिये नहीं वरन थ् के लिये भी कभी प्रयुक्त होती थी। संघर्षी ध्वनियों का चलन यहां अधिक रहा होगा, स्पर्श ध्वनियों का कम।

राजस्थानी क्षेत्र की बोलियों की एक विशेषता अइ, अउ संयुक्त ध्वनियों के स्थान पर ऐ, औ का व्यवहार है। (यदि कोई कहे कि ऐ, औ भी संयुक्त ध्वनियां हैं तो मैं कहूँगा कि पुरानी संयुक्त ध्वनियों के स्थान पर इन नई संयुक्त ध्वनियों के चलन की प्रवृत्ति है।) ब्रज से पूर्व की ओर पुरानी संयुक्त ध्वनियां अब भी काफी प्रयुक्त होती हैं। मानक हिन्दी में उनका व्यवहार केवल तत्सम रूपों में होता है। समस्त उत्तर-पश्चिमी क्षेत्र में एकार, ओकार का एक विशेष क्षेत्र अवश्य रहा होगा और सम्भव है कि यह क्षेत्र राजस्थान हो। वहां की अनेक बोलियों में ऐकार औकार को भी एकार ओकारवत् बोलने की प्रवृत्ति है। हिन्दी में कहइ—कहै—कहे जैसा विकास इसी प्रवृत्ति का परिणाम है।

राजस्थान की बोलियों और हिन्दी क्षेत्र की बोलियों के कारक-चिन्हों में बहुत बड़ी समानता है। मारवाड़ी में र वाले विभक्ति चिन्ह हैं तो अन्य बोलियों में क वाले। डा० कैलाशचन्द्र अग्रवाल की शेखावटी बोली वाली पुस्तक में जितने उदाहरण हैं, उनमें संज्ञा के साथ र वाले विभक्ति चिन्हों के प्रयोग के उदाहरण हैं ही नहीं। ये नौकर किस सेठ के हैं, यह वाक्य चिड़ावा की बोली में इस प्रकार है: यै नोकर कँ सेठ का है; सीकर नगर की बोली में यै नोकर की सेठ का है; फतहपुर, जिला सीकर की बोली में: यै नोकर कीं सेठ का है; नीम का थाना, जिला सीकर की बोली में: यै नोकर कुण सा सेठ का छै; जयपुर नगर की बोली में: यै नोकर किस्या सेठ का छै। इन उदाहरणों से राजस्थान में क विभक्ति-चिन्ह के प्रसार का अनुमान किया जा सकता है। में, पर, से आदि चिन्ह थोड़े से हेर-फेर से प्रयुक्त होते हैं। कर्म कारक के लिये नैं का प्रयोग बांगरू के समान है। मानक हिन्दी के विपरीत कर्ता कारक के साथ यहां ने का व्यवहार अनिवार्य नहीं है। मेरी कलम किसने चुरा ली, इस वाक्य को चिड़ावा, सीकर नगर, फतहपुर,

जयपुर नगर आदि की बोलियों में ने के बिना ही कहा जायगा। किसने चुरा ली के लिये **कुण चोर ली** या **कुण चोरी** कहना काफी है। **कुण** करण कारक नहीं है, यह ध्यान देने की बात है। राजस्थान की बोलियों में एक विशेषता यह है कि अनेक स्थानों में सर्वनाम के साथ भी **को, कं, की** आदि चिन्ह लगते हैं। हिन्दी में **हमारा आंगन, हमारी जेब, हमारे साथ** आदि रूपों में **हम** के साथ **र** प्रत्यय ही लगता है किन्तु जयपुरी में **म्हांको चौक, म्हांकी जेब, म्हांकी साथ** जैसे प्रयोग होंगे। जयपुरी में **म्हारी, म्हारा** रूप भी प्रयुक्त होते हैं किन्तु हिन्दी क्षेत्र से भिन्न यहां सर्वनाम के साथ **क** प्रत्यय भी लगता है। यह स्थिति, राजस्थानी से मिलती-जुलती, कुछ अन्य बोलियों में भी है।

राजस्थानी बोलियों की क्रियापद-रचना में विभिन्न प्रवृत्तियां घुल-मिल गई हैं। वर्तमान काल के रूपों में **चळतो हो, चळइ हो** उत्तम पुरुष एकवचन के रूप हैं। ग्रियर्सन द्वारा दिये हुए मारवाड़ी के इन उदाहरणों में पहला कृदन्त है, दूसरा तिङन्त है। राजस्थानी भाषा की पुरानी पुस्तक **क्रिसन-रुकमणी-री वेलि** (सम्पादक नरोत्तमदास स्वामी, आगरा १९७१) की भूमिका में सम्पादक ने ठीक लिखा है कि डिंगल का मूलाधार मारवाड़ी ही है। इस पुस्तक की भाषा अर्थात् मारवाड़ी के उदाहरणों में अन्य पुरुष के तिङन्त रूप इस प्रकार हैं: **सूझइ, होवइ, समाइ,** जाइ अवधी के **सूझहि,** होवहि आदि रूप हैं। अवधी में ह्-युक्त और ह्-विहीन दोनों तरह के रूप मिलते हैं। मध्यम पुरुष बहुवचन के रूप **कहउ, वंछउ** आदि अवधी के **कहहु वंछहु** के रूपान्तर हैं। उत्तम पुरुष एकवचन के **सकूं, कहूँ** हिन्दी रूपों से मिलते हैं और **सकहुँ, कहहुँ** के आधार पर बने हैं। पुरानी साहित्यिक भाषा में बहुत से परम्परागत रूपों का चलन था जिन्हें उस समय की बोलचाल के रूप मानना भ्रामक होगा। **क्रिसन-रुकमणी-री वेलि** में वर्तमान काल के अन्य पुरुष रूप **राजति, कहति, भवति, रहन्ति, गायन्ति, बोलन्ति** आदि इसी कोटि के साहित्यिक प्रयोग हैं।

ग्रियर्सन द्वारा दिये गये उदाहरणों में कुछ भूतकालीन रूप ऐसे हैं जिनमें कृदन्त के बाद सर्वनाम-चिन्ह जोड़ा गया है। **राणी पूछीस**—रानी ने पूछा; **आप बिचारीअस**—उसने आप विचार किया। ग्रियर्सन ने ठीक लिखा है कि यहां **अस** केवल जोर देने के लिये है (लिंग्विस्टिक सर्वे, खण्ड ९, भाग २, पृष्ठ ३५), कारण यह कि सर्वनाम-चिन्ह कर्ता का अवशेष मात्र है, कर्ता—अलग से—क्रिया से पहले आ चुका है। अधिकतर भूतकाल के लिये राजस्थान की बोलियों में कृदन्तों का व्यवहार हिन्दी बोलियों के समान होता है यथा खिला पिला दिया सीकर नगर की बोली में होगा **खुया पिया दिया**। वास्तव में राजस्थानी के कृदन्त रूप—पंजाबी ही नहीं, बांगरू की तुलना में भी—मानक हिन्दी के रूपों से अधिक मिलते हैं। राजस्थानी के ओकारान्त रूप ब्रजभाषा के प्रभाव से बने हैं। मैं खोल रहा हूँ की जगह **मं खोल रयो हूँ** ब्रजभाषा के अनुरूप है; साथ ही बांगरू के समान वर्तमान काल में तिङन्त रूपों का व्यवहार—**पड़ै है, जावै है** आदि—व्यापक रूप मे होता है। इन्हीं तिङन्त रूपों के आधार पर **जावैगो, होवैगो** आदि भविष्यकालिक रूप बने हैं, यह तथ्य मानक हिन्दी के **जायगा, होगा** की अपेक्षा राजस्थानी रूपों में और

भी स्पष्ट है। राजस्थानी में भविष्य के लिये होसी, जासी आदि स्-मूलक भविष्य कालिक रूप भी प्रचलित हैं। भोजपुरी के समान ल वाले कृदन्त रूप यहां एक से अधिक कालों के लिये प्रयुक्त होते हैं। भोजपुरी में इनका अधिकतर प्रयोग भूतकाल के लिये होता है किन्तु राजस्थानी में इनका प्रयोग अधिकतर भविष्य काल के लिये होता है। ग, स, ल, इन तीन चिन्हों के आधार पर राजस्थानी में भविष्य के रूप बनते हैं। क्रियार्थी संज्ञा के लिये देखबा जैसे ब वाले रूप अवधी और व्रजभाषा के अनुरूप हैं, दूसरी ओर न (णो, णु) वाले रूपों का चलन भी यहां है। ऐसा प्रतीत होता है कि मध्य देश पर बाह्य आक्रमणों के समय अनेक जनपदों के लोग भाग कर राजस्थान गये और अपने साथ अपनी बोलियों की विशेषताएँ ले गये; इसलिए वहां भाषा-संरचना के हर स्तर पर रूपों की ऐसी विविधता दिखाई देती है।

पूर्वकालिक क्रिया के र-वाले रूप रोचक और महत्वपूर्ण हैं। ग्रियर्सन ने कर्यौर (कर के) का विश्लेषण किया है कि यह कर्यो तथा अर के संयोग से बना है (पृष्ठ ३४)। मेरी समझ में यह विश्लेषण सही है और यह अर कर का रूपान्तर है। यही अर्थ व्यक्त करने वाला करर रूप भी है जहाँ कर के बाद दूसरा कर जोड़ा गया है। कर के इस रूपान्तर से सर्वनाम रूपों की रचना समझ में आती है। म्हांका और म्हांरा, दोनों में सर्वनाम के बाद मूलत: कर जोड़ा गया है। उसका एक रूपान्तर हुआ का, दूसरा रूपान्तर हुआ कर जिसका अर शेष रह गया। यह वही प्रवृत्ति है जिसने कर्म्मकार को बदल कर वैदिक कर्म्मार रूप दिया था। सर्वनामों के अतिरिक्त संज्ञा शब्दों के साथ जहां क या र जोड़ा जाता है, वहां भी इसी कर के आधार पर ये चिन्ह बने हैं। सम्बन्ध कारक के अतिरिक्त कर्म-सम्प्रदान में को, के के साथ रे आदि का व्यवहार भी इसी कारण होता है। जहां कोई विभक्ति चिन्ह क् ध्वनि वाला है, वहां उसका प्रतिरूप र् ध्वनि वाला अवश्य है। मानक बँगला में सम्बन्ध कारक के लिये क्-मूलक विभक्ति चिन्ह का व्यवहार नहीं होता किन्तु कर्म-सम्प्रदान के लिये रे और के दोनों का व्यवहार होता है। यही स्थिति राजस्थानी रूपों की है। मूल रूप क्-वाले हैं; कर, केर आदि रूप अवधी, भोजपुरी में प्रयुक्त होते हैं। हिन्दी क्षेत्र के पूर्वी पश्चिमी सीमान्तों पर ऐसी ध्वनि-प्रवृत्तियां शक्तिशाली रही हैं जो क् को संघर्षी रूप देकर उसका लोप करती रही हैं। हिन्दी क्षेत्र में र् वाले विभक्ति-चिन्ह सर्वनामों तक सीमित हैं, इनका अधिक प्रसार बँगला और राजस्थानी आदि में है। अंग्रेजो जैसी भाषाओं में जहां-तहां सर्वनाम रूपों में र् का व्यवहार होता है किन्तु क् वाले मूल रूपों का सफाया हो गया है।

ग्रियर्सन ने राजस्थानी बोलियों के अन्तर्गत मालवी पर भी विचार किया है। यह बोली हिन्दी के अधिक निकट है या राजस्थानी और गुजराती के, इस विषय पर यहां विवाद अनावश्यक है। एक रोचक तथ्य यह है कि मारवाड़ी के समान गुजराती में र वाले सर्वनाम रूप हैं। ग्रियर्सन ने मारवाड़ी म्हांरो का गुजराती प्रतिरूप मारो (एकवचन) या आमारो (बहुवचन) दिया है। यद्यपि गुजराती में संज्ञा शब्दों के साथ न-वाला कारक-चिन्ह व्यापक रूप से प्रयुक्त होता है किन्तु सर्वनामों में आप के साथ

ही इसका संयोग दिखाई देता है। गुजराती **आपणों** के समान मालवी में भी **आपणों** रूप है किन्तु मालवी में **म्हांणो** भी है। अपना जैसे रूपों में कारक चिन्ह, सभी आर्यभाषाओं में, न या ण है। यह इस बात का सूचक है कि सर्वनाम-रूपों का प्रसार कुछ निश्चित केन्द्रों से हुआ है। सम्भव है, **अपना** जैसे रूप का प्रसार मालवा से हुआ हो, **म्हांरो** आदि का प्रसार राजस्थान से हुआ हो, **क**-वाले रूपों का प्रसार मध्य देश से हुआ हो। जयपुरी में **म्हांको** जैसा रूप अब भी प्रचलित है यद्यपि हिन्दी क्षेत्र में ऐसे रूप का अभाव है। **मालवी—एक भाषाशास्त्रीय अध्ययन** (जयपुर, १९६०) में डा० चिन्तामणि उपाध्याय ने उत्तमपुरुष सर्वनाम के जो रूप दिये हैं, उनमें जयपुरी के समान **क**-वाले रूप भी हैं। **म्हके**—मुझे, **त्हके**—तुझे। हमें के लिये **हमके** रूप भी आया है। इसी प्रकार पड़ोस की रांगड़ी बोली में मध्यम पुरुष सर्वनाम के एकवचन रूप कर्म कारक में हैं **मके**, **म्हके**। ग्रियर्सन ने **म्हाणों** रूप मालवी के अन्तर्गत भी दिया है, डा० उपाध्याय ने रांगड़ी के अन्तर्गत दिखाया है।

यहां मालवी की कुछ अन्य विशेषताओं का उल्लेख भी उचित होगा। इसमें उन्नीस, उन्तालिस, उन्चास, उन्यासी के लिये **गुन्नीस**, **गुन्वालिस**, **गुन्पचास**, **गुन्यासी** जैसे रूपों का चलन है। यहां ग् व्यंजन मूलतः उ के पहले नहीं जोड़ा गया वरन् उसके रूपान्तर वु के पहले जोड़ा गया है। **उन्नीस** आदि शब्दों का उच्चारण **वुन्नीस** जैसा कहीं होता होगा; अर्धस्वर **व्** के उच्चारण को सुगम बनाने के लिये उसके पहले ग् व्यंजन वैसे ही जोड़ा गया जैसे ब्रजक्षेत्र में **वु** सर्वनाम में ग् जोड़कर कई जगह ग्वु बोलते हैं।

मालवी और रांगड़ी दोनों में ऐ, **औ** के स्थान पर **ए**, **ओ** के व्यवहार की प्रवृत्ति है। उत्तम पुरुष सर्वनाम का एकवचन रूप **में है**। **रहता था रेता था** (बहुवचन) हो जायगा। ह् के लोप की प्रवृत्ति प्रबल है। रहवा कहवा के रूपान्तर **रेवा**, **केवा** (क्रियार्थी संज्ञा रूप) होंगे। रांगड़ी में ने चिन्ह का व्यवहार पूर्वकालिक क्रिया के लिये भी होता है यथा बठी ने—बैठ कर। मालवी में हिन्दी **हि** के समान ज का व्यवहार अर्थ पर ज़ोर देने के लिये होता है। **यांज**—यहां ही, **अपणाज**—अपना ही; यही दक्खिनी हिन्दी का **च** है जो अर्थ पर जोर देने के लिये प्रयुक्त होता है। डा० उपाध्याय ने "हलन्त **च** और **ज** आदि को शब्द के अन्त में" जोड़ने की बात लिखी है (पृष्ठ ८३) किन्तु उन्होंने **च** जोड़ने के उदाहरण नहीं दिये।

मालवी की शब्द-रचना में सर्वनामों से बने स्थान-सूचक विशेषक उल्लेखनीय हैं। **अनांग**—इधर; **कनांग**—किधर; **पेलांग**—उस ओर; **जनांग**—जिधर; **उनांग**—उधर; इन सभी रूपों में **ग** स्थान सूचक चिन्ह है, तमिल **इङ्ग** (यहां) के **ग** के समान। यह ग मूलतः घ है जैसे कि बांगरू के **इंघे** और अवधी के **इंघे** रूपों में।

राजस्थानी, मालवी आदि की अनेक प्रवृत्तियां मध्यदेश की भाषाओं को प्रभावित करती रही हैं; साथ ही इनमें मध्यदेशीय भाषाओं के अनेक तत्व घुलमिल गये हैं। राजस्थान, पंजाब और बंगाल, इन तीनों प्रदेशों की भाषाई स्थिति में एक समानता है; वह यह कि यहां मध्यदेश के अनेक जनपदीय भाषा-तत्व एक साथ मिलते हैं। ये तीनों

प्रदेश हिन्दी क्षेत्र के परिवृत्त में हैं, मूल हिन्दी क्षेत्र को घेरे हुए हैं, अत: उनमें विभिन्न जनपदीय तत्वों का मिलना स्वाभाविक है। पूर्व में मगध, उत्तर में कुरु जनपद, मध्य में कोसल और ब्रज, उक्त जनपदीय तत्वों के प्रसार के मुख्य केन्द्र हैं। आगे (तीसरे खण्ड में) हम देखेंगे कि हिन्दी परिवृत्त की भाषाओं पर—मध्यदेश को घेरने वाले आर्य-भाषा-क्षेत्र पर—द्रविड़ आदि आर्येतर भाषाओं का प्रभाव भी सर्वाधिक है।

६. आर्य भाषा केन्द्र और हिन्दी

आधुनिक आर्य भाषाओं का विकास समझने के लिये यह जानना ज़रूरी है कि संस्कृत, विकास की अनेक मंज़िलें पार करके, वह रूप प्राप्त कर सकी है जो भारत के प्राचीनतम ग्रन्थों में मिलता है। ये विकास की मंज़िलें किसी भाषा का ऐसा एकान्त विकास नहीं है जिससे भाषाई परिवेश अथवा अन्य भाषाओं से सम्पर्क न रहा हो। यहां परिवेश और अन्य भाषाओं में द्रविड़, कोल, नाग भाषाओं की बात नहीं कही जा रही, आशय उन भाषाओं से है जिन्हें अन्य गण-समाज बोलते थे, जिन्हें उतने ही विश्वास से आर्य कहा जा सकता है जितने विश्वास से संस्कृत बोलने वालों को। इसका अर्थ यह हुआ कि संस्कृत के विकास की मंज़िलें किसी एक केन्द्रीय भाषा से अन्य गण-भाषाओं के सम्पर्क का प्रमाण भी हैं। इन मंज़िलों से हमारी दिलचस्पी इसलिए है कि केन्द्रीय भाषा से अलग वे अन्य भाषा-तत्व, संस्कृत का रूप स्थिर होने के बाद, समाप्त नहीं हो गए। केन्द्रीय भाषा की मूल विशेषताएं भी समाप्त नहीं हुईं। परस्पर सम्पर्क और विकास की वह प्रक्रिया आगे भी भाषाओं का रूप निर्धारित करती रही।

यदि आधुनिक आर्य भाषाएं सुलभ न हों, इन्डो-यूरोपियन परिवार की भाषा सामग्री प्राप्त न हो, तो भी केवल संस्कृत के आधार पर उसके विकास की कुछ मंज़िलों का ज्ञान हो सकता है। इन मंज़िलों की पहचान के लिये संस्कृत के ध्वनितंत्र का ण् तत्व सबसे महत्वपूर्ण है। संस्कृत में यह ध्वनि पहले से थी या बाद की मंज़िलों में आई, इसकी सीधी कसौटी यह है कि हम संस्कृत की क्रियाओं में इस ध्वनि की भूमिका देखें। संस्कृत का काफी शब्द-भण्डार क्रियाओं के आधार पर रचा गया है; इस कसौटी से केवल क्रियाओं में नहीं, अधिकांश शब्द-भण्डार में इस ध्वनि की भूमिका का ज्ञान हो जा.गा। संस्कृत क्रियाओं पर इस दृष्टि से विचार करने से ज्ञात होता है कि इनकी रचना में ण् की भूमिका नगण्य है। पर संस्कृत में ण् वाले रूपों की भरमार है। इसका कारण यह है कि विशेष प्रकार के ध्वनि-परिवेश में मूर्धन्य ण् दन्त्य न् का स्थान लेता है संस्कृत मूलत: उस क्षेत्र की भाषा है जिसमें केवल दन्त्य न् का व्यवहार होता था; इस भाषा पर एक ऐसी गण भाषा का प्रभाव पड़ा जिसमें ण् ही प्रमुख नासिक्य ध्वनि थी। अब आधुनिक आर्य भाषाओं को देखें तो विदित होगा कि बोलचाल के स्तर पर यह ण् और-न् वाला भेद आज भी विद्यमान है। बांगरू, पंजाबी, राजस्थानी आदि भाषाएँ ण्-प्रधान समुदाय की हैं, इधर ब्रज से लेकर बँगला और असमिया तक दन्त्य न् की प्रधानता है। इससे निष्कर्ष यह निकलता है कि जिस भाषा-समुदाय में दन्त्य न् की प्रधानता है,

उससे संस्कृत के मूल रूप का गहरा सम्बन्ध रहा है।

इसी प्रकार ट्, ठ्, ड्, ढ् ध्वनियों के बारे में कहा जा सकता है कि ये मूल संस्कृत की ध्वनियां नहीं हैं। भारत में ऐसे भाषा-केन्द्र हैं जिनमें त-वर्ग के बदले ट-वर्ग की ध्वनियों का ही व्यवहार होता है या उनकी प्रधानता है। (यहां ट-वर्ग में ण् के अतिरिक्त अन्य ध्वनियों पर ही विचार करना है।) ट्, ड् वाले क्षेत्र असम, सौराष्ट्र, सिन्ध और पश्चिमी पंजाब में है। इस समुदाय की प्राचीन भाषाओं ने संस्कृत को कभी इतना प्रभावित किया था कि कृदन्त रूपों में जहां भी सकार आया, त् बदल कर ट् हुआ और सकार दन्त्य अथवा तालव्य से बदल कर मूर्धन्य हुआ। **नश्यति** में **नश्** क्रिया तालव्य श्-वाली है किन्तु **नष्ट** में ट् के संयोग से तालव्य श् का मूर्धन्यीकरण हुआ। यदि संस्कृत सर्वनामों, उपसर्गों आदि पर ध्यान दिया जाये तो विदित होगा कि श्, ष् की अपेक्षा दन्त्य स् की भूमिका ही प्रधान है। इसी प्रकार ल् की तुलना में र् की भूमिका प्रमुख है। ब्रज से लेकर मिथिला तक दन्त्य स् की प्रधानता है और ल् की अपेक्षा र् का व्यवहार भी अधिक होता है। इसलिए यह धारणा बनती है कि संस्कृत अपने मूल रूप में मध्यदेश की भाषा है।

संस्कृत के वाक्यतंत्र में दो बातें बहुत स्पष्ट दिखाई देती हैं। एक तरह का वाक्यतंत्र वह है जिसमें विधेय की प्रधानता है, उद्देश्य बाद में आता है। इस वाक्यतंत्र के कारण क्रियापद-रचना इस प्रकार होती है कि क्रिया पहले आती है और उसके बाद सर्वनाम-चिन्ह उससे संयुक्त होकर कर्ता की ओर संकेत करता है। इसके विपरीत दूसरा वाक्यतंत्र वह है जो उद्देश्य को प्रधानता देता है और वाक्य में उसके बाद विधेय को स्थान देता है। इस पद्धति में सर्वनाम-चिन्ह का कर्तावाला महत्व समाप्त हो जाता है; वह क्रिया की अवस्था, कालभेद, पुरुषभेद आदि सूचित करने लगता है। इस कारण **पठामि** रूप में कर्ता का उल्लेख होने पर भी **अहम् पठामि** कहने का चलन हुआ। आधुनिक आर्यभाषाओं में मगही, मैथिली और अंशतः अवधी में सर्वनाम-चिन्हों का पुराना महत्व अब भी सुरक्षित है। दूसरी प्रवृत्ति का एक परिणाम यह हुआ कि तिङन्त रूपों की अपेक्षा कृदन्त रूपों का व्यवहार अधिक होने लगा। कृदन्त रूप सर्वनाम-चिन्हों से मुक्त रखे जा सकते थे। उनका व्यवहार उद्देश्य-प्रधान वाक्यतंत्र के अधिक अनुरूप था। प्रसिद्ध था कि संस्कृत का व्यवहार करने वालों में उदीच्यजन कृदन्त-प्रिय हैं। तात्पर्य यह कि मध्यदेश और पूर्व के लोग तिङन्त रूप का व्यवहार अधिक करते थे। आधुनिक आर्य भाषाओं के विवेचन से पता चलता है कि कृदन्तों का व्यवहार ब्रज, पंजाबी, मराठी जैसी उत्तर-पश्चिमी भाषाओं की विशेषता है। जिन क्षेत्रों में तिङन्त पद्धति की प्रधानता थी, उनमें जब कृदन्त पहुँचे, तब उनका भी तिङन्तीकरण हुआ अर्थात् सर्वनाम-चिन्हों के साथ वे फिर बांध दिये गये। आधुनिक आर्यभाषाओं का सारा विकास इस तिङन्त-कृदन्त सम्पर्क का परिणाम है और यह दो तरह के वाक्यतन्त्रों का सम्पर्क है। संस्कृत के प्राचीनतम रूपों में तिङन्त पद्धति की प्रधानता है। अतः इससे पुनः उपर्युक्त निष्कर्ष की पुष्टि होती है कि संस्कृत अपने मूल रूप में मध्यदेश की भाषा है। तिङन्त रूपों के साथ कारक रचना की विशेषता जुड़ी हुई है। दोनों में सर्वनामों की भूमिका प्रमुख है। यह स्वाभाविक था कि

जब क्रियापद-रचना में सर्वनामों का महत्व कम हुआ, तब वह कारक रचना में भी कम हुआ। सर्वनाम-चिन्ह संज्ञा के साथ जुड़कर उसे जो निश्चयात्मकता प्रदान करते थे, वह बात गौण हो गई; वे सम्बन्धकों का काम करने लगे, एक कारक से दूसरे कारक का भेद बताने लगे। पर यह भेद रूपात्मक था। कार्य की दृष्टि से एक ही कारक-चिन्ह अनेक कारकों की भूमिका निबाहता था। जैसे-जैसे कृदन्त क्रियारूप सर्वनाम-चिन्हों से स्वतंत्र हुए, वैसे-वैसे संज्ञा रूप भी सर्वनाम-चिन्हों से स्वतंत्र होकर अलग से सम्बन्धकों का प्रयोग अधिकाधिक करने लगे। स्पष्ट है कि ये प्रवृत्तियां आधुनिक आर्य भाषाओं के विकास में पूर्णतः प्रतिफलित होती हैं। इस विकास का विवेचन तभी सम्भव है जब हम संस्कृत के विकास को ध्यान में रखें, उसमें निहित विभिन्न प्रवृत्तियों को पहचानें।

अपने सर्वेक्षण-ग्रंथ में ग्रियर्सन ने आर्यों के दो अभियान माने थे, एक अभियान के आर्य मध्यदेश अथवा भीतरी वृत्त में बस गये और दूसरे अभियान के आर्य मध्यदेश के उत्तर, पश्चिम और पूर्व में बस गये। ये सब बाहरी वृत्त के आर्य हुए। ऊपर मैंने जो बातें कहीं हैं, उनसे कुछ लोगों को भ्रम हो सकता है कि मैंने ग्रियर्सन वाली बातें दोहराई हैं। इसलिए यहाँ ग्रियर्सन की स्थापनाओं पर विचार कर लेना आवश्यक है। १८८० ई० में हॉएर्नले ने आर्य भाषाओं पर अपनी तुलनात्मक व्याकरण-पुस्तक लिखी। आधुनिक आर्य भाषाओं की विविधता पर ध्यान देते हुए उन्होंने यह प्रतिपादित किया कि भारत में आर्य आक्रमणकारियों के दो अभियान हुए। पहले अभियान के आर्य पंजाब और मध्यदेश में आकर बस गये; दूसरे अभियान के आर्यों ने इन्हें खदेड़ दिया और ये लोग पूर्व, पश्चिम और दक्षिण में जा बसे। ग्रियर्सन ने इसी अभियान कथा को आधार बनाया है। उन्होंने कहा कि उक्त सिद्धान्त सही हो तो मध्यदेश के लोग वहां बाद में आकर बसे, और सही न हो तो बाहरी वृत्त वाले बाद को आकर बसे। ग्रियर्सन के लिये यह बात अधिक महत्वपूर्ण नहीं है कि कौन पहले आया, कौन बाद को किन्तु आर्यों के दो वृत्त हैं, यह बात वह निश्चित मानते थे। सर्वेक्षण-ग्रन्थ के प्रथम खण्ड में उन्होंने लिखा कि आधुनिक आर्य भाषाओं के दो मुख्य भाग हैं। एक भाग की भाषाएं उस प्रदेश में बोली जाती हैं जो प्राचीन काल में मध्यदेश कहलाता था। दूसरा भाग उन भाषाओं का है जो इसे तीनों ओर से घेरे हुए हैं। यह दूसरा भाग पश्चिमी पंजाब, सिन्ध, महाराष्ट्र से मध्य भारत होता हुआ उड़ीसा, बिहार, बंगाल और असम को अपने भीतर समेट लेता है। पश्चिमी छोर पर गुजराती इस वृत्त को तोड़ देती है। ग्रियर्सन का कहना था कि मथुरा से आने वाले मध्यदेश के लोगों ने गुजरात पर विजय प्राप्त की थी और भारत का यही एक भाग है जहां आर्य भाषाओं की भीतरी शाखा बाहरी शाखा का परकोटा तोड़ डालती है।

दोनों वृत्तों की पहचान के लिये उन्होंने दन्त्य स् को लिया है। भीतरी शाखा दन्त्य स् की रक्षा करती है किन्तु बाहरी शाखा ईरानी समुदाय के समान इस ध्वनि का स्पष्ट उच्चारण नहीं कर पाती। पूर्वी छोर पर दन्त्य स् तालव्य हो गया और यह प्रवृत्ति महाराष्ट्र में भी है किन्तु पूर्वी बंगाल और असम में उसका उच्चारण ख़् के समान होने

लगा। उत्तर-पश्चिमी सीमान्त प्रदेश और कश्मीर में विशुद्ध ह् का व्यवहार होने लगा।

ग्रियर्सन ने बिहार को बाहरी शाखा में गिना है किन्तु मगही, मैथिली और भोजपुरी में दन्त्य स् की ही प्रधानता है। उन्होंने स्-प्रधान, श्-प्रधान और ख्-या ह्-प्रधान समुदायों को मिलाकर एक कर दिया है। उनके विवेचन में दन्त्य स् और उसके रूपान्तरों में भेद अवश्य किया गया है और निस्संदेह यह भेद महत्वपूर्ण है किन्तु उन्होंने यह नहीं बताया कि इस स् का रूपान्तर करने वालों के कोई अपने शब्द भी संस्कृत में या बाद की भाषाओं में थे या नहीं। इस प्रश्न पर विचार न करने से संस्कृत की मूल ध्वनि-प्रकृति में जो परिवर्तन हुए, उसका विवेचन वे नहीं कर सके; यूरुप की भाषाओं से ऐसे परिवर्तनों का सम्बन्ध हो सकता है, यह बात उनके लिये कल्पनातीत थी। फलत: संस्कृत के विकास में मध्यदेश की भाषा की भूमिका भी वह नहीं पहचान पाये। यदि बाहरी वृत्त के लोग मध्यदेश में आकर बस गये थे तो उन्होंने, खदेड़े जाने पर भी, अपने शब्द-भण्डार का बहुत-सा अंश नये विजेताओं के लिये छोड़ा होगा। यह अंश कौन-सा है? यदि वे खदेड़े नहीं गये और बाहरी वृत्त में आकर बस गये, तब इनके श्, ख्, ह् ध्वनियों वाले अपने स्वतंत्र शब्द होने चाहिए, दन्त्य स्-वाले शब्दों के रूपान्तर मात्र नहीं। पर प्रतीत यह होता है कि ह् और ख् ध्वनियों वाले इनके कोई ऐसे अपने शब्द नहीं हैं जो मध्यदेश में स् ध्वनि के साथ प्राप्त न हों। अधिकांश शब्द वे हैं जहां दन्त्य स् का रूपान्तर किया गया है। इससे सिद्ध यह होता है कि स् ध्वनि वाले मध्यदेशीय शब्द ही ह्-ख्-क्षेत्रों में पहुंचे हैं। यह मध्यदेशीय भाषा की निर्णायक भूमिका का प्रमाण है, दो आर्य अभियानों का नहीं। साथ ही मध्यदेश में श् ध्वनि वाले शब्दों को स् ध्वनि के साथ बोला जाता है। किसी शब्द में दन्त्य स् है, इसलिए वह मूल रूप होगा ही, ऐसा सोचना भ्रामक होगा। इसलिए ग्रियर्सन ने जो दन्त्य स् और उसके रूपान्तर की विभाजन रेखा खींची है, वह भाषाओं का विकास समझने में बहुत सहायक नहीं होती।

इसके बाद वह भाषा की संरचना पर विचार करते हुए कहते हैं कि भीतरी वृत्त में संज्ञा शब्दों का रूप-विकार पहले संश्लिष्ट था, आगे चल कर विश्लिष्ट हो गया और कारक-चिन्हों के बदले सहायक शब्दों का व्यवहार होने लगा जैसे हिन्दी में क, को, से आदि का व्यवहार होता है। बाहरी वृत्त की भाषाएं भी पहले संश्लिष्ट थीं, फिर उन्होंने भी विश्लिष्ट मंजिल पार की। कुछ भाषाएं उसे पार करती हुई अभी देखी जाती हैं जैसे सिन्धी और कश्मीरी। इस तरह की भाषाएं सहायक शब्दों को समेट कर स्वयं को पुन: संश्लिष्ट बना रही हैं यथा बंगला में सम्बन्ध कारक का एर प्रत्यय; यानी **राम का** कहो तो विश्लिष्ट रूप है और **रामेर** कहो तो संश्लिष्ट है।

जहां तक रूपतंत्र का संबन्ध है, ग्रियर्सन के विवेचन से सिद्ध है कि इन दोनों वृत्तों में कोई मौलिक अन्तर नहीं है। दोनों समुदायों की भाषाएं पहले संश्लिष्ट थीं, बाद को अश्लिष्ट हुईं। एक समुदाय फिर संश्लिष्ट होने लगा, दूसरा अभी नहीं हुआ। जहां तक मूल आर्य भाषाओं के दो समुदायों का प्रश्न है, वहां दोनों में कोई अन्तर नहीं, संश्लिष्ट और विश्लिष्ट वाला भेद उन्हें दो भाषाओं में बांटने का आधार

नहीं हो सकता क्योंकि ग्रियर्सन के अनुसार आरम्भ में दोनों ही संश्लिष्ट थीं। पर आधुनिक काल में एक संश्लिष्ट हो गया, दूसरा नहीं हुआ, इसका प्रमाण क्या है ? राम का तो विश्लिष्ट है और रामेर संश्लिष्ट है किन्तु बंगला में जहां राम के कहा जायेगा और हिन्दी में राम को कहा जायगा वहां यह भेद कैसे करेंगे ? या तो दोनों संश्लिष्ट हैं या दोनों विश्लिष्ट हैं।

इसके बाद ग्रियर्सन ने क्रियापद-रचना पर विचार किया है। उनका कहना है कि संस्कृत का पुराना वर्तमानकालिक क्रियारूप प्रत्येक आधुनिक आर्य भाषा में, थोड़े से ध्वनिपरिवर्तन और अर्थपरिवर्तन के साथ, प्रचलित है। यदि यह बात सही है तो इससे पुन: दो शाखाओं वाली बात निराधार सिद्ध होती है। वर्तमानकालिक क्रियारूप की व्यापकता पुन: मध्यदेश की निर्णायक भूमिका सिद्ध करती है, आर्यों के दो अभियान नहीं। भविष्यकाल के लिये कहा है कि पुराना संस्कृत रूप जहां-तहां बचा है, और वह पश्चिम में ही अधिक बचा है। अन्य आधुनिक भाषाएं संस्कृत के भविष्यकालिक कर्मवाच्य कृदन्त के आधार पर भविष्यकालिक क्रियापद-रचना करती हैं। इससे कुछ पता नहीं चलता कि भविष्य काल को लेकर पहले कोई विभाजन था या नहीं। अतीत काल को लेकर ग्रियर्सन अधिक विश्वास से कहते हैं कि आधुनिक भारतीय आर्य भाषाएं यह स्पष्ट दिखलाती हैं कि बाहरी उपशाखा संस्कृत की ऐसी बोली या बोलियों से निकली है जो कर्मवाच्य कृदन्त के साथ मुक्तरूप से सर्वनाम-चिन्हों का व्यवहार करती थीं; भीतरी उपशाखा में ऐसे सर्वनाम चिन्हों वाले रूपों का अभाव था।

यहां ग्रियर्सन ने तिङन्त और कृदन्त पद्धतियों का भेद महत्वपूर्ण न मानकर सर्वत्र कृदन्तों का व्यवहार देखा है। अन्तर केवल इतना है कि एक शाखा में सर्वनाम-चिन्ह लगते थे और दूसरे में न लगते थे। सर्वनाम-चिन्हों की भूमिका तिङन्त और कृदन्त दोनों तरह के रूपों को ध्यान में रखकर ही समझी जा सकती है पर ग्रियर्सन ने उस पर केवल भूतकालिक कृदन्त के सन्दर्भ में विचार किया है। आधुनिक काल में मैंने मारा और आमि मारिलाम का भेद देख कर ग्रियर्सन कल्पना करते हैं कि ऐसा भेद पहले भी था। किन्तु सैकड़ों साल तक एक दूसरे के साथ रहने के कारण जनपदीय भाषाएं एक दूसरे को प्रभावित करती रही हैं और उनके भाषा-तत्व बदलते रहे हैं। कृदन्त रूप पश्चिम से पूर्व की ओर गये हैं। पूर्व की ज़बर्दस्त तिङन्त प्रकृति के कारण नये आने वाले कृदन्तों को फिर तिङन्त रूप दिया गया है। इससे जिस प्रक्रिया की प्राचीनता और व्यापकता सिद्ध होती है, वह तिङन्तीकरण की है। इस तिङन्त-पद्धति की आधारभूमि पुन: मध्यदेश है। भूतकालिक तिङन्त पहले संस्कृत में प्रयुक्त होता था, यह निश्चित है। संस्कृत में ही भूतकालिक कृदन्त का व्यवहार हुआ, यह भी निश्चित है। ग्रियर्सन अपनी कल्पित शाखाओं को निरन्तर एक दूसरे की सीमाएं लांघते देखते हैं। सीमाएं लांघने के साथ वे एक आर्य समुदाय द्वारा दूसरे आर्य समुदाय के पराजित किये जाने की कल्पना करते हैं। उन्होंने एक दरद क्षेत्र अलग कल्पित किया। उसमें भीतरी शाखा की विशेषताएं मिलती हैं, इसलिए कल्पना की कि इस क्षेत्र को भीतरी शाखा

के आर्यों ने जीता होगा। लिखा है कि सरहिन्द के पश्चिम में जो भूमि है, उस पर अंशतः दरद कबीले और अंशतः बाहरी शाखा के लोग रहते थे। इसे भीतरी शाखा वालों ने जीता, आत्मसात् किया और उनकी भाषा पहले के निवासियों की भाषा के स्थान पर जम गई जैसे कि हिन्दुस्तानी भाषा पंजाबी को हटाकर वहां जम रही है। पंजाबी के लिये उन्होंने लिखा है कि वह भीतरी शाखा की भाषा है जिसमें दरद या बाहरी शाखा के कुछ तत्व रह गये हैं।,

ग्रियर्सन के विवेचन से बाहरी और भीतरी शाखाओं का भेद सिद्ध नहीं होता। भारत की प्राचीन आर्य गण भाषाओं के जो अनेक समुदाय हैं, ये समुदाय जो एक दूसरे को प्रभावित करके विभिन्न आर्य भाषाओं के विकास में सहायक हुए, इसकी कल्पना ग्रियर्सन के विवेचन में नहीं है। भीतरी शाखा वाले पहले बाहरी शाखा वालों को हटा-कर जम गये, फिर बाहरी शाखा वालों को दबोचते चले गये। यह मध्यदेशीय भाषाओं के प्रभाव की स्वीकृति है, इससे विजय अभियानों की कथा प्रमाणित नहीं होती। उनके विवेचन का सकारात्मक पक्ष यह है कि वह प्राचीन भाषाओं की गतिविधि जानने के लिए आधुनिक भाषाओं का सहारा लेते हैं। यह पद्धति वह यान्त्रिक ढंग से लागू न करते तो कुछ अच्छे परिणाम निकलते। फिर भी आधुनिक भाषाओं पर ध्यान देने के कारण ग्रियर्सन के सामने एक तथ्य निरन्तर स्पष्ट होता गया है, वह है मध्यदेशीय भाषातत्वों का दूर-दूर तक प्रसार।

सर्वेक्षण-ग्रंथ के नवें खण्ड के पहले भाग में उन्होंने मथुरा और कनौज की बीच की भूमि को भाषाई तत्वों के प्रसार की केन्द्र-भूमि माना है। उन्होंने लिखा है कि पश्चिमी पंजाब की तरह पूर्वी पंजाब में भी लहँदा जैसी भाषा बोली जाती थी। उन्होंने इसका कोई प्रमाण नहीं दिया। उनके अनुसार वर्तमान भाषाई स्थिति से विदित होता है कि हिन्दुस्तानी भाषा का एक पुराना रूप समूचे पूर्वी पंजाब पर फैल गया। पुरानी लहँदा भाषा के ऊपर यह रूप छा गया या उसे हटाकर वह वहां जम गया। उसका प्रभाव और भी उत्तर की ओर फैला। झेलम-चनाब तथा सिन्धु के बीच मरुभूमि ने इसका प्रसार रोका। राजपूताना में भी मरुभूमि ने ही केन्द्रीय भाषा के इस बढ़ते हुए ज्वार को रोका। दोनों ही मरुस्थलों के पश्चिम में लहँदा और सिन्धी बाहरी शाखा की दो विशुद्ध भाषाएं मिलती हैं। दुर्भाग्य से मरुस्थल का चक्कर काट कर कहीं-कहीं केन्द्रीय भाषाएं उत्तर-पश्चिम की ओर बढ़ती गईं। ग्रियर्सन ने अपने ग्रंथ के आठवें खण्ड के पहले भाग में सिन्धी की चर्चा करते हुए लिखा है कि बलोची ईरानी भाषा है, सिन्धी से ही दूर का रिश्ता है पर उसमें मारवाड़ी भाषा यांत्रिक रूप से मिल गई है। अब राजस्थानी को देखिए। राजस्थानी बाहरी शाखा की भाषा है। इसके ऊपर केन्द्रीय समुदाय की भाषा पश्चिमी हिन्दी फैलती चली गई; अब राजस्थानी में उस पुरानी शाखा के अवशेष मात्र रह गये हैं। महाभारत के पञ्चालों का स्मरण करते हुए ग्रियर्सन ने लिखा है कि इन्होंने भारत में पहले प्रवेश किया था। भीतरी शाखा के लोग प्रबल हुए और इन्हें ठेलते चले गये। प्राचीन पञ्चालों के समय से लेकर बारहवीं सदी के राठौरों तक

कनौज के लोग गुजरात की ओर बढ़ते रहे, विजय पर विजय प्राप्त करते रहे। मथुरा के यादवों ने गुजरात पर अधिकार किया। गंगा-जमुना के दोआब से लेकर गुजरात तक जो आर्य पहले से बसे हुए थे, उन्हें या तो हटा दिया गया था या फिर आत्मसात् कर लिया गया।

हिन्दी की यह विजयगाथा काफी गौरवपूर्ण है, कमी केवल एक है कि भारत में ऐसे अभियानों से भाषाओं का स्वरूप नहीं बदला। तुर्क अभियान अपेक्षाकृत बाद के थे। ग्रियर्सन जानते थे कि इनसे भाषाओं के रूप में कोई मौलिक परिवर्तन नहीं हुआ। सर्वेक्षण-ग्रंथ के आठवें खण्ड के पहले भाग में उन्होंने लिखा था : "प्राचीनतम काल से भारतीय आर्य भाषाओं का उत्तर-पश्चिमी क्षेत्र अनेक बार विदेशी प्रभाव से आक्रान्त हुआ है किन्तु यह अद्भुत है कि इससे जनता की भाषा इतना कम प्रभावित हुई है।" (पृष्ठ ३)। आक्रमण चाहे देशी हों चाहे विदेशी, जनपदों की भूमि से बँधे हुए किसान कुल मिलाकर अपनी भाषा-सम्पत्ति की रक्षा करते रहे हैं। हिन्दी क्षेत्र की जनपदीय भाषाओं के प्रभाव के कारण मुख्यतः सांस्कृतिक हैं, उसके बाद आर्थिक, राजनीतिक।

डा० चाटुर्ज्या ने ग्रियर्सन का दो आर्य समुदायों वाला सिद्धान्त अमान्य करते हुए भी अप्रत्यक्ष रूप से उसका समर्थन किया है। पश्चिमी पंजाबी, सिन्धी आदि भाषाओं में सर्वनाम-चिन्हों के प्रयोग की बात करने के बाद वे पूर्वी भाषाओं में भी उनके प्रयोग की बात करते हैं किन्तु दोनों समुदायों के प्रयोग स्वतंत्र ठहराते हैं। उन्होंने लिखा है कि पश्चिमी भाषाओं में सर्वनाम-प्रत्ययों का व्यवहार उनका विशिष्ट विकास है, प्राचीन आर्यभाषा अथवा मध्य और आधुनिक आर्यभाषाओं में वैसा कुछ नहीं है। मागधी क्षेत्र के लिए कहते हैं कि यहाँ की बोलियों के प्रत्येक समुदाय में स्वतंत्र विकास हुआ है। मैथिली और मगही में सर्वनाम-प्रत्ययों की विविधता अन्य आर्य भाषाओं की अपेक्षा सर्वाधिक है। क्रिया के बाद सर्वनाम जोड़ने की प्रवृत्ति को उन्होंने कुछ बोलियों के लिए कोल प्रभाव का और अन्य बोलियों के लिए द्रविड़ प्रभाव का परिणाम माना है। जब बहुत जगह एक से स्वतंत्र प्रयोग दिखाई दें, तब यह अनुमान सरलता से होता है कि वे परस्पर सम्बद्ध हैं। डा० चाटुर्ज्या ने क्रियापदों के अलावा पंजाबी और सिन्धी से संज्ञा शब्दों के बाद सर्वनाम-चिन्ह जोड़ने के उदाहरण दिये हैं। पश्चिमी पंजाबी घरम् —मेरा घर, सिन्धी पिउमे—मेरे पिता। आगे उन्होंने असमिया से उदाहरण दिये हैं : बोपाइ—मेरा बाप, बापा—तुम्हारा बाप, बापेक—उसका बाप। संज्ञा शब्दों में सर्वनाम-चिन्ह उतने बड़े पैमाने पर असमिया में न जोड़े जाते हों जितने बड़े पैमाने पर सिन्धी में जोड़े जाते हैं पर वे जोड़े तो जाते हैं। इसी प्रकार क्रिया के बाद सर्वनाम-चिन्हों का जैसा बहुल प्रयोग मगही और मैथिली में है, वैसा पश्चिमी भाषाओं में नहीं है पर वैसा प्रयोग है वहाँ अवश्य। सर्वनाम-चिन्ह जोड़ने की यह प्रवृत्ति भारतीय और अभारतीय अनेक भाषा-परिवारों में है; इसलिए एक भाषाई क्षेत्र के आधार पर विविध परिवारों की इस सामान्य विशेषता पर विचार करना आवश्यक है। उस तरह विचार करने से स्वतंत्र विकास की बात कट जाती है। यह प्रवृत्ति किसी एक केन्द्र से प्रसारित हुई है। डा० चाटुर्ज्या का

मत है कि संस्कृत में सर्वनाम-प्रत्ययों का व्यवहार न होता था। यह मत आश्चर्यजनक है क्योंकि पठामि जैसे रूपों में सर्वनाम-चिन्ह स्पष्ट दिखाई देते हैं।

बंगाल की कई बोलियों में क्रिया के साथ सर्वनाम-चिन्ह जोड़कर क्रियापद रचना होती है। ग्रियर्सन ने उत्तरी बंगाल से ऐसे उदाहरण दिये हैं : **बोलिम**—मैं कहूंगा **पाम**—मैं पाऊंगा; **जाम**—मैं जाऊंगा। पूर्वी मालदा की बोली से मिलते-जुलते उदाहरण दिये हैं : **पामु**—मैं पाऊंगा, **जामु**—मैं जाऊंगा, **कर्मु**—मैं करूंगा। इन रूपों में कृदन्त के बाद नहीं, मूल क्रिया के बाद सर्वनाम-चिन्ह लगाया गया है। अंग्रेज़ी में इनका अनुवाद करते हुए इन्हें भविष्य काल का रूप बताया गया है। वास्तव में ये रूप कालभेद से परे हैं; वे केवल क्रिया की अवस्था सूचित करते हैं। बंगाल की जिन बोलियों में भविष्यसूचक **ब** प्रत्यय लगने लगा, उनमें भी, उस चिन्ह के बाद, बहुधा सर्वनाम-प्रत्यय जोड़े जाते हैं यथा मैमनसिंह की बोली में : **पाइबाम**—मैं पाऊंगा, **जाइबाम**—मैं जाऊंगा। यहां **ब** प्रत्यय का कोई विशेष सम्बन्ध भविष्य काल से नहीं है, न इसका सम्बन्ध संस्कृत प्रत्यय **तव्य** से है। इसका उपयोग कृदन्त रूप बनाने के लिए वैसे ही होता है जैसे **ग** प्रत्यय का।

भूतकालिक कृदन्तों के प्रसंग में डा० चाटुर्ज्या ने ग्रियर्सन का दो वृत्तों वाला सिद्धान्त पुनः अंशतः स्वीकार किया है। उन्होंने लिखा है कि आधुनिक आर्य भाषाओं को सकर्मक क्रियाओं का भूतकालिक कर्मवाच्य कृदन्त किसी न किसी अपभ्रंश से मिला है। लहँदा, सिन्धी, गुजराती, राजस्थानी और मराठी में उसका चलन बना हुआ है किन्तु पूर्वी हिन्दी और मागधी भाषाओं ने कर्मवाच्य रूप बिल्कुल छोड़ दिया है और कर्तृवाच्य रूप का विकास किया है, उन्होंने कर्मवाच्य कृदन्त को विशेषण से बदल कर क्रिया बना लिया है और उसमें अन्य पुरुष के लिए सर्वनाम-चिह्न जोड़े हैं। लहँदा और सिन्धी भी सर्वनाम-चिह्न जोड़ती हैं किन्तु क्रिया, कर्म के अनुरूप, लिंग-वचन-भेद सूचित करती है। पश्चिमी हिन्दी को लहँदा के अनुरूप बतलाते हुए उन्होंने कहा है कि आधुनिक आर्य भाषाओं को दो समुदायों में बांटा जा सकता है, पूर्वी अथवा कर्तरि प्रयोगवादी और पश्चिमी अथवा कर्मणि प्रयोगवादी।

पूर्वी भाषाओं में कर्मवाच्य कृदन्त कर्तरिवत् प्रयुक्त होते हैं, यह बात ग्रियर्सन ने भी कही थी। डा० चाटुर्ज्या ने पश्चिमी हिन्दी को लहँदा, मराठी, गुजराती आदि के साथ रखा है पर उन्होंने माना है कि **मैंने मारा** जैसा कर्म वाच्य से मुक्त प्रयोग पश्चिमी भाषाओं में है, पूर्व की भाषाओं में नहीं है। जिन पश्चिमी भाषाओं में ऐसा मुक्त प्रयोग है, उनमें लहँदा, मराठी आदि नहीं है। इस प्रकार ग्रियर्सन की स्थापना कि अतीतकालिक कृदन्त का कर्मयुक्त प्रयोग हिन्दी में है, बाहरी वृत्त की पश्चिमी और पूर्वी भाषाओं में नहीं है, डा० चाटुर्ज्या के विवेचन से पुष्ट ही होती है। आगे उन्होंने लिखा है : "यह अनुमान किया जा सकता है कि जो बोलियां उत्तर-पश्चिमी और पूर्वी समुदायों की स्रोत थीं, उनमें ऐसी विशेषताएं थीं जो मध्यदेश की भाषा को जन्म देने वाली बोलियों में नहीं थीं। पर इससे यह कल्पना नहीं की जा सकती कि प्राचीनतम काल में दो स्वतंत्र समुदाय

थे क्योंकि यह भी दिखाया जा सकता है कि उत्तर-पश्चिमी और मध्यदेशीय बोलियों में कई जगह समानता है जबकि पूर्वी समुदाय की बोलियां उनसे भिन्न हैं। भारतीय आर्य भाषा की पुरानी मंजिलों के जो प्रमाण हैं, वे इस कल्पना के विपरीत हैं।" (पृष्ठ १६८)। यहां डा० चाटुर्ज्या ने प्राचीनतम काल को छोड़ कर बाद के लिए दो वृत्तों वाला सिद्धान्त अंशतः स्वीकार किया है। अन्यत्र उन्होंने लिखा है कि पूर्वी भाषा-समुदाय पश्चिमी समुदाय की भाषाओं से ध्वनितंत्र में बहुत भिन्न था और अंशतः रूपतंत्र में भी भिन्न था। यह सारा भेद उन्होंने प्राकृतों के आधार पर बताया है जिन्हें वह कृत्रिम भी कहते हैं। संस्कृत को भी वह कृत्रिम भाषा मानते हैं। फिर पूर्वी भाषाओं को उन्होंने पश्चिमी समुदाय से किस आधार पर अलग किया है, यह स्पष्ट नहीं होता। उनके विचार से बिहार में पंजाब के आर्यों ने उपनिवेश स्थापित किये; इन पश्चिमी आर्यों ने आर्य बोलियों की शुद्धता की अधिक रक्षा की। आर्यावर्त के केन्द्रीय भाग में सामान्य जनता प्राकृत बोलती थी किन्तु ब्राह्मण और क्षत्रिय भाषा को शुद्ध बनाये रखने का प्रयत्न कर रहे थे। ये ब्राह्मण-क्षत्रिय "मध्यदेशीय आर्यरक्त" के थे। (पृष्ठ ४६)। डा० चाटुर्ज्या मध्यदेश की आर्य भाषा को आदर्श शुद्ध भाषा मानते हैं, उसका सम्बन्ध शुद्ध आर्यरक्त से जोड़ते हैं, साथ ही यह भी कहना चाहते हैं कि मध्यदेश की भाषा का विशेष सम्बन्ध संस्कृत से नहीं है। वह मागधी भाषाओं को मध्यदेशीय भाषा केन्द्र से स्वतंत्र दिखाना चाहते हैं, साथ ही इस केन्द्र की भूमिका स्वीकार करने में कठिनाई अनुभव करते हैं। बँगला, असमिया और उड़िया को तो इस केन्द्र से अलग रखते ही हैं, वह भरसक भोजपुरी, मगही और मैथिली को भी यथासम्भव मध्यदेशीय प्रभाव से मुक्त दिखाना चाहते हैं। किन्तु मध्यदेशीय भाषा-केन्द्र के बिना भोजपुरी और मैथिली की तो बात ही क्या, बँगला का विकास भी समझ में नहीं आ सकता। डा० चाटुर्ज्या ने भाषा की शुद्धता और आर्यरक्त की शुद्धता के जो सिद्धान्त प्रतिपादित किये हैं, उनका भाषाई यथार्थ से कोई सम्बन्ध नहीं है।

मान लीजिए पंजाब के आर्यों ने बिहार में जाकर अपने उपनिवेश बसाये। पंजाब में ये आर्य मूर्धन्य ण् का प्रचुर प्रयोग करते हैं। वहां जो आर्येतर जन थे, वे भी इस ध्वनि का बखूबी उच्चारण करने लगे। किन्तु बिहार में न तो उच्च वर्ग ने, और न निम्न वर्ग ने, बोलचाल के स्तर पर इस ध्वनि को स्वीकार किया। जब ये पंजाबी आर्य बिहारी बन गये और बिहार से बंगाल पहुँच कर बंगाली हो गये, तब भी उस मूर्धन्य नासिक्य ध्वनि का उद्धार न हुआ। पड़ोस में उड़ीसा के लोग, बोलचाल के स्तर पर, इस ध्वनि का व्यवहार करते हैं। क्या इससे यह निष्कर्ष निकाला जाय कि उड़ीसा में पहुँचने वाले आर्य कुछ ज्यादा पंजाबी थे और बंगाल में पहुँचने वाले आर्य, बिहार में बसने के कारण, अपना पंजाबीपन खो चुके थे? पर जिस मध्यदेश की इतनी चर्चा है, उसमें इस ध्वनि का व्यवहार क्यों नहीं होता? राजस्थान की मरुभूमि और पहाड़ों पर रहने वाले सामान्य जन इस ध्वनि का उच्चारण मजे में करते हैं और मध्यदेश का सामान्य जन कहना चाहता है गणेश तो सुनाई देता है गड़ेस। भाषा के सभी तत्व परिवर्तनशील हैं किन्तु कुछ तत्व अधिक परिवर्तनशील हैं, कुछ कम। इनमें भाषा की ध्वनि-प्रकृति अत्यन्त महत्वपूर्ण

है। राजस्थान, पश्चिमी पंजाब, सिन्ध संस्कृत भाषा के केन्द्र नहीं रहे पर यहां ण् ध्वनि की प्रचुरता है। आधुनिक बँगला में तत्सम रूपों की भरमार है किन्तु शिक्षित बंगाली भी दन्त्य स् को श् ही बोलते हैं। इससे सिद्ध यह होता है कि उनके लिए भाषा की ध्वनि-प्रकृति का महत्व सर्वोपरि है। बांगरू और ब्रज-कोसल के बीच ण् और न् का भेद पुराना है, यह संस्कृत के ही मूल शब्द-भण्डार, उसकी धातुओं के विवेचन से सिद्ध हो जाता है। अवधी क्षेत्र के पूर्व में मागधी समुदाय की सारी भाषाएं ह्रस्व अकार का उच्चारण वृत्ताकार करती हैं। ऐसा उच्चारण अवधी ब्रज, बांगरू आदि में नहीं है। द्रविड़ प्रभाव के बारे में डा० चाटुर्ज्या ने बहुत कुछ लिखा है और दूसरों ने भी काफी लिखा है। किन्तु ऐसा वृत्ताकार उच्चारण न तो द्रविड़ भाषाओं में है, न कोल आदि अन्य आर्येतर भाषा-समुदायों में। मान लीजिए, बिहार और बंगाल की अधिकांश जनता द्रविड़ थी। वहां पंजाबी आर्यों ने उपनिवेश बनाये। बिहार और बंगाल में न द्रविड़ों का अकार चला न पंजाबियों का, यह तीसरा वृत्ताकार रूप कहां से आ गया? और ऐसा आया कि उसने उपनिवेशित आर्यों और विजित द्रविड़ों दोनों के अकार को निराकार कर दिया। मानना होगा कि यह वृत्ताकार अकारवाद न तो द्रविड़ों की देन है न पंजाबी आर्यों की देन है वरन् पूर्वी भाषा समुदाय की अपनी सामान्य विशेषता है।

डा० सुनीति कुमार चाटुर्ज्या ने ग्रियर्सन की दो शाखाओं वाली धारणा का खण्डन किया है। बँगला भाषा के उद्भव और विकास वाले ग्रन्थ में उन्होंने लिखा है कि मध्य-देश की आर्य भाषा में कोई ऐसा परम आर्यत्व नहीं है कि उसे संस्कृत का निकटतम सम्बन्धी माना जाय। डा० चाटुर्ज्या बँगला भाषा को मागधी अपभ्रंश से उत्पन्न मानते हैं। यदि मागधी भाषा-समुदाय को बाहरी शाखा के अन्तर्गत माना जाय तो स्वभावतः मध्यदेशीय भाषा-समुदाय संस्कृत के अधिक निकट ठहरेगा। यह निकटता डा० चाटुर्ज्या को स्वीकार नहीं है पर इसके खण्डन के लिए उनके पास कोई पुष्ट तर्क नहीं है। नृतत्व शास्त्र का सहारा लेते हुए उन्होंने कहा है कि लहँदा और सिन्धी बोलने वाले लोग पूर्व के लोगों से भिन्न हैं किन्तु वे मध्यदेश के लोगों से, या कम से कम वहां के उच्च वर्ग के लोगों से, मिलते-जुलते हैं।

डा० चाटुर्ज्या ने आर्य भाषाओं के सम्बन्ध में अनेक महत्वपूर्ण बातें कही हैं जिन्हें वे अपने विवेचन का आधार नहीं बनाते। घूम फिर कर वे ग्रियर्सन के ही मूल सूत्र दोह-राते हैं। उन मूल सूत्रों से भिन्न डा० चाटुर्ज्या की कुछ महत्वपूर्ण स्थापनाएं इस प्रकार हैं। भारत में आने वाली आर्य भाषा समरूप या परिनिष्ठित नहीं थी। वह अनेक कबीलों की बोलियों का समुदाय थी। इनमें से एक बोली या बोली समुदाय वेदों में है। अन्य बोलियां बदल कर कोई न कोई आधुनिक आर्य भाषा या बोली बनीं। प्राचीन आर्य बोलियों की विशेषताएँ क्या थीं, इनका आपसी सम्बन्ध क्या था, वे किन प्रदेशों में बोली जाती थीं, इन समस्याओं का समाधान, डा० चाटुर्ज्या के अनुसार, शायद कभी न होगा। आधुनिक आर्य भाषाओं के रूप इस कार्य में विशेष सहायक सिद्ध नहीं होते। प्राकृत और अपभ्रंश साहित्यिक भाषाएं हैं और बहुत हद तक कृत्रिम भाषाएं हैं; प्राकृत के

वैयाकरणों का सदा भरोसा नहीं किया जा सकता। बंगाल, असम, उड़ीसा और बिहार का भाषा-समुदाय भारतीय आर्य भाषा के किसी ऐसे प्राचीन रूप से उत्पन्न हुआ होगा जो उत्तर भारत के पूर्वी भाग में प्रचलित रहा होगा।

इन स्थापनाओं में आर्यों की भारत विजय की आधारभूत भावना निहित है। इसे छोड़ दें तो अनेक गणभाषाओं की कल्पना सार्थक है। वैदिक भाषा में अनेक गणभाषाओं के तत्व समाहित हैं, उनकी छानबीन की जा सकती है। संस्कृत के विकास की मंजिलों के चिह्न उस भाषा में सुरक्षित हैं, यह बात ध्यान में रखनी चाहिए। प्राकृतें कृत्रिम हैं, यह सही है पर उनमें अनेक भाषा तत्व ऐसे आये हैं जिनका आधार संस्कृत नहीं है। अपभ्रंश का ध्वनितंत्र बहुत कुछ प्राकृतों का है पर इसमें देशी भाषाओं के तत्व बहुत हैं। यदि इस अपभ्रंश को पुरानी बँगला न कहा जाय तो उसके विश्लेषण से देशी भाषाओं की स्थिति का कुछ पता चल सकता है। पर यह अपभ्रंश-काल आदिम गण-भाषा-काल से हज़ारों साल बाद का है। अपभ्रंश की तुलना में जनपदीय भाषाओं से अधिक सहायता मिलती है। जैसे डा० चाटुर्ज्या ने प्राचीन काल में परिनिष्ठित आर्य भाषा के बदले गण भाषाओं की हकीकत को उभारा है, उसी प्रकार आधुनिक आर्य भाषाओं के परिनिष्ठित रूप के बदले जनपदीय भाषाओं पर ध्यान देना अधिक आवश्यक है। अपने ग्रंथ के पृष्ठ ४३२ पर उन्होंने माना है कि बँगला भाषा की विभिन्न बोलियों के ध्वनितंत्र का अध्ययन सम्भव नहीं हुआ किन्तु बँगला भाषा के विकास के विस्तृत और पूर्ण अध्ययन के लिए बोलियों का तुलनात्मक विवेचन आवश्यक होगा। यहां जो बात बँगला भाषा के लिए कही गई है, वह बात अन्य आर्य भाषाओं के लिए भी कही जा सकती है, और जो बात ध्वनितंत्र के लिए कही गई है, वह रूपतंत्र और वाक्यतंत्र के लिए भी कही जा सकती है। जनपदीय बोलियों का अध्ययन केवल परिनिष्ठित भाषा का विकास समझने के लिए आवश्यक नहीं है वरन् उससे भाषा के पूर्वरूपों का ज्ञान भी हो सकता है। डा० चाटुर्ज्या पुरानी गण भाषाओं के बदलने और आधुनिक आर्य भाषाओं के बनने की बात कहते हैं पर गणभाषाओं के बाद जनपदीय भाषाओं की मंजिल आती है, आधुनिक जातीय भाषाओं की मंजिल उसके बाद की है। इस संदर्भ में उन्होंने ग्रियर्सन के सर्वेक्षण-ग्रंथ की खामियों की ओर संकेत किया है। सर्वेक्षण कार्य के लिए प्रशिक्षित कार्यकर्ता चाहिए और उन्हें बोलियों से सुपरिचित होना चाहिए। यह आलोचना सही है पर भारत में भाषा-विज्ञान की जैसी उपेक्षा है, उससे अभी अगले पचास साल तक नये सर्वेक्षण की कोई सम्भावना दिखाई नहीं देती। ग्रियर्सन के कार्य का यही युगान्तरकारी महत्व है कि लाख कमियां होते हुए वह अपने ढँग का अनूठा कार्य है, भारत सरकार को नये सिरे से सर्वेक्षण कराने की बात अभी सूझी नहीं है।

ब्रजभाषा और हिन्दी का गहरा संबन्ध है पर ब्रजभाषा बहुत से शब्दों को ओकारान्त रूपों में प्रयुक्त करती है और यह प्रवृत्ति राजस्थान पार करती हुई गुजरात और सिन्ध तक पहुँच गई है। इसलिए यह मानना होगा कि एक भाषा-समुदाय ऐसा रहा है जो अनेक शब्दों का ओकारान्त उच्चारण करता था। इस समुदाय के दो भाग हो जाते हैं:

एक न् ध्वनि वाली भाषाओं का, दूसरा ण् ध्वनि वाली भाषाओं का। और यह ण् ध्वनि आकारान्त क्षेत्र में भी है। यह स्थिति वैसी ही है जैसी मागधी समुदाय में; भोजपुरी, मैथिली और मगही तो दन्त्य स् वाली भाषाएं हैं, बँगला श् वाली और असमिया ख् वाली। उधर उड़िया हिन्दी बोलियों के समान दन्त्य स् वाली भाषा है। स्, श्, ख् वाली तीनों प्रवृत्तियाँ प्राचीन हैं। वृत्ताकार अकार वाली प्रवृत्ति भी प्राचीन है। ण् वाली प्रवृत्ति प्राचीन है, शब्दों को ओकारान्त रूप देने की प्रवृत्ति प्राचीन है, ण् से भिन्न न् के लिए आग्रह भी प्राचीन है। इस प्रकार ध्वनितंत्र की मूल विशेषताओं को प्राचीन मानते हुए यदि वृत्त खींचे जाएं तो बहुत से वृत्त बनेंगे और वे एक दूसरे की परिधि काटेंगे। इससे भाषाई विकास की पेचीदगी समझी जा सकती है। फिर भी वृत्ताकार अकार का एक पूरा क्षेत्र दिखाई देता है। इससे मिलता-जुलता वृत्ताकार उच्चारण महाराष्ट्र, राजस्थान और पंजाब की सीमाओं पर कहीं-कहीं सुनाई देता है यद्यपि मुख्य क्षेत्र पूर्व में है। इसी तरह उत्तर-पश्चिम में ण् वाला क्षेत्र है, पूर्व में उड़िया पर उसकी छाया भर है। वृत्ताकार अकार वाले क्षेत्र तथा ण् ध्वनि वाले क्षेत्र के बीच दन्त्य न् और स् का क्षेत्र है। इस तरह के तीन क्षेत्र न तो संस्कृत की देन हैं, न प्राकृतों की, न अपभ्रंश की, न द्रविड़ों की, न कोलों और नागों की। कम से कम ये तीन प्राचीन आर्य भाषा समुदाय थे, इसमें सन्देह नहीं रह जाता। इनमें से प्रत्येक के अन्तर्गत भिन्न विशेषताओं वाले अनेक भाषा वर्ग हैं, यह भी मानना होगा। ग्रियर्सन ने एक निहायत उलझी हुई स्थिति को बहुत सरल बनाकर प्रस्तुत किया था।

भारत में ऐसे केन्द्र हैं जो त् और द् के स्थान पर ट् और ड् का व्यवहार करते हैं। ऐसे केन्द्र ईरान में नहीं हैं। द्रविड़ भाषाओं को शब्द के आदि स्थान में ट् और ड् का व्यवहार करने से बड़ी अरुचि है। आर्य भाषाओं में सैकड़ों शब्द इन्हें आदि स्थान देते हैं। ट् और ड् वाले नवीन और प्राचीन केन्द्रों को आर्य भाषा-केन्द्र मानने का उतना ही पुष्ट कारण है जितना त्-और द्-प्रधान ईरान को आर्य-भाषा-क्षेत्र मानने का। फिर बहुत से शब्दों में स् ध्वनि बदल कर महाप्राण ध्वनि बनती है। ऐसा परिवर्तन वैदिक भाषा में होता है, आधुनिक भाषाओं के पुराने शब्दों में ही नहीं नये उधार लिये हुए शब्दों में भी होता है। अवध में बहुत जगह **मस्जिद** को लोग **महजिद** कहते हैं। (इसकी विपरीत प्रक्रिया भी घटित होती है। डा० विश्वनाथ प्रसाद ने भोजपुरी पर अपने शोधग्रंथ में बताया है कि कुछ भोजपुरी जन **मेंह्तर** को **मेंस्तर** बोलते हैं, वैसे ही जैसे संस्कृत के विसर्ग विशेष ध्वनि-परिवेश में स् रूप धारण करते हैं।) यह स्-ह् वाला परिवर्तन ईरान में विशेष घटित हुआ था, इसलिए उसके आर्य होने में कोई सन्देह नहीं है। इस प्रकार केवल ध्वनि-प्रकृति के आधार पर आर्य गण भाषाओं के कम से कम पांच विभाग दिखाई देने लगते हैं। दो वृत्तों से काम नहीं चलने का!

यह ध्यान देने की बात है कि पंजाब से ऊपर कश्मीर ण् क्षेत्र से बाहर है; उधर बँगला, असमिया आदि का वृत्ताकार अकार तिब्बती और बर्मी भाषा-समुदायों से घिरा हुआ है और इन समुदायों में वैसे अकार का अभाव है। इससे निष्कर्ष यह निकलता है

कि भारतीय आर्य भाषाओं के विकास को समझने के लिए सबसे पहले भारतीय आर्य भाषा-केन्द्रों पर ही ध्यान देना उचित है। इन केन्द्रों का अनुमान आधुनिक आर्य भाषाओं के अध्ययन से ही होता है।

ध्वनि-प्रकृति के अलावा भाषा की संरचना में क्रियापद-रचना का विवेचन पुराने गण-भाषा-समुदायों को पहचानने में सहायक होता है। मध्यदेशीय भाषाएँ तिङन्त प्रधान थीं। यह प्रवृत्ति किसी न किसी रूप में, न्यूनाधिक मात्रा में, प्रत्येक आर्यभाषा में है। यह प्रवृत्ति मागधी भाषा-समुदाय में ऐसी बद्धमूल रही है कि उधर जब कृदन्तों का प्रसार हुआ, तब उस समुदाय की भाषाओं ने इन्हें भी तिङन्त बाना पहनाया। इस प्रकार वाक्यतंत्र अथवा रूपतंत्र की दृष्टि से आर्य गण भाषाओं के कम से कम दो समुदाय दिखलाई देते हैं। इनमें कृदन्तों का केन्द्र उत्तर-पश्चिमी क्षेत्रों में था।

भाषा-संरचना के कुछ तत्व अमूर्त रूप से बोलने वालों के मन में जड़ जमाए रहते हैं। बाईस, बत्तीस, बयालिस में इकाई पहले या दहाई, यह वाक्यतंत्र की विशेषता पर निर्भर है। इसे भाषा की भाव प्रकृति कह सकते हैं। कश्मीरी समेत समस्त आधुनिक आर्य भाषाएँ संस्कृत की तरह इकाई पहले और दहाई बाद को, यह क्रम रखती हैं। इससे भिन्न द्रविड़ भाषाओं में दहाई पहले और इकाई बाद को आती है। कश्मीरी की पड़ोसी भाषा फ़ारसी में संख्यासूचक शब्दों का द्रविड़ क्रम चलता है, कश्मीरी में आर्य भाषाओं वाला। भाव-प्रकृति के स्तर पर ऐसी अनेक विशेषताएँ हैं जिनसे नई और पुरानी आर्य भाषाएँ एक ही सूत्र में गुँथी हुई दिखाई देती हैं। भाषाओं के विकास का अध्ययन करते हुए उनकी विशेषताओं की भिन्नता और समानता, दोनों पर ही ध्यान देना उचित है। कुछ विशेषताओं के कारण सभी आर्य भाषाओं को एक ही समुदाय में रखना उचित है; अन्य विशेषताओं के कारण उनके बहुत से वर्ग-उपवर्ग बन जाते हैं।

भारत में आधुनिक आर्य भाषाओं का निर्माण एक सी परिस्थितियों में नहीं हुआ। हिन्दी प्रदेश में पहले कोसल की भूमिका प्रमुख थी। कोसल समुदाय की भाषाएं संस्कृत का आधार थीं। फिर इस आधार पर कुरु जनपद का ज़बर्दस्त प्रभाव पड़ा। बौद्धकाल में प्राचीन कोसली जनसंपर्क का माध्यम बनी; कान्यकुब्ज साम्राज्य के विघटन के बाद कुरु और शूरसेन जनपदों की भाषाएं फिर उभर कर सामने आईं।

बँगला भाषा-क्षेत्र की विशेषता यह है कि वहां की जनपदीय बोलियों में हिन्दी-क्षेत्र की बोलियों के रूप पहुँचे हैं और परिनिष्ठित बँगला के समानान्तर अब भी अपना अस्तित्व बनाये हुए हैं। इनमें से अनेक तत्वों ने परिनिष्ठित बँगला को भी प्रभावित किया है। आदि आर्यभाषा, मध्य आर्यभाषा, प्राचीन बँगला, मध्यकालीन बँगला, आधुनिक बँगला, इस सारे ऊहापोह में एक केन्द्रीय तत्व आंखों से ओझल हो जाता है। वह केन्द्रीय तत्व यह है कि बँगला भाषा बोलने वालों में एक बहुत बड़ा हिस्सा उन लोगों का है जो पश्चिम से जाकर वहां बस गये और अपनी बोलियों की कुछ न कुछ विशेषता बनाये रहे। भविष्य काल के लिए **ग** का प्रयोग खड़ी बोली क्षेत्र की विशेषता है। अवधी क्षेत्र में कहीं भी **ग** वाले रूप अवधी में घुलते-मिलते न दिखाई देंगे किन्तु

बँगला में **ब** और **ग** वाले रूप एक साथ प्रयुक्त होते दिखाई देंगे। डा० चाटुर्ज्या ने **आमरा करिगा, आमरा करिगे, तोरा करगा, तोरा करिगे, तोरा करिसगा** जैसे रूप दिये हैं। पुरानी बँगला में **तुमि खाओगा** जैसे रूप मिलते हैं। केरी ने उन्नीसवीं सदी के आरम्भ की बँगला के उदाहरणों में ऐसे रूप दिये थे : **उनिओ सामग्री आयोजन करूनगा**—वह भी सामग्री का आयोजन करें। कुछ बोलियों में क्रिया के पूर्वकालिक रूप **र** प्रत्यय जोड़कर बनते हैं और उसके बाद वर्तमान काल के लिए **ग** जोड़ा जाता है : **जारगा**—वह जाता है।

पूर्वकालिक क्रिया का यह **र** सीधे पश्चिम से आया है। डा० चाटुर्ज्या ने मारवाड़ी के **हूयार**—होकर, **मारर**—मारकर, जयपुरी और मेवाती के **होर**—होकर रूप दिए हैं। **कर** के **क्** का लोप होने पर ऐसे रूप बने हैं। बंगाल की बोलियों में **खाइआर**—खाकर, **जाइयार**—जाकर जैसे रूप हैं। इसे स्वतंत्र विकास कहना कठिन होगा। बँगला में **चलियाछे**—चला है, इस तरह की क्रियापद-रचना बांगरू के **कह्या, चल्या** जैसे रूपों के आधार पर हुई है। डा० चाटुर्ज्या ने बांगरू का स्पष्ट उल्लेख किया है। खड़ी बोली क्षेत्र में सम्बन्ध कारक का चिन्ह **का** है किन्तु ब्रजभाषा क्षेत्र में इसका रूप **को** है। डा० चाटुर्ज्या ने इस **को** का व्यवहार सर्वनामों के साथ होते दिखाया है, इतना ही अन्तर है कि **को** के स्थान पर सघोष रूप **गो** का व्यवहार होता है : **आमागो**—हमारा, **तोमागो**—तुम्हारा। कुछ बोलियों में सम्बन्ध कारक के रूप **मोर, तोर** के बाद यह अतिरिक्त **गो** जोड़ा जाता है : **मोरगो**—मेरा, **तोरगो**—तेरा।

बंगाल की कुछ बोलियों में क्रिया रूप के बाद **क** जोड़ने की प्रवृत्ति है : **तुमि दिलेक**—तुमने दिया; **से चलबेक्**—वह चला। यह प्रवृत्ति भोजपुरी और मैथिली बोलियों में है। डा० उदयनारायण तिवारी की **भोजपुरी भाषा और साहित्य** पुस्तक में इस तरह के उदाहरण हैं। **बनिया जात रहलक**—बनिया जाता था; **बाघ कहलक**—बाघ ने कहा; **बनिया जाएक लागलक**—बनिया जाने लगा। डा० विश्वनाथ प्रसाद ने मानभूम और धलभूम के भाषा-सर्वेक्षण वाली पुस्तक में पुरुलिया की मैथिली का जो नमूना दिया है, उसमें ऐसे उदाहरण हैं : **उ आदमी कहलक**—वह आदमी बोला; **लड़का खूब खनलक**—लड़के ने खूब खोदा। इसमें सन्देह नहीं रह जाता कि बंगाल की बोलियों में **दिलेक, चलबेक** जैसे प्रयोग भोजपुरी और मैथिली प्रभाव के कारण हैं। पुरानी बँगला में ऐसे अतीत कालीन क्रिया रूप थे : **आछिला हों**—मैं था; **आयिला हों**—मैं आया हूँ। **मैं आवा हों** (या हऊँ), यह अवधी वाक्य हुआ; इसी के अनुरूप बँगला में **आइला हों**—मैं आया हूँ, **गेला हों**—मैं गया हूँ।

बँगला में क्रियार्थी संज्ञा रूप **न** और **ना** दोनों प्रत्ययों के साथ बनते हैं। डा० चाटुर्ज्या ने **आमा के देखन जाय** जैसे रूप दिये हैं जो पुरानी बँगला में बहुत प्रचलित थे। डा० चाटुर्ज्या ने इस संदर्भ में तुलसीदास के ऐसे प्रयोगों का स्मरण उचित ही किया है। हिन्दी के समान बँगला में **आना** जैसे क्रियार्थी संज्ञा रूप का व्यवहार भी होता है। **आना गोना** हिन्दी के **आना जाना** के ही समान हैं। यहाँ भी डा० चाटुर्ज्या ने हिन्दी रूपों का

स्मरण उचित किया है। अवधी में भूतकालिक कृदन्त रूप जैसे न प्रत्यय के साथ बनते हैं, वैसे पुरानी बँगला में भी मिलते हैं। **शुखान**—सूखा हुआ, अवधी **सुखान**; **हारान**—खोया हुआ, अवधी **हँरान**।

बँगला के अनेक प्रयोग हिन्दी क्षेत्र के प्रयोगों की याद दिलाते हैं। पुरानी बँगला में **लागेली आगि** अवधी के **आगि लागि** का रूपान्तर है। क्रिया रूप में स्त्रीलिंग सूचक **इ** चिह्न बँगला की प्रकृति के अनुरूप नहीं है। हिन्दी में जैसे **बताना** और **बतलाना** दो तरह के रूप हैं, वैसे ही बँगला में **बातलान** जैसा रूप है। बोलचाल में **दिलाना** का प्रतिरूप **दॅलाना** प्रचलित है। हिन्दी प्रेरणार्थक क्रियाओं में जैसे **कराना** जोड़ा जाता है, वैसे ही बँगला में **स्नान करान, पान करान** आदि का प्रयोग है। **देखादेखि, मारामारि** हिन्दी के **देखादेखी, मारामारी** के समान हैं। **आग बाड़ान** अर्थात् आगे बढ़ना, **बके जाओया** अर्थात् बके जाना हिन्दी मुहावरे हैं। कहीं-कहीं सर्वनाम-रूप बिलकुल हिन्दी के हैं यथा **आमि** के स्थान पर उत्तरी बंगाल में **हम** का व्यवहार। अवधी में जैसे **लगे** (**हमरे लगे**—हमारे पास) का व्यवहार होता है, वैसे ही बंगाल की कुछ बोलियों में **संगे** और **साथे** के साथ **लगे** का व्यवहार भी होता है। ग्रियर्सन ने मानभूम की बोली में **तक** का प्रयोग दिखाया है : **लदी तक्क**—नदी तक। यहां की बोली में **न** के स्थान पर **ल** बोलने की प्रवृत्ति है, साथ ही भोजपुरी क्षेत्र के समान क्रिया में **क** जोड़ने की प्रवृत्ति है : **सुधालेक**—पूछा, **होलेक**—हुआ। यहां की बोली का एक मुहावरा **आँधाइ गेना**—**अघायगा** ठेठ अवधी मुहावरे का प्रतिरूप है। एक महत्वपूर्ण तथ्य यह है कि पूर्वी बंगाल की बोलियों में, जिन बहुत से पुराने शब्दों में **स्** था, उनमें तो उसका उच्चारण **ह्** होता है किन्तु, ग्रियर्सन के सर्वेक्षण के अनुसार, जो हिन्दी के नये शब्द वहां पहुँचे हैं, उनमें **स्** ध्वनि बनी रहती है। इसका अर्थ यह हुआ कि हिन्दी ध्वनितंत्र बंगाल की कुछ बोलियों को प्रभावित करने लगा है। **सरकार** को वहां **सारकर** कहते हैं, **हारकर** नहीं।

बंगाल की एक बोली **हजोंग** है। इसे बोलने वाले तिब्बती-बर्मी परिवार के कहे जाते हैं। ये लोग अब बँगला बोलते हैं। भविष्य काल के लिए **मारिब** जैसे रूपों के साथ **करंग**—करूंगा भी बोलते हैं। ग्रियर्सन ने **ग** को तिब्बती-बर्मी प्रत्यय कहा है। यह प्रत्यय हिन्दी क्षेत्र का परिचित प्रत्यय है, पुरानी बँगला तथा बंगाल की आधुनिक बोलियों में उसका व्यवहार होता है। हिन्दी क्षेत्र से बँगला का ऐसा ही सम्बन्ध है।

एक आदि आर्यभाषा के बदले यहां अनेक आर्यभाषा केन्द्रों का सिद्धान्त प्रतिपादित किया गया है। यह सिद्धान्त संस्कृत के विवेचन से पुष्ट होता है और संस्कृत के विकास को समझने में सहायक होता है; वह आधुनिक आर्यभाषाओं के विवेचन से पुष्ट होता है और उनके विकास को समझने में सहायक होता है। किसी भी भाषा-परिवार का निर्माण होते होते होता है और उसमें यह अनेक केन्द्रों की भूमिका अनिवार्य होती है। बहुकेन्द्रीयता कोई ऐसा प्रपंच नहीं है जो भाषाई विकास की किसी एक मंज़िल में सक्रिय रहे, फिर निष्क्रिय हो जाय। आर्यभाषा परिवार के निर्माण में अनेक प्राचीन भाषा केन्द्रों का योगदान रहा है; इनमें मध्यदेश के भाषा-केन्द्रों की भूमिका निर्णायक रही है।

इंडोयूरोपियन भाषा-परिवार के निर्माण में अनेक केन्द्रों का योगदान रहा है, इनमें आर्य भाषा परिवार का योगदान निर्णायक है। जिन्हें इंडोयूरोपियन परिवार की शाखाएं कहते हैं, वे वास्तव में स्वतंत्र केन्द्र हैं जो परस्पर संपर्क से एक परिवार के अन्तर्गत सिमट आये हैं। इस सारी प्रक्रिया में अन्य भाषा-परिवारों की भूमिका उपेक्षणीय नहीं है।

भारत की भाषाई स्थिति की विशेषता यह है कि प्राचीन और नवीन भाषाओं को एक साथ देखने पर विभिन्न केन्द्र आसानी से पहचान में आ जाते हैं; इनकी कार्य-परिधि बदलती रहती है, फिर भी विच्छिन्न प्रवाह में इनकी अविच्छिन्न अस्मिता का बोध कठिन नहीं है। मगध, कोसल, शूरसेन और कुरुजनपद प्रमुख आर्यभाषा केन्द्र हैं और प्राचीनकाल से सक्रिय रहे हैं। संस्कृत की संरचना में जो विशेषताएं आकस्मिक और परस्पर विरोधी जान पड़ती हैं, वे इन जनपदों के भाषाई केन्द्रों को ध्यान में रखने से सहज विकास और परस्पर संपर्क का परिणाम सिद्ध होती हैं। मानक हिन्दी का विकास विभिन्न जनपदीय भाषाओं से अलगाव की स्थिति में नहीं हुआ, अन्तर्जनपदीय संपर्क इस विकास की आधार भूमि है। प्राचीन आर्यभाषा केन्द्रों से हिन्दी का संबन्ध पहचानने में जनपदीय भाषाओं से बड़ी सहायता मिलती है। कारण यह कि उन प्राचीन केन्द्रों से इन जनपदों का संबन्ध पूरी तरह टूटा नहीं है। जनपदीय भाषाओं और प्राचीन केन्द्रों के संबन्ध की पुष्टि वैदिक भाषा और संस्कृत के विश्लेषण से होती है, उसमें पालि और प्राकृतों का विवेचन अंशतः सहायक होता है, इनका महत्व वैदिक भाषा की तुलना में अति साधारण है। हिन्दी जनपदों की भाषाओं की तुलना में इनका महत्व और भी कम है। जनपदीय भाषाओं से तुलना करते ही यह तथ्य उभर कर सामने आता है कि प्राकृतों के आधार पर भाषाई विकास की व्याख्या नहीं की जा सकती। इनकी अपेक्षा अपभ्रंश में देशी भाषा तत्व अधिक हैं यद्यपि लोकभाषा वह भी नहीं थी।

जनपदीय भाषाओं के विवेचन से ज्ञात होता है कि इनका ध्वनितंत्र कुछ बातों में संस्कृत की अपेक्षा प्राचीन मध्यदेशीय भाषाओं के ध्वनितंत्र के अनुरूप अधिक है। मध्यदेशीय भाषाओं का यह ध्वनितंत्र ही संस्कृत की आधारभूत भाषा—या भाषाओं—का ध्वनितंत्र है। इसमें दन्त्य स् की प्रधानता थी, ण् का अभाव था और **अ** स्वर का उच्चारण ऐकार-औकारवत् न होता था। मध्यदेशीय गणभाषाओं के रूपतंत्र की विशेषता सर्वनामों के आधार पर देश-काल सूचक संबन्धकों और कारक चिन्हों की रचना थी; इसी के अनुरूप सर्वनामों की सहायता से क्रियापद-रचना की जाती थी। भाषा की संश्लिष्ट प्रकृति का यही आधार है। इससे भिन्न सर्वनाम-मुक्त कारक-क्रियापद-रचना की प्रवृत्ति भी सक्रिय थी और भाषाओं की विश्लिष्ट प्रकृति का वह प्रधान कारण है।

आगे हम देखेंगे कि आर्यभाषा केन्द्रों के बारे में जो बातें यहाँ कही गई हैं, वे इंडोयूरोपियन परिवार के विवेचन में सहायक होती हैं और उस परिवार के विवेचन से उनकी पुष्टि होती है।

५

आर्य भाषा केन्द्र और सीमान्त भाषाएँ

१. सिन्धी

क. ध्वनितंत्र

भारतीय आर्यभाषाओं के विकास में मध्यदेश की भूमिका समझने में सिन्धी और कश्मीरी, इन दो भाषाओं के विवेचन से सहायता मिलती है। मध्यदेश को केन्द्र मानें तो सिन्ध और कश्मीर दूर के प्रान्त कहे जायँगे। इनकी प्रान्तभाषाएं मध्यदेश की भाषाओं से किस प्रकार संबद्ध हैं? ग्रियर्सन सिन्धी और कश्मीरी दोनों को दरद क्षेत्र की भाषाएं मानते थे। दरद क्षेत्र की विशेषता मानी गई है, ईरान का प्रभाव। कश्मीर की अपेक्षा सिन्ध ईरान के अधिक समीप है। वैसे तो ईरानी भाषा-समुदाय का क्षेत्र कश्मीर के पड़ोस में है किन्तु इस क्षेत्र के मुख्य केन्द्र ईरान में हैं और सिन्ध ही उनके अधिक समीप है। यदि भारत-ईरानी नाम की कोई आर्यभाषाओं की शाखा थी, तो उसकी विशेषताएं सर्वाधिक ईरान में, उससे कम सिन्ध में, और सबसे कम मध्यदेश में मिलनी चाहिए। इसके विपरीत यदि आर्यभाषाओं के मुख्य केन्द्र मध्यदेश में थे, तो इन केन्द्रीय भाषाओं की विशेषताएं सबसे ज़्यादा मध्यदेश में मिलेंगी, उससे कम सिन्ध में और उससे भी कम ईरान में। सिन्ध के एक छोर पर ईरान है, दूसरे छोर पर मध्यदेश है, दोनों के बीच में स्थित है सिन्ध। अत: सिन्धी के विवेचन से भारत और ईरान के भाषाई सम्बन्धों को समझने में सहायता मिलती है।

ईरानी और भारतीय आर्यभाषाओं में मुख्य भेद यह है कि भारतीय भाषाओं में सघोष महाप्राण ध्वनियां हैं, ईरानी भाषाओं में नहीं हैं। वैसे तो ये ध्वनियां यूरप की 'आर्य' भाषाओं में भी नहीं हैं पर ईरान भारत का पड़ोसी है, भारत-ईरानी शाखा की आधारभूमि है। वहां इंडोयूरोपियन परिवार की प्राचीन सघोष महाप्राण ध्वनियों का अभाव—ईरान की समस्त प्राचीन और नवीन भाषाओं में उनका अभाव—यूरप की भाषाओं में वैसे अभाव की अपेक्षा, हमारे लिए अधिक महत्वपूर्ण है। सिन्धी में, संस्कृत और हिन्दी के समान, सघोष महाप्राण ध्वनियों का व्यवहार होता है। इस दृष्टि से सिन्धी मध्यदेशीय भाषाओं के समीप है, उनसे घनिष्ठ रूप में संबद्ध है और ईरान की भाषाओं से वह दूर है।

जैसा कि प्रान्त-भाषाओं में बहुधा होता है, वे केन्द्रीय भाषाओं की विशेषताएं बनाये ही नहीं रहतीं वरन् अनावश्यक स्थानों पर उनका आरोपण भी करती हैं। **हृदय** सिन्धी में हिर्धो है; सघोष अल्पप्राण ध्वनि को महाप्राण बनाया गया है। यदि मूल शब्द में **द्** के स्थान पर **थ्** होता, तो हम कहते कि प्राकृत-परंपरा के अनुरूप उसे सघोष कर

दिया गया है पर वहां महाप्राण **थ्** नहीं, अल्पप्राण **द्** है। कुछ प्राकृतें शब्दों की मूल ध्वनि में सघोषता जोड़ती हैं, कुछ सघोषता हटाती हैं पर इस तरह अतिरिक्त महाप्राणता शायद कोई प्राकृत नहीं जोड़ती। **यौवन** के हिन्दी रूप **जोबन** से, इसी प्रकार सघोष **ब्** को महाप्राण बनाकर, सिन्धी में **जोभनु** रूप रचा गया। **पर्व** के रूपान्तर **पर्ब** से **पर्भु** रूप बना। जहां मूल शब्द में अघोष महाप्राण ध्वनि है, वहां प्राकृत परंपरा के अनुसार सघोषता आरोपित करते हुए महाप्राणता की रक्षा की गई है यथा **पथ** का सिन्धी प्रतिरूप **पंधु** है। अघोष अल्पप्राण ध्वनियों में भी जब-तब सिन्धी महाप्राणता का संयोग करती है। पुराना भारतीय शब्द **मुकुल** सिन्धी में **मुखिरि** बना, अरबी से **किताब, साग्रत, हिम्मत** जैसे रूप सिन्ध में पहुँच कर **खुताबु, साग्रथ, हिम्मथ** हो जाते हैं। जहां मूल रूप में सघोष महाप्राण ध्वनि है, वहां वह—ईरानी भाषाओं के विपरीत—सिन्धी में बनी रहती है जैसे **श्राद्ध** और **व्याघ्र** के प्रतिरूपों **सिराधु** और **वाघु** में। जैसे हिन्दी में जहां-तहां दन्त्य ध्वनियों का मूर्धन्यीकरण हुआ है वैसे ही सिन्धी में भी यह प्रक्रिया संपन्न हुई है पर सघोषता और महाप्राणता के दोनों लक्षण यथावत् रहे। **वृद्ध** हिन्दी में **बूढ़ा** है, वैसे ही सिन्धी में **'बुढो** है। **मिथ्या** के सिन्धी प्रतिरूप **मठ्यां** में **थ्** का मूर्धन्यीकरण हुआ है, हिन्दी में वैसा रूप नहीं है; प्राकृतों के अनुरूप अतिरिक्त सघोषता यहां आरोपित नहीं की गई। मूर्धन्यीकरण के अलावा जहां तालव्यीकरण हुआ है, वहां भी सघोषता-महाप्राणता के संयोग पर आंच नहीं आई। संस्कृत के **उपाध्याय** हिन्दी में **पाधा** हुए और सिन्धी में **वाझा** बने, मैथिली **झा** के समान। तालव्य स्पर्श ध्वनि सघोष रही, महाप्राण भी। (जो चवर्गीय ध्वनियों को पूर्ण स्पर्श न मानें, वे उन्हें ईषत् स्पर्श कह लें।) हिन्दी क्षेत्र की पछाहीं बोलियों में **हाथ** का दूसरा वर्ण महाप्राणता खो देता है, तब **हात** बोला जाता है; सिन्धी **हिम्मत** को भी **हिम्मथ** कर देती है। (सिन्धी भाषा के उदाहरण अर्नेस्ट ट्रम्प की पुस्तक **ग्रामर ऑफ़ द सिन्धी लैंग्वेज**, लाइप्त्सिग, १८७२, से दिये गये हैं।)

दन्त्य, ओष्ठ्य, तालव्य, मूर्धन्य, कंठ्य, पांचों प्रकार की सघोष महाप्राण ध्वनियां सिन्धी में विद्यमान हैं। यह स्थिति सिन्ध और मध्यदेश के घनिष्ठ भाषाई संपर्क का प्रमाण है। मध्यदेश के आर्यभाषा केन्द्रों को देखते सिन्धी प्रान्त भाषा है। इसका एक प्रमाण यह भी है कि वह अनेक मूल शब्दों की अल्पप्राण ध्वनि पर महाप्राणता आरोपित करती है; ऐसे मूल शब्द संस्कृत के ही नहीं अरबी के भी हैं। **पर्व** के लिए **पर्भु** जैसा रूप मध्यदेश में न मिलेगा पर उससे सिद्ध यह होता है कि ईरानी भाषाओं से भिन्न सिन्धी के लिए सघोष महाप्राण ध्वनियों का व्यवहार अत्यन्त सहज है। अब आप विचार करें कि ईरान से आने वाले आर्य पहले मध्यदेश पहुँचे थे, वहाँ से सिन्ध गये, या सिन्ध होते हुए मध्यदेश पहुँचे थे, या सिन्धी भाषा के विकास की प्रक्रिया इस आवाजाही से स्वतंत्र है।

सिन्धी उस आर्यभाषा समुदाय के अन्तर्गत है जिसमें मूर्धन्य स्पर्श ध्वनियाँ प्रमुख थीं। सिन्धी भाषा के विवेचक ट्रम्प मानते थे कि प्राकृतों से जैसा घनिष्ठ संबंध इस भाषा का है, वैसा अन्य किसी अन्य भारतीय आर्य भाषा का नहीं है, किन्तु प्राकृतों में कहीं भी मूर्धन्यता के लिए वैसा आग्रह नहीं है जैसा सिन्धी में है। इसलिए ट्रम्प ने अपने सिन्धी

व्याकरण में लिखा है, "सिन्धी में दन्त्य ध्वनियां अपनी प्रतिरूप मूर्धन्य ध्वनियों के लिए स्थान छोड़ देती हैं, और यह आत्मसमर्पण-वृत्ति इतनी प्रबल है कि सिन्धी की व्यंजन-व्यवस्था इस मामले में पुरानी प्राकृत-व्यवस्था से स्पष्टतः और तत्वतः भिन्न है।" (भूमिका, पृ० २०)। संस्कृत और जनपदीय भाषाओं के बहुत से शब्दों में जहां दन्त्य ध्वनि है, वहां सिन्धी मूर्धन्य ध्वनि का व्यवहार करती है। **दीर्घ, पुत्र, मित्र, चन्द्र, क्षेत्र, मंत्र, यात्रा, निद्रा, ताम्र, कुदाल, दस, चौदह, आदित्य, दिवस, तोड़ना, देना** के सिन्धी प्रतिरूप क्रमशः इस प्रकार हैं : **ड्रिघो, पुट्र, मिट्रु, चंड्रु खेट्रु, मंट्रु,** (अथवा **मंड्रु**), **जाट्रा, निंड्र, ट्रामो, को'डरि, 'डह, चो'डहं, आ'डितु, 'डींहु, ट्रोड़णु, 'डिअणु**। मध्यदेश की भाषाएं दन्त्य-मूर्धन्य ध्वनियों का उपयोग अर्थभेद के लिए करती हैं, वे दन्त्य ध्वनियों के स्थान पर इस तरह मूर्धन्य ध्वनियों का सामूहिक प्रतिस्थापन नहीं करतीं। सिन्धी के लिए टवर्गीय ध्वनियां ही प्रधान हैं, अतः वह पचीसों मध्यदेशीय शब्दों को अपनी ध्वनि-प्रकृति के अनुरूप ग्रहण करती है। मध्यदेश में ये ध्वनियां सिन्ध-सौराष्ट्र की ओर से आई हैं; तवर्गीय ध्वनियां सिन्धी में मध्यदेश से पहुंची हैं। असम और सौराष्ट्र की अपेक्षा सिन्ध ने इन तवर्गीय ध्वनियों को अधिक अपनाया है। ये ध्वनियां ईरान में भी हैं किन्तु वहां **ध्** नहीं है; वहां टवर्गीय ध्वनियों का भी पूर्ण अभाव है। अतः पूरी स्थिति देख कर यही कह सकते हैं कि तवर्गीय ध्वनियां सिन्धी में ईरान से नहीं, मध्यदेश से पहुंची हैं।

सिन्धी भाषा में मूर्धन्य ध्वनियों की स्थिति ईरानी भाषाओं से उसका मौलिक अन्तर प्रकट करती है। ये ध्वनियां अवेस्ता की भाषा, पहलवी और फ़ारसी में नहीं हैं; ईरानी समुदाय की भाषाओं में उनका सामान्य अभाव है। जहां उनका व्यवहार होता है यथा पश्तो में, वहां उसका कारण भारतीय प्रभाव है। ट्रम्प ने सिन्धी और पश्तो को एक दूसरे के बहुत समीप माना था जो उचित है। इस समीपता का एक लक्षण टवर्गीय ध्वनियों का व्यवहार है; ऐसा व्यवहार दरद भाषा क्षेत्र की विशेषता नहीं है।

ब्रज, अवधी आदि जनपदीय भाषाओं में टवर्गीय स्पर्श ध्वनियों का व्यवहार होता है, मूर्धन्य नासिक्य का नहीं। **ण्** के मामले में सिन्धी बांगरू के अधिक निकट है किन्तु बांगरू के समान यह उसकी प्रधान नासिक्य ध्वनि नहीं है। **ण्** के अतिरिक्त उसमें **ञ्, ङ्, न्** का भी खूब व्यवहार होता है। क्रियार्थी संज्ञारूपों में अवधी-कनौजी का **न** प्रत्यय यहां **णु** रूप में प्रयुक्त होता है : **भउणणु** (भ्रमण करना), **चवणु** (कहना), **मञणु** (मानना), **ढ्रापणु** (तृप्त होना)। मानक हिन्दी के समान यहां आकारान्त प्रत्यय **ना** का व्यवहार नहीं होता, अवधी-कनौजी के समान प्रत्यय ह्रस्व स्वरान्त है। अवधी संज्ञारूपों के समान उसे उकारान्त भी बनाया गया है। संस्कृत के अनेक शब्दों में जहां **न्** है, वहां सिन्धी ने **ण्** स्थापित किया है; **धेनु, नयन, सुजान** जैसे रूप परिवर्तित होकर **धेणु, नेणु, सुजाणु** बने। किन्तु मूल शब्दों का **ण्**, मध्यदेशीय भाषाओं के समान, अनेक बार **न्** रूप में भी ग्रहण किया गया है : **पुनो** (पूर्ण), **रतवरनो** (रक्तवर्ण)। सिन्धी के अनेक तद्भव रूप प्राकृत-परंपरा से विलग हैं। **सँन** अथवा **सँइन, नींहु**, (स्नेह), **सुपनो** (स्वप्न), **जोभनु** (यौवन) जैसे रूप ब्रजभाषा की याद दिलाते हैं। ट्रम्प ने इस बात पर ध्यान दिया है कि

प्राकृतों के समान सिन्धी में **ण्** सर्वत्र संस्कृत शब्दों के **न्** का स्थान नहीं लेता, "दोनों ध्वनियों को एक दूसरे से साफ़ अलग रखा जाता है।" (भूमिका, पृ० १८)। फिर भी यह मानना होगा कि सिन्धी **ण्**-क्षेत्र की भाषा है। इस दृष्टि से वह बांगरू-पंजाबी, राजस्थानी-गुजराती, मराठी समुदाय के निकट है और ईरानी से दूर है। उसमें अन्य तवर्गीय ध्वनियों के समान **न्** का प्रवेश मध्यदेशीय प्रभाव से हुआ है।

मूर्धन्य क्षेत्र की भाषाओं से भिन्न सिन्धी में तालव्य नासिक्य ध्वनि **ञ्** का व्यवहार बहुत होता है। **पुण्य** का **ण्** तालव्य ध्वनि **य्** के संसर्ग से अपना मूर्धन्य तत्व खोकर **ञ्** बन जाता है; **पुण्य** का सिन्धी रूपान्तर हुआ **पुञ्ञो**। **मज्जा** में अतिरिक्त नासिक्य ध्वनि जोड़ी गई, फिर केवल नासिक्य ध्वनि रही और **ज्** का लोप हो गया; **मज्जा** का रूपान्तर हुआ **मिञु**। सिन्धी में **ञ्** के अतिरिक्त **ङ्** के साथ भी जो स्पर्श ध्वनि हो, उसका लोप करने की प्रवृत्ति है। इस प्रकार **अङु** (अंग), **अङरु** (अंगार), **अङणु** (आंगन), **मङणु** (मांगना) जैसे रूप सिन्धी भाषा की विशेषता हैं। **म्** और **न्** के अलावा **ङ्**, **ण्**, **ञ्** का प्रचुर व्यवहार सिन्धी में होता है। नासिक्य ध्वनियों में वह विशेष समृद्ध है। यह समृद्धि उसे पुनः ईरानी समुदाय से अलग करती है।

सिन्धी उन भाषा केन्द्रों से विशेष प्रभावित हुई है जिनमें तालव्य स्पर्श ध्वनियों की प्रधानता थी। हिन्दी में **सत्य** का रूपान्तर **सच** है किन्तु **हत्या** में ऐसा परिवर्तन नहीं होता। सिन्धी **हत्या** को भी बदल कर **हचा** बना लेती है। इसी प्रकार **विद्या** और **वैद्य** क्रमशः **वि'जा** और **वे'जु** हैं। एक ओर दन्त्य ध्वनियों का तालव्यीकरण होता है, दूसरी ओर उनका मूर्धन्यीकरण भी होता है। इन दो प्रवृत्तियों के बीच दन्त्य ध्वनियों की स्थिति निर्बल हो जाती है। दन्त्य ध्वनियों का ऐसा व्यापक तालव्यीकरण ईरानी भाषाओं की विशेषता नहीं है। सिन्धी ध्वनितंत्र के विवेचन से इस धारणा की पुष्टि होती है कि तालव्य ध्वनियों के केन्द्र भारत के उत्तर-पश्चिमी क्षेत्रों में थे।

सिन्धी में बहुत से शब्द ओकारान्त हैं। इनमें संज्ञा रूप हैं: **बाबो** (पिता), **सहुरो** (ससुर), **गा'डो** (गाड़ी); विशेषण हैं: **मुओ** (मरा), **पको** (पका), **'बुढो** (बूढ़ा); कृदन्त रूप हैं: **वेन्दो** (जाता), **करीन्दो** (करता), **भरीन्दो** (भरता)। ऐसे ओकारान्त रूप ब्रज-राजस्थानी-गुजराती में हैं, इंडोयूरोपियन परिवार की कुछ अन्य भाषाओं में हैं किन्तु वे ईरानी समुदाय की भाषाओं में नहीं हैं। सिन्धी में ओकारान्त और उकारान्त दोनों तरह के रूप हैं। इससे यह धारणा खंडित होती है कि अवधी के उकारान्त रूप पालि के ओकारान्त रूपों के आधार पर बने हैं। ब्रज की ओकारान्त और अवधी की उकारान्त, दोनों तरह की प्रवृत्तियां सिन्धी में हैं। सिन्धी पुराने आर्य शब्दों के अलावा अरबी से आये शब्दों को भी उकारान्त रूप देती है यथा **दौर—दौरु**, **ग़रीब—गरीबु**, **तमाम—तमामु**। **सिन्धु** शब्द उकारान्त वृत्ति की प्राचीनता सिद्ध करता है; कौरवी भाषा समुदाय की प्रवृत्ति ऐसे उकारान्त शब्दों के स्थान पर अकारान्त रूपों के व्यवहार की है। **सिन्धु** का वर्तमान प्रचलित रूपान्तर **सिन्ध** कौरवी प्रभाव का परिणाम है। भाषा का नाम **सिन्धी**, **सिन्धु** नहीं **सिंध** के आधार पर, रखा गया। **सिंध** और **सिन्धी** के समान, भिन्न

प्रदेश और भाषा के लिए, **हिन्द** और **हिन्दी** शब्दों का चलन हुआ।

मध्यदेशीय भाषाओं की एक विशेषता शब्दों को अजन्त रूप में व्यवहार करने की है। यह प्रवृत्ति सिन्धी में बनी हुई है। इसके विपरीत कौरवी प्रवृत्ति अनेक शब्दों को हलन्त रूप में व्यवहार करने की है। फ़ारसी में यह वृत्ति प्रबल है। फ़ारसी और सिन्धी के क्रियार्थी संज्ञा रूपों की तुलना करने से यह बात स्पष्ट हो जायगी। **आवाज़ीदन्**—पुकारना; **इस्तादन्**—खड़े होना; **अफ़्सुर्दन्**—मुर्झाना; इन फ़ारसी रूपों के अन्त में व्यंजन है। सिन्धी के **चवणु**—बोलना, **वञणु**—जाना, **निअणु**—ले जाना रूपों में अंतिम ध्वनि स्वर है। फ़ारसी और सिन्धी दोनों में आधारभूत प्रत्यय **न** है; फ़ारसी में इसका हलन्त रूपान्तर **न्** है, सिन्धी में अजन्त रूपान्तर **णु** है।

उत्तर-पश्चिमी भाषाओं में **ल्** की प्रधानता है, मध्यदेश की भाषाओं मे **र्** की। सिन्धी अनेक शब्दों में संस्कृत की **ल्** ध्वनि को **र्** बना लेती है। **वल्कल** से **बकरु**, **शीतकाल** से **सिआरो**, **देवालय** से **दुआरो** रूप इसी ध्वनि प्रकृति के कारण बनते हैं। सिन्धी की स्वतंत्र ध्वनि-प्रकृति फ़ारसी शब्दों का भी कायाकल्प करती है। **बुलबुल** का सिन्धी प्रतिरूप **बुर्बुली** एक **ल्** स्वीकार करता है, दूसरे की जगह उसमें **र्** स्थापित है। **बिल्लोचिनी** के लिए ट्रम्प ने सिन्धी रूप **'बरोचाणी** दिया है। जैसे **ल्** और **श्** की जोड़ी है, वैसे ही **र्** और **स्** की है। सिन्धी मूल शब्दों के **ल्** को बदल कर **र्** कर देती है तो वह **श्** के स्थान पर **स्** को भी जहाँ-तहाँ प्रतिष्ठित करती है। **दर्शन**, **क्लेश**, **श्लोक**, **शुष्क** सिन्धी में क्रमशः **दर्सनु**, **किलेसु**, **सलोकु**, **सुको** हैं। दन्त्य **स्** के लिए आग्रह मध्यदेशीय भाषाओं की विशेषता है। मध्यदेशीय भाषाओं के ही समान सिन्धी अनेक शब्दों में **श्** के स्थान पर **छ्** का व्यवहार करती है। **शनैश्चर**, **शाबाश**, **पादशाह** सिन्धी में क्रमशः **छंछरु**, **छाबिस**, **पाछाहु** हैं। फ़ारसी में इस **छ्** ध्वनि का अभाव है। पश्चिमी आर्य भाषाओं के समान सिन्धी अनेक शब्दों के **स्** को **ह्** में बदलती है। **फांसी**, **दस**, **देस**, **बरस** सिन्धी में **फाही**, **'डह**, **'डेहु**, **वरिहु** हैं। यह प्रवृत्ति अवेस्ता की भाषा में है किन्तु फ़ारसी में नहीं है। अंशतः इसका प्रभाव मध्यदेश की भाषाओं पर भी है किन्तु वह मूलभूत विशेषता पश्चिमी आर्य भाषाओं की है।

मध्यदेशीय भाषाओं के समान ही सिन्धी को व्यंजन-द्वित्व से विशेष प्रेम नहीं है। ग्रियर्सन ने अपने सर्वेक्षण-ग्रंथ (खंड ८, भाग १) में बताया है कि अरबी-फ़ारसी शब्दों में अतिरिक्त स्वर के योग से सिन्धी व्यंजन-द्वित्व समाप्त कर देती है। **आसिमान**, **दोसित**, **हुकिम**, **खिजिमत**, **उमिर**, **वकित**—इन रूपों से **इ** निकाल दें तो मूल शब्दों के स्वरूप का अनुमान हो सकेगा, साथ ही फ़ारसी-सिन्धी की ध्वनि प्रकृति का भेद भी ज्ञात होगा। ग्रियर्सन ने स्वीकार किया था कि लहँदा में व्यंजन-द्वित्व खूब चलता है और सिन्धी यहां उससे भिन्न है। किन्तु वह सिन्धी और लहँदा दोनों को फ़ारसी प्रभावित दरद भाषाओं में गिनते थे। उन्होंने दरद भाषाओं की एक विशेषता यह बताई थी कि संस्कृत शब्दों के दो व्यंजनों के स्थान पर जब वे एक ही व्यंजनका व्यवहार करती हैं, तब क्षतिपूर्ति के लिए स्वर को दीर्घ नहीं करतीं। संस्कृत **भक्त** हिन्दी में तो **भात** है किन्तु सिन्धी में **भत** है। **उक्ति-व्यक्ति-प्रकरण** में **कष्ट** का अवधी प्रतिरूप **कठ** है, **वस्तु** का प्रतिरूप **बथु** है, **भद्र** का

प्रतिरूप **भल** है। **बालकाण्ड** के आरंभ में तुलसीदास ने भी लिखा था : **ते नर यह सर तजहिं न काऊ। जिन्ह कें राम चरन भल भाऊ।** **भल** में क्षतिपूर्ति के लिए प्रथम वर्ण के स्वर को दीर्घ नहीं किया गया; मानक हिन्दी का **भला** अवधी **भल** का ही कौरवी दीर्घ स्वरान्त रूप है। क्षतिपूर्ति हुई है बँगला रूप **भालो** में। मध्यदेश में, स्वर को दीर्घ किये बिना, दो व्यंजनों के स्थान पर एक व्यंजन के व्यवहार की पद्धति रही है, यद्यपि यह पद्धति कश्मीरी और सिन्धी में अधिक प्रभावी है। किन्तु इस पद्धति को फ़ारसी से क्या लेना-देना है? वहाँ तो **स्वप्न** का प्रतिरूप **ख्वाब**, **वर्षा** का प्रतिरूप **बारिश**, **प्रस्राव** का प्रतिरूप **पेशाब** है।

अनेक पश्चिमी आर्य भाषाओं के समान सिन्धी **व्** ध्वनि की रक्षा करती है और कभी कभी **प्** को भी **व्** में बदलती है। यहां **वैर** और **वैद्य** क्रमशः **वेरु** और **वे'जु** हैं, **व्** ध्वनि सुरक्षित रही; इसके सिवा **उपाध्याय** का रूपान्तर **पाधा** सिन्धी में **वाझो** हुआ, **प्** ध्वनि **व्** में परिवर्तित हुई। फ़ारसी यहाँ मध्यदेशीय भाषाओं के अधिक समीप है; **व्** को **ब्** में बदलने से संस्कृत **वात** और **वर्षा** वहां **बाद्** और **बारिश्** हैं। अन्य अन्तस्थ ध्वनि **य्** को सिन्धी मध्यदेशीय भाषाओं के समान अक्सर **ज्** में बदलती है। **सूर्य**, **यश**, **आश्चर्य**, **यौवन** के सिन्धी रूपान्तर **सूरिजु**, **जसु**, **अचुर्जु**, **जोभनु** हैं। फ़ारसी में **य्** का स्पष्ट व्यवहार होता है। फ़ारसी में ऐ, **औ** स्वर स्पष्ट हैं; सिन्धी पुराने संयुक्त स्वरों **अइ**, **अउ** और नये ऐ, **औ**, को पश्चिमी आर्य भाषाओं के समान ए, **ओ** में बदलती है। जहां वह **अइ**, **अउ** का व्यवहार करती है, वहां वे संयुक्त स्वर नहीं, दो भिन्न स्वर होते हैं यथा हिन्दी **सौ** के प्रतिरूप **सउ** में **अ** और **उ** अलग-अलग दो स्वर हैं। हिन्दी **बैद** और **बैर** इसी प्रवृत्ति के कारण सिन्धी में **वेजु** और **वेरु** हैं; संस्कृत **यौवन** के प्रथम वर्ण का संयुक्त स्वर **अउ** सिन्धी **जोभनु** में **ओ** रह जाता है। उधार लिए हुए शब्दों में भी सिन्धी ऐसा परिवर्तन करती है यथा **कौम** को **कोमु** बना लेती है पर सर्वत्र वह ऐसा नहीं करती। पंजाबी के समान सिन्धी में मध्यवर्ती स्पर्श ध्वनि को सघोष करने की प्रवृत्ति है। पंजाबी के समान कृदन्त प्रत्यय **त** यहां सघोष रूप में प्रयुक्त होता है : **सुणन्दो** (सुनता), **पिअन्दो** (पीता), **वेन्दो** (जाता)। शक्ति को **स'गति** बनाने के अलावा सिन्धी **राजपूत** जैसे अपेक्षाकृत नये शब्दों को भी **र'जबूतु** रूप में, सघोषता के साथ, ग्रहण करती है। प्राकृत परंपरा के अनुरूप अघोष महाप्राण ध्वनियों में भी वह ऐसा परिवर्तन करती है (पुनः सर्वत्र नहीं); **सोंठ**, **कंठी**, **गांठ** यहां **सुंढि**, **कंढी**, **गंढि** हैं। प्राकृतों, पंजाबी, बांगरू, सिन्धी, मानक तमिल में मध्यवर्ती अघोष स्पर्श ध्वनि को सघोष करने की व्यापक प्रवृत्ति है, इसलिए उसे भारतीय भाषा परिवारों की एक विशिष्ट प्रवृत्ति मानना चाहिए। यह प्रवृत्ति अवेस्ता की भाषा में नहीं है किन्तु अंशतः फ़ारसी में है। मानना चाहिए कि फ़ारसी ने उसे भारतीय भाषाओं से प्राप्त किया है। सिन्धी में सघोषता के लक्षण का विकास अन्य आर्य भाषाओं की अपेक्षा अधिक हुआ है। इसमें **ग्**, **ज्**, **ड्**, **ब्** ध्वनियों का उच्चारण दो प्रकार से होता है। एक प्रकार वह है जिसमें, अन्य आर्य भाषाओं के समान, इनका उच्चारण करते समय अवरुद्ध वायु का निकास बाहर को होता है; दूसरे प्रकार में अवरुद्ध वायु का स्फोट भीतर की ओर होता है। इस प्रकार उक्त ध्वनियों में, अन्तःस्फोट और बहिःस्फोट के विचार

से, प्रत्येक के दो रूप हैं, और यह भेद अर्थ-विच्छेदक है। अन्त:स्फोट ध्वनियों को लिखित रूप में व्यक्त करने के लिए उनके पहले '—ऐसा चिन्ह लगा दिया है। **बरो** (भार), **'बरो** (बच्चा); **डिठो** (ढीठ), **'डिठो** (दिखा); **गरो** (खजहिला; गंदी खाल वाला), **'गरो** (गुरु); इन रूपों से दोनों प्रकारों का अर्थविच्छेदक भेद स्पष्ट होगा (परू निहलानी ने **फोनेटिका** पत्रिका—खंड २६, संख्या ४, सन् १६७४—में सिन्धी स्पर्श ध्वनियों पर एक निबंध लिखा है: **ऐन् एयरोडाइनैमिक स्टडी ऑफ़ स्टौप्स् इन् सिन्धी**। उसमें उन्होंने उक्त दोनों प्रकारों का भेद स्पष्ट किया है।) सिन्धी में **द्** ध्वनि का केवल बहि:स्फोट रूप है, अन्त:स्फोट रूप का अभाव है। इससे पूर्वोल्लिखित धारणा पुष्ट होती है कि सिन्धी में दन्त्य ध्वनियाँ मध्यदेश से पहुँची हैं। **द्** विलंब से आया; अत: जिस बहि:स्फोट रूप में आया, उसी में प्रयुक्त होता रहा। **ड्** ध्वनि पुरानी थी; उसके दोनों रूपों का चलन हुआ। सिन्धी मूर्धन्य ध्वनिक्षेत्र की भाषा है, इसकी पुष्टि हुई; उसमें सघोषता के लक्षण का विकास विशेष रूप से हुआ है, यह भी सिद्ध हुआ। अन्त:स्फोट और बहि:स्फोट वाला भेद अघोष ध्वनियों में नहीं है, केवल सघोष ध्वनियों में है।

पश्चिमी-उत्तरी आर्यभाषाओं में **र्** की अपेक्षा **ल्** की प्रधानता है, मागधी समुदाय में भी **ल्** का प्राधान्य है यद्यपि यह प्राधान्य भोजपुरी-मैथिली-मगही की अपेक्षा बँगला में अधिक है। जहाँ **ल्** की प्रधानता है, वहाँ **ळ्, ड्, ड़्** ध्वनियों का व्यवहार भी अधिक होता है। मध्यदेश में **र्** की प्रधानता है, **ळ्** का पूर्ण अभाव है, बाँगरू और मानक हिन्दी की अपेक्षा वहाँ **ड्, ड़्** का व्यवहार कम होता है। इस प्रवृत्ति के अनुरूप सिन्धी में **र्** का व्यवहार कम होना चाहिए। यदि पंजाबी से सिन्धी की तुलना की जाय तो यह तुरन्त स्पष्ट हो जाएगा कि मध्यदेशीय ध्वनिप्रकृति से, पंजाबी की अपेक्षा, सिन्धी का संबन्ध और भी गहरा है। इस संबन्ध का एक प्रमाण सिन्धी में **र्** का व्यापक व्यवहार है। हिन्दी शब्दों में जहाँ **ल्** है, वहाँ भी सिन्धी बहुधा **र्** का व्यवहार करती है यथा **बबूल—'बा'बुरु, पहले—पँहरें, हौले—हउरे, बालू—वारी, फलना—फरणु, तलना—तरणु, ओखली—उखिरि, मुकुल—मुखिरि, दुबला—'डुबिरो**। कहीं-कहीं सिन्धी रूप अवधी रूपों के समान हैं यथा **दुबला, फलना, बबूल, बालू, ओखली** अवधी में **दूबर, फरब, बबुर, बारू, ऑखरी** हैं। **र्** ध्वनि की प्रधानता अवधी के समान ब्रज में भी है। सिन्धी की दूसरी विशेषता महाप्राण ध्वनियों की रक्षा है। पंजाबी में महाप्राण ध्वनियां अत्यन्त असुरक्षित रही हैं। इसका एक ही कारण हो सकता है, सिन्ध की अपेक्षा पंजाब में द्रविड़ों का जमाव अधिक रहा है। सिन्धु शब्द के आधार पर बने **हिन्दु, हिन्द, हिन्दी** आदि शब्द पंजाबी की देन हैं, सिन्धी की नहीं। सिन्धी जन स्वयं को न तो **सिन्दी** कहते हैं, न **हिन्दी**; उनके प्रदेश का नाम **सिन्ध** है, **सिन्द** या **हिन्द** नहीं। द्रविड़ प्रभाव से जब **हिन्द** के **ह्** का लोप हुआ, तब **इन्द, इन्ड, हिन्दिया** से **इंडिया** आदि रूपों का चलन हुआ।

पंजाब से वैदिक भाषा और साहित्य का संबन्ध होने के कारण सिन्ध के भाषाई महत्व की अनदेखी की गई है। वैदिक भाषा की पूर्व परंपरा पर विचार नहीं किया गया,

अतः मध्यदेश की भाषा-परंपरा और उससे सिन्धी के संबन्ध पर सोचने-विचारने का प्रश्न ही न था। बहुत से बहुत किसी काल्पनिक प्राकृत या अपभ्रंश से सिन्धी का संबन्ध जोड़कर, पुराने प्राकृत-अपभ्रंश रूपों की रक्षा का श्रेय सिन्धी को दे दिया गया, बस ! सांस्कृतिक दृष्टि से सिन्धु घाटी की सभ्यता का मूल क्षेत्र सिन्ध है किन्तु इसका संबन्ध सिन्ध की आर्यभाषाई जनता से जोड़ा ही क्या जाता जब यह सभ्यता आर्येतर मान ली गई थी ! किन्तु सिन्धी भाषा में मध्यदेशीय भाषा के जो तत्व हैं, वे अत्यन्त प्राचीन हैं। उचित होगा कि इन तत्वों की पहचान को आधार बनाकर एक बार फिर सिन्धु घाटी की लिपि के रहस्यभेद का प्रयत्न किया जाय। सिन्धी शब्द-तंत्र का अध्ययन करते समय हम सबसे पहले इस बात पर ध्यान दें कि सिन्धी ने महा-प्राणता के लक्षण की रक्षा कैसे की है और यह लक्षण सिन्धी रूपों की प्राचीनता कैसे सिद्ध करता है। यदि सिन्धु घाटी की सभ्यता द्रविड़ जनों की सभ्यता होती तो सिन्धी में महाप्राण ध्वनियों की रक्षा असंभव होती, विशेषरूप से इस कारण कि अरबों ने सिन्ध पर अधिकार किया और वे भी द्रविड़ों के समान सघोष महाप्राण स्पर्श ध्वनियों का व्यवहार न करते थे। यदि फ्रान्स से आनेवाले नार्मन विजेताओं के प्रभुत्वकाल में अंग्रेज़ी की स्थिति से अरब प्रभुत्वकाल में सिन्धी की स्थिति की तुलना करें, तो पता चलेगा कि अंग्रेज़ी के ध्वनितंत्र में जहाँ व्यापक परिवर्तन हुआ है, वहाँ सिन्धी का ध्वनितंत्र मूलतः अपरिवर्तित रहा है। सिन्धी जनता का यह स्वभाषा प्रेम ऐतिहासिक भाषाविज्ञान को उनकी विशिष्ट देन है।

सिन्धी शब्द **सघ** का अर्थ है शक्ति; क्रिया **सघणु** का अर्थ है सकना, कोई काम करने की क्षमता होना। संस्कृत **साहस** में जो **सह्** क्रिया है, उसका पूर्वरूप **सघ्** है। इस **सघ्** का रूपान्तर संस्कृत **शक्नोति** की **शक्** क्रिया है जिससे हिन्दी **सकना** का संबन्ध है। **शक, शक्त, शक्ति** इसी **शक्** से संबद्ध हैं, इसका उल्लेख पहले हो चुका है। गणवाचक शब्द बहुत्वसूचक होते हैं; **सघ** के रूपान्तर **सक** या **सग** से संस्कृत **सकल** और ब्रजभाषा के **सिगरे** रूप बने। **सकल** के गुजराती प्रतिरूप **सघळूं, सगळूं** हैं। (ये रूप डा० पी० बी० पंडित ने जून १९५७ की **इंडियन लिंग्विस्टिक्स** पत्रिका में प्रकाशित गुजराती में अनुना-सिकता और महाप्राणता पर अपने लेख में दिये हैं।) **सघळूं** के **सघ** में महाप्राणता जोड़ी गई है, यह मानने का कोई कारण नहीं है। संस्कृत में **शक्** तथा **सह्** और **सकल** का **सक** तो हैं, मूलरूप **सघ** नहीं है। यह मूल रूप गुजराती और सिन्धी में है; सिन्धी में उसका शक्तिवाचक अर्थतत्व सुरक्षित है। **शक्, सह्, सकल, सघ** परस्पर संबद्ध हैं, इसकी पुष्टि अर्थसंसर्ग की उन रीतियों से होती है जो यहाँ दूर-दूर तक प्रचलित थीं और जिनका विश्लेषण पहले किया जा चुका है। सिन्धी **सघारो** (शक्तिशाली) में यही **सघ** है। **सघ, सघो** रूप भी सिन्धी में विशेषण के समान प्रयुक्त होते हैं।

आर्यभाषाओं में इस समय कृदन्त प्रत्यय **ध** सबसे ज्यादा सिन्धी में सुरक्षित है। **दुग्ध** सिन्धी में **'ड्धो** है, हिन्दी **दूध** में भी **ध** प्रत्यय बना हुआ है। **राँधना, राँधा** के समान सिन्धी में **रन्ध** क्रिया और **रधो** कृदन्त रूप हैं। संभोग क्रियासूचक संस्कृत **यभ्**

के सिन्धी प्रतिरूप **जभ** और **जह** से कृदन्त **जधो** बनता है। सिन्धी क्रिया **डह** (सताना) संस्कृत **दह्** का रूपान्तर है; **दग्ध** के समान कृदन्त रूप **'डधो** है। सिन्धी **रुझ** (व्यस्त होना) हिन्दी **उलझना**, ब्रज **सुरझत**, अवधी **अरझत** से संबद्ध है; कृदन्त रूप है **रुधो**। हिन्दी **रीझना**, **रीझा** के समान सिन्धी **रीझ** और **रीधो** हैं किन्तु **रीझा** के विपरीत सिन्धी रूप में **ध्** है। सिन्धी **विझणु** (फेंकना) संस्कृत **बिध्**, हिन्दी **बेधना** का प्रतिरूप है; कृदन्तरूप है **विधो**। सिन्धी रूपों को देखने के बाद किसी के मन में सन्देह न रहना चाहिए कि हिन्दी **दिया**, **किया** के आधार रूप **दिध**, **किध** थे; **कृत** और **दत्त** को ऐसे रूपों का आधार मानना सही नहीं है। पंजाबी कृदन्त रूपों में **ध** का अभाव सूचित करता है कि मध्यदेश से निकटतम संपर्क सिन्ध का था।

सिन्धी कृदन्त रूपों में ध्वनितंत्रीय विशेषता यह है कि **ग्ध**, **द्ध**, **ब्ध** से केवल **ध्** बच रहता है, पूर्व व्यंजन का लोप हो जाता है और क्षतिपूर्ति के लिए आदि वर्ण का स्वर दीर्घ नहीं होता; वह क्रियामूल में ही दीर्घ हो तो बात अलग है। यह मध्यदेश की पुरानी प्रवृत्ति है और दामोदर पंडित के समय तक जीवन्त थी। अवधी **दिहिसि**, **किहिसि** के **दिह**, **किह** के पूर्वरूप **दिध**, **किध** थे, **दिद्ध**, **किद्ध** नहीं। **ध** प्रत्यय के पहले कहीं नासिक्य ध्वनि भी दिखाई नहीं देती। **रन्ध** क्रिया से **रधो** रूप बनता है, **रांधो** या **रँधो** रूप नहीं। पूर्व स्वर को अनुनासिक बनाकर **न्** व्यंजन लुप्त हो जाय, ऐसा नहीं होता। पूरा व्यंजन ही लुप्त होता है जैसे **ग्**, **द्**, **ब्** लुप्त होते हैं। **ध** के अतिरिक्त जहाँ अन्य प्रत्यय हैं, वहाँ भी यह क्रम देखा जाता है यथा **मुंझ** (उलझन में पड़ना) से **मुठो**। किन्तु **हलन्दो** (चलता हुआ), **सुणन्दो** (सुनता हुआ), **पिअन्दो** (पीता हुआ) आदि में **ध्** के स्थान पर **द्** है और **न्** सुरक्षित है। यह विरोधी प्रवृत्ति है जिसका संबन्ध कुरुगण समुदाय से है। ऐतिहासिक दृष्टि से अन्य व्यंजनों की अपेक्षा सिन्धी कृदन्तों मे **न्** का लोप अधिक महत्वपूर्ण है। **मुंझ** और **रन्ध** क्रियाओं के लिए यह संभावना है कि इनके समानान्तर **मुझ**, **रध** रूपों का चलन रहा हो और इनसे **मुठो**, **रधो** कृदन्त बने हों।

किन्तु **मुठो** और **रधो** चाहे **मुंझ** और **रन्ध** से बने हों, चाहे **मुझ** और **रध** से, यह तो स्पष्ट है कि आदि वर्ण पर बलाघात से बचने के लिए सिन्धी व्यंजन लोप द्वारा बहुधा दीर्घ वर्ण को ह्रस्व कर देती है। प्राचीन काल में यदि **गम्** से **गन्त**, **मन्** से **मन्त** रूप बने हों, तो सिन्धी ध्वनिप्रकृति के अनुकूल इनके **गत** और **मत** प्रतिरूपों का चलन होगा। **गत**, **गति**, **मत**, **मति** रूपों में नासिक्य व्यंजन के अभाव का कारण उक्त ध्वनि-प्रकृति हो सकती है।

हृदय के सिन्धी प्रतिरूप **हिर्धो** पर फिर विचार करें। ट्रम्प का कहना है कि **र्** के संसर्ग से **द्** में अतिरिक्त महाप्राणता जोड़ी गई है किन्तु ऐसा कोई नियम नहीं है। **अचर्जु** (आश्चर्य), **गर्बु** (गर्व), **सुर्गु** (स्वर्ग), **सिर्जनहारु**, **आर्तरु** (आदित्यवार) आदि उदाहरणों में **र्** के संसर्ग से महाप्राणता का योग नहीं होता। सिर्धो में **सिर्** क्रिया संस्कृत **सर्** का प्रतिरूप हो सकती है। **श्रद्धा** के **श्रद्**, लैटिन **कॉर्** और ग्रीक **कर्दिआ** से **सर्** क्रिया का संकेत मिलता है। वर्णसंकोच और मूर्धन्यीकरण के कारण **सृध** जैसे रूप का चलन हुआ।

जैसे **हृदय** को **हिर्दै** कहने की प्रवृत्ति है, वैसे ही **सृध** को **सिर्धो** कहा जाता होगा। **सर्** क्रिया का अर्थ है चलना; जो वस्तु निरंतर गतिशील हो, वह हुई **सर्ध, सिर्ध, सृध, श्रध। सृध** से **हृदय** और **सिर्धो** रूप बने। संस्कृत मुण्ड का सिन्धी प्रतिरूप **मुंढो** है। ट्रम्प ने **मूर्धन्** को स्रोत रूप माना है। यहाँ सिन्धी रूप महाप्राणता बनाये हुए है, संस्कृत में उसका लोप हो गया है। अवधी में **मूर्धन्** का रूपान्तर **मुड्ढु** है; जो अपने साथियों में प्रमुख हो, वह **मुड्ढु** है। संस्कृत **दद्रू** (दाद) के सिन्धी प्रतिरूप **डढ्रु**, **ढढु** हैं; **तर्पण** का प्रतिरूप **ढ्रापणु** (तृप्त होना) है। यदि **र्** के संसर्ग से महाप्राणता जोड़ी गई है, तो **डढ्रु** के पूर्वरूप **दद्रू** में **द्** के बाद आने पर भी **र्** ने उसे **ढ्** बनाया और **ढ्रापणु** के पूर्वरूप **तर्पण** में **त्** को महाप्राण ही नहीं सघोष भी बना देता है। संस्कृत में **दृ** (अर्थात् **दर्**) क्रिया का अर्थ है चटकना, फटना, बिखरना। **दर्** से कृदन्त रूप **दर्ध** बनेगा; **दर्ध** में चटकने, फटने का भाव दाद के रोग की ओर संकेत कर सकता है; अन्यथा **द'ढु** या **दद्रू** निरर्थक सा शब्द लगता है। जैसे **श्रद्** का पूर्वरूप **सर्ध** उसकी व्याख्या भली प्रकार करता है, वैसे ही **दद्रू** का पूर्वरूप **दर्ध** उसकी व्याख्या कर सकता है। **तर्पण** और **तृप्ति** का संबन्ध मूलत: जल-वाचक **तिर**. **तीर** से है। **तृष्** पानी पीने की इच्छा है, **तृप्ति** पानी पी चुकने का सुख है। अंग्रेज़ी **थर्स्टी** का **थर्स्**, तृष् का प्रतिरूप है। **तीर** का ब्राहुइ प्रतिरूप **दीर** (पानी) है। जलवाचक शब्द में **त्, थ्, द्** तीन ध्वनियों वाले शब्द हैं। संभावना यही है कि मूल रूप **धीर, धिर** जैसा होगा। **ढ्रापणु** के **ढ्राप** का पूर्वरूप होगा **धर्प** जिसका अर्थ होगा **तृप्त**।

सिन्धी का एक रोचक शब्द **थधेकार** (ठंढा दिमाग) है। इसमें **थ्** और **ध्** दो महाप्राण ध्वनियाँ एक साथ हैं; संस्कृत में एक ही वर्ग की दो महाप्राण ध्वनियों का इस प्रकार एक दूसरे के पास होना अस्वाभाविक माना जायगा। किन्तु मध्यदेश में ऐसे रूपों का चलन था, यह निष्कर्ष आधुनिक अवधी के विवेचन से निकलता है। **स्थध** जैसा रूप यहाँ प्रचलित था; इससे पुरानी अंग्रेज़ी का **स्टुड्** (खंभा) और ब्रज-अवधी के **ढाढ़, ठाढ़े** रूप बने। **स्थन्ध** जैसे रूप से अंग्रेज़ी का **स्टैन्ड** (खड़े होना) और हिन्दी का **ढंढ** रूप बने। **ढंढ** का पूर्वरूप **स्तन्ध** अथवा **स्थन्ध** था, यह सिन्धी **स्थध** से सिद्ध होता है जो **ढंढ** का ही अर्थ देता है। यद्यपि सिन्धी मूर्धन्य ध्वनियों के क्षेत्र की भाषा है किन्तु **थध** या **थन्ध** जैसा रूप हिन्दी में नहीं है, यहाँ ठंढ है; **थध** रूप सिन्धी में है। सिन्धी **वधीक** का अर्थ है अधिक। बढ़ने का भाव **वधीक** में स्पष्ट है; **वर्ध्** क्रियामूल में **र्** के संसर्ग से **ध्** का मूर्धन्यीकरण हिन्दी **बढ़ना** में हुआ है, सिन्धी में नहीं। सिन्धी में **र्** का लोप हो गया है। संस्कृत **अधिक** में **अधि** को उपसर्ग माना जाय तो यह ऐसा शब्द होगा जो प्रत्यय में उप-सर्ग जोड़कर बनाया गया है। **वृध्** के पूर्वरूप **वर्ध्** से **वर्धिक** शब्द सहज भाव से बनेगा; प्रथम दीर्घ वर्ण मध्यदेशीय ध्वनि प्रकृति के अनुकूल ह्रस्व हो जायगा। **वर्धिक** के **व्** और **र्** के लोप से पुराने मध्यदेशीय **अधिक** रूप का चलन हुआ। **वधिक** शब्द **वध्** (मारना) क्रिया का भाव व्यक्त करता था, अत: **व्** के लोप से **अधिक** को **वधिक** से अलगाने में सुविधा हुई।

ख. शब्दतंत्र

सिन्धी में **निधरु** (असहाय) इस भाषा की शब्दरचना-क्षमता का अच्छा उदाहरण है। **स्तंभ, स्थाणु** आदि शब्दों में जैसे स्थिरता के साथ सहारा देने का भाव है, वैसे ही **धरा** शब्द से स्थिरता और सहारा, दोनों की व्यंजना होती थी। यह तथ्य **निधरु** से स्पष्ट होता है। इस शब्द द्वारा सिन्धी ने **धर, धरा** आदि शब्दों के पुराने अर्थ संसर्ग को कायम रखा है; **नि** उपसर्ग लगाकर उसके आधार पर नया शब्द गढ़ा है।

सिन्धी के **पोढ़िग्रो** (श्रम करना) **पोढ़िग्रतु** (श्रमिक) शब्द उस **पो** क्रिया से बने हैं जो **पाणि** और **पणिक्कर** के **पण्** से संबद्ध है। संस्कृत **अप्** (श्रम; संबन्ध कारक में **अपः**) इसी क्रिया से बना है; **अ** उपसर्ग है। लैटिन **ऑपुस्** (श्रम, कृति) इसी शृंखला में है। सिन्धी में कृदन्त **पोध-पोढ़** को फिर क्रियामूल बनाया गया है। भारतीय भाषा-परिवारों में ऐसी अनेक क्रियाएँ हैं जिनके **धा, वर्, वत्** आदि अनेक वैकल्पिक रूप हैं। इसी तरह **पो** का एक रूप **पर्** था। **पर्** में **ध** प्रत्यय जोड़ने पर **पर्ध** रूप बना; **प्** के **व्** में बदलने पर **वर्ध** रूप मिला जिसे पुनः क्रिया मूल बनाया गया। **वर्ध्** का अर्थ होना चाहिए बढ़ना किन्तु इसका अर्थ था काटना। इसका रहस्य यही है कि **वर्ध्** (काटना) का पूर्वरूप **पर्ध्** था। हाथ से जो क्रियाएँ संपन्न होती हैं, उनमें मारना, काटना भी एक प्रमुख क्रिया है। **कर्** क्रिया में **त** प्रत्यय जोड़ने पर जो **कर्त** रूप मिला, उसी से काटने का अर्थ व्यक्त करने वाली संस्कृत **कर्तन** की **कर्त्** अथवा **कृत्**, अंग्रेज़ी **कट्** क्रियाएं बनीं। इसी प्रकार **दस्त** (हस्त) के **दस्-तस्** से **तक्ष्** क्रिया बनी जिसका अर्थ काटना हुआ। **तक्षक** सांप है, **तक्षन्** बढ़ई है। **वर्धक, वर्धकि** इसी प्रकार बढ़ई का अर्थ देते हैं। सिन्धी में **वेढ़ि** शब्द का अर्थ जंगल है; जंगल के लिए इस शब्द का प्रयोग बढ़ई की लकड़ी काटने वाली क्रिया के संसर्ग से हुआ होगा।

सिन्धी में **इझो, उझो** निर्देशक सर्वनाम हैं। इनके पूर्वरूप **इध, उध** थे; **इ-उ** सर्वनामों में वस्तु-वाचक **ध** प्रत्यय जोड़ा गया था। संस्कृत **इह** इसी **इध** का रूपान्तर है। सिन्धी ने यहां **ध्** का तालव्यीकरण तो स्वीकार किया किन्तु स्पर्शतत्व का लोप न होने दिया। हिन्दी **इधर, उधर** में मूल **ध्** ध्वनि विद्यमान रही। संस्कृत **इह** और हिन्दी **यह-वह** के समान सिन्धी में **ईहो-ऊहो** (यही-वही) रूप भी हैं। बांदी के लिए सिन्धी शब्द **बान्ही** पूर्वरूप **बांधी** की सूचना देता है। **बन्ध्** क्रिया के आधार पर फ़ारसी रूप **बांदी** बना; **ध्** का अघोषीकरण हुआ। सिन्धी ने **ध्** को **ह्** में परिवर्तित किया और बान्ही रूप चलाया। इसी के भाईबंद पूर्वी क्षेत्र के **बनिहार** (दास) हैं। सिन्धी में **बांधी** शब्द भी है किन्तु उसका अर्थ है नदी में तैरता लट्ठा। इसका संबन्ध **वन** से होगा; सिन्धी **वणु** का अर्थ है पेड़।

सिन्धी 'गाल्हि (शब्द) का संबन्ध **प्रगल्भ** के **गल्भ** से है, **गल्प** और पंजाबी **गल्ल** जिसके रूपान्तर हैं। **गल्भ** का '**गल्, गद्** क्रिया का रूपान्तर है। सिन्धी ने यहां स्पर्श ध्वनि **भ्** को संघर्षी **ह्** रूप में ग्रहण किया है। सोने के लिए **सुम्ह** क्रिया का पूर्वरूप **सुम्भ** रहा

होगा। **स्वप्** का **प् म्** में परिवर्तित हुआ है, फिर **भ** प्रत्यय जोड़कर कृदन्त **स्वम्भ** को पुनः क्रियामूल बनाया गया। लैटिन **सोम्निश्रो** (सपने देखना) और **सोम्नुस्** (नींद) में भी **स्वप्** का **प् म्** में परिवर्तित हुआ है। आकाश के लिए **उभु** सिन्धी का अपना शब्द है। यह प्रकाश सूचक है, यह **उभिरन्दाँ** (पूर्व दिशा) से सिद्ध है। **नभ** और **उभु** की रचना एक ही प्रकार से हुई है; प्रकाशसूचक भ, भु में निर्देशक सर्वनाम **न**, **उ** जोड़े गये हैं। **नभ** शब्द वैसे ही प्रकाश की व्यंजना करता है जैसे **आकाश**। अरबी **उफ़ुक़** (क्षितिज) का आधार **उभु** है। **अधरु** (असहाय) के समान सिन्धी के **अभरु** (निर्धन) में **भर** का पुराना भरणपोषण वाला भाव बना हुआ है। **धनारु** का अर्थ पशुपालक, ग्वाला, गड़रिया है; पशुधन ही कभी मुख्य धन था, इस कारण **धनारु** का यह अर्थ निश्चित हुआ। **भरिणो** शब्द अलंकरण, कपड़ों पर बेलबूटे काढ़ने का अर्थ देता है। पोषण का अर्थ देने वाली **भृ** (अर्थात् **भर्**) क्रिया से पोषित का अर्थ देनेवाला **भृत्य** (सेवक) शब्द बनता है। धनी गृहस्वामियों के यहां भृत्य वस्त्रादि पर अलंकरण कार्य करते थे, अतः **भरिणो** में वैसा अर्थ विकास हुआ।

घुर का अर्थ है चाहना, इच्छा करना। हिन्दी **घूरना** और सिन्धी **घुर** संबद्ध हैं। इसी प्रकार पुरानी अवधी में **चाह** क्रिया का अर्थ देखना था, बँगला में अब भी है किन्तु हिन्दी में इच्छा वाला अर्थ ही रह गया है। सिन्धी की **घोरणु** (खोजना) क्रिया उसी **घुर** से संबद्ध है।

सिन्धी में सघोष महाप्राण स्पर्श ध्वनियों वाले बहुत से शब्द हैं जिनमें पुराना अर्थ निहित है या नये अर्थ का विकास हुआ है। वैसे रूप हिन्दी क्षेत्र में अब प्रयुक्त नहीं होते। **भउणो** (घुमक्कड़, भ्रम् क्रिया से), **कुभ** (अभागा), **धुरि** (उद्गम), **वेढ़ि** (झगड़ा; तुलनीय है अवधी ईढ़ि जिसका अर्थ हठ है), **झलिबो** (पकड़ा जाना), **धूड़्यो** (अन्धड़), **झुड़ालो** (बादलों का मौसम), **झरती** (झाँकना), **झपो** (झपटना), **छिम्भ** (डाटना), **भरी** (बोझ), **भर्यतु** (कुली), **सझु** (अवसर), **सझाइतो** (उपयुक्त), **भटू** (बिच्छू), **सबोझो** (समझदार), **'डाघो** (ऊँट), **लन्घो** (ढोलची), **घाश्रो** (जाल), **मन्झी** (भैंस), **'डधि** (गलत), **धाइणु** (दूध पीना; हिन्दी का **धाय** शब्द इससे संबद्ध है), **भुच** (हजम होना), **घा** (समान), **घोड़ा घोड़ा** (हाय हाय)—इन शब्दों से यही सिद्ध नहीं होता कि सिन्धी ईरानी क्षेत्र की भाषा नहीं है वरन् यह भी कि अनेक आधुनिक आर्यभाषाओं की अपेक्षा उसने सघोप महाप्राण ध्वनियों की रक्षा अधिक की है और मध्यदेशीय भाषातंत्र से उसका संबन्ध जितना पुराना है, उतना ही सुदृढ़ भी है।

सिन्धी के **ज'डिंहि-त'डिंहि** (जभी-तभी) कौरवी **जद तद** के आधार पर बने हैं। वस्तुसूचक **ध** अल्पप्राण, मूर्धन्य रूप में प्रयुक्त हुआ है। **इहड़ो-उहड़ो** (ऐसा-वैसा) में आधार शब्द **इध** है; यहां ध् ह् में परिवर्तित हुआ है। सिन्धी **के** (कोई), **की** (कुछ) रूपों से सिद्ध है कि **क** सर्वनाम मूलतः प्रश्नवाचक नहीं था। **किथे** (कहां) में **कि** प्रश्नवाचक है। वस्तुसूचक **ध** प्रत्यय थ, **द** ('ड), **झ**, ह आदि अनेक ध्वनिरूपों में परिवर्तित होता है। इससे विदित होता है कि अन्य भाषा क्षेत्रों के समान सिन्धी क्षेत्र भी अनेक

भाषाई प्रवृत्तियों से प्रभावित हुआ है।

सिन्धी की शब्द निर्माण-प्रक्रिया में सबसे पहले ध्यान उन शब्दों की ओर जाता है जिनमें **र** या **रु** प्रत्यय जोड़ा गया है। भाई के लिए **भाउ** शब्द में यह प्रत्यय जोड़कर **भाउर, भाउरु** रूप बनते हैं। इसी प्रकार माता के लिए **माइरु, माइरूं**, बहिन के लिए **भेणज, भेणरु**, बेटी के लिए **धिग्ररु, धिग्ररूं**, पुत्रवधू के लिए **नुहरु, नुहरूं**, पत्नी के लिए **जोइरु, जोहिरु**, पिता के लिए **पिउर**,—ऐसे शब्द सिन्धी की विशेषता हैं। ये सभी शब्द पारिवारिक सम्बन्ध सूचित करते हैं। संस्कृत में **मातृ, पितृ** आदि रूपों में इसी तरह का **र** अथवा **अर्** चिन्ह है; मातर, पितर आदि रूपों के अन्तिम वर्ण में संकोचन से **मातृ, पितृ** रूप बने। यह प्रत्यय बहुत्व-सूचक, अतः सम्मान-सूचक है, निकट सम्बन्धों और स्नेह का सूचक भी है। पारिवारिक सम्बन्धसूचक **र** प्रत्यय वाली मध्यदेश की शब्दावली अत्यन्त प्राचीन है। उसका साँचा बहुत थोड़े हेरफेर से सिन्धी में अब भी प्रयुक्त होता है। यहाँ **राउर** शब्द भी उल्लेखनीय है। **राय** या **राउ** में **र** प्रत्यय जोड़ने से ये रूप बने हैं। सिन्धी में **राउर** रूप **भाउर** आदि के समान बना है; उसकी व्युत्पत्ति के लिए **राजकुल** का सहारा लेना आवश्यक नहीं है।

सिन्धी शब्दरचना में अधिकांश प्रत्यय ऐसे हैं जो हिन्दी या हिन्दी-क्षेत्र की बोलियों में प्रयुक्त होते हैं। स्वभावतः इनमें अनेक ऐसे भी हैं जो संस्कृत अथवा इन्डोयूरोपियन परिवार की अन्य भाषाओं में भी प्रयुक्त होते हैं। क्रिया में **ऊ** प्रत्यय जोड़कर संज्ञा रूप बनाये जाते हैं। सहना का अर्थ देने वाली **सह** क्रिया से **सहू** (धैर्ययुक्त) शब्द बना। जो कोई चीज फोड़े, वह **फोरू**, जो बहुत घूमे वह **घोमू**। क्रिया के अतिरिक्त संज्ञा शब्दों में भी **ऊ** प्रत्यय जोड़कर नये रूप बनाये जा सकते हैं जैसे **वैर** मानने वाला व्यक्ति **वेरू**। हिन्दी में **वेरू** का प्रतिरूप **बैरी** है। सिन्धी में **ई** प्रत्यय भी लगाया जाता है जैसे नौकर के लिए **'बेली**। यहाँ शब्द मूल **'बेल** (काम करना) में **ई** प्रत्यय जोड़ा गया है। यह **बेल** वही है जो **बेलदार** में दिखाई देता है। किसान के लिए सिन्धी का प्रसिद्ध शब्द **हारी** इसी तरह बना है। इस **ई** प्रत्यय को संस्कृत **इन्, इक, ईय** आदि से जोड़ा गया है। **कवि, पति** आदि संस्कृत शब्दों में **इ** प्रत्यय है, उसी का वैकल्पिक रूप **ई** है। फ़ारसी में यही **ई** प्रत्यय है। हिन्दी में **ऊ** और **ई** दोनों प्रत्ययों का व्यवहार होता है। तुलसीदास का प्रसिद्ध **घर फोरी** सिन्धी **फोरू** का ही स्त्रीलिङ्ग रूप है। **फोरू** के समान हिन्दी **चालू** है। हिन्दी **बिकाऊ** में जैसे **आऊ** प्रत्यय है, वैसे ही सिन्धी रूप **बेकाऊ** में। हिन्दी **लड़ाकू** के समान सिन्धी में **रहाकू** (रहने वाला), **याकू** (पीने वाला) रूप हैं। इन्हीं के आधार पर, **ड़** प्रत्यय जोड़कर, हिन्दी में **पियक्कड़, घुमक्कड़** शब्द बनते हैं। हिन्दी के समान सिन्धी के अनेक शब्दों में **आर** प्रत्यय लगता है। वैदिक काल में ही **कार** के समानान्तर **आर** प्रत्यय का व्यवहार होने लगा था, इसलिए आधुनिक भाषाओं के शब्दों की व्युत्पत्ति दिखाते हुए **कार** की जगह **आर** लिखना भी उचित है। **पूजा** से सिन्धी में **पूजारो** रूप बनता है। अवधी प्रभाव से हिन्दी रूप **पुजारी** का पहला वर्ण ह्रस्व कर दिया गया है। घूमने का अर्थ देने वाली **घोर** क्रिया से **घोरारो**, भीख माँगने के लिए **पिन** क्रिया से

हिन्दी **दूज, तीज** या **दूजे** (दूसरे), **तीजे** (तीसरे) की तरह सिन्धी में **'बिजो, ट्रिजो** रूप हैं; हिन्दी **दोनों, तीनों** की तरह **'बिनि, ट्रिनि** रूप हैं। ये **नि** वाले रूप एक निश्चित व्यवस्था के अन्तर्गत हैं। **'बिनि, ट्रिनि** की तरह **सतनि, अठनि** आदि रूप भी हैं। संस्कृत में **त्रीणि** रूप तो है किन्तु **द्वीनि** जैसा रूप नहीं है। हिन्दी **दोनों** के अतिरिक्त मराठी **दोण** और सिंधी **'बिनि** से विदित होता है कि **द्वीनि** जैसा रूप भी प्रयुक्त होता था।

सिन्धी में निर्देशक सर्वनाम **ही, हे** अपने मूल रूपों **सी, से** की सूचना देते हैं। ट्रम्प ने इनके साथ मराठी सर्वनाम **ह** को ठीक याद किया है। इस क्रम में वह ग्रीक सर्वनामों को भी याद कर सकते थे। करण कारक में इसी सर्वनाम के सिन्धी **हिन, हिनि** रूप हैं; **ही, हे** निकटवर्ती वस्तु की सूचना देते हैं, **हू, हो** दूरवर्ती वस्तु की सूचना देते हैं। **इ** और **उ** का यह भेद आर्य-द्रविड़ दोनों परिवारों में है। **हिन** के समान करण कारक में **हू** का **हुन** रूप होता है। सिंधी की कुछ बोलियों में ह् का लोप होने के बाद **ही, हे, हिन** आदि की जगह **ई, ए, इन** आदि रह जाते हैं। **ही** सर्वनाम का सम्बन्ध कारक रूप महत्वपूर्ण है। हिन्दी **इन्होंने** के **इन्ह** शब्द मूल का व्यवहार सिन्धी **इन्हेजो** (एकवचन) **इन्हनिजो** (बहुवचन) में होता है। सर्वनाम मूल **सि** में **ध** चिन्ह जोड़ने पर एक रूप तो **सिध** बनेगा जिसके रूपान्तर **हिद, इद, इह** आदि होंगे। अनुनासिक व्यंजन जोड़ने पर एक रूप **सिन्ध** बनेगा जिससे **हिन्ह, इन्ह** रूप बनेंगे। **हिन, इन** रूप **सिध** से बन सकते हैं, **सिन्ध** से भी। (कहना न होगा कि इस मूल सर्वनाम रूप **सिन्ध** का सिन्धु नदी या सिन्ध प्रदेश से कोई सम्बन्ध नहीं है।) तमिल में **इद** के साथ जो **इन्द** रूप हैं, वह इसी निर्माण प्रक्रिया का परिणाम है। **इङ्गे** और **इन्द** तमिल में निकटवर्ती स्थान की सूचना देते हैं। इनके मूल रूपों में **घ और ध** चिन्ह स्थान के साथ वस्तु, व्यक्ति आदि की सूचना भी देते थे। अवधी **मँहि** के समान सिन्धी में **मुहुँ, मुँहि** रूपों का व्यवहार होता है। सम्बन्ध कारक के एकवचन रूप **मुहिजो, मुहुँजो** (मेरा), **तुहिजो, तुहुँजो** (तेरा) ऐसे सर्वनामों के मूल रूपों में **ध** चिन्ह की स्थिति पुष्ट करते हैं। इनके समान **जँहिजो** (जिसका), **कँहिजो** (किसका) में **ध** का रूपान्तर ह है। ब्रज-भाषा का **कोऊ** यहां ह् ध्वनि के साथ **कोहु** रूप में विद्यमान है। अवधी में **काँहू** और **कोऊ** दोनों रूपों का व्यवहार होता है। सिंधी के प्रश्नवाचक **केहो, केहारो** (कौन सी चीज) में पुनः ह् स्थित है। विभिन्न आर्य जनपदों के सर्वनाम-रूपों में तगड़ा विनिमय हुआ है; **कोहु** का **को** मूलतः मागधी है, **केहो** का **के** मूलतः कौरवी। **पँहँजो, पाँहजो** (अपना) का सर्वनाम मध्यदेशीय है क्योंकि आदि वर्ण में **पे** या **पो** नहीं है, **प** है। ये रूप इस बात की पुष्टि करते हैं कि **पध** जैसा सर्वनाम कभी यहाँ प्रयुक्त होता था। एक ओर **पध** से सिन्धी का **पँहँ** सर्वनाम रूप विकसित हुआ, दूसरी ओर उसी प्रक्रिया से अवधी का सम्बन्धक **पहँ** विकसित हुआ। सम्बन्धक और सर्वनाम दोनों की रचना में एक तत्व है सर्वनाम-मूल **प**, दूसरा तत्व है व्यक्ति-स्थान-सूचक **ध**। सर्वनाम **पँहँ** का अर्थ हुआ वह व्यक्ति; सम्बन्धक **पहँ** का अर्थ हुआ वह स्थान। मानक हिन्दी के **ऐसा, वैसा**

आदि की व्युत्पत्ति **ईदृश्** जैसे रूपों से की जाती है। सिन्धी के समानार्थी रूपों की व्यवस्था भी इसी तरह की गई है। किन्तु **ध** प्रत्यय वाले सर्वनाम-रूपों को आधार मान लेने पर व्युत्पत्ति सरल ही नहीं, युक्ति-संगत भी हो जाती है। **जाँहि, काँहि** के समान **जिहि, किहि** सर्वनामों से **जिहड़ो** (जैसा), **किहड़ो** (कैसा) रूप बनते हैं। यदि **किहड़ो** का मूल रूप **कीदृश्** था तो **काँहि, जाँहि** आदि रूप इस व्यवस्था से बाहर चले जाते हैं। **केहरो** (क्या), **किहड़ो** (कैसा) स्पष्टतः एक ही प्रक्रिया से बने हैं। इन्हीं के समान **तिहड़ो** (तैसा), **इहड़ो** (ऐसा), **उहड़ो** (वैसा) रूप हैं। यहाँ **ड़ो** प्रत्यय **ध** का ही रूपान्तर प्रतीत होता है। **इहड़ो, किहड़ो** आदि का **ह** पहले **ध** था। **इह, किह** आदि में **रो, ड़ो** प्रत्यय जोड़े गये। कुछ शब्दों में **ड़ो** के स्थान पर **'डो** का व्यवहार होता है : **के'डो** (कितना बड़ा), **केहि'डो** (कितना छोटा)। **कध** के आधार पर निर्मित प्राचीन रूप **कत** से सिन्धी **केतिरो** (कितना) अवधी **कॅतरा** के समान है।

सिन्धी में **ब** प्रत्यय जोड़कर जो कृदन्त बनाये जाते हैं, वे अवश्य ही मध्यदेश की देन है। **धोइबो** (धोना), **पीबो** (पीना) वर्तमानकालिक कृदन्त हैं और ब्रजभाषा के क्रियार्थी संज्ञा-रूपों के समान हैं किन्तु **ब** प्रत्यय जोड़कर, कोसली-मागधी भाषाओं के समान, सिन्धी में भविष्यकालिक कृदन्त भी बनते हैं। **होइबो** (होगा) भविष्यकालिक कृदंत का अन्य पुरुष, एकवचन रूप है। इससे पुनः इस धारणा की पुष्टि होती है कि बँगला-भोजपुरी अवधी का **ब** कृदन्त प्रत्यय है जिसका काल-सूचना से मूलतः कोई सम्बन्ध नहीं था। सिन्धी **पिग्रन्दो** (पीता हुआ), **चवन्दो** (बोलता हुआ) कौरवी पद्धति के कृदन्त रूप हैं। इससे विदित होता है कि सिन्धी में विभिन्न पद्धतियों के कृदन्तों का व्यवहार होता है। **ध** वाले कृदन्त सिन्धी की विशेषता हैं, इसका उल्लेख पहले हो चुका है।

भूतकालिक कृदन्त **श्रायो** (आया), **जिश्रो** (जिया) ब्रजभाषा रूपों के समान है। **चयो** (कहा) ब्रजभाषा के **कह्यो** रूप के समान है। मध्यम पुरुष के साथ प्रयुक्त होने वाले **हल्यउ** (तुम गये) में, पुरानी अवधी के **चलॅहु** के समान, सर्वनाम-चिन्ह **हु** था; **उ** उसी का रूपान्तर है। सिन्धी के आदेशात्मक **पिश्रो, 'डिश्रो** हिन्दी **पियो**, अवधी **दियो** के समान हैं। ब्रजभाषा के **दीजै, कीजै** के समान सिन्धी में **ज** प्रत्यय वाले कृदन्त भी हैं। **होइजॅ, हुइजॅ** (होइये) में **य्** का रूपान्तर **ज्** है। हिन्दी के **पीजिये, कीजिये** आदि रूपों से **पीज, कीज** निकालकर, उनके आधार पर सिन्धी कर्मवाच्य रूप बनाती है और **ज** के बाद वह एक अन्य कृदन्त प्रत्यय **णु** जोड़ देती है। **धुश्रणु** (धोना), **धोइजणु** (धोया जाना), **करणु** (करना), **किजणु** (किया जाना), ऐसे रूपों में कर्मवाच्य का भाव दिखाने के लिए सहायक क्रिया की आवश्यकता नहीं होती। हिन्दी में जैसे आदर दिखाने के लिए कर्मवाच्य प्रयोग होते हैं यथा **मेरी बात सुनी जाय**, वैसे ही सिन्धी में **सुणिजु** (सुनिये), **किजॅ** (कीजिये) आदि रूप हैं।

पूर्वकालिक क्रिया-रूप अवधी और ब्रजभाषा के समान बनाये जाते हैं। **रोईं** मध्यदेशीय **रोइ, रोय** (रोकर) का प्रतिरूप है। इसी प्रकार **सुणी** (सुनकर), **वरी** (लौटकर),

हलो (जाकर) रूप हैं। जैसे अवधी में **सुनि** के अतिरिक्त **सुनिकै** रूप का चलन हुआ, वैसे ही सिन्धी में **वरी**, हलो के साथ **वरीकरे, हलोकरे** रूप भी प्रयुक्त होते हैं। मानक हिन्दी में **करना** क्रिया की सहायता से जिस प्रकार पूर्वकालिक रूप बनाये जाते हैं, उसी प्रकार सिन्धी के ये रूप बनाये गये हैं। ऐसे रूप निस्सन्देह अपेक्षाकृत नवीन हैं। हिन्दी में **टूटना** और **तोड़ना**, फटना और **फाड़ना** क्रिया-रूपों में, भिन्न व्यंजनों की सहायता से, अर्थ-भेद किया गया है, वैसे ही सिन्धी में भी अर्थभेद किया जाता है। **फाटनु** (फटना), **फाड़नु** (फाड़ना) में व्यंजन-भेद से अर्थ-भेद किया गया है। बहुधा व्यंजन के साथ स्वर में भी भेद किया जाता है यथा **धुम्रण** (धोना), **धोवणि** (धुलना)। कहीं-कहीं केवल स्वर-भेद से अर्थ-भेद किया जाता है। सिन्धी के **बरणु, बारणु** अवधी के **बरबु, बारबु** (जलना, जलाना) के समान हैं। यहाँ परिवर्तन आदि स्वर में हुआ है। **चुम्रणु**, (टपकना), **चुम्रारणु** (टपकाना) अवधी **चुम्रबु, चुम्रावबु** के समान है; यहाँ परिवर्तन मध्यवर्ती वर्ण के स्वर में हुआ है।

अन्य आर्य भाषाओं के समान सिन्धी भी संयुक्त क्रियाओं का व्यवहार करती है। बहुत सी संयुक्त क्रियाएँ उसी कोटि की हिन्दी की संयुक्त क्रियाओं से मिलती-जुलती हैं। **करे चुकण** शब्दशः हिन्दी का **कर चुकना** है। **मरी वञणु** का अर्थ है मर जाना; पहली क्रिया हिन्दी के समान है, दूसरी **वन्द** कृदन्त के रूपान्तर **वञ्ज** से बनी है। अर्थ की दृष्टि से दोनों भाषाओं की संयुक्त क्रियाओं की संरचना एक ही ढंग की है। **रुम्रण ल'गणु—रोने लगना**, यहाँ भी दोनों क्रियाओं की संगति हिन्दी के समान है। **वठी वञणु—ले जाना** में **वठी** हिन्दी से भिन्न रूप है और **वञ** क्रिया भी हिन्दी से भिन्न है किन्तु अर्थ की दृष्टि से हिन्दी और सिन्धी दोनों की संयुक्त क्रियाओं का ढंग एक ही है। **खलीपवणु—खुल पड़ना, वढेविझणु—काट फेंकना** इसी प्रकार अर्थ-विचार से एक-रूप हैं। किन्तु **पईखिम्रणु—खा डालना** में क्रियाओं का क्रम भिन्न है। **वेन्दोरही** चलता रहा में **रह** क्रिया का प्रयोग एक ही ढंग से हुआ है किन्तु हिन्दी में इस क्रिया का व्यवहार साथ की क्रिया की निरन्तरता दिखाने के लिए होता है। सिन्धी में इसके अतिरिक्त **रह** क्रिया का उपयोग अन्य क्रिया की पूर्णता बताने के लिए भी होता है। **रमीरहण—चल रहना अर्थात् चल पड़ना,—चलने की शुरुआत** पक्की हो गई। हिन्दी **पडना** के अनुरूप सिन्धी **रहण है। रह** क्रिया के समान सिन्धी की एक **वत** क्रिया है। **चारीन्दोवते—चरता रहा**, यहाँ **वते मूलतः** कृदन्त है। **वर** से बने हुए **वर्त** रूप का सिन्धी प्रतिरूप है। प्रथम वर्ण को ह्रस्व रखने की प्रवृत्ति के कारण **र्** का लोप हो गया है जैसे **वढे** में **वर्ध** के र् का लोप हो गया है। यह **वते** हिन्दी क्षेत्र की पूर्वी बोलियों का **बटे, बाटे, बाड़े** आदि है। मध्यदेश में **वर्** क्रिया का प्रयोग अपेक्षाकृत कम होता था। एक ओर सिन्धी, दूसरी ओर भोजपुरी, इनके साथ संस्कृत और द्रविड़ भाषाओं में इसका व्यापक व्यवहार होता है। **व्रज** शब्द **वर्ज** का रूपान्तर है और **वर्ज वर्** से बना हुआ कृदन्त रूप है। **व्रज** और **व्रात्य** दोनों में **वर्** क्रिया का वर्ण-संकोचन वाला रूप है। संस्कृत में एक ओर **वर्त्** क्रिया है, दूसरी ओर **व्रत्**। दोनों क्रियाएँ ही

कृदन्त के आधार पर बनी हैं। **वन्द, वञ, वेन्बो** आदि सिन्धी-क्रिया रूप **वर्** के प्रतिरूप **वन्** से सम्बद्ध हैं।

सिन्धी में हिन्दी के समान शब्दों की आवृत्ति द्वारा किसी क्रिया का बार-बार घटित होना बताया जाता है। जैसे कहें **पढ़ते-पढ़ते थक गये**, वैसे ही सिन्धी में **पढ़िश्रो पढ़न** का अर्थ हुआ बार बार पढ़ना। क्रियाओं के अतिरिक्त नाम शब्दों की आवृत्ति इसी प्रकार होगी। **हाथों हाथ** की तरह **हन्धो हन्धु** में शब्द की आवृत्ति है किन्तु **हन्ध** का सम्बन्ध **हाथ** से नहीं है। **हन्धो हन्धु**—जगह-जगह; हन्धु स्पष्टतः ह सर्वनाम में ध स्थान-सूचक प्रत्यय जोड़कर बनाया हुआ रूप है। हन्धु अर्थात् वह स्थान। **रातों रात** के समान सिन्धी में **रातिश्रोराति**, **रातों दिन** के समान **रातों डीहु** रूप हैं।

ग. रूपतंत्र

रूपतंत्र की दृष्टि से सिन्धी की उल्लेखनीय विशेषता नाम शब्दोंके साथ सर्वनाम चिन्ह जोड़ने की पद्धति है। ट्रम्प ने इस पद्धति को ऐसी भाषाई कड़ी माना है जो भारत और ईरान को मिलाती है। इसी के आधार पर सिन्धी को दरद भाषा क्षेत्र में रखा गया है। ट्रम्प ने बताया है कि सर्वनाम-चिन्ह मनुष्य-सम्बन्धी शब्दों में जोड़े जाते हैं, मानवेतर और निर्जीव पदार्थों में नहीं। यह प्रवृत्ति सामी भाषाओं में है। अरबी में सर्वनाम-चिन्ह निर्जीव पदार्थों का अर्थ देने वाले शब्दों के साथ भी जोड़े जाते हैं। असमिया में परिवार-सम्बन्धी कुछ शब्दों के साथ सर्वनाम-चिन्ह अब भी जोड़े जाते हैं। इनका उल्लेख बँगला भाषा पर अपने ग्रन्थ में डा० चाटुर्ज्या ने किया है। सिन्धी में सर्वनाम-चिन्ह सम्बन्धकों के साथ भी जोड़े जाते हैं और उन्हें देखकर ऐसा लगता है मानो अंग्रेज़ी प्रिपोज़ीशन की तरह सिन्धी में पूर्व सम्बन्धक का चलन हो। **कणिमॅ**—मुझको, **मॅ** सर्वनाम है और **कणि** सम्बन्धक। बुन्देलखंडी **कने** का जोड़ीदार **कणि** वास्तव में नाम शब्द है। **कणिमॅ** का मूल अर्थ हुआ मेरे पास। **मॅ** सर्वनाम संज्ञा **कणि** के बाद लगा। सिन्धी में केवल सर्वनामों के साथ प्रयुक्त ऐसे शब्दों से पूर्व सम्बन्धकों का आभास होता है; संज्ञा शब्दों के साथ सम्बन्धक वैसे ही प्रयुक्त होता है जैसे हिन्दी में यथा **घरनिश्रां**—घरों से, यहाँ **आं** सम्बन्धक है और संज्ञा शब्द के बाद आया है।

सिन्धी में फ़ारसी के समान कर्म और अपादान कारकों के लिए **रा** चिन्ह का प्रयोग होता है। ट्रम्प ने इस संदर्भ में बँगला के **रे** चिन्ह को ठीक याद किया है। उन्होंने पश्तो के **लह्** और मराठी के **ला** को भी फ़ारसी **र** से मिलता-जुलता बताया है। उन्होंने इसकी व्युत्पत्ति देने के लिए **र** और लेने के लिए **ल** क्रियाओं के मेल से बताई है। यह व्युत्पत्ति गलत है। इसके सिवा यदि सिन्धी दरद क्षेत्र से प्रभावित है तो वैसा प्रभाव मराठी और बँगला पर भी मानना चाहिए। सिन्धी और अवधी के कर्ता कारक रूप मिलते-जुलते हैं। **'डेहु** (दिन) सिन्धी में कर्ता कारक का एकवचन रूप है, बहुवचन रूप है 'डेह। इससे तुलनीय है अवधी में कर्ताकारक का एकवचन रूप **घरु** और उसका बहुवचन रूप **घर**। सिन्धी में अवधी के समान **उ** और **श्र** की भिन्नता एकवचन और बहु-

वचन की भिन्नता सूचित करती है। करण कारक में 'डेहनि रूप भी अवधी के समान है। अवधी में **भूखन मरिहौ**—हिन्दी में **भूखों मरोगे**; यहां अवधी का न चिन्ह मानक हिन्दी का **ओं** है। सिंधी में **न** के स्थान पर नि है। बहुवचन बनाने के लिए भी सिन्धी में **नि** का प्रयोग होता है; वैसे ही अवधी में न का प्रयोग है। **घरनिआं**—घरों से, अवधी रूप **घरनते**; '**डेहनिजो**—दिनों का, अवधी रूप **दिनन का**। अवधी में **दिन** शब्द बहुवचन में भी प्रयुक्त होता है, **दिनन** का प्रयोग शायद ही कोई करे, किन्तु **गांवन का**—गांवों का, **मनइन का**—मनुष्यों का, ऐसे प्रयोग अवधी में सामान्य हैं। अपादान कारक का सिंधी चिन्ह **खे**—**डेहखे** अर्थात् दिन को या दिन के लिए—**कह** का रूपान्तर है और **कह** का आधार वही **कध** है। हिन्दी प्रदेश की अनेक बोलियों के समान सिन्धी कर्म से भिन्न सम्प्रदान कारक का निर्देश करती है। **खे चिन्ह** कर्म कारक में प्रयुक्त नहीं होता। अधिकरण में **ॲं** अथवा **इ** का व्यवहार होता है; यह संस्कृत **ए** का प्रतिरूप है और बँगला में इस चिन्ह का व्यवहार अब भी होता है; साथ ही मानक हिन्दी का **में** भी सिन्धी में प्रयुक्त होता है। 'डेहॅं, 'डेहि, 'डेह में, तीनों रूपों का अर्थ है दिन में। सम्बन्ध कारक के लिए सिन्धी **जो** चिन्ह का प्रयोग करती है और यह पुंल्लिग रूप है। हिन्दी के समान सिन्धी में भी सम्बन्ध कारक रूप विशेषण का काम करता है। ट्रम्प ने मराठी **चा**, हिन्दी **का**, पंजाबी **दा**, पश्तो **द**, गुजराती **नो** को एक साथ ठीक याद किया है किन्तु इनमें जो परस्पर सम्बन्ध है, उसकी ओर उनका ध्यान नहीं गया। हिन्दी **का** का पूर्व रूप **कर** है। अन्तस्थ **र्** के लोप होने पर **का**, **के**, **को** तीन रूप प्राप्त होते हैं और तीनों विभिन्न जनपदीय भाषाओं में, **कर** के अलावा, सम्बन्धकारक के लिए प्रयुक्त होते हैं। **का** का तालव्यीकृत रूप मराठी **चा** है। सिन्धी भी तालव्यीकरण की प्रवृत्ति से प्रभावित है। **का** का प्रतिरूप **को**; **को** का तालव्यीकृत रूप **चो**; **चो** का सघोष रूप **जो**। **ज्** ध्वनि जब **द्** में बदलती है, जैसा कि अनेक पाली शब्दों में देखा जाता है, तब **का**—**चा**—**जा**—**दा** इस क्रम से पंजाबी और पश्तो का सम्बन्धसूचक **दा** या **द** प्राप्त होता है। यह **द** लैटिन समुदाय की फ्रांसीसी, स्पेनी आदि अनेक भाषाओं में पाया जाता है यद्यपि स्वयं लैटिन में उसका अभाव है।

सिन्धी में कृदन्त चिन्ह **ब** का व्यवहार होता है, इसका उल्लेख पहले हो चुका है। ट्रम्प ने इसके संदर्भ में बँगला रूपों का ठीक हवाला दिया है। लैटिन के कुछ रूपों में **बो** चिन्ह का व्यवहार होता है। क्रिया के बाद **ब** अथवा **इब** प्रत्यय का योग प्राकृतों में नहीं है, यह बताने के बाद ट्रम्प इस प्रत्यय के बारे में कहते हैं : "इसे देखकर हमें बहुत जोरों से लैटिन प्रत्यय **बो** की याद आती है। प्रथम और द्वितीय गणों की क्रियाओं के भविष्यकालिक कर्तृवाच्य रूपों के निर्माण में इसका व्यवहार होता है। बौप ने इसे संस्कृत की **भू** क्रिया से व्युत्पन्न माना है। सिन्धी प्रत्यय **बो** से इसकी तुलना की जाय तो यह ज्यादा सीधी बात होगी। किन्तु उसका उद्भव ऐसा है कि ऐसी तुलना करना कठिन है।" (**ग्रामर आफ द सिन्धी लैंग्वेज्**, पृष्ठ २९३)। ट्रम्प उन वैयाकरणों में हैं जो लैटिन तथा आधुनिक भारतीय भाषाओं में आश्चर्यजनक समानताएँ देखकर चमत्कृत

होते हैं, उन समानताओं को भ्रामक न मानकर कहना चाहते हैं कि वे वास्तविक हैं किन्तु भाषाविज्ञान के पुराने चौखटे की सीमाएँ लाँघ न सकने के कारण वह ऐसी समानताओं को अस्वीकार करते हैं। आर्य और द्रविड़ दोनों परिवारों में **ब** प्रत्यय का व्यापक व्यवहार होता है। बँगला, सिन्धी और तमिल तीनों भाषाओं में इस प्रत्यय का उपयोग भविष्य काल के लिए हुआ है। वही स्थिति लैटिन की है। सिन्धी में **बो** प्रत्यय भविष्य और वर्तमान दोनों कालों के लिए प्रयुक्त होता है। ट्रम्प ने ठीक लिखा है कि भविष्यकालिक रूप संभावना व्यक्त करते हैं। संभावना का भाव निश्चयात्मकता में बदल कर भविष्य काल का अर्थ देने लगा। मूलतः **ब** का संबंध भविष्य से नहीं है।

सिन्धी में क्रिया का आज्ञार्थी रूप, अवधी के समान, उकारान्त होता है। **हलु** (चल), अवधी में होगा **चलु**। सिन्धी, क्रिया के बाद, सर्वनाम-चिन्ह जोड़ती है; यहाँ उसे दरद प्रभावित मानने की बात और भी खंडित होती है। संस्कृत में तो सर्वनाम-चिन्ह क्रिया में जोड़े ही जाते हैं, आधुनिक हिन्दी में भी ऐसे रूपों की कमी नहीं है। सिन्धी रूप **रूग्रां** हिन्दी **रोऊं** का प्रतिरूप है। **रोऊं** केवल उत्तम पुरुष एकवचन के साथ प्रयुक्त होगा। यही स्थिति **रूग्रां** की है। **ग्रां** और **ऊं** सर्वनामों के अवशेष हैं। **हलिउसें** (मैं गया) अवधी (बघेलखंडी) **गइस्** के समान है। अवधी **कहॅसि** में अन्य पुरुष एक-वचन सर्वनाम **सि** है; वह सिन्धी में उत्तम पुरुष **स** है। **हल्यु** (तुम गये) अवधी **कहॅहु** जैसे रूप के समान है; **हु** का रूपान्तर है सिन्धी **उ**। मैथिली-मगही के समान सिन्धी क्रिया के बाद कर्ता और कर्म दोनों की ओर संकेत करने वाले चिन्ह जोड़ सकती है। **छ'डिग्रो मां ग्रॅ**—छोड़ा मेरे द्वारा तू; यहाँ **ग्रॅ** मध्यम पुरुष का सर्वनाम-चिन्ह है जो कर्म भाव व्यक्त करता है; **मां** उत्तम पुरुष एकवचन रूप है जो कर्ता भाव व्यक्त करता है। यह प्रवृत्ति आर्य भाषाओं के अतिरिक्त कोल भाषाओं में है; अतः उसका दरद भाषाओं से कोई विशेष सम्बन्ध नहीं है।

मध्यदेश की **स** (होना) क्रिया बँगला, मैथिली आदि में **छ** बनती है, मगही, अवधी आदि में **ह**, सिन्धी में **थ**। **थिग्रणु**—होना; **थिउ**—तू हो; **थिन्दो**—होता; **थिग्रो**—हुआ; इस **थि** का सम्बन्ध **ग्रस्ति** से जोड़ना दूर की कौड़ी लाना है, वह बँगला-मैथिली **छि** का सिन्धी प्रतिरूप है। इस प्रकार सिन्धी भाषा घनिष्ठ रूप से अन्य आर्य भाषाओं से सम्बद्ध है, इन आर्य भाषाओं में पुरानी मध्यदेशीय भाषाओं से उसका सम्बन्ध सबसे गहरा और ऐतिहासिक दृष्टि से सर्वाधिक महत्वपूर्ण है।

२. कश्मीरी

क. ध्वनितंत्र

मध्यदेश से दूर उसके पश्चिमी छोर पर सिन्धी भाषा है तो वैसे ही सुदूर उत्तरी छोर पर कश्मीरी है। सिन्धी की भौगोलिक स्थिति ऐसी है कि मध्यदेश से सम्पर्क कायम करना अपेक्षाकृत सरल है किन्तु कश्मीरी से सम्पर्क बनाये रखना कठिन है। ज्ञात इतिहासकाल में भारत से कश्मीर का घनिष्ठ सम्पर्क रहा है, अज्ञात इतिहास-

काल में भी यह सम्पर्क घनिष्ठ था, इसका प्रमाण कश्मीरी भाषा है। कश्मीरी भाषा को दरद समुदाय में गिना जाता है; यह बात आश्चर्यजनक है कि दरद भाषाओं में कोई ऐसी भाषा नहीं है जिसमें कश्मीरी के समान साहित्य-रचना हुई हो। कश्मीरी दरद भाषा हो चाहे न हो, उसमें जो साहित्य रचा गया है, उसका प्रधान कारण भारत से कश्मीर का संबंध है। इसी से कश्मीर संस्कृत, प्राकृत और अपभ्रंश साहित्य का रचना-केन्द्र भी रहा है। ब्रज बी० काचरू ने कश्मीरी भाषा का व्याकरण **ए रॅफ़रेन्स् ग्रामर ग्रोफ़ कश्मीरी** लिखा है। उसमें उन्होंने मौर्गेन्स्टीर्न का यह मत उद्धृत किया है कि दरद भाषाएँ विशुद्ध भारतीय आर्य मूल की हैं और उनका उद्‌भव ऐसी भाषा से हुआ है जो वैदिक भाषा से बहुत मिलती-जुलती थी; उनके अनुसार दरद भाषाओं में ऐसे अनेक प्राचीन लक्षण सुरक्षित हैं जो उत्तरकालीन भारतीय आर्य भाषाओं में लुप्त हो गए हैं।

ग्रियर्सन दरद भाषाओं को संस्कृत की अपेक्षा ईरानी से प्रभावित मानते थे। ईरान की प्राचीन भाषा वैदिक भाषा से बहुत मिलती-जुलती है। यदि कश्मीरी भारतीय उद्‌भव की भाषा है तो अवेस्ता की भाषा का भारतीय उद्‌भव और भी असंदिग्ध होना चाहिए।

ब्रज काचरू ने एमेनो का हवाला दिया है जिनके अनुसार फ्रान्सीसी भाषाविद् ब्लोख़ और अंग्रेज़ भाषाविद् बरो भी दरद भाषाओं को भारतीय उद्‌भव का मानते हैं। भारतीय भाषाओं से दरद भाषाओं का अन्तर यह है कि यहाँ जैसें प्राकृतों का विकास होता है, वैसे कश्मीर में नहीं होता।

कश्मीरी उन लोगों के लिए भारी कठिनाई पैदा करती है जो वैदिक भाषा को आदि आर्य भाषा, प्राकृत को मध्य आर्य भाषा और हिन्दी, बँगला आदि को नव्य आर्य भाषा मानकर भारतीय भाषाओं के विकास की रूपरेखा निश्चित करते हैं। कश्मीर, संस्कृत के अलावा, प्राकृत और अपभ्रंश भाषाओं के व्यवहार का केन्द्र भी रहा है। अवध या ब्रज की अपेक्षा प्राकृत और अपभ्रंश का व्यवहार कश्मीर में कुछ अधिक ही हुआ है। फिर भी अपभ्रंश का सम्बन्ध ब्रज और अवधी से माना जाता है, कश्मीरी से नहीं। इसलिए संस्कृत-प्राकृत-अपभ्रंश वाला विकास-क्रम पुनः विचारणीय है।

कश्मीरी भाषा की स्वर-व्यवस्था संस्कृत से काफ़ी भिन्न है; हिन्दी की स्वर-व्यवस्था से अधिक जटिल है। इस स्वर-व्यवस्था को लिखित रूप देने के लिए शारदा लिपि का व्यवहार होता था। ग्रियर्सन ने अपने सर्वेक्षण-ग्रन्थ के ८वें खण्ड के दूसरे भाग में दरद भाषाओं का विवेचन करते हुए स्वीकार किया है कि कश्मीरी स्वरों के लिए शारदा लिपि में सभी चिन्ह मौजूद हैं। यह लिपि नागरी से मिलती-जुलती है। शारदा लिपि का व्यवहार संभवतः दसवीं सदी से होने लगा था। जिस समय ग्रियर्सन सर्वेक्षण-ग्रन्थ के लिए सामग्री एकत्र कर रहे थे, उस समय कश्मीरी पाठशालाओं में शारदा लिपि का व्यवहार होता था। क्रमशः न केवल शारदा लिपि को, वरन् कश्मीरी भाषा को भी, शिक्षा और राजनीति के क्षेत्रों से निकाल दिया गया। स्वाधीन भारत के अभिन्न अंग कश्मीर में शिक्षा का माध्यम कश्मीरी नहीं है। जब कश्मीरी भाषा का व्यवहार किया

जाता है, तब शारदा लिपि की पूछ नहीं होती। किसी जाति की भाषाई और सांस्कृतिक विरासत नष्ट करने की ऐसी मिसालें बीसवीं सदी में कम मिलेंगी।

ग्रियर्सन के अनुसार बाइबिल के न्यू टेस्टामेन्ट का कश्मीरी अनुवाद १८२१ में प्रकाशित हुआ था और इसकी लिपि शारदा थी। यदि ईसाई प्रचारक बाइबिल का अनुवाद छापते समय शारदा लिपि का व्यवहार करें तो इससे यही समझना चाहिए कि कश्मीर के शिक्षित जनों में उस लिपि का व्यवहार व्यापक रूप से होता था। १८८४ में न्यू टेस्टामेन्ट का कश्मीरी अनुवाद अन्य केन्द्र से छपा और इस बार फ़ारसी लिपि का प्रयोग किया गया। भारत में अंग्रेज़ी राज जैसे-जैसे सुदृढ़ हुआ, वैसे-वैसे कश्मीर में शारदा लिपि का व्यवहार भी कम होता गया।

ग्रियर्सन ने लिखा है कि कश्मीरी भाषा बहुत पुरानी है। उन्होंने कश्मीरी कवि कल्हण का एक वाक्य उद्धृत किया है : **रंगस्स हेलु दिण्णु**—रंग नामक व्यक्ति को हेलु नाम का गाँव दिया जाय। ग्रियर्सन ने लिखा है कि आधुनिक कश्मीरी में यह वाक्य यों लिखा जायगा : **रंगस् हेलु द्युन**। कल्हण का समय बारहवीं शताब्दी है। उस समय या उसके पहले कश्मीरी भाषा साहित्य में प्रतिष्ठित नहीं हुई तो इसका कारण शासक वर्ग की भाषा-नीति है।

सबसे पहले कश्मीरी ध्वनितंत्र की कुछ विशेषताओं पर विचार करें। अपने विवेचन के लिए मैं काचरू और ग्रियर्सन के पूर्वोक्त ग्रन्थों से तथ्य ले रहा हूँ। फ़ारसी की एक प्रमुख ध्वनि **ख़्** है। यह संघर्षी ध्वनि है और संस्कृत-हिन्दी की स्पर्श ध्वनि **ख्** से भिन्न है। कश्मीरी में संस्कृत-हिन्दी का ख् है, फारसी का ख़् नहीं। इसी प्रकार फ़ारसी में संघर्षी **फ़्** ध्वनि है जो संस्कृत-हिन्दी की स्पर्शध्वनि **फ्** से भिन्न है। कश्मीर के पढ़े-लिखे लोग अरबी-फ़ारसी से उधार लिये हुए शब्दों में **फ़्** का उच्चारण कर लेते हैं किन्तु सामान्य कश्मीरी जन, ब्रज या अवध के किसानों की तरह, **फ़क़ीर** को **फकीर** ही कहते हैं। कश्मीरी में **ज़्** का प्रयोग खूब होता है। इस ध्वनि का व्यवहार फ़ारसी में भी होता है तथा संस्कृत और जनपदीय हिन्दी में नहीं होता। किन्तु **ज़्** का व्यवहार भारत के एक छोर पर मराठी में और दूसरे छोर पर असमिया में होता है। पूरे भारतीय भाषाई परिवेश को देखें तो कन्नड़ और तेलुगु के कुछ क्षेत्रों में भी इसका व्यवहार होता है। संघर्षी ध्वनियाँ भारतीय नाग भाषाओं की अपनी विशिष्ट ध्वनियाँ हैं। उनमें संघर्षी **ज़्** का ही नहीं, संघर्षी **च़्** का व्यवहार भी होता है। कश्मीरी में, मराठी और असमिया के समान, **ज़्** के अलावा **च़्** भी है। अतः कश्मीरी **ज़्** को नाग भाषाओं की देन मानना चाहिए। स्वयं फ़ारसी में संघर्षी ध्वनियाँ नाग भाषाओं के प्रभाव से आई हैं। कोई यह स्थापना न माने, तो भी उसे यह तो स्वीकार करना होगा कि भारत की अनेक आर्य, द्रविड़ और नाग भाषाओं में **ज़्** का व्यवहार होता है और इन भाषाओं को कोई इस कारण दरद समुदाय में नहीं गिनता। कश्मीरी में संघर्षीकरण की प्रवृत्ति इतनी प्रबल है कि वह भारतीय आर्य उद्भव के शब्दों में जहाँ ज् है, वहाँ भी **ज़्** का व्यवहार करती है, यथा **ग्राज—अज़्, जागना—ज़ागन्**। इसी प्रकार संस्कृत क्रियारूप **गच्छ** कश्मीरी में

गछ् सुनाई देता है।

फ़ारसी और कश्मीरी में एक महत्वपूर्ण भेद यह है कि कश्मीरी में ट-वर्गीय ध्वनियों का व्यवहार होता है। सिन्धी मूर्धन्य ध्वनि क्षेत्र की भाषा है; कश्मीरी उसी तरह मूर्धन्य ध्वनि क्षेत्र की भाषा न कही जायगी। सिन्धी में **ण्** की बहुलता है, कश्मीरी में उसका अभाव है। ब्रज और अवधी में अन्य ट-वर्गीय ध्वनियाँ हैं, **ण्** नहीं है। इस दृष्टि से सिन्धी की अपेक्षा कश्मीरी मध्यदेशीय भाषाओं के अधिक समीप है। ब्रज और अवधी में **ढ्** ध्वनि भी है। कश्मीरी में न **ढ्** है, न **घ्**, **ध्**, **भ्**, **झ्** ध्वनियाँ हैं। सघोष महाप्राण ध्वनियों का अभाव फ़ारसी में भी है। जो लोग उसे फ़ारसी-प्रभावित मानते हैं, उनका यह मुख्य तर्क है कि कश्मीरी में सघोष महाप्राण ध्वनियाँ नहीं हैं। उर्दू पर फ़ारसी का कम प्रभाव नहीं है। फ़ारसी के जितने शब्द उर्दू में हैं, उतने कश्मीरी में नहीं हैं। किन्तु उर्दू में सघोष महाप्राण ध्वनियाँ विद्यमान हैं। उर्दू भाषी **भात** को **बात** (कश्मीरी में **बति**), **घास** को **गास** नहीं कहते। कश्मीरी में सघोष महाप्राण ध्वनियों के अभाव का कारण फ़ारसी का प्रभाव नहीं है वरन् नाग-द्रविड़ भाषाओं का प्रभाव है। स्वयं ईरान की भाषाओं में इस प्रभाव के कारण सघोष महाप्राण ध्वनियों का व्यवहार नहीं हुआ। अनेक तेलुगु-कन्नड़ भाषी सघोष महाप्राण ध्वनि को सघोष अल्पप्राण रूप में बोलते हैं। वही प्रवृत्ति कश्मीरी में है। कहीं-कहीं शब्द रूप भी मिलते-जुलते हैं जैसे हिन्दी **घोड़ा** कश्मीरी में **गुर्** है, तेलुगु में **गुर्रमु**। इसी प्रवृत्ति के कारण भारतीय रूप **भ्रातर्** (**भ्रातृ**) फ़ारसी में **बिरादर** है।

कश्मीरी की एक विशेषता यह है कि वह अनेक अघोष अल्पप्राण ध्वनियों को महाप्राण कर देती है। यह स्थिति सिन्धी ध्वनितंत्र की याद दिलाती है। हिन्दी **एक** कश्मीरी में **अख्ह्** है; **ठीक** का कश्मीरी रूपान्तर **ठीख्** है; **प्रति** बदलकर **प्रथ्** हो जाता है। **मूत्र** का कश्मीरी प्रतिरूप **मिथिर्** है। **शत** के प्रतिरूप **शथ्** और **हथ्** हैं। सिन्धी के समान कश्मीरी भी अरबी-फ़ारसी से उधार लिये हुए शब्दों में महाप्राणता जोड़ती है। **चालाक, खतरनाक, नालायक** कश्मीरी में **चालाख्, खतरनाख्, नालायख्** हैं। प्राचीन ईरानी में महाप्राणता जोड़ने की यह प्रवृत्ति है; फ़ारसी आदि स्थानीय ध्वनियों में कभी-कभी महाप्राणता जोड़ती है जैसे संस्कृत क्रीत के रूपान्तर खरीद में। इसे नाग भाषाई प्रवृत्ति मानना चाहिए जिससे ईरानी भाषाएँ प्रभावित हुई हैं। यहाँ **कश** और **खश** शब्दों का सम्बन्ध ध्यान देने योग्य है। कश्मीर में **कश** नामक गण रहता था; उसी की निवासभूमि **कश्मीर** कहलाई। **खश** इसी **कश** का रूपान्तर है।

कश्मीरी कुछ शब्दों में महाप्राणता जोड़ती है तो कुछ में उसे हटा देती है। जिन शब्दों के आरम्भ में ह् है, उनमें कश्मीरी, द्रविड़ भाषाओं के समान, इस ध्वनि का लोप करती है। इस प्रकार हिन्दी **हँसना** क्रिया **अस्** रूप में, हिन्दी संज्ञा **हाथ अथ** रूप में प्रयुक्त होती हैं। कश्मीरी की एक विशेषता यह है कि जहाँ वह महाप्राणता जोड़ती है, वहाँ उसी शब्द के किसी रूप में उसकी अल्पप्राणता बनाये भी रहती है। **दवात** यदि कश्मीरी में **दवाथ्** है तो उसका बहुवचन रूप **दवाति** है। संस्कृत से भिन्न, और हिन्दी जनपदीय

भाषाओं के अनुरूप, कश्मीरी अनेक शब्दों में दो महाप्राण ध्वनियों को एक दूसरे के निकट रहने देती है। **फफोले** का कश्मीरी प्रतिरूप **फफर्** है। जो व्यक्ति हकलाता है, उसे **फोफ्** कहते हैं।

यद्यपि कश्मीरी में तालव्यीकरण की प्रवृत्ति प्रबल है, फिर भी **ध्** ध्वनि, द्रविड़ भाषाओं के समान, अधिकतर **द्** रूप में ग्रहण की जाती है। इस प्रकार **धान, निर्धन, साधु** कश्मीरी में क्रमशः **दान्यॅ्, निर्दन्, साद्** हैं। इससे विदित होता है कि कश्मीरी पर तालव्यीकरण का प्रभाव अन्य क्षेत्रों से आया है, उक्त द्रविड़ प्रभाव की तुलना में वह गौण है। कन्नड़ की अपेक्षा तमिल में यह तालव्यीकरण की प्रवृत्ति अधिक व्यापक है, इसलिए यह माना जा सकता है कि कश्मीरी भाषियों का सम्पर्क जिन द्रविड़ों से हुआ, वे अभी तालव्यीकरण के प्रभाव में न आये थे। कश्मीरी में **मध्य** के प्रतिरूप **मंज्** का चलन है। यह उन थोड़े शब्दों में है जिनमें **ध्** का रूपान्तर **ज्** मिलता है। इससे अनुमान होता है कि कश्मीरी ने सीधे **मध्य** को बदलकर **मंज्** नहीं बनाया वरन् उसे **मज्झ** या **मझ** रूप सिन्ध जैसे किसी प्रदेश से प्राप्त हुआ है। **झ्** ध्वनि को **ज्** रूप में ग्रहण करने की प्रवृत्ति कश्मीरी में अब नहीं है। **नासमझ** का कश्मीरी रूपान्तर **नासमिज्** है। जैसे कश्मीरी **दवात** के अन्तिम वर्ण में महाप्राणता जोड़ती है किन्तु **दवाथ्** के बहुवचन रूप **दवाति** में अल्पप्राण ध्वनि कायम रखती है, वैसे ही जिन शब्दों के दूसरे वर्ण में **ट्** या **ड्** है, उनके एक रूप में कश्मीरी यह ध्वनि बनाये रखती है, दूसरे में उसे तालव्य कर देती है। **बुड्** का अर्थ बुढ़िया है; करण, अपादान आदि कारकों में इसका रूप होता है **बुजि**। लकड़ी का टुकड़ा **खंड्** है, इसका बहुवचन **खंजि** है। कश्मीरी में कुछ शब्द ऐसे हैं जिनके एक रूप में **ल्** है और दूसरे में **ज्**। इसका कारण यह है कि **ल्** के साथ **य्** का योग होने पर कभी-कभी **ल्** का लोप हो जाता है और **य् ज्** में बदल जाता है। **कुल्** शब्द का अर्थ है वृक्ष; इसका स्त्रीलिंग रूप है **कुज्**। यहाँ **ल्** के साथ **य्** का संयोग होने पर **ल्** का लोप हुआ और **य्** ध्वनि **ज्** में परिवर्तित हुई। किन्तु **य्** ध्वनि कश्मीरी में खूब प्रयुक्त होती है और **कुल्** का बहुवचन **कुल्य्** स्वीकृत है। विभिन्न व्यंजनों के तालव्य और तालव्येतर दो रूप होते हैं और इनका भेद अर्थविच्छेदक होता है यथा **पन्**—भागा, **प्यन्**—वे गिरेंगे; **तल्**—तलना, **त्यल्**—टुकड़ा; **खव्**—खाई, **ख्यव्**—हमने खाया। कश्मीरी भाषा में तालव्यीकृत व्यंजनों का ऐसा अर्थभेदी व्यवहार उसकी अपनी विशेषता है; यह विशेषता न ईरानी भाषाओं में है, न अन्य भारतीय आर्य भाषाओं में। कश्मीरी में **इ** स्वर दो प्रकार का है, एक तालव्य है, दूसरा पश्च तालव्य। जहाँ तालव्य **इ** का व्यवहार होता है, वहाँ **ड्** भी **ज्** में बदल जाता है जैसे **खंड्** के बहुवचन रूप **खंजि** में किन्तु **ददि** (दूध), **वति** (राहें) में **द्** और **त्** अपरिवर्तित रहते हैं क्योंकि यहाँ भिन्न कोटि का **इ** स्वर है। तालव्य स्वर के संयोग से **ड्** ध्वनि **ज्** में बदल जाती है, इससे विदित होता है कि मूर्धन्यीकरण की अपेक्षा कश्मीरी में तालव्यीकरण की प्रवृत्ति अधिक शक्तिशाली है। इसके विपरीत द्रविड़ भाषाओं में तालव्यीकरण की अपेक्षा मूर्धन्यीकरण की प्रवृत्ति अधिक शक्तिशाली है। ये दोनों प्रवृत्तियाँ कश्मीरी या तमिल में सभी व्यंजनों को समान रूप से

प्रभावित नहीं करतीं। तमिल में **त्** की अपेक्षा **क्** ध्वनि का तालव्यीकरण अधिक होता है। फ़ारसी में भी यह प्रवृत्ति है किन्तु कश्मीरी में **क्** ध्वनि सुरक्षित रहती है, **य्** का संयोग होने पर भी वह **च्** में परिवर्तित नहीं होती यथा **कत्यन्**— कहाँ।

मध्यदेशीय भाषाओं के समान कश्मीरी में **र्** ध्वनि की प्रधानता है। संस्कृत और प्राचीन ईरानी दोनों में इस ध्वनि का व्यापक व्यवहार होता है किन्तु कश्मीरी में पश्तो के समान और फ़ारसी से भिन्न **ड़्** का व्यवहार भी होता है, और काचरू के अनुसार गाँवों में ड़् अधिक सुनाई देता है। परिनिष्ठित कश्मीरी **गुर्** का देहाती रूप हिन्दी घोड़े के समान **गुड़्** है। हिन्दी की **ढ़्** ध्वनि महाप्राणता के लोप से **ड़्** में बदलती है, परिनिष्ठित कश्मीरी फिर उसे **र्** में बदलती है, जैसे **पढ़ना** क्रिया का **पढ़** पहले **पड़** बना, फिर **पर**; **परान्** अर्थात् पढ़ता हुआ। इसी प्रकार **लिखाड़ी** कश्मीरी में **लिखोरि** है, **घड़ी गर्** है, बहुवचन में **गरि** है। **ग्वाला** का कश्मीरी प्रतिरूप **गोर्** है किन्तु **ल्** ध्वनि अधिकांश शब्दों में सुरक्षित रहती है। अनेक आर्यभाषाओं के समान कश्मीरी **द्** ध्वनि को **ल्** में बदलती है। घर के लिए कश्मीरी **लर्** फारसी **दर्** का रूपान्तर है। कुछ शब्दों में **ज्** ध्वनि पहले **द्** में परिवर्तित हुई है और फिर यह **द्** ध्वनि **ल्** बनी है। **बीज** का प्रतिरूप **ब्योल्** इसी प्रक्रिया से संभव हुआ है। ग्रियर्सन ने लिखा है कि पूर्वी ईरानी भाषाएँ तो **द्** ध्वनि को निरन्तर **ल्** में बदलती हैं, कश्मीरी इस **ल्** के स्थान पर **ज्** का व्यवहार करती है। फारसी **मादर्** शिना भाषा में **माली** है किन्तु कश्मीरी में **माजि** है। वास्तव में **माजि** का **ज्** **य्** का रूपान्तर है, **माल्यि** रूप में **ल्** का लोप हुआ और **य्** का **ज्** में रूपान्तर हुआ। मध्यदेशीय भाषाएँ **द्** को **र्** में बदलती हैं। उधर **गेल** जैसे पूर्वी कृदन्त रूपों में **ल्** **त्** या **द्** का रूपान्तर है। लैटिन में **लेविर्** इसी प्रकार **देवर** के **द्** को **ल्** में बदलता है।

कश्मीरी में **स्** और **श्** के रूपान्तर महत्वपूर्ण हैं। ये दोनों ध्वनियाँ कश्मीरी में प्रयुक्त होती हैं, साथ ही बदलती भी हैं। **बसुन्**—रहना, **बुसुन्**—पीला होना में **स्** ध्वनि है किन्तु **बेंहुन्** (बैठना) में **स्** ध्वनि **ह्** में परिवर्तित हुई है। **शत** के प्रतिरूप **हथ्** में **श्** ध्वनि सीधे **ह्** में बदली है या **शत** के प्रतिरूप **सत** का **स्** **ह्** में बदला है। इसी प्रकार सूखने के लिए **हाँखु** क्रिया का **ह्** **श्** या **स्** का रूपान्तर है। कश्मीरी **स्** और **श्** दोनों ध्वनियों को **छ्** में भी बदलती है। हिन्दी की प्राचीन स (होना) क्रिया कश्मीरी में, बँगला और मैथिली के समान, **छ** रूप में प्रयुक्त होती है। **छुस्** (मैं हूँ), **छुख्** (तू है), **छुह्** (वह है), कश्मीरी की यह बहुप्रयुक्त क्रिया है और उसे भारतीय आर्य भाषाओं से जोड़ती है। फ़ारसी में **छ्** ध्वनि का अभाव है और स क्रिया का ऐसा रूपान्तर वहाँ नहीं होता। साथ ही अतीतकालीन रूपों में मध्यदेश की जिस प्राचीन **अस्** क्रिया का व्यवहार होता है, कश्मीरी में उसका **स्** सुरक्षित रहता है। **ओसुस्** (मैं था), **ओसुख्** (तू था), **ओसु** (वह था); इससे विदित होता है कि कश्मीरी में आर्य भाषाओं की अनेक ध्वनि-पद्धतियों का मिलन ही नहीं, समन्वय भी हुआ है। कश्मीरी **क्ष्** ध्वनि को भी **छ्** में बदलती है। सभी आर्य भाषाओं में संस्कृत **लक्ष** का रूपान्तर **लाख** प्रचलित है किन्तु

कश्मीरी में **लछ्** रूप का चलन है। मक्खी के लिए अवधी **माछी** के समान कश्मीरी में **मॉछ्** रूप है। सभी आर्य भाषाओं में संस्कृत **अक्षि** का रूपान्तर **आँख** है किन्तु कश्मीरी में **अॉछ्** रूप है। **तक्षन्** का पंजाबी रूप **तिरखाण** है किन्तु कश्मीरी प्रतिरूप **छान्** (बढ़ई) है। मागधी प्रवृत्ति के अनुसार **क्ष्** का रूपान्तर **ख्** होगा, किन्तु मध्यदेशीय प्रवृत्ति के अनुसार उसका रूपान्तर **छ्** होगा। कश्मीरी में यह प्रवृत्ति बहुत पुरानी है, तभी **लाख**, **आँख** जैसे शब्दों का उसमें चलन नहीं हुआ। संस्कृत के जो शब्द हिन्दी में अब प्रयुक्त न होंगे, उनके तद्भव रूप कश्मीरी में हैं, और उनमें **क्ष्** के स्थान पर **छ्** का व्यवहार होता है। धोने के लिए कृदन्त रूप **छलान्** का सम्बन्ध **क्षालन** (**प्रक्षालन**) से है, **वुछ़न्** (देखना) का सम्बन्ध **वीक्षण** से है। कश्मीरी में **वस्** (बैठना) का प्रतिरूप **वथ्** है। हिन्दी **बैठना** का आधारभूत रूप **वथ्** जैसा रूप है, केवल यहाँ **थ्** का मूर्धन्यीकरण हुआ है। कश्मीरी में इस प्रकार **स** ध्वनि बनी रहती है और अनेक रूपों में बदलती भी है।

कश्मीरी भाषा के कुछ शब्द-रूपों में **आ** के स्थान पर **ओ** का व्यवहार होता है यथा भाई के लिए **बोय्** शब्द है। इसका कारण मागधी भाषाओं का प्रभाव हो सकता है। इस समुदाय की भाषाएँ कश्मीर से बहुत दूर हैं किन्तु **छ** क्रिया मागधी और कश्मीरी भाषाओं में सामान्य है। इसलिए **आ** के स्थान पर **ओ** का व्यवहार उस प्रभाव के कारण हो सकता है। यह सही है कि मागधी भाषाएँ **अ** को बदलती हैं, **आ** को नहीं किन्तु अनुकरण वृत्ति से संभव है, **आ** को भी **ओ** में बदला गया हो। **मधुर** का कश्मीरी प्रतिरूप **मॉदुर्** है, **मत्त** का प्रतिरूप **मॉत्**, **पट** का प्रतिरूप **पॉट्** है। इन उदाहरणों से विदित होता है कि ह्रस्व **अ** को ऑकारवत् बोलने की प्रवृत्ति कश्मीरी में है यद्यपि यह प्रवृत्ति बहुत सीमित है। साथ ही **इ** और **उ** स्वरों को विवृत रूप में बोलने की प्रवृत्ति भी बँगला के समान कश्मीरी में है। **दूध** का प्रतिरूप **दॉदि निर्धन** का प्रतिरूप **नॅर्दन्** इसी प्रवृत्ति के द्योतक हैं। अतः **भाई** का **बोय्** रूप मागधी प्रभाव के कारण हो सकता है। कश्मीरी अपनी समन्वयवादी प्रवृत्ति के कारण अपादान कारक में **बायि** रूप बनाये रहती है जहाँ दीर्घ **आ** अपरिवर्तित रहता है। इसी प्रकार **पानी** के लिए **पोन्य्** शब्द अपादान कारक में **पानि** है। **बनिया** का प्रतिरूप **बाणियाँ** कश्मीरी में **वोन्य्** है किन्तु अपादान कारक में **वानि** है।

कश्मीरी भाषा में ऐसे शब्द बहुत हैं जहाँ मूल रूप के **अ** के स्थान पर **ओ** का व्यवहार हुआ हो, ऐसे शब्द कम हैं जिनमें मूलरूप के **अ** के स्थान पर **ए** का व्यवहार हुआ हो। **शंख** शब्द कश्मीरी में **शेङ्ख्** है। यहाँ स्पष्ट ही कौरवी प्रभाव से एकार का व्यवहार हुआ है। ऐसे शब्द बहुत खोजने पर मिलेंगे। इससे सिद्ध यह होता है कि कश्मीरी पर जितना प्रभाव मागधी भाषा-समुदाय का है, उतना कौरवी समुदाय का नहीं। बँगला में ऐसे शब्द बहुत हैं जिनमें आदि वर्ण का अकार एकार में गृहीत है। इसका कारण बँगला पर कौरवी प्रभाव है। यह बात आश्चर्यजनक लगेगी कि कौरवी प्रभाव जितना सुदूर बंगाल की भाषा पर है, उतना पड़ोसी कश्मीर की भाषा पर नहीं है। विभिन्न आर्य गणभाषाओं का परस्पर सम्पर्क और प्रभाव अनेक अवस्थाओं की सूचना

देता है; प्रत्येक अवस्था में यह सम्पर्क और प्रभाव एक-सा नहीं रहता। जो लोग एकार-वृत्ति को अर्ध मागधी की विशेषता मानते हों, वे मराठी में भी इसका प्रसार देखें। इसके अतिरिक्त अकार के एकार ओकार वाले रूपान्तरण भारत से बाहर इंडोयूरोपियन परिवार की भाषाओं में अन्यत्र भी है।

यह बात उल्लेखनीय है कि मानक हिन्दी के **करना** रूप के प्रतिकूल कश्मीरी कृदन्त पुरानी अवधी के **करन** के समान ह्रस्व अकारान्त अथवा उकारान्त होते हैं। **गछुन्** (जाना), **बोवुन्** (होना) आदि रूपों में **अ** का लोप हो गया है; रूप-निर्माण की प्रक्रिया वही है। **च्योनु** (पीना), **प्योनु** (गिरना) आदि उकारान्त रूप हैं। कौरवी प्रवृत्ति के अनुरूप इनके अन्त में **आ** स्वर नहीं है। कश्मीरी भाषा की ध्वनि-प्रकृति यहाँ मध्यदेशीय भाषाओं की ध्वनि-प्रकृति के अनुरूप है।

कश्मीरी में सघोष और अघोष ध्वनियों का भेद होता है किन्तु इस भाषा पर द्रविड़ प्रभाव इतना गहरा है कि अनेक शब्दों में सघोष ध्वनियाँ अघोष हो गई। हिन्दी **बेर** का कश्मीरी प्रतिरूप **तेर्** है। अरबी-फ़ारसी से उधार लिए हुए शब्दों में भी कभी-कभी सघोष ध्वनि को अघोष कर दिया जाता है, यथा **कागज़**—कागद का रूपान्तर **काकद** है, **बाज़** कश्मीरी में **पाज़** है। ऐसे रूप देखकर याद आता है कि जिस प्राकृत में **गगन** का रूपान्तर **ककन** होता था, उसका सम्बन्ध इसी क्षेत्र से था। दूसरी ओर मूल अघोष ध्वनि को सघोष भी किया जा सकता है। **प्रकाश** का **काश** कश्मीरी में **गाश्** है। इसी प्रकार **मसीत** का कश्मीरी प्रतिरूप **मशीद्** है।

कश्मीरी भाषा की एक विशेषता शब्दों के अन्त में ऐसे स्वरों का प्रयोग है जो बहुत कम सुनाई देते हैं, गैर कश्मीरियों को तो सुनाई ही नहीं देते, कश्मीरियों को भी वह साफ़-साफ़ सुनाई देते हैं, इसमें सन्देह है। इन अस्फुट स्वरों को मात्रा स्वर कहा गया है और उनकी स्थिति काफी रहस्यपूर्ण है। दरद भाषाओं में ऐसे अस्फुट स्वर किन क्षेत्रों में प्रयुक्त होते हैं, इसका विवरण नहीं मिलता। कम से कम इतना तो स्पष्ट है कि ईरानी भाषाओं के प्रभाव से कश्मीरी में यह विशेषता उत्पन्न नहीं हुई। इन तथाकथित मात्रा स्वरों में रहस्यपूर्ण कुछ भी नहीं है। ये स्वर कश्मीरी भाषा के मूल ध्वनितंत्र की एक विशेषता सूचित करते हैं जो अन्य प्रभावों के कारण प्रायः नष्ट हो गई है। ब्रज काचरू ने ठीक लिखा है कि कभी ये स्वर अर्थ-विच्छेदक रहे होंगे। इनमें **उ** और **इ** स्वर हैं जो पुंल्लिग और स्त्रीलिंग का भेद सूचित करते हैं। इस प्रकार का भेद अवधी भाषा भी सूचित करती है और उसके लिए वह इन्हीं स्वरों से काम लेती है। यदि कश्मीरी भाषा में इन स्वरों की अर्थ-विच्छेदक भूमिका रही हो, तो मानना होगा कि यह एक मध्यदेशीय विशेषता थी। **गोरु**—ग्वाला, **गूरि**—ग्वालिन, **मोलु**—पिता, **माजि**—माता, **युथु**—ऐसा, **यिछि**—ऐसी, इस तरह के भेद कश्मीरी में व्यापक हैं और प्रायः हर वर्ग के शब्दों के साथ प्रयुक्त होते हैं। किन्तु अब इन स्वरों की छाया-भर रह गई है और इसीलिए इनके अस्तित्व और भूमिका के बारे में विवाद होता है। कश्मीरी के ध्वनितंत्र पर कोई ऐसा प्रभाव पड़ा है जो इन स्वरों के अस्तित्व को व्यर्थ कर देता है। कश्मीरी में बलाघात की

व्यवस्था पर ध्यान दिया जाय तो इस प्रभाव का पता चल जायगा। बलाघात अर्थ-विच्छेदक नहीं है किन्तु वह शब्दबद्ध है, वाक्य की लय पर निर्भर नहीं है। जैसे **महाराज** शब्द बोलचाल में **माहरा** बन जाता है, वाक्य में उसकी स्थिति कहीं भी हो। **महाराज** के **माहरा** बनने का कारण प्रथम वर्ण पर बलाघात है। बलाघात के कारण प्रथम वर्ण का ह्रस्व स्वर दीर्घ हो गया है और अन्तिम वर्ण के ह्रस्व स्वर और व्यंजन दोनों का लोप हो गया। कश्मीरी शब्दों के ध्वनितंत्र पर क० मु० विद्यापीठ में काम करते हुए प्राणनाथ **भसल** के सहयोग से अशोक आर. केलकर ने एक लेख लिखा था: **कश्मीरी वर्ड फोनोलौजी, ए फ़र्स्ट स्केच** जो **ऐन्थ्रोपोलौजीकल लिंग्विस्टिक्स** के जनवरी १९६४ के अंक में प्रकाशित हुआ था। इसमें उन्होंने लिखा था कि ध्वनिशास्त्रीय विचार से कश्मीरी भाषा में बलाघात सदैव शब्द के पहले वर्ण पर होता है। यदि अवधी में बलाघात की स्थिति देखी जाय तो विदित होगा कि उस भाषा में स्थिति इससे भिन्न है। प्रथम वर्ण पर बलाघात की प्रवृत्ति मागधी भाषाओं की है और यह प्रवृत्ति बँगला में अब भी है। मागधी प्रभाव अवधी पर सीमित है, कुरु भाषा समुदाय पर अधिक है और स्वभावतः इस समुदाय के क्षेत्र को पार करता हुआ वह कश्मीर में पहुँचता है। मध्यदेशीय आर्य भाषाओं की मूल प्रवृत्ति शब्दों के अजन्त रूपों का व्यवहार करने की है। मागधी प्रभाव से संस्कृत में बहुत से शब्द हलन्त रूप में प्रचलित हुए। यहाँ अजन्त रूपों में हम उन्हीं शब्दों को नहीं लेते जिनके अन्त में स्वर है वरन् उन्हें भी लेते हैं जिनके अन्त में नासिक्य व्यंजन हैं; ऐसे व्यंजनों में स्पर्श-तत्व क्षीण होता है, अत: वे अर्धस्वर के समान होते हैं। नासिक्य व्यंजनों के साथ **स्** जैसी संघर्षी ध्वनियों को भी गिनना चाहिए, क्योंकि यहाँ भी स्पर्श-तत्व क्षीण हैं। इसी कोटि में **र्**, **ल्** आदि अन्तस्थ ध्वनियाँ हैं। इस दृष्टि से तमिल भाषा के शब्द अजन्त हैं; पूर्ण स्पर्श व्यंजन उनके अन्त में नहीं आता। अत: संस्कृत के हलन्त शब्द-रूपों का कारण द्रविड़ प्रभाव नहीं है। यह प्रभाव प्राचीन मागधी अथवा कौरवी भाषा-समुदाय का है। इस प्रकार कश्मीरी के ध्वनितंत्र के निर्माण में सबसे पहले मुख्य भूमिका उसके अपने ध्वनितंत्र की है। कश्मीरी ध्वनितंत्र के स्वतंत्र केन्द्र का अस्तित्व उसके स्वरतंत्र में देखा जा सकता है। स्वरों के ऐसे भेद कश्मीरी के आस-पास अन्य प्रमुख भाषा-क्षेत्रों में नहीं हैं। इसके बाद महत्वपूर्ण भूमिका है प्राचीन कोसली गण-समुदाय की भाषाओं की। इसके बाद मागधी भाषाओं का जबर्दस्त प्रभाव कश्मीरी पर पड़ा जिसने उसके ध्वनितंत्र में काफी परिवर्तन किया।

कश्मीरी में ऐसे शब्द बहुत हैं जिनके मूल रूप का अन्तिम वर्ण प्राय: लुप्त हो जाता है। उसमें ऐसे शब्द कम हैं, जिनमें मध्यवर्ती वर्ण का लोप होता हो। **पुष्प** का प्रतिरूप **पोश्** है; यहाँ पूरा वर्ण **प** लुप्त हुआ, प्रथम वर्ण के साथ जो **ष्** व्यंजन था, वह तालव्य रूप में बच रहा। **पुश्त** के प्रतिरूप **पत्** (पीछे) में **श्** व्यंजन और **त** के **अ** का लोप हुआ। **पद्म पुष्प** कश्मीरी में **पम्पोश्** है; यहाँ **पद्म** के अन्तिम **अ** तथा **द्** का लोप हुआ। **गंधर्व** का प्रतिरूप **गन्दुर्** (युवा) है, यहाँ पूरे वर्ण का लोप हुआ। एक शब्द है **लोनवज्** जिसका अर्थ है खेत काटने की मज़दूरी। इसमें **लोन** का सम्बन्ध तो काटने का अर्थ देने

वाली **लुन्** क्रिया से है और **वञ्, पण्य** का रूपान्तर है। **य** वर्ण का लोप हुआ, उससे पूर्व स्थित नासिक्य ध्वनि तालव्य में परिवर्तित हुई। प्राचीन शब्द **आस्य** (मुख) का कश्मीरी प्रतिरूप **आस्** है, यहाँ भी **य** वर्ण का लोप हुआ। इस तरह अन्तिम वर्ण के लोप का कारण बलाघात है, लोप चाहे आंशिक हो चाहे पूर्ण।

साथ ही कुछ शब्दों में मध्यवर्ती वर्ण का लोप भी देखा जाता है। इस प्रवृत्ति के उदाहरणों में एक शब्द है **कशीर** जो **कश्मीर** का रूपान्तर है। यहाँ पूरे मध्यवर्ती वर्ण का लोप नहीं हुआ। **मी** के व्यंजन-अंश का लोप हुआ है, स्वर पूर्व व्यंजन से संयुक्त हो गया है। **कबूतर** का कश्मीरी प्रतिरूप **कोतुर्** है, यहाँ पूरे वर्ण का लोप हुआ किन्तु क्षतिपूर्ति के लिए प्रथम वर्ण का स्वर दीर्घ हुआ। इसी प्रकार **गृहस्थ** के प्रतिरूप **गूरस्त्** से प्रथम वर्ण का स्वर दीर्घ हुआ है। ग्रियर्सन ने कश्मीरी भाषा के शब्द कोष में **लुताश्** शब्द दिया है जो **रोहिताश्व** का प्रतिरूप है। यहाँ वर्ण-संकोचन मध्यदेशीय प्रवृत्ति के अनुरूप है यद्यपि **र्** का **ल्** में रूपान्तर मागधी प्रवृत्ति के अनुरूप है। कश्मीरी में **र्** ध्वनि की प्रधानता है किन्तु कुछ शब्दों में **र्** के स्थान पर **ल्** का व्यवहार होता है। इनमें एक शब्द **लुद्र** है जो **रुद्र** का रूपान्तर है। ऐसे ही **रुक्ष** का कश्मीरी तद्भव रूप **लछु** (रूखा) है। ऐसे परिवर्तन अपवाद रूप हैं। इसी प्रकार प्रथम वर्ण को अपवाद रूप में ह्रस्व किया जाता है।

कश्मीरी भाषा में दो व्यंजन एक साथ बहुत कम आते हैं। यह उल्लेखनीय है कि शब्द के प्रथम वर्ण में स्पर्श ध्वनि के साथ **र्** का संयोग तो होता है, **ल्** के संयोग के उदाहरण नहीं मिलते। हिन्दी **गोड़** (पैर) के लिए कश्मीरी में **ग्रौंड्** शब्द है। ग्रियर्सन का विचार था कि मूल रूप में **र्** ध्वनि थी जिसे कश्मीरी कभी-कभी उच्चारित नहीं करते, अतः **ग्रौंड्** को **गोडु** भी बोलते हैं। वास्तव में मूल रूप में **र्** नहीं है। जैसे **कोटि** के **क्** में अतिरिक्त **र्** जोड़कर **क्रोटि** बना जिसका तद्भव रूप **करोड़** है, वैसे ही **गोड़** में अतिरिक्त **र्** जोड़कर **ग्रौंड्** रूप बनाया गया। कश्मीरी **ल्**-क्षेत्र की भाषा होती तो आदि स्थानीय व्यंजन के साथ **ल्** भी अनेक शब्दों में संयुक्त दिखाई देता।

ख. शब्दतंत्र

कश्मीरी शब्दतंत्र में अनेक स्तरों के शब्द हैं। शब्द-भंडार का एक भाग हिन्दी-उर्दू के शब्द-भंडार से मिलता-जुलता है। उस भाग पर यहाँ विचार करना अनावश्यक है। शब्द-भंडार का काफ़ी हिस्सा ऐसा है जो कश्मीरी भाषा का अपना है। इस पर भी यहाँ कुछ कहना ज़रूरी नहीं है। कश्मीरी में काफ़ी ऐसे शब्द हैं जो प्राचीन आर्य भाषाओं के हैं किन्तु हिन्दी में प्रयुक्त नहीं होते। इन पर यहाँ विचार करेंगे। कुछ शब्द ऐसे भी हैं जो या तो संस्कृत में हैं नहीं या उनका वैसा रूप नहीं है या उनका अर्थ बदल गया है। ऐतिहासिक दृष्टि से ऐसे शब्द सर्वाधिक महत्वपूर्ण हैं।

कश्मीरी में **गन्दुर्** (युवा) **गन्धर्व** का तद्भव रूप है। संस्कृत में **गन्धर्व** का गाने-बजाने वाला अर्थ बना हुआ है किन्तु मूल अर्थ संभवतः **युवा** था। **गन्धर्व** निस्सन्देह

एक गण-समाज का नाम था। गण-समाजों के नाम युवक, योद्धा, पुत्र का अर्थ देने वाले शब्द पर रखे जाते थे। नाम रखने की यह भी एक परिपाटी थी यद्यपि एकमात्र परिपाटी नहीं थी। **गन्धार** स्थान से गन्धर्व गण का सम्बन्ध रहा होगा। कश्मीरी में **गिन्दगॉर्** का अर्थ है नर्तक। यहाँ **गन्धर्व** का गौण अर्थ सुरक्षित है। पुत्र के लिए कश्मीरी का एक शब्द **कठ** है। भारत में **कठ** नामक गण भी था; **काठियावाड़** जैसे नामों में उसकी स्मृति बनी हुई है। **कठ** का अर्थ पुत्र है, इसलिए उसके गणवाचक होने की बात समझ में आती है। यह **कठ** कश्मीर के **कश** का रूपान्तर हो सकता है। तब गणवाचक **कश** का अर्थ होगा पुत्र, युवा। लड़की के लिए कश्मीरी **कूरु** पंजाबी **कुड़ी** की याद दिलाता है। प्रसिद्ध गणवाचक **कुरु** शब्द युवा और योद्धा का सूचक था, इस धारणा की पुष्टि युवती के लिए प्रयुक्त कश्मीरी **कूरु** से होती है। बच्चे के लिए **कठ** के समान एक शब्द **शुर्** है। **शूरसेन** नाम का प्रसिद्ध जनपद था। **शूर** का अर्थ योद्धा है। उसका एक अर्थ बच्चा भी रहा होगा। सहोदर भाइयों या बहन-भाइयों के लिए कश्मीरी शब्द **बारनि** का सम्बन्ध **भर** से प्रतीत होता है। **भ्रातृ** शब्द का आधार **भर** था, यह बात अन्यत्र कही गई है। गृह-स्वामी के लिए **बुगिय्** और गृहस्वामिनी के लिए **बुगिञ्** शब्द हैं। इनका आधारभूत शब्द **भग** है जो ऐश्वर्य और स्वामित्व का सूचक है। मातृसत्ताक समाज में गृहस्वामिनी स्त्री होगी। **भगिनी** का मूल अर्थ यही प्रतीत होता है। पिता के लिए **मोलु** शब्द इंडो-यूरोपियन परिवार के **पितृ** शृंखला के शब्दों से भिन्न है किन्तु **मातृ** शब्द-शृंखला से भिन्न नहीं है। **मातृ** और **पितृ**, दोनों की मूल क्रिया का अर्थ है जन्म देना। इनमें एक रूप जनक और दूसरा रूप जननी के लिए निश्चित हो गया। जैसे **पति** शब्द इंडोयूरोपियन परिवार की कुछ भाषाओं में स्त्री के लिए प्रयुक्त होता है, वैसे ही **मातृ** शब्द कुछ प्राचीन आर्य भाषाओं में जनक के लिए प्रयुक्त होता था। **मोलु** का एक रूप **मालु** होगा और यहाँ **त्** अथवा उसका सघोष रूप **द्** **ल्** में परिवर्तित हुआ है। **मोलु** का स्त्रीलिंग रूप **माजि** **माल्** में **य** जोड़ने पर बना है। इस प्रकार **माता पिता** दो अलग रूपों का व्यवहार न करके, जनक और जननी के समान, कश्मीरी एक ही शब्द के दो रूपों मोलु और माजि का व्यवहार करती है। कश्मीरी में **खेल, ख्यलु** शब्द समूहवाचक है। जन-समूह, सेना या दल के लिए **खेल** शब्द है। **खेल** शब्द का यह समूह वाला अर्थ वैसे ही निश्चित हुआ है जैसे **ग्राम** शब्द का। **ग्राम** का मूल अर्थ है खेती; खेती की भूमि पर या उसके निकट रहने वाले जन समूह **ग्राम** कहलाये। **ग्राम** कृषिगत अर्थ से पूर्ण मुक्त होकर समूह का अर्थ देने लगा। **खेल** शब्द **खेत** का रूपान्तर है। अवधी **खेरु**, मानक हिन्दी में **खेड़ा** **खेत** और **खेल** से सम्बद्ध है। कश्मीर के पड़ोस में स्थानों के पश्तो नामों के साथ **खेल** अक्सर जुड़ा दिखाई देता है। कश्मीरी **ख्यलु** पशु-समूह के लिए प्रयुक्त होता है। **गुपुन्** **ख्यलु** अर्थात् पशुओं का बड़ा समूह; यह **ख्यलु** उसी **खेल** से सम्बद्ध है। संस्कृत के **अखिल, निखिल** शब्दों का आधार **खिल** है जिससे कश्मीरी **ख्यलु** सम्बद्ध है। पशु-समूह के लिए कश्मीरी का एक शब्द **जब** है; पशु-समूह के स्वामी को **जब वोलु** कहेंगे। स्वामी का अर्थ देने वाला एक प्राचीन भारतीय शब्द **आल** है जो **पंचाल** में विद्यमान है।

संस्कृत **जबाल** का अर्थ होगा गोपाल, पशुओं का स्वामी; **जबाल** के पुत्र का नाम होगा **जाबालि**। जैसे **गोस्वामी**, वैसे ही पशुओं के स्वामी **जाबालि**। **नाग** शब्द संस्कृत में **सर्प** का अर्थ देता है किन्तु इसका प्रथम अंश **ना** जलसूचक था; **स्नान** और **नाव** में **ना** का वह जल वाला अर्थ-संसर्ग विद्यमान है। कश्मीरी में **नाग** शब्द का अर्थ झरना है और अनेक स्थानों के नाम के साथ **नाग** शब्द लगा हुआ है।

अब कश्मीरी के ऐसे शब्द लेते हैं जो संस्कृत में हैं किन्तु हिन्दी में प्रयुक्त नहीं होते। इनसे भी प्राचीन आर्य भाषाओं की स्थिति और उनसे कश्मीरी का सम्बन्ध समझने में सहायता मिलेगी। संस्कृत **विश** जनसमूह, निवास-स्थान का सूचक है। इसका रूपान्तर कश्मीरी में **बिठ्** (सभा) है। हिन्दी क्षेत्र के प्रसिद्ध स्थान **बिठूर** की व्याख्या इस **बिठ्** के आधार पर बहुत अच्छी तरह हो जाती है। दूकानदार के लिए कश्मीरी **वॉञु** का सम्बन्ध **पण्य** से है। हिन्दी **बनिया वॉञु** से काफी दूर प्रतीत होता है किन्तु दोनों का स्रोत एक है। कश्मीरी **वन्** (कहना) का पूर्व रूप **पन्** होगा जो द्रविड़ भाषाओं में, **पण्** रूप में, अब भी प्रयुक्त होता है। **पण्य** के **प्** के समान यहाँ भी **प् व्** में परिवर्तित हुआ। **पन्** का पूर्व रूप था **भन्** या **भण्**। **पथ** के कश्मीरी प्रतिरूप **वथ्** में पुनः **प्** ध्वनि **व्** में परिवर्तित हुई है। **वुछन्** (देखना) का सम्बन्ध **वीक्षण** से है, पहले कहा जा चुका है। जोर से शब्द करने के लिए **बाख्** का पूर्वरूप **भाष्** हो सकता है, **वाक्** भी। कश्मीरी में देखने के लिए **पश्** (**पश्य**) और **दृश्** के आधार पर **पशुन्** और **डेशुन्** दोनों क्रिया-रूप हैं। **आबुर्** (बादल) का मूल रूप **अभ्र** है। पुकारने के लिए **नाद्** क्रिया है। हिन्दी में **नाद** शब्द संज्ञा रूप में तो प्रयुक्त होता है किन्तु क्रिया रूप में उसका व्यवहार नहीं होता। **ब्रजन्** (शोभित) का आधार **भ्राज्** क्रिया है। **अटि अटि** का अर्थ है देश-विदेश-भ्रमण। इसमें **पर्यटन** वाली **अट्** क्रिया है। कुत्ते के लिए श्वान का तद्भव रूप **हून्** है जिससे जर्मन **हुंट्**, अंग्रेजी **हाउंड्** सम्बद्ध हैं। कुबड़े के लिए **कॉब्य्** शब्द है जिसका आधार **कुभ** है; **कुबेर** में **भ्** ध्वनि की महाप्राणता लुप्त हो गई है, **कुब्ज** में भी। कश्मीरी **चश्** एक मछली है; यह शब्द **झष** का रूपान्तर है। हिन्दी में **झख** मारना मुहावरे में **झख** है किन्तु मछली के लिए अलग से उसका व्यवहार नहीं होता। हिन्दी तथा अन्य आर्य भाषाओं में **शत** के तद्भव रूप **सौ** का चलन है; कश्मीरी **हथ्, श्थ्** में दूसरे वर्ण की स्पर्श ध्वनि का लोप नहीं हुआ।

वशुन् (गर्म) का मूल रूप **उष्ण** है। वेश्या के लिए **गाञ्** शब्द है। जैसे **वेश्या** का आधार **विश** है, वैसे ही **गणिका** का आधार **गण** है। सामन्ती व्यवस्था के सुदृढ़ होने पर सम्पत्तिशाली वर्ग गण समाजों को घृणा की दृष्टि से देखने लगे। उस समय नये अर्थ में **वेश्या, गणिका** जैसे शब्दों का चलन हुआ। **आचमन** की **चम्** क्रिया संस्कृत में भी पीने के लिए सामान्य संदर्भों में प्रयुक्त नहीं होती। **च्योनु** (पीना) कश्मीरी की सामान्य क्रिया है। **गच्छ** क्रिया हिन्दी में प्रयुक्त नहीं होती किन्तु **गछ्** कश्मीरी की बहुप्रयुक्त क्रिया है। इसका व्यवहार पश्चिमी पंजाब के कुछ भागों में भी होता है। **तृषा** (प्यास) हिन्दी में उच्चस्तरीय शब्द है; **तृष्** के आधार पर कश्मीरी में **त्रेश्** (पी चुका) रूप है।

आस् (मुख) का मूल रूप संस्कृत **आस्य** है। **यित्शान्** (इच्छा करना) का आधार **इष्** क्रिया है। **बोवुन्** (होना) का आधार **भू** क्रिया है; इसके साथ संस्कृत **अस्** के आधार पर **आसुन्** (होना) क्रिया का व्यवहार भी होता है। प्रसन्न होने के लिए **प्रयुन्** का आधार **प्रीति** और **प्रिय** की **पृ** क्रिया है। **दघ्** मूल रूप के आधार पर संस्कृत में **दह्** क्रिया है; कश्मीरी में इसका प्रतिरूप **दज़्** (जलाना) है। संस्कृत के समान कश्मीरी में घ् ध्वनि ह् में परिवर्तित नहीं हुई, वह अन्य संघर्षी ध्वनि ज़् में परिवर्तित हुई है। कश्मीरी की कुछ क्रियाएँ संज्ञा अथवा कृदन्त रूपों के आधार पर बनी हैं। **शोदुन्** (शुद्ध होना) का आधार **शोध** है। इसी प्रकार **पुनुन्** (पूर्ण होना) का आधार **पूर्ण** है। गिरने के लिए **प्योनु** का आधार **पत्** के रूपान्तर **पर्** से बना कृदन्त रूप है। सो जाने के लिए **शोङ्ग्** क्रिया स्पष्ट ही कृदन्त है; यह उन थोड़े से रूपों में है जिनमें कृदन्त चिन्ह **ग** है।

कश्मीरी के कुछ शब्द द्रविड़ भाषाओं की याद दिलाते हैं। चलने के लिए कश्मीरी क्रिया **वल्** द्रविड़ भाषाओं की **वर्** का प्रतिरूप है। संस्कृत **वर्त** में यही **वर्** क्रिया है। किसी स्थान पर पहुँचने के लिए कश्मीरी की **वोतुन्** क्रिया का आधार भी **वर्** है। **वर्** के रूपान्तर **वो** में **त** कृदन्त प्रत्यय जोड़ा गया। चलने के लिए **पकुन्** क्रिया का आधार कृदन्त **पग** या **पक** है जो द्रविड़ क्रिया **पो** से संबद्ध है। जाने के लिए **युमु** क्रिया भी है जिसका सम्बन्ध संस्कृत की **या** क्रिया से है। **या** और **वा** दोनों क्रियाएँ परस्पर सम्बद्ध हैं। जैसे **वा** से **वारि** शब्द बनता है, वैसे ही **या** से **यार** बनता है। तमिल और कश्मीरी दोनों में **यार** अथवा **आर** नदी वाचक शब्द है। बालों के लिए कश्मीरी में एक शब्द **मस** है। **मस** के रूपान्तर **मह** और **मह** के रूपान्तर **मय** के आधार पर तमिल का **मयिर्** (बाल) शब्द बना है। इसी **मय** से संस्कृत **मयूर** बना है। गाँव, नगर आदि जन-स्थानों के लिए **पुर** का रूपान्तर **वुर, उर, ऊर** कश्मीरी और द्रविड़ भाषाओं में प्रयुक्त होता है। कश्मीरी मित्रों ने मुझे बताया था कि शेख अब्दुल्ला के गाँव का नाम **स्ववुर** है। ससुराल के लिए **हृहवुरु** में यही **उर** शब्द है। उत्तरापथ के लिए कश्मीरी **ब्वटनु** का आधार शब्द **भोट** है जो तिब्बत के लिए प्रयुक्त होता रहा है। **भोट** और **ब्वट** के आधार पर तमिल शब्द **वड** बना जिसका अर्थ है उत्तरापथ; **वडच्चोल्** अर्थात् उत्तर की भाषा। यह शब्द स्पष्ट ही तमिल जन उत्तर से अपने साथ दक्षिण ले गए हैं। **वड** के पूर्वरूप **ब्वट**, **ब्वट** के पूर्वरूप **भोट** का आधार-रूप **बोध** है। महाप्राणता दूसरे वर्ण से पहले में स्थानान्तरित हुई, **द्** अघोष और मूर्धन्य हुआ। कश्मीरी **अर** से तुलनीय है तमिल **अरि** (काटना); लकड़ी चीरने के उपकरण हिन्दी में **आरा, आरी** कहलाते हैं। कान की बाली के लिए कश्मीरी **अल्क** का सम्बन्ध तमिल क्रिया **अल** से हो सकता है जो **अलचु, अलुक्कु, अलङ्ग्** आदि रूपों में विद्यमान है और जिसका अर्थ हिलना है।

शीन् (बर्फ) **हिम** से सम्बद्ध है; **शिमला** का **शिम** **शीन्** का प्रतिरूप है। **स्तंभ** के लिए कश्मीरी शब्द **चेन** का आधार **स्त** क्रिया है; इससे तुलनीय है रूसी **स्तेन्** (दीवाल)। दूध दुहने के लिए आधुनिक आर्य भाषाओं में **दुह** क्रिया का व्यापक व्यवहार

होता है। कश्मीरी **चावग्** अथवा **च्यावग्** (दोहन) का सम्बन्ध दुहने का अर्थ देने वाली प्राचीन **सु** क्रिया से हो सकता है। **स्तन** के लिए कश्मीरी का **मम** शब्द स्तनपाई जीवों के लिए प्रयुक्त लैटिन **मम्मालिया** में विद्यमान है। **मुख** का अंग्रेजी प्रतिरूप **माउथ्** है; कश्मीरी **बुथ्** (चेहरा) **माउथ्** से सम्बद्ध जान पड़ता है। **अंकुर** के लिए **गव** का पूर्वरूप **गर्भ** होगा और यह **गर्भ** संस्कृत **दर्भ** का वैकल्पिक रूप लगता है। ग्रियर्सन ने कश्मीरी **गेल्** (ज़ोर की आवाज) का सम्बन्ध वैदिक **गल्द** से जोड़ा है। इन दोनों का आधार **गद्** क्रिया होगी जिसका रूपान्तर **गल्** है। संस्कृत **चषक** का प्रतिरूप कश्मीरी **खसि** है; इसका पूर्वरूप **कश** हो सकता है जैसे फ़ारसी **मैकश** (शराब पीने वाला) में। नदीवाचक **क्वल्** संस्कृत **कुल्या** से सम्बद्ध है। **कुल्या** रूप किसी पुंल्लिंग **कुल्य** जैसे रूप के आधार पर बनाया हुआ स्त्रीलिंग रूप है। सोने के लिए **न्यह** का सम्बन्ध **निशि** से हो सकता है; **निशि** शब्द में **शि** शयनसूचक क्रिया होगी और **नि** उपसर्ग होगा।

कश्मीरी **द्रव्** क्रिया का प्रयोग विशिष्ट अर्थ में करती है, **गरद्राव्** अर्थात् घर से गया हुआ। भूखे के लिए **ब्वछु** शब्द **भिक्षु** की याद दिलाता है। **वात** के प्रतिरूप **बाव** से कश्मीरी में **बादुन्** (शक्तिशाली) विशेषण बनता है। **द्वह्** (दिन) का आधार **द्योस्** का **द्वोस्** जैसा वैकल्पिक रूप होगा। उसका पर्यायवाची **द्यन्** (दिन) भी प्रयुक्त होता है। चकोर के लिए **ककव** शब्द में तालव्यीकरण नहीं है; **ककव** और **चकवा** दोनों में **क** की आवृत्ति हुई है। कश्मीरी **पिशुल्** का संस्कृत प्रतिरूप **पिच्छल** है; हिन्दी **फिसलन्**, अवधी **बिछुलहर** का पूर्वरूप **पिशल** होगा। संस्कृत में **श्** के स्थान पर **च्छ्** है किन्तु कश्मीरी में मूल ध्वनि बनी हुई है। निषेध के लिए कश्मीरी में **म, मा** अब भी प्रयुक्त होते हैं, हिन्दी आदि में **न्** वाले रूपों का चलन है। अंग्रेजी **निअर**, पंजाबी **नेड़े** का कश्मीरी प्रतिरूप **निग्रोड़** है। इन सबका मूल रूप **नेदिष्ठ** है।

कश्मीरी की कृषि सम्बन्धी शब्दावली अलग से विचारणीय है। खेती और गाँवों से सम्बद्ध काफी शब्द हिन्दी प्रदेश की जनपदीय शब्दावली से मिलते-जुलते हैं। खेत के लिए **खीति** और **खाह** शब्द हैं जो परस्पर सम्बद्ध हैं। हल के लिए **अल्** और **आल्** शब्द हैं। हल का फाल **अल्फाल्** कहलाता है; हिन्दी **हल माची** की तरह किसानी के उपकरणों के लिए भी **अलफाल** का प्रयोग होता है। खलिहान के लिए **खल** शब्द है। किसान **ग्रूस्तु** (गृहस्थ) है, खेत-मज़दूर सिन्धी **हाली** की तरह **हालि** है। ग्वाला **गूरु** है; **ल्** ध्वनि **र्** में बदल गई है। छोटा खेत हिन्दी में **बारी** कहलाता है, **खेती** के साथ उसे मिलाकर **खेती-बारी** का व्यवहार होता है। कुछ लोग **बाड़ी** भी कहते हैं। कश्मीरी में साग उगाने का छोटा खेत **हाखवारू** (शाकबारी) कहलाता है। खेत में पानी देने के लिए हिन्दी **ढेंकली** कश्मीरी में **ढेकली** है। गेहूँ के लिए **कनक** का रूपान्तर **कनख्** प्रचलित है। गाँव के लिए **गाम्, गुठ्, ग्वंड, पुर, उर** अनेक शब्द हैं। **गुठ** का आधार **गोष्ठ** है; **गुठ** विशेष रूप से वह स्थान है जहाँ पशु एकत्र होते हैं। **ग्वंड** का अवधी प्रतिरूप **ग्वांड़ा** है जहां पशु बांधे जाते हैं। हल के लिए **खाज़ु**, फसल काटने के लिए **क्राव्**, पशुओं का अनखाया चारा **गुयुन्**, बैल के लिए **हखरू** आदि कश्मीरी के अपने शब्द हैं। बोने के लिए प्राचीन **वप्** क्रिया से

वाप संज्ञा शब्द बना जिसका कश्मीरी रूपान्तर हुआ **वाफ्**; **हरुद्वाफ्** अर्थात् शरदकालीन बुवाई। अवध में कंडे पाथ कर स्तूप-सा बना देते हैं और उस पर गोबर का पलस्तर कर देते हैं। इसे अवधी में **बठिया** कहते हैं। यह स्त्रीलिंग रूप है; इसका पुंल्लिग रूप **बठु** रहा होगा। कश्मीरी में **बठु** शब्द है और उसका वही अर्थ है जो **बठिया** का है। हिन्दी डोल के लिए कश्मीरी **डुल** शब्द है। **बछवा** कश्मीरी में **वॉच्** है।

कश्मीरी के सर्वनाम शब्द महत्वपूर्ण हैं। इनमें सबसे पहले उल्लेखनीय है अन्य पुरुष एकवचन रूप **सु**। अनेक आर्य भाषाओं में इस सर्वनाम का लोप हो गया है किन्तु कश्मीरी में वह विद्यमान है। व्यक्तिवाचक और निर्देशक सर्वनाम परस्पर सम्बद्ध रहे हैं। ग्रियर्सन ने **सुह्** और **हुह्** रूप दिए हैं जो निर्देशक सर्वनाम हैं। **सु** का रूपान्तर **हु** है और कश्मीरी दोनों का उपयोग करती है। निर्देशक सर्वनामों की जो रचना-प्रक्रिया इस पुस्तक में बताई गई है, उसकी पुष्टि **हुह्** के सम्प्रदान रूप **हुथ्** से होती है। **हुह** का मूल रूप होगा **सुध**। इससे **सुह्**, **हुह्**, **हुथ्** रूप बने हैं। इसी प्रकार **यिह्** का पूर्वरूप **इध** और मूल रूप **सिध** होगा। निर्जीव पदार्थों के लिए **यिह्** का सम्प्रदान रूप **यिथ्** है। एक जगह **ध्** ध्वनि **ह्** में परिवर्तित हुई, दूसरी जगह **थ्** में। **यिह्**, **हुह्** और **सुह्** रूपों के अर्थ की विशेषता यह है कि ये वक्ता से निर्दिष्ट वस्तु की निकटता या दूरी बतलाते हैं। ग्रियर्सन ने इन रूपों को भारतीय सर्वनामों से बिल्कुल भिन्न बताया है; फिर निकटता और दूरी वाले भेद के लिए कहा है कि वह भारतीय भाषाओं में है ही नहीं। दोनों बातें गलत हैं। कश्मीरी सर्वनामों का आधार **सि** और **सु** रूप हैं। हिन्दी का **सो** कश्मीरी **सु** से सम्बद्ध है; बँगला **से** इसी का प्रतिरूप है। कोई यह बात न माने, तो भी हिन्दी **यह** और कश्मीरी **यिह्** की समानता को कैसे अनदेखा किया जा सकता है? **यह** निकटवर्ती वस्तु के लिए ही प्रयुक्त होता है। **सि**, **सु**, **स** के आधार पर **इ**, **उ**, **अ** सर्वनाम मूलों का व्यवहार निकट, कुछ दूर और अधिक दूर की वस्तु बताने के लिए द्रविड़ भाषाओं में अब भी होता है। कश्मीरी में **उ** और **अ** के बदले **हु** और **सु** से कुछ दूर और अधिक दूर का अर्थ-भेद किया जाता है। अर्थ-विचार की दृष्टि से कश्मीरी के निर्देशक सर्वनामों की शृंखला उस भारतीय सर्वनाम-व्यवस्था के अन्तर्गत है जिसमें आर्य और द्रविड़ दोनों परिवारों के रूप शामिल हैं।

इन्हीं सर्वनाम-मूलों के आधार पर कश्मीरी में स्थान सूचक विशेषक बनते हैं। **हुत्यन्**, **हुतिनस्**, **हुतिनन्**, इन तीनों रूपों का अर्थ है उस जगह। इनमें **हु** सर्वनाम-मूल दूरस्थ वस्तु सूचित करता है। उसमें **ति** स्थानवाचक प्रत्यय लगा है जिसका आधार **ध** है। इसी प्रकार **हुतित्यठि** अर्थात् वहाँ से; यहाँ **हुति** का स्वतंत्र रूप देखा जा सकता है। हिन्दी **क्या** के लिए ग्रियर्सन ने कश्मीरी **क्यह्** और **क्याह्** रूप दिए हैं। इसी प्रकार अन्य पुरुष एकवचन **सु** का रूप उन्होंने **सुह्** दिया है। उत्तम पुरुष और मध्यम पुरुष सर्वनामों के एकवचन रूप **ब्वह** और **चह्** दिए हैं। उत्तम पुरुष बहुवचन का सम्बन्ध-कारक रूप **सोन्** पंजाबी **साड्डा** से सम्बद्ध हो सकता है। अपना के लिए कश्मीरी में **पनुनु** रूप है। या तो **अपन** के **अ** का लोप हो गया है या यह स्वतंत्र सर्वनाम **पन** है।

ग्रियर्सन ने कश्मीरी **पान** का अर्थ शरीर बताया है और लिखा है कि हिन्दी **आप** के समान **पान** का अर्थ स्वयं है। संभव है **पन** और **पान्** का आधार **पध** रूप हो।

कश्मीरी के परिवार संबंधी शब्द ध्यान देने योग्य हैं। **हहर्** (साला), **हिह्नर्** (ससुर), **हहरुन्** (ब्याहना) परस्पर सम्बद्ध शब्द हैं। संस्कृत **श्वशुर** से सम्बद्ध शब्दों की श्रृंखला किसी समय काफी बड़ी रही होगी।

हिन्दी के कुछ शब्दों का मूल अर्थ कश्मीरी की सहायता से विदित होता है। झगड़े के लिए कश्मीरी में **हर्** शब्द है; झगड़ालू आदमी **हरिबाज्** है। जो झगड़े में फँसा है, वह **हरूवोलु** है। हिन्दी **हड़बोंग** का अर्थ झगड़े वाले **हर** से खुलता है। हिन्दी **अखाड़ा** कश्मीरी में **हकहार** है; यहां भी हार का आधार युद्धसूचक **हर** है। बँगला में हल के लिए **लाङ्गल्** शब्द है। यह **लङ्ग** से बना है। कश्मीरी में **लङ्ग** का अंर्थ है पेड़ की डाल। हिन्दी **लँगड़े** में भी **लङ्ग** शब्द है। कश्मीरी **लॉङ्ग** रूप लँगड़े के लिए प्रयुक्त होता है। डाल और लँगड़े का अर्थ देने वाले शब्द मूलतः एक हैं। **लन्** क्रिया में **ग** प्रत्यय जोड़कर ये शब्द बनते हैं। इनका मूल अर्थ हुआ कटा हुआ। **ड** प्रत्यय जोड़ने पर हिन्दी में लिंगसूचक शब्द बनता है। कश्मीरी में वह स्त्रीलिंग रूप है जिसका अर्थ शाखा और लँगड़ी दोनों हैं। पहले पेड़ की डाली काटकर खेत जोतते होंगे, इसलिए **लाङ्गल्** शब्द हल के लिए प्रयुक्त हुआ।

हिन्दी के समान कश्मीरी समानार्थी शब्दों के जोड़े इस्तेमाल करती है जैसे **अलडल** जिसका हिन्दी रूपान्तर होगा **हालाडोला**। दोनों का अर्थ एक ही है। **गाम् गुठ्** अवधी के **गाँव गँरावँ** के समान हैं; दोनों का अर्थ है गाँव। सूखे हुए चमड़े के लिए **बस्त खल्रु** शब्द है जिसमें **बस्त** और **खल्रु** दोनों का अर्थ है खाल। यद्यपि **शत** का रूपान्तर कश्मीरी में **हथ्** है किन्तु **हथ्शथ्** में दोनों रूप विद्यमान हैं और हिन्दी **सौ सौ** की तरह यहाँ एक ही शब्द की आवृत्ति हुई है। कुछ शब्दों के जोड़े मूल शब्दों से भिन्न अर्थ देते हैं जैसे हिन्दी में **अन्न** और **जल** शब्दों को मिलाकर **अन्नजल** का व्यवहार होता है। **अन्नजल** का कश्मीरी रूपान्तर है **अन् जल्**।

कश्मीरी में हिन्दी के समान शब्द की आवृत्ति करते हुए प्रथम वर्ण का व्यंजन बदल देते हैं और बहुधा बदला हुआ व्यंजन, हिन्दी के समान, **व्** होता है। **दुकान वुकान**, **श्यामि वामि** (श्याम वाम), **बति वति** (भात वात), **ओलव् वोलव्** (आलू वालू), **ग्यवुन् ध्यवुन्** (गाना वाना), यहां दोहराये हुए शब्दों में **व्** की स्थिति हिन्दी के अनुरूप है। यदि शब्द के प्रथम वर्ण में **व्** अथवा **अ** है तो हिन्दी के विपरीत दोहराते समय उसके स्थान पर **प्** का व्यवहार हो सकता है यथा **वाव् पाव्** (हवा-ववा), **असुन् पसुन्** (हँसना-वसना)। **अनाप् शनाप्**, **गप् शप्**, **अन्ट् शन्ट्** आदि भी हिन्दी क्षेत्र से कश्मीर पहुँच गए हैं।

दो शब्दों को जोड़ते समय कश्मीरी कहीं तो नये मुहावरे गढ़ती है, कहीं वह पुराने शब्दों का बहुत आकर्षक प्रयोग करती है। **ख्यथ् च्यथ्** (खा पीकर) '**ल्वह् लंगर** (लोहा लंगर) हिन्दी मुहावरों के समान हैं। **बतख्यव्** (भात का भोजन) अवधी **भतखवा** की याद दिलाता है। **आशरूपितुरू** (नातेदार) कश्मीरी का अपना मुहावरा है जहाँ पिता को व्यापक अर्थ दिया गया है। **अच्** का अर्थ है प्रवेश करना और **नेर** का अर्थ

है बाहर जाना; इनसे मिलकर प्रवेश और निकास का अर्थ देने वाला **अच नेर** शब्द बनता है। आगरे में और उसके आस पास स्थानों के नाम के साथ **नेर** शब्द जुड़ा दिखाई देता है। इसलिए ब्रज प्रदेश के **अछनेरा** का सम्बन्ध **अच् नेर** से होगा, यह बहुत संदिग्ध है। किन्तु **नेर** के साथ **अछ** की सार्थकता स्पष्ट नहीं है, अत: **अच् नेर** से उसकी समानता ध्यान में रखनी चाहिए। कश्मीरी जीवन में घर का स्थान महत्वपूर्ण है। अत: अनेक शब्दों के साथ प्रयुक्त होकर यह विशिष्ट अर्थ देता है। **गरद्राव्**—घर छोड़कर गया हुआ, **गरयिनु**—घर आना, **गरबुगिय्**—गृहस्वामी, **गरबुगिञ्**—गृहस्वामिनी, **गरकुलि**—घर का बना, **गरवेठ**—घर के वासी। इसी प्रकार पशुओं से सम्बन्धित **गुपुन्** शब्द संयुक्त होता है: **गुपुन्गुरु**—ग्वाला, **गुपुन्ख्यलु**—पशुयूथ (अवधी में **हरहागोरू** के समान), **गुपुन्न्यन्द्**—पानी से भरे धान के खेतों में पशुओं को चलाना, **गुपुन्रोछु**—गोरक्षक, **गुपुन्वोलु**—बहुत सी गायों वाला। ऐसे संयुक्त शब्द हिन्दी-कश्मीरी क्षेत्रों के मिलते-जुलते सामाजिक जीवन की ओर संकेत करते हैं।

आशा के प्रतिरूप **आश्** के साथ विभिन्न शब्द जोड़कर कश्मीरी ने अनेक मुहावरे रचे हैं यथा **आश् बरञ्**—आशा पूरी होना (भरण के आधार पर कश्मीरी **बरञ** रूप बना है); इसी प्रकार **धारण** और **स्थापन** के रूपान्तर जोड़कर **आश्दारञ्** तथा **आश् थवञ्** मुहावरे बनते हैं। **पण्य** का रूपान्तर **वञ्** अनेक शब्दों के साथ संयुक्त होता है यथा **च्यव वञ्**—पीने का मूल्य, **लोनवञ्**—कटाई की मजूरी, और इसी **पण्य** से सम्बद्ध **वान्** शब्द बाजार के लिए प्रयुक्त होता है यथा **गानवान्**—वेश्या बाजार। **चर्सबिठ्** मौलिक शब्द योजना है; प्राचीन **विश** का रूपान्तर **बिठ्** तो सभा का अर्थ देता है और उसका संयोग हुआ है आधुनिक **चरस** से; **चर्सबिठ्** अर्थात् चरस प्रेमियों की मण्डली।

हिन्दी के समान क़श्मीरी में उपसर्गों का प्रयोग कम होता है किन्तु कुछ उपसर्ग सामान्य हैं और उनका व्यापक प्रयोग होता है। इनमें एक है **कु**। **क्वकठ्** अर्थात् कुपूत; **कुपूत** का पछाहीं हिन्दी रूप **कपूत** भी कश्मीरी में प्रयुक्त होता है। इसी प्रकार **क्वखडु** अर्थात् कुयोनि। प्रत्ययों में अधिक समानता है। स्त्रीलिंग रूप बनाने के लिए हिन्दी के समान **इनि** प्रत्यय का व्यवहार होता है। **ब्वटु** से **बोटिनि**—**बोट** अर्थात् लद्दाखी और **बोटिनि** लद्दाखिनी। मानक हिन्दी में अन्तिम स्वर दीर्घ होगा किन्तु अवधी आदि जनपदीय भाषाओं में ह्रस्व **नि** का ही व्यवहार होता है। मुसलमान का स्त्रीलिंग रूप **मुसलमानेंनि** अवधी **मुसलमानिनि** के समान है। इसके अतिरिक्त पुंल्लिग उकारान्त शब्दों के **उ** के स्थान पर **इ** का व्यवहार करके स्त्रीलिंग रूप बनाये जाते हैं यथा **गागुरु** (चूहा), **गागिरि** (चुहिया); (यहाँ अन्तिम **उ** और **इ** मात्रा स्वर हैं और बहुत हल्के सुने जाते हैं किन्तु लिंग-भेद व्यक्त करने में उनकी स्पष्ट भूमिका है)। मानक हिन्दी में स्त्रीलिंग रूपों की रचना में जहाँ **ई** का व्यवहार होता है, वहाँ अवधी में बहुधा **इ** से काम लिया जाता है। कश्मीरी में **नाग्** (झरना) से **नागिन्य्**, **कोन्** (काना) से **कान्य्** स्त्रीलिंग रूप बनते हैं जहाँ अन्तिम स्वर **इ य्** में परिवर्तित हुआ है।

कश्मीरी में एक **इल** प्रत्यय है जिसका व्यवहार अनेक प्रकार से होता है। जैसे

संस्कृत में **जटिल** और हिन्दी में **बोझिल** विशेषण बनाये गये हैं, उसी प्रकार कश्मीरी में **गासिल्** (घासयुक्त) शब्द है। संस्कृत-हिन्दी से भिन्न कश्मीरी इस प्रत्यय से भाववाचक संज्ञा भी बनाती है यथा **शुर्** (बच्चा) से **शुरिल्** (बचपन)। इसी का एक प्रतिरूप **उल्** है और विशेषण बनाने के काम आता है यथा **गाटि** (बुद्धि) से **गाटुल्** (बुद्धिमान)। कश्मीरी **पिशुल्** का संस्कृत प्रतिरूप **पिच्छल** है और दोनों शब्द **पिश, पिच्छ** में **उल्, अल** प्रत्यय जोड़कर बनाये गये हैं। **इल्** और **इन्** दोनों सम्बद्ध प्रत्यय हैं। तमिल में ये दोनों सम्बन्ध कारक के चिन्ह हैं; इनका मूल रूप स्थानसूचक **इद** था। संस्कृत में **संन्यासिन्** जैसे शब्दों में **इन्** अधिष्ठान की सूचना देता है। जिसमें संन्यास का भाव है, वह **संन्यासिन्**। इसी का स्त्रीलिंग रूप **इनी** है यथा संस्कृत **भगिनी** (सम्पत्ति की स्वामिनी) में; अवधी **बहिनि** के समान **भगिनि** जैसे रूप से कश्मीरी **बुगिञ्** (स्वामिनी) रूप बना।

अल् प्रत्यय **इल्** का प्रतिरूप है। हिन्दी **दढ़ियल्** का कश्मीरी प्रतिरूप **दार्यल्** है। दोनों में **अल्** प्रत्यय है। इसी तरह **छिनाल** के लिए कश्मीरी का **दिनल्** शब्द है। कश्मीरी में **छिनाल्** भी है, पुरुष व्यभिचारी के लिए। **इल्** के समान **ऽल्** की भूमिका भी व्यापक है यथा **डूंगल्** (डूंग—नाव; **डूंगल्**—डुबकी लगाने वाला)। कश्मीरी का एक महत्वपूर्ण प्रत्यय **तोन्** है जो प्राचीन वैदिक प्रत्यय **त्वन** से सीधे सम्बद्ध है। दोनों का ही व्यवहार भाववाचक संज्ञा बनाने के लिए किया जाता है यथा **बोय्** (भाई) से **बाय्तोन्** (भाईपना), **बेनि** (बहिन) से **बेनितोन्** (बहनापा)। **म्यत्रुत्** (मित्रत्व), **पित्रुत्** (पितृत्व, किन्तु पितृ चचेरे के अर्थ में, **पित्रुत्** अर्थात् चचेरापन), यहाँ कश्मीरी का **उत्** प्रत्यय संस्कृत **ता** के आधार पर निर्मित हुआ है।

कश्मीरी के कुछ शब्दों में संभवतः **हार्** या **हर्** प्रत्यय लगता था। हिन्दी **पनिहार, पनिहारिन** के समान कश्मीरी में **पान्युर्**, **पान्युरॅन्** रूप हैं। अनेक शब्दों में हिन्दी वाला का रूपान्तर **वोल्** प्रयुक्त होता है यथा **गाडिवोल्** (गाड़ीवाला)। हिन्दी में जैसे **र्** या **ल्** जोड़कर किसी वस्तु की लघुता बताई जाती है, वैसे ही कश्मीरी में **रु** प्रत्यय का व्यवहार होता है। **लटना** क्रिया से जैसे हिन्दी **लटा** बनता है, वैसे ही कश्मीरी में **लट्** क्रियामूल से **लटु**, **लट्रू** रूप बनते हैं, **गुरु लटु**—छोटा घोड़ा, **गुरु लट्रू**—महातुच्छ घोड़ा। संस्कृत **मत्स्य** से हिन्दी **मच्छ** और **माछ**, फिर लघुत्व सूचक **मछली**; अवधी में **सूत** से **सुतरी** (रस्सी) इसी प्रकार बनती है। **खाल** से अवधी आदि में जैसे **खलरी** रूप बनता है, वैसे ही कश्मीरी में **खलरु** (सूखी खाल) रूप बना है। कश्मीरी में कुछ फ़ारसी के प्रत्यय उर्दू के माध्यम से पहुँचे हैं। **जिन्दगी, बन्दगी** के समान कश्मीरी ने अपने शब्दों में **गी** प्रत्यय जोड़कर **गोरगी** (गुरुआई, पुरोहिताई), **हालिगी** (मजदूरी) जैसे शब्द बनाये हैं। **सितमगर, बाजीगर** का **गर** संस्कृत **कर** का रूपान्तर है। इसके सहारे कश्मीरी ने **ग्यव्गॉर** (गवैया), **गिन्दगॉर** (नर्तक) शब्द बनाये हैं। इनके अतिरिक्त कश्मीरी ने अपने बहुत से प्रत्यय हैं जो, संभव है, कुछ भिन्न रूपों में पहले आर्य भाषाओं में प्रयुक्त होते रहे हों। **पण्डताज्** (पण्डिताई) में **आज्** प्रत्यय का पूर्वरूप **आत्य** हो सकता है; **पाश्चात्य** जैसे शब्दों में **आत्य** विशेषण रूप बनाता है किन्तु यह **आज्** से सम्बद्ध हो सकता

है क्योंकि कश्मीरी एक ही प्रत्यय से बहुत से काम लेती है। कृदन्त प्रत्ययों की चर्चा अलग से करना उचित होगा।

(ग) रूपतंत्र

संस्कृत कारक-रचना को देखते हुए भाषा-विज्ञानी आधुनिक आर्य भाषाओं की कारक-रचना से खिन्न हो जाते हैं। उन्हें यह देखकर प्रसन्नता होनी चाहिए कि कश्मीरी, यूरुप की प्राचीन और नवीन भाषाओं की अपेक्षा, कारक-भेद अधिक करती है और उसके विभक्ति-चिन्ह भी मूल शब्द से अलग नहीं हैं। **चोर** के कश्मीरी प्रतिरूप **चू़र्** के कर्ता, करण, सम्प्रदान और अपादान कारकों के एकवचन रूप **चू़र्, चू़रस्, चू़रन्** और **चू़र** हैं। कम से कम ये चार कारक रूप एक दूसरे से स्पष्टतः भिन्न हैं। हिन्दी और कश्मीरी कारक-रचना के बारे में ग्रियर्सन ने महत्वपूर्ण बातें कहीं हैं। कश्मीरी अपादान कारक की तुलना उन्होंने लैटिन कारक से की है। उनके इस विवेचन में फ़ारसी का उल्लेख नहीं है। यदि कश्मीरी और लैटिन के अपादान कारक मिलते-जुलते हैं, तो इससे कश्मीरी की आधारभूत आर्य भाषाओं की प्राचीनता सिद्ध होती है। यदि कश्मीरी की कारक-रचना हिन्दी कारक-रचना से मिलती-जुलती है, तो इससे हिन्दी-कश्मीरी की घनिष्ठता, दोनों की आधारभूत गणभाषाओं की प्राचीनता प्रमाणित होती है। ग्रियर्सन ने **स्टैन्डर्ड मैनुअल ऑफ़ द कश्मीरी लैंग्वेज्** (लाइट ऐन्ड लाइफ पब्लिशर्स, जम्मू) में लिखा है कि कश्मीरी में चार कारक होते हैं, एक सीधा कारक या कर्ता, और तीन तिर्यक्, सम्प्रदान, करण और अपादान। फिर कहते हैं, "सम्प्रदान कारक हिन्दुस्तानी के **को** वाले सम्प्रदान के अनुरूप है और उसके समान निश्चित कर्म के लिए प्रयुक्त होता है। जब कर्म इतना निश्चित नहीं होता, तब, फिर ठीक हिन्दुस्तानी की तरह, कर्म का वही रूप होता है जो कर्ता का होता है। करण कारक इसी प्रकार हिन्दुस्तानी के करण कारक के अनुरूप होता है। हिन्दुस्तानी में यह कारक **ने** प्रत्यय जोड़कर बनाया जाता है। कश्मीरी में प्रत्यय आवश्यक नहीं होता वरन् संज्ञा स्वयं अपना अन्त्य वर्ण बदलती है। इस कारक का उपयोग उन सकर्मक क्रियाओं के कर्ता के लिए उन लकारों में होता है जो भूतकालिक कृदन्त के आधार पर बने हैं।" यहाँ तक कश्मीरी से हिन्दी कारक-रचना की समानता हुई। आगे लैटिन का उल्लेख करते हुए कहते हैं : "अपादान कारक लैटिन के इस कारक से बहुत मिलता-जुलता है यथा **तमि लेखानोवु मॅ अथि खथ्**, उसने मेरे हाथ से खत लिखाया; यहाँ **अथि** अपादान कारक में है जैसे कि लैटिन **मनु** अपादान कारक में होगा। इसी प्रकार **बडि ज़ोर**—बड़े ज़ोर से; **हुक्म**—हुक्म से; दॉह—प्रतिदिन; **सुलि**—सवेरे; तथा **अकि समयॅ**—एक बार।" (पृष्ठ २५)। अपादान और करण कारक मिलते-जुलते हैं। लैटिन से रूपगत समानता महत्वपूर्ण है। लैटिन और कश्मीरी के क्षेत्र एक दूसरे से जितनी दूर आगे चलकर हुए, उतनी दूर पहले नहीं थे।

कारक-रचना और सम्बन्धकों के प्रयोग के बारे में फिर हिन्दी का स्मरण करते हुए ग्रियर्सन कहते हैं कि अन्य भाषाओं में जो विविध सम्बन्ध कारकों द्वारा व्यक्त किये

जाते हैं, वे कश्मीरी में, हिन्दुस्तानी की तरह, सम्बन्धकों (पोस्टपोज़ीशनों) द्वारा प्रकट किये जाते हैं। कुछ सम्बन्धक सम्प्रदान के साथ और कुछ अपादान के साथ प्रयुक्त होते हैं। यहाँ ध्यान देने की पहली बात यह है कि समस्त भारतीय भाषाओं के समान कश्मीरी में भी सम्बन्धक मूल शब्द के बाद ही आते हैं, पहले नहीं। वे पश्च-सम्बन्धक होते हैं, पूर्व-सम्बन्धक नहीं। दूसरी बात यह है कि सम्बन्धक का व्यवहार कारक रूप के साथ होता है, मूल शब्द विभक्तिचिन्ह से विलग होकर सम्बन्धकों के साथ नहीं जुड़ जाता। इसका अर्थ यह है कि कश्मीरी की प्रकृति संश्लिष्ट भाषाओं की है और वह प्रकृति बहुत कुछ अब भी बनी हुई है। जिस तरह के प्रभाव अन्य भारतीय भाषाओं पर पड़े हैं, उस तरह के प्रभावों से कश्मीरी एक सीमा तक मुक्त रही है। उसकी स्थिति प्राचीन भाषाओं में ग्रीक और लैटिन और आधुनिक भाषाओं में रूसी से काफी मिलती-जुलती है जहाँ कारक रचना में शब्द के साथ विभक्ति चिन्ह है और सम्बन्धक का प्रयोग भी होता है।

एक शब्द है **च़ूऱ्** (चोर)। कर्ता, करण, सम्प्रदान और अपादान कारकों में इसके एकवचन रूप इस प्रकार होंगे : **च़ूऱ्, च़ूरन्, च़ूरस्, च़ूर**। यहाँ चारों रूप एक दूसरे से भिन्न हैं। विभक्ति-चिन्ह मूल शब्द से संयुक्त है, भाषा का यह संश्लिष्ट रूप है। सम्बन्ध कारक को शेष कारकों से अलग रखा गया है। ग्रियर्सन का तर्क यह है कि सम्बन्ध-कारक-रूप विशेषण हैं। उन्होंने लिखा है कि इनका व्यवहार बहुत कुछ वैसे ही होता है जैसे हिन्दुस्तानी में, और वे विशेष्य के अनुरूप लिंग, वचन और कारक बदलते हैं। सम्बन्ध कारक के लिए जिन शब्दों का प्रयोग होता है, वे तीन हैं : हॉन्दु, **उकु** और **उनु**। इनमें हॉन्दु ही स्वतंत्र सम्बन्धक प्रतीत होता है, शेष विभक्ति-चिन्हों के समान हैं। **होना** क्रिया का भूतकालिक कृदन्त रूप सम्बन्ध-सूचक चिन्ह के लिए प्रयुक्त होने लगा। **च़ूऱ्** का सम्प्रदान रूप **च़ूरस्**; इसमें हॉन्दु जुड़ा, फिर सन्धि से **च़ूरसॉन्दु** (चोर का) रूप बना। ऐसा लगता है कि सम्प्रदान कारक का **स्** वास्तव में सम्बन्ध कारक का प्राचीन **स्** है। हॉन्दु के प्रयोग से सम्बन्ध कारक अलग दिखाया जाने लगा; **स्** चिन्ह बना रहा; जो पुराना सम्बन्ध कारक था, वह अब सम्प्रदान कारक की भूमिका निबाहने लगा।

दूसरा सम्बन्धक **उनु** पुरुषों के नाम के साथ एकवचन रूपों में प्रयुक्त होता है। **राम** शब्द का सम्बन्धकारक रूप हुआ **रामुनु**। यहाँ **नु** गुजराती आदि भाषाओं का सम्बन्धक चिन्ह है। जो निर्जीव पदार्थ हैं, उनके साथ **उकु** सम्बन्धक का व्यवहार होता है। **प्रीम्** (प्रेम) का सम्बन्ध कारक एकवचन रूप हुआ **प्रीमुकु**। यहाँ **कु** सम्बन्धक वही **क** है जो बाँगरू से लेकर मैथिली तक समस्त हिन्दी क्षेत्र में प्रयुक्त होता है। इस प्रकार कश्मीरी ने **स**, **न**, **क** आर्य भाषाओं के इन तीनों सम्बन्ध-चिन्हों को अपना लिया है और शब्दों के साथ उनके विशिष्ट व्यवहार के लिए अलग-अलग स्थितियाँ निर्धारित कर दी हैं। हिन्दी से कश्मीरी की भिन्नता इस बात में है कि सम्बन्ध-कारक रूप को विशेषण मानकर फिर प्रत्येक कारक में उसके रूप बदले जाते हैं। **च़ूरन् हॉन्दु** कर्ताकारक का

एकवचन रूप है। करण, सम्प्रदान और अपादान कारकों में इसके रूप हैं **च़्रन् हन्दि, च़्रन् हन्दिस्, च़्रन् हन्दि** (करण कारक के हन्दि की इ मात्रा-स्वर है, सम्प्रदान कारक के हन्दि की इ पूर्ण स्वर है।) **च़्रन्हॉन्दु** का बहुवचन रूप हुआ **च़्रन्हन्दि**। यह पुंल्लिग रूप है। कर्ताकारक में स्त्रीलिंग का एकवचन रूप है **च़्रन् हिंज़ि**। फिर इस स्त्रीलिंग के बहुवचन रूप हैं। चार कारकों में स्त्रीलिंग-पुंल्लिग रूपों के एकवचन, बहुवचन वाले भेद हैं। इस प्रकार कश्मीरी की कारक रचना हिन्दी ही नहीं, संस्कृत की तुलना में भी अत्यन्त जटिल है।

कश्मीरी के कुछ सम्बन्धक शब्द हिन्दी से मिलते-जुलते हैं और कुछ भिन्न हैं। **मूलस् अन्दर**—जड़ के अन्दर; यहाँ **अन्दर** हिन्दी के समान है। **मूलस्** का अर्थ **मूल के** किया जाय तो हिन्दी संरचना के अनुकूल होगा। **मूलस् मंज़्**—जड़ के बीच; यहाँ **मध्य** का प्रतिरूप **मंज़्** है। **किलस्निशॅ**—किले के पास; यहाँ **निशॅ** संस्कृत **नेदिष्ठ** का संक्षिप्त रूप है। **थालस् कॅथ्**—थाल के बीच; यहाँ **कॅथ्** कश्मीरी का अपना सम्बन्धक है। **मध्य** का पूर्व रूप **मध** माना जाय तो **कॅथ्** का मूल रूप **कध** हो सकता है। **कुलिस् पॅठ्**—पेड़ के ऊपर; **पॅठ्** संस्कृत **पृष्ठ** का रूपान्तर है। **मालिस् शान्**—पिता के साथ, यहाँ **शान्** हिन्दी **संग** से सम्बद्ध जान पड़ता है। इन सब रूपों में स् संबन्ध कारक चिन्ह का अर्थ देता है। **अथ् सीतिन्**—हाथ से; यहाँ हिन्दी का पुराना **सॅती** अपने कश्मीरी रूप में प्रयुक्त है। यह बात आश्चर्यजनक है कि **पर, ऊपर** जैसे सम्बन्धक भारत और यूरुप की अनेक भाषाओं में प्रयुक्त होते हैं किन्तु कश्मीरी में उनका व्यवहार नहीं होता। इसका एक कारण यह है कि विभिन्न आर्य भाषाओं में अनेक सम्बन्धक थे और उनका अलग-अलग क्षेत्रों में व्यवहार होता था। कश्मीरी के अपने सम्बन्धक भी थे। इनमें से अनेक अन्य क्षेत्रों में भी पहले प्रयुक्त होते होंगे किन्तु अन्य प्रभावों से वे विस्थापित हो गए, कश्मीरी में सुरक्षित रहे। दूसरा कारण यह है कि कश्मीरी अन्य आर्य भाषाओं से अधिक संश्लिष्ट है। विश्लिष्ट प्रकृति की भाषाओं में सम्बन्धकों की जितनी आवश्यकता होती है, उतनी कश्मीरी को नहीं थी; अतः इन भाषाओं के सम्बन्धकों का भी व्यवहार वहाँ अधिक नहीं हुआ।

अब क्रियापद रचना पर विचार करें। सबसे पहले क्रियार्थी संज्ञा रूप देखें जिनमें **न्** ध्वनि वाले प्रत्यय का व्यवहार होता है। ग्रियर्सन ने लिखा है कि **गुप्** (छिपना) क्रियामूल से क्रियार्थी संज्ञा रूप **गुपुन्** बनता है। यहाँ जो **उन्** प्रत्यय लगा, उसके दो रूपान्तर हैं; **उनु** और **ऑनु**। इन दोनों रूपान्तरों का अन्तिम **उ** मात्रा-स्वर है। अतः **गुपुन्** और **गुपुनु**, दोनों रूप सुनने में बहुत भिन्न प्रतीत न होंगे। मेरी समझ में **गुपुनु** रूप पुराना था; वह मध्य देशीय **करन, चलन** के समान कृदन्त चिन्ह **न** ही नहीं लगाता था वरन् अवधी की प्रकृति के अनुरूप उसे उकारान्त भी करता था। मागधी प्रभाव से कश्मीरी भाषा के ध्वनितंत्र में जब काफी परिवर्तन हुए और बलाघात प्रथम वर्ण पर होने लगा, तब **गुपुनु** का पूर्ण **उ** मात्रा-स्वर रह गया। मात्रा-स्वर का लोप करके **गुपुन्** रूप बना। **गुपॉन्** का ऑकार **उ** का ही विवृत रूप है। कश्मीरी में इस क्रियार्थी संज्ञा

का व्यवहार हिन्दी के समान होता है, पुंल्लिग के अलावा स्त्रीलिंग रूप अलग होता है; **गुपिञ्नि** स्त्रीलिंग रूप है। जैसे हिन्दी में कहें, **किताब पढ़नी है,** वैसे ही। हिन्दी से दूसरी समानता यह है कि यह क्रियार्थी-संज्ञा-रूप भविष्य काल के लिए भी प्रयुक्त होता है। ग्रियर्सन ने **गुपुन्** को भविष्य कालिक कर्मवाच्य कृदन्त माना है।

कश्मीरी का वर्तमान कालिक कृदन्त रूप अपरिवर्तित रहता है। मैं छिपाता हूँ, हम छिपाते हैं, मैं छिपाती हूँ, हम छिपाती हैं आदि विभिन्न पुरुषों और लिंगों में **गुपान्** अपरिवर्तित रहता है। **बॉह् छुस् गुपान्**—मैं छिपाता हूँ; **असि छिहि गुपान्**—हम छिपाते हैं; **तिम छॅह गुपान्**—वे छिपाती हैं। सभी पुरुषों और दोनों लिंगों में कृदन्त रूप बदलता नहीं है। मलयालम के कृदन्त **रूप वरन्नु** (आया) से **गुपान्** की स्थिति की तुलना की जा सकती है। हिन्दी में **मैं छिपाता हूँ** और **मैं छिपाता था,** इन दो वाक्यों में काल-भेद से कृदन्त नहीं बदलता किन्तु भविष्य काल के लिए कहेंगे : **मैं छिपाऊँगा।** यहाँ **छिपाऊँ** कृदन्त के स्थान पर है किन्तु मूलतः कृदन्त नहीं है। इसके विपरीत कश्मीरी में इस **गुपान्** का व्यवहार तीनों कालों में होगा। **बॉह् ओसुस् गुपान्**—मैं छिपाता था; **बॉह् आस गुपान्**—मैं छिपाऊँगा अथवा मैं छिपाता होऊँगा।

गुपान् रूप को वर्तमानकालिक कृदन्त कहा गया है। वास्तव में यह विशुद्ध कृदन्त है जिसका व्यवहार सहायक क्रिया के साथ किसी भी काल में हो सकता है। भूतकालिक कृदन्त लिंगानुसार रूप बदलते हैं। कश्मीरी कृदन्तों की एक विशेषता यह है कि ये एक ही काल के अन्तर्गत सूक्ष्म भेदों की सूचना देते हैं। **गुपु**—यह हुआ निकटवर्ती अतीत; **गुप्याव्**—यह हुआ दूरवर्ती अतीत; **गुप्योव्**—यह हुआ सामान्य अतीत जहाँ निकट और दूर का प्रश्न नहीं है। संभव है **गुप्योव्** कभी मध्यवर्ती अतीत के लिए प्रयुक्त होता रहा हो। तमिल में जैसे **इ, उ, अ** सर्वनाम-चिन्ह वक्ता से निर्दिष्ट पदार्थ की थोड़ी या अधिक दूरी सूचित करते हैं, वैसे यहाँ काल भेद है। निर्देशक सर्वनामों का सम्बन्ध देशगत दूरी से है; इन कृदन्तों का सम्बन्ध कालगत दूरी से है।

भूतकालिक कृदन्तों में लिंगानुसार परिवर्तन होता है किन्तु विशेषण के रूप में सहायक शब्द के बिना इनका व्यवहार नहीं होता। जैसे हिन्दी में **छिपा चोर** कहने के बदले **छिपा हुआ चोर** कहना मुहावरा है, उसी तरह कश्मीरी में **गुपु चूर्** कहने के बदले **गुपु मॉतु चूर्** कहना मुहावरा है। हिन्दी के **जाता है, जाता था** की तरह कश्मीरी में **होना** क्रिया के साथ कृदन्त लगाकर क्रिया रूप बनाते हैं। ग्रियर्सन ने लिखा है कि वर्तमान काल में सहायक क्रिया **छुस्** का प्रयोग हिन्दुस्तानी हूँ के समान है, भूतकाल हिन्दुस्तानी **था** के समान है, अन्य काल हिन्दुस्तानी **होना** के कालों के अनुरूप हैं, अर्थ की दृष्टि से और प्रयोग की दृष्टि से भी। ग्रियर्सन के इस कथन से विदित होगा कि कश्मीरी की क्रियापद-रचना हिन्दी क्रिया पद-रचना से काफी मिलती है। हिन्दी **हूँ** के विपरीत कश्मीरी **छुस्** में लिंगानुसार परिवर्तन भी होता है, इसी प्रकार हिन्दी **था** के विपरीत कश्मीरी **ऑसुस्** में पुरुष के अनुसार परिवर्तन होता है, लिंग के अनुसार तो होता ही है। भविष्यकालिक रूपों में **होना** क्रिया लिंगानुसार परिवर्तन नहीं करती।

इन्हें प्राचीन तिङन्त रूप मानना चाहिए। होना क्रिया के वर्तमान और भूतकाल के रूप कृदन्तों के समान लिंगानुसारी होते हैं। कर्मवाच्य प्रयोगों के बारे में ग्रियर्सन अपने कश्मीरी भाषा के व्याकरण में कहते हैं कि भूत और पूर्ण भूत के कृदन्त हिन्दुस्तानी के समान अर्थ की दृष्टि से कर्मवाच्य होते हैं, ऐसी क्रियाओं का कर्ता करण कारक में होता है और क्रिया कर्म के अनुरूप लिंग और वचन सूचित करती है। इसके बाद पाद-टिप्पणी में ग्रियर्सन ने लिखा है : इस प्रकार कर्म पुंल्लिग एकवचन है तो वाक्य होगा **मॅ गुपु** अथवा **मॅ गुपुम्**; यदि कर्म पुंल्लिग बहुवचन है, तो वाक्य होगा **मॅ गुपि** अथवा **मॅ गुपिम्**, और इसी प्रकार यदि कर्म स्त्रीलिंग हो तो अन्य रूप बनेंगे। "सिद्धान्त बिल्कुल वही है जो हिन्दुस्तानी का है और विस्तार से उसका विवेचन अनावश्यक है।" (उप० भाग १, पृष्ठ ४५)

हिन्दुस्तानी के जिन मुहावरों में कर्म के साथ को चिन्ह लगाया जाता है और कृदन्त में कोई परिवर्तन नहीं होता (यथा **उसने औरत को मारा**), उनके समानान्तर मुहावरे कश्मीरी में भी हैं। एक उदाहरण है : **आगन् लोयु चाकरस्** (मालिक ने चाकर को मारा)।

कश्मीरी क्रियापद रचना की सबसे महत्वपूर्ण बात यह है कि उसमें क्रिया के बाद कर्ता और कर्मसूचक प्रत्यय भी लगते हैं। उत्तम और अन्य पुरुषों के साथ कर्ता-सूचक सर्वनाम प्रत्यय लगाया जा सकता है और नहीं भी लगाया जा सकता। किन्तु मध्यम पुरुष के साथ ऐसा प्रत्यय लगाना अनिवार्य है। **मॅ गुपु** (मैंने छिपाया), यह वाक्य यों भी बोला जा सकता है : **मॅ गुपुम्**। **गुपुम्** रूप में **म्** उत्तम पुरुष का सर्वनाम-चिन्ह है। किन्तु **चॅ गुपुथ्** (तूने छिपाया), यहाँ कर्ता **चॅ** के बिना काम चल सकता है किन्तु क्रिया के बाद सर्वनाम चिन्ह **थ्** लगाना अनिवार्य है। यहाँ दो तरह के वाक्यतंत्र घुलते-मिलते दिखाई देते हैं। एक तंत्र वह है जिसमें क्रिया पहले आती है और कर्ता बाद को आता है। यही कश्मीरी की पुरानी पद्धति है। यही मध्यदेशीय आर्य भाषाओं, मागधी भाषाओं और संस्कृत की पुरानी पद्धति है। दूसरा वाक्यतंत्र वह है जिसमें कर्ता पहले आता है और क्रिया उसके बाद आती है। इसका परिणाम यह होता है कि क्रिया के बाद आने वाला कर्ता-सूचक सर्वनाम-चिन्ह अनावश्यक हो जाता है। उसे लगाते रहो तो पुरानी परिपाटी का पालन होगा, न लगाओ तो कोई हानि नहीं क्योंकि कर्ता अलग से निर्दिष्ट है। किन्तु मध्यम पुरुष के क्रियारूपों में कश्मीरी ने सर्वनाम चिन्ह जोड़ने की पुरानी पद्धति को अनिवार्य बनाकर उस पद्धति के अवशेष की रक्षा की।

कश्मीरी क्रियापद-रचना मागधी भाषाओं की याद दिलाती है। इस समुदाय की मगही और मैथिली भाषाएँ क्रिया के बाद कर्ता और कर्म सूचित करने वाले सर्वनाम-चिन्ह लगाती हैं। सामन्ती व्यवस्था के अन्तर्गत सामाजिक स्थिति के अनुसार जितना भेद-भाव मैथिली और मगही की क्रियाएँ व्यक्त करती हैं, उतना कश्मीरी में नहीं करतीं किन्तु सिद्धान्त एक ही है। क० मु० विद्यापीठ, आगरा में प्राणनाथ तृछ्ल ने कश्मीरी भाषा का वर्णनात्मक व्याकरण नाम से शोध-प्रबन्ध लिखा था। उससे क्रियापद-

रचना के कुछ उदाहरण यहाँ देता हूँ। **टुकुम्**—खाया मैंने; **टुकुस्**—खाया मैंने उसको; **टुकुन्**—खाया उसने; **टुकुन्**—खाया उसने हमको; **करय्**—करूँगा मैं तुमको; **करस्**, करूँगा मैं उसको; **करख्**—करूँगा मैं उनको; **कर्हा**—करता मैं; **कर्हाय्**—करता मैं तुमको; **कर्हास्**—करता मैं उसको; **करहाख्**—करता मैं उनको। आज्ञार्थी रूपों में भी कर्मसूचक सर्वनाम चिन्ह जोड़ा जा सकता है यथा **करिन्**—करे वह; **करिनम्**—करे वह मुझको; **करिनय्**—करे वह तुझको। तृछ्ल के उदाहरणों में अकर्मक क्रियाओं के साथ भी कर्मसूचक सर्वनाम चिन्ह लगाने के उदाहरण हैं यथा **पोकुस्**—चला मैं; **पोक्सय्**—चला मैं तुमको। यहाँ सर्वनाम-चिन्ह सीधे कर्म का अर्थ न देकर क्रिया से उसके किसी प्रकार सम्बद्ध होने का भाव बताता है। ग्रियर्सन ने सकर्मक कृदन्तों के साथ करणकारक के व्यवहार की बात लिखी है। तृछ्ल ने करण कारक का व्यवहार अकर्मक क्रियाओं के साथ भी दिखाया है। **लड्कव्, प्यठु गव् बड्यन्कुन्**; लड़के बड़ों की ओर गये। तृछ्ल ने इसका हिन्दी रूपान्तर इस प्रकार दिया है: **लड़कों-से से गया बड़ों की ओर**। वास्तव में जिसे ग्रियर्सन करण कारक कहते हैं, वह हिन्दी और कश्मीरी बोलने वालों की चेतना में कर्ता है। इसीलिए वह अकर्मक क्रियाओं के साथ भी प्रयुक्त होता है। ऊपर के वाक्य में **गव्** क्रिया का कर्म तो हो नहीं सकता; जो कर्म जैसा प्रतीत होता है, वह क्रिया से अन्य प्रकार से सम्बद्ध है। इसी तरह चलना क्रिया के साथ जो कर्म-सूचक चिन्ह अन्य उदाहरण में लगा है, क्रिया से उसका सम्बन्ध कर्म से भिन्न प्रकार का है।

क्रिया के बाद कर्ता-कर्म-सूचक सर्वनाम-चिन्ह जोड़ने की प्रथा प्राचीन है और एक से अधिक भाषा-परिवारों में पाई जाती है। ग्रियर्सन ने बताया है कि क्रिया के बाद कश्मीरी में अनेक प्रत्यय जोड़े जाते हैं यथा **गुपुन्**—उसने छिपाया, **गुपुनस्**—उसने मुझे छिपाया; **गुपुनस्त्या**—क्या उसने मुझे भी छिपाया? क्रिया के बाद इस तरह प्रत्यय कोल भाषाओं में जोड़े जाते हैं और कश्मीरी की अपेक्षा अधिक संख्या में जोड़े जाते हैं। जिन लोगों ने मैथिली और मगही की क्रियापद रचना पर कोल प्रभाव का उल्लेख किया है, उनके लिए उचित है कि उनके साथ कश्मीरी क्रिया पद-रचना का भी विवेचन करें। तब कश्मीरी दरद समुदाय की भाषा है या नहीं, यह निर्णय करने में सुविधा होगी।

कश्मीरी प्रेरणार्थक क्रियारूप हिन्दी की तरह बनाती है। **कोमल** विशेषण से उसने क्रिया बनाई **कुमलुन्**, फिर प्रेरणार्थक रूप बनाया **कुमलावुन्** जैसे अवधी में कोई कहे **कॉमलावत है**! कर्मवाच्य बनाने में गति सूचक सहायक क्रिया हिन्दी के समान जोड़ी जाती है। **गुपनयिम**—मैं छिपाया जाऊँगा। हिन्दी में जाना क्रिया का व्यवहार होगा; कश्मीरी **यिनु** का अर्थ है आना। गतिसूचक दोनों हैं। ग्रियर्सन ने अनियमित प्रेरणार्थक क्रियाओं के जो उदाहरण दिए हैं, उनमें अनेक हिन्दी के समान हैं: **मरुन्, मारुन्**—मरना, मारना; **तरुन्, तारुन्**—तरना, तारना; **फटुन्, फाटवुन्**—फटना, फाड़ना। कश्मीरी में संज्ञा के साथ क्रिया जोड़कर क्रियारूप बनाने की पद्धति, ग्रियर्सन के अनुसार,

हिन्दुस्तानी के समान है यथा **करन् अर्ज़्**—अर्ज़ करना। सहायक क्रिया लगाकर मूल क्रिया के अर्थ में घनत्व पैदा करने की विधि हिन्दी के समान है। **प्योनुवसिथ्** का ठेठ हिन्दी अनुवाद ग्रियर्सन ने दिया है, गिर पड़ना। **हॅकुन्करिथ्** का अर्थ हुआ कर सकना। इसी प्रकार काम में लगना, ठंढ लगना, ठेस लगना, फिक्र लगना, ज़ंग लगना आदि की तरह कश्मीरी में भी **लग** क्रिया के साथ मुहावरे बनते हैं।

कश्मीरी वाक्यतंत्र में क्रिया सदा वाक्य के अन्त में नहीं आती। **दर्वाज़स् प्यठ् छुह् फकीर्**—दरवाजे पर फकीर है। यह वाक्य कश्मीरी की पुरानी पद्धति के अनुरूप है, क्रिया पहले है कर्ता उसके बाद आया है। **हाकिमस् निशॅकॉरुतम्** अरज़्—हाकिम के यहाँ उसने अर्जी की। यहाँ भी पुरानी पद्धति है, क्रिया के बाद कर्ता और कर्म दोनों आये हैं। कोल भाषाओं के बारे में पिनोव् ने लिखा है कि कर्ता-कर्म सूचक सर्वनाम चिन्ह क्रिया के बाद अब भी लगते हैं, किसी समय कर्ता-कर्म-सूचक संज्ञा-शब्द भी क्रिया के बाद प्रयुक्त होते होंगे। कोल भाषाओं के लिए जो संभावना मात्र है, वह कश्मीरी के लिए प्रत्यक्ष सत्य है। प्राचीन आर्य भाषाओं में क्रिया के बाद कर्ता-कर्म सूचक शब्दों का व्यवहार होता था, इसका प्रमाण कश्मीरी भाषा है, सामान्यतः अन्य आर्य भाषाओं के समान कश्मीरी वाक्य-रचना में कर्ता पहले आता है क्रिया बाद में। इसका अर्थ यह है कि अन्य आर्य भाषाओं के समान कश्मीरी भी ऐसे वाक्यतंत्र से प्रभावित हुई है जिसमें उद्देश्य पहले है, विधेय बाद को। **गामकिमहनिवि सम्येय्**—गाँव के लोग एकत्र हुए; यह वाक्य-रचना हिन्दी के अनुरूप है, कर्ता पहले और क्रिया वाक्य के अन्त में। कश्मीरी दोनों पद्धतियों का समन्वय करती है। **सुह् छुह् छान्**—वह है बढ़ई; यहाँ कर्ता तो पहले आया किन्तु क्रिया वाक्य के अन्त में न होकर मध्य में है। **बॉह् छुस् तॉतु गछन खोचान्**—मैं वहाँ जाने में डरता हूँ। यहाँ कर्ता आरम्भ में है, क्रिया के दो भाग कर दिए गए हैं, एक भाग **छुस्** (हूँ) कर्ता के तुरत बाद आया है और दूसरा कृदन्त भाग **खोचान्** (डरता) वाक्य के अन्त में आया है। जर्मन भाषा में अनेक वाक्य ठीक इसी तरह क्रिया के दो भाग करके रचे जाते हैं, कृदन्त रूप वाक्य के अन्त में आता है और मूल क्रिया कर्ता के बाद वाक्य के प्रथम अंश में। इसी प्रकार क्रिया के बाद कर्म की स्थिति अंग्रेजी के समान है। **मॅ वुछ् गंगायॅ मंज़् अख् मगर मछ्**—मैंने गंगा में एक मगरमच्छ देखा। यहाँ कर्म क्रिया के बाद आया है। कश्मीरी, जर्मन और अंग्रेजी के वाक्य तंत्रों में जो समानता है, उसका कारण दो पद्धतियों का मिलन है। यहाँ इस बात की याद दिलाना अप्रासंगिक न होगा कि अंग्रेज़ी की पड़ोसी केल्त भाषाएँ अपना वाक्य अब भी क्रिया से आरम्भ करती हैं।

(घ) कश्मीरी और शीना

यद्यपि ग्रियर्सन ने हिन्दुस्तानी और कश्मीरी में अनेक समानताएं दिखाई हैं किन्तु अपने व्याकरण की भूमिका में उन्होंने कश्मीरी से उत्तर-पश्चिमी भाषाओं के विशेष सम्बन्ध की ओर संकेत किया है। उन्होंने लिखा है कि कश्मीरी आर्य भाषा है

किन्तु अपने दक्षिण में पंजाब की भाषाओं से सम्बन्धित होते हुए भी वह अपने उत्तर और उत्तर पश्चिम में बोली जाने वाली भाषाओं से अधिक घनिष्ठ रूप में सम्बद्ध है। ये भाषाएँ शीना, खोवार और विभिन्न काफिर बोलियाँ हैं। वह यह भी कहते हैं कि प्राचीन काल में कश्मीर को अपनी सभ्यता भारत से मिली, अतः वहाँ की भाषा में संस्कृत स्रोत से बहुत से शब्द आये। किन्तु उनकी समझ में भाषा का मूल ढांचा दरद है, संस्कृत का प्रभाव उस पर बाद में पड़ा है। अपने भाषा-सर्वेक्षण ग्रन्थ के आठवें खंड में उन्होंने दरद और पिशाच भाषाओं का विवेचन किया है। इसमें उन्होंने कश्मीरी के लिए लिखा है कि इसने सभ्यता के साथ शब्द-भंडार भारत से इतना अधिक लिया है कि वह ठेठ दरद भाषा नहीं रह गई। कोहिस्तान की भाषाओं के लिए लिखा है कि इन पर भारतीय भाषाओं और पश्तो का प्रभाव है। तब गिलगिट और आसपास की घाटी में बोली जाने वाली शीना ही ठेठ दरद भाषा रह जाती है। अतः कश्मीरी के प्रसंग में शीना पर दृष्टिपात करना उचित होगा।

इसके ध्वनितंत्र में पहली बात ध्यान देने की यह है कि शब्द का अन्तिम स्वर बहुधा अनुच्चारित रहता है। इसका अर्थ यह है कि शब्दों के अन्त में स्वर थे तो, पर किसी कारण उनका उच्चारण क्षीण होता गया है। यह स्थिति कश्मीरी के मात्रा-स्वरों की याद दिलाती है। गुरेज़ी नाम की घाटी में रहने वाले अपने को दार्द (अर्थात् दरद) कहते हैं और उनकी भाषा शीना की एक बोली है। ग्रियर्सन ने लिखा है कि यह कश्मीरी से बहुत भिन्न है, "संरचना और वाक्यतंत्र में" पंजाबी और उर्दू से मिलती-जुलती है। ऐसा लगता है कि दरद भाषाओं का कोई ऐसा क्षेत्र नहीं है जहाँ उत्तर भारतीय आर्य भाषाओं का प्रभाव न पहुँचा हो। इस प्रभाव से मुक्त ठेठ दरद भाषा के उदाहरण शीना क्षेत्र में भी नहीं हैं। कश्मीरी की तो साहित्यिक परम्परा है, कश्मीरी साहित्यकारों ने भारतीय भाषा-तत्व लिए होंगे किन्तु हिमालय पहाड़ की दुर्गम घाटियों में रहने वाले अपढ़ और पिछड़े हुए शीना भाषी भी भारत के भाषाई प्रभाव से बच नहीं पाये। शीना भाषा की संरचना यदि कश्मीरी से भिन्न है और उर्दू-पंजाबी की संरचना से मिलती है, तो इससे यही निष्कर्ष निकल सकता है कि ठेठ दरद भाषा की संरचना शीना में नहीं, कश्मीरी में देखनी चाहिए, और उर्दू-पंजाबी से कश्मीरी जितना प्रभावित हुई है, शीना उससे और भी अधिक प्रभावित हुई है।

यहाँ बात है ध्वनितंत्र की। शीना के संदर्भ में ग्रियर्सन को कश्मीरी ही नहीं, हिन्दी की पूर्वी बोलियाँ भी याद आती हैं। इसके लिए उनकी जितनी प्रशंसा की जाय थोड़ी है। शीनाभाषी शब्द के अन्त का स्वर कभी-कभी अनुच्चारित छोड़ देते हैं। ये स्वर कौन से हैं? ग्रियर्सन कहते हैं कि शब्द के अन्त में जो उ और इ स्वर आते हैं, "और जो पूर्वी हिन्दुस्तान की कुछ भाषाओं में भी पाए जाते हैं," आधे उच्चारित होते हैं जैसा कि कश्मीरी में सामान्यतः होता है (पृष्ठ १७४)। उ पुंल्लिग शब्दों के साथ प्रयुक्त होता है, इ स्त्रीलिंग शब्दों के साथ। अवधी में ये स्वर बहुत स्पष्ट अब भी सुने जा सकते हैं। यही कश्मीरी के मात्रा-स्वर हैं, यही शीना के अर्ध उच्चारित या

अनुच्चारित स्वर हैं। कश्मीरी और शीना में ये स्वर अर्थभेदक थे; मागधी ध्वनि-तंत्र के प्रभाव से, बलाघात की आवश्यकता के कारण, उनका उच्चारण क्षीण होता गया। हिन्दी प्रदेश की भाषाओं से कश्मीरी ही नहीं, पड़ोसी शीना भाषा का भी गहरा सम्बन्ध है।

शीना ध्वनितंत्र की दूसरी विशेषता यह है कि जिन शब्दोंके मूल रूपों में महा-प्राण ध्वनि थी, उनके बोलचाल वाले रूपों में महाप्राणता का लोप हो गया है। **मुख, खाना, खोजना, भाग, साथ** शीना में क्रमशः **मुक्, कोइकी, कोजोइकी, बागो, साति** हैं। इससे पता यह चलता है कि कश्मीरी की अपेक्षा शीना पर द्रविड़ प्रभाव और भी गहरा है। कश्मीरी अघोष महाप्राण ध्वनियों की रक्षा करती है, शब्द के अन्त में अघोष अल्प प्राण ध्वनि हो तो उसे महाप्राण भी कर देती है किन्तु शीना **भाग** के **भ्** को **ब्** तो करती ही है, **मुख** और **खाना** के **ख्** को **क्** भी कर देती है। शीना में ठेठ दरद मूल के कोई शब्द नहीं है जिनमें पहले महाप्राणता रही हो और बाद को नष्ट हो गई हो। महाप्राण-ध्वनियों वाले शब्द वहाँ भारत से पहुँचे हैं।

शीना ध्वनितंत्र की तीसरी विशेषता यह है कि अनेक शब्दों में सघोष ध्वनियों को अघोष कर दिया जाता है। सर्वत्र ऐसा नहीं होता किन्तु यह प्रवृत्ति है अवश्य। ग्रियर्सन ने उदाहरण दिया है कि रुपये के लिए तिब्बती शब्द **गिर्मो** यहाँ **किर्मो** बोला जाता है। यह प्रवृत्ति भी द्रविड़ प्रभाव की ओर संकेत करती है। शीना ध्वनितंत्र की चौथी-विशेषता तालव्यीकरण की प्रवृत्ति है। स्त्री के लिए **चेइ, चई** आदि रूप **त्** का **च्** में रूपा-न्तर होने से बने हैं। यह प्रवृत्ति कश्मीरी में भी है। साथ ही नाग भाषाओं के समान शीना तालव्य ध्वनियों को संघर्षी रूप भी देती है। **रेगो** (उसने कहा) का रूपान्तर **रझ़उ** भी प्रचलित है। कुछ शब्दों में **व्** के स्थान पर **प्** का व्यवहार होता है। **अश्व** का प्रतिरूप **अश्पु** है जो फारसी **अस्प** के समान है। ऐसा सर्वत्र नहीं होता। कश्मीरी के समान शीना में भी **व्** ध्वनि सुप्रतिष्ठित है। इस भाषा में **र्** का उच्चारण **ह्** जैसा अवश्य होता होगा। संस्कृत में **स्, र्, ह्** (अघोष रूप) एक दूसरे का स्थान लेते हैं। कुछ ऐसी ही स्थिति शीना में है जो उसे प्राचीन आर्य भाषाओं से जोड़ती है। शीना में संख्यासूचक **त्रे** (तीन) का वैकल्पिक रूप है **छे**। यहाँ **त्** तो **च्** में परिवर्तित हुआ और **र् ह्** में इस प्रकार **त्र्** का रूपान्तर **छ्** हुआ। इसी तरह देखने के लिए एक शब्द है **त्रिकोइकी**; इसका वैकल्पिक रूप है **छकोइकी**। अधिकतर **त्** ध्वनि ही **च्** में बदलती है, **स्** और **श्** अपरिवर्तित रहते हैं। अनेक शब्दों में **त्** का व्यवहार भी होता है। शीना पर तालव्यीकरण का आंशिक प्रभाव ही है।

शब्दतंत्र की दृष्टि से शीना भाषा का ऐतिहासिक महत्व है। **रेगो** (उसने कहा) में **ऋग्वेद** वाली **ऋक्** क्रिया है जिसका अर्थ है बोलना। यह क्रिया अनेक स्लाव भाषाओं में अब भी प्रयुक्त होती है। पंजाबी, हिन्दी आदि में उसका व्यवहार अब नहीं होता। **रझ़उ** क्रिया इसी **रेगो** का रूपान्तर है। **रेग** का ओकारान्त रूप **रेगो** है; **रेग** में **ग** कृदन्त प्रत्यय है जो भूतकाल के अर्थ से सम्बद्ध हो गया है। **रेग** की रचना ठीक वैसे ही हुई है

जैसे तमिल कृदन्त **पोग** की। इसी प्रकार **दे** क्रिया मूल में कृदन्त प्रत्यय जोड़कर **देगो** (दिया) रूप बना। कृदन्त रूपों का तिङन्तीकरण कैसे होता है, इसके उदाहरण शीना में हैं। **देगो** का अर्थ है उसने दिया किन्तु **देग** का अर्थ है तूने दिया। प्रत्यय का स्वर बदल कर पुरुष की सूचना दी गई। हिन्दी **भाग** को क्रियामूल मानकर उसे कृदन्त रूप बनाया **बागेगो** (उसने बाँटा)। एक क्रिया है **ते** जिसका अर्थ है करना। **तेगो** (उसने किया); **तेगस्** (मैंने किया); संज्ञा शब्दों के साथ इसे जोड़ कर नये क्रिया रूप बनाये जाते हैं जैसा कि हिन्दी में होता है यथा **करच् तेगो** (उसने खर्च किया), **खिग्राल्तेगो** (उसने खयाल किया)। यह **ते** क्रिया वही है जो रूसी में **देलात्** (करना), अंग्रेजी में **डू** है, जिसमें मूलतः सघोष महाप्राण ध्वनि थी जो हिन्दी **धंधा** में विद्यमान है। शीना में जाने के लिए **बोजोइकिं** क्रिया है; यहाँ क्रियामूल **बो** तमिल **पो** का प्रतिरूप है। साथ ही शीना में **गो, गग्रो** (गया) में **ग्** ध्वनि वाली क्रिया भी है। पुनः **बम्** (मैं आता हूँ), **वन्** (वे आते हैं) में **व** क्रिया मूल वही है जो तमिल कृदन्त **वन्द** में है।

शीना के सर्वनाम रूप कश्मीरी से काफी मिलते-जुलते हैं। उत्तम पुरुष एकवचन व्यक्तिवाचक सर्वनाम के **मा, मांह, मो, मि** मूल रूप **मघ** के आधार पर निर्मित हुए हैं। इसी सर्वनाम का सम्बन्धकारक रूप **मेइ, मई** अंग्रेजी **माई** से मिलता है। इसका प्रतिरूप है **मिग्रानो, मिग्रानों**, जो अंग्रेजी **माइन** से मिलता है। **न** सम्बन्ध सूचक प्रत्यय है; शीना में प्रत्यय का ओकारान्त रूप है, अंग्रेजी में अकारान्त। उत्तम पुरुष का बहुवचन रूप **बे, बेह्, बा, बेंग्** संस्कृत **वयम्** से सम्बद्ध है और अंग्रेजी **वी** से मिलता है। मध्यम पुरुष एकवचन **तू** का प्रतिरूप **ती** भी है; इस **ती** से मिलता रूप रूसी में है। इसका सम्बन्ध कारक रूप **ते** संस्कृत में है, **थइ** अंग्रेजी **दाई** (तेरा) के समान है। एक रूप **थानो** भी है, **नो** प्रत्यय वाले **मियानो** के समान, अंग्रेजी का **दाइन** इस **थानो** से मिलता है। **थइ** और **थानो** रूप देखकर अनुमान होता है कि संस्कृत **त्वम्** का मूल रूप **ध्वम्** था जो क्रिया पदों के अन्त में जहाँ तहाँ मिलता है। अन्य पुरुष एकवचन सर्वनाम **ग्रनो** है जो रूसी **ग्रन्** से मिलता है।

शीना में सर्वनामों के आधार पर स्थान सूचक विशेषक भारतीय पद्धति से बनते हैं। **कदात्** (कैसे) **ग्रदात्** (ऐसे) आदि में सर्वनाम मूल के बाद स्थान-काल-सूचक **द** चिन्ह का व्यवहार हुआ है। **ग्रध** का रूपान्तर **ग्रझ** है, अर्थ है ऊपर, संस्कृत **ग्रधः** के अर्थ से उल्टा। **ग्रधः** का मूल अर्थ था वह स्थान; वह स्थान नीचे भी हो सकता है, ऊपर भी। इसी प्रकार **पराद** (आगे वहाँ), **ग्रदों** (वहाँ से), **ग्रनात्** (इस प्रकार); सबसे रोचक रूप है **सद्** (वहाँ)। यहाँ **स** सर्वनाम अपने मूल अपरिवर्तित रूप में विद्यमान है और दूरस्थ वस्तु की ओर संकेत करता है। **स** में जोड़ा गया **द**, स्थान-सूचक **घ** का रूपान्तर है। **झो** (पुंल्लिग वह), **झे** (स्त्रीलिंग वह) के अवार **घो, घे** जैसे रूप थे।

शीना के क्रियारूप मागधी भाषाओं की छाप लिए हुए हैं। **को एक मनुजरो के दू दारे ग्रसिले**—किसी आदमी के दो बेटे थे। **एक मुशात दू बाल ग्रसिल्**। इस वाक्य का भी वही अर्थ है। **ग्रसिल्** और **ग्रसिले ग्रस्** क्रिया के भूतकालिक कृदन्त रूप हैं। **गाना** के **ग्रा** क्रिया-मूल का कृदन्त रूप **ग्राल** बनता है, फिर उसका तिङन्तवत् प्रयोग

होता है। **मो आलुस्**—मैं आया, **झो आलु**—वह आया। मानना होगा कि शीना पर मागधी प्रभाव कश्मीरी से भी अधिक है। इसकी वाक्य रचना कश्मीरी की अपेक्षा हिन्दी के और भी निकट है। **मेइँ गाश्रो पशॅस् हुँस्**—मैंने गायें देखी हैं। क्रिया वाक्य के अन्त में है, उससे पहले कर्म है, क्रियापद की रचना **होना** क्रिया के साथ कृदन्त जोड़कर की गई है। कर्ता वाक्य के आरम्भ में है।

ठेठ दरद भाषाओं की विशेषता का पता लगाना बहुत कठिन काम है। कश्मीरी दरद भाषा है पर उस पर संस्कृत की छाया पड़ी है; उससे और भी विशुद्ध दरद भाषा शीना है, उस पर आर्य भाषाओं की छाया और भी गहरी है।

सिन्धी, कश्मीरी तथा दरद क्षेत्र की भाषाएँ हिन्दी प्रदेश की प्राचीन गण भाषाओं से घनिष्ठ रूप में संबद्ध हैं। इनके विश्लेषण से संस्कृत की निर्माण-प्रक्रिया समझने में सहायता मिलती है; साथ ही इस बात का ज्ञान होता है कि मागधी, कौरवी, मध्यदेशीय भाषा-समुदायों की अनेक विशेषताएँ प्राचीन हैं और वे भारत के सीमान्त प्रदेशों की भाषाओं में प्राप्त हैं। संस्कृत के साथ आधुनिक आर्य भाषाओं के विवेचन से प्राचीन आर्य गण भाषाओं की विविधता का बोध होता है, विशेषरूप से सीमान्त भाषाओं के अध्ययन से आर्य-द्रविड़ भाषाओं के संपर्क से उत्पन्न होने वाली विशेषताओं का ज्ञान होता है। क्रमशः हम उस भूमि पर पहुँचते हैं जहाँ इंडोयूरोपियन परिवार के अनेक भाषा-समुदायों का निर्माण हुआ था। इंडोयूरोपियन भाषापरिवार की भारतीय पृष्ठभूमि समझने में आधुनिक आर्य भाषाओं के विवेचन से सहायता मिलती है।

६

आर्य भाषा केन्द्र और पुराण-कथाएँ : नवीन और प्राचीन

(क) बहुकेन्द्रीयता और पुराण-कथाएँ

भाषाविज्ञानी और इतिहासकार जब आर्यों की चर्चा करते हैं तब उनके मन में एकरूप भाषा बोलने वाला जनसमुदाय होता है। इतिहासकार गणसमाजों का उल्लेख अवश्य करते हैं पर यह मान लेते हैं कि इन सबकी भाषा एक ही थी। एक आर्य वे थे जो **प्रश्न** शब्द में तालव्य **श्** का उच्चारण करते थे और एक आर्य वे थे जो **पृच्छति** रूप में इसी **श्** को **च्छ्** में बदल देते थे। एक आर्य तालव्य **श्** को **क्** में बदल देते थे, इसलिए **दिश्** के साथ **दिक्** वैकल्पिक रूप भी था, दूसरे आर्य इस **श्** या **स्** को **ह्** में बदल देते थे, इसलिए **श्रद्धा** का **श्रद्** **हृदय** में परिवर्तित हो गया। ऐसे परिवर्तन आर्येतर प्रभावों के कारण भारत में हो गए, यह नहीं कहा जा सकता क्योंकि **हृदय** के समानान्तर अंग्रेजी **हार्ट** मौजूद है और **श्रद्** के समानान्तर रूसी **सेर्द्त्से** है। जैसे **दिश्** के साथ **दिक्** है, वैसे ही **श्रद्** के साथ लैटिन **कोर्द्** है। एक आर्य वे थे जो दन्त्य **न्** का व्यवहार करते थे, एक आर्य वे थे जो दन्त्य **न्** वाले शब्दों में बार-बार **ण्** का व्यवहार करते थे। ऐसे बहुत से उदाहरण दिए जा सकते हैं। पौराणिक कथाएँ निराधार कल्पना, मनगढ़न्त बातों के लिए बदनाम हैं किन्तु इतिहासकारों और भाषाविज्ञानियों ने एक अपनी पौराणिक परम्परा बना डाली है। इस परम्परा के अनुसार आर्यों का एक विशाल समुदाय एक ही भाषा बोलता था और यह भाषा एक कल्पित भारत-ईरानी शाखा की प्रशाखा थी।

भाषा के समान वे सभी आर्यों की एक ही संस्कृति की कल्पना करते हैं। यद्यपि अथर्ववेद और ऋग्वेद में सांस्कृतिक अन्तर यथेष्ट है पर भाषा के समान अथर्ववेद में भी आर्येतर प्रभाव स्वीकार कर लिया जाता है। वैदिक संस्कृति सभी आर्यगण समाजों की संस्कृति थी, यह धारणा दृढ़तापूर्वक लोगों के मन में जड़ जमाए हुए है। ब्रज प्रदेश में कृष्ण को लेकर जिस तरह के काव्य लिखे गए हैं, उनमें कृषि से अधिक पशुचारण वाली संस्कृति है। इसे मध्य एशिया से आने वाली जातियों का परवर्ती प्रभाव कहा जाता है। मगध वैदिक काल से वैदिक संस्कृति से बाहर रहा है। बौद्ध और जैन धर्मों का मुख्य विकास केन्द्र मगध था। अनेक प्रकार के नास्तिक दर्शनों, शैव और शाक्त मतों का

प्रसार-केन्द्र मगध रहा है। यह सब आर्येतर प्रभाव होगा। किन्तु मगध समुदाय की भाषाओं में जो अकार के वृत्ताकार उच्चारण की पद्धति है, वह द्रविड़ों में नहीं, रूसवासी दक्षिणी स्लावजनों में है। मागधी समुदाय की एक भाषा असमिया है। असमिया में दन्त्य **स्** का अभाव है। संस्कृत शब्दों में जहाँ **स्** है, वहाँ असमिया **ह्** या **ख** का व्यवहार करती है। यह प्रवृत्ति द्रविड़ों में नहीं है, ईरानी शाखा के अहुर-पूजकों में थी, **सप्ताह** को **हफ़्ता** कहने वाले फ़ारसी भाषियों में थी। और असम प्रदेश शाक्त मत तथा तांत्रिक चमत्कारों के लिए प्रसिद्ध था। कोसल के कवियों ने वैदिक देवताओं के स्थान पर मनुष्य को देवता बना कर प्रतिष्ठित किया। रवीन्द्रनाथ ठाकुर ने **भाषा ओ छन्द** कविता में यह तथ्य बहुत स्पष्ट प्रतिपादित किया है। बाल्मीकि कहते हैं, अब तक काव्य में देवताओं की प्रतिष्ठा हुई है, मैं उनके स्थान पर मनुष्य को प्रतिष्ठित करूँगा। इतिहासकारों और भाषाविज्ञानियों की पौराणिक परम्परा के अनुसार उत्तर पश्चिम से आकर आर्य पहले पंजाब में बसे, फिर गंगा जमुना के मैदानों में फैल गए, क्रमशः मगध पहुँचे। हर जगह वे यज्ञ और मंत्र-पाठ वाली आर्य संस्कृति अपने साथ ले गए। इस अभिनव पौराणिक परम्परा के अनुसार मगध, कोसल और कुरु जनपदों की संस्कृति में कोई महत्वपूर्ण अन्तर नहीं था। पर भाषा में द्रविड़ प्रभाव उत्तर पश्चिमी क्षेत्र में अधिक दिखाई देता है। इतिहासकार और भाषाविज्ञानी दोनों मानते हैं कि उत्तर पश्चिमी भारत में द्रविड़ों की घनी बस्तियाँ थीं पर वैदिक संस्कृति का सबसे साफसुथरा रूप यहीं विकसित हुआ। यज्ञ वाली संस्कृति का जैसा रूप यहाँ विकसित हुआ, वैसा आर्यों के किसी कल्पित आदि देश में नहीं हुआ। ईरान की यज्ञ-मंत्र-संस्कृति अधिकतर वैदिक संस्कृति का रूपान्तर है जैसे कि प्राचीन ईरानी भाषा वैदिक भाषा का ध्वनिगत — मुख्यतः ध्वनिगत, गौणतः रूपगत, प्राकृतों के समान — रूपान्तर है। और यूनान की यज्ञ-संस्कृति वैदिक यज्ञ-संस्कृति की छाया है। रोम की यज्ञ-संस्कृति इस छाया की छाया है।

यज्ञ संस्कृति का मुख्य प्रसार केन्द्र कुरु जनपद था। वहाँ से वह ईरान, यूनान और रोम पहुँची। जो लोग इन्डोयूरोपियन भाषा को इन्डोजर्मनिक कहते थे, वे मानते थे कि अति प्राचीन काल में वैदिक आर्यों के साथ प्राचीन जर्मन भी वही आदि इन्डोजर्मनिक भाषा बोलते थे। पर प्राचीन जर्मन, वैदिक आर्यों तो क्या, यूनानियों और रोमनों के समान यज्ञ करते रहे हों, इसका प्रमाण नहीं मिलता। मगध बौद्ध धर्म का केन्द्र था जहाँ से वह सारी दुनियाँ में फैला। कोसल रामायण-महाभारत का काव्य-रचना-केन्द्र था। इन काव्यों ने समस्त भारत और दक्षिण पूर्वी एशिया के अनेक देशों को भी प्रभावित किया है। इससे मिलती-जुलती स्थिति उस समय थी जब वैदिक आर्यों की यज्ञ-संस्कृति ने पश्चिमी एशिया और दक्षिणी यूरुप के कुछ देशों को प्रभावित किया था।

(ख) गण देवता की पूजा

भारतवासी आर्यों के अनेक गण थे। इन गणों की संस्कृति में यथेष्ट भेद था। इनकी भाषाओं में काफी समानता थी, फिर भी मौलिक भेद थे। ये सब आर्य इसलिए

हैं कि इनकी भाषाओं में समानता है और ये भाषाएँ एक ही परिवार के अन्तर्गत मानी जाती हैं। इन भाषाओं के विकास-केन्द्र अनेक थे, उनमें मौलिक अन्तर था, परस्पर सम्पर्क से एक भाषा परिवार का निर्माण हुआ। सांस्कृतिक स्तर पर इसी प्रकार इन गण समाजों में परस्पर आदान-प्रदान होता रहा। प्राचीन यूनान के बारे में विदित है कि जब एथेन्स नगर संस्कृति का महान् केन्द्र बन चुका था, तब भी पिछड़े हुए यूनानी समाजों में नरबलि की प्रथा प्रचलित थी। भारत के जो गण-समाज मिलती-जुलती भाषाएँ बोलते थे, उन सबका सांस्कृतिक विकास समान गति से न हुआ था। यहाँ गण का नाम रखने की दो पद्धतियाँ थीं। एक पद्धति में वीर, योद्धा, युवक के लिए प्रचलित शब्द गण का नाम हो जाता था। **कुरु, पुरु, मग (मगध का मग)** आदि नाम इस पद्धति के अनुरूप हैं। मगध में मूल शब्द मग पौरुष वाचक है। दूसरी पद्धति वह है जिसमें किसी मानवेतर प्राणी को गण देवता मान लिया जाता है, गण के सभी सदस्य उसे पवित्र मानते हैं, उससे तादात्म्य स्थापित करते हैं, उसकी पूजा करते हैं। अंग्रेजी में इसके लिये टोटम शब्द प्रचलित है जो अमरीकी आदिवासियों की भाषा का शब्द है। इस तरह के गण नाम भारत में भी प्रचलित थे और यह मानने का कोई कारण नहीं कि ये लोग आर्य नहीं थे। वैदिक आर्यों की देव कथाओं पर मैकडनल ने **वैदिक मिथोलोजी** पुस्तक लिखी है। इसमें उन्होंने टोटम पद्धति के चलन का उल्लेख भी किया है। वह मानते हैं कि यह पद्धति आर्येतर थी और भारत में आर्यों के आने के पहले से प्रचलित थी।

टोटम-पंथ को आर्येतर मानने के बाद मैकडलन कहते हैं कि सम्भव है कि टोटम-पंथ के कुछ अवशेष ऋग्वेद में विद्यमान हों अर्थात् कुछ गणों या वंशों का उद्भव पशुओं या वनस्पतियों से हुआ है, यह विश्वास प्रचलित था। **कश्यप** एक वैदिक ऋषि का नाम है। इस शब्द का अर्थ है कछुआ। यह शब्द अथर्ववेद में तथा उत्तरकालीन वैदिक साहित्य में आता है। **कश्यप** को प्रजापति माना गया है। मैकडनल कहते हैं कि ऋग्वेद में **मत्स्य, अज, गोतम, वत्स, शुनक, कौशिक, माण्डुकेय** नाम आते हैं अर्थात् मछली, बकरा, बैल, बछड़ा, कुत्ता, उल्लू और मेंढक गण नामों के लिए प्रयुक्त हुए थे।

ऐसे गण नामों के लिए भी यह कहा जा सकता है कि ये अवैदिक नाम भारत में आर्येतर प्रभाव के कारण रखे गए। भारत के बाहर पश्चिमी एशिया में एक शक्तिशाली हित्ती गण था जिसकी भाषा वैदिक भाषा से मिलती-जुलती थी। **हित्ती** शब्द **हत्ती** का हीब्रू रूपान्तर है। **हत्ती** शब्द **हस्ति** का तद्भव रूप है। इस नाम से पता चलता है कि यह गण किसी समय हाथी को अपना गणदेवता मानता था। भारत के प्राचीन नगर **हस्तिनापुर** की एक ही व्याख्या सम्भव है, कि वह हस्ति गण का नगर था। अनेक इतिहासकार और भाषा-विज्ञानी हित्तियों की सभ्यता को वैदिक सभ्यता से प्राचीन मानते हैं और हित्ती भाषा को वैदिक भाषा से प्राचीन मानते हैं। उन्होंने हित्ती और हत्ती शब्दों की व्याख्या नहीं की, उनके लिए वे निरर्थक से शब्द हैं जो किसी कारण गण समाज से जुड़ गए थे। किन्तु गणसमाजों के नाम रखने की अपनी पद्धतियाँ हैं और हत्ती और हस्ति का सम्बन्ध बहुत स्पष्ट है। हाथी गण विशेष का देवता था, यह तथ्य

हस्तिनापुर के अलावा पौराणिक परम्परा की गणेशपूजा से पुष्ट होता है। यह तथ्य गणेश-पूजा के उद्‌भव और प्रसार का कारण बतलाता है, हस्तिनापुर नाम की व्याख्या करता है और पश्चिमी एशिया के हत्तियों का भारत से जो सम्बन्ध, भाषा और संस्कृति के स्तर पर, पहले ही स्पष्ट था, उसे और पुष्ट करता है। किन्तु ये हत्ती तो प्राग्वैदिक काल के माने गए हैं। तब यह भी मानना होगा कि इन्डोयूरोपियन समुदाय में टोटम पद्धति भारत में आर्यों के आने से पहले भी प्रचलित थी। वास्तव में टोटम पंथ दूर-दूर के देशों में प्रचलित रहा है, उसका कोई विशेष सम्बन्ध भारत के आर्येतर समाजों से नहीं है। मैकडनल ने उक्त प्रसंग में लिखा है कि **संवरण** नाम ऋग्वेद में आता है और कुरु वंशी राजा इन्हें अपना आदि पुरुष मानते थे। उन्हें महाभारत में **ऋक्ष** कहा गया है। इसका अर्थ यह हुआ कि रीछ भी एक गणदेवता था और रामायण में जो रीछ और वानर राम की सहायता करते हैं, वे मनुष्य तो हैं ही, आर्य भी हैं, केवल **गोतम** और **कश्यप** के समान उनका गणनाम मानवेतर प्राणियों को लेकर रखा गया है। इतिहास-प्रसिद्ध **गोतम** बुद्ध जिस गण में उत्पन्न हुए, वह किसी समय **वृषभ** को गणदेवता मानता था। प्राचीन भारत में एक गणदेवता **सर्प** था। इस गणदेवता से सम्बद्ध समाज इतिहास में काफी प्रसिद्ध हुए। डा० टी० वी महालिंगम् ने नागों पर एक विस्तृत लेख लिखा है। अप्रैल १९६५ की इतिहास-पत्रिका **जरनल ऑफ इन्डियन हिस्ट्री** में यह लेख **द नागाज इन इन्डियन हिस्ट्री ऐन्ड कल्चर** नाम से प्रकाशित हुआ है। इसमें उन्होंने नाग को टोटम माना है और उसके साथ वानर, अज, मत्स्य, गरुड़ (गिद्ध), वृष्णि (मेढ़ा) का उल्लेख भी किया है। वृष्णि गण का विशेष सम्बन्ध ब्रज प्रदेश से रहा है। महालिंगम् ने ठीक लिखा है कि टोटम उपासना सार्वदेशिक थी। जो दन्त्य कथाएँ प्रचलित होती हैं, वे पूर्णतः निराधार नहीं होतीं। आलोचनात्मक दृष्टि से उनकी छानबीन करने पर कुछ ऐतिहासिक तथ्यों का पता लग सकता है।

ऋग्वेद में **वृत्र** एक नाग है। उसका उल्लेख एकवचन और बहुवचन दोनों रूपों में होता है। जल से उसका विशेष सम्बन्ध है। इन्द्र उसका वध करता है और पृथ्वी तथा आकाश, नदियों और बादलों, के जल को मुक्त करता है। मैकडनल ने लिखा है कि **वृत्र** शब्द **वृ** क्रिया से बना है जिसका अर्थ है घेरना, ढकना। **वृत्र** एक प्रकार का अवरोध है जिसे इन्द्र दूर करता है। **वृत्र** शब्द की एक अन्य व्याख्या भी सम्भव है। **वर्त, आवर्त** में **वृ** क्रिया गति के अलावा विशेष प्रकार की गति, वृत्ताकार गति भी सूचित करती है। **वृत्र** का अर्थ होगा तिर्यक्‌गति से चलने वाला प्राणी अथवा कुण्डली मार कर बैठने वाला प्राणी। **सर्प** शब्द भी विशेष प्रकार की गति का सूचक है यद्यपि **सर्** और **वर्, सृ** और **वृ**, दोनों क्रियाएँ सामान्य गति की सूचक भी थीं। **वृत्र** शब्द को सर्प का पर्यायवाची मानना चाहिए। **वृत्र** को **अहि** भी कहा गया है। **अहि** का मूल रूप **अभि** था। ग्रीक भाषा का **ऑफिस्** (साँप) शब्द **अभि** रूप की ओर संकेत करता है। **वृत्र** एक मानवगण का नाम है, उसके पुरों अर्थात् दुर्गों का ध्वंस इन्द्र ने किया, इससे विद्वानों ने कल्पना की कि **वृत्र** अवश्य प्राग्वैदिक आर्येतर जन समुदायों से संवद्ध था, आर्यों ने आकर इस

सभ्यता का नाश किया, उस ऐतिहासिक तथ्य की झलक वृत्र-सम्बन्धी कथा में है। सिन्धु घाटी की सभ्यता में अनेक मुद्राएँ मिली हैं, उनमें सर्प अंकित है। इसलिए विद्वानों ने यह कल्पना भी आसानी से कर ली कि सिन्धु घाटी की आर्येतर सभ्यता को आक्रमणकारी आर्यों ने नष्ट कर दिया। नाग और गरुड़ का बैर प्रसिद्ध है। महालिंगम् ने हड़प्पा के तावीज का उल्लेख किया है जिसमें गरुड़ के दो ओर नाग हैं। तब यह क्यों न माना जाय कि सिन्धु घाटी की सभ्यता में नागगण के साथ उसके शत्रु गरुड़ गण का अस्तित्व भी था और दोनों ने आपसी युद्ध से इस सभ्यता का नाश कर दिया जैसे महाभारत युद्ध से कौरवों ने अपना नाश किया और एथेन्स तथा स्पार्टा के युद्ध से प्राचीन यूनानी सभ्यता का विनाश हुआ?

महालिंगम् ने सामन्ती समाज के नागपूजकों और सर्प को गणदेवता मानने वाले पुराने कबीलों को मिलाकर एक कर दिया है। दोनों में अन्तर करना आवश्यक है। लिंग-पूजा के समान नागपूजा अनेक देशों में प्रचलित रही है। इसका यह अर्थ नहीं है कि सर्वत्र सर्प को गणदेवता माना जाता था या उसे पूजने वाले गणसमाजों में संगठित थे। महालिंगम् ने यह भी कहा है कि नाग-सम्बन्धी कहानियां मिस्र और पश्चिमी एशिया में फैली हुई थीं; वे भारतीय समाजों से विशेष सम्बन्धित हों, ऐसा नहीं है। मेरा अनुमान है कि नाग सम्बन्धी कथाओं का प्रसार केन्द्र भारत था। यूरुप में अब हर देश के लोग कपड़े पहनते हैं और शक्कर खाते हैं, इससे यह सिद्ध नहीं होता कि गन्ने और कपास की खेती का कौशल भारत से यूरुप में न पहुँचा था।

सबसे पहले सर्प और जल के सम्बन्ध पर ध्यान दें। **वृत्र** जल को घेरे रहता है या जल को ढक लेता है। पश्चिमी एशिया में जहाँ-जहाँ सर्प के साथ जल का सम्बन्ध है, वहाँ-वहाँ उस कल्पना का भारतीय आधार सिद्ध किया जा सकता है। अन्य भाषाओं में कोई ऐसा शब्द नहीं है जो सर्प और जल की एक साथ व्यंजना कर सके। ऐसा शब्द **नाग** है और वह भारतीय शब्द है। **ना** शब्द-मूल जलवाचक है। इसी से संस्कृत **नौका**, ग्रीक **नउस्**, अंग्रेज़ी नेवी शब्द बने हैं। **स्नान** का **स्ना** जलवाचक है। शब्द मूल **ना** में **स्** लगाया गया है। इसी की सहायता से **नाग** का अंग्रेज़ी प्रतिरूप **स्नेक** बना है। मगर के लिए संस्कृत **नक्र** उसी शब्दमूल के आधार पर बना है। पौराणिक कथाओं में शेषनाग जल में रहते हैं और विष्णु भगवान उन पर सोते हैं। शेषनाग अपने सहस्र फनों पर पृथ्वी को धारण किए हुए हैं। कश्मीरी भाषा में **नाग** शब्द अब भी झरनों की ओर संकेत करता है। **वेरीनाग** जैसे शब्द सर्पों के सूचक नहीं हैं। सर्प के लिए दूसरा शब्द **अहि** है। इसका पूर्वरूप **अभि** था। **अम्भ, अभ्र, अभि** में शब्दमूल **अभ** जलवाचक है। इस **अभ** में रहने वाला **अभि** अथवा **अहि** है। जमीन खोदने से पानी निकलता है। साँप जमीन में बिल बना कर उसके भीतर रहता है। धरती के नीचे पाताल है और पाताल में पानी है, नाग लोग पाताल में रहते हैं। पृथ्वी के भीतर पाताल के जल से उनका सम्पर्क है, पृथ्वी की सतह पर नदियों और झीलों में या उनके पास उनका निवास है। जब राम और लक्ष्मण सीता की खोज करते हुए ऋष्यमूक पर्वत पहुँचे तो

उन्होंने देखा कि उसके पास एक बहुत सुन्दर **झील है** जिसका नाम **पम्पा** सरोवर है। इस **पम्पा** शब्द का अर्थ क्या है? संस्कृत की दृष्टि से इसकी व्याख्या करना कठिन है किन्तु तमिल में **पाम्पु** अथवा **पाम्बु** सर्प के लिए प्रयुक्त होने वाला शब्द है जिसका अवशेष **बांबी** हिन्दी में सर्प के बिल का सूचक है। पम्पा सरोवर के निकट वानर और ऋक्ष गणों के अतिरिक्त नाग गण भी रहते थे, इसीलिए उस सरोवर का नाम पम्पा पड़ा। हस्तिनापुर के **हस्ति** और पश्चिमी एशिया के **हत्ती** नामों की तरह **पम्पा** नाम भी निरर्थक नहीं है।

पम्पा और **पाम्पु** का मूल रूप **पाप** है। **पुण्य** का विलोम **पाप** मूलतः सर्पवाचक है। द्रविड़ भाषाओं में सर्वत्र **पाम्पु** रूप का चलन नहीं है। इसका प्रतिरूप **पावु** भी है। कन्नड़ भाषा में साँप को **पावु** कहते हैं। तोद भाषा में इसका प्रतिरूप **पोब्** है। बरो और एमेनो ने द्रविड़ व्युत्पत्ति कोष में इस शब्द-शृंखला के साथ प्राकृत **पाव** रूप दिया है जिसका अर्थ भी साँप है। संस्कृत में पाप शब्द का सर्प वाला मूल अर्थ छूट गया है। आर्य द्रविड़ भाषाओं का जैसा सम्बन्ध है, उसमें बहुधा ऐसा देखा जाता है कि क्रिया-रूप एक परिवार में है तो संज्ञारूप दूसरे में, मूल अर्थ एक में है तो गौण अर्थ दूसरे में। **पाप** शब्द मूलतः सर्पवाचक हो तो इसमें आश्चर्य की कोई बात नहीं। कभी-कभी प्राकृत में शब्द-विशेष की परम्परा बनी रहती है। प्राकृत में **पाव** का अर्थ सर्प है, यह तथ्य महत्वपूर्ण है। **सर्प** के साथ सामान्य अर्थ वाले **पाप** के बोध का सम्बन्ध जुड़ गया, इसका कारण यह था कि जिन जन समुदायों के गणदेवता नाग थे, उनसे यज्ञवादी जन समुदायों का विरोध था। पश्चिमी एशिया में सर्प का सम्बन्ध शैतान से जोड़ा गया और वह मनुष्य के पाप-कर्म का कारण बना। उस पाप कर्म के फलस्वरूप आदम को ख़ुल्द से निकलना पड़ा। सामी पौराणिक गाथाओं में सर्प और पाप का सम्बन्ध स्पष्ट है किन्तु केवल आर्य-द्रविड़ भाषाओं में **पाप** शब्द सर्प और पाप दोनों का अर्थ देता है। इसलिए यह धारणा दृढ़ होती है कि सर्प और पाप सम्बन्धी कथाओं के बीज पश्चिमी एशिया में भारत से पहुँचे हैं। महाभारत की कथा में तक्षक जब परीक्षित को डसता है तब वह फल में छिपा हुआ छोटा सा कीट है और यह फल परीक्षित को मुनि वेषधारी नागों ने दिया है। सामी गाथाओं में शैतान सर्प का रूप धारण करता है और आदम की पत्नी हव्वा को निषिद्ध फल खाने की प्रेरणा देता है। हिन्दी प्रदेश में बच्चों को **हउवा** का डर दिखाते हैं। यह **हउवा** क्या है? **पावु** शब्द का एक कन्नड़ प्रतिरूप **हावु** है। **हावु** और **हउवा** का सम्बन्ध सहज बोधगम्य है। जैसे **पाप** शब्द से सर्पवाला अर्थ छूट गया, वैसे ही **हउवा** शब्द से भी सर्पवाला भाव विलग हो गया। सामी गाथाओं में **सर्प** और **हउवा** अलग-अलग पात्रों से जुड़ गये, एक हो गया शैतान का अवतार और दूसरा आदम की पत्नी। एक शब्द के दो अर्थों या दो रूपों से गाथाओं में दो पात्रों की सृष्टि होना कोई अद्भुत बात नहीं है। शेक्सपियर के नाटक **किंग लियर** में एड्गर जब पागल का भेस बनाए अपने पेट के भीतर घुसे हुए भूतों की बात कहता है तो उनमें एक भूत है **मोडो** और दूसरा भूत है **माहू**। टीकाकारों

के अनुसार मोहम्मद शब्द के दो टुकड़े हुए और उनसे मोडो और माहू भूतों की सृष्टि हुई।

(ग) मग, नग, नाग

महाभारत की कथा में गरुड़ और नाग एक ही प्रजापति कश्यप की संतान हैं। नाग कद्रू के पुत्र हैं और गरुड़ विनता के। महाभारत की कथा से सिन्धु घाटी की प्राचीन मुद्राओं में गरुड़ और नाग गणों के सहअस्तित्व की बात पुष्ट होती है। गरुड़ और नाग गणों का वैर अवश्य पुराना रहा होगा और वही परम्परा महाभारत तक चली आई है। ऋग्वेद में वृत्र और इन्द्र के युद्ध को इसी कथा-परम्परा के संदर्भ में देखना चाहिए। इस विश्लेषण से सिन्धु घाटी की सभ्यता, ऋग्वेद और महाभारत काव्य परस्पर विच्छिन्न न होकर एक ही ऐतिहासिक परम्परा में परस्पर सम्बद्ध दिखाई देते हैं।

यहाँ यह कह देना आवश्यक है कि नाग गण-संघ का नाम भी था; उसमें एक से अधिक गण सम्मिलित थे। पुराने समय से अब तक कुछ गणवाचक शब्द ऐसे हैं जो एक से अधिक गणों की ओर, गण संघों की ओर संकेत करते हैं। भरत गण में कुरु, पाञ्चाल आदि अनेक गण सम्मिलित थे। पाञ्चाल स्वयं पाँच गणों से मिलकर बना था। आधुनिक काल में पूर्वी अञ्चल के जो लोग नगा कहलाते हैं, उनमें अंगामि, सेमा और आओ गण शामिल हैं। इसी प्रकार प्राचीन समय में नाग अनेक गणों का संघ था। गणदेवता पूरे गणसमाज का प्रतीक होता है, वह एक पीढ़ी से दूसरी पीढ़ी तक गण के अस्तित्व की सूचना देता है, अनेक गणों को मिलाकर उनका संघ बनाने का साधन भी वह हो सकता है। यदि वह गणसंघ का देवता बनेगा तो उसकी उपासना अनेक गण करेंगे और वह अधिक शक्तिशाली माना जाएगा। गणसमाजों के विकास में गणदेवता की कल्पना किसी न किसी रूप में अनिवार्य है। उसकी स्थिति कुछ वैसी है जैसी आधुनिक काल में राष्ट्रीय पताका की है। उसे सब लोग सम्मान की दृष्टि से देखते हैं, उसे नमस्कार करते हैं और कोई भी राष्ट्रीय पताका के प्रति असम्मान का भाव दिखाए तो लोग इसे सारे राष्ट्र का अपमान समझते हैं। युद्ध में शत्रु की पताका छीन लाना विजय का चिन्ह है, उसी प्रकार किसी गणसमाज की पराजय उसके गणदेवता की पराजय है। कालीदह में कृष्ण ने कालिय नाम के सर्प के फनों पर नृत्य किया और उसे यमुना छोड़कर समुद्र में रहने पर विवश किया। इस कथा में नाग और जल का सम्बन्ध बना हुआ है। यमुना का एक नाम कालिन्दी है। इस शब्द की अनेक प्रकार से व्याख्या की जा सकती है। कालिय गण यमुना के किनारे रहता था, इसलिए यमुना का यह नाम पड़ा हो, सम्भव है।

पौराणिक गाथाओं में नागों के पास सम्पत्ति होने का उल्लेख रहता है। वे सुन्दर नगरों और भवनों में रहते हैं। उनकी स्त्रियाँ सदा सुन्दर बताई जाती हैं। अप्सराओं की कहानियाँ नागों के संसर्ग से उत्पन्न हुई हैं। नाग शब्द के समान अप्सरा शब्द भी जल-संसर्ग की सूचना देता है। पहले ये अप्सराएँ नदियों, सरोवरों में रहती थीं और कभी-कभी इक्का-दुक्का किसी तपस्वी को पाकर उसे परेशान करती थीं।

फिर जब देवता धरती से दूर स्वर्ग में रहने लगे, तब अप्सराओं पर इन्द्र का एकाधिकार हो गया। जिन गाथाओं का सम्बन्ध ब्रज, कुरु आदि उत्तर पश्चिमी जनपदों से है, उनमें अधिकतर नागों से संघर्ष की कहानियां मिलती हैं। वैदिक काल के इन्द्र-वृत्र संघर्ष से लेकर कृष्ण और कालिय नाग के द्वन्द्व तक वह परम्परा चली आती है। इससे स्वभावतः विद्वान् यह निष्कर्ष निकालते हैं कि नागपूजक आर्यों से अनार्यों का संघर्ष हुआ। किन्तु जिन गाथाओं का सम्बन्ध मगध आदि पूर्वी जनपदों से है, उनमें नागों के प्रति मैत्री भाव अधिक है। बौद्ध ग्रन्थों में, और बुद्ध से सम्बन्धित शिल्प-चित्रों मे, नाग बुद्ध के प्रति भक्ति-भाव दिखाते हैं। बुद्ध उतने ही आर्य थे जितने पुराणों और भागवत के रचनाकार। यदि बौद्ध गाथाओं पर द्रविड़ प्रभाव माना जाय तो पौराणिक गाथाओं पर भी द्रविड़ प्रभाव माना जायगा। आर्य भाषाएँ बोलने वाले समुदायों में नागों के प्रति दो भिन्न दृष्टिकोण हैं, यह तथ्य ध्यान में रखना चाहिए। महालिंगम् ने पूर्वोल्लिखित निबंध में बताया है कि बौद्ध साहित्य के अनुसार बुद्ध के जीवन में नागों की महत्वपूर्ण भूमिका थी किन्तु हिन्दू और बौद्ध मतों में उनकी चर्चा भिन्न-भिन्न प्रकार से की गई है। बौद्ध साहित्य में वे बुद्ध के परम उपासक बताए गए हैं। इसी प्रकार जैन मत में उनकी चर्चा मैत्री भाव से की जाती है। जब पार्श्वनाथ, तेईसवें तीर्थंकर, तपस्या कर रहे थे, तब उनके शत्रु ने उन पर तीव्र जल-वृष्टि की। तब धरणीधर नाग ने आकर उनके सिर पर छत्र की तरह फन फैलाकर वृष्टि से उनकी रक्षा की। एक अन्य कथा के अनुसार जब पार्श्व तपस्या कर रहे थे, तब नागराज ने आकर अपने फन को छत्र बनाकर उनकी सेवा की। कहा जाता है कि अहिच्छत्र नगर का नाम इसीलिए पड़ा कि नागराज ने अपने फन को छत्र बनाया था। अहिच्छत्र नाग गण का नगर भी हो सकता है, छत्र यहाँ सत्ता का सूचक होगा। महालिंगम् ने लिखा है कि जैन मत से सम्बन्धित मूर्तियों और चित्रों में पार्श्वनाथ के आसन पर नाग दिखाया जाता है और वह उनके सिर पर अपने फन का छत्र बनाए रहता है। सिन्धु घाटी की सभ्यता में नाग और मनुष्य के बीच जैसा सम्बन्ध है, वैसा ही सम्बन्ध यहाँ है। सिन्धु घाटी की मुद्राओं में सर्प के साथ वृक्ष चित्र भी कहीं-कहीं रहता है। दक्षिण में श्रवण बेळगोल नामक स्थान में गोमतेश्वर की मूर्ति के आसपास सर्पों के अतिरिक्त एक पौधा भी है जो मूर्ति की बाँहों और पैरों में लिपटा हुआ है। महालिंगम् ने लिखा है कि ऐसी ही मूर्ति एनूर नामक स्थान में है। मूर्ति के हाथ नाग के फन पर हैं और हाथों और पैरों में एक लता लिपटी हुई है। जैन और बौद्ध दोनों मतों का प्रमुख केन्द्र मगध रहा है। मगध और कुरु जनपदों के सांस्कृतिक अन्तर की जो बात पहले कही गई है, उसे इस नाग प्रसंग में स्मरण करना चाहिए।

महालिंगम् ने लिखा है कि बौद्ध साहित्य में नागों का सम्बन्ध जल से नहीं दिखाया जाता किन्तु उन्होंने इस धारणा के विरुद्ध अपने निबंध में ही अनेक तथ्य दिए हैं। जब बुद्ध का जन्म हुआ तब नन्द और उपनन्द नाम के दो नागों ने बोधिसत्व को शीतल और उष्ण जलधाराओं से स्नान कराया। हुएन त्साङ् ने इसी कहानी का उल्लेख

किया है। उसे विश्वास था कि जिस स्थान पर दोनों नागों ने बुद्ध को स्नान कराया था, वहाँ सम्राट् अशोक ने एक स्तूप बनाया था। उस स्तूप के पास पानी के दो झरने थे, दोनों नाग जिस स्थान पर धरती के भीतर से निकले थे, वहाँ भी दो स्तूप बनवाए गए थे। बौद्ध शिल्प में नागों द्वारा बुद्ध के स्नान का चित्रण है। एक शिल्प में नन्द और उपनन्द दो कुओं से निकलते दिखाए गए हैं। सारनाथ के शिल्प में कमल पर बैठे हुए बुद्ध के शीश पर वायु में स्थित दो नाग कलशों से जल गिरा रहे हैं। बोधिवृक्ष के नीचे तपस्या करने के बाद वह स्नान के लिए नैरंजन नाम की नदी में उतरे। यह नागों की नदी थी। जब वह नदी किनारे रेत पर बैठने लगे, तब नदी से नागकन्या उनके लिए रत्न-जटित सिंहासन लेकर आई। इस सिंहासन पर बैठकर बुद्ध ने भोजन किया और भोजनपात्र नदी में फेंक दिया। नागराज सागर उसे उठाकर अपने घर ले जाना चाहते थे किन्तु इन्द्र ने गरुड़-रूप धरकर चोंच में वज्र दबाए हुए वह भोजनपात्र छीनने का प्रयत्न किया। बल प्रयोग द्वारा पात्र न पाकर अपना वास्तविक रूप दिखाकर इन्द्र ने भोजनपात्र के लिए याचना की। नागराज ने वह पात्र उन्हें दे दिया और इन्द्र उसे स्वर्ग ले गए। नागकन्या वह सिंहासन ले गई जिस पर बुद्ध बैठे थे। इस गाथा में नागों का सम्बन्ध जल से स्पष्ट है।

नैरंजन नदी से जब बुद्ध बोधिवृक्ष की ओर चले तो उनके पीछे एक काल अथवा कालिक नाम का नागराज भी था। उसने उनके बुद्धत्व प्राप्ति की भविष्यवाणी की थी। यह कालिक नागराज कृष्ण कथा के कालियनाग का प्रतिरूप है। कालिय शब्द कालिक का तद्भव रूप है। इस नाग गण से मगध गण की मैत्री रही होगी और वृष्णि-गण से बैर। जरासन्ध मगध का राजा है, कंस का सम्बन्धी है। कंस और जरासन्ध दोनों से कृष्ण का बैर है। मगध और उत्तर-पश्चिमी जनपदों के आपसी संघर्ष में नागों की भूमिका दो प्रकार की है, वे मगध के मित्र हैं और वृष्णि, कुरु आदि उत्तर पश्चिमी गणों के शत्रु। गरुड़ और नाग गणों के संघर्ष का उल्लेख बौद्ध साहित्य और पुराणों में दो प्रकार से है। पुराणों में गरुड़ नागों का नाश करता है, बौद्ध कथा में गरुड़ नाग-राज सागर का कुछ बिगाड़ नहीं पाता। बौद्ध कथा में इन्द्र ही गरुड़ रूप धरकर आया है, वह अपनी चोंच में वज्र दबाए है। यहाँ गरुड़-नाग-संघर्ष-कथा में इन्द्र और वृत्र की वैदिक कथा घुलमिल गई है।

एक अन्य बौद्ध कथा में बुद्ध के एक साथी वज्रपाणि हैं। अपलाल नाम का नाग लोगों को बहुत परेशान करता है। वह जल के निकट रहता है। वज्रपाणि पास के पर्वत का ध्वंस करने की बात करते हैं, तब वह नाग लोगों को सताना छोड़ता है। यह कथा मगध में नहीं पठान देश में प्रचलित थी और गन्धार शिल्प में चित्रित है। महालिंगम् ने लिखा है कि नागराज बुद्ध के पास खड़ा दिखाया जाता है या उस जलस्रोत में स्थित चित्रित किया जाता है जिसका वह देवता है। बौद्ध धर्म मगध से जब पठान देश पहुँचा, तब उसमें स्थानीय कथा-परम्पराओं के अनुसार परिवर्तन हुए। इन्द्र और वृत्र के संघर्ष वाली कथा-परम्परा वहाँ जीवित थी। इन्द्र बुद्ध के साथी वज्रपाणि बन गए। इन्द्र

पर्वतों का ध्वंस करते थे, वज्रपाणि ने भी पर्वतों का नाश करने की धमकी दी। ये पर्वत या तो नागगण का निवास स्थान थे या पर्वतपूजक गण थे जो नागों के साथी थे। जैसे नागों के कन्याएँ होती थीं, वैसे ही पर्वतकन्या पार्वती प्रसिद्ध हुईं। उक्त बौद्ध कथा में, वैदिक कथाओं के समान, नाग जलस्रोत का स्वामी है।

एक कथा के अनुसार बुद्ध के निर्वाण के बाद उनके पवित्र अवशेष प्राप्त करने वालों में नाग भी थे। अवशेषों पर स्तूप बनाया गया और नाग उसकी रक्षा करते थे। जब सम्राट् अशोक उसे खोलना चाहते थे तब नागराज ने उन्हें वर्जित किया। बौद्ध शिल्प में नाग मानव रूप में दिखाए जाते हैं किन्तु उनके सिर पर फन होने से वे अन्य मानवों से भिन्न पहचाने जाते हैं। पुरुषों के सिर पर पाँच फन होते हैं, स्त्रियों के सिर पर एक फन होता है। सम्भव है, पहले नागपूजक गण इस प्रकार सिर पर कोई सर्पाकार चिन्ह धारण करते रहे हों।

इसमें सन्देह नहीं कि प्राचीन काल में सर्प जनसमुदायों का गणदेवता था। उसका निवास जल में माना जाता था, इसलिए उसे नाग संज्ञा दी गई। **नाग** शब्द में एक अन्य शब्द समाहित हो गया है, वह है **नग**। **नग** शब्द का पूर्वरूप **मग** है और **मग** का पूर्वरूप **मघ** है। **मघ** का अर्थ है पुरुष, योद्धा। **मगध** गण वास्तव में **मग** नामक गण है। उसका यह नाम उस पद्धति से पड़ा जिसमें पुरुषवाचक शब्द गण का नाम होता था। मगों ने यह नाम स्वयं रखा हो, यह आवश्यक नहीं। हो सकता है, वे लिंगोपासक, सर्प-पूजक रहे हों। काशी शैवमत का प्रधान केन्द्र रहा है और वह मगध के प्रभाव क्षेत्र में है। यह कल्पना करना कठिन है कि मगध के लोग या पूर्वी अन्चल के अन्य गण नाग-पूजक न होते तो काशी शैव मत का केन्द्र बन पाता। शैव मत से नागपूजा का घनिष्ट सम्बन्ध है, यह स्पष्ट ही है। पुरुषवाचक **मघ** शब्द का प्रतिरूप **नग** सम्भवतः पश्चिमी प्रदेशों में प्रयुक्त होता था। **नग** और **नाग** मिलते-जुलते शब्द हैं। यदि **नग** सर्पपूजक रहे हों तो उन्हें आसानी से **नाग** संज्ञा दी गई होगी। इस प्रकार मानव वाचक **नग** और सर्पवाचक **नाग** दोनों शब्द घुलमिलकर एक हो गए। भारत के पूर्वी अन्चल में जो नगालैन्ड है, उसमें यही पुरुष वाचक **नग** शब्द गणवाचक बना है। हिन्दी में उसे **नग**, **नगा**, **नागा** आदि लिखते और बोलते हैं। यह शब्द **नगर** में भी प्रतिष्ठित है। **नगर** से ही **नागर** और **नागरी** शब्द बने हैं। **नग** गण का ऐसा गहरा सम्बन्ध नागरिक सभ्यता के विकास से है।

नगर के समानान्तर **मगर** शब्द भी प्रचलित था। जहाँ **मग** अथवा **नग** एकत्र हों, वहाँ उस स्थान को अथवा जन समूह को **मगर** या **नगर** कहते थे। मध्यवर्ती **ग** के **ह** में बदलने पर **मगर** से **मेर** पश्चिमी रूप बना। **जैसलमेर**, **अजमेर** आदि स्थानवाचक शब्दों में जो **मेर** दिखाई देता है, वह उसी प्राचीन **मगर** का विकास है। **अजमेर** का सीधा अर्थ होगा **अज** नामक गण का केन्द्र। **मेर** का ही प्रतिरूप **मीर** शब्द है जो कश्मीर में दिखाई देता है। **कश** नामक गण की निवासभूमि कश्मीर कहलाई। स्लाव भाषाओं में संसार के लिए यही **मीर** शब्द प्रयुक्त होता है। इन्डोयूरोपियन भाषाओं में इसकी

व्युत्पत्ति भारतीय **मग** शब्द के आधार पर ही की जा सकती है। जैसे **मगर** से **मेर** रूप बना, वैसे ही **नगर** से **नेर** बना। **बीकानेर** आदि स्थान वाचक शब्दों में यही **नेर** शब्द है।

मग का एक विकास **मय** होता है, **नग** का एक विकास **नय** होगा। प्रक्रिया वही है : **मघ—मग—मह—मय**। **मय** एक स्थिति में **मे** हो गया, दूसरी स्थिति में **य** कायम रहा। प्रसिद्ध है कि **मेरठ** शब्द का पूर्व रूप **मयराष्ट्र** था। **मग** गण जहाँ रहते थे, वह भूमि मेरठ कहलाई। केरल में जो **नायर** कहलाते हैं, वे **नागर** थे, यह बात विद्वान् पहले कह चुके हैं। लंका का एक पुराना नाम नागद्वीप है। **नाग** शब्द लंका की पुरानी भाषा में **नाय** भी बोला जाता था। इसलिए **नागर** और **नायर** के सम्बन्ध के बारे में सन्देह की गुंजाइश नहीं है। **मय** शब्द **माया, मायावी** आदि रूपों का जनक है। मगध प्राचीन काल से तांत्रिक साधना की केन्द्रभूमि रहा है। तांत्रिक जन अनेक प्रकार के चमत्कार दिखाते थे, इसलिए यह स्वाभाविक था कि **मग** के प्रतिरूप **मय** से चमत्कारसूचक **माया** शब्द बने। **माया** का अर्थ हुआ मग जनों का तांत्रिक चमत्कार। मग लोगों में से कुछ ईरान पहुँचे थे और वहाँ वे अपनी चमत्कार-साधना के कारण पुरोहित बने। उनके चमत्कार इतने प्रसिद्ध हुए कि उनकी ख्याति यूरुप तक पहुँची। अंग्रेजी में जादू के लिए जो **मैजिक** शब्द है, वह यूनानी भाषा के **मागीकोस्** शब्द से सम्बद्ध है। **मागीकोस् मग** या **माग** शब्दों से संबद्ध है। जैसे **नग** और **नाग**, वैसे ही **मग** और **माग**। ग्रीकभाषा में **मागोस्** शब्द भी है। इसका अर्थ है ईरान का द्रष्टा जो स्वप्नों की व्याख्या करता है; उसका एक अर्थ जादूगर भी है। इसके अतिरिक्त **मागोस्** गण विशेष के सदस्य को भी कहते थे। स्पष्ट ही यह ग्रीक शब्द भारतीय **मग** से सम्बद्ध है और उसके साथ **माया, जादू** आदि का संसर्ग बना हुआ था। **जादू** शब्द **यातु** का तद्भव रूप है और **यातुधान** में प्रतिष्ठित है। मध्यदेश के लोग तांत्रिकों की माया से डरते थे, उन्हें **यातुधान, मायावी, दानव** आदि की संज्ञा प्रदान करते थे। पुराणों तथा महाकाव्यों में दैत्यों और राक्षसों की जो कथाएँ हैं, उनका कहीं न कहीं सम्बन्ध मगध से, अथवा मग कहलाने वाले गणों से, है। दैत्य दिति की संतान हैं, विप्रशाप से वे दैत्य बने। विप्रशाप की बात में ऐतिहासिक सत्य का यह अंश है कि जो लोग वैदिक संस्कृति का विरोध करते थे, उन्हें ब्राह्मण दैत्य, दानव, राक्षस आदि कहते थे।

दिति के दो पुत्र हिरण्यकशिपु और हिरण्याक्ष दैत्य थे किन्तु हिरण्यकशिपु के पुत्र प्रह्लाद विष्णु के भक्त थे। प्रह्लाद को दैत्य रूप में शायद ही कोई स्मरण करता हो। जरासंध दैत्य था, कंस उसका सम्बन्धी था। कंस की बहन कृष्ण की माँ थी। देवकी को कोई दैत्य नारी के रूप में स्मरण नहीं करता। देव और दैत्य, दानव और मानव, सभी मनुष्य हैं, कर्म के अनुसार उन्हें भिन्न संज्ञाएँ प्रदान की गईं। इस प्रकार देवासुर संग्राम, समुद्र मंथन आदि की कहानियाँ आर्य गण समुदायों के आपसी संघर्ष की कहानियाँ हैं। ये गण मिलती-जुलती भाषाएँ बोलते थे, इनमें विभिन्न रंग-रूपवाले लोग घुलमिल गए थे। राम और कृष्ण दो महाकाव्य-नायक श्यामवर्ण आर्यों के प्रतीक हैं। हिरण्य-

कशिपु और हिरण्याक्ष नामों में हिरण्य शब्द ध्यान देने योग्य है। हिरण्याक्ष का सीधा अर्थ है पीली आँखों वाला। भागवत में उसे हिरण्यकेश और हेमवपु भी कहा गया है। जो लोग समझते हैं कि आर्य लोग गोरे रंग के थे और उनका काले आदि-वासियों से संघर्ष हुआ, वे राम और कृष्ण के श्यामवर्ण और हिरण्याक्ष के हेमवर्ण पर ध्यान दें। वाल्मीकि रामायण के अरण्यकाण्ड में रावण की आँखें पीली बताई गई हैं: क्रुद्धस्य हरिपर्यन्ते रक्ते नेत्रे बभूवतु: हरि। शब्द का अर्थ है पिंगल।

मगध और मिथिला की भाषाएँ एक ही स्रोत से उत्पन्न मानी जाती हैं पर इन दोनों की संस्कृति में बहुत बड़ा अन्तर रहा है। पौराणिक संस्कृति में जैसे मगध को त्याज्य भूमि माना गया है, वैसे मिथिला को त्याज्य नहीं कहा गया। दोनों जनपद पड़ोसी हैं, बीच में गंगा की धारा है, मिथिला का सम्बन्ध विदेह गण, जनक और वेदान्त से है, मगध का सम्बन्ध तंत्रवाद, शैवशाक्त उपासना और बौद्ध जैन मतों से रहा है। राम का विवाह विदेह कन्या सीता से हुआ, यह विवाह-सम्बन्ध कोसल और मिथिला के सांस्कृतिक सम्बन्धों का प्रतीक है। वेदान्त की विचारधारा वही नहीं है जो वेदों की विचारधारा है। जिन लोगों ने रामायण, महाभारत काव्य लिखे, उनकी सहानुभूति वेदों की अपेक्षा वेदान्त से अधिक थी। कोसल का सम्बन्ध कुरु जनपद की अपेक्षा मिथिला से अधिक रहा है। यहाँ सांस्कृतिक सम्बन्ध की बात है। मगधवासियों ने भाषायी सम्बन्ध दूर-दूर तक कायम किया, वह अलग बात है। मिथिला और कोसल के बीच में वह क्षेत्र है, जहाँ अब भोजपुरी भाषा बोली जाती है। इस क्षेत्र को पार करके विश्वामित्र के साथ राम और लक्ष्मण मिथिला पहुँचते हैं। खर, दूषण, त्रिशिरा, ताड़का आदि से युद्ध कोसल और मिथिला के बीच की भूमि पर होता है। राक्षसों से युद्ध की ये कथाएँ आर्य समुदायों के आपसी संघर्ष की ओर संकेत करती हैं। इन्द्र और वृत्र के युद्ध से लेकर राम-रावण संग्राम तक उक्त कोटि के संघर्षों की कहानियाँ चमत्कारी गाथाओं का रूप लेती रही हैं। इनमें एक गाथा-समुदाय वैदिक कर्मकाण्ड को पूर्णत: अथवा अंशत: स्वीकार करता रहा है और दूसरा उसका विरोधी है। राक्षसों का प्रधान कर्म यज्ञों का विध्वंस करना है। यज्ञ-विध्वंस की कथाएँ दो प्रकार की संस्कृतियों की टक्कर की सूचना देती हैं। महाभारत युद्ध में कौरव और पाण्डव लड़े। इनके साथ उत्तर भारत और पूर्वी तथा मध्यभारत के अनेक गण सहायक के रूप में लड़े। महाभारत की कथा आर्यगणों के दो विशाल समुदायों के संघर्ष की कथा है, इस बारे में किसी को सन्देह नहीं है। काव्य-पुराण-परम्परा में महा-भारत से और बड़े युद्ध का कहीं उल्लेख नहीं है। आर्यों का सबसे बड़ा युद्ध परस्पर विरोधी आर्य गणसमुदायों के बीच ही हुआ था। महाभारत काव्य की विशेषता यह है कि इसमें मनुष्य के यथार्थ रूप पर अधिक बल है, कल्पना के चमत्कार से उसे देव या राक्षस कम बनाया गया है। यहाँ आर्य गण समुदायों के आपसी संघर्ष का ऐतिहासिक तथ्य स्वीकार करना ही होगा। आश्चर्य की बात है कि इन्द्र और वृत्र का युद्ध, राम-रावण का युद्ध, और देवासुर संग्राम की कथाएँ महाभारत से एकदम अलग करके देखी जाती हैं।

वाल्मीकि 'रामायण के लंकाकाण्ड में एक स्थान पर गरुड़ और नागों का उल्लेख है। राम और रावण की सेना में युद्ध हुआ और राम की सेना वाणों से बिंध कर धराशायी हो गई। राम और लक्ष्मण भी शरशैया पर सो गए। वाण ऐसे थे मानों नागों ने समस्त योद्धाओं को बाँध लिया हो। उस समय वहाँ गरुड़ आए। गरुड़ के आते ही वे समस्त वाण योद्धाओं का शरीर छोड़कर भाग खड़े हुए।

तमागतमभिप्रेक्ष्य नागास्ते विप्र दुद्रुवुः ।
यैस्तौ सत्पुरुषौ बद्धौ शरभूतैर्महाबलौ ।।

वाण नागों के समान थे, यहाँ तक तो अलंकार है किन्तु गरुड़ के आने पर वे भाग खड़े होते हैं, यहाँ अलंकार की बात नहीं रह जाती। पौराणिक परम्परा के अनुसार गरुड़ को देखकर वास्तविक नाग ही भाग सकते हैं, शरीर में घुसे हुए वाण अपने आप निकल कर उड़ नहीं सकते। इस कथा से यह संकेत मिलता है कि नागगण रावण के सहायक थे और गरुड़गण राम के। लंका पहुँचने से पहले राम को जटायु मिलते हैं। ये जटायु भी गरुड़ गण के प्रतीक हैं। जटायु का भाई संपाति हनुमान आदि को लंका जाने का मार्ग बताता है। इस प्रकार गरुड़पूजक गण समुदाय राम की सहायता निरंतर करते हैं। स्वभावतः नाग रावण की ओर होंगे। पंपा शब्द नागवाचक है, इसका उल्लेख पहले हो चुका है। सम्भव है बालि नाग रहा हो और वानर गण से उसका युद्ध हुआ हो। वानरों में अनेक पिंगलाक्ष हैं, यह बात ध्यान देने की है। रावण भी पिंगलाक्ष है। रामायण कथा में जिन्हें वानर और राक्षस की संज्ञा दी गई है, वे मध्य भारत के पड़ोसी गण समुदाय हैं। रावण के जितने बन्धु-बान्धव कोसल के पूर्व में हैं, उतने विन्ध्याचल के दक्षिण में नहीं। जो लोग कहते हैं कि लंका नगरी कहीं मध्यभारत में थी और उसका वर्तमान श्रीलंका नाम के द्वीप से कोई सम्बन्ध नहीं है, उनकी बात तर्कसंगत है। किष्किधा और लंका में एक समानता है, जिस पर ध्यान देना चाहिए। किष्किधा ऋष्यमूक पर्वत पर है और उसके नीचे पम्पा सरोवर है; लंका त्रिकूट पर्वत पर है और उसके नीचे समुद्र है। नागों का सम्पर्क जल से है और पर्वतों से भी। वे ऐसे पर्वतों पर रहते हैं जिनके पास कोई नदी, झील या सरोवर हो। इसलिए इन्द्र वृत्र नाग का शत्रु है और पर्वतों का भी। नग शब्द पर्वत का अर्थ भी देता है, यह एक मनोरंजक तथ्य है। वह अचल रहता है, इसलिए नग कहलाता है, यह एक व्याख्या हुई। उस पर नग गण रहते हैं, इसलिए वह नग कहलाया, यह व्याख्या भी सम्भव है। नगों और मगों के महादेव पर्वत पर निवास करते हैं, यह स्वाभाविक ही है। रावण शिवपूजक है, यह उसके नग या मग होने का अतिरिक्त प्रमाण है।

इस पुस्तक में जिन्हें नाग भाषाएँ कहा गया है, वे नागपूजक गणों की भाषाओं से भिन्न हैं। नागपूजक गणों की भाषाएँ आर्य परिवार के अन्तर्गत हैं, अन्य आर्य भाषाओं के समान उन्होंने भी आर्येतर परिवारों से भाषा-तत्वों का आदान-प्रदान किया है किन्तु उनकी गणना आर्येतर परिवारों में न होगी। सर्पों की पूजा सभी महाद्वीपों में फैली हुई है, नाग को अपना गणदेवता मानना भारत के कुछ आर्य गण-समुदायों की विशेषता

है। **महाभारत** के आदि पर्व में सर्प-पूजक गणों के लिए लिखा है कि वे गंगा नदी के उत्तर तट पर रहते थे; तक्षक और अश्वसेन दो नाग कुरुक्षेत्र में इक्षुमती नदी के तट पर रहते थे। खाण्डववन कुरुक्षेत्र के पास था; वहाँ भी नाग रहते थे। कुरुगण के पड़ोसी नागगण अवश्य थे। कुरुक्षेत्र से लेकर मगध तक इनकी बस्तियाँ थीं। हिरण्यकशिपु को अंग भी कहा गया है। महाभारत में कर्ण को अंगदेश का राज्य दिया गया था। अंग नामक गण भी नागपूजक रहा होगा। शैवमत के प्रसार और नागपूजा के चलन से अनेक स्थानों और मनुष्यों के नाम नाग शब्द को मिलाकर रखे गए। इससे यह न समझना चाहिए कि ऐसे मनुष्य और स्थान किसी एक गण से सम्बद्ध थे जो सर्प को अपना गणदेवता मानता था। ऐसे नाम अधिकतर भिन्न सामाजिक परिस्थितियों में रखे गए हैं जब पुरानी गण व्यवस्था टूट चुकी थी और उसका स्थान सामन्ती समाज तन्त्र ने ले लिया था। फिर भी इनमें कुछ नाम अवश्य हो सकते हैं जिनका सम्बन्ध पुराने नागपूजक गणों से था। **नग** और **नाग** की अपेक्षा **मग** शब्द अधिक विश्वसनीय है, क्योंकि इसका सम्बन्ध किसी उपासना-पद्धति से नहीं है। बिहार में एक स्थान **मघड़ा** है। संभवतः इसमें **मग** का पूर्व-रूप **मघ** सुरक्षित है। अवध में **मगड़ायर** और **मगरवारा** पुरानी मग बस्तियों की ओर संकेत करते हैं। **मग** का बहुवचन **मगर**; मग लोगों की बस्ती हुई **मगरवारा**। **मगड़ायर** को महावीर प्रसाद द्विवेदी और निराला **मगरायर** लिखते थे। शब्द को शिष्ट रूप देने के लिए र को ड़ पश्चिमी प्रभाव से किया गया है। **आयर** पुराना स्थानवाचक शब्द है। **मगरायर** अर्थात् मग जनों की बस्ती। **मराठी, मराठा** आदि शब्दों को संस्कृत **महाराष्ट्र** के आधार पर सिद्ध किया जाता है। प्राकृत रूप **मरहट्ठ** है। यह रूप वर्णविपर्यय से बना है, पूर्वरूप था **महरट्ठ**। **महरट्ठ** में **मह** है, **महा** नहीं। **मह** शब्द, महा से भिन्न, **मघ** का रूपान्तर है। जैसे **मय** का राष्ट्र वास्तव में **मघ** का राष्ट्र था और **मेरठ** बना, वैसे ही **महरट्ठ मघ** का राष्ट्र है और उससे **मराठ, मराठा** रूप बने। **महरट्ठ** में **मह** का सम्बन्ध **मग** से रहा होगा, यह बात व्युत्पत्ति शास्त्रियों के लिए कल्पनातीत थी, इसलिए उन्होंने उसका पूर्वरूप महाराष्ट्र होगा, यह कल्पना की। मराठी और मगही दोनों ह क्रिया वाली भाषाएँ हैं, यह बात **मघ** वाली व्युत्पत्ति को पुष्ट करती है।

पौराणिक उपाख्यानों से चमत्कारी कल्पना हटाकर उनका सार तत्व ग्रहण किया जाय तो विदित होगा कि अत्यन्त प्राचीन काल से पूर्वी मग गण समुदाय तथा मध्यदेशीय और उत्तरी गणसमुदायों में संघर्ष होता रहा है। उपाख्यानों में जिन्हें नाग कहा गया है, वे मग समुदाय के गण हैं। वृत्र मग था जिससे इन्द्र ने युद्ध किया। हिरण्य-कशिपु मग था जिसका वध नृसिंह ने किया। रावण मग था जिससे गरुड, ऋक्ष, वानर आदि गणों के सहयोग से कोसल गण ने युद्ध किया।

सिन्धु घाटी की सभ्यता का सम्बन्ध नगरों से है, इस सभ्यता के वाहक नगर-निर्माण में दक्ष हैं। वे व्यापारी भी हैं और दूर-दूर तक उनका व्यापार फैला हुआ है। इनकी मुद्राओं में गरुड़ और सर्प दोनों प्रकार के गण-चिन्ह हैं। अधिकांश मुद्राओं मे जो एक सींग वाला वृषभ जैसा पशु दिखाई देता है, यह अवश्य ही गणदेवता होगा। इस

सभ्यता में लिङ्गोपासना और योगसाधना के चिह्न भी मिलते हैं। बहुत सम्भव है कि सिन्धु घाटी की मुद्राओं का सम्बन्ध तांत्रिक साधना से हो और उन पर अंकित अक्षर बीजमंत्र हों। बीजमंत्र वैसे ही समझ में नहीं आते, अज्ञात लिपि और भाषा के मंत्र पढ़ना और भी कठिन होगा। जो लोग उपाख्यानों में मायावी राक्षसों और दैत्यों से लड़ते बताए जाते हैं, वे उनके स्थापत्य, नगर-निर्माणकला और सम्पत्ति का उल्लेख हमेशा करते हैं। महालिंगम् ने नागों पर अपने निबन्ध में लिखा है कि उपाख्यानों में इनकी अपार सम्पदा, भव्य नगरों में इनके निवास, सुन्दर स्त्रियों के साथ उनकी कामक्रीड़ा का वर्णन होता है। रावण के पास इतना धन था कि उसकी लंका ही सोने की लंका बन गई।

धन वैभव होने पर भी मध्यदेशीय कवियों ने मग जनों को दैत्य और राक्षस बनाया, मगध को अपवित्र भूमि माना, वहाँ की भाषा को राक्षसों की भाषा कहा। डा० विश्वनाथ प्रसाद ने **मगही संस्कार गीत** की भूमिका में लिखा है : "वैदिककाल से ही मगधदेश असंस्कृत समझा जाता था। बौद्ध सम्पर्क के कारण यह हीनता की भावना और भी दृढ़ हो गई। संस्कृत नाटकों में मागधी हीन-चरित्रों की ही भाषा के रूप में स्वीकार की गई। मागधी राक्षसादेः स्यात् इति भरतोक्तेः।" मग लोग राक्षस माने गए तो नाटकों में राक्षस पात्रों की भाषा मागधी होगी ही। राक्षसों और नागों का सम्बन्ध मगों से है, यह बात समझ लेने पर पौराणिक उपाख्यानों और भाषा विज्ञान की बहुत सी बातें समझ में आने लगती हैं। कंस मथुरा का राजा था, इसका अर्थ है, मथुरा पर मगों का प्रभाव था। मथुरा का पूर्वरूप मधुरा है। मधु नामक गण दैत्य में बदल गया और विष्णु ने उसका संहार किया। वैसे कृष्ण भी माधव कहलाते हैं और मधु के बिना माधव शब्द बन नहीं सकता। जब उत्तर भारत से अनेक गण समाज दक्षिण भारत पहुँचे तब उन्होंने तमिलनाडु का प्रमुख नगर मदुरइ बसाया। वैदिक जन पणि नामक लोगों से घृणा करते हैं। ये पणि धनी और व्यापारी हैं, **पण्य, वणिज** आदि शब्दों में पणिजनों की स्मृति सुरक्षित है और पाणिनि नाम ने उन्हें अमर कर दिया है। जैसे मागधी राक्षसों के लिए उपयुक्त भाषा कही गई, वैसे ही उत्तर-पश्चिमी प्रदेश की एक भाषा को पैशाची कहा गया। इस पैशाची भाषा के बोलने वाले उतने ही आर्य थे जितने वैदिक भाषा बोलने वाले। जैसे बौद्ध साहित्य में नागों के प्रति वैरभाव नहीं है, वैसे ही विशाखदत्त के नाटक **मुद्राराक्षस** में राक्षस पात्र को अत्यन्त बुद्धिमान और स्वामिभक्त दिखाया गया है जिसकी तुलना में चाणक्य कौटिल्य हो गए हैं। राम और रावण का युद्ध हुआ, इसका अर्थ यह है कि कोसल गण ने, अनेक गण समुदायों को मिलाकर, मध्यभारत में मग प्रभाव समाप्त किया।

ब्रज और कोसल शक्तिशाली कुरु और मगध गणसमुदायों से घिरे थे। कृष्ण ने अपनी नीति से कौरवों का नाश करा दिया और वह ईश्वर का अवतार माने गए। कुरुगण के नष्ट होने से वैदिक भाषा बोलने वाला मुख्य समुदाय भी नष्ट हुआ। राम ने विभिन्न गणों को मिलाकर मग प्रभुत्व समाप्त किया। वह भी ईश्वर के अवतार हुए।

भाषावैज्ञानिक परिणाम यह हुआ कि इस उथल-पुथल के बाद कोसल की भाषा सारे उत्तर भारत में जन सम्पर्क की भाषा बन गई। किन्तु इससे पहले मगों की भाषा ने कोसल और कुरु गण दोनों की भाषा को काफी प्रभावित कर लिया था।

(घ) दास और दस्यु

ऋग्वेद के आधार पर ऐतिहासिक भाषाविज्ञान के आचार्यों ने जो अनेक पुराण कथाएँ रची हैं, उनमें एक का संबंध दासों से है। दास काली चमड़ी के लोग थे, इनके चेहरे पर या तो नाक थी नहीं या थी तो चपटी थी, इनकी बोली आर्य विजेताओं की समझ में न आती थी, विजेताओं ने इन आदिवासियों को अपना सेवक बना लिया, इसलिए उन्हें दास संज्ञा दी। दासों के प्रसंग में मैकडनल ने **वेदिक मिथोलोजी** पुस्तक में यह मत प्रकट किया है कि दास शब्द भारत के काले आदिवासियों के लिए प्रयुक्त हुआ है जिनका रंग गोरे आर्य विजेताओं के रंग से भिन्न था। कनैयालाल माणक लाल मुंशी की देख-रेख में प्रकाशित **वेदिक एज** ग्रंथ के इतिहासकारों ने इसी मत की पुष्टि की। आदिवासी होने का दावा सबसे पहले द्रविड़ों का है, इसलिए दास-मिथक की मूल कल्पना यह है कि गौराङ्ग आर्यों ने काले द्रविड़ों को दास बनाया।

इस मिथक को ऐतिहासिक सत्य मानने में कुछ कठिनाइयाँ हैं।

बरो जैसे विद्वान् मानते हैं कि भारतीय द्रविड़ फिनोउग्रियन परिवार की एक शाखा हैं। इस परिवार की अन्य शाखाएँ यूरुप के फिनलैन्ड जैसे देश में तथा सोवियत संघ के अनेक भागों में निवास करती हैं। यह स्थापना सही मानी जाय तो फिनो उग्रियन परिवार के लोगों को काले आदमी कहना युक्तिसंगत होगा। किन्तु फिनो उग्रियन भाषाएँ बोलने वाले काले थे या हैं, यह कोई नहीं कहता।

जो लोग भारतीय द्रविड़ों को फिनो उग्रियन परिवार की शाखा नहीं मानते, वे यह तो स्वीकार करते ही हैं कि बलूचिस्तान में ब्राहूइ बोलने वाले जन द्रविड़ हैं। अब कठिनाई यह पैदा होती है कि ये बलूची द्रविड़ काले नहीं हैं, द्रविड़ेतर बलूचियों—अथवा आर्य बलूचियों—जैसे श्वेताङ्ग हैं। बलूचिस्तान में एक से रंगरूप वाले जन दो भिन्न परिवारों की भाषाएँ बोलते हैं; एक समुदाय इंडोयूरोपियन् परिवार के अन्तर्गत ईरानी शाखा की एक भाषा बोलता है, दूसरा समुदाय द्रविड़ परिवार के अन्तर्गत उत्तरी शाखा की एक भाषा बोलता है। क्या हुआ था बलूचिस्तान में ? या तो द्रविड़ों में काले और गोरे दोनों रंगों के लोग थे, या फिर वहाँ के गोरे आर्यों ने काले द्रविड़ों की भाषा स्वीकार कर ली और उन्हें दक्षिण भारत की ओर ठेल दिया। दक्षिण भारत में एक गणसमाज तोद लोगों का है। इनकी भाषा द्रविड़ परिवार के अन्तर्गत दक्षिणी शाखा की है। इनका रंगरूप आर्यों के कल्पित रंगरूप से काफी मिलता है। ये काले नहीं हैं, नाक इनकी ऊँची है, इतनी कि नृतत्वविशारद इन्हें देखकर रोमन जनों को याद करने लगते हैं। यहाँ भी मानना होगा कि या तो द्रविड़ों में, रंगरूप में एक दूसरे से भिन्न, कई तरह के कबीले थे या फिर यह कल्पना करनी होगी कि बलूची आर्यों की तरह तोद आर्यों ने भी न केवल

द्रविड़ दासों की भाषा सीख ली वरन् जब ये दास उत्तर से दक्षिण की ओर ठेले जा रहे थे, तब वे खुद भी उनके साथ रेले में दक्षिण चले आये और नीलगिरि की उपत्यकाओं में बस गए।

दास शब्द कुछ गणसमाजों के लिए प्रयुक्त होता था। अनेक जर्मन विद्वानों ने दास का सम्बन्ध **दहाय्र** से जोड़ा है, उन्हें ईरान और पड़ोसी प्रदेश में रहने वाला बताया है; दहाय्र जनों का उल्लेख यूनान के इतिहासकार हेरोदोतुस के ग्रंथ में है। इस स्थापना को पुष्पित और पल्लवित करते हुए डा० सुनीति कुमार चाटुर्ज्या ने **द वेदिक एज** में लिखा है कि **दाह** शब्द **दास** का ईरानी रूपान्तर है, वैसे ही जैसे **दस्यु** का रूपान्तर **दह्यु** है। आर्य अपने द्रविड़ शत्रुओं को **दास** कहते थे, **दस्यु** भी। **दह्यु** से आधुनिक फारसी का **दिह्** शब्द चला जो **दिहात** रूप में देखा जा सकता है। डा० चाटुर्ज्या ने कल्पना की है कि **दस्यु** पहले एक कबीले का नाम था। ईरान में **दह्यु** शब्द दिहात के लिए प्रयुक्त होता रहा, भारत में **दास** और **दस्यु** गुलाम और लुटेरे के अर्थ में प्रयुक्त होने लगे। डा० चाटुर्ज्या के अनुसार दोनों शब्द परस्पर संबद्ध हैं और **दास्** अथवा **दस्** क्रिया से व्युत्पन्न हैं। इस व्युत्पत्ति पर यहाँ विचार न करके ध्यान इस बात पर देना है कि ये दास-गण ईरान में भी रहते थे। इनका रंग भी काला रहा होगा क्योंकि डा० चाटुर्ज्या ने विश्वासपूर्वक लिखा है कि आर्य लोग जब भारत में आये और यहाँ उन्हें आर्येतर जन मिले, तब उनके लिए यह कोई नयी बात नहीं थी; पूर्वी ईरान में जो आर्येतर जन उन्हें पहले ही मिले थे, उनसे ये भारतीय आर्येतर जन विशेष भिन्न न थे। इस प्रकार डा० चाटुर्ज्या इस संभावना पर भी विचार करते हैं कि आर्य तथा दास-दस्यु जनों का मिश्रण भारत के बाहर, ईरान में ही, होने लगा था; यह मिश्रण रक्त का था, संस्कृति का था और उसमें परस्पर भाषाई प्रभाव शामिल है ('रेशल ऐन्ड कल्चरल फ्यूज़न इन्क्लूडिंग लिंग्विस्टिक इन्फ्लुएंसिंग')। ऐतिहासिक भाषाविज्ञानियों का बहुत-सा चिन्तन नस्ल सिद्धान्त पर आधारित है, इसलिए उस चिन्तन के अनुरूप ही यह कल्पना है कि दास गण भारत के बाहर थे तो उनका रंग वही रहा होगा जो भारत के दासगण का था, गोरे आर्यों को काले द्रविड़ भारत में ही नहीं, भारत के बाहर भी मिले थे और रक्त मिश्रण की प्रक्रिया ईरान में ही आरंभ हो गई थी। यदि यह कल्पना सत्य है तो वैदिक आर्य भारत में कृष्णवर्ण के लोगों से बिदकते थे, उन्हें अपना दास बनाते थे, यह स्थापना निराधार हो जाती है।

डा० चाटुर्ज्या मानते हैं कि मूर्धन्य व्यंजन—**ट्, ड्, ण्, ळ्, ष्**—विशिष्ट द्रविड़ ध्वनियाँ हैं। इन्हें आर्यों ने द्रविड़ों से पाया। रक्त मिश्रण और भाषाई प्रभाव की प्रक्रिया ईरान में शुरू हो गई थी पर ये मूर्धन्य ध्वनियाँ न तो ईरान की किसी प्राचीन भाषा में प्रयुक्त हुई हैं, न उनका अस्तित्व फ़ारसी में है। (वैसे **ष्** का व्यवहार तोद भाषा को छोड़ अन्य द्रविड भाषाओं में नहीं होता यानी उस शब्दावली में इस ध्वनि का अभाव है जो अनेक द्रविड़ भाषाओं की अपनी सामान्य सम्पदा है और आर्य शब्दावली से भिन्न है।)

दासों की एक विशेषता यह भी है कि वे दुर्गों में रहते हैं, उनके पास बहुत-सी सम्पति है और वे आर्यों से लड़ते भी हैं। इस स्थिति में वे अभी मुक्त थे, विजित न हुए

दसा न बनाये गये थे। फिर भी उन्हें **दास** और **दस्यु** कहा गया था। इन शब्दों 'थेाकमूल अर्थ क्या था? केवल एक कबीला भारत से ईरान तक न फैला हुआ था; अनेक कबीलों को दास कहा गया था। **आर्य** की तरह **दास** शब्द भी अनेक गणों का बोध कराता था। इन गणों की वह कौन सी विशेषता थी जो इस शब्द द्वारा व्यंजित होती थी?

दास शब्द **दस्** क्रिया से बना है और यह **दस्** क्रिया वही है जो फ़ारसी **दस्त** में विद्यमान है। इसका अर्थ है करना। **दस्त** और **हस्त** के मूल रूप **धस्त** में यह क्रिया **धस्** है। **दास** और **दस्यु** दोनों शब्दों को परस्पर संबद्ध मानकर उन्हें **दस्** क्रिया से व्युत्पन्न कहा गया है। यदि **दस्** का अर्थ लूटना है तो **दस्यु** का अर्थ, लुटेरा होगा पर **दास** इस क्रिया से कैसे व्युत्पन्न होगा? **दास** और **दस्यु** के समानान्तर एक शब्द है पणि। इसका सम्बन्ध पाणि से वैसे ही है जैसे **दास** का **दस्त** और **हस्त** से है। **पण्** क्रिया का अर्थ है करना। फिर हाथ से जो विशेष कौशल के काम किये जाते हैं, वे भी इस शब्द की अर्थ-परिधि में सिमट आये। तमिल में **पण्** का यह अर्थ-विस्तार सुरक्षित है। **पण्**—कर्म, सेवाकार्य; **पणिक्कन्**—उस्ताद कारीगर, बढ़ई; **पणिनर्**—नौकर-चाकर। कर्म, विशेष कर्म, फिर सेवाकर्म; **धन्धा** (धस् क्रिया से), **दस्तकारी**, दास—यह अर्थ-वृत्त ठीक वैसा ही है जैसा **पण्** का तमिल में है। **पणि** और **दास** उन गण समाजों को कहा गया जो हस्तशिल्प में विशेष योग्यता का परिचय दे रहे थे। गण समाजों में नये श्रम-विभाजन के आधार पर जैसे-जैसे एक अवकाश भोगी वर्ग का निर्माण हुआ, वैसे वैसे हाथ से काम करने वाला जन समुदाय घृणा का पात्र बनता गया, दास, दस्यु जैसे शब्द, कमीन की तरह, गाली बन गये। **पण्** का अर्थ-विस्तार एक अन्य दिशा में भी हुआ; देना और लेना, ये दो क्रियाएँ हाथ से सम्पन्न होती हैं, अतः **दस्** क्रिया और **पण्** क्रिया, लेन-देन, व्यापार, बाज़ार आदि के भाव व्यक्त करने वाले शब्दों के निर्माण में सहायक हुईं। जैसे **कर्** क्रिया से **क्रय-विक्रय** संबद्ध हैं, वैसे ही **पण्** से **पण्य**, **पणन**, **विपणि** आदि संबद्ध हैं। मैकडनल और कीथ ने **वेदिक इन्डेक्स** में **पण** शब्द से **वणिज्** की तुलना करने को कहा है (**वणिज्** का **वण्** **पण्** का ही रूपान्तर है) और बताया है कि **शतपथ ब्राह्मण** में **पणन** का अर्थ क्रय-विक्रय है। **दस्** क्रिया भी लेन-देन और व्यापार से कभी संबद्ध थी। **दस्यु** वह जो ब्याज खाये; ब्याज खाने वाला लुटेरा समझा गया हो तो इसमें आश्चर्य क्या? **दास** वह जो बेचा जाय, खरीदा जाय। ऋग्वेद में पणिजनों को **बेकनाट** कहा गया है। मैकडनल और कीथ ने सुझाया है कि इस शब्द का अर्थ सूदखोर रहा होगा। उनका यह सुझाव सही मालूम होता है। इन पणिजनों को ऋग्वेद में ही दस्यु भी कहा गया है। इससे **दस्यु** शब्द का सूदखोर वाला अर्थ पुष्ट होता है।

जैसे **दस्** क्रिया मूलतः **धस्** थी, वैसे ही **पण्** क्रिया मूलतः **भण्** थी। **भाण्ड** व: जो बनाया जाय, **भाण्डार** वह जहाँ वस्तुओं को जमा किया जाय, फिर मराठी का **भांडः** **लशाही** अर्थात् पूंजीवाद। **भण्** के आदिस्थानीय व्यंजन की महाप्राणता का लोप होने पर वण् से **बणिक्**, **बणिज्** शब्द बने जिन्हें 'शुद्ध' करके **वणिक्**, **वणिज्** किया गया। **बण्** के

आदि स्थानीय **ब्** की सघोषता का लोप होने पर **पण्** रह गया। इसी प्रकार **धस्** से **दस्** और **दस्** से **तस्** का विकास हुआ। यह **तस् तक्षन्** के **तक्ष्** का आधार है। **तस्** पहले सम्भवतः मागधी रूप में **तश्** बना; फिर 'केन्तुम्' वादियों ने उसे **तक्** किया, पुनः **स** प्रत्यय जोड़कर संज्ञा रूप **तक्स**, मूर्धन्यीकरण के बाद **तक्ष** बनाया गया, इससे पुनः **तक्ष्** क्रिया की कल्पना की गई। **तक्षन्** शब्द सामान्यतः कारीगर, और विशेषतः बढ़ई के लिए वैसे ही प्रयुक्त हुआ जैसे तमिल **पणिक्कन्** कारीगर और बढ़ई के लिए प्रयुक्त हुआ। **तस्** से **तक्षन्** की रचना वैसे ही हुई जैसे **दस्** से **दक्ष** की हुई। और **दस्** से **दस्यु** का सम्बन्ध वैसा ही जैसा **तस्** से **तस्कर** का है।

वैदिक देवता त्वष्टृ का नाम निर्माण का अर्थ देने वाली **तस्** क्रिया के आधार पर रखा गया होगा। **त्वष्टृ** का एक अर्थ बढ़ई था, इसमें सन्देह नहीं। **वेदिक इण्डेक्स** में बताया गया है कि अथर्ववेद में **त्वष्टृ** देव का नाम श्लिष्ट अर्थ में प्रयुक्त है; देवता के अतिरिक्त दूसरा अर्थ बढ़ई है। **त्वष्टृ** के साथ **वेदिक इन्डेक्स** के लेखक **तष्टृ** शब्द की ओर ध्यान दिलाते हैं। इस **तष्टृ** के लिए लिखा है कि **ऋग्वेद** में यह शब्द बढ़ई के आशय में प्रयुक्त हुआ है और **तक्षन्** की भाँति वह **तक्ष्** धातु से बना है। यहाँ **तक्ष्** का रचना-क्रम देखें तो विदित होगा कि यह **तक्ष्** धातु स्वयं प्राचीन **तस्** धातु से बनी है। **त्वष्टृ** और **तष्टृ** परस्पर संबद्ध हैं, एक ही अर्थ दे रहे हैं, दोनों तस् क्रिया से बने हैं। पर **त्वष्टृ** में **त** के स्थान पर **त्व** क्यों है? इसका कारण यह हो सकता है कि **तस्** का मागधी रूप **तॉश्** था। यह ह्रस्व ओकार कुछ गणसमाजों द्वारा वकार बोला जाता था जैसे अवधी में अब भी होता है: **बॉलावत है—ब्वलावत है** (हिन्दी का मानक रूप—**बुलाता है**)।

अब **त्वष्टृ** की विशेषताएँ देखिए। मैकडनल **वेदिक मियोलोजी** में कहते हैं कि **त्वष्टृ** देवता अत्यन्त कुशल कारीगर हैं, उन्होंने इन्द्र के लिए उनका वज्र बनाया था, देवताओं के लिए पानपात्र बनाये थे। संसार में जो कुछ रूपायित होता है, वह सब त्वष्टा का कार्य है। इस प्रकार वह अग्नि के भी जनक हैं। किन्तु सोम पर अधिकार करने के लिए इन्द्र उनका शत्रु हो जाता है, इसी प्रकार गायों पर अधिकार करने के लिए इन्द्र उनके पुत्र विश्वरूप का शत्रु हो जाता है। तब कोई आश्चर्य नहीं कि त्वष्टा को दस्यु भी कहा गया है। **दास** और **दस्यु** के प्रसंग में मैकडनल ने ही **वेदिक मियोलोजी** में लिखा है कि **ऋग्वेद** में त्वष्टा को एक बार (२-११-१९) दस्यु कहा गया है। यहाँ **आर्य** और **दस्यु** शब्द एक दूसरे से भिन्न अर्थ व्यक्त करने के लिए आये हैं। **आर्य** वह है जो खेती करता है, **दस्यु** वह है जो व्यापार करता है या कुशल कारीगर है। त्वष्टा देवता है, दस्यु भी है।

दास और दस्यु का संबन्ध भारत के कल्पित काले आदिवासियों—द्रविड़ों—से प्रमाणित नहीं होता।

दस्यु शब्द निन्दा के भाव से उन सब लोगों के लिए प्रयुक्त होने लगा जो वैदिक कर्मकाण्ड, विशेष रूप में यज्ञ-कर्म, पर विश्वास न करते थे। जो अकर्मन् हैं, अदेवयु हैं,

अब्रह्मन् हैं, **अयज्वन्** हैं, **अव्रत** अथवा **अन्यव्रत** हैं, वे सब दस्यु हैं। जो लोग यह मानकर चलते हैं कि आर्यों का एक विशाल समुदाय था जो एक परिनिष्ठित भाषा बोलता था, एक परिनिष्ठित कर्मकाण्ड निबाहता था, वे वैदिक आर्यों से भिन्न आर्य भाषाएँ बोलने वाले अन्य आर्यगण समाजों की कल्पना नहीं कर सकते। पर जो आर्य रथों पर चढ़कर घूमते थे, युद्ध करते थे, उनके साथ अन्य आर्य रथ बनाने का काम भी करते थे, ये तक्षन्, दास, दस्यु भी आर्य थे, आर्य परिवार की भाषाएँ बोलते थे, भले ही उनकी संस्कृति वैदिक संस्कृति से भिन्न रही हो। ऐसे लोगों को मंत्र रचने वाले कवि-ऋषि मृध्रवाच् कहते थे। **मृध्रवाच्** का अर्थ हकलाने वाला हो, अस्पष्ट वाणी वाला हो, आक्रामक वाणी वाला हो या अन्य कुछ हो, रोचक तथ्य यह है कि यह विशेषण दस्युओं के लिए प्रयुक्त है, पणिजनों के लिए प्रयुक्त है और पुरुगण के लिए भी प्रयुक्त है जो आर्य थे। **मृध्रवाच्** का आशय आदिवासी भाषा बोलने वाला है, यह प्रमाणित नहीं होता।

दस्यु मृध्रवाच् हैं, अनास् भी हैं। **अनास्** का एक अर्थ होता है मुखविहीन (**अन्-आस्**), दूसरा अर्थ होता है नासिकाविहीन (**अ नास्**)। मुखविहीन होते तो मृध्रवाच् कैसे कहलाते? बोलने के लिए मुँह तो चाहिए ही। नासिकाविहीन को आलंकारिक रूप में ग्रहण करके उसका अर्थ किया गया चपटी नाक वाला। इन चपटी नाक वालों को तुरत द्रविड़ करार दिया गया। **अनास्** शब्द का संबन्ध **अनस्** से भी हो सकता है और **अनस्** का अर्थ है गाड़ी। मूल क्रिया **नस्** होगी। संस्कृत में इसका अर्थ है निकट पहुँचना, संयुक्त होना। रूसी क्रिया **नॉसीत्** का अर्थ है ले जाना, ढोना। **वेदिक इन्डेक्स** के अनुसार रथ से भिन्न **अनस्** का प्रयोग खींचने वाली गाड़ी के लिए किया गया है। **नस्** क्रिया के इसी मूल अर्थ के अनुरूप रूसी शब्द **नॉसीलिक** का अर्थ है, गाड़ी, पालकी, स्ट्रेचर (कोई भी चीज़ जिस पर अन्य को ढोया जाय); **नॉसील्श्चिक** अर्थात कुली, **नॉसीतेल** अर्थात् वाहक। दस्यु, रथ से भिन्न, **अनस्** गाड़ी पर बैठने वाले हो सकते हैं (कभी-कभी देवता भी अनस् की सवारी करते हैं; अनस् में बैल नहे जाते हैं, रथ खींचने का काम घोड़े करते हैं।) दस्यु गाड़ी बनाने वाले कारीगर हो सकते हैं, गाड़ी लादने वाले व्यापारी भी हो सकते हैं। **अनास्** का **अ** निषेधक न होकर अर्थसंवर्धक है (घोर और अघोरी की तरह)। **अनास्** जन नासिकाविहीन नहीं थे। **वेदिक इन्डेक्स** में वृत्र के **रुजानास्** होने का उल्लेख इसी प्रसंग में हुआ है। वृत्र की नाक टूट गई, इस कल्पना के बदले उसकी गाड़ी टूट गई, यह अर्थ अधिक संगत है।

वैदिक काल से बाद की अनेक शताब्दियों तक प्राचीन शब्दों के अर्थ का अवमूल्यन होता रहा, इसके अनेक उदाहरण हैं। वैदिक देवता वरुण और मित्र असुर हैं, साथ ही इन्द्र और अग्नि जैसे वैदिक देवता असुरों का विनाश करने वाले भी हैं। असुरों के प्रति आदरभाव और अनादर भाव, दोनों बातें **ऋग्वेद** में हैं। यदि दासों से संबंधित विवेचना-पद्धति यहाँ लागू की जाय तो कहना होगा कि असुर तो उच्चत्तर द्रविड़ सभ्यता के प्रतीक हैं, उनके शत्रु इन्द्र और अग्नि आर्य सभ्यता के प्रतीक हैं। जो आर्य द्रविड़ों की इस उच्चतर सभ्यता से प्रभावित हुए, वे वरुण और मित्र को असुर मानकर उनकी पूजा

करने लगे। देवकथाओं की इस व्याख्या से बड़ा झमेला पैदा होता, आर्य और द्रविड़ परस्पर विभाजित दो दलों में स्पष्ट न दिखाई देते, इसलिए विद्वानों ने असुरों को द्रविड़ों से अलग रखा। उन्होंने उनका संबन्ध ईरानियों से जोड़ा। देवपूजा ईरान के उन आर्यों में प्रचलित थी जो सभ्यता में पिछड़े हुए थे और लूटमार करके पुराने ढँग से जीवन बिताते थे। असुर पूजा ईरान के उन आर्यों में प्रचलित हुई जिनमें कृषि और पशुपालन की संस्कृति का विकास हुआ। अभी भारत-ईरानी शाखा विभाजित न हुई थी, सभी आर्य एक ही शाखा में थे। जो आर्य अधिक सभ्य थे, वे पीछे रह गये, जो कम सभ्य थे, वे भारत आ गये। वेदिक एज में भारत-ईरानी संबन्धों का विवेचन करते हुए यह मत बटकृष्ण घोष ने व्यक्त किया है। वह यह भी कहते हैं कि विचित्र परिस्थिति यह है कि भारत में पहले सभी महान् देवताओं को असुर उपाधि से विभूषित किया जाता था किन्तु बाद को असुर शब्द केवल निन्दासूचक रह गया। इससे पूर्वमत खंडित हो जाता है। यदि असुरपूजक ईरान में रह गये थे तो भारतीय आर्य अपने देवताओं को असुर क्यों कहते थे? मान लीजिये, ये भारतीय आर्य अर्द्ध सभ्य थे, लूटमार करते थे, न खेती करना जानते थे, न पशुपालन से परिचित थे; तब यह और भी आश्चर्य की बात होगी कि अर्द्ध सभ्य अवस्था में तो वे असुर-पूजक बने रहे पर जैसे-जैसे कृषि और पशुपालन के कौशल में दक्ष हुए, वैसे-वैसे जिन देवताओं को असुर कहते थे, उन्हीं को अब असुरों का शत्रु कहने लगे।

असुर पहले प्रतिष्ठा-सूचक शब्द था, आगे चलकर वह निन्दा-सूचक बना, इसमें सन्देह नहीं। इसी तरह दास और दस्यु शब्दों को भी समझना चाहिए। दासों में पिप्रु की गिनती भी है। अब इस पिप्रु को ऋग्वेद (१०-१३८-३) में असुर कहा गया है। एक अन्य दास का नाम वर्चिन् है। वर्चिन् को भी ऋग्वेद(७ ९९-५)में ही असुर कहा गया है। जो लोग दासों का संबन्ध द्रविड़ों से जोड़ते हैं, उन्हें ऐसे सन्दर्भों की अनदेखी न करनी चाहिए जहाँ दास पिप्रु, दास वर्चिन् को असुर भी कहा गया है। जो लोग असुर पूजा को ईरान के कृषक-पशुपालक सभ्य आर्यों की संस्कृति का अंग मानते हैं, उन्हें भी उचित है कि कहें कि जो असुर थे, वे दास भी थे; ये दास नामक गण भारत और ईरान दोनों जगह फैले हुए थे और आर्य नहीं थे, अतः यह निष्कर्ष निकालें कि ईरान में असुरपूजा अनार्यों की देन थी।

पर 'वैज्ञानिक' विवेचन की विशेषता यह है कि पिप्रु और वर्चिन् को जब दास कहा जाय, तब उन्हें द्रविड़ मान लिया जाय; जब उन्हें असुर कहा जाय, तब उसके बारे में चुप रहा जाय। एक बात स्पष्ट है कि असुर, दास, दस्यु, सभी सम्पत्तिशाली हैं। यदि नस्लपंथी चश्मा थोड़ी देर को उतार दें तो विद्वज्जन देखेंगे कि जैसे-जैसे कृषि-आधारित सामन्ती व्यवस्था सुदृढ़ होगी, वैसे-वैसे कर्मकाण्ड का महत्व बढ़ेगा, कुछ देवता श्रेष्ठ, कुछ साधारण माने जायेंगे। जो लोग दस्तकारी और व्यापार से धन कमाते हैं, उन पर भूस्वामियों की कोपदृष्टि होगी, इस कोपदृष्टि को उचित ठहराने के लिए पुरोहित वर्ग व्यवस्था देगा। यह वर्ग क्रमशः गठित होता है, व्यवस्था देने वाले

अनेक पुरोहित होते हैं और सबकी व्यवस्था एक सी नहीं होती। ऋग्वेद की भाषा जैसे एक अतिदीर्घकालीन भाषाई विकास-परंपरा का परिणाम है, वैसे ही ऋग्वेद की संस्कृति एक सुदीर्घ विकास-परंपरा का परिणाम है। मैकडलन आदि जब वैदिक मिथोलोजी जैसा ग्रंथ लिखते हैं, तब उनके सामने यूनानी मिथकों का नमूना रहता है। उन्हें इस बात से निराशा होती है कि वैदिक मिथकों में देवताओं की आकृति स्पष्ट नहीं है। कहीं तो देवता इस धरती पर किसी प्राकृतिक शक्ति या प्रपंच का प्रतीक जान पड़ता है, कहीं वह धरती से ऊपर आकाश, अन्तरिक्ष या अन्य लोक में विचरण करने लगता है। ग्रीक मिथक बहुत व्यवस्थित जान पड़ते हैं पर इसी कारण उनमें सांस्कृतिक विकास का वह इतिहास नहीं है जो ऋग्वेद में निहित है। दास-दस्यु-असुर-पणि संपत्तिशाली हैं; संपत्ति-रक्षा के लिए दुर्गों में रहेंगे ही। व्यापार के साथ उनमें सूदखोरी भी प्रचलित हो तो भूमिधर उन्हें घृणा की दृष्टि से देखेगा। इससे यह निष्कर्ष न निकालना चाहिए कि ये सब एक खास काले रंग वाली नस्ल के थे और गोरे आर्यों से उनकी भाषा मूलत: भिन्न थी। भाषा एक ही हो पर यदि पुरोहितों की व्यवस्था कोई न माने तो उसे किसी निन्दासूचक शब्द से याद किया जाता था। ऋग्वेद की विशेषता यह है कि ऐसे शब्द सदा सर्वत्र निन्दासूचक नहीं थे, इसके प्रमाण उसी में मिल जाते हैं। वरुण और मित्र असुर हैं, साथ ही अन्य देवता असुरहन् हैं; पिप्र और अर्चिन् दास हैं, ऋग्वेद में ही वे असुर भी हैं।

जो लोग कर्मकाण्ड-विशेष का विरोध करते थे, उन्हें दैत्य, दानव, असुर, मायावी आदि की संज्ञा दी जाती थी। जो अयज्वन्, अब्रह्मन्, अन्यव्रत हैं, वे दस्यु हैं, इससे सिद्ध है कि कर्मकाण्ड की अवज्ञा करनेवालों को दस्यु कहा गया है। ऋग्वेद में जिन्हें शिश्नदेवा कहा गया है, उन्हें भी आदिवासी द्रविड़ मान लिया गया है किन्तु शिश्नपूजा यूनान के गौराङ्ग 'आर्यों' में भी प्रचलित थी, उसका कोई विशेष संबन्ध काली चमड़ी के लोगों से नहीं है। दानव लोग यज्ञ के विरोधी थे। दानव से मिलता-जुलता शब्द दानाओइ ग्रीक भाषा में प्रचलित था। आर्गोस् के राजा दानाओस् की प्रजा दानाओइ कहलाई पर होमर के काव्य में समस्त यूनानियों के लिए दानाओई शब्द प्रयुक्त हुआ है। दानव नामक कोई गण उत्तराखण्ड में यदि वैदिक कर्मकाण्ड को अमान्य करता रहा हो तो वैदिक परंपरा में वह शब्द निन्दासूचक बन ही जायगा।

भारत के उत्तर-पश्चिमी सीमान्त पर दरद भाषाओं का क्षेत्र है जहाँ के रहने वालों को वैदिक ऋषियों ने पिशाच संज्ञा दी थीं। ग्रियर्सन ने अपने सर्वेक्षण ग्रंथ में लिखा है कि भारत की सीमाओं और हिन्दूकुश पर्वत के बीच का क्षेत्र अब भी दर्दिस्तान कहलाता है; ग्रीक और रोमन लोगों ने यहाँ के दरद निवासियों का उल्लेख किया था। ग्रियर्सन ने लिखा है कि दरद या पिशाच भाषाएँ आर्य परिवार की उपशाखा के अन्तर्गत हैं; वे ब्रिटिश भारत की सीमा के उस पार उत्तर पश्चिमी सीमान्त प्रदेश में बोली जाती हैं। ग्रियर्सन ने कश्मीरी भाषा को दरद आधार पर विकसित कहा है। दरद भाषाओं को संस्कृत समुदाय से भिन्न वर्ग में इसलिए रखा है कि उन पर ईरानी प्रभाव

माना गया है। संस्कृत-समुदाय की अपेक्षा दरद समुदाय पर ईरानी प्रभाव अधिक हो तो उसमें आर्यत्व की मात्रा भी कुछ अधिक रही होगी।

दरद भाषाएँ फ़ारसी और संस्कृत के समान आर्य भाषाएँ हैं। इनके बोलने वाले प्राचीनकाल से हिमालय पर्वतमाला की उस भूमि में रहते आये हैं जिसमें काले आदमी भी शीत के प्रभाव से गोरे या लाल दिखने लगते हैं। इस शीतप्रधान हिमाच्छित भूमि के गोरे निवासियों को भारतीय आर्य परंपरा में पिशाच कहा गया है। कोई भाषाविज्ञानी यह नहीं कहता कि दरद क्षेत्र के मूल निवासी द्रविड़ या कृष्णवर्ण थे; कोई भाषाविज्ञानी यह नहीं कहता कि इनकी भाषाएँ आर्य परिवार से बाहर की हैं। पर इन गौरवर्ण आर्य भाषाभाषियों को वैदिक ऋषियों और उनके उत्तराधिकारियों ने पिशाच कहा। पिशाच शब्द निन्दासूचक है, सभी मानते हैं। वैदिक आर्यों को यदि कृष्णवर्ण से घृणा थी तो इन गौरवर्ण आर्यभाइयों को उन्होंने पिशाच क्यों कहा?

ग्रियर्सन का कहना है कि दरद की अपेक्षा पिशाच शब्द अधिक उपयुक्त है किन्तु लोग उसके प्रयोग पर आपत्ति करते हैं क्योंकि पिशाच नरभक्षी माने जाते हैं, कच्चा मांस खाते हैं। इसलिए इन्होंने दरद शब्द का प्रयोग किया है। मान लीजिए **पिशाच** शब्द का यही अर्थ है: नरमांस-भोजी, कच्चा मांस खानेवाला। प्रश्न यह है कि भारत के उत्तर-पश्चिमी सीमान्त पर पिशाच रहते थे या नहीं, इनका रंग गोरा था या नहीं। पैशाची प्राकृत का क्षेत्र यहीं है, इसमें तो सन्देह नहीं। यह भाषा अन्य प्राकृतों से मिलती-जुलती है किन्तु संस्कृति में भेद है, इस कारण **पिशाच** शब्द निन्दासूचक बना। इसी प्रकार भाषा मिलती-जुलती हो पर संस्कृति में भिन्नता हो तो दास **शब्द** निन्दासूचक बनेगा। पिशाच गोरे, दास काले, रंग के कारण किसी की निन्दा नहीं की गई। निन्दा का आधार सांस्कृतिक भेद है। निन्दा करनेवाले स्वयं गोरे थे या काले, इसका निर्णय दास-दस्यु-विवेचन के आधार पर नहीं हो सकता।

ऋग्वेद में एक बार **पिशाचि** शब्द आया है: पिशङ्गभृष्टिमम्भृणं पिशाचिमिन्द्र सं मृण। सर्वं रक्षोनि बर्हय। (१-१३३-५)। यहाँ इन्द्र से प्रार्थना की गई है कि **पिशंगभृष्टि** अर्थात् ईषत् रक्तवर्ण, **अम्भृणम्** अर्थात् भयंकर शब्द करनेवाले पिशाचि को वह मारें। यहाँ **पिशंगभृष्टि** और **पिशाचि** शब्द एक साथ आये हैं और इससे पिशाच की व्युत्पत्ति समझने में सहायता मिलती है।

अन्यत्र **पिशंग** शब्द गौरवर्ण का सूचक है, इसमें सन्देह नहीं। प्र वां निचेरुः ककुहो वशाँ अनु पिशङ्गरूपः सदनानि गम्याः (१-१८१-५)। सायण ने पिशङ्गरूपः का अर्थ हिरण्यरूपः पीतवर्णो वा किया है। पिशंगरूपः सुभरो वयोधाः (२-३-९), यहाँ सायण ने सुवर्णवर्णो नानारूपो वा लिखकर पिशंगरूपः का भाष्य किया है। **पिश** एक प्रकार का हरिण था, उसे यह नाम अपने सुन्दर रूप के कारण दिया गया होगा। **पिश्** क्रिया संस्कृत तथा इंडोयूरोपियन परिवार की अन्य भाषाओं में अलंकरण के लिए प्रयुक्त होती थी। **पिश** का अर्थ कच्चा मांस नहीं है। जब **पिशाच** को कच्चा मांस खानेवाला बताया गया, तब अलग से **क्रव्याद** शब्द का प्रयोग किया गया, यथा **अथर्ववेद** में:

आरादराति निर्ऋतिं परो ग्राहिं क्रव्यादः पिशाचान् (८-२-१२)। **पिशुन** का एक अर्थ है पीतवर्ण; सामान्य अर्थ हो गया कपटी। उसी तरह **पिशाच** का मूल अर्थ था सुवर्ण, ईषत् रक्त या पीतवर्ण वाला मनुष्य। क्रमशः पिशाच नरमांसाहारी राक्षस बन गया। उल्लेखनीय है कि **अथर्ववेद** में एक जगह अप्सराओं और गन्धर्वों के साथ पिशाचों का नाम आता है: ये गन्धर्वा अप्सरसो ये चारायाः किमीदिनः। पिशाचान्त्सर्वा रक्षांसि तानस्मद् भूमे यावय।। (१२-१-५०)। जैसे राक्षस, किमीदिन (दुष्ट प्रेतादि) और अप्सराएँ, वैसे ही पिशाच। गंधर्व सोम के रक्षक हैं, अच्छे वैद्य हैं, दैवी रहस्यों के ज्ञाता और उद्घाटक हैं, स्त्रियों को आसानी से वश में कर लेते हैं, फिर भी उनसे भय है, उनसे रक्षा करने की प्रार्थना की गयी है।

गन्धर्व किसी गणसमाज का नाम था या नहीं, इस बारे में सन्देह हो सकता है किन्तु **गन्धार** के बारे में ऐसा कोई सन्देह नहीं है। **ऋग्वेद** में जैसे **पिशाच** के लिए **पिशाचि** रूप है, वैसे ही **गन्धार** के लिए **गन्धारि** रूप है। गन्धार जन ईरानी सेना के साथ यूनानियों के विरुद्ध लड़े थे। ये लोग कुभा और सिन्धु नदियों के आसपास की भूमि में रहते थे—ऐसा कुछ विद्वानों का मत है। **अथर्ववेद** में मगधों के साथ इनका उल्लेख है। मगध एक जनसमुदाय का नाम था, इस बारे में कोई सन्देह नहीं। **अथर्ववेद** में प्रार्थना यह की गई है कि ज्वर गन्धारियों और मगधों के यहाँ चला जाय। गन्धारियों के साथ मूजवन्त भी है, दोनों का प्रदेश उत्तर में है; मगधों के साथ अंग हैं, इन दोनों का प्रदेश पूर्व में है। पूर्व में मगध और अंग शुद्ध आर्य न रहे हों, यह संभव है; पर उत्तर के गन्धार और मूजवन्त आर्य नहीं थे, यह कैसे कहा जा सकता है? उत्तरी और पूर्वी गणसमाजों के बीच जहाँ वैदिक संस्कृति का विकास हो रहा है, वहाँ ऋषि, दोनों को धर्मक्षेत्र से बाहर मानकर, निश्चिन्त मन से उनके यहाँ ज्वर को भेज रहे हैं। गन्धर्व, पिशाचों के समान, बदनाम न हुए। अप्सराएँ तो इन्द्र की अमरावती की शोभा बढ़ाने पहुँच गईं। मूजवन्तों की ओर भी ऋषियों ने विशेष ध्यान न दिया पर मगधवालों की शामत आ गई। इनके पड़ोसी विदेह तो मध्यदेशीय ऋषियों के कृपा-पात्र बने रहे पर मगध—, **वैदिक इन्डेक्स** के अनुसार **यजुर्वेद** में दी हुई पुरुषमेध के बलिप्राणियों की सूची में मागध भी हैं। जो यज्ञ-संस्कृति के विरोधी थे, वे व्रात्य थे और इनके साथ **अथर्ववेद** में मागधों को गिना गया है। **ऋग्वेद** में कीकट जन यज्ञ-संस्कृति के विरोधी हैं। कीकट या तो मागध ही थे या उनके समान ऋषियों के कोप-भाजन थे। **वैदिक इन्डेक्स** की कीकट-मगध चर्चा में ओल्देनबुर्ग का हवाला देते हुए ठीक कहा गया है कि मागधों के प्रति घृणा का भाव इसलिए बढ़ा कि वे ब्राह्मण धर्म न मानते थे। **वैदिक इन्डेक्स में शतपथ ब्राह्मण** के आधार पर कहा गया है कि शुरू-शुरू में कोसल और विदेह दोनों ब्राह्मण धर्मावलंबी न थे। इसका यह अर्थ नहीं कि वे आर्य भाषाएँ न बोलते थे। न इसका यह अर्थ है कि यज्ञ-संस्कृति के प्रचारक तो शुद्ध आर्य थे, उसे न माननेवाले अनार्य थे।

मध्यदेश में कोसल शामिल था या नहीं? उत्तर में हिमालय, दक्षिण में

विन्ध्याचल, पश्चिम में विनशन, पूर्व में प्रयाग—यह प्रदेश मध्यदेश था। आगे चलकर मध्यदेश कुरु-पाञ्चालों का वह क्षेत्र रह गया जहाँ—**वैदिक इन्डेक्स** के अनुसार—बाद की संहिताओं और ब्राह्मणों की रचना हुई थी और जिसके पूर्व में कोसलविदेह थे तथा पश्चिम में मरुभूमि थी। इस प्रकार विदेहगण के साथ कोसलगण की भूमि भी पवित्र मध्यदेश से बाहर हो जाती है। जैसे-जैसे समाज नये श्रम-विभाजन के आधार पर पुनर्गठित हुआ, वैसे-वैसे एक विशिष्ट पुरोहित वर्ग भी संघबद्ध हुआ। जो गणसमाज इसके मुख्य आधार थे, वे पवित्र और शुद्ध आर्य हुए, जो इसके विरोधी थे, वे पिशाच, राक्षस, गन्धर्व आदि नामों से अभिहित होकर आर्यत्वहीन हुए। वैदिक साहित्य में एक ही गणसमाज के प्रति बदलता हुआ दृष्टिकोण साफ देखा जा सकता है। जो जितना अधिक विरोधी था, वह उतना ही अधिक आर्यत्व से खारिज माना गया। ऐसे लोग उत्तर-पश्चिमी प्रदेशों में थे, पूर्वी प्रदेश में भी। इनमें कृष्ण त्वचा वाले जन थे और पिशंगमृष्टि, सुवर्ण कान्ति वाले पिशाच भी। इस सबमें नस्लभेद देखना, काले आदमियों पर गोरों की (या गोरों पर काले आदमियों की) विजय देखना बहुत बड़ी भ्रान्ति है।

जैसे-जैसे पुरोहित वर्ग समर्थ हुआ, वह अपनी धर्मभाषा को देववाणी, समस्त आर्यों की एक मात्र भाषा कहने लगा। ऐतिहासिक भाषाविज्ञान के आचार्य यही दृष्टिकोण अपनाकर कोसलों, मागधों आदि की भाषा का अस्तित्व ही अस्वीकार करने लगे। उनके लिए समस्त आर्य गणसमाजों की एक भाषा थी—वैदिक संस्कृत। यह भाषाआर्य संस्कृति के साथ—अर्थात् ब्राह्मणधर्म के साथ—उत्तर से पूर्व की ओर फैलती गई। वैदिक संस्कृत में विकास की कितनी मंजिलें छिपी हुई हैं, इसकी ओर ध्यान न देना उनके 'वैज्ञानिक' दृष्टिकोण की विशेषता थी। जहाँ विकास या ह्रास देखा, वहाँ केवल द्रविड़ों आदि के संपर्क के कारण। विभिन्न आर्य गणसमाजों के नाम तो वैदिक साहित्य में भरे पड़े हैं पर इन सबकी भाषा एक है! इनके परस्पर संपर्क में आने और संस्कृत के विकसित होने का प्रश्न ही नहीं है!

गंधर्वों, अप्सराओं आदि को लेकर जो पुराण-परंपराएं रची गईं, उनका यथार्थ सामाजिक आधार है किन्तु इस आधार को पहचानना सरल नहीं है। पिशाच पिंगल वर्ण के थे, यह बात विश्वासपूर्वक कही जा सकती है। पिशाच और राक्षस दोनों नरभक्षी कहलाये पर इन शब्दों के मूल अर्थ का संबन्ध नरभक्षण से नहीं है। राक्षस का पूर्वरूप रक्षस् है। अथर्ववेद से गन्धर्वों, पिशाचों के बारे में ऊपर जो उद्धरण दिया गया है, उसमें **रक्षस्** से बना **रक्षांसि** रूप है। **रक्षस्** में शब्दमूल **रक्ष** वास्तव में **रक्त** का रूपान्तर है। पहले कहा जा चुका है, संस्कृत **नक्त** (रात्रि) का ग्रीक प्रतिरूप **नुक्स** है। संस्कृत **नक्त** का एक प्रतिरूप **नक्स** यहाँ प्रचलित था। **क्** के संसर्ग से **स्** का मूर्धन्यीकरण हुआ तो **नक्ष** रूप बना। **नक्षत्र** में यही **नक्ष** है; रात्रि में जो चमके (**नक्ष+तर**), वह नक्षत्र है। इसी प्रकार जिसका वर्ण लाल हो वह **रक्ष**। **रक्ष** का प्रतिरूप **लक्ष** (लाख) भी उसी रंग का अर्थ लिए है। राक्षस मायावी हैं, यातुधान भी मायावी हैं। **यातु** का रूपान्तर

जादू हुआ पर यातु के मूल अर्थ का संबन्ध जादू से नहीं है, यह द्रविड़ भाषाओं के शब्द-तंत्र से ज्ञात होता है। कन्नड़ और तेलुगु में जाडु का अर्थ है लाल रंग। पिशाच, राक्षस, यातुधान—सभी का मूल अर्थ मिलता-जुलता है। इसी प्रकार किरात का मूल अर्थ भूरा रंग था, यह उसके मलयालम रूपान्तर किराल् से ज्ञात होता है :

स्वर्गीय महापंडित राहुल सांकृत्यायन का विचार था कि भारत के जिन लोगों में शुद्ध द्रविड़ रक्त है, उनकी आकृति फिनलैंड के लोगों से हू-ब-हू मिलती है। अपनी जीवन यात्रा में उन्होंने यूरुप के एक शुद्ध द्रविड़ के बारे में लिखा है : "उसके बाल बिलकुल पीले, और रंग अत्यन्त गोरा था। फिन माता का पुत्र होने से नाक और चेहरा वैसा ही था, जैसा कि हमारे यहाँ के किसी शुद्ध द्रविड़ का।" (मेरी जीवन यात्रा-३, राजकमल, पृ० २३५)। यदि ऐसे शुद्ध द्रविड़ भारत के उत्तरी भागों में पहले रहते हों तो पिशाच, राक्षस संज्ञा उन्हीं को दी गई होगी, ऐसा कुछ लोग सोच सकते हैं। किन्तु आर्य भी गोरे और द्रविड़ भी गोरे, तब रक्त-सम्मिश्रण कैसे हुआ ? भारत में इतने काले आदमी कहाँ से आ गये ? राहुलजी के मन में शंका हुई, शायद शुद्ध द्रविड़ गोरे नहीं थे; फिनलैन्ड में बहुत दिन तक रहने से वे गोरे हो गये होंगे। द्रविड़ों के साथ मुंडा लोगों को भी एक ही नस्ल का मानकर फिनलैन्डवासियों से इन दोनों का संबन्ध स्थापित करते हुए उन्होंने उसी पुस्तक में लिखा : "फिन्लैंड के लोग उसी वंश से संबन्ध रखते हैं, जिससे हमारे देश में द्रविड़-मुंडा लोग। भाषातत्वज्ञों का विचार है कि नव-पाषाण युग में द्रविड़ों की पूर्वज जाति की एक शाखा उत्तर की ओर फेंक दी गई। उसी की सन्तानें कोमी, इस्तोनिया और फिन्लैंड में आजकल रह रही हैं। हमारे यहाँ शुद्ध द्रविड़ की पहिचान शरीर का काला होना है, लेकिन हेलसिंकी में काले बाल वाले नर-नारी भी मिलने बहुत मुश्किल थे। क्या ६-७ हज़ार वर्षों तक अति शीतल प्रदेश में रहने के कारण इतना अन्तर हो गया ?" (पृ० ३४१)। यदि भारत के द्रविड़ फिनलैन्ड में रहने से गोरे हो गये तो भारत के आर्य भी स्वीडन में रहने से गोरे हो सकते हैं। स्वीडन के लोगों को देखकर राहुलजी ने लिखा था : "लोग प्रायः सभी पिंगल या पांडु-केश थे। खोपड़ियां उनकी लंबी तथा कद ऊँचे थे। उन्हें असली हिन्दी-यूरोपीय (आर्य) जाति का नमूना माना जाता है।"(उप० पृ० ३४४)। यह नमूना हिरण्यकशिपु और हिरण्याक्ष के वर्णन से काफी मिलता है।

शुद्ध द्रविड़ गोरे थे कि काले, शुद्ध आर्य स्वीडन में ही मिलते हैं या उस देश के बाहर, इन प्रश्नों से भाषाओं के उद्भव और प्रसार का कोई संबन्ध नहीं है। ये पूंजी-वादी युग की नवीन पुराण-परंपराएँ हैं। पुरानी परंपराओं में यज्ञ-संस्कृति के काले-गोरे विरोधियों को राक्षस, पिशाच आदि कहा गया था। जहाँ तक नरमांस भक्षण का प्रश्न है, इसका कोई विशेष संबन्ध आदिवासियों या अनादिवासियों से नहीं है, न इसका संबन्ध त्वचा के वर्ण से है। वैज्ञानिक समाजवाद के एक संस्थापक एङ्गेल्स ने अपने ग्रंथ ऐन्टीडूर्यरिंग (पहले भाग के चौथे अध्याय) में लिखा था कि दास-प्रथा के चलन के पहले गणसमाज आपस में लड़ते हुए जब शत्रुओं को बंदी बनाते थे, तब उन्हें मारकर खा

जाते थे; दास बनाये जाने पर युद्ध के बंदी मारे-खाये जाने से बचे। दासों के श्रम के आधार पर ग्रीक सभ्यता का प्रसार हुआ। इससे स्पष्ट है कि एङ्गेल्स के अनुसार गौराङ्ग जनों में भी नरमांसभक्षण की प्रथा का चलन था। उनका विचार था कि "यह धारणा अब सर्वमान्य हो चुकी है कि विजित शत्रुओं से निपटने का विश्वव्यापी पुराना तरीका उन्हें खा जाने का था।"

प्राचीन समाजों की ऐतिहासिक परिस्थितियों में यदि दासप्रथा एक प्रगतिशील रीति थी तो भारत की प्राचीन ऐतिहासिक परिस्थितियों में वर्णव्यवस्था भी एक प्रगतिशील व्यवस्था थी। बहुत-सी पुराण-परंपराएँ इस व्यवस्था के संसर्ग से, उसकी रक्षा के लिए रची गईं, उनकी रचना के ऐतिहासिक कारण थे। किन्तु नस्ल-सिद्धान्त के आधार पर जो नयी पुराण-परंपराएँ रची गई हैं, उनके लिए कोई तर्कसंगत कारण नहीं है। एक नस्ल के गोरे आदमियों ने दूसरी नस्ल के काले आदमियों को आकर जीत लिया, इससे भाषाओं का विकास हुआ, इस तरह की धारणाएँ अवैज्ञानिक और इतिहास-विरोधी हैं। इनका मुख्य आधार भाषाओं से प्राप्त जानकारी है, ऐसे कल्पित इतिहास का आधार भाषाविज्ञान है, भाषाविज्ञान के नाम पर प्रचलित किंवदन्तियाँ हैं, ये किंवदन्तियाँ विशाल जन-समुदायों को प्रभावित करती हैं। उनकी पुष्टि भाषाओं के विश्लेषण से नहीं होती। इसीलिए उनका खंडन आवश्यक है। ऐतिहासिक भाषाविज्ञान जितना ही वास्तविक अर्थ में विज्ञान बनेगा, उतना ही वह भारतीय जन-जीवन को हर स्तर पर प्रभावित करेगा, उसकी सर्वाङ्गीण प्रगति में सहायक होगा।

परिशिष्ट-१

बलाघात और वर्णसंयोजन पद्धति

हिन्दी में बहुत-से शब्द हैं जिनके मूलरूप में प्रथम वर्ण दीर्घ है किन्तु हिन्दी रूप में वह लघु है जैसे मूलरूप **सत्य** हिन्दी में **सच** है और **पूजा** से जब हम **पुज़ारी** शब्द बनाते हैं, तब मूलशब्द के प्रथम वर्ण **पू** को लघु कर देते हैं। मेरा अनुमान है कि इस प्रक्रिया का संम्बन्ध बलाघात की प्रवृत्ति से है, यह प्रवृत्ति मध्यदेशीय है, कौरवी और मागधी भाषा समुदायों की ध्वनि प्रकृति से भिन्न है और वह उतनी ही प्राचीन है जितनी इंडो-यूरोपियन भाषा-परिवार की निर्माण-प्रक्रिया। सिन्धी भाषा के प्रसंग में इस प्रक्रिया का उल्लेख है; यहां उसके बारे में कुछ और बातें कही जाती हैं जिनसे आधुनिक आर्य भाषाओं की ध्वनिप्रकृति और उनकी शब्द-निर्माण-पद्धति को समझने में सहायता मिलेगी।

उक्ति व्यक्ति प्रकरण की भूमिका में डा० सुनीति कुमार चाटुर्ज्या ने लिखा है कि बलाघात की आवश्यकता से दीर्घ **आ** को लघु कर दिया जाता है, इसके कारण बहुत स्पष्ट हैं; **नष्ट** से नाठ पर **कष्ट** से **कठ**, हस्त से **हाथ** पर **वस्तु** से **बथु भद्र** से बंगला **भाल** के विपरीत भल, इसके कारण समझ में नहीं आते।

जैसे दीर्घ **आ** लघु हो जाता है बलाघात की आवश्यकता से—मूल रूप **आभीर**, तद्भव **अहीर**, मूल क्रिया **बूझ**, उससे अन्य रूप **बुझाव**—वैसे ही **भद्र** से भल और **कष्ट** से **कठ** रूप बने बलाघात की आवश्यकता से। **आभीर** में दो गुरु वर्ण एक साथ हैं, उनके बाद एक लघु वर्ण है; **बूझ** से **बूझाव** क्रियारूप बने तो फिर दो गुरु वर्ण एक साथ होंगे, लघु वर्ण उनके बाद आयेगा। वर्णों की गण व्यवस्था के विचार से कह सकते हैं कि हिन्दी को तगण (ऽऽ।) पद्धति की शब्दरचना पसंद नहीं है।

कष्ट और **कठ**, **वस्तु** और **बथु**, **सत्य** और **सच** में केवल दो वर्ण हैं। मूल रूपों में प्रथम वर्ण दीर्घ है, तद्भवरूपों में वह वर्ण लघु हो गया है। **कष्ट**, **वस्तु**, **सत्य** के उच्चारण में पहले वर्ण पर काफी जोर देना पड़ता है, यह स्पष्ट है; **कठ**, **बथु**, **सच** कहने में पहले वर्ण पर जोर नहीं देना पड़ता। यहाँ वर्णसंयोजन की दो पद्धतियाँ दिखाई देती हैं: एक पद्धति पहले वर्ण पर जोर देती है, दूसरी इस तरह का ज़ोर उस वर्ण से हटा देती है। पहली पद्धति मेरे विचार से मागधी-कौरवी भाषा समुदाय से संबद्ध है, दूसरी मध्यदेशीय भाषा समुदाय से।

और कठ उरा प्रवृत्ति का परिणाम हैं जो गन्त और मन्त को गत और मत बनाती है।

भट के समान एक शब्द है नट। इसका संबन्ध नर्त् से है। नर्त् क्रिया व्याकरण में नृत् लिखी जाती है; वास्तव में नर्त् और नृत् दोनों रूपों का चलन था। नृत्यति आदि का आधार नृत् है; इसके साथ नर्तिष्यति, नर्तित्वा जैसे रूप नर्त् की ओर संकेत करते हैं। वर्ण-संकोचन से नर्त् का नृत् हुआ; कोई कहे, वर्ण विस्तार से नृत् का नर्त् हुआ, कोई फर्क नहीं पड़ता। नट का पूर्व रूप नर्त है, यह मुख्य बात है। प्रथम वर्ण ह्रस्व हुआ, र् ने लोप होते-होते त् को मूर्धन्य किया। चलने के सामान्य अर्थ में नट अथवा नड क्रिया का व्यापक व्यवहार द्रविड़ भाषाओं में होता है यथा तमिल नड (चलना), कन्नड़ नडॅ (उप), तुलु नडवुनि (उप.)। तमिल में नड से नडत्तु (चलाना), नडत्तइ (चलन), नडक्कइ(उप.), नडप्पु(आवाजाही) आदि अनेक रूप बनते हैं, इनमें एक आकर्षक रूप है नडमाड् (जाना, इधर-उधर चलना)। कामकाज की तरह यह समानार्थी शब्दों का जोड़ा है। नर्त् के समानान्तर मर्त् क्रिया थी; जैसे नर्त से नट, वैसे ही मर्त से मट रूप बने। हिन्दी मटकना में नाचने का भाव दर्शानेवाली यही मट क्रिया है। तमिल में नड के समान उसका चलना अर्थ ग्रहण किया गया है; नड के विपरीत माडु का पहला वर्ण दीर्घ है। किन्तु अन्यत्र मड रूप भी प्राप्त है। तमिल मडक्कु का अर्थ है हाथ या पैर मोड़ना, मडङ्ग् का अर्थ है अंगों को टेढ़ा-मेढ़ा करना। हिन्दी मटकने से इन रूपों का संबन्ध स्पष्ट है।

संस्कृत की एक क्रिया है तर्द् जिसका अर्थ है मारना, कष्ट देना। अन्य क्रिया है तड् जिसका अर्थ है मारना, दंड देना। जैसे नर्त् से नट् रूप बना, वैसे ही तर्द् से तड् रूप बना। एक अन्य तड् क्रिया है जिसका अर्थ है चमकना। तडाका (भव्यता), तडित् (बिजली) का संबंध इस तड् से है। संस्कृत तरल (कान्तिमान), तार (उप.), तारा (नखत) में तर् क्रिया देखी जा सकती है। उससे कृदन्त रूप तर्द बना; उसके आधार पर प्रथम वर्ण को ह्रस्व करते हुए तड् क्रिया बनी। तमिल में जब तर्द् का द् ळ् रूप में ग्रहण किया गया, तब तळपु (चमक) शब्द बना; जब ळ् रूप में ग्रहण किया गया, तब तळल् (चमकना) शब्द बना, जब ण् रूप में ग्रहण किया गया, तब तणल् (आग, अंगार) शब्द बना। इन सभी रूपों में प्रथम वर्ण लघु है और दूसरे वर्ण का व्यंजन मूर्धन्य है। प्रथम वर्ण को ह्रस्व रखने की प्रवृत्ति अखिल भारतीय परिदेश में दूर-दूर तक पहुँची, इसका प्रमाण ये रूप हैं। मूल क्रिया तर् है, इसका प्रमाण कोलमि तरि (जलना), तर्प् (जलाना), नइकि तर् (आग लगना) हैं।

संस्कृत कर्तन (काटने की क्रिया), कर्तरि (कैंची, चाकू) में कर्त् क्रिया है। हिन्दी कटना, काटना का आधार यही कर्त् है; इस कर्त् का रूपान्तर अंग्रेजी कट् (काटना) है। तुलनीय है तमिल और कन्नड़ की कडि (काटना) क्रिया। इसका आधार कर्त् है, यह उन द्रविड़ शब्दों से सिद्ध है जिनमें कर्त् क्रिया मूर्धन्यीकरण के बिना विद्यमान है: तमिल और कन्नड़ कत्ति का अर्थ है चाकू। यहाँ र् का लोप हुआ किन्तु प्रथम वर्ण ह्रस्व नहीं हुआ; र् की क्षतिपूर्ति अतिरिक्त त् ने की। कुइ रूप कत्र (काटना) में अतिरिक्त

त् नहीं है; न मूर्धन्यीकरण, न क्षतिपूर्ति। सीधे प्रथम वर्ण को ह्रस्व किया गया है।

यह प्रवृत्ति ऐसे अनेक शब्दों में है जो अखिलभारतीय भाषाक्षेत्र के बाहर पहुँचे हैं। संस्कृत **भूति** का ग्रीक प्रतिरूप **फुसिस्** (गुण, जन्मजात संस्कार) प्रथम वर्ण को ह्रस्व किये है (जहां क्रियामूल **फूस्** है, वहां उसका अर्थ जोर से सांस लेना है)। या तो ग्रीक भाषा ने मूल रूप के दीर्घ स्वर को ह्रस्व कर दिया है या **भूति** के साथ यहां भुति रूप का भी चलन था। संस्कृत **देव** का ग्रीक प्रतिरूप **थॅओस्** है। यहां भी संस्कृत रूप की वर्ण-गुरुता के बदले **वर्ण-लघुता** है। **देव** का आधार **दिव्** क्रिया ही मानी गई है; ग्रीक रूप का प्रथम वर्ण ह्रस्व ही रहता है, संस्कृत **देव** का प्रथम वर्ण दीर्घ हो जाता है। शास्त्रकार कहेंगे, **दिव्** के **इ** स्वर का गुणरूप **देव** का **ए** है; इसके विपरीत यह भी कहा जा सकता है कि **देव्** क्रिया के **ए** को ह्रस्व करके **दिव्** रूप बनाया गया। संस्कृत में **दिवस, दिव्य** के साथ **देव, देवी** दोनों तरह के रूप प्राप्त हैं। ग्रीक में ह्रस्व स्वर वाले रूप हैं।

संस्कृत **बोधते** और **बुध्यते** दोनों क्रिया रूपों में प्रथम वर्ण दीर्घ है किन्तु **बुध** (बुद्धिमान्) में पहला वर्ण ह्रस्व है। **रोचते** और **रुचि, रोदति** और **रुदन, चेतति** और **चिति, कोचति** और **कुच, द्योतते** और **द्युति, मोदते** और **मुदा, भेदति** और **भिदा, योजते** और **युग, वेदति** और **विदु, शोचति** और **शुच, शोभते** और **शुभ,** इस तरह के जोड़े इस बात की ओर संकेत करते हैं कि संस्कृत में दो तरह की प्रवृत्तियों का चलन था, एक के अनुसार प्रथम वर्ण दीर्घ होना चाहिए, दूसरी के अनुसार ह्रस्व। संस्कृत में भिन्न प्रवृत्तियों का समन्वय करने की जो क्षमता है, उसी के अनुरूप शब्दों में दोनों तरह की वर्णसंयोजना को स्थान मिला। इस क्षमता से भाषा में जो स्थिति उत्पन्न हुई, उसकी व्याख्या के लिए गुण संबन्धी नियम बनाया गया; नियम बनाकर क्षमता उत्पन्न नहीं की गई।

भद्र से **भल, भला, भाल** तीन तरह के रूप बनते हैं। **भद्र** में दो व्यंजनों के योग के कारण प्रथम वर्ण पर जोर देना पड़ता था, उसे यहां दूर कर दिया गया है। पुरानी अवधी के अलावा आधुनिक अवधी में भी **भल भा** (अच्छा हुआ) जैसे प्रयोग में **भल** का चलन बना हुआ है। **भला** का व्यापक व्यवहार हिन्दी क्षेत्र में होता है। **भल** और **भला** जैसे रूपों का अन्तर काफी पुराना है। बक ने ग्रीक और लैटिन भाषाओं के अपने तुलनात्मक व्याकरण में लिखा है कि बोलचाल की लैटिन में यह स्पष्ट प्रवृत्ति थी कि दो वर्णों वाले शब्दों में पहला वर्ण ह्रस्व हो और दूसरा दीर्घ हो तो उसे भी ह्रस्व कर दिया जाता था। इस प्रकार **बॅने** (भला), **मले** (बुरा), **मिही** (मुझे), **तिबी** (तुझे) आदि को **बॅनॅ, मलॅ, मिहि, तिबि** कर दिया गया था। मानो **यदा, तदा** को **जद, तद** रूप में बोला जाने लगा हो!

जद, तद के बारे में कह सकते हैं कि दूसरे वर्ण के दीर्घ स्वर को, **यदा-तदा** के **आ** को, ह्रस्व किया गया है, किन्तु **भल** का पूर्व रूप **भला** नहीं है। **भद्र** से **भल्ल**, फिर **भल** या **भला**। **भल** को भी **भला** का पूर्वरूप मानना आवश्यक नहीं है। **भल्ल** से दोनों

का स्वतंत्र विकास संभव है। जहां प्रथम वर्ग से बलाघात हटाकर दूसरे वर्ण पर डाला जायगा, वहां **भला** जैसा रूप बनेगा। सिन्धी में **पूर्ण** से **पुनो** रूप वैसे ही बनता है जैसे **भद्र** से **भला**। यह प्रवृत्ति यथेष्ट प्राचीन है। बक ने ग्रीक लैटिन भाषाओं के अपने तुलनात्मक व्याकरण में लिखा है कि यूनान की अत्तिक बोली में दूसरे दीर्घ स्वर को ह्रस्व करने की क्रिया नियमित रूप से घटित होती थी। **नेग्रॉस्** (मंदिर), **लेग्रॉस्** (जनता; सेना) बदल कर **नॅग्रोस्, लॅग्रोस्** बने। जहां दूसरा वर्ण दीर्घ न किया जायगा, वहां **भद्र** से **भल** रूप बनेगा।

शब्दों में प्रथम वर्ण की दीर्घता दो प्रकार की हो सकती है। पहला प्रकार वह जहाँ स्वर लघु है किन्तु उसके बाद व्यंजन आता है, इसलिए वर्ण दीर्घ हो जाता है। जैसे **दुग्ध**; यहाँ प्रथम वर्ण **दुग्** का **उ** स्वर लघु है किन्तु उसके बाद **ग्** व्यंजन है, इसलिए **दुग्** वर्ण दीर्घ है। यह पहला प्रकार है। दूसरा प्रकार जैसे **दूध**; यहाँ पहले वर्ण का स्वर दीर्घ है, उसके बाद दो व्यंजन नहीं हैं। हिन्दी तथा अन्य आर्य भाषाएँ इस बात के प्रति उदासीन नहीं हैं कि दोनों प्रकारों में किसे चुना जाय। जनता में चलन दूसरे प्रकार का हुआ, पहले प्रकार का नहीं। बोलचाल का शब्द **दूध** है, **दुग्ध** नहीं। इसी प्रकार **कर्ण-कान, कर्म-काम, सप्त-सात, अष्ट-आठ, नृत्य-नाच, घर्म-घाम, घट्ट-घाट, भिल्ल-भील, फुल्ल-फूल, सर्प-सांप** आदि जोड़ों में दूसरी प्रकार की वर्ण-संयोजना वाला रूप लोकप्रिय हुआ। जब दोनों तरह के रूपों में पहला वर्ण दीर्घ है, तब दूसरी तरह के रूप का चलन अधिक क्यों हुआ ?

मेरी समझ में इसका कारण यह है कि **दूध** की अपेक्षा **दुग्ध** जैसे रूप में पहले वर्ण पर ज्यादा ज़ोर देना पड़ता है; **दूध** में पहले वर्ण पर उस तरह ज़ोर नहीं देना होता। संस्कृत में एक रूप **मुग्ध** है, दूसरा **मूढ** है; दोनों रूप वैदिक काल में प्रचलित थे। **गुह्** से **गूढ, रिह्** (चाटना) से **रीढ, रुह्** से **रूढ** (चढ़ा हुआ), **सह्** से **साढ** (विजित), ऐसे रूप सिद्ध करते हैं कि वैदिक काल में **दुग्ध** को **दूध** करने वाली प्रवृत्ति विद्यमान थी। **दूध** और **मूढ** में इतना ही अन्तर है कि **मूढ** में **ध्** का मूर्धन्यीकरण हुआ है, **दूध** में मूल दन्त्य ध्वनि सुरक्षित है।

संस्कृत क्रिया **विद्** (जानना; मूल अर्थ देखना) का एक कृदन्त रूप **वित्त** (ज्ञात) है। लैटिन में **विद्** का प्रतिरूप **विदॅओ** है; क्रियामूल **विद्** से यहाँ भी कृदन्त रूप **वित्त** या **विद्द** बनेगा किन्तु लैटिन ने **द** को **स्** में बदला, **वि** के स्वर को दीर्घ किया, रूप बनाया **वीसुस्** (दृष्टि)। इस कृदन्त के आधार पर **वीसो** (ध्यानपूर्वक देखना) क्रिया बनाई। **वित्त** के स्थान पर **वीस** रूप वैसे ही है जैसे **दुग्ध** के स्थान पर **दूध** है। लैटिन क्रिया **सॅरो** का अर्थ है बोना; इससे संज्ञा रूप **सेमॅन्** (बीज) बना। **सॅर्** क्रियामूल में **मॅन्** प्रत्यय जोड़ने पर **सॅर्मॅन्** रूप बनेगा; जैसे **कर्म** से हिन्दी **काम** बना, वैसे ही **सॅरमॅन्** से लैटिन **सेमॅन्** बना। (**सॅरो** में **से** धातु मानना ठीक नहीं है; **सॅर्** से **से** का विकास संभव है, **से** से **सॅर्** का नहीं)। संस्कृत की **रुच्** (चमकना) का लैटिन प्रतिरूप **लुक्** है। **रुच्** से जैसे एक रूप **रुक्म** (प्रकाशमान) बनता है, वैसे ही लैटिन **लुक्** से एक रूप

लुक्न बना था। **लुक्न** के **क्** का लोप होने पर **लून** (चंद्र) रूप प्राप्त हुआ। **लुक्** का एक कृदन्त रूप **लुक्क** भी प्रचलित रहा होगा। लैटिन में इसके आधार पर मूल क्रिया **लूकओ** मानी गई (यद्यपि **रुच्** का लैटिन प्रतिरूप **लुक्** ही होगा।) लैटिन **क्रेदो** (विश्वास करना) का आधार **श्रद्** की जगह **श्रद्ध** मानना चाहिए। एक व्यंजन का लोप हुआ; प्रथम वर्ण का लघु स्वर दीर्घ हुआ। संस्कृत **श्रद्धा** में विश्वास करनेवाला भाव निहित है। संस्कृत **उत्स** (झरना) का रूसी प्रतिरूप **उस्तॅ** (मुख) है। **उस्तॅ** का लैटिन प्रतिरूप **ओस्** (मुख) है। **उत्स** वह जहाँ से कोई चीज़ निकलकर बहे। यदि **उत्स** और **उस्तॅ** का संबन्ध विश्वसनीय न लगे तो **उस्तॅ** और **ओस्** के संबन्ध पर विश्वास करें। लैटिन रूप ने एक व्यंजन का लोप कर दिया, प्रथम वर्ण के लघु स्वर को दीर्घ किया। संस्कृत **सप्त** या **सप्तन्** अंग्रेज़ी में **सेवॅन्** है, **अष्ट एट्** है। यहाँ भी वही प्रक्रिया दिखाई देती है।

जैसे **अष्ट** से अंग्रेज़ी **एट्** बना, वैसे ही **नष्ट** से पुरानी अवधी का **नाठ**, **हस्त** से मानक हिन्दी का **हाथ** बना। वैसे ही **भद्र** से बँगला का **भाल** प्राप्त हुआ।

प्रथम वर्ण की दीर्घता के विचार से जैसे **दुग्ध** और **दूध** में अंतर है, वैसे ही **दुग्ध** और **दूग्ध** में अन्तर है। यदि **पोषण** और **शोषण** की **पोष्** और **शोष्** क्रियाओं से **पोष्ट** और **शोष्क** रूप बनाये जायें तो **दूग्ध** के समान यहाँ भी दीर्घ स्वर के बाद एक व्यंजन आयेगा। **दुग्ध** में प्रथम वर्ण पर जितना ज़ोर देना पड़ता है, उससे बहुत अधिक ज़ोर **दूग्ध** के **दू** पर देना होगा। बांगरू को छोड़कर हिन्दी क्षेत्र की जनपदीय भाषाए ऐसे रूप स्वीकार नहीं करतीं। बांगरू में **छोट्टा, राज्जा, देक्खणा, भूक्खा** जैसे रूप सामान्य हैं; बँगला में इनके समकक्ष **थाप्पड़** (थप्पड़), **आल्ला** (अल्ला), **आङ्गुर** (अंगूर), **जाहान्नम्** (जहन्नुम), **ठाट्टा** (ठट्ठा), **भाल्लुक** (भल्लूक) जैसे रूप हैं। मध्यदेश की भाषाएँ—हिन्दी की जनपदीय उपभाषाएं—ऐसी वर्णयोजना से बचती हैं। संस्कृत में **राष्ट्र, प्राप्त, पाण्डु, बाह्य, भाद्र, ब्राह्मण, प्राङ्गण, कार्तिक** जैसे रूप सामान्य हैं। ये रूप कौरवी-मागधी ध्वनि-प्रकृति के अनुकूल हैं। तमिल में **माट्टम्** (निर्माण), **आट्टम्** (खेल), **वाट्टम्** (ढलान), **काट्टु** (जंगल), **काप्पु** (रक्षण), **पोक्कन्** (यात्री), **ताक्कु** (टकराना) जैसे रूप सुलभ हैं। इस प्रकार की वर्ण-संयोजना संस्कृत और तमिल दोनों में है; मध्यदेश के दोनों ओर, बँगला और बांगरू में, वह विद्यमान है। किन्तु संस्कृत में **पोषण** और **शोषण** के साथ **पोष्ट** और **शोष्क** रूप नहीं है; इनके विपरीत **पुष्ट** और **शुष्क** रूप हैं। फ़ारसी में **खुश्क** और लैटिन में **सिक्कुस्** (सूखा; **शुष्क** के विकल्प **शिष्क** से व्युत्पन्न) सिद्ध करते हैं कि जिन रूपों में ह्रस्व स्वर के बाद व्यंजन स्वीकारा गया था, वे प्राचीन हैं, और वे भारत के बाहर भी पहुँचे थे। बँगला **अल्ला** को **आल्ला**, **थप्पड़** को **थाप्पड़** रूप में ग्रहण करती है बलाघात की आवश्यकता से। वही आवश्यकता **पोष्ट** की जगह **पुष्ट**, **शोष्क** की जगह **शुष्क** स्वीकार कराती है। बलाघात की आवश्यकता दोनों तरह के रूपों में है; दीर्घ स्वर के बाद व्यंजन की स्थिति एक तरह की ध्वनि-प्रकृति का परिणाम है, ह्रस्व स्वर के बाद व्यंजन की स्थिति दूसरी तरह की ध्वनि-प्रकृति का परिणाम है। ध्वनि-प्रकृति के ये दोनों प्रकार प्राचीन हैं।

ग्रीक और लैटिन भाषाओं के व्याकरण में बक कहते हैं कि ग्रीक भाषा में **ग्नोन्तॅस्** (जात; ज्ञात) जैसे कृदन्त के प्रथम वर्ण का स्वर दीर्घ था; ग्रीक भाषा के प्रागैतिहासिक विकासकाल में यह स्वर ह्रस्व हो गया और **ग्नॉन्तॅस्** रूप का चलन हुआ। इसी प्रकार लैटिन के **अमान्स्** (स्नेहशील), **विदेन्स्** (द्रष्टा, ज्ञानी) रूप बदल कर **अमन्त्**, **विदॅन्त्** बने। मूल क्रिया **अमा, विदे** है किन्तु दीर्घ स्वर के बाद **न्त्, न्स्** जैसे व्यंजन-योग से बचने के लिए दीर्घ स्वर को ह्रस्व किया गया। साथ ही इससे भिन्न प्रवृत्ति लैटिन में प्रबल है। **लॅगो** (चुनना), **रॅगो** (सीधे चलना) क्रियाओं में प्रथम वर्ण का स्वर ह्रस्व है किन्तु इनके भूतकालिक कृदन्त **लेक्तुस्, रेक्तुस्** रूप होते हैं। ह्रस्व स्वर को दीर्घ किया गया; उसके बाद दो व्यंजन हैं; इससे दीर्घ किये हुए स्वर के उच्चारण में कोई कठिनाई न हुई। इसी प्रकार **फ़ोर्मं** (आकृति), **ओर्दो** (व्यवस्था), **ओर्नो** (सुसज्जित करना) में प्रथम वर्ण के स्वर को दीर्घ किया गया है। बांगरू इसी प्रकार **जल्लाद** को **जाल्लाद**, **खातिर** को **खात्तर** कर देती है।

दुग्ध जैसे शब्दों के उच्चारण में पहले वर्ण के उच्चारण में जो विशेष ज़ोर देना पड़ता है, उसे कम करने का एक ढंग यह भी है कि व्यंजन का लोप करने के बदले दूसरे वर्ण के स्वर को दीर्घ कर दिया जाय। **दुग्ध** से **दुद्ध**, फिर **दुद्धा** रूप बनाया जा सकता है जैसे अवधी गीत में—**गाय मरकही दुद्धा मीठा**। अनेक हिन्दी जनपदों में **बुद्धा** एक सुपरिचित नाम है; इसका पूर्वरूप **बुद्ध** है। **पत्र** से **पत्ता**, **छत्र** से **छत्ता**, **पृष्ठ** से **पुट्ठा**, **पक्व** से **पक्का**, **वत्स** से **बच्चा**, **अण्ड** से **अंडा**, **दण्ड** से **डंडा**, **वृद्ध** से **बुड्ढा**, **सत्य** से **सच्चा** आदि इसी पद्धति के अनुरूप हैं। जब लोग **गुप्त** को **गुप्ता**, **शुक्ल** को **शुक्ला** कहते हैं, तब कुछ विद्वान् इसे अंग्रेजी का प्रभाव मानते हैं। **बच्चा, सच्चा** आदि रूपों को देखें तो ऐसा 'अशुद्ध' उच्चारण विशुद्ध हिन्दी ध्वनिप्रकृति के अनुरूप सिद्ध होगा। प्रथम वर्ण पर ज़ोर कम करने के अनेक ढंग हैं, इसलिए स्वभावतः एक मूल रूप से अनेक प्रकार के तद्भव रूपों का विकास होता है और सन्दर्भ के अनुसार सूक्ष्म भेद करते हुए इनके प्रयोग से शैली को प्रभावशाली बनाया जाता है। **जा दिन तेरे तन तरुवर के सबै पात झरि जैहैं; तुम डाल डाल, हम पात पात**; ऐसे सन्दर्भों में **पत्ते** से काम न चलेगा। कहीं एक रूप जनपदीय उपभाषाओं में है, दूसरा मानक हिन्दी में, जैसे **बूढ़** अवधी में, **बुड्ढा** और **बूढ़ा** मानक हिन्दी में। कहीं एक रूप में एक अर्थ का संसर्ग है तो अन्य रूप में दूसरे अर्थ का। **छत्ता** और **छाता**, **डंडा** और **डांड़**, **बच्चा** और **बछड़ा** या **बछवा**, रूप-भिन्नता के साथ अर्थभेद उत्पन्न हो गया है। प्रथम वर्ण के उच्चारण में ज़ोर कम करने की आवश्यकता से भाषा के लिए अनेक हितकर परिणाम निकले हैं।

हिन्दी में ऐसे बहुत-से शब्द हैं जिनमें वर्णयोजना मूलतः तगण पद्धति (ऽऽ।) की थी, उसे बदल कर जगण पद्धति (।ऽ।) का बनाया गया है। **आभीर** के **अहीर** रूपान्तर का उल्लेख पहले हो चुका है। **सोना** से **सुनार**, **लोहा** से **लुहार**, **खट्टा** से **खटास**, **दूध** से **दुधार**, **प्रक्षाल** से **पखार**, **सौभाग्य** से **सुहाग**, **मूतना** से **मूतास** के बदले **मुतास**, **दो-आब** की जगह **दोआब**—ऐसे रूप हिन्दी क्षेत्र में व्यापक रूप से प्रयुक्त होते हैं।

इनमें प्रथम वर्ण की दीर्घता को ह्रस्व करके तगण के स्थान पर जगण व्यवस्था कायम की गई है। इसके विपरीत बँगला में **अमीर, हलाल, लगाम, जहाज, पठान** जैसे जगण व्यवस्था वाले शब्दों को **आमीर, हालाल, लागाम, जाहाज, पाठान** बनाकर तगण-व्यवस्था के अनुरूप बोलने की प्रवृत्ति है। (ये रूप डा० चाटुर्ज्या के बँगला भाषा के उद्भव और विकास वाले ग्रंथ में हैं।) प्रथम वर्ण को दीर्घ करने का कारण वही बलाघात की आवश्यकता है। तमिल में **हकीम** के लिए **अक्कीम**, **कचॅहरी** के लिए **कच्चेरि**, **हंगामी** के लिए **अङ्गामि** तगण व्यवस्था के अनुकूल ढले हुए रूप हैं। संस्कृत में **पाषाण, ताम्बूल, चाण्डाल** जैसे पचासों शब्द हैं। देखना यह है कि प्रथम वर्ण को ह्रस्व करके संस्कृत में जगण को तगण बनाने की प्रवृत्ति भी कहीं है या नहीं।

बोधति की **बोध** क्रिया से परोक्षभूत का **बोबोध** रूप बनना चाहिए किन्तु उसकी जगह संस्कृत ने प्रथम वर्ण को ह्रस्व करके **बुबोध** रूप स्वीकार किया। **पोषति** और **पोषण** के **पो** को ह्रस्व करते हुए **पुपोष**, **शोषित** और **शोषण** के **शो** को ह्रस्व करते हुए **शुशोष, मोह** और **मोहित** के **मो** को ह्रस्व करते हुए **मुमोह** रूप संभवत: दो दीर्घ वर्णों के योग से बचने के लिए बनाये गये हैं। कहा जा सकता है कि मूल क्रिया में स्वर ह्रस्व ही था, **पोषति** आदि में उसे दीर्घ किया गया है। इससे उक्त स्थापना में कोई अन्तर नहीं पड़ता; यों कह लीजिए कि **पुपोष** के प्रथम वर्ण में मूल ह्रस्व वर्ण बना रहा, दूसरे वर्ण में उसे दीर्घ किया गया अर्थात् नगण (।।।) के बदले जगण (।ऽ।) की स्थापना हुई। किन्तु भू क्रिया से जब **बभूव** रूप बनता है, तब यह नहीं कहा जा सकता कि मूल क्रिया अल्पप्राण है, प्रथम वर्ण में अल्पप्राणता बनी रही, दूसरे में उसका स्थान महाप्राणता ने ले लिया। संस्कृत में दो महाप्राण ध्वनियों को सामान्यत: एक साथ नहीं रखा जाता; पहली को अल्पप्राण कर दिया जायगा। वैसे ही यह माना जा सकता है कि **पोपोष** जैसे रूप में दो दीर्घ स्वरों के योग से बचने के लिए **पो** को **पु** किया गया है।

संस्कृत की **धा** (धरना) क्रिया से जैसे **दधामि** रूप बना, धा की आवृत्ति हुई किन्तु व्यंजन को अल्पप्राण और स्वर को ह्रस्व करते हुए, ठीक वैसे ही **दधामि** के ग्रीक प्रतिरूप **तिथेमि** में प्रथम वर्ण को ह्रस्व, दूसरे को दीर्घ रखा गया है। (**तिथेमि** के लिए **थॅ** धातु के बदले संस्कृत **धा** के समान **थे** को आधार मानना चाहिए।) इसी प्रकार **दा** क्रिया के आवृत्तिमूलक संस्कृत **ददामि** का ग्रीक प्रतिरूप **दिदोमि** है।

जब हम **भल्ल** से **भला** रूप बनाते हैं, तब प्रथम वर्ण की दीर्घता दूसरे लघु वर्ण पर आरोपित करते हैं, किन्तु जब **वल्कल** से **बकला** (अवधी बॉकला), **कज्जल** से **कजरा** बनाते हैं, तब दूसरे लघु वर्ण को लांघकर तीसरे लघु वर्ण पर उसे आरोपित करते हैं। बोलचाल की हिन्दी में, विशेषत: मध्यदेशीय और पूर्वी जनपदीय भाषाओं में, बलाघात का ऐसा विस्थापन साधारण बात है। इस प्रवृत्ति के अनुकूल **अंतर** से **अँतरा, कङ्कण** से **ककना, गर्गर** से **गगरा, गर्दभ** से **गदहा, अंगण** से **अँगना, अंगुलि** से **अँगुरी-उँगली, उज्वल** से **उजला, कच्छप** से **कछुवा, छत्र** से **छत्तर**, फिर **छतरी, कर्पट** से **कपड़ा, छप्पर** से **छपरा, ब्राह्मण** से **बांमन** फिर **बँभना, चिक्कण** से **चिकना, बन्धन** से **बँधना, बादल** से

बदरा, ढक्कन से **ढकना, चादर** से **चदरा** रूप बने हैं। कहीं-कहीं सगण रूप मानक हिन्दी में है, भगण रूप किसी जनपदीय उपभाषा में। मानक हिन्दी का **पतला** अवधी में **पातर** है। मानक हिन्दी का **दुबला** अवधी में **दूबर** है। **दूबर, पातर** जैसे रूप अवधी के अलावा अन्य अनेक जनपदीय उपभाषाओं में भी हैं।

संस्कृत में मूल गुरु शब्द से भाववाचक संज्ञा का एक रूप होगा **गौरव**, दूसरा **गरिमा**। पहले रूप में प्रथम वर्ण के स्वर में वृद्धि हुई है, वह दीर्घ है, दूसरे रूप में वह लघु बना रहता है और शब्द के अन्त में ऐसा प्रत्यय जोड़ा गया कि वर्ण संयोजन सगण (IIS) पद्धति का हो। इसी प्रकार लघु से **लाघव** और **लघिमा, पशु** से **पाशव** और **पशुता, मृदु** से **मार्दव** और **मृदुता** आदि दो तरह के रूप बनते हैं। **गरिमा, लघिमा** आदि रूप हिन्दी की ध्वनिप्रकृति के अनुकूल हैं।

हिन्दी में कुछ शब्द ऐसे हैं जिनमें वर्णसंयोजन रगण (SIS) व्यवस्था के अनुरूप बनता था, उसे बदल कर सगण व्यवस्था के अनुकूल बनाया गया। **मत्स्य** से **मच्छ**, फिर **मच्छली,** किन्तु इसे बदलकर **मछली** किया गया। **मांगना** से **मँगनी** और **मँगता, छालना** (छानना) से **छलनी** या **चलनी, फूंकना** से **फुँकनी** रूप इस तरह से बने हैं। अवधी में **गाजर** का बहुवचन **गजरैं** होगा, **गाजरैं** नहीं। **पातरि अँगुरी** एकवचन रूप है; **पतरी अँगुरी** बहुवचन रूप। **बांभनि** एकवचन रूप है, **बँभनी** बहुवचन रूप। **मांगना** से **मँगता** इसी रगण के स्थान पर सगण के लिए आग्रह से बनता है। अनेक पूरबी बोलियों में **बेटा** से **बॅटवा, बेटी** से **बिटिया, लोटा** से **लॅटवा** जैसे रूप भी इसी प्रवृत्ति का परिणाम हैं।

हिन्दी में कोई तीन वर्णों का शब्द बनता हो और वे तीनों दीर्घ हों तो बहुधा पहले वर्ण को ह्रस्व कर दिया जाता है। मगण (SSS) वर्णसंयोजन के बदले हिन्दी यगण (ISS) व्यवस्था पसन्द करती है। **पूजा** से **पूजारी** शब्द बने तो तीनों वर्ण दीर्घ होंगे; हिन्दी ने प्रथम वर्ण को ह्रस्व करके **पुजारी** रूप बनाया। इससे तुलनीय है बोल-चाल की बँगला का **पूजुरि** रूप जहां दूसरे तीसरे वर्णों की गुरुता सिमटकर पहले वर्ण पर केन्द्रित हो गई है। बँगला में मगण व्यवस्था वाले काफी शब्द हैं: **काण्डारी** (खेवन-हार), **आसाड़ा** (खामोशी), **पालाङ्गा** (छप्पर), **बाङ्गाली, काठामो** (काठ का ढांचा); बँगला जो शब्द अन्य भाषाओं से लेती है, उनमें दूसरे-तीसरे वर्ण दीर्घ हुए और पहला न हुआ तो वह उसे भी दीर्घ कर देती है: **बारान्डा** (बराम्दा; बरंडा), **तामासा** (तमाशा), **तागादा** (तक़ाज़ा, तगादा), **पाहाड़े** (पहाड़ी), **पाहारा** (पहरा), **जानानो** (जनाना, बताना), **हाजारी** (हजारी) इत्यादि। मेरी समझ में ये रूप मूल मागधी प्रवृत्ति की ओर संकेत करते हैं। मध्यदेशीय प्रवृत्ति इससे भिन्न है। **घूमना** से **घूमन्तू** नहीं **घुमन्तू, ठट्ठा** से **ठट्ठोली** नहीं **ठिठोली, लावण्य** या **लोन** से **लोनाई** नहीं **लुनाई, खेलना** से **खेलाड़ी** और **खेलौना** नहीं **खिलाड़ी** और **खिलौना**। इसी प्रकार **घाम** से **घमाना, काम** से **कमाना, कमेरा, गंध** से **गँधाना, बूढ़** (या **बूढ़ा**) से **बुढ़ाना** रूप बनते हैं। **गोस्वामी** का लोकप्रचलित रूप **गोसाइँ** या **गुसाइँ** है; **दीपावली** से **दीवाली**, फिर **दिवाली**; एक से **एकेला**, फिर **अकेला; कामाक्षी** से **कामाख्या** फिर **कमख्या** जैसे रूप

बने। **दुचित्ता, दुनाली, दोतल्ला, दुपट्टा, दुपल्ला, दुबारा, दुधारा, दुरंगा, दुलत्ती, दुसूती, दुहत्था** जैसे रूपों के प्रथम वर्ण को ह्रस्व किया गया है। इनसे हिन्दी भाषा की लय पहचानी जा सकती है। इनसे हिन्दी पर मध्यदेशीय भाषाई प्रभाव की कल्पना की जा सकती है। बांगरू में तीन दीर्घ वर्णों वाले शब्दों का वैसा व्यापक चलन नहीं है जैसा बँगला में, फिर भी उसे **खेताळा** (खेतवाला), **पाळङ्गा** (पैर लगूँ), **आज्याङ्गा** (आ जाऊँगा) जैसी वर्ण संयोजना से परहेज़ नहीं है।

कौरवी और मध्यदेशीय वर्ण संयोजन पद्धतियों का भेद प्रेरणार्थक क्रिया रूपों की रचना में साफ़ दिखाई देता है। संस्कृत और हिन्दी की प्रेरणार्थक क्रियापद रचना के भेद के बारे में वाजपेयी जी ने **पठ्** धातु का उदाहरण देते हुए लिखा है : "संस्कृत में प्रथम ह्रस्व स्वर दीर्घ हो जाता है—'पठति'—का 'पाठयति' और हिन्दी में अन्त्य स्वर दीर्घ होता है—'पढ़ता है' से 'पढ़ाता है'।" (**हिन्दी शब्दानुशासन**, पृ० ४६४)। इस भेद का कारण दो वर्ण संयोजन पद्धतियों का भेद है। हिन्दी में **पढ़** जैसी क्रिया का प्रथम वर्ण लघु है, तब सीधे **पढ़ा** रूप बना लिया जायगा किन्तु यदि पहला वर्ण दीर्घ है तो उसे ह्रस्व कर लिया जायगा। वाजपेयी जी ने **बांधता-बँधवाता, सोता-सुलाता, जीता-जिलाता** आदि उदाहरण दिये हैं। हिन्दी में किसी व्यंजन के आगम के बिना भी प्रेरणार्थक रूप बनाया जाता है जैसे **लड़ता** से **लड़ाता, चलता** से **चलाता, करता** से **कराता** आदि। इनमें **व्** का आगम करके एक और रूप **लड़वाता, चलवाता, करवाता** भी बनता है। **लड़ाता** में **लड़ता** की अपेक्षा कर्तृभाव शिथिल है किन्तु निष्क्रिय नहीं है, **लड़वाता** में वह भाव और भी शिथिल है, मुख्य भूमिका उनकी है जिन्हें लड़ने की प्रेरणा दी जा रही है। जहाँ क्रिया का प्रथम वर्ण दीर्घ है, वहाँ उसे ह्रस्व करके हिन्दी में कर्ता को क्रिया के प्रति तटस्थ कर दिया जाता है। आदमी **रोटी सेंकता है, रोटी सिंक रही है; आदमी पेड़ काट रहा है, पेड़ कट रहा है; आदमी कुत्ता पालता है, कुत्ता पलता है। रोकना** और **रुकना, टालना** और **टलना, मोड़ना** और **मुड़ना** आदि में वैसा ही भेद है जैसा संस्कृत के **श्रोत्र** और **श्रुत** में है। कहीं-कहीं ऐसा भेद मानक हिन्दी की अपेक्षा उसकी जनपदीय उपभाषाओं में अधिक सुरक्षित है। मानक हिन्दी में **जलना** के साथ **जलाना** है, **जालना** नहीं है किन्तु अवधी में **जरत** के साथ **जारत; बरत** के साथ **बारत** रूप हैं। वाजपेयी जी ने **काटना, बांधना, देखना** आदि के समकक्ष **कटना, बंधना, दिखना** आदि को अकर्तृक प्रयोग कहा है, **कटाना-कटवाना, बँधाना-बँधवाना, दिखाना-दिखलाना** को प्रेरणा-प्रयोग कहा है। मूल क्रियारूप **काटना, बांधना, देखना** को माना है।

काटना से जब **कटाना** रूप बनायेंगे तब हिन्दी की ध्वनिप्रकृति के अनुरूप मूल क्रिया का प्रथम वर्ण ह्रस्व होगा। यदि **कट** और **काट** के पूर्व रूप **कर्त** पर ध्यान दें तो विदित होगा कि इससे **कट** और **काट** दोनों रूप व्युत्पन्न होंगे, **कट** में व्यंजन लोप के बाद क्षतिपूर्ति नहीं हुई, **काट** में क्षतिपूर्ति हुई और प्रथम वर्ण का स्वर दीर्घ हुआ। जैसे **सत्य** से **सच** और **सांच (सांच को आंच क्या)**; **कल्य** से **कल** और अवधी **कालिह**, **भद्र** से

भल और बँगला भाल रूप बने, वैसे ही कर्त से कट और काट, बंध से बँध और बांध, दश क्रिया के आधार पर बने दक्षते, दिदक्षते जैसे रूपों के दक्ष से दिख और दीख दो तरह के रूप व्युत्पन्न होते हैं।

जैसे सो क्रिया में ल् जोड़कर सुला रूप बना, वैसे ही संस्कृत की पा क्रिया में ल् जोड़कर पालयति रूप बना। अन्तर यह है कि संस्कृत रूप में ल् के आगम से प्रथम वर्ण ह्रस्व नहीं हुआ, हिन्दी में वह ह्रस्व हो गया। संस्कृत में बोधयति, बर्धयति आदि प्रेरणार्थक रूपों के लिए बरो ने लिखा है कि बुध्, वृध् आदि धातुओं के ह्रस्व को गुण द्वारा दीर्घ किया गया है। यदि बोधति, बर्धते रूपों पर ध्यान दें तो विदित होगा कि जहां प्रेरणा भाव नहीं है, वहां भी धातु का प्रथम वर्ण दीर्घ किया गया है। यदि यह माना जाय कि बुध और बोध्, वृध् और बर्ध् दो तरह के क्रिया-रूपों का चलन था तो स्पष्ट होगा कि प्रेरणार्थक से दिखने वाले रूप सर्वत्र प्रेरणार्थक हैं नहीं। पालयति का अर्थ है : रक्षा करता है, न कि रक्षा करवाता है। इसी प्रकार मादयति का अर्थ है : नशा करता है, न कि नशा करवाता है।

यदि कट और काट दोनों धातुओं को स्वतंत्र माना जाय तो इससे यह सिद्ध नहीं होता कि मूल धातु के दीर्घ स्वर को ह्रस्व किया ही नहीं जाता। सोता-सुलाता, जीता-जिलाता, खेलता-खिलाता में स्वर को ह्रस्व करने की रीति दिखाई देती है; उसकी पुष्टि अन्य प्रकार की शब्द रचना से भी होती है। साठ से सठिग्राना, लात से लतिआना, आग से अगियाना, भूठ से भुठलाना, खाता से खतिआना, छाती से छतियाना, जूता से जुतियाना, गारी (गाली) से गरियाना, पत्थर से पथराना, आदि रूपों में प्रथम वर्ण ह्रस्व किया गया है। जहाँ मूल शब्द में गुरु-लघु वर्णों की योजना थी, वहाँ तो साठ से सठिया जैसा सगणपद्धति वाला रूप आसानी से बन गया; जहां मूलशब्द में दोनों वर्ण गुरु थे, वहाँ दोनों को लघु करके पुनः उसी सगण व्यवस्था के अनुरूप छाती से छतिया धातु रची गई। जहाँ एक गुरु और दो लघु वर्ण थे, वहाँ पहले को ह्रस्व किया, दूसरे को यथावत् रहने दिया, तीसरे में प्रत्यय जोड़कर फिर वैसा ही—पत्थर से पथरा—रूप बनाया। यह कज्जल से कजरा बनाने वाली पद्धति ही है।

शब्द-रचना में सगण व्यवस्था का सर्वत्र ध्यान रखा जाय, यह आवश्यक नहीं है। महत्वपूर्ण बात है प्रथम वर्ण के दीर्घ स्वर का ह्रस्व होना। जब किसी नाम शब्द से हिन्दी में दूसरा नाम शब्द बनाते हैं, तब इसी प्रकार प्रथम वर्ण को ह्रस्व करते हैं। घाट, बाट, घास से घटवार, बटमार, घसिआरा शब्द इसी तरह बनाते हैं। लाला से ललाइन, पांड़े से पँड़ाइन, ठाकुर से ठकुराइन इसी प्रकार सिद्ध हैं। पांच, हाथ, काठ से पँचमेल, हथकंडा, कठपुतला जैसे समस्त पद रचे जाते हैं। आधा, दाढ़ी, घोड़ा में नये शब्द जोड़ते समय दोनों वर्णों को ह्रस्व करके अधाका, दहिजार, घुड़दौड़, घुड़साल, घुड़चढ़ी, घुड़सवार जैसे पद बनाये जाते हैं।

शब्द-रचना की सगण-व्यवस्था कुछ क्रियारूपों में जनपदीय उपभाषाओं की अपेक्षा मानक हिन्दी में अधिक प्रतिफलित है। अवधी में बाढ़त है, पाकत है लागत है,

जागत है रूप हैं तो मानक हिन्दी में इनके समकक्ष **बढ़ता है**, **पकता है**, **लगता है**, **जगता है** रूप हैं। सगण व्यवस्था न हो, तो भी मानक हिन्दी में अनेक रूप ऐसे हैं कि प्रथम वर्ण ह्रस्व है किन्तु अवधी प्रतिरूप में वही वर्ण दीर्घ है यथा अवधी **जारत है** (या बारत है) के समकक्ष मानक हिन्दी में **जलाता है** रूप है। अनेक रूपों में बांगरू प्रथम वर्ण को दीर्घ रखती है किन्तु मानक हिन्दी लघु वर्ण वाला रूप अपनाती है यथा बांगरू में क्रिया रूप होगा **चालै सै**, मानक हिन्दी में **चलता है**। अवधी और ब्रजभाषा के **ठाढ़** के समकक्ष मानक हिन्दी में **खड़ा** रूप है। एक ही मूल शब्द से दो तरह की वर्ण संयोजन पद्धतियों के अनुकूल दो तरह के रूप बने; कहीं मानक हिन्दी ने, कहीं जनपदीय भाषाओं ने इन रूपों का यथावश्यक प्रयोग किया।

वर्ण संयोजन की अनेक पद्धतियाँ हैं। इनमें एक वह है जो प्रथम वर्ण के उच्चारण में ज़ोर पड़ता हो तो उसे हलका करती है। यह पद्धति अत्यन्त प्राचीन है, वह कौरवी-मागधी पद्धति से भिन्न है, वह मूलतः मध्यदेशीय है और हिन्दी शब्दों का रूप सँवारने में उसकी महत्वपूर्ण भूमिका रही है। वर्ण संयोजन पद्धतियों का संबंध जनपदीय भाषाओं की लय से है। यह लय किसी जनपद में रहने वाली जनता के सौन्दर्य-बोध की अभिव्यक्ति है। शब्दों की रचना केवल अर्थबोध से नियमित नहीं होती; उसका नियमन सौन्दर्य बोध से भी होता है। जातीय भाषा का निर्माण अनेक जनपदीय तत्वों के मेल से होता है; इसलिए स्वभावतः मानक हिन्दी में अनेक वर्ण संयोजन पद्धतियों का समन्वय हुआ है। इस समन्वय का अध्ययन करने से इस स्थापना की पुष्टि होती है कि मानक हिन्दी का विकास अनेक जनपदीय भाषाओं के परस्पर संपर्क का परिणाम है। वर्ण संयोजन पद्धतियां प्राचीन आर्यगण भाषाओं के समय से चली आ रही हैं। यही कारण है कि उनमें कुछ यूरुप की भाषाओं में भी दिखाई देती हैं। वर्ण संयोजन-पद्धति भाषा का आन्तरिक सूक्ष्म तत्व है। उसके विवेचन से यूरुप और भारत की भाषाओं का संबन्ध पहचानने में भी सहायता मिलती है।

परिशिष्ट-२

अतिरिक्त महाप्राणता की समस्या

संस्कृत के कुछ शब्दों में अल्पप्राण ध्वनि है, उनके पालि-प्राकृत अथवा आधुनिक आर्यभाषा प्रतिरूपों में महाप्राण ध्वनि है जैसे संस्कृत **परशु** का पालि प्रतिरूप **फरसु** है, अर्ध मागधी प्राकृत में यही रूप है, हिन्दी **फरसा** में भी संस्कृत के अल्पप्राण **प्** के स्थान पर महाप्राण **फ्** है। ऐसी स्थिति में हम यह मान लेते हैं कि संस्कृत रूप की अल्पप्राण ध्वनि मूल शब्द की ध्वनि है; अन्य प्रतिरूपों में अतिरिक्त महाप्राणता बाद में जोड़ी गई है। कुल मिलाकर यह धारणा सही है; कुछ प्राकृतों के अलावा इंडो-यूरोपियन परिवार के ईरानी, केल्त आदि भाषा-समुदायों में भी यह प्रवृत्ति दिखाई देती है। किन्तु कभी-कभी ऐसा भी होता है कि संस्कृत के अल्पप्राण ध्वनियों वाले रूप मूल नहीं हैं; मूल रूपों में महाप्राण ध्वनि थी और वह पालि-प्राकृत आदि के प्रतिरूपों में सुरक्षित है, संस्कृत रूपों में उसे अल्पप्राण किया गया है। कभी-कभी अल्पप्राण और महाप्राण ध्वनियों वाले दोनों रूप संस्कृत में ही मिल जाते हैं जैसे **घर्म** और **ग्रीष्म**। जलने-चमकने का अर्थ देने वाली **घर्** क्रिया से **घर्म** शब्द बना; महाप्राणता का लोप होने पर **घर्** के रूपान्तर **गर्** से फारसी **गर्म** बना और वर्ण संकोच से **गर्** के रूपान्तर **ग्र** से रूसी **ग्रेत्** (गरमाना), संस्कृत **ग्रीष्म** रूप बने। यदि संस्कृत में **घर्म** रूप सुलभ न होता तो **ग्रीष्म** के साथ **ग्रेत्** और **गर्म** का समीकरण स्थापित करके विद्वान् कहते कि हिन्दी **घाम** के प्रथम वर्ण में अतिरिक्त महाप्राणता जोड़ी गई है, मूल क्रिया **गर्** है, **र्** के संसर्ग से **ग्** को महाप्राण कर दिया गया है। इसलिए यदि संस्कृत रूप में अल्पप्राण ध्वनि हो और अन्य आर्य भाषाओं के प्रतिरूपों में महाप्राण ध्वनि हो, तो इसे स्वतः सिद्ध सत्य न मान लेना चाहिए कि मूल रूप में अल्पप्राण ध्वनि ही थी, उसके प्रतिरूपों में अतिरिक्त महाप्राणता जोड़ी गई है। संस्कृत रूप की अल्पप्राण ध्वनि चाहे अघोष हो चाहे सघोष, यदि उसके प्रतिरूपों में महाप्राण ध्वनि है, तो इन प्रतिरूपों पर विशेष ध्यान देना चाहिए। यदि प्रतिरूपों में अतिरिक्त महाप्राणता नहीं जोड़ी गई, यदि विवेचन से सिद्ध यह होता है कि महाप्राणता मूल रूप में ही थी, संस्कृत रूप में उसे अल्पप्राण किया गया है, तो यह तथ्य आधुनिक आर्य भाषाओं का, और स्वयं संस्कृत का, विकास समझने में सहायक होगा, संस्कृत से

आधुनिक आर्य भाषाओं का संबन्ध समझने में सहायक होगा।

पहाड़ की चोटी, बैल की गर्दन के पास उठे हुए कूबड़ के लिए संस्कृत में **ककुद** रूप है, पालि में इसका प्रतिरूप **ककुध** है। पालि रूप में अतिरिक्त महाप्राणता नहीं जोड़ी गई, **ककुध** मूल रूप है, संस्कृत रूपान्तर में महाप्राणता का लोप हुआ है। इस तथ्य का बोध हमें इस बात से होता है कि संस्कृत में **ककुद** का समानार्थी रूप **ककुभ** है जहां अन्तिम वर्ण में महाप्राणता विद्यमान है। पिशेल ने **ककुध** के प्रसंग में **ककुभ** का स्मरण करते हुए उसे **ककुध** का समानान्तर रूप बिलकुल ठीक कहा है। उन्होंने बताया है कि प्राकृत रूप **कउह** का आधार **ककुध** है, कुछ प्राकृतों में **ककुध** रूप मिलता भी है। प्राकृतों का मानक रूप हुआ **कउह**; बोली-रूप हुआ **ककुध**! पर बोली-रूप ही पुराना है, वह मानक रूप **कउह** का पूर्वरूप है। **कउह** का आधार **ककुद** नहीं, **ककुध** है।

कुध् और **कुभ्** दो समानार्थी क्रिया रूप थे, एक **ध्** केन्द्र का, दूसरा **भ्** केन्द्र का। प्रथम वर्ण के व्यंजन की आवृत्ति से **ककुध** और **ककुभ** रूप बने। **ककुभ** के अन्तिम वर्ण में महाप्राणता बची रह गई; **ककुध** में उसका लोप हो गया।

प्राकृतों में संस्कृत **दीप्यते** का एक प्रतिरूप **दिप्पइ** है, दूसरा **धिप्पइ**। **धिप्पइ** के प्रथम वर्ण में अतिरिक्त महाप्राणता है या **दीप्यते** में मूल रूप की महाप्राणता का लोप हुआ है? इस प्रश्न का उत्तर देने में कुछ ग्रीक रूपों से सहायता मिलती है। संस्कृत **देव** का लैटिन प्रतिरूप तो **दॅउस्** है किन्तु ग्रीक प्रतिरूप **थॅओस्** है। क्या यह मानें कि संस्कृत-लैटिन रूपों का **द्** पहले अघोष हुआ, फिर उसमें अतिरिक्त महाप्राणता जोड़ी गई, इस तरह ग्रीकरूप **थॅओस्** सुलभ हुआ? अथवा यह मानें कि मूल रूप **धेव** था, **देव** और **थॅओस्** दोनों उसके विकास हैं? ग्रीक भाषा सामान्यतः सघोष महाप्राण ध्वनियों वाले भारतीय शब्दों को ग्रहण करते समय उनकी महाप्राणता बनाये रहती है, अघोषता का लोप करती है। जैसे संस्कृत क्रिया है **धाव्**, इसका ग्रीक प्रतिरूप है **थॅओ** (दौड़ना)। यह परिवर्तन वैसा ही है जैसा चूलिका पैशाची में संस्कृत **वसुधा** का रूपान्तर **वसुथा** है। ग्रीक भाषा से सघोष महाप्राण ध्वनियों के रूपान्तरण की सामान्य प्रकृति को ध्यान में रखें तो प्रतीत होगा कि **थॅओस्** का पूर्वरूप **धॅओस्** था। प्राकृत रूप **धिप्पइ** से इस प्रतीति की पुष्टि होती है। **धिप्**, **धिव्** जैसे क्रियारूपों के आधार पर **दीप्यते**, **देव**, **दॅउस्**, **थॅओस्**, **दिप्पइ**, **धिप्पइ** रूपों का निर्माण हुआ। **धिप्पइ** रूप अतिरिक्त महाप्राणता के संयोग का परिणाम नहीं है।

पिशेल ने संस्कृत **कपाल** का अर्धमागधी प्रतिरूप **कभल्ल** दिया है। **कपाल** का ग्रीक प्रतिरूप **कॅफले** है। **कॅफले** के **फ्** की महाप्राणता उसके पूर्वरूप **भ्** की सूचना देती है। अतः प्राकृत **कभल्ल** में मूल रूप का भ् सुरक्षित है; **कपाल** के **प्** को सघोष करके, फिर अतिरिक्त महाप्राणता जोड़कर उसे नहीं रचा गया।

सुपरिचित शब्द **भरत** का एक प्राकृत प्रतिरूप **भरह** है। इसे देख कर ऐसा लगेगा कि किसी प्राकृत में मध्यवर्ती **त्** ध्वनि **ह्** में परिवर्तित हुई है। किन्तु पिशेल का कहना है कि **भरह** का पूर्वरूप **भरथ** है जो **भरत** का रूपान्तर है। इसका अर्थ यह हुआ

कि त् ध्वनि सीधे ह् में नहीं बदल सकती, उसे थ् की मंजिल पार करनी होगी। पिशेल ने बताया है कि **भरध** रूप भी प्राप्त है; इससे पता चलता है कि **भरह** का आधार **भरथ** था। **भरथ** रूप पालनकर्ता के अर्थ में संस्कृत में भी प्राप्त है।

यदि **भरत** को मूल रूप माना जाय तो कहना होगा कि पहले अतिरिक्त महाप्राणता के योग से **भरथ** रूप बना, फिर अतिरिक्त सघोषता के योग से **भरध** रूप प्राप्त हुआ। यहाँ **भरध** के समकक्ष **मगध** को याद करें। कोई नहीं कहता कि **मगध** का मूल रूप **मगत** था; त् में अतिरिक्त महाप्राणता, पुन: अतिरिक्त सघोषता के योग से **मगध** रूप बना। **मगध** और **भरत** मिलते जुलते रूप हैं, यह उनके निर्माण की अर्थ-प्रक्रिया से समझ में आयेगा। दोनों गणवाचक शब्द हैं; दोनों के आधारभूत रूप—**मग** और **भर**—युवा, पुत्र और योद्धा का अर्थ देते हैं। **मग** का पुत्र वाला अर्थ द्रविड़ और केल्त भाषाओं में अब भी बना है; संस्कृत **भर** का अर्थ युद्ध है, वह **भर** के योद्धा वाले भाव की ओर संकेत करता है। सिन्धी **बरो** पुत्र के अर्थ में प्रयुक्त होता है। यूरुप की भाषाओं में सिन्धी **बरो** का प्रतिरूप गाथिक **बार्न्** (बच्चा) है। इस प्रकार गणवाचक शब्दों की निर्माण-प्रक्रिया में **मग** और **भर** की संगति बैठती है। **मग** में स्थान वाचक प्रत्यय **ध** जोड़ कर **मगध** रूप बनाया गया; ठीक इसी प्रकार **भर** में **ध** जोड़ कर **भरध** रूप बनाया गया। **भरध** के अन्तिम वर्ण की महाप्राणता और सघोषता दोनों के लोप से **भरत** रूप बना, न कि भरत के **त्** में अतिरिक्त महाप्राणता और सघोषता के योग से **भरध** रूप बना। **भरत** मूलत:, **मगध** के समान, जनपद सूचक शब्द था; **भरत** और **मगध** दोनों शब्द आगे चल कर जनपदवासियों के लिए प्रयुक्त होने लगे, ठीक वैसे ही जैसे कशगण का जनपद **कश्मीर** संस्कृत में वहां के निवासियों के लिए प्रयुक्त होने लगा।

भरत से **भारत** शब्द बना। इसका पूर्वरूप **भारध** था, यह मागधी प्राकृत के **भालध** रूप से सिद्ध है। अत: पुरानी अवधी के **करहि, जाहि** आदि क्रिया रूपों के आधार **करधि, जाधि** जैसे रूप हैं; संस्कृत **करोति, याति** के आधार होंगे **करोधि, याधि**। अवधी **करहि** का पूर्वरूप **करोति** नहीं है।

संस्कृत क्रिया **हन्** का आज्ञार्थी एकवचन रूप **जहि** है। **हन्** का पूर्वरूप **घन्** है जो **घात** जैसे शब्दों में प्राप्त है। **घ्** का तालव्यीकरण होगा तो **झ्** ध्वनि प्राप्त होगी, **ज्** नहीं। **जहि** का पूर्वरूप होगा **झहि**; **झ्** की महाप्राणता का लोप होने पर **जहि** रूप बनेगा। मैकडनल ने वैदिक भाषा के अपने व्याकरण **वेदिक ग्रामर** में ध्वनितंत्र का विवेचन करते हुए बताया है कि प्रत्यय में महाप्राण ध्वनि हो तो शब्दमूल की महाप्राण ध्वनि बनी रहती है, अल्पप्राण नहीं होती, यथा **विभु** शब्दमूल में **भिस्** प्रत्यय जोड़ा गया तो **विभुभिस्** रूप बना। फिर कहते हैं कि इसके दो अपवाद हैं : **भू** क्रिया से आज्ञार्थी रूप **बोधि** बनता है, न कि **भोधि** या **भूधि**, और **हन्** क्रिया से **झहि** के बदले आज्ञार्थी रूप **जहि** बनता है।

यदि प्राकृतों में **झहि** रूप मिलता और संस्कृत में **जहि**, तो भाषाविद् यही कहते कि ज् में अतिरिक्त महाप्राणता के योग से प्राकृत रूप **झहि** बना है। किन्तु **हन्**

का पूर्वरूप घन् असंदिग्ध है; घ् का तालव्य रूपान्तर झ् होगा, ज् नहीं, यह तथ्य भी असंदिग्ध है। अतः **जहि** का पूर्वरूप **झहि** था, इसमें सन्देह नहीं रह जाता।

प्राकृत शब्दकोष **पाइअसद्दमहण्णवो** में एक 'देश्य' शब्द है **झत्थ** जिसका अर्थ है नष्ट। स्पष्ट ही इसका आधार वही घन् क्रिया है; देश्य रूप ने घ् के रूपान्तर झ् में सघोषता और महाप्राणता की रक्षा की।

उसी कोष में अन्य रूप है **झवणा** जिसका अर्थ है नाश। **झवणा** और **झत्थ** परस्पर संबद्ध हैं किन्तु **झवणा** देश्य नहीं है, उसे **क्षपणा** का प्राकृत रूपान्तर माना गया है। **क्षपणा** की **क्षप्** क्रिया स्वयं **घप्** का रूपान्तर है। घ् का मूर्धन्य रूपान्तर है क्ष्, तालव्य रूपान्तर है झ्।

संस्कृत **जन** का एक अवधी प्रतिरूप है **झन**। यह छत्तीसगढ़ी-बघेली क्षेत्रों में बोला जाता है। इन क्षेत्रों में ज् ध्वनि से आरंभ होने वाले शब्दों की संख्या लगभग वही है जो हिन्दी के अन्य क्षेत्रों में। इसलिए यह समझना कठिन है कि अकारण **जन** के ज् को ही महाप्राण क्यों कर दिया गया। जन समूहवाचक शब्द है, वैसे ही **गण** भी समूहवाचक है। ये दोनों शब्द परस्पर असंबद्ध नहीं जान पड़ते। संस्कृत में एक अन्य शब्द **घन** भी समूहवाचक है; इसका एक अर्थ साधारण जन भी है। **घन** के **घ्** का तालव्यीकरण हुआ, तब अवधी का **झन** रूप बना; **झन** के **झ्** की महाप्राणता का लोप हुआ, तब **जन** रूप बना; **घन** के घ् की सघोषता का लोप हुआ तो **गन**—ग् के मूर्धन्य उच्चारण के कारण **गण**—रूप बना। अर्थ प्रक्रिया और ध्वनितंत्र, दोनों ही की दृष्टि से **घन**, **झन**, **जन**, **गण** शब्द परस्पर संबद्ध प्रमाणित होते हैं। **जन** के **ज्** में अतिरिक्त महाप्राणता जोड़ने से **झन** रूप का निर्माण नहीं हुआ।

घन के समान एक समूहवाचक संस्कृत शब्द **घटा** है। सघनता का भाव दिखाने के लिए संस्कृत **जटिल** का प्राकृत प्रतिरूप **झडिल** है। जैसे **झन** और **जन** का पूर्वरूप **घन** है, वैसे ही **झडिल** और **जटिल** का पूर्वरूप **घटिल** होगा। संस्कृत **चूडा**, हिन्दी **जूड़ा**, गुजराती **झुड़ो**, सिन्धी **झूड़ो** का एक ही अर्थ है। यहाँ भी यह नहीं कहा जा सकता कि **च्** या **ज्** में महाप्राणता के योग से **झ्** वाले रूप बने हैं।

संस्कृत **तृप्यते** का प्राकृत प्रतिरूप **थिप्पइ** है। यहाँ माना जा सकता है कि **ऋ** के संसर्ग से **त्** ध्वनि **थ्** में बदल गई है। सिन्धी में **तृप्त** होने का अर्थ देनेवाली **ढ्रापणु** क्रिया है। यहाँ **र्** बना हुआ है, और उसके साथ की **ढ्** ध्वनि महाप्राण ही नहीं, सघोष भी है। इससे तुलनीय है प्राकृत रूप **धणि** (तृप्ति) जिसका पूर्वरूप **पाइअसद्दमहण्णवो** के अनुसार **ध्राणि** है। **ध्राणि** (ध्रापणि, ध्रावणि, ध्राणि) और **ढ्रापणि** का एक ही आधार **धृप्** जैसी क्रिया जान पड़ती है। पानी, पीने की क्रिया और तृप्ति, तीनों में गहरा संबन्ध है। संस्कृत **तीर्थ** में शब्द मूल **तीर्** जलवाचक है। **तृषा** और **तृप्ति** इससे संबद्ध हैं। संस्कृत क्रिया **धे** का अर्थ दूध पिलाना, पोषण करना है; इसीलिए दूध देने वाली गाय **धेनु** है। हिन्दी **धाय** वह स्त्री है जो दूसरे के बच्चे को दूध पिलाती है। एक **धाय** रूप प्राकृत में है जिसका अर्थ है तृप्त; कोष के अनुसार उसका पूर्वरूप **ध्रात** है। पालि

प्रतिरूप **धात** का अर्थ भी तृप्त है। पालिकोश के संपादकों राइस डेविड्स और विलियम स्टीड के अनुसार मूल क्रिया **धयति** थी; इसके रूपान्तर **धाति** (पीता है) का प्रेरणार्थक रूप **धापयति** बना। **धय्** और **धर्**, **धॅय्** और **धॅर्** दोनों मूलरूप हो सकते हैं; दोनों में किसी के भी आधार पर संस्कृत की **धे** क्रिया बन सकती है। **धॅर्** के रूपान्तर **तॅर्** से **तृप्** क्रिया बनेगी। प्राकृत **थिप्पइ** और सिन्धी **ढ्रापणु** का आधार **धॅर्**, **धर्** क्रियामूल हैं; **तप्** के **त्** में अतिरिक्त महाप्राणता नहीं जोड़ी गई।

संस्कृत **हृदय** का सिन्धी प्रतिरूप **हिर्दो** कृदन्त जान पड़ता है। **सर्**, **सॅर्**, **सॉर्**, ऐसे तीन रूपों में एक ही क्रिया का व्यवहार होता था, इसका प्रमाण ग्रीक **कर्दिय़**, रूसी **सॅर्द्त्सॅ** और लैटिन **कॉर्दिस्** हैं। ये सब **हृदय** के प्रतिरूप है। संस्कृत **श्रद्धा** के **श्रद्** (सत्य, आस्था) का आधार **सर्** है, **हृदय** के **हृद्** का आधार **सॅर्** है। गतिसूचक **सर्** क्रिया में **ध** प्रत्यय लगने पर **सर्ध** रूप बनेगा; तालव्यीकरण और वर्णसंकोचन से **श्रध**, फिर महाप्राणता के लोप से **श्रद** रूप बनेगा। **स्** के **ह्** में बदलने पर **सॅर्** क्रिया से सिन्धी का **हिर्दो** रूप निर्मित होगा।

प्राकृत **घत्थ** का पूर्वरूप, कोश के अनुसार, **ग्रस्त** है; ग्रहण करने का अर्थ देने वाली **ग्रह्** क्रिया से अन्य रूप **घे** तथा **घत्त** बनते हैं। मान्यता यह है कि **र्** के संसर्ग से **ग्** में महाप्राणता जुड़ गई है किन्तु प्राकृत **घिंसु** (ग्रीष्म) के लिये यह कहना कठिन होगा कि **ग्रीष्म** के **ग्** में महाप्राणता के योग से यह रूप बना। **घर्म** का **घर्**, **ग्रीष्म** के **ग्रे** (अर्थात् **गर्**) का पूर्वरूप है। संस्कृत में एक **घृ** क्रिया का अर्थ है गीला करना और दूसरी **घृ** का अर्थ है जलना, चमकना। **घृ** का वैकल्पिक रूप **घृण्** भी है; **घृण** का अर्थ हुआ ऊष्मा। प्राकृत **घिंसु** का संबन्ध इस **घृण्** से है; **ग्रीष्म** की **ग्री** क्रिया उक्त **घृ** का रूपान्तर है (**ग्रीष्म** का संबन्ध **ग्रस्** से नहीं है)। जैसे **घ्** की महाप्राणता का लोप होने पर **ग्रीष्म** का **ग्** प्राप्त हुआ, वैसे ही **घृध्**, **घ्रध्** के **घ्** की महाप्राणता का लोप होने पर **गृध्**, **ग्रह्** जैसे रूप प्राप्त होंगे। दो महाप्राण ध्वनियों के एक साथ होने पर पहली को अल्पप्राण करने की प्रवृत्ति संस्कृत में व्यापक है। प्राकृत **घे**, मराठी उड़िया **घेनि**, मराठी **घेणें** और प्राकृत **घत्त**, **घत्थ** में प्राचीन क्रिया की मूल महाप्राण ध्वनि बनी हुई है।

प्राकृत **घंघ** (घर) देश्य कहा गया है; कोशकारों को इसका संस्कृत पूर्वरूप मिला नहीं। जलने-चमकने का अर्थ देने वाली **घृण्** क्रिया का एक संस्कृत प्रतिरूप **घण्** है। इस **घण्** से **घंघ** की व्याख्या हो जाती है। **घंघ** वह स्थान है जहाँ अग्नि रखी जाती है। **घ** स्थानवाचक प्रत्यय है और **घन्** का अर्थ होगा अग्नि। **घर्म** की **घर्** क्रिया का एक प्रतिरूप **घन्** होगा। प्राचीन आर्यभाषाओं में **स्**, **र्**, **न्** (अथवा **म्**) ध्वनियाँ एक दूसरे का स्थान ले लेती हैं। नासिक्य और अन्तस्थ, दोनों प्रकार की ध्वनियों में स्पर्श तत्व क्षीण है; इसी कारण एक के स्थान पर दूसरी का प्रयोग संभव होता है। वैदिक भाषा में **ऊधस्**, **ऊधन्**, **ऊधर्** (स्तन), तीनों रूपों का चलन था। **घर्** के प्रतिरूप **घन्** से **घंघ** रूप बनेगा। अर्थ प्रक्रिया वही है जो हिन्दी **घर**, संस्कृत **हर्म्य** और अंग्रेजी **हर्थ्** की है। **हर्म्य** और **हर्थ्** का **हर्** मूल क्रिया **घर्** का रूपान्तर है। ये तीनों शब्द निवास स्थान के

लिए इस कारण प्रयुक्त होने लगे कि इनका मूल उद्देश्य अग्नि स्थान की सूचना देना था और मनुष्य वहीं रहते थे (अर्थात् प्राचीन आर्य भाषाएँ बोलने वाले जन वहीं रहते थे) जहाँ वे अपनी पवित्र अग्नि स्थापित करते थे।

संस्कृत **गृह** का पूर्वरूप होगा **गृध**। अग्निवाचक घृ के रूपान्तर गृ में स्थानवाचक **ध** प्रत्यय लगने से **गृध** रूप बना; ध् के स्पर्शतत्व का लोप होने पर **गृह** प्राप्त हुआ। हिन्दी **घर** और संस्कृत **गृह** दोनों का मूल अर्थ है अग्निस्थान। जैसे **ग्रीष्म** के **गर्** का विकास **घर्म** के **घर्** से हुआ, वैसे ही **गृह** के **गृ** का विकास घृध के **घृ** से हुआ। हिन्दी **घर** संस्कृत **गृह** का तद्भव रूप नहीं है। **गृह** का पूर्वरूप **गृध** ही था, इसका संकेत वैदिक **गृभ** (घर) से मिलता है जहाँ **ध** का समकक्ष प्रत्यय **भ** प्रयुक्त हुआ है।

हिन्दी **धी** के प्राकृत प्रतिरूपों **धीश्रा** और **धूश्रा** (पुत्री) का आधार संस्कृत **दुहितृ** बताया गया है। संभवतः **ह्** के समीप होने से **द्** ने उसकी महाप्राणता आत्मसात् की किन्तु ग्रीक प्रतिरूप **थुगतेर्** की आदि स्थानीय ध्वनि महाप्राण है। इससे संकेत यह मिलता है कि संस्कृत-ग्रीक **दुह्-थुग्** शब्दमूलों का आधार **धुघ्** था। **दुहिता** का संबन्ध दूध दुहने या दूध पीने से हो चाहे न हो, संस्कृत में दुह् क्रिया के **दुघान** और **अधोक्** रूपों से उसके आधार **धुघ्** का बोध अवश्य होता है। **धुघ्** और उसके प्रतिरूप **धिघ्** से प्राकृत **धूश्रा, धीश्रा**, हिन्दी **धी**, बँगला **झी** का विकास हुआ।

अब तक जितने उदाहरण दिये गये हैं, उनमें अल्पप्राण ध्वनि संस्कृत रूप में है, महाप्राण ध्वनि इतर रूपों में। इनसे भिन्न कोटि के शब्द वे हैं जहाँ संस्कृत रूप में महाप्राण ध्वनि तो है किन्तु अघोष है, इतर रूपों में वह महाप्राण है, सघोष भी है। अनेक प्राकृतों में मध्यवर्ती स्पर्श ध्वनि को सघोष करने की प्रवृत्ति है, इसलिए बहुत से रूपों में मूल ध्वनि अघोष महाप्राण ही थी, प्राकृतों में उसे सघोष किया गया है, इसमें सन्देह नहीं। फिर भी सर्वत्र ऐसा हुआ है, इसमें सन्देह है। संस्कृत **यथा, तथा** के मागधी रूप **यधा, तधा** हैं। संस्कृत **अथ** का एक वैदिक प्रतिरूप **अध** भी है। या तो **थ्** को सघोष किया गया, तब **अध** रूप बना, या ध् को अघोष किया गया तब **अथ** रूप बना। **बहुधा** का संस्कृत रूपान्तर **बहुथा** भी स्वीकृत है। **सर्वदा** और **सर्वथा** परस्पर संबद्ध रूप हैं। संस्कृत में **थ्, द्, ध्** तीनों ध्वनियों वाले समानार्थी रूप मिलें तो इसमें सन्देह न होना चाहिए कि **ध्** ही मूल रूप की ध्वनि है। **ध** या **धा** देशकाल वाचक प्रत्यय है; **थ-था, द-दा** उसी के रूपान्तर हैं। अतः प्राकृत **यधा-तधा** मूलरूप हो सकते हैं। उनमें अतिरिक्त सघोषता का योगदान हुआ हो, यह आवश्यक नहीं है।

संस्कृत में अतिरिक्त महाप्राणता जोड़ने की प्रवृत्ति लगभग नहीं है; यह प्रवृत्ति अनेक प्राकृतों, सिन्धी जैसी कुछ आधुनिक आर्यभाषाओं और इंडोयूरोपियन परिवार के ईरानी-केल्त भाषा-समुदायों में है। सामान्यतः संस्कृत महाप्राण ध्वनियों की रक्षा करती है किन्तु उन्हें अल्पप्राण करने की प्रवृत्ति भी उसमें है। कभी-कभी मूल महाप्राण ध्वनियाँ पालि, प्राकृत और आधुनिक आर्य भाषाओं में मिल जाती हैं। जब-तब एक ही शब्द के अल्पप्राण-महाप्राण भेद संस्कृत में ही मिलते हैं। विभिन्न गण

समाजों में शब्दों के जैसे रूप बने, वैसे मानक भाषाओं में आ गये। रूपों की भिन्नता और विविधता का कारण अनेक आर्य भाषा केन्द्रों का अस्तित्व है; इन केन्द्रों के घनिष्ठ संपर्क के परिणामस्वरूप अन्तर्जनपदीय भाषा संस्कृत में इन विविध रूपों का समाहार हुआ। इस समाहार-प्रक्रिया में सभी रूप नहीं सिमट आये, कुछ छूट भी गये, और वे संस्कृत से भिन्न नयी पुरानी आर्य भाषाओं में मिलते हैं। ऐसा एक रूप **झन** है जो संस्कृत में नहीं है, पालि और प्राकृतों में नहीं है, किसी अपभ्रंश में नहीं है, आधुनिक आर्यभाषाओं में वह अवधी में प्राप्त है। उड़िया और पूर्वी बँगला में वह अवधी से पहुँचा है। इसके सहारे **घन-झन-जन-गण** का समीकरण स्थापित होता है। संस्कृत में कंठ्य ध्वनि का तालव्यीकरण हुआ, सघोष महाप्राण ध्वनि अल्पप्राण बनी, **ग्** के संसर्ग से **गण** में नासिक्य ध्वनि मूर्धन्य बनी, आदि-आदि तथ्य संस्कृत के विकास के अनेक पक्ष उजागर करते हैं और इनके सहारे हम प्राचीन आर्य भाषा केन्द्रों से आधुनिक आर्य भाषाओं का पेचीदा संबन्ध कुछ-कुछ समझ सकते हैं।

संस्कृत का विवेचन आधुनिक आर्य भाषाओं के विश्लेषण के लिए अनिवार्य है; इन आर्य भाषाओं का विश्लेषण भी संस्कृत के विवेचन में सहायक हो सकता है।

□ □

भारत के प्राचीन भाषा परिवार और हिन्दी

[खंड 2 : इंडोयूरोपियन परिवार की भारतीय पृष्ठभूमि]

भारत के प्राचीन भाषा परिवार और हिन्दी

[खंड 2 : इंडोयूरोपियन परिवार की भारतीय पृष्ठभूमि]

रामविलास शर्मा

राजकमल प्रकाशन

ISBN : 978-93-90971-54-1

मूल्य : ₹ 2800
(तीन खंडों का सेट)

पहला संस्करण : 1980
छठा संस्करण : 2019

प्रकाशक : राजकमल प्रकाशन प्रा.लि.
1-बी, नेताजी सुभाष मार्ग, दरियागंज
नई दिल्ली-110 002

शाखाएँ : अशोक राजपथ, साइंस कॉलेज के सामने, पटना-800 006
पहली मंजिल, दरबारी बिल्डिंग, महात्मा गांधी मार्ग, प्रयागराज-211 001
36-ए, शेक्सपियर सरणी, कोलकाता-700 017

वेबसाइट : www.rajkamalprakashan.com
ई-मेल : info@rajkamalprakashan.com

मुद्रक : बी.के. ऑफसेट
नवीन शाहदरा, दिल्ली-110 032

BHARAT KE PRACHEEN BHASHA PARIVAR AUR HINDI-2
A philological study by Dr. Ram Bilas Sharma

दूसरे संस्करण की भूमिका

पुस्तक के इस दूसरे खंड में इंडोयूरोपियन परिवार की भारतीय पृष्ठभूमि का विवेचन है। इस विवेचन की पुष्टि पुरातात्विक सामग्री से होती है। यहाँ मैं उसकी ओर संकेत भर कर देता हूँ।

दूसरी सहस्राब्दी ई० पू० के मध्य में उत्तर भारतीय भूखंड में एक विकट भूगर्भीय परिवर्तन हुआ —सरस्वती ने अपना जल मार्ग बदल दिया। यह बहुत चौड़े पाट की नदी थी, हरियाणा, पूर्वी पंजाब, उत्तरी राजस्थान और पश्चिमी सिंध को सींचती हुई समुद्र में जा मिलती थी। इसका जलहीन होना हड़प्पा सभ्यता के ह्रास का मुख्य कारण था। समृद्ध नगरों के उजड़ने से यहाँ के निवासियों का देश के बाहर निकलना स्वाभाविक था। उस समय (वर्तमान) इराक में मितन्नी और (वर्तमान) तुर्की में हित्ती राज्यों की स्थापना हुई। इन राज्यों में इंडोयूरोपियन परिवार की जो प्राचीन भाषाएं मिली हैं, उनका स्रोत भारत की गण (अथवा जन) भाषाएँ हैं। हित्ती-मितन्नी राज्यों की भाषाओं के अतिरिक्त यूनान और इटली की भाषाएँ भारतीय प्रभाव ग्रहण करती हुई इस समय विकसित हुईं। प्रवासी भारतीयों की एक धारा ईरान होती हुई दक्खिनी रूस पहुँची और इस प्रकार भारतीय प्रभाव ग्रहण करती हुई स्लाव समुदाय की भाषाएँ विकसित हुईं।

हड़प्पा सभ्यता के ह्रासकाल में सरस्वती जलशून्य हो रही है किन्तु **ऋग्वेद** में वह जल से भरपूर है। इससे सिद्ध यह हुआ कि **ऋग्वेद** की रचना हड़प्पा सभ्यता के ह्रास से पहले हुई, उस सभ्यता के ह्रास से आर्यों के 'आक्रमण' को कुछ लेना-देना नहीं था। प्राचीन इराक की सुमेरी सभ्यता से हड़प्पा के व्यापारियों का गहरा संबंध था। पुस्तक के सातवें अध्याय में सुमेरी भाषा और भारत संबंधी जो विवेचन है, उसकी पुष्टि हड़प्पा और सुमेर के व्यापारिक संबंधों से होती है। इन संबंधों के विकास के दौरान किसी समय वैदिक शब्द **अप्सु** हड़प्पा होता हुआ सुमेर पहुँचा। **ऋग्वेद** में यह सप्तमी बहुवचन रूप है, सुमेरी में वह कर्ता एकवचन रूप है। **ऋग्वेद** में **अपः** पवित्र जलदेवियां हैं, माताएं हैं; सुमेर में **अप्सु** पवित्र जल देवता है। सुमेरी तथा भारतीय आर्यभाषाओं में जो समानताएं हैं,

उनकी व्याख्या हड़प्पा-सुमेर संबंधों से होती है; ये समानताएं यह भी सिद्ध करती हैं कि हड़प्पा क्षेत्र में आर्य समुदाय की भाषाएँ बोली जाती थीं।

पुस्तक के सातवें अध्याय में सामी भाषा परिवार और भारत संबंधी विवेचन की पुष्टि भी पुरातात्विक सामग्री से होती है। फलस्तीन और उसके पड़ोसी क्षेत्रों में किसी समय भारतीय सामन्त राज्य करते थे। वे मिस्र के सम्राट् के अधीन थे। सम्राट् को शासन संबंधी समस्याओं पर उन्होंने पत्र लिखे थे। ये पत्र ईंटों पर लिखे गये थे और पुरातत्वज्ञों ने वे ईंटें खोद निकाली हैं। जेम्स बी० प्रिचार्ड ने बाईबिल की प्राचीन सांस्कृतिक पृष्ठभूमि को समझने के लिए मिस्र, सुमेर और बैबिलोन के दस्तावेज़ प्रकाशित किये। **एन्शेन्ट निअर ईस्टर्न टेक्स्ट्स रिलेटिंग टु दि ओल्ड टेस्टामेंट** (1950, 1955) नाम के इस ग्रंथ में वे पत्र भी हैं। इनके अनेक लेखकों के नाम 'इंडो आर्यन' हैं, यह प्रिचार्ड ने स्वीकार किया है। एक नाम है **इन्द्रोत** जो **ऋग्वेद** (8.68.15) में भी आया है। ऋग्वैदिक सभ्यता का क्षेत्र लगभग वही है जो हड़प्पा सभ्यता का है। यहाँ से पश्चिमी एशिया होते हुए मिस्र, और भूमध्य सागर में क्रीट (क्रेते) द्वीप, तक एक विशाल सांस्कृतिक क्षेत्र है। इस क्षेत्र में अनेक भाषाओं और भाषा समुदायों का विकास हुआ। आदि इंडोयूरोपियन परिवार की निराधार कल्पना छोड़ दें और इस क्षेत्र पर, विशेष रूप से दूसरी सहस्राब्दी ई० पू० के पश्चिमी एशिया पर ध्यान केन्द्रित करें तो इंडोयूरोपियन परिवार की भारतीय पृष्ठभूमि आसानी से समझ में आ जायेगी।

नयी दिल्ली, —**रामविलास शर्मा**

22 अप्रैल, 1993

भूमिका

इंडोयूरोपियन परिवार में यूरुप की अधिकांश भाषाएँ हैं, ईरानी क्षेत्र की भाषाएँ हैं, कश्मीर के उत्तर में तुखारी से लेकर वर्तमान तुर्की में कभी बोली जानेवाली हित्ती भाषा है। इस विशाल भूखण्ड की प्राचीन और नवीन भाषाओं की पृष्ठभूमि में हैं भारत की आर्य और आर्येतर भाषाएं। प्राचीन काल में, एक आर्यभाषा नहीं, अनेक आर्यभाषाएँ बोली जाती थीं। हिन्दी प्रदेश की जनपदीय भाषाओं में उन प्राचीन आर्यभाषाओं की कुछ विशेषताएँ सुरक्षित हैं। इंडोयूरोपियन परिवार की भाषाओं का सम्बन्ध किसी एक प्राचीन आर्यभाषा से नहीं है, अनेक प्राचीन आर्यभाषाओं से है। कोसल, मगध, कुरु आदि प्राचीन गणसमाजों की भाषाओं की कुछ पहचान हो जाय, तो भारत से बाहर की इंडोयूरोपियन भाषाओं के विवेचन में सुविधा होगी। इस कारण पुस्तक में आर्यभाषाओं का विवेचन पहले है, इंडोयूरोपियन परिवार का विवेचन बाद को है।

इंडोयूरोपियन परिवार हिन्दी और अन्य आर्यभाषाओं से दूर स्थित कोई ऐसा भाषा-समुदाय नहीं है जिससे कभी हमारा कुछ सम्बन्ध रहा हो किन्तु जिसकी पहचान हिन्दी के विवेचन के लिए अनावश्यक हो। बहुतों की धारणा है कि इंडोयूरोपियन परिवार से हमारा जो भी सम्बन्ध था, वह वैदिक भाषा तक सीमित है; उसके बाद हिन्दी का विकास समझने के लिए संस्कृत की पृष्ठभूमि काफी है। वास्तविक स्थिति इससे भिन्न है। अनेक आर्यभाषाओं से अनेक इंडोयूरोपियन भाषाओं का शताब्दियों तक भिन्न प्रकार का सम्बन्ध रहा है। इस दीर्घकालीन पेचीदा सम्बन्ध का ज्ञान अपनी भाषाओं का विकास समझने के लिए आवश्यक है। इंडोयूरोपियन भाषाओं के विवेचन से प्राचीन आर्यभाषाओं की उन विशेषताओं की पुष्टि होती है जिनका उल्लेख पहले खण्ड में हो चुका है। इसके सिवा हिन्दी का विकास कोई अद्भुत व्यापार नहीं रह जाता, वह एक बृहत्तर विकास-प्रक्रिया का अंग दिखाई देने लगता है। संस्कृत संश्लिष्ट भाषा है, हिन्दी विश्लिष्ट है; अंग्रेज़ी की तुलना में जर्मन संश्लिष्ट है, हिन्दी की तुलना में अंग्रेजी और भी विश्लिष्ट है। उत्तरकालीन संस्कृत में कृदन्तों का ज़ोर है, यही स्थिति फ़ारसी की है। ईरानी क्षेत्र की पश्तो जैसी भाषा का जितना सम्बन्ध फ़ारसी

से है, उससे ज़्यादा उसका सम्बन्ध भारतीय आर्यभाषाओं से है। पश्तो, बलोची, कुर्द आदि ईरानी क्षेत्र की भाषाओं के ग़ैर-फ़ारसी तत्वों पर ध्यान दिये बिना भारतीय आर्यभाषाओं की ऐतिहासिक भूमिका समझ ही में न आयेगी। इस भूमिका में द्रविड़ भाषाओं का योगदान महत्वपूर्ण है। बृहत्तर भारत पर ध्यान दें तो इंडोयूरोपियन परिवार के विवेचन में उसकी भारतीय पृष्ठभूमि का विवेचन अनिवार्य है; उसी तरह भारतीय भाषाओं, आर्य और आर्येतर दोनों समुदायों की भाषाओं, के विवेचन में उनकी इंडोयूरोपियन पृष्ठभूमि का विवेचन अनिवार्य है।

इस खण्ड के सातवें अध्याय में सुमेरी, सामी, तुर्क मंगोल आदि ग़ैर इंडो-यूरोपियन भाषाओं का संक्षिप्त विवेचन है। इससे मध्य और पश्चिमी एशिया का भाषाई मानचित्र यूरुप और भारत से सम्बद्ध दिखाई देगा और बृहत्तर भाषाई क्षेत्र में अनेक भाषा-परिवारों के विश्लेषण की पद्धति सार्थक प्रतीत होगी। ऐतिहासिक भाषा-विज्ञान के लिए आवश्यक सामग्री केवल प्राचीन भाषाओं से नहीं, आधुनिक भाषाओं से भी प्राप्त होती है, केवल मानक भाषाओं से नहीं, पिछड़े हुए समाजों की बोलियों से भी होती है। ऐतिहासिक भाषाविज्ञान के विकास के लिए भाषा-सर्वेक्षण अत्यन्त आवश्यक है, अन्तिम अध्याय में इस तथ्य की ओर मैंने ध्यान दिलाया है।

आगरा,
२२. ६. ८०

—रामविलास शर्मा

विषय-सूची

इंडोयूरोपियन परिवार की भारतीय पृष्ठभूमि

१

भारतीय भाषा परिवार और इंडोयूरोपियन ध्वनितंत्र

१. अक्षर-ध्वनियों का बहुकेन्द्रीय विकास

भारत में चार भाषा परिवार मुख्य हैं, आर्य, द्रविड़, कोल (अथवा मुंडा) और नाग (अथवा चीनी तिब्बती या तिब्बती बर्मी)। अत्यन्त प्राचीनकाल से ये परिवार एक दूसरे को प्रभावित करते आये हैं। भारत का आर्य भाषा परिवार इंडोयूरोपियन परिवार की शाखा माना जाता है। देखना चाहिए कि इंडोयूरोपियन परिवार से न केवल आर्य, वरन् भारत के अन्य भाषा परिवारों का भी सम्बन्ध है या नहीं, और है तो किस प्रकार का है। सबसे पहले हम आर्य और द्रविड़ भाषा परिवारों की कुछ ध्वनितन्त्र-सम्बन्धी विशेषताओं पर विचार करेंगे।

ऐतिहासिक भाषाविज्ञान में किसी भाषा परिवार की प्राचीन और नवीन भाषाओं की प्राप्त सामग्री के तुलनात्मक अध्ययन द्वारा उस परिवार को जन्म देने वाली आदिभाषा के मूलतत्वों की कल्पना की जाती है। इन मूलतत्वों में सबसे पहले ध्वनि-तत्वों के प्रसार और परिवर्तन पर विचार किया जाता है। भाषाशास्त्रियों ने बड़े परिश्रम से ध्वनि-परिवर्तन के नियम निर्धारित किये हैं और इनमें एक सम्प्रदाय का कहना है कि ये नियम अटल हैं। यदि कहीं कोई अपवाद दिखाई देता है तो उसका अपवाद जैसा दिखना हमारे अज्ञान का परिणाम है। प्रयत्नपूर्वक अनुसन्धान करने से ऐसे अपवादों को भी नियमबद्ध किया जा सकता है। इंडोयूरोपियन परिवार की भाषाओं का तुलनात्मक और ऐतिहासिक विवेचन सबसे अधिक किया गया है। उसी पद्धति का अनुसरण करते हुए विद्वानों ने द्रविड़, कोल और नाग-परिवारों की भाषाओं का विवेचन किया है और प्रत्येक परिवार की आदिभाषा की मूल ध्वनियों की स्थापना की है।

भाषाओं के तुलनात्मक और ऐतिहासिक विवेचन से एक तथ्य जो बहुत साफ़ दिखाई देने लगता है, वह यह है कि किसी भी भाषा परिवार की मूल ध्वनियों का विकास एक से अधिक केन्द्रों में होता है। इन केन्द्रों के परस्पर सम्पर्क में आने के कारण

ध्वनि-तत्व एक स्थान से दूसरे स्थान पर पहुँचते हैं, और क्रमशः वे ध्वनितन्त्र की एक ही व्यवस्था के अन्तर्गत संगठित होते हैं, जिससे आभास यह होने लगता है कि यह व्यवस्था आरम्भ से ही ऐसी है, और उसके मूल ध्वनि-तत्व सदा इस प्रकार संगठित रहे हैं। किन्तु यह आभासमात्र है; वह परीक्षा से सत्य सिद्ध नहीं होता।

संसार की भाषाओं में जिन ध्वनियों का सबसे व्यापक प्रयोग होता है, वे **क्, त्, प्** हैं। संसार की बहुत कम ऐसी भाषाएँ हैं जिनमें इनका प्रयोग नहीं होता, फिर भी ऐसी भाषाएँ हैं। यूरुप के एक बहुत बड़े ध्वनिशास्त्री त्रुबेत्सकोय थे। उन्होंने ध्वनि-तन्त्र पर अपने प्रसिद्ध ग्रन्थ में बताया है कि यूरुप की कुछ स्लाव बोलियों में **क्** ध्वनि नहीं है, उधर अलास्का की कुछ आदिवासी भाषाओं में **प्** ध्वनि नहीं है। जिन स्लाव बोलियों का उन्होंने उल्लेख किया है, वे इंडोयूरोपियन परिवार के अन्तर्गत हैं। यह बड़े आश्चर्य की बात है कि ये भाषाएँ, चारों ओर **क्** ध्वनि का निरन्तर व्यवहार करने वाली भाषाओं से घिरी होने पर भी, आदिभाषा की **क्**-जैसी व्यापक ध्वनि का व्यवहार करना भूल गईं।

संस्कृत में दो शब्द **स्कम्भ** और **स्तम्भ** एक ही अर्थ व्यक्त करते हैं। एक में क्रियामूल है **स्क**, दूसरे में क्रियामूल है **स्त**। ध्वनि-परिवर्तन के किस नियम से **क्** ध्वनि **त्** बनेगी अथवा **त्** ध्वनि **क्** रूप ग्रहण करेगी? या कोई अन्य ध्वनि थी जिससे **क्** और **त्** दोनों ध्वनियों का विकास हुआ?

जर्मन विद्वान् ब्रुगमन ने इंडोजर्मेनिक परिवार की भाषाओं का तुलनात्मक अध्ययन प्रस्तुत करने वाले अपने ग्रन्थ के चौथे खण्ड में इन दोनों शब्दों का उल्लेख करते हुए स्वीकार किया है कि इन्हें "एक ही मूल रूप से, नियमपूर्वक निकला हुआ, सिद्ध नहीं किया जा सकता।" (ब्रुगमन, खण्ड ४, पृष्ठ २३७)।

हिन्दी में एक क्रिया है **खड़े होना**। इस **खड़े** का प्रतिरूप अवधी में **ठाढ़** है। जैसे **स्कम्भ** का हिन्दी रूप **खम्भ** या **खम्भा** है, वैसे ही किसी प्राचीन **स्कध** रूप से **खड़े** बना है। फ़ारसी में इसी **स्क** वाले क्रियामूल से **ख़ाना** शब्द बनता है जो संस्कृत **स्थान** का प्रतिरूप है। भारत की उत्तर-पश्चिमी बोली—खड़ी बोली—का **खड़े** अब हिन्दी का मानक रूप बन गया है। **खड़े** और **ठाढ़** का विकास-क्रम देखने से ज्ञात होता है कि **स्क** का व्यवहार-क्षेत्र उत्तर-पश्चिमी था और **स्त** का मध्यदेश।

यूनान की प्राचीन बोलियों के बारे में यथेष्ट सामग्री प्राप्त है। उनमें इस तरह के प्रतिरूप हैं: **कइओ, दइओ**—जलाना; **किस्, तिस्**—कोई एक; **के, ते**—क्यों, कैसे; **कोस्, पोस्**—इस प्रकार; **कोते, पोते**—कब; **तेस्सारेस्, पिसुरेस्**—चार; **पेन्ते, पेम्पे**—पाँच। यदि कोई भाषाविज्ञानी ऐसे नियम बता दे जिनके अनुसार स्वयं ग्रीक भाषा-समुदाय में ध्वनि-परिवर्तन होता है तो ऐतिहासिक भाषाविज्ञान का मार्ग सुगम हो जाय। प्राचीन ग्रीक भाषाओं के एक विशेषज्ञ अमरीकी विद्वान् बक हैं। ग्रीक और लैटिन भाषाओं के अपने व्याकरण में उन्होंने लिखा है: "कुछ बोलियों में ऐसे रूप मिलते हैं जहाँ सर्वनामों में सामान्यतः **प्** अथवा **त्** के बदले **क्** का व्यवहार होता है, यथा आयोनियन में **पोस्** के लिए **कोस्** और थेसालियन में **तिस्** के लिए **किस्** का व्यवहार

होता है।" (बक : **कम्पैरेटिव ग्रामर ग्रौफ़ ग्रीक ऐन्ड लैटिन**, शिकागो, १९५९; पृष्ठ १२८)। इस तरह के प्रयोगों में जो विभिन्नता दिखाई देती है, बक के अनुसार उसकी कोई सन्तोषजनक व्याख्या नहीं की गई।

यूरुप की एक भाषा और है जिसमें किसी समय **क्, त्, प्**, ये तीनों ध्वनियाँ एक साथ विद्यमान न थीं। लैटिन भाषा में अनेक भाषा-स्रोतों से आये हुए तत्व दिखाई देते हैं। इनमें एक भाषा ऐसी थी जिसमें **प्** ध्वनि नहीं थी। इसलिए जब वह **प्** ध्वनि वाले शब्द लेती थी तब **प्** के स्थान पर **क्** ध्वनि का व्यवहार करती थी, **प्** का ओष्ठ्य तत्व **व्** रूप में जोड़ देती थी। इस प्रकार **प्** के स्थान पर **क्व्** का व्यवहार होता था। ग्रीक भाषा में अनेक **प्** से आरम्भ होने वाले प्रश्नवाचक शब्द हैं यथा : **पोथेन्**—कहाँ से; **पोइग्रोस्**—कैसा; **पोऊ**—कौन; **पे** (तथा **प**)—कैसे। इनके समानान्तर लैटिन के प्रश्नवाचक शब्द **क्व** रूप वाले इस तरह के हैं : **क्वा**—कैसे; **क्वो**—कहाँ; **क्विद्**—क्यों; **क्विस्**—कौन; **क्वान्तो**—कितना। यह बात ध्यान देने की है कि लैटिन की पड़ोसी इटली की अन्य प्राचीन भाषाएँ **प्** से ही प्रश्नवाचक चिन्ह बनाती थीं यथा उम्ब्रियन **पिस्**—कौन। लैटिन में **क्व्** ध्वनि का व्यवहार इटली की ही पड़ोसी भाषाओं से शब्द लेते समय हुआ हो, या ग्रीक भाषा से शब्द लेते समय हुआ हो, प् के लिए उसमें **क्व्** ध्वनि का व्यवहार अवश्य हुआ है।

प्रश्नसूचक शब्दों के अलावा अन्य प्रकार के शब्दों में भी **प्-क्व्** वाला समीकरण दिखाई देता है। ग्रीक भाषा-समुदाय में संस्कृत **पंच** के दो प्रतिरूप हैं : **पेन्ते** और **पेम्पे**। दूसरे प्रतिरूप को लैटिन ने ग्रहण किया तो उसका रूप बना **क्विन्क्वे**। इसी प्रकार उम्ब्रियन के **पेतुर्** का लैटिन प्रतिरूप है **क्वत्तुओर**—चार।

जब एक ही भाषा में **क्, त्, प्** ध्वनियों का विषम विकास दिखाई देता है, तब दो पड़ोसी भाषाओं में इस वैषम्य के चिन्ह मिलना और भी स्वाभाविक है। ग्रीक **लुकॉस्** का लैटिन प्रतिरूप है **लुपुस्**—भेड़िया। एक में **क्**, दूसरी में **प्**।

क्, **त्**, **प्** की तरह **ग्, द्, ब्** ध्वनियों का विकास भी भिन्न केन्द्रों में हुआ है। इसलिए ग्रीक भाषा में एक रूप है **ओबेलोस्**, तो दूसरा रूप है **ओदेलोस्**—नुकीला खम्भा। एक रूप है **ब्लेफरोन्**, तो दूसरा रूप है, **ग्लेफरोन्**—भौंह।

ऐसे अनेक शब्द हैं जहाँ एक रूप में अघोष ध्वनि है तो दूसरे रूप में अन्य वर्ग की सघोष ध्वनि विद्यमान है। यथा : **लपरोस्, लगरोस्**—शिथिल; **दइओ, कइओ**—जलाना। संस्कृत **गर्भ** के ग्रीक प्रतिरूप **देल्फोस्** में **ग्** के स्थान पर **द्** हो, तो इस पर आश्चर्य न होना चाहिए।

द्रविड़ भाषाओं में प्रश्नवाचक शब्द कहीं तो प-वर्ग की ध्वनियों से आरम्भ होते हैं और कहीं त-वर्ग की ध्वनियों से। यथा गोंडी भाषा में **बोल्**—कौन; **बाह्**—क्या; **बद्**—कौन; **बेगा**—कहाँ; **बस्के**—कब। तुलु भाषा में **द, दाने, दाव**—क्या; **दाय**—क्यों; कोलमि भाषा में **तानेद्, तानेव्**—क्या; **ताङ्, तागलेङ्, तन्दुङ्**—क्यों; नइकि भाषा में **ता, ताने**—क्या; कन्नड़ में **दारु**—कौन; कोत भाषा में **दार्**—कौन; ब्राहूइ में **दे, देर्**—कौन; कॉडगु भाषा में **दारि**—कौन। इन उदाहरणों से

सिद्ध होता है कि द्रविड़ भाषाओं में प्रश्नवाचक शब्द त-वर्ग और प-वर्ग, दोनों वर्गों की ध्वनियों से आरम्भ होते हैं। इसका कारण यह हो सकता है कि इन दोनों वर्गों की ध्वनियों का विकास द्रविड़ भाषाओं के भिन्न केन्द्रों में हुआ।

किसी आदि इंडोयूरोपियन भाषा में आदिकाल से **क्**, **त्**, **प्** ध्वनियाँ विद्यमान थीं, यह धारणा भ्रान्तिपूर्ण है। इसी प्रकार किसी आदि द्रविड़ भाषा की कल्पना करना जिसमें आदिकाल से **क्**, **त्**, **प्**, ध्वनियाँ एक साथ विद्यमान रही हों, भ्रान्तिपूर्ण है। जब **क्**, **त्**, **प्**, जैसी अति सामान्य, विश्व-भाषाओं में अत्यन्त व्यापक रूप से व्यवहृत होने वाली, ध्वनियों का यह हाल है, तब जो ध्वनियाँ विश्व-भाषाओं में विरल हैं, उनका विशेष केन्द्रों में विकसित होना सहज ही अनुमेय है।

क्, **त्**, **प्** ध्वनियाँ जितना ही विश्व-भाषाओं में व्यापक हैं, उतना ही **घ्**, **ध्**, **भ्** ध्वनियों का व्यवहार सीमित है। इन ध्वनियों की विशेषता यह है कि इनमें सघोषता के साथ महाप्राणता का सामंजस्य है। संसार की अधिकांश भाषाओं में स्पर्श ध्वनियाँ यदि सघोष होती हैं तो महाप्राण नहीं होतीं, यदि महाप्राण होती हैं तो सघोष नहीं होतीं। अधिकांश भाषाओं के बोलने वाले या तो **ग्**, **द्**, **ब्** सघोष ध्वनियों का व्यवहार करेंगे, या **ख्**, **थ्**, **फ्** महाप्राण ध्वनियों का व्यवहार करेंगे। **घ्**, **ध्**, **भ्** ध्वनियों में सघोषता से महाप्राणता को मिलाना होता है, अधिकांश भाषाओं के लिए यह कठिन क्रिया है। ध्वनिशास्त्री जब सघोषता और महाप्राणता का विवेचन करते हैं, तब वे उदाहरण के लिए केवल भारत की भाषाओं का उल्लेख करते हैं जहाँ दोनों लक्षणों का सामंजस्य दिखाई देता है।

इन **घ्**, **ध्**, **भ्** ध्वनियों के अस्तित्व की कल्पना आदि इंडोयूरोपियन भाषा में की गयी है। किसी कारण इन ध्वनियों का व्यवहार भारत ही में सीमित रह गया। भारत से बाहर ईरान से लेकर इंग्लैण्ड और आइसलैण्ड तक कहीं भी इन भाषाओं के व्यवहार का प्रमाण नहीं है। जिन भाषाओं को वैदिक भाषा से भी प्राचीन माना जाता है, जैसे हित्ती भाषा, उनके दस्तावेजों में भी इन ध्वनियों का व्यवहार नहीं है। इससे यह निष्कर्ष निकालना चाहिए कि ये ध्वनियाँ विशुद्ध भारतीय हैं और भारत के बाहर केवल इनके प्रतिरूप दिखाई देते हैं, वहाँ उनका व्यवहार न होता था। तथाकथित भारत-ईरानी शाखा में भी इन ध्वनियों का व्यवहार सिद्ध नहीं किया जा सकता। वैदिक भाषा और प्राचीन ईरानी भाषा में व्याकरण और शब्द-भण्डार की ज़बर्दस्त समानता है। इसी समानता के आधार पर इस शाखा की कल्पना की गई है। किन्तु इस शाखा की भारतीय प्रशाखा में ही इन ध्वनियों का व्यवहार होता है, ईरानी प्रशाखा में—आर्यों के भारत-प्रवेश से पहले ही—उनके अस्तित्व का लोप हो गया है।

भारत में आर्य भाषा परिवार के अतिरिक्त जिन तीन अन्य परिवारों की भाषाएं बोली जाती हैं, उनमें कहीं भी उनके अपने शब्दों में इन सघोष महाप्राण ध्वनियों का व्यवहार नहीं होता। जहाँ होता है, वहाँ आर्य भाषा परिवार के प्रभाव के कारण, इस परिवार से उधार लिये हुए शब्दों में होता है; उन परिवारों के मूल शब्द-भण्डार में उनका व्यवहार नहीं होता। आर्य परिवार से भिन्न भारत की अनेक

भाषाओं की वर्णमाला में ये ध्वनियाँ शामिल कर ली गई हैं। इसका कारण यह है कि संस्कृत की वर्णमाला में जिस क्रम से वर्णों को रखा गया है, उससे इन भाषाओं की वर्णमाला प्रभावित है। संस्कृत वर्णमाला के लिए जिस लिपि या जिन लिपियों का व्यवहार होता आया है, उसने या उन्होंने इन भाषाओं की लिपियों को प्रभावित किया है। यह स्थिति भारत के उत्तर में तिब्बत से लेकर भारत के दक्षिण में कम्पूचिया (कम्बोज) तक है। इससे यह भ्रम न उत्पन्न होना चाहिए कि इन भाषाओं में इस कोटि की ध्वनियों का व्यवहार होता है।

द्रविड़, कोल, नाग, इन तीनों परिवारों की भाषाएँ बोलने वाले भारत में अत्यन्त प्राचीन काल से रहते आये हैं। कहा जाता है कि आर्यों ने द्रविड़ों को परास्त किया और उन्हें अपना दास बनाया। न्यूनाधिक मात्रा में उन्होंने यही व्यवहार कोल और नागजनों के साथ किया। यदि यह बात सही हो तो मानना होगा कि मुट्ठी-भर आर्य आक्रमणकारी ऐसे देश में आ गये थे जहाँ की बहुसंख्यक जनता का भाषाई परिवेश घ्, ध्, भ् जैसी ध्वनियों के लिए प्रतिकूल था। इस विरोधी परिवेश में दो-चार पीढ़ियों तक भी इन ध्वनियों का सुरक्षित रहना कठिन था। पर वैदिक काल से लेकर अब तक, कम से कम चार हज़ार साल तक, इन ध्वनियों का अविच्छिन्न व्यवहार भारत में होता आया है। नाग-कोल-द्रविड़ भाषाओं के ध्वनि-सागर में आक्रमण-कारियों की इन ध्वनियों को डूबकर कभी का लुप्त हो जाना चाहिए था। यूरुप में इस तरह के विरोधी भाषाई परिवेश का प्रमाण नहीं मिलता। वहाँ तो इनका लोप हो गया और भारत जैसे देश के विरोधी परिवेश में ये ध्वनियाँ कायम रहीं! इसका कारण क्या है? कारण पर भाषाविज्ञानी विचार करना आवश्यक नहीं समझते। इन ध्वनियों के लिए यूरुप और भारत के भाषाई परिवेशों में मौलिक अन्तर था, एक नहीं तीन-तीन भाषा परिवारों का ध्वनितन्त्र—इस सन्दर्भ में—संस्कृत के ध्वनितंत्र से भिन्न था, भाषाशास्त्री समस्या को इस रूप में प्रस्तुत ही नहीं करते। इनमें वही भाषाशास्त्री नहीं हैं जो इंडोयूरोपियन परिवार के विशेषज्ञ हैं, इनमें अंग्रेज बरो और अमरीकी एमेनो जैसे विद्वान् हैं जो संस्कृत के साथ द्रविड़ भाषाओं के भी विशेषज्ञ हैं। बरो ने कोल भाषाओं पर भी बहुत कुछ लिखा है।

यदि हम इस बात पर ध्यान दें कि **क्**, **त्**, **प्** जैसी बहुप्रयुक्त विश्वजनीन व्यापक ध्वनियों का विकास विभिन्न केन्द्रों में हुआ है, तो यह समझना आसान होगा कि **घ्**, **ध्**, **भ्** जैसी विरल ध्वनियों का विकास कुछ विशेष केन्द्रों में ही हुआ होगा। **स्कम्भ** और **स्तम्भ** की तरह **स्कंध** और **स्कम्भ** की मिसाल से यह मानना चाहिए कि **क्**, **त्**, **प्** की तरह घ्, **ध्**, **भ्** का विकास भिन्न केन्द्रों में हुआ था, ये तीनों सघोष महाप्राण ध्वनियाँ एक साथ एक ही केन्द्र में विकसित न हुई थीं।

स्कंध का वही अर्थ है जो **स्कम्भ** का है। मूल क्रिया में **ध** जोड़ा जाता है, **भ** भी जोड़ा जाता है; शब्द-निर्माण की प्रक्रिया एक ही है, रूप दो हैं, अर्थ एक ही है। **खड़े** और ठाढ़ के प्रसंग में **स्तध** रूप का उल्लेख हुआ था। जैसे संस्कृत में **पथ** और **पन्थ** दो रूप हैं, वैसे ही **स्कध** और **स्कन्ध** दो प्राचीन रूप थे। इनका व्यवहार होता

था, इसका प्रमाण यह है कि **खड़े** का पूर्वरूप **स्कध** जैसा होगा। **स्कंध** का तो व्यवहार लिखित भाषा में होता ही था। इसी प्रकार **स्तभ** और **स्तम्भ, स्तध** और **स्तंध** जैसे रूपों को समझना चाहिए। **स्तंध** का अंग्रेज़ी प्रतिरूप है **स्टैण्ड, स्तम्भ** का एक अंग्रेज़ी प्रतिरूप है **स्टम्प** (तना) और दूसरा है **थम्ब** (अंगूठा)। **स्तध** का अंग्रेज़ी प्रतिरूप है **स्टड**—अलंकरण के लिए किसी चीज़ पर जड़ी हुई चीज़, वह खम्भा जिस पर पटिया रखी जाती हैं। पुरानी अंग्रेज़ी में एक शब्द था **स्टुडु** जिसका अर्थ था खम्भा, और इसी गोत्र के अनेक शब्द नौर्वे-स्वीडेन आदि की भाषाओं में भी मिलते हैं। **स्तभ** का अंग्रेज़ी प्रतिरूप है **स्टब**। इसका वही अर्थ है जो **स्टम्प** का है, पेड़ का तना, कोई कटी हुई चीज़ आदि। **स्तभ, स्तध, स्कंभ, स्कंध,**—**ध्** और **भ्** इन दोनों ध्वनियों वाले भिन्न रूपों का चलन था। निष्कर्ष यह निकला कि **घ्, ध्, भ्** ध्वनियाँ भारतीय हैं किन्तु भारत में भी इनका विकास एक ही केन्द्र में एक साथ न हुआ था।

जिन लोगों ने इंडोयूरोपियन परिवार से सम्बन्धित विवेचन-पद्धति अन्य भाषा परिवारों पर लागू की है, उनकी कठिनाइयों पर यहाँ संक्षेप में ध्यान देना उचित होगा।

कुइपर संस्कृत और इंडोयूरोपियन भाषाओं के साथ कोल परिवार के भी विशेषज्ञ हैं। इंडोयूरोपियन परिवार से सम्बन्धित ध्वनि-परिवर्तनों की व्यवस्था जिस पद्धति से निश्चित की गयी है, उसे कोल-परिवार पर लागू करने में अपनी कठिनाइयों का उल्लेख उन्होंने इस प्रकार किया है : "यह अनुभव बहुत कुछ सामान्य है कि एशिया की अनेक भाषाओं पर ध्वनि-नियम लागू करने में ऐसी कठिनाइयाँ सामने आती हैं जैसी इंडोयूरोपियन परिवार में हैं ही नहीं, या कम-से-कम इस सीमा तक नहीं हैं। इंडोनीशियाई भाषा-विज्ञान-क्षेत्र से ऐसी कठिनाइयों का समाचार बहुत पहले से आता रहा है। कभी-कभी विद्वानों में यह रुझान देखा गया है कि वे इस बात को अस्वीकार करते हैं कि तुलनात्मक भाषा-विज्ञान के सामान्य तरीके यहाँ काम देंगे। शायद इससे भी अधिक महत्वपूर्ण तथ्य यह है कि इंडोयूरोपियन भाषाशास्त्र में 'आकस्मिक ध्वनि-नियमों' की धारणा १८७८ से निषिद्ध है, जब ब्रुगमन और होस्तहोफ़ ने यह सिद्धान्त प्रतिपादित किया कि ध्वनि-नियम निरपवाद रूप से काम करते हैं। किन्तु द्रविड़ भाषाओं से सम्बन्धित पिछले दिनों के तुलनात्मक अध्ययन में इन आकस्मिक ध्वनि-नियमों का अस्तित्व, कभी मौन, कभी मुखर रूप में, स्वीकार किया गया है।

"यद्यपि यह पूर्वकल्पना की जा सकती है कि आगे चलकर इंडोयूरोपियन भाषाओं की तरह इन भाषाओं पर भी यह सिद्धान्त लागू होगा कि ध्वनि-सम्बन्धी विकास कठोर नियमों के अनुसार ही होता है, और 'आकस्मिक' विकास यहाँ भी ग़लत साबित होगा, किन्तु वास्तव में इस बात से इन्कार नहीं किया जा सकता कि कठिनाइयाँ तो हैं। मुंडा भाषाओं के अध्ययन में इन कठिनाइयों का परिमाण असाधारण है। शब्द-भण्डार का एक बहुत बड़ा हिस्सा ऐसा है जिसकी व्याख्या अटल ध्वनि-नियमों के अनुसार करना असम्भव जान पड़ता है। इस कठिनाई के कारण अनेक सिद्धान्तों की रचना की गई है।" (**लिंगुआ**, संख्या १४, १९६५)।

अन्य भाषा परिवारों की अपेक्षा इंडोयूरोपियन परिवार में परिनिष्ठित भाषाओं की संख्या अधिक है। इनमें सर्वाधिक परिनिष्ठित भाषा संस्कृत का व्याकरण भी सर्वाधिक व्यवस्थित है। इस स्थिति का प्रभाव सारे ध्वनितन्त्र-सम्बन्धी विवेचन पर पड़ा है। अधिकतर परिनिष्ठित भाषाओं के आधार पर आदि भाषा के मूल तत्वों की कल्पना की गई और ध्वनि-नियम बनाये गये। प्राकृतिक विज्ञान की देखादेखी ये नियम भी अटल माने गये। ध्वनि-परिवर्तन की रीतियाँ होती हैं, निश्चित अटल नियम नहीं होते। ब्रुगमन से पहले भाषाविज्ञानी इन रीतियों (पैटर्न) पर ही अधिक ज़ोर देते थे। रीतियों के स्थान पर नियमों को नव्य व्याकरण-पंथियों ने स्थापित किया। प्राचीन और आधुनिक कालों में उक्त परिनिष्ठित भाषाओं के समानान्तर व्यवहार में आने वाली अन्य भाषाओं से बहु-विधि सामग्री सुलभ रही है किन्तु उस पर समुचित ध्यान नहीं दिया गया। परिनिष्ठित भाषाओं के आधार पर जो नियम बनाये गये, उनके बहुत से अपवाद निकल आये। अपवादों की व्याख्या में, नियम-रचना में कौशल और कल्पना से काफी काम लिया गया। नियम बनाने वालों की कुछ कठिनाइयों के नमूने हम आगे देखेंगे।

इंडोयूरोपियन परिवार की अपेक्षा द्रविड़ परिवार में कम भाषाओं के मानक रूप स्थिर हुए हैं। द्रविड़ परिवार की तुलना में कोल परिवार के अन्तर्गत परिनिष्ठित भाषाओं की संख्या और भी कम है। यही कारण है कि द्रविड़ परिवार पर इंडो-यूरोपियन ध्वनि-नियमों का साँचा जमाने में काफी कठिनाइयाँ पैदा हुईं और कोल परिवार पर वैसा ही साँचा जमाना असम्भव हो गया।

भाषाविज्ञानी जल्दी हार नहीं मानते। निश्चित ध्वनि-नियमों के साथ उन्होंने कुछ आकस्मिक ध्वनि-नियम बना लिये। एक ही भाषा परिवार के ध्वनि-तथ्यों को व्यवस्थित करने के लिए उन्होंने नियमों का एक प्रधान वर्ग बनाया। जो तथ्य इन नियमों की पकड़ में न आये, उन्हें उन्होंने आकस्मिक नियमों से बाँधा। आशा करते रहे कि आगे चलकर ये दूसरे वर्ग के नियम आकस्मिक न रहेंगे।

इस तरह की कठिनाइयाँ दूर करने का उपाय यह है कि अनेक केन्द्रों में भिन्न भाषा-तत्वों के विकास और फिर एक ही भाषा-व्यवस्था में उनके संगठित होने का सिद्धान्त स्वीकार किया जाय। एक ही बीज से किसी भाषा 'परिवार' की उत्पत्ति होना सम्भव नहीं है। जो भाषाएँ एक परिवार के अन्तर्गत आगे चलकर सम्बद्ध दिखाई देती हैं, वे इससे पहले भिन्न केन्द्रों में, भिन्न स्रोतों से विकसित होकर, एक दूसरे को प्रभावित करती रही थीं। **क्, त्, प्** जैसी सामान्य ध्वनियाँ भी एक ही साथ किसी एक केन्द्र में उत्पन्न नहीं हुईं। इनसे कम सामान्य **ग्, द्, ब्** ध्वनियाँ भी अनेक केन्द्रों में विकसित हुईं। अर्थविच्छेदक लक्षण के रूप में सघोषता का विकास और प्रसार सर्वत्र नहीं हुआ। **घ्, ध्, भ्** जैसी विरल ध्वनियाँ एक सीमित क्षेत्र के केन्द्रों में विकसित हुईं। इन ध्वनियों के प्रतिरूप यूरुप की भाषाओं में देखकर उन्हें कल्पित आदि भाषा पर आरोपित करना उचित नहीं है।

२. भारतीय भाषा परिवारों में महाप्राणता और सघोषता

भारत के भाषाई मानचित्र पर हम जितना ही ध्यान देंगे, भिन्न भाषा परिवारों के परस्पर सम्बन्धों पर जितना ही विचार करेंगे, उतना ही भाषा-परिवार-निर्माण की प्रक्रिया स्पष्ट होगी। इस मानचित्र में यह क्रम बार-बार दिखाई देगा कि कोई भाषागत लक्षण किसी एक परिवार की सीमाएँ लाँघकर दूसरे में पहुँच जाता है। लक्षणों का यह प्रसार भाषा-परिवार बन जाने के बाद होता रहता है, यह तथ्य तो बहुत से भाषाविज्ञानी मानते हैं। यह प्रसार इन परिवारों के निर्माण काल में भी होता है, भाषा-तत्वों, भाषागत लक्षणों के विनिमय से ही भाषा परिवार निर्मित होते हैं, यह तथ्य अभी भाषाविज्ञानियों की दृष्टि से ओझल है।

भारत के दो प्रमुख भाषा-परिवार हैं—आर्य और द्रविड़। इनके ध्वनितन्त्र में दो बातों को लेकर मौलिक भेद है। आर्य भाषा परिवार में महाप्राण स्पर्श ध्वनियाँ हैं, द्रविड़ परिवार में इन ध्वनियों का अभाव है। पूर्ण अभाव नहीं है, महाप्राणता का लक्षण आंशिक रूप से द्रविड़-परिवार में प्रवेश कर गया है। आर्य भाषा-परिवार में सघोष ध्वनियाँ हैं, द्रविड़ परिवार में इनका प्रयोग सीमित है। महाप्राणता की तरह सघोषता का लक्षण भी आर्य परिवार से द्रविड़ परिवार में पहुँचा है। इसके प्रमाण हम आगे देखेंगे।

सबसे पहले सघोष महाप्राण स्पर्श ध्वनियों की बात करें। आर्य भाषा परिवार के बहुत से ऐसे शब्द द्रविड़ परिवार की भाषाओं में प्रयुक्त होते हैं जिनमें मूलतः सघोष महाप्राण ध्वनियाँ थीं। देखना चाहिए कि द्रविड़ भाषाओं में इनकी क्या स्थिति है।

भाषाविज्ञानियों ने पुरानी तमिल में प्राप्त आर्य शब्दों की सूचियाँ बनाई हैं। उनमें से कुछ शब्द इस प्रकार हैं: **घट—कुडम्; घोर—कोरम्; धर्म—तरुमम्; धूम—तूमम्; धूर्त—तुरुत्ति; धूप—तूपम्; भिक्षा—पिच्चइ; भ्रू—पुरुवम्; भरत-कुमार—परतकुमार; भूत—पूतम्; भाग्यम्—पाक्कियम्; भोग—पोगम्।** इन उदाहरणों में आर्य परिवार के शब्दों की प्रारम्भिक ध्वनि सघोष महाप्राण है। तमिल प्रतिरूपों में उसके स्थान पर अघोष अल्पप्राण ध्वनि दिखाई देती है। आदिस्थानीय **घ्, ध्, भ्** के बदले तमिल **क्, त्, प्** ध्वनियों का व्यवहार करती है।

जब यह ध्वनि शब्द के अन्तिम वर्ण में हो—दो स्वरों के बीच में प्रयुक्त हुई हो अथवा अनुनासिक व्यंजन से उसका संयोग हुआ हो—तो उसके स्थान पर मानक तमिल में अल्पप्राण सघोष ध्वनि होगी। लिखने में वह अल्पप्राण अघोष ही दिखाई देती है पर बोलने और सुनने में वह सघोष होती है। इस तरह के शब्दों में कभी-कभी एक स्पर्श ध्वनि के स्थान पर दो स्पर्श ध्वनियों का व्यवहार होता है; ऐसे उदाहरणों में सघोष के स्थान पर अघोष व्यंजन ही रहेंगे, जैसे **गर्भ** का तमिल प्रतिरूप **करुप्पम्, अयोध्या** का तमिल प्रतिरूप **अयोत्ति**। यहाँ **भ्** के स्थान पर **ब्, ध्** के स्थान पर **द्** नहीं दिखाई देता क्योंकि स्पर्श ध्वनि का द्वित्व हुआ है। किन्तु **मागध—मागदर्; कबन्ध—कवन्दम्; सन्धि—चन्दि** अथवा **अन्दि; स्कन्ध—कन्दु; स्वयम्भु—चयम्बु;** यहाँ सघोष

महाप्राण ध्वनि के स्थान पर सघोष अल्पप्राण ध्वनि का व्यवहार किया गया है।

सघोष महाप्राण ध्वनियों के अलावा जहाँ आर्य परिवार के शब्दों में आदि स्थान पर अघोष महाप्राण ध्वनियों का व्यवहार है, वहाँ तमिल में पुनः वैसी ही प्रक्रिया दिखाई देती है। शब्द के आरम्भ में **ख्**, **थ्**, **फ्** ध्वनियाँ होंगी तो वे **क्**, **त्**, **प्** रूपों में बोली जायेंगी। यथा **खंड—कंडम्**; **स्थूण—तूण**; फलम्—पळम्; फाल्गुन—**पङ्ङ्नि**; **स्फटिक—पलिङ्ङ्**। स्वरों के बीच में आने पर यदि स्पर्श ध्वनि का द्वित्व न हुआ तो वह सघोष होगी। **मुख—मुगम्, मेखला—मेगलइ, रेखा—एगइ, कंठ—कण्डि, कुठार—कुडारि, नाथ—नादर, उलुखल—उलक्कइ, मैथुन—मैत्तुनन्, तीर्थम्—तीर्त्तम्, गोष्ठी—कोट्टि**। मध्यवर्ती अघोष महाप्राण ध्वनि के साथ तमिल वैसा ही व्यवहार करती है जैसा सघोष महाप्राण ध्वनि के साथ। मूल भेद महाप्राणता को लेकर है।

तमिल भाषा का वर्तमान क्षेत्र संस्कृत के पुराने केन्द्रों से सर्वाधिक दूर है। कुछ उधार लिये हुए शब्दों के अलावा, अथवा शिक्षित जनों द्वारा प्रयुक्त कुछ शब्दों को छोड़कर, तमिल में महाप्राण ध्वनियों का अभाव है। इसके विपरीत द्रविड़ परिवार की जो भाषाएँ आर्य परिवार के भाषा-केन्द्रों के निकट हैं, उनमें महाप्राण ध्वनियों का व्यवहार अपेक्षाकृत अधिक होता है। तमिल **कण्** (आँख) का ब्राहूइ प्रतिरूप **खन्** है। कुड़ुख और मल्तो में महाप्राण **ख़्** ध्वनि का व्यवहार होता है। यह संस्कृत और हिन्दी की स्पर्श ध्वनि नहीं है वरन् फ़ारसी के **ख़्** से मिलती-जुलती संघर्षी ध्वनि है। आर्य भाषा परिवार के कुछ शब्द ब्राहूइ में अपनी महाप्राणता सुरक्षित किये रहते हैं जबकि इसके विपरीत तमिल में महाप्राणता का लोप हो जाता है। यथा तमिल क्रिया **कुत्तु** का ब्राहूइ प्रतिरूप है **खुत्तिङ्**। इन दोनों का अर्थ है खोदना, और स्पष्ट ही दोनों का स्रोत हिन्दी की **खोदना** क्रिया है। द्रविड़ परिवार की उत्तरी शाखा में महाप्राण ध्वनियों के नाम पर **ख़्** का ही व्यवहार अधिक होता है। **थ्** ध्वनि कुड़ुख और मल्तो में प्रयुक्त होती है; तोद भाषा में इसका संघर्षी रूप काम में आता है। ब्राहूइ में इसका व्यवहार नहीं होता। जिन द्रविड़ भाषाओं में इसका व्यवहार होता है, उनमें यह ध्वनि शब्द के आरम्भ में नहीं आती; उसका प्रयोग मध्यवर्ती ध्वनि के रूप में ही होता है। **फ्** ध्वनि अत्यन्त विरल है और द्रविड़ भाषाओं के ध्वनितन्त्र का विश्लेषण करने वाले उसका उल्लेख भी नहीं करते। ब्राहूइ के कुछ शब्दों में इसका प्रयोग देखा जाता है।

इस विवेचन से ज्ञात होता है कि महाप्राणता का लक्षण द्रविड़ भाषाओं में अत्यन्त सीमित है, उसका व्यवहार बहुत थोड़ी द्रविड़ भाषाओं में होता है, और जहाँ होता है, उसका कारण आर्य परिवार का पड़ोस है। तोद भाषा सुदूर दक्षिण में है; यह सम्भव है कि संघर्षी **थ्** के प्रयोग की विशेषता यह भाषा अपने साथ उत्तर से ले गई हो। इसमें कई लक्षण ऐसे हैं जो इसे पड़ोसी द्रविड़ भाषाओं से अलग करते हैं।

तमिल भाषा की कुछ बोलियों में शब्द के आरम्भ में आनेवाली **क्**, **त्** ध्वनियाँ किंचित् महाप्राणता के संयोग से बोली जाती हैं। यह महाप्राणता अर्थ-विच्छेदक नहीं होती।

महाप्राणता के प्रसंग में ह् ध्वनि की चर्चा भी करनी चाहिए। द्रविड़ भाषाओं का तुलनात्मक अध्ययन करने पर ध्वनिशास्त्री जिस आदि द्रविड़ भाषा की कल्पना करते हैं, उसमें इस ध्वनि को प्रयुक्त होते नहीं दिखाते। चेक विद्वान् ज़्वेलेबिल ने द्रविड़ भाषाओं के ध्वनितन्त्र का विश्लेषण ऐतिहासिक दृष्टिकोण से किया है। उनके अनुसार मूल द्रविड़ भाषा में ह् ध्वनि का व्यवहार शब्द के आदि स्थान पर न होता था। इस स्थापना का कारण यह है कि ख्, थ्, फ् के समान द्रविड़ परिवार में ह् का व्यवहार भी सीमित है और कुछ ही भाषाओं में होता है। कन्नड़ भाषा में शब्द का आदिस्थानीय प् बदलकर ह् हो जाता है, फिर कुछ बोलियों में ह् का भी लोप हो जाता है। कन्नड़ के प्रभाव से अथवा कन्नड़ शब्दों को ग्रहण करने से उसकी पड़ोसी दो-तीन भाषाओं में ह् ध्वनिवाले शब्द मिलते हैं। अनेक द्रविड भाषाओं में ह् ध्वनि से आरम्भ होने वाले शब्दों का प्रयोग होता है किन्तु तमिल में कोई शब्द इस ध्वनि से आरम्भ न होगा। तमिल की कुछ बोलियों में मध्यवर्ती क् ध्वनि ह् में परिवर्तित होती है। ध्वनिशास्त्रियों का कहना है कि तमिलनाडु के ब्राह्मणेतर वर्ण मध्यवर्ती क् ध्वनि का उच्चारण सघोष संघर्षी ग् के रूप में करते हैं। ब्राह्मण लोग मध्यवर्ती क् का उच्चारण संघर्षी ख़् के रूप में भी करते हैं, यह किसी ध्वनिशास्त्री ने लिखा हो तो मुझे पता नहीं। किन्तु कनैयालाल माणकलाल मुंशी विद्यापीठ के तमिल-अध्यापक पण्डित जगन्नाथ पार्थसारथी को मैंने कभी-कभी क् के स्थान पर ख़् का व्यवहार करते सुना है। वह स्वयं इसे अस्वीकार करते हैं। मध्यवर्ती क् के स्थान पर ह् का व्यवहार ब्राह्मणों की बोली में हो, यह तथ्य इस बात की ओर संकेत करता है कि संस्कृत से अधिक प्रभावित होने के कारण इनकी बोली में ह् ध्वनि का व्यवहार सरलतापूर्वक होता है। ज़्वेलेबिल ने बताया है कि तोद, कुड़ुख और ब्राहूइ भाषाओं में मध्यवर्ती क् का उच्चारण संघर्षी ख़् के रूप में होता है। तात्पर्य यह है कि द्रविड़ भाषाओं में मध्यवर्ती क् के स्थान पर ह् का व्यवहार अत्यन्त सीमित है।

द्रविड़ भाषाओं में ख्, थ्, फ् के साथ ह् के व्यवहार का कारण भी आर्य-परिवार का प्रभाव है।

महाप्राणता के साथ सघोषता के लक्षण पर विचार करना चाहिए। प्रश्न यह है कि द्रविड़ भाषा परिवार के निर्माण-काल में इस परिवार की भाषाओं में सघोष स्पर्श ध्वनियों का व्यवहार होता था या नहीं। कौल्डवेल का विचार था कि आदि काल में द्रविड़ भाषाओं के शब्द केवल अघोष स्पर्श ध्वनियों से आरम्भ होते थे। दो स्वरों के बीच में होने पर, अथवा अनुनासिक ध्वनि के तुरत बाद आने पर, स्पर्श ध्वनि सघोष होती थी। कौल्डवेल की यह स्थापना सही मानी जाय तो उससे सिद्ध यही होगा कि स्पर्श ध्वनियों की सघोषता अर्थ-विच्छेदक लक्षण नहीं थी। दूसरे शब्दों में द्रविड़ भाषाओं की ध्वनि-व्यवस्था में सघोषता की सक्रिय भूमिका नहीं है। उसकी भूमिका निष्क्रिय है क्योंकि अर्थ-विवेक में उससे सहायता नहीं मिलती।

द्रविड़ भाषाओं के भारतीय विशेषज्ञ भद्रिराजु कृष्णमूर्ति का विचार है कि आदि द्रविड़ भाषा में एक समय ऐसा था जब मध्यवर्ती स्पर्श ध्वनियाँ भी अघोष होती थीं;

आगे चलकर, आदि द्रविड़ भाषा काल के अन्तिम चरण में, इन मध्यवर्ती स्पर्श ध्वनियों के सघोष रूप का व्यवहार आरम्भ हुआ। कृष्णमूर्ति ने अपने मत के समर्थन में इस तथ्य का उल्लेख किया है कि द्रविड़ शब्द-भण्डार में एक भी शब्द ऐसा नहीं है जिसके आरम्भ में सघोष ध्वनि हो और उसका व्यवहार द्रविड़ भाषाओं में व्यापक रूप से होता हो। कृष्णमूर्ति के मत से मिलती-जुलती बात ज़्वेलेबिल ने कही है। उनके अनुसार ऐसी भाषाओं की संख्या अति अल्प है जिनके शब्द-मूल सघोष ध्वनियों से आरम्भ होते हों। इस प्रकार के जो शब्द-मूल मिलते हैं, द्रविड़ भाषाओं में उनका वितरण व्यवस्थित नहीं है; इसके विपरीत अघोष स्पर्श ध्वनियों का वितरण अधिक व्यापक और व्यवस्थित है।

महाप्राणता की अपेक्षा सघोषता का प्रसार ज़्यादा बड़े पैमाने पर हुआ है। तमिल भाषा शब्द के आदि स्थान पर सघोष ध्वनि का व्यवहार नहीं करती (अंग्रेज़ी जैसी भाषा से कुछ उधार लिये हुए शब्द इसका अपवाद हैं।) तमिल की अपेक्षा जो द्रविड़ भाषाएँ आर्य भाषा परिवार के केन्द्रों के अधिक समीप हैं, वे शब्द के आरम्भ में सघोष ध्वनियों का व्यवहार करती हैं। कन्नड़ और तेलुगु जैसी भाषाओं में ध्वनि-शास्त्रियों ने ऐसे शब्दों की गिनती भी की है।

लिंगुआ, संख्या ३० (१६७२) में ज़्वेलेबिल ने द्रविड़ भाषाओं में स्पर्श ध्वनियों के आदिस्थानीय प्रयोग पर एक लेख लिखा था—**इनीशल् प्लोजिव्स् इन् ड्रेवीडियन।** इसमें उन्होंने बताया है कि अनौपचारिक वार्तालाप की शैली में तमिल और मलयालम भाषाओं में अनेक शब्द सघोष स्पर्श ध्वनियों से आरम्भ होते हैं यथा: **बयों** (भय), **जन्नल्** (खिड़की), **गर्वों** (गर्व), **दर्मों** (धर्म)। अन्य भाषाओं में आदिस्थानीय सघोष ध्वनियों का व्यवहार और भी अधिक होता है। संस्कृत शब्दों के प्रतिरूप छोड़ देने पर भी काफ़ी द्रविड़ शब्द ऐसे निकल आते हैं जिनके आरम्भ में सघोष स्पर्श ध्वनि होती है। द्रविड़ भाषाओं को तीन भागों में बाँटा जाता है। दक्षिणी द्रविड़ भाषा-समुदाय में प्रति बारह शब्द के पीछे एक शब्द सघोष स्पर्श ध्वनि से आरम्भ होता है। उत्तरी द्रविड़ भाषाओं में चौदह शब्दों के पीछे ऐसा एक शब्द होता है। किन्तु मध्यवर्ती द्रविड़ भाषाओं में हर पाँच शब्दों के पीछे एक शब्द सघोष स्पर्श ध्वनि से आरम्भ होता है। ये मध्यवर्ती भाषाएँ आर्य-भाषा-केन्द्रों के सर्वाधिक समीप हैं। इनमें तेलुगु और कन्नड़ भी हैं। स्पष्ट ही सघोषता के प्रसार का कारण आर्य भाषाओं का सम्पर्क है।

इस सम्पर्क के फलस्वरूप कुछ भाषाओं में सघोष-अघोष भेद अर्थ-विच्छेदक हो गया है। द्रविड़ व्युत्पुत्ति कोष से यहाँ कुछ उदाहरण दिये जाते हैं। कन्नड़ भाषा में **कञ्चि**—खट्टा नीबू, **गञ्जि**—चावल का माड़; **कट्टु**—बाँधना, **गट्टु**—नदी आदि का बाँध, **कडब**—हिरन, **गडब**—मियाद; **कडि**—जोशीलापन, **गडि**—बाँस; **कॉलॅ**—मारना, **गॉलॅ**—फलों का गुच्छा। सघोष-अघोष ध्वनियों का यह भेद कन्नड़ जैसी मध्यवर्ती द्रविड़ भाषा में हो, यह स्वाभाविक है।

द्रविड़ भाषाओं में सघोषता के लक्षण का प्रवेश आर्यभाषा-परिवार के सम्पर्क

के कारण हुआ, अतः इस परिवार से जो शब्द द्रविड़ भाषाओं में पहुँचे, उनकी दो स्थितियाँ दिखाई देती हैं। एक स्थिति वह है जहाँ आदि सघोष ध्वनि सघोष हो जाती है। दूसरी स्थिति वह है जहाँ आदि सघोष ध्वनि यथावत् कायम रहती है। मानक तमिल एक परिवर्तन और करती है। यदि उधार लिये हुए मूल शब्द की मध्यवर्ती ध्वनि अघोष है तो वह उसे सघोष कर देगी। **दन्त** शब्द **तन्दम्** हो जायगा, **जन्तु** शब्द **चन्दु** (अथवा **चॅन्दु**) रूप में बोला जायेगा। यदि मध्यवर्ती ध्वनि अघोष महाप्राण है, तो महाप्राणता का लोप हो जायगा और सघोषता जोड़ दी जायगी। इस प्रकार **गाथा** शब्द **कादि** रूप में ग्रहण किया गया है। पुरानी तमिल से कुछ अन्य उदाहरण इस प्रकार हैं; **जाति—चादि, बन्धम्—पन्दम्, दिशा—तिजइ, दंड—तंडु; दारु—तारम्; गर्दभ—कळुदइ; दूत—तूडु; गोपाल—कोवलर्; गुरु—कुरु; दिति—तिदि; द्रोणि—तोणि; गौरी—कवुरी।**

तमिल की इस प्रवृत्ति के विपरीत कन्नड़, तेलुगु आदि भाषाएँ मूल शब्दों की आदिस्थानीय सघोष ध्वनि बहुधा सुरक्षित किये रहती हैं। संस्कृत **गारुड** तमिल में **कारडम्** है, कन्नड़ में **गारड**; संस्कृत **द्रोणि** तमिल में **तोणि** है, कन्नड़ में **दोणि**; हिन्दी **गारा** तमिल में **कारइ** है, कन्नड़ में **गारॅ**। षण्मुगम् पिल्लइ ने श्रीलङ्का की तमिल बोली पर **इन्डियन लिंग्विस्टिक्स** में प्रकाशित अपने लेख में यह रोचक तथ्य दिया है कि सघोष स्पर्श ध्वनियों का व्यवहार सर्वाधिक मद्रास की तमिल में होता है। मद्रास के दक्षिण में ऐसी ध्वनियों का व्यवहार क्रमशः कम होता जाता है और कन्याकुमारी तथा श्रीलङ्का की तमिल में इनका व्यवहार अल्पतम होता है। मद्रास की तमिल में सघोष स्पर्श ध्वनियों के अधिक व्यवहार का कारण उन्होंने तेलुगु का प्रभाव माना है। यह बात उचित जान पड़ती है क्योंकि द्रविड़ परिवार में तेलुगु मध्यवर्ती समुदाय में है और आर्य परिवार के निकट है।

द्रविड़ भाषा परिवार के साथ कोल और नाग परिवारों में महाप्राणता और सघोषता की क्या स्थिति है, संक्षेप में इस पर भी विचार कर लेना चाहिए।

लिंगुआ संख्या १५, १९६५ में यूजेनी जे० ए० हेन्डरसन का लेख **द टोपोग्राफ़ी ऑफ़ सर्टेन् फोनेटिक ऐन्ड मौर्फोलौजीकल् कैरैक्टरिस्टिक्स ऑफ़ साउथ ईस्ट एशियन लैंग्वेजेज़** प्रकाशित हुआ है। इसमें दक्षिण-पूर्वी एशिया की भाषाओं के ध्वनितन्त्र और शब्दतन्त्र की विशेषताओं का तुलनात्मक अध्ययन किया गया है। इसमें बताया गया है कि ध्वनितन्त्र के विचार से यहाँ भाषाओं के दो समुदाय हैं। एक समुदाय वह है जिसमें **प्-फ्, त्-थ्, क्-ख्** वाली ध्वनि-व्यवस्था है। दूसरा समुदाय वह है जिसमें **प्-फ्-ब्-भ्, त्-थ्-द्-ध्, क्-ख्-ग्-घ्** वाली व्यवस्था है। इस दूसरी व्यवस्था के अन्तर्गत सोर-भाषा छोड़कर सभी कोल भाषाएँ हैं। खसी भाषा में अघोष बनाम सघोष महाप्राण ध्वनियाँ अर्थ-विवेक के काम आती हैं किन्तु इसमें वह ध्वनि-व्यवस्था अधूरी है: **प्-फ्-ब्-भ्; त्-थ्-द्; क्-ख्** (**ज्-झ्**)। जिन शब्दों के आरम्भ में सघोष महाप्राण ध्वनि प्रयुक्त होती है, वे या तो सबके सब उधार लिये हुए हैं, या अर्थ पर ज़ोर देने के लिए, विशेष मनोदशा का बोध कराने के लिए, उस ध्वनि का व्यवहार होता है। इसका एक

अपवाद है भूर जिसका अर्थ है साग।

शब्दों के आरम्भ में जिन ध्वनियों का अर्थ-विच्छेदक प्रयोग होता हो, उन्हें किसी भाषा परिवार के ध्वनितन्त्र का अभिन्न अंग मानना चाहिए। वे भले ही किसी समय अन्य भाषा-केन्द्रों से प्राप्त हुई हों, अब उनकी गिनती उस भाषा परिवार की मूल ध्वनि-सम्पदा में होगी। कोल भाषाओं में सघोष महाप्राण ध्वनियों का व्यवहार सीमित है। शब्दों के आरम्भ में जहाँ इन ध्वनियों का प्रयोग होता है, वहाँ या तो वे उधार लिये हुए शब्दों के साथ चली आई हैं या उनका यह प्रयोग अर्थ-विच्छेदक नहीं है, केवल बोलने वाले की मनोदशा व्यक्त करने के लिए है। सभी कोल भाषाओं में एक-सी व्यवस्था नहीं है। कुछ में घ, ध् ध्वनियों का व्यवहार नहीं होता। किन्तु अघोष महाप्राण ध्वनियों का व्यवहार एकाध भाषा को छोड़कर सर्वत्र होता है।

यह तथ्य महत्वपूर्ण है कि कोल भाषाओं से मिलती-जुलती जो आस्ट्रिक भाषाएं भारत के बाहर बोली जाती हैं, उनमें सघोष महाप्राण ध्वनियों का अभाव है। भारत के बाहर जहाँ भी महाप्राण ध्वनियाँ प्रयुक्त होती हैं, वहाँ वे अघोष होती हैं, सघोष नहीं। प्-फ्, त्-थ्, क्-ख्—ये ध्वनियाँ कोल या आस्ट्रिक भाषा-समुदाय में, भारत के भीतर और बाहर, समान रूप से व्यवहृत होती हैं।

भाषा परिवारों की सीमाओं पर अटके न रहकर यदि विस्तृत भाषाई क्षेत्र के विशेष लक्षणों पर ध्यान दिया जाय, तो एक केन्द्र से दूसरे केन्द्रों तक इन लक्षणों के प्रसार का मानचित्र सामने आ जायगा। इस पद्धति से भाषागत लक्षणों का प्रसार देखने पर भाषा परिवारों के परस्पर सम्बन्धों का ज्ञान होता है। लिंगुआ संख्या १५ के उपर्युक्त लेख में महाप्राणता का लक्षण लेकर दक्षिण-पूर्वी एशिया को दो भागों में बाँटा गया है। एक भाग में महाप्राणता का लक्षण है, दूसरे भाग में अल्पप्राणता का लक्षण। इस सम्बन्ध में यूजेनी हेन्डरसन ने लिखा है : "महाप्राणता और अल्पप्राणता से यह क्षेत्र दो खण्डों में विभाजित हो जाता है। एक खण्ड में मोटे तौर पर सारा उत्तर भारतीय भाषाई क्षेत्र, तथा मुख्य भूमि पर चीनी-तिब्बती क्षेत्र आ जाता है; दूसरे खण्ड में दक्षिण-भारतीय भाषाएँ तथा द्वीपों की भाषाएँ आ जाती हैं जिनके साथ प्रशान्त महासागर में महाप्राणता के लघु क्षेत्र हैं, और मुण्डा-समुदाय तथा असम में अल्पप्राणता के लघु क्षेत्र हैं। यह भाषाई विभाजन भाषा परिवारों की स्वीकृत सीमाएँ पार कर जाता है। कारण यह है कि यहाँ एक बृहत् भाषाई क्षेत्र में चीनी-तिब्बती, भारतीय आर्य, मोन्‌ख्मेर और अधिकांश मुण्डा भाषाएँ समेट ली जाती हैं। यह क्षेत्र पुनः सघोष महाप्राणता और अघोष महाप्राणता के खण्डों में विभाजित किया जा सकता है। यहाँ भी ऐसा लगता है कि हम बृहत्तर क्षेत्र से उत्तर भारतीय भाषाई क्षेत्र अलग करने में सफल हुए हैं, फिर भी र्हादे, लेप्चा और खसी भाषाओं के रूप में सघोष महाप्राणता के लघु क्षेत्र छूट जाते हैं। इनमें दो भाषाओं, लेप्चा और खसी में सघोष महाप्राणता का लक्षण पड़ोसी उत्तर भारतीय भाषाई क्षेत्र की ओर से प्रविष्ट हुआ है, यह माना जा सकता है। प्रशान्त महासागर के दूर-दूर के स्थानों में अघोष महाप्राण ध्वनियों की

विशिष्ट शृंखला गौण विकास जैसी प्रतीत होती है और वह बहुत दिलचस्प है।"

इस उद्धरण में मुख्य भूमि का आशय, द्वीप समूह छोड़कर, बृहत्तर भारत का भाषाई क्षेत्र है। इस क्षेत्र में चीनी-तिब्बती परिवार की भाषाएं आ जाती हैं जो भारत में या उसके निकट पड़ोसी देशों में बोली जाती हैं। चीनी-तिब्बती परिवार के विशेषज्ञ बेनेडिक्ट ने चीनी भाषा-समुदाय को तिब्बती-बर्मी क्षेत्र से अलग दिखाया है। हेन्डरसन ने उनसे पहले जिन चीनी-तिब्बती क्षेत्र को बृहत्तर भारत में शामिल किया है, वह वास्तव में तिब्बती-बर्मी क्षेत्र है। भाषाशास्त्र की दृष्टि से तिब्बती-बर्मी भाषाएँ बृहत्तर भारत के अन्तर्गत हैं, चीन के नहीं।

महाप्राणता और सघोष महाप्राणता दोनों के प्रसार का मुख्य केन्द्र उत्तर भारतीय क्षेत्र—ब्रह्मावर्त, आर्यावर्त अथवा मध्यदेश—है। यह कल्पना करना कठिन नहीं है कि महाप्राणता और सघोष महाप्राणता के जो लक्षण इस उत्तर भारतीय केन्द्र से दक्षिण-पूर्वी एशिया में फैलते दिखाई देते हैं, वे मध्य एशिया, पश्चिमी एशिया और इनकी सीमान्त भूमि यूरुप में भी प्रसारित हुए होंगे। इस दृष्टि से, यूरुप को मध्य या पश्चिमी एशिया के साथ मिलाकर, एक बृहत् भाषाई क्षेत्र का अध्ययन अभी किया नहीं गया।

हेन्डरसन ने अल्पप्राणता के क्षेत्र में दक्षिण भारत तथा पड़ोसी द्वीप समूह की भाषाओं को रखा है। दक्षिण भारत की द्रविड़ भाषाओं की मूल प्रकृति अल्पप्राणता वाली है। इसी प्रकार जिसे आस्ट्रो-एशियाटिक परिवार कहा जाता है, उसकी मूल प्रकृति भी अल्पप्राणता की है। कोल भाषाएँ इसी आस्ट्रो-एशियाटिक परिवार की शाखा मानी जाती हैं। इनमें महाप्राणता का लक्षण आर्य भाषा परिवार के सम्पर्क का ही परिणाम हो सकता है। जहाँ यह सम्पर्क कम रहा है, वहाँ कोल समुदाय में भी अल्पप्राणता के लघु क्षेत्र हैं। दूसरी ओर सुदूर प्रशान्त सागर में महाप्राणता के लघु क्षेत्र हैं। प्रशान्त सागर में, दूर-दूर के स्थानों में, अघोष महाप्राण व्यंजनों की विशिष्ट शृंखला दिखाई देती है। यह शृंखला निस्सन्देह बहुत दिलचस्प है क्योंकि महाप्राणता का यह लक्षण इन द्वीपों में अकारण न विकसित हुआ होगा। उनकी पड़ोसी भाषाएँ अल्पप्राण हैं। वे जिस भाषा परिवार के अन्तर्गत हैं, उसकी ध्वनिप्रकृति अल्प प्राणवाली है। आर्य भाषाओं की महाप्राण ध्वनियों से प्रभावित होने वाली भारतीय कोल भाषाओं के कुछ तत्व प्रशान्त महासागर के द्वीपों में दूर-दूर तक पहुँचे हैं, ऐसा मानना उचित होगा।

आस्ट्रो-एशियाटिक परिवार से कम्पूचिया (कम्बोज) आदि प्रदेशों की मोन्ख्मेर भाषाएँ भिन्न हैं। इन भाषाओं के प्रदेश से भारत का अत्यन्त प्राचीन सम्बन्ध रहा है; इस सम्बन्ध में द्रविड़ भाषाओं की अपेक्षा वहाँ आर्य भाषाएँ बोलने वालों की भूमिका प्रमुख रही है। यही कारण है कि चीनी-तिब्बती और कोल भाषाओं की तरह मोन्ख्मेर भाषा-समुदाय में भी महाप्राणता के लक्षण का प्रसार हुआ है।

कहीं-कहीं पड़ोसी भाषा परिवारों से आर्य भाषा परिवार का सम्बन्ध इतना घनिष्ठ रहा है कि उनमें सघोष महाप्राण ध्वनियों का भी व्यवहार होने लगा है।

हेन्डरसन ने इसे पड़ोसी उत्तर-भारतीय क्षेत्र की ओर से होने वाला प्रवेश (एन्क्रोचमेन्ट) कहा है। सघोष महाप्राणता के सीमित प्रसार को परस्पर सम्पर्क का परिणाम कहना उचित है।

महाप्राणता से भिन्न सघोषता का लक्षण अधिक व्यापक है। इस लक्षण पर विचार करते हुए यूजेनी हेन्डरसन ने उक्त लेख में बताया है कि अधिकांश भाषाओं में **क्-त्-प्** के साथ **ग्-द्-ब्** सघोष ध्वनियों का व्यवहार होता है। इन भाषाओं को उन्होंने दो खण्डों में विभाजित किया है। पहले खण्ड में वे भाषाएँ हैं जिनमें **ग्-द्-ब्** तीनों सघोष ध्वनियाँ हैं, दूसरे खण्ड में वे भाषाएँ हैं जिनमें केवल **द्** और **ब्** हैं, **ग्** का अभाव है। इस तथ्य से पता चलता है कि सघोषता के लक्षण का प्रसार भी सर्वत्र एक-सा नहीं है। अनेक भाषाओं में केवल **द्-ब्** सघोष स्पर्श ध्वनियाँ हैं; **ग्** जैसी ध्वनि उनके यहाँ नहीं है यद्यपि अघोष **क्** उनके यहाँ है। बर्मी भाषा-समुदाय के बारे में हेन्डरसन का यह उल्लेख महत्वपूर्ण है कि शब्द के आदि स्थान पर सघोष स्पर्श ध्वनियों का व्यवहार अपेक्षाकृत विरल है। यही बात उन्होंने द्रविड़ भाषाओं के बारे में कही है। संस्कृत से उधार लिये हुए शब्दों में ही आदि स्थान पर सघोष-अघोष स्पर्श ध्वनियों में भेद किया जाता है। यह बात आंशिक रूप में सत्य है। जो द्रविड़ भाषाएँ आर्य भाषा-केन्द्रों के समीप हैं, वे आदि स्थानों पर भी सघोष ध्वनि का व्यवहार करती हैं। पर यह बात सही है कि द्रविड़ भाषाओं की ध्वनि-प्रकृति मूलतः अघोषता वाली है।

एक ओर अघोष ध्वनि-प्रकृति वाली द्रविड़ भाषाएँ, दूसरी ओर अघोष ध्वनि-प्रकृति वाली बर्मी भाषाएँ, इनसे घिरा हुआ सघोषता का मूल प्रसार केन्द्र आर्य भाषा-क्षेत्र है। इसी प्रकार सघोषता के लक्षण का अध्ययन, मध्य एशिया, पश्चिमी एशिया और यूरुप के भाषा-क्षेत्रों पर एक साथ ध्यान देते हुए, करना चाहिए।

यहाँ भारतीय कोल भाषा-समुदाय के बारे में हेन्डरसन का यह उल्लेख भी महत्वपूर्ण है कि इन भाषाओं में शब्द के आदि स्थान पर **ग्-द्-ब्** का व्यवहार तो होता है, अन्त में नहीं होता।

इससे विदित होता है कि हिन्दी जैसी भाषाओं की अपेक्षा कोल समुदाय में सघोषता के लक्षण का विकास सीमित है। हेन्डरसन ने भाषाविद् ज़ाइड के मत की चर्चा की है जिसके अनुसार संथाली भाषा में शब्द के अन्तिम स्थान के लिए भी सघोष ध्वनियों की कल्पना की गई है। यूजेनी हेन्डरसन ने संकेत किया है कि शायद यह बात लिखित भाषा को ध्यान में रखकर कही गई है; यथार्थ उच्चारण से उसका सम्बन्ध नहीं है। संथाली में शब्द के अन्तिम स्थान पर सघोष ध्वनि का व्यवहार होता भी हो, तो भी यह निष्कर्ष अपनी जगह कायम रहता है कि आर्य भाषा परिवार की अपेक्षा कोल समुदाय में सघोष स्पर्श ध्वनियों का व्यवहार सीमित है।

नाग भाषा-परिवार के लिए बेनेडिक्ट ने कल्पना की है कि आदि नाग भाषा में **क्-त्-प्** के साथ **ग्-द्-ब्** ध्वनियाँ थीं किन्तु **ख्-थ्-फ्** जैसी अघोष महाप्राण ध्वनियाँ नहीं थीं। इस मत से इस तथ्य का संकेत मिलता है कि नाग भाषा परिवार में भी महाप्राणता की अपेक्षा सघोषता के लक्षण का प्रसार अधिक हुआ है। भारत की इदु, मोन्पा जैसी

नाग भाषाओं में **ख्-थ्-फ्** का व्यवहार होता है। द्रविड़ भाषाओं से भिन्न महाप्राण **ह्** ध्वनि का व्यवहार सभी नाग भाषाओं में दिखाई देता है। शब्द के आदि स्थान पर सघोष-अघोष भेद अर्थ-विच्छेदक होता है। कुछ बातों में नाग और कोल भाषाएँ द्रविड़ समुदाय की अपेक्षा आर्य भाषा-परिवार से अपने सुदीर्व और निकटतर की सूचना देती हैं।

३. इंडोयूरोपियन भाषा परिवार में महाप्राणता और सघोषता

अब देखना चाहिए कि भारत से बाहर इंडोयूरोपियन परिवार की भाषाओं में महाप्राणता और सघोषता की क्या स्थिति है। यह बात पहले कही जा चुकी है कि भारत से बाहर इस परिवार की प्राचीन या नवीन किसी भी भाषा में सघोष महाप्राण ध्वनियों का व्यवहार नहीं होता। भारत की कोल भाषाएँ आर्य परिवार से भिन्न समुदाय की हैं किन्तु आर्य परिवार से सम्पर्क के कारण उनमें सघोष महाप्राण ध्वनियों का व्यवहार, अपवाद रूप से, कुछ सीमित क्षेत्रों में होने लगा। भारत के बाहर इंडोयूरोपियन समुदाय की भाषाएँ उसी परिवार की हैं जिसकी एक 'शाखा' भारतीय आर्य भाषाएँ हैं, पर उनमें सघोष महाप्राण ध्वनियों का व्यवहार नहीं होता।

संस्कृत के ऐसे बहुत से शब्द हैं जिनमें सघोष महाप्राण ध्वनियों का प्रयोग हुआ है। यूरुप की भाषाओं में इनके प्रतिरूप मिलते हैं। इन प्रतिरूपों में एक वर्ग ऐसे शब्दों का है जहाँ सघोष महाप्राण ध्वनि की जगह अघोष अल्पप्राण ध्वनियों का व्यवहार होता है। जैसे तमिल में संस्कृत **धरा** का प्रतिरूप **तॅरइ** है, ठीक उसी तरह लैटिन में संस्कृत **धरा** का प्रतिरूप **तॅरा** है। अंग्रेज़ी के **टॅरीटरी, टॅरीटोरियल्, टॅरेस्ट्रियल्** आदि शब्द भारतीय **धरा** के उसी लैटिन प्रतिरूप **तॅरा** से बनते हैं। इसी प्रकार संस्कृत **भक्ष्**, लैटिल **पस्को**; संस्कृत **ध्वनि**, लैटिन **तोनो** (गर्जन); संस्कृत **भर्**, लैटिन **परिओ** (ले आना), **पोर्तो** (ले जाना), ग्रीक **पोरेरुओ** (लाना, ले जाना); **घर्म** के शब्द-मूल **घर** से लैटिन में **कलेओ** (गर्म होना), **कलोर्** (गर्मी); घूर्ण के शब्द-मूल **घूर्** से लैटिन कूर (घूमना); **भी, भय** के अनुरूप लैटिन क्रिया **पवेओ** (डरना), संज्ञा **पवोर्** (डर)।

दूसरे वर्ग में वे शब्द आते हैं जो उत्तरी द्रविड़ भाषाओं की तरह सघोष महाप्राण के स्थान पर अघोष महाप्राण ध्वनि का व्यवहार करते हैं। संस्कृत और ग्रीक भाषाओं में प्रतिरूपों के कुछ जोड़े इस प्रकार हैं : **धूम—थूमोस; मधु—मथु; भूति—फूसिस** (आन्तरिक गुण); **भद्र—फइद्रोस्** (श्रीयुक्त); **दीर्घ—दोलिखोस्; लघु—एलिखुस्**।

ग्रीक की अपेक्षा लैटिन में अघोष महाप्राण ध्वनियों का विकास कम हुआ है। ग्रीक में **ख्-थ्-फ्** तीन ध्वनियाँ हैं; लैटिन में केवल **फ़्** है। अतः सघोष महाप्राण ध्वनियों के स्थान पर लैटिन यदि किसी अघोष महाप्राण ध्वनि का व्यवहार करती है तो वह केवल **फ़्** है। संस्कृत **अर्घ**—लैटिन **अल्फ़ानो**; संस्कृत **भ्रातर्**—लैटिन **फ़्रातेर्**; संस्कृत **धूम**—लैटिन **फ़ूमुस्**। **घ्-ध्-भ्** तीनों के लिए एक ही ध्वनि **फ़्** का व्यवहार

हुआ है। किन्तु लैटिन में ऐसा कोई नियम नहीं है कि सघोष महाप्राण के स्थान पर **फ़्** का व्यवहार ही होगा। जैसे **धरा** के प्रतिरूप **तॅरा** में अघोष अल्पप्राण ध्वनि का व्यवहार हुआ है, वैसे ही **रुधिर** के प्रतिरूप **रुबेर्** में **ध्** के स्थान पर सघोष अल्पप्राण **ब्** का व्यवहार हुआ है। तीन प्रकार के ध्वनि-परिवर्तन का कारण यह है कि लैटिन भाषा के निर्माण में अनेक बोलियों का योगदान है। उसके शब्द-भण्डार में इन बोलियों की भिन्न प्रवृत्तियों के चिन्ह विद्यमान हैं। जैसे **धूम** के प्रतिरूप **फ़ूमुस्** में अन्य वर्ग की अघोष महाप्राण ध्वनि का व्यवहार हुआ है, वैसे ही **रुधिर** के प्रतिरूप **रुबेर्** में अन्य वर्ग की सघोष अल्पप्राण ध्वनि का व्यवहार हुआ है। ग्रीक भाषा में भी सर्वत्र सघोष महाप्राण की जगह स-वर्गीय अघोष महाप्राण ध्वनि प्रतिस्थापित नहीं होती। ग्रीक **थर्मोस्** का सम्बन्ध **घर्म** से है किन्तु प्रतिरूप में **घ्** से भिन्न वर्ग की ध्वनि का व्यवहार हुआ है।

प्राचीन ईरानी भाषा में **ख़्-थ्-फ़्** ध्वनियों का ही विकास हुआ था। उसमें सघोष महाप्राण ध्वनियों का अभाव है। संस्कृत **धन्वन्** का प्रतिरूप **थन्वन्, आधि** का प्रतिरूप **आथि**; इसी तरह फ़ारसी में **नाभि** का प्रतिरूप **नाफ़, अभ्राज** का प्रतिरूप **अफ़्राज़्** (श्रेष्ठ) है। फ़ारसी में सघोष महाप्राण ध्वनि के स्थान पर सघोष अल्पप्राण ध्वनि का व्यवहार भी होता है यथा **अभ्र** का प्रतिरूप **अब्र, भार** का प्रतिरूप **बार्**।

ग्रीक, लैटिन और ईरानी भाषाओं में महाप्राण-अल्पप्राण, सघोष-अघोष ध्वनियों का भेद सार्थक होता है। प्राचीन भाषा हित्ती की स्थिति इससे भिन्न है। इसमें महाप्राणता अत्यन्त सीमित है और सघोष-अघोष का भेद सन्दिग्ध है। अमरीकी विद्वान् एडगर ऐच० स्टुर्टेवैन्ट हित्ती भाषा के विशेषज्ञ हैं। उन्होंने **ए कम्पैरेटिव ग्रामर ऑफ़ द हित्ताइत लैंग्वेज़्** पुस्तक लिखी है (खण्ड १, संशोधित संस्करण १९५१, येल युनिवर्सिटी)। इसमें उन्होंने महाप्राणता के बारे में यह मत व्यक्त किया है, "हित्ती दस्तावेज़ों में महाप्राणता का कोई चिन्ह नहीं मिलता।" (पृष्ठ ५८)। उनका यह मत सन्दिग्ध है। कारण यह कि जिस ध्वनि को वह अंग्रेज़ी वर्णमाला के ऐच् अक्षर द्वारा, उसके नीचे अर्धचन्द्र लगाकर, व्यक्त करते हैं, वह सम्भवतः संघर्षी अघोष महाप्राण कंठ्य ध्वनि **ख़्** है। **सारस** का हित्ती प्रतिरूप **ख़ारस** है। यहाँ **स्** ध्वनि **ख़्** में वैसे ही परिवर्तित हुई है जैसे **शुष्क** फ़ारसी में **ख़ुश्क** हो जाता है। **अस्थि** का हित्ती प्रतिरूप **ख़स्तइ** है। मूल शब्द में अघोष अल्पप्राण **क्** ध्वनि थी। यह ध्वनि रूसी प्रतिरूप **कॉस्त्** में विद्यमान है। यह **क्** संघर्षी **ख़्** में परिवर्तित होता है और **ख़्** **ह्** में। हिन्दी शब्द **हड्डी** में यह **ह्** विद्यमान है, संस्कृत रूप **अस्थि** में उसका लोप हो गया है। भारत की अन्य भाषाओं में भी, अनेक स्थितियों में, **क्** ध्वनि **ख़्** में परिवर्तित होती है। अतः हित्ती रूप **ख़स्तइ** की आदि अक्षर-ध्वनि **ख़्** ही होनी चाहिए। संस्कृत **पृथु** का हित्ती प्रतिरूप **पल्ख़** है, और **भर्ग** का प्रतिरूप **ख़र्किस्** है। इन रूपों में **थ** और **भ्** के स्थान पर एक ही ध्वनि **ख़्** का प्रयोग वैसे ही होता है जैसे लैटिन में **धूम** और **भ्रातर्** के प्रतिरूपों में एक ही ध्वनि **फ़्** का व्यवहार होता है।

हित्ती में महाप्राणता का अस्तित्व मानना चाहिए किन्तु निस्सन्देह वह अत्यन्त

सीमित है। **धरा** और **तेंरा** की तरह हित्ती में भी सघोष महाप्राण ध्वनि के स्थान पर अघोष अल्पप्राण ध्वनि का व्यवहार होता है, यथा **नभस्** का प्रतिरूप **नेपिस**, **मघ** का प्रतिरूप **मेइकिस्** (महान्), **दभ्रस्** का प्रतिरूप **तेपुस्** (छोटा), **हन्ति** (मूलरूप घन्ति) का प्रतिरूप **कुएन्चि** है।

हित्ती में सघोष-अघोष ध्वनियों में भेद किया जाता था या नहीं, यह समस्या विवादास्पद है। स्टुर्टेवैन्ट ने एक ओर यह माना है कि दस्तावेजों के लिपिक सघोष-अघोष ध्वनियों में विवेक नहीं करते, दूसरी ओर वह मानते हैं कि हित्ती भाषा में सघोष-अघोष ध्वनियों में सार्थक भेद किया जाता था। जहाँ एक ही व्यंजन दो बार लिखा जाता है, वहाँ उनके मत से अघोषता का बोध होना चाहिए। किन्तु लिपिक इस नियम का पालन नहीं करते। इसी पुस्तक में एक स्थान पर कहते हैं कि **क्-ग्**, **त्-द्** और **प्-ब्**, ये ध्वनियाँ एक दूसरे के स्थान पर अदल-बदलकर इतना अधिक लिखी जाती हैं कि उनके सघोष-अघोष भेद के बारे में कोई परिणाम नहीं निकाला जा सकता (पृष्ठ २६)। उसी पृष्ठ पर आगे कहते हैं; "अतः यह निष्कर्ष निकालना आवश्यक जान पड़ा कि हित्ती भाषा में सघोष-अघोष ध्वनियों के बीच भेद नहीं था। इस निष्कर्ष का स्वागत किया गया था क्योंकि प्राचीन निकट पूर्व की अन्य कई भाषाओं में ऐसी स्थिति प्रतीत होती थी।" वह यह मानते हैं कि हित्ती भाषा की अक्षर-ध्वनियों की व्यवस्था (फोनेमिक सिस्टम) निश्चित करना सरल नहीं है (पृष्ठ १६)। हित्ती भाषा में सघोष-अघोष ध्वनियों का भेद है, अपने इस मत के समर्थन में स्टुर्टेवैन्ट कोई पुष्ट प्रमाण नहीं दे पाये।

हित्ती भाषा के एक अन्य विशेषज्ञ अमरीकी भाषाविद् वाल्टर पीटर्सन हैं। उनका मत है कि हित्ती में सघोष-अघोष ध्वनियों का भेद अर्थ-विच्छेदक नहीं था और सम्भवतः केवल अघोष स्पर्श ध्वनि उच्चरित होती थी, कहीं शिथिल रूप में (ग्-वत्), कहीं तीव्र रूप में (क्-वत्)। फिनलैंड की भाषा में व्यंजनों का उच्चारण दीर्घ या लघु होता है। यह बात हित्ती के लिए भी सम्भव है। **लैंग्वेज** पत्रिका (खण्ड ९, १९३३) में फिनलैंड के एक विद्वान् एइनारसन का यह मत उद्धृत करने के बाद पीटर्सन इस सम्भावना पर विचार करते हैं कि आदि इंडोयूरोपियन भाषा में सघोष-अघोष ध्वनियों का जो सार्थक भेद था, वह हित्ती में केवल स्पर्श ध्वनियों के उच्चारण में शिथिल और तीव्र रूप का भेद रह गया था।

यदि द्रविड़ भाषाओं की ध्वनि-पद्धति पर ध्यान दिया जाय तो ज्ञात होगा कि उनमें अनेक भाषाएँ सघोष-अघोष ध्वनियों का व्यवहार करती हैं किन्तु सामान्यतः यह ध्वनि-भेद अर्थ-विच्छेदक नहीं होता। सम्भव है, यह स्थिति हित्ती में भी रही हो। इसमें तो सन्देह नहीं कि संस्कृत की सघोष महाप्राण ध्वनियों के स्थान पर, स्टुर्टेवैन्ट के अनुसार ही उसमें अघोष अल्पप्राण ध्वनियों का व्यवहार किया गया था। यदि हित्ती के ध्वनितन्त्र की तुलना तुखारी भाषा के ध्वनितन्त्र से की जाय तो इस समस्या को हल करने में सहायता मिल सकती है।

तुखारी भाषा के दस्तावेज हित्ती दस्तावेजों की अपेक्षा बहुत बाद के हैं किन्तु

भाषाविज्ञानी मानते हैं कि उसमें प्राचीनता के लक्षण हित्ती के ही समान हैं। दोनों ही भाषाएँ केन्तुम् शाखा के अन्तर्गत मानी जाती हैं। जिस भूमि-भाग में तुखारी भाषा का व्यवहार होता था, वह भारत का प्राचीन उत्तराखण्ड है। भौगोलिक दृष्टि से यह क्षेत्र भारत के अधिक समीप है। तुखारी भाषा की दो बोलियाँ हैं, दोनों में लिखे हुए दस्तावेज सुलभ हैं। ध्वनितन्त्र के विचार से दोनों में कोई महत्वपूर्ण अन्तर नहीं है; दोनों में न तो महाप्राणता का लक्षण है, न सघोषता का। अतः बोलियों का अलग उल्लेख यहाँ अनावश्यक है। संस्कृत के सघोष महाप्राण ध्वनियों वाले शब्दों के तुखारी प्रतिरूप इस प्रकार हैं: **धाम—ताम; भाग—पाक; भ्रातर्—प्राचर्; जम्भ—कम्** (दाँत)। अघोष अल्पप्राण ध्वनियाँ सघोष महाप्राण ध्वनियों के स्थान पर प्रयुक्त होती हैं। जहाँ मूल शब्द में सघोष अल्पप्राण ध्वनि है, वहाँ भी तुखारी प्रतिरूप में अघोष अल्पप्राण ध्वनि का व्यवहार किया जाता है। यथा: **गोत्र—कोतॅर; गो—को, कउ** (हिन्दी **गाय,** अंग्रेज़ी **काऊ**), संस्कृत **गम्**—तुखारी **कम्** (अंग्रेज़ी **कम्**); **राज्—राक्**।

तुखारी भाषा के इन उदाहरणों को देखने से ज्ञात होता है कि इंडोयूरोपियन परिवार की प्राचीन भाषाओं में या तो महाप्राणता का पूर्णतः लोप है या उनका प्रयोग अत्यन्त सीमित है। इसी प्रकार सघोषता का लक्षण या तो अर्थ-विच्छेदक नहीं है या उसका पूर्णतः अभाव है। अधिकांश भाषाविज्ञानी यह मानते हैं कि भारत के उत्तर-पश्चिम में द्रविड़ जनों की बस्तियाँ थीं। भारत के द्रविड़ों ने आर्यों की भाषा को कैसे प्रभावित किया, इसकी छानबीन उन्होंने काफी की है; भारत के उत्तर-पश्चिमी सीमान्तों पर द्रविड़ों ने इंडोयूरोपियन परिवार की अन्य भाषाओं को किस प्रकार प्रभावित किया, इसका अनुसन्धान उन्होंने नहीं किया। यदि भारत के भाषाई परिवेश में महाप्राणता और सघोषता के लक्षणों का अध्ययन करें तो पता चलेगा कि इनके केन्द्र आर्य भाषा-क्षेत्र में हैं और जिन रीतियों से ये लक्षण पड़ोसी द्रविड़-कोल-नाग भाषाओं को प्रभावित करते हैं, वे सब रीतियाँ भारत के बाहर इंडोयूरोपियन परिवार की भाषाओं में भी दिखाई देती हैं। सघोषता और महाप्राणता के लक्षणों का सुसंगत व्यवहार आर्य भाषाओं में होता है। इनका प्रसार विषम गति से नाग-द्रविड़-कोल-क्षेत्रों में हुआ और इसी प्रकार विषम गति से पश्चिमी एशिया तथा यूरुप की भाषाओं में हुआ।

ग्रीक-लैटिन की अपेक्षा यूरुप की जो भाषाएँ अर्वाचीन हैं, उनमें भी सघोषता-महाप्राणता का विकास विषम है। स्लाव भाषाएँ भारतीय आर्य परिवार की भाषाओं से घनिष्ठ रूप में सम्बद्ध हैं। रूसी भाषा में **ख़्** और **फ़्** संघर्षी, अघोष, महाप्राण रूप में विद्यमान हैं, किन्तु **थ्** का अभाव है। रूसी और उक्रैनी एक ही स्लाव समुदाय की पड़ोसी भाषाएँ हैं किन्तु उक्रैनी में **फ़्** ध्वनि का अभाव है। **फ़िलिप** रूसी तथा यूरुप की अन्य भाषाओं में अत्यन्त प्रचलित नाम है। किन्तु इसके उच्चारण में उक्रैनियों को कठिनाई होती है। प्रशिक्षित जनों को छोड़ दें, तो साधारण उक्रैनी लोग **फ़िलिप** के स्थान पर **ख़्विलिप्** कहेंगे—**ख़्** संघर्षी तत्व का अनुकरण करने के लिए, और **व्** ओष्ठ्य

तत्व के अनुकरण के लिए। स्लाव भाषाओं में सघोष महाप्राण ध्वनियाँ वैसे ही नहीं हैं जैसे भारत से बाहर इंडोयूरोपियन परिवार की अन्य भाषाओं में नहीं हैं; अघोष महाप्राण ध्वनियों की भी शृंखला पूरी नहीं है और विभिन्न स्लाव भाषाओं में स्थिति अलग-अलग है। सघोषता-अघोषता का भेद सार्थक है किन्तु इस तरह का भेद शब्द के आदि स्थान वाली ध्वनि में किया जाता है, शब्द के अन्तिम स्थान में इस तरह का भेद लगभग वैसे ही नगण्य है जैसे कोल भाषाओं में।

जर्मन भाषा में महाप्राणता इसी प्रकार सीमित है। **ख़्** और **फ़्** ध्वनियाँ हैं, **थ्** नहीं है। अंग्रेज़ी में भी **थ्** का उच्चारण ऐसे संघर्षी रूप में होता है कि वह सीत्कार के निकट पहुँच जाता है। ग्रीक भाषा से उधार लिये हुए कुछ अंग्रेज़ी शब्दों में स्पर्श ध्वनि **थ्** का उच्चारण होता है यथा **थ्योरी, थीसिस्, थ्योरम्** में। **ह्** ध्वनि जर्मन में बहुत स्पष्ट है, अंग्रेज़ी में लिखी ज़्यादा जाती है, बोली कम जाती है। रूसी में उसका अभाव है, चेक आदि अन्य स्लाव भाषाओं में वह विद्यमान है। आइरिश लोग अपने ह-कार-उच्चारण के लिए विख्यात हैं। अंग्रेज़ी कथा-साहित्य में उनकी इस उच्चारण विशेषता पर ज़ोर देकर अक्सर उनका मज़ाक उड़ाया जाता है।

ग्रीक और लैटिन में ह-कार की स्थिति इस बात की ओर संकेत करती है कि इस ध्वनि का उच्चारण सुसंस्कृत होने का चिन्ह माना जाता था। इस कारण ग्रीक भाषा में अनावश्यक रूप से **ह्** ध्वनि जोड़ी जाने लगी। ग्रीक शब्द-कोश में कोई भी शब्द, **ह्** ध्वनि के संसर्ग के बिना, **उ** स्वर से आरम्भ नहीं होता। इस स्वर के साथ ही यह ध्वनि निरन्तर क्यों जोड़ी जाती है, यह कहना कठिन है। इसके अतिरिक्त संस्कृत **अश्व** और लैटिन **एक्वुउस्** का ग्रीक प्रतिरूप **हिप्पोस्** है जहाँ इ स्वर के साथ ह-कार-संयोग हुआ है।

लैटिन में **ह्** का स्पष्ट उच्चारण अभिजातवर्गीय माना जाता था। लैटिन भाषा पर अपनी पुस्तक में पामर ने लिखा है कि कुछ ग्रामीण बोलियों में महाप्राण ध्वनि का लोप हो गया; देहातीपन के इस चिन्ह के खिलाफ अबाध प्रतिक्रिया हुई जिससे अति शिष्ट प्रयोगों का जन्म हुआ। ऐसे प्रयोगों का उदाहरण देते हुए वह कहते हैं कि **हुमेरुस्, हुमोर्** तथा **हउरिओ** में हकार अनावश्यक है। लैटिन की मूल प्रवृत्ति अल्प-प्राणता की थी। प्राचीन लैटिन में जहाँ यह ध्वनि थी, वहाँ आगे चलकर उसका प्रयोग कम होता गया। इस सन्दर्भ में पामर कहते हैं: "लैटिन का काकल्य **ह्** निसर्गत: अस्थिर ध्वनि था और उत्तरोत्तर उसका प्रयोग कम होता गया। जहाँ वह दो स्वरों के बीच में होता था, वहाँ ईसापूर्व तीसरी शताब्दी तक उसका लोप हो गया।··· इसके फलस्वरूप इस अक्षर का प्रयोग वर्णक्रम (सिलैब्रीफिकेशन) दिखाने के लिए होता था, यथा **अहेनुस्** की वर्तनी में, जहाँ व्युत्पत्ति की दृष्टि से वह अनावश्यक था।" (ऐल्० आर्० पामर: **द लैटिन लैंग्वेज्**, पृष्ठ २२९-२३०)।

लैटिन में जहाँ **ह्** लिखा जाता है, वहाँ वह हमेशा बोला न जाता था। ऐसी ही स्थिति अंग्रेज़ी वर्तनी की है। लैटिनभाषियों ने इस ध्वनि का व्यवहार जिनसे सीखा था, वे अवश्य अधिक सुसंस्कृत रहे होंगे। इसीलिए मौखिक और लिखित, भाषा

के दोनों, रूपों में ह् का व्यवहार उच्च संस्कृति का चिह्न माना गया था।

ग्रीक-भाषा समुदाय में ह-कार की क्षीणता और उसके लोप की स्थिति वैसी ही है जैसी लैटिन में। इंडोजर्मैनिक भाषाओं के तुलनात्मक व्याकरण के पहले खण्ड में ब्रुगमन ने बताया है कि पहले लेस्बियन भाषा में ह् लुप्त हुआ; आयोनियन और अत्तिक भाषाओं में उसका प्रयोग कम होता गया और ईसाई सम्वत् शुरू होते-होते उसका पूर्ण लोप हो गया। बक ने लैटिन और ग्रीक भाषाओं के व्याकरण में यही बात दोहराई है; इसके साथ आधुनिक ग्रीक के बारे में बताया है कि उसमें ह् ध्वनि का अभाव है।

किसी भाषा में ध्वनियों का लोप अकारण नहीं होता। ग्रीक भाषा-समुदाय में दो विरोधी स्रोतों से तत्व आते रहे थे। एक भारतीय आर्य स्रोत है, और दूसरा भारतीय द्रविड़-नाग-कोल-स्रोत। इनके अलावा ग्रीक भाषा-समुदाय के अपने अल्पप्राण स्रोत हो सकते हैं। भारतीय आर्य भाषाओं से ग्रीक भाषा-समुदाय की स्थिति तुलनीय है। हमारे यहाँ ह् ध्वनि सुरक्षित ही नहीं रहती, जहाँ-तहाँ भिन्न ध्वनि प्रकृति के द्रविड़ परिवार में भी वह प्रवेश करती है। उधर ग्रीक समुदाय में किसी समय व्यवहृत होने पर भी वह क्रमशः क्षीण होती जाती है। इसका कारण यह है कि वह ग्रीक भाषाओं के ध्वनितन्त्र का आवश्यक अंग नहीं बनी। द्रविड़ भाषाओं की तरह ग्रीक में उसका उच्चारण करो तो ठीक, न करो तो भी ठीक। ध्वनितन्त्र में उसका अपना कोई अर्थ-विधेयक कार्य नहीं है। यूरुप की अधिकांश भाषाओं में ह् ध्वनि की यही स्थिति है। वह उन भाषाओं के ध्वनितन्त्र का अपरिहार्य अंग नहीं है जैसे वह आर्य परिवार के ध्वनितन्त्र का है।

यूरुप की भाषाओं में महाप्राण ध्वनियों का विषम प्रसार हुआ। सघोष महाप्राण ध्वनियों के स्थान पर कुछ भाषाओं ने अघोष महाप्राण ध्वनियों का व्यवहार किया, कुछ ने सघोष अल्पप्राण ध्वनियों का। इस दूसरे वर्ग में जर्मन और स्लाव भाषाएँ मुख्य हैं। इनमें सघोषता का प्रसार महाप्राणता से अधिक हुआ था। कुछ संस्कृत शब्दों के पुराने जर्मन प्रतिरूप इस कोटि के हैं: **भ्र्—ब्राव्, नभ—नेबुल्** (बादल, कुहरा), **लुभ्—लिओब्** (प्रिय), **बन्ध्—बिन्दन्**।

इसी प्रकार पुरानी स्लाव भाषा में **भय—बोयति** (डरता है); **भग—बोगु** (देव); **धर्म** का शब्दमूल **घर्—गोरेति** (गर्म होता है)। आधुनिक रूसी में: **धाम—दोम्; —भूर्ज—ब्रेर्योज्; दीर्घ—दोल्गो**। रूसी भाषा में अघोष महाप्राण के स्थान पर अघोष अल्पप्राण के व्यवहार की प्रवृत्ति है: संस्कृत **फेन**—रूसी **पेन**, ग्रीक **थॅओरिआ—**रूसी-**तॅओरिआ**।

रूसी और जर्मन दोनों ही भाषाओं की विशेषता है कि शब्द के अन्त में यदि सघोष **ग्-द्-ब्** ध्वनियाँ होंगी, तो उनका उच्चारण अघोषवत् होगा। **ग्-द्-ब्** ध्वनियाँ शब्द के अन्त में किसी समय अवश्य उच्चरित होती रही होंगी किन्तु जैसे लैटिन में महाप्राणता का ह्रास हुआ, वैसे ही अधिक सीमित रूप में, स्लाव और जर्मन भाषाओं में सघोषता क्षीण हुई। लिखित भाषा में वह केवल दृश्य ध्वनि (शब्द के अन्त में) रह गई है। उल्लेखनीय है कि कुछ जर्मन बोलियों में शब्दों के आरम्भ में सघोष ध्वनि है,

तो अन्य कुछ बोलियों में उसी स्थान पर अघोष ध्वनि का व्यवहार होता है, यथा गौथिक में **डाग्** है तो पुरानी हाई जर्मन (अर्थात् पहाड़ी जर्मन) में **टाग्** है। (यह शब्द **दाघ** का प्रतिरूप है जिसका अर्थ था दिन।)

भारतीय भाषा-परिवारों में कोल और नाग, दो परिवार ऐसे हैं जिनमें शब्दों के अन्त में **ग्-द्-ब्** ध्वनियाँ अघोषवत् बोली जाती हैं। यही स्थिति रूसी और जर्मन भाषाओं की है।

यूरुप की कुछ भाषाओं में द्रविड़ पद्धति से भिन्न, सघोष महाप्राण स्पर्श ध्वनियों में परिवर्तन अन्य प्रकारों से भी होता है। महाप्राण ध्वनि संघर्षी **ज़्** में परिणत होती है और सघोष अल्पप्राण स्पर्श ध्वनि के साथ उसका संयोग होता है। यथा भारतीय आर्य शब्द **मेध** अवेस्ता में **म्यज़्द** (बलि) में परिवर्तित होता है (ध्=ह्-स्-ज़्+द्)। यहाँ महाप्राण ध्वनि **ध्** न तो केवल **द्** रही न **त्**, न वह **ह्** में परिवर्तित हुई। वह **ज़्द्** में बदलती है। ईरानी शब्द **मज़्दा** का सम्बन्ध भारतीय शब्द **मेधा** से होना चाहिए; अर्थ है ज्ञानवान्। इसी प्रकार रूसी भाषा में **मध्य** का परिवर्तित रूप **मेज़्दु** है; **प्रबुद्ध** का समकक्ष रूप **प्रबुज़्देनिये** है। यही प्रक्रिया जब अघोषता से प्रभावित होती है, तब सघोष **ज़्** के स्थान में अघोष **स्** रहता है और सघोष **द्** का स्थान अघोष **त्** लेता है। इस प्रकार संस्कृत **बद्ध** ईरानी में **बस्त** और **बस्ता** बनता है (**अवेस्ता** इसी **बद्ध** का रूपान्तर है)। संस्कृत **अबुद्ध** का ग्रीक प्रतिरूप **अपुस्तोस्** है, संस्कृत **एध** (ईंधन) का लैटिन प्रतिरूप **ऐस्तुस्** है।

कहीं आदिस्थानीय **ध्** सघोष **ज़्** में बदलता है और यह सघोष **ज़्** पुनः अघोष् **स्** में परिवर्तित होता है। संस्कृत ध्वनि रूसी में **ज़्वन्** है और यही **ज़्वन्** पुनः परिवर्तित होकर **स्वन्** बनता है (और नाग प्रभाव से इस **स्वन्** का एक रूप **स्वण्** होता है)।

संस्कृत **धाम** का मूल अर्थ है निर्माण की हुई वस्तु। ग्रीक भाषा में **दोमोस्** शब्द का अर्थ है घर या कोई भी वस्तु जो निर्मित की गई हो। संस्कृत **धाता** और **विधाता** में यही निर्माता वाला भाव है। रूसी भाषा में **धा** शब्दमूल से **ज़्दानिये** (भवन) शब्द बनता है। यहाँ भी **ध्** ध्वनि **ज़्द्** में परिवर्तित हुई।

किसी समय **वध्** जैसा शब्दमूल भारत में प्रचलित था जिसका अर्थ था ले चलना, राह दिखाना। **वधू** शब्द इसी से व्युत्पन्न हुआ है। जिसे दूसरा ले जाय, वह **वधू**। रूसी भाषा से **वोझ़्द्**, **वोझ़ाक्** शब्दों का अर्थ है नेता, **वोझ़ातुइ** का अर्थ है पथ-दर्शक। उसी **वध्** के अन्य रूप **वेध्** से रूसी क्रिया **वेस्ति** (ले जाना) बनती है। **ध्** पहले **ज़्द्** में परिवर्तित हुआ फिर सघोषता का लोप होने पर **स्त्** शेष रहा।

सघोष महाप्राण स्पर्श **भ्** द्रविड़ पद्धति से **ब्** और **प्** रूपों में ग्रहण किया जाता है। पुनः यह **ब्** या **प्**, द्रविड़ भाषाओं में ही, **संघर्षी व्** में रूपान्तरित होता है। अतः संस्कृत के **भ्** मूलक शब्द ग्रीक आदि भाषाओं में **व्**-युक्त दिखाई देते हैं और जब इस **व्**-युक्त वर्ण से **व्** का भी लोप हो जाता है, तब केवल स्वर बच रहता है। यह प्रक्रिया द्रविड़ प्रभाव से संस्कृत में भी घटित होती है।

ज़्वेलेबिल ने अपने द्रविड़ ध्वनितन्त्र वाले ग्रन्थ में बताया है कि परिनिष्ठित तमिल में जहाँ **प्** वाला रूप प्रचलित है, वहाँ बोलचाल की तमिल में, विशेषतः अब्राह्मणजनों की तमिल में, **व्** वाले रूप का व्यवहार होता है। संस्कृत अभयम् परिनिष्ठित तमिल में **अबयन्** है तो बोलचाल में उसका रूप **अवयों** हो जाता है। संस्कृत **तपस्** इसी प्रकार **तपचु** और **तवचु** रूपों में बदलता है। संस्कृत **बल** तमिल में **वलि** बनता है। कन्नड़ भाषा आदि स्थान में **ब्** का व्यवहार भी करती है, तमिल उसके स्थान पर **व्** का व्यवहार करती है, यथा कन्नड़ **बान** (आकाश) तमिल में **वान्** है, कन्नड़ **बर** (आना) तमिल में **वरु** है। ब्रज से लेकर बंगाल तक आधुनिक आर्य भाषाएँ **ब्** ध्वनि का प्रयोग करती हैं, **व्** वाले शब्द को भी बदलकर **ब्** वाला रूप दे देती हैं। इसके विपरीत संस्कृत में **ब्** ध्वनि वाले शब्द बहुत कम हैं। इसका कारण यही हो सकता है कि मध्य देश और मगध **ब्**-प्रधान क्षेत्र थे और उत्तर पश्चिमी प्रदेश **व्**-प्रधान था।

हिन्दी शब्द **भेली** (गुड़ की भेली) तमिल में **वॅल्लम्** है; संस्कृत **भंडि** (गाड़ी) तमिल में **वंडि** है; हिन्दी **भाड़ा** का तमिल रूप **वारम्** है। संस्कृत में **भुज्** क्रिया का अर्थ है मुड़ना। **भुजा** वह जो मुड़ जाय। **भोग** और **भुजग** साँप को कहते हैं क्योंकि वह टेढ़ी-मेढ़ी गति से चलता है। **भंग** और **भंगिमा** के अनुरूप संस्कृत में **वंक, वक्र** आदि रूप बनते हैं। व् का लोप होने पर **अंक, अंग, अंगुलि** आदि शब्द प्राप्त होते हैं। इनसे मिलते-जुलते शब्द ग्रीक भाषा में हैं: **अंके** (भुजा), **अंकले** (मुड़ी हुई भुजा), **अंकुलोस्** (मुड़ा हुआ), **अंकोल्** (कोहनी), **अंकुरा** (लंगर), **अङ्किस्त्रोन्** (मछली पकड़ने का काँटा)। संस्कृत शब्दों के अतिरिक्त यूरुप की भाषाएँ अभारतीय शब्दों में भी इस तरह का परिवर्तन करती हैं। लैटिन भाषा का **लपिस्** (पत्थर) ग्रीक में **लअस्** बनता है। ध्वनि-परिवर्तन की यह प्रक्रिया उत्तर-पश्चिमी भारतीय भाषाओं के के अनुरूप है।

यूरुप की भाषाओं में थोड़े से शब्द ऐसे थे जिनमें **स्त्** परिवर्तित होकर **थ्** ध्वनि का रूप लेता है और यह प्रक्रिया वैसी ही है जैसे संस्कृत **स्तन** हिन्दी में **थन** हो जाता है। संस्कृत में गरजने के लिए **ध्वन्** से बने **स्तन्** और **तन्** दोनों क्रिया-रूप हैं। अंग्रेज़ी शब्द **थंडर** (गर्जन) **स्तन्** से सम्बद्ध है। लैटिन रूप **तोनारे** है और उसी के अनुरूप जर्मन शब्द **डॉन्नॉर्** है। हालैण्ड की भाषा में इसका रूप **डॉन्डॅर्** है। नौर्वे और स्वीडन के गण समाजों का 'इन्द्र' **थोर्** था; वह मेघों का गर्जन करने वाला देवता है। इससे अनुमान होता है कि जर्मन समुदाय की भाषाओं में **तन्** और **स्तन्** दोनों क्रिया रूपों का चलन था। **थोर्** और **थंडर्** का सीधा सम्बन्ध **स्तन्** वाले रूप से है। इनके अतिरिक्त ग्रीक **थम्बइनो** का अर्थ है स्तम्भित होना। **थम्बोस्** (चकित होने का भाव), **थओमइ** (आश्चर्य करना), **थउमा, थोउमा** (आश्चर्य), **थउमाज़ो** (आश्चर्य करना)—ये सभी रूप संस्कृत शब्दमूल **स्तम्भ्** से सिद्ध होते हैं। ऐसे शब्दों की संख्या थोड़ी है किन्तु उनसे यह अवश्य सिद्ध होता है कि **स्त्--थ्** वाली ध्वनि परिवर्तन-प्रक्रिया सीमित क्षेत्र में यूरुप में भी चालू थी। अंग्रेज़ी **थम्ब्** (अँगूठा) भी संस्कृत **स्तम्भ** का प्रतिरूप है।

घ्-ध्-भ् आर्य परिवार की मूल ध्वनियाँ हैं। द्रविड़ परिवार की भाषाओं के शब्द भण्डार का अध्ययन करने से **घ्-ध्-भ्** उसकी मूल ध्वनियाँ सिद्ध नहीं होतीं। आर्य भाषा परिवार के विकास की कोई ऐसी मंज़िल नहीं मिलती जब उसमें **क्-त्-प्** ध्वनियों का व्यवहार न होता रहा हो। फिर भी इस सम्भावना से इन्कार नहीं किया जा सकता कि इन ध्वनियों के आदिम विकास काल में दो मूल केन्द्र रहे होंगे, एक **घ्-ध्-भ्** का, दूसरा **क्-त्-प्** का। दोनों के सम्पर्क से ध्वनियों के दो नये वर्ग उत्पन्न हुए; एक **ख्-थ्-फ्** का, और दूसरा **ग्-द्-ब्** का। संस्कृत क्रिया **स्था** है किन्तु **स्तम्भ** शब्द में महाप्राणता के बदले अल्पप्राणता है। **धाम** शब्द के आरम्भ में सघोष महाप्राण ध्वनि है किन्तु **दम्पति** रूप में **ध्** के स्थान पर **द्** का व्यवहार हुआ है। संस्कृत में अनेक ऐसे रूप हैं जिनमें मूल सघोष महाप्राण के स्थान पर अघोष महाप्राण अथवा सघोष अल्पप्राण, और कभी-कभी अघोष अल्पप्राण ध्वनियों का व्यवहार होता है। मूल शब्द है **अभ**। इसी से **अभ्र** रूप बनता है। **अभ** का एक संस्कृत प्रतिरूप है अंभ, दूसरा अंबु, तीसरा अप। एक क्रिया है **नाध्**; इसका वैकल्पिक रूप है **नाथ्**। इस तरह के उदाहरणों से सिद्ध होता है कि **घ्-ध्-भ्** ध्वनियों वाली बोलियाँ ऐसी बोलियों के सम्पर्क में आई थीं जिनके लिए सघोष महाप्राण ध्वनियों का उच्चारण कठिन था। यदि संस्कृत के शब्दमूलों में **घ्-ध्-भ्** और **ख्-थ्-फ्**, दो वर्गों की इन ध्वनियों की प्रयोग-बहुलता का हिसाब लगायें, तो पता चलेगा कि **घ्-ध्-भ्** की तुलना में **ख्-थ्-फ्** का प्रयोग अत्यन्त सीमित है। इससे निष्कर्ष यह निकलेगा कि आर्य परिवार की मूल महाप्राण ध्वनियाँ **घ्-ध्-भ्** ही हैं। अघोष महाप्राण ध्वनियों का विकास बाद में हुआ है।

भारत में द्रविड़ भाषा-समुदाय एकमात्र भाषा-परिवार नहीं था जो सघोष महाप्राण ध्वनियों के व्यवहार के प्रति विरोधी प्रकृति का परिचय देता था। अन्य परिवारों में भी यह प्रवृत्ति विद्यमान थी। इनमें नाग भाषा-परिवार की ध्वनि प्रकृति ध्यान देने योग्य है। बेनेडिक्ट ने अपनी चीनी-तिब्बती परिवार वाली पुस्तक में बताया है कि नाग भाषाओं में सघोषता और अघोषता का भेद तो अर्थ-विच्छेदक है किन्तु महाप्राणता और अल्पप्राणता का भेद गौण है। इस गौण भेद के बारे में कहते हैं कि शब्द के आरम्भ में जो अघोष स्पर्शध्वनि होती है, उसमें महाप्राणता का संयोग किया जाता है (पृष्ठ २०)। यदि यह स्मरण करें कि उत्तरी द्रविड़ भाषाओं में अक्सर **क्** के स्थान पर **ख्** का प्रयोग होता है तो नागभाषाओं से इस प्रवृत्ति की समानता देखी जा सकेगी। महाप्राणता नाग-परिवार का मूल लक्षण नहीं है। महाप्राणता मूल लक्षण होती तो अर्थ-विच्छेदक होती। यह लक्षण इस परिवार ने आर्य भाषा-समुदाय से ग्रहण किया है और उसके प्रयोग की एक रीति उसने निश्चित कर ली है। शब्द के आरम्भ में अल्पप्राण ध्वनि से महाप्राणता का संयोग हो जायगा। यह प्रवृत्ति वैसी ही है जैसी तमिल आदि द्रविड़ भाषाओं की यह प्रवृत्ति कि मध्यवर्ती अघोष ध्वनि सघोष हो जायगी। जैसे द्रविड़ परिवार में सघोषता का लक्षण मूलतः अर्थ-विच्छेदक नहीं रहा, वैसे ही नाग-परिवार में महाप्राणता उसका मूल लक्षण नहीं है। जैसे आर्य भाषा परिवार के अनेक शब्दों में मध्यवर्ती अघोष ध्वनि सघोष हो गई है—यथा **काक—काग**,

लोक—लोग, वैसे ही नाग भाषा-परिवार की महाप्राणता-सम्बन्धी रीति के प्रभाव से **स्थान** और **स्तम्भ** जैसे रूपों का भेद उत्पन्न हुआ हो, यह सम्भव है।

नाग भाषा-परिवार की उक्त विशेषता को ध्यान में रखने से यह सम्भावना पुष्ट होती है कि संस्कृत में **ख्-थ्-फ्** ध्वनियों वाले शब्दमूल जो बहुत कम हैं सो इसका कारण आर्य भाषाओं पर नाग भाषाओं का सीमित प्रभाव है (यद्यपि इस प्रभाव का स्रोत—महाप्राणता—नागभाषाओं को आर्य परिवार से ही प्राप्त हुआ था)। ऐतिहासिक भाषाविज्ञान के विद्वान् जब अपनी आदि इंडोयूरोपियन भाषा के ध्वनितन्त्र में **ख्-थ्-फ्** के अस्तित्व पर विचार करते हैं, तो स्वभावतः संशय में पड़ जाते हैं। उन्हें इस बात का पुष्ट प्रमाण नहीं मिलता कि उस आदि भाषा में इनका व्यवहार होता था। संस्कृत की शब्द-राशि सामने होने से यह भी दृढ़तापूर्वक नहीं कह सकते कि आदि भाषा में इनका व्यवहार होता ही नहीं था। भारत के समग्र भाषाई परिवेश को ध्यान में रखते हुए, आर्य और नाग भाषा परिवारों के परस्पर सम्पर्क पर विचार करने से, सम्भव है, इस समस्या का समाधान मिल जाय।

ख्-थ्-फ् की तुलना में **ग्-द्-ब्** का व्यवहार इंडोयूरोपियन भाषाओं में अधिक होता है। इनमें **ब्** की स्थिति संदिग्ध मानी गई है। लैटिन और ग्रीक में **ब्** से आरम्भ होने वाले बहुत से शब्द हैं किन्तु अन्य शाखाओं में उनके प्रतिरूप कम मिलते हैं। संस्कृत में **ब्** की अपेक्षा **व्** ध्वनि अधिक सुसंस्कृत मानी जाने लगी, इस कारण भी संस्कृत में **ब्** का प्रयोग सीमित हुआ। **ग्** और **द्** के बारे में भाषाविज्ञानियों को सन्देह नहीं है कि ये आदि इंडोयूरोपियन भाषा की मूल ध्वनियाँ हैं।

यदि संस्कृत के शब्द-मूलों पर इस दृष्टि से विचार करें कि इनमें **क्-त्-प्** ध्वनियों का आदिस्थानीय प्रयोग अधिक है या **ग्-द्-ब्** का, तो इस विषय में सन्देह न रहेगा कि **क्-त्-प्** ध्वनियों का व्यवहार ही अधिक हुआ है। संस्कृत का कोई भी कोष उठाकर इन ध्वनियों के व्यवहार का मोटा हिसाब लगाया जा सकता है। संस्कृत में ऐसे अनेक शब्द हैं जिनमें सघोष अघोष ध्वनियों का वैकल्पिक प्रयोग दिखाई देता है यथा **कर्व्** क्रिया का अर्थ है गर्व करना। इसका वैकल्पिक रूप **गर्व** है। संस्कृत रूप **कोचति** का अर्थ है ऊँची आवाज़ करना; यह स्पष्ट ही **घोष्** का प्रतिरूप है जहाँ सघोष महाप्राणता के स्थान पर अघोष अल्पप्राण ध्वनि प्रतिष्ठित हुई है। संस्कृत में **गुल्फ, कुल्फ** जैसे वैकल्पिक रूप यह सिद्ध करते हैं कि सघोषता का लक्षण किसी अन्य भाषा-परिवार के प्रभाव के कारण अस्थिर है। संस्कृत शब्द-मूलों में जो महत्व **घ्-ध्-भ्** का है वह **क्-त्-प्** का नहीं है। इससे यह सम्भावना सामने आती है कि **घ्-ध्-भ्** वर्ग से **क्-त्-प्** वर्ग का संयोग होने पर **ग्-द्-ब्** के नये वर्ग की सृष्टि हुई।

४. नाग भाषा परिवार और संघर्षीकरण

क्-त्-प् चाहे मूलतः आर्य परिवार की ध्वनियाँ हों, चाहे द्रविड़ परिवार की, चाहे इन दोनों की सामान्य ध्वनियाँ हों, दोनों परिवारों में इनके कायाकल्प का इतिहास शिक्षाप्रद है। दोनों ही परिवारों में ये ध्वनियाँ निरन्तर किसी ऐसे भाषा-समुदाय से

प्रभावित होती हैं जिससे उनका अस्तित्व संकट में पड़ जाता है। शब्द के आदि स्थान में उनके लिए खतरा कम रहता है किन्तु मध्यवर्ती स्थान में—मध्यवर्ती से आशय है दो स्वरों के बीच की स्थिति से—बहुधा उनका रूप-परिवर्तन होता है या लोप हो जाता है। प्राकृत भाषाओं में व्यंजनों के लोप की यह प्रक्रिया अतिरंजित जान पड़ती है, फिर भी उसका वास्तविक आधार है। स्पर्श ध्वनियाँ अकस्मात्, अकारण, लुप्त नहीं हो जातीं; उनके लुप्त होने की एक प्रक्रिया है। इस प्रक्रिया का अध्ययन भारत की आधुनिक भाषाओं के सन्दर्भ में भी सम्भव है।

तमिल भाषा के ध्वनितन्त्र का विवरण देते हुए तमिल व्याकरण पर अपनी पुस्तक में सोवियत संघ के विद्वान् आन्द्रोनोव ने यह मत प्रकट किया है कि इस भाषा की मध्यवर्ती ध्वनियाँ सघोष होती हैं और स्पर्श होने के बदले संघर्षी होती हैं। एक शब्द **मकन्** है; **क्** ध्वनि सघोष होगी, **क्** बदलकर **ग्** होगा, और यह **ग्** ध्वनि संघर्षी **ग़्** रूप धारण करेगी। इसी प्रकार **त्** और **प्**, **द्** और **ब्** में परिवर्तित होकर सघोष रूप धारण कर फिर संघर्षी बनेंगे। तमिलभाषी भाषाविज्ञानियों से पूछने पर ज्ञात हुआ कि **त्** और **प्** में इस तरह का परिवर्तन नहीं होता। केवल **क्** कुछ बोलियों में संघर्षी **ग़्** में बदलता है। ज़्वेलेबिल ने केवल मध्यवर्ती **क्** के बारे में लिखा है कि वह ब्राह्मणों की बोली में **ह्** में बदलता है और अब्राह्मणों की बोली में संघर्षी **ग़्** बनता है। इस सम्बन्ध में मेरा कहना यह है कि कुछ शिक्षित तमिलभाषी मध्यवर्ती **क्** के स्थान पर संघर्षी महाप्राण **ख़्** का उच्चारण करते हैं। यह **ख़्** ही **ह्** में बदलता है, संघर्षी **ग़्** **ह्** में नहीं बदलता। **त्** और **प्** की स्थिति कुछ अधिक मजबूत है किन्तु उनका परिवर्तन भी होता है, **ह्** में नहीं, अन्य अन्तस्थ ध्वनियों में। इसकी चर्चा आगे करेंगे। जहाँ **क्-त्-प्** का द्वित्व होता है, वहाँ ये ध्वनियाँ सुरक्षित रहती हैं। वास्तव में यह द्वित्व-प्रक्रिया व्यंजनों की सुरक्षा के लिए ईजाद की हुई प्रक्रिया है। किसी वैयाकरण ने अथवा पण्डितों के समाज ने सोच-विचारकर उसे जन्म नहीं दिया; द्रविड़ भाषा-भाषियों के सहज बोध ने उसकी सृष्टि की है। इसी प्रकार नासिक्य ध्वनि का संसर्ग होने पर उसके बाद आने वाली स्पर्श ध्वनि का संघर्षीकरण नहीं होता और उसके हं-कार में बदलने या लुप्त होने की सम्भावना नहीं रहती। तमिल में **ब्** ध्वनि केवल अनुनासिक ध्वनि के बाद आती है। दो स्वरों के बीच में आने पर **प्** ध्वनि **व्** में बदल जाती है। **कूम्बु, कूप्पु, कुवि** (बन्द होना जैसे फूल का); **कूबु** या **कुबि** रूप न होगा।

द्रविड़ भाषा-परिवार में कन्नड़ एक ऐसी भाषा है जो आदिस्थानीय **प्** को **ह्** में बदलती है और जनसाधारण की बोलचाल में कभी-कभी यह ह-कार लुप्त हो जाता है। कन्नड़ भाषा में **प्**—**ह्** परिवर्तन-प्रक्रिया के बारे में ए० ऐन्० नरसिंह ने **बुलेटिन ऑफ़ द स्कूल ऑफ़ ओरिएन्टल स्टडीज़** के ग्रियर्सन को समर्पित अंक (१९३६) में एक लेख लिखा था : **द हिस्ट्री ऑफ़ पी इन कनरीज़**। इसमें उन्होंने बताया है कि कन्नड़ भाषा में नवीं शताब्दी तक **प्** ध्वनि का व्यवहार होता था। आदिस्थानीय **प्** के बदले **ह्** के व्यवहार के प्रमाण दसवीं शताब्दी से मिलने लगते हैं। मठों आदि को दी हुई भूमि के आज्ञा-पत्रों में जो गद्य है, उसमें **ह्** का व्यवहार अधिक है, पद्य में कम। तेरहवीं

शताब्दी में **प्** के स्थान पर प्रतिष्ठित होने वाले **ह्** का लोप होने लगता है। मूलशब्द **पोगु**, परिवर्तित रूप **होगु, ह्** के लोप के बाद **ओगु** (जाना)। वर्तमान स्थिति के बारे में उन्होंने लिखा है : "आजकल अशिक्षित जनों की बोलचाल में **प्** का स्थान लेने वाला **ह्** प्रायः लुप्त हो गया है। **प्** के बाद जो स्वर आता है, वह किसी भी प्रकार का हो, स्थानापन्न **ह्** लुप्त हो जाता है। अशिक्षित लोग शिष्ट भाषा बोलने के प्रयास में कभी-कभी अपनी ओर से **ह्** जोड़ देते हैं जहाँ वह व्युत्पत्ति-विचार से अनावश्यक है।"

अनावश्यक **ह्** जोड़ने वाली प्रवृत्ति लैटिन और ग्रीक भाषाओं का व्यवहार करने वालों की याद दिलाती है। **ह्** का उच्चारण शिष्टता का चिन्ह माना जाता था। पुनः ब्राह्मणों की तमिल में **ह्** के स्पष्ट उच्चारण की बात कही गई है। इन सभी भाषाओं की मूल प्रवृत्ति अल्पप्राणता की ओर है; अतः सामान्य जनों की बोलचाल में **ह्** का लोप होता दिखाई देता है। लिखित भाषा का व्यवहार शिक्षित जन करते हैं, इसलिए वे उन रूपों को बहुत दिनों तक बनाये रहते हैं जो बोलचाल में नष्ट हो गये हैं। कन्नड़ में नवीं शताब्दी तक आदिस्थानीय **प्** का व्यवहार लिखित भाषा में अवश्य होता रहा होगा किन्तु साधारणजनों की बोलचाल में इसका लोप बहुत पहले हो चुका होगा। जो प्रवृत्ति कन्नड़ भाषा में है, वही प्रवृत्ति आर्मीनियन और आइरिश भाषाओं में भी है।

किसी समय यह **प्** संघर्षी **फ़्** में बदलता था। फिर यह संघर्षी **फ़्** ध्वनि बदलकर काकल्य महाप्राण **ह्** बनी। यह प्रक्रिया पूर्वी बंगाल की बोलियों में आधुनिक काल में देखी जा सकती है। डा० सुनीतिकुमार चाटुर्ज्या ने बँगला भाषा के उद्भव और विकास पर अपने ग्रन्थ में इसके अनेक उदाहरण दिये हैं। इन बोलियों में **पाप—फ़ाफ़, पूजा—फ़ूजा, पूत—फ़ूत**—इस तरह के परिवर्तन देखे जाते हैं। **पूत** के दो रूप होंगे : एक **फ़ूत**, दूसरा **हूत**। इसी तरह **पेट** के दो रूप : **फ़ेट** और **हेट**। डा० चाटुर्ज्या कहते हैं कि इस **फ़्** के उच्चारण में ओंठ इतने खुले रहते हैं कि सुनने में ध्वनि अघोष **ह्** जैसी लगती है। डा० चाटुर्ज्या के विवरण से कन्नड़ में **प्** ध्वनि के परिवर्तन की प्रक्रिया समझी जा सकती है। संघर्षी **फ़्** या **ख़्** ध्वनि इस ढंग से उच्चारित की जा सकती है कि वह **ह्** जैसी लगे। यही कारण है कि डा० पार्थसारथी के उच्चारण में मध्यवर्ती **क्** मुझे संघर्षी **ख़्** सुनाई देता था किन्तु उन्हें प्रतीति **ह्** की होती थी। ध्वनि-विश्लेषण में किसी भाषा के स्वर या व्यंजन एक दूसरे से जितना भिन्न दिखाये जाते हैं, उतना होते नहीं हैं। दो देशों या दो सेनाओं के बीच में जैसे अनिर्धारित भूमि होती है जिस पर किसी का निश्चित अधिकार नहीं होता, वैसे ही ध्वनियों का एक संध्यालोक है, जहाँ यह कहना कठिन होगा कि जो ध्वनि हमने सुनी है, वह **ख़्** है या **ह्**, **फ़्** है या **ह्**। इसलिए प्राकृतिक नियमों के समान जो लोग ध्वनि-परिवर्तन के अटल नियम कायम करते हैं, वे प्रकृति का एक नियम यह भूल जाते हैं कि दिन और रात के बीच में कुछ समय ऐसा होता है जो न दिन होता है न रात।

ध्वनियों की इसी द्वन्द्वात्मक संयोग-वियोग-प्रक्रिया से यह स्पष्ट होता है कि भारतीय भाषाओं में अनेक व्यंजनों के स्थान पर **ह्** का व्यवहार क्यों होता है अथवा

व्यंजनों का पूर्ण लोप क्यों हो जाता है।

पूर्वी बंगाल की बोलियाँ नागभाषा-क्षेत्र से घिरी हुई हैं। डा० चाटुर्ज्या ने इस स्थिति की ओर उचित ही ध्यान दिलाया है। **क्-त्-प्** के उच्चारण में महाप्राणता का योग नाग-भाषाओं की विशेषता है। इसी परिवार की कुछ भाषाएँ संघर्षी ध्वनियों का व्यापक प्रयोग करती हैं। बेनेडिक्ट की पुस्तक में हमें इस तरह के उदाहरण मिलते हैं। रोने के लिए कनौरी में शब्द है **ऋप्**, इसका कचिन भाषा में रूप है—**ख्रप्**, मगरि में इसका रूप है **ह्रप्**, और ह् का लोप होने से इस भाषा में इसका वैकल्पिक रूप रह जाता है **रप्**। इसी तरह तिब्बती-बर्मी समुदाय की एक भाषा में घर के लिए शब्द है **किम्**, तो दूसरी में शब्द है **खिम्** और तीसरी में शब्द है **हिम्**। नाग परिवार की सभी भाषाओं की ध्वनि-प्रकृति एक-सी नहीं है। कहीं संघर्षी ध्वनि है, कहीं नहीं है, कहीं अल्पप्राण अघोष स्पर्श ध्वनि कायम रहती है, कहीं बदल जाती है। इसके दो कारण हो सकते हैं। नाग भाषाएँ किसी ऐसे भाषा-समुदाय से प्रभावित हुई हैं जिसमें अघोष अल्पप्राण स्पर्श ध्वनियों का अभाव था, केवल संघर्षी अघोष महाप्राण ध्वनियों **ख़्, थ़्, फ़्** का व्यवहार होता था। इस भाषा-समुदाय का प्रभाव नाग परिवार पर विषम रूप में पड़ा, कहीं कम कहीं ज्यादा, कहीं बिल्कुल नहीं। दूसरा कारण यह हो सकता है कि संघर्षी तत्व आर्य भाषाओं के प्रभाव से क्षीण हो गया हो और अघोष अल्पप्राण तथा अघोष महाप्राण दोनों प्रकार की स्पर्श ध्वनियों का चलन हुआ हो। जो भी हो, यह तथ्य महत्वपूर्ण है कि स्पर्श ध्वनियों के परिवर्तन की यह प्रक्रिया बहुत स्पष्ट रूप में उन क्षेत्रों में देखी जाती है जिनमें नाग भाषाओं का बाहुल्य है। पूर्वी बंगाल की बोलियों के कुछ उदाहरण और लें। **टका** शब्द का बँगला प्रतिरूप है **टाका**। इसके अन्य पूर्वी बँगला के प्रतिरूप हैं **टाख़ा, टाग़ा, टाहा**। यहाँ तमिल भाषा के मध्यवर्ती **क्** के सारे रूपान्तर—ब्राह्मण-अब्राह्मण बोली-भेद के बिना—एक साथ मिल जाते हैं। संघर्षी महाप्राण अघोष **ख़्** है, संघर्षी सघोष अल्पप्राण **ग़्** है और संघर्षी ख़् से विकसित होने वाला काकल्य महाप्राण ह् है। **सकल** शब्द बदलकर **हअल** होगा, और फिर दो स्वरों के मिलने से **हाल** हो जायगा। इसी तरह **शकुन—होउन; शिकल—हीओल**; डाकिबो—**डाइबो** (बुलाऊँगा); **दोकान** (दुकान)—**दोआन**; **मोकद्दमा** (मुकदमा)—**मोख़दमा, मोहदमा**; **हाकिम—आहिम; मुल्लुके—मुल्लुख़े, मुल्लुहे, मुल्लुग़े**; **काली—ख़ाली; किछु—ख़िसु; कथा—ख़था**; और **ढाका—डाख़ा, डाहा, डाग़ा** (**प्राग** और **प्राहा** की तरह)।

इससे मिलती-जुलती स्थिति कोल भाषाओं में दिखाई देती है। **लिंगुआ** संख्या १४ में कुइपर ने जो व्यंजन-विकल्प पर—**कौन्सोनेन्ट वेरिएशन इन मुंडा**—निबन्ध लिखा है, उसमें उन्होंने स्पर्श व्यंजनों के ह-कार में बदलने के बहुत से उदाहरण दिए हैं, यथा कुड़ुख़ भाषा में **कोन्** (बेटा), **काकू** (मछली), **कोरो** (पुरुष), **कोइयो** (हवा), **कोलोम्** (आटा) शब्दों के, इसी क्रम से, संथाली में प्रतिरूप हैं: **होन्, हको, होड़्, होए, होलोङ्**। कभी-कभी इस तरह के विकल्प एक ही भाषा में मिलते हैं। संथाली में **क्** और ह् वाले वैकल्पिक रूपों की भरमार है। **कलोबतो—हलोबतो**

(अज्ञानी), **कोएदो—होएदो** (निरावरण), **कोन्दे—होम्बे** (टेढ़ा)। **क्** के अलावा जहाँ **ग्** है, वहाँ भी ऐसा वैकल्पिक प्रयोग देखा जाता है। यथा **गद गद—हद हद** (भीड़-भाड़ सहित), **गिलोङ् गोलोङ्—हिलोङ् होलोङ्** (धीमे-धीमे)। जहाँ **ख्** और **घ्** महाप्राण व्यंजन हैं, वे तो ह-कार में वैकल्पिक रूप से बदलते ही हैं। ऐसा लगता है कि भारत के भाषा-परिवारों में कोल समुदाय ही उस प्रवृत्ति से सर्वाधिक प्रभावित हुआ है जो स्पर्श व्यंजनों को पहले संघर्षी रूप देती है, फिर उन्हें ह-कार में बदलती है। स्वाभाविक है कि कन्नड़ की तरह यहाँ भी आदिस्थानीय **प्** ह-कार में परिवर्तित हो, यथा संथाली में **पोगोएआ—होगोया** (स्त्रियों का बेपर्द होकर बैठना)। इसके साथ ही द्रविड़ भाषाओं की तरह इस ह-कार का लोप भी हो जाता है यथा संथाली में **गोलमाल** बदलकर **गुलमाल** हुआ, फिर **हुलमाल**, पुनः उसका वैकल्पिक रूप बना **उलमाल; कण्ड्रुज—होण्ड्रोज, ओण्ड्रोज** (पें पें करना)। इससे प्रतीत होता है कि अनेक भाषा-परिवार कोल भाषाओं को प्रभावित करते रहे हैं और उनमें वैकल्पिक रूपों की अधिकता का यही कारण है।

यूरुप की भाषाओं में जहाँ तहाँ मध्यवर्ती स्पर्श (या संघर्षी) ध्वनियों का लोप होता है। जर्मन-अंग्रेज़ी के कुछ प्रतिरूप इस प्रकार हैं : **फ़ोगेल्—फ़ाउल्** (चिड़िया), **रेगिल—रूल** (शासन), **रेगेन्—रेन्** (उप०) **फ़्लीगेन—फ़्लाई** (उड़ना)। ध्वनि-परिवर्तन की प्रक्रिया यहाँ भारतीय भाषाओं की उक्त प्रक्रिया के अनुरूप है।

कोल-द्रविड़ भाषाओं की तरह यूरुप की अनेक भाषाओं में **क्-त्-प्** की स्थिति परिवर्तनशील है। विशेष रूप से **प्** के परिवर्तन की प्रक्रिया कन्नड़ तथा पूर्वी बंगाल की बोलियों में **प्** के परिवर्तन से मिलती है। भारतीय आर्यभाषा में जहाँ **प्** है, वहाँ जर्मन में **फ़्** का व्यवहार होता है। यथा संस्कृत **पितर्** का ग्रीक प्रतिरूप **पतेर्** है, पुरानी जर्मन में **फ़ाडर् या फ़ादर्** है। आर्मीनियन में यह **प्** या **फ़्** बदलकर **ह्** हो जाता है। वहाँ इसी **फ़ादर्** का प्रतिरूप है **हइर**। आइरिश भाषा में ह-कार का लोप हो जाता है और रूप बनता है **अथिर**। पुराने जर्मन रूप में **द्** या **थ्** संघर्षी ध्वनि रहा होगा। आर्मीनियन में उसका लोप हो जाता है, आइरिश में मूल अल्पप्राण ध्वनि महाप्राणता से संयुक्त होकर कायम रहती है किन्तु आरम्भिक ह-कार का लोप हो जाता है। संस्कृत **पर** का पुराना जर्मन (गौथिक) रूप **फ़इर** है, इसी से अंग्रेज़ी **फ़ार्** (दूर) बनता है। आर्मीनियन में इसका प्रतिरूप है **हेरि**। संस्कृत क्रिया **पत्** (उड़ना) से जैसे **पत्र** बनता है, वैसे ही अंग्रेज़ी में **फ़ेदर्** (पंख), **प्** को **फ़्** में परिवर्तित करके बनता है। इसी से पक्षी के लिए **पेन्** शब्द बना होगा। **प्—फ़्—ह्** परिवर्तनक्रम से यह शब्द **हेन्** होगा जिसका अर्थ अंग्रेज़ी में मुर्गी है। पुरानी आइरिश में ह-कार का लोप होने के बाद **एन्** रूप बनता है जिसका अर्थ है पक्षी। संस्कृत **विपुल** में **पुल** शब्द-मूल है, जिसका अर्थ है बहुत, अधिक। इसका ग्रीक प्रतिरूप **पोलुस्** है। गौथिक में **प्** संघर्षी **फ़्** में बदलता है, और शब्द बनता है **फ़िलु**। पुरानी आइरिश में ह-कार लोप के बाद रूप बचता है **इल्**। संस्कृत **पंच** का लिथुआनियन रूप है **पेन्कि**। आर्मीनियन में यही **हिंग** हो जाता है। लैटिन शब्द **पोर्कुस्** (सुअर), पुरानी जर्मन में **फ़रह्** और पुरानी

आइरिश में **ओर्क्** है। अब इसमें सन्देह नहीं रह जाता कि संस्कृत, ग्रीक, लैटिन और स्लाव भाषाओं में **प्** की स्थिति सुदृढ़ है। इनकी तुलना में जर्मन, केल्त और आर्मीनियन भाषा-समुदायों में यह ध्वनि अस्थिर है। यह अस्थिरता तीन प्रकार से व्यक्त होती है और ये तीनों प्रकार एक ही प्रक्रिया की तीन मंज़िलें हैं। पहली मंज़िल **प्** का **फ़्** में बदलना, दूसरी मंज़िल **फ़्** का **ह्** में बदलना और तीसरी मंज़िल **ह्** का लोप होना है। यह प्रक्रिया ज्यों की त्यों भारतीय भाषाई क्षेत्र में घटित होती है। इस प्रक्रिया की पहली मंज़िल का कारण नाग भाषाओं का प्रभाव है। दूसरी मंज़िल का कारण आर्य भाषाओं का प्रभाव है। संस्कृत तथा अधिकांश आधुनिक आर्य भाषाएँ संघर्षी ध्वनियों का व्यवहार नहीं करतीं, उनके स्थान पर वे काकल्य महाप्राण ध्वनि **ह्** से काम लेती हैं। तीसरी मंज़िल का कारण द्रविड़ प्रभाव है जिससे ह-कार का लोप हो जाता है। यूरुप की भाषाओं में ये तीनों प्रभाव साफ़ दिखाई देते हैं।

इंडोयूरोपियन परिवार की भाषाओं में कभी-कभी मध्यवर्ती **प्** भी उक्त प्रकार की अस्थिरता प्रदर्शित करता है। संस्कृत **नपात्** लैटिन में **नेपोस्** है। अंग्रेज़ी में यही **नेफ़्यू** बनता है (**फ़्** का उच्चारण **व्** के समान होता है)। मध्यकालीन आइरिश में इस **प्** या **फ़्** का लोप हो जाता है और शब्द बनता है **निओए**। संस्कृत **उपरि** का गौथिक प्रतिरूप **ऊफ़र्** है। आधुनिक जर्मन में यह रूप **ऊबॅर्** है। ये दोनों रूप दो भिन्न प्रभावों के कारण हैं। **फ़्** वाला रूप नाग प्रभाव के कारण है, और **ब्** वाला रूप मध्यवर्ती अघोष को सघोष करने वाली द्रविड़ वृत्ति के कारण है। अंग्रेज़ी में **फ़्** सघोष होकर **व्** बनता है और मूल संस्कृत **उपरि** का अंग्रेज़ी प्रतिरूप बनता है **ओवर्**। संस्कृत **अपि** का आर्मीनियन प्रतिरूप **एव** है जिसकी निर्माण-प्रक्रिया **ओवर्** के समान है। अंग्रेज़ी शब्द **सेवॅन्** किसी **सेपॅन्** जैसे रूप से बना हुआ मालूम होता है। लिथुआनियन में सात के लिए **सेप्तिनि** शब्द संस्कृत **सप्तमी** का विकास है। इस तरह के शब्द से **सेपॅन्** शब्द का विकास सहज है। आर्मीनियन में इसका प्रतिरूप **एविन्** है, जो स्पष्ट ही **सेवॅन्** और **सेप्तिनि** जैसे रूपों से सम्बद्ध है। यहाँ ऊपर उल्लिखित तमिल के मध्यवर्ती **प्** के **व्** में बदलने की प्रक्रिया स्मरणीय है।

इटली की पुरानी भाषाओं में मध्यवर्ती **प्** और **क्** में ऐसे ही परिवर्तन होते दिखाई देते हैं। लैटिन **स्क्रिप्तुम्** का उम्ब्रीयन प्रतिरूप **स्क्रेह्तो** है। यह **ह्** संघर्षी **फ़्** का विकास है, इसका प्रमाण इटली की दूसरी पुरानी भाषा ओस्कन में मिल जाता है। उसमें इसका प्रतिरूप **स्क्रिफ़्तस्** (लेखन, अंग्रेज़ी **स्क्रिप्ट**) है। लैटिन **रेक्ते** का उम्ब्रियन प्रतिरूप **रेह्ते** है। इसी का जर्मन प्रतिरूप **रेश्ते** है जो अंग्रेज़ी में right लिखा जाता है, वर्तनी में दो अक्षर gh पुराने **क्** के परिवर्तित संघर्षी रूप की यादगार हैं। यह संघर्षी रूप ह् में बदलकर लुप्त हुआ और शब्द का उच्चरित रूप हुआ **राइट्**। इस प्रकार इंडोयूरोपियन परिवार की अनेक भाषाओं के शब्दों की ध्वनि-परिवर्तन-सम्बन्धी व्याख्या भारतीय भाषाई परिवेश को ध्यान में रखकर की जा सकती है।

नाग भाषा-परिवार में **किम्, खिम्, हिम्** (घर) जैसे रूप मिले थे, वैसे रूप

तथाकथित भारत-ईरानी शाखा में मिलते हैं। संस्कृत रूप **मित्र** का प्राचीन ईरानी रूप **मिथ्र** है। इसी से **मिहिर** रूप बनता है जो वराह मिहिर से लेकर आर्य मिहिर तक प्रकाशित है। संस्कृत **प्रथम** पुरानी ईरानी में **फ़तम** है; अंग्रेज़ी **फ़र्स्ट** का सम्बन्ध संघर्षी **फ़्** से आरम्भ होने वाले **फ़तम** जैसे किसी रूप से है। संस्कृत **क्रतु** प्राचीन ईरानी में **ख्रतु** है। इसी तरह संस्कृत **चक्र** फ़ारसी में **चर्ख़** बनता है। आर्य परिवार की **क्-त्-प्** ध्वनियाँ ठीक भारत के पड़ोस में **ख़्-थ्-फ़्** रूप धारण कर रही हैं। वही प्रक्रिया जर्मन समुदाय में घटित होती है। कारण है नागभाषा समुदाय का प्रभाव। एक ओर ईरान, दूसरी ओर पूर्वी बंगाल, इसके बीच में है आर्यभाषा क्षेत्र जो दोनों ओर नाग भाषाओं से घिरा हुआ है।

द्रविड़ भाषाओं तथा अंग्रेज़ी और जर्मन में **ग्-द्-ब्** ध्वनियों की स्थिति से ग्रीक भाषा समुदाय में इन ध्वनियों की जो स्थिति है, उसकी तुलना करनी चाहिए। वैयाकरण बक का कहना है कि पुरानी ग्रीक भाषा की ये स्पर्श ध्वनियाँ आगे चलकर संघर्षी बन गईं; आधुनिक ग्रीक में उनके संघर्षी रूपों का ही चलन है। किन्तु ग्रीक भाषा समुदाय में किसी भी समय **ग्-द्-ब्** पूर्ण स्पर्श ध्वनियाँ थीं, इसमें सन्देह है। यूनानियों के **ज़ेउस्**—देवता का नाम—मूलतः **देउस्** हैं। आयोनियन भाषा में **द्** बदलकर संघर्षी **ज़्** बनता है। इसी प्रकार ग्रीक शब्द **बेरेथ्रोन्** आर्केडियन भाषा में **ज़ेरेथ्रोन्** है। जहाँ **ओद्मे** और **ओस्मे** जैसे विकल्प मिलते हैं, वहाँ यह सहज ही अनुमेय है कि **द्** पहले संघर्षी **ज़्** में परिवर्तित हुआ और इस सघोष **ज़्** ने अघोष **स्** रूप धारण किया। बक का मत है कि यूनान की बोलियों में **ब्** ने **ब़्** (अथवा **व़्**) रूप धारण किया, **द्** ने **द़्** रूप, और **ग्** ने **ग़्** रूप। इस तरह तीनों सघोष स्पर्श ध्वनियाँ संघर्षी रूपों में परिवर्तित हुईं। बक के अनुसार कुछ बोलियों में यह परिवर्तन काफ़ी पहले हुआ; अत्तिक और कोइने—यूनान की व्यापक ग्रीक भाषा—में सम्भवतः यह परिवर्तन ईसा के सौ-दो-सौ साल बाद तक नहीं हुआ। ग्रीक, जर्मन, द्रविड़ समुदाय की भाषाओं में इस तरह के परिवर्तनों की समानता उल्लेखनीय है। सारा परिवर्तन संघर्षीकरण की दिशा में होता है। संघर्षी ध्वनियों का चलन ईरान की भाषाओं में भी रहा। इस तरह की ध्वनियों का विकास जिस भाषा-परिवार में सबसे अधिक हुआ, वह नाग है। यह कहा जा चुका है कि स्वयं नाग परिवार किसी अज्ञात संघर्षी ध्वनियों के स्रोत से प्रभावित हुआ हो तो आश्चर्य की बात नहीं है। भारत के उत्तर-पश्चिमी सीमान्त पर नागों से ग्रीक, जर्मन, ईरानी भाषा समुदायों तथा द्रविड़ भाषाओं के सम्पर्क की कल्पना करने से इस तरह के व्यापक परिवर्तन आकस्मिक न होकर एक ही सूत्र में बँधे हुए दिखाई देंगे।

आर्य-भाषा परिवार में **क्-त्-प्** और **ग्-द्-ब्**, सघोष और अघोष, दोनों ही तरह की ध्वनियों की स्थिति अपेक्षाकृत सुदृढ़ है। किन्तु यह बात सघोष महाप्राण **घ्-ध्-भ्** के बारे में नहीं कही जा सकती। संस्कृत में आदिस्थानीय सघोष महाप्राण ध्वनियाँ कभी-कभी ह-कार में बदलती हैं। यही ध्वनियाँ जब मध्यवर्ती होती हैं तब उनमें इस तरह का परिवर्तन और भी अधिक होता है।

संस्कृत **हरस्** का सम्बन्ध **घर्म** के **घर्** से है। **दहति** का **ह्**, **दग्ध** और **निदाघ**

से सिद्ध, **घ्** का रूपान्तर है। **हन्ति** रूप जिस क्रिया से बनता है, उसी से दूसरा रूप **जघान** बनता है। **अर्हति** के साथ **अर्घ** (मूल्य), **दुह्** के साथ **दुग्ध** आदि रूपों से ज्ञात होता है कि संस्कृत में इस तरह का परिवर्तन अत्यन्त सीमित है। जहाँ ऐसा परिवर्तन होता है, वहाँ अपरिवर्तित शब्द-मूल का समानान्तर व्यवहार भी होता है। यह स्थिति ग्रीक, लैटिन, प्राचीन ईरानी, हित्ती आदि भाषाओं की स्थिति से भिन्न है। संस्कृत में हम यह देख सकते हैं कि किसी प्रभाव के कारण यह प्रक्रिया आरम्भ तो होती है किन्तु मूल प्रवृत्ति काफी शक्तिशाली सिद्ध होती है, और वह इस प्रक्रिया को सीमित कर देती है। संस्कृत में थोड़े ही शब्द ऐसे हैं जहाँ केवल ह-कार का चलन शेष रहा, मूल ध्वनि का चिन्ह नष्ट हो गया। ऐसा ही एक शब्द है **हस्त**। इसका मूल रूप था **धस्त**। यह बात फ़ारसी शब्द **दस्त** का स्मरण करने से समझ में आ जाती है। दस्त के **द्** का विकास **हस्त** के **ह्** से नहीं हुआ, **हस्त** और **दस्त** के **द्** और **ह्** दोनों ही मूल **धस्त** के **ध्** के परिवर्तित रूप हैं। अंग्रेज़ी **हैन्ड** और जर्मन **हान्ड** इसी **हस्त** से बनते हैं, अर्थात् **ध्** जब **ह्** में बदल चुका है, भारतीय **हस्त** रूप अस्तित्व में आ चुका है, उसके बाद जर्मन शाखा के **हान्ड** रूप का आविर्भाव होता है। इसी प्रकार संस्कृत **हंस** का मूल रूप **घंस** है। यह बात हम जर्मन रूप **गंज़्** से जानते हैं। यहाँ जर्मन रूप, **घ्** की महाप्राणता के लोप के बाद, सीधे मूल रूप **घंस** से विकसित हुआ है। किन्तु लैटिन रूप **अन्सेर्** सिद्ध करता है कि **हंस** के ह-कार का लोप होने पर उसका यह रूप बना है। उधर इसका ग्रीक प्रतिरूप **खेन्** है, जहाँ सघोष महाप्राण **घ्** संघर्षी **ख्**, अथवा स्पर्श **ख्** में परिवर्तित हुआ। एक शब्द का उदाहरण और लें। संस्कृत **हनु**, ग्रीक **गेनुस**, जर्मन **किन्**, अंग्रेज़ी **चिन्**, मूल रूप **घनु** की ओर संकेत करते हैं।

यदि संघर्षी ध्वनियों के भौगोलिक प्रसार पर ध्यान दिया जाय तो आर्य भाषा परिवारों का छोटा-सा केन्द्रीय क्षेत्र चारों ओर संघर्षी ध्वनियों से घिरा हुआ दिखाई देगा। **ख़्** वाली ध्वनि पूर्वी बंगाल में है, फ़ारसी में है, रूसी, उक्रैनी आदि स्लाव भाषाओं में है, मेरे विचार से हित्ती में है (**सारस—ख़ारस**), प्राचीन ग्रीक भाषा के लिए कहते हैं कि उसमें **ख्** ध्वनि स्पर्श थी, संघर्षी बाद को बनी, यह संघर्षी ध्वनि जर्मन भाषा में है और स्कौटिश जैसी केल्त भाषाओं में है (झील के लिए अंग्रेज़ी लेक् का स्कौटिश प्रतिरूप **लौख़्** है)। संघर्षी **फ़्** पूर्वी बंगाल की बोलियों में है, फ़ारसी में है, लैटिन में है (लैटिन लिखने-बोलने वाले अपने संघर्षी **फ़्** को ग्रीक स्पर्श **फ्** से भिन्न मानते थे), जर्मन समुदाय की भाषाओं में इसका व्यवहार होता है। संघर्षी **थ्** का व्यवहार-क्षेत्र अधिक सीमित है। अंग्रेज़ी में **थिंक्** जैसे शब्दों में इसका प्रयोग निश्चित रूप से होता है।

सघोष संघर्षी **ज़्** का प्रवेश आर्य भाषा-परिवार में निषिद्ध-सा है। पूर्वी बंगाल की बोलियों तथा मराठी में इसका व्यवहार होता है, द्रविड़ भाषाओं में कर्णाटक और आन्ध्र प्रदेश के उत्तरी भागों में इसका प्रयोग होता है, उधर उत्तर में कश्मीरी भाषा की यह सुपरिचित ध्वनि है। नाग भाषाओं में इसका व्यवहार होता ही है। भारत के बाहर प्राचीन ग्रीक, फ़ारसी, जर्मन, अंग्रेज़ी आदि भाषाओं में इसका व्यवहार होता

है। अंग्रेज़ी की अपेक्षा जर्मन में इसका प्रयोग अधिक होता है क्योंकि शब्द के आदि स्थानीय स-कार को बदलकर जर्मनभाषी ज़-कार कर देते हैं। मराठी और कश्मीरी में संघर्षी **च़** का व्यवहार होता है और असमिया भाषी जन संस्कृत शब्दों के च-कार के स्थान पर च़-कार का उच्चारण करते सुने जाते हैं। कुछ नाग भाषाओं में संघर्षी **छ़** का व्यवहार भी होता है। रूसी, फ़ारसी, फ्रान्सीसी और अंग्रेज़ी में एक संघर्षी ध्वनि सीमित रूप में व्यवहृत होती है। यह तालव्य संघर्षी सघोष अल्पप्राण ध्वनि है जो अंग्रेज़ी के **Pleasure, Measure** जैसे शब्दों में प्रयुक्त होती है। इसे हिन्दी में **झ़** चिन्ह द्वारा व्यक्त करेंगे (केवल यह स्मरण रखना चाहिए कि यह **झ** के समान महाप्राण ध्वनि नहीं है)। भारत में जिस प्रदेश को नागालैण्ड कहा जाता है, उसमें इसका व्यापक प्रयोग होता है। व्यापक से आशय यह है कि फ़ारसी समेत भारत के बाहर की भाषाओं की तुलना में इसका प्रयोग नागालैण्ड की भाषाओं में अधिक होता है। यदि संघर्षी ध्वनियों के पूरे व्यवहार-क्षेत्र पर ध्यान दिया जाय तो यह सत्य प्रत्यक्ष हो जाता है कि इनकी सर्वाधिक विविधता और प्रयोग-बहुलता उस भाषाई क्षेत्र में है जिसे बृहत्तर भारत की संज्ञा दी जाती है। इस बृहत्तर भारत में संघर्षी ध्वनियों का प्रदेश मध्यदेश को घेरे हुए है। (यहाँ **स्** और **ह्** को संघर्षी ध्वनियों से अलग रखा गया है।) आर्य भाषा परिवार में सघोष-अघोष, अल्पप्राण-महाप्राण स्पर्श ध्वनियों की अपेक्षाकृत स्थिरता इस बात की ओर संकेत करती है कि इन ध्वनियों की विकास-भूमि भिन्न प्रवृत्तिवाली भाषाओं से घिरी रहने पर भी अपनी मूल ध्वनि-प्रकृति की रक्षा करने में सफल हुई है।

क्-त्-प् और **घ्-ध्-भ्** के समान भारत के भाषाई क्षेत्र में एक ध्वनि और बदलती है, वह है अघोष **स्**। इसके परिवर्तन की प्रक्रिया उक्त ध्वनियों के परिवर्तन की प्रक्रिया से मिलती-जुलती है। सरस्वती का प्राचीन ईरानी रूप **हरख़्वैति** है। **स्** का यह परिवर्तित रूप **ख़्** पुनः **ह्** में भी बदलता है। संस्कृत **स्व** अवेस्ता में **ख़्व** है और गाथा ईरानी में **ह्व**। प्राचीन ईरानी में संस्कृत शब्दों का **स्** इसी प्रकार **ह्** में बदलता है : **असुर—अहुर** (स्वामी); **यासु—याहु** (जिसमें); **भरसि—बरहि** (ले जाता है); **सेना—हएना; सम—हम**। फ़ारसी **ख़ुश्क** का प्राचीन ईरानी (अवेस्ता वाला) प्रतिरूप **हुश्क** है। पूर्व रूप संस्कृत **शुष्क** है। **सप्ताह** और फ़ारसी हफ़्ता में **स्** के **ह्** में बदलने के साथ-साथ **प्** भी संघर्षी **फ़्** में बदला है। नाग भाषाओं में जहाँ-तहाँ इससे मिलते-जुलते परिवर्तन दिखाई देते हैं, यथा भारत के पूर्वाञ्चल की गलोङ् भाषा में **सिगि, सोबो** के वैकल्पिक रूप **हिगि, होबो** का चलन है।

पूर्वी बंगाल में **सात हात आत** जैसी परिवर्तन-प्रक्रिया दिखाई देती है। दन्त्य **स्** और तालव्य **श्** दोनों **ह्** में बदलते हैं। **शुष्क** और **हुश्क** की तरह कश्मीरी में **श्वान** का प्रतिरूप **हून**, **शाक** का प्रतिरूप **हाक** आदि प्रचलित हैं। नाग भाषाओं में एक क्रिया **शि** है जिसका अर्थ है मरना। इसका प्रतिरूप **हइ** है। यूरुप की भाषाओं में **स्-श्** ध्वनियाँ **ह्** में बदलती हुई दिखाई देती हैं। संस्कृत **सम** ईरान की तरह यूनान की भाषाओं में भी **हम** है। संस्कृत **सदस्** जब ग्रीक भाषा में **हेदोस्** रूप धारण करता है, तब वही

ध्वनि-परिवर्तन की प्रक्रिया काम करती है। **अंग्रेज़ी सेवॅन्** का आर्मीनियन प्रतिरूप **एवॅन्** पूर्वी बंगाल की **सात हात आत** प्रक्रिया का उदाहरण प्रस्तुत करता है। लैटिन भाषा का **साल्**, आर्मीनियन में **आल्** है और ग्रीक में **आल्स्** (नमक) है। भारतीय सीमान्तों पर **ह्_स्** परिवर्तन की प्रक्रिया ज़ोरों से होती दिखाई देती है और द्रविड़ प्रभाव से अनेक भाषाओं में **ह्** का लोप होता है। यह क्रम तालव्य **श्** के साथ भी सम्पन्न होता है। संस्कृत **श्वान** का अंग्रेज़ी प्रतिरूप **हाउंड**, जर्मन प्रतिरूप **हुन्ड** है। परिवर्तन का ढँग वही है जिससे संस्कृत **श्वान** कश्मीरी **हून** बनता है।

संस्कृत **शतम्** का एक इंडोयूरोपियन प्रतिरूप **केन्तुम्** है जिसके आधार पर इस भाषा-परिवार की दो शाखाओं की कल्पना की गई है। इसका एक प्रतिरूप अंग्रेज़ी **हन्ड्रेड** है जिसका आदिस्थानीय **ह्**, **श्वान** और **हाउंड** के समीकरण के समान है। जर्मन में यही शब्द **हुन्डेर्ट** है।

यूरुप और भारत के भाषा-परिवारों में तालव्य अथवा दन्त्य स-कार की स्थिति पर विचार करने से पहले इस तथ्य पर पुनः ध्यान देना उचित है कि **क्-त्-प्** और **ग्-द्-ब्** ध्वनियों की स्थिति इन भाषा-परिवारों में कहीं तो अपेक्षाकृत सुदृढ़ है और कहीं कमज़ोर है। एक परिवर्तन संघर्षीकरण की ओर है, **क्** के स्थान पर **ख़्**, **ग्** के स्थान पर **ग़्** के व्यवहार की प्रवृत्ति है। यह परिवर्तन की एकमात्र प्रवृत्ति नहीं है। **प्** के स्थान पर **व्**, **त्** और **द्** के स्थान पर **र्** या **ल्** का व्यवहार एक अन्य प्रवृत्ति है। **व्** अर्धस्वर है, संघर्षी और असंघर्षी दो प्रकार के **व्** हैं, दोनों ही अर्द्धस्वर हैं। **र्** और **ल्** में वायु का अवरोध पूर्ण स्पर्श व्यंजनों के समान नहीं होता। इसके सिवा **प्** के स्थान पर **म्** का व्यवहार, **त्** या **द्** के स्थान पर **न्** का व्यवहार भी होता है। इस तरह के परिवर्तन में स्पर्श व्यंजनों का स्थान नासिक्य ध्वनि लेती है और **र्**, **ल्**, **व्** के समान यहाँ भी वायु-अवरोध अपेक्षाकृत कम होता है। ऐतिहासिक भाषा-विज्ञानियों ने कल्पना की है कि किसी समय **न्** और **म्** ध्वनियाँ स्वर और व्यंजन दोनों थीं। यह कल्पना भी नासिक्य ध्वनियों के उच्चारण में अपेक्षाकृत शिथिल वायु-अवरोध की ओर संकेत करती है।

उड़ने के लिए मूल क्रिया है **पत्** जिससे **पतंग** शब्द बनता है। इसके **त्** के स्थान पर जब **र्** का उच्चारण होता है, तब द्रविड़ भाषाओं में **पर्** और **पऴ्** शब्द-मूल बनते हैं। तमिल में **पऴ्** का अर्थ उड़ना है, **पऴल्** और **पऴवइ** शब्दों का अर्थ चिड़िया (परेवा) है। कोत भाषा में **पर्न्**, **पर्न्द्** का अर्थ उड़ना है। कोडगु में दीर्घ स्वर के साथ उसी क्रिया के लिए **पार्** शब्द है। फ़ारसी **परिन्दा**, हिन्दी **पर**, **परेवा** इसी प्रक्रिया से सिद्ध होते हैं।

द्रविड़ भाषाओं में **प्** बहुधा **व्** में परिवर्तित होता है, विशेषतः जब वह मध्यवर्ती होता है। ए० ऐन्० नरसिंह के जिस लेख का पहले हवाला दिया जा चुका है, उसमें उन्होंने लिखा है कि आदि कन्नड़ में मध्यवर्ती **प्** के स्थान पर **व्** का व्यवहार होता था। समास के दूसरे शब्द में यह **प्** आदिस्थानीय हो तो वह भी इसी प्रकार बदलता था। जहाँ इसका द्वित्व होता था, वहीं यह सुरक्षित रहता था, यद्यपि वहाँ भी कभी-

कभी एक ही **प्** के समान उच्चरित होने पर वह **व्** में बदल जाता था। द्रविड़ भाषाओं में जो व्यंजन-द्वित्व का बाहुल्य देखा जाता है, उसका मूल कारण यही व्यंजनों की सुरक्षा का प्रयत्न है।

कभी-कभी यह **प्** आदिस्थानीय होने पर भी बदलता है। कन्नड़ में ही **प्** के स्थान पर, **ह्** के अलावा, **व्** का व्यवहार देखा जाता है यथा **पोल्, होल्, ओल्** (किसी के समान होना), **वोल्** (समानता), कन्नड़ **पॅडसु** (कठोरता) का तमिल प्रतिरूप है **वॅट्टनवु**। यहाँ तमिल रूप में आदिस्थानीय **प्** परिवर्तित हुआ है। ग्रीक भाषा में **ओर्निस्** (चिड़िया) द्रविड़ भाषाओं के **पर्न** का प्रतिरूप है। इसी से **ओर्निथोस्** रूप बनता है जिससे अंग्रेज़ी में अनेक पारिभाषिक शब्द रचे गये हैं। ग्रीक भाषा में **य्-व्** ध्वनियों का अभाव है, इसलिए **व्** के स्थान पर यहाँ **ओ** स्वर का व्यवहार किया गया है। न केवल ध्वनि-परिवर्तन की प्रक्रिया द्रविड़ भाषाओं की-सी है वरन् जिस मूल शब्द से ग्रीक रूप का विकास हुआ है, वह **पर्न** भी द्रविड़ भाषाओं में विद्यमान है। मूल क्रिया **पत्** जब **पर्** में परिवर्तित हुई, तब उसमें **न** प्रत्यय जोड़ा गया। इस प्रकार **पर्** से **पर्न** की उत्पत्ति हुई। **पर्न** और **ओर्निस** की तुलना में अंग्रेज़ी रूप **बर्ड** कम पुराना नहीं है। यहाँ **पर्** क्रिया में **त्** प्रत्यय जोड़ा गया है। फिर **प्** और **त्** दोनों ध्वनियाँ सघोष की गई हैं।

लैटिन में एक शब्द **लेविर्** है जो संस्कृत **देवर**, ग्रीक **दएर्** का प्रतिरूप है। पुरानी लैटिन में इसका रूप **देविर्** था। पश्तो में **देवर** का सीधा प्रतिरूप **लेवर** है। **त्** या **द्** के स्थान पर **र्** या **ल्** का व्यवहार भारतीय भाषाओं में व्यापक रूप से हुआ है। हिन्दी तथा अन्य आधुनिक आर्य भाषाओं में **ग्यारह, बारह, तेरह**, जैसे शब्दों में मूलध्वनि **द् र्** में परिवर्तित हुई है। उत्तरपश्चिमी भाषाओं में **र्** के स्थान पर **ल्** की बहुलता मिलेगी। इसलिए पश्तो में **देवर** के लिए **लेवर** रूप है। यह **ल्** द्रविड़ भाषाओं में **ळ्** या **ऴ्** में भी परिवर्तित होता है, विशेषतः तमिल, मलयालम और पड़ोसी भाषाओं में। **पत्** क्रिया से तमिल में जो रूप बनता है, उसमें **ऴ्** है।

पत् का एक रूप **पेत्** था जिससे **पेन्** बना। **पेन्** से अंग्रेज़ी **हेन्** (मुर्गी) और आइरिश **एन्** (पक्षी) रूप बने। यहाँ **त्** ध्वनि नासिक्य **न्** में परिवर्तित होती है। इसी प्रकार **प्** और **म्** में घनिष्ठ सम्बन्ध है।

५. स्-श् के रूपान्तर

स्पर्श ध्वनियों के सन्दर्भ में परिवर्तन का जो मानचित्र बनता है, उसे ध्यान में रखते हुए **स्-श्** के परिवर्तन पर विचार करना चाहिए। जिन भाषाओं के लिए **क्-त्-प्** ध्वनियों की सुरक्षा कठिन थी, उनके लिए **स्** और **श्** का उच्चारण और भी कठिन था। दन्त्य **स्** की ध्वनि अनेक द्रविड़ भाषाओं में है, ग्रीक और लैटिन में है। द्रविड़ परिवार में उसका वैसा व्यापक व्यवहार नहीं होता जैसा आर्य भाषा-परिवार में, **श्** का व्यवहार और भी कम होता है; ग्रीक और लैटिन में इसका नितान्त अभाव है। इसी तरह प्राचीन हित्ती और तुखारी भाषाओं में उसका अभाव है। पुरानी तमिल में कुछ

संस्कृत शब्दों के प्रतिरूप इस प्रकार हैं : **सन्तति—तन्दति**; **सेना—तानइ**; **तापस—ताबदन्**; **स्नान—तानम्**; **दास—तादन्**; **समय—तमय**। अंग्रेज़ी **टाइम**, लैटिन **तेम्पुस्** इसी परिवर्तन-प्रक्रिया के प्रमाण हैं। उनका मूलरूप **समय** है। दन्त्य **स्** की ध्वनि को अनेक भाषाओं ने **त्** रूप में ग्रहण किया।

अब शतम्-केन्तुम् समीकरण पर विचार करें। अनेक द्रविड़ भाषाओं में **स्** के स्थान पर **क्** का व्यवहार होता है। कन्नड़ **साय्**, तोद **सोय्** (मरना) का सम्बन्ध **शे, शो** जैसी क्रिया से है जिससे संस्कृत **शव** रूप बना है। मल्तो, कुड़ुख, ब्राहूइ, आदि भाषाओं में **केये, केएना, कहिंग्** जैसे रूप हैं। इनके प्रसंग में बरो और एमेनो ने अपने शब्दकोश में उचित ही **शव** शब्द का स्मरण किया है। गोंडी **सर्पुम्**, कन्नड़ **केर्पु** (चप्पल); कन्नड़ **सारु**, पर्जि **केद्** (शोरबा); तुलु **शॅत्तावुनि, कॅडगुनि** (नाश करना); ये रूप **स्-श्** को **क्** में परिवर्तित होते दिखाते हैं। असम प्रदेश की नागभाषा बोरो में, लैटिन और ग्रीक के समान, तालव्य **श्** का अभाव है। इसलिए उसमें **श्** ध्वनि वाले शब्दों के ऐसे प्रतिरूप बनते हैं : **शुक्र—कुकुर, शनि—कोनि, शरीर—कोराल, शत्रु—कुतुर**। बँगला प्रभाव से दन्त्य **स्** भी तालव्यवत् बोला जाता है, अतः बोरो में दन्त्य **स्** भी **क्** में बदलता दिखाई देता है : **सोलह—कोल्लाव; सहाय—कोहाय**; **समय—कोमय**; **सभा—कोभा**; **सीमा—कीमा**; **सागर—कागर**। इस भाषा में हिन्दी **सौ** के लिए **को** शब्द है, **शतम्** के प्रतिरूप **केन्तुम्** की तरह। केन्तुम् शाखा पर नाग-प्रभाव असंदिग्ध है।

भारत के उत्तरी सीमान्त पर ईसा की छठी शताब्दी से लेकर दसवीं शताब्दी तक तुखारी भाषा का व्यवहार होता था। वह प्रदेश अब चीनी तुर्किस्तान में है। तुखारी भाषा केन्तुम् शाखा के अन्तर्गत मानी जाती है। यह सहज ही अनुमेय है कि भारत के पूर्वी सीमान्त प्रदेश के समान इस उत्तरी सीमान्त पर भी एक ही स्रोत **श्** को **क्** में बदल रहा है। तुखारी में संस्कृत शब्दों के कुछ प्रतिरूप इस प्रकार हैं : **शत—केन्त, श्वा—कु** (कुत्ता); **शृणोति—क्लाओ** (सुनाना); **क्लोत्स** (कान); **श्रवस्** अथवा **स्रवस्—क्लुओ** (शब्द); **श्रोषति—क्लिओस** (सुनता है)। तुखारी में लैटिन के समान दन्त्य स-कार है। मूलशब्दों का तालव्य **श्** दोनों भाषाओं में **क्** रूप में प्राप्त होता है। इसी प्रकार हित्ती भाषा में तालव्य **श्** वाले संस्कृत शब्दों के प्रतिरूपों में **क्** ध्वनि का व्यवहार होता है। **श्रद्धा** वाले **श्रद्** (हृदय) का प्रतिरूप **कर्तस्** या **कर्ति** है। लैटिन में जैसे इसके प्रतिरूप **कोर्द** के साथ **कोर** भी है, वैसे ही हित्ती में **कर्ति** के साथ **कीर** है। यही **श्रद्** संस्कृत-हिन्दी का परिचित **हृदय**, अंग्रेज़ी का **हार्ट** है। संस्कृत **शेते** का हित्ती प्रतिरूप **कीत** है।

तालव्य श् वाले संस्कृत शब्दों के ग्रीक और लैटिन प्रतिरूपों में निरन्तर **क्** ध्वनि का प्रयोग होता है। संस्कृत **श्वशुर** का लैटिन प्रतिरूप **सोकेर** है, ग्रीक प्रतिरूप **हेकुरोस्** है। इन प्रतिरूपों से ज्ञात होता है कि इनका पूर्वरूप **स्वशुर** है। दन्त्य **स्** लैटिन में सुरक्षित रहा, ग्रीक में वह ह-कार में बदल गया। तुखारी भाषा की तरह संस्कृत शब्द-मूल **श्रु** ग्रीक में **क्लुओ**, लैटिन में **क्लुओर्** है। **शतम्** लैटिन में **केन्तुम्**

और ग्रीक में (हे +) **कतोन्** है। संस्कृत **शेते** हित्ती के समान ग्रीक में **केइतइ है।** संस्कृत **विश** ग्रीक में **ओइकोस्** और लैटिन में **वीकुस्** (घर) है। ग्रीक भाषा में **व्** का अभाव होने से **ओइ** युग्म ध्वनि का व्यवहार हुआ। लैटिन का प्रसिद्ध **एक्वुउस्** इसी प्रक्रिया से **अश्व** का प्रतिरूप सिद्ध होता है। पशुओं के बाँधने के लिए एक पुराना भारतीय शब्द है **पाश** । बाँधने के लिए मूल क्रिया **पश्** होनी चाहिए। जो बाँधा जाय वह **पशु**। **श्** स्पर्श ध्वनि **क्** में परिवर्तित हुआ; पुनः मध्यवर्ती होने से वह सघोष बना और इसी से हिन्दी **पगही, पाग, पगड़ी** आदि शब्द बने। नासिक्य ध्वनि जोड़कर (**शतम्**—**कतम्**, इससे फिर **केन्तुम्** की तरह) लैटिन **पंगो** शब्द बना जिसका अर्थ है बाँधना।

कुछ लैटिन शब्दों में संस्कृत का दन्त्य **स्** भी **क्** में बदलता दिखाई देता है। संस्कृत उपसर्ग **सम्** का लैटिन प्रतिरूप **कोम्** अथवा **कोन्**—वैकल्पिक रूप **कुम्**—है। यह कल्पना की जा सकती है कि मागधी जैसी किसी भाषा के प्रभाव से **सम्** का उच्चारण **शम्** (**शोम्**) के समान होता था, अतः लैटिन में **क्** वाला प्रतिरूप बना। ईरानी और स्लाव भाषाओं का एक पुराना शब्दमूल है **पिस्**। इसका तुखारी प्रतिरूप है **पेके**। लैटिन में यही **पिन्गेरे** है और उसी से अंग्रेज़ी शब्द **पिक्चर** बनता है। **पिस्** का मूल अर्थ है चित्र बनाना; रूसी भाषा में अब इस शब्दमूल का व्यवहार लिखने के अर्थ में होता है। सम्भव है **पिस्** का उच्चारण कुछ लोग **पिश्** करते रहे हों जिससे तुखारी-लैटिन आदि के रूप बने हों।

भारतीय भाषा-परिवारों के परस्पर सम्बन्धों पर विचार करने से यह सिद्ध हो जाता है कि यहाँ **स्** और **श्** ध्वनियों का विषम विकास हुआ है। यदि आधुनिक भाषाई मानचित्र पर ध्यान दें तो द्रविड़ भाषाओं में सकार की अतिशय न्यूनता है। हिन्दी क्षेत्र में ब्रज से लेकर मिथिला तक जनपदीय उपभाषाओं में दन्त्य **स्** की प्रधानता है। साहित्यिक ब्रजभाषा तालव्य **श्** का व्यवहार नहीं करती। उधर परिनिष्ठित बँगला भारत की ऐसी भाषा है जो दन्त्य **स्** का व्यवहार नहीं करती। तत्सम-प्रधान होते हुए भी वह दन्त्य **स्** को निरन्तर तालव्य **श्** में बदलती है (यद्यपि बंगाल की जनपदीय उपभाषाओं में सर्वत्र ऐसी स्थिति नहीं है)। भारत से बाहर **स्** और **श्** का ऐसा बिभाजन शायद ही कहीं हो। इससे इस धारणा की पुष्टि होती है कि इन दोनों ध्वनियों के विकास केन्द्र अलग-अलग थे। आदि इंडोयूरोपियन भाषा में केवल दन्त्य **स्** की कल्पना की गई हैं। इसका कारण यह है कि ग्रीक और लैटिन में यही एक स-कार है। स्लाव, जर्मन, ईरानी, भारतीय भाषा-समुदायों में तालव्य **श्** की भरमार है। भाषा विज्ञानी सर्वत्र इसे स्वतन्त्र विकास मानते हैं। किन्तु जिस प्रक्रिया से **शतम्** का प्रतिरूप **केन्तुम्** प्राप्त होता है, वह भारत में आज भी प्रत्यक्ष है। यह प्रक्रिया कुछ नाग भाषाओं में है, कुछ द्रविड़ भाषाओं में है। कोई प्राचीन तालव्य **क्** (**क्य्**) ध्वनि थी जो **शतम्** शाखा में तालव्व **श्** बन गई, इस तरह की कल्पना के लिए कोई पुष्ट कारण नहीं है। किन्तु जिस मध्यदेशीय भाषा के आधार पर संस्कृत का विकास हुआ, उसमें दन्त्य **स्** का ही व्यवहार होता था। बहुत से संस्कृत शब्दों में **श्** ध्वनि **स्** को विस्थापित

करके प्रतिष्ठित हुई है। ऐसे अनेक शब्दों की मूल **स्** ध्वनि रूसी, फ़ारसी आदि भाषाओं में सुरक्षित है।

यूरुप की भाषाओं में संस्कृत शब्दों के प्रतिरूपों में **श्** के स्थान पर जो **ह्** दिखाई देता है, वह दो तरह की प्रक्रियाओं का परिणाम हो सकता है। पहली यह कि तालव्य **श्** सीधा **ह्** में परिवर्तित हुआ हो। दूसरी यह कि पहले वह **क्** रूप में बोला गया हो, फिर अघोष महाप्राण संघर्षी **ख़्** बना हो; इसके बाद वह **ह्** रूप में स्वीकृत हुआ हो। यह भी सम्भव है कि भारत के उत्तर-पश्चिमी प्रदेशों में **श् ह्** परिवर्तन-प्रक्रिया सम्पन्न हो चुकी हो और यूरुप की भाषाओं के लिए—कम-से-कम कुछ शब्द—**ह्** वाले रूप में ही सुलभ हुए हों जैसे **श्वान**, कश्मीरी **हून**, फिर अंग्रेज़ी **हाउन्ड**।

श् ध्वनि यूरुप की अनेक भाषाओं में **स्क्** रूप में भी ग्रहण की जाती है। संस्कृत शब्द **छाया** मूल इंडोयूरोपियन शब्द **स्किश्रा** का विकास माना जाता है। भारतीय भाषाओं के लिए इस तरह का ध्वनि-परिवर्तन अत्यन्त अस्वाभाविक है। यह शब्द वास्तव में **शाया** है जिसका सम्बन्ध **शे** क्रिया से है। **छाया** सदा भूमि पर पड़ी हुई दिखाई देती है, वह शयन करती है, इसलिए उसे **शाया** नाम दिया गया। अंग्रेज़ी शब्द **शेड** और **शैडो** में यह क्रिया स्पष्ट दिखाई दे रही है। ग्रीक भाषा में इसे **स्किश्रा** रूप मिला। नौर्वे और स्वीडन की भाषाएँ अनेक शब्दों में **स्क** ध्वनियों का व्यवहार करती हैं जहाँ अंग्रेज़ी में **श्** का प्रयोग होता है। अंग्रेज़ी **फिश्** स्वीडिश में **फ़िस्क्** (मछली) है, अंग्रेज़ी **शू** स्वीडिश में **स्को** (जूता) है। अंग्रेज़ी **शावर्** उसी भाषा में **स्कूर्** (बौछार) है। इसी प्रकार नौर्वे की भाषा में **स्क्रीक्** अंग्रेज़ी **श्रीक्** (चिल्लाना), **स्कार्प** अंग्रेज़ी **शार्प** (तेज़) के प्रतिरूप हैं। नौर्वे और स्वीडन की भाषाओं में अनेक शब्द **स्क्** से लिखे जाते हैं, किन्तु कुछ स्थितियों में **स्क्** का उच्चारण **श्** रूप में होता है। पुरानी प्रवृत्ति **श्** को **स्क्** रूप में ग्रहण करने की थी। ध्वनितन्त्र में तालव्य **श्** का निवेश होने पर विशेष स्थितियों में **स्क्** का उच्चारण पुनः **श्** रूप में होने लगा।

मध्य एशिया का एक मानव-समुदाय शक नाम से प्रसिद्ध रहा है। ग्रीक भाषा में इस शब्द को **स्कूथाइ** रूप में ग्रहण किया गया था। यदि यह सिद्ध किया जा सके कि **शक** लोग मूलतः **स्कूथ** नाम से जाने जाते थे तो यह मान लिया जायगा कि **स्किश्रा** से **छाया** का विकास हुआ है। नहीं तो संस्कृत **छाया**, फ़ारसी **साया**, अंग्रेज़ी **शेड** को भारतीय **शे** क्रिया से व्युत्पन्न मानना होगा।

लैटिन में एक क्रिया **स्किश्रो** है जिसका अर्थ है जानना। इटालियन में **शिएन्ते** का अर्थ है जानकार। लैटिन के अनेक शब्दों के आरम्भ में **स्क्** ध्वनि है, उनके इटालियन प्रतिरूपों में वह **श्** बोली जाती है। **स्किश्रो** वाली क्रिया से इटालियन में **शिएन्त्सा**, अंग्रेज़ी में **साइन्स** शब्द बनते हैं। इटली से लेकर इंग्लैण्ड तक **स्क्** ध्वनि तालव्य **श्** या **स्** में क्यों परिवर्तित होने लगी? **स्क्** से आरम्भ होने वाले ऐसे शब्द इटालियन में हैं, अंग्रेज़ी में भी हैं, जिनमें **स्क्** को **श्** में नहीं बदला जाता। इससे सिद्ध होता है कि अंग्रेज़ी और इटालियन में तालव्य **श्** की ध्वनि स्वतन्त्र रूप में विद्यमान थी, वह लैटिन **स्क्** का विकास नहीं है। यही स्थिति जर्मन भाषा की है जिसमें

तालव्य **श्** से आरम्भ होने वाले शब्दों की भरमार है, विशेष रूप से **श्ल्** और **श्र्** से आरम्भ होने वाले शब्द संस्कृत की याद दिलाते हैं। जर्मन भाषा में एक भी शब्द **स्ल्** जैसे व्यंजन-युग्म से आरम्भ नहीं होता; ठीक यही स्थिति संस्कृत की है। जर्मन भाषा इस मामले में संस्कृत से एक कदम आगे है। संस्कृत में **स्र्** ध्वनि से अनेक शब्द आरम्भ होते हैं; जर्मन में इससे एक भी शब्द आरम्भ नहीं होता।

श्वास के ग्रीक प्रतिरूप **प्सूख़े** का पूर्वरूप सम्भवत: **स्पूख़े** था। तालव्य **श्** दन्त्य रूप में ग्रहण किया गया, **व्** स्पर्श ध्वनि **प्** के रूप में। **अश्व** के ईरानी प्रतिरूप **अस्प** के समान यहाँ **श्-व्** ध्वनियाँ परिवर्तित हुईं। फिर वर्ण-विपर्यय से **स्प्** का रूपान्तर **प्स्** हुआ।

श् का एक रूपान्तर **द्** होता था। **शव** की मूल क्रिया **शो** या **शे** का एक प्रति-रूप **दे** था। इससे अंग्रेज़ी के **डेथ्** (मृत्यु) और **डाई** (मरना) शब्द बनते हैं।

इस प्रकार **श्** ध्वनि यूरुप की भाषाओं में अनेक रूपों में ग्रहण की गई।

६. प्राचीन भाषाओं में च्-ज्-य्-व् की स्थिति

भाषाविज्ञानी यह मानते हैं कि **च्** और **ज्** जैसी तालव्य ध्वनियाँ आर्य और द्रविड़ परिवारों में विलम्ब से विकसित हुईं अर्थात् वे इन परिवारों की मूल ध्वनियाँ नहीं हैं। इन ध्वनियों का विकास चाहे **क्-त्-प्** के साथ हुआ हो चाहे बाद को, एक बात निश्चित है कि जिन्हें किसी परिवार की मूल ध्वनियाँ माना जाता है, उन सब का विकास एक समय पर एक ही केन्द्र में नहीं होता। दूसरी बात यह है कि भारत के चारों भाषा-परिवारों में इन ध्वनियों का व्यवहार व्यापक रूप से होता है; यूरुप की भाषाओं में उनका ऐसा व्यापक व्यवहार नहीं है। इससे यह तो माना ही जा सकता है कि इन ध्वनियों के मुख्य विकास केन्द्र भारत में हैं। भाषा-विज्ञानी **च्** और **ज्** को आदि इंडोयूरोपियन भाषा की मूल ध्वनियाँ नहीं मानते। इसका विकास **शतम्** शाखा की विशेषता माना जाता है। अंग्रेज़ी जैसी भाषा में **च्** और **ज्** दोनों ध्वनियों का व्यवहार होता है; इटालियन में इनका सीमित व्यवहार होता है। तालव्य **श्** की तरह **च्** और **ज्** के व्यवहार को भाषाविज्ञानी विभिन्न भाषाओं का अपना स्वतन्त्र विकास मानते हैं। ग्रीक और लैटिन में ये ध्वनियाँ नहीं हैं। किन्तु यह सिद्ध किया जा सकता है कि इन दोनों भाषाओं में कुछ शब्द ऐसे हैं जिनके मूल रूप उन्हें **च्-ज्** ध्वनियों वाली भाषाओं से सुलभ हुए थे।

संस्कृत शब्द **यव** का हिन्दी प्रतिरूप **जौ** है। इस तरह का **य्-ज्** परिवर्तन बहुत पुराना है। **ज्** वाला रूप फ़ारसी में भी है। ग्रीक भाषा में इसका प्रतिरूप है **जेआ**। स्पर्श ध्वनि **ज्** संघर्षी **ज़्** रूप धारण करती है। भाषाविज्ञानी **यव** और **जेआ** के सम्बन्ध से परिचित हैं। इस य्-ज़् समीकरण की व्याख्या के लिए उन्होंने कल्पना की है कि आदि भाषा में एक ध्वनि संघर्षी **य्** थी। यही ध्वनि ग्रीक भाषा में **ज़्** बनती है और संस्कृत में **य्**। **यव्** का **य्** मूल ध्वनि नहीं है!

अंग्रेज़ी में एक शब्द है **जुपिटर**। यह लैटिन के **इउपितर्** का विकास है।

मूल शब्द **द्यौस्पितर्** है। **द्यौस्** का **द्** पहले **ज्** में परिवर्तित होगा, तभी **जुपिटर** जैसा रूप बनेगा। **द्यौस्पितर** का प्रतिरूप **ज्युपितर**, इसका प्रतिरूप **जुपिटर**; पुनः **जुपितर** से नया रूप बना **युपितर**। लैटिन में न **ज्** है, न **य्**। इसलिए यदि **युपितर** लिखना-बोलना हो तो वह इउपितर् रूप में ही सम्भव होगा। **द्** को **ज्** में बदलते तो सुना जाता है जैसे **यमुना** से जमुना, पर **ज्** भी **य्** में बदलता है, इसका प्रमाण क्या है ?

बुलेटिन ग्रॉफ़ द स्कूल ग्रॉफ़ ग्रोरिएन्टल स्टडीज़ के खण्ड २८, भाग २ (१९६५) में टी० ऐम्० जौन्स्टन ने अरब देश की बोलियों में **ज्** के **य्** में बदलने के बारे में एक लेख लिखा था। वैकल्पिक रूप इस तरह के होते हैं : **जा—या** (आग्रो) **जदीद—यदीद** (नया); **जेब—येब** (हिन्दी जेब); **वाजिद—वायिद** (अधिक); **जूद—यूद** (पानी भरने की मशक)। इन उदाहरणों से सिद्ध है कि **ज** ध्वनि का **य्** में बदलना असम्भव घटना नहीं है। सामी भाषाएँ भारत से बहुत दूर जान पड़ती हैं किन्तु ईरान और इराक पड़ोसी हैं। फिर भी इतनी दूर जाने की ज़रूरत नहीं है। कन्नड़ भाषा में एक शब्द है **दारु** (कौन लोग)। उसी भाषा में उसके दो प्रतिरूप हैं : **यार, आर**। मूलरूप **द्** से आरम्भ होता है। यह **द्** सीधे **य्** में परिवर्तित नहीं होता, **दारु** पहले **जारु** बनेगा, उसके बाद **यार** रूप उपलब्ध होगा। **जारु** जैसा रूप कभी प्रचलित रहा होगा, इसकी कल्पना तुलु भाषा के **दानॅं, जानॅं** (क्या) रूपों को देखकर की जा सकती हैं। इसी अर्थ में कन्नड़ के तीन रूप हैं : **दाव, याव, आव**। **य्** से आरम्भ होने वाला रूप कन्नड़ में नहीं है। मागधी प्राकृत के लिए प्रसिद्ध है वह संस्कृत शब्दों के रूपान्तरों में **ज्** के स्थान पर **य्** का व्यवहार करती है : **जानाति—याणादि; जनपद—यणवद; जलधर—यलहल**। सामी, द्रविड़, आर्य, तीन परिवारों की भाषाओं में **ज्** ध्वनि **य्** में बदलती है। सम्भवतः तीनों की ऐसी भाषाओं का एक ही क्षेत्र था—भारत के उत्तर-पश्चिम में। अतः **जुपितर** का **युपितर** बनना सहज बोधगम्य है।

जहाँ तक ग्रीक **ज़ेउस्** की प्रारम्भिक ध्वनि संघर्षी **ज़्** का सम्बन्ध है, वह **द्** का परिवर्तित रूप है, यह इसी से सिद्ध है कि ग्रीक भाषा में **ज़ेउस्** का सम्बन्धकारक रूप **दिग्रोस्** है। यहाँ किसी संघर्षी **य्** की कल्पना से काम नहीं चल सकता। जैसे **यव** से **जौ** और फिर उससे ग्रीक **ज़ेग्रा**, वैसे ही **देउस्** से **जेउस्** और फिर उससे **ज़ेउस्** रूप बना। **ज़ेग्रा** और **ज़ेउस्** दोनों शब्दों में **ज़्** ध्वनि ज् का परिवर्तित रूप है। ईरानी समुदाय की भाषाओं में **ज्** ध्वनि संघर्षी **ज़्** का रूप लेती है; इनके अलावा द्रविड़ भाषाओं में भी यह परिवर्तन देखा जाता है। तेलुगु **जल्लु** का सम्बन्ध संस्कृत जल से है; कुवि भाषा में इसका प्रतिरूप है **ज़ल्लनइ**। मराठी में **जगह** के प्रतिरूप **जाय्गा** से बहुत लोग परिचित होंगे।

संस्कृत **जीव** का ग्रीक प्रतिरूप **ज़ोग्रोन्** है। ग्रीक भाषा में **ज्** ध्वनि का अभाव है, अतः उसके समकक्ष **ज़्** का व्यवहार उसके लिए स्वाभाविक है। संस्कृत **युग** (जुआँ) के लिए ग्रीक शब्द **ज़ुगोन्** है। इसका लैटिन प्रतिरूप **इउगुम्** है—**इउपितर्** के समान। ग्रीक समुदाय की आयोनियन भाषा बहुधा **द्** को **ज़्** में बदलती है। **दोर्कस्** (हिरन), **ज़ोर्कस्**। इस शब्द का एक प्रतिरूप **इग्रोर्कोस्** भी है। इस अन्तिम रूप में **ज़्** पहले **य्**

में परिवर्तित हुआ, फिर **य्** ध्वनि के अभाव में **इअ** स्वरों का व्यवहार हुआ। ध्वनि-परिवर्तन की यह प्रक्रिया ऊपर बतायी हुई द्रविड़ भाषा की ध्वनि-परिवर्तन-प्रक्रिया से मिलती है। रोमन लोगों का एक देवता **यानुस्** (अंग्रेज़ी में **जेनस्**) था। इसका भी सम्बन्ध मूलतः **द्यौस्** से था। ग्रीक **ज़ेउस्** का एक पुराना रूप **ज़ेन्** था जिसका दोरिक भाषा में प्रतिरूप **ज़ान्** था। यह **ज़ान्** **यान्** में परिवर्तित हुआ और रोमन रूप **यानुस्** उपलब्ध हुआ।

ज् सघोष ध्वनि है। संस्कृत, ईरानी, ग्रीक भाषाओं में अनेक स्थानों पर सघोष **ज्** अघोष **स्** में बदलता है। **पराजित** और **परास्त**, **सृजन** और **सृष्टि** जैसे रूप इसी तरह के परिवर्तन की ओर संकेत करते हैं। परिनिष्ठित ग्रीक भाषा का **ओद्मे** (गन्ध) आयोनियन में **ओस्मे** है, संस्कृत के **तद्** और **तस्मै** की तरह। **द्** पहले **ज्** में परिवर्तित हुआ, फिर संघर्षी **ज़्** का विकास हुआ, पुनः यह **ज़्** अघोष **स्** में परिवर्तित हुआ। कुछ ग्रीक शब्दों में यह **स्** एक बार फिर **ह्** में बदलता है। संस्कृत **यज्ञ** का ग्रीक प्रतिरूप **हग्नोस्** (पवित्र) है। **यज्ञ** का **य्** क्रमशः **ज्-ज़्-स्** मार्ग से **ह्** में परिवर्तित हुआ। दूसरे वर्ण (**ज्ञ्**) का **ज्** बदलकर **ग्** बना। तालव्य नासिक्य **ञ्** के अभाव में ग्रीक भाषा ने **न्** का व्यवहार किया। इस तरह **हग्नोस्** रूप सिद्ध हुआ।

संस्कृत में एक शब्द है **यकृत्**। इसका लैटिन प्रतिरूप **इएकुर्** है किन्तु ग्रीक भाषा में इसका रूप बनता है **हेपर्**। **य्** क्रमशः **ह्** बना; पुनः यह शब्द उस भाषा में पहुंचा जिसमें **क्** ध्वनि का उस समय विकास न हुआ था। अतः उसके स्थान पर **प्** ध्वनि का व्यवहार हुआ, वैसे ही जैसे संस्कृत **अश्व** के लैटिन प्रतिरूप में तो **क्** है, किन्तु ग्रीक प्रतिरूप **हिप्पोस्** में **प्** है।

यह देखना दिलचस्प होगा कि यूनानी और रोमन लोग बाइबिल का अनुवाद करते समय सामी भाषा के उन शब्दों को ग्रीक और लैटिन में कैसे लिखते थे जिनमें **च्-ज्** ध्वनियाँ विद्यमान थीं। प्रसिद्ध प्रदेश **जूदेआ** (जूडिया) लैटिन में **इउदेआ** लिखा जाता था। **जोब, जोशुआ** जैसे नाम ग्रीक भाषा में **इओब्, इओसोउस्** लिखे जाते थे। सामी भाषा का **चेरुबिम्** शब्द ग्रीक में **खेरोउबिन्** रूप में लिखा जाता था। यहाँ चीनी **चाय** का अंग्रेजी प्रतिरूप **टी** स्मरणीय है। मूल शब्द में चकार ही है; वह त-कार के माध्यम से बदलता हुआ अंग्रेज़ी में ट-कार बना। आधुनिक ग्रीक भाषा में **चीन** के लिए **कीन** रूप का व्यवहार होता है। फ्रेन्च में **शीन** रूप का चलन है और रूसी में विशेषण रूप चीनी के लिए **किताइस्की** जैसे रूप का व्यवहार होता है। रूसी भाषा में **च्** ध्वनि विद्यमान है, यह **क्** वाला रूप अन्य स्रोत से आया है। जैसे वर्तमान काल में ग्रीक आदि भाषाएँ **च्** को भिन्न ध्वनियों में परिवर्तित करके विदेशी शब्दों का व्यवहार करती हैं, जैसे बाइबिल का अनुवाद करते समय वे **च्** और **ज्** वाले सामी शब्दों के रूप बदलती हैं, वैसे ही प्राचीन काल में **च्** और **ज्** वाले—अथवा मूलतः **द्** और **य्** वाले—शब्दों के रूप भी वे बदलती थीं।

यहाँ इस बात पर ध्यान देना उपयुक्त है कि भारत के अन्य भाषा-परिवारों की अपेक्षा द्रविड़ समुदाय में **च्** और **ज्** की ध्वनियाँ अस्थिर हैं। इसका कारण यह है

कि इनके उच्चारण में जो स्पर्श तत्व विद्यमान हैं, उसके विरोध में वही प्रवृत्ति काम करती है जो **क्-त्-प्** ध्वनियों को अस्थिर बनाती है। इसी क्रम में **द्-ल्** वाले परिवर्तन पर भी विचार करना चाहिए। जैसे **च्-ज्** परिवर्तित होकर **य्** रूप में ग्रहण किये जाते हैं, वैसे ही **द्** ध्वनि अपना स्पर्श गुण अंशतः खोकर अन्तस्थ **ल्** में परिवर्तित होती है। किन्तु **ज्** सदा **य्** में परिवर्तित हो, यह आवश्यक नहीं है। वह **द्** में भी परिवर्तित होता है। हिन्दी बोलियों की तरह कन्नड़ में भी **काग़ज़** पहले **कागज** रूप में बदलता है, फिर **कागद** रूप में प्रयुक्त होता है। **तक़ाज़ा** इसी प्रक्रिया से **तगादा** बनता है। यदि संस्कृत क्रिया **जीव् दीव्** रूप धारण करे, तो अंग्रेज़ी शब्द **लिव** (रहना) आसानी से सिद्ध हो सकता है। आर्य भाषा परिवार की एक भाषा सिंहली श्रीलंका में बोली जाती है। इसमें **जीव** का प्रतिरूप **दीव** मिलता है। **बुलेटिन ऑफ़ द स्कूल ऑफ़ ओरिएन्टल स्टडीज़** के ग्रियर्सन-समर्पित अंक में एडविन् ऐच्० टटल ने **सम ड्रैविडियन प्रेफिक्सेज़** लेख में ब्राहूइ के प्रसंग में लिखा है कि सिंहली में **ज्** के स्थान पर नियमित रूप से शब्द के आरम्भ में **द्** का व्यवहार होता है। इस प्रकार संस्कृत **जिह्वा** और **जानु दिव** और **दान** बनते हैं। टटल ने यह भी ठीक लिखा है कि सिंहली भाषा मूलतः उत्तरी भारत की भाषा थी। संस्कृत **जीव** भारत की किसी उत्तरी भाषा में **दीव** बने, यह विश्वसनीय है। पुनः **देवर—लेवर** की तरह यह **दीव** अंग्रेज़ी का **लिव** बनता है। किन्तु लैटिन में **जीव** से सीधा रूप **वीव** बनता है जो फ्रान्सीसी भाषा की सामान्य क्रिया है। यहाँ **ज्** बदलकर **य्** नहीं बना वरन् समकक्ष अन्तस्थ ध्वनि **व्** में परिवर्तित हुआ है। किसी ने यह नहीं सुझाया कि संघर्षी **व्** से **ज्** का विकास हुआ है। सुझाता तो हम कहते **वीव** से **जीव** का विकास हुआ है! लैटिन में **वोल्कानुस्** अग्नि के देवता का नाम है। ज्वालामुखी पर्वत के लिए अंग्रेज़ी शब्द **वौल्केनो** इसी से सम्बद्ध है। स्पष्ट ही लैटिन शब्द का सम्बन्ध संस्कृत क्रिया **ज्वल्** से है।

अंग्रेज़ी क्रिया **लिव** के समान इस भाषा का दूसरा शब्द **लिवर्** पूर्व रूप की **ज्** ध्वनि से सम्बद्ध है। मूल शब्द संस्कृत **यकृत्** है। इसी से फ़ारसी का **जिगर** बनता है। ईरान के उत्तरी सीमान्त पर कुर्द लोगों की भाषा में इसका **दिगर** रूप प्रचलित है।

मध्यवर्ती ग्, फ़ोगेल्—फ़ाउल् की तरह, लुप्त हुआ; आदिस्थानीय **द्** **ल्** में परिवर्तित हुआ। **जिगर** से **यकृत्** शब्द का विकास हुआ, यह कोई नहीं कहता। इस शब्द से लिवर् का सम्बन्ध किस तरह का है, इस पर विचार नहीं किया गया। **य्-ज्-द्-ल्** इस क्रम के बिना **लिवर्** शब्द का विकास सिद्ध नहीं किया जा सकता। आदि-इंडोयूरोपियन भाषा में भले ही **ज्** ध्वनि न रही हो—जब यह आदि भाषा ही नहीं थी तब ज् या कोई भी अन्य ध्वनि थी या नहीं थी, यह प्रश्न निरर्थक है—किन्तु जिस समय पश्चिमी एशिया होते हुए भारतीय भाषा-तत्व यूरुप पहुँच रहे थे, उस समय यहाँ **ज्** ध्वनि अवश्य थी।

प्राकृतों में **ज्-द्** वाला परिवर्तन सामान्य है। यह तथ्य इस बात की ओर संकेत करता है कि सिंहली और कुर्द जैसी भारत के उत्तर-पश्चिमी सीमान्त की भाषाएँ

ज् ध्वनि को निरन्तर **द्** में परिवर्तित करती थीं। इसीलिए **प्रसेनजित** पालि में **पसेनदी** हो जाते हैं। सिंहली के पुराने गद्य में **राजन्** का प्रतिरूप **रादुन्**, **उपजना** का प्रतिरूप **उपदना** मिलते हैं। संस्कृत **जिघित्सा** प्राकृत **दिगिम्छा**, संस्कृत **जुगुप्सा** प्राकृत **दुगुम्छा**, संस्कृत **ज्योत्स्ना** प्राकृत **दोसिणा**, ये रूप उसी ध्वनि-परिवर्तन के प्रमाण हैं। यह प्रवृत्ति फ़ारसी को प्रभावित करती है। संस्कृत **जानाति** में क्रिया-मूल **जान्** है, वह फ़ारसी में **दान्** रूप में प्राप्त **है**। **दाना** (बुद्धिमान), **नादान**, **दानिस्तन्** (जानना) आदि भारतीय **जान** के विकास हैं। महाराष्ट्र तथा द्रविड़ प्रदेशों के शिक्षित जन संस्कृत **ज्ञान** को **द्यांन** कहते हैं, **यज्ञ** को **यद्यं** बोलते हैं। यह वही पुरानी उत्तर-पश्चिमी प्रवृत्ति है जो **ज्** ध्वनि को **द्** रूप में ग्रहण करती है।

संस्कृत शब्द **जन** का एक प्रतिरूप ग्रीक भाषा में **देमोस** (अंग्रेज़ी **डिमौक्रैसी** का **डेमोस्**) है। **जन** और **देमोस** का अर्थ एक ही है पर ये दोनों प्रतिरूप हैं, इस ओर विद्वानों का ध्यान नहीं गया। **जामाता** और **दामाद** के आपसी अटूट सम्बन्ध की तरह **जन** और **देमोस** का सम्बन्ध अभिन्न है। **म्** और **न्** का हेरफेर **माप** और **नाप**, अथवा **चेरुबिम्** और **खेरुबिन्** की तरह, महत्वपूर्ण नहीं है।

संस्कृत क्रिया **यम्** का अर्थ है किसी पर नियन्त्रण करना, विनिमय में कोई वस्तु देना। संस्कृत में ही दूसरी क्रिया **दम्** नियन्त्रण वाला अर्थ देती है। ग्रीक भाषा में **दमओ** क्रिया का अर्थ है किसी पर नियन्त्रण करना, विवाह करना। यह रूप सीधे संस्कृत **दम्** से सम्बद्ध माना जा सकता है और **यम्** से भी। **यम्** और **दम्** परस्पर सम्बद्ध हैं और इनमें मूल रूप **य्** वाला है। लैटिन में **दोमारे** क्रिया का अर्थ है किसी को नियन्त्रण में रखना, पालतू बनाना। अंग्रेज़ी शब्द **टेम** यही अर्थ देता है और उसी **यम्** शब्द-मूल का विकास है।

जैसे **ज्** **द्** में परिवर्तित होता है, वैसे ही **च्** **त्** में बदलता है। संस्कृत **पंच** का ग्रीक प्रतिरूप **पेन्ते** है। जिस ग्रीक बोली में **त्** ध्वनि का विकास न हुआ था, उसमें **त्** के स्थान पर **प्** का व्यवहार हुआ और **पेम्पे** रूप बना। रूसी में इसका प्रतिरूप नासिक्यहीन **प्यत्** है। भारत के सीमान्त की उत्तर-पश्चिमी बोलियों में किसी समय **च्** और **ज्** की ध्वनियाँ नहीं थीं। इसलिए **च्-ज्** ध्वनियों वाले शब्दों को ग्रहण करते समय इन बोलियों में सहज ही **त्-द्** ध्वनियों का व्यवहार हुआ। लैटिन और ग्रीक में **च्** और **ज्** का अभाव है। रूसी भाषा में केवल **च्** है, **ज्** का अभाव है, यद्यपि **क्-ग्**, **त्-द्**, **प्-ब्** के अघोष-सघोष जोड़े विद्यमान हैं। ध्वनियों का विकास और विभिन्न भाषाओं में उनका प्रसार सुदीर्घ प्रक्रिया द्वारा सम्पन्न होता है। किसी एक भाषा से किसी निश्चित समय पर कुछ शाखाएँ फूटकर अलग-अलग हो गईं, इस धारणा को दृढ़तापूर्वक पकड़े रहने के कारण उक्त प्रक्रिया समझ में नहीं आती।

पंच और **पेन्ते** के समान संस्कृत **चत्वारि** का एक ग्रीक (अत्तिक) रूप **तॆत्तारॆस्** है। अन्य ग्रीक भाषा दोरिक में इसका प्रतिरूप **तॆत्तॊरॆस्** है। परिनिष्ठित ग्रीक में इसका रूप **तॆस्सरॆस्** है। ग्रीक समुदाय की जिस भाषा में **त्** ध्वनि का विकास न हुआ था, उसने इस शब्द को **पिसुरॆस्** रूप में ग्रहण किया।

लैटिन में ऐसे शब्दों के प्रतिरूप इटली अथवा यूनान की बोलियों के प वाले रूपों से बने हैं। अपः और अक्वा की तरह ग्रीक पेम्पे से लैटिन क्विनक्वे (पांच) रूप बना। वैसे ही पिसुरेंस् जैसे किसी रूप से चत्वारि का लैटिन प्रतिरूप क्वन्तुओर् बना। संस्कृत अव्यय च् का ग्रीक प्रतिरूप तॅ है और इसका लैटिन प्रतिरूप क्वॅ है जो किसी पॅ जैसे रूप से व्युत्पन्न हुआ है।

संस्कृत जन का एक प्रतिरूप गण है। तुखारी में ज् ध्वनि क में बदलती है: राज्—राक्; जान्—कन्वेन्। वैदिक भाषा में एक शब्द ग्ना है जिसका अर्थ है देवी, दिव्य नारी। यह शब्द तुखारी भाषा में भी है। यह दूसरी प्रक्रिया है जहाँ ज् ध्वनि ग् रूप में ग्रहण की जाती है। संस्कृत ज्ञान हिन्दी प्रदेश से लेकर बंगाल तक ग्यान रूप में बोला जाता है। इसी प्रवृत्ति के अनुरूप यम् क्रिया से जैसे जम् और दम् रूप बने, वैसे ही जम् से दूसरा रूप गम् बना। ग्रीक भाषा में दमेओ का एक प्रतिरूप गमेओ है जिसका अर्थ है विवाह करना (अंग्रेजी के मोनोगैमी जैसे शब्दों में वही शब्द-मूल है)। संस्कृत ज्मा (धरती) का ग्रीक प्रतिरूप गआ (वर्ण संकोच से एक रूप गे) है। संस्कृत जरा का ग्रीक प्रतिरूप गेरास्, संस्कृत क्रिया जन् से गॅनॅआ (जन्म) रूप इसी प्रकार बनता है। गमेओ—विवाह करना, गमोस्—विवाह; इसी क्रम में जामाता और दामाद का ग्रीक प्रतिरूप है गम्ब्रोस्।

ग्रीक भाषा में जैसे ज् नहीं है, वैसे ही तालव्य नासिक्य ञ् नहीं है। ज् के स्थान पर ग् वैसे ही ञ् के स्थान पर ग्रीक भाषा की प्रचलित नासिक्य ध्वनि न् का व्यवहार हुआ। इस तरह संस्कृत ज्ञान का ग्रीक प्रतिरूप ग्नोसिस् बना। रूसी भाषा संस्कृत ज् के स्थान पर संघर्षी ज़् का व्यवहार करती है। अतः ज्ञान के ज् को उसने ज़् रूप में ग्रहण किया। पर उसके पास तालव्य नासिक्य ध्वनि नहीं है, इसलिए वह ज़् के साथ न् ध्वनि का संयोग करती है और ज्ञान का रूसी प्रतिरूप ज़्नानिये बनता है। ज्ञा—शब्द-मूल रूसी भाषा में बहुत लोकप्रिय रहा है, अतः उसमें ज़्नात्—जानना, ज़्नामेनिये—चिन्ह ज़्नाम्ना—पताका जैसे रूप हैं। संस्कृत शब्द नाम मूलतः ज्ञाम था। उत्तर पश्चिमी बोलियों में यह रूप ग्नाम बना। फिर आदिस्थानीय व्यंजन का लोप हुआ और केवल नाम रह गया। लैटिन में इसका प्रतिरूप नोमॅन् है; उसका एक वैकल्पिक रूप ग्नोमॅन् भी है। ज़्नाम्या और ग्नोमॅन जैसे रूपों पर ध्यान देने से ज्ञात होता है कि नाम शब्द भी ज्ञा (और ग्ना) शब्द-मूल से बना है। संस्कृत ज्ञाति का लैटिन प्रतिरूप नातुस् है जिसका अर्थ है सन्तान। इसी का समकक्ष हिन्दी शब्द नाती है। ग्न में ग् का लोप होने से ये रूप बने हैं।

च् और ज् के समान य् और व् ध्वनियाँ भी ग्रीक भाषा में नहीं हैं। लैटिन में य् नहीं है किन्तु संघर्षी व् है। भाषाविज्ञानियों ने य्, व् की कठिनाई से निपटने के लिए दो तरह की इ, उ ध्वनियों की कल्पना की है। एक इ ध्वनि विशुद्ध स्वर है। वह लैटिन, ग्रीक और संस्कृत में स्वर ही बनी रहती है। दूसरी इ स्वर और व्यंजन दोनों हैं। लैटिन-ग्रीक में वह स्वर रहती है, संस्कृत में व्यंजन बन जाती है। उसी तरह दो उ हैं। एक उ संस्कृत में व् बन जाता है पर पश्चिमी शाखा में स्वर बना रहता है;

दूसरा उ दोनों शाखाओं में स्वर ही रहता है।

लैटिन में **व्** का होना और ग्रीक में उसका अभाव, यह तथ्य अन्य ध्वनियों की तरह, इसके भी स्वतन्त्र विकास केन्द्र की ओर संकेत करता है। पुराने ग्रीक अभिलेखों में **व्** ध्वनि के लिए रोमन लिपि के F जैसा चिन्ह था किन्तु यह ग्रीक भाषा-समुदाय की मूल ध्वनि नहीं थी। उसके स्थान पर स्वरों का व्यवहार होने लगा। इसके विपरीत लैटिन भाषा में संघर्षी **व्** कायम रहा। **य्** ध्वनि न ग्रीक में थी, न लैटिन में।

भारत के भाषाई मानचित्र को देखें तो ज्ञात होगा कि यहाँ **नया—नवा, भया—भवा, गया—गवा** जैसे रूपों का चलन आज भी है। प्राचीन काल में **अयम्** के साथ **अवम्, याति** के साथ **वाति** जैसे रूप मिल जायेंगे। **व्** वाले रूपों की प्रधानता उत्तर-पश्चिमी भाषाओं की विशेषता है। इसलिए **अवम्** रूप संस्कृत में विरल है; उसमें **अयम** और **याति** जैसे रूपों की प्रधानता है। **य्** और **व्** ये दो ध्वनियाँ दो भिन्न केन्द्रों में विकसित हुईं, गण-समाजों के सम्पर्क से वे विभिन्न भाषाओं की ध्वनिव्यवस्था में सम्मिलित हुईं। भारत से बाहर प्राचीन गण-समाजों की भाषा में उनका प्रसार एक-सा नहीं हुआ। संस्कृत क्रिया **युध्** (जिससे **युद्ध** शब्द बनता है) ग्रीक भाषा में **एथ्** है और उससे **एथलोस्** (योद्धा, अंग्रेज़ी का **ऐथलीट**) शब्द बनता है। संस्कृत **वमन** के अनुरूप लैटिन में **वोमितुस्** (अंग्रेज़ी **वौमिट्**) शब्द है किन्तु ग्रीक में इसका प्रतिरूप **एमेतोस्** है। संस्कृत **युवा** में **य्** और **व्** दोनों ध्वनियाँ है। लैटिन में इसका प्रतिरूप है **इउवेनिस्**। ग्रीक और लैटिन भाषाएँ संस्कृत **य्** के स्थान पर स्वर का प्रयोग करती हैं; **व्** के स्थान पर केवल ग्रीक स्वरों से काम लेती है। द्रविड़ भाषाओं में **य्** की अपेक्षा **व्** का व्यवहार बहुत अधिक होता है। बँगला में **य्** और **व् ज्** और **ब्** रूप में ग्रहण किये जाते हैं; जहाँ ऐसा नहीं होता, वहाँ उनके स्थान पर स्वरों का व्यवहार होता है: **यूरोप—इउरोप; माया—माआ; वज़ीर—उजीर; वकील—उकील; वजन—ओजन**। यही स्थिति उन भाषाओं की है जो **य्-व्** ध्वनि-केन्द्रों से दूर के क्षेत्रों में बोली जाती थीं।

सिद्ध यह हुआ कि जिस समय ग्रीक और लैटिन भाषाओं का निर्माण हो रहा था, उस समय **य्** और **व्** ध्वनियाँ उन भाषाओं में विद्यमान थीं जिन्होंने ग्रीक और लैटिन के विकास को प्रभावित किया। ग्रीक और लैटिन के प्रतिकूल हित्ती भाषा में **य्** और **व्** दोनों ध्वनियाँ हैं। यही स्थिति तुखारी भाषा की है। हित्ती और तुखारी केन्तुम् शाखा की भाषाएँ मानी जाती हैं। ग्रीक और लैटिन उनकी सगी बहनें हुईं। किन्तु हित्ती में **य्** और **व्** दोनों हैं, तुखारी में **य्** और **व्** दोनों हैं, लैटिन में **य्** नहीं है केवल **व्** है, ग्रीक में न **य्** है न **व्** है (किसी समय उसमें **व्** था, यह पुराने अभिलेखों से ज्ञात होता है)। यह सारी स्थिति **य्** और **व्** ध्वनियों के भिन्न केन्द्रों में स्वतन्त्र विकास और विभिन्न भाषाओं में उनके विषम प्रसार का प्रमाण है।

७. प्राचीन भाषाओं में मूर्धन्य ध्वनियों की स्थिति

च्-ज् के समान **ट्-ड्** का विकास भी संस्कृत में बाद को हुआ, ऐसा माना जाता

है। द्रविड़ भाषाओं में भी इन ध्वनियों का विकास बाद को हुआ, यह कोई नहीं कहता। इसके विपरीत आम धारणा यह है कि ये विशिष्ट द्रविड़ ध्वनियाँ हैं जिन्होंने आदि भारतीय आर्य भाषा को प्रभावित किया। द्रविड़ों की पराजय और आर्यों की भारत-विजय का सबसे बड़ा प्रमाण संस्कृत में ट-वर्गीय ध्वनियों का सीमित व्यवहार है। पिछले कुछ वर्षों में आर्य-द्रविड़ भाषा-विशेषज्ञों को इस स्थापना में सन्देह होने लगा है। उन्होंने यह नवीन स्थापना प्रस्तुत की है कि संस्कृत में इन ध्वनियों का विकास स्वतन्त्र रूप से हुआ था; उनके व्यवहार का कारण द्रविड़ प्रभाव नहीं है। यह बात पहले अंग्रेज़ विद्वान् बेली ने कही। फिर दूसरे अंग्रेज़ विद्वान् बरो ने **बुलेटिन ऑफ़ द स्कूल ऑफ़ ओरिएन्टल ऐण्ड ऐफ़्रीकन स्टडीज** (खण्ड ३४, भाग ३, १९७१) में एक लेख लिखा : **स्पौन्टेनियस् सेरीब्रल्स् इन् संस्कृत**। इसमें बेली का समर्थन करते हुए उन्होंने इन ध्वनियों के स्वतन्त्र विकास के सिद्धान्त का प्रतिपादन किया।

माना जाता है कि आर्यों के अभियान के समय भारत के उत्तर-पश्चिम में द्रविड़ लोग बसे हुए थे। भारत में आकर आर्यों ने जहाँ अपने उपनिवेश कायम किये, वहाँ भी द्रविड़ लोग विद्यमान थे। इन द्रविड़ों की भाषाओं में **ट्** और **ड्** ध्वनियों का व्यवहार होता था। इनसे गहन सम्पर्क होने पर आर्यों ने और बहुत से द्रविड़ भाषा तत्त्व तो ग्रहण किये, केवल ट-वर्गीय ध्वनियों को ग्रहण न करके उनका स्वतन्त्र विकास किया, यह बात कुछ आश्चर्य में डाल देने वाली है।

द्रविड़ भाषाओं में **ट्-ड्** की स्थिति पहचानने के लिए सबसे पहले यह देखना चाहिए कि शब्दों के निर्माण में उनकी भूमिका क्या है। इसके बाद यह देखना चाहिए कि जिन शब्दों में उनका व्यवहार होता है, उनकी स्थिति समूचे शब्द-भण्डार में क्या है। द्रविड़ भाषाओं के शब्द-भण्डार से यदि उन शब्दों को निकाल दिया जाय जिनके आदि स्थान में ट् का प्रयोग हुआ हो तो इससे शब्द-भण्डार की शब्द-संख्या में विशेष अन्तर न आयेगा। किसी भी भाषा में ध्वनि-विशेष की भूमिका जानने का सहज उपाय यह है कि शब्दों के आदि स्थान पर उसका प्रयोग होता है या नहीं, होता है तो यह प्रयोग विरल है या बहुल है, इस बात पर विचार किया जाय।

द्रविड़ भाषाओं में **ट्** से आरम्भ होने वाले शब्द विरल हैं। तमिल भाषा का कोई भी अपना शब्द **ट्** से आरम्भ नहीं होता। इससे **च्**-सम्बन्धी स्थिति तुलनीय है। माना जाता है कि **च्** ध्वनि का विकास द्रविड़ भाषाओं में बाद को हुआ। जिस ध्वनि का विकास बाद को हुआ, वह तो पचीसों शब्दों के आदि स्थान पर दिखाई देती है, किन्तु जो ट् ध्वनि उससे पहले से विद्यमान थी, जिसका अस्तित्व आदि द्रविड़ भाषा की ध्वनि-व्यवस्था में स्वीकार किया जाता है, वह शब्द के आदि स्थान से गायब है! इस अद्भुत व्यापार का कारण क्या है?

वैदिक भाषा ने चाहे द्रविड़ भाषाओं से प्रभावित होकर **ट्-ड्** का विकास किया हो, चाहे स्वतन्त्र रूप से किया हो, शब्द के आदिस्थानीय प्रयोग के विचार से, उसकी स्थिति वही है जो तमिल की है।

आदि स्थान से भिन्न द्रविड़ भाषाओं में **ट्-ड्** का प्रयोग विरल न होकर बहुल

है। संस्कृत की अपेक्षा, और आर्य परिवार की अधिकांश आधुनिक भाषाओं की अपेक्षा, द्रविड़ भाषाओं के शब्दों में ट्-ड् ध्वनियों का व्यवहार अधिक होता है। यही कारण है कि इन भाषाओं को सुनने या पढ़ने पर यह धारणा आसानी से बन जाती है कि ट-वर्गीय ध्वनियों का बहुल प्रयोग इन भाषाओं की विशेषता है। आदिस्थानीय प्रयोग और मध्यवर्ती प्रयोग का भेद महत्त्वपूर्ण है, इस बात की ओर लोगों का ध्यान कम जाता है। द्रविड़ भाषाओं में ट्-ड् की मध्यवर्ती प्रयोग-बहुलता के कारण हैं। क्-त्-प् की स्थिति पर विचार करें। एक तो व्यंजन वैसे ही कम, उस पर दो स्वरों के बीच में आये नहीं कि उनके लोप होने का खतरा पैदा हुआ। मध्यवर्ती त् अपेक्षाकृत सुरक्षित रहता है किन्तु क् और प् अत्यन्त असुरक्षित रहते हैं। मध्यवर्ती क्-प् की न्यूनता को ट्-ड् पूरा करते हैं। द्रविड़ भाषाओं के विकास की जिस मंजिल में भी संघर्षीकरण-वाली प्रवृत्ति उन्हें प्रभावित करती रही हो, यह स्पष्ट है कि ट् और ड् के संघर्षी रूप न तो द्रविड़ भाषाओं में हैं, न भारत की किसी अन्य भाषा में। संघर्षीकरण की प्रवृत्ति के विरोध में जो ध्वनियाँ अडिग, अपरिवर्तित बनी रहती हैं, वे ट् और ड् हैं। इसलिए द्रविड़ भाषाओं के ध्वनितन्त्र में उनको विशेष महत्त्व प्राप्त हुआ। किन्तु यह महत्त्व दो स्वरों के बीच में है, शब्द के आदि स्थान पर नहीं है। यदि ट् और ड् से आरम्भ होने-वाले हिन्दी शब्दों पर ध्यान दिया जाय तो यह विदित होगा कि संस्कृत और तमिल की अपेक्षा हिन्दी तथा अन्य आधुनिक आर्य भाषाओं में इन ध्वनियों की भूमिका कहीं अधिक महत्वपूर्ण है।

अब प्रश्न यह है कि इन ध्वनियों के विकास-केन्द्र कहाँ थे। इसके साथ दूसरा प्रश्न यह है कि इन ध्वनियों ने संस्कृत के अलावा इंडोयूरोपियन परिवार की अन्य भाषाओं के ध्वनितन्त्र को प्रभावित किया या नहीं।

भारत में कम-से-कम दो प्रदेश ऐसे हैं जहाँ त्-द् के स्थास पर ट्-ड् का व्यवहार ही होता है। इनमें एक क्षेत्र है असम और दूसरा गुजरात की कुछ बोलियों का विशेष क्षेत्र। डा० सुनीतकुमार चाटुर्ज्या ने अपने एक संस्मरणात्मक लेख में बताया है कि जब वह पढ़ते थे, तब उनकी भेंट एक गुजराती बन्धु से हुई जो आर्य भाषा के त-कार-वाले शब्दों का उच्चारण हमेशा ट-कार से करते थे। प्राकृत व्याकरणों की परम्परा के अनुसार गुर्जर देश के लोग ट-कार प्रेमी होते थे। बँगला और असमिया के ध्वनि तन्त्रों में एक महत्वपूर्ण भेद यह है कि बँगला में त् और ट् दो स्वतन्त्र अर्थ-विच्छेदक ध्वनियाँ हैं। असमिया में केवल ट-कार है। यह ट-कार मूर्धन्य है या वर्त्स्य है, इस पर आगे विचार करेंगे। इतना तो स्पष्ट है कि त-वर्ग से भिन्न ट-वर्ग के स्वतन्त्र विकास केन्द्र हैं। ट-वर्ग की अन्य ध्वनियाँ छोड़ दें, केवल ट्-ड् पर ध्यान दें, तो विदित होता है, कि इनके केन्द्र वर्तमान भारत के पूर्वी और पश्चिमी प्रदेशों में हैं। असमिया में ट्-ड् का प्रयोग उस प्रदेश की अपनी प्राचीन विशेषता हो सकती है; यह भी सम्भव है कि यह विशेषता वहाँ पश्चिम से पहुँची हो। गुजरात के पड़ोसी प्रदेश सिन्ध में ट्-ड् ध्वनियों का विकास अन्य भाषाओं की अपेक्षा विशेष हुआ है। सिन्धी भाषा में ग् और ब् के समान ड् के दो रूप होते हैं—एक में वायु का विस्फोट बाहर की ओर होता है, दूसरे

में अन्दर की ओर। यह भेद अर्थ-विच्छेदक है। इसलिए यह मानना उचित है कि ट्-ड् ध्वनियों के विकास-केन्द्र भारत की पश्चिमी भाषाओं में थे।

अब इस बात पर विचार करें कि भारतीय भाषाओं में ट्-ड् ध्वनियाँ मूर्धन्य हैं या वर्त्स्य हैं। यह प्रश्न इसलिए भी महत्वपूर्ण है कि अंग्रेज़ी में जो ध्वनियाँ हमें ट्-ड् जैसी लगती हैं, उन्हें भारतीय ध्वनियों से भिन्न बताया जाता है।

किसी समय बीम्स जैसे विद्वान् सोचते थे कि मूर्धन्य ध्वनियाँ पुरुषत्व और वीरता की सूचक हैं। अतः उन्होंने कल्पना की थी कि ट्, ड् ध्वनियाँ मूर्धन्य हैं; वे आदि इंडोयूरोपियन भाषा में थीं और अपने विशुद्ध मूर्धन्य रूप में अंग्रेज़ी में प्रयुक्त होती थीं। भारत में इनसे मिलती-जुलती जो ध्वनियाँ प्रयुक्त होती थीं, वे मूर्धन्य नहीं थीं। इसके बाद पश्चिमी विद्वानों ने यह सिद्धान्त प्रतिपादित किया कि मूर्धन्य ध्वनियाँ द्रविड़ भाषाओं की विशेषता हैं, उनसे सम्पर्क होने के कारण आदि, मध्य और नव्य आर्य भाषाओं में उनका प्रयोग क्रमशः बढ़ता गया। ऊपर उल्लेख हो चुका है कि कुछ विद्वान् मूर्धन्य ध्वनियों का विकास आर्य परिवार में स्वतन्त्र मानते हैं। बेली और बरो से पहले डा० विश्वनाथ प्रसाद ने यह बात भोजपुरी भाषा के ध्वनितन्त्र पर अपने शोध प्रबन्ध में कही थी। यह शोध प्रबन्ध उन्होंने लन्दन में १९५० में प्रस्तुत किया था। यन्त्रों की सहायता से ध्वनियों के अध्ययन की दिशा में यह प्राथमिक प्रयास था। इसमें उन्होंने संस्कृत भाषा में मूर्धन्य ध्वनियों के विकास को स्वायत्त भारतीय-आर्य विकास (ऑटोनोमस् इन्डोएर्यन् डिवेलपमेन्ट्) कहा था और इस बात की आलोचना की थी कि मूर्धन्य ध्वनियों के विकास को जल्दबाजी में द्रविड़-सम्पर्क का परिणाम मान लिया गया था। उनके ऐसा कहने का कारण यह था कि उन्हें विश्वास था कि वास्तविक मूर्धन्य ध्वनियों का व्यवहार तो द्रविड़ भाषाओं में होता है, संस्कृत और आधुनिक आर्य भाषाओं की ध्वनियाँ वर्त्स्य हैं। यही मत लन्दन के ध्वनिशास्त्री फ़र्थ का भी था। उन्होंने तमिल को ध्यान में रखते हुए लिखा था कि हिन्दी-उर्दू में तथाकथित मूर्धन्य व्यंजनों का स्थान और कार्य उन भाषाओं की ध्वनि-व्यवस्था से बिल्कुल भिन्न है जहाँ ऐसे व्यंजनों का प्रयोग होता है। उन्होंने तमिल भाषा की ध्वनियों का विश्लेषण करते हुए एक निबन्ध लिखा था जो तमिल व्याकरण पर आर्डन की पुस्तक के पहले संस्करण में प्रकाशित हुआ था। बाद को फ़र्थ ने इस निबन्ध का प्रकाशन बन्द करा दिया क्योंकि उन्हें अपनी स्थापनाओं में शंका होने लगी थी। फ़र्थ की पूर्वोक्त धारणा से प्रभावित होकर डा० विश्वनाथ प्रसाद ने अपने शोध प्रबन्ध में लिखा था कि हिन्दी की अपेक्षा मराठी में, और मराठी की अपेक्षा तमिल में मूर्धन्य तत्व अधिक हैं। यह मत उनके अपने अनुसन्धान का परिणाम न था। उनके अपने अनुसन्धान का परिणाम हिन्दी और भोजपुरी की ध्वनियों के बारे में यह था : **पट्टा, अड्डा, भाँटा, पण्डा** जैसे शब्दों में ट्, ड् का उच्चारण करते समय जीभ का स्पर्श लगभग दन्त्य होता है (पृष्ठ ३८७); अन्य शब्दों में जीभ दन्त्य से लेकर तालव्य क्षेत्र तक कहीं भी स्पर्श करती है (पृष्ठ ३८९)। इनकी तुलना अंग्रेज़ी की ट, ड ध्वनियों से करते हुए उन्होंने लिखा : "अधिकांश स्थितियों में अंग्रेज़ी के ट्, ड् के सम्पर्क-स्थान से ज़रा ही कुछ ऊपर—

यदि ऊपर हुआ ही तो—इनका उच्चारण-सम्पर्क होता है। अंग्रेज़ी की इन ध्वनियों का उच्चारण जिह्वाग्र-भाग को दन्तमूलीय रेखा तक उठाने से होता है।" (पृष्ठ ३९५)। आशय यह कि हिन्दी की ट्, ड् ध्वनियाँ वर्त्स्य हैं; मूर्धन्य लक्षण स्वल्प है; वे अंग्रेज़ी की ट्, ड् ध्वनियों से मिलती-जुलती हैं।

रूसी विद्वान् आन्द्रोनोव ने तमिल व्याकरण पर अपनी पुस्तक में तमिल भाषा की ट्, ड् ध्वनियों को वर्त्स्य माना है। चेक भाषाविद् ज्वेलेबिल ने द्रविड़ भाषाओं के ध्वनितन्त्रों का तुलनात्मक अध्ययन करते हुए इन भाषाओं में वर्त्स्य ट्, ड् के व्यवहार की बात लिखी है यद्यपि वह इसके साथ मूर्धन्य ट्, ड् का व्यवहार भी स्वीकार करते हैं। उल्लेखनीय है कि द्रविड़ परिवार में कुछ भाषाएँ ऐसी भी हैं जो वर्त्स्य अथवा मूर्धन्य ट् के स्थान पर र् जैसे व्यंजन का व्यवहार करती हैं। शब्द के आरम्भ में ट् ध्वनि विरल है और जहाँ मध्यवर्ती सघोष ड् का प्रयोग होता है, वहाँ इसका उच्चारण ड़् के समान होता है।

डा० गोलोकचन्द्र गोस्वामी के असमिया भाषा के ध्वनि-तन्त्र पर एक पुस्तक लिखी है। इसमें ट्, ड् ध्वनियों के उच्चारण के बारे में उन्होंने जो कुछ लिखा है, वह हिन्दी-भोजपुरी के सम्बन्ध में डा० विश्वनाथ प्रसाद के मत से मिलता है। पुत्र, संत्रास, पाताल, पत्नी जैसे शब्द असमिया में पुट्र, संट्रास, पाटाल, पट्नी जैसे रूपों में बोले जाते हैं। डा० गोस्वामी के अनुसार इनके उच्चारण में जीभ का स्पर्श दाँतों के ऊपर से लेकर वर्त्स्य क्षेत्र से कुछ ऊपर तक होता है। आशय यह कि असमिया की ट्, ड् ध्वनियाँ वर्त्स्य हैं, मूर्धन्य तत्व बहुत कम हैं।

मूर्धा से जीभ स्पर्श करती है, तब उसकी नोक पीछे की ओर थोड़ा मुड़ती है। यही उसका प्रतिवेष्टन (रिट्रोफ्लेक्शन) है। हिन्दी की ट्, ड् ध्वनियों के उच्चारण में यह प्रतिवेष्टन अनेक स्थितियों में नहीं होता। कुछ ध्वनि-शास्त्रियों ने मूर्धन्य शब्द को अवैज्ञानिक मानकर प्रतिवेष्टित ध्वनियों की बात करना युक्तिसंगत माना है। अंग्रेज़ी की इस कोटि की ध्वनियों में जिह्वाग्र भाग का प्रतिवेष्टन नहीं होता, यही लक्षण भारतीय ध्वनियों से उनकी भिन्नता का विशेष सूचक माना गया है। किन्तु यह बात अब बिल्कुल स्पष्ट हो गई है कि आर्य और द्रविड़, दोनों भाषा-परिवारों में अप्रतिवेष्टित वर्त्स्य ट्-ड् का व्यवहार बहुत बड़े पैमाने पर होता है। यह स्थिति भी ध्यान देने योग्य है कि अंग्रेज़ी भाषा में दन्त्य त्-द् का प्रायः अभाव है। कल्पित आदि इंडोयूरोपियन भाषा में त्-द् ध्वनियाँ विद्यमान हैं। जर्मन तथा यूरुप की अन्य भाषाओं में जो शब्द एक ही स्रोत से आये हुए माने जाते हैं, उनकी मूल ध्वनियाँ त्-द् मानी गई हैं, ट्, ड् (वर्त्स्य अथवा मूर्धन्य) नहीं। वास्तव में दन्त्य और वर्त्स्य ध्वनियों के विचार से यूरुप दो हिस्सों में बँटा हुआ है। एक हिस्से में स्लाव और लैटिन समुदायों की भाषाएँ हैं, दूसरे हिस्से में जर्मन समुदाय की उत्तरी भाषाएँ हैं। इसी इंडोयूरोपियन परिवार के अन्तर्गत एक अन्य भाषा समुदाय है केल्त। इस समुदाय की भाषाएँ किसी समय सारे यूरुप में बोली जाती थीं। अब उनके मुख्य क्षेत्र आयर्लैंड, वेल्स और स्कौटलैंड हैं। जहाँ केल्त क्षेत्रों में लैटिन भाषा समुदाय का प्रसार हुआ, वहाँ त्-द्

ध्वनियों के विचार से कोई परिवर्तन न हुआ। इसके विपरीत जिन केल्त-क्षेत्रों में जर्मन-भाषा समुदाय का प्रसार हुआ, उनमें त्-द् ध्वनियों का प्रयोग विरल हो गया, बहुल प्रयोग वर्त्स्य ध्वनियों का होने लगा। जैसे असम और बंगाल पड़ोसी हैं, वैसे ही लैटिन और जर्मन, स्लाव और जर्मन, केल्त और जर्मन भाषा-समुदाय एक दूसरे के पड़ोसी हैं। इस स्थिति से यह निष्कर्ष निकालना उचित होगा कि पड़ोसी क्षेत्रों में वर्त्स्य और दन्त्य ध्वनियों का भेद इन ध्वनियों के दो भिन्न केन्द्रों में विकसित होने और वहाँ से उनके प्रसारित होने का परिणाम है।

वर्त्स्य और मूर्धन्य (प्रतिवेष्टित) ध्वनियाँ एक दूसरे के बहुत निकट हैं। यूरुप की भाषाओं में वर्त्स्य ध्वनियों के अलावा प्रतिवेष्टित मूर्धन्य ध्वनियों का व्यवहार भी होता है। डा० विश्वनाथ प्रसाद ने अपने शोध प्रबन्ध में हैरोल्ड आर्डन का हवाला देते हुए बताया है कि इंग्लैंड के नौर्थम्बरलैंड क्षेत्र की ट्-ड् ध्वनियाँ प्रतिवेष्टित मूर्धन्य ध्वनियाँ हैं। इसके अतिरिक्त नौर्वे और स्वीडन की भाषाओं पर जिन लोगों ने लिखा है, वे इनमें मूर्धन्य ट्-ड् का व्यवहार स्वीकार करते हैं। भाषाविज्ञानियों ने प्रतिवेष्टन को लेकर भारत और यूरुप की भाषाओं में जो भेद खड़ा किया था, वह निराधार सिद्ध होता है। दोनों जगह वर्त्स्य ध्वनियों का व्यवहार होता है, दोनों जगह मूर्धन्य ध्वनियों का व्यवहार होता है।

कौल्डवेल द्रविड़ भाषाओं का सम्बन्ध शक परिवार से स्थापित करते थे। अपनी स्थापना के प्रमाण-स्वरूप उन्होंने एशिया और यूरुप की जिन शक भाषाओं का हवाला दिया है, उनके बारे में कहीं यह नहीं लिखा कि उनमें ट्-ड् ध्वनियों का व्यवहार होता था। इन्हें वह द्रविड़ परिवार की मूल ध्वनियाँ मानते थे। उन्होंने इस समस्या का विवेचन नहीं किया कि शक-समुदाय की भाषाएँ बोलने वालों ने जब भारत में प्रवेश किया तब किसके सम्पर्क और प्रभाव से उनकी भाषाओं में ट्-ड् ध्वनियों का विकास हुआ। शायद उन्होंने मान लिया था कि यह द्रविड़ भाषाओं का स्वायत्त विकास है जैसे डा० विश्वनाथ प्रसाद, बेली और बरो ने आगे चलकर माना कि संस्कृत में इनका स्वायत्त विकास हुआ था। उधर यूरुप में जर्मन-समुदाय की भाषाओं में ऐसा ही स्वायत्त विकास हुआ। इस तरह के स्वायत्त विकासों की संख्या कुछ आवश्यकता से अधिक बढ़ती जाती है। यह सोचना अधिक युक्ति-संगत होगा कि इन सब तथा-कथित स्वायत्त विकासों का कारण एक ही आर्य भाषा-समुदाय है, असम और गुजरात में जिसके अवशेष मात्र रह गये हैं, किन्तु जो समुदाय अत्यन्त प्राचीन था, इतना प्राचीन कि उसने वैदिक भाषा के अलावा जर्मन समुदाय की भाषाओं को प्रभावित किया और इंडोयूरोपियन परिवार के अलावा द्रविड़ भाषा-समुदाय को प्रभावित किया। कोल और नाग भाषाओं में जहाँ वर्त्स्य मूर्धन्य ध्वनियों का व्यवहार होता है, वहाँ वह आर्य-द्रविड़ प्रभाव के कारण है।

निष्कर्ष यह निकला कि इंडोयूरोपियन परिवार के भारतीय आर्य और जर्मन समुदायों की भाषाओं का विकास जिस समय हुआ, उस समय भारत में वर्त्स्य-मूर्धन्य ध्वनियों का व्यवहार होता था, आर्य परिवार में ही नहीं द्रविड़ परिवार में भी होता था।

भारत के उत्तरी सीमान्त पर पश्तो भाषा बोली जाती है। यह ईरानी शाखा के अन्तर्गत मानी जाती है। इसमें **ट्-ड्** ध्वनियों का व्यवहार होता है। यह व्यवहार केवल हिन्दी-उर्दू अथवा पंजाबी के प्रभाव का परिणाम है, अथवा अत्यन्त प्राचीन है, इस समस्या का विवेचन अभी किसी ने नहीं किया। फ़ारसी में ये ध्वनियाँ नहीं हैं, इसलिए अवश्य ही पश्तो में वे आधुनिक भारतीय भाषाओं के प्रभाव से आई होंगी, ऐसा मान लिया जाता है। १६वीं सदी में ट्रम्प ने सिन्धी और पश्तो भाषाओं के व्याकरण लिखे थे। इनमें उन्होंने इस बात का उल्लेख अनेक बार किया है कि सिन्धी और पश्तो में बहुत बड़ी समानता है। इस समानता के अन्तर्गत **ट्-ड्** ध्वनियों का व्यवहार भी है। जो लोग दरद भाषाओं का एक अलग समुदाय मानते हैं, और इस समुदाय की विशेषता यह मानते हैं कि वह भारतीय आर्य भाषाओं की अपेक्षा ईरानी भाषाओं से अधिक प्रभावित हैं, उनके अधिक निकट हैं, वे इस बात की व्याख्या करें कि फ़ारसी से भिन्न सिन्धी और पश्तो में अनेक समानताएँ क्यों विद्यमान हैं, और इन्हीं समानताओं में एक यह **ट्-ड्** ध्वनियों के व्यवहार की समानता भी सिन्धी और पश्तो भाषाओं में क्यों मिलती है। यह इस बात पर ध्यान दिया जाय कि पश्तो में ऐसी अनेक व्याकरणगत समानताएँ हैं जिनसे वह फ़ारसी से दूर और सिन्धी के समीप है, तो यह बात युक्तिसंगत लगेगी कि पश्तो में इन ध्वनियों का व्यवहार उतना ही पुराना है जितना अन्य आर्य भाषाओं में अथवा द्रविड़ भाषाओं में।

८. प्राचीन भाषा में नासिक्य ध्वनियों की स्थिति

ऐतिहासिक-भाषा विज्ञान के अनुसार आदि इंडोयूरोपियन भाषा में **ङ्, ञ्, न्, म्** चारों नासिक्य ध्वनियाँ विद्यमान थीं। इनमें केवल **म्** और **न्** शब्द निर्माण-प्रक्रिया में काम आती थीं; वही ध्वनियाँ अर्थ-विच्छेदक थीं। **ञ्** और **ङ्** समवर्गीय व्यंजनों के साथ प्रयुक्त होती थीं।

अन्य ध्वनियों के समान नासिक्य ध्वनियों का विकास भी भिन्न केन्द्रों में हुआ था। यही कारण है कि अनेक भाषाओं में बहुधा ये ध्वनियाँ स्वच्छन्द संचरण की स्थिति में दिखाई देती हैं। संस्कृत **नक्र** का हिन्दी प्रतिरूप **मगर** है; एक शब्द है **माप**, उसी अर्थ का सूचक दूसरा शब्द है **नाप**। तमिल में एक सर्वनाम है **नीर्** (तुम), इसका तेलुगु प्रतिरूप है **मीरु**। लैटिन में एक शब्द है **क्वाम्दे** (कितना), लैटिन में ही इसका प्रतिरूप है **क्वान्दे**। संस्कृत में **कन्** और **कम्** क्रियाएँ एक ही अर्थ की सूचक हैं—चमकना, प्रसन्न होना। तमिल में **मुऴइ**, और **नुऴइ**, दोनों का अर्थ है प्रविष्ट करना; **माऴि**, **नॉडि** का अर्थ है बोलना। ग्रीक भाषा-समुदाय में आयोनियन रूप **मिन्** (उसकी) का दोरिक रूप है **निन्**। आर्य-द्रविड़ दोनों परिवारों में **म्** और **न्** परस्पर स्वच्छन्द-संचरण की स्थिति में दिखाई देते हैं; सर्वत्र नहीं, फिर भी अनेक शब्दों में। जब आदि इंडोयूरोपियन भाषा में **म्** और **न्** दो भिन्न अर्थ-विच्छेदक ध्वनियाँ थीं, तब लैटिन, ग्रीक और संस्कृत में एक ही अर्थ देने वाले **म्** और **न्** से दो रूप बनते हुए क्यों दिखाई देते हैं? इसका कारण वही है जिससे **स्तम्भ** और **स्कम्भ**

जैसी रूपों की रचना हुई थी।

संस्कृत मूलतः ओष्ठ्य नासिक्य ध्वनि की भाषा है। एक उपसर्ग है **सम्**। इसका व्यवहार व्यापक रूप से होता है। इस तरह का **न्** ध्वनि वाला कोई उपसर्ग नहीं है। अन्य ध्वनियों के संयोग से **सत्** भले ही **सन्** बन जाय, पर **सन्** जैसा उपसर्ग संस्कृत में नहीं है। द्रविड़ भाषाएँ कुछ रूपों में संस्कृत की अपेक्षा **न्** का प्रयोग अधिक करती हैं। तमिल **नडु** का अर्थ है मध्य और वह इसी **मध्य** शब्द का प्रतिरूप है। कन्नड़ **नॅत्ति** का अर्थ है माथा और यह **मत्था** जैसे रूप का विकास है। तमिल **निनइ** और कन्नड़ **नॅनसु** का अर्थ है सोचना और इस शब्द-श्रृंखला का सम्बन्ध संस्कृत क्रिया **मन्** से है। तमिल **नीर्** का तेलुगु प्रतिरूप **मीरु** इसी भेद की ओर संकेत करता है। तमिल की अपेक्षा तेलुगु में आर्य भाषाई ध्वनितन्त्र के लक्षण अधिक मिलते हैं। इसलिए उसमें **न्** के स्थान पर **म्** का प्रयोग स्वाभाविक है। संस्कृत में नपुंसकलिङ्ग संज्ञा-शब्द कर्त्ता-कारक में मकारान्त दिखाई देते हैं यथा **ज्ञानम्**। तमिल में पुरुषों के नाम बहुधा नकारान्त होते हैं। संस्कृत सर्वनाम **अयम्** का तमिल प्रतिरूप **अवन्** है। नासिक्य ध्वनियों का यह भेद दोनों भाषा-समुदायों की मूल भिन्नता का सूचक है—**य्** और **व्** के समान। हिन्दी **मगर**, संस्कृत **नक्र** की अपेक्षा, मध्यदेशीय आर्य ध्वनितन्त्र के निकट है। उधर हिन्दी **न** और **नहीं** की अपेक्षा संस्कृत **मा** आर्य-भाषा परिवार का मूल अस्वीकृति-सूचक शब्द है। इसका ग्रीक प्रतिरूप **मे** है, लैटिन में ने रूप का चलन हुआ। किन्तु कर्म-कारक में जहाँ संस्कृत और लैटिन में शब्द के अन्त में **म्** आयेगा, वहाँ ग्रीक में **न्** का व्यवहार होगा। इसी प्रकार कुछ क्रिया-रूपों में संस्कृत में जहाँ **म्** का व्यवहार होता है, वहाँ ग्रीक भाषा **न्** का प्रयोग करती है यथा संस्कृत **अभरम्** का ग्रीक प्रतिरूप है **अॅफ़ॅरॉन्**। संस्कृत की तरह ग्रीक भाषा में **म्** और **न्** दोनों ध्वनियों का प्रयोग होता है किन्तु संस्कृत की अपेक्षा ग्रीक भाषा—तमिल के समान—**न्** का प्रयोग अधिक करती है।

म् और **न्** में कौन-सी ध्वनि आर्य भाषा-परिवार की मूलध्वनि है, यह जानने के लिए इस परिवार के मूल शब्द भण्डार में इन ध्वनियों की भूमिका देखनी चाहिए। सर्वनाम मूल शब्द-भण्डार का महत्वपूर्ण अंश है। **अस्मद**, **मदीय**, **मम**, **अस्मै**, **तस्मै**, **एतस्मात्** जैसे रूपों में **म्** ध्वनि की प्रधानता देखी जा सकती है। सम्बन्ध आदि कारकों के बहुवचन में **नः** रूप दिखाई देता है। यह रूप **मद्**, **मन्** जैसे शब्द-मूलों का रूपान्तर है। फ़ारसी में **मन्** का अर्थ है मैं। ठीक इसी अर्थ में तमिल **नान्** का प्रयोग होता है। दोनों शब्द **मद्** के प्रतिरूप हैं। यूरुप की भाषाओं में, संस्कृत के विपरीत और तमिल के अनुरूप, न-कार वाले सर्वनामों का व्यापक प्रयोग होता है। लैटिन **नोस्तेर**—हमारा, फ्रान्सीसी **नू**—हम, रूसी **नास्**—हमें, **नाश्**—हमारा इत्यादि।

सर्वनामों के अलावा क्रियापदों में **मज्ज्**, **मथ्**, **मद्**, **मन्**, **मन्द्**, **म**, **मि**, **मुच्** **मुद्**, **मर्**, या **मृ** आदि में **म्** की महत्वपूर्ण भूमिका है। इनकी तुलना में **न्** से आरम्भ होने वाली भारतीय क्रियाएँ, अन्तरराष्ट्रीय स्तर पर, उतने व्यापक रूप में प्रयुक्त नहीं होतीं। उपसर्गों की बात पहले कही जा चुकी है। संस्कृत **सम्** का लैटिन प्रतिरूप **कोन्** है; लैटिन में ही म-कार वाला उसका दूसरा प्रतिरूप **कुम्** है। साथ का अर्थ देने वाला यह उपसर्ग

संस्कृत में मकारान्त है। ग्रीक भाषा में लैटिन **कुम्** का प्रतिरूप **सुन्** है जो पुनः इस भाषा के नकारप्रेम का सूचक है।

म् और **न्** इन दो नासिक्य ध्वनियों का विकास दो भिन्न केन्द्रों में हुआ। **म्** का विशेष सम्बन्ध मध्यदेशीय भाषा-केन्द्रों से है और **न्** का उत्तर-पश्चिमी भाषा-केन्द्रों से। इन ध्वनियों का व्यवहार करनेवाली भाषाएँ अपने विकास-क्रम की प्राथमिक अवस्था में ही एक-दूसरे के ऐसे घनिष्ठ सम्पर्क में आईं कि दोनों समुदायों में उन ध्वनियों का व्यवहार व्यापक रूप से होने लगा। किन्तु यह बात **ङ्** और **ञ्** के बारे में नहीं कही जा सकती। जो लोग आदि इंडोयूरोपियन भाषा में इनका अस्तित्व स्वीकार करते हैं, उन्हें इस प्रश्न का उत्तर देना चाहिए कि इन ध्वनियों की भाषाई भूमिका क्या है। लैटिन और ग्रीक में **च्-ज्** का अभाव है; **ञ्** ध्वनि संयुक्त किसके साथ होगी? संस्कृत में **च्-ज्** के साथ इस समवर्गीय नासिक्य ध्वनि का व्यवहार होता है, अर्थ-विच्छेदक ध्वनि वह संस्कृत में भी नहीं है। लैटिन, ग्रीक, हित्ती, तुखारी आदि भाषाओं में उसका अस्तित्व ही नहीं है, वे समवर्गीय ध्वनियाँ ही नहीं हैं जिनके साथ इस अनुनासिक ध्वनि को प्रयुक्त किया जाय। भाषाविज्ञानियों ने कल्पना की है कि आदिभाषा में एक तालव्य **क्** का व्यवहार होता था। यह तालव्य **क्** संस्कृत में तालव्य **च्** बन गया; लैटिन, ग्रीक आदि में वह सामान्य **क्** बना। उस तालव्य **क्** के साथ तालव्य नासिक्य ध्वनि का व्यवहार होता था। किन्तु 'आदि' इंडोयूरोपियन भाषा में यह तालव्य **क्** नहीं था। अतः उसकी समवर्गीय नासिक्य ध्वनि भी चवर्गहीन भाषाओं में नहीं थी।

ञ् और **ङ्** ध्वनियों का अर्थ-विच्छेदक व्यवहार नाग भाषाओं की विशेषता है। इनका वहाँ आदिस्थानीय प्रयोग होता है और उनका अर्थ-विच्छेदक महत्व है। मोन्पा भाषा में **ञ्** से शब्द इस प्रकार आरम्भ होते हैं: **ञिरि**—संध्या, **ञिङ्**—वर्ष, **ञोक्तङ्**—दिमाग, **ञुम्बु**—ईमानदार। इसी प्रकार **ङ्** से शब्द आरम्भ होते हैं: **ङ**—मछली, **ङम्**—आकाश, **ङ-ङ्**—गर्दन। इन ध्वनियों का अर्थ-विच्छेदक प्रयोग इस प्रकार होता है: **ङन्**—जादू, **ङ-ङ्**—गीत। (जहाँ एक ही शब्द दो अर्थों में प्रयुक्त होता लगे, वहाँ समझना चाहिए कि उसके उच्चारण में स्वरतान का भेद है।) नाग भाषा के बाद कोलभाषाओं में **ञ्** आदिस्थान पर प्रयुक्त होता है किन्तु **ङ्** का वैसा प्रयोग इस भाषा-समुदाय में नहीं होता। द्रविड़ भाषाओं में कहीं-कहीं आदिस्थान पर संस्कृत **ज्ञ** अथवा मूल **न्** के स्थान पर **ञ्** का व्यवहार होता है। एक रूप **नरम्बु** (नस) तो दूसरा रूप **ञरम्बु**। इन रूपों का सम्बन्ध संस्कृत **नाडि** से है। स्पष्ट है कि संस्कृत की अपेक्षा भारत के अन्य तीन भाषा-परिवारों में **ञ्** का प्रयोग अधिक होता है। इस तरह के परिवेश में समवर्गीय नासिक्य ध्वनि के रूप में उसे अपने ध्वनितंत्र में शामिल कर लेना संस्कृत के लिए स्वाभाविक था।

तमिलनाडु के रामनाथपुरम् ज़िले में **ङ्** से आरम्भ होनेवाले कुछ शब्द बोले जाते हैं यथा **ङोप्पन्**—तुम्हारे पिता, **ङोम्मा**—तुम्हारी माता, **ङोक्का**—तुम्हारी बहन,

ङोण्णन्—तुम्हारा भाई। इस बात का उल्लेख षण्मुगम् पिल्लइ ने **इंडियन लिंग्विस्टिक्स** में अपने लेख **ए तमिल डायलेक्ट इन सीलोन** में किया है। अन्यत्र द्रविड़ भाषाओं में यह नासिक्य ध्वनि आदिस्थान में प्रयुक्त नहीं होती। नाग भाषा-समुदाय में इस ध्वनि की अर्थ-विच्छेदक भूमिका देखते हुए यह धारणा पुष्ट होती है कि भारत के अन्य भाषा परिवारों में इसका प्रसार नाग-प्रभाव के कारण हुआ। संस्कृत और यूरुप की भाषाओं में समवर्गीय ध्वनि के रूप में उसका सीमित प्रयोग होता है।

समवर्गीय नासिक्य ध्वनि सम्बन्धी नियम भारत के विभिन्न भाषा परिवारों के परस्पर सम्पर्क का परिणाम है। संस्कृत में सभी नासिक्य ध्वनियों की एक-सी भूमिका नहीं है। संस्कृत वैयाकरणों के नियम को आधुनिक आर्य भाषाओं पर लागू करते हुए कुछ अंग्रेज़ भाषाविज्ञानियों ने यह मान लिया है कि आधुनिक आर्य भाषाओं में वास्तविक नासिक्य ध्वनियाँ केवल दो हैं—**न्** और **म्**; स्पर्श ध्वनियों के साथ योग होने पर समवर्गीय, नासिक्य ध्वनि का व्यवहार होता है। भारतीय भाषाविद् डा० पण्डित ने फ़र्थ और ऐलन की इन मान्यताओं का खंडन किया है। तारापुरवाला को समर्पित **इंडियन लिंग्विस्टिक्स** के विशेषाङ्क (जून १९५७) में उन्होंने गुजराती की नासिक्य ध्वनियों और महाप्राणता पर एक लेख लिखा—**नेज़लाइज़ेशन, ऐस्पिरेशन ऐन्ड मर्मर इन गुजराती**। इसमें उन्होंने मराठी से उदाहरण दिये : **चम्की**—नाक की बाली; **दण्का**—चोट, डङ्का, घण्टा; और गुजराती से उदाहरण दिये : **चिम्की**—नोंचना; **मण्की**—तेज़ (घोड़ी); **जान्की**—सीता का नाम, और बताया कि आधुनिक आर्य भाषाओं में सर्वत्र समवर्गीय ध्वनियों का व्यवहार नहीं होता।

इस प्रसंग में द्रविड़ भाषाओं की स्थिति विचारणीय है। द्रविण व्युत्पत्ति कोष के लेखकों के अनुसार लगभग आधी द्रविड़ भाषाएँ ऐसी हैं जिनमें **च्** या **ज्** के साथ **ञ्** का व्यवहार नहीं होता। तमिल में **अन्बु** (प्रेम), **अॅण्गु**, (भालू), **अॅण्पदु** (अस्सी) रूपों में **प्, ब्, ग्** के साथ समवर्गीय ध्वनि का व्यवहार नहीं हुआ। तोद भाषा में **ङ्** ध्वनि का अभाव है। इसलिए उसमें **तिन्गोणि** (सोने के सिक्के रखने की थैली), **ईन्ग्** (इस स्थान को) जैसे रूपों का प्रयोग होता है। तोद भाषा में ही **कन्फ़ू** (गरजना), **कॅन्प्ओळ्त्** (खाँसना), जैसे रूपों में **प्, फ़्** के साथ भी **न्** का व्यवहार होता है। द्रविड़ भाषाओं की सर्वाधिक प्रयुक्त ध्वनि **न्** है, वह वर्त्स्य है कि दन्त्य, या दो भिन्न नकार हैं, यह प्रश्न यहाँ गौण है। वैदिक भाषा में भी नकार की बहुलता है। मैकडनल के अनुसार **म्** की अपेक्षा **न्** का व्यवहार तीनगुना अधिक होता है। इससे यह सिद्ध नहीं होता कि जिस मूल भाषा से वैदिक भाषा का विकास हुआ है, वह नकारबहुला थी।

'आदि' इंडोयूरोपियन भाषा में चार नासिक्य ध्वनियों के अस्तित्व की कल्पना मिथ्या है, किन्तु जिस समय यूरुप की प्राचीन भाषाओं का विकास हुआ, उस समय भारतीय आर्य भाषाओं में इनका व्यवहार होता था। इसका एक प्रमाण यह है कि **यज्ञ, ज्ञान** जैसे संस्कृत शब्दों के ग्रीक और रूसी प्रतिरूप समान भाव से **ञ्** के स्थान

पर **न्** का व्यवहार करते हैं। ग्रीक और लैटिन में ञ् ध्वनि का अभाव है। तुखारी भाषा में इसका व्यवहार होता था, और समवर्गीय ध्वनि के रूप में ही नहीं, आदि-स्थानीय ध्वनि के रूप में भी होता था, तथा संस्कृत शब्द **नाम** के तुखारी प्रतिरूप **ञेम, ञोम्** हैं, **नव** का प्रतिरूप ञु है। यहाँ **न्** के स्थान पर ञ् का व्यवहार वैसे ही होता है जैसे कुछ द्रविड़ भाषाओं में आदिस्थानीय **न्** की जगह ञ् का व्यवहार होता है। तुखारी भाषा का व्यवहार-क्षेत्र नागजनों से भरा हुआ था। वहाँ इस प्रकार **ञ्** का व्यवहार होना, और लैटिन में उसका अभाव, इस तथ्य की सूचना देता है कि यह ध्वनि भारतीय भाषा-परिवारों में नाग समुदाय की अपनी ध्वनि है, और उसके प्रभाव से उसका प्रसार हुआ है। कुछ अन्य नाग भाषाओं के समान तुखारी भी संस्कृत श् के स्थान पर **क्** का व्यवहार करती है, इससे उक्त धारणा की पुष्टि होती है। आर्य भाषा-परिवार में सिंधी एक ऐसी भाषा है जिसमें **ङ्**, **ञ्** का व्यवहार अधिक होता है; इसका कारण यह हो सकता है कि वह नाग परिवार से अधिक प्रभावित हुई हो। बंगाल की कुछ बोलियों में इसी प्रकार **म्** के स्थान पर **ङ्** का व्यवहार होता है; कुमार का प्रतिरूप होगा **कोङार**। यहाँ नाग प्रभाव असन्दिग्ध है।

उक्त चार नासिक्य ध्वनियों के साथ एक वर्त्स्य अथवा मूर्धन्य ध्वनि और है—**ण्**। भाषाविज्ञानी इसे आदि इंडोयूरोपियन भाषा की ध्वनि-व्यवस्था में स्थान नहीं देते। पहले **ट्** और **ड्** के समान वे इसे संस्कृत की विशेष ध्वनि मानते थे जिसे आर्यों ने द्रविड़ों से ग्रहण किया था। किन्तु अब कुछ भाषाविज्ञानी जैसे **ट्** और **ड्** को आर्य भाषाओं का स्वतन्त्र ध्वनि-विकास मानते हैं, वैसे ही वे **ण्** के विकास को भी स्वतन्त्र मानते हैं।

ट् और **ड्** से **ण्** का अभिन्न सम्बन्ध नहीं है। वर्णमाला में जो वर्ग बनाये गये हैं, उनमें किसी वर्ग की सभी ध्वनियाँ एक साथ विकसित हुई हों, यह आवश्यक नहीं है; किसी भाषा-परिवार में उनका सर्वत्र व्यवहार एक-सा होता हो, यह भी आवश्यक नहीं है। असम और सौराष्ट्र दो टकारप्रधान प्रदेश हैं। गुजराती में णकार की बहुलता है, असमिया में णकार का अभाव है। संस्कृत की अपेक्षा कुछ द्रविण भाषाओं में **न्** और **ण्** का भेद अर्थ-विच्छेदक होता है। कौल्डवेल ने इस विशेषता की ओर ध्यान दिलाया था। तमिल **अॆण्** का अर्थ है विचार और **अॆन्** का अर्थ है बोलना। संस्कृत में **अनु** और **अणु** शब्दों-का सा भेद—यदि **अनु** को स्वतन्त्र शब्द माना जाय तो—बहुत ढूँढ़ने पर मिलेगा। हिन्दी में **ट्** और **ड्** का आदिस्थानीय प्रयोग द्रविड़ भाषाओं की अपेक्षा अधिक होता है किन्तु द्रविड़ भाषाओं की तरह उसमें **न्**—**ण्** का भेद अर्थ-विच्छेदक नहीं है। राजस्थानी जैसी कुछ भाषाओं में **मन** और **मण** जैसे कुछ शब्दों में अर्थभेद किया गया है, **मन** जिसका सम्बन्ध सोचने से है और **मण** जिसका सम्बन्ध तौलने से है। ब्रज, अवधी, भोजपुरी, बुन्देलखंडी और बोलचाल की हिन्दी में पचीसों शब्द **ट्** और **ड्** से आरम्भ होते हैं, जैसे कि वे तमिल में नहीं होते। इन सबमें णकार का अभाव है जैसे कि तमिल में नहीं है। ब्रज प्रदेश की उत्तरी सीमा पर बाँगरू,

पंजाबी और राजस्थानी भाषाओं की णकार-बहुलता आकर रुक जाती है किन्तु टकार-डकार के प्रयोग में कमी नहीं होती। इससे सिद्ध हुआ कि इस नासिक्य ध्वनि का कोई अटूट सम्बन्ध अपने वर्ग की अन्य ध्वनियों से नहीं है।

जैसे स्वीडन नौर्वे की भाषाओं और नौर्थम्बरलैंड की बोली में मूर्धन्य **ट्-ड्** ध्वनियों का व्यवहार होता है, वैसे ही उनमें मूर्धन्य **ण्** का व्यवहार भी होता है। इस व्यवहार का क्षेत्र सीमित है; **र्** के संसर्ग से वर्त्स्य **न्** मूर्धन्य ध्वनि में परिवर्तित होता है। स्वीडन और नौर्वे की भाषाओं में यह ध्वनि कुछ शब्दों में अर्थ-विच्छेदक भी होती है यथा **कोन्** —बेंत, **कोण्**—अनाज (अंग्रेज़ी **कौर्न**)। यूरुप की इन भाषाओं में मूर्धन्य नासिक्य का व्यवहार स्वतन्त्र विकास वैसे ही नहीं है, जैसे वहाँ **ट्** और **ड्** ध्वनियों का व्यवहार स्वतन्त्र विकास नहीं है।

यह प्रश्न रोचक है कि किन्हीं भारतीय भाषाओं में इस ध्वनि का आदिस्थानीय व्यवहार होता था कि नहीं। प्राकृतों में **ण्** की ऐसी भरमार हुई कि आदिस्थान पर नकार का बहिष्कार ही हो गया। भारत के पर्वतों, नगरों, प्रदेशों, महापुरुषों, देवी-देवताओं आदि का नाम **ण्** से आरम्भ नहीं होता। जिन लोगों ने प्राकृत में ग्रन्थ लिखे हैं, वे सब संस्कृत जाननेवाले थे और किन्हीं नियमों के अनुसार वे अपनी मूल संस्कृत को प्राकृत रूप में प्रस्तुत करते थे। इसलिए प्राकृतों को लोकभाषा समझना भ्रम है। किन्तु जो लोग प्राकृतें गढ़ रहे थे, वे किसी के वास्तविक उच्चारण की नकल कर रहे थे। हरियाणा, राजस्थान, पंजाब आदि में णकार-बहुलता आज भी देखी जाती है; सम्भव है, किसी समय यहाँ के गण-समाज इस ध्वनि का आदिस्थानीय प्रयोग भी करते रहे हों। जो भी हो, यह निश्चित है कि मूर्धन्य नासिक्य ध्वनि का प्रधान व्यवहार-क्षेत्र भारत में ही है और जिस समय यूरुप की भाषाओं का निर्माण हुआ, उस समय इस ध्वनि का व्यवहार उत्तर-पश्चिमी भारतीय गण-भाषाओं में होता था। संस्कृत के अनेक शब्दों में आदिस्थानीय **न्** का उच्चारण मूर्धन्य था, इसकी चर्चा पहले खंड में हो चुकी है। भाषाविज्ञानियों ने अपनी कल्पित आदि इंडोयूरोपियन भाषा में चार नासिक्य ध्वनियों का अस्तित्व स्वीकार किया है; इनमें उन्हें पाँचवीं मूर्धन्य नासिक्य ध्वनि भी जोड़ लेनी चाहिए।

६. प्राचीन भाषाओं में र्-ल् की स्थिति

अन्य ध्वनियों के समान लुण्ठित **र्** और पार्श्विक **ल्** ध्वनियों का विकास भी भिन्न केन्द्रों में हुआ। संस्कृत मूलतः र्-क्षेत्र की भाषा है। उपसर्ग, प्रत्यय, सम्बन्ध-सूचक शब्द—**प्र, प्रति, परि, पुरः, परः, अन्तर** आदि—**ल्** की अपेक्षा इसी ध्वनि का व्यवहार अधिक करते हैं। जिसे मागधी प्राकृत कहा जाता है, उसकी एक विशेषता **र्** के स्थान पर **ल्** का व्यवहार है। परिनिष्ठित हिन्दी में **ल्** की प्रधानता है यथा **साला** शब्द ब्रज से लेकर मिथिला तक **सार** जैसे रूपों में बोला जाता है, बंगाल में वह फिर **साला** (यानी **शाला**) हो जाता है। **मृच्छकटिक** में संस्थानक **मरिष्यसि** को

मागधी में **मलिहिशि** कहता है। बँगला में **श्** को जैसा एकाधिकार मिला है, वैसा **ल्** को तो प्राप्त नहीं है, किन्तु मगध गण-भाषा की वह विशेषता वास्तविक थी; **स्** और **र्** के स्थान पर उसमें **श्** और **ल्** का व्यवहार होता था। संस्कृत में **स्** और **र्** व्यंजनों का मिश्रण तो होता है, **स्** और **ल्** व्यंजनों का मिश्रण नहीं होता। संस्कृत में **स्लथ, स्लोक** जैसे रूप असम्भव हैं। **ल्**-क्षेत्र की भाषाओं ने संस्कृत की मूल स्रोतभाषा या भाषाओं पर गहरा प्रभाव डाला था। इसका एक परिणाम यह हुआ कि संस्कृत में अनेक वैकल्पिक रूपों का चलन हुआ: रघु—लघु, रिह्—लिह् (चाटना), रिप्—लिप् (लीपना), रभ्—लभ् (प्राप्त करना); रप्—लप् (बात करना)।

अन्य ध्वनियों की तरह **र्-ल्** का भी वैकल्पिक प्रयोग द्रविड़ भाषाओं में मिलता है। तमिल में **इलञ्जि, इरिञ्जि** (एक फूल), तुलु में **उरॅं, उलॅं** (हिरन), गोंडी में **रोपा, लोपा** (भीतर), तमिल **काल्**, कोत में **कार्** (उल्टी करना), तमिल में कल्, नइकि में **कर्प्** (सीखना), तमिल में **मलड्**, तुलु में **मरड्** (बंजर होना); इस तरह के रूपों में आर्य क्षेत्र की भाषाओं के समान **र्-ल्** का वैकल्पिक व्यवहार होता है। इस बात की छानबीन नहीं की गई कि उत्तरी और दक्षिणी द्रविड़ भाषा-समुदायों की अपेक्षा मध्य द्रविड़ भाषा-समुदाय में **र्** का व्यवहार अधिक होता है या नहीं। अनुमान है कि अन्य विशिष्ट ध्वनियों के समान **र्-ल्** का प्रयोग-अनुपात मध्यदेश से द्रविड़ भाषाओं के सामीप्य अथवा दूरी के अनुरूप है।

कोल भाषाओं में **र्** और **ल्** के वैकल्पिक प्रयोग के उदाहरण मिलते हैं। कुइपर ने इस भाषा-समुदाय में व्यंजनों के स्वच्छन्द संचरण पर जो निबन्ध **लिंगुआ** संख्या १४ में प्रकाशित किया था, उसमें उन्होंने सीधे **र्-ल्** के स्वच्छन्द संचरण के उदाहरण तो नहीं दिये किन्तु ऐसे उदाहरण एकत्र किये हैं, जिनमें मूल **ड्** ध्वनि के स्थान पर कहीं **र्** का व्यवहार होता है और कहीं **ल्** का होता है। **डक् डक—रक् रक** (सीधे खड़े सींग); **डग्रॅक—लग्रॅग्र** (बड़ी सींगों वाले भैंसे); **डुकन् डुकुन्—रकन् रुकुन्** (लड़खड़ाते हुए); **डकज् डुकुज्—लकज् लुकुज्** (लड़खड़ाते हुए)। मानना चाहिए कि **र्-ल्** का वैकल्पिक व्यवहार एक अखिल भारतीय प्रपंच है।

नाग भाषाओं में **र्** और **ल्** दोनों ध्वनियों का व्यवहार होता है। शान्ति निकेतन में, रवीन्द्रनाथ ठाकुर के जीवनकाल में, एक चीनी विद्वान् रहते थे जो गुरुदेव का उच्चारण हमेशा **कुलुदेव** के रूप में करते थे। सम्भव है, भारत के भीतर या बाहर, नाग भाषाओं का ऐसा क्षेत्र रहा हो जिसमें, मगध के समान, केवल **ल्** ध्वनि का चलन रहा हो, और उसने मगध की भाषा को भी प्रभावित किया हो अथवा मगध की भाषा ने उसे प्रभावित किया हो। मगध नाग भाषाओं के क्षेत्र से सटा हुआ था, बंगाल आज भी है; अतः इस प्रकार का प्रभाव असम्भव नहीं है।

ऐतिहासिक भाषाविज्ञान में यह माना गया है कि आदि इंडोयूरोपियन भाषा में जहाँ **ल्** का व्यवहार होता था, वहाँ संस्कृत में कहीं तो **र्** का व्यवहार होता है, और कहीं **ल्** कायम रहता है। यथा **श्रवस्**, ग्रीक प्रतिरूप **क्लेग्रोस्** (कीर्ति); **पुर,**

ग्रीक प्रतिरूप **पोलिस्** (नगर); इसके विपरीत संस्कृत **लुभ्यति** का लैटिन प्रतिरूप **लुबेत्**; संस्कृत **प्लीहन्**, ग्रीक प्रतिरूप **स्प्लेन्** (जिगर)। इंडोयूरोपियन भाषा का **र्** अधिकतर संस्कृत में कायम रहता है: **परि**, ग्रीक **पेरि**, (चारों ओर); **वर्तते**, लैटिन प्रतिरूप **वॅर्तितुर्** (घूमता है)। मूल ध्वनि **ल्** थी जो भारत में आकर कुछ शब्दों में **र्** में परिवर्तित हुई, इसका प्रमाण केवल यह है कि ग्रीक, लैटिन आदि भाषाओं में ल् ध्वनि वाला रूप ही मिलता है। किन्तु ग्रीक भाषा में ही शब्दों के दो रूप हैं; **ग्राफो, ग्लाफो** (अंकित करना)। आदि इंडोयूरोपियन शब्द में **र्** ध्वनि थी या **ल्**? ग्रीक शब्द **पउरोस्**, लैटिन प्रतिरूप **पउलुस्** (छोटा, क्षुद्र), इनमें आदि इंडोयूरोपियन शब्द का प्रतिनिधि कौन है? भिन्न केन्द्रों में **र्-ल्** जैसी ध्वनियों का स्वतन्त्र विकास न मानने से इस तरह के प्रश्नों का उत्तर नहीं दिया जा सकता।

स्वयं संस्कृत भाषा में वैदिक शब्दों और बाद की संस्कृत के शब्दों में अन्तर दिखाई देता है। वैदिक भाषा में जहाँ **र्** है, वहाँ बाद की संस्कृत में बहुधा **ल्** है, यथा **रघु** के स्थान पर **लघु** का प्रयोग उत्तरकालीन संस्कृत की विशेषता है। **रघु** के ग्रीक और लैटिन प्रतिरूपों में, **लघु** के समान, **ल्** का व्यवहार होता है—**एलखुस्, लेविस्**। ऐसे काफी शब्द हैं जिनमें वैदिक भाषा तो कल्पित मूल ध्वनि **ल्** को बदलकर **र्** कर देती है किन्तु बाद की संस्कृत में वह आदिभाषा वाला **ल्** कायम रहता है। बरो ने इस प्रपंच की व्याख्या करते हुए कहा है कि ऋग्वेद की भाषा उत्तर-पश्चिमी बोली के आधार पर निर्मित हुई थी और वेदोत्तर संस्कृत का निर्माण मध्यदेश में हुआ था। विभाजन इस प्रकार हुआ कि पश्चिमी बोली ने **ल्** को **र्** में बदल दिया और पूर्वी बोली अर्थात् मध्यदेश की बोली ने मूल ल् ध्वनि कायम रखी। यह व्याख्या मध्यदेश के **र्**-प्रेम और मगध के **ल्**-प्रेम के विपरीत है।

संस्कृत के उपसर्गों आदि में जो **र्** के व्यवहार की प्रधानता है, वह सिद्ध करती है कि यह रेफ-प्रधान क्षेत्र की भाषा है। पर यह क्षेत्र न तो उत्तरी-पश्चिमी है और न पूर्वी सीमान्त है। यह क्षेत्र पुराना मध्यदेश है जो अपनी रेफ-प्रियता आज तक बनाये हुए है। दो-भिन्न केन्द्रों में विकसित **र्-ल्** ध्वनियों का व्यवहार करनेवाले गण-समाज परस्पर घनिष्ठ सम्पर्क स्थापित करेंगे, तब **र्-ल्** वाले ढेरों वैकल्पिक रूप उत्पन्न होंगे। ऐसे वैकल्पिक रूप यूरुप की भाषाओं की अपेक्षा भारतीय भाषाओं में अधिक हैं, यह अकारण नहीं है। यूरुप की भाषाओं का विकास उस समय हुआ जब भारतीय भाषाएँ आर्य, द्रविड़, नाग, कोल आदि—अपना स्वरूप बहुत-कुछ स्थिर कर चुकी थीं। यहाँ से जिन भाषा-तत्वों का निर्यात हुआ, उनमें **र्** और **ल्** वाले तत्व अलग-अलग बँटे हुए थे, वैकल्पिक रूप कम थे।

र् और ल् के सम्बन्ध में तमिल भाषा की स्थिति इस सन्दर्भ में विचारणीय है। इस भाषा की परम्परा यह है कि कोई शब्द **र्** या **ल्** से आरम्भ न किया जायगा। शब्द चाहे आर्य हो चाहे द्रविड़, **र्** और **ल्** के पहले, उच्चारण-सुकरता के लिए, एक अतिरिक्त स्वर जोड़ा जायगा, यथा **राम** शब्द **इरामन्**, **लक्षण** शब्द **इलक्कणम्** रूप

में ग्रहण किया जायगा (जिससे सिद्ध हुआ कि **रावण** और **लंका** तमिल शब्द नहीं हैं)। अब ग्रीक भाषा में ऐसे अनेक शब्द हैं जिनके संस्कृत प्रतिरूप **ल्** या **र्** से आरम्भ होते हैं किन्तु ग्रीक रूपों में एक अतिरिक्त स्वर जुड़ा हुआ है, यथा लघु का प्रतिरूप **एलखुस्** है। संस्कृत में **ऋक्ष** का ग्रीक प्रतिरूप **अर्क्तोस्** है। इन रूपों में एक अतिरिक्त स्वर जोड़ा गया है। कोई नहीं कहता कि 'आदि' इंडोयूरोपियन भाषा में यह अतिरिक्त स्वर विद्यमान था। पर ग्रीक रूपों में अतिरिक्त स्वर का कारण क्या है? और अवेस्ता में संस्कृत **ऋतस्** का प्रतिरूप **एरजुस्** है। ईरानी भाषा में इस अतिरिक्त स्वर-संयोग का कारण क्या है?

जर्मन **अर्तिग्** का अर्थ है शिष्ट, और इसका सम्बन्ध संस्कृत **ऋत से** हैं। जर्मन **अॅर्बे** का अर्थ है **वारिस**, विरासत से सम्बन्धित; **अॅर्बन्** का अर्थ है विरासत पाना। ये शब्द संस्कृत **ऋक्थ** से सम्बन्धित हैं। संस्कृत **रजत** का ग्रीक प्रतिरूप **अर्गोस्** है जिसका अर्थ है चमकना। लैटिन में इसका प्रतिरूप है **अर्गेन्तुम्**—चाँदी। इसी से अंग्रेज़ी शब्द **आर्जॅन्ट्** बनता है जिसका अर्थ है चाँदी या श्वेत, और चमकदार। संस्कृत लोमश (शृंगाल) का ग्रीक प्रतिरूप है **अलोपेस्**। फ़ारसी **अरीस्** (चतुर) का मूलरूप संस्कृत **ऋषि** है; फ़ारसी **अर्गवान्** (लाल) का सम्बन्ध संस्कृत **रोध** (रोहित, लोहित) से है। संस्कृत **लक्तक** (लाल, रक्त) का संस्कृत में ही वैकल्पिक रूप **अलक्तक** है। मोनियर विलियम्स के अनुसार प्राचीन पाठों **में लोक** शब्द **उलोक** रूप में मिलता है, और उनका कहना है कि यह किसी ऐसी बोली में **लोक** का प्रतिरूप है जिसमें **उ** उपसर्ग लगा हुआ है। **यह उ** उपसर्ग तमिल परम्परा का अतिरिक्त स्वर है। इस तरह के और बहुत से उदाहरण दिये जा सकते हैं।

संस्कृत **रघु** का ग्रीक प्रतिरूप **ब्रखुस्** (थोड़ा) है। **रघु** और **लघु** दोनों रूप ग्रीक समुदाय में पहुंचे; **ल्** के पहले तो **ए** स्वर जोड़ा गया, **र्** के पहले **ब्** व्यंजन। ग्रीक **ब्रखुस्** का लैटिन प्रतिरूप **ब्रेविस** है जिससे अंग्रेज़ी शब्द **ब्रीफ़्** (संक्षिप्त) और **ब्रेविटी** (संक्षेप) बनते हैं। ये पितामह **रघु** की सन्तान हैं। संस्कृत क्रिया **रु** से **रव** शब्द बना; उसका अंग्रेज़ी प्रतिरूप **रोर्** है। ग्रीक **ब्रेमो** (रव) उसी क्रिया से बना है; यहाँ पुनः **र्** के पहले अतिरिक्त व्यंजन **ब्** जोड़ा गया है। **ब्रेमो** का लैटिन प्रतिरूप **फ़ेमो** है। लैटिन **रोस्** (ओस) का ग्रीक प्रतिरूप **द्रोसोस्** है; यहाँ **र्** के पहले अन्य व्यंजन **द्** जोड़ा गया है। संस्कृत **अलस** में शब्दमूल **लस्** है, **ल्** के पहले अतिरिक्त स्वर **अ** जोड़ा गया है। लैटिन **लस्सो** (थकाना), **लस्सुस्** (थका हुआ), **लस्सितुदो** (थकान), अंग्रेज़ी **लैसीट्यूड्** (थकान, आलस्य) में वही शब्दमूल **लस्** है। ग्रीक भाषा के **ब्लस्, ब्लकोस्** (आलसी) रूपों में **ल्** के पहले अतिरिक्त व्यंजन **ब्** जोड़ा गया है। फ्रान्सीसी भाषा का **ब्लाज़े** (थका हुआ, आलसी) **लस्** के ग्रीक रूपान्तर **ब्लस्** के आधार पर बना है। ग्रीक रूप **लेस्तिस्** (विस्मरण) शायद सीधे **लस्** शब्दमूल से, अतिरिक्त व्यंजन लगाये बिना, बना है। लिथुआनियन रूप **अल्सिनमस्** (थकना) में तमिल **अलचु** (थकना), **अलुप्पु** (थकान), **अलैचु** (आलस करना) और संस्कृत

मलस के समान ल् के पहले अतिरिक्त स्वर **अ** लगा हुआ है। लिथुआनियन **इलन्क** (खाड़ी) भारतीय शब्द **लंका** (द्वीप) से सम्बद्ध प्रतीत होता है। यहाँ ल् के पहले अतिरिक्त स्वर **इ** है।

ग्रीक भाषा में ल् से आरम्भ होनेवाले शब्द तो अनेक हैं किन्तु र् से आरम्भ होनेवाला एक भी शब्द नहीं है। र् के स्थान पर ग्रीक भाषा की एक ध्वनि ह्र् है जिससे शब्द आरम्भ होते हैं, यथा सामी शब्द **रब** से **रब्बी** बनता है जिसका अर्थ है मेरे स्वामी। ग्रीक भाषा में इसका रूप होता है **ह्रब्बी**। इस ह्र् के उच्चारण में ह् ध्वनि पहले बोली जाती थी, र् ध्वनि बाद को। ग्रीक भाषा में महाप्राणता अत्यन्त क्षीण थी, इसलिए यह सम्भावना असंगत नहीं है कि शब्द के आरम्भ में हकार वास्तव में स्वर का काम करता था। यदि उसे व्यंजन ही माना जाय तो भी यह स्पष्ट है कि र् से शब्द आरम्भ न होगा, उसके पहले एक अतिरिक्त ध्वनि का प्रयोग आवश्यक है। संस्कृत **ऋचा** और लैटिन **रतुस्** का ग्रीक प्रतिरूप **ह्रेतोस्** है जिसका अर्थ है भाषित, विख्यात। यहाँ लैटिन और ग्रीक प्रतिरूप इस तथ्य की ओर संकेत कर रहे हैं कि लैटिन की अपेक्षा ग्रीक भाषा र् के पहले अतिरिक्त ध्वनि का प्रयोग अधिक करती है।

भारतीय भाषाओं में द्रविड़ परिवार ही एकमात्र भाषा-समुदाय नहीं है जिसमें र्-ल् के पहले अतिरिक्त स्वर जोड़ने की प्रवृत्ति हो। यह प्रवृत्ति कहीं-कहीं कोल भाषाओं में भी देखी जाती है। **इंडियन लिंग्विस्टिक्स** (जून १९५७) में गुम्पर्ज़ का एक लेख प्रकाशित हुआ था—**नोट्स ऑन द फोनोलोजी ऑफ़ मुंडारी**। इसमें उन्होंने मुंडारी भाषा की इस प्रवृत्ति का उल्लेख किया है : ल्, स् और नासिक्य ध्वनियों के पहले कभी-कभी हल्के रूप में स्वर उच्चरित होता है ('ए स्लाइट वोकैलिक ऑनसेट्')।

द्रविड़ भाषाओं में कौन-सा समुदाय र्-ल् ध्वनियों का आदिस्थानीय प्रयोग अधिक करता है, और कौन कम, इस पर विचार किया जाय तो आर्य द्रविड़ परिवारों के आपसी सम्बन्धों के बारे में कुछ रोचक परिणाम निकलेंगे। दक्षिण भाषा-समुदाय में द्रविड़ व्युत्पत्ति कोष के अनुसार, र् से आरम्भ होनेवाले छह शब्द हैं, ल् से आरम्भ होनेवाले तमिल शब्द तीन हैं। उत्तरी समुदाय में केवल एक ब्राहूइ शब्द र् से आरम्भ होता है, ल् से आरम्भ होनेवाला ब्राहूइ शब्द एक भी नहीं है। कुड़ुख भाषा में ल् से आरम्भ होने वाला एक शब्द है, र् से आरम्भ होने वाला शब्द एक भी नहीं है। मल्तो में दो शब्द ल् से आरम्भ होते हैं, र् से एक भी आरम्भ नहीं होता। इसक विपरीत मध्यवर्ती समुदाय की कन्नड़ भाषा में १९ शब्द र् से आरम्भ होते हैं और १६ शब्द ल् से आरम्भ होते हैं। इसी मध्यवर्ती समुदाय की तेलुगु भाषा में ४६ शब्द र् से आरम्भ होते हैं और १९ शब्द ल् से आरम्भ होते हैं, (यहाँ शब्द से आशय द्रविड़ व्युत्पत्ति कोष में दिये हुए शब्द-मूलों से है जहाँ एक शब्द-मूल के अन्तर्गत एक ही भाषा के अनेक शब्द हो सकते हैं। शब्द-मूलों की संख्या देखने से कुल शब्दों की संख्या का अनुमान किया जा सकता है।) शब्द के आरम्भ में र् या ल् ध्वनि का प्रयोग द्रविड़ परिवार की

ध्वनि-प्रकृति के प्रतिकूल है। सघोष स्पर्श ध्वनि का आदिस्थानीय प्रयोग द्रविड़ भाषाओं में जितना होने लगा है, र्-ल् ध्वनियों का आदिस्थानीय प्रयोग उसकी अपेक्षा कुछ कम ही है। जैसे अल्पप्राण सघोष ध्वनियों का आदिस्थानीय प्रयोग मध्यवर्ती समुदाय की भाषाओं में सर्वाधिक है, वैसे ही र्-ल् का आदिस्थानीय प्रयोग इसी समुदाय में सर्वाधिक है। इसका कारण मध्यदेश के आर्य भाषा केन्द्रों का सामीप्य ही हो सकता है और यह सामीप्य काफी प्राचीन होना चाहिए क्योंकि यूरुप की कुछ भाषाएँ र्-ल् के आदि-स्थानीय प्रयोग को लेकर द्रविड़ समुदाय से मिलती-जुलती हैं।

इंडोयूरोपियन परिवार की भाषाओं में हित्ती के दस्तावेज सबसे पुराने माने जाते हैं। र् और ल् के सम्बन्ध में इस भाषा की स्थिति तमिल जैसी है। स्टुर्टेवैन्ट ने हित्ती भाषा पर अपनी पूर्वोक्त पुस्तक में लिखा है : "हित्ती शब्दों में र् कभी आदि-स्थानीय नहीं होता किन्तु जो इंडोयूरोपियन शब्द र् से आरम्भ होते थे, उनका यहाँ अभाव-सा जान पड़ता है।" ('अॅपैरेन्ट ऐब्सेन्स', पृष्ठ २५)। हित्ती भाषा में र् से आरम्भ होने वाले 'इंडोयूरोपियन' शब्द न मिलें, यह आश्चर्य की बात है। इतना तो स्पष्ट है कि उसमें कोई शब्द र् से आरम्भ नहीं होता। स्टुर्टेवैन्ट आदि इंडोयूरोपियन भाषा के स्थान पर आदि इंडोहित्ताइत भाषा की कल्पना करते हैं। इस भाषा की र्-ल् ध्वनियों के बारे में वह कहते हैं : "इंडोहित्ताइत र्-ल् वर्ण ('सिलेबिक' र् और ल्) हित्ती में नियमित रूप से उर् और उल् रूपों में प्राप्त होते हैं।" (पृ० २६)। इस वाक्य से यह बिल्कुल स्पष्ट हो जाता है कि हित्ती नाम की यह प्राचीन भाषा र्-ल् ध्वनियों से पहले उ स्वर जोड़ती है। यह सारा व्यापार आकस्मिक नहीं है। उसकी व्याख्या द्रविड़ परिवार की ध्वनि-प्रकृति को ध्यान में रखते हुए ही की जा सकती है। संस्कृत भाषा स्वयं जहाँ-तहाँ इस प्रकृति से प्रभावित है। भारत से बाहर की इंडोयूरोपियन भाषा में अतिरिक्त स्वर वाला लक्षण सर्वत्र एक-सा नहीं है। भारत की द्रविड़ भाषाओं में इसी प्रकार इस लक्षण के प्रसार में विषमता है। इसका कारण आर्य भाषा परिवार के मूल केन्द्रों से द्रविड़ भाषाओं का प्राचीन सामीप्य अथवा उनकी दूरी है।

द्रविड़ भाषाओं की एक मूर्धन्य पार्श्विक ध्वनि है ळ्। ऋग्वेद का पहला मन्त्र **अग्निमीळे** से आरम्भ होता है। मैकडनल ने वैदिक भाषा के ध्वनितन्त्र में इस ध्वनि को स्वीकार नहीं किया। वह **ईळे** के स्थान पर **ईडे** पढ़ते हैं। यह मूर्धन्य पार्श्विक ळ् द्रविड़ भाषाओं के अतिरिक्त मराठी, राजस्थानी और बाँगरू में विद्यमान है, 'आदि' इंडोयूरोपियन भाषा के ध्वनितन्त्र में यह ध्वनि भी थी, भाषाविज्ञानियों के लिए यह बात कल्पनातीत है। इंडोयूरोपियन परिवार के अन्तर्गत विभिन्न भाषा-समुदायों का निर्माण और विकास भिन्न-भिन्न समय पर हुआ; उनका सम्पर्क भी भारत की भिन्न-भिन्न गण-भाषाओं से भिन्न-भिन्न समय पर हुआ। मूर्धन्य पार्श्विक ध्वनि पश्चिमी स्लाव भाषाओं में विद्यमान है। एनट्विसिल और मौरीसन ने स्लाव भाषाओं पर एक पुस्तक लिखी है **रशन ऐण्ड द स्लावोनिक लैंग्वेजेज़**। इसमें उन्होंने बताया है कि

उक्त ध्वनि का उच्चारण जिह्वा को कोमल तालु के समीप लाने से होता है। पश्चिमी स्लावोनिक भाषा-समुदाय के बारे में उन्होंने लिखा है कि इसमें सामान्य वर्त्स्य **ल्** था ही नहीं। चेकोस्लोवाकिया के विद्वान् हुस ने, पन्द्रहवीं शताब्दी के आरम्भ में, सामान्य तालव्य **ल्** और इस मूर्धन्य **ल्** में भेद किया था। उक्त पुस्तक के लेखकों के अनुसार यह ध्वनि पोलैण्ड की सीमा के पास अधिक प्राप्त होती है। उन्होंने लिखा है कि हुस ने स्लोवाक जनों की भाषा में तालव्य **ल्** का अभाव बताया था। इसके बाद उन्होंने एक आश्चर्यजनक बात लिखी है : इस समय स्लोवाक बोलियों में तीन ध्वनियाँ है: **ल, ळ्, ऴ्**। (पृष्ठ ३०६)।

अंग्रेज़ी का साधारण ऐल् अक्षर तालव्य या वर्त्स्य **ल्** का सूचक है; इसके ऊपर एक चिह्न बनाकर वे कोमल तालु वाले **ल्** (**ळ्**) का संकेत करते हैं, उसी ऐल् अक्षर को बीच से काटकर तीसरी ध्वनि **ऴ्** सूचित करते हैं। इस तीसरी ध्वनि की विशेषता यह है कि वह **उ** स्वर में बदल जाती है। यह विशेषता तमिल-मलयालम की उस ध्वनि में है जिसे मेरी इस पुस्तक में **ऴ्** द्वारा व्यक्त किया गया है। इसके उच्चारण में अवरोध तत्व इतना कम होता है कि व्यंजन ध्वनि लगभग स्वर जैसी सुनाई देती है और तमिल शब्दों में वह कभी-कभी स्वर में परिवर्तित भी हो जाती है। ज़्वेलेबिल ने द्रविड़ ध्वनितन्त्र पर अपनी पुस्तक में बताया है कि अनेक शब्दों में इस ध्वनि का लोप हो जाता है। लोप होने का कारण यह है कि यह ध्वनि स्वर के बहुत निकट है। तमिल भाषा में समय सूचक शब्द है **पॉऴ्दु**; इसका अन्य रूप इसी भाषा में **पोदु** है। इस रूप परिवर्तन का कारण **ऴ्** के व्यंजन तत्व की क्षीणता और उसका स्वर में परिवर्तित होना है। इसी प्रकार तमिल **पुऴु** (कृमि) का कोत रूप **पू** है, बदग में इसका प्रतिरूप **हू** है और तोद में केवल **ऊ** बच रहता है। यह **ऴ्** ध्वनि अर्धस्वर में भी बदलती है यथा **मऴ़इ** (वर्षा), कोत में **मय्** है और तोद में **मव्** है। तमिल शब्द **कुऴन्दइ** (बच्चा) इसी भाषा की बोलियों में **कॉयन्दॅ** और **कोन्दॅ** रूपों में बोला जाता है। ज़्वेलेबिल के अनुसार बोलचाल की तमिल में इस **ऴ्** ध्वनि का पूर्णतः लोप हो गया है; शिक्षा के प्रसार से उसे अब पुनः प्रस्थापित किया जा रहा है। तेलुगु भाषा में इस ध्वनि के स्थान पर **ल्** का व्यवहार किया जाता है। दक्षिणी तमिल और श्रीलंका की तमिल में **ऴ्** के स्थान पर **ळ्** का व्यवहार किया जाता है। तमिल भाषा-क्षेत्र के पश्चिमी भाग में **ऴ्** के स्थान पर **य्** का व्यवहार होता है। मद्रास में यह ध्वनि अंशतः **ल्** रूप में बोली जाती है।

आन्द्रोनोव ने इस ध्वनि को **व्** और **य्** जैसे अर्ध स्वरों के साथ रखा है। यह उचित है क्योंकि इनके उच्चारण में वायु-निर्यात के समय अवरोध कम होता है। इसीलिए यह **ऴ्** ध्वनि **य्-व्-ल्** में बदलती दिखाई देती है। आन्द्रोनोव के अनुसार भी बोलचाल की तमिल से इस ध्वनि का लोप हो गया है। प्राचीन तमिल वैयाकरण तोल्काप्पियर ने इसे **य्-र्-ल्-व्** के साथ रखा है और सुब्रह्मण्य शास्त्री ने इनके व्याकरण की अपनी व्याख्या में इस ध्वनि को अर्द्ध स्वर माना है। ज़्वेलेबिल ने **ऴ्** के ध्वनिगत

मूल्य की व्याख्या करते हुए कहा है कि यह पश्चगामी, सघोष, संघर्षी ध्वनि से लेकर प्रतिवेष्टित सघोष कम्पन तक की ध्वनि है ('फ्रौम रिट्रैक्टेड व्हायस्ड फ़्रिकेटिव् टु रिट्रोफ़्लेक्स व्हायस्ड व्हायब्रैन्ट')। इस व्याख्या में प्रतिवेष्टन वाली बात ध्यान देने योग्य है। देफ़ेरारी नाम के विद्वान् ने इटालियन, स्पैनिश और फ्रेंच भाषा के ध्वनितन्त्र पर अपनी पुस्तक **द फोनोलौजी औफ़ इटालियन, स्पैनिश ऐन्ड फ्रेन्च** में दो लकारों का भेद बताया है। एक लकार सामान्य तालव्य है; दूसरे लकार के उच्चारण में जीभ का अग्रभाग वर्त्स्य अथवा उसके आगेवाले क्षेत्र की ओर उठाया जाता है। वर्त्स्य क्षेत्र से ऊपर वाला भाग मूर्धा कहा जायगा; सम्भव है कि उस ध्वनि के उच्चारण में जीभ के अगले भाग का प्रतिवेष्टन भी होता हो।

लैटिन समुदाय की भाषाओं में एक ऐसे लकार का व्यवहार होता है जो तालव्य नहीं है, वर्त्स्य अथवा मूर्धन्य है। पश्चिमी स्लाव भाषाओं में एक ऐसे लकार का व्यवहार होता है जिसके उच्चारण में जीभ को तालु के निकट लाना पड़ता है। स्वीडन और नौर्वे की भाषाओं में ट्-ड्-ण् के साथ मूर्धन्य ळ् भी है; इसी प्रकार वह इग्लैंड में नौर्थम्बर्लैन्ड की बोली में प्रयुक्त होता है। इस सम्बन्ध में अभी और छानबीन की आवश्यकता है पर इतना स्पष्ट है कि तालव्य अथवा वर्त्स्य लकार के साथ एक अन्य पार्श्विक ध्वनि का व्यापक व्यवहार भारत के बाहर होता है। इंडोयूरोपियन भाषाओं में इस ध्वनि के व्यवहार का कारण द्रविड़ भाषाओं से इनका प्राचीन सम्पर्क होना चाहिए। इसके सिवा कुछ स्लाव भाषाओं में एक तीसरी ध्वनि ऴ् का व्यवहार होता है जिसमें अवरोधतत्व क्षीणतम है। इस ध्वनि का स्लोवाक और तमिल बोलियों में स्वर में बदल जाना आकस्मिक नहीं है।

इंग्लैंड में र् और ल् ध्वनियों की स्थिति दिलचस्प है। एच० ए० हार्मैन ने अंग्रेज़ी भाषा की ध्वनियों पर अपनी पुस्तक **द साउन्ड्स औफ इंगिलश स्पीच** में बताया है कि अंग्रेज़ी में दो प्रकार के ल् बोले जाते हैं। एक सामान्य ल् है और दूसरा विशिष्ट (डार्क ऐल्)। इस दूसरे ल् का उच्चारण इस तरह होता है मानो वक्ता ने उसे निगल लिया हो; उसका उच्चारण मुँह के सबसे पीछे वाले हिस्से में होता है। र् के उच्चारण में परिनिष्ठित अंग्रेज़ी लुंठन-क्रिया बहुत कम करती है और आदिस्थानीय र् को छोड़कर उसका उच्चारण बहुत कम सुना जाता है। हार्मैन कहते हैं कि अधिकांश अंग्रेज र् का उच्चारण करते ही नहीं हैं; उससे केवल पास वाला स्वर कुछ दीर्घ हो जाता है। अंग्रेज़ी र् की यह स्थिति तमिल और स्लोवाक भाषाओं में ऴ् से मिलती-जुलती है। स्कौटलैंड में र् का उच्चारण बहुत साफ सुना जाता है। ऐसा प्रतीत होता है कि जैसे दो प्रकार के पार्श्विक ल् विभिन्न क्षेत्रों में बोले जाते रहे हैं, वैसे ही दो प्रकार के लुंठित र् भी प्रयुक्त होते रहे हैं।

क्लौड मर्टन वाइज़ ने ध्वनि-विज्ञान पर अपनी पुस्तक **ऐप्लाइ फ़ोनेटिक्स** में अंग्रेज़ी र् के उच्चारण के बारे में बताया है कि जिह्वाग्र-भाग ऊपर की ओर, अथवा ऊपर और पीछे की ओर, उठता है। यह जीभ की क्रिया कुछ-कुछ वैसी ही है जैसी

ळ् के उच्चारण में होती है। इसे मूर्धन्य र् कह सकते हैं। नौर्वे और स्वीडन की भाषाओं में जिस व्यंजन के पहले यह र् आता है, उसका मूर्धन्यीकरण हो जाता है यथा कोर्न् शब्द में है न् के पहले र् है, अतः वह मूर्धन्य ण् बना और शब्द का रूप हुआ कोण्। ठीक यही प्रक्रिया बहुधा उन संस्कृत शब्दों में घटित होती है जिनमें त-वर्गीय व्यंजन के पहले र् आता है। ऐसा सर्वत्र नहीं होता। इसका कारण यह है कि संस्कृत में दो तरह की र् ध्वनियाँ थीं, एक दन्त्य या वर्त्स्य, और दूसरी मूर्धन्य। पहली का विलायती प्रति-रूप दक्षिण इंग्लैंड में है, दूसरी का स्कौटलैंड में। मैकडनल ने वैदिक भाषा में र् और ल् ध्वनियों को क्रमशः मूर्धन्य और दन्त्य बताया है। वास्तव में र् भी दो प्रकार का था, दन्त्य और मूर्धन्य और ल् भी उसी तरह दो प्रकार का था। यदि संस्कृत में मूर्धन्य र् ही होता तो उसके संसर्ग में आनेवाली **तवर्गीय** ध्वनियों का सर्वत्र मूर्धन्यीकरण होता। संस्कृत में मूर्धन्य ल् का व्यवहार अन्यन्त सीमित है, उसकी अपेक्षा मूर्धन्य र् का व्यवहार अधिक होता है। यह स्वाभाविक है क्योंकि संस्कृत मूलतः र् ध्वनि वाली भाषा है। यह भाषा जब मूर्धन्यीकरण की प्रवृत्ति से प्रभावित होती है, तब दन्त्य र् पूरी तरह विस्थापित नहीं हो जाता। मध्यदेश में, वह, मूर्धन्यीकरण की उत्तर-पश्चिमी प्रवृत्ति से अपनी रक्षा करता है, और वेदोत्तर संस्कृत में वही उस भाषा की प्रधान रेफ-ध्वनि रहता है।

मूर्धन्य र् के प्रभाव से त-वर्गीय ध्वनियों में जैसा परिवर्तन संस्कृत में घटित होता है, वैसा ही द्रविड़ भाषाओं में कभी-कभी दिखाई देता है। इससे विदित होता है कि वैदिक भाषा में न तो टवर्गीय ध्वनियाँ द्रविड़ प्रभाव से आई हैं और न उनका स्वतंत्र विकास हुआ है। वैदिक भाषा और द्रविड़ भाषाएँ, दोनों ही किसी विशेष भाषा-समुदाय से प्रभावित हुई हैं। इसलिए र् ध्वनि के बाद जो त् आता है, दोनों में जहाँ-तहाँ उसका मूर्धन्यीकरण होता है। द्रविड़ भाषाएँ भारत के उत्तर-पश्चिमी सीमान्त पर बोली जाती थीं। मध्यदेश की अपेक्षा यह लकारप्रधान क्षेत्र था, इसी कारण संस्कृत की तुलना में द्रविड़ लकार का मूर्धन्यीकरण अधिक हुआ। इसी प्रकार द्रविड़ भाषाओं की तुलना में संस्कृत र् का मूर्धन्यीकरण अधिक हुआ। द्रविड़ भाषाओं की मूल ध्वनि दन्त्य ल् है, मूर्धन्य ळ् नहीं। एक बार इस ध्वनि का निवेश हो जाने पर शब्द-निर्माण-प्रक्रिया में उससे काम लिया जाने लगा किन्तु इस व्यापार में उसकी भूमिका वैसी ही महत्वपूर्ण नहीं है जैसी दन्त्य ल् की। फिर उसके पश्च-मूर्धन्य ऴ् रूप का विकास हुआ। इसकी भूमिका और भी सीमित है, इसीलिए बोलचाल की तमिल से भी इसका लोप हो गया है। मूर्धन्य ळ् और पश्च-मूर्धन्य ऴ् का भेद वैसा ही है जैसा तमिल और मलयालम में दन्त्य न् और वर्त्स्य ऩ् का भेद है। और दन्त्य ल् तथा मूर्धन्य ळ् का भेद वैसा है जैसा दन्त्य न् और मूर्धन्य ण् का भेद है। द्रविड़ भाषाओं की मूलध्वनि दन्त्य न् है, उसी के समान मूल पार्श्विक ध्वनि दन्त्य ल् है।

नृत् अथवा नर्त से जैसे **नट** बनता है, वैसे ही **भृत्** अथवा **भर्त्** से भट बनता है। ऋध् क्रिया से **आर्ध्य** शब्द बनेगा और उसका रूपान्तर होगा **आढ्य** (समृद्ध)।

संस्कृत **अर्घ** कन्नड़ में **अड्ड है**, हिन्दी **बर्ध** (बैल) का तमिल प्रतिरूप **ऍरुदु** और कुड़ुख रूप **अड्डो है**। संस्कृत **वृत्त** (वर्त) का तमिल प्रतिरूप **वट्टम्**, **अश्रद्धा** का तमिल प्रतिरूप **अचट्टइ है**। कभी-कभी एक ही भाषा में वैकल्पिक रूप मिलते हैं जैसे कन्नड़ में **कुरुडे** और **कुरुदे** (अन्धा)। प्राकृतों में इस तरह के परिवर्तन बहुत होते हैं। इससे बड़ी सरलता से यह परिणाम निकाला जा सकता है कि प्राकृतें द्रविड़ प्रभाव व्यक्त करती हैं। किन्तु प्राकृतों में यह परिवर्तन बहुत अधिक है, द्रविड़ भाषाओं में वैसे परिवर्तन का अनुपात बहुत ही कम है।

१०. प्राचीन भाषाओं में **ष्** की स्थिति

मूर्धन्य **र्**, **ल्**, **द्**, **ण्**, के समान एक मूर्धन्य **ष्** है। 'आदि' इंडोयूरोपियन भाषा की ध्वनि-व्यवस्था में इसको भी स्थान नहीं मिला, उसमें एक ही मूल दन्त्य सकार की स्थिति मानी गई है। भारतीय आर्य भाषा-क्षेत्र के पूर्वी छोर पर मगध एक ऐसा प्रदेश है जिसमें तालव्य **श्** का ही व्यवहार होता था। मूर्धन्य **ष्** के ऐसे ही किसी व्यवहार-क्षेत्र का पता नहीं है किन्तु इस बात का संकेत मिलता है कि मूर्धन्य **ष्** का व्यवहार उत्तर-पश्चिमी सीमान्त प्रदेशों में अधिक होता था। संस्कृत में मूर्धन्य **ष्** की भूमिका अत्यन्त सीमित है। बहुत थोड़े शब्दों में इसका आदिस्थानीय प्रयोग होता है। इसकी तुलना में तालव्य **श्** की भूमिका अधिक महत्वपूर्ण है, शब्द-निर्माण-प्रक्रिया में अर्थ-विच्छेदक ध्वनि के रूप में उसका व्यवहार अधिक होता था। इससे यह निष्कर्ष निकलता है कि दन्त्य, तालव्य और मूर्धन्य सकार तीन केन्द्रों में विकसित हुए और इन तीनों केन्द्रों के परस्पर सम्पर्क में आने से वे एक ही ध्वनि-व्यवस्था में सम्मिलित किये गये।

संस्कृत में **र्** के संसर्ग से दन्त्य **स्** मूर्धन्य रूप में बोला जाता है। **वर्ष**, **हर्ष** जैसे शब्दों के साथ उनके **वर्स**, **हर्स** जैसे प्रतिरूप संस्कृत में असम्भव हैं, जैसे **वर्ण**, **कर्ण** के साथ **वर्न**, **कर्न** जैसे प्रतिरूप संस्कृत में असम्भव हैं। इसी प्रकार तालव्य **श्**, **त्** के समीप होने पर, अपने साथ उसे भी मूर्धन्य बना लेता है, यथा **नश्यति** और **विनाश** किन्तु **नष्ट**। संस्कृत में **नश्त** जैसा रूप असम्भव है। संस्कृत में मूर्धन्य **ष्** विशेष संदर्भों में प्रतिस्थापित होनेवाली ध्वनि है। यही स्थिति अनेक द्रविड़ भाषाओं में है। कोत भाषा के बारे में भाषाविज्ञानियों ने लिखा है कि उसमें मूर्धन्य **ष्** का व्यवहार तभी होता है जब उसके आगे या पीछे कोई मूर्धन्य स्पर्श ध्वनि हो।

संस्कृत की तुलना में द्रविड़ भाषाओं में मूर्धन्य **ष्** की भूमिका और भी सीमित है। आर्य भाषा-परिवार में अब कोई ऐसी भाषा नहीं है जो बोलचाल में इस ध्वनि का व्यवहार करती हो, लिखित भाषा में ही उसके दर्शन होते हैं। शिक्षित जन भी तालव्य **श्** और मूर्धन्य **ष्** के उच्चारण में विवेक नहीं करते। दक्षिण भारत के शिक्षित जन इस भेद के प्रति अधिक सचेत रहते हैं।

आर्य भाषा-क्षेत्र में मूर्धन्य **ष्** का लोप हो गया है किन्तु द्रविड़ क्षेत्र में एक

भाषा अब भी ऐसी है जो दन्त्य **स्** ही नहीं, तालव्य **श्** और मूर्धन्य **ष्** का अर्थ-विच्छेदक उपयोग करती है। एमेनो के अनुसार यह तोद भाषा है। पर्वत-प्रदेश में नष्ट होते हुए एक द्रविड़ गण-समाज की यह भाषा अब भी वह भेद कायम किये हुए है जो किसी समय संस्कृत की विशेषता थी और जो भेद अधिक विकसित समाजों की आर्य-द्रविड़ भाषाओं में नष्ट हो गया है। तोद भाषा में **पोश्** का अर्थ है दूध, और **पोष्** का अर्थ है भाषा। यह दूसरा शब्द वास्तव में संस्कृत **भाषा** का ही प्रतिरूप है। पार्वतीय प्रदेशों में अलग-थलग पड़े हुए गण-समाज कभी-कभी प्राचीन ध्वनि-व्यवस्था की अधिक रक्षा करते हैं। यही कार्य तोद भाषा ने किया है। उसमें तालव्य **श्** और मूर्धन्य **ष्** का अर्थ-विच्छेदक व्यवहार इस तथ्य की ओर स्पष्ट संकेत करता है कि उसका मूल व्यवहार-क्षेत्र भारत के उत्तर-पश्चिम में था और तोद भाषा उसी क्षेत्र की है।

अन्य मूर्धन्य ध्वनियों के समान इस **ष्** का व्यवहार भी यूरुप की भाषाओं में होता है। नौर्वे, स्वीडन और नोर्थम्बर्लेन्ड की भाषाएँ, विशेष सन्दर्भों में, इसका व्यवहार करती हैं। यह स्वीकार करना होगा कि जिस समय यूरुप की भाषाओं का विकास हुआ, उस समय आर्य द्रविड़ गण-भाषाओं में इसका व्यवहार होता था। कोल और नाग भाषाओं में इस ध्वनि का अभाव है। यह ध्वनि चाहे जिस स्रोत से आई हो, उसने मध्यदेशीय आर्य भाषा को प्रभावित किया, वह संस्कृत की विशिष्ट ध्वनि बनी। अंशतः वह द्रविड़ भाषाओं में स्वीकृत हुई।

जैसे **स्** और **श्** नाग-द्रविड़ भाषाओं में बहुधा **क्** रूप में ग्रहण किये जाते हैं, वैसे ही मूर्धन्य **ष् क्** या **ख्** रूप में ग्रहण किया जाता रहा है। भारतीय **तृष्** क्रिया अंग्रेज़ी **ड्रिङ्क** का पूर्व रूप **है**। जर्मन में इसी का प्रतिरूप **ट्रिङ्कॅन्** है। यहाँ मूर्धन्य **ष्** स्पर्श **क्** में परिवर्तित हुआ है। एक जर्मन बोली में इसका प्रतिरूप **ट्रीख़्** है। अर्थ वही है—पीना। ब्लूमफ़ील्ड ने भाषा पर अपनी पुस्तक में इस शब्द के बारे में लिखा है : स्विट्ज़रलैंड के दक्षिण-पश्चिमी भाग के जर्मनभाषी जन प्राचीन जर्मन भाषा के **क्** को संघर्षी **ख़्** में बदल देते हैं और पूर्ववर्ती नासिक्य ध्वनि का लोप कर देते हैं; यह ठेठ स्थानीयता ('क्रैस लोकलिज़्म') है। उनके अनुसार स्विट्ज़रलैंड के अधिकांश जर्मन-भाषी क्षेत्र में **क्** ध्वनि वाले रूप का ही उच्चारण होता है।

वास्तव में यहाँ संघर्षी **ख़्** सीधे मूर्धन्य **ष्** का रूपान्तर है। हिन्दी की बोलियों में **वर्षा** जैसा शब्द **बरखा** बोला जाता है, वैसे ही **तृष्** का रूपान्तर **त्रिख़्** हुआ। यह बात सही है कि जर्मन बोलियाँ कहीं **क्** का व्यवहार करती हैं और कहीं **ख़्** का, यथा उत्तरी जर्मन **माकॅ** दक्षिणी जर्मन में **माख़ॅन्** (बनाना) है। यहाँ यह सम्भावना है कि मूल शब्द **माष्** रहा हो; जर्मन **इष्** (मैं) दो अन्य रूपों में भी बोला जाता है : उत्तर में **इक्**, दक्षिण में **इख़्**। इस प्रकार जो पहले निपट स्थानीय प्रयोग लगता है, वह पहाड़ी प्रदेश के एक कोने में छिपा हुआ मूल शब्द **तृष्** का सहज रूपान्तर है।

संस्कृत में एक संयुक्त व्यंजन ध्वनि है **क्ष्**। **ऋक्ष**, **दक्षिण**, **तक्ष** जैसे शब्दों

में इस संयुक्त ध्वनि का व्यवहार होता है। तमिल भाषा में जैसे संस्कृत **समय** का प्रतिरूप **तमय** स्वीकार किया गया था, वैसे ही ग्रीक भाषा में मूर्धन्य **ष्** को **त्** रूप में ग्रहण किया गया था। सिद्धान्त वही है कि जिस भाषा में दन्त्य, तालव्य या मूर्धन्य सकार नहीं है, उसमें वह **क्, त्, प्** किसी भी ध्वनि के रूप में ग्रहण किया जा सकता है। **क्** और **ष्** का संयुक्त रूप संस्कृत **क्ष्** है। ग्रीक भाषा प्रथमतः **क्** ध्वनि को ज्यों का त्यों रहने देती है, दूसरी **ष्** ध्वनि को **त्** रूप में स्वीकार करती है। इस प्रकार **तक्षन्** ग्रीक भाषा में **तॅक्तोन्** रूप में प्राप्त होता है। इस कोटि के संस्कृत शब्दों के ग्रीक प्रतिरूप सिद्ध करते हैं कि ग्रीक भाषा के निर्माणकाल में उसके पास-पड़ोस में **ष्** का व्यवहार होता था; इसका व्यवहार-क्षेत्र भारत का उत्तर-पश्चिमी सीमान्त प्रदेश था और **ष्-त्** की ध्वनि-परिवर्तन-प्रक्रिया वही है जो **समय-तमय** की है।

इस प्रसंग में ब्रुगमन ने अपने तुलनात्मक व्याकरण के पहले खण्ड में लिखा है : "अन्त में यह प्रश्न अब भी किया जा सकता है कि उन शब्दों में सकार का उच्चारण **क्** ध्वनि के बाद किया जाता था या नहीं जिनमें संस्कृत **क्ष्** के मुकाबले ग्रीक **क्त्** दिखाई देता है, जैसे **तक्षन्-तॅक्तोन्** (बढ़ई); **ऋक्ष-अर्क्तोस्** (भालू); और यह कि उस इंडोजर्मैनिक ध्वनि से यह सकार भिन्न था या नहीं, जो संस्कृत **अक्षस्**, ग्रीक **अक्सोन्**, (धुरी), संस्कृत **दक्षिणस्**, ग्रीक **दॅक्सिओस्** (कुशल) जैसे शब्दों में पूर्वानुमानित है। सम्भवतः वह ध्वनि **थ़्** थी। कारण यह कि अभी तक यह सम्भव नहीं हुआ कि ऐसे नियम का पता लगाया जाय, जिसके कारण, विशेष रूप से ग्रीक में **क्त्-क्स्** का भेद उत्पन्न हुआ हो।" (पृष्ठ ४०८)।

ब्रुगमन की कठिनाई का कारण यह है कि वह ग्रीक भाषा में एक ही ध्वनि-व्यवस्था मानते हैं। यह ग्रीक भाषा अनेक गण-भाषाओं का समुदाय है; इसलिए उसकी ध्वनि-व्यवस्था भी अनेक ध्वनि-तन्त्रों का समवाय है। यह समवाय एक-रूप नहीं है, उसमें आन्तरिक वैषम्य है। ध्वनियों का विकास विभिन्न केन्द्रों में हुआ, अतः **ष्** कहीं **स्** रूप में स्वीकार किया जाता है, कहीं **त्** रूप में, कहीं **ख्** रूप में। **दक्ष** और **दाक्षिण्य** की शृंखला में ग्रीक शब्द **तॅख्ने** (कौशल), **तॅख्नाजो** (कौशल का प्रयोग करना) है। यहाँ **पक्षी-पाखी** के समान **क्ष्** ध्वनि **ख्** में परिवर्तित हुई है। संस्कृत क्रिया **क्षि** का ग्रीक प्रतिरूप **फ्थिओ** है; यहाँ **क्ष्** ध्वनि **फ्थ** रूप में ग्रहण की गई है। **ष्-स्-थ्** एक रूपान्तर प्रक्रिया यह है जिससे **ष्** के स्थान पर **थ्** का प्रयोग हुआ। फिर किसी गणभाषा में **क्** का अभाव होने से उसकी जगह **प्** से काम लिया गया। **स्** की जगह **त्** को जैसे महाप्राण किया गया, वैसे ही उसके साथ के **प्** को भी महाप्राण रूप दिया गया। संस्कृत **क्षोणि** (धरती) का ग्रीक प्रतिरूप **ख्थोन्** है। यहाँ **क्ष्** के **क्** को स्वीकार किया गया; फिर **थ्** के समान उसे भी महाप्राण बनाकर **ख्थ्** की प्रतिष्ठा हुई। ग्रीक भाषा के निर्माणकाल में न केवल **ष्** का व्यवहार होता था वरन् संयुक्त ध्वनि **क्ष्** का व्यवहार भी होता था। **क्ष्** के **क्त्, क्स्, ख्, फ्थ्, ख्थ्**, ये पाँच ग्रीक रूपान्तर प्राप्त हैं। ग्रीक भाषा के ध्वनितन्त्र को एकरूप मानकर जो नियम बनाये गये हैं, वे यहाँ काम

नहीं देते।

स्वीडन की भाषा में मूर्धन्यीकरण की प्रक्रिया संस्कृत से मिलती-जुलती है। दन्त्य **स्** के पहले **र्** ध्वनि हो तो दन्त्य **स्** मूर्धन्य रूप में बोला जाता है। अंग्रेजी शब्द **रोज़्** (गुलाब) का स्वीडिश प्रतिरूप **रोस्** है किन्तु **रोर्स्** (पतवार) का उच्चारण **रोष्** होगा जैसे **वर्षा** में **र्** के संसर्ग से मूर्धन्य **ष्** का उच्चारण होता है। स्वीडिश भाषा की **र्** ध्वनि को पश्च-वर्त्स्य कहा जाता है। उसकी यह व्याख्या संस्कृत शब्दों में मूर्धन्य **ष्** के साथ प्रयुक्त होने वाले **र्** की भी व्याख्या करती है। स्वीडिश भाषा में मूर्धन्यीकरण की यह प्रवृत्ति इतनी प्रबल है कि एक शब्द के अन्त में **र्** हो और उसके बाद वाला शब्द दन्त्य **स्** से आरम्भ होता हो, तो द्रुत भाषण में दन्त्य **स्** वाला शब्द मूर्धन्य **ष्** से बोला जायगा : **फ़रसेन्ट**, द्रुत उच्चारण में, **फ़षेण्ट** हो जाएगा (इसका अर्थ है बहुत विलम्ब से)। शिक्षित जन तालव्य **श्** के व्यवहार को अधिक शिष्ट मानते हैं, अतः स्वीडिश भाषा के शिष्ट रूप में तालव्य **श्** का व्यवहार होता है। नौर्वे की भाषा में जिस **श्** का व्यवहार होता है, उसके लिए कहा गया है कि अंग्रेज़ी **श्** की अपेक्षा इसके उच्चारण में जीभ की नोक को और पीछे ले जाना होता है। इसका अर्थ है, वास्तव में यह **श्** भी मूर्धन्य **ष्** है। **र्** के बाद जब यह **ष्** आता है, तब जीभ की नोक और भी पीछे ले जाई जाती है और **र्** ध्वनि या तो लुप्त हो जाती है या अत्यन्त क्षीण हो जाती है। यह प्रक्रिया उधार लिये हुए शब्दों में भी घटित होती है। इटालियन में एक क्रिया है **वॅर्सारे**; इसका लगभग वही अर्थ है जो संस्कृत **वर्षा** का है, जल जैसी किसी द्रव वस्तु को गिराना। इसी से इटालियन में छन्द के लिए **वॅर्सो** शब्द बनता है जो अंग्रेज़ी में **वॅर्स** है। लैटिन भाषा में **वर्सो** का सम्बन्ध संस्कृत **वर्त** (अपनी जगह पर घूमना) से है। **वॅर्सिफिको** (छन्द लिखना) जैसे शब्द लैटिन में हैं किन्तु जिस शब्द-मूल से यह क्रिया बनी है, वह इटालियन में है, लैटिन में नहीं। यह शब्द नौर्वे की भाषा में **वैष्** बन जाता है। **र्** ध्वनि लुप्त हो जाती है या बहुत हल्की सुनाई देती है। मूर्धन्य **र्** के संसर्ग से दन्त्य **स्** कैसे मूर्धन्य **ष्** में परिवर्तित होता है, यह शब्द इस प्रक्रिया की बहुत अच्छी मिसाल है।

नौर्वे की भाषा में एक मूर्धन्य **ळ्** भी है। अंग्रेज़ी **स्ले** (मारना) जर्मन में **श्लाग्** है, नौर्वे की भाषा में इसका रूप **ष्ळाग्** होता है। इस परिवर्तन का कारण मूर्धन्य **ळ्** का प्रभाव है। यदि एक वर्ण के अन्त में **स्** हो और आगेवाला वर्ण **ल्** से आरम्भ होता हो, तो दोनों मिलकर **ष्ळ्** हो जायेंगे। स्वीडन की तरह नौर्वे में भी इस प्रकार मूर्धन्य **ष्** का व्यवहार शिष्टजनों की अपेक्षा जन-साधारण की बोलचाल में अधिक होता है। मानना होगा कि मूर्धन्य **ष्**, यूरुप की कुछ भाषाओं में, तब से वर्तमान है जब से संस्कृत में उसका प्रयोग आरम्भ हुआ था। इसका प्रमाण स्वीडिश भाषा का एक शब्द है : **मॅन्निष**। यह संस्कृत **मनुष्य** का ही प्रतिरूप है।

अनेक शब्दों में जहाँ पहले दन्त्य **स्** था, वहाँ संस्कृत में तालव्य **श्** का व्यवहार होने लगा। मानक जर्मन में यह प्रवृत्ति अपने चरम रूप में है। **त्, प्, ल्, म्, न्** के

पहले सकार तालव्य रूप में ही उच्चरित होता है। जर्मन भाषा-क्षेत्र दो भागों में बाँटा जा सकता है, एक दक्षिण जर्मनी का मैदानी क्षेत्र, दूसरा उत्तर जर्मनी का पहाड़ी क्षेत्र। पहले क्षेत्र में स्प्, स्त् आदि व्यंजन-युग्मों में दन्त्य स् का उच्चारण होता है; पहाड़ी क्षेत्र में दन्त्य स् के स्थान पर तालव्य श् बोला जाता है। पूरे जर्मन-क्षेत्र के उत्तर-पूर्व में, नौर्वे और स्वीडन की भाषाओं में, मूर्धन्य ष् की बहुलता है। इससे तुलनीय है प्राचीन भारत का मानचित्र। पूर्व में श् की प्रधानता है; उत्तर पश्चिम में मूर्धन्य ष् का विशेष क्षेत्र है। मध्यदेश दन्त्य स् का क्षेत्र है, जैसा कि वह आज भी है। इस तुलना से निष्कर्ष यह निकलता है कि दन्त्य, तालव्य और मूर्धन्य तीन सकारों का स्वतन्त्र विकास हुआ। इन तीन सकारों के समानान्तर तीन र्-ल् ध्वनियाँ थीं : दन्त्य, तालव्य और मूर्धन्य। अनेक शब्दों में दन्त्य स् का तालव्यीकरण होता है, पुनः मूर्धन्य र् के संसर्ग से अनेक शब्दों में दन्त्य अथवा तालव्य सकार का मूर्धन्यीकरण हुआ। इसी प्रकार ल् के संसर्ग से सकार का तालव्यीकरण अथवा मूर्धन्यीकरण हुआ।

संस्कृत में संयुक्त व्यंजन ध्वनि क्ष् का काफी प्रयोग होता है, यूरुप की भाषाओं के विकास काल में इसका अस्तित्व था, इसका उल्लेख किया जा चुका है। मूर्धन्य र् और ल् के प्रसंग में इसका उल्लेख भी करना चाहिए। मूर्धन्य ष् के योग के बिना इसका उच्चारण हो नहीं सकता किन्तु इसके पहले जिस क् ध्वनि का संयोग होता है, वह भी सामान्य क् ध्वनि से भिन्न है। संस्कृत में क्स् जैसा व्यंजन-संयोग असम्भव है। ऐसा व्यंजन-संयोग ग्रीक भाषा में है, फ़ारसी में है, स्लाव भाषाओं में है किन्तु संस्कृत में इसका अभाव है। इसका कारण यह है कि क् ध्वनि मूर्धन्य है जो अपने बाद आने वाले दन्त्य अथवा तालव्य सकार को मूर्धन्य बना लेती है। त्, च्, ष्, श्, स् अनेक शब्दों में क् में परिवर्तित हो जाते हैं और बाद में आने वाले दन्त्य स् को मूर्धन्य बना लेते हैं। पक्ष और पक्षी शब्दों का सम्बन्ध शब्द मूल पत् से है। यह पत् सीधे पक् नहीं बनता, बीच की कड़ी पच् है। क्रिया के साथ स जोड़कर संज्ञा रूप बनाना सामान्य प्रवृत्ति रही है। शिष् का परिवर्तित रूप शिक्; इसके आगे स का योग होने पर शिक्ष रूप बना। फ़ारसी चश्म का शब्द मूल चश् है; इस श् के क् में बदलने पर चक्षु रूप बना। भज्, भुज् आदि रूपों का ज् अघोष च् बनकर क् में रूपान्तरित हुआ, और तब भक्ष्, भुक्ष् जैसे रूप बने। दक्ष शब्द दस्त के शब्दमूल दस् से बना है और यह दस्त स्वयं धस्त का रूपान्तर है। दस् के रूपान्तर दश् से दक्, दस् के अन्य रूपान्तर तस् से तश्-तक् शब्दमूल प्राप्त हुए; फिर स के संयोग से दक्ष तक्षन् रूप बने।

इन रूपों का अध्ययन करने से एक तथ्य यह स्पष्ट होता है कि क्ष् जैसी संयुक्त ध्वनि का विकास उसी क्षेत्र में हो सकता था जिसमें त्, च्, स् जैसी ध्वनियाँ क् में परिवर्तित होती हैं, जिसमें मूर्धन्य क् और मूर्धन्य ष् का व्यवहार व्यापक रूप से होता हो। ऐसा क्षेत्र भारत का उत्तर पश्चिमी सीमान्त प्रदेश ही था।

क्ष् ध्वनि वाले जिन भारतीय शब्दों के प्रतिरूप पहले दिये हैं, उनमें तालव्य श् नहीं है। इंडोयूरोपियन परिवार में एक भाषा ऐसी है जो क् के साथ श् का संयोग

बहुत से शब्दों में करती है। यह भाषा लिथुआनियन है। इसमें एक शब्द **पउक्श्तिस्** है; इसका अर्थ है पक्षी। रूसी में इसी का प्रतिरूप है **प्तीत्सा** (जिसमें **पत्**, वर्ण संकोच के कारण, **प्त्** बना है)। लिथुआनियन शब्द में ध्वनि-परिवर्तन और शब्द निर्माण की वही प्रक्रिया है जो संस्कृत **पक्षी** में है। क्रिया के साथ **स** प्रत्यय का संयोग हुआ है। या तो यह माना जाय कि किसी ध्वनि नियम के अनुसार भारतीय **त्** लिथुआनियन में **क्** हो जाता है या यह स्वीकार किया जाय कि **त्** पहले **च्** में परिवर्तित हुआ है और फिर इस **च्** का रूपान्तर **क्** में हुआ। लिथुआनियन भाषा का यह शब्द इस बात का प्रमाण है कि भारतीय **च्**, **ज्** जैसी ध्वनियाँ यूरुप की भाषाओं के अनेक शब्दों में **क्**, **ग्** रूपों में ग्रहण की गई हैं। अन्तर यह है कि संस्कृत में जहाँ मूर्धन्यीकरण है, वहाँ लिथुआनियन में तालव्यीकरण है।

ईसाई धर्म के लिए अंग्रेज़ी शब्द **क्रिश्चियैनिटी** के समान लिथुआनियन भाषा में शब्द है **क्रिक्शचियोनिबे**। इसमें दिलचस्प बात यह है कि मूल शब्द में जहाँ केवल दन्त्य **स्** है और अंग्रेज़ी रूप में जहाँ तालव्य **श्** है, वहाँ लिथुआनियन में **श्** के पहले अतिरिक्त **क्** विद्यमान है। **बप्तिस्मा** (अथवा ईसाईकरण) के लिए शब्द है **क्रिक्श्तस्**। यहाँ भी एक अतिरिक्त **क्** जुड़ा हुआ है। ऐसा लगता है कि कुछ भाषाएँ **श्** के पहले एक अतिरिक्त **क्** जोड़ देती थीं। संस्कृत **क्षीण** का वही अर्थ है जो **शीर्ण** का है। यदि मूल क्रिया **शी** हो, उसके पहले **क्** जोड़ा गया हो, फिर **क्** के प्रभाव से **श्** का मूर्धन्यीकरण हो, तो **क्षी** और **क्षीण** जैसे रूप प्राप्त होंगे। **शी**, **शे** जैसी कोई क्रिया नष्ट होने के अर्थ में यहाँ प्रचलित थी। उसी से **शव** शब्द बना है। उसका प्रतिरूप या उससे सम्बद्ध रूप **क्षय** है। **क्षमा** में जो भाव है वह **शम्** क्रिया और **शमन** शब्द में विद्यमान है।

संस्कृत का **क्षेत्र** उस क्रिया से बना है जिसका अर्थ खेती करना या बुवाई करना है। संस्कृत में **से**, **सो** जैसी क्रिया इस अर्थ में कभी प्रयुक्त होती थी। एकार के संयोग से उत्तर पश्चिमी भाषाओं में दन्त्य **स्** का तालव्यीकरण होगा। अतः मराठी में शब्द बना **शेत**। अतिरिक्त **क्** ध्वनि का संयोग हुए बिना, तालव्य **श्** का मूर्धन्यीकरण हुए बिना **क्षेत्र** रूप प्राप्त नहीं हो सकता।

११. शतम्-केन्तुम् और वर्ण-संकोचन

शतम् और **केन्तुम्** शब्दों में एक अन्तर तो यह है कि एक में जहाँ **श्** है वहाँ दूसरे में **क्** है। एक अन्तर और है; वह यह कि एक में नासिक्य ध्वनि है, दूसरे में उसका अभाव है। भाषाविज्ञानियों ने कल्पना की है कि मूल शब्द में एक ऐसी नासिक्य ध्वनि थी जो स्वर और व्यंजन दोनों थी। केन्तुम् शाखा में उसका व्यंजन रूप ग्रहण किया गया, शतम् शाखा में उसका स्वर रूप, और स्वर रूप भी ऐसा कि अनुनासिकता से मुक्त। संस्कृत में पचीसों शब्द ऐसे हैं, जिनके एक रूप में नासिक्य ध्वनि है और दूसरे में नहीं है। यह नासिक्य ध्वनि बहुधा जोड़ी जाती है और जो

व्यापार अब निरर्थक जान पड़ता है, सम्भव है, वह कभी सार्थक रहा हो। कुछ उदाहरण इस प्रकार हैं—**ध्वस्-ध्वंस्** (बिखेरना, नष्ट करना) **स्रस्-स्रंस्** (गिरना), **भ्रश्-भ्रंश्** (गरना), **अश्-अंश्** (प्राप्त करना), **दश्-दंश्** (काटना), **नश्-नंश्** (नष्ट होना), **जभ्-जंभ्** (चबाना), **दभ्-दम्भ्** (क्षति पहुँचाना), **शुभ्-शुम्भ्** (सुन्दर बनाना), **स्कभ्-स्कम्भ्** (सहारा देना), **स्तभ-स्तम्भ्** (सहारा देना), **उभ्-उम्भ्** (कैद करना), **गुफ्-गुम्फ्** (गूँथना), **ग्रथ्-ग्रन्थ्** (बाँधना, गूँथना), **मथ्-मन्थ्** (मथना), **इध्-इन्ध्** (जलाना), **शुध्-शुन्ध्** (शुद्ध करना), **उद्-उन्द्** (भिगोना), **छद्-छन्द्** (प्रसन्न करना), **निद्-निन्द्** (निन्दा करना), **मद्-मन्द्** (मस्त होना), **चित्-चिन्त्** (सोचना), **अच्-अञ्च्** (झुकाना), **कुच्-कुञ्च्** (टेढ़ा होना)। इसी प्रकार एक शब्द था **अभ**। इसका प्रतिरूप हुआ **अम्भ**। इस **अम्भ** से महाप्राणता का लोप होने पर **अम्बु** रूप बना और जब महाप्राणता और सघोषता दोनों का लोप हुआ, तब **अप** रूप बना। इस **अप** का लैटिन प्रतिरूप **अक्वा है। अक्वा** से **अप—अम्बु-अम्भ-अभ** (**अभ्र**) की शृंखला चालू नहीं हुई। तथैव मूल रूप **केन्तुम्** नहीं है, **शतम्** है।

नासिक्य ध्वनि को जोड़ने की प्रवृत्ति आर्य भाषा-परिवार में सीमित नहीं है। द्रविड़ भाषाओं में इसकी भरमार है और संस्कृत से कुछ अधिक ही है। कुछ उदाहरण तमिल भाषा से इस प्रकार हैं: **अडक्कु-अडङ्ङु** (छिप जाना), **अचक्कु-अचङ्ङु** (काँपना), **उरगु-उरङ्ङु** (सो जाना), **अकप्पु-अकम्बु** (गहराई), **कुरप्पु-कुरम्बु** (मिश्रित होना), **चूप्पु-चूम्बु** (चूसना), **तिरक्कु-तिरंगु** (सिकुड़ना)। इसी तरह कन्नड़ में: (**अडगु-अडङ्ङु** (छिपना), **कडगु-कडङ्ङु** (उत्साहित होना), **कुग्गु-कुङ्ङु** (डूबना), **हागे-हाङ्गे** (इस प्रकार)। हिन्दी **कुदाल** कन्नड़ में **गुद्दलि** है, तमिल में **कुन्दालि**। कन्नड़ **कलगु** तमिल में **कलङ्ङु** (गन्दा करना) है। हिन्दी **उड़द**, कन्नड़ में **उर्दु** है, तमिल में **उऴुन्दु**। हिन्दी में **समुद्र** और **समुन्दर** जैसे रूप इस सहस्राब्दियों से चली आती हुई ध्वनि-प्रवृत्ति का प्रमाण हैं।

यूरुप की सभी भाषाओं में, **केन्तुम्** के प्रतिरूपों में, नासिक्य ध्वनि नहीं है। आइरिश में नासिक्यहीन **केत** रूप है। लिथुआनियन में **शिम्तस्** रूप है; लैटिन के विपरीत यहाँ **न्** के बदले **म्** का प्रयोग हुआ है। इस रूप में समवर्गीय नासिक्य ध्वनि के नियम की अवहेलना की गई है। भाषाविज्ञानियों ने **शतम्** के जिस आदि रूप की कल्पना की है, उसमें **क्** के बाद **म्** है। उनके विचार से यह **म्** संस्कृत में विशुद्ध **अ** स्वर बन जाता है, लैटिन में **न्** रूप धारण करता है, और लिथुआनियन में अपना ओष्ठ्य-नासिक्य तत्व कायम रखने के साथ एक स्वर और जोड़ लेता है। (**क्+म्** के बदले **श्+इ+म्**)। बाल्टिक और स्लाव भाषाएँ भारतीय भाषा-परिवारों के अधिक समीप हैं। अतः इनमें नासिक्य ध्वनि युक्त और उससे मुक्त दो-दो रूप अधिक देखे जाते हैं। रूसी **रुक**, लिथुआनियन **रंक** (हाथ), रूसी **वोद**, लिथुआनियन **वन्दुओ** (जल), लिथुआनियन **रुदुओ**, लैतवियन **रुदेन्स** (शरद)। यानिस एन्ज़ेलिन्स ने अपनी पुस्तक **कम्पैरेटिव फोनोलौजी ऐन्ड मौर्फोलौजी औफ़ द बाल्टिक लैंग्वेजेज़** (मूतों,

१९७१) में ऐसे बहुत से रूप दिये हैं जहाँ एक ही क्रिया नासिक्य ध्वनि जोड़ती है और उसके बिना भी काम करती है : **क्रितो-क्रिन्त** (गिरना), **लिपो-लिम्प** (चिपकना), **शुतो-शुन्त** (गर्म होना), **ब्रिदो-ब्रेन्द** (नदी पार करना)। ये रूप संस्कृत क्रियापदों के ऊपर उद्धृत किये हुए रूपों की याद दिलाते हैं। बाल्टिक-स्लाव भाषाओं में ऐसे रूप अधिक हैं किन्तु ग्रीक, लैटिन, जर्मन आदि भाषाओं में इनका अभाव नहीं है। संस्कृत **मत** का ग्रीक प्रतिरूप **मतोस्** है, लैटिन प्रतिरूप **मेन्तुस्** है। संस्कृत **लघु** का ग्रीक प्रतिरूप **एलखुस्** है, पहाड़ी जर्मन प्रतिरूप **लुंगर्** है। संस्कृत में **दश्** और **दंश्** (काटना) दोनों रूप हैं; ग्रीक भाषा में **दकनो** रूप है, जर्मन में **त्संगर्** (तीखा, काटता हुआ) रूप है। इसी शृंखला में संस्कृत **दन्त**, लैटिन **देन्त्** के अंग्रेज़ी प्रतिरूप **टूथ्** में नासिक्य ध्वनि नहीं है।

अखिल भारतीय स्तर पर नासिक्य ध्वनि को जोड़ने की क्रिया पर विचार करने से भारत में और भारत से बाहर नासिक्य ध्वनियुक्त और नासिक्य ध्वनिहीन सैकड़ों वैकल्पिक रूप एक ही प्रक्रिया के अन्तर्गत दिखाई देते हैं और यह प्रक्रिया आर्य और द्रविड़ दोनों परिवारों में व्याप्त है।

इंडोयूरोपियन परिवार की भाषाओं में ऐसे बहुत से शब्द हैं जिनके एक रूप में आदिस्थानीय **स्** है और दूसरे रूप में इसका अभाव है। बरो ने इस प्रकार के कुछ शब्द संस्कृत भाषा पर अपने ग्रन्थ में दिये हैं: **तायु—स्तेन** (चोर), **तारा—स्तृ** (नक्षत्र), **पश्यति** (देखता है), **स्पश्** (गुप्त दर्शक), **स्निह्** (गीला होना), **नीहार** (ओस, कुहरा)। इसी प्रकार रूसी **स्मेर्त्** लिथुआनियन **मिर्ति** (मृत्यु), संस्कृत **नाग**, अंग्रेज़ी **स्नेक्**, हिन्दी **परेवा**, अंग्रेज़ी **स्पैरो**।

भाषाविज्ञानी इस आदिस्थानीय **स्** को घुमन्तू सकार कहते हैं। इसकी व्याख्या के लिए उन्होंने किसी ऐसी ध्वनि की कल्पना नहीं की जो कुछ रूपों में सकार बन जाती हो, और अन्य रूपों में शून्य हो जाती हो। किन्तु इस सकार का संयोग नासिक्य ध्वनि सम्बन्धी व्यापार से मिलता-जुलता है। **स्** जोड़ने की प्रवृत्ति द्रविड़ भाषाओं में नहीं, नाग भाषाओं में है, और सौभाग्य से यहाँ उसके विशेष कार्य का ज्ञान भी हो जाता है। बेनेडिक्ट ने नाग भाषाओं पर अपनी पुस्तक में इन भाषाओं से इस तरह के उदाहरण दिये हैं : तिब्बती **खोर्ब—स्कोर्ब**; पहले रूप का अर्थ है घूमना, एक ही स्थान पर किसी का आवर्तन, दूसरे रूप का अर्थ है घेरना; करेन भाषा में **दम्** का अर्थ है राह से भटकना, **सदम्** का अर्थ है राह से भटकाना, नुङ् भाषा में **अनेम्** का अर्थ है नीचा होना, **सनेम्** का अर्थ है नीचा करना; मरु भाषा में **लि** का अर्थ है आना, **सलि** का अर्थ है ले आना। इसमें सन्देह नहीं रह जाता कि नाग भाषाओं में **स्** जोड़ने की प्रवृत्ति व्यापक है और यह क्रिया अकारण नहीं है, वह शब्द के अर्थ-परिवर्तन में सहायक होती है। इन्डोयूरोपियन परिवार में **स्** का संयोग सार्थक था, या नाग भाषाओं के प्रभाव से, उनकी देखादेखी, ऐसे रूप बन गये थे, यह कहना कठिन है। किन्तु इस प्रक्रिया से नासिक्य ध्वनि के निवेश की तुलना करने से यह सम्भावना दिखाई देने लगती है कि इस तरह **न्** का निवेश भी निरर्थक न रहा होगा।

इससे मिलता-जुलता व्यापार शब्द के अन्तिम वर्ण में र् जोड़ने से सम्बन्धित है। एक शब्द है **उद** (जल), इसके अन्तिम वर्ण में र् के निवेश से रूप बना **उद्र**। यही **उद्र समुद्र** शब्द में है। जहाँ बहुत सा **उद** हो, वह **उद्र** या **समुद्र** है। **उद्र** का ग्रीक रूप **हूद्र** है जो अंग्रेज़ी के **हाइड्रोजन** आदि शब्दों में प्रयुक्त है। ग्रीक भाषा के **हूद्र** शब्द से बहुत्व का यह बोध लुप्त हो गया है। **अभ** शब्द का अर्थ है जल। **अभ्र** का अर्थ हुआ बहुता-सा जल। इस रूप का प्रयोग बादल के लिए किया जाने लगा; वही फ़ारसी में **अब्र** है।

जो बहुत्व का सूचक है, वह गौरव का सूचक भी है। तमिल भाषा में शब्द के अन्त में यदि न् आये तो वह साधारणता का सूचक है, यदि र् आये तो वह गौरव का सूचक है। **अवन्** (वह) का बहुवचन **अवर्** है; उसका प्रयोग आदर में एक व्यक्ति के लिए भी हो सकता है। नामों के साथ इसी प्रकार र् जोड़कर आदर व्यक्त किया जाता है। वैयाकरण तोल्काप्पियन् सम्मानपूर्वक तोल्काप्पियर् कहे जायेंगे, महाकवि भारती इसी प्रकार भारतियार् रूप में याद किये जाते हैं।

रूप पुत नहीं होता। पूत पुत्र का ही विकास माना जाता है। शब्दों में र् जोड़ने की प्रवृत्ति इतनी व्यापक हो गई कि उसका अर्थगत प्रयोग नष्ट हो गया। **कुतः** और **कुत्र**, **ततः** और **तत्र**, **चरित** और **चरित्र** जैसे वैकल्पिक रूपों का चलन हुआ। इस सारी प्रक्रिया पर विचार करने से यह मानना चाहिए कि **पुत्र** का पूर्व रूप **पुत** था। **सूत्र** का पूर्व रूप **सूत** था। मराठी में **कुत्ते** का प्रतिरूप **कुत्र्या** है। **कुत्ते** की उत्पत्ति **कुत्र्या** से मानना उचित न होगा।

उत्तर-पश्चिमी आर्य भाषाओं में एक प्रवृत्ति बलवती रही है। इसे हम शब्द का आदिस्थानीय वर्ण-संकोचन कह सकते हैं। **जानाति** और **ज्ञान** रूपों को मिलाने से इस प्रवृत्ति का ज्ञान होता है। मूल क्रिया **जान्** है, **ज्ञा** नहीं। आदि वर्ण **जा** के संकुचित होने पर केवल **ज्** व्यंजन रह गया। उसका संयोग नासिक्य ध्वनि से हुआ जिसे उसने समवर्गीय बनाया। इस प्रकार **ज्ञान** जैसा रूप प्राप्त हुआ। इसी प्रकार **जन्** क्रिया से **ज्ञाति** जैसे रूप प्राप्त होते हैं। वैदिक भाषा में **ग्ना** (देवी) जैसे रूप इसी प्रवृत्ति के कारण मिलते हैं। ग्रीक भाषा में **ग्नोसोस्** (ज्ञान) आदि रूप अपवाद नहीं हैं; संस्कृत की अपेक्षा उसमें ऐसे रूप अधिक हैं। वे वर्ण संकोचन की प्रवृत्ति के उदाहरण हैं।

संस्कृत **पुल** (**विपुल** का **पुल**) ग्रीक भाषा में **पोलुस्** (अनेक, बहुत) है। यही लैटिन में **प्लुस्** हो जाता है (और अंग्रेज़ी में यही **प्लस्** है जो जोड़ने का चिन्ह बनता है; अंग्रेज़ी **प्लूरल्** लैटिन **प्लूरीमुस्** से सम्बद्ध है।) ग्रीक भाषा में इस अर्थ का द्योतक एक रूप **पोलुस्** है, दूसरा रूप **प्लॅइस्तोस्** है। इसी का एक प्रतिरूप **प्लेथोस्** है। संस्कृत **पूर्ण** का **पूर्** जहाँ अंग्रेज़ी में **फुल** है, वहाँ उसका ग्रीक प्रतिरूप **प्लेरोस्** है। संस्कृत **जरा** के अनुरूप ग्रीक शब्द **गेरोन्** (बूढ़ा) है, वर्ण-संकोच के बाद इसका प्रतिरूप **ग्रइओस्** बनता है। **ग्रइआ** और **ग्रउस्** जैसे शब्द बूढ़ी स्त्रियों के लिए प्रयुक्त होते थे।

संस्कृत **दम** का ग्रीक प्रतिरूप **दमग्रो** (पालतू बनाना) है; वर्ण-संकोच के बाद इसका एक रूप बनता है **द्मेसिस्**। संस्कृत **धर्ष्** के सम्बन्धी ग्रीक शब्द **थर्सोस्** और **थ्रसोस्** हैं (साहस)। संस्कृत **पत्** (उड़ना) से ग्रीक शब्द **प्तेरोन्, प्तिलोन्** (पंख) बनते हैं। इसी प्रकार **मन्** से **म्नेइग्रा** (स्मृति) शब्द बनता है। संस्कृत **प्राण** में जो **अन्** क्रिया है, उससे लैटिन में **अनिम** (साँस) शब्द बनता है। **प, प्र** के समान, उपसर्ग के साथ ग्रीक भाषा में इसका प्रतिरूप **प्नेउमा** बनता है; **प्नेग्रो** क्रिया का अर्थ है साँस लेना।

संस्कृत **दारु** वर्ण-संकोच के बाद **द्रु** और **द्रुम** रूप धारण करता है। यही **दारु** ग्रीक भाषा में **द्रुस्** (देवदार) है, अंग्रेज़ी **ट्री** इसी वर्ण-संकोचन का परिणाम है। संस्कृत उपसर्ग **प्र** का अर्थ है आगे। जो अर्थ **पुरः** का है, वही **प्र** का है। **प्र** उपसर्ग **पुर** अथवा **पर** का संकुचित रूप है। **हन्ति** रूप की मूल क्रिया **घन्** है; बहुवचन में **घनन्ति** रूप, वर्ण-संकोचन के बाद, **घ्नन्ति** बनता है। संस्कृत में एक क्रिया **प्सा** (लील जाना) है। यूरुप की भाषाओं में **प्स्, क्न्, म्न्** जैसे संयुक्त व्यंजन बहुत से शब्दों के आरम्भ में आते हैं। संस्कृत में इनका आदिस्थानीय प्रयोग अपेक्षाकृत कम है। उक्त **प्सा** क्रिया **भस्** (भक्षण करना) का संकुचित रूप है।

द्रविड़ भाषाएँ सामान्यत: शब्द के आरम्भ में संयुक्त व्यंजनों का प्रयोग नहीं करतीं किन्तु कुछ भाषाओं में इस तरह का व्यंजन-द्वित्व अनेक शब्दों में दिखाई देता है। यथा तेलुगु में **त्रच्चु** (मथना) **तरि** क्रिया का प्रतिरूप है। संस्कृत **तृषा** और अंग्रेज़ी **ड्रिंक** के अनुरूप तेलुगु **त्रागु, त्रावु** (पीना) रूप हैं। पजि भाषा में **तार्** क्रिया का अर्थ है निगलना। सम्भव है संस्कृत **तृ** और तेलुगु **त्र** दोनों ही **तर्** जैसे मूल रूप का संक्षिप्तीकरण हों। तमिल **करइ** का अर्थ है रोना; इसके तेलुगु प्रतिरूप हैं **क्रन्दु** और **क्रङ्गु**। स्पष्ट ही इसका सम्बन्ध संस्कृत **क्रन्द्** से है किन्तु संस्कृत क्रिया स्वयं **कर** जैसे शब्द-मूल का विकास है। तमिल **कल्** का अर्थ है सिखाना; कोलमि में इसका प्रतिरूप है **कर्प्**। कुइ में वर्ण-संकोचन के बाद इसके रूप बनते हैं: **ग्राप्प, ग्राम्ब** (सीखना, पढ़ना)। ग्रीक भाषा में **ग्राफो** का अर्थ है लिखना और **ग्राम्मा** का अर्थ है, जो कुछ लिखा जाय, अक्षर। तमिल **कल्** और संस्कृत **कला** से **ग्राफो** और **ग्राम्मा** बहुत दूर दिखाई देते हैं किन्तु कुछ द्रविड़ भाषाओं में इनसे मिलते-जुलते रूप **ग्राप्प और ग्राम्ब** आज भी विद्यमान हैं। उक्त ग्रीक शब्दों के प्रतिरूप अन्य इंडोयूरोपियन भाषाओं में न मिलें, तो उन्हें तमिल **कल्** से सम्बद्ध समझना चाहिए।

तमिल **वरि** का अर्थ है लिखना, चित्र बनाना। वर्ण-संकोचन के बाद तेलुगु में इसके **व्रायु, रायु** जैसे रूप मिलते हैं; इनके अनुरूप **व्रात, व्रालु** (लेखन) रूप हैं। कुइ में इनके प्रतिरूप **व्रीस, व्रीसि** (लेखन, लकीर बनाना, हल चलाना) हैं। इनसे अंग्रेज़ी **राइट्** की तुलना कीजिए। इस शब्द की वर्तनी में **र्** के पहले **व्** लिखा जाता है, पहले वह बोला भी जाता होगा। स्वयं तेलुगु में **व्रायु** का एक प्रतिरूप **रायु** है जिसमें प्रारम्भिक **व्** का लोप हो गया है। इस **रायु** को देखकर कोई नहीं कह सकता कि इसका मूल रूप **वरि** था। किन्तु **वरि** और **रायु** का सम्बन्ध पहचानने पर अंग्रेज़ी **राइट** के स्रोत का

पता चल जाता है और शब्द के आरम्भ में एक अनुच्चरित **व्** क्यों लिखा जाता है, इस रहस्य का भी पता लग जाता है। संस्कृत **वृषभ** का प्रतिरूप **ऋषभ** है। एक रूप में **व्** विद्यमान है, दूसरे में उसका लोप हो गया है। संस्कृत **ऋष्** का एक अर्थ आघात करना, प्रविष्ट करना है, इसलिए तलवार या भाला जैसी वस्तु के लिए **ऋष्टि** शब्द है। **रिख्** क्रिया का अर्थ खरोंचना, लकीर बनाना है; इसी से **रेखा** शब्द बनता है। इसी का प्रतिरूप **लिख्** है जिसका मूल अर्थ खरोंचना, खेत में हल से नाली बनाना आदि है। **वरि, वायु** और **रायु** की तरह **वृषभ, ऋषभ, ऋष्, रिख्, लिख्**, अंग्रेज़ी **राइट्**, परस्पर-सम्बद्ध शब्द हैं।

संस्कृत में **कर्षति** और **कृषि, वर्षति** और **वृष्टि, करोति** और **कृतः** जैसे रूप साथ-साथ मिलते हैं। इनमें मूल क्रिया असंकुचित रूपवाली **कर्ष, वर्ष्, कर्** है। **कृषि** आदि रूप वर्ण-संकोचन का परिणाम हैं। कायदे से वर्ण-संकोचन के बाद शब्द का रूप होना चाहिए था **ऋषि, व्रषि** आदि, किन्तु **र्** के स्थान पर **ऋ** का व्यवहार होता है। ऐतिहासिक भाषाविज्ञान में इस **ऋ** ध्वनि को विशुद्ध स्वर माना गया है। यदि किसी ध्वनि को स्वर और व्यंजन दोनों माना जा सकता है तो वह यही **ऋ** ध्वनि है। इसमें अर्धव्यंजन तत्व है और अर्धस्वर तत्व। यदि हम स्मरण करें कि इंडोयूरोपियन परिवार में एक **र्** मूर्धन्य अथवा पश्च मूर्धन्य है, और उसके उच्चारण में लुंठन क्रिया प्रत्यन्त क्षीण होती है, यहाँ तक कि कभी वह सुनाई नहीं देती, केवल स्वर बच रहता है, तो इस **ऋ** की विशेषता ज्ञात हो जायेगी। इस तरह का उच्चारण अंग्रेज़ी भाषा में ही नहीं है, आधुनिक ग्रीक भाषा की कुछ बोलियों में **र्** ध्वनि का लोप हो गया है, इसका कारण स्वरवत् उच्चारण है।

वैदिक भाषा में स्पष्ट ही कम से कम दो प्रकार की **र्** ध्वनियाँ थीं। मूर्धन्य **र्** पड़ोसी तवर्गीय ध्वनियों का मूर्धन्यीकरण करता था, दन्त्य **न्** कहीं आसपास हो तो वह भी **ण्** में परिणत होता था। नासिक्य ध्वनि की अपेक्षा स्पर्श ध्वनियाँ इस प्रवृत्ति से कम प्रभावित होती थीं।

वर्ण-संकोचन होने पर **ऋषि** जैसे रूप **कृषि** क्यों बने, इसका कारण यह हो सकता है कि मूर्धन्य **र्** के उच्चारण-स्थान से सबसे निकटवर्ती स्वर **इ** था। **ऋतु** जैसे रूप में **र्** तालव्य होगा; **कृत** जैसे रूप में **र्** तत्र मूर्धन्य होगा। वर्ण-संकोचन की प्रवृत्ति उन उत्तर-पश्चिमी गण-समाजों में अधिक थी जो मूर्धन्यीकरण से प्रभावित थे। किन्तु जैसे **कृषि** आदि रूप वर्ण-संकोचन का परिणाम हैं, वैसे **ऋतु, ऋचा** आदि रूप उस प्रक्रिया का परिणाम नहीं हैं।

१२. स्वरों का विकास

(क) अ-ए-ओ समीकरण

व्यंजनों के समान स्वरों का विकास भी विभिन्न केन्द्रों में हुआ था, यह मानने के अनेक प्रमाण हैं। हिन्दी प्रदेश के पूर्वी अंचल में अकार का उच्चारण ऑकारवत्

होता है। बंगाल और असम प्रदेशों में स्वर का गोलाकार रूप और भी स्पष्ट हो जाता है। डॉ० सुनीतिकुमार चाटुर्ज्या ने बंगला भाषा के उद्भव और विकास वाली अपनी पुस्तक में बताया है कि अन्य स्वरों को सिखाते समय ह्रस्व इ, दीर्घ ई, ह्रस्व उ, दीर्घ ऊ का क्रम चलता है किन्तु दीर्घ आ के साथ ह्रस्व अ नहीं सिखाया जाता, ऑकार सिखाया जाता है। हिन्दी प्रदेश के उत्तरी भाग मेरठ, हरियाणा आदि में ऐकारवाली प्रवृत्ति है। द्रविड़ भाषाओं का जो गहरा सम्बन्ध उत्तर-पश्चिमी प्रदेशों की गण-भाषाओं से रहा है, उसका एक प्रमाण द्रविड़ भाषाओं में अकार-एकार वाले वैकल्पिक रूपों की प्रचुरता है। कभी ये रूप एक ही भाषा में हैं, कभी भिन्न भाषाओं में। तमिल में **अल्, ऍल्** (रात); **कण्डन्, कॅण्डन्** (वीर पुरुष); तमिल **कट्टु**, मलयालम **कॅट्टु** (बाँधना), कन्नड़ **गट्टि**, तमिल **कॅट्टि** (क्षमता, कौशल); मलयालम **मच्चम्, मॅच्चम्** (नमूना, रीति); कन्नड़ **नण्डु, नॅण्डु**, (सम्बन्ध, मैत्री); तेलुगु **गन्तु**, **गॅन्तु** (कूदना); तमिल **पडु**, मलयालम **पॅडुक** (घटित होना)। इस प्रकार के प्रतिरूप अनेक द्रविड़ भाषाओं से दिये जा सकते हैं। जब तक कोई भाषाविज्ञानी यह निश्चित न कर दे कि इन वैकल्पिक रूपों में ध्वनिपरिवर्तन किन अटल नियमों के अनुसार होता है, तब तक यही मानना चाहिए कि भिन्न गण-भाषाओं में भिन्न स्वर-प्रवृत्तियाँ रही हैं, और उनके परस्पर सम्पर्क के कारण वैकल्पिक रूपों का चलन हुआ है। आश्चर्य की बात यह है कि द्रविड़ परिवार में कुछ भाषाएँ ओकार वाली प्रवृत्ति का परिचय भी देती हैं। यह प्रवृत्ति सबसे अधिक तोद भाषा में है। तमिल-तोद प्रतिरूप इस प्रकार हैं: **पत्तु, पोद** (दस); **नाबु,, नोफ** (जीभ); **पण्, पॉण्य** (काम); **पगल, पॉखॉल** (दिन); **पण्डि पॉड्य्** (गाड़ी); **कडु, कॉड्फ्** (अवधि); **कडम्, कोळ्ण्** (कर्ज); **कण्, कोण्** (आँख); **काल, कोल** (पैर)। किन्तु ओकारवाले वैकल्पिक रूप अन्य भाषाओं मे भी हैं यथा कन्नड़ में: **मट्ट, मॉट्ट** (नाटा होना); **मट्टॅ, मॉट्टॅ** (ताड़ की शाखा); **तरकलु, तॉरसलु** (खुरदुरापन); **तड्डु, तॉड्डु** (अंडकोष)।

द्रविड़ भाषाओं में भिन्न स्वर-वृत्तियों वाली बोलियों का इतना सम्मिश्रण हुआ है कि ऐसे सैकड़ों शब्द हैं जिनमें अकार-एकार के वैकल्पिक रूप हैं। इनसे कम संख्या उन शब्दों की है जिनके एकार-ओकार वाले वैकल्पिक रूप हैं। कुछ शब्द ऐसे हैं जिनके अकार, एकार और ओकार वाले तीनों वैकल्पिक रूप हैं और कभी-कभी तो ये तीनों रूप एक ही भाषा में मिलते हैं। इस तरह के शब्द-रूपों का वर्गीकरण किया जाय और पूरे शब्द-भंडार में उनका प्रतिशत अनुपात निकाला जाय तो कुछ नपे-तुले निष्कर्ष सुलभ होंगे। यहाँ केवल उदाहरण-स्वरूप कुछ बातें कही जा रही हैं। एकारवादी प्रवृत्ति द्रविड़ भाषाओं के दक्षिण समुदाय में अधिक है। इस समुदाय में तोद भाषा अपवाद रूप है। वह अनेक बातों में दक्षिण समुदाय की अन्य भाषाओं से भिन्न है; इन बातों में उसकी ओकारवादी प्रवृत्ति भी है। मध्यवर्ती समुदाय में अकार वाले प्रतिरूप अधिक हैं किन्तु एकार वाले रूप उनसे घुलते-मिलते दिखाई देते हैं। जिन शब्दों के आदि वर्ण में अकार अथवा एकार है, उनके ओकार वाले

प्रतिरूपों की संख्या कम है। यहाँ कुछ शब्द लेते हैं जिनके दक्षिणी रूपों में एकार है, किन्तु मध्यवर्ती क्षेत्र के रूपों में अकार है, अथवा एकार वाले रूप के साथ वह विकल्पतः विद्यमान है।

तमिल **चॅरुप्पु**, गोंडी **सर्पुम्** (चप्पल); तमिल **चॅय्**, कोलमि क, ब्राहूइ **कर्मिंग्** (करना); तमिल **ॲरुमइ**, गोंडी **अर्मी** (भैंस); तमिल **कॅडु**, गोंडी **करीतान** (मरना, सड़ना); तमिल **ॲन्**, मल्तो **अनॅ**, कुड़ुख **आन्ना** (कहना); तमिल **कॅण्डइ**, तुलु **अण्डु** (टखना); तमिल **ॲक्कु**, कन्नड़ **अक्कुळिसु**, तेलुगु **अक्कळिचु** (पेट खलाना)। कभी-कभी ऐसा भी होता है कि उत्तरी या मध्यवर्ती समुदाय में एकार है और दक्षिणी समुदाय में अकार किन्तु ऐसा कम होता है। एकार वाले शब्दों के ओकार वाले कुछ प्रतिरूप इस प्रकार हैं : तमिल **चॅ**, कोडगु **चो** (ललाई); तमिल **ॲळु**, कुइ **ऑड्** (सात); कोलमि **गॅट्ट**, कुवि **कॉडु** (पैर); तमिल **चॅन्नि**, मलयालम **कॉन्नि** (गाल); तमिल **पॅण्**, तुलु **पॉणु** (लड़की); तमिल **पॅय**, मल्तो **पायॅ** (वर्षा), कभी-कभी एकार-ओकार वाले रूप एक ही भाषा में मिलते हैं यथा तमिल **चॅरुगु**, **चॉरुगु** (प्रविष्ट करना)। कन्नड़ में **चम्बु**, **चॅम्बु**, **चॉम्बु** (ताम्र पात्र) तीनों प्रतिरूप हैं। इसी प्रकार गोंडी में (अथवा उसकी बोलियों में) **परोल्** **पॅडिरि** और **पॉरॉल्** (नाम) तीन रूप हैं। तमिल **काल्**, तोद **कोल्**, पजि **केल्** (पैर); तमिल **चॅम्**, कोडगु **चो**, तुलु **चन्न** (लाल); तमिल **चा**, तोद **सॉय्**, कुड़ुख **खेना** (मरना); तमिल **पाल्**, तोद **पोश्**, तुलु **पेरु** (दूध); कन्नड़ **पन्दि**, पजि **पॅन्द**, तोद **पॉद्य्** (सूअर); इन उदाहरणों से विदित होगा कि द्रविड़ भाषा परिवार में ध्वनिपरिवर्तन के 'अटल' नियम स्थापित करना असम्भव है। ध्वनि-परिवर्तन की रीतियाँ स्पष्ट हैं। यदि आर्य भाषा-परिवार में हम तीन स्वर-प्रवृत्तियों का स्मरण करें, तो इस तरह के वैकल्पिक रूप अत्यन्त स्वाभाविक लगेंगे।

संस्कृत में क्रिया का एक रूप **ददाति** है तो दूसरा **देहि** अकारण नहीं है। **लभ्** से **लेभान्**, **भज्** से **भेजान**, **तप्** से **तेपान** जैसे रूप इसी कारण बनते हैं। संस्कृत ने परिनिष्ठित रूप प्राप्त करते हुए अनेक वैकल्पिक रूपों को एक ही व्यवस्था में बाँध लिया था। फिर भी भिन्न स्वर-प्रवृत्तियों के कारण जो वैकल्पिक रूप रचे गये थे, वे पहचान में आते हैं। एक क्रिया है **मा** जिससे **मात्रा** शब्द बनता है; दूसरी क्रिया है **मि** जिससे **मित**, **मिति** शब्द बनते हैं। दोनों क्रियाओं का अर्थ है नापना। वास्तव में ये भिन्न क्रियाएँ नहीं हैं, एक ही क्रिया के दो रूप हैं। एक क्रिया है **हा** (त्यागना); **हीन** (परित्यक्त) शब्द इसी क्रिया से बनता है, अर्थात् उसके **ही** वाले प्रतिरूप से बनता है (जैसे **मा** का प्रतिरूप **मि** है)। **जीर्ण** और **जूर्ण** (घिसा हुआ, बूढ़ा या पुराना), **स्थाणु** और **स्थूल** (खम्भा), **स्फरण** और **स्फुरण** जैसे शब्द-युग्म भिन्न स्वरों से बननेवाले वैकल्पिक रूपों की ओर संकेत करते हैं।

अनेक वैकल्पिक रूप परिनिष्ठित संस्कृत से बाहर रखे गये थे। हिन्दी **ईख** संस्कृत **इक्षु** का विकास है किन्तु ब्रज-अवधी का **ऊख** और बँगला का **आख** एक ही संस्कृत रूप **इक्षु** से कैसे व्युत्पन्न माने जा सकते हैं? हिन्दी **कुछ**, ब्रज **कछू**, बँगला **किछु**,

एक रूप का विकास नहीं हो सकते। हिन्दी **पीछे**, ब्रज आदि **पाछे**, हिन्दी **गिनता**, अवधी **गनत**, हिन्दी **गेहूँ**, अवधी **गोहूँ**, हिन्दी **चखना**, अवधी **चीख**, हिन्दी में ही **छिपना**, **छुपना**, **चिनना**, **चुनना** आदि रूप भिन्न स्वर-प्रवृत्तियों का प्रमाण हैं।

आर्य भाषाओं में बँगला अनेक शब्दों में हिन्दी अकार के स्थान पर एकार का प्रयोग करती है, यहाँ तक कि अन्य भाषाओं से उधार लिये हुए शब्दों में इस प्रकार का ध्वनि-परिवर्तन करती है यथा : **नशा—नॅशा**, **करामात—कॅरामात**, **चपटा—चॅपटा**। डा० सुनीति कुमार चाटुर्ज्या ने बताया है कि बँगला में एकारवादी स्वर प्रवृत्ति इतनी प्रबल है कि अनेक शब्दों में आदिस्थानीय इकार ही नहीं, अकार भी एकार में बदल जाता है। साहित्य की भाषा में ऐसे रूप लिखे कम जाते हैं किन्तु बोलचाल में उनका प्रयोग बराबर होता है।

द्रविड़ भाषाओं में आदिस्थानीय तालव्य व्यंजन के साथ बहुधा एकार का उच्चारण होता है। कन्नड़ भाषा के बारे में कहा गया है कि इसके उत्तरी क्षेत्र में ब्राह्मण लोग एकारवादी हैं और अब्राह्मण अकारवादी। उत्तर कर्णाटक में उच्चवर्ण **चॅमचा**, **जॅमीन**, **चॅप्पल** एकार के साथ बोलेंगे, अब्राह्मण मूल अकार ध्वनि कायम रखेंगे। इस बात को ध्यान में रखने से इस तथ्य का ज्ञान होता है कि द्रविड़ भाषाओं का, और इनमें कम से कम कन्नड़ भाषा का, ध्वनितन्त्र मूलतः अकारवादी है। अकारवादी ध्वनितन्त्र एकार-ओकारवादी प्रवृत्तियों से प्रभावित हुआ जान पड़ता है।

ग्रीक भाषा-समुदाय में दोरिक (स्पार्टा की भाषा) अकारवादी है जब कि परिनिष्ठित ग्रीक में एकार का चलन अधिक है। दोनों के प्रतिरूपों की तुलना करने से यह भेद स्पष्ट होता है। यहाँ कुछ उदाहरण देते हैं जिनमें पहला रूप दोरिक का है, दूसरा परिनिष्ठित ग्रीक अथवा ग्रीक समुदाय की किसी अन्य भाषा का : **पादा**, **पेगे** (जल स्रोत); **दोतास्**, **दोतेस्** (दाता); **स्पदेओ**, **स्पेदेओ** (सेवक); **हदोस्**, **हेदोस्** (आनन्द); **हलिओस्**, **हेलिओस्** (सूर्य); **पथोस्**, **पेन्थोस्** (विपत्ति); **फामा**, **फेमे** (आकाशवाणी); **अलतोस्**, **अलेतेस्** (घुमन्तू); **अर्गास्**, **अर्गेस्** (सफेद)। अकार-एकार वाली प्रवृत्तियाँ ग्रीक समुदाय में इतनी भिन्न और स्पष्ट थीं कि जब यूनानी सैनिक युद्धभूमि में जोर से चिल्लाते थे, तब एक समुदाय की ध्वनि अकार से आरम्भ होती थी और दूसरे की एकार से। इसलिए उनकी भाषा में चिल्लाने के लिए दो शब्द हैं : **अलाला** और **एलेले**।

ग्रीक और लैटिन भाषाओं में ऐसे अनेक शब्द हैं जहाँ एक रूप अकार वाला है तो दूसरा रूप एकार वाला। ग्रीक **ब्रखुस्** लैटिन में **ब्रेविस्** (लघु, संक्षिप्त) है; इसी प्रकार, लैटिन **मलस्**, ग्रीक **मेलस्** (मल, बुराई), लैटिन **माग्नुस्**, ग्रीक **मेगस्** (महान्) है। एकारवादी प्रवृत्ति ग्रीक भाषा में अधिक है। जहाँ किसी क्रिया-रूप में आदि वर्ण की आवृत्ति होती है, वहाँ उस वर्ण की मूल अकार, उकार और ओकार ध्वनि का स्थान एकार ध्वनि लेती है। **लुओ** (शिथिल करना)—**एलुओमेन**, **लेलुमइ**; **नोमिजो** (सोचना)—**एनोमिजोन**, **नेनोमिका**।

लैटिन भाषा पर अपनी पुस्तक में पामर ने बताया है कि इस भाषा के शब्दों में जो अवरुद्ध वर्ण (क्लोज़्ड सिलेबिल) होते हैं, उनमें एकार के व्यवहार की प्रवृत्ति है : **अप्तुस्—इनेप्तुस्** (अयोग्य), **कस्तुस्—इंकेस्तुस्** (निषिद्ध आचरण), **अन्नुस्—बिएन्निस्** (द्विवर्षीय), **दम्नो—कोन्देम्नो** (निन्दित)।

ग्रीक भाषा में पैर के लिए एक शब्द है **पेदोन्**, उसका प्रतिरूप है **पोदोस्**; एक रूप में एकार है, दूसरे में ओकार। लैटिन में इसके प्रतिरूप हैं **पेदो, पेस्**; साथ ही **पोदिकुस्** (पैर से सम्बन्धित), **पोदिमुस्** (पैर से नापना) रूपों में ओकार है। ग्रीक **पेर्दो** (पादना) का प्रतिरूप उसी भाषा में **पोर्दो** है। संस्कृत **धर्म** का ग्रीक प्रतिरूप **थेर्मोस्** है, लैटिन प्रतिरूप **फोर्मुस्** है। ग्रीक भाषा में ए-ओ स्वर जब अच्छी तरह प्रतिष्ठित हो गये, तब उनका उपयोग अर्थभेद के लिए किया जाने लगा : **ओरोफे**—छत, **एरेफो**—छत डालना, **पोकोस्**—ऊन, **पेको**—ऊन उतारना, **पोनोस्**—परिश्रम, **पेनोमइ**—परिश्रम करना।

ए—ओ के समान **इ—उ** के व्यवहार में भी पर्याप्त स्वच्छन्दता दिखाई देती है। कहीं तो ह्रस्व **अ—ऑ** ही **इ—उ** रूपों में प्रयुक्त होते हैं। संस्कृत **लघु** का ग्रीक प्रतिरूप तो **एलखुस्** है पर लैटिन प्रतिरूप **लेविस्** है। संस्कृत **द्विपद** का ग्रीक प्रतिरूप **दिपोउस्** है यद्यपि संख्यासूचक ग्रीक शब्द **दुओ** भी है। हवा के लिए एक ग्रीक शब्द **अएर्** है, दूसरा शब्द **अउर** है जो प्रातःकालीन वायु के लिए प्रयुक्त होता है। लैटिन में ऐसे रूप बहुत हैं जिनमें **अ—इ—उ** स्वर वैकल्पिक रूप से प्रयुक्त हुए हैं। एक क्रियामूल है **कप्** (अधिकार करना) (अंग्रेज़ी का **ओक्यूपाई** अधिकार करना), इससे एक रूप बना **ओक्कुपो**, दूसरा रूप **ओक्किपिओ**, साथ ही तीसरा रूप **कपिओ** भी है। इसी तरह **रपिओ** (लूटना) क्रिया से एक रूप बना **सुर्रुपिउत्**, दूसरा रूप बना **सुर्रुपुइत्**। इसी तरह **प्रोक्सुमस्** और **प्रोक्सिमस्** (निकटतम), **ओप्तुमुस्** और **ओप्तिमुस्** (श्रेष्ठजन), **मक्सुमुस्** और **मक्सिमुस्** (महत्तम), **अउरुफेक्स** और **अउरिफेक्स्** (स्वर्णकार), **पोन्तुफेक्स** और **पोन्तिफेक्स्** (पुरोहित)। ऐसे रूपों को देखकर रोमन वैयाकरण क्विन्तिलियन ने कल्पना की थी कि शायद लैटिन में कोई स्वर ऐसा था जो इकार-उकार के बीच का था, इसलिए कुछ लोग इसे उकारवत् सुनते थे और अन्य लोग इकारवत्। आधुनिक भाषाविज्ञानी इस धारणा को स्वीकार नहीं करते। बक के अनुसार पुरानी लैटिन में उकार वाले रूप ज़्यादा हैं और बाद वाली लैटिन में इकार वाले। यानी लिखित रूपों में पहले जहाँ उकार का प्रयोग अधिक था, वहाँ बाद को इकार का प्रयोग होने लगा। यह लिखने वालों की लापरवाही का नतीजा नहीं है, इकार-उकार की ध्वनियों को स्थिर होने में समय लगा और संस्कृत की अपेक्षा लैटिन भाषा बाद में परिनिष्ठित हुई, इसलिए वैकल्पिक रूप वहाँ अधिक दिखाई देते हैं। इससे मिलती-जुलती स्थिति भारत में तमिल तथा अन्य द्रविड़ भाषाओं की है। तमिल में **कटाचु, किटाचु** (ठोंकना), **कटा, किटा** (भैंसा), **कटारम्, किटारम्** (पतीली), कन्नड़ में **पदिर, पुदुर** (दो अर्थों वाली बात), यहाँ अकार-उकार में स्थान-परिवर्तन दिखाई देता है।

इकार-उकार के वैकल्पिक प्रयोगों वाले रूप अनेक हैं और अनेक भाषाओं में हैं यथा : तमिल **मिटइ, मुटइ** (टोकरी बुनना), **पिणइ, पुनइ** (बांधना), **तिमिर, तुवर** (लेपना); तमिल **तिर**, मलयालम **तुरक्क**, (खोलना), तमिल **चिवप्पु**, मलयालम **चुवप्पु** (लाली या लाल), मलयालम **मिळकु, मुळकु** (काली मिर्च), तेलुगु **पुल्लु, पिल्लु** (घास), **पिरि, पुरि** (ऐंठना), तेलुगु **पिडि**, तुलु **पुडि** (व्यवहार करना), कन्नड़ **पिण्डु**, कोडगु **पुण्डु** (निचोड़ना)।

(ख) स्वर-संसृति और स्वरपात

ग्रीक-लैटिन-संस्कृत में स्वर परिवर्तन के नियम निश्चित न कर पाने पर भाषा-विज्ञानियों ने स्वर संसृति या ऐब्लाउट् का सहारा लिया। ऐब्लाउट् शब्द जर्मन भाषा का है। इसकी जगह अनेक आधुनिक भाषाविज्ञानी ग्रेड अथवा स्वर-श्रेणी की बात करते हैं। इसके अन्तर्गत स्वर-परिवर्तनों का सम्बन्ध शब्द के किसी एक वर्ण पर बल देने की प्रवृत्ति से, बलाघात से जोड़ा गया है। यह बात सही मानी जा सकती है, फिर भी समस्या यह रह जाती है कि एकार के स्थान पर ओकार क्यों आया, अकार क्यों नहीं आया अथवा संस्कृत में एकार ओकार के स्थान पर अकार का व्यवहार क्यों होता है। दरअसल भाषाविज्ञानियों ने जो ध्वनि-नियम बनाए हैं, वे जिन रूपों पर लागू नहीं होते उन्हें इस ऐब्लाउट् पद्धति के हवाले किया गया है।

इस स्वर-संसृति अथवा ऐब्लाउट् के बारे में ब्रुगमन ने पाँच मुख्य बातें बताई हैं : (१) स्वर-परिवर्तन शब्दमूल में होता है और प्रत्यय में भी। (२) स्वर-परिवर्तन में ह्रस्व स्वर दीर्घ भी हो जाते हैं, यथा ह्रस्व एकार दीर्घ एकार हो सकता है, यानी स्वर-परिवर्तन परिमाणगत हो सकता है। (३) स्वर-परिवर्तन गुणात्मक हो सकता है यानी एक श्रेणी के स्वर की जगह दूसरी श्रेणी का स्वर आ सकता है यथा एकार के स्थान पर ओकार का प्रयोग हो सकता है। (४) यह स्वर-परिवर्तन बलाघात (जिसे अंग्रेज़ी में ऐक्सेंट कहते हैं) से सम्बद्ध है यानी शब्द में एक वर्ण की जगह दूसरे वर्ण पर ज़ोर देकर शब्द का उच्चारण किया गया तो स्वर-परिवर्तन हो सकता है। (५) यह स्वर-परिवर्तन किन्हीं ध्वनि-नियमों के अनुसार नहीं होता जो इंडोयूरोपियन (ब्रुगमन के इंडोजर्मेनिक) परिवार की भाषाओं पर लागू होते हों। इसका उद्भव उस आदिम काल में माना जाएगा जब अनेक भेद आदि इंडोयूरोपियन भाषा में ही उत्पन्न हो गए थे।

इन पाँच बातों में आखिरी बात सबसे महत्वपूर्ण है। ऐसे ध्वनि-नियमों का आविष्कार अभी नहीं हुआ जिनसे इन अनियमित-से लगने वाले ध्वनि-परिवर्तनों की व्याख्या की जा सके। व्याख्या इसलिए नहीं की जा सकती कि भाषाविज्ञानी किसी भाषा को बोलियों का समुदाय न मानकर उसे समरूप व्यवस्था मान लेते हैं। यदि इस बात का अध्ययन किया जाय कि विभिन्न बोलियों की प्रवृत्तियाँ कौन-सी हैं, एक ही भाषा के अन्तर्गत, एक ही व्यवस्था में शामिल होने पर भी उनकी भिन्नता समाप्त

नहीं हो जाती, वरन् वे अलग-अलग दिशाओं में, कभी-कभी परस्पर विरोधी दिशाओं में, होने वाले परिवर्तनों को प्रेरित करती हैं, और इन भिन्नताओं, प्रेरणाओं और परिवर्तनों की सीमाएँ होती हैं जिनसे वह भाषा अथवा भाषा समुदाय पहचाना जाता है, तो स्वर-परिवर्तन इतने अनियमित न जान पड़ें। इसलिए आवश्यक है कि जिन परिवर्तनों को ऐब्लाउट् या ऐसा कोई अन्य नाम देकर शेष ध्वनि-परिवर्तनों से अलग कर लिया गया है, ध्वनि-परिवर्तनों के व्यापक संदर्भ में ही उनका अध्ययन किया जाय। भारतीय भाषा-परिवेश पर ध्यान देने से यह बात स्पष्ट हो जाती है कि मध्य-देशीय अकार पूर्वी तथा उत्तर-पश्चिमी सीमान्तों में एकार-ओकार में बदलता है और इस तरह का परिवर्तन द्रविड़ भाषाओं में भी होता है, और बहुधा एक ही द्रविड़ भाषा में एकार-ओकार वाले ही नहीं, इकार-उकार वाले वैकल्पिक रूप बनते हैं। इस तरह के विकल्प संस्कृत में कम हैं, ग्रीक भाषा में बहुत हैं।

बोधामि—यहाँ ज़ोर पहले वर्ण पर है, यह सबल श्रेणी का स्वर हुआ; **बुद्धः**—यहाँ ज़ोर अन्तिम वर्ण पर है, यह निर्बल श्रेणी का स्वर हुआ जो ओकार से घटकर उकार हो गया। **वेद**—यहाँ ज़ोर पहले वर्ण पर है; **विद्म**—यहाँ ज़ोर दूसरे वर्ण पर है। पहले उदाहरण में सबल कोटि का स्वर है, दूसरे उदाहरण में निर्बल कोटि का स्वर है जो एकार से घटकर इकार हो गया। **दधामि**—यहाँ ज़ोर फिर पहले वर्ण पर है, **हितः**—यहाँ ज़ोर दूसरे वर्ण पर है। सबल कोटि का **धा** निर्बल कोटि में बदलकर **हि** हो गया। (**दधामि** में **धा** क्रिया की आवृत्ति की गई है और इस आवृत्ति में पहला **ध** अल्पप्राण कर दिया गया है)। अन्य रूप **दध्म** में निर्बल श्रेणी का स्वर घटा ही नहीं, लुप्त हो गया है। संस्कृत **पत्**, उड़ना क्रिया का एक ग्रीक रूप है **पॆतॉमइ** (**पतामि** की तरह, ज़ोर पहले वर्ण पर है); इसका ओकार श्रेणी वाला रूप बनता **पॉते** (ज़ोर दूसरे वर्ण पर है); अन्य रूप है **ऑप्तोमेन्** (ज़ोर दीर्घ ओकार पर है)। मुख्य समस्या दरअसल एकार की है। बक के अनुसार यह बात संदिग्ध है कि ओकार की ऐसी कोई स्वर-परिवर्तन वाली श्रेणी थी; अकार वाली श्रेणी अधिक महत्वपूर्ण है, किन्तु एकार वाली श्रेणी के मुकाबले में विरल है और उससे सम्बन्धित सामग्री कम मिलती है। इस प्रकार इस स्वर-संसृति में **ए** स्वर ही सबसे महत्वपूर्ण ठहरता है। यही स्वर **ओ** और **अ** में बदलता दिखाई देता है। यह स्वर कहीं ह्रस्व से दीर्घ होता है, कहीं घटकर इकार हो जाता है और कहीं उसका लोप हो जाता है। ऊपर **पॆतॉमइ** वाले उदाहरण में एकार का ओकार में बदलना और उसका लोप होना हम देख चुके हैं। अन्य उदाहरण संस्कृत क्रियामूल **मन्** के ग्रीक प्रतिरूप **मॆन्** का है। इसका एक रूप **मॆनो**, दूसरा रूप **मॉने**, तीसरा रूप **निम्नो** है। तीनों रूपों में प्रथम वर्ण का स्वर ह्रस्व है, दूसरे का दीर्घ; एकार एक जगह ओकार हुआ, दूसरी जगह घटकर इकार हुआ; **मॉने** वाले रूप में स्वरपात दूसरे वर्ण पर है, पहले और दूसरे रूपों में प्रथम वर्ण पर। ब्रुगमन ने अनेक उदाहरण दिए हैं जहाँ स्वरपात ह्रस्व या दीर्घ एकार पर होता है और जब इस स्वरपात वाले वर्ण से ज़ोर हट जाता है, शब्द के दूसरे वर्ण पर स्वरपात

होता है, तब एकार ओकार में बदल जाता है : फ़ेन् (स्वरपात पहले वर्ण पर); अफ़ोन् (स्वरपात, पहले वर्ण पर; यहाँ फ़े शब्द में अ जोड़ा गया है; फ़े का स्वरपात खिसककर अ पर आया; फ़े का एकार बदलकर ओकार हुआ); पतेर और अपतोर (पहले रूप में स्वरपात ते पर, दूसरे में प पर; ते बदलकर तो हुआ)। इसे सामान्य प्रवृत्ति माना जा सकता है। संस्कृत तक्षणम् के प्रतिरूप तॅक्तॉन् (स्वरपात प्रथम वर्ण पर) आदि के उदाहरण देकर ब्रुगमन कहते हैं, एकार-ओकार के बीच बहुधा परिवर्तन इस तरह साधा जाता है कि एकार (ह्रस्व या दीर्घ) उस वर्ण में होता है जिस पर मूलतः स्वरपात था और ओकार (ह्रस्व या दीर्घ) अगले वर्ण में होता है जिस पर स्वरपात नहीं है।

ऐसा बहुधा होता है जिससे एक रीति (अंग्रेजी में जिसे पैटर्न कहेंगे) उभर कर सामने आती है। ध्वनि-परिवर्तनों में ऐसी रीतियों का अध्ययन अटल ध्वनि-नियमों के आविष्कार से अधिक महत्त्वपूर्ण है। ब्रुगमन ने बहुत सही कहा है कि रूप-रचना के विभिन्न स्तर हैं जो एक-दूसरे पर स्थित हैं, और ये स्तर विभिन्न कालों के हैं। यह बात पुरातत्व की खुदाई की याद दिलाती है जहाँ एक ही स्थान पर सभ्यता के अनेक स्तर मिलते हैं और इन सभी स्तरों का स्रोत एक नहीं होता। ब्रुगमन अपने व्याकरण के पहले खंड में कहते हैं, "इस दिशा में जो अनुसंधान-कार्य चालू किया गया, वह अभी काफी दूर नहीं पहुंचा जिससे कि इस सिद्धान्त के अनुसार इस स्वर-परिवर्तन की श्रेणियों की व्यवस्था पूर्णतः सुनिश्चित करके प्रस्तुत कर दी जाय। और यह बात संदिग्ध है कि हमें ऐसी व्यवस्था की प्राप्ति को अपना लक्ष्य बनाने का अधिकार है भी या नहीं—जिस अर्थ में सामान्यतः ऐसे लक्ष्य सामने रखे जाते हैं, उसी अर्थ में। रूप-निर्माण के अनेक स्तर हैं, उनका उद्भव-काल भिन्न है, वे एक-दूसरे पर स्थित जान पड़ते हैं। जिन रूपों का उद्भव पहले हुआ था, सम्भव है उनका बहुत-कुछ अंश रूपों के स्थानान्तरण से विलुप्त हो गया हो, इससे पहले कि स्वर-परिवर्तन का नया कारण सक्रिय हो, और बाद वाला ध्वनि-नियम, जिससे नये भेद पैदा हुए हों, उसी तरह क्रियाशील न रहा हो जिस तरह पुराना नियम क्रियाशील था अथवा पुराने नियम क्रियाशील थे। इस स्थिति में आरम्भ से ही यह आशा करना असम्भव है कि समानान्तर उदाहरण सर्वत्र मिल जाएँगे।" (पृ० २४६-७)

यहाँ ब्रुगमन का सहज भाषावैज्ञानिक बोध ऐतिहासिक भाषाविज्ञान के पुराने ढाँचे से टकराता दिखाई देता है। रूप-निर्माण के अनेक स्तर हैं, इनका उद्भवकाल भिन्न है, ये एक-दूसरे पर स्थित जान पड़ते हैं, व्यवस्था (शब्द के सामान्य अर्थ में) कायम करने का प्रयास भी उचित नहीं है। यह प्रतीति उनके सहज बोध का परिणाम है। किन्तु कालभेद के साथ वह स्थानभेद की बात नहीं सोचते। आदि भाषा एक है, वह विभिन्न कालों में विकसित हुई है, एक काल के रूप काफी संख्या में खो गए हैं इसलिए उनसे सम्बन्धित नियमों का पता नहीं लगाया जा सकता, भाषा बोलनेवाला समुदाय एक ही है, भले ही वह किसी एक अज्ञात स्थान से दूसरे अज्ञात

स्थान तक पहुँच गया हो। यही वह पुराना ढाँचा है जिसमें कालभेद मान लिया जाएगा किन्तु विभिन्न जन समुदाय अपनी भिन्न भाषा-प्रवृत्तियों के साथ परस्पर सम्पर्क में आए हैं और इस तरह रूप-निर्माण के विभिन्न स्तर विभिन्न कालों की देन ही नहीं हैं, विभिन्न स्थानों की (विभिन्न भाषा-केन्द्रों की) और विभिन्न गण-समाजों की (भिन्न भाषाएँ बोलनेवाले जन-समुदायों की) देन हैं, यह न माना जाएगा। यहीं ऐतिहासिक भाषाविज्ञान के विकास में गतिरोध उत्पन्न होता है।

स्वर-संसृति का गहरा सम्बन्ध स्वरपात से है। स्वरपात इस सन्दर्भ में दो तरह का है, एक बलाघात जिसे अंग्रेज़ी में स्ट्रेस् कहते हैं। अंग्रेज़ी, जर्मन, रूसी आदि भाषाओं में इसी तरह के स्वरपात का चलन है। दूसरी तरह का स्वरपात वह होता है जिसका सम्बन्ध स्वर के उतार-चढ़ाव से है मानो कहीं पर स्वर पंचम हो और कहीं मध्यम। इसे स्वरतान कह सकते हैं। ग्रीक और संस्कृत भाषाओं में इस स्वरतान की प्रधानता है। इससे भाषाविज्ञानियों ने कल्पना की है कि आदि भाषा में स्वरपात संगीतमय था यानी स्वरतान का चलन था, बलाघात का नहीं। किन्तु स्वर-संसृति में जैसे परिवर्तन होते हैं, वे केवल स्वर के उतार-चढ़ाव से नहीं हो सकते, उनका सम्बन्ध बलाघात से होना चाहिए जिससे कहीं स्वर घट जाता है, कहीं दीर्घ होता है और कहीं लुप्त हो जाता है। जैसे फ्रान्सीसी भाषा का शब्द **कापितैन** अंग्रेज़ी में **कैप्टॅन्** हो जाता है, दूसरे वर्ण के इकार का लोप प्रथम वर्ण पर बलाघात के कारण होता है, वैसी ही प्रक्रिया अनेक ग्रीक शब्द-रूपों में होती है। इसलिए भाषाविज्ञानी मानते हैं कि आदि भाषा में स्वरपात मूलतः स्वरतान के रूप में था किन्तु बलाघात का असर भी विद्यमान था। यहाँ भी वे दो भिन्न प्रवृत्तियों का सम्पर्क स्वीकारने पर बाध्य होते हैं। ग्रीक भाषा में सामान्यतः स्वर-संसृति के अन्तर्गत जिन रूपों का विवेचन होता है, उनके अलावा भी अन्य रूपों में बलाघात के कारण ऐसे परिवर्तन दिखाई देते हैं जिसमें किसी स्वर या वर्ण का लोप हो जाता है। ग्रीक शब्द **प्तेरूग्** (पंख) उसी **पत्** क्रिया से बना है जिसका अर्थ है **उड़ना**। स्वरपात एकार पर है; **प्** के साथ जो स्वर था, उसका लोप हो गया। यहाँ ऐसी प्रवृत्ति के दर्शन होते हैं जिसमें शब्द के दूसरे वर्ण पर इतने ज़ोर से बलाघात होता है कि पहले वर्ण का स्वर ही लुप्त हो जाता है।

ग्रीक और लैटिन बहुत मिलती-जुलती भाषाएँ हैं किन्तु इनकी स्वरपात पद्धति अलग-अलग है। विशेषज्ञों का कहना है कि लैटिन में मूलतः सभी शब्दों में प्रथम वर्ण पर बलाघात होता था। यह आघात स्वरतान नहीं था, इसका सम्बन्ध स्वरों के उतार-चढ़ाव से नहीं है। ग्रीक भाषा का स्वरपात मुख्यतः स्वरतान वाला माना गया है, लैटिन का स्वरपात स्वरतानविहीन था। दो समीपवर्ती व्याकरण और शब्द भण्डार में बहुत ही मिलती-जुलती भाषाओं में यह भेद कैसे उत्पन्न हो गया? और दोनों तरह के स्वरपात का उद्गम एक ही होगा; आदिभाषा के म् की तरह जो स्वर भी है और व्यंजन भी है; यह स्वरपात स्वरतान है और बलाघात भी!

लैटिन और ग्रीक में स्वरपात सम्बन्धी एक भेद यह है कि ग्रीक में स्वर का उतार-चढ़ाव है और लैटिन में वह विशुद्ध बलाघात है। दूसरा अन्तर यह है कि संस्कृत की तरह ग्रीक में भी यह स्वरपात शब्द में किसी विशेष स्थान के वर्ण से सम्बद्ध नहीं है। वह मुक्त स्वरपात है। लैटिन में यह स्वरपात शब्द के आदि वर्ण से जुड़ा हुआ है, इस तरह वह प्रतिबद्ध स्वरपात था। इसी कारण संस्कृत **दक्ष** के समानान्तर ग्रीक **देक्सितेरोस्**—स्वरपात अन्तिम वर्ण पर—लैटिन में आकर **देक्स्तेर्** हो जाता है जहाँ दूसरे वर्ण का इकार लुप्त हो गया है। इसी तरह लैटिन **क्विन्क्वे** तथा **देकेम्** के योग से शब्द बनता है **क्विन्देकिम्** (पन्द्रह)। यहाँ एक पूरे वर्ण **क्वे** का लोप हो गया। भाषाविज्ञानी कहते हैं कि लैटिन में यह स्थिति उसके विकास के प्राचीन काल में थी किन्तु बाल्तिक भाषा लैतवियन के बारे में कहा गया है कि बलाघात पहले अन्य वर्णों पर भी होता था, फिर खिंचकर प्रथम वर्ण पर स्थिर हो गया मानो जो दशा लैटिन की पहले थी वही लैतवियन की बाद में हुई। इसका कारण विभिन्न कालों में दोनों भाषाओं पर किसी अन्य भाषा-समुदाय का एक ही कोटि का प्रभाव हो सकता है। इसका परिणाम यह हुआ कि लैतवियन भाषा के शब्दों के अन्तिम वर्णों में जहाँ दीर्घ स्वर थे, वहाँ वे ह्रस्व हो गए; जहाँ युग्म स्वर थे, वहाँ उनमें से एक ही रह गया; और जहाँ अकार या एकार था, वहाँ उसका लोप हो गया। आदि वर्ण पर बलाघात करने की सामान्य प्रवृत्ति चौसर से पहले की अंग्रेज़ी में विद्यमान थी। जर्मन भाषा में यह प्रवृत्ति अब भी विद्यमान है यद्यपि उसकी विरोधी प्रवृत्तियाँ भी हैं। यह देखना दिलचस्प होगा कि ग्रीक और संस्कृत में प्रतिशत शब्द कितने हैं जहाँ प्रथम वर्ण पर स्वरपात होता है। मेरा अनुमान है कि अन्य स्थानों वाले स्वरपात की अपेक्षा प्रथम वर्ण वाले स्वरपात की संख्या ही अधिक होती है। आजकल जब लोग संस्कृत पढ़ते हैं तब शायद ही किसी को ध्यान रहता हो कि **ददाति, दिदामहे, पिबति, पिबामि** जैसे रूपों में स्वरपात पहले वर्ण पर होगा। ग्रीक भाषा में **तिथेमि** (मैं रखता हूँ), **दिदोमि** (मैं देता हूँ) जैसे रूपों में स्वर-पात पहले वर्ण पर है। भारत में, बँगला एक ऐसी भाषा है जिसमें बलाघात अधिकतर प्रथम वर्ण पर होता है। असमिया में दो विरोधी प्रवृत्तियाँ देखी जाती हैं। एक प्रदेश की बोली में बलाघात प्रथम वर्ण पर है तो अन्य प्रदेश की बोली में भिन्न वर्णों पर। प्रथम वर्ण पर बलाघात होने से पूर्वी बंगाल में मुसलमान फ़ारसी शब्दों के जैसे सुन्दर अपभ्रंश निकालते हैं, वैसे अन्यत्र दुर्लभ हैं। **खोद्देर, मुहुरि, बोनिदी** क्रमशः **खरीददार, मुर्हरिर, बुनियादी** हैं। डा० चाटुर्ज्या ने दुखी होकर लिखा है कि इस बलाघात ने फ़ारसी ध्वनियों का नाश कर दिया है। किन्तु शायद इसीलिए बंगाल में फ़ारसी-मिश्रित बँगला, उर्दू की तरह, भाषा के मुख्य प्रवाह से अलग कटकर भिन्न धारा नहीं बनी। उधर साहित्यिक बँगला में संस्कृत शब्दावली अपना मूल रूप कुछ पढ़े हुए भद्रजनों के लिए बनाए रहती है किन्तु बोलचाल में उनका तदभव रूप ही सुनाई देता है जिसे पहचानना हमेशा आसान नहीं होता। **निलि-मिशि**

उच्छग्गु, निरिबिलि, बितिकिच्छि क्रमशः निरामिष, उत्सर्ग, निराविल, विचिकित्सा हैं। डा० चाटुर्ज्या ने इस बात का उल्लेख किया है कि प्रथम वर्ण पर बलाघात के कारण बंगाल की अनेक स्थानीय बोलियों में—इनमें पूर्वी बंगाल ही नहीं पश्चिमी बंगाल भी शामिल है—उन वर्णों में स्वर-लोप होता है जिन पर बलाघात नहीं है। यूरुप की जिन भाषाओं में प्रथम वर्ण पर बलाघात है, उनमें स्वर-लोप की ठीक यही प्रवृत्ति दिखाई देती है।

ग्रीक और संस्कृत भाषाओं में शब्द के जिस वर्ण पर भी स्वरपात हो, उस पर केवल बल देना काफी नहीं है। यह बल स्वर के विशेष उतार-चढ़ाव के साथ दिया जाता है। संस्कृत में उदात्त—चढ़ा हुआ स्वर, अनुदात्त—गिरा हुआ स्वर, स्वरित—मध्यवर्ती स्वर; इसी प्रकार ग्रीक भाषा में तीन स्वरतानें हैं। जर्मन, लैटिन आदि भाषाओं में इस तरह की स्वरतानों का अभाव है किन्तु नौर्वे और स्वीडन की भाषाओं में स्वर का आरोह, अवरोह, अर्थविच्छेदक होता है। कुछ लोग कह सकते हैं कि यह ऐक्सेंट नहीं टोन है। इस तरह की स्वरतानें नाग भाषा परिवार की विशेषता हैं। यहाँ दो से लेकर छह तक स्वरतानें सुनाई देती हैं। भारत के बाहर ऐसी स्वरतानों की संख्या अधिक है, भारत के भीतर नाग परिवार की भाषाओं में दो या तीन स्वरतानें ही हैं।

नौर्वे और स्वीडन की भाषाओं में जो मूर्धन्य स्पर्शध्वनियाँ मिलती हैं, भाषा-विज्ञानी उनका सम्बन्ध भारत से न जोड़ेंगे। इसी तरह इन भाषाओं में जो स्वरतानों की व्यवस्था है, उसका सम्बन्ध भी भारत से न जोड़ेंगे। किन्तु इन भाषाओं की स्वरतानों को समझने से ग्रीक और संस्कृत की स्वरपात-व्यवस्था अधिक सुबोध हो जाती है। नौर्वे की भाषा में दो तरह की स्वरतानें हैं, एक अनुदात्त से उदात्त की ओर, यानी पहले अवरोह, फिर आरोह; दूसरी उदात्त से अनुदात्त की ओर, यानी पहले आरोह, फिर अवरोह। मुख्य बात यह है कि ये स्वरतानें स्वरपात अथवा बलाघात से अलग प्रयुक्त नहीं होतीं। जहाँ स्वरपात होगा, उसी के साथ स्वर का आरोह और अवरोह जुड़ा होगा। यहाँ हम टोन और ऐक्सेंट, स्वरतान और बलाघात का प्रत्यक्ष सम्बन्ध देख सकते हैं।

नौर्वे और स्वीडन की भाषाएँ, जितना लैटिन ग्रीक से मिलती हैं, उससे भी ज्यादा जर्मन भाषा से मिलती-जुलती हैं। जैसे ग्रीक भाषा के स्वरपात में और लैटिन भाषा के बलाघात में महत्वपूर्ण भेद है, वैसे ही नौर्वे और स्वीडन की भाषाओं की स्वरतानों में और जर्मन भाषा के बलाघात में मौलिक अन्तर है।

जिन भाषाओं में स्वरतान प्रमुख होती है, उनमें स्वर की ह्रस्वता और दीर्घता प्रायः अर्थ-विच्छेदक नहीं होती। नाग भाषाएँ अधिकतर एकवर्णी होती हैं। जिन शब्दों में एक से अधिक वर्ण होते हैं, उनमें भी भिन्न वर्ण भिन्न स्वरतानों के अनुसार उच्चरित होते हैं। स्वरों के निरन्तर उतार-चढ़ाव के कारण यहाँ मुख्य भेद इस उतार-चढ़ाव की मात्रा का होता है, स्वर की दीर्घता या ह्रस्वता का नहीं, मानों स्वरतान वाली भाषाओं में बोलनेवाले का स्वर ज़मीन पर खड़े किए बाँस पर नट की तरह निरन्तर ऊपर से नीचे और नीचे से ऊपर चढ़ता-उतरता हो, और स्वरतानहीन भाषाओं में मनुष्य

समतल भूमि पर कभी छोटे कदम और कभी बड़े कदम रखकर चलता हो। अब नौर्वे की भाषा की यह विशेषता दर्शनीय है कि जिस वर्ण पर स्वरपात होता है, वह दीर्घ होता है।

नौर्वे और स्वीडन की भाषाओं के अलावा बलाघात के साथ स्वरतान की व्यवस्था बाल्टिक भाषाओं में भी है। इन भाषाओं में किसी वर्ण-विशेष पर बल देना ही काफी नहीं है वरन् उसके उच्चारण में स्वर के आरोह-अवरोह का ध्यान रखना भी आवश्यक है। इस प्रकार नौर्वे और स्वीडन की भाषाओं को स्वरतान के मामले में अपवाद नहीं माना जा सकता।

स्पष्ट ही दो विरोधी प्रवृत्तियाँ कुछ भाषाओं को एक साथ प्रभावित कर रही हैं। एक प्रवृत्ति वह है जिसमें स्वरतान प्रमुख है, दूसरी प्रवृत्ति वह है जिसमें बलाघात प्रमुख है। कुछ भाषाओं में केवल बलाघात है जैसे जर्मन और लैटिन में, और कुछ में दोनों मिल गए हैं जैसे ग्रीक और नौर्वीजियन में। इनसे भिन्न एक तीसरी प्रवृत्ति है जहाँ स्वर के ह्रस्व या दीर्घ होने का ही अर्थबोधक महत्व होता है। हिन्दी में और उसके साथ अधिकांश आधुनिक आर्य भाषाओं में न तो स्वरतान है और न बलाघात। भारत के लिए तो कहा जाएगा कि द्रविड़ प्रभाव से ये आर्य विशेषताएँ नष्ट हो गयीं किन्तु यूरुप में लैटिन का जो अपभ्रंश रूप (वल्गर लैटिन) प्रचलित था, उससे बलाघात का लोप कैसे हो गया? हिन्दी की तरह इटालियन में न तो स्वरतान है, न बलाघात। दूर प्रदेशों में विकास की यह समानता क्या भाषाविज्ञान के किसी सामान्य नियम के अनुसार है?

मध्यदेश की मूल आर्यभाषाएँ बलाघात और स्वरतान दोनों से मुक्त थीं। पूर्वी और उत्तर-पश्चिमी सीमान्तों पर इनके समानान्तर गण भाषाओं पर एक ओर बलाघात वाली भाषाओं का प्रभाव पड़ा और दूसरी ओर बलाघात के साथ स्वरतान वाली भाषाओं का भी। संस्कृत की मूल सम्पदा मध्यदेश की है किन्तु वैदिक भाषा ने अपना रूप उत्तर-पश्चिमी गण भाषाओं के प्रभाव से निखारा और नाग भाषाओं का जैसा प्रभाव उत्तर-पश्चिम में था, वैसा मध्यदेश में नहीं। यूरुप की अनेक भाषाएँ इसी उत्तराखण्ड की गण भाषाओं से प्रभावित हुई हैं। वैदिक भाषा से प्रायः सभी सामग्री लेने वाली संस्कृत स्वरतान को त्याग देती है, स्वरपात शिथिल हो जाता है और आधुनिक भाषाओं में दोनों का लोप हो जाता है। बाहरी प्रभाव क्रमशः क्षीण होते जाते हैं और मध्यदेश की अपनी प्राचीन प्रवृत्तियाँ फिर उभर आती हैं। आधुनिक इटालियन लैटिन की पुत्री वैसे ही मानी जाती है जैसे हिन्दी संस्कृत की। यहाँ हम भाषा-तत्वों में ध्वनितन्त्र की महत्वपूर्ण भूमिका पुनः देखते हैं। इटालियन का शब्दभण्डार भले ही ९०% लैटिन से लिया गया हो किन्तु उसकी ध्वनि-व्यवस्था लैटिन से स्वतन्त्र है यानी वह मूलतः भिन्न गण-भाषा है। प्राचीन लैटिन का बलाघात जर्मन और अंग्रेज़ी में मिले और इटालियन में न मिले, इसका कोई कारण समझ में नहीं आता है।

संस्कृत उस कोटि की भाषा है जिसमें स्वर का ह्रस्व और दीर्घ होना महत्वपूर्ण है। यहाँ नौर्वीजियन की-सी स्थिति नहीं है कि जहाँ स्वरपात होगा, वहाँ स्वर दीर्घ हो जाएगा। इस ह्रस्व-दीर्घ स्वरों वाली भाषा ने, ग्रीक-लैटिन आदि के निर्माणकाल में,

उनकी स्रोतभाषाओं को प्रभावित किया। यूरुप की भाषाओं में स्वरों की दीर्घता कहीं तो महत्वपूर्ण है और कहीं कम महत्वपूर्ण है या महत्वपूर्ण नहीं है, इसका यही रहस्य है।

बलाघात और स्वरतान के प्रसंग में यह स्मरणीय है कि वैदिक छन्द-रचना में इन दोनों की प्रमुख भूमिका नहीं है। वैदिक छन्द मुख्यतः वर्ण-प्रधान हैं, लगभग वैसे ही जैसे बँगला के छन्द और हिन्दी का कवित्त। वर्णों की संख्या द्वारा पंक्ति की लय नियमित की जाती है किन्तु कौन-सा वर्ण ह्रस्व है, कौन-सा दीर्घ इसका ध्यान प्रायः नहीं रखा जाता। संस्कृत में गणात्मक छन्दों का चलन हुआ जहाँ वर्ण के ह्रस्व-दीर्घ होने से लय का नियमन होता है। संस्कृत की मूल प्रवृत्ति स्वरों की ह्रस्वता और दीर्घता का भेद करने वाली थी, बलाघात वाली भाषाओं के अनुरूप इस भेद को गौण मानने वाली नहीं थी, इस कारण संस्कृत में गणात्मक छन्द लोकप्रिय हुए। ग्रीक भाषा में भी छन्द-रचना का आधार स्वरों की ह्रस्वता और दीर्घता है। इसका प्रभाव लैटिन तथा आधुनिक अंग्रेज़ी आदि भाषाओं पर भी पड़ा है, किन्तु शेक्सपीयर की छन्द-रचना बार-बार ग्रीक कविता से चली आती हुई परिपाटी का उल्लंघन करती है, खासतौर से हैमलेट के रचनाकाल वाले तथा बाद के नाटकों में। कोलरिज ने अपनी कविता क्रिस्टाबेल में जानबूझकर ग्रीक परिपाटी की व्यर्थता सिद्ध की और वर्णों की संख्या घटाते-बढ़ाते हुए पंक्ति में बलाघातों की संख्या एक जैसी रखी है। कहने का आशय यह है कि जो भाषाएँ बलाघात प्रधान हैं, उनके यहाँ छन्द-रचना में स्वर की ह्रस्वता और दीर्घता महत्वपूर्ण नहीं है किन्तु जिन भाषाओं में बलाघात का अभाव है या वह गौण है, उनके यहाँ छन्द-रचनाओं में स्वर की ह्रस्वता और दीर्घता ही महत्वपूर्ण है। हिन्दी के मात्रिक छन्दों में संस्कृत के गणात्मक छन्दों की अपेक्षा लय मुक्त होती है किन्तु मात्राओं की गिनती स्वरों की ह्रस्वता और दीर्घता के विचार से ही होती है।

(ग) स्वरों के रूपान्तर

ऐतिहासिक भाषाविज्ञान की एक मान्यता यह है कि आदि इन्डोयूरोपियन भाषा में जहाँ एकार ओकार थे, वे भारत ईरानी शाखा में अकार हो गये। जहाँ अकार था, वहाँ वह कायम रहा। यथा **पशु** शब्द लैटिन में **पेकु** है; मूल शब्द का एकार संस्कृत में अकार हो गया। इस परिवर्तन का कोई कारण नहीं बताया जाता। जैसे द्रविड़ों के संसर्ग से मूर्धन्य ध्वनियों के विकास की बात कही जाती थी, वैसी भी कोई बात इस सम्बन्ध में नहीं बताई गई। भारत में मूल शब्दों के एकार-ओकार का अकार में बदल जाना वैसी ही चमत्कारी घटना है जैसी अघोषता और अल्पप्राणता के द्रविड़ परिवेश में सघोष महाप्राण ध्वनियों का संस्कृत में कायम रहना। द्रविड़ भाषाएँ न केवल दीर्घ एकार ओकार का प्रयोग करती हैं, वरन् व्यापक स्तर पर उनमें ह्रस्व एकार ओकार का अर्थविच्छेदक उपयोग भी किया जाता है। होना यह चाहिए था कि आगन्तुक आर्यों की भाषा में ये ध्वनियाँ न होतीं, तो द्रविड़ों के प्रभाव से आर्यों के ध्वनितन्त्र में वे अपना स्थान बना लेतीं। यदि होतीं तो द्रविड़ों के सम्पर्क से उनकी स्थिति और सुदृढ़ हो

जाती। किन्तु यह सब होने के बदले हुआ इससे ठीक उलटा। ह्रस्व-दीर्घ दोनों एकार-ओकार एक ही अकार सत्ता में विलीन हो गये।

संस्कृत में ह्रस्व **ए-ओ** स्वर नहीं हैं। किन्तु दीर्घ **ए-ओ** हैं। यदि आदि इन्डो-यूरोपियन भाषा के दीर्घ **ए-ओ** भारत में आकर **आ** बन गये, तो संस्कृत के दीर्घ **ए-ओ** की सृष्टि क्या नये सिरे से हुई?

संस्कृत में ह्रस्व ओकार नहीं है किन्तु भारतीय आर्यभाषा परिवार का पूर्वी समुदाय इस ह्रस्व ओकार का ही प्रयोग करता है, उसमें ह्रस्व अकार का अभाव है। यदि आर्य लोग भारत में आने से पहले ह्रस्व **ओ** का प्रयोग करते थे तो, संस्कृत के निर्माण-काल में उसका लोप हो जाने के बाद, पूर्वी समुदाय ने क्या फिर उसकी नये सिरे से सृष्टि की? और सृष्टि भी ऐसी की कि संस्कृत अकार को निर्मूल करके ही छोड़ा!

ईरान में फारसी जिस ढंग से बोली जाती है वह हिन्दुस्तानियों की सीखी हुई फारसी के ढंग से अलग है। उसमें यह ओकारवादी प्रवृत्ति अत्यन्त मुखर है। ईरान के अलावा दक्खिनी रूस की भाषा में यही गोलाकार उच्चारण उस क्षेत्र की रूसी का विशेष लक्षण माना जाता है। मानना होगा कि आदि इन्डोयूरोपियन भाषा नाम की कोई एक भाषा नहीं थी, कम-से-कम दो आदि भाषाएँ थीं, एक अकारवादी, दूसरी ओकारवादी।

किसी भाषा-परिवार के निर्माण और विकास का अध्ययन करते समय यदि आसपास के भाषा-परिवारों पर ध्यान दिया जाय तो यह तथ्य स्पष्ट होता है कि स्वरों के प्रयोग से जैसे वैकल्पिक रूप आर्यभाषाओं में बनते हैं, वैसे द्रविड़ भाषाओं में भी बनते हैं। ऐतिहासिक भाषाविज्ञान ध्वनि-परिवर्तन के कारण नहीं बताता किन्तु समस्त भाषाई परिवेश पर ध्यान देने से कारण समझ में आने लगते हैं। यहाँ तीन केन्द्रों में तीन स्वरों का विकास हुआ। उत्तर-पश्चिम में एकार, पूर्व में ओकार और इन दोनों के बीच में अकार। यह स्थिति मेरठ, लखनऊ और पटना की बोलियों को सुनने से आज भी पहचानी जा सकती है। ये अत्यन्त प्राचीन स्वर-पद्धतियाँ आर्यद्रविड़ भाषाओं में वैकल्पिक रूपों के लिए मुख्यतः उत्तरदायी हैं। द्रविड़ भाषाएँ भारत के उत्तर-पश्चिम में बोली जाती थीं। उस प्रदेश से होकर जिन भारतीय भाषातत्वों का निर्यात हुआ है, वे अपने साथ द्रविड़ भाषाओं की अन्य विशेषताओं के साथ वैकल्पिक रूपों की निर्माण-प्रक्रिया भी ले गये। वैकल्पिक रूप संस्कृत में हैं और संस्कृत परिवार की आधुनिक भाषाओं में, यह स्मरण रखना चाहिए।

संस्कृत मूलतः मध्यदेश की भाषा है। वैदिक काल में वह उत्तर-पश्चिमी क्षेत्र की भाषाओं से बहुत प्रभावित हुई है। फिर भी उत्तर-पश्चिमी एकारवादी प्रवृत्ति उसे उतना प्रभावित नहीं कर सकी जितना द्रविड़ भाषाओं को। ग्रीक और लैटिन में इस एकारवादी प्रवृत्ति की प्रबलता हो तो आश्चर्य की बात न होगी। जैसे सघोष महाप्राण ग्रीक और लैटिन में भिन्न रूपों में ग्रहण की जाती हैं, वैसे ही उनके साथ चलने वाले भारतीय स्वर भी भिन्न रूपों में ग्रहण किये जाते हैं। इस प्रकार समूचे भाषाई परिवेश पर ध्यान देने से जो प्रपंच पहले अकारण जान पड़ता था, वह अब सकारण प्रतीत होने लगता है।

वास्तव में भाषाविज्ञानी जिसे ध्वनि-परिवर्तन कहते हैं, वह ध्वनि-परिवर्तन है ही नहीं। जब संस्कृत **पशु** लैटिन में **पेकु** रूप से ग्रहण किया जाता है, तब जो प्रक्रिया घटित होती है, वह यह कि **श्** के अभाव में लैटिनभाषी उसका उच्चारण **क्** रूप में करता है। यह एक प्रकार से ध्वनियों का विनिमय हुआ। **श्** वाला रूप लैटिन ने **क्** देकर ग्रहण किया। यदि लैटिन में **श्** ध्वनि होती और यह ध्वनि **क्** रूप ग्रहण करती तो उसे ध्वनि-परिवर्तन की संज्ञा दी जा सकती थी। इसी प्रकार उत्तर-पश्चिमी एकारवादी प्रवृत्ति के प्रभाव से आदि वर्ण का अकार लैटिन में एकार रूप में स्वीकृत हुआ।

ध्वनि-परिवर्तन के नियम तब स्थिर किये जा सकते हैं जब एक आदि भाषा से भिन्न भाषाएँ उत्पन्न हुई हों और ये भाषाएँ परिनिष्ठित रूप में ही बोली जाती रही हों। मान लीजिए संस्कृत, ग्रीक और लैटिन में कुछ शब्द एक-दूसरे के प्रतिरूप हैं। इनके तुलनात्मक अध्ययन के द्वारा मूल शब्दों के रूप निश्चित किये। इन भाषाओं में वे मूल शब्द जिस ढंग से बदलते हैं, उसका पता लगाकर ध्वनि-परिवर्तन के नियम निर्धारित किये। ये नियम तभी तक सही हैं जब तक ग्रीक, लैटिन या संस्कृत में कोई शब्द एक ही ढंग से बोला जाता है। यदि वह भिन्न प्रकार से बोला जाता है तो निर्धारित नियम खण्डित हो जायेंगे। मान लीजिए, नियम बनाया कि आदि भाषा का **ए** स्वर ग्रीक में सुरक्षित है, संस्कृत में वह अकार हो जाता है। ग्रीक भाषा-समुदाय में संस्कृत **भ्रातर्** के दो प्रतिरूप हैं। आयोनियन में **फ्रेतेर** और परिनिष्ठित ग्रीक में **फ्रातेर**। अब यदि प्रथम वर्ण का एकार शब्द की मूल ध्वनि माना जाय, तो यह भी स्वीकार करना होगा कि वह केवल संस्कृत में नहीं, ग्रीक समुदाय की एक भाषा में भी अकार बनता है। इसी प्रकार संस्कृत **मातर्** के दो ग्रीक प्रतिरूप हैं : **मातेर्** और **मेतेर्**; स्वादु के दो ग्रीक प्रतिरूप हैं : **हादुस्, हेदुस्**। मूल रूप कौन-सा है ?

संस्कृत **भरति** के ग्रीक प्रतिरूप **फेरेइ** का उदाहरण देकर कहेंगे, मूल एकार ग्रीक में है, संस्कृत में परिवर्तित अकार है। उदाहरण देने वाले यह नहीं सोचते कि शब्द के आदि स्थान में जो मूल सघोष महाप्राण **भ्** ध्वनि है, वह संस्कृत में कायम है, ग्रीक में नहीं है। यदि मूल ध्वनि संस्कृत में प्राप्त है तो सम्भावना यही है कि उसके साथ का मूल स्वर भी संस्कृत में बना रहा होगा। भाषाविज्ञानियों का अव्यक्त तर्क यह है कि यूरुप की भाषाओं में सघोष महाप्राण ध्वनियाँ तो बदल गईं, उनके साथ का मूल स्वर उन भाषाओं में बना रहा।

संस्कृत **भरति** के शब्द-मूल **भर्** से एक शब्द बनता है **भार**। इस **भार** का ग्रीक प्रतिरूप है **बरोस्** (भार, बोझ)। यहाँ **भ्** ग्रीक भाषा में **फ्** रूप में ग्रहण नहीं किया गया; महाप्राणता का लोप हुआ और सघोषता बच रही जैसे **रुधिर** के लैटिन प्रतिरूप **रुबेर** में बच रही थी। भाषाविज्ञानी **भरति** के साथ ग्रीक **फेरेइ** को तो याद करेंगे, ग्रीक **बरोस्** को भूल जायेंगे। गौथिक भाषा में इसी **भर्** का प्रतिरूप **बर्** (ले जाना, वहन करना) है जिसमें ग्रीक **बरोस्** के समान अकार है। जैसा सम्बन्ध **भर्** और **भार** में है, वैसा ही **पशु** की मूल क्रिया **पश्** और **पाश** में है। लैटिन में **पशु** का प्रतिरूप **पेकु** है किन्तु **पाश** के प्रतिरूप **पागुस्** (निश्चित सीमाओं वाली भूमि) और **पको**, **पगो** तथा **पंगो**

(बाँधना) हैं। इन लैटिन प्रतिरूपों में एकार के स्थानों पर अकार है। धरा शब्द तमिल में **तॅरइ** है; लटिन में इसी अर्थ का द्योतक **तॅरा** शब्द है। लटिन **तॅरा** और संस्कृत **धरा** को एक-दूसरे का प्रतिरूप माना जायगा या नहीं ?

संस्कृत **दक्षिण** पुरानी तमिल में **तॅक्कणम्** रूप में सुलभ हुआ। अंग्रेज़ी में **दक्षिण** को **डॅकन्** इसी तमिल **तॅक्कणम्** के अनुरूप कहते हैं। यह शायद ही कोई कहे कि अंग्रेज़ी **डॅकन्** से **दक्षिण** का विकास हुआ है। इसी प्रकार अंग्रेज़ी रूप **बॅङ्गाल्** से **बंग या बाँगाल** की उत्पत्ति न मानी जायगी। भारत के शिक्षित जन जब बहुत अंग्रेज़ी ढंग से हिन्दुस्तानी शहरों या प्रदेशों का नाम लेते हैं तब पटना को पैटना, कश्मीर को कैश्मियर् कहते हैं। पर ये शब्दों के मूलरूप नहीं हैं।

संस्कृत **भरति** ग्रीक भाषा में **फेरेइ** वैसे ही है जैसे संस्कृत **धरा** तमिल में **तॅरइ** है, संस्कृत **दक्षिण** पुरानी तमिल में **तॅक्कणम्** है, जैसे तमिल **तॅरइ** लैटिन में **तॅरा है,** जैसे तमिल **तॅक्कणम्** अंग्रेज़ी में **डॅकन्** है।

बरो ने संस्कृत पर अपने ग्रन्थ में लिखा है कि मूल इन्डोयूरोपियन भाषा में जहाँ क-वर्गीय व्यंजन के साथ एकार था, वहाँ भारत ईरानी शाखा में तालव्यीकरण के साथ अ स्वर का व्यवहार होता है, यथा लैटिन **क्वे** का संस्कृत प्रतिरूप **च** (और) है। यह अधिक स्वाभाविक होता कि तालव्यीकरण के साथ अकार के बदले वह स्वर जोड़ा जाता जो तालव्य व्यंजन के निकट था जैसा कि बोलचाल की तमिल में अक्सर होता है। यदि मूल शब्द **च** है तो जिस भाषा में च-वर्गीय ध्वनियाँ नहीं हैं, वह तालव्य ध्वनि के चिह्न-स्वरूप, एकार जोड़ेगी (जैसे **फिलिप** के उक्रैनी रूपान्तरण **ख्विलिप** में **ख्** के साथ, ओष्ठ्य तत्व के चिह्नस्वरूप **व्** जोड़ा जाता है)। अतः लैटिन में संस्कृत **च** का परिवर्तित रूप **क्वे** स्वाभाविक होगा। ग्रीक भाषा में इसका प्रतिरूप **ते** है जहाँ एकार उसी तालव्य ध्वनि का स्मृति चिह्न है। (सम्भव है, लैटिन **क्वे** सीधे **च** का रूपान्तरण न होकर ग्रीक **ते** के समकक्ष किसी **पे** का प्रतिरूप हो।)

जहाँ तक मूल ओकार के भारत-ईरानी अकार में बदलने का प्रश्न है, इस तरह का तथाकथित परिवर्तन अन्यत्र इतना अधिक है कि उसके सम्बन्ध में कोई नियम नहीं बनाया जा सकता। इस सम्बन्ध में बरो ने संस्कृत वाली पुस्तक में यह मत प्रकट किया है : "**अ** तथा **ओ** स्वरों का उलझाव इन्डोईरानियन शाखा के बाहर जर्मनिक, स्लावोनिक और हित्ताइत शाखाओं में भी पाया जाता है। निश्चयपूर्वक यह कहना सम्भव नहीं है कि भिन्न भाषा-समुदायों में यहाँ समानान्तर स्वतन्त्र विकास हो रहा है, अथवा **ओ** और **अ** का यों घुलमिल जाना इन्डोयूरोपियन भाषा का प्राचीन बोलीगत लक्षण है।" (पृष्ठ १०३)। स्वतन्त्र विकास का अर्थ यह है कि प्राचीन हित्ती, पुरानी स्लाव और जर्मन भाषाओं में भी एक ही प्रकार का ध्वनि-परिवर्तन होने लगा। जब अनेक भाषाओं में एक साथ एक ही प्रकार का 'स्वतन्त्र' ध्वनि-परिवर्तन होने लगे, तब ऐसे परिवर्तन की स्वतन्त्रता को संदिग्ध मानना चाहिए। इसी कारण विकल्प रूप में इस सम्भावना पर विचार करते हैं कि **ओ** तथा **अ** का घुलनमिलन आदि भाषा का बोलीगत लक्षण है। इसे यों भी कहा जा सकता है कि दो भिन्न बोलियों की प्रवृत्तियाँ एक ही भाषा-समुदाय

में घुलमिल गई हैं जिसे आदि भाषा की संज्ञा दी गई है। भारत में न केवल अकार-ओकार वरन् एकार-ओकार-अकार के तीन केन्द्र तीन क्षेत्रों की भाषाओं में अपने विशिष्ट प्रयोग का प्रमाण देते हैं और तीन भिन्न स्वर प्रवृत्तियों के मिश्रण के प्रमाण आर्य-भाषाओं के अलावा द्रविड़ भाषाओं में भी दिखाई देते हैं। भिन्न भाषा-परिवारों में प्रसारित यह अखिल भारतीय मिश्रण का प्रपंच भारत से बाहर पश्चिमी एशिया और यूरुप की नई-पुरानी भाषाओं में दिखाई देता है।

एकार-ओकार की तरह **अइ, अउ** आदि संयुक्त स्वर हैं जिनके लिए कल्पना की गई है कि भारत में आकर उनका संयुक्त रूप नष्ट हो गया और वे एक स्वर रह गये। यहाँ भारत-ईरानी शाखा में भारत अकेला रह जाता है क्योंकि ईरानी भाषा संयुक्त स्वरों को बहुत कुछ बनाये रहती है। कल्पना की गई है कि प्रसिद्ध **वेद** शब्द के प्रथम वर्ण में मूलतः संयुक्त स्वर था। शब्द था **ऑइद** जैसा कि रूप ग्रीक में मिलता है (अर्थ है—जानता हूँ)। अवेस्ता में इसका रूप **वएद्** है। इसी प्रकार देव शब्द मूलतः **दॅइव** होना चाहिए।

इस तरह के परिवर्तन वैसे ही अकारण होते दिखाई देते हैं जैसे ओकार-एकार सम्बन्धी परिवर्तन थे। सबसे पहले तो इस बात पर ध्यान जाता है कि संस्कृत में अइ, अउ जैसे संयुक्त स्वर विद्यमान हैं। पुराने संयुक्त स्वर नष्ट हो जायँ और वैसे ही नये स्वर फिर रचे जायँ, यह क्रिया समझ में नहीं आती। इसके अतिरिक्त भारत के भाषाई परिवेश में संयुक्त स्वरों की भरमार है। (संयुक्त स्वर दो भिन्न स्वरों से इस बात में अलग होता है कि भिन्न स्वरों से जहाँ दो वर्ण रचे जाते हैं, वहाँ संयुक्त स्वर से एक ही वर्ण रचा जाता है।) तमिल भाषा में एक सामान्य प्रवृत्ति है कि संस्कृत शब्दों के अन्त में जहाँ दीर्घ स्वर है, उसके स्थान पर वह संयुक्त स्वर का व्यवहार करती है यथा **धरा—तॅरइ, धारा—तारइ, सीमा—चिमइयम्** (पहाड़ की चोटी), **सभा—अवइ।** इसके अतिरिक्त संस्कृत शब्दों के अन्य स्थानों के स्वर भी कभी-कभी संयुक्त स्वरों के रूप में ग्रहण किये जाते हैं यथा : **राजन्—अरइचु, अमात्य—अमइञ्चु, समय—अमइयम्।** यह प्रवृत्ति नाग भाषाओं में भी देखी जाती है। शंकर भट ने बोरो भाषा के शब्दभण्डार पर अपनी पुस्तक में इस तरह के उदाहरण दिये हैं : हिन्दी **नॅवला—नॅवलय्, पढ़ना—पॉरय्, पछतावा—पॉस्तय्।** सम्भव है बोरो जैसी नाग भाषाओं पर द्रविड़ प्रभाव पड़ा हो। सुधिभूषण भट्टाचार्य ने बोंद भाषा के शब्द कोष पर अपनी पुस्तक में कोल परिवार की इस भाषा के बारे में लिखा है कि दीर्घ स्वरों को संयुक्त स्वरों में बदलने की प्रवृत्ति इसमें देखी जाती है। बोडिंग ने सन्थाली भाषा के व्याकरण में सन्थाली के संयुक्त स्वरों की चर्चा की है, उनकी संख्या सोलह है। बरो ने मूल इन्डोयूरोपियन भाषा के जो संयुक्त स्वर गिनाये हैं, वे केवल बारह हैं।

अन्य परिवारों के अलावा स्वयं आर्यभाषा-परिवार में संयुक्त स्वरों की कमी नहीं है। डा० सुनीतिकुमार चाटुर्ज्या ने बँगला भाषा और उसकी बोलियों में अनेक संयुक्त स्वरों का विवरण दिया है यथा : **कॉरे–कॉइरा, रेखे–रइखा, केनो–कअॅनो।** बँगला की एक विशेषता यह है कि संयुक्त स्वर का प्रथम अंश दीर्घ भी हो सकता है यथा संस्कृत

ऐ (अइ) बँगला में **आइ** वत् उच्चरित होता है : **ऐक्य—आइक्य, ऐश्वर्य—आइश्वर्यो।** इसी प्रकार संस्कृत **औ** का उच्चारण **आउ** वत् होता है। भारत के भाषाई परिवेश में संयुक्त स्वरों की प्रचुरता होने पर यदि आगन्तुक आर्यों के मूल संयुक्त स्वर एक स्वर में बदल गये तो यह बड़े आश्चर्य की बात है।

अब संस्कृत शब्दों के कुछ अभारतीय प्रतिरूपों को देखें। **वेद** शब्द का ग्रीक प्रतिरूप **ऑइद** है। ग्रीक भाषा में **व्** ध्वनि का अभाव है; अतः वह उसके स्थान पर स्वर का व्यवहार करती है। **व्** के ओष्ठ्य तत्व के अनुकरण के लिए **ओ स्वर** अत्यन्त अनुकूल है। अतः **वेद** के **वे** के स्थान पर **ऑइ** का व्यवहार इस भाषा के लिए अत्यन्त स्वाभाविक है। लैटिन भाषा में **वीनुम्** शब्द अंग्रेजी **वाइन्** (शराब) का मूल रूप है और उसका ग्रीक प्रतिरूप **ऑइनोस्** है। आवास के लिए संस्कृत का पुराना शब्द **विश है**। इसका ग्रीक प्रतिरूप **ऑइकोस् है**। नाग परिवार की इदु भाषा में वास का प्रतिरूप **ऑको** है; **व्** के स्थान पर स्वर का प्रयोग, **स्** का तालव्यीकरण, फिर **क्** में उसका रूपान्तरण। बँगला भाषा में इस तरह के **व्**-सम्बन्धी परिवर्तन बहुत साधारण हैं। डा० चाटुर्ज्या की पुस्तक से कुछ उदाहरण देते हैं : **दावत—दाऑयात, दवात—दोयात, पुलाव—पॉलाऑ, आवाज—आऑयाज, आबहवा—आबहाऑया, वजन—ऑजन, जानवर—जानोयार।** विदेशी शब्दों का यह बंगालीकरण उस भाषा की प्राचीन ध्वनि प्रवृत्ति का प्रमाण है। इससे मिलते-जुलते परिवर्तन ग्रीक भाषा में होते हैं तो इसमें आश्चर्य की बात नहीं है।

ऑइ के समान **ॲइ** का संयुक्त स्वर भी भारत की भाषाओं में विद्यमान था। बँगला भाषा के लिए जैसे अकार को ओकार रूप में ग्रहण करना सहज है, वैसे ही तमिल भाषा के लिए अकार को एकार रूप में ग्रहण करना सहज है। द्रविड़ भाषाओं के ध्वनितन्त्र पर ज़्वेलेबिल ने लिखा है कि संयुक्त स्वर **अइ** आधुनिक उच्चारण में **ॲय्** बोला जाता है। अतः यदि **देव** शब्द पहले **दॅइव** रूप में बोला जाता था तो संयुक्त स्वर के एकार में बदलने का कोई कारण नहीं है। इसके विपरीत यदि द्रविड़ प्रवृत्ति पर ध्यान दिया जाय तो **दे** के स्थान पर **दॅइ** का उच्चारण स्वाभाविक लगेगा। अतः भारत के बाहर जिन भाषाओं में **ॲइ** संयुक्त स्वर है, उसका कारण द्रविड़ प्रभाव माना जा सकता है। संस्कृत देवर के मूल रूप में प्रारम्भिक वर्ण का स्वर संयुक्त माना गया है किन्तु इसका लैटिन प्रतिरूप **लेविर् है**, वह **देवर** का ही रूपान्तर है। संस्कृत **बोधामि** (मैं जानता हूँ) का ग्रीक प्रतिरूप **पॅउथोमइ** बताया गया है, इसमें **ॲउ** को मूल ध्वनि कहा गया है। मूल व्यंजन ध्वनि **ध्** ग्रीक भाषा में नहीं है। वह संस्कृत में है; उसके साथ जिस स्वर का प्रयोग हुआ है, उसी को शब्द का मूल स्वर मानना चाहिए। इसी प्रकार संस्कृत **जोषति** (स्वाद लेता है) का ग्रीक प्रतिरूप **गॅउओमइ** है। ग्रीक भाषा में **ज्** ध्वनि नहीं है, संस्कृत में है; उसके साथ के स्वर को शब्द का मूल स्वर मानना चाहिए। संस्कृत **बोधयति** का लिथुआनियन प्रतिरूप **पसिबउदिति** है। बरो ने इसे **ऑउ** संयुक्त स्वर के प्रमाणरूप दिया है। उनके अनुसार मूल **ऑउ** ध्वनि लिथुआनियन में **अउ** हुई, संस्कृत में **ओ**। किन्तु **बोधयति** का यही **बोध्**, **बोधामि** के ग्रीक प्रतिरूप **पॅउथोमइ** में

ॲउ संयुक्त स्वर का उदाहरण **बन चुका है। बोध** का **ओ** कहाँ **ॲउ** का परिवर्तित रूप है और कहाँ **आॅउ** का, यह बात स्पष्ट नहीं की गई।

र् व्यंजन से इ स्वर को मिलाने पर जो वर्ण बनता है, वह दो तरह से लिखा जा सकता है : **रि** और **ऋ**। संस्कृत में कुछ शब्द दोनों प्रकार से लिखे जाते हैं। **री** क्रिया का अर्थ है चलना; इसी से **रीति** शब्द बनता है; **ऋतु** का सम्बन्ध **ऋ** से है और उसका अर्थ भी चलना है। **रि** क्रिया का अर्थ है स्तुति करना; **ऋच्** का भी यही अर्थ है। एक तरह के रूपों में **ऋ** लिखा जाता है जो वैयाकरणों के अनुसार विशुद्ध स्वर है; दूसरे रूपों में **रि** लिखा जाता है जो व्यंजन और स्वर का योग है। इससे निष्कर्ष यह निकलता है कि **ऋ** विशुद्ध स्वर नहीं है; उसमें और **रि** में अन्तर यह है कि व्यंजन तत्व अत्यन्त क्षीण होने से **ऋ** ध्वनि स्वरवत् सुनाई देती है।

ऋ को सामान्य स्वर माना जाता है। इसका गुण-रूप **अर्** और **र** होता है। **इ** का गुण-रूप **ए, उ** का गुण-रूप **ओ; ए** और **ओ** दोनों स्वर हैं, उन्हें **इ** और **उ** का गुण-रूप कहना उचित है। किन्तु **अर्** और **र** किसी प्रकार भी स्वर नहीं कहे जा सकते। इसी **ऋ** का वृद्धि-रूप **आर्** होता है; वह विशुद्ध स्वर से और भी दूर है। **ऋ** का गुण-रूप **अर्** इसलिए होता है कि तथाकथित स्वर में व्यंजन तत्व विद्यमान है, र् व्यंजन से पहले अतिरिक्त स्वर जोड़ने की प्रवृत्ति विद्यमान है।

मूर्धन्य **र्** का समीपवर्ती स्वर **इ** है, **उ** नहीं है। इसीलिए **ऋ** वाले शब्दों के प्रतिरूपों **रिष्, री** आदि में इकार है, उकार नहीं। प्राचीनकाल में **ऋ** का उच्चारण उकार के साथ भी होता था, इसीलिए **वृद्ध** शब्द का हिन्दी रूप **बुड्ढा** होता है। उर्दू में संस्कृत **ऋतु रुत** लिखा और बोला जाता है, हिन्दी उच्चारण में इकार है। महाराष्ट्र तथा दक्षिण भारत में **ऋ** के उकार वाले उच्चारण की प्रधानता है। यह उसका मूल उच्चारण नहीं है। उत्तर-पश्चिमी भाषाओं में **उ** और **व्** की प्रधानता रही है। **ऋ** के इस परम्परागत उकार वाले उच्चारण का यही कारण है।

जो लोग समझते हैं कि **मूर्धन्यीकरण** की प्रवृत्ति विशेष रूप से भारत में अनार्य प्रभाव से उत्पन्न हुई, वे चुपचाप **ऋ** स्वर को आदि इन्डोयूरोपियन भाषा की ध्वनि व्यवस्था के अन्तर्गत मान लेते हैं, मानों मूर्धन्यीकरण की प्रवृत्ति से उसका कोई सम्बन्ध हो ही नहीं। यूरुप की भाषाओं के विकास-काल में इस प्रवृत्ति के अस्तित्व को स्वीकार किये बिना **ऋ** की व्याख्या नहीं हो सकती।

ह्रस्व-दीर्घ स्वरों की परम्परा के अनुरूप ह्रस्व **ऋ** के साथ उसके दीर्घ स्वर-रूप की भी कल्पना की गई। जब यह ध्वनि दीर्घ स्वर-रूप में उच्चरित होगी, तब पहले से ही क्षीण **र्** तत्व लुप्त ही हो जायगा और केवल **ई** (अथवा ऊ) स्वर सुनाई देगा। शब्द निर्माण में इस दीर्घ **ॠ** की उतनी बड़ी भूमिका नहीं है जितनी ह्रस्व **ऋ** की है। **पितॄन्** जैसे दो-चार रूपों में ही उसका व्यवहार होता है।

मगध तथा उत्तर-पश्चिमी सीमान्त पर जिन लोगों की भाषा में ल् ध्वनि प्रधान थी, वे **ऋ** के समकक्ष **ऌ** स्वर गढ़ने में पीछे न रह सकते थे। **ऋ** के समकक्ष **ऌ** स्वर की कल्पना की गई। सैकड़ों साल तक यह तथाकथित स्वर वर्णमाला का अभिन्न अंग

बना रहा। जिन शब्दों में इसका व्यवहार होता हो, उनकी संख्या नगण्य है। बहुत ढूँढ़ने पर एक क्रिया मिली **क्लृप्** (व्यवस्थित होना)। इसी से **कल्प** रूप भी बनता है। ऐसा लगता है कि शब्द-मूल **कल्प्** में जब वर्ण-संकोच की प्रवृत्ति ने काम किया, तब **क्लृप्** जैसे रूप की कल्पना की गई। पाश्चात्य ऐतिहासिक भाषाविज्ञान में इसे विशुद्ध **ल्** स्वर माना जाता है; भारतीय परम्परा में उसके अन्दर **र्** तत्व विद्यमान है। वास्तव में इस तरह का कोई स्वर नहीं था और **लृ** की कल्पना उत्तर-पश्चिमी अथवा मागध लकार-बाहुल्य के प्रभाव का परिणाम है। इसका कोई दीर्घ स्वर-रूप भी होता था, ऐतिहासिक भाषाविज्ञान में इसका उल्लेख नहीं है।

सारांश यह है कि इन्डोयूरोपियन परिवार की प्राचीन भाषाओं के ध्वनितन्त्र में जो अक्षर-ध्वनियाँ मिलती हैं, वे सब एक साथ किसी गण समाज की भाषा में विकसित नहीं हुईं। उनके आधार पर आदि इन्डोयूरोपियन भाषा की ध्वनि-व्यवस्था की कल्पना अवैज्ञानिक है। **क्-त्-प्** जैसी सामान्य ध्वनियाँ भी सभी भाषाओं में प्राप्त नहीं हैं; उनके विकास-केन्द्र भिन्न थे। **घ्-ध्-भ्** जैसी विशिष्ट ध्वनियों के विकास-केन्द्र और भी विरल, किसी एक भाषाई क्षेत्र में सीमित थे। सघोषता और महाप्राणता के लक्षणों का विकास भारत में हुआ; आर्यभाषा परिवार से वह अन्य परिवारों में फैला। भारत को भाषाई क्षेत्र मानकर यहाँ के विभिन्न परिवारों के ध्वनितन्त्र का अध्ययन किया जाय तो यूरुप की भाषाओं में जो ध्वनिपरिवर्तन आकस्मिक लगते हैं, उनके कारण समझ में आने लगते हैं। विभिन्न गण भाषाओं की ध्वनि प्रवृत्तियाँ एक-दूसरे को प्रभावित करती हैं, इसलिए एक ही भाषा में अनेक ध्वनि प्रवृत्तियाँ देखी जाती हैं। इसी कारण ध्वनिपरिवर्तन के अटल नियमों का अस्तित्व सिद्ध नहीं होता; अस्तित्व सिद्ध होता है भिन्न प्रकारों की ध्वनि-परिवर्तन-रीतियों का। इन ध्वनि-परिवर्तन-रीतियों के निर्माण में द्रविड़ भाषाओं के अतिरिक्त नाग और कोल भाषाओं का योगदान भी है। इन भाषाओं को आर्य भाषाओं ने प्रभावित किया है, वे उनसे प्रभावित भी हुई हैं। भारत से बाहर की इन्डोयूरोपियन भाषाओं तथा भारतीय भाषा-परिवारों का सम्बन्ध सीमित और जड़ न होकर गत्यात्मक और विविध है; अनेक प्रदेशों और अनेक शताब्दियों में घटित होने वाले परस्पर सम्पर्क के कारण इनके ध्वनितन्त्र निरन्तर विकासमान अवस्था में रहते हैं। ऐसा ही सम्पर्क और विकास भाषा के अन्य स्तरों पर भी दिखाई देता है।

२

भारतीय भाषा परिवार और इंडोयूरोपियन शब्दतंत्र

१. दस्त, दक्ष, तक्षन्

संस्कृत **हस्त** और फ़ारसी **दस्त** का मूल रूप **धस्त** है, यह बात पहले कही जा चुकी है। **धस्त** में यदि हम **धस्** को शब्द-मूल मानें तो इन्डोयूरोपियन परिवार और द्रविड़ भाषा परिवार के बहुत से शब्दों की व्याख्या हो सकती है और अर्थ-विस्तार की प्रक्रिया समझ में आ सकती है। मनुष्य सबसे अधिक काम हाथ से करता है, अतः जो क्रिया काम करने के लिए प्रयुक्त होती है, उसका सम्बन्ध हाथ से होना स्वाभाविक है। संस्कृत में **धाता, विधाता** आदि शब्द निर्माता के लिए प्रयुक्त होते हैं। **धा** क्रिया का अर्थ है रखना, लेना या लाना, देना, कार्य करना, निर्माण करना, पकड़ना, पाना। हिन्दी शब्द **धन्धा** उसी मूल क्रिया से सम्बद्ध है जिससे **धस्त** शब्द बना था। द्रविड़ प्रभाव से **धा** रूप जब अल्पप्राण होता है तब **दा** क्रिया प्राप्त होती है। **दान, दाता** आदि शब्दों में जो शब्द-मूल **दा** है, वह **धा** का ही प्रतिरूप है। लेने-देने का काम हाथ से होता है; **धा** का एक अर्थ देना भी है जो अल्पप्राण रूप **दा** का विशेष अर्थ है। **दा** का अर्थ करना भी है। फ़ारसी **दस्त** में जो **दस्** क्रिया है, उससे बहुत सहज ढंग से **दास** शब्द सिद्ध होता है। **दास** शब्द का मूल अर्थ था काम करने वाला। जो काम करते थे वे सेवक थे, जब सेवक बेचे और खरीदे जाने लगे, तब **दास** शब्द का वह अर्थ हुआ जो अब हम उसमें देखते हैं। रूसी भाषा में **दान्** शब्द का अर्थ है वह धन जो अपने ऊपर के प्रभुत्व-शाली व्यक्ति को दिया जाता है; किसी को चन्दा वगैरह दिया जाय, वह भी **दान्** है। इसी भाषा में एक दूसरा शब्द है **दार्** जिसका अर्थ है किसी को दी हुई वस्तु; **दरीत्** अर्थात् देना। रूसी भाषा में **दा** क्रिया अनेक रूपों में वर्तमान है। **दात्, दावात्**, शब्दों का अर्थ है देना, **दाच्** अर्थात् देने की क्रिया। इसके साथ ही करने वाला अर्थ उसके एकार वाले रूप से सम्बद्ध है। जैसे संस्कृत **दा** का हिन्दी प्रतिरूप **दे** है, वैसे ही रूसी में **दा** और **दे** दोनों रूप हैं। संस्कृत **दा** और हिन्दी **दे** का अर्थ एक ही है, रूसी में अर्थ-भेद है। **देलात्** माने करना, बनाना, **देलो** अर्थात् कार्य। अंग्रेज़ी भाषा के डू (करना) और **डीड्** (कार्य) इसी शब्द-शृंखला में आते हैं।

मूल क्रिया **धा** है। उसमें **ध** प्रत्यय जोड़ा जा सकता है, **भ** भी। **धभ** रूप में दो महाप्राण ध्वनियों के सामीप्य से बचने के लिए **ध्** को अल्पप्राण किया जाएगा और

दभ रूप बनेगा। पुनः **द्** ध्वनि **र्-ल्** में परिवर्तित होगी तो **रभ-लभ** प्राप्त होंगे। ये कृदन्त रूप पुनः क्रिया बनाये गये; इस प्रकार **रभ्-लभ्** (प्राप्त करना) धातुएँ सुलभ हुईं। **भ्** की महाप्राणता का लोप होने पर **लब्** और **रब्** रूप प्राप्त होंगे। लैटिन में **लबोरो** क्रिया का अर्थ है श्रम करना। इसमें वही शब्दमूल **लब्** है जो **लभ्** का विकास है। रूसी भाषा में **रबोता** माने काम, **रबोतात्** माने काम करना, **रबोत्निक्** माने श्रमिक, **रबोचिइ** माने श्रमिक, श्रम, **राब्स्त्वो** माने दासता, **राब्स्की** माने दास। जो काम करता है, वह एक स्थिति में गुलाम होता है। रूसी भाषा में **रब्** शब्द-मूल से मजदूर और गुलाम, दोनों तरह के अर्थ देने वाले शब्द बनते हैं। इससे **दास** शब्द का जो मूल श्रमिक वाला अर्थ ऊपर बताया गया है, उसकी पुष्टि होती है।

द्रविड़ भाषाओं में शब्द के आदि स्थान पर अघोष अल्पप्राण **त्** का व्यवहार होगा। तमिल **तरु, तार्, ता** का अर्थ है देना। **त** शब्द-मूल से बने हुए रूप तमिल, मलयालम, कोत, तोद, कन्नड़, कोडगु, तुलु, तेलुगु, गोंडी, कोन्ड, कुइ, कुवि भाषाओं में हैं। जैसे आर्य परिवार की समस्त आधुनिक भाषाओं में **द** वाली क्रिया है, वैसे ही लगभग सभी द्रविड़ भाषाओं में **त** वाली क्रिया है जिसका अर्थ है देना, लेना, पाना, बनाना इत्यादि, उसी तरह के अर्थ जिस तरह के संस्कृत क्रिया **धा** से प्राप्त होते हैं। आर्य और द्रविड़ भाषाओं के प्राचीन घनिष्ठ सम्बन्धों का प्रमाण मनुष्य की एक आदिम क्रिया के सूचक इस शब्द का व्यापक व्यवहार है।

ब्राहुइ में इस शृंखला का शब्द **हत, हतरिङ्** है जिसका अर्थ है लाना। यह शब्द **ता** और **तरु** वाली शृंखला का नहीं है। इसका सीधा सम्बन्ध उस रूप से है जहाँ **ध** क्रिया से **धत—हत** जैसा रूप बनता है जो फ़ारसी **दस्त** की अपेक्षा संस्कृत **हस्त** के अधिक निकट है। **ता** और **तरु** वाली शृंखला में **तो** और **ते** वाले रूप भी हैं। तेलुगु में **तॅच्चु, ते, तेर्** (पाना, लाना, बनाना) तथा तोद में **तोर्, तो, तॉद्** (देना) रूप हैं। (कोलमि भाषा के **कोद, कोदर्** रूप अन्य शब्द मूल से निष्पन्न होते हैं।) तमिल **तॅक्कु** (पाना) और **तण्डु** (उगाहना) इसी शब्दमूल से सम्बद्ध हैं। जैसे संस्कृत **कर** का एक अर्थ हाथ है और दूसरा अर्थ वसूल किया जाने वाला **कर** है, वैसे ही तमिल **तण्डु** का अर्थ ऋण, कर आदि वसूल करना है। तमिल **तण्डम्** का अर्थ है टैक्स। यह संस्कृत **दण्ड** का प्रतिरूप है और **दण्ड** स्वयं **धन्ध** का रूपान्तर है। मलयालम **तॅण्डुक** (पाना), कोत **तण्ड्** (कर्ज चुकाना), **दण्ड्** (काम करके कर्ज चुकाना), तेलुगु **तण्डु, दण्डु** (प्राप्य धन माँगना या वसूल करना), तुलु **दण्ड्युनि** (माँगने के लिए हाथ पसारना)—ये सारे रूप संस्कृत **दण्ड** का मूल अर्थ व्यक्त करते हैं और स्वयं उसी शब्दमूल से जुड़े हुए हैं जिसका आदि व्यंजन सघोष महाप्राण है और जिसके दो मूल अर्थ हैं, काम करना और हाथ। अंग्रेज़ी क्रिया **टेक** (लेना) इसी अघोष अल्पप्राण द्रविड़ शब्द-मूल से सम्बद्ध है। अंग्रेज़ी शब्द **टैक्स** का सम्बन्ध **टेक** क्रिया से है। **टैक्स** और **टास्क** (कार्य) परस्पर सम्बन्धित हैं।

अंग्रेज़ी **टास्क** का एक पुराना फ्रेन्च प्रतिरूप **ताश** है। तालव्य **श्** के **स्क्** रूप में ग्रहीत होने पर फ्रेन्च में ही दूसरा रूप **तास्क** है। **ताश** रूप में देखा जा सकता है कि काम करने के अर्थ में **ता** क्रिया के साथ **श** प्रत्यय जोड़ा गया है। **धस्-दस्-तस्** प्रक्रिया

से भी **तास-ताश** रूप प्राप्त हो सकता है। **तक्ष और तक्षन्** में **तस्** विद्यमान है। यह **घस्त** की उसी **घस्** क्रिया का अघोष अल्पप्राण रूप है। हाथ से कारीगरी के सारे काम होते हैं, अतः कारीगर के लिए **तक्षन्** शब्द का प्रयोग होने लगा। **तस्-तश्-तक्** क्रिया में **स** प्रत्यय जोड़ा गया। इस तरह **तक्ष** शब्द का निर्माण हुआ। बढ़ई का काम कुछ गण समाजों में बहुत महत्वपूर्ण रहा होगा, इसलिए इस शब्द का प्रयोग कारीगर विशेष के लिए होने लगा। ग्रीक भाषा में उसका सम्बन्ध सामान्य कौशल से है; **तॅख्ने** अर्थात् कौशल, **तॅख्नितेस्** अर्थात् कलाकार, कारीगर। यह शब्द फ्रेन्च से होता हुआ अंग्रेज़ी में **टेकनीक्** बना; उसके आधार पर अब हिन्दी में भी **तकनीक, तकनीकी** शब्दों का प्रयोग होने लगा है। उसी **घस्** क्रिया के सघोष रूप **दस्** से बनने वाले **दक्ष** शब्द में वही कौशल वाला भाव है। **दाक्षिण्य** का अर्थ कौशल या चतुराई हुआ। कारीगरी के काम दाहने हाथ से किये जाते थे, इसलिए **दक्षिण** शब्द का प्रयोग दाहने हाथ के लिये किया जाने लगा। सूर्य की ओर मुँह करके खड़े होने पर दाहने हाथ की तरफ जो दिशा थी, उसे **दक्षिण** नाम दिया गया।

संख्यावाचक शब्दों के निर्माण में हाथ वाले शब्द की महत्वपूर्ण भूमिका है। एक हाथ में पाँच उँगलियाँ, दोनों में मिलाकर दस। हिन्दी में जो **दस** है, वह पश्तो में **लस्** है। पश्तो में इस शब्द के दोनों अर्थ हैं : **लस्** माने दस और **लस्** माने हाथ। **दस** और **लस्** में उसी तरह का ध्वनि सम्बन्ध है जैसा हिन्दी **देवर** और पश्तो **लेवर्** में। इस भाषा में दस और हाथ, दोनों के लिए **लस्** का प्रयोग होने से संस्कृत **दश** के मूल अर्थ का ज्ञान होता है।

संस्कृत में हाथ के लिए एक दूसरा शब्द है **पाणि**। इसे **पण्** क्रिया से सिद्ध किया जाता है जिसका एक अर्थ खरीदना, बेचना, विनिमय करना और मोल-भाव करना है। शब्द का यह मूल अर्थ नहीं है। मूल अर्थ है काम करना और यह अर्थ द्रविड़ भाषाओं में सुरक्षित है : तमिल **पण्** (कर्म), **पणि** (क्रिया), **पणदि** (कौशल, अलंकार), **पणिदि** (निर्मिति), **पणिक्कन्** (उस्ताद कारीगर, बढ़ई), **पणिनर्** (सेवक), **पण्णु** (बनाना, अलंकृत करना); मलयालम में **पणि** (श्रम), **पणिक्कन्** (कारीगर), **पणियुग** (निर्माण करना)। कन्नड़, तेलुगु, तोद, तुलु आदि भाषाओं में इस श्रृंखला के शब्द-मूल का व्यापक व्यवहार होता है, प्रथम वर्ण में सर्वत्र अकार है केवल तोद में ओकार है। एक द्रविड़ भाषा गदब है जिसमें इसी श्रृंखला का एक शब्द **पन्ड्** है जिसका अर्थ है योग्य होना, सक्षम होना। यह रूप उसी श्रृंखला का है, इसका प्रमाण पर्जि भाषा का **पन्ड्प्, पन्ड्त्** शब्द है जिसका अर्थ है करना, बनाना। संस्कृत शब्द **पण्डित** उसी शब्द-मूल **पण्** से सिद्ध करना चाहिए। पण्डित मूलतः वह नहीं है जो पुस्तकें पढ़ता है वरन् वह है जो हाथ से काम करने में कुशल है। **हस्त** वाली श्रृंखला में जो स्थिति **दक्ष** की है, वही स्थिति **पाणि** वाली श्रृंखला में **पण्डित** की है।

हाथ से लेन-देन का काम होता है, अतः **पण्य** उसे कहेंगे जो बेचा या खरीदा जाय। इसका एक अर्थ वह स्थान भी है जहाँ क्रय-विक्रय का यह कार्य किया जाता है, प्रतिष्ठान या दूकान। इसी शब्द-मूल का आदि वर्ण जब सघोष होता है तब उससे

बणिज् शब्द बनता है; जो क्रय-विक्रय का काम करे वह **बणिज्**। वणिज् का **व् ब्** का रूपान्तर हो सकता है, **प्** का भी। भारत का बनिया अपनी कंजूसी के लिए वैदिक काल से विख्यात रहा है। संस्कृत में **पणि** का एक अर्थ कंजूस, बहुत मोल-भाव करने वाला व्यक्ति भी है। **ऋग्वेद** में यही पणि अपने खजानों पर मँडराते रहते हैं, ऋषियों को उनकी झलक भी मिलने नहीं देते। जिस **पणि** का अर्थ श्रमिक था, वह अर्थ-विकास की इस प्रक्रिया के दूसरे छोर पर पहुँचकर मूल अर्थ का बिल्कुल उलटा हो गया—कंजूस जो खुद काम न करे और पैसा बटोरकर उसकी रखवाली करता रहे।

इसी श्रृंखला में द्रविड़ भाषाओं के अन्य शब्द हैं। तमिल **पडु** (करना), **पडइ** (निर्माण करना), **पाडु** (उद्योग), मलयालम **पडुक्कु** (पकड़ना, पाना), **पडॅक्क** (बनाना, रचना), पर्जि **पड्** (प्राप्त करना), कन्नड़ **पडि** (पाना), **पाडि** (योग्यता), तेलुगु **पाडु** (कर्म, श्रम)। **पण्** के समानान्तर **पड्** शब्द-मूल से भी द्रविड़ भाषाओं में व्यापक रूप से शब्द बनते हैं और उनका व्यवहार होता है। सम्भवतः **ण्** के रूपान्तर ड़् से यह शब्द-मूल बना है। **पण** और **पड़** मूलतः एक होंगे।

ग्रीक भाषा में **पओमइ** (पाना), **पॉनेओ** (कठिन श्रम करना), **पोनोस्** (कठिन श्रम) सीधे उसी शब्द-मूल **पन्** से बने हैं। ग्रीक भाषा में ही **प्रास्सो** (काम करना), **प्राक्सिस्** (क्रिया), **पोलॅउओ** (बेचना), **पोलेस्** और **पोलेतेस्** (विक्रेता) इसी श्रृंखला में आते हैं। **पोन्** और **पोल्** एक ही शब्द के प्रतिरूप हैं। इनमें **पोल्** वाले रूप से ग्रीक शब्द **पलामे** बनता है जिसका अर्थ है हाथ, हथेली, हाथ से बनाई हुई चीज, हाथ जिससे काम ले वह औजार। लैटिन भाषा में इसी का प्रतिरूप **पल्मा** (हाथ) है। अंग्रेजी शब्द **पाम** (हथेली) इसी लैटिन शब्द का प्रतिरूप है; वर्तनी में **ल्** लिखा जाता है, उच्चारण में उसका लोप कर देते हैं।

संस्कृत **भाण्ड** के अनेक अर्थ हैं: वर्तन, औजार, अलंकार, माल, पूँजी, खजाना। **पण्** शब्द-मूल से बनने वाले रूप जिस तरह के अर्थ देते हैं, उसी तरह के अर्थ **भाण्ड** शब्द से प्राप्त होते हैं। **भाण्ड** शब्द संस्कृत की किस क्रिया से बना है, कोषकारों को इसका निश्चय नहीं है। यदि **धा** वाली श्रृंखला पर विचार करें तो **भा** अथवा **भन्** जैसी क्रिया के अस्तित्व पर विश्वास हो जाता है। **धन्** क्रिया से व्युत्पन्न **धन** शब्द का जो अर्थ है, वही **भाण्ड** शब्द का भी है। और दोनों का मूल अर्थ है काम करना।

प्राचीन समाज में मनुष्य के काम आने वाली एक महत्वपूर्ण वस्तु है, मिट्टी का घड़ा। **भाण्ड** का सर्वाधिक प्रचलित अर्थ यही रह गया। कन्नड़ **बान्** का अर्थ बनाना है, हर तरह की चीज बनाना नहीं, कुम्हार की तरह बनाना **बान्** है। इसी का अन्य कन्नड़ प्रतिरूप **बाम्ब** है जिसका अर्थ है वर्तन बनाना। तेलुगु में इसी का प्रतिरूप **वानु** है। तमिल **पानइ** माने बर्तन। बर्तन बनाने के साथ कारीगर उन पर चित्रकारी भी करते थे। तमिल **वनइ** (निर्मित करना, चित्रित करना) **पानइ** से सम्बद्ध है। द्रविड़ कोषकारों ने **वनइ** के प्रसंग में आर्य भाषाओं के **बन्नु, बनाउनु** शब्दों को, टर्नर का हवाला देते हुए, बहुत सही याद किया है। इनमें हिन्दी **बनाना** भी जोड़ देना चाहिए। यह शब्द-मूल **भन्** का प्रतिरूप है जहाँ आदि स्थानीय वर्ण सघोष तो बना रहा किन्तु अल्प-

प्राण हो गया। संस्कृत और ग्रीक भाषाओं में अघोष अल्पप्राण **प्** वाले रूप का व्यापक व्यवहार सिद्ध करता है कि वैदिक भाषा समेत इन्डोयूरोपियन परिवार की भाषाओं के निर्माण काल तक एक लम्बी अवधि बीत चुकी है जिसमें सघोष महाप्राण ध्वनियों वाली प्राचीन आर्य भाषाएँ अघोष अल्पप्राण द्रविड़ भाषाओं के सम्पर्क में आती रही हैं और दोनों समुदाय एक-दूसरे को प्रभावित करते रहे हैं। मूल रूप **धा** और **धन्** की तरह **भा** और **भन्** हैं। द्रविड़ भाषाएँ इन शब्द-मूलों को अपनाकर, अघोष अल्पप्राण रूप में, उनका व्यापक व्यवहार करती हैं। संस्कृत में सघोष महाप्राण ध्वनियों वाले मूलरूप जहाँ-तहाँ सुरक्षित हैं। ग्रीक, लैटिन आदि में केवल द्रविड़ पद्धति वाले रूप प्राप्त हैं।

हाथ के लिए एक तीसरा शब्द है **कर**। करने वाली क्रिया में यही शब्द है और टैक्स के अर्थ में उसका व्यवहार होता है। वर्ण-संकोच से प्राप्त रूप से **क्रय विक्रय** शब्द बनते हैं। तमिल में **कइ** का अर्थ है हाथ; आदि स्थानीय व्यंजन के तालव्यीकरण से **चॅय्** रूप प्राप्त होता है, उसका अर्थ है करना। केवल तमिल, मलयालम, और तेलुगु में **च्** वाले रूप हैं, द्रविड़ कोश में अन्य भाषाओं से जो शब्द दिये गये हैं, वे सभी **क्** या **ग्** से आरम्भ होते हैं। इनमें कुइ के दो रूप **किव** और **गिव** दिलचस्प हैं। दोनों का अर्थ है करना। जैसे **दा** क्रिया का अर्थ देना है, करने वाला मूल अर्थ लुप्त हो गया है, वैसे ही अंग्रेज़ी **गिव्** का अर्थ देना ही रह गया है, करने वाला अर्थ लुप्त हो गया है।

कइ का अन्य प्रतिरूप तमिल **कॉळ्** है; अर्थ है पाना, पकड़ना, खरीदना, सीखना। **कॉळ्वोन** (ग्राहक); **कॉण्डल्** (प्राप्ति), **कॉणा** (लाना, लेना), **कोळ्** (लेना, प्राप्त करना), **कोळि** (प्राप्तकर्त्ता), **कोडल्** (लेना, खरीदना, शिक्षा पाना); यह शृंखला अधिकांश द्रविड़ भाषाओं को सम्बद्ध करती है। तेलुगु में **काडु** का अर्थ सेवक है। कोलमि में **कॉद, कॉदर्**, कुइ में **कॉड** जैसे रूपों से ज्ञात होता है कि त-वर्गीय स्पर्श ध्वनि के परिवर्तन से **ड्, ल्, न्** वाले रूप प्राप्त हुए हैं।

ग्रीक भाषा में **खॅइर्** के दो अर्थ हैं, हाथ और कौशल; **खॅइरॉयो** अर्थात् हाथ में लेना, किसी वस्तु पर अधिकार करना; **खॅइरोम** अर्थात् हाथ का काम, हिंसक कार्य। मनुष्य हाथ से दूसरे का पालन करता है और हाथ से ही दूसरे को मारता है। पालन और संहार के विरोधी अर्थ एक ही शब्द-मूल से प्राप्त होते हैं जिसका सम्बन्ध हाथ से है। ग्रीक शब्द महाप्राण ध्वनि से आरम्भ होते हैं। यह महाप्राणता आर्य-द्रविड़ शब्दों के आदि-स्थानीय व्यंजन में नहीं है। यह मानने का पर्याप्त कारण है कि **भाण्ड** और **धन** की शृंखलाओं के समान एक **घट** और **घन्** वाली शृंखला भी है। संस्कृत क्रिया **हन्** इसी **घन्** का प्रतिरूप है। जैसे ग्रीक **खॅइरोम** का एक अर्थ हिंसक कार्य है, वैसे ही **घन्** का सम्बन्ध हाथ से है और उसका एक अर्थ मारना है। संस्कृत क्रिया **घट्** का अर्थ है निर्माण करना, सेवा करना, श्रम करना, व्यस्त रहना। जैसे **भन्** क्रिया से **भाण्ड** बनता है, वैसे ही **घट्** क्रिया से **घट** (घड़ा) बनता है। **घट** का अर्थ प्रयत्न और एक प्रकार की तौल भी है। **घटक** अर्थात् कुशल, **घटित** अर्थात् निर्मित, नियोजित। मराठी क्रिया **घेणें** का अर्थ लेना, पकड़ना और मारना है। यह मारने वाला अर्थ **घन्** में है। इसी **घन्** का एक ग्रीक प्रतिरूप **थॅइनो** है, अन्य रूप **फोने, फोनोस्** है जिसका अर्थ है हत्या। एक क्रिया **फेनो**

भी है जिसका अर्थ है वध करना। **थ्** और **फ्** वाले दोनों रूप संस्कृत **घन्** क्रिया के **घ्** के रूपान्तरण हैं। **घन्** या **घत्** रूप से लैटिन **कैदेस्** (हत्या, वध) आदिस्थानीय अघोष अल्पप्राण ध्वनि वाला रूप बनता है। लैटिन क्रिया **हर्पाजो** का अर्थ है किसी को पकड़कर बलात् उस पर अधिकार करना। यहाँ शब्द के आदि वर्ण का **ह्** सीधे संस्कृत **घत्-घर्** के **घ्** का सीधा रूपान्तरण हो सकता है। इसी क्रिया से ग्रीक शब्द **हार्पे** बनता है जिसका अर्थ एक प्रकार का हिंसक पक्षी है। यह पक्षी वाला अर्थ उस मूल क्रिया से वैसे ही प्राप्त होता है जैसे संस्कृत **गृध्र** (गिद्ध) पक्षी विशेष के लिए प्रयुक्त होता है। अंग्रेज़ी शब्द **ग्रास्प्** (पकड़ना, प्राप्त करना) और **ग्रोप** (हाथ से टटोलना) का सम्बन्ध एक प्राचीन रूप **ग्राप्सॅन्** से है। मूल रूप **ग्रभ्** का **भ्** **ग्राप्सॅन्** का **प्स्** है। वर्ण-विपर्यय से **स्प्** ध्वनि **ग्रास्प्** में है। अंग्रेज़ी **ग्रैब्** (पकड़ना, हथियाना) में **ग्रभ्** के **भ्** की महाप्राणता लुप्त हुई है; **ग्रिप्** (पकड़) में महाप्राणता और सघोषता दोनों का लोप हुआ है। लिथुआनियन **ग्रइबिति** (पकड़ना, अधिकार करना) अंग्रेज़ी **ग्रैब्** के समान **ग्रभ्** से व्युत्पन्न है। **ग्रभ्** का **ग्र** या **गर्** और **कर्** क्रियामूल सम्बद्ध लगते हैं।

जैसे **धा** का एक अर्थ निर्माण करना है और जब यह निर्माण कार्य विशिष्ट होता है, तब **धाम** का अर्थ वह विशेष निर्माण कार्य होगा जो मनुष्य अपने रहने के लिए करता है, वैसे ही **गर्** क्रिया का एक अर्थ निर्माण करना था, उसी का विशिष्ट हुआ अर्थ घर बनाना। इसलिए **गर्भ** का अर्थ हुआ रहने का स्थान, घर। इसी का ग्रीक प्रतिरूप **देल्फोस्** है।

कर् का एक सहज प्रतिरूप **कल्** होगा। द्रविड़ भाषाओं में **कल्** अत्यन्त महत्वपूर्ण क्रिया है। इसका अर्थ है सीखना, अभ्यास करना, कुशल होना। द्रविड़ भाषाओं में इसका व्यापक प्रसार है। **कल्** वाले रूपों के साथ **कर्** वाले रूप भी काफी संख्या में हैं और कभी-कभी एक ही भाषा में मिलते हैं। इनके अतिरिक्त कोत और तोद भाषाओं में **कत्** जैसे रूप **र्** और **ल्** को **त्** या **द्** का परिवर्तित रूप सिद्ध करते हैं। संस्कृत शब्द **कला** स्पष्ट ही इस **कल्** क्रिया से बना है। **कला** उसे कहेंगे जो हाथ से की जाती है। करना क्रिया से जो सम्बन्ध कारीगर और कारीगरी शब्दों का है, वही सम्बन्ध **कल्** क्रिया से तमिल **कलइ** और संस्कृत **कला** का है। आदि वर्ण में ओकार होने पर **कॉल्** शब्द कारीगर विशेष के लिए अनेक द्रविड़ भाषाओं में प्रयुक्त होता है। तमिल **कॉल्** अर्थात् लुहार, कन्नड़ **कॉलिमॅ** अर्थात् लुहार की भट्टी। द्रविड़ भाषाओं के **कल्** और **कॉल्** (कारीगर) का सम्बन्ध लैटिन **स्कोल** (अध्ययन को दिया हुआ समय, व्याख्यान, विवाद, अध्ययन का स्थान) से नहीं है, यह कहना कठिन होगा। अंग्रेज़ी **स्कूल** लैटिन **स्कोल** का प्रतिरूप है और इन दोनों का सम्बन्ध तमिल **कल्** और संस्कृत **कला** से होना चाहिए।

हाथ के लिए एक लैटिन शब्द है **मनुस्**। संस्कृत **मनु** और **मनुष्य** का सीधा सम्बन्ध इस **मनुस्** से है। सम्भवतः यह शब्द **पन्** या **पण्** के रूपान्तर **मन्** से बना है। जैसे तमिल **पॉक्कणम्** का प्रतिरूप **मॉक्कणि** (झोली) है, वैसे ही **पन्** का प्रतिरूप **मन्** है। लैटिन **मनुस्** संस्कृत **पाणि** का जोड़ीदार है। पुरानी जर्मन में **मुन्ड्** का अर्थ हाथ, रखना, छीनना, देना आदि था। निर्माण शब्द में **मा** क्रिया इसी **मन्** का प्रतिरूप है।

हाथ से **निर्माण करने** के अलावा आदमी नाप-जोख का काम भी करता है। संस्कृत क्रिया **मा** का अर्थ हुआ नापना; उसी से **माप** और **नाप** शब्द प्राप्त हुए। **मात्रा** और **मिति** के समान ग्रीक भाषा में **मेत्रोन्**, लैटिन में **मेन्सुरा**, अंग्रेज़ी में **मेझ़र** शब्द उसी मूल रूप से बनते हैं। संस्कृत में जैसे **पण** शब्द जुआ खेलते समय दाँव के लिए प्रयुक्त होता है, वैसे ही लैटिन में **मनुस्** शब्द इसी अर्थ में प्रयुक्त होता है। हाथ से किये जाने वाले बहुत से काम हैं। इनमें जो काम प्राचीन गण समाजों के लिए अत्यन्त महत्वपूर्ण थे, उन सबके आशय लैटिन **मनुस्** से प्राप्त होते हैं। हाथ के अलावा श्रम, कारीगरी, वीरता, युद्ध और हिंसा के अर्थ भी इस शब्द से सम्बद्ध हैं। संस्कृत **मनु** शब्द का सहज अर्थ होगा वीर। **मनुज** और **मनुष्य**, वीर वाले अर्थ के द्योतक, **मनु** से निर्मित होते हैं। अंग्रेज़ी **मैन** इसी **मनु** का भाईबन्द है। अंग्रेज़ी **मेक** (बनाना) संस्कृत **मा** का प्रतिरूप है। इसी के अनुरूप जर्मन **माख़ॅन्** है जिसका अर्थ है बनाना।

यह **मन्**, **मा** वाली क्रिया द्रविड़ भाषाओं में व्यापक रूप से प्रयुक्त होती है। तमिल **मण्णु** माने करना, किसी वस्तु को अलंकृत करना; **मनइ** अर्थात् निर्माण करना, रचना; मलयालम **मनयुग, मनियुग** अर्थात् मिट्टी के बर्तन बनाना। तमिल और मलयालम में **मण्** का अर्थ है मिट्टी, संसार। संसार वाले अर्थ का सम्बन्ध मण्णु (रचना) क्रिया से है; मिट्टी वाले **मण्** से करने, बनाने का अर्थ देने वाली क्रिया का उद्भव नहीं हुआ। इसके अतिरिक्त **मण्** और **मन्** के साथ करने, बनाने के अर्थ में **मा** क्रिया पर भी ध्यान देना चाहिए। मलयालम **मनयुग** क्रिया का सम्बन्ध कुम्भकार के पेशे से है, यह भाण्ड और घट वाली अर्थ शृंखलाओं के अनुकूल है। तमिल **मडा, मिडा** का अर्थ है घड़ा। कन्नड़ **मडकॅ, मडिकॅ** हिन्दी **मटका** का ही प्रतिरूप है। **भाण्ड** और **घट** के समान **मटका** में निर्मिति-भाव प्रधान है। मूलत: उसके अर्थ का संसर्ग मिट्टी से नहीं है। मराठी में हिन्दी **ट्** के स्थान पर **ड्** है: **मड्की, मड्के**। तमिल **मट्टम्** का वही अर्थ है जो **मिति** और **मात्रा** का है; **मट्टु** अर्थात् मात्रा, परिमाण। कन्नड़ और कुछ अन्य द्रविड़ भाषाओं में **मट्ट** शब्द बढ़ई, या थवई के गज के लिए प्रयुक्त होता है। तेलुगु में **मट्टु** का अर्थ मात्रा के अतिरिक्त सीमा भी है। **धाम** के अनुरूप तमिल **मनइ** का अर्थ है आवास, और **मनइ** धरती की एक विशेष नाप को भी कहते हैं। मलयालम **मन**, कन्नड़ **मनॅ** का अर्थ है भवन। इसी शृंखला में तमिल **मन्रु** (सभाभवन), **मन्रम्** (शाला, बड़ा कमरा) हैं; इनके साथ एक अन्य **मन्रु** है जिसका अर्थ है दण्ड देना, जुर्माना करना। इस अन्तिम शब्द का सम्बन्ध **मन्** से वैसे ही है जैसे **कर** और **दण्ड** का है। आवास वाले अर्थ से भवन में रहने के अर्थ का विकास होता है और रहने से जीने वाले अर्थ का। तेलुगु **मन** अर्थात् रहना, जीना, और इसका एक अर्थ काम करना भी है; **मनुकुव** अर्थात् भवन, **मनुगड** अर्थात् जीविका, जीवन। जैसे **पा** वाली क्रिया हाथ से सम्बन्धित होने के कारण पालन करने का अर्थ देती है, उसी प्रकार तेलुगु **मनुचु, मनुपु** का अर्थ है पालन करना, रहना, जीना, होना। आधुनिक जीवन में ये सब अलग-अलग विशिष्ट क्रियाएँ हैं किन्तु प्राचीन गण-समाजों के मनुष्य के लिए इनमें विशेष अन्तर नहीं है। अत: पजि **मॅन्** का अर्थ है होना। कोन्ड **मन्**, कुइ **मन्ब** कुड़ुख **मन्ना**, मल्तो **मॅनॅ**, ब्राहूइ **मन्निङ्ङ**—

सभी का अर्थ है होना। **मन्** के इस अर्थविस्तार से संस्कृत क्रिया **भू** की तुलना करना चाहिए। इसका अर्थ है होना, जीना। **भू** के ही **भव्** रूप का अर्थ जन्म लेना, अस्तित्व में आना है किन्तु **भवन** शब्द का सम्बन्ध जन्म लेने से नहीं है, निर्माण से है। **भवन** का एक अर्थ जन्म, अस्तित्व में आना भी है, किन्तु यहाँ उसके सामान्य अर्थ की बात है। **भवन** का एक प्रतिरूप **भुवन** है। इन शब्दों से ज्ञात होता है कि **भू**, **भुव्**, **भव्** आदि का सम्बन्ध निर्माण करने से था। **भुवन** शब्द का एक अर्थ संसार है, जिसमें मनुष्य रहता है। अतः **भूमि** शब्द का अर्थ भी हम कर सकते हैं, वह स्थान जहाँ मनुष्य रहता है। जैसे तमिल **मण्** का अर्थ है धरती, जगत्, उसी प्रकार **मिट्टी** का मूल अर्थ हुआ संसार, धरती। कन्नड़ **मन्दि**, **मन्दॅ**, तुलु **मन्दि**, **मन्दॅ**, तेलुगु **मन्दि**, कोलमि **मन्दी** आदि का अर्थ है मानव-समुदाय। इसी प्रकार संस्कृत **भुवन** का एक अर्थ है मनुष्य, मानव-जाति। संस्कृत **धाम** का एक लैटिन प्रतिरूप **होमो** है, **होमो** का वही अर्थ है जो **भुवन** का है—मानव-समुदाय, मनुष्य। इसी से **ह्यूमानुस्** (अंग्रेजी **ह्यू मैन्**) शब्द सम्बद्ध है। द्रविड़ भाषाओं में **मण्** का रूपान्तर **नण्** भी है। तमिल **नण्णु** (करना), कुड़ुख **नन्ना**, मल्तो **ननॅ** अर्थात् काम करना। जैसे हाथ से सम्बन्धित संस्कृत **घन्** क्रिया का अर्थ नाश करना है, वैसे ही तमिल **नदु** (नाश करना), **नन्दु** (नष्ट होना), **नुदु** (मिटाना), **नॉदु** (बुझाना, नाश करना), **नॉन्दु** (नष्ट होना), कन्नड़ **नुन्दिसु**, **नॉन्दिसु** (बुझाना), **नन्दु**, **नुन्दु**, **नॉन्दु** (बुझना, मिटना) आदि शब्द हैं।

तमिल **मण्** (जगत्) से लैटिन **मुन्दुस्** तुलनीय है जिसका वही अर्थ है संसार। इसी का फ्रान्सीसी प्रतिरूप **मोंद** है।

द्रविड़ भाषाओं में **मा** क्रिया भी प्रयुक्त होती रही है : मलयालम **माडुक** (निर्माण करना), कोत **मार्** (करना), कन्नड़ **माडु** (करना), कोडगु **माड्** (करना), भवन वाला अर्थ तमिल **माडम्** से प्राप्त होता है। कन्नड़ **माड** (इमारत), कुडगु **माडि** (अटारी), तेलुगु माडुगु (ऊँची इमारत) शब्द इसी निर्माण वाली शृंखला में आते हैं। द्रविड़ व्युत्पत्तिकोशकारों ने यहाँ संस्कृत **माडि** शब्द का स्मरण किया है जिसका अर्थ है प्रासाद। इसके साथ ही **माड्** का अर्थ है नापना, और **माड** अर्थात् मात्रा, एक नाप। तेलुगु **मेड** (कई मंजिलों वाला मकान) उसी शब्द का एकार वाला रूप है और इसके साथ द्रविड़ व्युत्पत्ति कोश में संस्कृत **मेट** शब्द का उल्लेख है जिसका अर्थ है पुता हुआ कई मंज़िलों का भवन। इसी शृंखला में संस्कृत **माया** शब्द स्मरणीय है। इसका एक अर्थ है **कौशल**। जैसे कौशल का एक अर्थ ऐसी कारीगरी है जो समझ में न आये, वैसे ही **माया** का एक अर्थ जादू है। माया के इस अर्थ से कन्नड़ **माड**, मलयालम **माट्टम्**, **माट्टु**, तुलु **माड** आदि तुलनीय है, इन सभी का अर्थ है जादू। **माया** का सम्बन्ध **मय** से भी है जो **मघ-मग** का रूपान्तर है। निर्माणसूचक **माया** और मग-सम्बन्धी **माया** दोनों एकाकार हो गईं; दोनों अर्थों की जगह फिर जादू और भ्रान्ति का अर्थ ही प्रमुख बन गया।

२. पो, पद, पवन

द्रविड़ भाषाओं की एक व्यापक रूप से प्रचलित क्रिया **पो** है। इसका अर्थ है जाना। इसमें ओकार है किन्तु अनेक शब्दों में अकार-इकार हैं। जाने और चलने से रास्ते का गहरा सम्बन्ध है। तमिल **पो** क्रिया के साथ **पोक्कु** शब्द भी जाने के अर्थ में प्रयुक्त होता है (किसी को जाने के लिए प्रेरित करना) और उसका एक अर्थ है मार्ग। इसी श्रृंखला में कोत भाषा का **ओयणार्** शब्द दिया गया है और इसका भी वही अर्थ है—मार्ग। द्रविड़ व्युत्पत्ति कोश में यहाँ तोद **ओर्** और तमिल **आरु** का उल्लेख है। सम्भव है, **प्** के **व्** में परिवर्तित होने पर और **व्** के लोप होने पर ऐसे रूप बने हों। कन्नड़ **पादि, हादि** का अर्थ है पथ, और यहाँ कोत भाषा के एक अन्य शब्द का उल्लेख है **आदारि** (पथ)। तमिल **पाय्** का अर्थ दौड़ना, उछलना है और कन्नड़ **पादि** का सम्बन्ध कन्नड़ की ही **पाय्** क्रिया से जोड़ा गया है। **पादि** जैसा शब्द जिस **पा** क्रिया से बना है, वह **पो** का प्रतिरूप है और उसका अर्थ होगा चलना। इस श्रृंखला में कोलमि, नइकि, पर्जि, आदि भाषाओं का **पाव्** शब्द ध्यान देने योग्य है; इसका भी अर्थ है मार्ग। कुड़ुख में इसका **पाब्** रूप है। तमिल **पुऴइ** (पथ), तेलुगु **पुन्द,** पशुओं की राह, कन्नड़ **पॉऴ्** (मार्ग) **पो** क्रिया से सम्बद्ध हैं। **पु** क्रिया **पो** का ही रूपान्तर है। **पिळ्** क्रिया का अर्थ काटना, विभाजित करना है किन्तु कोत **पिळ** (पथ), तोद **पिळ्** (झाड़ियों के बीच से राह) उसी **पो** क्रिया के अन्य रूप **पि** से सम्बद्ध हैं। तमिल **परि** का अर्थ है भागना। इस श्रृंखला के शब्दों के साथ तुलु भाषा का **परि** (पथ) शब्द देते हुए द्रविड़ व्युत्पत्ति कोशकारों ने एक प्रश्नचिह्न लगा दिया है। इसका सम्बन्ध **पत्** क्रिया से है जो मूलतः गतिसूचक है। **पत्-पर्-पो,** यह विकास सम्भव है।

संस्कृत **पथ,** अंग्रेजी **पाथ,** रूसी **पुत्,** ग्रीक **पतोस्,** सभी मार्ग के अर्थ में प्रयुक्त होने वाले शब्द हैं। इनकी आधार क्रिया **पत्** हो सकती है, **पो, पा, प** भी। संस्कृत **पद** एक नया अर्थ देता है, वह वस्तु जिसके द्वारा मनुष्य चलता है (जैसे **पथ** वह वस्तु है जिस पर मनुष्य चलता है)। ग्रीक **पॉउस्,** लैटिन **पॅस, पॅदिस्** अंग्रेजी **फुट** उसी **प** क्रिया से निर्मित होते हैं। संस्कृत **पवन** एक तीसरा अर्थ देता है, **पवन** वह जो सदा चला करे। इस शब्द को सिद्ध करने के लिए **पू** (पवित्र करना) से इसे सम्बद्ध किया जाता है। संस्कृत में एक अन्य क्रिया **पव्** भी है जिसका अर्थ है जाना। जाने-आने का अर्थ देने वाले अन्य शब्दमूलों से भी वायु का अर्थ देने वाले शब्द बनते हैं, यह देखते हुए **पवन** का सम्बन्ध **पव्** से जोड़ना चाहिए और यह **पव् पो** का ही प्रतिरूप है। **पो** क्रिया का व्यवहार नाग भाषाओं में भी होता है; इसे भारत की अत्यन्त प्राचीन और सर्वाधिक व्यापक रूप से प्रयुक्त क्रिया मानना चाहिए।

तमिल **पॉऴि** का अर्थ है प्रवाह; मलयालम **पॉऴि** अर्थात् बौछार; कोद **पॅय्वेर्,** पर्जि **पॅरॅद्,** मलयालम **पुऴ,** कोत **पॅय्,** तोद **पाव्,** कन्नड़ **पॉऴ्**—ये सभी शब्द नदी-वाचक हैं। जैसे संस्कृत **सर्** का अर्थ चलना है और उससे नदी वाचक शब्द **सरिता** बनता है, वैसे ही **पा, प, पॅ** आदि क्रियाओं से जल और नदी सूचक शब्द बनते हैं। **पय** शब्द नाग भाषाओं में भी मिलता है; संस्कृत में इसका अर्थ जल है। इटली की

प्रसिद्ध **पो** नदी भारतीय **पो** क्रिया का जल सूचक **अर्थ देती है**। द्रविड़ भाषाओं में आने के लिए **वर्** अथवा **वा** क्रिया का प्रयोग होता है। यह क्रिया **पर्** अथवा **पो** का ही प्रतिरूप जान पड़ती है और **पर्** स्वयं **पत्** का रूपान्तर हो सकती है। द्रविड़ भाषाओं **में प्** के स्थान पर **व्** का व्यवहार सामान्य बात है। पुनः **पत्** और **पर्** के मूल रूप **भत्** और **भर्** हो सकते हैं जिनसे **भ्रम** और **भटकने** का सम्बन्ध है। आना और जाना एक ही प्रकार की गति के दो भिन्न रूप हैं। **गम्** का **गो** रूप अंग्रेजी में जाने के लिए प्रयुक्त होने लगा; दूसरा रूप **कम्** आने के लिए प्रयुक्त हुआ। उसी प्रकार द्रविड़ भाषाओं में **पो** और **वा** में अर्थ भेद किया गया। मलयालम **पोरुग** का अर्थ आना और जाना दोनों है। कन्नड़ में तमिल **वरु** के प्रतिरूप **बर्, बार्, बा, बन्द्** (आना) हैं। ब्राहूइ में **ब, बन्निग्** (आना) कन्नड़ के समान **ब्** से आरम्भ होने वाले शब्द हैं। इनसे तुलनीय **है** ग्रीक रूप **बइनो** (जाना, चलना)।

वरु क्रिया से तमिल **वरबु, वारि** पथ-सूचक शब्द बनते हैं; तमिल **वळि**, कन्नड़ **बळि**, तेलुगु **वळुगु** आदि पथ के अर्थ में प्रयुक्त होते हैं। जिस रास्ते पर बहुत लोग चलें वह समाज की रीति कहलायेगा। संस्कृत **रीति** का सम्बन्ध भी गति से है। उसी प्रकार तमिल **वाडिक्कइ**, कन्नड़ **वाडिगे** आदि का अर्थ सामाजिक चलन अथवा रीति है। अंग्रेजी शब्द **वे** का व्यवहार भी इस रूप में किया जाता है। उसका मूल अर्थ है मार्ग और वह उसी प्राचीन **वा** क्रिया से बनता है। लैटिन में इसका रूप **विआ, वॅआ** है; इसके साथ लैटिन में **वॅनिओ** (आना) क्रिया भी है जो लैटिन समुदाय की अन्य भाषाओं में प्रयुक्त होती है किन्तु अंग्रेजी में नहीं है। लैटिन में एक क्रिया और **है ऍर्रो** जिसका अर्थ है भटकना। इसी से **ऍर्रोर्** (भ्रान्ति) शब्द बनता है। अंग्रेजी **ऍर्** और **एरर्** शब्द भटकने और भटकाव के लिए प्रयुक्त होते हैं। यह अर्थ विकास तमिल **बऴु, वऴुवु वऴुम्बु** आदि भ्रान्ति **सूचक** शब्दों के व्यवहार से तुलनीय है। संस्कृत में **भ्रम** मूलतः चलने, घूमने वाली **भर्** क्रिया से व्युत्पन्न हुआ है। **पर्** और **वर्** इस **भर्** के रूपान्तर हो सकते हैं। **पो** के समान **वा** क्रिया से वायु और जलसूचक शब्द भी बनते हैं। तमिल **वळि**, कुइ **विलु**, गोंडी **वरि** आदि वायु के अर्थ में प्रयुक्त होने वाले शब्द हैं। **विलु** जैसे रूप में **वि** क्रिया से तमिल **विण्डु** शब्द बनता है जिसका अर्थ हवा है। तमिल **विण्डु** और अंग्रेजी **विण्ड** के निर्माण और अर्थ विकास की प्रक्रिया बिल्कुल एक है। इसी शृंखला में तमिल **वीच्चु** (हवा का चलना), कोत **वीच्**, तेलुगु **वीचु**, कोडगु **बीज्** आदि उसी अर्थ में प्रयुक्त होने वाले शब्द संस्कृत क्रिया **वीज्** से तुलनीय हैं। **व्यजन, वेग**, हिन्दी **बीजना**, रूसी **वेग्** और **वेगात्** (भागना), **द्विगात्** (गतिशील होना), **द्विझेनिए** (गति) इसी शृंखला में आते हैं। संस्कृत **वात, वायु**, फारसी **बाद**, रूसी **वेतेर्**—सभी **वा** क्रिया से सम्बद्ध हवा के लिए प्रयुक्त होने वाले शब्द हैं। उसी क्रिया से संस्कृत **वारि** जल-सूचक शब्द बना है। रूसी **वोद** (जल) में **पो** क्रिया का सीधा **वो** रूपान्तर विद्यमान है। संस्कृत में **व** के स्थान पर स्वर रह गया **है**; **उद, उदक** रूप जल के लिए प्रयुक्त होते थे। ग्रीक भाषा में इसी का **हुदोर्** (जल) रूप है। अंग्रेजी **वाटर्**, जर्मन **व्हासॅर्** उसी **वा** क्रिया से निर्मित हैं। अंग्रेजी **वॅट्** (भीगा), अवधी **ओद** या **वाद** (भीगा) का प्रतिरूप है। संस्कृत **उद** में नासिक्य

ध्वनि के निवेश से **उन्द** (लहर) शब्द बनता है। संस्कृत **ऊर्मि** गतिसूचक **ऋ** क्रिया से व्युत्पन्न माना जाता है। संस्कृत **अर्ण** का अर्थ लहर, नदी, धारा, जल-प्रवाह है। **अर्णव** शब्द समुद्र के लिए प्रयुक्त होता है। इटली की एक नदी का नाम लैटिन में **अर्नुस्** था जो अब इटैलियन में **आर्नो** कहलाती है। इस नाम का सम्बन्ध संस्कृत **अर्णव** से न हो तो आश्चर्य की बात होगी।

तमिल **वजि** (जल), **वन्द** (नदी), **वार्** (बहना), **वारि** (नाली), **वळि** (प्रवाहित होना) **वा** क्रिया से सम्बद्ध शब्दों की शृंखला में आते हैं। **प्** की अपेक्षा **व्** रूप वाली क्रिया संस्कृत में अधिक प्रयुक्त होती है। **वी** का अर्थ निकट आना और दूर जाना दोनों हैं। **वीतराग** जैसे शब्दों में **वीत** शब्द दूर जाने के अर्थ में है। इसी से **वीथि** (पथ, पंक्ति), शब्द बनता है। तमिल **वीदि** संस्कृत वीथि का प्रतिरूप है। संस्कृत **व्रज्** (चलना), **वृत्** (जाना, घटित होना) **वर्** क्रिया से वर्णसंकोचन होने पर बनते हैं। **वर्त्मन्** (मार्ग) में **वर्त्** किया है जिसका मूल अंश **वर्** है। ग्रीक भाषा में **अएमि** क्रिया का अर्थ फूंकना, हवा का चलना है। भाषाविज्ञानी कहते हैं कि पहले यह रूप **वएमि** था। ग्रीक भाषा में **अएर्** (वायु) अंग्रेजी **एयर्** का पूर्व रूप है। **वएमि** के अनुरूप **वएर** से हिन्दी **बयार** तुलनीय है। **वरुण** का सम्बन्ध वारि से बना हुआ था; इन्हीं **वरुण** के ग्रीक प्रतिरूप **ऑउरोनोस्** थे।

वा के समानान्तर संस्कृत में **या** क्रिया थी और **वा** की अपेक्षा इसका प्रयोग उसमें अधिक होता था। तमिल भाषा में नदी के लिए सामान्य शब्द **यारु** है। **य्** से आरम्भ होने वाले शब्द तमिल में इनेगिने हैं। **या** क्रिया से व्युत्पन्न **यारु** शब्द इस भाषा में प्रयुक्त हो, यह आर्य और द्रविड़ भाषाओं के पुरातन घनिष्ठ सम्बन्धों का परिणाम है। **य्** का लोप होने पर **आरु** रूप का प्रयोग भी होता है। कश्मीरी में **आर** नदी सूचक शब्द है। कश्मीरी और तमिल में नदी के लिए एक ही शब्द हो, यह तथ्य बहुत महत्वपूर्ण है। संस्कृत **यान** का एक अर्थ मार्ग है और दूसरा अर्थ वाहन है जिसके द्वारा मनुष्य कहीं जाता है। तमिल में इसी के प्रतिरूप **यानइ** और **आनइ** हैं जो हाथी के लिए रूढ़ हो गये हैं। संस्कृत **याम** का एक अर्थ मार्ग है। **यव** शब्द का अर्थ तेज रफ्तार है और **यवन** शब्द का अर्थ द्रुत गति अथवा तेज भागने वाला घोड़ा है। जिन लोगों को **यवन** कहा जाता था, वे सम्भवतः घुड़सवार आक्रमणकारी थे। **यवन** का ग्रीक प्रतिरूप **इओन्** है जो ग्रीक समुदाय के एक गण समाज का नाम था।

वायु और जल के अतिरिक्त एक पदार्थ जो आदिम मानव को अपनी गति से प्रभावित करता था, वह समय था। **आयु** और **वायु** में विशेष अन्तर नहीं है; **व्** अथवा **य्** के लोप होने से **आयु** शब्द बनेगा। अनेक समय-सूचक शब्द उस क्रिया से बने हैं जिसका सम्बन्ध गति से है। संस्कृत **वार** माने समय, दिन। हिन्दी में **वार** शब्द दिन के लिए प्रयुक्त होता है, तमिल में सप्ताह के लिए। अवधी में समय अथवा अवकाश के लिए इसका प्रयोग अब भी होता है। **याम** शब्द का अर्थ मार्ग के अलावा समय का एक भाग प्रहर भी है। **यव** का अर्थ द्रुतगति के अलावा महीने का प्रथम पक्ष भी है। इसी के साथ **यव्य** शब्द महीने के लिए प्रयुक्त होता था। **समय** शब्द **अय्** क्रिया में **सम्**

उपसर्ग लगाने से बना। इसी का लैटिन समानार्थी **तेम्पुस्** है जिससे अंग्रेजी **टाइम** बना है। **अय्** क्रिया **इ** का प्रतिरूप है, **अय** अर्थात् गमन, **अयन** अर्थात् मार्ग, जाने का काम; **दक्षिणायन** और **उत्तरायण** मार्गों का नामकरण **अयन** के आधार पर हुआ। **अयन** का एक अर्थ है आधा वर्ष। इसके लैटिन प्रतिरूप **अन्नुस्** का अर्थ है वर्ष। इसी से अंग्रेजी का **ऐनुअल्** (वार्षिक) शब्द बनता है। अंग्रेजी **यिअर** (वर्ष) की व्युत्पत्ति पुरानी अंग्रेजी के **गेर** शब्द से बताई जाती है। वह भिन्न शब्द हो सकता है। जर्मन **यार्** (वर्ष) अंग्रेजी **यिअर्** के अधिक समीप है। नौर्वे की पुरानी भाषा में इसका प्रतिरूप **आर्** है। इसमें **य्** का लोप वैसे ही हुआ है जैसे नदी वाचक तमिल शब्द **आर्** में। संस्कृत शब्द **वर्ष** इसी प्रकार **वर्** क्रिया से बना है। यह क्रिया गमन और जल-प्रवाह दोनों के अर्थ देती है, अतः **वर्ष** में समय और जलवृष्टि दोनों के अर्थ हैं।

ग्रीक और लैटिन भाषाओं में एक **होरा** शब्द है जिसका अर्थ है वर्ष, ऋतु, वसन्त, दिन का कोई विशेष समय। समय वाचक शब्द जिस तरह की क्रियाओं से बनते हैं, वैसी कोई क्रिया ग्रीक और लैटिन में नहीं है जिससे **होरा** शब्द सिद्ध किया जा सके। द्रविड़ भाषाओं में ऐसी क्रियाएँ और उनसे व्युत्पन्न बहुत से शब्द हैं जिनसे **होरा** का सम्बन्ध है। **पो** क्रिया की शब्द शृंखला में तमिल **पॉऴ्दु, पोऴ्दु, पोदु** सूर्य और समय का अर्थ देते हैं। **द्** के स्थान पर **र्** और **पो** के स्थान पर **हो** का व्यवहार द्रविड़ समुदाय की कुछ भाषाओं के लिए सहज था। इस शृंखला के अन्य शब्द ध्यान देने योग्य हैं। समय वाचक तमिल **पॉऴ्दु** की शृंखला में कन्नड़ **पॉर्तु, पॉत्तु, हॉत्तु** रूप उल्लेखनीय है। वे **पॉर्** या **पॉऴ्** जैसे शब्द-मूल से **होरा** रूप की निर्माण-प्रक्रिया स्पष्ट करते हैं। यहाँ **वर्** क्रिया से व्युत्पन्न तमिल **वरइ,** मलयालम **वर,** कन्नड़ **वरि, वर** आदि की चर्चा करनी चाहिए जो समय-सूचक शब्द हैं। संस्कृत **वेला** इसी शृंखला में है; उसके लिए **वेल्** क्रिया की कल्पना की गई है। इस तरह की क्रिया प्रयुक्त होती थी, यह इस कारण माना जा सकता है कि तमिल **वर्** की प्रतिरूप **वल्** क्रिया कश्मीरी में अब भी प्रयुक्त होती है। **वेला** और **वरइ** दोनों शब्दों के साथ सीमा का अर्थ जुड़ा हुआ है। इसमें आश्चर्य की बात नहीं है। मूल क्रिया गति-सूचक है, जहाँ वह गति समाप्त होती है, वह स्थान भी उसी क्रिया द्वारा व्यंजित किया जाता है।

समय-सूचक अनेक शब्दों का सम्बन्ध सूर्य से है। इसका कारण यह हो सकता है कि पृथ्वी जहाँ स्थिर जान पड़ती है वहाँ सूर्य चलता हुआ दिखाई देता है। अतः जो शब्द गति का अर्थ देता है वह समय और सूर्य दोनों के लिए प्रयुक्त हो सकता है। तमिल **पगल्** (दिन, सूर्य), कोत **पोल** (समय) इस धारणा की पुष्टि करते हैं।

द्रविड़ भाषाओं के **काल्, कोल्, केल्** (पैर) रूपों का उल्लेख पहले हो चुका है। ये सब **का** या **गा** जैसी क्रिया से बनते हैं। संस्कृत में **गात्र** उस अंग को कहते हैं जिसके द्वारा गमन क्रिया सम्पन्न होती है। इसका मूल रूप हुआ **गात**। **ग्** को अघोष रूप में ग्रहण करने पर **कात** रूप बनेगा, फिर **त्—ल्** के परिवर्तन से **काल्** शब्द प्राप्त होगा। संस्कृत में **काल** शब्द समय के लिए प्रयुक्त होता है किन्तु उसका एक अर्थ मार्ग भी है। गीता के आठवें अध्याय में—

यत्र काले त्वनावृत्तिमावृत्तिं चैव योगिनः।
प्रयाता यान्ति तं कालं वक्ष्यामि भरतर्षभ ॥

भाष्यकारों के अनुसार यहाँ **काल** शब्द का अर्थ मार्ग है। तमिल **काल्** (प्रवाहित होना), **काल्** (वायु), **काल्** (नाली या नहर) अलग-अलग गिनाये गये हैं। वास्तव में वे एक ही क्रिया से निर्मित शब्द हैं जिसका अर्थ है चलना। पय् के जोड़ का तमिल **कयम्** (पानी, समुद्र, गहराई) है। कुवि **कॉड्ड** हिन्दी **गोड़** का प्रतिरूप है। कन्नड़ **गाळि**, तेलुगु **गालि** (वायु) तमिल **काल्** (वायु) के प्रतिरूप हैं। संस्कृत में नदी-सूचक **गंगा** शब्द है जो **गम्** क्रिया से बना है। **गंगा** का प्रतिरूप कश्मीरी और बँगला का **गांग** है।

गा क्रिया से **गाड़ी** शब्द बनता है, गाड़ी वह साधन है जिससे आने-जाने का काम पूरा होता है। द्रविड़ भाषाओं में गाड़ी के लिए **पण्डि, वण्डि** आदि शब्द हैं। संस्कृत में इनका मूल रूप **भण्डि** है। जैसे **वर्** का प्रतिरूप **वन्** था जिससे तमिल **वन्दि**, लैटिन **वेनी** रूप बने, वैसे ही **भ्रम** और **भ्रमण** की **भर्** क्रिया का एक प्रतिरूप **भन्** था जिससे भण्डि शब्द बना। मोनियर विलियम्स ने **भण्डि** का गाड़ी वाला अर्थ नहीं दिया किन्तु उसका एक अर्थ लहर दिया है। संस्कृत में **र, ऋ** से **रथ** शब्द बनता है; उसके निर्माण की वही प्रक्रिया है जो **भण्डि** की है। तमिल **काल्** का एक अर्थ पहिया, गाड़ी है। कन्नड़ और तुलु **गालि** (पहिया) इसी के प्रतिरूप हैं। जो शब्द सामान्य गति के लिए प्रयुक्त होता है, वह एक ही जगह घूमने वाली विशेष गति के लिए भी प्रयुक्त होता है। इसलिए **काल्** माने प्रवाह, पैर, वायु और इनके साथ पहिया। यही बात हम **वर्** क्रिया के साथ देखते हैं। **वर्—वर्त्—वृत्**, घटित होने, एक स्थान पर घूमने के लिए प्रयुक्त होने वाली क्रिया है। इसी प्रकार संस्कृत **रथ** के लैटिन प्रतिरूप **रॉत** का अर्थ पहिया है और इसी से अंग्रेजी शब्द **रॉटेट** (घुमाना), **राउंड** (गोल) बनते हैं। द्रविड़ व्युत्पत्ति-कोश में **पण्डि** वाली शब्द श्रृंखला में तुलु भाषा से दो रूप दिये हैं, बण्डि और भण्डि। संस्कृत में **भण्डि** शब्द प्राप्त है, अतः यह माना जा सकता है कि इस भाषा में आर्य भाषाओं के प्रभाव से वैकल्पिक रूप में **बण्डि** के साथ **भण्डि** रूप भी स्वीकार किया गया है। जैसे **वन्** का प्रतिरूप **वर्** था, वैसे ही **गम्** का प्रतिरूप **गर्** था। इसके अघोष रूपान्तर **कर्** से अंग्रेजी **कार्ट** (गाड़ी) शब्द बना। द्रविड़ भाषाओं में इस अर्थ के सूचक अनेक शब्द गमन वाली क्रियाओं से निर्मित होते हैं यथा या माने चलना और यारु माने नदी। अतः धारा में **धा** क्रिया का अर्थ चलना, प्रवाहित होना हो सकता है।

संस्कृत अश्रु का ग्रीक प्रतिरूप दक्रु है, इसी का लैटिन प्रतिरूप द—ल के हेरफेर से लक्रुम, लक्रिम, लाक्रिम हैं। इन प्रतिरूपों को देखने से विदित होता है कि संस्कृत रूप अश्रु के आरम्भ में व्यंजन था जिसका लोप हो गया है। त या द का आदि स्थानीय लोप संस्कृत के लिए अस्वाभाविक है। अतः मानना चाहिए कि अश्रु का मूल रूप धश्रु है। आँसू उसे कहेंगे जो प्रवाहित होता है। तुलनीय है तमिल काल् जिसका एक अर्थ आँसुओं की तरह बहना है। यदि धस् जैसी क्रिया का व्यवहार यहाँ कभी होता था तो धसान किसी नदी का नाम क्यों रखा गया, यह बात आसानी से समझ में आ जाती है। धस् के प्रतिरूप धर् से धारा शब्द बनेगा। (धसान नाम वैसे ही प्राचीन

होना चाहिए जैसे घाघरा)। भर् के प्रतिरूप भस् से भासा शब्द बनेगा। प्रवाह के लिए बँगला में **भासा** शब्द है जिसका एक प्रसिद्ध प्रयोग रवीन्द्रनाथ की **निर्झरेर स्वप्न भंग** कविता में है, **भेसे गिये शेषे काँदिबे हाय, केनारा कोथाय पाबे** (बह जाने पर कली रोयेगी, उसे किनारा कहाँ मिलेगा?)। बँगला में **भासा, भेसे,** हिन्दी में **धसान** और संस्कृत में **धारा, भण्डि** जैसे रूप इस अनुमान को पुष्ट करते हैं कि गतिसूचक शब्दों में सघोष महाप्राण ध्वनियों का व्यवहार होता था। इस दृष्टि से **भ्रम्** क्रिया मूलतः **भर्** मानी जायगी और वह इसी शृंखला में रखी जायगी। इसी के समानान्तर घूर्ण् क्रिया है जिसका शब्दमूल **घूर्** (घूमना) होगा। बँगला में **घुरुनि** (इधर-उधर घूमना) **घुरोना** (घुमाना) उसी पुरानी **घुर्** अथवा **घूर्** क्रिया के प्रतिरूप हैं। हिन्दी क्रिया **घूमना, घुमाना** इसी शब्दक्रम में हैं। संस्कृत **धुर,** हिन्दी **धुरी** उस वस्तु को कहते हैं जिसके चारों ओर कोई चीज घूमती है। **ध्रुव** उस नक्षत्र का नाम है जिसके चारों ओर सारा नक्षत्र-मण्डल घूमता है। **वेला** के समान शब्द का मूल अर्थ गतिशीलता से बदलकर विरोधी छोर पर स्थिरता में परिणत हो गया।

घोड़े के लिए तमिल शब्द **कुदिरइ** और तेलुगु शब्द **कुदिर, कुदरमु** अथवा **गुर्रमु** है। ऐसा कम होता है कि आदि स्थानीय व्यंजन में जहाँ अघोषता है, उसे अपनी ओर से कोई द्रविड़ भाषा सघोषता में बदल दे। द्रविड़ भाषाओं के जिन शब्दों में आदि स्थानीय सघोष व्यंजन हैं, उनके बारे में यह सम्भावना निरन्तर बनी रहती है कि ये व्यंजन सघोष महाप्राण ध्वनि का रूपान्तर हैं। तेलुगु के अतिरिक्त कोलमि, पर्जि, कोण्ड और कुवि भाषाओं में इस शृंखला के शब्द **ग्** से आरम्भ होते हैं। इनके अतिरिक्त द्रविड़ व्युत्पत्ति कोश में नइकि भाषा का **घुर्रम्** रूप दिया है जहाँ आदि स्थानीय सघोषता के साथ महाप्राणता भी है। इससे अनुमान होता है कि **घोड़ा** और **कुदिरइ** एक ही मूल शब्द के विकास हैं। इस मूल शब्द की आदि स्थानीय ध्वनि सघोष महाप्राण थी: **घोद्** अर्थात् दौड़ना, कूदना; इसी से **घोटक** और **घोड़ा** रूप बने। हिन्दी क्रिया **कूदना** का मूल रूप **घूद** या **घोद्** होना चाहिए। कहीं-कहीं लोग **खूँदना** भी बोलते हैं जो मूल ध्वनि की महाप्राणता के कारण हो सकता है। तमिल **कुदि** का वही अर्थ है जो हिन्दी कूदना का है। **कुद्** से **कुर्** रूप का विकास होने पर तमिल में **कुरङ्ग** शब्द बनता है जिसका अर्थ है बन्दर। कोलमि में इसका प्रतिरूप **कोदि** है जहाँ **द्** ध्वनि **र्** में परिवर्तित नहीं हुई। कूदने और दौड़ने से बन्दर का सम्बन्ध स्पष्ट ही है। संस्कृत में **कुरङ्ग** शब्द हिरन के लिए प्रयुक्त होता है। **घोद्—कोद्—कुद्—कुर्** शब्द-मूल से बने हुए तमिल और संस्कृत शब्दों में अर्थ-प्रसार की प्रक्रिया एक ही है। लैटिन में भारतीय **कुर्** का प्रतिरूप **कुर्रो** है जिसका वही अर्थ है दौड़ना, तेजी से आगे बढ़ना। इसी से **कुर्रुस्** (रथ), **कुर्सो** (इधर-उधर दौडना), **कुर्सोर्** (धावक), **कुर्सुस्** (दौड़ने की क्रिया, मार्ग, यात्रा); लैटिन समुदाय की भाषाओं में इस शब्द का व्यापक प्रयोग होता है यथा फ्रांसीसी **कूर्** (दौड़ना) और अंग्रेजी **कोर्स** (पीछा करना, दौड़ना, आगे की ओर गति) तथा **कोर्सर्** (तेज घोड़ा) इसी क्रम में आते हैं। यहाँ दौड़ने, घोड़े और मार्ग की धारणाओं का आपसी सम्बन्ध देखा जा सकता है।

संस्कृत में **अध्वन्** शब्द का अर्थ है मार्ग। यह **अध्व्** या **अध्** जैसी क्रिया से बनेगा। **अध्** में **ध्** की सघोषता और महाप्राणता का लोप होने पर **अत्** क्रिया बनेगी। इसी **अत्** से **आत्मा** शब्द बनता है जिसका मूल अर्थ है वायु। नौर्वे और स्वीडन की भाषाओं में **अत्मन्** शब्द अब भी वायु के लिए प्रयुक्त होता है। इस **अत्** का एक परिवर्तित रूप **अर्** होगा। संस्कृत में **अर** का अर्थ द्रुत है। **समर** शब्द में यही **अर** है। **समर** वह कर्म है जिसमें बहुत से लोग मिलकर धावा करते हैं। अतः **अरि** वह व्यक्ति हुआ जो तेजी से धावा करता है। **अरण्य** उस स्थान को कहेंगे जहाँ मनुष्य घूमा करते हैं। अंग्रेजी शब्द **रन्** (दौड़ना) इसी **अर्** क्रिया से सम्बद्ध है। **रन्** की व्युत्पत्ति के प्रसंग में **इर्नन्** और **ऐर्नन्** शब्दों का उल्लेख किया जाता है और इन रूपों को वर्ण-विपर्यय का परिणाम कहा जाता है। **अर्** क्रिया पर ध्यान देने से विदित होता है कि वास्तव में स्वर से आरम्भ होने वाले ये शब्द मूल रूप हैं और वर्ण-विपर्यय का परिणाम **रन्** है।

३. अनल, अनिल, अलङ्कार

संस्कृत में अनेक शब्द **र्** से आरम्भ होते हैं जिनका सम्बन्ध कहीं-न-कहीं गति से है। उन सभी को वर्ण-विपर्यय का परिणाम नहीं कहा जा सकता यद्यपि यह माना जा सकता है कि **र, रा, रि, री** आदि क्रियाएँ **अर्** अथवा **इर्** जैसे शब्दों का रूपान्तर हैं। संस्कृत में **इर्** क्रिया की कल्पना की गई है जिसका अर्थ है जाना; **इरा** का अर्थ हुआ जल, कोई भी पेड़। अतः भारत के बाहर भी **इरावदी** शब्द का प्रयोग नदी के लिए हुआ। **इरिण** को **ऋ** से व्युत्पन्न माना गया है, अर्थ है जल-मार्ग। यह रूप सीधे **इर्** क्रिया से भी बन सकता है। **ऋतु, रीति, राह, रास्ता,** अंग्रेजी **रोड**, पुरानी अंग्रेजी **राड** (सड़क), **रिवर** (नदी) आदि शब्द इसी **र** क्रिया से निर्मित होते हैं। संस्कृत में **रय्** की कल्पना की गई है। **रय** का अर्थ हुआ द्रुत गति, नदी की धारा। रवि (सूर्य) का सम्बन्ध ध्वनिवाचक **रु** क्रिया से निरर्थक है किन्तु **रय्, रव्** गतिसूचक क्रिया से सम्बन्ध सार्थक है। जैसे तमिल में **पो** क्रिया से सूर्यवाचक शब्द बनता है, वैसे ही संस्कृत में **र** वाली क्रिया से **रवि** शब्द बनेगा।

अत् का एक रूपान्तर **अट्** होगा जिससे **अटवी** शब्द बनेगा, अरण्य के समान वह स्थान जहाँ मनुष्य या पशु घूमते हैं। **अटन, पर्यटन** घूमने के अर्थ में प्रयुक्त होते ही हैं। **अत्** का एक रूपान्तरण **अन्** होगा जिससे **अनिल** (वायु) शब्द बनता है। इसी **अन्** से लैटिन शब्द **अनिम** बनता है जिसका वही अर्थ है जो अनिल का है। संस्कृत में **म** प्रत्यय **अत्** वाले रूप में लगा, लैटिन में वही प्रत्यय **अन्** वाले रूप में लगा। इसी **अनिम** से लैटिन शब्द **अनिमल्** (प्राणी, पशु) शब्द बना। संस्कृत **प्राण** शब्द उसी **अन्** क्रिया में **प्र** उपसर्ग लगाने से बनता है। वायु मनुष्य का जीवन है, अतः जीव के लिए उसी शब्द का प्रयोग हुआ जो वायु के लिए प्रयुक्त होता था। इस सन्दर्भ में **अश्व, श्वान** और **श्वास** शब्दों पर विचार करें। **श्वास** का वही अर्थ है जो प्राण का है। अतः सबसे परिचित जन्तु कुत्ते के लिए **श्वन्, श्वा** शब्दों का प्रयोग हुआ। ग्रीक **कुश्रोन्,**

लैटिन **कनिस्** शब्दों का **क्** कहीं साँस लेने, या जीने वाली क्रिया से सम्बद्ध नहीं है। मूल शब्द सकार से ही आरम्भ होता था जिसका अर्थ वायु या साँस लेना था। **अश्व** शब्द का **अ** उपसर्ग **अध्वर्यु** के **अ** की तरह।

वायु के लिए एक पुराना शब्द **मरुत्** है। क्या **मर्** जैसी कोई क्रिया जाने, चलने के अर्थ में यहाँ कभी प्रचलित थी ? मरने के अर्थ में जिस **मर्** क्रिया का व्यवहार होता था और होता है, उसका मूल अर्थ चलना, जाना हो सकता है। द्रविड़ भाषाओं में अनेक गतिवाचक शब्द ऐसे हैं जिनका अर्थ मरना है यथा **पो** क्रिया का अर्थ चलने, जाने के अलावा मरना भी है। जैसे कहते हैं गुजर गये; गुजरने में एक जगह से दूसरी जगह जाने और मरने का अर्थ लिया जाता है, वैसे ही द्रविड़ भाषाओं में **पो** वाली क्रिया का व्यवहार होता है। **मार्ग** शब्द में यही **मर्** क्रिया है। **मृत्यु** का एक अर्थ मार्ग है। **मृग** शब्द किसी भी दौड़ने वाले जानवर के लिए प्रयुक्त होता था। इसी **मर्** से **मरुत्** शब्द बना होगा। किरण के अर्थ में **मरीचि** शब्द, सम्भव है, **मर्** क्रिया से बना हो। मोनियर विलियम्स ने इस सम्भावना का उल्लेख किया है कि **मरीचि** शब्द **मरुत्** से यों सम्बन्धित हो सकता है कि **मरुत्** का अर्थ प्रकाशमान् है। वायु के लिए प्रकाश की अपेक्षा तीव्र गति सहज है। प्रकाश का भाव वहाँ आता है जहाँ गति के साथ सूर्य का सम्बन्ध जुड़ता है। हो सकता है, **मरीचि** शब्द पहले सूर्य के लिए प्रयुक्त होता हो। अरण्य के समान **मरु** उस भूमि को कहेंगे जहाँ मनुष्य भटकते रहे हैं। **मरु** का एक अर्थ मृग (हिरन) भी है। **मर्कट** (बन्दर) के लिए **मर्क्** क्रिया की कल्पना की गई है और उसका अर्थ बताया है चलना, गतिशील होना। **मर्** क्रिया से भी **मर्कट** शब्द बन सकता है; संस्कृत में इस शब्द का एक अर्थ है वायु, दूसरा अर्थ है वानर। गतिसूचक शब्दों से वायु, वानर आदि के लिए ऐसे नये-नये रूप बनते हैं, अर्थ-प्रसार की कैसी प्रक्रिया काम करती है, वह **मर्कट** शब्द के दो अर्थों से जानी जाती है।

द्रविड़ व्युत्पत्ति कोशकारों ने तमिल भाषा का **मारि** शब्द दिया है जो संस्कृत **वारि** का अर्थ देता है और इसके साथ उन्होंने संस्कृत **भारि** (वर्षा) का उल्लेख किया है। मनुष्य के लिए **मर** शब्द का प्रयोग किया जाता था और स्वभावतः उसे मरने का अर्थ देने वाली क्रिया से जोड़ा जाता है। उसका मूल अर्थ होना चाहिए धावक, वीर पुरुष। फ़ारसी मर्द में यह पुरुषत्व वाला भाव विद्यमान है; मरने के अर्थ से उसका सम्बन्ध नहीं है। इसी **मर** का एक रूपान्तर **नर** है। **मर्द** में **द** कृदन्त प्रत्यय है। रूसी **नरोद्**, **नर** और संख्यासूचक प्रत्यय **द** के संयोग से, जनता (जन + ता) का अर्थ देता है।

मर् के रूपान्तर **नर्** से **नर्त** शब्द बनेगा जो नाचने के अर्थ में प्रयुक्त होने लगा किन्तु जिसका मूल अर्थ चलना, दौड़ना रहा होगा। जो लोग समझते हैं कि **र्** के संसर्ग से संस्कृत में **त्** का मूर्धन्यीकरण होता है, वे संस्कृत **नर्त** और तमिल **नड** के सम्बन्ध पर विचार करें, **नड** (चलना, जाना, घटित होना), **नडइ** (गति, पथ, रीति)। यह शब्द द्रविड़ भाषाओं में व्यापक रूप से व्यवहृत होता है। जैसे **नर्त से नड**, वैसे ही **मर्त** से **मड**। तमिल **मडि** (मरना), **मडिवु** (विनाश, मृत्यु), **मडिवि** (मारना), ऐसे अनेक रूपों का सम्बन्ध संस्कृत **मर्** से है जिसका मूल अर्थ जाना, चलना था। अभिनेता के लिए **नट** शब्द का

प्रयोग नृत्य के संसर्ग से हुआ। (मूलतः **नृत्य** और **मृत्यु** में कोई अन्तर नहीं है।) हिन्दी **नटना** और **मटकना** एक ही शब्द-मूल के दो रूपों **नट** और **मट** से बनी हुई क्रियाएँ हैं। **नर्** वाली क्रिया से द्रविड़ भाषाओं में अनेक समयवाचक शब्द बनते हैं। तमिल, कन्नड़ आदि में **नाळ्** (दिन, समय), तेलुगु, **नाडु**, कोलमि **नल्, नट** समयवाचक हैं, कहीं **ळ्** है, कहीं उसके बदले **ट्** या **ड्** है जिससे मूल रूप में **द्** का संकेत मिलता है। तमिल **नेरम्** (समय, ऋतु), मलयालम **नेरम्** (सूर्य, दिन, प्रकाश, समय, ऋतु, घण्टा), कोडगु **नेर** (सूर्य, समय) आदि रूप उसी **नर्** क्रिया से सम्बद्ध हैं।

तमिल **तीर्** का अर्थ है जाना, पूरा होना, मरना। प्रायः सभी द्रविड़ भाषाओं में यह क्रिया पाई जाती है। कन्नड़ **तूळ्** का अर्थ है जाना, किसी का पीछा करना। इस क्रिया का व्यवहार अधिक सीमित है। कन्नड़ **तळर्** का अर्थ है आगे बढ़ना, चलना, काँपना। संस्कृत **तरल** से इसका सम्बन्ध उचित ही जोड़ा गया है। तमिल **तडम्** पथ-वाचक शब्द है; तमिल **तारि**, कन्नड़ **दारि** इसी के प्रतिरूप हैं। **धारा** में जो **धा** क्रिया गति के अर्थ में है, उससे इसका सम्बन्ध हो सकता है। तमिल **तॅरु, तॅरुवु** का अर्थ है गली। तमिल **तुरइ** का अर्थ है मार्ग, घाट, नदी, समुद्र। एक ही शब्द के ये अनेक अर्थ अर्थ-प्रसार की प्रक्रिया स्पष्ट करते हैं। कन्नड़ **तॉरॅ** (धारा, नदी) इसी क्रम में है और तुलु **तुदॅ** (धारा, नदी) से ज्ञात होता है कि इन शब्दों का **र्** **द्** का परिवर्तित रूप है। कुइ **दॅग**, कुवि **दॅवलि** का अर्थ दौड़ना, कूदना है। संस्कृत क्रिया **धाव्** दौड़ने के लिए प्रयुक्त होती थी और हिन्दी का **दौड़** शब्द उससे सम्बन्धित है। **पग** के समान हिन्दी का एक शब्द **डग** है और **मग** के समान मार्गसूचक डगर शब्द है। ये सब उन आर्य-द्रविड़ क्रियाओं से सम्बन्धित हैं जो **त्, द्, ध्** से आरम्भ होती हैं। संस्कृत **धाव** का ग्रीक प्रतिरूप **थेओ** (दौड़ना) है। ग्रीक शब्द **थलस्स, थलन्त** (समुद्र, कुँआ) उसी क्रिया से व्युत्पन्न है जिससे **धारा** शब्द बना है और **थलस्स** का **थल** और संस्कृत **जल,** सम्भव है, मूलतः **धर** हों। जैसे **ज्वल्** का मूलरूप **ध्वर्** था। संस्कृत **तीर्थम्** मलयालम में जल के अर्थ में प्रयुक्त होता है। मूल शब्द जलवाचक **तीर्** है। इसी का ब्राहूइ प्रति-रूप **दीर्** है। **तीर्-दीर्** का **त्-द् न्** में परिवर्तित होता है और उसी से **नीर** शब्द प्राप्त होता है। संस्कृत तथा अन्य भारतीय भाषाओं पर द्रविड़ प्रभाव की चर्चा में **नीर** शब्द का उल्लेख अनेक बार किया गया है किन्तु इस प्रसंग में उसके ब्राहूइ प्रतिरूप **दीर्** को छोड़ दिया जाता है। मूल रूप **नीर** नहीं है, **तीर्** या **दीर्** है और यह **तीर्** **तीर्थ** में विद्यमान है। कोलमि, नइकि, पर्जि आदि भाषाओं में इसी का प्रतिरूप **ईर्** है जो **नी—ञी—ई** क्रम से निर्मित हुआ है। अनेक द्रविड़ भाषाओं में **ईर्, ईरम्, ईरि** आदि रूप भीगने, नमी आदि का अर्थ देते हैं। **नीर्** और **ईर्** दो रूप प्राप्त होने से अर्थ-भेद किया गया है। तमिल **तोय्** (नहाना, भीगना) और इस श्रृंखला के अन्य शब्द संस्कृत **तोय** से सम्बद्ध हैं। **तोय्** का एक अर्थ पानी में किसी चीज़ को भिगोना, उसे धोना भी है। तेलुगु **तोगु** का एक प्रतिरूप **दोगु** (नहाना, भीगना) भी है। यह **दो** वाला रूप मूल **धो** क्रिया का प्रतिरूप हो सकता है। इस प्रकार संस्कृत **तोय** का मूलरूप **धोय** होगा। जैसा कि **धोबी** शब्द से प्रकट है, नहाने धोने की यह **धो** क्रिया आर्य भाषाओं में व्यापक रूप

से प्रयुक्त होती रही है। संस्कृत में **धो** क्रिया नहीं है किन्तु **धाव्** है जिसका अर्थ है धोना। **धौत** (धुला हुआ) शब्द इसी क्रिया से बनता है। **धाव्** का एक अर्थ दौड़ना है। इसके समानान्तर एक **धव्** क्रिया मानी गई है और इसका भी अर्थ दौड़ना बताया गया है। किन्तु **धवल** (स्वच्छ, धुला हुआ) रूप न तो दौड़ने से सम्बद्ध है और न **धाव्** क्रिया से बन सकता है। **धव्** क्रिया का एक अर्थ धोना भी अवश्य रहा होगा। इस प्रकार **धव्** और **धाव्** दोनों रूप गतिसूचक हैं; एक ही तरह की अर्थ-प्रसार-प्रक्रिया से दोनों धोने, जल से सम्बद्ध क्रिया का भाव व्यक्त करने लगे। जैसे **पो** से **पवन**, वैसे ही **धो** से **धवल**; **धव्** और **धो** में विशेष अन्तर नहीं है।

त वाली क्रिया पवन-वाचक शब्दों के लिए भी कुछ भाषाओं में प्रयुक्त होती रही है। कुड़ुख **तागा** (हवा), **तागना** (हवा का चलना), मल्तो **तर्ग** (वायु), ब्राहुइ **तहो** (उप०) गतिसूचक अन्य शब्दों की तरह इस क्रम में वायु का अर्थ देते हैं। तमिल **तडवइ**, कन्नड़ **तडवॅ**, तेलुगु **तडव**, **तडवु** शब्द समय के लिए प्रयुक्त होते हैं। तमिल **तरुवाय्** (अवसर), कन्नड़ **तरुण** (उपयुक्त समय), तेलुगु **तरि** (ऋतु, अवसर, उपयुक्त समय), **तरुणमु** (अवसर, ऋतु, समय) उसी गति-सूचक **तर्** क्रिया से व्युत्पन्न होते हैं। संस्कृत शब्द **तरुण** **तॄ** क्रिया से सिद्ध किया जाता है। इस क्रिया का अर्थ है पार करना, तैरना, कोई काम पूरा करना। क्रिया का यह रूप **तर्** से ही वर्ण संकोच होने पर प्राप्त किया गया है। यह क्रिया गति का अर्थ देती है किन्तु समय वाला अर्थ संस्कृत **तरुण** से सम्बद्ध नहीं किया गया। कन्नड़ और तेलुगु भाषाओं में **तरुण** का उपर्युक्त अवसर वाला अर्थ इस शब्द की सही व्युत्पत्ति में सहायक होता है। तमिल **तडवइ** का एक अर्थ समय के अलावा आवर्तन है। तेलुगु **तडव** का एक अर्थ आवृत्ति है। इसी प्रकार कन्नड़ **तडवॅ** का एक अर्थ आवर्तन है। समय चलता ही नहीं है, आवृत्ति भी करता है। पूर्व से जो सूर्य पश्चिम को जाता दिखाई देता है, वह प्रतिदिन उसी क्रम की आवृत्ति करता है। अंग्रेज़ी में **टेम्पो** शब्द द्रुतगति के लिए प्रयुक्त होता है। **टेम्पेस्ट** तूफान को कहते हैं जिसकी गति बहुत तीव्र होती है। इन शब्दों का मूल स्रोत लैटिन रूप **तेम्पुस्** है जिसका अर्थ है समय। इसी क्रम में लैटिन **तेम्पेस्तस्**, **तेम्पेस्तुस्** (ऋतु, समय) **तेम्पेस्तीवितस्** (उपयुक्त समय) आते हैं। **तेम्पेस्तस्** का एक अर्थ तूफान है। **तेम्पोरे** अर्थात् उपयुक्त अवसर पर; इसका एक अर्थ है कुछ समय के लिए; इसी से अंग्रेज़ी शब्द **टेम्पररी** बनता है। शब्द-निर्माण और अर्थ-प्रसार की प्रक्रिया पर ध्यान दें तो लैटिन भाषा के कालवाचक शब्द द्रविड़ शब्द-शृंखला की एक कड़ी साबित होते हैं। यहाँ तोद **तॉप्** (समय, अवसर), तमिल **ताप्पु** (अपेक्षित अवसर), मलयालम **ताप्पु** (उपयुक्त समय) का उल्लेख भी कर देना उचित है। अंग्रेज़ी **टाइड** शब्द ज्वार के लिए प्रयुक्त होता है। जो शब्द समयवाचक है, वह जलवाचक भी है; वह समुद्र की क्रिया-विशेष के लिए प्रयुक्त होने लगा।

ऊपर समय के साथ आवृत्ति या आवर्तन का अर्थ देने वाले जिन शब्दों का उल्लेख किया गया है, उनसे अंग्रेज़ी शब्द **टर्न** (एक ही स्थान पर चक्कर खाना) की तुलना की जा सकती है। लैटिन क्रिया **तोर्नो** का यही अर्थ है। ग्रीक **तोर्नोस्** बढ़ई के

उस औजार को कहते हैं जिससे वह वृत्त बनाता है। अंग्रेज़ी भाषा में **टौर्नेडो** (तूफान) स्पेन से आया है। स्पेनिश में **तोर्नार्** का अर्थ है आवर्तन करना। एक दूसरी स्पैनिश क्रिया **त्रोनार्** से **त्रोनादा** (तूफान) शब्द जोड़ा गया है। **टौर्नेडो** (चक्रवात) का सीधा सम्बन्ध आवर्तन वाली **तोर्नार्** क्रिया से है। लैटिन **तोरेंग्रो** का एक अर्थ है जलाना, भस्म करना, दूसरा अर्थ है प्रवाहित होना। इसी से लैटिन **तोरेंन्स्** शब्द बनता है जो अंग्रेज़ी **टौरेन्ट** (धारा) का प्रतिरूप है। **करेन्ट** और **टौरेन्ट** शब्दों के बनने की प्रक्रिया एक ही है, दोनों का सम्बन्ध गतिसूचक क्रिया से है।

क्या आदिम गण समाजों का मनुष्य वायु और जल के समान अग्नि का सम्बन्ध भी गति से जोड़ता था? तमिल **ती, तीय्** (जलना, अग्नि, ऊष्मा), मलयालम **ती** (अग्नि), कोत **तीय्, तीच्** (जलना, भस्म होना), कन्नड़ **ती** (जलाना, अग्नि), **सी** (भस्म होना), तुलु **तू, सू** (अग्नि), तेलुगु **तोण्ड्र** (प्रकाश, ऊष्मा), ब्राहूइ **तीन्** (भस्म करने वाली ऊष्मा) **तीरून्क्** (चिंगारी) शब्दों को देखने से लगता है कि जल और वायु के समान अग्नि भी (विशेषतः जंगलों में लगने वाली आग) अत्यन्त गतिशील प्रतीत होती थी।

संस्कृत **तडित्** की **तड्** क्रिया से सम्बद्ध तमिल **तऴल्** (चमकना, गर्म होना, जलना, आग, अंगार) है। गोंडी में **तड्मी** (आग) संस्कृत क्रिया मूल के अधिक समीप है। कोलमि, नइकि आदि के **तर्** वाले रूप संस्कृत **तारा** की व्युत्पत्ति स्पष्ट करते हैं। **तारा** वह जो चमके, **तरल** शब्द में गतिशीलता और चमक दोनों हैं। तमिल और कन्नड़ में **तऴल्** के अन्य प्रतिरूप **ताणल्** और **तणलु** हैं जिनमें **तड्** का रूपान्तर **तण्** है। जैसे **नट्** से **नट, नाटक, नटराज,** वैसे ही गतिवाचक **तण्** क्रिया से शिव का प्रसिद्ध नृत्य **ताण्डव**। जर्मन **टान्त्स्** (नाच), **टान्त्सॅन्** (नाचना), अंग्रेज़ी **डान्स्** ताण्डव वाली **तण्** क्रिया से सम्बद्ध हैं।

यहाँ **नट** और **ताण्डव** के संदर्भ में हम **भरत** शब्द का स्मरण करें। **भरत** का एक अर्थ नट है। इस अर्थ का कारण यही हो सकता है कि **भर्** क्रिया गतिवाचक थी। **नर्त** से जैसे **नट,** वैसे **भर्त** से **भट** रूप बनेगा, अर्थ होगा, धावक, योद्धा। **भर्** क्रिया का एक प्रतिरूप **धर्** था। **तरल, तऴल्** आदि का मूल रूप **धद्, धड्, धर्, धव्** माना जा सकता है। संस्कृत में **दाव** शब्द जंगल में लगने वाली आग के लिए प्रयुक्त होता है। इसकी व्युत्पत्ति **दु** क्रिया से मानी जाती है और उसका अर्थ किया जाता है जलाना। ग्रीक क्रिया **दइओ** इसी का प्रतिरूप है। संस्कृत में इससे मिलती-जुलती दूसरी क्रिया **धु** या **धू है** जिसका अर्थ है जलाना, कम्पित करना। **धू** के साथ हवा चलाकर जलाने का भाव और जुड़ा हुआ है। इसके ग्रीक प्रतिरूप **थुओ** का एक अर्थ है तेजी से आगे बढ़ना (वायु वाला भाव), और दूसरा अर्थ है यज्ञ करना, बलि देना (अग्नि वाला भाव), इसी का अन्य ग्रीक रूप **थुनो** (तेजी से आगे बढ़ना है)। ग्रीक शब्द **थूमोस्** (श्वास, आत्मा, जीवन) सीधे संस्कृत क्रिया **धू** से सम्बद्ध है। ग्रीक **थुमोओ** (कुपित करना, क्रुद्ध होना), **थुमोम** (क्रोध, आवेश) आदि शब्दों में अग्नि वाला भाव है जैसा कि इस श्रृंखला के द्रविड़ शब्दों में बहुधा देखा जाता है। **धू** क्रिया से व्युत्पन्न संस्कृत **धूक** का एक

अर्थ वायु है, दूसरा अर्थ है समय। **धूप** उन सुगन्धित पदार्थों को कहते हैं जो अग्नि में डाले जाते हैं, उनसे जो धुँआ उठता है उसे भी कहते हैं। इसी अर्थ में **धूम** शब्द का प्रयोग भी होता है; उसका दूसरा अर्थ है धुँआ। हिन्दी में सुगन्धित द्रव्य के अलावा **धूप** शब्द का प्रयोग सूरज वाली धूप के लिए होता है। सूरज की धूप वाला अर्थ काफी पुराना है और तब का है जब **धू** क्रिया से वायु और अग्नि का सम्बन्ध स्पष्ट था। संस्कृत में **धूपि** एक प्रकार की हवाओं को कहा गया है जिनसे वर्षा होती है। **दाव** शब्द को जिस **दु** क्रिया से व्युत्पन्न बताया जाता है, उसे मूलतः **धु, धू** मानना चाहिए। संस्कृत **देव** शब्द का अर्थ है देवता, स्वर्गीय, और यह **दिव्** क्रिया से बना है। **दिव्** का एक अर्थ है जाना, दूसरा अर्थ है चमकना। ग्रीक भाषा में **देव** शब्द का एक प्रतिरूप **थेओस्** है। इसके आरम्भ में सघोष महाप्राण ध्वनि देखकर अनुमान होता है कि **दिव्** क्रिया का मूल रूप **धिव्** था, जैसे **दु** क्रिया का मूल रूप **धू** या **धु** था। **अध्वर, अध्वर्यु, अथरि, अथर्वन्, अध्वन्** शब्दों पर ध्यान देने से यह धारणा पुष्ट होती है। **अथरि** शब्द की व्युत्पत्ति बताने के लिए संस्कृत में कोई उपयुक्त धातु नहीं है। **अत्** (चलना) क्रिया अर्थ-विचार से सही है, ध्वनि-विचार से नहीं। **अथरि** (लपट, तीर की नोक) का सम्बन्ध गति से है किन्तु यहाँ **त्** के महाप्राण **थ्** बनने का कोई कारण नहीं है। **अध्वन्** (पथ, समय) में **अध्** क्रिया है। इसी **अध्** से **अध्वर** (यज्ञ) शब्द निर्मित होगा। समय, अग्नि और पथ के सूचक शब्द एक ही **अध्** क्रिया से बनते देखे जा सकते हैं। जैसे ग्रीक **थुओ** का अर्थ, अग्नि-संसर्ग के कारण, यज्ञ करना हुआ, वैसे ही **अध्वर** का मूल अर्थ अग्नि जलाना हुआ और उससे यज्ञ के अर्थ का विकास हुआ। **अध्वर्यु** वह व्यक्ति हुआ जो यज्ञ कराता है। यही अर्थ **अथर्वन्** का है, यह शब्द उन गण-समाजों का है जो भारत के उत्तर-पश्चिमी सीमान्त पर नाग भाषाओं से प्रभावित हो रहे थे। इसके समकक्ष है **अथर्य** अर्थात् जलता हुआ। फारसी में **अथर्** शब्द का अर्थ है अत्यन्त पवित्र जो यज्ञ वाले अर्थ का विकास है। प्रसिद्ध प्रदेश **आजर बैजान** का फारसी रूप **आजर बादगान** है जिसका अर्थ है अग्नि मन्दिर; **आज़रपरस्त** अग्नि पूजक को कहते हैं। **आतिश और आदीश** का अर्थ है अग्नि। **अत्रि** शब्द को **अद्** (खाना) क्रिया से जोड़ा जाता है और तब शब्द का अर्थ हुआ भक्षक। किन्तु यह **अत्** (चलना, जलना, जलाना) वाली क्रिया से भी सम्बद्ध किया जा सकता है, और तब **अत्रि** उस ऋषि को कहेंगे जो यज्ञ कराता है।

संस्कृत की सामान्य क्रिया **ज्वल्, ध्वर्** का रूपान्तर है। इसका एक प्रतिरूप **ज्वर्** भी है। **द्युत्** (चमकना), **दिव्, दीप, देव, ज्वल्, ज्वर्, ज्योति, तरल, तारा** आदि रूप मूलतः सघोष महाप्राण **ध्** से युक्त शब्द-मूल के विकास हैं और यह शब्द मूल गति सूचक है।

तमिल **तऴल्** (चमकना, गर्म होना) के संदर्भ में निष्कर्ष यह निकला कि इस शब्द के आरम्भ में जो **त्** है, वह मूलतः **ध्** था।

भर शब्द का एक अर्थ युद्ध है। जैसे **समर** में गति वाले अर्थ का विकास हुआ है, वैसे ही **भर** के युद्ध वाले इस अर्थ में। **भरत** (अग्नि), **भर्ग** (प्रकाश), **भृगु** (शुक्र,

सूर्य), **भ्रज** (अग्नि), **भृञ्ज्** (भूनना), **भ्राज्** (चमकना), **भा** (चमकना), **प्रभात**, हिन्दी **भोर**, संस्कृत **भग** (सूर्य, चन्द्र समृद्धि), ग्रीक **फोश्रोस्** (प्रकाश)—ये सभी रूप उस क्रिया मूल से सम्बद्ध हैं जो गतिवाचक थी और जिसमें अग्नि, प्रकाश आदि का अर्थविस्तार हुआ है। इसी **भ्** वाले रूप में सघोषता और महाप्राणता का लोप होने पर **पुर्** जैसा रूप बनेगा। ग्रीक भाषा में **पुर्** अर्थात् बिजली, ज्वर, कामाग्नि; **पुर** अर्थात् चिता, वह स्थान जहाँ आग जलाई जाती है; **पुरा** अर्थात् जलती हुई अग्नि को देखना। दिशा-सूचक **पूर्व** शब्द को **पुरा, पुरः** (सामने) से जोड़ा जाता है। **पश्चिम** और **दक्षिण** शब्दों के अर्थ पर ध्यान देने से **पुरः, पुरा** से **पूर्व** का सम्बन्ध सही लग सकता है किन्तु जैसे **दक्षिण** में **दक्ष** का मूल अर्थ कौशल है, वैसे ही **पूर्व** के **पूर्** का मूल अर्थ अग्नि या प्रकाश हो सकता है। **पूर्व** वह दिशा हुई जहाँ प्रकाश दिखाई देता है। बँगला में **पोड़** शब्द अभी भी जलने-जलाने के अर्थ में प्रयुक्त होता है; **पोड़ामुख** अर्थात् मुँहजला। चिता का अर्थ देने वाले ग्रीक शब्द **पुर** से अंग्रेज़ी **पायर** बना है और आदि व्यंजन के संघर्षी बनने पर इसी से अंग्रेज़ी **फ़ायर** (आग) रूप प्राप्त होता है।

राजा में जो **राज्** क्रिया है, उसका मूल अर्थ शासन करना नहीं है। **राज्** से **राग** शब्द बनता है जिसका एक अर्थ है लाल रंग, कामोत्तेजना। **राग** और **राजा** उस गतिसूचक **रा** क्रिया-मूल की ओर संकेत करते हैं जिसका अन्य अर्थ चमकना, जलाना, प्रकाशित होना आदि है। लैटिन में **रेक्स** (राजा), **रेगो** (शासन करना), **रेगीना** (रानी) आदि शब्द कहीं भी **राग** या **राज्** का मूल अर्थ नहीं देते। संस्कृत **हरि** (पीला, घोड़ा, सूर्य, वानर) अर्थ-प्रसार की वही प्रक्रिया प्रस्तु[illegible] रहा है जिसके अनेक उदाहरण ऊपर दिये जा चुके हैं। **हरिण्य** (पीला, हरा, सूर्य, हिरन), **हरित** (पीला, रक्तिम पीताभ, हरा), **हिरण्य** (सुवर्ण), **हिरण** (उप०) आदि शब्द इसी शृंखला में हैं जहाँ सघोष महाप्राण ध्वनि **ह्** में रूपान्तरित हुई है और जहाँ शब्द-मूल **घर्** गतिसूचक था।

संस्कृत **अर्चि** का अर्थ किरण, आदित्य और लपट है। **अर्क** (सूर्य, किरण, बिजली, अग्नि), **अरुण** (रक्त वर्ण, सूर्य) गतिसूचक **अर्** अथवा **ऋ** क्रिया से सम्बद्ध हैं। इस संदर्भ में कोत **अड़्च्** (लपट का उठना), तुलु **अरदॅ**, तेलुगु **अडरु** (जलना, चमकना) उल्लेखनीय हैं। अंग्रेज़ी **रे** (किरण) भी यहाँ स्मरणीय है।

अध्वन् वाली **अध्** क्रिया से गतिसूचक एक रूप **अत्** बना जिससे **आत्मा** शब्द निर्मित हुआ, उसी तरह दूसरा रूप **अन्** बना और इससे एक ओर पवनवाचक **अनिल** शब्द बना, दूसरी ओर अग्निवाचक **अनल** बना। तमिल **अनल्** (अग्नि, ऊष्मा), **अनलि** (अग्नि, सूर्य), मलयालम **अनल्, अनल्च, अनच्च, अनप्पु** (अग्नि, ऊष्मा), कन्नड़ **अनलि** (गर्मी) उसी **अन्** क्रिया से व्युत्पन्न हैं। बरो और एमेनो ने अपने कोश में संस्कृत **अनल** शब्द को द्रविड़ भाषाओं की देन माना है। वास्तव में **अनल** का आधार **अन्** उसी **अत्** क्रिया का रूपान्तर है जिससे निर्मित होने वाले **अत्मन्** जैसे शब्द यूरुप की भाषाओं में बोले जाते हैं। **अत्** का **अन्** रूप वायुवाचक लैटिन **अनिम** में विद्यमान है। भारतीय भाषाओं में यह क्रिया **अनिल** (वायु) और **अनल** (अग्नि) दोनों रूपों में व्यवहृत है। मूल क्रिया **अध्** में सघोष महाप्राण ध्वनि है, उसका अघोष अल्पप्राण ध्वनिवाला रूप आर्य

द्रविड़ परिवारों में **और** भारत के बाहर इंडोयूरोपियन परिवार की अन्य भाषाओं में प्रयुक्त होता है।

संस्कृत **अर्च** के **अर्** से तुलनीय है तमिल **ऍरि** (जलना, चमकना)। इसका व्यापक व्यवहार द्रविड़ भाषाओं में होता है और उनमें संस्कृत **अर्क** से मिलते-जुलते रूप भी हैं; कोलमि **ऍर्क्** (आग जलाना), गोंडी **अकि** (ज्वर); अंग्रेज़ी **रे** (किरण) के अनुरूप कुइ के रूप **रीव, रीत्** (जलना) आदि हैं। हिन्दी **अलाव अर्** के प्रतिरूप **अल्** से बना है। तमिल **ऑळि** (प्रकाश, सूर्य, चन्द्र, तारा, अग्नि, दीप, सौन्दर्य) के जो अनेक अर्थ दिए गये हैं, वे इस क्रम में अर्थ प्रसार-प्रक्रिया का बहुत अच्छा उदाहरण हैं। गति और अग्नि के साथ **ऑळि** में एक नया अर्थ जुड़ गया—सौन्दर्य। उससे पहले कामपीड़ा वाले अर्थ पर ध्यान देना चाहिए। अग्निवाचक शब्द अनेक भाषाओं में काम चेतना के लिए प्रयुक्त होते हैं। तमिल **अनल्** अर्थात् **अग्नि** और तमिल **अन्बु** (प्रेम, मैत्री), **अन्बन्** (प्रेमी, पति, मित्र), कन्नड़ **अम्मु** (चाहना) उसी **अन्** क्रिया से सम्बद्ध हैं। तमिल **अळल्** (जलना) और इसी से सम्बद्ध **अळिवु** (प्रेम); इसी प्रकार तमिल **ऑळि** का एक अर्थ अग्नि, सूर्य, चन्द्र इत्यादि, और दूसरा अर्थ सौन्दर्य है।

संस्कृत **काम** शब्द का सम्बन्ध अग्निवाचक किसी क्रिया से है या नहीं? तमिल **कनल्** (अग्नि, जलना), **कनलि** (सूर्य), मलयालम **कनल** (अंगार), कोलमि **कन्** (दहकता लाल रंग), **कन्च्** (आग में दहकाना), कन्नड़ **कनि** (दमकना), कुइ **कम्ब** (भस्म होना)—द्रविड़ भाषाओं में **कन्** क्रिया का व्यवहार व्यापक रूप से होता है। संस्कृत में भी एक **कनल** शब्द है जिसका अर्थ है चमकीला। सोना चमकता है, इसलिए उसे **कनक** कहते हैं। संस्कृत में इसी अर्थ का सूचक **कन्दल** शब्द भी है। संस्कृत में एक क्रिया **कञ्च्** का भी उल्लेख है, अर्थ है चमकना। इसलिए **कञ्चन** का वही अर्थ हुआ जो **कनक** का है। **कञ्ज** कमल के फूल को कहा गया क्योंकि उसका रक्त-पीत वर्ण दमकता था। **कन्** क्रिया का प्रतिरूप **कम्**, उसी से **कमल**, जिसका एक अर्थ पीला लाल रंग है, दूसरा अर्थ हिरन और तीसरा अर्थ कमल नाम का फूल। इसी **कम्** क्रिया से काम शब्द बनता है। लैटिन **कोमिस्** (प्रेमपूर्ण) में वही **कम्** क्रिया है। अंग्रेज़ी शब्द **कम्ली** (सुन्दर) का संबन्ध इसी **कम्** से हो सकता है। **क्** का लोप होने पर लैटिन में **अमो** क्रिया का अधिक व्यवहार हुआ। इसका अर्थ है चाहना, त्याग करना; **अमोर्** अर्थात् प्रेम। इसी से अंग्रेजी में **एमिएबल्** (मैत्रीपूर्ण) जैसे शब्द हैं। लैटिन क्रिया **कन्देओ** का अर्थ है चमकना, इसी से लैटिन रूप **कन्देल,** अंग्रेजी **कैन्डिल** यानि कन्दील। यह कन् क्रिया मूलतः गति-सूचक है और **गम्** का प्रतिरूप है। तमिल **कण्ण** का अर्थ है द्रुतगति से। संस्कृत **कम्प** में गति का भाव स्पष्ट है, **कम्पन** रूप में अर्थ विकास की वही प्रक्रिया है जो **तरल** में है। संस्कृत में एक क्रिया **कम्ब्** मानी गई है जिसका अर्थ है चलना और एक शब्द है **कम्बर** जिसका अर्थ है बहुरंगी। सम्भवतः ऊन से बने हुए **कम्बल** को यह नाम इसलिए दिया गया कि उसमें अनेक रंग होते थे। **गन्धर्व** शब्द का सीधा सम्बन्ध **गम्** से है। **गन्धर्व** उसे कहेंगे जो देखने में सुन्दर हो और स्त्रियों के सहवास के लिए उत्सुक हो; इसलिए **गन्धर्व-विवाह** वह विवाह हुआ जिसका आधार केवल कामभावना है।

उत्तर-पश्चिमी प्रदेशों के लोग **गन्धार** इसलिए कहलाते थे कि वे देखने में सुन्दर होते थे।

इस प्रसंग में तोद **अर्य्**, **अर्च्** पर ध्यान देना चाहिए जिसका अर्थ है नारी की काम-भावना। तमिल **अलङ्ङु** का अर्थ है चलना, काँपना; **अलइ** अर्थात् लहर। इससे तुलनीय है **अलंकार** जिसका सम्बन्ध किसी वस्तु को सुन्दर बनाने से है। **अलक** सुन्दर युवती को कहते थे और कुबेर की अलका में जो अलक लोग रहते थे, वे गन्धारों के समान सुन्दर रहे होंगे। ये सभी शब्द **अर्-अल्** क्रिया से बने हैं।

पो और **वा** क्रियाओं के **पे** और **वे** प्रतिरूपों से भी अग्नि-सूचक शब्द बनते हैं। तमिल **वे** (जलना), **वेडइ** (गर्मी), **वय्योन्** (सूर्य), मलयालम **वेद** (जलना), **वेदु** (गरम चीज); तोद **पोय्, पोद्**, (जलना), **पीश्** (सूर्य, धूप), **पेसॉख्य्** (ग्रीष्म ऋतु), कन्नड़ **बे, बेयु** (भस्म होना, धूप में झुलसना), **वेगॅ** (दावाग्नि); इस शृंखला की मूल क्रिया द्रविड़ भाषाओं में व्यापक रूप से प्रयुक्त होती है। तोद रूप **पेसॉख्य्** संस्कृत **वैशाख** से तुलनीय है। विशाखा एक नक्षत्र का नाम है। किसी नक्षत्र को **विशाखा** इसलिए न कहा जायगा कि उसमें शाखाएँ फूटती हैं या उसकी शाखाएँ नष्ट हो गई हैं। **वि** क्रिया का सम्बन्ध चमकने से है, अतः **विशाखा** और **वैशाख** नाम प्रकाश के अतिरिक्त उष्णता से सम्बद्ध हुए। आकाश को **व्योम** कहा गया क्योंकि वह प्रकाशमान रहता है। जो अर्थ **आकाश** का है, वही **व्योम** का है। **व्योम** का एक अर्थ वायु भी है। कुवि भाषा में **वॅहिनि** का अर्थ है उष्ण। इससे संस्कृत **वह्नि** तुलनीय है। अग्नि को **वह्नि** नाम इसलिए दिया गया था कि वह यज्ञ में डाली हुई वस्तु देवताओं तक ले जाती थी। उसकी व्युत्पत्ति उस क्रिया से हो सकती है जो चमकने का अर्थ देती थी। **वस्** क्रिया का एक अर्थ चमकना है। ऋतु विशेष को **वसन्त** इसलिए कहा गया कि वह प्रकाश की ऋतु है और शिशिर की अपेक्षा उसमें उष्णता होती है। वसन्त का रूसी प्रतिरूप **वेस्ना** है; **वॅसॅलीत्** (आनन्द मनाना), **वेसॅलो** (आनन्दपूर्वक) **वस्** क्रिया से निष्पन्न हैं। आदित्य, मरुत, इन्द्र, रुद्र आदि **वसु** हैं क्योंकि वे प्रकाशमान हैं। दिन को **वासर** कहा गया क्योंकि वह प्रकाशयुक्त होता है। **वासना** में यही **वस्** क्रिया है। **वस्** का प्रतिरूप **उष्** है जिसका अर्थ है जलना, जलाना, प्रभात होना। इसी से **उषा** और **उष्ण** शब्द बनते हैं। चेक भाषा में **उश्वित्** का अर्थ है प्रभात होना। **विष्णु** यदि अग्नि, विद्युत् और सूर्य के रूप में प्रकट होते हैं तो यह स्वाभाविक ही है। यदि वह कामदेव के पिता भी हों तो यह स्वाभाविक है; यदि चैत्र-मास का एक नाम विष्णु हो तो यह भी बोधगम्य है।

तमिल **वेण्डु** (चाहना), **वेळ्** (चाह, वासना), **वेऴइच्चि** (भोग), **विऴइन्दोन्** (पति, मित्र), **विऴइबु** (सम्भोग), **वे, बे, बो, ओ** रूपों में काम सूचक इस क्रियामूल का व्यापक व्यवहार द्रविड़ भाषाओं में होता है। तमिल **वेन्दन्** का अर्थ है राजा, सूर्य, चन्द्र, इन्द्र, वृहस्पति; यह अर्थ-प्रसार प्रक्रिया **विष्णु** के अर्थ-विस्तार से मिलती-जुलती है। गोंडी **पेन्**, कुइ **पेन** आदि देववाचक शब्द हैं। कभी-कभी किसी पर देवता आ जाते हैं और काफी परेशान करते हैं; उस अर्थ में भी इस शब्द का प्रयोग होता है। तमिल **पेय्** (किसी पर आने वाला देवता), मलयालम **पेन** (भूत), कन्नड़ **पे**, हे (आवेश, उन्मत्त होना) आदि शब्द उसी गतिसूचक क्रियामूल से सम्बद्ध हैं।

४. पुर, उर, नाडु

आदिम मनुष्य के लिए कृषि का **आविष्कार** एक अत्यन्त महत्वपूर्ण घटना थी। जो शब्द किसी स्थान पर छेद करने, किसी वस्तु को प्रविष्ट करने के लिए प्रयुक्त होते थे, उनका उपयोग कृषि के लिए किया गया। यह कहना कठिन है कि प्रजनन क्रिया से सम्बद्ध अनेक शब्द पहले कृषि के लिए प्रयुक्त होते थे और वहाँ से उधर लाये गये, अथवा पहले वे प्रजनन क्रिया के लिए प्रयुक्त होते थे और वहाँ से कृषि के क्षेत्र में लाये गये। जो भी हो, यह स्पष्ट है कि एक शब्दमूल मिलती-जुलती अनेक क्रियाओं के लिए प्रयुक्त होता था। संस्कृत **सीर** का अर्थ हल, बैल, सूर्य आदि है। **सी** क्रिया का अर्थ बताया गया है सीधी रेखा खींचना। **सीता** खेत की उस गहरी रेखा को कहते हैं जो हल खींचने से बनाई जाती है। दो स्थानों को बीच में रेखा खींचकर अलग किया जाय तो उसे **सीमा** कहेंगे। स्त्रियाँ सिर के बालों के बीच में माँग काढ़ती हैं, उसे **सीमन्त** कहा जाता था। **सू** क्रिया का अर्थ प्रेरित करना है। जो प्रेरक है, वह **सविता** है। रथ चलाने वाला व्यक्ति घोड़ों को प्रेरित करता है, अतः वह **सूत** है। **सू** क्रिया का एक अर्थ जन्म देना हुआ। अतः **सुत** और **सूनु** पुत्र के नाम हुए जिसे जन्म दिया जाता है। **सूत** शब्द का एक अर्थ हुआ पिता, दूसरा अर्थ हुआ **पुत्र**। **सूतक** अर्थात् सन्तान का जन्म; जन्म के समय स्त्री कुछ समय तक अपवित्र मानी जाती है, अतः यह अपवित्रता का भाव **सूतक** शब्द में भी आया। अवधी में **सौरि** उस स्थान को कहते हैं जहाँ माता सन्तान को जन्म देती है और **सोहर** उन गीतों को कहते हैं जो सन्तान के जन्म के समय गाये जाते हैं। संस्कृत **सूचि** उस अस्त्र को कहते हैं जिससे कपड़ा सिया जाता है, **सूत्र** उस धागे को कहते हैं जिससे सुई अपना काम करती है। हिन्दी क्रिया **सीना** का संस्कृत पूर्वरूप **सिव्** है। दर्जी के लिए एक पुराना शब्द **सिव** है।

लैटिन **सेरो** माने बुवाई करना; इस क्रिया का एक अर्थ गूंथना भी है। लैटिन **सेमेन्** अर्थात् बीज। अंग्रेज़ी **सो** क्रिया बोने का अर्थ देती है और सीने का भी, यद्यपि वह लिखी दो तरह से जाती है। अंग्रेज़ी **सीड्** उसे कहेंगे जो बोया जाता है। अंग्रेज़ी **सन्** (पुत्र) आदि शब्दों के निर्माण की वही प्रक्रिया है जो संस्कृत **सुत** और **सूनु** की है। मराठी **शेत** (खेत) का पूर्वरूप **सेत** की **से** क्रिया से बना। **सेत—शेत—क्षेत्र** वह भूमि है जो जोती-बोई जाती है। **क्षिति** उस भूमि को कहेंगे जिसे मनुष्य जोतता-बोता है और जहाँ वह रहता भी है। जोतने-बोने वाली क्रिया से आवास भूमि के अर्थ का विकास हुआ। संस्कृत क्रिया **क्षि** का एक अर्थ हुआ निवास करना।

से, शे क्रिया का द्रविड़ प्रतिरूप **चे, के** है। तमिल **चे, चेप्पु** (रहना, लेटना), **चेक्कइ** (निवास-स्थान, खाट), कन्नड़ **के, केद्** (लेटना, सम्भोग करना) आदि रूपों में द्रविड़ व्युत्पत्ति कोशकारों ने एक-सी दिखने वाली दो क्रियाओं को मिला दिया है। संस्कृत में एक **शे** या **शी** क्रिया वह है जिसका अर्थ लेटना है, इससे **शैया** शब्द बनता है। लेटने का अर्थ देने वाली चे-के क्रिया इस वर्ग की है। एक चे-के का अर्थ है लेटना; दूसरी चे-के का अर्थ है निवास करना। रहने का अर्थ देने वाली तमिल **चे** क्रिया उस वर्ग की है जिसमें **क्षिति** और **क्षेत्र** आते हैं। तमिल **चॅय्** (खेत), **कइदइ** (धान का खेत),

कन्नड़ **कॅय्, कय्** (खेत) आदि शब्द कृषि-सम्बन्धी उक्त शब्द शृंखला में हैं। यहाँ संस्कृत शब्द **केदार** (खेत, विशेषतः वह खेत जिसमें पानी भरा हो) स्मरणीय है। द्रविड़ भाषाओं में अनेक स्थान-वाचक शब्दों के साथ **चेरि** शब्द आता है। तमिल **चेरि** (गाँव, कस्बा, गली) उसी **से, शे** (निवास करना) क्रिया से सम्बद्ध है। तमिल **चेर्पु** (आवास), **चेर्वु** (ग्राम) को **चेर्** क्रिया से सम्बद्ध किया गया है जिसका अर्थ है संयुक्त होना। अंग्रेज़ी का **सिटी** शब्द कैसे बना ? लैटिन **कितो** क्रिया का अर्थ है किसी वस्तु को बलपूर्वक प्रेरित करना। यह शब्द लैटिन **किविस्** (नागरिक) से बिल्कुल असम्बद्ध जान पड़ता है किन्तु कृषि-सम्बन्धी अर्थ-विकास की प्रक्रिया पर ध्यान दें तो सम्बद्ध लगेगा। ग्रीक भाषा में **कोमे** उस गाँव को कहते थे जिसके चारों ओर दीवाल न उठाई गई हो; कस्बे और मोहल्ले के लिए भी इस शब्द का प्रयोग होता था। **कोमेतेस्** शब्द का अर्थ देहाती था। इसी से हास्यरस के नाटक **कोमोदिआ** (अंग्रेज़ी **कौमेडी**) कहलाये। इसी शृंखला में अंग्रेज़ी **सिटी है** जिसका इटालियन प्रतिरूप **चित्ता है**। भारत में **च्, क्** वाले दोनों रूप मिलते हैं। यहाँ अनेक नगरों के नाम के बाद **सोर** लगा रहता है जैसे **बालासोर, मन्दसौर**। इनमें **सोर** और **सौर** का उद्‌भव कृषि-सम्बन्धी **सो** क्रिया से हुआ है।

गोंडी **सेर्** (हल), कुइ **सेरु** (बैलों की गोंई), में **से** मूल क्रिया बनी हुई है। कोलमि **चेर** (हल बैल), श्रीलंका की तमिल में **चेर्** (हल, बैलों की गोई), कुवि **हेरु** (हल) में **स्** के स्थान पर **च्, ह्** है। अन्य भाषाओं में **च्** और **ह्** का लोप हुआ है। तमिल मलयालम, कोत, तोद भाषाओं में **एर्** रूप है। कन्नड़ में **एरु** का विकल्प **आर्** भी है और पर्जि में बैलों की गोई के लिए **ईरेर्** शब्द है। इन रूपों से तुलनीय है लैटिन **अरो** (हल जोतना), **अरात्रुम्** (हल), ग्रीक **अरोओ** (हल जोतना), **अरोरोन्** (हल), लैटिन **अर्वुस्** (जोता हुआ खेत), **अर्वुम्** (खेत), **अरातोर्** (हलवाहा), यूरुप की भाषाओं में इस शृंखला के अनेक शब्द हैं। **आर्य** शब्द की व्युत्पत्ति के लिए इस **अर्** क्रिया से भी काम लिया जा सकता है।

सर् क्रिया से अवधी **हरु**, हिन्दी **हल** बने; **सर्** के प्रतिरूप **हर्** से लैटिन भाषा का शब्दमूल **अर्** प्राप्त हुआ।

तमिल **चाल्** संस्कृत सीता का पर्याय है। हल चलाने से जो नाली बनती है, वह **चाल्** है। बोते समय जिस लकीर पर किसान आता-जाता है, वह भी **चाल्** है। कन्नड़ **साल्** में **स्** वाला मूल रूप है। हल जोतने से जो सीधी रेखा बनती है, उससे अर्थ प्रसार हुआ। कन्नड़ **साल्** का एक अर्थ हल से बनाई हुई रेखा हुआ, फिर किसी भी रेखा के लिए यह शब्द प्रयुक्त हुआ। कोडगु **चालि्ल**, तुलु **सालु**, तेलुगु **चालु**, मलयालम **चाल्** दोनों अर्थ देते हैं। बँगला शब्द **सारि** कतार के लिए प्रयुक्त होता है। इसका सम्बन्ध उक्त द्रविड़ रूपों से है। खेत में जो धान कतारों में लगाया गया, वह संस्कृत में **शालि** कहलाया। संस्कृत **शाल** घिरे हुए स्थान, दीवाल, दुर्ग के लिए प्रयुक्त होता है। **शालीन** वह व्यक्ति है जिसके रहने का ठीहा-ठिकाना है। अंग्रेज़ी **हौल** संस्कृत **शाल** का प्रतिरूप है। इसी **शाल** से **शाला** रूप बना। **शाला** का अर्थ बड़े कमरे के अलावा घर भी है। **शालग्राम** में काम-काज की तरह एक ही अर्थ देने वाले दो भिन्न

रूप शाल और ग्राम संयुक्त हो गये हैं। पाणिनि **शालातुर** गाँव में पैदा हुए थे। इस शब्द में **शाला** का अर्थ गाँव है और यही अर्थ **तुर** का भी होना चाहिए। संस्कृत में **तुर** का यह अर्थ नहीं है पर सम्भव है किसी समय रहा हो। **स्** ध्वनि को अनेक द्रविड़ भाषाएँ **क्-त्-प्** में परिवर्तित करती हैं। **सुर, पुर, तुर, उर, ऊरु** का मूलतः एक अर्थ सम्भव है।

द्रविड़ भाषाओं में इस शृंखला के **क्** वाले कुछ रूप इस प्रकार हैं।

मलयालम **करि, करु** (हल), तमिल **कारु** (हल का फाल), कन्नड़ **कारु** (उप०), तमिल **काॅऴ्** (उप०), कोत **काॅव्** (उप०), कन्नड़ **कुऴ, गुऴ** (उप०), तमिल **कलप्पइ** (हल, फाल)—इन सब रूपों का सम्बन्ध हल से है किन्तु कन्नड़ **कलपु,** हल के अलावा, घर बनाने के आवश्यक सामान, और इसी प्रकार तेलुगु **कलफ** गृह-निर्माण-सम्बन्धी वस्तुओं के लिए प्रयुक्त होता है। तमिल **कुत्तु** (छेद करना, सीना), तेलुगु **कुट्टु** (उप०), संस्कृत **कुद्दाल** (कुदाल), तमिल **कुन्दालि** (उप०) मिलते-जुलते शब्द हैं। तमिल **कुडि** (घर, परिवार, नगर) हिन्दी **कुटी** का प्रतिरूप है। **कुटुम्ब** शब्द का सम्बन्ध इसी शृंखला के रूपों से है। **कुडि** शब्द आवास के अतिरिक्त परिवार का भी अर्थ देता है। द्रविड़ भाषाओं में इस शब्द-मूल का व्यापक व्यवहार होता है। मन्दिर सूचक **गुडि** शब्द इसी का प्रतिरूप है। द्रविड़ भाषाओं में **कुटुम्ब** (परिवार) शब्द का व्यवहार भी होता है; तुलु भाषा में इसका **कुडुम** प्रतिरूप दिलचस्प है; विवाह-सम्बन्ध के लिए पंजाबी में **कुडमाई** का प्रयोग होना स्वाभाविक है।

संस्कृत **सुत** और **पुत्र** का एक ही अर्थ है। अन्य अनेक शब्दों के समान यहाँ भी **स्** ध्वनि **प्** में परिवर्तित हुई है। द्रविड़ भाषाओं में कृषि, प्रजनन, पुत्र, आवास आदि से सम्बन्धित शब्द **प्** से ही अधिक आरम्भ होते हैं, यह स्वाभाविक है। ये रूप द्रविड़ भाषाओं तक सीमित नहीं हैं, वे अनेक इन्डोयूरोपियन भाषाओं में मिलते हैं। इनका मूल रूप **स्** से आरम्भ होता था। तमिल **पाय्** (पौधे लगाना), **पिळ** (विदीर्ण करना), कुइ **प्लीप** (सृजन करना), तमिल **पीरु** (विदीर्ण करना), कोत **पीर्** (बलपूर्वक प्रविष्ट करना), पर्जि **पुयिल्** (फाल), तमिल **पदि** (भीतर प्रवेश, लगाया जाने वाला पौधा, आवास), तमिल **पल्** (दाँत) और **पल्लि, पलगि** (दाँता, खेती के काम में आने वाला औजार जिसमें दाँत बने होते हैं), **परण्डु** (खरोंचना), **पिडुङ्ङ्** (बलपूर्वक प्रविष्ट करना), **पीरु** (विदीर्ण करना), पर्जि **पिड्क** (बीज), गोंडी **पॅडॅ** (उप०), तमिल **पुऴइ** (छेद करना, छेद), कन्नड़ **हॅट्टु** (प्रविष्ट करना), **पॅट्टु** (सम्भोग करना), तमिल **पाॅ** (छेद करना), **पाॅत्तु** (छेद), **पोत्तु** (उप०), तेलुगु **बाॅक्क** (छेद), तमिल **पाॅडु** (विवाह द्वारा सम्बन्धित), **पाॅरु** (संयुक्त होना, सम्भोग करना) आदि शब्द परस्पर सम्बद्ध प्रतीत होते हैं।

अंग्रेजी **सीड** का संस्कृत प्रतिरूप **वीज** अथवा **बीज** है। इस शब्द की व्युत्पत्ति समझने के लिए तमिल **वित्तु** (बोना, बीज) और इस शृंखला के अन्य शब्दों पर ध्यान देना चाहिए। इनमें **प्, व्** और **ब्** तीनों ध्वनियों वाले शब्द मिलते हैं। तोद **पित्** (बोना, बीज), कन्नड़ **बित्तु** (उप०), तेलुगु **वित्तु** (उप०), गोंडी **विताना** (बोना), **विज्जा, वीजा** (बीज), ये शब्द संस्कृत **बीज** के प्रतिरूप हैं और इनका सीधा सम्बन्ध

उस क्रिया-रूप से है जिसके आरम्भ में स् ध्वनि थी। **पितृ** शब्द इस सन्दर्भ में विचारणीय है। **से, सो, सव्** क्रिया **पे, पो, पव्** जैसे रूपों में परिवर्तित हुई। वर्ण विपर्यय से **पव्** के स्थान पर उत्तर-भारतीय जन **वप्** कहने लगे। यह बुवाई सम्बन्धित कृषि-कर्म के लिए संस्कृत की प्रधान क्रिया हुई। **वप्** से **बप्पा** का वैसा ही सम्बन्ध है जैसा **पित्** से **पितृ** का। संस्कृत में **वप्तृ** का अर्थ है बोने वाला, जनक, पिता। हिन्दी **बप्पा** का सम्बन्ध इस **वप्तृ** से ठीक जोड़ा जाता है। अर्थ-प्रसार की जो प्रक्रिया यहाँ दिखाई देती है, वही **पितृ** में भी है। जो क्रियामूल **प्रसव** में है, वही **सवितृ** में है। जो अर्थ **पिता** का है, वही मूल अर्थ **सवितृ** का भी है। यह शब्द सूर्य के लिए विशेष रूप से प्रयुक्त होने लगा। पितृसत्ताक समाज के सूर्योपासक आर्यों ने **सवितृ** को परमपिता माना। इन शब्दों का क्रिया-मूल कृषि से सम्बन्धित है।

द्रविड़ भाषाओं में पुत्र-वर्गीय शब्दों की एक लम्बी शृंखला है। **सुत, सूनु** जैसे रूप केवल संस्कृत में हैं; **प्** वाले रूप दोनों परिवारों में हैं। तमिल **पयल्, पजल्, पइयल्, पइदल्, पइजल्, पइयन्**, कन्नड़ **पसुळ**, तुलु **पसि, पइय्य**, तेलुगु **पइद** लड़के या बच्चे के लिए प्रयुक्त होने वाले शब्द हैं। **पुत्र** के फारसी प्रतिरूप **पिसर** के समान मलयालम **पशकन्**, कन्नड़ **पसुळ**, तुलु **पसि** जैसे रूप हैं। यह शब्द मानव-समाज के अतिरिक्त अनेक भाषाओं में पशुओं के लिए भी प्रयुक्त होता है। तेलुगु **पेय**, पजि **पॅय्य** आदि बछड़े के लिए प्रयुक्त होने वाले शब्द हैं। ब्रज में गाय-भैंस के छोटे बच्चों को **पोया** कहा जाता है। अवधी में छोटे पौधे **पोया, प्वावा** कहलाते हैं। मानव-समाज, पशु-जगत् और वनस्पतियों में एक ही जीवन का आभास इस क्रम के अनेक शब्दों में देखा जाता है। अंग्रेज़ी शब्द **ब्वाय्** इसी शृंखला में है।

तमिल **पॅण्** लड़की, स्त्री, मादा पशु और वनस्पतियों के लिए प्रयुक्त होता है। **पॅण्मइ** (नारी का जन्म पाना), **पिणइ** (मादा पशु), **पिणवल्** (कुतिया, हिरनी आदि), कोडगु **पॉण्णि** (पत्नी, स्त्री), तुलु **पॉण्णु** (लड़की), तेलुगु **पॅण्डि** (मादा पशु या वनस्पति), **पण्डिलि** (विवाह), **पॅण्ड्लमु** (पत्नी)—इन शब्दों में मूल वर्ण एकार-ओकार दोनों स्वरों वाला है। इस मूलवर्ण के अन्त में **ण्** परिवर्तित ध्वनि है। **पॅद्—पॅन्—पॅण्** इस क्रम से ध्वनि-परिवर्तन हुआ है। यूरुप के जिन गण-समाजों की भाषा में **प्** ध्वनि का अभाव था, उन्होंने **अपः—अक्वा** की तरह **पॅण्** को **क्वीन्** रूप में ग्रहण किया। **क्वीन्** का सामान्य अर्थ है नारी। प्राचीन काल में यूरुप में जाकर भारतीय शब्द अधिक अर्थ गौरव अर्जित करते थे जैसे **पत्नी** यहाँ किसी भी पुरुष की स्त्री को कहा जाता था किन्तु ग्रीक भाषा में **पोत्निअ** का व्यवहार उच्चवर्गीय महिला—देवी या लेडी—की तरह होता था।

तमिल **पॅट्टइ**, लड़की के अलावा, मादा जानवरों के लिए प्रयुक्त होने वाला शब्द है। हिन्दी **पिद्दी** का समकक्ष तेलुगु **पिट्ट** (चिड़िया) है; तेलुगु **पट्ट** मादा पक्षियों के लिए प्रयुक्त होता है। हिन्दी **पिल्ला** अब केवल कुत्ते के बच्चों के लिए प्रयुक्त होता है; उसका मूल अर्थ प्राणिमात्र का बच्चा है। मनुष्य ने, पशु-जगत् का स्वामी बनकर, अपनी श्रेष्ठता जताने के लिए अपने बच्चों के लिए विशेष शब्दों का व्यवहार आरम्भ

किया। हिन्दी में **पिल्ले** को कुत्ते का पुत्र कहा जाय तो लोग हँसेंगे किन्तु पंजाबी में **कुत्ता दा पुत्तर** वैसे ही आम गाली है जैसे अंग्रेज़ी में **सन् ऑफ ए बिच्**। तमिल **पिळ्ळइ** पशु और मनुष्य का बच्चा, लड़का लड़की दोनों, कोडगु में **पळ्ळॅ** केवल मादा पशुओं के लिए प्रयुक्त होता है। कोत भाषा का **पय्ळ्** बच्चे के अलावा छोटे पौधे के लिए प्रयुक्त होता है। कोलमि में **पिल्ल** के अतिरिक्त **पॅड्ड** शब्द भी है; **पिल्लपॅड्ड** अर्थात् मादा और नर। तमिल **पोत्तु** (पौधा, नई शाखा), तेलुगु **बोद** (शावक), कुवि **पोद** (लड़की), इनके साथ द्रविड़ व्युत्पत्ति कोश ने संस्कृत **पोत** (छोटा पौधा या पशु) दिया है। कन्नड़ **पोर** (छोरा, छोरी), तेलुगु **पोरडु** (लड़का) **त्** के **र्** में बदलने से बने हुए रूप हैं।

इस वर्ग के शब्दों का सम्बन्ध प्रजनन, विवाह आदि के लिए प्रयुक्त होने वाले शब्दों से है। मूल अर्थ है खेती, सीने, पिरोने आदि की क्रिया के अन्तर्गत खोदना, प्रविष्ट करना। तमिल **पॉळि** (खोदना, छेद करना), तेलुगु **पॉडुचु** (छेदना), तमिल **पॉरुन्दु** (सम्भोग करना), तेलुगु **पॉन्दु** (उप०), तमिल **पॅरु** (पैदा करना), **पिर** (पैदा होना), **पिरप्पु** (जन्म), मलयालम **पेरु** (उप०), तुलु **पॅद्पिनि** (जन्म देना, पालना), नइकि **पॅट्ट्** (जन्म देना), इन रूपों में **त्—ट्** और **द्—र्** वाला परिवर्तन-क्रम देखा जाता है। बच्चा, बच्चे को जन्म देना, फिर वह स्थान जहाँ जन्म से पहले बच्चा रहता है। कन्नड़ **पॉट्टॅ** का अर्थ पेट के अलावा गर्भ है; इसी भाषा में **पॉडॅ** पेट और गर्भाधान की स्थिति दोनों के लिए प्रयुक्त होता है। हिन्दी **पेट** इसी शृंखला में है। ओकार वाला रूप मराठी गुजराती **पोट्** तथा प्राकृत **पोट्ट** में है। ये रूप द्रविड़ व्युत्पत्ति कोश में उद्धृत किये गये हैं। **पेट** से सम्बद्ध जिन वस्तुओं से बच्चे का भरण-पोषण होता है, उनके लिए भी इसी शब्द-मूल के रूपों का प्रयोग होता है। तमिल **पॉदि** (स्तन), तेलुगु **पॉदुगु** (उप०), इनके साथ पोषण और समृद्धि का भाव देने वाले शब्द जुड़ते जाते हैं; तमिल **पॉदिर्** (फूलना, समृद्ध होना), **पॉदि** (पूर्णता, सुदृढ़ता), कन्नड़ **पॉदळ्** (स्रवित होना)। **पोषण** की **पुष्** क्रिया **पॉदि** आदि से सम्बद्ध हो सकती है। हिन्दी **पौधा** की सघोष महाप्राण ध्वनि इस तथ्य की ओर संकेत करती है कि द्रविड़ भाषाओं के शब्दों में जहाँ **द्—ड्** है, वहाँ मूल रूप में **ध्** था। हिन्दी की सामान्य क्रिया **पैदा होना** इसी शृंखला में आती है। **पैदा** में महाप्राणता का लोप हुआ है; इसी श्रेणी के **पेड़** शब्द में **द्** का मूर्धन्यीकरण हुआ है।

समृद्धि वाला भाव व्यक्त करने वाले शब्दों में तमिल **पॉड्ङु** (बढ़ना, उर्वर होना), **पॉलि** (उप०), **पॉळि** (स्रवित होना, समृद्ध होना), इनके साथ बहुत्व-सूचक तमिल **पल** (बहुत से), **पलर्** (जन-समूह) सम्बद्ध हैं। संस्कृत **पुल** और **विपुल** का अर्थ विशद है। **पुर** और **पूर** भरने, समृद्ध करने का भाव व्यक्त करते हैं। संस्कृत में एक शब्द **पोल** (ढेर) भी है। ग्रीक **पोलुस्** (बहुत से) इन्हीं भारतीय शब्दों के गोत्र का है। मूल ध्वनि **र्** थी जैसे कि **पुरु** (बहुत से या बहुत सा), **पुरंधि** (अर्थात् बहुत सा देने वाला) में अर्थ-प्रसार की शुरुआत खेती से होती है। तमिल **पात्ति** (छोटा खेत), **पुलम्** (खेती लायक भूमि, धान का खेत), कन्नड़ **पॉल** (खेत), तेलुगु **पॉलमु** (उप०), **पॉलमरि**

(किसान), इन शब्दों से तुलनीय हैं रूसी भाषा के शब्द **पोले** जिसका अर्थ है खेत, मैदान और **पोलेवोद्स्त्वो** (किसानी)। कहाँ तमिल और कहाँ रूसी, कहाँ इन्डोयूरोपियन, कहाँ द्रविड़ परिवार, किन्तु खेत के लिए दोनों जगह एक ही शब्द है। यह शब्द संस्कृत में नहीं है, आधुनिक आर्य भाषाओं में नहीं है। यूरुप और भारत की भाषाओं के सामान्य तत्व वही नहीं हैं जो संस्कृत में मिलते हैं। संस्कृत **कृषि** और **कृषक** के रूसी प्रतिनिधि **क्रेस्त्यानिन्** (किसान), **क्रेस्त्यान्स्त्वो** (कृषक जनता) हैं।

संस्कृत में कन्नड़ **पॉल** (खेत) का प्रतिरूप नहीं है किन्तु **पल्लि** शब्द है। **पल्लि** अथवा **पल्ली** छोटे गाँव को कहते थे। इसका एक अर्थ घर या झोंपड़ी था और **पल्ल** वह स्थान था जहाँ अनाज एकत्र किया जाता था। वन्य जन-समाजों से भिन्न खेती करने वाले गणसमाज उसी भूमि पर रहते थे, या उसके पास रहते थे, जिस पर वे खेती करते थे। इसलिए खेत, आवास, ग्राम, नगर आदि के लिए परस्पर सम्बद्ध शब्दों का प्रयोग होने लगा। तमिल **पळ्ळि** का अर्थ झोंपड़ी के अलावा महल भी है, वह शयनगृह है और चरवाहों का गाँव भी है। मलयालम **पळ्ळि** झोंपड़ी है, वन्य जन-समाजों का छोटा गाँव है, बौद्धों आदि का मन्दिर है और राजा की शैया है। तुलु भाषा में **पळ्ळि** मस्जिद है, उसका प्रतिरूप **हळ्ळि** छोटा गाँव है। दो बातें स्पष्ट हैं: यह शब्द घर और गाँव दोनों के लिए प्रयुक्त होता था, और मन्दिर तथा महल के लिए प्रयुक्त होने से इसे वह अर्थगौरव भी प्राप्त था जो संस्कृत में नष्ट हो गया है। **पालि** भाषा **पल्ली**, अर्थात् गाँव, की भाषा है।

तमिल **पुलम्** का पर्जि प्रतिरूप **पॉलुब** है जिसका अर्थ है गाँव। तमिल **पाडि** (गाँव, नगर) हिन्दी **पाड़ा** से सम्बन्धित है। तमिल **पाळि** के भिन्न अर्थ देखने योग्य हैं: मन्दिर, कुटी, नगर, खेती वाली भूमि में कस्बा; इसी के प्रतिरूप कोत भाषा के **एर्**, **इट्**, **वाय्** का अर्थ है गाँव के पास के खेत जो बुबाई की रस्म के समय जोते जाते हैं। इसके तोद प्रतिरूप **ओय्** का अर्थ है गाँव के पास के खेत। आवास भूमि और कृषि-भूमि की समीपता के कारण जिस तरह का अर्थ-प्रसार होता है, वह यहाँ स्पष्ट है।

पिता और **पुत्र** से लेकर **पुर** तक आर्य-द्रविड़ भाषाओं की शब्द-शृंखला कृषि से जुड़ी हुई है।

संस्कृत **पुर** का मूल यूरोपियन प्रतिरूप **पोल** है। नगर के लिए ग्रीक शब्द **पोलिस्** है; **पोलितेस्** अर्थात् नागरिक, **पोलीतिकोस्** अर्थात् नागरिक से सम्बन्धित। अंग्रेज़ी की सारी **पौलिटिक्स** इसी ग्रीक **पोलिस्** से शुरू होती है। रूसी में जैसे **पोल** शब्द का अर्थ खेत है, वैसे ही ग्रीक भाषा में **पोलोस्** उस भूमि को कहते हैं जो जोती गई है। इसके साथ **पोलेओ** क्रिया है जिसके दो अर्थ हैं, इधर-उधर घूमना, जमीन को जोतना। वास्तव में दो क्रियाएँ कोशकारों ने मिला दी हैं। एक क्रिया **पो**-(चलना) शृंखला की है; दूसरी **पत्-पल्** जोतने-खोदने वाली शृंखला की। इसमें तो कोई सन्देह ही नहीं कि रूसी, ग्रीक और द्रविड़ भाषाओं में **पोल** शब्दमूल खेत के लिए प्रयुक्त होता है। ग्रीक में **पोलिज़ो** क्रिया भी है जिसका अर्थ है नगर की नींव डालना, नगर बनाकर उपनिवेश स्थापित करना। नगर के अधिष्ठाता देवता को **पोलिअस्** कहा जाता था। ग्रीक भाषा

में **ल्** वाला रूप प्रधान है किन्तु **र्** वाले रूपों का पूर्ण अभाव नहीं है। **पुर्गोम** (ऐसा नगर जो चारों ओर दीवाल से घिरा हुआ हो), **पुर्गोओ** (बुर्जों से सुरक्षित करना), **पुर्गोस्** (बुर्ज), **पुर्गिओन्** (मीनार)—इन रूपों से स्पष्ट है कि **पुर** शब्द का भी चलन यूनानियों में था और उसका दुर्ग वाला अर्थ प्रधान था जैसे संस्कृत **पुरन्दर** (दुर्ग ध्वंसक) में। पुर का गाँव वाला अर्थ हिन्दी में प्रचलित है। यद्यपि अनेक नगरों के नाम में यह **पुर** विद्यमान है, फिर भी उसे संस्कृत और ग्रीक में जो अर्थ गौरव प्रदान किया गया है, वह हिन्दी में नहीं है। अर्थ की गौरवहीनता प्राचीन अर्थ की सूचक है। वास्तव में मूलतः **पुर** किसानों का गाँव ही है। भारत में एक प्रसिद्ध नगर **पाटलिपुत्र** कहलाता था। यदि **पुत्र** यहाँ नगरवाचक है तो वह **पुर** का पर्याय है। दोनों का उद्भव एक ही क्रिया से हुआ है।

ग्रीक भाषा में **पुत्र** का प्रतिरूप नहीं है किन्तु लैटिन में इस शृंखला के अनेक शब्द हैं जो द्रविड़-शब्दावली से मिलते-जुलते हैं : **पुएर्** (बच्चा, लड़का), **पुएर, पुएल्ल** (लड़की), **पुएल्लुस्** (लल्ला), **पूबेद** (तारुण्य), **पुदेन्द** (लिंग), **पुदेओ** (शर्माना)।

पुर का प्राकृत रूप **वुर** है। द्रविड़ भाषाओं का स्थानवाचक **ऊर्** शब्द **पुर** का ही प्रतिरूप है। द्रविड़ व्युत्पत्ति कोश में इसके साथ प्राकृत रूप **ऊर** (गाँव) दिया हुआ है। इसके साथ तमिल **उऴ्ु** (जोतना, खरोंचना), **उऴवन्** (किसान), **उऴाल्** (जुताई) ध्यान देने योग्य हैं। कोडगु रूप में **ळ्** है—**ऊळ्** (जोतना), और तुलु में डकार है : **ऊडुनि, हूडुनि** (जोतना)। **ऊडुनि** के प्रतिरूप **हूडुनि** का हकार पूर्वरूप **पूडुनि** की सूचना दे रहा है। कोलमि और नइकि में **उर्** क्रिया का अर्थ है जोतना। जैसे **पुर** और **पूर्ण** में क्रिया के दो रूप हैं **पुर्** और **पूर्**, वैसे ही द्रविड़ भाषाओं में **प्** के **व्** में बदलने पर समान अर्थ वाले दो शब्द बनते हैं : **उर्** और **ऊर्**। तमिल शब्द **उऴ्** का अर्थ है भीतर। इसका मूल अर्थ सम्भवतः आवास था। द्रविड़ व्युत्पत्ति कोष में इसका ब्राहूइ प्रतिरूप **उरा** दिया हुआ है जिसका अर्थ है घर। तमिल क्रिया **उरइ** का अर्थ है निवास करना; **उरइवु** अर्थात् निवास; **उर** (भीड़ का एकत्र होना), **उरु, उरवु** (मैत्री, प्रेम), **उरवि** (नातेदारी), **उरङ्ङ्ु** (रहना), तोद **उर्फ्ु, उर्त्** (सम्भोग करना), कन्नड़ **ऑरल्** (प्रेम करना), **ऊरु** (रहना), तमिल **उरु** (बहुसंख्यक होना, समृद्ध), **उरइ, उरुत्तु** (फलना-फूलना), कन्नड़ **उरुवु** (विशदता), **उरळि** (जन समूह), तुलु **उरुबु, उर्बि, उर्बु** (वृद्धि), **उर्दि** (समृद्धि)—ये सारे रूप उसी प्रकार की अर्थ-प्रक्रिया प्रदर्शित करते हैं जिस प्रकार की अर्थ-प्रक्रिया हम पुर-वर्गीय शब्दों में देख चुके हैं। तमिल **उरइ** से उत्तर प्रदेश के नगर **उरई** का नाम तुलनीय है।

अंग्रेज़ी में एक शब्द **अर्बन्** प्रयुक्त होता है जिसका अर्थ है नागरिक। यह लैटिन **उर्बानुस्** से बना है जिसका अर्थ है नगरवासी, और लैटिन **उर्ब्स** का वही अर्थ है जो लैटिन **पुर** का है—नगर, दुर्ग या दीवाल से घेरकर सुरक्षित बनाया हुआ नगर। भारत में कश्मीर की **वुड़ी** से लेकर **तंजावूर्** तक इस **उर** शब्द का प्रसार है। हिन्दी की अनेक बोलियों में किसी वस्तु रखने का स्थान **उर** शब्द जोड़कर सूचित किया जाता है यथा अवधी में **भुसउरा**, भूसा रखने का स्थान। इस शब्द का व्यवहार **पुर** के समान

भारत के बाहर भी होता है। **प्**—**व्** वाली ध्वनि परिवर्तन-प्रक्रिया के बिना इस रूप की कल्पना भी नहीं की जा सकती।

तमिल **वइ** (किसी चीज को रखना, निर्मित करना), मलयालम **वइक्कम्** (जो चीज रखी जाय, उर्वर धरती), कोत **वय** (रखना, बच्चा पैदा करना), तोद **पॉय्** (उप०), कन्नड़ **बॅसन, बॅसलॅ** (जन्म, उत्पादन), कोलमि **वाय** (छेद करके बोना), नइकि **वय्** (बोना), तमिल **वयल्** (खेत), कन्नड़ **वयलु** (उप०), कोलमि **वेगड्** (उप०), पर्जि **वाय** (उप०), गोंडी **वावूर्** (उप०)—ये सारे शब्द **प्** के समानान्तर **व्** से आरम्भ होने वाले, एक ही प्रकार की अर्थ-विकास-प्रक्रिया से सम्बद्ध, शब्द प्रस्तुत करते हैं। इसके साथ गर्भ, कामना आदि अर्थों के सूचक शब्द भी जुड़े हुए हैं। तमिल **वयिरु** (पेट, गर्भ), **वया** (गर्भ, भ्रूण), मलयालम **वयरु** (पेट, भीतर), कोत **वीर्** (पेट, गर्भावस्था), तोद **पीर्** (उप०), कन्नड़ **बसरु**, बसुरु, बसिर् (उप०)—यहाँ **प्-ब्-व्** तीनों ध्वनियों से आरम्भ होने वाले शब्द हैं जैसे तमिल **वइ** के साथ तोद, कन्नड़ आदिभाषाओं के प-वर्गीय रूप थे। पुनः तमिल **वयम्, वया** (कामना, प्रेम) के साथ कन्नड़ **बयकॅ, बवकॅ** (कामना) और इसी प्रकार अन्य द्रविड़ भाषाओं में शब्द हैं।

हिन्दी **बोना,** अवधी **बवब** संस्कृत **वप्** से सम्बद्ध हैं। संस्कृत **वप्, स्, सो, सव्** का प्रतिरूप है। हिन्दी में **बो, बव्** जैसे रूप सीधे **सो, सव्** से प्राप्त हो सकते हैं। **वप्** वर्ण-विपर्यय का परिणाम है: **सव्-पव्-वप्**। द्रविड़ भाषा कुइ में **वाप्क** क्रिया भी है जिसका अर्थ है गड्ढ खोदकर बोना। **वीज** के समानान्तर द्रविड़ भाषाओं में बोने के लिए क्रियाएँ हैं यथा तमिल **विरइ** (बोना, पौधों का बीज, अंडकोष), **विरइप्पु** (बुवाई), **वित्तु** (बोना, बीज); तमिल शब्दमूल **वित्** का प्रतिरूप **विर्** है। इसके साथ तमिल **विरजु** (संयुक्त होना), **विरुम्बु** (कामना, प्रेम), **विळइ** (उर्वर होना, परिपक्व होना, फसल), **विर** (सघन होना), कन्नड़ **वीग** (विवाह द्वारा सम्बन्धित), तमिल **वीङ्ङ्** (समृद्ध होना)—ये सब रूप कृषि और कृषक के पारिवारिक जीवन से सम्बद्ध हैं।

यहाँ संस्कृत शब्द **उर्वर** विचारणीय है। संस्कृत में **उर** शब्द खेत के लिए प्रयुक्त नहीं होता किन्तु **उर्वरा** खेती लायक भूमि को ही कहते हैं। इसी **उर** से पृथ्वी के लिए **उर्वी** शब्द बना। **उर्वी** में जो विशदता का भाव है, वह मूलतः **उर्वरता** और समृद्धि के भाव से जुड़ा हुआ है। इसी प्रकार संस्कृत **उर** वक्षस्थल के लिए प्रयुक्त होता था और **उरु** शब्द का अर्थ है विशद। ग्रीक भाषा का **एउरुस्** (विशद) इसी **उरु** का प्रतिरूप है जैसा कि मोनियर विलियम्स ने अपने कोश में दिखाया है। संस्कृत में **उर्वर** की व्याख्या करने वाली **उर्** जैसी कोई क्रिया नहीं है। इससे ज्ञात होता है कि आर्य-द्रविड़ परिवारों का साथ-साथ अध्ययन किये बिना किसी एक के विकास पर लिखना कितना कठिन है।

अब **प्** का एक ध्वनि प्रतिरूप **म्** भी है। जैसे द्रविड़ भाषाओं के **पल** में बहुलता का भाव है, वैसे ही तमिल **मल्** का सम्बन्ध उर्वरता, समृद्धि और शक्ति से है। तुलु भाषा में **मल्ल** शब्द का अर्थ है बड़ा। यह शब्द कृषि-प्रक्रिया से जुड़ा हुआ है। कुवि **मदलि,** कुइ **मड** का अर्थ है बोना। तमिल **मद** (समृद्ध होना), **मदप्पु** (भूमि के समान

उर्वर होना, वासनायुक्त होना), **मदम** (समृद्धि), **मदर्** (उर्वर होना) आदि शब्द उसी क्रिया से सम्बद्ध हैं जिसका कुइ प्रतिरूप **मड्** (बोना) है। **मद** आदि का एक अर्थ नशा करना, नशे में होना भी है। यह दो स्रोतों से आने वाले शब्द-मूलों को मिला देने से हुआ है। नशे वाले **मद** का सम्बन्ध **मधु** से है। सृजन वाली **मद्** क्रिया से पर्जि **माल्** (लड़की) और मलयालम **मोन्** (लड़का) रूप बने हैं।

ओकार वाले रूपों में कोत भाषा का **मोळ्** (लड़की) शब्द है जिससे बुन्देलखण्डी के **मोड़ा, मोड़ी** तुलनीय हैं और मराठी में इन्हीं से सम्बद्ध **मुलगा** (लड़का), **मुलगी** (लड़की), **मुलगें** (बच्चा) हैं। तोद भाषा में **मोत्** का अर्थ बच्चा, बेटा, बेटी, स्त्री सब कुछ है। यह **मोत्** रूप जर्मन **मुटॅर्**, अंग्रेज़ी **मदर्** (पुरानी अंग्रेजी **मोदोर्**) के सबसे नजदीक पहुँचता है। द्रविड़ भाषाओं में जब लिंग-भेद महत्वपूर्ण हुआ, तब इस तरह के भेद उत्पन्न हुए जैसे तुलु भाषा में **मोनु** (लड़का)। तमिल **मरम्** (वीरता), **मल्** (उर्वरता, शक्ति), **मद** (उर्वर होना), **मळ** (युवा) आदि एक ही शृंखला के शब्द हैं। विवाह, वधू, विवाह से सम्बन्धित होने वाले व्यक्ति इस मूल क्रिया से बने हुए शब्दों द्वारा सूचित किये जाते हैं। तमिल **मरुवु** (संयुक्त होना, आलिंगन करना), कोत **मर्ग्** (आसक्ति), तुलु **मर्च** (वशीकरण), तेलुगु **मरगु** (काम वासना), ब्राहूइ **मर्री** (पालतू), से फ्रेन्च भाषा के **मारी** (पति), अंग्रेज़ी **मैरी** (विवाह करना), **मैरिज्** (विवाह) की तुलना करना चाहिए। इनके पूर्वरूप लैटिन **मरीतो** (विवाहित होना), **मरीतुस्** (विवाह सम्बन्धी), **मरीत** (वधू, पत्नी) आदि शब्द हैं।

तमिल **वदुवइ** (वधू) संस्कृत **वधू** का प्रतिरूप है। इस तमिल शब्द को द्रविड़ भाषाओं के उन शब्दों के साथ दिया गया है जो **म्** से आरम्भ होते हैं। दोनों का उद्‌गम अलग-अलग है। **वधू** वह है जिसे दूसरा ले जाय। कन्नड़ **मद** (विवाह), **मदलिग** (वर), **मदवन्** (विवाह से सम्बन्धित व्यक्ति) का सम्बन्ध **मद्** क्रिया से है जो मूलतः कृषि क्रिया की सूचक है। यहाँ संस्कृत **मदन**—काम के पर्याय—का रहस्य प्रकट हो जाता है। **मदन** का सम्बन्ध नशे वाले **मद** से नहीं है, कृषि और रति वाली क्रिया से है। **मदन** खेती के पकने की ऋतु वसन्त को साथ लिए आता है, वसन्त कामदेव का सखा है, काम की पत्नी रति है, कथा-निर्माण की यह पद्धति स्वाभाविक है किन्तु **मद** शब्द का अर्थ मिलाप, या विवाह कन्नड़ जैसी द्रविड़ भाषाओं में ही है। तमिल **मदनि** (साली), **मदिनि** (जेठानी, साली, बड़े भाई की लड़की), तेलुगु, **वदिनिय, वदिनें** (बड़ी साली, भौजी आदि) इसी शृंखला में हैं।

लैटिन **मतेर्**, ग्रीक **मेतेर्**, दोरिक **मातेर्**, संस्कृत **मातृ** के प्रतिरूप हैं। लैटिन **मतेर्** का अर्थ गृहस्वामिनी भी है; **मात्रोन्** किसी भी विवाहित नारी को कहते थे (इसी का अंग्रेज़ी प्रतिरूप **मेट्रन्** है); **मात्रिक्स्** प्रजनन करने वाली नारी अथवा पशु है। **मात्रिमोनिउम्** (विवाह), अंग्रेज़ी **मैट्रिमनी** का पूर्वरूप है। लिथुआनियन भाषा में **मोतिन** (माता) के साथ, **मोतेरिस्** (नारी) शब्द भी है। रूसी भाषा में **मात्** (माता), बुलगारियन भाषा का मात्का (गर्भ, योनि, रानी) शब्द तुलनीय हैं।

तमिल भाषा में वृक्ष के लिए सामान्य शब्द **मरम्** है। ऊपर जिस तमिल **मरम्**

का अर्थ वीरता बताया गया है, उसमें **अन्य प्रकार के र्** का व्यवहार होता है। यह भेद लेखन में होता है, बोलने में नहीं। दोनों तरह के **मरम्** (वृक्ष और वीरता) का सम्बन्ध **मद्** क्रिया से है। द्रविड़ भाषाओं में **मद्** से समृद्धि और वीरता का सम्बन्ध हम ऊपर देख ही चुके हैं; वृक्ष-सूचक **मरम्** का सम्बन्ध **मद** से है, इसका प्रमाण लिथुआनियन भाषा का **मॅदिस्** शब्द है जिसका अर्थ है वृक्ष। स्पष्ट ही द्रविड़ भाषाओं में स्पर्श ध्वनि **द् र्** में परिवर्तित हो गई है। इन्डोयूरोपियन परिवार की एक भाषा में वृक्ष के लिए वही शब्द है जो द्रविड़ भाषाओं में है। तमिल **मरि** (पशु की सन्तान), कन्नड़ **मरि** (पशु की सन्तान, मनुष्य की सन्तान, पौधा), ब्राहुइ **मार्** (बेटा) अन्य रूपों के समान मानव-जगत्, पशु-जगत् और वनस्पति-संसार की मूल एकता सिद्ध करते हैं। इन शब्दों के साथ जो जन-समुदाय का बोध जुड़ जाता है, उसका उदाहरण कन्नड़ और तेलुगु का **मन्दि** शब्द है। इसका अर्थ है जन-समूह, किन्तु इसका एक अर्थ पशु-समूह और पशुओं को बांधने या चरवाहों के रहने का स्थान भी है। तमिल **मन्दइ** का अर्थ पशु-समूह के अतिरिक्त गाँव की वह पंचायती भूमि भी है जहाँ पशु चरते हैं। अंग्रेज़ी में चरी की भूमि के लिए **मेडो** शब्द है जिसका पुराना अंग्रेज़ी रूप **मैद्** था। इसका सम्बन्ध उसी **मद्** क्रिया से हो सकता है। आवास अर्थ का सूचक तमिल **मदिल्** (दुर्ग, दीवार) है।

यहाँ संस्कृत **विश्** तथा उसके प्रतिरूपों पर विचार कर लेना चाहिए। इस शब्द का अर्थ है प्रविष्ट होना, बैठना, स्थिर रूप से बस्ती में रहना। घर, बस्ती के अलावा यह शब्द पूरे गण-राज्य के लिए भी प्रयुक्त होता था। **विशाम् पतिः** अर्थात् गण नायक। **जन** शब्द के समान **विश्** एक जन, तथा सामूहिक रूप से पूरे जन-समाज, दोनों के लिए प्रयुक्त होता था। इसका एक अर्थ सम्पत्ति भी है। **विशाल** और **विश्व** शब्दों के लिए मोनियर विलियम्स ने कल्पना की है कि सम्भवतः इनका सम्बन्ध **विश्** से है। मेरी समझ में यह कल्पना सही है। **विशाल** और **विश्व** दोनों में प्रसार का भाव है। **विश्व** का एक अर्थ है सब लोग, दूसरा अर्थ है संसार। इसके रूसी प्रतिरूप **वेस्** में केवल पहला अर्थ निहित है। कृषि और आवास से सम्बन्धित शब्द इसी प्रकार का अर्थ प्रसार प्रदर्शित करते हैं। **ग्राम** शब्द एक ओर देहात की बस्ती के लिए प्रयुक्त होता है, दूसरी ओर वह वस्तुओं, गुणों, मनुष्यों के समुदाय का सूचक भी है। यह शब्द उसी **कर, गर** क्रिया से बना है जिससे कृषि जैसे रूप बने थे। कर्षण वाली क्रिया लेखन-क्रिया भी है। अतः ग्रीक भाषा का **ग्राम्म** (रेखा, अक्षर) और **ग्राफो** (रेखा खींचना, लिखना) उसी क्रिया से व्युत्पन्न है जिससे संस्कृत **ग्राम** बना है। कुइ **ग्राम्ब** (अध्ययन करना) के समान ग्रीक **ग्राम्म** से कृषि-संसर्ग वाला भाव छूट गया है जो संस्कृत **ग्राम** में विद्यमान है। लैटिन भाषा में किसान के लिए **अग्रिकोल** शब्द है; **अग्रिकुल्तूरा** (कृषि, अंग्रेज़ी का **ऐग्रीकल्चर**) और **अगेर्** (गण समाज की भूमि); यहाँ वर्ण संकोच के बाद जो **अग्रि** रूप बना है, उसके साथ पूर्व रूप **अगेर्** भी दिखाई देता है। ग्रीक भाषा में इसके प्रतिरूप **अग्रोस्** का अर्थ खेत, देहात है। संस्कृत **अजिर** (मैदान) और अंग्रेज़ी **एकर** (एकड़) लैटिन **अगेर्** के प्रतिरूप हैं। **ग्राम** शब्द का मूल अर्थ हुआ जोती

हुई भूमि, फिर अर्थ-प्रसार से उस भूमि पर बसने वाले, बस्ती, समूह, और **सम्** उपसर्ग लगाने पर **संग्राम** से युद्ध आदि के भाव व्यक्त होने लगे।

इसी प्रकार यह सम्भव है कि **विश्** शब्द का मूल अर्थ खेती करना हो। द्रविड़ भाषाओं में इस शब्द के दो तरह के प्रतिरूप बनते हैं। एक तरह के प्रतिरूप वे हैं जहाँ **श्** के स्थान पर ट् या ड् प्राप्त होता है। संस्कृत में ही **विट्कुल** (वैश्य परिवार), **विट्पति** (जननायक) जैसे रूपों में यह परिवर्तन दिखाई देता है। दूसरी तरह के प्रतिरूप वे हैं जहाँ यह **श् क्** रूप में ग्रहण किया जाता है। तमिल **वीडु** (घर, बस्ती, संसार) का **विडु** (छोड़ना, मुक्त होना) क्रिया से कोई सम्बन्ध नहीं है। द्रविड़ व्युत्पति कोश में दो भिन्न स्रोतों से आये हुए शब्दों को यहाँ भी मिला दिया गया है। मलयालम **वीडन्** (मुखिया), कन्नड़ **बिडदि** (आवास), **बीडु** (घर), तुलु **बीडु, बूडु** (भवन) **विश्** शब्द के अर्थ-प्रसार से मिलती-जुलती अर्थ-प्रक्रिया दिखाते हैं। **क्** वाले प्रतिरूपों में तमिल **ऑक्कल्** (सम्बन्धी), **ऑक्किलियन्** (कृषकों की एक जाति), कोत **ऑक्ल्** (परिवार), कन्नड़ **ऑक्कल्** (आवास, घर, किसान) तथा इसी प्रकार अन्य द्रविड़ भाषाओं में **क्** ध्वनि वाले प्रतिरूप हैं। मड़नी, माड़ते समय बैलों को हाँकने के लिए कोत भाषा में **ऑक्** शब्द है; पुनः **ऑक्ल्** अर्थात् अनाज की राशि को मड़नी माड़कर साफ करना। कन्नड़ **ऑक्कु** शब्द मड़नी के लिए, तथा अनाज को छड़ी से पीटकर साफ करने के लिए, प्रयुक्त होता है। मलयालम **ऑक्कुग** (गड्ढा करना), तुलु **ऑक्कुनि** (खरोंचना) का अर्थ संस्कृत **विश्** के प्रविष्ट करने वाले अर्थ के समान है। कुड़ुख **ऑक्क्ना** (बैठना), मल्तो **ऑकें** (बैठना, बसना) वैसा ही अर्थ व्यक्त करते हैं जैसे उप-विश् से होता है। तमिल **ऑक्क** (सब मिलकर), मलयालम **आक्क** (उप०, सब लोग) में विश्व वाला अर्थ है।

इन **क्** ध्वनि वाले शब्दों का ग्रीक प्रतिरूप **ओइकोस्** (घर, परिवार, जन) है; **ओइकेओ** अर्थात् बसना, निवास करना। ये ग्रीक शब्द उक्त द्रविड़ रूपों से सम्बद्ध हैं, इसमें सन्देह की गुंजाइश नहीं है। ग्रीक और द्रविड़ भाषाओं में **श्** की ध्वनि-परिवर्तन-प्रक्रिया एक ही है। ग्रीक **ओइकोस्** का शब्द-मूल **विश्** है जिसका प्राथमिक सम्बन्ध कृषि से है। **वैश्य** शब्द का अर्थ है धरती पर बस जाने वाला, किसान, व्यापारी। व्यापारी बनने से पहले व्यापार के लिए माल पैदा करना होगा; यह उत्पादन कृषि के प्रसार से ही सम्भव है। यह प्रसार तब होगा जब घुमन्तू जीवन छोड़कर गण-समाज खेती लायक भूमि पर या उसके पास बसेंगे। इसी कारण कृषि-कौशल के विकास के साथ आर्य-द्रविड़ परिवारों के शब्दतंत्र में गुणात्मक परिवर्तन होता है और यह परिवर्तन समस्त इंडोयूरोपियन परिवार के शब्दतंत्र को प्रभावित करता है।

तमिलनाडु में जो स्थानवाचक **नाडु** लगा है, वह कृषि से सम्बन्धित **मद्** क्रिया के रूपान्तर **नद्** से बना है। **नाडु** धरती, संसार, प्रदेश के अलावा उस भूमि का सूचक भी है जहाँ खेती की जाती है। **नाडन्** अर्थात् देशवासी, राजा; **नाट्टार्** अर्थात् किसी देश की जनता; **कर्णाटक** में यही **नाडु** है। उत्तर भारत में **करनाल** जैसे नाम निरर्थक जान पड़ते हैं। पंजाब और हरियाणा से द्रविड़ों का घनिष्ठ सम्बन्ध रहा है। **नाडु** से

नाल रूप का विकास सहज है। दक्षिण भारत के **करनूल** नामक स्थान में **नूल** इसी **नाल** का प्रतिरूप है। **नूल** शब्द द्रविड़ भाषाओं में सूत के लिए व्यापक रूप से प्रयुक्त होता है; कुइ भाषा में **नूल्** का प्रतिरूप **नूड्** है। अनेक ऐसे शब्दों के समान यहाँ भी दूसरे वर्ण में **ड्** है जो परिवर्तित होकर अनेक द्रविड़ भाषाओं में **र्** या **ल्** बना है। **सूत** से धरती का कोई सम्बन्ध नहीं है किन्तु **सूत** की **सू** क्रिया कृषि के अर्थ की द्योतक है। कपड़ा सीना और धरती में गड्ढा करना मूलत: एक जैसी क्रियाएँ हैं। इसीलिए एक ही **सू** क्रिया से बोने और सीने का अर्थ व्यक्त हुआ। द्रविड़ भाषाओं के **नूल्** **नूड्** रूप से अंग्रेज़ी **नीडल्** (सुई) का सम्बन्ध है। जैसे **सूची** शब्द में **सू** (छेद करना) क्रिया है, वैसे ही **नीडल्** में **नी**, **नूड्** में **नू** क्रिया है; इसका मूल अर्थ छेद करना, प्रविष्ट करना था। तमिल क्रिया **नुळइ** का ठीक यही अर्थ है और प्रथम वर्ण में दीर्घ स्वर का भी उपयोग होता है : **नूळइ** अर्थात् छेद। द्रविड़ भाषाओं में इस क्रिया का व्यापक व्यवहार होता है। आर्य भाषाओं की **नथ्** क्रिया इसी वर्ग की है। इससे मिलती-जुलती एक अन्य तमिल क्रिया है **नॅट्टु, नॅरु** जिसका अर्थ है प्रविष्ट करना। कन्नड़ **नॅरॅ** (संयुक्त होना, सम्भोग करना), **नॅरवि** (जन समुदाय), तमिल **नरि** (भीड़ लगाना), **नॅच्चि** (प्रेम), **निरम्** (वक्ष), तुलु **नॅरवु** (पुरुष के गुप्त अंग), **निरवु** (गुदा), गोंडी **नड़म्** (पशुओं का लिंग), तमिल **निरइ** (समृद्ध होना), **निलम्** (क्षेत्र, धरती) एक ही शृंखला के शब्द प्रतीत होते हैं। तमिल क्रिया **निल्** का अर्थ खड़े होना, स्थिर होना है। यह भिन्न क्रिया है। इसके साथ द्रविड़-व्युत्पत्ति-कोश में जो अन्य शब्द दिये गये हैं, वे कृषि और आवास से सम्बद्ध हैं। तमिल **निलइ** (आवास), **निरु** (सृजन करना, निर्माण करना), तोद **नॅल्प्** (गृह-भूमि), कन्नड़ **निलवु** (आवास) आदि रूपों में निवास के साथ जो निर्माण का भाव भी सम्बद्ध है, उसका खड़े होने से कोई प्रत्यक्ष सम्बन्ध नहीं है। इसके अतिरिक्त तमिल **निर्** क्रिया के दो प्रकार के अर्थ हैं : (१) समृद्ध होना, भीड़ लगाना, परिपक्व होना; इसी के साथ मलयालम निरवुग (धरती को समतल करना) रूप भी है, (२) समान रूप से विभाजित करना, व्यवस्थित करना; इसी से तमिल शब्द **निरल्** (एक पंक्ति में रखना), **निरइ** (उप०) मलयालम **निर** (पंक्ति)। **सारि** के समान **निर** में यह दूसरी तरह का अर्थ-विकास हुआ है। स्पष्ट ही हिन्दी शब्द **निराई, निराना** का मूल अर्थ खेत में पौधों को पंक्तिबद्ध करना है। द्रविड़ व्युत्पत्ति कोश में **निर** शब्द अलग-अलग दो जगह दिखाया गया है। वास्तव में दोनों जगह एक ही शब्द है और दोनों तरह के अर्थ वैसे ही एक दूसरे से सम्बद्ध हैं जैसे अन्य उदाहरणों में हम देख चुके हैं।

नद् क्रियामूल का एक प्रतिरूप **नंद्** होगा। तमिल **नन्दु** का अर्थ है उर्वर होना, समृद्ध होना। तमिल **नम्बु** (कामना) और **नच्चु** (उप०) की मूल क्रिया वही है जो **नन्दु** में है। द्रविड़ व्युत्पत्ति कोश में **नाडु** शब्द दो जगह दिखाया गया है। एक जगह उसका अर्थ है कामना करना, जानना, ढूंढ़ना; और दूसरी जगह अर्थ है प्रदेश, भूमि। दोनों शब्द एक ही हैं, दो भिन्न लगने वाले अर्थ सम्बद्ध है। **नाडु** के क्रियामूल **नद्** में जो कामना वाला अर्थ है, वही संस्कृत **आनन्द** की **नन्द्** क्रिया में है। तमिल क्रिया **नडवु** का अर्थ है पौधे रोपना और **नाट्टु** का अर्थ है प्रविष्ट करना। **नाट्टु** का

तेलुगु प्रतिरूप है **नाडु** (प्रविष्ट होना)। इस क्रम में तमिल **नड्बु** (प्रेम) और **नट्टार्** (मित्र सम्बन्धी) शब्द अन्य उदाहरणों के समान कृषि और काम-सम्बन्धी भावनाओं और क्रियाओं का सम्बन्ध व्यक्त करते हैं।

स्थानवाचक **नाट्**, **नाडु** का पूर्वरूप **नादु** था, इसका प्रमाण यह है कि कुइ में **नाडु** का प्रतिरूप **नाजु** है। ट्-ड् के ज् में बदलने की कोई सम्भावना नहीं है; द् ही ड् और ज् में बदल सकता है। **नादु** रूप **नद्** क्रिया से बनेगा। **नाजु** (गाँव) का बहुवचन रूप **नास्क** है जहाँ क बहुत्वसूचक प्रत्यय है और **नास्** **नाज्-नाज्** का रूपान्तर है। गोंडी में **नाडु** का प्रतिरूप **नार्** (गाँव) है। द्रविड़ भाषाओं में **नाडु**-वर्ग के जितने शब्द हैं, सभी का सम्बन्ध खेती और देहात से है।

हिन्दी के **नाज** और **अनाज** शब्द कुइ जैसी द्रविड़ भाषाओं के **नाजु** रूप से सम्बद्ध हो सकते हैं।

अर्थ-प्रसार की इस प्रक्रिया के उदाहरणों में शब्दों का एक वर्ग है जो **त्** से आरम्भ होता है। तमिल **तुर** (हाँकना, प्रविष्ट करना) तेलुगु **त्रोचु** (प्रविष्ट करना), पर्जि **तुर्किप्** (धक्का देना), तमिल **तुर** (छेद करना), मलयालम **तुर** (छेद)—कोश में दो **तुर** शब्द अलग-अलग दिखाये गये हैं। वास्तव में एक ही शब्द है, दो तरह के अर्थ परस्पर संयुक्त हैं। तमिल **तुरु** (भीड़ लगाना), **तुन्नियार्** (मित्र, सम्बन्धी), मलयालम **तुरुग** (भीड़ लगाना, धक्का देना), कोत **तुर्क्** (छेद में प्रविष्ट करना), कन्नड़ **तुरुगु** (समृद्ध होना), **तुरुबु** (प्रविष्ट करना) आदि रूपों में वैसा ही अर्थ-प्रसार है जैसा पहले हमने देखा है। तमिल **तॉऴ्** (छेद करना), कोत **तॉऴ्** (नारी की जननेन्द्रिय), कन्नड़ **तगलु** (सम्भोग करना), तेलुगु **तगुलु** (कामना), तमिल **तऴु** (आलिंगन), **तऴुवु** (सम्भोग करना) आदि शब्द कृषि और प्रजनन क्रियाओं का सम्बन्ध प्रदर्शित करते हैं। तमिल **तोण्डु** (खोदना), **तॉडु** (खोदना, खेत), **तोट्टम्** (वाटिका), तमिल **तॉट्टि** (गाँव), **ताऴु** (विवाहित जीवन, पशु बाँधने का स्थान), **ताऴुदि** (जनसमुदाय), **ताऴिल्** (कर्म), **तॉऴुवर्** (हलवाहा), **तइ** (सीना), पुनः तइ (पेड़), **तॅऴि** (बोना), मलयालम **तॉत्तु** (स्तन)—इस शब्द-शृंखला में लगभग वे सभी अर्थ आ जाते हैं जो **प्**, **म्** आदि ध्वनियों से आरम्भ होने वाले शब्दों में हमने देखे थे।

समाज और परिवार के क्षेत्र में तमिल **तऴ्ऴइ** (माता), तेलुगु **तल्लि** (उप०), कोलमि **ताक्** (पिता), तमिल **तात्ता** (पिता), मलयालम **तादन्** (उप०), कन्नड़ **तात** (उप०), उसी **त्**-मूलक सर्जनार्थी क्रिया से व्युत्पन्न है। द्रविड़ भाषा परिवार में **प्** के साथ **त्** से आरम्भ होने वाले शब्दों की पूरी शृंखला विद्यमान है। संस्कृत **तात** की व्याख्या इसी शृंखला को देखकर की जा सकती है। **तात** शब्द पिता और पुत्र दोनों के लिए प्रयुक्त होता है। द्रविड़ भाषाओं में पिता वाला अर्थ विशिष्ट हो गया है। तमिल **तुणइ** का अर्थ प्रसार देखने योग्य है। पति, पत्नी, भाई, बहन, साथी, विवाह-सम्बन्ध —ये सारे अर्थ एक ही शब्द से व्यक्त होते हैं।

तात के अतिरिक्त संस्कृत **तरु** और **दारु** शब्द इसी वर्ग में आते हैं। तमिल **तइ** (पेड़) का उल्लेख हो चुका है। तमिल **तॉरु** (गायों का झुण्ड), कन्नड़ **तुरु** (गाय),

तेलुगु तॉरु (उप०) देखकर संस्कृत **धेनु** शब्द याद आता है। जिस **धे** क्रिया से **धेनु** शब्द बना है, उसी के **धा** वाले प्रतिरूप से **धान्य, धाय, धान** आदि शब्द बने प्रतीत होते हैं। **धे** क्रिया का अर्थ दूध पीना लिखा है। ग्रीक भाषा में इसका व्यापक व्यवहार होता था। **थेलजो** (दूध पिलाना), **थेले** (स्तन), **थेलेश्रो** (फलना-फूलना), **थेलु** (मादा), **थेलुस्** (उर्वर, नारी)—इन रूपों में अर्थ-प्रसार की वैसी ही प्रक्रिया है जैसी द्रविड़ भाषाओं में। लैटिन में महाप्राण **थ्** ध्वनि नहीं है। अतः ग्रीक शब्दों के प्रतिरूप यहाँ **फ़्** से आरम्भ होते हैं। अंग्रेज़ी **फीमेल** लैटिन **फेमिना** का प्रतिरूप है। अंग्रेज़ी **फर्टाइल** (उर्वर) लैटिन **फ़र्तिलिस्** का प्रतिरूप है। ग्रीक और लैटिन भाषाओं में नारी, उर्वरता आदि के अर्थ एक ही शब्दमूल में संयुक्त दिखाये हैं।

प्राचीन मानव-समाज कृषि और प्रजनन की क्रियाओं का सम्बन्ध चन्द्रमा से जोड़ते थे। यह एक अत्यन्त रोचक तथ्य है कि जिन शब्द-मूलों का उल्लेख हमने ऊपर किया है, वे बहुधा चन्द्रमा का अर्थ भी व्यक्त करते हैं। तमिल **तिङ्गळ्** का अर्थ है चन्द्रमा, महीना। इस शृंखला के अन्य द्रविड़ शब्दों में दोनों अर्थ प्रायः साथ-साथ चलते हैं। संस्कृत में चन्द्रमा के अनुसार दिनों की जो गणना होती है, उसमें **तिथि** शब्द का प्रयोग किया जाता है। संस्कृत में इसकी मूल क्रिया अलक्षित है। द्रविड़ भाषाओं में वह सुलभ है। चन्द्रमा के घटने-बढ़ने के साथ जो दो पखवारे पूरे होते हैं, वे स्त्रियों के मासिक धर्म की अवधि भी होते हैं। **ती** क्रिया से इस अर्थ के सूचक तमिल **तीटु, तीट्टम्, तीण्डल्** शब्द बनते हैं। मासिक धर्म में जो अपवित्रता का भाव है, वह कोत और तोद **तीट्** शब्द में विद्यमान है। संस्कृत **तिथि** में **ति** शब्द-मूल चन्द्रवाचक है। जैसे सूर्य का अर्थ देने वाले शब्द-मूलों से दिन का अर्थ देने वाले शब्द सम्बद्ध हैं, विशेषतः द्रविड़ भाषाओं में, वैसे ही चन्द्रवाचक **ति** से **तिथि** शब्द बना है। तमिल में एक शब्द **चाण्डु** है जिसका अर्थ है स्त्रियों का मासिक स्राव। मलयालम में इसी शब्द का अर्थ वीर्य दिया हुआ है। जो चन्द्र से सम्बन्धित हो, वह चान्द्र अथवा चाण्डु।

प् से आरम्भ होने वाले इस शृंखला के शब्दों में जहाँ तमिल **पॅरु** का अर्थ जन्म देना है, **पिर** का अर्थ पैदा होना है, वहाँ **पिरइ** का अर्थ नया चाँद है। इसी प्रकार मलयालम **पिर** का भी यही अर्थ है। **न्** से आरम्भ होने वाले कृषि-प्रजनन सम्बन्धी शब्दों में तमिल **निलवु** (चन्द्रमा), **निला** (महीना) हैं। **नॅल** रूप द्रविड़ भाषाओं का मुख्य चन्द्रसूचक शब्द है; पूर्ण चन्द्र तथा मास के लिए **मति** या **मदि** शब्द केवल तमिल और मलयालम में प्रयुक्त होता है। इस **मदि** का सम्बन्ध **चन्द्रमस्** के **मस्** से है। **मत्** क्रिया के प्रसार को देखते हुए प्रतीत होता है कि मूल शब्द में **त्** ध्वनि थी, स् नहीं। जहाँ अनेक शब्दों की **स्** ध्वनि द्रविड़ भाषाओं में **त्** रूप में ग्रहण की जाती है, वहाँ **मदि** रूप मूल स्पर्श ध्वनि बनाये हुए हैं, संस्कृत में वह सकार में परिवर्तित हुई है। **तिथि** के समानान्तर एक संस्कृत शब्द **तथ** है जिसका अर्थ अग्नि, प्रेम, समय, शरद है। **तथ** और **तिथि** परस्पर सम्बद्ध हैं; दोनों का सम्बन्ध त् से आरम्भ होने वाले चन्द्र-वाचक शब्द से है। चन्द्रवाचक ये अनेक शब्द मास का अर्थ देते हैं अथवा मासवाचक शब्द बनाने के लिए उनका प्रयोग होता है। अंग्रेज़ी **मन्थ** मत्—मन् शब्द-मूल से बना

है। चन्द्रमा **अमृत** का स्रोत माना गया है। जितने **मधुर** पदार्थ हैं, उनका मूल स्रोत प्राचीन गण समाजों के लिए चन्द्रमा था। **सोमरस** का सम्बन्ध भी चन्द्रमा से था। सोम शब्द चन्द्रवाचक था ही। **मधु** शब्द मीठी खाद्य या पेय वस्तु के लिए प्रयुक्त होता था। **मधु** शब्द सोम का भी पर्याय है। मेरा अनुमान है कि मधु का मूल अर्थ चन्द्रमा था। **सोम** और **मधु** दोनों पेय हैं, दोनों का सम्बन्ध चन्द्रमा से है। मधुर पेय जब नशे के लिए प्रयुक्त होने लगा, तब इसी **मधु** की मूल क्रिया **मध्** से **मद्** का विकास हुआ। सम्भव है **मद** तैयार करने में द्रव पदार्थ को मथना आवश्यक रहा हो, अतः **मध्** से **मथ्** क्रिया बनी हो।

संस्कृत में **मस्** जैसा कोई शब्द नहीं है किन्तु **चन्द्रमस्** दो शब्दों के योग से बना है, **चन्द्र** और **मस्**, और दोनों का अर्थ एक ही है। इस **मस्** का एक प्रतिरूप **मास** था जो संस्कृत में व्यापक रूप से प्रयुक्त होता था। आधुनिक आर्य भाषाओं में **मास** शब्द अब केवल महीने के लिए प्रयुक्त होता है। **पूर्णमासी** में **मास** शब्द चन्द्रवाचक है। **मस्, मास्** का प्रतिरूप **मा** भी किसी समय प्रचलित रहा होगा। **अमा** वह रात्रि है जिसमें चन्द्रमा न दिखाई दे।

चन्द्रमस् के समान **चन्द्रमा** दो चन्द्रवाचक शब्दों के मेल से बना है। ग्रीक भाषा में **मेन्, मेने** तथा लैटिन **मेन** संस्कृत **मस्** और **मास्** के प्रतिरूप हैं। **मस्** रूप में **न्** का निवेश हुआ, तब **मन्स्** जैसा रूप बना। इसी से **मेन्, मेने** जैसे रूप बने। लैटिन में एक रूप **मेन्स्** भी है जिसका अर्थ है चन्द्रमा; इसी से **मेन्सिस्** (महीना अथवा वर्ष) रूप बना। ग्रीक भाषा-समुदाय में इयोलिक और दोरिक भाषाओं में **मेइस्** (चन्द्र) रूप है जहाँ अन्तर्निविष्ट **न्** नहीं है। परिनिष्ठित ग्रीक के **मेन्** शब्द का सम्प्रदान, बहुवचन रूप **मेसि** है। इन रूपों से विदित होता है कि **मस्** शब्द-मूल में न् बाद को निविष्ट हुआ है। लैटिन **मेन्स्त्रुअ** का अर्थ स्त्रियों का मासिक स्राव है।

आदिम गण समाजों के लिए चन्द्रमा का विशेष सम्बन्ध मनुष्य के मन से था। ग्रीक शब्द **मनिअ** का अर्थ है प्रमत्त होना। पागल के लिए अंग्रेज़ी का **मैड** शब्द **मत्त** का ही प्रतिरूप है। **मैड** और **मत्त** में चन्द्रमा का संसर्ग छूट गया है। किन्तु अंग्रेज़ी **लुनैटिक** का **लूना** (चन्द्र) से सम्बन्ध बहुत स्पष्ट है, लैटिन **लून** (चन्द्र, महीना), **लूनातिकुस्** (पागल)। **मधु** पीकर आदमी **मत्त** हो जाता है; **मद** के अलावा उस पर चन्द्रमा (तमिल **मदि**) का प्रभाव भी होता है। **मधु** और चन्द्रमा का सम्बन्ध पुष्ट होता प्रतीत होता है। लैटिन **मेन्स्** (मन, समझना), **मन्तिओ** (स्मरण करना) उसी चन्द्रवाचक शब्द-मूल **मत्** से व्युत्पन्न हैं। संस्कृत शब्द **मन्** इसी शृंखला में है। **मन्** का अर्थ है सोचना, **मत** वह जो सोचा जाय, **मति** अर्थात् विचार, धारणा, वह जो सोचने का काम करे, विवेक, बुद्धि। इसी **मति** का प्रतिरूप **मनस्** अथवा **मन** है। **मन्** शब्द-मूल की रचना या तो **मत्** के **त्** को **न्** में परिवर्तित करके हुई है, या **मस्** में अतिरिक्त **न्** के निवेश से। **मनसः, मनांसि** जैसे रूपों को देखकर दूसरी सम्भावना उचित जान पड़ती है।

ऐतिहासिक भाषाविज्ञान में **मति** और **मन** जैसे रूप देखकर कल्पना की गई

कि आदि इन्डोयूरोपियन भाषा में एक ऐसी ध्वनि थी जो कुछ भाषाओं में **न्** व्यंजन बनती थी, और कुछ में स्वर। यह कल्पना निराधार है। नकारयुक्त और नकारहीन दोनों प्रकार के रूप भारतीय आर्य भाषा संस्कृत तथा भारत से बाहर ग्रीक और लैटिन, दोनों ओर हैं। चन्द्रवाचक **मस्**, **मास्**, **मति** से इन शब्दों का सम्बन्ध जान लेने पर कोई समस्या नहीं रह जाती। **मति**, **मत** जैसे शब्दों में **न्** का निवेश नहीं हुआ; तमिल **मदि** और संस्कृत मति नकारहीन शब्द के रूप हैं। तमिल **मदि** अथवा **मति** का अर्थ चन्द्रमा है, यह तथ्य संस्कृत **मति** (बुद्धि) के अर्थ-प्रसार को समझने में सहायक होता है।

भारतीय भाषओं का अत्यन्त व्यापक रूप से व्यवहृत होने वाला **अम्मा** शब्द है। द्रविड़ भाषाओं में इसका व्यवहार होता है, आर्य भाषाओं में **माता** शब्द अधिक शिष्ट मान लिया गया है। **माता** और **अम्मा** में कौन रूप अधिक पुराना है, यह कहना कठिन है। सम्भवतः दोनों का स्रोत एक ही शब्द मूल है। तमिल में **अम्बुलि** शब्द का अर्थ है चन्द्रमा। **मत्** शब्दमूल से कृषि, प्रजनन और चन्द्रमा का सम्बन्ध हम देख चुके हैं। अतः अम्बुलि और तमिल **मदि** एक-दूसरे के पर्याय हैं। या तो ये दोनों स्वतन्त्र शब्द हैं, या फिर **अ** सर्वनाम जोड़ने पर **अम्बुलि**, **अम्मा** जैसे रूप बने हैं। कुछ द्रविड़ भाषाओं में **अम्म** शब्द का अर्थ जल है। जल, चन्द्रमा, प्रजनन, ये तीनों प्रपंच प्राचीन मानव-समाजों के लिए संयुक्त हैं। संस्कृत में **अम्बु** (जल) तथा **अम्बा** (माता) एक-दूसरे से असम्बद्ध नहीं हैं। द्रविड़ भाषाओं में **अम्ब** रूप का अभाव नहीं है यथा कन्नड़ **अम्ब**, **अम्बॅ** (माता)। जल, चन्द्र, मातृत्व, इन तीन धारणाओं का सम्बन्ध स्पष्ट है। तमिल **अम्मम्** का अर्थ स्तन है। **तोय** के समान **अम्ब**, **अम्म** दूध तथा जल दोनों का अर्थ देता है। द्रविड़ व्युत्पत्ति कोष में तमिल **अम्मम्** का मराठी प्रतिरूप **अमा** (स्तन) दिया हुआ है।

आर्य-द्रविड़ भाषाओं की पारिवारिक शब्दावली का प्रसार दूर-दूर तक हुआ था। अम्मा के समानान्तर तमिल **अक्का** है जो बड़ी बहन अथवा अपने से बड़ी स्त्री के लिए प्रयुक्त होता है। इस शृंखला के अन्य शब्दों के साथ द्रविड़ व्युत्पत्ति कोष में संस्कृत **अक्का** (माता), प्राकृत **अक्का** (बहन) शब्द दिये गये हैं। **अक्का** संस्कृत का प्रचलित शब्द नहीं है किन्तु जिस समय व्याकरण और कोश निर्माण द्वारा संस्कृत को व्यवस्थित किया जा रहा था, उस समय उत्तर भारत में **अक्का** शब्द अवश्य प्रचलित था। तमिल **अक्का** के प्रतिरूप अन्य द्रविड़ भाषाओं में ह्रस्व अकारान्त **अक्क** जैसे रूप भी हैं। जैसे तुलु **अम्मॅ** का अर्थ पिता है, वैसे ही पजि **अक्क** का अर्थ नाना है और कुइ **अकॅ**, कुवि **अक्कु** पितामह के लिए प्रयुक्त होने वाले शब्द हैं। तमिल **अत्तन्** (पिता) के साथ **अत्तइ** (बुआ, सास, महिला) नारीवाचक शब्द भी है। इस शब्द-शृंखला के साथ द्रविड़ व्युत्पत्ति कोश में संस्कृत **अत्ता** (मा, बुआ, बड़ी बहन) शब्द दिया हुआ है, और प्राकृत **अत्ता** के साथ, मा और सास के अलावा, पुरुषवाचक फूफा का अर्थ भी दिया गया है। यह शब्द भी संस्कृत में प्रचलित नहीं है किन्तु किसी समय उत्तर भारत में इसका भी व्यापक व्यवहार होता होगा।

अत्तन् के साथ पिता के लिए तमिल **अच्चन्** (पिता) स्मरणीय है। मलयालम में **अच्चन्** (पिता) के अतिरिक्त **अच्च, अच्चि** (मा) रूप दिये हुए हैं। इनके प्रतिरूप कन्नड़ में **अज्ज** (पितामह), **अज्जि** (मातामही) हैं। हिन्दी और उसकी बोलियों में **आजा** (दादा), **आजी** (दादी) इसी वर्ग में हैं। **अत्तन्, अप्पन्, अक्का** जैसे रूपों की एक पूरी शृंखला है और **अच्चन्, अच्चि, अज्ज, अज्जि** उसी शृंखला की कड़ियाँ हैं।

अप्पन्, अप्पु (पिता), कुइ **आपा** (लड़का), **आपि** (लड़की), कुवि **अप्प** (दादी), तेलुगु **अप्प** (पिता या माता), तमिल **अप्पि** (स्वामिनी)—इन रूपों में भी पिता, माता, पुत्र आदि का अर्थ व्यापक रूप से निहित है। तमिल **अन्नइ** मा और बहन के लिए प्रयुक्त होने वाला शब्द है। इसी के साथ तमिल **अण्णा** (पिता, बड़ा भाई) और कन्नड़ **अण्णु** (नारी), तेलुगु **अन्नु** (उप०) का भी उल्लेख करना चाहिए।

ग्रीक भाषा में **अत्त** शब्द पिता और अपने से बड़े लोगों के लिए प्रयुक्त होता था। द्रविड़ भाषाओं के **अत्तन्, अत्ता** आदि से इसका सम्बन्ध असंदिग्ध है। कोश में इसके समानान्तर पितावाचक **अप्प, पप्प, अप्फ** शब्द दिये हुए हैं। इन्हें बच्चों का विशेष शब्द बताया गया है। मानक शब्द **पतेर्** का उच्चारण न कर पाने पर मानों वे इस तरह की ध्वनियाँ निकालते हों। **पतेर्** का शिशु सुलभ अपभ्रंश **पप्प** समझ में आता है किन्तु **अप्प** और **अत्त** के प्रारम्भिक वर्ण में **अ** स्वर अत्यन्त स्पष्ट है। आर्य भाषाओं में **अप्प, अत्त** नहीं कहते यद्यपि यहाँ भी मानक शब्द पिता है। ग्रीक **अप्प** और तमिल **अप्पन्** एक ही शब्द हैं। ग्रीक **मम्म** शब्द स्तन के लिए प्रयुक्त होता था, **मम्मो** अर्थात् दूध पिलाना, **मम्मलिस्** अर्थात् स्तन्यजीव। मूल क्रिया से जो समृद्धि का भाव जुड़ा हुआ था, उससे धन-सम्पत्ति के देवता का नाम **मम्मोन** (अंग्रेज़ी का **मैमन**) पड़ा। **अम्मा, अप्पन्, अत्तन्, अक्का** की पूरी शृंखला द्रविड़ भाषाओं में भी है। उसकी कुछ कड़ियाँ ग्रीक और लैटिन में हैं।

५. मग, भरत, आन्ध्र

अनेक गण समाजों की भाषा की एक विशेषता यह है कि जो शब्द पुरुष, युवा, पुत्र के लिए प्रयुक्त होता है, वह पूरे गण समाज का नाम बन जाता है। द्रविड़ भाषाओं का **मक, मग** ऐसा ही शब्द है जो **मगध** में अपना गणवाचक रूप दिखाता है। तमिल **मग** पुत्र और पुत्री दोनों के लिए प्रयुक्त होता है; **मगन्** का अर्थ पुत्र के अलावा योद्धा, पति भी है। इसका बहुवचन रूप **मक्कळ्** हिन्दी शब्द जनता का अर्थ देता है। तमिल **मगन्मइ** का अर्थ है पुरुषत्व, पुत्रत्व। तेलुगु और कन्नड़ में **मग** के अतिरिक्त इसका प्रतिरूप **मोग** भी है; तोद में **मोख्** रूप है। द्रविड़ व्युत्पत्ति कोश में **मग** के साथ **मोत्, मोळ**, आदि भिन्न स्रोत से आये हुए शब्द मिला दिये गये हैं। **मग** का मूल रूप **मघवन्** का **मघ** है; कोलमि में **मग्वन्** (पति) शब्द **मघवन्** से मिलता-जुलता है। **मघ** शब्द शक्ति और समृद्धि का सूचक है; **मघ** नक्षत्र और **माघ** मास इस समृद्धि-भाव से जुड़े हैं। **मग** शब्द का प्रसार यूरुप तक हुआ। ब्रुगमन ने गौथिक भाषा के **मगुस्** (लड़का), ऐंग्लोसैक्सन **मगु** (उप०) का उल्लेख किया है। पुरानी आइरिश में **मक्** शब्द पुत्र के

लिए प्रयुक्त होता था। स्काटलैण्ड की वर्तमान गेलिक भाषा में पुत्र के लिए **मक्** और **मिक्** शब्द हैं। वेल्स की भाषा में **मक्वि, मक्व्य्** का अर्थ युवा, छोकरा है। स्काटलैण्ड के लोगों के नाम के साथ बहुधा जो **मैक** लगा रहता है, वह **मक** का ही रूपान्तर है। **मैकडौनैल्ड, मैक्फ़र्सन, मैक्मिलन** क्रमशः डौनैल्ड, फ़र्सन, मिलन के वंशज हुए। शक्ति और क्षमता के अर्थ में **मघ** के रूपान्तर **मग** का व्यवहार स्लाव-जर्मन समुदाय की भाषाओं में होता है किन्तु द्रविड़ भाषाओं की तरह पुत्र वाला अर्थ केवल केल्त समुदाय की भाषाओं में है। सम्भवतः यूरुप की भाषाओं में **मगध** के रूपान्तर **मगथ** का भी चलन था क्योंकि ब्रुगमन ने गौथिक भाषा के **मगथि** (युवती) रूप का उल्लेख किया है।

संस्कृत में **भर** शब्द का एक अर्थ है युद्ध, दूसरा अर्थ है जन-समुदाय (अर्थात् गण) और तीसरा अर्थ है भरण-पोषण। ये अर्थ परस्पर विरोधी, एक-दूसरे से नितान्त भिन्न जान पड़ते हैं। गणवाचक शब्दों में अन्यत्र भी ऐसा विरोध दिखाई देता है। अतः **भर** का अर्थ युद्ध और भरण-पोषण दोनों हों तो यह इस शब्द की अपनी विशेषता नहीं है। **भर** शब्द गणवाचक था; **जन** के समान वह किसी भी गण के लिए प्रयुक्त हो सकता था, साथ ही वह उस गणविशेष का सूचक था जो **भरत** नाम से विख्यात हुआ। इसका अर्थ पुरुष, पुत्र, योद्धा भी था, यह इन्डोयूरोपियन परिवार की अन्य भाषाओं में इसके प्रतिरूपों से ज्ञात होता है। पुरानी आइरिश में **फ़ॅर्**—पुरुष; स्काटलैण्ड की गेलिक भाषा में **फ़िर्, फ़ॅअर्**—पुरुष; गौथिक में **बार्न्**—बच्चा; लिथुआनियन में **बॅर्नस्**—सेवक, **बॅर्नेलिस्**—छोटा लड़का। लैटिन **फ़ेरिओ** का अर्थ है वध करना; यहाँ **भर** का युद्ध वाला अर्थ है। आइसलैण्ड की पुरानी भाषा में **बॅर्**—मारना; यहाँ **भ्** का सघोष अल्पप्राण रूप है। पुरानी स्लाव भाषा में **बोर्य**—मैं युद्ध करता हूँ; आधुनिक रूसी में **बॉरोत्स्या**—युद्ध करना; **बोर्बा**—युद्ध, संघर्ष; **बॉर्येत्स्**—योद्धा। लैटिन में सघोष अल्पप्राण ध्वनि वाला रूप **बॅल्लो**—युद्ध करना भी है; **बॅल्लतोर्**—योद्धा। इसमें सन्देह नहीं रह जाता कि **मघ** के समान **भर** वीरता, समृद्धि, पुरुषत्व आदि के अर्थ व्यक्त करता था। इसी **भर** का रूपान्तर तमिल **पोर्**—युद्ध, **पॉरु**—युद्ध करना है। **भर** के आधार पर विकसित **पुरु** इतना प्रचलित हुआ कि **भर** का गणवाचक अर्थ लुप्त हो गया। **पुरुष** और **पुरुषत्व** में **पुरु** की प्रतिष्ठा हुई किन्तु **भरत, भारत** और **महाभारत** में **भर** अडिग और अचल बना रहा।

गणसमाज के लिए ग्रीक भाषा का एक शब्द है **फ्रात्र**। इसका एक वैकल्पिक रूप **फ्रातेर्** है, दूसरा है **फ्रात्रिअ**। इओनिक में **फ्रेतेर्**, दोरिक में **पात्र** प्रतिरूप हैं। ग्रीक भाषा-समुदाय के इन शब्दों का सम्बन्ध **भर** से है। **फ्रात्र** का अर्थ है कबीला। गण-समाजों के संगठन की विशेषता यह है कि उसके सभी सदस्य एक-दूसरे के भैयाचार होते हैं। **फ्रात्र** का सदस्य **फ्रातेर्, फ्रातोर्, फ्रात्रिकोस्** कहलाता था। ग्रीक **फ्रातेर्** संस्कृत **भ्रातृ** का प्रतिरूप है। ग्रीक प्रतिरूप में **भर** का गणवाचक अर्थ सुरक्षित है। **फ्रात्रिअ** रूप **भ्रातृ** से मिलता-जुलता है। एक ही **भर** अर्थात् गणसमाज के सदस्य **भ्रातृ** थे, एक ही बिरादरी के थे। **भ्रातृ** सहोदर भाई नहीं थे; वे सब एक ही गण के सदस्य

थे। दुर्योधन आदि सौ भाई आपस में **भ्रातृ** थे, सहोदर नहीं। सहोदर भाई के लिए ग्रीक भाषा में **फ्रातेर्** से भिन्न **अदेल्फोस्** शब्द था। इस प्रकार गणवाचक भर के आधार पर भ्रातृ शब्द की व्याख्या की जा सकती है। इस शब्द के प्रतिरूप इन्डो-यूरोपियन परिवार की भाषाओं में दूर-दूर तक फैले हुए हैं, यह प्राचीन भरतगण के असाधारण प्रभाव का प्रमाण है। **भर** और **भ्रातृ** शब्द भरतों की गणभाषा के शब्द थे, इसमें सन्देह नहीं हो सकता।

ग्रीक **फ्रात्रिश्र** का वही अर्थ है जो लैटिन **कूरिश्र** का है। दस गोत्रों के समवाय को **कूरिश्र** कहते थे। **कूरो** क्रिया में भरण-पोषण करने, दूसरे की देखभाल करने का भाव था। संरक्षक के लिए **कूरातोर्** शब्द था। ग्रीक **कुरोस्** का अर्थ सार्वभौम सत्ता है; **कुरिश्रोस्** अर्थात् मनुष्यों का स्वामी। **कुरोस्** ईरान का राजा था, ग्रीक साहित्य में जिस पर वीर-पूजा के भाव से बहुत कुछ लिखा गया है। ये शब्द भारतीय **कुरु** की व्याख्या करते हैं। गण सदस्यता से लेकर भरण-पोषण और शासन के भाव इस शब्द से जुड़े हैं। इस शब्द का प्रयोग ईरान से लेकर यूनान तक होता था किन्तु जिस गणसमाज का नाम **कुरु** ऐतिहासिक रूप से निश्चित है, वह भारत में रहता था।

कुरु के समान भारत के एक गणसमाज का नाम **पुरु** था। ईरान के **कुरु** की तरह भारत में **पुरु** नाम के एक राजा थे। **पुरुष** शब्द में जो वीरता का भाव है, वह **पुरु** में भी है। कन्नड़ **पुरि** का अर्थ है बल; तमिल **पिरान्**, **पॅरुमान्** का अर्थ है राजा, स्वामी, देवता। तमिल **पॅरम्** का अर्थ है महत्ता, बैल, भैंसा! बैल और भैंसा अब महत्ता का प्रतीक नहीं माने जाते किन्तु किसी समय वृषभ और महिष शारीरिक बल के प्रतीक थे। महत्ता से उनका पुराना सम्बन्ध तमिल शब्द **पॅरम्** में व्यक्त है। तमिल **पॅरु** (महान्) इसी से सम्बद्ध जान पड़ता है। तमिल भाषा का एक महत्त्वपूर्ण शब्द है **पॉरु**। इसका अर्थ है युद्ध करना। द्रविड़ व्युत्पत्ति कोश में यह शब्द दो जगह दिखाया गया है। एक जगह इसका अर्थ युद्ध करना है, दूसरी जगह संयुक्त होना, सम्भोग करना आदि है। दोनों शब्द मूलतः एक हो सकते हैं। कन्नड़ **पोर्** (युद्ध करना) के समानान्तर उक्त कोश में कन्नड़ **होरि** (बैल) की ओर संकेत किया गया है। यह शब्द भी तमिल **पॅरम्** के समान वृषभ और महत्ता का एक साथ सूचक हो सकता है। तमिल **पॉरुनन्** (योद्धा), **पोरि** (प्रतिद्वन्द्वी), **पोर्एरु** (वीर), तोद **पीर** (युद्ध), **पीर्एर्** (भैंसा), कोडगु **पॉळ्** (लड़ना), **पोरि** (भैंसा) आदि शब्दों से युद्ध क्रिया और शक्ति के प्रतीक महिष का सम्बन्ध व्यक्त होता है। **पुरि, पॉरु** आदि शब्दों से संस्कृत **पुरु** सम्बद्ध है। युद्धसूचक अंग्रेज़ी का **वार्** शब्द **पोर्** का प्रतिरूप है जहाँ **प्** ध्वनि **व्** में परिवर्तित हुई है। जिन भाषाओं में **प्** ध्वनि नहीं थी, उन्होंने इसे **ब्व** अथवा **ग्व** ध्वनि के साथ स्वीकार किया। फ्रान्सीसी भाषा में **वार्** का प्रतिरूप गेर है (जो गुएर् या ग्वेर लिखा जाता है)।

संस्कृत का **वीर** शब्द **पुर, पिर** जैसे शब्द का रूपान्तर प्रतीत होता है। भाषा-विज्ञानियों ने कल्पना की है कि आदि इंडोयूरोपियन भाषा बोलने वाला समाज **विरोस्** कहलाता था। लैटिन में **विर्** शब्द पुरुषवाचक है, नारी के लिए **विर्** रूप है। पुरुष

सूचक अर्थ का विकास कैसे हुआ, यह इस शृंखला के लैटिन शब्दों से विदित होता है। **विरेओ** का अर्थ है शक्ति सम्पन्न होना, हरा होना, **विर्ग** अर्थात् हरी शाखा, **विरिदिस्** अर्थात् हरा, और **विर्गो** अर्थात् कन्या। स्पष्ट ही क्रिया-मूल **विर्** का सम्बन्ध कृषि और प्रजनन से है। यहाँ तुलनीय है तमिल **विरइ** (बोना, बीज, अण्डकोष)। **वीर** या **विरोस** किसी आदि इन्डोयूरोपियन गण-समाज का नाम नहीं था। वह भारतीय आर्य-द्रविड़ शब्द शृंखला की एक कड़ी है जिसका सम्बन्ध कृषि, प्रजनन और पुरुषत्व से है।

पुरु के समान संस्कृत में एक **तुर** शब्द है जिसका अर्थ है शक्तिशाली, समृद्ध। वैदिक शब्द **तुरीप** का अर्थ वीर्य बताया गया है। **कुरोस्** के समान ग्रीक भाषा में **तुरन्नोस्** (स्वामी, प्रभु), **तुरन्नेउ** (निरंकुश रूप से शासन करना), **तुरन्निस्** (निरंकुश शासन) आदि शब्द हैं; अंग्रेज़ी के **टायरेन्ट** (अत्याचारी) और **टिरेनी** (अत्याचार) शब्द उसी **तुर** मूल से बने हैं। लैटिन में इनके प्रतिरूप **तिरन्नुस्** (प्रभु), **तिरन्निस्** (निरंकुश शासन) हैं। इस वर्ग के अन्य शब्दों में जैसे पुरुषत्व के साथ राजत्व और देवत्व का भाव समाहित है, वैसे ही सम्भव है, **सुर** का मूल अर्थ रहा हो पुरुष, स्वामी। **असुर** अर्थात् वह स्वामी; **असुर** का यह अर्थ ईरान की प्राचीन भाषाओं में प्रचलित था। संस्कृत में जब **अ** निषेधार्थ के लिए सुनिश्चित हो गया, तब **सुर** और **असुर** एक दूसरे के वैरी हो गये। इस **सुर** का एक प्रतिरूप रहा होगा **सूर**। मोनियर विलियम्स ने **सूर** के बाद तुलना के लिए ग्रीक **कुरोस्** बहुत सही उद्धृत किया है। यह **सूर** बना **वीर** का पर्याय **शूर**, और **शूरसेन** नाम का एक जनपद प्रसिद्ध हुआ। इस जनपद में **सूर** नाम का गण पहले रहता होगा।

केरल शब्द काफी पुराना है; महाभारत में भारतीय गणसमाजों के नामों में इसका उल्लेख है, यह शब्द वहाँ बहुवचन में प्रयुक्त हुआ है। **केरल** का **ल** स्वयं बहुवचन का सूचक है। समुद्र के **र** के समान **ल** भी बहुवचन बनाने के लिए प्रयुक्त होने वाला चिन्ह था। मूल शब्द हुआ **केर** जिसका एक प्रतिरूप होगा **चेर**। यह **चेर** शब्द पुनः उन्हीं कृषि वर्गीय शब्दों में आता है। तमिल **चेर्** (संयुक्त होना), कन्नड़ **सेर्** (उप०), तमिल **एर** (हल), तमिल **चॅरु** (युद्ध), कन्नड़ **कॅरळ्** (क्रुद्ध होना), तमिल **कॅलि** (विजय प्राप्त करना), तमिल **कळ्ड्वु** (संयुक्त होना) आदि शब्दों से केरल के **केर** का अर्थ प्रकट होता है। **कुरु**, **तुरु**, **पुरु** का एक प्रतिरूप **केर** भी है।

द्रविड़ भाषा-भाषियों का एक प्रसिद्ध प्रदेश **आन्ध्र** है। इसमें सघोष महाप्राण ध्वनि है और द्रविड़-परिवार में यह ध्वनि मूलतः थी नहीं। **केरल** के समान **आन्ध्र** शब्द भी पुराना है और महाभारत में उसका उल्लेख है। **आन्ध्र** शब्द **अन्ध्र** से बना। किन्तु **अन्ध्र** का अर्थ क्या है? यदि **र** को यहाँ भी बहुवचनसूचक माना जाय तो **अन्ध** बच रहेगा। **अन्ध** नाम का एक गणसमाज यहाँ था। **वृष्णि** गण के साथ संयुक्त होने वाला **अन्धक** गण मूलतः **अन्ध** था। **अन्ध** शब्द का अर्थ अंधा है। किसी गण समाज का यह नाम रखा जाय, यह बात विचित्र है। **अन्ध्र** शब्द को कोई साधारण तेलुगुभाषी बोले तो **अन्द्र** कहेगा। ग्रीक भाषा में ठीक इसी रूप का अर्थ पुरुष है। समासों में इसका बहुधा प्रयोग होता है यथा **अन्द्रोगोनोस्** (पुरुषों का जनक), **अन्द्रोदमस्** (पुरुषों

का दमन करने वाला)। यदि नाग प्रवृत्ति के अनुसार यूनानी लोग **अन्ध्र** का उच्चारण करते तो **अन्थ्** कहते, और ठीक यही रूप उनके **अन्थ्रोपोस्** में है जिसका अर्थ है मनुष्य, मानव जाति। इसका एक प्रतिरूप **अनेर्** (पुरुष, पति) है। **अनेर्** का सम्बन्ध **अन्ध्र** से है, इसका प्रमाण यह है कि **अनेर्** का सम्बन्ध कारक रूप **अन्द्रोस्** था।

आन्ध्र शब्द जो पहले निरर्थक लगता था, गण-समाजों की नामकरण-प्रक्रिया पर विचार करने से सार्थक प्रतीत होता है। **आन्ध्र** वह जो **अन्ध्र** गण से सम्बन्धित है। **अन्ध्र** का अर्थ होगा योद्धा, वीर पुरुष, मनुष्य। **अन्ध्र** के पूर्वरूप **अन्ध** का रूपान्तरण **अन्ह** में सम्भव है। तमिल भाषा में **आण्** पुरुषवाचक शब्द है, इसका अर्थ योद्धा और पुरुषत्व भी है। तमिल में ही इसका एक प्रतिरूप **आळ्** है। कोश में एक अन्य **आळ्** दिया हुआ है जिसका अर्थ शासन करना है। इस दूसरे **आळ्** का एक प्रतिरूप **आल्** है, दूसरा **आण्**। ऊपर हमने पुरुष सूचक शब्दों में शासन का अर्थ निहित देखा है। उस पर विचार करने से दोनों प्रकार के **आळ्** एक ही ज्ञात होते हैं। **ण्** ध्वनि सभी द्रविड़ भाषा भाषियों के लिए सुगम नहीं थी। जैसे उत्तर भारत में अनेक जन **ण्** को **ड़्** रूप में सुनते और बोलते हैं, वैसे ही द्रविड़ भाषा क्षेत्रों में अनेक जन **ण्** को **ळ्** में रूपान्तरित कर देते थे। **आळ्** का प्रतिरूप **आण** है और यह **अन्ध** शब्द का अपभ्रंश रूप है: **अन्ध—अन्ह—आन—आण**। जहाँ **ध्** ध्वनि **ह्** में नहीं बदलती, वहाँ उसके स्थान पर मूर्धन्य स्पर्श ध्वनि दिखाई देती है यथा तमिल **आण्डार्** (स्वामी), **आण्डवन्, आण्डइ** (उप०) कन्नड़ **आण्डारि** (स्वामीगण)। यह रूप ग्रीक शब्दमूल **अन्द्र** से मिलता-जुलता है। **ण्** के स्थान पर **ळ्** का प्रयोग करते हुए एक कन्नड़ प्रतिरूप **आळ्द्** है। इसी शृंखला में तमिल **आणि** (श्रेष्ठता), **अण्णल्** (महान् व्यक्ति, राजा, देवता, महत्ता) और **आन्र** (महान् श्रेष्ठ) उल्लेखनीय हैं। ये शब्द अलग-अलग दिखाये गये हैं किन्तु वे सब एक ही शब्दमूल से सम्बद्ध हैं। संस्कृत **पञ्चाल** एक गण का नाम है। वास्तव में यह गण-संघ रहा होगा जिसमें पाँच **आल** अर्थात् गण सम्मिलित हुए थे। वैदिक **पंच जनाः** के समान एक साथ रहने वाले ये पाँच आल थे। तमिलनाडु के प्रसिद्ध **आळवार** सन्तों को यह नाम इसलिए दिया गया था कि साईं (गोसाईं, गोस्वामी, स्वामी) के समान उसमें **आळ** शब्द का अर्थ है स्वामी। गण समाजों के विघटन के बाद गणवाचक अर्थ नष्ट हो गया; पुरुषत्व और स्वामित्व वाला अर्थ अनेक भाषाओं में **अन्ध, अन्ध्र, आन्ध्र** के प्रतिरूपों में बना रहा।

कर्णाटक के बारे में कल्पना की गई है कि **कर** अथवा काली भूमि के कारण इस प्रदेश का यह नाम पड़ा है। **आन्ध्र** शब्द के विकास इतिहास को ध्यान में रखते हुए कन्नड़ **कर, करु** शब्द पर ध्यान जाता है जिसका अर्थ है महत्ता, शक्ति। तमिल **करुमइ** (शक्ति, महत्ता), मलयालम **करु** (प्रबल), **करुम** (पुरुषत्व) इस बात की ओर संकेत करते हैं कि **कर** शब्द पुरुषवाचक था। यदि यह किसी गणसमाज का नाम रहा हो तो यह बात अत्यन्त स्वाभाविक होगी। तब **करनूल, करनाल** और **कर्णाटक** का आपसी सम्बन्ध स्पष्ट होगा, धरती का रंग चाहे जैसा हो। प्राचीन भाषाओं में, और विशेषतः आधुनिक द्रविड़ भाषाओं में, जो एक ही शब्द के प्रतिरूपों में स्वर-

विविधता दिखाई देती है, उससे यह कल्पना असंगत न मानी जायगी कि **कर, कुरु, केर** वास्तव में पुरुषत्वसूचक, गणवाचक एक ही शब्द के प्रतिरूप हैं।

६. दर्शन, ज्ञान, भाषा

आदिम गण-समाजों के लिए मनुष्य की देखने की भौतिक क्रिया सहज ही प्रकाश से सम्बद्ध है। किसी वस्तु को देखने का अर्थ है उसका ज्ञान प्राप्त करना। अर्थ-प्रसार की यह प्रक्रिया द्रविड़ भाषाओं में बहुत स्पष्ट है। प्रकाश-सम्बन्धी शब्द-मूलों से आँख, दृष्टि, चिन्तन, मन, ज्ञान, सौन्दर्य आदि का अर्थ देने वाले शब्द जुड़े होते हैं। तमिल **कण्** (आँख) और **काण्** (देखना) आपस में तो सम्बद्ध हैं ही, तमिल **कनल्** (अग्नि, जलना) की **कन्** क्रिया से भी उनका सम्बन्ध है। तमिल **काण्** का प्रतिरूप कोत **कण्** (देखना), कन्नड़ **कणि** (दृष्टि, दृश्य) और तेलुगु **कनु** (देखना) भी है। **कनल्** वाली **कन्** क्रिया से **कनक, कंचन** के अलावा **कन्त, कन्द** शब्द भी बनता है। **चन्द्र** का पूर्वरूप यह **कन्द** था। **चन्द्र** का **र** बहुत्वसूचक है। **चन्द्र** का एक प्रतिरूप **श्चंद्र** है और हो सकता है, इसका पूर्वरूप **स्कंद** हो, **स्कंद** का मूल अर्थ चंद्रमा हो। **स्कन्द** के लिए कहा गया है कि वह शिव अथवा अग्नि के पुत्र थे। शिव और चन्द्रमा का सम्बन्ध स्पष्ट है, और यदि **स्कन्द** अग्नि के पुत्र थे, तो भी **कन्** क्रिया का मूल अर्थ व्यक्त होता है।

तमिल **चूऴ्** (सोचना, जानना) कन्नड़ **चूपू** (दृष्टि, दर्शन) उस क्रिया से सम्बद्ध हैं जिसका मूल अर्थ देखना है। तुलु भाषा में **त्, स्** और **ह्** तीनों ध्वनियों वाले रूप हैं, **तूपिनि, हूपिनि** (देखना), **सूकॅ** (ज्ञान)। गोंडी, कोण्ड और कुइ भाषाओं में भी **स्** वाले रूप हैं। यहाँ प्रकाश की मूल क्रिया से दृष्टि और दर्शन का सम्बन्ध व्यक्त होता है। तमिल **चूऴ्** के समानान्तर **ऊऴ्** रूप है जिसका अर्थ है सूर्य। इस तमिल शब्द का कन्नड़ प्रतिरूप **सूऴ्** (समय, ऋतु) दिया हुआ है। सूर्य से इनका सम्बन्ध असंदिग्ध है।

तमिल **तॅरि** का अर्थ है दिखाई देना, स्पष्ट करना, जानना, **तॅरिवु** अर्थात् ज्ञान; इससे तुलनीय है तमिल **तॅरु** (जलना) और तमिल **तॅळ्** (स्पष्ट होना), **तॅळि** (जानना, स्पष्टता, प्रकाश)। ये शब्द संस्कृत **दृश्** और अंग्रेज़ी **ड्रीम** से सम्बद्ध हैं। **दिर्**, क्रिया वर्ण संकोच से **दृ** या **द्री** रूप में परिवर्तित होती है, **तिर्** उसका तमिल प्रतिरूप है। आर्य-द्रविड़ दोनों परिवारों में इस क्रिया का अर्थ देखना, जानना, स्पष्ट होना है। इसी से **निद्रा** शब्द भी बनता है जहाँ **नि** उपसर्ग अभाव सूचक है। संस्कृत में **धी** क्रिया का अर्थ जानना, चिन्तन करना है। संज्ञा रूप में **धी** का अर्थ बुद्धि, ज्ञान आदि है। संस्कृत में **दिव्, द्यु** क्रिया का महत्व व्यापक है। हिन्दी में **धूप** शब्द सूर्य के प्रकाश का सूचक है। **धूम** शब्द में अग्नि का संसर्ग स्पष्ट है। **धी, धू** जैसी क्रियाएँ अवश्य ही किसी समय प्रकाशित होने, जानने, देखने के लिए प्रयुक्त होती थीं। इन्हीं के आधार पर धी का अर्थ बुद्धि, चिन्तन आदि हुआ। ब्राहूइ भाषा में **दे** शब्द समय और सूर्य का सूचक है। जैसे ब्राहूइ **दीर** का रूपान्तर **नीर** है, वैसे ही **दे** का रूपान्तर **ने** होगा। तमिल **नेरम्** अर्थात् समय, सूर्य; कन्नड़ **नेसरु** (सूर्य); तमिल **नायिरु** (उप०); तमिल

नॅरुप्पु (अग्नि); **ये** रूप **ने,** मूलतः **दे** क्रिया से बने हैं। **नेत्र और नयन** शब्दों का सम्बन्ध प्रकाशसूचक इसी **ने** शब्द-मूल से है। आँख मनुष्य को आगे ले जाती है, अतः **नी** (ले जाना) क्रिया से ये शब्द बने हैं, यह कल्पना अनावश्यक है। नाग परिवार की बोरो भाषा में **नय्** शब्द का अर्थ है देखना, और **नय्न** वह वस्तु है जो देखने में सुन्दर हो। इस **नय्** से नयन का सीधा सम्बन्ध है। तमिल **निक़र** (चमकना), **निळल्** (उप०), **निरम्** (रंग), **निनइ** (सोचना) इस सम्बन्ध में विचारणीय हैं। इसी श्रृंखला में तमिल **नोक्कु** (देखना), कन्नड़ **नोडु** (उप०), तमिल **नाडु** (जानना, खोजना), **नाट्टम्** (आँख), **नेडु** (खोजना), कन्नड़ **निट्** (देखना) आदि भी दर्शनीय हैं। **ना, ने, नो** तीनों प्रकार के क्रिया-रूप प्रकाश तथा देखने का अर्थ देते हैं। **ने** क्रिया मूलतः **दे** है और दे तथा संस्कृत **दिव्** का अभिन्न सम्बन्ध है।

देखने के लिए तमिल भाषा की सामान्य क्रिया **पार्** है। इससे तुलनीय है कन्नड़ **परॅ** (भोर होना), तेलुगु **परागु** (चमकना), मल्तो **पर्चॅ** (चमकना)। संस्कृत की जिस **भर्** क्रिया से **भर्ग** (प्रकाश) शब्द बना है, उसका तमिल रूपान्तर **पर्** हो, तो यह अत्यन्त स्वाभाविक होगा। उसी **पर्** से तमिल **पार्** (देखना), **पार्वइ** (आँख, दृश्य) शब्द बने हैं। संस्कृत में **भर्** के अतिरिक्त **भस्** क्रिया का अर्थ भस्म करना, चमकना है; इसी तरह **भास्** का अर्थ चमकना, स्पष्ट होना है। **भस्** जैसा रूप परिवर्तित होकर **पश्** बना हो तो आर्य भाषाओं पर अनेक प्रकार के द्रविड़ प्रभावों में यह भी एक होगा। देखने का अर्थ देने वाली संस्कृत की इस प्रचलित **पश्** क्रिया का एक प्रतिरूप **स्पश्** है। **स्पश्** से लैटिन में **स्पेक्तो** अर्थात् देखना, **स्पेक्तुस्** और **स्पेक्त्रुम्** अर्थात् दृश्य, **स्पेक्तातोर्** अर्थात् दर्शक शब्द बने। अंग्रेज़ी के **इन्स्पेक्ट, इन्स्पेक्टर, प्रौस्पेक्ट** (सम्भावना, परिप्रेक्ष्य), **ऐस्पेक्ट** (पक्ष) आदि शब्द **स्पश्** क्रिया से सम्बद्ध हैं।

अंग्रेज़ी क्रिया **सी** (देखना) का प्रतिरूप लैटिन ग्रीक आदि भाषाओं में नहीं है। **सीड** (बीज) के समान **सी** क्रिया भी काफी पुरानी जान पड़ती है। **सूर** (सूर्य) के समानान्तर **सी** क्रिया रही होगी जिसका अर्थ प्रकाश और देखना रहा होगा। संस्कृत **सूरि** का अर्थ ज्ञानवान् है। यह अर्थ प्रकाश और ज्ञान को सम्बद्ध मानने के कारण है। देखने के लिए अंग्रेज़ी का एक अन्य शब्द **लुक्** भी है। इसका भी पूर्वरूप लैटिन या ग्रीक में नहीं है। किन्तु संस्कृत **लोक्** का अर्थ देखना, जानना है। मोनियर विलियम्स ने इस क्रिया के बाद तुलना के लिए अंग्रेज़ी **लुक्** का बहुत सही उल्लेख किया है। **लोक्** का प्रतिरूप **लोच्** है जिससे **लोचन** (प्रकाशित करने वाला, नेत्र) शब्द बनता है। वास्तव में **लोक्** और **लोच्** दोनों **रुच्** (चमकना) का रूपान्तर हैं। **रुक** (प्रकाशमान) शब्द अग्नि के लिए प्रयुक्त होता था। **रुच्** शब्द का एक अर्थ सौन्दर्य, आनन्द भी है। लोगों की रुचि भिन्न-भिन्न होती है, इस वाक्य में **रुचि** शब्द मूलतः प्रकाशवाचक है। प्रकाश से आनन्द का सम्बन्ध हुआ, फिर लोगों के आनन्द प्राप्त करने के तरीके भिन्न-भिन्न हुए। **रुचिर** अर्थात् प्रकाशमान, सुन्दर।

आँख के लिए अंग्रेज़ी का प्रचलित शब्द **आई** है। यह संस्कृत **अक्षि** का प्रतिरूप है। लैटिन में इसका रूप **ओकुलोस्,** ग्रीक में **ओस्से** तथा जर्मन में **अउगे** है। इन्डो-

यूरोपियन परिवार का यह सर्व-प्रचलित रूप है। **अक्षि** रूप के लिए **अष्** क्रिया की कल्पना की गई है जिसका अर्थ है चमकना, प्रतीत होना। मेरी समझ में यह **अष्** संस्कृत **वस्** (चमकना) का रूपान्तर है। **वस्** का एक रूपान्तर **उष्** जिससे **उषा, उष्ण** आदि शब्द बने, दूसरा **अष्** जिससे **अक्षि** शब्द बना। मूर्धन्य **ष्** पहले **क्** में परिवर्तित हुआ, फिर **स्** से संयोग होने पर **स्** का मूर्धन्यीकरण हुआ।

श्वेतवर्ण का अर्थ देने वाले शब्द स्वभावतः प्रकाश से सम्बन्धित हैं। संस्कृत **श्वेत** का रूसी प्रतिरूप **स्वेत्** है जिसका अर्थ है प्रकाश। जैसे संस्कृत **लोक** शब्द संसार के लिए प्रयुक्त होता है, वैसे ही रूसी **स्वेत्** का एक अर्थ संसार है। **स्वेतीत्** क्रिया का अर्थ है चमकना। **श्वेत** का अंग्रेज़ी प्रतिरूप **ह्वाइट्** है जहाँ **श्** ध्वनि **ह्** में परिवर्तित हुई है। यदि अन्तिम व्यंजन **ल्** में परिवर्तित हो और आदि व्यंजन का लोप हो जाय तो **श्वेत-स्वेत** से **वेल** जैसा रूप प्राप्त होगा। तमिल **वॅळ्, वॅण्** का अर्थ है श्वेत, प्रकाशमान। कन्नड़ में इसका **बॅळ** प्रतिरूप है। रूसी में **बेलुइ** (सफेद) **स्वेत-श्वेत** के आधार पर वैसे ही बना है जैसे तमिल कन्नड़ में **वॅळ्, बॅळ**। तमिल **वॅळ** का सम्बन्ध श्वेत से हो चाहे न हो, तमिल **वॅळ्** और कन्नड़ **बॅळ** से रूसी **बेलुइ** का सम्बन्ध अवश्य है।

रूसी भाषा के एक कालवाचक शब्द का उल्लेख यहाँ और कर दें। यह शब्द है **तेपेर्** (अब)। इसका कोई प्रतिरूप अन्य भाषाओं में दिखाई नहीं देता। तमिल **पॉळ्ुदु, पोदु** (समय, सूर्य) से इसका सम्बन्ध हो सकता है। तमिल में एक अन्य शब्द **पगल्** दिन, सूर्य, प्रकाश का वाचक है। संस्कृत **प्रहर**, हिन्दी **पहर** क्या इस **पगल्** का रूपान्तर नहीं है? समयवाचक शब्द से **हर** जैसी क्रिया का क्या सम्बन्ध हो सकता है?

वेद माने ज्ञान। **विद्** माने जानना। लैटिन **विदेओ** माने देखना। रूसी **विदात्, विदेत्** माने देखना, **विद्** अर्थात् दृश्य, प्रतीति। पुनः रूसी **वेदात्** का अर्थ है जानना। **विद्** और **वेद**, देखने और जानने, का सम्बन्ध सन्देह से परे है। इसी **वेद** के दो ग्रीक प्रतिरूप होते हैं: **एइदो** (देखना, जानना), **ओइदा** (मैं जानता हूँ, मैंने देखा है)। एक रूप में **वे** के स्थान पर **ओइ**, दूसरे रूप में **एइ**; एकार-ओकार वाली पूर्वी-पश्चिमी दोनों भारतीय प्रवृत्तियाँ यहाँ विद्यमान हैं।

यहाँ **वेद** का तमिल रूप **ओत्तु** दर्शनीय है और ग्रीक भाषा के ओकार वाले रूप से तुलनीय है। इसी क्रम में तमिल **ओदुवि** (वेद पढ़ाना), **ओदु** (मन्त्र पढ़ना) भी हैं। मलयालम, कोत, कन्नड़, तुलु भाषाओं में ओकार वाले रूप ही हैं। द्रविड़ भाषाओं में शब्द के आदि स्थान पर **व्** ध्वनि का बहुल प्रयोग होता है। इसलिए **वेद** के अधिकांश द्रविड़ प्रतिरूपों में ओकार का होना मागध प्रभाव के कारण ही हो सकता है। केवल तोद भाषा में **वीथ्** (पढ़ना), **वीत्** (मन्त्र) जैसे **व्** वाले रूप हैं। तोद स्वयं ओकार प्रधान भाषा है। उसमें **व्** वाले प्रतिरूपों का अस्तित्व सिद्ध करता है कि द्रविड़ भाषाओं में **वेद** शब्द दो भिन्न स्रोतों से पहुँचा है। अंग्रेज़ी रूप **विट्** (जानना, बुद्धि) तोद **वीथ्-वीत्** से तुलनीय है। अंग्रेजी शब्द **वाइज़्** (बुद्धिमान्), **विट्** का एक अंग्रेज़ी पूर्वरूप **विस्** (मैं जानता हूँ) है। जर्मन **ह्विसॅन्** (जानना, ज्ञान), अंग्रेज़ी **विस्, वाइज़,**

विद् इसी **वेद** के अपभ्रंश रूप हैं। द्रविड़ भाषाओं में **वेद** शब्द के प्रतिरूपों का अर्थ पढ़ने के अतिरिक्त बोलना भी है। जानना, बोलना, पढ़ना, ये तीनों क्रियाएँ सभ्यता की ओर विकास करते हुए गण-समाजों के मनुष्य के मन में परस्पर सम्बद्ध हैं : तमिल **ओदु** (पढ़ना, बोलना), **ओदुवि** (पढ़ाना), **ओदल्** (पाठ), **ओदि** (विद्या, विद्वान्); मलयालम **ओदुग** (पढ़ना, बोलना), **ओदिक्क** (पढ़ाना), **ओत्तु** (पाठ), **ओद** (पढ़ना, सीखना), कन्नड़ **ओदु** (पढ़ना, बोलना), कोडगु **ओद्** (पढ़ना), तुलु **ओदुनि** (पढ़ना)। बोलने के लिए संस्कृत में एक **वद्** क्रिया भी है। उक्त रूपों में **वद्** और **वेद** दोनों रूप मिल गये हैं। अन्य शब्दों में हम देखेंगे कि गाने, बोलने और कभी-कभी जानने के भाव सम्बद्ध रहते हैं।

गण-समाजों में जैसे-जैसे उत्पादन और विनिमय का विकास हुआ, वैसे-वैसे कुछ कुलों अथवा कुटुम्बों में सम्पत्ति का केन्द्रीकरण हुआ। इस केन्द्रीकरण का एक परिणाम यह हुआ कि देवताओं के अलावा मनुष्यों की भी स्तुति की जाने लगी। यह स्तुति अधिकतर गीत रूप में होती थी, अतः जो क्रियाएँ गाने और बोलने के लिए प्रयुक्त होती थीं, उनके साथ स्तुति वाला भाव भी जुड़ गया। **वद्** शब्द का एक अर्थ गाना, बोलना तथा स्तुति करना है। ये सारे कार्य मुँह से होते थे, इसलिए उसका एक नाम **वदन** हुआ। **वच्** क्रिया का अर्थ ध्वनि करना, बोलना है। उसी से **वाच्, वाक्** शब्द बना जिसका अर्थ भाषा, वाणी, मनुष्य का स्वर हुआ। **वदन** के समान मुख के लिए **वच्** से एक शब्द **वक्त्र** बना।

संस्कृत में एक दूसरी क्रिया है **भाष्** (बोलना, सोचना)। तमिल में इसका प्रतिरूप है **पेजु** अथवा **पेशु** (बोलना, प्रशंसा करना), **पेच्चु** (वाणी, भाषा, शब्द, स्तुति)। वेद के प्रतिरूप **ओत्तु** के समान **भाष्** के प्रतिरूप **पेच्चु** में भी संस्कृत की अपेक्षा अर्थ-प्रसार अधिक दिखाई देता है। **वेद** के समान **भाष्** शब्द भी, आवश्यक ध्वनि-परिवर्तन के बाद, द्रविड़ भाषाओं में व्यापक रूप से प्रयुक्त होता है।

संस्कृत में **भाष्** के समानान्तर एक क्रिया **भन्** अथवा **भण्** है। इसका अर्थ भी बोलना है। हिन्दी के **भनत, भनिति** जैसे रूप इसी प्राचीन **भन्** क्रिया से बने हैं। यह शब्द कविता के लिए, कवि की वाणी के लिए विशेष रूप से प्रयुक्त होता है। संस्कृत में एक क्रिया **भन्द्** भी बताई गई है जिसका अर्थ है अभिनन्दित होना। यह अभिनन्दन काव्य द्वारा ही होता था, अतः **भन्** का सम्बन्ध कविता पाठ, गायन से अवश्य था। तमिल में इसके दो रूप होते हैं। एक है **पणि** (बोलना, शब्द), दूसरा **ऍन्** (बोलना)। पहले रूप में मूल **भ्** ध्वनि की महाप्राणता का लोप हुआ है, दूसरी में **भ्** के परिवर्तित रूप **प्** अथवा **ह्** अथवा **व्** का लोप हुआ है। **पण्** अथवा **पन्** क्रिया-मूल का व्यापक व्यवहार द्रविड़ भाषाओं में होता है। तोद भाषा में ओकार वाला रूप **पॉण्त्** (वाणी, गीतों में प्रयुक्त शब्द) है। इसके अर्थ में काव्य वाला संसर्ग स्पष्ट है। **ऍन्** के प्रतिरूप कन्नड़ **अन्नु** (बोलना), कुड़ुख **आन्ना** (उप०), मल्तो **अनें** (बोलना, सोचना) भी हैं। मूल अकार एक तरह के रूपों में सुरक्षित रहता है, दूसरे प्रकार के रूपों में एकार में बदलता है।

तमिल **पाण्** (गीत, स्तुति), **पाडु** (गीत गाना) **पणि** की मूल क्रिया से सम्बद्ध हैं। **पणि** का आदिवर्ण ह्रस्व है और **पाण्, पाडु** का आदिवर्ण दीर्घ है किन्तु **पणि** का कोलमि प्रतिरूप **पान** है जिसका अर्थ है भाषा। इसे उचित ही कोश में **पणि** के साथ दिया गया है। इसी के साथ ब्राहुइ के **पा, पार्, पार्निग्** (बोलना) रूपों में भी आदि वर्ण का स्वर दीर्घ है। बोलने के लिए **प्** वाले जिस क्रिया रूप का व्यवहार होता था, उसमें ह्रस्व और दीर्घ दोनों प्रकार के स्वरों का व्यवहार होता था। **पाडु** शब्द के साथ पर्जि भाषा का **पाड** शब्द भी दिया है जिसका अर्थ है—गीत, भाषा, शब्द। इन सारे शब्दों का आधार **भन्** क्रिया है। **भन्** के रूपान्तर **पण्** से **पाण** रूप बना; **पाडु** का **ड्** वस्तुतः ड़् है और **ण्** की जगह प्रयुक्त हुआ है। **पाडु** और **पाण** मूलतः एक ही शब्द हैं। यहाँ ग्रीक भाषा का **पइअन्** (गीत) शब्द तुलनीय है; इसकी आधारभूत क्रिया **भन्** होगी।

संस्कृत में पढ़ने के लिए **पठ्** क्रिया है। **पद** उसे कहते हैं जो बोला जाय या गाया जाय। सम्भवतः **पठ्** और **पद** का सामान्य आधार **पध्** क्रिया थी।

अंग्रेज़ी में कवि के लिए प्रसिद्ध शब्द **पोअॅट्** है। इसका सम्बन्ध ग्रीक क्रिया **पोइओ** (निर्माण करना) से जोड़ा गया है। (काव्य के लिए ग्रीक भाषा का जो प्रचलित **एपोस्** शब्द है, उससे **पोअॅट्** रूप का सम्बन्ध उन्होंने नहीं देखा।) **पोइओ** क्रिया का सम्बन्ध उस शब्द-मूल से है जिससे संस्कृत **पाणि** (हाथ), तमिल **पण्** (कर्म) आदि शब्द बनते हैं। गाने या कविता करने से उसका कोई सम्बन्ध नहीं है। किन्तु रूसी भाषा में **पेत्** क्रिया का अर्थ है गीत गाना; इससे गीत के लिए **पेस्न्या**, और गायक के लिए **पेवेत्स्** शब्द बनते हैं। इसका सम्बन्ध **पध्** क्रियामूल से मानना चाहिए। ग्रीक शब्द **अअॅइदो, अदो** (गीत गाना), **अओॅइदे, ओदे** (गाथा, गीत) **पद** के प्रतिरूप हैं। **प—व—अओॅ/ओ/अअॅ/अ**, यह परिवर्तन हुआ। अंग्रेजी काव्यरूप **ओड** इसी ग्रीक क्रिया से व्युत्पन्न हुआ है। ग्रीक भाषा में विजय गीतों के लिए एक शब्द और प्रयुक्त होता था : **पइअन्**। इसका सम्बन्ध पद वाली क्रिया से है या नहीं, यह निश्चयपूर्वक नहीं कहा जा सकता। ग्रीक भाषा में **पोइएसिस्** शब्द के दो अर्थ दिये हैं : कविता, काव्यकौशल, तथा रचना। इसी के अनुरूप **पोइएतेस्** के दो अर्थ हैं : निर्माता तथा कवि। इसी प्रकार लैटिन में **पॉएसिस्** (कविता, काव्य-कौशल) और **पॉएत** (निर्माता, कवि) शब्द हैं। मेरी समझ में निर्माण और गीत वाले दो शब्दमूलों को ग्रीक और लैटिन में मिला दिया गया है। संस्कृत पद की आधारभूत क्रिया **पध्** से कवितावाचक शब्द बने हैं।

अंग्रेजी शब्द **स्पीक्** (बोलना), **स्पीच्** (वाणी) संस्कृत **भाष्** के विकास हैं। मूल ध्वनि **ष्, क्** और **च्** में परिवर्तित हुई है। आदिस्थानीय **भ् प्** में परिवर्तित हुआ। फिर उसके पहले **स्** जोड़ा गया। जर्मन शब्द में एक **र्** ध्वनि और जोड़ दी गई है : **स्प्राख़े** (वाणी, भाषा), **स्प्रेख़ॅन्** (बोलना)। जर्मन रूप में भारतीय **ष् ख़्** में परिवर्तित हुआ है। अंग्रेज़ी **व्हायस्** (आवाज) का पूर्वरूप लैटिन **वोक्स्** है। लैटिन **वोको** (बुलाना), **वोकालिस्** (स्वर, उच्चारण क्रिया) आदि शब्द सम्बद्ध हैं। इटालियन **वोचे** का अर्थ है शब्द, वाक्य, आवाज़। इन शब्दों का सम्बन्ध संस्कृत के **वच्, वाक** जैसे रूपों से जोड़ना स्वाभाविक

है। किन्तु तमिल **ओजइ** और मलयालम **ओष** भी विचारणीय हैं। दोनों का अर्थ है ध्वनि, आवाज़। मेरी समझ में ये शब्द संस्कृत **घोष्** के प्रतिरूप हैं। तमिल **ओजइ** को **ओषइ** भी कहते हैं। **ओषइ** तथा मलयालम **ओष** रूपों में मूल सकार ध्वनि सुरक्षित है। यह ध्वनि लैटिन में **क्** हो गई है; लैटिन तथा द्रविड़ भाषाओं में आदि ध्वनि **घ्** का लोप हो गया है।

भाषाविज्ञान में **फोनीम** का बड़ा महत्व है। यह शब्द प्राचीन भारतीय **भन्** क्रिया का वंशज है। ग्रीक **फोने** का अर्थ है आवाज, मनुष्य का स्वर, भाषा। ग्रीक **फोनेम** का भी अर्थ है वाणी, शब्द, मनुष्य का स्वर। **भन्** के समानान्तर **भष्, भाष्** क्रियाओं के प्रतिरूपों का व्यवहार भी ग्रीक भाषा में होता था। **अफसिअ** (जिसे आजकल अंग्रेज़ी में **अफेसिआ** कहते हैं) अभाष का प्रतिरूप है, बोल न सकने की बीमारी का नाम है। ग्रीक क्रिया **फेमि** (बोलना, कहना) **भष्, भाष्** का ही प्रतिरूप है। **फेस्, फस्, फेसि, फस्थइ** आदि रूप इस क्रिया के होते हैं जिनमें मूल सकार ध्वनि विद्यमान हैं। **फेमिस्** (वाणी) का लैटिन प्रतिरूप **फाम्** (अफवाह, ख्याति, अंग्रेज़ी प्रतिरूप **फेम**) है। ग्रीक भाषा में एक शब्द **फतिस्** भी है जिसका अर्थ है वाणी। यहाँ **स्** ध्वनि **त्** में परिवर्तित हुई है। **फेमि** क्रिया का एक रूप **फन्** भी है जो **भन्** का सीधा रूपान्तर है।

तमिल **पाट्टु** (गाना) का एक प्रतिरूप **माट्टु** (शब्द) है। मूल ध्वनि **प्** यहाँ **म्** में परिवर्तित हुई है। इसी क्रम में कन्नड़ **मातु, मात,** तेलुगु **माट** वाणी और शब्द के लिए प्रयुक्त होते हैं। इनके इटालियन प्रतिरूप **मोत्तो** (शब्द, इसी से अंग्रेज़ी **मोटो**) और फ्रान्सीसी **मो** (शब्द, जो **मोत्** लिखा जाता है) हैं।

प्राचीन गण-समाजों के लिए बोलना अत्यन्त महत्वपूर्ण मानव-व्यवहार रहा होगा। इसके लिए अनेक शब्द हैं जिनमें कहीं अर्थ की विशेषता है, कहीं सामान्यता। संस्कृत क्रिया **गद्** का अर्थ बोलना है। **गद्य** वह है जो बोला जाता है। बोलने के लिए **कथ्** क्रिया भी है। जो बोली जाय, दूसरे को सुनाई जाय वह **कथा**। **थ्** और **द्** ध्वनियों वाले दोनों शब्द एक दूसरे से मिलते-जुलते हैं। जैसे **पठ्** और **पद** का पूर्वरूप **पध्** सम्भव है, वैसे ही **कथ्** और **गद्** का पूर्वरूप **गध्** या **कध्** सम्भव है। **गाथिन्** का अर्थ गायक है। यह विश्वामित्र के पिता का नाम था; उनके पिता का नाम **गाधिन्** था। इससे यह निष्कर्ष निकलता है कि **गाधि** का वही अर्थ था जो **गाथि** का था। **गध्** क्रिया से एक रूप **गाधि** बनेगा, सघोषता का लोप होने पर **गाथ** रूप बनेगा। छन्द और गीत के लिए **गाथ** शब्द का प्रयोग होता था। **गाथा** शब्द आख्यानों के लिए प्रयुक्त हुआ। गाने और बोलने के सम्बन्ध पर ध्यान दें तो **गाथा, कथा** और **गद्य** में विशेष अन्तर न दिखाई देगा। बोलने के लिए एक अन्य संस्कृत क्रिया **जल्प्** है। आधुनिक आर्य भाषाओं में इसके प्रतिरूप **गल्प्** से कथा-कहानी का अर्थ देने वाला **गल्प** शब्द बना है। पंजाबी **गल्ल** (बातचीत) और हिन्दी **गालो** और **गप्प** उसी के विकास हैं। संस्कृत **गल्भ्** क्रिया का अर्थ है साहसी होना। अभिमानी और साहसी व्यक्ति को **प्रगल्भ** कहा जाता था। सम्भव है इस शब्द का मूल अर्थ वाचाल रहा हो; **गल्भ** अर्थात् बोलना, उसी का प्रतिरूप **गल्प्**, उसी से अन्य रूप **जल्प्**।

फ़ारसी में **गुफ़्त** (कहा हुआ), **गुफ़्तगू** (बातचीत), **गुफ़्तार** (उप०) **गभ्** जैसे मूल रूप से व्युत्पन्न हैं। रूसी भाषा में **गवरीत्** (बोलना), **गवोर्** (बातचीत की आवाज) उसी **गभ्** के विकास हैं। किन्तु **गुफ्तगू** में दो भिन्न स्रोतों से आई हुई क्रियाएँ मिल गई हैं। दूसरी क्रिया फारसी **गो** का प्रतिरूप है और इसका पूर्वरूप **घोष** का **घो** है। **गोई** (कथन), **गोइन्दा** (वक्ता), **बदगो** (बुराई करने वाला) **घो** क्रिया से बने हैं। रूसी भाषा में **स्कज़ात्** (कहना), **स्क़ाज़्** (कथा), **स्काज़्का** (उप०) **कथ्** जैसे क्रिया मूल से बने हैं। **थ्** परिवर्तित होकर **ज़्** रूप में ग्रहण किया गया और प्रथम वर्ण में अतिरिक्त सकार जोड़ा गया।

कहने के लिए अंग्रेज़ी में **से** शब्द है। इसका जर्मन प्रतिरूप **ज़ागॅन्** है। अनेक अंग्रेज़ी प्रतिरूपों के समान यहाँ भी मध्यवर्ती **ग्** का लोप हुआ है। अंग्रेज़ी में एक शब्द **सागा** भी है जो आइसलैंड और नौर्वे की पुरानी गद्य कथाओं के लिए प्रयुक्त होता था। आगे चलकर किसी भी साहसपूर्ण घटना के विवरण के लिए इसका प्रयोग होने लगा। मराठी में एक क्रिया **सांगणे** है जिसका अर्थ है कहना, बोलना। जर्मन **ज़ागॅन्**, अंग्रेज़ी **से** और मराठी **सांगणे** एक ही कुल के हैं। मूल क्रिया **साग** या **सेग** है। संस्कृत क्रिया **शब्द्** का अर्थ बुलाना है। वाणी, ध्वनि, पद के लिए **शब्द** का प्रयोग होता था। मोनियर विलियम्स ने सुझाया है कि **शप्** क्रिया से **शब्द** बना होगा। यह सुझाव सही जान पड़ता है। **शाप** एक विशेष प्रकार की घोषणा है जहाँ किसी व्यक्ति को दण्ड देने की कामना है। **शपथ** भी एक प्रकार की घोषणा है किन्तु उसमें दण्ड देने का भाव नहीं है। **शपथ, शब्द, शाप** एक ही क्रिया से व्युत्पन्न हैं। यहाँ रूसी क्रिया **शुमेत्** (ध्वनि करना) का उल्लेख भी किया जा सकता है। संस्कृत **शब्द** का तमिल प्रतिरूप **केळ्वि** है, **किळवि** अर्थात् भाषा। तमिल में एक दूसरी क्रिया **चॅप्पु** बोलने के लिए है। **से** या **शे** जैसे क्रिया मूल से तमिल में एक शब्द के आरम्भ में **क्** ध्वनि का व्यवहार हुआ, दूसरे में **च्** का। लैटिन में एक शब्द **सेर्मो** (वार्ता, वाणी) है, उपदेशात्मक व्याख्यान के लिए इसी से अंग्रेजी शब्द **सर्मन्** बना है। **से, सा** क्रियामूल के समानान्तर **सो** रूप भी था। इस क्रियामूल से कन्नड़ **सॉल्, सॉल्लु** (बोलना, शब्द) **सॉल्लिसु** (कहना, कहलाना), और तमिल **चॉल्** (बोलना, शब्द), **चॉलवु** (कहावत) आदि रूप सम्बन्धित हैं। शब्द मूल का **स्** या **श्** जब **क्** में परिवर्तित होता है तब अंग्रेज़ी क्रिया **कौल्** (पुकारना) बनती है, जब **त्** में परिवर्तित होता है तब अंग्रेज़ी क्रिया **टॅल्** (कहना) बनती है। अंग्रेज़ी **टोल्ड्** **टॅल्** का भूतकालीन रूप माना जाता है। वास्तव में वह अन्य रूप **टोल्** में भूतकालीन प्रत्यय **ड्** जोड़कर बना है और **टॅल्** का प्रतिरूप है। तमिल **चॉल्** और अंग्रेज़ी **टोल्** एक ही शब्द मूल **सोल्** के दो भिन्न रूप हैं। **सोल्** का **सो**, **शब्द** और **शाप** का **शप्** परस्पर सम्बद्ध प्रतीत होते हैं।

अंग्रेज़ी **नोज़्**, संस्कृत **नासा** और हिन्दी **नाक** का एक ही उद्गम है। नाक का काम सूँघना है। संस्कृत में **नासा** से मिलती-जुलती कोई क्रिया नहीं दिखाई देती जिसका सम्बन्ध गन्ध या सूँघने से हो। किन्तु तमिल **नारु, ञारु** का अर्थ है सुगन्ध प्रसारित करना। इस वर्ग के अन्य शब्द दूसरी अनेक द्रविड़ भाषाओं में हैं। इनका सम्बन्ध कहीं

सुगन्ध से है, कहीं दुर्गन्ध से है। कन्नड़ **नात, नातु** जैसे रूप देखकर अनुमान होता है कि तमिल रूपों का **र्** पहले **त्** या **द्** था; स्वयं द्रविड़ भाषाओं में नाक के लिए **नारु** या **नातु** जैसा शब्द नहीं है। **नासु** जैसे पूर्वरूप से **नातु** और **नारु** शब्द बन सकते हैं। द्रविड़ भाषाओं के नासावाचक प्रचलित शब्द **म्** से आरम्भ होते हैं : तमिल **मूक्कु,** कन्नड़ **मूगु** आदि। या तो **न्** ध्वनि **म्** में परिवर्तित हुई है या **म्** ध्वनि **न्** में। ग्रीक भाषा में संस्कृत **नासा** का प्रतिरूप **मुक्तेर्** है। इस रूप में **म्** है, **न्** नहीं है। द्रविड़ भाषाओं में गन्धवाचक शब्द **म्** से भी आरम्भ होते हैं : कन्नड़ **मूसु** (सूँघना), तमिल **मुग** (उप०), **मोप्पम्** (गंध, नाक)। द्रविड़ भाषाओं के समान ग्रीक भाषा में गन्धवाचक अनेक शब्द **न्** और **म्** से आरम्भ होते हैं। **नर्दोस्** एक सुगन्धित वनस्पति और उसके तेल का नाम था। फारसी में जिस फूल को **नर्गिस** कहते हैं, वह ग्रीक में **नोकस्सोस्** था। सुगन्धित तेल और इत्र के लिए **मुरोन्** शब्द था, और अरब की एक वनस्पति को **मुर्तोस्** तथा उसके सुगन्धित तेल को **मुर्र** कहते थे। स्पष्ट ही **नर्** और **मुर्** शब्दमूलों का सम्बन्ध सूँघने से है। ग्रीक **नर्दोस्** का लैटिन प्रतिरूप **नर्दुस्** है। लैटिन में इसी शृंखला का एक शब्द और है **नारेस्** जिसका अर्थ है नासाछिद्र, नाक। अंग्रेजी **नोज़्** और संस्कृत **नासा** उस **न्** वाली क्रिया से बने हैं जिसका अर्थ है सूँघना। **नासा** और ग्रीक **मुक्तेर्** का सम्बन्ध द्रविड़ रूपों पर ध्यान देने से समझ में आ जाता है। **नासा** वह इन्द्रिय है जिससे मनुष्य सूँघता है।

७. स्कम्भ, स्तम्भ

भारतीय आर्य भाषा परिवार में **घ, ध, भ** ये तीनों प्रत्यय मूल क्रिया में जोड़े जाते थे और इस प्रकार कृदन्त रूप बनाये जाते थे। ये कृदन्त कहीं विशुद्ध संज्ञा हैं, कहीं क्रिया हैं, कहीं क्रिया और संज्ञा दोनों हैं, कहीं कृदन्त को पुनः धातु का रूप दिया गया है, कहीं कृदन्त-प्रत्यय का मूल कार्य बदल गया है। इनके समानान्तर **क, त, प** और **ग, द, ब** प्रत्ययों का व्यवहार होता था। **च-ट, ज-ड** प्रत्यय भी हैं किन्तु उनका व्यवहार अपेक्षाकृत कम होता है। अतिरिक्त अनुनासिक ध्वनि जोड़ने से इनके वैकल्पिक रूप बनते थे। **य, व, स** आदि कुछ अन्य प्रत्यय थे। इनमें **व** कहीं-कहीं **भ, प,** या **ब** का रूपान्तर है। द्रविड़ परिवार में **घ, ध, भ** सघोष महाप्राण ध्वनि वाले प्रत्यय नहीं हैं, शेष सभी का व्यवहार द्रविड़ भाषाओं में होता है। द्रविड़ भाषाओं के लिए कहा जाता है कि उनमें संज्ञा-क्रिया का भेद महत्वपूर्ण न था; एक ही रूप क्रिया और संज्ञा दोनों की भूमिका निबाह सकता था। यह बात अंशतः सही है। किन्तु जिस समय और जिस क्षेत्र में ऐसे रूपों का निर्माण हो रहा है, उस समय और उस क्षेत्र में क्रिया संज्ञा का भेद बहुत स्पष्ट है। सैकड़ों रूप क्रियामूलों में प्रत्यय जोड़कर बनाये गये हैं, फिर उनका व्यवहार चाहे संज्ञा रूप में हो चाहे क्रिया रूप में। क्रियामूलों के आधार पर द्रविड़ और इंडोयूरोपियन परिवारों की शब्द-रचना का अध्ययन दोनों परिवारों के घनिष्ठ सम्बन्धों और मध्यदेशीय भाषाओं की प्राचीन शब्द-रचना-प्रक्रिया को समझने में सहायक होता है।

स्था, स्थ या **स्त** क्रिया से एक रूप बना **स्तभ**। इसका रूपान्तर अंग्रेज़ी का **स्टौप्** (रुकना, रोकना, विराम) है। यहाँ बहुत स्पष्ट देखा जा सकता है कि इंडोयूरोपियन परिवार की एक भाषा का **प्** प्रत्यय **भ्** का रूपान्तर है; यह रूपान्तर संज्ञा और क्रिया दोनों में है। अंग्रेजी में **स्ट, स्टौ** जैसी कोई क्रिया नहीं है : **स्टौप्** की रचना-प्रक्रिया **स्त** (स्थ) + भ के स्मरण से ही समझ में आती है। अंग्रेज़ी में **स्तभ्** का एक रूपान्तर **स्टब्** (ठूंठ, पेड़ का तना, किसी लम्बी चीज़ का बचा हुआ भाग) है। यहाँ **ब्** प्रत्यय **भ** का रूपान्तर है। **स्तभ** में जब अतिरिक्त अनुनासिक ध्वनि जुड़ जाती है, तब संस्कृत का **स्तम्भ** रूप बनता है। अंग्रेज़ी में **स्तम्भ** का रूपान्तर **स्टम्प्** (ठूंठ, तना, अवशिष्ट भाग) है। यहाँ अनुनासिक ध्वनि के संयोग से एक वैकल्पिक रूप बना।

संस्कृत में **स्तंभ** और **रंभ** मिलते-जुलते शब्द हैं; अन्तर यह है कि **रंभ में** अनुनासिक ध्वनि अलग से जोड़ी नहीं गई। मूल क्रिया **रम्** है जिसका अर्थ है रुकना, रोकना। सहारे की वस्तु, लाठी आदि के लिए स्थाणु के समान **रंभ** शब्द का प्रयोग होता था। संस्कृत **दम्** क्रिया का अर्थ है विजय प्राप्त करना। इसमें **भ** प्रत्यय जोड़कर भाववाचक संज्ञा बनी **दम्भ**। संस्कृत में **भ** प्रत्यय वाले शब्द कम हैं, **प** प्रत्यय वाले भी थोड़े हैं, **ब** प्रत्यय वाले विरल हैं। तमिल **करु** (भ्रूण, बछड़ा) का सम्बन्ध तेलुगु **करि** (योनि) से है। तमिल **करुप्पइ** संस्कृत **गर्भ** का प्रतिरूप है। तमिल **करुवम्** का अर्थ हुआ गर्भस्थ जीव; **करुप्पम्** गर्भस्थान है। स्पष्ट ही संस्कृत **गर्भ** में **गर्** शब्दमूल है (वह क्रिया हो, चाहे संज्ञा) और **गर्भ** की रचना प्रक्रिया वही है जो तमिल **करुप्पम्** की हैं। **गर्भ** का **गर्** स्वतंत्र शब्दमूल था, यह तमिल **करु,** तेलुगु **करि** से विदित होता है। पर्जि **कॅर्ब** (अंडा), गद्‌ब **कॅर्ब** (उप०) में **ब** प्रत्यय है; तेलुगु **करुवु** (भ्रूण) और तमिल **करुवम्** में **व** है। यहाँ हम **भ** प्रत्यय के **ब-प्प-व** प्रतिरूपों का सम्बन्ध पहचान सकते हैं। संस्कृत **दर्भ** और **दूर्वा** परस्पर सम्बन्द्ध हो सकते हैं। यदि ऐसा हो तो **दूर्वा** का **व** मूल प्रत्यय **भ** का रूपान्तर माना जायगा। लैटिन **हॅर्ब** (घास, वनस्पति), **दर्भ** का प्रतिरूप हो तो **दर्भ** का मूलरूप **धर्भ** होगा। आर्य द्रविड़ दोनों परिवारों में **व** स्वतंत्र प्रत्यय भी है, उसे सर्वत्र **भ** का रूपान्तर मानना आवश्यक नहीं है। **प** और **ब** मूलतः **भ** प्रत्यय थे किन्तु एक बार अस्तित्व में आ जाने पर स्वतंत्र रूप से उनका व्यवहार होने लगा। **सर्प** शब्द **सर्** क्रिया में **प** प्रत्यय जोड़ने पर बना है; यह कल्पना अनावश्यक है कि **सर्प** का मूलरूप **सर्भ** था। कृदन्त प्रत्ययों से अधिकतर भाववाचक संज्ञाएँ बनतीं हैं, **दम्** और **भ** के योग से **दंभ** के समान। किन्तु **स्कंभ, स्तंभ** जैसे रूपों से सिद्ध है कि वस्तुवाचक संज्ञा रूप भी इन्हीं प्रत्ययों की सहायता से बनाये जाते थे। **सर्प** सरकने का भाव व्यक्त न करके सरकनेवाली वस्तु की ओर संकेत करता है। **सर्प** को मूल क्रिया मानकर इससे पुनः कृदन्त रूप **सर्पन्त** बना जो अंग्रेज़ी का **सर्पेन्ट्** है। संस्कृत में वर्ण-संकोचन के बाद **सर्प** से सृप् धातु कल्पित हुई। द्रविड़ भाषाओं में कृदन्तरूप को मूल क्रिया बना लेने की प्रवृत्ति व्यापक है, यथा तमिल में : **ॲळ्**—ऊपर उठना; **ॲळ्प्पु**—ऊपर उठाना; **अळ**—बातचीत करना, **अळप्पु**—बहुत बातें करना; **कड**—पार करना, **कडप्पु**—उप०। ऐसा सर्वत्र नहीं होता, संज्ञा रूप भी

बनते हैं यथा तमिल में : **अळि**—नष्ट होना, **अळिप्पु**—विनाश (इसका प्रतिरूप **अळिबु** है जहाँ मध्यवर्ती **प्** या **ब्** बच गया है; साथ ही **अळिबु** का प्रतिरूप **अळिवु** भी है); **अरु**—काटना, **अरुप्पु**—कटाई। **स्तभ-स्तंभ** के समान **अरुप्पु** का प्रतिरूप **अरुम्बु** (अकाल) है, **अळिप्पु** का प्रतिरूप **अळिम्बु** (पाप) है। तमिल रूपों का **प्प** सर्वत्र संस्कृत के **भ** या **प** प्रत्ययों का रूपान्तर नहीं है। उसका आधार संस्कृत का **त्व** प्रत्यय भी है। तमिल **अरु** (कठिन) से **अरुप्पम्** (काठिन्य) रूप बना, **गुरु** से **गुरुत्व** के समान। तमिल **अरु** क्रिया नहीं है, **गुरुत्व** के **गुरु** के समान विशेषण है; तमिल **इन्**—मधुर, इससे **इन्बम्, इन्बु** और **इनिप्पु** (माधुर्य)। जैसे कृदन्त रूप पुनः मूल क्रिया के समान प्रयुक्त होते हैं, वैसे ही विशेषणों से बने भाववाचक रूप पुनः विशेषणवत् प्रयुक्त होते हैं यथा तमिल **करु** (काला) और **करिम्बु** (साँवला)।

स्लाव भाषाओं में **त्व** प्रत्यय बहुत सामान्य है; इसके साथ उनमें संस्कृत और तमिल की तुलना में **ब** प्रत्यय का प्रयोग भी अधिक होता है। स्लाव **ब** संस्कृत **त्व** का प्रतिरूप है, **भ** के आधार पर भी विकसित हुआ है। रूसी **बोर्ब** (युद्ध) में तमिल **पॉरु** (युद्ध करना) की प्रतिरूप **बोर्** क्रिया है, उसमें **ब** प्रत्यय जोड़ा गया है। बाल्तिक वर्ग की लैतवियन भाषा में संस्कृत **गर्व** का प्रतिरूप **गर्बं** है। पुरानी आइरिश में मृत व्यक्ति के लिए **मर्ब** रूप है। लैटिन में इससे मिलता-जुलता **मोर्बुस्** (रोग) शब्द है। सम्भव है, ऐसे रूपों का **ब** मूलतः **भ** रहा हो। स्लाव और बाल्तिक भाषाओं की क्रिया में **ब** प्रत्यय जोड़कर ऐसे संज्ञारूप बनते हैं जो अवधी रूपों से मेल खाते हैं। पुरानी स्लावोनिक में **सेत्** (बोना) क्रिया से **सेतिब** (बुवाई, 'बवबु'), **झ़ॅनीत्** (ब्याहना) से **झ़ॅनितिब** (ब्याह, 'ब्याहबु'), **ऑरात्** (जोतना) से **ऑरातिब** (जुताई, 'ज्वातबु') लैतवियन में **मज़ीत्** (सिखाना) से **मज़िब** (सीख, 'सिखवबु'), **तिकेति** (विश्वास करना), से **तिकिब** (विश्वास, 'बिस्वासबु')। जो लोग अवधी तथा मागधी समुदाय की भाषाओं के **ब** प्रत्यय का सम्बन्ध **तव्य** से स्थापित करते हैं, वे बाल्तिक-स्लाव भाषाओं में **ब** की भूमिका देखें। दोनों ओर इसका आधार **भ** प्रत्यय है। साथ ही द्रविड़ भाषाओं के समान बाल्तिक स्लाव भाषाओं में **ब** प्रत्यय **त्व** का प्रतिरूप भी है यथा पुरानी स्लावोनिक में **ज़ुलु** (दुष्ट) से **ज़ुलोब** (दुष्टता), **द्रुगु** (मित्र) से **द्रुझ़िब** (मैत्री), लिथुआनियन में **यउनस्** (जवान) से **यउनिबॅ** (जवानी)। **त्व** का एक प्रतिरूप **प** या **पा** है, **मिलाप** और **बुढ़ापा** जैसे शब्दों में; दूसरा **ब** है, उक्त बाल्तिक-स्लाव उदाहरणों में। **त्व** और **ब** दो स्रोतों से यूरुप की भाषाओं में पहुँचे हैं; संस्कृत में बहुलता **त्व** की है। **भ** और **त्व** के रूपान्तर द्रविड़ भाषाओं से लेकर यूरुप की भाषाओं तक प्रयुक्त होते हैं।

जैसे अंग्रेजी **स्टोप्** का मूलरूप **स्तभ्** था, वैसे ही अंग्रेज़ी **स्टेक्** का मूलरूप **स्तघ्** था। **स्टेक्** वह सीधी नुकीली लकड़ी है जो सहारे के लिए जमीन में गाड़ी जाती है। इसी प्रकार **स्तभ्** से अंग्रेज़ी का **स्टाफ़्** शब्द बना है; **स्टाफ़्** वह लकड़ी है जिसके सहारे आदमी चलता है। लैटिन की **स्तग्नो** क्रिया का अर्थ है जल का स्थिर रहना; **स्थ** में **घ** प्रत्यय जोड़ कर कृदन्त रूप को पुनः मूल क्रिया की तरह प्रयुक्त किया जाने लगा। ठहरने के लिए बँगला क्रिया **थाक्** **स्था** में **क** प्रत्यय जोड़ कर बनाई गई है;

पहले कृदन्त, फिर क्रियामूल की तरह उसका व्यवहार। कृदन्त प्रत्यय **घ** का रूपान्तर यह **क** है। हिन्दी क्षेत्र में **ठाढ़, खड़े** आदि **घ** प्रत्यय से बने कृदन्तों के रूपान्तर हैं किन्तु **घ** प्रत्यय से बने स्थ क्रिया के रूप हिन्दी या अन्य आधुनिक आर्य भाषाओं में प्रायः नहीं हैं। इसका कारण यह है कि **घ** प्रत्यय का व्यवहार उत्तर-पश्चिमी क्षेत्र में अधिक होता था; इसलिए उसके आधार पर बने रूप मध्यदेशीय भाषाक्षेत्र में कठिनाई से मिलेंगे। **स्थाघ** का अवशेष **थाक्** बँगला में है, **स्टेक्, स्तग्नो** जैसे रूप यूरुप की भाषाओं में हैं। इनके अतिरिक्त इस श्रृंखला के रूप द्रविड़ भाषाओं में हैं। तमिल **तगइ,** कन्नड़ **तगॅ** का अर्थ रोकना है। स्पष्ट ही ये कृदन्त रूप हैं जिन्हें क्रियामूल मान लिया गया है। इन रूपों का **ग** पुराना उत्तर भारतीय **घ** प्रत्यय था। तमिल और तेलुगु **तक्कु** (ठहरना), नइकि और कोलमि **तक्** (उप०) उसी क्रिया के प्रतिरूप हैं। संस्कृत की **स्था** या **स्थ** क्रिया का व्यवहार-क्षेत्र अत्यन्त व्यापक था; इसमें इंडोयूरोपियन परिवार के अतिरिक्त द्रविड़ भाषाएँ भी सिमट आती हैं। प्रत्यय भिन्न-भिन्न हैं; क्रिया एक ही है। अनुनासिक ध्वनि जोड़ने पर तमिल में **तंगु, तंगि** (ठहरना, स्थिर रहना), **तंगइ** (ठहराव, विराम) रूप बनते हैं। मलयालम **तङ्ङ्क** (ठहरना) में **ग्** के स्पर्श तत्व का लोप हुआ है; कन्नड़ में तमिल के समान **तंगु** (ठहरना) रूप है। उत्तर भारत की आर्य भाषाओं में **घ** प्रत्यय का चलन था, उसके रूपान्तर कहीं-कहीं आर्य भाषाओं में और उससे अधिक अन्य इंडोयूरोपियन तथा द्रविड़ भाषाओं में प्रयुक्त होते थे, इसमें सन्देह नहीं रह जाता।

हिन्दी में एक शब्द **अड़ङ्गा** है। **अड़ाना** क्रिया की **अड़** धातु में **ङ्ग** प्रत्यय जोड़ा जाय तो **अड़ङ्ग**, कौरवी रूप **अड़ङ्गा** बनेगा। शब्द-निर्माण की प्रक्रिया वही है जो तमिल **तंगइ** में है। यह **अड़** क्रियामूल द्रविड़ भाषाओं में भी है। तमिल **अडइ,** कन्नड़ **अडॅ** का अर्थ अड़ाना, बंद करना, रोकना आदि है। तुलु में **अड** से कृदन्त **अडंग** बनाकर उसे क्रियारूप **अडॅङ्ङुनि** में स्थापित किया गया। जो चीज अड़ाई जाय, उसके लिए कन्नड़ और तुलु में **आटङ्क, आटङ्कु** शब्द हैं। इन्हें **अड़ङ्गा** का प्रतिरूप समझना चाहिए। तेलुगु में **आटङ्कमु** के साथ **अड्डङ्कि** रूप भी है। तमिल **कुरङ्गु** (वानर), तुलु **कुरङ्ग** (उप०) और संस्कृत **कुरंग** (हिरन) दौड़ने कूदने का अर्थ देने वाली **कुर्** क्रिया से बने हैं।

तमिल क्रिया **नड्** का अर्थ है हिलना, इससे दूसरा रूप बना **नडुङ्गु**; **तोय** का अर्थ है थकना, दूसरा रूप बना **तुयुङ्गु**। दूसरे रूप का अर्थ वही है जो पहले का। किन्तु तमिल **ताॅडु** का अर्थ है बाँधना; दूसरा रूप **तुडङ्गु** (बंधन) संज्ञा है। तमिल क्रिया **पो** से जैसे कृदन्त रूप **पोग** (गमन, जाते हुए) बनता है, वैसे ही लिथुआनियन में **एइ** क्रियामूल से **एइग** (जाता हुआ, गमन) रूप बनता है। **जि** (मूल रूप **जी**) से इसी भाषा में **जिग** (जीवन) रूप बनता है। फारसी **ज़िन्दगी** में **जिन्द** पहले ही कृदन्त है, उसमें दूसरा कृदन्त प्रत्यय **ग** फिर लगाया गया। संस्कृत **अत्** के प्रतिरूप **एस्** से लिथुआनियन में **एस्क** (भूख) रूप बनता है जहाँ कृदन्त प्रत्यय अघोष ध्वनि वाला है। संस्कृत **गर्व** का लिथुआनियन प्रतिरूप **गर्बॅ** (प्रतिष्ठा) स्वयं कृदन्त है; इससे दूसरा कृदन्त बनता है

गबिङ्गस् (प्रतिष्ठित)। कृदन्त प्रत्यय अपनी मूल भूमिका से मुक्त होकर संज्ञा, विशेषण आदि किसी भी वर्ग के शब्द से जुड़कर नये-नये रूप बनाने के लिए प्रयुक्त होने लगे। **तॅल्** (दक्षिण) से तमिल में आन्ध्र जनों के लिए **तॅलगु, तॅलुङ्ग॒, तॅलुंगम, तॅलिगम्** शब्द प्रयुक्त होने लगे; इन्हीं की बिरादरी का **तिलंगा** शब्द हिन्दी क्षेत्र में पहुँचा। **तॅलगु, तॅलंगु** आदि शब्द अन्य द्रविड़ भाषाओं में भी हैं; जिन्होंने भी आन्ध्रजनों के लिए इस शब्द का प्रयोग पहले पहल किया होगा, वे अवश्य तब के आन्ध्रक्षेत्र के उत्तर में रहते होंगे; अपनी भूमि से यह क्षेत्र उन्हें दक्षिण में दिखाई देता होगा। यहाँ **कलिङ्ग** शब्द विचारणीय है। यह निरर्थक सा स्थानवाचक शब्द **कल्** (पत्थर, हिन्दी **खल, खलबट्टे** वाला **खल**, संस्कृत **उलूखल** का **खल**) में **इ** स्वर के साथ **ङ्ग** प्रत्यय जोड़ कर **तॅलिङ्ग** के समान बना है। दक्षिण से जिसका सम्बन्ध हो, वह **तॅलिग**; पत्थरों, पथरीली भूमि से जिसका सम्बन्ध हो वह **कॅलिग**। पार्वतीय प्रदेश होने से भारत के एक भाग का नाम **कलिङ्ग** पड़ा। बाल्तिक भाषाओं में नदियों के नाम **अलंग, विरंग** आदि इसी पद्धति से बने जान पड़ते हैं। रूस में **ओनेगा** नाम एक नदी का है, एक झील का है और इनके निकट बसे हुए नगर का भी है। **लदोगा** एक झील है, **कालुगा** नगर है, **वोल्गा** नदी है। इनमें अनुनासिक ध्वनिविहीन **ग** प्रत्यय है। **वोल्गा** की रचना वैसे ही हुई है जैसे **गंगा** की; **गम्** क्रिया में **ग** प्रत्यय जोड़ा गया। **वोल्गा** का **वॉल्** द्रविड़ भाषाओं की गतिसूचक प्रचलित क्रिया **वर्** का प्रतिरूप है। कश्मीरी में **वर्** का प्रतिरूप **वल्** भी प्राप्त है।

प्रीब्श और कौलिन्सन ने जर्मन भाषा पर अपनी पुस्तक **द जर्मन लैंग्वेज्** में लिखा है कि लैटिन में **फ्लॅमिंगि, सिॅलिंगि** आदि गणसूचक नाम थे, **मेरोविंगि, करोलिंगि** आदि वंशसूचक शब्द थे। पुरानी अंग्रेजी में **स्कॅफ** का वंशज **स्कॅफिंग** कहलाता था। पुरानी नौर्वीजियन या नौर्स भाषा से उक्त लेखकों ने **हद॒ंग्** (परिहास) का उदाहरण दिया है जो भाववाचक संज्ञा है। जर्मन में **उंग्** प्रत्यय क्रियामूल में जोड़कर कृदन्त बनाते हैं। **बिल्डॅन्** माने बनाना; क्रियामूल **बिल्ड्** से कृदन्त रूप बना **बिल्डुंग्**—बनावट, निर्माण; **बिन्डॅन्** माने बांधना; क्रियामूल **बिन्ड्**, कृदन्त रूप बना **बिन्डुंग्**—बन्धन। अंग्रेज़ी **बिल्डिग्** वैसा ही कृदन्त रूप है जैसा जर्मन **बिल्डुंग्**। **बिल्डिग्** इमारत है, निर्माण कार्य है, निर्माण क्रिया है। प्रीब्श और कौलिन्सन ने लिखा है कि पुरानी अंग्रेज़ी में **इंग्** और **उंग्** दोनों प्रत्ययों का व्यवहार होता था; **उंग्** तो जर्मन प्रत्यय है ही, इन लेखकों के अनुसार **इंग्** उसका प्रतिरूप है। अंग्रेज़ी में **बेडिंग्** (बिस्तर), **क्लोदिंग्** (वस्त्र), **फ्लोरिंग्** (फर्श) संज्ञारूप में ही अधिक प्रयुक्त होते हैं; वर्तमान काल में क्रिया की निरंतरता दिखाने के लिए इस प्रत्यय का बहुत प्रयोग होता है, **वॅकिग्** (करता हुआ), **गोइंग्** (जाता हुआ) इत्यादि। द्रविड़ परिवार में ब्राहूइ क्रियार्थी संज्ञा रूप बनाने के लिए ठीक अंग्रेज़ी की तरह **इंग्** प्रत्यय काम में लाती है: **कुट्टिग्** (कूटना), **कॅन्निग्** (करना; **कर्** से **कर्न** कृदन्त; फिर **कन्न्** का क्रियामूल मानकर कृदन्त रूप **कॅन्निग्**); **कुनिग्** (खाना पीना), **खॅल्लिग्** (मारना) इत्यादि।

जैसे **स्तघ्** मूल से तमिल **तंगइ** और **तंगु** रूप बने, वैसे ही **स्तघ्** से तमिल **तड्डु**

(रोकना), **तडङ्ङु** (रोका जाना), **तडि** (लाठी) और **तण्डु** (ठूंठ, तना) रूप बने हैं। द्रविड़ व्युत्पत्ति कोश में संस्कृत **तण्डक** (पेड़ का तना) दिया है जहां **स्त** क्रिया के **स्** का लोप हो गया है। संस्कृत **दंड** (लाठी) में उसी क्रिया का सघोष ध्वनिवाला रूप है। कन्नड़ **दंड**, तुलु **दंडु** पेड़ के तने के लिए प्रयुक्त होने वाले शब्द हैं। बँगला क्रिया **दाँड़ानो** में **दाँड़** (**दंड**) का मूल अर्थ खड़े होना सुरक्षित है। तमिल क्रिया **अणइ** (निकट पहुँचना) की **अण्** धातु से **अण्डु** कृदन्त रूप बना और उसी अर्थ में क्रिया की तरह प्रयुक्त हुआ। **अण्डु** में **अण्ड्** 'धातु' से फिर कृदन्त रूप बना **अण्डइ** (सामीप्य)। संस्कृत **कम्** या **काम्** की प्रतिरूप **कान्** धातु से तमिल का एक रूप बनता है **काङ्ङइ** (ऊष्मा), दूसरा **कान्दु, कान्दि** (जलाना)। संस्कृत में **कान्ति** संज्ञा है, तमिल में क्रिया। जो प्रत्यय मूलतः **ध** था, वह **द, त, ट, ड** में परिवर्तित हुआ है। तमिल आदि द्रविड़ भाषाओं में अनुनासिक ध्वनियुक्त और उससे मुक्त दोनों तरह के रूप हैं यथा तमिल में **पोरु** (पर्याप्त होना), उससे **पोदु** (उप०), **पोन्द** (उपयुक्त, पर्याप्त), दोनों तरह के रूप प्राप्त हैं।

स्वयं संस्कृत में **ध** प्रत्यय **त** में बदल गया था, इसके प्रमाण कुछ संस्कृत शब्दों के ग्रीक प्रतिरूपों में मिलते हैं। संस्कृत **जनित्रम्** (जन्म स्थान) ग्रीक भाषा में **गॅनॅथ्लॉन्** है। इससे ब्रुगमन आदि ने सही निष्कर्ष निकाला है कि मूल उपसर्ग में **ध्** ध्वनि थी। संस्कृत में जो **त्र** और ग्रीक में **थ्ल** है, वह मूलतः **धर** था; उससे स्थान वाला अर्थ भी स्पष्ट हो जाता है। बैठने के स्थान के लिए ग्रीक **ॲदॅथ्लॉन्** में यही **धर** रहा होगा; इसका लैटिन प्रतिरूप **सेदिकुलुम्** है। ब्रुगमन कहते हैं कि **त्लो** प्रत्यय आदि-इटालियन में **क्लो** हो जाता है; बाल्तिक भाषाओं—लिथुआनियन और लैतवियन—में भी इसका **क्लो** रूप हो जाता है। इसका अर्थ यह है कि बाल्तिक और इतालिक भाषा-समुदायों के निर्माणकाल में कुछ बोलियाँ ऐसी थीं जिनमें **त्** ध्वनि का विकास न हुआ था। इसलिए **तर** प्रत्यय वे **कल, कुल** आदि रूपों में ग्रहण करती थीं। एक बार यह प्रत्यय चल गया, तब वह त-वर्गीय ध्वनियों वाले शब्दों के साथ जोड़ा जाने लगा, ऐसे शब्द चाहे अन्य बोलियों के हों, चाहे त-वर्गीय ध्वनियों का विकास होने पर उसी भाषा में गढ़े गए हों। ऊपर लैटिन **सेदिकुलुम्** से तमिल **अडक्कळम्** (शरण स्थान) तुलनीय हैं। तमिल में **कळम्, कळन्** स्वतंत्र शब्द भी है जिसका अर्थ है स्थान। यह **स्थलम्** का प्रतिरूप माना जायगा। (द्रविड़ व्युत्पत्ति कोश में खलिहान वाले **खल** के प्रतिरूप **कळ** [illegible] सामान्य स्थानसूचक **कळम्** से मिला दिया गया है।)

तमिल में **व** प्रत्यय **प** का रूपान्तर है, स्वतंत्र प्रत्यय भी है। शे (मरना, सोना) क्रिया का तमिल प्रतिरूप **तेय्** (मुरझाना, मरना) है, **त्** के सघोष होने पर इसी का रूपान्तर अंग्रेज़ी का **डाइ** (मरना) शब्द प्राप्त होता है। तमिल **तेय्वु** का अर्थ है ह्रास। संस्कृत में **ऋक्** से **ऋक्व** (स्तुति) इसी प्रकार बनता है। लैटिन में **अर्** क्रियामूल का अर्थ है जोतना; उससे संज्ञा रूप बना **अर्वोम्** (खेत)। तमिल **अरि** माने काटना; **अरिवि** माने काटा हुआ धान। संस्कृत में **व** प्रत्यय का व्यवहार अपेक्षाकृत कम होता है; इसके विपरीत **य** प्रत्यय का व्यवहार—**कार्य, धैर्य, नृत्य, दृश्य, विद्या, यज्ञ** आदि में—व्यापक रूप से होता है। संस्कृत **वायु** का लिथुआनियन प्रतिरूप **वेयुस्** है। लैटिन-ग्रीक में **य्**

ध्वनि नहीं है, अतः **य** के स्थान पर **इऑ, इउ** ध्वनियों का व्यवहार होता है। ग्रीक **पगिऑस्** (स्थापित, सुदृढ़) **पाश** वाली **पश्** क्रिया के रूपान्तर **पग्** से बना है, लैटिन **सोकिउस्** (**सौख्य** का प्रतिरूप) संज्ञा और विशेषण है, सखाभाव व्यक्त करता है। तमिल में **य** प्रत्यय का व्यवहार कम होता है किन्तु अन्य द्रविड़ भाषाओं में होता है। **मुरली** की **मुर** क्रिया का अर्थ है गाना, ध्वनि करना; तमिल **मुरवम्** (शोर) का तुलु प्रतिरूप **मुरिय** (चीख, क्रन्दन), **मुरियाटु** (विलाप) है। **स्थ** क्रिया से तमिल क्रियारूप **तरि** (थमना) बनता है; इसका तुलु प्रतिरूप **तरियुनि** है, कृदन्त को फिर मूल क्रिया बनाया गया है।

संस्कृत में **सघ्** की रूपान्तर **सह्** क्रिया से **साहस** शब्द बना, **वर्** क्रिया में **स** प्रत्यय लगाकर **वर्ष, वर्षा** शब्द बनाये गये, **दस्** और **शिष्** क्रियाओं से बने **दक्ष** और **शिक्षा** शब्दों में भी यही **स** प्रत्यय है। द्रविड़ भाषा विशेषज्ञ **स्** को द्रविड़ परिवार की मूल ध्वनि नहीं मानते किन्तु कन्नड़ तथा अन्य कई द्रविड़ भाषाओं में **स** प्रत्यय का व्यवहार खूब होता है। कन्नड़ **अरॅ** (पीसना) के कृदन्त रूप **अरिसु, अरयिसु** (पिसवाना) को फिर क्रिया रूप में प्रयुक्त किया गया है। कन्नड़ **अणॅ, अणि** (निकट आना) से **अणसु** (सुदृढ़ बन्धन) संज्ञा रूप बना। अड़ाने वाली कन्नड़ **अडॅ** क्रिया से **अड्डयिसु** (आड़े आना); तमिल में इसी के प्रतिरूप **अडइ** और **अडइच्चि** हैं। जिन भाषाओं में **च** प्रत्यय का व्यवहार होता है, उनमें **स्** ध्वनि **च्** रूप में ग्रहण की गई है, यह सम्भव है। फिर **च** स्वतन्त्र प्रत्यय हो गया होगा। बाल्तिक भाषाओं में **स** प्रत्यय का व्यवहार इस प्रकार होता है: भारतीय **अत्** (खाना) क्रिया से **एदेसिस्** (भोजन, चारा); **कल्ब** (भाषा) से **कल्बेसिस्** (कहावत)। ग्रीक भाषा में संस्कृत क्रिया **जन्** के रूपान्तर **गॅन्** से **गॅनॅसिस्** (जन्म, उद्भव), हिन्दी **जानना,** संस्कृत **जानाति** के **जान्** क्रियामूल के ग्रीक रूपान्तर **ग्नो** से **ग्नोसिस्** (ज्ञान) इसी तरह बने।

कर्म, धर्म के **म** और **महिमा, सुषमा** के **मा** प्रत्यय द्रविड़ भाषाओं में भी प्रयुक्त होते हैं। मलयालम में **ताळ्** (झुकना) क्रियामूल से **ताळ्म, ताण्म** (नम्रता, अपमान) **म** प्रत्यय लगाकर बने; तमिल दीर्घ **आ** को संयुक्त स्वर **अइ** में बदलकर **ताळ्मइ** रूप बनाती है। क्रिया के अतिरिक्त संज्ञा-विशेषण आदि से भी ऐसे रूप बनते हैं: तमिल **तान्** (स्वयं) से **तानिमइ** (अकेलापन), मलयालम में **तनिम** (उप०)। **अत्** क्रिया से संस्कृत **आत्मन्** (मूल अर्थ वायु) इसी प्रकार बना है। **अत्** के रूपान्तर **अन्** (**अनिल** के **अन्**) से लैटिन **अनिम** (वायु, श्वास) शब्द बना। रूसी **व्रेम्य** का अर्थ है समय; पुरानी स्लावोनिक में इसका रूप **व्रेमॅ** है; **वर्** क्रिया के वर्णसंकोचन वाले रूप **व्रे** में **म** प्रत्यय जोड़कर यह शब्द बना। इस प्रकार **भर्** के रूपान्तर **ब्रे** से पुरानी स्लावोनिक में **ब्रेमॅ** (भार) शब्द बना। जहाँ **म** होगा वहाँ उसका प्रतिरूप **न** अवश्य होगा। **वर्** क्रिया से संस्कृत **वरुण** रूप बना; उसके ग्रीक प्रतिरूप **ओरनॉस्, ऑउरनॉस्** हैं। तमिल क्रिया **पर** (उड़ना) का कोडगु प्रतिरूप **पर्न्** है और संज्ञारूप **परण्** (चिड़िया) है। **पर्न** जैसे रूप से ग्रीक भाषा का **ऑर्निस्** (चिड़िया) शब्द बना है। संस्कृत **सूनु, धेनु, भानु** में **नु** **न** का ही प्रतिरूप है। गौथिक (पुरानी जर्मन) में **सूनुस्** रूप प्राप्त है; **तृण** का प्रतिरूप उस भाषा में **थउर्नु** (काँटा) है। पुरानी स्लावोनिक में **तिनु** रूप है। कन्नड़ **अडॅ** (अड़ाना)

से **अडनॅ, अड्डनॅ** (आड़ा), **अड्डण** (ढाल) तेलुगु में **अड्डनमु** (उप०) रूप मिलते हैं। ढाल के लिए **अड्डन** शब्द संस्कृत कोशों में दिया है, इसका उल्लेख द्रविड़ व्युत्पत्ति कोशकारों ने किया है। तमिल **काण्** (देखना) से **कण्णु** (विचार करना) रूप न बनेगा; **कण्** क्रिया भी देखने के लिए प्रयुक्त होती होगी। अब **कण्** का संज्ञा वाला अर्थ आँख रह गया है। संस्कृत का **कथन**, पुरानी अवधी और वर्तमान कनौजी का **करन**, मानक हिन्दी का **कहना**, इन सब में क्रियार्थी संज्ञा बनाने के लिए **न** प्रत्यय का व्यवहार किया गया है। गोंडी जैसी द्रविड़ भाषाओं में इसका व्यवहार हिन्दी की तरह होता है: तमिल **नो** (दुखना) का गोंडी प्रतिरूप **नॉइयाना** है, कन्नड़ **मूसु** (सूँघना) का गोंडी प्रतिरूप **मुस्काना** है। इस तरह कन्नड़ **के** (लेटना) का कुड़ुख प्रतिरूप **कीद्ना** है, तेलुगु **चीरु** (चीरना) का कुड़ुख प्रतिरूप हिन्दी के समान **चीरना** है। जर्मन क्रियार्थी संज्ञा रूप **बिल्डॅन्** (बनाना), **बिन्डॅन्** (बाँधना) में **न्** उसी प्राचीन कृदन्त प्रत्यय **न** का संक्षिप्त संस्करण है।

कुछ अन्य प्रत्यय इस प्रकार हैं।

अंग्रज़ी **मौर्टर्** वह पात्र है जिसमें रखकर कोई चीज़ कूटी जाती है। इसकी व्युत्पत्ति अनिश्चित कही गई है। **मौर्ट्** संस्कृत **मर्द** का प्रतिरूप है। जिसमें किसी वस्तु का मर्दन हो, कुटाई हो, वह **मौर्टर्** है। तमिल में ऐसे पात्र के लिए **उरल्** शब्द है; तमिल क्रिया **उरइ** का अर्थ है कूटना, पीसना। **उरल्** और **मौर्टर्** की निर्माण-प्रक्रिया एक है; अंग्रेज़ी प्रत्यय **अर्** और तमिल **अल्** सम्बन्धित हैं। गोंडी के **मस्सोर्, मॉसॉर्** (नाक) शब्दों में **अर्** प्रत्यय लगा है, धातु है **मुस्** (यथा कन्नड़ **मूसु**—सूँघना)। यहाँ कर्तृभाव दिखाने के लिए **अर्** प्रत्यय का प्रयोग हुआ जैसे **वर्कर्** (**वर्क्**—काम करना, **वर्कर्**—श्रमिक) में **अर्** का प्रयोग है। यह प्रत्यय क्रिया के अलावा संज्ञा शब्दों में भी लगता है। जिसका बोतलों से सम्बन्ध हो, वह अंग्रेज़ी में **बट्लर्** (मुख्य सेवक) कहलाया; जिसका सम्बन्ध गाड़ी (लैटिन **कार्पेन्तुम्**) से था, वह अंग्रेज़ी में **कॉर्पेन्टर्** (बढ़ई) कहलाया। मलयालम **पॅट्ट** का अर्थ है गंजी चाँद; कोलमि **पॅट्टिअर्** का अर्थ हुआ गंजी चाँद वाला।

इन्डोयूरोपियन परिवार की प्राचीन भाषाओं का एक प्रतिष्ठित प्रत्यय **मान** था। ब्रुगमन ने संस्कृत **बोधमानः** का ग्रीक प्रतिरूप **पॅउथॉमॅनॉस्** दिया है। तमिल इस प्रत्यय का उपयोग अपने ढंग से भाववाचक संज्ञा बनाने के लिए करती है: **तेय्**—नष्ट होना, **तेय्मानम्**—विनाश; **तीर्**—समाप्त होना, **तीर्मानम्**—समाप्ति, परिणाम।

द्रविड़ भाषाओं में निर्देशक सर्वनामों **अ, इ, उ** की भूमिका जितनी स्पष्ट है, उतनी इन्डोयूरोपियन परिवार की भाषाओं में अन्यत्र नहीं है। इनके मूल रूपों में **स्** ध्वनि थी; इसीलिए मराठी, भोजपुरी जैसी भारतीय आर्य भाषाओं में, इन्डोयूरोपियन परिवार की स्वीडिश और नौर्वीजियन, ग्रीक और लैटिन भाषाओं में इनके ह् ध्वनि वाले रूप भी मिलते हैं। इनमें **ध, घ, भ** प्रत्यय लगाकर देश-काल-व्यक्ति-वस्तुसूचक निर्देशक सर्वनाम बनाये जाते हैं और सम्बन्धक शब्द भी। इनमें सर्वाधिक प्रयोग **ध** और उसके रूपान्तर **त-द** का होता है। अनेक सम्बन्धक शब्द और सर्वनाम कारक

चिन्हों के रूप में प्रयुक्त हुए हैं। यूरुप की भाषाओं में जो निश्चयबोधक विशेषक लगाये जाते हैं, वे भी मूलतः सर्वनाम हैं।

ग्रीक भाषा में **हो, हे** निर्देशक सर्वनाम हैं; वे निश्चयबोधक विशेषकों की तरह भी प्रयुक्त होते हैं। मराठी के निर्देशक सर्वनाम **हा** (पुं०), **ही** (स्त्री०), **हें** (नपु०) उन्हीं **स्** मूलक रूपों से बने हैं जिनसे ग्रीक शब्द बने हैं। स्वीडिश भाषा के **हन्** (वह, पुं०), **होन्** (वह, स्त्री०), नौर्वीजियन के **हन्** (वह, पुं०), **हुन्** (वह, स्त्री०) व्यक्ति-वाचक सर्वनाम हैं, ये भी उसी शृंखला के हैं। संथाली में **हन्** निर्देशक सर्वनाम है; रूसी का **अन्** या **ऑन्** (वह, पुं०) इसी का प्रतिरूप है। दूर का स्थान बताने के लिए संथाली रूप **हन्ते** (वहाँ) का लैटिन प्रतिरूप कालवाचक **अन्ते** (दूर का समय, पहले का समय) है। तमिल **अन्द** (वहाँ) संथाली **हन्ते** और **हन्डे** के समान स्थानवाचक है। संस्कृत **इदम्**, तमिल **इदु**, लैटिन **इदॅम्** समानार्थी शब्द हैं। लैटिन **इदॅम्** में **दॅम्** को दिनवाचक **दिएस्** से सम्बद्ध करना आवश्यक नहीं है। **इबीदॅम्** (वही स्थान) में **दॅम्** काल के स्थान पर देश की सूचना देता है। **इद** का लैटिन प्रतिरूप **इल्लॅ**, हिन्दी वह के समान, व्यक्ति और वस्तु दोनों की ओर संकेत करता है। फ्रान्सीसी भाषा का **इल्** (वह, पुं०) इसी **इद** का रूपान्तर है। स्पेनी भाषा का निश्चयबोधक **ऍल् इद** से सम्बद्ध है। **ल, लो** आदि अन्य रूप इसी शृंखला के हैं।

तमिल **नान्** (मैं), **नीम्, नीर्** (हम), ग्रीक **नो** (हम दोनों), लैटिन **नोस्तेर्** (हमारा), फ्रान्सीसी **नू** (हम), रूसी **नास्** (हमें), संस्कृत **नः** (हमारा) इत्यादि एक ही स्रोत के शब्द हैं। संस्कृत **मम** का **म,** फारसी **मन्** उत्तम पुरुष सर्वनाम के एकवचन रूप भी उसी स्रोत के हैं। द्रविड़ भाषाओं में तेलुगु **मीरु**, गोंडी **मीमत्**, कुवि **मीम्बु** उत्तम पुरुष सर्वनाम के बहुवचन रूप हैं जिनमें पुराना एकवचन **मी** रूप सुरक्षित है। मराठी का **मी** (मैं) कर्तारूप है; अंग्रेजी का **मी** (मुझे) कर्म या सम्प्रदान रूप। तेलुगु **मीरु** के **मी** से यह भिन्न नहीं है।

इस प्रकार शब्द निर्माण प्रक्रिया तथा शब्द भण्डार के अनेक स्तरों पर हम द्रविड़ तथा इन्डोयूरोपियन परिवारों में समानता देखते हैं।

३

भारतीय भाषा परिवार और इंडोयूरोपियन रूपतंत्र

१. क्रियापद रचना

आर्य भाषाओं के वाक्यतंत्र की मूल विशेषता यह है कि वह क्रिया-केन्द्रित है। वाक्य के सारे अवयव क्रिया की ओर उन्मुख होते हैं।

संस्कृत, ग्रीक आदि भाषाओं में क्रियारूप के बाद पुरुषवाचक सर्वनाम या उसका चिन्ह संयुक्त रहता है। जैसे हम कहें **पठामि**, तो इस क्रिया के पहले कर्त्ता का उल्लेख करना अनावश्यक है, क्रिया में कर्त्ता सर्वनाम चिन्ह लगा है। सर्वनाम-सूचक **मि** से पता चल जाता है कि कर्त्ता उत्तम पुरुष है, **पठामि अर्थात् मैं पढ़ता हूँ**। एक दूसरा रूप लें **पठति**। यदि कर्त्ता अन्य पुरुष सर्वनाम है तो उसका उल्लेख आवश्यक नहीं है। किन्तु यदि कोई व्यक्ति विशेष कर्त्ता है तो उसका उल्लेख आवश्यक होगा और यह उल्लेख वाक्य के आरम्भ में होगा यथा **रामः पठति, राम पढ़ता है**। जिस समय संस्कृत, ग्रीक आदि भाषाओं का निर्माण हो रहा था, उस समय क्रिया के अन्त में आनेवाला सर्वनाम-तत्व क्षीण हो रहा था। उसका उपयोग पुरुष की सूचना देने के लिए रह गया था। इसके अतिरिक्त विभिन्न लकारों में जो सर्वनाम चिन्ह लगते हैं, वे एक से नहीं हैं। उनका उपयोग अंशतः लकार भेद के लिए किया जाने लगा है।

सर्वनाम जोड़ने की प्रक्रिया अनेक भाषा परिवारों में है। फिनोउग्रियन परिवार की फिन भाषा में संज्ञा और क्रिया दोनों में सर्वनाम चिन्ह जोड़े जाते हैं। **तलोनि** (मेरा घर), **कैलॅनि** (मेरा हाथ), **लउलन्** (मैं गाता हूँ), **लउलत्** (तू गाता है)। उज़बेकिस्तान में तुर्की भाषा बोली जाती है। इसका क्षेत्र फिनलेंड से बहुत दूर है। इसमें भी **शहरिम्** (मेरा शहर), **यज़मन्** (मैं लिख रहा हूँ), संज्ञा और क्रिया के बाद सर्वनाम चिन्ह जोड़ने की वही पद्धति है। कौल्डवेल ने इस बात पर ध्यान दिया था कि सामी परिवार की हीब्रू भाषा में भी सर्वनाम चिन्ह जोड़ने का ऐसा ही चलन है। द्रविड़ भाषाओं में मलयालम इस तरह के पुरुषवाचक सर्वनाम चिन्ह नहीं जोड़ती, अन्य द्रविड़ भाषाएँ जोड़ती हैं।

ग्रियर्सन ने सिन्धी, कश्मीरी, पश्चिमी पंजाबी को दरद भाषा समुदाय का क्षेत्र माना था। उनकी स्थापना थी कि इस क्षेत्र पर भारतीय नहीं, ईरानी प्रभाव था। फ़ारसी में भी क्रियापदों के साथ सर्वनाम चिन्ह जोड़े जाते हैं। दरद भाषाओं का एक

लक्षण यह भी बताया गया है। किन्तु यह लक्षण जितना फारसी में है, उतना ग्रीक और संस्कृत में भी है, और जितना इन भाषाओं में है, उससे कुछ ज़्यादा ही फिनोउग्रियन, तुर्क-मंगोल, हीब्रू आदि भाषाओं में है। वह प्रवृत्ति अंशतः द्रविड़ भाषाओं में है। ऐसी विलक्षण प्रवृत्ति ऐसे विविध भाषा-परिवारों में स्वतः उत्पन्न नहीं हो सकती। स्पष्ट ही अत्यन्त प्राचीनकाल में ऐसा भाषा-क्षेत्र रहा है जहाँ अपने निर्माणकाल में ये विभिन्न भाषा-परिवार एक दूसरे के सम्पर्क में रहे हैं। यह क्षेत्र मध्य एशिया का वह भाग था जिसे बृहत्तर भारत का अंग, उत्तराखंड कहते थे। यहीं विभिन्न जन-समुदाय अपनी विविध भाषा-प्रवृत्तियाँ लिए हुए एक दूसरे को प्रभावित करते रहे थे। सर्वनाम चिन्ह जोड़ने की विलक्षण प्रवृत्ति किसी भाषा परिवार की मूल प्रवृत्ति मानी जायगी। यहाँ फिर सिद्ध होता है कि किसी भी भाषा परिवार का निर्माण और विकास एकान्त शून्य की स्थिति में नहीं होता। जिन्हें हम भाषा-परिवार की मूल प्रवृत्तियाँ मानते हैं, वे भी परस्पर सम्पर्क तथा आदान-प्रदान का परिणाम हो सकती हैं, वे भी परिवर्तनशील होती हैं। संज्ञा और क्रिया में सर्वनाम चिन्ह जोड़ने की प्रक्रिया वाक्यतंत्र के अन्तर्गत है। ध्वनितंत्र और शब्दतंत्र के समान वाक्यतंत्र भी भाषा परिवारों के विकास, उनके भेद और उनके सम्बन्ध समझने में सहायक होता है।

जिन भाषा-परिवारों में उक्त लक्षण है, उन सभी में अब कर्त्ता क्रिया के पहले ही आता है, तथा संज्ञा और क्रिया से जुड़नेवाले चिन्हों से स्वतन्त्र सर्वनामों की पृथक् सत्ता है। मध्य एशिया, पश्चिमी एशिया और यूरुप के भाषाई मानचित्र पर ध्यान दें तो विदित होगा कि उक्त सर्वनामी प्रवृत्ति क्रमशः क्षीण होती गई है। इस क्षीणता का एक कारण उक्त भाषाई मानचित्र में इन्डोयूरोपियन परिवार की भाषाओं का निरन्तर बढ़ता हुआ प्राधान्य है। स्वयं इस इन्डोयूरोपियन परिवार के विकास में भारतीय आर्य भाषाओं की भूमिका निर्णायक रही है और इन आर्य भाषाओं में कुरु गण समुदाय का प्रभाव निरंतर बढ़ता गया है। यही कारण है कि मध्यदेश की सर्वनामाङ्कित तिङन्त क्रियापद रचना क्रमशः बदलती गई और कृदन्त पद रचना का प्रसार होता गया। कृदन्त पद्धति सर्वनाम चिन्हों से मुक्त थी। भारतीय आर्य भाषा-परिवार में आरम्भ से एक विरोधी कौरवी प्रवृत्ति रही है जो संज्ञा और क्रिया को सर्वनामों के बन्धन से मुक्त रखती थी। यह प्रवृत्ति उत्तराखण्ड की भाषाओं को निरंतर प्रभावित करती रही थी। आर्य भाषाओं के प्राचीन केन्द्र मध्यदेश में थे और अब भी यहाँ तिङन्त रूपों का अपेक्षाकृत अधिक व्यवहार होता है।

तमिल **पो** क्रिया के **पोग** कृदन्त रूप में **एन्** सर्वनाम चिन्ह जोड़कर **पोगिरेन्** रूप बनाती है किन्तु कुछ द्रविड़ भाषाएँ कृदन्त के बाद सर्वनाम चिन्ह लगाती ही नहीं हैं। इनमें एक मलयालम है। **ञान् वरुन्नु** (मैं आता हूँ), **नी वरुन्नु** (तू आता है), **अवन् वरुन्नु** (वह आता है), **अवळ् वरुन्नु** (वह आती है), **नम्मळ् वरुन्नु** (हम आते हैं), **निङ्ङळ् वरुन्नु** (तुम आते हो), **अवर् वरुन्नु** (वे आते हैं)—इन वाक्यों में सर्वनाम बदलते रहते हैं, क्रियारूप निर्विकार अपरिवर्तित बना रहता है। **मैंने मारा, तुमने मारा, लड़कियों ने मारा, लड़कों ने मारा**, इन हिन्दी वाक्यों में जो स्थिति **मारा** की है, उससे

मिलती-जुलती स्थिति मलयालम **वरन्नु** की है।

भूतकाल के लिए अनेक भाषाएँ कृदन्तों का व्यवहार करती हैं। स्वयं संस्कृत में भूतकालीन कृदन्त, शेष कालसूचक कृदन्तों की अपेक्षा, अधिक हैं। भूतकालीन कृदन्त के लिए जिस प्रत्यय का सबसे अधिक व्यवहार होता था, वह **त** है। यही प्रत्यय तमिल भाषा में भूतकालीन रूपों का चिन्ह है। वह **द, त्त** और **न** रूपों में प्रयुक्त होता है; उससे संज्ञा-रूप भी बनाये जाते हैं किन्तु संस्कृत और तमिल भाषाओं में भूतकालीन कृदन्त के निर्माण की प्रक्रिया एक-सी है। जैसे संस्कृत में **श्रुतः, गतः** रूप होते हैं, वैसे ही तमिल में **चॅय्द** (कृतः, किया), **वन्द** (यातः, आया या गया) रूप होते हैं। क्रियार्थी संज्ञा की तरह इनका स्वतन्त्र प्रयोग होता है और सामान्य क्रिया रूपों की तरह सर्वनाम चिन्ह जोड़कर भी उनका प्रयोग होता है। अवधी में **गैन** (गये) जैसे रूप में **त्** ध्वनि **न्** में परिवर्तित हुई है। भोजपुरी के **गयल**, बंगला के **गेल** जैसे रूपों में वही **त्** ध्वनि **ल्** में परिवर्तित हुई है।

इस तरह के **ल्** ध्वनिवाले भूतकालीन कृदन्त रूप भारत में एक ओर बंगाल, दूसरी ओर महाराष्ट्र में प्रयुक्त होते हैं। भारत से बाहर रूसी भाषा में भूतकाल के लिए इस तरह के कृदन्त का व्यवहार सामान्य है। वर्तमानकालिक रूसी रूप **गवरीत्** (बोलता है) में लिंगानुसार कोई परिवर्तन नहीं होता किन्तु भूतकालीन रूप में **गवरील्** (पुंल्लिग) **गव्रीला** (स्त्रीलिंग) जैसे भेद हैं। ठीक इसी तरह का परिवर्तन मराठी में होता है। बंगाल से लेकर रूस तक केवल भूतकाल के लिए **ल्** ध्वनि वाले कृदन्त का व्यवहार होता है; यह इन्डोयूरोपियन परिवार की भाषाओं पर भारतीय आर्य भाषाओं के प्रभाव का अकाट्य प्रमाण है। यही कृदन्त संस्कृत में है, केवल वहाँ **ल्** का पूर्वरूप **त्** है। द्रविड़ भाषाओं में **त्** अथवा उसके **न्** रूपान्तर का प्रयोग होता है, ल् का नहीं। अंग्रेज़ी के **डीड्** में **द्** प्रत्यय है किन्तु **डन्** में **त्** का रूपान्तर **न्** है। तमिल में वर्तमान काल के लिए जो क्रिया रूप बनाये जाते हैं, उनमें कृदन्त चिन्ह **क** या **ग** रहता है। **पोग** (जाना) या **पोगिर** जैसे रूप का व्यवहार वर्तमान कालीन क्रिया बोध के लिए संस्कृत, मराठी, बँगला, रूसी आदि भाषाओं में नहीं होता। किन्तु अंग्रेज़ी में **वाक्** (wal-k) जैसी क्रिया वस्तुतः **पोग** के समान कृदन्त है; **वर्** के रूपान्तर **वल्** में **क** प्रत्यय जोड़ा गया। फिर कृदन्त को मूल क्रिया मान लिया गया।

हिन्दीभाषी प्रदेश में द्रविड़ कृदन्तों से सम्बन्धित स्थिति अवलोकनीय है। **प्** या **ब्** वाला कृदन्त रूप भविष्य काल के लिए पूरबी बोलियों में सुरक्षित हो गया। भविष्यकाल के अतिरिक्त क्रियार्थी संज्ञा के लिए भी उसका प्रयोग होता है। **त्** या **न्** वाला कृदन्त रूप **गयल, गैन** जैसे रूपों में प्रयुक्त होता है। **क्** या **ग्** ध्वनिवाले कृदन्त प्रत्यय का व्यवहार भविष्यकाल के लिए हिन्दी प्रदेश की पश्चिमी बोलियों में हुआ। यह भविष्यकाल अनेक परिस्थितियों में वर्तमान का भाव भी लिये रहता है।

संस्कृत में क्रियार्थी संज्ञाओं का इतिहास इस संदर्भ में शिक्षाप्रद है। मैकडनल ने वैदिक भाषा के व्याकरण में बताया है कि क्रियार्थी संज्ञा ('इनफिनिटिव्') पहले क्रिया के आधार पर बना हुआ संज्ञा शब्द था। अन्य संज्ञा शब्दों की तरह इसमें भी

कारक चिन्ह लगते थे। कर्म और सम्प्रदान कारक मुख्य थे यथा **युधये, एतवे, वाचे**; इनका सम्प्रदान कारक के अनुरूप अर्थ था लड़ने के लिए, जाने के लिए, बोलने के लिए। वैदिककाल में क्रिया वाला अर्थ प्रधान हो गया, अतः क्रियार्थी संज्ञा रूप में इनका अर्थ हुआ लड़ना, जाना, बोलना। इस तथ्य से विदित होता है कि एक समय क्रिया के आधार पर बने हुए शब्द में संज्ञा तत्व की प्रधानता हो जाती है, वैदिककाल में क्रिया तत्व को प्रधानता देनेवाली प्रवृत्ति फिर प्रबल होती है। अतः कारक वाला भाव लुप्त होता गया और क्रियार्थी संज्ञा रूप में कारक चिन्ह युक्त शब्दों का प्रयोग होने लगा। कारक चिन्ह शब्द से जुड़ा रहा, क्रिया का भाव प्रधान होने पर उसकी सार्थकता नष्ट हो गई।

संस्कृत पर अपने ग्रन्थ में बरो कहते हैं कि वैदिक भाषा के क्रियार्थी संज्ञा रूप बाद की संस्कृत में लुप्त हो गये। विभिन्न कारक-चिन्हों से युक्त अनेक रूपों में कर्म-कारक वाले रूप—**कर्तुम्, भवितुम्, दातुम्** (करने, होने, देने को)—का चलन शेष रहा किन्तु कर्म कारक में सम्प्रदान वाला भाव सिमट आया और कर्म वाला भाव क्षीण हो गया। बरो ने लिखा है कि बाद की संस्कृत में क्रियार्थी संज्ञा (इनफिनिटिव्) का रूप संज्ञा-निर्माण-प्रक्रिया ('नौमिनल् फौर्मेशन्') से स्वतन्त्र हो जाता है। वाक्य में क्रिया को प्रधानता देने वाले मध्यदेशीय तत्व और भी सक्रिय होते हैं; वैदिक काल से पहले संज्ञा-तत्व की जो प्रधानता बढ़ रही थी, वह एक स्तर पर निर्बल पड़ जाती है।

संस्कृत के कृदन्त रूपों के लिए बरो ने लिखा है कि वे संज्ञा रूप ('नौमिनल फौर्म') थे, वे क्रिया व्यवस्था में घुल-मिल गये किन्तु उतना नहीं घुले-मिले जितना ग्रीक भाषा में। क्रिया व्यवस्था में संज्ञा तत्वों की यह घुलनशीलता अकारण नहीं है। यदि वैदिक भाषा के विविध कृदन्त रूपों की तुलना उत्तरकालीन संस्कृत से की जाय तो विदित होगा कि संज्ञा और विशेषण का कार्य करने वाले वैदिक कृदन्तों में बड़ी विविधता है। यह विविधता क्रमशः कम होती जाती है और जैसे-जैसे मध्यदेश की मूल प्रवृत्तियाँ उभरती हैं, वैसे-वैसे साहित्य-रचना में दो शैलियाँ अलग दिखाई देने लगती हैं; एक कृदन्त प्रधान उत्तर-पश्चिमी शैली, दूसरी तिङन्त प्रधान मध्यदेशीय शैली। इस उत्तरकालीन कृदन्त शैली में बहुत थोड़े कृदन्त रह गये हैं। भूतकालीन कृदन्त **पतित, गत, श्रुत** जैसे रूपों का चलन अधिक हुआ, **त्** की परिवर्तित ध्वनि **न्** से **भग्न, छिन्न, क्षीण** जैसे रूपों का चलन हुआ। अनेक विद्वानों के समान बरो ने भी यह मत प्रकट किया है कि मध्य भारतीय आर्य-भाषाओं में पुराने संस्कृत क्रिया रूपों का लोप हो गया और उनके स्थान पर सर्वत्र कृदन्तों का व्यवहार होने लगा। यह बात सही नहीं है। पहले तो इस बात पर ध्यान देना चाहिए कि जिन्हें नव्य आर्य भाषाएँ कहा जाता है, उनमें कृदन्त रूपों का व्यवहार करते समय क्रिया-भाव की प्रधानता होती है, संज्ञा भाव की नहीं। दूसरी बात यह है कि तथाकथित मध्य आर्य भाषाएँ वास्तविक भाषाई स्थिति प्रतिबिम्बित नहीं करतीं। तीसरी बात यह कि हिन्दी प्रदेश की अनेक उपभाषाओं में भूतकालीन क्रिया रूपों में कृदन्तों का प्रयोग नहीं होता। बरो ने लिखा है कि नव्य आर्य भाषाओं में भूत, भविष्य, वर्तमान, तीनों कालों के क्रिया रूप भूत-

कालीन कर्मवाच्य कृदन्त के आधार पर बनते हैं। **रामचरित मानस** से अतीतकाल के कुछ रूप देखें। अयोध्या काण्ड में : **पूछेसि लोगन्ह काह उछाहू; रचि पचि कोटिक कुटिलपन, कीन्हेसि कपट प्रबोधु; कहिसि कथा सत सवति कै जेहि बिधि बाढ़ बिरोधु।** यहाँ सि वाले रूप उस कर्त्ता के लिए हैं जो स्त्री है। इसी काण्ड में आगे चलकर निषाद के लिए लिखा है : **दोना भरि भरि राखेसि पानी।** कर्त्ता के अनुसार क्रिया में लिंग सूचक परिवर्तन नहीं होता। **कथा कहिसि** और **कपट प्रबोधु कीन्हेसि**—यहाँ कर्म स्त्रीलिंग और पुंल्लिग हैं, उनके अनुसार क्रिया में परिवर्तन नहीं होता। क्रिया की यह स्थिति मध्यदेशीय गण-भाषाओं की मूल प्रवृत्तियों का प्रमाण है।

इन्डोयूरोपियन भाषाओं का तुलनात्मक अध्ययन करते हुए ग्रीक और लैटिन भाषाओं के व्याकरण में बक ने लिखा है कि इन्डोयूरोपियन परिवार की भाषाओं में जो रूप क्रियार्थी संज्ञा बनकर प्रतिष्ठित हुए, उनमें बड़ी भिन्नता है। वैदिक भाषा के आधार पर उन्होंने कल्पना की है कि आदि इन्डोयूरोपियन भाषा में संज्ञा शब्द क्रियार्थी संज्ञा बन गया, अपने कारक चिन्ह के साथ वह क्रिया व्यवस्था से संलग्न हो गया, क्रिया के समान वह काल, वाच्य आदि रूपों के भेद व्यक्त करने लगा। बक के अनुसार आदि भाषा में यह प्रक्रिया आरम्भ हो गई थी किन्तु किन्हीं विशिष्ट रूपों को क्रियार्थी संज्ञा बनाकर स्थिर न किया गया था।

यहाँ ऐतिहासिक भाषाविज्ञान की स्थापनाएँ बहुत साफ कमजोर दिखाई देती हैं। पहले क्रिया के आधार पर संज्ञा शब्दों का निर्माण, कारक रूपों में उनका व्यवहार, फिर कारक तत्व अर्थात् संज्ञातत्व की क्षीणता और क्रिया व्यवस्था में उन क्रियामूलक शब्दों का प्रवेश—ये सारे परिवर्तन अकारण होते हैं, एक सीमित क्षेत्र की भाषा में होते हैं जो भिन्न प्रकृति वाले भाषा परिवारों के सम्पर्क में नहीं आई। इस सारी प्रक्रिया के साथ मध्यदेशीय और कौरवी भाषाओं का सम्बन्ध जोड़ दीजिये तो कारणों का पता चल जाता है। प्राग् वैदिक काल से लेकर आधुनिक आर्य भाषाओं तक भारत के भाषाई मानचित्र पर निगाह डालिए और क्रिया व्यवस्था में परस्पर विरोधी प्रवृत्तियों पर विचार कीजिए तो जिस प्रक्रिया का पहले कोई आधार या कारण दिखाई न देता था, उसका आधार और कारण प्रकट हो जाता है, काल्पनिक आदि इन्डोयूरोपियन भाषा के स्थान पर अनेक गण समाजों की यथार्थ भाषाएँ सामने आ जाती हैं।

बक ने लिखा है कि क्रियार्थी संज्ञा रूपों में इतनी विविधता है कि ग्रीक और लैटिन में ही समानता नहीं है। स्वयं ग्रीक समुदाय में उसकी बोलियों के क्रियार्थी संज्ञा-रूपों में भेद है, और लैटिन समुदाय में एक ओर लैटिन, दूसरी ओर ओस्कन-उम्ब्रियन, दोनों के रूपों में भेद है। हमारे विचार से इस तरह की विविधता स्वाभाविक है, वह भाषा के अन्य स्तरों पर भी देखी जाती है। इस विविधता में दो विरोधी मूल प्रवृत्तियाँ देखी जा सकती हैं, एक वह जो वाक्य में संज्ञा तत्व को प्रधान मानती है, दूसरी वह जो क्रियातत्व को प्रधान मानती है।

ब्रुगमन ने अपने तुलनात्मक व्याकरण के चौथे खण्ड में लिखा है कि विधेय के रूप में कृदन्त का प्रयोग, सहायक क्रिया के साथ अथवा उसके बिना, समग्र इन्डोजर्मेनिक

क्षेत्र में पाया जाता है। उनके विचार से इस तरह का प्रयोग मूल जननी भाषा में विद्यमान था, और जब किसी कार्य की अवधि पर ऐसा जोर देना होता था जो सामान्य क्रिया रूपों से व्यक्त न हो सकता था, तब इस तरह का प्रयोग होता था। (पृष्ठ ४४४)। इससे इतना तो स्पष्ट ही है कि इन्डोजर्मैनिक अर्थात् इन्डोयूरोपियन भाषाओं के क्षेत्र में दो भिन्न प्रवृत्तियाँ काम कर रही थीं। कृदन्त का व्यवहार इस क्षेत्र से बाहर भारतीय आर्य-द्रविड़ भाषाओं में भी होता था। यूरुप की भाषाओं के कृदन्त प्रयोग भारतीय पद्धति से प्रभावित हैं, इसका प्रमाण यही नहीं है कि दोनों ओर एक सामान्य प्रवृत्ति के दर्शन होते हैं, इसका प्रमाण यह भी है कि दोनों ओर अनेक कृदन्त रूप बिल्कुल मिलते-जुलते हैं। बाल्तिक भाषाओं में लिथुआनियन भाषा ऐसी है जिसमें प्राचीनता के लक्षण सबसे ज्यादा पाये जाते हैं, विद्वानों का ऐसा कहना है। इसमें **क** और **ग** वाले कृदन्त रूप तमिल रूपों का स्मरण कराते हैं। **ग** और **इङ्ग, अङ्ग** प्रत्यय मूलतः एक हैं। अंग्रेजी में क्रिया की निरन्तरता सूचक **इंग** प्रत्यय वाले रूप—**वर्किग्** (काम कर रहा) आदि—ब्राहूइ कृदन्तों के समान हैं, पहले कहा जा चुका है।

संस्कृत, इन्डोयूरोपियन परिवार की अन्य भाषाओं और द्रविड़ परिवार की भाषाओं की एक विशेषता यह है कि इनमें बहुत सी क्रियाएँ ऐसी हैं जिनका मूल रूप प्रच्छन्न हो गया है, मूल रूप को कृदन्त बनाया गया है और यह कृदन्त रूप पुनः क्रियामूल अथवा धातु के रूप में प्रयुक्त होता है।

संस्कृत में यह तथ्य उन क्रियारूपों को देखने से बहुत आसानी से समझ में आ सकता है जिनके अन्त में **क्ष्** व्यंजनयुग्म आता है। **भक्ष्, मोक्ष्, दक्ष्, शिक्ष्**—इन क्रियाओं का मूल रूप **भस्, मुच्, दश्** (धस्त का **धस्**, फिर **दस्**, फिर **दश्**) और **शिष्** हैं। **शिक्ष्** का सम्बन्ध **शास्** (आज्ञा देना) से जोड़ा जाता है। **शिष्य** को आज्ञा भी दी जाती है पर उसका मुख्य काम शिक्षा पाना है। अतः मूलक्रिया **शिष्** हुई। इन क्रियाओं की **स्, च्, श्** और **ष्** ध्वनियाँ **क्** में परिवर्तित होती हैं। क्रियारूपों के बाद संज्ञा बनाने के लिए **स** प्रत्यय जोड़ा जाता है। उसका मूर्धन्यीकरण होता है, इस प्रकार संज्ञारूप को पुनः क्रियारूप बनाया जाता है। **वर्ष्** क्रिया का मूलरूप **वृष्** माना जाता है। क्रियामूल **वर्** है जिससे **वारि** शब्द बनता है। वर्णसंकोच के कारण **वर्** को **वृ** रूप दिया गया है। एक क्रिया है **अंग्** (चलना), यह क्रियामूल **अन्** का कृदन्त रूप है, ठीक **पो** से **पोग्** के समान। यह वही **अन्** क्रिया है जिससे **अनिल** शब्द बनता है। **लुञ्च्** (नोंचना, काटना) **लू** क्रिया का कृदन्त रूप है जिससे लुनाति रूप बनता है। **विज्, वीज्** (चलना, पंखा) रूप **वि** क्रियामूल से व्युत्पन्न है जिससे वायु, वात और अंग्रेजी **विन्ड** शब्द बनता है। **पद्** माने चलना, इसकी मूल क्रिया **प** है जिससे **पथ** शब्द बनता है। **पथ** के समान एक शब्द **गाध** है जिसका अर्थ है वह स्थान जिसे पार किया जा सके। समुद्र **अगाध** होता है, इसलिए कि उथले पानी की तरह उसे सामान्य गमन क्रिया द्वारा पार नहीं किया जा सकता। **गाध** और **अगाध** में क्रिया मूल **गा** है। फिर **गाध्** क्रिया बनाई गई और उसका अर्थ किया गया ठहरना, किसी स्थान के लिए प्रयाण करना। संस्कृत क्रिया **स्पृध्** (होड़ करना) में क्रियामूल **पुर्** है। **स्** उपसर्ग है, कृदन्त

रूप बनाने के लिए **ध** प्रत्यय जोड़ा गया, **पुर्** (युद्ध करना) में वर्णसंकोच के कारण रूपान्तर हुआ और एक नई क्रिया **स्पृध्** का निर्माण हुआ। यह **पुर्** वही है जो तमिल में **पॉरु** है।

क्रियाओं से **मोक्ष, दक्ष** आदि जो रूप बनते हैं, वे संज्ञा हैं। उनमें क्रिया का अर्थ भी रहता है, इसलिए उन्हें कृदन्त कहना उचित है। जब हम **सर्प** शब्द कहते हैं तो हमारे मन में रेंगने की क्रिया नहीं होती। **सर्प** अब विशुद्ध संज्ञा है किन्तु प्राचीन-काल में **सर्प** कहते हुए क्रिया का भाव इतना प्रमुख था कि **सर्प** को पुनः **सृप्** क्रिया में रूपान्तरित किया गया। अवश्य **सृप्, सर्प्** क्रिया का व्यवहार करने वाले इस बात के प्रति सदैव सचेत न थे कि वे एक क्रिया से व्युत्पन्न कृदन्त रूप को पुनः क्रिया बना रहे हैं। मूल क्रिया के कृदन्त बनने का कारण कौरवी प्रभाव है। कृदन्त रूप के पुनः क्रियामूल बनने का कारण मध्यदेश की पुरानी तिङन्त क्रिया-पद्धति है। द्रविड़ भाषाएँ भी इस प्रवृत्ति से प्रभावित होकर अपने कृदन्तों को पुनः क्रियामूल बनाती हैं।

यह व्यापार उस समय का है जब आर्य और द्रविड़ परिवारों का निर्माण हो रहा है, जब इस निर्माण के साथ-साथ पश्चिमी एशिया, मध्य एशिया और यूरप को भारतीय भाषातत्वों का निर्यात हो रहा है। एक रूप **गा,** इसका अंग्रेज़ी प्रतिरूप **गो** (जाना); दूसरा रूप **गम्,** इसका अंग्रेज़ी रूपान्तर **कम्** (आना), तीसरा रूप **गश्** इसका जर्मन रूपान्तर **गेहॅन्** (चलना, जाना); अंग्रेज़ी में **कौल्** (पुकारना) जैसी क्रियाएँ तमिल **चॉल्** का प्रतिरूप हैं। यहाँ मूल क्रिया **सो** में **ल** प्रत्यय जोड़कर कृदन्त रूप बनाया गया। अंग्रेज़ी **टेल** (कथा) में यही **ल** प्रत्यय है। इसी का प्रतिरूप **टॅल्** (कहना) क्रिया है, जिसे वस्तुतः संज्ञा से क्रियामूल में परिवर्तित किया गया है। **सो** क्रियामूल का एक रूपान्तर **तो** हुआ, इसमें **ल** प्रत्यय जोड़ा गया, **तोल्** रूप बना। उसमें फिर **द** जोड़कर कृदन्त बनाया गया। क्रियामूल—कृदन्त—क्रियामूल—कृदन्त, इस क्रम से अंग्रेज़ी **टोल्ड** (कहा) प्राप्त हुआ। वर्तमान और भूतकाल का भेद करने वाले अंग्रेज़ी के क्रियारूपों में जहाँ स्वर-परिवर्तन दिखाई देता है—यथा **टॅल्** और **टोल्ड, सिंग्** और **सैंग्**—वहाँ वास्तव में क्रिया के दो रूप हैं जिनका वर्तमान या अतीत के भेद से कोई सम्बन्ध नहीं है। **से** और **सो** क्रियामूलों के रूपान्तर **ते** और **तो** हैं। इनसे **टॅल्** और **टोल्** रूप बने। दोनों ही कृदन्त हैं। **टॅल्** से **टेल्ड** रूप भी बन सकता है, और **टोल्** का प्रयोग वर्तमान काल के लिए भी हो सकता है। अंग्रेज़ी ने एक रूप को वर्तमान के लिए रखा, दूसरे का उपयोग अतीत के लिए किया।

तमिल कृदन्त **वन्द** का अंग्रेज़ी प्रतिरूप **वेन्ट्** है। यह **गो** क्रिया के साथ नत्थी कर दिया गया। जर्मन **ज़ागॅन्** (कहना) का पूर्वरूप **साग** है। **साग** और मराठी **सांगणें** परस्पर सम्बन्धित हैं। मूल क्रिया **सा** में **ग** जोड़कर—**पोग** की तरह—यह कृदन्त रूप बना। संज्ञा रूप में **सागा** प्रयुक्त होता ही है।

ग्रीक भाषा में **लम्पो** शब्द का अर्थ है चमकना। इसी क्रम में अंग्रेज़ी **लैम्प** आता है। मूल क्रिया **दम्** है जो दामिनी, हिन्दी दमकना में है। **द्** ध्वनि **ल्** रूप में ग्रहण की गई। कृदन्त रूप बनाने के लिए **प** प्रत्यय जोड़ा गया। फिर कृदन्त रूप को

मूल क्रिया माना गया। डरने के लिए ग्रीक क्रिया **फोबेश्रोमइ** है। इसमें क्रियामूल **फोब्** है जो **भव** अथवा **भय** का प्रतिरूप है। यहां भी क्रिया—संज्ञा—क्रिया वाला क्रम दिखाई देता है। खाने के लिए ग्रीक क्रिया **एस्थिश्रो** है। **अत्** का प्रतिरूप **एस्**, फिर उसमें **थ** प्रत्यय जोड़कर कृदन्त रूप बना, फिर उसे क्रिया बनाया। निर्माण के लिए ग्रीक क्रिया **देमो** है जो **धाम** का प्रतिरूप है। **धाम** में क्रियामूल **धा** है। निर्माण के लिए एक अन्य ग्रीक शब्द **तॅक्तइनो** है। इसमें क्रियामूल **तॅक्त्** संस्कृत **तक्ष्** का प्रतिरूप है और यह संस्कृत रूप स्वयं **तस्** जैसे क्रियामूल से व्युत्पन्न है। **तक्ष्** के अन्य ग्रीक प्रतिरूप से **तॅइखिजो** (निर्माण करना) क्रिया बनी है। यहाँ भी **तॅइख्** मूल क्रिया का कृदन्तीय रूपान्तरण है। लैटिन में सपना देखने के लिए **सोम्निश्रो** क्रिया है। इसमें **सोम्न** शब्द मूल संस्कृत **स्वप्न** का प्रतिरूप है। लैटिन **पोतो** का अर्थ पीना है। यहाँ **पो** क्रियामूल में **तो** जुड़ा है जो कृदन्त रूप की सूचना देता है। संस्कृत **स्पश्** (देखना) का एक लैटिन प्रतिरूप **स्पेकिश्रो** है, दूसरा है **स्पेक्तो**। इस दूसरे प्रतिरूप में भी **पोतो** के समान कृदन्तीय **त** स्पष्ट है।

अंग्रेज़ी क्रिया **स्टैन्ड** (खड़े होना) खड़े की तरह कृदन्तीय रूप है। मूल क्रिया है **स्थ** अथवा **स्त**। इससे **स्कन्ध** के समान कृदन्त रूप **स्तन्ध** बना। फिर यह क्रियामूल के समान **स्टैन्ड** रूप में प्रयुक्त होने लगा। जर्मन में इसका प्रतिरूप **श्तेहॅन्** है। यह **स्तध्** का प्रतिरूप है जहाँ नासिक्य ध्वनि का अभाव है और **ध्** का रूपान्तरण ह् में हुआ है। जर्मन भाषा में एक सामान्य क्रिया **व्हर्दॅन्** है। इसका अर्थ है होना। यह संस्कृत **वर्त्** का प्रतिरूप है और **वर्त्** की मूल क्रिया **वर्** है। तमिल **वरु** का एक अर्थ घटित होना भी है। अंग्रेज़ी शब्द **वान्डर्** (घूमना) **वर्** के कृदन्तीय **वन्द्** जैसे प्रतिरूप का विकास है। इसका जर्मन प्रतिरूप **वन्डॅल्न्** है। इससे मिलता-जुलता शब्द **वॅन्डॅन्** (घुमाना, आवर्तन करना) है। संस्कृत आवर्तन में **वर्त्** क्रिया का जो भाव है, वही यहाँ **वॅन्ड्** में है। इस **वॅन्ड्** का अकार वाला रूप उसी जर्मन क्रिया के भूतकालीन रूप **वन्ड्टॅ** में है। रूसी भाषा में **देलात्** (बनाना) जैसी क्रियाएँ कृदन्त का रूपान्तरण हैं जैसा कि रूसी शब्द **देलो** (कार्य) से विदित होता है। संस्कृत **वर्त्** के समान रूसी क्रिया **प्रेव्रतीत्** (आवर्तन करना) है। रूसी और संस्कृत दोनों क्रियारूपों का आधार कृदन्त है। **स्तोयात्** (खड़े होना) में **य** कृदन्त चिन्ह है। **गवरीत्** (बातें करना) में **र्** वैसा ही चिन्ह है जैसा कि संज्ञा **गवोर्** (बातचीत की आवाज़) में है।

कृदन्त रूपों को पुनः क्रियामूल बनाने की प्रक्रिया संस्कृत में अत्यन्त सीमित है, द्रविड़ भाषाओं तथा फ़ारसी, रूसी, जर्मन, अंग्रेज़ी, ग्रीक, लैटिन आदि में यह प्रक्रिया अधिक व्यापक है। किसी समय कौरवी प्रभाव से—या वैसे ही किन्हीं अन्य भाषाओं के प्रभाव से—बहुत बड़े पैमाने पर कृदन्त निर्माण कार्य हुआ। फिर कृदन्तों को सामान्य क्रिया मान लिया गया जैसे कि मगही आदि में कृदन्तों का तिङन्तीकरण हुआ। क्रमशः कृदन्त-तिङन्त पद्धतियों ने सन्तुलन स्थापित करके इन्डोयूरोपियन भाषाओं की क्रियापद रचना को उसका विशिष्ट रूप प्रदान किया।

हिन्दी क्रियाओं में उपसर्ग नहीं लगते, द्रविड़ क्रियाओं में भी नहीं लगते।

इसके विपरीत संस्कृत में लगते हैं। ऊपर से देखने में प्रतीत होता है कि हिन्दी और अन्य आधुनिक आर्य भाषाएँ संस्कृत से दूर पहुँच गई हैं और उन्होंने द्रविड़ प्रवृत्ति अपना ली है। वास्तव में उपसर्ग के कार्य पर विचार किया जाय तो विदित होगा कि आधुनिक आर्य भाषाओं और संस्कृत में अब भी बड़ी समानता है और द्रविड़ परिवार में अंशतः भिन्न प्रवृत्ति काम करती है।

वाक्यतन्त्र के विचार से उपसर्ग का कार्य क्या है? क्रिया के विशेषण के समान वह उसके मूल अर्थ में हेरफेर करता है, वह क्रिया की विशेषता ही नहीं बताता, उसके मूल अर्थ में परिवर्तन भी करता है। संस्कृत में क्रिया के पहले जो उपसर्ग रखे जाते हैं, वे ऐतिहासिक विकास की दृष्टि से स्वतन्त्र शब्द हैं। **अति, अधि, अनु, अभि** आदि उपसर्गों को बरो ने किसी समय के स्वतन्त्र विशेषक ('ऐडवर्ब्') कहा है। **ऋग्वेद** में ये सर्वत्र क्रिया से संलग्न रहें, ऐसा नहीं होता। होमर की भाषा में भी इससे मिलती-जुलती स्थिति है, वे क्रियाबद्ध और क्रियामुक्त दोनों हैं। मुख्य बात यह है कि ये उपसर्ग जो पहले स्वतन्त्र रूप थे, वाक्य में क्रिया से पहले प्रयुक्त होते थे। बरो ने लिखा है कि **ऋग्वेद** में कभी-कभी वे क्रिया के बाद भी आते हैं। यह सामान्य प्रवृत्ति नहीं है। निरन्तर क्रिया से पहले प्रयुक्त होने के कारण वे क्रिया का अभिन्न अंग समझे जाने लगे। भाषाविज्ञान में संस्कृत जैसी संश्लेषणात्मक भाषा तथा तुर्की जैसी संयोगात्मक भाषा में भेद किया जाता है। यह भेद सापेक्ष है, मौलिक नहीं। जो तत्व संयोग की अवस्था में भिन्न-भिन्न पहचाने जा सकते हैं, वे दूसरी मंजिल में ऐसी दृढ़ता से संयुक्त हो जाते हैं कि अलग नहीं किये जा सकते। कारक चिन्हों, क्रियारूपों में काम आने वाले प्रत्ययों, क्रिया में जुड़ने वाले उपसर्गों के साथ यही बात होती है। अपनी पूर्वावस्था में वे स्वतन्त्र शब्द दिखाई देते हैं, निरन्तर संयुक्त होने के कारण वे क्रमशः अपनी स्वतन्त्रता खो देते हैं, उनके रूप में भी परिवर्तन होता है और वे अर्थ प्रबोधक ध्वनिचिन्ह मात्र रह जाते हैं। इस प्रकार जो भाषा पहले संयोगात्मक दिखाई देती है, वह संश्लेषणात्मक बन जाती है। बरो ने क्रियामूलक संज्ञा शब्दों का उल्लेख करते हुए बताया है कि इनमें उपसर्ग पूरी तरह मूल शब्द से सम्बद्ध हो गया है।

तमिल भाषा में एक अर्थप्रबोधक ध्वनि चिन्ह **उम्** है। वाक्य में इसका अनेक प्रकार से प्रयोग होता है। कृदन्त के साथ इसके व्यवहार का एक उदाहरण यह है: **नी पडित्तुम् पयन्इल्ले** (यद्यपि तुमने पढ़ाई की, फिर भी फल कुछ न निकला।) इस वाक्य में **उम्** कृदन्त के बाद आता है और उसके अर्थ में परिवर्तन करता है। आन्द्रोनोव ने अपने तमिल व्याकरण में इसके प्रयोग के अनेक उदाहरण दिये हैं। यदि सम्भावना व्यक्त करनी हो तो इसी **उम्** का प्रयोग इस प्रकार होगा: **तिरुम्बि वरुवदर्गु इरण्डु मून्रु नाळ् आनालुम् आगलाम्** (सम्भव है, वापस आने में दो या तीन दिन लगें)। इस वाक्य में कृदन्त **आनाल** के बाद **उम्** का प्रयोग हुआ है। क्रिया द्वारा व्यक्त काल-सम्बन्धी सूचना में परिवर्तन करने के लिए इसका व्यवहार होता है यथा: **तोनित्तुरइ वन्ददुम् कुदिरइ निन्रिकरदु** (जैसे ही नाव आई, वैसे ही घोड़ा रुक गया।) यहाँ कृदन्त **वन्दद** के बाद **उम्** का प्रयोग किया गया है।

तमिल में प्रश्नवाचक **श्रा** वाक्य के अन्त में आकर उसके अर्थ में परिवर्तन करता है। **नी श्रॅन्नइ पार्त्ताय्** (तुमने मुझे देखा), **नी श्रॅन्नइ पार्त्ताया ?** (क्या तुमने मुझे देखा ?), यहाँ वाक्य के अन्त में **श्रा** के प्रयोग से पूरे वाक्य के अर्थ में परिवर्तन हुआ। इसी प्रकार सन्देह का भाव व्यक्त करने के लिए **कोल्** का प्रयोग किया जाता है। **नॅडुन्दइग कळिन्दमइ यरिया तिन्रुम वरुङ्गोल् पानरदु कडुम्बे** (चारणों का दल आज भी शायद ही आये क्योंकि उन्हें अपने स्वामी की मृत्यु का पता नहीं है।) एक अन्य प्रत्यय **एन्** है। **चॉल्लु** अर्थात् बोलो, इस आज्ञा भाव में परिशोधन के लिए **एन्** शब्द जोड़ा गया : **चॉल्लेन्**—जरा बोलो तो। इस तरह की अनेक स्थितियों में जहाँ अन्य भाषाएँ उपसर्ग से काम लेती हैं, वहाँ तमिल प्रत्यय से काम लेती हैं। हिन्दी में क्रिया का अर्थ बदलने के लिए या उसे विशेषता प्रदान करने के लिए जो भी शब्द प्रयुक्त होते हैं, वे क्रिया से पहले आते हैं। उनका स्थान वाक्य में वहीं होता है, जहाँ संस्कृत के वाक्य में उपसर्ग का स्थान होता है।

इन्डोयूरोपियन परिवार की भाषाओं में क्रिया से संलग्न होने वाले उपसर्ग की भूमिका भिन्न-भिन्न है किन्तु जहाँ भी वह प्रयुक्त होता है, वह अर्थ-संवर्धक का काम करता है। रूसी भाषा में इसका प्रयोग रोचक है। भाषाविज्ञानियों का कहना है कि रूसी क्रिया की अपनी विशेषता कार्य की पूर्णता, अपूर्णता आदि का बोध कराना है। अंग्रेज़ी में इसके लिए ऐस्पेक्ट शब्द का व्यवहार होता है। कार्य की प्रगति, अवधि, आवृत्ति आदि सूचित करने के लिए क्रिया का एक रूप होता है, कार्य की पूर्णता, उसका आरम्भ या अवसान सूचित करने के लिए दूसरा रूप होता है। विलगेलमिनीना ने रूसी क्रिया पर अपनी पुस्तक में इस तरह के उदाहरण दिये हैं: **रबोचिये 'स्त्रोइली' दोम्** (मजदूर एक मकान बना रहे थे), **रबोचिये 'पस्त्रोइली' दोम्** (मजदूरों ने मकान बनाया); **देवुश्का 'पिसाला' पीस्मो** (लड़की पत्र लिख रही थी), **देवुश्का 'नपिसाला' पीस्मो** (लड़की ने पत्र लिखा था)। यहाँ उपसर्ग लगाकर क्रिया के अर्थ में परिवर्तन किया गया है। इस तरह का भेद उपसर्ग के द्वारा ही नहीं दिखाया जाता किन्तु सामान्यतः ऐसा होता है। रूसी क्रिया **मीत्** का अर्थ है धोना, उपसर्ग लगाकर **श्रोमीत्** रूप बना जिसका अर्थ हुआ स्वच्छ धोना। यहाँ उपसर्ग क्रिया के अर्थ को वैसे ही प्रभावित करता है जैसे तमिल में प्रत्यय प्रभावित करता है।

भारत में कोल परिवार की भाषाएँ प्रत्यय और उपसर्ग दोनों का उपयोग करके क्रिया के अर्थ में परिवर्तन करती हैं। बिलिगिरि ने खरिया भाषा पर अपनी पुस्तक में इस तरह के उदाहरण दिये हैं: **उड्** (पीना), **श्रोवुड्** (पिलाना), **पिज्** (तोड़ना), **श्रोग्पिज्** (तुड़वाना), **गिल्** (मारना), **कोलगिल्** (एक-दूसरे को मारना); यहाँ उपसर्ग से क्रिया के अर्थ में परिवर्तन किया गया। **उपुल्** (उठाना), **उपुल्क** (एक-दूसरे के लिए उठाना), **करय्** (करना), **करय्क** (एक-दूसरे के लिए करना); **बोतोङ्** (डरना), **बोतोङ् गोड्** (बहुत डरना); यहाँ उपसर्ग के बदले वैसा ही काम प्रत्यय से लिया गया है। इसमें सन्देह नहीं कि उपसर्ग और प्रत्यय जोड़कर क्रिया के अर्थ को बदलने की पद्धति एक से अधिक भाषापरिवारों में विद्यमान रही है। हिन्दी तथा आधुनिक आर्य

भाषाओं ने भले ही उपसर्ग का त्याग कर दिया हो, कोल भाषाओं में उसका व्यवहार किसी तरह कम नहीं हुआ।

यह कल्पना करना कठिन है कि आर्य द्रविड़ भाषाएँ जब एक-दूसरे से इतना सम्बद्ध रही हों, तब द्रविड़ भाषाओं में क्रिया के साथ उपसर्ग का प्रयोग कभी हुआ ही न हो। द्रविड़ क्रियाओं की छानबीन करने से पता चलता है कि अनेक क्रियाओं के साथ किसी समय उपसर्ग प्रयुक्त होते थे। जैसे हिन्दी में ये उपसर्ग अलग से नहीं पहचाने जाते, वैसे ही द्रविड़ भाषाओं में वे पहचान में नहीं आते। कन्नड़ **कप्पु** का अर्थ है गड्ढा खोदना, मलयालम **निकप्पु** का अर्थ है भरना। मूल क्रिया एक ही है, **नि** उपसर्ग लगाकर अर्थ में परिवर्तन किया गया है। तमिल क्रिया **कल** का अर्थ है फैलाना (जैसे समाचार), **अगल** का अर्थ है विस्तार करना, फैलाना, **अगलम्** का अर्थ हुआ विस्तार। यहाँ **कल** क्रिया में **अ** उपसर्ग जोड़ा गया है। तमिल **नॅरुप्पु** (अग्नि), **ञॅलि** (लकड़ी घिसकर आग पैदा करना) रूपों को देखने से ज्ञात होता है कि **नर्** अथवा **नल्** क्रियामूल का सम्बन्ध अग्नि से, लकड़ियाँ घिसकर आग पैदा करने से है। अब इस क्रियामूल में **अ** उपसर्ग जोड़ा गया: **अनरु** (गरमाना), **अनर्गल्** (अनल्+कल् यानी आग और पत्थर, पूरे शब्द का अर्थ हुआ चकमक पत्थर)। यहाँ **अ** उपसर्ग निषेधवाचक नहीं है। तमिल **अमिऴ्** का अर्थ है डूबना; सम्भव है संस्कृत **मृज्** में **अ** उपसर्ग जोड़कर इस तरह का रूप बना हो। कोडगु **मिन्द** (तैरना), कोद **निन्ज्** (उप०) तमिल **नीन्दु** (उप०), **नीत्तम्** (सैलाब, समुद्र) रूपों को देखने से उक्त सम्भावना पुष्ट होती है। तमिल **निकर** का अर्थ है चमकना, **कदिर्** का भी यही अर्थ है। कन्नड़ **कदुरु** का अर्थ है चमक। मूल क्रिया **कद्** रूपान्तरित होकर **कर** बनी, **नि** उपसर्ग लगाकर **निकर** रूप बना। पर यह बात सही है कि आधुनिक भाषाओं में केवल कोल परिवार की भाषाएँ उपसर्गों का प्रयोग जमकर करती हैं। इस दृष्टि से आधुनिक आर्य भाषाओं की अपेक्षा वे संस्कृत के अधिक निकट हैं।

जर्मन भाषा में क्रिया के साथ **ग, गे** उपसर्ग जोड़ा जाता है जो तमिल कृदन्त प्रत्यय **ग** से मिलता-जुलता है। प्रीब्श और कौलिन्सन ने जर्मन भाषा पर अपनी पुस्तक में बताया है कि यह लैटिन **कुम्, कोम्** का प्रतिरूप है। इसका मूल अर्थ समूह का सूचक था और यह उपसर्ग संज्ञा तथा क्रिया दोनों में लगता था। जर्मन शाखा की भाषाओं में इसका व्यवहार क्रिया को सम्पूर्णता प्रदान करने के लिए होता है। घटनाक्रम किसी निश्चित समय पर हुआ, आरम्भ हुआ या समाप्त हुआ, इसकी सूचना अथवा काल और अवधि पर ध्यान दिये बिना घटनामात्र की सूचना देना इसका कार्य है। मध्यकालीन पहाड़ी जर्मन से उन्होंने इस तरह के उदाहरण दिये हैं: **श्तान्** (खड़े होना), **गेश्तान्** (खड़े हो जाना)। इससे उन्होंने आधुनिक जर्मन रूपों की तुलना की है: **लिगॅन्** (लेटना), **गेलिगॅन्** (लेट जाना)। जर्मन में कोल भाषाओं के समान प्रत्यय उपसर्ग दोनों प्रयुक्त होते हैं।

इन्डोयूरोपियन परिवार की भाषाओं के क्रियारूपों का सही ढंग से ऐतिहासिक मूल्याङ्कन तभी सम्भव है जब इस युग में भी प्रचलित नाग-कोल क्रियारूपों की विविधता

ध्यान में रखी जाय। शंकर भट ने बोरो की एक क्रिया **ज** (खाना) के पैंसठ रूप दिये हैं। इनमें से कुछ इस प्रकार हैं—**ज** (खाना), **जक** (खाना खतम करना), **जकङ** (खाने को तैयार होना), **जकोन्** (खाना और गन्दा करना), **जक्म** (चुपके-चुपके खाना), **जक्रे** (कुछ भी खा लेना), **जजेर्** (खाना और बिखराना), **जदे** (कृपया खाइये), **जपदे** (किसी के साथ खाइये), **जलोय्** (पुरुष खायें), **जहय्** (स्त्रियाँ और बच्चे खायें), **जदॉं** (पूरा समूह खाये), **दज** (मत खाओ), **जका** (तुमने क्यों नहीं खाया), **जनि** (हम खायें), **जतॉंङ्** (वह खाये), **जयॉं** (वह खाता है), **जदॉंङ्** (वह खा रहा है), **जगॉंन्** (वह खायगा), **जबय्** (उसने खाया है), **जगॉंव्** (उसने खाया होगा), **जय्** (वह नहीं खाता), **जदिय** (उसने नहीं खाया), **जलिय** (वह नहीं खायगा), **जन** (खाने के बाद), **जब** (यदि वह खाये), **जयसॅं** (खाये बिना)—वाक्य में सबसे पहले क्रिया, फिर उससे सम्बन्धित अनेक बातें प्रत्ययों द्वारा क्रमशः जोड़ी जाती गईं। इस प्रकार एक क्रिया रूप दो, तीन, चार, पाँच, छह प्रत्यय तक जोड़ता चला जाता है और खासा वाक्य बन जाता है। यथा उक्त **ज** क्रिया से **जजेर्** (खाना और बिखराना), **जजेर्पिन्** (खाना और फिर बिखराना), **जजेर्पिन्जलय्** (फिर उसी चीज को खाना और बिखराना), **जजेर्पिन्ज्लय्जॅन्** (फिर उसी चीज को खाना बिखराना शुरू करना), **जजेर्पिन्ज्लय्जन्प** (किसी के साथ फिर उसी चीज को खाना बिखराना शुरू करना), **जजेर्पिन्जलय्जन्पमर्** (अवश्य ही किसी के साथ फिर उसी चीज को खाना-बिखराना शुरू करना)।

कोल और नाग भाषाओं की क्रियापद रचना में काफी समानता है। कोल भाषाओं के समान अनेक नाग भाषाएँ प्रत्यय-उपसर्ग द्वारा क्रिया के अर्थ में परिवर्तन करती हैं। असम में बोली जाने वाली नाग भाषा बोरो पर अपनी पुस्तक में शंकर भट ने उन क्रियापदों की चर्चा की है जिनमें उपसर्ग लगाने से अर्थ परिवर्तन होता है। कोल भाषाओं के समान बोरो में भी उपसर्ग और प्रत्यय दोनों लगते हैं। **रन्** (सूखना), **परन्** (सुखाना), **देर्** (बड़ा होना), **पॅदेर्** (बड़ा करना), **जो** (बैठना), **पोजो** (बिठाना), **गि** (डरना), **सिगि** (डराना); यहाँ उपसर्ग लगाकर क्रिया को प्रेरणार्थक रूप दिया गया है। **बहि** (बहना), **बहय्** (बहाना), **मिलि** (मिलना), **मिलय्** (मिलाना), **बुजि** (बूझना), **बुजय्** (बुझाना); यहाँ प्रत्यय लगाकर वैसा ही परिवर्तन किया गया है। स्पष्ट ही यहाँ आर्य परिवार की असमिया भाषा ने बोरो को प्रभावित किया है। उक्त रूप मिलना, मिलाना, बूझना, बुझाना, बहना, बहाना जैसी हिन्दी क्रियाओं से मिलते-जुलते हैं; इसका कारण असमिया और हिन्दी की आन्तरिक समानता है।

संस्कृत, विशेषतः वैदिक भाषा, में क्रियारूपों का विस्तार देखकर अनेक भाषाविज्ञानी इस बात पर क्षोभ प्रकट करते हैं कि आधुनिक आर्य भाषाओं में यह विविधता समाप्त हो गई है। नाग और कोल भाषाओं में क्रियारूपों की विविधता पर सरसरी निगाह डालने से भी यह स्पष्ट हो जायगा कि आर्य भाषाओं ने चाहे जो कुछ खोया हो, नाग और कोल भाषाओं ने क्रियारूपों की बहुलता और विविधता बरकरार रखी है, सम्भव है कुछ इजाफा भी किया हो। इस विविधता को समझने के लिए यह बात ध्यान में रखनी चाहिए कि नाग और कोल भाषाओं मे क्रिया के भिन्न रूप केवल काल-

भेद प्रदर्शित नहीं करते वरन् कार्य की विशेषता, उसकी गति की दिशा, कर्त्ता, कर्म आदि से उसका सम्बन्ध, कभी-कभी साथ सम्पन्न होने वाली अन्य क्रिया की भी सूचना देते हैं। संस्कृत, ग्रीक, लैटिन में जो भिन्न क्रियारूप दिखाई देते हैं, उनका मूल कार्य कालभेद प्रदर्शित करना नहीं है वरन् क्रिया की अवस्था (ऐस्पेक्ट) सूचित करना है। अंग्रेज़ी का टेन्स शब्द कालभेद से जुड़ा हुआ है। वर्तमानकाल, भूतकाल, भविष्यकाल प्रेज़ेन्ट टेन्स, पास्ट टेन्स, फ्यूचर टेन्स के पर्याय हैं। इन्डोयूरोपियन परिवार की भाषाओं में कालभेद की व्यंजना के रूप क्रमशः विकसित हुए। यह बाद की मंजिल है। उससे पहले मुख्य भेद क्रिया की अवस्थाओं को लेकर किया जाता था। पामर ने ग्रीक और लैटिन क्रियापदों के लिए लिखा है कि अधिकांश रूप कालभेद सूचित नहीं करते; कार्य किस प्रकार का है, वे इसकी सूचना देते हैं। जिसे वर्तमान कालीन क्रियापद कहा जाता है, वह इस बात की सूचना देता है कि कार्य अभी चालू है। इसी प्रकार अन्य रूप यह बताते हैं कि कार्य थोड़ी ही देर में हुआ, कार्य का परिणाम क्या हुआ, इत्यादि। यह स्थिति प्राचीन भाषाओं में ही नहीं है, रूसी जैसी आधुनिक भाषा में भी बहुत कुछ विद्यमान है। क्रियापदों का यह पक्ष तो नाग और कोल भाषाओं में है ही, इसके अलावा क्रिया से सम्बद्ध और बहुत-सी बातों की सूचना क्रियारूपों से प्राप्त होती है। जैसे-जैसे कालभेद महत्वपूर्ण माना गया, वैसे-वैसे अन्य रूप छूटते गये और कालसूचक भेद मुख्य बन गये।

लिंगुआ (संख्या १५,१९६५) में बिलिगिरि ने सोर भाषा के क्रियापदों पर एक लेख लिखा है। जिन्हें पहले शबर कहा जाता था, उन्हीं की भाषा सवर या सोर है। यह कोल परिवार की भाषा है। इस लेख में बिलिगिरि ने बताया है कि बहुत से शब्द जो क्रिया के बाद कर्म रूप में प्रयुक्त होते हैं, वे बहुधा संक्षिप्त हो जाते हैं और क्रिया से अभिन्न रूप में जुड़ जाते हैं। बिलिगिरि ने ऐसे तीन सौ शब्द इकट्ठे किये थे। ये शब्द एक से अधिक वर्णों के थे। संक्षिप्त करके इन्हें एक वर्णी बनाया गया। एक वर्ण वाले इस रूप का प्रयोग क्रिया से अलग रहकर नहीं होता। एक शब्द है **रॅनॅङ्** जिसका अर्थ है पंख। कर्म रूप में क्रिया के साथ संलग्न होने पर केवल **रॅङ्** कहना काफी है। एक शब्द है **ओमोद्** (धुँआ), क्रिया के साथ केवल **मोद्** कहना काफी है। संक्षिप्त करने की प्रक्रियाएँ अनेक हैं किन्तु संक्षिप्त रूप मूल क्रिया के बाद ही आता है। कर्म के रूप में संज्ञा शब्द वैसे ही संक्षिप्त किये गये हैं जैसे सर्वनाम रूप। सर्वनाम क्रिया के अन्त में कर्म रूप में आ सकता है, कर्त्ता रूप में भी। क्रिया के बाद कर्त्ता और कर्म दोनों को रखने की प्रवृत्ति कोल भाषाओं में है। संस्कृत में केवल कर्त्ता सर्वनाम-चिन्ह क्रिया के बाद आता है; सर्वनामों को संक्षिप्त करके पुरुषसूचक चिन्हों का निर्माण किया गया है। संज्ञा शब्द क्रिया के बाद आयें, संक्षिप्त होकर उससे संलग्न हो जायँ, ऐसा संस्कृत में नहीं होता। कोल भाषाओं में क्रियारूपों के निर्माण की कर्त्ता-कर्म-सर्वनाम-संज्ञा-संयुक्त जो विशाल प्रक्रिया है, उसकी झलकभर संस्कृत, ग्रीक आदि भाषाओं में मिलती है, उसका पूरा प्रसार कोल भाषाओं में दिखाई देता है।

नौर्मन एच० जाइड नाम के अमरीकी विद्वान् ने कोल भाषाओं पर एक ग्रन्थ

सम्पादित किया है—**स्टडीज़ इन्, कम्पैरेटिव् ग्रास्ट्रो एशियाटिक् लिंग्विस्टिक्स्** (१६६६)। इसमें पिनोव् ने कोल भाषाओं के क्रियारूपों के बारे में बताया है कि इस तरह के रूपों का विस्तार और उनमें परस्पर भेद सभी मुण्डा भाषाओं की विशेषता है। ये भाषाएँ क्रियाओं में प्रत्यय-उपसर्ग जोड़ती हैं, प्रत्यय-उपसर्ग के अलावा क्रिया के बीच में ध्वनि का निवेश करती हैं, सर्वनाम जोड़ती हैं, क्रिया की आवृत्ति करके रूप बनाती हैं, संयुक्त क्रियाओं का व्यवहार करती हैं। मूल क्रिया के अर्थ में परिवर्तन करने के लिए, काल, वृत्ति (मूड), कार्य की अवस्था (ऐस्पेक्ट) की सूचना देने के लिए, सकर्मक-अकर्मक क्रियाओं में भेद करने के लिए प्रत्ययों और उपसर्गों का उपयोग होता है; कार्य किस बिन्दु से आरम्भ हुआ है, उसका अवसान किस बिन्दु पर होगा, इन बातों की सूचना के लिए सर्वनाम चिन्ह जोड़े जाते हैं। पिनोव् कहते हैं कि यह निश्चय करना सदा सम्भव नहीं होता कि क्रिया के साथ कोई प्रत्यय शिथिल ढँग से जोड़ दिया गया है या वह स्वतन्त्र चिन्ह है। पिनोव् ने बताया है कि क्रिया के साथ जिन तत्वों का बार-बार संयोग होता है, वे संक्षिप्त हो जाते हैं, सन्धि द्वारा उनका रूप बदल जाता है और इस प्रकार वे प्रत्यय (ऐफिक्स) का दर्जा पा जाते हैं; कोल भाषाओं में जो अब प्रत्यय जान पड़ते हैं, वे मूलत: दो स्वतन्त्र रूपों का संयोग थे। जहाँ तक सर्वनामी प्रत्ययों का सम्बन्ध है, पिनोव् के अनुसार, वे निस्सन्देह स्वतन्त्र सर्वनाम थे। पिनोव् ने जो प्रक्रिया यहाँ दिखाई है, उसी की पुष्टि बिलिगिरि के लेख से होती है। संस्कृत तथा इन्डोयूरोपियन भाषाओं के प्रत्यय चाहे क्रिया में लगें, चाहे संज्ञा में, वे मूलत: स्वतन्त्र शब्द थे। कोल भाषाओं में प्रत्यय-निर्माण-प्रक्रिया देखकर उसी तरह की इन्डोयूरोपियन भाषाओं की प्रक्रिया का विवेचन करने में आसानी होती है।

खरिया भाषा में क्रियार्थी संज्ञा के निर्माण के लिए **न** प्रत्यय जोड़ा जाता है यथा **ओल्न** (लाना)। पिनोव् ने लिखा है कि अनेक कोल भाषाएँ **गे** और **ग** चिन्हों का प्रयोग करती हैं, उद्देश्य होता है पूरे क्रियारूप की व्यंजना पर बल देना। इनका उपयोग कृदन्त-रूप ('पार्टीसिपिल्') बनाने के लिए भी होता है। यह व्यापार भी हम आर्य द्रविड़ भाषाओं में देख चुके हैं। बिलिगिरि ने लिखा है कि सोर भाषा की धातु में प्रत्यय जोड़कर क्रियापद का निर्माण होता है और यह क्रियापद पुन: धातु के रूप में प्रयुक्त होता है। यह प्रक्रिया उस प्रवृत्ति से मिलती जुलती है जिसके अनुसार इन्डोयूरोपियन भाषा में कृदन्तों को मूल क्रिया माना गया है। बिलिगिरि के अनुसार कोल भाषाओं में मुख्य भेद भूतकाल तथा अभूतकाल को लेकर है। आन्द्रोनोव के अनुसार तमिल में भी मूल भेद इसी प्रकार का है। बक के अनुसार लैटिन में मुख्य कालभेद भूत और अभूत को लेकर था। यह भेद कोल भाषाओं के कालभेद से मिलता है।

कोल भाषाओं में एक प्रवृत्ति क्रिया को दोहराने की है यथा संथाल भाषा में **दल** का अर्थ मारना है तो **ददल** का अर्थ अधिक मारना है। इसी अर्थ में खरिया भाषा **गिल** क्रिया का प्रयोग करती है तो **गिलगिल** रूप से अर्थ-सघनता उत्पन्न होती है। आवृत्ति के अनेक रूप हैं। कहीं आदिस्थानीय स्वर की आवृत्ति होती है, कहीं आदि-स्थानीय वर्ण की होती है, कहीं पूरी क्रिया दोहराई जाती है। कोई कार्य अक्सर किया

जाता है या अभी हो रहा है या ज़ोर से किया जा रहा है, आवृत्ति द्वारा इस तरह की कार्यावस्था सूचित की जाती है। यह प्रवृत्ति संस्कृत में भी है। कहीं क्रिया का आदि व्यंजन दोहराया जाता है, उसके साथ एक स्वर जोड़ दिया जाता है, यह स्वर क्रिया मूल में विद्यमान हो यह आवश्यक नहीं, कहीं क्रिया में दो आदिस्थानीय व्यंजन हैं तो पहले व्यंजन की आवृत्ति होगी, सघोष महाप्राण ध्वनि है तो आवृत्ति में एक रूप अल्प-प्राण कर दिया जायगा और यह रूप पहले आयेगा। **चकार, जगाम, दधाति** आदि क्रियारूप इसी आवृत्ति वाली पद्धति के अनुरूप बने हैं। कहीं-कहीं आवृत्ति वाले रूप इतने प्रचलित हुए कि सादे रूपों का व्यवहार समाप्त हो गया या कम हो गया। **पिबति** (पीता है), **ददाति** (देता है) रूपों में मूल क्रिया की आवृत्ति की गई है। **दान** और **पान** जैसे शब्द देखकर याद आता है कि मूल क्रिया **पिब्** या **दद्** नहीं है। **जार्गात** और हिन्दी **जागना** में भी क्रिया की आवृत्ति है किन्तु सादी क्रिया का व्यवहार समाप्त हो गया है। इस तरह के आवृत्ति मूलक क्रियारूप ग्रीक भाषा में बहुत थे, लैटिन में भी उनका चलन था यद्यपि ग्रीक की अपेक्षा कम था, पुरानी जर्मन भाषा गौथिक में उनका व्यवहार होता था और इस तरह की आवृत्ति तमिल में भी होती है। आन्द्रोनोव ने लिखा है कि तमिल में किसी कार्य की दीर्घकालीन अवस्था या उसका बार-बार होना सूचित करना हो तो कृदन्त को दोहराया जाता है। आधुनिक आर्य भाषाओं में यह प्रवृत्ति विद्यमान है। भारत और यूरुप की भाषाओं में इस प्रवृत्ति का अध्ययन करें तो यह निष्कर्ष निकलता है कि ग्रीक जैसी प्राचीन भाषा में इस तरह के प्रयोग काफी होते थे, अन्य भाषाओं में वे बहुत सीमित थे। भारत में वैदिक भाषा से लेकर आधुनिक कोल, द्रविड़, आर्य भाषाओं तक ऐसे प्रयोग व्यापक रूप से होते आये हैं। क्रिया की आवृत्ति करना एक भारतीय पद्धति है, उसका सर्वाधिक प्रसार कोलभाषा परिवार में है।

आधुनिक आर्य भाषाएँ क्रिया और संज्ञा, दोनों में केवल एकवचन और बहुवचन का भेद करती हैं। संस्कृत और ग्रीक में द्विवचन भी है। आधुनिक आर्य भाषाओं में इसका लोप हो गया है। इसे भी भाषागत ह्रास का चिन्ह माना जा सकता है। किन्तु प्राचीन भाषाओं में यह द्विवचन लैटिन में नहीं है। लैटिन और ग्रीक भाषाएँ एक दूसरे से बहुत मिलती-जुलती हैं किन्तु द्विवचन को लेकर दोनों में भेद है। इस दृष्टि से लैटिन की अपेक्षा ग्रीक भाषा संस्कृत के अधिक समीप है। ग्रीक और संस्कृत में द्विवचन का अस्तित्व देखकर भाषाविज्ञानियों ने कल्पना की कि आदि इन्डोयूरोपियन भाषा में द्विवचन अवश्य रहा होगा। इस संदर्भ में बक ने ग्रीक-लैटिन व्याकरण पर अपनी पुस्तक में लिखा है कि एकवचन और बहुवचन के अलावा जननी भाषा में दो या जोड़े की सूचना देने वाला द्विवचन भी था। अधिकांश इन्डोयूरोपियन भाषाओं की सबसे पहले वाली मंज़िलों में द्विवचन का प्रयोग दिखाई देता है किन्तु ऐतिहासिक काल में [अर्थात् उस समय जब इन भाषाओं का उपयोग लिखित रूप में होने लगा] उसका प्रयोग निरन्तर घटता गया, यहाँ तक कि प्रायः सभी में उसका लोप हो गया (लिथुआनियन, स्लोवीनियन और वेन्डिश में उसका चलन अब भी है) [वेन्डिश स्लाव समुदाय की एक भाषा है जो जर्मनी के कुछ भागों में बोली जाती है]। होमर से लेकर

क्लासिकी युग तक की ग्रीक में तथा ग्रीक समुदाय की अनेक बोलियों में टंकित अभिलेखों में इसका प्रयोग हुआ है। बाद की हेलेनिस्टिक ग्रीक में, यथा बाइबिल के नये टेस्टामेन्ट वाले भाग में, उसका प्रयोग नहीं हुआ। लैटिन तथा अन्य इतालिक बोलियों से, एक निश्चित कोटि के रूप में, इसका लोप प्रागैतिहासिक काल में ही हो गया था, यद्यपि कुछ लैटिन रूप द्विवचन वाले उद्गम के हैं यथा दुओ और अम्बो=ग्रीक अम्फो। [दुओ और अम्बो अर्थात् द्वि और उभय]।

द्विवचन का यह तथाकथित लोप भारत और यूरुप दोनों जगह दिखाई देता है; क्या यह अकारण है? अनेक स्तरों पर भारत और यूरुप में एक जैसी विरोधी प्रवृत्तियाँ काम करती दिखाई देती हैं। इस तरह की समानता अकारण नहीं हो सकती। यदि द्विवचन की समाप्ति भाषाओं के विकास का कोई सामान्य नियम होता तो लिथुआनियन और कोल भाषाओं में अभी तक उसका प्रयोग न बना रहता। दूसरी ओर सभी प्राचीन भाषाओं में उसका चलन रहा हो, इसका प्रमाण नहीं है। अनेक विद्वानों के अनुसार ग्रीक भाषा की अपेक्षा लैटिन में प्राचीनता के लक्षण अधिक हैं किन्तु उसमें द्विवचन का प्रयोग न होता था। जिन शब्दों को द्विवचन रूपों का अवशेष माना गया है, वे भारत से आयात किये हुए रूप हैं। स्पष्ट ही लैटिन में विरोधी प्रवृत्ति है जो द्विवचन को अनावश्यक मानती है।

लैटिन के अलावा एक प्राचीन भाषा हित्ती है। इसमें भी द्विवचन का अभाव है। इसे तो भाषाविज्ञानी वैदिक भाषा से अधिक प्राचीन मानते हैं, इसमें आदि इन्डोयूरोपियन भाषा के द्विवचन का लोप कैसे हो गया? तुखारी भाषा के दस्तावेज बहुत बाद के हैं किन्तु उसमें प्राचीनता के लक्षण हित्ती के समान हैं। उसमें भी द्विवचन का अभाव है।

इन्डोयूरोपियन परिवार की भाषाओं में दो तरह के समुदाय हैं। एक समुदाय द्विवचन का प्रयोग करता है, दूसरा नहीं करता, करता है तो किसी बाह्य प्रभाव के कारण करता है और यह प्रभाव कुछ समय बाद क्षीण हो जाता है। आर्य गण भाषाओं में परस्पर विरोधी प्रवृत्तियाँ काम करती रही हैं। संस्कृत, पालि, प्राकृतों और आधुनिक आर्य भाषाओं में द्विवचन का लोप, उक्त दृष्टिकोण से, स्वाभाविक जान पड़ता है। द्विवचन के प्रयोग से कोल भाषाओं का सम्बन्ध अवश्य है। उसके प्रयोग की प्रवृत्ति इस परिवार की अनेक भाषाओं में गहराई से जड़ जमाये हुए है। वैदिक भाषा के उत्तर पश्चिमी केन्द्रों से कोल भाषाएँ बहुत दूर जान पड़ती हैं। किन्तु कोल भाषाओं के आधुनिक केन्द्रों पर ध्यान देने से ही ऐसा प्रतीत होता है। यह आवश्यक नहीं है कि प्राचीन काल में भी इनके केन्द्र वहीं रहे हों जहाँ वे आज हैं। मध्यदेश के चारों ओर नाग, द्रविड़ और कोल भाषाओं का जमघट था, इसके अनेक संकेत मिलते हैं। लिथुआनियन आदि भाषाएँ आज भारत से बहुत दूर दिखाई देती हैं किन्तु बीज रूप में विद्यमान इनकी पूर्ववर्ती भाषाएँ भारत के उत्तर-पश्चिमी सीमान्तों पर अवश्य बोली जाती थीं।

द्विवचन के प्रयोग का सम्बन्ध सर्वनामों के प्रयोग की एक विशेष पद्धति से हो

सकता है। द्रविड़ भाषाओं में वक्ता और श्रोता दोनों को सम्मिलित करने वाला सर्वनाम अलग होगा और श्रोता को अलग रखने वाला सर्वनाम भिन्न होगा। यथा तमिल **नाङ्गळ्** (हम लोग) में श्रोता का अलगाव है किन्तु **नाम्** (हम) में श्रोता को सम्मिलित किया गया है। इस तरह की प्रवृत्ति कोल भाषाओं में भी है। कोलभाषाओं में सर्वनामों का व्यवहार जिस व्यापक ढंग से होता है, उसे देखते हुए अनुमान यह होता है कि उक्त सर्वनाम-भेद कोल भाषा परिवार की अपनी विशेषता है।

इस भेद के बारे में विद्वानों की सम्मति जो भी हो, यह निर्विवाद है कि कोल भाषाओं में मूल क्रिया के बाद सर्वनाम रूप जोड़े जाते हैं और ये रूप पुरुष के अनुसार ही भिन्न नहीं हैं, वचन के अनुसार भी भिन्न हैं। क्रिया के बाद भिन्न पुरुष सूचक द्विवचन सर्वनाम भी जोड़ा जाता है। खरिया भाषा की एक क्रिया है **गिल्** (मारना)। इसके कुछ रूप अवलोकनीय हैं। पहले वर्तमान काल में उत्तम, मध्यम तथा अन्य पुरुषों के रूप—

एकवचन	द्विवचन	बहुवचन
गिल्तिञ्	**गिल्तेनङ्** } **गिल्तेजर्** }	**गिल्तेनिङ्** } **गिल्तेले** }
गिल्तेम्	**गिल्तेबर्**	**गिल्तेपे**
गिल्ते	**गिल्तेकियर्**	**गिल्तेमोय्**

अब उसी क्रम से भूतकालीन रूप—

गिलोञ्	**गिलोग्नङ्** } **गिलोग्जर्** }	**गिलोगनिङ्** } **गिलोग्ले** }
गिलोब्	**गिलोग्बर्**	**गिलोग्पे**
गिलोग्	**गिलोग्कियर्**	**गिलोगमोय्**

इसी प्रकार भविष्य के रूप हैं। द्विवचन के रूपों से संस्कृत क्रियापदों में विविधता और बहुलता दिखाई देती है, वह कोल भाषाओं में आज भी विद्यमान है।

नाग, द्रविड़, कोल भाषाओं के बारे में कहा गया है कि इनमें क्रिया और संज्ञा शब्दों में विशेष अन्तर नहीं होता। ऐसी भाषाओं के लिए यह प्रक्रिया सहज है कि वे किसी कार्य की सूचना देते समय उसकी अवस्था का वर्णन करें। क्रिया किस काल में हुई, होगी या हो रही है, इसका बोध सन्दर्भ से होता है। बरो ने अन्य भाषाविज्ञानियों के समान यह माना है कि इन्डोयूरोपियन क्रिया व्यवस्था में सबसे प्राचीन और बुनियादी विभाजन पूर्णभूत तथा शेष रूपों में है अर्थात् मूल भेद भूत और अभूत का है। यही भेद उन्होंने संस्कृत के क्रियारूपों में माना है। आगे वह पूर्णभूत (परफेक्ट) की व्याख्या करते हुए कहते हैं कि संस्कृत और ग्रीक की तुलना करने पर जो तथ्य सामने आता है और जो अन्य इन्डोयूरोपियन भाषाओं द्वारा पुष्ट होता है, वह यह है कि पूर्णभूत कोई दशा व्यंजित करता है जबकि वर्तमान किसी प्रक्रिया की व्यंजना करता है। **बिभाय** अर्थात् वह भीत है, **भयते** अर्थात् वह डरता है। कार्य की निरन्तरता भी पूर्णभूत द्वारा सूचित होती है। **पप्तुः** अर्थात् वे उड़ते हैं, निरन्तर उड़ते रहते हैं। बरो ने **पप्तुः**, **तस्थौ**

(खड़ा है), **चिकेत** (जानता है) जैसे पूर्णभूत रूपों का अर्थ अंग्रेज़ी के वर्तमानकालीन क्रियारूपों द्वारा किया है और निष्कर्ष निकाला है कि पूर्णभूत मूलत: एक विशेष कोटि का वर्तमान काल है, वह अतीतकालीन रूप नहीं है, इसलिए सामान्यत: उसके अनुवाद में अंग्रज़ी के वर्तमान का व्यवहार करना चाहिए। इस प्रकार संस्कृत तथा इन्डोयूरोपियन भाषाओं में मुख्य भेद कालगत न होकर अवस्थागत सिद्ध होता है।

किन्तु पूर्णभूत वाला रूप शीघ्र ही अतीत का भाव अर्जित करने लगता है क्योंकि किसी कार्य की दशा विशेष पूर्व प्रक्रिया का परिणाम ही हो सकती है अर्थात् वह कार्य हो चुका होता है, तब उसकी दशा का वर्णन किया जाता है। पूर्णभूत क्रिया-रूप यह इंगित करता है कि कार्य पूरा हो चुका है, इससे मतलब नहीं कि किस मंजिल में पूरा हुआ है।

कोई भाषा इस तरह क्रमश: क्रियारूपों द्वारा कालभेद सूचित करे, यह बिल्कुल सम्भव है। साथ ही यह भी सम्भव है कि क्रिया-व्यवस्था में दो विरोधी प्रवृत्तियाँ काम करती रही हों। यदि हम प्राचीन और आधुनिक इन्डोयूरोपियन भाषाओं के क्रिया-रूपों की तुलना करें तो विदित होगा कि सबसे अधिक समानता उन क्रियारूपों में है जिन्हें वर्तमान काल से सम्बद्ध किया जाता है। इसके विपरीत अतीतकालीन रूपों में भेद है, भविष्यकालीन रूपों में और भी अधिक भेद है। इसीलिए भूत और अभूत के भेद को प्रधान भेद न मानकर वर्तमान और अवर्तमान के भेद को मुख्य भेद मानना उचित जान पड़ता है। प्राचीन इन्डोयूरोपियन भाषाओं में क्रियारूप कार्य की अवस्था (ऐस्पेक्ट) सूचित करते हैं, कालभेद (टेन्स) भी सूचित करते हैं। अवस्थासूचक प्रवृत्ति यथेष्ट प्रबल है। उसी का परिणाम है कि बरो ने संस्कृत के पूर्णभूत रूप को एक विशेष कोटि का वर्तमान कहा है। यह अवस्थागत भेद रूसी जैसी स्लाव भाषा में सर्वाधिक विद्यमान है। इन्डोयूरोपियन परिवार में अनेक विशेषताएँ ऐसी हैं जो प्राचीन काल में प्रबल हैं, व्यापक स्तर पर आगे चलकर वे क्षीण हो गई हैं किन्तु कुछ क्षेत्रों में उनका महत्व अब भी बना हुआ है। जैसे द्विवचन का प्रयोग पहले होता था, फिर क्षीण हो गया, लिथुआनियन जैसी कुछ भाषाओं में अब भी होता है, वैसे ही क्रियारूपों का अवस्थागत भेद है। जैसे द्विवचन का प्रयोग आर्येतर कोल भाषाओं में विद्यमान है, वैसे ही अवस्था सूचक सूक्ष्म भेद कोल भाषाओं के क्रियारूपों में अब भी विद्यमान है और यह सम्भव है कि जिन भाषाओं में क्रिया और संज्ञा शब्दों में विशेष भेद नहीं था, उनके वाक्यतन्त्र में कार्य की दशा व्यंजित की जाती थी। जिन आर्य गण भाषाओं में क्रिया और संज्ञा का भेद महत्वपूर्ण था, उनके वाक्यतन्त्र में क्रिया की दशा से अधिक प्रक्रिया पर ज़ोर था। वाक्यतन्त्र में कोई क्रिया-रूप किसी कार्य की स्थिर दशा सूचित नहीं करता, वह कार्य की प्रवहमानता सूचित करता है। इस तरह दो प्रकार के वाक्यतन्त्र हुए, वाक्यतन्त्र में क्रिया के व्यवहार की दो पद्धतियाँ हुईं। एक तरह का वाक्यतन्त्र कार्य की दशा सूचित करता है, दूसरी तरह का वाक्यतन्त्र कार्य की प्रवहमानता सूचित करता है। एक ही भाषाई परिवेश में दोनों प्रवृत्तियाँ क्रियाशील हैं, दोनों तरह के वाक्यतन्त्र एक-दूसरे को प्रभावित करते हैं। संस्कृत के वर्तमानकालीन

रूप प्रक्रिया पर बल देते हैं, बरो का यह कथन मध्यदेशीय आर्य भाषाओं की मूल प्रवृत्ति की ओर संकेत करता है। कोल भाषाएँ अपने वाक्यतन्त्र में कार्य की अवस्था को प्रधान मानती हैं। इन्डोयूरोपियन भाषाओं में अवस्थागत भेद से कालगत भेद की ओर प्रगति मध्यदेशीय प्रवृत्ति के क्रमशः प्रभावी होने का परिणाम हो सकती है। इसी प्रकार आर्येतर भारतीय भाषाओं में कालभेद की धारणा आर्य भाषाओं के प्रभाव का परिणाम हो सकती है।

कोल भाषा के क्रियापदों पर पिनोव् ने यह तर्क किया है कि कर्म रूप में सर्वनाम क्रिया के बाद आता है, अतः एक स्थिति ऐसी अवश्य होगी कि संज्ञा भी कर्म-रूप में क्रिया के बाद आती होगी। आर्य-द्रविड़ प्रभाव से यह स्थिति अब बदल गई है। भारतीय भाषा परिवारों में अब यह जबर्दस्त आन्तरिक एकता है कि कर्म क्रिया से पहले आता है। आर्य, द्रविड़, कोल, नाग भाषाओं में यह सामान्य प्रवृत्ति है। अवश्य ही इसके कुछ अपवाद हैं किन्तु इस प्रवृत्ति के व्यापक होने में कोई सन्देह नहीं है। कुछ कोल भाषाओं में कभी-कभी उनकी पुरानी प्रवृत्ति के अनुसार कर्म (संज्ञा रूप में) क्रिया का अनुसरण करता है। यूरुप की भाषाओं में क्रिया के बाद कर्म को स्थान देने की प्रवृत्ति 'प्रिपोज़ीशन' के प्रयोग के समान है। भारत के सभी भाषा-परिवारों में पूर्व-सम्बन्धक के स्थान पर पश्च-सम्बन्धक का व्यवहार होता है। भारत से बाहर कोल भाषाओं से सम्बन्धित कम्बोज आदि में पूर्व सम्बन्धक का व्यवहार अब भी होता है। इसी प्रकार उनमें कर्म का स्थान क्रिया के बाद होता है। यह प्रवृत्ति कोल भाषाओं में रही है।

ग्रीक भाषा के वाक्यतन्त्र में क्रिया की स्थिति कहाँ थी, यह विवाद का विषय है। कुछ विद्वानों का मत है कि ग्रीक वाक्य-रचना में किसी निश्चित शब्द क्रम का पता नहीं चलता। यदि संस्कृत गद्य और ग्रीक गद्य के सौ पचास वाक्य नमूने के तौर पर छाँट लिए जाएँ तो एक बात स्पष्ट हो जायगी कि संस्कृत में क्रिया जहाँ अधिकतर वाक्य के अन्त में आती है, वहाँ ग्रीक भाषा में वह अन्त से पहले आती है। दोनों ही भाषाओं के वाक्यतन्त्र में कर्त्ता की स्थिति अधिकतर वाक्य के आरम्भ में होती है। ग्रीक से मिलती-जुलती स्थिति लैटिन की है। अंग्रेज़ी, फ्रेन्च आदि भाषाओं में कर्म का स्थान क्रिया के बाद होता है। एक तरह से क्रिया को वाक्य के मध्य में स्थान देने की प्रवृत्ति दो भिन्न वाक्यतन्त्रों की विशेषताओं का समन्वय है। जर्मन भाषा के वाक्य-तन्त्र में अंग्रेज़ी वाली पद्धति का चलन है, क्रिया के बाद कर्म आता है किन्तु अंग्रेज़ी से भिन्न उसमें कुछ कोटियों के वाक्य ऐसे भी होते हैं जिनमें भारतीय आर्य भाषाओं के अनुरूप क्रिया वाक्य के अन्त में आती है।

प्राचीन कौरवी और मध्यदेशीय भाषाओं के वाक्यतन्त्र में महत्वपूर्ण भेद रहा है। मध्यदेशीय भाषाएँ वाक्य में सबसे पहले क्रिया (अथवा कार्य) पर ध्यान केन्द्रित करती हैं। उसके उल्लेख के बाद अन्य सम्बन्धित उपकरणों का उल्लेख होता है। इसके विपरीत कौरवी भाषाएँ सबसे पहले कर्त्ता पर ध्यान केन्द्रित करती हैं। क्रिया आरम्भ से ही वक्ता के परिप्रेक्ष्य में रहती है, क्रिया को ध्यान में रखे बिना वाक्य रचना हो

ही नहीं सकती। वाक्य के आरम्भ में जो वस्तु परिप्रेक्ष्य में है, वह वाक्य के अन्त में व्यक्त होती है। चाहे तो कह सकते हैं कि कौरवी भाषाएँ बोलने वाले पहले से क्रिया सोच लेते हैं, क्रिया से उल्टा चलते हुए वाक्य के आरम्भ तक आते हैं और इस अव्यक्त वाक्य रचना को पुन: कर्त्ता से आरम्भ करके क्रिया की मंजिल तक पहुँच कर व्यक्त करते हैं। ऊपर से देखने में यह सारा तन्त्र बड़ा अटपटा लगेगा। किन्तु इससे भिन्न तन्त्र में क्रिया का उल्लेख करने के बाद वक्ता यह सोचने नहीं बैठता कि क्रिया किसने सम्पन्न की। कर्त्ता के बिना क्रिया हो ही नहीं सकती, अत: यदि कोई सोचे कि पहले क्रिया का उल्लेख, फिर कर्त्ता-कर्म आदि का विवरण मनुष्य के लिए अधिक स्वाभाविक व्यापार है, तो यह उसका भ्रम होगा। आधुनिक आर्य भाषाओं के वाक्यतन्त्र में कर्त्ता और क्रियारूप वाक्य के आदि और अन्त में स्थित होकर उत्तरी ध्रुव और दक्षिणी ध्रुव के समान अपनी गुरुत्वाकर्षण क्षमता से वाक्यभूमि को दृढ़तापूर्वक भीतर से बाँधे रहते हैं। वाक्य के अन्य उपकरण इन दो ध्रुवों से सम्बद्ध रहते हैं। समूचे वाक्यतन्त्र में क्रिया की भूमिका निर्णायक होती है।

२. कारक-प्रक्रिया

क्रियाप्रधान वाक्यतन्त्र में कारक का सम्बन्ध क्रिया से होगा, संज्ञाप्रधान वाक्यतन्त्र की अपेक्षा क्रियाप्रधान वाक्यतन्त्र में कारक की भूमिका अधिक महत्वपूर्ण होगी। आर्य भाषाओं के वाक्यतन्त्र में एक सिरे पर कर्त्ता और दूसरे सिरे पर क्रिया होती है। वाक्यतन्त्र में प्रधानता क्रिया की है, अत: कारक का मूल सम्बन्ध क्रिया से है। एक तरह से हर भाषा में कारक होते हैं। शब्दों का परस्पर सम्बन्ध, क्रिया से कर्त्ता आदि का सम्बन्ध कहीं स्पष्ट चिन्हों द्वारा, कहीं सम्बन्धक शब्दों द्वारा और कहीं शब्दक्रम द्वारा जाना जाता है। शब्दों के अन्त में जो कारक चिन्ह दिखाई देते हैं, वे किसी समय स्वतन्त्र शब्द थे। विशेष स्थिति में बार-बार प्रयुक्त होने से उनकी स्वतन्त्रता समाप्त हो गई। क्रियारूपों के सर्वनामों की तरह वे चिन्ह मात्र रह गये। पर इसी से कारक का महत्त्व प्रकट होता है। कारक चिन्हों को लेकर कोल द्रविड़ भाषाओं से संस्कृत मूलत: भिन्न नहीं है।

कुछ लोगों का कहना है कि सम्बन्ध कारक वास्तविक कारक नहीं है, वह क्रिया से किसी वस्तु का सम्बन्ध प्रकट नहीं करता। वह बहुत कुछ विशेषण का कार्य करता है। संस्कृत और ग्रीक भाषाओं में सम्बन्ध कारक के प्रयोग पर ध्यान देने से विदित होता है कि अनेक तरह के प्रयोगों में उसका सीधा सम्बन्ध क्रिया से था। कारक-चिन्ह एक ही होने से यह भ्रान्ति होती है कि क्रिया के साथ संलग्न होने पर सम्बन्ध कारक अपना मूल कार्य छोड़ रहा है। वाक्यतन्त्र में क्रिया और कर्त्ता के कार्य अनेक हैं, उनकी तुलना में कारक-चिन्ह थोड़े हैं। अत: सम्बन्ध कारक ही नहीं, अन्य कारक भी अनेक कार्य करते हैं। कभी ये कार्य एक ही कारक के उपभेद माने जाते हैं और कभी वे अन्य कारकों के अपनाये हुए कार्य माने जाते हैं। सम्बन्ध कारक क्रिया के अर्थ की पूर्ति में सहायक नहीं था, यह उसका ओढ़ा हुआ कार्य है, यह मानने का कोई कारण नहीं है।

व्हिटने ने अपने संस्कृत व्याकरण में लिखा है कि सम्बन्ध कारक का अपना मूल्य विशेषण का है। उसका सम्बन्ध संज्ञा से होता है और वह उसकी विशेषता प्रकट करता है। व्हिटने ने जो उदाहरण दिये हैं, उनसे ज्ञात होता है कि कर्म, करण, अपादान, सम्प्रदान, अधिकरण, प्रायः सभी कारकों के स्थान पर क्रिया के साथ सम्बन्ध कारक का प्रयोग हो सकता था। ऐसा लगता है कि संस्कृत में किसी समय प्राथमिक और मूल भेद कर्त्ता और सम्बन्ध कारकों में था, शेष कारकों का विकास बाद में हुआ। सम्बन्ध कारक जैसा किसी अन्य कारक का व्यापक प्रयोग नहीं दिखाई देता।

राज्ञोनिवेदितम् (राजा सूचित किया गया)—यहाँ राज्ञो रूप सम्बन्ध कारक में है किन्तु किसी अन्य संज्ञा से वह राजा का सम्बन्ध व्यक्त नहीं करता। **ददातनो अमृतस्य** (हमें अमरता दो), यहाँ जो वस्तु दी जाएगी, वह अमरता है किन्तु उसके साथ जिस कारक का प्रयोग किया गया है, वह सम्बन्ध है।

व्हिटने ने अन्य उदाहरणों में अपादान के स्थान पर सम्बन्ध कारक का व्यवहार होते बताया है। **शृणु मे**—इसका अनुवाद उन्होंने किया है, मुझसे सीखो (लर्न फ्रौम् मी)। हिन्दी में इसका सीधा अनुवाद हो सकता है: मेरी सुन। अपादान का भाव वाक्य में प्रतीत नहीं होता, कर्म वाला भाव ही प्रकट होता है। यदि यह मान लिया जाय कि स्थान और समय की सूचना देना अधिकरण अथवा अपादान कारक का काम है तो यह काम सम्बन्ध कारक द्वारा सम्पन्न होते माना जा सकता है। **कस्य चित् कालस्य** (कुछ समय उपरान्त), **वस्तोः** (दिन में), **यत्र क्व च कुरुक्षेत्रस्य** (कुरुक्षेत्र के किसी भी भाग में)—यहाँ सम्बन्ध कारक का उपयोग देश-काल-सम्बन्धी सूचना देने के लिए किया गया है। कृदन्तों के साथ सम्बन्ध कारक का प्रयोग बहुत रोचक है। कृदन्त में क्रिया और संज्ञा दोनों का भाव रहता है। उसके साथ जब सम्बन्ध कारक का प्रयोग हो, तब यह कारक क्रिया और संज्ञा दोनों की अर्थपूर्ति में अपनी क्षमता व्यंजित करता है। **पश्यतो बक मूर्खस्य नकुलैर्भक्षिताः सुताः** (मूर्ख बक के देखते नेवले ने बच्चे खा डाले)—यहाँ **बक मूर्खस्य** सम्बन्ध कारक **पश्यतो** कृदन्त की अर्थपूर्ति करता है। हिन्दी में **उसके देखते** आदि प्रयोग ठीक संस्कृत पद्धति के अनुरूप हैं। जैसे-जैसे भाषा में कृदन्त-प्रयोग अधिक होने लगे, वैसे-वैसे उनके साथ उन कारकों का प्रयोग होने लगा जो कर्त्ता का स्थान लेते थे। अस्तु, संस्कृत के उदाहरणों से विदित है कि सम्बन्ध कारक ऐसा कारक नहीं था जो क्रिया से असम्बद्ध हो। वैसे जब वह असम्बद्ध दिखाई देता है, तब भी उसे कारक मानना उचित है क्योंकि वाक्य में कर्त्ता और क्रिया दो छोर पर हैं और सम्बन्ध कारक इन्हीं के अर्थ को किसी न किसी रूप में विस्तार देगा।

रदरफोर्ड ने उन ग्रीक क्रियाओं की सूची दी है जिनके साथ सम्बन्ध कारक का व्यवहार होता है। किसी को बधाई देना, किसी से ईर्ष्या करना, किसी को दोष देना या फिर दोषमुक्त करना, याद करना, भूलना, चिन्ता करना, चाहना आदि-आदि अनेक प्रकार के क्रिया भाव हैं जिनके साथ ग्रीक भाषा में सम्बन्ध कारक का व्यवहार होता था। सामान्यतः अन्य भाषाओं में यहाँ कर्म कारक का प्रयोग होगा। कुछ क्रियापदों के साथ सम्बन्ध कारक का व्यवहार क्यों होता है, रदरफोर्ड ने इसकी व्याख्या करने

का प्रयत्न किया है। वह व्याख्या कुछ-कुछ इस प्रकार की है कि 'वह सोचता है,' इस वाक्य में किसी की चिन्ता करने का भाव है, अतः सम्बन्ध कारक का प्रयोग हुआ। फिर भी ऐसी अनेक क्रियाएँ रह जाती हैं जिनके साथ सम्बन्ध कारक के व्यवहार की व्याख्या करना रदरफोर्ड के लिए कठिन है। उन्होंने लिखा है कि अक्सर ऐसा देखा जाता है कि **फेरेइन्** (संस्कृत **भर्**) या **दिदोनइ** (संस्कृत **दा**) आदि जो क्रियाएँ सामान्यतः कर्मकारक के साथ प्रयुक्त होती हैं, वे सम्बन्ध कारक का साथ करती हैं। ऐसा तब होता है जब कार्य का अर्थ पूरे कर्म को नहीं समझाता वरन् उसके किसी विशेष बिन्दु पर ध्यान केन्द्रित करता है। **फेरेइन् तोन् लिथोन्** (कुछ पत्थर लाना)—यहाँ सारे पत्थर नहीं लाये जायँगे, कुछ ही पत्थर लाये जायँगे, इस कारण सम्बन्ध कारक का प्रयोग हुआ। यह व्याख्या सन्तोषजनक नहीं है पर इतना तो स्पष्ट है कि सम्बन्ध कारक यहाँ कर्म भाव व्यक्त कर रहा है। ग्रीक और संस्कृत दोनों में सम्बन्ध कारक का व्यवहार कर्मभाव व्यंजित करने के लिए हो, यह स्थिति दोनों भाषाओं में कर्म और सम्बन्ध कारकों के मूल अभेद को सूचित करती है।

कर्म के अलावा अपादान का भाव व्यंजित करने के लिए सम्बन्ध कारक का व्यवहार होता था। यह व्यवहार इतना सामान्य था कि वैयाकरणों ने कल्पना की कि पहले अपादान कारक का व्यवहार होता था, उसका लोप हो गया है, और उसके स्थान पर सम्बन्ध कारक का व्यवहार होने लगा। कारक-पद्धति क्रमशः विकसित हुई है, इस पर ध्यान नहीं दिया गया। संस्कृत में जितने कारक हैं, वे 'आदि' इन्डोयूरोपियन भाषा में भी रहे होंगे, यह मानकर अपादान के लोप की कल्पना की गई। ग्रीक भाषा की जो क्रियाएँ एक स्थान से हटने, जुदा होने का भाव प्रकट करती हैं, उनके साथ सम्बन्ध कारक का व्यवहार होता था। इसके अतिरिक्त कुछ क्रियाओं के साथ सम्प्रदान के स्थान पर सम्बन्ध कारक का व्यवहार होता था, कुछ सम्बन्ध सूचक शब्द ऐसे थे कि क्रिया के साथ उनकी संगति तभी होती थी जब सम्बन्ध कारक का व्यवहार हो। कुल मिलाकर ग्रीक भाषा की वही स्थिति है जो संस्कृत की है। प्राथमिक और मूल भेद कर्त्ता और सम्बन्ध कारकों में हैं, यह सम्बन्ध कारक क्रिया के अर्थ की पूर्ति करता है, एक से अधिक कारकों का कार्य सम्पन्न करता है और संज्ञा की अर्थ पूर्ति का अपना सीमित कार्य भी सम्पन्न करता है।

तमिल भाषा में इससे भिन्न स्थिति है। यहाँ कर्त्ता कारक प्रायः अन्य सभी कारकों के स्थान में प्रयुक्त हो सकता है। आन्द्रोनोव ने अपने तमिल व्याकरण में विधेय-सूचक-कर्त्ता, कर्म-सूचक कर्त्ता, अधिकार-सूचक कर्त्ता, और इसी प्रकार विशेषता-सूचक, स्थान-सूचक, दिशा-सूचक, उपकरण-सूचक, काल-सूचक आदि-आदि कर्त्ता रूपों का उल्लेख किया है। कर्त्ता की तुलना में कर्म, करण आदि का व्यवहार अधिक सीमित है। कर्त्ता रूप बहुत कुछ शब्द का मूल रूप है। जैसे क्रिया आज्ञावृत्ति में अपने निर्विकार रूप में दिखाई देती है, वैसे ही संज्ञा कर्त्ता रूप में अपना सहज अस्तित्व प्रकट करती है। संस्कृत तथा नाग भाषाओं में कर्त्ता के साथ बहुधा विशेष चिन्ह लगाया जाता है, तमिल में कर्त्ता प्रायः अचिन्हित रहता है। संस्कृत और हिन्दी में जहाँ सम्बन्ध कारक

अनिवार्य होगा, वहाँ तमिल में कर्त्ता रूप—अर्थात् कारक के अभाव—से काम चल जायगा। क्रियाभाव व्यक्त करने वाले कृदन्त रूपों के प्रयोग में यह भिन्नता स्पष्ट देखी जाती है। **अवन् पोनपिन् नान् वीट्टुक्कुप्पोनेन्** (उसके चले जाने पर मैं घर गया), तमिल वाक्य में कर्त्ता रूप **अवन्** (वह) काफी है, हिन्दी रूपान्तर में सम्बन्ध कारक अनिवार्य है। **ताय् चॉन्न चॉल्लइत्तट्टादे** (माँ की कही बात का मखौल न करो), यहाँ तमिल वाक्य में कर्त्ता **ताय्** (माँ) अपने सहज निर्विकार रूप में है, हिन्दी रूपान्तर में सम्बन्ध कारक का प्रयोग आवश्यक है। कहा जा सकता है कि आर्य भाषाओं में जो महत्व सम्बन्ध कारक का है, द्रविड़ भाषाओं में वह महत्व कर्ता कारक का है।

वाक्य में कारक की स्थिति कैसी है, यह इस पर निर्भर है कि उसमें क्रिया की स्थिति कैसी है। वाक्य में क्रिया की स्थिति कमज़ोर होगी तो कारक की स्थिति भी कमज़ोर होगी। ग्रीक-लैटिन व्याकरण में बक ने लिखा है कि आदि इन्डोयूरोपियन भाषा में आठ कारक थे। ये आठ कारक भारत-ईरानी शाखा में सुरक्षित रहे, स्लाव समुदाय में सात कारक हैं, इटली की ओस्कन-उम्ब्रियन भाषाओं में भी सात थे, लैटिन में इनकी संख्या छह थी, ग्रीक में पाँच ही थी, आधुनिक ग्रीक में चार रह गई है, केल्त और जर्मन शाखाओं में चार, आधुनिक अंग्रेजी में दो, फ्रेन्च, इटैलियन और स्पैनिश में केवल एक कारक बचा है। (बक यहाँ संज्ञा के ही कारकों का उल्लेख कर रहे हैं, सर्वनामों में कुछ रूढ़ कारक रूप अब भी चले आते हैं।) कारकों की संख्या घटने का कारण यह बताया गया है कि एक दो या अधिक कारक घुल-मिल कर एक हो जाते हैं। इस एक हो जाने का यह कारण भी है कि कारक जिस बात की सूचना देते हैं, वह सूचना सम्बन्धक शब्दों (प्रिपोज़ीशन) से प्राप्त होने लगती है।

यहाँ दो तरह के वाक्यतन्त्रों का भेद स्वीकार करना होगा। एक तरह के वाक्यतन्त्र में कारक प्रधान है, मूल शब्द के बाद कारक चिन्ह जोड़ा जाता है। दूसरी तरह के वाक्यतन्त्र में सम्बन्धक शब्द मूल शब्द के पहले आता है। पहली तरह का वाक्यतन्त्र उन भाषाओं की विशेषता है जो संश्लिष्ट कहलाती हैं, दूसरी तरह का वाक्य-तन्त्र उन भाषाओं में पाया जाता है जो विश्लिष्ट कहलाती हैं। संश्लिष्ट भाषाओं की एक पहचान यह है कि कारक चिन्ह मूल शब्द से ऐसा जुड़ा होता है कि उसे अलग नहीं किया जा सकता अथवा अलग से उसका प्रयोग नहीं किया जाता। विश्लिष्ट भाषाओं में वह स्वतन्त्र होता है।

वास्तव में यह कोई मौलिक भेद नहीं है। जैसा कि हमने क्रियारूपों में देखा था, जो पहले स्वतन्त्र सर्वनाम थे, वे क्रिया से निरन्तर संलग्न रहने के कारण क्रिया-रूपों का अभिन्न अंग बन गये। यही स्थिति उन स्वतन्त्र सम्बन्धकों की है जो नाम शब्दों के साथ निरन्तर संलग्न रहने के कारण कारक-चिन्ह बन गये। महत्वपूर्ण भेद यह है कि सम्बन्धक या कारक चिन्ह मूल शब्द से पहले आते हैं या बाद को।

इस प्रसंग में कोल भाषाओं के क्रियारूपों का विवेचन करते हुए पिनोव् ने आस्ट्रोएशियाटिक परिवार के बारे में जो बातें कही हैं, वे ध्यान देने योग्य हैं। आस्ट्रो-एशियाटिक परिवार का एक विभाग भारतीय कोल समुदाय है, दूसरा विभाग ख्मेर

श्रौर निकोबारी है जिसकी भाषाएँ, कम्पूचिया, इन्दोनीशिया आदि दक्षिण पूर्वी एशिया के प्रदेशों में बोली जाती हैं। इनमें ख्मेर-निकोबारी विभाग विश्लिष्ट वर्ग का है; कोल समुदाय संश्लिष्ट कोटि का है। पिनोव् का कहना है कि मूलतः कोल समुदाय भी विश्लिष्ट था। वह आर्य-द्रविड़ भाषाओं के प्रभाव से संश्लिष्ट बना है। मूल स्थिति यह थी कि कारक चिन्हों का व्यवहार न होता था, वाक्य में शब्द किस स्थान पर है, इससे उसके कार्य का बोध हो जाता था। वाक्य में शब्द क्रम यह रहता था : कर्त्ता, विधेय (अथवा क्रिया) और कर्म।

पिनोव् ने संश्लिष्ट और विश्लिष्ट भाषाओं में यह भेद देखा है कि पहली प्रकार की भाषाओं में कारक चिन्ह होते हैं, दूसरी प्रकार की भाषाओं में इनका अभाव होता है, वाक्य में शब्द के स्थान से उसका कार्य जाना जाता है। यह बात नई नहीं है। नई बात यह है कि उन्होंने वाक्य में सम्बन्धक का स्थान भाषा की संश्लिष्ट-अश्लिष्ट प्रकृति से जोड़ा है। विश्लिष्ट भाषाओं में सम्बन्धक 'प्रिपोज़ीशन' होता है, मूल शब्द से पहले आता है, संश्लिष्ट भाषाओं में वह 'पोस्टपोज़ीशन' होता है, मूल शब्द के बाद आता है। ख्मेर-निकोबारी भाषाओं में पोस्टपोज़ीशन ही होता है, ये भाषाएँ विश्लिष्ट हैं, इनमें कारक-चिन्ह नहीं होता, इसलिए मूल शब्द से जुड़ जाने का प्रश्न ही नहीं उठता। अंग्रेजी जैसी भाषाएँ भी विश्लिष्ट हैं, इनमें भी सम्बन्धक मूल शब्द के पहले आता है। कुछ भाषाविज्ञानी यह मानते हैं कि आरम्भ में भाषाएँ संश्लिष्ट थीं, विकास और प्रगति का यह लक्षण है कि वे क्रमशः विश्लिष्ट होती गयीं। किन्तु ख्मेर-निकोबारी समुदाय की भाषाएँ विश्लिष्ट हैं, उनसे सम्बन्धित भारतीय कोल भाषाएँ भी पहले विश्लिष्ट थीं, आर्य-द्रविड़ सम्पर्क से वे संश्लिष्ट बनी, पूर्णतः नहीं तो अंशतः वे अब संश्लिष्ट हैं। विश्लिष्ट होना भाषा के विकास का प्रमाण नहीं है।

यहाँ कौल्डवेल के मत का भी उल्लेख कर देना चाहिए। उन्होंने लिखा है कि इन्डोयूरोपियन भाषाओं में कारक-चिन्ह शब्दमूल से जोड़े जाते थे। क्रमशः इनका भी लोप हो गया और 'प्रिपोज़ीशनों' का प्रयोग होने लगा जैसा कि सामी भाषाओं में होता है। मूल इन्डोयूरोपियन बोलियों में ये कारक चिन्ह स्वतन्त्र 'पोस्टपोज़ीशन'—पश्च सम्बन्धक थे। इन्डोयूरोपियन और शक परिवार दोनों ही आरम्भ में पोस्टपोज़ीशनों का प्रयोग करते थे। शक भाषाओं में वे अब भी स्वतन्त्र हैं। द्रविड़ भाषाओं में पोस्ट-पोज़ीशन स्वतन्त्र शब्द नहीं रह गये। पहले वे अन्य शक भाषाओं की तरह स्वतन्त्र शब्द थे किन्तु अब वे कारक चिन्ह (केससाइन) मात्र रह गये हैं। यहाँ तक कौल्डवेल का मत हुआ।

कौल्डवेल ने सामी भाषाओं का उल्लेख मौके से किया है। यूरुप की भाषाओं और सामी भाषाओं में पूर्वस्थानीय सम्बन्धक प्रयोग करने की ज़बर्दस्त प्रवृत्ति है। किन्तु सामी भाषाएँ विश्लिष्ट नहीं हैं, उनमें कारक चिन्ह मूल शब्द के बाद आता है। इससे यह सिद्ध हुआ कि 'प्रिपोज़ीशन' के व्यवहार का कोई विशेष सम्बन्ध भाषा के संश्लिष्ट या विश्लिष्ट चरित्र से नहीं है। कौल्डवेल एशिया और यूरुप के एक विशाल भाषा-समुदाय को 'सिथियन' कहते थे। यह नामकरण अच्छा है। इस समुदाय की

भाषाएँ एक ही आदिभाषा से उत्पन्न हुई हैं, यह धारणा एक तरफ हटा दी जाय, तो तुर्क मंगोल और फिनोउग्रियन भाषाओं की सामान्य विशेषताएँ 'सिथियन' शब्द के अन्तर्गत आ जाती हैं। इसके भारतीय प्रतिरूप शक से हम लोग वैसे ही भलीभाँति परिचित हैं जैसे नाग और कोल शब्दों से। एशिया का यह शक-परिवार यूरुप में फिनलैंड और हंगरी तक चला गया है, उत्तर-पूर्वी एशिया के बहुत बड़े भाग में शक-परिवार की भाषाएँ बोली जाती हैं। एक ओर यूराल पर्वत, दूसरी ओर अल्ताई, दोनों को मिलाकर यूरालअल्ताई नाम रखा गया है। इसके लिए शक नाम अच्छा है क्योंकि यह शब्द पहाड़ों के लिए नहीं, जन-समुदाय के लिए प्रयुक्त होता था। इन्डोयूरोपियन, चीनी-तिब्बती, तिब्बती-बर्मी, मुण्डा, द्रविड़ आदि-आदि नामों में कहीं भी पर्वतों का उल्लेख नहीं है। तब शक-समुदाय के लिए ही पहाड़ों का सहारा क्यों लिया जाय ?

कौल्डवेल ने द्रविड़ भाषाओं में कारक-निर्माण पर जो कुछ लिखा है, उससे स्पष्ट है कि विशाल शक-परिवार और इन्डोयूरोपियन परिवार मूलशब्द के बाद ही सम्बन्धक रखते थे। ये सम्बन्धक चाहे स्वतन्त्र हों, चाहे स्वतन्त्रता खोकर चिन्ह मात्र रह गये हों, उनकी स्थिति मूलशब्द के बाद ही थी। वाक्यतन्त्र में शब्द-क्रम-सम्बन्धी दो पद्धतियाँ हमारे सामने आती हैं। एक पद्धति शक और आर्य भाषाओं की है जो कारक-चिन्ह और सम्बन्धक को मूल शब्द के बाद जगह देती है। दूसरी पद्धति आस्ट्रोएशियाटिक अथवा कोल परिवार की है जो सम्बन्धक को मूलशब्द से पहले स्थान देती है। भारत में आर्य-द्रविड़ भाषाओं के निरन्तर सम्पर्क के कारण, पिनोव् के अनुसार, जो शब्द 'प्रिपोज़ीशन' थे, वे 'पोस्टपोज़ीशन' बन गये, बहुधा कारक-चिन्ह मात्र रह गये। यह बात सही मानी जा सकती है कि विश्लिष्ट भाषाओं में 'प्रिपोज़ीशनों' की प्रधानता है। यदि संश्लिष्ट भाषाएँ इनसे प्रभावित होंगी तो कारक-चिन्ह जुड़े रहने पर भी उनमें 'प्रिपोज़ीशनों' का व्यवहार होने लगेगा।

देखना यह चाहिए कि भारतीय भाषाओं में, सबसे पहले संस्कृत में कारक-चिन्ह से भिन्न जब सम्बन्धक का व्यवहार होता है, तब वह मूलशब्द के पहले आता है या बाद को। संस्कृत में **सह, बिना, प्रति** आदि सम्बन्धकों का व्यवहार होता है, सर्वत्र कारक-चिन्ह यथेष्ट नहीं होता, सम्बन्धक कारक का अर्थ विस्तार करता है, उसे पुष्ट करता है। जो स्वतन्त्र शब्द संक्षिप्त होकर कारक-चिन्ह बन गया है, वह भी मूलशब्द के बाद आता है, जो स्वतन्त्र है, संक्षिप्त नहीं हुआ है, वह भी मूलशब्द के बाद आता है। आर्य भाषाओं में प्राचीन काल से लेकर अब तक वाक्यतन्त्र में यह अटूट तारतम्य बना हुआ है। 'पोस्टपोज़ीशन' ने 'प्रिपोज़ीशन' को प्रवेश नहीं करने दिया। (बिना के हिन्दी प्रयोग में फ़ारसी के प्रभाव से कभी-कभी पूर्वस्थानीय पद्धति दिखाई देती है; इस प्रवृत्ति को जन्म देने वाली फ़ारसी ने स्वयं उसे अरबी से ग्रहण किया है। अरबी स्वयं कारक-चिन्हों को मूलशब्द के बाद लगाती है, सम्बन्धक को पहले रखती है।)

सामी भाषाओं तथा भारत से बाहर की इन्डोयूरोपियन भाषाओं में दो विरोधी प्रवृत्तियों का वैषम्य साफ दिखाई देता है। यूरुप की भाषाओं में 'प्रिपोज़ीशन' के चलन की व्याख्या यह कहकर नहीं की जा सकती कि सामी भाषाओं ने उन्हें प्रभावित किया है।

सामी भाषाएँ स्वयं किसी से प्रभावित हैं, उनकी मूल प्रवृत्ति आर्य और शक भाषाओं के समान ही पोस्ट पोज़ीशन का व्यवहार करने की है। यह 'पोस्ट पोज़ीशन'—स्वतन्त्र सम्बन्धक—संक्षिप्त होकर हीब्रू, अरबी आदि सामी भाषाओं में वैसे ही कारक-चिन्ह मात्र रह गया है जैसे आर्य भाषाओं में। जो लोग भाषाविज्ञान में महत्वपूर्ण व्याकरणिक समानताओं को आकस्मिक मान लेते हैं, उनके लिए यह कोई चर्चा के योग्य विषय नहीं है कि ग्रीक और अरबी दोनों में कारक-चिन्ह मूल शब्द के बाद आते हैं—पश्च-गामी हैं—किन्तु सम्बन्धक पूर्वगामी हैं—मूल शब्द से पहले आते हैं। यदि बृहत्तर भाषाई परिवेश में इस विषय पर विचार किया जाय तो यह सारा प्रपंच आकस्मिक न लगेगा।

एशिया में एक ख्मेर भाषा समुदाय है। यह 'प्रिपोज़ीशन' का व्यवहार वैसे ही करता है जैसे अंग्रेज़ी यथा कम्बोजी भाषा में **मन् काल** (समय में, समय पर)। यहाँ **काल** भारतीय शब्द है और हिन्दी **में** का प्रतिरूप **मन्** है; हिन्दी वाक्य में **काल** पहले आयेगा, **में** बाद को, कम्बोजी में **काल** बाद को आयेगा, **मन्** पहले। जहाँ अब कम्बूचिया अथवा कम्बोज राज्य है, वहाँ किसी समय आर्य भाषाभाषियों ने अपने सांस्कृतिक केन्द्र स्थापित किये थे। कम्बोज देश से भारत का सम्बन्ध काफी पुराना है। किसी समय कम्बोज गण-समाज उत्तर भारत में रहते थे। जिस युग में सामी और इन्डोयूरोपियन परिवारों की प्राचीन भाषाओं का निर्माण हुआ, उस युग में कोल समुदाय के सम्बन्धी कम्बोजगण उत्तराखण्ड में फैले हुए थे। इनके अतिरिक्त कोल परिवार की अन्य भाषाएँ किसी समय 'प्रिपोज़ीशनों' का ही प्रयोग करती थीं। उत्तराखंड वह भूभाग है जहाँ अनेक भाषाई प्रवृत्तियाँ एक दूसरे को प्रभावित करती रही हैं। सामी भाषाओं का पुराना केन्द्र बाबुल इस भूखंड से बहुत दूर नहीं है। ग्रीक, लैटिन आदि यूरुप की भाषाओं और सामी, शक परिवारों की भाषाओं में कारक-चिन्हों का पश्चगामी प्रयोग भारतीय आर्य प्रभावों के कारण हो सकता है। संसार की संश्लिष्ट भाषाओं में, सामी और इन्डोयूरोपियन सभी में, यह अद्भुत समानता है कि कारक-चिन्ह मूल शब्द के बाद आता है। इस प्रवृत्ति का स्रोत सम्भवतः एक भाषा-परिवार था। इसके विरोध में कोल भाषाओं की मूल प्रवृत्ति है जो सम्बन्धक को पूर्वगामी बनाती है। आर्य द्रविड़ भाषाओं के प्रभाव से यह प्रवृत्ति लगभग समाप्त हो गई है किन्तु किसी समय यह प्रवृत्ति अत्यन्त बलवती थी, उत्तराखंड में नाग और द्रविड़ जनों के साथ कोल (कम्बोज आदि) गण-समाज फैले हुए थे। इन्होंने इन्डोयूरोपियन परिवार की भाषाओं को ही प्रभावित नहीं किया, सामी भाषाओं पर भी गहरा असर डाला।

यहाँ इन्डोयूरोपियन परिवार की भाषाओं से कारक-चिन्हों के साथ प्रयुक्त होने वाले सम्बन्धकों के कुछ उदाहरण देना समीचीन होगा। लैटिन भाषा में एक सम्बन्धक है **कुम्** (साथ)। सर्वनाम के साथ इसका प्रयोग पश्चगामी होता है। **मेकुम्** अर्थात् मेरे साथ, भारतीय पद्धति के अनुरूप स्वतन्त्र सम्बन्धक मूल शब्द के बाद आया है। किन्तु संज्ञा शब्दों के साथ इसका स्थान बदल जाता है : **कुम्लेगिओने** अर्थात् सेना सहित। इन्डोयूरोपियन परिवार की भाषाओं में जिस तरह के प्रयोग सर्वनामों से सम्बद्ध हैं, वे

अधिक प्राचीन सिद्ध होते हैं। लैटिन में स्पष्ट है कि सर्वनामों के साथ बार-बार प्रयुक्त होने से सम्बन्धक का स्थान रूढ़ हो गया है, उसे बदलना बहुत कठिन है। पर संज्ञा शब्दों के साथ यह स्थिति नहीं है, इसलिए विरोधी प्रवृत्ति आसानी से सम्बन्धक को पूर्वगामी बना देती है। ग्रीक भाषा में **एइस् अथेनास्** का अर्थ है **एथेन्स को**। यहाँ **अथेनास्** कर्म कारक है, उसके पहले **एइस्** सम्बन्धक लगा हुआ है। **अप् अथेनोन्** का अर्थ है एथेन्स से। यहाँ **अथेनोन्** सम्बन्ध कारक है, उससे पहले **अप्** सम्बन्धक आया है। **एन् अथेनइस्** का अर्थ है एथेन्स में। **अथेनइस्** सम्प्रदान कारक है, उससे पहले **एन्** सम्बन्धक लगा हुआ है। रूसी में **व् नदेल्यू** का अर्थ है हफ्ते में। **व्** सम्बन्धक है, मूल शब्द कर्म कारक में है। **इज़् देरॅवा** (लकड़ी से), सम्बन्धक **इज़्** के साथ मूल शब्द सम्बन्ध कारक में है। **अत् वक्ज़ाला** (स्टेशन से), यहाँ भी सम्बन्धक **अत्** के साथ मूल शब्द सम्बन्ध कारक में है। जर्मन भाषा में **बिनॅन् आइनॅर् श्टुन्डे** (एक घण्टे में), यहाँ सम्बन्धक **बिनॅन्** के साथ मूल शब्द सम्बन्ध कारक में है। **अउस् डेर् श्टाट्** (शहर से बाहर) यहाँ सम्बन्धक **अउस्** के साथ मूल शब्द सम्प्रदान कारक में है। **फ़्यूर् डास् फ़ाटॅर्लान्ट्** (अपने देश के लिए), यहाँ सम्बन्धक **फ़्यूर्** के साथ मूल शब्द कर्म कारक में है। इन उदाहरणों से स्पष्ट हो जायगा कि कारक-चिन्ह के रहते हुए भी विरोधी प्रवृत्ति के प्रभाव से यूरुप की संश्लिष्ट भाषाएँ 'प्रिपोज़ीशनों' का व्यवहार करती हैं। अंग्रेज़ी की तरह जो भाषाएँ विश्लिष्ट हैं, उनमें तो पूर्वगामी सम्बन्धकों का व्यवहार होता ही है।

संस्कृत में अनेक संज्ञा शब्द कर्ता रूप में **अस्** या **अन्** प्रत्यय जोड़ते हैं। ग्रीक भाषा में **अस्** के प्रतिरूप **ओस्, एस्** प्रत्यय जोड़े जाते हैं। ये **अस् अम्** मूलतः क्या हैं? क्या कर्ता को अन्य शब्दों से अलग दिखाने के लिए इनका व्यवहार होता है? भारतीय भाषाई परिवेश में इस समस्या पर विचार करना चाहिए।

तमिल भाषा में अनेक शब्दों के बाद **अम्** प्रत्यय जुड़ा हुआ दिखाई देता है जैसे **मरम्** (पेड़)। अनेक शब्दों के अन्त में **अम्** के स्थान पर **अन्** दिखाई देता है। कौल्ड-वेल ने द्रविड़ भाषाओं के **अम्** को संस्कृत **ज्ञानम्** आदि के **अम्** से भिन्न माना है किन्तु उन्होंने दो बातें पते की कही हैं। पहली यह कि **अम्** किसी समय स्वतन्त्र निश्चय-बोधक सर्वनाम था, और दूसरी यह कि **अम्** और **अन्** मूलतः एक ही रूप हैं। पहली बात का महत्व इस बात को ध्यान में रखने से विदित होगा कि आर्य, द्रविड़, कोल परिवार न्यूनाधिक मात्रा में क्रिया और संज्ञा शब्दों के अन्त में सर्वनाम जोड़ते रहे हैं। सिन्धी भाषा में सम्बन्ध कारक वाले सर्वनाम चिन्ह अब भी जोड़े जाते हैं। अतः यह नितान्त सम्भव है कि कर्ता शब्द के साथ भी किसी समय सर्वनाम—स्वतन्त्र या चिन्ह रूप में—जोड़ा जाता था। **अन्** और **अम्** का प्रसार—किसी न किसी रूप में—आर्य द्रविड़ परिवारों के बाहर भी हुआ। ग्रियर्सन के भाषा सर्वेक्षण में असम की नाग भाषाओं के प्रसंग में बताया गया है कि इनमें से कुछ भाषाओं में सकर्मक क्रिया के कर्ता के बाद **ना** जोड़ा जाता है। कभी-कभी अकर्मक क्रियाओं के कर्ता के साथ भी इस चिन्ह का उपयोग होता है। **यिना दाइ** (मैं मारता हूँ); **नो नउना पेए** (छोटे ने कहा), इन

वाक्यों में सकर्मक क्रिया के कर्ता के साथ **ना** चिन्ह का प्रयोग हुआ है। यह **ना** हिन्दी के कर्ता चिन्ह **ने** से मिलता-जुलता है, यह ग्रियर्सन के ध्यान में था। **ने** चिन्ह वाले कर्ता को वह करण कारक मान चुके थे। यहाँ भी इस **ना** को करण कारक का चिन्ह माना जाय या नहीं ?

ग्रियर्सन ने लिखा : "सही बात यह है कि **ना** करण कारक का प्रत्यय है। जिन वाक्यों में इसका प्रयोग होता है, वे वास्तव में कर्मवाच्य हैं।" उन्होंने तिब्बती भाषा का उल्लेख भी किया है जिसमें इस तरह की संरचना सामान्य ठहराई गई है। मेरे द्वारा तुम्हारे सम्बन्ध में पिटाई होती है, मूल संरचना इस प्रकार की होगी, भावार्थ होगा, मैं तुम्हें पीटता हूँ। ग्रियर्सन की यह बात सही मानी जाय तो कम से कम दो भाषा परिवारों—आर्य और नाग—का घनिष्ठ सम्बन्ध सिद्ध हो ही जाता है, प्राचीन आर्य परिवार न सही तो आधुनिक ही सही। एक कठिनाई है कि ग्रियर्सन ने जिन नाग भाषाओं में **ना** के प्रयोग की चर्चा की है, उनमें वह अकर्मक क्रियाओं के संदर्भ में भी प्रयुक्त होता है; यह सच है कि सर्वत्र ऐसा नहीं होता, फिर भी जहाँ तहाँ होता तो है ही। उन्होंने ऊपर उद्धृत उदाहरणों के साथ इस तरह के वाक्य दिये हैं : **यिना सोए** (मैं हूँ)। मेरे द्वारा मुझसे सम्बन्धित होने की क्रिया सम्पन्न होती है—इस तरह की संरचना निरर्थक है। यह मानना अधिक समीचीन होगा कि **ना** का कार्य निश्चय-बोधक सर्वनाम का है। उसकी आवश्यकता सकर्मक क्रिया के सन्दर्भ में अधिक होती है, अकर्मक क्रिया के सन्दर्भ में कम। पंजाब, हरियाणा आदि की भाषाओं और परिनिष्ठित हिन्दी के अलावा अवध से लेकर मिथिला तक **ने** का व्यवहार नहीं होता। ब्रजभाषा में उसका व्यवहार पछाहीं प्रभाव से होने लगा है। पुरानी ब्रजभाषा ही नहीं, पुरानी हिन्दी (सौदा, मीर आदि की उर्दू) में अपेक्षित **ने** का अभाव जब-तब दिखाई देता है। यह बात बहुत महत्वपूर्ण है कि उत्तर-पूर्व की नाग भाषाएँ, दक्षिण की द्रविड़ भाषाएँ, उत्तर-पश्चिम की बाँगरू, पंजाबी आदि आधुनिक आर्य भाषाएँ और संस्कृत (कम से कम नपुंसक लिंग में) **ना, अन्, अम्** जैसे प्रत्ययों का व्यवहार करती हैं। भाषा के अनेक लक्षण उत्तर-पश्चिम, दक्षिण और उत्तर-पूर्व में मिलते हैं, मध्यदेश में नहीं मिलते। इस स्थिति को ध्यान में रखकर **ना, ने, अन्, अम्** के प्राचीन और आधुनिक व्यवहार पर विचार करना चाहिए।

ये चिन्ह मूलत: सर्वनाम हैं। इस बात का पता लगाने का श्रेय कौल्डवेल को है। वह संस्कृत कारक-चिन्हों के उद्भव और विकास से अनभिज्ञ रहते हैं, इसका कारण यह है कि इन्डोयूरोपियन वादियों की तरह वे द्रविड़वादी बन गये, भारतीय आर्य भाषाएँ इन्डोयूरोपियन परिवार की शाखा थीं तो द्रविड़ भाषाएं शक परिवार की शाखा होंगी। अखिल भारतीय सन्दर्भ में उन्होंने द्रविड़ परिवार के निर्माण पर विचार नहीं किया।

कारक-चिन्ह पुराने सम्बन्धक हैं, यह बात सही है। पर कर्ता कारक के साथ किस तरह के 'प्रिपोजीशन' की जरूरत होगी ? करण कारक के साथ **द्वारा** की जरूरत होती है, सम्बन्ध कारक के साथ **का** की, अधिकरण के साथ **में, पर** आदि की। कर्ता के

साथ इस कोटि का कौन-सा सम्बन्धक जोड़ा जायगा ?

अंग्रेजी में कर्ता कारक के बाद **ऑन्** (ऊपर), **ऑफ्** (का), **टु** (को) जैसा कोई शब्द न आयेगा किन्तु **ए** (एक), **ऐन्** (उप०), **दि** (वह) जैसे शब्द आते हैं। ये सब विशेषक का कार्य करने वाले निश्चय अथवा अनिश्चयबोधक सर्वनाम हैं (या उस कोटि में इन्हें गिना जा सकता है)। अंग्रेज़ी में एक निश्चयबोधक **दि है**; जर्मन में तीन लिंगों के लिए **डेर, डी, डास्** तीन रूप हैं। इनका तीन रूपों में होना उनके विशेषक वाले कार्य की सूचना देता है। कर्ता कारक के चिन्ह का मूल कार्य जानने के लिए उपर्युक्त **ए, ऐन्, दि** पर थोड़ा और विचार किया जाय।

निश्चय अनिश्चयबोधक इन सर्वनामों को अंग्रेज़ी में आर्टिकल् कहते हैं, डेफिनिट् (निश्चयबोधक), इनडेफिनिट् (अनिश्चयबोधक)। इन्डोयूरोपियन परिवार की संस्कृत, लैटिन तथा स्लाव समुदाय की भाषाओं में संज्ञा के पहले आर्टिकल् जैसी किसी चीज का प्रयोग नहीं होता। किन्तु पुरानी ग्रीक में, जर्मन समुदाय की भाषाओं में और लैटिन कुल की आधुनिक भाषाओं में आर्टिकल् का व्यवहार होता है। सामी भाषाओं में भी उसका व्यवहार होता है। जैसे यूरुप की अनेक भाषाओं तथा सामी परिवार में 'प्रिपोज़ीशन' को लेकर समानता है, वैसे ही 'आर्टिकल्' के व्यवहार को लेकर भी समानता है। सामी भाषाएँ संज्ञा शब्दों के बाद सर्वनाम-चिन्हों का प्रयोग करती हैं, फिर उन्हें संज्ञा से पहले 'आर्टिकल्' लगाने की जरूरत क्यों हुई ? यह जरूरत वैसे ही पैदा हुई जैसे शब्द के बाद कारक-चिन्ह लगाने वाली सामी भाषाएँ शब्द से पहले 'प्रिपोज़ीशन' जोड़ने लगीं। यूरुप की भाषाओं तथा सामी परिवार की समानता केवल 'आर्टिकल्' के व्यवहार को लेकर नहीं है, कुछ भाषाओं में 'आर्टिकल्' का रूप भी मिलता-जुलता है। **अरबी के अल्** से मिलता-जुलता स्पैनिश **ऍल्**, इटालियन **ला, लो**, फ्रेन्च **ल, ला, ले** आदि एक ही गोत्र के शब्द हैं। फ्रेन्च **इल्, ऍल** स्वतन्त्र सर्वनाम हैं, पहला पुंल्लिग, दूसरा स्त्रीलिंग, अन्य पुरुष के लिए उनका व्यवहार होता है। इन्हीं के संक्षिप्त रूप **ल, ला** आदि हैं। जर्मन में **ल** वाले रूप नहीं हैं, **ड्** वाले रूप हैं जो अंग्रेज़ी **दि** की तरह पहले दन्त्य ध्वनि वाले रूप थे। एक समुदाय में **द** वाला रूप, दूसरे समुदाय में **ल** वाला रूप, यह स्थिति भारत की भाषाई प्रक्रिया की याद दिलाती है : एक समुदाय में **द्वादश**, दूसरे में **बारह**, एक समुदाय में **षोडश**, दूसरे में **सोलह**। **अद**, इद वाले सर्वनामों को याद करें। इनके प्रतिरूप **अल और इल** होंगे। **अद, इद** संक्षिप्त होकर **द** रह जायेंगे, **अल** और **इल** संक्षिप्त होकर **ल** रह जायेंगे।

वैसे **दि** स्वतन्त्र सर्वनाम भी था और उसका रूपान्तर **लि, ल** होगा।

कर्ता कारक के चिन्ह तथा 'आर्टिकल्' के व्यवहार पर विचार करने से निष्कर्ष यह निकलता है कि **अस्** या **अम्** संस्कृत में सम्बन्धक या कारक-चिन्ह नहीं हैं, निश्चयबोधक सर्वनाम हैं। इनमें **अम्** का प्रसार **अन्, ना** आदि रूपों में द्रविड़ और नाग भाषाओं तक है। **अस्** का व्यवहार भी संस्कृत तक सीमित नहीं था।

भारत के उत्तर-पूर्वी सीमान्त पर इदु नाग भाषा बोली जाती है। सकर्मक क्रिया के सन्दर्भ में वह कर्ता के बाद **मे** जोड़ती है। यह **मे** हिन्दी **ने** का प्रतिरूप है। **एच**

इमु मे बिरि अजिजि (यह आदमी बीड़ी जलाता है)। मनुष्यवाचक **इमु** शब्द के बाद **मे** चिन्ह जोड़ा गया है। क्रिया वर्तमानकाल की सूचना देती है, उसे भूतकालीन कृदन्त नहीं कहा जा सकता। हिन्दी में **ने** का प्रयोग भूतकाल में ही सम्भव है। यहाँ भूत-वर्तमान दोनों कालों में उसका प्रयोग होता है। **ङमे अखला** (मैंने रखा है)—यहाँ कर्ता सर्वनाम ङ के बाद **मे** चिन्ह जोड़ा गया है, क्रिया भूतकालीन है और **ल** चिन्ह उसके कृदन्त रूप होने की भी सूचना देता है। इससे सिद्ध हुआ कि **ने** के प्रतिरूप **मे** का व्यवहार वर्तमान और भूत, दोनों कालों के लिए, सकर्मक और अकर्मक, दोनों प्रकार की क्रियाओं के लिए होता है। उसका करण कारक तथा भूतकालीन कृदन्त से अभिन्न सम्बन्ध नहीं है। अन्य नाग भाषा तनखुर में कर्ता के साथ **न** चिन्ह जोर देने के लिए जोड़ा जाता है यथा **इन वय्** (मैं जाता हूँ)। यहाँ उत्तम पुरुष एकवचन **इ** सर्वनाम के बाद **न** जोड़ा गया है।

कोल, द्रविड़, नागभाषाओं के बारे में विद्वानों ने मत प्रकट किया है कि इनमें क्रिया-संज्ञा वाला भेद वैसा स्पष्ट नहीं है जैसा इन्डोयूरोपियन भाषाओं में है। स्वयं इन्डोयूरोपियन भाषाओं में ऐसे शब्द-मूल हैं जिनके बारे में ब्रुगमन ने लिखा है कि यह तय करना मुश्किल है कि वे मूलतः संज्ञा हैं या क्रिया। जैसे **दिव्** शब्द का अर्थ है चमकना, दूसरा अर्थ है चमकने वाला स्थान अर्थात् स्वर्ग। संस्कृत में क्रियाओं की प्रधानता है, अधिकांश शब्दों को किसी क्रियामूल से व्युत्पन्न माना जाता है। क्रिया का यह महत्व एक ऐतिहासिक प्रक्रिया का परिणाम है; कार्य-सूचक शब्द वाक्य के विशिष्ट स्थान में निरन्तर आने से, संज्ञा से भिन्न, क्रियारूप में स्वीकृत हुए। जिन भाषाओं में कर्ता और क्रिया वाक्य के दो ध्रुव नहीं हैं, उनमें संज्ञा और क्रिया का वैसा भेद उत्पन्न न होगा जैसा आर्यभाषाओं में है। इसी प्रकार शब्दों की अन्य श्रेणियों का विकास भी क्रमशः हुआ है। तमिल में विशेषण का अस्तित्व संज्ञा से भिन्न है या नहीं, यह अब भी विवाद का विषय है। लिंग-वचन-सम्बन्धी विविधता इसी प्रकार भाषाओं की विभिन्न विकास-प्रक्रिया से जुड़ी हुई है। कारक कितने हैं, किस भाषा का काम कारक-चिन्हों के बिना नहीं चलता, किसका चल जाता है, ये बातें भी विकास-क्रम में निर्धारित होती हैं। कोई भाषा अनेक कारकों के लिए एक ही या एक जैसे कारक-चिन्हों का प्रयोग करे तो उससे निष्कर्ष यह निकलता है कि कारक-भेद क्रमशः विकसित हो रहा है और यह सम्भव है कि उस भाषा के लिए दो कारकों का भेद बहुत महत्वपूर्ण न हो। संस्कृत में जैसे सर्वनाम अनेक स्रोतों से आकर एक व्यवस्था में घुलमिल गये हैं, वैसे ही कारक-चिन्ह अनेक स्रोतों से आये हैं। किस कारक के साथ कौनसा चिन्ह जुड़े, यह बात तय होते-होते होती है। जैसे कोई सम्बन्धक एक से अधिक कारकों के साथ प्रयुक्त हो सकता है, वैसे ही कारक-चिन्ह एक से अधिक कारकों के साथ जोड़ा जा सकता है। कुछ नागभाषाएँ **न्** ध्वनि वाले चिन्ह को सम्बन्ध या कर्मकारक के लिए प्रयुक्त करती हैं। असम की नागभाषाओं से ग्रियर्सन के सर्वेक्षण ग्रन्थ में इस तरह के उदाहरण दिये गये हैं : **नङ नी** (तेरा), **अङ नु** (मुझको)। **देशनी** (देश का), **दिननी** (दिनों का) जैसे शब्दबन्ध देखकर गुजराती की याद आती है। गलोङ भाषा में कर्मकारक के लिए **एम्**

चिन्ह का प्रयोग होता है। यह भी **न्** ध्वनि पर आधारित चिन्ह का परिवर्तित रूप जान पड़ता है। संस्कृत में पुंल्लिग संज्ञा शब्दों के सम्बन्धकारक बहुवचन में **न** जुड़ा हुआ दिखाई देता है यथा **ज्ञानिनाम्, रामाणाम्**; यह **न** सम्बन्ध कारक का चिन्ह है। पंजाबी तथा पंजाबी प्रभावित हिन्दी में मुझे के स्थान पर **मैंने** का व्यवहार होता है अर्थात् **ने** का प्रयोग आधुनिक आर्य भाषाओं में एक से अधिक कारकों के लिए होता है। अंग्रेजी में एक सर्वनाम है **दाउ**। इसका एक सम्बन्ध कारक रूप **दाइ** (तेरा) हुआ, दूसरा रूप है **दाइन्**। इसमें **न्** का संयोग कैसे हुआ? **मी** (मुझे) का सम्बन्ध कारक रूप **माई**, दूसरा रूप **माइन्**; यहाँ भी प्रश्न है, **न्** क्यों जोड़ा गया? नाग भाषाओं का **न**, गुजराती और संस्कृत के **न** वाले कारक रूप और अंग्रेज़ी के इन सर्वनामों के सम्बन्ध कारक में **न** का व्यवहार आकस्मिक नहीं है। अंग्रेज़ी 'प्रिपोज़ीशन' लगाती है, ऊपर के सर्वनाम रूपों में भारतीय पद्धति के अनुसार 'पोस्टपोज़ीशन' लगा हुआ है जो संक्षिप्त होकर कारक चिन्हमात्र रह गया है।

यहाँ तमिल सम्बन्धकारक **इन्** का भी उल्लेख करना चाहिए। **पैयन्** (लड़का), **पैयनिन्** (लड़के का); यह **इन्** ऊपर की कारक-चिन्ह शृंखला के अन्तर्गत है। अंग्रेज़ी **इन्** (अन्दर) और तमिल **इन्** एक-दूसरे से बहुत दूर नहीं जान पड़ते। अनेक रूसी नामों के अन्त में यह **इन्** दिखाई देता है जैसे **स्तालिन्**। **स्तालिन्** शब्द **स्ताल्** से बना है। **स्ताल्** माने फौलाद और **स्तालिन्** माने **फौलादी**। यहाँ **इन्** प्रत्यय **स्ताल्** को सम्बन्ध कारक का रूप देकर उसे विशेषण बनाता है। रूसी भाषा में भी पूर्व सम्बन्धकों का व्यवहार व्यापक रूप से होता है किन्तु इस प्रकार सम्बन्ध कारक वाला चिन्ह जोड़कर संज्ञा से विशेषण बनाने का ढंग पुराना है और भारतीय है।

अंग्रेज़ी में एक सर्वनाम है **यू** (तुम)। इसका सम्बन्ध कारक रूप होता है **योर्** (तुम्हारा); **यू** सर्वनाम संस्कृत **यूयम्** का प्रतिरूप है किन्तु इस **योर्** में **र्** क्यों जोड़ा गया; उसका स्रोत क्या है? **मेरा, तेरा, हमारा, तुम्हारा** जैसे रूप भारत में कब से प्रचलित हैं? कम से कम तब से जब से अंग्रेज़ी भाषा में **योर्** का चलन हुआ।

सन्थाली में सम्बन्ध कारक के लिए **अक्** चिन्ह का प्रयोग तब होता है जब सम्बन्धित वस्तु निर्जीव हो। सजीव होने पर **रन्, रान्, रेन्** आदि का प्रयोग होता है। निर्जीव वस्तु से सम्बन्ध जताने के लिए **रेअक्** का भी प्रयोग होता है जहाँ **र्** और **क्** दोनों चिन्हों का संयोग हुआ है। बँगला, गुजराती, हिन्दी आदि के **र्, न्, क्** ध्वनियों वाले कारक चिन्हों से सन्थाली भाषा के **अक्, रन्** आदि असम्बद्ध नहीं हैं। अन्य भाषाओं के समान इस भाषा में भी एक ही चिन्ह एक से अधिक कारकों के लिए प्रयुक्त होता है यथा **राँ, रे** अधिकरण कारक के चिन्ह हैं अथवा स्थानसूचक सम्बन्धक हैं यथा **ओतेरे** अर्थात् खेत में। अपादान कारक के लिए सन्थाली में **एते** चिन्ह का प्रयोग होता है; **सबॅन् को एते** अर्थात् सब लोगों से। रूसी भाषा में अपादान कारक चिन्ह का भाव व्यक्त करनेवाला सम्बन्धक **अत्** है यथा **अत् कुदा** (कहाँ से), **अत् वक्ज़ाला** (स्टेशन से)। **कुदा** संस्कृत **कुतः** (कहाँ से) का प्रतिरूप है, उसके पहले एक सम्बन्धक और जोड़ा गया है। संस्कृत के जिन शब्दों के साथ अपादान कारक में **अत्** जोड़ा जाता

है—यथा **रामात्** (राम से), वहाँ उसी सम्बन्धक के दर्शन होते हैं जो रूसी में स्वतन्त्र है और संस्कृत में परतन्त्र होकर कारक चिन्ह मात्र रह गया है। **अत् बक्ज़ाला** में कर्म कारक के साथ अपादान भावसूचक **अत्** का प्रयोग किया गया है।

तमिल में **कु** चिन्ह का प्रयोग सम्प्रदान कारक के लिए होता है। विद्वानों ने हिन्दी **को** से इसकी भिन्नता सिद्ध करने का प्रयत्न किया है। एक तर्क यह **है** कि तमिल में वह सम्प्रदान के लिए प्रयुक्त होता है किन्तु हिन्दी में वह कर्म कारक का चिन्ह है। पहले तो हिन्दी में भी सम्प्रदान कारक के लिए उसका प्रयोग होता है। **यह किताब राम को दे दो**—इस वाक्य में जो चीज दी जायगी, वह राम नहीं है, किताब है। दूसरे मगही आदि में सम्प्रदान कारक का चिन्ह कर्म कारक के चिन्ह से अब भी भिन्न है। रूसी सम्बन्धक **क**, हिन्दी **को**, तमिल **कु** परस्पर सम्बद्ध हैं।

तमिल में कर्म के लिए **अइ** अथवा **अय्** चिन्ह का प्रयोग होता है: **पुस्तकत्तइ** अर्थात् पुस्तक को। यह संस्कृत के सम्प्रदानसूचक **अइ, आय्** का प्रतिरूप है: **तस्मै** (**तस्मइ** अर्थात् उसके लिए), **रामाय** (राम के लिए या राम को)। संस्कृत के सम्प्रदान और तमिल के कर्म कारक चिन्हों में अवश्य सम्बन्ध होना चाहिए। जो लोग हिन्दी **को** से तमिल **कु** को भिन्न मानते हैं, उन्हें ब्रजभाषा के कर्मसूचक **अय्** का उल्लेख करना चाहिए: **छोराय बुलइयो** अर्थात् लड़के को बुलाना। यहाँ तमिल और ब्रजभाषा के कर्म कारक चिन्हों में कोई अन्तर नहीं है। संस्कृत **मह्यम्** सम्प्रदान कारक है। इसका हिन्दी प्रतिरूप **मुझे** सम्प्रदान और कर्म दोनों कारकों के लिए प्रयुक्त होता है। उसी तरह संस्कृत का सम्प्रदान चिन्ह **आय** ब्रजभाषा में सम्प्रदान और कर्म कारकों के लिए प्रयुक्त होता है। लैटिन में **अॅ** चिन्ह कुछ शब्दों के साथ सम्प्रदान कारक में प्रयुक्त होता है यथा **पुएल्लअॅ** (लड़की को, लड़की के लिए), **हस्तअॅ** (भाले को, भाले के लिए)। लैटिन में मुख्य भेद कर्म और सम्प्रदान कारकों में नहीं है। लैटिन में सम्प्रदान कारक का यही एकवचन रूप सम्बन्ध कारक में भी होता है। सम्बन्ध कारक बहुवचन में यह भाषा **र्** ध्वनि जोड़ती है: **पुएल्लारुम्** (लड़कियों का)। भारतीय भाषाओं में सम्बन्ध कारक के लिए **र्** ध्वनि वाले चिन्ह का व्यापक व्यवहार होता है, लैटिन में सम्बन्ध कारक के बहुवचन में उसका व्यवहार आकस्मिक नहीं है। **पुएल्ला** के अतिरिक्त अन्य वर्गों के साथ भी उसका प्रयोग जहाँ-तहाँ होता है यथा **विर्** (वीर, पुरुष) का सम्बन्ध कारक बहुवचन **विरोरुम्**।

संस्कृत में नपुंसक लिंग के कर्ता-कर्म रूप एक से होते हैं। यह स्थिति इस बात की ओर संकेत करती है कि कर्ता और कर्म को एक-दूसरे से भिन्न दिखाना सदा आवश्यक नहीं रहा। कर्म कारक (एकवचन) का चिन्ह वास्तव में वही सर्वनाम **अम्** है। **अस्** सर्वनाम से भिन्न जब इसका प्रयोग नपुंसक लिंग के लिए सुरक्षित हो गया, तब पुंल्लिंग शब्दों के कर्म कारक (एकवचन) के लिए उसका प्रयोग होने लगा। जो शब्द कर्ता रूप से हटकर कर्म बनेगा, वह क्रिया के सन्दर्भ में निष्क्रिय हो जायगा, अतः उसके लिए नपुंसक लिंग से सम्बद्ध सर्वनाम का व्यवहार हुआ। ग्रीक और लैटिन **अम्** अथवा **म्** चिन्ह का व्यवहार बहुधा कर्म कारक एकवचन के लिए करती हैं किन्तु बहुवचन में

लैटिन **पुएल्लम्** का कर्मरूप **पुएल्लास्** है। इस बहुवचन रूप में **अस्** वही सर्वनाम है जो संस्कृत के पुंल्लिग एकवचन रूप में दिखाई देता है। लैटिन **फीलिउस्** (पुत्र) का बहुवचन कर्ता रूप **फीलिई** है। एकवचन रूप का **उस्** अथवा स् संस्कृत **अस्** का प्रतिरूप है।

क्रियापद रचना और कारक निर्माणप्रक्रिया, दोनों में इन्डोयूरोपियन भाषाएँ भारतीय भाषा परिवारों से घनिष्ठ रूप में सम्बद्ध हैं।

ऐतिहासिक भाषाविज्ञान के परिवर्तित परिप्रेक्ष्य और हित्ती

१. परिप्रेक्ष्य

१९वीं सदी में इन्डोयूरोपियन भाषाओं से भारत की आर्येतर भाषाओं के सम्बन्ध पर विचार करना अवैज्ञानिक कार्य न माना जाता था। भाषा परिवारों को एक-दूसरे से अलग रखकर उनका विश्लेषण करने की पद्धति जड़ीभूत न हुई थी। इन्डोयूरोपियन परिवार के विशेषज्ञों ने अपने दायरे से निकलकर इधर-उधर ज़रा कम देखा पर जो लोग अन्य परिवारों की छानबीन कर रहे थे, उनका ध्यान अपने दायरे के बाहर अवश्य गया। इनमें सर्वप्रथम स्थान कौल्डवेल का है जिन्होंने द्रविड़ भाषाओं का तुलनात्मक अध्ययन करके उनका व्याकरण लिखा था। कौल्डवेल को जितनी चिन्ता संस्कृत से द्रविड़ भाषाओं की भिन्नता दिखाने की थी, उतनी इन्डोयूरोपियन भाषाओं से उनकी भिन्नता दिखाने की न थी। इन्डोयूरोपियनवादियों ने जैसे संस्कृत को एक बड़े परिवार की शाखा सिद्ध किया था, वैसे ही वह द्रविड़ समुदाय को शक परिवार की शाखा सिद्ध करना चाहते थे।

इन्डोयूरोपियन परिवार से द्रविड़ भाषाओं का सम्बन्ध हो तो भारतीय आर्य-भाषाओं से उनका सम्बन्ध होना ही चाहिए। किन्तु कौल्डवेल के लिए यह अनिवार्य नहीं था क्योंकि द्रविड़ों का सम्पर्क इन्डोयूरोपियन भाषाएँ बोलने वालों से भारत के बाहर भी हुआ हो, यह सम्भव था। दो परिवारों में उल्लेखनीय सम्बन्ध हो तो उनका एक ही आदि स्रोत होना चाहिए, भाषाविज्ञान का यह पूर्वाग्रह पहले से चला आ रहा था और कौल्डवेल भी उससे ग्रस्त थे। भाषा-समुदायों में, और एक ही समुदाय की भाषाओं में, परस्पर अनेक प्रकार के सम्बन्ध हो सकते हैं, इसकी व्याख्या और विश्लेषण को ऐतिहासिक भाषाविज्ञान में बहुत कम जगह मिली है। कौल्डवेल के चिन्तन की इन सीमाओं को ध्यान में रखते हुए उन्हें इस बात का पूरा श्रेय देना चाहिए कि उन्होंने द्रविड़ परिवार से इन्डोयूरोपियन भाषाओं के घनिष्ठ सम्बन्ध को पहचाना।

अपने तुलनात्मक व्याकरण में उन्होंने १८५९ में मद्रास से प्रकाशित डॉ० पोप की पुस्तक **तमिल हैन्डबुक** का हवाला दिया है जिसमें डा० पोप ने कहा था : "दक्षिण-भारत की भाषाओं का अध्ययन जितना ही गहराई से किया जायगा, उतना ही संस्कृत से उनकी घनिष्ठता प्रकट होगी, उतना ही स्पष्ट होगा कि इन्डोयूरोपियन समुदाय की

भाषाओं से उनका आदिम और बहुत नज़दीकी सम्बन्ध है। पर वे (द्रविड़ भाषाएँ) प्राकृतें मात्र नहीं हैं, संस्कृत का अपभ्रंश नहीं हैं। मेरी मान्यता सदा यह रही है कि उनका स्थान उपर्युक्त परिवार के सदस्यों में है; सम्भवत: वे संस्कृत के समानान्तर व्यवहृत होने वाली भाषा का विलग हो जाने वाला अंग हैं। उनका उद्भव वही था जो संस्कृत का था। इसमें सन्देह नहीं कि ग्रीक, गौथिक, फ़ारसी और उस परिवार की अन्य भाषाओं से उनका घनिष्ठ सम्बन्ध है और उन बातों को लेकर है जिनको लेकर उनमें और संस्कृत में समानता नहीं है।"

डा० पोप ने संस्कृत से द्रविड़ भाषाओं की समानता पहचानी थी। उस समानता के बारे में उन विद्वानों ने भी लिखा है जो उसका कारण द्रविड़ों पर आर्यों की विजय मानते थे। पोप ने यूरुप की भाषाओं और भारत की पड़ोसी ईरानी भाषा से द्रविड़ भाषाओं की समानता पर ध्यान दिया था। यूरुप में द्रविड़ रहते थे और वहाँ भी आर्यों ने आकर उन्हें पराजित किया, यह किसी ने नहीं कहा। किन्तु भारत में आर्य-द्रविड़ भाषाओं की समानताएँ देखकर आर्य-विजय द्रविड़-पराजय का सिद्धान्त मान लिया गया। कुछ लोगों को इस बात से गहरी दिलचस्पी थी कि यूरुप की भाषाओं से द्रविड़ समुदाय के सम्बन्ध पर विचार न किया जाय। सारा ध्यान आर्य-द्रविड़ संघर्ष पर, और उसके भाषागत परिणाम पर, केन्द्रित किया जाय। किन्तु १९वीं सदी में अभी यह दृष्टिकोण सर्व-प्रभुत्व-सम्पन्न न हुआ था। १८६० में डा० पोप ने ईसा मसीह के एक उपदेश—सर्मन औन् द माउन्ट—का अनुवाद चार द्रविड़ भाषाओं में प्रकाशित किया था। उसके साथ उन्होंने शब्द-सूची और रूप विकारों की सरणियाँ प्रस्तुत की थीं। इसकी भूमिका में उन्होंने इन भाषाओं से केल्त और जर्मन भाषाओं के सुप्रतिष्ठित सम्बन्धों (डीप सीटेड ऐफ़ीनिटीज़) का उल्लेख किया था।

थोड़े हेरफेर से कौल्डवेल सम्बन्धों की यह बात मानते थे, केवल उनका कहना था कि शक परिवार से द्रविड़ भाषाओं का सम्बन्ध और भी घनिष्ठ है। यूरुप की भाषाओं में उन्होंने केल्त समुदाय को शक परिवार के सबसे निकट माना। उन्होंने इस सम्भावना का उल्लेख किया कि फिन परिवार की भाषाएँ यूरुप में केल्तों के पहुँचने से पहले व्यापक रूप से बोली जाती रही होंगी। उन्होंने कहा यह बहुत सम्भव है कि द्रविड़ भाषाओं के कुछ व्याकरण रूप, और उनसे कुछ अधिक शब्द-मूल, उसी स्रोत से उत्पन्न हुए हैं जिससे इन्डोयूरोपियन भाषाओं के वैसे ही रूप और शब्द-मूल उत्पन्न हुए हैं।

कौल्डवेल ने डा० ब्लीक नाम के विद्वान् का हवाला दिया जिन्होंने इन्डो-यूरोपियन और द्रविड़ भाषाओं में नपुंसक लिंग के व्यवहार को एक महत्वपूर्ण समानता माना था। उनका कहना था कि यही दो भाषा-परिवार हैं जिनमें तीन लिंग हैं; यह सम्भव नहीं लगता कि इन्होंने एक-दूसरे से स्वतन्त्र रहकर नपुंसक लिंग का विकास किया हो। ब्लीक का हवाला देने के बाद कौल्डवेल ने लिखा कि द्रविड़ भाषाओं में लिंगभेद उनके विकास में बाद की मंज़िल की बात है पर बहुत दिन साथ रहने से संस्कृत के जो तत्व द्रविड़ भाषाओं में आ गये हैं, उन्हें अलग रखते हुए हमें द्रविड़

भाषाओं में ऐसे शब्द-मूल आदि प्राप्त होते हैं जो इन्डोयूरोपियन भाषाओं की मूल संरचना और उनके आदिम शब्द-भण्डार में पाये जाते हैं। द्रविड़ और इन्डोयूरोपियन भाषाओं की समानताएँ इन परिवारों की जड़ तक पहुँचती हैं, यह मानते हुए उन्होंने लिखा कि इसका कारण सुदूर या आंशिक सम्बन्ध ही हो सकता है। ये समानताएँ केवल संस्कृत से नहीं हैं, यूरुप की भाषाओं से भी है, इस स्थिति पर ज़ोर देते हुए उन्होंने लिखा : "जहाँ ऐसी समानताएँ मिलती हैं, वहाँ शब्द या रूप केवल संस्कृत से नहीं, पूरे इन्डोयूरोपियन परिवार से सम्बन्धित हैं। ऐसे रूप और शब्द कम नहीं हैं जहाँ संस्कृत से समानता नहीं है पर ग्रीक और लैटिन से है। बहुत जगह जहाँ संस्कृत से समानता घनिष्ठतम है, वहाँ यह समानता सुसंस्कृत उच्चारण वाली व्यवस्थित भाषा से नहीं है, जो लिखित रचनाओं में मिलती है, वरन् उस मूल संस्कृत से है जो अनगढ़ है, जिसका पता तुलना और विश्लेषण करने से चलता है, जो हमबोल्ट की जनभाषा है।"

कौल्डवेल का यह कहना सही है कि द्रविड़ भाषाओं से संस्कृत की समानता अत्यन्त प्राचीन है, लिखित साहित्य में भाषा का जो रूप मिलता है, उससे पहले की है। इससे निष्कर्ष यह निकलता है कि संस्कृत से द्रविड़ भाषाओं का सम्बन्ध पहचानने के लिए संस्कृत के विकास का, उसके विकास की विभिन्न मंज़िलों का ज्ञान आवश्यक है। ग्रीक, लैटिन या संस्कृत के विकास का इस प्रकार मंज़िलों के हिसाब से अध्ययन किसी ने नहीं किया पर वह आवश्यक है। पोप के समान कौल्डवेल ने भी ग्रीक और लैटिन से द्रविड़ भाषाओं की वह समानता देखी जो उनमें और संस्कृत में नहीं है।

कौल्डवेल के अनुसार द्रविड़ भाषाओं ने इन्डोयूरोपियन परिवार की जो आदिम विशेषताएँ इन्डोयूरोपियन भाषाओं से नहीं, वरन् उनके आदि स्रोत से प्राप्त की हैं, वे इस प्रकार हैं :

१. ग्रीक भाषा की तरह दो स्वरों को टकराने से बचाने के लिए द्रविड़ भाषाएँ भी **न्** का व्यवहार करती हैं।

२. अन्य पुरुष के सर्वनामों और क्रियापदों में लिंग-भेद प्रदर्शित किया जाता है। नपुंसक लिंग का भेद विशेष महत्वपूर्ण है।

३. निश्चयबोधक सर्वनाम के नपुंसक लिंग एकवचन अथवा अन्य पुरुष के सर्वनामों का चिन्ह **द्** या **त्** है।

४. लैटिन के समान नपुंसक लिंग का एक बहुवचन रूप है जिसमें ह्रस्व **अ** का व्यवहार होता है।

५. दूरस्थ वस्तु के लिए निश्चयबोधक सर्वनाम का आधार **अ** है और समीपस्थ वस्तु के लिए इ है।

६. फ़ारसी के समान अधिकांश भूतकालीन रूपों का निर्माण **द्** जोड़कर किया जाता है।

७. कुछ भूतकालीन रूपों का निर्माण धातु के एक अंश की आवृत्ति करके किया जाता है।

८. क्रिया के आधार पर बहुत से संज्ञारूपों का निर्माण धातु के स्वर को दीर्घ

करके किया जाता है।

इनके अलावा शब्द-भण्डार में भी समानताएँ हैं। कौल्डवेल ने लिखा कि द्रविड़ भाषाएँ बहुत दिनों से संस्कृत की पड़ोसी हैं। फिर भी उनमें बहुत से शब्दमूल ऐसे हैं जो पश्चिमी इन्डोयूरोपियन भाषाओं के शब्दमूलों से सम्बन्धित हैं। द्रविड़ भाषाएँ शक परिवार के अन्तर्गत हैं, यह घोषित करने के बाद उन्होंने लिखा : "मेरी समझ में शक परिवार की सभी भाषाओं में द्रविड़ भाषाएँ ही इन्डोयूरोपियन भाषाओं से सबसे ज्यादा समानताएँ प्रस्तुत करती हैं, जो समानताएँ सबसे प्राचीन और रोचक भी हैं।" (पृष्ठ ७४)। शक परिवार की अन्य भाषाएँ मध्य एशिया, पश्चिमी एशिया अथवा यूरुप में कहीं भी पश्चिमी इन्डोयूरोपियन भाषाओं के सम्पर्क में आ सकती थीं। फिनोउग्रियन परिवार की कुछ भाषाएँ यूरुप में बोली ही जाती हैं। पर समानता के विचार से इन सबका स्थान द्रविड़ भाषाओं के बाद आता है; सर्वप्रथम स्थान भारतीय द्रविड़ भाषाओं का है। पश्चिमी यूरुप की भाषाओं से इन्हीं का सम्बन्ध सबसे गहरा है। द्रविड़ भाषाएँ अब भारत में बोली जाती हैं और कौल्डवेल जिन इन्डोयूरोपियन भाषाओं की चर्चा कर रहे हैं, वे पश्चिमी यूरुप में बोली जाती हैं। दोनों भाषा-क्षेत्रों में बहुत बड़ा भौगोलिक अन्तराल है पर दोनों में कौल्डवेल के अनुसार गहरा भाषाई सम्बन्ध है। स्पष्ट ही प्राचीनकाल में इनके भाषाक्षेत्र भिन्न थे, उनमें इतना बड़ा अन्तराल न था। कौल्डवेल कहते हैं कि ये इन्डोयूरोपियन समानताएँ "उस युग में ले जाती हैं जो इतिहास-मात्र की पहुँच से बाहर है"। (पृष्ठ ७४)। कुछ लोग इसे प्रागैतिहासिक काल कहेंगे। किन्तु इतिहास के बाहर कुछ नहीं है, अतः प्रागैतिहासिक काल जैसा कोई काल नहीं होता। हमारे ज्ञान की वहाँ पहुँच नहीं है, वह बात अलग है। यह सत्य है कि द्रविड़ परिवार से इन्डोयूरोपियन भाषाओं का सम्बन्ध उस समय शुरू होता है जब इन भाषाओं की निर्माण-प्रक्रिया अपनी प्रारम्भिक अवस्था में है पर यह सम्बन्ध उस अवस्था तक सीमित नहीं है। यह प्रारम्भिक अवस्था स्वयं काफी दीर्घकालीन है; उसके बाद भी यह सम्बन्ध कायम रहता है। मानव-सभ्यता के इतिहास में कृषितन्त्र का विकास महत्वपूर्ण मंज़िल है। गण-समाजों के जीवन में दीर्घकालीन विकास के बाद यह मंज़िल आती है। इन्डोयूरोपियन और द्रविड़ भाषाएँ इस मंज़िल तक किसी न किसी रूप में एक-दूसरे के सम्पर्क मेंर ही हैं, इसके प्रमाण दिये जा चुके हैं। अतः इन्डोयूरोपियन-द्रविड़ सम्बन्ध को अत्यन्त प्राचीन ही नहीं, दीर्घकालीन, विकास की अनेक मंज़िलों में कायम रहने वाला सम्बन्ध मानना चाहिए। द्रविड़ परिवार में भिन्न प्रकृति वाली अनेक भाषाएँ थीं, वैसे ही इन्डोयूरोपियन समुदाय में, अत्यन्त प्राचीनकाल में भी, भिन्न प्रकृति वाली भाषाएँ थीं। (पुराने सम्बन्धों में यह भिन्नता पहचानी जा सकती है यथा तेलुगु-कन्नड़भाषियों के पूर्वजों का जो सम्बन्ध आर्मीनियन और आइरिश भाषाएँ बोलने वालों से था, वह तमिल-ग्रीक सम्बन्ध से भिन्न कोटि का था।) कौल्डवेल भाषा-परिवारों, मूल-स्रोतों, आदि-भाषाओं की कल्पना से अभिभूत थे। इसलिए वे बोलियों या गणभाषाओं के स्तर पर अनेक स्तरों के द्रविड़-इन्डोयूरोपियन सम्बन्धों पर विचार नहीं करते। वे इन सम्बन्धों को उस आदि महास्रोत से जोड़ देते

हैं जिसके अन्तर्गत शक और इन्डोयूरोपियन दोनों परिवार हैं; उनके लिए द्रविड़-इन्डोयूरोपियन सम्बन्ध उस समय के हैं जब शक और इन्डोयूरोपियन धाराएँ उस महास्रोत से फूटकर अलग-अलग प्रवाहित नहीं हुईं।

इस दूरस्थ, अति प्राचीन वंशगत सम्बन्ध के बारे में फिर कहते हैं : "इन्डोयूरोपियन समानताएँ द्रविड़ भाषाओं के जीवन-सत्व और उनकी अस्मिता से इस प्रकार घनिष्ठ रूप में जुड़ी हुई हैं कि यह कल्पना करना कठिन है कि ये समानताएँ केवल पुराने सम्पर्क का परिणाम हैं, यह सम्पर्क चाहे जितना घनिष्ठ रहा हो।" (पृष्ठ ७५)। कौल्डवेल के लिए घनिष्ठ सम्पर्क काफी नहीं है; समानताएं इतनी गहरी और व्यापक हैं, द्रविड़ भाषाओं की मूल विशेषताओं से उनका सम्बन्ध इतना गहरा है कि कौल्डवेल के अनुसार उनका एक मूल स्रोत होना ही चाहिए।

कोल भाषाओं तथा इन्डोयूरोपियन परिवार के सम्बन्धों पर हौफमन ने लिखा था। कौल्डवेल के समान इन्होंने पूरे भाषा-परिवार पर काम न किया था, कोल परिवार की एक भाषा मुंडारी पर ही उन्होंने गहराई से काम किया था और अपनी सामग्री **एन्साइक्लोपिडिया मुंडारिका** नाम के ग्रन्थ में प्रकाशित की थी। इसकी भूमिका में १९२४ का साल दिया हुआ है, पटना से प्रकाशित होने वाले ग्रन्थ में प्रकाशन का वर्ष १९५० है। कौल्डवेल से लगभग आधी शताब्दी बाद हौफमन मुंडारी भाषा पर काम कर रहे थे। वह इस सीमा तक कौल्डवेल की परम्परा का अनुसरण करते हैं कि भारतीय आर्येतर भाषाओं से यूरुप की भाषाओं के सम्बन्ध को विचारणीय मानते हैं। अपनी **एन्साइक्लोपिडिया** की भूमिका में उन्होंने लिखा है : "बहुत-सी तथाकथित आर्य धातुएँ मुंडारी में हैं। इनमें से बहुत-सी संस्कृत तथा सम्बन्धित भारतीय भाषाओं में हैं।" फिर यूरुप की भाषाओं की चर्चा करते हुए कहते हैं : "पर यह बड़े आश्चर्य की बात है कि इनमें से काफी ऐसी हैं जो इन्डोजर्मेनिक भाषाओं की भारतीय शाखाओं में नहीं मिलतीं किन्तु उस परिवार की अभारतीय भाषाओं में मिलती हैं।" हौफमन की समझ में इन्डोयूरोपियन परिवार की भारतीय और अभारतीय शाखाओं में मुंडारी के इतने शब्दमूल मिलते थे कि आर्य और कोल भाषाओं के सामान्य स्रोत की कल्पना पर विचार किया जा सकता था। कौल्डवेल के समान हौफमन भी सामान्य भाषा तत्वों का एक ही कारण सोच सकते थे—दोनों परिवारों का एक ही स्रोत होगा। उनके साथ वान डेन बोश नाम के दूसरे पादरी काम कर रहे थे। उन्होंने हौफमन को एक शब्द-सूची भेजी थी जिसमें यूरुप की भाषाओं तथा मुंडारी के सामान्य शब्द दिये हुए थे। यूरुप की जिन भाषाओं में उन्हें सामान्य शब्द मिले थे, उनमें ग्रीक, लैटिन जर्मन, अंग्रेज़ी, आइरिश, फ्लेमिश आदि भाषाएँ हैं। हौफमन ने यह सूची एक स्थान पर उद्धृत की है और एक टिप्पणी में उन्होंने मूल ध्वनि **स्** के **क्** और **ह्** में परिवर्तित होने की बात कही है। मुंडारी में **हृदय** के लिए **सुर्द्** या **सुरुद्** शब्द है। लैटिन में **कोर्**, **कोर्दिस्**, जर्मन में **हर्त्स्** और अंग्रेज़ी में **हार्ट** इसके प्रतिरूप हैं। यह स्वीकार करके कि मुंडारी भाषा का शब्द लैटिन और जर्मन रूपों से सम्बद्ध है, उन्होंने लिखा कि मुंडारी भाषा का आदिस्थानीय **स्** लैटिन में **क्** तथा जर्मन समुदाय में **ह्** हो जाता है। वह इन

शब्दों के साथ **श्रद्धा के श्रद्** **और हृदय** को भी जोड़ सकते थे। भारतीय सकार यूरुप की किसी भाषा में **क्** अथवा **ह्** रूप में ग्रहण किया जाता है, यह स्थापना बड़े महत्व की थी। द्रविड़ भाषाओं की अपेक्षा कोल परिवार पर बहुत कम काम हुआ है। स्वभावतः यूरुप की भाषाओं से कोल परिवार के सम्बन्ध पर किसी ने विशेष ध्यान नहीं दिया।

आचार्य किशोरीदास वाजपेयी का हिन्दी शब्दानुशासन ग्रन्थ देखकर डा. सुनीतिकुमार चाटुर्ज्या ने उन्हें लिखा था कि इसकी स्थापनाएँ मान ली जायँ तो अब तक भाषाविज्ञान की जो प्रचलित मान्यताएँ रही हैं, उन्हें छोड़ना होगा। यह बात सही होगी पर यह तथ्य ध्यान देने योग्य है कि ऐतिहासिक भाषाविज्ञान की अनेक मान्यताएँ बदलती रही हैं और यदि वे पूर्वकाल में परिवर्तित हुई हैं तो वर्तमान और भविष्य में भी हो सकती हैं। जो नई स्थापना आये, उसका विवेकपूर्ण परीक्षण करना चाहिए, आवश्यकता हो तो पुरानी 'वैज्ञानिक' मान्यता को बदलना चाहिए। विज्ञान जड़ नहीं है और प्रत्येक वैज्ञानिक स्थापना में परिवर्तन-परिशोधन की गुंजाइश हो सकती है।

किसी समय इस वैज्ञानिक स्थापना पर विद्वानों को दृढ़ विश्वास था कि आदि इन्डोयूरोपियन भाषा की दो शाखाएँ हुईं, एक केन्तुम् वाली पश्चिमी शाखा और दूसरी शतम् वाली पूर्वी शाखा। यद्यपि यूरुप में अल्बानिया की भाषा शतम्वादी है और पूर्वी पश्चिमी का यह भेद खंडित करने के लिए काफी थी, फिर भी उसे अपवाद मानकर विद्वान् पूर्वी पश्चिमी शाखाओं वाले भेद पर डटे रहे। पूर्वी जर्मनी में पहले स्लाव समुदाय की एक शतम्वादी भाषा का चलन था। इसके दस्तावेज सुलभ थे। अल्बानिया की तरह प्राचीन प्रुशियन को भी अपवादों में डाल दिया गया। प्रथम महायुद्ध के दौरान तुर्की के एक गाँव में जब ईसा मसीह से पूर्व दूसरी सहस्त्राब्दी के दस्तावेज प्राप्त हुए, तब पुरानी मान्यताओं में परिशोधन अनिवार्य हो गया। यहाँ की हित्ती भाषा का अध्ययन करने वालों के एक दल ने आदि इन्डोयूरोपियन भाषा के बदले आदि इन्डोहित्ताइत भाषा की कल्पना की। इसकी दो शाखाएँ हुईं, एक हित्ती, दूसरी इन्डोयूरोपियन, और फिर इस इन्डोयूरोपियन से केन्तुम्-शतम् शाखाएँ, उनकी प्रशाखाएँ फूटीं। इस धारणा के मुख्य समर्थक अमरीकी विद्वान् स्टुर्टेवेन्ट हैं। ऐतिहासिक भाषाविज्ञानियों में यह दल अल्पसंख्यक है। बहुसंख्यक दल ने आदि इन्डोयूरोपियन भाषा की स्थापना तो नहीं छोड़ी पर उसकी पूर्वी पश्चिमी शाखाओं के बारे में जो कल्पना की गई थी, उसमें परिवर्तन की आवश्यकता उसने स्वीकार की। इस मत का प्रतिनिधित्व करने वाले एक विद्वान् बरो हैं। **संस्कृत** नामक ग्रन्थ में उन्होंने लिखा है : तुखारी और हित्ती भाषाओं का पता लगने से पहले इस धारणा का चलन था कि केन्तुम्-सतम् भेद पश्चिमी तथा पूर्वी इन्डोयूरोपियन का भेद है। यह भी माना जाता था कि सतम् भाषाओं की तरह केन्तुम् भाषाओं का भी एक संयुक्त समुदाय था। यह धारणा कभी भी पूरी तरह सन्तोषजनक नहीं थी। ग्रीक तथा पश्चिमी इन्डोयूरोपियन भाषाओं के बीच में अल्बानिया आ जाता है। इसके सिवा ग्रीक भाषा तथा पश्चिमी इन्डोयूरोपियन भाषाओं में

कोई खास समानताएँ नहीं हैं, इसके विपरीत ऐसी समानताएँ सतम् भाषाओं से हैं। तुखारी और हित्ती असंदिग्ध रूप से केन्तुम् भाषाएँ थीं। इनका पता लगने से पूर्व-पश्चिम वाले विभाजन की बात करना अब असम्भव हो गया, और यह भी स्पष्ट हो गया कि केन्तुम् समुदाय जैसा कोई संयुक्त भाषा-समुदाय नहीं था। केन्तुम् भाषाएँ मूल तालव्य क्, ग्, घ् को सुरक्षित बनाये हैं। यह समानता उनमें है पर भाषाविज्ञान का यह सुपरिचित सिद्धान्त है कि इस तरह की विशेषताओं का सुरक्षित बना रहना अनिवार्यतः यह सिद्ध नहीं करता कि वे भाषाएँ या बोलियाँ एक दूसरे से घनिष्ठ रूप में सम्बन्धित हैं।

बरो इस पुरानी मान्यता पर आरूढ़ हैं कि संस्कृत **शतम्** का **श्** मूलतः तालव्य **क्** था। इस तालव्य **क्** को केन्तुम् भाषाएँ सुरक्षित बनाये रहीं यद्यपि इस ध्वनि के उच्चारण में कोई तालव्य लक्षण नहीं है, पहले कभी था इसका प्रमाण नहीं है। पर वे यह मानने पर बाध्य हैं कि केन्तुम्-शतम् विभाजन अब पूर्वी-पश्चिमी शाखाओं का विभाजन नहीं माना जा सकता। भारत के उत्तर में तुखारी, भारत के पश्चिम में और यूनान के पड़ोस में हित्ती शतम् शाखा के प्रसार-क्षेत्र को खंडित करती हैं। अतः बरो ने यह माना कि इन्डोयूरोपियन भाषा परिवार में एक केन्द्रीय समुदाय (सेन्ट्रल ग्रुप) है और उसके सीमान्तों पर चार अन्य भाषा-समुदाय हैं। यह केन्द्रीय समुदाय कौन-सा है? यह केन्द्रीय समुदाय वही है जिसे शतम् शाखा कहा जाता है। ऊपर से देखने में यह कोई महत्वपूर्ण परिवर्तन न हुआ, शतम्-केन्तुम् का भेद बना रहा, तालव्य **क्** से शतम् शाखा के सकारों का विकास मान्य रहा, आदिभाषा वाली स्थापना अडिग रही। वास्तव में यहाँ इन्डोयूरोपियन परिवार की भाषाओं का आपसी सम्बन्ध मूलतः बदल गया है। इस परिवार के 'केन्द्र' में केन्तुम् समुदाय के स्थान पर शतम् समुदाय प्रतिष्ठित हो गया है। इस शतम् समुदाय के मुख्य केन्द्र यूरुप में नहीं एशिया में हैं, एशिया में इनका प्रमुख केन्द्र भारत है। अतः भाषा-तत्वों के प्रसार-केन्द्रों का अध्ययन करते समय परिप्रेक्ष्य ही बदल गया, अनुसन्धानकर्ता का दृष्टिकोण ही बदल गया। बरो ने पुराने ढाँचे में थोड़ी-सी तब्दीली करके उसमें नये तथ्य जमा देने का प्रयत्न किया। पर वह ढाँचा ऐसा है कि उसमें थोड़ी तब्दीली करने पर आमूल परिवर्तन अनिवार्य हो जाता है।

बरो ने जिन चार सीमान्त भाषा-समुदायों (पॅरीफॅरल् डायलेक्ट-ग्रूप्स) का उल्लेख किया है, वे इस प्रकार है: (१) पश्चिम इन्डोयूरोपियन समुदाय जिसमें इतालिक, केल्तिक और जर्मनिक हैं; (२) ग्रीक जो केन्द्रीय समुदाय से विशेष सम्बन्ध व्यक्त करती है; (३) पूर्वी इन्डोयूरोपियन जो तुखारी के रूप में बच रही है; (४) हित्ती तथा लघु एशिया की अन्य इन्डोयूरोपियन भाषाएँ जो मूल स्रोत से सर्वप्रथम विलग हुई थीं।

इस वर्गीकरण में तुखारी और हित्ती को सीमान्त भाषाएँ कहा गया है। पर वह केन्द्र कहाँ है जिसे देखते ये सीमान्त भाषाएँ कही जा सकती हैं? इस प्रश्न का स्पष्ट उत्तर बरो की पुस्तक में नहीं है। इन्डोयूरोपियन परिवार की जो भाषाएँ यूरुप

और एशिया में इस समय जहाँ बोली जाती हैं, बरो की कल्पना में लगभग वैसी ही स्थिति उनकी उस समय थी जब उनका व्यवहार-क्षेत्र सीमित था। जर्मन भाषा-समुदाय ग्रीक क्षेत्र के उत्तर में इस समय है, तो पहले भी था; संस्कृत ग्रीक क्षेत्र के पूर्व में इस समय है तो पहले भी थी। केवल संस्कृत का व्यवहारक्षेत्र, बरो के अनुसार, मूलतः बदला हुआ है। आर्य लोगों ने उत्तर पश्चिम से आकर भारत में प्रवेश किया और नया भाषा-क्षेत्र स्थापित किया। बरो कहते हैं कि इन्डोयूरोपियन भाषाओं का ऐतिहासिक वितरण उनके वर्गीकरण के अनुरूप है किन्तु संस्कृत के सम्बन्ध में यह अपवाद है कि अपेक्षाकृत बाद के समय में आर्यगण इन्डोयूरोपियन भाषा-क्षेत्र से हटकर धुर पूर्व में आकर बस गये। इस बाद वाले समय से पहले, बरो के अनुसार, आदिम इन्डोईरानियन भाषा की स्थिति बहुत कुछ केन्द्रीय रही होगी। यह समुदाय शतम् वर्ग की बोलियों के सीधे सम्पर्क में था। उसके पूर्व में इन्डोयूरोपियन का वह रूप था जो अन्ततः चीनी तुर्किस्तान की तुखारी बोली बना। इस समुदाय से बाल्तो-स्लावोनिक वर्ग का जो विशेष सम्बन्ध है, उस पर ध्यान दें तो इस केन्द्रीय समुदाय की भौगोलिक स्थिति और भी निश्चित की जा सकती है। बाल्त और स्लाव गण अपने प्राचीनतम लिखित इतिहास में जहाँ बसे हुए बताये गये हैं, वहाँ से वे दूर चले गये होंगे, इसकी सम्भावना कम है। अतः इन्डोईरानियन का मूल भौगोलिक क्षेत्र बाल्त स्लाव भूमि खंड के दक्षिण पूर्व में रहा होगा, इसकी सम्भावना बहुत बढ़ जाती है।

बाल्त-स्लाव प्रदेश का दक्षिण पूर्वी क्षेत्र भारत के आसपास माना जा सकता है। 'दक्षिण पूर्वी' में, दक्षिण की तुलना में, पूर्व पर अधिक बल देना होगा। बाल्त-स्लाव गणों का लिखित इतिहास जितना प्राचीन है, उससे अधिक प्राचीन भारतीय आर्य गण का ऋग्वेद है जो स्वयं इतिहास नहीं, तो इतिहास की स्रोत सामग्री का भंडार अवश्य है। पर यह सारी तर्कना इस कल्पना पर आधारित है कि जिसके पूरब-पच्छिम में इन्डोयूरोपियन भाषा-समुदाय पहले थे, उसके पूरब-पच्छिम में आज भी हैं, केवल उनका व्यवहारक्षेत्र बढ़ गया है। यह आवश्यक नहीं है कि किसी केन्द्र से चारों ही दिशाओं में भाषा तत्वों का प्रसार हो। अंग्रेज़ी भाषा अमरीका और आस्ट्रेलिया में पहुंच गई है। उसका प्रसार केन्द्र इंग्लैंड था। इंग्लैंड के उत्तर में उसका कितना प्रसार हुआ है? निकटवर्ती यूरुप में उसका व्यवहार-क्षेत्र कितना है? रूसी भाषा अपने मूल क्षेत्र से पूरब की ओर साइबेरिया तक फैलती चली गई है, पश्चिमी यूरुप में उसका कितना प्रसार हुआ है? अतः बरो ने जिस कल्पना के आधार पर इन्डो-ईरानियन का आदि क्षेत्र निश्चित किया है, और उस केन्द्र के पूरब, पच्छिम, उत्तर, दक्खिन में जो सीमान्त माने हैं, उनका कोई पुष्ट आधार नहीं है।

यदि आर्य गण-भाषाओं का केन्द्र मध्यदेश माना जाय तो भारत-ईरानी शाखा का कल्पित केन्द्रीय क्षेत्र सीमान्त प्रदेश दिखाई देने लगेगा। इस मध्य देश के पूर्व में नाग भाषाएँ हैं। विन्ध्याचल के दक्षिण में द्रविड़ भाषाएँ आदिकाल से बोली जाती रही हों, चाहे द्रविड़गण वहाँ बाद में आकर बसे हों, यह निश्चित है कि जिस समय ग्रीक, लैटिन, जर्मन आदि भाषाओं का निर्माण हो रहा था, उस समय दक्षिण भारत जनशून्य

नहीं था। किन्तु आर्य गण-भाषाओं का एक केन्द्र नहीं है, अनेक केन्द्र हैं, उन प्राचीन केन्द्रों की विशिष्टता और विविधता मगध से लेकर पठानों के देश तक आज भी दिखाई देती है। वृहत्तर भारत के किसी एकमात्र केन्द्र से भाषा तत्वों का निर्यात नहीं हुआ। इसीलिए यूरुप की भाषाओं से भारतीय आर्य भाषाओं की समानता अनेक प्रकार की है, अनेक स्तरों की है, यह समानता अलग-अलग आर्य भाषाओं को लेकर बंटी हुई है, यद्यपि मध्यदेशीय आर्य भाषाओं की भूमिका यहाँ निर्णायक है। भारत में जो अन्य भाषा-परिवार थे, उनके चिन्ह निर्यात किये हुए भाषा तत्वों में विद्यमान हैं। स्वयं भारत में जिन भाषा परिवारों का भौगोलिक क्षेत्र इस समय जैसा दिखाई देता है, पहले भी वैसा ही नहीं था। उत्तराखंड में नाग-द्रविड़-कोल बस्तियाँ थीं। चीनी तुर्किस्तान नाग-क्षेत्र है, पहले था, अब भी है। वहाँ आर्य भाषा तुखारी का व्यवहार होता था। शतम् समुदाय से भिन्न यह इन्डोयूरोपियन की पूर्वी शाखा है, यह कहने से पहले उसके व्यवहारक्षेत्र की नाग भाषाओं की विशेषता पहचानना चाहिए। यदि भारत के पूर्वी सीमान्त पर नाग भाषाएँ तालव्य श् को क् रूप में ग्रहण करती हों, तो यह मानना चाहिए कि तुखारी में केन्तुम् शाखा के लक्षण नाग भाषाओं की देन है।

आर्य गण भाषाओं के निर्माण में मध्यदेश की भूमिका निर्णायक है किन्तु वह भाषा तत्वों का मुख्य प्रसार केन्द्र नहीं है। मुख्य प्रसार केन्द्र उत्तराखंड है जो द्रविड़-कोल गणों के साथ नाग जन-संकुल है। इस केन्द्र से होते हुए जो मध्यदेशीय भाषा तत्व पश्चिमी एशिया अथवा लघु एशिया पहुँचते हैं, वे नाग प्रभाव लिये होते हैं। हित्ती, ग्रीक, लैटिन और पश्चिमी यूरुप की अन्य भाषाओं में इसी कारण वे लक्षण दिखाई देते हैं जो नाग क्षेत्र की आर्य भाषा तुखारी में है। इससे भिन्न जो तत्व मध्य और पश्चिमी एशिया में नागेतर क्षेत्रों के आर्य केन्द्रों से पहुंचते हैं, उनमें मध्यदेश की आर्य भाषाओं के प्राचीन लक्षण अधिक सुरक्षित हैं। ये तत्व एक ओर ईरान, आर्मीनिया में दिखाई देते हैं, दूसरी ओर इनका प्रसार पूर्वी यूरुप में होता है और इस कारण अल्बानिया, पूर्वी जर्मनी शतम् समुदाय के केन्द्र हैं या पहले कभी थे। भारत के पूरे भाषाई परिवेश को ध्यान में रखते हुए जब हम विभिन्न इन्डोयूरोपियन भाषा-समुदायों के आपसी सम्बन्धों पर विचार करते हैं, तब उक्त स्थापना पुष्ट होती है, ध्वनि-परिवर्तन से लेकर व्याकरण-सम्बन्धी समानता और भिन्नता के कारण समझ में आने लगते हैं। ईरानी भाषाओं का क्षेत्र वर्तमान ईरान तक सीमित नहीं है। पामीर से लेकर कोहकाफ तक इसका विस्तार है। आर्मीनिया की भाषा के अलावा इराक और तुर्की के उत्तरी पार्वतीय प्रदेशों में रहने वाले कुर्द गणों की भाषा ईरानी समुदाय से मिलती-जुलती है। स्वभावतः स्लाव तथा ग्रीक समुदायों से ईरानी समुदाय का घनिष्ठ सम्बन्ध है और ईरानी समुदाय का घनिष्ठ सम्बन्ध भारतीय आर्य भाषाओं से है।

बरो कहते हैं कि पश्चिमी इन्डोयूरोपियन भाषाओं—इतालिक, केल्तिक और जर्मैनिक—के शब्द-भंडार और व्याकरण में कुछ सामान्य विशेषताएँ हैं। इतालिक और केल्तिक समुदाय एक दूसरे के अधिक नजदीक हैं यद्यपि दोनों को किसी एक सामान्य इतालिक-केल्तिक भाषा से उत्पन्न नहीं माना जा सकता। इनसे जर्मैनिक

समुदाय का सम्बन्ध निश्चित है पर शिथिल है। उधर उसके कुछ विशेष सम्बन्ध स्लावोनिक से हैं, इसके अलावा सामान्य रूप में केन्द्रीय समुदाय से भी हैं। बरो की इस टिप्पणी से ज्ञात होगा कि शाखाओं वाला विभाजन कितना भ्रामक हो सकता है। अनेक गण-समुदाय हैं, उनकी भाषाओं के परस्पर सम्बन्ध अनेक प्रकार के हैं।

यूरुप की संस्कृति का प्राचीनतम स्रोत यूनान माना जाता है। भाषा के विचार से प्राचीन यूनान तथा यूरुप—विशेषत: पश्चिमी यूरुप—के बीच किस तरह का सम्बन्ध है? क्या प्राचीन ग्रीक को यूरोपियन भाषा कहा जा सकता है?

इस सन्दर्भ में बरो ने लिखा है कि ग्रीक में केन्तुम् समुदाय से घनिष्ठ सम्बन्ध के कोई लक्षण नहीं हैं। इसके विपरीत उसका घनिष्ठतम सम्बन्ध शतम् भाषाओं से—विशेषत: इन्डोईरानियन और आर्मीनियन से—प्रतीत होता है। संस्कृत के तुलनात्मक व्याकरण पर दृष्टिपात करते ही विदित हो जाता है कि इन्डोईरानियन से बाहर किसी भी भाषा से संस्कृत की इतनी समानताएँ नहीं हैं जितनी ग्रीक से हैं। विशेष रूप से क्रिया रूपों के निर्माण में बहुत बड़ी समानता है। इन दोनों भाषाओं के दस्तावेज बहुत पुराने हैं, इसलिए भी ऐसी समानताएँ झलकती हैं किन्तु कुछ सामान्य लक्षणों का उद्भव उत्तर इन्डोयूरोपियन काल का है; मानना चाहिए कि ये लक्षण आदिकाल के नहीं हैं, उत्तरकाल में ग्रीक तथा इन्डोईरानियन ने सामान्य रूप से इनका सृजन किया है। दूसरी ओर शतम् समुदाय में जो विशिष्ट ध्वनि-परिवर्तन हुए हैं, वे ग्रीक भाषा में नहीं हैं। अत: निष्कर्ष यह निकलता है कि जिस मूल इन्डोयूरोपियन बोली के आधार पर ग्रीक भाषा का निर्माण हुआ है, वह केन्द्रीय बोलियों के समुदाय के घनिष्ठतम सम्पर्क में थी किन्तु यह सम्पर्क शतम् समुदाय में होने वाले ध्वनि-परिवर्तनों से पहले टूट गया था।

बरो के उक्त विवेचन में इन्डोयूरोपियन युग को पूर्व और उत्तर कालों में बाँटा गया है। एक तरह से यह इन्डोयूरोपियन भाषाओं के विकास की विभिन्न मंज़िलें स्वीकार करने के समान हैं। इसके सिवा यह माना गया है कि ग्रीक भाषा केन्द्रीय समुदाय से सम्बद्ध है। वह केन्तुम् समुदाय में केवल इसलिए शामिल की जाती है कि उसमें तालव्य श् का अभाव है, अत: शतम् समुदाय के कल्पित ध्वनिपरिवर्तनों से वह मुक्त है। वह व्याकरण और शब्द-भंडार की दृष्टि से शतम् समुदाय—और इस समुदाय में संस्कृत—से अभिन्न रूपेण सम्बद्ध है। पश्चिमी यूरुप की भाषाएँ केन्द्रीय समुदाय के विचार से सीमान्त भाषाएँ हैं। उनसे ग्रीक भाषा का निकट सम्बन्ध नहीं है। अत: जिस अर्थ में जर्मन या अंग्रेज़ी यूरोपियन भाषाएँ हैं, उस अर्थ में ग्रीक यूरोपियन भाषा नहीं है।

इन्डोयूरोपियन समुदाय के केन्द्र में ग्रीक और संस्कृत हैं। इस धुरी के चारों ओर अन्य भाषाओं का चक्र घूमता है। तुखारी भाषा को बरो पूर्वी सीमान्त की भाषा मानते हैं। पश्चिमी छोर पर केल्तिक, जर्मैनिक आदि हैं। इस मानचित्र में बरो जिसे आदि जननी भाषा कहेंगे, वह केन्द्रीय समुदाय की आदि जननी भाषा होगी ("...the parent dialect of Indo Iranian was originally a central dialect")। बरो

के अनुसार इन्डोईरानियन की जननी भाषा मूलतः एक केन्द्रीय बोली थी। अर्थात् जिस केन्द्रीय भाषा से तमाम इन्डोयूरोपियन भाषाओं का जन्म हुआ है, उसका सीधा और निकटतम सम्बन्ध भारत-ईरानी शाखा से है। बरो ने इन्डोईरानियन की जननी भाषा का उल्लेख किया है, ग्रीक और इन्डोईरानियन घनिष्ठ रूप से सम्बद्ध हैं, अतः वह ग्रीक की भी जननी भाषा होगी। तुखारी और केल्तिक आदि सीमान्तों पर हैं, अतः इस केन्द्रीय भाषा को ही उन सभी की जननी भाषा कहा जायगा। ये स्थापनाएँ उस धारणा के बहुत निकट हैं जिसके अनुसार इन्डोयूरोपियन परिवार के निर्माण में भारतीय आर्य भाषाओं की भूमिका सर्वाधिक महत्वपूर्ण है।

हित्ती और उससे सम्बन्धित भाषाओं के बारे में बरो का कहना है कि मूल इन्डोयूरोपियन समवाय से इनका बिलगाव सबसे पहले हुआ था। इन भाषाओं की जानकारी से पहले ग्रीक, लैटिन संस्कृत आदि के आधार पर जिस आदि इन्डोयूरोपियन भाषा की कल्पना की गई थी, उससे हित्ती आदि भाषाएँ बहुत भिन्न हैं। भारत के भाषावैज्ञानिकों ने हित्ती पर बहुत कम ध्यान दिया है। उनके लिए १९वीं सदी में तुलनात्मक विश्लेषण के आधार पर आदि भाषा का जो रूप रचा गया था, वह अब भी अक्षुण्ण बना हुआ है। वे समझते हैं कि पुराने ऐतिहासिक भाषाविज्ञान में जहाँ-तहाँ छोटी-मोटी बातें जोड़ी जा सकती हैं, मूल मान्यताओं में और विश्लेषण की पद्धति में कोई परिवर्तन आवश्यक नहीं है। किन्तु १९वीं सदी के विद्वानों ने तुलनात्मक विवेचन करके आदि इन्डोयूरोपियन भाषा का जो रूप स्थिर किया था, वह हित्ती की जानकारी के बाद ढह गया है। हित्ती में एक ख् ध्वनि है जो अंग्रेज़ी वर्णमाला के ऐच् वर्ण के नीचे अर्धचन्द्र लगाकर व्यक्त की जाती है। अन्य भाषाओं के प्रतिरूपों में यह ध्वनि नहीं है। ध्वनितन्त्र के जो अटल नियम बनाये गये थे, उनमें आमूल परिवर्तन आवश्यक हो गया। काकल्य ध्वनियों को लेकर बहुत-सा साहित्य रचा गया, उसका एक विशेष वर्ग ही बन गया। इसके सिवा व्याकरण-सम्बन्धी विशेषताएँ हैं। स्त्रीलिंग के भेद का विकास नहीं हुआ। संस्कृत की तुलना में संज्ञा शब्दों का रूप-विन्यास बहुत सरल है। बरो कहते हैं कि यह समझने का कोई कारण नहीं कि पहले रूप-विकार में विविधता थी और हित्ती ने उसे खो दिया। संस्कृत की तुलना में आधुनिक भाषाएँ जहाँ भी क्रिया-संज्ञा-रूपों में सरल दिखाई देती हैं, विद्वान् मान लेते हैं कि इन्होंने पुरानी सम्पदा खो दी है और यह ह्रास का लक्षण है। पर वैसी ही सरलता यदि हित्ती में दिखाई दे तो उसे भी सम्पदा का विनाश और ह्रास कहने का साहस उन्हें नहीं होता। ग्रीक और संस्कृत के आधार पर भाषाविज्ञानियों ने आदिम इन्डोयूरोपियन भाषा के क्रिया रूपों का चित्र बनाया था। हित्ती भाषा के क्रिया रूप उस चित्र से बहुत भिन्न हैं। हित्ती ने क्रिया रूपों को खोया नहीं, और उसके क्रिया रूप उस कल्पित चित्र से मिलते नहीं हैं, इससे एक ही निष्कर्ष निकलता है कि तुलनात्मक विश्लेषण की पद्धति से पुराने रूपों का जो चित्र बनाया गया था, वह गलत था। ऐतिहासिक भाषाविज्ञान की आधारभूत मान्यताओं में इससे बड़ा परिवर्तन और क्या हो सकता है? भारत के भाषाविज्ञानी उसकी तरफ से बेखबर रहें तो यह उनके वैज्ञानिक

होने का प्रमाण नहीं है।

हित्ती की जानकारी से जो परिस्थिति उत्पन्न हुई, उससे कुछ लोगों ने पूर्व मान्यता को पूरी तरह बदल दिया। आदि इन्डोयूरोपियन के बदले उन्होंने आदि इन्डो-हित्ताइत की कल्पना की। इसकी दो शाखाएँ हुईं, हित्ती और इन्डोयूरोपियन। इन्डो-यूरोपियन शाखा का वह सारा विकास क्रम स्थिर रहा जो १९वीं सदी में कायम किया गया था। केवल जो पहले आदि इन्डोयूरोपियन भाषा थी, वह अब स्वयं एक आदि भाषा की शाखा बन गई। बरो इस इन्डोहित्ताइत आदि भाषा की धारणा को अस्वीकार करते हुए इन्डोयूरोपियन को दो हिस्सों में अथवा दो मंजिलों में बाँट देते हैं। पहली मंजिल में हित्ती शेष समुदाय से अलग नहीं हुई, दूसरी मंजिल में वह अलग हो गई। उन्होंने लिखा है : "महत्वपूर्ण भेद अब [अर्थात् हित्ती की जानकारी के बाद] यह है कि आदिम इन्डोयूरोपियन की ही धारणा को लेकर विवेचन करने के बदले अब हमें प्राचीन तथा उत्तरकालीन इन्डोयूरोपियन में भेद करना होगा। प्राचीन इन्डो-यूरोपियन उस समय की है जब हित्ती अलग न हुई थी। उत्तरकालीन इन्डोयूरोपियन में विकास की कुछ ऐसी विशेषताएँ हैं जो निश्चित की जा सकती हैं, इस विकास में विभिन्न बोलियाँ साथ-साथ विकसित होती हुई क्रमशः विभिन्न भाषाओं का रूप लेने लगती हैं।" यहाँ शब्दों का हेरफेर ही अधिक है, मूल स्थापना में अन्तर कम है। इन्डोहित्ताइत और इन्डोयूरोपियन, ये दो मंजिलें हुईं; इनके बदले, बरो के अनुसार, प्राचीन इन्डोयूरोपियन और उत्तरकालीन इन्डोयूरोपियन, ये दो मंजिलें हुईं। बरो ने हित्ती की विशेषताओं को ध्यान में रखते हुए प्राचीन इन्डोयूरोपियन भाषा का रूप निश्चित करने का प्रयत्न नहीं किया। संस्कृत पर उनकी पुस्तक मूलतः इन्डोयूरोपियन परिवार की पुरानी कल्पना पर आधारित है।

ऐतिहासिक भाषाविज्ञान के लिए हित्ती का महत्व युगान्तरकारी है, अतः उस पर संक्षेप में अलग से विचार कर लेना उचित होगा।

२. हित्ती

हित्ती भाषा के विशेषज्ञ स्टुर्टेवैन्ट ने इस भाषा के व्याकरण पर अपनी पुस्तक में लिखा है कि आधुनिक तुर्की में जहाँ बोगाज़कोय गाँव है, वहाँ दूसरी सहस्राब्दी में हित्तियों की प्राचीन राजधानी उरु हतुसस् थी। यहाँ जो दस्तावेज मिले, वे विधि-व्यवस्था, राजाज्ञापत्रों, सन्धियों, धार्मिक आचार, औषधि-उपचार आदि से सम्बन्धित हैं। इनका समय १७०० से १२०० ई० पूर्व तक है। यहाँ हित्ती के अलावा अन्य भाषाएँ भी बोली जाती थीं। यहाँ हुर्री जाति के लोग रहते थे जिन पर भारतीय उद्भव का अभिजात वर्ग शासन करता था अथवा यह हुर्री जाति उस तरह के अभिजात वर्ग से बहुत प्रभावित थी। इसी कारण सीरिया (साम) और उत्तरी मेसोपोटामिया (इराक) में दूसरी सहस्राब्दी ई० पू० के मध्य में बहुत से संस्कृत नाम पाये जाते हैं। अश्वारोहण-कौशल से सम्बन्धित दस्तावेजों में भारतीय शब्द मिलते हैं, मितन्नी नाम की जाति से जो सन्धि की गई थी, उसमें वैदिक देवताओं के नाम मिलते हैं। कुछ विद्वानों के

अनुसार इन हित्तियों ने लघु एशिया में पूर्व की ओर से प्रवेश किया था।

हित्ती शब्द हीब्रू भाषा का है। मूल शब्द **हत्ती** या **हत्ति** था। यह संस्कृत **हस्ति** से बहुत मिलता-जुलता है और **हस्तिनापुर** की याद दिलाता है जिसमें **ना** सम्बन्ध कारक का चिन्ह है; **हस्तिनापुर** का अर्थ होगा हस्तिगण का पुर। भारत में कुछ गण-समाजों के लिए हाथी एक पवित्र पशु था, उनका गण चिन्ह अथवा गण प्रतीक था, यह गणेश की उपासना से सिद्ध है। हस्तिनापुर में हस्तिगण रहता था या नहीं, इस गण से लघु एशिया के हत्तियों का सम्बन्ध है या नहीं, यह सब अभी कल्पना-मात्र है, विवेचन के लिए प्रमाणों का अभाव है। जो बात निश्चित है, वह यह कि हित्तियों के दस्तावेजों में उन वैदिक देवताओं का उल्लेख है जिनका नाम उस ग्रीक भाषा में नहीं है जो हित्ती की अपेक्षा संस्कृत से बहुत मिलती-जुलती है।

स्टुर्टेवैन्ट के अनुसार दो तरह के हत्ती थे। एक मूल निवासी और दूसरे बाहर से आकर वहाँ बस जाने वाले। उन्होंने लिखा है कि मूल हत्ती लघु एशिया के निवासी थे। बाद वाले हित्तियों ने उनका नाम अपना लिया, उनके कुछ देवताओं को अपने देवमण्डल में मिला लिया और उनकी राजधानी हन्तुस् या खन्तुस् पर अधिकार कर लिया। मूल हत्तियों की भाषा से हित्ती दस्तावेजों में जहाँ-तहाँ अनुवाद किया गया है।

हित्ती के साथ उससे मिलती-जुलती जो अन्य भाषाएँ वहाँ बोली जाती थीं, उनमें एक भाषा लुवियन थी। इसकी एक रोचक विशेषता यह थी कि सम्बन्ध कारक के बदले अधिकार सूचक विशेषण का प्रयोग होता था। यह विशेषण लिंग-वचन में विशेष्य के अनुरूप होता था। यह विशेषता सुमेरियन भाषा में भी थी और सुमेरियन का क्षेत्र हित्तियों के पड़ोस में था। सुमेरियन भाषा ज्ञात भाषा-परिवारों से भिन्न मानी जाती है, फिर भी उसमें तथा आर्य भाषाओं में अनेक समानताएँ हैं। सुमेरियन, लुवियन, और हिन्दी जैसी आधुनिक आर्य भाषाओं में यह समानता है कि सम्बन्ध कारक विशेषण के समान प्रयुक्त होता है और उसी की तरह रूप बदलता है।

पलाइक, लिकियन, लीदियन आदि कुल मिलाकर यहाँ की छह भाषाओं का पता लगा है जिन्हें एक सामान्य नाम अनातोलियन दिया गया है। इनके साथ कुछ लोग फ्रिजियन भाषा का उल्लेख करते हैं। फ्रिजिया का ग्रीक उच्चारण फ्रुगिआ होगा और डा० सुनीतिकुमार चाटुर्ज्या ने इसका सम्बन्ध संस्कृत गोत्रनाम **भृगु** से जोड़ा है। स्टुर्टेवैन्ट ने आदि इन्डोहित्ताइत भाषा की कल्पना की, इसकी एक शाखा आदि इन्डोयूरोपियन हुई, दूसरी शाखा आदि अनातोलियन हुई। इस दूसरी शाखा के अन्तर्गत ये सब भाषाएँ तथा हित्ती परिगणित हुईं। इस विभाजन में हित्ती भाषा भारतीय आर्य भाषाओं से बहुत दूर जा पड़ती है तथा ग्रीक भाषा अनातोलियन समुदाय से दूर जा पड़ती है। बरो और स्टुर्टेवैन्ट के वर्गीकरण में दो बातें सामान्य हैं। ये लोग ध्वनि-तन्त्र, शब्द निर्माण प्रक्रिया और व्याकरण रूपों के क्रमिक विकास पर बहुत कम ध्यान देते हैं, वृहत्तर भाषाई परिवेश की ओर भी कम ध्यान देते हैं।

हित्ती के ध्वनितन्त्र में सबसे महत्वपूर्ण विशेषता महाप्राण ध्वनियों का अभाव है। स्टुर्टेवैन्ट ने लिखा है कि सभी अनातोलियन भाषाएँ ऐसी हैं जिनमें महाप्राण और

अल्पप्राण ध्वनियों का भेद नहीं है। यह बात काफी आश्चर्यजनक है क्योंकि इन्डो-यूरोपियन परिवार की अधिकांश भाषाएँ ऐसी हैं जिनमें कोई न कोई महाप्राण ध्वनि है। यह हो सकता है कि जो महाप्राण ध्वनियाँ हों, वे अवरोधी न होकर संघर्षी हों। हित्ती में जिस ध्वनि को अंग्रेज़ी के **ऐच्** अक्षर के नीचे अर्धचन्द्र लगाकर सूचित किया जाता है, वह निस्सन्देह संघर्षी थी। स्टुर्टेवैन्ट ने संघर्षी क़् या ग़् में भेद दिखाया है। हित्ती भाषा में सघोष ध्वनियाँ थीं या नहीं, यह स्वयं विवादास्पद प्रश्न है। ऐच् वाला चिन्ह कितनी ध्वनियों का सूचक है, इस बारे में अनेक मत हैं। यह सम्भव है कि लैटिन के समान हित्ती में एक ही संघर्षी महाप्राण ध्वनि हो और वह सघोष महाप्राण तथा अघोष महाप्राण दोनों ध्वनियों वाले शब्दों के प्रतिरूपों में काम आती हो। हित्ती में **ह्** ध्वनि का अभाव है। अतः आर्य भाषाओं से प्राप्त ह् ध्वनि वाले शब्दों में भी उसी चिन्ह का व्यवहार होगा।

संस्कृत में एक शब्द है **पृथु** जिसका अर्थ है चौड़ा, विशद। हित्ती में इसका प्रतिरूप है **पल्ख़िस्**। यहाँ जिस ध्वनि के लिए **ख़्** लिखा गया है, यह संघर्षी **थ़्** हो सकती है। यह भी सम्भव है कि संघर्षी थ़् के लिए ख़् ध्वनि का ही प्रयोग होता हो। संस्कृत **भर्ग** (प्रकाशमान, श्वेत) का हित्ती प्रतिरूप **ख़र्किस्** है। यहाँ जिस ध्वनि के लिए **ख़्** लिखा गया है, वह संघर्षी फ़् हो सकती है। तमिल **कन्** (चमकना, गरम होना) और संस्कृत **कम्** (उप०) का हित्ती प्रतिरूप **ख़न्तइस्** (ऊष्मा) है। यहाँ सम्भव है अवरोधी **क्** संघर्षी **ख़्** रूप में ग्रहण किया गया हो। संस्कृत सारस का हित्ती प्रतिरूप **ख़रस्** (बाज) है। यहाँ **स्** ध्वनि **ख़्** में परिवर्तित है। संस्कृत **अस्थि** के हित्ती प्रतिरूप **ख़स्तइ** (कंकाल) में **ख़्** या तो ह् के बदले प्रयुक्त हुआ है या **कस्ति** रूप के अवरोधी **क्** के लिए जो **ख़्** में बदल गया था। अनेक ध्वनियों के प्रतिरूप के लिए एक ही ध्वनि चिन्ह का व्यवहार हो तो भाषा के ध्वनितन्त्र की छानबीन करने में कठिनाई होंगी ही। दो बातें निश्चित हैं। पहली यह कि द्रविड़ भाषाओं के समान हित्ती में महाप्राण ध्वनियों की कमी है; दूसरी यह कि नाग भाषाओं के समान इसमें अनेक संघर्षी ध्वनियाँ हैं। **ख़्** के अलावा एक ध्वनि **त्स्** है जिसे अंग्रेज़ी में **ज़ेड्** अक्षर द्वारा सूचित करते हैं। **अकुवन्त्सि** का अर्थ है वे पीते हैं; यह रूप संस्कृत **पठन्ति** आदि के समान है, केवल **त्** अवरोधी के बदले संघर्षी हो गया है। परिवर्तित ध्वनि को **च्** चिन्ह के द्वारा भी व्यक्त कर सकते हैं। नाग भाषाओं में संघर्षी ध्वनियों की प्रचुरता है, साथ ही महाप्राण ध्वनियाँ भी हैं। अतः सम्भावना यही है कि हित्ती में महाप्राणध्वनियाँ थीं यद्यपि उनकी संख्या बहुत सीमित थी और वे अवरोधी के बदले संघर्षी थीं।

भारतीय भाषाई परिवेश में यदि हित्ती के ध्वनितन्त्र की विशेषताओं पर विचार करें तो प्रतीत होगा कि उसमें **ह्** समेत महाप्राण ध्वनियों का अभाव द्रविड़ प्रभाव का सूचक है। शब्द-भण्डार और व्याकरण-रूपों के विचार से हित्ती निस्सन्देह इन्डोयूरोपियन परिवार की भाषा है किन्तु उसके ध्वनितन्त्र पर द्रविड़ भाषाओं का गहरा प्रभाव दिखाई देता है। स्वयं द्रविड़ भाषाओं में संघर्षीकरण की प्रवृत्ति है। हित्ती और द्रविड़ भाषाएँ दोनों ही नाग भाषाओं से प्रभावित मानी जा सकती हैं। भारतीय

महाप्राण ध्वनियों के रूपान्तरण में यहाँ वही प्रक्रिया दिखाई देती है जो लैटिन में है।

हित्ती भाषा की दूसरी विशेषता सघोष ध्वनियों का अभाव है। स्टुर्टेवैन्ट के अनुसार अनातोलियन भाषाएँ हित्ती समेत सघोष और अघोष ध्वनियों में भेद करती हैं। इसके साथ ही वह यह भी कहते हैं कि लिपिकारों ने **क्-त्-प्** और **ग्-द्-ब्** लिखने में विवेक से काम नहीं लिया। यह एक आश्चर्य की बात है क्योंकि हित्ती के लिए जिस लिपि का उपयोग किया गया है वह सामी भाषा अक्कादी की लिपि है। इस सामी लिपि में सघोष और अघोष ध्वनियों का भेद व्यक्त किया जाता था। उस लिपि काव्यवहार करने वाले हित्ती किसी नियम के अनुसार सघोष-अघोष ध्वनियों का भेद न दिखायें, इसका एक ही कारण हो सकता है कि इस भाषा में इस तरह का भेद महत्वपूर्ण न था। हित्ती की एक पड़ोसी भाषा सुमेरियन थी। इस भाषा के ध्वनितन्त्र के बारे में स्टुर्टेवैन्ट ने लिखा है कि उसमें सघोष-अघोष अवरोधी ध्वनियों में कोई अर्थ-विच्छेदक भेद नहीं था। हित्ती भाषा के दस्तावेजों में कहीं-कहीं सुमेरियन लिपि चिन्हों का व्यवहार किया गया है, इस प्रकार दोनों का सम्पर्क प्रमाणित है। द्रविड़ों के अलावा हित्ती के परिवेश में प्राचीन काल की महत्वपूर्ण भाषा सुमेरियन है। अतः हित्ती में महाप्राणता के साथ सघोषता का अभाव हो या अत्यन्त सीमित व्यवहार होता हो तो यह स्थिति स्वाभाविक होगी।

हित्ती ध्वनितन्त्र की तीसरी विशेषता यह है कि उसमें कोई भी शब्द **र्** या **ल्** ध्वनि से आरम्भ नहीं होता। आर्य भाषा परिवार से भिन्न यह द्रविड़ परिवार, विशेषतः तमिल का स्पष्ट लक्षण है। चौथी विशेषता यह है कि अनेक शब्दों में **त्** ध्वनि **ल्** या **न्** में परिवर्तित होती है। **मधु** शब्द का हित्ती प्रतिरूप **मिलित्** है। यहाँ **ध्** पहले अघोष अल्पप्राण **त्** बना, पुनः **ल्** रूप में उसका कायाकल्प हुआ। यही प्रक्रिया **मधु** के लैटिन प्रतिरूप **मेल्** में दिखाई देती है। हित्ती में एक क्रियामूल **नि** है जिसका सम्बन्ध पीने से है; **निक्** और **त्सि** अर्थात् पी जाना। यह **नि** भारतीय **नीर** से सम्बद्ध है और यह **नीर** मूलतः **तीर्थ** का **तीर** था। **तीर** की मूलक्रिया **ती** हित्ती **नि** में परिवर्तित हुई। **त्** ध्वनि का इस प्रकार **ल्** और **न्** में परिवर्तन द्रविड़ भाषाओं में सामान्य है।

हित्ती ध्वनितन्त्र की पाँचवीं विशेषता यह है कि **श्** ध्वनि वाले अनेक भारतीय शब्दों के हित्ती प्रतिरूपों में **क्** ध्वनि का व्यवहार हुआ है। हृदय के पूर्वरूप **श्रद्** का हित्ती प्रतिरूप **कर्तस्** अथवा **किर्** है। इसी प्रकार संस्कृत क्रिया **शे** (लेटना) का हित्ती प्रतिरूप **कित** है। छठी विशेषता यह है कि नासिक्य ध्वनियों में **म्** की अपेक्षा **न्** का व्यवहार अधिक होता है; भारतीय रूपों में जहाँ **म्** है, वहाँ हित्ती रूपों में बहुधा **न्** दिखाई देता है। नपुंसक लिंग वाले संस्कृत के संज्ञा शब्द जहाँ **म्** का व्यवहार करते हैं, वहाँ हित्ती में **न्** का व्यवहार होता है। यही प्रवृत्ति ग्रीक भाषा में दिखाई देती है। स्वभावतः **म्** ध्वनि वाले सर्वनामों के साथ **न्** ध्वनि वाले सर्वनामों का व्यवहार भी होता है, संस्कृत **मम** और **नः** रूपों के समान। लैटिन के समान **अहम्** का हित्ती प्रतिरूप **एग्** (अथवा **एक्**), **एगोम्** है। कर्मकारक में इसके एकवचन रूप **मे**, **एमे**, **मोइ** हैं। कर्म कारक का बहुवचन रूप **नोस्** तथा तिर्यक् रूप **नो** है। यहाँ **म्** ध्वनि **न्** रूप में अनेक

द्रविड़ भाषाओं के समान ग्रहण की जाती है। हित्ती भाषा की सर्वनाम-व्यवस्था में अनेक स्रोतों से भाषा-तत्व आये हैं; उससे संस्कृत, ग्रीक, द्रविड़ भाषाओं की मिश्रित सर्वनाम-व्यवस्था समझने में सहायता मिलती है। हित्ती तथा अन्य इन्डोयूरोपियन भाषाओं के तुलनात्मक अध्ययन के आधार पर आदि इन्डोहित्ताइत भाषा के सर्वनामों के बारे में जो धारणा बनाई जा सकती है, उसके बारे में हित्ती भाषा के व्याकरण में स्टुर्टेवैन्ट ने लिखा है: "यहाँ बहुत स्पष्ट सात सर्वनामों—मूलत: आठ—का साँचा दिखाई देता है। ये सर्वनाम एक दूसरे से सर्वथा स्वतन्त्र थे, उन्हें बाद को एक ही व्यवस्था में शामिल किया गया था।" (पृष्ठ १०३)।

म् और **न्** सर्वनामों का भेद होने पर जहाँ-तहाँ उनसे वचन-भेद के लिए काम लिया गया। संस्कृत **अद्** (खाना) क्रिया के प्रतिरूप से **एइत्मि** (मैं खाता हूँ) और **अतुएनि** (हम खाते हैं) रूप बनते हैं।

हित्ती ध्वनितन्त्र की सातवीं विशेषता यह है कि यह भाषा एकारवादी है। अनेक भारतीय शब्दों में जहाँ अकार है, वहाँ हित्ती में एकार है। यह उत्तर-पश्चिमी आर्य गण भाषाओं की प्रवृत्ति है जिसने तमिल आदि अनेक द्रविड़ भाषाओं को प्रभावित किया था। किन्तु एकार ने अकार का बहिष्कार नहीं किया, अनेक वैकल्पिक रूपों में दोनों ध्वनियों का प्रयोग मिलता है। संस्कृत क्रिया **अस्** का एक हित्ती रूप **एस्त्सि** (है) है, दूसरा रूप **असन्त्सि** (हैं) है। एक रूप में **अ**, दूसरे में **ए**। इन रूपों को देखने से ज्ञात होता है कि ग्रीक भाषा के बहुत से शब्दों में संस्कृत **अ** के बदले **ए** क्यों है।

हित्ती ध्वनितन्त्र की आठवीं विशेषता यह है कि अनेक रूपों में **म्** के स्थान पर **व्** का व्यवहार होता है। क्रिया से संज्ञा रूप बनाने में कहीं **मर्** प्रत्यय दिखाई देगा, कहीं **वर्**, क्रियार्थी संज्ञा-रूपों के अर्थ में कहीं **मन्त्सि है**, कहीं **वन्त्सि**। यह वही प्रवृत्ति है जिसके कारण **बुद्धिमान्** का प्रतिरूप हिन्दी की बोलियों में **बुद्धिवान्** होता है। संस्कृत में **वसुमन्त, सखिवन्त** आदि रूपों में यही विकल्प देखा जाता है। अनेक द्रविड़ भाषाएँ **प्** के अवरोधीतत्व का लोप करके उसे **व्** में परिवर्तित कर देती हैं, उसी तरह यह **मन्त** और **वन्त** वाला परिवर्तन है। स्टुर्टेवैन्ट ने **ब्** वाले रूपों को मूल रूप माना है। वर्तमान कालिक क्रिया रूप (उत्तम पुरुष, एकवचन) में हित्ती **मि** सर्वनाम चिन्ह लगाती है किन्तु पड़ोसी लुवियन भाषा में **वि** सर्वनाम चिन्ह लगता है। इसके लिए स्टुर्टेवैन्ट ने लिखा है कि हित्ती तथा इन्डोयूरोपियन में **मि** का प्रसार हुआ किन्तु मूल रूप **वि** लुवियन में सुरक्षित रहा (पृष्ठ ४५)। व्यापक परिवेश में विचार करें तो मूल रूप **म्** ध्वनि वाला प्रतीत होता है, **व्** ध्वनि वाला रूप एक निश्चित ध्वनिपरिवर्तन की प्रक्रिया की ओर संकेत करता है। हित्ती के क्रियारूपों में उत्तम पुरुष बहुवचन का एक चिन्ह **मेनि** है, दूसरा चिन्ह **वेनि** है। यह सारा व्यापार देखकर समझ में आ जाता है कि अंग्रेजी में उत्तम पुरुष सर्वनाम का एक रूप **मी** (मुझे) और दूसरा रूप **वी** (हम) क्यों है। संस्कृत **वयम्** का मूलरूप **मयम्** रहा होगा, **आवाम्** का मूल रूप **आमाम्** रहा होगा। **पठामि** का द्विवचन रूप **पठावः** है। जिस समय द्विवचन का भेद व्याकरण-व्यवस्था में शामिल न किया गया था, उस समय **पठामः** एक मात्र

बहुवचन रूप था; **म्, व्** ध्वनियों वाले दो सर्वनाम रूप मिलने पर वचन-भेद के लिए उनका प्रयोग किया गया।

हित्ती में मूर्धन्य ध्वनियों का अभाव है। यह भाषा द्रविड़ समुदाय के ध्वनितन्त्र से प्रभावित है, अतः यह निष्कर्ष निकाला जा सकता है कि दूसरी सहस्राब्दी में द्रविड़ भाषाएँ मूर्धन्यीकरण से प्रभावित न हुई थीं। हित्ती में तालव्य ध्वनियों का भी अभाव है। सम्भवतः यहाँ भी द्रविड़ समुदाय के बारे में यह निष्कर्ष निकलेगा कि उसमें अभी **च्** ध्वनि का निवेश न हुआ था। इन्डोयूरोपियन परिवार में आर्य, ईरानी और स्लाव समुदायों से मिलकर जिस केन्द्रीय भाषा-समवाय का निर्माण होता है, उसमें **च्** ध्वनि सर्वत्र है। हित्ती में या तो इस **च्** ध्वनि को **क्** में परिवर्तित किया गया है अथवा यह भाषा केन्द्रीय समवाय की तालव्य वृत्ति से प्रभावित नहीं हुई। स्टुर्टेवैन्ट का यह उल्लेख महत्वपूर्ण है कि आदि इन्डोयूरोपियन भाषा की कल्पित तालव्य **क्** (**क्य्**) ध्वनि हित्ती में सामान्य **क्** से कहीं भिन्न दिखाई नहीं देती। स्टुर्टेवैन्ट ओष्ठ्य **क्** (**क्व्**) का अस्तित्व मानते हैं किन्तु हित्ती में इसका कोई स्पष्ट प्रमाण नहीं है। जहाँ **क्** के साथ **व्** का व्यवहार माना गया है, वहाँ **कु** लिखा हुआ मिलता है। इस **कु** के बाद **इ, ए** आदि किसी स्वर के आने पर **क्व** की कल्पना की गई है। एक स्थान पर वे लिखते हैं कि मान लेना चाहिए कि आदि इन्डोहित्ताइत भाषा में **क्** और **ग्** के बाद **व्** अथवा उ का व्यवहार होता था। इस कल्पना का कोई पुष्ट प्रमाण नहीं है। भारत की उत्तर-पश्चिमी बोलियों के समान हित्ती के भी अनेक शब्दों में मूल **र्** के स्थान पर **ल्** है यथा रोचते का प्रतिरूप, ग्रीक **लेउकोस्** (प्रकाशमान) के समान, **लुअक्त्सि** है।

शब्द-भण्डार की कुछ विशेषताएँ द्रविड़ भाषाओं का स्मरण कराती हैं। **पउअर्** अथवा **पवर्** का अर्थ है जाना, **पइत्** अर्थात् वह गया। यह द्रविड़ भाषाओं की **पो** क्रिया है जो आर्य भाषाओं के **पद, पथ, पवन** आदि में विद्यमान है। हित्ती में जाने के लिए एक **अइ** क्रिया भी है जो भारतीय **याति, एति** आदि का प्रतिरूप है। आधुनिक आर्य भाषाओं में संयुक्त क्रियाओं का व्यवहार बहुत होता है। इनमें जाना क्रिया का प्रयोग अधिक होता है। हित्ती में संयुक्त क्रियाओं का व्यवहार तो होता ही है. इनमें बहुधा गमन-सूचक **अइ** क्रिया का व्यवहार भी होता है यथा **अप्पइ** (समाप्त हो जाना), **मअइ** (पक जाना)। **पो, पव्** या **प्** के साथ **अइ** का व्यवहार भिन्न स्रोतों से आये हुए शब्दों का मिश्रण सूचित करता है। **उएन्त्सि** अथवा **उवन्त्सि** (वे आते हैं) में **वर्** (आना) क्रिया अपने **वन्** रूप में है। हित्ती में **वर्** रूप का व्यवहार भी होता है।

हित्ती में बोलने के लिए **म** या **मय्** क्रिया है, **मेमइ** अर्थात् वह कहता है। यह वही क्रिया है जो कन्नड़ **मातु** (भाषा) में है। क्रिया की आवृत्ति से **मेमइ** रूप बनता है। मूल क्रिया में **अ** स्वर है किन्तु आवृत्ति होने पर प्रथम **म** एकारवादी वृत्ति के प्रभाव से **मे** हो गया है। हित्ती में आर्य भाषाओं के समान **मर्** क्रिया है: **मेर्इत** अर्थात् मृत। इसके साथ **अकि** (वह मरता है) में द्रविड़ भाषाओं की **स्-च्-क्** ध्वनियों वाली क्रिया है: मल्तो **कॅयॅ**, कुइ **साव**, तेलुगु **चच्चु**, कन्नड़ **साय्**, तमिल **चा** (मरना)। (**अकि** रूप में **अ** क्रिया का अंश नहीं है।) यहाँ भी दो स्रोतों से आये हुए शब्द घुलते-मिलते

दिखाई देते हैं। हित्ती में **दा** क्रिया देने के बदले लेने के अर्थ में प्रयुक्त होती है, **दअइ** (वह लेता है)। इसके साथ **पाणि** और **पण्य** वाली **पण्** क्रिया के प्रतिरूप **प** का देने के अर्थ में व्यवहार होता है : **पअइ** (वह देता है)। **धा** क्रिया से **धाम** के समान हित्ती में इस **प** क्रिया से **पर्न** (घर) शब्द बनता है। **नीर** में पीने का अर्थ देने वाली नि क्रिया का उल्लेख पहले हो चुका है। हित्ती में एक **कु** क्रिया भी है जिसका अर्थ है पीना : **अकुएनि** (हम पीते हैं), **अकुतरस्** (पीने वाला)। यह क्रिया तमिल **कुडि** (पीना) आदि से सम्बद्ध हो सकती है। **कुडम्** (घड़ा) जैसे द्रविड़ शब्द इसी क्रिया से सम्बद्ध हैं। द्रविड़ व्युत्पत्ति कोश में **कुडि** के साथ संस्कृत **कुटी** (शराब), **कुडम्** के साथ संस्कृत **कूट** (घड़ा), और इसी तरह तमिल **कुट्टम्**, **कुन्डु** (तालाब; गड्ढा, गहराई) के साथ संस्कृत **कुण्ड** शब्द दिया हुआ है। स्टुर्टेवैन्ट ने हित्ती क्रिया के साथ जलवाचक लैटिन **अक्व** का स्मरण किया है। हित्ती रूपों में जो आदिस्थानीय **अ** दिखाई देता है, वह मेरी समझ में उपसर्ग है, मूल क्रिया का अंश नहीं है। उड़ने का अर्थ देने वाली **पत्** क्रिया आर्य द्रविड़, दोनों समुदायों में है। **पित्** रूप में वह हित्ती में है। हल चलाने के लिए एक क्रिया **तेर्** है : **तेरिप्त्सि**(हल चलाना)। द्रविड़ भाषाओं में बोने, बीज डालने के अर्थ में इससे मिलती-जुलती क्रिया का व्यवहार होता है : कन्नड़ **तळि**, तमिल **तॅळि**, इत्यादि। द्रविड़ भाषाओं से सम्पर्क का प्रमाण **अत्तन्** या **अतन्** (पिता), **अत्तस्** या **अतस्** (उप०) और **अन्नस्** या **अनस्** (माता) शब्द हैं। द्रविड़ भाषाओं के समान हित्ती में संज्ञा शब्द विशेषण के रूप में भी प्रयुक्त होते हैं और द्रविड़ कोल भाषाओं के समान यहाँ संज्ञा और क्रिया में स्पष्ट भेद नहीं है। लिंग-भेद में निर्जीव और सजीव का भेद मुख्य है। आर्य द्रविड़ भाषाओं के समान नपुंसक लिंग का चिन्ह **द्** है।

आर्य भाषा परिवार के बहुत से शब्द हित्ती में है, यह स्वाभाविक है। व्याकरण की विशेषताओं में कुछ बातें उल्लेखनीय हैं। संयुक्त क्रियाओं का निर्माण आर्य भाषाओं के अलावा द्रविड़ और कोल भाषाओं की विशेषता भी है। यह भारतीय पद्धति हित्ती में है। आर्य तथा कोल भाषाएँ मूल क्रिया की आवृत्ति करके अर्थ पर बल देती हैं। यह प्रवृत्ति हित्ती में भी है। कृदन्त रूपों में, विशेषतः भूतकालीन कृदन्तों में, **त** वाले प्रत्यय का व्यवहार होता है। क्रिया के बहुवचन रूपों में बहुत्व-सूचक **र्** बहुधा प्रयुक्त होता है : **एतेइर्** (उन्होंने खाया), **पख्सिर्** (उन्होंने रक्षा की)। स्टुर्टेवैन्ट के अनुसार हित्ती में मुख्य काल-भेद वर्तमान तथा अतीत का है। भविष्य काल का विकास न हुआ हो, यह स्थिति स्वाभाविक है। आर्य-द्रविड़ भाषाओं के समान हित्ती क्रियाओं में प्रत्यय जोड़कर क्रियार्थी संज्ञाओं का निर्माण होता है। जो कृदन्त रूप हैं, उनसे काल-भेद का स्पष्ट ज्ञान नहीं होता। वास्तव में कृदन्त रूप मूलतः काल-भेद से मुक्त थे; काल-भेद सूचित करने के लिए उनका उपयोग बाद में किया जाने लगा।

हित्ती में भारतीय भाषाओं के समान पश्च सम्बन्धक (पोस्ट पोजीशन) होते हैं, पूर्व सम्बन्धक (प्रिपोजीशन) नहीं। यह तथ्य हित्ती को दृढ़तापूर्वक भारतीय भाषाओं से सम्बद्ध करता है और यूरुप की भाषाओं से उसे विलग करता है। पश्च सम्बन्धकों के अनुरूप कारक-चिन्ह भी मूलशब्द के बाद प्रयुक्त होते हैं। सभी शब्दों के साथ एक से

कारक-चिन्ह प्रयुक्त नहीं होते। अनेक कारक-चिन्ह संस्कृत के कारक-चिन्हों से मिलते-जुलते हैं। कर्ता के लिए **स्**, कर्म के लिए **अन्** (संस्कृत **अम्** का प्रतिरूप), सम्प्रदान के लिए **ए**, **इ**, **अइ** (आर्य द्रविड़ परिवारों के सम्प्रदान चिन्ह से मिलता-जुलता है), अपादान के लिए **त्स्** (संस्कृत का **अत्**), सम्बन्ध कारक के लिए **अस्**, ये समानताएँ आकस्मिक नहीं हैं। सम्बन्ध कारक विशेषण के समान प्रयुक्त होता है, हिन्दी और हित्ती की यह समानता भी आकस्मिक नहीं **है**। स्टुर्टवैन्ट ने अपनी पुस्तक (पृष्ठ १०८) में लिखा है कि हित्ती सर्वनामों में **अस्** सर्वनाम सबसे ज्यादा प्रयुक्त होता था। इससे यह स्थापना पुष्ट होती है कि **रामस्** (अथवा **रामः**) जैसे रूपों में मूल शब्द के बाद सर्वनाम चिन्ह जोड़ा गया है। हित्ती में **अस्** के समानान्तर नपुंसक लिंग का एकवचन सर्वनाम-चिन्ह **अत्** है। हित्ती की वाक्य-रचना आर्य भाषाओं से बहुत मिलती-जुलती है। **कुइस्** कि **पअन्त्स** (पवन्त) **एस्त** (कोई भी नहीं गया है), इस वाक्य में **पअन्त्स्** कृदन्त रूप के बाद **अस्** क्रिया का प्रयोग हुआ है। **इस्खिउल् किसन् इयन् एस्दु** (सन्धि इस प्रकार निर्मित हो), यहाँ भी कृदन्त रूप **इयन्** के बाद **अस्** क्रिया का प्रयोग हुआ है। इस तरह की क्रियापद-रचना संस्कृत से भी अधिक आधुनिक आर्य भाषाओं में होती है। आधुनिक आर्य भाषाओं की ऐसी विशेषताएँ अत्यन्त प्राचीन हैं, यह हित्ती के विवेचन से प्रमाणित होता है।

हित्तियों का पड़ोसी एक मितन्नी नाम का गणसमाज था। सम्भव है, **मित्र** (सूर्य) की उपासना करने से इनका नाम **मितन्नी** पड़ा हो। **नी** सम्बन्धसूचक चिन्ह होगा। दूसरी सहस्राब्दी के उत्तरार्द्ध से अक्कादी लिपि में इनसे सम्बन्धित जो दस्तावेज लिखे जाने लगे थे, वे मिलते हैं। कीलाक्षरी लिपि के ये दस्तावेज ईंटों पर अंकित थे और मुख्यतः बोगाज़कोय तथा अल्अमर्ना स्थानों में प्राप्त हुए थे। हित्ती और मितन्नी दोनों के दस्तावेजों से एक बात बहुत स्पष्ट होती है: पश्चिमी एशिया में आर्य और सामी भाषाएँ बोलने वाले समाज निरन्तर एक-दूसरे के सम्पर्क में आ रहे थे। मितन्नी दस्तावेजों में वैदिक देवताओं के नाम हैं, यह तथ्य असंदिग्ध है। ग्रियर्सन के सहयोगी स्टेन कोनोव् ने मितन्नी देवों को १९२१ में भारतीय आर्य देवता घोषित किया था। जो लोग यह मानते रहे थे कि ऋग्वेद की रचना १२०० ईसापूर्व में हुई थी, उनके लिए एक कठिनाई पैदा हुई कि ऋग्वेद की रचना से पहले, भारत में आर्यों के आने से पहले, वैदिक देवताओं की उपासना लघु एशिया में कैसे होने लगी। कुछ विद्वानों ने यह आवश्यक समझा कि आर्य-अभियान सम्बन्धी स्थापनाओं में संशोधन किया जाय; कुछ अन्य विद्वानों ने इस समस्या की ओर से आँखें मूँद लेना उचित समझा।

जर्नल ऑफ़ द अमेरिकन ओरिएन्टल सोसाइटी (१९६०) में पौल थूनियर ने एक लेख लिखा: **द एर्यन गौड्स ऑफ़् द मितन्नी ट्रीटीज**। इसमें उन्होंने लिखा कि मितन्नी राजा किक्कुलि ने हित्ती में अश्वारोहण शिक्षा पर जो पुस्तक लिखी, उसमें निस्सन्देह अनेक आर्य देवताओं के नाम थे। इसमें घोड़े के चक्कर लगाने के लिए **वर्तन** शब्द का प्रयोग किया गया था; **ऐक** (एक), **तेर** (तीन), **पंज** (पांच), **सत्त** (सात), **न** (नौ) आदि संख्यावाचक शब्दों का प्रयोग हुआ था। घोड़े के लिए **अश्व** (अथवा **अस्व**),

शब्द का प्रयोग हुआ था।

थूनियर ने उसी लेख में आगे बताया है कि १४०० ई० पू० में मितन्नियों और हत्तियों के बीच एक सन्धि हुई थी, उसमें आर्य देवताओं के नाम हैं। इस दस्तावेज की भाषा के बारे में एक दिलचस्प बात यह है कि जो भारतीय **स्** प्राचीन ईरानी में **ह्** रूप में ग्रहण होता है, यहाँ वह **स्** या **श्** रूप में विद्यमान है। भारतीय देवनाम **नासत्य** अवेस्ता में **नाहथ्य** है किन्तु मितन्नी सन्धि में वह **नशत्तिइअ** है। आर्य लोग ईरान होकर लघु एशिया पहुँचे तो **ह्** के बदले **स्** या **श्** का उच्चारण कैसे करने लगे, और ईरान से होकर भारत आये, तो यहाँ वह उच्चारण-पद्धति कैसे बदल गई ? आर्यों का कोई ऐसा समुदाय था जो एकरूप भाषा बोलता था और किसी एक केन्द्र से पूरब-पच्छिम गया था, यह कल्पना छोड़नी होगी। इसके बदले यह मानना होगा कि अनेक गण-समाज थे, उनकी अपनी-अपनी भाषाएँ थीं और वे एक-दूसरे को प्रभावित कर रही थीं।

जर्नल आफ द अमेरिकन ओरिएन्टल सोसाइटी में पी० ई० **ड्यूमोन्ट** ने एक लेख लिखा था : **इन्डोएर्यन् नेम्स फ्रौम मितन्नी, नूज़ी ऐन्ड सीरियन डौक्यूमेन्ट्स्।** इसमें उन्होंने इस बात पर जोर दिया था कि मितन्नी दस्तावेजों की भाषा प्राचीन ईरानी की अपेक्षा प्राचीन भारतीय अधिक है। शब्दों में आदिस्थानीय **स्** है जहाँ ईरानी में **ह्** दिखाई देता है। अवेस्ता के **अस्पो** के बदले यहाँ **अश्व** है। किन्तु भारतीय **ज्** के बदले यहाँ **ज़्** है जैसे कि अवेस्ता में है। पुनः अवेस्ता के समान भारतीय **ऋ** के बदले यहाँ **अर्** है। आदिस्थानीय **व्** के बदले यहाँ **ब्** लिखा जाता है, वह था **व्** ही। कहीं-कहीं आदिस्थानीय **व्** भी है। अधिकांश नाम बहुव्रीहि या तत्पुरुष समास के रूप में हैं; पिता के नाम पर रखे हुए पुत्र के नाम के प्रथम वर्ण को स्वर-वृद्धि द्वारा पुष्ट किया जाता है। ये लोग इन्द्र, वायु, सोम आदि की उपासना करते थे। एक जगह **वसदात** नाम आया है। ड्यूमोन्ट ने लिखा है कि यदि यह नाम **वसुदात** है तो ये लोग **वसु** की पूजा भी करते थे। इसी प्रकार एक नाम **स्वरदात** है जिसका अर्थ स्वर अथवा स्वर्ग द्वारा प्रदत्त होगा। (**स्वर** का अर्थ देव भी हो सकता है, **स्वरदात** देवदत्त से मिलता-जुलता नाम है।)

कुछ अन्य नामों की व्याख्या ड्यूमोन्ट के अनुसार इस प्रकार है : **बीरसेन**—वीरों की सेनावाला; **उरु दीति**—विशद प्रकाश वाला; **बिरिदाश्व**—बहुत से घोड़ों वाला; **बीर्यशुर**—वीरता वाला शूर; **बायव**—वायुपुत्र; **अर्तदाम** (अर्थात् ऋतधाम) दैवी नियमों का पालन करने वाला; **अर्तमन्य**–दैवी नियमों को मानने वाला (ऋतमन्य); **सुम्माल**—सुन्दर मालाओं सहित; **सौमती**—सुमती का पुत्र; **कल्मशूर**—कर्मशूर; **शैमशूर**—क्षेमशूर; **बीर्यसौम** (वीर्यसोम)—वीर्यवान् सोमदेव; **पुर्दाय** (पुरुदाय)—बहुत देने वाला; **रुसमन्य** (रुचिमन्य)—प्रकाशपूजक।

हो सकता है, कुछ नामों की व्याख्या सही न हो, पर अब ऐसे विद्वान् काफी संख्या में हैं जो यह मानते हैं कि ये देवता भारतीय उद्भव के थे, इनके नाम ही नहीं, मनुष्यों के नामकरण की पद्धति भी भारतीय है। ये दस्तावेज १४०० ई० पू० के हैं।

स्पष्ट है ऋग्वेद का रचनाकाल १२०० ई० पू० से बहुत पहले होना चाहिए।

तुखारी भाषा के दस्तावेज हित्ती दस्तावेजों से बहुत बाद के हैं किन्तु इस भाषा का व्यवहार-क्षेत्र भौगोलिक दृष्टि से भारत के बहुत निकट है। ये दस्तावेज चीनी तुर्किस्तान में प्राप्त हुए थे और इनका समय छठी से दसवीं ईस्वी शताब्दी तक है। अरबों ने जब भारत पर आक्रमण किया था, तब भारत के उत्तर में तुखारी भाषा का व्यवहार हो रहा था जो हित्ती के समान प्राचीनता के लक्षणों से सम्पन्न है। जैसे लघु एशिया में आर्य और सामी भाषाएँ बोलने वालों का सम्पर्क बहुत साफ दिखाई देता है, वैसे ही चीनी तुर्किस्तान में आर्य और नाग भाषाएँ बोलने वालों का सम्पर्क भी साफ दिखाई देता है। चीनी तुर्किस्तान में प्राचीन लक्षणों वाली एक आर्य भाषा के केन्द्र होने का अर्थ है आर्य भाषा का तुर्क-मंगोल समुदाय से सम्पर्क होना। एक ओर सामी परिवार, दूसरी ओर तुर्क-मंगोल, इनके बीच में आर्य, द्रविड़, नाग—वृहत्तर भाषाई परिवेश में भाषा-परिवारों के निर्माण और विकास का अध्ययन करना क्यों जरूरी है, उक्त स्थिति को ध्यान में रखने से ज्ञात होगा।

लँग्वेज (खण्ड ६, १९३३) में वाल्टर पीटर्सन ने हित्ती और तुखारी भाषाओं पर एक लेख लिखा था और उसमें उन्होंने इन दोनों भाषाओं के कुछ सामान्य लक्षणों की चर्चा की थी। दोनों भाषाओं में महाप्राणता का अभाव है। हित्ती में सम्भवतः **ख्** ध्वनि थी, यह पहले कहा जा चुका है। हित्ती में सघोषता की भूमिका संदिग्ध हो सकती है पर यहाँ सन्देह की गुंजाइश नहीं है; सर्वत्र अघोष अवरोधी ध्वनियों का ही व्यवहार होता है। तालव्य **क्** का व्यवहार यहाँ भी नहीं होता। भाषाविज्ञानी जिन शब्दों में तालव्य क-वर्गीय ध्वनियाँ मानते हैं, उनमें यहाँ सामान्य क-वर्गीय ध्वनियाँ ही हैं। हित्ती से भिन्न तुखारी में **च्** ध्वनि का व्यवहार होता है यद्यपि यह **च्** बहुधा भारतीय **त्** के स्थान पर प्रयुक्त होता है। हित्ती से भिन्न तुखारी में तालव्य नासिक्य ध्वनि भी है। बहुत जगह यह भारतीय **न्** के स्थान पर प्रयुक्त होती है और शब्द के आदि स्थान पर भी उसका व्यवहार होता है। इससे यह धारणा पुष्ट होती है कि तालव्य नासिक्य ध्वनि का प्रसार-केन्द्र नागभाषा क्षेत्र रहा है। कुछ शब्दों में **म्** ध्वनि **व्** में परिवर्तित दिखाई देती है। ऐसा परिवर्तन हित्ती में भी है।

तुखारी में दो बोलियाँ हैं जो एक-दूसरे से बहुत मिलती-जुलती हैं। नीचे के उदाहरणों में यह बताना आवश्यक नहीं है कि तुखारी शब्द **ए** बोली का है या **बी** बोली का। पहले हम संस्कृत रूप देते हैं, उसके बाद तुखारी : **भरति—प्रतर्** (ले जाया जाता है); **बाहु—पोके; भ्रातर्—प्रचर्; भाल—स्पाल; वात—वन्त्; दुहितर्—च्काचर्; रुधिर—तर्र; ज्ञान—क्नान** (तू जानता है); **चक्र—कुकल्** (गाड़ी); **वाक्—वक्; अक्षि—अक्** (आँख); **पिंशति—पिकिञ्च्** (उन्होंने लिखा, चित्र बनाया); **दश—शक्; जम्भ—कम्** (दाँत); **पचति—पक्** (पकाता है); **भाग—पाक्; गोत्र—कोतर्** (गाय बाँधने का स्थान, परिवार)। कुछ शब्द ऐसे हैं जो हित्ती और तुखारी में बहुत मिलते-जुलते हैं जैसे संस्कृत **भर्ग** का हित्ती प्रतिरूप **खर्किस्**, तुखारी **आर्कि** (श्वेत) है। कुछ शब्द यूरुप की भाषाओं से मिलते-जुलते हैं जैसे दूध के लिए **मल्के**,

अंग्रेज़ी **मिल्क** की तरह। ऊपर के उदाहरणों में **भाल** का प्रतिरूप **स्पाल्** है, यहाँ अतिरिक्त **स्** जोड़ा गया है। **वन्** क्रिया से तुखारी **वन्त्** (वायु) शब्द बना है जिसका हित्ती प्रतिरूप **खुवत्तिस्** हैं; तहाँ **खु** उपसर्ग है, मूल शब्द कृदन्त प्रक्रिया से बना है अंग्रेज़ी **विन्ड्** के समान। **पोक्के** (बाहु) जैसे रूप उस समय के हैं जब आर्य गण भाषाओं की मध्यवर्ती सघोष महाप्राण ध्वनियाँ **ह्** में परिवर्तित न होने लगी थीं। **कुकल्** (चक्र) उस समय की उपलब्धि है जिस समय कुछ आर्य भाषाओं में, **च्** ध्वनि का विकास न हुआ था। **च्काचर्** (दुहितर्) रूप **त्** को **च्** में परिवर्तित दिखलाता है और **प्रचर्** (**भ्रातर्**), **पिकिञ्च्** (लिखा है) के समान, **त्—च्** ध्वनि-परिवर्तन का व्यापक प्रभाव सूचित करता है। हिन्दी **पकना** के समान यहाँ भी **पक्** क्रिया है। **रुधिर**, **ज्ञान** आदि के **तर्र**, **क्नान** जैसे प्रतिरूपों में वर्ण-संकोच की प्रवृत्ति दिखाई देती है। **पिकिञ्च्** जैसे रूपों में तालव्य **श्**, **क्** रूप में ग्रहण किया गया है। बोलने का अर्थ देने वाली हित्ती **मेमे** क्रिया यहाँ **वेञ** रूप में मिलती है। **वेञ** में मूल क्रिया की आवृत्ति हुई है, यह हित्ती रूप से जाना जाता है। तुखारी रूप में प्रथम **म्**, **व्** में परिवर्तित हुआ है, और दूसरा **म्**, **ञ्** में। अनेक शब्दों में आदिस्थानीय **न्**, **ञ्** में परिवर्तित होता है यथा **नाम** का प्रतिरूप **ञोम्** है। **दारु** का प्रतिरूप **तरु** तुखारी और संस्कृत दोनों में है किन्तु **धाम** का प्रतिरूप संस्कृत में **दम** तो है पर तुखारी के समान **तम्** नहीं है। तुखारी की एक बोली में **तम्** रूप है, दूसरी में **तेम्** अथवा **तॅम्**। ऐसे वैकल्पिक रूपों से सिद्ध होता है कि तुखारी पर एकारवादी प्रवृत्ति का आंशिक प्रभाव ही है। संस्कृत क्रिया **अंचति** (मुड़ता है, चलता है) के दो प्रतिरूप हैं **अञ्चॅल्** और **अङ्कूर्**। यहाँ **च्** और **क्** वाले रूप घुलते-मिलते दिखाई देते हैं। अकार-एकार के समान एकार-ओकार का विकल्प भी दिखाई देता है यथा **ञेम्** (नाम), **ञोम्**। **नव** का प्रतिरूप **ञु** तालव्य नासिक्य के व्यापक व्यवहार का प्रमाण है। संस्कृत **ज्ञान** का **ज्ञा** स्वयं वर्णसंकोचन का उदाहरण है; तुखारी **क्ना** ग्रीक जर्मन आदि में वर्ण-संकोच वाले इस गोत्र के शब्दों का प्रतिनिधि है। संस्कृत **गम्** का तुखारी प्रतिरूप **कम्** जर्मन अंग्रेज़ी आदि के **कोमॅन्**, **कम्** (आना) के विकास की कथा कहता है। इसी प्रकार संस्कृत **गो** के तुखारी प्रतिरूपों **को**, **कउ** से अंग्रेज़ी **काउ** की व्याख्या होती है। उत्तर-पश्चिमी बोलियों के समान तुखारी में बहुत जगह संस्कृत **र्** के स्थान पर **ल्** का व्यवहार हुआ है यथा **मूर्धन्** का तुखारी प्रतिरूप **मल्तो** है।

लैटिन के विपरीत हित्ती और तुखारी दोनों में संस्कृत **पंच** के प्रतिरूप **प्** ध्वनि वाले हैं। हित्ती **पंत** संस्कृत रूप से मिलता-जुलता है। तुखारी की एक बोली में **पेञ्** रूप है दूसरी में **मिस्** जिससे सिद्ध होता है कि ये संख्यावाचक रूप उस क्रियामूल से बने हैं जिसका अर्थ करना है और जिससे **पाणि** शब्द बना है। तुखारी में संस्कृत **छाया** का प्रतिरूप **स्कियो** है। मूल रूप **शाया** माना जाय तो यहाँ **श्**, **स्क्** में परिवर्तित होता दिखाई देगा। तुखारी में एक दिलचस्प शब्द है **लस्तर्न** जिसका अर्थ है तुम रख रहे हो। जो शब्द हाथ से सम्बन्धित हैं, उनका एक अर्थ रखना भी होता है। तुखारी रूप में क्रियामूल **लस्** है जो स्पष्ट ही पश्तो **लस** के समान संस्कृत **दश** का प्रतिरूप है और

उसका सम्बन्ध **हस्त** के मूलरूप **धस्त** की **धस्** क्रिया से है। अनेक आर्य-द्रविड़ भाषाओं के समान यहाँ दन्य अवरोधी ध्वनि **द्** पार्श्विक **ल्** में परिवर्तित हुई है।

लैंग्वेज पत्रिका (अप्रैल-जून, १९६२) में वर्नर विन्टर ने तुखारी भाषा के संज्ञा सर्वनाम द्विवचन रूपों पर विचार किया है। इसमें उन्होंने **लस्तर्न्** रूप के सकार के ऊपर अर्धचन्द्र लगाकर उसके तालव्य होने की सूचना दी है। अन्य लेखकों ने भी तुखारी में दो तरह के सकार चिन्ह दिखाये हैं। यदि तुखारी में यह भेद था तो मानना होगा कि कुछ रूपों में भारतीय **श्** के बदले **क्** है और कुछ में मूल तालव्य ध्वनि सुरक्षित है। इस स्थिति में **दश** का **द** ही परिवर्तित हुआ, **श्** सुरक्षित रहा।

भिन्न लेखकों ने तुखारी के जो शब्द अपने लेखों, पुस्तकों आदि में दिये हैं, उनमें कहीं-कहीं भिन्नता है। पीटर्सन वाले लेख में **चक्र** का प्रतिरूप **कुकल्** है किन्तु विन्टर के लेख में **चाक्कर्** या **चक्कर्** रूप है। **मित्र** के प्रतिरूप **मित्तर्** में **चक्कर** की तरह **क्** और **र्** संयुक्त व्यंजनों को अलग किया गया है। विन्टर ने एक शब्द **लक्शाम्** दिया है जिसका अर्थ लक्षण या चिन्ह है। यहाँ संस्कृत **क्ष्** लगभग अपने मूल रूप में विद्यमान है, केवल मूर्धन्य **ष्** के स्थान पर तालव्य **श्** का व्यवहार हुआ है। संस्कृत **षष्** (छह) का तुखारी प्रतिरूप **श्कास्** बताया गया है। मेरी समझ में यह **स्कस्** होगा जहाँ मूर्धन्य **ष्** तालव्य **श्** वत् ग्रहण किये जाने के बाद **स्क्** में परिवर्तित हुआ है। तुखारी **पेते** (देना) क्रिया में **पाणि** और **पंच** की आधारभूत क्रिया है। तुखारी **अस्तरे** (प्रकाशमान) में आर्य-द्रविड़ भाषाओं की **तर्** (चमकना) क्रिया है जो **तारा**, अंग्रेज़ी **स्टार** आदि में विद्यमान है। इसी अर्थ का सूचक एक शब्द **पेर्ने** है जिसमें **पेर्** क्रियामूल अग्नि और प्रभात का अर्थ देने वाले अनेक हित्ती-तुखारी-ग्रीक शब्दों में विद्यमान हैं। संस्कृत में सर्वनाम रूप **नः** केवल बहुवचन में प्रयुक्त होता है किन्तु तुखारी में **नस्** एकवचन है। तुखारी में बहुत से शब्द हित्ती से मिलते-जुलते हैं और बहुत से संस्कृत तथा आधुनिक आर्य भाषाओं से। **उसाश्शे** का अर्थ है स्वर्णिम और यह स्पष्ट ही **उषा** से सम्बद्ध है। **ञाक्चिये** का अर्थ है स्वर्गीय और यहाँ **नाक** शब्द का **न्**, **ञ्** में परिवर्तित हुआ है। **पइये** (पैर) में **पो** गोत्र वाली क्रिया है। **असाम्** **आसन** का प्रतिरूप है। **इन्द्रि** सुपरिचित **इन्द्रिय** है। **क्लेश्** भारतीय भाषाओं का क्लेश है, **मिस** आर्य भाषाओं का **आमिष** है।

तुखारी भाषा की एक विशेषता संज्ञा, सर्वनाम शब्दों के द्विवचन रूपों का प्रयोग है। जिस समय भारत के उत्तर में इस भाषा का व्यवहार हो रहा था, उस समय भारत के भीतर द्विवचन का प्रयोग आर्य भाषाओं में समाप्त हो गया था किन्तु कोल भाषाओं में वह अब भी होता है। इससे इन उत्तरी भाषाओं पर कोल भाषा समुदाय के प्रभाव का पता चलता है। अन्य आर्य भाषाओं के समान तुखारी में सम्बन्धक मूल-शब्द के बाद आते हैं। **वेसञ् ञाके शर् नेने केकमु नेस्त्** (हमारे हाथों में तुम आये हो अब)—यहाँ **जगाम** के समान **केकमु** में क्रिया की आवृत्ति की गई है। इसी प्रकार **वेवेञ्** (कहा गया) में **वे** (मूल रूप **मे**) की आवृत्ति हुई है। ऐसी आवृत्ति कोल भाषाओं में भी होती है।

चीनी तुर्किस्तान में तुखारी भाषा का व्यवहार होता था, इसी प्रदेश में एक भारतीय प्राकृत का व्यवहार भी होता था जिसके दस्तावेज खरोष्ठी लिपि में हैं। तुखारी भाषा के दस्तावेज छठी से दसवीं शताब्दी के हैं, खरोष्ठी लिपिवाले दस्तावेज उससे पहले तीसरी शताब्दी के हैं। दस्तावेजों के इस काल-भेद से यह सिद्ध नहीं होता कि तुखारी की अपेक्षा यह प्राकृत अधिक प्राचीन है। यह अवश्य सिद्ध होता है कि प्राचीन लक्षणों वाली तुखारी भाषा तीसरी शताब्दी से पहले की है, भले ही उसमें लिखा हुआ कोई और पुराना दस्तावेज सुलभ न हो। अन्य भारतीय प्राकृतों के समान यह प्राकृत भी शब्द-भण्डार और व्याकरण में अधिकतर संस्कृत का अनुकरण करती है, यद्यपि इसमें कुछ विशेषताएँ आधुनिक भाषाओं की हैं। यह तथ्य अत्यन्त महत्वपूर्ण है कि चीनी तुर्किस्तान में जब तुखारी का व्यवहार हो रहा था, उससे बहुत पहले वहाँ एक भारतीय प्राकृत का व्यवहार हो चुका था। तुखारी के दस्तावेज छठी शताब्दी से शुरू होते हैं। ३०० साल पहले खरोष्ठी लिपि में वहाँ एक भारतीय प्राकृत का व्यवहार हो चुका है। लगभग ८०० वर्ष तक मध्यएशिया के एक क्षेत्र में उन भाषाओं का धार्मिक-राजनीतिक कार्यों के लिए प्रयोग होता रहा जिनका गहरा सम्बन्ध भारत से है। भाषा-विज्ञानी तुखारी को इन्डोयूरोपियन समुदाय के पूर्वी छोर की अभारतीय भाषा मानते हैं किन्तु उक्त प्राकृत को उन्हें भारतीय मानना ही पड़ता है। यदि तीसरी शताब्दी में एक भारतीय भाषा का व्यवहार चीनी तुर्किस्तान में होता है, तो सम्भावना इसी की है कि छठी शताब्दी में वहाँ जिस तुखारी भाषा का व्यवहार हुआ, वह भारतीय उद्‌भव की भाषा थी। दोनों भाषाओं का व्यवहार करने वाले बौद्ध थे। भारत से सम्पर्क में आये बिना चीनी तुर्किस्तान के निवासियों को बौद्ध धर्म की प्राप्ति न हो सकती थी। गौतम बुद्ध के जन्म के बाद इस तरह का सम्पर्क था, इसमें तो सन्देह ही नहीं है, उनके जन्म से पहले भी यह सम्पर्क था, इसके अनेक लक्षण हैं।

इनमें सबसे महत्वपूर्ण लक्षण तुखारी और खरोष्ठी प्राकृत में सघोषता और महाप्राणता का अभाव है। इसका कारण नाग-द्रविड़ प्रभाव ही हो सकता है। तुखारी और खरोष्ठी के इस लक्षण से हित्ती ध्वनितन्त्र की तुलना करने पर उस विशद भाषाई परिवेश का ज्ञान होता है जिसमें २००० ई० पू० से लेकर सन् १००० तक—तीन हजार वर्षों की दीर्घ सुनिश्चित अवधि में—इन्डोयूरोपियन परिवार की भाषाओं का निर्माण होता रहा था। हित्ती का जन्म इन्डोहित्ताइत से हुआ, इन्डोहित्ताइत से एक शाखा इन्डोयूरोपियन फूटी, आदि आदि स्थापनाएँ प्रस्तुत करते समय उक्त भाषाई परिवेश को ध्यान में रखना उचित है।

५

स्लाव-केल्त भाषा-समुदाय और भारत

१. प्राचीन भाषाई मानचित्र और स्लाव-केल्त समुदाय

इन्डोयूरोपियन परिवार की भाषाएँ वैदिक काल के आस-पास जितने क्षेत्र में फैली थीं, उसमें इनके चार समुदाय प्रमुख थे : पहला भारतीय, दूसरा ईरानी, तीसरा स्लाव और चौथा केल्त। भारतीय भाषा समुदाय मगध से लेकर कश्मीर और उत्तर पश्चिमी सीमान्त तक फैला हुआ था। जहाँ तुखारी भाषा का व्यवहार होता था, वह मध्य एशिया का भाग है। तुखारी भाषा के अभिलेख बहुत बाद के हैं किन्तु इस भाषा में प्राचीन आर्य भाषाओं के लक्षण माने गए हैं, इसलिए यह मानना चाहिए कि वैदिक काल में ही नहीं, उससे पहले भी मध्य एशिया में तुखारी की आधारभूत भारतीय आर्य भाषाओं का व्यवहार होता था। उधर पश्चिमी एशिया में दूसरी सहस्राब्दी ईसापूर्व के आरम्भ में भारतीय मूल की हित्ती भाषा का व्यवहार हो रहा था। इस प्रकार उत्तर भारत तथा मध्य और पश्चिमी एशिया के अनेक भागों में भारतीय आर्य भाषाओं का व्यवहार होता था। ये आर्य भाषाएँ अनेक समुदायों की थीं, उनके ध्वनितन्त्र, शब्दतन्त्र और विन्यासतन्त्र में अनेक भेद थे। फिर भी उनमें इतनी समानताएँ थीं कि उन्हें एक ही विशाल भारतीय भाषा-समवाय के अन्तर्गत माना जा सके।

दूसरा विभाग ईरानी भाषा समुदाय का है। इसका मुख्य केन्द्र ईरान है किन्तु इस समुदाय की भाषाएँ एक ओर मध्य एशिया में चीन की सीमाओं तक फैली हुई हैं, दूसरी ओर दक्खिनी रूस की सीमाओं को छूती हैं। भारत और ईरानी भाषा समुदाय एक दूसरे के बहुत निकट हैं। फ्रान्सिसी भाषाविद् मेइये का मत था कि ईरानी और भारतीय आर्य भाषाएँ एक दूसरे से घनिष्ठ रूप में अत्यन्त संगत ढँग से इस तरह सम्बद्ध हैं जिस तरह अन्य कोई इन्डोयूरोपियन भाषा इनसे सम्बद्ध नहीं है। (देखें अन्त्वान मेइये **दि इन्डोयूरोपियन डायलॅक्ट्स्**; फ्रान्सिसी से अंग्रेज़ी में रोज़नबर्ग द्वारा अनुवादित; १९६७, पृष्ठ ४३)। बरो संस्कृत भाषा पर अपने ग्रन्थ में प्राचीन ईरानी भाषा के लिए कहते हैं कि वेद की भाषा से यह इतना मिलती-जुलती है कि इनमें किसी एक का अध्ययन दूसरी का भी अध्ययन किये बिना सन्तोषजनक हो नहीं सकता; व्याकरण की दृष्टि से भिन्नता बहुत ही कम है और दोनों का अधिकांश शब्द-भण्डार सामान्य है, दोनों में काफ़ी ऐसे शब्द हैं जो अन्य आर्य भाषाओं में नहीं हैं। बरो कहते हैं कि अवेस्ता के प्राचीनतम अंश में ऐसे छन्द ढूँढ़ निकालना बिलकुल सम्भव है जिनकी भाषा को निश्चित नियमों के अनुसार, थोड़े से ध्वनि-परिवर्तनों के बाद, बोधगम्य संस्कृत में बदला

जा सकता है। इस प्रकार प्राचीनकाल में ईरानी और भारतीय आर्य भाषाओं में ध्वनि-तन्त्रीय भेद है, शब्द भण्डार और व्याकरण की दृष्टि से वे प्रायः एक ही भाषा हैं। यदि ईरानी और भारतीय आर्य भाषा क्षेत्रों को मिला दिया जाय तो विदित होगा कि इन्डोयूरोपियन परिवार के भाषा क्षेत्र का आधे से अधिक भाग ऐसा था जिसमें दो बहुत घनिष्ठ रूप से सम्बद्ध भाषा समुदाय बोले जाते थे। इन दो समुदायों की जो दो प्राचीनतम भाषाएँ उपलब्ध हैं, वे व्याकरण और शब्द भण्डार की दृष्टि से प्रायः एक हैं। इन्डोयूरोपियन परिवार के निर्माण में भारतीय आर्य भाषा समुदाय की भूमिका समझने के लिए प्राचीनकाल का यह भाषाई भूगोल याद रखना चाहिए।

प्राचीन ईरानी और वैदिक भाषाओं में ध्वनितन्त्रीय भेद हैं। इन भेदों के अध्ययन से पता चलता है कि अवेस्ता में मूल रूप नहीं हैं; परिवर्तित रूप हैं। मूल रूप वैदिक भाषा में हैं या फिर वे दोनों भाषाओं में बदल गए हैं। **स्-ह्** वाले परिवर्तन बहुत स्पष्ट बता देते हैं कि मूल रूप कहाँ से आये हैं और परिवर्तित रूप किस भाषा में हैं : **सेना—हएना, असुर—अहुर, सोम—हओम** आदि रूपों में **स्** वाले रूप मूल हैं; जहाँ **ह्** ध्वनि है, वे परिवर्तित रूप हैं। **स्** ध्वनि वाले शब्द **ह्** क्षेत्र में गए हैं, **ह्** ध्वनि भारतीय क्षेत्र में आकर इन शब्दों में **स्** नहीं बन गई। अवेस्ता के बाद भी पहलवी, फ़ारसी तथा ईरानी क्षेत्र की अन्य भाषाएँ भारतीय आर्य भाषाओं के घनिष्ठ सम्पर्क से विकसित होती रही हैं। भारत-ईरानी शाखा में भारतीय और ईरानी दोनों समुदायों का महत्व एक-सा नहीं है; निर्णायक महत्व भारतीय भाषा-समुदाय का है।

यूरुप की भाषाओं में प्राचीनतम अभिलेख ग्रीक भाषा-समुदाय के हैं। यह ग्रीक भाषा भारतीय ईरानी धुरी से दृढ़तापूर्वक जुड़ी हुई है। मेइये ने ग्रीक भाषाओं की क्रियापद-रचना का विवेचन करते हुए बताया है कि इन दोनों में कुछ समानताएँ ऐसी हैं, जैसे परोक्षभूत में धातु के प्रथम व्यंजन की आवृत्ति, जो अन्य इन्डोयूरोपियन भाषाओं में नहीं है। बरो ने और भी स्पष्ट कहा है कि ग्रीक भाषा का सम्बन्ध केन्तुम् अर्थात् पश्चिमी भाषा-समुदाय से नहीं के बराबर है किन्तु शतम् समुदाय से उसका गहरा सम्बन्ध है विशेषकर भारत-ईरानी और आर्मीनियन शाखाओं से। वह कहते हैं कि तुलनात्मक व्याकरण पर दृष्टिपात करते ही पता चल जाता है कि ग्रीक और संस्कृत में जितनी समानताएँ हैं, उतनी भारत-ईरानी शाखा के बाहर ग्रीक तथा किसी अन्य भाषा में नहीं हैं। इसका अर्थ यह है कि ग्रीक भाषा, व्याकरण की दृष्टि से, जितना संस्कृत से मिलती है, उतना यूरुप की किसी अन्य भाषा से नहीं मिलती। भारतीय और ईरानी भाषाओं में ध्वनितन्त्र का भेद है; प्राचीनकाल में उपलब्ध इन भाषाओं का व्याकरण प्रायः एक है। ग्रीक और भारतीय भाषाओं में भी ध्वनितन्त्रीय भेद है किन्तु व्याकरण में बहुत बड़ी समानता है। संरचना की दृष्टि से ग्रीक भाषा-समुदाय भारतीय आर्य भाषाओं से अभिन्न रूप में जुड़ा हुआ है। इन्डोयूरोपियन परिवार में भारतीय-ईरानी-ग्रीक समुदाय का केन्द्रीय महत्व स्पष्ट हो जाता है।

इस अध्याय के आरम्भ में जिन चार विशाल समुदायों की बात कही गई है, उनमें तीसरा है स्लाव। यूरुप के बाल्तिक प्रदेशों में रहने वाले स्लाव जनों से सम्बद्ध

हैं। भाषाविज्ञानी बाल्तिक-स्लाव समुदाय की बात करते हैं। दोनों को ही स्लाव कहा जाय तो अनुचित नहीं है। स्लाव जन मध्य एशिया में फैले हुए हैं, रूस की भूमि उनका मुख्य केन्द्र है, मध्य और पश्चिमी यूरुप के विशाल भागों में ये रहते रहे हैं। पूर्वी जर्मनी का वह भाग जो प्रुशिया कहलाता है, १७वीं सदी तक स्लाव (बाल्तिक विभाग) भाषा-भाषी था। यह सम्भव है कि जर्मनी के अन्य भागों में भी स्लावजन रहते रहे हों। मारियो पेइ ने अपनी पुस्तक **लैंग्वेज् फ़ौर् ऎव्रीबोडी** (१९६५) में लिखा है : "एक समय एल्ब नदी के पूर्व का लगभग समस्त जर्मनी स्लावभाषी था; इसका पता इस बात से चलता है कि पूर्वी जर्मनी के बहुत से नगरों के नाम स्लाव स्रोत के हैं और इन नगरों में स्वयं बर्लिन नगर भी है।" (पृष्ठ १४४)। इस प्रकार स्लावजन एशिया और यूरुप के विशाल भागों में फैले हुए थे। भारत-ईरानी समुदाय से इनका विशिष्ट सम्बन्ध है, यह हम अभी देखेंगे।

चौथा समुदाय केल्त जनों का है। ये अब आयर्लैन्ड, स्काटलैन्ड और वेल्स में सिमट आये हैं। कुछ बस्तियाँ फ्रान्स में हैं। किसी समय ये इटली, फ्रान्स और स्पेन के विशाल भागों में फैले हुए थे। मारियो पेइ के अनुसार पश्चिमी एशिया (लघु एशिया) और दक्खिनी रूस में भी कभी ये फैले हुए थे। उन्होंने लिखा है : "स्थानों के केल्त नाम न केवल इंग्लैन्ड और आयर्लैन्ड में हैं, फ्रान्स, स्पेन और उत्तरी इटली में हैं, वरन् रूस, लघु एशिया और डैन्यूब नदी की तट भूमि में हैं।" (पृष्ठ १४४)। भारत-ईरानी शाखा से इनका कोई विशिष्ट सम्बन्ध होगा, कोई नहीं कहता। किन्तु ऐसा सम्बन्ध था। इन्डोयूरोपियन भाषातन्त्र की कुछ समस्याएँ केल्त समुदाय के विवेचन से सुलझाई जा सकती हैं।

केल्त भाषाओं से भारत-ईरानी शाखा का सम्बन्ध चाहे जिस कोटि का हो, बाल्तिक-स्लाव भाषाओं से इस शाखा के सम्बन्ध के बारे में अनेक भाषाविज्ञानियों को शंका नहीं है; विद्वानों ने स्लाव और ईरानी शब्द-भण्डार की समानता पर विशेष ध्यान दिया है। मेइये ने उक्त ग्रन्थ में कहा है : "जितना ही शब्द-भण्डार की इन समानताओं पर हम ध्यानपूर्वक विचार करते हैं, उतना ही भारत-ईरानी, बाल्तिक और स्लाव शब्द-भण्डारों का निकट सम्बन्ध और भी स्पष्ट हो जाता है।"(पृष्ठ १६०)। मेइये ने पुरानी स्लाव धर्म-भाषा (अर्थात् पुरानी बुल्गारियन भाषा) तथा ईरानी भाषाओं से अनेक सामान्य शब्द देकर स्लाव और ईरानी भाषाओं के विशेष सम्बन्ध पर ज़ोर दिया है। सभ्यता और संस्कृति से सम्बद्ध शब्दावली की परीक्षा करने के बाद उन्होंने लिखा है : "भारत-ईरानी, बाल्तिक और स्लाव भाषाओं में इन्डोयूरोपियन के एक ही विभाग की शब्दावली का प्रसार है।" (पृष्ठ १५८)। सभ्यता और संस्कृति की दृष्टि से भारत-ईरानी और बाल्तिक स्लाव भाषा-समुदाय एक ही वृत्त में आते हैं। यह वृत्त इन्डोयूरोपियन भाषाक्षेत्र का बहुत बड़ा भाग है।

बरो यह मानते हैं कि शतम् समुदाय में भारत-ईरानी शाखा की स्थिति प्राचीन काल में क्या थी, यह ठीक निश्चित करना सम्भव नहीं है। किन्तु वह मानते हैं कि किसी समय भारत-ईरानी तथा उन इन्डोयूरोपियन बोलियों में स्पष्ट ही विशेष सम्बन्ध था

जो आगे चलकर बाल्तिक और स्लाव भाषाओं के रूप में विकसित हुईं। बरो ने दोनों समुदायों की कुछ व्याकरणगत समानताओं का उल्लेख किया है। जैसे संस्कृत में माता, कर्ता रूप में, र्-विहीन है, वैसे ही लिथुआनियन में **मोते** और पुरानी स्लाव में **मति** रूप हैं। अधिकरणकारक के बहुवचन में **सु** प्रत्यय का व्यवहार केवल इन दो समुदायों में होता है : संस्कृत **वृक्षेषु**, पुरानी स्लाव **व्लुचेछु**; ग्रीक भाषा में **सि** प्रत्यय है। द्विवचन रूपों में ऐसी समानताएँ हैं जो अन्यत्र नहीं मिलतीं : कर्ताकारक में संस्कृत **बाले, युगे, नामनी, मनसी, अक्षी, सूनू** के अनुरूप पुरानी स्लाव में **झ़ेने, इझ़े, इमेनि, तेलेसि, ओचि** (लिथुआनियन **अकि**), **सिनि** (लिथुआनियन **सूनू**) रूप हैं; सम्बन्ध और सम्प्रदानकारकों में द्विवचन रूप संस्कृत **तयोः, द्वयोः** की तरह पुरानी स्लाव में **तोयु, द्वोयु** रूप हैं। स्त्रीलिंग संज्ञा शब्दों के एकवचन आकारान्त रूपों में ऐसा ही विकास दिखाई देता है, यथा करणकारक में संस्कृत **तया, सेनया,** पुरानी स्लाव में **तोयो, रोकोयो**; अधिकरण में संस्कृत **सेनायाम्,** अवेस्ता **हयेनय,** लिथुआनियन **रंकोये**। इकारान्त-उकारान्त शब्दों की रूप-रचना में ऐसी ही समानता है, जैसे सम्प्रदानकारक का एकवचन रूप संस्कृत में **सूनवे** है, पुरानी स्लाव में **सिनोवि**।

सर्वनामों और विशेषकों में अनेक समानताएँ हैं। व्यक्तिवाचक उत्तम पुरुष सर्वनाम का कर्ता रूप संस्कृत में **अहम्,** पुरानी स्लाव में **अज़ु** है; करणकारक में संस्कृत **माम्,** पुरानी स्लाव में **मे,** सम्बन्धकारक में संस्कृत **मम** से भिन्न अवेस्ता **मन,** पुरानी स्लाव में **मॅनॅ** है। इसी प्रकार निर्देशक सर्वनामों में **तस्मै** जैसे रूप से पुरानी प्रुशियन के **कस्मु, स्तेस्मु,** पुरानी स्लाव के **तोमु** रूप मिलते हैं। स्त्रीलिंग में संस्कृत **तस्यै** से पुरानी प्रुशियन का **स्तेस्सियेइ** मिलता है। प्रश्नवाचक सर्वनामों में संस्कृत के समान **क्** ध्वनि वाले रूप हैं। कुछ सर्वनाम-मूल सामान्य हैं यथा अवेस्ता का **अव** पुरानी स्लाव में **ऑवु** है [**अव** सर्वनाम वैदिक भाषा में भी है और **अयम्** का प्रतिरूप है; तमिल **अवन्** में यही **अव** है]; संस्कृत और अवेस्ता का **अन** लिथुआनियन में **अनस्** और पुरानी स्लाव में **ऑनु** है। अनेक विशेषक मिलते-जुलते हैं : संस्कृत **कुह,** अवेस्ता **कुदा** (कहाँ), पुरानी स्लाव में **कुदॅ,** संस्कृत **कदा** (कब) **तदा** (तब), लिथुआनियन **कद, तद,** संस्कृत **न** (समान), लिथुआनियन **नॅइ,** संस्कृत **बहिस्** (बाहर), पुरानी स्लाव में **बॅज़ु** (बिना), संस्कृत **विना,** पुरानी स्लाव में **वुनॅ** (बाहर), पुरानी फ़ारसी में **रादि** (कारण से), पुरानी स्लाव में **रदि**। भविष्यकाल-सूचक **स्य** केवल संस्कृत और लिथुआनियन में असंदिग्ध रूप से मिलता है : संस्कृत **दास्यामि** (मैं दूंगा), लिथुआनियन **दुओसिउ**। दोनों समुदायों में प्रेरणार्थक क्रिया मिलती-जुलती है : संस्कृत **बोधयति** (वह जगाता है), पुरानी स्लाव में **बुज़्दॉ, बुदिति**।

बरो कहते हैं कि भारत-ईरानी और बाल्तिक-स्लाव समुदायों में ऐसे काफी शब्द सामान्य हैं जो अन्य समुदायों में नहीं मिलते। इससे इन दोनों समुदायों के प्राचीन सम्बन्धों का ज्ञान होता है। संस्कृत **अजिन** (चर्म) **अजा** से बना है और पहले उसका अर्थ था बकरी का चमड़ा। **अजा** का लिथुआनियन प्रतिरूप **ऑझ़्किस्** है और पुरानी स्लाव में **अजिन** का प्रतिरूप **अझ़िनु** है। ऐसे अनेक शब्द हैं जिनकी धातु अन्य

इन्डोयूरोपियन भाषाओं में है किन्तु प्रत्यय केवल आर्य स्लाव समुदायों में सामान्य है : संस्कृत **फेन**, लिथुआनियन **स्पइनें**, संस्कृत **दक्षिण**, पुरानी स्लाव में **दॅसिनु**, लिथुआनियन **दॅशिनॅं**, संस्कृत **ग्रीवा**, पुरानी स्लाव में **ग्रिव** (अयाल), संस्कृत **मज्जन**, पुरानी स्लाव में **माॅझ़्दन**, पुरानी प्रुशियन में **मुज़्गॅनों**। संस्कृत **मिश्र** से बिल्कुल मिलता-जुलता रूप केवल लिथुआनियन में है **मिस्रस्**। जागने के अर्थ में **बुध्** क्रिया का व्यवहार केवल बाल्तिक-स्लाव भाषाओं में होता है। लिखने के लिए ईरानी **पिस्** क्रिया पुरानी स्लाव के **पिसति** रूप में है। बरो ने जो अन्य महत्वपूर्ण सामान्य शब्द दिए हैं, उनमें से कुछ इस प्रकार हैं : संस्कृत **सव्य** (बायाँ), पुरानी स्लाव में **शुयि**; संस्कृत **बर्हि** (कुशासन), अवेस्ता **बरज़िश्** (तकिया), स्लाव **ब्लज़िन** (उप०); संस्कृत **कृष्ण**, पुरानी प्रुशियन में **किर्संनन्** (काला); संस्कृत **भर** (युद्ध), स्लाव **बॉर्याॅं** (लड़ना), संस्कृत **ओष्ठ**, स्लाव **उस्त**, प्रुशियन **अउस्तिन्** (मुख); संस्कृत **गिरि**, स्लाव **गोर** (उप०), लिथुआनियन **गिरिअ** (जंगल); संस्कृत **तूष्णीम्** (चुपचाप), प्रुशियन **तुस्नन्**; संस्कृत **तुच्छ्या** (खाली), स्लाव **तुशित**, लिथुआनियन **तुश्चिअस्** (उप०); संस्कृत **दधि**, सम्बन्धकारक में **दध्नः**, प्रुशियन **ददन्**; संस्कृत **पयः** (दूध), लिथुआनियन **प्योनस्**; संस्कृत **अंगार**, स्लाव **ऑॅग्लि**, रूसी **उगोल्**; संस्कृत **ब्रध्न** (पीताभ), स्लाव **ब्रॉनु** (सफ़ेद); संस्कृत **अर्भ** (छोटा, बच्चा), रूसी **रॅब्योनॉक्** (बच्चा); संस्कृत **व्रत**, स्लाव **रॉत** (शपथ); संस्कृत **पांसु** (धूलि), स्लाव **पॅशुकु** (रेत); संस्कृत **धाना** (धान्य), फ़ारसी **दान**, लिथुआनियन **दुआॅन** (रोटी), संस्कृत **श्याम**, लिथुआनियन **श्योमस्**; संस्कृत **विश्पति** (गण का नेता), अवेस्ता **वीस्पइति**, लिथुआनियन **विएश्पत्स्** (स्वामी); अवेस्ता **सरत** (शीतल), [संस्कृत **शरद्**], लिथुआनियन **शल्तस्**; संस्कृत **शाक**, लिथुआनियन **शेकस्** (हरा चारा); संस्कृत **शफर**, लिथुआनियन **शपलस्** (एक मछली); संस्कृत **शकुन** (पक्षी), स्लाव **साॅकॉलु** (बाज); संस्कृत **भंग** (लहर), लिथुआनियन **बंग**; संस्कृत **हवते** (पुकारता है), स्लाव **जॉवॅतु**; संस्कृत **श्वित्** (चमकना), लिथुआनियन **श्वितेति**, स्लाव **स्वितेति**; संस्कृत **भयते** (डरना), स्लाव **बॉयॉं सॅ**, लिथुआनियन **बियउस्**; संस्कृत **प्रुष्** (छिड़कना), स्लाव **प्रिस्नोति**; संस्कृत **धम्**, **ध्मा** (हवा फूंकना), स्लाव **दुमॉं**, **दॉति**, लिथुआनियन **दुमिउ**, **दुम्ति**; संस्कृत **मुच्** (मुक्त करना), लिथुआनियन **मुक्ति**, **मुंकु** (छूटना); संस्कृत **गृणाति** (स्तुति करता है), प्रुशियन **गिर्त्वॅइ** (स्तुति करना), लिथुआनियन **गिरिउ**, **गिर्ति**।

शब्दावली पर बरो की टिप्पणी है कि सामान्य शब्दों और अन्य सामान्य लक्षणों की सूची स्पष्ट ही प्रभावशाली है और इस समानता का सम्बन्ध आदिम भारत-ईरानी काल से है, किन्तु जब हम स्लाव या बाल्तिक भाषा-समुदाय से स्वयं ईरानी के विशेष सम्पर्क के चिन्ह ढूंढ़ते हैं, तो इनका प्रायः पूर्ण अभाव पाते हैं; यह सत्य है कि सूची में कुछ शब्द ऐसे हैं जो केवल ईरानी में हैं और संस्कृत में नहीं हैं पर इस तरह अन्य शब्द बताये जा सकते हैं जो संस्कृत में हैं और ईरानी में नहीं हैं। बरो के अनुसार स्लाव समुदाय में ईरानी से उधार लिए शब्दों को खोजने के प्रयत्न असफल हुए हैं; देवता के लिए पुरानी फ़ारसी के **बस** और पुरानी स्लाव के **बॉगु** में अवश्य समानता है किन्तु ये एक ही मूल शब्द के विकास हो सकते हैं, स्लाव भाषा ने यह शब्द ईरानी से उधार न

लिया होगा। बरो कहते हैं कि शक कबीले बार-बार यूरुप पर हमला करते रहे हैं और दैन्यूब नदी तक की विशाल भूमि पर वर्षों तक अधिकार जमाए रहे हैं, इसलिए स्लाव भाषाओं पर ईरानी प्रभाव का अभाव आश्चर्यजनक है। इस उत्तरकाल में स्लावजन, राजनीतिक और सांस्कृतिक रूप में, ईरानियों से लगभग पूर्णतः अप्रभावित रहे होंगे। दूसरी ओर पूर्वतरकाल में (लगभग २००० ई० पू० में) जब आदिम ईरानियों ने अपनी यूरोपियन आवास भूमि छोड़ी न थी, तब भारत-ईरानीजन और आदि बाल्तिक स्लाव-जन काफी समय तक नजदीकी पड़ोसी रहे होंगे। दोनों समुदायों में जो भी सम्पर्क हुआ, वह इसी काल में हुआ।

बरो की इस टिप्पणी से निष्कर्ष निकलता है कि ईरानी लोग यूरुप में रहते थे, वहाँ से वे ईरान आये। ईरान से वे बार-बार यूरुप पर हमले करते रहे और वहाँ वर्षों तक अधिकार भी जमाये रहे। जब वे यूरुप में थे, तब तो पड़ोसी स्लावजनों को प्रभावित करते रहे, जब ईरान आ गए तब उन पर अधिकार जमा लेने पर भी उन्हें प्रभावित करने की वह क्षमता समाप्त हो गई। किन्तु स्लाव और आर्य भाषाओं में जो समानता है, वह केवल ईरानी-स्लाव समानता नहीं है, वह भारतीय-स्लाव समानता भी है। **बग, बॉगु** जैसे सामान्य शब्द मूल भारतीय रूप **भग** के विकास हैं।

आदिम ईरानी और स्लाव भाषाओं में समानता है, इसलिए आदिम ईरानी मूलतः यूरुप के निवासी रहे होंगे, यह कल्पना निराधार है। आदिम स्लावजन मध्य-एशिया में ईरानियों के पड़ोसी रहे हों, यह भी सम्भव है। जो शब्द भारतीय और ईरानी भाषाओं में सामान्य हैं, उनमें मूल रूप अधिकतर भारतीय हैं। संस्कृत **भर, दधि, ब्रध्न, अर्भ, धाना, भंग, भयते, धम्, ध्मा** आदि के बारे में माथापच्ची की ज़रूरत नहीं है। इनमें सघोष महाप्राण ध्वनियाँ हैं और इस कोटि की ध्वनियाँ न प्राचीन ईरानी में हैं, न पुरानी स्लाव में। संस्कृत **धाना** और फ़ारसी **दान** को बराबर तौलकर बरो ने सब धान बाईस पसेरी कर दिये हैं।

जिसे बरो प्राचीन भारत-ईरानी काल कहते हैं, वह प्राचीन भारतीय काल है। भारतीय शब्द ईरानी और स्लाव दोनों भाषाओं में गए हैं। निस्सन्देह प्राचीन आर्य भाषाओं के बहुत से शब्द संस्कृत में परिवर्तित हो गए हैं किन्तु उनके मूल रूप, भारतीय आर्य भाषाओं के ध्वनितन्त्र पर विचार करने से, भारतीय उद्गम के ही सिद्ध होते हैं। उल्लेखनीय है कि स्वयं बरो के अनुसार अनेक शब्द केवल संस्कृत और स्लाव भाषाओं में सामान्य हैं यथा **अजा, अजिन, दक्षिण, ग्रीवा, मिश्र**। ये भारतीय शब्द किसी कल्पित भारत-ईरानी शाखा के नहीं हैं, वे विशुद्ध भारतीय हैं : भविष्यकालिक **दास्यामि** के **दुआँसिउ** जैसे स्लाव प्रतिरूप प्राचीन भारतीय काल के हैं।

२. स्लाव भाषा-समुदाय

(क) ध्वनितन्त्र

आर्य और स्लाव भाषाओं में तालव्य ध्वनियों की बहुलता है। इन ध्वनियों का प्रसार केन्द्र कहाँ था, इस बारे में अनेक मत हैं। विश्व में भाषाविज्ञान की स्थिति

का सर्वेक्षण करने वाले ग्रन्थ **करेन्ट् ट्रेन्ड्स् इन् लिंग्विस्टिक्स्** के नवें खंड में ओसवाल्ड चेमेरेन्यी ने तुलनात्मक भाषाविज्ञान पर अपने निबन्ध में बताया है कि १९वीं सदी के नव्य वैयाकरण मानते थे कि आदि इन्डोयूरोपियन भाषा में तालव्य ध्वनियाँ विद्यमान थीं जो पश्चिमी भाषाओं में तालव्य अंश छोड़कर कंठ्य ध्वनियाँ बन गईं और पूर्वी भाषाओं में कंठ्य अंश छूट गया और तालव्य अंश का विकास हुआ। चेमेरेन्यी के अनुसार इस कल्पना को अब अमान्य ठहराया गया है। तालव्यीकरण की प्रक्रिया भारत-ईरानी क्षेत्र में पूर्ण हुई है; जितना ही पश्चिम की ओर चलते हैं, उतना ही तालव्य क्षेत्र की भाषाओं में ध्वनिसम्बन्धी अपवाद बढ़ते जाते हैं। इससे निष्कर्ष यह निकलता है कि तालव्य ध्वनियों का विकास-केन्द्र आर्य भाषा क्षेत्र में था। योसेफ श्मिद्त (१९१२) का मत था कि इन्डोयूरोपियन भाषा-क्षेत्र की चरम पूर्वी सीमा से तालव्यीकरण और संघर्षीकरण की लहरें पश्चिम की ओर बढ़ीं और जितना ही आगे बढ़ती गईं, उतना ही उनका वेग कम होता गया। इस पूर्वी सीमा में कुछ लोग ईरान को केन्द्र मानते हैं, कुछ लोग स्लाव क्षेत्र को; अन्य विद्वान् स्लाव और आर्य भाषाओं में तालव्य ध्वनियों का विकास अलग-अलग स्वतन्त्र रूप से हुआ, यह मानते हैं।

आर्य और स्लाव भाषाएँ परस्पर इतने घनिष्ठ रूप में सम्बद्ध हैं कि ध्वनि-तन्त्र में समान प्रवृत्तियाँ हों तो उनके विकास को स्वतन्त्र मानने का कोई कारण नहीं है। जो लोग आदि इन्डोयूरोपियन भाषा के एकरूप ध्वनितन्त्र की कल्पना करते हैं, वे यह सोच ही नहीं सकते कि तालव्य और अतालव्य ध्वनियों के दो केन्द्र एक ही काल में हो सकते हैं। बाल्तिक स्लाव भाषाओं में इस स्थापना के उदाहरण भरे पड़े हैं कि कंठ्य और दन्त्य ध्वनियों के भिन्न विकास केन्द्र थे और उनके परस्पर सम्पर्क से इन भाषाओं के ध्वनितन्त्र में दोनों कोटि की ध्वनियों को स्थान मिला है। लिथुआनियन की बोलियों में एक शब्द है **तित्नगस्** (चकमक पत्थर), इसका प्रतिरूप है **तिक्नगस्**। एक रूप में **त्**, दूसरे में **क्**। लैतविया की बोलियों में एक रूप है **कॅर्त्** (ग्रहण करना), दूसरा रूप है **त्वॅर्त्**। इसी भाषा की बोलियों में एक शब्द है **मॅग्निस्** (काला मुर्गा), दूसरा रूप है **मॅद्निस्**। इसी प्रकार उक्रैनी में महाप्राण ध्वनियों में केवल **ख्** है जबकि रूसी में **ख्** और **फ़्** दोनों हैं। इसलिए प्राचीन काल में तालव्य और तालव्येतर ध्वनियों के दो भिन्न केन्द्र थे, यह मानने में संकोच न होना चाहिए।

भारतीय आर्य भाषाओं में तालव्य ध्वनियों का पूर्ण विकास हुआ है। श् को छोड़ दें, केवल स्पर्श-संघर्षी च-वर्गीय ध्वनियों को लें, तो देखेंगे कि इन ध्वनियों का पूर्ण विकास न तो स्लाव क्षेत्र में है, न ईरानी क्षेत्र में। स्लाव क्षेत्र में **ज्** नहीं है; ईरानी क्षेत्र में **छ्** नहीं है। **झ्** का अभाव दोनों में है। अतः इन ध्वनियों का विकास-केन्द्र भारत है, ऐसा मानना चाहिए। भारतीय भाषाओं की तरह स्लाव भाषाओं में तालव्य और कंठ्य ध्वनियाँ सम्बद्ध शब्दों में अर्थ-भेदक ढँग से प्रयुक्त होती हैं। एक क्रिया है **युज्**; इससे एक ओर **युज्यति, योजना** आदि शब्द बनते हैं तो दूसरी ओर **योग, योग्य** आदि शब्द भी बनते हैं। इसी प्रकार चेक भाषा में **रिकात्** माने बातें करना, सम्बद्ध शब्द **रेच्** माने भाषा। बुल्गारियन भाषा में **रेक** माने नदी और **रेचेन्**

माने नदी से सम्बन्धित। बाल्तिक-स्लाव भाषाओं में तालव्य ध्वनियों का प्रसार एक-सा नहीं हुआ। बाल्तिक भाषाओं की अपेक्षा स्लाव भाषाओं में इन ध्वनियों का प्रसार अधिक हुआ है, यथा लिथुआनियन **वकरस्** (सन्ध्या) का रूसी प्रतिरूप **वेंचॅर् है।** बाल्तिक भाषाओं में ही लिथुआनियन की अपेक्षा लैंतवियन में तालव्य ध्वनियों का विकास अधिक हुआ है यथा लिथुआनियन **अकिस्** (आँख) का लैंतवियन प्रतिरूप **अचिस्** है। जहाँ भी शब्द के एक रूप में कंठ्य ध्वनि हो और दूसरे में तालव्य, वहाँ कंठ्य ध्वनि वाला रूप ही पुराना होगा, यह मानने का कोई कारण नहीं है। लिथुआनियन **गीवस्** (जीवित) का लैंतवियन प्रतिरूप **जीव्स् है।** लिथुआनियन रूप मूल नहीं है। **जीव** के प्रतिरूप **दीव** से अंग्रेज़ी का **लिव्** बना है। **लिव्** और **जीव** का सम्बन्ध पहचान कर कोई **गीवस्** को प्राचीनतम रूप न कहेगा। **अकिस्** और **अचिस्** दोनों का पूर्वरूप **अक्षि** है। लिथुआनियन में **गॅमु** (मैं जन्म लेता हूँ) में आदि व्यंजन कंठ्य है। किन्तु संस्कृत **जलज, द्विज** के **ज** के समान लिथुआनियन में **त्** ध्वनि पर आधारित प्रत्यय है यथा **शुनितिस्** (कुत्ते का पिल्ला), **कुमुतीतिस्** (कुमुतीस् का पुत्र)। यहाँ **ग्** ध्वनि वाली क्रिया से यह प्रत्यय नहीं बना। **ज्** के अघोष रूप **च्** को **त्** में वैसे ही बदला गया है जैसे अंग्रेज़ी **लिव्** के पूर्वरूप **दीव्** में **जीव्** के **ज** को **द्** में बदला गया था। वही **ज्** अन्य स्लाव भाषाओं में **च्** रूप में प्रयुक्त होता है। **इलिया** का पुत्र रूसी में **इलिच्** हुआ। **भग** अर्थात् भगवान का पुत्र स्लाव समुदाय की सर्ब भाषा में **बॉफ़्चि** हुआ। लिथुआनियन में भतीजी और भांजी के लिए मिलते-जुलते शब्द हैं: **ब्रॉलेचिअ** और **सॅसॅरेचिअ**। यहाँ भी **च्** का पूर्वरूप **ज्** है। इससे विदित होता है कि लिथुआनियन कहीं तो तालव्य ध्वनि स्वीकार करती है और कहीं उसे कंठ्य या दंत्य ध्वनि के रूप में ग्रहण करती है।

स्लाव और बाल्तिक भाषाओं में **श्, स्** ध्वनियाँ खूब प्रयुक्त होती हैं लेकिन कभी-कभी इनके स्थान पर **च्** का व्यवहार भी होता है। रूसी **स्यूदा** (यहाँ) का लिथुआनियन प्रतिरूप **चिओन्** है। लिथुआनियन भाषा की बोलियों में दन्त्य **स्** वाले शब्दों के प्रतिरूपों में **च्** का व्यवहार होता है यथा **गस्परोदुस्** (श्रीमान्) का अपरिनिष्ठित प्रतिरूप **गच्परोदुस्** है। दन्त्य **स्** कभी-कभी सघोष **ज्** भी हो जाता है। लिथुआनियन बोलियों में एक रूप **विस्केति** (झूलना) है तो अन्य रूप **विज्गेति** है। अनेक शब्द ऐसे हैं जहाँ संस्कृत रूप में **श् है** तो बाल्तिक रूप में **स्** है। संस्कृत **आश्विन** का पुरानी प्रुशियन में प्रतिरूप **अस्सनिस्** है और रूसी में **ऑसॅन्**। यहाँ तालव्य ध्वनि दन्त्य में परिवर्तित हुई है। सीने के लिए लिथुआनियन रूप **सीउते** है और लैंतवियन रूप **शूत्**। यहाँ मूल रूप में **स्** था। छाया के लिए लैंतवियन रूप **सेय** है, पुरानी स्लाव में रूप है **शेन्**। यहाँ भी मूल रूप में दन्त्य ध्वनि थी, तालव्य स्वर के संसर्ग से पुरानी स्लाव में **स्** का तालव्यीकरण हुआ है। भारतीय आर्य भाषाओं के समान बाल्तिक भाषाओं में कहीं **स्** है, कहीं **श्**। लैंतवियन में **सिर्द्स्** है तो लिथुआनियन में **शिर्दिस्** (हृदय)। किन्तु जैसे ब्रज से मिथिला तक केवल दन्त्य **स्** का क्षेत्र है और परिनिष्ठित बँगला में केवल तालव्य **श्** का साम्राज्य है, वैसा विभाजन बाल्तिक-स्लाव क्षेत्र में कहीं नहीं है।

इसीलिए अनुमान यह होता है कि ये भाषाएँ मूलतः दन्त्य **स्** के ध्वनि क्षेत्र की हैं, **च्** और **श्** दोनों ध्वनियों का प्रसार वहाँ भारतीय स्रोत से हुआ है।

यूरुप की अन्य भाषाओं के समान बाल्तिक-स्लाव भाषाओं में महाप्राण ध्वनियाँ भारत से गई हैं। यहाँ **ख्**, **ह्** ध्वनियों का व्यवहार होता है; **घ्**, **ध्**, **भ्** ध्वनियाँ जिन भारतीय शब्दों में हैं, उनके बाल्तिक-स्लाव प्रतिरूपों में **ग्**, **द्**, **ब्** का व्यवहार होता है। किन्तु लैतवियन **सिर्द्स्** (हृदय) का प्रतिरूप पुरानी प्रुशियन में **सॅय्र्** है जिससे विदित होता है कि मूल रूप का **ध्** पहले **ह्** में परिवर्तित हुआ, फिर **ह्** के स्थान पर **य्** का व्यवहार हुआ। बाल्तिक-स्लाव भाषाओं में संघर्षीकरण की प्रवृत्ति प्रबल है और अनेक शब्दों में **घ्** ध्वनि **ज्** या **झ्** रूप में ग्रहण की गई है। संस्कृत **हिम** के पूर्वरूप **घिम** का लैतवियन रूप **ज़ीय्रॅम** है, लिथुग्रानियन प्रतिरूप **झ़ीॅग्रॅम** है। **ज्** अघोष हुआ तो पुरानी प्रुशियन में **सॅमॉ** रूप बना। **हिम** का पूर्वरूप **घिम** है, इसका बोध ग्रीक **खॅइम** से होता है। **सॅमॉ** जैसे रूप से **शिमला** का **शिम** और बरफ के लिए कश्मीरी का **शीन** रूप बना। संस्कृत क्रिया **वह्** (ढोना) का पूर्वरूप **वघ्** था जिससे अंग्रेजी का **वैगन** शब्द बना। यह लैतवियन में **वेज़ु** है, लिथुग्रानियन में **वेझ़ु**। इस प्रकार सघोष महाप्राण ध्वनियाँ कहीं-कहीं संघर्षी रूप में भी ग्रहण की जाती हैं। त-वर्गीय ध्वनियाँ बाल्तिक-स्लाव भाषाओं में सुप्रतिष्ठित हैं किन्तु कहीं-कही उनमें भारतीय भाषाओं जैसे परिवर्तन होते हैं। जनता के लिए लिथुग्रानियन **तउत** का वैकल्पिक रूप **लिग्रउदिस्** है और लैतवियन रूप **लउदिस्** है। यह **द्—र्** जैसा परिवर्तन है। बाल्तिक और स्लाव भाषाओं में एक महत्वपूर्ण भेद यह है कि बाल्तिक भाषाओं में जहाँ शब्द रूप अजन्त मिलते हैं, वहाँ स्लाव भाषाओं में उनके हलन्त रूप हैं। **मधु** शब्द का लिथुग्रानियन प्रतिरूप **मॅदु** है किन्तु पुरानी स्लाव में इसका रूप है **मॅद्**। रूसी रूप है **म्योद्**, बुलगारियन रूप है **मॅद्**। यही रूप चेक में है। अजन्त शब्दों को हलन्त बोलने की प्रवृत्ति मागधी और कौरवी समुदायों की प्रवृत्ति से मिलती-जुलती है। लिथुग्रानियन भाषा में स्वरतानों का व्यवहार भी होता है। यह प्रवृत्ति वैदिक भाषा में भी थी।

बरो ने बाल्तिक-स्लाव और आर्य भाषाओं की एक भिन्नता का उल्लेख किया है। सम्प्रदानकारक में **भ्यस्** के **भ्** के बदले इन भाषाओं में **म्** का व्यवहार होता है यथा संस्कृत **वृकेभ्यः** का लिथुग्रानियन प्रतिरूप **विल्कम्स्** है, स्लाव रूप **व्लुकोमु** है। इस बात में जर्मन समुदाय की भाषाएँ बाल्तिक-स्लाव भाषाओं से मिलती हैं। **वृकेभ्यः** का पुराना जर्मन प्रतिरूप **वुल्फम्** है। कहते हैं कि लिथुग्रानियन में प्राचीन भाषा-रूप संस्कृत की अपेक्षा अधिक हैं, किन्तु संस्कृत **भ्** के स्थान पर वहाँ उसका रूपान्तर **म्** है। सामान्यतः बाल्तिक-स्लाव भाषाओं में **भ्** के स्थान पर **ब्** का व्यवहार होता है। यदि आर्य लोग बाल्तिक-स्लाव प्रदेशों से भारत में आये, तो क्या पहले **भ्यस्** की जगह **म्स्** बोलने लगे, फिर भारत आने पर पूर्ववत् **भ्यस्** के **अभ्यस्त** हो गये ?

बरो कहते हैं कि इन्डोयूरोपियन भाषाओं का यह **भ्-म्** वाला पुराना भेद है जो उनके सामान्य बोली-वर्गों की सीमाओं का उल्लंघन करता है [**द संस्कृत लैंग्वेज**, पृष्ठ १९]। यह स्थापना महत्वपूर्ण है। तथाकथित शाखाओं के विकास पर इतने विभिन्न

स्रोतों से प्रभाव पड़े हैं कि शाखाओं का वर्गीकरण छिन्न-भिन्न हो जाता है। यह समस्या केवल बाल्तिक-स्लाव और जर्मन भाषा-समुदाय की नहीं है। केल्त भाषाओं में भी ऐसे परिवर्तन देखे जाते हैं। संस्कृत **नभ** का प्रतिरूप पुरानी आइरिश भाषा में **नॅम्** है। संस्कृत **कुभा** (नदी) का **कुभ** वक्रता का अर्थ देता था; केल्त समुदाय की वेल्श भाषा में इसका प्रतिरूप **कम्** (मुड़ना) है। घाटी के लिए इसी भाषा का **कुम्** शब्द **कुभ्** का ही रूपान्तर है; **कुमाऊं** नामक भारतीय क्षेत्र में यही **कुम्** है। वेल्स के निवासी अपने प्रदेश को **कम्रु** कहते हैं।

भ् ध्वनि सीधे **म्** में परिवर्तित नहीं होती; पहले उसकी महाप्राणता और सघोषता का लोप होता है, फिर **प्** ध्वनि **म्** में बदलती है। अवधी में पानी पीने का बर्तन **आमखोरा, अम्खाँरवा** कहलाता है; इसका पूर्वरूप फ़ारसी **आबख़ोर** है और **आब** का पूर्वरूप **आप** है। **अप** तथा **आप** का मूल रूप **अभ**—**अंभ** वाला **अभ**—है। **भ्** ध्वनि **ब्, प्, म्** में परिवर्तित हुई। उसी प्रकार **कुभा, ककुभ** का **कुभ्, कुब्ज, कुबड़ा** का **कुब्, कुमाऊं** का **कुम्** मूलतः एक हैं। **प्** ध्वनि का **म्** में रूपान्तरण अखिल भारतीय भाषाई प्रपञ्च है। तमिल **पण्णु** और **मण्णु** का एक ही अर्थ है बनाना, निर्माण करना। तमिल **पणि** (बोलना), ब्राहूइ **पानिंग्** (उप०) का तेलुगु प्रतिरूप **माटलाडु** (उप०) है; तेलुगु **माट** (शब्द), कन्नड़ **मात** (उप०) इसी से सम्बद्ध हैं। **पणि** से मिलती-जुलती **भण्** क्रिया संस्कृत में है; अतः **पणि** और **माट** की **प् म्** ध्वनियाँ मूलतः **भ्** थीं। संस्कृत **भाण्ड** में **भण्** क्रिया निर्माण सूचक है; उसके प्रतिरूप **पण्णु** और **मण्णु** हैं। **भण्** से जैसे तमिल **पण्णु** और **मण्णु** सम्बद्ध हैं, वैसे ही संस्कृत **पाणि** से लैटिन **मनुस्** (हाथ) सम्बद्ध है। लैटिन **पोनो** (निर्माण करना, रखना) संस्कृत **पाणि**, तमिल **पण्णु** की शृंखला में है किन्तु हाथ के लिए **प्** ध्वनि वाला नहीं, **म्** ध्वनि वाला शब्द लैटिन में प्रचलित हुआ। भारतीय भाषा क्षेत्र में **पण्णु** और **पाणि** दोनों हैं।

पुरानी आइरिश का **बॅन्** (स्त्री), तमिल **पॅण्** (स्त्री, लड़की) का प्रतिरूप है। सम्बन्धकारक में इसका **म्नो** रूप होता है। यहाँ यह सम्भावना है कि नासिक्य ध्वनि **न्** के संसर्ग से स्पर्श ध्वनि **प् म्** में परिवर्तित हो। संस्कृत **स्वप्न** के लैटिन प्रतिरूप **सॉम्नुस्** (नींद) के **म्** के बारे में भी यही बात कही जा सकती है। किन्तु वेल्श **ब्रॉ** (भूमि) का पुराना आइरिश प्रतिरूप **म्रॉगि** है। यहाँ नासिक्य ध्वनि के संसर्ग का प्रश्न नहीं है। अंग्रेज़ी **मोर** (अधिक), प्राचीन आइरिश के **मार** और **मोर** (महान्) संस्कृत **पुरु** के प्रतिरूप हैं। तमिल **पल** (बहुत से) और ग्रीक **पॉलुस्** (उप०) दोनों **पुरु** से सम्बद्ध हैं; ग्रीक भाषा में तमिल **पल** का रूपान्तर **मल** (बहुत, अधिक) भी है (**मल पॉल्ल** अर्थात् खूब सारे)। परिनिष्ठित ग्रीक **मॅत** (साथ, मध्य) अन्य ग्रीक बोलियों, यथा इयोलिक, में **पॅद** है। संस्कृत **मेदिनी** और ग्रीक **पॅदॉन्** (धरती) अवश्य ही एक-दूसरे के प्रतिरूप हैं।

संस्कृत **मृदु** का लैटिन प्रतिरूप **मॉल्लिस्** (कोमल) है किन्तु ग्रीक प्रतिरूप **ब्रदुस्** (धीमा) है। संस्कृत **मर्त्य** के समानान्तर लैटिन में **मॉर्तुउस्** (मृत) शब्द है किन्तु ग्रीक प्रतिरूप **ब्रॉतॉस्** (मर्त्य, मर्द, पुरुष) है। संस्कृत में **स्पृश्** और **मृश्** दो क्रियाएँ हैं

और दोनों का एक ही अर्थ है छूना।

इस प्रकार प्-ब् तथा म् ध्वनियों वाले प्रतिरूप आर्य, द्रविड़, केल्त, जर्मन, बाल्तिक-स्लाव, ग्रीक, लैटिन भाषा-समुदायों में हैं। जहाँ मूल शब्द में भ ध्वनि का पता चल जाता है, वहाँ निश्चयपूर्वक कहा जा सकता है कि प् या ब् ध्वनि म् में परिवर्तित हुई है। अन्यत्र म् ध्वनि के प् में बदलने की सम्भावना स्वीकार करनी होगी। जो बात असम्भव है, वह यह कि बाल्तिक-स्लाव प्रदेशों में जो लोग भ्यस् को म्स् कहने लगे थे, वे भारत आकर म्स् को पुन: भ्यस् कहने लगे।

(ख) शब्दतन्त्र

भारत में अनेक आर्य भाषाएँ थीं, वैसे ही उनके पड़ोस में अनेक स्लाव भाषाएँ थीं। ऐसा नहीं था कि एक आदि आर्यभाषा यहाँ है, एक आदि स्लाव भाषा वहाँ है, और इन दोनों के परस्पर सम्पर्क से भाषातत्वों के आदान-प्रदान का कार्य पूरा हो गया। अनेक स्लाव भाषाओं से अनेक आर्य भाषाओं का सम्पर्क विविध प्रकार का है। यह बात ध्वनितन्त्र के विश्लेषण से ज्ञात होती है और शब्द-भण्डार के विश्लेषण से उसकी पुष्टि होती है। इन भाषा समुदायों का सम्पर्क प्राचीन होते हुए भी दीर्घकालीन है। एक ओर ऋग्वेद की ऋक् से सम्बद्ध चेक भाषा की रिकात् क्रिया है, दूसरी ओर हिन्दी बोलना से सम्बद्ध रूसी क्रिया बोल्तात् (बहुत बातें करना)। एक ओर ऋचा से सम्बद्ध चेक रेच् (भाषा) है, दूसरी ओर हिन्दी बातून की तरह रूसी बोल्तून् है। दोनों शब्दों का अर्थ एक है। बाल्तिक-स्लाव भाषाओं में अनेक शब्द ऐसे हैं जिनके ध्वनि-रूप संस्कृत रूपों से काफी मिलते हैं यथा अग्नि, कृमि और तमस् के लिथुआनियन प्रतिरूप उग्निस्, किर्मुओ और तुम्स। किन्तु सबसे रोचक शब्द वे हैं जो अर्थ-विचार की दृष्टि से प्राचीन प्रयोगों की याद दिलाते हैं।

इन भाषाओं में से (बोना) क्रिया और उससे सम्बद्ध शब्दों का व्यापक व्यवहार होता है। लिथुआनियन में इसका कृदन्त रूप सेति सामान्य क्रिया के समान प्रयुक्त होता है। जिस टोकरी से बीज लेकर बोते हैं, उसे सितुवस् कहते हैं। पुरानी प्रुशियन में बीज को सॅमॅन् कहते थे और खेत के लिए शब्द था सम्यॅन्। धरती के लिए सॅम्मॅ शब्द था जिससे ज्मा, क्ष्मा, जमीन आदि शब्द सम्बद्ध हैं। स् के सघोष होने पर ज् वाले रूप मिले; इसके च् में बदलने और सघोष होने पर ज् वाले रूप मिले, और स् के तालव्य होने पर, अतिरिक्त क् के साथ उसके पुन: मूर्धन्य होने पर, क्ष् वाले रूप मिले। से क्रिया में त प्रत्यय जोड़ने पर सेत, मराठी रूपान्तर शेत और संस्कृत प्रतिरूप क्षेत्र इसी प्रकार प्राप्त होते हैं। सेत का त जब ल में परिवर्तित हुआ तब गाँव के लिए रूसी में सॅलो, सॅलेनिये शब्द बने। रूसी में कहीं बस जाने के लिए शब्द है सॅलोत्स्या; बीज के लिए सॅम्या है। सॅम्या, सॅमेइस्त्वाँ परिवार का अर्थ देते हैं। रूसी में खेत के लिए पोलॅ शब्द भी है और पालि, पल्लि आदि से सम्बद्ध है। खेत के लिए तमिल में भी पोल शब्द है। यह सम्भव है कि पोल का प् बोने वाली सो क्रिया के स् का रूपान्तर हो। बुल्गारियन में किसान के लिए सॅल्यानिन् शब्द है और सॅल्याक् का अर्थ है गँवार। रूसी में किसान

के लिए **क्रेस्त्यानिन्** शब्द भी है जो संस्कृत **कृष्टि** से सम्बद्ध है। हल चलाने के लिए बाल्तिक, स्लाव तथा लैटिन आदि में **अर्** क्रियामूल का व्यवहार होता था। लिथुआनियन **अरिमस्** का अर्थ है जोतने का कार्य। **आर्ति** माने हल चलाना और **अर्क्लस्** का अर्थ है हल। इससे किसान के लिए लैतवियन भाषा में शब्द बना **अरायस्, अरेयस्**। पहला रूप पेशेवर किसान के लिए प्रयुक्त होता है और दूसरा जब-तब हल चलाने के लिए। लिथुआनियन में इसका प्रतिरूप है **अर्तोयस्**। जो दूसरे के लिए हल नहीं चलाता, वह अपनी खेती का स्वामी है। इस प्रकार **अर्** क्रिया से बने भारतीय आर्य शब्द में स्वामित्व का भाव जुड़ गया, पुनः स्वतन्त्रता, सभ्यता, बड़प्पन आदि के भाव भी इससे सम्बद्ध हो गये। लिथुआनियन **शक** संस्कृत **शाखा** का प्रतिरूप है और दोनों का अर्थ एक ही है। रूसी में इसका रूपान्तर **कॉख़ा** है जिसका अर्थ है लकड़ी का हल। इसका पुराना जर्मन प्रतिरूप **होह** है। इससे विदित होता है कि प्राचीनकाल में पेड़ की डाल काटकर उससे भूमि जोतने का काम लिया गया था। इसी प्रकार कश्मीरी **लंग** (डाल) और बँगला **लाङ्गल** (हल) परस्पर सम्बद्ध हैं।

लिथुआनियन **बॅर्नस्** (युवक) में शब्दमूल **बॅर** संस्कृत **भर** का रूपान्तर है। **भर** का अर्थ है युद्ध; इसका अर्थ योद्धा, युवक, पुत्र भी था। लैतवियन **बॅर्न्स्** का अर्थ है बच्चा। लिथुआनियन **वीरुस्**, पुरानी प्रशियन का **वीरन्स्** पुरुषवाचक शब्द हैं और संस्कृत वीर के प्रतिरूप हैं। पुरुष में शब्द मूल **पुरु** का सम्बन्ध युद्ध और योद्धा से है। तमिल **पॉर** (लड़ना) का रूसी प्रतिरूप **पोलेत्** है। लिथुआनियन में **करस्** का अर्थ है युद्ध। जैसे **पॉर** और **पुरु** परस्पर सम्बद्ध हैं, वैसे ही **करस्** और **कुरु** परस्पर सम्बद्ध हैं। **कुरु** का अर्थ **पुरु** के समान योद्धा, युवक था। पुरानी फ़ारसी में **कार** का अर्थ है सेना। वह लिथुआनियन **करस्** से सम्बद्ध है।

लिथुआनियन **वॅर्ति** का अर्थ है **द्वार** खोलना या बन्द करना। स्पष्ट ही इस क्रिया का सम्बन्ध घूमने का अर्थ देने वाली **वर्** और उससे निर्मित कृदन्त **वर्त** से है। **वर्** क्रिया आने-जाने का सामान्य अर्थ देने लगी किन्तु **वृत्त** में उसकी वक्र गति का अर्थ स्पष्ट है। **द्वार** शब्द **वर्** क्रिया से बना है। **व** के पहले अतिरिक्त **द्** जोड़ा गया है। रूसी में फाटक के लिए **वॉरॉत** शब्द है जो अवधी **बरोठा** (दहलीज) से तुलनीय है। रूसी में ऐसे अनेक शब्द हैं जिनके एक रूप में **व** है और दूसरी में **द्व**। **वॉरॉत** के समकक्ष उसमें **द्वोर्** (प्राङ्गण), **द्वेर्** (द्वार) शब्द भी हैं। संस्कृत **वेग** से सम्बद्ध **द्विगात्** (संचालित करना), **द्विझॅनिये** (गति) शब्द हैं, **बेगात्** (भागना) क्रिया भी है, लिथुआनियन में इसका प्रतिरूप **बेग्ति** है। गतिसूचक **पो** क्रिया से जैसे **पथ** शब्द बनता है, वैसे ही लिथुआनियन में **बेग्** से **बेगिस्** (पथ) शब्द बना है। भारतीय **वर्** क्रिया से **वारि** शब्द बना, वैसे ही **वर्** के प्रतिरूप **वन्** से कृदन्त रूप **वन्द** बना। लिथुआनियन **वन्दुओ** का अर्थ है जल। **वन्द** का न्-ध्वनिहीन रूप **वद** हुआ, इसी का रूपान्तर है **उद**। **वन्द** के रूपान्तर **उन्द** से अंग्रेज़ी का **इनन्डेट** (बाढ़ आना) शब्द बना है। लैटिन में **उन्द** का अर्थ है जल। **उद** में बहुत्वसूचक **र** लगने से **उद्र** रूप बनता है जो **समुद्र** में है। इस **उद्र** का ग्रीक प्रतिरूप **हुद्रॉस्** है जो जल के अलावा सर्प के लिए भी प्रयुक्त होता था, ठीक

भारतीय **नाग** की तरह। लिथुआनियन **उपिस्** का सम्बन्ध संस्कृत **अप** से है। **उपि,** और **उपॅ** रूप **आॅभि** के रूपान्तर हैं जिससे ग्रीक **ओफिस्** (नाग) और संस्कृत **अहि** सम्बद्ध हैं। संस्कृत **कुल्या** की श्रृंखला में लिथुआनियन **कूलिग्रव** (झरना) है।

लिथुआनियन **स्ततिति** (निर्माण करता है) में वही क्रिया है जिससे संस्कृत **स्थपति** (थवई) शब्द बनता है। धूलि के रूपान्तर **दूलि** से लिथुआनियन **दुल्के** (धूल) शब्द बना है। **कल्निउस्** का अर्थ है पर्वतारोही। इसमें पर्वत सूचक वही **कल** है जो प्रसिद्ध **कलिंग** में है। तमिऴ में **कल** का अर्थ है पत्थर। लिथुआनियन में **कुलिस्** का अर्थ है मुग्रर। रामचरितमानस में **कोल** शब्द इसी अर्थ में प्रयुक्त हुआ है। इसी भाषा में **बूत्** का अर्थ है घर; जैसे **भू** से **भवन,** वैसे ही **भू** के प्रतिरूप **बू** से **बूत्**। छाया के लिए **सेय** शब्द में **से** क्रिया है जिसका मूल अर्थ था शयन करना। इसी का रूपान्तर **शे** है जिससे अंग्रेज़ी **शेड** (छाया), संस्कृत **शयन, शैया** आदि शब्द बने हैं। वायु में जैसे **वा** क्रिया है, वैसे ही लिथुआनियन **वेयस्** (वायु) में **वे** क्रिया है जो **वा** का प्रतिरूप है। बाल्तिक भाषाओं को जो बाल्तिक नाम दिया गया है, वह लिथुआनियन में **बल्तस्** है जिसका अर्थ है श्वेत, प्रकाशमान। **श्वेत** का प्रतिरूप **वेल** हुआ; रूसी **बेलुए** का अर्थ श्वेत है। **बेलुए, बल्तस्** तमिल **वॅळ्** का प्रतिरूप **श्वेत** है। **पति** शब्द स्वामित्व के भाव से जुड़ा हुआ था किन्तु स्त्री या पुरुष में कौन स्वामी है, पहले इसका भेद न था। अतः लिथुआनियन में **पति** शब्द का अर्थ है स्वामिनी। **धा** क्रिया का एक अर्थ था रखना। इससे लिथुआनियन की **देति** क्रिया बनी है। हिन्दी **डूबना** से बहुत मिलती हुई लैतवियन क्रिया है **दुब्त्**। इसी से लिथुआनियन विशेषण बना है **दुबुस्** (गहरा), जिससे अंग्रेज़ी **डीप्** (गहरा) तुलनीय है। ज्ञान और जानने का अर्थ देने वाले **विद्, वेद** आदि शब्द यहाँ व्यापक रूप से प्रयुक्त होते हैं। पुरानी प्रुशियन में **वइदिमइ** (हम जानते हैं) रूप है। रूसी **वेद्** का अर्थ है तुम जानते हो या देखते हो, **वेदात्** क्रिया का अर्थ है जानना। अनेक शब्दों के अन्त में **वेद** शब्द जोड़ देते हैं जहाँ उसका अर्थ होता है ज्ञाता यथा **यज़िकोवेद्** (भाषाविद्)। खूँटी के लिए लिथुआनियन **कॅम्बॅ** संस्कृत **स्कम्भ** का ही प्रतिरूप है। **मार्ग** के लिए लिथुआनियन **तकस्** शब्द **तक** या **त** क्रिया से बना है जिसका अर्थ चलना होगा। हिन्दी **डग** और **डगर** इससे तुलनीय हैं। लिथुआनियन **अंगिस्** (सर्प) में वक्रता का भाव है जैसे **भुजंग** में है। **भंग, बंक, वंक, अंग** सब वक्रता का अर्थ देने वाले शब्द हैं। **अंगिस्** से मिलता-जुलता शब्द संस्कृत **अंगुलि** है। **कन्दिस्** (पतंग, शलभ) में **कन्** क्रिया है जिसका अर्थ है जलना। **प्रगल्भ** के समान **कल्बुस्** (वाचाल) शब्द **गद्** क्रिया के रूपान्तर **कल्** से बना है। संस्कृत में ही **गद्** के **द्** का रूपान्तर **ल्** हुआ और **गल्भ, गल्प** शब्द बने। **कल्बुस्** का प्रतिरूप **गल्वुस्** भी है। **कल्वुस्** का अर्थ है वाचाल और **गल्वुस्** का अर्थ है बुद्धिमान किन्तु यह सम्भव है कि इस दूसरे शब्द का सम्बन्ध **गल्व** (सिर) से है। **पेलुस्** (भूसा), अवधी **पैरा,** मानक हिन्दी के **पुआल** से सम्बद्ध है। जैसे लिथुआनियन में **पति** शब्द स्त्रीवाचक है, वैसे ही **वधू** से मिलता-जुलता शब्द **वेदिस्** (दूल्हा) पुरुषवाचक है। कारण यह है कि दोनों का सम्बन्ध **वध्** क्रिया से है जिसका अर्थ है ले चलना। लिथुआनियन का एक रोचक

शब्द है **तइसेयस्** (निर्माता)। इसमें क्रियामूल **तइ** का सम्बन्ध **धन्धा, दस्त, दास, दक्ष, तक्षन्** आदि के क्रियामूल **दस्-तस्** से है। **बल** शब्द सम्भवतः **वर** रूप में भी प्रयुक्त होता था। लैतवियन **वर** का अर्थ है **बल**।

बाल्तिक-स्लाव भाषाओं के सर्वनाम-रूप महत्वपूर्ण हैं। लिथुआनियन **शिस्** का अर्थ है यह। इसका रूसी प्रतिरूप है **सँइ**। लिथुआनियन **शिस्तस्** का अर्थ है यह, वह। **क्**-मूलक सर्वनाम प्रश्नवाचक हैं, साथ ही दूरस्थ वस्तु की ओर संकेत भी करते हैं; लिथुआनियन **क** का अर्थ है वह, साथ ही **कुर्** का अर्थ है कहाँ। यह **कुर्** **कुद** या **कुत** की दन्त्य ध्वनि के **र्** में बदलने से बना है।

लिथुआनियन की शब्द-रचना में कृदन्त प्रत्यय **ब** का व्यवहार संस्कृत से भिन्न मागधी भाषाओं से मिलता-जुलता है। क्रिया है **गिवॅन्ति** (जीना); इससे संज्ञा रूप बना **गिविब** (जीवन, अवधी रूप होगा **जियब**)। क्रिया है **वॅदिन्ति** (ब्याहना), संज्ञा रूप बना **वॅदिबॉस्** (अवधी ब्याहब)। क्रिया है **तिकिन्ति** (आस्था उत्पन्न करना), संज्ञा रूप बना **तिकिब** (धर्म, आस्था)। यह **ब** कहीं **बे** रूप में है, कही **बो** रूप में; मूल प्रत्यय एक ही है। इससे मागधी भाषाओं के **ब** प्रत्यय की प्राचीनता का बोध होता है। रूसी में मागधी भाषाओं के समान **ल** प्रत्यय जोड़कर भूतकालिक कृदन्त बनाते हैं यथा **चितात्** (पढ़ना), भूतकालिक रूप **चिताल** (पढ़ा)। लिथुआनियन में **ल** प्रत्यय से अन्य कोटि के संज्ञा रूप बनते हैं। **कस्ति** (खोदना) में क्रियामूल **कस्** से कृदन्त रूप बना **कसलस्** (जो खोदा जा सके)। **गिर्तौति** (पीना) में क्रियामूल **गिर्** से संज्ञा-रूप बना **गिरलस्** (पेय)। बाल्तिक भाषाओं के **ग** और **ङ्ग** कृदन्त प्रत्ययों का उल्लेख पहले हो चुका है। ये दोनों प्रत्यय द्रविड़ भाषाओं में अधिक प्रयुक्त होते हैं। फ़ारसी **जिन्दगी** में जो स्त्रीलिंग प्रत्यय **गी** है, वही लैतवियन में **जीग** (जीवन) का **ग** है। **इङ्ग** प्रत्यय वस्तु से सम्बन्ध भी सूचित करता है जैसे **अक् मेंनिंगस्** (पत्थरों से भरा हुआ; ठीक यही अर्थ **कलिंग** का है)।

बाल्तिक भाषाओं में **त** प्रत्यय का व्यवहार बहुत होता है। इस **त** प्रत्यय को जोड़कर कृदन्त रूप बनता है और वह कृदन्त पुनः क्रियामूल के समान प्रयुक्त होता है जैसे **वर्** क्रिया से पहले **वर्त** कृदन्त रूप बने और फिर उसे मूल क्रिया मानकर **वर्तते** रूप बनाया जाय। लिथुआनियन में कृदन्तों के आधार पर नये क्रियार्थी संज्ञा रूप बनते हैं जैसे **गिर्** (पीना) क्रियामूल से कृदन्त रूप बना **गिर्त**, फिर इससे क्रियार्थी संज्ञा रूप बना **गिर्तौति**। **त, ती** प्रत्यय संज्ञा रूप बनाने के लिए प्रयुक्त होते हैं यथा **गिव्** क्रिया-मूल से **गिवत** (जीवन); **बू** (संस्कृत **भू**) क्रिया से **बूतिस्** (अस्तित्व)। रूसी में त्व प्रत्यय का संस्कृत के समान बहुत प्रयोग होता है। इसका उपयोग भाववाचक संज्ञा बनाने के लिए होता है यथा **ब्रात्** (भाई), **ब्रात्स्त्वॉ** (भातृत्व)। **त्वॉरीत्** (निर्माण करना) से संज्ञा रूप **त्वॉर्केस्त्वॉ** (रचनात्मक कार्य)।

३. केल्त भाषा-समुदाय

(क) ध्वनितन्त्र

केल्त भाषा-समुदाय के ध्वनितन्त्र के बारे में सबसे रोचक तथ्य यह है कि इसके एक विभाग की भाषाओं में जहाँ **क्** है, वहाँ अन्य विभाग की भाषाओं में **प्** है। पुरानी आइरिश और स्काटलैन्ड की गेलिक भाषा के शब्दों में जहाँ **क्** है, वहाँ वेल्श में **प्** है। जैसे पुरानी आइरिश में **कॅन्** (सिर) है तो वेल्श में उसका प्रतिरूप **पॅन्** है। गेलिक में प्रश्नवाचक सर्वनाम और विशेषक **क्** से आरम्भ होते हैं—**किअ** (कौन सी चीज), **को** (कौन व्यक्ति), **कइत्** (कहाँ), **कुइन्** (कब), **किऑद्** (क्या), **किअमर्** (कैसे)—तो वेल्श में इस वर्ग के शब्द **प्** से आरम्भ होते हैं—**प** (क्या), **पहम्** (क्यों), **पन्** (कब), **पुइ** (कौन), **प मॉर्** (कैसे)। भाषाविज्ञानी कहते हैं कि दोनों विभागों के शब्द ओष्ठ्य **क्** से आरम्भ होते थे। इस ध्वनि का कंठ्य **क्**-तत्व एक विभाग में प्रयुक्त होने लगा और ओष्ठ्य **व्**-तत्व अन्य विभाग में। यह बात उन शब्दों के लिए भी कही जाती है जिनके लैटिन रूप में **क्** है किन्तु ग्रीक रूप में **प्** है। लैटिन **क्वि** (कौन, क्या) में **क्** के साथ ओष्ठ्य शब्द भी है, संस्कृत के **कः**, **किम्** में केवल **क्** तत्व बचा है, ग्रीक के **पॉइऑस्** (कैसा), **पॉइ** (कहाँ), **पॉथॅन्** (कहाँ से) आदि में **प्** तत्व बचा है जो **व्** का रूपान्तर माना जाता है।

पहली बात ध्यान देने की यह है कि गेलिक और आइरिश में **क्** तत्व शेष रहता है तो ये भाषाएँ ग्रीक की अपेक्षा संस्कृत के अधिक निकट हैं। इस स्थिति में यह कहना भ्रामक होगा कि **शतम्** शाखा की भाषाएँ ओष्ठ्य तत्व का लोप करती हैं और केन्तुम् शाखा की भाषाएँ ओष्ठ्य तत्व बनाये रहती हैं। केन्तुम्-शतम् शाखाओं वाला विभाजन यहाँ टूट जाता है। दूसरी बात : केल्त समुदाय केन्तुम्-विभाग की शाखा है। इस शाखा की गेलिक और वेल्श नामक दो भाषाओं में उतना ही फ़ासला है जितना दो मुख्य शाखाओं की ग्रीक और संस्कृत भाषाओं में। शाखाओं का वर्गीकरण और भी असन्तोषजनक प्रतीत होने लगता है। तीसरी बात : ग्रीक भाषा-समुदाय में ही एक रूप में **क्** है तो दूसरे में **प्**। मानक ग्रीक **पे** (किसी प्रकार) का इओनिक प्रतिरूप **के** है; ग्रीक **पॉइऑस्** का इओनिक प्रतिरूप **कॉइऑस्** (कैसा) है। ग्रीक **ब्लॅफरॉन्** (पलक) का दोरिक प्रतिरूप **ग्लॅफरॉन्** है। इसका अर्थ यह हुआ कि जितना अन्तर ग्रीक और संस्कृत में है, उतना अन्तर ग्रीक भाषा की ही दो बोलियों में है, उतना ही अन्तर केल्त समुदाय की दो भाषाओं में है। जहाँ क-वर्गीय प-वर्गीय ध्वनियों वाले दोनों रूप मानक भाषा में आ गये हैं, वहाँ उनके आधार पर ग्रीक भाषा में ध्वनि-परिवर्तन का नियम स्थिर करना असम्भव है। **लगरॉस्** और **लपरॉस्** (शिथिल) दोनों रूप मानक भाषा में स्वीकृत थे। चौथी बात : जहाँ ग्रीक रूप में **क्** है और लैटिन में **प्** है, वहाँ लैटिन-ग्रीक भाषाओं के अपने-अपने ध्वनि-नियम उलट जाते हैं। संस्कृत **वृक** का ग्रीक रूपान्तर **लुकॉस्** है किन्तु लैटिन प्रतिरूप **लुपुस्** है। वेल्श **करिओ**, अंग्रेजी **कैरी** (वहन करना, ले चलना) में तो **क्** है, लैटिन प्रतिरूप **फ़रॉं** में **फ़्** है, **पॉर्तॉं** में **प्** है। वेल्श में पूछने के लिए एक शब्द **कॅइसिऑं** है किन्तु लैटिन प्रतिरूप **पॉस्कॉं** है।

लैटिन **प्** ध्वनि वाली बोलियों से घिरी हुई थी, अतः उसमें **क्** के स्थान पर **प्** का व्यवहार आश्चर्यजनक नहीं है। केल्तिक भाषा-समुदाय में जैसे **क्-प्** ध्वनियों वाले दो विभाग हैं, वैसे ही इतालिक में दो विभाग थे। **क्** वाले विभाग में लैटिन है, **प्** वाले विभाग में इटली की पुरानी ग्रोस्कन ग्रौर उम्ब्रियन भाषाएँ हैं। लैटिन **क्विस्** (कौन) के समानान्तर इनमें **पिस्** है; लैटिन **क्वट्टु** (चार), **क्वीन्क्वॅ** (पाँच) के समानान्तर उम्ब्रियन में **पॅतुर, पुम्पॅ** हैं। इतालिक भाषा-समुदाय के दो विभागों के समान ग्रीक समुदाय में भी दो विभाग थे। इनमें ग्रत्तिक **प्**-विभाग की भाषा है, इग्रोनिक-दोरिक **क्** विभाग की। मानक ग्रीक का विकास ग्रत्तिक के ग्राधार पर हुग्रा; इसी कारण **पे, पॉइग्रोस्, ब्लॅफरॉन्** ग्रादि रूप मानक ग्रीक में हैं, **के, कॉइग्रॉस, ग्लॅफरॉन्** ग्रादि रूप इग्रोनिक-दोरिक में हैं।

क् ग्रौर **प्** के ये विभाग यूरुप के भाषा-समुदायों के ग्रलावा भारतीय भाषाग्रों में पाये जाते हैं ग्रौर ग्रार्य-द्रविड़ परिवारों की सीमाएँ लाँघ जाते हैं। तमिल **पाण्, पाणु** (गीत) ग्रौर संस्कृत-हिन्दी **गान**; तमिल **पुरइ** (कुटिया), ग्रवधी **कुरिया**; तमिल **पुण्ड** (गुंडा), मलयालम **कुण्ड** (गुलाम, गन्दी ग्रौरत), कन्नड़ **गुंड** (चाकर) ग्रौर हिन्दी **गुण्डा**; तमिल **पुल्, पुलि** (बाघ) ग्रौर सन्थाली **कुल्** (बाघ); मुंडारी **बोका** ग्रौर इसी भाषा में **कोका** (मूर्ख); मुंडारी में ही **बुचङ्** ग्रौर **गुचङ्** (जलता हुग्रा लक्कड़); **बुतुरुम्** ग्रौर **गुतुरुम्** (ग्रड्डा); **बज्** ग्रौर **कुज्** (बच्ची); **बुनुम्** ग्रौर **गीनुम्** (दीमकों का बिल)। संस्कृत क्रिया **भस्** से **भक्ष्** रूप बना; **घस्** का ग्रर्थ भी भक्षण करना है। संस्कृत **स्तंभ** का ग्रंग्रेज़ी तद्भव रूप **थम्ब्** (ग्रँगूठा) है; हिन्दी **ठेंगा** का प्राचीन पूर्व रूप **स्तंघ** था। जर्मन **स्तङ्ग** का वही ग्रर्थ है जो **स्तंभ** का। प्राचीन ग्रार्य भाषाग्रों में **भ** ग्रौर **घ** दोनों प्रत्यय कृदन्त रूप बनाने के लिए क्रिया में जोड़े जाते थे।

क्-प् ध्वनियों वाले विभाग जहाँ भाषा-परिवारों की सीमाएँ लाँघ जाते हैं, वह क्षेत्र भारत है। **क्व** जैसी मूल ध्वनि से कुछ भाषाग्रों में **क्** शेष रहा, कुछ में **व् प्** में बदल गया, इस कल्पना के सहारे इन्डोयूरोपियन परिवार की भाषाग्रों के विकास की व्याख्या नहीं की जा सकती; जब ग्रखिल भारतीय भाषाई परिवेश में हम उसे परखते हैं, वह नितान्त निराधार सिद्ध होती है। **क्-प्** ध्वनियों के विभागों से जिस सिद्धान्त की पुष्टि होती है, वह यह है कि इन ध्वनियों के स्वतन्त्र विकास-केन्द्र थे; इन केन्द्रों के सम्पर्क से दोनों ध्वनियों का समावेश विभिन्न भाषा-समुदायों में हुग्रा। थुर्नेसॅन ने पुरानी ग्राइरिश पर ग्रपने व्याकरण ग्रन्थ **ए ग्रामर ग्रौफ् ग्रोल्ड ग्राइरिश** में लिखा है कि ग्राइरिश भाषा की पूर्वतर ग्रवस्थाग्रों में **प्** ध्वनि नहीं थी (पृ. ५७०)। ग्रादि-इन्डोयूरोपियन भाषा में एक स्वतन्त्र **प्** ध्वनि थी। इस **प्** का क्या हुग्रा? यह **प्** पुरानी ग्राइरिश की पूर्वतर ग्रवस्थाग्रों में नहीं है। या तो उसके स्थान पर **क्** है या उसका लोप हो गया है। इस स्थिति से **क्-प्** ध्वनियों के दो स्वतन्त्र केन्द्रों वाली स्थापना पुष्ट होती है।

प्रश्न केवल **क्** ग्रौर **प्** ध्वनियों का नहीं है, इनके साथ **त्** का भी है। मानक ग्रीक में **तॅस्सरॅस्** (चार) है तो इग्रोलिक में **पिसुरॅस्**; मानक ग्रीक में **पॅन्तॅ** (पाँच) है

तो इग्रोलिक **और दोरिक** में **पॅम्पॅ है**; मानक ग्रीक में एक **ओर** प्रश्नवाचक **तिस्** (कौन, क्या) रूप है, दूसरी **ओर पॉइ** (कहाँ), **पॉइग्रॉस्** (कैसा) आदि में प्रश्नवाचक सर्वनाम-मूल **पॉ** है। वेल्श **प** (क्या) का गेलिक **प्रतिरूप दे है**; संस्कृत **दूर** का ग्रीक प्रतिरूप **तेलॅ** है, वेल्श में इसका प्रतिरूप **पॅल्** है। इसलिए ग्रीक आधार पर बने अंग्रेज़ी शब्द **टेलीग्राफ़** के लिए वेल्श का अपना शब्द है **पॅलॅब्र्**। स्वच्छन्द संचरण की स्थिति में **त्** के साथ **प्** ही नहीं है, **क्** भी है। लिथुग्रानियन में **तिक्नगस्** के साथ **तित्नगस्** (चकमक पत्थर) है; संस्कृत **पुत्र** का ग्रोस्कन प्रतिरूप **पुक्लॉ** है; लैटिन में एक क्रिया **ग्रॅक्स्ग्रन्क्लारॅ** (बाहर निकालना) है तो उसका ग्रीक प्रतिरूप **ग्रॅक्स्ग्रन्त्लॅइन्** है। गेलिक में एक सम्बन्धक **दॉ** (को; अंग्रेज़ी **टु**) है **और** उसी भाषा में उसका प्रतिरूप **गॉ** है; वेल्श में एक रूप **नक्** (नहीं) है, दूसरा **नत्**। इन उदाहरणों से सिद्ध है कि अनेक शब्दों में **क्** और **प्** को ही एक मूल ध्वनि का विकास सिद्ध करना पर्याप्त नहीं है, **क्** और **त्** को, **त्** और **प्** को भी अनेक शब्दों में एक ही मूल ध्वनि का विकास दिखाना होगा।

ऐतिहासिक भाषाविज्ञान के लिए संख्यासूचक **पंच** अन्तर्राष्ट्रीय महत्व का शब्द है। इसका सम्बन्ध **पन्** (करना) क्रिया से है। यह क्रिया **पण्** रूप में तमिल में, **पॉनॉ** रूप में लैटिन में विद्यमान है। इस क्रिया से हाथ के लिए एक शब्द बना **पाणि** जो संस्कृत में प्राप्त है, दूसरा शब्द **बना पन्त** जिसका व्यवहार हाथ के अर्थ में किसी समय होता होगा। जैसे **धस्** क्रिया में **त** प्रत्यय जोड़कर **धस्त** शब्द बना था, जिसके रूपान्तर **दस्त** ग्रौर **हस्त** हैं, वैसे ही **पन्** क्रिया से **पन्त** बना था जिसके रूपान्तर ग्रीक **पॅन्तॅ** ग्रौर संस्कृत **पंच हैं**। जैसे संख्यासूचक **दश** का सम्बन्ध हाथ से है—जो पश्तो के **लस** (दस, हाथ) रूप से प्रमाणित है—वैसे ही **पन्त, पञ्च** शब्द मूलतः हाथ का अर्थ देता था। शब्द-निर्माण में **अर्थ-प्रक्रिया के महत्व पर** ध्यान न देने से भाषाविज्ञानी संज्ञा **हाथ**, क्रिया **करना** ग्रौर संख्या **पाँच—पाणि, पण्** ग्रौर **पंच**—का सम्बन्ध नहीं पहचान सके। अब **पंच** का अन्तरराष्ट्रीय महत्व यह है कि इसके लैटिन प्रतिरूप **क्वीन्क्वॅ** में **क्वीन्** का सम्बन्ध न तो हाथ से है, न करने से; ऐसा सम्बन्ध न लैटिन में है, न अन्य किसी भाषा में। न **क्व** प्रत्यय लैटिन में शब्द-निर्माण प्रक्रिया का आवश्यक तत्व है। **क्वीन्क्वॅ** शब्द पाँच का अर्थ क्यों देने लगा, इसका उत्तर परम्परागत भाषाविज्ञान के पास नहीं है। किन्तु **दस्** ग्रौर **पन्** दोनों क्रियाओं का सम्बन्ध हाथ, संख्या ग्रौर करने से है, यह स्पष्ट है। लैटिन **प्** विभाग की भाषाओं से घिरी हुई थी। उसने **पॅम्पॅ** जैसे रूप के आधार पर **क्वीन्क्वॅ** रूप का निर्माण किया। ग्रीक समुदाय की दोरिक भाषा में **पॅम्पॅ है**, इसके अलावा ग्रोस्कन ग्रौर उम्ब्रियन में **पुम्पॅरिग्रस्** रूप है, वेल्श रूप **पुम्प्** है और गौथिक में इसका प्रतिरूप **फ़िम्फ़्** है जिसका आधार पुरानी वेल्श का **पिम्प्** है। इस प्रकार जर्मन, ग्रीक, केल्त ग्रौर इतालिक भाषा-समुदायों में **पुम्प, पिम्प्** जैसे रूपों का चलन था, आदिस्थान में **प्** था ग्रौर दूसरे वर्ण में ग्रथवा ग्रन्त्य स्थान में भी **प्** था, **त्** के ग्रभाव में। आर्य-स्लाव क्षेत्र **च्** ही नहीं **त्** की विकास-भूमि था। इस कारण रूसी में **पॅत्**, संस्कृत में **पंच** रूप हैं; संस्कृत ग्रीक में जिस

व्याकरणिक समानता का उल्लेख बरो ने किया है, उसके साथ ध्वनिगत समानता की पुष्टि मानक ग्रीक रूप **पॅन्तॅ** से होती है। जर्मन, ग्रीक, केल्त और इतालिक के साथ आर्य-स्लाव भाषाएँ **प्**-मूलक संख्या शब्द का व्यवहार करती हैं। इनमें स्लाव और मानक ग्रीक भाषाएँ शब्द के अन्त में, या दूसरे वर्ण में, **त्** का व्यवहार करती हैं, संस्कृत **च्** का, और शेष भाषाएँ **प्** (या **फ़्**) का।

पुरानी आइरिश में **पंच** का प्रतिरूप, लैटिन के समान **क्**-मूलक है—**कोइक्**। इसी तरह गेलिक में **कोइग्** रूप है। यह सम्भव है कि इनकी रचना संज्ञा **कर** (हाथ), क्रिया **कर्** (करना) के आधार पर हुई हो।

मगध के **मग**—मूलरूप **मघ**—का प्रतिरूप **मक्** (पुत्र) पुरानी आइरिश में प्राप्त है; गेलिक में **मक्**, **मिक्** (उप०) और वेल्श में **मकुइ** (युवा) रूप हैं। वेल्श में **मब्** (पुत्र, युवा, पुरुष) रूप भी है जिससे सिद्ध है कि इस भाषा में दो स्रोतों से यह शब्द पहुँचा है। केल्त समुदाय की ब्रितानिक और पिक्तिश भाषाओं में **मप्** और **मफ़न्** रूप थे। तमिल में **मग** (वत्स, तरुण), **मगन्** (पुत्र) शब्द हैं; इनके साथ **पॅण्** (पुत्री, लड़की, स्त्री, पत्नी) शब्द है जिसका प्रतिरूप पुरानी आइरिश में **बॅन्** (स्त्री), और गेलिक में **बॅअन्** (पत्नी) है। हिन्दी में **बन्ना** (दूल्हा), **बन्नी** (दुलहिन), **बनरा** (विवाह सम्बन्धी गीत), गुजराती **बणी** (पत्नी) आदि इसी शृंखला में हैं। ग्रीक समुदाय की एक बोली में **बना** शब्द था; वर्णसंकोच से **ब्ना** और इसके रूपान्तर **म्ना** से मानक ग्रीक क्रिया **म्नऑमइ** (पत्नी बनाने को प्रेम निवेदन करना) बनी। जर्मन समुदाय में गौथिक **क्वेन्स्** (पत्नी), अंग्रेज़ी **क्वीन्** (रानी), आइसलैन्ड की भाषा का पुराना रूप **कॉन** (पत्नी) केल्तिक **बॅन्** आदि के प्रतिरूप हैं।

ब्रुगमन ने कल्पना की थी कि गौथिक **क्वेन्स्** का मूल रूप **ग्वेनि** था जिससे संस्कृत **जानिः** का विकास हुआ। **ग्वेनि** रूप किसी भाषा में प्रयुक्त नहीं हुआ और उक्त कल्पना अनावश्यक है। न तो **ग्वेनि** का **व्** संस्कृत में **प्** बना, न **ग्** **ज्** में परिवर्तित हुआ। केल्त भाषाएँ **च्** या **ज्** ध्वनि वाले शब्दों को किस रूप में ग्रहण करती हैं, इसका अध्ययन भारतीय और यूरुप की भाषाओं के सम्बन्ध पहचानने में सहायक होगा। वेल्श **ददॅनि** (नया जन्म देना) **दॅन्** क्रिया के प्रथम व्यंजन की आवृत्ति से बना हुआ रूप है। **दीन्** (जन, पुरुष) स्पष्ट ही **जन** का रूपान्तर है। इसी से सम्बद्ध **दीनॅस्** (नारी), **दीनॉल्** (मानवीय) आदि में **द्** मूल **ज्**-ध्वनि का स्थान लेता है। पुरानी आइरिश में **गॅइन्** (जन्म), **गॅइनॅ** (बच्चे) में **ज्** ध्वनि **ग्** रूप में ग्रहण की गई है। वेल्श और आइरिश भाषाओं में गहरे सम्पर्क के फलस्वरूप **द्** वाले रूप आइरिश में मिलेंगे और **ग्** (या **क्**) वाले रूप वेल्श में। पुरानी आइरिश **दुइनॅ** (पुरुष, जन), **दॉइनि** (मानवता) में वेल्श के समान **ज्** को **द्** रूप में ग्रहण करती है; उधर वेल्श में **कॅन्-हॅद्लु** (जन्म देना), **कॅनॅद्ल्** (जाति, 'नेशन') यह दिखाते हैं कि **ज्** ध्वनि **ग्** रूप में ग्रहण की गई, फिर उसे अघोष किया गया। वेल्श **किउदॉद्** (गण, जाति) में वैसी ही ध्वनि प्रक्रिया है। लिथुआनियन **तउत** (उप०) में **ज्** का रूपान्तर **द्** अघोष रूप में प्रतिष्ठित है। इसी का पुराना जर्मन प्रतिरूप **दिऑत** (जन, जनता) है जिससे एक ओर डच, **ड्वाऑत्श्**

ड्वाश्रॅच् (जर्मन, हौलैन्ड-सम्बन्धी) शब्द बने, दूसरी ओर आदि व्यंजन के अघोष होने पर **ट्ऽउटॉन्, ट्यूटन्** (जर्मन) शब्द बने। **दिआँत** जैसे रूप का **द्**—दवर-लेविर के समान—**ल्** में परिवर्तित हुआ, तब रूसी **ल्यूदि**, चेक **लीद्, लीदें** आदि रूप बने जिनका अर्थ है जनता। इस प्रकार केल्त, जर्मन और बाल्तिक-स्लाव भाषाओं में जन-गण-वाचक शब्दों का आधार प्राचीन भारतीय क्रिया **जन्** है।

वेल्श **ज्** ध्वनि को **स्** रूप में भी ग्रहण करती है। अंग्रेज़ी **जेन** और **जेम्स** क्रमशः **सिआन्** और **सॅउमस्** बोले जाते हैं। इसी प्रकार गेलिक में **जीन** और **जेम्स सीनें** और **सॅउमस्** (अथवा **शॅउमस्**) हैं। इसके साथ **जौन्** के वेल्श और गेलिक प्रतिरूप **इऑअन्** और **इऐन्** भी हैं जैसे लैटिन में **द्युपितर्** का रूपान्तर—**जुपितर्** की मंज़िल पार करते हुए—**इऊपितर्** है। किसी एक भाषा में जब अनेक बोलियों की ध्वनि-प्रकृतियों का समावेश होता है, तब उसमें वैसा ही बहुविध ध्वनि-प्रपंच दिखाई देता है जैसा वेल्श में है, **ज्** कहीं **द्**, कहीं **क्**, कहीं **स्**, कहीं **इअ** रूप में ग्रहण किया जाता है।

केल्त तथा बाल्तिक-स्लाव भाषाओं में **क्-प्** समीकरण से हमें कुछ भारतीय शब्दों का विकास समझने में सहायता मिलती है। हाथ के लिए भारतीय **कर** से सम्बद्ध **कृ** से क्रय-विक्रय भाव व्यक्त करने वाला **क्री** रूप बना। संस्कृत **क्रीणाति** का पुराना आइरिश प्रतिरूप **क्रॅनिद्, क्रॅनइद्** (खरीदता है) है; (फ़ारसी **ख़रीद** संस्कृत **क्रीत** का रूपान्तर है)। **क्रीत** का वेल्श प्रतिरूप **प्रीन्** (खरीदा हुआ) है, **प्रिनु** का अर्थ हुआ खरीदना। इससे सम्बद्ध है ग्रीक **प्रिअस्थइ** (खरीदना)। **क्री** के समानान्तर **प्री** क्रिया का व्यवहार होता था, **कर** (हाथ) के समानान्तर उसी अर्थ में **पर** का व्यवहार भी अवश्य होता रहा होगा। फ़ारसी **फ़रोख़्तन्** (बेचना), **फ़रोश्** (विक्रेता) में वही क्रिया-मूल **पर्** अथवा **पिर्** है। संस्कृत में क्रय-विक्रय भाव से सम्बद्ध **पर्** क्रिया नहीं है किन्तु तमिल में **पण्** है और इससे बने **पण, पण्य** आदि शब्द संस्कृत में हैं। **पण्** (या **पन्**) और **पर्** क्रियाएँ मूलतः एक हैं जैसे **वर्** और **वन्** (**वन्द** कृदन्त रूप की मूल क्रिया गतिसूचक **वन्**) एक हैं।

पुरानी आइरिश क्रिया **कनिद्** (गाता है) का आधार संस्कृत **गान** का आइरिश प्रतिरूप **कन** है; आइरिश कृदन्त **केतॅ गीत** का रूपान्तर है। संज्ञा रूप **केतल्** में कृदन्त के बाद एक और संज्ञासूचक प्रत्यय जोड़ा गया है। गेलिक **कॅओल्** (संगीत), **कॅइलॅइर्** (गीत गाना, विशेषतः पक्षियों का गाना) इसी शृंखला में है। मुर्गा अंग्रेज़ी में **कौक्**, गेलिक में **कॉइलॅअख़्** है क्योंकि वह सबेरा होते ही गाता है। (मुर्गे के लिए फ्रान्सीसी स्रोत से आया हुआ अंग्रेज़ी का एक कवित्वपूर्ण शब्द **चान्टीक्लिअर्** है जिसमें उसके गाने की क्रिया पर बल है।) **कोकिल** और **कवि** में गाने का अर्थ देनेवाली **को** या **कव्** क्रिया है। **कोकिल** हमारे यहाँ **पिक** भी है। वेल्श में अंग्रेज़ी **कौक्** के लिए एक शब्द है **कॉकिऑं**, दूसरा है **पिकिऑं**। **पिक** और **पिकिऑं**, दोनों शब्द पक्षियों के लिए उनके संगीत के कारण प्रयुक्त हुए हैं। **कोकिल** के लिए अंग्रेज़ी शब्द **कुक्कू** में वही गीतसूचक क्रिया है। ऐसा नहीं है कि अंग्रेज़ी मुर्गा कें-कें करता है, इसलिए **कौक्** कहलाया और वेल्श मुर्गा पें-पें करता है, इसलिए **पिकिऑं** कहलाया। संस्कृत में मोर की पुकार

(अर्थात् उसका संगीत) **केका** कहलाया, **कव्** के प्रतिरूप **कय्** के आधार पर। वेल्श **प्** विभाग की भाषा है, उसमें गान के लिए तमिल **पाण** जैसा शब्द होना चाहिए था पर आइरिश प्रभाव से **कान्** (गान), **कनिअद्** (गायन, गीत, कविता), **कनिग्** (गीत), **कुन्दिद्** (उप०), **कन्तॉर्** (गायक), **कन्तुर्** (उप०) आदि गान-शृंखला के शब्द भरे पड़े हैं। अपने संगीत के लिए प्रसिद्ध अंग्रेजी कविता में नाइटिंगेल् नाम से विख्यात पक्षी वेल्श में **कॉस्** है। किन्तु गीत के लिए वेल्श में **पिल्** शब्द भी है और एक पक्षी का नाम—जिसे अंग्रेज़ी में **मैगपाइ** कहते हैं—**पि, पिअ** है। **मैगपाइ** में **मैग** तो अंग्रेज़ी नाम **मारगरॅट्** का संक्षेप है, उस पक्षी के लिए मूलशब्द है **पाइ**। इस **पाइ** का स्रोत है लैटिन **पिक**, और वही स्रोत है वेल्श **पिअ** का। भारतीय प्राकृतों के समान **पिक** के **क** के स्थान पर वेल्श में **अ** साफ दिखाई दे रहा है। सिद्ध हुआ कि लैटिन, केल्त और आर्य भाषा-समुदायों में **पिक** शब्द उन पक्षियों के लिए प्रयुक्त होता था जो विशेष संगीत-प्रिय जान पड़ते थे।

पपीहा ? इसी **पिक** से सम्बद्ध हो सकता है। प्रथम व्यंजन की आवृत्ति हुई। **ह** का मूलरूप **घ** हो अर्थात् **पिक** का पूर्वरूप **पिघ** हो, यह सम्भव है। **कव्, कय, को, के** के समान **पे, पि, पो, पु** क्रिया गाने के लिए प्रयुक्त होती थी, इसके अनेक प्रमाण हैं। **पि** क्रिया में कृदन्त प्रत्यय **घ** लगने से **पिघ** मूलरूप बना; उसका तद्भव रूप हुआ **पिक**। रूसी **पेस्न्या** (गीत), **पेनिये** (गायन, गीत, मुर्गे का बाँग देना !), **पेत्** (गीत गाना), **पॉयूत्** अथवा **पयूत्** (गाता है), **पॅवेत्स्** (गायक) आदि में वही क्रियामूल है जो **पिक** में है। ग्रीक **पइअन्, पइएओन्** विजयगीत है, काव्य देवता अपोलो को सम्बोधित करके गाया हुआ गीत है। ग्रीक क्रिया **पॉइअॅओ** का अर्थ है निर्माण करना, काव्य रचना; यहाँ दो भिन्न क्रियाएँ एकरूप हो गई हैं। काव्य रचना वाली क्रिया रूसी **पॉयूत्** शृंखला की है, निर्माण वाली क्रिया भारतीय **पण्** शृंखला की। **पॉइएतेस्** का अर्थ निर्माता है, कवि (अर्थात् गायक) भी। **पॉइएम** कृति है, कविता (अर्थात् गीत) भी। लैटिन में निर्माण अर्थ वाली क्रिया **पोनॉ** है; यहाँ भ्रम की गुंजाइश नहीं है। **पॉएत** (कवि), **पॉएम** (कविता), **पॉएसिस्** (काव्य) आदि कवि और काव्य का अर्थ देने वाले शब्द हैं, निर्माण या निर्माता का नहीं।

लैटिन में गान-शृंखला के शब्द भी हैं : **कनो, कन्तो** (गीत गाना), **कन्तुस्** (गायन), **कनोर्, कन्तोर्** (गायक), **कनोरुस्** (संगीतमय) इत्यादि।

संस्कृत में **पिक** और **कोकिल** के समान **पद-पद्य, कविता-काव्य** दोनों विभागों के शब्द हैं।

लिथुआनियन में स्लाव समुदाय के विपरीत **पेत्** से भिन्न **गीत**-वर्ग की **गिएदोति** क्रिया है, **गिएस्में** (गीत), **गिएदोयिमस्** (गायन) आदि संज्ञा शब्द हैं। जिन बाल्तिक बोलियों में **ग्** ध्वनि नहीं थी, उन्होंने लिथुआनियन को **द्** ध्वनि वाले प्रतिरूप दिये : **दइनुओति** (गीत गाना), **दइना** (गीत), **दइनिउस्** (गायक, कवि)। लिथुआनियन में मुर्गे के लिए, रूसी **पॅतूख्** के समान, गायक का अर्थ देने वाला **गइदिस्** शब्द है। सम्भव है, अंग्रेज़ी **कुक्कू** की तरह भारतीय **कुक्कुट** भी मूलतः संगीतव्यंजक नाम हो।

जिन प्राचीन भाषाओं में **स्-श्** ध्वनियाँ नहीं थीं, उनके लिए स्वाभाविक था कि **क्-त्-प्** में जो ध्वनि सुलभ हो, उसका व्यवहार वे उनके स्थान पर करें। पुरानी आइरिश में **शत** का प्रतिरूप **केत्** है; आधुनिक आइरिश में **कॅअद्, कॅउद्** रूप हैं। गेलिक में भी **कॅउद्** रूप है; वेल्श में, लैटिन प्रभाव से, **कन्त्** रूप है। **श्रु** क्रिया पर आधारित पुरानी आइरिश में **कुअलअॅ** (उसने सुना), **क्लॉथ्** (कीर्ति), वेल्श में **क्लउ** (श्रव्य), **क्लॉद्** (कीर्ति), **क्लुस्त्** (कान) रूप हैं; संस्कृत **श्रोणि** का वेल्श प्रतिरूप **क्लुन्** (नितम्ब) है। संस्कृत **श्वान्** के लिए पुरानी आइरिश में **कु**, वेल्श में **कि** हिन्दी **कूकुर** से सम्बद्ध हैं। शाखा के लिए पुरानी आइरिश के **गेक्** रूप में प्रथम व्यंजन सघोष है। इसी प्रकार **दश** के वेल्श प्रतिरूप **दॅग्** में अन्तिम व्यंजन सघोष है। पुरानी आइरिश में **दश** के लिए **दॅइख़्, अश्व** के लिए **अॅख़्** में अन्तिम व्यंजन संघर्षी और अघोष है। **श्वास** के लिए वेल्श में **ख़ुइथ्, श्वश्रू** के लिए **ख़्वॅग्र्, श्वशुर** के लिए **ख़्वॅग्रुन्** प्रथम व्यंजन को अघोष और संघर्षी रखते हैं। इसी तरह गेलिक **ख़ुअल** (श्रुत, सुना) में प्रथम व्यंजन संघर्षी है। इन सब रूपों में **श्** का स्थान कंठ्य ध्वनि लेती है और उसमें महाप्राणता का भी योग रहता है।

श् के अतिरिक्त **स्** ध्वनि भी उक्त प्रकार से ग्रहण की जाती है। अंग्रेज़ी नाम **मौरिस** का एक वेल्श रूपान्तर **मॅउरिग्** है, **क्रौस** के लिए एक वेल्श रूप **क्रोग्** है। **स्वप्** क्रिया पर आधारित वेल्श रूप **कुस्ग्** है और पुरानी आइरिश में **कॉतलुद्** (सोना) रूप है। **सृज्** क्रिया का वेल्श प्रतिरूप **क्रॅअद्** है, और इस प्रकार अंग्रेज़ी **क्रिएट**, लैटिन **क्रॅआॅ** (रचना, जन्म देना) **सृज्** के रूपान्तर सिद्ध होते हैं। अनेक आधुनिक नामों में जहाँ **स्** है, वहाँ गेलिक भाषा वर्ग के प्रभाव से, वेल्श **क्** ध्वनि का व्यवहार करती है, यथा **फ्रान्स** के लिए **फ्रान्क** रूप में। संस्कृत **कृमि** (कीड़ा) **सर्** के रूपान्तर **कर्, कृ** से बना था। अनेक प्राचीन क्रियाएँ पहले विशेष प्रकार की गति सूचित करती थीं; आगे चलकर वे सामान्य गति का बोध कराने लगीं। इनमें एक **सर्** क्रिया थी। यह वक्र गति सूचित करती थी, इसीलिए नदी और नाग दोनों के लिए **सरिता** और **सर्प** जैसे शब्द एक ही क्रिया से बने। **सर्** और **सृ** के रूपान्तर **कृ** से एक ओर पुरानी आइरिश में **क्रुइम्** (कृमि) शब्द बना, दूसरी ओर वेल्श में **प्रीव्**, अन्य केल्त भाषा ब्रेतों में **प्रॅन्व्** रूप बने। **स्** ध्वनि **क्** और **प्** दो रूपों में ग्रहण की जाती है। **सर्** का एक रूपान्तर हुआ **कर्**, तो दूसरा रूपान्तर हुआ **पर्**। इसी **पर्** से **वर्** रूप मिला जो वक्र गति का अर्थ देता था। वेल्श में **क्रीमु** (वक्र होना, झुकना) क्रिया भी है जिसका अंग्रेजी प्रतिरूप **क्रीप्** (रेंगना) है। इससे अनुमान होता है कि **क्रिएट** के मूलाधार **सृज्** में जैसे **स्** है, वैसे ही **क्रीप्** का पूर्व रूप संस्कृत **सृप्** है जिसका वही अर्थ है जो **क्रीप्** का है। लैटिन क्रिया **सॅर्पॉ**, ग्रीक **ॲर्पो** संस्कृत **सृप्** का प्रतिरूप हैं किन्तु इन सबमे **प्** कृदन्त चिन्ह है; कृदन्त को पुनः क्रियामूल बनाया गया है। मूल क्रिया तो **सर्, सृ** है। इसके रूपान्तर **कृ** से **कृमि** आदि रूप बने, **पृ** से **प्रीव्** आदि।

संस्कृत **स्वसृ** (बहन) का गेलिक प्रतिरूप **पिउथर्** है। **स्** ध्वनि इन्डोयूरोपियन परिवार की कुछ भाषाओं में **प्** रूप में भी ग्रहण की जाती थी, गेलिक **पिउथर्** इसका

स्पष्टतम प्रमाण है। भारतीय आर्य-द्रविड़ शब्दों के मूल ध्वनि-रूपों को पहचानने के लिए यह तथ्य अत्यन्त महत्वपूर्ण है। गेलिक में यह रूप प्-विभाग की भाषाओं से आया है। इधर वेल्श में **स्वसृ** का प्रतिरूप **ख्वओर्** क्-विभाग की भाषाओं से आया है। संस्कृत **स्रुत** (प्रवाह) के वेल्श प्रतिरूप **फ्रुद्** में **प्** के महाप्राण रूप ने **स्** का स्थान लिया है। जर्मन **फ़्लुत्**, अंग्रेज़ी **फ्लड्** इसी **फ्रुद्** के रूपान्तर हैं। लैटिन **फ़्लुओ**, अंग्रेज़ी **फ़्लो** (बहना) का पूर्वरूप संस्कृत **प्लु** है; जर्मन **फ़्लुत्** का पूर्वरूप संस्कृत **प्लुत्** (जल-मग्न) है। **प्लु** और **फ़्लु** क्रियामूलों का आदि रूप **स्रु** केवल संस्कृत में है। स्लाव प्रदेशों की **प्रुथ्** नदी का पूर्वरूप **स्रुत** है।

संस्कृत में एक क्रिया है **सु** (जन्म देना) जिससे **सुत** शब्द बना। इसी का प्रतिरूप है **सू** जिससे **सूत, सून, सूनु** शब्द बने। **सू** (जनक) संज्ञा भी है। **सूत** का प्रतिरूप होगा **पूत**, **सुत** का प्रतिरूप होगा **पुत** जिसमें अतिरिक्त **र्** के संयोग से **पुत्र** प्राप्त हुआ। यह आश्चर्य की बात है कि **प्**-विभागीय केल्त भाषाओं में **पुत, पुत्र** जैसा रूप नहीं है। अंग्रेजी आदि में **सन्** (पुत्र) जैसे शब्द मूल **स्** ध्वनि वाले हैं। किन्तु इतालिक समुदाय की **प्**-विभागीय ऑस्कन में **पुक्लॉ** शब्द है। जन्म देने, बीज डालने के लिए लिथु-आनियन **सॅय**, रूसी **सॅव्** (बुवाई) आदि से **सु** के वैकल्पिक रूप **सि, से** का बोध होता है। तब **सुत** के वैकल्पिक रूप **सित** का **प्**-विभागीय रूपान्तर होगा **पित, त्** के सघोष होने पर **पिद**। **द्** यदि **ल्** में परिवर्तित हुआ तो **पित, पिद** का रूपान्तर होगा **पिल**। जो अर्थ **सुत** और **पुत्र** का है, वही अर्थ द्रविड़ भाषाओं के **पिल्ल, पिळ्ळ, पिळ्ळइ** आदि का है। लैटिन **फ़िलिउस्** (पुत्र) **पिल** का रूपान्तर है। नइकि **पॅद्द** (पुरुष), तेलुगु **पॅद्द** (नर) में **ल्-ळ्** ध्वनियों का पूर्वरूप **द्** विद्यमान है। पुत्र-युवक-पुरुष एक ही अर्थवृत्त में हैं जैसाकि **मग** के इन तीनों अर्थों से स्पष्ट है। **सि** क्रिया के कृदन्त **सित** को फ़िर क्रियामूल बनाया गया; इसका रूपान्तर **पित्, पिद्, पिल्, पिर्** हुआ। तमिल **पिर्** (पैदा होना), **पॅरु** (पैदा करना), **पॅरंवन्** (पिता) इसी शृंखला के शब्द हैं। तुलु **पॅद्-पिनि, पॅद्दुनि** (जन्म देना) में **र्** का पूर्व ध्वनिरूप **द्** विद्यमान है। संस्कृत **पितृ** में **पित्** क्रिया है जो **सित्** का रूपान्तर है। **पिता** और **पुत्र** दोनों, **सविता** और **सुत** के समान, परस्पर सम्बद्ध हैं।

केल्त समुदाय में **सुत** और **पुत्र** शृंखला के शब्द नहीं हैं किन्तु **पितृ** शृंखला के हैं। पुरानी आइरिश में **अथइर्, अथिर्**, गेलिक में **अथइर्, अथर्** रूप हैं। आदि वर्ण **प**, पहले **ह**, फिर **अ** में परिवर्तित हुआ। यह शब्द प्-विभाग की भाषाओं से आइरिश और गेलिक में आया है। वेल्श में **तात** शृंखला का **तद्** शब्द है। आधुनिक आइरिश में **पइदिर्** लैटिन स्रोत से आया है, पुराना रूप **अथिर्** है। पुरानी आइरिश में अनेक ऐसे शब्द हैं जिनमें **प्** ध्वनि का इसी प्रकार लोप हुआ है। संस्कृत **पुरु**, ग्रीक **पॉलुस्** का पुराना आइरिश प्रतिरूप है **इल्** (बहुत से)। संस्कृत उपसर्ग **प्र** पुरानी आइरिश का सम्बन्धक **रॉ** है। संस्कृत **प्रथु**, ग्रीक **प्लतुस्** पुरानी आइरिश में **लॅथन्** (चौड़ा) है। संस्कृत **पथ**, अंग्रेज़ी **पाथ्** इस भाषा में **आथ्** है। इन्डोयूरोपियन परिवार में एक भाषा और है जो इसी प्रकार **प्** ध्वनि को **ह्** में बदलती है। यह भाषा ईरानी समुदाय की

पड़ोसी आर्मीनियन है। ग्रीक **पतेर्** (पिता), संस्कृत **पद, पंच** यहाँ क्रमशः **हद्दर्, हॅत्, हिंग्** हैं। आर्मीनियन में **ह्** का लोप नहीं हुआ, आइरिश में उसका लोप हो गया है। आइरिश **प्**-विभाग की भाषा नहीं है, अतः उसके जिन शब्दों में **प्** ध्वनि का लोप हुआ है, उनका पूर्वी स्रोत असंदिग्ध है। इस पूर्वी स्रोत का प्रमाण आर्मीनियन ही नहीं कन्नड़ भी है, जिसमें आदिस्थानीय **प्** ध्वनि **ह्** में बदलती है, और जनसाधारण की बोलचाल में इस **ह्** का भी लोप हो जाता है। **पो** क्रिया से कन्नड़ में एक रूप **पोगु** (जाना), दूसरा **होगु**, तीसरा **ओगु**। कन्नड़ में ऐसे परिवर्तन बहुत संगत ढंग से होते हैं किन्तु अन्य द्रविड़ भाषाओं में भी ऐसा ही ध्वनि-प्रपंच देखा जाता है : तमिल **पुलि**, बदग **हुलि**, तोद **उलि** (बाघ); तमिल **पाळ्**, तुलु **पाळु** और **हाळु**, कोत **हाळ्**; तुलु **पेसिगॅ**, कॉडगु **हेस्गिॅ** (जुगुप्सा)। पुरानी आइरिश में **अथिर्** आदि रूप—और आर्मीनियन में **हइर्** आदि रूप—उस भाषाक्षेत्र से पहुँचे हैं जहाँ आर्य-द्रविड़ भाषा-स्रोतों का संगम था।

यह प्रपंच स्पर्श ध्वनियों के संघर्षीकरण—अल्पप्राण हों तो उन्हें महाप्राण करने—से घनिष्ठ रूप में सम्बद्ध है। **प्** महाप्राण होकर संघर्षी बना, तब ग्रीक **पतेर्** का अंग्रेज़ी रूपान्तर **फ़ादर्** हुआ। भाषाविज्ञानी यह मान कर चलते हैं कि आदि इन्डोयूरोपियन भाषा से केल्त-जर्मन-ग्रीक आदि भाषा समुदाय, शाखाओं के रूप में, फूट निकले; अतः इनमें किसी एक समुदाय के निर्माण में जो दूसरे समुदायों का योगदान है, उसे वे अनदेखा करते हैं। बहुत से बहुत कुछ उधार लिए हुए शब्दों की चर्चा इस सन्दर्भ में वे करते हैं। तथाकथित आदि केल्त, आदि जर्मन आदि ग्रीक भाषाओं का ध्वनितंत्र परस्पर सम्पर्क से विकसित होता नहीं दिखाया गया; उसके विकास में पूर्वी क्षेत्र की भाषाओं का योगदान उनके लिए कल्पनातीत है।

फ़ारसी का पूर्वरूप **पारसी** है। फ़ारसी **ख़रीद** संस्कृत **क्रीत** का रूपान्तर है। **क्री** के वैकल्पिक रूप **प्री, पिर** से **फ़रोश्, फ़िरोश्** रूप फ़ारसी में बने हैं। **हफ़्ता** का मूल रूप **सप्ताह** है। तमिल **परि** (भागना), संस्कृत **पलायन** के क्रियामूल **पल्** से सम्बद्ध **फ़र्** से फ़ारसी **फ़रार्** (भागा हुआ) बना (अरबी **फ़िरार्** का स्रोत ईरानी है)। नाज की बालों का गुच्छा फ़ारसी में **ख़ोश्** है जो **कोश** का रूपान्तर है। **फ़रदा** (आगामी कल) का आधार **पर दिवस, परद्यौस्** जैसा रूप है। **ख़रख़शा** (झगड़ा) का आधार **कर्कश** है, **ख़राश** का आधार **कर्ष** है। **शराब** के लिए प्रयुक्त **ख़ुम्** शब्द मूलतः घटवाचक है और **कुम्भ** का रूपान्तर है। **ख़म्** (वक्रता), **ख़मीदा** (नत) का पूर्वरूप **कम** है जो मूलतः **कुभ** है। जैसे केल्त **कुम्** (घाटी) में **भ्** ने **म्** रूप धारण किया है, वैसे ही फ़ारसी **ख़म्** में। (**ख़म्** अरबी का अपना शब्द नहीं है।) फ़ारसी में **क्** और **प्** दोनों ध्वनि **ख़्** और **फ़्** में बदलती दिखाई देती हैं। यह प्रवृत्ति केल्त भाषाओं में भी है। पुरानी आइरिश में प्राचीन आर्य सम्बन्धक **पर** (ऊपर) के प्रतिरूप **फ़र्, फ़ुर्, फ़ॉर्** हैं। **प्रति** के लिए इसी भाषा में **फ़्रिथ्** (विरुद्ध) रूप है। **स्वसृ** का एक रूपान्तर **सिउर्** है, दूसरा **फ़िउर्**, जहाँ **स्** पहले **प्** में परिवर्तित हुआ है, गेलिक **पिउथर्** के समान। संस्कृत **स्रुत, प्लुत** की मंजिल पार करता हुआ, वेल्श में **फ़्रुउद** बना। संस्कृत **सर्प** वेल्श में **सर्फ़** है। लैटिन

कॉर्पुस् (शरीर) का वेल्श प्रतिरूप **कॉर्फ़्** है। इसी प्रकार लैटिन **क्वर्तुस्** (चौथाई) अंग्रेज़ी में **क्वार्ट** (एक नाप) है किन्तु वेल्श में **ख़्अर्त्** है; अंग्रेज़ी **क्वार्टर्** वेल्श में **ख़्अर्तर्** है। लैटिन **कॉर्पुस्** पुरानी आइरिश में **ख़ॉर्प्** है।

थुर्नेसॅन ने पुरानी आइरिश के व्याकरण में लिखा है कि स्वर के बाद आनेवाली **क्-त्** ध्वनियाँ **ख़्**, **थ्** हो जाती हैं। लैटिन से उधार लिए हुए अनेक शब्दों में ऐसा परिवर्तन हुआ है : लैटिन **मॅन्दीकुस्** पुरानी आइरिश में **मिन्दॅख़्** हुआ, लैटिन **स्त्रतुर्** (घोड़े की जीन, झूल) **स्रथर्** बना। मध्यवर्ती **त्** ध्वनि प्राचीन ईरानी बोलियों में बहुधा **थ्** में बदलती है, मध्यवर्ती **क्** तमिल में **ह्** (या **ख़्**) में बदलता है, आदिस्थानीय **प्** ध्वनि कन्नड़ में **ह्** में बदलती दिखाई देती है। ये समानताएँ आकस्मिक नहीं हैं। उनका विकास एक ऐसे भाषाक्षेत्र में हुआ है जहाँ अनेक भाषापरिवार सम्पर्क में हैं।

पुरानी आइरिश में स्वरों के बाद आने पर, मूल शब्दों की **ग्, द्** ध्वनियाँ, संघर्षी रूप धारण करती हैं। यह स्थिति पुनः तमिल के ध्वनितन्त्र से तुलनीय है; विशेषरूप से मध्यवर्ती **ग्** सामान्य तमिलजनों के उच्चारण में **ग़्** बोला जाता है। यहाँ, कुछ केल्त भाषाओं की यह प्रवृत्ति भी उल्लेखनीय है कि वे मध्यवर्ती स्पर्श ध्वनि को, अथवा स्वर के बाद आने वाली ऐसी ध्वनि को, सघोष करती हैं। अंग्रेज़ी के **पैट्रिक**, **पीटर** और **सैटर्न** वेल्श में **पद्रिग् पॅद्र**, **सदुर्न** हैं; **ब्रिटेन** भी **प्रिदैन** हो जाता है; अंग्रेज़ी **ग्रैन्ड** का वेल्श रूपान्तर है **क्रान्द**! शेक्सपियर के **हेनरी द फ़िफ़्थ** नाटक में एक वेल्श पात्र **बिग्** (बड़ा) को **पिग्** कहता है; वैसे ही **ग्रैन्ड** का प्रतिरूप **क्रान्द है**। और जैसे संस्कृत **दन्त** तमिल में **तन्दम्** है, वैसे ही **ब्रिटेन** वेल्श में **प्रिदैन है**।

तमिल, वेल्श, अंग्रेज़ी, फ़ारसी आदि भाषाओं की आधारभूत बोलियाँ कभी ऐसे भाषा क्षेत्र के गहरे सम्पर्क में रही थीं जिसमें मध्यवर्ती स्पर्श ध्वनि को नियमित रूप से सघोष बोला जाता था। इस क्षेत्र में **क्-च्-ट्-त्-प्** के अतिरिक्त इनके महाप्राण रूपों **ख्-छ्-ठ्-थ्-फ्** को भी सुसंगत रूप से सघोष किया जाता था। प्राकृतों के ध्वनितन्त्र की यह विशेषता संस्कृत पर आधारित नहीं है; वह उस ध्वनितन्त्र की अपनी विशेषता है जो तमिल, फ़ारसी, वेल्श आदि में भी झलक दिखाती है। पुनः केल्त भाषाओं के पूर्वी स्रोतों की ओर हमें बाध्य होकर ध्यान देना होगा।

भारत का जो उत्तर-पश्चिमी प्रदेश प्राकृतों का क्षेत्र है, वह **स्** ध्वनि के **ह्** में बदलने का क्षेत्र भी है। यह प्रवृत्ति इस क्षेत्र में वैदिक काल में थी और आज भी है। **स्-ह्** वाले ध्वनि-परिवर्तन की छाप, केल्त भाषाओं में सर्वाधिक, वेल्श के ध्वनितन्त्र पर है। **सनातन** का **सन**, **स्वप्न**, सर्वनाम सि यहाँ हॅन्, हुन्, हि हैं; अंग्रेज़ी **सो** (बोना), **सीड** (बीज), **साल्ट** (नमक), **सन्** (सूर्य) वेल्श में हउ, हद्, हाल्त्, हउल् हैं। पुरानी आइरिश में **सन्ति** का प्रतिरूप **इत्** है; **समे** के आधार पर निर्मित **समइल्** (समानता) का रूपान्तर **अमइल्**, **अमल्** है; सि सर्वनाम मूल पर आधारित निर्देशक सर्वनाम **सिन्द्** का रूपान्तर **इन्द्** है। **सिन्द** का यह रूपान्तर तमिल **इन्द** से तुलनीय है।

प्राकृतों में मध्यवर्ती स्पर्श ध्वनि के लोप होने की प्रवृत्ति सामान्य है। कहीं-कहीं इस प्रवृत्ति के दर्शन केल्त भाषाओं में होते है। अंग्रेज़ी का अगस्त महीना—लैटिन

रूप **अउगुस्तुस्**—वेल्श में **अउस्त् है**; लैटिन **अर्गेन्तुम्** (चाँदी) वेल्श में **अरिअन् है**; अंग्रेज़ी में वर्जिल नाम से प्रसिद्ध लैटिन कवि **वॅर्गिलिउस्** वेल्श में **फ़ॅरिल्** हैं, यद्यपि अन्य रूप—अंग्रेज़ी **वर्जिल के ज्** को **स्** रूप में ग्रहण करते हुए—**वॅसिल्** भी है। **औगस्टीन, मारगैरेट, मैगडलीन, डबलिन्, पेम्ब्रोक्** जैसे नाम वेल्श में क्रमशः **अनुस्तिन्, मॅरॅरिद्, मॉद्लॅन्, दुलिन, पैन्ब्रो** हैं।

पश्तो, लैटिन आदि के समान पुरानी आइरिश अनेक शब्दों **के द्** को **ल्** रूप में ग्रहण करती है। अंग्रेज़ी **सीड्** (बीज) का प्रतिरूप **सील्** हिन्दी **सीला** (फसल काटते समय खेत में गिरे हुए दाने) से तुलनीय है (अवधी में **सीड** का मूलरूप **सीत, सीतु** चावल के दानों के लिए अब भी प्रयुक्त होता है)। अंग्रेज़ी **डेयर्** (साहस करना) का आधार संस्कृत **धर्ष्** या **धृष्** है और उसका पुराना आइरिश प्रतिरूप **लेतिउ** है। हाथ के लिए पश्तो **लस्** के समानान्तर पुरानी आइरिश में **लम्** है जिसका मूलरूप **धन्ध, धम्भ, दम्भ** हो सकता है। **मधु** के प्रतिरूप पुरानी आइरिश में **मिद्** और **मिल्** दोनों हैं। दिन के लिए इसी भाषा के **ल, लथॅ** का सम्बन्ध दिवस शृंखला के किसी शब्द से है। अंग्रेज़ी के अनेक शब्दों में जहाँ **र्** है, वह पहले **द्** था, यह वेल्श रूपों से ज्ञात होता है; अंग्रेज़ी **बोर्** (सुअर), **कवर्** (आवरण) वेल्श में **बअॅद्, कअॅअद्** हैं। हिन्दी **ग्यारह, बारह** में **दस** का **द्** जैसे **र्** में बदला है, वैसे ही वेल्श **द्** अंग्रेज़ी शब्दों में **र्** बना है।

र् से आरम्भ होने वाले शब्दों के पहले जैसे तमिल अतिरिक्त स्वर लगाती है, वैसे ही कुछ वेल्श शब्दों में **र्** के पहले ऐसा स्वर दिखाई देता है। लैटिन **रेनॅस्** (आँतें) का वेल्श प्रतिरूप **अरॅन्** है। संस्कृत **ऋक्ष** के ग्रीक रूपान्तर **अर्क्तॉस्** के समान वेल्श प्रतिरूप **अर्थ्** है। आर्य-स्लाव भाषाओं की **ऋक्** (बोलना) क्रिया वेल्श में **अरइथॉ है, अरउद्** का **अर्थ** है वाणी। वेल्श में ऐसे रूप अन्य स्रोतों से आये हैं; वेल्श की अपनी विशेषता है आदि स्थानीय **र्** के साथ **ह्** ध्वनि का प्रयोग। यह **ह्** ध्वनि स्वर के स्थान पर प्रयुक्त होती है; सम्भव है, ग्रीक के समान, उसका उच्चारण **र्** के पहले होता हो (या पहले होता रहा हो)। वेल्श भाषा में कोई भी उसका अपना शब्द **ह्** को साथ लिए बिना **र्** से आरम्भ नहीं होता। **रुधिर** का **रुध**—अंग्रेज़ी **रॅड्**—यहाँ **ह्** **द्** है; संस्कृत **रथ** का प्रतिरूप **र्हॉद्** (चक्र) **है**, लैटिन **रॅक्स्** (राजा) का प्रतिरूप **र्ही** है। **रिचार्ड** और **रौबर्ट** जैसे नाम भी **हिसिअर्त, र्होबिर्त** बन जाते हैं। जैसे आधुनिक तमिल में अनेक बाहर से आये हुए शब्द अब **र्** से आरम्भ होते हैं वैसे ही वेल्श में। **रबर, रिबन्, रेकर्ड** जैसे अंग्रेज़ी से आये हुए शब्द **र्** से आरम्भ होते हैं। ग्रीक भाषा में, वेल्श के समान, कोई शब्द **ह्** को साथ लिये बिना **र्** से आरम्भ नहीं होता। केल्त समुदाय की किसी अन्य भाषा में यह विशेषता नहीं है, न ग्रीक के अतिरिक्त वह इन्डोयूरोपियन परिवार की किसी अन्य भाषा में दिखाई देती है। ग्रीक और वेल्श पहले किसी भाषा क्षेत्र में पड़ोसी रही हैं और यह भाषा क्षेत्र ऐसा था जिसमें महाप्राण **ह्** ध्वनि की प्रचुरता थी, यूरप की भाषाओं के समान उसमें **ह्** को क्षीण करके उसका लोप करने की प्रवृत्ति न थी।

ह् से मिलती-जुलती **ख्** ध्वनि वेल्श में आदि स्थानीय **ल्** से पहले लगाई जाती

है। **लातिन्** (लैटिन भाषा) का वेलश नाम **ल्लादिन्** है : **लन्दन** शहर को वेलश में **ल्लुन्दैन्** कहेंगे। यह **ल्ल्** ध्वनि **ल्** के पहले आती है, इस बारे में सन्देह नहीं है। इससे यह धारणा पुष्ट होती है कि **ह्** ध्वनि भी **र्** के पहले बोली जाती थी। तमिल में र्, ल् के पहले अतिरिक्त स्वर लगाते हैं, वेल्श में व्यंजन **ह्** और **ल्ल्**।

संयुक्त **ह्ं** ध्वनि का एक स्रोत **प्र्** है। **ह्रॉग्** (पहले, पूर्व) ठीक संस्कृत **प्राक्** का रूपान्तर है। **ह्रागुइबोद्** (पहले से जानना, पूर्वज्ञान होगा) **प्राग्बोध** का प्रतिरूप है। अनेक वेलश शब्दों के पहले प्रत्यय रूप में प्रयुक्त होकर **ह्रॉग्** संस्कृत पूर्व का अर्थ देता है। वेल्श **प्** विभाग की भाषा है, अत: **प्राक्** का रूपान्तर **ह्रॉग्** उस अन्य भाषाई प्रभाव का परिणाम है जिसमें **प्** ध्वनि **ह्** में बदलती थी। **ह्ं** ध्वनि का दूसरा स्रोत **स्र्** है। **सर्, स्रु, स्रव** शब्द प्रवाह का भाव व्यक्त करते थे।

ह्रॅअद्रु (प्रवाहित होना), **ह्रॅअद्र्** (निर्झर), **र्‌हॅदॅग्** (बहना, दौड़ना), **हुंल्** (प्रवाहपूर्ण), **ह्रॉवॅर्थुइ** (धारा, प्लावन) में **स्रु, स्रव** आधारभूत भारतीय शब्दमूल हैं। ग्रीक **र्‌हॅओ** (बहना, दौड़ना), **र्‌हॅउम** (प्रवाह), **र्‌हॅइथॉन्** (नदी), **र्‌हॅऑस्** (नदी), **र्‌हॉए** (उप०), **हुंतॉस्** (स्रुत, प्रवाह) का **स्रोत** स्पष्ट है। जर्मनी की प्रसिद्ध नदी है **ह्राइन्**, फ्रान्स की प्रसिद्ध नदी है **ह्रोन्**। ये नाम जर्मनी और फ्रान्स की भूमि से केल्तजनों के घनिष्ठ प्राचीन सम्बन्धों के प्रमाण हैं। **ह्राइन्** लैटिन में **ह्रेनुस्** है, **ह्रोन्**, **र्‌हॉदनुस्** है। **ह्ं** ध्वनि ग्रीक के लिए जितनी सहज है, उतनी ही लैटिन के लिए असहज। **ह्ं** ध्वनि वाले नाम लैटिन में केल्त-ग्रीक प्रभाव से आये हैं। **ह्रोन्** नदी के किनारे बसे हुए एक नगर का लैटिन नाम **र्‌हॉद** था। वह बाद को **रोसस्** कहलाया। जिन भाषाओं के लिए **ह्ं** ध्वनि असहज थी, उनके लिए **ह्ं** का लोप करके **र्** का व्यवहार करना स्वाभाविक था। लैटिन **रीवुस्** (बहना, निर्झर, छोटी नदी), अंग्रेज़ी **रिवर्** (नदी), इतालवी **रिवो**, स्पेनी-पुर्तगाली **रिओ** (नदी) का आधार **सर्, स्रु, स्रि** क्रिया है। यूरप की अनेक भाषाओं के लिए शब्द के आरम्भ में **स्र्** ध्वनि का व्यवहार असहज था। लीविस और शौर्ट द्वारा संशोधित-परिवर्धित जर्मन कोशकार फ्रायॅन्ड की—तीन-तीन कालम वाले दो हज़ार उन्नीस पृष्ठों की—लैटिन डिक्शनरी में एक भी शब्द के आरम्भ में **स्र्** ध्वनि नहीं है। प्राचीन ग्रीक भाषा में एक भी शब्द संयुक्त व्यंजन-ध्वनि **स्र्** से आरम्भ नहीं होता। अंग्रेज़ी के किसी भी शब्द के आरम्भ में **स्र्** नहीं है। यही स्थिति फ्रान्सीसी की है, जर्मन की है। इसलिए अंग्रेज़ी में एक ओर **स्ट्रीम्** है, दूसरी ओर **रिवर्**; इन नदीवाचक शब्दों में एक स्थिति **स्र्** को सुगम बनाने के लिए **त्** (**ट्**) का संयोग है, दूसरी स्थिति **स्र** के रूपान्तर **ह्र** में **ह्** का लोप है। लैटिन-जर्मन भाषा समुदायों के विशाल क्षेत्र में **र्**, **स्र्** ध्वनि वाले नदीवाचक शब्द उनके अपने नहीं हैं; उनके मूल रूपों का आदि स्थानीय **स्र्** इन भाषा-समुदायों की ध्वनि प्रकृति के विरुद्ध है। यह तथ्य प्रमाणित करता है कि ऐसे शब्द पूर्व से पश्चिम को गये हैं, पश्चिम से पूर्व नहीं पहुंचे।

लिथुआनियन में **स्रॉवॅ, स्रुओग, स्रूति** शब्द नदी और प्रवाह का अर्थ देते हैं किन्तु लातविअन में अंग्रेज़ी **स्ट्रीम** की तरह नदीवाचक **स्त्राव** शब्द भी हैं। इसका अर्थ यह है कि बाल्तिक समुदाय की भाषाओं में ही एक वर्ग आदि स्थानीय **स्र्** को अस्वीकार

करता था। यानिस एन्द्ज़ेल्निस ने बाल्तिक भाषाओं पर अपनी पुस्तक में लिखा है कि इन्डोयूरोपियन **स्त्र्**, स्लाव-प्रुशियन-लातवियन में **स्त्र्** हो जाता है। लिथुआनियन-रूसी कोश (**लितोव्स्को-रुस्किइ स्लोवार्**) के दो कालम वाले ३६१ पृष्ठों में केवल १४ शब्दों के आरम्भ में **स्त्र्** ध्वनि है। मोनियर विलियम्स के संस्कृत कोश में ३६ शब्द केवल **स्रु** क्रिया से सम्बद्ध हैं। इससे लिथुआनियन और संस्कृत, बाल्तिक-स्लाव और भारतीय आर्य भाषाओं के आपसी सम्बन्धों का ज्ञान हो जायगा। **स्रु** क्रिया से सम्बद्ध शब्दों में एक है **स्रवण** (प्रवाहित)। इसका मूल रूप होगा **स्रवन**; इसका रूपान्तर **स्रोन**, उससे नदीवाचक **ह्रोन्** शब्द बना।

हो सकता है कि नदी किनारे बसे होने से प्रसिद्ध नगर **रोम** का यह नाम पड़ा हो। फ्रान्स के नगर **रोआन्** के नाम का कारण भी यही हो सकता है। फ्रान्स में एक नदी **सओन्** है; यह **स्रवन** का ऐसा रूपान्तर प्रतीत होता है जिसमें **र्** का लोप हो गया है। भारत में **सोन** जैसी नदियों के नाम का आधार **स्वर्ण** की अपेक्षा **स्रवन** अधिक विश्वसनीय है। फ्रान्स में एक नदी **सोम** है। **सोन** और **सोम** दोनों का **सो** प्रवाह सूचक है।

पुरानी आइरिश के कुछ शब्दों में जहाँ आदिस्थानीय **फ़्** है, वहाँ उनके संस्कृत प्रतिरूपों में **प्** है किन्तु यह **फ़्** सीधा **प्** का रूपान्तर नहीं है। वेल्श प्रतिरूपों से ज्ञात होता है कि वह पहले **व्** में परिवर्तित हुआ, फिर **फ़्** रूप में ग्रहण किया गया। तमिल में आदिस्थानीय **प्** बहुधा **व्** में बदलता है। संस्कृत **बल**, तोद **पलिम** तमिल में **वल्** है। इसी प्रवृत्ति के अनुरूप हिन्दी सम्बन्धक **पर** मराठी में **वर** है। **पर** और **वर** दोनों बहुत पुराने रूप हैं। इनका पुराना आइरिश प्रतिरूप **फ़ॉर्** है। यहाँ **फ़् व्** का रूपान्तर है, इसका ज्ञान वेल्श **गॉर्** रूप से होता है (जिसका पूर्वरूप **गुआॅर्** था)। वेल्श में कोई शब्द **व्** से आरम्भ नहीं होता; उसके पहले **ग्** ध्वनि जोड़ी जाएगी। पुरानी आइरिश में **पर** के शब्दमूल **प** से सम्बद्ध **फ़ॉ** (नीचे) सम्बन्धक है; यह रूसी **पॉद्** (नीचे) का प्रतिरूप है। (रूसी **पॉ** भीतर, ऊपर आदि का अर्थ देता है।) यह **फ़ॉ** भी **व** का रूपान्तर है, यह वेल्श प्रतिरूप **गुअ, गॉ** से ज्ञात होता है। अन्य कोटि के शब्द वे हैं जहाँ पुरानी आइरिश का आदिस्थानीय **फ़्** मूल ध्वनि **व्** का रूपान्तर है। संस्कृत **विधवा** पुरानी आइरिश में **फ़ॅद्ब्** है, वेल्श में **गुॲदु**। संस्कृत **विद्** (देखना, जानना) का पुराना आइरिश प्रतिरूप **फ़िल्** है, पुरानी वेल्श का रूप **गुॲलॅत्** (देखना) है। दोनों जगह **द्** ध्वनि **ल्** में परिवर्तित हुई है। वेल्श **गूइर्** (जानता है) में **द्** ध्वनि **र्** में परिवर्तित हुई है। संस्कृत **वीर**, लैटिन **विर्** (मर्द), पुरानी आइरिश में **फ़ॅर्**, वेल्श में **गुर्** है। विद्यमानता का अर्थ देने वाली **विद्** क्रिया से पुरानी आइरिश में **फ़ीअद्** (उसकी विद्यमानता में), वेल्श में **गूइद्** (विद्यमानता) रूप बने हैं।

आर्य भाषाओं की एक पुरानी क्रिया **वे** (बुनना) है जिसका कृदन्त रूप **वोव्** अंग्रेज़ी में मूल क्रिया की तरह प्रयुक्त होता है। इसका आइरिश प्रतिरूप **फ़िगॅ** है, वेल्श प्रतिरूप **गुॲउ** है। आर्य-द्रविड़ भाषाओं की **वर्** क्रिया मूलतः वक्र गति सूचक थी। इसीलिए **वृत्त** का अर्थ है **चक्र**। इस **वर्** का वैकल्पिक रूप थी **वल्** क्रिया। **वलन** का

अर्थ हुआ चक्रगति, **वलय** अर्थात् कंगन, अँगूठी। पुरानी आइरिश में **वलय** के आधार पर **फ़ाइल्** (कंगन) रूप निर्मित हुआ, फ्रान्स में बोली जानेवाली केल्त समुदाय की ब्रेतों-भाषा में इसका प्रतिरूप है **गुअ्रलॅन्** (अँगूठी)। तमिल में **वर्** के प्रतिरूप **वल्** के **ल्** को मूर्धन्य करके **वळइ** रूप बना जिसका अर्थ है चक्र, चक्कर लगाना। इससे **वळइयम्** शब्द बना जिसका अर्थ है, कंगन, अँगूठी, चक्र। इन्डोयूरोपियन परिवार के आर्य और केल्त समुदाय और भारतीय भाषा परिवार के आर्य और द्रविड़ समुदाय कितने घनिष्ठ रूप में परस्पर सम्बद्ध हैं, इसका प्रमाण **वल्** क्रिया और उसके आधार पर निर्मित शब्द हैं। भारतीय सभ्यता से कंगन का गहरा सम्बन्ध है: केल्त समुदाय ने उस आभूषण का उपयोग और उसका ध्वनि प्रतीक भारत से प्राप्त किया था। आर्य-केल्त सम्बन्धों की पुष्टि एक अन्य शब्द से भी होती है—संस्कृत **मुद्रा, मुद्रिका** से। इसका वेल्श प्रतिरूप है **मॉद्रुइ**—अँगूठी!

केल्त समुदाय की जिन भाषाओं का सर्वाधिक नाश हुआ है, वे वेल्श के समान **प्**-विभाग की हैं, जो **व्** के पहले **ग्** ध्वनि जोड़ती रही हैं। जैसे पुराने आइरिश **किअ** (कौन, क्या) का पुराना वेल्श प्रतिरूप **पुइ** है, वैसे ही ब्रेतों में **पिऑउ**, कौर्निश में **पिउ** रूप हैं। ब्रेतों फ्रान्स में अब भी बोली जाती है यद्यपि उसे भाषारूप में मान्यता प्राप्त नहीं है, कौर्निश इंगलैन्ड के उस भाग में बोली जाती थी जिसे कौर्नवाल कहते हैं। अंग्रेज़ों ने इस भाषा का नाश कर दिया। संस्कृत **प्रति** का पुराना आइरिश प्रतिरूप **फ़्रिथ्** है; कौर्निश रूप **गॉर्थ्** है, वेल्श रूप **गुर्थ्** है। **प्रति** का **प्** पहले **व्** में परिवर्तित हुआ, तब ये रूप निर्मित हुए हैं। **पर्** का प्रतिरूप पुरानी आइरिश में **फ़ॉर्** है, ब्रेतों और वेल्श में **गॉर्**। इन उदाहरणों से ज्ञात होगा कि **व्** के पहले **ग्** व्यंजन जोड़ने की प्रवृत्ति यूरुप और ब्रिटेन की भाषाओं में व्यापक रूप से फैली हुई थी। यह **व्** बहुत से शब्दों में **प्** का रूपान्तर है; इससे विदित होगा कि जो भाषाएँ **प्** का स्पर्श तत्व लोप करती थीं, उनका गहरा प्रभाव केल्त समुदाय पर पड़ा है, यह प्रवृत्ति द्रविड़ भाषाओं में है। **प्** चाहे **ह्** रूप में ग्रहण किया जाए, चाहे **व्** रूप में, मुख्य बात स्पर्श तत्व का लोप है।

आइरिश सामान्यतः **व्** ध्वनि को स्पर्श संघर्षी **फ़्** रूप में ग्रहण करती है किन्तु कुछ रूपों में वह उसे पार्श्विक ध्वनि **ल्** में भी बदलती है। पुरानी आइरिश में **स्लान्** (ध्वनि) संस्कृत **स्वन** का रूपान्तर है। इसी प्रवृत्ति के अनुरूप संस्कृत **स्वप्** का अंग्रेज़ी प्रतिरूप **स्लीप्** (सोना) है। हिन्दी क्षेत्र की उत्तर-पश्चिमी बोलियों में ऐसे परिवर्तन बहुत होते हैं। अवधी **सॉवावत** है, मानक हिन्दी में **सुलाता** है; अवधी में **खवावत** है, मानक हिन्दी में **खिलाता** है; **व्** ही नहीं, मिलती-जुलती स्थिति में **य्** के स्थान पर भी **ल्** का व्यवहार होता है यथा अवधी में **सियत** है, मानक हिन्दी में **सिलता** है। इन्डो-यूरोपियन परिवार से सम्बद्ध यूरुप की भाषाओं के आदिम निर्माणकाल में संस्कृत की **क्ष्** ध्वनि का विकास हो चुका था, इसका प्रमाण केल्त भाषाओं से भी मिलता है। **क्षुर, क्षार** से सम्बद्ध वेल्श **खुअॅरु** में **क्ष्** ध्वनि **ख़्** रूप में ग्रहण की गई है, फ़ारसी **ख़ार्** के **ख़्** की तरह।

केल्त भाषाओं के ध्वनितन्त्र में स्वरों की स्थिति शिक्षाप्रद है। लैटिन **दोनुम्**

और संस्कृत **दान** के प्रथम वर्ण में दो भिन्न स्वर हैं। **दा** और **दो** एक ही अर्थ देने वाले वैकल्पिक रूप थे, यह मानने के बदले भाषाविज्ञानी कहते हैं कि इन रूपों में मूल स्वर **ओ** था जो संस्कृत में **आ** हो गया। मानो संस्कृतभाषियों को **दोन** कहने में ही कठिनाई होती थी, **द्रोण** कहने में नहीं। पुरानी आइरिश, लैटिन के समान, केन्तुम् शाखा की भाषा है, किन्तु यहाँ लैटिन **दोनुम्** का प्रतिरूप **दान्** है, संस्कृत **दान** के समान। किन्तु पुरानी आइरिश में ही एक रूप है **आॅस्**, दूसरा **ओॅस्** (आयु); एक रूप है **अईस्**, दूसरा **ऑईस्** (विश, जनता)। विशेषज्ञ सोचता है कि रूप तो एक ही होगा, कातिब लापरवाही से ओकार-अकार में भेद नहीं करते! आइरिश लोगों की पुरानी लिपि कुछ बातों में अंग्रेज़ों की आधुनिक लिपि से अधिक वैज्ञानिक थी; उसमें ह्रस्व और दीर्घ स्वरों का भेद करने के लिए सामान्यतः अक्षर के ऊपर चिन्ह लगा देते थे। अकार-ओकार के मामले में लिपिकों ने बहुत गफलत की होगी, विश्वास नहीं होता। अकार-ओकार के समान अकार-एकार में भी इसी तरह की स्वच्छन्दता जहाँ-तहाँ देखी जाती हैं : **अॅइर्ग्-अइर्ग्** (जाना), **त्रॅइत्-त्रइत्** (त्वरित), **दॅग्-दग्** (अच्छा), **तॅल्-तल्**(ले जाना)। पुरानी आइरिश में इस स्वच्छन्दता का कारण **अ, अॅ, आॅ** स्वरों के विभिन्न प्राचीन व्यवहार क्षेत्र हैं जो एक-दूसरे को प्रभावित करते रहे हैं। यह स्थिति अन्य भाषाओं में भी है।

पुरानी आइरिश के ध्वनितन्त्र की एक महत्वपूर्ण विशेषता प्रथम वर्ण पर बलाघात है। यह विशेषता उसे लैटिन से सम्बद्ध करती है; वेल्श में बलाघात अन्तिम से पहले वाले वर्ण पर होता है जो उसे फ्रान्सीसी आदि से मिलाती है। इस तरह का भेद भारत की मागधी और मध्यदेशीय भाषाओं में रहा है; मागधी की आदि वर्ण बलाघात वाली प्रवृत्ति का प्रतिनिधित्व अब बँगला करती है। भारत के उत्तर-पश्चिमी सीमान्त की अनेक प्राचीन भाषाओं के समान वर्णसंकोचन के उदाहरण पुरानी आइरिश में मिलते हैं यथा वर्षा के प्रतिरूप **फ़स्, भर्** क्रिया से संस्कृत **भृति** के समान **ब्रिथ्, ब्रॅथ्** (भरण) रूपों में।

वेल्श भाषा की एक विशेषता का उल्लेख पहले हो चुका है, उस पर यहाँ विस्तार से विचार करना आवश्यक है। वह विशेषता यह है कि आदिस्थानीय **व्** ध्वनि वाले शब्दों को स्वीकार करते समय वह उनके पहले **ग्** व्यंजन जोड़ देती है। अंग्रेज़ी **वाल्** (दीवाल), **वैगन्** (गाड़ी), **वाइन्** (शराब) वेल्श में क्रमशः **गुआल्, गुअगॅन्, गुइन्** हैं; **वाल्टर्** और **विलियम्** जैसे नाम **गुआल्तर्** और **गुइलीम्** हैं। यह स्थिति वैसी है जैसी आगरा जिले में कहीं-कहीं सर्वनाम **वह** की है जो **ग्वु** बोला जाता है। अंग्रेज़ी में अनेक शब्द ऐसे हैं जो **व्** से आरम्भ होते हैं किन्तु जिनके अंग्रेज़ी प्रतिरूपों में **ग्** है। इस **ग्** के बाद वर्तनी में **उ** होता है और **उ** के बाद एक स्वर और होता है। **ग्** के बाद वाला **उ** स्वर अब बोला नहीं जाता किन्तु पहले बोला जाता था। **वार्ड्—गार्ड्** (**गुआर्ड्**—देखभाल करना, देखभाल करने वाला), **वाइल—गाइल** (**गुइल**—छल, धूर्तता), **वारन्ट—गैरन्टी** (**गुआरन्टी**—प्रमाण, प्रमाणित करना), **वाइज़—गाइज़** (**गुइज़**—प्रकार, राह); **ग्** ध्वनि वाले इस तरह के शब्द जर्मन समुदाय की अंग्रेज़ी भाषा पर

केल्त प्रभाव सूचित करते हैं। जर्मन में **व्** के स्थानापन्न **ग्** से आरम्भ होने वाले ऐसे शब्दों का नितान्त अभाव है। अंग्रेज़ी में ऐसे शब्द वेल्श और उस वर्ग की उन पुरानी बोलियों के प्रभाव के कारण हो सकते हैं जिनका अस्तित्व अब मिट गया है; वे इतालवी-स्पेनी-फ्रान्सीसी प्रभाव के कारण भी हो सकते हैं

अंग्रेज़ी **वार** (युद्ध) का स्पेनी इतालवी प्रतिरूप **गुएर्र** है; प्रसिद्ध **गुरिल्ला** शब्द **गुएर्र** का ही लघुतासूचक प्रतिरूप है। संस्कृत क्रिया **विद्** (देखना, जानना) के आधार पर स्पेनी और पुर्तगाली में **गुइअ** (पथदर्शक) और अंग्रेज़ी में **गाइड**(उप०, पथ दिखाना) रूप बने। इतालवी **गुइदारे** (पथ दिखाना) अंग्रेज़ी **गाइड** का प्रतिरूप है। अंग्रेज़ी में **ग्** ध्वनिमूलक ऐसे शब्द केल्त प्रभाव से आये हैं। यह प्रभाव लैटिन समुदाय की भाषाओं पर और भी गहरा है। अंग्रेज़ी **वेस्ट**, इतालवी **गुआस्तारे** (नष्ट करना); अंग्रेज़ी **वेड**, इतालवी **गुआदारे** (उथली जगह नदी पार करना); अंग्रेज़ी **वास्प**, फ्रान्सीसी **ग्रेप** (ततैया); अंग्रेजी **वो** (शोक), इतालवी **गुअइ**, वेल्श **गुअअ्**—इन उदाहरणों से विदित होता है कि इतालवी, फ्रान्सीसी, स्पेनी, पुर्तगाली पर केल्त समुदाय का गहरा प्रभाव है। किन्तु ये सब भाषाएँ लैटिन की पुत्रियाँ मानी जाती हैं और लैटिन में **व्** के स्थानापन्न **ग्** से आरम्भ होने वाले शब्दों का वैसे ही अभाव है जैसे जर्मन में। लैटिन-जर्मन वर्गों की भाषाओं ने केल्त क्षेत्र पर व्यापक रूप में अपना प्रसार किया है, फिर भी केल्त भाषाओं के चिन्ह स्पेन से लेकर इटली तक बिखरे पड़े हैं।

उक्त उदाहरणों में अनेक शब्द भारतीय उद्भव के हैं। अंग्रेज़ी **वार** (युद्ध) का पूर्वरूप तमिल **पॉरु** (युद्ध करना), **पोर्** (योद्धा है और इन दोनों का मूलरूप संस्कृत **भर** (युद्ध) है। जैसे **पोर्** का **प्** **व्** में परिवर्तित हुआ और फिर **गुएर्र** का **ग्** बना, वैसे ही तमिल **पार्** (देखना) का **प्** पहले **व्** में परिवर्तित हुआ, फिर **द** प्रत्यय जोड़ने से अंग्रेज़ी **वार्ड** शब्द बना। पुनः **व्** के पहले **ग्** जोड़कर इतालवी **गुआर्दो** (दृश्य), **गुआर्द** (निरीक्षक), **गुआर्दारे** (देखभाल करना) रूप बने। इनमें मूल क्रिया कहीं नहीं है, सब कृदन्त रूप के आधार पर बने हैं; कृदन्त को क्रियामूल के रूप में स्वीकार किया गया था। उक्त रूपों का सम्बन्ध तमिल **पार्** से है, इसका प्रमाण लैटिन **पारॅओ** (दृश्यमान होना) है; अंग्रेज़ी **ट्रान्सपैरेन्ट्** (पारदर्शी) में यही **पार्** क्रियामूल है। तमिल **पार्**, लैटिन **पारॅओ** का मूल रूप सम्भवतः संस्कृत **भास्** (प्रकाशित होना) है।

ग् के समान अन्य व्यंजन **द्** भी प्राचीन काल में आदि स्थानीय **व्** ध्वनि वाले शब्दों को ग्रहण करते समय कुछ भाषाओं में जोड़ा जाता था। संस्कृत **द्वि** का मूल रूप **वि** है जो **विंश** में विद्यमान है। संस्कृत **वेग** की **विग्** या **विज्** तीव्रगति सूचक क्रिया रूसी में **द्विग्** है, **द्विगात्** (गतिशील होना), **द्विझेनिये** (गति)। रूसी **बेग्** (दौड़), **बॅगात्** (दौड़ना) का आधार संस्कृत **वेग** है। जैसे **व्** यहाँ **ब्** रूप में ग्रहण किया गया है, वैसे ही संस्कृत **वि** लैटिन में **बि** है। **द्वि** ने **वि** को इस तरह विस्थापित किया कि लैटिन **बि** और संस्कृत **वि** का, दो के अर्थ में, स्वतन्त्र रूप से प्रयोग बन्द हो गया। लैटिन **विगिन्ति** (बीस) में **विंश** के समान **वि** है किन्तु दो का अर्थ देने वाला लैटिन उपसर्ग **बि** है (अंग्रेज़ी के **बाइवीकली, बाइसिकिल्** आदि में वही **बि** है)। जर्मन समुदाय की

भाषाओं में **ब, बो, बॅइ** जैसे स्वतन्त्र रूप पहले थे जिनसे जर्मन **बाइदॅ**, अंग्रेज़ी **बोथ्** (दोनों) शब्द बने। गुजराती में **बॅइ** (दो) का व्यवहार अब भी होता है और अपभ्रंश में इसी रूप, या ऐसे ही **ब्** ध्वनि वाले रूप का चलन था।

जैसे अंग्रेज़ी **वार** (युद्ध) का पूर्वरूप तमिल **पॉरु** है और **पॉरु** का मूल रूप संस्कृत **भर** है, वैसे ही यह सम्भव है कि संस्कृत **विंश** के **वि** और गुजराती **बॅइ** के **बॅ** का मूल रूप **भि** हो। लैटिन **विगिन्ति** का **वि** और उपसर्ग **बि** दो स्रोतों से आये हुए रूप हो सकते हैं। **वि** होगा **पि** का रूपान्तर और **बि** होगा **भि** का। **वि** बदलकर **बि** हो गया हो, इसकी सम्भावना कम है क्योंकि लैटिन में आदिस्थानीय **ब्** का व्यवहार बहुत कम शब्दों में होता है, लैटिन शब्दों की निर्माण-प्रक्रिया में इस ध्वनि की भूमिका महत्वपूर्ण नहीं है। इसके विपरीत ग्रीक भाषा की शब्द-निर्माण-प्रक्रिया में **ब्** ध्वनि की भूमिका महत्वपूर्ण है और वह बहुत से शब्दों के आदिस्थान में प्रयुक्त है। किन्तु ग्रीक में संख्यासूचक **बि** का अभाव है। उसमें **विंश** का प्रतिरूप **ॲइकॉसि** है जहाँ **वि** का रूपान्तर **ॲइ** है (क्योंकि ग्रीक में **व्** ध्वनि का अभाव है), **द्वि** का प्रतिरूप **दुऑ** है। किन्तु इस भाषा में एक सम्बन्धक **अम्फि** है जिसका **फि** संख्यासूचक है।

अम्फि में **अम्** क्रिया का अर्थ था घेरना और **फि** का अर्थ था दो। **अम्फि** का अर्थ हुआ दो तरफ से घिरा हुआ। **अम्फिबिआ** वे प्राणी हैं जो जल और थल, दोनों में रहते हैं। इस **अम्फि** का लैटिन प्रतिरूप **अम्बि** है; **अम्बिफ़ारिउस्** उसे कहेंगे जिसके दो पक्ष हों। **अम्** क्रिया के घेरने वाले भाव के कारण अनेक ग्रीक शब्दों में—उनसे भी अधिक लैटिन शब्दों में—**अम्फि** और **अम्बि** के **फि** और **बि** में निहित दो वाला अर्थ क्षीण हो गया है। **अम्फि** और **अम्बि** का अर्थ हो गया है चारों ओर। फिर भी ग्रीक भाषा में ऐसे काफी शब्द हैं जिनमें दो का अर्थ स्पष्ट है। इस प्रकार दो का अर्थ देने वाले **वि, बि** और **फि**, ये तीन रूप मिले। ग्रीक **फि** की महाप्राणता बताती है कि इनका मूलरूप था **भि**। **भि** से आरम्भ करके, **वि** की मंजिल पार करते हुए, **द्वि** ने अपने विकास की यात्रा पूरी की।

इटालियन में **अम्बे, अम्बो** का अर्थ है दोनों; **दुए, दुओ** जोड़कर एक और शब्द बना **अम्बेदुए, अम्बेदुओ**। अर्थ वही रहा—दोनों।

अवधी में बैलों की जोड़ी को **गोईं** कहते हैं। संस्कृत **द्वा** के प्रतिरूप **ग्वा** से **गोईं** रूप बनेगा। **गोईं** के समानान्तर अवधी का **गोंइयाँ** शब्द है; दो सखियाँ एक-दूसरे की **गोंइयाँ** होती हैं। संस्कृत **वृक** (भेड़िया) **वर्** क्रिया से बना है; इसका पूर्व रूप होगा **वर्क**। **वृक** का फ़ारसी प्रतिरूप है **गुर्ग** जो स्पष्ट ही **व** के पहले **ग्** जोड़ने से बना है। संस्कृत **वात** का बलूची प्रतिरूप **ग्वात्** है; फ़ारसी **बारिश्** के समानान्तर संस्कृत **वर्षा** का बलूची प्रतिरूप **ग्वारिश् है**। मानना होगा कि ईरानी क्षेत्र की भाषाओं में **व्** के पहले **ग्** जोड़ने की प्रवृत्ति बलशाली है; यही प्रवृत्ति केल्त समुदाय की भाषा में है, केल्त-प्रभावित लैटिन-समुदाय की अन्य आधुनिक भाषाओं में है। इस प्रवृत्ति का केन्द्र बृहत्तर भारत का उत्तर-पश्चिमी क्षेत्र है।

अपभ्रंश में मध्यम पुरुष सर्वनाम का एकवचन रूप **पइँ** है और अपभ्रंश में

ही इसका प्रतिरूप **तइँ** है। **पइँ** से **तइँ** का विकास नहीं हो सकता; **तइँ** से **पइँ** का विकास नहीं हो सकता। वेल्श रूप है **खुइ** (तू)। **खुइ** का विकास **तइँ** से नहीं हो सकता; **पइँ** से भी नहीं हो सकता। किन्तु **पइँ** के रूपान्तर **वइँ** से **तइँ** और **खुइ** दोनों का विकास हो सकता है। **वइँ** के पहले **त्** जोड़ने से **त्वइँ**, और **ख्** जोड़ने से **ख्वइँ** रूप बने; इनसे **तइँ** और **खुइ** का विकास सहज है।

प्राकृतों में मध्यम पुरुष सर्वनाम का, कर्मकारक बहुवचन में, एक रूप होता है **भे**, दूसरा **वो**। यहाँ **भ** और **व**, इन सर्वनाम मूलों का सम्बन्ध साफ दिखाई देता है। यह बिल्कुल सम्भव है कि अपभ्रंश **पइँ** और **तइँ** तथा वेल्श **खुइ** के पूर्वरूप **वइँ** अथवा **वम्** का मूलरूप रहा हो **भम्**।

आर्मीनियन में एक प्रश्नवाचक सर्वनाम है **ओ** (कौन)। लैटिन में इसका प्रतिरूप है **उ** जो **उबि** (कहाँ), **उत्तॅर्** (कौन सी वस्तु) में प्राप्त है। ब्रुगमन ने लिखा है कि अभी तक इन **ओ** और **उ** सर्वनामों की व्याख्या सन्तोषजनक ढंग से नहीं की गई। इसका कारण यह है कि ऐतिहासिक भाषाविज्ञान में ऐसे प्रश्नवाचक सर्वनामों की आदिस्थानीय ध्वनि **क्व्** या **ग्व्** मानी जाती रही है। **ओ** और **उ** का पूर्वरूप **व** है; लैटिन और आर्मीनियन के उक्त रूपों में **व** के पहले आने वाले **क्** या **ग्** का लोप क्यों हो गया, इसकी कैफियत देना असम्भव था। किन्तु **व** को आधारभूत रूप मानने से यह बात आसानी से समझ में आ जाती है कि **व** के पहले **क्** जोड़कर **क्व** रूप बनेगा क्योंकि ईरानी और केल्त समुदायों की अनेक भाषाएँ **व्** के पहले इस तरह एक व्यंजन अब तक जोड़ती हैं। संस्कृत **क्व** (कहाँ), लैटिन **क्वा** (कैसे), **क्वि** (कौन) का पूर्वरूप **व** मानना चाहिए।

लैटिन **क्वि** का उम्ब्रियन प्रतिरूप **पॉइ** है। **प्** ध्वनि सीधे **क्व्** में बदल सकती है, **प्** के रूपान्तर **व्** में **क्** जोड़ने से भी प्राप्त हो सकती है। ग्रीक भाषा के **पॉइऑस्** (कैसे) आदिरूपों में यही सर्वनाम **पॉ** है। इधर भारत की द्रविड़ भाषाओं में गोंडी के प्रश्नवाचक सर्वनाम **ब्** ध्वनि से आरम्भ होते हैं: **बद्**, **बोर्**, **बोल्** (कौन), **बार्**, **बाह्** (क्या), **बातोल्** (कैसा), **बाद्रा** (कब), **बारी** (क्यों), **बेगा** (कहाँ)। जहाँ **प्**, **ब्**, **व्**, इन तीन ध्वनियों से आरम्भ होनेवाले एक ही अर्थ के सूचक शब्द द्रविड़ तथा इन्डोयूरोपियन भाषाओं में प्राप्त हों, वहाँ यह सम्भावना विचारणीय है कि इनका मूलरूप **भ्** ध्वनि से आरम्भ होता होगा। द्रविड़ भाषा तुलु में **वा** का अर्थ है (क्या) और यही अर्थ इस भाषा के **ऑवु** का है। यहाँ **व** और **ओ** का सम्बन्ध स्पष्ट है।

आर्मीनियन में एक प्रश्नवाचक सर्वनाम **इ** (क्या) भी है। संस्कृत में इसका प्रतिरूप **किम्** है, ग्रीक में **तिस्**, औस्कन में **पिस्**। यदि **पि** का पूर्वरूप **भि** हो, तो **कि** और **ति** के पूर्वरूप **घि** और **धि** हो सकते हैं। ये सर्वनाम मूलतः प्रश्नवाचक नहीं थे, सामान्य निर्देशक थे, इसलिए उक्त कल्पना असंगत नहीं है; **धि** का रूपान्तर **दि** इन्डोयूरोपियन सर्वनाम रूपों में प्राप्त है। **कि** का पूर्वरूप **घि** था, इस कल्पना को एक ओर उठा रखें, इस बात पर विचार करें कि ग्रीक **तिस्** के समान द्रविड़ भाषा कोलमि में **त्** ध्वनि से आरम्भ होने वाले प्रश्नवाचक सर्वनाम रूप है: **तानॅद्**, **तन्द्** (क्या),

तन्दुङ्, **ताङ्** (क्यों)। इसी प्रकार तुलु में **द्** से आरम्भ होनेवाले रूप हैं : **दा**, **दानॅ** (क्या), **दायॅ** (क्यों) । एक द्रविड़ भाषा में **त्** से, दूसरी में **ब्** से आरम्भ होने वाले प्रश्नवाचक सर्वनाम हैं, ग्रीक में **त्** और **प्** से आरम्भ होने वाले सर्वनाम हैं, यह समानता आकस्मिक नहीं हो सकती ।

द्रविड़ भाषाओं का सामान्य प्रश्नवाचक सर्वनाम **या** है । तमिल **या** (क्या), **यादु** (कैसे), **यार्** (कौन) आदि रूपों में यह सर्वनाम है । जब **य्** का लोप होता है, तब तमिल के **एदु** (क्या, कैसे, क्यों), **एन्** (उप०) जैसे रूप प्राप्त होते हैं। आदिस्थानीय स्वर के ह्रस्व होने पर द्रविड़ भाषा तोद का **इन्** (क्या, क्यों) रूप प्राप्त होता है । **इन्** का प्रश्नवाचक सर्वनाम मूल इ आमीनियन इ से भिन्न नहीं माना जा सकता ।

द्रविड़ भाषाओं का **य्** ध्वनि वाला प्रश्नवाचक सर्वनाम संस्कृत **यद्** से भिन्न नहीं है, इसका प्रमाण यह है कि तमिल **यावुम्** (सब लोग), **यारुम्** (कोई व्यक्ति), **एदुम्** (कोई चीज) में यह सर्वनाम सामान्य निर्देशक का काम करता है । इसी प्रकार प्रश्नवाचक इ संस्कृत **इदम्** के **इ** से भिन्न नहीं है ।

यदि प्रश्नवाचक **या** में **क्** ध्वनि जोड़ी जाय, जैसे कि **व** के पहले अनेक भाषाएँ **क्** या **ग्** जोड़ती हैं, तो हिन्दी का प्रश्नवाचक रूप **क्या** प्राप्त होगा । इस प्रक्रिया से पुरानी आइरिश का प्रश्नवाचक सर्वनाम **कीअ** (कौन) प्राप्त होगा जो हिन्दी **क्या** से मिलता-जुलता है ।

लैटिन क्रिया **वॅनिओ** (आना) का आधार **वन्** है जो **वर्** का प्रतिरूप है। इस **वॅनिओ** का गाथिक प्रतिरूप **क्विमन्** है । स्वष्ट ही यहाँ **व्** के पहले **क्** जोड़ा गया है । जो विद्वान् **वॅनिओ** के **वॅन्** का आधार **ग्वन्** मानते हैं, वे यह नहीं बताते कि जर्मन में **क्** क्यों बना रहा और लैटिन से उसका लोप क्यों हो गया ।

केल्त भाषाओं का गहरा प्रभाव जर्मन आदि यूरुप की भाषाओं पर पड़ा है, इसलिए **वॅनिओ**, **क्विमन्** जैसे प्रतिरूपों का प्रपंच दिखाई देता है । यह प्रपंच भारतीय आर्य-द्रविड़ तथा ईरानी भाषा समुदायों के ध्वनितन्त्र से सम्बन्धित है ।

तमिल क्रिया **वॅल्** का अर्थ है जीतना, परास्त करना; तमिल क्रिया **कॅलि**, कन्नड़ **गॅलि** का भी यही अर्थ है। **व्** के पहले **क्**, **ग्** जोड़ने से **कॅलि**, **गॅलि** रूप बने हैं। अंग्रेज़ी में **क्वॅल्** क्रिया का अर्थ है दबाना, परास्त करना । **वॅल्**, **कॅलि**, **क्वॅल्** असम्बद्ध रूप नहीं हैं।

(ख) शब्दतन्त्र

प्राचीन आर्य-द्रविड़ भाषाओं की एक बहुप्रयुक्त क्रिया है **वर्**। यह क्रिया मूलतः वक्र गति की सूचना देती थी, आगे चलकर सामान्य गति के लिए भी इसका प्रयोग होने लगा । **वृत्त** का अर्थ है चक्र; इसकी आधारभूत क्रिया **वृत्** मानी गई है जो वास्तव में **वर्** का कृदन्त रूप है । **वर्त**—वर्णसंकोच से **वृत**—को फिर क्रियामूल बनाया गया । वृत् का अर्थ है चलना । संस्कृत में **वर्** क्रिया से **वार्**, **वारि** जलसूचक शब्द बने । गोलाकार वस्तुएँ आवेष्टन, आवरण का काम करती थीं; अतः **वार** वह स्थान

हुआ जो पशुओं और मनुष्यों की रक्षा के लिए बनाया गया। हिन्दी **बाड़ा** संस्कृत **वार** का रूपान्तर है; इसी का स्त्रीलिंग रूप **बाड़ी** (घर) बँगला में प्रचलित हुआ। **बाड़ा** का प्रतिरूप **पाड़ा** हिन्दी में मुहल्ले के नामों के साथ प्रयुक्त होता है। अंग्रेज़ी **वाल्** (दीवाल) **वार** का ही रूपान्तर है। संस्कृत **वार** में रोकने, घेरने, ढकने के अनेक परस्पर सम्बद्ध अर्थ हैं। **वार** का एक अर्थ है सिंहद्वार। तमिल **वारि** (द्वार) इसी **वार** का प्रतिरूप है। **वार** में जब अतिरिक्त **द्** ध्वनि जोड़ी गई तब **द्वार** रूप बना। संस्कृत **वार** का रूसी प्रतिरूप **वॉरोत्** (सिंहद्वार) है। हिन्दी **बरोठा** इसी **वॉरोत्** से सम्बद्ध है। **वार** का फ़ारसी प्रतिरूप **बार** (द्वार) है। **द्वार** का फ़ारसी प्रतिरूप **दर** है जो **वर** के रूपान्तर **द्वर** से बना है। संस्कृत **द्वार** का रूसी प्रतिरूप **द्वेर्** है। यद्यपि **वार** और **द्वार** मूलतः एक हैं किन्तु **द्वार** तो साधारण द्वारों के लिए प्रयुक्त होने लगा, **वार** बड़े द्वारों, सिंहद्वारों के लिए। रूसी **द्वेर्** सामान्य द्वार का अर्थ देता है, इसका वैकल्पिक रूप **द्वोर्** प्राङ्गण का। जहाँ प्राङ्गण हो, रूसी में वह स्थान **द्वॉरेत्स्** अर्थात् प्रासाद है। जो प्रासादों में रहें वे, रूसी में, **द्वॉर्यानीन्** (राजन्य) हैं, जो प्रासादों में उनकी सेवा करें, ये **द्वोर्न्या** (सेवक) हैं। फारसी ने **दर** और **बार** को जोड़कर **दरबार** शब्द बनाया। जो दरबार के बाहर सेवकभाव से खड़ा रहे, वह **दरबान** है, **द्वारपाल** है।

यद्यपि **वर्** क्रिया का व्यवहार भारतीय आर्य द्रविड़ भाषाओं में तथा इन्डो-यूरोपियन परिवार की अन्य भाषाओं में व्यापक रूप से होता था, फिर भी यह क्रिया एक अन्य **पर्** क्रिया का रूपान्तर है और यह **पर्** अन्य क्रिया **सर्** का रूपान्तर है। प्राचीन भाषाओं ने विकास की कितनी मंज़िलें पार की हैं, उनमें कितने भिन्न स्रोतों से आये हुए भाषातत्वों का समन्वय हुआ है, इसका कुछ अनुमान **सर्-पर्-वर्** के परिवर्तन को देखने से ज्ञात होगा। ध्वनिरूप भिन्न हैं किन्तु सम्बद्ध शब्दों की अर्थ प्रक्रिया एक सी है। **सर्** क्रिया मूलतः वक्र गतिसूचक है। **वारि** के समान **सरिता, सरस्वती सर** जलसूचक शब्द हैं। जन्तु विशेष को **सर्प** कहते हैं क्योंकि वह वक्रगति से चलता है। वैदिक **वृत्र** भी सर्प है। **सर्** क्रिया से **सर्क** रूप बना, उससे फारसी **चर्ख़**, संस्कृत **चक्र** बने। जो अर्थ **वृत्त** का है, वही **चक्र** का। अंग्रेज़ी **सर्क्ल्** (चक्र) सीधे **सर्** क्रिया से नहीं बना। इसका आधार लैटिन **किर्कुस्** (चक्र) है। **स्** ध्वनि **क्** रूप में ग्रहण की गई, तब लैटिन में **किर्कुस्**, ग्रीक में **किर्कॉस्** रूप बने। वर्णसंकोच से ग्रीक **किर्कॉस्** का एक वैकल्पिक रूप **क्रिकॉस्** भी बना। इन रूपों में **सर्** क्रिया की मूलध्वनि **र्** सुरक्षित रही किन्तु जहाँ वह **ल्** रूप में ग्रहण की गई, वहाँ ग्रीक रूप **कुक्लॉस्** बना। **चक्र** और **कुक्लॉस्** तथा **किर्कॉस्** की आधारभूत क्रिया **सर्** है।

संस्कृत में **परि** एक सम्बन्धक और उपसर्ग है जिसका अर्थ है चारों ओर, गोलाकार। **परिधि** का वही अर्थ है जो बाड़ा का है। **परि** का ग्रीक प्रतिरूप **पॅरि** है और इसका वही अर्थ है जो संस्कृत **परि** का है। जैसे **वर्** से कृदन्त **वर्त** बना, वैसे ही **पर्** से कृदन्त **पर्त** बनेगा। मूर्धन्य **र्** के संसर्ग से **त्** मूर्धन्य **ट्** में परिवर्तित होगा। **पर्त** के रूपान्तर होंगे **पट्ट, पट**। संस्कृत में **पट, पटल** आदि रूपों की व्याख्या के लिए **पट्** क्रिया की कल्पना की गई है और इसका अर्थ बताया गया है चलना। **पट** का अर्थ है वस्त्र। वस्त्र

का सम्बन्ध चलने से क्या हो सकता है ? किन्तु **पट्** का अर्थ चलना वैयाकरणों ने बिलकुल ठीक किया था। अभी वे **वर्त** और **पट** का सम्बन्ध भूले न थे, इसलिए उन्होंने **पट्** का वैसा अर्थ किया। **वर्** सामान्य गति की नहीं, वक्र गति की सूचक क्रिया है। इसीलिए उससे आवरण, वेष्टन आदि का अर्थ देने वाले शब्द बने। **पट** एक आवरण है, वह शरीर के चारों ओर लपेटा जाता है, इसलिए **पट** है। जो आवरण है, वह **पटल** है। जो **पटल** है, वह फ़ारसी में **पर्दा** है। तमिल में **पटल्**, **पटलइ** (अथवा पडल्, पडलइ) का अर्थ है ताड़ के पत्तों या काँटों की बनी टट्टी, पशुओं की रक्षा के लिए बनाया हुआ बाड़ा; कन्नड़ **पडि** का अर्थ है द्वार! अवधी में **पटइला** उस लकड़ी के उपकरण को कहते हैं जिससे दोनों किवाड़े बन्द कर दिये जाते हैं।

जैसे **सर्** के रूपान्तर **पर्** से कृदन्त **पर्द** बना, वैसे ही **सर्** के रूपान्तर **कर्** से कृदन्त **कर्द** बना। कन्नड़ में **कद** का अर्थ है द्वार। कन्नड़ में **कद** से ही **कदवु** रूप भी बना; **कदवु** तमिल में भी है, अर्थ है वही—द्वार। **कर्द** से **कद**, वैसे ही **पर्द** से **पद**। तमिल में द्वार का अर्थ देने वाला **पद** शब्द नहीं है किन्तु **पुद** है। **पुद**, **पुदा**, **पुदवु**, **पुदवम्**—इन सभी तमिल रूपों का अर्थ है द्वार। जब **पर्** क्रिया में **त** या **द** के बदले कृदन्त प्रत्यय **क** या **ग** लगा, तब **पुद** के समानान्तर **पुग** रूप बना। तमिल में **पुगुदि** (मुख्य द्वार), **पुगुडि** (द्वार मार्ग), कन्नड़ में **पुगिल्** (द्वार) उसी **पर्** क्रिया से बने हैं।

जब **स्** ध्वनि **त्** रूप में ग्रहण की गई, तब **सर्** का रूपान्तर **तर्** हुआ। **तर्** के कृदन्त रूप **तर्त**, **तर्द** से तमिल की **तडु** क्रिया बनी जिसका अर्थ है रोकना; **तडइ** का अर्थ हुआ व्यवधान, द्वार, बाँध; **तडवु** का अर्थ है कारागार। जो अर्थ-प्रक्रिया संस्कृत **कारा** की है, वही तमिल **तडवु** की। जिस जलाशय के चारों ओर गोल बाँध बनाया जाय, वह संस्कृत **तटाक**, **तडाग** है। घास, लकड़ियों, पत्तियों आदि से जो व्यवधान बनाया जाय, वह तमिल में **तट्टि** है, हिन्दी में **टट्टी**, **टट्टर**।

आर्य-द्रविड़ भाषाओं की शब्द निर्माण-प्रक्रिया अर्थविचार से बहुत कुछ एक-सी है, इसका प्रमाण **सर्** क्रिया से बनने वाले संस्कृत शब्द हैं। द्रविड़ भाषाओं में **सर्** के रूपान्तर **पर्** और **पर्** के रूपान्तर **वर्** से बनने वाले शब्दों में ठीक वही अर्थ-प्रक्रिया दिखाई देती है जो संस्कृत में है। इन्डोयूरोपियन भाषाओं के अनेक शब्दों की व्याख्या **सर्-पर्-वर्** का सम्बन्ध पहचानने से की जा सकती है। **सर्** का अर्थ है वक्रगति से चलना, प्रवाहित होना, तेज़ी से चलना, सरकना, रेंगना। **सर्प** का उल्लेख पहले हो चुका है। संस्कृत **सरड** का अर्थ है साँप का रेंगना। **सार** का अर्थ है गति, मार्ग; जो निरन्तर गतिशील हो वह **संसार** है। **सारणी** का अर्थ है धारा; **सरट**, **सरघ्** हवा का अर्थ देते हैं। **सरट** या **सरटु** छिपकली है। **सारस** जलपक्षी है। **सर्** क्रिया से कृदन्त रूप **सर्ग** बना जिसका अर्थ है प्रवाह, हवा का झोंका, नदी, सृष्टि। **सर्ग** के प्रतिरूप **सर्ज** से पुनः क्रियामूल **सृज्** बना जिसका अर्थ है प्रवाहित होना, प्रवाहित करना; रचना इसका गौण अर्थ है। **विसर्जन** में **सृज्** का मूल अर्थ निहित है। **सर्** क्रिया में वक्रता का भाव है, अतः **सृगाल**—इसे और सुसंस्कृत किया तो शृगाल—का अर्थ हुआ वह पशु जो अपनी चतुराई या धूर्तता के लिए विख्यात है। सर् क्रिया तीव्र गति द्योतक है, अतः

सरंग, सारंग का व्यवहार हिरन के लिए हुआ, **कुरंग** के समान। **साल** का अर्थ है दीवाल, हाता; **साला** शब्द घर के लिए प्रयुक्त होता था, अंग्रेज़ी **हाल्** इस **साल** का रूपान्तर है। **स्** का तालव्यीकरण होने से **शाल** रूप मिला—बाड़ा, दीवाल, दरबार, अनेक सम्बद्ध अर्थ इसमें निहित हैं। **शाल** का प्रतिरूप है **शाला**—बड़ा कक्ष, घर, अस्तबल। संस्कृत में **सल्** क्रिया भी है जिसका अर्थ है चलना किन्तु संस्कृत मूलतः **र्** क्षेत्र की भाषा है, अतः उसमें **सर्** के आधार पर ही अधिक शब्द बने हैं। **सर** शब्द के गतिसूचक अनेक अर्थ हुए : गमन, वायु, झरना, जलाशय। **सरणि**—मार्ग; **सरण्यु**—वायु, जल, बादल, द्रुतगति; **सरण्य**—दौड़ना; **सरयू**—नदी विशेष (**गम्** क्रिया से **गंगा** के समान); **सरिर**—समुद्र, प्रवाह, **सलिल** के समान; **सरि**—झरना; **सरित्**—नदी; **सर्** क्रिया का जैसा वैभव संस्कृत में है, वैसा इन्डोयूरोपियन परिवार में अन्यत्र नहीं है। **स्रु** क्रिया **सर्** का ही प्रतिरूप है जिससे **स्रव, स्रवण, स्राव, स्रावण, स्रोत** आदि प्रवाहसूचक शब्द बने हैं। **स्रावण** के **स्** का तालव्यीकरण हुआ, तब वर्षा ऋतु का **श्रावण** मास प्राप्त हुआ।

सर् के रूपान्तर **पर्** का पूर्ण वैभव द्रविड़ भाषाओं में है। **पर्** मूलतः वक्रगति-सूचक है, अतः संस्कृत **सर्प** के समान कन्नड़ **पावु**, तमिल **पाम्बु** का हुआ अर्थ नाग। यहाँ **पा** क्रिया **पर्** का रूपान्तर है। द्रविड़ भाषाओं में **पर्** का **र्** बना रहता है और उसका लोप भी होता है। जब लोप होता है तब वह पूर्ववर्ती **अ** को **आ**, **ए** अथवा **ओ** में बदलता है। तमिल **पर**—उड़ना, तेज़ी से चलना; **परवइ**—पक्षी; **परि**—प्रवाहित होना; **परइ**—उड़ान, पक्षी; **पारु**—दौड़ना; तेलुगु **परवु**—सैलाब; तमिल **पाय**—दौड़ना, उड़ना, बहना; तमिल **पॅय्**—बरसना; **पॅयेर्**—मुड़ना; **पॉऴि**—प्रवाहित होना; **पोक्कु**—मार्ग; **पोक्किरि**—दुष्ट, कुटिल; **पोर्**—आवेष्टित करना; **पो**—जाना; **पोरु**—जाना; कन्नड़ **पाय्**—जाना; **परि**—प्रवाह, नदी; तुलू **परि**—मार्ग; तेलुगु **पारु**—दौड़ना, उड़ना; तमिल **पल्लि**—छिपकली; **पाडि**—नगर आदि शब्दों की आधारभूत क्रिया **पर्** है।

पर् की अपेक्षा उसके रूपान्तर **वर्** से संस्कृत में अधिक शब्द बने हैं किन्तु उसका व्यापक व्यवहार द्रविड़ भाषाओं में होता है। तमिल **वारि**—द्वार, पथ; **वरवु**—पथ, **वरि**—आवरण; **वरइप्पु**—दीवाल, बाड़ा; **वेय्**—आवृत करना; **वेलि**—दीवाल, हाता; **विरइ**—तीव्र गमन; **वायिल्**—सिंहद्वार, दरबार; **वाय्दल्**—द्वार; **वार्**—बहना; **वारि**—जल-मार्ग; **वऴि**—मार्ग; **वळइ**—घेरना, चक्र, कंगन; **वळइप्पु**—प्राङ्गण; **वळइवु**—वृत्त; **वळइ**—वक्र होना; मोड़ना; मलयालम **वळप्पु**—हाता; ये शब्द संस्कृत **वल्**—घूमना, **वलय**—चक्र, कंगन से सम्बद्ध हैं। **वर्** के प्रतिरूप **वन्** से तमिल **वन्द** (सरिता) बना; लैटिन **उन्द** (जल, प्रवाह, लहर) इसी **वन्द** का रूपान्तर है। **उन्द** के **न्** का लोप होने पर संस्कृत **उद** (जल) रूप प्राप्त हुआ और इसे फिर **उद्** क्रिया बनाया गया। **उद्** क्रिया के **उन्दते** आदि रूपों में **न्** विद्यमान है। **उद्** से बहुत्वसूचक **उद्र**, फिर **समुद्र**। तमिल में एक नदीवाचक **वन्दि** शब्द है जहाँ **वर्** और **वन्** क्रियारूप मानो मिल गये हैं। वैसे **वर्** का कृदन्त रूप **वन्द** मज़े में बन सकता है। **वन्दि**

उन अपवाद रूपों में हैं जहाँ शब्द के आरम्भ में तमिल ने दो व्यंजन एक साथ रखे हैं। **वन्** क्रिया से वर्षा के लिए तमिल में **वाण्** शब्द बना; बँगला में **बन्या** और **बान** शब्द जलप्लावन के लिए प्रयुक्त होते हैं। ये उसी **वन्** क्रिया से बने हैं। **वन्** के वैकल्पिक रूप **विन्** से तमिल **विण्डु** (हवा) शब्द बना; अंग्रेज़ी **विन्ड्** (हवा) का आधार भी **वन्** क्रिया है। **वन्** के अन्य वैकल्पिक रूप **वा** से संस्कृत **वायु** बना जैसे **पो** (अथवा) **पव्** से **पवन** बना।

लैटिन **वॅर्तो, वॉर्तो** (घूमना, बदलना) **वर्** क्रिया के कृदन्त रूप हैं। इनसे **वॅर्तॅक्स्, वॉर्तॅक्स्** (भँवर), **वॅर्तीगो** (चक्कर खाना, चक्कर आना) शब्द बने हैं। **वॅर्तो** के वैकल्पिक रूप **वॅर्सो** से **वॅर्सुस्** (पंक्ति, कतार) शब्द बना। इसका मूल अर्थ है मुड़ना, उलटना। यह शब्द हल चलाने से बनी नाली के लिए प्रयुक्त होता था; वहाँ से कतार वाले अर्थ का विकास हुआ। तमिल **पाळि** का अर्थ है कतार, (नियमित मार्ग)। इसका संस्कृत प्रतिरूप **पालि** है। बँगला में **सारि-सारि** का अर्थ है कतारें। **सारि** का प्रतिरूप है **पालि**। **पर्** क्रिया के रूपान्तर **वर्** से लैटिन का **वॅर्सुस्** शब्द बना। लैटिन में **पर्** के वैकल्पिक रूप **पॉर्** से **पॉर्त** (द्वार) शब्द बना। वेल्श में **द्वार** का प्रतिरूप **दोर्** है, वर्णसंकोच से **द्रुस्** भी; लैटिन **पॉर्त** का वेल्श प्रतिरूप **पॉर्थ्** है। **वर्त** के आधार पर वेल्श में **कुअर्द्** (किवाड़) शब्द है। **पर्, वर्, द्वर्, क्वर्**—चार आधारभूत रूपों से वेल्श में चार द्वार-सूचक शब्द बने जिनकी अर्थ-प्रक्रिया एक है। **कुअर्द्** से संस्कृत **कपाट** की रचना-प्रक्रिया समझ में आती है। **कपाट** में **पर्** क्रिया नहीं है, **वर् है**; **वर्** के **व्** के पहले अतिरिक्त व्यंजन **क्** जोड़ा गया। **क्वर्त—कवट्ट—कपट्ट—कपाट,** कुछ इस तरह की प्रक्रिया से **कपाट** शब्द बना। पुनः **वर्** क्रिया में जो वक्रता का भाव है, उससे **कपट** शब्द धूर्तता का सूचक बना। (आगे देखेंगे कि **धूर्त** शब्द में इसी प्रकार अर्थ-निवेश हुआ है।) तमिल **पोक्किरि** का अर्थ दुष्ट इसलिए है कि **पो** क्रिया, सामान्य गति नहीं, मूलतः वक्र गतिसूचक थी।

सर्-पर्-वर् का सम्बन्ध जल से है, अतः संस्कृत **पोत** साधारण यान नहीं है वरन् जलयान है। **पो** क्रिया में आवेष्टन का भाव है, अतः संस्कृत **पोत** का एक अर्थ वस्त्र है, तेलुगु **पोरुव** (वस्त्र), तमिल **पोर्वइ** (उत्तरीय) के समान। ग्रीक **पॉरॉस्** का अर्थ है जलमार्ग, मार्ग जल के ऊपर से हो सकता है, जल को मँझाते हुए भी। **पो** क्रिया के कृदन्त रूप **पोत** से ग्रीक भाषा का नदीवाचक शब्द **पॉतमॉस्** बना। मलयालम **पॉळिल्** (रेतीला किनारा, भीगी हुई भूमि), कन्नड़ **पुळिल्** (तटभूमि) के साथ द्रविड़ व्युत्पत्तिकोश के लेखकों ने संस्कृत **पुलिन** को ठीक याद किया है। इसके साथ ग्रीक **पॉन्तॉस्**, लैटिन **पॉन्तुस्** (समुद्र) और **पॉन्स्** (पुल) का स्मरण करना भी उचित है। ग्रीक **पॉरॅइअ** का अर्थ है गमन, समुद्र-यात्रा, नदी पार जाना। संस्कृत **पंथ** मूलतः जलमार्ग का सूचक रहा है; **पर्** के प्रतिरूप **पन्** से यह शब्द बना। **न्** के लोप होने पर **पथ** रूप का भी चलन हुआ। **सर्** के रूपान्तर **से** से संस्कृत **सेतु** बना। **सर्** के रूपान्तर **पल्** से तमिल **पालम्** (पुल)। फ़ारसी **पुल** और तमिल **पालम्** एक दूसरे के प्रतिरूप हैं।

सर् क्रिया का **स्** जहाँ **क्** रूप में ग्रहण किया गया है, वहाँ सम्बद्ध शब्द द्रविड़ भाषाओं में प्राप्त है। कन्नड़ **कड** (जलमार्ग, नाव); तमिल **कडल्** (समुद्र); **कडवु**

(मार्ग); **कडवन्** (खेत में काटी हुई नाली); **कडइ** (द्वार); **कडावु** (प्रवाहित करना); तुलु **कडपुनि** (जल पार करना); तमिल **कडगम्** (कंगन); **कप्पल्** (जलपोत); **कप्पु** (आवृत करना); **कदळ्** (तेज़ भागना) की अर्थप्रक्रिया **वर्** क्रिया से सम्बद्ध शब्दों से मिलती-जुलती है। ये रूप **व्** के पहले **क्** जोड़ने से नहीं बने, **कर्** के कृदन्त रूप **कर्त** और **कर्प** को क्रिया मानकर इन रूपों की रचना की गई है। इसी शृंखला में संस्कृत **कटक** (कंगन, अँगूठी, कर्धनी) है।

पर् का एक रूपान्तर **मर्** था जिससे संस्कृत के **मृग** और **मार्ग** शब्द बने। अंग्रेज़ी **मार्च** (चलना) में यही **मर्** क्रिया है।

द्रविड़ भाषाओं में **वर्** का एक रूपान्तर **ओ** अथवा **ओर्** भी होता है। **सृगाल** के **सृ** में जैसे धूर्तता का भाव है, वैसे ही तमिल **ओरि** (सियार) की आधारभूत क्रिया **वर्** में है। एक अन्य पशु—भेड़िया—अपनी दुष्टता के लिए विख्यात था; **वर्** क्रिया के आधार पर उसे संस्कृत में **वृक** संज्ञा दी गई। **वृक** के प्रतिरूप अनेक इन्डोयूरोपियन भाषाओं में हैं; उसकी रचना-प्रक्रिया भारतीय **वर्** क्रिया को ध्यान में रखने से समझ में आती है। तमिल **ओ-नाय्** (भेड़िया) में **ओ** कपट और दुष्टता का सूचक है, **नाय्** का अर्थ है कुत्ता। प्राचीन गणसमाजों के लिए भेड़िया और सियार दोनों दुष्ट प्रकृति के पशु थे, इसका प्रमाण कन्नड़ **तोळ** (भेड़िया) है जिसके **ब्राहुइ** प्रतिरूप **तोल** का अर्थ है सियार।

तमिल **ओडम्** (नाव) **पोत** का प्रतिरूप है। द्रविड़ व्युत्पत्तिकोश में तुलना के लिए संस्कृत **होड, वेडा, बेडा, वेटी** शब्द दिये गये हैं। तमिल **ओडम्** इसी **पो** अथवा **वो** से बनेगा। तमिल **ओडु** का एक अर्थ दौड़ना है, दूसरा नाव का चलना; **ओडइ** (जलाशय), **ओट्टम्** (धारा), **ओट्टु** (नाव का चलना) आदि से **ओडम्** और **ओडु** के सम्बन्ध का ज्ञान होता है। तमिल **ओ** जलप्रवाह रोकने का टट्टर है; मलयालम **ओगु, ओवु** जल के निकास का द्वार है। संस्कृत **ओघ** (जलप्रवाह) में यही **ओ** क्रिया हो सकती है। कुड़ुख **ओग्ना**, मल्तो **ओगॅ** का अर्थ तैरना है। संस्कृत क्रिया **ओज्** (समृद्ध होना, शक्तिशाली होना) में मूलतः प्रवाह का भाव है; तमिल **ओक्कु** (उठाना), **ओङ्ङु** (ऊँचे उठना, बढ़ना) **ओज्** से सम्बद्ध प्रतीत होते हैं। **ओज्** का एक संस्कृत प्रतिरूप **एज्** (गतिशील होना) है जिससे तमिल **एगु** (चलना), **एरु** (उठना, चढ़ना), **ए** (समृद्धि), **एन्दु** (ऊँचे उठना) तुलनीय हैं। तमिल **ओदम्** (समुद्र, लहर, नमी) संस्कृत **उद** का प्रतिरूप है; **ओज्** और **एज्** के समान तुलु में एक रूप है **ऑद्दॆ**, दूसरा **वॅद्दे**; दोनों का अर्थ है गीला। इनका अवधी प्रतिरूप है **वाद** (गीला)। कन्नड़ **ओर, ओरॅ** का अर्थ है वक्रता, ढलान, दुष्टता; कन्नड़ **वार, वारॅ** का अर्थ है ढलानयुक्त। यहाँ **वर्, ओ, ओर्** का सम्बन्ध स्पष्ट हो जाता है। संस्कृत **वन्द्** का मूल अर्थ झुकना था जिससे सम्मान प्रदर्शित करने का अर्थ विकसित हुआ। अंग्रेज़ी **बॅन्ड्** में झुकने, मोड़ने का अर्थ निहित है। फ़ारसी **बन्दगी**, तमिल **वणक्कम्** (प्रणाम, पूजा) परस्पर सम्बद्ध हैं। तमिल **वणङ्ङु** (झुकना) में अंग्रेज़ी **बॅन्ड्** की तरह क्रिया का मूल अर्थ निहित है।

वक्रता और ढलान का सम्बन्ध पहाड़ों से है। तमिल **वरइ** (पहाड़, पहाड़ी की

ढलान) में **वर्** का वक्रता वाला भाव है; तमिल **वरइ** (रोकना), **वारि** (द्वार, पथ) **वर्** क्रिया का भिन्न अर्थ सूचित करते हैं। तमिल **विन्डु** (पहाड़) में **वर्-वन्** की प्रतिरूप **विन्** क्रिया है। तमिल के **पॉरइ, परम्बु, वरइ, ओड्ङल** रूप **पर्, वर्, ओ** सम्बद्ध क्रियाओं से बने हैं और सभी का अर्थ है पहाड़। **पर्** के रूपान्तर **मर्** से कृदन्त **मर्त, मर्द, मद्द, मद** रूप बने। **मद्द** के आधार पर तमिल **माडु,** कन्नड़ **मेडु** और **मिट्ट**, गोंडी **मट्टा** रूप बने जिनका अर्थ है पहाड़, पहाड़ी। **मद** में बहुत्वसूचक **र** लगने से भारतीय गणवाचक नाम **मद्र** बना। नाम से सिद्ध है कि ये पहाड़ों के रहने वाले लोग थे। **मद्र** का रूपान्तर है **मल्ल** जिसका अर्थ इनके अच्छे योद्धा होने का प्रमाण है। मल्ल का मूल अर्थ है पहाड़ी। तमिल **मल्, मल्लम्** का अर्थ है कुश्ती, **मलइ** का अर्थ है लड़ना किन्तु तमिल में **मलइ** का अर्थ पहाड़ भी है। यही भारतीय काव्य का प्रसिद्ध **मलय** पर्वत है। **मलयालम्** उन लोगों की भाषा है जो पहाड़ों के रहने वाले थे। **मलइ** आदि शब्दों का सम्बन्ध **वर्** क्रिया के मूल अर्थों से है, यह तथ्य द्रविड़ भाषाओं की सम्बद्ध शब्दावली से प्रमाणित है। कन्नड़ **मलकु** (मोड़); **मल्लणि** (मुड़ना, इधर-उधर घूमना); तेलुगु **मलागु** (टेढ़ा होना, घूमना); **मलापु** (वापस लौटना); **मलाचु** (मोड़ना); **मलयु** (घूमना, ऐंठना); कन्नड़ **मलगु, मलंगु** (झुकना); तमिल **मळइ** (वर्षा, जल); **मर** (ढकना); **मरइप्पु** (पर्दा); तेलुगु **मॉरागु** (धोखा, धोखा देना, धोखा देने वाला); तमिल **मरि** (झुकना, लहर की तरह उठना, इधर-उधर चलना); **मरुगु** (चक्कर खाना, घूमना); **मरम्** (युद्ध); **मरवन्** (पहाड़ी प्रदेश का निवासी, योद्धा, दुष्ट); **मरुगु** (गली) आदि में **मर्, मल्, मळ्, मॉर्** क्रियाओं से वैसे ही अर्थ सम्बद्ध हैं, जैसे **वर्** और **पर्** से।

पुराणों में विख्यात एक पर्वत का नाम **मन्दर** था, दूसरे का **मेरु**। दोनों की आधारभूत क्रिया होगी **मन्, मर्**। लैटिन **मुन्दुस्** का एक अर्थ है संसार, दूसरा नारी के वस्त्र। दुनिया गोल है, गोल होने से उसे **मुन्दुस्** कहा गया; वस्त्रों को शरीर पर लपेटा जाता है, उनसे शरीर ढँका जाता है, अतः वे भी **मुन्दुस्** हुए। जैसे **उन्द** से **उद,** वैसे ही **न्** के लोप होने पर **मुन्द** से **मुद**। संस्कृत **मुद्रा** में **मुद्** का चक्रगति वाला भाव है। **मुद्रा** का वेल्श प्रतिरूप है **मॉद्रइ** (अँगूठी)। पहाड़ के लिए लैटिन शब्द है **मॉन्स्**। **मॉन्स्** और **मन्दर** एक ही **मन्** क्रिया से बने हैं। अंग्रेज़ी **माउन्टॅन्** (पहाड़), **माउन्ड्** (टीला) का आधार **मन्** क्रिया है। अंग्रेज़ी **माउन्ड्** का एक अर्थ सोने की गेंद है जो धरती या मुकुट का प्रतीक होती है। लैटिन **मुन्दुस्** की तरह यहाँ गोलाकृति वाला भाव बना हुआ है। जैसे संस्कृत **मुद्रा** शब्द सिक्कों का अर्थ देने लगा, वैसे ही लैटिन **मॉनेत** का अर्थ है सिक्के, जिससे अंग्रेज़ी **मनी** (रुपया पैसा) बना। लैटिन **मॉर** (रुकावट), **मोतॉ** (चलते रहना), **मोतुस्** (गति), **मोस्** (चलन, राह) इसी शृंखला के शब्द हैं।

संस्कृत **शृंग** का अर्थ सींग है, पहाड़ की चोटी भी। कारण है **सर्** क्रिया से सम्बद्ध वक्रता, ढलान का भाव। **शृंग** का वेल्श प्रतिरूप **कॉर्न्** (सींग) है और **क्रुग्** (पहाड़ी)। अंग्रेज़ी **क्रैग्** (पहाड़ी) वेल्श **क्रुग्** का प्रतिरूप है। वेल्श **क्रुन्** (गोल), **क्रुइद्रॉ** (घूमना), **क्रिमु** (झुकना), **कॉर्दि** (घुमाना, मथना), **कॉर्नॅन्त्** (झरना), **कॉरुइन्त्** (चक्रवात)

में **सर्** के सुपरिचित अर्थ निहित हैं। **कॉरुइन्त्** का पूर्वरूप होगा **कॉरुविन्द**। जो अर्थ अंग्रेज़ी **विन्ड्** का है, वही इस **विन्द** का। **कॉरुविन्द** का शब्दशः अर्थ होगा **चक्रवात**। अंग्रेज़ी **क्रुक्** (मुड़ना, धूर्त) में वक्रता का भाव है। संस्कृत क्रिया **मंथ्** का अर्थ मथना इसलिए है कि मथानी चक्रगति से घूमती है। **मंथ्** के **न्** का लोप होने पर **मथ्** वैकल्पिक रूप बना।

जैसे **विश** के **वि** का पूर्वरूप **भि** था, वैसे यह बिलकुल सम्भव है कि **पर्** क्रिया का पूर्वरूप **भर्** हो। संस्कृत क्रिया **भ्रम्** घूमने, चक्कर लगाने का अर्थ देती है; कृदन्त रूप **भ्रम** को मूल क्रिया बनाया गया है। **भ्रम** की आधारभूत क्रिया **है भर्**। **भ्रम्** से जैसे **भ्रमर** शब्द बनता है, वैसे ही **भर्** से **भ्रमर** का अर्थ देने वाला संस्कृत का **भृङ्ग** शब्द बनता है। जैसे **सर्** (**शर्**) से **शृङ्ग**, वैसे ही **भर्** से **भृङ्ग**। जैसे **शृंग** के लिए **भ्रम्** क्रिया की कल्पना व्यर्थ है, वैसे ही **भृङ्ग** ले लिए **भ्रम्** क्रिया की कल्पना व्यर्थ है। **भ्रू** (भौंह) में यही **भर्** क्रिया है; **भ्रू** का सम्बन्ध भी **भ्रम्** क्रिया से जोड़ा गया है जो अनावश्यक है। **भ्रू** में जो वक्रता का भाव है, वह **भ्रम्** क्रिया को आधार मानने से स्वीकृत हुआ है।

भर्, भो, भन् आदि क्रियामूलों से संस्कृत के अनेक शब्द बने हैं जिनके अर्थ मिलते-जुलते हैं। **भंज्** का अर्थ तोड़ने के अलावा मोड़ना भी है। **भंग** का अर्थ है मोड़, धूर्तता, बोलने का घुमावदार ढंग। **भंग** सर्प विशेष का नाम भी है। **भुज्** (झुकाना, मोड़ना), **भुज, भुजा** (लपेट, बाँह), **भोग** (लपेट, सर्प), **भृगु** (ढलान) परस्पर सम्बद्ध शब्द हैं। **भृगु** (ढलान) का पूर्वरूप होगा **भर्ग**; इस भर्ग का रूपान्तर है जर्मन **बॅर्ग** (पहाड़)। संस्कृत **वंक** का पूर्वरूप है **भंग**; **पंगु** का मूल अर्थ होना चाहिए वक्र या विकृत आकार का प्राणी। **भंग** से **पंग, पंग** से **वंक** के विकास की कल्पना की जा सकती है। **पन्** जैसा रूप कभी प्रचलित था, इसकी कल्पना लैटिन क्रिया **पन्दो** से होती है जिसका अर्थ है झुकना, मोड़ना। **पन्** में कृदन्त प्रत्यय **द** जोड़ा गया, तब **पन्द** रूप बना, उससे लैटिन क्रिया **पन्दो** की रचना हुई; **पन्** में कृदन्त प्रत्यय **ग** जोड़ा गया, तब **पंग** रूप बना, उससे संस्कृत **पंगु** की रचना हुई। **पंग** या **पंक** का रूपान्तर होगा **वङ्क**। **भंग, पंग, वंक** की शृंखला सूचित करती है कि **पर्** और **वर्** क्रियाएँ, **सर्** के अलावा, **भर्** का विकास भी हो सकती हैं। **वंक** का समानार्थी रूप है **वक्र** जिसमें **वर्** क्रिया है। जैसे **सर्** या **चर्** से पहले **सर्क** या **चर्क** रूप बना, फिर उससे **चक्र** का विकास हुआ, वैसे ही **वर्** से पहले **वर्क** रूप बना, फिर उससे **वक्र** का विकास हुआ। जैसे **वन्** से **वंक**, वैसे ही **क** के स्थान पर **च** जोड़ने से **वंच**। **वंच** को मूल क्रिया बनाकर अर्थ किया घूमना, भटकना, ठगना। **वंचक, वंचित** आदि में क्रिया का वही वक्र गति वाला भाव है।

संस्कृत की एक क्रिया **धूर्व्** है जिसका अर्थ है झुकाना, मोड़ना। एक अन्य क्रिया है **ध्वृ**। उसका भी यही अर्थ है। ऐसा लगता है कि **धुर्** या **धूर्** क्रिया से **धुर्व** या **धूर्व** कृदन्त रूप बना; फिर उसे क्रियामूल मानकर **धूर्व्** और **ध्वृ** रूप रचे गये। संस्कृत **द्वार** का ग्रीक प्रतिरूप **थुर** है। यह **थुर** प्राचीन क्रिया **धुर्** से बना है। **धुर्** में जो वक्र गति का भाव है, वह संस्कृत **धूर्त** में सुरक्षित है। इसके अलावा संस्कृत **धुर**, हिन्दी **धुरी** वह **लकड़ी है** जिसके चारों ओर पहिया घूमता है। **ध्रुव** उस नक्षत्र को कहा गया जिसके

चारों ओर समस्त नक्षत्र घूमते प्रतीत होते हैं। **धर** और **धारा** शब्दों की सिद्धि के लिए **धाव्** (दौड़ना) या **धाव्** (धोना) क्रिया की कल्पना अनावश्यक है। जैसे **सर्** से **सरिता,** वैसे ही **धर्** से नदीवाचक **धारा**। **धारा** का अर्थ है पहिये की नेमि, पर्वत की चोटी, बगीचे के चारों ओर लगाई हुई बाड़। इन अर्थों का सम्बन्ध न तो दौड़ने से है, न धोने से, किन्तु वक्र गति से है। अतः **धुर्** के समानान्तर वक्र गतिसूचक **धर्** क्रिया की कल्पना करना युक्तिसंगत है। **धर्** की प्रतिरूप **धन्** क्रिया का चलन था, यह **धनु** (धनुष) से सिद्ध है। **धनु** में झुकने, मोड़ने वाला भाव स्पष्ट है।

धर् के वैकल्पिक रूप **थॉर्** से लैटिन और ग्रीक भाषाओं के **तॉर्** क्रियामूल का विकास हुआ। कारीगर अपना औजार घुमाता है, यह क्रिया लैटिन **तोर्नो** द्वारा व्यक्त होती है। ग्रीक **तॉर्नॉस्** बढ़ई का वह औजार है जिससे वह वृत्त बनाता है। स्पैनिश भाषा में **तोनरि्** का अर्थ है घुमाना। अंग्रेज़ी **टर्न** (मुड़ना, घुमाना) इसी शृंखला में है।

धर् और **धुर्** से **तर्** और **तुर्** जैसे रूपों का ही विकास नहीं होता, **सर्** और **सुर्** जैसे रूपों का विकास भी सम्भव है। संस्कृत **ध्वन** (ध्वनि) का आधार **ध्वन्** क्रिया है। संस्कृत **स्वन** का आधार **स्वन्** क्रिया है। जो अर्थ **ध्वन** का है, वही **स्वन** का है। **ध्वन** और **स्वन** का रूसी प्रतिरूप **ज़्वॉन्** है मानो यह दोनों के बीच की कड़ी हो। **धारा** जलवाचक शब्द है; जलवाचक **सर** का पूर्वरूप **धर** वैसे ही सम्भव है जैसे **स्वन** का पूर्वरूप **ध्वन** सम्भव है। तब **पर्** क्रिया का एक पूर्वरूप **भर्** हो सकता है, दूसरा **सर्**; इस **सर्** का पूर्वरूप **धर्** हो सकता है। अतः **वर्** क्रिया का विकास **भर्** से सम्भव है, **धर्** से भी।

संस्कृत **पुर** का अर्थ है दुर्ग। किसी स्थान को घेरकर जो गोल दीवार बनाई जाय, वह **पुर** है। ऐसा घिरा हुआ सुरक्षित स्थान **पुर** है, **दुर्ग** है। **दुर्ग** रूप बनेगा **दुर्** क्रिया से; **दुर्** का पूर्वरूप होगा **धुर्** जिसके अर्थ हम ऊपर देख चुके हैं। **पुर** रूप बनेगा **पुर्** क्रिया से, **पुर्** का पूर्वरूप होगा **भुर्**। **भृंग, भ्रू** आदि में **भर्** या **भुर्** क्रिया है। किले की दीवार में जो गोल रक्षास्थान बनाया जाता है, वह अरबी में **बुर्ज** है। पुरानी जर्मन में **पुरग्** और **बुर्ग्** दो रूप थे जिनका अर्थ था दुर्ग, नगर। **पुर, पुरग्, बुर्ग्** उस नगर को कहेंगे जिसके चारों ओर दीवाल हो। ग्रामसूचक **पुर** इससे भिन्न है। लैटिन में **उर्ब्स्** उस नगर को कहते थे जिसके चारों ओर दीवाल हो। स्पष्ट ही **पुर** के रूपान्तर **बुर** से इस **उर्ब्स्** की रचना हुई है। **पुर, बुर्ग्, बुर्ज, उर्ब्स्** का आधार **भुर्** है।

तमिल **अरण्** का अर्थ है दुर्ग। बरो और एमेनो ने संस्कृत **शरण** को इसका मूलरूप माना है। **शरण** में सुरक्षित स्थान का भाव तो है, दुर्ग वाला अर्थ क्षीण हो गया है। **शरण** का अर्थ दुर्ग था, यह तमिल **अरण्** से ज्ञात होता है। **शरण** की **शर्** क्रिया के प्रतिरूप **शल्** से **शाला** रूप बनेगा। **शाला** में घिरा हुआ स्थान, बाड़ा, दीवाल आदि अर्थ सुरक्षित हैं। **साल** (दीवाल, हाता), **साला** (घर) में **सल्** क्रिया है। **शल्, शर्, सल्, सर्** का पूर्वरूप **धर्** हो, यह सम्भव है।

धुर् के समान एक क्रिया **घुर्** थी जिससे संस्कृत रूप **घूर्ण** बना। बँगला **घुरनि** (घूमना), **घुरानो** (घुमाना), घुरने (चक्रवात), सिन्धी **घोरारो** (फेरीवाला) में वही **घुर्**

क्रियामूल है। हिन्दी **घूमना** का आधार **घूर्म** जैसा रूप हो सकता है, **घुम्** जैसा क्रियामूल भी। संस्कृत **घुंड** का वही अर्थ है जो **भ्रमर** का। **घुंड** की आधारभूत क्रिया होगी **घुण्, घुन्** या **घुम्**। **घुंड** का अन्य रूप **घंड** है। इस **घुंड** की आधारभूत **घन्** क्रिया को **घर्** का वैकल्पिक रूप मानना चाहिए। संस्कृत **घंस्** का अर्थ है बहना, धारा। यहाँ भी वही **घन्** क्रियामूल है। **झर्, क्षर्** आदि का मूल रूप **घर्** है, इसका उल्लेख पहले हो चुका है। **घ्** ध्वनि **ज्** और **स्** में बदलती है, अतः **सर्** का पूर्वरूप **घर्** भी हो सकता है। संस्कृत **हिम** का मूल रूप **घिम** था, इसका ज्ञान **हिम** के ग्रीक प्रतिरूप **खॅइम** से होता है। **हिम** के रूसी प्रतिरूप **जिम में घ्** ध्वनि **ज्** रूप में ग्रहण की गई है। **हिम** और **जिम** का कश्मीरी प्रतिरूप है **शीन्**। **ज्** ध्वनि अघोष होकर **स्** बनी, फिर **ई** स्वर के संसर्ग से उसका तालव्यीकरण हुआ। अतः **घर्** से **सर्** के विकास की सम्भावना ध्यान में रखनी चाहिए।

हिन्दी **घिरना, घेरना** के समान यदि प्राचीन क्रिया **घर्** का व्यवहार घेरने के अर्थ में होता रहा हो तो हिन्दी **घर** से इसका सम्बन्ध जोड़ना आकर्षक लगेगा। किन्तु **घर** का सम्बन्ध अग्नि से, जलने से भी है। हिन्दी **घर** और संस्कृत **हर्म्य** का आधार अग्नि से सम्बद्ध **घर्** शब्दमूल है। मोनियर विलियम्स ने **हर्म्य** का सम्बन्ध **घृ** और **घर्म** से ठीक जोड़ा है; उन्होंने सही सुझाव रखा है कि **हर्म्य** का मूल अर्थ अग्निस्थान था। संस्कृत **गृह** की व्याख्या भी इसी प्रकार सम्भव है। **गृह** का **गृ** अग्निवाचक है जैसे **ग्रीष्म** का **ग्री** ऊष्मा का सूचक है। **गृ** और **ग्री** दोनों का आधार था **घर्**। **गृह** का पूर्वरूप होगा **गृध; गृध** उस स्थान को कहेंगे जहाँ अग्नि रखी जाय।

किन्तु संस्कृत **अगार, आगार** का आधार घेरने का अर्थ देनेवाली **घर्** क्रिया हो सकती है। **अजिर** रूप भी उसी क्रिया से बनेगा। लैटिन प्रतिरूप **अगॅर्** (मैदान) का एक अर्थ घाटी भी है। इन सब रूपों में **अ** उपसर्ग है और वह निषेधात्मक न होकर अर्थघनत्व का सूचक है। **कारागार** दो शब्दों के मेल से बना है; **कारा** और **आगार** या **अगार**, दोनों का अर्थ होगा घिरा हुआ स्थान। दोनों का मूलभूत आधार होगी **घर्** क्रिया। तमिल **काप्पु** (हाता, किला, कारागार) में वही क्रिया है जो संस्कृत **कारा** में है। एक अन्य **घर्** (वहन करना) क्रिया की चर्चा आगे होगी।

कहना अनावश्यक है कि जहाँ भी **क्-त्-प्** या **ग्-द्-ब्** से आरम्भ होनेवाले समानार्थी शब्द मिलें, वहाँ यह कल्पना न करनी चाहिए कि मूल शब्द **व्** से आरम्भ होता था और उसमें अतिरिक्त व्यंजन जोड़कर समानार्थी रूप बनाये गये हैं; और न यह मानना चाहिए कि भारतीय आर्य भाषाओं में **क्व, क्या** जैसे रूप प्राप्त हैं, अतः **क** स्वतन्त्र सर्वनाम मूल न था। भारतीय आर्य भाषाओं का **गरु** (संस्कृत **गुरु**) और ग्रीक **बरुस्** (भारी) एक दूसरे के प्रतिरूप हैं। इनका मूलरूप **वरु** नहीं है; **ग्-ब्** जोड़कर **ग्वरु, ब्वरु** जैसे रूप नहीं बनाये गये। **बरुस्** का आधार **भर्** क्रिया है, वहन करने के अर्थ में, और **भर्** किसी **भ्वर्** का रूपान्तर नहीं है। संस्कृत में संज्ञा रूप **भार** है; **गरु** के समान आर्य भाषाओं में **भरु** विशेषण नहीं है। ऐसा रूप प्रचलित था, इसका प्रमाण ग्रीक **बरुस्** है; ग्रीक रूप में आदि व्यंजन की महाप्राणता का लोप हो गया है, हिन्दी **भारी**

में वह सुरक्षित है। **भर्** के समानान्तर यहाँ **घर्** क्रिया **प्रचलित** थी; उससे **घरु** विशेषण बना। जैसे **भर्** से **बरु**, वैसे ही **घर्** से **गरु**। किन्तु भाषाविज्ञानी कहते हैं कि **गरु** और **बरु** का आदि व्यंजन मूलतः एक था—**ग्व्**। यह **ग्व्** अन्तस्थ **व्** में स्पर्श **ग्** जोड़ने से नहीं बना; वह भाषाविज्ञानियों के कल्पित क्ववर्ग की ध्वनि है, ग्रीक ने **व्** लिया और उसे **ब्** बनाया, संस्कृत ने **व्** छोड़ा, **ग्** से सन्तोष किया। ग्रीक **बरुस्** का सम्बन्ध उन्होंने संस्कृत **भर्** से नहीं जोड़ा, क्योंकि संस्कृत ध्वनि **भ्** की ग्रीक प्रतिध्वनि **फ्** है, यह नियम खण्डित होता था। **घर्** क्रिया से **गरु** का सम्बन्ध कल्पनातीत था।

वेल्श में **करिआँ** क्रिया का अर्थ है वहन करना। **करिआँ** और अंग्रेज़ी **कैरी** का आधार है प्राचीन **घर्** क्रिया। **घर्** और **भर्** दोनों क्रियाएँ गर्भ धारण करने, बच्चे को जन्म देने और उसका पालन करने से सम्बद्ध हैं। वेल्श में **गर्भ** के लिए दो शब्द हैं: **क्रॉथ्** और **ब्रु**। इनका मूल आधार **घर्** और **भर्** क्रियाएँ हैं। अंग्रेज़ी **मिस्कैरिज** (गर्भ-पात) में **कैरी** का गर्भ धारण वाला भाव विद्यमान है। **घर्** के रूपान्तर **गर्** से जैसे **गरु** विशेषण बना, वैसे ही **गर्** में **भ** प्रत्यय जोड़कर **गर्भ** बना। **गर्भ** का ग्रीक प्रतिरूप **डॅल्फुस्** है। इसका आधार **धर्** (या **धृ**) क्रिया है। **भर्** के समान **धर्** का अर्थ भी वहन करना, पोषण करना है। जैसे **गर्** से **गर्भ** बना, वैसे ही **धर्** के रूपान्तर **दर्**—ग्रीक प्रतिरूप **डॅल्**—से **डॅल्फुस्** बना। **गर्** से संस्कृत में भाववाचक संज्ञा **गर्व** बनी, वैसे ही **दर्** से गुरुत्वसूचक संज्ञा **दर्प** बनी। भारतीय **गरु** और ग्रीक **बरुस्** एक दूसरे के प्रतिरूप हैं; संस्कृत के **गर्व** और **दर्प** भी एक दूसरे के प्रतिरूप हैं। अति प्राचीनकाल में **घर्** और **धर्** क्रियाओं का व्यवहार होता था; फिर इनके रूपान्तर **गर्** और **दर्** का चलन भी हुआ। **भर्** के रूपान्तर **फॅर्** और **बर्** ग्रीक भाषा में पहुँचे; संस्कृत में **भर्** और **धर्** क्रियाएँ सुरक्षित रहीं; **घर्** क्रिया वहन करने के अर्थ में लुप्त हो गई, इसलिए कि आर्य भाषा केन्द्रों में **घ्**-क्षेत्र उत्तर में था और आर्येतर गणों, विशेषतः द्रविड़ों, से सर्वाधिक प्रभावित हुआ था। स्वाभाविक है, **घर्** के रूपान्तर **कर्** के आधार पर द्रविड़ भाषाओं में **गर्भ** आदि के प्रतिरूप बने हों। तमिल **करु** (भ्रूण), **करुप्पइ** (गर्भ), **करुवम्** (भ्रूण), तेलुगु **करुवु** (उप०) संस्कृत **गर्भ** से ही अपना सम्बन्ध सिद्ध नहीं करते, वे यह भी प्रमाणित करते हैं कि **घर्** क्रिया का प्रतिरूप **कर्**—वेल्श **करिआँ**—केल्त भाषाओं में द्रविड़ प्रभाव से पहुँचा है।

भ्रूण में **भर्** क्रिया की वही भूमिका है जो **गर्भ** और **करुप्पइ** में **घर्** की है। वहन करने से भार और बड़प्पन के भाव सम्बद्ध हैं। इस कारण **घर्** से एक ओर गुरुत्व सूचक **घरु** बना जिसके रूपान्तर **गरु** और **गुरु** हैं, दूसरी ओर कन्नड़ **कर**, **करु** बने जिनका अर्थ है गुरुत्व, समृद्धि और शक्ति। **करु** से तमिल **करुमइ** (गरिमा, शक्ति) रूप बना। जैसे **गरु** में स्वर सामंजस्य उत्पन्न करके संस्कृत रूप **गुरु** बनाया गया, वैसे ही **करु** का संस्कृत रूप **कुरु** हुआ। **कुरु** (योद्धा, युवा, पुत्र) की व्याख्या **घर्** की रूपान्तर **कर्** क्रिया से बहुत अच्छी तरह हो जाती है। पुरानी आइरिश के **कुर्**, **कउर्** (वीर) भारतीय कुरु के प्रतिरूप हैं। अंग्रेज़ी **चाइल्ड्** (बच्चा) का पुराना रूप **किल्द्**, गौथिक **किल्थेंइ** (गर्भ), वेल्श **क्रॉथ्** (गर्भ), पुरानी आइरिश का **क्लन्द्** (बच्चे), तमिल **कळन्दइ**

(बचपन), कुळ (तरुण), पंजाबी **कुड़ी** (लड़की) संस्कृत **कुरु** से सम्बद्ध हैं। वेल्श **क्रुथ्** (समूह), कुर्द् (सभा), अंग्रेज़ी **क्राउड्** (भीड़) में **कुरु** का गणवाचक अर्थ निहित है। पुरानी फ़ारसी का **कार्** (सेना), पुरानी आइरिश का कॉरॅ (उप०), लिथुआनियन **करस्** (युद्ध) मूल क्रिया **घर्**—उसके रूपान्तर **कर्**—से वैसे ही सम्बद्ध हैं जैसे संस्कृत **भर** (युद्ध) की मूल क्रिया **भर्**—उसके रूपान्तर **पर्**—से तमिल **पॉरु** (लड़ना), **पोर्** (युद्ध) सम्बद्ध हैं। **पर्** से **परु** रूप बना, फिर स्वर-सामंजस्य के लिए वह **पुरु** में परिवर्तित हुआ, जैसे **गरु** रूप **गुरु** में परिवर्तित हुआ। **कुरु** और **पुरु** के समान **तुर्वस, तुर्वसु** प्राचीन गणवाचक भारतीय शब्द हैं। संस्कृत में **तुर्, त्वर्** का अर्थ है जीतना, परास्त करना; **तुर** का अर्थ है शक्तिशाली। जैसे भारतीय **शक** शब्द शक्तिशाली विदेशी गण-समाजों के लिए प्रयुक्त हुआ, वैसे ही **तुरुक, तुरक, तुरुष्क, तुरष्क** आदि शब्द विदेशी गणों के लिए प्रयुक्त हुए। वेल्श **तुर्** (समूह), तमिल **तुरु** (उप०), मलयालम **तुरुक** (उप०), कन्नड़ **तुरुग** (उप०) में **तुरु** का गणवाला अर्थ वैसे ही निहित है जैसे **कुरु** से सम्बद्ध शब्दावली में। जैसे **कुरु** की आधारभूत मूल क्रिया **घर्** है, वैसे ही **तुरु** की आधारभूत मूल क्रिया होगी **धर्**। अवधी (छत्तीसगढ़ी) **टूरा** (बच्चा) का सम्बन्ध **तुरु** से है। वेल्श **प्लॅन्तिन्** (बच्चा) का सम्बन्ध **पुरु** से है। आइरिश **क्लन्द्** (बच्च) का सम्बन्ध **कुरु** से है। **कुरु-पुरु-तुरु** की आधारभूत क्रियाएँ हैं **घर्-भर्-धर्**।

वेल्श **ब्रुइद्रॉ** (लड़ना), **ब्रुइद्र्** (युद्ध), **ब्रुइद्रूर्** (योद्धा), **बुर्** (शक्तिशाली), **बुरु** (मारना), **ब्रेइर्** (अभिजात), **ब्रि** (गौरव), **ब्रु** (गर्भ), **ब्रगद्** (सेना, युद्ध, सन्तान)—ये सब एक ही गोत्र के शब्द हैं और इनका आधार **भर्** क्रिया है। **ब्रगद्** रूप में युद्ध और सन्तान के दोनों अर्थ निहित हैं। रूसी में **बॅरॅमॅनेत्** (गर्भवती होना), **बॉरोत्स्य** (लड़ना), **बॉर्ब** (संघर्ष), **बॅरॅच्** (रक्षा करना), पुरानी जर्मन में **बर्म** (गर्भ), अंग्रेज़ी और गेलिक में **बैर्न्** (बच्चा), अंग्रेज़ी में **बॅअर्** (वहन करना), **बर्थ्** (जन्म), तमिल में **पॉरु** (लड़ना), अंग्रेज़ी में **वार्** (युद्ध)—ये समस्त रूप प्राचीन क्रिया **भर्** की शृंखला में हैं।

द्रविड़ भाषाओं में **पॅर्, पॅद्, पॅन्** जैसी क्रियाएँ प्रचलित थीं जिनका अर्थ था जन्म देना। तमिल **पॅरु** (जन्म देना), **पेरु** (शिशु का जन्म), **पिर्** (पैदा होना), **पॅर्वन्** (पिता) का आधार **पॅर्** क्रिया है। **पॅर्** के प्रतिरूप **पॅन्** से तमिल **पॅण्** (लड़की, नारी) जैसे शब्द बने। पुरानी आइरिश का नारीवाचक शब्द **बॅन्** तमिल **पॅण्** का प्रतिरूप है। अरबी का **बिन्** (पुत्र) इसी शब्दक्रम में स्मरणीय है। द्रविड़ भाषा कोत में **पॅड्** (नारी), कोलमि में **पॅद्द** (पुरुष) हिन्दी के **बेटा, बेटी** से तुलनीय हैं।

वेल्श भाषा में **कुम्** का अर्थ है घाटी; **कुमन्** का अर्थ है झुकाव, **कुम्पस्** का अर्थ है गोल। **कुम्** का पूर्वरूप था **कुभ्**; यह वक्र गति सूचित करने वाली क्रिया थी। इससे संस्कृत में नदी विशेष का **कुभा** नाम पड़ा जिसके किनारे काबुल नगर बसा हुआ है। लैटिन **कूबॉ** का अर्थ है ढलान। ग्रीक क्रिया **कुप्तो** का अर्थ है आगे की ओर झुकना, **कूफॉस्** का अर्थ है झुका हुआ। **कुप्तो** के **कुप्** और **कूफॉस्** के **कूफ्** का आधार **कुभ्** है। स्लाव प्रदेशों की **कुबान्** नदी, **कुभा** के समान, **कुभ्** क्रिया से सम्बद्ध है। संस्कृत **ककुभ** में शब्द के आदिस्थानीय व्यंजन की आवृत्ति हुई है। **ककुभ** का एक अर्थ पर्वत है, दूसरा

वाद्ययन्त्र का मुड़ा हुआ काठ। इससे तुलनीय है ग्रीक **कुफोन्** जिसका अर्थ है मुड़ा हुआ काठ। संस्कृत **कुब्ज**, हिन्दी **कूबड़, कुबड़ा** का आधार वही **कुभ्** है। संस्कृत कोशों में एक शब्द **कुम्प** मिलता है जिसका अर्थ है टेढ़ी बाहों वाला। यहाँ **कुभ्** की **भ्** ध्वनि **म्** में परिवर्तित हुई है, वेल्श **कुम्** की तरह।

अब भारतीय **द्रविड़** और केल्त भाषाओं **के द्रुइद्** शब्दों की समानता पर विचार किया जाय। **द्रुइद्** का अर्थ है जादूगर; पुरानी आइरिश में यह कर्ताकारक का बहुवचन रूप है, एकवचन रूप **द्रुई है। द्रुइद्** के **द्** का लोप होने से **द्रुई** रूप बना है; **द्रुइद्** एकवचन रूप ही था, यह थुर्नेसॅन की व्युत्पत्ति से स्पष्ट है : **द्रु+विद्= द्रुइद्**। केल्त समुदाय की भाषाओं में **विद्** क्रिया का व्यवहार व्यापक रूप से होता था, अतः यह व्युत्पत्ति विश्वसनीय है। उत्तर भारत की अनेक भाषाओं के समान पुरानी आइरिश में वर्णसंकोच की प्रवृत्ति है; **द्रु** का पूर्वरूप **दरु, दॅरु** हो सकता है। लैटिन में **द्रुइदॅस्** रूप केल्त भाषाओं से पहुँचा है; फ्रांस में रहने वाले केल्त जनों के गुरु, पुरोहित आदि के लिए यह शब्द प्रयुक्त होता था। जैसे **मग** ईरानी जनों के पुरोहित और ऋषि थे, किन्तु **मग** से जादू का सम्बन्ध जुड़ गया और अंग्रेज़ी का **मैजिक** शब्द बना, वैसे ही **द्रुइद्** का मूल अर्थ था ज्ञानी गुरु; फिर वह शब्द जादूगर के लिए प्रयुक्त होने लगा।

यदि **द्रु** का आधार **दर, दॅर** जैसा शब्द हो तो उसका पता लगाने में पुरानी आइरिश के **दॅर्बॅ, दॅर्बअॅ, ऍर्बॅ** (सुनिश्चित) रूपों से सहायता मिलती है। इनमें क्रिया-मूल **दॅर्** है जिससे मिलता-जुलता वेल्श रूप **तेर्** (स्पष्ट, शुद्ध) है। इसकी तुलना करनी चाहिए तमिल **तॅरि** (दिखाई देना, जानना), कन्नड़ **तॅर** (स्पष्ट या प्रकाशित होने की स्थिति) से। वेल्श **तेर्**, आइरिश **दॅर्**, तमिल **तॅरि** का अर्थ मिलता-जुलता है। भारत में ज्ञान उसे कहते हैं जिसकी खोज मनुष्य स्वयं करे, जिसे वह स्वयं देखे और पहचाने। तमिल **तॅरि** से संज्ञा रूप बना **तॅरिवु** (ज्ञान, विवेक)। **दॅरविद्, तॅरविद्** का अर्थ होगा ज्ञानी, ऋषि, **वेदविद्** के समान।

संस्कृत की **दृश्** क्रिया का आधार **दिर्** है, वर्णसंकोच से दृ, कृदन्त रूप दृश, पुनः क्रियारूप **दृश्**। अंग्रेज़ी **ड्रीम्** संज्ञा और क्रिया दोनों है, उसका आधार वही **दिर्** क्रिया है। इस प्राचीन **दिर्** का प्रतिरूप है तमिल **तॅरि**। द्रविड़ का पूर्वरूप हुआ **दॅरविद्, दॅर** का अर्थ हुआ दर्शन, ज्ञान; **द्रविड़** रूप **विद्** के **द्** के मूर्धन्यीकरण से बना; **विड़** ने **विद्** क्रिया को प्रच्छन्न कर दिया। **द्रविड़** का मूल अर्थ हुआ ज्ञानी, ऋषि, पुरोहित। **आन्ध्र** के समान **द्रविड़**, अपने अर्थ से विलग होकर, दक्षिण पहुँचा। किन्तु संस्कृत की भाषाई, दार्शनिक, साहित्यिक परम्परा में द्रविड़ शब्द का ज्ञान से प्रत्यक्ष सम्बन्ध नहीं रह गया, इसके महत्वपूर्ण कारण हैं।

यहाँ ज्ञान की दो परम्पराएँ थीं, एक आप्तवाक्यमूलक, दूसरी विवेचनामूलक। ऋषियों ने जो कहा है, वह सत्य है, इस आस्था के अनुरूप ज्ञान का प्रतीक शब्द हुआ **वेद**। मनुष्य अपने विवेक से, संसार के प्रपंचों का विवेचन करके ज्ञान प्राप्त करता है, इस दृष्टिकोण के अनुरूप ज्ञान का प्रतीक शब्द हुआ **थेर**। बौद्ध साहित्य में **थेर, थेरवाद**

शब्द प्रचलित हैं। **थेर** शब्द को संस्कृत **स्थविर** का रूपान्तर माना गया है। बौद्ध धर्म के अन्तर्गत अनेक मत हैं; उनमें एक **थेर** है। **स्थविर** तो सभी बौद्ध मतों में थे; किसी एक मत से उनका सम्बद्ध जोड़ना आश्चर्यजनक है। **थेरवाद** की विशेषता यह थी कि वह विवेक, विवेचन-पद्धति को ज्ञान का आधार मानता था। इसीलिए उसका अन्य नाम **विभज्जवाद** था। **विभज्ज** अर्थात् **विभाजन** करके भले-बुरे की पहचान करना **विभज्जवाद** है। इस तरह के ज्ञान का **स्थविर** शब्द से कोई सम्बन्ध नहीं है किन्तु तमिल **तॅरि** से उसका भरपूर सम्बन्ध है। **तॅरि** शब्द का अर्थ दिखाई देना, जानना के अतिरिक्त विभाजन करना, विवेचन करना, सुनकर ज्ञान प्राप्त करना भी है। ज्ञान-प्रक्रिया से सम्बद्ध होने के कारण **तॅरि** का अर्थ लिखना, व्याख्या करना भी है। यदि इस शब्द के आधार पर **तॅरिवाद** जैसा पारिभाषिक शब्द बनाया जाय तो उसकी वही व्यंजना होगी जो **थेरवाद** की है। **तॅरि** और **थेर** (सम्भवतः **थॅर**) को सम्बद्ध मानना चाहिए। इस स्थापना के लिए अन्य आधार भी है।

ग्रीक क्रिया **थॅओरॅओ** का अर्थ है देखना। संस्कृत में देखने के लिए सामान्य क्रियाएं **पश्** और **दृश्** हैं, **थ्** या **ध्** व्यंजन से आरम्भ होने वाली संस्कृत की कोई ऐसी क्रिया नहीं है जिसे **थॅओरॅओ** का प्रतिरूप कहा जा सके। ग्रीक भाषा में जहाँ महाप्राण ध्वनि हो, वहाँ यह सम्भावना बनी रहती है कि भारतीय आर्य भाषाओं में उसका प्रतिरूप होगा और इस प्रतिरूप में सघोष महाप्राण ध्वनि होगी। जैसे ग्रीक **अन्थोपोस्** का कोई भारतीय प्रतिरूप भाषाविज्ञानियों ने नहीं बताया किन्तु वह **अन्ध्र**, **आन्ध्र** शब्दों से सम्बद्ध है, वैसे ही उन्होंने **थॅओरिओ** का कोई प्रतिरूप नहीं बताया किन्तु वह पालि **थेर** (अथवा **थॅर**) से सम्बद्ध है। **थॅर, थॅओरिओ** की आधारभूत भारतीय क्रिया होगी **धिर्, धॅर्**। ऐसी क्रिया यहाँ प्रचलित थी। इससे **धीर** शब्द बना। संस्कृत में दो भिन्न **धीर** हैं। एक **धीर** का अर्थ है धैर्ययुक्त; इसका सम्बन्ध स्थिरता के भाव से है। दूसरे **धीर** का अर्थ है बुद्धिमान, ज्ञानी। **बुद्ध** का एक नाम **धीर** है, उनकी विशिष्ट ज्ञान-पद्धति के कारण। इस **धीर** को **धी** (सोचना) से व्युत्पन्न माना गया है। **धी** स्वयं **धिर्** का वैकल्पिक रूप वैसे ही है जैसे **वर्** का वैकल्पिक रूप **वा** है। जैसे ऊपर विवेचित **विर्** क्रिया से **वीर** शब्द बना, वैसे ही **धिर्** से **धीर** बना। जैसे **आन्ध्र** का एक ग्रीक प्रतिरूप महाप्राण ध्वनि वाला **अन्थोपोस्**, दूसरा अल्पप्राण ध्वनिवाला **अन्द्रॉस्**, उसी प्रकार **धिर्** क्रिया का एक भारतीय प्रतिरूप **थिर्** था, दूसरा **दिर्**। **दिर्** का सम्बन्ध **दृश्** से है, **थिर्** का **थेर** से। पालि **थेर** के समान और तमिल **तॅरि** के समान, ग्रीक **थॅओरॅओ** का अर्थ चिन्तन करना भी है। अंग्रेजी **थ्योरी** (सिद्धान्त) का आधार यही क्रिया है। जैसे **दिर्** के आधार पर अंग्रेजी **ड्रीम्** (स्वप्न) रूप बना, वैसे ही **थॅओर्** के आधार पर ग्रीक रूप **थॅओरेम** (दृश्य) बना। **थॅओरेम** का अर्थ चिन्तन का विषय, चिन्तन का निष्कर्ष अर्थात् सिद्धान्त भी है।

संस्कृत में एक शब्द **धिषण** है जिसका अर्थ है ज्ञान, ज्ञानी, गुरु, बुद्धिमान, वाणी। इसके लिए **धिष्** क्रिया की कल्पना की गई है। **धिष्** का पूर्वरूप होगा **धिस्** और इसका **स्**, **धिर्** के **र्** का ही विकल्प है। एक क्रिया **ध्यै** मानी गई है जिससे **ध्यायति** क्रिया रूप

बनता है, **ध्या** (चिन्तन), **ध्यान** आदि संज्ञा रूप। ग्रीक **थॅओरॅओ** में भी किसी वस्तु का ध्यान करने का भाव निहित है। **धी** (चिन्तन करना; ध्यान; चिन्तन; बुद्धि), **ध्यै, धिष्**, अनुमानित क्रिया **धिर्** परस्पर सम्बद्ध हैं। ये क्रियाएं ध्यान, चिन्तन आदि के लिए संस्कृत में प्रयुक्त होती रहीं, किन्तु **थॅर्, थिर्**, **थेर** रूप अवैदिक ज्ञान परम्परा से सम्बद्ध हो गये।

केल्त भाषाओं के **द्रुइद्** की व्युत्पत्ति **विद्** क्रिया के आधार पर की गई है; इससे **द्रविड़** शब्द की व्युत्पत्ति और उसका मूल अर्थ समझने में सहायता मिलती है। यहाँ उल्लेखनीय है कि तमिल भाषा का कोई अपना शब्द न तो **द्** जैसी सघोष ध्वनि से आरम्भ होता है, न उसके आरम्भ में **द्-र्** जैसे दो संयुक्त व्यंजन आ सकते हैं। किन्तु **द्रविड़** शब्द तमिल **तॅरि** से सम्बद्ध अवश्य है और यह तॅरि ज्ञान की विवेचनात्मक परम्परा वाले पालि **थेर** से। इन्हीं से सम्बद्ध हैं वेल्श **तॅरु** (स्पष्ट करना), **तेर्** (स्पष्ट), **दॅअल्** (समझना)। आइरिश **द्रुइद्** के वेल्श प्रतिरूप **दॅरुइद्** में **दॅर्** क्रियामूल स्पष्ट है।

वेल्श में **दॅर** का अर्थ राक्षस है। राक्षस मायावी कहे जाते थे; वेल्श **दॅरुइद्** जादूगर थे। **दॅर** और **दॅर्** सम्बद्ध रूप हैं। अर्थविस्तार की दृष्टि से वेल्श भाषा का **अन्द्रस्** (शैतान) रूप तुलनीय है; इसका आधार **आन्ध्र** शब्द है। **द्रविड़** और **आन्ध्र**, दोनों से सम्बद्ध रूप राक्षसों का अर्थ देने लगे। वेल्श में **दॅर्** क्रिया के प्रथम व्यंजन को अघोष करने पर **तॅरु** (स्पष्ट करना, शुद्ध करना), **तेर्** (स्पष्ट, विशुद्ध) रूप बने, साथ ही भारतीय **दृश्** के आधार पर वेल्श में **द्रिख्** (दृश्य, दर्पण), **द्रिखवॅदुल्** (विचार, कल्पना), **द्रिखिऑलअॅथ्** (प्रेत, मिथ्या प्रतीति) रूप बने। देखने की क्रिया से वास्तविक और मिथ्या प्रतीति, ज्ञान और माया, दोनों का सम्बन्ध है। लैटिन **दीवीनो** का अर्थ है भविष्य देखना, भविष्याणी करना। अंग्रेज़ी क्रिया **डिवाइन** इसी के आधार पर बनी है और उसका अर्थ भी वही है। वेल्श **दॅउइन्** का अर्थ है भविष्यवक्ता, जादूगर; **दॅउइनॅस्** का अर्थ है डायन। देवों-देवियों से जो बात करता था, वह भविष्य बताता था; इस तरह भारतीय **दिव्** क्रिया के आधार पर अर्थविस्तार करते हुए लैटिनो **दीवीनो**, वेल्श **दॅउइन्** रूप बने। जैसे **देव** शब्द ईरानी क्षेत्र में दानव का अर्थ देने लगा, वैसे ही वेल्श **दॅउइनॅस्** का अर्थ हुआ डायन। हिन्दी **डायन** भी, वेल्श **दॅउइनॅस्** के समान, देवी-देवता से सम्बद्ध है।

धॅर्, धिर् के रूपान्तर **दॅर्, दिर्** से वेल्श **दॅरुइद्**, आइरिश **द्रुइद्**, भारतीय **द्रविड़** शब्द बने। मूल अर्थ था ज्ञानी, विवेचक, गुरु; गौण अर्थ हुआ जादूगर। भारत में **द्रविड़** शब्द का अर्थ लुप्त हो गया।

केल्त भाषाओं के अध्ययन से अनेक भारतीय शब्दों के अर्थतत्व के विवेचन में सहायता मिलती है।

मगध के **मग** के समान अवध का **अव** भी गणवाचक होना चाहिए। वेल्श **अब्, अप्** भारतीय **अव** का रूपान्तर हैं। अर्थ है पुत्र। केल्त भाषाओं में **मक्** के समान इसे भी पिता के नाम के साथ जोड़ा जाता है। पुरानी आइरिश में **आउअ** (नाती) का आधार, थुर्नेसॅन के अनुसार, **अविऑ** था जिसका सम्बन्धकारक रूप प्राचीन **ओगम्** अभिलेखों में **अवि, अव्वि** था। यहाँ मूल शब्द **अव** और वेल्श **अप्** का सम्बन्ध देखा जा

सकता है। हिन्दी क्षेत्र में इस शब्द का अर्थ लुप्त हो गया है किन्तु नाग परिवार की **गलोङ्** भाषा में **अश्रों** का अर्थ है पुत्र। जैसे **लोगबाग** के **बाग** का अर्थ हिन्दी क्षेत्र में लुप्त हो गया है किन्तु नाग परिवार की **मॉन्पा** भाषा में इसका अर्थ जन बना हुआ है और यह रूप बहुवचन बनाने के लिए प्रयुक्त होता है—यथा **सोङ्ग बग्** (आदमी लोग) —वैसे ही **अव** का अर्थ गलोङ् में बना हुआ है। यही नहीं, यह गणवाचक शब्द नाग प्रदेश के एक प्रसिद्ध गण **आओं** या **अश्रों** के लिए प्रयुक्त भी होता है। लैटिन **अवुस्** (पितामह, पूर्वपुरुष) इसी शृंखला में है। जैसे तमिल **पॅण्** का अर्थ पुत्री और पत्नी दोनों है, **मगन्** का अर्थ पुत्र और पति दोनों हैं, वैसे ही **अव्** का मूल अर्थ जहाँ पुत्र है, वहाँ लैटिन में उसका अर्थ पितामह है। भारत में कई जगह **दादा** बड़े भाई को कहते हैं, पितामह को भी; संस्कृत **तात** पिता और पुत्र दोनों के लिए प्रयुक्त होता था। लैटिन **अवुस्** का लघुतासूचक रूप **अवन्कुलुस्** है जिसका अंग्रेज़ी रूपान्तर **अंकल्** अब पंजाबी प्रभावित हिन्दी में **अंकल्जी** बनकर प्रतिष्ठित है। जैसे मग जनों का स्थान **मगध** कहलाया, वैसे ही अव जनों का स्थान **अवध** कहलाया।

(ग) रूपतन्त्र

इन्डोयूरोपियन परिवार की अनेक भाषाओं के समान पुरानी आइरिश, क्रियापद रचना में, सर्वनाम-चिन्हों द्वारा कर्ता के पुरुष की सूचना देती है; इसके अतिरिक्त वह एक अतिरिक्त सर्वनाम चिन्ह जोड़कर उस सूचना को और पुष्ट करती है। **गुइद्मीनी** (हम प्रार्थना करते हैं)—यहाँ **मि** उत्तम पुरुष सर्वनाम की सूचना देने के लिए विद्यमान है; उस सूचना की पुष्टि हुई अतिरिक्त सर्वनाम चिन्ह **नी** से। पुरानी आइरिश क्रिया के बाद कर्ता सर्वनाम का व्यवहार इस प्रकार करती है: **इस्मे** (मैं हूँ); **इस् तू** (तू है)। क्रिया है **इस्**; उसके बाद सर्वनाम रूप **मे, तू** जोड़े गये। संस्कृत के **अस्मि** आदि रूप कैसे बने, यह केल्त भाषाओं की क्रियापद रचना देखकर समझा जा सकता है। मगही-मैथिली और कोल भाषाओं के समान पुरानी आइरिश में क्रिया के साथ प्रयुक्त सर्वनाम-चिन्ह कर्ता और कर्म दोनों की सूचना दे सकते हैं। **रॉ-म्-गब्**—उसने मुझे ग्रहण किया; **रॉ-न्न्-होक्क्**—उसने हमें बचाया है; यहाँ **रॉ** उपसर्ग है, **म्** और **न्** कर्मसूचक सर्वनाम हैं। यहाँ कर्म क्रिया के पहले आया जैसे कि हिन्दी में आता है और अंग्रेज़ी में नहीं आता। **बॅइर्थ्-इ** (वह उसे ढोता है), **गॅग्न्-इ** (उसने उसे मारा)—यहाँ **इ** कर्मसूचक सर्वनाम है और, उक्त भारतीय भाषाओं के समान, क्रिया का अनुगमन करता है। **इ** सर्वनाम पुल्लिंग और नपुंसक लिंग के एकवचन रूपों में प्रयुक्त होगा। **मोर्थ्-उस्** (उसे बड़ा करता है)—यहाँ **उस्** स्त्रीलिंग (एकवचन) का सूचक है। अनेक आर्य-द्रविड़ भाषाओं के समान—और अंग्रेज़ी से भिन्न—पुरानी आइरिश में क्रियारूप लिंग भी सूचित कर सकता है। **मोर्सुस्** (उन्हें बड़ा किया) में **उस्** बहुवचन है और तीनों लिंगों में अपरिवर्तित रहता है।

कर्मसूचक सर्वनाम क्रिया से पहले आता है, बाद को भी आता है, यह वाक्यतन्त्र की दो भिन्न पद्धतियों के मिलन का परिणाम है। केल्त भाषाओं के वाक्यतन्त्र में विधेय

का स्थान पहले होता है, उद्देश्य का बाद को । इन्डोयूरोपियन परिवार की भाषाओं के अन्य समुदायों में क्रिया से आरम्भ होने वाले वाक्य अपवादमात्र रह गये हैं, सर्वत्र सामान्य नियम है उद्देश्य पहले, विधेय बाद को। केल्त भाषाओं का सामान्य नियम है विधेय पहले, उद्देश्य बाद को । थुर्नेसॅन ने पुरानी आइरिश की क्रियापद रचना के प्रसंग में लिखा है कि क्रिया सदा वाक्य के आरम्भ में आती है । ध्वनितन्त्र के प्रसंग में उन्होंने यह भी लिखा है कि जहाँ क्रिया वाक्य के अन्त में आती है, वह रचना-पद्धति पुरानी पड़ चुकी थी । वास्तव में यह पुरानी पड़ चुकी पद्धति न थी, वरन् एक भिन्न पद्धति थी जिसने पुरानी आइरिश को बहुत कम प्रभावित किया । **पठामि**—संस्कृत का यह क्रियारूप पूर्ण वाक्य है जिसमें क्रिया पहले है, कर्ता बाद को है । **अहं पठामि**—यहाँ भिन्न पद्धति के अनुसार कर्ता **अहम्** पहले है, **पठामि** के **मि** का अवमूल्यन हो चुका है । **ख़ूनिक्** (देखा) **मी** (मैंने) **कू** (कुत्ता)—गेलिक का यह वाक्य केल्त भाषाओं की सामान्य वाक्यरचना पद्धति के अनुरूप है ।

आयर्लैन्ड, स्काटलैन्ड और वेल्स के निवासियों ने अपनी भाषाओं की रक्षा के लिए भगीरथ प्रयत्न किया है । आयर्लैन्ड अंग्रेज़ों का उपनिवेश बन गया, स्काटलैन्ड और वेल्स एक ही राज्य के प्रदेश बन गये किन्तु आइरिश, गेलिक और वेल्श का वाक्यतन्त्र अंग्रेज़ी पद्धति से स्वतन्त्र रहा । मेरा अनुमान है कि हिन्दी के अनेक लेखक अंग्रेज़ी की वाक्यरचना से जितना प्रभावित हैं, उतना उससे वेल्श-गेलिक-आइरिश बोलने वाले सामान्यजन प्रभावित नहीं होते । स्वयं अंग्रेज़ों ने अपनी भाषा को लैटिन और फ्रान्सीसी से जितना प्रभावित होने दिया है, उतना उनसे इन केल्त भाषाओं ने स्वयं को प्रभावित होने नहीं दिया । अंग्रेज़ी की उच्चस्तरीय—कभी-कभी सामान्य—सामाजिक-सांस्कृतिक शब्दावली लैटिन और फ्रान्सीसी के सहारे बनी है; वेल्श ने ऐसी शब्दावली अपने भाषातत्वों से रची है । पारिभाषिक शब्दों के लिए वह ग्रीक-लैटिन का मुँह नहीं जोहती । ध्वनिशास्त्र के लिए ग्रीक **फोने** (ध्वनि) के आधार पर अंग्रेज़ी ने **फ़ोनेटिक्स्** शब्द बनाया किन्तु वेल्श ने अपनी क्रिया **सॅइनिऑं** के आधार पर **सॅइनॅग्** रूप बनाया । विभिन्न सामाजिक-प्राकृतिक विज्ञानों में यही स्थिति है । अंग्रेज़ी में **फ़िलौसफ़ी** है तो वेल्श में **अथ्रानिऐथ्**; अंग्रेज़ी में **जिऑलौजी** है तो वेल्श में **दैअरॅग्** । जहाँ ग्रीक-लैटिन मूल का शब्द आया है, वहाँ बहुधा वेल्श मूल का शब्द भी उसके साथ प्रयुक्त होता है जैसे **ऐटम्** के साथ **ग्रॉनन्** । कहीं-कहीं शब्द एक से हैं किन्तु उच्चारण में अन्तर है; अंग्रेज़ी **बाल्** (गेंद) वेल्श में **पेल्** है ।

हिन्दी तथा भारत की अधिकांश भाषाओं में अंग्रेज़ी के ऐसे पचीसों शब्द आ गये हैं जिन्हें अपढ़ लोग भी बोलते और समझते हैं । **डायरी, बिल्डिग्, केमिस्ट, सर्टीफिकेट, इन्टरव्यू, जज, जंक्शन, लायब्रेरी, लाइसेंस, रिवौल्वर, रेलवे, प्लैटफार्म, युनिवर्सिटी, गवर्नमेंट, गवर्नर, कमीटी, एन्जिनियर, डिनर, एडीटर, डायरेक्टर, कर्फ्यू** आदि के लिए वेल्श के अपने शब्द हैं । **क्रिस्मस्** जैसे धार्मिक पर्व के लिए भी वेल्श का अपना शब्द है **नडॉलिग्** ।

ब्रिटेन में हम भारतवासियों के सीखने के लिए अंग्रेज़ी के अलावा भी बहुत

कुछ है। ब्रिटिश राज्य का अंग बन जाने पर भी वेल्स अपनी भाषा की जातीय विशेषताओं की रक्षा करता रहा है। स्वाधीन भारत के नागरिकों के लिए यह तथ्य कम शिक्षाप्रद नहीं है।

केल्त भाषाओं से भारत की प्राचीन आर्य भाषाओं का गहरा सम्बन्ध है। यह सम्बन्ध वैसा ही नहीं है जैसा इन भाषाओं से अंग्रेज़ी का है। यूरुप में लैटिन-जर्मन समुदायों की भाषाओं का जैसा प्रसार आज है, वैसा सदा नहीं था। इनके वर्तमान क्षेत्र के बहुत बड़े भाग में पहले केल्त-स्लाव भाषाएँ बोली जाती थीं। इन्डोयूरोपियन परिवार के निर्माण में प्राचीन भारतीय भाषाओं की भूमिका किस कोटि की है, यह जानने के लिए यूरुप के उस मानचित्र को सामने रखना चाहिए जिसमें केल्त-स्लाव भाषाओं का पुराना व्यवहार-क्षेत्र साफ दिखाई देता हो। आर्य-केल्त-स्लाव—यह सब पूरब है, एशिया है। बरो ने पूरब से, ईरान से ग्रीक भाषा-समुदाय का सम्बन्ध पहचाना; ग्रीक के साथ केल्त-स्लाव जोड़ देने से यूरुप के भाषाई मानचित्र में बहुत छोटा क्षेत्र बचता है। यह क्षेत्र लैटिन और जर्मन समुदायों का है। यह पश्चिम है, यूरुप है। एक बार भारतीय आर्य, ईरानी, ग्रीक, बाल्तिक-स्लाव और केल्त समुदायों की एशियाई विशेषताएँ समझ में आ जायें तो लैटिन-जर्मन समेत यूरुप के समस्त भाषा-समुदायों की एशियाई पृष्ठभूमि दिखाई देने लगेगी। इस पृष्ठभूमि में निर्णायक भूमिका भारत की प्राचीन आर्यभाषाओं की है।

६

ईरानी भाषा-क्षेत्र और भारत

१. पुरातत्व, सिन्धु घाटी, पुराणकथा

कहते हैं, आर्य लोग जब भारत आ रहे थे, तब पहले वे ईरान में रुके थे। उस समय तक भारतीय आर्य और ईरानी आर्य इन्डोयूरोपियन वृक्ष की एक ही शाखा थे। इस भारत-ईरानी शाखा के फल कहीं देखने को नहीं मिलते। ईरानियों की जो सबसे पुरानी पुस्तक है, वह **ऋग्वेद** से सैकड़ों साल बाद की है और उसमें भाषा का जो रूप है, वह विभक्त शाखा का है, संयुक्त शाखा का नहीं। वैदिक भाषा और अवेस्ता की भाषा मिलाकर संयुक्त शाखा बना ली जाय, तो यह प्रयत्न वैसे ही होगा जैसे कोई हिन्दी और मराठी को मिलाकर संस्कृत का रूप स्थिर करे। यद्यपि तुर्कों के आक्रमण ईरान से होकर नहीं हुए, उत्तरी मार्गों से हुए हैं, फिर भी कल्पना यह की गई है कि पश्चिमी एशिया के लोग भारत में ईरान होकर आते रहे हैं। ईरान में संयुक्त शाखा के आर्य विभक्त होकर जब भारत में आए, तब वे ठीक-ठीक किस मार्ग से आए, इसका कोई स्पष्ट उल्लेख नहीं मिलता। जो भी हो, ईरान और भारत का सम्बन्ध वैसा ही माना गया है जैसा भारत में आर्यों और द्रविड़ों का। एक विजेता, दूसरा विजित; ईरानी विजेता, भारतीय विजित। संयुक्त शाखा के आर्य जब ईरान पहुँचे, तब वहाँ के किन आदिवासियों से उनका संघर्ष हुआ, इसके विवेचन से भाषाविज्ञानियों को दिलचस्पी नहीं है।

वैदिक आर्यों का सम्बन्ध ईरान के आर्यों से था, ऐतिहासिक भाषाविज्ञानियों की यह सामान्य धारणा है। वैदिक आर्यों से पहले सिन्धु घाटी की सभ्यता को ईरान से जोड़ना पुरातत्वज्ञों का काम है। और यहाँ भी सभ्यता का मूल केन्द्र ईरान है, भारत वहाँ से सभ्यता के तत्व प्राप्त करने वाला सांस्कृतिक दृष्टि से विजित और पराधीन देश है। किसी कारण संयुक्त शाखा के जो आर्य ईरान में रह गए, उनमें अनेक प्रकार की रचनात्मक क्षमता का विकास हुआ, और भारत में जो आर्य आए, उनकी रचनात्मक क्षमता नष्ट हो गई, शायद द्रविड़ों के सम्पर्क से। यह बात अलग है कि भारतीय आर्यों के **ऋग्वेद** को साहित्य, इतिहास और भाषाविज्ञान में जैसा महत्व प्राप्त है, वैसा ईरान के किसी ग्रन्थ को प्राप्त नहीं हुआ और द्रविड़ों में तमिल भाषा का साहित्य जितना पुराना है, उतना फ़ारसी का नहीं। भारत में पुरातत्व विभाग में महानिदेशक के पद पर किसी समय आर. ई. ऐम. व्हीलर नाम के सज्जन काम करते थे। वह नवम्बर १९४५ में भारत की अंग्रेज़ सरकार के सांस्कृतिक शिष्टमण्डल के नेता होकर ईरान गये थे। वहाँ उन्होंने भारत और इस्लाम से पहले के ईरान पर एक व्याख्यान दिया

जो भारत के पुरातत्व विभाग की पत्रिका **ऐन्शेन्ट् इन्डिया** (जुलाई १९४७-जनवरी १९४८) में प्रकाशित हुआ। स्वाधीन भारत में प्रकाशित होने वाला इस पत्रिका का यह पहला अंक है और व्हीलर का व्याख्यान पुरातत्व में अंग्रेज़ों द्वारा स्थापित परम्परा का ऐसा प्रतीक है जो स्वाधीन भारत में भी सार्थक बना हुआ है।

इस व्याख्यान में व्हीलर ने कहा कि ईरानी पठार एशियाई संस्कृतियों के संचरण का मार्ग बहुत दिनों से रहा है। भारत की प्राचीनतम सभ्यता, ईसापूर्व तीसरी सहस्राब्दी में सिन्धु घाटी की सभ्यता, का कुछ सम्बन्ध उस युग की ईरानी सभ्यताओं से रहा है यद्यपि उस सम्बन्ध की रूपरेखा अभी अनिश्चित है। इसके बाद कल्पना करनी होगी कि जिन आर्य आक्रमणों की बात बहुत कही जाती है, उनका कुछ न कुछ सांस्कृतिक प्रभाव पूर्वी ईरान और उत्तर-पश्चिमी भारत पर अवश्य पड़ा होगा। फिर ५१८ ई० पू० के बाद ईरानी साम्राज्य भारत में भी फैला और जब ३२६ ई० पू० में इस साम्राज्य का उत्तराधिकारी बनकर सिकन्दर ने भारत में प्रवेश किया, तब उसने पूर्व में यूनानी प्रभाव के विस्तार के लिए ही मार्ग प्रशस्त नहीं किया वरन् भारत और ईरान के पारम्परिक सम्बन्धों को भी पुष्ट किया।

व्हीलर के इस विवरण में नादिरशाह का नाम और जोड़ देना चाहिए; इससे अंग्रेज़ों के राजा बनने से पहले तक भारत ईरान की ऐतिहासिक परम्परा का विवरण पूरा हो जाएगा। अपने व्याख्यान में व्हीलर ने आगे कहा कि मोएन्जोदड़ो और हड़प्पा में नागरिक जीवन का जो चित्र मिलता है, वह उस समय का है जब ऐसे जीवन के नमूने बहुत थोड़े थे। यह निश्चित है कि दक्षिण-पश्चिमी ईरान तथा इराक़ में ऐसा विकास पहले हुआ था और भारत में वैसा विकास बाद में हुआ। इससे यह निष्कर्ष निकालना पड़ता है कि दोनों में कोई कार्यकारण वाला सम्बन्ध अवश्य था। पश्चिमी एशिया के प्राचीन नगर उर के विपरीत मोएन्जोदड़ो में नागरिक सभ्यता अचानक अपनी पूर्णता में दिखाई देती है। इससे विदित होता है कि नागरिक सभ्यता की पूर्व परिष्कृत योजना कहीं बाहर से लाकर यहाँ स्थापित की गई है। यह सही है कि मोएन्जोदड़ो के निम्नतम स्तरों की छानबीन अभी नहीं हुई, इसलिए एक नाज़ुक मंज़िल पर हमारी जानकारी अधूरी है। फिर भी काफ़ी गहरी खुदाई करने पर जो समकोण आवासों की पंक्तियाँ मिली हैं, लम्बी सीधी, जल-प्रवाह के लिए अच्छी व्यवस्था वाली वीथियाँ मिली हैं, उनसे नगर-निर्माण के लिए एक सुनिश्चित ढाँचे का पता चलता है और पता चलता है कि इस सभ्यता के शुरूआती दौर में ही अनुभवी स्थापत्यकार निर्माण योजना का संचालन कर रहे थे। इसके विपरीत उर में टेढ़ी-मेढ़ी गलियाँ हैं, उनसे पता चलता है कि बुनियादी ढाँचा एक गाँव का है और नगर-निर्माण उसी के आधार पर विकसित हुआ है। यह बराबर मानते हुए कि हमारी जानकारी अधूरी है, ऐसा प्रतीत होता है कि इराक़ में एक धारणा का प्राचीन विकास दिखाई देता है, वही धारणा परिष्कृत होकर बाद को भारत में स्थापित हुई है। यदि यह निष्कर्ष सही हो तो हमें कल्पना करना पड़ेगा कि नगरनिर्माण की धारणा किसी न किसी रूप में इराक़ या दक्षिण पश्चिमी ईरान से भारत में आई; भारत ने, उससे भिन्न सभ्यता के परिवेश

में, उसे संशोधित किया और वह परिवेश तत्वतः भारतीय था। भारत की प्रतिभा जिस ढँग से काम करती रही है, यह भी उसी के अनुरूप है। आगे चलकर ईरानी स्थापत्य के नमूने भारत पहुँचे और हिन्दुस्तान के परिवेश के अनुरूप हिन्दू मानस ने उन्हें नया रूप दिया। इसी पद्धति को ध्यान में रखते हुए सिन्धु घाटी की सभ्यता से ईरान और इराक की समकालीन तथा पूर्वकालीन सभ्यता के सम्बन्ध की कल्पना करना उत्तम होगा।

ईरानी प्रभाव से, व्हीलर के अनुसार, सिन्धु घाटी की सभ्यता का विकास हुआ और फिर ईरान से आने वाले आर्यों ने इस सभ्यता का नाश कर दिया मानो मुगलों की दिल्ली पहले तो ईरानी स्थापत्य से प्रभावित हुई हो और फिर नादिरशाह ने आकर उसका नाश कर दिया हो। व्हीलर कहते हैं, मैं इस पर लिख चुका हूँ कि सिन्धु घाटी की सभ्यता के विध्वंस के लिए ईरान से पहुँचने वाले आर्य आक्रमणकारी हो सकते हैं। यह कल्पना नयी नहीं है किन्तु सिन्धु घाटी के दो प्रमुख नगरों में जो भारी किलेबन्दी अभी हाल में पहचानी गई है, उससे यह कल्पना कुछ और पुष्ट होती है। दूसरी सहस्राब्दी के आरम्भ में सिन्धु घाटी की सभ्यता अभी बनी हुई थी, इसके पुरातात्विक प्रमाण हैं। पंजाब में आर्यों के मुख्य अभियान का सामान्य स्वीकृत समय पन्द्रहवीं सदी ई० पू० है। यह समय उक्त काल के निकट है। आर्य-अभियान के उक्त काल से मार्शल की यह तर्क-संगत स्थापना मेल खाती है कि सिन्धु घाटी की सभ्यता तत्वतः अनार्य थी। **ऋग्वेद** में सप्तसिन्धु देश में महान् अभियान का कुछ चित्र मिलता है। उसमें पुरों या दुर्गों का निरन्तर उल्लेख है, जो पुर या दुर्ग आक्रमणकारियों के मार्ग में पड़ते थे। आर्यों के युद्धदेवता इन्द्र पुरन्दर हैं; उन्होंने नब्बे, निन्यानबे, एक सौ दुर्गों का विध्वंस किया। मोएन्जोदड़ो की सबसे ऊपर वाली सतहों में पुरुष, स्त्रियाँ और बच्चे मिलते हैं जिनका संहार किया गया था। व्हीलर पूछते हैं : सिन्धु घाटी के नगरों को छोड़कर ऐसे अनार्य दुर्ग और कहाँ थे जिन पर इन्द्र और उनके आर्य अनुगामी अपनी शक्ति की परीक्षा करते? फिर कहते हैं, इनके किन्हीं प्रतिद्वन्द्वी दावेदारों का हमें ज्ञान नहीं है (अर्थात् सिन्धु घाटी के से मजबूत किले दूसरी जगह नहीं हैं)। ज्ञान की वर्तमान स्थिति में यह निष्कर्ष उचित है कि सिन्धु घाटी की सभ्यता जब बुढ़ा गई, तब उन लोगों ने उसका नाश कर दिया जिन्होंने ईरान को यह नाम दिया था (अर्थात् आर्य शब्द से ईरान नाम पड़ा और इन ईरानी आर्यों ने भारत की प्राचीन सिन्धु सभ्यता का नाश किया)। यह पड़ोसियों के प्रति उत्साह का एक कार्य था जिससे भारत ने एक प्राचीन सभ्यता खोई। यह सभ्यता प्राचीन होने के साथ शायद जराजीर्ण हो चुकी थी। ईरान ने इसका नाश किया किन्तु एक अधिक आधुनिक सभ्यता के नये अनगढ़ उपकरण भी दिए।

आगरा नागरी प्रचारणी सभा के भूतपूर्व अध्यापक द्वारिकाप्रसाद द्वारिकेश कई वर्षों से अमरीका में भाषावैज्ञानिक काम कर रहे हैं। पिछले साल (१९७७ में) भारत आए थे तो उन्होंने यह सूचना दी कि उन्होंने वहाँ पुरातात्विक भाषाविज्ञान की नयी लीक चलाई है। पुरातत्व के ज्ञान के बिना ऐतिहासिक भाषाविज्ञान अनैतिहासिक

अविज्ञान रहता है। इस बात का उल्लेख मैंने सिर्फ इसलिए किया कि सिन्धु घाटी और व्हीलर का उल्लेख पाठकों को अप्रासंगिक न लगे। वैसे भाषाओं के विवेचन में कहीं-कहीं पाठकों को समाजशास्त्रीय दृष्टि परेशान कर सकती है। इसके लिए भी मैं कह दूँ कि डाक्टर डी० पी० द्वारिकेश ने मुझे बताया कि अमरीका पहुँचकर उन्होंने ही पहले सोशियो लिंग्विस्टिक्स (समाजी भाषाविज्ञान) की नींव डाली थी; वह ढर्रा पुराना पड़ गया, इसलिए उन्होंने पुरातात्विक भाषाविज्ञान की नयी लीक चलाई।

अस्तु; व्हीलर की तर्कयोजना उस विवेचन-पद्धति का अच्छा नमूना है जिसमें अर्वाचीन इतिहास-सम्बन्धी धारणाएँ प्राचीन इतिहास पर आरोपित की जाती हैं। पुरातत्व कहाँ समाप्त होता है और पौराणिक गाथा कहाँ शुरू होती है, यह कहना कठिन है। सिन्धु घाटी का विनाश इन्द्र के अनुगामी आर्यों ने किया, इसका मुख्य प्रमाण **पुरन्दर** शब्द है। इस प्रकार व्हीलर ने द्वारिकेशजी से पहले ऐतिहासिक भाषाविज्ञान और पुरातत्व का सम्बन्ध स्थापित कर दिया था। इस **पुर** का प्राकृत रूप **वुर** प्रसिद्ध है। कश्मीर में इसी का स्त्रीलिंग रूप **वुड़ी** अब भी कायम है। **उर** स्थानवाचक शब्द के रूप में सारे भारत में, विशेषतः दक्षिण भारत में, मिलता है। यही **उर** इराक में है जिसकी खुदाई में गाँव का ढाँचा मिला था। ऐतिहासिक भाषाविज्ञान को यह तै करना है कि **पुर** और **उर** का आपस में सम्बन्ध है या नहीं और यदि है तो पूर्वरूप **उर** है या **पुर**। भारत के भाषायी परिवेश में ध्वनि-परिवर्तन की वह पद्धति प्राकृत में खूब सुरक्षित है जो **वुर** का पूर्वरूप **पुर** मानती है। इसके सिवा द्रविड़ भाषाओं में **प्-व्** वाला परिवर्तन बहुत जगह देखने को मिलता है। इस प्रकार भाषाविज्ञान की दृष्टि से **पुर** शब्द प्राचीन है, वह भारत से इराक पहुँचा है और अपने प्राकृत रूपान्तर **उर** नाम से प्रसिद्ध हुआ है। **उर** की ओर से आने वाले आर्य आक्रमणकारियों को **उरन्दर** का उपासक होना चाहिए था पर वे इन्द्र को **पुरन्दर** कहते थे।

दुर्ग-निर्माण और दुर्ग-विध्वंस की कथाएँ वैदिक साहित्य तक सीमित नहीं हैं। उनका विस्तार महाकाव्यों और पुराणों में और भी अधिक है। रावण लंका नगरी में रहता था और यह नगरी परकोटे से घिरी हुई थी। हनुमान इस पुर अथवा दुर्ग में दीवाल फाँदकर पहुँचे थे और राम की सेना के लिए विभीषण की सहायता के बिना लंकाविजय कठिन होती। नगर-निर्माण से मयदानव का नाम जुड़ा हुआ है। यह **मय** **मग** का प्राकृत रूपान्तर है। मगध के जरासन्ध से कृष्ण आदि महापुरुषों का बैर था पर कृष्णजी ने इन्द्र का विरोध करते हुए गोवर्धन पर्वत की महिमा बढ़ाई थी। पुरन्दर का विरोध करने वाले सिन्धु घाटी में रहे हों चाहे न रहे हों, शूरसेन जनपद में अवश्य थे। मगध आर्येतर अर्थात् अवैदिक विचार-परम्पराओं का केन्द्र रहा है। मगध के मग ईरान पहुँचे थे और वहाँ उन्होंने पुरोहितों का काम किया था, यह इतिहास का स्वीकृत तथ्य है। ईरान में ये अपनी तन्त्र विद्या भी ले गए थे, इसका प्रमाण अंग्रेज़ी का **मैजिक** शब्द है जो ईरान के मार्ग से, मग संसर्ग प्रमाणित करता हुआ, इंग्लैंड पहुँचा था; पहले यूनान, फिर यूरुप पार करके इंग्लैंड। सिन्धु घाटी की सभ्यता में योग, लिंग और नाग-पूजा के जो चिन्ह हैं, उन्हें इतिहासकार अवैदिक तो मानते हैं पर मगध से उनका

सम्बन्ध नहीं जोड़ते। आर्यभाषाएँ बोलने वाले सभी कबीले वैदिक रीति पर चलते थे, यह आर्य आक्रमण के कथावाचकों ने पहले से मान लिया है। जो अवैदिक है, वह भाषा की दृष्टि से आर्येतर भी हो, यह आवश्यक नहीं है। आर्यभाषाएँ बोलना एक बात है, उन बोलने वालों का एक ही संस्कृति में दीक्षित होना और बात है।

इन्द्र **पुरन्दर** है, **उरन्दर** नहीं। **उर**-निवासी आर्य इन्द्र नाम से परिचित थे या नहीं या अकस्मात् भारत में आकर उन्हें इस देवता का ज्ञान हुआ और वे उसकी जै बोलते हुए किले पर किला फतह करते चले गए? ईरान में इन्द्र की उपासना होती थी, इसका प्रमाण नहीं है। अग्नि की पूजा अनेक गण समाज करते थे और **ऋग्वेद** में भी अग्नि युद्ध में सेना के आगे चलने वाला पुरोहित है। सिन्धु घाटी की नगर-निर्माण-कला भारतवासियों ने ईरान-इराक में सीखी थी; दुर्ग-विध्वंस का कौशल आक्रमणकारी आर्यों ने कहाँ सीखा था? दुर्ग तो भारत में थे; गाँव के नमूने पर बने हुए नगरों में रहने वाले ईरानी आर्य अचानक दुर्ग-विध्वंस कौशल कैसे सीख गये? १९४७ ई० से पहले भी पुरातत्वज्ञ यह जानते थे कि सिन्धु घाटी की सभ्यता के दो ही केन्द्र नहीं हैं; उसके अवशेष और बहुत से स्थानों में मिले थे। इसीलिए व्हीलर ने मोएनजोदड़ो और हड़प्पा को सिन्धु घाटी के दो प्रमुख नगर कहा है। अन्य नगर, उपनगर, ग्राम आदि उस सभ्यता के क्रमिक विकास का परिचय दे सकते हैं जिसकी उत्कृष्ट परिणति दो प्रमुख नगरों में हुई। इन नगरों के निम्नतम स्तरों की छानबीन के अभाव में यह और भी आवश्यक है कि अन्य स्थानों पर सिन्धु-सभ्यता के जो अवशेष मिलते हैं, उनका तुलनात्मक अध्ययन किया जाए। ताजमहल जैसी इमारत का पहला नमूना इस इमारत के नीचे ही खोदने पर मिलेगा, यह आवश्यक नहीं है। आगरे से दूर उत्तर में हुमायूँ का मकबरा जैसी इमारत उसका पहला नमूना है। और आगरे से दूर दक्खिन में औरंगज़ेब का मकबरा उसका दूसरा नमूना है जिसमें ताजमहल की भोंड़ी नकल की गई है। यह नकल अपरिपक्व कौशल का नमूना है, उससे यह सिद्ध नहीं होता कि औरंगज़ेब का मकबरा देखकर उसके बाप ने आगरे में अपनी बेगम का मकबरा बनवाया था।

ईरान से आने वाले आक्रमणकारी आर्य सिन्धु को सिन्धु ही कहते थे या हिन्दु कहते थे?

२. प्राचीन ईरानी

सिन्धु घाटी की सभ्यता, सिन्धु नदी अथवा सिन्धु प्रदेश से सम्पर्क होने पर ईरानी लोग **हिन्दु** शब्द का प्रयोग ही करते थे, यह प्रमाणित तथ्य है। इस ध्वनि-परिवर्तन में दो बातें ध्यान देने की हैं। पहली यह कि सकार ह् ध्वनि में परिवर्तित हुआ है। दूसरी यह कि सघोष महाप्राण ध् की महाप्राणता का लोप हो गया है। हिन्दु शब्द **अवेस्ता** में प्रयुक्त हुआ है। इसलिए उसकी प्राचीनता असंदिग्ध है। यद्यपि अवेस्ता **ऋग्वेद** की तुलना में बहुत बाद का है, पर यहाँ हम मान लेते हैं कि उसमें प्राचीन ईरानी भाषा रूप सुरक्षित हैं। प्रश्न यह है कि ईरानी आक्रमणकारी भारत में आकर **हिन्दु** को **सिन्धु** कहना कैसे सीख गये। **ऋग्वेद में सप्त सिन्धवः** हैं, **हप्त हिन्दवः** नहीं। जो लोग यह मानते हैं

कि **स्** को **ह्** में बदलने की प्रवृत्ति खास ईरानी है, वे **सूर्य** के ग्रीक प्रतिरूप **हेलिग्रोस्** से लेकर अंग्रेज़ी **हार्ट्** ग्रौर **हंड्रेड्** तक उन शब्दों को याद कर लें जिनमें **स्** ध्वनि **ह्** में परिवर्तित हुई है। भारत में गुजरात, राजस्थान ग्रौर कश्मीर में बहुत जगह **स्** ध्वनि **ह्** में बदलती है ग्रौर ग्रसम में निरपवाद रूप से **स्** को **ख** (या **ह्**) कहने की प्रवृत्ति है। इस सबको ईरानी प्रभाव माना जा सकता है यदि भाषाविज्ञानी यह मान लें कि यूरुप की भाषाग्रों में ऐसे ध्वनि-परिवर्तन ईरानी प्रभाव से हुए हैं।

यदि पश्चिमी एशिया के प्राचीन भाषायी मानचित्र पर ध्यान दें तो विदित होगा कि हित्ती भाषा में **स्** का **ह्** या **ख्** में परिवर्तन प्राचीन ईरानी की तुलना में ग्रधिक विरल है, तुखारी में वैसा परिवर्तन ग्रौर भी कम होता है। पश्चिमी एशिया के भाषायी मानचित्र में कोई ऐसी लीक नहीं बनती जिसके सहारे ग्रनातोलिया से ईरान होते हुए कुरुक्षेत्र तक पहुँचा जाए ग्रौर ध्वनिपरिवर्तन की एक सुसंगत शृंखला का पता लगाया जाए। इसके विपरीत वैदिक भाषा में वे ग्रधिकांश मूल ध्वनियों वाले रूप सुरक्षित हैं जिनके परिवर्तित प्रतिरूप ईरान, ग्रनातोलिया, यूनान ग्रौर रोम तक मिलते हैं। इनमें कोई ऐसा ध्वनि-परिवर्तन नहीं है जिसकी व्याख्या समग्र भारतीय भाषायी परिवेश को ध्यान में रखते हुए न की जा सके। विविध ज्ञात ग्रौर ग्रज्ञात परिवारों की भाषाएँ एक दूसरे को प्रभावित करती रही हैं, ध्वनि-परिवर्तनों का यह मूल कारण है। भारत में विभिन्न स्रोतों की गणभाषाग्रों की जैसी विविधता रही है, वैसी मध्य एशिया, पश्चिमी एशिया ग्रौर यूरुप के किसी भाग में नहीं रही। इन भारतीय गण भाषाग्रों के ग्रन्तरपारिवारिक तत्व पश्चिमी एशिया ग्रौर यूरुप की ग्रनेक भाषाग्रों में मिलते हैं। उन तत्वों की समग्रता भारत में है। इन तत्वों में **स्** का **ह्** या **ख्** में बदलना शामिल है।

जैसे हित्ती भाषा ग्रौर उसके ग्रभिलेख इस बात का प्रमाण हैं कि पश्चिमी एशिया में भारतीय मूल के लोग रहते थे, ग्रनेक वैदिक देवताग्रों की उपासना करते थे, वहाँ प्राप्त कीलाक्षरी लिपि वाले ग्रभिलेखों से विदित है कि भारतीय मूल के विशेषज्ञ ग्रश्वचालन की शिक्षा देते थे, वैसे ही ग्रवेस्ता को इस बात का प्रमाण मानना चाहिए कि वहाँ भारतीय मूल के लोग जाकर बसे थे ग्रौर ग्रंशतः वैदिक उपासना-पद्धति का ग्रनुसरण करते थे। ईरान इस समय भारत से भिन्न देश है, नेपाल ग्रौर मौरीशस भी भारत से भिन्न देश हैं। इस राजनीतिक भिन्नता को भाषायी विश्लेषण से ग्रलग रखना चाहिए। नेपाल ग्रौर मौरीशस भारत से भिन्न देश हैं, इससे यह प्रमाणित नहीं होता कि वहाँ भारतीय ग्रार्य समुदाय की भाषाएँ बोलने वाले लोग जाकर नहीं बसे। संस्कृत से ग्रवेस्ता की भाषा का लगभग वैसा ही सम्बन्ध है जैसा किसी भी प्राकृत का है। ग्रन्तर यह है कि प्राकृतें, विशेषतः नाटकों की प्राकृतें, ग्रधिक रूढ़िबद्ध हैं। पर रूढ़िबद्ध या स्वतन्त्र, प्राकृतों ग्रौर संस्कृत में मूल ग्रन्तर ध्वनिपरिवर्तन का है, रूपतन्त्र सम्बन्धी परिवर्तन इतना ही है कि संस्कृत के रूप—क्रियाग्रों के लकार, संज्ञा-सर्वनामों के कारक ग्रादि—संख्या के विचार से सीमित कर दिए गए हैं। शब्दतन्त्र-सम्बन्धी परिवर्तन ग्रौर भी कम हैं। प्राकृतों से (जिनमें पालि को भी गिन लें) कभी-कभी ऐसे शब्द मिल जाते हैं जो संस्कृत से भिन्न प्राचीन मध्यदेशीय भाषा के रूपों की ग्रोर संकेत करते हैं। यही स्थिति

अवेस्ता की भाषा की है। ध्वनितन्त्र-सम्बन्धी परिवर्तन कर दिया जाय तो वह भाषा वैसे ही वैदिक संस्कृत बन जाएगी जैसे प्राकृतों में ध्वनि-सम्बन्धी परिवर्तन करने से वे संस्कृत बन जाती हैं। प्राचीन ईरान की भाषा का अपना रूपतन्त्र और शब्दतन्त्र न हो, यह बात समझ में नहीं आती। दो पड़ोसी, एक ही परिवार की दो, गणभाषाओं में यथेष्ट सामान्य तत्व हो सकते हैं, फिर भी उनके व्याकरण और शब्द भण्डार में इतनी भिन्नता होती है कि वे अलग से दो भाषाओं के रूप में पहचानी जाती हैं। यूनान के छोटे से क्षेत्र में प्राचीन गण भाषाओं के नमूने काफी मिलते हैं। इनमें शब्द भण्डार और व्याकरण को लेकर जैसी भिन्नता है, वैसी भिन्नता भी **ऋग्वेद** और **अवेस्ता** की भाषाओं में नहीं है। इसीलिए यह निष्कर्ष अनिवार्य है कि वैदिक संस्कृति को मानने वाले कुछ गणसमाज ईरान में जाकर बस गए थे। वे अपने साथ ध्वनिपरिवर्तन की विशेषताएँ भी ले गए। जैसे इंग्लैंड और इटली में लैटिन पढ़ने का ढँग अलग-अलग है, जैसे बंगाल और केरल में संस्कृत पढ़ने का ढँग अलग-अलग है, वैसे ही वेद-मन्त्र पढ़ने का ढँग अलग-अलग था। जब वर्ण-व्यवस्था सुदृढ़ हुई तब इस बात का विशेष प्रयत्न किया गया कि वेद-मन्त्रों का पाठ शुद्ध शुद्ध ही किया जाए। किन्तु वेद-मन्त्र मूलत: गणव्यवस्था के युग की रचना हैं। जिस पाठ को भी शुद्ध माना गया, उसमें भी काफी विविधता मिलेगी। फिर जिस समय गणसमाज स्वतन्त्र हों, एक ही प्रशिक्षित पुरोहित वर्ग विभिन्न गण-समाजों को अपने नियन्त्रण में न रखता हो, उस समय ध्वनिपरिवर्तन सम्बन्धी भिन्नता और भी स्वाभाविक है।

संस्कृत और अवेस्ता की भाषा में इस प्रकार की समानता है: **सम—हम** (समान, बराबर), **सेना—हएना, असुर—अहुर, शुष्क—हुश्क, यासु—याहु** (यद् सर्वनाम का बहुवचन अधिकरण रूप), **भरसि—बरहि** (**भर्** क्रिया का वर्तमानकालिक मध्यम पुरुष एकवचन रूप), **सरस्वती—हरख़्वती**। इन उदाहरणों में **स्** ध्वनि **ह्** में बदलती है और अन्तिम उदाहरण में **ख़्** में भी। **स्** के अतिरिक्त **श्** में भी ऐसा परिवर्तन होता है। **श्वशुर** का प्रतिरूप **ख़्वसुर** है। **हुश्क** के समानान्तर कुछ लोग, **ख़्वसुर** की तरह, **ख़ुश्क** भी बोलते रहे होंगे। फ़ारसी **ख़ुश्क** निस्सन्देह **हुश्क** का रूपान्तर नहीं है। अवेस्ता और फ़ारसी दोनों के रूप पहचानने के लिए **शुष्क** का ज्ञान आवश्यक है। इसी प्रकार संस्कृत **स्व** अवेस्ता में **ख़्व** है किन्तु ईरान की गाथा-भाषा में **ह** है। इससे सकार के दो तरह के प्राचीन परिवर्तन सिद्ध होते हैं।

अवेस्ता की भाषा और संस्कृत का ध्वनि-सम्बन्धी मौलिक अन्तर सघोष महाप्राण स्पर्श ध्वनियों को लेकर है। ऐसी ध्वनियाँ केवल संस्कृत और भारतीय आर्य भाषाओं में हैं। भारत से बाहर इन्डोयूरोपियन परिवार की किसी भी प्राचीन या नवीन भाषा में इन ध्वनियों का अर्थभेदक व्यवहार नहीं होता। यही स्थिति **अवेस्ता** की भाषा की भी है। **घ्-ध्-भ्** इन्डोयूरोपियन परिवार की मूल ध्वनियाँ हैं, भाषाविज्ञानी यह मानते हैं। ईरान के आक्रमणकारी आर्य भारत में आकर **घ्-ध्-भ्** बोलने लगे, पर पश्चिमी एशिया में रहते समय भी वे इन ध्वनियों का उच्चारण कर लेते थे, इसका प्रमाण न तो **अवेस्ता** में है और न उन हित्ती दस्तावेज़ों में जिन्हें विद्वान् **ऋग्वेद** से भी

अधिक प्राचीन कहते हैं। व्हीलर, एमेनो आदि जो विद्वान् ईरान को भारतीय आर्यों की प्रस्थान-भूमि मानते हैं, उनके लिए यह एक बड़ी कठिनाई होनी चाहिए थी कि सिन्धु को हिन्दु कहने वाले ईरानी आर्य भारत में आकर स् ही नहीं ष् का भी उच्चारण कैसे करने लगे। इस समस्या को उन्होंने बहुत आसानी से हल कर लिया है। वे उसकी तरफ देखते ही नहीं।

संस्कृत और **अवेस्ता** की भाषा में सघोष महाप्राण ध्वनियों से सम्बन्धित परिवर्तन इस प्रकार होते हैं: **भाग—बाग, घर्म—गरम, दीर्घ—दरग, भवति—बवइति, भूमि—बूमि, भ्राता—ब्रात**। इन सब उदाहरणों में सघोष महाप्राण स्पर्श ध्वनि में महाप्राणता का लोप होता है, सघोषता बच रहती है। एक दूसरी तरह का परिवर्तन वह है जहाँ सघोष ध्वनि-तत्व तो कायम रहता ही है किन्तु महाप्राणता का प्रतिनिधित्व करने के लिए संघर्षी **ज्** का व्यवहार किया जाता है। **अवेस्ता** की भाषा में **ध्** के स्थान पर **द्** के अतिरिक्त **ज़्द्** का व्यवहार भी होता है। **त्राध्वम्** का प्रतिरूप हुआ **थ्राज़्दूम्**। इसी प्रकार संस्कृत **देहि** का प्रतिरूप **दज़्दि** है जिससे पता चलता है कि **देहि** का मूल रूप **देधि** था। संस्कृत **नेदीयः** का प्रतिरूप **नज़्द्य** है। यह वही शब्द है जिससे बोलचाल का परिचित **नज़दीक** रूप बना है। **अवेस्ता** के प्रतिरूप से ज्ञात होता है कि निकटतासूचक मूल शब्द **नध** था। इसी प्रकार संस्कृत **सद्** (बैठना) के अवेस्ता प्रतिरूप **हज़्द** से मूल **सध्** रूप का ज्ञान होता है। **मज्जा** का अर्थ देने वाला अवेस्ता का शब्द **मज़्ग** है। सम्भव है, **मज्जा** के समानान्तर इसी अर्थ में **मघ** रूप का व्यवहार होता रहा हो। जैसे **सध्** से **हज़्द**, वैसे ही **मघ** से **मज़्ग**।

घ्, ध्, भ्—इन ध्वनियों में अन्य प्रकार के परिवर्तन भी होते हैं। संस्कृत **हन्ति** का **अवेस्ता-रूप जनइति** है। **हन्ति** का पूर्वरूप **घन्ति** था। **घ्** पहले अल्पप्राण होकर **ग्** बना, फिर उसका तालव्यीकरण हुआ। यह प्रवृत्ति भारत के उत्तर-पश्चिमी भाषा क्षेत्रों की है। **मधु** का अवेस्ता रूप **मज़ु** है। यहाँ **ध्** अल्पप्राण होकर **द्** बना, फिर संघर्षी हुआ। यह उन आर्यभाषाओं की प्रवृत्ति है जो नाग भाषाओं से प्रभावित हुई थीं। **अवेस्ता** में एक ओर क-वर्गीय ध्वनियों के तालव्यीकरण की प्रवृत्ति है, दूसरी ओर उनको संघर्षी रूप भी दिया जाता है; अघोष ध्वनियों में महाप्राणता का संयोग भी होता है। संस्कृत **उक्त** अवेस्ता में **उख़्त** है, **शुक्र** का रूपान्तर **सुख़्र** है जिससे, वर्ण-विपर्यय की राह से, **सुर्ख़** रूप प्राप्त हुआ। **वक्ष्यामि** के दूसरे वर्ण में **क्** व्यंजन **ख़्** में बदला, **ष्** तालव्य **श्** रूप में ग्रहण किया गया, तब गाथा-भाषा में **वख़्श्या** रूप बना। संस्कृत **आप** (जल) अवेस्ता में **आफ़्श्** है। फ़ारसी का **आब** संस्कृत **आप** से सम्बन्धित है, अवेस्ता वाले रूप से नहीं। **अश्व** शब्द अवेस्ता में **अस्पो** है।

३. पुरानी फ़ारसी

इसके बाद प्राचीन फ़ारसी के दस्तावेज़ मिलते हैं। रोनैल्ड जी० केन्ट ने **ओल्ड पर्शियन** (१९५३) नामक पुस्तक में बताया है कि पुरानी फ़ारसी या पहलवी दक्षिण-पश्चिमी ईरान की भाषा थी और शासक वर्ग की बोलचाल की भाषा थी। इसके

नमूने शासकों के शिलालेखों में मिलते हैं। केन्ट ने लिखा है कि **अवेस्ता** और गाथा की भाषाएँ उत्तर-पश्चिमी अथवा उत्तर-पूर्वी ईरान की भाषाएँ हैं। इससे स्पष्ट है कि प्राचीन ईरानी और पुरानी फ़ारसी दो भिन्न क्षेत्रों की भाषाएँ हैं। केन्ट उन थोड़े से भाषाविज्ञानियों में हैं जो प्राचीन काल में विभिन्न क्षेत्रों की भाषा-विविधता पर ध्यान देते हैं। केन्ट कहते हैं कि पुरानी फ़ारसी में विभिन्न बोलियों के मिश्रण के प्रमाण मिलते हैं। इस भाषा की विन्यास-सम्बन्धी विशेषता यह है कि कृदन्तों का प्रयोग अधिक होता है और पूर्ण क्रिया का व्यवहार किये बिना भी वाक्य पूरे किए जाते हैं। केन्ट कहते हैं कि पुरानी फ़ारसी में कालसूचक भेद बहुत महत्त्वपूर्ण नहीं था। समापिका क्रिया आमतौर से छोड़ दी जाती थी। **त्य मना कर्तम्**—जो मेरे द्वारा किया गया था; यहाँ **था** के लिए कोई शब्द नहीं है, कृदन्त रूप **कर्तम्** काफी है। तिङन्त प्रयोग इस प्रकार होगा : **त्य अदम् अकुनवम्**—जो मैंने किया। यह सारा विकास संस्कृत से मिलता-जुलता है। **अवेस्ता**-काल के बाद भारत और ईरान की भाषाओं का सम्पर्क टूट नहीं गया। जो प्रभाव संस्कृत का रूप निश्चित कर रहे थे, वे पुरानी फ़ारसी का रूप भी निश्चित कर रहे थे। जितनी भिन्नता ध्वनितन्त्र में है, उतनी भिन्नता रूपतन्त्र और वाक्यतन्त्र में नहीं है। पुरानी फ़ारसी में कारक वही हैं जो संस्कृत और अवेस्ता में हैं, केवल सम्प्रदान कारक का लोप हो गया है। अनेक आधुनिक आर्यभाषाओं में भी सम्प्रदान और कर्म कारकों के रूप एक हो गए हैं।

पुरानी फ़ारसी का व्यवहार करने वालों में ईरान के प्रतापी राजा **कूरु** थे। यह शब्द स्पष्ट ही **कुरु** का वैकल्पिक रूप है। इनके पिता का नाम **कम्बूजिय** था। दक्षिण-पूर्वी एशिया में **कम्पूचिया** नाम का देश है जिसे अंग्रेज़ी में कम्बोडिया कहते हैं। यह पुराना भारतीय **कम्बोज** शब्द है। दक्षिण-पूर्वी एशिया में आस्ट्रिक भाषाएँ बोलने वाले—विशेषत: शासक—भारतीय उद्भव के नाम रखते हैं। इसलिए ईरान में **कुरु, कम्बोज** नामों का व्यवहार आश्चर्यजनक नहीं है। पुरानी फ़ारसी बोलने वाले ईरान के राजवंश का नाम **पहलवी** था। यह शब्द **पर्थव** से बना है। केन्ट ने लिखा है कि **पर्थव** नाम किसी बाहरी स्रोत से आरोपित किया हुआ प्रतीत हुआ है (**द नेम सीम्स टु हैव बीन् इम्पोज़्ड बाइ ऐन् आउट् साइड् सोर्स**, पृष्ठ ६)। पुरानी फ़ारसी के लिए जो निकटतम बाहरी स्रोत सांस्कृतिक दृष्टि से प्रभावित करने वाला हो सकता था, वह भारत है। अर्जुन को **पार्थ** भी कहते थे। **पार्थ** का सम्बन्ध पृथा से जोड़ लिया गया है किन्तु **पार्थ** **भारत** का रूपान्तर भी हो सकता है। जितने **कुरु** थे, वे सब **भरत** थे। अर्जुन पार्थ हैं, **भारत** भी हैं। **पार्थ** शब्द में आदिस्थानीय मूल सघोष महाप्राण ध्वनि अघोष अल्पप्राण है जैसे संस्कृत **धरा** लैटिन में **तॅर** है। पैशाची प्राकृत में अघोषीकरण वाली प्रवृत्ति है। भारत के अन्तिम वर्ण में महाप्राणता का संयोग करके उसे संघर्षी रूप दिया गया है जैसे संस्कृत **मित्र** (सूर्य) पुरानी फ़ारसी में **मिथ्र** है। इस प्रकार **पार्थ भारत** का रूपान्तर हो सकता है। ईरान का एक प्रदेश **पार्थिया** नाम से प्रसिद्ध हुआ। **फ़ारस** शब्द का अपना कोई अर्थ नहीं है; **भारत** का रूपान्तर होने से वह सार्थक हो सकता है। यदि **भारत** का **त्** संघर्षी ध्वनि में परिवर्तित हो जैसे **पुत्र** का पालि रूप **पुत्तो**

पुरानी फ़ारसी में **पुस्सो** है, और आदिस्थानीय **भ्** के रूपान्तर **प्** को भी संघर्षी रूप दिया जाए जैसे **प्रथम** पुरानी फ़ारसी में **फ़तम** है तो **भारत** का रूपान्तर **फ़ारस** होगा। पुरानी फ़ारसी बोलने वाले अपने देश को **पार्स** कहते थे। यह **पार्स पार्थ, भारत** और **फारस** का प्रतिरूप है। इसी से ग्रीक भाषा के **पॅर्सेस्, पॅर्सिआ**, भारतीय **पारस, पारसीक** आदि शब्द बने। इस व्याख्या को छोड़ने पर **पार्स** और **पार्थ** असम्बद्ध ही नहीं रहते, निरर्थक भी हो जाते हैं। जैसे **ईरान** शब्द का सम्बन्ध **आर्य** से है, वैसे ही **पार्स** और **पार्थ** का सम्बन्ध **भारत** से है। भरत-गण युद्ध के लिए विख्यात थे, **महाभारत** शब्द महायुद्ध का पर्याय बन गया। प्राचीन फ़ारसी में **पर्तर** शब्द का अर्थ है युद्ध। यह शब्द भरत से सम्बद्ध है। पुरानी फ़ारसी में **मगु** शब्द उन लोगों के लिए आता है जो पुरोहित वर्ग के थे। ये लोग उस प्रदेश में रहते थे जो अंग्रेज़ी में **मीडिया** कहलाता था। **मग** लोगों का सम्बन्ध मगध वाले मगों से है। **मघ** का एक प्रतिरूप **मध** था। **मघ** में जो महत्ता और शक्ति का भाव है, वही **मध** में था। पुरानी फ़ारसी में इसका रूपान्तर **मथ्** है; **मथिश्त** का अर्थ हुआ सर्वाधिक महान्। अन्य रूपान्तर **मद** था। पुरानी फ़ारसी में **माद** शब्द उन लोगों के लिए प्रयुक्त होता था जो मीडिया के रहने वाले थे। सामान्य जन समाज था **माद**, उसके पुरोहित थे **मगु**; **मग** और **मद** के स्रोत हैं **मघ** और **मध**। यूनानी भाषा में **माद** जनों को **मेनोइ** कहते थे। **मद** से **मीडिया, मीडियन** आदि शब्द बने हैं।

ईरानी लोग **क्षत्र, क्षत्रिय** आदि शब्दों को बहुत गौरवपूर्ण मानते थे। **माद** लोगों में सम्राट् के प्रति विद्रोह करनेवाले एक योद्धा ने अपना नाम **ख़्शथ्रित** अर्थात् **क्षत्रित** रखा था। ग्रीक भाषा में जिस सम्राट् का नाम क्सेर्क्सेस् था, उसे पुरानी फ़ारसी में **ख़्शयार्शन्** कहते थे। केन्ट ने लिखा है कि इस नाम का पूर्व भाग **ख़्शय** है जिसका अर्थ है राजा और उत्तर भाग **अर्शन्** का अर्थ है पुरुष। केन्ट ने फ़ारसी शब्द **शहर** को **क्षत्र** का विकास बताया है। उसी तरह **ख़्शय** से **शाह** शब्द बना। यह **ख़्शयार्शन्** नाम का सम्राट् स्वयम् को **पार्स, पार्सह्या, पुस्स** कहता था। भारतीय विद्वान् डा. सुकुमार सेन ने **ओल्ड् पर्शियन् इन्स्क्रिप्शन्स् ऑफ़ दि अकैमीनियन् एम्परर्स्** (कलकत्ता, १६४१) में उक्त उपाधि की व्याख्या करते हुए बताया है कि सम्राट् स्वयम् को पार्स का पुत्र पार्स कहता है। ईरान के शासक वर्ग के लिए अपने पार्थ वंश की श्रेष्ठता घोषित करना आवश्यक था। एक अन्य सम्राट् **अर्दख़्शस्सा** था जिसका मूलरूप सेन के अनुसार **ऋतक्षत्रः** है।

पुरानी फ़ारसी में उत्तर-पश्चिमी भारतीय भाषाओं के समान बहुत जगह **ह्** का लोप हो जाता है। **अहुर मज़्द** का रूपान्तर **अउर मज़्द** हो गया है। जैसे प्राकृतों में **ऋ** ध्वनि बहुत जगह **उ** में बदल जाती है, वैसे ही **अकृत** यहाँ **अउत** है, **अकृणोत्** यहाँ **अकुनउश्** है। सघोष महाप्राण ध्वनियाँ अनेक रूप धारण करती हैं। **अगृभ्यत अग्रबाय** बना, यहाँ महाप्राणता का लोप हुआ। **अहनम्** (मूलरूप **अघनम्**) का रूपान्तर **अजनम्** हुआ। यहाँ **घ्** की महाप्राणता के लोप के बाद सघोष ध्वनि **ग्** का तालव्यीकरण हुआ। पुरानी फ़ारसी में एक शब्द है **अवदा** जिसका अर्थ है वहाँ। डा० सेन ने इसका मूलरूप

अवधा लिखा है। जैसे **सर्वदा** वैसे **अवदा**। **धा**—**बहुधा** के **धा** के समान—स्थान-कालादि का संकेत करता है; **अव** सर्वनाम है जो ऋग्वेद में है, जो तमिल के **अवन्** (वह) में है। **अवधा** का रूपान्तर हुआ **अवदा**। एक अन्य शब्द **अवथ** है जिसका अर्थ है इस प्रकार। इसका निर्माण भी वस्तु-स्थानादि सूचक **ध** के साथ **अव** सर्वनाम जोड़कर हुआ है। जैसे संस्कृत में **अथ, यथा** आदि शब्द बने थे, वैसे ही पुरानी फ़ारसी में **अवथ** रूप बना था। तालव्य **श्** भी **थ्** रूप में ग्रहण किया जाता है। **शरदम्** पुरानी फ़ारसी में **थर्दम्** (वर्ष) है। **त्** ध्वनि **थ्** रूप में जहाँ-तहाँ ग्रहण की जाती है। **थ्वान्** (तुम्हें), **त्वम्** (तुम) दोनों रूप मिलते हैं।

आधुनिक भारतीय भाषाओं के समान पुरानी फ़ारसी में प्राचीन आर्यभाषाओं के ऐसे रूप भी मिलते हैं जो संस्कृत में नहीं हैं। अन्य पुरुष एकवचन सर्वनाम रूप **धि** ऐसा ही प्राचीन शब्द है, जिसका रूपान्तर **दि** पुरानी फ़ारसी में है। **दिम्** कर्मकारक का एकवचन रूप है। इसके मूलरूप **धिम्** से अंग्रेज़ी **हिम्** बनेगा। पुरानी फ़ारसी का **दइय्** कर्मकारक बहुवचन रूप है और अंग्रेज़ी के **देम्** कर्ताकारक **दे** की शृंखला का है। यह रूप पुल्लिग है। स्त्रीलिंग में कर्मकारक का बहुवचन रूप **दिश्** है। **दूरदश** का संस्कृत रूपान्तर होगा **दूरतः** (दूर से)। डा. सेन ने **दूरदश** का मूलरूप **दूरधः** बिलकुल ठीक दिया है। **ध** वस्तुस्थानसूचक सर्वनामों के निर्माण में काम आता है, और उससे सम्बन्धक, प्रत्यय तथा स्वतन्त्र सम्बन्धक शब्द भी बनाए जाते हैं। **दरनियम्** संस्कृत **हिरण्यम्** का पर्याय है। मूल शब्द में **घ्** या **ध्** ध्वनि थी जो यहाँ **द्** में परिवर्तित हुई है। एक ओर पुरानी फ़ारसी में **ग्** को भी **ज्** में बोलने की प्रवृत्ति है, दूसरी ओर जहाँ संस्कृत में **ज्** है, उसके स्थान में **द्** का प्रयोग होता है। संस्कृत **जोष्टा** का प्रतिरूप **दउश्ता** है जिसका आधुनिक रूप **दोस्त** है। **ध्** तो **द्** में बदलता ही है जैसे **धारयवसुः** पुरानी फ़ारसी में **दारय वहुश्** (अथवा **दारय वउश्**) है; यही **दारा**, राजा के अंग्रेज़ी नाम **डैरियस्** का पूर्वरूप है। **घ्** भी सर्वत्र **ज्** में परिवर्तित नहीं होता यथा **घोषा** यहाँ **गउशा** (कान), **गोश** है। **गन्धार** यहाँ **गन्दार** रूप में **ग्** को अपरिवर्तित रखता है। कहीं-कहीं एक शब्द किसी एक कारक में एक ध्वनिवाला रूप दिखाता है, दूसरे कारक में भिन्न ध्वनि वाला रूप दिखलाता है। पिता कर्ताकरक में संस्कृत के समान है किन्तु सम्बन्धकारक एकवचन में **पितुः** का प्रतिरूप **पिस्स** है। संस्कृत सर्वनाम **सः** का पूर्वरूप **सध** था यह पुरानी फ़ारसी के **हदा** प्रतिरूप से सिद्ध होता है। पुरानी फ़ारसी में ध्वनिपरिवर्तन की जो प्रक्रिया घटित होती है, वह संस्कृत के आधार पर ही विश्लेषित हो सकती है; अधिकतर मूल रूप संस्कृत में हैं, न कि पुरानी फ़ारसी में। ध्वनि-परिवर्तन जितने प्रकार से होता है, वे प्रकार अधिकतर भारतीय भाषाओं में मिल जाते हैं। इसलिए बृहत्तर भारत के भाषायी संदर्भ में ही पुरानी फ़ारसी के विकास की व्याख्या की जा सकती है। डा. सुकुमार सेन ने बहुत अच्छा कहा है कि **अवेस्ता** की भाषा का जैसा सम्बन्ध वैदिक भाषा से है, वैसा ही सम्बन्ध लौकिक संस्कृत से पुरानी फ़ारसी का है। वैदिक भाषा के, अथवा **ऋग्वेद** के समय और **अवेस्ता** के समय में लगभग एक सहस्र वर्षों का अन्तर है। यदि **ऋग्वेद** की रचना के एक हज़ार साल बाद भारत की वैदिक भाषा, ध्वनितन्त्रीय

परिवर्तनों के साथ, ईरान में अभी जीवन्त भाषा बनी हुई थी, तो इससे भारत में उसकी सुदीर्घ परम्परा का अनुमान किया जा सकता है। **ऋग्वेद** के रचनाकाल से काफ़ी पहले उस भाषा का स्वरूप निश्चित हुआ होगा, यह मान लेना चाहिए। **ईरान** कहने से **भारत** की तुलना में अपेक्षाकृत एक छोटे देश का बिम्ब मन में उभरता है। वास्तव में ईरानी भाषा-समुदाय का क्षेत्र भौगोलिक दृष्टि से बहुत बड़ा है। पामीर, तुर्की और कोहकाफ के विशाल त्रिकोण में ईरानी समुदाय की भाषाओं का प्रसार हुआ है। यहाँ ध्यान देने की बात यह है कि इस विशाल क्षेत्र में **अवेस्ता** की संस्कृति का कभी वैसा प्रसार नहीं हुआ जैसा वैदिक संस्कृति का प्रसार भारत में हुआ। इसका एक कारण यह है कि सामी, तुर्की आदि भाषाएँ बोलने वालों का जैसा दबाव ईरानी क्षेत्र पर रहा है, वैसा भारत पर नहीं। दूसरा कारण यह है कि भारत में जितने सुसंगठित रूप से वैदिक संस्कृति का प्रसार किया गया, उतने संगठित रूप से ईरानी क्षेत्र में नहीं किया गया। तीसरा कारण यह है कि वैदिक संस्कृति और वैदिक भाषा की जड़ें भारत में थीं। उस वृक्ष की एक शाखा ईरान में पहुँची थी। वह शाखा उतनी पुष्ट नहीं थी जितना उस वृक्ष का तना था। यहाँ भिन्न भाषाएँ बोलने वालों में भी वैदिक संस्कृति का प्रसार हुआ, ईरानी समुदाय के क्षेत्र में समान भाषाएँ बोलने वालों के बीच भी अवेस्ता-संस्कृति का वैसा प्रसार नहीं हुआ। अरबों का आक्रमण होने पर ईरान के अग्नि-पूजकों ने भारत में आकर शरण ली और उनकी उपासना-पद्धति यहाँ अब भी जीवित है जबकि ईरान में वह निर्मूल सी हो चुकी है। इस सारी सांस्कृतिक और भाषायी पृष्ठ-भूमि को ध्यान में रखने से भारत और ईरान के सामान्य सम्बन्ध, और भाषागत विशेष सम्बन्ध समझने में सहायता मिलेगी। इन्द्र आदि कुछ देवताओं को छोड़कर संस्कृत उद्भव के शब्द ईरानी भाषाओं में शिष्ट और पवित्र सन्दर्भों में प्रयुक्त होते हैं। इनमें **क्षत्र**-वर्ग वाले राज्य-सम्बन्धी शब्द **यज्ञ** की **यज्** क्रियावाले धर्म सम्बन्धी शब्द प्रमुख हैं।

मध्य एशिया में एक प्रदेश खोतान कहलाता है। इसका मूल रूप **गोस्थान** प्रतीत होता है। बौद्ध साहित्य में **गोस्तन** शब्द आता है। ऐच्० डब्लू० बेली ने **जर्नल ऑफ़ रायल एशियाटिक सोसायटी** (सन् १९७२, संख्या २) में भारत-ईरान-सम्बन्धी शोधकार्यों पर एक लेख लिखा था—**ए हाफ़् सेन्चुरी ऑफ़् इरानो-इन्डिया स्टडीज़्**। इसमें **खोतान** और **गोस्तन** के अतिरिक्त उन्होंने कुछ और दिलचस्प बातें कही हैं। **अवेस्ता** के लिए उन्होंने बताया है कि यह बृहत्तर साहित्य का अंश मात्र है जिसे मगु पुरोहित बचा सके थे और इसका एक भाग, रूप की दृष्टि से, प्राचीनतम वैदिक भाषा के अत्यन्त निकट है यद्यपि ध्वनितन्त्र, शब्दभण्डार और रूपविकार ईरानी ढँग के हैं। इससे विदित होता है कि वेदों की रक्षा जैसे भारत में की जा सकी, वैसे ही मन्त्र-साहित्य की रक्षा ईरान में नहीं की जा सकी। जितना अंश बचाया जा सका, उसे बचाने का श्रेय भारतीय उद्भव के मग पुरोहितों को है। इस मंत्रसाहित्य की रक्षा के लिए जो विकट संघर्ष किया गया, उसका एक रूप यह था कि वेदपाठी ब्राह्मणों ने वेद कण्ठस्थ किए। जब पुस्तक मिलेगी ही नहीं तो नष्ट किसे करोगे? इस संघर्ष की स्मृति इस पौराणिक कथा में बनी हुई है कि ईश्वर ने अवतार लेकर वेदों का उद्धार

किया। बेली ने लिखा है कि अधिकांश ईरानी धर्म-ग्रन्थ ईरान से भारत लौट आए। जो वस्तु मूलतः जहाँ से गई थी, वहीं लौट आई।

भारतीय इतिहास में शक लोगों का बहुत उल्लेख मिलता है। ईरानी समुदाय की भाषाएँ बोलने वाले मध्य एशियाई जन-समूहों को भारतीय उद्‌भव के शक्तिसूचक इस शक शब्द द्वारा अभिहित किया गया। **शक** शब्द का मूल रूप **सघ** था जो **साहस** में परिवर्तित होकर विद्यमान है। इन्द्र को **शक्त** कहते थे, उसके शक्तिशाली होने के कारण। ग्रीक भाषा में तालव्य **श्** नहीं है, अतः **शक** का रूपान्तर **स्कूइ** है। खोतान में शक लोग ही रहते थे जो मक्खन को **नीयक** (नवनीत) कहते थे। बेली ने इसका सम्बन्ध भारतीय शब्द **नीत** (मथा हुआ) से ठीक जोड़ा है। शकों से युद्ध हुआ और जिन्होंने शकों को परास्त किया, वे भारतीय इतिहास-परम्परा में विक्रमादित्य हो गए। स्वाधीन भारत में विक्रम सम्वत् के साथ शक सम्वत् भी लिखा जाता है, ऐसा दोहरा सम्बन्ध भारत और ईरान का है।

बेली ने मध्य एशिया की सोग्दिअन और सक (शक) जातियों का उल्लेख किया है। शक प्रभाव इतना विस्तृत था कि प्राचीन ग्रीक भाषा की पुस्तकों में अनेक शक नाम मिलते हैं। बौद्ध पुस्तकों से खोतान की भाषा में बहुत से ग्रन्थों का अनुवाद हुआ। तीन सौ ई० से खोतानी में अनेक ग्रन्थ लिखे गए। प्रथम ईसवी सहस्राब्दी के आरम्भ में जब तुर्कों ने खोतान पर अधिकार किया, तब तक खोतान के लोग अपनी भाषा का व्यवहार करते रहे थे। **ख्** को **ह्** में बदलकर वे अपनी भाषा को **ह्वातनउ** कहते थे। जो ब्राह्मी लिपि भारत में प्रयुक्त होती थी, उसी का किंचित् परिवर्तित रूप खोतानी भाषा के लिए प्रयुक्त होता था। इस प्रकार जिन क्षेत्रों से पहले वैदिक संस्कृति का सम्पर्क था, उनसे आगे चलकर बौद्ध संस्कृति का सम्बन्ध बना रहा। मध्य एशिया से सहस्राब्दियों तक कायम रहने वाले भारत के सम्बन्धों को ध्यान में रखते हुए भारत और ईरान के प्राचीन भाषायी सम्बन्धों को समझने का प्रयत्न करना चाहिए।

बेली ने लिखा है कि पामीर के घुमन्तू कबीले डैन्यूब नदी से लेकर उत्तर-पश्चिमी चीन के कान्सू प्रदेश तक धावा मारते थे। यह भी एक सूत्र है जिससे स्लाव, ईरानी और चीनी भाषाओं के सम्बन्ध पहचाने जा सकते हैं। और इन सम्बन्धों के मूल सूत्र भारत में हैं। तुर्कों ने पामीर के घुमन्तू कबीलों की यह प्रक्रिया बन्द कर दी। तुर्की भाषा में बहुत से शक भाषाओं के शब्द आ गए और तुर्की के माध्यम से वे फिर ईरान की भाषा में आए। इनमें एक शब्द **खच्चर** है। बेली के अनुसार खोतानी शब्द **खदर**, तुर्की में **कतिर**, ईरानी में **खरतर** और मूलतः वह **अश्वतर** है। मग पुरोहितों के लिए बेली ने लिखा है कि कुषाण काल में शक-प्रदेश से मग पुरोहित उत्तर-पश्चिम भारत में आए। बराहमिहिर मग थे। बेली ने यह भी लिखा है कि ग्रीक भाषा के **मगोइ**, लैटिन **मागी** बाइबिल के ईसा मसीह वाले भाग में उल्लिखित हैं। खादिअन—पश्चिमी एशिया की प्राचीन भाषा—में ग्रीक **मगेइआ** (देवपूजा) का अर्थ जादू हुआ। ज़रथुश्त्र प्रसिद्ध धर्म संस्थापक थे। वह मग कहे जाते थे। इस सारे विवेचन में बेली ने कहीं भी ईरानी मगों का सम्बन्ध मगध के मगों से नहीं जोड़ा, **मग** के पूर्वरूप **मघ**

की कल्पना करना तो बहुत दूर की बात है। किन्तु **मघ** से **मग** का सम्बन्ध वैसे ही है जैसे ईरानी **यवुक** का भारतीय **यूथ** से। बेली ने लिखा है कि कुषाण राजा **यवुग** उपाधि धारण करते थे जिसका पूर्वरूप था ईरानी **यवुक**। इस ईरानी रूप का अर्थ था यूथपति, सेना संग्रह करने वाला। और बेली के ही अनुसार **यवुक** में शब्द मूल **यउ** है जो **यूथ** का रूपान्तर है। **व्** तुर्की में **प्** बना और ईरानी **यवुक** तुर्की में **यप्कु, जब्कु** बना। इन तुर्की रूपों को देखकर **यूथ** शब्द की याद किसे आएगी? किन्तु **यूथ** के बिना न ईरानी रूप की व्याख्या हो सकती है न तुर्की रूपों की। **अश्व** से जैसे **अस्प** बना, वैसे ही ईरानी रूप **यवुक** का **व्** तुर्की में **प्** बना। भाषा-परिवारों को अलग-थलग न मानकर बृहत्तर भाषायी क्षेत्र के आधार पर उनका तुलनात्मक विवेचन किया जाए तो उनका ऐतिहासिक विकास ज्यादा अच्छी तरह समझ में आएगा।

यहाँ संस्कृत **हृदय** और **श्रद्धा** के **श्रद्** का स्मरण उपयुक्त है। फ़ारसी का **दिल** इन रूपों से सम्बद्ध होगा, कल्पनातीत है। किन्तु पार्थिया की भाषा में **ज़िर्द** शब्द है जिसका बलोची प्रतिरूप **ज़िर्दे** है। अब **श्रद्** का रूसी प्रतिरूप **सेर्द्त्से** याद कीजिए। सकार **द्** में परिवर्तित हुआ है, **स्** सघोष होकर **ज्** हुआ; **सेर्द** का प्रतिरूप **ज़िर्द** प्राप्त हुआ। **ज़िर्द** का वैकल्पिक रूप **ज़िर**, जैसे लैटिन **कोर्द्** के साथ **कोर; ज़िर-जिर-दिर-दिल**, विकास की इस प्रक्रिया से **श्रद्-सेर्द्** का रूपान्तर दिल हुआ।

पुरानी फ़ारसी में एक सर्वनाम **अवम्** है। यह **अवेस्ता** की भाषा में भी है। यह **अयम्** का प्रतिरूप है। अन्य पुरुष, एकवचन, व्यक्तिवाचक सर्वनाम **अव** प्राचीन काल से उत्तर-पश्चिमी भारत में प्रयुक्त होता रहा है। वैदिक भाषा में भी इसका प्रयोग मिलता है। वैदिक भाषा और संस्कृत में **य** वाले मध्यदेशीय रूप का व्यवहार अधिक हुआ है किन्तु पश्चिमोत्तर भूमि पर **अव** का सिक्का ही चलता था। वैदिक भाषा, ईरानी और द्रविड़ भाषाओं में जो अनेक सामान्य तत्व हैं, उनमें एक महत्वपूर्ण तत्व यह **अव** सर्वनाम है। तमिल का **अवन्** इसी **अवम्** का प्रतिरूप है। **अवम्** पूर्वरूप है कि **अवन्**, यह पूछना बेकार है क्योंकि **म्** और **न्** के दो भिन्न क्षेत्र थे और तमिल का **न्** वाले क्षेत्र से विशेष सम्बन्ध था। **अव** का विश्लेषण किया जाए तो **अ** सर्वनाम दूरस्थ सूचक है और **व** व्यक्ति अथवा वस्तु-सूचक।

अनेक कारक रूप पुरानी फ़ारसी में बिल्कुल संस्कृत से मिलते-जुलते हैं। **अवना** करणकारक का रूप है और इसमें सम्बन्धक चिन्ह **ना** संस्कृत **न** का ही प्रतिरूप है। **अवह्या** सम्बन्धकारक का एकवचन पुल्लिंग रूप है और अवस्य का प्रतिरूप है। **अस्माकम्** का रूपान्तर **अमाखम्** मिलेगा। **अइबि, अइवि** (उसको) रूप दिलचस्प हैं। इनमें **अव्** के बदले **अय्** का व्यवहार हुआ है जहाँ अर्ध स्वर **य्** इकार में परिवर्तित हुआ है। इस सर्वनाम में सम्बन्धक चिन्ह **भि** जोड़ा गया है। इसके दो रूपान्तर हुए; जब महाप्राणता का लोप हुआ तब **बि** रूप बचा, और जब इस **ब्** ध्वनि को 'शुद्ध' किया गया तब **वि** रूप बना। **बगानाम्** सम्बन्धकारक का बहुवचन रूप है। मूल शब्द **भग** है जिसकी महाप्राणता के लोप से **बग** रूप बना है।

संस्कृत में सम्बन्धक शब्द मूल शब्द के बाद आते हैं किन्तु पुरानी फ़ारसी में वे

पहले भी आते हैं। मूल प्रवृत्ति सम्बन्धक चिन्ह को बाद में रखने की है जैसे **अवना में ; उपायम्** में **उपा** सम्बन्धक है, **उपायम्** अर्थात् किसी वस्तु तक आया। कहा जा सकता है कि यहाँ **उपा** या **उप** उपसर्ग है और संस्कृत में उपसर्ग मूल शब्द से पहले आते ही हैं किन्तु पुरानी फ़ारसी के **उपामाम्** (मेरे द्वारा) में **उपा** निश्चय ही उपसर्ग नहीं है। सम्बन्धक शब्दों को मूल शब्द से पहले रखने की प्रवृत्ति कम्बोज भाषा में अब भी है। कम्बोज भाषा की अनेक प्रवृत्तियाँ यूरुप की विभिन्न भाषाओं में मिलती हैं। सामी परिवार की भाषाओं में विभक्ति चिन्ह तो संस्कृत के समान मूल शब्द के बाद लगाए जाते हैं किन्तु स्वतन्त्र सम्बन्धक मूल शब्द से पहले आते हैं। इससे मिलती-जुलती स्थिति प्राचीन ग्रीक और लैटिन की है।

जैसे **ना** चिन्ह करणकारक के लिए प्रयुक्त होता था, वैसे ही **न** चिन्ह सम्बन्धकारक के लिए प्रयुक्त होता था। संस्कृत **मम** का रूपान्तर यहाँ **मन** है। पुरानी फ़ारसी के रूप में **न** वही सम्बन्धक चिन्ह है जो गुजराती में अब भी प्रयुक्त होता है और हिन्दी के **अपना** (अवधी **अपन**) में दिखाई देता है। **मन** के विश्लेषण से **मम** की संरचना समझ में आती है। जैसे **मन** में **न** सम्बन्धक चिन्ह है, वैसे ही **मम** का दूसरा **म** सम्बन्धक चिन्ह है। अन्य पुरुष के लिए एक सर्वनाम **हउ, हउव्** है। डा० सुकुमार सेन ने इसका मूल रूप **सो, असौ** बताया है। यहाँ सर्वनाम मूल **स** परिवर्तित होकर **ह** बना है।

लेवी ने **द पर्शियन लैंग्वेज** (लन्दन, १९५१) में बताया है कि पुरानी फ़ारसी सचमुच कभी ईरान में बोलचाल की भाषा थी, इसमें सन्देह है। वह राजदरबार की भाषा अवश्य थी। लेवी का सन्देह सही हो सकता है। भारत के उत्तर में चीनी तुर्किस्तान से लेकर पश्चिम में वर्तमान तुर्की तक ऐसे अनेक उदाहरण मिलते हैं जहाँ प्राचीनकाल में शासक वर्ग की भाषा और थी और शासित प्रजा की भाषा और थी। चीनी-तुर्किस्तान में प्रजा की भाषा चीनी समुदाय की थी किन्तु शासक वर्ग की भाषा भारतीय प्राकृत समुदाय की थी। हित्तियों की भाषा आर्य परिवार की थी और शासित प्रजा की भाषा उससे भिन्न थी। इसलिए यह बिल्कुल सम्भव है कि पुरानी फ़ारसी, संस्कृत व्याकरण की विशेषताएँ लेकर चलने वाली, और अधिकतर ध्वनिपरिवर्तन से अपनी भिन्नता सूचित करने वाली, वास्तव में प्रजा की भाषा न होकर, भारतीय उद्भव के शासक वर्ग की भाषा रही हो। लेवी कहते हैं कि ईरान का एक भाग **पर्स** या **फ़र्स** कहलाता था और छठी सदी का प्रसिद्ध राजा कुरु इसी प्रदेश का था। यही प्रदेश टकसाली फ़ारसी की केन्द्रभूमि रहा है। ईरानी भाषा-समुदाय का क्षेत्र पामीर से कोहकाफ तक विशाल है पर इसका सबसे महत्वपूर्ण भाग पर्स या फ़र्स है। फ़ारसी का विकास यहीं हुआ, इससे प्राचीन ईरानी और अर्वाचीन फ़ारसी के विकास में भारतीय भाषाओं के योगदान की कल्पना की जा सकती है। **पहलवी पर्थवी का** रूपान्तर है और **पर्थवी** का सम्बन्ध **पार्थ** से है।

ईरान में बसने वाले आर्यों ने पंजाब में आकर अपने उपनिवेश बनाए, यह स्थापना तुलनात्मक भाषाविज्ञान से सिद्ध नहीं हो सकती, यह बात बरो जैसे

आर्य-द्रविड़ भाषाओं के विशेषज्ञ जानते हैं। इसलिए उन्होंने कल्पना की है कि भारतीय और ईरानी, ये दो शाखाएँ ईरान में ही विभाजित हो गई थीं। इस विभाजन से पहले उनकी संयुक्त भाषा बोलने वालों को प्रोटोइन्डोएर्यन् नाम दिया है जो वास्तव में भारत-ईरानी शाखा का ही दूसरा नाम है। फिर भी इन्डोईरानियन् न कहकर इन्डो-एर्यन् कहने में भारतीय भाषातत्वों पर बल तो है ही। बरो ने **जर्नल ऑफ़ रायल एशियाटिक सोसायटी** (सन् १९७३, संख्या २) में निबन्ध लिखा था **द प्रोटोइन्डो-एर्यन्स्**। इस निबन्ध में उन्होंने जितना ही पुरानी समस्याओं को हल करने का प्रयत्न किया है, उतना ही उन्होंने नयी उलझनें पैदा कर दी हैं।

सबसे पहले उन्होंने यह समस्या ली है कि पश्चिमी एशिया के जिस भाग में वर्तमान तुर्की है, उसके प्राचीन निवासियों का भारत से क्या सम्बन्ध है। इन लोगों की भाषा प्राचीन ईरानी की अपेक्षा प्राचीन भारतीय आर्य भाषा से इतना अधिक मिलती है कि ईरान से भारत की ओर आर्यों के महाभिनिष्क्रमण की कहानियाँ हवा हो जाती हैं। यदि संयुक्त भारत-ईरानी शाखा के विभाजित होने पर, एक शाखा के भारत में आने पर संस्कृत का विकास हुआ, इस कथा पर विश्वास किया जा सकता है, तो इसी तरह एक अन्य शाखा के पश्चिमी लघु एशिया पहुँचने पर हित्ती आदि भाषाओं का विकास हुआ, यह बात भी मानी जा सकती है। कठिनाई यह है कि ईरान के पूर्व और पश्चिम में जिन प्रशाखाओं का विकास होता है, उनमें बहुत बड़ी समानता है। हित्ती और वैदिक भाषाओं में देवताओं, धर्म आदि से सम्बन्धित शब्दावली में बहुत बड़ी समानता है। यदि दोनों ओर की प्रशाखाओं का प्रसार ईरान से होता तो दोनों शाखाओं को ईरानी-हित्ती और ईरानी-हिन्दी कहा जा सकता था। किन्तु हित्ती भाषा में प्राचीनता के ऐसे चिन्ह हैं और भारत से उसका ऐसा गहरा सम्बन्ध है कि विद्वानों ने ईरानी-हित्ती के बदले हिन्दी-हित्ती (इन्डोहित्ताइट) नाम रखा। एक ओर हिन्दी अर्थात् भारतीय आर्यभाषा, दूसरी ओर हित्ती, दोनों में गहन समानता, दोनों के बीच में ईरान, आर्य अभियान का मार्ग निश्चित करने में जो कठिनाई पैदा हो रही है, वह स्पष्ट है।

अपने निबन्ध के आरम्भ में बरो कहते हैं निकट पूर्व (अर्थात् वर्तमान तुर्की राष्ट्र) में जो आर्यभाषाओं के अवशेष मिलते हैं, उनका सम्बन्ध भारतीय आर्य भाषा से है, ईरानी से नहीं। यह न तो ईरानी और भारतीय से अलग कोई तीसरा स्वतन्त्र भाषा-समुदाय है और न इसे आदि आर्यभाषा कहा जा सकता है। जहाँ ईरानी और भारतीय आर्य भाषाओं में अन्तर है, वहाँ निकट पूर्व के दस्तावेजों की भाषा भारतीय आर्यभाषा से मिलती है, ईरानी से नहीं। हित्ती-मितन्नी सन्धिपत्रों में मित्र, वरुण, इन्द्र, नासत्यों आदि को पहचान लिया गया है। वरुण का उल्लेख ईरानी दस्तावेजों में नहीं है। **ऋग्वेद** में मित्र और वरुण का उल्लेख एक साथ मिलता है। ईरानी दस्तावेजों में **मिथ्र** (अर्थात् **मित्र**) और **अहुर** (अर्थात् **असुर**) का उल्लेख मिलता है। **ऋग्वेद** में जहाँ-तहाँ **असुर** नाम के देवता का उल्लेख है; वह **मित्र** और **वरुण** से भिन्न है पर कभी-कभी उनके साथ भी उसका उल्लेख होता है। बरो का विचार है कि **मित्र और**

वरुण की जोड़ी की अपेक्षा **मित्र** और **असुर** की जोड़ी अधिक मौलिक यानी प्राचीन है। कौन अधिक प्राचीन है, यह प्रश्न गौण है। वास्तव में सुर, असुर, देव पौराणिक गाथाओं में अलग कर दिए गए हैं। सुर और असुर विरोधी माने गए हैं, देव ईरानी परम्परा में निम्न प्रकृति का प्राणी माना गया है, जैसे ग्रीक **दअ्मोन्** अंग्रेज़ी का **डेमन्** हो गया। बरो ने ठीक लिखा है कि **असुर** का मूल अर्थ स्वामी है, प्राण का अर्थ देने वाले **असु** से इसका कोई सम्बन्ध नहीं है। **अवेस्ता** में **अहू** शब्द भी है जिसका वही स्वामी वाला अर्थ है। **अहू** और **असुर सू** या **सु** क्रिया से बने हैं जिसका अर्थ खेत में बीज डालना, सृजन करना है। क्रिया के पहले जो **अ** उपसर्ग है, वह निषेधात्मक नहीं है, अर्थघनत्व का सूचक है। कृषि-सभ्यता के विकास से **ऋषि, सुर, असुर** आदि जो शब्द कृषि सम्बन्धी कौशल से सम्पृक्त थे, वे आगे चलकर अपने मूल भौतिक परिवेश से अलग होकर पूर्णतः अथवा अंशतः देवत्वसूचक हो गए। एक ही विशाल परिवार के सदस्य जब मिलकर खेती करते थे, तब उन सबका मुखिया **कुलपति** कहलाता था। **कुलपति** के **पति** शब्द में जो स्वामित्व का भाव है वही **असुर** शब्द में है। यह **असुर** शब्द कुलपतित्व की कृषि-भूमि छोड़कर देवत्वसूचक बना। देवताओं से सम्बन्धित मनुष्य की धारणाओं का विकास कैसे हुआ है, इस पर ध्यान न देकर बरो मान लेते हैं कि असुर एक देवता था जिसकी उपासना **ऋग्वेद** के रचनाकाल तक पुरानी पड़ चुकी थी।

वसु शब्द को भारतीय ईरानी सम्बन्धों के विवेचन में बरो ने प्रस्तुत किया है। तर्क है कि **वसु** संस्कृत में संज्ञा है और ईरानी में (**वोहु** रूप में) विशेषण है। मितन्नी राजधानी का नाम **वस्सुकन्नि** अर्थात् **वसुखनि** (वसुओं, मूल्यवान धातुओं की खान) था। यहाँ भी **वसु संज्ञा** रूप में है। इस प्रकार भारतीय आर्यभाषा और ईरानी में तो भेद हुआ किन्तु पश्चिम एशियाई और भारतीय भाषाओं में समानता हुई। किन्तु यह तर्क अनावश्यक है। **वसु** उन शब्दों के वर्ग में है जो संज्ञा और विशेषण दोनों तरह प्रयुक्त होते हैं। विशेषण रूप में **वसु** संस्कृत **वसिष्ठ** में विद्यमान है (वैदिक भाषा में इसका **वसिश्त** रूप भी है)। अधिक महत्वपूर्ण बात यह है कि मितन्नी और भारतीय रूपों में सकार है, ईरानी में उसका परिवर्तित रूप ह् है। **वसु** के साथ **खनि** ही शब्द का मूल रूप है, मितन्नी में महाप्राणता का लोप होकर अल्प प्राण रूप रह गया है। **वोहु** और **वस्सुकन्नि** दोनों का उद्‌भव **वसु** और **खनि** में देखना चाहिए। बरो बिलकुल ठीक कहते हैं कि आर्य लोग पहले पंजाब पहुँचे हों और वहाँ से लौटकर मितन्नी भूमि पहुँचे हों, यह सम्भव नहीं है। पर इससे वह यह भ्रामक स्थापना प्रस्तुत करते हैं कि इन भाषाओं के विकसित होने से पहले आदि आर्य विभाजित होकर भारतीय आर्य और ईरानी आर्य बन चुके थे। प्राचीन जनसमुदाय गणसमाजों में संगठित होते थे, यह मानचित्र बरो के सामने नहीं रहता। इसलिए आर्य गणभाषाओं के बदले वह आदि आर्यों की भाषा की कल्पना करते हैं। उनकी कल्पना में ये आदि आर्य इन्डोयूरोपियन की एक शाखा हैं, वे विभिन्न गणों में संगठित न होकर एक विराट् जन समूह हैं। किन्तु यह मान भी लिया जाए तो भारतीय और ईरानी आर्य अलग हैं, भाषा के अलावा

इसकी पहचान क्या होगी ? बरो के विचार से भारतीय और ईरानी भाषाओं का विकास बाद में हुआ किन्तु मूल आर्य भारतीय और ईरानी पहले बने ! यह भी मान लें तो हित्ती-मितन्नी छूटे जा रहे हैं। मूल आर्य विभाजित होने पर जब एक ही भाषा बोल रहे थे, तब भारत और तुर्की जैसे दूरस्थ देशों में एक ही तरह का भाषायी विकास क्यों हुआ, और बीच में ईरान की भाषा दोनों से भिन्न क्यों हुई ?

वास्तव में ईरानी भाषा-समुदाय के विशाल क्षेत्र में अनेक भाषाएँ बोली जाती थीं। समस्त ईरानी किसी समय **अवेस्ता** की भाषा ही बोलते थे, यह मिथ्या कल्पना है। वर्तमान तुर्की राष्ट्र की भूमि पर अनेक आर्यभाषाएँ बोली जाती थीं, इस तथ्य का विवेचन हित्ती-विशेषज्ञ स्टुर्टेवैन्ट ने किया है। बरो उस विवेचन से परिचित हैं और संस्कृत पर अपने ग्रन्थ में उन्होंने इन भाषाओं का उल्लेख भी किया है। उसी प्रकार भारत में मगध, कोसल, वृष्णि, कुरु आदि की विभिन्न गणभाषाएँ थीं। अपने विवेचन में इस संश्लिष्टभाषायी स्थिति को सरल करके बरो आदि आर्यों और उनकी दो शाखाओं, भारतीय और ईरानी की, बात करते हैं। आर्य पंजाब से लौटकर पश्चिमी लघु एशिया नहीं गए, यह तो सही है किन्तु बिना लौटे भी तो वे वहाँ जा सकते थे। बरो के लिए यह कल्पनातीत है कि आर्य अभियान भारत से शुरू हुआ हो। तब भारत को, उसके उत्तरी भाग या पंजाब को आर्यों का आदि देश मानना पड़ेगा। आदि देश कहीं होना ज़रूर चाहिए, भारत में नहीं हो सकता, इसलिए ईरान में होगा। मूल इन्डोयूरोपियन भाषा के बोलने वाले ईरान में न रहते थे पर उनकी जो शाखा वहाँ पहुँची, ईरानियों और भारतवासियों के लिए वही आदि आर्यशाखा है। कल्पना कीजिए कि उत्तर भारत, बृहत्तर भारत के उत्तराखण्ड में, मध्य एशिया, ईरान समेत पश्चिमी एशिया की भूमि पर सैकड़ों कबीले घूमते हैं। फिर घुमन्तू जीवन छोड़ते हुए वे कृषि-सभ्यता का विकास करते हैं। इस सभ्यता का विकास सभी कबीलों में एक साथ नहीं होता। भारत और ईरान में जब कृषि-सभ्यता पुरानी पड़ चुकी है, तब भी—तुर्क अभियान से पहले तक—पामीर के घुमन्तू कबीले उत्तरी चीन से लेकर दक्खिनी रूस तक धावा मारते हैं। स्वभावतः जिन कबीलों में कृषि-सभ्यता का विकास पहले हुआ, उन्होंने दूसरे कबीलों की भाषा और संस्कृति को अधिक प्रभावित किया। कृषि-सभ्यता के विकास के साथ-साथ, और उसके बाद, जैसे-जैसे उत्पादन-कौशल में विकास हुआ, मनुष्य ने पृथ्वी के गर्भ से खनिज पदार्थ निकालकर उन्हें उपयोग में लाना शुरू किया, नगरों का निर्माण हुआ, सुव्यवस्थित नगर-निर्माण-कौशल में वृद्धि हुई, वैसे-वैसे विकसित सभ्यता के इन केन्द्रों ने एक दूसरे को, और अपेक्षाकृत अविकसित समाजों को, प्रभावित किया। इस पृष्ठभूमि में यह बिलकुल स्वाभाविक होगा कि भारत भाषातत्वों के निर्यात का प्रमुख केन्द्र बने। यहाँ **ऋग्वेद** के अलावा सिन्धु घाटी की सभ्यता भी है।

सिन्धु घाटी की सभ्यता का उल्लेख बरो भी करते हैं।

बरो ने एक काम अच्छा किया है कि उन्होंने **ऋग्वेद** का समय कुछ और पहले तक खींचा है। उनका विचार है कि **ऋग्वेद** का समय २००० ई० पू० के आसपास होना चाहिए। ज़रथुश्त्र का समय वह ११०० ई० पू० या उससे कुछ पहले मानते

हैं। ईरानी गाथाओं की भाषा को वह वैदिक भाषा की समकालीन मानते हैं, कहते हैं कि उससे प्राचीनतर भी हो सकती है। ज़रथ़ुश्त्र का समय ६०० ई० पू० के आस-पास माना जाता है; स्वभावतः उसे ५०० वर्ष और पहले ले जाने से **ऋग्वेद** का समय भी और पहले ले जाना पड़ेगा। ज़रथ़ुश्त्र का समय और गाथाओं की भाषा का समय एक नहीं है। बरो के मत से गाथाओं की भाषा वैदिक भाषा की समकालीन है। किन्तु ज़रथ़ुश्त्र बाद के हैं और जिस प्रकार वैदिक शब्दों का व्यवहार गाथाओं या **अवेस्ता** की भाषा में हुआ है, उससे उस भाषा के लिए भारत से भिन्न किसी अन्य आदि स्रोत की कल्पना प्रमाणित नहीं होती। बरो कहते हैं कि देवता या ईश्वर के लिए प्राचीन ईरानी में **बग** शब्द था। यही रूप पुरानी फ़ारसी में है यद्यपि **अवेस्ता** में **ग़्** संघर्षी रूप में है, वहाँ **बग़** रूप है। अब **भगवान्** वाले **भग** से अलग इस **बग** का विकास नहीं दिखाया जा सकता। **बोगु** जैसे रूप में यह शब्द स्लाव भाषाओं में भी है। **भग** ऐश्वर्य-सूचक है, संस्कृत में है, स्लाव भाषाओं में है, ईरानी में उसका गौण और सीमित देवत्व वाला अर्थ है।

४. फ़ारसी और पश्तो

आधुनिक फ़ारसी का विकास ग्यारहवीं सदी से माना जाता है। भारतीय भाषाओं की तुलना में फ़ारसी पर सामी प्रभाव बहुत है। उर्दू ने अरबी से शब्द बहुत लिए हैं किन्तु उसका व्याकरण मूलतः हिन्दी का है। फ़ारसी में व्याकरण के स्तर पर भी अरबी का प्रभाव पड़ा है। उर्दू में बीसवीं सदी से पहले अरबी तत्व अधिकतर फ़ारसी के माध्यम से आए, फ़ारसी से भी अधिक अरबी शब्द उधार लेने का काम उर्दू ने बीसवीं सदी में किया। सामी तत्वों को छोड़ दें तो आधुनिक फ़ारसी की संरचना ऐतिहासिक दृष्टि से बहुत रोचक सिद्ध होगी और समग्र भारतीय भाषायी परिवेश से सम्बद्ध दिखाई देगी।

आधुनिक फ़ारसी का ध्वनितन्त्र प्राचीन ईरानी और पुरानी फ़ारसी से बहुत कुछ वैसे ही भिन्न है जैसे प्राकृतों के ध्वनितन्त्र से हिन्दी तथा अन्य आधुनिक आर्य-भाषाओं का ध्वनितन्त्र भिन्न है। हिन्दी आदि के लिए तो कहा जाता है कि मुसलमानों के हमले के कारण तत्सम रूपों का फिर से चलन हुआ, फ़ारसी में जहाँ ऐसे 'नये' रूप मिलते हैं जो अति प्राचीन हैं, तो क्या इनके बारे में कहा जाएगा कि ईरान पर अरब और तुर्क मुसलमानों के आक्रमण हुए, इसलिए पुराने तत्सम, अर्ध-तत्सम रूप फिर चालू किए गए? **अवेस्ता** की भाषा और शिलालेखों की पुरानी फ़ारसी, दोनों भाषाओं में एक ही ध्वनि के विभिन्न रूपान्तर मिलते हैं। इसका कारण यह है कि लिखित भाषा के अलावा अनेक अलिखित भाषाएँ भी व्यवहार में आती थीं और इनकी विविधता जहाँ-तहाँ लिखित भाषा में भी प्रतिबिम्बित हुई है। युगविशेष में किसी भाषा के लिखित रूप में तत्सम रूपों का व्यवहार बढ़ सकता है, यह मानते हुए भी कहना होगा कि लिखित भाषा में जैसे तद्भव मिलते हैं, उनसे भिन्न रूप भी पुराने समय में प्रचलित रहे होंगे। **अवेस्ता** की भाषा में **स्** यदि **ह्**, **म** बदलता दिखाई देता है, तो इससे यह **न**

समझना चाहिए कि ईरान की भाषाओं में सर्वत्र ऐसा परिवर्तन होता था। **असुर** का ईरानी रूपान्तर **अहुर** अवश्य था पर **अशुर** रूप भी प्रचलित था। जिस देश को अंग्रेज़ी में **असीरिया** कहा जाता है, वह **असुर** देश है और उसका पुराना नाम **अशुरा** था। डा० सुकुमार सेन ने **अशुरा** को मूल रूप मानकर **अवेस्ता** के **अथ़ुरा** का सम्बन्ध उससे जोड़ा है। इस प्रकार **असुर** शब्द **अहुर, अशुर, अथ़ुर,** कम से कम इन तीन रूपों में बोला जाता था। भारत से जो शकार-प्रेमी मग ईरान पहुंचे थे, वे अवश्य **असुर** को **अशुर** बोलते रहे होंगे। साथ ही **असुर** को **असुर** कहने वाले भी ईरान में रहे होंगे, इसकी कल्पना की जा सकती है। भारत में **असुर** शब्द प्रचलित रहा, इसमें तो कोई सन्देह नहीं। प्राचीन ईरानी और पुरानी फ़ारसी **थ़्, द़्, ख़्** आदि संघर्षी ध्वनियाँ बहुत हैं। इनमें फ़ारसी ने केवल ख़ ध्वनि स्वीकार की है। संघर्षी **थ़्** अंग्रेज़ी में तो प्रयुक्त होता है (**थिक्, थिन्** आदि शब्दों में) और अरबी का **थ़ाद्** ध्वनि-चिन्ह उसे व्यक्त करता है किन्तु फ़ारसी में अरबी शब्दों की **थ़ाद्** वाली ध्वनि भी **स्वाद्** यानी **स्** रूप में ग्रहण की गई।

पुरानी फ़ारसी में **ऋ** ध्वनि अधिकतर **अर्** में बदलती है। यों भी कह सकते हैं कि वह **र्** में बदलती है किन्तु तमिल के अनुरूप **र्** के पहले **अ** स्वर जोड़ना आवश्यक होता है। संस्कृत **ऋताच** पुरानी फ़ारसी में **अर्ताचा** है। यहाँ **ऋ** स्वर को **अर्** में परिवर्तित मान सकते हैं किन्तु संस्कृत **रजतम्** का प्रतिरूप यहाँ **अर्दतम्** है। **ऋ** स्वर नहीं है, **र्** के पहले स्पष्ट ही **अ** स्वर जोड़ा गया है। संस्कृत **ज्** पुरानी फ़ारसी में **द्** रूप धारण करता है किन्तु लैटिन में **ग्** रूप में ग्रहण किया जाता है। इसलिए लैटिन शब्द है **अर्गेन्तुम्** (चाँदी, श्वेत); अंग्रेज़ी में **आर्जेन्ट्** रूप है जहाँ **ज्** का आविर्भाव फिर होता है। **अजानात्** का पहलवी प्रतिरूप **अदाना** है जो सीधे **अजाना** से भी बन सकता है। जैसे **प्रसेनजित्** पालि में **पसेनदी** हुए, उसी तरह **अजाना अदाना** बने। **दाना, नादान, दानिशमन्द** इसी खानदान के हैं। महाराष्ट्र और दक्षिण में **ज्ञान** के प्रथम व्यंजन के तालव्य उच्चारण के बदले जो दन्त्य उच्चारण होता है—**ज्यॉन** को **द्यॉन** कहने की प्रवृत्ति है—उसी के अनुरूप पुरानी फ़ारसी यानी पहलवी में यह प्रवृत्ति विकसित हुई, किन्तु अब ज् ध्वनि आधुनिक फ़ारसी में अच्छी तरह प्रतिष्ठित हो गई है। संस्कृत **जनानाम्** पुरानी फ़ारसी में **ज़नानाम्** है और **जीव्** क्रिया का प्रतिरूप **ज़ीस्तन्** है। यहाँ ज् ध्वनि सघोष सकार में परिवर्तित हुई है। मराठी में फ़ारसी **जगह** को **जायगा** रूप देकर मराठीभाषी यह सिद्ध करते हैं कि **ज्** को द् में बदलने की प्रक्रिया के समान उसे **ज़्** में बदलने की प्रक्रिया भी भारतीय है।

ईरानी क्षेत्र के बहुत से स्थानवाचक शब्दों में **स्तान** लगा हुआ दिखाई देता है। यह **स्थान** का प्रतिरूप है। पुरानी फ़ारसी में संयुक्त स्वर और संयुक्त व्यंजन काफी हैं किन्तु आधुनिक फ़ारसी में इनका अलगाव देखा जाता है, विशेषरूप से शब्द के आदि स्थान में। **भ्रातर्** का प्रतिरूप **बिरादर्** है किन्तु **अब्र (अभ्र)**, में दो व्यंजन संयुक्त हैं। पुरानी फ़ारसी में **एतत्** का प्रतिरूप **अइत्** है, **एति** (जाता है) का प्रतिरूप **अइतेय्** है। आधुनिक फ़ारसी **अइ** और **अउ** संयुक्त स्वरों का व्यवहार नहीं करती; इनकी जगह **ऐ,**

ओ का व्यवहार करती है। यही प्रवृत्ति उत्तरपश्चिमी आधुनिक आर्यभाषाओं में है। यदि फ़ारसी की तद्भवीकरण-प्रक्रिया का विश्लेषण किया जाए तो वह भारतीय आर्य-भाषाओं में वैसी प्रक्रिया से मिलती-जुलती दिखाई देगी। संस्कृत **अक्षत** पुरानी फ़ारसी में **अख्शत** है। **क्ष्** ध्वनि **ख्श्** में परिवर्तित हुई है। ऐसा परिवर्तन आधुनिक फ़ारसी में नहीं होता। **क्षीर** का प्रतिरूप **शीर** है जैसे संस्कृत **क्षेत्र** का मराठी प्रतिरूप **शेत** है। साथ ही **क्षार** का फ़ारसी रूपान्तर **खार्** है। **क्ष्** को **ख्** में बदलेन की प्रवृत्ति मागध भाषा-समुदाय की विशेषता है। फ़ारसी में उसे संघर्षी रूप दिया जाता है, इतना ही अन्तर है। यह सम्भव है कि मग जनों के प्रभाव से ईरान की भाषाओं में ऐसे परिवर्तन हुए हों। आधुनिक फ़ारसी में **अ** स्वर को वृत्ताकार बोलने की प्रवृत्ति है। इसका कारण भी मग-सम्पर्क हो सकता है। फ़ारसी में एक उल्लेखनीय प्रवृत्ति मध्यवर्ती अघोष स्पर्श ध्वनि को सघोष करने की है। **मादर्, पिदर्, बिरादर्** रूप इसी प्रवृत्ति के कारण बने हैं। पर ऐसा सर्वत्र नहीं होता। **आतिश** (अग्नि) और **आदिश** दोनों तरह के रूप मिलते हैं। प्राकृतों में यह प्रवृत्ति बहुत व्यापक है और इन प्राकृतों में मागधी प्राकृत का स्थान प्रमुख है। यह प्रवृत्ति वास्तव में उत्तर-पश्चिमी है। **अशोक** का नाम **अशोग** या **असोग** नहीं मिलता। मग लोग चाहे पूर्व के रहने वाले हों चाहे पश्चिम के, मागध समुदाय की भाषाओं में अनेक प्रवृत्तियाँ ऐसी हैं जो उत्तर-पश्चिमी भाषाओं में हैं। इसी कारण मानक तमिल में यह प्रवृत्ति उत्पन्न हुई कि मध्यवर्ती अघोष ध्वनि का सघोष उच्चारण किया जाय यद्यपि तमिल में अघोष-सघोष के भेद से अर्थ में कोई परिवर्तन नहीं होता। प्राकृतों में अघोष महाप्राण ध्वनि को भी सघोष महाप्राण कर देते हैं। सघोष महाप्राण ध्वनियाँ न फ़ारसी में हैं, न तमिल में, इसलिए प्राकृतों का उक्त परिवर्तन इन भाषाओं में नहीं होता। फ़ारसी में शब्द के अन्त में आने वाले **न** या **न्** का लोप करके पूर्वस्वर को अनुनासिक बना देने की प्रवृत्ति है। **मकान** से **मकाँ, ज़ुबान** से **ज़ुबाँ** रूप उर्दू कविता में इसी प्रवृत्ति के कारण मिलते हैं। तमिल में अन्य पुरुष सर्वनाम का एकवचन रूप **अवन्** बोलचाल में **अवाँ** हो जाता है। यह वही प्रवृत्ति है। फ़ारसी में पुराने **अवन्** (दूरस्थ व्यक्ति), **इवन्** (निकटस्थ व्यक्ति) रूप और भी संक्षिप्त होकर **आँ** और **ईं** हो गये हैं।

फ़ारसी और तमिल में एक महत्वपूर्ण भेद यह है कि तमिल में वर्त्स्य या मूर्धन्य **ट्, ड्** का व्यवहार होता है किन्तु फ़ारसी में इनका प्रवेश नहीं हुआ। एक अन्य केन्द्र द्रविड़ भाषाओं और संस्कृत को प्रभावित कर रहा था। तमिल पर उसका आंशिक प्रभाव है क्योंकि इस भाषा में शब्द के आदिस्थान पर **ट्** का व्यवहार नहीं होता। इससे यह निष्कर्ष निकाला जा सकता है कि द्रविड़ परिवार और ईरानी समुदाय की भाषाएँ जब भारत के उत्तरी-पश्चिमी सीमान्त पर सम्पर्क में आईं थीं, तब द्रविड़ भाषाओं पर **ट्-ड्** वाले ध्वनिकेन्द्र का प्रभाव न पड़ा था। अन्य सम्भावना यह भी है कि ईरानी भाषाएँ **ट्-ड्** ध्वनियों वाले शब्दों को ग्रहण करते समय उन्हें **त्-द्** में बदल देती थीं। फ्रांस, इटली, रूस आदि ट-वर्गहीन क्षेत्रों के लोग जब अंग्रेज़ी या भारतीय शब्द बोलते हैं, तब आवश्यकतानुसार ऐसा ही परिवर्तन करते हैं। स्कौटलैंड, आयर्लैन्ड आदि केल्त-भाषा क्षेत्रों के लोग जब अंग्रेज़ी बोलते हैं तब उनके उच्चारण में भी ऐसे ही परिवर्तन

की झलक मिलती है। वैदिक मन्त्र या उनसे मिलते-जुलते मन्त्र ईरान की उपासना पद्धति में प्रयुक्त होते थे। वैदिक मन्त्रों की प्राचीनता असंदिग्ध है और इनमें ट-वर्गीय ध्वनियों का व्यवहार होता है। इसलिए यह धारणा पुष्ट होती है कि ऐसी ध्वनियों वाले शब्द ईरानी भाषा-समुदाय में उसकी ध्वनि-प्रकृति के अनुरूप बदल कर ग्रहण किए गए हैं, भले ही स्वयम् संस्कृत में ऐसे रूप किसी समय त-वर्गीय ध्वनियों वाले रहे हों। अंग्रेज़ी महीना **सेप्टेम्बर** हिन्दी में **सितम्बर** है। **सेप्ट** के मूल रूप **सप्त** में **त्** है। यह **त्** अंग्रेज़ी में **ट्** बना, हिन्दी में **त्** रूप में उसका पुनर्जन्म हुआ। मध्यदेशीय **त्** पश्चिमी **ट्** में परिवर्तित हुआ, ईरानी समुदाय में वह पुन: **त्** रूप में ग्रहण किया गया। जहाँ तक **ण्** का सम्बन्ध है, वह संस्कृत. बाँगरू, पंजाबी, मराठी आदि आर्यभाषाओं तथा तमिल आदि अनेक द्रविड़ भाषाओं में है किन्तु फ़ारसी में उसका प्रवेश नहीं है। आधुनिक आर्यभाषाएँ बोलचाल के स्तर पर **ष्** का व्यवहार नहीं करतीं, यही स्थिति फ़ारसी की है। जैसे पालि और प्राकृत में **ष्** नहीं है, वैसे ही प्राचीन ईरानी और पुरानी फ़ारसी में भी वह नहीं है।

अनेक आर्यभाषाओं में **ब्** और **व्** का वैकल्पिक व्यवहार होता है। फ़ारसी में **पासबान्** और **पासवान्** (पहरेदार) दोनों रूप हैं। उत्तर-पश्चिमी आर्यभाषाओं तथा तमिल के समान फ़ारसी में तालव्यीकरण की प्रवृत्ति है। जैसे संस्कृत **कर** के तमिल प्रतिरूप **कइ** (हाथ) और **चेंइ** (करना) हैं, जैसे हिन्दी **क्यों** ब्रज क्षेत्र में **चौं** भी बोला जाता है, वैसे ही फ़ारसी में प्रश्नवाचक सर्वनाम **के** का एक प्रतिरूप **चे** भी है। **के** रूप जानदारों के लिए ही प्रयुक्त होता है और **चे** बेजानों के लिए भी। तमिल में सकार जैसे कभी-कभी **त्** में बदलता है, वैसे ही संस्कृत **आवास** फ़ारसी में **आबाद** है। **स्** पहले अघोष **त्** में परिवर्तित हुआ, फिर यह **त्** सघोष **द्** बना। संस्कृत के **व्** ध्वनि वाले शब्द जैसे मागध समुदाय में **ब** बोले जाते हैं, वैसे ही संस्कृत **वात** फारसी में **बाद** है। किन्तु ऐसा सर्वत्र नहीं होता। **यातु** के प्रतिरूप **जादू** में **य्** को **ज्** में बदलने की वही मागधी प्रवृत्ति फिर दिखाई देती है।

फ़ारसी की शब्द-निर्माण-प्रक्रिया में भारतीय शब्द-मूलों की महत्वपूर्ण भूमिका रही है। **रास्त, राशिद, राह, रहबर, रफ़्तन्, रवाना** आदि में संस्कृत की गति-सूचक **ऋ** क्रिया है। फ़ारसी रूपों में यह सीधे **र्** में परिवर्तित हुई है और उससे पहले अ स्वर जोड़ना आवश्यक नहीं हुआ। जिस पर हम चलते हैं, वह रास्ता या राह है, **रफ़्तन्** चलने की क्रिया है। **रवा** का अर्थ है जाता हुआ, साथ ही उसमें सीधे चलने का भाव भी है। संस्कृत में जैसे **ऋत** का अर्थ सत्य है यद्यपि क्रिया का मूल अर्थ चलना है, वैसे ही फ़ारसी में **रवा** के दो अर्थ हुए। **रवाना** का सम्बन्ध तो चलने से है किन्तु **रवादार** वह है जिसका चालचलन दुरुस्त होता है। **रास्ता** वह है जिस पर आदमी चलता है, **रास्त** वह व्यक्ति है जिसका आचरण शुद्ध है यानी चाल सीधी है। **रवी** यात्री के लिए प्रयुक्त होता है और **रविश** का अर्थ गति है। जैसे गति-सूचक **सर्** क्रिया से **सरिता** शब्द बनता है, वैसे ही **रू** क्रिया से नदी-वाचक फ़ारसी का **रूद** शब्द बना। जैसे **वृध्** क्रिया से बढ़ना और **बृद्ध** से **बूढ़ा** रूप बनते हैं, वैसे ही **ऋ** से एक ओर **रफ़्तन्**, **राह** जैसे रूप

बनते हैं, दूसरी ओर **रूद** जैसा रूप बनता है। **रवा, रविश** आदि में **ऋ** क्रिया **रू** वत् **ही** ग्रहण की गई थी। उकार-अकार अथवा उकार-इकार के बीच **व्** श्रुतिका आगम हुआ है। एक **ऋ** क्रिया **ऋचा** और **ऋग्वेद** के **ऋक्** वाली है। इससे कृदन्त रूप **रन्द** बना जिसका अर्थ है शब्द, कथन। उल्लेखनीय है कि इस अर्थ वाली **ऋ** के आधार पर तमिल में भी बोलने के अर्थ में **इर** जैसी क्रियाओं का व्यवहार होता है।

फ़ारसी शब्दों की रचना-प्रक्रिया का एक महत्वपूर्ण पक्ष यह है कि इसमें उपसर्गों का महत्व वैसे ही नगण्य है जैसे आधुनिक आर्यभाषाओं में। संस्कृत में उपसर्गों की भरमार है। आधुनिक आर्यभाषाओं में उपसंर्गों की क्षीणता का कारण कुछ लोग द्रविड़-प्रभाव मानते हैं। यदि यह बात सही हो तो उन्हें फ़ारसी पर भी ऐसा ही प्रभाव मानना चाहिए। वास्तव में आर्यभाषाओं में दो प्रवृत्तियाँ रही हैं, एक उपसर्गों के बहुल प्रयोग की, दूसरी उनका प्रयोग न करने की। जर्मन और स्लाव समुदाय की भाषाएँ भी उपसर्गों का प्रचुर व्यवहार करती हैं किन्तु लैटिन समुदाय की भाषाओं की स्थिति वैसी ही है जैसी आधुनिक आर्यभाषाओं की।

ईरानी क्षेत्र में स्थानवाचक शब्दों के **स्थान** का रूपान्तर **स्तान** प्रयुक्त होता है। **स्कम्भ** और **स्तम्भ** रूप याद करें तो ज्ञात होगा कि **स्तान** के समानान्तर **स्कान** जैसा रूप भी होना चाहिए। जो स्थान **अज़रबैजान** कहलाता है उसका पूर्वरूप **आज़रबादगान** है। **बाद** शब्द के **द्** का लोप होने पर **अ** बचा और **य्** श्रुति के आगम से **बायि** रूप बना। **गान** का अरबी रूप **जान** हुआ और इस प्रकार **आज़रबायिज़ान** रूप स्थिर हुआ। **अज़रबैजान** का पूर्वरूप **आज़रबादगान** था, इसका प्रमाण **श्टाइनग्रास** का फ़ारसी-अंग्रेज़ी कोश है; शब्द का अर्थ बताया है अग्नि-मन्दिर। **आज़र अध्वर** का प्रतिरूप है, **बाद वास** का, **गान स्कान** का। **क्** ध्वनि के सघोष होने और **स्** के लोप होने पर **गान** रूप बना। **आज़रबादगान** उन थोड़े से शब्दों में है जिनमें **स्थान** के उत्तर-पश्चिमी प्रतिरूप **स्कान** का चिन्ह बच गया है। सामान्यतः ईरानी क्षेत्र में मध्यदेशीय **स्थान-स्तान** का ही प्रसार है। फ़ारसी की शब्द-निर्माण-प्रक्रिया में जो बहुत से प्रत्यय लगते हैं, वे संस्कृत तथा भारतीय आर्यभाषाओं के सामान्य प्रत्यय हैं। इनमें एक **कर** प्रत्यय है। **आहनगर** (लोहार), **कूज़गर** (कुम्हार) जादूगर जैसे रूपों में कर प्रत्यय लगा है जिसका आदि व्यंजन सघोष हो गया है। जैसे संस्कृत में **कर** और **कार** प्रत्यय के दो रूप हैं, वैसे ही फ़ारसी में।

गुनहगार, रोज़गार में **कार** प्रत्यय है। **कारीगरी** जैसे शब्दों में **गर** के बाद दूसरा प्रत्यय **ई** लगा है जैसे संस्कृत **मैत्री** में **ई** प्रत्यय है। यह समझना भ्रम है कि बँगला, हिन्दी आदि में ई प्रत्यय लगाकर जो संज्ञा-रूप बनते हैं, उनका चलन फ़ारसी प्रभाव से हुआ है। यह प्रवृत्ति बहुत पुरानी है और स्वयम् फ़ारसी में भारतीय आर्यभाषा केन्द्रों से पहुँची है।

संस्कृत के समान **त, ता, द, न्द** प्रत्यय लगाकर फ़ारसी में क्रिया से कृदन्त-रूप बनाये जाते हैं। **द** वाले रूप त्-मूलक प्रत्ययों का सघोष रूप हैं। **रास्त** (सीधा, उचित) और **रास्ता** में **त** और उसी का वैकल्पिक रूप **ता** प्रत्यय हैं। प्रवाहसूचक **रू** क्रिया से

रूद (नदी), **ऋ** के रूपान्तर **र** (बोलना) **से रन्द** (शब्द) वैसे ही बना है जैसे संस्कृत **शब्द** बना है। संस्कृत **इत** फ़ारसी में **इद** रूप में प्रयुक्त होता है यथा **रास्त** वाली **रा** क्रिया से **राशिद** (उचित मार्ग पर चलने वाला)। संस्कृत के समान **न** और **ना** दोनों रूपों में **न्**-मूलक प्रत्यय काम में लाया जाता है। गतिसूचक **रा** क्रिया से **रान** (यात्रा), **आबरान** (जल यात्रा) और **रवाना** (प्रस्थान करना); **जीवन, मरण** और हिन्दी **जीना, मरना** की तरह ह्रस्व-दीर्घ वर्ण वाले एक ही प्रत्यय के दो रूप हैं। फ़ारसी में जहाँ **इश** प्रत्यय है, वहाँ उसे **इत** का रूपान्तर मानना चाहिए। **इत** का सहज रूपान्तर **इस** हुआ, फिर मागधी वृत्ति के अनुसार उसका तालव्यीकरण हुआ। **रविश** (गति) में गतिसूचक **रा** या **रव्** क्रिया है, उसमें **इश** प्रत्यय लगाया गया। संस्कृत में **शिक्ष्, भक्ष्** जैसी क्रियाएँ वास्तव में कृदन्त हैं। **भस्** के सकार का मूर्धन्यीकरण हुआ, फिर वह **क्** में परिवर्तित हुआ, पुन: उसमें कृदन्त प्रत्यय **स** जोड़ा गया।

बालक जैसे शब्दों में **क** प्रत्यय लघुता या आत्मीयता प्रदर्शन के लिए लगाया जाता है, उसी तरह फ़ारसी में **मर्द** से **मर्दक** रूप बनता है। **जानवर** जैसे शब्दों में **वर** प्रत्यय का पूर्वरूप **हर** है और मूल रूप **धर** है। **शमादान** जैसे शब्दों में **दान** प्रत्यय **धान** का रूपान्तर है और फ़ारसी में वैसे ही प्रयुक्त हुआ है जैसे **दयानिधान** में **नि** उपसर्ग के साथ **धान** प्रत्यय लगा है। **हरामख़ोर** जैसे शब्दों में **ख़ोर** प्रत्यय **ख्वर** क्रिया के आधार पर बना है। **क्षुध्** क्रिया के अन्तिम व्यंजन की महाप्राणता का लोप होने पर **द्** बचा और यह **र्** में परिवर्तित हुआ जैसे **बारह** का **रह दस** का रूपान्तर है। जैसे **क्षार** से **ख़ार**, वैसे ही **क्षु** से **खु** या **ख्व**। जैसे **दान** का मूल रूप **धान** है, वैसे ही फ़ारसी प्रत्यय **दार** का मूल रूप **धार** है। **आबदार** अर्थात् पानी ले चलने वाला, **वफ़ादार** वह जो वफ़ा करे। **क्षार** का एक रूपान्तर **ख़ार** होगा, दूसरा **शार**। **आबशार** अर्थात् झरना, जहाँ से पानी का क्षरण होता हो। **क्षरण** का रूपान्तर **शरन** होगा। बाकू पर्वतमाला में एक चोटी का नाम **अबशरन** है जिसका संस्कृत रूप **अपक्षरण** या **अपक्षरन्** होगा। **धार** का वैकल्पिक रूप **धर** भी सम्भवत: फ़ारसी में प्रयुक्त होता था। **जूहर** उस स्थान को कहते हैं जहाँ बहुत से झरने या छोटी नदियाँ हों। यहाँ **हर धर** का रूपान्तर प्रतीत होता है और **जू** का मूल रूप हिन्दी **चूना** क्रिया का **चू** है जिसका सम्बन्ध **सोता, स्रोत** आदि की **स्रु** क्रिया से है। इसी **जू** का वैकल्पिक रूप **जौ** है जो **जौहरी** और **जौहर** में दिखाई देता है। **जौहर** का अर्थ है मोती या हीरा; धातु-प्रत्यय के विचार से उसका अर्थ हुआ पानीदार। **धार** प्रत्यय का एक रूपान्तर **यार** होता है। **धार** से **हार**, फिर **ह्** का लोप होने पर **यार**; **आयबार** अर्थात् पानी वाला। **इत** प्रत्यय का एक रूपान्तर **इल** फ़ारसी में संज्ञा और विशेषण रूप बनाने के काम आता है। बुलबुले के लिए **आबिल आब** में **इल** प्रत्यय लगाने पर बना है। संस्कृत **आविल** (जलयुक्त) **आप** से बना है जहाँ **प्** ध्वनि के स्पर्श तत्व का लोप हुआ है और उसका स्थान अन्तस्थ **व्** ने लिया है। हिन्दी शब्दों में जहाँ **हर** और **हार, अर** और **आर** प्रत्यय लगते हैं, वहाँ यह निश्चय करना सरल नहीं होता कि इनके पूर्वरूप कहाँ **कर** और **कार** हैं और कहाँ **धर** और **धार**। फ़ारसी में **आबकार, आबदार** दोनों रूप देखकर यह विश्वास होता है कि

कार और **धार** दोनों प्रत्ययों का व्यवहार समान अर्थों में होता था। **आर** से मिलता-जुलता **यार** प्रत्यय फ़ारसी में भी है जैसे **आबयार** में। प्रत्ययों की विविधता, उनके वैकल्पिक रूप, शब्द-निर्माण में उनकी भूमिका भारतीय आर्यभाषाओं के सन्दर्भ में ही समझी जा सकती है, साथ ही फ़ारसी प्रत्ययों के तुलनात्मक अध्ययन से आर्यभाषाओं का प्रत्यय-विकास समझने में सहायता मिलती है।

संस्कृत **मन्त** का फ़ारसी प्रतिरूप **मन्द** है जो अक्लमन्द जैसे शब्दों में मिलता है। जैसे **मन्त** के साथ **मान** है, वैसे ही इनके रूपान्तर **वन्त** और **वान** हैं। **दरबान** जैसे शब्दों में **बान** इसी **वान** का प्रतिरूप है।

फ़ारसी में समासरचना की प्रक्रिया संस्कृत से मिलती-जुलती है। समासों में रोचक वे रूप हैं जहाँ एक ही अर्थ और ध्वनि वाले शब्दों को मिलाया जाता है। इनमें बहुत से हिन्दी में प्रयुक्त होते हैं। इनमें एक शब्द है **बन्दोबस्त** जो अंग्रेज़ों को भी बहुत प्रिय था और उसका व्यवहार वे अपनी इन्डियन इंग्लिश में करते थे। **बन्द** **ओ** **बस्त** में **बन्द** तो **बन्ध** का रूपान्तर है और **बस्त बद्ध** का। लड़के जो **बस्ता** लेकर चलते हैं, वह इसी **बद्ध** के वैकल्पिक रूप **बद्धा** का विकास है। **बन्द** का अर्थ हुआ बाँधो और **बस्त** का अर्थ हुआ बँधा हुआ। इसी तरह **गुफ्तगू** में पहला शब्द **गुफ़्त** (या **गॉफ़्त**) कृदन्त है (कहा), और **गू** क्रियामूल (कहो या कहना)। **आमदरफ़्त** हिन्दी में इस तरह बोला जाता है मानो पहला शब्द **आम** हो, उसके बाद थोड़ा-सा रुककर दूसरा शब्द **दरफ़्त** आया हो। **आमद** ओ **रफ़्त** में दोनों शब्द कृदन्त हैं। **आमद**—आता हुआ, **रफ़्त** जाता हुआ। **कशमकश** में **कश** खींचने वाली क्रिया **कर्ष्** का प्रतिरूप है और बीच में **म** निषेधात्मक है। **कशमकश** अर्थात् खींचो और न खींचो। इसी प्रकार **दारमदार** अर्थात् धारण करो और धारण न करो। **कशमकश** के हिन्दी अर्थ में खींचने के साथ उसकी विरोधी क्रिया न खींचने का भाव थोड़ी-सी झलक देता है पर दारमदार में निषेध भाव पूर्णतः लुप्त हो गया है; निषेध भाव ने अर्थ को सघनता प्रदान की है।

पुरानी फ़ारसी में सर्वनाम-चिन्ह मूल शब्द के बाद लगाए जाते थे जैसे **अस्प**—घोड़ा, **अस्पी**—एक घोड़ा। यहाँ ई निर्देशक सर्वनाम है जिसका कार्य वही है जो अंग्रेज़ी में 'इन्डेफ़िनिट् आर्टीकिल्' (अनिश्चयसूचक सर्वनाम) का होता है। संस्कृत में **राम** के साथ जब सर्वनाम-चिन्ह **अस्** लगाकर **रामः** रूप बनता है तब वह सर्वनाम चिन्ह निश्चयसूचक होता है। अनिश्चय-सूचक सर्वनाम-चिन्ह संस्कृत में नहीं होते, अंग्रेज़ी तथा यूरुप की अन्य भाषाओं में होते हैं। लैटिन तथा स्लाव भाषाएँ संस्कृत से मिलती-जुलती हैं और उनमें भी मूल शब्द के बाद या पहले अनिश्चय-सूचक सर्वनाम नहीं लगाया जाता। इस सन्दर्भ में पुरानी फ़ारसी यूरुप की भाषाओं से अधिक मिलती है किन्तु ये भाषाएँ अनिश्चय-सूचक सर्वनाम मूल शब्द से पहले लगाती हैं, पुरानी फ़ारसी में सर्वनाम चिन्ह के व्यवहार की पद्धति वही है जो संस्कृत की है। पुरानी फ़ारसी में बहुवचन बनाने के लिए जो **आन्** प्रत्यय लगता है जैसे **कनीज़ान्** (बहुत-सी लड़कियाँ), वह संस्कृत **आनि** का रूपान्तर है। फ़ारसी में **काग़ज़ात, मकानात्** आदि में जो **आत्** प्रत्यय दिखाई देता है, वह **आन्** से सम्बद्ध है। संस्कृत के सर्वनाम-चिन्ह **अस्** का व्यवहार

एकवचन के लिए हुआ, **आस्** का बहुवचन के लिए। इस **आस्** का रूपान्तर है **आत्** और **आत्** का रूपान्तर है **आन्**।

फ़ारसी में आधुनिक आर्यभाषाओं की सामान्य प्रकृति के अनुरूप विशेषक शब्दों में लिंगभेद दिखाना आवश्यक नहीं होता। **पीरेमर्द**—बूढ़ा पुरुष, **पीरेजन**—बूढ़ी स्त्री; यदि हम कहें **वृद्ध स्त्री** तो काम चलेगा यद्यपि **वृद्धा स्त्री** गलत न माना जाएगा किन्तु **बूढ़ा स्त्री** प्रयोग स्वीकार न किया जाएगा। तत्सम विशेषक हमारे यहाँ लिंगभेद के बिना भी प्रयोग में आते हैं किन्तु तद्भव रूपों में लिंगभेद दिखाना आवश्यक होता है यद्यपि सर्वत्र ऐसा आवश्यक नहीं है। **बढ़िया लिखावट, बढ़िया आदमी, बढ़िया** में लिंग-भेद दिखाने की गुंजाइश नहीं है। मुख्य बात यह है कि फ़ारसी में लिंगभेद सम्बन्धी उदारता का विकास हिन्दी के समान हुआ है। अनेक आर्यभाषाएँ दो ही नहीं, तीन लिंगों के भेद का ध्यान रखती हैं; उनकी स्थिति अलग है।

जो लोग हिन्दी में कारक-चिन्हों के अभाव को भाषा के ह्रास का प्रमाण मानते हैं, उन्हें फ़ारसी की कारक स्थिति पर विचार करना चाहिए। लेवी ने फ़ारसी पर अपनी पुस्तक में लिखा है कि कुछ अपवादों को छोड़कर फ़ारसी में, अंग्रेज़ी के समान, कारक-चिन्हों का लोप हो गया है। कर्म कारक के लिए **रा** चिन्ह लगाया जा सकता है और उसके बिना भी काम चलता है। इस **रा** की स्थिति हिन्दी **को** जैसी है। **देहाती यकबार खर्बूजा आबर्द**—देहाती एक बोझ खरबूजे लाया; इस वाक्य में कर्म **खर्बूजा** के बाद कारक-चिन्ह लगाना आवश्यक नहीं है। फ़ारसी, अंग्रेज़ी, हिन्दी—दूर दूर की तीन भाषाओं में एक-सी प्रक्रिया घटित होती है। इसका कारण यह नहीं हो सकता कि अपभ्रंश काल में कारक-सम्बन्धी अराजकता फैल गई थी। **रा** कारक-चिन्ह कर्म और सम्बन्ध दोनों के लिए प्रयुक्त होता है। अंग्रेज़ी के **देयर** (उनका) आदि सर्वनामों में सम्बन्धसूचक **र** है। राजस्थानी तथा अनेक पहाड़ी भाषाओं में इस **र** प्रत्यय का व्यवहार होता है। फ़ारसी में **मन्रा** जैसे रूप का निर्माण हिन्दी के **मेरा** की तरह हुआ है। **मन्रा** का प्रतिरूप **मरा** है। **म** और **मन्** का मूल रूप **मध** है जिससे **मैं, मो** आदि रूप बनते हैं। प्रश्नवाचक सर्वनाम **की** बँगला के समान फ़ारसी में भी है, अन्तर यह है कि बँगला में वह निर्जीव वस्तुओं के लिए प्रयुक्त होता है। **की बूद** कहने से यह आशय समझ में आयेगा कि किसी व्यक्ति के बारे में पूछा जा रहा है—कौन था। बँगला में **के** सर्वनाम व्यक्तियों के लिए प्रयुक्त होता है। फ़ारसी में **चे कार**—कौन सा काम, **चे शख़्स**—कौन आदमी, **चे** जीव और निर्जीव दोनों के लिए प्रयुक्त हो सकता है। इसी प्रकार **को** वस्तुओं और व्यक्तियों दोनों के लिए प्रयुक्त होता है। **की, के** अथवा **चे** और **को**, प्रश्नवाचक सर्वनाम के ये तीनों रूप भारतीय भाषाओं में मिलते हैं और इन सभी का मूल रूप है **कध**।

फ़ारसी में दूरस्थ और निकटस्थ सर्वनामों के भेद का आधार वही है जो भारतीय आर्य-द्रविड़ भाषाओं में है। **आन्** दूरस्थ है, **ईन्** निकटस्थ है। ऊ अन्य पुरुष का एकवचन रूप है जो वास्तव में मध्यवर्ती वस्तु या व्यक्ति का सूचक था। इसका बहुवचन रूप **ईशान्** (वे) है जो वास्तव मे निकटस्थ वस्तु या व्यक्ति का सूचक था। फ़ारसी में

सम्बन्धक सर्वनाम-चिन्ह मूल शब्द के बाद लगाए जा सकते हैं यथा **खान** अर्थात् घर और **खानम्** अर्थात् मेरा घर, **पिदर आएशान्** अर्थात् उनके पिता। यह प्रवृत्ति सिन्धी, कश्मीरी के अलावा तुर्की, अरबी आदि अन्य परिवारों की भाषाओं में भी है। फ़ारसी में सम्बन्धक शब्द मूल शब्द के पहले भी आता है यद्यपि विभक्ति-चिन्ह संस्कृत-परम्परा के अनुरूप मूल शब्द के बाद ही आते हैं। **ख़ूबतर अज़हमा** अर्थात् सबसे अच्छा, यहाँ **अज़** सम्बन्धक मूल शब्द **हमा** से पहले आया है। **बदरया** अर्थात् नदी में, यहाँ **ब** सम्बन्धक **दरया** से पहले आया है। **मियाने आन् दो दरख़्त**—दो दरख़्तों के बीच, यहाँ **मध्य** का प्रतिरूप **मियान दरख़्त** से पहले आया है। यह प्रवृत्ति कम्बोज भाषा-समुदाय में अब भी पाई जाती है और सामी भाषाओं में है, प्राचीन ग्रीक में है और अंग्रेज़ी में। फ़ारसी में दस के बाद गिनती के शब्द गढ़ने की प्रक्रिया बहुत दिलचस्प है। अंग्रेज़ी आदि यूरुप की भाषाओं में दहाई के बाद इकाई वाला क्रम अधिक से अधिक उन्नीस तक चलता है, बीस के बाद दहाई पहले, इकाई बाद को, यह द्रविड़ पद्धति शुरू हो जाती है। फ़ारसी में **याज़दह**—ग्यारह, **दवाज़दह**—बारह, **सीज़दह**—तेरह, यह क्रम आर्यभाषाओं की पद्धति के अनुरूप है किन्तु **बीस्त् ओयक**—इक्कीस, **सीओदो**—बत्तीस, यह पद्धति द्रविड़ भाषाओं के अनुरूप है। बीस तक का गणना-क्रम भारतीय आर्यभाषाओं के अनुरूप चलता है; इससे मिलती-जुलती स्थिति यूरुप की भाषाओं की है। बीस के बाद की गिनती द्रविड़ पद्धति का अनुसरण करती है। निष्कर्ष यह निकलता है कि फ़ारसी समेत इन्डोयूरोपियन परिवार की भाषाओं के मूलाधार में भारतीय आर्य-भाषाओं का योगदान मुख्य है किन्तु मूलाधार के ऊपर जो भाषाई प्रपंच है, उस पर द्रविड़ प्रभाव है। फ़ारसी में सघोष महाप्राण ध्वनियाँ जिस प्रकार सघोष अल्पप्राण बनती हैं, वह प्रक्रिया तेलुगु, कन्नड़ आदि भाषाओं में देखी जाती है। इससे उक्त स्थापना की पुष्टि होती है। मूल मध्यदेशीय आर्यभाषाएँ तिङन्त-प्रधान हैं किन्तु बाद की संस्कृत उत्तर-पश्चिमी आर्यभाषाओं के प्रभाव से कृदन्त-प्रधान है। द्रविड़ भाषाओं और फ़ारसी में ऐसी ही कृदन्त-प्रधानता है। भूतकालीन क्रिया रूपों में **गुफ़्तीद, कर्दन्द, ख़ास्तन्द** जैसे कृदन्त रूपों की भरमार है। **बकी गुफ्तीद**—तुमने किससे कहा, **हरचे ख़ास्तन्द कर्दन्द**—उन्होंने जो चाहा सो किया। लेवी ने तेरहवीं सदी की फ़ारसी से जो उदाहरण दिए हैं, उनमें ऐसे रूप बहुत हैं। अनेक कृदन्त जोड़कर सरल ढंग से वाक्य रचना की जा सकती है। चंगेज़ख़ाँ ने बुख़ारा नगर में आकर लूटमार की : **आमदन्द ओ कन्दन्द ओ सूख़्तन्द ओ कुश्तन्द ओ बुर्दन्द ओ रफ़्तन्द**—वे आए और नाश किया और आग लगाई और हत्या की और लूटा और चले गए। कृदन्त-प्रधानता का एक परिणाम यह हुआ है कि लम्बे वाक्य वास्तव में लघु वाक्यों का समूह होते हैं। एक मुख्य वाक्य हो, गौण वाक्य उससे सम्बद्ध हों, ऐसी वाक्य-रचना फ़ारसी की प्रकृति के बहुत अनुकूल नहीं है। लेवी के अनुसार छोटे-छोटे स्वतन्त्र वाक्य बटोरकर सब पर समान बल देते हुए बड़े वाक्य रचने की प्रवृत्ति के लिए स्पष्ट ही आग्रह दिखाई देता है। अंग्रेज़ी आदि यूरुप की भाषाओं से भिन्न फ़ारसी वाक्य-रचना की एक विशेषता यह है कि क्रिया सामान्यत: वाक्य के अन्त में आती है। भारत में आर्य भाषा परिवार ही नहीं, द्रविड़

आदि अन्य परिवार भी इसी रीति से वाक्य-रचना करते हैं। इस प्रकार ध्वनितन्त्र से लेकर वाक्यतन्त्र तक फ़ारसी के ऐतिहासिक विकास का विवेचन भारत के समग्र भाषायी परिवेश को ध्यान में रखकर ही किया जा सकता है।

ईरानी भाषा-समुदाय के क्षेत्र की एक महत्वपूर्ण भाषा पश्तो है। फ़ारसी ने और उससे पहले ईरान की प्राचीन भाषाओं ने भारतीय आर्यभाषाओं को कहाँ तक प्रभावित किया है, इस समस्या का विवेचन करते समय फ़ारसी और पश्तो के आपसी सम्बन्धों को ध्यान में रखने से सहायता मिलेगी। जो विद्वान् सिन्धी, कश्मीरी और पश्चिमी पंजाबी को फ़ारसी-प्रभावित मानकर एक अलग दरद भाषा-समुदाय को मान्यता देते हैं, उनके लिए भी फ़ारसी और पश्तो का सम्बन्ध शिक्षाप्रद होगा। पश्तो-क्षेत्र में फ़ारसी केवल साहित्य पढ़ने-पढ़ाने की भाषा नहीं है; काबुल में उच्चवर्ग के पठान बहुधा फ़ारसी बोलते हैं। पठानों के देश में सामन्ती व्यवस्था अभी समाप्त नहीं हुई। इसका एक परिणाम यह है कि उच्चवर्ग पश्तो की तुलना में फ़ारसी को प्रश्रय देता रहा है और अपनी भाषा के प्रति हीनता के भाव से पीड़ित रहा है। पश्तो न केवल फ़ारसी से भिन्न एक स्वतन्त्र भाषा है वरन् इन्डोयूरोपियन परिवार की भाषाओं के विकास में उसका योगदान फ़ारसी क्षेत्र से कम नहीं है। कुछ बातों में यह फ़ारसी की अपेक्षा भारतीय आर्य भाषाओं के और भी निकट है।

पठान देश अत्यन्त प्राचीन काल से विभिन्न गण-समाजों का देश रहा है। ये गण-समाज सामन्ती व्यवस्था कायम हो जाने पर भी बहुत कुछ अपनी स्वाधीन सत्ता बनाए रहे। पर्वत प्रदेश में रहने से इन्हें अपनी स्वाधीन सत्ता बनाए रखने में सहायता मिली। **ऋग्वेद** में **पक्थ** गण का उल्लेख है। सम्भवतः यह **पश्त** का रूपान्तर है। अफ़गानिस्तान में पठान स्वयम् को **पश्तून** कहते हैं किन्तु कुछ भागों में इसी शब्द को **पख़्तून** बोला जाता है। **पख़्त** से **पश्त** रूप बना होगा, इसकी सम्भावना कम है। **पख़्त** से **पक्थ** रूप बनना सरल है; महाप्राणता ख् से हटकर त् में पहुँच गई है। **पश्तो** या **पुश्तू** शब्द काफी पुराना होगा, कम-से-कम उतना पुराना जितना ईरान शब्द है। पठान शब्द **पख़्त** की अपेक्षा **पक्थ** से बनेगा। **पख़्त** या **पक्थ** शब्द दूर-दूर तक प्रचलित था, यह यूनानी लेखक हेरोदोतुस् द्वारा प्रयुक्त **पक्तुएस्** से विदित होता है। पठान से मिलता-जुलता शब्द **पठार** है। सम्भवतः **पश्त, पक्थ, पख़्त**, ये शब्द पर्वत का अर्थ देते थे। **रोह** से इसी प्रकार **रोहिल्ला** शब्द बना और **ट्रम्प** ने पश्तो भाषा पर अपनी पुस्तक में बताया है कि **रोहु** सिन्धी भाषा में पर्वत को कहते हैं। उत्तर भारत में पठान जिस क्षेत्र में आकर ख़ासतौर से रहे, वह रुहेलखण्ड कहलाया। (ट्रम्प के पश्तो व्याकरण की जो प्रति मुझे पढ़ने को मिली, उसमें ऊपर का पृष्ठ नहीं है। पुस्तक जर्मनी में छपी थी और भूमिका में सन् १८७३ दिया हुआ है।) **अफ़ग़ान** शब्द ईरानियों का दिया हुआ है और बहुत से पठान यह शब्द पसन्द नहीं करते। वे स्वयम् को आर्य कहते हैं और उसी शब्द के अनुरूप उन्होंने अपनी विमान-सेवा का नाम रखा है।

ट्रम्प ने जब अपनी पुस्तक लिखी थी तब ईरान के प्रभाव से भारतीय आर्य-भाषाओं का विकास दिखाने की पद्धति का चलन न हुआ था। ट्रम्प ने पठान देश में

रहकर स्वयम् अपने कानों से पश्तो का बोल-चाल वाला रूप सुनकर व्याकरण लिखा था। इस तथ्य का उल्लेख उन्होंने अपनी भूमिका में किया है। उन्होंने सिन्धी भाषा का भी अध्ययन किया था और उसका व्याकरण भी लिखा था। वह उन थोड़े से भाषाविज्ञानियों में हैं जिन्होंने पश्तो का विवेचन भारतीय भाषायी सन्दर्भ को ध्यान में रखते हुए किया है।

किसी भी हिन्दीभाषी को फ़ारसी और पश्तो का जो अन्तर सबसे अधिक आकर्षित करेगा, वह फ़ारसी से भिन्न पश्तो में मूर्धन्य ध्वनियों का व्यवहार है। पश्तो में ण् है, ट्रम्प के अनुसार **ष्** भी है। उससे भी अधिक महत्वपूर्ण **ट्** और **ड्** ध्वनियाँ हैं जिनका फ़ारसी में नितान्त अभाव है। ट्रम्प ने लिखा है कि पश्तो में मूर्धन्य ध्वनियों का व्यवहार भारतीय प्राकृतों से मिलता-जुलता है। उन्होंने मूर्धन्य ध्वनियों के आधार पर पश्तो को भारतीय भाषाओं से जोड़ा है। प्राकृतों में इस तरह की ध्वनियों का व्यवहार अधिक हुआ है, "इसलिए फ़ारसी का प्रत्येक संज्ञा शब्द, जिसमें मूर्धन्य ध्वनि हो, आसानी से अपने भारतीय उद्भव का पता बता सकता है।" (पृष्ठ १२)। फ़ारसी में **ट्**, **ड्** का अभाव, पठान देश में उनका अस्तित्व, स्लाव समुदाय में उनका अभाव, जर्मन समुदाय में उनका अस्तित्व, इस स्थिति का मुख्य कारण यह है कि यूरुप के लिए भारतीय भाषातत्वों का एक वितरण-केन्द्र ईरान रहा है और दूसरा पठानदेश। ग्रीक, लैटिन, स्लाव आदि भाषा-समुदाय ईरान से अधिक सम्बद्ध हैं, जर्मन समुदाय पठानदेश से। यह सम्बद्धता सापेक्ष है, निरपेक्ष नहीं; विभिन्न केन्द्र एक दूसरे को प्रभावित करते रहे हैं, इस कारण लैटिन जैसी भाषा में अनेक भाषातत्व ईरान से नहीं, पठानदेश से पहुँचे हैं।

ट् और **ड्** के लिए ट्रम्प का मत है कि इनका उच्चारण जीभ को मूर्धा की ओर ले जाने से होता है। ट्रम्प के समय तक ध्वनियों की छानबीन करने के लिए यान्त्रिक उपकरणों का चलन न हुआ था। फिर भी महत्वपूर्ण बात यह है कि उन्हें पश्तो के **ट्**, **ड्** भारतीय आर्यभाषाओं के **ट्**, **ड्** जैसे सुनाई देते थे। १९२८ में जी० मोर्गेन्स्टीर्न ने ध्वनिशास्त्री लायड जेम्स के सहयोग से हज़ारा जिले के पठान नकीबुल्ला को सूचक बना कर पश्तो ध्वनियों का अध्ययन किया था। मोर्गेन्स्टीर्न ईरानी भाषाओं के विशेषज्ञ थे और लायड जेम्स ध्वनिशास्त्री थे। अतः दोनों का संयोग पश्तो ध्वनियों के विश्लेषण के लिए बहुत उपयोगी था। इनके अध्ययन का फल बी० एस० ओ० एस्० पत्रिका (सन् १९२८, खण्ड ५, भाग १) में प्रकाशित हुआ। इसमें उन्होंने कहा है कि मूर्धन्य ध्वनियाँ जब शब्द के आदिस्थान में आती हैं, तब जीभ का प्रतिवेष्टन नहीं होता और वे वर्त्स्य होती हैं। स्वरों के बीच में और शब्द के अन्त में जीभ का प्रति-वेष्टन होता है और वे वर्त्स्यतालव्य ध्वनियाँ होती हैं। यह स्थिति भारतीय आर्य-भाषाओं के ध्वनितन्त्र में **ट्**, **ड्** आदि की स्थिति से मिलती-जुलती है। भारतीय उद्भव के अनेक शब्द पश्तो में बोले जाते हैं और इनके आदिस्थान में **ट्** है। हिन्दी **टोला** का प्रतिरूप **टोल्** है। **ग्राम** के समान यह शब्द समूह-सूचक है। पश्तो में उसका वह अर्थ बना हुआ है। राजस्थानी **टाबर**, सिन्धी **टपड़**, पंजाबी **टब्बर** का पश्तो प्रतिरूप **टपर**

(**कुटुम्ब**) है। पश्तो मूलशब्द के दन्त्य व्यंजन को मूर्धन्य भी बना देती है। यह प्रवृत्ति सिन्धी में भी है। **दुष्काल** का सिन्धी प्रतिरूप **ड॒कालु** है, पश्तो में **डुकाल** सिन्धी से पहुँचा है। **रोटी** का पश्तो प्रतिरूप **डोडई** आश्चर्यजनक है। सम्भव है **रोटी** का **रो** पहले **डो** या **दो** रहा हो। कहीं-कहीं सिन्धी का आदिस्थानीय **ट** पश्तो में **ड** हो गया है। हिन्दी **टक्कर**, सिन्धी **टकरु** पश्तो में **डकरह्** है। भारतीय शब्दों में जहाँ महाप्राणता है, वहाँ पश्तो में महाप्राणता का लोप हो जाता है और अघोष या सघोष अल्पप्राण मूर्धन्य ध्वनि का व्यवहार होता है। अवधी **मूठी**, सिन्धी **मुठि** का पश्तो प्रतिरूप **मुट्** है जो **मूठ** का रूपान्तर है। हिन्दी **ढेर** पश्तो में **डेर** हो गया है।

पश्तो को फ़ारसी से अलग करने वाली और हिन्दी परिवार से जोड़ने वाली **ट** और **ड** से भी अधिक महत्वपूर्ण उत्क्षिप्त मूर्धन्य ध्वनि **ड़्** है। महत्वपूर्ण इसलिए कि इसका व्यवहार पंजाबी और सिन्धी दोनों में कम होता है। यह ध्वनि फ़ारसी भाषा के ध्वनितन्त्र के अनुरूप उर्दू सँवारने वालों को पसन्द नहीं है किन्तु हिन्दी ही नहीं, बँगला में उसका खूब प्रयोग होता है। **र्** के संसर्ग से जैसे संस्कृत के अनेक रूपों में **त्** ध्वनि मूर्धन्य हो गई है, वैसे ही पश्तो में **र्** के संसर्ग से **द्** ध्वनि मूर्धन्य हुई और फिर दो स्वरों के बीच में होने से हिन्दी के समान उत्क्षिप्त भी हुई। फ़ारसी का **मर्दाना** पश्तो में **मड़नई** हुआ। **मर्द** पहले **मड** बना, फिर दो स्वरों के बीच का **ड्** उत्क्षिप्त हुआ। फ़ारसी **कर्दन्** इसी प्रक्रिया से **कड़ल्** बना, फिर वर्ण-संकोचन से आदि वर्ण के स्वर का लोप हुआ और **क्ड़ल्** रूप रह गया। जिन भाषाओं में वर्त्स्य ध्वनि का चलन माना जाता है, उनमें इस प्रकार की उत्क्षिप्त ध्वनि नहीं है। यह ध्वनि भारतीय आर्यभाषाओं में ही मिलती है; नौर्वे और स्वीडन की भाषाओं में और नौर्थम्बरलैन्ड की अंग्रेज़ी में वर्त्स्य से भिन्न मूर्धन्य ध्वनियों का अस्तित्व माना गया है किन्तु उनमें भी **ड़्** का व्यवहार नहीं होता। संस्कृत **षण्ड** पश्तो में हिन्दी की तरह **साँड़** है। हिन्दी में **साँड़** बैल के लिए ही आता है, पश्तो में भैंसे के लिए। ट्रम्प ने पंजाबी, **धाड़ा** और सिन्धी **धाड़ो** का प्रतिरूप **ताड़** दिया है। आदिस्थानीय **ध** को अघोष अल्पप्राण बोलने की प्रवृत्ति पंजाबी में है। अतः पश्तो **ताड़** (डाकुओं का दल) **धाड़ा** यानी **ताड़ा** के वैकल्पिक रूप **ताड़** के आधार पर बना है।

पश्तो में मूर्धन्य नासिक्य **ण्** है और जैसे कि जनपदीय बोलियों में बहुधा होता है, **ण्** को लोग **ड़्** की तरह बोलते हैं, वैसे ही पश्तो में उसका रूपान्तर होता है। **मुंगण** का वैकल्पिक रूप **मुंगड़** है। पंजाबी और बाँगरू के समान पश्तो कहीं-कहीं मूल शब्द के **न्** को भी **ण्** बना लेती है। इस प्रकार हिन्दी **बन** पश्तो में **वण्** है। गिनने वाली **गण** क्रिया पश्तो में **गणल्** है। ट्रम्प का कहना है कि पश्तो में मूर्धन्य **ष्** का व्यवहार होता है। उनके विचार से फ़ारसी के **श्** का उच्चारण पश्तो में अधिक कठोर होता है। इस प्रकार फ़ारसी **दुश्मन** पश्तो में **दुष्मन्** हो जाता है। **शिकार** वर्णसंकोच से **ष्कार** बोला जाता है। मौर्गेन्स्टीर्न और लायड ने मूर्धन्य **ष्** के बारे में कुछ नहीं लिखा। सम्भव है **पश्तो** शब्द मूलतः **पष्तो** रहा हो। इससे **पख्त** और **पक्थ** वाले रूपों का विकास अधिक सहज होगा। **पश्त** से **पक्त** रूप बन सकता है किन्तु **पक्थ** के अन्तिम

वर्ण में महाप्राणता के योग का कोई कारण नहीं है; **पश्त** से यदि **पख्त** रूप बने तो **ख्** की महाप्राणता सरलता से अन्तिम व्यंजन में स्थानान्तरित हो सकती है। पश्तो-क्षेत्र के एक भाग में **ष्** को **ख्** बोलने की प्रवृत्ति है। हो सकता है कि संस्कृत **शुष्क** का फ़ारसी प्रतिरूप **खुश्क** किसी **षुष्क** जैसे पश्तो रूप से बना हो। ट्रम्प के अनुसार संस्कृत **शाखा**, फ़ारसी **शाख़** का पश्तो प्रतिरूप **षाख़** है जहाँ पश्तो ने फ़ारसी रूप के तालव्य **श्** को मूर्धन्य बनाया है। संस्कृत **श्वश्रु** का पश्तो प्रतिरूप **ख्वाषह्** (सास) है। यहाँ पहले वर्ण का तालव्य **श्** मूर्धन्यवत् बोला जाता होगा। यानी **श्वश्रु ष्वश्रु** बोला जाता होगा, इसलिए आदिस्थान में परिवर्तित हुआ है। इसी तरह **खुश्क** का **ख्** पूर्वरूप में मूर्धन्य **ष्** रहा होगा। फ़ारसी **शुतुर** की अपेक्षा पश्तो **ऊष्** (ऊँट) संस्कृत **उष्ट्र** के निकट है। संस्कृत क्रिया **चष्** (पीना) पश्तो में **च्. षल्** है। आदि वर्ण का संकोच हुआ है और **च्** को संघर्षी रूप में ग्रहण किया गया है। इसी प्रकार संस्कृत क्रिया **कृष्** पश्तो में **क्षल्** (खींचना) है। यदि ट्रम्प की बात सही हो तो पश्तो रूप में **क्** के साथ **ष्** का संयोग दिखाई देगा। संस्कृत की संयुक्त ध्वनि **क्ष्** के मूल स्रोत अनेक हैं पर वे कोई भी हों, **क्** और **ष्** के संयोग के बिना **क्ष्** ध्वनि बन नहीं सकती। ऐसा संयोग सम्भवत: पश्तो में है। **क्षुद्र** का पश्तो प्रतिरूप **खोटइ** सीधे **क्षुद्र** का विकास नहीं है वरन् हिन्दी **खोटा** का रूपान्तर है। संस्कृत **पृच्छ्** क्रिया पश्तो में **पुष्तेदल्** है। **प्रश्न** से विदित होता है कि मूल क्रिया में **श्** ध्वनि थी, वही **च्छ्** में परिवर्तित हुई है। **ष्** ध्वनि का ऐसा रूपान्तर नहीं होता। इसलिए लगता है, पश्तो में तालव्य **श्** मूर्धन्य बना है। ट्रम्प ने संस्कृत **ऋज्** से पश्तो **रिष्तिआ** (सत्य) का सम्बन्ध जोड़ा है और लैटिन **रेक्तुस्** रूप उद्धृत किया है। मूर्धन्य **ष्**, **च्** या **ज्** रूप धारण करते नहीं देखा जाता; अत: मूलरूप में **श्** या **स्** के व्यवहार की अधिक सम्भावना है। पश्तो **रीश** या **रीष** दाढ़ी के लिए प्रयुक्त होता है यानी दाढ़ी के बालों के लिए। सम्भव है **ऋक्ष** का मूल अर्थ बालों वाला है। द्रविड़ परिवार की तोद भाषा में **ष्** का व्यवहार होता है और इसके बोलने वाले उत्तर से दक्षिणापथ गए जान पड़ते हैं। इसलिए मूर्धन्य **ष्** का केन्द्र पठानदेश या उसके आसपास का क्षेत्र माना जा सकता है।

सिन्धु का पश्तो प्रतिरूप **हिन्दु** नहीं है, **सीन्द** है। प्राचीन ईरानी भाषा परम्परा के विपरीत **स्** पश्तो में दृढ़तापूर्वक जमा हुआ है। **स्पइ** (कुत्ता), **सोए** (खरगोश), **साँड़**, **स्पेरह्** (पीला), **लास्** (हाथ) आदि शब्दों में **स्** का व्यवहार देखा जा सकता है। **फ़्** फ़ारसी की प्रमुख ध्वनि है किन्तु पठान इसे अल्पप्राण करके **प्** रूप में बोलते हैं। यह स्थिति स्लाव परिवार की उक्रैनी भाषा की याद दिलाती है जहाँ महाप्राण **ख्** तो है पर **फ़्** नहीं है। **फ़रिश्ता** पश्तो में **पिरिष्तह्** हो गया है। ट्रम्प ने लिखा है: "ईरानी भाषाओं से भिन्न पश्तो की एक विशेषता यह है कि उसमें **फ़्** का अभाव है। यह ध्वनि **फ़्** लिखी जाती है और व्यक्तिवाचक नामों में पाई भी जाती है किन्तु हठपूर्वक **प्** बोली जाती है, यहाँ तक कि **आफ़रीदी** भी अपने को **आपरीदइ** कहते हैं।" (पृष्ठ १७)। ट्रम्प ने पठानों के बीच रहकर उनके उच्चारण का अध्ययन किया था। इस सम्बन्ध में उनकी टिप्पणियाँ सदैव ध्यान देने योग्य हैं। पश्तो फ़ारसी की शाखा है और उससे

प्रभावित है, इस धारणा की आवृत्ति न करके उन्होंने अपने विवेचन में पश्तो की विशेषताएँ निश्चित करते हुए उसके स्वतन्त्र रूप पर बल दिया है।

फ़ारसी और पश्तो में एक महत्वपूर्ण भेद शब्द के आरम्भ में एक से अधिक व्यंजनों के प्रयोग को लेकर है। फ़ारसी में ऐसे व्यंजन-गुच्छ नहीं होते, पश्तो के लिए यह सामान्य बात है। मूल शब्द में यदि आदिस्थानीय व्यंजन-गुच्छ हो, तो फ़ारसी अतिरिक्त स्वर जोड़ कर व्यंजनों को अलग कर देगी; मूल शब्द में व्यंजन-गुच्छ न हो तो भी अनेक शब्दों में, वर्णसंकोचन द्वारा, पश्तो व्यंजन-गुच्छ पैदा कर देगी। संस्कृत **पितर्** फ़ारसी में **पिदर्** है किन्तु पश्तो में **प्लार्** है। इसी प्रकार फ़ारसी **कर्दन्** पश्तो में **कड़ल्** है, **शिकार** का रूपान्तर **ष्कार** है। अनेक प्रकार के व्यंजन-गुच्छ शब्द के आदि-स्थान में देखे जाते हैं। **म्ला** (जाँघें), **म्ज़ारइ** (बाग), **न्मर** (सूर्य), **प्सोल्** (कण्ठी), **र्ग़ष्तल्** (लुढ़कना), **न्गावतल्** (परिचर्या करना), **र्वड्** (दिन; वैकल्पिक रूप **व्रड्** भी है), **व्रोन्** (रान), **व्लल्** (धोना)। इस प्रकार के व्यंजन-गुच्छ अंशतः पंजाबी और संस्कृत में हैं, इनसे कुछ अधिक तुखारी में हैं। तमिल में भी अनेक व्यंजन एक साथ प्रयुक्त हो सकते हैं किन्तु शब्द के आदिस्थान में व्यंजन-गुच्छ वर्जित हैं, तमिल से भिन्न तेलुगु में जहाँ-तहाँ आदिस्थानीय व्यंजन-गुच्छ भी मिलते हैं।

इन्डोयूरोपियन परिवार के सन्दर्भ में, विशेषतः भारतीय आर्य द्रविड़ भाषाओं के सन्दर्भ में पश्तो का सबसे रोचक ध्वनि-परिवर्तन **त्, द्, न्** से सम्बन्धित है। ये तीनों ध्वनियाँ पार्श्विक ध्वनि **ल्** में बदलती हैं। सघोष-अघोष **थ्, ध्** ध्वनियाँ पश्तो में हैं नहीं, इसलिए उनके परिवर्तन का प्रश्न नहीं है। इसका यह अर्थ नहीं है कि इस भाषा में **त्, द्, न्** ध्वनियों का व्यवहार नहीं होता। ये ध्वनियाँ हैं, साथ ही बहुत से शब्दों में वे परिवर्तित हुई हैं। इसका कारण यह है कि जिन गण-भाषाओं के तत्व लेकर पश्तो ध्वनितन्त्र का निर्माण हुआ है, उनमें एक शक्तिशाली केन्द्र वह था जिसमें त-वर्गीय ध्वनियों का नितान्त अभाव था। उसमें अन्तस्थ ध्वनियों का विकास हुआ था जिनमें पार्श्विक **ल्** ध्वनि प्रमुख थी। इसलिए **त्** और **द्** ही नहीं, **न्** भी **ल्** में बदलता है। इस केन्द्र में नासिक्य ध्वनियों का पूर्ण अभाव रहा होगा, नहीं तो दन्त्य नासिक्य के स्थान पर ओष्ठ्य, तालव्य, मूर्धन्य, किसी भी अन्य नासिक्य का व्यवहार हो सकता था। बहुत सी आर्य-द्रविड़ भाषाओं में ऐसे पचीसों शब्द मिलेंगे जिनमें ल् ने नासिक्य ध्वनि का स्थान लिया है। इसी प्रवृत्ति के अन्तर्गत मूर्धन्य नासिक्य **ण्** पार्श्विक **ळ्** या उत्क्षिप्त **ड़्** बनता है। पश्तो को फ़ारसी से अलग करने वाली यह एक प्रमुख ध्वनिप्रवृत्ति है। इससे यह भी संकेत मिलता है कि गणभाषाओं का जैसा जमघट पठान देश में हुआ है, वैसा ईरान में नहीं हुआ।

संस्कृत **शत** का फ़ारसी प्रतिरूप **सद** है किन्तु पश्तो में इसका रूपान्तर **सल** है। संस्कृत **पितर्** का फ़ारसी प्रतिरूप **पिदर्** है किन्तु इसका पश्तो रूपान्तर **प्लार्** है। हाथ के लिए मूल शब्द **धस्त** का फ़ारसी प्रतिरूप **दस्त** है किन्तु इसका पश्तो रूपान्तर **लास** है जो **दस्त** नहीं, **दस, दास** जैसे पूर्वरूप से बना है। संस्कृत **देवर** का पश्तो प्रतिरूप **लेवर्** है जो लैटिन में **लेविर्** है। हिन्दी जनपदीय भाषाओं में चौड़ी थाली को **परात**

कहते हैं। इसका सम्बन्ध संस्कृत **पृथु** से है जो ग्रीक भाषा में **प्लातोस्** और अंग्रेज़ी में **फ्लैट्** (चपटा, चौरस) है। पश्तो में **त्** ध्वनि **न्** में परिवर्तित हुई है और **प्** सुरक्षित रहा है। पश्तो **प्लन्** का वही अर्थ है जो अंग्रेज़ी **प्लेन्** का है। इस प्रकार **पृथु** के दो अंग्रेज़ी रूपान्तर हुए **फ्लैट्** और **प्लेन्**। पहले रूप में **त्** ध्वनि केवल वर्त्स्य हो जाती है किन्तु दूसरे रूप में वह नासिक्य रूप लेती है। पश्तो में **त्** और **द्** ध्वनियाँ **ल्** में ही नहीं **न्** में भी बदलती हैं। इसी प्रवृत्ति के कारण संस्कृत **तीर्थ** का जलवाचक शब्द-मूल **तीर** आर्य-द्रविड़ भाषाओं का **नीर** बना। अब यदि अंग्रेज़ी **लिवर्** (जिगर) के पूर्वरूपों का अध्ययन किया जाए तो संस्कृत **यकृत्** से चलते हुए फ़ारसी **जिगर** तक पहुँचते हैं। **जिगर** के रूपान्तर **दिगर** से पश्तो **लिगर** बना और **लिगर** से अंग्रेज़ी **लिवर**। पश्तो में **दस** के लिए **लस** शब्द है। हिन्दी के **ग्यारह** का पश्तो प्रतिरूप **यहोलस्, यउलस्** अथवा **योलस्** है। **बारह** का प्रतिरूप **द्वहलस्, द्वोलस्** अथवा **दोलस्** है। **तेरह, चौदह, पन्द्रह, सोलह, सत्रह, अठारह, उन्नीस** के लिए क्रमशः **दिआलस्, च्वालस्, पिन्डहलस्, स्पाड़लस्** या **स्फड़स्, ओवहलस्** या **अवहलस्, अतहलस्** और **नुहलस्** अथवा **नूनस्** हैं। स्पष्ट है कि इन्डोयूरोपियन परिवार की लैटिन जैसी प्राचीन और अंग्रेज़ी जैसी नवीन, भारतीय भाषाओं में हिन्दी आदि और द्रविड़ भाषाओं में तमिल आदि के ध्वनितन्त्र की अनेक विशेषताएँ पश्तो-क्षेत्र से सम्बद्ध हैं।

अन्तस्थ ध्वनियों में **व्** ध्वनि के प्रयोग रोचक हैं। यह ध्वनि पश्तो में है और परिवर्तित भी होती है। **वायु** का प्रतिरूप **वो** उसका अस्तित्व प्रमाणित करता है; **वर्षाकाल** का प्रतिरूप **पर्शकाल** उसे स्पर्शध्वनि में बदलते दिखाता है। भारतीय भाषाओं में जैसे **प्** बहुधा **व्** में बदलता है, वैसे ही **दीप** का पश्तो प्रतिरूप **दीव** है। **प्** ही नहीं, **ब्** को भी **व्** रूप दिया जाता है यथा फ़ारसी **बाग** (लगाम) का पश्तो प्रतिरूप **वाग़** है। फ़ारसी **शब** (रात) पहले **शव** बना, फिर **शो** रह गया। **ल्** और **व्** जोड़ीदार हैं। जिन भाषाओं में **ल्** की प्रधानता होती है, सामान्यतः उनमें **व्** भी होता है। पर यह अनिवार्य नियम नहीं है। **ल्** और **व्** पश्तो की मूल ध्वनियाँ हैं, यह मान लेने के बाद यह तथ्य भी ध्यान देने योग्य है कि कुछ प्राचीन गणभाषाओं में **व्** का सीधा उच्चारण न करके उसके पहले **ल्** ध्वनि जोड़ दी जाती थी। हिन्दी **भूख** या **भूखा** का पश्तो प्रतिरूप **ल्वश़ह्** है। **भ्** पहले अघोष अल्पप्राण **प्** हुआ; फिर **प्** के स्पर्शतत्व का लोप हुआ और अन्तस्थ **व्** ध्वनि बची। फिर इस अन्तस्थ **व्** में दूसरा अन्तस्थ **ल्** जोड़ दिया। एक अन्तस्थ एक स्पर्श ध्वनि के बराबर न हो, दो तो होंगे। इससे मिलती-जुलती प्रक्रिया **व्** के साथ **र्** के संयोग में देखी जाती है। संस्कृत **भाषा** का पश्तो प्रतिरूप **व्राशह्** है। **भ्** की महाप्राणता सघोषता का लोप, प् के स्पर्शतत्व का लोप, फिर स्पर्शतत्व की क्षति-पूर्ति के लिए एक अन्य अन्तस्थ **र्** का संयोग। जर्मन भाषा में **स्प्राखे** (भाषा) और **स्प्राखेन्** (बोलना) में भी अतिरिक्त **र्** का नियोग है। हिन्दी बोलियों का **पेर** (पीला) पश्तो में **स्पेर्** है। उसी तरह जर्मन **स्प्राखे** में अतिरिक्त **स्** जोड़ा गया है। अंग्रेज़ी के संज्ञा-क्रिया **स्पीक्** (बोलना) और **स्पीच्** (बोली) इसी शृंखला में हैं केवल **र्** का योगदान नहीं है। तिब्बती भाषा में जैसे मूल शब्द के पहले **स्** जोड़कर अर्थ सम्वर्धित किया जाता है, वैसी प्रक्रिया

पश्तो में भी रही होगी। **पेर** का प्रतिरूप **स्पेर्** है, **तेरा** के लिए **स्ता** शब्द है, सम्भवत: **तव** के आधार पर **ता** बना और फिर **स्** जोड़ा गया। **मेरा** के लिए **ज़्मा** है जहाँ **मा** रूप के पहले सघोष स् (ज़्) जोड़ा गया है। संस्कृत **नाग** का अंग्रेज़ी प्रतिरूप **स्नेक** इसी सकार संयोग का उदाहरण है।

पश्तो में अनेक शब्द ऐसे हैं जिनमें भारतीय भाषाओं के अकार के स्थान पर ओकार का व्यवहार हुआ है। इसके अनेक कारण हो सकते हैं। संस्कृत **अभ्र** फ़ारसी में **अब्र** बना, फिर पश्तो **अव्र** हुआ और **व्** लोप के बाद **ओरह्** रह गया। अन्तस्थ **व्** ने लोप होने से पहले पूर्ववर्ती स्वर को ओकार बनाया। **ओरह्** का वही अर्थ है जो **अभ्र** का है यानी बादल। **ओरह्** जिस प्रक्रिया से बना, उसी से हिन्दी शब्द **ओला** बना। **भ्रातर्** के पश्तो प्रतिरूप **व्रोर्** में मूल शब्द के **त्** का लोप हो गया। यह लोप **त्-थ्-ह्** की प्रक्रिया से हुआ होगा और **ह्** ने पूर्ववर्ती स्वर को प्रभावित किया हो, यह सम्भव है। किन्तु **घर** के पश्तो प्रतिरूप **कोर्** के बारे में ऐसा कोई तर्क नहीं दिया जा सकता। **घ** को अघोष अल्पप्राण करने की प्रवृत्ति पंजाबी में है किन्तु वहाँ प्रथम वर्ण में ओकार नहीं है। फ़ारसी **आब** पश्तो में **ओब** है, संस्कृत **अश्रु** पश्तो में **ओषह्** है। यहाँ अकार ही ओकार रूप में प्रयुक्त हुआ है। **सप्त** के पश्तो प्रतिरूप **ओवह्**, फ़ारसी **सितारा** के पश्तो प्रतिरूप **स्तोरइ** में भी यही स्थिति है। **मातर्** के पश्तो प्रतिरूप **मोर्** की व्याख्या **व्रोर्** के समान की जा सकती है किन्तु **व्रोर्, मोर्** आदि में प्राकृतों के समान जो मध्यवर्ती **त्** का लोप हुआ है, वह **मातर्, पितर्** के फ्रांसीसी प्रतिरूपों **मेयर्, पेयर्** से तुलनीय है। **वायु** के पश्तो प्रतिरूप **वो** का सम्बन्ध सिन्धी **वाउ** से हो सकता है जहाँ उकार पूर्ववर्ती स्वर को प्रभावित करके लुप्त हुआ। संस्कृत **चत्वारि** के पश्तो प्रतिरूप **च्लोर्** में **व्** पूर्ववर्ती स्वर को प्रभावित करके लुप्त होता है। हिन्दी क्रिया **सूंघ** के पश्तो प्रतिरूप **सोग** में सम्वृत स्वर विवृत हो गया है। अकार उकार के स्थान पर ओकार का व्यवहार मागधी वृत्ति का सूचक है। साथ ही आधुनिक पश्चिमी आर्यभाषाओं के समान पश्तो में संयुक्त स्वर **औ** को **ओ** बोलने की प्रवृत्ति है। इस प्रकार हिन्दी **चौकी** का पश्तो प्रतिरूप **चोकइ** है और **चौपाल** का पश्तो प्रतिरूप **चोपाड़** है। फ़ारसी में संयुक्त स्वर औ का व्यवहार खूब होता है; पश्तो की पद्धति भिन्न है।

पश्तो में ऐसे अनेक शब्द हैं जिनके अन्त में तमिल के समान संयुक्त स्वर **अइ** का व्यवहार होता है। कुबड़ा के लिए **कूवइ** शब्द का पूर्वरूप **कूवा** होना चाहिए। पैर का तला पश्तो में **तलइ है**। हिन्दी नेवला पश्तो में **नोलइ,** सितारा **स्तोरइ,** गेंडा **गेन्डइ,** हाड़ **हडइ,** होड़ करने वाला व्यक्ति **होडइ** इस संयुक्त-स्वर-विधान के उदाहरण हैं। ट्रम्प ने लिखा है कि **अइ** में **अ** का उच्चारण ह्रस्व एकार जैसा होता है। ठीक यही स्थिति तमिल की है और इसका मूल कारण अकार को एकार बनाने वाली कौरवी वृत्ति है।

कुछ शब्दों में **अइ** के स्थान पर **अउ** संयुक्त स्वर का व्यवहार होता है। मूलत: एक ही ध्वनिवृत्ति है जो शब्द के अन्तिम वर्ण में दीर्घ स्वर स्वीकार नहीं करती। **आ** को **अइ** कहा जाए तो यह कार्य उस क्षेत्र का होगा जहाँ **इ** स्वर की प्रधानता है और

अउ कहा जाय तो यह परिवर्तन उकार प्रधान क्षेत्र के अनुरूप होगा। प्राचीन भाषाओं की ध्वनिप्रवृत्तियों के विश्लेषण से विदित होता है कि मध्यदेश **इ** तथा **य्** का क्षेत्र रहा है और उत्तर-पश्चिमी जनपद **उ** तथा **व्** के प्रधान क्षेत्र रहे हैं। इस प्रकार पश्तो में दोनों ध्वनिप्रवृत्तियों का मिश्रण है। हिन्दी **पल्ला** पश्तो में **पलउ** है; ट्रम्प ने इसके समानान्तर सिन्धी रूप **पलउ** उद्धृत किया है। **आ** को **अइ, अउ** में रूपान्तरित करने की प्रवृत्ति बहुत पुराने समय में जन्मी थी जब तमिल जैसी द्रविड़ भाषाओं में इसका विकास हो रहा था। तमिल में यह प्रवृत्ति अब भी शक्तिशाली है, एक से अधिक वर्णों के शब्दों के अन्त में दीर्घ स्वर अपवाद रूप में मिल सकते हैं। पश्तो में ऐसी निषेध-भावना अब नहीं है। अतः शब्द के अन्त में **अइ** के अतिरिक्त **अई** का व्यवहार भी होता है। **चिट्ठी** का प्रतिरूप **चीटई** है, **चौकी** का प्रतिरूप **चोकई** है। सम्भवतः **अइ** लगाने की प्रवृत्ति तथा हिन्दी शब्दों के अन्तिम दीर्घ स्वर को बनाए रखने की इच्छा, दोनों का समन्वय किया गया है।

जैसे कन्नड़ की अपेक्षा तमिल में तालव्य ध्वनियाँ अनेक शब्दों में कण्ठ्य ध्वनियों का स्थान लेती हैं, वैसे ही पश्तो में फ़ारसी **कार** का प्रतिरूप **चार** (कार्य) और संस्कृत **कन्या** का प्रतिरूप **जिनई** है। यहाँ इस सम्भावना को भी ध्यान में रखना चाहिए कि कुछ शब्दों में मूलतः तालव्य ध्वनि थी, वहाँ वह कण्ठ्य या दन्त्य ध्वनियों में परिवर्तित होती है। पालि **पसेनदी** का पूर्वरूप **प्रसेनजित** ही है। इसी प्रकार मूल क्रिया **जन्** से संज्ञारूप **जन्या** बनेगा। इसी का अघोष कण्ठ्य ध्वनि वाला रूपान्तर **कन्या** होगा। इस विश्लेषण के अनुसार पश्तो **जिनई** सीधे **जन्या** का रूपान्तर माना जाएगा। भारतीय भाषाओं के समान पश्तो में भी **य्** ध्वनि **ज्** में बदलती है। बैलों के जुएँ के लिए पश्तो **जुग़** संस्कृत **युग** का रूपान्तर है। ऐसा कुछ शब्दों में होता है, क्योंकि **य्** और **व्** दोनों ध्वनियाँ पश्तो में अच्छी तरह प्रतिष्ठित हैं। यद्यपि फ़ारसी के समान पश्तो में भी **व्** को **प्** में बदलने की प्रवृत्ति है, फिर भी ट्रम्प की यह स्थापना सही है कि फ़ारसी की अपेक्षा पश्तो में **व्** ध्वनि अधिक दृढ़ता से अपनी जड़ जमाए है। **ताप** शब्द हिन्दी की तरह यहाँ **ताव** है अर्थात् **प्** ध्वनि भी **व्** में बदलती है। फ़ारसी **बर्फ़** पश्तो में **वाव्रह्** है; यहाँ **ब्** और **फ़्** दोनों **व्** में परिवर्तित हुए हैं। धोने के लिए **प्लु** के आधार पर पश्तो रूप **व्लल्** बना। संस्कृत **भर्** का फ़ारसी प्रतिरूप **बर्दन्** है किन्तु पश्तो प्रतिरूप **ळल्** है। कुरु जनपद में जैसे **र्** को **ळ्** कहने की प्रवृत्ति है या 'शुद्ध' उर्दू बोलने के प्रयास में जैसे कभी लोग **ज़रा** को **जड़ा** कहते हैं, वैसे ही पश्तो में **र्** को कहीं-कहीं **ड़्** किया गया है। **बर्फ़** का **र्** सुरक्षित रहा किन्तु **बर्दन्** का **र्** बदल गया; इसका कारण यह भी है कि **र्** से **द्** का संयोग होने पर **ड्** ध्वनि का जन्म हुआ, फिर दो स्वरों के बीच में होने से **ड्** उत्क्षिप्त ध्वनि में परिवर्तित हुआ। आदिवर्ण **ब** के स्पर्शतत्व का लोप हुआ, फिर वर्णसंकोच के कारण **व** के अकार का लोप हुआ। पश्तो में **व्** और **य्** दोनों ध्वनियाँ प्रतिष्ठित हैं किन्तु **व्** का व्यवहार ही अधिक देखा जाता है। अरबी बहुवचन रूप **उमरा** को पश्तो फिर बहुवचन **उमरायान्** बनाती है और **जंगवाला** (जंगबाज़) के **व्** को **य्** में बदलने पर **जंगयालइ** रूप भी चलता है।

व् और **व्** दोनों के उच्चारण में कुछ प्राचीन गणसमाजों को कठिनाई होती थी। इसलिए वे इन ध्वनियों के पहले **ग्** जोड़ दिया करते थे जैसे कि ब्रज-क्षेत्र की बोलियों में **वु** (वह) के प्रतिरूप **ग्वु में अब भी होता है**। यह प्रवृत्ति फ़ारसी में भी थी। ट्रम्प ने लिखा है कि फ़ारसी में आदिस्थानीय **व्** बहुधा **ग्** में बदल जाता है जिसका मतलब है, **ग्व्** के **व्** का लोप होने पर केवल **ग्** बच रहता है। केल्त भाषाओं के प्रसंग में इस प्रवृत्ति का विस्तृत विवेचन है। पश्तो में **उमरायान्** का वैकल्पिक रूप **उमरागान्** भी है और हिन्दी **वाला, वाल** आदि के लिए जहाँ पश्तो का **वालइ** प्रत्यय है, वहाँ **गल्वी, गली** प्रत्यय भी है। **मोरवालइ** अर्थात् मातृत्व; **पेज़न्दगल्वी, पेज़न्दगली** अर्थात् पहचान। पश्तो की एक विशेषता यह है कि वह अपनी ध्वनिप्रकृति के अनुसार फ़ारसी और अरबी दोनों भाषाओं के शब्दों को तद्भव रूप देती है। इस प्रकार फ़ारसी **ख़ुदा** पश्तो में **ख़ुदाअ** हो गया है। कबीर ने जब **बहरा हुआ ख़ुदाय** कहा था, तब उन्होंने **ख़ुदा** के फ़ारसी नहीं, पश्तो रूप का प्रयोग किया था। ट्रम्प ने लिखा है कि पश्तो में ऐसे रूप हैं जिनके अन्त में ह्रस्व एकार है, यह उसकी विशेषता है। वास्तव में यह कौरवी पद्धति है जिसे अर्ध मागधी कहा गया था, जो मराठी के अनेक रूपों में मिलती है। यह एकार **इ** और **य्** का रूप भी लेता है। इसीलिए **राव** का प्रतिरूप **राय** भी है। पश्तो में **राअॅ, जोअॅ** (पुत्र), **मीअॅ** (मामा), **आश्नाअॅ** (परिचित) आदि रूप हैं। आधुनिक आर्यभाषाओं की प्रकृति के अनुसार दो स्वरों की टक्कर से बचने के लिए ऐसे रूपों में **य्, व्** श्रुति का आगम होना चाहिए था किन्तु ट्रम्प के लिखने से प्रतीत होता है कि प्राकृतों के समान यहाँ दो स्वरों की टक्कर स्वीकार की जा सकती है। **जोअॅ** शब्द जात का प्रतिरूप माना गया है। यह बात सही हो तो **त्** का लोप प्राकृतों के समान होगा। किन्तु मेरा अनुमान है कि पश्तो में भी **य्, व्** श्रुति का आगम होता है। ट्रम्प ने संस्कृत **वाच्** का प्राकृत रूप **वाआ** देते हुए पश्तो के **वअइ** का वैकल्पिक रूप **वयइ** (वचन) दिया है। पश्तो का विकास प्राकृतों के समान हुआ है, यह धारणा उन्हें पश्तो ध्वनियों को रोमन लिपि में लिखते समय प्रभावित करती है। साथ ही यह कहना भी आवश्यक है कि प्राकृत शब्द से उनका आशय शिलालेखों या नाटकों की प्राकृत से ही नहीं है, वे आधुनिक आर्यभाषाओं को भी प्राकृत कहते हैं। पश्तो पर अपने ग्रन्थ में उन्होंने आधुनिक प्राकृत भाषाओं का उल्लेख किया है और उनमें पश्तो को गिना है (पृष्ठ ४२)। पश्तो का विकास आधुनिक आर्यभाषाओं के समान हुआ है, यह सही है; पुरानी प्राकृतों में समकालीन भाषाओं के अनेक तत्व हैं, यह बात भी सही है, किन्तु प्राकृत व्याकरणों में जो नियम बताए गये हैं, उनके प्रति सतर्क रहना आवश्यक है।

पश्तो में महाप्राण ध्वनियों का लोप होता है, **घर** का प्रतिरूप **कोर** मिलता है, किन्तु तमिल की कुछ बोलियों के अनुरूप और अंग्रेज़ी के समान शब्द की आदिस्थानीय स्पर्श ध्वनि के उच्चारण में महाप्राणता का हल्का योगदान होता है। **मौर्गेन्स्टीर्न** और लायड ने अपने पूर्वोक्त निबन्ध में बताया है कि आदिस्थानीय अघोष स्पर्श ध्वनियों के उच्चारण में, विशेषत: ओष्ठ्य ध्वनियों के उच्चारण में, ईषत् महाप्राणता रहती है। इस प्रकार **पीर** शब्द **फीर** जैसा बोला जाएगा, केवल हिन्दी **फ्** की अपेक्षा

यहाँ महाप्राणता कम होगी। महाप्राणता **अर्थभेदक** नहीं है। यही स्थिति सघोषता की है। उक्त लेखकों ने मत प्रकट किया है कि आदिस्थानीय ड्, ग् आदि ध्वनियाँ अर्ध सघोष ही होती हैं। इससे प्रतीत होता है कि सघोषता और महाप्राणता दोनों वृत्तियों का प्रसार मध्यदेश से उत्तरी प्रदेशों की ओर हुआ है और मध्यदेश की तुलना में यहाँ इनकी भूमिका गौण है। पश्तो में संस्कृत **त्रि** का प्रतिरूप **द्रे** है जो जर्मन रूप से मिलता है। हिन्दी **धुन्ध** का पश्तो प्रतिरूप **दुन्द** है; यहाँ महाप्राणता का लोप हुआ है, सघोषता कायम रही है किन्तु **घर** के प्रतिरूप **कोर** में अघोषता आ गई है। सघोष महाप्राण ध्वनियों के अलावा अघोष महाप्राण ध्वनियों की महाप्राणता का भी लोप हो जाता है यथा हल का **फाल** पश्तो में **पालह्** है। दूसरी ओर **गोप** का प्रतिरूप **ग़ोबह्** है और **पर्ण** का प्रतिरूप **बन्ड़ह्** है। मध्यवर्ती और आदिस्थानीय **प्**, दोनों स्थितियों में, सघोष हो गया है। पश्तो में सघोषता और महाप्राणता अर्थविच्छेदक नहीं हैं, महाप्राणता पूर्णतः नहीं है, सघोषता अंशतः नहीं है, इसलिए ऐसे अनियमित ध्वनि-परिवर्तनों से कोई हानि नहीं होती। फ़ारसी की अपेक्षा पश्तो में **ह्** का व्यवहार कम होता है। **सप्त** के पश्तो प्रतिरूप **ओवह्** में आदिस्थानीय ह् का लोप हो गया है किन्तु **भेड़ा** के प्रतिरूप **हेड़इ** में **ह्** बना हुआ है। **भ्** ध्वनि **ह्** में परिवर्तित हुई है जैसे कि भारतीय आर्यभाषाओं के बहुत से शब्दों में वह इसी प्रकार परिवर्तित होती दिखाई देती है।

पश्तो उत्तर-पश्चिमी भाषा है, इसलिए उसमें अनेक शब्दों के अन्त में **अइ** अथवा **अंइ** का होना स्वाभाविक लगता है, किन्तु उसमें बहुत से रूप ओकारान्त भी हैं। यह प्रवृत्ति ब्रज, राजस्थानी, गुजराती और सिन्धी की है और निस्सन्देह पश्तो से इन भाषाओं का, विशेषतः सिन्धी का, सम्पर्क सिद्ध करती है। **बीजो** (बन्दर), **पिशो** (बिल्ली), **बाख़ो** (गाल), **बणो** (भौंह) आदि ऐसे रूप हैं। कहीं-कहीं अरबी शब्द पश्तो में हिन्दी की तरह स्वीकार किए जाते हैं। अरबी **वक़्त** पश्तो में **वख़्त** है; हिन्दी की जनपदीय भाषाओं में **ख्** संघर्षी न होकर स्पर्श रहता है, इतना ही अन्तर है। ट्रम्प ने लिखा है कि अरबी के जिन शब्दों में **अ़** (ऐन द्वारा चिन्हित) ध्वनि है, उनमें उसका उच्चारण नहीं होता। ठीक यही स्थिति हिन्दी की है। यदि भारत के शिक्षित जनों की उर्दू और पश्तो की तुलना की जाए, तो विदित होगा कि पश्तो जहाँ अपने जातीय स्वरूप की रक्षा करती है, वहाँ उर्दू अरबी से अभिभूत हो जाती है।

पश्तो में कुछ ध्वनि-परिवर्तन ऐतिहासिक महत्व के हैं। थकान के लिए **स्तड़िअह्** शब्द है। इसके आरम्भ में **स्त** थकान के **थ** का रूपान्तर नहीं है। मूल शब्द **स्तध** से **स्तद,** फिर **स्तड़** रूप बने हैं। अवधी का **ठाढ़**, मानक हिन्दी का **खड़ा** आदि रूप **स्तध** जैसे कृदन्त से बने हैं। जैसे **स्तब्ध** में निपट नीरवता के अर्थ का विकास हुआ है, वैसे ही **स्तध** में थकान का। स्थल के लिए **तालइ** शब्द **स्थाल** का रूपान्तर है। संस्कृत में **स्थल** रूप का व्यवहार ही अधिक होता है किन्तु **स्थान** के समान यहाँ **स्थाल** रूप का व्यवहार भी होता था, इसका प्रमाण पश्तो **तालइ** है। कहना चाहिए कि हिन्दी **थाना** की तरह **स्थाला** रूप प्रचलित था, इसीलिए पश्तो शब्द के अन्त में **अइ** है। वैसे **न्** की जगह **ल्** का

व्यवहार पश्तो के लिए सामान्य है। इसलिए **स्थान** को मूल कौरवी रूप मानने से भी काम चल सकता है। हिन्दी में **थाना** है ही। संस्कृत में **स्थल** है, **स्थान** भी है; इसलिए मानना चाहिए कि **न्** और **ल्** दोनों ध्वनियों वाले रूप पहले प्रचलित थे।

बोध शब्द का पश्तो प्रतिरूप **पोहह्** है। यहाँ आदिध्वनि अघोष हो गई है जैसे कि वह इस शब्द के ग्रीक प्रतिरूपों से मिलती है किन्तु अन्तिम वर्ण का **ध्**, **हेड़इ** (भेड़ा) के **भ्** की तरह **ह्** में बदल गया है। पश्तो अनेक शब्दों में अतिरिक्त सकार जोड़ती है किन्तु **तालइ** रूप में उसने सकार का लोप किया है। इसी प्रकार गरजने के लिए प्राचीन **स्तनु** से पश्तो शब्द **तना** (गर्जन) सकार का लोप करके बना है। संस्कृत श्रद्धा का **श्रद्**, रूसी **सेर्द्त्से** (हृदय) का सकार पश्तो में सघोष हुआ, वर्णसंकोच से आदिवर्ण का स्वर लुप्त हुआ, रेफ के संसर्ग से **द्** का मूर्धन्यीकरण हुआ, दो स्वरों के बीच में होने से ड् उत्क्षिप्त हुआ और इस प्रकार हृदय के लिए पश्तो **ज़ड़ह्** रूप बना।

भालू के लिए पश्तो शब्द **मीलू** है जो रूसी **मेद्वेद्** (मधुभोजी अर्थात् रीछ) से तुलनीय है। उसके घने बालों के कारण उसे संस्कृत में **ऋक्ष** कहा गया; बालों वाला यह अर्थ पश्तो **रीश्** में निहित है यद्यपि यह शब्द बालों वाली दाढ़ी के लिए प्रयुक्त होता है, रीछ से उसका सम्बन्ध नहीं है। **भालू** का पूर्वरूप **बालू** (बालों वाला) हो सकता है; यहाँ महाप्राणता का योग अनावश्यक होगा अथवा बालों की सघनता दिखाने के लिए **ब्** को **भ्** कर दिया गया होगा। उसके मधुप्रेम के कारण उसे **मेद्वेद्**, **मीलू** आदि कहा गया।

पश्तो के शब्द-भण्डार में एक ओर ऐसे शब्द हैं जिनका सम्बन्ध प्राचीन गण-भाषाओं से है, दूसरी ओर उसमें ऐसे शब्द भी काफी हैं जिनका सम्बन्ध अर्वाचीन आर्य-भाषाओं से है। इससे पश्तोभाषियों और आर्यभाषाभाषी भारतीय जनों के सुदीर्घ सम्पर्क का बोध होता है। पश्तो का ऐसा सम्पर्क द्रविड़ भाषाओं से भी है किन्तु वह अपेक्षाकृत प्राचीन है। **ऋक्ष** का मूल अर्थ बालों वाला है, यह बात पश्तो **रीश्** से ज्ञात होती है। यह प्राचीन गणभाषाओं का शब्द है। पश्तो **अवसूर** का अर्थ है लाल रंग। इसमें **अव** उपसर्ग है, मूल शब्द है **सूर**। प्राचीन गणभाषाओं की शब्दावली में प्रकाश और लालिमा दोनों का भाव बहुधा एक ही शब्द द्वारा व्यक्त होता है। इससे संस्कृत **सूर्य**, ग्रीक **हेलिऑस्**, लैटिन **सोल्** के मूल अर्थ का बोध होता है। **सूर्य** वह जो प्रकाशमान है और रक्तवर्ण है। **अरुण** शब्द में इसी तरह दोनों भाव निहित हैं। **काल** का अर्थ पश्तो में वर्ष है, शब्द के व्यापक अर्थ को सीमित किया गया है। स्वयम् **वर्ष** की यही स्थिति है। **वर्** क्रिया से **वर्ष** शब्द बना है। इसी से **वार** रूप बनता है जो दिन के लिए प्रयुक्त होता है। अवधी में **वार** का सामान्य अर्थ समय अब भी स्वीकृत है; **वहि का वार नहिन्** अर्थात् उसे समय नहीं है। तमिल में **वारम्** सप्ताह के लिए प्रयुक्त होता है।

पश्तो में **स्वल्** क्रिया का अर्थ है जलना या जलाना। यह **स्वल्** क्रिया संस्कृत **स्वर्** (प्रकाशित होना) की प्रतिरूप है। **स्वर्** के वैकल्पिक रूप **सूर्** से **सूर्य** शब्द बना। कन्नड़ **सुडु** (जलाना), तमिल **चुडु** (उप०), संस्कृत **स्वर्**, पश्तो **स्वल्** से तुलनीय हैं।

पश्तो में ऐसे शब्द काफी हैं जो भारतीय आर्यभाषाओं से उसका अर्वाचीन सम्पर्क सूचित करते हैं। ऐसे शब्द फ़ारसी में कम मिलते हैं। पहले भारतीय आर्यभाषा का रूप और उसके बाद पश्तो शब्द, इस क्रम से यहाँ कुछ उदाहरण देते हैं: **नेवला—नोलई, सूंघ—सोग्, घर—कोर, चौकी—चोकई, चौपाल—चोपाड़, शृंगार—सिंगार, दीप—दीव, चूरा** (चूर्ण)—**चूर, कुत्ता—कूटह, मुट्ठी—मूट, सोंठ—सूंड** (ट्रम्प ने संस्कृत **शुण्ठि**, सिन्धी **सुंहि** रूप दिए हैं), **कुब्ज** या **कुबड़ा—कूबइ** (ट्रम्प ने सिन्धी रूप **कुब्रो** भी दिया है), **पल्ला—पलइ, गेंडा—गेन्डइ, हड्डी—हडइ, होड़ी** (होड़ करने वाला)—**होडइ, कोढ़ी—कोड़ी, छिड़काव—चिड़काओ, टोपी—टोपई, चिट्ठी—चीटई, बाट—वाट, हमजोली—हमज़ोवलइ** (समकालीन), **चमार—चमिआर, गोप—गोपह, धोबी—दोबई, हाथी—हांतइह्, सारिका—षारू** (सारस, मैना)। कुछ शब्दों के रूप जैसे हिन्दी में हैं, वैसे ही पश्तो में हैं। **मैल, टापू, सहेली, गोहार** (पुकार), **महाजन, महराज, काका, तोता** ऐसे ही शब्द हैं। पश्तो संस्कृत और फ़ारसी से जो तद्भव बनाती है, उनका अन्तर्राष्ट्रीय महत्व है। **अश्व** का पश्तो तद्भव रूप **आस** है, यहाँ इसका घोड़े वाला अर्थ बना हुआ है, किन्तु इंग्लैन्ड में पहुंचकर इसके अर्थ का अवमूल्यन हुआ और वह गधे का पर्यायवाची बना।

पश्तो की शब्दनिर्माण प्रक्रिया में सर्वाधिक ध्यानाकर्षण की बात क्रियार्थी संज्ञा-रूपों का निर्माण है। **लीदल्**—देखना, **पोहेदल्**—बोध होना, **ओरेदल्**—वर्षा होना, **ओसेदल्**—वास करना, **पुश्तेदल्**—पूछना, इन सब रूपों के अन्त में **दल्** प्रत्यय दिखाई देता है। इन रूपों से तमिल के क्रियार्थी संज्ञारूपों की तुलना करें: **चादल्**—मरना, **वेदल्**—जलाना, **उण्णुदल्**—खाना, **अरिदल्**—जानना, **चॅय्दल्**—करना। इस सबको आकस्मिक समानता कहकर नहीं टाला जा सकता। पश्तो और तमिल के क्रियार्थी संज्ञा-रूप क्रियामूल से सीधे नहीं बने; पहले **द** वाले कृदन्त रूप बने, फिर उनमें **अल्** प्रत्यय जोड़ा गया है। फ़ारसी के समान तमिल में भी **द** जोड़कर कृदन्त रूप बनता है। फ़ारसी **कर्द** का तमिल प्रतिरूप **चॅय्द** है। यह **द** संस्कृत का कृदन्त प्रत्यय **त** है। तमिल में वह **त** ही लिखा जाता है और सम्भवतः पहले बोला भी जाता था। तमिलनाडु की दक्षिणी बोलियों में सघोषता का अभाव होने से वह **द्** अब भी **त्** बोला जाता है। बोलचाल की मानक तमिल में **त** प्रत्यय अनेक क्रियाओं के साथ **त्** व्यंजन की आवृत्ति करता हुआ प्रयुक्त होता है, यथा **पडित्तल्**—पढ़ना, **नडत्तल्**—चलना, **मूत्तल्**—बड़े होना, **मोत्तल्**—सूंघना। फ़ारसी में क्रियार्थी संज्ञारूप इस प्रकार के होते हैं: **आमदन्**—आना, **कर्दन्**—करना, **दीदन्**—देखना, **रसीदन्**—प्राप्त करना, **परीदन्**—उड़ना। ट्रम्प ने बिल्कुल ठीक लिखा है कि पश्तो **दल्** फ़ारसी **दन्** का रूपान्तर है। इसलिए **दीदन्** जैसा फ़ारसी रूप पश्तो में **लीदन्** हो जाता है, आदिस्थानीय **द्** अन्त्य **न्** के समान **ल्** में परिवर्तित हुआ, मध्यवर्ती **द्** बच गया। फ़ारसी में **दन्** के स्थान पर **तन्** वाले रूप भी हैं यथा **नेशस्तन्**—बैठना, **कोश्तन्**—मारना, **अन्दाख़्तन्**—फेंकना, **यफ़्तन्**—पाना, **बस्तन्**—बाँधना, **सूख़्तन्**—जलना। कुछ रूपों में संस्कृत के समान **त** प्रत्यय का व्यवहार होता है, अन्य रूपों में **द** का।

दल्, **तल्**, **दन्**, **तन्**, इन प्रत्ययों में **द**, **त** कृदन्त चिन्ह है, इसका प्रमाण यह भी है कि पश्तो में स्वतन्त्र **अल्** प्रत्यय वाले अनेक क्रियार्थी संज्ञारूप हैं, यथा **वयल्** (बोलना)। **अल्** के बदले यदि **अन** प्रत्यय लगे तो सीधा **वयन**, हिन्दी **बैन** रूप मिलेगा। यदि **य्** के स्थान पर **व्** श्रुति का आगम हो और **अल्** प्रत्यय लगे, तो **ववल्**, **बवल्**, **बोल्** क्रियारूप मिलेगा। यह **बोल्** क्रिया काफी पुरानी है, इसका एक प्रमाण यह है कि रूसी भाषा में **बोल्तात्** का अर्थ है बहुत बातें करना, **बोल्तून्** का अर्थ है बातूनी। **मीतल्**—मूतना, **द्रूमल्**—जाना, **जंगल्**—भूलना, **कवल्**—काटना, आदि पश्तो क्रिया-रूपों में **अल्** प्रत्यय लगा है; यह **अल्** संस्कृत **अन्** का प्रतिरूप है जो **गच्छन्**, **पठन्** आदि कृदन्त रूपों में देखा जाता है।

अन्, **अन**, **अना** प्रत्यय परस्पर सम्बद्ध हैं। कृदन्त रूप बनाने के अतिरिक्त वे अनेक संज्ञा-विशेषण-रूपों में प्रयुक्त होते हैं। पश्तो **वरन्** (ऊनी) संस्कृत **ऊर्ण** के **ऊर्** से सम्बद्ध है। **ओसनइ** (वर्तमान में) **अना** प्रत्यय है; इसी प्रकार **वेगानइ** (पिछली रात से सम्बन्धित) रूप बना है। संस्कृत **त्व** और **त्वन्** प्रत्यय किंचित् परिवर्तन से यहाँ भी प्रयुक्त होते हैं। **अनइ** का प्रतिरूप **अलइ** कृदन्त रूपों में मिलता है। **दमलइ**—जिसने दम लिया हो, **नीवलइ**—जिसे पकड़ा गया हो। **त्व** का रूपान्तर **तोब** है यथा **जड़त्व** का पश्तो प्रतिरूप **सड़्तोब** (जाड़ा) है। **ज्**—**ज़्**—**स्**, यह प्रक्रिया प्रथम वर्ण में सकार के स्थापित होने की है; मध्यवर्ती **ड** उत्क्षिप्त हुआ, फिर बलाघात की आवश्यकता से स्वर का लोप हुआ; **व्** ने पूर्ववर्ती वर्ण को प्रभावित किया और स्वयम् स्पर्शध्वनि बना। संस्कृत **त्वन्** पश्तो के **तून्** और **दून्** रूपों में मिलता है। **ज्वदून्** अर्थात् जीवन, **कुंडह्तून्** अर्थात् वैधव्य। **तून्** के साथ **तूनइ** प्रत्यय भी प्रयुक्त होता था जिसका पूर्वरूप **त्वना** माना जाएगा। उदाहरण : **रिश्तूनइ**—सत्य। यदि **त्व**, **त्वन्** आदि का मूल रूप **व**, **वन्** माना जाए, तो **ऊन्**, **ऊनइ** प्रत्यय भी इसी शृंखला में आ जाएँगे। **तड़्न्**—बाँधना, **वेरेदून्**—डरना, **पखवून्**—पकाना, ये सब संज्ञारूप हैं; **लीदूनइ**—दर्शनीय, **क्ड़्नइ**—करणीय, यहाँ कृदन्त रूप बनाने के लिए **ऊनइ** प्रत्यय लगाया गया है। **ऊन्** में **क** या **का** प्रत्यय लगाया जाए तो **तिलंगा** और **कलिंग** जैसे शब्द बनेंगे। **कलिंग** वह जिसका **कल्** अर्थात् पत्थर—पर्वतों—से सम्बन्ध हो। **तिलंगा** वह जो **तॅल्—तॅन्** (दक्षिण)—का रहने वाला हो। इसी तरह पश्तो में : **लूटुन्कइ**—लुटेरा, **मसेदुन्कइ**—मुस्कराता हुआ। पश्तो में भाववाचक संज्ञा बनाने के लिए **तिआ** प्रत्यय काम में आता है जो **त्वा** का वैकल्पिक रूप **त्या** है। **जोड़तिआ**—बुढ़ापा; **त्** ध्वनि **स्** में बदलती है तब इसी का रूपान्तर **सिआ** यही भूमिका पूरी करता है यथा **तंगसिआ**—तंगी।

पश्तो भाषा की एक विशेषता यह है कि आधुनिक आर्यभाषाओं से भिन्न वह अब भी क्रियापदों में उपसर्ग जोड़ती है। संस्कृत और रूसी के समान ये उपसर्ग क्रिया का अर्थ परिवर्द्धित करते हैं यथा **नास्तल्**—बैठना, **कषे नासतल्**—नीचे बैठना; **च्षल**—पीना, **वॉच्षह्**—पियो। यह **वॉ** उपसर्ग बहुत सामान्य है और बहुधा क्रियार्थी संज्ञारूपों के साथ प्रयुक्त होता है : **क्ड़ल्**—करना, **वॉक्ड़ह्**—करो।

पश्तो भाषा की शब्द-निर्माण-प्रक्रिया में बीस से ऊपर गिनती वाले शब्द द्रविड़

भाषाओं और फ़ारसी की पद्धति से नहीं, संस्कृत **और** हिन्दी की पद्धति से बनते हैं। **यउ वीश्त** एक बीस, इक्कीस; **द्वह् वीश्त**—बाईस; **ओवह् वीश्त**—सत्ताइस, **यउदेर्श**—इकतीस, **द्वह् देर्श**—बत्तीस इत्यादि; हिन्दी के समान पश्तो में ग्यारह से उन्नीस तक ही नहीं, इक्कीस से उत्तीस तक और उसके बाद एक ही पद्धति चलती है। फ़ारसी और पश्तो में यह महत्वपूर्ण भेद है और भारतीय आर्यभाषाओं से उसके निकटतर सम्बन्ध का सूचक है। यह स्वाभाविक है कि पठान देश के कुछ भागा में महीनों के लिए अब भी भारतीय नामों का व्यवहार होता है। ट्रम्प ने लिखा है कि भारत के समीपवर्ती भागों में ऐसे नामों का व्यवहार होता है। **चैत्र चेतार्** है, वैशाख **वइसाक्** बना, तद्भव जेठ **जेट्** है, असाढ़ के प्रथम वर्ण का लोप हुआ, **हाड़, आड़** रूप बचा। **सावन** अपने हिन्दी रूप में ज्यों का त्यों है। **बाद्रो** रूप में **भादों और भाद्र** का मिश्रण है। **असू** और **कतक** आश्विन और कार्तिक हैं। मार्गशीर्ष के लिए **मगर** शब्द है जो ट्रम्प के अनुसार पंजाबी **मंघर**, सिन्धी **मंघिरु** का प्रतिरूप है। **माघ** हिन्दी के समान है, पूस और फागुन क्रमशः **पोह्** और **पागँड़** हैं। ऋतुओं में वर्षा के लिए **पशकाल्** रूप है। शीत ऋतु के लिए **जिमइ हिम** से सम्बद्ध है। दिन के नामों में **इतवार** हिन्दी के समान है, वैकल्पिक रूप **इतबार** भी है। शनि का रूपान्तर **खाली** दिलचस्प है; **ल्** ने **न्** का और **ख्** ने **श्** का स्थान लिया है। परसों के लिए जैसे अवधी का **परों** रूप है, वैसे ही पश्तो में **परून्** शब्द है जिसका अर्थ है बीता हुआ कल। हिन्दी कल के पश्तो प्रतिरूप **कलह्** का अर्थ है कोई भी समय; **हरकलह्**—किसी भी समय, हर समय; से बने हैं। **कलह्-कलह्**—कभी-कभी। **कल** और **काल** गतिसूचक एक ही क्रिया **ग** अथवा **गा** द्रविड़ प्रभाव से **ग्** ध्वनि अघोष रूप में प्रयुक्त हुई है।

५. पश्तो की पड़ोसी भाषाएँ और बोलियाँ

भाषा-सर्वेक्षण करनेवाला विद्वान् भाषाओं के विकास का ऐतिहासिक विवेचन करता है तो वह स्वभावतः बोलियों की ओर अधिक ध्यान देता है और इस कारण प्राचीन भाषाओं के प्रसंग में भी वह बोलियों की विविधता का ध्यान रखता है। इसलिए अन्य ऐतिहासिक भाषाविज्ञानियों से उसके विवेचन में कुछ भिन्नता होती है। यह बात ग्रियर्सन के लिए भी कही जा सकती है। अपने सर्वेक्षण ग्रन्थ के दसवें भाग में उन्होंने ईरानी भाषा-परिवार की चर्चा की है। अपने ग्रन्थ में उन्होंने भारत की भाषाओं का सर्वेक्षण किया है, फिर भी उसमें उन्होंने ईरानी परिवार की चर्चा की, इसका कारण यह है कि "उत्तर पश्चिमी सीमान्त प्रदेश में तथा ब्रिटिश प्रभाव के पड़ोसी क्षेत्र में जिसे ब्रिटिश अफगानिस्तान कह सकते हैं, यह भाषा [पश्तो] पेशावर, हज़ारा, बन्नू, कोहाट, डेरा इस्माइल खाँ के जिलों में तथा इनके और अफ़गान सीमा के बीच के क्षेत्र में बोली जाती है।" (लिंग्विस्टिक सर्वे, खण्ड १०, पृष्ठ ५)। उन्होंने पश्तो पर इसलिए नहीं लिखा कि आधुनिक आर्यभाषाओं से, सिन्धी और हिन्दी से उसका घनिष्ठ सम्बन्ध है वरन् इसलिए लिखा है कि पश्तोभाषी क्षेत्र ब्रिटिश भारत में है या ब्रिटिश प्रभाव-क्षेत्र में है। फिर भी उन्होंने जो सामग्री प्रस्तुत की है, उससे पश्तो का सम्बन्ध, उनके न

चाहने पर भी, भारतीय आर्यभाषाओं से स्थापित होता है।

ग्रियर्सन ने पारसी ईरानी और गैरपारसी ईरानी, दो भाषा-समुदाय माने हैं। जो पारसी समुदाय है, उसमें स् ध्वनि ह् में बदलती है किन्तु जो गैर-पारसी ईरानी है, उसमें ऐसा परिवर्तन विरल है। ग्रियर्सन मानते हैं कि पूर्वी समुदाय की पश्तो, बलूची आदि भाषाओं ने उत्तरपश्चिमी भारत से काफी तत्व उधार लिए हैं किन्तु उनका कहना है कि इन भाषाओं का अन्तस ईरानी है। इस अन्तस की अखण्ड सत्ता नहीं है क्योंकि पारसी और गैरपारसी दो भागों में ग्रियर्सन ने उसे पहले ही बाँट दिया है। प्राचीनकाल में पक्थ गण से भारतीय आर्य गणसमाजों का जो सम्बन्ध था, उसे छोड़ भी दें, तो अपेक्षाकृत अर्वाचीन काल में पठानों और भारतीय जनों का सम्पर्क नये-नये स्तरों पर कायम हुआ। ग्रियर्सन का कहना है कि बहुत से भारतीय डोम अफगानिस्तान में पेशेवर गायकों के रूप में बस गए और फिर वे अफगान बन गए। गाना-बजाना डोम जनों का पुराना पेशा है और बहुत जगह अब भी कायम है। पठानों की भाषा में इन डोम जनों के गीतों के माध्यम से अवश्य ही कुछ भाषातत्व पहुँचे होंगे। सम्पर्क का दूसरा स्तर यह था कि पठान और भारतवासी, दोनों ही तुर्कों से लड़े थे। ग्रियर्सन ने लिखा है कि बाबर ने काबुल से लेकर भारत तक पठानों के सिर काट-काटकर पिरामिड बना दिए थे। मेरठ की रक्षा के लिए इलियास नाम के पठान ने युद्ध किया था और खटक कबीले के खुशालखाँ ने औरंगज़ेब के विरुद्ध विद्रोह किया था। ग्रियर्सन ने लिखा है कि खुशालखाँ कवि थे और अब भी वह पठानों के सर्वाधिक लोकप्रिय कवि हैं। बादशाह खान ने भारत के स्वाधीनता-संग्राम में भाग लिया, तो यह पुरानी हिन्दी-पठान जुझारू परम्परा के अनुरूप ही था।

ग्रियर्सन ने उत्तर-पश्चिमी बोलियों के जो नमूने दिए हैं, उनमें कुछ बातें उल्लेखनीय हैं। एक बोली है ओरमुड़ी। सम्भव है, इसमें **मुड़ी** शब्द भाषा-सूचक हो। इसमें भूतकालीन कृदन्तों के अन्त में **क** प्रत्यय दिखाई देता है। **मुल्लक**—मरा, **ख्वलक**—खाया। पेशावर की भाषा में कृदन्त चिन्ह **द** है यथा **कड़ेद**—किया गया है। **ख्वलक** जैसे रूपों में **द्** बदलकर **ल्** हो गया है और उसके बाद **क** जोड़ा गया है। ब्रजभाषा के **भयो** के प्रतिरूप **ब्यो** में **क** प्रत्यय जोड़कर **ब्योक्** रूप बनता है। **ख्वलकम्** का अर्थ हुआ उसने मुझे खाया। **ब्योकम्**—मैं था, **बुकयेन्**—हम थे। यह क भारतीय भाषाओं के सन्दर्भ में ध्यान देने योग्य इसलिए है कि मगही क्रियारूपों में इसका व्यवहार होता है यथा **ऊ रोटी खलकइ**—उसने रोटी खाई। इसी प्रकार मैथिली में **वो रोटी खेलक**। मैथिली के वाक्य **तोहर नाम की थिको** (तुम्हारा नाम क्या है) में थि क्रिया के साथ **को** निश्चयसूचक प्रत्यय है। मानक हिन्दी, बाँगरू और पंजाबी के भविष्यकालीन क्रिया-रूपों में जो गा दिखाई जाता है, वह मगही और पश्तो बोलियों के क का समवर्गीय है।

ओरमुड़ी के कृदन्त क्रिया-रूपों में सर्वनाम प्रत्यय जोड़े जाते हैं। यह बात पश्तो में भी है किन्तु ओरमुड़ी की विशेषता यह है कि कृदन्त में सर्वनाम-चिन्ह जोड़कर कर्म का बोध भी कराया जा सकता है। **ख्वलकम्** का अर्थ है, उसने मुझे खाया। **खुरम्**—वह मुझे खा सकता है; **खुरन्**—वह तुम्हें खा सकता है, **खुरीव**—तू उसे खा सकता है।

सर्वनाम-चिन्हों से इस प्रकार कर्ता के साथ कर्म का बोध कराना मगही और मैथिली की विशेषता है। क्रिया के साथ दो-दो सर्वनाम जोड़े जा सकते हैं। **खवलकत्**—तूने तूने खाया; यहाँ **अत्** सर्वनाम मध्यम-पुरुष एकवचन कर्ता का संकेतक है। **खवलकतम्**—मुझे खाया, यहाँ **अत्** के बाद **अम्** उत्तमपुरुष एकवचन कर्म का संकेतक है। ये विशेषताएँ न तो फ़ारसी में हैं, न अवेस्ता की भाषा में किन्तु भारतीय आर्यभाषाओं के पूर्वी समुदाय की दो भाषाओं में है।

तुर्की के समान ओरमुड़ी में संज्ञा शब्दों के बाद भी सर्वनाम-चिन्ह लगते हैं: **कितब्बीन्**—मेरी किताबें, **कितब्बी**—तेरी किताबें, **कितब्बीव**—उसकी किताबें, **कितब्बीन**—हमारी या तुम्हारी किताबें। यह विशेषता तुर्की, सामी, कोल आदि अनेक परिवारों में पायी जाती है।

ओरमुड़ी में **अ** सर्वनाम-चिन्ह निश्चयात्मक संकेतक का काम करता है। पश्तो के अन्य रूपों में **द** निश्चयात्मक संकेतक प्रयुक्त होता है। अंग्रेज़ी के **दि** या **द** की भूमिका भी यही है। ऐसे संकेतकों का व्यवहार ईरानी या भारतीय आर्यभाषाओं में नहीं होता। प्राचीन ग्रीक में होता है, लैटिन में नहीं होता, स्लाव भाषाओं में नहीं होता, जर्मन समुदाय की भाषाओं में होता है, और सामी भाषाओं में होता है। इस विशेषता का प्रसार केन्द्र पठानदेश या उसका पड़ोसी क्षेत्र होना चाहिए।

पश्तो और उसकी पड़ोसी भाषाएँ भारतीय आर्यभाषाओं के समान मूल शब्द के बाद सम्बन्धक जोड़ती हैं यथा पेशावरी बोली में **माल**—मुझको, मराठी **मला** के समान है; सम्प्रदान कारक के लिए इस **ल** का व्यवहार मगही में भी होता है। किन्तु **द स्पाहयानो** (सिपाहियों का) में **द** सम्बन्धक मूल शब्द से पहले आया है। ओरमुड़ी में **इ सड़इ की** (एक आदमी को), **की** सम्बन्धक बाद में आया है किन्तु **प सड़इ** (एक आदमी के द्वारा), **त सड़इ** (एक आदमी का), यहाँ **प** और **त** सम्बन्धक मूल शब्द से पहले आये हैं। ऐसी ही संरचना कम्बोज समुदाय की भाषाओं में है, सामी भाषाओं और अंग्रेज़ी आदि इन्डोयूरोपियन भाषाओं में है। जिसे तुखार प्रदेश कहा जाता था, वहाँ कम्बोज समुदाय की भाषाएँ बोलने वाले रहते थे। ये पठानों के पड़ोसी थे। सम्बन्धक शब्दों को मूल शब्द से पहले रखने की प्रवृत्ति के प्रसार का केन्द्र यही उत्तरा-खण्ड है।

ओरमुड़ी आदि भाषाओं के कुछ शब्द ऐतिहासिक महत्व के हैं। ओरमुड़ी **पेत्स** संस्कृत **पश्च** का प्रतिरूप है; अंग्रेज़ी **पोस्ट** (पीछे) के पूर्वरूप **पस्त** का वर्णविपर्यय से बदला हुआ रूप **पेत्स** है। अंग्रेज़ी **पोस्ट** स्वयम् लैटिन से आया है। ओरमुड़ी **इद** (यहाँ) हिन्दी **इधर** के **इध** का रूपान्तर है। **गुदा** (कहाँ) में प्रथम वर्ण प्रश्नवाचक सर्वनाम है। रूसी में यही रूप **कुदा** और संस्कृत में **कुतः** है।

काबुल नदी के दक्षिण में **तिरही** भाषा बोली जाती है। इसकी एक विशेषता निश्चयात्मक संकेतक का व्यवहार है। **ले पकीरसि एक आन दे**—फ़कीर को एक आना दो। यहाँ **दे** सर्वनाम का रूपान्तर **ले** फकीर के पहले आया है। **ल गन पुत्र ग़ुसा खुम् गा**—बड़ा बेटा गुस्से में आ गया। यहाँ संकेतक **ल** सर्वनाम **द** का रूपान्तर है। दोनों

का आधार **ध, धे** जैसे सर्वनाम हैं जो अंग्रेज़ी में संकेतक दि के रूप में प्रयुक्त होते हैं। **ल** वाले रूपान्तर में इनका व्यवहार फ्रांसीसी, इतालवी आदि भाषाओं में होता है। दूसरे वाक्य में **गा** क्रिया ठीक उसी रूप में है जिसमें वह अवधी में प्रयुक्त होती है। **पुत्र** शब्द, फ़ारसी से भिन्न, यहाँ संस्कृत रूप के समान है। **पकीरसि** का **सि** प्रत्यय अवधी और अपभ्रंश के सम्प्रदान कारक **हि** का पूर्वरूप है। कुएँ के लिए **कुइ** रूप अवधी **कुँइँ** के समान है। **व्रिछत तोन**—वृक्ष के नीचे; यहाँ **क्ष्** ध्वनि मागधी के समान **ख्** में नहीं, अवधी के समान **छ्** में परिवर्तित हुई है। अवधी-ब्रज का **पनही-पन्हा** तिरही में **पना** (जूता) है। आँख के लिए **अक्षि** से **ख्** वाले रूप के बदले यहाँ **छ्** वाला रूप प्रचलित है—**अच्छे**, जिसकी तुलना के लिए ग्रियर्सन ने कश्मीरी का **अछ्** (आँख) रूप दिया है। स्त्री के लिए **स्त्रे** का व्यवहार होता है; बेटी के लिए **दे** शब्द का सम्बन्ध **धी** से है। **स्त्री** और **धी** दोनों के स्वर विवृत होकर एकार हो गये हैं। पिता के लिए **मल** शब्द कश्मीरी **मोलु** का प्रतिरूप है। पश्तो के समान, फ़ारसी से भिन्न, इसमें **ड़्** का व्यवहार होता है। **पुत्रेन लेन आड़ि**—बेटे ने उससे कहा। कर्ता **पुत्रे** के साथ **न** प्रत्यय लगा है और वह सम्प्रदान **ले** के साथ भी है। जो लोग समझते हैं कि आधुनिक आर्यभाषाओं में तिर्यक् और सामान्य दो ही कारक रह गये, वे **पुत्रे** और **ले** तिर्यक् रूप देखें और कहें कि तिरही का विकास ईरानी अपभ्रंश से हुआ है। **लेन** का **ले** सर्वनाम रूप है। संज्ञा के पहले संकेतक रूप में, अलग से स्वतन्त्र सर्वनाम रूप में उसका व्यवहार होता है। ग्रियर्सन ने हिन्दी **ने** के साथ तिरही **न** की तुलना बिलकुल ठीक की है। फ़ारसी में वैसा चिन्ह नहीं है। फ़ारसी **होशियार्** तिरही में **होखियार्** है और स्थान के लिए फ़ारसी **खान्** (कारखाने वाले **खान्**) के बदले यहाँ **थान** (घर) है। सोलह यहाँ **खोला** है किन्तु सत्रह **सतारा** है। **खोला** में **स्, होशियार्** के **श्** के समान परिवर्तित हुआ है किन्तु **सतारा** सीधे पंजाब से पहुँचा है। **जवाब दिता** (जवाब दिया) में **दिता** से उक्त धारणा पुष्ट होती है। **मलगण पुत्रसि जवाब दित**—बाप ने बड़े बेटे को जवाब दिया। **दित** कृदन्त है; **मल** के साथ करण कारक का कोई चिन्ह नहीं है। कर्मवाच्य कृदन्त, आधुनिक आर्यभाषाओं के समान, यहाँ कर्तृवाच्य के समान प्रयुक्त होते हैं। तिरही में सम्बन्ध कारक का चिन्ह मूल शब्द से पहले आता है, बाद को भी। **मसिदा, दा मे,** दोनों का अर्थ है मेरा। पंजाबी, पश्तो, तिरही, सभी में **द** या **दा** सम्बन्ध कारक के चिन्ह के रूप में प्रयुक्त होता है। यह व्यवहार-परम्परा फ्रांसीसी, इतालवी आदि लैटिन समुदाय की अर्वाचीन भाषाओं तक चली गई है। **पुत्रसि** के समान **मसि** सर्वनाम अपने साथ कारक-चिन्ह **सि** लिए हुए है किन्तु तिरही में **मसि** सर्वनाम-मूल जैसा प्रयुक्त हुआ है—जैसे हिन्दी में कुछ लोग **मेरे को** बोलते हैं। क्रिया वाक्य के आरम्भ में और अन्त में, दोनों प्रकार से आती है। **मलगण पुत्रसि जवाब दिता**—यहाँ क्रिया वाक्य के अन्त में है। **गा दूर मुल्कसि**—वह दूर देश गया, यहाँ क्रिया वाक्य के आरम्भ में आई है। इस क्षेत्र की भाषाओं में मुख्य कालभेद भूत और वर्तमान का है। भविष्य के लिए **भू** क्रिया का व्यवहार होता है। **दज़्**—दण्ड देना; **मे बदेम्**—मैं मारूँगा; **ले बदेम्**—वह मारेगा। यहाँ **ब** उपसर्ग भविष्यवाचक वैसे ही है जैसे मागधी भाषाओं में। केवल उसकी स्थिति

मूल क्रिया से पहले है।

इस **ब** चिन्ह का व्यवहार पश्तो में दर्शनीय है। **जर्नल् ऑफ़् अमेरिकन् ओरिएन्टल् सोसायटी** (अप्रैल-जून, १९५१) में हर्बर्ट पेंजल ने पश्तो क्रिया पर एक लेख लिखा था। इसमें उन्होंने बताया था कि पश्तो क्रिया में मुख्य काल-भेद अतीत और वर्तमान का है। इन्हीं कालरूपों के अनुसार भविष्यकाल की रचना होती है यथा **जे ब दरेज्जेम्**—मैं रुकूँगा। **ब** चिन्ह का सम्बन्ध केवल भविष्य से नहीं है, यह अन्य उदाहरण से ज्ञात होता है। **जे ब दरेदेलेम्**—मैं रुक रहा था। जैसे हिन्दी में कहें **वे रुके हैंगे,** यहाँ संकेत भविष्य की ओर नहीं है वरन् सम्पन्न हो चुकी क्रिया की ओर है। उक्त निबन्ध के लेखक के अनुसार **ब** का अर्थ सन्दर्भ के अनुसार निश्चित होता है जिसमें एक अर्थ भविष्य का भी होता है। **दरेदेलेम्** में **ल** भूतकालीन कृदन्त का चिन्ह है। **ल** और **ब** दोनों का एक साथ व्यवहार या तो मागधी भाषाओं में है या पश्तो और उसकी पड़ोसी बोलियों में। बिहार और बंगाल की भाषाओं में जैसे **स्** और **श्** ध्वनियों का व्यवहार एक विभाजक रेखा है, वैसे ही पश्तो क्षेत्र में **स्** और **श्** का व्यवहार है। कन्दहार की बोली में **स्** का व्यवहार होता है। **शेम्** (मैं होता हूँ) का कन्दहारी प्रतिरूप **सेम्** है। फ़ारसी **नेस्त** (नहीं है) इस बोली के अनुरूप है किन्तु अन्यत्र **नेश्त** का चलन भी है। पश्तो क्षेत्र में **वेसु** और **वेशु** (वह हुआ), दोनों रूपों का चलन है। इस तरह का भेद फ़ारसी के आधार पर विवेचित नहीं हो सकता।

सेम्, शेम् में **स** क्रिया है। यही क्रिया **ह** रूप में भी प्रयुक्त होती है। ओरमुड़ी में **अजहम्**—मैं हूँ; **हफो हा**—वह है; **माख ह्य न्**—हम हैं; **हफई हिन्**—वे हैं। जैसे मगही और हिन्दी में ह-मूलक क्रियारूप प्रचलित हैं, वैसे ही ओरमुड़ी में। **स** ध्वनिवाली क्रिया भी विशेष सन्दर्भों में प्रयुक्त होती है यथा **अज्सम्**—मैं हो सकता हूँ; **अज् स्योकम्**—मैं हुआ। **स** क्रिया का प्रतिरूप **अस्** है। यही **असिल्** जैसे तिरही के रूपों में विद्यमान है। **अस्** और **आस्** वाली क्रियाएँ प्राचीन हैं, इनका एक प्रमाण पुरानी फ़ारसी में **आह्** क्रिया का व्यवहार है। **जर्नल् ऑफ़् अमेरिकन् ओरिएन्टल् सोसायटी** (खण्ड ६६, सन् १९४६) में रोनैल्ड जी० केन्ट ने पुरानी फ़ारसी के **माम् काम** पद में कर्मकारक पर एक लेख लिखा था। शिलालेखों की इस पुरानी फ़ारसी में **यथा माम् काम आह,** यह वाक्यांश बार-बार आता है। इसका अर्थ है, जैसी मुझे इच्छा थी। जैसे हिन्दी में कहें, **मुझे आशा थी,** ठीक वैसे ही उक्त वाक्यांश में **माम्** का प्रयोग हुआ है। अतीत कालीन क्रियारूप **आह** का आधार **आस्** है। मराठी **आहे,** बँगला **आछे** इसी से सम्बद्ध हैं। अवधी, ब्रजभाषा आदि में **अहै, अछै, अछत** आदि का आधार **आस्** का वैकल्पिक रूप **अस्** है।

इन्डियन् लिंग्विस्टिक्स के चटर्जी जुबिली विशेषाङ्क (१९५५ ई०) में मौर्गेन्स्टीर्न ने खोवार भाषा के उदाहरणस्वरूप एक कहानी दी है और उस भाषा पर कुछ टिप्पणियाँ की हैं। इस कथा का एक वाक्य है: **सेर् कुर शेर्**। इसका उन्होंने संस्कृत रूपान्तर इस प्रकार दिया है: **सेतुः कुतः शेते**—पुल कहाँ है। इस भाषा में संस्कृत शब्दों की **त्** और **द्** ध्वनियाँ **र्** में बदलती हैं यद्यपि सर्वत्र ऐसा नहीं होता। इस प्रकार

सेतु शब्द **सेर्** हुआ। **कुतः** का प्रतिरूप **कुर** बना। **शेर्** में लेटने का अर्थ देने वाली **शी** या **शे** क्रिया के बदले अस्तित्वसूचक **स** या **श** क्रिया की कल्पना अधिक युक्तिसंगत है। कृदन्त रूप होगा **सेत्** या **शेत्**, उससे **शेर्**। खोवार भाषा के एक वाक्य का रूपान्तर लेखक ने संस्कृत में दिया है, फ़ारसी या प्राचीन ईरानी में नहीं, यद्यपि वह मानते हैं कि इस भाषा में भी बहुत से ईरानी तथा आर्येतर तत्व हैं। इसकी पड़ोसी कलश भाषा में भी **त्** को **र्** या **ल्** में बदलने की प्रवृत्ति है। उन्होंने इस बात का उल्लेख भी किया है कि खोवार में मूर्धन्य **ळ्** का व्यवहार होता है। मागधी भाषाओं के समान इसमें स्वर की लघुता या दीर्घता अर्थविच्छेदक नहीं है। लेखक के अनुसार जिन स्वरों पर बलाघात होता है, वे सुनने में दीर्घ लगते हैं। मौर्गेन्स्टीर्न ने इस महत्वपूर्ण तथ्य का उल्लेख किया है कि भूतकालीन कृदन्त यहाँ सामान्य क्रिया की तरह प्रयुक्त होते हैं। इस प्रकार **करना** क्रिया के लिए खोवार रूप **कर्दु** है और इसका कलश प्रतिरूप **कद** है। यह स्थिति प्रायः समस्त ईरानी क्षेत्र में है। इन कृदन्त रूपों के चलन के पहले क्रिया के जो सामान्य रूप थे, वे भारतीय आर्यभाषाओं में हैं। यदि कृदन्त-पद्धति ईरानी क्षेत्र से भारत में आती तो यहाँ वे सामान्य रूप मिलते ही नहीं। तिङन्त पद्धति का केन्द्र है मध्यदेश। यहाँ से क्रिया के सामान्य रूप कुरु समुदाय के क्षेत्र में पहुँचते हैं। वहाँ की कृदन्त-पद्धति का जितना प्रभाव संस्कृत या हिन्दी पर है, उससे कहीं अधिक प्रभाव फ़ारसी तथा ईरानी समुदाय की अन्य भाषाओं पर है। इन भाषाओं के विवेचन से, अन्य भारतीय-अभारतीय भाषाओं के समान, मध्यदेशीय भाषा के मूल रूपों का बोध होता है। दूर संकेतक सर्वनाम खोवार में **हसे** है। इसका वैकल्पिक रूप **हते** है। ऐसे सर्वनामों का मूल रूप **सध** था, **स** निर्देशक सर्वनाम चिन्ह है और **ध** व्यक्ति-स्थानसूचक चिन्ह, इसका प्रमाण **हते** जैसा रूप है। **स्** परिवर्तित हुआ **ह्** में और **ध्** अल्पप्राण अघोष बना। **त्**, **स्** में बदला, तब **हसे** रूप बना। संस्कृत तथा द्रविड़ भाषाओं में दूरस्थ-वस्तु-सूचक **अ** पहले **स** था, यह बात यहाँ **ह्** के अस्तित्व से सिद्ध होती है। खोवार में दूरस्थ और समीप का भेद वैसा सुरक्षित नहीं है जैसा द्रविड़ भाषाओं में है, इसलिए **ह** का उपयोग समीपस्थ वस्तुओं के लिए भी होता है। एक सर्वनाम रूप है **हतो ग़ो** (उसका)। यहाँ मूल सर्वनाम है **हतो**, उसमें सम्बन्ध कारक का चिन्ह **गो** लगा है। शूरसेनी भाषा समुदाय का सम्बन्ध-सूचक **को** यहाँ सघोष संघर्षी रूप में **ग़ो** है। सर्वनामों में **क** चिन्ह जोड़कर ऐसे रूप बनाने की पद्धति मालवी में अब भी है (मध्य प्रदेश के मालवा जनपद की भाषा की बात है)। खोवार भाषा का एक वाक्य है : **हतो ग़ो सुत् झ़िझ़उ अस्तनि**—उसके सात बेटे थे। यहाँ **सप्त** का रूपान्तर **सुत्** है। कहीं यह सप्त शब्द आदि वर्ण में एकार के साथ ग्रहण किया गया है जैसे अंग्रेज़ी **सेवॅन्** में, कहीं ओकार के साथ, जिसके संवृत रूप **उ** के साथ खोवार का **सुत्** है। पुत्रों के लिए **झ़िझ़उ** रूप की व्याख्या इस प्रकार हो सकती है। **झ़ि** तो **धी** है जो पुत्री के लिए अब भी प्रयुक्त होता है। इसका पुल्लिग रूप रहा होगा उकारान्त **धउ**। बेटा-बेटी के लिए जो संयुक्त शब्द **धीधउ** कभी प्रयुक्त होता था, वह खोवार में केवल पुत्र का अर्थ देने लगा। मौर्गेन्स्टीर्न ने **झ़उ** शब्द का अलग से पुत्र अर्थ भी दिया है। **झ़िझ़उ** रूप,

लिंग-भेद पर ध्यान दिए बिना, बच्चों के लिए प्रयुक्त हो सकता है। **इअनुस् बादशातन् झिझउ अन् ते रेतइ**—एक दिन बादशाह ने अपने बच्चों से कहा। **इ** सर्वनाम चिन्ह है जिसके मूल समीपता भाव का लोप हो गया है। शाह के ह का लोप, फ़ारसी के समान नहीं, ब्रजभाषा के समान हुआ है। अपने के लिए **तन्** सर्वनाम का प्रयोग संस्कृत ही नहीं, तमिल के अनुरूप भी है। **झिझउ** में बहुत्वसूचक **अन्** अवधी के **अन**—यथा **दिनन** (बहुत दिन)—जैसा बना हुआ है। **ते** अवधी आदि जनपदीय भाषाओं के सम्बन्धक के समान है, फ़ारसी से उसका कोई सम्बन्ध नहीं है। **रेतइ** क्रिया कृदन्त रूप में है, उसका आधार वही **ऋक्** वाली **रि** क्रिया है। पूरी वाक्य रचना हिन्दी के ढँग की है।

झि का प्रतिरूप **झी** बँगला में अब भी प्रयुक्त होता है। इसका मूलरूप **धी** मध्यदेश—विशेषतः ब्रजप्रदेश—में व्यवहृत होता है। **झाउ** का पूर्वरूप **धउ**, और मूलरूप **धव** संस्कृत **विधवा** में है। **विधवा** वह स्त्री है जिसका साथी युवक न हो। **धव** का प्रतिरूप **धिय** संस्कृत **वंध्या** में है। **वंध्या** वह स्त्री है जिसके सन्तान न हो।

लड़की के लिए **झ़ूर्** शब्द है। कलश भाषा में इसका प्रतिरूप **छूर** है जो ब्रजभाषा के **छोरा-छोरी** की याद दिलाता है। **झ़्, छ्** ध्वनियों का मूल रूप **ध्** प्रतीत होता है। मॉर्गेन्स्टीर्न ने कल्पना की है कि **झ़ूर्** का मूलरूप **जुहूता** था। **दुहिता** के ग्रीक प्रतिरूप **थुगातेर्** में आदिस्थानीय **थ्** मूलरूप के **ध्** की ओर संकेत करता है। **धूता, धूतर्** जैसे रूप से **दुहिता** रूप बनना सम्भव है। **धी** (लड़की) के समान **धू, धउ** (लड़का) रूप प्रचलित थे और इनके साथ **धूत** या **धूर** जैसे रूप थे जिनसे खोवार **झ़ूर्**, कलश **छूर्**, ब्रज **छोरा-छोरी** बने हैं। **भ्राता** का बहुवचन खोवार में **ब्रारगिनि** है। यहाँ **गिनि गण** का रूपान्तर है। यही तमिल का **गळ** है। खोवार में पत्नी के लिए **बोको** शब्द है जो मराठी **बाइको** से तुलनीय है; **बाइको** का **बाइ** अंग्रेजी **वाइफ़** के **वाइ** से तुलनीय है, और **बाइ** का नारीवाचक आधुनिक आर्य प्रतिरूप **बाई** है।

ऊपर के एक उदाहरण में **अनुस्** (दिन) शब्द आया है। लैटिन में इसका प्रतिरूप **अन्नुस्** वर्ष के लिए प्रयुक्त होता है। संस्कृत रूप **अयन** है। खोवार में संस्कृत शब्दों के प्रतिरूप भरे पड़े हैं; ऐसे रूप भारतीय आर्यभाषाओं में अधिक हैं, फ़ारसी में कम। स्त्री के लिए **किमेरि** शब्द का व्यवहार होता है जो **कुमारी** का रूपान्तर है। **तीक्ष्ण** का खोवारी तद्भवरूप **तुखुन्** है। झरने के लिए **उत्स** शब्द है जो हिन्दी के लिए भी अब क्लिष्ट माना जायगा : **ह्यु श् झग़ उत्स् शेर्**—ऐसी जगह उत्स है।

चलने के लिए खोवार में **वग्** क्रिया है जो संस्कृत **वेग** से सम्बद्ध है। हिन्दी में **ग** क्रिया केवल अतीतकालीन **गया** जैसे रूपों में प्रयुक्त होती है; खोवार में संस्कृत **गत्वा** के समान पूर्वकालिक रूप **गिति** (आकर) है। इसी प्रकार **भू** के प्रतिरूप **बि** से **बिति** (होकर) रूप बनता है।

पठान देश के समीपवर्ती क्षेत्रों में काफिर, पशाइ, तिरही भाषाएँ बोली जाती हैं। इन भाषाओं का भारतीय आर्यभाषाओं से बड़ा गहरा सम्बन्ध है। काफिर भाषा में माँ के लिए **नु** शब्द है। सम्भव है, **स्नुषा** सामान्य पारिवारिक सम्बन्ध सूचित करने वाला शब्द रहा हो; उसका तद्भव रूप यह **नु** है। बिल्ली के लिए **पिशा** शब्द **पिशाच**

की व्युत्पत्ति में सहायक होता है। **मास** का अर्थ है चन्द्रमा। संस्कृत **चन्द्रमस्** में **चन्द्र** और **मस्** दोनों एक ही अर्थ के सूचक हैं। **चन्द्रमा, पूर्णिमा** आदि का **मा** चन्द्रवाचक है। पुरुष के लिए **मनुश** और स्त्री के लिए **स्त्री** शब्द काफिर भाषा में हैं, फ़ारसी में नहीं। काफिर क्षेत्र में **अश्व** के साथ **घोड़ा** भी पहुँचा है; **वुश्प, उश्प** और **गूड़ा**।

काबुल नदी के उत्तर में पशाइ बोलियाँ हैं। यहाँ पुरुष के लिए **वीर** शब्द है। संस्कृत **अक्षि** का रूपान्तर **अछि** यहाँ प्रचलित है। जैसे **पक्षी** का एक तद्भव रूप **पंछी** है, वैसे ही यहाँ **अछि** का वैकल्पिक रूप **अंछ** है। **पंछी** के साथ आधुनिक आर्य भाषाओं में **पाखी** है, वैसे ही यहाँ उसी अर्थ में **पछीन्** के साथ **पखीम्** है। चन्द्रमा के लिए **माइ** के अलावा **मा** पूर्णिमा के **मा** का अर्थ बताता है। माता के लिए **आई** और खाने के लिए **जेंवन्** मराठी की याद दिलाते हैं। बाप के लिए **दादा** ठेठ भारतीय शब्द है।

एच० डब्ल्यू बेली ने **इन्डियन लिंग्विस्टिक्स** के चटर्जी जुबिली विशेषाङ्क (१९५५) में **इन्डिका एत् ईरानिका** लेख में वैदिक और ईरानी शब्दों के प्राचीन सम्बन्धों पर बल देते हुए कुछ उदाहरण दिए हैं। इनमें एक शब्द है **क्रम**। क्रम का मूल अर्थ है चलना। अनाज पर मनुष्यों या पशुओं के चलने से उसे माड़ा जाता था, इसलिए **क्रम** शब्द का एक अर्थ माड़ना हुआ। इसका ईरानी रूपान्तर **ख्रम्** है। बलूची में **खुमानी** उस स्थान को कहते हैं जहाँ नाज इकट्ठा किया जाता है। काफिरी भाषा में **क्रम्**, उसका कृदन्त रूप **क्रन्द्**, चितराल की खोवार भाषा में **क्रोम्** माड़ने की क्रिया से सम्बन्धित हैं। बेली ने अनाज को पीटने, मीसने, उस पर चलने आदि के लिए संस्कृत **क्रम्** का उल्लेख किया है। इसी के संज्ञारूप **क्रमण** का फ़ारसी रूपान्तर **ख़िर्मन्** (फ़सल) है। बेली ने वैदिक **खल** का भी उल्लेख किया है जो **खलिहान** में अब भी विद्यमान है। किन्तु यह **खल** भिन्न अर्थ देने वाला **खल** है और **क्रम** से भिन्न है। हिन्दी **माड़ना, मड़नी** आदि का सम्बन्ध **मर्दन** की **मर्द्** क्रिया से है। **मर्द्** का एक रूपान्तर **माद्** होगा, **माद्** का रूपान्तर **नाद्** होगा। ईरानी समुदाय की भाषाओं में **नाद्** क्रिया पीटने के अर्थ में प्रयुक्त होती है। इसी का रूपान्तर हिन्दी **नाज** है; **नाज** वह जो काटी हुई धान्यराशि को माड़कर, पीटकर निकाला जाय।

यहाँ कुछ बातें बलोची भाषा के बारे में कहना चाहिए। बलोची के क्षेत्र में सिन्धी, पश्तो और ब्राहूइ बोलने वालों की संख्या काफी है। कुछ जिलों में तो अधिक संख्या सिन्धी और पश्तो बोलने वालों की है। इस प्रकार यहाँ सिन्धी और पश्तो से एक द्रविड़ भाषा निकट सम्पर्क में आती है। पश्तो के समान और फ़ारसी से भिन्न बलोची में मूर्धन्य ध्वनियों का व्यवहार होता है। बार्कर और मंगल की पाठ्यपुस्तक **ए कोर्स इन् बलूची** की समीक्षा करते हुए विलियम ए. कोट्स ने **लिंग्विस्टिक्स** पत्रिका (जुलाई १९७३) में लिखा है कि पश्तो के समान इसमें प्रतिवेष्टित व्यंजन हैं, उर्दू की विशिष्ट ध्वनियाँ **अय्, अव्** (अर्थात् **ऐ, औ**) इसमें पाई जाती हैं और ये स्वर तथा प्रतिवेष्टित व्यंजन निश्चय ही भारतीय आर्यभाषाओं से आए हैं। यद्यपि ब्राहूइ पड़ोसी भाषा है, किन्तु प्रतिवेष्टित ध्वनियाँ बलूची में आर्यभाषाओं से आई हैं। तमिल के समान ब्राहूइ में प्रतिवेष्टित व्यंजन शब्द के आदिस्थान में प्रयुक्त नहीं होते; इसके

विपरीत आर्यभाषाओं में उनका स्वच्छन्द प्रयोग होता है और बलूची में ऐसे स्वच्छन्द व्यवहार की प्रवृत्ति है। बलूची में **ट् ड्** ध्वनियों के व्यवहार का उल्लेख अपने सर्वेक्षण ग्रन्थ में ग्रियर्सन ने भी किया है। पश्तो के समान कुछ स्थितियों में अल्पप्राण व्यंजनों को महाप्राण संघर्षी रूप देने की प्रवृत्ति यहाँ भी है। इस प्रकार पिता शब्द **फ़िथ्** बोला जाता है। पश्तो के समान बलूची में भी अर्थविच्छेदक महाप्राण ध्वनियाँ नहीं हैं। ग्रियर्सन ने गाइगर का मत उद्धृत किया है कि बलूची में प्राचीन भाषातत्व फ़ारसी की अपेक्षा अधिक हैं, उस पर साहित्य की फ़ारसी का प्रभाव शून्यवत् है; पुरानी फ़ारसी की अपेक्षा उसका सम्बन्ध अवेस्ता से अधिक है। कोट्स ने लिखा है कि कोई भी भाषा-विज्ञानी बलूची तथा अन्य भाषाओं, विशेषत: भारतीय आर्यभाषाओं की समानता पर ध्यान दिए बिना न रहेगा, संरचना की दृष्टि से बलूची ईरानी भाषाओं की अपेक्षा बहुधा भारतीय आर्यभाषाओं के अधिक निकट प्रतीत होती है। पश्तोभाषियों और भारतीय आर्यों के पुराने सम्बन्धों की बात विख्यात है किन्तु बलूचिस्तान की मुख्य भाषा भी हमारी भाषाओं के निकट है, यह बात कम लोग जानते हैं। वह ईरानी भाषाओं की अपेक्षा भारतीय आर्यभाषाओं के अधिक निकट है, बहुतों के लिए यह बात कल्पनातीत होगी। जो बात ट्रम्प ने पश्तो के लिए कही है, वही बात कोट्स ने बलूची के लिए कही है। मूर्धन्य ध्वनियाँ प्रतिवेष्टित हैं कि नहीं, पश्तो के सन्दर्भ में कुछ विद्वानों के लिए यह बात विवादास्पद है। कोट्स ने बलोची के **ट्, ड्** को असन्दिग्ध रूप में प्रतिवेष्टित माना है और उन्हें भारतीय आर्यभाषाओं की देन माना है।

ध्वनियों के अलावा बलोची वाक्य-रचना के बारे में कोट्स ने लिखा है कि रखना क्रिया का फ़ारसी प्रतिरूप बलूची में नहीं है। बलूची में **मेरे पास एक रुपया है, मेरे बहुत भाई हैं, मेरे पास बहुत सी किताबें हैं,** ऐसे वाक्यों को हिन्दी वाक्यतन्त्र के अनुरूप कहा जाएगा : **गॉं मन् रुप्पिए अस्त, मनि बज् ब्रस् अन्त, मन् बज् किताब अस्त**। बलूची की कारक-रचना भारतीय आर्यभाषाओं की कारक रचना से मिलती-जुलती है। उत्तम पुरुष सर्वनाम **मन्** के कर्म-सम्प्रदान बहुवचन रूप **अमारा, मारा** बँगला-राजस्थानी की याद दिलाते हैं। संस्कृत में जैसे **लोक** शब्द प्रकाश के अलावा संसार के लिए प्रयुक्त होता है, वैसे ही बलूची में **लोग** शब्द का अर्थ है घर। और गड़रिए में जो **गड़** है वह बलूची में भेड़ के लिए प्रयुक्त होने वाला **गड्** शब्द है। हिन्दी का **गाड़र** इसी से सम्बद्ध है। पश्तो के समान भारतीय आर्यभाषाओं से बलूची के सम्बन्ध प्राचीन और अर्वाचीन दोनों हैं।

ईरानी समुदाय की एक भाषा कुर्द है। इस भाषा के बोलने वाले अब ईरान, इराक और तुर्की के पार्वतीय सीमान्तों में रहते हैं। **ट्रान्जैक्शन्स् औफ़ द फ़िलौलौजीकल सोसायटी** नाम की पत्रिका के एक अङ्क (१९६१) में डी० एन० मैकेन्ज़ी ने इस भाषा के उद्भव पर **दि ओरीजिन्स् औफ़् कुर्दिश्** नाम का लेख लिखा है। इसमें उनकी स्थापना है कि कुर्द भाषा की प्रत्येक विशेषता किसी न किसी ईरानी बोली में मिलती है। यदि कुर्द और इन ईरानी बोलियों की ये विशेषताएँ भारतीय भाषाओं में मिलें और फ़ारसी में न मिलें, तो इससे सिद्ध यह होगा कि ईरानी समुदाय की ये बोलियाँ

तथा कुर्द, फ़ारसी की अपेक्षा, भारतीय भाषाओं के अधिक निकट हैं।

एक विशेषता यह है कि स्वर के बाद आने वाली, अथवा दो स्वरों के बीच में स्थित, **म्** ध्वनि स्पर्श तत्व खोकर अन्तस्थ **व्** में बदल जाती है। संस्कृत **नाम** और **ग्राम** जैसे हमारी जनपदीय भाषाओं में **नांव** और **गांव** हैं, वैसे ही कुर्द में **नाम** शब्द **नाव्** है। फ़ारसी का **कमान** शब्द **कवान्** हो गया है। फ़ारसी से भिन्न, अन्य ईरानी समुदाय की भाषाओं के समान, कुर्द भी स्वच्छन्दतापूर्वक अरबी शब्दों का कायाकल्प करती है। **शमा** का रूपान्तर **शवा** होगा, **जमात्** और **तमाम्** कुर्द में **जिवात्** और **तवाव्** हो गये हैं। यह प्रवृत्ति बलूची में भी है किन्तु वह मध्यवर्ती **म्** को ही बदलती है। फ़ारसी **शुख़्म्** (पहली जोत) के लिए कुर्द **शोव्** रूप है किन्तु बलूची में **शोम्** है। ऐसे ही फ़ारसी **चश्म** बलूची में **चम्** है, कुर्द में **चाव**। **नमाज़्** दक्षिणी बलूची में **नमाश्** है किन्तु उत्तरी-बलूची में **नवाश्** है। मध्य का अर्थ देने वाला फ़ारसी **मियान्** दक्षिणी बलूची में **न्यामा** है, उत्तरी बलूची में **न्यँव** है। **नवाश्, न्यँव** आदि शब्दों में **म्** मध्यवर्ती है; एक क्षेत्र की बलूची में वह **व्** में परिवर्तित हुआ है।

फ़ारसी के विपरीत कुर्द अघोष महाप्राण **ख्** या **ख़्** को अल्पप्राण कर देती है जो द्रविड़ प्रभाव का प्रमाण है: **ख़र्—कर्** (गधा), **ख़न्दीदन्—कनीन्** (हँसना), **ख़रीदन्—किरीन्** (ख़रीदना)। **म्** के समान **ब्** भी **व्** में बदलता है। फ़ारसी **आब** (जल) कुर्द तथा दक्षिणी बलूची में **आव** है। बलूची में मध्यवर्ती व्यंजन बने रहते हैं किन्तु कुर्द में इनका बहुधा लोप होता है। ऐसा प्राकृतों में भी होता है। भारतीय तद्भव रूप **दीठा** कुर्द और बलूची क्षेत्रों में पहुँचा; बलूची में **दीता** और कुर्द में **दी** रूप हैं। दोनों भूतकालीन कृदन्त का अर्थ देते हैं—दिखाई दिया।

फ़ारसी **द्** कुर्द में **ज्** रूप धारण करता दिखाई देता है। फ़ारसी **दानिस्तन्** कुर्द में **जानीन्** (जानना) है किन्तु इसका सीधा सम्बन्ध **जान** क्रिया से हो सकता है। इसी प्रकार फ़ारसी **दामाद** कुर्द में **जावा** है जो सीधे **जमाता** से सम्बन्धित हो सकता है। फ़ारसी की अपेक्षा कभी-कभी कुर्द तथा अन्य ईरानी भाषाओं में शब्दों के प्राचीन रूप अधिक सुरक्षित मिलते हैं। हिरन के लिए कुर्द और बलूची रूप **आसिक्** फ़ारसी **आहू** की तुलना में अधिक प्राचीन है क्योंकि वह **ह्** के पूर्वरूप **स्** को बनाए हुए है। इसी प्रकार **मत्स्य** का कुर्द प्रतिरूप **मासी** फ़ारसी **माही** से अधिक प्राचीन है। संस्कृत **यव** फ़ारसी में **जौ** है, अवेस्ता में **यव** है, कुर्द में **जो** है, गोरानी बोली में अब भी **यव** है। संस्कृत **यकृत्** अवेस्ता में **याकर्**, फ़ारसी में **जिगर**, कुर्द में **जर्ग** किन्तु गोरानी में **यहर्** है। **या** क्रिया से तमिल और कश्मीरी का नदीवाचक **यार्** और जर्मन का कालवाचक **यार्** शब्द बनते हैं। कुर्द में **यार्** शब्द का अर्थ है समय।

ईरानी भाषाओं में **व्** की स्थिति रोचक है। कुछ कुर्द बोलियों में **व** ध्वनि **ज्** में बदलती है किन्तु दक्षिणी कुर्द में वैसा नहीं होता। संस्कृत **वात** फ़ारसी में **बाद**, उत्तरी कुर्द में **बा**, किन्तु दक्षिणी कुर्द और गोरानी में **वा** है। बलूची में **वात** का रूपान्तर **ग्वात्** है, ठीक आगरा ज़िले की ब्रज में **वु** के प्रतिरूप **ग्वु** के समान। **वर्षा** और **बारिश** का बलूची प्रतिरूप **ग्वारिश्** है। कुछ शब्दों में **ग्व्** के स्थान पर केवल

ग् रह जाता है। स्मृति के लिए दक्षिणी कुर्द **बीर्**, उत्तरी कुर्द **बीर्** का बलूची प्रतिरूप **गीर** है।

बलूची में अग्नि के लिए **आस्** शब्द है। इसका सम्बन्ध **अत्रि, अथर्वन्, अध्वर्यु** आदि शब्दों में अग्निवाचक **अध्वर्** या **अथर्** से है। संस्कृत पुत्र का बलूची प्रतिरूप जैसे **पुसग्** है, वैसे ही **अथर्** का प्रतिरूप **आस्** है। गोरानी भाषा में **हुर्** शब्द **उर्ध्व** का प्रतिरूप है। इसमें आदिस्थानीय ह् अनावश्यक रूप से नहीं जोड़ा गया, वह दूरस्थसूचक **सु** सर्वनाम का रूपान्तर है। **हुर्** का सम्बन्ध **उर्ध्व** की अपेक्षा **उत्** से अधिक है। **उत्तर** में यही **उत्** है। **उत्तर** अर्थात् अधिक ऊँचा। उच्च शब्द भी उत् के आधार पर बना है। **सुध—हुद, हुर्**, इस तरह यह रूप बनेगा। मैकेन्ज़ी ने इसी शृंखला में पुरानी फ़ारसी के **उल्**, उत्तरी कुर्द के **हिल्** और मध्यक्षेत्रीय कुर्द के **हळ्** रूप दिए हैं।

हळ् रूप में मूर्धन्य ळ् ध्यान देने योग्य है। इसका प्रयोग पूरे कुर्द क्षेत्र में नहीं होता। उत्तरी कुर्द में **ल्** है और मध्य कुर्द में **ळ्** मिलता है। यह ध्वनि द्रविड़ भाषाओं में है, मराठी, राजस्थानी, बाँगरू आदि आर्यभाषाओं में इसका व्यवहार होता है, वह भारत से बाहर इन्डोयूरोपियन परिवार की अनेक भाषाओं में मिलती है। फ़ारसी **बुलंद** कुर्द में **बिळिन्द** है, फ़ारसी **मर्दन्** कुर्द में **माळ्, माल्** (माड़ना) है।

उत्तरी कुर्द का एक शब्द **बनी** है जिसका अर्थ है सेवक। मैकेन्ज़ी ने इसका सम्बन्ध **बन्धक** से जोड़ा है। तमिल **पणि** (सेवा) से कुर्द **बनी** का सम्बन्ध जोड़ना अधिक युक्तिसंगत है। **बनी** हिन्दी जनपदों के **बनिहार** से तुलनीय है। **पण्** या **पन्** के अन्तिम व्यंजन का लोप होने पर **पो, पा** जैसे रूप मिलेंगे। हिन्दी की **पोना** क्रिया का अर्थ है करना, बनाना; रोटी बनाने या करने के लिए इस क्रिया का व्यवहार होता है। कुर्द में भी रोटी बनाने के लिए इस क्रिया का व्यवहार होता है: **वे ज़िने नान् पात्**—उस स्त्री ने रोटी पोई।

कुर्द में संज्ञा के बाद सर्वनाम-चिन्ह जोड़े जाते हैं यथा **बाबेमिन्** (मेरे पिता), **दीआमिन्** (मेरी माता), **कुरुमिन्** (मेरा लड़का)। कुर्द भाषा में **कुरु** शब्द का मूल अर्थ पुत्र सुरक्षित है। मगही और मैथिली के समान कुर्द में क्रिया के कृदन्त रूपों के बाद सर्वनाम चिन्ह जोड़े जाते हैं: **नानि बिदमिन्**—रोटी दो मुझे; **कितेबकम् दानीपन्**—पुस्तक मेरी दी गई तुम्हें। इन वाक्यों में सर्वनाम-चिन्ह सम्प्रदानकारक का बोध कराता है। मैकेन्ज़ी ने लिखा है कि उत्तरी कुर्द में सर्वनाम-प्रत्यय समाप्त होते जाते हैं। अनेक भारतीय आर्यभाषाओं के समान कुर्द क्षेत्र में भी पुराने वाक्यतन्त्र पर नया वाक्यतन्त्र हावी होता जाता है।

७

मध्य और पश्चिमी एशिया के भाषा परिवार और भारत

१. सुमेरी भाषा और भारत

(क) प्रस्तावना

भारत के पश्चिम में जहाँ अब अरबीभाषी इराक प्रदेश है, किसी समय सुमेर नाम का शक्तिशाली राज्य था। पुराना बाबुल नगर इसी क्षेत्र में था और पश्चिमी एशिया में वह सामी भाषा और संस्कृति का प्रमुख केन्द्र बना। सुमेरी लोग स्वयं सामी परिवार के नहीं थे, किस परिवार के थे, इस बारे में कोई सर्वसम्मत धारणा नहीं है। बाइबिल में यहूदियों की जो संस्कृति सुरक्षित है, उस पर सुमेर का गहरा असर है। बाइबिल ने जिस हद तक यूरुप की सभ्यता को प्रभावित किया है, उस हद तक अप्रत्यक्ष रूप से सुमेर ने भी यूरुप को प्रभावित किया है। सुमेरी भाषा और संस्कृति के विशेषज्ञ क्रैमर ने **द सुमेरिअन्स** (शिकागो, १९६३) में बताया है कि बाबुल में सामी जनों के आने से पहले वहाँ सुमेरी लोग रहते थे। ये लोग दो नदियों के बीचवाले उपजाऊ क्षेत्र में चौथी सहस्राब्दी के उत्तरार्ध में आकर बसे थे। दो हज़ार वर्ष तक इनकी सभ्यता कायम रही। दूसरी सहस्राब्दी ईसा पूर्व में इनका ह्रास होता है किन्तु इनकी भाषा इस क्षेत्र में बहुत दिनों तक महत्वपूर्ण बनी रही। गैंड नाम के विद्वान् ने सुमेरी भाषा की पाठ्य पुस्तक में बताया है कि जब यह भाषा कहीं बोलचाल की भाषा न रह गई थी, तब भी धार्मिक कार्यों के लिए उसका महत्व बना रहा और यह स्थिति भारत पर सिकन्दर के आक्रमण के समय तक थी।

सुमेर साम्राज्य पूर्व में भारत तक और पश्चिम में एक ओर कश्यप सागर (कैस्पियन सी), दूसरी ओर भूमध्य सागर और तीसरी ओर इथिओपिया तक फैला हुआ था। स्वभावतः सुमेर का सम्पर्क मिस्र और भारत से था। सुमेरी भाषा में ये लोग अपने को कृष्णशिर कहते थे। क्रैमर के अनुसार २००० ई० पू० से वे ऐसे शब्द का व्यवहार अपने लिये करते आये थे। भारत के बाहर सब गोरे लोग रहते थे, इस धारणा का खण्डन करने के लिए यह कृष्णशिर नाम महत्वपूर्ण है। कम-से-कम बाल उनके काले थे, त्वचा का वर्ण कृष्ण रहा हो चाहे न रहा हो। कीलाक्षरी लिपि में इनके देश का नाम शुमेर लिखा जाता था। मेर, मीर शब्द देश और स्थान के लिए भारत से लेकर रूस तक प्रयुक्त होते रहे हैं। सम्भव है, सुमेर अथवा शुमेर का मेर भी स्थानवाचक हो।

भारतीय पौराणिक गाथाओं में सुमेरु पर्वत प्रसिद्ध है। पुरातत्वज्ञ लेओनार्ड वुली ने अपनी पुस्तक **द सुमेरिअन्स** (आक्सफोर्ड, १९२८) में लिखा है कि ये लोग मूलतः पहाड़ों के रहने वाले थे; इनके देवता सदा पहाड़ों पर रहते थे। यह बिल्कुल सम्भव है कि भारतीय परम्परा का सुमेरु पर्वत सुमेरी जनों की पार्वतीय निवासभूमि से सम्बद्ध हो। इनका मुख्य नगर **उर** था। विभिन्न युगों में यह सुमेर की राजधानी रहा। भारतीय भाषाई सन्दर्भ में **उर** शब्दमूल **पुर** का रूपान्तर है। सुमेर का एक प्रसिद्ध नगर **निप्पुर** था। इससे यह धारणा पुष्ट होती है कि सुमेरी **उर** और **पुर** वही शब्द हैं जो स्थान-वाचक शब्दों के साथ प्राचीन काल से सारे भारत में प्रयुक्त होते रहे हैं। अरब लोग **उर** नगर को **वर्क** कहते थे, अक्कादी में यह शब्द **उरुक** है और बाइबिल में **एरेक** नाम आया है।

सुमेरी लोगों ने तीसरी सहस्राब्दी ई० पू० में लेखन-कौशल विकसित किया था। भारतीय लिपियों से सुमेरी लिपि की एक आधारभूत समानता यह है कि प्रत्येक चिन्ह पूरे वर्ण का सूचक होता है। सुमेर राज्य पर सामी घुमन्तू कबीलों ने बार-बार आक्रमण किये और अन्त में वे सुमेर देश के स्वामी बन गये। सुमेरी लोग मूलतः कृषक और पशुपालक थे। वे गेहूँ और जौ की खेती करते थे, गोल पहियोंवाली गाड़ियों का उपयोग करते थे। उनकी भाषा में दो सौ शब्द केवल भेड़ों से सम्बन्धित थे। इनकी धार्मिक गाथाएँ अनेक प्रकार से भारतीय देवकथाओं की याद दिलाती हैं। ये आकाश के देवता **अन** की पूजा करते थे। इनके सूर्य के देवता का नाम **उतु** था। उनके राजा स्वयं को सूर्यपुत्र कहते थे। पृथ्वी की देवी **की** थी; **अन, की** दोनों मिलकर, द्यावापृथ्वी के समान, माता-पिता-रूप आकाश और पृथ्वी के देवता थे। वायु के देवता का नाम **एन लिल** था। वर्षा और झंझावात का देवता **इशकुर** भारतीय मरुतों के समान था। चन्द्रमा का देवता **नन्न** अथवा **सिन** कहलाता था। **उर** नगर उसी को अर्पित था। पाताल का देवता **एनकी** था। मातृरूप में अनेक देवियों की उपासना होती थी। उर में **शुब् अद्** नाम की रानी की कब्र में, वुली के अनुसार, चाँदी का बना हुआ गाय का सिर मिला था। इनका एक महाकाव्य **गिल्गमेश्** प्रसिद्ध है जिसमें सृष्टि और जल प्रलय की कथा है। भारतीय गाथाओं में वीर पुरुषों की तुलना बहुधा वृषभ से की जाती है। मिस्र और सुमेर में भी वृषभ को ऐसी ही प्रतिष्ठा प्राप्त थी। पुरातत्वज्ञों को ऐसी सामग्री मिली है जिससे सुमेर और मिस्र से सिन्धु घाटी की प्राचीन भारतीय सभ्यता का सम्पर्क प्रमाणित होता है। मोएन्जोदड़ो में खुदाई का काम करने वाले पुरातत्वज्ञ मैकाय ने **फर्दर एक्सकैवेशन्स** (१९३८) में बताया है कि वृषभ-आकृति-युक्त मंचिकाएँ मिस्र, सुमेर और भारत में मिलती हैं; यह कल्पना करना कठिन है कि प्राचीन पूर्व की तीन महत्तम सभ्यताओं में ऐसी मंचिकाओं का अस्तित्व आकस्मिक है। मैकाय का मत है कि सुमेर तथा निकटवर्ती देशों से सिन्धु घाटी के लोगों का निकट सम्पर्क था। उनके अनुसार सुमेर में अनेक स्थानों पर भारतीय नमूनों और कारीगरी की मुद्राएँ मिली हैं। उनका अनुमान है कि भारत और मिस्र अपना व्यापार सुमेर देश से होकर करते थे, भारतीय व्यापारी सुमेर पहुँचने के लिए सम्भवतः जल-मार्गों और स्थल-मार्गों दोनों का उपयोग करते थे।

(ख) ध्वनितन्त्र, रूपतन्त्र

विशेषज्ञों का मत है कि प्राचीनतम सुमेरी अभिलेखों में सामी शब्द मिलते हैं। सुमेरी भाषा चाहे जिस परिवार की हो, चाहे उसका अपना स्वतन्त्र परिवार हो, यह तथ्य स्वीकृत है कि सामी भाषाओं से उसका सम्पर्क था। सुमेरी भाषा का सम्पर्क मिस्र और सिन्धु घाटी की भाषाओं से भी अवश्य रहा है। सिन्धु घाटी की लिपि सुमेरी लिपि से भिन्न है; सिन्धुघाटी की लिपि पढ़ी नहीं गई पर यह बिल्कुल सम्भव है कि सिन्धुघाटी की भाषा के कुछ शब्द सुमेरी में विद्यमान हों, भले ही हम उन्हें पहचान न पायें। पर इसी कारण यह भाषा हमारे लिये अत्यन्त आकर्षक हो जाती है। इसके लिए कहा गया है कि यूराल-अल्ताई भाषाओं के समान यह संयोगात्मक है। उसका सम्बन्ध फिनोउग्रियन परिवार से जोड़ा गया है। सुमेरी भाषा की प्रकृति सामी भाषाओं से इस बात में भिन्न है कि सामी भाषाओं में शब्दमूल के व्यंजन सर्वाधिक महत्वपूर्ण होते हैं, सुमेरी भाषा में स्वर और व्यंजन दोनों महत्वपूर्ण होते हैं; सामी भाषाओं में शब्दमूल के स्वर में परिवर्तन करने से रूप विकार सम्भव होता है, इसके विपरीत सुमेरी भाषा में शब्दमूल ज्यों का त्यों रहता है, उसके आगे-पीछे अन्य शब्द या शब्दांश जोड़े जाते हैं। सुमेरी भाषा की एक विशेषता यह है कि शब्द का अन्तिम व्यंजन अनुच्चरित रहता है, व्याकरण की आवश्यकता के लिए जब कोई स्वर जोड़ा जाता है, तभी उस व्यंजन का उच्चारण होता है।

सिन्धु नदी के पार एशिया के अनेक भाषा-परिवारों के समान सुमेरी में भी महाप्राण ध्वनियों का अभाव है। इस भाषा में संज्ञा और क्रिया का भेद अविकसित है। जो शब्द संज्ञा है, वह क्रिया का भी काम कर सकता है। भारत के कोल, द्रविड़ आदि अनेक परिवारों में इससे मिलती-जुलती स्थिति है। इस भाषा में व्याकरणगत लिंगभेद नहीं है, द्रविड़ भाषा के समान मनुष्य और मनुष्येतर में भेद किया जाता है। इसके शब्दमूल अधिकतर एकवर्णी होते हैं। शब्दों के उच्चारण में कभी-कभी स्वरों को छोड़ दिया जाता है। भारतीय भाषाओं से इसकी एक महत्वपूर्ण समानता यह है कि सम्बन्धक चिन्ह, भारतीय भाषाओं के समान, मूल शब्द के बाद आते हैं, उससे पहले नहीं, यथा **उरु मे अ**—हमारे नगर में; **शुम् अ**—मेरे हाथ में। यहाँ सम्बन्धक चिन्ह अ मूल शब्दों के बाद आया है। बहुवचन सूचित करने के लिए किसी शब्द की आवृत्ति भी की जाती है जैसा कि प्राय: सभी भारतीय भाषाओं में होता है यथा **कुर्**—पर्वत, **कुर् कुर्**—अनेक पर्वत।

सुमेरी भाषा की क्रियापद-रचना उन तमाम भाषाओं से मिलती है जिनमें कृदन्त क्रिया का मुख्य रूप होता है। सुमेरी भाषा में कर्मवाच्य कृदन्त क्रियार्थी संज्ञा का काम करता है। गैड ने लिखा है कि जिसे धातु कहते हैं, वह सम्पूर्ण भूत की सूचना देती है, उसमें प्रत्यय जोड़कर अन्य काल अथवा अवस्था की सूचना दी जाती है। **मुदु**—उसने बनाया; **मुदुए**—वह बनाता है या बनायेगा। काल, पुरुष, वचन की सूचना देने के लिए क्रिया में जोड़े जाने वाले चिन्ह अति अल्प हैं। यह कमी कृदन्त रूपों के व्यापक व्यवहार से बहुत कुछ पूरी कर ली जाती है। आर्य भाषा परिवार के उत्तर-पश्चिमी

क्षेत्र में, पड़ोसी फ़ारसी और पश्तो में कृदन्तों की प्रधानता है। अरबी में भी क्रिया का सहज रूप अतीत काल की व्यंजना करता है। भाषाविज्ञानियों को जैसे संस्कृत के मुकाबले आधुनिक आर्यभाषाओं में क्रियारूपों की कमी खटकती है, वैसे ही उन्हें सुमेरी भाषा में रूपगत दरिद्रता लगभग निराश कर देती है। सुमेरी में ऐसी दरिद्रता और कृदन्तों के चलन की बात पढ़कर ऐसा लगता है, हम आधुनिक आर्यभाषाओं का विवरण पढ़ रहे हैं। पर यह सुमेरी भाषा एक महान् संस्कृति की वाहक थी; पृथ्वी, सूर्य, वायु आदि की उपासना में क्रिया-रूपों की कमी से कोई बाधा न पड़ती थी। यह बात उन लोगों के लिए शिक्षाप्रद है जो आधुनिक आर्यभाषाओं की रूपगत दरिद्रता पर आँसू बहाते हैं।

अनेक आर्य और आर्येतर भाषाओं के समान सुमेरी में भी संज्ञा के बाद सर्वनाम चिन्ह जोड़े जाते हैं, यथा **कल-म-नि**—उसकी भूमि, **उमुन् बि ने**—उनका स्वामी। ऊपर जो **उरु मे अ** का उदाहरण दिया गया है उसमें **मे** सर्वनाम-चिन्ह नगरवाचक **उरु** के बाद आया है। सुमेरी भाषा में संकेतक सर्वनाम या विशेषण मूल शब्द के बाद आते हैं यथा **लु** शब्द का अर्थ है मनुष्य। **लु बि** का अर्थ हुआ वह मनुष्य; इसी **लु** में महत्तासूचक **गल्** विशेषक जोड़ा तो **लुगल्** रूप बना जिसका अर्थ हुआ बादशाह।

सुमेरी को भारतीय भाषा परिवारों से जोड़ने वाली एक विशेषता संख्यासूचक शब्दों की निर्माण-पद्धति है। जैसे द्रविड़ भाषाओं में दहाई पहले आती है, वैसे ही सुमेरी में : **उ** माने दस, **अश्** माने एक; **उ अश्** माने ग्यारह, **उ मिन्** माने बारह। यह क्रम भारत के बाहर फ़ारसी में है, इन्डोयूरोपियन परिवार की अन्य भाषाओं में भी है, विशेषत: बीस की संख्या के बाद वाले शब्दों में।

गैड ने लिखा है कि सुमेरी भाषा में क्रियार्थी संज्ञा का रूप कृदन्त जैसा होता है। धातु में **द** या **दे** प्रत्यय लगता है जो संस्कृत के **त** प्रत्यय का ही सघोष रूप जान पड़ता है। कृदन्त रूप के बाद सर्वनाम-चिन्ह जोड़कर वाक्यांश रचे जाते हैं। धातु में एक **अब्** प्रत्यय जोड़कर क्रियार्थी संज्ञा बनाने की पद्धति है यथा **दिमब्**—बनाना, **सिमब्**—देना। यहाँ भी **ब** अथवा **अब** प्रत्यय पूर्वी क्षेत्र के क्रियार्थी संज्ञा वाले हिन्दी रूपों से मिलता-जुलता है। क्रियापद के साथ अनेक प्रत्यय-उपसर्ग जोड़कर ऐसी पद-रचना की जाती है कि सारा वाक्य क्रिया से सम्बद्ध रहता है। सुमेरी भाषा में, अंग्रेज़ी आदि के विपरीत और हिन्दी आदि के अनुरूप, कर्म क्रिया के पहले आता है। **एमिनु इन्दुअ**—एमिनु नामक नगर बनाया। इसी पद्धति के अनुरूप जब संज्ञा के साथ धातु जोडकर क्रियापद बनाते हैं, तब संज्ञा शब्द क्रिया से पहले आता है, यथा **शु**–हाथ, **गर्**–बनाना, **शुगर्**—हाथ से बनाना; **क**—मुख, **गि**—घुमाना, **कगि**—मुँह फेरना। कर्तासूचक सर्वनाम-चिन्ह क्रिया से पहले आते हैं यथा **दु**—निर्माण करना, **इन्दु**—मैंने या उसने बनाया। हिन्दी वाक्य-रचना में जैसे कृदन्त के साथ समापिका क्रिया **होना** जोड़कर क्रियापद रचा जाता है, वैसे ही सुमेरी भाषा में **मे** अथवा **अम्** (होना) जोड़कर कृदन्त से पूर्ण क्रिया बनाते हैं। मूल वाक्यांश के अतिरिक्त गौण वाक्यांशों में पूर्ण क्रिया के बदले, तमिल के समान, कृदन्तों का व्यवहार ही अधिक होता है। गैड का कहना है कि सुमेरी

क्रियापद क्रिया का पूरा दर्जा पाता ही नहीं है। यह धारणा सम्भवतः इसलिए बनी कि कृदन्त रूपों को पूर्ण क्रिया नहीं माना गया। इस भाषा में क्रियापदों का वैसा ही महत्व है, जैसा कि कोल भाषाओं में है। क्रिया से सम्बद्ध अन्य तत्व उसमें जोड़ते जाते हैं। इसलिए सुमेरी वाक्य में क्रिया को ही उसका केन्द्रबिन्दु मानना चाहिए।

सुमेरी भाषा की अनेक विशेषताएँ भारतीय भाषा परिवारों की विशेषताओं से मिलती-जुलती हैं। प्रत्यय-उपसर्ग जोड़कर क्रिया का अर्थ बदलना, आवृत्ति द्वारा बहुवचन बनाना या अर्थ पर ज़ोर देना, विशेष प्रकार की वस्तुओं के लिए विशेष शब्द-संकेतों का उपयोग करना उक्त विशेषताओं में शामिल हैं। आर्यभाषाओं के परिवेश में जो भाषाएँ रहीं, वे क्रमशः लिंगभेद की विशेषता का उपयोग करने लगीं। सुमेरी भाषा में मुख्य भेद मानव और मानवेतर पदार्थों में है पर स्त्री-पुरुष वाला लिंगभेद इस भाषा को प्रभावित करने लगा है। इसलिए कुछ प्रत्यय मूल शब्द में लगाकर उसे स्त्रीलिंग बनाया जाता है। **दुमु** शब्द का **अर्थ है** सन्तान या पुत्र। जब पुत्री का बोध कराना हो तब उसमें **सल्** प्रत्यय जोड़ेंगे, **दुमुसल्**—लड़की।

शब्द निर्माण करते समय संज्ञा के बाद विशेषण जोड़कर नया संज्ञा शब्द बनाया जा सकता है यथा **लु**—मनुष्य, **गल्**—महान्; **लुगल्**—राजा। यह शब्द वैसे ही बना है जैसे **पितामह** में पिता के बाद विशेषण जुड़ा है। मूल शब्द में उपसर्ग जोड़कर भाववाचक संज्ञा बनाई जा सकती है यथा **गल्**—महान्, **नम्गल्**—महत्ता। दो संज्ञा शब्दों को जोड़कर संस्कृत के समान समास रचना हो सकती है यथा **उद्**—सूर्य, **उद्शु**—सूर्यास्त। विशेषण के बाद कोई सम्बन्धक चिन्ह जोड़कर क्रिया विशेषण बनाया जा सकता है यथा **गल्**—महान्, **गल्बि**—महत्व के साथ। सुमेरी भाषा में अनेक शब्द ऐसे हैं जिन्हें देखकर लगता है कि इनकी रचना सर्वनाम मूलों में पदार्थसूचक प्रत्यय जोड़कर हुई है : **एगिर्**—पश्चात्, **उगु**—ऊपर, **उद्**—जब। सुमेरी भाषा में अनेक ऐसे शब्द हैं जिनमें पहला वर्ण **अ** प्रत्यय जैसा अलग प्रतीत होता है यथा **अगल्**—महत्तापूर्वक, **अगुर्**—गुरुत्वपूर्ण, **अनग्**—हवि (**नग्**—द्रव पदार्थ है, विशेष सन्दर्भ में उसके व्यवहार के लिए **अ** प्रत्यय जोड़कर उसे नया अर्थ दिया गया है)। संस्कृत में जिन शब्दों के आरम्भ में **अ** प्रत्यय है पर निषेधात्मक अर्थ नहीं देता, वे ऐसे सुमेरी शब्दों से तुलनीय हैं। अनेक प्रत्यय-उपसर्ग भारतीय भाषाओं में प्रयुक्त ऐसे तत्वों से मिलते-जुलते हैं।

इनमें एक है **क** जो सम्बन्धकारक का चिन्ह है। **युगल अब्ज़ुक**—राजा पाताल का। एक वैकल्पिक रूप **र** भी है। **कुर्** पहाड़, **कुर्कुर्** अर्थात् बहुत से पहाड़, **कुर्कुर् र** अर्थात् पहाड़ों का। **क** का सघोष रूप **ग** भी इसी कार्य के लिए प्रयुक्त होता है। मध्यम पुरुष सर्वनाम **ज़** के साथ **गे** जोड़ने पर **ज़गे** रूप का अर्थ हुआ तेरा। र का उपयोग सम्बन्ध के अलावा अन्य कारकों में भी होता है यथा **मर**—मुझको। ये **र** और **क** आर्यभाषाओं के बहुप्रयुक्त कारक-चिन्ह हैं।

हिन्दी तथा अन्य आधुनिक आर्यभाषाओं के समान सुमेरी में कर्ता और कर्म कारकों में प्रायः एक से रूप होते हैं। मूल शब्द में **ए** अथवा **अ** जोड़कर कर्ता या कर्म

कारक का संकेत किया जा सकता है पर इन कारक-चिन्हों का व्यवहार अनिवार्य नहीं है। अपभ्रंश से हज़ारों साल पहले भारत की एक पड़ोसी भाषा में कारक-रचना की स्थिति संस्कृत से भिन्न आधुनिक भाषाओं के अनुरूप थी, यह तथ्य उन भाषाविज्ञानियों के ध्यान देने योग्य है जो अपभ्रंश में कारक-रचना का ह्रास देखकर क्षुब्ध होते हैं। अधिकरण कारक में दिशाबोधक सुमेरी **शु** प्रत्यय का व्यवहार संस्कृत के बहुवचन चिन्ह **सु** की याद दिलाता है, **किबिशु**—उसके स्थान की ओर। अपादान कारक में **त** प्रत्यय संस्कृत के अनुरूप जान पड़ता है। अधिकरण में पुनः संस्कृत के समान **ए** प्रत्यय का व्यवहार भी होता है। संस्कृत में यह **ए** केवल एकवचन के लिए है। गैंड ने **द, त** जैसे प्रत्ययों की यह व्याख्या भी की है कि इनमें व्यंजन तत्व शब्द के अन्तिम व्यंजन की रक्षा के लिए है किन्तु **उरुत**—नगर से, यहाँ व्यंजन रक्षा का प्रश्न नहीं है। सम्बन्धकारक का चिन्ह **क** या **ग** है, **अ** नहीं, यह इससे भी स्पष्ट है कि जहाँ केवल **अ** है, वहाँ गैंड ने इन व्यंजनों के लोप की बात कही है। स्वरों के पहले, व्यंजन से पहले और शब्द के अन्त में **क्** या **ग्** का लोप हो जाता है "जिससे ऐसा प्रतीत होता है कि सम्बन्धकारक के अन्त में अ है।" (गैंड : **ए सुमेरियन रीडिंग बुक**, आक्सफोर्ड, १६२४ : पृष्ठ २३)। **राजा का दास**, यह पद यों लिखा जायेगा कि दास का विशेषण उसके बाद आये। **एरि लुगलक्**—दास राजा का, **क्** का लोप होने पर रह जायेगा **एरिलुगल**। अन्तिम वर्ण का अकार वास्तव में **अक्** का अवशेष है।

(ग) शब्दतन्त्र

भारतीय भाषा परिवार और पड़ोसी भाषाओं के सर्वनाम ऐतिहासिक दृष्टि से महत्वपूर्ण हैं। सुमेरी सर्वनामों में लिंगभेद नहीं होता। पुरानी स्थिति यही है। संस्कृत में केवल अन्य पुरुष के सर्वनाम लिंगभेद सूचित करते हैं। उत्तम पुरुष एकवचन सर्वनाम का सुमेरी कर्तारूप **म** है जो संस्कृत **मम, मया** आदि रूपों का आधारभूत अंश है। इसके वैकल्पिक सुमेरी रूप **मे, मए** भी होते हैं। जब यह संज्ञा शब्दों के बाद प्रयुक्त होता है तो इसका रूप **मु** होता है। मध्यम पुरुष सर्वनाम का एकवचन रूप **ज** है और प्रत्यय रूप में यह **जु** है। सम्भव है यह **ध, ध्व** जैसा सर्वनाम रहा हो जो परिवर्तित होकर यहाँ **ज** बना है। अन्य पुरुष सर्वनाम का एकवचन रूप **एने** संस्कृत अन्य से सम्बद्ध हो सकता है। सुमेरी में **न्**-मूलक सर्वनामों का यथेष्ट व्यवहार होता था। प्रत्यय रूप में यह अन्य पुरुष सर्वनाम **नि, ने** रूप में दिखाई देता है यथा **कलमनि**—उसकी भूमि, **उमुन्बिने**—उनका स्वामी। निकट और दूरस्थ पदार्थों का सूचक सर्वनाम **हुर्** का आधारभूत **हु** प्राचीन सर्वनाम **सु** का रूपान्तर है।

अब सुमेरी भाषा के कुछ शब्दों पर विचार किया जाये। इनका नगरवाचक शब्द **उर** अथवा **उरु** निस्सन्देह भारतीय उद्भव का है। नगरपालक के लिए **पतेसि** शब्द **पति** का प्रतिरूप है। सुमेरी में **दम्पति** शब्द तो नहीं है किन्तु **दम्** है जो पति या पत्नी किसी के लिए प्रयुक्त हो सकता है। सन्तान के लिए **दुमु** शब्द इसी **दम्** से सम्बद्ध है। सन्तान के लिए एक शब्द **उतु** भी है। **सुत—हुत—उत** ऐसा विकास सम्भव है।

सुमेरी भाषा जिस क्षेत्र में **बोली** जाती थी, उसमें ऐसा परिवर्तन बहुत स्वाभाविक था। सुमेरी में संवर्धन का अर्थ देने वाली **सु** क्रिया है जो **सुत** की **सु** क्रिया से मिलता-जुलता अर्थ देती है। पुनः अनाज के लिए **शे** शब्द है जो इन्डोयूरोपियन परिवार की **से, सी** (जन्म देना, बीज बोना) जैसी क्रियाओं का प्रतिरूप है। यदि **स् त्** में परिवर्तित हो, जैसा कि तमिल में बहुधा होता है, तो **सु** क्रिया का **तु** रूप मिलेगा। सुमेरी **तु** या **तुद्** का अर्थ है बच्चे पैदा करना। जन्म देने के लिए एक क्रिया **उगु** है। सम्भव है, यहाँ भी मूल क्रिया **सु** हो और **ग** कृदन्त चिन्ह हो। सूर्य, प्रकाश और समय के लिए सुमेरी **उद्** का मूल रूप **सुद्** हो सकता है जिसका अर्थ होगा जलना, प्रकाश करना; कन्नड़ में यही अर्थ देने वाली **सुडु** क्रिया है। तमिल में **चुडु** (गर्मी) के साथ **उडुगु** (उप०) रूप भी है। संस्कृत **उडु** (नक्षत्र) भी स्मरणीय है।

सुमेरी भाषा का **अर** शब्द गमन और पथ का अर्थ देता है। सम्भव है इसका आधार **सर्** क्रिया हो। सुमेरी भाषा का एक अन्य शब्द है **हरन्**। इसका अर्थ भी पथ है; इसलिए **स्-ह्** वाले परिवर्तन पर विश्वास होने लगता है। सुमेरी भाषा का **अब्ज़ु** (पाताल) संस्कृत **अपस्** का प्रतिरूप है। धरती के नीचे जो जल है, जिस जल में **एनकी** देवता निवास करता है, वह **अब्ज़ु** है। समुद्र के लिए **अब, आब** शब्द है जो **अपस्, आपस्** का प्रतिरूप है। प्रलय और झंझावात के लिए **अमरु** शब्द **मरुत** की याद दिलाता है। शासन और शत्रुभाव का सूचक **बल्** शब्द भारतीय **बल** के गोत्र का है। बलवान के लिए **अगुर्** शब्द भी है। **गुर्** का अर्थ है विशाल, शक्तिशाली; क्रियारूप में इसका अर्थ है उत्कर्ष प्रदान करना। इसका सम्बन्ध भारतीय गुरु से है। **अ** प्रत्यय जोड़कर नया शब्द **अगुर्** बनाया गया है।

एक शब्द है **जि** जिसका अर्थ है जीवन, दूसरा शब्द है **ति** जिसका अर्थ है जीना। सम्भव है, संस्कृत **जीव्** क्रिया का एक रूपान्तर **जी** हुआ हो और दूसरा **दी** (**प्रसेनजित्** से **पसेनदी** की तरह) और इस **दी** का अघोष रूप हो **ती** अथवा **ति**। एक शब्द है **सिद्** जिसका अर्थ है आराम करना, यह संस्कृत **सद्** (बैठना) का वैसा ही प्रतिरूप है जैसा अंग्रेज़ी **सिट्** है। एक अन्य **सिद् शीत** का प्रतिरूप है; असिद् अर्थात् ठंढा पानी। यहाँ **अ** का अर्थ जल है; अलग से भी **अ** इसी अर्थ में प्रयुक्त होता है। स्पष्ट ही **अपः** से **अप्**, फिर शब्द के अन्तिम व्यंजन का उच्चारण न होने से यह रूप बना। आँख के लिए **इगि** शब्द **अक्षि** से सम्बद्ध है। स्थान के लिए **कि** शब्द है जो ग्रीक **गॅअ** (धरती), संस्कृत **ज्या** (उप०) से सम्बद्ध है। **किबल्**—शत्रु की भूमि, **किउर**—नगर की भूमि, **किएन्गि**—सुमेर की भूमि, **किदिन्गिर्र**—देव भूमि। सुमेर की भूमि को **कलम्** भी कहते थे। यहाँ **कल** का अर्थ पर्वत होगा और यह प्रसिद्धि थी कि सुमेरीजन पर्वतों से आये हैं। यह **कल** भारतीय **कलिंग** में है। तमिल **कल्** का अर्थ है पत्थर। भूमि के लिए एक अन्य शब्द है **मद**; इसका अक्कदी रूप **मातु** है जो तमिल भाषा के **नाडु** से मिलता-जुलता है। कन्नड़ **माडु** का अर्थ निर्माण करना, खेती करना है। सम्भव है, सुमेरी **मद** का अर्थ खेती की भूमि हो।

सुमेरी क्रिया **दु** का अर्थ है बनाना। इसका सम्बन्ध हिन्दी **धन्धा** की **धन्**,

फ़ारसी **दस्त** (हाथ) के पूर्वरूप **धस्त** की **धस्** क्रिया से **है**। अंग्रेज़ी **डू** (करना) **और** सुमेरी **दु** का स्रोत **धॉर्** क्रियामूल है। इस **दु** का रूपान्तर **रु** है। सुमेरी क्रिया **रु** का अर्थ है देना; रूसी में इसी से संज्ञा शब्द **रुक** (हाथ) बना है। **दु** या उसके पूर्वरूप **धु** का एक सुमेरी रूपान्तर **शु** भी है जिसका अर्थ है हाथ। **धर्** या **घर्** का **शर्** रूपान्तर भारत में कभी प्रचलित रहा होगा; उसी से संस्कृत **श्रम** बना है। **श्रम** का मूल अर्थ होगा कर्म। संस्कृत **कर** (हाथ), **कृ** (करना) का आधार **घर्** है। इस **घर्** का **गर्** रूपान्तर सुमेरी में है; **गर्** का अर्थ है बनाना, **शुगर्** का अर्थ हुआ हाथ से बनाना। **कारीगर** में यही **गर्** है जो सुमेरी से फ़ारसी में पहुँचा है।

कारीगर के लिए सुमेरी **नगर्** शब्द दिलचस्प है। भारतीय **मग** अथवा **नग** निर्माण कौशल के लिए विख्यात थे। जहाँ **नग** एकत्र हों, वह स्थान **नगर** कहलाया; **ग्राम** से भिन्न **नगर** में निर्माणकौशल की व्यंजना है। सुमेरी में **नगर** शब्द कौशल से जुड़कर कारीगर का अर्थ देने लगा। संस्कृत **भर्ग** (प्रकाश) की **भर्** क्रिया सुमेरी में **बर्** (चमकना) है। संस्कृत **प्रथ्** (फैलना) में **प्र** क्रियामूल **पर्** का वर्णसंकोची परिणाम है। तमिल में **पर** (फैलना) कृदन्तचिन्ह **थ** से मुक्त स्वतन्त्र क्रिया है। इसी का प्रतिरूप सुमेरी **पर्** (उप०) है। संस्कृत **हूत** की **हू** क्रिया का पूर्वरूप **घू** था। ध्वनि के लिए सुमेरी **गु** इससे सम्बद्ध है। सुमेरी **जल्** (चमकना), **उद्-जल्** (प्रभात), **जलग्** (पवित्र और प्रकाशमय होना) संस्कृत **ज्वल्** के आधार पर बने रूप हैं। बुलाने के लिए सुमेरी **पद्** क्रिया संस्कृत **पद** (शब्द), तमिल **पाडु** (गाना) की शृंखला में है। तमिल **अप्पन्** (पिता) का सुमेरी प्रतिरूप **अब्ब** है, तमिल **अत्तन्** (उप०) का सुमेरी प्रतिरूप **अद्द** है, तमिल **अम्मा** (माँ) का सुमेरी प्रतिरूप **अम** है।

दूसरी सहस्राब्दी ई० पू० के पूर्वार्ध में किसी सुमेरी साहित्यकार ने विद्यारम्भ करने वाले छात्र की दिनचर्या लिखी थी। यह संसार के प्राचीनतम यथार्थवादी गद्य-लेखन का एक नमूना है। पूरी रचना में केवल छात्र अपनी बात कहता है। थोड़े दिन से पाठशाला जाने लगा है और डरता है कि विलम्ब होने पर गुरूजी मारेंगे। इस संवाद में एक वाक्यांश बराबर आता है : **अम-मु निन्द-मिन्**—मेरी माँ ने मुझे दिया। **अम्मा** का प्रतिरूप **अम** दूसरी सहस्राब्दी ई० पू० में इतना प्रतिष्ठित हो चुका था कि साहित्य में भी उसका व्यवहार हुआ था। (**जर्नल् आफ़् अमेरिकन् ओरिएन्टल् सोसायटी**, खण्ड ६९; १९४९ ई० में उक्त रचना उद्धृत है।)

सुमेरी देवकथाओं पर क्रैमर की पुस्तक की आलोचना करते हुए उक्त पत्रिका (खण्ड ६४; १९४४ ई०) में आल्ब्राइट् ने लिखा था कि सुमेरी भाषा और साहित्य का सम्बन्ध (इन्डोयूरोपियन परिवार की) हित्ती भाषा और (सामी परिवार की) अक्कादी भाषा और उनके साहित्य से है। ऐसी स्थिति में सुमेरी भाषा का सम्बन्ध भारतीय आर्य-द्रविड़ भाषाओं से हो, तो यह स्वाभाविक ही होगा। भारतीय शब्दों के जैसे प्रतिरूप सुमेरी में मिलते हैं, उनसे यह प्रमाणित होता है कि तीसरी सहस्राब्दी ई० पू० में भारत की उत्तर-पश्चिमी आर्य-द्रविड़ भाषाओं का यथेष्ट विकास हो चुका था।

२. सामी भाषा-परिवार और भारत

(क) प्रस्तावना

संसार के भाषापरिवारों में ऐतिहासिक दृष्टि से महत्वपूर्ण सामी भाषापरिवार है। सामी भाषाओं का एक प्रमुख केन्द्र बावेरु, बाबुल या बैबिलोन भारत-ईरान के पड़ोस में था। अक्कादी, हीब्रू, अरबी इस परिवार की प्रसिद्ध प्राचीन भाषाएँ हैं। सामी भाषाक्षेत्र में अनेक प्रदेश ऐसे थे जो व्यापार और धन-सम्पत्ति के लिए प्रसिद्ध थे। इनमें भूमध्यसागर के तट पर बसा हुआ छोटा-सा फिनीशिया नाम का देश था। यूनानियों ने अपनी लिपि फिनीशिया से प्राप्त की थी। यूरुप में जो ईसाई धर्म फैला, उसके संस्थापक ईसामसीह अरमाइक नाम की सामी भाषा बोलते थे जो हीब्रू से मिलती-जुलती है। छठी और पाँचवीं ईसा-पूर्व सदियों में ईरानी साम्राज्य के शासकों ने अपने क्षत्रपों के लिए राजभाषा के रूप में अरमाइक का ज्ञान अनिवार्य कर दिया था। आगे चलकर अरबी ने एक ओर फ़ारसी को प्रभावित किया, दूसरी ओर उसने अंग्रेज़ी समेत यूरुप की भाषाओं को प्रभावित किया। अल्जॅब्रा, ऐड्मिरल् जैसे गणित और नाविक-विद्या के शब्द अंग्रेज़ी में अरबी से पहुँचे। यह सिलसिला पुराना है। पश्चिमी एशिया से न केवल सामी तत्व यूरुप की भाषाओं में पहुँचे हैं, वरन् सामी भाषाओं के माध्यम से भारतीय भाषातत्व भी वहाँ पहुँचे हैं। सामी भाषाएँ न केवल आर्यभाषाओं की पड़ोसी रही हैं, वरन् वे नाग और द्रविड़ भाषाओं की पड़ोसी भी रही हैं। सामी भाषापरिवार के निर्माण का इतिहास जानने के लिए आर्य-सामी सम्बन्धों का ज्ञान आवश्यक है। इस ज्ञान से विदित होगा कि सामी भाषा के जिन केन्द्रों का प्रभाव समस्त सामी भाषाओं पर पड़ा है, वे भारत-ईरान के पड़ोस में थे।

(ख) प्राचीन सामी भाषा अक्कादी

सामी भाषाओं में अक्कादी अत्यन्त प्राचीन है। एरिका राइनर ने इस भाषा पर एक पुस्तक लिखी है: **ए लिंग्विस्टिक् ऐनालिसिस् ऑफ़् अक्कादिअन्** (मूतों; १९६६)। इसमें उन्होंने बताया है कि २४०० ई० पू० से लेकर पहली ई० शताब्दी के अन्त तक इस भाषा का व्यवहार होता रहा था। इसका मूल क्षेत्र दो नदियों के बीच का वह प्रदेश है जिसे मेसोपोटामिया कहते हैं, जहाँ अरबीभाषी इराक राज्य है। बाबुल और असीरिया इसके दो मुख्य केन्द्र थे। इसकी लिपि अरबी लिपि के विपरीत बाईं ओर से दायीं ओर को चलती थी।

बाबुल और असीरिया के भाषा-रूपों में एक भेद **श्** और **स्** का है। बाबुल की भाषा मागधी के समान बहुधा **श्** का व्यवहार करती है किन्तु असीरिया की भाषा दन्त्य **स्** को प्रधानता देती है। हिन्दी क्षेत्र की बोलियों और परिनिष्ठित बँगला का सा भेद है। बाबुली **बश्बत्** (बैठा है) का असीरियाई प्रतिरूप **उस्बत्** है। असीरियाई में **अ** स्वर के बाद **र्** और **ह्** आयें तो वह बाबुली में **ए** हो जाता है यथा **गरु** (बैरी होना) का बाबुली रूप **गेरु** है, **सहरु** (छोटा) का बाबुली रूप **सेह्रु** है। जैसे मध्यदेशीय

अकार कौरवी क्षेत्र में एकार हो जाता है, विशेषतः **ह्** और **र्** के पहले, वैसे ही अक्कादी के दो रूपों में अकार-एकार की स्थिति है। लिखित रूप में अकार-एकार का विशेष ध्यान नहीं रखा जाता। एक ही शब्द एक जगह अकार से लिखा गया है तो दूसरी जगह एकार से। एक जगह **हरु** (खोदना) रूप है तो दूसरी जगह **हेरु**। जो लोग लैटिन-ग्रीक के एकार को संस्कृत में अकार बनते देखते हैं, उनके लिए अक्कादी की यह स्थिति शिक्षाप्रद है। इस बात को ध्यान में रखने से अक्कादी रूपों के आर्य प्रतिरूप पहचानने में सुविधा होगी। जैसे द्रविड़ भाषाओं में सघोष-अघोष का भेद बाद में विकसित हुआ है और अधिकतर अर्थविच्छेदक नहीं है, वैसे ही अक्कादी भाषा की लिपि में सघोष-अघोष का भेद सदा महत्वपूर्ण नहीं होता। एक जगह **गलातु** लिखा, दूसरी जगह **गलादु** लिखा।

संस्कृत **अदस्** के **अद** के समान अक्कादी में एक सर्वनाम मूल **अग** है जो दूरस्थ वस्तु के लिए संकेतक का काम करता है। द्रविड़ भाषाओं में कोन्ड **अकन्** (वह आदमी), **अको** (दूर) तुलनीय हैं। इसका मूलरूप **सघ** होगा। **घ** की महाप्राणता का लोप हुआ और **स्** जब **ह्** में परिवर्तित हुआ, तब उसकी महाप्राणता का भी लोप हुआ। **स्, ह्, अ** संकेतक सर्वनाम हैं; वस्तुसूचक **घ** का अवशेष **ग** उसके साथ जुड़ गया। इसी के आधार पर निकटवर्ती वस्तु का संकेतक **अगन्नु** बना। **स** सर्वनाम का प्रतिरूप **श** (वह, जो) भी यहाँ प्रयुक्त होता था। 'जहाँ' के लिए **एम** सर्वनाम का मूल अंश **ए** अथवा **य** है जो **यत्र** में दिखाई देता है।

अक्कादी में घर के लिए **बीतु** शब्द है। अरबी रूप **बैत्** है। यह शब्द **भू** क्रिया के **भॅय्** जैसे विकल्प से बना है। **भू** का एक अर्थ निवास करना था जैसा कि **भुवन** और **भवन** शब्दों से प्रतीत होता है। अक्कादी में **वश्** क्रियामूल का व्यवहार बैठने के अर्थ में होता था। **वश्वत्, उस्वत्** (बैठा है) में **वश्, उस्** संस्कृत **वस्** के रूपान्तर हैं। सूर्य के लिए **शम्शु** में क्रियामूल **शम्** है। **कम्, कन्** आर्य-द्रविड़ भाषाओं में प्रकाश का अर्थ देने वाली धातुएँ हैं। **चम्** क्रिया के **शम्** रूपान्तर से **शम्शु** रूप बना। **चन्द्र** शब्द के निर्माण में वैसी ही प्रक्रिया है। अक्कादी **दूम** (अन्धकारमय) स्पष्ट ही **धूम** का प्रतिरूप है। **पुर** शब्द का द्रविड़ प्रतिरूप **उर, ऊर** समस्त पश्चिमी एशिया में फैला हुआ है। इसका प्रतिरूप **अलु** अक्कादी में प्रयुक्त होता था। **अमतु** (शब्द) में **अ** उपसर्ग है, मूल शब्द **मतु** फ्रांसीसी **मो** (लिखित रूप **मोत्**), इतालवी **मोत्तो** (शब्द) से तुलनीय है। तमिल **माट्टु** (शब्द), कन्नड़ **मातु, मात** (शब्द, भाषा) और तेलुगु **माट** इसी शृंखला में हैं। अक्कादी **अबु** (पिता) का मूल अंश वही है जो तमिल **अप्पु**, कन्नड़ **अप्प** का है। इसी का प्रतिरूप **अब्बा** है। अक्कादी क्रिया **बनु** का अर्थ बनाना है। **बनाना** के मूल अंश **बन** और **बनु** की समानता आकस्मिक प्रतीत होती है किन्तु इन दोनों का सम्बन्ध प्राचीन भारतीय क्रियामूल **पन्** या **पण्** से है। हाथ का अर्थ देने वाले शब्दों से करने, बनाने का भाव व्यक्त करने वाली क्रियाएँ सम्बद्ध हैं। तमिल **पणदि** (सृजन, कारीगरी), **पणिक्कन्** (कारीगर), **पण्णु** (बनाना, अलंकृत करना) में वही क्रिया है। तेलुगु **पनि** (कौशल, कर्म), **पन्नु** (तैयार करना) **पन्** क्रिया से सम्बद्ध हैं।

अक्कादी **बेल्** (शासन करना), **बेलु** (स्वामी) का एक सामी प्रतिरूप **बाल** भी रहा होगा। फिनीशिया के पुराने अभिलेखों में **जकरबाल्, इत्तोबाल्, एलिबाल्** जैसे शासकों के नाम बहुत आते हैं। **बेलु, बाल** आदि का सम्बन्ध संस्कृत क्रिया **पाल्** (पालन करना) से होगा या **बल** से। **बाल बअल** रूप में लिखा जाता था। अक्कादी **बेलु** और फिनीशियन **बअल** एक ही हैं। यह **बअल शमेम्** (आकाश का स्वामी) से ज्ञात होता है। **शमेम्** में वही **शम्** क्रिया है जो **शम्शु** में है। आर्यभाषाओं के समान सूर्य और आकाश दोनों के साथ प्रकाश का भाव जुड़ा हुआ है। तमिल क्रिया **आळ्** (शासन करना) भी इस सन्दर्भ में विचारणीय है। जैसे **बाल्** और तमिल **आळ्** रूप एक दूसरे से मिलते हैं, वैसे ही अक्कादी **बेलु** और तेलुगु **एलु** (शासन करना) एक दूसरे से मिलते हैं।

(ग) अरबी

सामी भाषाओं में ध्वनि-परिवर्तन की कुछ रीतियाँ वैसी ही हैं जैसी भारत के उत्तर-पश्चिमी सीमान्त प्रदेशों की भाषाओं में मिलती हैं। अरबी की एक विशिष्ट ध्वनि **क़्** है। बहुत जगह यह ध्वनि सामान्य **क्** के स्थान पर प्रतिस्थापित होती है। अंग्रेज़ी शब्द **ब्यूरोक्रैसी** अरबी में **बीरुक़्रातीय** है। यह शब्द फ्रांसीसी भाषा से आया है या अंग्रेज़ी से, यह प्रश्न गौण है; दोनों भाषाओं में **क्** है, **क़्** नहीं। अंग्रेज़ी शब्द **ड्यूक** अरबी में **दूक़्** है, **ऑर्गन् उर्ग़ून्** है, **बंगाल बंग़ाल्** है। अरबी में **प्** ध्वनि का अभाव है। स्वभावतः जहाँ यह ध्वनि मूल शब्दों में है, वहाँ अरबी में उसका रूपान्तर होता है। रूपान्तर की सीधी रीति उसे सघोष करने की है। संस्कृत **सप्त** का रूपान्तर **सब्‌अ** है। शनिवार के लिए **सबत** रूप है जिसका मूल अर्थ है सातवाँ। हीब्रू भाषा में इसी से **शब्बाथ्** रूप बनता है। इसका सम्बन्ध **शाबथ्** क्रिया से जोड़ा जाता है जिसका अर्थ है विश्राम करना। वास्तव में यह **शाबथ्** क्रिया का अर्जित अर्थ है। **शब्बाथ्**—लैटिनरूप **सब्बतुम्**, अंग्रेज़ी रूप **सैबथ्**—का अर्थ है सातवाँ दिन जब धर्मानुसार यहूदियों को विश्राम करना चाहिए। **अश्व** के फ़ारसी प्रतिरूप **अस्प** के आधार पर बना परिचित शब्द **सिपाही** अरबी में **सिबाही** या **सबाधि** है। दूध के लिए अरबी **हलब्** का सम्बन्ध कन्नड़ **पालु-हालु** से हो सकता है। उस स्थिति में **प्** ध्वनि **ह्** में परिवर्तित हुई मानी जायेगी। साँप के लिए अरबी **हाविन्** कन्नड़ **पावु-हावु** से मिलता-जुलता है। हिन्दी **हल** के समान अरबी **हरस्** का अर्थ हल जोतना है। इस शब्द का मूलरूप द्रविड़ भाषाओं का **पल्** ज्ञात होता है। खेती में काम आनेवाला नुकीले दाँतों का उपकरण तमिल में **पल्लि, पलकि** है, उससे काम करने की प्रक्रिया **पलुकु** है। कन्नड़ में उसी दाँतदार उपकरण को **हलिवे, हलकु, हलिके, हलुबे, हलुवे** कहते हैं। **पल्** शब्द का मूल अर्थ दाँत है। ग्रीक **पॉलॅओ** (हल चलाना) तुलनीय है।

ह् अरबी की बहुप्रयुक्त, उसके ध्वनितन्त्र में दृढ़तापूर्वक प्रतिष्ठित ध्वनि है। **पो, पा** क्रियाएँ गतिसूचक रही हैं। जैसे गतिसूचक **गा** से **काल** शब्द बनता है जो पैर, मार्ग और समय तीनों का अर्थ देता है, वैसे ही **प्** ध्वनि **ह्** में परिवर्तित हो तो **हाल,**

हौल जैसे रूप **बनेंगे** । **हौल**—वर्ष, **हाली**—वर्तमान, **हौली**—निश्चितकालीन आदि अरबी रूपों का निर्माण गतिमूलक क्रियाओं से वैसे ही हुआ है जैसे आर्य-द्रविड़ भाषाओं में **वार**, **वर्ष** आदि रूपों का निर्माण हुआ है । हाल का एक अर्थ बदलना भी है जो पुनः गतिसूचक है, परिवर्तन की **वर्** क्रिया के समान । इसी से अर्थ विस्तार करके **हाल्** शब्द का अर्थ अवस्था हुआ । **हार्** क्रिया का अर्थ बदलना, लौटना है । यह क्रिया **हाल्** का ही प्रतिरूप है । एक अन्य रूप **हान्** का अर्थ आना, पहुँचना है । वर्ष-सूचक **हौल्** के समान यहाँ **हीन्** का अर्थ समय है ।

उत्तरपश्चिमी भारतीय भाषाओं तथा ईरानी क्षेत्र की कुछ भाषाओं में जैसे **स्** ध्वनि **ह्** में बदलती है, वैसे ही अरबी के कुछ शब्दों में **ह्** का मूलरूप **स्** प्रतीत होता है । अस्तित्वसूचक **स** क्रिया से अरबी **हयाह्** (जीवन) रूप बनता है । इसी से जीवित प्राणियों को **हयवान्** कहा जाता है । अरबी **हयवान्** की रचना फ़ारसी के ढंग पर हुई है । अरबी **हदस्** का अर्थ है घटित होना । यह रूप **स** क्रिया के कृदन्त **सत्** उसके रूपान्तर **हद** से बना है । अरबी में **त्** और **स्** ध्वनियाँ कुछ शब्दों में एक दूसरे का स्थान लेती हुई दिखाई देती हैं । **हित्ती** शब्द अरबी में **हिस्सी** है । ग्रीक भाषा का **तउरोस्** (बैल) अरबी में **सौर्** है । कहीं-कहीं मध्यवर्ती स्पर्श ध्वनि का लोप प्राकृतों के समान होता है । **शृगाल** का अरबी प्रतिरूप **सुआल्** है । हिन्दी **सियार** और अरबी **सुआल** का विकास एक ही पद्धति से हुआ है ।

बहने के लिए अरबी की एक क्रिया **जरा** है । इसी से **जारिन्** (प्रवाहित) रूप बनता है जो हिन्दी में **जारी** बनकर खूब प्रयुक्त होता है । **जरी** (मार्ग), **जर्रा** (धावक), **जरयान्** (प्रवाह, नदी) आदि शब्द उसी शृंखला के हैं । संस्कृत **क्षर्** के प्रतिरूप हिन्दी **झर्** के आदिवर्ण की महाप्राणता का लोप होने पर **जर्** शब्दमूल मिलेगा । एक मिलता-जुलता शब्द **जरफ़्** (प्रवाह) है जहाँ **ज्** ध्वनि सघोष सकार बन गई है । व्यक्ति, स्वभाव, अस्तित्व के लिए अरबी **ज़ात्** संस्कृत **जाति** का रूपान्तर है । कुछ शब्द ऐसे हैं जिनमें **र्** ध्वनि के पहले तमिल के समान अतिरिक्त स्वर जोड़ा गया है । चावल के लिए **अरुज्ज** तमिल **अरिचि** (अथवा **अरिजि**) का रूपान्तर है । द्रविड़ भाषाओं में जैसे बहुधा आदिस्थानीय **ह्** का लोप हो जाता है, वैसे ही अरबी के अनेक रूपों में उसका लोप होता है । हल जोतने के लिए अरबी की एक क्रिया **हरस्** है, दूसरी क्रिया **अरस्**; किसान के लिए एक शब्द **हारिस्** है, दूसरा **अरीस्** । जब तक द्रविड़ और सामी गण किसी समय पड़ोसी न रहे हों, तब तक ऐसे ध्वनि-परिवर्तन कल्पनातीत माने जाएँगे । जैसे **क्षार** का फ़ारसी रूपान्तर **ख़ार** है, वैसे ही **क्षर्** का अरबी रूपान्तर **ख़ल्** है । **ख़ल्** क्रियामूल से **ख़लास्** शब्द बनता है । इसका सम्बन्ध **स्खलन** वाली **स्खल्** क्रिया से जोड़ा जा सकता है; यह स्खल् स्वयम् क्षर् के आधार पर निर्मित है । **क्षर्** में एक ओर समाप्ति का भाव है, दूसरी ओर क्षरण की निरन्तरता के भाव से उससे शाश्वत प्रवाह का बोध भी होता है । इसी कारण अरबी **ख़ल्** से सम्बद्ध कृदन्त रूप अरबी **ख़लद** है जिसका अर्थ निरन्तर वर्तमान रहना है । शाश्वत जीवन के लिए इसी से **ख़ुल्द** शब्द बनता है ।

नाग भाषाओं में जैसे आदिस्थानीय अघोष अल्पप्राण स्पर्श ध्वनि को महाप्राण बोलने की प्रवृत्ति है, जैसे तमिल की कुछ बोलियों में इन्डोयूरोपियन परिवार की अंग्रेज़ी जैसी भाषा में महाप्राणता का पुट देने की प्रवृत्ति है, वैसे ही अरबी के कुछ शब्दों में महाप्राण ध्वनि अल्पप्राण ध्वनि का रूपान्तर जान पड़ती है। अरबी **ख़लत्** का अर्थ है दो चीजों को मिलाना। ठीक यही अर्थ तमिल क्रिया **कल** का है। संस्कृत **कला, कल्प** आदि का सम्बन्ध **कल्** शब्दमूल से है। **कल्प** में जैसे सृजन का भाव है, वैसे ही अरबी **ख़लक़्** का अर्थ है सृजन करना। इसी से **ख़ल्क़** (सृष्टि), **मख़लूक़** (सर्जित) आदि शब्द बनते हैं। इस तरह का अर्थ-विस्तार आर्यद्रविड़ भाषाओं में भी है। कन्नड़ **कल्क, कलक** (मिश्रण), **कल्पिसु** (मिश्रित करना) में **कल** क्रिया का मूल अर्थ स्पष्ट है। कुड़ुख भाषा का **खल्ना** (मिश्रित करना) हिन्दी खज़बट्टा के खल, अरबी **खल्** के निकट पहुँच जाता है। अरबी में एक दूसरा रूप **ख़ला** है जिसका अर्थ है खाली होना। इसी से अन्तरिक्ष के लिए **ख़लाअ**, एकान्त के लिए **ख़ल्व, तख़लिय** आदि रूप बनते हैं। यहाँ तमिल क्रिया **कल्लु** विचारणीय है जिसका अर्थ है खोदना, खाली जगह बनाना। **पारस्** का अरबी रूपान्तर **फ़ारिस्** है। हीब्रू में **पारस** है। फ़ारसी और अरबी दोनों में **फ़्** ध्वनि उद्भव स्थान ईरान की ओर संकेत करती है। काटने के लिए **कत्** आर्यद्रविड़ भाषाओं की बहुप्रयुक्त क्रिया है। मुँह से काटने के लिए तमिल और कन्नड़ में **कच्चु** क्रिया है। यदि **क्** ध्वनि महाप्राण संघर्षी रूप ले तो **ख़त्** क्रिया मूल बनेगा। अरबी में **ख़त्त** का अर्थ लकीर खींचना है। इससे **कतब, किताब** आदि रूपों की तुलना की जाए, तो लकीर खींचने और लिखने का सम्बन्ध स्पष्ट हो जाएगा। मूल अर्थ काटने का है। जहाँ **त्** ध्वनि **स्** में बदलती है, वहाँ **कस्** क्रिया से **कसाई, कस्साद** जैसा शब्द बनता है। अरबी में एक क्रिया **माद्** है जिसका अर्थ है स्थानान्तरित होना। एक दूसरी क्रिया है **मास्** जिसका अर्थ है एक स्थान से दूसरे स्थान तक पहुँचना। दोनों परस्पर सम्बद्ध हैं और द ध्वनि **स्** में बदली है या **स्** ध्वनि **द्** में। **थोरियम्** अरबी **सोरियम्** है, **पैथोलौजी** अरबी में **बासोलौजी** है। अरमाइक **तलत्** (तीन) हीब्रू में **शलॉश्** है।

अरबी शब्दतन्त्र में क्रियामूलों का वही महत्व है जो संस्कृत में है। धातु की पहचान व्यंजनों से होती है, स्वरभेद से वाच्यभेद सूचित किया जाता है यथा **कबर्** (उसने स्तुति की), **कुबिर्** (वह स्तुत हुआ)। अरबी धातुओं में कहीं चार व्यंजन होते हैं, कहीं तीन, कहीं इनसे भी कम। इन धातुओं के विश्लेषण से विदित होगा कि जिसे दो से अधिक व्यंजनों की धातु कहा जाता है, वह वास्तव में कृदन्त रूप है। समी ए. हन्ना और नगीब ग्रेइस् ने मिस्र में बोली जानेवाली अरबी की पाठ्यपुस्तक **बिगिनिंग् अरैबिक्** (लाइडन्, १६७२) में बताया है कि अरबी में क्रिया का सामान्य रूप भूतकालिक होता है यथा **फ़तह्** (जीत गया), **शिरिब्** (पी गया)। भूतकालिक रूप का अर्थ है भूतकालिक कृदन्त। कृदन्त से धातु को अलग करने पर आर्य-सामी क्रियामूलों की समानता पहचान में आयेगी।

संस्कृत **तृषा, तृप्ति, तीर्थ**, अंग्रेज़ी **ड्रिंक्** (पीना) का **तॅर्** क्रियामूल अरबी में **शिर्** बना। उससे भूतकालिक **शिरिब्** की रचना हुई। **नीर** और **शराब** एक दूसरे से कोसों

दूर लगते हैं पर हैं एक ही कुल के। ब्राहूइ **दीर्** (जल) का रूपान्तर है तमिल **नीर्**। पानी और पीना अर्थ की दृष्टि से परस्पर सम्बद्ध रूप हैं। **शिर्** के विकल्प **शर्** से **शराब** शब्द बना। **बलग्** (पहुँचना) का आधार **वर्, वल्** है। कश्मीरी **वल्** (आना), पुरानी अंग्रेज़ी के **वॅअल्कन्,** जर्मन् **वल्कॅन्,** आधुनिक अंग्रेज़ी **वाक्** (चलना) में **वल्** क्रियामूल है, जर्मन अंग्रेज़ी रूपों में कृदन्त चिन्ह **क** भी है। कन्नड़ **बर्** (आना, पहुँचना), में **व्** के बदले **ब्** है। अरबी **बदह्** (आना), **बदा** (घटित होना), **बदवी** (घुमन्तू) का आधार **बर्** का कृदन्त रूप **बद** है। हिन्दीभाषी किसान कहते हैं, **तगदीर में जो बदा होगा सो होगा**; यहाँ प्राचीन भारतीय **वर्** क्रिया अरबी कृदन्त के माध्यम से फिर अपने देश लौटकर आई है। **वर्** क्रिया से संस्कृत **वात**, फ़ारसी **बाद** (वायु), अरबी **बतीन्** (मोटा) रूप बने। संस्कृत क्रिया **वस्** का अर्थ कपड़े पहनना भी है जिससे **वास, वस्त्र** शब्द बनते हैं। **वास** में **लि** प्रत्यय जोड़कर अरबी **लिबास्** बना। **वस्त्र** का प्रतिरूप, सकार को सघोष करते हुए, वज़्ज़ है। **वस्त्र** के **स्-त्** मिलकर संयुक्त ध्वनि **स्स्** बने, फिर **ज्ज्**। इसीसे कपड़े का व्यापारी **वज्जाज,** हिन्दी रूप में **बजाज**, कहलाया। उद्यान के लिए अरबी **बुस्तान्** स्पष्ट ही ईरानी से उधार लिया हुआ शब्द है। द्रविड़ भाषाओं में फूल के लिए जो **पू** शब्द प्रयुक्त होता है, वह संस्कृत **पुष्प** में, फ़ारसी **बोस्ताँ** के **बो** में, अरबी **बुस्तान्** के **बु** में विद्यमान है। खम्भे के लिए अरबी **उस्तुवान्** में **स्थ्** ध्वनि वैसे ही **स्त्** में परिवर्तित हुई है जैसे **स्थान** का **स्थ् बुस्तान्** के **स्त्** में परिवर्तित हुआ है।

चमकने के लिए अरबी शब्द **अलक़्** में **क्** कृदन्त प्रत्यय है। इस शब्द का निर्माण वैसे ही हुआ है जैसे प्रकाशसूचक संस्कृत **अर्क** का। **अर्** क्रियामूल के वैकल्पिक रूप **अल्** से हिन्दी के **अलाव** आदि शब्द बने हैं। निर्माण करने के लिए अरबी क्रिया **बना** है। इसी से **बिना** (इमारत), **बनना** (निर्माता), **मबनीय** (निर्मित) आदि शब्द बनते हैं। अरबी **बना** और हिन्दी **बनाना** क्रिया के मूल अंश बन् का सम्बन्ध **पन्** या **पण्** से है। सर्प के लिए अरबी में **हय्य** और **हाविन्** शब्द हैं। इसके कन्नड़ प्रतिरूप पावु, हावु हैं। संस्कृत धर्म की **घर्** क्रिया के **हर्** प्रतिरूप से **हर्ष, हर** आदि संस्कृत शब्द बने हैं। इस **हर्** क्रियामूल से अरबी में बहुत से शब्द बने हैं। **हर्**—गरमी, गरम होना; **हर्रार्**—ऊष्मा; **हरूर्**—गरम हवा; हर्रान्—गर्माया हुआ, प्यासा; **हरिब्**—क्रुद्ध होना; **हर्व्**-प्रज्ज्वलन; हरक़्—अग्नि, जलाना; हरीक्—अग्नि।

घटित होने के लिए **हदस्** क्रिया में मूल अंश **हद्** भारतीय **सत्** का प्रतिरूप है। जो घटित हो चुका है वह **हादिसा** है।

अरबी में **सार्**—चलना (सैर करना), **साल्**—प्रवाहित होना, **सैल्**—सरिता, **सैलान्**—प्रवाहित, ये सारे शब्द गतिसूचक हैं; नदी और प्रवाह से इनका सम्बन्ध वैसा ही है जैसा **सर्, सरिता, सरस्वती** का है। शासन करने के लिए **सास्** स्पष्ट ही **शास्** का प्रतिरूप है। **सियासत** (राजनीति), **सियास्** (शासन) उसी **सास्** से सम्बद्ध हैं। वर्ष के लिए **सन्** सूर्यवाचक अंग्रेज़ी **सन्**, लैटिन **सोल्** और संस्कृत **सूरि, सूर्य** से सम्बद्ध हैं।

सूर्य के लिए है **शम्स्**, मोमबत्ती के लिए **शमअ**, दोनों चमकने का अर्थ देने वाली **शम्** क्रिया से बने हैं। मूल क्रिया **कम् है** जिसका प्रतिरूप **कन्** अरबी **क़न्दील**

और अंग्रेज़ी **कैन्डल्** में है। **कम्** से **चम्** और पुनः इससे **शम्** रूप बना। **ज़ामि**—प्यासा, **ज़मि अ**—प्यासा होना **आचमन** की **चम्** क्रिया के आधार पर बने हैं। भागने के लिए **फ़र्** आर्य-द्रविड़ **पर्** क्रिया से बना है। सुपरिचित **फ़रार** इसी क्रिया से सिद्ध होता है।

कतब् (लिखना), **कत्तिब्** (लिखाना) में कत् क्रियामूल है जिसका अर्थ है काटना। काटकर अक्षर अंकित करने की क्रिया **कतब्** हुई। काटने के लिए अरबी में अनेक शब्द हैं : **क़रत्, क़द्**, **क़सब्, क़त्त्, क़ज्ज़्, क़तअ, क़लम्।** इन सबका आधार **कर्त्** या **कत्** है। **क़त्ल** में यह **कत्** है। संस्कृत **कर्तन** (कटाई), हिन्दी **काटना**, लैटिन **कअ्रॅदो** (काट डालना), तमिल **कत्ति** (छुरी), फ़ारसी **कुश्तन्** (काटना) सम्बद्ध रूप हैं।

लग़ा (बोलना), **लुग़ा** (भाषा), **लक़ब** (पदवी), ग्रीक **लॅगो** (कहना), संस्कृत **ऋक्** (स्तुति), रूसी **रेच्** (भाषण) सम्बद्ध रूप हैं। अरबी **हम्द** (स्तुति करना) से तुलनीय है ग्रीम **हुम्नॉस्** (गान)। संस्कृत **सामन्** (स्तवन, गायन) के क्रियामूल **सम्** का रूपान्तर होगा **हम्। कबर** (उसने स्तुति की) की **कब्** धातु संस्कृत **कवि** की **कव्** धातु के समान है। अरबी **लमअ** (चमक), **लम्मा** (चमकीला), **लमहा** (प्रकाश) में **लम्** क्रिया-मूल **दामिनी** के **दम्** का रूपान्तर है और ग्रीक **लम्पो** (चमकना), **लम्पस्** (मशाल), अंग्रेज़ी **लैम्प** में विद्यमान है। अरबी **अर्द** (धरती), जर्मन **ॲर्दॅ**, अंग्रेज़ी **अर्थ्** का मूल अर्थ होगा जुती हुई भूमि। यहाँ **अर्** क्रियामूल वही है जो लैटिन **अरो** (जोतना) में है। द्रविड़ भाषाओं में तुलु **उर** (जुताई), तमिल **उऴ्** (जोतना) और संस्कृत **उर्वर** तुलनीय हैं। अरबी **नदा** (बुलाना), **निदा** (चिल्लाना) का सम्बन्ध संस्कृत **नद्** (शब्द करना) से है। **नशिक़** (सूँघना), **नश्क़** (साँस खींचना) का सम्बन्ध संस्कृत **नासा** से है।

लैटिन **अक्विल** (बाज पक्षी), अरबी **उक़ाब** (उप०) का आधार तमिल क्रिया **उक** या **उग** (ऊँचे उड़ना) हो सकती है।

संस्कृत **सः** (वह) के समानान्तर पुरानी अक्कादी में **सुअ** (पु०) है। स्त्रीलिंग रूप **सिअ** है। बाद की अक्कादी (श् वाली बोली) में **शुअतु** और **शिअति** रूप हैं। फिनीशिया की प्राचीन भाषा में **ह्, हे** के साथ **हूअत्, हेअत्** रूप हैं। अरबी **हु** का पूर्व-रूप **सु** था। ग्रीक भाषा का निर्देशक सर्वनाम **हो** इसी शृंखला का रूप है। **हु** के **ह्** का लोप होने पर तमिल का मध्यवर्ती वस्तुसूचक **उ** सर्वनाममूल प्राप्त होता है। अरबी का उत्तम पुरुष बहुवचन रूप **ना** वही है जो तमिल का एकवचन **नान्** है और संस्कृत का बहुवचन **नः** (हमारा) है।

संस्कृत के समान अरबी संश्लिष्ट पद्धति की भाषा है। नाम शब्दों के साथ कारक-चिन्ह जुड़ता है। आर्यभाषाओं में जैसे कारक-चिन्ह मूल शब्द के बाद आता है, वैसे ही सम्बन्धक उसके बाद आता है। अरबी में, ग्रीक-लैटिन के समान, कारक-चिन्ह तो शब्द के बाद आता है किन्तु सम्बन्धक पहले आता है। संश्लिष्ट भाषा की मूल प्रकृति किसी अन्य प्रभाव से यहाँ बदलती दिखाई देती है। कम्बोज भाषा में अंग्रेज़ी अरबी के समान पूर्व-सम्बन्धक (प्रिपोज़ीशन) होता है। कोल, तुर्क, मंगोल आदि भाषाओं के समान अरबी में संज्ञा में सम्बन्धवाचक सर्वननाम जोड़ा जाता है यथा **वलद** (पुत्र), **हु** (वह), **वलदहु** (उसका बेटा)। इसी पद्धति के अनुरूप अनिश्चयार्थी संकेतक मूल

शब्द के बाद आता है यथा **मलिकुन्** (एक राजा)। इसके विपरीत निश्चयार्थी संकेतक, ग्रीक, जर्मन, अंग्रेज़ी की तरह, शब्द के पहले आता है यथा **अल् बैतु** (वह मकान)। यहाँ भी दो पद्धतियाँ सक्रिय दिखाई देती हैं। **खादिमुत्तबीबि** (वैद्य के चाकर) में मुख्य शब्द **खादिम** (चाकर) पहले आया, **उत्तबीबि** (वैद्य के) विशेषक पद है, मूल शब्द के बाद आया है। अंग्रेज़ी में इसी तरह **सर्वेन्ट्स् ओफ़् द डौक्टर्** पदरचना होगी।

अरबी क्रिया के बाद सर्वनाम-चिन्ह जोड़ती है। कर्ता के अलावा ये सर्वनाम-चिन्ह कर्म की सूचना भी देते हैं : **शर्कनि** (उसने मुझे धन्यवाद दिया), **शकरकू** (उसने तुम्हें धन्यवाद दिया), **शकरुह्** (उसने उसे धन्यवाद दिया)। यहाँ हम मगही-मैथिली और कोल भाषाओं के क्रियापद-संसार में पहुँच जाते हैं। अरबी क्रिया हिन्दी-तमिल के समान लिंगभेद भी सूचित करती है : **कतब्** (पुरुष ने लिखा), **कतबत्** (स्त्री ने लिखा)। आदेशात्मक रूपों में लिंगभेद बना रहता है; **तिक्तिब्** (लिखो; पुरुष से), **तिक्तिबि** (लिखो; स्त्री से)। ऐसा भेद कृदन्त-प्रधान भाषाओं में सम्भव होता है। संस्कृत और तमिल के समान अरबी में क्रिया के बिना वाक्य-रचना हो सकती है यथा **अल् बैतु कबीरुन्** (मकान बड़ा है)।

भारतीय और सामी भाषाओं में शब्दतन्त्र के साथ संरचना की भी अनेक समानताएँ हैं।

३. तुर्क-मंगोल और फिनोउग्रियन परिवार तथा भारत

(क) तुर्की

एशिया का एक महत्वपूर्ण भाषा परिवार तुर्क-मंगोल है। कुछ लोग इसे अल्ताई परिवार कहते हैं। तुर्की और मंगोल इस परिवार की दो प्रमुख भाषाएँ हैं। तुर्कों और मंगोलों से भारत का गहरा सम्बन्ध रहा है। उस सम्बन्ध को ध्यान में रखते हुए इस परिवार को तुर्क-मंगोल कहा; अल्ताई की अपेक्षा यह नाम भारत-वासियों के लिए अधिक अर्थवान् होगा। कुछ विद्वान् फिनलैण्ड आदि की भाषाओं को सम्बद्ध मानकर यूराल-अल्ताई परिवार की कल्पना करते हैं। यूरालिक अथवा फिनो-उग्रियन भाषा-समुदाय को तुर्क-मंगोल समुदाय से अलग रखना ज्यादा अच्छा है, दोनों का पारिवारिक सम्बन्ध बहुतों को स्वीकार नहीं है।

भारतीय भाषाई सन्दर्भ को ध्यान में रखते हुए तुर्की भाषा का अध्ययन करते समय कुछ रोचक तथ्य सामने आते हैं। अनेक आर्य-द्रविड़ भाषाओं के समान तुर्की उस क्षेत्र में पड़ती है जिसमें तालव्यीकरण की प्रवृत्ति प्रबल है। **क्** और **त्** को **च्** तथा **ग्** और **द्** को **ज्** बनाने की प्रवृत्ति न केवल आर्य-द्रविड़ भाषाओं में है वरन् इन्डो-यूरोपियन परिवार की भाषाओं में—अंशतः यथा इटालियन और अंग्रेज़ी में, और बहुशः यथा रूसी में—भी है। इससे तालव्यीकरण का पुराना प्रभावक्षेत्र पहचानने में सहायता मिलती है। यह क्षेत्र एक ओर भारत की आर्य-द्रविड़ भाषाओं को समेटता है और उत्तरी तथा पश्चिमी प्रदेश उसके केन्द्र में हैं, अर्थात् भारत की उत्तरपश्चिमी भाषाएँ उससे अधिक प्रभावित हैं, दूसरी ओर वह तुर्क और स्लाव समुदायों को अपने भीतर

समेटे है। उल्लेखनीय है कि तालव्यीकरण की प्रवृत्ति से सभी द्रविड़ भाषाएँ समान रूप में प्रभावित नहीं हैं; इस प्रवृत्ति से कन्नड़ कम प्रभावित है, तमिल अधिक। कन्नड़ में करना क्रिया के लिए **कॅय्** रूप है तो तमिल में **चॅय्**।

यदि तालव्यीकरण का वृत्त इतना बड़ा है कि उसमें अनेक भाषा-समुदाय सिमट आते हैं तो इस बात की काफी सम्भावना रहती है कि एक ओर जहाँ **क्** ध्वनि **च्** रूप में ग्रहण की गई हो, वहाँ दूसरी ओर **च्** ध्वनि भी पड़ोसी अतालव्य क्षेत्र में **क्** रूप में ग्रहण की गई हो। जब भाषातत्वों के पूर्व से पश्चिम की ओर प्रसार के अनेक प्रमाण मिलें तो इस सम्भावना को ध्यान में रखना होगा कि **च्** ध्वनि वाले पूर्वी शब्द पश्चिमी भाषाओं में, यथा ग्रीक और लैटिन में, **क्** रूपान्तर के साथ ग्रहण किये गये हों।

भारतीय भाषाओं में तालव्य और मूर्धन्य ध्वनि-प्रवृत्तियों के केन्द्र प्रायः एक ही साथ सक्रिय दिखाई देते हैं; जो क्षेत्र कश्मीरी से लेकर तमिल तक तालव्यीकरण का है, वही मूर्धन्यीकरण का है। किन्तु तुर्की इस मूर्धन्यीकरण वाले क्षेत्र से बाहर है; तुर्की के अलावा स्लाव समुदाय तथा फ़ारसी भी इससे बाहर हैं। साथ ही सिन्धी, गुजराती के साथ पश्तो इस क्षेत्र के भीतर है। केवल जर्मन-समुदाय की कुछ भाषाएँ इस क्षेत्र के निकट दिखाई देती हैं। इससे निष्कर्ष यह निकलता है कि तालव्य और मूर्धन्य ध्वनियों के केन्द्र भारत से बाहर काफी अलग हैं, बृहत्तर भारत के उत्तर-पश्चिमी भाग में वे एक दूसरे से मिल जाते हैं। अतः इन दोनों वृत्तों के मुख्य केन्द्र इसी भाग में हों, इसकी पर्याप्त सम्भावना है।

तुर्क-मंगोल समुदाय की पड़ोसी द्रविड़ भाषाएँ मूर्धन्यीकरण से बहुत प्रभावित हैं किन्तु तुर्की आदि पर यह प्रभाव नहीं है, यह तथ्य महत्वपूर्ण है। इससे विदित होता है कि तुर्की की अपेक्षा द्रविड़ भाषाएँ आर्यभाषाओं से अधिक सम्बद्ध हैं, तथा मूर्धन्यीकरण क्षेत्र तुर्की-फ़ारसी-स्लाव से कटा हुआ अलग है। तालव्यीकरण और मूर्धन्यीकरण का अध्ययन एक साथ करें, तभी सही निष्कर्ष तक पहुँचेंगे।

हिन्दी में हम **पिनकची, तबलची, मशालची** जैसे रूपों से परिचित हैं। तुर्की में **कपि** (द्वार) से **कपिची** (द्वारपाल), **यलन्** (झूठ) से **यलञ्ची** (झूठा), **इनत्** (हठ) से **इनत्ची** (हठी) आदि रूप बनते हैं। तुर्की में च-वर्गीय ध्वनियों का व्यवहार होता है, यह बताने के लिए ये उदाहरण काफी हैं।

तालव्यीकरण की एक उल्लेखनीय विशेषता तुर्की में यह है कि कुछ स्वरों के साथ **क्, ग्** के साथ **य्** अर्ध स्वर जोड़ दिया जाता है। इस प्रकार अरबी **कातिब, मालूम, मज़्कूर** तुर्की में **क्यातिप्** (सचिव), **माल्यूम, मॅज़्क्यूर्** (पूर्वोक्त) बोले जाते हैं। यह प्रवृत्ति तुर्की को कश्मीरी से जोड़ती है।

मज़्कूर् के तुर्की रूपान्तर में प्रथम वर्ण का अकार बदलकर अॅकार हो गया है। इसी प्रकार अरबी **मज़्लिस्, आलम्** (संसार) **कलम, तासीर** बदलकर तुर्की में **मॅज़्लिस्, आलॅम्, कलॅम्**, तेसीर हो गये हैं। **अ** को **अॅ** वत् बोलने की प्रवृत्ति कश्मीरी और तमिल के अलावा कौरवी भाषा में भी है। द्रविड़ और तुर्की में एक महत्वपूर्ण भेद

यह है कि द्रविड़ भाषाओं में, विशेषत: तमिल में, शब्द के अन्त में या तो नासिक्य ध्वनि होगी या स्वर अथवा अर्ध स्वर होगा। इसे हम शब्दरचना की अजन्त और अर्ध अजन्त प्रक्रिया कह सकते हैं। जहाँ शब्द के अन्त में स्वर हो वहाँ वह अजन्त हुआ, जहाँ **य्, र्, ल्, व्, स्, न्** आदि ऐसी ध्वनियाँ हों जिनमें स्पर्शतत्व क्षीण है, वहाँ शब्द अर्ध अजन्त हुआ। जहाँ शब्द के अन्त में स्पर्शध्वनि हो, वहाँ वह हलन्त हुआ। **अरबी किताब्** तुर्की में **किताप्** है, संस्कृत **रंग** तुर्की में **रॅङ्क्** है। शब्द-रचना की हलन्त पद्धति तुर्की को फ़ारसी और कौरवी से जोड़ती है, द्रविड़ भाषाओं से अलग करती है। संस्कृत में कौरवी प्रवृत्ति का आंशिक प्रभाव है। संस्कृत के अजन्त शब्द मानक हिन्दी में हलन्त बोले जाते हैं, इसका मुख्य कारण कौरवी प्रभाव है। तुर्की और फ़ारसी के सान्निध्य से यह प्रभाव पुष्ट हुआ है।

रंग और **किताब्** के **ग्** और **ब्** तुर्की में अघोष **क्** और **प्** रह गये हैं। तुर्की के समान स्लाव और जर्मन समुदायों में अन्त्य सघोष व्यंजन को अघोषवत् बोलने की प्रवृत्ति बलवती है। जब तुर्की में कहना होगा उसकी किताब, तब शब्द के अन्त में सर्वनाम-चिन्ह **इ** जोड़ेंगे और स्वरसंयोग होते ही **प** सघोष हो जायगा, रूप बनेगा **किताबि**। यह प्रवृत्ति संस्कृत से मिलती-जुलती है। **शरत्** काल में **शरद्** का **द्** अघोष है, अघोष **क्** के पड़ोस में होने से, किन्तु **शरदागम** और **शरद्गत** में सघोष है, आ स्वर और सघोष **ग्** के सान्निध्य से कारण :

तुर्की और द्रविड़ भाषाओं में यह समानता है कि शब्द के आरम्भ में सामान्यत: दो व्यंजन साथ नहीं आते। अंग्रेज़ी **क्लब्** तुर्की में **कुलुप्** और **क्लुप्** दोनों रूपों में बोला जाता है। इसी प्रकार **स्लाव** शब्द तुर्की में **इस्लाव्** है जैसे अंग्रेज़ी **स्कूल्** हिन्दी में **इस्कूल्** बोला जाता है। तुर्की में, प्राकृत के समान, कुछ शब्दों में मध्यवर्ती व्यंजन का लोप करने की प्रवृत्ति है। फ़ारसी **अगर** और **दीगर** (अन्य) तुर्की में **अॅयॅर्** और **दीयॅर्** बोले जाते हैं। यह प्रवृत्ति तुर्की में सीमित है, द्रविड़ और जर्मन समुदायों में अधिक है। वह मूलत: स्पर्श ध्वनि को संघर्षी रूप देने की प्रवृत्ति है। **ग** पहले **ग़** हुआ, फिर **अ** अथवा **य** ने उसका स्थान लिया।

तुर्की में **फ़्** ध्वनि का चलन काफी है, द्रविड़ भाषाओं में **फ्** या **फ़्** का अभाव है। किन्तु महाप्राण ध्वनियों का व्यवहार तुर्की की विशेषता नहीं है। **फ़्** अधिकतर अरबी-फ़ारसी से आये शब्दों में देखा जाता है। उज़बेकिस्तान के तुर्की बोलने वाले अरबी **फ़न्** (कला) को **पन्**, फ़ारसी **हफ़्ता** को **हप्ता** बोलते हैं। पुराने समय में उनके मुँह से **फ़्** को **प्** सुनने के कारण फ़ारसी के जानकारों ने **उजबक** शब्द को मूर्ख का पर्याय बनाया होगा। **ख़्** ध्वनि फ़ारसी और रूसी में खूब प्रयुक्त होती है किन्तु तुर्की में वह अपना अल्प स्पर्श-तत्व खोकर बहुधा **ह्** हो जाती है; अरबी **ख़ला** (अन्तरिक्ष, खाली जगह), **ख़ाला** (मौसी), **ख़ल्क़्** (जनता), **ख़बर्** तुर्की में **हला, हाला, हल्क्, हबॅर्** हो गये हैं।

तुर्की और द्रविड़ भाषाओं में एक बहुत बड़ी समानता यह है कि इनमें कोई शब्द **र्** और **ल्** से आरम्भ नहीं होता। यह इनकी मूल प्रवृत्ति है और इसके अनेक

अपवाद हैं। तमिल **इरण्डु** (दो) बोलचाल में **रॅण्डु** है; इससे विदित होगा कि तमिल में पुरानी प्रवृत्ति कितनी क्षीण हो गई है। कर्णाटक और आन्ध्रप्रदेश में **रॅड्डि** नाम के भू-स्वामी देश में विख्यात हैं। **र्-ल्** से शब्द आरम्भ न करना, करना तो इनके पहले किसी स्वर को जोड़ देना, यह प्रवृत्ति ग्रीक, केल्त आदि समुदायों में भी अंशतः पायी जाती है और स्पेन तथा फ्रान्स के कुछ भागों में बोली जाने वाली बास्क भाषा में भी वह विद्यमान है। निस्सन्देह इन भाषा-समुदायों में इस प्रवृत्ति का होना आकस्मिक घटना नहीं है और इसका केन्द्र प्राचीन द्रविड़-तुर्क क्षेत्रों या उनके पड़ोस में होना चाहिए।

तुर्की में **स्, श्** ध्वनियों का व्यवहार होता है, तमिल को छोड़कर अनेक द्रविड़ भाषाओं में ये ध्वनियाँ विद्यमान हैं। तमिल में भी शिक्षित जनों की भाषा में **श्** का व्यवहार होता है यथा **भाष्** का तमिल प्रतिरूप **पेशु** (बोलना) भी है। दक्षिण भारत में शिव के उपासकों की संख्या काफी है और वे शिव को शिव ही कहते हैं। इसी प्रकार अनेक तमिल नामों में **स्वामी** की खपत काफी है। फिर भी **स्, श्** को **च्** या **छ्** बनाने की प्रवृत्ति प्राचीन आर्य-द्रविड़ क्षेत्रों में काफी व्यापक रही है। **गम्** के प्रतिरूप **गश्** का **गच्छ्** रूपान्तर, **प्रश्न** की **प्रश्** क्रिया का **प्रच्छ्** रूपान्तर इसी प्रवृत्ति का परिणाम है। यह प्रवृत्ति जहाँ-तहाँ तुर्की में भी है। संस्कृत **इष** का अर्थ है पेय। इसकी आधारभूत **इष्** क्रिया का तुर्की रूपान्तर **इच्** (पीना) है।

तुर्की शब्दभण्डार पर अरबी-फ़ारसी का गहरा असर है; तुर्की जातीयता का भाव जैसे-जैसे प्रबल हुआ, तुर्कों ने वैसे-वैसे इस प्रभाव से मुक्ति पाई। तुर्की से आर्य-भाषाओं का सम्बन्ध पुराना है और कुछ बातों में यह आर्य-द्रविड़ भाषाओं के सम्बन्ध से मिलता-जुलता है। पुरानी तुर्की में **किल्** (करना) क्रिया का व्यवहार होता था; इससे सम्बद्ध है **कॉल्** (बाँह)। **करोति** (करता है) और **कर** (हाथ) संस्कृत में सम्बद्ध रूप हैं। इसी प्रकार कन्नड़ **कॅय्** का एक अर्थ है करना, दूसरा अर्थ है हाथ। **कर्** के **र्** का एक रूपान्तर **य्** है, दूसरा है **ल्**। तुर्की **किल्** और **कॉल्** के पूर्वरूप हुए, **कॅर्** और **कॉर्**। इस **कॉर्** से संस्कृत **कुरु** और **कॅर्** से **कृणु** रूप बनते हैं।

संस्कृत **गम्** का प्रतिरूप **गर्** है जो **गर्त** (रथ) में विद्यमान है। जैसे **कर्** का तुर्की रूपान्तर **किल्** है, वैसे ही **गर्** का रूपान्तर **गॅल्** है। **गॅल्** का अर्थ है आना जैसे **गम्** के अंग्रेज़ी रूपान्तर **कम्** का अर्थ है आना। तुर्की **गिर्** का अर्थ है प्रवेश करना; सम्भव है, इसका सम्बन्ध भी उक्त **गर्** से हो। जाने के लिए **गित्** क्रिया **गिर्** का कृदन्त रूप है। संस्कृत में **गर्** के प्रतिरूप **कर्** से **काल** (समय) बना; तुर्की में **कॅरॅ** का अर्थ है समय, अवसर। मल्तो **कलॅ** (जाना), कुड़ुख **कला** (जा), तमिल **काल्** (पैर), पर्जि **केल्** (उप०) उसी गमनसूचक **कर्** से बने हैं। इनसे मंगोल रूप **कोल्** (पैर) और हिन्दी **गोड़** तुलनीय हैं। यहाँ संस्कृत **काल** का फिन प्रतिरूप **कॅल्लॉ** (समय) भी उल्लेखनीय है।

आर्य-द्रविड़ भाषाओं की एक प्राचीन क्रिया **वर्** है; संस्कृत **वर्तमान** में यह **वर्** है, वही तमिल **वरु** (आना, घटित होना) है। तुर्की **वर्** का अर्थ है पहुँचना।

मलयालम **वरुग**, कन्नड़ **बर्** का अर्थ पहुंचना भी है। **वर्** का एक तुर्की रूपान्तर है **ऑल्** (होना, घटित होना); इसे तमिल **वरु** का प्रतिरूप मानना चाहिए। जैसे संस्कृत में **वात, वायु** की **वा** का प्रतिरूप **या** क्रिया है, वैसे ही तुर्की में **वर्** का प्रति **युरु** (चलना) है। इसी **युरु** के प्रतिरूप **यॉल्** से तुर्की **यॉल्चु** (यात्री) बना; संज्ञारूप **यॉल्** का अर्थ है मार्ग जैसे तमिल **वरवु** और **वारि** का अर्थ है मार्ग। **जाना, गुजरना**, ऐसी क्रियाएँ मरने का अर्थ भी व्यक्त करती हैं। तुर्की **ऑम्रॅलुम्** (मृत्यु) का आधार वही **वर्, वल्** क्रिया है; इससे तुलनीय है तमिल **ऑळि** (मरना)।

जो क्रियाएँ चक्रगतिसूचक हैं, वे बहुधा जनसमुदाय, लोगों के एकत्र होने का अर्थ भी देती हैं। तमिल **उरु** का अर्थ है होना, घटित होना; **उर** का अर्थ है निकट आना, भीड़ लगाना। कन्नड़ **ऑट्टु** का अर्थ है एकत्र होना। एकत्र होने की क्रिया मैत्री और शत्रुता दोनों भावों से होती है। तमिल **ऑट्टिनर्** का अर्थ है मित्र, **ऑट्टलन्** का अर्थ है शत्रु। कन्नड़ **ऑड्डन** का अर्थ है फौज। यहाँ हम **वर्** क्रिया का अर्थ-प्रसार देखते हैं। जनता को गोलबन्द करना उसे एकत्र करना है। **वर्** के **ऑर** रूपान्तर से कन्नड़ **ऑट्टु** और **ऑड्डन** रूप बनते हैं; इसी **ऑर्** से तुर्की का **ऑर्दु** (फौज) रूप बनता है। **ऑर्दु** का अर्थ फौज क्यों हुआ, यह हम **ऑर्** के एकत्र वाले अर्थविस्तार से समझते हैं। यह तुर्की **ऑर्दु** अब भारत में भाषा के लिए प्रयुक्त होने वाला **उर्दू** शब्द है।

द्रविड़ भाषाओं में कुटुम्बीजनों के लिए प्रयुक्त शब्दों के पहले एक सर्वनामचिन्ह लगाने की प्रथा है। तमिल **कइ** माने छोटी बहन, **ॲङ्गइ** हुई मेरी छोटी बहन, **उङ्गइ** हुई तुम्हारी छोटी बहन। **तङ्गइ** का मूल अर्थ होगा उसकी छोटी बहन; अब यह अन्य पुरुष वाला अर्थ क्षीण हो गया है। **तंगइ** के समान **तम्बि** (छोटा भाई) रूप है। तमिल **तात्ता** (पितामह) में **त** सर्वनामचिन्ह है, इसका ज्ञान तमिल **अत्तन्** (पिता) से होता है। **तात्ता** और **अत्तन्** का सम्बन्ध पहचानने से संस्कृत **तात** की व्युत्पत्ति समझ में आती है। कन्नड़ में **तात** पिता और पितामह दोनों के लिए प्रयुक्त होता है। **तात** का **त** सर्वनामचिन्ह है। तमिल **तम्बि** और **तङ्गइ** के समान पिता के लिए **तन्दइ** शब्द है। **ॲन्दइ** हुए मेरे पिता, **उन्दइ** हुए तुम्हारे पिता, **तन्दइ** उसके पिता, फिर केवल पिता। **तन्दइ** का तेलुगु प्रतिरूप है **तण्ड्रि**।

तुर्की में ईश्वर के लिए, अरबी और फ़ारसी से भिन्न, **तन्‌रि** शब्द है। यह शब्द तुर्की के किसी क्रियामूल से सिद्ध होता दिखाई नहीं देता। कन्नड़ **तन्दॅ** का **द्** जब **र्** रूप में ग्रहण किया जायगा, तब उसका सीधा रूपान्तर **तन्‌रि** होगा। **तन्दॅ** या **तण्ड्रि**, इन रूपों से **तन्‌रि** का सम्बन्ध निश्चित है। पिता के लिए आदरसूचक शब्द तुर्की में ईश्वर के लिए प्रयुक्त हुआ; वह उस भाषा में द्रविड़ स्रोतों से पहुँचा है, इसमें सन्देह नहीं।

तमिल **अन्नइ** (माता) तुर्की में **अन्नॅ, अना** (उप०) है। तमिल में **अन्नइ** के साथ **तन्नइ** भी है; तुर्की में **तन्नइ** नहीं है। तुर्की **तन्‌रि** का द्रविड़ उद्गम तमिल **तन्नइ** से पुष्ट होता है।

तमिल **अत्तन्** का एक प्रतिरूप **अप्पन्** है। **तात** के समान इसका व्यवहार पुत्र के लिए भी होता था। कुइ **आपाॅ** (पुत्र), कन्नड़ **अप्प** (पिता) एक ही शृंखला के शब्द

हैं। **अप्पन्** का सर्वनामचिन्हित तमिल रूप **तगप्पन्** (पिता) है, गोंडी में एक रूप मइपो (मेरे पिता) है। अब यदि **प** या **ब** जैसा कोई सर्वनामचिन्ह हो तो **अप्पन्, आप्पा, आपाँ, अप्प** से **पप्पन्, बप्पन्, पाप्पा, बाप्पा, पापाँ, बापाँ** जैसे रूप बनेंगे। मेरा कहना है कि इस तरह का सर्वनामचिन्ह था।

आई, माई, ताई, बाई शब्दों पर विचार करें। मराठी आदि का **आई** (माता) हिन्दी **माई** और **ताई** का आधारभूत शब्दमूल है। द्रविड़ व्युत्पत्तिकोश में तमिल **आयि** की शृंखला के साथ असमिया, बँगला, उड़िया, सिन्धी, गुजराती और मराठी के **आई, आइ** रूपों का उल्लेख है। तमिल, कन्नड़ आदि में **त** सर्वनाममूलक **ताय्, तायि** रूप भी है। कुवि में **माइय** (मेरी माँ) रूप भी है। अब **आई, ताई** और **माई** के आपसी सम्बन्धों के बारे में सन्देह न होना चाहिए। मराठी में **माता** अथवा अपने से बड़ी स्त्री के लिए सम्मानजनक संबोधन **बाई** है। हिन्दी प्रदेश के पश्चिमी भाग में, विशेषतः बुन्देलखण्ड में, माता के लिए **बाई** शब्द का व्यवहार होता है। तमिल में जैसे स्त्रियों के नामों के साथ **अम्मा** लगाने का चलन है, वैसे ही मराठी में **बाई** शब्द लगाया जाता है। **बाई** का संक्षिप्त गुजराती रूपान्तर **बा** है। **ब** के सर्वनामचिन्ह होने में कोई सन्देह नहीं है। द्रविड़ भाषाओं में **ताई** के समान **बाई** के समकक्ष रूप का व्यापक चलन नहीं है। किन्तु कोलमि **बे** (माँ) सम्बद्ध रूप अवश्य है।

आई और **बाई** का सम्बन्ध जान लेने पर **अप्पन्** और **बप्पा, बाप, बापू** का सम्बन्ध समझ में आ जाता है। पितामह के लिए उत्तरभारत में **बाबा** शब्द का चलन है। जैसे **तात** के साथ सघोष ध्वनियों वाला **दादा** रूप है, वैसे ही **बाप** के साथ **बाबा** है। तुर्की में बाप के लिए **बाबा** शब्द है। जैसे तेलुगु में **अप्प** शब्द पिता और माता दोनों के लिए प्रयुक्त होता है, वैसे ही हिन्दी में **बाबा** पुरुषवाचक है किन्तु रूसी में **बाबा** वृद्ध स्त्री के लिए, **बाबूश्का** दादी के लिए प्रयुक्त होता है।

अंग्रेज़ी **पापा** बच्चों का अनुकरणात्मक शब्द नहीं है। **बाबा** का अघोष ध्वनियों वाला प्रतिरूप है **पापा**। यह शब्द ग्रीक भाषा में भी है और वहाँ उसका **पप्पस्** रूप **अप्पन्** के और भी निकट है। ग्रीक भाषा में **पप्पस्** के साथ **पप्पॉस्** रूप का चलन भी था; पहला पिता के लिए, दूसरा पितामह के लिए सुरक्षित रहा। **प** सर्वनाम का एक वैकल्पिक रूप **पाँ** था; इससे अंग्रेज़ी का **पोप** बना और उसका मूल अर्थ पिता है। लैटिन में **पॉप** उस पुरोहित को कहते थे जो बलिवेदी पर पशु का वध करता था।

जैसे **पापा** बच्चों का अनुकरणात्मक शब्द नहीं है, वैसे ही अंग्रेज़ी का **डैड, डैडी** शब्द बच्चों का शब्द नहीं है। जो सम्बन्ध **बाप** और **पापा** का है, वही **दादा** और **डैडी** का है। यह **दादा** शब्द भी **बाबा** के साथ तुर्की में पहुँचा है। हिन्दी **दादा** के समान तुर्की **दॅदॅ** पितामह के लिए प्रयुक्त होता है। रूसी प्रतिरूप **द्याद्या** पिता के भाई के लिए काम में आता है।

पापा और **पोप** के सन्दर्भ में उल्लेखनीय है कि तुर्की में एक निर्देशक सर्वनाम **बु** (यह) है और वह संज्ञारूपों के साथ जुड़ता भी है यथा **ग्युन्** (दिन) के साथ **बु** लगाकर रूप बनाया **बुग्युन्** (आज)।। शब्दरचना की जो प्रक्रिया संस्कृत **अद्य** और **सद्यस्** में है,

वही ग्युन् और **बुग्युन्** में है। **द्यु** (दिन) का विकल्प हुआ **द्य**; इसमें सर्वनामचिन्ह **अ** जोड़ा तो **अद्य** (आज) बना, **स** जोड़ा तो **सद्यस्** (अभी) बना।

तुर्की **कर** (काला), संस्कृत **कार** (अन्धकार का कार), तमिल **करु** (काला) सम्बद्ध रूप हैं। संस्कृत **कूप** का तुर्की प्रतिरूप है **कुयु**। संस्कृत उपसर्ग **उद्** (ऊपर) और हिन्दी क्रिया **उड़** से तुलनीय है तुर्की **उच्** (उड़ना)। तुर्की में विद्यमानता सूचित करने के लिए एक क्रिया **वर्** है; **र्वदि** अर्थात् वह था। दूसरी **इ** क्रिया है; **इदि** अर्थात् वह था। **र्वदि** और **इदि** का एक ही अर्थ है; **वर्** क्रिया द्रविड़ भाषाओं में है, अतः इस अनुमान के लिए पर्याप्त आधार है कि **इदि** का सम्बन्ध द्रविड़ **इर्** से है। तमिल **इरु** (होना) का एक प्रतिरूप कोतभाषा में **इग्** है, दूसरा **इत्** है। जैसे **इग्**, **इत्** में **र्** का लोप हुआ है, वैसे ही तुर्की **इदि** में। **इत्** और **इदि** दोनों में **त्** और **द्** कृदन्त प्रत्यय के चिन्ह हैं; कोत में **त्** क्रियार्थी संज्ञा का बोध कराता है, तुर्की में भूतकाल का। तमिल **कप्पु** (ढाँकना), संस्कृत **कपट, कपाट,** हिन्दी **कपड़ा** की आधारभूत **कप्** क्रिया तुर्की **कपलि** (ढँका हुआ) में है। प्राकृत **धार** (दुर्ग) से सम्बद्ध है तमिल **का** (रक्षा करना), **काप्पु** (किलेबन्दी)। **घर्, कर्** क्रिया का तुर्की प्रतिरूप है **कॉरु** (रक्षा करना)। कन्नड़ **बॅळ** (प्रकाश), रूसी **बेलुइ** (श्वेत) से तुलनीय है तुर्की **बॅलिल** (स्पष्ट)। संस्कृत **मन्दिर,** तमिल **मन्रु** (गाय बाँधने का स्थान) से तुलनीय है तुर्की **मन्दिर** (उप०)। तुर्की **मन्दिर** और तमिल **मन्रु** का एक ही अर्थ हो, यह तथ्य किसी समय बाड़ा का अर्थ देने वाले **मन्दिर** के व्यापक व्यवहार की सूचना देता है। तमिल **मन्रु** के सभाभवन आदि अन्य अर्थ हैं, तुर्की **मन्दिर** का अर्थ सीमित है। तमिल **कूलि** (मज़दूरी), कन्नड़ **कूलि** (उप०; मज़दूर) का हिन्दी रूप है **कुली**। तुर्की में **कुल्** का अर्थ है दास। **कुल्** और **दास** की अर्थप्रक्रिया एक है। फ़ारसी **दस्त** (हाथ) की **दस्** क्रिया का अर्थ था करना। जो मेहनत करे वह **दास**। कोलमि **कल्** (करना) के विकल्प **कॉल्** से तुर्की **कुल्,** तमिल **कूलि** रूप बनेंगे।

संस्कृत **कति** (कितने) का तुर्की प्रतिरूप **कच्** है। संस्कृत **किम्** तुर्की में ज्यों का त्यों है। तुर्की में लिंगभेद नहीं है। **किम्** का अर्थ हुआ कौन। **क्** मूलक सर्वनाम तुर्की को द्रविड़ भाषाओं से अलग करते हैं। तुर्की के प्रश्नवाचक सर्वनाम **नॅ** और **मि** भी द्रविड़ भाषाओं के **या, ए** आदि से भिन्न हैं। तुर्की में निषेधात्मक क्रियारचना के लिए **म** अव्यय का व्यवहार होता है। यह संस्कृत के निषेधात्मक **मा** का प्रतिरूप है। क्रियारचना, विन्यास की दृष्टि से, द्रविड़ पद्धति के अनुरूप है। **ऑल्** माने होना; **ऑल्मदिम्** माने मैं नहीं हुआ। **ओल्** के बाद **म** निषेधसूचक अव्यय लगा। दि कृदन्त प्रत्यय है; संस्कृत में **त, थ,** द, **ध** चारों प्रत्यय कृदन्त बनाने के काम आते हैं। तुर्की का भूतकालिक **दि** प्रत्यय आर्य-द्रविड़ भाषाओं की प्रत्यय-पद्धति के अनुरूप है। संस्कृत **इह** के पूर्वरूप **इध** का **ध** तुर्की में महाप्राणता खोकर स्थानवाचक प्रत्यय का काम करता है। **बुरद** (यहाँ), **ऑरद** (वहाँ), **नॅरॅदॅ** (कहाँ) में **द** स्थानसूचक प्रत्यय है। तुर्की का सम्बन्धवाचक **कि** प्रत्यय हिन्दी **के, का** की शृंखला के अन्तर्गत है। **बुरद** का अर्थ हुआ यहाँ; **बुरदकि कितप्** का अर्थ हुआ यहाँ की किताब। तुर्की **कि** का स्त्रीलिंग से कोई सम्बन्ध नहीं है। तुर्की **चि** जहाँ किसी वस्तु से किसी व्यक्ति का सम्बन्ध व्यक्त करता

है, वहाँ वह **कि** का ही कार्य सम्पन्न करता है। यथा **कपि** (द्वार) से **कपिचि** (द्वारपाल), **यॉल्** (मार्ग) से **यॉल्चि** (यात्री)। सम्भव है यह **चि** पूर्वोक्त **कि** का रूपान्तर हो। तुलनीय है रूसी **गोरॅ** (दुख) से व्युत्पन्न **गोर्की** (दुखी), **गॅरेत्** (जलना) से **गॉर्याची** (गरम)।

संस्कृत में **जन्** से **जन्म** के समान तुर्की में **दॉग्** (पैदा होना) से **दॉगुम्** (जन्म), **इच्** (पीना) से **इचिम्** (पेय) रूप बनते हैं। तुर्की में संज्ञा के साथ करना क्रिया जोड़कर नयी क्रिया हिन्दी की तरह बना लेते हैं: यथा **नमाज़् किल्मक्** (नमाज़ करना, प्रार्थना करना)। हिन्दी के समान तुर्की में दो शब्दों को जोड़कर नया अर्थ पैदा करने की प्रवृत्ति है। **इश्** (काम), **ग्युच्** (मेहनत), **इश्-ग्युच्** (काम में लगे होना); **यतक्** (बिस्तर), **यॉर्गन्** (लिहाफ़), **यतक्-यॉर्गन्** (बोरिया बँधना)। हिन्दी के समान तुर्की में शब्द की आवृत्ति से अर्थघनत्व पैदा किया जाता है; **यवस् यवस्** गिदियॉर्लार् (वे धीरे धीरे जा रहे हैं)।

तुर्की में संख्या शब्दों के निर्माण की द्रविड़ पद्धति चालू है; पहले दहाई फिर इकाई, **ऑन्** (दस), **ऑन्बिर्** (ग्यारह), **यिर्मि** (बीस), **यिर्मिबिर्** (इक्कीस)। यही पद्धति फ़ारसी में है। संख्या-शब्दों की रचना की यह द्रविड़ पद्धति तुर्की, फ़ारसी के अलावा यूरुप की भाषाओं में है, विशेषकर बीस से बाद के संख्या शब्दों में।

तुर्की में सम्बन्धवाचक **इन्** प्रत्यय तमिल और रूसी के समान है। **अहमद्** से **अहमदिन्** अर्थात् अहमद का; तमिल में **मगन्** (पुत्र) से **मगनिन्** (पुत्र का); रूसी में **स्ताल्** (फौलाद) से **स्तालिन्** (फौलादी)। तुर्की संयोजक भाषा है, अश्लिष्ट है, मूल-शब्द के बाद स्वतन्त्र सम्बन्धक जोड़कर कारक-रचना होती है। रूसी संश्लिष्ट भाषा है। **अहमदिन्, मगनिन्** और **स्तालिन्** में संरचना की दृष्टि से कोई अन्तर नहीं है। तुर्की का वाक्य-विन्यास भारतीय भाषाओं के समान होता है, वाक्य के आरम्भ में कर्ता होगा, अन्त में क्रिया। किन्तु भारतीय भाषाओं के ही समान तुर्की की क्रियापदरचना इससे भिन्न विन्यासपद्धति की सूचना देती है। तुर्की **गॅलिरिम्** (मैं आता हूँ) में क्रिया पहले है, कर्ता सर्वनाम बाद को है, ठीक संस्कृत के **गच्छामि** (जाता हूँ) की तरह। आर्य, कोल, द्रविड़ भाषाओं के साथ तुर्की भी अपने विकास की आदिम अवस्था में विधेय पहले, उद्देश्य बाद को, इस क्रम से वाक्यरचना करती रही है। आगे चलकर कोई ऐसा ज़बर्दस्त प्रभाव इन भाषा-समुदायों पर पड़ा कि पुरानी विन्यास-पद्धति के अवशेष मात्र रह गये; पहले उद्देश्य फिर विधेय, यह क्रम पुरानी पद्धति पर हावी हो गया। भाषाओं का इतिहास जानने के लिए ये अवशेष बहुत महत्वपूर्ण हैं। ऊपर तुर्की का जो **गॅलिरिम्** रूप दिया गया है, उसका सर्वनाम-चिन्ह **इम्** तुर्की में स्वतन्त्र रूप से प्रयुक्त नहीं होता। तुर्की के उत्तम पुरुष, एकवचन **बॅन्** (मैं) से इस **इम्** का कोई प्रत्यक्ष सम्बन्ध नहीं है। संस्कृत **पठामि** का **आमि** या **मि** संस्कृत में स्वतन्त्र रूप से प्रयुक्त नहीं है। किन्तु बँगला **आमि**, मराठी **मी** स्वतन्त्र रूप से प्रयुक्त होते हैं। इससे विदित होगा, ये सर्वनाम कितने पुराने हैं। विधेय-उद्देश्य क्रम वाली विन्यासपद्धति मूलतः किस परिवार की है, यह जानने के लिए सर्वनामों के स्रोतों का पता लगाना होगा। तुर्की

का **इम्** सर्वनामचिन्ह उसकी विन्यास-पद्धति पर भारतीय प्रभाव की ओर संकेत करता है। क्रियापद रचना के समान संज्ञा के बाद सर्वनामचिन्ह लगाकर उससे व्यक्ति का सम्बन्ध दिखाया जाता है यथा **बाबा** (पिता) और **बाबाम्** (मेरे पिता)। यहाँ भी सर्वनामचिन्ह तुर्की स्रोत का नहीं भारतीय स्रोत का है। सिन्धी, फ़ारसी, अरबी आदि भाषाओं में सर्वनामचिन्ह जोड़ने की यह पद्धति ही नहीं, उत्तम पुरुष एकवचन का चिन्ह भी वही है।

सर्वनामों का विकास, उनका संज्ञा और क्रियापदों के साथ व्यवहार, इस व्यवहार की विभिन्न पद्धतियाँ, विभिन्न भाषासमुदायों में एक से सर्वनाम रूपों का प्रसार, यह सब केवल एक भाषा-परिवार को लेकर विवेचित नहीं हो सकता। उसके लिए भाषाओं का अन्तरपारिवारिक सन्दर्भ ग्रहण करना आवश्यक है, इस सन्दर्भ के लिए किसी एक भाषाई क्षेत्र को आधार मानना आवश्यक है। बृहत्तर भारत को भाषाई क्षेत्र मानने से उक्त कोटि का विवेचन सुविधापूर्वक किया जा सकता है।

(ख) मंगोल

मंगोल जनों की भाषा तुर्की से मिलती-जुलती है। इनकी मुख्य भूमि मंगोलिया है; मंगोल भाषा की बोलियाँ साइबीरिया और उत्तरी चीन में फैली हुई हैं। तुर्की और मंगोल दोनों समुदायों में स्वरतान का प्रयोग नहीं होता। मंचूरिया की मंचू भाषा तुर्क-मंगोल परिवार की है। इस परिवार से भिन्न स्वरतानवाला चीनी भाषासमुदाय, मंचूरिया और मंगोलिया से लेकर कश्मीर के ऊपर चीनी तुर्किस्तान तक, गैर स्वरतान वाली भाषाओं से घिरा हुआ है।

मंगोलिया गणराज्य की राजधानी उलाङ् बातॉर की भाषा ख़ल्ख पर जौन सी. स्ट्रीट ने अपनी पुस्तक **ख़ल्ख स्ट्रक्चर** (ख़ल्ख की संरचना) में बताया है कि **क्** ध्वनि मुख्यत: रूसी से उधार लिये हुए शब्दों में सुनाई देती है। अधिकांश बोलनेवाले **क्** के स्थान पर **ख़्** या **ग्** का व्यवहार करते हैं, **किनो** (सिनेमा, फिल्म) को **ख़िनो** कहेंगे, **त्राक्तॉर्** (ट्रैक्टर) को **तराग्तॉर्**। इसका अर्थ यह हुआ कि मंगोल भाषा में **क्**, **प्** की अपेक्षा सघोष **ग्**, **द्** का चलन अधिक है। तमिल जैसी द्रविड़ भाषाओं की अपेक्षा **ग्**, **द्**, **ब्** से आरम्भ होने वाले शब्दों की यहाँ भरमार है। **गॅर्** (घर), **गर्** (हाथ), **गल्** (आग), **गज़ॉर्** (स्थान), **गलज़ु** (पागल), **दॉलो** (सात), **दवा** (सोमवार), **दलअॅ** (समुद्र), **दू** (छोटा भाई), **बातॉर्** (बहादुर), **बि** (मैं), **बगॉ** (छोटा), **बरिख़्** (पकड़ना), **बॉस्गूल्** (भगोड़ा), **बिशि** (नहीं), **बइदि** (दशा) आदि में सघोष महाप्राण स्पर्श ध्वनि की स्थिति दर्शनीय है। **क्-त्-प्** में केवल **त्** का आदिस्थानीय व्यवहार इस भाषा के लिए सहज है। अन्त्य स्थान में तुर्की के समान **ग्-द्-ब्** को अघोष बोलने की प्रवृत्ति है।

इन उदाहरणों में एक शब्द है **गर्** (हाथ)। या तो मंगोल जन संस्कृत **कर** के **क्** को सघोष बोलते थे या फिर उन्होंने **कर** के पूर्वरूप **घर** को **गर्** बनाया है। यह असम्भव नहीं क्योंकि हिन्दी **घर** का **गॅर्** प्रतिरूप उनके यहाँ सुलभ है। संस्कृत **हस्त** और फ़ारसी **दस्त** से हम इनके पूर्वरूप **धस्त** तक पहुंचते हैं। **धर्** क्रिया के **धन्** विकल्प

से हिन्दी **धन्धा** बना, **धस्** से **धस्त**। **धर्** के वैकल्पिक रूप **घर्** से करना की **कर्** धातु, और उसका प्रतिरूप **गर्** प्राप्त होंगे। **घ्** के **ख्** रूपान्तर से ग्रीक **खेंइर्** (हाथ) बना। फ़ारसी **कर्दन्** (करना) में **कर्** है किन्तु **कारीगर, बाज़ीगर, सितमगर** आदि में सघोष ध्वनिवाला **गर** है। हो सकता है कि शब्द के बीच में आने से **क्** को सघोष कर दिया गया हो किन्तु नेपाली में **कर्** क्रियामूल का **गर्** रूप ही प्रचलित है। उधर कन्नड़ में **कॅय्** के साथ **गॅय्** (करना) रूप भी है। इससे यह सम्भावना पुष्ट होती है कि भारत के उत्तरपश्चिमी क्षेत्र में **कर्** के साथ **गर्** रूप का चलन था और यह **घर्** का रूपान्तर था।

तुर्की के समान खल्ख में भी आदिस्थानीय **र्** के पहले अतिरिक्त स्वर जोड़ने की प्रवृत्ति है यथा रूस यहाँ **ऑरॉस्** है, **रादिओ** (यानी रेडियो) का रूपान्तर **अर्राजिव्** है। रूस तो **ऑरॉस्** बना किन्तु **लेनिन** में इतना ही परिवर्तन हुआ कि **ल्** के तालव्यीकरण के साथ उसे **ल्येनिन्** रूप में ग्रहण किया गया। जौन सी. स्ट्रीट् के अनुसार **क्-त्-प्** के बाद स्वर हो तो उनका उच्चारण ईषत् महाप्राणता के साथ होता है। यह प्रवृत्ति अंग्रेज़ी में है और तमिल की कुछ बोलियों में है। फ़ारसी **कज्** (टेढ़ा) खल्ख में **खज्** है, **खज्गइ** अर्थात् टेढ़ा या बेईमान। हिन्दी **कार**, तमिल **करु** यहाँ **खर्** (काला) है। कुछ आर्यद्रविड़ भाषाओं के समान **प्** का स्पर्श तत्व क्षीण होने पर खल्ख में वह **व्** बोला जाता है। जैसे कहें खूब काला, तो खल्ख रूप होगा **खव् खर्**। यहाँ **खव्** फ़ारसी **ख़ूब** का रूपान्तर है; **खर्** में अ की संगति के लिए **उ** को **अ** बनाया गया है किन्तु **खॉव् खॉल्** (बहुत दूर) में **खॉल्** के **ऑ** के कारण **ख़ूब** का उकार **ऑकार** रूप में प्रतिष्ठित है।

संस्कृत **अद्** (खाना) का ग्रीक और लैटिन प्रतिरूप **ॲदो** है। खल्ख **इदॉख्** (भोजन करना), **इदा** (भोजन) में **अद्** का वैकल्पिक रूप **ॲद्** है। संस्कृत **यव** (द्रुतगति) से सम्बद्ध हैं **यवच्** (उप०; प्रगति) और **यवख्** (चलना)। संस्कृत **या** (जाना) के पूर्वरूप **यर्** का विकल्प होगा **यव्**। **यवख्, इदॉख्** जैसे रूपों में **ख्** कृदन्त प्रत्यय का चिन्ह है और वह **क्** का रूपान्तर है। खल्ख क्रिया **यारख्** (जल्दी करना) का आधार **यर्** है। **ग्यलइख्** (चमकना), **गल्त्** (आग्नेय) का आधार संस्कृत **घर्म** के **घर्** क्रियामूल का **गल्** रूपान्तर है जो संस्कृत **ग्लौ** (चन्द्रमा), अंग्रेज़ी **ग्लो** (दमकना), जर्मन **ग्लुट्** (लपट) में विद्यमान है। खल्ख **गॅरॅल्** (प्रकाश) का आधार **गॅर्** है। **यर्** का प्रतिरूप **इर्** खल्ख क्रिया **इरॅख्** (आना) में है। **यर्** के विकल्प **वर्** का रूपान्तर **ऑर्** खल्ख क्रियारूप **ऑलॉ** (गया) में है। सम्भवतः खल्ख में इसका **वल्** रूपान्तर भी है यथा **खज्वल्जख्** (लँगड़ाकर चलना)। यहाँ **खज्** (टेढ़ा, लँगड़ा) फ़ारसी **कज्** का प्रतिरूप है; उसमें **वल्** जोड़कर उक्त रूप रचा गया है। **ऑलूल्** (सभी लोग) में **ऑल्** बहुत्वसूचक है। **वर्** क्रिया मूलतः चक्रगतिसूचक है, अतः उससे गोलबन्दी के अर्थ का विकास होता है। **ऑल्** को **वर्** का रूपान्तर मानना चाहिए। तमिल **उरऴ्** (भीड़ लगाना) में **वर्** का रूपान्तर **उर्** तुलनीय है। जन-समुदाय या जाति के लिए खल्ख **उलॉस्** का आधार **उल्** क्रियामूल होगा जिसका अर्थ होगा एकत्र होना। तुर्की में इसका प्रतिरूप **उलुस्** (जाति, राष्ट्र) है। **वर्** का एक रूपान्तर **ऑर्**, होने के अर्थ में, प्रयुक्त होता है यथा

खल्ख़ पद **ख़ल्** **ऑॉग** का अर्थ है **गरम** होना। ख़ल्ख़ में संस्कृत **गर्त** (रथ) की **गर्** क्रिया का चलन भी है यथा **गरख्**(बाहर जाना)। **गर्** > **कर्** > **खर्** > **खल्**, इस क्रम से **ख़ाल्ग** (द्वार) रूप बना। जैसे तमिल **पुगु** (जाना) से **पुगुडि** (द्वार), वैसे ही **ख़ल्** से **ख़ाल्ग**।

ऊपर **गर्** (करना) के मूलरूप **घर्** की चर्चा की गई है; इस **घर्** का एक वैकल्पिक **भर्** था। मंगोल क्षत्र में **गर्** के समानान्तर **बर्** का चलन था, इसका संकेत **बरिख़्** (पकड़ना), **बरिऊल्** (हत्था), **बरुन्** (दाहिना) से मिलता है। संस्कृत **ग्रभ्**, **ग्रह्** (पकड़ना) में हाथ का संकेत देने वाला **गर्** शब्दमूल है। संस्कृत **दक्ष** और **दक्षिण** सम्बद्ध रूप हैं और इनमें भी **दस्त** का आधारभूत **दस्** है। जो हाथ काम करने में कुशल है, वह **दक्ष** है, **दक्षिण** है। उसी तरह **बरुन्** का अर्थ हुआ दाहिना। तमिल **पडु** (करना), संस्कृत **पटु** (कुशल) का आधार **पर्** क्रिया है, **बर्** का प्रतिरूप। **पर्** का एक तमिल प्रतिरूप **पण्** (कर्म) है जिससे संस्कृत **पाणि** (हाथ) सम्बद्ध है। ख़ल्ख़ में दाईं के लिए **बरिग्चि** शब्द है। इसके **बर्** का अन्य स्रोत मानना चाहिए। एक **भर्** क्रिया का अर्थ था धारण करना, वहन करना। इससे गर्भ धारण करने, सन्तान को जन्म देने के अर्थ का विकास हुआ। अंग्रेज़ी **बॅअर्** (धारण करना, वहन करना), **बर्थ्** (जन्म) में यह अर्थ-प्रक्रिया स्पष्ट है।

खल्ख़ **बइ** (होना), **बइदल्** (दशा), रूसी **बीत्** (होना), अंग्रेज़ी **बी** (उप०) का आधार **भॅय्** होगा, **भॉव्** का विकल्प, संस्कृत **भू** (होना) से सम्बद्ध। ख़ल्ख़ रूप **बइल्दख़्** (लड़ना) का **बइ** भिन्न स्रोत से आया प्रतीत होता है। रूसी **बीत्व** (युद्ध) तुलनीय है। **बीत्व** का सम्बन्ध रूसी क्रिया **बीत्** (मारना) से हो सकता है।

आह्वान के अर्थ में संस्कृत क्रियामूल **ऋक्** का खल्ख प्रतिरूप **उरिखॉ** (बुलाना) है। **र्** के पहले अतिरिक्त स्वर जोड़ा गया और **क्** को महाप्राण बनाया गया। तमिल **अरि** (जानना, ज्ञान) से ख़ल्ख़ **ॲर्दॉम्** (ज्ञान) तुलनीय है।

खल्ख भाषा का एक रोचक शब्द है **मॉदॉ** (पेड़)। इसका लिथुआनियन प्रतिरूप है **मॅदिस्**। **द्** के **र्** में बदलने पर तमिल **मरम्**, पंजि **मॅरि** रूप बने। इनका अर्थ भी पेड़ है। समुद्र के लिए खल्ख **दलॲ** से तुलनीय है ग्रीक **थलस्स** (समुद्र)। **दल्** और **थल्** का पूर्वरूप होगा **धल्**। संस्कृत **धरुण** (जल), **धारा** (प्रवाह) का **धर्** इस **धल्** का पूर्वरूप है। तमिल **एरु** (बैल) अन्य पशुओं के लिए भी प्रयुक्त होता है जब मादा से भिन्न नर की ओर संकेत करना हो। ब्राहुइ **अरे मर्द**, पति के लिए प्रयुक्त होता है। ख़ल्ख़ **अर्श्** का अर्थ है मर्द, पुरुष। संस्कृत **वृष** का अर्थ बैल है, पुरुष भी। उक्त द्रविड़-मंगोल रूपों का सम्बन्ध **वृष** से है; **वृष** की आधार क्रिया है **वॅर्**, उसका रूपान्तर हुआ **ॲर्**। बहुत्वसूचक संस्कृत **पुरु** का खल्ख प्रतिरूप है **बुर्** (सब)। हिन्दी **घर** के ख़ल्ख़ प्रतिरूप **गॅर्** का उल्लेख पहले हो चूका है। मंगोल प्रदेश में **गॅर्** का अस्तित्व घर की प्राचीनता का प्रमाण है। मंगोलिया की राजधानी **उलाङ्**, **बातॉर्** का **बतॉर्** तो फ़ारसी का **बहादुर** है, **उलाङ्** (लाल) का आधार क्या है? मेरा अनुमान है कि इसका आधार संस्कृत **रंग** है, इसके प्रतिरूप **रॅङ्क्** का चलन तुर्की में है, यह हम देख चुके हैं। **रंग** > **रङ्** > **लङ्** > **उलङ्**, इस प्रकार इस रूप का विकास सम्भव है। **रंग** का सम्बन्ध

चमकने से है। जो वस्तु चमके, वह लाल, पीली, हरी, किसी भी चटक रंग की हो सकती है। संस्कृत **हरि** में मूलभाव प्रकाश का है; इसका अर्थ सूर्य, चन्द्र है, रक्त, पीत, हरित भी। **रक्त** का अर्थ है लाल और रँगा हुआ।

तमिल में बड़ी बहन के लिए **अक्का** शब्द है। द्रविड़ व्युत्पत्ति कोश में इसके साथ माँ के लिए संस्कृत **अक्का** और बहन के लिए प्राकृत **अक्का** रूप उद्धृत किये गये हैं। खल्ख में **अक्का** का प्रतिरूप **अॅखाँ** (माँ) है। द्रविड़ भाषाओं में **अक्का** का पुल्लिंग रूप **अक्क** प्रचलित है। पंजि **अक्क** (नाना), कुवि **अक्कु** (दादा) का खल्ख प्रतिरूप **अखाँ** (बड़ा भाई) है।

खल्ख भाषा में उत्तम पुरुष सर्वनाम का एकवचन रूप **बी** है। यह संस्कृत **वयम्** (हम) और अंग्रेजी **वी** (उप०) से मिलता-जुलता है। इसके साथ दूसरा उत्तम पुरुष एकवचन रूप है **मिन्** (मैं)। यह तेलुगु **मनमु** (हम), फ़ारसी **मन्**, संस्कृत **मद्** (**अस्मद्** और **मदीय** का **मद्**), हिन्दी **मैं** से मिलता-जुलता है। इसका एक बहुवचन रूप **मन्** (हम-तुम) है। **अखाँ** और **अॅखाँ** की तरह **मन्** और **मॅन्** में अर्थभेद किया गया है; मूलतः रूप एक है। इनके साथ उत्तम पुरुष का ही एकवचन रूप है **न, नम्, नद्।** **नमइग्** (मुझे), **नद्** (मुझको) का **न, नम्** संस्कृत **नः** (हमारा, हमें), तमिल **नाम्** (हम), ग्रीक **नोइ** (हम दोनों, संस्कृत **नौ**), लैटिन **नोस्** (हम) के आधारभूत **न** का समकक्ष है। वास्तव में **मन्** और **नम्** परस्पर सम्बद्ध रूप हैं। तमिल **नाम्** का ब्राहूइ प्रतिरूप **नन्** है। **मन्** और **नन्** को एक ही सर्वनाम मूल मानें चाहे न मानें, इसमें सन्देह नहीं कि आर्यद्रविड़ समुदायों के साथ ये रूप तुर्क-मंगोल परिवार में भी फैले हुए थे।

खल्ख भाषा का मध्यम पुरुष सर्वनाम संस्कृत के **त्वम्, तव** वर्ग का है। इसका एकवचन रूप **ची** वास्तव में **ती** का रूपान्तर है। **तनइ** (तुम्हारा), **तनर्** (तुम लोग) बहुवचन रूपों में **त, तन्** रूप स्पष्ट है। संस्कृत **तुभ्यम्** के **तु**, हिन्दी **तू**, रूसी **ती** या **तुइ** (तू) से **ची** सम्बद्ध है। अन्य पुरुष सर्वनाम के एकवचन रूप हैं **अॅन्** और **तॅर्**, बहुवचन रूप हैं **अॅद्** और **तॅद्**। खल्ख **अॅन्** और **अॅद्** का सर्वनाम मूल **अॅ** संस्कृत **इयम्, इदम्** के **इ** और **अदः, असौ** के **अ** वर्ग का है। **तॅर्** और **तॅद्** का **तॅ** संस्कृत **तद्** के **त** वर्ग का है। खल्ख भाषा में **अॅ** और **तॅ** वाले रूपों में किंचित् अर्थभेद है। **अॅ** सर्वनाम वक्ता से वस्तु की अपेक्षाकृत समीपता दिखाता है, **तॅ** अपेक्षाकृत दूरी।

खल्ख के प्रश्नवाचक सर्वनामों में संस्कृत **किम्** और तमिल **या** दो स्रोतों के रूप हैं। **खॅन्** (कौन) **किम्** वर्ग का है, **यू** (क्या) **या** वर्ग का है। **यमर्** (कैसा) में आधारभूत **य** है। **खा** (कहाँ) का आधार **क** है, अतिरिक्त महाप्राणता से वह **ख** बना।

खल्ख भाषा का **दल्** कृदन्त प्रत्यय ऐतिहासिक दृष्टि से महत्वपूर्ण है। **बइख्** (होना) से **बइदल्** (स्थिति, दशा), **सुरख्** (सीखना) से **सुर्दल्** (सीख; सिद्धान्त), **ऑर्गॉख्** (भागना) से **ऑर्गॉदल्** (भगोड़ा); इसी प्रकार तमिल में क्रियार्थी संज्ञारूप बनते हैं : **चॅय्** से **चॅय्दल्** (करना), **अरि** से **अरिदल्** (जानना), **पो** से **पोदल्** (जाना); पुनः इसी प्रकार पश्तो में : **रव्** से **रउदल्** (खेत काटना), **मूम्** से **मून्दल्** (पाना), **लव्** से **लउदल्** (बोलना)। खल्ख में **दल्** का सर्वत्र वही कार्य नहीं है जो पश्तो और तमिल

में है किन्तु उससे मिलता-जुलता अवश्य है। खल्ख प्रत्यय **ऊल्, ऊर्, ऊरि** परस्पर सम्बद्ध प्रतीत होते हैं यथा **खरख्** (देखभाल करना) से **खरूल्** (रखवाला), **बरिख्** (पकड़ना) से **बरिऊर्** (हत्था), **सुर्गख्** (सीखना) से **सुर्गूलि** (स्कूल)। संस्कृत **मयूर** की व्याख्या तमिल **मयिर्** (बाल) और **मयिल्** (मोर) के आधारभूत **मय्** में **ऊर** प्रत्यय जोड़ने से होती है। इसी प्रकार संस्कृत **केयूर** (बाजूबन्द) की व्याख्या **कर** के तमिल रूपान्तर **कइ** (हाथ) में **ऊर** जोड़ने से होती है। अवधी में **कॉल्हौरु** (जहाँ कोल्हू चले), **भुसौरु** या **भुसौरा** (जहाँ भूसा रखा जाय) में स्थानवाचक **ऊरु** प्रत्यय है। प्रत्यय पुराना है और अनेक भाषा-परिवारों में इसका व्यवहार होता था। भोजपुरी, बँगला, मराठी, रूसी आदि का भूतकालिक **ल** प्रत्यय खल्ख में भी प्रयुक्त होता है यथा **यव्ला** (वह गया) किन्तु भोजपुरी के समान इसका व्यवहार अन्य कालों के लिए भी होता है यथा **बी यव्ला** (मैं जा रहा हूँ)।

खल्ख में शब्द की आवृत्ति से वैसा ही अर्थबोध पैदा होता है जैसा हिन्दी में। **खॅन्-खॅन्** का ठीक हिन्दी अनुवाद होगा कौन-कौन। हिन्दी में शब्द की ध्वनि का अनुकरण करते हुए **पानी-वानी** जैसी पदरचना खल्ख के **गॅर् मॅर्** (घर दुआर) में है। हिन्दी के **माँ-बाप** की तरह खल्ख में **अॅचॅग्-अॅख** शब्द युग्म है। **मिनी अॅचॅग् अॅख्** (मेरे माँ-बाप) में सर्वनाम संज्ञा-पद से पहले है। **मिनी गॅर्** (मेरा घर), **मिनी इ** (मेरा छोटा भाई), **मिनी खायग्** (मेरा पता) में संज्ञा के बाद सर्वनाम-चिन्ह नहीं जोड़ा गया। **मॉङ्गॉल् खॅलीग् तॅर् सइन् यरिन** (वह मंगोल अच्छी तरह बोलता है), यहाँ क्रिया **यरिन** में पुरुषसूचक सर्वनामचिन्ह नहीं है। **सइन् बइन ऊ** (तुम कैसे हो), **तॅर् ऑदो गॅर्ते बइन** (वह अभी घर पर है), दोनों वाक्यों में दो भिन्न पुरुषों के साथ क्रियारूप अपरिर्वातित रहता है। इससे यह निष्कर्ष निकालना सही न होगा कि मंगोल भाषा की संरचना तुर्की से भिन्न है। इस बात की सम्भावना अधिक है कि मंगोल भाषा की संरचना मूलतः वैसी ही थी जैसी तुर्की की है। **यरिन, बइन** पुरुषभेद से मुक्त कृदन्त हैं।

मंगोल-समुदाय की एक भाषा **बुरिअत** गण-समाज की है। बुरिअत जन साइबेरिया में बैकाल झील के आसपास शताब्दियों से रहते आये हैं। कुछ विद्वानों के अनुसार मंगोलों का आदिदेश यही क्षेत्र था। इसी क्षेत्र में प्रसिद्ध विजेता चंगेज़ खान का जन्म हुआ। बुरिअत जन कुछ शताब्दियों तक घुमन्तू जीवन बिताते रहे हैं, आखेट और पशुपालन उनके जीवनयापन के मुख्य साधन रहे हैं। अब उनका क्षेत्र सोवियत संघ में है और उनकी भाषा पर रूसी का गहरा प्रभाव पड़ा है। फिर भी उसमें प्राचीनता के अनेक लक्षण विद्यमान हैं। बुरिअत क्षेत्र की मानक भाषा का आधार **खोरी** नाम की बोली है। जेम्स ई० बोसन ने **बुरिअत रीडर** (मूतों, १९६२) में इस भाषा का विवरण दिया है। इसकी भूमिका में उन्होंने बुरिअत शब्दभण्डार के बारे में लिखा है कि इसमें तिब्बती और संस्कृत से उधार लिए हुए शब्दों का पुराना स्तर है; ये शब्द बौद्धमत के प्रसार के साथ इस भाषा में आये थे। उन्होंने बताया है कि बौद्धमत का प्रसार यहाँ सत्रहवीं सदी में हुआ था। जो शब्द बौद्धमत के साथ यहाँ पहुँचे

होंगे, वे बहुत पुराने नहीं हो सकते। किन्तु बुरिश्रत जनों समेत मंगोलों के भारत और भारतीय भाषाओं से सम्बन्ध बहुत पुराने हैं।

मंगोलजनों की भाषाओं में बहुत बड़ी समानता है। यही बात तुर्कों की भाषाओं के बारे में कही जा सकती है। भौगोलिक दृष्टि से मंगोल गण समाज एक दूसरे से बहुत दूर हैं, भाषाई दृष्टि से वे एक दूसरे के बहुत पास हैं। इसका मुख्य कारण उनका गतिशील जीवन है, इससे वे आपस में निरन्तर सम्पर्क बनाये रहते हैं; साथ ही दूरस्थ पड़ोसियों के सम्पर्क में आते हैं। खल्ख के समान बुरिश्रत में **बय्** क्रियामूल है। संस्कृत में **भू** क्रिया का सम्बन्ध जैसे अस्तित्व के अलावा आवास, यथा **भुवन** और **भवन**, से है, वैसे ही **बय्** और उसके प्रतिरूप **बी** का सम्बन्ध होने और रहने से है। **बइख** (होना, रहना), **अभ्** उपसर्ग के साथ **अभ् बइदल** (जीवन), फिर निर्माण के लिए **बइगूल्ख**, और इससे **बइशङ्** (इमारत)। **बी** (है, हैं) उक्त **बइ** का वैकल्पिक रूप है। **भू** क्रिया और उसके वैकल्पिक रूपों का प्रसार अनेक दिशाओं में हुआ था। इनमें एक दिशा मंगोल क्षेत्र की थी। इसी प्रकार **खॅखॅ** (करना) का सम्बन्ध द्रविड़ भाषाओं के **कॅय्** रूप से है, **अख** (बड़ा भाई) का द्रविड़ **अक्क** से, **गल्** (अग्नि) का संस्कृत **धर्म** के **घर्**, फ़ारसी **गर्म** के **गर्** से है। यदि **गल्** की कारक-रचना देखें तो ऐसा लगेगा कि यह भाषा हिन्दी की तुलना में संस्कृत के अधिक निकट है। कर्ता **गल्**, कर्म **गलीयॅ**, करण **गलार्**, सम्प्रदान-अधिकरण **गल्द**, अपादान **गल्हा**, सम्बन्ध **गलइ**; इससे विदित होगा, संयोजक-असंयोजक, संश्लिष्ट-अश्लिष्ट आदि भाषाभेद सापेक्ष रूप में ही सही हैं।

क्रियापद-रचना में बुरिश्रत पुरुषभेद इस प्रकार करती है: **यबनब** (मैं जाता हूँ), **यबनश** (तू जाता है), **यबन** (वह जाता है); **यबनब्द** (हम जाते हैं), **यबनत्** (तुम जाते हो), **यबनद्** (वे जाते हैं)। **यब** क्रिया में **न** प्रत्यय जोड़ा जाता है जो वास्तव में कृदन्त चिन्ह है। उक्त रूपों को वर्तमानकालिक बताते हुए बोसन ने लिखा है कि इस लकार का काल से कोई सम्बन्ध नहीं है; उससे यह ज्ञात होता है कि क्रिया हो रही है या पहले हो रही थी। संस्कृत के लकार भी क्रिया की स्थिति, उसकी पूर्णता-अपूर्णता आदि सूचित करते थे। अन्य पुरुष में खल्ख **बइन** के समान शुद्ध कृदन्त **यबन** की स्थिति है। इसका बहुवचन रूप **यबनद्** होगा पर बहुवचन में भी **यबन** का व्यवहार होता है। कह लीजिये कि द् का लोप हो जाता है या यह कि अन्य पुरुष के इस रूप में वचनभेद नहीं होता। उत्तम पुरुष का **यबनब्** सर्वनाम-चिन्ह **ब्** लिए है और यह सर्वनाम **बि** का अवशेष है। तुर्की **म्** की अपेक्षा यह चिन्ह मूल सर्वनाम के निकट है। **ब्द** उसका बहुवचन रूप है। मध्यम पुरुष के बहुवचन रूप का **त्** मूल सर्वनाम **त** (तुम) का अवशेष है, एकवचन के **श्** का स्रोत है **शि** (तू)।

कुछ समय पहले जो क्रिया अल्प अवधि में घटित हुई हो, उसकी व्यंजना **ब** प्रत्यय से होती है यथा **हूबब्** मैं बैठा। किन्तु **बब्** के साथ यहाँ वैकल्पिक रूप **बम्** भी है जिससे ज्ञात होता है **ब्** के साथ अंशतः **म्** का व्यवहार भी होता है। खल्ख के समान बुरिश्रत में **बि** के साथ **मिन्** और **नम्** सर्वनाम रूपों का व्यवहार होता है। **बि** (मैं), **नमइ** (मुझे), **मिनी** (मेरा), किन्तु बहुवचन रूपों में **बिदॅ** (हम) के साथ **मिन्** और **नम्**

स्रोतों के कर्तारूप नहीं हैं। अन्य कारकों में **बिदॅनॅइ** (हमारा) के साथ **मनइ** (उप०) आदि रूप तो हैं, **नम्** वर्ग का कोई रूप नहीं है। **बि** का बहुवचन **बिदॅ** है किन्तु **शि** (तू) का बहुवचन है **त** (या **तन्** जिससे **तनइ** अर्थात् तुम्हारा रूप बना)। **शि** और **त** दो स्रोतों से आये सर्वनाम हैं। और ये स्रोत काफ़ी पुराने मालूम होते हैं। तुलना करें संस्कृत **गच्छसि** (तू जाता है) और **गच्छथ** (तुम जाते हो) के **सि** और **थ** से। संस्कृत **सि** मध्यमपुरुष सर्वनाम के एकवचन रूप का कार्य कर रहा है, इसका मंगोल प्रतिरूप है **शि**; संस्कृत **थ** मध्यमपुरुष सर्वनाम के बहुवचन रूप का कार्य कर रहा है, इसका मंगोल प्रतिरूप है **त**। सम्भव है, **ति** का रूपान्तर हो **सि**।

बुरिअत में संख्यासूचक शब्द द्रविड़ पद्धति से बनते हैं : **अर्बन्** (दस), **खॉयॉर्** (दो), दोनों से मिलकर रूप बना **अर्बन्-खॉयॉर्** (बारह); **खॉरिन्** (बीस), **नॅगॅन्** (एक), दोनों के योग से रूप बना **खॉरिन्-नॅगॅन्** (इक्कीस)। दहाई पहले, इकाई बाद को।

(ग) फिनलैन्ड की भाषा

एशिया का एक महत्वपूर्ण भाषा-परिवार यूरालिक अथवा फिनोउग्रियन है। रूस के उत्तर में फिनलैन्ड नाम का जो प्रसिद्ध देश है, वहाँ इसी परिवार की फिन भाषा बोली जाती है। सोवियत संघ के पूर्वी भाग में एस्तोनिया नामक गणतन्त्र की भाषा इस परिवार की है। फिनोउग्रियन परिवार की मग्यार भाषा का केन्द्र हँगरी नामक देश है। उत्तरी, पूर्वी और मध्य यूरुप में इस परिवार की भाषाएँ स्लाव और जर्मन भाषा-समुदायों की पड़ोसी हैं। इस परिवार की भाषाएँ बोलने वाले अनेक गणसमाज साइबेरिया में फैले हुए हैं। भौगोलिक दृष्टि से तुर्क-मंगोल और फिनोउग्रियन परिवार एशिया का बहुत बड़ा भाग और यूरुप का काफी भाग घेरे हुए हैं। इन्डोयूरोपियन परिवार से, विशेषतः आर्य-द्रविड़ समुदायों से, इनका गहरा सम्बन्ध रहा है। फिनलैन्ड और हँगरी में जो भाषाएँ बोली जाती हैं, वे यूरुप की भाषाओं की अपेक्षा भारतीय भाषाओं के अधिक समीप हैं।

यहाँ फिनलैन्ड की भाषा की कुछ विशेषताओं की चर्चा करेंगे। फिनलैन्ड के लोग अपने देश को **सुओमि**, अपनी भाषा को **सुओमि लइनॅन्** कहते हैं। हम अधिक परिचित फिन नाम से उसकी चर्चा कर सकते हैं। यह भाषा उन आर्यद्रविड़ भाषाओं से मिलती-जुलती है जिसमें सघोष स्पर्श ध्वनियों का अभाव है। चूलिका पैशाची में **गगन** को **ककन**, दामोदर को **तामोतर**, **बालक** को **पाळक** कहते थे। इसी प्रकार फिन में **गैस** को **कासु**, डाक्टर को **तॉह्‌तॉरि**, **बम** को **पॉम्मि** कहते हैं। यह प्रवृत्ति द्रविड़ भाषाओं में है विशेषतः दक्षिणी तमिल में। चूलिका पैशाची में इस प्रवृत्ति का कारण द्रविड़ प्रभाव ही हो सकता है। किन्तु चूलिका पैशाची में अघोष महाप्राण **ख्-थ्-फ्** ध्वनियाँ हैं, फिन में इनका अभाव है। कुछ स्थितियों में फिन स्वर से पहलेवाले व्यंजन का द्वित्व करती है अथवा व्यंजन का दीर्घ उच्चारण करती है। **यूरॉप** और **रोमान्टिक** के फिन रूप हैं **यूरोप्प** और **रोमान्तिक्क**। तमिल-मलयालम में अंग्रेज़ी **कप्** के रूपान्तर **कप्प** से ये रूपान्तर मिलते-जुलते हैं। द्रविड़ भाषाओं में मूर्धन्य ध्वनियों का व्यवहार उनकी

उल्लेख्य विशेषता है, फिन में इनका अभाव **है**। तुर्क-मंगोल भाषाओं में **च्, ज्** का व्यवहार होता है, फिन में इनका अभाव है। द्रविड़ भाषाओं के समान शब्द के आरम्भ में फिन संयुक्त व्यंजन पसन्द नहीं करती। प्राकृतों और द्रविड़ भाषाओं के समान कुछ स्थितियों में स्पर्श तत्व को क्षीण करने, स्पर्श ध्वनि को अर्धस्वर में बदलने की प्रवृत्ति भी फिन में है। **लुके** (पढ़ना) से **लुइन्** (मैं पढ़ता हूँ), **अपु** (सहायता) से **अवुन्** (सहायता का)। फिन में ह् ध्वनि का व्यवहार बड़े पैमाने पर होता है और बहुत से शब्द **ह्** से आरम्भ होते हैं। द्रविड़ और तुर्क मंगोल भाषाओं के विपरीत फिन में **र्, ल्** से आरम्भ होने वाले शब्दों की संख्या बहुत बड़ी है।

फिन में **स्** ध्वनि सुप्रतिष्ठित है। ऐसा लगता है कि किसी समय इस भाषा पर उन लोगों का प्रभाव पड़ा है जो **स्** को **त्** रूप में ग्रहण करते थे। इस कारण अनेक फिन शब्दों के एक रूप में **स्** है तो दूसरे में **त्** है यथा **कन्सि** के साथ **कंत्त** (ढक्कन), **कैसि** के साथ **कैत्तै** (हाथ), **तॉसि** के साथ **तॉत्त** (सच)। इससे अनुमान होता है कि फिन **अॅत्तै** (वह) का सम्बन्ध संस्कृत **एषः** से होगा (संस्कृत **एषः** और **एतद्** स्वयं सम्बद्ध रूप हैं); फिन **वात्तॅ** (वस्त्र) का पूर्वरूप **वास** होगा। पुरानी तमिल में संस्कृत **समय** के **तमयम्** जैसे रूपान्तर मिलते हैं। साथ ही भारतीय सीमान्त पर **त्** का स्पर्श-तत्व क्षीण करके उसे **स्** रूप में ग्रहण करने की प्रवृत्ति भी काम कर रही थी। **पुत्र** के इरानी रूप **पिसर्** में यह प्रवृत्ति दिखाई देती है। संस्कृत **उद** (पानी), रूसी **वॉद** का अंग्रेज़ी प्रतिरूप तो **वाटर्** है, जर्मन प्रतिरूप **वासॅर्** है। फिन **वॅत्तै** (पानी) का **त्** मूल ध्वनि के अनुरूप है किन्तु इसके साथ जो दूसरा रूप **वॅसि** (उप०) है, उसमें जर्मन **वासॅर्** के समान् **स्** ध्वनि **त्** का रूपान्तर है।

फिन **कूलु** (सुना जाना), **कूलुइसा** (विश्रुत, प्रसिद्ध) में **श्रु** की **श्** ध्वनि **क्** रूप में ग्रहण की गई है, **शतम्** के **कॅन्तुम्** रूपान्तर की तरह। जैसे आधुनिक ग्रीक में **चीन** को **कीन** कहते हैं, वैसे ही फिन में अंग्रेज़ी **बॅञ्च्** को **पॅङ्क्कि** कहते हैं। जिन भाषाओं में **च्** ध्वनि नहीं है, वे उसे **क्** रूप में ग्रहण कर सकती हैं, यह तथ्य यहाँ स्पष्ट है।

फिन में आदिस्थानीय **व्** का व्यवहार वैसे ही होता है जैसे संस्कृत और तमिल में किन्तु जैसे इन भाषाओं में कभी-कभी **व्** का लोप हो जाता है और उसका ओष्ठ्य तत्व साथ के **अ** को **ऑ** अथवा **उ** में बदल देता है, वैसे ही फिन में कुछ शब्दों का आदि-स्थानीय **व** बदलकर **ऑ** हो गया है। इनमें **ऑलॅ** (होना) क्रिया है जिसका प्रसार तुर्क-मंगोल भाषाओं में हम देख चुके हैं। इसका पूर्वरूप **वर्** है। **वल्तिओ** (स्थिति) में **वल्** है। संस्कृत **वस्** (रहना) का फिन प्रतिरूप **असु** (उप०) है। संस्कृत में अस्तित्व-सूचक **वस्** से जैसे **वस्तु** रूप बनता है, वैसे ही फिन **असिअ** का अर्थ है वस्तु, पदार्थ। संस्कृत **अस्** और फिन **ऑसु** (घटित होना) परस्पर सम्बद्ध हैं।

फिन भाषा में प्रकाशसूचक शब्द भारतीय स्रोतों की ओर संकेत करते हैं। आकाश के लिए **तैवस्** शब्द स्पष्ट ही **दैवस्** का रूपान्तर है। इसके साथ दिन के लिए **पैवै** शब्द है जो **तैवस्** से नितान्त असम्बद्ध नहीं है। **तैवस्** की आधारभूत क्रिया **धॅर्** हो तो **पैवस्** की आधारभूत क्रिया **भॅर्** होगी। **धॅर्** से कृदन्त **धॅर्व**, फिर **र्** लोप होने पर

घॅप् जो प्राकृत धिप्पति में धातुवत् प्रयुक्त है। फिन **पलॉ** (अग्नि) सीधे संस्कृत **भर्ग** (प्रकाश) के **भर्** की ओर संकेत कर रहा है। **पल्** का रूपान्तर **वल्** अनेक द्रविड़ भाषाओं में है। फिन **वलॉ** का अर्थ है प्रकाश। संस्कृत **पलित** (प्रज्वलित), फिन **पलॉ**, **वलॉ**, कोत **पोल्** (दिन), **वोल्** (उप०), तुलु **पळ्ळॅन्** (प्रकाश), तमिल **वॅळ्** (श्वेत) सम्बद्ध शब्द हैं। गोंडी **पॅयल्** (दिन) में शब्दमूल **पॅय्** फिन **पैवै** (दिन) से तुलनीय है। फिन **वलॉ** और **वल्क** (श्वेत) परस्पर सम्बद्ध हैं।

गोंडी **पॅयल्** का **पॅय्** सीधे **पॅर्** का रूपान्तर हो सकता है। तब संस्कृत **पेरु** (अग्नि, सूर्य), गोंडी **पॅयल्**, फिन **पैवै** एक ही श्रृंखला के रूप सिद्ध होंगे। फिन **किर्कस्** (प्रकाशमान) में वह **किर्** है जो संस्कृत **किरण** में है। **घर्म** के **घर्** का वैकल्पिक रूप हुआ **घॅर्**, उसका विकास होगा **कॅर्**। **किर्** का **किळ्** रूपान्तर तमिल **किळर्** (चमकना, प्रकाश) में है। फिर **हॅल्लॅ** (गर्मी) में **हॅल्** का पूर्वरूप **घॅर्** हो सकता है; **हॅल्लॅ** ग्रीक **हेलिऑस्** (सूर्य) से तुलनीय है।

संस्कृत **वर्ण** का अर्थ रंग इसलिए है कि यहाँ **वर्** का अर्थ है चमकना और वह **भर्>पर्** का विकास है। अर्थ की यही प्रक्रिया फिन **वैरि** (रंग) में है। अन्य स्रोत की **वर्** क्रिया का अर्थ है बहना; इससे संस्कृत का **वारि** (जल) शब्द बनता है। **वारि** से तुलनीय है फिन **विर्त**, **विर्रन्** (धारा)। पर्जि **वॅरॅद्** (बाढ़), तमिल **वॅळ्ळम्** (उप०; पानी) भी यहाँ स्मरणीय हैं। तमिल **पोक्कु** (मार्ग) का सम्बन्ध उस भाषा की **पो** (जाना) क्रिया, कन्नड़ **पोलु** (गमन) से है; फिन **पॉल्कु** (मार्ग) का आधार गमनसूचक **पॉल्** क्रिया होगी। फिन **पलत** (लौटना), **पॉइस्तु** (चले जाना), **पअॅत** (भागना), **पकॅनॅ** (उप.) परस्पर सम्बद्ध रूप प्रतीत होते हैं। **कैविन्** (मैं गया) में **कै** का सम्बन्ध **गम्** क्रिया से है, संस्कृत **गर्त** के **गर्** का रूपान्तर **गय्** होगा, **पॅर्** के **पॅय्** रूपान्तर के समान। **धॅर्** के **धॅय्** रूपान्तर से **ध्यान** की **ध्यै** क्रिया बनेगी; **धॅय्** का अघोष अल्पप्राण रूप **तॅय्** फिन **तिअॅत** (जानना) में है। हिन्दी **धन्धा** के **धन्** का पूर्वरूप **धर्**, **धस्** है। **धर्>धय्>तय्** क्रम से फिन **तइदॅ** (कला), **तेन्** (करना), **तॅह्दै** (उप०), **तॅकि** (उप०) की व्याख्या होती है। संस्कृत **भार** के **भर्** क्रियामूल के **भय्>पय्** रूपान्तर से फिन **पइनव** (भारी) रूप बना; संस्कृत **भरण** (वस्त्र धारण) के **भर्>पर्>पय्** से फिन **पॅइत्ति** (आवरण) सिद्ध हुआ।

फिन **पुहुअ**, **पुहॅलॅ** (बात करना) में **ह्** ध्वनि सम्भवतः **क्** का रूपान्तर है। तमिल **पुगळ्** (प्रशंसा करना) का एक रूपान्तर **पुहळ्** होगा; **ह्** के लोप और **व्** श्रुति के आगम से तेलुगु **पॉवडु** (उप०) रूप बना है। **पुहुअ** का एक फिन प्रतिरूप **पकिनॉइ** (बात करना) है। ये दोनों रूप सम्बद्ध जान पड़ते हैं; दूसरे रूप के **क्** से यह सम्भावना पुष्ट होती है कि प्रथम रूप का **ह्** पहले **क्** था। कन्नड़ **पॉगर्** का अर्थ है चमकना, चमक; फिन **पुह्दस्**, **पुह्लइत** का अर्थ है शुद्ध, पवित्र। यहाँ मध्यवर्ती **ग्** को **ह्** में बदलने से फिन रूप की व्याख्या होती है।

तमिल **कप्पि** (ढाँकना) के फिन प्रतिरूप **कवि** में **प्** के स्थान पर **व्** है। फिन **कुऑरि** (आवरण) में मध्यवर्ती **प्** ध्वनि का स्पर्शतत्व क्षीण हुआ है। **कुऑरि** का एक

फिन प्रतिरूप **कुआॅर्त** (आवरण) है जिसका सम्बन्ध हिन्दी-तुर्की **कुर्ता** से है। **कॉप्** > **कॉव्** से एक कृदन्त रूप **कुआॅर** बना; फिर इसे मूल क्रिया मानकर पुनः कृदन्त बनाया **कुआॅर्त**। उसका आकारान्त कौरवी रूप हुआ **कुर्ता**। जर्मन **हॉनिग्** के अंग्रेजी प्रतिरूप **हनी** (शहद) में **ग्** लुप्त है, वैसे ही फिन **हुन्य** (उप०) में **ग्** लुप्त है और **हुनय** को जर्मन **हॉनिग्** से जोड़ना उचित होगा। संस्कृत **अज्** (हाँकना), ग्रीक **अगो** (ले चलना) से फिन **अय** (हाँकना) का सम्बन्ध जोड़ना इसी प्रकार उचित होगा।

संस्कृत **मूर्त** और **मूर्ति** से तुलनीय है फिन **मूरत** (थवई का काम करना), **मूररि** (थवई, मिस्त्री)। लैटिन **मूरुस** का अर्थ है दीवाल, विशेषकर नगर के चारों ओर बनी दीवाल। इस प्रकार **मुर्** या **मूर्** का मूल सम्बन्ध है गोल दीवाल बनाने से। तमिल **मुरुं** का अर्थ है घेरा डालना, घेरा। यह शब्द तमिल **पुर** (रक्षा करना) से सम्बद्ध है; **पुर्** का मूल अर्थ होगा घेरा डालना, इसी कारण **दुर्ग** के लिए संस्कृत में **पुर** शब्द है। **पुर्** का रूपान्तर **मुर्**; उससे **मुरुं**। घेरा डालना, रक्षा करना, दीवाल बनाना, कारीगरी का कोई भी काम करना, इस प्रकार सम्बद्ध रूपों में अर्थ-प्रसार हुआ। फिन **पीरि** (वृत्त) में **पिर्** क्रियामूल **पुर्** का वैकल्पिक रूप है। संस्कृत **भाण्ड**, तमिल **पानइ** (मिट्टी का बड़ा बर्तन), फिन **पन्नु** (बर्तन) एक वर्ग के शब्द हैं। फिन **साँइ, साँइद, साँइन्** (ध्वनि) का सम्बन्ध संस्कृत **स्वन्** से है। संस्कृत **तम** के **म्** को दीर्घ करके फिन **तुम्म** (अँधेरा) रूप बना। फिन **अतॅरिआॅइ** (भोजन करना) और संस्कृत **अद्** (उप०), फिन **विल्ल** (ऊन) और अंग्रेज़ी **वूल्**, संस्कृत **ऊर्ण** सम्बद्ध रूप है।

फिन **सिसर्, सिसरॅन्, सिसर्त** (बहन) संस्कृत **स्वसृ** (उप०) के प्रतिरूप हैं। संस्कृत **अत्ता** (माँ, बुआ, सास), तमिल **अत्तइ** (बुआ, सास), और फिन **ऐइति** (माँ) परस्पर सम्बद्ध रूप हैं। **अत्तइ** में सर्वनामचिन्ह **त** जोड़ने से **तात्तइ** रूप बनेगा; यह फिन भाषा में **तैति, तैतिए** (चाची) है। यदि हिन्दी **चाचा** का विकास **तात** से माना जाय तो **चाची** का पूर्वरूप **ताति** होगा। पारिवारिक सम्बन्धों को व्यक्त करने वाले अनेक फिन शब्द भारतीय आर्य-द्रविड़ शब्दों से मिलते-जुलते हैं, इस बारे में सन्देह नहीं रह जाता।

द्रविड़ भाषाओं से फिनोउग्रियन परिवार की समानताएँ देखकर बरो ने यह मत स्थिर किया कि दोनों भाषा-समुदायों का एक ही उद्गम होना चाहिए। बरो आर्य-भाषाओं से फिनोउग्रियन समुदाय की समानताओं को गौण स्थान देते हैं। उनका विचार है कि इन्डोइरानियन शाखा से भारत के बाहर फिनोउग्रियन लोगों का सम्पर्क हुआ था, तब उन्होंने इन्डोयूरोपियन परिवार के भाषा-तत्व ग्रहण किये। यदि बरो की स्थापना स्वीकार कर लें तो भी उससे यह निष्कर्ष तो निकलता ही है कि इन्डो-इरानियन, फिनोउग्रियन और द्रविड़जन किसी समय पड़ोसी थे और इनके परस्पर सम्पर्क से इनके मूल शब्दभण्डार में पड़ोसी भाषाओं के शब्द आये हैं। आश्चर्य की बात है कि फिनोउग्रियन परिवार में संख्यावाचक **शत** (सौ) सर्वत्र फैला हुआ है—फिन **सत**, मोर्द्विन् **शदॉ**, ज़िर्यान **शो**, ऑस्त्याक **सत्**, वोगुल **सात्** इत्यादि—और इस परिवार की द्रविड़ 'शाखा' में इस शब्द का नितान्त अभाव है। विद्वान् जब भाषाओं

में समानताएँ देखते हैं, तब वे इनकी व्याख्या के लिए सामान्य उद्गम की कल्पना करते हैं। विभिन्न भाषाकेन्द्रों में परस्पर सम्पर्क से भाषातत्वों का विनिमय हो सकता है, इस विनिमय से समानताओं का विकास हो सकता है, यह धारणा उनके चिन्तनक्षेत्र से बाहर रहती है।

फिन भाषा के कुछ सर्वनामरूप देखें। इस भाषा का एक पुराना प्रश्नवाचक सर्वनाम है **कॅनॅ** (कौन) यथा **कॅन्-तिश्रॅस्** (कौन जानता है)। बोलचाल की फिन में **कॅल्तै, कल्लै, कॅस्तै, कॅहॅन्** आदि रूपों का प्रयोग होता है। संस्कृत **किम्** के प्रतिरूप **कॅन्** का **न्** **कॅल्** शब्दमूल में **ल्** है। संस्कृत **कस्** का वैकल्पिक रूप **कॅस्** फिन में एक जगह **स्** की रक्षा किये है, दूसरी जगह उसका रूपान्तर **ह्** है; संस्कृत **कः** से मिलती-जुलती स्थिति है। **कॅस्** का एक विकल्प **कॉस्** भी रहा होगा। इससे **कु** सर्वनाम मूल बना; इसमें **क** प्रत्यय जोड़ने से **कुक** (कौन) रूप रचा गया। **कुइन्क** (कैसे), **कुकान्** (कोई नहीं), **कॉस्क** (क्योंकि), **कुम्पि** (दो में कौन) आदि **कस्, किम्** शृंखला के सर्वनाम हैं। इसी प्रकार **यॉक, यॉत** (जो) संस्कृत **यद्** से सम्बद्ध हैं। स्पष्ट ही फिन भाषा के सर्वनामों का सीधा सम्बन्ध संस्कृत रूपों से है। उत्तम पुरुष सर्वनाम **मिनै** और **मॅ**, मध्यम पुरुष **सिनै** और **तॅ**, अन्य पुरुष **हैन्** और **हॅ** इन्डोयूरोपियन परिवार से अपना सम्बन्ध व्यक्त कर रहे हैं। **मि** और **मॅ, सि** और **तॅ** सर्वनाम मूल वही हैं जो तुर्क-मंगोल परिवार में हैं; अन्य पुरुष **हॅ** का वैकल्पिक रूप **हॉ** तुर्की में **ओं** (वह) है। संस्कृत **सः** का **सॅ** विकल्प बँगला में अब भी प्रचलित है, उसका रूपान्तर है **हॅ**। **सः** के बहुवचन रूप **ते** से सम्बद्ध है खल्ख **तॅर्** (वह)।

फिन भाषा में क्रिया के साथ सर्वनामचिन्ह तुर्क-मंगोल भाषाओं के समान लगते हैं: **ऑलॅन्** (मैं हूँ), **ऑलॅम्मॅ** (हम हैं), **ऑलॅत्** (तू है), **ऑलॅत्तॅ** (तुम हो); क्रियापद रचना की यह पुरानी पद्धति है, संस्कृत **पठामि** वाली। ठीक जैसे संस्कृत में इस विन्यास को अन्य पद्धति ने प्रभावित किया, तब **अहं पठामि** का चलन हुआ, ठीक वैसे फिन में **मिनै ऑलॅन्, मॅ ऑलॅम्मॅ, सिनै ऑलॅत्, तॅ ऑलॅत्तॅ** कहने का चलन हुआ। न केवल सर्वनामों में समानता है, वरन् फिनोउग्रियन और आर्यभाषाओं के विन्यास की प्राचीनतम पद्धति एक सी है और जिसे उत्तरकालीन पद्धति ने प्रभावित किया, वह भी एक सी है। इससे विदित होता है कि फिनोउग्रियन समाज कहीं यों ही घूमते-घामते आर्यों के सम्पर्क में न आ गये थे; दोनों समुदाय शताब्दियों तक पड़ोसी रहे हैं और इस प्रकार उनकी भाषाओं का विकास हुआ है।

८

ऐतिहासिक भाषाविज्ञान और भारत

१९वीं शताब्दी में ऐतिहासिक भाषाविज्ञान यूरुप और एशिया की दूर-दूर तक फैली हुई जातियों को बहुत कुछ वैसे ही एक दूसरे के निकट लाया जैसे औद्योगिक पूंजीवाद के विकास के साथ सारी दुनिया में एक विशाल पूंजीवादी बाज़ार कायम होने से दूर-दूर बसने वाली जातियाँ एक दूसरे के नज़दीक आईं। ग्रीक और लैटिन जैसी भाषाएँ यूरुप के पुनर्जागरण में अपनी प्रेरणादायक भूमिका पूरी कर चुकी थीं; वे नये सिरे से ऐतिहासिक भाषाविज्ञान के विकास में सहयोग देने लगीं। इस सहयोग में सबसे महत्वपूर्ण भूमिका संस्कृत की थी। प्राचीन भाषाओं में संस्कृत के ही पास सबसे प्राचीन लिखित सामग्री मौजूद थी। इसके सिवा संस्कृत की व्याकरण-पद्धति तथा यहाँ के ध्वनि-विश्लेषण-सम्बन्धी सिद्धान्तों ने यूरुप के विचारकों पर बहुत गहरा असर डाला। संस्कृत के अतिरिक्त मध्यपूर्व की जिन भाषाओं का लोग नाम भी नहीं जानते थे, अचानक उनमें लिखी हुई विशाल सामग्री का पता लगा और प्राचीन मानव-संस्कृति तथा भाषाओं का एक नया संसार ही लोगों की आँखों के सामने आ गया। एस० एन० क्रैमर ने अपनी पुस्तक **द सुमेरियन्स** (१९६३) में १९वीं शताब्दी के उस भाषाविज्ञान को उचित ही मानवतावाद की संज्ञा दी है जिसने सुमेर, असीरिया और बैबीलोन की भाषाओं का पता लगाया।

२०वीं शताब्दी में आते-आते ऐतिहासिक भाषाविज्ञान का महत्व काफी कम हो गया। इसका एक कारण यह हो सकता है कि ऐतिहासिक भाषाविज्ञान में जो काम होना था, वह हो चुका है और उसमें किसी मौलिक विकास की सम्भावना नहीं है। प्रो० घाटगे ने बम्बई विश्वविद्यालय में ऐतिहासिक भाषाविज्ञान पर जो व्याख्यान दिये, उनकी भूमिका में यही धारणा प्रकट की है कि भारत-यूरोपीय ऐतिहासिक-भाषाविज्ञान की सभी प्रमुख स्थापनाएँ निश्चित हो चुकी हैं और इस क्षेत्र में छोटे-मोटे संशोधन और परिवर्तन की ही गुंजाइश है। **करेन्ट ट्रेन्ड्स इन लिंग्विस्टिक्स** (खण्ड ५, १९६९) में तुलनात्मक भारतीय आर्य भाषाओं पर अपने लेख में ब्लॉख की पुस्तक **लैन्दो आर्यां** (१९३३) के बारे में गौर्डन ऐच्० फेयरबैंक्स ने यह मत प्रकट किया है कि वह अब भी अपने विषय का श्रेष्ठ ग्रन्थ है और उसके बाद जो कुछ काम किया गया है, वह छोटी-मोटी समस्याओं को हल करने के लिए ही किया गया है। किन्तु **करेन्ट ट्रेन्ड्स** में ही प्रकाशित अनेक लेखों में विद्वानों ने ऐतिहासिक भाषाविज्ञान की वर्तमान स्थिति पर क्षोभ प्रकट किया है। जिन पुरानी भाषाओं की सामग्री से ऐति-

हासिक भाषाविज्ञान की धारणाओं को पुष्ट या संशोधित करना था, उनकी ओर उन्होंने ध्यान दिलाया है। विशेषरूप से तुखारी, हित्ती और दक्षिणी यूनान की भाषाएँ भारतीय आर्य भाषाओं से सम्बन्धित हैं। भारत-यूरोपीय भाषा-परिवार के निर्माण और विस्तार की समस्याएँ सुलझाने के लिए इन प्राचीन भाषाओं के विश्लेषण से जो सहायता मिल सकती थी, वह नहीं ली गई। इनमें दक्षिणी यूनान की भाषा (मिकिनीयन ग्रीक) को लोग वैदिक भाषा का समकालीन या उससे कुछ अधिक प्राचीन बतलाते हैं। स्वभावतः इस पर यथोचित कार्य न होने से ऐतिहासिक भाषाविज्ञान की पुरानी मान्यताएँ पूरी तरह पुष्ट नहीं मानी जा सकतीं।

प्राचीन भाषाओं के अलावा एशिया और यूरुप की बहुत सी बोलियाँ हैं जिनका समुचित विवरण अभी प्रस्तुत नहीं किया गया। विशेषरूप से ईरानी परिवार की भाषाएँ मध्य एशिया, मध्य पूर्व और कोहकाफ़ तक अनेक क्षेत्रों में फैली हुई हैं। इनका विवरण प्राप्त न होने पर ऐतिहासिक भाषाविज्ञान के प्रेमियों ने शोक प्रकट किया है। ऐतिहासिक भाषाविज्ञान के नाम पर जिस एक भाषा परिवार पर सबसे अधिक काम हुआ है, वह भारत-यूरोपीय है। इसके बाद सामी, द्रविड़, आॅस्ट्रो-एशियाटिक और फिनोउग्रियन भाषा परिवारों पर भी काम हुआ है किन्तु यह काम अधूरा है और छोटे पैमाने पर हुआ है। अनेक भाषा परिवार अभी अविवेचित पड़े हुए हैं, जो ऐतिहासिक भाषाविज्ञानियों के लिए एक तरह की चुनौती है किन्तु इन पर काम करने की ओर लोगों का विशेष उत्साह नहीं दिखाई देता। पचीसों भाषाएँ ऐसी भी हैं जिनको किसी भी परिवार की सदस्यता देना बहुत कठिन मालूम होता है। भाषा-परिवार की कल्पना के बिना ऐतिहासिक भाषाविज्ञान पंगु हो जाता है। उसकी धीमी प्रगति का यह भी कारण हो सकता है।

किन्तु यदि भाषाविज्ञान की सामान्य प्रगति की ओर ध्यान दिया जाय तो बीसवीं शताब्दी के सामने पुराना ऐतिहासिक भाषाविज्ञान वैसे ही ओछा लगता है जैसे आधुनिकता-बोध के सामने रानी विक्टोरिया के समय की कविता। अमरीका में ब्लूमफील्ड के समय से लेकर अब तक भाषाविज्ञान ने अभूत-पूर्व प्रगति की है और आज-कल भाषाविज्ञान में अमरीका वैसे ही जगद्गुरु है जैसे किसी समय अध्यात्मवाद में भारत था। न केवल विवरणात्मक भाषाविज्ञान में अमरीका ने प्रगति की है, वरन् भाषा-सम्बन्धी सैद्धान्तिक विवेचन में युगान्तर उपस्थित कर दिया है। चोम्स्की को लोग उचित ही भाषाविज्ञान का आइन्स्टाइन कहते हैं। किन्तु इस प्रगति से ऐतिहासिक भाषाविज्ञान की पुरानी मान्यताओं में कोई मौलिक परिवर्तन नहीं हुआ और न इस विकास से ऐतिहासिक भाषाविज्ञान की प्रगति को विशेष प्रेरणा मिली। यह आश्चर्य की बात है क्योंकि ब्लूमफील्ड पाणिनि के प्रेमी तथा ऐतिहासिक भाषाविज्ञान के पण्डित थे और चोम्स्की ने पाणिनि के कारक-विचार में अपने रचनान्तरण व्याकरण के तत्व देखे हैं। रौबर्ट डी० किंग ने एक पुस्तक **हिस्टौरिकल लिंग्विस्टिक्स ऐन्ड जेनरेटिव ग्रामर** लिखी है। इसमें उन्होंने इस बात पर खेद प्रकट किया है कि अमरीका में ऐतिहासिक भाषा-विज्ञान पर यथेष्ट ध्यान न देने से काफी क्षति हुई है। (पृ० ३)

ब्लूमफील्ड ने लैंग्वेज नाम की अपनी प्रसिद्ध पुस्तक में लिखा था कि संस्कृत की तरह ग्रीक और लैटिन का भी समुचित विवरण प्राप्त होता तो ऐतिहासिक भाषाविज्ञान की प्रगति में बड़ी सहायता मिलती। इससे स्पष्ट है कि विवरणात्मक भाषाविज्ञान ऐतिहासिक भाषाविज्ञान का शत्रु नहीं, उसका मित्र है। भाषाओं का विवरण ही प्राप्त न होगा तो उनकी तुलना कैसे होगी ? और यदि तुलना न होगी तो परिवार में उनका स्थान कैसे निर्धारित होगा और परिवार का इतिहास कैसे लिखा जायेगा ? होना यह चाहिए था कि विवरणात्मक भाषाविज्ञान के विकास के साथ-साथ पुरानी जानी पहचानी भाषाओं के व्याकरण नये ढँग से लिखे जाते और नई अविवेचित भाषाओं का नया विवरण प्रस्तुत किया जाता। इससे ऐतिहासिक भाषाविज्ञान की प्रगति में बड़ी सहायता मिलती। किन्तु ऐसा नहीं हुआ। या तो विवरणात्मक भाषाविज्ञान ने भाषाओं के सम्बन्ध में ऐसी कोई नई दृष्टि नहीं दी जिससे पुरानी मान्यताओं में संशोधन करना जरूरी होता या ऐतिहासिक भाषाविज्ञान ने पहले ही इतनी प्रगति कर ली थी कि अधिक विकास की गुंजाइश न होने से यह नई दृष्टि उसके लिए व्यर्थ थी। यह सम्भव है कि आधुनिक भाषाविज्ञान भविष्य की ओर अधिक उन्मुख है, इसलिए अतीत की ओर देखना उसके लिए समय नष्ट करना हो।

कारण जो भी हो, एशिया और यूरुप की भाषाओं के बारे में आधुनिक भाषा-विज्ञानी जहाँ भी लिखते हैं, अर्थात् ऐतिहासिक दृष्टि से उनके वर्गीकरण और विकास की बात करते हैं, वहाँ वे पुरानी मान्यताएँ ही दोहराते हैं। प्राचीन काल में एक इन्डोयूरोपियन भाषा थी, उसके विघटन से संस्कृत, लैटिन, ग्रीक आदि भाषाकुलों का विकास हुआ। उत्तरभारत में पहले द्रविड़ लोग रहते थे, उन्हें परास्त करके यहाँ आर्यों ने अपने उपनिवेश कायम किये। उत्तरभारत की हिन्दी, मराठी, बँगला आदि भाषाएँ एक आदि भारतीय आर्यभाषा की सन्तान हैं, इस तरह की मान्यताएँ वे सभी लोग दोहराते हैं जो इस विषय पर कुछ लिखते हैं। १९वीं शताब्दी में ऐतिहासिक भाषाविज्ञान का जो मूल ढाँचा बनाया गया था, २०वीं सदी की भाषाविज्ञानी प्रगति से उसमें कोई मौलिक परिवर्तन नहीं हुआ।

भाषा-विज्ञान में परिवार-सम्बन्धी धारणा बहुत ही व्यापक है। एक आदि भाषा जननी—दूसरी भाषाएँ उसकी पुत्रियाँ। यह धारणा तुलनात्मक भाषाविज्ञान का मूलाधार है। मानव परिवार की उत्पत्ति और विकास के लिए दो व्यक्ति अनिवार्य हैं; एक स्त्री, एक पुरुष। आदम और हव्वा की कल्पना के बिना मानव-परिवार के विकास की बात नहीं की जा सकती। किन्तु भाषा-परिवार के विकास के लिए एक ही भाषा दरकार है; यहाँ दो भाषाओं के बिना, दो तत्वों के अन्तर्विरोध और मिलन के बिना ही नई-नई भाषाओं की सृष्टि हो जाती है। अंग्रेजी में लोग पैरेन्ट लैंग्वेज तथा डौटर लैंग्वेजेज़ की बात करते हैं। माता और पुत्री की बात कही जाय चाहे न कही जाय, वह भिन्न शब्दावली में अक्सर दुहराई जाती है। सोस्योर ने आधुनिक भाषाविज्ञान को काफी प्रभावित किया है। उन्होंने विद्वानों को इस बात के प्रति सचेत भी किया था कि भाषापरिवार वैसा ही परिवार नहीं होता जैसा मानव परिवार होता है किन्तु उन्होंने सामी भाषाओं

के रूप-विकार की चर्चा करते हुए आदि सामी भाषा तथा पुत्री भाषाओं का उल्लेख किया है (**कोर्स इन जनरल लिंग्विस्टिक्स**, लंदन, १९५९, पृष्ठ—२३०)। क० मुं० विद्यापीठ तथा केन्द्रीय हिन्दी संस्थान आगरा के अनेक विद्वानों का कहना है कि आदि भाषा या माता पुत्री भाषाओं की कल्पना पुरानी पड़ चुकी है और इसे अब कोई नहीं दोहराता। इसलिए यहाँ कुछ विद्वानों का उल्लेख आवश्यक होगा जो ऐतिहासिक भाषाविज्ञान के क्षेत्र में काम कर रहे हैं और इन धारणाओं को दोहराते हैं। डा० देवीप्रसन्न पट्टनायक ने उड़िया, असमिया, बँगला और हिन्दी के आदि रूप पर शोध-कार्य किया है। उनकी पुस्तक की भूमिका में जी० ऐच्० फेयरबैंक्स ने यह प्रश्न उठाया है कि जब इन भाषाओं की आदि-पूर्व-भाषा (**दि ओरिजिनल ऐनसेस्टर ऑफ़ दीज़ लैंग्वेजेज़**) विघटित हुई और इससे उसके आधुनिक प्रतिनिधियों का जन्म हुआ, तब किन विशिष्ट ध्वनिगत लक्षणों से यह विघटन सम्भव हुआ (देवीप्रसन्न पट्टनायक : **ए कन्ट्रोल्ड हिस्टौरिकल रिकन्स्ट्रक्शन ऑफ़ ओरिया, आसामीज़, बेंगाली ऐन्ड हिन्दी**, १९६६)। **करेन्ट ट्रेन्ड्स** में प्रकाशित फेयरबैंक्स के जिस लेख का नाम ऊपर आ चुका है, उसमें वह पाँच आधुनिक भारतीय भाषाओं की जननी भाषा (द पैरेन्ट लैंग्वेज) की चर्चा करते हैं, मेरी आर० हास ने **करेन्ट ट्रेन्ड्स** (खण्ड ३) में ऐतिहासिक भाषाविज्ञान और भाषाओं के परिवारगत सम्बन्ध (जेनेटिक रिलेशनशिप) पर जो लेख लिखा है, उसमें बताया है कि पुत्री भाषाओं से जो सामग्री प्राप्त होती है, उससे आदि भाषा (प्रोटो-लैंग्वेज) का पुनर्निर्माण सम्भव होता है। नार्मन ऐच्० ज़ाइड ने मुंडा भाषापरिवार पर बहुत काम किया है। **करेन्ट ट्रेन्ड्स** (खण्ड ५) में उन्होंने मुंडा तथा गैर-मुंडा आस्ट्रो-एशियाटिक भाषाओं पर एक लेख लिखा है। इसमें उन्होंने प्रोटो मुंडा तथा उसकी "डौटर" और "ग्रैंड डौटर", "प्रोटो लैंग्वेजेज़" की चर्चा की है। स्पष्ट है कि परिवार-सम्बन्धी माता-पुत्री वाली कल्पना आधुनिक ऐतिहासिक भाषाविज्ञान से बहिष्कृत नहीं है। ब्लूमफ़ील्ड और ऐमेनो ने द्रविड़ भाषाओं पर उसी पद्धति के अनुसार काम किया है जिसमें एक आदि भाषा के विघटन से अनेक भाषाओं के विकास की कल्पना की गई है। जैसे बड़े भाषा-परिवारों के लिए आदि भाषा है, वैसे ही छोटे परिवारों, यथा लैटिन परिवार अथवा संस्कृत परिवार, के लिए आदि भाषा है। स्थापना यह है कि हिन्दी, मराठी, बँगला आदि भाषाएँ संस्कृत के विघटित होने के बाद उसी का आधुनिक रूप हैं; वैसे ही फ्रांसीसी, इतालवी, स्पेनी आदि भाषाएँ लैटिन के विघटन के बाद उसका आधुनिक रूप हैं। यूनान के बारे में कोई यह नहीं कहता कि वहाँ की आधुनिक भाषा प्लैटो अथवा होमर की भाषाओं के विघटन का परिणाम है। कोई यह भी नहीं कहता कि प्लैटो की भाषा होमर की भाषा से निकली है। वास्तव में प्लैटो और होमर की भाषाएँ दो भिन्न बोलियाँ हैं। इनके अलावा वहाँ अन्य बोलियों का चलन भी था जो ध्वनितन्त्र, व्याकरण, शब्द-भण्डार आदि की दृष्टि से परस्पर भिन्न हैं। ई० पू० पहली सहस्राब्दी में निश्चित रूप से इनका वहाँ चलन था। इनसे भी पहले ई० पू० दूसरी सहस्राब्दी में दक्खिनी यूनान की जो भाषा मिली है, उसे भी कोई समस्त यूनानी बोलियों की जननी नहीं मानता। सौभाग्य से यूनान में अनेक गणों (कबीलों) की भाषाओं का प्रयोग काफी पहले से होता रहा और उनके नमूने भी

सुलभ हैं। इसलिए यह सिद्ध करना ज़रा कठिन है कि एक ही आदि भाषा से इनका जन्म हुआ किन्तु बाद में चलकर अनेक बोलियों का चलन बन्द हो गया और न केवल यूनान के भीतर वरन् यूनान के बाहर भी दक्खिनी यूरुप, एशिया, अफ्रीका, जहाँ भी यूनानियों के उपनिवेश थे, एक ही यूनानी भाषा बोली जाने लगी। यह स्थिति सामाजिक विकास, विशेष रूप से व्यापारिक सम्बन्धों के विकास का परिणाम थी। इससे मिलती-जुलती स्थिति प्राचीन भारत में वैदिक भाषा की है। उसके समानान्तर और कौन-सी बोलियाँ यहाँ बोली जाती थीं, उनका कोई लिखित प्रमाण नहीं है। इससे लोगों ने निष्कर्ष निकाला कि वैदिक भाषा के समानान्तर उससे मिलती-जुलती दूसरी गण-भाषाओं का यहाँ चलन ही न था। यदि यूनान में पुरानी बोलियों के नमूने सुलभ न होते तो शायद लोग वहाँ भी कहते कि यूनान की आधुनिक भाषा होमर की भाषा के विघटन का परिणाम है। संस्कृत पर बरो अपने प्रसिद्ध ग्रन्थ के पहले ही वाक्य में कहते हैं कि तीन हज़ार वर्ष पहले उत्तर-पश्चिम से आने वाले हमलावरों ने जो एकरूप भाषा (ए सिंगल् फ़ौर्म औफ़ स्पीच्) यहाँ चलाई, उसी से उन तमाम भाषाओं की उत्पत्ति (डिराइव्ड) हुई जो अधिकांश भारत में बोली जाती हैं। आदि भाषा के प्रति विद्वानों में कैसा प्रबल आग्रह है, वह बरो के इस वाक्य से समझा जा सकता है। आश्चर्य की बात है कि लैटिन की समकक्ष अन्य प्राचीन इतालवी बोलियाँ सुलभ हैं; किन्तु उनसे आधुनिक रोमांस भाषाओं का सम्बन्ध प्रायः नहीं जोड़ा जाता।

यह भी अद्भुत बात है कि यूनान में जहाँ पहले अनेक बोलियाँ थीं, वहाँ एक भाषा रह गई और उत्तर भारत में जहाँ एक भाषा थी, वहाँ अनेक भाषाओं का विकास हुआ। एक बात स्पष्ट है कि मुंडा, द्रविड़, आर्य, सामी आदि जिन भाषा-परिवारों का इतिहास लिखा गया है, उनमें अनेक भाषाओं को जन्म देने वाली एक आदि भाषा की कल्पना की गई है। इस बात को लोग मानते हैं कि भारत-यूरोपीय परिवार को लेकर जिस पद्धति से इतिहास-लेखन हुआ, उसी पद्धति से अन्य भाषा परिवारों के भी इतिहास-लेखन का प्रयत्न हुआ। मेरी आर० हास के अनुसार ब्लूमफील्ड ने अमरीकी आदिवासियों की कुछ भाषाओं का इतिहास-लेखन किया तो उन्होंने भारत-यूरोपीय भाषा-परिवार पद्धति से ही उनकी आदि भाषा (प्रोटो अलगोंकिन) का पुनर्निर्माण किया।

किन्तु ब्लूमफील्ड पुराने ऐतिहासिक भाषाविज्ञान की कुछ ख़ामियों से परिचित थे। ऐतिहासिक भाषाविज्ञान की आधार-भूमि थी तुलनात्मक पद्धति। इस पद्धति के अनुसार काम करने वाले विद्वान् यह मानकर चलते थे कि किसी भाषा-परिवार के निर्माण से पहले किसी एकरूप आदि भाषा का चलन था। लोग कहते हैं कि बारह कोस पर बोली बदलती है। यह प्रायः असम्भव है कि लम्बे-चौड़े इलाकों में इस समय जब कि यातायात के साधनों का बहुत विकास न हुआ था, एकरूप कोई परिनिष्ठित भाषा बोली जाती हो। अपने प्रसिद्ध ग्रन्थ **लैंग्वेज** के अठारहवें अध्याय में तुलनात्मक पद्धति की आलोचना करते हुए ब्लूमफील्ड ने लिखा था कि यह पद्धति यह मानकर चलती है कि जननी-भाषा के जो लक्षण थे, उनकी साखी प्रत्येक शाखा अथवा भाषा में मौजूद है, और इन सम्बन्धित भाषाओं में जो एक-सी या मिलती-जुलती विशेषताएँ हैं, उनसे जननी-

भाषा की विशेषताओं का पता चलता है। ब्लूमफील्ड कहते हैं कि यह मानने का अर्थ यह हुआ कि आदि भाषा बोलने वाला समाज (दि पैरेन्ट कम्यूनिटी) भाषा के विचार से पूरी तरह एकरूप था; दूसरे यह अर्थ भी निकलता है कि आदि भाषा बोलने वाला समाज अचानक और तीखे ढँग से विघटित हो गया और उससे दो या दो से अधिक पुत्री समाज (डौटर कम्यूनिटीज़) उत्पन्न हो गईं और इनका एक-दूसरे से कोई सम्पर्क न रहा।

ब्लूमफील्ड की यह आलोचना बहुत ही महत्वपूर्ण है। सम्भावना यही है कि सभ्यता के विकास के साथ गण-समाज एक दूसरे के निकट आये, न कि यह कि टूटकर ऐसे अलग हुए कि उन्होंने एक दूसरे को प्रभावित ही न किया। जो बात एक परिवार की भाषाओं के लिए सही है, वह अनेक भाषा-परिवारों के लिए भी सही हो सकती है। भाषा-परिवार एक दूसरे से कटे हुए शून्य में विकसित नहीं होते, वरन् वे विकासक्रम में एक-दूसरे को प्रभावित करते हैं। भाषा-परिवारों के इतिहास-लेखन-क्रम में प्राचीन-काल की ओर चलते हुए हम या तो ऐसे परस्पर विरोधी तत्वों तक पहुँचते हैं जिनसे उस परिवार की सभी भाषाओं का सम्बन्ध नहीं होता अथवा ऐसे सामान्य तत्वों तक पहुँचते हैं जो सभी अथवा अधिकांश भाषाओं की सम्पत्ति जान पड़ते हैं। कोई आश्चर्य नहीं कि भाषाविज्ञान में अक्सर दो विरोधी से लगने वाले दृष्टिकोण सामने आते हैं। एक के अनुसार प्रत्येक मनुष्य की अपनी बोली होती है, उसकी अपनी विशेषताएँ होती हैं और भाषाविज्ञान में अध्ययन की मुख्य वस्तु यह व्यक्ति की बोली (ईडियोलेक्ट) है। दूसरा दृष्टिकोण यह है कि भाषाओं के विकास की कुछ विश्वव्यापी मानसिक प्रेरणाएँ हैं जो विभिन्न भाषाओं में प्रतिफलित होती हैं। इन (लैंग्वेज यूनीवर्सल्स) का अध्ययन ही भाषाविज्ञान का मुख्य विषय है। निस्सन्देह प्रत्येक व्यक्ति की बोली में अपनी विशेषताएँ होती हैं किन्तु वह इस बोली का व्यवहार दूसरों को अपनी बात समझाने के लिए ही करता है और दूसरों की व्यक्तिगत विशिष्ट बोलियाँ भी वह समझ लेता है। इससे सिद्ध हुआ कि भाषा सामाजिक आदान-प्रदान का साधन है और इसी दृष्टि से भाषाविज्ञान में उसका अध्ययन होना चाहिए। खुद ही अपने से बोले और अकेले में अपनी बातें सुने, यह स्थिति कुछ पहुँचे हुए लोगों की हो जाती है। किन्तु वे भी वहाँ तक पहुँचने से पहले अपने परिवेश से वैसे ही भाषा सीखते हैं जैसे वे दूसरे लोग जो पहुँचे हुए नहीं हैं।

यदि विश्वव्यापी सामान्य मानसिक प्रेरणाओं से भाषाओं का जन्म और विकास होता तो सारे संसार में एक ही भाषा बोली जाती या अनेक भाषाओं में केवल ऊपरी भिन्नता होती और उनके मूल तत्व एक ही होते। किन्तु भाषाओं की स्थिति इससे भिन्न है। भाषाओं के इतिहास को हम किस निगाह से देखते हैं, यह काफी हद तक इन दृष्टि-कोणों पर निर्भर है। दोनों ही दृष्टिकोण एकांगी हैं, इसलिए ऐतिहासिक भाषाविज्ञान के विकास में सहायक नहीं होते। वास्तव में जैसे व्यक्ति और समाज एक दूसरे से जुदा, फिर भी सम्बद्ध हैं, वैसे ही भाषा के विश्वव्यापी तत्व व्यक्ति-केन्द्रित विशेषताओं से जुदा, फिर भी सम्बद्ध हैं। इसी तरह एक परिवार की भाषाएँ एक दूसरे से भिन्न, फिर भी आपस में जुड़ी हुई हैं। ऐसे ही भिन्न भाषा-परिवार एक दूसरे से अलग हैं, फिर भी उनमें अनेक तत्व सामान्य हैं। ऐसा इसलिए है कि किसी भी भाषा-परिवार का विकास इस

धरती पर नितान्त अकेलेपन में नहीं हुआ; किसी भी भाषा-परिवार की शाखाओं का विकास ऐसी अलगाव की स्थिति में और भी नहीं हुआ। यह भी स्मरणीय है कि भाषाओं के परस्पर सम्बन्ध उन्हें बोलने वाले समाजों के परस्पर सम्बन्धों पर काफी हद तक निर्भर हैं।

भाषा का अध्ययन उस समाज के गठन से अलग करके नहीं हो सकता जिसमें वह बोली जाती है। यहाँ तात्पर्य समाज-व्यवस्था से नहीं वरन् इस व्यवस्था से सम्बद्ध सामाजिक गठन से है। रक्त-सम्बन्ध पर आधारित गण सामाजिक गठन का एक रूप हैं। इस गठन के अन्तर्गत एक व्यवस्था वह है जिसमें सब लोग मिलकर शिकार करते हैं या कन्द मूल इकट्ठे करते हैं, दूसरी व्यवस्था वह है जब पशु-पालन और खेती के बल पर श्रम का विभाजन हो जाता है और वर्गों तथा व्यक्तियों के पास सम्पत्ति इकट्ठी होने लगती है। इस दूसरी व्यवस्था के अन्तर्गत ये गण टूटने लगते हैं और पहले से बड़ी इकाइयों का निर्माण करते हैं। भारत में गौतम बुद्ध के समय से लेकर अब तक जो जनपद दिखाई देते हैं—जैसे अवध, बुन्देलखण्ड, मालवा, मिथिला, आदि—वे उन गणों से ही बने हैं जो टूट रहे थे या टूट रहे हैं। सामन्ती व्यवस्था के जनपद प्राक्सामन्ती गण राज्यों से भिन्न कोटि के हैं। सामन्ती-व्यवस्था के ह्रासकाल में इन जनपदों का अलगाव हुआ और बड़ी-बड़ी जातियों का निर्माण हुआ जैसे हिन्दी भाषी जाति, मराठी भाषी जाति, बँगला भाषी जाति इत्यादि। इसलिए यह प्रश्न समीचीन है कि जिस आदि भाषा से उस परिवार की भाषाओं का जन्म होता है, वह किसी आदिम कबीले की भाषा है या सामन्तकालीन जनपद की भाषा है या विभिन्न जनपदों के मेल से बनी हुई किसी आधुनिक जाति की भाषा है।

सामाजिक विकास-क्रम में किसी भी भाषा के बोलने वाले स्थिर इकाई की तरह नहीं रहते। इस अस्थिरता का प्रभाव भाषा पर भी पड़ता है। इसलिए जो लोग समझते हैं कि आधुनिक भाषाओं का तुलनात्मक अध्ययन करके उनकी सामान्य विशेषताओं के आधार पर आदि भाषा का पुनर्निर्माण कर लेंगे, वे वास्तव में उसी पद्धति का अनुसरण करते हैं जिसके अनुसार आदिभाषा के विघटन के पश्चात् लोग आधुनिक भाषाओं तक पहुँचते हैं। तुलनात्मक पद्धति में जो दोष है, वह दोनों स्थितियों में है, चाहे आदिभाषाओं से शाखाओं की ओर चलो, चाहे शाखाओं से आदिभाषा की ओर चलो। दोनों ही स्थितियों में भाषाओं के विकास का पेचीदा रास्ता बहुत सीधा हो जाता है।

आदिभाषा-सम्बन्धी स्थापना में जो कमजोरियाँ थीं, उन्हें दूर करने के लिए लोगों ने कल्पना की कि आदिभाषा एकरूप नहीं थी वरन् उसमें बोलियों की भिन्नता थी। ब्लूमफील्ड ने योहानेस श्मित का हवाला देते हुए कहा कि ऐतिहासिक भाषाविज्ञान की कठिनाइयाँ दूर करने के लिए यह कल्पना की गयी कि भाषा-सम्बन्धी विभिन्न परिवर्तन लहरों की तरह एक स्थान से दूसरे स्थान की तरफ फैलते जाते हैं। जितना ही दूर जाएँगे, उतना ही भेद बढ़ता जाएगा यद्यपि किसी एक बिन्दु पर यह कहना कठिन होगा कि अमुक बोली समाप्त हुई और दूसरी आरम्भ हुई। श्मित के अनुसार इन्हीं बोलियों में कोई एक बोली राजनीतिक और सामाजिक कारणों से प्रमुख हो जाती है और दूसरी

बोलियों का स्थान ले लेती है। श्मित के इस सिद्धान्त पर टिप्पणी करते हुए सोस्योर ने भी पुराने ऐतिहासिक भाषाविज्ञान की आलोचना की थी। सोस्योर ने कहा था कि यह कल्पना करना आवश्यक नहीं है कि विभिन्न जातियाँ (नेशन्स) जब नये स्थानों पर पहुँचीं तब नयी भाषाओं का विकास हुआ; विभिन्न देशों में इन जातियों के अभियान से पहले ही बोलीगत भेद उठ खड़े हो सकते थे और अवश्य उठ खड़े हुए होंगे। (**कोर्स इन जेनरल लिंग्विस्टिक्स**, पृ० २०६)। कार्ल ब्रुगमन ने इन्डोजर्मन भाषाओं के तुलनात्मक व्याकरण की भूमिका में लिखा, "यह एक असम्भव कल्पना है कि जिस भाषा को काफी संख्या में लोग बोलते रहे हों और जो विकास की कई मंजिलें पार करती रही हो, उसमें कुछ न कुछ बोलीगत भेद न उत्पन्न हो गया हो; इसलिए हम नहीं मानते कि जिस समय इन्डोजर्मन लोग अपेक्षाकृत छोटे राज्य में बसे हुए थे और उनमें परस्पर सम्पर्क भी काफी घनिष्ठ था, उस समय उनकी भाषा एकदम एकरूप थी। निस्सन्देह स्थानीय भेद पैदा हो गये थे यद्यपि पूरे विश्वास के साथ इनके ठीक-ठीक उदाहरण निश्चित नहीं किये जा सके" (**एलीमेन्ट्स ऑफ़् द कम्पैरेटिव ग्रामर ऑफ दि इन्डो-जर्मैनिक लैंग्वेजेज**, लन्दन १८८८, पृष्ठ २)।

बरो ने भी लिखा है कि संस्कृत शब्द नाभि और यूनानी शब्द ओमफ्लोस एक ही मूलरूप से नहीं जोड़े जा सकते यद्यपि दोनों भाषाओं ने उन्हें आदिम इन्डोयूरोपियन काल में प्राप्त किया है; विस्तृत तुलना के द्वारा स्पष्ट ही जिस इन्डोयूरोपियन भाषा तक हम पहुँचते हैं, वह उस समय भी भिन्न बोलियों में गहराई से विघटित हो चुकी थी (आलरेडी डीपली स्प्लिट अप इन्टू ए सीरीज ऑफ वेरीइंग डायलेक्ट्स; **द संस्कृत लैंग्वेज**, पृष्ठ ११)।

ब्रुगमन या बरो दरअसल आदिभाषा वाले सिद्धान्त के विरोधी नहीं हैं। उनकी कठिनाई केवल यह है कि जिस आदिभाषा तक वह पहुँचते हैं, वह बोलियों में बँटी हुई दिखायी देती है। बरो की शब्दावली से प्रतीत होता है कि मूलभाषा ही विघटित होकर बोलियाँ बनी हैं; यदि थोड़ा परिश्रम और किया जाए या कुछ और सामग्री प्राप्त हो जाए तो उस मूलभाषा का भी पता लग जाएगा जिससे बोलियाँ बनी हैं। भद्रिराजु कृष्णमूर्ति ने तेलुगु क्रियापदों पर अपने ग्रन्थ में यह माना है कि आदि द्रविड़ भाषा में बोलीगत भेद उत्पन्न हो गये थे (**तेलुगु वर्बल बेसेज**, पृष्ठ २४६)। कामिल ज़्वेलेविल ने द्रविड़ भाषाओं के ध्वनितन्त्र का जो तुलनात्मक अध्ययन किया है, उसमें उन्होंने कृष्णमूर्ति की स्थापना से मिलती-जुलती बात दोहराई है। उन्होंने लिखा है: "प्रोटो-द्रवेड़ियन में भी स्पष्ट बोलीगत भेद मौजूद रहे होंगे और साथ ही बोलियों के मिश्रण के लिए भी परिस्थितियाँ मौजूद रही होंगी।" (**कम्पैरेटिव ड्रैवीडियन फ़ोनोलौजी**, १६७०, पृष्ठ १८)। आर्यभाषाओं के क्षेत्र में काम करने वालों की तरह द्रविड़ भाषाओं के क्षेत्र में काम करने वाले भी यह मानते हैं कि आदिभाषा में बोलीगत भेद थे। ये बोलियाँ एक-दूसरे से इतना मिलती-जुलती हैं कि उन्हें एक ही भाषा की बोलियाँ माना गया है। दो विरोधी तत्वों के मिलन और संघर्ष से प्रेरित होने वाला विकासक्रम यहाँ नहीं है।

दो भाषापरिवारों के निर्माण और परस्पर प्रभाव की प्रक्रिया यहाँ और भी नहीं

है। इसलिए यह कहना असंगत न होगा कि १९वीं सदी में ऐतिहासिक भाषाविज्ञान ने भाषाओं का जो परिवारगत वर्गीकरण किया था और इन परिवारों के अन्तर्गत भाषाओं के विकास की जो मोटी रूपरेखा बनायी थी, वह सब आज भी मान्य है।

जहाँ तक भारत से इस ऐतिहासिक भाषाविज्ञान का सम्बन्ध है, वहाँ बात पुराने इतिहास की ही नहीं आज के भारत की भी है। जिस समय ऐतिहासिक भाषाविज्ञान का विकास हुआ, उस समय भारत अंग्रेज़ों का उपनिवेश था। भाषाविज्ञान की समस्याएँ राजनीतिक समस्याओं से जुड़ी हुई थीं। अंग्रेज़ों को यहाँ दो प्रमुख भाषासमूह दिखायी देते थे—एक उत्तर भारतीय आर्य भाषासमूह और दूसरा दक्षिण भारतीय द्रविड़ भाषा-समूह। यदि यह सिद्ध किया जाए कि आर्य आक्रमणकारियों ने भारत में आकर द्रविड़ भाषाओं का दमन किया तो इसकी प्रतिक्रिया अंग्रेज़ों के लिए लाभप्रद होगी। कुछ ईसाई धर्म-प्रचारकों ने बड़ी लगन से और बड़ी सूझबूझ से द्रविड़ भाषाओं पर कार्य किया किन्तु उनके इस बहुत अच्छे काम का एक उद्देश्य यह भी था कि वे द्रविड़-भाषियों को समझायें कि उत्तर भारत के ब्राह्मणों ने तुम पर अपनी भाषा लादी है, इसलिए तुम्हारा कर्तव्य न केवल संस्कृत के चंगुल से निकलना है वरन् ब्राह्मण धर्म की दासता से मुक्त होना भी है। ईसामसीह की शरण में जाने से ही पुराने पापों का प्रायश्चित सम्भव है। अंग्रेज़ों ने राष्ट्रीय स्वाधीनता आन्दोलन की एकता को छिन्नभिन्न करने के लिए मुसलमानों को, भाषा और संस्कृति में, हिन्दुओं से अलग करके दिखाया। पंजाब में उन्होंने मुसलमानों को हिन्दुओं से ही नहीं सिक्खों से भी अलग करने की कोशिश की। यद्यपि पश्चिमी पंजाब और पूर्वी पंजाब की बोलियों में वैसा भेद नहीं है जैसा ब्रिटेन की अंग्रेज़ी और वेल्श भाषाओं में है, फिर भी उन्होंने इस बात पर जोर दिया कि पश्चिमी पंजाब सदा ईरान की ओर उन्मुख रहा है। दरद भाषाओं की कल्पना से ग्रियर्सन ने सिन्ध, कश्मीर और पश्चिमी पंजाब को, १९४७ से बहुत पहले ही, भारत से अलग कर दिया था। वह पुराना काम १९४७ से कुछ पहले, और विशेषकर उसके बाद, ब्रिटेन और अमरीका के अनेक भाषावैज्ञानिक करते रहे हैं। एमेनो कैलीफोर्निया विश्वविद्यालय के प्रख्यात विशेषज्ञ हैं। वह संस्कृत के पण्डित हैं, पाणिनि के अन्यतम प्रशंसक हैं और द्रविड़ भाषाओं के विशेषज्ञ हैं। १९५४ में उन्होंने भारत के भाषागत प्रागैतिहासिक काल पर एक निबन्ध लिखा था। इसके आरम्भ में उन्होंने यह धारणा दोहराई कि ईसा-पूर्व दूसरी सहस्राब्दी में एक इन्डोयूरोपियन भाषा बोलने वाले गिरोह उत्तर पश्चिम से भारत में आए, आगे चलकर इस भाषा का नाम संस्कृत हुआ। एमोने कहते हैं कि डेढ़ सौ साल से हम उपर्युक्त भाषा-सिद्धान्त मानते आए हैं और उसके पक्ष में जो तर्क दिये गए हैं, उन पर अविश्वास करने का कोई कारण नहीं है (यद्यपि हिन्दू लोगों को अपनी परम्परा के आधार पर ऐसे किसी आक्रमण का ज्ञान नहीं है)। एमेनो की इस युक्ति से यह भी सिद्ध होता है कि बीसवीं सदी में ऐतिहासिक भाषाविज्ञान मूलतः पुरानी मान्यताओं को लेकर ही चल रहा है। इसके आगे वह कहते हैं कि उत्तर भारत और दक्षिण भारत के बीच की सीमारेखा पर ध्यान दिया जाए तो स्पष्ट हो जाएगा कि हमलावर भाषा संस्कृत (दि इनवेडर लैंग्वेज संस्कृत) से उत्पन्न (डिसेन्ड) होने वाली इन्डोआर्यन भाषाओं के

सामने द्रविड़ भाषाएँ निरन्तर पीछे हटती चली गई हैं।

इस तरह एमेनो ने आर्य भारत और द्रविड़ भारत के रूप में भारत का भाषागत विभाजन कर दिया है। लेकिन उन्हें पाकिस्तान से कम दिलचस्पी नहीं है। ग्रियर्सन के चरण-चिन्हों पर चलते हुए वह इस धारणा की पुष्टि करते हैं कि जिस सिन्धु घाटी में हड़प्पा और मोएन्जोदड़ो की सभ्यता विकसित हुई थी, वह कभी भारत से घनिष्ठ रूप में सम्बद्ध नहीं रहा। अपनी बात के समर्थन में उन्होंने एक दूसरे अमरीकी विद्वान् डब्लू नार्मन ब्राउन की पुस्तक का हवाला दिया है। पुस्तक का नाम है, **द युनाइटेड स्टेट्स ऐन्ड इण्डिया ऐन्ड पाकिस्तान** (हारवर्ड यूनिवर्सिटी प्रेस, १९५३)। इस पुस्तक में नार्मन ब्राउन कहते हैं कि बाहर के दखलन्दाज दर्रों से होते हुए जब भारत में आकर जम गये, तब शुरू में यहाँ के निवासियों की तुलना में उनके मन का लगाव बाहर वालों से ही ज्यादा था। बाहर वालों से उनका वह सम्बन्ध तभी शिथिल हो सकता था जब भारत के भीतर और धँसते हुए यहाँ वे और भी जम जाते। तीसरी सहस्राब्दी में सिन्धु घाटी की हड़प्पा-सभ्यता आंशिक रूप में तत्कालीन पश्चिमी एशिया की सभ्यता से मिलती-जुलती थी और आंशिक रूप में गंगा तटवर्ती बाद की भारतीय सभ्यता से मिलती थी। इसके बाद जो आर्य पंजाब में आकर बसे और जिन्होंने वेदमन्त्र रचे, वे अपने समकालीन पूर्वी भारतीयों की अपेक्षा अपने धार्मिक और भाषायी सम्बन्धियों—'ईरानियों'—के अधिक निकट थे। जब भारत में इस्लाम का प्रवेश हुआ, तब उत्तर-पश्चिमी प्रदेश का सम्बन्ध ईरान, बुखारा, मध्यएशिया से अधिक था, भारत से कम।

"यदि कोई ऐसा युग रहा हो जब पंजाब सांस्कृतिक रूप में शेष उत्तरी भारत का अंग बन गया हो, तो वह युग बहुत ही अल्प रहा होगा।" (एमेनो : **कलेक्टेड पेपर्स**, अन्नामलइ यूनिवर्सिटी, १९६७, पृष्ठ १५८)। भाषाविज्ञान की चर्चा करते हुए एमेनो जब इस तरह की स्थापनाएँ उद्धृत करते हैं, तब उनके राजनीतिक उद्देश्यों पर सन्देह होने लगता है। उन्होंने अनेक जगह लिखा है कि वेदों की रक्षा के लिए और उनकी भाषा को बोलने और समझने के लिए प्राचीन काल में भारतीय भाषाविज्ञान का विकास हुआ और इस विकास की सबसे बड़ी देन थे पाणिनि। किन्तु पाणिनि उसी उत्तर-पश्चिमी प्रदेश के थे जो युगों-युगों तक भारत से अधिक पश्चिमी पड़ोसियों की ओर उन्मुख रहा था। आश्चर्य की बात है कि पाणिनि के व्याकरण का जितना प्रभाव भारत पर पड़ा, उसका सहस्रांश भी ईरान पर नहीं पड़ा। ऐतिहासिक भाषाविज्ञान का यह भी एक चमत्कार है।

ऐतिहासिक भाषाविज्ञान की आधुनिक प्रगति के साथ जैसे पश्चिमी पंजाब भारत से कट गया, वैसे ही पूरा भारत एशिया से कटता चला गया है। पहले विश्वास था कि इन्डोयूरोपियन परिवार में 'इन्डो' लगा हुआ है, इसलिए उसमें भारत का भी कुछ हिस्सा होगा। किन्तु धीरे-धीरे 'इन्डो' का महत्व क्षीण होता गया और अकेला 'यूरोपियन' ही सार्थक रह गया। संस्कृत के वे सारे तत्व जो यूरुप की भाषाओं में न मिले, गैर-इन्डोयूरोपियन माने गये। वैसे अनार्य तत्व मूलतः द्रविड़ भाषाओं के होंगे, यह कल्पना की गई। कौल्डवेल ने मध्य उन्नीसवीं सदी में ही द्रविड़ों का सम्बन्ध शक

परिवार से जोड़ा था। कौल्डवेल का यह शक परिवार बहुत लम्बा-चौड़ा था। इसमें तुर्क-मंगोल और फिनो-उग्रियन परिवार की भाषाएँ शामिल थीं। बीसवीं सदी में तुर्क-मंगोलों को यूरुप के फिन-मगयारों से अलग किया गया और द्रविड़ों का सम्बन्ध यूरुप के फिनो-उग्रियन परिवार से ही जोड़ा गया। बहुत दिनों तक किसी ने कौल्डवेल की मान्यताओं पर ध्यान नहीं दिया, न स्वीकारा, न अस्वीकारा। लगभग सौ वर्ष बाद बरो ने पुराना सूत्र फिर उठाया। उन्होंने इस बात पर खेद प्रकट किया कि द्रविड़ों को उत्तर-पश्चिमी भारत का मूल निवासी बताया जाता है। फिनो-उग्रियन तथा द्रविड़ परिवारों की भाषाओं में इतनी अधिक समानताएँ हैं कि उनका एक सामान्य उद्भव मानना ही होगा। बरो के इस मत के अनुसार आर्यों की तरह द्रविड़ भी भारत में बाहर से आए और यूरुप से आए। द्रविड़ भाषाओं में वही अंश भारतीय हो सकता है जो फिनो-उग्रियन परिवार की भाषाओं में न मिले। इस तरह द्रविड़ भाषा परिवार की भाषा-सम्पदा भी यूरुप के हवाले हो गई।

एक तीसरा भाषा-परिवार है मुंडा या कोल। इसका नाम आस्ट्रोएशिऐटिक भी है। जैसा कि इस नाम से प्रकट है, इस परिवार की भाषाएँ बोलने वाले भी भारत में बाहर से आए, बरो के अनुसार पूर्व की ओर से आए। इन्हें आर्यों ने तो परास्त किया ही, सम्भव है द्रविड़ों ने भी उन्हें दास बनाया हो। बरो के अनुसार जब आर्य लोग पंजाब पार करते हुए गंगा-तटवर्ती भूमि की ओर बढ़ रहे थे, तब उनका मुकाबला करने के लिए मुंडा लोग पूरब से उत्तर पश्चिम की ओर बढ़ आए। (बरो की ये मान्यताएँ उन लेखों में हैं जो अन्नामलइ यूनिवर्सिटी द्वारा **कलेक्टेड पेपर्स आन द्रविडियन लिंग्विस्टिक्स** नाम से साइक्लोस्टाइल कराके प्रकाशित किए गए हैं।) ऐसा लगता है कि आर्यों के विरुद्ध मुंडा और द्रविड़ जनों का संयुक्त मोर्चा बनते-बनते रह गया। मुंडा भाषाओं में उनके जो मूलतत्व हैं, वे सब दक्षिण-पूर्वी एशिया के हैं। भारत का हिस्सा यहाँ भी नहीं है। बस इतनी गनीमत है कि मुंडा लोग यूरुप से न आए थे।

एक अन्य भाषा-परिवार है चीनी-तिब्बती, इस परिवार की अनेक भाषाएँ हिमालय की उपत्यकाओं में बोली जाती हैं। जैसा कि नाम से प्रकट है, 'चीनी तिब्बती' परिवार अभारतीय है; न चीन भारत का हिस्सा है, न तिब्बत। इसलिए नाग भाषा-परिवार की जो भाषाएँ भारत में बोली जाती हैं, वे भी भारत में बाहर से आईं। ऐसा लगता है कि जब यूरुप और एशिया के सारे इलाके आबाद हो चुके थे, तब भारत ही ऐसा देश था जहाँ कोई आबादी न थी। इस खाली जमीन पर उत्तर, पश्चिम, पूरब जिस दिशा से जिसे जगह मिली, घुसता चला आया और यहाँ आकर बस गया। पहले कुछ शब्द देशज होते थे; जो संस्कृत में न मिले वह देशज। इस मान्यता में भी प्रच्छन्न रूप से यह भाव निहित था कि संस्कृत विदेशी भाषा है। पहले लोग इस देशज का सम्बन्ध द्रविड़ मुंडा आदि परिवारों से जोड़ते थे। किन्तु पृथ्वी को पीठ पर लादने वाले कच्छप की तरह अब इस देशज का पता लगाना बहुत कठिन हो गया है।

भारत के सन्दर्भ में ऐतिहासिक भाषाविज्ञान का सारतत्व यह है कि भारत की अपनी भाषा-सम्पदा कुछ भी नहीं है।

एमेनो ने एक और लेख लिखा है—**इण्डिया ए लिंग्विस्टिक एरिया**। स्थापना यह है कि भारत में अनेक भाषा-परिवार आकर मिलते हैं और एक-दूसरे को इस तरह प्रभावित करते हैं कि उनमें कुछ ऐसी सामान्य विशेषताएँ उत्पन्न होती हैं जो भारत के बाहर इन परिवारों की भाषाओं में नहीं मिलतीं। एमेनो की यह स्थापना महत्वपूर्ण है। इसमें यह माना गया है कि भाषा-परिवार एक दूसरे से पूरी तरह अलग-थलग, एक दूसरे को प्रभावित किये बिना, विकसित नहीं होते। सोवियत भाषाविद् आन्द्रोनोव ने टाइप के अनुसार भाषाओं के वर्गीकरण पर जोर देते हुए कहा है कि आर्य और द्रविड़ परिवारों की भाषाएँ, बहुत दिनों से साथ रहते-रहते, अपनी ऐसी सामान्य विशेषताएँ उत्पन्न कर चुकी हैं कि यह मानना होगा कि पुराने भाषा-परिवारों की सीमाएँ टूट रही हैं और एक नवीन भारतीय भाषा-परिवार का निर्माण हो रहा है। इसमें आर्य और द्रविड़ दोनों परिवारों की भाषाएँ हैं। यह स्थापना भी महत्वपूर्ण है। इससे उसी मान्यता की पुष्टि होती है कि भाषा-परिवार एक दूसरे से कटे हुए शून्य में परिवर्धित नहीं होते। इस मान्यता को ध्यान में रखते हुए आदि भाषाओं के निर्माण और विघटन के प्रश्न पर फिर विचार करना चाहिए। इस सम्भावना को पहले से ही अस्वीकार नहीं किया जा सकता कि भिन्न भाषा-परिवारों के मूलतत्व भी एक दूसरे के सम्पर्क से विकसित हुए होंगे।

भारत के प्रमुख चार भाषा-परिवारों ने एक दूसरे को कितना प्रभावित किया है और वे आपस में किन सूत्रों से बँधे हुए हैं, इस बात का पूरी तरह पता तभी लगाया जा सकता है जब इन परिवारों की भाषाओं का पूरा विवरण सुलभ हो। अभी स्थिति यह है, यह विवरण अधूरा है और जितना भी सुलभ है, उस पर इस दृष्टि से—परिवारों की परस्पर सम्बद्धता की दृष्टि से—विचार नहीं हुआ। अधिकतर काम इस बात की खोज-बीन को लेकर हुआ है कि आर्यों की भाषाओं में कितने आर्येतर शब्द आए हैं। बरो और एमेनो का सारा काम इसी धारणा के अनुरूप है। यह धारणा इस पूर्वाग्रह पर निर्भर है कि भारत के चार भाषापरिवार अपने मूल तत्वों का विकास, अलग-थलग रहकर, एक दूसरे से सम्पर्क में आने के पहले ही, कर चुके थे। इसलिए प्राचीनकाल में इन भाषा-परिवारों के निर्माण के प्रश्न पर पुनर्विचार की गुंजाइश अब भी है।

इस प्रश्न का निर्णय आगे चलकर जैसा भी हो, इस बात से तो इन्कार नहीं किया जा सकता कि चारों भाषा-परिवारों में किसी एक का भी—कम-से-कम भारत के सन्दर्भ में—इतिहास तब तक नहीं लिखा जा सकता जब तक चारों का पूरा विवरण प्राप्त न हो। अभी किसी भी भाषा-परिवार का पूरा विवरण प्राप्त नहीं है। तब भाषा-विज्ञान के पण्डित कैसे कह सकते हैं कि भारतीय आर्य भाषाओं के इतिहास के बारे में जो कुछ कहना था, वह सब कहा जा चुका है, अब जहाँ-तहाँ दो-चार छोटी-मोटी बातें ही जोड़ी जा सकती हैं?

भारत की जिन भाषाओं का सबसे अधिक सर्वेक्षण किया गया है, वे सब आर्य परिवार की हैं। यह काम ग्रियर्सन और उनके सहयोगियों ने अपने विराट् ग्रन्थ **लिंग्विस्टिक सर्वे ऑफ़ इण्डिया** में किया। इस ग्रन्थ के लिए जिन लोगों ने सामग्री जुटाई, वे भाषाविज्ञान के प्रशिक्षित कर्मचारी नहीं थे और उस समय तक भाषाविज्ञान में

ध्वनियों के सही विवरण देने के कौशल का विकास भी न हुआ था, यह आम आलोचना लिंग्विस्टिक सर्व के बारे में लिखित और अलिखित रूप में भाषाविज्ञान के आधुनिक पण्डितों से सुनने को मिल जाती है। ग्रियर्सन के विवेचन में जो राजनीतिक दाँव-पेंच हैं और जिनको नये पण्डितों ने भी अपनाया है, उनकी आलोचना सुनने को नहीं मिलती। किन्तु यह सत्य है कि इतने बड़े पैमाने पर लिंग्विस्टिक सर्वे जैसा भाषा-सर्वेक्षण संसार में अन्यत्र कहीं भी नहीं हुआ। समृद्ध अमरीका के सर्व-साधन-सुलभ भाषा-विज्ञानी भी, जहाँ नवीन सामग्री नहीं मिलती, वहाँ ग्रियर्सन का ही सहारा लेते हैं (यथा **करेन्ट ट्रेन्ड्स इन लिंग्विस्टिक्स** के ५वें खण्ड में रामानुजन् और मसीका)। लिंग्विस्टिक सर्वे में द्रविड़-मुंडा-नाग भाषा-परिवारों को अंशतः ही लिया गया है। एमेनो और बरो का यह कहना बिल्कुल सही है कि द्रविड़-भाषा-परिवार का इतिहास तब तक नहीं लिखा जा सकता जब तक लिखित और अलिखित, प्राप्य पौर दुष्प्राप्य, समस्त द्रविड़ भाषाओं का विवरण प्रशिक्षित भाषा-विज्ञानियों द्वारा प्रस्तुत नहीं कर दिया जाता। आर्य भाषाओं की अपेक्षा द्रविड़ भाषाओं पर कार्य कम हुआ है (यद्यपि कुछ कार्य बहुत अच्छा हुआ है जैसा आर्य भाषाओं पर नहीं हुआ)। द्रविड़ भाषाओं की अपेक्षा मुंडा भाषाओं पर और भी कम काम हुआ है, मुंडा भाषाओं की अपेक्षा नाग भाषाओं पर जो काम हुआ है वह और भी कम है। इन चारों भाषा-परिवारों को भारतीय सन्दर्भ में परस्पर सम्बद्ध रूप में परखा गया हो, ऐसा काम शून्य के बराबर है। जो अज्ञात भाषाएँ या भाषा परिवार हमारी जीवित या स्वर्गीय भाषाओं पर अपने अस्तित्व के चिन्ह छोड़कर तिरोहित हो गई हैं, उनका कोई हिसाब नहीं है। यह कहने में अत्युक्ति न होगी कि सम्पूर्ण भारत के सन्दर्भ में ऐतिहासिक भाषाविज्ञान का आरम्भ होना अभी बाकी है।

यह आशा की जा सकती थी कि भारत के स्वाधीन होने पर इस काम की ओर लोग सबसे पहले ध्यान देंगे किन्तु जिन सांस्कृतिक कामों पर पैसा खर्च हुआ, उनमें भाषा-सर्वेक्षण का हिस्सा ही सबसे कम रहा है। इस तरह के काम में भारत सरकार और पड़ोसी देशों की सरकारें, भारत के भाषाविज्ञानी तथा पड़ोसी देशों के भाषाविज्ञानी परस्पर सहयोग कर सकते हैं। यह सहयोग आवश्यक है और इससे भाषाविज्ञान के क्षेत्र में बहुत बड़ा काम हो सकता है। भारत में भाषाविज्ञान के अनेक केन्द्र स्थापित हो चुके हैं। ऐसे केन्द्रों में अनेक भाषाविज्ञानी काम करते रहे हैं जिन्हें इंग्लैंड और अमरीका में प्रशिक्षित होने का अवसर मिला था। अन्तर्राष्ट्रीय स्तर पर सरकारों और भाषा-विज्ञानियों में सहयोग हो चाहे न हो, राष्ट्रीय स्तर पर यह सहयोग सर्वथा सम्भव है। यह बात नहीं है कि इन केन्द्रों में अभी परस्पर असहयोग हो; सब एक दूसरे को जानते बूझते हैं, सम्मेलनों और संगोष्ठियों में मिलते भी रहते हैं, अनेक सरकारी गैरसरकारी योजनाओं में पूरा या अधूरा काम भी करते हैं किन्तु यह सत्य है कि भारत के सन्दर्भ में ऐतिहासिक भाषाविज्ञान के विकास के उद्देश्य से राष्ट्रीय स्तर पर जैसा योजनाबद्ध कार्य होना चाहिए, वैसा कार्य ये केन्द्र नहीं कर रहे हैं। यह बात भी सही है कि हिन्दी-भाषी प्रदेश में भाषाविज्ञान के अनेक केन्द्र हैं किन्तु हिन्दी-भाषी प्रदेश की विशेष आवश्यकताओं को ध्यान में रखते हुए इनमें भी जिस तरह के सहयोग और सम्पर्क से जैसा

सुनियोजित कार्य हो सकता है, वैसे कार्य के लिए अभी तक प्रयत्न नहीं किया गया। सम्भव है ऐतिहासिक भाषाविज्ञान और भाषाओं के विवरण प्रस्तुत करने के काम को बहुत से भाषाविज्ञानी अनावश्यक समझते हों।

आए दिन यहाँ दंगा-फसाद भाषाओं को लेकर हुआ ही करता है। इस तरह के झगड़ों का सम्बन्ध केवल वर्तमान भाषा सम्बन्धी स्थिति से नहीं है वरन् भाषाओं के पुराने इतिहास से, उस इतिहास की हमारी गलत-सही जानकारी से है। यदि इस देश का सामाजिक राजनीतिक इतिहास ज्ञान की वृद्धि के लिए और देश की प्रगति के लिए आवश्यक है, तो भाषा-सम्बन्धी इतिहास भी आवश्यक है। वास्तव में सामाजिक इतिहास से सम्बन्धित बहुत सी मान्यताओं का आधार भाषाओं के इतिहास के बारे में हमारी समझ है। जहाँ पुरातत्व की सामग्री सुलभ नहीं है, जहाँ इतिहास के प्राचीन लिखित दस्तावेज प्राप्य नहीं है, वहाँ इतिहासकार भाषाओं से प्राप्त सामग्री के सहारे ही प्राचीन युगों के अन्धकार में अपनी राह टटोलते हैं। बहुत से लोग सांस्कृतिक इतिहास से भाषाविज्ञान को अलग करके देखते हैं किन्तु भाषाओं के इतिहास को उन्हें बोलने वालों के इतिहास से पूरी तरह अलग करना असम्भव है। भाषा मनुष्य की महत्वपूर्ण अर्जित सम्पत्ति है। हमारे पूर्वजों ने किस तरह की भाषा-सम्पत्ति अर्जित की, इसकी जानकारी अपनी राष्ट्रीय अस्मिता की पहचान के लिए आवश्यक है। यह भाषा-निधि न केवल हमारे लिए गौरव की वस्तु है वरन् उन सभी लोगों के लिए आकर्षण और गौरव की वस्तु होनी चाहिए जिन्हें मानव-संस्कृति से दिलचस्पी है। जो मानव-संस्कृति द्रोही हैं, जिन्हें मनुष्यता से कोई वास्ता नहीं, वही भाषाविज्ञान के क्षेत्र में ऐतिहासिक भाषाविज्ञान के प्रति उदासीन रह सकते हैं।

पुराना इतिहास वर्तमान परिवर्तनशील स्थिति से जुड़ा हुआ है। आज जो भाषाएँ बोली जाती है, उनका वर्तमान विवरण प्राप्त किये बिना उनका प्राचीन इतिहास नहीं लिखा जा सकता। भाषाविज्ञान में अतीत की जानकारी के लिए सबसे पहले वर्तमान की जानकारी आवश्यक है। भारत में भाषा-सम्बन्धी वर्तमान स्थिति तेजी से बदल रही है। ५० वर्ष पूर्व जो बहुत से शब्द हम बचपन में सुनते थे, अब गाँव में सुनाई नहीं देते। परिनिष्ठित भाषाएँ शिक्षा के प्रसार के साथ गाँवों में बोलियों का रंग-रूप बदल रही हैं। इसीलिए भाषाओं के विवरण प्रस्तुत करने का काम शीघ्रता से होना चाहिए। इस विवरण में परिनिष्ठित भाषाओं से अधिक बोलियों पर ध्यान देना आवश्यक है और यही काम जरा मुश्किल है। ये बोलियाँ केवल आर्य भाषापरिवार या द्रविड़ भाषापरिवार के अन्तर्गत होंगी तो काम न होगा। जिन भाषापरिवारों के बारे में हमें अपेक्षाकृत कम जानकारी है, उन पर पहले और अधिक ध्यान देना ज्यादा आवश्यक है। किन्तु हम इतिहास के प्रति उदासीन रहते आये हैं। भारतीय संस्कृति, प्राचीन और नवीन, में बहुत से मूल्यवान तत्व हैं किन्तु इनमें इतिहास-तत्व नहीं है। राष्ट्रीय स्वाधीनता-आन्दोलन का इतिहास लिखने वाले भारतीय विद्वान् अधिकतर विदेशियों द्वारा संकलित और प्रकाशित सामग्री का सहारा लेते हैं। तब भाषाओं के इतिहास के लिए जो सामग्री सुलभ है, उसे विदेशियों के अलावा और कौन जुटाएगा? कोई भाषा-

परिवार हो, परिनिष्ठित भाषा हो चाहे बोली हो, आधारभूत सामग्री मिलती है तो सामान्यत: किसी विदेशी के प्रयत्न के फलस्वरूप। शायद आर्थिक क्षेत्र में भारत इतना परनिर्भर नहीं है जितना भाषाविज्ञान के क्षेत्र में। यदि भाषाविज्ञानी राष्ट्रीय आत्म-सम्मान की भावना से नितान्त असम्पृक्त न हों, तो उनके लिए यह स्थिति चिन्तनीय होनी चाहिए।

इस देश में अनेक धर्म-प्रचारक हैं। उन्होंने धर्मप्राण भारत में ही नहीं, भौतिकवादी यूरुप और अमरीका में भी अपनी धर्म-ध्वजा फहरा दी है। किन्तु यहाँ बहुत से आदिवासी इलाके हैं जहाँ निरक्षर पिछड़े हुए लोगों को साक्षर बनाने का काम ईसाई मिशनरियों ने अपने हाथ में ले रखा है। उन्नीसवीं सदी और उससे पहले भी मिशनरियों का प्रयत्न यह होता था कि यहाँ की भाषाएँ सीखें, उनके व्याकरण लिखें और कोश बनाएँ जिससे उन भाषाओं के माध्यम से जनता में धर्म-प्रचार हो सके। इसीलिए भारतीय भाषाविज्ञान का गहरा सम्बन्ध ईसाई मिशनरियों के काम से है। बीसवीं सदी की विशेषता यह है कि आदिवासियों की बोलियों के अलावा वे अंग्रेज़ी प्रचार पर विशेष ध्यान देते हैं। स्वाधीन भारत के पिछले पच्चीस-तीस वर्षों में अंग्रेज़ी भाषा का अभूतपूर्व प्रचार और प्रसार हुआ है। भारत में जिन्हें अपनी भाषा की प्राचीनता पर सबसे अधिक गर्व था, उन्होंने इस प्रचार-प्रसार में सबसे अधिक योग दिया; तब कोई आश्चर्य नहीं कि नागालैण्ड में लोगों ने अंग्रेज़ी को अपनी जातीय-भाषा घोषित किया। अनेक आदिवासी इलाके धर्म-प्रचार के बहाने विघटनकारी षड्यन्त्रों के अड्डे बने हुए हैं। जिन विदेशी ताकतों को भारत की राष्ट्रीय एकता और प्रभुसत्ता फूटी आँखों नहीं सुहाती, वे करोड़ों रुपये इन पिछड़े हुए इलाकों पर खर्च कर रहे हैं कि धर्म-प्रचार और निरक्षरता-निवारण के साथ-साथ देश के विघटन के लिए इन्हें केन्द्रों के रूप में इस्तेमाल किया जा सके। भाषाविज्ञानियों को इस ओर ध्यान देना चाहिए या अपनी प्रयोगशाला के भीतर दुनिया से बेखबर बैठे रहना चाहिए? भाषाविज्ञान चाहे ऐतिहासिक हो चाहे अनैतिहासिक, भाषाओं के व्यवहार, भाषाओं के विकास, भाषाओं के माध्यम से मानवजाति की प्रगति से उसका गहरा सम्बन्ध है। यदि पिछड़ी हुई जातियों के विकास के लिए हम उनकी भाषाओं को शिक्षा और साहित्य का माध्यम बनाने में सहायता नहीं देते तो हम भाषाविज्ञानी के रूप में अपना दायित्व नहीं निबाहते। अमरीका में भाषाविज्ञान का बहुत विकास हुआ किन्तु वहाँ के रेडइण्डियन लोगों को अपनी भाषाओं के माध्यम से सामाजिक और सांस्कृतिक विकास करने का मौका नहीं मिला। यह कैसा भाषाविज्ञान है कि भाषाएँ नष्ट होती रहीं, उनके बोलने वाले पददलित होते रहे और भाषाविज्ञान फलता-फूलता रहा। यह विचित्र स्थिति है। भारत में हम अपनी भाषाओं के विकास के लिए भाषाविज्ञान का सक्रिय सहयोग चाहते हैं। जिन प्रदेशों में परिनिष्ठित भाषाओं का अभाव है, जहाँ बहुत सी बोलियों का समूह दिखाई देता है, जहाँ जातीयता का विकास नहीं हुआ, जहाँ लिखित भाषा का रूप है ही नहीं, वहाँ इन जातियों, कबीलों और भाषाओं की प्रगति के लिए भाषाविज्ञान को आगे आना है। जहाँ भाषाओं के लिखित रूप सुलभ हैं, जहाँ परिनिष्ठित भाषाएँ प्रचलित हैं, वहाँ उनके अगले विकास के

लिए भाषाविज्ञान को काम करना है। भाषाओं की वर्तमान स्थिति को लेकर इस दृष्टि से जो भी काम किया जायगा, वह ऐतिहासिक भाषाविज्ञान के लिए उपयोगी होगा। किन्तु भाषाविज्ञान ऐतिहासिक हो चाहे अनैतिहासिक, भारत में उसकी पहली मान्यता यह है कि भाषाविज्ञान का प्रशिक्षण भारतीय भाषाओं में हो ही नहीं सकता। केवल अंग्रेजी के माध्यम से वैज्ञानिक भाषाशास्त्र का शिक्षण सम्भव है। ऐसे परमुखापेक्षी भाषाविज्ञान से कैसे आशा की जाय कि वह भारतीय भाषाओं की प्रगति में सहायक होगा? उसके लिए भारतीय भाषाएँ प्रयोगशाला के लिए सामग्री जुटाने का साधन हो सकती हैं, उनकी प्रगति से उसे कोई सरोकार नहीं है।

यह आवश्यक नहीं है कि भारत के सन्दर्भ में ऐतिहासिक भाषाविज्ञान पर काम शुरू करने के लिए उस दिन की राह देखी जाय जब भारत की और भारत के पड़ोसी देशों की—अर्थात् यूरुप, एशिया और उत्तरी अफ्रीका की—तमाम भाषाओं का सर्वेक्षण पूरा हो जाय। दोनों काम साथ चल सकते हैं। जैसे-जैसे नई विवरणात्मक सामग्री प्राप्त होती जाय, वैसे-वैसे भाषाओं के इतिहास से सम्बन्धित मान्यताओं को परिवर्धित या परिवर्तित किया जा सकता है। अभी भी यथेष्ट सामग्री प्राप्त है, विशेषकर भारत की आर्य और द्रविड़ भाषाओं के सम्बन्ध में। आवश्यकता इस बात की है कि इस सामग्री का अध्ययन नए दृष्टिकोण और नई पद्धति से किया जाय। अब तक आर्य और द्रविड़ भाषाओं की सामग्री का तुलनात्मक अध्ययन इस दृष्टि से किया गया कि ये दोनों भाषा-परिवार मूलतः परस्पर असम्बद्ध रहने की दशा में विकसित हुए हैं। ऐसा होना अनिवार्य नहीं है। कुछ लोग यह मानते हैं कि भाषाओं में पारिवारिक (जेनेटिक) सम्बन्ध नहीं होते। इनका कहना है कि भाषाएँ कुछ अलग-अलग वर्गों में (टाइपों में) बाँटी जा सकती हैं और ये टाइप वाले सम्बन्ध ही मुख्य सम्बन्ध हैं। यह दृष्टि ऐतिहासिक भाषाविज्ञान के लिए सहायक है किन्तु अपने में पूर्ण नहीं, एकाङ्गी है। यह उस बहुत सी भाषा-सामग्री को छोड़ देती है जिसके आधार पर भाषाएँ एक दूसरे के समान दिखाई देती हैं। यह दृष्टि इस ऐतिहासिक तथ्य को अस्वीकार करती है कि किसी एक भाषा के बोलने वाले अपने सामाजिक गठन—गण या जाति—के टूटने पर विभाजित भी होते हैं। सामाजिक गठन के न टूटने पर उसके काफी सदस्य किन्हीं विशेष परिस्थितियों में दूसरी जगह जाकर बस भी सकते हैं। पिछले चार सौ वर्षों में ब्रिटेन की अंग्रेज़ीभाषी जाति के हिस्से अपना देश छोड़कर संसार के दूर-दूर भागों में—आस्ट्रेलिया, न्यूजीलैण्ड, अफ्रीका, अमरीका आदि में—जाकर बस गये हैं। मूल जाति से अलग होकर नये-नये प्रदेशों में विकसित होने वाली इन भाषाओं में परस्पर काफी भिन्नता है यद्यपि इतनी नहीं है कि इन्हें भिन्न भाषा की संज्ञा दी जा सके। टाइप के अनुसार इन भिन्न-भिन्न देशों में अंग्रेज़ी का वर्गीकरण प्रस्तुत किया जाय तो कम से कम ध्वनितन्त्र की दृष्टि से अमरीकी अंग्रेज़ी ब्रिटिश अंग्रेज़ी से भिन्न टाइप की भाषा सिद्ध होगी। किन्तु भाषा की सारी सामग्री देखने पर यह उचित ही है कि ब्रिटिश और अमरीकी अंग्रेज़ी को एक ही भाषा का नाम दिया जाता है।

अंग्रेज़ी के प्रसार से पहले इससे मिलता-जुलता अरबी भाषा का प्रसार है। मध्य-

पूर्व में जहाँ पहले सामी परिवार की अन्य भाषाएँ बोली जाती थीं, वहाँ उसी परिवार की एक भाषा अरबी का चलन हुआ। इसका प्रवेश मध्यपूर्व के अलावा उत्तरी अफ्रीका में भी हुआ। इराक से लेकर मोरक्को तक जो अरबी बोली जाती है, वह एक-रूप अरबी नहीं है। शिष्ट जनों की भाषा से अलग हटकर सामान्य जनों की भाषा अपनी जातीय विशेषताएँ लिए भिन्न-भिन्न प्रदेशों में विकसित हो रही है। इन भाषाओं में निश्चय ही पारिवारिक सम्बन्ध है। टाइप के अनुसार वर्गीकरण की पद्धति वास्तव में उन कठिनाइयों से बच निकलने का एक मार्ग है जो भाषापरिवार से सम्बन्धित अवैज्ञानिक धारणाओं से उत्पन्न होती हैं।

किसी भाषा के बोलने वाले जब मूल प्रदेश छोड़कर दूसरी जगह बसने जाते हैं, तो वह नया प्रदेश वीरान न हुआ तो वहाँ के निवासियों से उनका सम्पर्क होता है। यह सम्पर्क किस प्रकार का है, यह इस पर निर्भर है कि दो भिन्न भाषाएँ बोलने वाले लोगों की सामाजिक, सांस्कृतिक और भाषागत स्थिति कैसी है। एक स्थिति यह है कि मूल प्रदेश छोड़कर जाने वाले लोग दूसरे स्थानों में विजेता बनें, वहाँ के निवासियों का नाश कर दें या उन्हें अपना गुलाम बना लें या दोनों ही एक प्रदेश में रहें, लड़ाई-झगड़ों के बावजूद कोई किसी का नाश न कर पाए और वे एक-दूसरे की भाषा को प्रभावित करें। जर्मनी से जब ऐंगल और सैक्सन गणों के लोग ब्रिटेन पहुँचे तो उन्होंने वहाँ के केल्त निवासियों का या तो सफाया कर दिया या उन्हें 'इंग्लैण्ड' से बाहर वेल्स, स्कॉटलैण्ड और आयरलैंड में खदेड़ दिया। इसका परिणाम यह हुआ कि अंग्रेज़ी भाषा में केल्त जनों की भाषा के तत्व बहुत ढूंढने पर ही जहाँ-तहाँ मिल पाते हैं। किन्तु इससे पहले जब रोमन लोगों ने ब्रिटेन पर अधिकार किया था तब उन्होंने न तो मूल निवासियों का सफाया किया, न उनकी भाषा का दमन किया। आगे चलकर अंग्रेज़ों के देश पर फ्रांस से आने वाले नार्मन लोगों ने अधिकार किया तो इसका बहुत गहरा असर अंग्रेज़ी भाषा पर हुआ। नार्मन लोगों की पराधीनता से मुक्त होने पर भी अंग्रेज़ी-भाषी जाति के बुद्धिजीवी लैटिन और फ्रेंच से बहुत ज्यादा प्रभावित हुए। इसका परिणाम यह है कि मिल्टन की भाषा में लैटिन तत्व इटली के महाकवि दान्ते की भाषा के लैटिन तत्वों से बहुत ज्यादा है। वर्तमान अंग्रेज़ी शब्द-भण्डार की दृष्टि से जर्मन की अपेक्षा फ्रेंच के अधिक निकट है।

भारत के हज़ारों साल से आर्य और द्रविड़ भाषाएँ बोलने वाले एक साथ रहते आए हैं। यहाँ ये दोनों भाषापरिवार निरन्तर एक दूसरे को प्रभावित करते रहे हैं। अंग्रेज़ों और अमरीकियों के लिए यह सोचना स्वाभाविक हो सकता है कि जैसा व्यवहार उनके पूर्वजों ने ब्रिटेन में केल्त जनों के साथ और अमरीका में रेडइण्डियन जनों के साथ किया, वैसा ही व्यवहार प्राचीन भारत में आर्यों ने द्रविड़ों के साथ किया होगा। किन्तु ऐसा होना अनिवार्य नहीं है।

द्रविड़ भाषाओं के सन्दर्भ में न केवल संस्कृत की रचना और विकास पर विचार करना आवश्यक है वरन् उस इन्डोयूरोपियन भाषा की रचना और विकास पर भी विचार करना आवश्यक है जिसकी एक शाखा इ०डोआर्यन या संस्कृत मानी जाती है।

यूरुप की नवीन और प्राचीन भाषाओं के अनेक तत्वों की व्याख्या द्रविड़ भाषाओं के सन्दर्भ को ध्यान में रखे बिना हो ही नहीं सकती।

भाषा-तत्वों में मूल शब्द-भण्डार का महत्व अन्यतम है। इसी आधार पर कौल्ड-वेल से लेकर एमेनो और बरो तक भाषाओं की परिवारगत समानताएँ निश्चित करते रहे हैं। इस धारणा का उल्लेख स्तालिन ने भाषाविज्ञान पर अपने निबन्ध में किया था। **करेन्ट ट्रेन्ड्स इन लिंग्विस्टिक्स** के प्रथम खण्ड में सोवियत भाषा-विज्ञान पर लिखते हुए कई विद्वानों ने इस बात पर जोर दिया है कि जब तक स्तालिन जीवित थे, तब तक इस धारणा को बहुत महत्वपूर्ण माना गया। उनके मरने के बाद, व्यक्ति-पूजा के चलन के खिलाफ आन्दोलन शुरू होने के बाद, इस धारणा के बारे में सोवियत भाषाविज्ञानी चुप्पी साध गये। इससे विद्वानों ने यह सिद्ध किया कि मूल शब्द-भण्डार सम्बन्धी धारणा निरर्थक थी और सांस्कृतिक क्षेत्र में सोवियत शासकों के अवांछित हस्तक्षेप का प्रमाण थी। वास्तव में ये विद्वान् मान लेते हैं कि मूल शब्द-भण्डार-सम्बन्धी कल्पना स्तालिन की अपने मन की उपज थी। यह धारणा स्तालिन से बहुत पहले से प्रचलित थी और इसका स्पष्ट उल्लेख ब्लूमफील्ड के अलावा वर्तमान अमरीकी भाषाविज्ञानियों की अनेक रचनाओं में मिलता है। मूल शब्द-भण्डार की धारणा के बिना दो भाषाओं की तुलना करना कठिन है। किन्तु भाषाविज्ञानी यह भी मानते हैं कि भाषातत्वों में शब्द-भण्डार वाला तत्व ही ऐसा तत्व है जिसकी स्थिरता पर सबसे कम भरोसा किया जा सकता है। इसीलिये पूरे शब्द-भण्डार पर ध्यान केन्द्रित करने के बदले मूल शब्द-भण्डार पर ध्यान केन्द्रित करना आवश्यक है। यह 'मूल' शब्द सापेक्ष है। मूल शब्द-भण्डार में सर्वनाम या क्रियापद, पारिवारिक-प्राकृतिक परिवेश से सम्बन्धित शब्द, कृषि, सामान्य उद्योग आदि से सम्बन्धित शब्दावली आती है। किन्तु यह शब्दावली स्थिर नहीं है और इसे किसी मूल आदि-भाषा से जोड़ना भ्रामक है।

मूल शब्द-भण्डार की तरह मूल व्याकरण-विशेषताओं की कल्पना की जा सकती है किन्तु ये विशेषताएँ अपेक्षाकृत स्थिर होते हुए भी नितान्त अपरिवर्तनशील नहीं हैं। ब्लूमफील्ड का यह कहना सही है कि भाषा-तत्व कम या अधिक स्थिर हो सकते हैं किन्तु उनमें शाश्वत तत्व कोई नहीं है।

पुरानी तुलनात्मक पद्धति में ध्वनि सम्बन्धी नियमों पर बहुत विचार किया गया था। इसी क्षेत्र में भाषाविज्ञानियों का दावा था कि उन्होंने ऐसे कठोर नियम ढूंढ निकाले हैं जिनकी तुलना भौतिक विज्ञान के नियमों से की जा सकती है। यह नियम-रचना लिखित रूप में पाई जाने वाली भाषाओं के परिनिष्ठित रूप को ध्यान में रखकर की गई थी। किन्तु परिनिष्ठित भाषाओं की सीमा के भीतर ही नियमों के बहुत से अपवाद निकल आये थे। जब परिनिष्ठित भाषाओं के समानान्तर बोलियों की कल्पना की जायगी तब ये कठोर नियम और भी शिथिल होते दिखाई देंगे। किन्तु तुलनात्मक पद्धति में, और भाषा के विवरणात्मक अध्ययन में भी, ध्वनि-तत्व बहुत ही महत्वपूर्ण हैं। इन्हीं ध्वनि-तत्वों से शब्द रचे जाते हैं और यह शब्द-रचना-प्रक्रिया शताब्दियों तक चलती है। ध्वनि-तत्वों से अधिक महत्वपूर्ण है वह रचना-प्रक्रिया जिसके अन्तर्गत सीमित से दिखने वाले

मूल ध्वनि-तत्व निरन्तर किसी असीम प्रक्रिया द्वारा आवश्यकतानुसार नये-नये शब्द रचते जाते हैं। वाक्य रचना में जैसे कुछ मूल रूपों के आधार पर हम निरन्तर नये-नये शब्द रचते जाते हैं, वाक्य रचना में जैसे कुछ मूल रूपों के आधार पर हम निरन्तर नये-नये वाक्य रचते हैं, वैसे ही हम मूल ध्वनि-तत्वों के आधार पर शब्द-रचना के कुछ मूल रूपों के सहारे अनन्त शब्द-भण्डार रचते चले जाते हैं। इससे यह भी सिद्ध हुआ कि भाषा के सभी स्तर आपस में जुड़े हुए हैं, एक दूसरे को प्रभावित करते हैं और इसी से भाषा एक सजीव, संश्लिष्ट वास्तविकता के रूप में सामने आती है। किसी एक तत्व को अलग करके उसका अध्ययन करने से—यद्यपि अक्सर ऐसा करना आवश्यक होता है—हमें आंशिक सत्य ही प्राप्त हो सकता है।

भाषाओं की तुलना करते समय केवल समानताओं पर ध्यान देना वांछनीय नही है, जो भिन्नताएँ हैं उन्हें भी देखना चाहिए। भिन्नताओं से समानता का और समानताओं से भिन्नता का पता चल सकता है। अंग्रेज़ी के कुछ शब्द ऐसे हैं जो ब्रिटेन में नहीं बोले जाते, अमरीका में बोले जाते हैं। इससे भिन्नता का पता चला। कुछ शब्द ऐसे हैं जो पहले ब्रिटेन में बोले जाते थे पर अब अमरीका में ही सुरक्षित रह गये हैं। इससे पुरानी समानता का पता चला। वैदिक भाषा में ऐसे अनेक शब्द हैं जो लौकिक संस्कृत में नहीं हैं किन्तु वर्तमान भाषाओं में हैं। लौकिक संस्कृत वैदिक संस्कृत से भिन्न सिद्ध हुई किन्तु इसके साथ वैदिक संस्कृत और आधुनिक भाषाओं के कुछ तत्वों की समानता का पता चला। इससे यह सम्भावना भी सामने आई कि लौकिक संस्कृत में जो तत्व लिपिबद्ध नहीं हैं, वे उस समय अस्तित्वहीन नहीं थे। यह बात वैदिक भाषा के लिए भी कही जा सकती है। इसके साथ ही संस्कृत में ऐसे बहुत से शब्द हैं जो न इन्डोयूरोपियन परिवार की किसी भाषा में हैं, न द्रविड़ आदि किसी अन्य भारतीय भाषा-परिवार में। भाषा परिवार की प्रचलित धारणाओं के अनुसार इन शब्दों की व्याख्या नहीं हो सकती। ऐसे ही जर्मन भाषा कुल में ऐसे बहुत से शब्द हैं जो ग्रीक, लैटिन या संस्कृत में नहीं हैं अथवा ग्रीक में ऐसे शब्द हैं जो लैटिन-जर्मन-संस्कृत में नहीं हैं। शब्द-भण्डार का अध्ययन बार-बार भाषा-परिवारों की सीमाएँ तोड़ता है। सम्भव है, जितने भाषा-परिवार हमने मान लिए हैं, प्राचीनकाल में उनकी संख्या इससे अधिक रही हो। कभी-कभी यह भी देखने में आता है कि ग्रीक या लैटिन का कोई शब्द संस्कृत में नहीं है किन्तु आधुनिक भारतीय भाषाओं में है अथवा स्लाव भाषा का कोई शब्द न तो ग्रीक, लैटिन, संस्कृत में है, न आधुनिक भारतीय भाषाओं में है किन्तु द्रविड़ भाषाओं में है। इस प्रकार तुलनात्मक अध्ययन में प्राचीन लिखित भाषाओं के साथ आधुनिक भाषाओं पर ध्यान देना अत्यन्त आवश्यक है। दोनों के समग्र अध्ययन से ही तुलनात्मक पद्धति ऐतिहासिक भाषाविज्ञान में अपनी भूमिका पूरी कर सकती है।

यूरुप और एशिया के भाषापरिवारों का इतिहास भारत के भाषापरिवारों के इतिहास से जुड़ा हुआ है। भारत के भाषापरिवारों का इतिहास वर्तमान भारतीय भाषा परिवारों के सर्वेक्षण के बिना नहीं लिखा जा सकता। भारतीय भाषाओं का सर्वेक्षण-कार्य केवल भारत के लिए नहीं, समस्त एशिया और यूरुप के लिए महत्वपूर्ण है। अन्य

परिवारों को छोड़ दें तो केवल इन्डोयूरोपियन परिवार का इतिहास जानने के लिए यह सर्वेक्षण आवश्यक है। जब तक हम संस्कृत को आर्य विजेताओं की भाषा मानते रहेंगे, तब तक इन्डोयूरोपियन परिवार के विवेचन के लिए ऐसा सर्वेक्षण निरर्थक लगेगा। किन्तु जहाँ हम इन्डोयूरोपियन परिवार का विवेचन बृहत्तर भाषाई क्षेत्र के सन्दर्भ में करेंगे, जहाँ इस परिवार की भारतीय पृष्ठभूमि पहचानेंगे, वहाँ वह सर्वेक्षण महत्वपूर्ण सिद्ध होगा। इन्डोयूरोपियन परिवार पर बहुत काम हुआ है किन्तु यह काम इन्डोयूरोपियन परिवार को उसके समूचे भाषाई सन्दर्भ से काटकर किया गया है। नवीन सामग्री सुलभ होने पर इस विस्तृत भाषाई सन्दर्भ का ज्ञान जितना ही समृद्ध होगा, उतना ही इन्डोयूरोपियन परिवार का विवेचन करने में सुविधा होगी। भाषाई क्षेत्र भारत से जिन पड़ोसी भाषा परिवारों का सम्बन्ध है, उनका विवेचन करने में भी सुविधा होगी।

भाषाविज्ञान में सामी और इन्डोयूरोपियन परिवार दो छोरों पर पूरे अलगाव की स्थिति में हैं। तुर्क-मंगोल और फिनो-उग्रियन एक जगह हैं, सामी परिवार दूसरी जगह। आर्य-द्रविड़-कोल नाग समुदायों से सामी और इन्डोयूरोपियन समुदायों का कोई प्रत्यक्ष सम्बन्ध नहीं है। मैंने इस पुस्तक में थोड़ी-सी सामग्री की ओर संकेत किया है, जिससे इन परिवारों का आपसी सम्बन्ध पहचानने में सहायता मिले। इन्डोयूरोपियन परिवार की भारतीय पृष्ठभूमि की तरह सामी-तुर्क-मंगोल परिवारों की भी भारतीय पृष्ठभूमि है। प्राचीनकाल में इन परिवारों की भाषाएँ बोलने वाले परस्पर निकट सम्पर्क में रहे हैं। यह स्वाभाविक है कि उनमें भाषातत्वों का आदान-प्रदान हुआ हो। इस सारी विनिमय प्रक्रिया की केन्द्रभूमि है भारत। इसी कारण ऐतिहासिक भाषाविज्ञान की प्रगति के लिए भारतीय भाषाओं का अध्ययन सर्वाधिक महत्वपूर्ण है।

०००

भारत के प्राचीन भाषा परिवार और हिन्दी

[खंड 3 : नाग-द्रविड़-कोल और हिन्दी प्रदेश]

भारत के प्राचीन भाषा परिवार और हिन्दी

[खंड 3 : नाग-द्रविड़-कोल और हिन्दी प्रदेश]

रामविलास शर्मा

राजकमल प्रकाशन

भूमिका

इस खण्ड के तीन प्रारम्भिक अध्यायों में, आर्य भाषाओं से सम्पर्क को ध्यान में रखते हुए, नाग, द्रविड़ और कोल भाषाओं की विशेषताओं का विवेचन किया गया है। चौथे अध्याय का शीर्षक वही है जो पुस्तक का है। इसमें तीन खण्डों के मूल निष्कर्ष फिर से गिनाने के बदले मैंने ऐसी अनेक नयी बातों का समावेश किया है जिनका सम्बन्ध पुस्तक में विवेचित मूल समस्याओं से है। इस अध्याय के एक अनुभाग में प्राचीन संसार, भारत और उसके पड़ोसी क्षेत्र, के सांस्कृतिक और भाषाई भूगोल की संक्षिप्त रूपरेखा है। इसके बाद ध्वनि-परिवर्तन-सम्बन्धी उन विशेषताओं का विवरण है जो आर्य और द्रविड़ भाषासमुदायों में समान रूप से प्राप्त हैं और जिनकी सहायता से इंडोयूरोपियन परिवार की आर्येतर भाषाओं के विकास की अनेक गुत्थियाँ सुलझाई जा सकती हैं। एक ओर भारत की आर्य द्रविड़ भाषाएँ, दूसरी ओर भारत से बाहर की इन्डोयूरोपियन भाषाएँ, इन दोनों भाषासमवायों में यदि एक-सी ध्वनि-परिवर्तन की प्रक्रिया हो, और उसके साथ शब्दरचना क्रम में एक-सी अर्थसंसर्ग की प्रक्रिया हो, तो इससे ध्वनि-परिवर्तन सम्बन्धी मूल स्थापनाओं की पुष्टि होगी, साथ ही ऐतिहासिक भाषाविज्ञान में ध्वनितन्त्र के दायरे से बाहर निकलकर भाषाओं के आपसी सम्बन्ध निर्धारित करने में हम अर्थ-तत्व की भूमिका पहचान सकेंगे। जल और अग्नि पर ध्यान केन्द्रित करते हुए मैंने आर्य-द्रविड़ तथा आर्येतर इंडोयूरोपियन भाषाओं से प्रवाह और प्रकाश का अर्थ देने वाले बहुत से शब्द चुनकर उनका आपसी सम्बन्ध दिखाया है। ध्वनि-परिवर्तन की रीतियाँ, शब्दनिर्माण की रीतियाँ, अर्थसंसर्ग की रीतियाँ उस भाषाक्षेत्र का बहुत स्पष्ट पता बतलाती हैं जिसके सामाजिक जीवन में जल और अग्नि का असाधारण महत्व रहा है और जो क्षेत्र भाषाओं की आदिम अवस्था से लेकर अब तक सघोष महाप्राण स्पर्श ध्वनियों का केन्द्र रहा है।

उक्त अध्याय के अंतिम अनुभाग में भाषा परिवारों के सम्बन्ध-निर्धारण में कृदन्तों, सर्वनामों, कारक-रचना, तिङन्त-प्रक्रिया आदि के महत्व का विश्लेषण है। भाषापरिवार का निर्माण कैसे होता है, इंडोयूरोपियन परिवार के ऐतिहासिक विवेचन में द्रविड़ भाषा समुदाय की छानबीन क्यों जरूरी है, हिन्दी और संस्कृत से मध्यदेश का सम्बन्ध किस प्रकार का है, दक्षिण पूर्वी एशिया से भारत के भाषाई सम्बन्ध पर ध्यान देना क्यों आवश्यक है, संक्षेप में इन प्रश्नों का उत्तर भी मैंने दिया है। पहले खण्ड में प्रकाशित भूमिका में इस अध्याय की रूपरेखा का जो उल्लेख है, वह इसके अन्तिम रूप को देखते अपर्याप्त है। पुस्तक के पहले दो खण्ड छपने में जो समय लगा, उसका उपयोग मैंने इस अध्याय को उसका वर्तमान रूप देने में किया।

भारतीय व्याकरण परम्परा और ऐतिहासिक भाषा विज्ञान नाम के अध्याय में सबसे पहले पाणिनिकालीन उस भाषा की प्राचीनता का उल्लेख है जो **ऋग्वेद** से बाद की है किन्तु महाकाव्यों से पहले की है। पाणिनि के समय में न तो संस्कृत एक ही तरह से सर्वत्र बोली जाती थी, न उनका यह प्रयत्न था कि प्रयोगविविधता हटाकर एकरूपता की स्थापना की जाय। उनके **शब्दानुशासन** से जनपदीय प्रयोगविविधता की जो सामग्री प्राप्त होती है, उससे प्राचीन आर्य भाषाओं की वास्तविक स्थिति का ज्ञान बहुत कुछ हो जाता है। पाणिनि के बाद, आधुनिक लोक भाषाओं के अभ्युदय के बाद, संस्कृत-प्राकृत-अपभ्रंश से भिन्न, इन भाषाओं के विवेचन की जो परम्परा दामोदर पण्डित के साथ आरम्भ हुई, ऐतिहासिक भाषाविज्ञान के लिए पाणिनि के साथ उसके महत्व का भी उल्लेख है।

व्याकरण परम्परा वाले अध्याय के अन्त में कुछ बातें मैंने भाषा विज्ञान और भौतिकवाद के सम्बन्ध में लिखी थीं। किन्तु पुस्तक के इस खण्ड की पाण्डुलिपि मेरे पास ही थी; दूसरे खण्ड की छपाई के दौरान मैंने उक्त अंश अलग करके एक स्वतन्त्र अध्याय लिखा। इस अध्याय में मैंने विवेचन की एकान्तवादी और अनेकान्तवादी पद्धतियों के भेद पर बल दिया है, यान्त्रिक भौतिकवाद और द्वन्द्वात्मक भौतिकवाद में भेद करने की आवश्यकता पर जोर दिया है, मानवचेतना और प्रतिबिम्ब-सिद्धान्त की परीक्षा की है, भौतिकवाद और नियतिवाद से सम्बन्धित धारणाओं का विवेचन किया है, भाषाविज्ञान के लिए भौतिकवादी दृष्टिकोण क्यों महत्वपूर्ण है, इस प्रश्न का उत्तर दिया है।

पुस्तक के अन्त में आठ शब्दसूचियाँ हैं। पहली सूची में वे शब्द हैं जिनका सम्बन्ध ध्वनिपरिवर्तन और अर्थविस्तार की प्रक्रिया से है। ये शब्द आर्य-द्रविड़ भाषाओं के हैं, आर्येतर इंडोयरोपियन भाषाओं के हैं। दूसरी सूची में द्रविड़

शब्द हैं और उनके आर्य अथवा आर्येतर इंडोयूरोपियन प्रतिरूप हैं। तीसरी सूची में ध्वनिपरिवर्तन के उदाहरण हैं। जो ध्वनिपरिवर्तन द्रविड़ भाषाओं में घटित होता है, पहले उसके उदाहरण हैं; वही परिवर्तन आर्येतर इंडोयूरोपियन भाषाओं में घटित होता है, आगे उसके उदाहरण हैं। चौथी सूची में कोल, पाँचवीं में नाग और छठी में सामी शब्द और उनके द्रविड़-इंडोयूरोपियन (आर्य तथा आर्येतर) प्रतिरूप हैं। सातवीं सूची में हाथ और श्रम से सम्बद्ध द्रविड़ तथा इंडोयूरोपियन भाषाओं के कुछ शब्द हैं। आठवीं सूची में **र्** ध्वनि के **स्** में बदलने और **स्** अथवा **र्** के **न्** में बदलने के उदाहरण द्रविड़ और इंडोयूरोपियन भाषाओं से दिये गये हैं।

पुस्तक के तीनों खण्ड परस्पर सम्बद्ध हैं। पूरी बात किसी एक खण्ड में नहीं है, तीनों में मिलाकर है।

आगरा — **रामविलास शर्मा**

५ नवम्बर १६८०

विषय-सूची

भारत के प्राचीन भाषा परिवार और हिन्दी

खंड ३ : नाग-द्रविड़-कोल और हिन्दी प्रदेश

का होगा), दूसरा समुदाय भारत में बोली जाने वाली नाग भाषाओं का होगा। बेनेडिक्ट के विवेचन से इतना तो स्पष्ट है कि भारतीय नाग भाषाओं का नज़दीकी सम्बन्ध तिब्बती और बर्मी भाषाओं से है, चीनी से उनका सम्बन्ध बहुत दूर का है। यह दूर का सम्बन्ध इस कल्पना पर आधारित है कि एक आदि चीनी-तिब्बती भाषा थी जिससे चीनी शाखा फूटी; दूसरी तिब्बती शाखा की अनेक प्रशाखाओं से होते हुए हम नाग भाषाओं तक पहुँचते हैं।

भारतीय नाग भाषाओं का विवेचन करते समय चीनी की अपेक्षा तिब्बती और बर्मी भाषाओं पर ध्यान देना आवश्यक होगा। बेनेडिक्ट ने लिखा है कि चीनी तथा तिब्बती-करेन के बीच वैसे ही दूर का रिश्ता है जैसे अल्ताई और यूराली समुदायों के बीच है अथवा जैसे सामी और हामी (प्राचीन मिस्री) के बीच है; तिब्बती-बर्मी से करेन का वैसा ही सम्बन्ध है जैसा हित्ती का इंडोयूरोपियन से है। तिब्बती-करेन तथा चीनी दोनों भाषा-समुदायों में बहुत से शब्द-मूल सामान्य हैं और दोनों में शब्दों का उच्चारण स्वरतान के अनुसार होता है जिससे अर्थभेद उत्पन्न होता है। बेनेडिक्ट कहते हैं कि ये दोनों विशेषताएँ थाइ तथा निआओ-याओ भाषाओं में भी हैं। ये भाषाएँ चीनी-तिब्बती परिवार से बाहर हैं। थाइ भाषा, चीनी की अपेक्षा, इंडोनीशिया की भाषा से अधिक मिलती है यानी वह आस्ट्रिक परिवार के निकट है या उसके अन्तर्गत है। चीनी और करेन के वाक्यतन्त्र की एक विशेषता यह है कि कर्म का स्थान क्रिया के बाद होता है। यह विशेषता इंडोयूरोपियन परिवार की अनेक भाषाओं में है जैसे अंग्रेज़ी में। तिब्बती-बर्मी भाषाएँ इससे भिन्न पद्धति का अनुसरण करती हैं। बेनेडिक्ट कहते हैं कि इनके वाक्य-विन्यास में कर्म सदा क्रिया से पहले आता है और इस नियम का एक भी अपवाद नहीं है। चीनी-तिब्बती परिवार के अन्तर्गत तिब्बती-बर्मी भाषाएँ सौ के लगभग हैं; बेनेडिक्ट के अनुसार चीनी-तिब्बती परिवार में यह तिब्बती-बर्मी समवाय उसका गुरुत्वाकर्षण केन्द्र (सेन्टर् आफ़् ग्रैविटी) है अर्थात् चीनी-तिब्बती भाषाओं के विराट् प्रसार में तिब्बती-बर्मी-समुदाय सघन केन्द्रभूमि के समान है। यह अत्यन्त ध्यानाकर्षक तथ्य है कि केन्द्रभूमि में स्थित लगभग सौ भाषाएँ वाक्यतन्त्र में चीनी के अनुरूप न होकर आर्य-द्रविड़ भाषाओं के अनुरूप हैं। कोई आश्चर्य नहीं कि ग्रियर्सन ने नाग भाषाओं के एक स्वतन्त्र परिवार की कल्पना की थी और उनके सहयोगी कोनोव ने कोल और नाग भाषाओं में अनेक समानताएँ देखकर कल्पना की थी कि हिमालय की उपत्यकाओं में जहाँ नाग भाषाएँ बोली जाती हैं, वहाँ पहले कोल भाषाएँ बोलने वाले रहते थे, और इस कारण नाग भाषातन्त्र में एक कोल भाषा स्तर अन्तर्निहित है।

भारत के विभिन्न भाषा-समुदायों से नाग भाषाओं का सम्बन्ध अनेक प्रकार का है। जैसे कोनोव ने कल्पना की है कि नाग भाषातन्त्र में कोल तत्व विद्यमान है, वैसे ही आर्य-द्रविड़-कोल भाषातन्त्रों में नाग भाषा तत्वों की अवधारणा की जा सकती है। जैसे आर्य और द्रविड़ भाषा तत्वों के लिए सदा विश्वासपूर्वक यह कहना सम्भव नहीं होता कि अमुक तत्व आर्य है या द्रविड़, वैसे ही जो तत्व नाग तथा अन्य भारतीय भाषा-समुदायों में मिलते हैं, उनके लिए यह कहना बहुत कठिन है कि वे निश्चित रूप से नाग

तत्व है या किसी अन्य समुदाय के हैं। विराट् चीनी-तिब्बती समुदाय किसी एक भाषा से उत्पन्न नहीं हुआ; तिब्बती-बर्मी समुदाय की कोई आदि जननी भाषा नहीं है। तिब्बती और बर्मी समुदायों से भिन्न नाग भाषाएँ किसी एक आदि भाषा से उत्पन्न नहीं हुईं। इनमें इतनी विविधता है, ध्वनितन्त्र और शब्दभंडार में इतना भेद है कि उनकी भिन्नता को अनदेखा करके ही उन्हें एक आदि भाषा से उत्पन्न कहा जा सकता है। जहाँ परिनिष्ठित भाषाओं का विकास अपेक्षाकृत अवरुद्ध रहा है, वहाँ इस तरह की विविधता अनिवार्य है। नाग भाषाओं की यह स्थिति कुछ-कुछ अमरीकी आदिवासियों की भाषाई स्थिति से मिलती-जुलती है। जिन्हें हम किसी एक भाषा का नाम देते हैं, वे भी बहुधा अनेक बोलियों का समुदाय होती हैं। पूर्वी अंचल में देखा गया है कि कभी-कभी एक ही गणसमाज के दो गाँवों की भाषाएँ एक दूसरे से भिन्न हैं। इस सम्बन्ध में जे० ऐच्० हटन् ने लिखा है : 'अन्य सभी नाग कबीलों की भाषा की तरह सेम कबीले की भाषा भी उच्चारण और शब्दभंडार की दृष्टि से एक गाँव से दूसरे गाँव में भिन्न है।' (जे० ऐच्० हटन् : **दि सेम नागाज़्**, पृष्ठ २६६)।

नाग भाषाओं से अन्य भारतीय भाषाओं का सम्बन्ध भिन्न प्रदेशों में भिन्न-भिन्न समय पर अलग-अलग तरह का रहा है। एक बहुत बड़ा क्षेत्र तिब्बत का है जहाँ की भाषा इतनी महत्वपूर्ण है कि उसका नाम चीनी-तिब्बती वृक्ष और तिब्बती-बर्मी शाखा दोनों में आता है। तिब्बत से भारतीय आर्य भाषाओं का गहरा सम्बन्ध है। तिब्बती भाषा की लिपि आर्य भाषाओं की लिपि के आधार पर रची गई है। जहाँ-जहाँ बौद्ध धर्म का प्रसार हुआ है, वहाँ भारतीय सम्पर्क के चिन्ह भाषा में मिलना स्वाभाविक है। जहाँ ऐसा सम्पर्क धर्म के आधार पर नहीं रहा, वहाँ भी परस्पर सम्पर्क के चिन्ह रोचक हैं। नाग भाषाएँ इस पूर्वी अंचल तथा हिमालय की उपत्यकाओं में केन्द्रित हैं। लद्दाख वर्तमान कश्मीर का एक भाग है और कश्मीर के उत्तर में तिब्बती-चीनी समुदाय की भाषाएँ बोली जाती हैं। किसी आदि भाषा से उत्पन्न होने वाली एक ही परिवार की भाषाओं की कल्पना किए बिना इन सबको इस पुस्तक में नाग भाषा की संज्ञा दी गई है। सम्भवतः मध्यदेश के दक्षिण भाग में कोल-द्रविड़जनों के साथ नाग भी रहते थे। यदि दक्षिण भाग छोड़ दें तो भी आर्य भाषाक्षेत्र के पूर्व में, हिमालय की उपत्यकाओं को लेते हुए पूर्वोत्तर से कश्मीर के उत्तरी भाग तक, नाग गणसमाजों का आवास इस समय भी है। जिस उत्तरी क्षेत्र में खरोष्ठी लिपि का व्यवहार होता था और जिसमें पाँचवीं-छठी ईसवी सदी तक के दस्तावेज मिलते हैं, उसमें नागजनों की बस्ती थी और वहाँ का शासक वर्ग राज्य भाषा के रूप में एक भारतीय आर्य भाषा का व्यवहार करता था जो नीय प्राकृत के नाम से प्रसिद्ध है। आर्य भाषाक्षेत्र कोल-द्रविड़ समुदायों के अतिरिक्त नाग समुदायों से भी घिरा हुआ है, यह तथ्य महत्वपूर्ण है। स्वभावतः नाग भाषाओं से आर्य भाषाओं का सम्बन्ध ही नहीं है, द्रविड़ और कोल भाषाओं का भी है।

कुछ लोग **नाग** की जगह **नग** या **नगा** शब्द का प्रयोग करते हैं। कौन-सा शब्द सही है और किसका प्रयोग उचित है, इसका विवेचन यहाँ अनावश्यक है। **नाग** शब्द भारतीय साहित्य का एक सुपरिचित शब्द है, इसलिए मैंने उसे स्वीकार किया है। हिन्दी

में सामान्यत: आजकल नागा शब्द का व्यवहार होता है। वह नाग शब्द का रूपान्तर है। तिब्बती-बर्मी समुदाय की जो भाषाएँ भारत में बोली जाती हैं, उनकी कुछ सामान्य विशेषताओं का उल्लेख करने के बाद यहाँ दो-तीन नाग भाषाओं के बारे में अलग से लिखना भी उचित होगा। जो नाग भाषाएँ भारत के पूर्वी अंचल में बोली जाती हैं, उनकी कुछ विशेषताएँ ऐतिहासिक दृष्टि से महत्वपूर्ण हैं। उन्हें देखकर विदित होता है कि जहाँ के लोग सामाजिक विकास में बहुत आगे नहीं बढ़ पाये, जहाँ यातायात के साधन अविकसित और दुर्लभ हैं, जहाँ बौद्ध धर्म के प्रचारक सांस्कृतिक सम्बन्ध कायम करने नहीं पहुँचे, वहाँ भी विभिन्न भारतीय जनसमुदायों के बीच भाषातत्वों का विनिमय निरन्तर होता रहा है। आर्य भाषाक्षेत्र के सीमान्तों की भाषाओं के अध्ययन से ऐसी विशेषताओं का ज्ञान होता है जिनसे इंडोयूरोपियन परिवार के निर्माण के बारे में नई स्थापनाएँ प्रस्तुत की जा सकती हैं।

२. ध्वनितन्त्र

चीनी-तिब्बती परिवार की सभी भाषाओं की एक सामान्य विशेषता है कि इनमें अर्थभेदक स्वरतान का व्यवहार होता है। इन स्वरतानों की संख्या कहीं कम है कहीं ज़्यादा है, किन्तु उनका व्यवहार सर्वत्र होता है। स्वरतान की विशेषता कोई ऐसा तत्व नहीं है जिसे अन्य भाषाएँ घनिष्ठ सम्पर्क के कारण अर्जित न कर सकें। थाइ देश की भाषा स्वरतानों का प्रयोग करती है यद्यपि वह चीनी-तिब्बती समुदाय की भाषा नहीं है। मध्यदेश में स्वरतानों का व्यवहार नहीं होता। यदि नागजन मध्यदेश के मूल निवासी होते और बड़े पैमाने पर वे आर्य भाषाएँ बोलने वालों में मिल गये होते, तो इस बात की बहुत बड़ी सम्भावना थी कि थाइ भाषा की तरह हिन्दी भी स्वरतानों का व्यवहार करती। यद्यपि कोई यह दावा अभी नहीं करता कि मध्यदेश के मूल निवासी नाग थे, फिर भी उसका खंडन आवश्यक है। जो लोग पौराणिक कथाओं का सहारा लेकर इतिहास की व्याख्या करते हैं, वे कह सकते हैं कि जनमेजय के नागयज्ञ की कहानी आर्यों द्वारा नागों के संहार की ओर संकेत करती है। ऐसी पौराणिक कथाओं का विवेचन करना यहाँ सम्भव नहीं है। इतना कहना काफी है कि नाग भाषाओं के ध्वनितन्त्र की मुख्य विशेषता अर्थभेदक स्वरतानों का व्यवहार है। ऐसा व्यवहार हिन्दी-क्षेत्र में नहीं होता। आर्य भाषाओं पर उसका प्रभाव बिल्कुल न रहा हो, ऐसी बात नहीं है। पंजाबी भाषा में स्वरतानों का व्यवहार बहुत सीमित रूप में होता है। मध्यदेश को केन्द्र में रखने पर पंजाबी आर्य परिवृत्त की भाषा ठहरती है। हिन्दी की तुलना में वह सघोष महाप्राण स्पर्श ध्वनियों का उच्चारण भिन्न प्रकार से करती है, उनकी महाप्राणता ही नहीं, सघोषता का भी लोप कर देती है। उस पर नाग भाषाओं के ध्वनितन्त्र का प्रभाव रहा हो तो आश्चर्य नहीं। लौकिक संस्कृत से भिन्न वैदिक भाषा उदात्त, अनुदात्त और स्वरित, इन तीन स्वरतानों का व्यवहार करती है। यह सम्भव है कि इंडोयूरोपियन परिवार की लिथुआनियन आदि भाषाओं में जो स्वरतान-प्रवृत्ति है, उसका सम्बन्ध नाग भाषाओं की स्वरतान-पद्धति से रहा हो।

नाग भाषाओं की दूसरी उल्लेखनीय प्रवृत्ति स्पर्श ध्वनियों को संघर्षी रूप देने की है। आर्य भाषाओं के ध्वनितन्त्र में अनेक महत्वपूर्ण परिवर्तन ऐसे हुए हैं जिनका सम्बन्ध संघर्षीकरण की प्रवृत्ति से है। यह प्रवृत्ति सभी नाग भाषाओं में एक जैसी नहीं है और न आर्य भाषाओं में उसका प्रसार सर्वत्र एकरूप है। किन्तु भारत के भाषाई परिवेश में नाग भाषाएँ ही ऐसी हैं जिनमें यह प्रवृत्ति व्यापक है। इसलिए सम्भव है कि आर्य, द्रविड़, कोल आदि भाषाओं ने उसे नाग प्रभाव से ग्रहण किया हो।

इस संघर्षीकरण की प्रवृत्ति की विशेषता यह है कि वह किसी ध्वनि के स्पर्श-तत्व को ऐसे ध्वनिरूप में बदल देती है जो स्पर्शविहीन होता है या स्पर्श की मात्रा आंशिक रहती है। द्रविड़ भाषाओं में, विशेषकर तमिल में दो स्वरों के बीच में स्थित **क्** या तो **ग्** रूप में बोला जाता है या **ह्** रूप में। **ग्** रूप में स्पर्शतत्व अंशतः विद्यमान रहता है, **ह्** में उसका लोप हो जाता है, केवल संघर्षी महाप्राण ध्वनि सुनाई देती है। प्राकृतों में बड़े पैमाने पर जो स्पर्श ध्वनियों का लोप दिखाई देता है, वह इसी प्रवृत्ति का अतिरंजित चित्र है। यहाँ बेनेडिक्ट की पुस्तक के आधार पर तिब्बती-बर्मी समुदाय की भाषाओं से कुछ उदाहरण दिये जाते हैं।

वयु भाषा में घर के लिए एक शब्द है **किम्** या **कॅम्**; तिब्बती में इसका प्रतिरूप है **ख्यिम्**। तिब्बती ने स्पर्शतत्व का लोप नहीं किया, केवल महाप्राणता जोड़कर स्पर्श-तत्व को थोड़ा शिथिल किया। किन्तु मिकिर भाषा के **हॅम्**, लिंगु भाषा के **हिम्** में स्पर्शतत्व का लोप हो जाता है। अनेक तिब्बती-बर्मी भाषाएँ महाप्राणता का अर्थभेदक व्यवहार नहीं करतीं; यह प्रवृत्ति उनमें गौण रूप से विद्यमान है। इसलिए कुछ भाषाएँ **ह्** ध्वनि का लोप कर देती हैं और उसके स्थान पर किसी अर्द्धस्वर का व्यवहार करती हैं। इस प्रकार मणिपुर की भाषा मॅइथॅइ में उक्त शब्द का प्रतिरूप **युम्** है। तिब्बती में कुत्ते के लिए **ख्यि** शब्द है। कनौरी में इसका प्रतिरूप **कुइ** है। **क्** ध्वनि तिब्बती में महाप्राणता के योग से **ख्** हुई है। मिकिर भाषा में इसका रूप **हि** है। यह शब्द कहीं संस्कृत **श्वान्** से सम्बद्ध है। कुछ नाग भाषाएँ **स्** ध्वनि को **क्** में बदलती हैं जो वस्तुतः संघर्षीकरण से विपरीत प्रक्रिया है। तिब्बती-बर्मी समुदाय की विमस् भाषा में कुत्ते के लिए **सि** शब्द है। मिकिर भाषा का **हि** इस **सि** का प्रतिरूप हो सकता है, तिब्बती **ख्यि** का भी। रोने-चिल्लाने के लिए तिब्बती में **ख्रब्** शब्द है। इसका कनौरी प्रतिरूप **क्रप्** है, मगरि भाषा में **ख्** की जगह **ह्** आ जाता है और **हप्** रूप बनता है। **ह्** का लोप होने पर इसी भाषा में वैकल्पिक रूप **रप्** बनता है। तमिल आदिस्थानीय **क्** की रक्षा करती है; उसकी कुछ बोलियों में अंशतः महाप्राणता का योगदान होता है और आदिस्थानीय **क्** का उच्चारण **ख्** के समान होता है। अनेक नाग भाषाएँ आदिस्थानीय **क्** को **ख्** में बदलती हैं, फिर उसे स्पर्शतत्वविहीन करके **ह्** रूप देती हैं और कभी **ह्** के स्थान पर अर्द्धस्वर का व्यवहार करती हैं और कभी पूर्णतः लोप कर देती हैं।

तमिल भाषा में और कुछ अन्य द्रविड़ भाषाओं में भी दो स्वरों के बीच में आने वाली **प्** ध्वनि बहुधा अर्द्धस्वर **व्** में बदल जाती है। यह वही प्रवृत्ति है, स्पर्शतत्व का लोप करके स्पर्शहीन ध्वनि का व्यवहार करने की। पिता के लिए तिब्बती में **अप**,

अफ, फ जैसे शब्द हैं। करेन भाषा में इसका प्रतिरूप अव अथवा व है। बेनेडिक्ट ने लिखा है कि तिब्बती-बर्मी समुदाय की उत्तरी भाषाओं में अधिकतर प् बना रहता है, शेष भाषाओं में उसकी जगह व् का व्यवहार होता है। बाँस के लिए तिब्बती स्प का गारो प्रतिरूप व है। बर्मी भाषा में भी व रूप है। सूअर के लिए तिब्बती फग् के बर्मी और गारो प्रतिरूप वक् हैं। (तिब्बती रूप के आदिस्थानीय व्यंजन में महाप्राणता जोड़ी गई है; मूल शब्द पग् है जो अंग्रेज़ी पिग् से मिलता-जुलता है।) तमिल कभी-कभी प् को नासिक्य म् में बदल देती है। नासिक्य ध्वनियों में स्पर्श की मात्रा कम रहती है। इसलिए जहाँ प् के स्थान पर म् का व्यवहार होता है, वहाँ उसी स्पर्शतत्व के लोप की प्रवृत्ति है।

आर्य भाषाओं में प्राचीनकाल से एक प्रवृत्ति स् को ह् में बदलने की रही है। वर्तमानकाल में पूर्वी बंगाल, राजस्थान, गुजरात आदि में दन्त्य स् को जितना बदला जाता है, उतना मध्यदेश में नहीं। असम में स् ध्वनि संघर्षी ख़् में बदलती है। कश्मीरी, पंजाबी, सिन्धी, मराठी में भी यह प्रवृत्ति है यद्यपि राजस्थानी और गुजराती के समान प्रबल नहीं है। ईरान की प्राचीन भाषा वैदिक भाषा से बहुत मिलती-जुलती है; मुख्य भेद ईरान की भाषा में स् के स्थान पर ह् का व्यवहार है। अन्य अनेक ध्वनितन्त्रीय प्रवृत्तियों के समान यह वृत्ति भी मध्यदेश को घेरे हुए है। हिन्दी तथा उसकी जनपदीय उपभाषाओं के बहुत से रूपों में ह् ने स् का स्थान ले लिया है, फिर भी यह सकार इस प्रदेश में जमा हुआ है; भिन्न प्रवृत्तियाँ उसकी जड़ नहीं काट सकीं, यह उल्लेखनीय है। स् को ह् में बदलने वाली प्रवृत्ति इतनी व्यापक है कि कोई भी भारतीय भाषा परिवार उसके प्रभाव से मुक्त नहीं है। नाग भाषाएँ, भारत से बाहर की तिब्बती-बर्मी भाषाएँ उससे मुक्त नहीं हैं। यह प्रवृत्ति मूलतः नाग भाषाओं की है, यह कहना कठिन है किन्तु वह उन भाषाओं की प्रवृत्ति है जो स्पर्शतत्व का लोप करती हैं। दन्त्य स् को ह् में वे भाषाएँ बदलेंगी जिनमें महाप्राण ध्वनियों के उच्चारण का चलन होगा। चीनी-तिब्बती समुदाय को देखने से प्रतीत होता है कि भारत से जो प्रदेश जितनी दूर है, उसमें महाप्राणता की विशेषता उतनी कम है। बेनेडिक्ट ने लिखा है कि चीन की प्राचीन भाषा में स्वतन्त्र महाप्राण तत्व का अभाव था। तिब्बती-बर्मी भाषाओं के लिए बेनेडिक्ट ने बताया है कि शब्दमूलों के अन्त में ह् का व्यवहार नहीं होता। बहुत-सी तिब्बती-बर्मी भाषाओं में महाप्राणता से अर्थभेद नहीं होता। तिब्बती भाषा सामान्यतः शब्द के आदिस्थानीय क्-त्-प् को महाप्राण कर देती है। कुछ शब्द ऐसे हैं जिनमें क्, ख् आदि का भेद अर्थ-विच्छेदक होता है। बेनेडिक्ट के अनुसार ये थोड़े-से शब्द अपवाद मात्र हैं। शायद तिब्बत की अपेक्षा बर्मा की भाषा पर भारतीय प्रभाव अधिक है क्योंकि बर्मी भाषा में क्, ख् आदि महाप्राण और अल्पप्राण ध्वनियाँ अर्थभेदक हैं। तिब्बती भाषा में, दक्षिणपूर्वी एशिया की कुछ भाषाओं की तरह, भारतीय वर्णमाला के प्रभाव से घ्-ध्-भ् ध्वनियों के लिए चिन्ह हैं, लिखित भाषा में ये ध्वनिचिन्ह दिखाई देते हैं। किन्तु ये ध्वनिचिन्ह देखने भर को हैं, तिब्बती समेत इन भाषाओं में सघोष महाप्राण स्पर्श ध्वनियों का उच्चारण नहीं होता। ऐसी स्थिति में यह कहना तर्कसंगत न होगा कि नाग

भाषाओं के प्रभाव से **स्** ध्वनि **ह्** में बदलने लगी। यह सम्भावना विचारणीय है कि प्राचीनकाल में आर्य भाषाओं का एक उत्तर-पश्चिमी केन्द्र ऐसा था जो **स्** की जगह **ह्** बोलता था। इस केन्द्र ने वैदिक भाषा को वह रूप दिया जो ईरान की पुरानी भाषा में प्राप्त है।

अस्तु; प्राचीन ध्वनिपरिवर्तन की वह प्रवृत्ति नाग भाषाओं में है। नाक के लिए तिब्बती भाषा में **स्ना** शब्द है। मगरि भाषा में इसका प्रतिरूप **ह्ना** है। मेवारी, लुशइ, बर्मी आदि में **ह्** वाले रूप हैं। इन भाषाओं में सर्वत्र **स्** के स्थान पर **ह्** का व्यवहार हो, ऐसा नहीं है। बर्मी **से**, करेन **सि** का अर्थ मरना है। चङ भाषा में इसका प्रतिरूप **हइ** है। यह संस्कृत **शी** का प्रतिरूप है और **चा** आदि रूपों में मृत्यु के लिए द्रविड़ भाषाओं में इसका व्यापक व्यवहार होता है। द्रविड़ भाषाएँ कहीं तो **स्** को **च्** में बदलती हैं और कहीं **त्** में। यह सम्भव है कि करेन भाषा की **सि** जैसी क्रिया द्रविड़ प्रभाव से **ति** में बदली हो और फिर आदिस्थानीय स्पर्शध्वनि को महाप्राणता के साथ उच्चारित करने की प्रवृत्ति के कारण **थि** रूप बना हो। लुशइ, मिकिर, दिमस् आदि कई भाषाओं में उक्त **सि** क्रिया का प्रतिरूप **थि** है। इसका बोरो प्रतिरूप **तय्** (मरना) है और **तय्** से अंग्रेज़ी **डाइ** (उप०) बहुत दूर नहीं है। इसी प्रकार कनौरी भाषा का **सुर्** (खट्टा, अंग्रेज़ी का **सावर्**) लुशइ में **थुर्** है; बर्मी **सत्** (मारना) लुशइ में **थक्** है। इसके साथ यह भी सम्भव है कि अनेक शब्दों में तिब्बती-बर्मी भाषाओं ने **त्** के स्थान पर **स्** का व्यवहार किया हो। **वस्, वास्, वस्त्र** संस्कृत के पुराने शब्द हैं। तिब्बती-बर्मी भाषाओं में **वस्** का प्रतिरूप **वत्** है। बर्मी **वत्** माने पहनना, **अवत्** माने कपड़े; नूङ भाषा में **नूङवत्** का अर्थ है छाती को वस्त्र से ढकना (**नूङ** अर्थात् छाती)। मूल शब्द **वस्** है जो इस समुदाय में **वत्** हो गया है। **त्-द्** को **र्-ल्** में बदलने की प्रवृत्ति बहुत पुरानी है। उसके उदाहरण नाग भाषाओं में भी मिलते हैं यथा गारो भाषा का **दक्** (बुनना) बर्मी में **रक्** है। भारत का प्रसिद्ध शब्द **जन** चीन तक पहुँच गया है किन्तु वहाँ उसका उच्चारण **ज्** के स्थान पर **र्** से होता है। **रॅन्** अर्थात् **जन**। सम्भव है, **जन** का कोई पालि प्रतिरूप **दन** रहा हो (**प्रसेनजित्** के पालि रूपान्तर **पसेनदी** के समान) और वह **दक-रक** की तरह **रॅन्** में बदल गया हो।

कोल और नाग भाषाओं में खाने और पीने के लिए **च ज** वर्णों वाली क्रियाओं का व्यवहार होता है। इसी क्रिया से **चाय** का सम्बन्ध है। हिन्दी **जीमना, ज्यौनार,** मराठी **जेवणें** आदि, आदि सम्बद्ध रूप हैं। उल्लेखनीय है कि नाग भाषाएँ **च्** और **ज्** का स्पर्शतत्व क्षीण करके उन्हें संघर्षी रूप में बोलती हैं। पूरब में असमिया और पश्चिम में मराठी में हिन्दी **च्** के स्थान पर बहुधा **त्स्** (**च़्**) के समान ध्वनि सुनाई देती है, उसका व्यवहार नाग भाषाओं में काफी होता है। **च़्** और **ज़्**, इन दोनों ध्वनियों का व्यवहार पूर्वी और पश्चिमी सीमान्तों की आर्य भाषाओं में होता है, मध्यक्षेत्र की भाषा में नहीं होता। बर्मी भाषाओं में **त्सा** माने खाना; **अत्सा** अर्थात् भोजन। करेन में **जा** (खाना), तिब्बती में उसका प्रतिरूप **जावा** है और तिब्बती में ही स्वादिष्ट वस्तु के लिए **जिम्पा** शब्द है।

नाग भाषाओं में महाप्राणता की अपेक्षा सघोषता का विकास अधिक हुआ है। चीनी भाषा में सामान्यतः सघोषता का लक्षण अर्थभेदक नहीं होता। **याङ्त्सी** को **काङ्** कहो चाहे **गाङ्**, कोई फर्क नहीं पड़ता। यह शब्द नदीवाचक है, भारतीय गंगा का प्रतिरूप है। चीनी से भिन्न तिब्बती-बर्मी भाषाओं में सघोषता का लक्षण अर्थभेदक होता है। इन भाषाओं में सघोष ध्वनियों का विकास वैसे ही विषम रूप में हुआ है जैसे यूरुप की भाषाओं में अघोष महाप्राण ध्वनियों का हुआ है। लुशइ भाषा में **द्** और **ब्** तो हैं किन्तु **ग्** नहीं है। बेनेडिक्ट ने लिखा है कि बर्मी भाषा शब्द के आदिस्थान में **ग्-द्-ब्** का व्यवहार नहीं करती। उसकी यह प्रवृत्ति तमिल भाषा की ध्वनि-प्रकृति से तुलनीय है। तिब्बती में शब्द के अन्तिम स्थान में सघोष व्यंजन लिखे तो जाते हैं किन्तु बोले नहीं जाते। सघोष और अघोष ध्वनियों को लेकर तिब्बती में, बेनेडिक्ट के अनुसार, वैसा ही उलझाव है जैसा थाइ भाषा में। सघोषता के लक्षण का प्रसार आर्य भाषाकेन्द्रों से हुआ है, अतः उलझाव स्वाभाविक है।

३. शब्दतन्त्र और रूपतन्त्र

तिब्बती-बर्मी भाषाओं में अनेक शब्दमूलों के अन्त में **त, द, न, प** जैसे प्रत्यय जोड़कर नये शब्द गढ़ने की प्रवृत्ति है। इनमें काफी शब्द मूल हैं जो क्रिया का अर्थ देते हैं। इनमें प्रत्यय लगाकर जो शब्द गढ़े जाते हैं, वे संज्ञा रूप होते हैं। ऐसे शब्दों को कृदन्त कहा जा सकता है। कनौरी आदि में **ज** क्रिया खाने के अर्थ में प्रयुक्त होती है। इसका तिब्बती प्रतिरूप **जाबा** है। यह तिब्बती रूप क्रियार्थी संज्ञा है अवधी के **जाबु, खाबु** की तरह। तिब्बती में **ङुमो** माने रोना, इससे संज्ञा रूप बना **ङुद्मो** अर्थात् सिसकी; **द्रोबा** माने गरम होना, इससे संज्ञा रूप बना **द्रोद्** अर्थात् गर्मी। इन रूपों में **द** कृदन्त प्रत्यय का काम करता है। कुछ शब्दों में **द** के स्थान पर **म** का संयोग होता है और जो शब्द बनता है, उसमें विशेषण का भाव होता है यथा उसी क्रिया से तिब्बती में **द्रोन्मो** (गरम) शब्द बनता है।

नाग भाषाओं में लिंगभेद आर्य भाषाओं के प्रभाव से स्वीकृत हुआ है। जैसे कुछ भाषाओं में शब्द के साथ नर या मादा जोड़कर भेद बताया जाता है, वैसे ही तिब्बती में पुल्लिग रूप जताने के लिए **पा** या **पो** जोड़ा जाता है जो पिता का अर्थ देता है और स्त्रीलिंग की सूचना के लिए **मा** या **मो** शब्द जोड़ा जाता है जो माता का अर्थ देता है। इस प्रकार **र्गद्पो** माने बूढ़ा पुरुष, **र्गद्मो** माने बूढ़ी स्त्री। पशुओं के लिए **पा, पो** चिन्ह का व्यवहार नहीं होता, उसकी जगह **ला** प्रत्यय जोड़ा जाता है। इस तरह का भेद मानवीय और मानवेतर में भेद करने वाली द्रविड़ प्रवृत्ति की याद दिलाता है। संख्या-सूचक शब्द बनाने की पद्धति भी द्रविड़ भाषाओं से मिलती है। तिब्बती में दहाई वाला शब्द पहले आता है और इकाई वाला शब्द बाद को। तिब्बती में दस के लिए **छु** शब्द है और तीन के लिए **सुम्**। तेरह के लिए शब्द बना **छुक् सुम्**। इसी तरह पाँच के लिए **ङ** शब्द है और पन्द्रह के लिए शब्द बना **छोङ**। यह रोचक तथ्य है कि भारत के पूर्वी सीमान्त पर तिब्बती में और पश्चिमी सीमान्त पर फ़ारसी में गिनती की द्रविड़ पद्धति

प्रचलित है।

तिब्बती-बर्मी भाषाएँ प्रत्ययों और उपसर्गों का व्यवहार खूब करती हैं। उनकी यह विशेषता उन्हें भारतीय आर्य तथा कोल भाषाओं से सम्बद्ध करती है। चीनी भाषा-समुदाय इस पद्धति का अनुसरण नहीं करता। जो भाषाएँ संश्लिष्ट होती हैं, वे प्रत्यय-उपसर्ग अवश्य काम में लाती हैं। आर्य-कोल भाषाओं के संसर्ग से तिब्बती-बर्मी-समुदाय विशुद्ध अश्लिष्ट समुदाय नहीं रह गया। इसके विपरीत चीनी भाषा-समुदाय विशुद्ध रूप से अश्लिष्ट है। यदि उपसर्ग-प्रत्यय-व्यवहार की पद्धति पर ध्यान दिया जाय तो दिखाई देगा कि एक ओर इसका प्रसार यूरुप में स्लाव-जर्मन प्रदेशों तक है, दूसरी ओर दक्षिण-पूर्वी एशिया में सौ से अधिक तिब्बती-बर्मी भाषाओं में इसी पद्धति का चलन है। पूर्वी-पश्चिमी यूरुप तथा दक्षिण-पूर्वी एशिया के बीच में भारत स्थित है जहाँ केवल आर्य भाषा परिवार में नहीं, कोल परिवार में भी यह परम्परा सुदृढ़ रूप में विद्यमान है। भारत के भाषाई क्षेत्र होने, एक केन्द्र से दाएँ-बाएँ दोनों ओर दूर-दूर तक सामान्य भाषा तत्वों के प्रसार का यह प्रमाण है। बेनेडिक्ट का विचार है कि प्राचीनतम चीनी भाषा में भी उपसर्गों का व्यवहार न होता था। (पृष्ठ १५५)।

तिब्बती-बर्मी भाषाओं में उपसर्गों और प्रत्ययों के अनेक कार्य हैं। क्रियार्थी शब्दों में लगाकर संज्ञा शब्द बनाये जाते हैं। कोई वस्तु किस व्यक्ति की है, यह सम्बन्ध प्रकट करने के लिए इनका व्यवहार होता है। प्राणियों में किसी वर्ग विशेष की चर्चा करनी हो तो वर्ग-विभाजक के रूप में इनका व्यवहार होता है। शरीर के अंगों, अवयवों की ओर संकेत करने के लिए प्रत्यय या उपसर्ग हैं। संज्ञा शब्दों को क्रिया रूप देने के लिए, क्रिया कर्मवाच्य है या कर्तृवाच्य, ऐसी विशेषताएँ बताने के लिए, कर्त्ता-कर्म की स्थिति का निर्देश करने के लिए इनका व्यवहार होता है। ऐसा प्रतीत होता है कि भारतीय भाषा परिवारों से एक बार यह पद्धति अपनाने के बाद तिब्बती-बर्मी भाषाओं ने उसे पुष्पित और पल्लवित किया है। साथ ही यह सारी प्रक्रिया अत्यन्त प्राचीन है, बौद्ध धर्म के अभ्युदय और प्रसार से बहुत पहले की है। इंडोयूरोपियन परिवार की भाषाओं में कहीं-कहीं जो प्रक्रियाएँ अस्पष्ट या निरर्थक प्रतीत होती हैं, उनकी सार्थकता तिब्बती-बर्मी भाषाओं के सन्दर्भ में दिखाई देने लगती है।

इंडोयूरोपियन भाषाओं का इतिहास लिखने वाले विद्वान् एक अस्थिर सकार की कल्पना करते हैं जो शब्दमूल के पहले कभी लगता है और कभी नहीं लगता। जैसे संस्कृत में देखने के लिए क्रिया के **पश्** और **स्पश्** दो रूप हैं। जिन रूपों में ऐसा सकार लगा है, उनके अर्थ में उसके होने न होने से कोई फर्क पड़ता दिखाई नहीं देता। भारतीय भाषाओं का एक परिचित शब्द है **नाग**। **नाग** शब्द **सर्प** का पर्यायवाची है। इस **नाग** में यदि वही अस्थिर सकार जोड़ दिया जाय तो **स्नाग** रूप बनेगा। यही अंग्रेज़ी का **स्नेक्** है। **स्नेक्** और **नाग** में सकार के भाव और अभाव से कोई अन्तर न आया। पर यह अन्तर कभी था नहीं, यह कहना कठिन होगा। तिब्बती में **खोर्बा** का अर्थ है मुड़ना, **स्कोर्बा** का अर्थ हुआ घेरना। करेन में **दम्** का अर्थ है भटकना, **सदम्** का अर्थ हुआ भटकाना। मरु भाषा में **लि** का अर्थ है आना, **सलि** का अर्थ हुआ ले आना। बहुत

सम्भव है, **पश्** और **स्पश्** में किसी समय अर्थभेद रहा हो। अस्थिर सकार कुछ शब्दों से जुड़कर वर्ग-विभाजक का कार्य करता है। लुशइ में पशुवाचक शब्दों के पहले **स** जोड़ा जाता है यथा **सकॅइ** (बाघ), **सव** (पक्षी), **सवोम्** (भालू)। हो सकता है, मानवेतर प्राणी **नाग** के पहले वर्गभेदक **स्** जोड़कर **स्नाग** (स्नेक्) रूप बनाया गया हो।

इन भाषाओं में **अ** उपसर्ग के अनेक कार्य हैं। एक कार्य क्रिया से संज्ञा बनाना है। लेप्चा में **जो** का अर्थ है खाना; इससे संज्ञा रूप बना **अजोम्** अर्थात् भोजन। **बु** क्रिया का अर्थ है ले जाना, **अबुन्** का अर्थ हुआ गाड़ी। **हु** का अर्थ है गरम होना, **अहरुन्** का अर्थ हुआ गर्मी। संस्कृत **घर्** का विकास **हर्** है। **घर्** से हिन्दी घाम बना और **हर्** से अवधी **अहरा**। **अहरा** में **अ** उपसर्ग नाग भाषाओं की प्रक्रिया को देखकर सार्थक सिद्ध होगा। **ध्वर्** माने जलाना, **अध्वर्यु** माने आग जलाने वाला, यज्ञ कर्ता। **अ** उपसर्ग लगाकर क्रिया से संज्ञा बनाने की प्रक्रिया कभी आर्य भाषाओं में भी प्रचलित थी।

तिब्बती-बर्मी भाषाओं में क्रियासूचक शब्दों से संज्ञा शब्द अनेक प्रकार से बनाये जाते हैं। कुछ वैयाकरणों का तो यह मत है कि तिब्बती-बर्मी भाषाओं में संज्ञा और क्रिया का भेद होता ही नहीं है; तिब्बती जैसी भाषा में एक **ही** क्रिया है जिसका अर्थ है होना, उसी को विभिन्न शब्दों में लगाकर क्रिया रूप सिद्ध किये जाते हैं। यह बात सही नहीं मालूम होती। प्रत्यय-उपसर्ग लगाकर क्रिया और संज्ञा शब्दों में भेद किया जाता है। तिब्बती-बर्मी भाषाओं में यह प्रवृत्ति उनके आदिकाल से रही हो चाहे न रही हो किन्तु इस पद्धति से उनमें अनेक शताब्दियों से भेद किया जाता रहा है, इसमें सन्देह नहीं। इन भाषाओं में कुल मिलाकर संस्कृत की सी प्रवृत्ति है जिसमें सैकड़ों संज्ञा शब्द क्रिया-सूचक शब्दमूलों से बने हैं। बेनेडिक्ट ने लिखा है कि तिब्बती-बर्मी भाषाओं में शब्दों के चार वर्ग हैं—क्रिया, संज्ञा, सर्वनाम और संख्यासूचक शब्द। कहते हैं, प्रत्यय अथवा उपसर्ग लगाकर 'क्रिया से संज्ञा शब्द बनाना तिब्बती-बर्मी रूपतन्त्र की विशिष्ट प्रक्रिया है; इससे भिन्न विपरीत कोटि की प्रक्रिया अत्यन्त विरल है।' (पृष्ठ ९२)। भले ही ऊपर से देखने में क्रिया और संज्ञा शब्दों में रूपात्मक भेद प्रतीत न हो किन्तु अर्थप्रतीति मुख्य है। संस्कृत के समान यह भाषा-समुदाय क्रिया और संज्ञा में भेद ही नहीं करता, वरन् क्रिया के आधार पर संज्ञा शब्द भी बनाता है।

तिब्बती-बर्मी भाषाओं में गिनती दशमलव पद्धति से चलती है। भारतीय भाषाओं का प्रभाव इस पद्धति पर स्पष्ट है। भारत के भीतर और भारत के बाहर आर्य-द्रविड़ पद्धतियों का संयोग अनेक भाषाओं में दिखाई देता है। बेनेडिक्ट के अनुसार तिब्बती-बर्मी समुदाय की कुछ भाषाओं में बीस की गिनती भी चलती थी। सम्भव है, यह कोल-सम्पर्क का परिणाम हो। बीस के लिए तिब्बती-बर्मी भाषाओं में **कुल** शब्द है। संस्कृत में यह शब्द बहुत्वसूचक है और सम्भव है बँगला के बहुवचनसूचक **गुलि** से इसका सम्बन्ध है।

तिब्बती-बर्मी भाषाओं में जहाँ-तहाँ उत्तम पुरुष सर्वनाम के दो रूप होते हैं। एक रूप में श्रोता भी शामिल होता है और दूसरे में नहीं होता। ऐसा भेद द्रविड़ और कोल भाषाओं में है। हिमालय की उपत्यकाओं में बोली जाने वाली नाग भाषाओं

तथा तिब्बती में उत्तम पुरुष सर्वनाम के दो रूप घनिष्ठ कोल-द्रविड़ नाग सम्पर्क सिद्ध करते हैं। कनौरी, तिब्बती आदि कुछ भाषाओं में द्विवचन का चलन है जो कोल प्रभाव का परिणाम है। सर्वनाम के व्यवहार में आदर, आत्मीयता, निरादर आदि की व्यंजना भारतीय प्रभाव से उत्पन्न हुई है। बेनेडिक्ट कहते हैं कि इस तरह की कोई भी व्यंजना इन भाषाओं में व्यापक रूप से विद्यमान नहीं है; उन्होंने उसे प्राचीन भाषा या उसकी शाखाओं से प्राप्त किया हो, ऐसा सिद्ध नहीं होता। समूचे दक्षिण-पूर्वी एशिया में सर्वनामों के व्यवहार पर भारतीय परिवारों की छाप है। सर्वनामों के जैसे बहुवचन-रूप आर्य भाषाओं में हैं, वैसे तिब्बती-बर्मी भाषाओं में नहीं हैं। द्रविड़ भाषाओं की तरह बहुवचन-सूचक चिन्ह जोड़कर वे वैसा रूप बनाती हैं। संज्ञा के पहले सर्वनाम चिन्ह जोड़ने की पद्धति भी द्रविड़ भाषाओं से मिलती-जुलती है। करेन में **न** माने तू, **बा** माने बाप; **न्वा** माने तेरा बाप। तमिल में **आय्** माने माँ, **ञाय्** माने तेरी माँ। **ञाय्** के **ञ** का पूर्वरूप है **न**। तमिल और करेन के मध्यम पुरुष सर्वनाम का एकवचन रूप एक ही है। तमिल **आय्** के समान दक्खिनी चीनी में **अयि** (माता) है; तमिल **अम्मा** के समान उस भाषा में **अमा** (उप०) है। तमिल **अप्पन्** का करेन प्रतिरूप **अवा** (पिता) है। **वा** इसी का प्रतिरूप है। बर्मी में **अप्पन्** का प्रतिरूप **अफा** है, **अम्मा** का **अमे**।

जो भाषाएँ अश्लिष्ट होती हैं, वाक्य में शब्दों के स्थान से उनमें शब्दों का आपसी सम्बन्ध पहचाना जाता है; उनमें कारकचिन्हों का व्यवहार नहीं होता क्योंकि वह अनावश्यक होता है। किन्तु तिब्बती-बर्मी भाषाओं में कारकचिन्हों का व्यवहार होता है। कर्ता, कर्म, करण आदि का भाव संज्ञा शब्दों में जोड़े जाने वाले प्रत्ययों से ज्ञापित होता है। ये प्रत्यय भारतीय पद्धति के अनुसार मूल शब्द के बाद आते हैं, कम्बोज पद्धति के अनुरूप उससे पहले नहीं। **मैंने मारा** जैसे वाक्य में ग्रियर्सन आदि विद्वानों ने कर्ता को करण रूप में देखा है। **मैंने** का अर्थ वे मेरे द्वारा लगाते हैं। बड़े मजे की बात है कि बेनेडिक्ट ने भी तिब्बती भाषा में कर्ता को करण रूप में देखा है। **ङस्खोलर्दुङ्**—मेरे द्वारा उसको मारा गया। उनके अनुसार **ङस्** करण रूप है। यह सकारान्त रूप संस्कृत के कर्ता **रामस्** रूप से मिलता-जुलता है। आगे हम देखेंगे कि कुछ नाग भाषाओं में कर्ता के आगे कोई कारक चिन्ह लगाना आवश्यक नहीं होता, उसमें जो चिन्ह लगा होता है, उसका आशय केवल इतना होता है कि कर्ता को सुनिश्चित रूप प्रदान किया गया है।

४. नाग भाषा बोरो

(क) ध्वनितन्त्र

पूर्वी भारत के असम प्रदेश में नाग समुदाय की बोरो भाषा बोली जाती है। इसके बोलने वाले साढ़े तीन लाख से ऊपर हैं। डी० ऐन्० शंकर भट ने **बोरो वोकैबुलरी** (पूना, १९६८) नाम की पुस्तक में इस भाषा का काफी विवरण दिया है। बोरो समेत नाग भाषाओं के शब्द-भण्डार की चर्चा इस अध्याय के अन्त में की जायगी। यहाँ उसके ध्वनितन्त्र और विन्यासतन्त्र की कुछ विशेषताओं पर ध्यान देना पर्याप्त होगा।

सभी तिब्बती-बर्मी भाषाएँ एकवर्णी होती हैं अर्थात् इनमें जो शब्द प्रयुक्त होते हैं, उनमें केवल एक-एक वर्ण होता है। बोरो भाषा में अनेक वर्ण (सिलेबिलों) वाले शब्द काफी संख्या में हैं। इसका कारण भारतीय भाषाओं का प्रभाव हो सकता है जिससे कि भाषा की मूल शब्द-रचना-पद्धति ही बदल गई है। इसके ध्वनितन्त्र में वर्त्स्य ट् और ड् ध्वनियाँ हैं। असमिया भाषा के समान बोरो में भी दन्त्य त् और द् का व्यवहार नहीं होता। स्वर के पहले प्रयुक्त होने पर ट् व्यंजन, अन्य नाग भाषाओं के समान, महाप्राण रूप में बोला जाता है। बोरो में ट् और ठ् अर्थ-विच्छेदक ध्वनियाँ नहीं हैं। हिन्दी के **टाट** और **ठाठ** में बड़ा अन्तर है। बोरो भाषा में **क्** और **प्** ध्वनियाँ महाप्राण रूप में **ख्** और **फ्** भी बोली जाती हैं किन्तु महाप्राणता अर्थभेदक नहीं है। **ख्** और **फ्** स्पर्श ध्वनियाँ हैं, वायु के अवरोध के बाद उसका विस्फोट होता है। अधिकांश आर्य भाषाओं में **ख् फ्** आदि विस्फोट ध्वनियों का व्यवहार ही होता है। किन्तु बोरो में इनके वैकल्पिक संघर्षी रूप **ख़्** और **फ़्** भी विद्यमान हैं यद्यपि ये रूप अर्थभेदक नहीं हैं। फ़ारसी भाषा में **ख़्** और **फ़्** संघर्षी रूप में ही प्रयुक्त होते हैं। ऐसी ध्वनियों का विकास फ़ारसी में कैसे हुआ होगा, यह बोरो जैसी नाग भाषा के ध्वनितन्त्र को देखने से विदित होगा। भारत के पूर्वी सीमान्त की तरह भारत के उत्तर-पश्चिमी सीमान्त पर भी नाग भाषाएँ बोली जाती थीं। उनके प्रभाव से फ़ारसी तथा यूरुप की भाषाओं में अघोष महाप्राण संघर्षी ध्वनियों का विकास हुआ है। बर्मी में **क्** और **ख्** अर्थभेदक ध्वनियाँ हैं किन्तु बोरो में ऐसा विकास नहीं हो पाया। बर्मी पर आर्य प्रभाव अधिक है।

महाप्राणता की तरह सघोषता का लक्षण भी बोरो में अल्पविकसित है। **ग्-द्-ब्** शब्द के अन्त में आते हैं तो उनका उच्चारण अघोष होता है। एक रोचक तथ्य यह है कि असमिया की अपेक्षा बोरो में **ह्** का उच्चारण अधिक स्पष्ट होता है, वह संघर्षी **ख़्** जैसा नहीं होता। शंकर भट के अनुसार इस भाषा में केवल चार शब्द ऐसे हैं जिनके अन्त में **ह्** ध्वनि आती है। **ह्** सघोष ध्वनि है। ऐसे शब्द अनेक हैं जिनके आदि-स्थानीय **ह्** का उच्चारण सघोष होता है। किन्तु यही ध्वनि जब शब्द के अन्त में आती है तो बहुत अस्पष्ट होती है यानी उसकी सघोषता क्षीण हो जाती है। संस्कृत रूप **रामस्** पहले **रामह्** बना और **ह्** अभी सघोष था, फिर उससे परिचित रूप **रामः** का विकास हुआ। संस्कृत में **ह्** को लेकर कुछ वैसी ही प्रक्रिया घटित हुई थी जैसे बोरो में दिखाई देती है।

यद्यपि शब्द के अन्त में सघोष-अघोष का भेद नगण्य होता है किन्तु आदिस्थान में यह भेद सार्थक होता है: **कम**—खोना, **गम**—खो जाना; **गलय्**—गिरना, **कलय्**—गिराना; **दुगय्**—नहाना, **तुकय्**—नहलाना। यह भेद **फूटना** और **फोड़ना**, **छूटना** और **छोड़ना** जैसे रूपों के भेद से मिलता-जुलता है।

बोरो भाषा **फ्** और **फ़्**, विस्फोट और संघर्षी, दोनों ध्वनि-रूप स्वीकार करती है किन्तु **ज्** को वह संघर्षी **ज़्** रूप में ही स्वीकार करती है। **पूज** क्रिया से रूप बना **पुजिय**—मैं पूजा नहीं करता। **जन** शब्द **ज़न** रूप में बोला जाता है। जिन उधार लिए हुए शब्दों में सघोष महाप्राण **भ्** है, उनमें उसकी महाप्राणता का लोप होने पर संघर्षी

ज् बच रहता है। इस प्रकार **बोझ** और **बुझि** (बूझना) क्रमशः **बोज** और **बुजि** हो जाते हैं। दामाद के लिए **जमादय** शब्द है। यह **जामाता** का विकास हो सकता है, **दामाद** का भी। एक मजेदार बात यह है कि **स्** के बाद यदि सघोष ध्वनि आये तो **स्** को भी सघोष रूप में **ज़्** बोलते हैं। इस प्रकार **दस बार** बोला जायेगा **दज़्बार**; **दसजन** बोला जायेगा **दज़्जन**। यह प्रवृत्ति एक हद तक अंग्रेज़ी में भी है। **कैट्** का बहुवचन **कैट्स्** बोला जायगा किन्तु **डौग्** का बहुवचन **डौग्ज़्** बोला जायगा। सघोष ग् के सान्निध्य से स् सघोष हो जाता है।

बोरो में एक विचित्र स्थिति यह है कि कहीं-कहीं द्रविड़ भाषाओं के समान शब्द में व्यंजन द्वित्व हो जाता है। **पी** क्रिया के विकल्प **पे** का अर्थ है पिये होना यानी नशे में होना। इसमें **गे** उपसर्ग लगाकर **गेपे** रूप बनता है। **गेपे** वह व्यक्ति है जो नशे में है। इस **गेपे** का वैकल्पिक रूप है **गेप्पे**। इसी प्रकार **बय्** माने तोड़ना और **गब्बय** माने टूटा हुआ; **बङ्** माने अधिक होना, **गब्बङ्** वह है जो अधिक हो चुका है। यद्यपि अन्य नाग भाषाओं के समान बोरो भी आदिस्थानीय **क्** को—उसके आगे स्वर होने पर—महाप्राण रूप में ग्रहण करती है पर यह अवश्य ही द्रविड़ प्रभाव होगा जब हिन्दी का **खसी** (बधिया) बोरों में **कसि** हो जाता है। इसी प्रकार **सखा** वहाँ **सिकि** रूप में स्वीकृत हुआ है। संध्या के लिए बोरो में एक शब्द है **अन्द्रि**। यह **अँधेरी** का द्रविड़ीकरण है। जैसे कुछ द्रविड़ भाषाओं में, यथा तेलुगु में, वर्णसंकोचन की प्रवृत्ति है और शब्द के आरम्भ में **क्र** जैसे व्यंजन गुच्छ दिखाई देते, वैसे ही बोरो में वर्णसंकोचन की प्रवृत्ति है। **कोरो** माने सिर, अन्य रूप **क्रो**। **पुरु** माने शिथिल करना, अन्य रूप **प्रु**। **बरय** माने बूढ़ा, अन्य रूप **ब्रय**। कहना न होगा कि संस्कृत-ग्रीक आदि भाषाओं में यह प्रवृत्ति व्यापक रूप में मिलती है। एक विशेषता कोल भाषाओं की है। बोरो में दो स्वर एक साथ आ सकते हैं यथा **बअ** (खींचना)। ऐसे रूप प्राकृतों में बहुत हैं। किन्तु बोरो दो स्वरों के बीच में **य्** श्रुति के व्यवहार से स्वरों की टक्कर बचाती भी है। ऊपर एक उदाहरण **पुजिय** आया है। इसमें **पुजि** क्रिया के बाद निषेधात्मक **अ** प्रत्यय लगाया गया है। **इ** और **अ** की टक्कर को **य्** श्रुति से बचाया गया है।

बोरो में **च्** के स्पर्श तत्व का लोप होने पर उसके संघर्षी रूप का उच्चारण **स्** जैसा होता है। **छ्** की महाप्राणता का लोप होने पर उसका उच्चारण भी **स्** जैसा होता है। **ज्** सामान्यतः **ज़्** में परिवर्तित होता है किन्तु कभी-कभी अघोष उच्चारण के कारण **स्** बोला जाता है। **जगमग** शब्द **सगमग** तथा **सकमक** रूपों में प्राप्त है। हिन्दी **छाता, छाया** और **छह** क्रमशः **साता, साया** और **सॉय** हैं। फ़ारसी **साया** संस्कृत **छाया** का प्रतिरूप है। बोरो में **च्** से आरम्भ होने वाले पचीसों शब्द हैं जो **स्** से बोले जाते हैं। **च्** को **स्** में बदलने या **स्** की तरह बोलने की प्रवृत्ति असमिया में है। हो सकता है कि **सौका, सौरा, सस्मा, सा, साकर, साबी, सीनी, समटा** आदि शब्द बोरो को असमिया से प्राप्त हुए हों। **चौका, चौरा** (अवधी **चउरा**), **चस्मा** (**चश्मा**), **चा** (चाय), **चाकर, चाबी, चीनी, चमटा**—ये शब्द हिन्दी प्रदेश में भी बोले जाते हैं। असमिया तत्सम शब्दों के **स्** को **ख़्** में बदलती है। बोरो ने **सस्मा** रूप में दन्त्य **स्** रहने दिया है। यह रूप उसे

बँगला से नहीं दन्त्य **स्**-प्रधान हिन्दी की किसी उपभाषा से मिला होगा। बोरो में जो दन्त्य **स्** वाले शब्द पहुँचे हैं, वे सामान्यतः सुरक्षित रहे हैं। **साँवला, समय, स्वर्ग, सत्रु** (शत्रु) शब्द बोरो में **सँबला, सॉम, सर्ग, सुतुर** रूपों में प्राप्त हैं। अन्तिम शब्द में तालव्य ध्वनि को दन्त्य बनाया गया, उसके बाद वह बोरो में पहुँची। जो शब्द तालव्य **श्** के साथ बोरो में पहुँचे हैं, उनका रूपान्तरण ऐतिहासिक भाषाविज्ञान की एक ऐतिहासिक घटना है।

बोरो में तालव्य **श्** का अभाव है। बाहर से आये हुए शब्द की **श्** ध्वनि **क्** में बदल जाती है। ऊपर **सुतुर** का उल्लेख है। इसका एक वैकल्पिक रूप **कुतुरु** भी है। यह रूप उन लोगों के माध्यम से पहुँचा है जो तालव्य **श्** के प्रेमी थे। एक शब्द **कुद्** है, इसका अर्थ लगभग वही है जो बँगला **शुधू** का है। निस्सन्देह वह उसी का परिवर्तित रूप है और किसी स्थिति की विशेषता सूचित करने के लिए प्रयुक्त होता है। **स्वाद कोद्** हो गया है, **सत्रह कोत्राव्, सौदागर कोदागर, सभा कोबा, सोम कोम्, सहाय कोहाय, सारि** (पंक्ति) **कारि, सिंह किंगॉं, सीमा कीमा** बन गये हैं। इन शब्दों में दन्त्य **स्** तालव्य होकर बोरो पहुँचा है और यहाँ माध्यम बँगला भाषा रही है। जिन शब्दों के आरम्भ में पहले ही तालव्य **श्** रहा है, उनके **श्** को **क्** में बदलना और भी सहज था। इस प्रकार **शास्ति,** (दण्ड), **शुक्र, शनि, शूली, शरीर** क्रमशः **कास्ति, कुकुर, कोनि, कुलि, कॉरिल** बन गए हैं। जैसा कि विदित है, इंडोयूरोपियन आदि भाषा की एक शाखा शतम्‌वादी थी और दूसरी केन्तुम्‌वादी। केन्तुम्‌वादी शाखा से यूरुप का विशेष सम्बन्ध जोड़ा गया; यूरुप का अर्थ पश्चिमी यूरुप है क्योंकि पूर्वी यूरुप में स्लाव जन शतम्‌वादी थे। जर्मन, फ्रान्सीसी, अंग्रेज़ी आदि भाषाओं में तालव्य **श्** विद्यमान है। इंडोयूरोपियन परिवार की कोई भी भाषा ऐसी नहीं है जो तालव्य **श्** को इतने सुसंगत रूप से **क्** में बदलती हो। बोरो के ध्वनितन्त्र की यह विशेषता शतम्-केन्तुम् विभाजन का रहस्य प्रकट कर देती है। **शतम्** पूर्व का शब्द है; उसका **केन्तुम्** रूपान्तरण भी पूर्व का है। बोरो में **शत** का प्रतिरूप **कत** तो नहीं है पर **सौ** का प्रतिरूप **को** अवश्य है। बोरो पूर्व की भाषा है; उसका क्षेत्र यूरुप को देखते पूर्व का है, भारत को देखते भी पूर्व का है। **शतम्** वर्ग की भाषाएँ पूर्व की हैं, केन्तुम् वर्ग की भाषाएँ पश्चिम की हैं, यह विभाजन निराधार है। आदि-इंडोयूरोपियन भाषा में कंठ्य **क्** के अलावा एक तालव्य **क्** था, यह तालव्य **क्** पूर्व में **श्** हो गया, पश्चिम में कंठ्य **क्** से मिलकर एक हो गया, यह कल्पना निराधार है।

श् को **क्** रूप में ग्रहण करने वाले भाषाक्षेत्र भारत के उत्तर-पश्चिमी प्रदेशों में थे। यहाँ द्रविड़ भाषाएँ बोली जाती थीं और यह **क्** वाला रूपान्तर उनमें भी है। तुलु **शॅरॅ** (कैद), कन्नड़ **किर्** (कैद में डालना); नइकि **शॅट्ट** (झाड़ी), तुलु **गिड**; तुलु **शेट्टुनि** (सड़ना) और **केडगुनि**; इन शब्दों में **श्** को **क्** में बदलते देखा जा सकता है। संस्कृत में **दृश्** से **दृश्य** और **दृक्, दिश्** के साथ **दिक्** (दिशा) इसी प्रवृत्ति की ओर संकेत करते हैं।

हिन्दी प्रदेश के पूर्वी भाग मगध में **श्** की भरमार थी, उत्तर-पश्चिमी क्षेत्र में **श्-ष्-स्** का चलन था। इस प्रदेश की उत्तर-पूर्वी सीमाओं पर ऐसी भाषाएँ थीं जिनमें

श् का प्रभाव था। जैसे तमिल ने अनेक शब्दों के **स्** को **त्** रूप में ग्रहण किया, वैसे ही अनेक द्रविड़ भाषाओं ने **श्** को **क्** रूप में ग्रहण किया। यह प्रवृत्ति जितना द्रविड़ भाषाओं में व्यापक रूप लिये है उतना नाग भाषाओं में नहीं लिए। बोरो उन भाषाकेन्द्रों का प्रभाव सुसंगत रूप में ग्रहण किये है जो **श्** को **क्** में परिवर्तित करते थे। इन्हीं केन्द्रों से ग्रीक-लैटिन जैसी केन्तुम्वर्गीय भाषाओं का सम्बन्ध था; इनमें **श्** नहीं है, भारतीय शब्दों के प्रतिरूपों में वे **श्** की जगह **क्** का व्यवहार करती हैं। भारत के उत्तर में एक तुखारी नाम की भाषा बोली जाती थी। वह भी केन्तुम्वर्गीय है। उसके केन्तुम्वर्गीय होने का रहस्य यही है कि वह उक्त **श्**-विहीन भाषाकेन्द्रों के पड़ोस में थी।

बोरो में **श्** के **क्** में बदलने का ऐतिहासिक महत्व यही है कि उससे इंडो-यूरोपियन परिवार में तालव्य **श्**-सम्बन्धी विवेचन भ्रान्तिपूर्ण सिद्ध होता है।

(ख) शब्दतन्त्र और रूपतन्त्र

अन्य नाग भाषाओं के समान बोरो की शब्द निर्माण-प्रक्रिया में प्रत्यय-उपसर्ग जोड़ने की पद्धति का खूब चलन है। कुछ प्रत्यय सर्वनाम चिन्ह जान पड़ते हैं। एक शब्द है **अम्ब**। इसका हिन्दी प्रतिरूप **तब** है। दोनों में **ब** देश-कालसूचक प्रत्यय है। हिन्दी रूप में दूरी बताने के लिए **त** सर्वनाम चिन्ह है और बोरो में **अम्**। क्रिया में उपसर्ग लगाकर संज्ञा रूप बनाया जा सकता है जैसे **तय** माने फलना और **बितय** माने फल। यह **बि** उपसर्ग अनेक पारिवारिक सम्बन्धसूचक शब्दों के साथ जोड़ा जाता है। **बाव्** माने बाबा, **बिबाव्** माने उसका बाबा। बि के अतिरिक्त अन्य सर्वनाम ऐसे शब्दों के साथ जोड़े जाते हैं और द्रविड़ पद्धति की याद दिलाते हैं। शरीर के अंगों को सूचित करनेवाले शब्दों के पहले भी बि उपसर्ग लगाया जाता है, यथा **बिक** (छाती)। शरीर के अलावा अन्य वर्गों के शब्दों के साथ भी इस प्रत्यय का व्यवहार होता है जैसे **लय्** माने पत्ती और **बिलय्** माने पंखुड़ी। **एला, इलायची** में **लय्** शब्दमूल प्रतीत होता है, **ए, इ** सर्वनाम चिन्ह हैं।

लिंगभेद नाग भाषाओं की मूल विशेषता नहीं है। आर्य भाषाओं के बहुत से पारिवारिक सम्बन्धों वाले शब्द बोरो में पहुँच गए हैं। स्वभावतः उसमें लिंगभेद भी उत्पन्न हुआ है। शब्द के अन्त में अकार इकार पुल्लिग और स्त्रीलिंग की सूचना देते हैं, यथा **बेत**—अन्धा; **बेति**—अंधी; **बङर**—कुत्ता; **बङरि**—कुतिया। भाषाई विकास क्रम में स्त्रीलिंग और पुल्लिग का भेद बाद को किया जाता है, उससे पहले मानवीय और मानवेतर प्रपंच में भेद किया जाता है। द्रविड़ और नाग भाषाओं में इस तरह का भेद बहुत कुछ अब भी प्रचलित है। संस्कृत, मराठी, रूसी आदि भाषाओं में नपुंसक लिंग उसी आदिम श्रेणी-विभाजन का अवशेष है। अन्य नाग भाषाओं के समान बोरो में भी शब्दों के बहुवचन रूप नहीं होते, मूलशब्द में बहुवचन का प्रत्यय लगाया जाता है। बोरो में बहुवचनसूचक एक प्रत्यय **सर** है जो मानव-सूचक शब्दों के साथ ही लगाया जाता है। मानवीय और मानवेतर का विवेक किए बिना **पर** प्रत्यय सभी शब्दों के साथ लग सकता है। संख्यासूचक शब्दों के साथ विशेष वर्ग विभाजक शब्द लगते हैं और वे मानवीय और

जदिय—नहीं खाया; **जलिय**—नहीं खायेगा; **जगव्**—शायद खाये; **जदमन्**—खा चुका था; **जयकय्**—अभी नहीं खायेगा; **जब**—यदि खाता है, इत्यादि। अवश्य ही कोल भाषाओं से नाग भाषाओं की ऐसी क्रियापद-रचनाओं का गहरा सम्बन्ध होना चाहिए।

ऐसी समृद्ध क्रियापद-रचना होने पर भी बोरो वाक्यतन्त्र में क्रियाहीन वाक्य भी हो सकता है। **कसेनि किताब हम**—उस आदमी की किताब बुरी (है)। ऐसे वाक्य अन्य नाग भाषाओं में भी मिलते हैं। ऐसी विन्यास पद्धति पर आर्य द्रविड़ भाषाओं के कृदन्तप्रधान वाक्यों का प्रभाव हो सकता है; संस्कृत और द्रविड़ भाषाओं में वाक्य पूरा करने के लिए कभी-कभी कृदन्त की भी आवश्यकता नहीं होती।

बोरो में, संस्कृत के समान, **अ** निषेधसूचक उपसर्ग है। किन्तु क्रिया के पहले प्रयुक्त न होकर वह उसके बाद आता है जैसा कि बहुधा द्रविड़ भाषाओं में होता है। **जय=ज+(य्) अ**, नहीं खाता है। बोरो के अनेक प्रत्यय विशेषक का काम करते हैं। संस्कृत तथा अन्य आर्य भाषाओं में विशेषक चाहे स्वतन्त्र शब्द हो, चाहे उपसर्ग रूप में प्रयुक्त हुआ हो, वह सामान्यतः क्रिया से पहले आता है। बोरो तथा कुछ अन्य नाग भाषाएँ विशेषक-रूप प्रत्यय क्रिया के बाद लगाती हैं। अंग्रेज़ी में क्रियाविशेषण क्रिया के बाद आता है। यह कम्बोज तथा उस वर्ग की अन्य भाषाओं की विशेषता है। इसी पद्धति के अनुरूप संज्ञा का विशेषक संज्ञा के बाद आता है। बोरो में संख्यासूचक शब्द संज्ञा के बाद आते हैं जैसे **एक चउआ** बोरो में **चउआ एक** क्रम से बोला जायगा : **जोवकय् से**। **तीन दर्जन किताबें** दर्जन तीन किताबें क्रम से—**दोजोन् तम् किताब** (**दोजोन्** यानी दर्जन, **तम्** यानी तीन)।

बोरो तथा अन्य नाग भाषाओं के विन्यासतन्त्र में अनेक पद्धतियों का प्रभाव है। विशेषक जैसा प्रत्यय क्रिया के बाद आता है, वह उपसर्ग रूप में क्रिया के पहले भी आता है यथा **पे**—पिये होना, **गेपे**—पिये हुए।

५. नाग भाषा गारो

(क) ध्वनितन्त्र

असम प्रदेश में एक अन्य नाग भाषा गारो बोली जाती है। एक ही क्षेत्र में भिन्न भाषा परिवार एक दूसरे को कैसे प्रभावित करते हैं, उसकी एक बहुत अच्छी मिसाल यह नाग भाषा है। रौबिन्स र्बलिग ने **ए गारो ग्रामर** (पूना, १९६१) में इसका जो विवरण प्रस्तुत किया है, उसके आधार पर इसकी कुछ विशेषताओं का उल्लेख यहाँ किया जाता है।

नाग भाषाओं के ध्वनितन्त्र का विश्रुत लक्षण स्वरतानों का व्यवहार है। बर्लिग ने लिखा है कि गारो में न तो स्वरतान का महत्व है न बलाघात का। स्वरतानों का व्यवहार ऐसा लक्षण है जिसे नागेतर भाषाएँ अर्जित कर सकती हैं और नाग भाषाएँ विसर्जित कर सकती हैं। शताब्दियों तक पूर्वी अंचल की आर्य भाषाओं के सम्पर्क में रहने के कारण नाग भाषाओं का एक मौलिक लक्षण गारो में लुप्त हो गया है। इसके विपरीत पंजाबी में, ऐतिहासिक विकासक्रम में अर्जित, स्वरतानों का व्यवहार अब भी

बना हुआ है। स्वरतान वाली भाषाओं में स्वर की लघुता-गुरुता महत्वपूर्ण नहीं होती किन्तु गारो में स्वर की गुरुता-लघुता से अर्थभेद होता है यथा **स**—एक, **सा**—बीमार। पुराना लक्षण खोकर क्षतिपूर्ति के रूप में भाषा ने नया लक्षण अर्जित किया। अन्य नाग भाषाओं के समान गारो शब्दों के अन्तिम व्यंजन अघोष और अल्पप्राण होते हैं किन्तु रोचक तथ्य यह है कि अधिकांश शब्दों के अन्त में या तो स्वर होता है या अर्द्ध-स्वर (नासिक्य या अन्तस्थ)। यदि कोल, द्रविड़ और मध्यदेशीय आर्य भाषाओं की शब्द-रचना पर ध्यान दिया जाय तो विदित होगा कि अधिकांश शब्दों के अन्त में स्वर, नासिक्य या अन्तस्थ ध्वनि का व्यवहार होता है। वैसी ही पद्धति गारो में है।

यद्यपि असमिया, प्राचीन मागधी भाषा की सन्तान मानी जाती है और प्राचीन मागधजन अपने लकार प्रेम के लिए प्रसिद्ध थे, फिर भी गारो रेफ बहुला भाषा है। चीनी भाषा रेफ वाले भारतीय शब्दों के रूपान्तर में लकार का व्यवहार करती है। गारो भाषा अवधी आदि मध्यदेशीय भाषाओं के समान **र्** ध्वनि पसन्द करती है। अंग्रेज़ी का **माइल**, हिन्दी का **मील,** पूर्वी बोलियों का **मैल** गारो में **मेर्** हो गया। बर्लिंग ने लिखा है कि शिक्षित गारोजन ही अंग्रेज़ी अथवा आर्य भाषाओं के प्रभाव से **र् और ल्** में भेद करते हैं। वे **लैम्प** को **लेम्** कहेंगे पर साधारण जन **रेम** कहेंगे। **र्** ध्वनि के लिए यह आग्रह अकारण नहीं है; वह उन आर्य भाषाओं के प्रभाव की ओर संकेत करता है जिनमें इस ध्वनि की प्रधानता है। असमिया से भिन्न गारो में **च्-ज्** का असंघर्षी व्यवहार होता है, **चार** या **चोर सार** या **सोर** न सुना जाएगा। **ज़्** का अभाव है। अनेक नाग भाषाएँ शब्द के आरम्भ में **ङ्** का व्यवहार करती हैं। गारो में कोई शब्द **ङ्** से आरम्भ नहीं होता। यह स्थिति आर्य भाषाओं की ध्वनिप्रकृति के अनुरूप है। इसके विपरीत तमिल भाषा की कुछ बोलियों में थोड़े से शब्द **ङ्** ध्वनि से आरम्भ होते हैं और इसका कारण इन बोलियों पर किसी समय का नाग प्रभाव है। गारो शब्दों के अन्त में **ङ्** मज़े में आता है जैसे तमिल शब्दों के अन्त में **ण्** मज़े में आता है। संस्कृत में किसी भी शब्द के अन्त में **ङ्** या **ण्** की ध्वनि नहीं होती किन्तु महर्षि पाणिनि ने अपने व्याकरण के लिए जो सांकेतिक शब्दावली रची है, उसमें इन ध्वनियों का व्यवहार खूब होता है। जिस क्षेत्र के वह निवासी थे, वहाँ सम्भव है **ङ्-ण्-ञ्** ध्वनियों को शब्द के आदि-अन्त में बोलना सहज रहा हो। इस सन्दर्भ में **ङ्-ण्-ञ्** ध्वनियों के अलावा पाणिनि का लकार प्रेम भी उल्लेखनीय है।

(ख) शब्दतन्त्र और रूपतन्त्र

आर्य भाषाओं के अनुरूप गारो में लिंगभेद भी उत्पन्न हुआ है। हिन्दी में **वह** सर्वनाम मानव और मानवेतर दोनों के लिए प्रयुक्त होगा किन्तु गारो में **उअन्** सर्वनाम मानवेतर प्राणियों के लिए प्रयुक्त होगा। इस वर्ग में जीव-निर्जीव दोनों शामिल हैं। **उअ**—यह सर्वनाम मानववर्ग के लिए है। यह तो आदिम विभाजन है। इससे आगे बढ़कर **पा** और **मा** लगाकर स्त्रीलिंग पुल्लिंग का भेद किया जाता है; यहाँ मानव और पशु में भेद नहीं किया जाता। **बिमा** अर्थात् मादा, **बिपा** अर्थात् नर। गारो में

बहुत्वसूचक प्रत्यय लगाना अनिवार्य नहीं है। एक बहुवचनसूचक प्रत्यय **रङ्** है जो **जन** का प्रतिरूप है (**जन-दन-रङ्**); दूसरा प्रत्यय **मङ्** **मन** का प्रतिरूप है। **मन** मनुष्य का संकेतचिन्ह है।

कुछ अन्य नाग भाषाओं के समान गारो में भी संख्या-शब्द द्रविड़-पद्धति से रचे जाते हैं। यथा **स**—एक, **चिकिङ्**—दस; ग्यारह के लिए दहाई पहले रखकर शब्द बना **चिस**; इसी तरह बारह के लिए **चिगिनि** शब्द है। गारो भाषाक्षेत्र में कहीं-कहीं दस के बदले बीस के आधार पर गिनती चलती है। **कोर् अ चि**—बीस और दस यानी तीस। बीस वाली गिनती का कारण कोल प्रभाव है। गारो में द्रविड़ भाषाओं के अनुरूप उत्तम पुरुष सर्वनाम के दो बहुवचन रूप होते हैं, एक में श्रोता शामिल होता है और दूसरे में नहीं होता। **चिङ् अ**—हम (श्रोता को छोड़कर); **अन् चिङ्**—हम (हम और तुम, श्रोता को मिलाकर)। निकटवर्ती और दूरवर्ती पदार्थ सूचित करने के लिए **इ** और **अ** सर्वनाम मूलों के आधार पर रचे हुए शब्दों का व्यवहार द्रविड़ भाषाओं के समान होता है। **इअ**—यह व्यक्ति, स्थान आदि; **अ ओ अ** (अथवा **अ इ व**)—वह व्यक्ति स्थान आदि। शब्दों की आवृत्ति कोल तथा आधुनिक आर्य भाषाओं के समान होती है। **आना ब्रि ब्रि**—चार चार आना; **जोर जोर**—सीधे सीधे; **सुर सुर**—व्यवस्थित रूप में; **बन् ओबा बन् ओबा**—जहाँ-तहाँ। कभी-कभी दो विशेष वस्तुओं के सूचक जोड़कर किसी सामान्य धारणा को व्यक्त किया जाता है जैसे **बगन बारि**—बाग बगीचा (बागान और बारी); **जिक्से**—पति-पत्नी अर्थात् जोड़ा। **दुक सुक** हिन्दी का ही **दुख सुख** है। शब्द की आवृत्ति से किसी कार्य की आवृत्ति सूचित करना हिन्दी आदि भाषाओं के अनुरूप है। **निक्** माने देखना, **दप् दप्** आवृत्ति-सूचक प्रत्यय। इससे पद-रचना हुई **निक् दप् दप् अ**—बार-बार देखना।

आर्य भाषाओं में, भारत से बाहर इंडोयूरोपियन परिवार की भाषाओं में, गुण-भेद या मात्राभेद जताने के लिए केवल तीन स्तर हैं, सामान्य, उच्चतर और उच्चतम, किन्तु गारो में ऐसे अनेक स्तर बताये जा सकते हैं, इसके लिए अनेक प्रत्ययों से काम लिया जा सकता है। **नम्अ**—अच्छा; **नम् कर्अ**—कुछ ज्यादा अच्छा; **नम् बत्अ**—और ज्यादा अच्छा; **नम् बतकर् अ**—बेहतर से कुछ ज्यादा अच्छा; **नम् स्रङ् अ**—बहुत अच्छा; **नम्बत् स्रङ् अ**—बहुत-बहुत अच्छा। अन्य नाग भाषाओं के समान गारो में भी क्रियासूचक शब्द के बाद प्रत्यय जोड़कर संज्ञा शब्द बनाया जा सकता है यथा **रिङ्** माने गीत गाना, **रिङ् अनि** माने गीत; **चा** माने खाना, **चारम्** अर्थात् खाने की जगह। विशेषण में प्रत्यय लगाकर भाववाचक संज्ञा बनायी जा सकती है यथा **दर्** माने बड़ा, **दर् अनि** माने बड़प्पन।

बोरो के समान गारो में क्रियासूचक शब्दों की बहुलता है। ऐसे शब्दों के बाद प्रत्यय जोड़कर क्रिया के मूल अर्थ में अनेक प्रकार का परिवर्तन-परिवर्धन किया जा सकता है। इस तरह के परिवर्तन में क्रिया की अवस्था और कालभेद भी शामिल हैं। **अ** प्रत्यय जोड़कर नित्य घटित होने वाली क्रिया की ओर संकेत किया जा सकता है। **अङ् अ बे एन् चा अ**—मैं माँस खाता हूँ अर्थात् नित्य खाता हूँ। भूतकाल की व्यंजना

के लिए ह प्रत्यय लगाते हैं यथा **अङ् अरे अङ् अह**—मैं गया। फिर एक काल के अन्तर्गत अनेक उपभेद हैं। हिन्दी की कुछ क्रियाएँ गारो में क्रिया के साथ लगने वाला प्रत्यय बन गई हैं। **छिपना** से गारो ने क्रियामूल **छिप्** लिया, आदिस्थानीय व्यंजन की महाप्राणता का लोप करके उसे अपनी ध्वनि-प्रकृति के अनुकूल **चिप्** बनाया, फिर क्रिया के साथ उसका उपयोग इस प्रकार किया : **दोङ् चिप् अ**—छिपकर रहना; **दोन चिप् अ**—उधार लेकर न लौटाना; **रो चिप् अ**—छिपकर चलना; **दोक् चिप् अ**—छिपी चीज़ को मारना। इसी अर्थ का बोधक एक अन्य प्रत्यय **प्रु** है। **मेर् अ प्रु अ**—गुप्त रूप से मिलना, **रे प्रु अ**—गुप्त रूप से आना इत्यादि। बोरो के समान यहाँ भी प्रत्यय विशेषक का काम करता है और क्रिया के बाद आता है।

बोरो के समान गारो में कारक-रचना का महत्व है। बोरो के समान गारो में भी कर्मकारक के लिए **को** विभक्ति का व्यवहार होता है। **नङ् कोनिक् गेन्**—तुमको देखूंगा। सम्प्रदानकारक के लिए **न** है। **अङ् अ** (मैं), **उ को** (उस वस्तु को), **नङ् न** (तुम्हें), **ओन् गेन्** (दूंगा)। यहाँ कर्म और सम्प्रदान में भेद किया गया है। सम्बन्ध-कारक का चिन्ह **नि** है। **अङ् निजक्**—मेरा हाथ। सम्बन्धकारक का व्यवहार हिन्दी पदरचना की याद दिलाता है : **अङ् नि से पङ् ओ**—मेरे पास। गारो में कारकचिन्ह अर्थ को निश्चित रूप देते हैं। कारक-रचना का विकास कैसे होता है, यह जानने के लिए प्रस्तुत सन्दर्भ में बर्लिंग का यह मत ध्यान देने योग्य है : "संज्ञा शब्दों के प्रत्यय तत्वतः कारकचिन्ह हैं। वे इस बात की व्याख्या करते हैं कि जिन संज्ञा शब्दों में वे जोड़े गए हैं, वे अर्थ-विचार की दृष्टि से, क्रिया से किस प्रकार सम्बद्ध हैं। वास्तव में इनमें अनेक प्रत्यय प्राचीन इंडोयूरोपियन भाषाओं के कारकचिन्हों से, प्रयोग को देखते हुए, बहुत काफी मिलते-जुलते हैं। किन्तु उनकी संख्या [गारो में] अधिक है और साधारणतः यह कहा जा सकता है कि अर्थविचार से वे अधिक सीमित हैं, अर्थात् क्लासिकल भाषाओं के कारकचिन्हों की अपेक्षा वे अर्थ की अधिक सुनिश्चित व्याख्या करते हैं, और उनका प्रयोग अधिक नियमित भी है। दूसरी ओर अंग्रेज़ी जैसी यूरुप की आधुनिक भाषाओं में जितने पूर्व-सम्बन्धक (प्रिपोज़ीशन) हैं, उनकी तुलना में इनकी संख्या कम है। अंग्रेज़ी के किसी एक प्रिपोज़ीशन की तुलना में इनके अर्थ का दायरा सामान्यतः अधिक विशद होता है। इस प्रकार अर्थ की दृष्टि से उनकी स्थिति लैटिन जैसी भाषा के कारकचिन्हों और आधुनिक अंग्रेज़ी के प्रिपोज़ीशनों के बीच की है।" (पृष्ठ ४५)

६. उपसंहार

चीनी-तिब्बती भाषा समवाय के केन्द्र में है तिब्बती-बर्मी भाषा-समुदाय। चीन की भाषाओं तथा तिब्बत-बर्मा की भाषाओं में जितनी भिन्नता है, उतनी द्रविड़ और आर्य भाषाओं में नहीं है। भारत की नाग भाषाओं का सम्बन्ध तिब्बती-बर्मी समुदाय से है, चीन की भाषाओं से नहीं। तिब्बती-बर्मी-समुदाय बृहत्तर भाषाई क्षेत्र भारत के अन्तर्गत वैसे ही है जैसे दक्षिण-पूर्वी एशिया की भाषाएँ हैं। नाग भाषाएँ मूल आर्य भाषाक्षेत्र को उत्तर और पूर्व की ओर से घेरे हुए हैं। वे परिवृत्त की आर्य भाषाओं को

प्रभावित करती रही हैं; उत्तर-पश्चिमी सीमान्त पर उन भाषाओं से उनका सम्पक रहा है जिनसे आगे चलकर इंडोयूरोपियन परिवार का निर्माण हुआ। आर्य क्षेत्र के परिवृत्त की भाषाएँ होने के कारण द्रविड़ और कोल भाषाओं से उनका सम्बन्ध था और इन तीनों भाषा-समुदाओं में अनेक समानताएँ हैं। नाग भाषाओं में, द्रविड़-कोल परिवारों के समान, यथेष्ट विविधता है; द्रविड़ कोल भाषाओं के समान ही उनमें यथेष्ट आर्य भाषातत्वों का समावेश भी हुआ है।

२

द्रविड़ भाषा परिवार और हिन्दी प्रदेश

१. प्रस्तावना

ऐतिहासिक भाषाविज्ञान की मान्यता यह है कि उत्तर भारत के जिस भाग में वैदिक भाषा का और उसके बाद संस्कृत का व्यवहार होता था, उसमें आर्यों के आने से पहले द्रविड़ जन-समुदाय तथा कोल आदि अन्य आर्येतर समाज रहते थे। आर्य और द्रविड़ भाषाओं में किस प्रकार का सम्बन्ध रहा है, इसे जानने के लिए अधिकतर संस्कृत में द्रविड़ भाषा-तत्त्वों की खोजबीन की गई है। यह खोजबीन भी अधूरी है और अनुसंधानकर्ता यह मानकर चलते हैं कि इंडोयूरोपियन और द्रविड़ भाषा परिवार स्वतन्त्र रूप से विकसित हो चुके थे, तब इनमें सम्पर्क हुआ; इनके उद्भव और विकासकाल में इनमें परस्पर सम्पर्क रहा होगा, इस सम्भावना पर विचार नहीं किया गया। आर्य भाषा परिवार के नाम पर केवल एक भाषा संस्कृत को लेकर विवेचन किया जाता है। द्रविड़ लोग भी आर्यों के आगमन के समय एक ही आदि द्रविड़ भाषा बोलते थे, ऐसा स्पष्ट मत किसी ने प्रतिपादित नहीं किया। माना जाता है कि द्रविड़ लोग भी भारत में उत्तर-पश्चिम से आये। भारत में फैलने से पहले वे एक आदि भाषा बोलते रहे होंगे; जब यहाँ आकर फैल गये तब वे अनेक भाषाएँ बोलने लगे। इस मत के विपरीत मेरी स्थापना यह है कि आर्य और द्रविड़ भाषाएँ बोलने वाले मानव-समुदाय अनेक गण-समाजों में विभाजित थे और वे भिन्न-भिन्न भाषाएँ बोलते थे। यह स्थिति वैदिक काल में, और उससे पहले भी, आर्य भाषाभाषी गण-समाजों की थी। यही हाल द्रविड़ों का था।

वैदिककाल या उससे पहले आर्य-द्रविड़ सम्पर्क की स्थिति किस तरह की थी, इसे जानने के लिए आधुनिक आर्य भाषाओं की स्थिति पर ध्यान देना चाहिए। आर्य भाषासमुदाय में पूर्वी छोर पर बँगला, असमिया और उड़िया भाषाएँ हैं, उत्तर-पश्चिमी छोर पर पंजाबी, सिन्धी, गुजराती और मराठी भाषाएँ हैं। इनके बीच में हिन्दी-भाषी

प्रदेश है। इस सारे आर्य भाषा-भाषी प्रदेश में यदि द्रविड़ लोग उसकी केन्द्रीय भूमि में रहते थे, तो उनका सबसे अधिक प्रभाव केन्द्रीय आर्य भाषाओं पर होना चाहिए। यदि वे इस केन्द्रीय क्षेत्र के पूर्वी और उत्तर-पश्चिमी प्रान्तों में रहते थे तो उनका प्रभाव पूर्वी और उत्तर-पश्चिमी भाषाओं पर सबसे अधिक होना चाहिए। इस दृष्टि से आधुनिक भाषाओं में द्रविड़-सम्पर्क के चिन्ह ढूँढ़ने पर प्राचीन स्थिति का अनुमान किया जा सकता है। किन्तु जब हम यह मान लेते हैं कि भाषाएँ चाहे पूर्व की हों, चाहे उत्तर-पश्चिम की, और चाहे मध्यदेश की, वे सभी संस्कृत से उत्पन्न हैं, तब प्राचीन स्थिति का अनुमान करना असम्भव हो जाता है। आधुनिक आर्य भाषाओं पर द्रविड़ प्रभाव एक-सा नहीं है; किन्तु इस प्रभाव-वैषम्य से प्राचीन काल के लिए कोई परिणाम कैसे निकालें? संस्कृत को एकमात्र आधार बनाकर विचार करने से द्रविड़ प्रभाव एक-रूप प्रतीत होता है, तब कल्पना करनी होगी कि इस एक-रूप प्रभाव से आगे चलकर विषम प्रभाव का जन्म हुआ। किन्तु यदि माना जाय कि यह प्रभाव-वैषम्य पहले भी था, संस्कृत एकमात्र आर्य भाषा नहीं थी, उसके समानान्तर अन्य आर्य भाषाएँ भी थीं तो समस्या सरल हो जाती है।

आर्यों और द्रविड़ों का सम्पर्क प्राचीनकाल में हुआ, यह सभी लोग मानते हैं। द्रविड़ लोग आर्य-भाषा-क्षेत्र की केन्द्रीय भाषाओं को अधिक प्रभावित करते हैं या सीमान्त भाषाओं को, इस समस्या के समाधान से पता चलेगा कि इनकी बस्तियाँ सबसे ज्यादा केन्द्रीय भूमि में थीं या सीमान्त प्रदेशों में। भारत के संदर्भ में ऐतिहासिक भाषा-विज्ञान किस दिशा में बढ़ता है, यह बहुत कुछ उक्त समस्या के विवेचन पर निर्भर है।

२. सघोष महाप्राण स्पर्श ध्वनियों के मूल केन्द्र

सबसे पहले ध्वनि तन्त्र से सम्बन्धित समस्याओं पर विचार करना उचित होगा। इन समस्याओं में सबसे महत्वपूर्ण समस्या महाप्राणता की है। इंडोयूरोपियन परिवार की शाखाओं में भारतीय शाखा एक मात्र शाखा है जिसमें सघोष महाप्राण स्पर्श ध्वनियाँ विद्यमान हैं। ऐतिहासिक भाषाविज्ञान यह मानता है कि आदि इंडोयूरोपियन भाषा में सघोष महाप्राण ध्वनियों का व्यवहार होता था। वह इस बात की कैफ़ियत नहीं देता कि भारत के बाहर इन ध्वनियों का लोप क्यों हो गया, हित्ती जैसी भाषा में भी ये ध्वनियाँ क्यों नहीं हैं जबकि इस भाषा को वैदिक भाषा से भी प्राचीन कहा जाता है। भारत के भीतर कश्मीरी और पड़ोस में पश्तो और फ़ारसी में ये ध्यनियाँ नहीं हैं, न ईरान की प्राचीन भाषा—अवेस्ता की भाषा—में ये ध्वनियाँ हैं। भारत में द्रविड़ ही नहीं, कोल, नाग आदि जो अन्य भाषा-समुदाय हैं, उनमें भी सघोष महाप्राण ध्वनियों का अभाव है। इन भाषाओं में महाप्राण ध्वनियों का प्रसार आर्य भाषा के प्रभाव से हुआ है। इन आर्य भाषाओं के तत्त्व जब मध्य एशिया, पश्चिमी एशिया तथा यूरुप में पहुँचते हैं, तब उन्हें उन सीमान्त प्रदेशों को पार करना पड़ता है जिनमें महाप्राण ध्वनियों का अभाव है। इन क्षेत्रों में द्रविड़ तथा अन्य आर्येतर गण-समाज रहते थे। मध्य एशिया, पश्चिमी एशिया और यूरुप की भाषाओं में सघोष महाप्राण ध्वनियाँ नहीं हैं, तो इससे

सिद्ध यह होता है कि इन ध्वनियों की मूल भूमि आर्य भाषा-क्षेत्र है। इस क्षेत्र के केन्द्रीय भाग में द्रविड़ आदि समुदायों का जमघट नहीं है; इनका जमघट है उत्तर-पश्चिम में। आधुनिक आर्य भाषाओं को छोड़ भी दें, तो संस्कृत तथा लैटिन, ग्रीक, हित्ती आदि भाषाओं की तुलना करने से यह सिद्ध हो जायगा कि आर्य भाषा-क्षेत्र के उत्तर-पश्चिमी सीमान्त पर ऐसा प्रभावशाली भाषा-क्षेत्र है जो महाप्राणता का विरोधी है और जिससे छनकर बाहर जाने वाले आर्य शब्द सघोष महाप्राणता की विशेषता खो देते हैं। इस प्रकार के तुलनात्मक अध्ययन से यह सिद्ध नहीं होता कि आर्य भाषा-क्षेत्र की केन्द्रभूमि में द्रविड़ों का बाहुल्य था।

कोसल को देखते हुए भरत गण की भाषा उत्तर-पश्चिम की भाषा है। यह भाषा कोसल और मगध की भाषाओं की अपेक्षा द्रविड़ प्रभाव अधिक ग्रहण करने लगी है। उदाहरण के लिए संस्कृत में एक शब्द है **अप:** या **आप:**, जिसका अर्थ है जल। इससे मिलता-जुलता एक और शब्द है **अम्भ**, जिसका अर्थ है जल और एक शब्द है **अभ्र**, जिसका अर्थ है बादल। मूल शब्द **अभ** या **अम्भ** है। जब सघोषता और महाप्राणता दोनों का लोप होता है तब **अप:** जैसा रूप बनता है और जब केवल महाप्राणता का लोप होता है तब **अम्बु** जैसा रूप बनता है। संस्कृत में ऐसे वैकल्पिक रूपों का अस्तित्व सिद्ध करता है कि द्रविड़ प्रभाव इतना व्यापक नहीं है कि मूल रूपों का नाश कर दे। मूल रूप और द्रविड़ प्रभाव वाले रूप, दोनों कायम रहते हैं।

अनेक शब्द रूपों में संस्कृत किसी ध्वनि की आवृत्ति करती है जैसे **बभूव** में। यहाँ **भू** क्रिया की सघोष महाप्राण ध्वनि **भ्** की आवृत्ति की गई है। किन्तु आवृत्ति करते समय एक जगह महाप्राणता का लोप हो गया है। **भभूव** के स्थान पर **बभूव** रूप बना। सघोष महाप्राण ध्वनियों की आवृत्ति संस्कृत को पसन्द नहीं है। किन्तु हिन्दी में **घाघ, घाघरा, घाँघरा, धधकना, भूभल** आदि शब्द खूब प्रचलित हैं। इससे सिद्ध होता है कि संस्कृत ने जो द्रविड़ प्रभाव ग्रहण किया, उसके बावजूद अन्य आर्य भाषाओं ने प्राचीन सघोष महाप्राण ध्वनियों की रक्षा की।

अब हिन्दी प्रदेश के पूर्वी और उत्तर-पश्चिमी सीमान्त प्रदेश की भाषाओं पर विचार करें। **इंडियन लिंग्विस्टिक्स** (खण्ड १–४, १९३१–३४, पृष्ठ १५) में डा० सुनीति कुमार चाटुर्ज्या ने **रिकसिव्स् इन न्यू इंडोएर्यन्** नाम का बहुत दिलचस्प लेख लिखा है। इसमें उन्होंने आर्य भाषाओं में महाप्राण ध्वनियों की विशेषता पर विचार किया है। भारतीय आर्य-भाषा परिवार की एक भाषा सिंहली श्रीलंका में बोली जाती है। इस भाषा में महाप्राण ध्वनियाँ हैं ही नहीं, न सघोष महाप्राण, न अघोष महाप्राण। आर्य भाषाओं में सिंहली मूल आर्य भाषा-केन्द्रों से सर्वाधिक दूर है। श्रीलंका और इन केन्द्रों के बीच में दक्षिण भारत का विशाल द्रविड़ प्रदेश है; यही नहीं, श्रीलंका में द्रविड़-भाषाभाषी रहते भी हैं। सिंहली की यह स्थिति काफी शिक्षाप्रद है। आर्य भाषा-केन्द्रों से दूरी के कारण और द्रविड़ भाषाओं के निकट सम्पर्क के कारण इस आर्य भाषा में महाप्राण ध्वनियों का लोप हो गया है। इससे मिलती-जुलती स्थिति यूरुप की भाषाओं की है जिनमें सघोष महाप्राणता लुप्त है।

डा० चाटुर्ज्या कहते हैं कि शब्द के आदिस्थान में अघोष महाप्राण ध्वनियाँ सभी आर्य भाषाओं में मिलती हैं किन्तु आदिस्थानीय अथवा मध्यवर्ती सघोष महाप्राण ध्वनियों में तब्दीली होती है। गंगा नदी के ऊपरी मैदानों की भाषाएँ और कुछ पड़ोसी भाषाएँ उनके विचार से बहुत पुरानपंथी हैं अर्थात् वे सघोष महाप्राण ध्वनियों को बदलती नहीं हैं। पूर्वी और पश्चिमी हिन्दी बोलियों, बिहारी बोलियों में जहाँ-तहाँ मध्यवर्ती हकार का लोप हो जाता है किन्तु वे महाप्राण व्यंजनों को शब्द के सभी स्थानों में ऐसी दृढ़ता से कायम रखती हैं जैसी दृढ़ता अन्य आर्य भाषाओं में नहीं देखी जाती। सिन्धी और उड़िया ने, बँगला और मराठी की तुलना में, महाप्राण ध्वनियों की रक्षा अधिक की है। किन्तु मराठी की स्थिति वही है जो बँगला की है, केवल मराठी की तुलना में बँगला अधिक सुसंगत रूप से महाप्राणता का लोप करती है। डा० चाटुर्ज्या बँगला को महाप्राणता का लोप करने वाली भाषा की संज्ञा देते हैं। शब्द के आदिस्थान में बँगला भाषा आमतौर से महाप्राण ध्वनियों को बनाए रहती है। डा० चाटुर्ज्या कहते हैं कि महाप्राण ध्वनि बँगला शब्द के मध्य और अन्त में आती है तो उसका लोप हो जाता है। कलकत्ते की परिनिष्ठित बोलचाल का एक चरमपंथी रूप ऐसा है जिस पर साहित्यिक संस्कृत का प्रभाव नहीं है। उसके लिए यह निश्चित रूप से कहा जा सकता है कि उसमें महाप्राण ध्वनि केवल शब्दों के आदिस्थान में प्रयुक्त होती है।

बँगला उन भाषाओं में है जिनके लिखित रूप में संस्कृत शब्दों की भरमार है। इन शब्दों के लिखित रूपों में महाप्राण ध्वनियाँ वैसे ही हैं जैसे संस्कृत में। किन्तु बोल-चाल में स्थिति बिल्कुल भिन्न है, केवल आदिस्थान में महाप्राण ध्वनियों का व्यवहार होता है, अन्यत्र उनका सफाया हो जाता है। कोई आश्चर्य नहीं कि कलकत्ते से जब कोई आदमी उत्तर-पश्चिम की ओर देखता है, तब उसे गंगा नदी के ऊपरी मैदानों की भाषाएँ बड़ी पुरानपन्थी मालूम होती हैं। महाप्राणता छोड़ती नहीं, सघोष महाप्राण ध्वनियों में परिवर्तन करती नहीं। ऐसा परिवर्तन बँगला ही नहीं करती, मराठी भी करती है। इसका अर्थ यह है कि महाप्राणता का विरोधी प्रभाव आर्यभाषा क्षेत्र के पूर्वी और पश्चिमी सीमाप्रान्तों में अत्यन्त प्रबल है, मध्यभाग में वह नगण्य है।

बँगला भाषा के उद्भव और विकास पर अपने प्रसिद्ध ग्रन्थ में डा० चाटुर्ज्या ने आर्य भाषाओं के महाप्राणता वाले लक्षण पर भी विचार किया है और इस बात पर ध्यान दिया है कि यह लक्षण सभी आर्य भाषाओं में एक-सा नहीं है। सघोष और अघोष महाप्राण ध्वनियों तथा न्ह्, म्ह्, ल्ह् ध्वनियों के बारे में उन्होंने लिखा है कि इनकी महाप्राणता का लोप बँगला भाषा में उल्लेखनीय है और इसकी तुलना उन्होंने मराठी, गुजराती, राजस्थानी और सिन्धी भाषाओं की स्थिति से की है। उन्होंने यह भी लिखा है कि 'मध्यदेश की भाषाओं में महाप्राणता का लोप अत्यन्त विरल है।' (**औरीजिन ऐंड डिवेलपमेंट ऑफ़ दि बेंगाली लैंग्वेज़**, पृष्ठ १५६)। मध्यदेश के उत्तर में पंजाबी भाषा का प्रदेश है। उसी प्रसंग में डा० चाटुर्ज्या ने पंजाबी भाषा में महाप्राणता के लोप के बारे में लिखा है: 'पंजाबी सघोष महाप्राण **घ्, झ्, ढ्, ध्, भ्** को **क्, च्, ट्, त्, प्** में बदल देती है और इसके साथ सघोषता और महाप्राणता की क्षतिपूर्ति के लिए

निम्न स्वरतान का प्रयोग करती है और यह एक ऐसी चीज़ है जो नव्य भारतीय आर्य भाषाओं के ध्वनितन्त्र में अनूठी है।' (उप०, पृष्ठ १५९)। यहाँ निम्न स्वरतान की बात छोड़ देते हैं। ध्यान देने की बात है कि पंजाब में बंगाल की अपेक्षा सघोष महाप्राण ध्वनियों का लोप अधिक होता है। बँगला में आदिस्थानीय सघोष महाप्राण ध्वनियाँ सामान्यतः सुरक्षित रहती हैं किन्तु पंजाबी में ये ध्वनियाँ बदलकर सीधे अघोष अल्पप्राण हो जाती हैं, लगभग तमिल की तरह। पटियाला से प्रकाशित कनिंघम और बेली की **पंजाबी मैनुअल एंड ग्रामर्स** पुस्तक में इस तरह के उदाहरण दिए हुए हैं: **भ्रा** के लिए **प्रा, ढाई** के लिए **टाई, झज्झर** के लिए **चज्जर, भले आई** के लिए **पले आई** (अर्थात् भलाई)। पंजाबी में **ह्** का अक्सर लोप हो जाता है जैसे वाक्य के अन्त में **है** के स्थान पर **ए** का उच्चारण होता है। बँगला में इसी तरह मध्यवर्ती हकार का लोप होने पर **शहनाई** से **शानाइ, सुराही** से **सोराइ, मधु** से **महु** और फिर **मउ** रूप बनते हैं। सघोष महाप्राण ध्वनियों में महाप्राणता का लोप होने पर सघोषता बच रहती है यथा **मध्य** से **माँझ** और फिर उससे **मेजो** रूप बनता है। अवधी का **सँझवतिया** बँगला में **संजुति** हो जाता है। अघोष महाप्राण ध्वनियों से महाप्राणता का लोप होने पर **मस्खरा** बदलकर **मस्करा, हाथ** बदलकर **हात्** हो जाता है।

बँगला के समान मराठी में भी संस्कृत शब्दों का व्यवहार प्रचुर मात्रा में होता है। ब्लौख ने मराठी भाषा पर अपनी पुस्तक में महाप्राणता-लोप के जो उदाहरण दिये हैं, उनमें से कुछ इस प्रकार हैं: **भिक्षा** से **भीक, बुभुक्षा** से **भूक, जंघा** से **जाँग, मध्य** से **माँज, संध्या** से **साँज, आषाढ** से **आखाड, कुष्ट** से **कोढ** और **कोढ** से **कोड, हस्त** से **हाथ** और **हाथ** से **हात, गृध्र** से **गीध** और **गीध** से **गीद**। मराठी में मध्यवर्ती हकार का लोप होने पर **महाराष्ट्र** से **मराठा, फलाहार** से **फलार, महानुभाव** से **मानुभाव** जैसे रूप बनते हैं। एक छोर पर बँगला और दूसरे छोर पर मराठी, दोनों संस्कृत-गर्भित भाषाएँ, दोनों में महाप्राणता के लोप की पद्धति लगभग एक-सी है। इससे सिद्ध होता है कि आर्य भाषा-क्षेत्र के केन्द्रों से दूर प्रान्तों में महाप्राणता क्षीण होती जाती है। सघोष महाप्राणता के केन्द्र भारत के बाहर कहीं नहीं मिलते, न प्राचीन भाषाओं में, न आधुनिक भाषाओं में; इसलिए मानना चाहिए कि ये केन्द्र गंगा नदी के ऊपरी मैदानों में हैं जहाँ की भाषाएँ महाप्राणता के मामले में अत्यन्त पुरातनपन्थी हैं। जब अन्य आर्य भाषाएँ उस लक्षण को त्याग रही हैं, तब ये उसे सुरक्षित बनाये हुए हैं। महाप्राणता को लेकर आर्य भाषाओं में जो दो तरह की प्रवृत्तियाँ पाई जाती हैं, उसका कारण यह नहीं है कि कुछ भाषाएँ पुरानी ध्वनियों को बदलकर अधिक प्रगतिशील बनना चाहती हैं और कुछ दूसरी भाषाएँ रूढ़ियों की रक्षा करती हैं। उसका कारण यह है कि भारत में अनेक भाषा-परिवार, कहना चाहिए भारत के सभी आर्येत्तर भाषापरिवार, महाप्राणता वाली ध्वनि-प्रवृत्ति के विरोधी हैं, विशेष रूप से सघोष महाप्राण ध्वनियों वाली प्रवृत्ति के। इनमें द्रविड़ भाषा परिवार प्रमुख हैं। आर्य भाषाएँ जहाँ आर्येतर क्षेत्रों में फैली हैं, वहाँ महाप्राणता क्षीण हुई है, जहाँ उनके मूल केन्द्र थे, वहाँ वह सुरक्षित है। बंगाल के बारे में यह निश्चय-पूर्वक कहा जा सकता है कि गंगा के ऊपरी मैदानों में जब आर्य भाषाएँ बोली जाती

थीं, तब वहाँ अनेक आर्येतर भाषाएँ बोली जाती थीं। डा० चाटुर्ज्या ने बँगला भाषा के उद्भव और विकास पर अपने ग्रन्थ में एक ओर संस्कृत-प्राकृत क्रम से बँगला का विकास दिखाया है, दूसरी ओर उन्होंने बंगाल की आर्य भाषा, अथवा बोलियों के समुदाय को आर्येतर भाषाओं से प्रभावित होते दिखाया है। इस तरह प्रभावित होने की क्रिया का एक परिणाम है महाप्राणता का ह्रास। जब हम कश्मीर और गन्धार जैसे सुदूर प्रदेशों पर ध्यान देते हैं तब वहाँ की भाषाओं में सघोष महाप्राण ध्वनियों का अभाव नितान्त स्वाभाविक जान पड़ता है। इसी प्रकार श्रीलंका में जब वहाँ की आर्य भाषा सिंहली में सघोष ही नहीं, अघोष महाप्राण ध्वनियों का भी अभाव दिखाई देता है, तो इसे भी हम स्वाभाविक मानते हैं। महाप्राण ध्वनियों के वितरण की विषमता तभी तर्कसंगत प्रतीत होगी जब हम मध्यदेश में उनके मूल वितरण केन्द्रों का अस्तित्व स्वीकार करेंगे।

३. हिन्दी प्रदेश में महाप्राणता की स्थिति

मध्यदेश में, अथवा समूचे हिन्दी प्रदेश में, महाप्राणता की स्थिति एक-सी नहीं है। अवधी के क्षेत्र से लेकर मिथिला तक महाप्राण ध्वनियाँ सुरक्षित रहती हैं किन्तु ब्रज, बाँगरू, राजस्थानी आदि के क्षेत्रों में महाप्राणता क्षीण होने लगती है और कहीं-कहीं बँगला, मराठी आदि से मिलती-जुलती स्थिति उत्पन्न हो जाती है। राजस्थानी के बारे में ग्रियर्सन ने अपने सर्वेक्षण ग्रन्थ के नव भाग में लिखा है कि राजस्थानी बहुधा महाप्राण ध्वनियों का लोप कर देती है। बँगला के समान राजस्थानी में सघोष महाप्राण ध्वनि के स्थान पर सघोष अल्पप्राण ध्वनि का व्यवहार मिलता है, **मुझ** के लिए **मुज, तुझ** के लिए **तुज**। मराठी की तरह **आषाढ़** के स्थान पर **असाड** का प्रयोग मिलेगा। एक लोकगीत में यह पंक्ति आती है : **असाड उतरियो, सावण लाग्यौ, काली घटा घिर आई।** (**परम्परा**, लोकगीत अंक, जोधपुर, पृष्ठ १७३)। डा० मोतीलाल मेनारिया ने **राजस्थानी भाषा और साहित्य** पुस्तक में मारवाड़ी गद्य का जो नमूना दिया है (पृष्ठ ६), उसमें **रहता** के लिए **रैवतो, हमारा** या **म्हारा** के लिए **मारा, काढ** के लिए **काड** आदि रूप मिलते हैं। गुजराती भाषा की स्थिति महाप्राणता के मामले में राजस्थानी से मिलती-जुलती है। राजस्थानी और बाँगरू पड़ोसी भाषाएँ हैं। डा० जगदेव सिंह ने बाँगरू पर अपनी पुस्तक में उक्त कोटि के अनेक उदाहरण दिये हैं। अवध के रहने वाले जहाँ **घरघराहट** शब्द का प्रयोग करेंगे वहाँ बाँगरू में इसका रूप **गरगराट** होगा। **भी** के स्थान पर **बी** का उच्चारण सामान्य है। यह सघोष महाप्राण ध्वनि में परिवर्तन हुआ। **सफेद** के लिए **स्पेद, सुखा** के लिए **सुका** जैसे रूपों में अघोष महाप्राण ध्वनि में परिवर्तन दिखाई देता है। मध्यवर्ती हकार का लोप ऐसे शब्दों में होता है जैसे **चिकणाट** (चिकनाहट), **सरसराट** (सरसराहट) और ऊपर दिया हुआ रूप **गरगराट**। धीरेन्द्र वर्मा-सम्पादित **ग्रामीण हिन्दी** पुस्तिका में बिजनौर जिले की खड़ी बोली का जो उदाहरण दिया गया है, उसमें **बादसा** (बादशाह), **केने लगा** (कहने लगा), **है बी** (है भी), **मुज समान** (मुझ समान), **जा पोंचा** (जा पहुँचा), **चल रिया हे** (चल

रहा है), **पेलेई** (पहले ही), **पोंच गये ते** (पहुँच गये थे) जैसे रूप हैं। इनमें सघोष महाप्राण ध्वनियों में महाप्राणता निकल गई तो सघोषता बची और अघोष महाप्राण से महाप्राणता निकली तो अघोषता बची। पुरानी दक्खिनी में इससे मिलते-जुलते रूप मिलते हैं यथा वजही के गद्य में **समझे** के लिए **समजे** रूप का प्रयोग, **कुछ** के लिए **कुच** रूप का प्रयोग (श्रीराम शर्मा : **दक्खिनी का गद्य और पद्य,** हैदराबाद, पृष्ठ ४०५, ४०४)। दक्खिनी भाषा का विकास राजस्थानी और बाँगरू प्रभावों को लेकर हुआ है। इसलिए उसमें ऐसे रूपों का मिलना स्वाभाविक है। जैसे संस्कृत, महाप्राणता के मामले में. हिन्दी से एक हद तक भिन्न है, उसी तरह बाँगरू इस मामले में अवधी से भिन्न है। कुरु प्रदेश से संस्कृत का गहरा सम्बन्ध था और वर्तमान परिनिष्ठित हिन्दी का आधार उसी कुरु प्रदेश की आधुनिक भाषा बाँगरू है। परिनिष्ठित हिन्दी के उर्दू रूप का विकास आगरा और दिल्ली जैसे उत्तर-पश्चिमी शहरों में हुआ (अवध को केन्द्र मानने पर ये नगर पश्चिमोत्तर में हैं)। साहित्यिक हिन्दी का विकास अवध तथा अन्य पूर्वी क्षेत्रों में हुआ। इसलिए साहित्यिक उर्दू की अपेक्षा साहित्यिक हिन्दी में महाप्राण ध्वनियाँ अधिक सुरक्षित हैं। मराठी और बँगला की तरह उर्दू में भी **हाथ हात** हो गया है और **ठंढ** जैसा शब्द **ठंड** रूप में ही ग्रहण किया जाता है। बोलचाल की परिनिष्ठित हिन्दी और उर्दू, विशेषत: उत्तर-पश्चिमी प्रदेशों के निवासियों की भाषा, महाप्राणता को अल्पप्राणता में काफी बड़े पैमाने पर बदलती है।

बाँगरू क्षेत्र के पड़ोस में ब्रजभूमि है। यहाँ की बोलचाल की भाषा में हकार का निरन्तर लोप होता है। डा० सत्येन्द्र द्वारा-सम्पादित **ब्रज की लोक कहानियाँ** में एक कथा के कुछ अंश इस प्रकार हैं : **काऊ शहर में एक बड़ौ धर्मातमा राजा हो**.........
...**रानी साहब एक साधू हमारे न्याँ आयौ ऐ। और बु कह रह्यौ ऐ**............**राजा के ऊ मन में भर गयी**............**म्वाँईं एक बर के पेड़ के नीचैं**..................."
(पृष्ठ ९)। **काहू, यहाँ, है, हू, वहाँ,** ही आदि शब्दों के रूप ब्रजभाषा में महाप्राणता-विहीन हो गये हैं। धीरेन्द्र वर्मा ने **ग्रामीण हिन्दी** पुस्तिका में मथुरा के चौबे लोगों की भाषा का जो नमूना दिया है, उसमें इसी प्रकार हकार लोप है : **पैले** (पहले), **चारौ दिंगे** (चार ही देंगे), **रैगई** (रह गई), **कओ** (कहो), **बास्सा** (बादशाह)। बुन्देलखण्डी की स्थिति ब्रज से मिलती-जुलती है। कवि ईसुरी कहते हैं : **मोय** (मोहिं) **बल रात** (रहत) **राधिका जी कौ**......**पैले** (पहले) **पार पातकी कर दिये**........................ **तुमखाँ छोड़न नईं** (नहीं) **बिचारैं**...............**रये** (रहे) **गरे में डारें**............... **रइऔ** (रहिहौ) **सुरत समारैं**। ब्रज, बुन्देलखण्डी, बाँगरू, राजस्थानी आदि के अनेक रूप महाप्राणता खोकर एक दूसरे से मिलते-जुलते हैं। इसके विपरीत बुन्देलखण्डी के पड़ोस में बघेली और छत्तीसगढ़ी बोलियाँ महाप्राण ध्वनियों को वैसे ही सुरक्षित रखती हैं जैसे अवधी। इन दोनों के परिवेश में ब्रज या बाँगरू की अपेक्षा द्रविड़-भाषा-भाषियों की संख्या अधिक है। फिर भी ये बोलियाँ अपनी मूल ध्वनियों को सुरक्षित किये हैं।

हिन्दी प्रदेश की बोलियाँ और पड़ोसी आर्य भाषाओं की स्थिति पर ध्यान देने से यह तथ्य सामने आता है कि अल्पप्राणता की हवा उत्तर-पश्चिम से चलती है। ऐसी

हवा पूरब में भी है पर वह मिथिला और मगध की सीमा पर रुक जाती है। वैदिक काल में अल्पप्राणता का प्रभाव कम है, आधुनिक भाषाओं में वह प्रभाव बहुत बढ़ा हुआ है। वह हिन्दी की पड़ोसी मराठी, गुजराती, राजस्थानी और पंजाबी भाषाओं के ध्वनितन्त्र में महाप्राणता को निरन्तर क्षीण करता है; यही नहीं, हिन्दी क्षेत्र की उत्तर-पश्चिमी जनपदीय भाषाओं, बाँगरू, ब्रज, बुन्देलखण्डी के ध्वनितन्त्र में भी परिवर्तन करता है।

४. आर्य भाषाओं का द्रविड़ परिवेश

वर्तमानकाल में द्रविड़ भाषाओं की स्थिति देखने से उक्त प्रपंच की व्याख्या करने में कुछ सहायता मिलती है। द्रविड़ परिवार के अन्तर्गत तीन भाषा-समुदाय हैं। इनमें एक दक्षिणवर्ती समुदाय है जिसकी प्रमुख भाषा तमिल है, दूसरा मध्यवर्ती समुदाय है जिसमें कुछ लोग गोंडी आदि के अतिरिक्त तेलुगु को भी शामिल करते हैं, और तीसरा उत्तरवर्त्ती समुदाय है जिसकी एक भाषा ब्राहूइ बलोचिस्तान में बोली जाती है। बलोचिस्तान के अलावा कश्मीर में, कश्मीर के उत्तर में, द्रविड़ भाषाएँ बोली जाती थीं, इसके कुछ चिन्ह मिले हैं। डा० सिद्धेश्वर वर्मा ने भाषा-वैज्ञानिक छानबीन के लिए कश्मीर के उत्तरी भागों की यात्रा की थी। इसका विवरण उन्होंने २८ सितम्बर १९४० के पत्र में डा० सुनीति कुमार चाटुर्ज्या को लिख भेजा था और यह **इंडियन लिंग्विस्टिक्स** खण्ड-२ (पुनर्मुद्रित, संख्या ५ से ८ तक, १९३५–४४) में प्रकाशित हुआ था। इसमें उन्होंने हिमालय के उस पार शोपियान कस्बे की भाषा का ज़िक्र किया है। यहाँ के लोग कश्मीरी बोलते हैं किन्तु दुकानदारों की भाषा में सौ के लिए **नूर्** शब्द है जो द्रविड़ परिवार का है। इसी तरह मैं के लिए **नाप्** शब्द है जिसका सम्बन्ध **ना** से है। डा० वर्मा ने इन शब्दों के द्रविड़ उद्भव का उल्लेख किया है।

रियासी नाम के ज़िले में उन्होंने कुछ नई बोलियों का पता लगाया। इनमें एक बोली खाशी या खशि थी। इसमें सघोष महाप्राण ध्वनियों का व्यवहार होता था। डा० वर्मा ने लिखा है कि वह संक्रमण की स्थिति में थी जब ये सघोष महाप्राण ध्वनियाँ, कश्मीरी के समान, लुप्त होने को थीं। ग्रियर्सन ने कश्मीरी और उसके आस पास की भाषाओं को दरद समुदाय में रखा था और उनकी विशेषता बताई थी कि वे ईरानी से प्रभावित हैं। किन्तु कश्मीर के उत्तर में सन् ४० तक ऐसी बोलियाँ थीं जिनमें सघोष महाप्राण ध्वनियाँ अभी विद्यमान थीं यद्यपि वे क्षीण हो रही थीं। खाशी बोली के पड़ोस में द्रविड़ भाषाओं के चिन्ह मिले, इसलिए यह अनुमान युक्ति-संगत है कि सघोष महाप्राणता की क्षीणता और लोप का कारण द्रविड़ प्रभाव है, स्वयं कश्मीरी में इसी प्रभाव से सघोष महाप्राण स्पर्श ध्वनियों का लोप हुआ होगा। डा० सुनीति कुमार चाटुर्ज्या ने बँगला भाषा वाली पुस्तक में कल्पना की है कि ईरान में भी द्रविड़ रहते थे। स्वभावत: फ़ारसी में भी सघोष महाप्राण ध्वनियाँ नहीं हैं।

भारत के सभी आर्येतर भाषा-परिवार सघोष महाप्राण ध्वनियों को अस्वीकार करते हैं। यहाँ केवल द्रविड़ परिवार का उल्लेख किया गया है। द्रविड़ों के अलावा

अन्य आर्येतर समुदाय भी भारत के उत्तर-पश्चिम में थे जैसे कि हिन्दी प्रदेश के दक्षिण में अभी हैं। सघोष महाप्राणता का अध्ययन करने पर प्रमाणित यह होता है कि अवध से लेकर मिथिला तक इसके केन्द्र अब भी विद्यमान हैं। मिथिला के पूर्व में महाप्राणता काफी क्षीण होती है। इधर अवध के उत्तर-पश्चिम में ब्रज, राजस्थानी और बाँगरू के क्षेत्रों में महाप्राणता कुछ-कुछ क्षीण होती है। पंजाब में यह क्षीणता बहुत बढ़ जाती है। बँगला में तो सघोष महाप्राण ध्वनियाँ शब्द के आदिस्थान में कायम रहती हैं किन्तु पंजाबी में मूल शब्दों की ऐसी ध्वनियाँ पूर्णतः अघोष और अल्पप्राण हो जाती हैं। मराठी की स्थिति बँगला से मिलती-जुलती है। कश्मीरी में सघोष महाप्राण ध्वनियों का नितान्त अभाव है, इसलिए उसकी स्थिति पंजाबी की स्थिति से मिलती-जुलती है। सघोष महाप्राणता की केन्द्रभूमि से उत्तर और पश्चिम की ओर बढ़ते हुए महाप्राणता का जो ह्रास दिखाई देता है, वह आकस्मिक नहीं है। उसका कारण द्रविड़ों से सम्पर्क और उनकी भाषाओं का प्रभाव है। इस प्रभाव को नाग, कोल आदि अन्य आर्येतर समुदाय सम्वर्धित करते हैं। आर्य भाषाओं के ध्वनितन्त्र में जिस विषमता का उल्लेख ऊपर किया गया है, उसका कोई कारण ऐतिहासिक भाषाविज्ञान ने अभी तक नहीं बताया। महाप्राणता के मामले में अवधी, भोजपुरी आदि भाषाएँ संस्कृत की अपेक्षा निषेध-भावना से मुक्त हैं, इस तथ्य का उल्लेख भी परम्परागत ऐतिहासिक भाषाविज्ञान में नहीं है।

५. मूर्धन्य नासिक्य

अब ध्वनितन्त्र की एक अन्य विशेषता पर ध्यान दें। यह विशेषता ऐसी है जो उत्तर-पश्चिमी आर्य भाषाओं तथा द्रविड़ भाषाओं में सामान्य है किन्तु ब्रज प्रदेश से लेकर बंगाल तक बोलचाल के स्तर पर उसका लोप है। इस विशेषता का सम्बन्ध मूर्धन्य नासिक्य ध्वनि **ण्** के व्यवहार से है। हिन्दी प्रदेश में केवल बाँगरू क्षेत्र ऐसा है जिसमें इस ध्वनि का प्रचुरता से व्यवहार होता है। ब्रज प्रदेश में प्रवेश करते ही इसका लोप हो जाता है। राजस्थानी और ब्रजभाषा में गहरा सम्बन्ध है किन्तु णकार-प्रयोग को लेकर दोनों में घोर वैषम्य है। संस्कृत में, बाँगरू राजस्थानी और पंजाबी के समान, इसका प्रचुर प्रयोग होता है, किन्तु यह संस्कृत की भी मूल ध्वनि नहीं है। होती तो संस्कृत की क्रियाओं में इसके व्यवहार के बहुत से उदाहरण मिलते। संस्कृत में दो-एक ही क्रियामूल ऐसे हैं जिनमें **ण्** का व्यवहार होता है। (**गण्** क्रिया-मूल है, **कृणोति, भृणोति** आदि क्रियामूल नहीं हैं।) कोई अज्ञात भाषा-समुदाय इन उत्तर-पश्चिमी भाषाओं को प्रभावित करता है और यह प्रभाव ब्रज जनपद की सीमा पर आकर रुक जाता है। यह प्रभाव उत्तर पश्चिम में है, पूर्व में नहीं है। डा० सुनीति कुमार चाटुर्ज्या ने लिखा है कि बंगालियों के लिए **ण्** का उच्चारण दुष्कर है। सघोष महाप्राणता के मामले में मराठी बँगला से मिलती है किन्तु णकार के मामले में वह बँगला से भिन्न है। मराठी, सिन्धी, गुजराती, राजस्थानी, पंजाबी सभी णकार-बहुला हैं, पर यह सिलसिला कश्मीर तक नहीं पहुँचता, न सिन्धु नदी के पार ईरान या अफ़ग़ानिस्तान की

होता है, अन्य भाषाओं में यह भेद नहीं है। तेलुगु समेत अनेक द्रविड़ भाषाएँ **ण्** का व्यवहार नहीं करतीं, यह कहा जा चुका है। इसी प्रकार अनेक द्रविड़ भाषाओं में **ळ, ऴ** का व्यवहार सीमित हैं या नहीं होता। तमिल में अकार ध्वनि बहुधा एकार में बदलती है, उसके पड़ोस में तोद भाषा तमिल शब्दों के अकार की जगह बहुधा ओकार का प्रयोग करती है। तमिल में मध्यवर्ती **ऱ्** के पहले **ऩ्** का व्यवहार सामान्य है। अधिकांश द्रविड़ भाषाओं में ध्वनियों का ऐसा संयोग वर्जित है। तमिल भाषा में **ऱ्** और **ल्** से आरम्भ होने वाले शब्द अपवादरूप में हैं, कन्नड़ या तेलुगु में ऐसी कोई निषेध-भावना नहीं है। इसी प्रकार तमिल का कोई भी अपना शब्द **स्** से आरम्भ नहीं होता पर तेलुगु और कन्नड़ में **स्** से आरम्भ होने वाले बहुत से शब्द हैं। तमिल और मलयालम में **ट्** से आरम्भ होने वाले शब्द अपवादरूप हैं, कन्नड़ और तेलुगु में ऐसे शब्द काफी हैं, यद्यपि उतने नहीं हैं जितने हिन्दी में हैं।

द्रविड़ भाषाओं के ध्वनितन्त्रों में परस्पर काफी भिन्नता है। मध्यवर्ती स्पर्श ध्वनि, विशेषतः **क्**, का लोप तमिल में अधिक होता है। मिट्टी के घड़े के लिए एक तमिल शब्द है **अकल्**, इसी का तमिल प्रतिरूप है **आल्**। यहाँ **क्** ध्वनि हकार में परिवर्तित होकर लुप्त हो गई है। क्षतिपूर्ति के लिए प्रथम वर्ण का लघु स्वर दीर्घ हो गया है। प्रसन्न होने के लिए तमिल शब्द **उक** का प्रतिरूप **उव** है। **क-ह-अ**, फिर **व्** श्रुति का आगम, इस प्रकार **उक** का रूपान्तर **उव** बना। तमिल **अविऴ्** (शिथिल होना) के तेलुगु कन्नड़ प्रतिरूप **अगुलु** में स्पर्श ध्वनि विद्यमान है। तमिल **अविऴ्** (चावल का दाना) के कन्नड़ प्रतिरूपों **अगळु, अगुळु** में भी स्पर्श ध्वनि है यद्यपि इनका कन्नड़ प्रतिरूप **अवुळु-** भी है।

द्रविड़ भाषाओं में **क्** ध्वनि बहुधा **च्** में परिवर्तित होती है और कभी-कभी **क्** और **च्** दोनों ध्वनियाँ **श्** का रूपान्तर होती हैं। तमिल **चे** (सोना, रहना) का कन्नड़ प्रतिरूप **के** है; **च्** वाले रूप केवल तमिल और मलयालम में हैं, कन्नड़, तुलु, कोलमि, कुड़ुख, मल्तो में **क्** वाले रूप ही हैं। इस शब्द का सम्बन्ध संस्कृत क्रिया **शी** या **शे** से है। **शे** क्रिया का प्रतिरूप **शा** भी कभी प्रयुक्त होता था। तमिल **चा, चॅत्** (मरना) का कन्नड़ प्रतिरूप **शाय्** है। तमिल और मलयालम के अतिरिक्त तेलुगु और पर्जि में **च्** वाले रूप हैं; कन्नड़, तोद, तुलु, कुइ में **स्** वाले रूप हैं। गोंडी में **स्** और **ह्** वाले रूप हैं; कोत, कुड़ुख, मल्तो और ब्राहूइ में **क्** वाले रूप हैं। यहाँ हम सकार को **क्, च्** और **ह्** ध्वनियों में बदलते देख सकते हैं। **क्** वाली प्रवृत्ति उत्तरी समुदाय में है तो **च्** वाली प्रवृत्ति दक्षिण समुदाय में है। सकार की रक्षा मध्यवर्ती समुदाय करता है। ये केवल प्रवृत्तियाँ हैं और इनके अपवाद हैं। तोद भाषा तमिल की पड़ोसी है पर उसमें उक्त क्रिया के प्रतिरूप में सकार है, तेलुगु भाषा कन्नड़ की पड़ोसी है पर उसमें चकार है। मलयालम **इकल्** (लड़ाई) का प्रतिरूप मलयालम में ही **इशेल्** है। कोडगु और तुलु भाषाओं में **इज** रूप है, तमिल में केवल **क्** वाले रूप हैं। मूल शब्द में **श्** ध्वनि रही होगी, **क्** और **ज्** उसका रूपान्तर है। झाड़ी के लिए नइकि में **शॅट्ट** रूप है, कोलमि में इस रूप के अलावा **चॅट्ट** भी है। तमिल में **चॅटि** रूप है, कन्नड़ में **गिड** और **चॅटटु** दोनों तरह के रूप हैं।

यहाँ भी मूलध्वनि **श्** के परिवर्तित रूप दिखाई देते हैं। **क्** और **च्** के अलावा सकार **त्** में भी रूपान्तरित होता है। तुलु में **क्-श्-त्** वाले रूप एक साथ मिलते हैं : **कॅड्गुनि** (नष्ट होना, बिगड़ जाना), **शॅट्टुनि, तॅट्टुनि**। तमिल में **क्** और तेलुगु में **क्** और **च्** दोनों ध्वनियों वाले प्रतिरूप हैं। हिन्दी **सीप** कन्नड़ में **सिप्पु, चिप्पु**, तुलु में **सिप्पु, तिप्पि** और **चिप्पि** है। तमिल के एक रूप **चिप्पि** में **च्** है, दूसरे रूप **इप्पि** में **च्** का लोप है। संस्कृत **कषाय** का अर्थ देने वाला तमिल **कचर्** है। इसके प्रतिरूप **कयर्** में **च्** अर्द्ध-स्वर **य्** में रूपान्तरित होता है। कन्नड़ में **कस, कसि** रूप हैं, **कय्, कयि** भी। गोंडी में **कइतल, कइता** जैसे रूप हैं। हिन्दी का फल विशेष **कैथा** इसी कोटि के ध्वनि-परिवर्तन का परिणाम है।

तमिल भाषा में **च्** को **य्** में बदलने अथवा उसका लोप करने की प्रवृत्ति विशेष है। **अचक्कु** और **अयक्कु** (खिलाना) दोनों तमिल रूप हैं। कन्नड़ **असि**, तेलुगु **असियाडु** में मूल सकार मौजूद है; इसी का एक तमिल प्रतिरूप **अतिर** है। तमिल भाषा में तीन प्रवृत्तियाँ एक साथ काम करती दिखाई देती हैं : सकार का **च्** में बदलना, **च्** का **य्** में परिवर्तन और **च्** अथवा **य्** का लोप। इन तीनों प्रवृत्तियों का एक ही स्रोत नहीं हो सकता। **च्** और **ज्** को **य्** रूप में ग्रहण करने के उदाहरण अन्यत्र मिलते हैं किन्तु **च्** अथवा **य्** का लोप तमिल की विशेषता है। संस्कृत **चाप** से सम्बद्ध तमिल **आवम्** (तर्कस, धनुष की डोरी) में **च्** गायब है। मलयालम **अशति** (विस्मरण, अलसाना) के तमिल प्रतिरूप **अचर्** और **अयर्** हैं। द्रविड़-व्युत्पत्ति-कोश में किसी भी सकार को द्रविड़ भाषाओं की आदि ध्वनि नहीं माना गया है, पर ऐसे बहुत से शब्द हैं जो द्रविड़ परिवार के ही हैं और उनमें दन्त्य अथवा तालव्य सकार ध्वनि रही है। **क्-च्-त्** आदिस्थानीय ध्वनियाँ सकार वाले शब्दों के प्रतिरूपों में मिलती हैं। तोद भाषा में, एमेनो के अनुसार, **श्-ष्-स्** तीनों का व्यवहार होता है। यह एक पिछड़ी हुई जाति की भाषा है। इन तीनों सकारों का प्रयोग उसके अपने शब्दों में होता है। जैसे तमिल से भिन्न उसकी पड़ोसी मलयालम भाषा क्रियापदों में लिंगभेद स्वीकार नहीं करती, वैसे ही तमिल से भिन्न तोद भाषा, तमिल की पड़ोसी होकर भी, तीनों सकारों का प्रयोग करती है। अन्य परिवारों की तरह द्रविड़ परिवार में भी अनेक भाषास्रोत आकर मिल गये हैं। भाषाविज्ञानियों ने पहले तो आदि द्रविड़ भाषा की कल्पना की, फिर उस आदि भाषा की ध्वनि व्यवस्था में सकार को स्थान ही न दिया। तमिल का साहित्य द्रविड़ भाषाओं में सबसे पुराना है, इसलिए उन्होंने मान लिया कि तमिल में सकार नहीं है तो अन्य द्रविड़ भाषाओं में भी उनकी मूल ध्वनि के रूप में वह न होगा। पर तमिल भाषा के अनेक शब्द जब अन्य द्रविड़ भाषाओं के प्रतिरूपों से मिलाए जाते हैं, तब विदित होता है कि पुराने रूप अनिवार्यत: तमिल में सुरक्षित नहीं हैं। कभी-कभी पिछड़ी हुई द्रविड़ भाषाओं में पुराने रूप मिल जाते हैं। **आरु, अरु** (छह) के गोंडी प्रतिरूप **सारुंग, सरूंग, हरुंग, हारुंग** में मूल शब्द का सकार विद्यमान है यद्यपि गोंडी में **आरू** रूप भी है। कुइ में केवल सकार वाला रूप **सज्गि** है। तमिल **इमिऴ्** (अंकुरित होना) के तुलु प्रतिरूप **इ** के अलावा **च्, त्, स्** से आरम्भ होते हैं। स्पष्ट ही मूल शब्द में **स्** ध्वनि थी, तमिल में उसका लोप हो गया। कन्नड़ में **इ** और **च्** से आरम्भ होने वाले रूप हैं और यही स्थिति तेलुगु की है। किन्तु साहित्य

में सुप्रतिष्ठित तमिल, तेलुगु और कन्नड़ भाषाओं में सकार वाला रूप नहीं है। तमिल **इरि, इरा, रा** (रात्रि), **इरि** (काला), **इरुमइ** (अँधेरा) आदि शब्दों का कोलमि प्रतिरूप **चिरुम्** हैं, गद्‌ब में **सिरिंग्** आदि रूप हैं। यहाँ भी मूल शब्द की **स्** ध्वनि विद्यमान है। तमिल **इल्** (अनस्तित्व, मृत्यु), **इल्लइ** (नहीं है) का पर्जि प्रतिरूप **चिल** और गोंडी **सिलॅ, हिलॅ** मूल शब्द में सकार का अस्तित्व सिद्ध करते हैं। कुइ में **सिड** रूप है जिससे पता चलता है, **ल्** ध्वनि मूल शब्द में नहीं थी, वह **ड्** अथवा **द्** का रूपान्तर है। तमिल **इल्** (घर) का कुई प्रतिरूप **इडु** है।

तमिल में **द्** और **ड्** के **र्** में बदलने के अनेक उदाहरण हैं। कन्नड़ **ऑत्तु** (दबाना) का तमिल प्रतिरूप **ऑरु** है यद्यपि तमिल में **त्** वाले रूप भी हैं। पर इस शब्द के अन्य द्रविड़ प्रतिरूपों में कहीं भी **र्** नहीं है। तमिल **कुरइ** (काटना) के पर्जि प्रतिरूप **कुद्** में मूल ध्वनि **द्** विद्यमान है। इसी प्रकार तुलु में **कुट्पुनि** रूप है। तमिल **कन्रु** (बुझना, झुलसना) का कन्नड़ प्रतिरूप **कन्दु** है। एक अन्य तमिल **कन्रु** (बछड़ा, छोटा पौधा) का एक कन्नड़ प्रतिरूप **कन्दु** है।

तमिल ने **ण्** ध्वनि उत्तर-पश्चिम में प्राप्त की थी। उत्तर-पश्चिमी आर्य भाषाओं में इस ध्वनि की बहुलता है, इसके अलावा तमिल भाषा में अनेक शब्द इस ध्वनि को तरह-तरह से परिवर्तित करके ग्रहण करते हैं। जिन्हें मूर्धन्य नासिक्य के उच्चारण में कठिनाई होती है, वे उसका उच्चारण किसी समीपवर्ती मूर्धन्य ध्वनि के अनुरूप करते हैं। संस्कृत शब्द **गण** कन्नड़ में **गणि, गॅळॅ, कॅळॅ** आदि रूपों में ग्रहीत है। इसका तमिल प्रतिरूप **केळ्** है। इसका अर्थ है मैत्री, संघबद्ध होना। कन्नड़ **अणॅ, अणि** (निकट आना, गले लगाना, पहुँचना) का तमिल प्रतिरूप **अटु** है। बोल चाल में **ट्** सघोष होकर **ड्** बोला जायगा और दो स्वरों के बीच में होने से इसका उच्चारण हिन्दी-भाषियों को **ड़्** जैसा सुनाई देगा अर्थात् **अणि अड़ु** रूप में ग्रहीत होगा। हिन्दी क्षेत्र में मूर्धन्य **ण्** सामान्यतः वर्त्स्य **न्** के रूप में ग्रहण किया जाता है पर मूर्धन्यीकरण के प्रयत्न में कभी-कभी अपढ़ लोग इसका उच्चारण **ड़्** के समान करते हैं यथा **गणेश** का रूपान्तर **गड़ेस** हो जायगा। उक्त पद्धति के विपरीत तमिल में कहीं-कहीं **ट् ण्** में परिवर्तित होता है, विशेषतः जब शब्दमूल किसी प्रत्यय या अन्य शब्द से जोड़ा जाय, यथा **ऍट्टु** (आठ) पर **ऍण्पतु** (अस्सी)। अनेक तमिल शब्दों के अन्त में **ण्** व्यंजन आता है यथा **आण्** (पुरुष), **अण्** (ऊपरी भाग)। ऐसे रूप न संस्कृत में हैं, न हिन्दी में।

कन्नड़ में **आणि कल्लु** का अर्थ है ओले। **कल्** हुआ पत्थर, **आणि** हुआ पानी। ऐसा लगता है कि **पानी** शब्द **पाणी** रूप में कन्नड़ ने ग्रहण किया, फिर **प् ह्** में परिवर्तित हुआ और **ह्** का लोप हो गया। तमिल में यह **ण्** सादे लकार रूप में ग्रहीत हुआ। **आलि** माने पानी की बूँदें, ओले। कन्नड़ में **आणि कल्लु** का एक और प्रतिरूप बना **आलॅ कल्लु**।

मूर्धन्य ध्वनियाँ तमिल में काफी अस्थिर हैं। बोलचाल में **ऴ्** पूर्व स्वर को दीर्घ करके लुप्त हो जायगा यथा **अवऴ्** (वह स्त्री) बोलचाल में **अवा** हो जायगा। **चुऴल्** (घूमना, चक्कर लगाना) के आदि वर्ण से **च्** का लोप हुआ तो **उऴल्** रूप बना। इसका

एक प्रतिरूप **चुरि** है जहाँ **ळ्** **र्** के रूप में ग्रहीत है। कहीं-कहीं **र्** के स्थान पर **ळ्** का व्यवहार होता है जैसे कि उत्तर भारत में कभी-कभी **ज़रा** को लोग **जड़ा** कर देते हैं। संस्कृत **क्षार**, हिन्दी **खार**, का एक तमिल प्रतिरूप **कार्** है, दूसरा **काळ्**। हिन्दी **काला** का एक तमिल प्रतिरूप **करु** है, दूसरा **काळ्** (कालापन)। संस्कृत **बल** का तमिल प्रतिरूप **अळ्** है (**बल** से **पल**, फिर **वल** के **व्** का लोप और सामान्य लकार का मूर्धन्यीकरण)।

तमिल और मलयालम भाषाओं की एक विशेषता और है कि शब्द के आरम्भ में **ञ्** का व्यवहार होता है। **ञण्डु** (केंकड़ा), **ञमलि** (मोर), **ञञ्चिल्** (हल) जैसे रूप इन्हीं भाषाओं में हैं, अन्य द्रविड़ भाषाओं में नहीं। कन्नड़ की अपेक्षा तमिल में **क्** के स्थान पर **च्** के व्यवहार से यह प्रवृत्ति मिल जाती है। इन प्रदेशों में तालव्यीकरण की प्रवृत्ति कन्नड़ आदि की अपेक्षा प्रबल है। मूर्धन्यीकरण की प्रवृत्ति से यह अधिक प्राचीन जान पड़ती है। तमिल की कुछ बोलियाँ ऐसी हैं जिनमें शब्द के आदिस्थान में ङ् का व्यवहार होता है। आदिस्थानीय **ञ्** वाले शब्दों की अपेक्षा ऐसे शब्दों की संख्या बहुत ही कम है पर कुछ शब्द ऐसे भी हैं, यह तथ्य अत्यन्त रोचक है। **इंडियन लिंग्विस्टिक्स** पत्रिका में ऐम्० षण्मुगम् पिल्लइ ने एक तमिल बोली पर लिखते हुए बताया है कि उसमें इस तरह के शब्दों का व्यवहार होता है : **ङॉप्पन्** (तुम्हारे पिता), **ङॉम्मा** (तुम्हारी माँ), **ङॉण्णन्** (तुम्हारा भाई)। (देखें **रिप्रिन्ट्स फ्रौम इंडियन लिंग्विस्टिक्स औन ड्रैवीडियन**)। यहाँ **अप्पन्**, **अम्मा** आदि शब्दों में मध्यम पुरुष सर्वनाम ङॉ लगाया गया है। शब्द के आदिस्थान में ङ् का व्यवहार नाग भाषाओं की विशेषता है। उक्त लेख में यह बताया गया है कि प्राचीन काल में उत्तरी लंका को नागद्वीप कहते थे। सम्भव है तमिलनाडु के कुछ भागों में नाग भाषाएँ बोलने वाले लोग रहते रहे हों। शब्दों के आदान-प्रदान को आँख मूँदकर विजय-पराजय का परिणाम न मान लेना चाहिए। शब्दों से अधिक महत्वपूर्ण ध्वनितन्त्र है। अरबी-फ़ारसी के बहुत से शब्द तमिल में काफी बाद को पहुँचे हैं। उनसे यह सिद्ध नहीं होता कि तमिलनाडु पर अरब और ईरानी राज्य करते थे। मुख्य बात इन शब्दों का रूप-परिवर्तन है। यदि तमिल ध्वनितन्त्र हिन्दी प्रदेश में प्रभावकारी होता तो विदेशी शब्दों के वैसे ही रूप हमारे यहाँ प्रचलित होते। मद्रास विश्वविद्यालय द्वारा प्रकाशित तमिल भाषा के बृहत् कोश के आरम्भ में ही कुछ शब्द इस प्रकार के हैं : **अक्कप्पार, अक्कु, अचल्, अचामि, अतप्पु, अंकामि, अक्कुतार, अचारम्**। यदि चाहें तो मध्यवर्ती स्पर्श ध्वनियों को सघोष करके पढ़ लें। फिर भी, अनुमान है कि शब्दों को पहचानने में कठिनाई होगी। ये शब्द अपने मूलरूप में इस प्रकार हैं : **अखबार, हक, अस्ल** या **असल, आसामी, अदब** (भय), **हंगामी, हकदार, हजार**। अभी थोड़े दिनों पहले तमिलनाडु पहुँचे ये शब्द पहचान में नहीं आते, हज़ार साल पहले जो आर्य भाषाओं के शब्द तमिल में घुलमिल गये हैं, उन्हें पहचानना और भी कठिन है। पर इस तरह के तद्भवीकरण के उदाहरण उत्तर भारत में न मिलेंगे, पंजाब और हरियाणा में भी नहीं।

७. द्रविड़ ध्वनितन्त्र की कुछ विशेषताएँ

इसके साथ मूर्धन्य लकार पर भी विचार करना चाहिए। आर्य भाषाओं में यह ध्वनि बाँगरू, राजस्थानी, मराठी आदि में है। ब्रजभाषा में इसका वैसे ही अभाव है जैसे **ण्** का। वैदिक भाषा में इसका विरल प्रयोग है, संस्कृत में इसका अभाव है। इस ध्वनि का व्यवहार द्रविड़ भाषाओं में होता है किन्तु सभी में इसकी समान स्थिति नहीं है। तमिल, मलयालम, तोद आदि दक्षिण समुदाय की भाषाओं में इसका व्यवहार होता है किन्तु तेलुगु में और अन्य उत्तर-पूर्वी भाषाओं में नहीं होता। **ण्** के समान यह भी उत्तर-पश्चिमी क्षेत्र तक सीमित है। अन्तर यह है कि संस्कृत में **ण्** जहाँ सुप्रतिष्ठित है, वहाँ यह ध्वनि बहिष्कृत है।

मूल संस्कृत भाषा अथवा मध्यदेश की मूल आर्य भाषा में **ल्** की अपेक्षा **र्** की प्रधानता थी। **ल्** का प्रमुख केन्द्र मगध था। उससे मिलता-जुलता केन्द्र उत्तर-पश्चिम में भी रहा होगा। भारत के उत्तरी सीमान्त पर खरोष्ठी लिपि में जो दस्तावेज प्राप्त हुए हैं, उनमें यह प्रवृत्ति देखी गई है कि मूल शब्द के **द्** को **ल्** में बदला जाता है। केरल के लिए प्रसिद्ध है कि वहाँ के पढ़े-लिखे लोग संस्कृत शब्दों के **द्** को बहुधा **ल्** में बदल देते हैं। **सद्गुण, उद्घोष, अद्भुत** मलयालम में **सल्गुणम्, उल्घोषम् अल्मुदम्** हो जाते हैं। (देखें **इंटरनैशनल जर्नल ऑफ ड्रैवीडियन लिंग्विस्टिक्स**, जनवरी १९७३, में ऐल्० बी० रामस्वामी ऐयर का लेख **ए साउथ इंडियन** (मलयालम) **इवैल्युएशन ऑफ संस्कृत**)। पश्तो में इसी प्रवृत्ति के अनुरूप **दस** बदलकर **लस्** हो जाता है। और लैटिन में **देवर** का प्रतिरूप **लेविर** है। **द्** को बदलने की प्रवृत्ति मध्यदेशीय भाषाओं में भी है पर यहाँ आदिस्थानीय **द्** परिवर्तित नहीं होता। **ग्यारह, बारह** आदि में मध्यवर्ती **द्** का स्थान **र्** ने लिया है; यह परिवर्तन मध्यदेश की रेफ-प्रधान प्रकृति के अनुकूल है। अनेक अवधी, मैथिली **र्** वाले शब्दों के बँगला प्रतिरूपों में **ल्** ध्वनि का व्यवहार मिलता है जैसे अवधी **सार**, बँगला **शाला**। परिनिष्ठित हिन्दी में **ल्** वाले रूपों की प्रधानता उत्तर-पश्चिमी प्रभाव के कारण है यद्यपि बहुत जगह बाँगरू में **ल्** की जगह **ळ्** का व्यवहार होता है। परिनिष्ठित हिन्दी की अपेक्षा यहाँ भी ब्रज, अवधी आदि मध्यदेश की पुरानी ध्वनि-प्रकृति को सुरक्षित किये हैं।

अनेक द्रविड़ भाषाओं में अकार-एकार के वैकल्पिक रूप मिलते हैं यथा तमिल में : **अल्—ॲल्** (रात), **कण्डन्—कॅण्डन्** (वीर), **नण्डु—नॅण्डु** (मैत्री) इत्यादि। इसी प्रवृत्ति के कारण **दक्षिण** शब्द तॅक्कणम् रूप में बोला जाता है और इससे अंग्रेजी रूप **डॅकन्** बना। आश्चर्य की बात है कि बँगला में इसी तरह मूल शब्द का अकार बहुधा एकार रूप लेता है। **नशा, गजट, रकाब, फ़रार** डा० चाटुर्ज्या के अनुसार **नॅशा, गॅजॅट, रॅकाब, फॅरार** बोले जाते हैं। ब्लौख ने इनसे मिलते-जुलते शब्द अपनी मराठी वाली पुस्तक में दिए हैं। **हिसाब** बदलकर हुआ **हिसेब, खारिज** बदलकर **खेरीज** बना, संस्कृत **कर्कट** मराठी में **खेंकड़** हुआ। **शाल्मली** का एक रूप **साँवर** और इसी का प्रतिरूप **शेंवरी** बना। बाँगरू प्रदेश के लोग अकार के स्थान पर एकार का उच्चारण वैसे ही करते हैं जैसे बँगलाभाषी ओकार का। इसलिए **कह्या** बाँगरू में **कॅह्या** बोला जायगा।

ब्रज, बुन्देलखंडी आदि में जब मध्यवर्ती हकार का लोप होता है, तब पूर्ववर्ती अकार इसी प्रवृत्ति के कारण एकार में बदलता है। अवधी के **पहिले**, परिनिष्ठित हिन्दी के **पहले** में ह् बोला तो जाता है किन्तु ह्रस्व एकार के साथ और उससे पहले का अ ह्रस्व ऐकार में बदल जाता है। जनपदीय बोलियों में इसी से **पैले, पेले** जैसे रूपों का निर्माण होता है। ऐसे रूप मध्य और पूर्वी हिन्दी-क्षेत्र में न मिलेंगे। गुजराती में **बहन** का प्रतिरूप **बेन** है। अवधी में भगिनी के अनुरूप बहिनि शब्द बोला जायगा। यहाँ भी हम देखते हैं एकारवादी प्रवृत्ति आधुनिक उत्तर-पश्चिमी आर्य भाषाओं तथा कुछ द्रविड़ भाषाओं में मिलती है। अवधी तथा उससे पूर्व के क्षेत्रों में यह प्रवृत्ति नहीं है।

बाँगरू और परिनिष्ठित हिन्दी में एक अन्तर यह है कि बाँगरू में दीर्घ स्वर के बाद दो व्यंजन आ सकते हैं, पर तत्सम शब्दों को छोड़कर ऐसे रूपों का व्यवहार परिनिष्ठित हिन्दी में नहीं होता, और अरबी शब्दों को छोड़कर उर्दू में भी ऐसे रूप नहीं बोले जाते। बाँगरू को ये रूप इतने प्रिय हैं कि जहाँ मूल शब्द में एक ही व्यंजन है, वहाँ वह उसे और बलवान बनाने के लिए एक व्यंजन अपनी ओर से जोड़ देगी। धीरेन्द्र वर्मा की **ग्रामीण हिन्दी** पुस्तिका में बिजनौर की खड़ी बोली के नमूने में इस तरह के रूप हैं: **बोल्ले, होग्गा, जेस्सा, वेस्सा, देक्खणा, बादसाजाद्दा, दोन्नो, लेक्कर, मसाल्लेदार, सीद्दे।** बोलचाल की परिनिष्ठित हिन्दी में इनके बदले **बोले, होगा, जैसा, वैसा, देखना** आदि रूपों का व्यवहार होगा। अंग्रेजी शब्दों की भी ऐसी ही कायापलट बाँगरू में होती है। **स्टेशन्** अवधी में **टेसन** पर बाँगरू में **टेस्सण** हो जायगा। डा० जगदेव सिंह की बाँगरू-पुस्तक में **बेलन** की जगह **बेल्लण** जैसे रूप मिलते हैं। **खान्दा, सोन्दा** जैसे रूप बाँगरू और पंजाबी दोनों में हैं। दीर्घ स्वर के बाद दो व्यंजनों का व्यवहार संस्कृत में काफी होता है जैसे **राष्ट्र** शब्द में। पर बोलचाल में ब्रज से लेकर मिथिला तक जनपदीय भाषाएँ ऐसे रूप स्वीकार नहीं करती। मिथिला के बाद बंगाल में यह प्रक्रिया फिर आरम्भ हो जाती है। प्रथम वर्ण पर बलाघात की आवश्यकता के कारण **अल्ला** भी **आल्ला** हो जाता है। इसी तरह **जहन्नुम्, अंजुमन्, अन्दाज्** क्रमशः **जाहान्नम्, आञ्जुमान्** और **आन्दाज्** बोले जाते हैं। जैसे हिन्दी का **सीधा** बाँगरू में **सीद्दा** होता है, वैसे ही हिन्दी का **अच्छा** बँगला में **आच्छा** हो जाता है।

द्रविड़ भाषाओं में तमिल और उसकी पड़ोसी भाषाएँ इसी तरह की रूप-रचना करती हैं किन्तु तेलुगु आदि, मध्यदेशीय आर्य भाषाओं के समान, ऐसे रूपों से बचती हैं। तमिल में **पाडु** क्रिया का अर्थ है गाना; इसका संज्ञा रूप बनता है **पाट्टु**। किन्तु कन्नड़ में **पाडु** संज्ञा और क्रिया दोनों है। तेलुगु और कन्नड़ में गीत के लिए **पाट** शब्द है। छोटे गाँव के लिए तमिल में **पाक्कम्** शब्द है, इसका तेलुगु प्रतिरूप **पाक** है। तमिल **आट्टु** का अर्थ है नर्तन, क्रीड़ा; कन्नड़ और तेलुगु में इसका प्रतिरूप है **आडु**। इसी प्रकार तमिल **ऊक्कु** तेलुगु **ऊक** (झूलना), तमिल **काक्कइ**, तेलुगु **काकि** (कौआ)। तमिल में **काडु** (जंगल) का तिर्यक् रूप **काट्टु** है किन्तु कन्नड़ और तेलुगु में **काडु** या **काट्** है। ऐसी बहुत-सी मिसालें दी जा सकती हैं। दीर्घ स्वर के बाद दो व्यंजनों का व्यवहार तमिल प्रवृत्ति है। तमिल प्रदेश के उत्तर पूर्वी भागों की द्रविड़ भाषाओं में यह प्रवृत्ति

नहीं है या अत्यन्त क्षीण है। यह बात आकस्मिक नहीं हो सकती कि संस्कृत, बाँगरू और तमिल में ध्वनि-प्रकृति की ऐसी सामान्य विशेषता है। भारत के उत्तर-पश्चिमी भाग में किन्हीं अज्ञात ध्वनि-प्रकृति वाले द्रविड़ों से आर्यों का सम्पर्क नहीं हुआ। जिन द्रविड़ों से सम्पर्क हुआ, उनके एक उत्तराधिकारी तमिलभाषी हैं। जो द्रविड़ उत्तर-पश्चिम से दक्षिण गये, उनमें तमिलभाषियों के पूर्वज अवश्य थे किन्तु ये पूर्वज मध्यदेश के निवासी नहीं थे। दीर्घ स्वर के बाद दो व्यंजनों के प्रयोग की पद्धति आर्यों ने द्रविड़ों से ग्रहण की या द्रविड़ों ने आर्यों से या दोनों ने अन्य किसी से, इस बात का पता लगाना कठिन है। संस्कृत मूलतः मध्यदेश की भाषा थी, इसलिए उसमें जैसे णकार का अभाव था, वैसे ही किसी समय दीर्घ स्वर के बाद व्यंजन द्वित्व का भी अभाव था। इस तरह की सारी प्रवृत्तियाँ उत्तर-पश्चिमी सीमान्त पर केन्द्रित होती दिखाई देती हैं और ब्रज अथवा अवधी की सीमा पर उनका प्रसार रुक जाता है।

द्रविड़ भाषाओं में मूलतः सघोष स्पर्श ध्वनियाँ नहीं थीं, ऐसा अनेक विद्वान् मानते हैं। तमिल के अपने शब्दों में सघोष ध्वनियाँ अर्थ-विच्छेदक नहीं होतीं। अब उसमें सामान्य नियम यह है कि नासिक्यध्वनि के साथ आने वाला स्पर्श व्यंजन सघोष रूप में बोला जायगा यथा **दन्त तन्दम्, जन्तु चॅन्दु** रूप में बोला जायगा; दो स्वरों के बीच में आने वाला अकेला स्पर्श व्यंजन सघोष बोला जायगा यथा **पाडु** (गीतगाना) या **नाडु** (प्रदेश)। यह प्रवृत्ति पंजाबी तथा फारसी जैसी भाषाओं में काफी मिलती है। हिन्दी का **सकता, लगता** पंजाबी में **सकदा, लगदा** हो जाते हैं। ऐसे रूप बाँगरू में भी मिलते हैं। संस्कृत **मातृ-पितृ** के जो फ़ारसी में **मादर्-पिदर्** रूप मिलते हैं, वह इसी प्रवृत्ति के कारण। **पंच** और **आप** के अन्तिम वर्णों के व्यंजन सघोष होते हैं, तभी **पंज** और **आब** से **पंजाब** शब्द बनता है। **पंजाब** शब्द फ़ारसी और पंजाबी दोनों का हो सकता है। इन भाषाओं में मध्यवर्ती स्पर्श व्यंजन को सघोष करने की प्रवृत्ति अनियमित है, तमिल में यह प्रवृत्ति नियमित है। जो शब्द उधार लिए गए हैं, उनकी बात दूसरी है।

तमिल भाषियों के पूर्वज जब भारत के उत्तर-पश्चिमी सीमान्त पर विद्यमान थे, तभी उनमें इस प्रवृत्ति का विकास हुआ या तमिलनाडु में कई शताब्दियों तक बसे रहने के बाद हुआ—इसके बारे में मतभेद है। अनेक विद्वानों की राय यह है कि तमिलनाडु में कई शताब्दियों तक रहने के बाद तमिल भाषा में यह प्रवृत्ति आई। तमिल लिपि में सघोष ध्वनियों के लिए अलग चिन्ह नहीं हैं, इसलिए इस समस्या के विवेचन में कठिनाई होती है। किन्तु ऐसी प्रवृत्ति के विकास के लिए उन आर्य भाषाओं से सम्पर्क आवश्यक था जिनमें सघोष ध्वनियों का सार्थक व्यवहार होता था। तमिल-प्रदेश के आस-पास ऐसा कोई क्षेत्र नहीं है जहाँ की सघोष ध्वनियाँ तमिल को इतना प्रभावित करतीं कि उसमें उच्चारण-सम्बन्धी सघोषता का एक नियम ही बन जाता। संस्कृत का प्रभाव अवश्य पड़ा किन्तु तेलुगु और कन्नड़ की अपेक्षा तमिल पर ऐसा प्रभाव कम पड़ा। तेलुगु और कन्नड़ में संस्कृत के प्रभाव से मध्यवर्ती स्पर्श व्यंजन को सघोष बोलने का नियम नहीं बना, तब ऐसा नियम तमिल में ही कैसे बनता? इसके सिवा संस्कृत साहित्य के पढ़ने-पढ़ाने वाले बहुत थोड़े लोग थे। उनके प्रभाव से जन

साधारण की भाषा पर ऐसा गहरा प्रभाव न पड़ सकता था। तमिल बोलने वालों ने यह प्रवृत्ति भारत के उत्तर-पश्चिमी प्रदेशों में ही ग्रहण की होगी, भले ही साहित्यिक तमिल में उसे स्वीकार न किया गया हो।

ध्वनितन्त्र की इन तमाम विशेषताओं को ध्यान में रखने से यही प्रतीत होता है कि कुछ आर्य भाषाएँ बोलने वालों का सम्पर्क कुछ द्रविड़ भाषाएँ बोलने वालों से उत्तर-पश्चिमी भारत में, भारत के उत्तर-पश्चिमी सीमान्त प्रदेशों में, दीर्घकाल तक हुआ। यह सम्पर्क ऐसा था कि आर्य और द्रविड़ भाषापरिवारों की कुछ विशेषताएँ एक साथ विकसित हुईं। इन विशेषताओं से यह प्रमाणित नहीं होता कि आर्यों ने द्रविड़ों को जीता या द्रविड़ों ने आर्यों को जीता। ध्वनितन्त्र की इन विशेषताओं में अधिकांश पूर्वी छोर पर बँगला में मिलती हैं। मध्यदेश की भाषाएँ इनसे प्रायः अछूती हैं। पुनः द्रविड़ भाषाओं में काफी बड़ी संख्या ऐसी भाषाओं की है जो इन विशेषताओं को स्वीकार नहीं करतीं। यह सम्भव है कि इन भाषाओं का सम्पर्क मध्यदेश की आर्य भाषाओं से अधिक रहा हो।

८. आर्य-द्रविड़ सम्पर्क

आर्यों और द्रविड़ों के सम्पर्क की दो मंज़िलें हैं। पहली मंज़िल वह है जिसमें दोनों भाषा-परिवारों का निर्माण हो रहा था, और दूसरी मंज़िल वह है जब दोनों परिवारों की विशेषताएँ बहुत कुछ निश्चित हो चुकी थीं और तमिलनाडु समेत दक्षिण भारत में संस्कृत भाषा का प्रसार होने लगा था। सम्पर्क की इन दोनों मंज़िलों में ऐतिहासिक भाषाविज्ञान के लिए पहली मंज़िल अधिक महत्वपूर्ण है। इस समय शब्द और अर्थ को जोड़ने वाले वे साँचे तैयार हुए जिनमें ढलकर आर्य और द्रविड़ भाषाओं के सैकड़ों शब्द तैयार हुए और जिनका प्रभाव भारत से बाहर यूरोप की भाषाओं पर भी पड़ा। चलने के लिए एक क्रिया है **पो** तो जिन अंगों से चलते हैं, उनके लिए **पग**, जिस पर चलते हैं, **पथ**, जो वस्तुएँ गतिशील हैं, वे **पवन** कहलाईं। चलने के लिए एक दूसरी क्रिया है **गा**, इससे **गात** शब्द बना, **गात** का प्रतिरूप **गाल**, और प्रथम वर्ण के अघोष होने पर **काल** द्रविड़ भाषाओं में पैर का अर्थ देता है, संस्कृत में समय और मार्ग का सूचक है। एक शब्द था **धस्त**, इससे फ़ारसी रूप **दस्त**, संस्कृत रूप **हस्त** बना और करने वाला क्रियाभाव **धन्धा** शब्द में है। इसी के अनुरूप एक शब्द है **कर**, जिसका अर्थ है हाथ, तथा क्रियाभाव में करना रूप है। कन्नड़ में यही शब्द **कइ** रूप में प्रयुक्त होता है जिसका अर्थ है करना, उसका तमिल प्रतिरूप है **चॅय्**। हाथ के लिए तमिल **कइ** और कन्नड़ **कयि** रूप मिलते-जुलते हैं। तमिल क्रिया **पण्णु** का अर्थ है करना, **पण्** माने कार्य या सेवा। संस्कृत **पाणि, पण्य, वणिज** आदि शब्द इससे सम्बद्ध हैं।

इस तरह के शब्दों के अध्ययन से प्रतीत होता है कि उत्तर-पश्चिम भारत में आर्यों और द्रविड़ों का सम्पर्क समाज की उसी अवस्था में नहीं हुआ जिसमें मानव-समुदाय कबीलों से संगठित होकर आर्थिक दृष्टि से पिछड़ा हुआ जीवन बिताते थे वरन् उस समय भी हुआ जब उन्होंने कृषि और व्यापार आदि में भी काफी उन्नति कर ली

थी। इतना विकास कर लेने के बाद उत्तर भारत में द्रविड़ों की स्थिति में परिवर्तन हुआ। उनमें कितने आर्य भाषा बोलने वाले समाजों में घुल-मिल गये, कितने भारत से बाहर गये, कितने दक्षिण भारत गये, यह बताना असम्भव है। एक बात निश्चित है कि द्रविड़ भारत पर आर्यों की विजय का जो चित्र खींचा गया है, उससे उक्त विवरण नितान्त भिन्न है।

आर्य और द्रविड़ भाषाओं का ऐसा गहरा सम्बन्ध है कि शब्दतन्त्र पर विचार करते हुए यह बताना कठिन है कि इस तन्त्र का कौन-सा अंश उत्तर-पश्चिमी है और कौन-सा मध्यदेशीय। आर्य-भाषाओं का परिचित शब्द **हाथ** है, **कर** साहित्यिक शब्द है जो विशेष सन्दर्भों में प्रयुक्त होता है। द्रविड़ भाषाओं में **कर**-मूल के शब्द हाथ और करना क्रिया दोनों के लिए प्रयुक्त होते हैं। इसलिए यह माना जा सकता है कि **करना** क्रिया उत्तर-पश्चिमी आर्य भाषाओं की क्रिया है जो वहाँ से अन्य आर्य भाषाओं में फैली। संज्ञा रूप में **हस्त** और **हाथ** को कोई अपदस्थ नहीं कर सका। इसी प्रकार **पो** क्रिया द्रविड़ भाषाओं में प्रयुक्त होती है किन्तु **पद** के अलावा **पग-पैर, पैदल, पाँव** आदि में उसके प्रतिरूप विद्यमान हैं। किसी समय उत्तर, पश्चिमी आर्य भाषाओं में यह क्रिया व्यापक व्यवहार में आती थी। **पाणि** शब्द विशेष सन्दर्भों में प्रयुक्त होने वाला शब्द है, दैनिक व्यवहार में **हाथ** ही काम देता है। इसे भी हम उत्तर-पश्चिमी आर्य भाषा समुदाय का शब्द मान सकते हैं।

एक शब्द है **मघवन्** जो इन्द्र के लिए प्रयुक्त हुआ है। इसमें **मघ** शब्द शक्तिसूचक है। यह शब्द तमिल में **मग (मक)** रूप में प्रयुक्त होता है, इसका अर्थ है पुत्र, युवक, पुरुष। **मगध** शब्द में यही **मघ** है जो एक विशेष मानव-समुदाय के लिए प्रयुक्त होने लगा था। यह शब्द आर्य उद्भव का है। यदि वह किसी समय आर्य भाषाओं में पुरुष-वाचक था, तो वह समय अत्यन्त प्राचीन रहा होगा। **मग** का प्रतिरूप **नग** है जो कुछ नाग भाषाओं में पुरुषवाचक है। **नग** से ही स्थानवाचक **नगर** शब्द बना। आर्य भाषाओं में **नगर** शब्द का व्यवहार तो व्यापक है, **नग** का व्यवहार व्यक्ति के अर्थ में सीमित है, **मग** का व्यवहार बिल्कुल नहीं होता। **मग** और **मघ** को उत्तर-पश्चिमी भाषाओं का शब्द मानना चाहिए।

तमिल में **पॉरु** क्रिया का अर्थ है लड़ना। द्रविड़ भाषाओं में इस शब्द-मूल का व्यवहार व्यापक रूप से होता है। **पॉरु** रूप में प्रथम वर्ण के ह्रस्व ओकार को उकार में बदलना संस्कृत के लिए स्वाभाविक होगा। **पुरु** वंश प्रसिद्ध है। **पुरु** का अर्थ हुआ योद्धा, वीर पुरुष। **मगध** के **मग** के समान यह शब्द भी गणविशेष के लिए प्रयुक्त हुआ। इसी से **पुरुष** शब्द बना। इसे भी हम उत्तर-पश्चिमी आर्य भाषाओं का शब्द कहेंगे। एक प्राचीन जलवाचक शब्द **तीर** था जो **तीर्थ** में अभी विद्यमान है। कुछ द्रविड़ भाषाओं में जल के लिए **तीर्थम्** शब्द का व्यवहार होता है किन्तु उनका सामान्य शब्द **नीर** है जो अब आर्य भाषाओं में विशिष्ट सन्दर्भों में प्रयुक्त होता है। उत्तर-पश्चिमी उद्भव के ऐसे बहुत से शब्द हैं जो द्रविड़ भाषाओं में तो व्यापक रूप से प्रयुक्त होते हैं किन्तु आर्य भाषाओं में उनका व्यवहार साहित्यिक या धार्मिक सन्दर्भों में ही होता है। इसके

बाद आश्चर्य न होना चाहिए यदि कुछ शब्द हरियाणा और तमिलनाडु की बोलियों में सामान्य हों। बाँगरू में एक शब्द है **इङ्गे** अथवा **इङ्घे** जिसका अर्थ है यहाँ। तमिल में ठीक ऐसा ही रूप है **इंगे** और उसका ठीक वही अर्थ है।

द्रविड़ भाषाओं में संज्ञा और कुछ सर्वनामों का विभाजन तीन लिंगों में होता है। मूल विभाजन मानव तथा मानवेतर समुदायों में था। मानव-समुदाय के अन्तर्गत स्त्रीलिंग और पुल्लिग का भेद है। संस्कृत में ये तीनों लिंग विद्यमान हैं यद्यपि इनके अनुसार शब्दों का विभाजन सदा अर्थ को ध्यान में रखकर नहीं किया जाता। आधुनिक आर्य भाषाओं में मराठी और गुजराती में तीन लिंगों के अनुसार शब्दों का विभाजन होता है किन्तु हिन्दी प्रदेश की भाषाओं में दो ही लिंग हैं। बँगला में लिंग-भेद नहीं होता। लिंगभेद के केन्द्र पश्चिमी भारत में दिखाई देते हैं और वे संस्कृत के अलावा उधर की कुछ आर्य भाषाओं में अब भी हैं। पूर्व की ओर बढ़ते हुए लिंग-भेद क्षीण होता जाता है और बंगाल तक पहुँचते-पहुँचते उसका लोप हो जाता है। यह लिंग-भेद क्रियारूपों को प्रभावित करता है। संस्कृत में कृदन्त रूप, विशेषण का काम करते हुए, लिंग-भेद व्यक्त करते हैं। द्रविड़ भाषाओं के लिए कहा जाता है कि उनमें विशेषण नहीं हैं, संज्ञा शब्द ही विशेषण का काम करते हैं। किन्तु अनेक द्रविड़ भाषाओं में क्रियापद लिंग-भेद व्यक्त करते हैं। इन क्रियापदों की रचना कृदन्त-रूपों के आधार पर हुई है यथा तमिल पोगिरेन (मैं जाता हूँ) रूप में पोग मूल क्रिया पो का कृदन्त है। आश्चर्य की बात यह है कि इस तरह का लिंग-भेद मलयालम में नहीं है। एक छोर पर आर्य भाषा बँगला, दूसरे छोर पर द्रविड़ भाषा मलयालम, दोनों लिंग-भेद से मुक्त, यह बात आकस्मिक नहीं हो सकती। इस तरह के भेद का प्रसार उत्तर-पश्चिम के केन्द्रों से हुआ और जो भाषाएँ बहुत दूर पड़ती थीं, वे इस प्रभाव से मुक्त रहीं।

रूपतन्त्र और वाक्यतन्त्र से इस प्रसंग में कोई सामग्री देना कठिन है किन्तु दो-एक बातें संक्षेप में यहाँ कही जा सकती हैं। संस्कृत में यह प्रवृत्ति है कि पुल्लिग कर्ता एकवचन के बाद निश्चयार्थक सर्वनाम-चिन्ह **अस्** लगाया जाता है। इस प्रकार मूल शब्द **राम** कर्ता रूप में **रामस्** अथवा रामः बनेगा। यह प्रवृत्ति तमिल में भी है। कर्ता रूप में सर्वनाम चिन्ह **अन्** लगता है। मूल शब्द **राम** का कर्ता रूप **रामन्** अथवा **इरामन्** बनेगा। दोनों स्थितियों में **अस्** और **अन्** निश्चयबोधक सर्वनाम-चिन्ह हैं। सम्प्रदान कारक के लिए संस्कृत में एक वर्ग के शब्दों के साथ एकवचन में **अय** अथवा **आय** प्रत्यय लगता है। **राम** से **रामाय** रूप बनेगा। तमिल में इसी कारक के एकवचन के लिए जो **अइ** प्रत्यय लगता है, यह इससे मिलता-जुलता है, यथा **अवन्** (वह) का सम्प्रदान रूप **अवनइ** होगा। बँगला भाषा में **आमाय, तोमाय** (मुझे, तुझे) जैसे रूप इससे मिलते-जुलते हैं। सम्प्रदान कारक के उक्त विभक्ति-चिन्ह को कुछ उत्तर-पश्चिमी भाषाओं की विशेषता माना जा सकता है।

वाक्यतन्त्र के लिए इतना कहना यथेष्ट होगा कि तमिल आदि भाषाओं में कृदन्त रूपों की भरमार है। इनमें वाक्य-रचना कर्ता प्रधान होती है। पूर्ण क्रिया के बिना संस्कृत और तमिल में पचीसों वाक्य रचे जाते हैं। हिन्दी में यह प्रक्रिया सीमित है।

आधुनिक आर्य भाषाओं में कृदन्त रूपों का चलन बाँगरू आदि में अधिक है। **उसने रोटी खाई**, परिनिष्ठित हिन्दी के इस वाक्य में **खाई** क्रिया कृदन्त रूप है और कर्म रोटी के अनुरूप उसका लिंग निश्चित हुआ है। किन्तु अवधी में **वहु रोटी खायँसि**—इस वाक्य में **खायँसि** रूप तिङन्त है। ऐसा नहीं है कि अवधी में कृदन्त-प्रयोग होते ही न हों किन्तु उत्तर-पश्चिमी बोलियों की अपेक्षा उनका व्यवहार कम होता है। कृदन्त-प्रधान वाक्य रचना उत्तर-पश्चिमी भाषाओं की विशेषता है।

६. द्रविड़-शक सम्बन्ध

काल्डवेल ने अपने प्रसिद्ध ग्रन्थ में यह सिद्ध करने का प्रयत्न किया था कि द्रविड़ भाषाएँ संस्कृत से नहीं, मध्य एशिया के शक परिवार से सम्बन्धित हैं। इस प्रयत्न के पीछे उनकी ईसाई धर्म प्रचार की भावना थी जो संस्कृत को ब्राह्मणों की भाषा मानकर उससे द्रविड़ भाषाओं को अलग करके उन्हें अपनी ओर खींचने का प्रयत्न करती थी। उस समय, और एक सीमा तक अब भी, ऐसे लोग बहुत से थे और हैं, जो द्रविड़ भाषाओं को संस्कृत की पुत्रियाँ मानते हैं। जो लोग इस धारणा का खण्डन करते हैं, वे भी भाषाओं में प्रायः एक ही प्रकार के सम्बन्ध की कल्पना करते हैं। यदि दो भाषाओं में सम्बन्ध दिखाई देता है तो उनमें एक माता होगी, दूसरी उसकी पुत्री, अथवा दोनों बहनें होंगीं, और उनकी माता कोई तीसरी भाषा होगी। काल्डवेल भाषाओं के सम्बन्ध पर इसी दृष्टि से विचार करते हैं। फिर भी अपने समकालीन और आधुनिक अनेक भाषा विज्ञानियों की तुलना में वह अधिक सावधान हैं। उन्होंने द्रविड़-शक-सम्बन्ध के बारे में लिखा है कि इस तरह के सम्बन्ध की समस्या गौण है, मुख्य बात यह है कि द्रविड़ भाषाओं को हम ज्यादा अच्छी तरह समझें (**ए कम्पैरेटिव ग्रामर ऑफ़ द ड्रैवीडियन और साउथ इंडियन फैमिली ऑफ़ लैंग्वेजेज़,** तीसरा संस्करण, १९५६, पृष्ठ ६१)। इसके अलावा अनेक स्थलों पर उन्होंने यूरुप की भाषाओं और द्रविड़ भाषाओं के सम्बन्ध का उल्लेख भी किया है। दूसरे महायुद्ध के बाद जिन विद्वानों ने काल्डवेल की मान्यताओं पर नये सिरे से विचार किया है, वे शक परिवार के सम्बन्धों वाली बात पर तो ज़ोर देते हैं किन्तु इंडोयूरोपियन परिवार से द्रविड़ भाषाओं के संबंध के बारे में चुप रहते हैं। काल्डवेल ने लिखा है कि द्रविड़ भाषाओं की संरचना की विशेषताएँ मुख्यतः शक परिवार की हैं किन्तु कुछ बातों में इंडोयूरोपियन परिवार से अद्भुत समानता है (उप०, पृष्ठ ६७)। आगे लिखा है: 'मेरी समझ में यह बहुत सम्भव है कि द्रविड़ भाषाओं के कुछ व्याकरण-रूपों और काफी शब्द-मूलों का उद्भव-स्थान वही हो जो इंडोयूरोपियन भाषाओं के ऐसे ही रूपों और शब्द-मूलों का है।' (उप०, पृष्ठ ७१)। यह भी सम्भव है कि एक परिवार की भाषाओं का सम्बन्ध एक से अधिक भाषा-परिवारों से हो। भाषाएँ अपने उद्भव और विकास की अनेक अवस्थाओं में यह नियम मानकर नहीं चलती कि उन्हें अपने सम्बन्ध पारिवारिक दायरे में ही कायम रखने चाहिए। द्रविड़ भाषाओं का सम्बन्ध शक परिवार से हो सकता है, इंडोयूरोपियन परिवार से भी हो सकता है, किन्तु यह नहीं हो सकता कि द्रविड़ भाषाएँ आदि इंडोयूरोपियन भाषा की पुत्रियाँ हों, साथ

आदि शक भाषा की पुत्रियाँ भी हों। दोनों से सम्बन्ध दिखाने के कारण काल्डवेल अपने युग के ऐतिहासिक भाषा-विज्ञान की सीमाएँ लाँघ जाते हैं। यह बात सही है कि अन्त में वह एक मातामही की कल्पना करते हैं जिससे इंडोयूरोपियन और शक दोनों परिवारों की भाषाओं का जन्म हुआ।

शक (सिथियन) शब्द का व्यवहार उन्होंने व्यापक अर्थ में किया है। उन्होंने लिखा है कि यूरुप के प्राचीन लेखकों ने एशिया और यूरुप के उत्तरी भागों की बर्बर जातियों के लिए अनिश्चित और अस्पष्ट रूप में **शक** शब्द का व्यवहार किया था। उन्हीं लेखकों के अनुरूप उन्होंने फिन, मंगोल, तुरानी भाषाओं के लिए एक ही शब्द शक का प्रयोग किया है। अन्य जन इन भाषाओं को एक या दो परिवारों में बाँट देते हैं। (उप०, पृष्ठ ६१)। शक परिवार की भाषाओं में वैसी समानता नहीं है जैसी इंडोयूरोपियन भाषाओं में है, काल्डवेल यह जानते हैं। (उप०, पृष्ठ ६८)। इसके अलावा द्रविड़ भाषाओं का विशेष सम्बन्ध वह शक समवाय के अन्तर्गत फिनोउग्रियन परिवार से मानते हैं (उप०, पृष्ठ ६८)। बरो के अनुसार द्रविड़ भाषाओं का विशेष सम्बन्ध इसी फिनोउग्रियन समुदाय से है।

काल्डवेल का विचार यह भी था कि भारत में आर्यों के आने से पहले यहाँ जो आदिवासी जातियाँ रहती थीं, वे सम्भवत: शक उद्भव की थीं। इनकी भाषाएँ अविकसित थीं और विजेता आर्यों की भाषा के सामने वे ठहर न सकीं। इन शक-भाषी जातियों ने विजेताओं की भाषा स्वीकार कर ली। उत्तर भारत की आधुनिक आर्य भाषाओं के बारे में उन्होंने यह मत प्रकट किया है कि इनकी व्याकरण-रचना शक परिवार के अनुकूल है, केवल शब्द संस्कृत से आये हैं। सम्भव है उन्होंने ऐसा इसलिए कहा हो कि उनके लिए द्रविड़ शक-उद्भव के लोग थे। किन्तु उन्होंने यह भी स्वीकार किया है कि आधुनिक आर्य भाषाओं में संस्कृत में न मिलने वाले तत्व द्रविड़ होते, तो इन भाषाओं के शब्दभण्डार में कुछ मूल द्रविड़ शब्द भी मिलते जैसे कि सिर, पैर, आँख, कान आदि के लिए शब्द (उप०, पृष्ठ ५६)। इससे लगता है कि जिन आदिवासी शकों की कल्पना उन्होंने की थी, वे द्रविड़ों से भिन्न हैं। आदिवासियों की इस कल्पना को फैलाकर उन्होंने यूरुप तक पहुँचा दिया। उनका विचार था कि शक जातियाँ यूरुप में भी रहती थीं जिनकी भाषाएँ इंडोयूरोपियन भाषाओं के सामने अपदस्थ हो गईं।

भारत में द्रविड़ों को शकों से जोड़ने का प्रयत्न हुआ पर यूरुप के शक कौन थे, इसका उल्लेख नहीं है। इंडोयूरोपियन भाषाओं के लिए कहा जाता हैं कि उनमें रूप-विकार होता है और यह प्रवृत्ति उन्हें शक भाषाओं से अलग करती है। शक भाषाएँ संयोगात्मक होती हैं, मूल शब्द में परिवर्तन किये बिना उसमें दूसरे शब्द जोड़ दिए जाते हैं। काल्डवेल का विचार था कि इंडोयूरोपियन भाषाएँ भी पहले संयोगात्मक थीं। जो सहायक शब्द जोड़े जाते थे, वे घिसकर रूप-विकार के चिन्ह बन गये। (उप०, पृष्ठ ६१)। द्रविड़ भाषाओं के बारे में कहा जाता है कि संस्कृत में रूप-विकार होता है, इनमें नहीं होता। काल्डवेल ने लिखा है कि द्रविड़ भाषाएँ विशुद्ध रूप से संयोगात्मक नहीं रह गईं, उन्होंने अंशत: रूप-विकार की पद्धति अपना ली है। तुर्की, फिन आदि भाषाओं के लिए

उन्होंने लिखा है कि इनमें रूप-विकार की पद्धति द्रविड़ भाषाओं से भी अधिक चालू हो गई है।

इस प्रकार भाषाओं की संरचना के विचार से द्रविड़ों और आर्यों, शकों तथा इंडोयूरोपियनों की भाषाओं में कोई विशेष अन्तर नहीं दिखाई देता। काल्डवेल की विचारधारा के अनुसार पहले ये सभी भाषाएँ संयोगात्मक थीं। इनमें कुछ पहले संश्लिष्ट हुईं, कुछ बाद को, कुछ अधिक हुईं, कुछ कम। तर्क-योजना की इस पद्धति से द्रविड़-शक-सम्बन्धों के बारे में कोई भी निश्चित निष्कर्ष नहीं निकाला जा सकता।

संस्कृत और द्रविड़ भाषाओं का भेद बताते हुए उन्होंने जैसी बातें कही हैं, वैसी बातें द्रविड़ और यूरुप की भाषाओं को जोड़ने के बारे में कही जा सकती हैं। उन्होंने लिखा है कि द्रविड़ संज्ञा शब्दों में स्त्रीलिंग-पुल्लिग का भेद नहीं होता। पशुओं और निर्जीव वस्तुओं से भिन्न मनुष्यों के लिए संज्ञा में सर्वनाम-चिन्ह जोड़ दिये जाते हैं। ये चिन्ह अन्य पुरुष सर्वनाम के होते हैं। उत्तम और मध्य पुरुष सर्वनामों में लिंग-भेद नहीं होता। (ऐसा भेद संस्कृत में भी नहीं होता है)। क्रियापद के अन्य पुरुष रूप में सर्वनाम-चिन्ह जोड़े जाते हैं। अन्यत्र नर-मादा का भेद करने के लिए शब्दों के साथ इनका अर्थ देने वाले दूसरे शब्द जोड़े जाते हैं। संज्ञा-शब्द मूलतः लिंगहीन होता है। (अंग्रेजी में पशु-पक्षियों से सम्बन्धित ऐसे बहुत से शब्द हैं जो लिंग-भेद व्यक्त नहीं करते। **कौक्** माने मुर्गा और **हेन्** माने मुर्गी लेकिन **आउल्** शब्द के साथ इसी तरह लिंग-सूचक दूसरा शब्द नहीं है। **हौर्स्** माने घोड़ा और **मेयर्** माने घोड़ी पर **ऐस्** के साथ जोड़ी का शब्द नहीं है। **डौग्** और **बिच्** कुत्ता-कुतिया के लिए अलग शब्द हैं किन्तु **कैट्** का भिन्न लिंग-सूचक शब्द नहीं है।) वास्तव में लिंग-भेद क्रमशः विकसित हुआ है और इसके मूल केन्द्र भारत की उत्तर-पश्चिमी भाषाओं में रहे हैं। सभी आर्य भाषाओं में उनका विकास एक साथ न हुआ होगा, यह बात भी बोधगम्य है। मराठी और बँगला में लिंगसम्बन्धी तीव्र वैषम्य है। ये भाषाएँ तो दो छोरों पर हैं, पर तमिल और मलयालम तो पड़ोसी भाषाएँ हैं। इनमें भी लिंग-भेद को लेकर विषमता है। अतः लिंग-विचार के आधार पर द्रविड़ भाषाओं को शक परिवार से नहीं जोड़ा जा सकता।

काल्डवेल ने द्रविड़ भाषाओं के **कु, कि, के** का सम्बन्ध फिन और तुर्की भाषाओं के सम्प्रदान कारक से जोड़ा है। इस तरह का कारक चिन्ह रूसी भाषा में भी प्रयुक्त होता है। रूसी **क** आधुनिक पूर्वी आर्य भाषाओं के **क** से मिलता है। काल्डवेल का कहना है कि शक भाषाओं में विशेषण शब्द ज्यों के त्यों रहते हैं, उनमें रूप-विकार नहीं होता, यही स्थिति द्रविड़ भाषाओं की है। अंग्रेज़ी इंडोयूरोपियन परिवार की भाषा है किन्तु उसमें भी विशेषण शब्द अपरिवर्तित रहते हैं। क्या इसे शक प्रभाव माना जाय? काल्डवेल ने द्रविड़ भाषाओं के उत्तम पुरुष बहुवचन सर्वनामों के दो रूपों का उल्लेख किया है, एक में वक्ता और श्रोता दोनों शामिल होते हैं, दूसरे रूप में केवल वक्ता होते हैं। इस तरह का भेद उनके अनुसार शक भाषाओं में है, इंडोयूरोपियन भाषाओं में नहीं। श्रोता को शामिल करना या न करना, ऐसा भेद कोल भाषाओं में भी है, भारत के बाहर आस्ट्रिक भाषाओं में है।

कोई काम हो रहा है, यह दिखाने के लिए इंडोयूरोपियन भाषाएँ क्रिया रूप में विकार करती हैं। शक भाषाओं के समान द्रविड़ भाषाएँ क्रिया रूप में विकार के बदले निरन्तरता सूचक कृदन्त का व्यवहार करती हैं। काल्डवेल का यह मत भी अंग्रेज़ी पर ध्यान देने से खण्डित हो जाता है। **ही वाज़ गोइंग्** (वह जा रहा था) में **गोइंग्** कृदन्त रूप ही है।

काल्डवेल का कहना है कि शक और द्रविड़ भाषाओं में सम्बन्धवाचक सर्वनाम (रिलेटिव प्रोनाउन) नहीं है। यहाँ उनका ध्यान अंग्रेज़ी जैसी भाषाओं पर है। प्राचीन भाषाओं में सर्वत्र इस सर्वनाम का स्वतन्त्र अस्तित्व सिद्ध नहीं होता। अंग्रेज़ी का हू (जो) प्रश्नवाचक भी है और उसका अर्थ है कौन। इस तरह के सर्वनाम के प्रयोग का विकास हुआ है। वह मूलतः सभी आर्य भाषाओं में था, यह प्रमाणित नहीं होता। वाक्य-रचना में सम्बन्ध में काल्डवेल ने जो कुछ कहा है, उसमें उनका तर्क अत्यन्त निर्बल है। उनका कहना है कि द्रविड़ और शक भाषाओं में क्रिया सर्व-शक्तिमान होती है। क्रिया वाक्य के अन्त में आती है। आरम्भ में कर्ता होता है, विशेषण विशेष्य के पहले आता है, क्रिया से पहले क्रिया-विशेषण आता है। सम्बन्ध-सूचक शब्द मूलशब्द के बाद आता है प्रिपोज़ीशन के बदले पोस्ट पोज़ीशन का व्यवहार होता है, इत्यादि।

यूरुप की भाषाओं में वाक्यतन्त्र की अनेक पद्धतियों का मेल हुआ है। ग्रीक और लैटिन में, संस्कृत के समान, विभक्ति-चिन्ह मूलशब्द के बाद आता है। संस्कृत परिवार की भाषाओं में जहाँ विभक्ति-चिन्ह के अलावा किसी सम्बन्धसूचक शब्द का व्यवहार किया जाता है, वहाँ वह भी पोस्टपोज़ीशन ही होता है किन्तु यूरुप की भाषाओं में वह मूलशब्द के पहले आता है; ग्रीक और लैटिन जैसी भाषाओं में विभक्ति चिन्ह के बने रहने पर भी प्रिपोज़ीशन का व्यवहार होता है। क्रियापदों की स्थिति के बारे में सामान्य नियम नहीं है। जर्मन में वाक्यों के कुछ प्रकार ऐसे हैं जिनमें क्रिया अन्त में आती है, कुछ प्रकार अंग्रेज़ी की तरह हैं जिनमें क्रिया मध्य में आती है। वास्तव में जिस पद्धति की वाक्य-रचना को वह शक भाषाओं की विशेषता मानते हैं, वह आर्य भाषाओं के वाक्यतन्त्र की विशेषता भी है। कोल भाषाओं की वाक्य-रचना किसी समय क्रिया से आरम्भ होती थी किन्तु अब कर्ता पहले और क्रिया अन्त में, यही क्रम चलता है। यह मानने का कोई कारण नहीं है कि भारत के अनेक भाषा परिवारों की वाक्य रचना-पद्धति में जो समानता है, उसका कारण शक प्रभाव है।

काल्डवेल ने शक और द्रविड़ भाषाओं के शब्द-भण्डार का तुलनात्मक अध्ययन विस्तार से नहीं किया। यह कार्य एक सीमा तक बरो ने किया है। उन्होंने ऐसे शब्दों की सूची बनाई है जो संस्कृत में हैं, द्रविड़ और शक भाषाओं में है, किन्तु यूरुप की भाषाओं में नहीं हैं। उन्होंने मूल शब्द-भण्डार की संरचना को ध्यान में रखकर शब्द नहीं चुने। काल्डवेल ने इस बात पर ध्यान दिया था कि नित्य प्रति व्यवहार में आने वाले द्रविड़ शब्द संस्कृत और आर्य भाषाओं में नहीं हैं। शक परिवार से द्रविड़ भाषाओं का सम्बन्ध तब सिद्ध होगा जब इन दोनों में मूल शब्द-भण्डार की यथेष्ट समानता दिखाई जायगी। बरो यह तो मानते हैं कि उत्तर भारत में अनेक आर्येतर भाषा-समुदाय थे जिनका नाम-

कुछ स्थानों के नाम दिए हैं जिनके अन्त में **उर** शब्द आता है यथा **तिबुर, अंक्सुर**। उनका विचार है कि स्थानों के ऐसे नाम रोमन सभ्यता के प्रसार से पहले के हैं। स्थानों के कुछ लैटिन नाम भी अपने अन्त में यही **उर** जोड़े हुए है। इस **उर** को एत्रुस्कन भाषा से उधार लिया हुआ तत्व माना जाता है। लहोवारी का विचार है कि प्राचीन इंडोयूरोपियन में नगर के लिए कोई शब्द नहीं है और लैटिन शब्द **उर्ब्स्** उधार लिया हुआ है।

द्रविड़ भाषाओं में यह **उर** शब्द गाँव और नगर दोनों के लिए प्रयुक्त होता है और स्वयं **पुर** का प्रतिरूप है। **पुर** शब्द ग्राम और नगर दोनों का अर्थ देता है। प्राकृतों में **लंकापुर लंकावुर** में परिवर्तित हो जाता है। अनेक द्रविड़ भाषाएँ **प्** को **व्** में बदलती रही हैं। उसी प्रवृत्ति की झलक प्राकृतों के उक्त ध्वनि-परिवर्तन में है। कश्मीर के नगर **वुड़ी** से लेकर इराक के प्राचीन नगर **उर** तथा दक्षिण भारत में **तंजावूर** तक स्थान-वाचक **उर** का प्रसार है। लहोवारी ने स्थानवाचक **उर** शब्द के अर्थ-विकास पर ध्यान दिया है। उन्होंने दक्षिण द्रविड़ भाषाओं के बहुलतासूचक **उर** शब्द का उल्लेख किया है। इसी प्रकार तमिल **पल** (बहुत से) शब्द से उन्होंने **पल्लि** (गाँव) शब्द का सम्बन्ध जोड़ा है। इस सन्दर्भ में उन्होंने ग्रीक **पॉलुस्** (अनेक) और **पॉलिस्** (नगर) का उल्लेख किया है। ऐसा ही सम्बन्ध संस्कृत **पुर** और बहुलतासूचक **पुल** (**विपुल** का **पुल**) में है। ग्रीक और द्रविड़ भाषाओं में समानता के ऐसे लक्षण देखकर लहोवारी के सामने स्वभावतः यह समस्या उत्पन्न होती है कि ग्रीक भाषा में ऐसे शब्द दक्षिणी यूरुप की प्राचीन सभ्यता से आये हैं या वे वहाँ की आदि भाषाओं के शब्द हैं।

उन्होंने तमिल **मॅल्** (नर्म, पका हुआ) से लैटिन **मेल्** (शहद) का सम्बन्ध जोड़ा है। तमिल में शहद के लिए **मट्टु** शब्द है जो मधु का प्रतिरूप है। लैटिन **मेल्** भी इसी **मधु** का अपभ्रंश रूप है। लहोवारी ने तमिल **मक** बच्चा की चर्चा करते हुए उसका सम्बन्ध अनेक भाषाओं से दिखाया है। इटली के आल्प्स पहाड़ की एक बोली में **मक** का अर्थ बच्चा है; ऐंग्लो सैक्सन भाषा में **मगु** का अर्थ है पुत्र; गौथिक **मगुस्** अविवाहित युवक के लिए प्रयुक्त होता था; लैतविया की भाषा में **मक** का अर्थ बच्चा है; केल्त भाषा-समुदाय में **मक** का अर्थ पुत्र है। लहोवारी ने स्काटलैंड के कुछ प्रचलित नामों के उदाहरण दिये हैं: **फ़र्सन्** का बेटा **मैक् फ़र्सन्**, **ऐडम्** का बेटा **मैक् ऐडम्**, **किन्टोश्** का बेटा **मैक् किन्टोश्**। प्राचीन केल्तिक भाषा में **मगोस्** का अर्थ पुत्र है। लहोवारी ने इंडो-यूरोपियन परिवार के शक्तिसूचक **मघ** शब्द से इसका सम्बन्ध बिल्कुल सही जोड़ा है। शक्तिशाली पुरुष का अर्थ **मघवन्** शब्द में मिलता है। **मघ** में सघोष महाप्राण स्पर्श ध्वनि उसका भारतीय आर्य उद्भव सूचित करती है। तमिल **वीडु** (घर), कन्नड़ **बीडु**, बास्क **बाइतु** से मिलते हैं। फ्रान्स के दक्षिण में प्रोवांस क्षेत्र की भाषा में इसका प्रतिरूप **बैत**, आल्प्स् की भाषाओं में **बइत** रूप हैं। सामी परिवार की हीब्रू भाषा के **बैथ, बेथ**, अरबी के **बीत** शब्द दिये हैं। संस्कृत में घर, बस्ती और जन-समुदाय के लिए एक प्राचीन शब्द **विश्** है। **वीडु** का सम्बन्ध **विश्** से है, **बैथ** का **भवन** की **भू** क्रिया से।

घर के लिए तमिल के **मन्रम्**, मलयालम **मण** का हवाला देते हुए लहोवारी ने

अरबी के **मन्, मेन्** (घर, दुर्ग), **मन्द** (बस्ती), **अमन्** (बसना) शब्दों का उल्लेख किया है। बास्क में **मन्दिश्रो** (जानवर बाँधने का स्थान), कन्नड़ **मन्दि** (जन समुदाय), हीब्रू **मन्** (रहना), कौकेशस प्रदेश में जौर्जिया की भाषा का **मेन** (घर) शब्द दिये हैं। **बरो** ने द्रविड़ और फिनोउग्रियन परिवारों में जिस तरह की समानता दिखाई है, उसकी तुलना में लहोवारी के उदाहरणों की समानता अधिक विश्वसनीय है। उन्होंने द्रविड़ भाषाओं की **आर्, एर, उर्** (जोतना) क्रिया से हीब्रू **एरिस्**, अरबी **अर्द** की तुलना की है और लैटिन के **अर्बुम्** (जुती हुई भूमि), इटली के प्राचीन शब्द **अर** (जुतने योग्य भूमि) का उल्लेख किया है। उन्होंने अरबी **अर्द** से मिलते-जुलते पुरानी पहाड़ी जर्मन के **ॲर्द, ॲर्थ** शब्दों का हवाला दिया है। (धरती के लिए अंग्रेज़ी का शब्द **अर्थ** इसी शृंखला में है और उसका मूल अर्थ होगा जुती हुई भूमि।) कृषि-सभ्यता का विकास किसी एक केन्द्र में होने पर उसके कौशल का प्रसार अन्य क्षेत्रों में होना स्वाभाविक है। कौशल के प्रसार के साथ उससे सम्बद्ध शब्दों का प्रसार भी होगा। द्रविड़, सामी, इंडोयूरोपियन परिवारों में जोतने से सम्बन्धित शब्द देखकर लहोवारी ने लिखा है कि ये शब्द यूरुप की भाषाओं में उस समय आये जब पूर्वी प्रदेशों के किसानों ने यूरुप में नव प्रस्तर युग की सभ्यता को जन्म दिया। (उप०, पृष्ठ २३९)। लहोवारी का जन्म रूमानिया में हुआ था। उनका चिन्तन जर्मनी में विकसित ऐतिहासिक भाषाविज्ञान के प्रभाव से मुक्त है। वह उन बिरले लेखकों में हैं जो मानते हैं कि यूरुप में कृषि-सभ्यता का प्रसार पूर्व से आये हुए लोगों ने किया।

लहोवारी ने कृषि सम्बन्धी शब्दावली में **अरस्** (खेती) शब्द दिया है, इसके साथ इसके प्रतिरूप बास्क **इरुर** (खेत), ग्रीक **अरोउर** (उप०) दिये हैं। कन्नड़ में जुते हुए खेतों के लिए उन्होंने **कम्पलइ** शब्द दिया है और इसका सम्बन्ध लैटिन **कम्पुस्** (मैदान) से बताया है। बिहार का **चम्पारन** और फ्रांसीसी भाषा का **शाम्पाञ्** (मैदान) एक ही उद्भव के हो सकते हैं। द्रविड़ भाषाओं के **कुटि, कुदि** (झोंपड़ी) आदि से उन्होंने जर्मन समूह की भाषाओं के **कोट, कौटेज** आदि शब्दों का सम्बन्ध दिखाया है। अंग्रेज़ी **हट** इसी **कोट** का परिवर्तित रूप है। लहोवारी ने नदीवाचक दिलचस्प शब्द दिये हैं। तमिल में नदी के लिए एक शब्द **यारु** अथवा **आरु** है। हीब्रू में इसका प्रतिरूप है **योर**। अंग्रेज़ी में **येर, यैरो** नदियों के नाम हैं। इटली में प्रसिद्ध **आर्नो** नदी है। आर्मिनिया के एक प्रसिद्ध पर्वत का नाम **अरारात** है (**अर—अर—अत्**)। (इस देश का पुराना नाम **उर-अर-तु** है।) यहाँ **अर** अथवा **आर** का अर्थ निर्झर है। **अरारात** अर्थात् निर्झरों का पर्वत। कश्मीरी नदी को **यार** कहते हैं। लहोवारी ने ठीक लिखा है कि अटलांटिक समुद्र तट से लेकर भारत तक **आर** वाले जलवाचक नाम बहुत से हैं। इस **आर** के निर्माण की प्रक्रिया वही है जो **वारि** शब्द की है। जल की विशेषता उसकी प्रवहमानता है, इसलिए गतिवाचक **या—वा** क्रियाओं से नदीवाचक शब्द बने हैं।

लहोवारी ने बताया है कि बास्क प्रदेश, सिसिली, क्रीट और यूनान में बहुत से नगरों के नाम के अन्त में **अर** आता है। द्रविड़ भाषाओं के स्थानसूचक नामों में भी

यह शब्दांश मिलता है। उनका अनुमान है कि शायद जल के निकट होने से ऐसे नाम रखे गये हैं। उन्होंने पश्चिमी एशिया के क्षेत्र में ऐसे नामों के उदाहरण दिये हैं। समुद्र तट या नदी किनारे के नगरों के लिए भारत में **पत्तन** शब्द का व्यवहार होता था। द्रविड़ भाषाओं का **पट्टनम्** इसी का प्रतिरूप है। लहोवारी ने बताया है कि तमिल **पट्ट** के अनुरूप पश्चिमी एशिया की प्राचीन भाषा सुमेरियन में **पद्** उस स्थान को कहते थे जिसकी किलेबन्दी की गई हो। भारत के **पटना** और **पटियाला** का भी उल्लेख है, प्राचीन ईरान के नगर **एगबतन** का हवाला दिया गया है। लहोवारी ने तमिल **नेर** (अग्नि) से प्राचीन सामी भाषा अक्कद में **नल्लु** शब्द का सम्बन्ध जोड़ा है। हीब्रू में **नीर** (जला हुआ), अक्कद में **नूरु** (अग्नि स्थान) उसी उद्भव के बताये गये हैं।

लहोवारी ने अनेक भाषा-परिवारों से जो प्रतिरूप दिये हैं, वे काफी विवादास्पद हैं। अन्य भाषा-वैज्ञानिकों के समान वह भी सामान्य स्रोत की खोज में हैं। इसीलिए उन्होंने अपनी पुस्तक का नाम ऐसा रखा है जिससे विदित हो कि वे यूरुप की भाषाओं के द्रविड़ स्रोतों का अनुसन्धान कर रहे हैं। इस द्रविड़ स्रोतों की बात से सहमत न होना सही है। पर लहोवारी एक ही क्षेत्र के पड़ोसी भाषा-परिवारों में सामान्य भाषा तत्त्व खोजने का जो काम कर रहे हैं, वह सही है। सामी, इंडोयूरोपियन परिवारों से द्रविड़ भाषा-परिवार का सम्बन्ध है, इसमें सन्देह नहीं। बास्क और सुमेरियन से भी कुछ न कुछ सम्बन्ध हो तो आश्चर्य की बात न होगी।

भारत में एक सज्जन ऐसे हैं जिन्होंने द्रविड़ और इंडोयूरोपियन परिवारों की थोड़ी बहुत छानबीन की है। सी० पी० आनन्द वासुदेवन् का **ड्रैवीडियन-ग्रीक कनेक्शन्स** नाम का लेख **इन्टरनैशनल जर्नल ऑफ़ ड्रैवीडियन लिंग्विस्टिक्स** (जनवरी १९७४) में प्रकाशित हुआ है। उन्होंने ग्रीक और द्रविड़ भाषाओं से चुनकर ऐसे शब्दों की सूची दी है जो एक-दूसरे के प्रतिरूप जान पड़ते हैं। उनका विश्वास है कि प्रागैतिहासिक काल में यूनानियों और द्रविड़ों के बीच सम्पर्क था। उन्होंने द्रविड़ **मूक्** (नाक) का ग्रीक प्रतिरूप **मुक्तेर** दिया है और आधुनिक ग्रीक में उसी का परिवर्तित रूप **मूते** दिया है। बरो ने इस शब्द को द्रविड़ भाषाओं में फिनोउग्रियन स्रोत से आया हुआ माना है। हाथ के लिए द्रविड़ **कइ** से ग्रीक **खेंइर्** का सम्बन्ध उन्होंने उचित ही जोड़ा है। बरो ने इस शब्द को भी फिनोउग्रियन स्रोत का बताया है। द्रविड़ **तच्चु** का सम्बन्ध उन्होंने ग्रीक **तेंख्ने** से सही जोड़ा है पर इन दोनों शब्दों का सम्बन्ध संस्कृत **तक्षन्** से है यानी यह केवल ग्रीक-द्रविड़ सम्बन्ध नहीं है, अधिक व्यापक आर्य-द्रविड़ सम्बन्ध है।

वासुदेवन् के दिए हुए कुछ अन्य द्रविड़-ग्रीक शब्द इस प्रकार हैं: **पो-बइनो** (जाना; इसके साथ आधुनिक ग्रीक **पओ** शब्द दिया है।); **पणि—पॉनॉस् पॉनॅओ** (कार्य; यह भी संस्कृत **पाणि** से सम्बद्ध है); **पलय—पलइऑस्**, (पुराना, वृद्ध; तुलनीय है संस्कृत **पलित**), **पोर्**—पॉलॅमोस् (युद्ध), पुरम्—पालिस (वास्तव में ये शब्द द्रविड़ उद्भव के नहीं हैं), काल—स्कॅलॉस (पैर), पइयन्, पइदल्—पइदॉस्, पइस् (लड़का), **अलयु**—अलेओमइ (घूमना)।

वासुदेवन् ने जिन शब्दों को विशुद्ध द्रविड़ माना है, उनमें से अनेक आर्य भाषा-परिवार के हैं। प्राचीन यूनान का एक भाग उस लघु एशिया में था जहाँ अब तुर्क रहते हैं। इस तरह से यूनान, यूरुप वाले भाग समेत, पश्चिमी एशिया का प्रान्तीय प्रदेश ठहरता है। ग्रीक-भारतीय भाषाओं में अनेक शब्द सामान्य हैं और इनमें ऐसे शब्द भी हैं जो संस्कृत में नहीं हैं; इससे इस धारणा की पुष्टि होती है कि ग्रीक और द्रविड़ भाषाओं में किसी समय निकट सम्पर्क था।

११. उत्तर-पश्चिमी द्रविड़

इंडोयूरोपियन और द्रविड़ परिवारों की भाषाओं के तुलनात्मक अध्ययन से प्राचीन द्रविड़ गण-भाषाओं के अस्तित्व का पता चलता है। द्रविड़ भाषाओं के विशेषज्ञ आदि द्रविड़ भाषा की कल्पना करते हैं, कभी-कभी उसमें थोड़ा-बहुत बोली-भेद स्वीकार करते हैं। उनके लिए जो समय आदि-द्रविड़ भाषा के निर्माण का है, वह समय विभिन्न द्रविड़ गणों के अस्तित्व का नहीं है। आदि द्रविड़ भाषा एक ही मानव-समुदाय की भाषा है, ऐसे समुदाय की भाषा जो सामाजिक सम्बन्धों द्वारा एकताबद्ध कर दिया गया है। भाषाओं की तुलना करने से ऐसे एकताबद्ध आदि द्रविड़ मानव-समुदाय का अस्तित्व सिद्ध नहीं होता। इस आदि द्रविड़ भाषा की कल्पना के कारण आधुनिक द्रविड़ भाषाओं का वह प्राचीन बीज-रूप आँखों से ओझल रहता है जो गण-भाषाओं में विद्यमान था।

द्रविड़ भाषाओं में सघोष स्पर्श ध्वनियों का विकास सीमित है और विलम्ब से हुआ है। भारत के उत्तर में तुखारी भाषा का व्यवहार होता था और पश्चिमी एशिया में हित्ती भाषा का। इन दोनों भाषाओं में अघोष अल्पप्राण ध्वनियों की प्रधानता है। संस्कृत **गो** या **गौ** अंग्रेज़ी में **काउ** रूप में मिलता है, संस्कृत **धरा** लैटिन में **तॅरा** है। इस तरह के परिवर्तन द्रविड़ भाषाओं के प्रभाव से हुए हैं, पर क्या सभी द्रविड़ भाषाएँ सघोषता को अस्वीकार करती थीं? आदि वर्ण में सघोषता की अस्वीकृति तमिल का लक्षण है। न केवल कन्नड़ और तेलुगु में वरन् ब्राहुइ जैसी उत्तरी भाषा में भी अनेक शब्द सघोष ध्वनियों से आरम्भ होते हैं। ये शब्द उधार लिये हुए नहीं हैं। गोंडी आदि भाषाओं में ऐसे शब्दों की संख्या और भी अधिक है। तमिल के आधार पर यह कल्पना करना समीचीन नहीं है कि सभी द्रविड़ भाषाएँ प्राचीन काल में अघोष ध्वनियों का ही व्यवहार करती थीं (अथवा यही स्थिति आदि द्रविड़ भाषा की थी)। यूरुप की अनेक भाषाओं में सघोष महाप्राण ध्वनियों वाले आर्य शब्दों के प्रतिरूपों में केवल महाप्राणता का लोप होता है, सघोषता का नहीं। **धरा** का प्रतिरूप **तॅरा** है तो **भ्रातृ** का प्रतिरूप फ़ारसी **बिरादर्** और अंग्रेज़ी **ब्रदर्** भी है। इस तरह के ध्वनि-परिवर्तन के प्रभाव का कारण वे द्रविड़ भाषाएँ होंगी जो शब्द के आदिस्थान में सघोष ध्वनि स्वीकार करती थीं। द्रविड़ व्युत्पत्तिकोश में यह मान लिया गया है कि आदि द्रविड़ भाषा में केवल अघोष ध्वनियों का व्यवहार होता था। किन्तु आधी से अधिक द्रविड़ भाषाओं में जो आदिस्थानीय सघोष ध्वनि का व्यवहार होता है, उससे यह धारणा असिद्ध होती है।

इस कोश में ऐसे बहुत से शब्द दिये हुए हैं जिनमें एक वर्ग की भाषाओं में शब्द के आदि-स्थान पर अघोष ध्वनि है और दूसरे वर्ग में सघोष ध्वनि। सम्भवत: यह स्थिति अत्यन्त प्राचीन है। कुछ शब्द ऐसे हैं जिनके अघोष ध्वनियों से आरम्भ होने वाले द्रविड़ प्रति-रूप हैं ही नहीं : कन्नड़ गाळि, तेलुगु गालि (हवा); कन्नड़ गाळक, गाळकूड़ु (बुद्धिमान व्यक्ति); कन्नड़ गाळ, तेलुगु गालमु (मछली पकड़ने की वंशी)।

पश्चिमी एशिया और यूरुप की भाषाओं के निर्माणकाल में जब उनमें भारतीय भाषातत्व पहुँच रहे थे, तब कम से कम दो वर्ग द्रविड़ भाषाओं के थे। एक वर्ग सघोष ध्वनियों को आदिस्थान में स्वीकार करता था और दूसरा वर्ग स्वीकार न करता था। पहले वर्ग में तमिल जैसी भाषा का प्राचीन बीजरूप है, दूसरे वर्ग में तेलुगु-कन्नड़ जैसी भाषाओं का बीजरूप है। इस तरह के तुलनात्मक अध्ययन से यह भी विदित होता है कि तमिल वर्ग की भाषाएँ पहले मध्यस्थान में भी सघोष ध्वनि स्वीकार न करती थीं। आर्य भाषाओं में **मघ** से व्युत्पन्न **मग** रूप का व्यवहार होता था जैसा कि **मगध** से विदित है। यह शब्द ईरान में **मग** ही रहा, ये **मग** लोग वहाँ तन्त्र-मन्त्र, अग्नि-पूजा और पुरोहितों के अन्य कार्य करते थे। अंग्रेज़ी शब्द **मैजिक** (जादू) इसी **मग** स्रोत का है। किन्तु इसका अन्य रूप **मक** है। केल्त समुदाय की भाषाओं में यह शब्द **मक** या **मैक** रूप में स्वीकृत है।

द्रविड़ समुदाय में कन्नड़ ऐसी भाषा है जिसमें आदिस्थानीय **प्** का परिवर्तन **ह्** में होता है। लिखित दस्तावेजों के आधार पर यह मत स्थिर किया गया है कि प्राचीन काल में यह स्थिति नहीं थी। किन्तु पश्चिमी एशिया की एक भाषा आर्मीनियन है, उसमें इस तरह का परिवर्तन होता है। इसके सिवा केल्त भाषाओं में भी ऐसा परिवर्तन दिखाई देता है। पिता के लिए आर्मीनियन में **हइर्** शब्द है। प्राचीन आइरिश में **ह्** का लोप होने पर **अथिर्** रूप मिलता है। इस तरह के ध्वनि-परिवर्तन अनेक शब्दों म हैं और वे अकारण नहीं हैं। जब हम देखते हैं कि कन्नड़ भाषा शब्द के आदिस्थान पर सघोष ध्वनि स्वीकार करती है और इंडोयूरोपियन परिवार की अनेक भाषाएँ मूल शब्दों की महाप्राणता का लोप करके सघोषता बनाये रखती हैं, साथ ही इंडोयूरोपियन परिवार की ऐसी भाषाएँ भी हैं जो आदिस्थानीय **प्** को **ह्** रूप में ग्रहण करती हैं, तब यह मानने के लिए यथेष्ट आधार मिल जाता है कि कन्नड़ भाषा का बीजरूप, तमिल के समानान्तर, उत्तर-पश्चिम भारत में विद्यमान था।

द्रविड़ समुदाय में ब्राहुइ ऐसी भाषा है जो कृदन्त शब्दों में **इंग्** प्रत्यय लगाती है। तमिल वर का ब्राहुइ प्रतिरूप बारिफिंग् (सुखाना) है। यूरुप की भाषाओं में अंग्रेज़ी, क्रिया में यही प्रत्यय जोड़कर, निरन्तरता व्यक्त करती है। ब्राहुइ में इस प्रत्यय का उपयोग क्रियार्थी संज्ञा रूप बनाने के लिए होता है। यह आवश्यक नहीं कि अंग्रेज़ी में यह प्रत्यय ब्राहुइ से ही गया हो। उस वर्ग की किसी अन्य भाषा से भी वह प्रत्यय वहाँ पहुँच सकता है। भारत के उत्तर-पश्चिमी प्रदेशों में द्रविड़ भाषाएँ बोली जाती थीं, इन सबकी ध्वनिप्रकृति एक सी नहीं थी, ध्वनि प्रकृति का यह भेद पश्चिमी एशिया और यूरुप की भाषाओं में झलकता है, ऐसा ही ध्वनि-भेद आधुनिक द्रविड़ भाषाओं में भी मिलता है,

इससे हम निष्कर्ष निकालते हैं कि आधुनिक द्रविड़ भाषाओं के बीजरूप प्राचीन काल में विद्यमान थे।

भारत के उत्तर-पश्चिमी सीमान्त प्रदेशों में जो द्रविड़ गणसमाज रहते थे, वे कहाँ गये? यह बहुत आसानी से मान लिया जाता है कि वे आर्य समुदायों में विलीन हो गये या दक्षिण भारत में ठेल दिये गये। इस धारणा के विपरीत यह बिल्कुल सम्भव है कि वे पश्चिमोत्तर प्रदेशों से यूरुप और पश्चिमी एशिया के देशों में गये हों। आखिर भारतीय उद्भव के रोमनी या जिप्सी कहलाने वाले लोग यूरुप के अनेक भागों में पाये जाते हैं। रूस में ये लोग जो भाषा बोलते हैं, उसका मूलाधार हिन्दी है। यदि हिन्दी बोलने वाले यूरुप में फैल सकते हैं तो तमिल या कन्नड़ (उनके प्राचीन रूपों में) बोलने वाले यूरुप और पश्चिमी एशिया में क्यों नहीं फैल सकते? इस बात की काफी सम्भावना है कि भारत से जो भाषा-तत्त्वों का निर्यात हुआ है, वह केवल सांस्कृतिक विनिमय का परिणाम नहीं है। इन भाषा-तत्त्वों को यहाँ के जन-समुदाय अपने साथ ले गये हैं। ये समुदाय द्रविड़-आर्य दोनों परिवारों की भाषाएँ बोलने वालों के मिश्रण से बने हों तो आश्चर्य न होगा। भारत में, तीसरी सहस्राब्दी ईसा पूर्व में, ऐसे नगर थे जो व्यापार के केन्द्र थे। सिन्धु घाटी की सभ्यता उत्पादन और विनिमय में बढ़ी हुई नगर-सभ्यता है। ऐसी सभ्यता का लक्षण है विभिन्न भाषाएँ बोलने वाले जन समुदायों को एकत्र करना। भारत से बाहर जानेवाले दल सामाजिक विकास की बर्बर अवस्था में न थे, यह कृषि-सम्बन्धी शब्दावली के अध्ययन से ज्ञात होता है। नगरसूचक शब्द चाहे **पुर** और **पॉलिस्** हों, चाहे **उर** और **ऊर**, यूरुप और पश्चिमी एशिया में, इनका व्यापक प्रसार है। गाँव के लिए यूरुप की भाषाओं के अपने शब्द हैं यथा ग्रीक भाषा में **कोमे**, जर्मन **डोर्फ़** (अंग्रेजी **थोर्प**), लैटिन **विला** (जिससे अंग्रेज़ी का **विलेज** शब्द बनता है)। यूरुप के ये ग्रामवाचक शब्द भारत में नहीं हैं। भारत के उत्तर-पश्चिमी प्रदेशों के द्रविड़ केवल भारत के आर्य गणसमुदायों में विलीन नहीं हुए, वे भारत के बाहर इंडोयूरोपियन समुदायों में भी विलीन हुए हैं। यह भी सम्भव है कि उनमें से अनेक गण समाज फिनोउग्रियन समुदायों में घुल-मिल गये जैसे कि यह सम्भव है कि भारत के उत्तर-पश्चिमी द्रविड़ दक्षिणी द्रविड़ों में घुलमिल गये।

भारत के उत्तर-पश्चिम में द्रविड़ रहते थे, यह तो ऐतिहासिक भाषाविज्ञान की स्वीकृत स्थापना है। एक महत्त्वपूर्ण प्रश्न यह है कि जिस समय ये लोग उत्तर-पश्चिमी प्रदेशों में थे, उस समय दक्षिण भारत में अन्य द्रविड़ रहते थे या नहीं, यदि द्रविड़ न रहते थे तो कोई अन्य आदिवासी जातियाँ रहती थीं या नहीं, रहती थीं तो उन्होंने द्रविड़ भाषाओं को प्रभावित किया है या नहीं।

१२. दक्षिणी द्रविड़

प्राचीनकाल में दक्षिण भारत और इसरायल के बीच व्यापार होता था, इसका ऐतिहासिक प्रमाण है। प्रथम सहस्राब्दी ई० पू० से कुछ पहले भारत से एक जहाज़ में जो सामान इसरायल गया, उसमें तोते भी थे। बाइबिल में इसका उल्लेख है और तोते

के लिए हीब्रू में **तुक** शब्द का प्रयोग किया गया है। **तुक** संस्कृत **शुक** का द्रविड़ रूपान्तर है। जो लोग यह मानते हैं कि प्रथम सहस्राब्दी से पहले आर्य लोग विन्ध्याचल के दक्षिण में पहुँचे ही न होंगे, उनके लिए इस **तुक** शब्द से कठिनाई पैदा होती है। किन्तु आर्यों और द्रविड़ों का सम्पर्क काफी पुराना माना जाय तो **शुक** शब्द के द्रविड़ रूपान्तर को स्वीकार करने में कठिनाई न होगी। जिस समय उत्तर-पश्चिम में द्रविड़ों की बस्तियाँ अभी बनी हुई हैं, उस समय दक्षिण में अन्य द्रविड़ मौजूद हैं और उनके माध्यम से शुक अपना रूप बदलकर इसरायल पहुँचता है।

कुछ शब्द केवल तमिल और मलयालम में मिलते हैं। यदि ये शब्द उत्तर-पश्चिमी द्रविड़ों के होते तो सम्भावना यही है कि उनके प्रतिरूप अन्य द्रविड़ भाषाओं में भी मिलते। ये शब्द दक्षिण भारत में द्रविड़ों के प्राचीन निवास के प्रमाण हैं। तमिल **अकवु** माने गाना, **अकवर्** अर्थात् वैतालिक। मलयालम में **अकिरुक** का अर्थ गरजना, चिल्लाना है और यह शब्द तमिल **अकवु** का प्रतिरूप नहीं है। द्रविड़ व्युत्पत्ति-कोश में **अकिरुक** प्रतिरूप देते हुए उसके पहले एक प्रश्नचिन्ह लगा दिया गया है। **अकवु** तमिल का अपना आदि दक्षिण प्रदेशीय सांस्कृतिक शब्द है। **अमर्** (थमना, विश्राम करना), **अल्** (रात्रि), **आताळि** (शोरगुल), **इकु** (वध करना), **ऍरि** (चमकना), **ऍट्टु** (पलक, पाँखुरी), **कलइ** (हिरन, लंगूर), **कॉरूं** (भोजन), **कोटि** (नया कपड़ा), **कोट्टइ** (समृद्धि), **कोला** (उड़ने वाली मछली), **कोलु** (आरम्भ करना, पूर्ण करना), **चम्पटम्** (कपड़ा), **चम्पइ** (एक मछली), **चवटि** (गले का आभूषण), **चवरु** (कूड़ा), **चव्वु** (झिल्ली), **चळ्ळु** (ढील डालना), **चिमिळ** (छोटी मंजूषा), **चिम्पु** (छीलन, कतरन), **चिलुक्कु** (लोहे का काँटा), **चीत्तइ** (चरित्रहीनता), **चुकिर्** (कपास साफ करना), **चुरि** (छेद करना), **चूर्** (भय), **चूळम्** (सीटी), **चॅच्चइ** (झोंपड़ी), **चॅतु** (सूखना, सड़ना), **चॅण्** (दूरी, ऊँचाई), **चेवल्** (नर पक्षी), **चॉक्कन्** (वानर), **नळुक्कु** (थरथराना), **नॅट्टू** (डंठल), **तण्डु** (बाँसुरी), **तवणइ** (सीमित समय), **तवळइ** (मेंढक), **तार्** (पुष्प), **तारा** (बत्तख), **तारइ** (वाद्ययन्त्र), **तारु** (बुनाई का एक उपकरण), **तिमिलइ** (एक प्रकार का ढोल), **तिळइ** (उबलना), **तिरम्पु** (नोंच खाना), **ती** (अशुभ कार्य), **तुटम्** (द्रव्य पदार्थों की एक नाप), **तुम्पु** (रस्सा), **तुय्य** (पवित्र), **तुरुत्ति** (द्वीप), **तुवर्** (सुखाना), **तुवइ** (भिगोना), **तुळिर्** (कलियाँ फूटना), **तुरुत्तु** (किसी चीज का आगे की ओर निकलना), **तुन्पम्** (क्लेश), **तूर्** (झाड़ू लगाना), **तॅळि** (हल्ला करना, हाँफना), **तेम्पु** (मुरझाना), **तेरि** (टीला), **तेरइ** (मेंढक), **तॉण्टु** (लंगर, लट्ठा), **तॉण्टु** (तंग राह), **तॉल्लइ** (कष्ट), **तॉळ्कु** (जाल), **तोकु** (कान की बाली), **तोय्** (मिलना, भेंटना), **नरिच्चल्** (एक तरह का चमगादड़), **नल्कु** (देना), **निकर्** (समान होना), **निवरु** (भीड़ लगाना), **नुणइ** (चुगली), **पर्टारि** (एक तरह का केला), **पट्टि** (कुत्ता), **पयिल्** (सीखना, बोलना), **परि** (स्नेह करना), **परि** (दुखी होना), **परियम्** (कन्या शुल्क), **परुमल्** (जहाज़ का एक भाग), **पाकन्** (महावर), **पाट्टान्** (पितामह), **पीळइ** (आँख का कीचड़), **पिणर्** (खुरदुरापन), **पिणि** (बीमारी), **पुल्कु** (गले लगाना), **पुरुं** (खाज), **पूवल्** (रक्त वर्ण), **पॉट्टइ** (अंधा होना), **मण** (सुगन्ध छोड़ना), **मळुक्कु** (कूटना), **मळळु** (शहतीर), **मावु** (आटा), **मा**

(बीसवाँ भाग), **माटइ** (मुड़े हुए सींग), **मातळइ** (अनार), **मुटलइ** (सड़ाँध), **मुत्ताळम्** (सवेरा), **मुंतिरि** (३२० वाँ भाग), **मुळइ** (बाँस), **मुर्रम्** (आँगन), **मूङ्का** (उल्लू), **मूङ्किल्** (बाँस), **मूट्टइ** (खटमल), **मूर्च्चइ** (तीक्ष्णता), **मॉट्टइ** (गंजी चाँद), **मॉळ्** (पानी भरना), **वक्कु** (जलाना), **वटु** (मस्सा, दाग), **वळ्** (रस्सी), **वळ्ळूरम्** (मांस), **वळुवन्** (शूद्र), **वाङ्कु** (प्राप्त करना), **विचप्प** (भूख), **विटलइ** (नारियल), **विट्टम्** (शहतीर, व्यास), **विरि** (जीन), **विलवु** (पसलियाँ, बगल), **विरा** (त्यौहार), **विळम्पु** (परोसना), **विळाकम्** (युद्धभूमि), **विळिम्पु** (किनारा), **वीम्पु** (डींग हाँकना), **वंकुळ्** (उत्तेजित होना), **वळ्ळाळन्** (शूद्र), **वेन्तान्** (राजा), **वेकम्** (हाथी), **वैयम्** (धरती)।

इस तरह के और शब्द एकत्र किए जा सकते हैं। इन शब्दों के बहुत से पर्याय-वाची अन्य द्रविड़ भाषाओं में मिलते हैं, इनके प्रतिरूप उनमें नहीं हैं। (यहाँ मध्यवर्ती स्पर्शध्वनि को अघोष ही दिखाया गया है।) उन्हें देखते हुए निष्कर्ष निकाला जा सकता है कि उक्त शब्दावली तमिल और मलयालम भाषाओं की अपनी है, उसे उत्तर-पश्चिम के द्रविड़ नहीं लाये।

द्रविड़ भाषाएँ बोलने वाले लोग प्राचीन काल से चावल खाते रहे हैं। देखना चाहिए कि इस विशेष खाद्य के लिए इन भाषाओं में सम्बन्धित शब्दों की क्या स्थिति है। तमिल **अरिचि** धान के लिए प्रयुक्त होनेवाला शब्द है। संस्कृत में इसका प्रतिरूप नहीं दिखाई देता पर अंग्रेज़ी **राइस्** इससे सम्बन्धित है। या तो अंग्रेज़ी शब्द में अतिरिक्त **अ** स्वर का लोप हो गया है या फिर **राइस्** जैसे शब्द में यह अतिरिक्त स्वर जोड़ा गया है। कन्नड़, कोडगु का **अक्कि** इससे भिन्न शब्द है। **अविळ्** और **अवुडु** चावल के दाने के लिए केवल तमिल और कन्नड़ में प्रयुक्त होते हैं। एक काले रंग के धान को तमिल में **कुरवइ** कहते हैं। यह शब्द केवल तमिल और मलयालम में है, उत्तर-पश्चिमी नहीं है; होता तो दो एक भाषाओं में और मिलता। तमिल **नवरइ** एक प्रकार का धान है। तमिल और मलयालम के अलावा यह शब्द तुलु में है। तेलुगु **निवर** भी शायद सम्बद्ध हो। द्रविड़ व्युत्पत्ति कोश में संस्कृत **नीवार** से इसके सम्भाव्य सम्बन्ध की ओर संकेत है। इस शब्द का व्यवहारक्षेत्र अत्यन्त सीमित है, सम्भव है, संस्कृत में यह शब्द दक्षिण की द्रविड़ भाषाओं से आया हो। तमिल **नॅल्** कुछ दक्षिण भाषाओं के अलावा कन्नड़ में प्रयुक्त होता है। इसका व्यवहारक्षेत्र भी सीमित है और इसे भी दक्षिण के द्रविड़-समुदाय का अपना शब्द कहा जा सकता है।

तेलुगु में चावल के लिए एक शब्द **प्रालु** है। यह शब्द तमिल, मलयालम, तोद, कन्नड़ आदि में नहीं है किन्तु पर्जि, गोंडी, कोन्ड और कुइ भाषाओं में इसके प्रतिरूप हैं। ये भाषाएँ मध्यवर्ती द्रविड़ समुदाय में आती हैं। वह इस समुदाय का अपना शब्द है। कोन्ड, कुवि आदि कुछ मध्यवर्ती भाषाओं में **मञ्जि** शब्द का व्यवहार होता है; यह दक्षिण की भाषाओं में नहीं है और उसे इसी समुदाय का विशेष शब्द मानना उचित है। तमिल **वरि** तेलुगु और कुछ मध्यवर्ती भाषाओं में मिलता है। गोंडी का **वञ्जी** **मञ्जि** का प्रतिरूप है और **वरि** से सम्बद्ध नहीं है। अपने सीमित व्यवहार के कारण इसे भी दक्षिण की भाषाओं का अपना शब्द मानना चाहिए। धान के लिए कुड़ुख़ भाषा

का **खॅस्स्** केवल दो भाषाओं में मिलता है, एक कुड़ुख, दूसरी मल्तो। यह दक्षिण समुदाय से भिन्न उत्तरी वर्ग का शब्द है। तमिल **वल्चि** का कन्नड़ प्रतिरूप **बत्त** और **भत्त** दिया है जिसका सम्बन्ध हिन्दी **भात** से है पर तमिल शब्द कन्नड़ रूपों से भिन्न है। कुइ भाषा में चावल के लिए एक शब्द **अलुगु** है। इसका प्रतिरूप केवल कुड़ुख भाषा में है—**अल्खा**, जो इससे भिन्न है। **अलुगु** शब्द चावल के लिए कुइ भाषा का अपना शब्द है।

धान और चावल सम्बन्धी द्रविड़ शब्दों में बड़ी विविधता है। यहाँ आर्य भाषाओं के शब्दों से मिलते-जुलते रूप बहुत ही कम हैं। अनेक द्रविड़ जन-समुदाय विभिन्न क्षेत्रों में धान उगाते रहे, इसलिए धान और चावल के लिए पुराने क्षेत्रीय नाम अभी तक बने हुए हैं। द्रविड़ शब्दावली का जो अंश क्षेत्रीयता से इस तरह सम्बद्ध नहीं है, वह अधिक समानता प्रदर्शित करता है।

आर्य चावल कम खाते रहे हों पर उत्तर भारत में आर्य भाषाएँ बोलनेवाले लोग अपने संस्कारों में निरन्तर चावलों का उपयोग करते रहे हैं। यदि इन आर्यों के समाज में द्रविड़ों का काफी अंश होता तो चावल सम्बन्धी द्रविड़ शब्दावली आर्य भाषाओं में समाहित होती। पर वैसा नहीं हुआ। द्रविड़ भाषाओं में धान-सम्बन्धी शब्दों की विविधता खेती के अनेक केन्द्रों की ओर संकेत करती है। सभी द्रविड़ भारत के उत्तर पश्चिम में न रहते थे। दक्षिण के अलावा वे पूर्वी और मध्यभारत के क्षेत्रों में भी रहते थे, इन सब पर उत्तर-पश्चिमी द्रविड़ों का काफी प्रभाव पड़ा है, इसमें सन्देह नहीं। अनेक द्रविड़ भाषाओं की शब्दावली में जो समानता है, उसका एक महत्वपूर्ण कारण उत्तर-पश्चिमी द्रविड़ प्रभाव है। इस प्रभाव में उत्तर-पश्चिमी आर्य प्रभाव घुल-मिल गया है।

१३. उत्तर-पश्चिमी क्षेत्रीय प्रभाव

द्रविड़ भाषाओं के शब्दभण्डार पर विचार करने से यह उत्तर-पश्चिमी क्षेत्रीय प्रभाव स्पष्ट होगा।

सबसे पहले उत्तम पुरुष एकवचन सर्वनाम लें। द्रविड़ भाषाओं में इसके जो रूप मिलते हैं वे **न** वर्ण पर आधारित हैं। यह **न ञ** में परिवर्तित होता है तब तमिल **नान्** का मलयालम प्रतिरूप **ञान्** प्राप्त होता है। इस **ञान्** की आदि नासिक्यध्वनि का लोप होने पर तमिल रूप **यान्** बनता है। इस **यान्** के **य्** का लोप होने पर कन्नड़ का **आन्** रूप मिलता है। इस **आन्** का वैकल्पिक रूप **अॅन्** है जो अनेक द्रविड़ भाषाओं में तिर्यक् रूप में प्रयुक्त होता है। तेलुगु में सामान्य रूप **नेनु, एनु** हैं, तिर्यक रूप **नन्** और **ना** हैं। समस्त द्रविड़ भाषाओं में केवल ब्राहूइ में उत्तम पुरुष का एकवचन सर्वनाम रूप भिन्न है। यहाँ **नान्** और **आन्** के बदले **ई** है। कह सकते हैं कि यह **यान्** का कोई संकुचित रूप होगा। किन्तु ब्राहूइ में इसका तिर्यक रूप **कन्** है। ऐसा रूप फ़ारसी में नहीं है, इसलिए **कन्** ब्राहूइ का अपना शब्द माना जायगा। ब्राहूइ भाषा बोलने वाले अलग-थलग एक पहाड़ी प्रदेश में रहते हैं, इसलिए उनका यह सर्वनाम रूप बच गया,

अन्य भाषाओं के सर्वनाम अपदस्थ हुए; उनका स्थान किसी एक केन्द्र से प्रसारित होने वाले सर्वनाम-रूपों ने ले लिया।

उत्तम पुरुष सर्वनाम के बहुवचन रूप इसी एकवचन रूप के आधार पर बनते हैं। यथा तमिल में **नान्** से **नाङ्गळ्**। दूसरा रूप है **याम्**। यह रूप **यान्** के आधार पर बना है; **न्** के स्थान पर बहुत्वसूचक **म्** आ गया है। बहुवचन रूपों में दिलचस्प बात यह है कि **न** के अलावा **म** के आधार पर भी अनेक रूप बने हैं। तेलुगु में **नेमु, मेमु** और **एमु** तीन रूप हैं। गोंडी में **मम्मट्, ममाट्, माट**, तिर्यक् **मा** आदि रूप हैं। कोंड, कुवि में भी **मान्, मारबु** जैसे रूप हैं। इन्हें देखकर सन्देह नहीं रह जाता कि कोन्ड का बहुवचन **मान्** एकवचन **नान्** का प्रतिरूप है। **म्** और **न्** परस्पर परिवर्तनशील हैं। संस्कृत में भी उत्तम पुरुष सर्वनाम का सम्बन्ध-कारक में एकवचन रूप **मम** है और बहुवचन रूप (**अस्माकम्** के अलावा) **नः** है। **न** और **म** वाले उत्तम पुरुष सर्वनाम रूप यूरुप की अनेक भाषाओं में हैं। आर्य, द्रविड़ और यूरुप की भाषाओं के सर्वनामों का अध्ययन करने से पता चलता है कि इनमें अधिकांश एक ही केन्द्र से फैले हैं। यह केन्द्र भारत के उत्तर-पश्चिमी प्रदेश में था।

संस्कृत में उत्तम पुरुष सर्वनाम के एकवचन के लिए मूल शब्द **अस्मद्** माना जाता है। **मम** या **नः** जैसे रूप से पूरे **अस्मद्** का सम्बन्ध नहीं है। **मद्** से **मदीय** आदि रूप बनते हैं। यदि इस **मद्** को मूल रूप में **मध्** माना जाय तो उत्तम पुरुष सर्वनाम के अनेक रूपों की समस्या हल हो जाती है। यह **मध्** पहले ह् : में परिवर्तित होगा, फिर ह् से प्रभावित पूर्व वर्ण में **अ, ए, ओ**, ऐसे किसी स्वर का व्यवहार होगा। इस प्रकार **मा, मे, मो** रूप प्राप्त होंगे। ब्रज भाषा का **मोर** इसी **मो** पर आधारित है। परिनिष्ठित हिन्दी का **मेरा मे**-वाले रूप पर आधारित है। हिन्दी का एकवचन रूप **मैं** इसी **मे** का प्रतिरूप है। जो लोग **मया** से **मैं** का विकास दिखाते हैं, वे बताएँ कि **मेरा** के **मे** का विकास कैसे हुआ और **मोर** का **मो** कहाँ से आया। अस्तु, द्रविड़ भाषाओं में **म्** और **न्** वाले रूप एक ही शब्द-मूल के आधार पर बने हैं। इस शब्दमूल का प्रसार उत्तर-पश्चिम से अनेक द्रविड़ भाषाओं में हुआ।

मध्यम पुरुष के एकवचन सर्वनामरूप **नी** पर आधारित हैं। कुछ भाषाओं में **नी** के स्थान पर **ई** रह जाता है और तेलुगु में **नीवु** के साथ **ईवु** रूप भी है। जैसे **तीर** शब्द तमिल में **नीर्** और **ईर्** रूप में मिलता है, वैसे ही सम्भव है, तू या उस वर्ग का कोई अन्य शब्द (यथा रूसी **ती**) परिवर्तित होकर **नी** बनता है। ब्राहुइ में भी **नी** रूप है। तेलुगु में इसका बहुवचन रूप **नीरु** है। कुवि में **म्** वाले रूप हैं, वैसे ही गोंडी में हैं। उत्तम पुरुष सर्वनाम मध्यम पुरुष के लिए प्रयुक्त हों, यह भी सम्भव है।

संस्कृत का **ते, तद्** वाला रूप द्रविड़ भाषाओं के **ताम्, तम्** (वे, वे स्वयं, तुम स्वयं) आदि रूपों में मिलता है। अन्य पुरुष के एकवचन रूप का आधार **अव** है, इससे **अवन्** (वह पुरुष), **अवळ्** (वह स्त्री), **अवर्** (वे पुरुष वे स्त्रियाँ) आदि रूप बनते हैं। तमिल **अवन्** का संस्कृत प्रतिरूप **अयम्** है।

अ सर्वनाम मूल दूर की वस्तु का संकेत करता है, **उ** सर्वनाम कुछ कम दूरी

की चीज के लिए आता है। कुवि और कुड़ुख भाषाओं में कुछ रूप हृ वाले हैं : **हू, हूदि, हूवि, हूस्, हूर्** आदि। उ का आधार **सु** है। हिन्दी में **सो** अन्य पुरुष सर्वनाम का व्यवहार होता है, बँगला में **से** (अथवा शे) इसी का प्रतिरूप है।

सर्वनामों के अलावा और भी शब्द हैं जो द्रविड़ भाषाओं में व्यापक रूप से प्रयुक्त होते हैं। इनमें एक शब्द है तमिल **कइ** (हाथ)। द्रविड़ व्युत्पत्ति कोश के अनुसार इसका व्यवहार बहुत व्यापक रूप से द्रविड़ भाषाओं में होता है। ब्राहूइ में हाथ के लिए जो भी शब्द है, वह कोश में नहीं दिया गया। उसके अभाव में भी दक्षिण, मध्य और उत्तर भारत की जितनी द्रविड़ भाषाओं में इस शब्द का व्यवहार होता है, वह आश्चर्यजनक है। संस्कृत में **कर, हस्त, पाणि** आदि अनेक पर्यायवाची शब्द हैं, यहाँ केवल **कइ** या उसके प्रतिरूप हैं। यह विश्वास करना कठिन है कि इतनी द्रविड़ भाषाओं में हाथ के लिए एक ही शब्द था। हाथ से **करना** क्रिया का गहरा सम्बन्ध है। द्रविड़ भाषाओं में **करना** क्रिया के लिए अनेक शब्द हैं पर हाथ के लिए एक ही शब्द है। इस **कइ** शब्द से करना के लिए कन्नड़ में **कॅय्, गॅय्, कइ** क्रियारूप बने हैं, तमिल में **च्** वाले प्रतिरूप हैं, **चॅय्** आदि। करने के लिए तमिल, कन्नड़ आदि भाषाओं में एक अन्य क्रिया है **पण्णु**। इसके मूलांश **पण्** से संस्कृत का **पाणि** शब्द बनता है। सम्भव है, ऐसा शब्द द्रविड़ भाषाओं में भी रहा हो, आगे चलकर वह अप्रयुक्त हो गया हो। इसी प्रकार करने के लिए तमिल में दो क्रियाएँ हैं **मण्णु** और **नण्णु**। सम्भव है, इनसे सम्बद्ध संज्ञा-शब्द—हाथ के लिए —द्रविड़ भाषाओं में रहा हो और वह भी अप्रयुक्त हो गया हो। लैटिन में **मनुस्** शब्द है और उसका अर्थ हाथ है।

जो स्थिति हाथ वाले शब्दों की है, लगभग वही पैर वाले शब्दों की है। पैर के लिए द्रविड़ भाषाओं का व्यापक रूप से व्यवहृत होने वाला शब्द **काल्** है (तोद में **कोल्** और पर्जि में **केल्** रूप हैं)। यह शब्द चलने का अर्थ देनेवाली **गा** क्रिया से सम्बद्ध है। द्रविड़ भाषाओं में चलने के लिए अनेक क्रियाएँ हैं और इनमें एक अति प्रचलित क्रिया **पो** है। संस्कृत में **पद** और **पाद** शब्द हैं, ऐसे शब्द द्रविड़ भाषाओं में नहीं हैं। कुवि भाषा का **कॉड्ड** हिन्दी गोड़ का प्रतिरूप है। एक अन्य शब्द है **ताळ्** जो पैर के अलावा पेड़ के तने के लिए भी इस्तेमाल होता है। इस शब्द का सम्बन्ध चलने के बदले खड़े होने की क्रिया से जान पड़ता है। संस्कृत **स्था** से जैसे **स्तम्भ** शब्द खड़ी हुई वस्तु का अर्थ देता है, वैसे ही इसके अल्पप्राण रूप से **ताळ्** शब्द बन जाता है। संस्कृत के समान द्रविड़ भाषाओं में पैर के लिए अनेक शब्द रहे होंगे पर वे लुप्त हो गए हैं।

यहाँ एक और समस्या सामने आती है। द्रविड़ भाषाओं में चलने के लिए जो अनेक क्रियाएँ हैं, उनमें अधिकांश संस्कृत या इंडोयूरोपियन भाषाओं से सम्बद्ध हैं। ये सब क्रियाएँ केवल उत्तर-पश्चिमी द्रविड़ भाषाओं में थीं या दक्षिणी भाषाओं में भी थीं? तमिल **चॅल्** संस्कृत **चल्** का ही दूसरा रूप है। कुछ द्रविड़ भाषाओं में **काना, काला** जैसी क्रियाएँ **गा** मूल की हैं (देखें, द्रविड़ व्युत्पत्तिकोश, शब्द संख्या ११६५)। तमिल **कट्** भी इसी वर्ग की है। तमिल **यंगु, ॲय्दु, एगु** संस्कृत **इ** अथवा **या** क्रिया से सम्बद्ध हैं। तमिल **आडु** संस्कृत **अट्** का प्रतिरूप है। एक अत्यन्त प्रचलित क्रिया **नट**

अथवा **नड** है। इसका सम्बन्ध **नर्त** से है। उत्तरपश्चिम का आर्य-द्रविड़ संगम समस्त द्रविड़ भाषासमुदाय को प्रभावित करता है।

आर्य-द्रविड़ संगम का एक नमूना **अंक** या **अंग** शब्द है। तमिल **अङ्कम्** (या **अङ्गम्**) का अर्थ है युद्ध। इसके प्रतिरूप मलयालम के अलावा कन्नड़, तेलुगु, और तुलु में हैं। द्रविड़ व्युत्पत्तिकोश में तुलना के लिए संस्कृत **अंक** शब्द दिया है (जो संस्कृत कोशों में ही मिलता है)। इसका अर्थ भी युद्ध है।

१४. प्राकृतें और द्रविड़

प्राकृतों और द्रविड़ भाषाओं का तुलनात्मक अध्ययन शिक्षाप्रद होगा। धारणा यह है कि द्रविड़ भारत पर आर्यों का आधिपत्य जैसे-जैसे फैलता गया, वैसे-वैसे आर्य भाषाओं में द्रविड़-भाषाओं के तत्व अधिकाधिक समाविष्ट हुए। संस्कृत और प्राकृतों में जो अन्तर है, उसका कारण द्रविड़ प्रभाव है जो पहले से और गहराया है। इंडोयूरोपियन भाषा से संस्कृत का जो भेद है, उसका कारण अल्प द्रविड़ प्रभाव है, संस्कृत और प्राकृतों में जो भेद है, उसका कारण विशद द्रविड़ प्रभाव है। किसी कारण यह प्रभाव केवल ध्वनितन्त्र में दिखाई देता है। जैसा कि विदित है, प्राकृतों के व्याकरण और शब्द-भण्डार को लेकर संस्कृत से जो भेद है, वह अति साधारण है। ध्वनितन्त्र में इतना अधिक भेद है कि प्राकृत शब्द पहचान में नहीं आते, बहुधा संस्कृत में रूपान्तर करने से ही प्राकृत वाक्य समझ में आते हैं। यदि द्रविड़ भाषाएँ संस्कृत को इतना प्रभावित कर रही हैं कि ध्वनिरूपों में मौलिक परिवर्तन होता है, तो यह अपेक्षा की जाती है कि बहुत से द्रविड़ शब्द प्राकृतों में आ गये होंगे जो पहले संस्कृत में नहीं थे। बरो आदि विद्वानों ने संस्कृत में बहुत से द्रविड़ शब्द ढूँढ़ निकाले हैं पर यह रोचक तथ्य है कि ये शब्द प्राकृत-रूपों में नहीं हैं, संस्कृत रूपों में हैं। संस्कृत पर अपने ग्रन्थ में बरो ने उधार लिए हुए जिन द्रविड़ शब्दों की सूची दी है, उनमें एक भी प्राकृत रूप में नहीं है। इनमें से कुछ उदाहरण अध्ययन करने योग्य हैं।

एक शब्द है **आरभट** जिसका अर्थ है उपद्रवी, हल्ला करने वाला। इसके साथ तमिल का प्रतिरूप दिया है **आर्भटम्**। तमिल शब्द में सघोष महाप्राण भ् बैठा हुआ है। उसका अस्तित्व यह सिद्ध करने के लिए काफी है कि कम-से-कम इस रूप में यह शब्द तमिल का नहीं है। कन्नड़ और तुलु भाषाओं में इसका रूप **आर्बट** दिया है। यदि इसे मूल रूप मानें तो प्रश्न यह है कि शब्द के मध्य में अल्पप्राण व्यंजन को संस्कृत ने महाप्राण क्यों किया। इसी प्रकार संस्कृत **घुण** को कन्नड़ **गाँण्णें** से जोड़कर संस्कृत पर द्रविड़ प्रभाव दिखाया गया है। यहाँ भी प्रश्न है कि कन्नड़ का यह शब्द उधार लेते समय आर्यों ने आदिस्थानीय व्यंजन को महाप्राण क्यों किया। संस्कृत **घूक** के 'पूर्व रूप' तमिल **कूकइ**, कन्नड़ **बूगि**, तेलुगु **गूबि** आदि हैं। यहाँ भी अल्पप्राण स्पर्श व्यंजन को महाप्राण बनाने का कारण नहीं बताया गया। इसी प्रकार **पुञ्छ्** (बीनना), **उलूखल** (ओखली), **कठिन**, **उलत्थ**, **खल** (खलिहान), **खल** (दुष्ट), **शठ** आदि शब्द हैं जिनके द्रविड़ रूपों में अघोष महाप्राण ध्वनियाँ नहीं हैं। संस्कृत के लिए यह अत्यन्त अस्वाभाविक क्रिया होगी कि

अल्पप्राण ध्वनियों को अनावश्यक रूप से महाप्राण बना दे। इसके विपरीत ऐसे उदाहरण भरे पड़े हैं जहाँ संस्कृत की महाप्राण ध्वनियों को द्रविड़ भाषाओं ने अल्पप्राण रूप में ग्रहण किया है।

शठ, शव, शूर्प जैसे शब्द मूलत: द्रविड़ भाषाओं के होंगे, यह तथ्य अत्यन्त संदिग्ध है। द्रविड़ भाषाओं में **श्** ध्वनि विरल है। संस्कृत शब्द इस ध्वनि को **त्, च्** आदि में बदल कर ग्रहण किये जाते हैं। कहीं-कहीं मध्यदेशीय प्रवृत्ति के अनुरूप तालव्य **श्** दन्त्य **स्** में बदल जाता है। संस्कृत के **हिंताल, हुडुक्क, हेरम्ब** जैसे शब्दों में सम्भव है, पहले सकार रहा हो और वह **ह्** में बदल गया हो, पर द्रविड़ रूपों में **स्** और **ह्** दोनों का अभाव है। **हिन्ताल**—तमिल **ईन्तु** (खजूर), **हुडुक्क**—तमिल **उटुक्कु** (छोटी ढोलक सा बाजा), **हेरम्ब**—तमिल **ॲरुमइ** (भैंसा), इन रूपों में द्रविड़ भाषाएँ आदिस्थान पर स्वर का व्यवहार करती हैं। ऐसे उदाहरण अनेक हैं जहाँ **ह्** से आरम्भ होने वाले संस्कृत शब्दों को अपनाते हुए द्रविड़ भाषाओं ने इस ध्वनि का लोप कर दिया है।

प्रस्तुत संदर्भ में महत्वपूर्ण बात यह है कि बरो के दिए हुए शब्द कहीं भी प्राकृत ध्वनितन्त्र के अनुरूप नहीं हैं। दन्त्य **न्** वाले अनेक शब्द हैं: **अनल, कानन, चन्दन, तलिन** (पतला), **निबिड़, नीर, मीन**। इनमें कहीं भी नासिक्य ध्वनि का मूर्धन्यीकरण नहीं है। **ण्** ध्वनि का व्यवहार प्राकृतों की विशेषता है। यदि उक्त शब्द संस्कृत ने द्रविड़ भाषाओं से लिए तो मानना होगा कि ये भाषाएँ प्राकृतों की तरह मूर्धन्य नासिक्य ध्वनि का अनर्गल व्यवहार न करती थीं। यदि द्रविड़ भाषाओं ने इन शब्दों को उत्तर भारत से पाया तो उन्होंने प्राकृतों से इन्हें ग्रहण न किया था, प्राकृतों से भिन्न संस्कृत या अन्य बोलचाल की आर्य भाषाओं से उन्होंने इन्हें ग्रहण किया होगा। **कटु, ताक, कुट, कुटि, कुटिल, कुन्तल** आदि संस्कृत शब्दों में प्राकृत ध्वनिप्रकृति के अनुरूप मध्यवर्ती स्पर्श ध्वनि को सघोष नहीं किया गया। यह बात सही है कि प्राकृतों में सर्वत्र ऐसा नहीं होता किन्तु **कूप, केतक, केमुक, कोटर, कोरक,** ऐसे बहुत से शब्द हैं, कहीं तो सघोषता होनी चाहिए थी। इसी प्रकार **कुति, कुदुकु** जैसे द्रविड़ रूपों को देखकर संस्कृत ने **कूर्द्** (कूदना) रूप गढ़ा होगा, इसका कोई कारण नहीं है। **पुरुकु, पिळुकु** (तीर का पंख वाला भाग) **पुंख** रूप में क्यों परिवर्तित किया गया, इसका कोई कारण दिखाई नहीं देता। तमिल **वक्का**, तेलुगु **वक्कु** (सारस) संस्कृत में **बक** हो गया जबकि यह भाषा **व्** ध्वनि की रक्षा अच्छी तरह कर लेती है।

उपर्युक्त विवेचन से यह आशय नहीं है कि प्राकृतों और द्रविड़ भाषाओं के ध्वनि-तन्त्र में कोई समानता नहीं है। समानताएँ हैं और उनके साथ वैषम्य भी है; दोनों पर ध्यान देना चाहिए। सबसे बड़ी समानता व्यंजन द्वित्व को सरल करने की है। प्राकृतों में **युक्त, आसक्त** जैसे शब्दों में दो व्यंजन जुड़े हुए हैं। प्राकृतें एक ही व्यंजन की आवृत्ति करके शब्द रूप बनाएँगी, उक्त शब्द **जुत्त, आसत्त** हो जाएँगे। इसी प्रकार **रक्त** और **मुक्ता** शब्द तमिल में **रत्तम्, मुत्तु** रूपों में ग्रहण किए गए। इसी सन्दर्भ में प्राकृतों की अन्य प्रवृत्ति यह है कि दो संयुक्त व्यंजनों को एक अतिरिक्त स्वर लगाकर वे अलग कर देती हैं। **मूर्ख** इस प्रकार **मुरुक्ख** हो जायगा; **नग्न, उष्ण** आदि **निगिण, उसिन** हो

जाएँगे। तमिल में इसी प्रकार **वर्ण** शब्द **वरुणम्** रूप में, **अर्क** शब्द **अरुक्कम्** रूप में ग्रहण किया गया। **भ्रू** शब्द तमिल में **पुरुवम्** हो गया। कुछ प्राकृतें किन्हीं स्थितियों में संस्कृत के एक व्यंजन के स्थान पर दो का व्यवहार करती हैं यथा **कालिका** से **कालिक्का।** तमिल में व्यंजनद्वित्व की यह प्रवृत्ति अत्यन्त प्रबल है। **उलूखल** से **उलक्कइ, आघात** से **आकात्तियम्, पेठ** से **पेट्टइ**, अंग्रेज़ी **कप्** से **कप्पा** आदि बहुत से उदाहरण हैं।

प्राकृत भाषाएँ संस्कृत शब्दों के मध्यवर्ती व्यंजनों का सघोष उच्चारण करती हैं। इस प्रकार **मति** से **मदि, कुटुम्ब** से **कुडुम्ब, अशोक** से **असोग** रूप बनते हैं। तमिल के उच्चारण में अब यह पद्धति बन गई है कि दो स्वरों के बीच में आने वाली स्पर्श ध्वनि का उच्चारण सघोष होता है। इसके विपरीत कुछ प्राकृतें सघोष ध्वनि को अघोष करती हैं। आदिस्थानीय सघोष ध्वनि को ही नहीं, मध्यवर्ती सघोष ध्वनि को भी कुछ प्राकृतें अघोष करती हैं। चूलिका पैशाची में इस तरह के परिवर्तन होते हैं: **गगन—ककन, जात—चात, जीमूत—चीमूत, दमरुक—तमरुक, झंकार—छंकाल, झर्झर—छच्छर, डिम्ब—टिम्प, बालक—पाळक, नगर—नकर, राजन्—राच, तडाग—तटाक, मदन—मतन।** पैशाची प्राकृतों के लिए कहा जाता है कि ये कश्मीर में बोली जाती थीं। पहले यह विवरण आ चुका है कि कश्मीर के उत्तर में द्रविड़ भाषाओं के अवशेष अब भी हैं। सम्भव है, चूलिका पैशाची में उनके उच्चारण की नकल की गई हो किन्तु उक्त उदाहरणों में महाप्राण ध्वनियों का व्यवहार हुआ है, विशेषकर शब्द के आदिस्थान में। द्रविड़ प्रभाव आंशिक ही माना जा सकता है; सघोषता का लोप होता है, महाप्राणता का नहीं। **डिम्ब** के प्रतिरूप **टिम्प** आदि भी संदिग्ध हैं। द्रविड़ भाषाओं में शब्द के आदिस्थान पर मूर्धन्य स्पर्श ध्वनि का प्रयोग बहुत कम होता है, तमिल के अपने (यानी द्रविड़) शब्दों में आदिस्थान पर **ट्** का व्यवहार होता ही नहीं है।

एक अन्य महत्त्वपूर्ण समानता मध्यवर्ती **प्** को लेकर है। प्राकृतों में यह ध्वनि **व्** में बदल जाती है: **दीप—दीव, चाप—चाव, कोप—कोव।** तमिल में **आपन** (प्राप्ति) से **आवणम्, गोपाल** से **कोवलर्** जैसे रूप इसी प्रवृत्ति के अनुसार बनते हैं। तमिल में इससे विरोधी प्रवृत्ति भी है जहाँ **व्** ध्वनि **प्** में बदलती है। इस प्रकार **उर्वशी** वेश बदलकर **उरुप्पचि** बनती है। प्राकृतों में कहीं-कहीं **प्** ध्वनि बदलकर **म्** रूप में भी सामने आती है। **भिण्डिपाल** बदलकर **भिण्डिमाल** हो जायेंगे। **प्** की तरह **ब्** भी बदलता है, **कबन्ध** का रूपान्तर **कमन्ध** होगा। द्रविड़ भाषाओं में भी इस तरह के परिवर्तन दिखाई देते हैं यथा तमिल **पण्णु** (करना) का प्रतिरूप **मण्णु** है। द्रविड़ व्युत्पत्तिकोश में बहुत से शब्द स्वतन्त्र रूप से दिए हुए हैं; वे वास्तव में एक-दूसरे के प्रतिरूप हैं। एक रूप **प्** से आरम्भ होता है, दूसरा **व्** से, तीसरा **म्** से और चौथा **म्** के बदले **न्** से।

द्रविड़ भाषाओं में ब्रज, अवधी आदि की अपेक्षा **ण्** का व्यवहार अधिक होता है, विशेष रूप से तमिल में। किन्तु शायद सभी तमिलभाषियों के लिए यह ध्वनि सुगम नहीं थी। अतः इसके स्थान पर **ट्** (धा ड्) या **ळ्** का व्यवहार होता है। तमिल **आण** (पुरुष, पुरुषत्व) का वैकल्पिक रूप **आळ्** है। तमिल **आण्मइ** (अधिकार) के साथ **आट्चि** (प्रभुता) रूप प्रतिष्ठित है। प्राकृतों में **ण्** **ळ्** में बदलता दिखाई देता है:

वेण्—**वेळु**; इसी प्रकार **ड्** **ळ्** में बदलता है : **गुड**—**गुळ**, **गरुड**—**गरुळ**। कुछ प्राकृतों में **त्** **ल्** में बदलता है : **अतसी**—**अलसी**, **सूत**—**शूल**। इस तरह की प्रवृत्ति कुछ द्रविड़ भाषाओं में भी है। संस्कृत **कड्** (मत्त होना), तमिल **कळि** (उप०); तेलुगु **अॅड-नीरु**, कन्नड़ **अॅल-नीर**, (कोमल नारियल का पानी); गोंडी **निताना**, **निलाना** (खड़े होना), कुइ **नेद**, **नेल** (खेत)।

त् और **द्** को **ल्** में बदलने की प्रवृत्ति उत्तर-पश्चिमी आर्य भाषाओं में रही है। मूल प्रवृत्ति इन आर्य भाषाओं की थी या द्रविड़ भाषाओं की, या इन दोनों पर किसी अन्य प्रभाव के कारण ऐसे परिवर्तन होते हैं, यह सब विवादास्पद है। इतना कहा जा सकता है कि प्राकृतों और द्रविड़ भाषाओं में जो सामान्य प्रवृत्तियाँ मिलती हैं, वे उत्तर-पश्चिमी आर्य-द्रविड़ भाषाओं की विशेषताएँ हैं। आधुनिक भाषाओं में जैसे बँगला में, मैथिली और अवधी से भिन्न, उत्तर-पश्चिमी आर्य भाषाओं की विशेषताएँ मिलती हैं, वैसे ही मागधी प्राकृत में अनेक विशेषताएँ उत्तर-पश्चिमी भाषाओं की हैं। प्राकृतों में स्वर-परिवर्तन की कुछ प्रवृत्तियाँ इस धारणा की पुष्टि करती हैं कि प्राकृत-द्रविड़ समानताएँ उत्तर-पश्चिमी प्रदेश की हैं। मागधी और अर्ध मागधी में अकारान्त शब्द कर्ता एकवचन में एकारान्त हो जाते हैं। इस प्रकार **पुरुषः पुलिशे**, **पुरिसे** हो जायगा। संस्कृत **काष्ट** गोंडी में **कट्टे**, संस्कृत **शाण**, कन्नड़ में **साणे**, संस्कृत **शाला** तुलु में **शाले**, हिन्दी **गारा** कन्नड़ में **गारे**, संस्कृत **भट्ट**, तुलु में **भट्टे बट्टे** इस प्रवृत्ति के उदाहरण हैं। सामान्यतः प्राकृतों में संस्कृत के **अः** वाले रूप ओकारान्त होते हैं यथा **धर्मः**—**धम्मो**, **मेघः**—**मेखो**। संस्कृत में भी सन्धि होने पर **अः** बदलकर **ओ** हो जाता है। यह वास्तव में मागधी प्रवृत्ति है। हिन्दी का **बहन** शब्द गुजराती में **बेन** और बँगला में **बोन** बोला जाता है। यह एकार वाली प्रवृत्ति उत्तर-पश्चिमी है और ओकार वाली प्रवृत्ति पूर्वी है।

बँगला भाषा में जैसे अनेक शब्दों में इकार के स्थान पर एकार, उकार के स्थान पर ओकार का व्यवहार होता है वैसे ही प्राकृतों में : **पुस्तक**—**पॉत्थअ**; **गुच्छ**—**गॉच्छ**, **पिण्ड**—**पॅण्ड**, **लिच्छवि**—**लॅच्छइ**। इस तरह के परिवर्तन द्रविड़ भाषाओं में भी होते हैं। इस प्रकार तमिल में **उष्ट्र** से **ऑट्टकम्**, **कुमार** से **कोमरम्** रूप बनते हैं।

समानताओं की अपेक्षा प्राकृतों और द्रविड़ भाषाओं में जो भेद हैं, वे और भी महत्वपूर्ण हैं। प्राकृतों में पचीसों शब्द **ण्** से आरम्भ होते हैं; द्रविड़ भाषाओं में, अन्य आर्य भाषाओं के समान, एक भी शब्द **ण्** से आरम्भ नहीं होता। इसके अलावा प्राकृतों में जो व्यंजन-संहार का दृश्य दिखाई देता है, वह द्रविड़ भाषाओं में अदृश्य है। **तोल्का-प्पियम्** की प्राचीन तमिल में जो शब्द मिलते हैं, उनमें अनेक आधुनिक तमिल में भी हैं। तमिल भाषा के विकास की किसी भी मंज़िल में इनका प्राकृतीकरण होता नहीं दिखाई देता। उत्तर-भारत से पहुँचे हुए कुछ शब्दों में वर्णलोप के उदाहरण मिलते हैं यथा **आकाश** से **आकायम्**, **उदीचि** से **ऊचि**। पर ऐसे शब्द बहुत थोड़े हैं। कुछ द्रविड़ भाषाएँ नाग भाषाओं के प्रभाव से मध्यवर्ती **क्** को संघर्षी रूप देती हैं। कुछ तमिल जन मध्यवर्ती **क्** को **ह्** रूप में बोलते हैं। पूर्वी बंगाल की बोलियों में मध्यवर्ती वर्णों का

जैसा लोप होता है, वह कुछ-कुछ प्राकृतों की स्थिति से मिलता-जुलता है किन्तु सामान्यतः द्रविड़ भाषाएँ मध्यवर्ती स्पर्श ध्वनियों की रक्षा करती हैं।

सबसे बड़ा भेद महाप्राणता को लेकर है। प्राकृतें महाप्राणता की रक्षा ही नहीं करतीं, कहीं-कहीं महाप्राणता जोड़ भी देती हैं, यथा **कर्पर–खप्पर, किंकिणी–खिंखिणी, वट—वढ, परुष—फरुस, गायन—घायन, जटिल—झडिल**। यदि द्रविड़ भाषाओं के प्रभाव से प्राकृतों का निर्माण होता तो उनमें ऐसे रूप सुलभ न होते। वास्तव में प्राकृतों की अपेक्षा संस्कृत पर ही द्रविड़ भाषाओं का प्रभाव अधिक है क्योंकि संस्कृत में अनेक शब्द इस प्रभाव के कारण अपनी महाप्राणता खोते हुए दिखाई देते हैं। अतः प्राकृत रूपों में सर्वत्र महाप्राणता जोड़ी गई हो, यह आवश्यक नहीं है। कुछ द्रविड़ भाषाएँ, आर्य भाषाओं के प्रभाव से, जहाँ-तहाँ अघोष महाप्राण ध्वनियाँ स्वीकार कर लेती हैं किन्तु सघोष महाप्राण ध्वनियों का व्यवहार उनमें नहीं होता, एक-आध उधार लिए हुए शब्द की बात दूसरी है। प्राकृतों में अघोष महाप्राण ध्वनियाँ सघोष महाप्राण ध्वनियों में बदलती हुई दिखाई देती हैं, यथा **पठ्यते—पढीअदि, सुखे—सुघे, शफरी—सभरी**। संस्कृत के विपरीत प्राकृतों में दो महाप्राण व्यंजनों का संयोग भी दिखाई देता है यथा **अर्घ्य—अघ्घ, वक्षस्थल—वख्खथ्थल**। पिशल के अनुसार यह केवल एक वर्तनी की पद्धति है, उसका कोई उच्चारण के लिए महत्व नहीं है। हिन्दी में दो महाप्राण ध्वनियों का एक साथ उच्चारण होता है जैसे **फुफ्फुस**। इसमें **फुप्फुस** जैसा उच्चारण नहीं होता। यह स्थिति प्राकृतों की भी हो सकती है। जो भी हो, प्राकृतों में सघोष महाप्राण ध्वनियाँ संस्कृत के मुकाबले कम नहीं हैं और यह तथ्य प्रमाणित करता है कि संस्कृत शब्दों के प्राकृत उच्चारण का कारण द्रविड़ प्रभाव नहीं है।

कुछ शब्दों की **क्ष्** ध्वनि प्राकृतों में **झ्** है यथा **क्षरति—झरइ, क्षाम—झाम**। द्रविड़ भाषाएँ संस्कृत शब्दों की **क्ष्** ध्वनि को दूसरे ढंग से बदलती हैं: **तक्षन्—तच्चन्, लक्षण—इलक्कणम् पक्षी-पट्चि, पक्कि**। उत्तर भारत में **क्ष्** ध्वनि दो तरह से ग्रहण की जाती है **छ्** या **च्छ्** रूप में, अथवा **ख्** या **क्ख्** रूप में। इस प्रकार **लक्षण** से **लक्खन, पक्षी** से **पक्खी** बने, और इनसे तमिल के **इलक्कणम्, पक्कि** जैसे रूप महाप्राणता का लोप होने पर बने। दूसरी तरह से **तक्षन् तच्छन्** रूप में परिवर्तित हुआ और उससे तमिल का **तच्चन्** बना। **क्षरति** से **झरइ** जैसा रूप बनाना द्रविड़ भाषाओं के स्वभाव के विपरीत है।

मूर्धन्य सकार प्राकृतों में कहीं **ह्** में बदलता है कहीं **छ्** में। द्रविड़ भाषाओं में **ह्** ध्वनि आर्य प्रभाव से पहुँची है और **छ्** का व्यवहार उनमें नहीं होता। द्रविड़ भाषाओं में **ष्** वाले संस्कृत शब्द या तो **स्** ध्वनि के साथ ग्रहण किये जायेंगे या सकार का **ह्** में रूपान्तर हुआ तो **ह्** का लोप हो जायगा यथा तमिल में **आषाढ़** से **आडि**। तमिल कहीं-कहीं मूर्धन्य **ष्** को अन्य मूर्धन्य स्पर्श ध्वनि में बदलती है यथा **शेष—चेडन्, वृष—विडइ, मानुष—मानिडर्**। संस्कृत में **प्रावृष्** का एक रूप **प्रावृट्** होता है। उसी प्रवृत्ति के अनुरूप तमिल शब्दों में ध्वनिपरिवर्तन हुआ है। कहीं-कहीं तमिल **ष्** को **ळ्** में भी बदलती है यथा **आयुष्—आयुळ्**। यह प्रवृत्ति संस्कृत में नहीं है।

प्राकृतों में दन्त्य **स्** बहुधा **ह्** में बदलता है। द्रविड़ भाषाओं में इस प्रवृत्ति के अन्तर्गत **स्** **ह्** में बदलता है किन्तु द्रविड़ भाषाएँ बहुधा **ह्** का लोप कर देती हैं, विशेषकर तमिल। इस प्रकार तमिल में **हरि** से **अरि** (सोना), **हारम्** से **आरम्** और **हिन्दी** से **इन्दी** रूप बने हैं। तुर्कों द्वारा प्रयुक्त **हिन्दिया** शब्द द्रविड़ प्रभाव से अंग्रेज़ी का **इन्डिया** बना है। तमिल भाषा दन्त्य और तालव्य दोनों सकारों को कहीं **च्** में और कहीं **त्** में बदलती है। इस प्रकार **समय** के **तमयम्** और **चिमैयम्**, दो रूप बने। **श्री** के लिए तमिल में **तिरु** रूप प्रचलित है और **श्रेष्ठि** तमिल में **चेट्टि** बना। अनेक शब्दों में यह **श्** **ह्** में बदलता है (सम्भवत: दन्त्य **स्** में पहले परिवर्तित होने के कारण), फिर **ह्** का लोप हो जाता है। इस पद्धति के अनेक उदाहरण हैं : **शाला—आलइ, शरण—अरणम्** (किला), **श्रावण—आवणि** (फिर **ओणम्**), **श्रेष्ठि—एट्टि**। इसी क्रम से दन्त्य **स्** का भी लोप होता है : **समर—अमर, सभा—अवइ**। तमिल भाषा की अपनी प्रवृत्ति **श्** को **च्** में बदलने की है यथा **शकट—चकटम्, दिशा—तिचइ, अश्रद्धा—अचट्टइ, शृंखला—चंकिलि**। यह प्रवृत्ति अंशत: संस्कृत में है यथा **प्रश्न के प्रश्** से **प्रच्छति** रूप में। प्राकृतों में इसका अभाव है। प्राकृतों में जहाँ आदिस्थानीय **ह्** के साथ **ण्** भी जुड़ा हो, वैसा रूप द्रविड़ भाषाओं के लिए कल्पनातीत है, यथा **नापित** के एक लुप्त प्रति-रूप **स्नापित** से बना हुआ प्राकृत का **ण्हाविअ**।

प्राकृतों में संस्कृत के संयुक्त स्वरों **अइ, अउ** का लोप हो गया है। **ऐतिहासिक** **एदिहासिक** बना, **कौमुदी** बदलकर **कोमुदी** हुई। पर ये ध्वनियाँ द्रविड़ भाषाओं में अब भी प्रयुक्त होती हैं यथा तमिल **पइयन्** (लड़का), **कउळि** (छिपकली)। यहाँ भी हम द्रविड़ भाषाओं को प्राकृतों की अपेक्षा संस्कृत के निकट पाते हैं। प्राकृतें दीर्घ स्वर के बाद संयुक्त व्यंजन स्वीकार नहीं करती। इसलिए संस्कृत शब्दों में इस प्रकार के परिवर्तन होते हैं : **ईश्वर—ईसर, कांस्य—कास, मांस—मास, ऊर्ध्व—उद्ध, प्रेक्षते—पेॅच्छइ**। कहीं दीर्घ स्वर को ह्रस्व किया और कहीं संयुक्त व्यंजनों में एक को रखा, दूसरे को निकाला। द्रविड़ भाषाएँ दीर्घ स्वर के बाद व्यंजन द्वित्व स्वीकार करती हैं, भले ही ये दो व्यंजन अलग-अलग न होकर एक ही व्यंजन की आवृत्ति हों। द्रविड़ भाषाएँ इस मामले में संस्कृत के निकट और प्राकृतों से दूर है। पिशल ने लिखा है कि प्राकृतों में शब्द का अन्त्य व्यंजन लुप्त हो जाता है, केवल नासिक्य व्यंजन इसका अपवाद है। इस प्रकार **मनाक् से मणा, तावत्** से **ताव, अभूत्** से **अभू** रूप बने। द्रविड़ भाषाएँ नासिक्य ध्वनि के अलावा शब्द के अन्त में **य्, र्** और **ल्** ध्वनियाँ भी स्वीकार करती हैं। कुछ द्रविड़ भाषाएँ अन्त्य व्यंजन भी स्वीकार करती हैं यथा कुड़ुख **पाब्** (रास्ता), ब्राहूइ **बुद्** (टीला), **अड्** (थमना)। जो द्रविड़ भाषाएँ शब्द के अन्त में **य्-र्-ल्-म्-न्** के अलावा स्पर्श ध्वनियाँ स्वीकार करती हैं जैसे कुड़ुख और ब्राहूइ, वे उत्तर भारत की हैं। प्राकृतों का विकास उत्तर भारत में हुआ। उत्तर की द्रविड़ भाषाओं को प्राकृतों के अनुरूप अधिक होना चाहिए था।

इस प्रकार प्राकृतों और द्रविड़ भाषाओं के ध्वनितन्त्र का तुलनात्मक अध्ययन करने से यह सिद्ध नहीं होता कि संस्कृत से प्राकृतों की ओर विकास द्रविड़ भाषाओं के

प्रभाव से हुआ। दोनों में कुछ लक्षण समान हैं किन्तु जहाँ भेद है, वहाँ वह बहुत महत्वपूर्ण है। वास्तव में द्रविड़ भाषाएँ जब संस्कृत से शब्द लेती हैं, तब वे अपनी तद्भवीकरण की प्रक्रिया का परिचय देती हैं।

१५. उपसंहार

हिन्दी प्रदेश के दक्षिण और पूर्व में द्रविड़ भाषाओं के क्षेत्र हैं। प्राचीन काल में इससे मिलती-जुलती स्थिति थी। अन्तर यह था कि उत्तर-पश्चिमी प्रदेशों में जहाँ अब द्रविड़ों के क्षीण अवशेष मात्र हैं, वहाँ प्राचीन काल में उनकी अधिक घनी बस्तियाँ थीं। मध्यदेश की आर्य भाषाओं पर द्रविड़ प्रभाव सबसे कम है, मध्यदेश के परिवृत्त में जो आर्य भाषाएँ बोली जाती हैं, जैसे मराठी, पंजाबी और बँगला, उन पर द्रविड़ प्रभाव सबसे ज्यादा है। यह बहुत सम्भव है कि परिवृत्त के इन आर्य भाषाक्षेत्रों में पहले द्रविड़ भाषाएं बोलनेवाले काफी संख्या में रहते हों। यह धारणा इस स्थापना के विरुद्ध है कि उत्तर-पश्चिम से आने वाले आर्य, वैदिक काल में, पंजाब और हरियाणा में रुक गये थे। यदि आर्य भाषाओं का पहला केन्द्र पंजाब में कायम हुआ तो सघोष महाप्राण ध्वनियों का लोप, आर्य भाषाओं में, सबसे ज्यादा पंजाबी में क्यों दिखाई देता है? मध्यदेश की भाषाएँ न केवल पंजाबी की तुलना में, वरन् संस्कृत की तुलना में भी, सघोष महाप्राण ध्वनियों का व्यवहार क्यों अधिक करती हैं? इसका कारण यही है कि आर्य भाषाओं के मूल केन्द्र मध्यदेश में थे।

वर्तमान काल में भाषाओं के जातीय क्षेत्र, कुछ सीमा-विवादों को छोड़कर, मोटे तौर से निश्चित हो चुके हैं। अब किसी एक भाषा के बोलने वाले लाखों आदमी एक विशाल जाति के अंग हैं। प्राचीन काल में गण-समाज बहुत छोटे होते थे, भौगोलिक दृष्टि से उनके क्षेत्र बहुत सीमित होते थे। इन क्षेत्रों के आसपास अन्य परिवारों की भाषाएँ बोलनेवाले लोग होते थे। प्राचीन कोसल या भरतगण के क्षेत्रों के आसपास नाग, द्रविड़ कोल आदि अनेक भाषा-परिवारों के लोग रहते होंगे। इसी प्रकार दक्षिण भारत में आर्य भाषाएँ बोलने वाले समाज भी रहते रहे हों तो आश्चर्य नहीं। गण-समाजों का युग समाप्त होने पर वर्ण-व्यवस्था वाले समाज बने। इन समाजों का क्षेत्र अधिक विस्तृत था। इन समाजों की भूमि को हम जनपद कहते हैं। जनपदों में रहनेवाली लघु जातियों में विभिन्न भाषाएँ बोलने वाले घुलमिल गए। गण-समाज रक्त-सम्बन्ध पर आधारित थे। उनमें विभिन्न परिवारों की भाषाएँ बोलनेवालों का घुलना-मिलना अधिक कठिन था। आर्यों में द्रविड़ और द्रविड़ों में आर्य, क्रमशः बृहत्तर समाजों में, घुलते-मिलते रहे हैं। यही कारण है कि संस्कृत की अपेक्षा पंजाबी में द्रविड़ प्रभाव अधिक है। सम्राट् अशोक और समुद्रगुप्त के समय में बाहर से और द्रविड़ कबीले आकर पंजाब में बस गये हों, इसका प्रमाण नहीं है। उत्तर भारत में आर्य गण-समाजों के पड़ोस में द्रविड़ लोग रहते थे, इसे तो बहुत लोग सरलता से मान लेंगे किन्तु दक्षिण भारत में आर्य भाषाएँ बोलने वालों की बस्तियाँ थीं, यह स्वीकार करना उनके लिए कठिन होगा। इस सन्दर्भ में स्थानों के नाम अनुसन्धान में सहायक होते हैं। तमिल और संस्कृति का कोई युग नहीं है

जिसमें **मदुरइ** तमिलनाडु का प्रमुख नगर न रहा हो। **मदुरइ** छोड़कर इसके अन्य किसी नाम का पता नहीं है। यह **मदुरइ** उत्तर भारतीय **मथुरा** है। मथुरा का पूर्व रूप **मधुरा** था। दक्षिण भारत की कुछ द्रविड़ जातियों के नाम आर्य भाषाओं के हैं। इनमें एक आन्ध्र जाति है। इस शब्द में सघोष महाप्राण ध्वनि सूचित करती है कि यह शब्द आर्य भाषा परिवार का है। आन्ध्रजनों के पड़ोस में आर्य भाषाएँ बोलनेवाले अवश्य रहते होंगे, तभी उनके सम्पर्क से एक द्रविड़ समाज ने अपने लिए यह नाम स्वीकार किया। **श्-स्-ष्** का अर्थविच्छेदक व्यवहार करने वाले तोद जन आर्य भाषाभाषी प्रतीत होते हैं जिन्होंने दक्षिण जाकर द्रविड़ भाषा स्वीकार की। तमिलनाडु में एक कथा परम्परा से चली आती है कि अगस्त्य मुनि ने प्रथम तमिल व्याकरण लिखा और वह प्रथम तमिल संघ (साहित्य समाज) के अध्यक्ष थे। ऐसी कहानियाँ इस तथ्य की ओर संकेत करती हैं कि तमिल संस्कृति के उन्मेष-काल में तमिलनाडु में आर्यभाषा-भाषियों की बस्तियाँ थीं।

द्रविड़ और आर्य भाषाएँ बोलने वालों के सम्पर्क की अनेक मंज़िलें हैं। इनमें पहली मंज़िल वह है जब उत्तर-पश्चिमी भारत में आर्य और द्रविड़ भाषा-परिवारों का निर्माण हो रहा था। इस समय आर्य भाषाओं के साथ द्रविड़ भाषाएँ पश्चिमी एशिया और यूरुप की भाषाओं को प्रभावित कर रही थीं। आर्य-द्रविड़ सम्पर्क की दूसरी मंज़िल वह है जब उत्तर भारत में सामन्ती समाज व्यवस्था के प्रसार के साथ शिक्षित जनों में संस्कृत का व्यवहार होता था। उत्तर भारत से ब्राह्मण संस्कृत ले गए, इनके साथ बौद्ध और जैन पालि और प्राकृत भी ले गए। किन्तु दक्षिण की भाषाएँ सीधे संस्कृत से तद्भव रूप बनाती हैं, पालि-प्राकृत का प्रभाव नगण्य है।

उत्तर भारत में मुगल शासन स्थापित होने पर अरबी-फ़ारसी के बहुत से शब्द उत्तर भारतीय आर्य भाषाओं के माध्यम से दक्षिण पहुँचे। ऐसे कुछ शब्द अरबों से व्यापार करने के कारण, केरल में बसे हुए अरबों के कारण भी, आये होंगे। पर इनका मुख्य स्रोत उत्तर भारत की भाषा है। इसके बाद अंग्रेज़ी राज्य में और स्वाधीन भारत में यह सम्पर्क बराबर बढ़ता गया है।

उत्तर भारत से जो शब्द द्रविड़ भाषाओं ने लिए हैं, उन्होंने अधिकतर उनका तद्भवीकरण किया है। विशेष रूप से तमिल में यह प्रक्रिया बलवती है। इसका अध्ययन करने से द्रविड़ भाषाओं के ध्वनितन्त्र की विशेषताओं का ज्ञान होता है। ये विशेषताएँ एक सी नहीं हैं। द्रविड़ भाषा-समुदाय के ध्वनितन्त्रों की विविधता बहुत पुरानी है और इससे पुनः इस तथ्य की पुष्टि होती है कि भिन्न ध्वनि-प्रकृति वाली भाषाएँ द्रविड़ परिवार में शामिल हुई हैं, उनका उद्भव एकरूप ध्वनितन्त्र वाली आदि भाषा से नहीं हुआ। इनका ध्वनितन्त्र कुछ बातों में प्राकृतों से मिलता है किन्तु जिन बातों में नहीं मिलता, वे बहुत हैं और महत्वपूर्ण हैं। प्राकृतों का ध्वनितन्त्र द्रविड़ों के प्रभाव से निर्मित हुआ, यह धारणा मिथ्या है। ध्वनितन्त्र की विशेषताओं के साथ जब हम द्रविड़ भाषा-समुदायों के शब्द-भण्डार का अध्ययन करते हैं तो ज्ञात होता है कि तमिल और मलयालम में ऐसे बहुत से शब्द हैं जिनके प्रतिरूप न तो आर्य भाषा में हैं, न अन्य द्रविड़ भाषाओं में। यदि इन शब्दों को द्रविड़ गण उत्तर-पश्चिम से अपने साथ दक्षिण ले जाते

तो सम्भावना यह थी कि इनके प्रतिरूप या तो आर्य भाषाओं में होंगे या अन्य द्रविड़ भाषाओं में। ऐसा न होने पर यह कल्पना सार्थक है कि ये शब्द केरल और तमिलनाडु के मूल द्रविड़ निवासियों के हैं। द्रविड़ भाषाओं में निरन्तर आदान-प्रदान होता रहा है। अनेक भाषाओं में प्रतिरूपों का मिलना इस बात का प्रमाण नहीं है कि वे सारे शब्द उत्तर-पश्चिमी द्रविड़ों की देन हैं। इस सन्दर्भ में अलग-थलग पड़ी हुई, सामाजिक दृष्टि से कम विकसित, द्रविड़ जातियों के शब्द-भण्डार का अध्ययन विशेष लाभप्रद है। जिन भाषाओं का साहित्य पुराना है, उनके शब्द-रूप भी पुराने हों, यह अनिवार्य नहीं है। परिनिष्ठित द्रविड़ भाषाओं के अलावा जब इनकी उपभाषाओं, बोलियों, पिछड़े हुए कबीलों की भाषाओं का गहराई से सर्वेक्षण होगा, उनका शब्द-भण्डार एकत्र होगा, तब इस बात का और गहराई से अध्ययन किया जा सकेगा कि दक्षिण भारत के द्रविड़ों की मूल भाषा-सम्पदा कितनी है और उसमें उत्तर-पश्चिमी द्रविड़ों का योगदान कितना है। इतना अब भी निश्चयपूर्वक कहा जा सकता है कि द्रविड़ भाषाओं के शब्दतन्त्र में दो स्तर हैं, पहला उत्तर-पश्चिमी शब्दतन्त्र और दूसरा शेष भारतीय द्रविड़तन्त्र। इनमें उत्तर-पश्चिमी द्रविड़ शब्दतन्त्र शक परिवार से नहीं, आर्य भाषा परिवार से सम्बद्ध है। और ये उत्तर-पश्चिमी द्रविड़ मध्यदेश से सीधे सम्पर्क में नहीं हैं। मध्यदेश के केन्द्रों से आर्य भाषाओं का प्रसार उत्तर-पश्चिम की ओर हो रहा है। वहाँ उनसे द्रविड़ों का सम्पर्क होता है। इसी कारण मध्यदेश के परिवृत्त की आर्य भाषाओं पर द्रविड़ प्रभाव अधिक है।

३

कोल भाषा परिवार और हिन्दी प्रदेश

१. प्रस्तावना

भारत का एक प्राचीन भाषा परिवार कोल है। बहुत से लोग इसे मुंडा कहते हैं। डॉ० चाटुर्ज्या ने बँगला भाषा के उद्भव और विकास ग्रन्थ में लिखा है कि मुंडा शब्द की अपेक्षा कोल शब्द का व्यवहार अधिक समीचीन है। कोल परिवार में मुंडा एक विशेष समुदाय है, कोल शब्द इस परिवार के सभी समुदायों के लिए प्रयुक्त होता रहा है। इस परिवार की भाषाएँ मध्य भारत, बिहार, पश्चिमी बंगाल और उड़ीसा के पहाड़ी क्षेत्रों में बोली जाती हैं। मुंडारी, संथाली, कूर्कू, हो, सवर या सोर भाषाओं के बोलने वालों की संख्या लाख, दो लाख, कहीं पाँच लाख से ऊपर है, शेष भाषाओं के बोलनेवाले लाख से भी कम हैं और कुछ के बोलने वाले हज़ार से भी कम हैं। पड़ोसी आर्य भाषाएँ बोलने वाले समाजों के सामन्तों, साहूकारों, पूँजीपतियों ने अनेक कोल भाषाएँ बोलनेवाले गण-समाजों का शोषण किया है। मुगल काल में और अंग्रेज़ी राज में कोल जातियों का शोषण ही नहीं, सामूहिक संहार भी हुआ है।

कोल भाषा परिवार को आस्ट्रो एशियाटिक भी कहा जाता है। इस नामकरण से आशय यह है कि दक्षिण पूर्वी एशिया के द्वीप समूहों से लेकर प्रशान्त महासागर के छोटे-बड़े द्वीपों को समेटते हुए आस्ट्रेलिया तक एक ही परिवार की भाषाएँ बोली जाती हैं। आस्ट्रेलिया तथा अन्य द्वीपों में यूरुप से आनेवाले लोग, अधिकतर अंग्रेज़ीभाषी, बस गए हैं। इनसे भिन्न इन द्वीपों के निवासी आदिवासी (ऐबौरिजिनीज़) कहलाते हैं। भारत में आदिवासी शब्द पिछड़े हुए समाजों के लिए प्रयुक्त होता है। आदिवासी शब्द भ्रामक है। छोटा नागपुर में द्रविड़ भाषाएँ बोलने वाले लोग आदिवासी हैं और तमिलनाडु के तमिलभाषी लोग आदिवासी नही हैं, यह बात तर्कसंगत नहीं है। बरो आदि विद्वानों ने इस धारणा का प्रचार किया है कि बाहर से आने वाले आर्यों ने कोल और द्रविड़जनों को उनकी मूल भूमि से खदेड़कर जंगलों और पहाड़ों में भेज दिया। तुलनात्मक भाषा-

विज्ञान से यह सिद्ध नहीं होता कि सघोष महाप्राण ध्वनियों वाली भाषाएँ बोलने वाले आर्य बाहर से आये थे क्योंकि भारत से बाहर इनके अल्पप्राण अवशेषमात्र हैं, इनका महाप्राण अस्तित्व केवल भारत में था, वैदिक काल में था और आज भी है। आर्य कोई भी हों, जिन्हें आर्य भाषाएँ कहते हैं, उनके आदिम रूपों के बोलने वाले उतने ही भारतवासी और आदिवासी थे जितने कोल, द्रविड़ या नाग।

आस्ट्रो-एशियाटिक परिवार के बारे में बहुत से भाषाविज्ञानी आश्वस्त नहीं हैं। यह धारणा कुछ-कुछ वैसी है जैसी काल्डवेल की शक परिवार सम्बन्धी स्थापना। एशिया और यूरुप का एक विराट् भाषापरिवार जिसके एक छोर पर मंगोलिया की भाषा है, दूसरे छोर पर फिनलैंड की भाषा और तीसरे छोर पर तमिलनाडु की तमिल। भाषाविज्ञानी फिनोग्रियन या यूरालिक परिवार, तुर्क मंगोल या अल्ताइ परिवार और द्रविड़ परिवार की अलग बात करना पसन्द करते हैं। उसी तरह अनेक विद्वान् आस्ट्रो-एशियाटिक परिवार को मुंडा परिवार, आस्ट्रोनीशियन परिवार, मोन्ख्मेर परिवार आदि में बाँट देते हैं। इसका यह अर्थ नहीं है कि इन परिवारों में कुछ भाषातत्व सामान्य नहीं हैं। यह सम्भव है कि आस्ट्रोनीशियन भाषाओं तथा कोल भाषाओं में कुछ तत्व सामान्य हों। अभी भारत की कोल भाषाओं पर यथेष्ट विवरणात्मक कार्य नहीं हुआ, आस्ट्रोनीशियन, मोन्ख्मेर आदि की स्थिति बहुत भिन्न नहीं है। पर जितनी सामग्री सुलभ है, उसके आधार पर इतना कहा जा सकता है कि भाषा परिवारों के निर्माण के बारे में पुरानी धारणाओं के आधार पर इन भाषाओं का वर्गीकरण सम्भव नहीं है। इन भाषा-समुदायों के क्षेत्रों में परिनिष्ठित भाषाओं का विकास कम हुआ है, अतः गणभाषाओं की विविधता, ध्वनिरूपों, शब्दों आदि के विकल्पों की बहुलता इतनी अधिक है कि ऐतिहासिक भाषाविज्ञान का इंडोयूरोपियन साँचा बार-बार टूट जाता है। इसके अतिरिक्त भारत में कोल भाषाएँ आर्य-द्रविड़ परिवारों से इतना प्रभावित हुई हैं कि उनके मूल तत्वों को छाँटकर निकालना सरल कार्य नहीं है।

२. ध्वनितन्त्र

कोल भाषाओं के ध्वनितन्त्र की कुछ अपनी विशेषताएँ है। इनमें एक काकल्य स्पर्शध्वनि का व्यवहार है। इसे अंग्रेज़ी में ग्लौटल् स्टौप् कहते हैं और इसके लिए प्रश्न-चिन्ह जैसा ध्वनिचिन्ह बना देते हैं। संस्कृत में अ का लोप होने पर जैसे ऽ (अंग्रेज़ी के ऐस्० जैसा) चिन्ह बना देते हैं या मात्राएँ गिनते समय दीर्घ मात्रा के लिए ऐसा चिन्ह बनाते हैं, उसका उपयोग नीचे बिन्दी लगाकर इस विशेष ध्वनि के लिए हम कर सकते हैं। स्क्रेफ्सरुद के अनुसार यह ध्वनि अरबी लिपि के ऐन् द्वारा व्यक्त ध्वनि से मिलती-जुलती है (सुधिभूषण भट्टाचार्य द्वारा **ए बोन्डा डिक्शनरी** में उद्धृत)। भारतीय विद्वान् बिलिगिरि के साथ मिलकर अमरीकी भाषाशास्त्री गम्पर्ज़ ने मुंडारी भाषा के ध्वनितन्त्र पर **इंडियन लिंग्विस्टिक्स** (जून १९५७) में अपने लेख में बताया है कि यह काकल्य स्पर्शध्वनि सभी मुंडा भाषाओं की विशेष ध्वनि है। इसके सिवा कोल भाषाओं में क्, त्, प् आदि व्यंजनों का एक अवरुद्ध रूप भी होता है। अन्य भाषाओं में ऐसी स्पर्श

ध्वनियों के उच्चारण में पहले वायु का अवरोध होता है, फिर उसका विस्फोट होता है। जहाँ केवल वायु का अवरोध हो और विस्फोट न हो, वहाँ अवरुद्ध व्यंजनों का उच्चारण होगा। अंग्रेज़ी में ये चेक्ड् कौन्सोनेन्ट् कहलाते हैं। कोल भाषाओं की तीसरी विशेषता स्वरों की दीर्घता का अनिश्चित होना है। गम्पर्ज़ और बिलिगिरि के उक्त लेख में कहा गया है कि स्वर की दीर्घता पहचान में तो आ जाती है पर वह अर्थविच्छेदक नहीं होती। बिलिगिरि ने खरिया (अथवा खड़िया) भाषा का विवरण देते हुए अपनी पुस्तक में लिखा है कि उसमें सभी स्वरों के दीर्घ होने की प्रवृत्ति है। सुधिभूषण भट्टाचार्य ने एक अन्य कोल भाषा बोन्डो अथवा बोन्डा का विवरण देते हुए लिखा है कि इसमें स्वरों की प्रवृत्ति ह्रस्व होने की ओर है। जो शब्द देशी भाषा से आये हैं, उनमें स्वर दीर्घ भी होते हैं यथा हाट में प्रथम वर्ण का स्वर। यह भाषा उड़ीसा में बोली जाती है, देशी का अर्थ है उड़िया भाषा का शब्द। इस भाषा के अपने शब्दों में स्वर की दीर्घता अर्थविच्छेदक नहीं होती। जिन भाषाविज्ञानियों ने कोल भाषाओं का विवरण प्रस्तुत किया है, उनके लिए सबसे बड़ी कठिनाई स्वरों के विवेचन में आई है। ह्रस्व और दीर्घ स्वरों में भेद न करने की प्रवृत्ति नाग भाषाओं में भी है पर ये भाषाएँ स्वरतान वाली भाषाएँ हैं। किसी स्वर का अर्थविच्छेदक होना इस पर निर्भर है कि वह स्वरसप्तक में कितनी ऊँचाई या नीचाई से बोला जाता है, इस पर निर्भर नहीं है कि वह ह्रस्व है या दीर्घ है। आर्य भाषओं में बँगला-असमिया में, कम से कम बोलचाल के रूप में, ह्रस्व दीर्घ का भेद महत्वपूर्ण नहीं होता। इसका कारण नाग भाषाओं का प्रभाव हो, चाहे कोल भापाओं का, दोनों का हो या किन्हीं अन्य भाषाओं का हो, यह प्रवृत्ति उनमें है ज़रूर। बँगला भाषा का क्षेत्र नाग और कोल भाषाओं से घिरा हुआ है। डॉ० चाटुर्ज्या ने बँगला भाषा पर अपने ग्रन्थ के आरम्भ में ही लिखा है कि पश्चिम में कोल भाषाएँ हैं तथा उत्तर और पूर्व में नाग भाषाएँ हैं।

द्रविड़ भाषाओं के समान कोल भाषाओं में भी सघोष महाप्राण ध्वनियों का अभाव है किन्तु द्रविड़ भाषाओं की अपेक्षा ये महाप्राण ध्वनियों को अधिक सरलता से स्वीकार करती हैं। सुधिभूषण भट्टाचार्य ने बोन्डा भाषा के बारे में लिखा है कि महाप्राणता महत्वपूर्ण नहीं है; जो देशी शब्द लिए जाते हैं, उनमें महाप्राण ध्वनियाँ हुईं तो उन्हें भी अल्पप्राण कर दिया जाता है। इसका कारण द्रविड़ परिवेश, या इस परिवेश से प्रभावित उड़िया जैसी भाषा का पड़ोस हो सकता है। इसके विपरीत खरिया भाषा में, बिलिगिरि के अनुसार, भ्, ढ् आदि सघोष महाप्राण ध्वनियों का व्यवहार होता है। अनेक द्रविड़ भाषाओं के समान कोल भाषाओं में भी सघोष ध्वनियों का व्यवहार होता है। द्रविड़ भाषाओं के समान कोल भाषाओं पर मूर्धन्य ध्वनियों वाली भाषाओं का प्रभाव प ा है। कुल मिलाकर कोल भाषाएँ द्रविड़ भाषाओं की अपेक्षा आदिस्थान में मूर्धन्य ध्वनियों का व्यवहार अधिक करती हैं। इन ध्वनियों में ड़् भी है पर ण् का व्यवहार कम होता है। खरिया में ङ्, ञ, न्, म् नासिक्य ध्वनियाँ हैं, ण् का उल्लेख नहीं है। सुधिभूषण भट्टाचार्य ने बोन्डा के लिए लिखा है कि कुछ उधार लिए हुए शब्दों में ण् का व्यवहार होता है। हिन्दी क्षेत्र की बोलियों के समान कोल भाषाओं

में ट् ड् वाले शब्द खूब हैं, आदिस्थान में भी आते हैं, किन्तु ण् का अभाव है। मुंडारी में, गम्पर्ज और बिलिगिरि के अनुसार, मध्यवर्ती ण् ड़् में बदल जाता है; उसका नासिक्य भाव पूर्ववर्ती स्वर में गृहीत होता है यथा **काणा** (काना) **काँड़ा** बोला जायगा।

कोल भाषाओं की एक उल्लेखनीय विशेषता यह है कि शब्द के आरम्भ में ङ्, ञ् जैसी नासिक्य ध्वनियों का प्रयोग हो सकता है। बोन्डा भाषा के **ञोरी** (शरीर), **ङ्कुइ** (छोटी बहन) जैसे शब्दों में यह प्रवृत्ति देखी जा सकती है। कभी-कभी आर्य भाषाओं से प्राप्त शब्दों में एक अतिरिक्त ङ् जोड़ दिया जाता है यथा **ग्राम** या **गाँव** का बोन्डा रूप है **ङ्गौम्**। कुछ शब्दों में किसी व्यंजन के साथ **म्** या **न्** जैसी नासिक्य ध्वनि शब्द के आदिस्थान में आती है यथा **न्डे** (लाना), **म्बु** (चाची)। यह प्रवृत्ति व्यापक नहीं है और बोन्डा जैसी भाषा में इसका कारण नागप्रभाव हो सकता है। ञ् आदिस्थान में अनेक भाषाओं में आता है और यह इस परिवार की विशेष नासिक्य ध्वनि प्रतीत होती है। गम्पर्ज और बिलिगिरि के उपर्युक्त लेख में मूर्धन्य पार्श्विक ळ् का भी उल्लेख है। हिन्दी **बैंगन** पहले **बैंगल** हुआ, फिर **बेंगळ** बना। इसी प्रकार **कलश** **कळसा** रूप में गृहीत हुआ है। ये उदाहरण उक्त विद्वानों के मुंडारी-ध्वनितन्त्र के विवरण में है। इनके अनुसार आदिस्थान में दो व्यंजन एक साथ नहीं आते जिससे इस धारणा की पुष्टि होती है कि बोन्डा में **न्द्, म्प्** जैसे व्यंजनगुच्छ किसी अन्य प्रभाव के कारण हैं। मूर्धन्य पार्श्विक ळ् का व्यवहार भी द्रविड़ प्रभाव के कारण हो सकता है।

कोल शब्द संथाली में **होड़** है। कोल भाषाओं में इस तरह का परिवर्तन काफी व्यापक है। **लिंगुआ** नाम की पत्रिका (खण्ड १४, १९६५) में कुइपर ने कोल भाषाओं में व्यंजन-परिवर्तन पर **कौन्सोनेन्ट् वैरिएशन्** नाम का लेख लिखा था। इसमें जो अनेक प्रकार के परिवर्तन दिखाये गये हैं, उनमें एक वह है जहाँ **क्-ख्-ग्-घ्** ध्वनियाँ ह् में बदलती हैं। इनमें **ख्** और **घ्** कोल भाषाओं की मूल ध्वनियाँ नहीं हैं। इस कोटि का परिवर्तन आर्य भाषाओं में भी होता है। आर्य भाषाओं में **क्** और **ग्** बहुत कम ह् में बदलते हैं पर पूर्वी बंगाल की बोलियों में तथा तमिल में मध्यवर्ती **क् ग्** को ह् में बदलने की प्रवृत्ति है। ऐसा परिवर्तन उन क्षेत्रों में होता है जहाँ नाग भाषाओं का प्रभाव अधिक रहा है। क-वर्गीय ध्वनियाँ चाहे अल्पप्राण हों, चाहे महाप्राण, परिवर्तन की प्रक्रिया वही है। स्पर्शध्वनि के उच्चारण में वायु के अवरोध की क्रिया पूर्ण नहीं होती, इस कारण स्पर्शध्वनि के स्थान पर संघर्षी ध्वनि का उच्चारण होता है। यह संघर्षी ध्वनि महाप्राण ह् रूप में व्यक्त होती है। कोल भाषाएँ भारत के पूर्वी सीमान्त पर नाग भाषाओं के सम्पर्क में आई हैं, अतः यह एक स्वाभाविक घटना है। अन्य भारतीय भाषाओं में आदि-स्थानीय **क्** या **ग्** बहुत कम बदलता है। कोल भाषाओं में ऐसा परिवर्तन सामान्य है। कूर्कू भाषा के **कोन्** (पुत्र), **काकू** (मछली), **कोरो** (पुरुष), **कोइयो** (हवा), **कोलोम्** (आटा) के संथाली प्रतिरूप, कुइपर के उक्त लेख में, इस प्रकार हैं: **होन्, हको, होड़्, होए, होलोङ्**। इस सन्दर्भ में कुइपर ने **कैकय** के संस्कृत प्रतिरूप **हैहय** का उल्लेख किया है। मध्यवर्ती **क्** कभी-कभी एक ही भाषा में ह् में बदलता दिखाई देता है। कुइपर ने संथाली से अनेक उदाहरण दिए हैं, **चएकाब—चएहाब** (मुँह बाये खड़ा व्यक्ति), **चुकुज्—चोहोद्**

(हल्के से छूना), **चिगचगे, चिहचहे** (पैर एक दूसरे से अलग रखे हुए)। कुछ शब्दों के अन्त में **क्** या **ग्** आता है तो वह ऽ़ में बदलता दिखाई देता है। मुंडारी के लिए गम्पर्ज़ ने लिखा है कि इस भाषा के शब्दों के अन्त में **क्** आता ही नहीं है, उसके स्थान पर ऽ़ का उच्चारण होता है। बिलिगिरि ने खरिया से अनेक उदाहरण दिए हैं जहाँ शब्द के अन्त में आने वाला **ग्** उसी ऽ़ में बदल जाता है : **डग्—डऽ़, तिग्—तिऽ़, पेग्—पेऽ़**। स्पर्शध्वनि पहले ह् में परिवर्तित हुई, फिर महाप्राणता का लोप होने से केवल ऽ़ ध्वनि बच रही। अनेक भाषाओं में जहाँ महाप्राणता का लक्षण निर्बल होता है, वहाँ आदि-स्थान में तो महाप्राण ध्वनि बनी रहती है, अन्त्यस्थान में उसका लोप हो जाता है। यही स्थिति बँगला की है और उससे मिलती-जुलती प्रक्रिया कोल भाषाओं में घटित होती है। **क्**, ह्, ऽ़, कोल भाषाओं में इन तीनों ध्वनियों का परस्पर आवर्तन सिद्ध करता है कि कोल भाषाओं पर भिन्न परिवारों के विरोधी प्रभाव पड़े हैं। किन्तु काकल्य स्पर्श-ध्वनि ऽ़ इन भाषाओं की अपनी ध्वनि है, उसका व्यवहार अनेक सन्दर्भों में होता है जिनमें एक सन्दर्भ वह है जहाँ यह ध्वनि ह् का स्थान लेती है।

इंडोयूरोपियन परिवार की अत्यन्त प्राचीन हित्ती भाषा के प्रसंग में इस काकल्य स्पर्शध्वनि की बहुत चर्चा हुई है। स्टुर्टेवेन्ट के अनुसार आदि इंडोहित्ती भाषा में यह ध्वनि थी, वह हित्ती में विद्यमान है, संस्कृत लैटिन आदि भाषाओं में उसका लोप हो गया है। इस प्रकार की कोई लुप्त ध्वनि इंडोयूरोपियन भाषाओं में थी, इसका अनुमान हित्ती भाषा का पता लगने से पहले ही सोस्योर ने किया था। हित्ती भाषा यूरुप की भाषा नहीं है, पश्चिमी एशिया की भाषा है, ग्रीक और लैटिन की अपेक्षा उसका सम्बन्ध संस्कृत से अधिक है। इंडोयूरोपियन परिवार की भाषाओं में हित्ती को छोड़कर अन्य किसी भाषा में उक्त काकल्य ध्वनि के चिन्ह नहीं पाए गए। यदि हित्ती में यह ध्वनि वास्तव में थी तो जिस निकटतम भाषाई परिवेश से वह उसे प्राप्त हो सकती थी, वह भारतीय कोल भाषाओं का परिवेश है।

कोल भाषाओं में ध्वनिपरिवर्तन की एक विशेषता यह है कि **द्-ड्** ध्वनियाँ **र्** और **ल्** में बदलती हैं। कुइपर ने लिखा है कि अनेक आस्ट्रोएशियाटिक शब्दमूलों में **त्-द्** का र् में परिवर्तन अत्यन्त प्राचीनकाल से होता जान पड़ता है। यहाँ यह स्पष्ट कर देना उचित है कि **त्-द्** और र् में **त्-द्** मूल ध्वनियाँ हैं, यह आग्रह कुइपर का नहीं है। इससे पहले **क्-ख्-ग्-घ्** के ह् में बदलने की जो बात कही गई है, उसमें भी कुइपर मूल-ध्वनि के बारे में कोई मत प्रकट नहीं करते। उनके लिए ध्वनि-भिन्नता का तथ्य यथेष्ट है। समग्र भारतीय भाषाई परिवेश पर विचार करने से इस बारे में सन्देह नहीं रह जाता कि **क्-ख्-ग्-घ्** के समानान्तर जिन शब्दों में **ह्** का व्यवहार होता है, उनमें मूलध्वनियाँ **क्-ख्-ग्-घ्** हैं। इसी प्रकार **त्-द्-ट्-ड्** के समानान्तर जहाँ **र्** और **ल्** का व्यवहार होता है, वहाँ **त्-द्-ट्-ड्** ही मूलध्वनियाँ हैं। जहाँ आर्य भाषाओं के शब्द कोल भाषाओं में पहुँचे हैं और उक्ति कोटि की ध्वनि-भिन्नता दिखाई देती है, वहाँ यह निश्चित करना सरल है कि **ल्** और र् स्पर्शध्वनियों का स्थान ले रहे हैं, यथा कुइपर के उदाहरणों में **ढलोङ् डोकोज्** (ढीलाढाला) का प्रतिरूप **लिलो लोको** है। यहाँ सघोष महाप्राण ध्वनि

मूल शब्द की ध्वनि है। महाप्राणता के लोप के बाद **ड्** ध्वनि **ल्** में बदल गयी है। इसी प्रकार हिन्दी **टरकाओ** का प्रतिरूप **लरकाओ** है। दोनों रूपों का व्यवहार होता है; संथाली **टरकाओ** में मूल शब्द का **ट्** है, महली में **लरकाओ** है। **र् और ल्** दोनों ऐसी ध्वनियाँ हैं जो अन्तःस्थ हैं, इनकी स्थिति स्वरों और व्यंजनों के बीच में है। जिन भाषाओं में स्पर्शध्वनियों का उच्चारण करते समय वायु का निरोध क्षीण होता है, वहाँ यह स्वाभाविक है कि स्पर्शध्वनियों के स्थान पर अन्तःस्थ ध्वनियों का व्यवहार हो। कोल भाषाओं के बारे में ऊपर **क्-ह्** वाले प्रसंगों में जो कुछ कहा गया है, उस पर ध्यान दें तो विदित होगा कि **क्-ह्** और **द्-र्** जैसे परिवर्तन एक ही व्यापक प्रवृत्ति के अन्तर्गत हैं।

तमिल के समान कोल भाषाओं में जहाँ-तहाँ आदिस्थानीय **ल्** के पहले अतिरिक्त स्वर जोड़ने की प्रवृत्ति है। गम्पर्ज़ मुंडारी ध्वनितन्त्र वाले लेख में कहते हैं कि आदि-स्थानीय **ल्**, **स्**, **त्** और नासिक्य ध्वनियों के उच्चारण के पूर्व हल्का अतिरिक्त स्वर-संयोग सुनाई देता है। इसका अर्थ यह हुआ कि अन्तःस्थ और नासिक्यध्वनियाँ आदिस्थान में अग्रिम स्वर की सहायता चाहती हैं और इन सभी ध्वनियों की विशेषता यह है कि इनमें स्पर्शतत्व क्षीण है।

तमिल और मलयालम के समान कुछ कोल भाषाएँ आदिस्थानीय **न्** की जगह **ञ्** का व्यवहार करती हैं। मुंडारी भाषा में **नेल्** का अर्थ है देखना; संथाली में इसका प्रतिरूप है **ञेल्**। खरिया में **नु** का अर्थ है पीना; संथाली में इसका प्रतिरूप है **ञु**। तमिल में **नन्दु**, **ञन्डु** (केंकड़ा), **नाञ्जिल्-ञाञ्जिल्** (हल) जैसे वैकल्पिक रूप हैं। तमिल के समान संथाली में **श्** ध्वनि **च्** में बदलती दिखाई देती है। संथाली शब्द **चुपि** संस्कृत **शेप** (पूंछ) का प्रतिरूप है। कोल भाषाओं की एक विशेषता संयुक्त स्वरों का व्यवहार है; **इ, ए, ओ, उ** के साथ **अ** का संयोग होता है, **ओ** और **अ** के साथ **उ** का संयोग होता है। गम्पर्ज़ ने मुंडारी से इस कोटि के संयुक्त स्वरों के उदाहरण दिये हैं। **अ, उ, ओ** के साथ **इ** के संयोग से भी संयुक्त स्वर बनते हैं। संयुक्त स्वरों की ऐसी विविधता बँगला में है या फिर तमिल में।

३. शब्दतन्त्र

द्रविड़ भाषाओं के समान बरो आदि ने संस्कृत पर कोल भाषाओं के प्रभाव का भी अध्ययन किया है। संस्कृत भाषा पर अपने ग्रन्थ में बरो ने केवल दस शब्द दिये हैं जो उनके विचार से संस्कृत में कोल भाषाओं से आये हैं। द्रविड़ शब्दों की अपेक्षा इनकी संख्या बहुत ही कम है। इनमें एक शब्द **कर्पास** है। मलय भाषा से **कपस** शब्द दिया है जो स्पष्ट ही हिन्दी **कपास** का प्रतिरूप है। भारतीय कोल भाषाओं से उन्होंने **कपस** या **कपास** जैसा कोई शब्द नहीं दिया। यहाँ रोचक बात यह है कि उन्होंने संस्कृत शब्द के साथ ग्रीक **कर्पसोस्** भी दिया है। इसे उन्होंने संस्कृत **कर्पास** से व्युत्पन्न माना है। इसके लिए वह विशेष धन्यवाद के पात्र हैं क्योंकि यह एक ऐसा विरल शब्द है जो उनकी दृष्टि में पूर्व से पश्चिम को गया है। पर यदि संस्कृत **कर्पास** मलय **कपस** जैसे किसी कोल शब्द

के आधार पर बना है तो मानना होगा कि यह शब्द ग्रीक भाषा में या तो सीधे कोल भाषाओं से पहुँचा है या संस्कृत के माध्यम से पहुँचा है। बरो की दृष्टि में आस्ट्रो-एशियाटिक और आर्य भाषाओं में कोई शब्द सामान्य हो तो उसे आर्य भाषाओं द्वारा उधार लिया हुआ मानना चाहिए। इसी प्रकार उन्होंने **लाङ्गल** शब्द लिया है। यह शब्द कोल भाषाओं में है, संस्कृत में है। बँगला में यह शब्द प्रयुक्त होता है किन्तु हिन्दी क्षेत्र में **हल** चलता है, **लाङ्गल** नहीं। इस कमी को बरो ने **कल** को शब्दमूल मानकर दूर कर दिया है। **कल** में उपसर्ग लगा तब **लाङ्गल** रूप बना, जब न लगा, तब **कल** हिन्दी का **हल** हो गया। **लाङ्गल** के उपसर्ग का क्या अर्थ है, उसे लगाने से **कल** के अर्थ में क्या विशेषता उत्पन्न हुई, यह उन्होंने नहीं बताया। **हल**-सम्बन्धी शब्द कुछ अन्य अर्थों में भी प्रयुक्त होते हैं। **लाङ्गल** का एक अर्थ पुरुष की जननेन्द्रिय है। **लाङ्गल** का एक संस्कृत प्रतिरूप **लङ्गल** है। **लङ्ग** का अर्थ लँगड़ा है और **लाङ्गूल** का अर्थ पूँछ है। ऐसा अर्थविस्तार बरो ने आस्ट्रोएशियाटिक भाषाओं में नहीं दिखाया। हल के लिए **लाङ्गल** शब्द का व्यवहार आर्य भाषाओं के एक सीमित क्षेत्र में होता है। हिन्दी क्षेत्र में **लाङ्गल** गोत्र के **लंगूर**, **लँगोट** और **लँगड़ा** शब्दों का चलन है। बरो ने **कदली** शब्द के जो प्रतिरूप दिए हैं, उनमें मध्यवर्ण **द** का अभाव है। अधिक से अधिक वे **केला** के प्रतिरूप कहे जा सकते हैं और **केला** स्वयं **कदली** से व्युत्पन्न है। इसे कोल भाषाओं की देन नहीं कहा जा सकता।

बरो ने जो थोड़े से शब्द दिए हैं, वे संस्कृत में कोल भाषाओं से ही आये हों, तो भी उनसे आर्य-कोल भाषा-परिवारों के घनिष्ठ सम्बन्धों का ज्ञान नहीं होता। संस्कृत शब्द या उनके प्रतिरूप कोल भाषाओं में काफ़ी संख्या में हैं। इनमें अनेक शब्द ऐसे हैं जो बोलचाल की हिन्दी में प्रयुक्त नहीं होते, साहित्यिक हिन्दी में भी उनका प्रयोग कम ही होता है। कोल भाषाएँ बोलने वालों की जैसी सामाजिक स्थिति इस समय है, उसे देखते कोई न कहेगा कि संस्कृत या आधुनिक आर्य भाषाओं में रचा हुआ साहित्य पढ़कर कोल जनों ने ये शब्द ग्रहण किये हैं। जिस समय संस्कृत शिष्ट वर्ग की विशिष्ट सांस्कृतिक भाषा बनी, उस समय भी ब्राह्मणों के सम्पर्क से कोलजनों ने ये शब्द ग्रहण किये होंगे, सम्भव नहीं लगता। ये शब्द उस समय की याद दिलाते हैं जिस समय प्राचीन आर्य भाषाएँ बोलने वाले विभिन्न गणसमाज इतर जन समुदायों के सम्पर्क में आते थे। उस समय ऐसे अनेक शब्द पश्चिमी एशिया और यूरुप की अनेक भाषाओं में पहुँचे थे।

इनमें एक शब्द है **दारु**। खरिया, मुंडारी, संथाली आदि भाषाओं में इस शब्द का व्यवहार होता है। संस्कृत **दारु** के अतिरिक्त **द्रु**, **द्रुम** और अंग्रेज़ी **ट्री** इसी से सम्बद्ध हैं। खेत जोतने के लिए मुंडारी में **सी, सीने, सिउ**, संथाली में **सी**, बोन्डा में **सिने, सेने** आदि शब्दों का चलन है। इनका सम्बन्ध प्राचीन भारतीय क्रिया **से** से है। इसी से मराठी **शेत** और संस्कृत **क्षेत्र** बने हैं। हल चलाने से जो भूमि खोदी जाती है, वह **सीता** है। अंग्रेज़ी में बोने के लिए **सो** शब्द है और लैटिन में बोने के लिए **सेमॅन्** और बुवाई के लिए **सॅरो** शब्द हैं। अंग्रेज़ी शब्द **सीड्** (बीज) इसी शृंखला में है। खरिया में जल के ऊपर तैरने के लिए **उप्लेना** शब्द प्लव से सम्बद्ध लगता है। संस्कृत शब्द **उद** हिन्दी आदि भाषाओं में अब जल के लिए प्रयुक्त नहीं होता, जल ही काफी पाण्डित्यपूर्ण है। खरिया में **उद्** पीने

के लिए प्रयुक्त होता है। मुंडारी में संस्कृत **सद्म** का प्रतिरूप **सादोम्** (मकान) है। हिन्दी में **सद्म** शब्द अब बहुत साहित्यिक सन्दर्भों में ही प्रयुक्त होता है। इसी भाषा में **पाण्डु** (भूरा) और **पुण्डि** (सफेद) शब्दों का प्रयोग होता है। मुंडारी **रा** (पुकारना), संथाली **रोड़** (बोलना, भाषा) संस्कृत की **रु** (गरजना, गाना) जैसी क्रिया से सम्बद्ध है। बोन्डा भाषा में **अर्के** चन्द्रमा के लिए प्रयुक्त होता है। इसका सम्बन्ध संस्कृत **अर्क** (सूर्य) से है। इसी भाषा में जाने के लिए **इ** क्रिया है। ऐसी ही क्रिया का व्यवहार संस्कृत में होता है। दाढ़ के लिए इस भाषा में संस्कृत **जम्भ** का प्रतिरूप **जम** है। चमकने के लिए बोन्डा में **तरऽ** शब्द है जिससे मिलता-जुलता संस्कृत **तारा** है। मुंडारी में **काल** शब्द वर्ष के लिए प्रयुक्त होता है जैसे समयसूचक **वार** शब्द हिन्दी में दिन के लिए प्रयुक्त होता है। **खरिया** में **मेद** और **नेल** देखने के लिए प्रयुक्त होने वाली क्रियाएँ हैं। **मेद** से **नेल** का विकास हुआ होगा। नाग समुदाय की बोरो भाषा में **नय्** का अर्थ है देखना (देखें, शंकर भट की **बोरो वोकैबुलरी**, पूना, १९६८, पृष्ठ २५)। एक से अधिक भाषा-परिवारों में पाई जाने वाली इस क्रिया से **नेत्र, नयन** आदि शब्दों का सम्बन्ध है। छोटे गाँव या खेड़ा को खरिया में **केल** कहते हैं। पश्तो में **खेल** गाँव के लिए प्रयुक्त होता है और संस्कृत में **खिल** शब्द ऊसर भूमि के लिए प्रयुक्त हुआ है। इस शब्द में जन-समुदाय का अर्थ भी निहित है जैसा कि **निखिल** शब्द से ज्ञात होता है। हिन्दी **खेड़ा**, अवधी **खेरु** खरिया **केल** से सम्बद्ध हैं। मुंडारी भाषा में पुरोहित के लिए **जाजक** शब्द **याजक** का प्रतिरूप है। इस भाषा में ग्रीष्म ऋतु को **जेटेसा** या **जेटेसिगी** कहते हैं। इनका सम्बन्ध **ज्येष्ठ** से है। बात करने के लिए **काक्‌ला** शब्द संस्कृत **काकली** की याद दिलाता है। केंकड़े के लिए **काड़कोम्** या **काटकोम्** शब्द है जहाँ संस्कृत **कर्कट** की **र्** ध्वनि **ट्** और **ड़्** में परिवर्तित है। खलिहान के लिए **कोलोम्** संस्कृत खल का प्रतिरूप है। सुई के लिए **सुइ** शब्द ही है; संस्कृत **सिव्** (सीना), लैटिन **सुओ** (उप०) के समान इस भाषा में **सु** क्रिया भी है जिसका अर्थ है किसी चीज़ में हाथ घुसेड़ना। **ओस** के लिए **सिसिरदा** शब्द है और संथाली में भी **सिसिर** है। सम्भव है बँगला के प्रभाव से **शिशिर** शब्द यहाँ पहुँचा हो। संथाली में **बोङ्ग** शब्द देवता के लिए आता है। मुंडारी में भी इस शब्द का चलन है। **भग** के पूर्व रूप **भर्ग** से **भङ्ग**, फिर उससे **बोङ्ग**। झुकाने के लिए **कुबि** शब्द आर्य भाषा की क्रिया **कुभ्** से सम्बद्ध है जिससे **कुभा, कुबेर, कुब्ज** आदि शब्द बने हैं। इसी भाषा में **पुराला** का अर्थ है बहुत बार। इसका सम्बन्ध समृद्धिसूचक **पुर** शब्द से है जिसका तमिल प्रतिरूप **पल** और ग्रीक प्रतिरूप **पॉलुस्** है। **इतुआना** (जानना), **इतुन्** (सीखना), **इतुनि** (शिक्षक) संस्कृत क्रिया **विद्** के प्रतिरूप **इतु** से बने हैं। धुएँ के लिए **धूना** शब्द है जो **धूम** का प्रतिरूप है। रोचक तथ्य यह है कि संस्कृत शब्द का नासिक्य व्यंजन कोल रूप में बना हुआ है, हिन्दी **धुआँ** के स्वर में नासिक्य भाव छोड़कर वह लुप्त हो गया है। धुएँ के लिए ही मुंडारी का अन्य शब्द है **धुँगिआ**। **धूम** से **धूङ**, फिर **धुँगिआ**। सघोष महाप्राण **ध्** से आरम्भ होने वाले ये शब्द मुंडारी के अपने शब्द नहीं हैं पर आर्य भाषाओं से भी वे उस समय लिए गए होंगे जब **धूम** का चलन व्यापक था। **धाक** और **धाप**, लपट और ऊष्मा के लिए प्रयुक्त होते हैं। संथाली में गर्मी के लिए **धिपउ** और गर्म के लिए **धुक** शब्द हैं। **धूप** का प्रतिरूप **धुप** भी

है। ऊष्मा सूचक **धू, धी, धा** जैसी क्रियाओं से ये शब्द बने हैं। संथाली **धुड़साउ** का अर्थ है जलाना, झुलसाना। हिन्दी **झुलसाना** की तुलना में संथाली शब्दमूल **ध्** ध्वनि सुरक्षित किये है। संस्कृत **अध्वर** (यज्ञ) में **ध्वर** वाला अंश अग्नि का अर्थ देता है। संथाली रूप **धुड़साउ** और हिन्दी **झुलसना ज्वल्** के बदले **ध्वर्** से सम्बद्ध हैं। संथाली में संस्कृत **घूसर** का प्रतिरूप **धुसरा** प्रचलित है। मुंडारी में **उसुन उसुन** (थोड़ा गर्म) **उष्ण** का प्रतिरूप है और कश्मीरी **वशुन्** की याद दिलाता है। पूँछ के लिए **चादलोम** का सम्बन्ध **छाद** और **लूम** से है; बोलों से ढँका अंग **छादरोम, चादलोम**।

खरिया में नदीवाचक **ओम्पय् अम्भ** और **पय** दोनों से सम्बद्ध हो सकता है। **लरङ्** (बेल) शायद **लता** से बना है जहाँ **त्** ध्वनि **र्** में परिवर्तित हुई है। **मुगम्** (सामने) **मुख** का द्रविड़ प्रभावित रूप है। संथाली में दूध देने वाली गाय के लिए **धिनुआड़** शब्द का सम्बन्ध **धेनु** से है। आग जलाने के लिए **डहि, डहओ** क्रियाओं का सम्बन्ध **दह्** से है। भँवर के लिए **घूर्नि** संस्कृत क्रिया **घूर्ण्** से बना हुआ शब्द है। मारने के लिए संस्कृत के समान **दल्** क्रिया है। जीवन के लिए **जीवेत** शब्द है। प्रचलित शब्द **जीवन** के स्थान पर **त** प्रत्यय वाले रूप का चलन प्राचीनता का सूचक है। जीवित के अर्थ में भी इस शब्द का प्रयोग होता है। परिवार के लिए **गुत्री** शब्द **गोत्र** की ओर संकेत करता है। **चंदो** शब्द चन्द्रमा के अतिरिक्त सूर्य के लिए भी प्रयुक्त होता है। **चन्द्र** शब्द **कम्** या **कन्** जैसी प्रकाशसूचक क्रिया से बना है, इसलिए **चन्द्र** का मूल अर्थ कोई भी चमकने वाली वस्तु होगा, वह चाहे सूर्य हो चाहे चन्द्रमा। संथाली **सुकरी** (सूअर) में, हिन्दी रूप से भिन्न, मध्यवर्ती स्पर्श व्यंजन का लोप नहीं हुआ। जाल के लिए **पाश** का प्रतिरूप **पसि** है। संथाली में एक आश्चर्यजनक शब्द **तिस्** है जिसका अर्थ है कब। आश्चर्यजनक इसलिए है कि **तिस्** शब्द प्रश्नसूचक अर्थ में ग्रीक भाषा में भी प्रयुक्त होता है। लैटिन **क्विस्, क्विद्** का ग्रीक प्रतिरूप है **तिस्** (क्या)। यहाँ हौफमैन का उल्लेख करना आवश्यक है।

जौन हौफ़मैन ने **एन्साइक्लोपीडिया मुंडारिका** नाम का बृहत् ग्रन्थ २०वीं सदी के प्रथम चरण में तैयार किया था। यह पटना से १९५० में प्रकाशित हुआ था पर इसकी भूमिका १९२४ में लिखी गई थी। हौफ़मैन ने आर्थर वान एमेलेन की सहायता से यह ग्रन्थ उस समय तैयार किया था जिस समय कोल भाषाओं की ओर बहुत कम ध्यान दिया जाता था। मेरी जानकारी में वह पहले व्यक्ति हैं जिन्होंने आर्य और कोल भाषाओं के सम्बन्धों पर ध्यान दिया था। भारतीय आर्य भाषाओं के अलावा इनसे सम्बद्ध यूरुप की भाषाओं से भी कोल भाषाओं के सम्बन्ध का उल्लेख उन्होंने किया था। भूमिका में लिखा था, बहुत-सी तथाकथित आर्य धातुएँ मुंडारी भाषा में भी हैं। इनमें से अनेक संस्कृत या उससे सम्बद्ध भाषाओं की धातुएँ भी हैं। 'किन्तु यह बात बहुत आश्चर्यजनक है कि इनमें काफी धातुएँ ऐसी हैं जो इंडोजर्मैनिक भाषाओं की भारतीय शाखाओं में नहीं मिलतीं किन्तु उस परिवार की गैरभारतीय भाषाओं में मिलती हैं।' इससे हौफ़मैन ने नतीजा निकाला कि मुंडारी और आर्य भाषाओं का एक ही प्राचीन मूल स्रोत रहा होगा। उन्हें पादरी वान डेन बोश ने एक शब्दसूची भेजी थी जिसमें मुंडारी शब्दों के यूरोपियन प्रतिरूप दिए हुए थे। इनमें कुछ शब्द जर्मन के हैं—मुंडारी

अदल् (सम्मान), जर्मन **अदेल्** (सम्मानित वर्ग, अभिजात वर्ग); मुंडारी **बुरु** (पहाड़, जंगल), जर्मन **बर्ग**; मुंडारी **द** (जल), जर्मन **तउ**, अंग्रेज़ी **ड्यू** (ओस); मुंडारी **लेङ्गा** (बाँया), जर्मन **लिक्**; मुंडारी **मेन्** (सोचना, समझना), जर्मन **माइनेन्**। कुछ शब्द अन्य यूरोपियन भाषाओं से मिलते हैं यथा मुंडारी **असि** और अंग्रेजी **आस्क्** (पूछना); मुंडारी **बेन्**, अंग्रेज़ी **बोथ्** और जर्मन **बाइडे** (दोनों); मुंडारी **दुरङ्** आइरिश, **दुअङ्ग** (गीत); मुंडारी **पहल**, अंग्रेज़ी **प्लाउ**, जर्मन **प्फ्लूग्** (हल); मुंडारी **बुलु**, फ्लेमिश **बिल्** (जाँघ)। सबसे रोचक समानताएँ मुंडारी तथा ग्रीक और लैटिन भाषाओं में हैं : मुंडारी **अइउम्**, ग्रीक **अइओ** (सुनना); मुंडारी **निअद्**, ग्रीक **निअ** (एक); मुंडारी **ओड़े**, ग्रीक **ओर्निस** (चिड़िया); मुंडारी **अदिङ्** (घर का वह भाग जहाँ पुरखे पूजे जाते हैं), लैटिन **अएदेस्** (मन्दिर); मुंडारी **सुर्द्**, **सुरुद्**, लैटिन **कॉर्**, **कॉर्दिस्**, जर्मन **हर्त्स्**, अंग्रेज़ी **हार्ट्** (हृदय)।

ओड़े का ग्रीक प्रतिरूप **ओर्निस्** मैंने अपनी ओर से दिया है। ग्रीक और मुंडारी शब्दों का एक ही स्रोत है; **पर्** क्रिया से **परिन्दा**, **पर्ण** जैसे शब्द बनते हैं। **पर्** क्रिया का कृदन्त रूप **पर्द** अंग्रेज़ी का **बर्ड** है। **पर्** क्रिया उड़ने के अर्थ में द्रविड़ भाषाओं में भी व्यापक रूप से व्यवहृत होती है। तोद भाषा में इसके **पोत्** और **पोर्** प्रतिरूप हैं और कोत में **पर्न्** रूप है। **पर्-वर्-ऑर्**, इस क्रम से शब्दमूल **ऑर्** से मुंडारी, ग्रीक आदि भाषाओं के रूप बने हैं। हृदय का अर्थ देने वाले मुंडारी **सुर्द्** और **सुरुद्** का सम्बन्ध **श्रद्** से है जिससे संस्कृत का **श्रद्धा** शब्द बनता है। **हृदय**, **हार्ट्** आदि में **ह्** ने **स्** का स्थान लिया है। लैटिन **कॉर्** में **क्** ने **श्** का स्थान लिया है। मुंडारी में **स्** वाला रूप बना है, यह इस रूप की प्राचीनता का प्रमाण है। **श्रद्** का स्लाव प्रतिरूप **सॅर्द्** है जिससे रूसी **सॅर्द्त्सॅ** (हृदय) बना है। हौफ़मैन ने जर्मन और लैटिन रूपों की तुलना में मुंडारी रूप को प्राचीन माना है; लिखा है कि मुंडारी का आदिस्थानीय **स्** लैटिन और जर्मन में **क्** और **ह्** हो जाता है।

भारत से बाहर की इंडोयूरोपियन भाषाओं का कोई शब्दमूल कोल भाषाओं में हो और कोल रूप यूरोपियन रूप से प्राचीन हो, यह सब ऐतिहासिक भाषाविज्ञान की प्रचलित मान्यताओं के विपरीत है। पूर्वाग्रह छोड़कर जो भी कोल-इंडोयूरोपियन सम्बन्धों पर वस्तुगत रूप से विचार करेगा, वह उसी दिशा में आगे बढ़ेगा जिस दिशा में हौफ़मैन और उनके साथी चले थे। यह उनके कार्य का अविस्मरणीय ऐतिहासिक महत्व है।

४. रूपतन्त्र

पिनोव कोल भाषाओं के विशेषज्ञ हैं। नौर्मन ज़ाइड द्वारा सम्पादित **स्टडीज़् इन् कम्पैरेटिव् आस्ट्रो-एशियाटिक लिंग्विस्टिक्स्** (१९६६) में कोल भाषाओं के क्रियापदों पर उनका लेख है : **ए कम्पैरेटिव् स्टडी आफ़् दि वर्ब् इन् दि मुंडा लैंग्वेजेज़्**। इसमें उन्होंने यह मत प्रकट किया है कि मुंडा भाषाओं में कर्मसूचक सर्वनामचिन्ह क्रिया के बाद आता है; इससे अनुमान होता है कि मुंडा भाषाओं के आदिम रूपों में कर्मसूचक संज्ञा शब्द भी क्रिया के बाद आता था। किन्तु कर्ता के लिए उन्होंने लिखा है कि आदिम मुंडा भाषाओं में वह क्रिया के पहले आता था। वास्तव में कोल भाषाओं का वाक्यतन्त्र

क्रियाभिमुख था। अब भी खरिया जैसी भाषा में यह स्थिति है। **उड्तिञ्** (मैं पीता हूँ) में **उड्** क्रिया है, **इञ्** कर्ता-सर्वनाम है। यह वही पद्धति है जो संस्कृत **पठामि** (पढ़ता हूँ) में है। ऐसे रूप अनेक इंडोयूरोपियन भाषाओं में हैं।

आर्य और कोल भाषाओं के प्राचीन सम्बन्धों का एक प्रमाण क्रिया और संज्ञा रूपों में द्विवचन का प्रयोग है। संस्कृत, ग्रीक और अरबी में भी द्विवचन का प्रयोग होता है। आश्चर्य की बात यह है कि लैटिन भाषा ग्रीक से बहुत मिलती-जुलती है पर उसमें द्विवचन का प्रयोग नहीं है। कुछ शब्दों में कहीं पुराने द्विवचन रूपों की छाया दिखाई दे, वह बात अलग है, आधुनिक आर्य भाषाओं में द्विवचन का प्रयोग नहीं होता। पुनः आश्चर्य की बात है कि कोल भाषाओं में द्विवचन का प्रयोग अब भी होता है और संस्कृत की उत्तराधिकारिणी आर्य भाषाओं में उसका प्रयोग लुप्त हो गया है। यदि कोलजन हिन्दी प्रदेश में रहते थे और आर्य भाषाएँ बोलने वालों समाजों में घुल-मिल गए तो संस्कृत और कोल भाषाओं की सम्मिलित शक्ति द्विवचन के व्यवहार की रक्षा क्यों न कर सकी, इसका कोई कारण नहीं बताया गया।

कोल भाषाओं की एक विशेषता यह है कि वे क्रियापदों के एक या अधिक वर्णों की, अथवा अक्षरध्वनियों की, आवृत्ति करती हैं। ज़ाइड सम्पादित ग्रन्थ में पिनोव् ने कोल भाषाओं की आवृत्तिकारी प्रवृत्ति के बारे में बताया है कि वर्ण की आवृत्ति बहुधा क्रिया के अर्थ को सघन करने के लिए होती है यथा संथाली **दल** माने मारना, **ददल** माने ज़्यादा मारना। कभी यह आवृत्ति क्रिया की निरन्तरता सूचित करने के लिए होती है। संस्कृत में **ददाति**, **पिबति** जैसे रूपों में क्रियामूल के वर्ण की आवृत्ति हुई है। संस्कृत के समान ग्रीक में कुछ विशेष क्रियारूपों में आवृत्ति से काम लिया जाता है। ग्रीक भाषा में **लूओ** (शिथिल करना) क्रिया से **लेलुक**, **एलेलुके** आदि रूप बनते हैं। लैटिन में भी ऐसे रूप हैं पर ग्रीक और संस्कृत के समान उनकी प्रचुरता नहीं है। आधुनिक आर्य भाषाएँ पूर्ण क्रियाओं की आवृत्ति तो करती हैं जैसे **चलते-चलते थक गया, सुन-सुनकर ज्ञानी हो गया** पर **सुसुन** या **चचल** जैसे रूप इन भाषाओं में नहीं हैं। यहाँ भी भाषा के एक सीमित क्षेत्र में ग्रीक-संस्कृत और कोल भाषाओं में समानता है और आधुनिक आर्य भाषाओं में इससे भिन्न प्रवृत्ति है।

कोल भाषाओं की क्रियापद रचना संयोगात्मक या संश्लिष्ट है। क्रियामूल में प्रत्यय जोड़कर वचन-पुरुष का बोध कराना और क्रिया की पूर्णता, अपूर्णता, निरन्तरता आदि का बोध कराना मुख्य बात है। इस दृष्टि से संस्कृत और कोल भाषाओं की क्रिया पद रचना में ज़बर्दस्त समानता है। पिनोव् अपने उक्त लेख में कहते हैं कि क्रियापद में सहायक शब्दांश जोड़े जाते हैं। कभी-कभी यह निश्चय करना सम्भव नहीं होता कि क्रियापद में जो कुछ जोड़ा गया है, वह प्रत्यय है या स्वतन्त्र शब्दांश। पिनोव् के इस विवरण से पता चलता है कि प्रत्ययों का निर्माण किस प्रकार होता है। उन्होंने आगे लिखा है कि मूल शब्द से जोड़े जानेवाले अंश घिस जाते हैं या संधि द्वारा उनका रूप ऐसा बदल जाता है कि वे व्यवहारतः प्रत्यय बन जाते हैं। ख्मेर और निकोबारी भाषाओं से मुंडा भाषाओं का भेद प्रकट करते हुए पिनोव् ने लिखा है कि क्रियामूल जिस मुख्य धारणा

को व्यक्त करता है उसी के अधीन क्रिया के सभी तत्व संश्लिष्ट हो जाते हैं। यह स्थिति ख्मेर भाषाओं की नहीं है। ये भाषाएँ अश्लिष्ट हैं और इंडोनीशिया, श्याम (थाइलैंड) आदि की भाषाओं से अधिक मिलती हैं। पिनोव् के अनुसार मुंडा भाषाओं की संश्लिष्ट संरचना आर्य-द्रविड़ भाषाओं के सामीप्य से सुदृढ़ हुई। यह स्थापना महत्वपूर्ण है क्योंकि इसमें यह माना गया है कि विभिन्न भाषापरिवार एक दूसरे की संरचना को प्रभावित कर सकते हैं। इसमें सन्देह नहीं कि कोल भाषाओं की क्रियापद रचना आधुनिक आर्य भाषाओं से अधिक पेचीदा है और वह संस्कृत से अधिक मिलती-जुलती है।

कोल भाषाओं की एक विशेषता यह है कि वे क्रियापदों समेत विभिन्न कोटि के शब्दों में प्रत्यय और उपसर्ग लगाती हैं। इनके अतिरिक्त वे शब्द में अन्तर्प्रत्यय भी लगाती हैं। यह प्रवृत्ति आधुनिक आर्य भाषाओं में नहीं है, द्रविड़ भाषाओं में भी नहीं है। ग्रीक, रूसी आदि भाषाओं में उपसर्गों का प्रयोग प्रचुरता से हुआ है; कोल भाषाओं में भी उपसर्ग लगाकर क्रिया का अर्थ परिवर्तित या संवर्धित किया जाता है। **दल** में अन्तर्प्रत्यय लगाकर संथाली में जैसे **दपल** बना, वैसे संस्कृत में **चल्** से **चपल** बना।

५. कोल और द्रविड़

द्रविड़ भाषाएँ कोल भाषाओं के निकट सम्पर्क में प्राचीनकाल से रही हैं, इसके अनेक प्रमाण हैं। द्रविड़ भाषाओं के समान कोल भाषाओं में मूर्धन्य स्पर्श ध्वनियों का प्रवेश हुआ है। **ट्** **ड्** ध्वनियाँ दोनों परिवारों में सामान्य हैं किन्तु जहाँ द्रविड़ भाषाओं के एक वर्ग में **ण्** का चलन है, वहाँ कोल भाषाओं में इसका प्रायः अभाव है। बहुत से बहुत **ट्** और **ड्** के साथ समवर्गीय नासिक्य ध्वनि का संयोग होता है। आर्य, द्रविड़, कोल तीनों भाषा परिवारों में **ण्** की स्थिति **ट्** और **ड्** की स्थिति से भिन्न है, अतः सभी मूर्धन्य ध्वनियों के प्रसार और व्यवहार का अध्ययन एक साथ नहीं किया जा सकता। आर्य भाषाओं के समान कोल भाषाओं में मध्यवर्ती **ड्** का उच्चारण उत्क्षिप्त होता है। कुछ कोल भाषाओं में द्रविड़ भाषाओं के समान, और कुछ उत्तर-पश्चिमी आर्य भाषाओं के समान मूर्धन्य पार्श्विक **ळ्** का व्यवहार भी होता है। इसका कारण भी द्रविड़ प्रभाव हो सकता है। द्रविड़ भाषाओं के समान अनेक कोल भाषाओं में **क्-ग्** का लोप हो जाता है, उनके स्थान पर काकल्य स्पर्शध्वनि **ऽ** अथवा **ह्** का व्यवहार होता है। द्रविड़ भाषाओं में मध्यवर्ती **क्** या **ग्** में ही परिवर्तन होता है किन्तु कोल भाषाओं में ऐसा परिवर्तन किसी भी स्थान के **क्-ग्** में हो सकता है। इस प्रवृत्ति का मूल स्रोत सम्भवतः नाग भाषाओं में है और ऐसा हो तो मानना होगा कि द्रविड़ों की अपेक्षा कोल भाषाओं पर नाग प्रभाव अधिक है। द्रविड़ भाषाओं के समान कोल भाषाओं में ऐसे शब्द मिलते हैं जहाँ **श्** या **स्** की ध्वनि **च्** या **ज्** में बदलती है। इसका कारण भी द्रविड़ प्रभाव हो सकता है। द्रविड़ भाषाओं के समान कोल भाषाओं के शब्दों में आदि या अन्त्य स्थानों में व्यंजनगुच्छ नहीं होते। अनेक आधुनिक आर्य भाषाओं में भी यही स्थिति है। दो स्वरों का एक साथ व्यवहार कोल भाषाओं की विशेषता है।

कोल और द्रविड़ भाषाओं का सम्पर्क उस समय हो रहा था जिस समय इन

भाषाओं के अनेक शब्दों का निर्माण हो रहा था। निर्देशक सर्वनाम में देशकालवाचक शब्दमूल जोड़कर **अङ्गे, इन्दे** जैसे रूप बनाने की प्रक्रिया दोनों वर्गों में सामान्य है। सर्वनामों के प्राचीनतर रूप बहुधा कोल भाषाओं में हैं। इनमें से अनेक सर्वनाम आर्य उद्भव के हैं और शब्दनिर्माण की वह प्रक्रिया आर्य भाषाओं में भी है। सम्बन्ध व्यक्त करने वाले सर्वनाम द्रविड़ भाषाओं में मूलशब्द के पहले आते हैं यथा तमिल में **आय्** (माता), **याय्** (मेरी माता)। किन्तु कोल भाषाओं में ऐसे सर्वनाम शब्द के अन्त में लगाए जाते हैं। यथा मुंडारी **आपु** (पिता), **आपुइङ्** (मेरे पिता)। संथाली जैसी भाषाओं में संख्यासूचक शब्दों के निर्माण में दहाई को पहले रखने की पद्धति द्रविड़ भाषाओं के समान है यथा संथाली **गेल्** (दस), इससे **गेल-मित्, गेल्बर्, गेलपे, गेल्पोन्** (क्रमशः ग्यारह, बारह, तेरह, चौदह) रूप बनते हैं। यहाँ कोल भाषाएँ आर्य भाषाओं की अपेक्षा द्रविड़ भाषाओं के अधिक समीप हैं।

ऐसे अनेक शब्द हैं जो द्रविड़ भाषाओं से कोल भाषाओं का घनिष्ठ सम्पर्क सिद्ध करते हैं। संथाली और मुंडारी में नाक के लिए **मु** शब्द है। तमिल **मुग** का अर्थ सूँघना है। स्पष्ट ही दोनों शब्द परस्पर सम्बद्ध हैं और इनका सम्बन्ध संस्कृत **नासा**, अंग्रेजी **नोज** आदि से भी है। पिता के लिए मुंडारी **आपु** और तमिल **अप्पु** परस्पर सम्बन्धित हैं। पैर के लिए तमिल **काल्** के समान मुंडारी और खरिया में **काटा** रूप है। दोनों के ही निर्माण की प्रक्रिया गतिसूचक **गा** क्रिया से सम्पन्न हुई है। खलिहान के लिए मुंडारी **कोलोम्** तमिल **कळम्** से सम्बद्ध है। तमिल **कुळ** (तरुण) के समान संथाली **कोड़ा** (लड़का) है। तमिल **पॉन्** (स्वर्ण) के समान संथाली **पोन्** (मूल्य) है। तमिल **चॅय्** (करना) के समान संथाली **चेदक्, चेचेत्** (करना) रूप हैं। **चेचेत्** में मूल क्रिया की आवृत्ति है और **चेदक्** कृदन्त रूप **चेद** से निर्मित है। खरिया भाषा का प्रश्नवाचक **ई** तमिल **या** कोन्ड **इनि** के वर्ग का है। तमिल **मोट्टु** घास-फूस के गट्ठर को कहते हैं। संथाली **मोटरा** का अर्थ है गठरी। अवधी में **कामकाज** की तरह समानार्थक शब्दों का एक जोड़ा **गठरी-मोटरी** भी है। संथाली हिन्दी **पोत** मलयालम और कन्नड़ पोर (छोटा बच्चा) से सम्बद्ध है।

दौरी (डलिया) शब्द मुंडारी में है और अवधी में भी प्रयुक्त होता है। ऐसे अनेक शब्द हैं जिनके लिए निश्चयपूर्वक नहीं कहा जा सकता कि वे किस परिवार के हैं। बोन्डा भाषा में **अण्ड्र** शब्द नर का अर्थ देता है। मेरा अनुमान है कि यह **अन्ध्र** या **आन्ध्र** का प्रतिरूप है और तमिल **आण्** भी इससे सम्बद्ध है। आन्ध्र शब्द सघोष महाप्राण ध्वनि के कारण अपने आर्य उद्भव की सूचना देता है। इंडोयूरोपियन परिवार में इसके प्रतिरूप ग्रीक भाषा में हैं: **अनेर्** (पुरुष) **अन्द्रो**-(उप०), **अन्थ्रोपॉस्** (उप०)। स्लाव जातियों में **आन्द्रेइ** नाम बहुत सामान्य है। इसका स्रोत भी वही **आन्ध्र** है। बोन्डा भाषा का **अण्ड्र** आर्य-द्रविड़-कोल भाषाओं के प्राचीन सम्पर्क का प्रमाण है।

६. कोल और कम्बोज

मोन्-ख्मेर भाषाएँ वर्तमान कम्पूचिआ में बोली जाती हैं। **कम्पूचिआ, कम्बोडिआ** रूपों का आधार **कम्बोज** है। मोन्-ख्मेर को कम्बोज भाषाएँ कहा जा सकता

है। कुछ लोग इन्हें आस्ट्रिक भाषाओं में गिनते हैं, कुछ इन्हें उन भाषाओं से अलग रखते हैं। इनका प्रधान क्षेत्र अब भारत से बाहर है पर इस वर्ग की एक भाषा खसी असम में अब भी बोली जाती है। यदि कम्बोज भाषाओं का आदिक्षेत्र आधुनिक कम्पूचिआ है, तो असम में उस वर्ग की एक भाषा का मिलना अत्यन्त आश्चर्यजनक है। किन्तु यदि माना जाय कि कम्बोजगण भारत के उत्तर-पश्चिमी प्रदेशों में रहते थे, तो असम में कम्बोजवर्ग की एक भाषा का अस्तित्व आश्चर्यजनक न होगा। **महाभारत** में काम्बोज गण कौरवों की ओर से लड़ते हैं। एक फ़ारसी कहावत में अफगान, कश्मीरी और कम्बोज, तीनों का नाम एक साथ लिया जाता है। इससे ज्ञात होता है कि सामन्ती व्यवस्था के युग में काफी समय तक कम्बोजजन अपने मूल क्षेत्र में रहते आये थे। तुर्क आक्रमणों के समय भारत और पश्चिमी एशिया में जन-समुदायों का काफी स्थानान्तरण हुआ है। उस समय उत्तर-पश्चिमी भारत से कम्बोज-जनों का चिन्ह मिट गया। उससे पहले अन्य कोलजनों के साथ वे दक्षिण-पूर्वी एशिया की ओर गये और इस अभियान में कुछ समुदाय असम में बस गए।

कम्बोज भाषाओं की कुछ विशेषताएँ ऐसी हैं जो भारत से अधिक यूरुप की भाषा में मिलती हैं। इनमें ध्वनितन्त्र की एक प्रवृत्ति, शब्द के आरम्भ में, संयुक्त व्यंजनों के व्यवहार की है। यथा प्राचीन मोन् में **क्तोर्** (आँख), **प्नह्** (कंधा), **त्यो** (पत्थर), **द्लुङ्** (नाव); इस तरह के व्यंजन-युग्म ग्रीक, जर्मन, रूसी भाषाओं में मिलते हैं, इस कोटि के कुछ विरल रूप संस्कृत में हैं पर आधुनिक आर्य भाषाओं में ऐसा व्यंजन-संयोग शब्द के आदिस्थान में नहीं मिलता। अन्य आस्ट्रिक भाषाओं में नासिक्य ध्वनि के साथ स्पर्श व्यंजन तो जुड़ता है पर इस तरह के व्यंजन-युग्म उनकी प्रकृति के अनुकूल नहीं हैं। कहीं-कहीं ये व्यंजन-युग्म वर्ण-संकोचन की प्रवृत्ति का परिणाम है यथा संस्कृत **कलश** प्राचीन मोन् में **क्लस्** हो गया है।

भारतवासी के लिए प्राचीन मोन् भाषा में एक शब्द है **गुला**। आधुनिक मोन् में इसका प्रतिरूप है **गला**। बर्मा की आस्ट्रिक भाषाओं, दानव-रिआङ्-पलौङ्-वा में इसके प्रतिरूप **कल, कर** आदि हैं। इन्हें देखकर इनके मूल रूप को पहचानना सरल नहीं है। जी० ऐच्० ल्यूस् ने दानव भाषा पर अपने निबन्ध (**लिगुआ १४**) में इसका प्राचीन बर्मी रूप **कुला** दिया है और बताया है कि वह पालि **कुलपुत्त** (संस्कृत **कुलपुत्र**) का **कुल** है।

दक्षिणपूर्वी एशिया की भाषाओं से भारतीय आर्य भाषाओं के प्राचीन सम्बन्धों का प्रमाण है **कुलपुत्त** का **कुल** जिसके रूपान्तर बर्मा से लेकर कम्पूचिया तक फैले हुए हैं।

संस्कृत **पर्ण** की **पर्** क्रिया प्राचीन मोन् में ज्यों की त्यों **पर्** (उड़ना) है। संस्कृत **पवन** के **पव्** क्रियामूल के समान आधुनिक मोन् रूप **पव्** है। ख्मेर **होर्** में कन्नड़ के समान **प्** के स्थान पर **ह्** है। इसी तरह खसी रूप **हॅर्** है। संस्कृत **तूल** (कपास) प्राचीन मोन् में **तोल्** है, आधुनिक मोन् में इसका रूप **तोव्** है। बुनने का अर्थ देने वाली संस्कृत **तन्** क्रिया प्राचीन मोन् में **तान्**, ख्मेर में **ताञ्ा**, मलय में **तेनोन्** है, और वहाँ से ताइवान की बोलियों के **तिनुन्**, **तुमतिन्नु** तक **तन्** का तानाबाना फैलता चला गया है।

संस्कृत **विश**, गुजराती **बेइ** (दो), लैटिन **बिस्** (दो बार) के समकक्ष हिन्दी **बारह** का **बा** आधुनिक मोन् में **बा** (दो) है। मुंडारी **बर्** (दो) का ख्मेर प्रतिरूप है **वेर्, व्यर्**। संस्कृत **त्रि** जावा की भाषा में **तॅलु** है; **तन्-तिनुन्** की तरह ताइवान की बोलियों में **तॅरु, तुरु, तुळु** आदि त्रि के प्रतिरूप फैलते चले गये हैं।

संस्कृत **ताल** (ताड़) प्राचीन मोन् में **ताल्** है। आधुनिक मोन् में **ल्** का लोप होने पर **ता** बचा है। प्राचीन बर्मी में **तश्रन्** रूप है; वही रिआङ् में है। मोन् कम्बोज कुल की भाषा है, बर्मी नाग समुदाय में है, रिआङ् आस्ट्रिक भाषा समवाय में है। स्पष्ट है कि दक्षिण पूर्वी एशिया को भाषाई क्षेत्र मानकर उसका अध्ययन करना आवश्यक है; तभी हम वहाँ के विभिन्न भाषा परिवारों के निर्माण में भारत की भूमिका पहचान सकेंगे।

७. कोल और आस्ट्रिक भाषाएँ

कोल भाषाओं, और इनके साथ आर्य-द्रविड़ भाषाओं, का सम्पर्क उन भाषाओं से है जो आस्ट्रो-एशियाटिक कही जाती हैं। कुछ विद्वान् इन्हें आस्ट्रोनीशियन, पोलीनीशियन, मेलानीशियन आदि वर्गों में बाँट देते हैं। जी० ऐच्० ल्यूस् के अनुसार तोङ्किङ् से एक ओर निकोबार द्वीपों तक, दूसरी ओर चीन के युन्नान प्रदेश तक, असम के खसी भाषाक्षेत्र से कम्पूचिया तक आस्ट्रिक भाषाओं का प्रसार है। होद्रिकोर (लिंगुआ १४) के अनुसार आस्ट्रोनीशियन भाषाएँ मदागास्कार से ईस्ट आइलैन्ड तक, न्यूज़ीलैन्ड से हवाई द्वीप समूह तक फैली हुई हैं। उत्तरी आस्ट्रोनीशियन में ताइवान (अथवा फौर्मोसा) की पहाड़ी भाषाएँ हैं।

आस्ट्रो-एशियाटिक भाषाओं का विस्तार-क्षेत्र आश्चर्यजनक है। मध्य भारत से लेकर असम प्रदेश तक, फिर बर्मा होते हुए कम्पूचिया और इन्डोनीशिया तक, पुनः पूर्वी अफ्रीका के समीप मदागास्कार द्वीप से लेकर आस्ट्रेलिया के पूर्व में फिजी द्वीप तक परस्पर मिलती-जुलती भाषाएँ फैली हुई हैं। भारत के अलावा इनका मुख्य क्षेत्र हिन्द महासागर तथा प्रशान्त महासागर के द्वीप समूह हैं। जी० बी० मिल्नर (लिंगुआ १४) के अनुसार इनका मुख्य प्रसार-केन्द्र इन्डोनीशिया है। इसीडोर डायन के अनुसार इन भाषाओं की केन्द्रभूमि ताइवान है।

उल्लेखनीय है कि दक्षिणपूर्वी एशिया, प्रशान्त महासागर के द्वीप समूह और आस्ट्रेलिया में जहाँ भी ऐसे भाषा तत्व मिलते हैं जो कोल भाषाओं में भी हैं, वहाँ उनके साथ आर्य-द्रविड़ भाषातत्व भी विद्यमान हैं। आर्य-द्रविड़ भाषातत्वों की अनदेखी करके आस्ट्रो-एशियाटिक भाषा-समुदाय से कोल भाषाओं का सम्बन्ध नहीं पहचाना जा सकता। आस्ट्रो-एशियाटिक समुदाय के अनेक केन्द्र थे; इस समुदाय की भाषाएँ किसी आदिभाषा की पुत्रियाँ नहीं हैं। इस समुदाय के निर्माण में कोलजनों की भूमिका महत्वपूर्ण है; इस भूमिका में आर्यों और द्रविड़ों का भी हिस्सा है।

दक्षिण पूर्वी एशिया की भाषाओं की कुछ विशेषताओं पर ध्यान दें। सबसे पहले ध्वनितन्त्र की विशेषताएँ लेते हैं।

पहली विशेषता स्पर्शध्वनि **क्** से सम्बन्धित है। शब्द के आदि, मध्य और अन्त्य स्थानों में यह ध्वनि परिवर्तित होती है। कहीं तो यह संघर्षी सघोष **ग़्** ध्वनि बनती है, कहीं महाप्राण **ह्**, फिर इस **ह्** का स्थान काकल्य स्पर्श ऽ ध्वनि लेती है और कभी केवल व्यंजन के साथ का स्वर बच रहता है। इनमें अन्य प्रकार के परिवर्तन द्रविड़ भाषाओं में होते हैं, केवल ऽ ध्वनि का व्यवहार कोल भाषाओं की विशेषता है। सोलोमन्स द्वीपों में एक मेलानीशियन भाषा नगेला नाम की है जिसमें अन्य भाषाओं के **क्** के स्थान पर **ग़्** का व्यवहार होता है (लिंगुआ १४ में होद्रीकोर का लेख)। फिलिपीन द्वीपों की भाषा तागालोग में वर्षासूचक शब्द कुलन के प्रतिरूप ताइवान की भाषाओं में **खुदन्, हुदल्, उदल्** आदि हैं (लिंगुआ में इसीडोर डायन का लेख)। यहाँ **क्** के परिवर्तन की प्रक्रिया स्पष्ट है। **क्** महाप्राण संघर्षी **ख़्** में परिवर्तित होता है, फिर केवल महाप्राणता बच रहती है, कभी उसका भी लोप हो जाता है। महाप्राण ध्वनि के लोप होने पर कभी आदिस्थानीय स्वर के पहले, और कभी उसके आगे-पीछे दोनों ओर ऽ ध्वनि जुड़ जाती है। इस प्रकार ताइवान की बोलियों में **हुदल्** के प्रतिरूप **ऽउदल, ऽउऽदल** होते हैं। इसी प्रकार बर्मा की दानव और रिआङ् भाषाओं में धनुष के लिए **अक्** शब्द है और पड़ोसी वा भाषा में **अऽ** शब्द है (ये भाषाएँ स्वरतान वाली हैं; यहाँ स्वरतान का उल्लेख अनावश्यक है।) मुंडारी में यह शब्द ठीक इसी रूप **अऽ** में है (लिंगुआ १४ में ल्यूस का लेख)। मलय और जावा की भाषाओं में जहाँ **क्** है, वहाँ तोबा और होवा भाषाओं में **ह्** का व्यवहार होता है। होवा मदागास्कार की एक भाषा है और तोबा सुमात्रा की। (लिंगुआ १४ में होद्रीकोर का लेख)।

अनेक भारतीय भाषाओं के समान आस्ट्रो-एशियाटिक भाषाओं में सकार बहुधा **ह्** में बदलता दिखाई देता है। मोन् भाषा में बाल के लिए **सोक्** शब्द है। रिआङ् में इसका रूप **हुक्** है और पलौङ् में **हुऽ** रूप रह जाता है। **ह्** के अलावा सकार कभी-कभी **त्** में बदलता दिखाई देता है। संस्कृत **अश्मन्** का प्रतिरूप प्राचीन मोन् में **त्मो** है। रिआङ् की एक बोली में इसका रूप **समोऽ** है जहाँ सकार बना हुआ है। मोन् में **त्** का व्यवहार वैसे ही है जैसे **श्री** के तमिल प्रतिरूप **तिरु** में है। आश्चर्यजनक बात यह है कि **शतम्** का **श्** जैसे **केन्तुम्** में **क्** हो जाता है, वैसे ही **अश्मन्** का प्रतिरूप दानव में **कमु** है। कुछ नाग भाषाएँ **श्** को **क्** रूप में ग्रहण करती हैं। दानव पर यह नाग प्रभाव हो सकता है। हँसने के लिए ताइवान की एक बोली में **सावा** शब्द है तो फिलीपीन की तागालोग में इसका रूप **तावा** है। दानव भाषा में चावल खाने के लिए एक शब्द है **सुए**। इसका पलौङ् प्रतिरूप है **कपेह्**। किन्तु मोन् भाषा में इसका प्रतिरूप **चा** है। निकोबार की भाषा में **शा** रूप है और वहीं की एक बोली में इसका रूप **हम्** है। मुंडारी और कूर्कू में **जोम्** रूप हैं किन्तु भारतीय गद्‌ब भाषा में **सोम्** रूप है। ऐसा लगता है कि मूलरूप में सकार है और वह द्रविड़ प्रभाव से चकार में परिवर्तित हुआ है। **सम्, सोम्** जैसे रूपों से **चम्** (आचमन), **जोम, जीमना** जैसे शब्दों का विकास हुआ। सकार के बदले चकार का प्रयोग द्रविड़ भाषाओं में काफी व्यापक है यथा **श्रेष्ठि** का प्रतिरूप तमिल में **चेट्टि** है।

प् सम्बन्धी परिवर्तन भी काफी रोचक हैं। प्राचीन भारतीय **पत्** (उड़ना) क्रिया के दानव **पन्** और रिम्राङ् **पर्** रूपों में **प्** ध्वनि सुरक्षित है किन्तु ख्मेर भाषा में इसका प्रतिरूप **होर्** है। खसी भाषा में इसी से मिलता-जुलता रूप **हॅर्** है। होद्रीकोर ने अपने लेख में बताया है कि फिजी द्वीप की समकक्ष भाषाओं का **प्** **व्** में बदलता है। **प्** ध्वनि का **ह्** या **व्** में बदलना द्रविड़ भाषाओं में भी देखा जाता है और इसका कारण नाग प्रभाव हो सकता है। **त्-ट्-द्-ड्** ध्वनियों का **र्** या **ल्** में परिवर्तन भारत के उत्तर-पश्चिमी क्षेत्र की भाषाओं की विशेषता है। मलय भाषा में रक्त के लिए **दरह** शब्द है तो जावा की भाषा में इसका प्रतिरूप **रह्** है। सम्भव है यहाँ प्रथम वर्ण का लोप हो गया हो किन्तु संख्यावाचक **दो** शब्द का मलय प्रतिरूप तो **दुआ** है, जावा की भाषा में इसका प्रतिरूप **रो** है जो मलय **दुआ** से नहीं, **दो** से बना है। इससे भिन्न जावा की प्राचीन भाषा का **र्वा** रूप संस्कृत **द्वा** से बना है। बाली की भाषा का **अदन्** (नाम) जावा की भाषा में **अरन्** है। ताइवान की भाषाओं में जिस **हुदल्** शब्द का उल्लेख पहले हो चुका है, उसके कुछ प्रतिरूप वहाँ की बोलियों में **हुरल्**, **उरल्** भी हैं। होद्रीकोर ने ऊपर उल्लिखित अपने निबन्ध में बताया है कि मदागास्कर की होवा भाषा में भी **द्** के स्थान पर **र्** का व्यवहार करने की प्रवृत्ति है। फिजी की भाषा में **पत्ते** के लिए **न्द्रउ** शब्द है, तोङ्गा में इसका प्रतिरूप **लउ** है।

विल्हेल्म मिल्के ने **लिंगुआ १४** में न्यूगिनी की आस्ट्रोनीशियन भाषाओं पर जो निबन्ध लिखा है, उसके अनुसार ऐसे अनेक प्रकार के ध्वनि-परिवर्तन इन भाषाओं के एक ही सीमित क्षेत्र में मिलते हैं जैसे कि द्रविड़ भाषाओं के अधिक विस्तृत क्षेत्र में मिलते हैं। एक शब्द **सूसू**, उसका प्रतिरूप **तूरू** (छाती), एक शब्द **हर**, प्रतिरूप **अर** (नाम), **पोरे** के दो प्रतिरूप **बोरे** और **ओरे** (डाँड़), **तदि** का प्रतिरूप **तरि** (समान गोत्र का भाई या बहन), **सकलु** का प्रतिरूप **सअलु** (जल की सतह को छूती हुई चट्टान)। **त्-द्** का **र्** में परिवर्तन हिन्दी **ग्यारह-बारह** में **दस** की जगह **रह** की याद दिलाता है। **प्** के स्थान पर **व्** का व्यवहार द्रविड़ भाषाओं में बहुधा देखा जाता है। मध्य **क** वर्ण के लोप के बाद केवल **अ** स्वर का बच रहना पूर्वी बंगाल की नाग प्रभावित बोलियों की याद दिलाता है। आदिस्थानीय **ह्** का लोप और **र्-ल्** का परस्पर स्थान-परिवर्तन तो साधारण बातें हैं। ऐसा प्रतीत होता है कि विभिन्न प्रभावों से आर्य भाषाओं के व्यंजनों में जैसे परिवर्तन होते हैं, वैसे परिवर्तन न्यूगिनी की आस्ट्रो-एशियाटिक भाषाओं में एक साथ घनीभूत हुए हैं।

नाग भाषाओं की एक विशेषता आदिस्थानीय व्यंजन के पहले नासिक्य ध्वनियों का योग है। यह प्रवृत्ति आस्ट्रो-एशियाटिक भाषाओं में भी है यथा फिजी की भाषा में **न्दालिङ** (कान), **म्बेक** (चिमगादड़)। ये भाषाएँ नाग भाषाओं के प्रभाव से शब्द के आरम्भ में **ङ्-ञ्** जैसी नासिक्य ध्वनियों का भी प्रयोग करती हैं। रिम्राङ **ङइ** (आँख), **अङ्** (थूक), दानव **ञॅन्** (उप०) इसके उदाहरण हैं। आर्य-द्रविड़ भाषाओं के समान ये भाषाएँ जहाँ-तहाँ **न्** ध्वनि का अन्तर्निवेश भी करती हैं यथा फिजी के **विदि** का नगेला प्रतिरूप **विन्दि** (उछलना), तागालोग के **बितूकिन्** का ताइवन की बोली में

बिन्तुकिन् प्रतिरूप (नक्षत्र) है।

अनेक आस्ट्रो-एशियाटिक भाषाओं में मूर्धन्य अथवा वर्त्स्य ध्वनियों का प्रयोग विशेष ध्यान देने योग्य है। मलय में एक शब्द **जलन्** है जिसका अर्थ है सड़क और जो हिन्दी **चलन** का प्रतिरूप जान पड़ता है। जैसे **पो** और **पथ**, वैसे ही **चल** और **चलन**। ताइवान की बोलियों में इसके **दळन्**, **डळन्**, **ळळन्** जैसे प्रतिरूप मिलते हैं। इसीडोर डायन ने ताइवान की भाषाओं पर **लिंगुआ** वाले निबन्ध में मूर्धन्य पार्श्विक **ळ्** की व्याख्या नहीं की पर सामान्य **ल्** के लिए अंग्रेज़ी के लिपि-चिन्ह ऐल् के नीचे बिन्दी लगाकर उसे सामान्य लकार से भिन्न दिखाया है। **ड्** के अस्तित्व से अनुमान होता है कि ताइवान की बोलियों में पार्श्विक मूर्धन्य **ळ्** का व्यवहार होता है। आदिस्थान में इसका व्यवहार अत्यन्त विरल है। भारत की कुछ द्रविड़ भाषाओं के थोड़े से शब्दों में इसका ऐसा व्यवहार दिखाई देता है यथा तेलुगु **ळॉळ्ळु**, कन्नड़ **ळॉळ्** (भूंकने का-सा शब्द करना)। ताइवान की कुछ बोलियों में मूलशब्दों के **त्-द्** की जगह **ट्-ड्** का व्यवहार हुआ है। मलय **मत** (आँख), **तलिङ** (कान), **दुअ** (दो) के ताइवान की एक बोली में **मट**, **टङिल**, **डोअ** प्रतिरूप हैं। आस्ट्रो-एशियाटिक भाषाओं के एक विशेषज्ञ डेम्पवुल्फ का मत था कि आदि इन्डोनीशियन भाषा में **त्-ट्**, **द्-ड्** अलग-अलग अर्थविच्छेदक ध्वनियाँ थीं। पर होद्रीकोर को यह मत स्वीकार नहीं है। उनका कहना है कि ऐसा भेद केवल जावा की भाषा में है और उसका कारण संस्कृत का प्रभाव है। उनका कहना है कि पड़ोसी भाषाओं में **द्** है, **ड्** नहीं है, सुमात्रा और बाली के प्राचीनतम अभिलेखों में इन्डो-नीशियन उद्‌भव के शब्दों में केवल **द्** है। प्राचीन मलय अभिलेख जावा में मिले हैं उनमें **ड्** है, **द्** नहीं है। प्राचीनतम जावा अभिलेख सातवीं ई० सदी के हैं और इससे पहले कई सदियों तक जावा की भाषा पर भारतीय भाषाओं का प्रभाव पड़ चुका था।

मूर्धन्य ध्वनियों का व्यवहार जावा अथवा इंडोनीशिया के अन्य द्वीपों तक सीमित नहीं है। इनका व्यवहार प्राचीन मोन् भाषा में भी देखा जाता है यथा **डेह्** (वह), **क्डिप्** (सिर)। इसे भी भारतीय भाषाओं का प्रभाव कहा जा सकता है। ताइवान में भी **ट्-ड्** ध्वनियों का व्यवहार होता है। यह भारतीय भाषाओं का प्रभाव है तो भिन्न कोटि का और उस प्राचीन काल का होगा जब ताइवान के आस्ट्रो-एशियाटिक जनों के पूर्वज कहीं भारतीय जनों के सम्पर्क में आये होंगे। ताइवान से दूर आस्ट्रेलिया की कुछ आदिवासी भाषाओं में **ट्-ड्** ही नहीं, **ण्** का व्यवहार भी विचारणीय है। आस्ट्रेलिया की आदिवासी भाषाओं पर कैनबेरा विश्वविद्यालय की ओर से कुछ निबन्ध प्रकाशित हुए हैं। **पेपर्स् इन् आस्ट्रेलियन् लिंग्विस्टिक्स्** संख्या १० (१९६७) में बुरेरा भाषा की अक्षरध्वनियों (फोनीम) पर डेविड और कैथलीन ग्लासगो ने अपने निबन्ध में **त्**, **न्** को वर्त्स्य-दन्त्य ध्वनि कहा है यानी ये हिन्दी की **त्-न्** ध्वनियों से मिलती-जुलती हैं। इनसे भिन्न उन्होंने **ट्-ण्** को वर्त्स्य ध्वनि कहा है। अनेक भाषाशास्त्रियों के अनुसार हिन्दी की ट-वर्गीय ध्वनियाँ मूर्धन्य न होकर वर्त्स्य हैं। बुरेरा भाषा का लकार वर्त्स्य बताया गया है और एक **र्** वर्त्स्य है दूसरा **ड़्** जैसा है। इन सभी वर्त्स्य व्यंजनों के प्रतिवेष्टित विकल्प हैं यानी **ट्-ण्-ळ्** के उच्चारण में जीभ की नोक को उलटा मोड़ना

होता है। अद्भुत बात यह है कि ये प्रतिवेष्टित ध्वनियाँ शब्द के आरम्भ में भी आती हैं, ड़् शब्द के आरम्भ में भी आता है। **णण्ड** (एक प्रकार की मछली), **ङड़प** (अकेला) जैसे रूप इस भाषा में हैं। (कुछ शब्दों में अकार से भिन्न बँगला के ह्रस्व ओकार जैसी ध्वनि है, उसे यहाँ नहीं दिखाया गया है।) आस्ट्रेलिया की आदिवासी भाषाएँ प्रशान्त महासागर की भाषाओं से सम्बद्ध हैं। बुरेरा में बलाघात अर्थ-विच्छेदक होता है किन्तु स्वरतान नहीं होती। इस बात से इन्कार नहीं किया जा सकता कि प्रशान्त महासागर की भाषाओं में दन्त्य या दन्त्य-वर्त्स्य ध्वनियों से भिन्न वर्त्स्य या मूर्धन्य ध्वनियों का व्यवहार होता है। कहीं-कहीं आदिस्थान में प्रतिवेष्टित **ण्** ध्वनि का व्यवहार भी होता है। इंडोयूरोपियन परिवार की भाषाओं में इस **ण्** ध्वनि का व्यवहार या तो भारत में होता है या फिर इंडोयूरोपियन भाषाक्षेत्र के दूसरे छोर पर नौर्वे-स्वीडन की भाषाओं और उत्तरी इंग्लैण्ड में नौर्थम्बरलैण्ड की बोली में होता है। आर्य-द्रविड़ भाषाओं में और यूरुप की इन भाषाओं में इनका आदिस्थानीय व्यवहार नहीं होता। केवल प्राकृतों में इसके आदिस्थानीय व्यवहार का उल्लेख है। यदि बोलचाल की भाषाओं में ऐसे व्यवहार का चलन होता तो कुछ शब्दों में, नदियों-पर्वतों आदि के नामों में, आदिस्थानीय **ण्** सुनाई देता। पर ऐसा नहीं है। किन्तु इसका आदिस्थानीय प्रयोग हो सकता है, बोलचाल की जीवित भाषा में होता है, इसका प्रमाण बुरेरा भाषा है। इससे प्रतीत होता है कि भारत के उत्तरी-पश्चिमी प्रदेशों में कभी ऐसे लोग रहते होंगे जो आदिस्थानीय **ण्** वाले शब्द बोलते थे और उन्हीं की उच्चारण-पद्धति का अनुकरण प्राकृतों में किया गया है। ट-वर्गीय ध्वनियाँ आस्ट्रो-एशियाटिक भाषाओं की अपनी ध्वनियाँ नहीं हैं। उन्होंने इन ध्वनियों को किसी अन्य स्रोत से प्राप्त किया है, सम्भवतः उसी स्रोत से जिसने आर्य-द्रविड़ भाषाओं को प्रभावित किया है।

हौफ़मैन को आश्चर्य था कि कुछ मुंडारी शब्द संस्कृत में नहीं हैं पर ग्रीक, लैटिन, जर्मन आदि यूरोपीय भाषाओं में हैं। १९६७ में सी० जी० फ़ौन् ब्रैन्डेन्स्टाइन ने आस्ट्रेलिया की आदिवासी भाषाओं में इंडोयूरोपियन उद्गम के शब्द देखकर कुछ वैसा ही विस्मय संकोचपूर्वक व्यक्त किया। उन्होंने आस्ट्रेलिया के एक शब्द **तर्तरुग** (अंग्रेजी का **टर्टल्** पक्षी) के बारे में मत प्रकट किया है कि यह शब्द यूरुप से आस्ट्रेलिया की आदिवासी भाषाओं में गया है। इसकी चर्चा अभी आगे करेंगे। इस प्रसंग में वह कहते हैं: "यद्यपि यह बात, आखिरी सम्भावना के रूप में भी, बेसिर-पैर की लगती है कि **तर्तरुग** शब्द आस्ट्रेलियन उद्भव का है और वापस आते हुए रोमन, ग्रीक या जर्मन सिन्धु-यात्रियों ने महान् जन-अभियानों के दौरान उसे यूरुप में फैलाया होगा, फिर भी कम-से-कम उसका उल्लेख कर देना चाहिए। इस सन्दर्भ में मैं झिझकते हुए उन वास्तविक आस्ट्रेलियन शब्दमूलों की ओर ध्यान आकर्षित करता हूँ जिनकी संख्या काफी है जिन्हें आसानी से इंडोयूरोपियन शब्दमूलों से जो ा जा सकता है। ये शब्दमूल रोमांस भाषाओं (अर्थात् लैटिन कुल की भाषाओं) में मिलते हैं। उनमें थोड़े से इस प्रकार हैं।" जो उदाहरण दिए हैं, उनके आस्ट्रेलियन और रोमांस भाषाओं के रूप क्रमशः इस प्रकार हैं: **विग्र** (विद से उद्भव)—**विदेरे** (देखना), **मोण्द्**—**मोन्स्** (पर्वत, पत्थर), **मलु** (र्),

मदु (र्)—**मीडियम** (मध्य, यहाँ अंग्रेजी रूप दिया है), **मल अथवा मध—मेल्** (शहद, संस्कृत **मधु**), **न्युब— नुबेरे** (विवाहित, पत्नी)। (**पेपर्स इन आस्ट्रेलियन लिंग्विस्टिक्स**, संख्या २; १९६७)।

मेल् के बाद संस्कृत **मधु** का उल्लेख निबन्ध-लेखक ब्रैन्डेन्स्टाइन ने ही किया है। आस्ट्रेलियन **मल** का वैकल्पिक प्रतिरूप **मध** दिया है जो यदि सही है तो आश्चर्यजनक है। लेखक जिस क्षेत्र की भाषाओं का विवेचन कर रहे हैं, वह पश्चिमी आस्ट्रेलिया का उत्तर-पश्चिमी विभाग है। यदि वहाँ संस्कृत की सघोष महाप्राण ध्वनियाँ अब भी सुरक्षित हैं, तो यह भारत के बाहर उन ध्वनियों के व्यवहार का अनुपम उदाहरण होगा। पर जिसे लेखक ने **मध** सुना, वह सम्भवत: **मद** रूप था और **द्** ध्वनि **ल्** में परिवर्तित हुई है जैसाकि प्रशान्त महासागर की अनेक भाषाओं में होता है। लकार वाला यह रूप लैटिन में भी है जहाँ **मॅल्** का अर्थ शहद, मिठास है। **मध्य** के लिए **मलु** और **मदु** रूपों से उक्त कल्पना की पुष्टि होती है। मूल सघोष महाप्राण ध्वनि अपनी महाप्राणता खोकर **द्** रूप में बनी रहती है और यह **द् र्** में परिवर्तित होकर एक और वैकल्पिक रूप देता है। **विद** से **विग्र** का विकास अन्य प्रभाव से हुआ है। यह वह प्रवृत्ति है जिसमें मध्यवर्ती स्पर्शध्वनियों का लोप होता है। यह जानने और देखने का अर्थ देनेवाली वही भारतीय **विद्** क्रिया है जो **विद्या** और **विद्वान्** में विद्यमान है। ब्रैन्डेन्स्टाइन के लिए यह कल्पनातीत है कि भारतीय उद्भव का कोई शब्द आस्ट्रेलिया की आदिवासी भाषाओं तथा यूरुप की ग्रीक, लैटिन, जर्मन भाषाओं में एक साथ मिले। **मधु** और **मध्य** में सघोष महाप्राण ध्वनि थी, इसे कोई अस्वीकार नहीं करता। यह ध्वनि यूरुप की भाषाओं में नहीं है, यह निश्चित है। उसका उच्चारण भारत में अब भी होता है, यह भी निश्चित है। सघोष महाप्राणता के सूत्र के सहारे यह मानना चाहिए कि **मधु** और **मध्य** जैसे शब्द भारत से एक ओर आस्ट्रेलिया की आदिवासी भाषाओं में पहुँचे हैं, दूसरी ओर यूरुप की इंडोयूरोपियन भाषाओं में।

अब ब्रैन्डेन्स्टाइन ने **तर्तरुग** शब्द के बारे में जो कुछ कहा है, उसे सुनें। उक्त निबन्ध में उन्होंने लिखा है : 'निकल खाड़ी और डी ग्रे नदी के मुहाने के बीच में, अर्थात् न्गर्लुमा करीएरा और न्गर्ला भाषाओं में, टर्टल पक्षी के लिए **तर्तरुग** शब्द है। बड़े-बूढ़ों के मुँह से कभी-कभी इसका **थर्थरुग** रूप सुना जाता है। इस शब्द से तुरत टर्टलवाचक इतालवी और पुर्तगाली शब्दों की याद आती है। इसे उत्तरकालीन लैटिन ने तर्तरूकुस् रूप में प्राप्त किया। इसका अर्थ है पातालवासी दैत्य। ऐसा माना जाता है कि प्रारम्भिक ईसाई प्रतीकवाद ने स्त्रीलिंग रूप **तर्तरूक** का प्रयोग टर्टल पक्षी के लिए इस कारण किया कि उससे समुद्री दानव की नारकीय प्रकृति व्यक्त हो जाय। उत्तरकालीन ग्रीक **तर्तरोउखोस्** उस भाषा का मौलिक शब्द है। दूसरी ओर मेरे सभी सूचकों ने जोर देकर कहा कि **तर्तरुग** पुराना शब्द है, कुछ ही दिन पहले की उपलब्धि नहीं है जैसे कि और बहुत से शब्द हैं, जिनके बारे में वे अच्छी तरह जानते हैं। इस कारण, तथा औपनिवेशिक काल में पिलबरा के इस भाग में इतालवी प्रभाव का कोई स्पष्ट प्रमाण न मिलने के कारण, **तर्तरुग** के पुर्तगाली उद्भव पर ही विचार किया जा सकता है। यह असम्भव

लगता है कि रोमांस और आस्ट्रेलियाई भाषाओं में एक ही जीव के लिए नौ अक्षरों का एक-सा नाम रखा जाये क्योंकि हमें पता है कि तिमोर सागर में पुर्तगाली जहाज़ इस विशेष कारण से चक्कर लगा रहे थे कि कछुए का खोल प्राप्त करें जो उस समय बड़े फैशन की कीमती चीज़ माना जाता था और लोग उसका व्यापार करते थे।'

ब्रैन्डेन्स्टाइन ने **तर्तरुग** को पुर्तगाली उद्भव का शब्द माना है। इसके आधार पर उन्होंने इस धारणा को पुष्ट किया है कि आस्ट्रेलिया के उत्तर-पश्चिमी तट पर पुर्तगाली लोग उतरे थे। उन्होंने आशा व्यक्त की है कि पिलबरा के समुद्रतट पर पुर्तगालियों के जहाज़ों, उनके वहाँ उतरने, व्यापार करने के चिन्ह किसी दिन अवश्य मिलेंगे।

सम्भव है **तर्तरुग** पुर्तगाली उद्भव का शब्द हो और आस्ट्रेलिया के आदिवासियों ने उसे पुर्तगालियों से प्राप्त किया हो। यह भी सम्भव है कि ग्रीक भाषा का यह अपना शब्द रहा हो और ईसाइयों ने टर्टल जन्तु के लिए प्रतीक रूप में उसका व्यवहार किया हो। पर आस्ट्रेलिया के बड़े-बूढ़े आदिवासी कभी-कभी इसे **थर्थरुग** भी कहते हैं। यदि मूल शब्द में महाप्राण ध्वनि है तो अधिक सम्भव यह है कि अल्पप्राण वाला रूप यूरुप की भाषाओं में किसी अन्य शब्द का विकास है और हो सकता है कि वह मूलशब्द आस्ट्रेलिया की आदिवासी भाषाओं का न हो। ब्रूस बिग्स ने **डायरेक्ट् ऐन्ड इनडायरेक्ट् इनहेरीटेन्स् इन् रोतुमन्** निबन्ध (लिंगुआ १४) में एक शब्द **इक** दिया है। यह फिजी, समोआ, तोङ्, रोतुमन और न्यूज़ीलैंड की माओरी भाषाओं में बोला जाता है। इसका अर्थ है मछली। ग्रीक भाषा में मछली के लिए **इख़्थुस्** शब्द है। ये दोनों शब्द परस्पर सम्बद्ध जान पड़ते हैं। इससे यह सिद्ध नहीं होता कि यूनानी सिन्धुयात्री आस्ट्रलिया के समुद्रतट पर मछली पकड़ने गए थे।

विलहेल्म मिल्के ने न्यूगिनी की आस्ट्रोनीशियन भाषाओं पर अपने निबन्ध (लिंगुआ १४) में मुकावा भाषा का **कओ** शब्द दिया है जिसका अर्थ है दिन या सूर्य। किंचित् परिवर्तित रूप में यह शब्द समोआ, तोङ्गा आदि भाषाओं में बोला जाता है। ग्रीक भाषा में **कइओ, कओ** शब्द का अर्थ है आग जलाना। अनेक भाषाओं में अग्नि से सम्बन्धित शब्द दिन और सूर्य के लिए प्रयुक्त होते हैं। ऐसा यहाँ भी सम्भव है। उसी लेख में मुकावा भाषा का **अबु** शब्द दिया है जिसका अर्थ है मामा। उबिर और वेदउ भाषाओं में इसका **अवु** रूप है। लैटिन में **अवुस्** शब्द का अर्थ है पितामह, पूर्वज। इसी से **अवुंकुलुस्** शब्द बनता है जिसका अर्थ है मामा। इसी से अंग्रेज़ी का अंकल् शब्द बनता है। मुंडारी का **आपु** (पिता) और तमिल का **अप्पु** इससे बहुत दूर नहीं है। आस्ट्रो-नीशियन भाषाओं में **प्** और **व्** दोनों ध्वनियों वाले रूप हैं। लैटिन **अवु** शब्दमूल का पूर्वरूप है भारतीय **अपु** और यह शब्द प्रशान्त महासागर की भाषाओं में भी है। ब्रूस बिग्स ने ऊपर उल्लिखित निबन्ध में तोङ्गा **मतऽउ**, माओरी **मअतउ** (जानना) शब्द दिए हैं। फिजी में **मतउ** का अर्थ है चतुरतापूर्वक। संस्कृत में **मन्** क्रिया सोचने-विचारने के लिए है और उससे **मत** शब्दमूल वाले आस्ट्रिक शब्दों का सम्बन्ध हो सकता है।

शब्दनिर्माण-प्रक्रिया में देखने और जानने की क्रियाओं का गहरा सम्बन्ध है।

जैसे **विद्** माने देखना और जानना, उसी तरह **मत**। भारतीय कोल भाषाओं में इस शब्द का अर्थ नेत्र है। इसी अर्थ में प्रशान्त महासागर और दक्षिण-पूर्वी एशिया की भाषाओं में इसका व्यापक व्यवहार होता है। यह शब्द प्राचीन और आधुनिक मोन् भाषा में है, मलय-निकोबार के अतिरिक्त वियतनाम की भाषा में यह शब्द है। ताइवान की बोलियों में इसके **मत, मस, मट** आदि रूप हैं। फिलिपीन, फिजी की भाषाओं में यह शब्द है, सुदूर सामोआ द्वीप और न्यूज़ीलैण्ड के माओरी जनों की भाषाओं में भी यह शब्द है। कहीं **त्** है और कहीं स्वर के साथ **त** है। प्रथम वर्ण में **म** के अतिरिक्त **मो** और **मे** का व्यवहार भी हुआ है। भारतीय कोल भाषाओं—यथा मुंडारी **मेद्**—में भी इसका व्यवहार होता है। नाग भाषा बोरो का **नय्** (देखना), संस्कृत **नेत्र** सम्बद्ध रूप हैं।

पर्वत शब्द का **वत** पत्थर या पहाड़ का अर्थ देता है। फिजी में **वतु**, तोङ्गा में **फतु**, न्यूज़ीलैण्ड की माओरी में **ह्वतु**, फिलिपीन की तागालोग में **बतो**, ताइवान की बोलियों में **बतु, फतु, वतोऽ** आदि रूप हैं। हिन्दी के **सिलबट्टा** में यही **वत** है। तोङ्गा में पत्थर के लिए **फतु** के अलावा **कल** शब्द भी है। तमिल **कल्** का अर्थ भी पत्थर है। सामोआ की भाषा में भोजन कराने के लिए **हगइ** और **फत** शब्द हैं, तोङ्गा और रोतुमन में इनके प्रतिरूप **हग** और **फङ्ग** हैं। संस्कृत **भस्, भक्ष्** (खाना), ग्रीक **फगेंइन्** (उप०) सम्बद्ध रूप हैं। रिआङ् में चाटने के लिए **लिअ, लिएत्** शब्द हैं जिनका आधार संस्कृत **लिह्** है। ख्मेर में **लीत्** रूप है। ग्रीक **लॅइखो**, अंग्रेज़ी **लिक्** संस्कृत **लिह्** के प्रतिरूप हैं। नाव के लिए स्त्रे, मोङ्, गार आदि आस्ट्रिक भाषाओं में **प्लुङ्** शब्द है। संस्कृत **प्लव** (नाव) की **प्लु** क्रिया से यह शब्द बना है। सम्भव है, संस्कृत **प्लवङ्ग** (मेंढक, बन्दर) का एक अर्थ नाव भी रहा हो। रिआङ्, लेमेत् आदि में **यम्** का अर्थ है मरना। संस्कृत **यम** मृत्यु का देवता है। रोतुमन **सोक** का अर्थ है थूथन से ज़मीन खोदना। संस्कृत **शूकर** के **शूक** का मूल अर्थ थूथन रहा होगा। **पुलक** में जो रोमाञ्चित होने का भाव है, उसकी व्याख्या सामोआ **फुलु**, माओरी **हुरु**, फिजी **वुलु** (शरीर के बाल) से होती है। न्यूगिनी की मनम् भाषा में **उर** का अर्थ है वर्षा। यह **वर्षा** की **वर्** क्रिया के रूपान्तर **उर्** से बना रूप है। आस्ट्रिक समुदाय की मोतु भाषा में **बोग** का अर्थ है योनि, पेट। यह संस्कृत **भग** का प्रतिरूप है। ऐश्वर्यवाचक **भग** का प्रतिरूप **बुग** (आत्मा, प्रेत) गेदागेद् भाषा में है। (देखें, लिंगुआ १४ में न्यूगिनी की भाषाओं पर मिल्के का लेख।)

दानव में **प्ले**, पलौङ् में **प्लइ**, प्राचीन ख्मेर में **प्ले** संस्कृत **फल** के प्रतिरूप हैं। कुत्ते के लिए दानव **त्सो**, रिआङ् **सोऽ**, वियतनामी **छो**, पुमान **शव्** संस्कृत **श्व, श्वा** से सम्बन्धित हैं। भारतीय कोल भाषा सवर में इन्हीं का प्रतिरूप **सोर** है। जावा-मलय और फिलिपीन की भाषाओं में उपसर्ग **अ**—जो सम्भवतः निर्देशक सर्वनाम है—जोड़कर **असु** और **असो** रूप बनते हैं। संस्कृत **पुष्प** के प्रतिरूप ताइवान की बोलियों में **पह्-पह्, पप्पह्** हैं; इन्हीं बोलियों में स्वप्न के लिए संस्कृत क्रिया **स्वप्** से बने हुए **सिपि, ऽइपि, इपि** रूप हैं। फिजी में **कोरो**, तोङ्गा में **कोलो** दुर्गवाचक शब्द कोट के प्रतिरूप हैं। न्यूज़ीलैण्ड की माओरी भाषा तथा तोङ्गा में **कव** शब्द **कटु** का प्रतिरूप है। फिजी में **सिकनि**, तोङ्गा में **हिक**, सामोआ में **सिऽए** शब्द जाल सीने की सुई के लिए प्रयुक्त

होते हैं। **सीने** की **सी** क्रिया से इनका सम्बन्ध है। तीर मारने के लिए फिजी में **वन**, तोङ्गा में **फन**, माओरी में **व्हन** शब्द हैं जिनका सम्बन्ध संस्कृत **वाण** से है। बाँधने के लिए फिजी **वउ**, सामोग्रा **फउ**, माओरी **व्हउ** के मूल रूप **पऽ.उ** की कल्पना की गई है। यह शब्द **पगु** हो सकता है जिससे **पगड़ी** और **पगही** शब्द बने हैं। फिजी **केसु** का अर्थ सिर का पिछला भाग है। इसका सम्बन्ध संस्कृत **केश** से हो सकता है। माओरी और तोङ्गा में **मुऽ.अ** (सामने) **मुख** का प्रतिरूप है। फिजी **सल**, तोङ्गा **हल**, माओरी **अर** रास्ते के लिए प्रयुक्त होने वाले शब्द हैं। इनका सम्बन्ध संस्कृत **सर्** (चलना) से है। मशाल और प्रकाश के लिए फिजी और माओरी में **रम**, सामोग्रा में **लम** शब्द हैं। लैटिन में **लम्पस्** शब्द का अर्थ मशाल अथवा रोशनी है। हिन्दी **दमकना** की **दम्** धातु का रूपान्तर है **रम्**, **लम्**। सामोग्रा में **फोलउ**, रोतुमन में **फोरउ** का अर्थ समुद्री यात्रा है। बिग्स ने रोतुमन भाषा पर अपने लेख में इन शब्दों का मूल रूप **परउ** माना है और उसका अर्थ नाव या जहाज़ किया है। तोङ्गा **फोलउ**, माओरी **व्हरउ** का अर्थ नाव है। कन्नड़ और तमिल में नाव के लिए एक शब्द **पारु** है।

मुस् क्रिया सूँघने के लिए किसी समय अनेक भारतीय भाषाओं में व्यापक रूप से प्रयुक्त होती थी। तमिल **मुक**, **मो**, कन्नड़ **मूसु** का अर्थ सूँघना है। फ़ारसी का **मुश्क** (अंग्रेज़ी में फारसी से उधार लिया हुआ **मस्क**) गन्धवाचक है। मोन् में **मुह** नाक के लिए प्रयुक्त होने वाला शब्द है। ख्मेर **मुह्** वियतनोमी **मुँइ** इसी के प्रतिरूप हैं। भारतीय कोल भाषाओं में कूर्कू **मू**, सवर **मु**, मुंडारी **मूँ** इस शब्द का व्यापक व्यवहार सिद्ध करते हैं। द्रविड़ भाषाओं में क्रियावाला अर्थ प्रधान है, कोल और अन्य आस्ट्रिक भाषाओं में संज्ञा वाला अर्थ प्रधान है। संस्कृत **नासा**, अंग्रेज़ी **नोज़्**, इससे सम्बद्ध हैं। इंडोनीशिया तथा न्यूगिनी की कुछ भाषाओं में जल के लिए **दूर** शब्द है। (देखें **लिंगुआ**, १४ में ऐच० के० जे० कौवन का लेख **द ओइराता लैंग्वेज्**।) तमिल में जलवाचक **नीर** का प्रतिरूप **ईर्** है। संस्कृत **इरा** का अर्थ है जल। ब्राहूइ **सिल्** (खाल), कन्नड़ **सुलि** (खाल उतरना), तमिल **चॉलि** (छीलना) से सम्बद्ध हैं फिजी **कुलि** (खाल), माओरी **किरि** (उप०), तोङ्गा **किलि** (उप०)। तमिल **पॉलि** (चमकना) के प्रतिरूप हैं सामोग्रा **पुल** (उप०), फिजी **वुल**, रोतुमन **खुल**। कन्नड़ **सुडु** (जलना), तमिल **चुडु** (उप०) के प्रतिरूप हैं सामोग्रा **सुलु**, माओरी **हुरु** (दमकना)। बिग्स के अनुसार **सुलु** का मूल अर्थ मशाल था। प्राकृत **चुडुली** का अर्थ भी मशाल था। तमिल **पो** (जाना) की प्रतिरूप है आस्ट्रेलिया की बुरेरा भाषा की **पॉय्** (उप०) क्रिया। **पो** का पूर्वरूप **पर्** था। **पर्** के रूपान्तर **पन्** से जैसे **पंथ** बनता है, वैसे ही बुरेरा का **पन्त** (पैर) रूप बनता है। तागालोग **पक** (उप०), ताइवान की बोलियों में **पकिऽ.** (उप०), मलय **पह** (उप०) हिन्दी **पग** के प्रतिरूप हैं।

संस्कृत **पुरुष** के **पुरु** का प्रतिरूप है बुरेरा **वुरु** (पुरुष), संस्कृत **स्थल** और **तल** का प्रतिरूप है बुरेरा **तैल्** (धरती), संस्कृत **पल्ली** (गाँव, घर) का प्रतिरूप है बुरेरा **पल** (घर)। तेलुगु **पल्लि** (गाँव, झोंपड़ी) सम्बद्ध रूप है। आर्य-द्रविड़ **अम्मा** का बुरेरा प्रतिरूप है **अम** (माँ)। तमिल **अप्पन्** (पिता) का प्रतिरूप **इपन्** आस्ट्रेलिया की कुंजन्

भाषा में है। तमिल **पॅण्** (स्त्री) का प्रतिरूप **पिन्ङेन्** आस्ट्रेलिया की लार्दिल् भाषा में है। तमिल **अङ्गे** (वहाँ) का प्रतिरूप **अङ्ग** (ऊपर) आस्ट्रेलिया का **अन्यूला** भाषा में है।

पिनोव् ने कोल भाषाओं के उत्तम पुरुष सूचक जिस **अइ, अय्** सर्वनाम का उल्लेख किया है, उसका व्यवहार बुरेरा में भी उत्तम पुरुष के लिए होता है। उत्तम पुरुष सूचक **ङ, ञा** आदि सर्वनाम कोल भाषाओं में हैं, बुरेरा में उत्तम पुरुष सूचक ङु, ङ सर्वनाम हैं।

कौवन ने न्यूगिनी की भाषाओं के उत्तम पुरुष सूचक **ने, नेइ, नेने, नेदि, नेरि** आदि रूपों का उल्लेख किया है। ये संस्कृत **नः** (हमारा), तमिल **नान्** (मैं) से सम्बद्ध हैं।

अनेक द्रविड़ भाषाओं में उत्तम पुरुष सर्वनाम के दो बहुवचन रूप होते हैं। एक में वक्ता और श्रोता दोनों शामिल होते हैं, दूसरे में श्रोता शामिल नहीं होता। आस्ट्रेलिया की भाषाओं में भी उत्तम पुरुष के दो बहुवचन रूप होते हैं, एक श्रोतायुक्त, दूसरा श्रोताविहीन।

भारतीय कोल-द्रविड़ भाषाओं में जो अनेक समानताएँ हैं, वे दक्षिणी-पूर्वी एशिया से लेकर आस्ट्रेलिया तक की आस्ट्रो-एशियाटिक भाषाओं में फैलती चली गई हैं। इनमें एक विशेषता क्रिया के बाद सर्वनामों या सर्वनामचिन्हों का व्यवहार है। इस विषय पर ए० कैंपेल का एक महत्वपूर्ण लेख है: **प्रॉनौमिनलाइजेशन् इन् आस्ट्रेलियन् लैंग्वेजेज (पेपर्स इन आस्ट्रेलियन लिंग्विस्टिक्स**, संख्या २, १९६७)। कोल भाषाओं में सर्वनामीकरण की प्रक्रिया व्यापक है। इसके विपरीत, कैंपेल के अनुसार, आस्ट्रेलिया की आदिवासी भाषाओं का एक वर्ग ऐसा है जिसमें सर्वनामीकरण नहीं है। दूसरा वर्ग ऐसा है जिसमें सर्वनामों का स्वतन्त्र अस्तित्व है और क्रियापद रचना में सर्वनामचिन्हों का व्यवहार होता है। तीसरा वर्ग उन भाषाओं का है जिनमें सर्वनामीकरण का पूर्ण विकास हुआ है। सर्वनामचिन्ह क्रिया में जोड़े जाते हैं, वे कर्ता और कर्म की सूचना देते हैं, वे मूल शब्द के बाद प्रत्यय की तरह, उससे पहले उपसर्ग की तरह जोड़े जाते हैं, मूल शब्द में सम्बन्धसूचक सर्वनामचिन्ह भी जोड़े जाते हैं।

सर्वनामीकरण को लेकर आस्ट्रेलिया की आदिवासी भाषाओं में जो तीन वर्ग निश्चित किये गए हैं, उनसे सिद्ध होता है कि कोल भाषाओं का प्रभाव यहाँ विषम रूप में पड़ा है। एक वर्ग इस प्रभाव से पूर्ण मुक्त है, दूसरा उस प्रभाव को ग्रहण करता है, तीसरे में यह प्रभाव घनीभूत है। पहले वर्ग की भाषाओं में सर्वनाम कर्ता सामान्यतः पहले आता है, क्रिया उसके बाद आती है। सर्वनामचिन्ह के अभाव में क्रिया से पुरुष की सूचना नहीं मिलती। इस वर्ग की एक भाषा गदङ् से कैंपेल ने उदाहरण दिया है: **नद्व बर बुंजिल** (मैंने उन्हें मारा)। वाक्यरचना हिन्दी के समान है, आरम्भ में कर्ता, अन्त में क्रिया, क्रिया से पहले कर्म। यह कर्ताभिमुख वाक्य है। इसके विपरीत क्रियाभिमुख वाक्य इस प्रकार का है: **विन मन ङलि** (मछली-मारने-जायँ हम-दोनों)। यहाँ सर्वनाम कर्ता वाक्य के अन्त में है, शुरूआत क्रिया से होती है। यह वाक्य युविनबर भाषा का है। क्रिया से वाक्य आरम्भ करना अनिवार्य नहीं है किन्तु सामान्य प्रवृत्ति वैसी

अवश्य है। ङ्जैम्ब नाम की भाषा से उदाहरण दिया है: **बु म-र-नि** (मारते हैं हम दोनों)। वाक्य **बु** क्रिया से आरम्भ होता है। सर्वनाम में वक्ता श्रोता दोनों शामिल हैं। **बु म-र-निन,** यहाँ श्रोता को बाहर रखा गया है। जब जोर देकर वही बात कहनी हो तो वाक्य के आरम्भ में सर्वनाम कर्ता और जोड़ देंगे: **ङ्जनि बु म-र-नि।** पहले **पठामि;** फिर **अहं पठामि!** संस्कृत से भिन्न, मैथिली-मगही के समान, क्रियापद-रचना में कर्ता के साथ कर्मसूचक सर्वनाम भी शामिल कर लिया जाता है। जजल भाषा से उदाहरण दिया है: **दग्** (मारना); **दग** (**दग्-अ,** मारता है वह); **दग-निज्** (मारता है वह मुझे)। आस्ट्रेलिया की आदिवासी भाषाओं के एक वर्ग में सर्वनामीकरण के प्रसार के बारे में कैपेल ने लिखा है कि इन भाषाओं में क्रिया के बाद प्रत्यय लगाने की पद्धति का विकास हुआ है। इसका कारण क्रिया के बाद कर्ता-सर्वनाम जोड़ने की प्रवृत्ति है; यह कर्ता-सर्वनाम उसके बाद आने वाले कर्म-सर्वनाम से संयुक्त हो जाता है।

संज्ञा के बाद सम्बन्धसूचक सर्वनाम इस प्रकार आता है: **मर-नु** (पत्नी तेरी)। कोल भाषाओं की यह पुरानी पद्धति है। इससे भिन्न नाग-द्रविड़ पद्धति के अनुरूप सर्वनामचिन्ह मूलशब्द के पहले भी आता है: **ङि अम्बुल्** (मेरी आँख)। कैपेल का मत है कि जो वस्तु वक्ता का अभिन्न अंग है जैसे आँख, सर्वनामचिन्ह उसके पहले आयेगा; जहाँ ऐसी अभिन्नता नहीं है, वहाँ सर्वनामचिन्ह बाद में आयेगा यथा पत्नी तेरी।

कैपेल ने उचित ही सर्वनामीकरण के सन्दर्भ में भारतीय भाषाओं का उल्लेख किया है किन्तु आस्ट्रेलिया की आदिवासी भाषाओं में इस पद्धति का प्रसार भारतीय कोल प्रभाव से हुआ है, इस सम्भावना का उल्लेख उन्होंने नहीं किया। समूची भाषाई स्थिति देखते हुए यह सम्भावना युक्तिसंगत लगती है। संज्ञा के पहले और उसके बाद सर्वनामचिन्ह जोड़ने की दो भिन्न पद्धतियाँ हैं। संज्ञा के पहले सर्वनामचिन्ह जोड़ने का कारण नाग-द्रविड़ प्रभाव हो सकता है। नाग भाषा बोरो में: **बब** (बाबा), **अबब** (मेरा बाबा), **नम्बब** (तुम्हारा बाबा); द्रविड़ भाषा तमिल में: **आय्** (माँ), **याय्** (मेरी माँ), **ञाय्** (तेरी माँ)।

आस्ट्रेलिया की आदिवासी भाषाओं समेत आस्ट्रो-एशियाटिक भाषा-समुदाय के विवेचन के लिए भाषाई क्षेत्र भारत पर ध्यान देना आवश्यक है।

४

भारत के प्राचीन भाषा परिवार और हिन्दी

१. भाषा परिवारों का नामकरण

सबसे पहले भाषा परिवारों के नामों के बारे में।

इंडोयूरोपियन परिवार का नाम इंडिया से यूरुप को जोड़कर रखा गया है। इंडिया अर्थात् भारत के अनेक भाषा-समुदायों में एक है आर्य भाषा-समुदाय जिसका विशेष सम्बन्ध यूरुप की कुछ भाषाओं से माना गया है। यूरुप में हंगरी, फिनलैंन्ड, बास्क भाषाक्षेत्र, अनेक प्रदेश ऐसे हैं जहाँ इंडोयूरोपियन परिवार की भाषाएँ नहीं बोली जातीं। इंडो और यूरोपियन इन दोनों शब्दों में अतिव्याप्ति दोष है। ईरानी भाषा-समुदाय का विशाल क्षेत्र मध्य तथा पश्चिमी एशिया में फैला हुआ है और यह क्षेत्र न भारत में है, न यूरुप में। यदि पश्चिमी एशिया के प्राचीन हित्ती गण-समुदाय को ध्यान में रखें तो इंडोयूरोपियन नाम के अव्याप्ति दोष का बोध भी हो जायगा। फिर भी यह नाम प्रचलित है और भाषाविज्ञानी उसकी व्याप्ति-अव्याप्ति के विवेचन में नहीं पड़ते।

आस्ट्रो-एशियाटिक नाम इसी प्रकार दोषपूर्ण है। एशिया में अनेक, और विशाल क्षेत्रों में फैले हुए, भाषा-परिवार हैं; वे सब इस नाम के एशियाटिक विशेषण की अर्थ-परिधि से बाहर कर दिये गये हैं। आस्ट्रेलिया में भी अनेक भाषा-परिवार हैं और आस्ट्रो की अर्थ परिधि से वे भी बाहर हैं। इंडोयूरोपियन नाम की नकल करते हुए आस्ट्रो-एशियाटिक नाम रखा गया और कुछ लोगों ने कल्पना भी कर ली कि आदि इंडोयूरोपियन भाषा बोलने वाले विशुद्ध आदिम आर्य जन-समुदाय के समान एक 'आस्त्रिक' नस्ल थी जिसकी शाखाएँ प्रशान्त महासागर के द्वीपों तथा भारत में फैल गईं। वास्तव में जो भाषाएँ इस आस्ट्रो-एशियाटिक परिवार के अन्तर्गत मानी जाती हैं, वे सब किसी एक आदिभाषा की शाखाएँ नहीं हैं। अनेक भाषाविज्ञानी इस नाम के भाषा परिवार का अस्तित्व स्वीकार नहीं करते।

चीनी-तिब्बती परिवार में चीनी विशेषण से यह भ्रम पैदा होता है कि चीन में एक ही परिवार की भाषाएँ बोली जाती हैं। जिसे हान जन-समुदाय कहा जाता है, उसकी भाषा चीनी है; चीन में अनेक ग़ैरहान जन-समुदाय हैं और उनकी भाषाएँ चीनी से नितान्त भिन्न हैं। तिब्बती भाषा का घनिष्ठ सम्बन्ध बर्मी भाषा से है, चीनी से नहीं। इस कारण कुछ भाषाविज्ञानी तिब्बती-बर्मी भाषा-परिवार को अलग मानते हैं, चीनी भाषा-परिवार को उससे अलग रखते हैं।

इसी प्रकार अल्ताई, यूरालिक आदि नामों की सीमाएँ हैं।

इस पुस्तक में इंडोयूरोपियन आदि नाम आये हैं। हर नाम में व्याप्ति की अधिकता या कमी है। पाठक यह बात ध्यान में रखें।

कोई भी भाषा-परिवार किसी आदि भाषा की शाखाओं-प्रशाखाओं का समूह नहीं है; कोई भाषा-परिवार किसी खास नस्ल के लोगों की भाषाओं का समूह न पहले कभी रहा है, न आज है। परिवार शब्द ही भ्रान्तिपूर्ण है। जो भाषाएँ आपस में मिलती-जुलती दिखाई देती हैं, उन्हें परिवार की संज्ञा यह सोचकर दी गई थी कि इनका निर्माण मानव-परिवार के समान होता है, आदि मातामही भाषा से लेकर आधुनिक नातिन-पनातिन भाषाओं तक पूरे वंशवृक्ष का नक्शा बनाकर दिखाया जा सकता है। इस तरह की कल्पनाएँ निराधार हैं।

भाषाविज्ञान में परिवार शब्द का प्रयोग बहुत समय से होता आया है, इस पुस्तक में भी हुआ है। भाषा-परिवार उन भाषाओं का समुदाय है जिनमें ध्वनितन्त्र, शब्दतन्त्र, विन्यासतन्त्र की अनेक समानताएँ हैं; इस समुदाय का निर्माण एक भाषा-स्रोत से नहीं अनेक भाषा स्रोतों से होता है; भाषा-परिवार वंशवृक्ष की जड़ों से बँधी हुई कोई जड़ इकाई नहीं है, वह सामाजिक विकास के साथ गतिशील, स्वयं विकासमान और परिवर्तनशील इकाई है।

ऐतिहासिक भाषाविज्ञान में 'इंडोएर्यन' शब्द का व्यवहार भी व्यापक रूप से होता है। इससे ध्वनि यह निकलती है कि जो आर्य भारत आये, वे 'इंडोएर्यन' हुए, जो बाहर बस गये, वे अन्य नामों से पुकारे जाने लगे। आर्य चाहे बाहर से आये हों, चाहे अनादिकाल से भारत में रहते आये हों, माना यह जाता रहा है कि वे सब रंगरूप, आकृति-आकार में एक से थे और सबकी भाषा एक थी। मैंने इस धारणा का खण्डन किया है।

इस पुस्तक में 'इंडोएर्यन' या 'भारतीय आर्य' के बदले मैंने केवल आर्य शब्द का व्यवहार किया है। 'आर्य भाषा परिवार' के साथ मैंने 'आर्य भाषा-समुदाय' का व्यवहार भी किया है। यह भाषा-समुदाय किसी आदि आर्य भाषा की उपज नहीं है; ध्वनितन्त्र, शब्दतन्त्र और विन्यासतन्त्र के नितान्त भिन्न स्रोतों से उसका निर्माण हुआ है, एक स्रोत में **अ** स्वर है तो दूसरे में उसका अभाव है, केवल वर्तुल **आॅ** अथवा **ऑ** का ही व्यवहार होता है, एक स्रोत्र में दन्त्य त् है तो दूसरे में वर्त्स्य अथवा मूर्धन्य ट् का ही प्रयोग होता है, एक में **स्कम्भ** शब्द का चलन है तो दूसरे में **स्तम्भ** का, एक में वाक्य क्रिया से आरम्भ होता है तो दूसरे में कर्ता से। इस आर्य भाषा-समुदाय में मगध, कोसल, कुरु आदि उन

गणसमाजों की भाषाएँ हैं जिनके नाम विख्यात हैं, इनमें उन गणसमाजों की भाषाएँ भी हैं जिनके नाम हम नहीं जानते किन्तु जिनकी भाषाओं के अस्तित्व के प्रमाण असन्दिग्ध रूप से प्राप्त हैं।

द्रविड़ शब्द का व्यवहार एक विशाल भाषा-समुदाय के लिए होता आया है, इस पुस्तक में भी हुआ है। **द्रविड़** शब्द द्रविड़ भाषाओं का नहीं है। एक तो इसके आदि-स्थान में सघोष **द्** ध्वनि प्रतिष्ठित है, इसके अतिरिक्त उसके साथ **र्** ध्वनि संयुक्त है। शब्द के आरम्भ में संयुक्त व्यंजनों का व्यवहार द्रविड़ भाषाओं, विशेषकर तमिल, की ध्वनिप्रकृति के अनुकूल नहीं है, सघोष स्पर्श-ध्वनि के साथ **र्** का सम्पर्क और भी अनोखा है। द्रविड़ भाषाओं, विशेषकर तमिल, का कोई भी अपना शब्द **र्** से आरम्भ नहीं होता, सघोष **द्** से उसका संयुक्त होना तो दूर की बात है। द्रविड़ भाषाप्रेमियों ने इस शब्द को अपना लिया है, आर्यवाद की तरह कुछ लोगों ने द्रविड़वाद भी चलाया है। इस पुस्तक में जैसे आर्य भाषा-समुदाय का सम्बन्ध आर्यवाद से नहीं है, वैसे ही द्रविड़ भाषा-समुदाय का सम्बन्ध द्रविड़वाद से नहीं है। न आर्य नाम की कोई नस्ल थी, न द्रविड़ नाम की।

यहाँ पाणिनि का यह सूत्र विचारणीय है : **अर्यः स्वामिवैश्ययोः** (३-१-१०३)। वैश्य के प्रति स्वामिभाव दिखाना हो तो उसे **अर्य** कहेंगे, ब्राह्मण के प्रति यही भाव दिखाना हो तो उसे **आर्य** कहेंगे। ब्राह्मण और वैश्य दोनों द्विज हैं, दोनों एक ही भाषा बोलते हैं किन्तु दोनों समान रूप से **आर्य** नहीं हैं, सामन्ती व्यवस्था में वर्णगत सम्मानभेद की व्यंजना आवश्यक है। अत: एक है **अर्य**, दूसरा है **आर्य**। इस सम्मानसूचक शब्द को नस्ल से जोड़कर भाषाविज्ञानियों और इतिहासकारों ने उसका अर्थ बदल दिया और अपने आरोपित अर्थ के आधार पर वे भाषाओं और मानव समुदायों का इतिहास रचने लगे।

जो प्राचीन गणसमाज वेद को ईश्वरकृत ज्ञान का भण्डार न मानते थे, अपने विवेक से और विश्वप्रपंच के विश्लेषण से ज्ञानप्राप्ति का दावा करते थे, वे **थेरविद्**, **थेरवादी**, **विभज्जवादी** आदि नामों से अभिहित हुए। **थेरविद्** का विकास हुआ **द्रविड़**। इस विकास की चर्चा प्रस्तुत पुस्तक के दूसरे खण्ड में केल्त भाषासमुदाय के प्रसंग में हुई है।

भारत में सामन्ती व्यवस्था के मुख्य प्रसार केन्द्र उत्तर भारत में थे। इस व्यवस्था के प्रसार के साथ आर्य भाषाओं का सम्मानसूचक **आर्य** शब्द द्रविड़ भाषाओं के क्षेत्र में पहुँचा। तमिल **अच्चन्** (पिता), मलयालम **अच्चन्** (उप०) और **अच्च** (माता), कन्नड़ **अज्ज** (पितामह) आदि के अलावा आर्थिक दृष्टि से पिछले हुए द्रविड़ समाजों में **आर्य** के प्रतिरूपों का चलन है यथा कोत **अज् अयण्** (अतिवृद्ध पुरुष), कोडगु **अज्जें**(पितामह), कुड़ुख़ **अज्जॉस्** (उप०), **अज्जी** (आजी, दादी)। **द्रविड़ व्युत्पत्तिकोश** में बरो और एमेनो ने बड़ी सावधानी से आर्येतर द्रविड़ शब्दमूलों का संग्रह किया है। **अच्चन्** की शब्दशृंखला के बाद लिखते हैं : "सम्भवत:" संस्कृत **आर्य**, प्राकृत **अज्ज** से इन रूपों का विकास हुआ है।

आर्य शब्द सम्मानसूचक था; उसकी यह व्यंजना उत्तर भारत के आर्य भाषा-क्षेत्र में ही नहीं, द्रविड़ भाषाक्षेत्रों में भी सुरक्षित है।

जब **आर्य** अथवा **अर्य** का य् अपना अर्ध स्वर वाला रूप खोकर **ज्** रूप में ग्रहण किया गया, तब **अच्चन्** आदि शब्दों का चलन हुआ; जब **अज्ज** का ज् विपरीत-क्रम से **य्** रूप में ग्रहण किया गया, तब **अइयर्**, **अइयन्** आदि शब्द प्रचलित हुए। तमिल **अय्यन्** (पिता), **अय्या** (उप०), **अइयर्** (श्रद्धेय व्यक्ति), कन्नड़ **अय्य** (पिता, पितामह, गुरु, स्वामी) आदि के साथ पिछड़े हुए द्रविड़ समाजों में भी इस शब्द का चलन है यथा कोत **अय्ण्** (पिता), तोद **इन्**, **ऍयी** (उप०), कोडगु **अय्यॅ** (काका), कोलमि **अय्या** (नाना), **अय्याक्** (देवता)। यहाँ शब्दशृंखला के अन्त में द्रविड़ व्युत्पत्ति कोशकार संस्कृत **आर्य**, पालि **अय्य** को "तुलनीय" बताकर साथ में एक प्रश्नचिन्ह भी लगा देते हैं।

आर्य से **अच्चन्** का सम्बन्ध सम्भव तो है, निश्चित नहीं! **अय्यन्** का सम्बन्ध और भी सन्दिग्ध है! द्रविड़ व्युत्पत्तिकोशकार किस वैज्ञानिक दृष्टि से द्रविड़ शब्दमूलों का संग्रह कर रहे हैं, उनके "सम्भवतः" और "? तुलनीय" से इसका अनुमान हो जायगा।

प्राकृत **अज्ज** और संस्कृत **आर्य** का सम्बन्ध असन्दिग्ध है। जो द्रविड़ भाषाएँ सघोष स्पर्श ध्वनि का द्वित्व स्वीकार करती हैं, उनमें **अज्ज** रूप है, जो नहीं स्वीकार करतीं, उनमें **अच्च** रूप है। मागधी प्राकृत में संस्कृत **जानाति** का रूपान्तर **याणादि**, **जनपद** का रूपान्तर **यणवद** है। अतः **अज्ज** और **अय्य** रूपों को सम्बद्ध मानना चाहिए।

आर्य, **अर्य**, **अज्ज**, **अय्य** सब सम्मानसूचक शब्द हैं; आर्य और द्रविड़ भाषाओं में इनका सम्बन्ध न कहीं भाषा से है, न किसी विशेष रंग रूप वाले मानव-समाज से। भाषा-समुदाय के लिए **आर्य** शब्द का व्यवहार करते हुए उसकी व्यंजना की मूल सीमाओं को ध्यान में रखना उचित है। यह भी उल्लेखनीय है कि **आर्य** के तद्भव प्रतिरूपों का जैसा प्रसार द्रविड़ भाषाओं में है, वैसा आर्य भाषाओं में नहीं है।

आर्य-द्रविड़ भाषा-समुदायों के साथ यहाँ एक कोल भाषा-परिवार है। इसे कुछ लोग मुंडा कहना पसन्द करते हैं, और कुछ विद्वान् मुंडा शब्द को पसन्द करने के अलावा उसके प्रयोग को अधिक वैज्ञानिक भी मानते हैं। पसन्द की बात अलग है पर उसके प्रयोग में विशेष वैज्ञानिक कुछ नहीं है। डा० सुनीतिकुमार चाटुर्ज्या ने बँगला भाषा के उद्भव और विकास पर अपने ग्रन्थ के आरम्भ में ही लिखा था कि **मुंडा** शब्द कोल भाषा-समुदाय की एक भाषा की ओर ही संकेत करता है किन्तु **कोल** के प्रतिरूप **कोरो**, **होड़ो**, होड़्, हॉड़्, **हो** आदि इस समुदाय की अनेक भाषाओं में प्रचलित हैं और उनके अस्तित्व की सूचना **मुंडा** की अपेक्षा **कोल** से अधिक मिलती है। अतः उन्होंने **मुंडा** की अपेक्षा **कोल** शब्द का व्यवहार अधिक उपयुक्त माना है।

कोल और उसके उक्त प्रतिरूप पुरुष का अर्थ देते हैं। **मगध**, **भरत** आदि शब्दों के **मग** और **भर** के समान **कोल** शब्द गण-समाजों के नाम रखने की एक व्यापक परम्परा के अनुरूप है। **मग** और **भर** का मूल अर्थ पुरुष, योद्धा है, **आन्ध्र** के समान। **कोल** इस

भाषा-समुदाय का अपना शब्द है, यह बात **मुंडा** के लिए नहीं कही जा सकती। अवध और झारखण्ड के अनेक स्थानों के नामों में **कोल** शब्द, थोड़े बहुत ध्वनि-परिवर्तन के साथ विद्यमान है। जो लोग भाषाविज्ञान में **कोल** शब्द का व्यवहार बन्द करना चाहते हैं, उन्हें बहुत से गाँवों और कस्बों का नामकरण नये सिरे से करना चाहिए।

कोल भाषा-समुदाय आस्ट्रो-एशियाटिक परिवार की शाखा नहीं है, न वह इस परिवार का तना है कि शाखाएँ भारत से बाहर प्रशान्त महासागर पर छा गई हों। पर जिन भाषाओं को आस्ट्रो-एशियाटिक परिवार में गिना जाता है, उनमें और कोल समुदाय की भाषाओं में अनेक समानताएँ हैं। आस्ट्रो-एशियाटिक समुदाय के लिए जहाँ मैंने कोल शब्द का व्यवहार किया है, वहाँ सभी भाषा-परिवारों के नाम की तरह इस नाम की सीमाएँ भी याद रखनी चाहिए।

इसी तरह चीनो-तिब्बती, तिब्बती-बर्मी भाषा-परिवार के लिए नाग शब्द के व्यवहार की सीमाएँ हैं। **मगध** के **मग** का प्रतिरूप है **नग**। यह पुरुषसूचक शब्द सर्प-वाचक **नाग** में घुल-मिल गया है। **नगर, नाग्दा, नागरकोइल, नागालैण्ड** आदि अनेक स्थानवाचक शब्दों में इसका अखिल भारतीय प्रसार देखा जा सकता है। अन्य नामों की अपेक्षा एक विशेष भाषा-समुदाय के लिए **नाग** शब्द का व्यवहार अधिक समीचीन है।

यहाँ भाषा-परिवारों के नामों के साथ कुछ भाषाओं के नामों की चर्चा भी कर दें। जिस भाषा में मेरी यह पुस्तक लिखी गई है, उसका नाम **हिन्दी** है। **हिन्दी** का पूर्वरूप **सिन्धी** है, **हिन्द** का पूर्वरूप **सिन्धु** है। **हिन्दी** और **सिन्धी** दो जुदा भाषाएँ हैं यद्यपि मूलतः दोनों का नाम एक है। उन्नीसवीं सदी में ब्रजभाषा पद्य ही नहीं, बहुत कुछ गद्य का माध्यम भी बनी हुई थी। उससे आधुनिक हिन्दी का भेद दिखाने के लिए **खड़ी बोली** नाम का प्रयोग किया गया। मेरठ-दिल्ली-हरियाणा अर्थात् कुरु जनपद की ग्रामीण बोली को खड़ी बोली नाम न दिया गया था। यह नाम इस बोली के आधार पर विकसित उस जातीय भाषा को दिया गया जो अठारहवीं सदी में उत्तर भारत के अनेक नगरों की शिष्ट-जन-भाषा बन चुकी थी। कुरु जनपद की बोली का नाम बाँगरू था और है। खड़ी बोली, बाँगरू से भिन्न, ब्रजभाषा से प्रभावित होकर विकसित होनेवाली, जातीय भाषा थी। इस जातीय भाषा को फोर्ट विलियम कालेज की स्थापना के बाद उर्दू नाम देकर हिन्दी से जुदा किया गया पर वह जुदा हो चाहे संयुक्त हो, उसका जन्म किसी फौजी छावनी में न हुआ था।

पाणिनि जिस भाषा का व्याकरण रच रहे थे, उसे वह संस्कृत न कहते थे। संस्कृत का अर्थ था संस्कार किया हुआ, संस्कृत उस पदार्थ को कहेंगे जिसकी मूल प्रकृति संस्कार द्वारा निखारी जाय। **संस्कृतं भक्षाः** (४. २. १६), संस्कृतम् (४. ४. ३), इन दोनों सूत्रों में **संस्कृत** का प्रयोग खाद्य पदार्थों के सन्दर्भ में किया गया है। पाणिनि अपनी भाषा को केवल **भाषा** कहते हैं।

मेरा अनुमान है कि **कोत, कोडगु, कुड़ुख, कोलमि,** आदि द्रविड़ भाषाओं के नामों का स्रोत का एक ही पुरुष-योद्धा-वाचक शब्द **को, कोत** या **कोल** है। इन भाषाओं के बोलने वाले कोल जन थे जो द्रविड़भाषी बने या जो आज कोल भाषाएँ बोलते हैं,

वे पहले द्रविड़ भाषाएँ बोलते थे, इस समस्या का निर्णय भाषाओं के नाम के आधार पर नहीं हो सकता। पर **कोल** और **कोलमि** (**कॉलमि** या जैसे भी आप उसका उच्चारण करें) की समानता आकस्मिक नहीं है। द्रविड़ भाषा **पर्जि** के नाम का आधार संस्कृत शब्द **प्रजा** है; हिन्दी **परजा**, **पर्जा** से **पर्जि** बना है। (देखें बरो और भट्टाचार्य : **दि पर्जि लैंग्वेज्**, लन्दन, १९५३) **मलयालम** नाम का आधार तमिल **मलइ**, मलयालम **मल** (पर्वत) है। यह भाषा पहाड़ों के अलावा मैदानों में भी बोली जाती है। प्राकृत **गोंड** (जंगल) से **गोंड** जनों और उनकी भाषा **गोंडी** का नाम सम्बद्ध है। चाहे भाषा-परिवार का नाम हो चाहे भाषा का, उस नाम की अर्थ-परिधि, इस अर्थ-परिधि की सीमाएँ याद रखनी चाहिए।

२. प्राचीन संसार का सांस्कृतिक और भाषाई भूगोल

भाषा-परिवारों के नामों की चर्चा के बाद प्राचीन संसार के भाषाई भूगोल, उसके प्रमुख सभ्यता-केन्द्रों पर एक निगाह डाली जाय।

सिन्धु घाटी की सभ्यता का प्राचीनतम स्तर चौथी सहस्राब्दी ईसा पूर्व का है। सर जान मार्शल ने सन् १९३१ में प्रकाशित सिन्धु घाटी की सभ्यता पर अपने ग्रन्थ **मॉहॅञ्जोदरो ऐन्ड द इंडस सिविलाइज़ेशन** की भूमिका में लिखा था कि वर्तमान अनुसन्धान चौथी सहस्राब्दी से और आगे नहीं बढ़ता किन्तु जहाँ मॉएञ्जोदड़ो है, वहाँ अभी अनेक पहले के नगर दफनाये पड़े हैं, वहाँ तक पुराविद् का फावड़ा पहुँच नहीं पाया। मॉएञ्जोदड़ो और हड़प्पा में जिस सभ्यता के दर्शन होते हैं, वह, मार्शल के अनुसार 'भारतीय भूमि पर पुरानी पड़ चुकी है और रूढ़िबद्ध हो गई है और वह अनेक सहस्राब्दियों तक के मानव-प्रयासों का परिणाम है।'

प्राचीन शब्द सापेक्ष है। भारत के प्राचीन भाषा-परिवार—कितने प्राचीन? बीसवीं ईस्वी सदी समाप्ति पर है। दो हज़ार साल ईसा के बाद; चार हज़ार साल ईसा से पहले; 'अनेक सहस्राब्दियों' का अर्थ केवल दो सहस्राब्दी ही किया जाय तो दो हज़ार साल और जोड़ लीजिये। भारत का एक भाषा-परिवार कम-से-कम आठ हज़ार साल पुराना है। यह पुरानापन नगर-निर्माण वाली सभ्यता का पुरानापन है; नगर-सभ्यता के उद्भव और प्रतिष्ठा से पहले की भाषाई प्राचीनता और भी पुरानी है। नगर-सभ्यता से पूर्व की भाषाई प्राचीनता भारतीय है, इसका कोई पुरातात्विक प्रमाण नहीं है किन्तु आठ हज़ार साल पहले की नगर-सभ्यता के भारतीय होने में सन्देह नहीं है। वह आर्य हो चाहे द्रविड़, चाहे बाहर से आकर बसने वालों की सभ्यता हो, वह है भारतीय। यदि बाहर से आक बसने वालों की सभ्यता है, तो भी उन्हें बसे हुए सहस्राब्दियाँ बीत गई थीं, उनकी सभ्यता रूढ़िबद्ध हो गई थी। इतना समय उनके भारतीयकरण के लिए काफ़ी था।

सिन्धु घाटी की मुद्राओं पर जिस संस्कृति के दर्शन होते हैं, वह कितनी भारतीय है, इसका विवेचन यहाँ सम्भव नहीं है। मार्शल की कही हुई कुछ बातों का उल्लेख यथेष्ट होगा। पहली यह है कि कपड़ा बनाने के लिए कपास का उपयोग अभी भारत

तक सीमित है, पश्चिमी संसार में यह विद्या दो-तीन हज़ार साल बाद पहुँची। दूसरी यह कि यहाँ रहने के लिए सामान्य जनों के घर भी सुख-सुविधा वाले हैं और सार्वजनिक मार्ग सुनिर्मित हैं; मिस्र, मेसोपोटामिया और पश्चिमी एशिया (अर्थात् सिन्धु नदी के पश्चिम में नील नदी तक का क्षेत्र) इस मामले में पिछड़ा हुआ है। तीसरी यह कि देवी माता (आदि शक्ति) की उपासना कहीं भी अनादिकाल से ऐसी बद्धमूल नहीं है जैसी भारत में; और देवी माता की मूर्तियाँ, कहीं भी प्रसार-क्रम भंग हुए बिना, सिन्धु से नील नदी तक प्राप्त हैं, और यह सारा क्षेत्र सामान्य सांस्कृतिक सूत्रों से बँधा हुआ है।

यदि सिन्धु से नील नदी तक सारा क्षेत्र सामान्य सांस्कृतिक सूत्रों से बँधा हुआ है तो यह असम्भव है कि इस क्षेत्र की भाषाओं में परस्पर सम्पर्क न हुआ हो, उनमें भाषा-तत्वों का आदान-प्रदान न हुआ हो। ये भाषाएँ किन्हीं परिवारों की हों, उनकी मूल भिन्नता इस आदान-प्रदान को रोक नहीं सकती।

मार्शल के बाद अनेक भारतीय क्षेत्रों में जो खुदाई हुई है, उससे प्रमाणित है कि सिन्धु घाटी की सभ्यता का प्रसार इस घाटी के पूर्व और दक्षिण में भी हुआ था, वह किसी पश्चिमी एशियाई सभ्यता का भारतीय सीमान्त नहीं है।

सिन्धु घाटी की सभ्यता व्यापारियों की नागरिक सभ्यता है। इन व्यापारियों के सम्बन्ध समस्त पश्चिमी एशिया से हैं। मार्शल के बाद मैंके (या मैकाय) ने जो उसी क्षेत्र में और खुदाई की, उसका विवरण, १९३८ में प्रकाशित **फ़र्दर ऐक्सकेवेशन्स ऐट मोहेंजोदरो** में, देते हुए उन्होंने बताया था कि सिन्धु घाटी के लोगों के व्यापार-सम्बन्ध पड़ोसी सुमेर, एलाम आदि से थे और भारतीय शिल्प की बहुत-सी मुद्राएँ सुमेरी, एलामी स्थानों पर मिली हैं।

सिन्धु घाटी के बाद इस सुमेर पर ध्यान दें।

बगदाद के उत्तर से लेकर ईरान की खाड़ी तक का प्रदेश, मोटे तौर पर आज का इराक, पुराना सुमेर है। जिन लोगों ने सुमेरी सभ्यता का निर्माण किया, उनकी प्राचीनतम बस्तियाँ ४५०० ई० पू० की हैं। इनके प्राचीनतम शिलालेख ३६०० ई० पू० के हैं; मृत्तिका खण्डों पर अभिलेख ३२०० ई० पू० और उसके बाद के हैं। १७५० ई० पू० तक इनकी सभ्यता का अवसान हो जाता है। विल ड्यूरेन्ट नाम के अमरीकी इतिहासकार ने **अवर ओरिएन्टल हेरिटेज** ग्रन्थ में लिखा है कि बहुत अनुसन्धान के बाद भी हम यह नहीं कह सकते कि सुमेरी जन किस नस्ल के थे और सुमेर में किन मार्गों से आये थे।

किन्हीं मार्गों से आये हों, वे गौर वर्ण के नहीं थे। वे काली खोपड़ी वाले कहलाते थे, इस बात का उल्लेख अनेक पुराविदों ने किया है। इनके नगरों पर पश्चिम से सामी जन निरन्तर आक्रमण करते रहे थे और आगे चलकर सुमेरी सभ्यता के ध्वंसावशेष पर सामी सभ्यता के केन्द्र बैबिलोन (बावेरु, बाबुल) का निर्माण हुआ। सामी सभ्यता पर सुमेर की सभ्यता की गहरी छाप है और इस सामी सभ्यता की छाप यूरुप-अमरीका के गोरों के धर्म पर है, वे चाहे यहूदी हों चाहे ईसाई।

दूसरी सहस्राब्दी ई० पू० में कीलाक्षरी सुमेरी लिपि का व्यवहार समस्त पश्चिम

एशिया में व्यापक रूप से होता था। सुमेर की राजधानी उर ऊनी वस्त्रों के व्यापार का बहुत बड़ा केन्द्र थी। सुमेरी जन सूर्य, वायु, आप: आदि प्राकृतिक देवों के उपासक थे। इनकी गणना-पद्धति में शून्य की कल्पना न की गई थी, इसलिए दशमलव पद्धति का अभाव था।

बाबुल के लोग अपने ज्योतिषज्ञान के लिए प्रसिद्ध हुए। वे आकाश, सूर्य, चन्द्र, समुद्र (उनकी भाषा में **अप्सु**) आदि की उपासना करते थे। दशमलव-पद्धति का अभाव इनके यहाँ भी था। यह तथ्य उन भाषाओं का इतिहास जानने में सहायक है जिनमें गणना दशमलव-पद्धति से होती थी यथा आर्य और द्रविड़ भाषा-समुदायों में। बाबुल की सभ्यता के विकास में सुमेरी जनों के अलावा अन्य सामी जन समुदाय, अक्कद जनों, का योग था। विल ड्यूरेन्ट ने इनकी सभ्यता के लिए लिखा है कि वह मानवता के लिए वैसी उपयोगी नहीं हुई जैसी मिस्र की, और 'उसमें वैसी गहराई और विविधता नहीं है जैसी भारतीय सभ्यता में।' (**अवर ओरिएन्टल हेरिटेज**, पृ० २६३) बाबुल की सभ्यता सुमेरी सभ्यता के बाद दूसरी सहस्राब्दी ई० पू० की है।

बाबुल की भाषा के बारे में विल ड्यूरेन्ट का मत है कि वह 'सुमेर और अक्कद की पुरानी भाषाओं का सामी विकास है।' (उप०, पृ० २४६)। इन पुरानी भाषाओं में अक्कद की भाषा सामी है पर सुमेर की भाषा गैर-सामी है। यदि यह मत सही हो तो मानना होगा कि सामी सभ्यता के सबसे महत्वपूर्ण प्राचीन केन्द्र में कम-से-कम दो स्रोतों से आनेवाली भाषाधाराओं का मिश्रण हो गया था। इतिहास में जैसे आर्य नस्ल को लेकर दुराग्रहपूर्ण भ्रान्तियाँ फैलाई गई हैं, वैसे ही सामी नस्ल को लेकर निराधार नस्लपंथी कल्पनाएँ की गई हैं। यह स्पष्ट है कि सभ्यता के प्राचीन केन्द्र मानवता के अलग-थलग पड़े हुए टापू नहीं हैं वरन् ऐसे संगम हैं जहाँ मानवता के अनेक स्रोत घुल-मिलकर एक हो जाते हैं।

सामी भाषा-समुदाय में अनेक यहूदी अपने को शुद्ध नस्ल का मानते हैं। नस्ल-सम्बन्धी विवेचन में आदमी की नाक का स्थान महत्वपूर्ण है। पुराने शिल्प-खण्डों में यहूदी बन्दियों का नखशिख देखने को मिलता है। इनकी नाक लम्बी और वक्र है जैसी शिल्प-खण्डों में आर्य-समुदाय के हित्तियों की है। उस तरह की नाक भारत में अनेक कश्मीरियों और सिन्धियों के मुँह पर देखी जा सकती है। रोमन और ग्रीक जनों की नाक चित्रों में लम्बी और सीधी दिखाई जाती है, उससे यह वक्र तुण्ड भिन्न है। विल ड्यूरेन्ट कहते हैं कि यहूदियों के नस्ल-सम्बन्धी उद्‌भव के बारे में हम केवल अस्पष्ट रूप में इतना कह सकते हैं कि वे सामी थे; इतिहास में जब पहली बार उनके दर्शन होते हैं, तब वे अनेक नस्लों का मिश्रण बन चुके हैं।

यहूदियों के धर्म ग्रन्थों में एलाम नामक देश का उल्लेख मिलता है। एलामी जन सुमेरी और बाबुली जनों के पड़ोसी थे और दोनों पर उन्होंने विजय प्राप्त की थी। इनके प्रदेश में बीस हज़ार साल पुराने मानव-अवशेष मिले हैं, इनकी सभ्यता के प्राचीन स्तर ४५०० ई० पू० के हैं। ये लोग पहिये का उपयोग जानते थे; चक्के से मिट्टी के बर्तन बनाते थे, पहियेवाली गाड़ी में सामान ढोते थे। बाबुलियों ने रथ-चक्र इनसे पाया।

था; मिस्र में यह चक्र बाबुल के बाद पहुँचा। सभ्यता का यह प्रसार पूर्व से पश्चिम की ओर हो रहा है, यह बात ध्यान देने की है। यदि रथ का पहिया एलाम से मिस्र पहुँचता है तो यह असम्भव है कि चक्र-सूचक शब्द उल्टी दिशा में मिस्र से एलाम पहुँचे।

एलामी जन किस नस्ल के थे, इतिहासकारों को नहीं मालूम। वे सामी जन समुदाय के बाहर हैं। सुमेर और एलाम दोनों ग़ैर-सामी सभ्यता के केन्द्र हैं; दोनों पश्चिमी एशिया के सामी जन-समुदायों की सभ्यता की नींव डालनेवाले हैं। पश्चिमी एशिया की यह प्राचीन सभ्य इकाई उत्तरी अफ्रीका में धँसती चली गई है। इसके पश्चिमी सीमान्त पर मिस्र है। मिस्री जन हामी समुदाय के अन्तर्गत माने जाते हैं। इनकी भाषा सामी समुदाय से बाहर की है, इनकी सभ्यता पश्चिमी एशिया की सामी-आर्य सभ्यता से मिलती-जुलती है। सुमेर की सभ्यता मिस्र के सांस्कृतिक विकास में सहायक हुई थी। विल ड्यूरेन्ट का मत है कि मिस्र की पुरानी चित्र-लिपि का स्रोत सम्भवतः सुमेर था। कुम्हार का चक्का सुमेर में बहुत पहले मिलता है, मिस्र में बहुत बाद को। मिस्र की कुछ पुरानी मुद्राएँ मेसोपोटामियाँ की हैं। तांबे का व्यवहार पश्चिमी एशिया में शुरू हुआ, वहाँ से मिस्र पहुँचा। देवी माता की पुरानी मूर्तियाँ एशियाई उद्भव की हैं। ड्यूरेन्ट सुमेर और मिस्र की शिल्पकला का तुलनात्मक अध्ययन करते हुए कहते हैं कि 'जिस समय मिस्र की सभ्यता आरम्भ होती-सी प्रतीत होती है, उस समय उर [सुमेर की राजधानी] के शिल्पकार ऐसी मूर्तियाँ और शिल्प-चित्र बना रहे हैं कि उनकी शैली और उनकी रूढ़ियाँ सुमेर में शिल्पकला की प्राचीनता सिद्ध करती हैं।' (उप०, पृ० १३५)।

मिस्र से लेकर भारत तक व्यापार का जो सिलसिला चलता है, उसका मध्यस्थ केन्द्र एलाम है।

मिस्र के पुराने अभिलेख तीसरी सहस्राब्दी ई० पू० के हैं। मिस्री जन, सुमेरी और बाबुली जनों के समान, गणित में शून्य के आविष्कार से अपरिचित थे।

मिस्री सभ्यता के महत्वपूर्ण उपकरण अन्य देशों तक पहुँचाने का काम सामी समुदाय के फिनीशियन लोगों ने किया। केवल सौ मील लम्बा और दस मील चौड़ा इनका छोटा-सा प्रदेश व्यापार और सभ्यता का प्रमुख विनिमय केन्द्र था। यूनानी परम्परा के अनुसार यूनान के लोगों ने अपनी लिपि फिनीशिया से पाई। ग्रीक इतिहासकार हेरोदोतुस ने फिनीशिया के लोगों से सुना था कि उनके पुरखे ईरान की खाड़ी से वहाँ पहुँचे थे।

मिस्र के लोगों से पहले-पहल टक्कर लेनेवालों में मितन्नी जन थे जो मित्र, इन्द्र और वरुण के उपासक थे। जो प्रदेश वर्तमान तुर्की है, वहाँ उन देवताओं के उपासक अनेक जन-समुदाय रहते थे जो देवता ऋग्वेद के माध्यम से विश्व-प्रसिद्ध हुए। उक्त जन-समुदाय में सबसे शक्तिशाली हित्ती थे जिनके पुराने अभिलेख १८०० ई० पू० के हैं। विल ड्यूरेन्ट के अनुसार प्राचीन यहूदियों से इनका ऐसा मिश्रण हुआ कि यहूदियों को अपनी शुक नासिका हित्तियों से प्राप्त हुई 'और इस हीब्रू विशेषता को अब आर्य विशेषता मानना चाहिए।' (उप०, पृ० २८७)।

अभिलेखों के लिए मृत्तिका खण्डों का व्यवहार क्रीट द्वीप के लोगों ने हित्तियों से सीखा। यूरुप की जिस यूनानी सभ्यता से आधुनिक यूरुप अपने को सम्बद्ध मानता है, क्रीट की मिनोअन सभ्यता उससे पुरानी है। इसके समकक्ष दक्षिणी यूनान तथा लघु एशिया (आधुनिक तुर्की) के तटवर्ती प्रदेश की मिकिनीयन सभ्यता है। मिनोअन सभ्यता तीसरी सहस्राब्दी ई० पू० की है, मिकिनीयन दूसरी सहस्राब्दी ई० पू० की।

मिनोअन लोगों के लिए कहा गया है कि उनके बाल काले और चमकदार होते थे। ये लोग कुशल चित्रकार थे; इनके बनाये भित्तिचित्रों से उनके रंगरूप का बोध होता है। वृषभ, नाग, स्वस्तिका, सूर्य, चन्द्र इनके लिए पवित्र हैं, उनकी उपासना से सम्बद्ध हैं। विल ड्यूरेन्ट मानते हैं कि क्रीट के ये प्राचीन निवासी भाषा और संस्कृति में एशियाई हैं। मिकिनीयन जन सोने-चाँदी की मूर्तियाँ, प्याले आदि बनाने में कुशल थे। उनकी सभ्यता के अवशेषों में चाँदी की गाय का सिर मिला है जिसकी सींगें सोने की हैं। ये लोग लोहे का उपयोग न जानते थे। इसके विपरीत हित्ती लोग आर्मीनिया के सीमान्त पर्वतों से लोहा खोदकर काम में लाते थे।

बाबुल के उत्तर में असुर अथवा अशुर सभ्यता का केन्द्र था। इनके देश को अंग्रेजी में असीरिया कहा जाता है। अशुर इनके देवता का नाम था जिससे उसके उपासक और उनका देश अभिहित हुए। इन्हें भाषा और कला का रिक्थ सुमेर से प्राप्त हुआ और इस रिक्थ पर बाबुल का प्रभाव पड़ा। इनका समय दूसरी और पहली सहस्राब्दी ई० पू० है। इनके अशुर देवता का नाम ईरानियों के अहुर (असुर) मज़्दा से तुलनीय है।

भारत के उत्तर में सभ्यता का एक पुराना केन्द्र तुर्किस्तान है। तुर्की भाषा-समुदाय के जिन गणसमाजों का इतिहास में उल्लेख है, वे अधिकतर क्रूर और बर्बर रहे हैं। इनसे भिन्न लगभग पाँचवीं सहस्राब्दी ई० पू० की वह सभ्यता है जिसका केन्द्र दक्खिनी तुर्किस्तान है। इस सभ्यता के निर्माता तुर्की समुदाय की कोई भाषा बोलते थे या आर्य समुदाय की, यह ज्ञात नहीं है। किन्तु ईसा के बाद छठी से दसवीं सदी तक के जो दस्तावेज चीनी तुर्किस्तान में मिले हैं, उनकी भाषा तुखारी है। यह आर्य समुदाय की भाषा थी, राजभाषा की तरह उस प्रदेश में प्रयुक्त होती थी जिसकी जनता आर्य भाषा-भाषी नहीं थी। इसी प्रकार हित्ती जन शासक थे; प्रजा गैर हित्ती भाषा बोलने-वाली थी। हित्ती और तुखारी के अभिलेखों में लगभग दो सहस्राब्दियों का अन्तर है किन्तु प्राचीनता के लक्षण दोनों में मिलते-जुलते हैं। इससे यह अनुमान करना असंगत न होगा कि तुर्किस्तान में आर्य भाषा-भाषियों के केन्द्र दूसरी सहस्राब्दी ई० पू० और उससे पहले से विद्यमान थे।

मध्य एशिया से लेकर पश्चिमी एशिया तक, उसके आगे उत्तरी अफ्रीका में मिस्र तक प्राचीन सभ्य संसार का एक विशाल भूखण्ड दिखाई देता है। कल्पित आदि इंडोयूरोपियन भाषा के विभिन्न शाखाओं में फूटने का जो समय निर्धारित किया जाता है, उससे इस सभ्यता के आदिम स्तर बहुत पुराने हैं। यूनान में दोरिक जनों का प्रवेश ११०० ई० पू० के आसपास माना जाता है। उससे थोड़ा पहले १२०० ई० पू० ऋग्वेद

का समय निश्चित किया गया। किन्तु ह्रित्तियों के प्राचीनतम दस्तावेज १६०० ई० पू० के हैं और वैदिक उपासना से उनके देवताओं का सम्बन्ध असंदिग्ध है। तुर्किस्तान से मिस्र तक की पट्टी में सभ्यता के अधिकांश और प्राचीनतर केन्द्र गैरसामी हैं, वे सामी सभ्यता के निर्माण, सामी भाषाओं के विकास को प्रभावित करते हैं। इनमें सिन्धु घाटी की सभ्यता और हित्ती जनों की सभ्यता का स्थान महत्वपूर्ण है; इस भारतीय सभ्यता से सुमेर की सभ्यता का गहरा सम्बन्ध है। सारे क्षेत्र में सामी सभ्यता बाद में आती है और गैरसामी सभ्यता को आत्मसात् करती हुई बाबुल से मिस्र तक फैलती चली जाती है। आगे चलकर तुर्क कबीलों के अभियान इस क्षेत्र के भाषाई और सांस्कृतिक भूगोल में और भी परिवर्तन कर देते हैं। ऐतिहासिक भाषाविज्ञान में प्राचीन भाषा-परिवारों के स्रोतों का पता लगाते हुए उक्त भूमिखण्ड की वर्तमान स्थिति को अपने दृष्टिकोण पर हावी न होने देना चाहिए।

प्राचीन भाषा-परिवार कितने प्राचीन हैं ? एशिया के जिस भाग में सभ्यता का प्राचीनतम प्रसार हुआ है, उसके भाषा-परिवार कम-से-कम दस हज़ार साल पुराने हैं। इंडोयूरोपियन का 'इंडो' प्राचीन सभ्यता की इस परिधि में है, 'यूरोपियन' उससे बाहर है।

यहाँ जिस प्राचीन सभ्यता की बात हो रही है, वह सामन्ती व्यवस्था की सभ्यता है। उसके अर्थतन्त्र का मूलाधार खेती है और खेती से इतनी उपज होती है कि खाने-खरचने के बाद शेष भाग का उपयोग विनिमय के लिए किया जा सकता है। बड़े कृषि-क्षेत्रों और खानों में उत्पादन के लिए दासों को लगाया जाता है। मुनाफे के लिए माल पैदा करने के कारण सभ्यता के प्रमुख केन्द्र अन्तर्जातीय व्यापार के केन्द्र भी हैं। इस समाज का मुख्य अन्तर्विरोध निर्धन किसानों और बड़े भूस्वामियों के बीच है। दासों की स्थिति इस अन्तर्विरोध के दायरे में है, पूरा समाज दासों और उनके मालिकों के बीच बँटा हुआ नहीं है। ये दास अधिकतर युद्ध अथवा क्रय-विक्रय द्वारा अन्य समाजों से प्राप्त किये जाते हैं। किसी एक समाज के लोगों ने अन्य समाज पर शासन किया हो, इसके अनेक प्रमाण हैं; किसी एक समाज ने पूरे अन्य समाज को दास बना लिया हो, ऐसा दास जिसके पास उत्पादन के साधन न हों, अपने श्रम-फल पर जिसका आंशिक अधिकार भी न हो, जो बाज़ार में खरीदा और बेचा जाता हो, इसका कोई प्रमाण नहीं है। यही कारण है कि पूरे समाज की भाषा पर दासों की भाषाओं का प्रभाव नगण्य होता है; इसके विपरीत जहाँ एक समाज का शासक वर्ग भिन्न समाज पर अपना प्रभुत्व कायम करके सामन्ती ढंग से उसका श्रमफल हड़पता है, वहाँ या तो वह शासित समाज की भाषा स्वीकार कर लेता है या उस पर अपनी भाषा लादता है या दोनों की भाषाएँ एक-दूसरे को प्रभावित करती हैं। सुमेरी सभ्यता के केन्द्रों पर जिन सामी जनों ने अधिकार किया, उन्होंने इस सभ्यता से, सुमेरी भाषा से, अनेक तत्व ग्रहण किये।

सामन्ती सभ्यता के इस जगजमगाते संसार के साथ गणसमाजों का संसार है जो अन्धकार में खोया हुआ है। सामन्ती सभ्यता के बाद अथवा उसके गर्भ में पूँजीवादी सभ्यता का प्रसार हुआ। पूँजीवादी सभ्यता के बाद और उसके साथ समाजवादी

सभ्यता का प्रसार हुआ। तीनों चरणों में गणसमाज जहाँ-तहाँ कायम रहे, अब भी कायम हैं। इतिहास में गण-व्यवस्था से अधिक दीर्घजीवी अन्य व्यवस्था नहीं है।

भाषा-परिवारों की प्राचीनता निर्धारित करते समय सभ्यता के केन्द्रों पर निगाह जमाना काफ़ी नहीं है। इस बात पर ध्यान देना आवश्यक है कि गण-व्यवस्था से निकलकर सामन्ती सभ्यता के व्यापार-केन्द्रों तक पहुँचने में प्राचीन समाजों को कितनी सहस्राब्दियाँ लगी होंगी। टौम डेल और वर्नन गिल कार्टर नाम के विद्वानों ने सभ्यता और प्राकृतिक परिवेश पर एक पुस्तक लिखी है: **टौप स्वायल ऐन्ड सिविलाइजेशन** (ओकलाहामा विश्वविद्यालय, १९५५ ई०)। उनका कहना है कि सभ्य मानव का युग छह हज़ार साल का है, सभ्यता से पूर्व आदिम मानव का युग दस लाख साल का है। आत्मरक्षा, आहारप्राप्ति आदि के लिए ध्वनिसंकेतों का उपयोग पशु भी करते हैं, पशु से अभिन्न आदिम मानव भी इसका प्रयोग करता था। इस अवस्था से निकलकर, पशु से भिन्न, मानव बनकर, भाव-विचार प्रकट करने के लिए, भाषा के व्यवहार तक पहुँचने में यदि यह मान लिया जाय कि दस लाख में नौ लाख वर्ष लग गये, तो भी बीजरूप में भाषा-परिवारों के मूलतत्व एक लाख साल पुराने होंगे। यह अवधि भी बहुतों की इतिहास-चेतना को झटका देगी।

मान लीजिये, सिन्धु घाटी की सभ्यता छह हज़ार साल पुरानी है। गण समाजों को इस सभ्यता तक पहुँचने में बीस हज़ार साल लगे, तो इससे अनुमान यह करना होगा कि इस सभ्यता के वाहक जो भाषा बोलते थे, वह कम-से-कम छब्बीस हज़ार साल पुरानी है अथवा जिन भाषा-तत्वों से इस भाषा का निर्माण हुआ है, वे छब्बीस हज़ार साल पुराने हैं। ऐसे प्राचीन भाषा-तत्वों का पता लगाना कठिन है पर असम्भव नहीं है।

इसके लिए सबसे पहले आवश्यक है कि संसार के वर्तमान भाषाई और सांस्कृतिक भूगोल से हम इस भ्रम में न पड़ें कि प्राचीन संसार भी ऐसा ही था। अनेक भाषाओं का निरन्तर प्रसार होता गया है, अनेक भाषा-समुदाय नष्ट हो गये हैं। जिनका आज प्रसार है, प्राचीनकाल में उनके पूर्वरूपों का व्यवहार-क्षेत्र अत्यन्त सीमित था; जिनका आज अस्तित्व नहीं है, प्राचीनकाल में उनका अस्तित्व था, अनेक का व्यापक व्यवहार-क्षेत्र था। आधुनिक भाषा-परिवारों की संख्या की तुलना में प्राचीन भाषा-परिवारों की संख्या बहुत अधिक थी। संख्या अधिक थी; उनका व्यवहार-क्षेत्र सीमित था।

अंग्रेज़ी आज उत्तरी अमरीका, दक्खिनी अफ्रीका, आस्ट्रेलिया, न्यूज़ीलैण्ड आदि संसार के अनेक द्वीपों-महाद्वीपों में बोली जाती है। अभी चार सौ साल पहले वह केवल इंग्लैण्ड की भाषा थी। पाँचवीं सदी से पहले अंग्रेज़ों के पुरखे इंग्लैण्ड पहुँचे न थे; अंग्रेज़ी के पूर्वरूप जर्मनी में बोले जाते थे। उससे अनेक शताब्दियाँ पहले जर्मन समुदाय की गणभाषाएँ किसी ऐसे क्षेत्र में बोली जाती थीं जो भारतीय आर्य भाषाओं के पास में था। इस प्रकार प्राचीन भाषाई भूगोल आधुनिक भाषाई भूगोल से बहुत भिन्न था।

दूसरी आवश्यक बात यह है किसी एक भाषा-परिवार को पूर्ण स्वाधीन, स्वायत्त व्यवस्था न मानकर हम क्षेत्रीय आधार पर अनेक भाषा-परिवारों के सन्दर्भ में उसकी निर्माण-प्रक्रिया का अध्ययन करें। इस अध्ययन में प्राचीन और नवीन मानक

भाषाओं से सम्बन्धित सामग्री के अलावा जो भी गैरमानक बोलियों से सम्बन्धित सामग्री सुलभ हो, उसका उपयोग करें।

तीसरी यह कि भाषातन्त्र को गतिशील मानते हुए प्राचीन भाषाओं के ध्वनितन्त्र, शब्दतन्त्र और विन्यासतन्त्र पर हम अपनी आधुनिक धारणाओं को आरोपित न करें। उदाहरण के लिए हम भाषा को एक सुनिश्चित, बहुत कुछ स्थायी तन्त्र मानने के आदी हैं। ऐतिहासिक और तुलनात्मक विश्लेषण से यह तन्त्र न तो सुनिश्चित सिद्ध होता है, न स्थायी। भाषातन्त्र में परस्पर विरोधी प्रवृत्तियाँ काम करते देखी जा सकती हैं; इसका कारण अनेक केन्द्रों के बीच भाषातत्वों का विनिमय है, आपसी सम्पर्क है। यह सम्पर्क शान्तिपूर्ण होता है, अशान्तिपूर्ण भी।

चौथी बात यह कि प्राचीन भाषाओं की शब्द-सामग्री का तुलनात्मक विवेचन करते हुए अर्थप्रक्रिया की विशेषताएँ ध्यान में रखनी चाहिए। **दास** उसे कहते हैं जो खरीदा और बेचा जाय, मालिक के लिए किसी निश्चित पगार के बिना मेहनत करे। इससे यह न समझना चाहिए कि प्राचीन काल में **दास** शब्द सर्वत्र इसी अर्थ में प्रयुक्त होता था।

पाँचवीं बात यह कि उक्त विवेचन करते समय प्राचीन जनों की सामाजिक परिस्थितियों के साथ उनकी सांस्कृतिक परिस्थितियों को भी उस विशद सन्दर्भ में सम्मिलित कर लेना चाहिए जिसके बिना अर्थ-प्रक्रिया का विवेचन असम्भव है। संस्कृत **नाग** और अंग्रेज़ी **स्नेक्** एक दूसरे के प्रतिरूप हैं और दोनों का अर्थ साँप है, इतना कहना काफ़ी नहीं है। इस शब्द की अर्थप्रक्रिया का सांस्कृतिक सन्दर्भ यह है कि कुछ गण समाज यह विश्वास करते थे कि साँप पानी में ही रहता है, वह पानी चाहे नदी और झील का हो, चाहे धरती के नीचे एक कल्पित पाताल लोक का हो। ये गण समाज मानते थे कि सर्प ही नहीं, हाथी भी पानी में रहता है। इसलिए **नाग** शब्द का व्यवहार हाथी के लिए भी हुआ। अर्थ-प्रक्रिया को उसके सांस्कृतिक सन्दर्भ से जोड़ दें तो यह बात समझ में आ जायगी कि **नाग** का अर्थ कश्मीरी में निर्झर और संस्कृत में साँप तथा हाथी क्यों है। तब **स्नेक्** और **नाग** का सम्बन्ध, मात्र दो ध्वनिरूपों का सम्बन्ध न रह-कर, वास्तव में सार्थक ऐतिहासिक सम्बन्ध बनेगा। विवेचन की इस पद्धति से अनेक शब्दों के मूल स्रोतों को पहचानने में सहायता मिलेगी।

सुमेरी जनों का विश्वास था कि धरती के नीचे जलमय पाताललोक है। उसका नाम **अब्ज़ु** है। बाबुली जन समुद्र के देवता को **अप्सु** कहते थे। **अप्सु** और **अब्ज़ु** का सम्बन्ध संस्कृत **अपस्** से है। **अपस्** का पूर्वरूप **अभस्** है; इसका वैकल्पिक रूप संस्कृत **अम्भस्** है। संस्कृत **अभ्र** (बादल) का सीधा सम्बन्ध **अभस्** से है। सुमेरियन में **अब्ज़ु** विद्यमान है। इसका अर्थ यह है कि **अभस्** रूप तीसरी सहस्राब्दी ई० पू० में बदलकर **अब्ज़ु** बन चुका था; स्वभावतः **अब्ज़ु** की अपेक्षा **अभस्** और भी प्राचीन है।

अभस् का एक वैकल्पिक रूप **इभस्** भी यहाँ प्रचलित था। जैसे **नाग** का सम्बन्ध जल से था, वैसे ही **इभस्** का सम्बन्ध जल से था; जैसे **नाग** का एक अर्थ हाथी था, वैसे ही **इभस्** का अर्थ हाथी था। इस **इभस्** में निर्देशक सर्वनाम ऍल् जोड़कर यूनानियों ने

अॅलॅफस् रूप बनाया। इस रूप के आधार पर हाथीदाँत के लिए उन्होंने **अॅलॅफन्तॉस्** शब्द गढ़ा। यही अंग्रेज़ी का **अॅलीफ़ॅन्ट्** है। जैसे **नाग** का एक अर्थ साँप था, वैसे ही **इभस्** का भी एक अर्थ साँप था। यह बात हम ग्रीक रूप **ऑफिस्** (साँप) से जानते हैं। इसका प्रतिरूप संस्कृत **अहि है**। **अहि** का पूर्वरूप **अभि** होगा, **ऑफिस्** का पूर्वरूप **ऑभिस्** होगा। **अहि** के समानान्तर **इह** का चलन रहा हो तो उसका पूर्वरूप **इभ** होगा। मानक ग्रीक में **ऑफिस्** रूप है तो आयोनियन या इओनिक में **इभस्** का रूपान्तर **इऑस्** (साँप) है। मानक ग्रीक में ही **ऑफिस्** का सम्बन्ध-रूप **अॅओस् है**। इससे विदित होता है कि साँप के लिए जलवाचक **अभस्, ऑभस्, अॅभस्** तीनों रूपों का व्यवहार होता था। होमर के काव्य में **अॅलॅफन्तॉस्** शब्द का प्रयोग हुआ है। होमर का समय ८०० ई० पू० के लगभग माना जाता है।

जैसे **अभस्** का एक रूपान्तर **अपस्** हुआ, वैसे ही **इभस्** का एक रूपान्तर **इपस्** था। संस्कृत **द्वीप और अन्तरीप** में **आपस्** का वैकल्पिक रूप **ईपस् है**। **अपस् और आपस्** दोनों रूपों का चलन था; वैसे ही **इपस् और ईपस्** रूपों का भी चलन था।

उक्त उदाहरणों से विदित होगा कि अर्थ-प्रक्रिया जानने के लिए सांस्कृतिक पृष्ठभूमि का ज्ञान कितना महत्वपूर्ण है।

अप्सु, अब्जु अपस्, ऑफिस् आदि के पूर्वरूपों में सघोष महाप्राण स्पर्श ध्वनि **भ्** का अस्तित्व असन्दिग्ध है। ऐसी सघोष महाप्राण स्पर्श ध्वनियों के व्यवहार का प्रमाण संसार की किसी प्राचीन भाषा के अभिलेखों में नहीं है, वह भाषा चाहे इंडोयूरोपियन परिवार की हो, चाहे सामी, सुमेरी या किसी अन्य परिवार की। ये ध्वनियाँ भारत की आर्य भाषाओं में अब भी प्रयुक्त होती हैं, वैदिक काल में प्रयुक्त होती थीं। यह तथ्य इन ध्वनियों के व्यवहार की प्राचीनता ही सिद्ध नहीं करता, वह इस व्यवहार की अटूट निरन्तरता भी प्रमाणित करता है। जिन शब्दों के स्रोत रूपों में **घ्-ध्-भ्** का अस्तित्व प्रमाणित होता है, उन्हें निस्सङ्कोच प्राचीन आर्य गण भाषाओं की सम्पदा मानना चाहिए।

ऐतिहासिक भाषाविज्ञान में ध्वनितन्त्र की प्रधान समस्या है उन रूपों का पता लगाना जिनमें उक्त स्पर्श ध्वनियों का व्यवहार होता था और आगे चलकर जिनमें ये ध्वनियाँ बदल गईं। ऐतिहासिक भाषाविज्ञान में ध्वनितन्त्र के साथ शब्दतन्त्र की भी यह प्रधान समस्या है कि शब्द-रचना-प्रक्रिया में **घ्-ध्-भ्** की भूमिका किस कोटि की है।

ये ध्वनियाँ इंडोयूरोपियन परिवार की अभारतीय भाषाओं में ही परिवर्तित नहीं होतीं, वे भारतीय आर्य भाषाओं में भी भिन्न रूपों में ग्रहण की जाती हैं। वैदिक भाषा सुदीर्घ भाषाई विकास परम्परा का परिणाम है। वैदिक भाषा में उक्त ध्वनियों वाले प्राचीन रूप हैं यथा **अम्भस्**, और उन ध्वनियों के विकारों वाले रूप भी हैं यथा **अपस्**। इसलिए यह बात बहुत स्पष्ट समझ लेनी चाहिए कि **घ्-ध्-भ्** ध्वनियों के व्यवहार की परम्परा वैदिक भाषा के निर्माण काल से बहुत पुरानी है।

जो लोग मानते हैं कि इन ध्वनियों का आदि व्यवहार क्षेत्र भारत से बाहर था, उन्हें इस तथ्य की कैफियत देनी चाहिए कि भारत के द्रविड़-बहुल भाषाई परिवेश में इन

ध्वनियों का व्यवहार क्यों होता रहा और अन्यत्र उनका लोप क्यों हो गया। कहना अनावश्यक है कि भारत में द्रविड़ परिवार के अलावा नाग और कोल परिवारों में भी सघोष महाप्राण स्पर्श ध्वनियों का व्यवहार न होता था।

घ्-ध्-भ् ध्वनियों वाले शब्दों के रूपान्तर केवल इंडोयूरोपियन परिवार की भाषाओं में नहीं, द्रविड़ परिवार की भाषाओं में भी मिलते हैं। ऐसे शब्दों के विवेचन में अखिल भारतीय भाषाई परिवेश को ध्यान में रखना युक्तिसंगत है।

३. ध्वनितन्त्र सम्बन्धी मूल स्थापनाएँ

(क) अ, अॅ, ऑ

किसी शब्द के प्रतिरूप पहचानते समय स्वरों के स्वच्छन्द संचरण की प्राचीन स्थिति याद रखनी चाहिए। स्वच्छन्द संचरण से आशय यह है कि संस्कृत **तरति** और **तिरति** का अर्थ एक है यद्यपि प्रथम वर्ण का स्वर दोनों रूपों में भिन्न है। **जीर्ण** और **जूर्ण**, **गान** और **गीत**, **स्फाति** और **स्फीत**, **स्फट्** और **स्फुट्**, **स्थान** और **स्थित**, **मद्** और **मुद्** आदि के क्रियामूलों का अर्थ एक है यद्यपि मूल वर्ण का स्वर भिन्न है। इसका कारण यह है कि **अ, इ, उ** अथवा **अ, अॅ, ऑ** स्वरों का विकास अलग केन्द्रों में हुआ; इन केन्द्रों में परस्पर सम्पर्क के फलस्वरूप जब भिन्न स्वरों किन्तु समान अर्थ वाले शब्द एक ही भाषा-व्यवस्था में सिमट आये, तब ऐसी स्थिति उत्पन्न हुई मानो स्वरों का स्वच्छन्द संचरण हो रहा हो, मानो शब्द में किसी भी स्वर का प्रयोग कर दो, अर्थ में भेद न होगा। वास्तव में केन्द्रों के परस्पर सम्पर्क में आने के दो परिणाम हुए; पहला यह कि भाषा व्यवस्था में **अ, इ, उ** तीन भिन्न स्वरों के सिमट आने से इनका अर्थभेदक उपयोग किया जाने लगा और भाषा की शब्द-निर्माण-क्षमता, रूपभेद के साथ अर्थभेद व्यक्त करने की क्षमता, तेज़ी से बढ़ी; दूसरी ओर इस नयी भाषा-व्यवस्था में वे तमाम शब्द सिमट आये जो भिन्न स्वरों से बने थे किन्तु समानार्थी थे। स्वभावतः प्राचीन भाषा-परिवारों की शब्द-सम्पदा का विवेचन करते हुए उक्त कोटि के शब्दों का अपना महत्व है।

किसी भाषा की ध्वनि-प्रकृति धीरे-धीरे ही बदलती है और कभी उसके लक्षण बिल्कुल नहीं बदलते। मागध भाषा समुदाय की उत्तराधिकारी आधुनिक भाषाओं को देखिये। ह्रस्व **अ** के स्थान पर ह्रस्व **ऑ, ओॅ** का चलन अब भी है। ककहरा पढ़ते समय कौरवी क्षेत्र के लोग **कै, खै, गै** कहते हैं, मागधी क्षेत्र के **कौ, खौ, गौ**, कोसली क्षेत्र के **का, खा, गा**। मोटे तौर पर यह भेद प्राचीन आर्य गण भाषाकेन्द्रों के स्वरभेद का सूचक है। गुजराती **बेन्**, बँगला **बोन्**, अवधी **बहिनी** में उसी कोटि का भेद है।

इसे हम अखिल भारतीय भेद भी कह सकते हैं। तमिल **नदु** और **नुदु** (बुझाना), **पिणइ** और **पुणइ** (संयुक्त होना), कन्नड़ **चम्बु, चॅम्बु, चॉम्बु** (तांबा), **पच्चु, पॅच्चु, पुच्चु** (पागलपन) आदि उदाहरणों में उसी तरह का स्वरभेद है।

तमिल **किर्पु, कॅर्पु** (शक्ति), मलयालम **इड, अॅड** (स्थान), तुलु **इरॅ, अॅलॅ** (पत्ती), कन्नड़ **इडरु, अॅडरु** (अवरोध), तमिल **उडइ, ऑडि** (तोड़ना), **उलम्बु, ऑलि** (गरजना),

उक्कलइ, ऑक्कलइ (नितम्ब), तेलुगु **उलियु, ऑलियु** (हिलाना) आदि उदाहरणों से स्पष्ट होगा कि **इ** और **ॲ**, **उ** और **ऑ** का भेद सदा अर्थविच्छेदक नहीं है। जैसे अवधी में कहें **बॉलावत** है, मानक हिन्दी में कहें **बुलाता** है, **ऑ** और **उ** के व्यवहार से अर्थभेद नहीं होता।

द्रविड़ भाषाओं में **अ, ॲ, ऑ** की स्थिति से यूनानी गणभाषाओं में इन स्वरों की स्थिति तुलनीय है। बी. ऐफ. सी. ऐटकिन्सन ने अपनी पुस्तक **दि ग्रीक लैंग्वेज** (दूसरा संस्करण, लन्दन; १९५२) में बताया है कि मूल **ऋ** स्वर के स्थान पर अत्तिक में जहाँ **अर्** और **र** है, वहाँ इओलिक बोलियों में **ऑर** और **रॉ** का व्यवहार होता है यथा **स्त्रतॉस—स्त्रॉतॉन्** (सेना, पड़ाव), **ब्रखुस्—ब्रॉखॅअ** (थोड़ा), **दमर्—दॉमॉर्तिस्** (पत्नी) (पृष्ठ १९६)। इन उदाहरणों में पहला रूप अत्तिक है, दूसरा इओलिक। अन्तिम उदाहरण में **मर्** और **मॉर्** का भेद ही नहीं है, **द** और **दॉ** का भेद भी है। दूसरे उदाहरण में **खु** और **खॅ** का भेद देखने योग्य है। इओलिक में **ऑ को उ करने** की प्रवृत्ति वैसे ही है जैसे द्रविड़ भाषाओं में। मानक ग्रीक रूप **मॉगिस्** (कठिनाई से) का इओलिक प्रतिरूप **मुगिस्** है। इओलिक बोली समुदाय के अन्तर्गत थॅसली की बोली है। इसमें **अ** को **ॲ** बोलने की प्रवृत्ति है। मानक रूप **दिअ** (दिव, देव) के लिए इसमें **दिॲ** का प्रयोग होता है। ऐटकिन्सन कहते हैं कि अन्य बोलियों के क्रियापदों में जहाँ अन्तिम संयुक्त स्वर **अइ** है, वहाँ इस बोली में **ॲइ** है। यह स्थिति तमिल में, विशेषकर बोलचाल वाले रूप में, **ॲइ** के व्यवहार से तुलनीय है।

अत्तिक-इओलिक बोलियों के लिए ऐटकिन्सन कहते हैं कि इनमें मूल **आ** स्वर **ए** रूप में ग्रहण किया जाता है। दोरिक **मातेर्** का अत्तिक प्रतिरूप **मेतेर्** है। **ऑ-ॲ-अ** स्वरों वाले समानार्थी शब्द मानक भाषा में आ मिले हैं: **पॅलो** और **पॉलॅओ** (जाना, घूमना), **अक्तिस्** और **ऑक्तिस्** (शृंग)।

आर्य-द्रविड़ भाषाओं में **अ-ॲ-ऑ** स्वरों की जो स्थिति है, उससे मिलती-जुलती स्थिति यूनानी भाषाओं में इन स्वरों की है। यह समानता आकस्मिक नहीं हो सकती। शब्दों के पुराने रूपों का विवेचन करते समय हमें इस स्थिति का सामना करने के लिए तैयार रहना चाहिए कि एक रूप **भर्** है, तो उसके साथ समानार्थी रूप **भॅर्** और **भॉर्** भी हैं; एक रूप **पर्** है तो समानार्थी रूप **पॅर्** और **पॉर्** भी हैं।

(ख) र्, स्, न्

जिन शब्दमूलों में **घ्-ध्-भ्** ध्वनियों का व्यवहार होता है, उनमें बहुधा **र्** का प्रयोग भी होता है। जैसे **घर्म** (घाम, ऊष्मा) के **घर्**, **भ्रम्**(घूमना) के **भर्**, **धारा** (प्रवाह) के **धर्** में **र्** है। **घ्-ध्-भ्** की भूमिका समझने के लिए इस **र्** के रूपान्तरों को ध्यान में रखना आवश्यक है।

र् का पहला रूपान्तर वह है जहाँ यह ध्वनि **न्** (अथवा **ङ्, ञ्, म्**)रूप में ग्रहण की जाती है। संस्कृत **कर्कोट** (एक नाग), **मर्कट** (बन्दर), **घर्ष** (घिसाई), **कर्ष** (खिंचाई) प्राकृत में क्रमशः **कङ्कोड, मङ्कुण, घंस, खञ्च** हैं। संस्कृत के ह्रासकाल में और प्राकृत

(या प्राकृतों) के विकासकाल में यह प्रवृत्ति उत्पन्न हुई हो, ऐसा नहीं है। संस्कृत में **ऊधर्-ऊधन्** (थन), **भर-भण्डन** (युद्ध), **क्रथ्-क्नथ्** (मारना), **स्रु-स्नु** (बहना, टपकना) से विदित होता है कि यह प्रवृत्ति काफी पुरानी है। द्रविड़ भाषाओं पर ध्यान दें तो इस प्रवृत्ति की अखिल भारतीयता का बोध होगा। तमिल **मरम्** मल्तो **मनु** (पेड़), गोंडी **र्मामिग्**, तमिल **मणम्** (व्याह), तमिल **मुरुडु** और **मुण्डु** (हठ), **करुङ्ङु** और **कुङ्ङु** (क्षीण होना) से उक्त धारणा की पुष्टि होगी।

र्-न् ध्वनियों का ऐसा ही सम्बन्ध भारत से बाहर इंडोयूरोपियन परिवार की भाषाओं में है। ग्रीक **हुद्रइनों** (सींचना), **हुन्देस्** (सींचा हुआ); **ग्रीकअर** (वक्रता), लैटिन **अर्कुस्** धनुष, ग्रीक **अङ्कॉस्** (मोड़), **अङ्गुलुस्** (कोण); ग्रीक **प्लेरॉओ** (भरना), लैटिन **प्लेनुस्** (भरा हुआ); ग्रीक **मुरो** (बहना), लैटिन **मनो** (उप०); लैटिन **मुरुस्** (नगर-कोट), **मूनिओ** (चारों ओर दीवाल बनाना); इन उदाहरणों में **न्** ध्वनि **र्** का स्थान लेती देखी जा सकती है।

हिन्दी प्रदेश में **र्** के स्थान पर **न्** का व्यवहार हो सकता है, यह बात हमारी सामान्य भाषाई चेतना से बाहर है किन्तु **लोन** और **नोन** (नमक) के सम्बन्ध से हम अच्छी तरह परिचित हैं। जिन भाषाओं में **र्** के स्थान पर **ल्** का व्यवहार अधिक होता है, उनमें **न्** इस **ल्** का स्थान लेता है। संस्कृत **सर्** (बहना, चलना) का कोलमि प्रतिरूप **सॅर्** है, कुइ **सल्ब** (चलना) का गदब प्रतिरूप **सॅन** है; इसी क्रम में तमिल **चॅल्** (बहना, चलना) और पर्जि **चॅन्** (जाना) हैं। द्रविड़ भाषाओं की इस ध्वनिश्रृंखला के अनुरूप संस्कृत **सूर** (सूर्य), लैटिन **सोल्**, अंग्रेजी **सन्** हैं। यूनानी बोलियों में दोरिक मानक भाषा के **ल्** के स्थान पर बहुधा **न्** का प्रयोग करती है यथा मानक **फिल्ततॉस्** (सर्वाधिक प्रिय) का दोरिक प्रतिरूप **फिन्ततॉस्**।

संस्कृत में **ऊधर्** के साथ **ऊधन्** के अतिरिक्त अन्य रूप **ऊधस्** भी है। इसी प्रकार **इरा-इष** (पेय), **वर-वसु** (श्रेष्ठ), **वार-वास** (आवरण, वस्त्र) में **र्** के स्थान पर **स्** है। द्रविड़ भाषाओं में तेलुगु **एरु** के साथ कुइ **एसु** (नदी), तमिल **पॅरुक्कु** के साथ कुइ **पॅस्क** (बटोरना), तेलुगु **मॉरुगु** के साथ कुइ **मुस्क** (भूँकना), तमिल **मारु** के साथ कुइ **मास्क** (बदलना), कोत **वॅर्ग** के साथ **वॅस्क** (ईंधन) रूप दर्शनीय हैं। तमिल **कर्**, **कल्**, **कन्** और तोद **कष** का अर्थ है पत्थर। यहाँ **र्-ल्-न्-स्** का आपसी सम्बन्ध स्पष्ट है। इटालियन **स्तरे** (खड़े होना), ग्रीक **स्तलिस्** (स्थिर) और **स्तसिस्** (खड़े होने की क्रिया), ग्रीक **थ्रॉनॉस्** (बैठने का स्थान) और **थस्सो** (बैठना), ग्रीक **नारॉस्** (प्रवहमान) और **नस्मॉस्** (धारा), इसी भाषा में **थेलजो** और **थेसइ** (दूध पिलाना) रूप यह सिद्ध करते हैं कि **र्** के स्थान पर **स्** का व्यवहार भारत से बाहर यूरुप की भाषाओं में भी होता रहा है।

र्-स्-न् इन तीन अन्तस्थ ध्वनियों का इतना गहरा सम्बन्ध है कि यह कहना सरल नहीं है कि **न्** कहाँ **र्** का रूपान्तर है, कहाँ **स्** का। संस्कृत **वेष्ट** (घेरा) का प्राकृत प्रतिरूप **विण्ट** है; संस्कृत **अस्थि** का प्राकृत प्रतिरूप **अण्ठि** (हड्डी) है। यहाँ **स्** ध्वनि **न्** रूप में ग्रहण की गई है। तुलु में **नसॅ** (नम) के साथ **ननॅ** है; तमिल **नजइ** (नमी) से प्रतीत होता है कि **नसॅ** मूल रूप है, **स्** ध्वनि एक जगह **च्** (या **ज्**) रूप में ग्रहण की गई,

दूसरी जगह **न्** रूप में। **न्** का रूपान्तर **च्** होगा, इसकी सम्भावना नहीं है। संस्कृत **हस्त** की संगति इसी प्रकार अंग्रेज़ी **हैन्ड्** से बैठती है। ग्रीक **ज़ोस्तेर्** और **ज़ोने** (कटिबन्ध) समानार्थी हैं; सम्भव है, यहाँ भी **न्** का पूर्वरूप **स्** हो।

संस्कृत **खन्** (खोदना) का लिथुआनियन प्रतिरूप **कस्ति** है। संस्कृत **कर्त** (गड्ढा) में खोदने का अर्थ देने वाली **कर्** क्रिया है; इसकी पुष्टि तुलु **कर्पु** (गड्ढा), कन्नड़ **कप्पु** (खोदना), तमिल **कल्लु** (उप०) से होती है। **कर्पु** वह गड्ढा है जो खोदने से बनता है। तमिल **कल्ल** में **कल्** क्रियामूल **कर्** का प्रतिरूप है; **कल्ल** संस्कृत **कर्त** का रूपान्तर है। इस स्थिति में **खन्** का **न्** और **कस्ति** का **स्** दोनों **र्** के स्वतन्त्र रूपान्तर हो सकते हैं।

र् की तरह **ल्** ध्वनि **न्** में बदलती है; **न्** ध्वनि भी **ल्** में बदलती देखी जाती है। अवध के गाँवों में **नम्बरदार** को लोग **लम्बरदार** कहते थे (अब इस शब्द के प्रयोग की आवश्यकता समाप्त हो गई है), **नील** को **लील** अब भी कहते हैं। बँगला में इसी प्रकार कुछ लोग **नया** को **लया**, **निचु** (नीचा) को **लिचु** कहते हैं। निष्कर्ष यह कि किसी शब्द के **ल्**, **न्** वाले दो रूपों में **ल्** वाला रूप अनिवार्यतः पुराना नहीं होता। **र्**, **न्** वाले दो रूपों में **र्** वाला रूप पुराना होगा, यह बात अधिक विश्वास से कही जा सकती है किन्तु **न्** वहाँ **स्** का विकास भी हो सकता है और वह **स्** किसी अन्य रूप के **र्** का।

(ग) गम्, गत

अम्भस् और **अभस्** का सम्बन्ध पहचानने के लिए संस्कृत **गम्**, **मन्**, **हन्** क्रियाओं के **गत**, **मत**, **हत** कृदन्त रूपों पर विचार करना चाहिए। संस्कृत **भद्र** के अवधी प्रतिरूप **भल**, संस्कृत **भक्त** के कश्मीरी प्रतिरूप **बत**, सिन्धी **रंध** (राँधना) के कृदन्त रूप **रधो** के समान द्रविड़ भाषाओं में प्रथम वर्ण के स्वर को दीर्घ किये बिना दो व्यंजनों में एक का लोप करने की प्रवृत्ति है। यह सम्भव है कि अनेक रूपों में एक निरर्थक **न्** ध्वनि जोड़ दी गई हो पर **गम्** और **गतः** के सम्बन्ध को देखते हुए कहना होगा कि **अभस्** बड़े मज़े में **अम्भस्** का रूपान्तर हो सकता है। तमिल **उरु** (जलना) से एक रूप बना **उरुप्पम्**, दूसरा **उरुमम्** (गर्मी)। **उरुप्पम्** के एक **प्** का लोप हुआ, दूसरे का **म्** में कायाकल्प हुआ; तब **उरुमम्** की प्राप्ति हुई। इसी **उरु** से एक रूप बना **उक्कि**, दूसरा **उगॅ**। तमिल **अञ्जु**, कुइ **अज** (डरना); संस्कृत **अष्टि** (अवधी अँठुली), प्राकृत **अण्ठि**, मलयालम **अण्डि** (गुठली), मल्तो **अटि**; पालि **मङ्कु** (उलझन में पड़ा हुआ मन), कन्नड़ **मङ्कु** (मूढ़ता) और कन्नड़ में ही **मक** (मूढ़ता), कोत में **मङ्ग्** और **मग्** (मुरझाना); इन उदाहरणों से आदि वर्ण को ह्रस्व करने के लिए एक व्यंजन के लोप की प्रवृत्ति सिद्ध होती है।

संस्कृत की **तन्** (बुनना, ढाँकना) क्रिया से एक ओर **तन्तु** और **तंत्र** जैसे रूप बनते हैं, दूसरी ओर **ततः** (ढँका हुआ) रूप बनता है जिसमें **न्** का लोप हुआ है। ग्रीक रूप **तॅतताॅ** (तना हुआ) में भी **न्** लुप्त है। संस्कृत **हन्** (मारना) से जैसे **हतः** रूप बनता है, वैसे ही ग्रीक **फॅनो** (मारना) से अन्य पुरुष का भूतकालिक एकवचन रूप **पॅफतइ** बनता है। **अरॅइ-फताॅस्** का अर्थ हुआ युद्ध में मारा हुआ; यहाँ **फताॅस्** सीधा **हतः** का

प्रतिरूप है। लैटिन क्रिया **फिङ्गो** (बनाना) से संज्ञा रूप **फिगूर** (आकार) बना जिसमें **न्** का लोप किया गया है। संस्कृत **हंस** के पूर्व रूप **घंस** के आधार पर लिथुआनियन में **झ़सिस्** शब्द का चलन हुआ। द्रविड़ भाषाओं में तुलु **कर्पु** (गड्ढा) क्रियामूल का **र्** बनाये हुए है; कन्नड़ **कप्पु** (गड्ढा) में र् का लोप हुआ, व्यंजन द्वित्व से **र्** के अभाव की पूर्ति हुई। तेलुगु **काबु** (गड्ढा, कूप) में क्षतिपूर्ति के लिए आदि वर्ण के स्वर को दीर्घ किया गया। यही स्थिति तेलुगु **काबु** के संस्कृत प्रतिरूप **कूप** की है किन्तु रूसी **कॉपात्** (खोदना) में **र्** का लोप हुआ और किसी तरह क्षतिपूर्ति भी नहीं की गई। संस्कृत **पञ्च**, ग्रीक **पॅन्तॅ** के रूसी प्रतिरूप **प्यत्** (अथवा **पॅत्**) की यही स्थिति है।

(घ) र्, य्, व्

र् अर्ध स्वर है; उसके स्थान पर अन्य अर्ध स्वर **य्, व्** का प्रयोग आसानी से होता है। संस्कृत **धरुण** (पानी) और **धारा** में क्रियामूल **धर्** है; इसका रूपान्तर **धव्** (बहना) है। **धरण** (स्तन), **धारु** (दूध पीता हुआ) की **धर्** क्रिया का रूपान्तर **धय्** (पीना) है। इसी प्रकार संस्कृत **पार** (पान पात्र) की **पर्** क्रिया (पीने के लिए तमिल **परगु** में यही क्रियामूल है) का रूपान्तर संस्कृत **पयस्** (जल, दूध) है। **र्** के स्थानापन्न **य्, व्** पूर्व स्वर को प्रभावित करते हुए अन्तर्धान हो सकते हैं; **य्, व्** में रूपान्तरित हुए बिना भी **र्** पूर्वस्वर को प्रभावित कर सकता है। **धर्** के रूपान्तर **धय्** से **धेनु** (जो दूध पिलाये) शब्द बना; **पर्** के रूपान्तर **पय्** से **पीना** का **पी** क्रियामूल बना। **पर्** से सीधे संस्कृत **पा** (पीना) रूप बन सकता है, **पव्** जैसे रूप की मंज़िल पार करना आवश्यक नहीं है। लैटिन **पोतो** (पीना) सीधे **पर्** से बन सकता है, **पव्** से भी; रूसी **पीत्** (पीना) का आधार **पय्** हो सकता है, **पॅर्** भी। लैटिन **फ़ॅल्लो** (दूध पिलाना) में **फ़ॅल्** क्रियामूल **धॅर्** का रूपान्तर है; यह **ल्** पूर्वस्वर को, **र्** के समान, प्रभावित करके लुप्त होता है, तब लैटिन का **फ़ेमिन** (नारी; दूध पिलाने वाली) रूप सुलभ होता है। तमिल **वरु** (आना) के गोंडी प्रतिरूपों **वइआना, वायाना** में **र्** इसी प्रकार **य्** में रूपान्तरित हुआ है। संस्कृत **करोति** की आधार क्रिया **कर्** के कन्नड़ प्रतिरूप **कॅय्** और **कइ** हैं, तमिल प्रतिरूप **चॅय्** (करना) है। **य्** और **व्** ध्वनियाँ स्वयं भी **र्-ल्** में बदल सकती हैं यथा अवधी **धॉवाई** और मानक हिन्दी का **धुलाई,** संस्कृत **स्वप्** (सोना) और अंग्रेज़ी **स्लीप्**। कन्नड़ में **ऑय्यनॅ** का प्रतिरूप **ऑल्लनॅ** (धीरे-धीरे) है; यहाँ भी **य्-ल्** का वैसा ही सम्बन्ध देखा जाता है। **य्** और **व्** दो भिन्न केन्द्रों की ध्वनियाँ हैं; संस्कृत **नव**, हिन्दी **नया,** संस्कृत **मृगया**, पालि **मिगवा,** वैदिक **कीवन्त,** संस्कृत **कियन्त**, तमिल **अवन्** (वह पुरुष), कोत **अयोन्** (उप०) आदि रूपों में **य्-व्** ध्वनियाँ स्वच्छन्द संचरण की स्थिति में हैं। मान लीजिये, भयसूचक एक **भर्** क्रिया है। इसके रूपान्तर **भय्** से संस्कृत **भीत, भीरु, भय** आदि रूप बने; **भय्** के प्रतिरूप **भव्** से ग्रीक **फॉबॉस्** (भय) का निर्माण हुआ।

द्रविड़ भाषाओं में **र्** के स्थान पर **ळ्, ऴ्, ण्** ध्वनियों का प्रयोग हो सकता है क्योंकि इन सभी में अर्ध स्वरों के समान स्पर्श-तत्व क्षीण है यथा तुलु **पर** (पुराना), कोडगु **पळॅ**, तमिल **पऴ** (उप०) और **पण्डु** (पुरानापन)। तुलु **पर्** के कोत प्रतिरूप **पय्**

और तोद प्रतिरूप **पाव्** में **र्** के स्थान पर **य्, व्** का व्यवहार हुआ है। इनमें कोई भी ध्वनि पूर्व स्वर को प्रभावित करके लुप्त हो सकती है। प्रभावित होनेवाला स्वर **ए, ओ, आ** कोई भी रूप धारण कर सकता है। मार्ग के लिए तुलु **परि,** कन्नड़ **पादि,** तोद **पाक्,** तमिल **पोक्कु** में एक ही क्रियामूल **पर्** भिन्न भाषाओं में **पा, पो** रूप धारण करता दिखाई देता है। इसी प्रकार तमिल **परइ** (बोलना) और **पेजु** (उप०) परस्पर सम्बद्ध हैं। **र्** तथा अन्य अन्तस्थ ध्वनियों के परिवर्तन और लोप को ध्यान में रखने से किसी शब्दमूल के समानार्थी प्रतिरूपों को पहचानने में सुविधा होती है। ये ध्वनियाँ पूर्व स्वर को प्रभावित किये बिना भी लुप्त हो सकती हैं, यह पहले कहा जा चुका है।

(ङ) र् की आदिस्थानीय भूमिका

घ्-ध्-भ् के साथ शब्दमूलों में **र्** ध्वनि का प्रयोग सबसे अधिक होता है। **स्, न्, म्** आदि इसकी रूपान्तरित ध्वनियाँ प्रतीत होती हैं। शब्दमूल के अन्त में प्रयुक्त होने के साथ-साथ यह ध्वनि शब्दमूल के आरम्भ में भी प्रयुक्त होती है। **रघु, रुधिर, रन्ध्र, रम्भा** जैसे शब्द **र्** से आरम्भ होते हैं और अन्त्य वर्ण में **घ्-ध्-भ्** का साथ निबाहते हैं। **रभ्** (चाहना), **रिभ्** (गीत गाना), **रुध्** (ढाँकना), **राध्** (सफल होना) आदि क्रियामूलों में यही स्थिति है। **घर्म** की **घर्, धर्म** की **धर्, भर** (युद्ध) की **भर्** क्रियाओं का स्मरण करें तो शब्द-रचना-प्रक्रिया में **घ्-ध्-भ्** के साथ **र्** का महत्व उजागर होगा। ऐसी स्थिति में **घ्-ध्-भ्** की भूमिका का विवेचन करते समय **र्** की भूमिका पर बराबर निगाह रखनी चाहिए। भाषाविज्ञानी मानते हैं कि आदि इंडोयूरोपियन भाषा में यह **र्** ध्वनि सुप्रतिष्ठित थी पर वे इस बात की व्याख्या नहीं करते कि इस इंडोयूरोपियन परिवार के अनेक भाषा-समुदायों में इस ध्वनि का शब्द के आदिस्थान में व्यवहार क्यों नहीं होता। जिस हित्ती भाषा के दस्तावेजों को ऋग्वेद से प्राचीन माना जाता है, उसका कोई शब्द **र्** से आरम्भ नहीं होता। ग्रीक भाषा, मानक रूप और बोलियों, का कोई शब्द **र्** से आरम्भ तब होगा जब उसके पहले कोई स्वर, या स्वर के स्थान पर अर्ध स्वर **ह्** जोड़ दिया जाय। इसी प्रकार केल्त समुदाय की वेलश भाषा में **र्** से आरम्भ होने वाले शब्दों के बाद **ह्** जोड़ा जाता है। सम्भवतः ग्रीक भाषा की तरह वेल्श में भी इस **ह्** का उच्चारण **र्** से पहले होता है जैसे **ल्** से आरम्भ होने वाले प्रत्येक वेल्श शब्द के पहले **ह्** की समीपवर्ती **ख्** ध्वनि बोली जाती है। यह बात सही न हो तो भी यह निर्विवाद है कि वेल्श में आदिस्थानीय **र्** के बाद किसी स्वर का प्रयोग न होगा, केवल महाप्राण ध्वनि **ह्** का व्यवहार होगा अर्थात् **रेस** (नस्ल), **राइस** (चावल), **रबर** (रबड़) जैसे शब्द वेल्श भाषा में बाहर से आ सकते हैं, उसके अपने भाषा-समुदाय के नहीं हो सकते। यह स्थिति द्रविड़ भाषाओं में **र्** की भूमिका से तुलनीय है। न केवल तमिल वरन् अन्य द्रविड़ भाषाओं में भी आदिस्थानीय **र्** की भूमिका नगण्य है। **र्** से जो शब्द आरम्भ हो, उसके पहले एक स्वर का व्यवहार आवश्यक है। आर्य भाषाओं के आदिस्थानीय **र्** की सुरक्षा के लिए द्रविड़ परिवेश वैसे ही प्रतिकूल है जैसे किसी भी स्थान पर **घ्-ध्-भ्** की सुरक्षा के लिए। भाषाविज्ञानियों ने इस बात की कैफियत नहीं दी कि ऐसे प्रतिकूल

परिवेश में आर्यों का आदिस्थानीय र् सुरक्षित कैसे रहा, उधर द्रविड़-विहीन परिवेश की हित्ती और ग्रीक जैसी भाषाओं में आदिस्थानीय र् वर्जित कैसे हो गया।

(च) सघोष महाप्राण ध्वनियों की भूमिका

जो लोग मानते हैं कि टवर्गीय ध्वनियाँ आर्य नहीं द्रविड़ थीं, उन्हें बताना चाहिये कि द्रविड़ों ने **त्** को तो **ट्** कर दिया पर **ध्** को उन्होंने **ढ्** कैसे बना दिया क्योंकि कोई भी सघोष महाप्राण स्पर्श ध्वनि उनकी भाषाओं में थी नहीं। या तो हम यह मानें कि **ध्** के समान **ढ्** भी आर्य भाषाओं की ध्वनि थी या यह स्वीकार करें कि सघोष महाप्राण ध्वनियों की जड़ आर्य भाषाओं में इतनी गहरी थी कि द्रविड़ों से **ट्** प्राप्त करते ही आर्यों ने **ठ्** और **ढ्** की रचना भी कर डाली। भाषाविज्ञानी आदि इंडोयूरोपियन ध्वनियों में **ढ्** को स्थान नहीं देते। तब यह और भी बड़ा चमत्कार है कि द्रविड़ भारत में प्रवेश करने-वाले आर्यों ने मूल **घ्-ध्-भ्** की रक्षा ही नहीं की (इन ध्वनियों के अनेक रूपान्तर भारत में ही हुए पर वे मूल ध्वनियाँ सुरक्षित रहीं) वरन् एक नवीन मूर्धन्य **ढ्** की रचना भी कर डाली।

ढ् से मिलती-जुलती स्थिति **झ्** की है। आदि इंडोयूरोपियन ध्वनियों में **झ्** की गिनती नहीं है। द्रविड़ भाषाओं की मूल ध्वनियों में **ट्** को स्थान मिला है, **च्** को नहीं। द्रविड़ों के संसर्ग से, जब उन्होंने **च्** का विकास कर लिया तब, आर्यों ने भी **ढ्** के समान **झ्** की रचना की।

ढ् और **झ्** के विकास की व्याख्या चाहे जिस प्रकार की जाय, **घ्-ध्-भ्** के साथ उनका अस्तित्व निर्विवाद रूप से प्रमाणित करता है कि सघोषता के साथ महाप्राणता के संयोग की प्रवृत्ति भारतीय आर्य भाषाओं में अत्यन्त दृढ़ता से बद्धमूल है।

जैसे ग्रीक भाषा में **कइओ-दइओ** (जलाना) दो रूप दो भिन्न ध्वनिकेन्द्रों की ओर संकेत करते हैं, वैसे ही संस्कृत में **स्कम्भ** और **स्तम्भ** दो भिन्न ध्वनिकेन्द्रों की ओर संकेत करते हैं। हिन्दी क्षेत्र में **खड़े** और **ठड़े** (या **ठाढ़े**) रूप प्राचीन **स्क** और **स्त** केन्द्रों की देन हैं। फ़ारसी **ख़ाना** (स्थान) से लेकर खड़ी बोली के **खड़े** तक **स्क**-केन्द्र की परम्परा चली आई है और यह केन्द्र ईरान से लेकर हरियाणा तक है, यह तथ्य पहचानना कठिन नहीं है। बँगला में **खान** (स्थान) मध्यदेश और मगध को छोड़ता हुआ पहुँचा है। संस्कृत **स्था, स्थान** से लेकर **ठाढ़े** तक का क्षेत्र मध्यदेश है। इसी तरह **घ्-ध्-भ्** के भी केन्द्र हैं और वे पहचाने जा सकते हैं। यह सहज अनुमेय है कि जहाँ **क्-ख्** के केन्द्र होंगे, वहीं **ग्-घ्** के भी होंगे, जहाँ **त्-थ्** के केन्द्र होंगे, वहीं **द्-ध्** के केन्द्र भी होंगे। पर बात अनुमान मात्र की नहीं है।

जैसे संस्कृत **स्कम्भ** के साथ **स्कन्ध** रूप है, वैसे ही **स्तम्भ** के साथ **स्तन्ध** रूप का चलन था, यह बात अंग्रेजी **स्टैन्ड्** से हमें ज्ञात होती है। मूल क्रिया से कृदन्त रूप बनाने के लिए जैसे **ध** और **भ** का व्यवहार होता था, वैसे ही **घ** का उपयोग भी होता था। **स्तन्ध** के समानान्तर **स्तंघ** जैसे रूप प्रचलित थे। इसी **स्तंघ** का तमिल प्रतिरूप है **तङ्ङ्** (ठहरना, स्थिर होना)। बाँगरू क्षेत्र के **इंघे** और तमिल **इङ्गे** (यहाँ) में जैसी संगति

घ और **ग** की है (यहाँ ये स्थानवाचक प्रत्यय हैं), वैसी ही संगति **स्तंघ** और **तङ्ग्** के **घ** और **ग** की है। प्राकृत में **घर** के लिए **घंघ** शब्द है, वह इसी तरह बना है। **घंघ** रूप संस्कृत में नहीं है जैसे **स्तंघ** नहीं है क्योंकि कृदन्त रूपों के लिए मध्यदेश का मूल प्रत्यय **घ** था, **घ** नहीं, और संस्कृत की मूल सामग्री अधिकतर मध्यदेश की है। संस्कृत **घर्म** की **घर्** क्रिया के रूपान्तर **घन्** में **घ** प्रत्यय जोड़कर **घंघ** शब्द रचा गया, **घंघ** अर्थात् अग्नि-स्थान, घर। ब्राहूइ, अंग्रेज़ी, लिथुआनियन आदि में **अंग्**, **इंग्** प्रत्ययों का उल्लेख दूसरे खण्ड में हो चुका है। प्राकृत, तमिल, ब्राहूइ, लिथुआनियन आदि में एक प्रकार के रूपों की प्रचुरता हो और संस्कृत में उनकी विरलता हो तो उससे यही निष्कर्ष निकलेगा कि ऐसे रूपों का केन्द्र मध्यदेश के उत्तर और पश्चिम का प्रदेश है।

प्राकृत में अनेक 'देशज' हैं जो **घ्** से आरम्भ होते हैं और संस्कृत में नहीं हैं। **घंघल** (झगड़ा), **घंघोर** (घुमन्तू), **घंचिय** (तेली), **घण्ण** (छाती), **घत्त** (फेंकना), **घाण** (कोल्हू), **घिट्ठ** (कुबड़ा), **घूरा** (जाँघ), **घुसल** (मथना), **घोडिय** (मित्र) आदि शब्द उत्तर पश्चिमी आर्य भाषा केन्द्रों की अपनी शब्दसंपदा की ओर संकेत करते हैं। ये किसी भारत-ईरानी शाखा के अवशेष नहीं हैं, वे उत्तर पश्चिमी केन्द्रों की सनातन और निरन्तर गतिशील शब्द-रचना-प्रक्रिया का परिणाम हैं।

तालव्य और मूर्धन्य ध्वनियों के केन्द्र भी इसी उत्तर-पश्चिमी क्षेत्र में हैं। ग्रियर्सन ने अपने भाषा सर्वेक्षण ग्रन्थ के नवें खण्ड के पहले भाग में बताया है कि जम्मू के पहाड़ी इलाकों में आदिस्थानीय **द्** का उच्चारण मूर्धन्य होता है। पंजाब के शाहपुर ज़िले की थली बोली के लिए लिखा है कि **दे** (देना) क्रिया **डे** बोली जाती है। इसी नवें खण्ड के दूसरे भाग में उन्होंने गुजराती के लिए लिखा है कि राजस्थानी, पंजाबी, सिन्धी और मराठी के समान इसमें मूर्धन्य ध्वनियों का व्यवहार अधिक होता है। उत्तरी गुजरात में **तुँ** (तू) के लिए **टुँ**, **दीधो** (दिया) के लिए **डीढो** रूपों का चलन है। सिन्धी के **मुंढी** (मूड़, सिर), **ढ्रापणु** (तृप्त होना), **डद्रु** (दद्रु, दाद), **पोढ़ियो** (परिश्रम), **वेढ़ि** (वन) आदि रूप स्मरणीय हैं। मराठी के **ढग** (बादल), **ढवळा** (अव्यवस्था), **ढळ** (गलती), **ढांग** (टांग), **ढाण** (गीला), **ढाण्या** (खट्टा), **ढिरा** (अंकुर), **ढोमण** (नितम्ब) आदि बता रहे हैं कि **ढ्** का विकास केन्द्र किस दिशा में था और कैसे वह **ढ्**-मूलक शब्द-रचना में प्रवृत्त था। यही स्थिति **झ्** के विकास और प्रसार की है। **इझो** (यह), **उझो** (वह) जैसे रूप सिन्धी में हैं, **माझा** (मेरा) जैसे रूप मराठी में।

आर्य-भाषा-केन्द्रों में अति प्राचीनकाल से परस्पर आदान-प्रदान होता रहा है, अतः किसी भी एक केन्द्र की शब्द-सम्पदा शब्द-विनिमय से प्रभावित हुए बिना नहीं रही। ऐसी स्थिति में ध्वनि-केन्द्रों के क्षेत्र निश्चित करना सरल नहीं है और जो क्षेत्र निश्चित किये जायें, उनके विरोध में अनेक तर्क दिए जा सकते हैं। जो बात तर्कातीत है, वह यह कि **घ्-ध्-भ्** के समान **ढ्** और **झ्** ध्वनियों का व्यवहार भी भारत में ही होता है। मान लीजिए, चवर्गीय ध्वनियों के केन्द्र भारत के बाहर हैं। क्या कारण है कि वहाँ **च्-ज्** का विकास होता है (**च्** का अधिक, **ज्** का कम, **छ** का बिलकुल नहीं) किन्तु **झ्** का विकास नहीं होता? एक ही कारण हो सकता है कि भारतीय आर्य भाषाओं में

सघोष-महाप्राण ध्वनियों के व्यवहार की प्रवृत्ति ऐसी शक्तिशाली है कि च् की प्राप्ति के बाद वह झ् की रचना कर ही लेती है। इसी तरह, मान लीजिए, ट् ध्वनि आर्यों को द्रविड़ों से मिली, तो उसी प्रवृत्ति के वशीभूत होकर उन्होंने ढ् ध्वनि की रचना कर डाली। अंग्रेज़ों को अपना वर्त्स्य ट् चाहे जहाँ से मिला हो, वे न वर्त्स्य ठ् का व्यवहार करते हैं, न वर्त्स्य ढ् का। कारण यह कि अंग्रेज़ी, और जर्मन समुदाय की अन्य भाषाओं, का विकास उन क्षेत्रों में हुआ है जो सघोष महाप्राण ध्वनियों के केन्द्र से दूर थे। केवल जर्मन समुदाय की भाषाएँ नहीं, इंडोयूरोपियन परिवार की समस्त प्राचीन और नवीन भाषाएँ इन केन्द्रों से दूर रही हैं; इसीलिए उनमें न ढ् और झ् हैं, न घ्-ध् और भ् हैं। ये समस्त ध्वनियाँ केवल भारत की प्राचीन और नवीन आर्य भाषाओं में हैं। कारण स्पष्ट है। इनके केन्द्र भारत में थे। भारत के बाहर इन ध्वनियों के रूपान्तर हैं; जिन भारतीय शब्दों में इन ध्वनियों का व्यवहार होता था या होता है, उनके अभारतीय प्रतिरूपों में इन ध्वनियों के रूपान्तर ही प्राप्त हैं।

घ्-ध्-भ् के केन्द्र कहाँ थे, अनेक केन्द्र थे या एक ही केन्द्र था, इस बारे में विवाद हो सकता है किन्तु ये ध्वनियाँ किसी समय स्वच्छन्द संचरण की अवस्था में थीं, यह निर्विवाद है। ऐसा स्वच्छन्द संचरण भाषाओं के विकास की प्राचीन स्थिति सूचित करता है। संस्कृत **रुंधति-रुंभति** (घेरता है), **घसति-भसति** (खाता है), **स्कन्ध-स्तम्भ** (तना), प्राकृत **धङ्ग** (भौंरा) और संस्कृत **भृङ्ग**, प्राकृत **उब्भ** और संस्कृत **ऊर्ध्व** में सघोष महाप्राण ध्वनियों के स्वच्छन्द संचरण की प्रवृत्ति देखी जाती है। यह प्रवृत्ति इन ध्वनियों के व्यवहार की वह प्राचीन स्थिति सिद्ध करती है जब एक ही भाषा-व्यवस्था में सिमटकर वे ध्वनियाँ अर्थविच्छेदक नहीं बनीं।

सघोषता के साथ महाप्राणता का संयोग एक विशेष ध्वनितन्त्रीय कौशल है जो केवल भारतीय आर्य भाषाओं में विकसित हुआ। अघोषता के साथ महाप्राणता का संयोग ऐसा विशेष कौशल नहीं है और वह अनेक भाषा-समुदायों में प्राप्त है। किन्तु यह उल्लेखनीय है कि **ख्-थ्-फ्** का प्रसार इंडोयूरोपियन भाषाओं में अत्यन्त बिषम है। पड़ोसी फ़ारसी में संघर्षी **ख़्-फ़्** हैं, **थ्** नहीं है। प्राचीन ईरानी में **थ्** अवश्य था यद्यपि वहाँ भी वह स्पर्शध्वनि नहीं था। यूनान की कुछ बोलियों में **ख्** है तो **थ्** नहीं है, **थ्** है तो **फ्** नहीं है। मानक ग्रीक **थेर्** (वन्य पशु) इओलिक, दोरिक और इओनिक बोलियों में **फेर** है; मानक ग्रीक **ऑर्नीथॉस्** (पक्षी का) का दोरिक प्रतिरूप **ऑर्नीखॉस्** है। यह स्थिति स्लाव भाषाओं की याद दिलाती है जहाँ रूसी भाषा में **ख़्** के साथ **फ़्** है किन्तु उक्रैनी में **ख़्** है, **फ़्** का अभाव है। उधर लैटिन में केवल **फ़्** है। जब अघोषता के साथ महाप्राणता का संयोग ऐसे विषम रूप में विकसित और प्रसारित हुआ है, तब यूरप की भाषाओं में सघोषता के साथ महाप्राणता का योग कभी हुआ ही न होगा, यह कल्पना सहज और न्यायसंगत है।

(छ) घ्-ध्-भ् के रूपान्तर

घ्-ध्-भ् के कुछ रूपान्तर सीधे द्रविड़ प्रभाव का परिणाम हैं। इनमें सबसे व्यापक

क्-त्-प् वाला रूपान्तर है। ऐसे रूपान्तर वाले शब्द द्रविड़ भाषाओं में हैं, भारत से बाहर इंडोयूरोपियन परिवार की भाषाओं में हैं और संस्कृत समेत भारतीय आर्य भाषाओं में हैं। संस्कृत **धरा**, तमिल में **तॅरइ** और लैटिन में **तॅर** है। संस्कृत में **अम्भस्** (जल), **अभ्र** (बादल) के साथ **अपः** है, **भण्** (कहना) के साथ **पण्** (प्रशंसा करना) है। **घ्-ध्-भ्** का दूसरा रूपान्तर **ग्-द्-ब्** वाला है। संस्कृत **भंग** (मोड़) कन्नड़ में **बङ्कु** (टेढ़ा होना) है, संस्कृत **भ्रातृ** अंग्रेज़ी में **ब्रदर्** है। तीसरा रूपान्तर **ख्-थ्-फ्** वाला है। संस्कृत में **अध** का प्रतिरूप **अथ** है, चूलिका पैशाची नाम की प्राकृत में संस्कृत **धूलि** का रूपान्तर **थूलि** है, संस्कृत **भ्रातृ** का ग्रीक प्रतिरूप **फ्रात्र** (गण, गोत्र) है। कह सकते हैं कि संस्कृत **घर्म** की **घर्** क्रिया के रूपान्तर **खर्** से ब्राहूई रूप **खाख़र** (अग्नि) बना है पर ऐसा रूपान्तर द्रविड़ भाषाओं में कम होता है, साथ ही ईरानी क्षेत्र की अनेक बोलियों के समान **क्** में महाप्राणता जोड़कर **ख्** वाला रूप बनाया गया हो, इसकी काफी सम्भावना है। ब्राहूइ तथा कुड़ुख़ जैसी कुछ अन्य द्रविड़ भाषाओं में **ख्** के साथ **क्** भी है; अतः **खर्** जैसा रूप सीधे **घर्** से विकसित हुआ हो, इस बात से इन्कार नहीं किया जा सकता।

द्रविड़ भाषाओं में मूल प्रवृत्ति अल्पप्राण ध्वनियों का व्यवहार करने की है; अतः **घ्-ध्-भ्** के **क्-त्-प्** वाले रूपान्तर सीधे द्रविड़ प्रभाव के परिणाम हैं, यह बात युक्तिसंगत है। भारत के उत्तरपश्चिमी प्रदेश में सघोष अल्पप्राण ध्वनियों का व्यापक व्यवहार होता रहा है, अतः **ग्-द्-ब्** वाला रूपान्तर मिश्रित आर्य-द्रविड़ प्रभाव का परिणाम माना जा सकता है। **ख्-थ्-फ्** वाला परिवर्तन द्रविड़ प्रभाव का परिणाम नहीं है। चूलिका पैशाची में ऐसा परिवर्तन व्यापक रूप से होता है। इससे मिलती-जुलती स्थिति कुछ नागभाषाओं में है यथा संस्कृत **घोष** की **घो** क्रिया बर्मी में **खउ** (पुकारना) है, साथ ही लुशइ में इसका प्रतिरूप **कॉउ** है। सम्भव है, **ख्-थ्-फ्** वाला रूपान्तर नाग प्रभाव का परिणाम हो; अनेक नाग भाषाएँ **क्-त्-प्** में अतिरिक्त महाप्राणता जोड़ती हैं, अतः यहाँ भी **घ्-ध्-भ्** पहले **क्-त्-प्** बने हों, फिर **ख्-थ्-फ्**, यह सम्भावना बनी रहती है।

महत्वपूर्ण बात यह है कि **ख्-थ्-फ्** वाला परिवर्तन भारतीय परिवेश के अनेक भाषा-परिवारों में मिलता है, परिवर्तन की यह एक अन्तरपारिवारिक प्रवृत्ति है जो अंशतः यूरुप की भाषाओं में भी मिलती है।

घ्-ध्-भ् अपना स्पर्श तत्व खोकर **ह्** में बदलते हैं, इनके रूपान्तर **क्-त्-प्** कभी **ह्** में बदलते हैं, और कभी इस **ह्** का लोप हो जाता है; आदिस्थानीय **प्** कन्नड़ और आर्मीनियन जैसी दो भिन्न परिवारों की भाषाओं में **ह्** रूप में ग्रहण किया जाता है, पुरानी आइरिश में उसका लोप हो जाता है। संस्कृत में कुछ शब्द ऐसे हैं जिनमें **ध्** पहले **ह्** में परिवर्तित हुआ, फिर **ह्** का लोप होने पर दो स्वरों की टक्कर से बचने के लिए अर्ध स्वर **व्** का आगम हुआ। संस्कृत **अवस्** (निम्न) का पूर्वरूप **अधस्** था; **व्** ने **ह्** की मंज़िल के बाद **ध्** का स्थान लिया है। **भ्** के रूपान्तर **प्** के स्थान पर **व्** का व्यवहार आर्य-द्रविड़ भाषाओं में व्यापक रूप से मिलता है। संस्कृत **भंग** और **वंक** सम्बद्ध हैं जैसे कन्नड़ **बङ्कु** और तमिल **वाङ्गु** (मोड़ना, मुड़ना) सम्बद्ध हैं। **व्** का लोप होने पर संस्कृत **अङ्क**, ग्रीक **अङ्कस्** (बाँहों में) प्राप्त होते हैं। **ख्-थ्-फ्** के संघर्षी रूप, मध्यवर्ती व्यंजनों

का संघर्षीकरण (यथा जर्मन में) और उनका लोप (जैसे प्राकृतों में, अनेक अंग्रेजी शब्दों में), **घ्-ध्-भ्** के **ह्-व्** आदि विकार एक ही प्रवृत्ति के परिणाम हैं। यह प्रवृत्ति स्पर्शतत्व को क्षीण करने की है। इसका सम्बन्ध नागभाषाओं से हो सकता है।

कोई भाषाई प्रवृत्ति जब किसी स्रोत से एक ही परिवार की भाषाओं में फैलती है, तब उसके इस प्रसार की अवधि अपेक्षाकृत सीमित होती है किन्तु जब वह अनेक भाषा-परिवारों में फैलती है तब उसकी प्रसार-अवधि स्वभावतः अधिक होगी। **घ्-ध्-भ्** के विविध रूपान्तर जितना ही एक से अधिक भाषा-परिवारों में फैले होंगे, उतना ही इस प्रसार की अवधि अधिक रही होगी, उतना ही **घ्-ध्-भ्** वाले मूल रूप अधिक प्राचीन सिद्ध होंगे।

घ्-ध्-भ् के रूपान्तर इतने भिन्न प्रकार के हैं कि उन्हें ज्ञात भाषा-परिवारों से जोड़ना सम्भव नहीं है। पर ये रूपान्तर अकारण नहीं हैं। जिन भाषा समुदायों के प्रभाव से ऐसे परिवर्तन हुए, वे अज्ञात हैं। ये समुदाय आर्य थे या आर्येतर, इसका निर्णय वे करें जो इंडोयूरोपियन परिवार की भारत ईरानी शाखा से संस्कृत का विकास मानते है। जो स्थिति स्पष्ट है वह यह कि एक समुदाय **घ्-ध्-भ्** ध्वनियों का व्यवहार करता है, अन्य अनेक समुदाय इन ध्वनियों को विविध रूपों में ग्रहण करते हैं। उस एक समुदाय को हम निस्संकोच आर्य-भाषा-समुदाय कह सकते हैं क्योंकि इन ध्वनियों के व्यवहार की अटूट परम्परा भारतीय आर्य भाषाओं में विद्यमान है।-इसे आर्य के बदले किसी भी अन्य नाम से पुकारें, उससे स्थिति में परिवर्तन न होगा। वह परम्परा वैदिक भाषा से लेकर मराठी-हिन्दी-बँगला तक अजस्र प्रवाहित है। **घ्-ध्-भ्** के रूपान्तरों की परम्परा अटूट नहीं है, केवल **क्-त्-प्** और **ग्-द्-ब्** वाले परिवर्तन अधिक व्यापक हैं। अन्य परिवर्तन भारत के प्राचीन भाषा परिवारों की देन हैं; उनके अस्तित्व का बोध इन परिवर्तनों से ही होता है।

जिस महाप्राण ध्वनि में स्पर्शतत्व अति क्षीण है, वह ह् है। **घ्-ध्-भ्**, और इनके साथ **ख्-थ्-फ्** का स्पर्शतत्व क्षीण होता है, तब भारतीय भाषाओं में उनका स्थान **ह्** लेता है। जिन भाषाओं में ह् का अभाव था, वे ह् ध्वनि के स्थान पर स् का व्यवहार करती थीं। संस्कृत **मध्य** का ग्रीक प्रतिरूप **मॅसॉस्** है। यहाँ **ध्** का स्पर्शतत्व क्षीण हुआ और महाप्राणतासूचक **स्** ध्वनि बच रही। संस्कृत में **पुनः** के बाद **तु** या **च** का योग हो तो **पुनस्तु**, **पुनश्च** रूप बनेंगे। यहाँ अघोष **ह्** का ध्वनिचिन्ह विसर्ग हैं और **स्**, **श्** इस **ह्** का रूपान्तर हैं। जहाँ महाप्राणता (और सघोषता) का पूर्ण लोप होता है, वहाँ **मध्य** का ग्रीक प्रतिरूप **मॅत** सुलभ होता हैं।

संस्कृत तथा इंडोयूरोपियन भाषाओं में किसी शब्द की **स्** ध्वनि सदा उसकी मूल ध्वनि नहीं होती। संस्कृत **श्याम** का एक समानार्थी प्रतिरूप **ध्याम** है; **श्वस्** (साँस लेना, फूंकना) का प्रतिरूप **ध्वस्** है; **ग्रह्** के पूर्वरूप **ग्रध्** (और **ग्रभ्**) का प्रतिरूप **ग्रस्** है। संस्कृत के अनेक रूपों में **ध्** ही नहीं, **घ्** भी **स्** या **श्** रूप में ग्रहण किया जाता है। **हिम** का पूर्वरूप **घिम** है। **घ्** की सघोषता का लोप होने पर **घिम** का ग्रीक प्रतिरूप **खिओन्** प्राप्त होता है; जब स्पर्शतत्व क्षीण होने पर ह् शेष रहता है, तब संस्कृत रूप

हिम प्राप्त होता है; जब महाप्राणता की अभिव्यक्ति **स्** से होती है, तब कश्मीरी **शीन्** (हिम) और प्रसिद्ध स्थान **शिमला** के **शिम** की प्राप्ति होती है। जब यह **स्** सघोष होता है, तब रूसी **ज़िम** (शीतकाल) सुलभ होता है। संस्कृत **शीत** का आधार **श्यै** क्रिया मानी गई है; **श्यै** और **शीत** की **शी** का सम्बन्ध **घिम** के शब्दमूल **घि** से है। संस्कृत में **घटा, जटा, शटा** जैसे समानार्थी रूप मिलें तब समझ लेना चाहिए कि **घ्** वाला रूप प्राचीन है।

घुमन्तू साधुओं के लिए संस्कृत में **श्रमण** शब्द का व्यवहार होता था। **श्रमण** का अर्थ यह नहीं है कि साधु श्रम करते थे, श्रम उनके लिए तपस्या थी; वे भ्रमण करते रहते थे, इसलिए **श्रमण** कहलाये। **श्रमण** का पूर्वरूप **भ्रमण** था। संस्कृत **शाल्** (चमकना) और **भाल** (चमक) तुलनीय हैं। जलने, चमकने के लिए एक प्राचीन **भर्** क्रिया थी; इससे संस्कृत **भ्रज्ज्** (पकाना, पकना), **भृष्ट** (पका हुआ), **भ्राष्ट्र** (तवा) रूप बनते हैं जिनसे **श्रा** (पकाना), **श्रोण** (पका हुआ) रूप तुलनीय हैं। लैटिन **फॉर्नुस्, फुर्नुस्** (भट्टी) में **भर्** का रूपान्तर **फ़ॉर** है। पुरानी आइरिश में **फ़ॉर्नुस्** का प्रतिरूप **सॉर्न्** है। लैटिन के अनेक **फ़्**-मूलक शब्द पुरानी आइरिश के प्रतिरूपों में **स्** ध्वनि ग्रहण किए हैं। लैटिन **फॅनेस्त्र** (खिड़की), **फ्रेनुम्** (लगाम), **फ़ुस्तिस्** (डण्डा) पुरानी आइरिश में क्रमशः **सॅनिस्त्रि, स्रिअन्, सुस्त्** हैं। यहाँ ध्वनिपरिवर्तन की पद्धति वही है; **भ्, फ्** के स्पर्शतत्व के क्षीण होने पर महाप्राणता की व्यंजना **स्** द्वारा की गई। यह स्वाभाविक है कि पुरानी आइरिश ने जहाँ **ह्** मूलक शब्द लिये हों, वहाँ या तो **ह्** का लोप कर दे या उसकी जगह **स्** का व्यवहार करे। अंग्रेजी **हॅन्** (मुर्गी) के **ह्** का लोप हुआ तो आइरिश रूप **एन्** (चिड़िया) बना; जब पुरानी अंग्रेज़ी के **हॅअफ़ॉक्** (बाज पक्षी; आधुनिक अंग्रेज़ी के **हौक्**) का **ह्** पुरानी आइरिश ने **स्** रूप में ग्रहण किया, तब **सॅबॉक्** रूप प्राप्त हुआ।

जैसे लैटिन **फ़्** पुरानी आइरिश के अनेक शब्दों में **स्** रूप में ग्रहण किया गया है, वैसे ही मानक ग्रीक भाषा का **थ्** कुछ ग्रीक बोलियों में **स्** रूप में ग्रहण किया गया है। संस्कृत **धाव्** (दौड़ना) का ग्रीक प्रतिरूप **थॅओ** है; **थॅओ** का दोरिक रूपान्तर **सॅओ** है। ग्रीक **थओ** (पीना), **थॅइऑस्** (काका, मामा), **अथेनइ** (एथेन्स नगर) दोरिक में क्रमशः **सओ, सॅइऑस्, असनइ** हैं।

जब **घ्-ध्-भ्** का स्पर्श-तत्व क्षीण न होगा, केवल सघोषता का लोप होगा, साथ ही महाप्राणता की अभिव्यंजना **स्** द्वारा होगी, तब उक्त ध्वनियाँ **स्क्, स्त्, स्प्** रूप में ग्रहण की जाएँगी। संस्कृत **घृणा** और अंग्रेज़ी **स्कौर्न** परस्पर सम्बद्ध हैं। **घर्म** की **घर्** क्रिया से **घृण** (ऊष्मा), **घृणा** (दूसरे के प्रति उष्णता का भाव जो दया और घृणा दोनों का हो सकता है; संस्कृत रूप ये दोनों अर्थ देता है) शब्द बने; **घ्** जब **स्क्** रूप में ग्रहण किया गया, तब अंग्रेज़ी का **स्कौर्न** सुलभ हुआ। इसी **घर्** का एक लैटिन प्रतिरूप **कलॅओ** (गरम होना) है; यहाँ महाप्राणता का पूर्ण लोप हुआ। किन्तु पुरानी फ्रेंच में एक रूप **ॲस्कालदेरे** है जिससे अंग्रेज़ी के **स्काल्ड्** (गरम पानी से जलाना) का विकास हुआ। यहाँ **स्क्** ध्वनि **घ्** का रूपान्तर है। ग्रीक **अस्केथेस्** (अहत, जो मारा न गया हो) में **स्केथ्** क्रियामूल का सम्बन्ध संस्कृत **हत**, उसके पूर्वरूप **घत** से है। इसी **स्केथ्** से अंग्रेज़ी का **अनस्केथ्ड्** (क्षति

से जो बच गया हो) बनता है।

हत के पूर्वरूप **घत** का ही विकास संस्कृत **क्षत** है। यहाँ **घ्** का स्थान **स्क्** नहीं, **क्स्** ले रहा है। अघोष अल्पप्राण **क्** का उच्चारण पहले हुआ, महाप्राणता की व्यंजना के लिए **स्** का उच्चारण उसके बाद हुआ। जिन लोगों के लिए मूर्धन्य **ष्** सुगम था, उन्होंने **क्स्** के बदले **क्ष्** कहा। संस्कृत में **क्स्** जैसा व्यंजन-योग है ही नहीं, अतः **घत** का रूपान्तर **क्षत** ही सम्भव था। इसी प्रकार **घर्म** के विकास हिन्दी **घाम** के साथ संस्कृत **क्षाम** (जला हुआ) है। इसका आधार **क्षै** क्रिया मानी गई है। **घर्** > **घय्** > **क्षय्** > **क्षै**, इस प्रकार **क्षै** क्रिया मूल प्राप्त होगा। संस्कृत **क्षर्** का एक अर्थ बहना है, दूसरा नष्ट होना है। विनाश का भाव व्यक्त करने वाली **क्षै** और **क्षर्** दोनों क्रियाएँ सम्बद्ध हैं और इनका आधार **घर्** है। संस्कृत **ध्वरति** (टेढ़ा होता है, दुख देता है) और **धूर्त** सम्बद्ध हैं; संभवतः **त्सरति** (छिपकर चलता है, रेंगता है) की **त्सर्** क्रिया **धॉर्**, **धर्** जैसे क्रियामूल का रूपान्तर है।

संस्कृत में ऐसे परिवर्तन कम होते हैं जहाँ स्पर्शध्वनि का उच्चारण पहले हो और महाप्राणता-द्योतक **स्** उसका अनुगामी हो। अधिकतर **स्** का उच्चारण पहले होगा, स्पर्शध्वनि का बाद को। केवल **क्ष्** वाला रूपान्तर इसका अपवाद है। **स्तंभ** के साथ **स्कंभ** रूप है; **स्तम्भ** के **स्त** क्रियामूल का प्रतिरूप **स्था** सुपरिचित है; **स्कंभ** के **स्क** क्रियामूल का वैकल्पिक रूप **स्ख** भी रहा होगा। संस्कृत में जहाँ **क्-त्** के साथ **ख्-थ्** ध्वनियों वाले रूप भी मिलें, वहाँ इनके पूर्वरूपों में **घ्-ध्** के अस्तित्व की सम्भावना ध्यान में रखनी चाहिए। यहाँ **स्क्** और **क्स्** के प्रसंग में इतना और कह दें कि संस्कृत **क्ष्** का पूर्वरूप **क्स्** प्राकृतों में कहीं-कहीं **स्क्** रूप में मिलता है। संस्कृत **राक्षसः** और **दक्षः** के मागधी रूपान्तर **लस्करो** और **दस्के** हैं।

संस्कृत **स्थिति** का समानार्थी एक ग्रीक रूप **स्खॅसिस्** है, इससे **स्ख** क्रियामूल के चलन का बोध होता है। संस्कृत **स्खद्** (काटना) का ग्रीक प्रतिरूप **स्खज़ो** है। इस **स्खज़ो** का अन्य वैकल्पिक ग्रीक रूप **स्खिज़ो** है। संस्कृत में यही अर्थ देनेवाली **भिद्** क्रिया है। इस **भिद्** के अस्तित्व से हम अनुमान करते हैं कि इसका वैकल्पिक रूप **घिद्** भी रहा होगा। इस अनुमान की पुष्टि संस्कृत की समानार्थी क्रिया **छिद्** से होती है। **छिद्** का सहज विकास **घिद्** से सम्भव है, **भिद्** से नहीं। अतः निष्कर्ष यह निकलना चाहिए कि संस्कृत और ग्रीक में **घ्-ध्-भ्** का एक विकार **स्क्-स्त्-स्प्** है, दूसरा **स्ख्-स्थ्-स्फ्**। इस दूसरे विकार में **ख्-थ्-फ्** महाप्राणता की रक्षा करते हैं किन्तु मानो यह काफी न हो, इसलिए **स्** भी जोड़ दिया गया। यह **स्** सघोषता के अभाव की पूर्ति करता है, यह भी कहा जा सकता है; महाप्राणता के साथ सघोषता का योग न बना तो दोहरी महाप्राणता सही।

संस्कृत **धुर्**, **धुर** का अर्थ है बोझ। बोझ ढोने वाले एक जानवर के लिए एक संस्कृत शब्द है **स्थूलिन्** (ऊँट)। **स्थूलिन्** के **स्थूल्** का आधार **धुर्** है, इसका ज्ञान **उष्ट्र** (ऊँट) से होता है जिसका आधार **वह्**, पूर्वरूप **वघ्**, क्रिया होगा। बोझ ढोने की गाड़ी के लिए ग्रीक **ऑखॉस्** **वह्** के पूर्वरूप में **घ्** के अस्तित्व की सूचना देता है। बोझ ढोने की गाड़ी अंग्रेज़ी में **वैगन्** है, बोझ ढोने वाला जानवर **ऑक्स्** (बैल) है। इस **ऑक्स्** का संस्कृत रूप **उक्षन्** है। **उक्षन्** का सम्बन्ध भिगोने का अर्थ देनेवाली **उक्ष्** क्रिया के बदले

वह्-वघ् से जोड़ना उचित है।

घ्-ध्-भ् की महाप्राणता की व्यंजना **स्** के सघोष रूप से होगी तो इन ध्वनियों की जगह **ज्** का व्यवहार होगा। अरबी **ग़म** के साथ फ़ारसी **ज़दा** जोड़कर **ग़मज़दा** (दुख का मारा) रूप बना; यह **ज़दा** संस्कृत **हतः**, पूर्वरूप **घतः**, का रूपान्तर है। फ़ारसी **ज़ानू** का पूर्वरूप संस्कृत **जानु** (घुटना) है; हिन्दी **घुटना, घोंटू** से सम्बद्ध **घानु** जैसा रूप था, उसका रूपान्तर है **जानु, ज़ानु**। संस्कृत **ध्वनि** की **ध्वन्** क्रिया का एक विकार संस्कृत **स्वन्** (शब्द करना) है; **स्** के सघोष रूप का प्रयोग हुआ तो रूसी **ज़्वॉन्** (ध्वनि) रूप बना। इसी प्रकार संस्कृत **मध्य** का कश्मीरी रूपान्तर **मज़्** है। **स्क्, स्त्** के समान **ज्** के साथ जहाँ **घ्-ध्** का स्पर्शतत्व भी ग्रहण किया जायगा, वहाँ **क्-त्** के सघोष रूपों का व्यवहार होगा; संस्कृत **मेध** का प्राचीन ईरानी रूप **म्यज़्द** (बलि) बनेगा, संस्कृत **मध्य** का रूसी प्रतिरूप **मॅझ्‌दु** होगा।

घ्-ध्-भ् की महाप्राणता की व्यंजना **स्** के अतिरिक्त **र्** से भी हो सकती है। संस्कृत की **घस्** और **ग्रस्** क्रियाएँ समानार्थी हैं। हिन्दी **घास** और अंग्रेजी **ग्रास्** का ऐसा ही सम्बन्ध है। संस्कृत में ही **घास** और **ग्रास** शब्द समानार्थी हैं। संस्कृत **प्रातर्** (प्रभात) की व्याख्या **प्र** उपसर्ग के आधार पर नहीं होती किन्तु **प्रात** को **भात** का रूपान्तर मानने से उसकी व्युत्पत्ति आसानी से समझ में आ जाती है। संस्कृत **द्रवति** (दौड़ता है) की **द्रव्** क्रिया संस्कृत **धव्** (दौड़ना) का रूपान्तर जान पड़ती है। संस्कृत **महत्** के आधार **मघ** का एक ग्रीक प्रतिरूप **मॅगस्** है, दूसरा **मक्रॉस्** (दीर्घ)। लैटिन रूप **मग्नुस्** में **र्** के स्थान पर **न्** है।

आर्य-द्रविड़ भाषाओं में **त्** ध्वनि बहुधा **न्** में बदलती है, वैसे ही **प्** ध्वनि **म्** में बदलती है। **त्** ध्वनि **र्, ल्, स्** रूपों में भी ग्रहण की जाती है। **त्** और **प्** जहाँ **ध्** और **भ्** का रूपान्तर हैं, वहाँ **त्-प्** के सारे विकार **ध्-भ्** के ही विकार माने जाएँगे। जहाँ **घ्-ध्** का तालव्यीकरण होता है, वहाँ **झ्** के **च्-छ्-ज्** विकार मिलेंगे, **च्-ज्** के स्थान पर **य्** का व्यवहार मिलेगा और **य्** का लोप भी होगा। इसी प्रकार **ध्** का मूर्धन्यीकरण होने पर **ट्** का स्थान **ण्** ले सकता है और मध्यवर्ती **ड्** के स्थान पर **ड़्, ळ्, ऴ्, ल्** और **र्** का व्यवहार हो सकता है। **ण्** और **ळ्** का वैसा ही सम्बन्ध है जैसा **न्** और **ल्** का। **न्, ण्, ल्, ऴ्, ळ्, र्** परस्पर सम्बद्ध ध्वनियाँ हैं विशेषकर द्रविड़ भाषाओं में। इनमें किसी के भी स्थान पर **य्-व्** का व्यवहार हो सकता है। यदि **प्** ध्वनि **म्** रूप में ग्रहण की जाती है तो **म्** भी बदलकर **प्** हो सकती है जैसे **रुक्मिणी** कुछ प्राकृतों में **रुप्पिणी** है। इसी प्रकार बँगला में **कृष्ण** का रूपान्तर **केष्टा** है। किन्तु **न्, म्, ण्** परिवर्तित होकर **ध्, भ्, ढ्** बनें, इसका प्रमाण नहीं है।

आर्यभाषाओं में **स्त्, स्क्** के स्थान पर **थ्, ख्** का व्यवहार सामान्य है, **स्कम्भ** और **स्तन्** के विकार **खंभा** और **थन** सुपरिचित हैं किन्तु ग्रीक **थम्बॅओ** (स्तम्भित होना) के **थ्** के बारे में यह कहना कठिन है कि वह **स्त्** का रूपान्तर है या **ध्** का। प्राकृत में अनेक **थ्** मूलक 'देशज' हैं जिनके **स्त्** वाले पूर्व संस्कृत रूपों का पता नहीं है यथा **थंडिल्ल** (मण्डल), **थट्ट** (ठट, समूह), **थव** (पशु) आदि। प्राकृतों तथा अन्य आर्यभाषाओं का **थ्**

संस्कृत रूप के **स्त्** के अलावा मूलरूप के **ध्** का विकास भी हो सकता है।

ग्रीक शब्दों में जहाँ **ख्-थ्-फ्** हो, वहाँ मूलरूपों में **घ्-ध्-भ्** की कल्पना की जा सकती है किन्तु संस्कृत और ग्रीक दोनों में **घ्-ध्-भ्** से स्वतन्त्र **ख्-थ्-फ्** की अपनी भूमिका है। अतः सर्वत्र मूलरूपों में **घ्-ध्-भ्** की कल्पना करना उचित नहीं है। इसके विपरीत संस्कृत के ही समान जहाँ ग्रीक शब्दों में **क्-त्-प्** हो, वहाँ इन्हें अनिवार्यतः मूल ध्वनि न मान लेना चाहिए। ग्रीक भाषा समुदाय में **पानॉस्-फानॉस्** (फानूस, मशाल), **पत्र-फत्र** (पितृभूमि), **लिस्पॉस्-लिस्फॉस्** (चिकना) जैसे वैकल्पिक रूप महाप्राणता की अस्थिरता सूचित करते हैं। मूल रूपों में **क्-त्-प्** ध्वनियाँ हो सकती हैं, **ख्-थ्-फ्** भी, **घ्-ध्-भ्** भी।

ध्वनि-परिवर्तन के अटल नियम नहीं हैं, ध्वनि-परिवर्तन की अनेक रीतियाँ हैं। ये रीतियाँ अनेक ही नहीं, परस्पर विरोधी भी हो सकती हैं; वे अनेक भाषाओं में ही नहीं, एक ही भाषा में प्राप्त हो सकती हैं। ध्वनि-परिवर्तन की रीतियों से जब हम अर्थ-प्रक्रिया की रीतियाँ जोड़ देते हैं, तब हम अधिक विश्वास से कह सकते हैं कि अमुक रीति अमुक सन्दर्भ में सही है। प्राचीन भाषाओं में अनेक ध्वनियों का स्वच्छन्द संचरण रहा है, अतः यदि एक अर्थ-प्रक्रिया में घ्-मूलक शब्दों के विकार किसी विशेष रीति से होते हैं और उसी प्रकार **ध्**-मूलक शब्दों के विकार भी उसी अर्थ-प्रक्रिया के अन्तर्गत होते हैं, तो हम अर्थ-रीति से ध्वनि-रीति की पुष्टि करते हैं, ध्वनि-रीति से अर्थ-रीति की।

घ्-ध्-भ् ध्वनियों के जो विकार आर्य-द्रविड़ भाषाओं में होते हैं, भारत से बाहर इंडोयूरोपियन भाषा समुदायों में होते हैं, उनके प्राचीन क्षेत्र अपेक्षाकृत समीप थे, यह मानना चाहिए। यह बात लोग मानते भी आये हैं किन्तु भिन्न रूप में। उनकी कल्पना में समीपता का अर्थ यह है कि इंडोयूरोपियन समुदाय की सभी शाखाएँ पहले एक ही तने से जुड़ी थीं, कुछ शाखाएँ एक दूसरे के ज़्यादा पास थीं, कुछ दूर थीं। भारतीय शाखा को छोड़कर अन्य किसी शाखा से द्रविड़ों की समीपता का प्रश्न न था।

प्रस्तुत विवेचन में द्रविड़ सन्दर्भ सभी इंडोयूरोपियन भाषाओं के लिए है, केवल आर्य-भाषाओं के लिए नहीं। विवेचन को सीमित रखकर सुगम बनाने के लिए केवल द्रविड़ सन्दर्भ की बात कही गई है, वर्ना बृहत्तर भारत के समस्त भाषाई सन्दर्भ का उल्लेख अधिक उपयुक्त होगा और इस सन्दर्भ में केवल इंडोयूरोपियन परिवार का नहीं, सामी, तुर्क मंगोल आदि अन्य एशियाई परिवारों का विवेचन भी समीचीन होगा। इस बृहत्तर सन्दर्भ और अन्य भाषा-परिवारों का उल्लेख अन्यत्र है; अर्थरीतियों के साथ ध्वनिरीतियों को मिलाकर जो विवेचन यहाँ दिया जा रहा है, उसमें केवल द्रविड़ और इंडोयूरोपियन भाषाओं को ध्यान में रखा गया है। इन भाषाओं से सभी सम्बद्ध सामग्री देने का प्रयत्न नहीं किया गया; केवल कुछ अर्थ-रीतियों का विवेचन करते हुए आंशिक सामग्री दी गई है। उद्देश्य है, अनुसन्धान की इस पद्धति की उपादेयता सिद्ध करना, भाषा परिवारों के निर्माण और विकास के बारे में उन मान्यताओं की पुष्टि करना जिनका उल्लेख इस पुस्तक में पहले हो चुका है।

जिन क्षेत्रों में **घ्-ध्-भ्** ध्वनियाँ परिवर्तित होती हैं और जिनमें वे अपरिवर्तित बनी रहती हैं, दोनों तरह के क्षेत्र प्राचीन काल में पड़ोसी थे। अपरिवर्तित **घ्-ध्-भ्**

ध्वनियों के क्षेत्र भारत में हैं; परिवर्तित ध्वनियों के क्षेत्र अंशतः भारत में, अंशतः भारत से बाहर हैं।

घ्-ध्-भ् को केन्द्र में रखकर अर्थ-रीतियों का विवेचन करने में लाभ यह है कि सम्बद्ध मूल रूप **घ्-ध्-भ्** ध्वनियों वाले हों, तो हम कह सकते हैं कि ये अर्थरीतियाँ उन्हीं क्षेत्रों की हैं जिनमें **घ्-ध्-भ्** ध्वनियाँ अपरिवर्तित बनी रही हैं।

यह अध्याय लिखने से पहले मैंने जहाँ-तहाँ अर्थ-संसर्ग, अर्थ विस्तार की प्रक्रिया का उल्लेख किया है, विशेषतः पुस्तक के दूसरे खण्ड में, किन्तु ध्वनि-परिवर्तन की रीतियों के साथ अर्थरीतियों को मिलाकर विस्तार से उनका अध्ययन पहले नहीं किया। यहाँ **घ्-ध्-भ्** ध्वनियों वाले शब्दमूलों को आधार बनाकर मैंने सम्बद्ध अर्थों वाले शब्दों की श्रृंखलाएँ निश्चित की हैं। ऐसी श्रृंखलाएँ और भी हो सकती हैं; जो शब्द-श्रृंखलाएँ दी हैं, उन्हें उदाहरणरूप मानना चाहिए। कई जगह शब्दों की व्युत्पत्ति के बारे में अपनी पूर्व मान्यताएँ मैंने बदली हैं। जो कुछ यहाँ कहा है, उसमें फिर परिवर्तन करना पड़े, यह भी सम्भव है।

४. अर्थप्रक्रिया-सम्बन्धी मूल स्थापनाएँ

(क) जल और प्रवाह

सबसे पहले हम जल और प्रवाह से सम्बद्ध शब्द लेते हैं।

एक क्रियामूल है **घर्**। संस्कृत **घार** (छिड़काव), **घृ** (भिगोना), **घृणि** (पानी, लहर) का सम्बन्ध इस **घर्** से है। **घ्** की महाप्राणता का लोप होने पर संस्कृत **गर** (भिगोना), **गल्** (टपकना) रूप प्राप्त हुए। महाप्राणता के साथ सघोषता का लोप हुआ तो संस्कृत **कर्द** (कीचड़), तमिल **कारि** (नदी), ग्रीक **क्रॉउनॉस्** (झरना, धारा) आदि शब्द बने। संस्कृत **कुल्या** (छोटी नदी), तमिल **काल्** (बहना; नहर) में **र्** के स्थान पर **ल्** है। **कर्** क्रिया में **त** या **द** प्रत्यय जोड़ने पर **कत, कद, कड** जैसे रूप बनेंगे। संस्कृत **कट्** (बरसना), तमिल **किडङ्गु** (जलाशय), तुलु **केडु** (कीचड़) का आधार **कर्** या उसके वैकल्पिक रूप **कॅर्, कॉर्** हैं। एक महत्वपूर्ण संस्कृत रूप **कधि** है। यहाँ **कर्** क्रिया के **र्** का लोप हुआ है, क्षतिपूर्ति के लिए प्रथम वर्ण का स्वर दीर्घ नहीं हुआ, प्रत्यय सघोष महाप्राण है, उसमें जो क्रिया जोड़ी गई है, उसका आदि व्यंजन अघोष, अल्पप्राण है। द्रविड़ भाषाओं में कोडगु **कड** (समुद्र), तमिल **कडल** (उप०) का सीधा सम्बन्ध संस्कृत **कधि** से है। रूसी **कतीत्** (बहना) का आधार कृदन्त रूप **कर्त** है; **कधि** के समान **र्** के लोप से **कत**, फिर उससे **कतीत्**। **र्** जब **न्** रूप में ग्रहण किया गया तब संस्कृत **कुण्ड** (जलाशय), तमिल **कुण्डम्** (उप०), **कुट्टम्** (उप०) रूप बने। **कुट्टम्** में **न्** का लोप हुआ है; **कुर्तम्** से भी **कुट्टम्** का विकास हो सकता है। **र्** जब **स्** रूप में ग्रहण किया गया, तब कन्नड़ **कसि** (बहना), और **स्** के **च्** रूप में ग्रहण किये जाने पर तमिल **कजि** (रिसना) आदि का चलन हुआ। **र्** का विकार **ळ्, य्** हुआ, तब मलयालम के **कळम्** और **कयम्** (जलाशय) शब्द सिद्ध हुए। ग्रीक **केने** (जल, झरना), लैटिन **कअॅनुम्** (कीचड़) का आधार **कय्** होगा।

हिन्दी प्रदेश की एक प्रसिद्ध नदी **घाघरा है**। इसका पूर्वरूप संस्कृत **घर्घर** है। **घर्घर** शब्द पानी बहने की ध्वनि के अनुकरण पर नहीं बना; इसका आधार प्रवाह-सूचक **घर्** क्रिया है। हिन्दी प्रदेश की एक प्रसिद्ध नदी **गङ्गा** है। इसका आधार भी **घर्** है; **घर्→गर्→गन्**, इस प्रकार। **गर्** अथवा **गॉर्** में **द** प्रत्यय जोड़ने, और **र्** का लोप होने पर नदीवाचक **गोद** रूप बनेगा। भारत की प्रसिद्ध नदी **गोदावरी** का आधार यह **गोद है**। प्राकृत **गोदा** सामान्य नदीवाचक शब्द है। वास्तव में **घाघरा, गंगा, गोदावरी** पहले नदी विशेष के नाम नहीं थे; वे सामान्य नदीवाचक शब्द थे जो क्रमशः किन्हीं विशेष नदियों के नाम बन गये। **गंगा, गांग** का व्यवहार अनेक नदियों के लिए बहुत जगह अब भी होता है। **कर्** का **र्** जब **व्** रूप में ग्रहण किया गया, तब उससे दक्षिण की प्रसिद्ध **कावेरी** नदी का नाम प्राप्त हुआ। संस्कृत **कावार** जल में उगनेवाला एक पौधा है; उसका आधार वही **कव्** है जो **कावेरी** में है।

घाघरा, गंगा, गोदावरी, कावेरी ऊपर से देखने में, ध्वनि-विचार से, नितान्त भिन्न रूप हैं। वे सभी नदीवाचक शब्द हैं, अर्थ-विचार से वे अभिन्न हैं। ध्वनिगत भिन्नता का कारण **घर्** के रूपान्तर हैं; अर्थगत अभिन्नता का कारण **घर्** के सभी रूपान्तरों में स्रोत-अर्थ का अविच्छिन्न प्रवाह है।

घ् ध्वनि **स्क्** अथवा **क्स्** रूप में ग्रहण की गई, तब संस्कृत **क्षर, क्षार, क्षीर** (जल) का आविर्भाव हुआ, जब **घ्** का तालव्यीकरण हुआ, तब संस्कृत **झर, निर्झर**, हिन्दी **झरना** आदि का चलन हुआ। संस्कृत **जल**, तेलुगु **जल्लु** (वर्षा) का आधार **झर्** है। गोंडी **जीर्ला** (झरना) में **र्** विद्यमान है। **झ्** की सघोषता और महाप्राणता दोनों का लोप होने पर तमिल **चल्लु** (पानी छिड़कना), **चॅल्** (बहना), **चुरइ** (प्रवहमान), **चोरि** (वर्षा) रूप बने।

जो **जल** जड़तासूचक है, वह इससे भिन्न है। मूर्ख के लिए **जल, जड** दोनों शब्द हैं। पानी का पर्याय **जल** प्रवाहमय है।

संस्कृत **जल**, तमिल **चॅल्**, **चल्लु** आदि का आधार **सर्** क्रिया भी हो सकती है। **घर्** और **सर्** के सम्बन्ध पर आगे विचार करेंगे।

चर् का **र्** जब **स्** रूप में ग्रहण किया गया, तब फ़ारसी का **चश्मा** (सोता) बना।

ग्रीक **खॅइओ** (बहना), **खॅउम** (धारा), **खुतॉस्** (द्रवित), **ख्लेदॉस्** (कीचड़), **खूलॉस्** (रस) का आधार **घर्→खर्→खय्/खल्** हो सकता है, **घर्→क्षर्→क्षय्/क्षल् →खय्/खल्** भी। (यहाँ और आगे भी जब **घर्** कहें, तब उसके साथ उसके विकल्प **घॅर्, घॉर्** भी गिन लें, **खर्** के साथ **खॅर्, खॉर्** गिनें; इन्हें अलग लिखना अनावश्यक है।) ग्रीक **खुसिस्** (प्रवाह) में **स्** ने **र्** का स्थान लिया है।

अवधी **हील** और **गील** समानार्थी हैं। मानक हिन्दी में **गीला** है, **हीला** नहीं। दोनों का आधार **घॅर्त** होगा। **घॅर्त→घिल्ल→घील; घील** से **गील, हील** के साथ हिन्दी **सील** भी।

घ् का एक रूपान्तर जैसे **स्क्** है, वैसे ही एक तालव्य रूपान्तर **श्च्** होगा। संस्कृत **श्चुत्, श्च्युत्**, फिर **च्यु, च्युत्**, हिन्दी **चूना** (टपकना) का आधार रूप **घर्** होगा। अवधी **चुवत** का आधार रूप **घुव्** होगा।

प्रवाहसूचक **सर्** क्रिया प्राचीनकाल में व्यापक रूप से प्रचलित थी, विशेषकर भारत के उत्तर-पश्चिमी प्रदेश में। नदीवाचक **गंगा और गांग** (**गाङ्**) दक्षिणी-पूर्वी एशिया में वियतनाम की **मेकांग**, चीन की **याङ्त्सी क्याङ्** तक पहुँचे हैं किन्तु **सरस्वती** का क्षेत्र सीमित है। अत्यन्त पवित्र नदी होने पर भी गंगा और यमुना के बीच वह लुप्त हो गई।

संस्कृत **घर्घर** में **घर्** माने बहना, **निर्झर** में **झर्** माने बहना और **सरस्वती** में **सर्** माने बहना। संस्कृत **क्ष्विड्** (गीला होना, टपकना), **स्विद्** (पसीना आना), तोद **स्विट्** (टपकना), अंग्रेज़ी **स्वॅट्** (पसीना) का आधार **घ्विद्** होगा। संस्कृत में **सूत** उस व्यक्ति को कहते हैं जो दूसरों को पुकारता है, कोई घोषणा करता है। **हूत** (पुकारा हुआ), **हवते, हुवति, ह्वयति, जोहोति** आदि रूपों का आधार **घुव्** क्रिया है जो **घुष्** (पुकारना) का प्रतिरूप है। इस प्रकार **सूत्** का पूर्वरूप होगा **घूत**। संस्कृत **घर्म** में **घर्** माने चमकना और **स्वर्**, **सुर्** माने चमकना। **स्वर्** और **सुर्** का आधार होगा **घर्** का वैकल्पिक रूप **घॉर्**। **सरस्वती** के **सर्** का सम्बन्ध **घर्घर** के **घर्** से है, यह बताने के लिए उक्त उदाहरण काफी हैं। इसका यह अर्थ नहीं है कि **स्** का स्वतन्त्र अस्तित्व नहीं था या वह **ध्-भ्** का भी रूपान्तर नहीं हो सकता।

सर (झरना) और **सिरा** (जल; नदी) की आधार क्रियाएँ **सर्** और **सॅर्** हैं, **सृ, सृज्** (बहना) का **सृ**। वर्ण-संकोचन की प्रवृत्ति से **सॅर्** का रूपान्तर **सृ** (बहना) हुआ, उसी से **सृज्** (उप०)। **स्रु** (उप०), **स्रव** (प्रवहमान), **स्रू** (नदी), **स्रोतस्** (उप०) आदि का आधार **सॉर्** होगा। **स्** को द्रविड़ भाषाओं की मूलध्वनि नहीं माना जाता किन्तु **सर्** के प्रतिरूप इन भाषाओं में व्यापक रूप से मिलते हैं। कन्नड़ **सुरि** (बहना), **सॅलॅ** (झरना), तुलु **सॅरॅ** (लहर), तोद **सोर्** (कीचड़) आदि में **सर्** क्रिया का प्रसार देखा जा सकता है। प्राकृत **सिरा** (प्रवाह), गुजराती **सरा** (धारा), **सरवाणी** (सोता), बँगला **सरि** (जिससे जल झरे) उक्त रूपों से सम्बद्ध हैं। ग्रीक **सलॉस्** (समुद्र), लैटिन **सलुम्** (उप०; धारा) में **सल्** क्रिया **सर्** का प्रतिरूप है। यूरुप की भाषाओं में **सर्, सल्** के आधार पर बने जलवाचक शब्द कम हैं; अनेक भाषाओं में वर्णसंकोचन से प्राप्त **स्र, स्रि, स्रु** के रूपान्तर अधिक हैं। पुरानी आइरिश के **स्रुथ्** (धारा), लिथुआनियन **स्रूति** (उप०) का आधार **स्रु** < **सॉर्** है। अनेक भाषाएँ **स्र्** को **स्त्र्** रूप में ग्रहण करती हैं। लैतवियन **स्त्राव** (धारा), ग्रीक **स्त्रुमोन्** (नदी विशेष), रूसी **स्त्रुया** (धारा), अंग्रेज़ी **स्ट्रीम्** (नदी-धारा) में यही प्रवृत्ति है। संस्कृत में **स्रव** के समानान्तर **स्नव** (टपकना), **स्रुति** के समानान्तर **स्नुति** (प्रवाह) में **र्** के स्थान पर **न्** है।

संस्कृत **स्रुत** और **प्लुत** (बाढ़), **स्रव** और **प्लव** (उप०), **स्रावण** और **प्लावन** (उप०) में इतनी समानता है कि **प्** को **स्** का रूपान्तर मानना ठीक लगता है। संस्कृत **स्वसृ** (बहन) और अंग्रेज़ी **सिस्टर्** का गेलिक प्रतिरूप **पिउथर्** है; यहाँ **प्** ने **स्** का स्थान लिया है। संस्कृत में **घर्** की समकक्ष प्रवाहसूचक **भर्** क्रिया भी थी; अतः **प्लुत** और **प्लावन** का सम्बन्ध इस **भर्** से भी हो सकता है। किन्तु **स्रु, स्रव** जैसे रूपों का इतना प्रसार हुआ था और संस्कृत में **पर्-पल्** (बहना) का अभाव-सा है, इस कारण

प्लव को **स्रव** का रूपान्तर मानना ही ठीक जान पड़ता है। संस्कृत **प्रुष्-प्लुष्** (छिड़कना), लैटिन **प्लुओ** (बरसना), लैतवियन **प्लुदिनात्** (बहाता हूँ) की आधारभूत क्रिया **प्लु-प्रु** का पूर्वरूप **स्रु** होगा। **प्** में अतिरिक्त महाप्राणता के योग से ग्रीक **फ्लुओ** (बहना), लैटिन **फ़्लुविउस्** (नदी), जर्मन **फ़्लुट्** (बाढ़), अंग्रेज़ी **फ़्लड्** (उप०) आदि रूप बने।

धर् का एक प्रवाहसूचक वैकल्पिक रूप **धर्** था। इससे **धरुण** (जल), **धारा** (प्रवाह) और **धीर** (समुद्र) शब्द बने। फ़ारसी **दरिया** (नदी; समुद्र) और ब्राहूइ **दीर** (जल) का आधार **धर्** का रूपान्तर **दर्** होगा। **धर्** में **ध्** की महाप्राणता और सघोषता दोनों का लोप होने पर **तर्** क्रिया से अनेक भाषाओं में बहुत से रूप बने। संस्कृत **तरल, तरंग,** फ़ारसी **तर** (गीला), तमिल **तुरइ** (नदी, समुद्र), कन्नड़ **तॉरॅ** (धारा), लैटिन **तॉर्रॅन्स्** (उप०), तेलुगु **तॉलुकु** (बरसना) परस्पर सम्बद्ध हैं। ब्राहूइ और फ़ारसी दोनों ऐसे क्षेत्र की भाषाएँ हैं जहाँ अतिरिक्त सघोषता का व्यवहार होता था। अतः फ़ारसी **दरिया** और ब्राहूइ **दीर** का आधार **तर्** क्रिया हो सकती है। **दीर** का पूर्वरूप **तीर** जलवाचक होगा और वह संस्कृत **तीर्थ** में विद्यमान है। तेलुगु **तॉट्टु** (बहना), मलयालम **तोडु** (धारा), कन्नड़ **तडि** (गीला) **तर्** पर आधारित कृदन्त हैं।

संस्कृत **द्रु** (बहना), **द्रव** (प्रवहमान) का आधार **धव्** (बहना) क्रिया हो सकती है, **धर्** का रूपान्तर **दर्** भी। **धर्** में **र्** का स्थान **व्** लेता है, तब **धव्** से **धौति** (झरना) रूप बनता है; **र्** का स्थान **न्** लेता है, तब **धन्व्** (बहना), **धेन** (नदी, समुद्र), **धान** (एक नदी) रूप बनते हैं; **र्** का स्थान **स्** लेता है, तब हिन्दी प्रदेश की **धसान** नदी की आधार क्रिया **धस्** बनती है।

प्राकृत **तित्तिरअ** (गीला), **तिप्प** (टपकना) का आधार **तिर्** है; हिन्दी **टपकना** के **टप** का पूर्वरूप **तर्प** होगा। अंग्रेज़ी **ड्रिप्** (टपकना), **ड्रौप्** (गिरना, बूंद) **द्रु, द्रव** वाली श्रृंखला में हैं।

तर् में **र्** का स्थान **न्** लेता है, तब प्राकृत **तिन्न** (गीला), **तिम्म** (भीगना), तमिल **तुमि** (फुहार) रूप प्राप्त होते हैं। **र्** का स्थान **य्** लेता है, तब जलवाचक संस्कृत **तोय,** तमिल **तोय्** (भीगना) रूप बनते हैं।

धर् में **ध्** की सघोषता का लोप हुआ, तब प्राकृत **थाला** (धारा), ग्रीक **थलस्स** (समुद्र) रूप बने। प्राकृत **तिम्म** का जोड़ीदार प्राकृत **थिम** (गीला करना) है। प्राकृत **थिप्प** (गलना) का आधार संस्कृत **स्तिप्** (टपकना) हो सकता है; प्राकृत **थिम** इसी प्रकार संस्कृत **स्तिम्** (गीला होना) का रूपान्तर होगा। संस्कृत **स्तोक** (बूंद), ग्रीक **स्तल्** (टपकना), **स्तिले** (बूंद) में **स्त्** का आधार **थ्** है। संस्कृत **स्तिमित** (गीला) में **र्** के स्थान पर **म्** है किन्तु संस्कृत **स्तीर्वि** (जल) में **र्** विद्यमान है। रूसी **स्तॅकात** (बहना) का पूर्वरूप **स्तॅर्कात्** होगा। रूसी **तॅच्** (बहना), **तॅचेनिए** (प्रवाह, धारा), **तॅकूचॅस्त्** (प्रवहमानता) में भी **तॅक्** का आधार **तॅर्** क्रिया होगी।

तीर और **नीर** दोनों जलवाचक हैं; इनका आधार **तर्** और **नर्** क्रियाएँ हैं। **तर्** का रूपान्तर **नर्** है। संस्कृत और तमिल दोनों में जलवाचक **नीर** शब्द का व्यवहार होता है। ग्रीक **नारॉस्** (द्रव; प्रवहमान) इस श्रृंखला में है। तमिल **नीत्तम्** (बाढ़;

समुद्र) लैटिन **नतो** (बहना) में **र्** का लोप हुआ है। **र्** के स्थान पर **न्** के प्रयोग से तमिल **ननइ** (भीगना), **नान्दु** (उप०), **नीन्दु** (समुद्र), मलयालम **नन** (नमी), फ़ारसी **नम, नमी** रूप बने। **र्** के स्थान पर **स्** के प्रयोग से ग्रीक **नस्मॉस्** (धारा, झरना) रूप निर्मित हुआ। **नर्** के **नय्, नव्** रूपान्तरों से संस्कृत **नीवार** (जल, कीचड़, धान), ग्रीक **नाम्रो** (बहना) को जोड़ना चाहिए। कश्मीरी **नाग** की आधार क्रिया **नर्** है; **नर्** के रूपान्तर **ना** से **नाग** अथवा **नर्ग** से **नाग**।

घर् और **धर्** का एक वैकल्पिक रूप **भर्** था।

संस्कृत **भ्रम** (झरना) का आधार **भर्** है। **भॉर्** से संस्कृत **भुर्वन्** (जल के समान चंचल) रूप बना। **भॅर्** से **भिर्द**, फिर **र्** के लोप होने से **भिद्** (जल के समान उमड़ना) क्रिया और **भिद्य** (प्रवहमान नदी) संज्ञा की रचना हुई। संस्कृत **भडि** (लहर) में **र्** के संसर्ग से **द्** मूर्धन्य हुआ। हिन्दी **भीगा, भीगना, भीजत** आदि के पूर्वरूप संस्कृत में नहीं हैं किन्तु **भेग, भीग** जैसे रूपों का व्यवहार होता था, इसका प्रमाण ग्रीक **पेगे** (झरना), **पेगज़ो** (बहना) हैं। **भुविस्** (समुद्र), **भवन** (जल) में **व्** ने **र्** का स्थान लिया है, **भिन्धि** (छिड़काव) और **भिन्दु** (बुलबुला) में **न्** ने, बँगला **भासा** (बहना, उतराना) में **स्** ने **र्** का स्थान लिया है। बँगला **भासा काल** (वर्षा ऋतु) के **भासा** को **वर्षा** का विकार मानना आवश्यक नहीं है। तमिल **कारि** (नदी) और कन्नड़ **कसि** (बहना), संस्कृत **धारा** और हिन्दी **धसान** की तरह, **कस्** और **धस्** की शृंखला में **भस्** है।

नौर्वीजियन **बर** (लहर), अंग्रेज़ी **बोर** (ज्वार की लहर) का पूर्वरूप **भर** है। लिथुआनियन **बङ्ग** (लहर) कृदन्त है जहाँ आधार क्रिया **बर्** का रूपान्तर **बन्** है।

संस्कृत **पेरु** (समुद्र), कन्नड़ **परि** (बहना), ग्रीक **पॅलगॉस्** (समुद्र) में मूलक्रिया के **भ्** की सघोषता और महाप्राणता दोनों का लोप हुआ है। कृदन्त **पर्त** में **र्** का लोप होने से अनेक **पत्-पद्-पट्** आदि जलवाचक शब्दों का चलन हुआ यथा संस्कृत **पट्** (बहना), तमिल **पदम्** (जल), ग्रीक **पॉतमॉस्** (नदी), रूसी **पॉतॉक्** (धारा), **पॉतॉप्** (बाढ़) आदि। संस्कृत **पान** (झरना), **पङ्क** (कीचड़), **पम्पा** (नदी विशेष; झील), तमिल **पनि** (बहना), **पुनइ** (जल, नदी), प्राकृत **पण्डविअ** (गीला), ग्रीक **पॉन्तास्** (समुद्र) में **र्** के स्थान पर **न्** है। हिन्दी **पानी** का आधार संस्कृत **पानीय** (जो पिया जाय) हो सकता है, प्रवाहसूचक **पन्** क्रिया भी।

संस्कृत **पयस्** (जल), कोत **पॅय्** (नदी), तोद **पाव्** (उप०) में **पर्** के **र्** के स्थान पर **य्-व्** हैं। यहीं **स्** के स्थानापन्न होने पर ग्रीक **पस्सो** (छिड़कना) क्रिया बनी।

ग्रीक **फ्रॅअर्** (ताल), **फ्लॅप्स्** (झरना), लैटिन **फ़्रॅतुस्** (समुद्र), **फ़्लुक्तुस्** (लहर), गेलिक **फ़इरगॅ** (समुद्र) का आधार **भर्** का रूपान्तर **फर्** है। लैटिन **फ़ॉन्स्** (झरना), **फ़ुन्दो** (भिगोना) में **र्** के स्थान पर **न्** है और लैटिन के ही **फ़ूसिलिस्** (द्रवित) में **र्** के स्थान पर **स्** है, ग्रीक **पस्सो** (छिड़कना) के समान।

पर् के रूपान्तर **मर्** का व्यापक व्यवहार हुआ। संस्कृत **मारि** वर्षा, तमिल **मारि** (उप०; जल), ग्रीक **मुरो** (बहना), लैटिन **मरॅ** (समुद्र), वेल्श **मोर्** (उप०) **मॉरिन्** (लहर), रूसी **मॉरॅ** (समुद्र) से **मर्** रूप के प्रसार का अनुमान हो सकेगा।

तमिल **मऴइ** (वर्षा; जल) का आधार या तो सीधे **मर्** किया है या उसका कृदन्त रूप **मर्द>मड** है।

मर् से एक कृदन्त रूप बना **मर्घ>मघ**। संस्कृत रूप **मघवन्** धन देनेवाले इन्द्र के लिए प्रयुक्त होता है; उसका सीधा सम्बन्ध जलवर्षण से है। तमिल **मुग** (पानी भरना), तुलु **मगपुनि** (पानी उलीचना) में **मघ** के रूपान्तर **मग** में जलवाला अर्थ बना हुआ है। **मघ** का वैकल्पिक रूप **मेघ** है। संस्कृत **मेघ** का प्रतिरूप पुरानी अंग्रेजी का **मॅगॅन्** (समुद्र) है, **ग्** के संघर्षीकरण और लोप से अंग्रेज़ी **मेन्** (समुद्र) बना। संस्कृत **मिह्** (जलवर्षण), **मही** (जलराशि, नदी), हिन्दी **मेह** और द्रविड़ भाषाओं में मल्तो **मॅहरॅ** (नम होना) का आधार **मघ्** है जहाँ **घ्** का स्पर्शतत्व क्षीण होने पर **ह्** का व्यवहार हुआ है। अवधी **मिहाबु** (नम होना) और समानार्थी मल्तो **मॅहरॅ** का एक ही आधार है—**मॅघ्** का रूपान्तर **मॅह्**।

मर् से दूसरा कृदन्त बना **मर्ध>मध**। संस्कृत **मधु** एक अर्थ जल है। लैटिन **मदॅओ** (बहना), ग्रीक **मुदओ** (भीगना), वेल्श **मुद्** (कीचड़), अंग्रेज़ी **मड्** (उप०), तमिल **मडु** (जलाशय), कन्नड़ **मोड** (बादल) में **घ्** की सघोषता बनी हुई, महाप्राणता का लोप हुआ है। लैटिन **मानो** (बहना, बहाना), द्रविड़ भाषाओं में पर्जि **मुण्ड** (जलाशय) में **र्** के स्थान पर **न्** है।

र् के स्थान पर **य्** का व्यवहार हुआ तो वेल्श **मुइदो** (भिगोना), **स्** का व्यवहार हुआ तो तोद **मष्न्** (बाढ़) रूप बने। रूस की प्रसिद्ध नदी **मस्क्वा** का आधार प्रवाह-सूचक **मर्** का रूपान्तर **मस्** होगा।

पर् के जिस रूपान्तर का सर्वाधिक प्रसार हुआ, वह **वर्** है। संस्कृत में **वारि** (जल), **वर्षा**, तमिल **वार्** (बहना), **वरद** (धारा), प्राकृत **विरय** (छोटी नदी), **वीली** (लहर), जर्मन **वॅल्लॅ** (उप०), रूसी **वॉल्न** (उप०), तमिल **वळि़** (बहना), अवेस्ता में **वरि** (समुद्र), पुरानी आइस्लैन्डिक में **वरि** (जल), लैटिन **वीरुस्** (कीचड़) का आधार **पर्** का रूपान्तर **वर्** है।

तमिल **वन्द** (छोटी नदी), **वान्** (वर्षा), बँगला **बान्** (बाढ़), तमिल **वण्डल्** (कीचड़), गद्‌ब **वाङ्ग्** (बहना) का आधार **वर्** का विकल्प **वन्** है। हिन्दी **बानगंगा** (नदी विशेष) में **बान** और **गंगा** दोनों शब्द प्रवाहसूचक हैं।

प्राकृत **विसालय** (समुद्र), तोद **वस्य्** (झरना) का आधार **वर्** का प्रतिरूप **वस्** है। संस्कृत **वीचि** (लहर), तमिल **वजि** (जल) का आधार **वस्** का रूपान्तर **वच्** है।

वर् से एक कृदन्त रूप **वर्घ>वघ** बना। संस्कृत **वाह, प्रवाह** और हिन्दी **बहना** का आधार यह **वघ** है। दूसरा कृदन्त बना **वर्ध>वध**। यहाँ महाप्राणता का लोप होने पर संस्कृत **वाडव** (जल के भीतर की अग्नि), **वडवा** (नदी विशेष), अवधी **बाद** (गीला), मलयालम **वडियुग** (बहना), तमिल **वदि** (कीचड़), **वडि** (टपकना), रूसी **वोद** (जल), अंग्रेज़ी **वाटर्** (उप०), **वॅट्** (भीगा) रूप बने।

वर् में **व** के स्थान पर **ओ, उ** का व्यवहार हुआ, तब संस्कृत **ओघ** (प्रवाह; धारा), पुनः **घ्** की महाप्राणता का लोप होने पर प्राकृत **ओग्गाले** (लघु प्रवाह), तोद

ऑक् (बहना), तुलु **उग्गुनि** (बहना) रूप बने। संस्कृत **ओजस्** (जल) में **ग्** का तालव्यीकरण हुआ है। संस्कृत **ओघ** और नदीनाम **वक्षु** का एक ही आधार कृदन्त रूप **वघ** है; घ के रूपान्तर **क्स** से **वक्षु** बना, **व** के ओकार में बदलने से ग्रीक **ओक्सॉस्** (वक्षु) और संस्कृत **ओघ** बने।

संस्कृत **ओद्मन्** (प्रवहमान) में **ओद्** का आधार **वध** है। तमिल **ओदम्** (बाढ़, लहर, समुद्र), कन्नड़ **ऑडि** (बहना) में ओकार है, **ओघ** के समान। संस्कृत **उद** (जल), **उदन्** (उप०, लहर), कुवि **ऊदलि** (भीगना), लैटिन **उदुस्** (भीगा) में **व** के स्थान पर उकार है। अतिरिक्त **ह्** के साथ ग्रीक रूप **हुदोर्** (जल) है। जहाँ **वर्** क्रिया के **र्** का लोप नहीं होता, वरन् र् के स्थान पर **न्** का व्यवहार होता है, वहाँ लैटिन **उन्द** (लहर, पानी), **उन्दो** (लहरों का उठना) रूप बनते हैं। संस्कृत **समुद्र** का एक बोलचाल वाला हिन्दी रूप **समुन्दर** है। ऐसा लगता है कि यहाँ अतिरिक्त नासिक्य ध्वनि जोड़ी गई है किन्तु लैटिन **उन्द** को देखते हुए इस सम्भावना से इन्कार नहीं किया जा सकता कि **समुद्र** के समानान्तर एक प्राचीन रूप **समुन्द्र** भी रहा होगा।

द्रविड़ भाषाओं में **ध्** का रूपान्तर **थ्** विरल है। ग्रीक और चूलिका प्राकृत के समान कुवि **ऊथलि** (भिगोना), **ऊथ** (झरना, गीला) में **थ्** का व्यवहार हुआ है। कुवि में ही **ऊथ** का वैकल्पिक रूप **ऊत** है; **ऊत** तथा तुलु **ऊटि** (झरना) का आधार वही **वध** कृदन्त है।

वर् का एक प्रतिरूप **यर्** था। इस **यर्** का चलन उस क्षेत्र में था जहाँ **व्** ध्वनि का विकास न हुआ था, **य्** का व्यवहार ही अधिक होता था। तमिल **यारु** (नदी), कश्मीरी **यार** (उप०) का आधार प्राचीन **यर्** है। संस्कृत **जिरिष** (प्रवहमान) का आधार **यिर्** क्रिया हो सकती है, **घॅर्-झॅर्-जॅर्** क्रम से भी **जिर्** क्रिया का विकास सम्भव है। इंग्लैण्ड की प्रसिद्ध नदी **यैरो** है; वह शब्द भी **यर्** से बना है।

वर्, यर् के आदिस्थानीय व्यंजन का लोप होने से **अर्** क्रिया प्राप्त होगी। संस्कृत **अर्ण** (लहर), **अर्णव** (उप० समुद्र), **अर्षण** (प्रवहमान), तमिल **अरुवि** (झरना), **अरुवु** (बहना), संस्कृत **आर्द्र** (गीला), ग्रीक **अर्दो** (सींचना, पशुओं को पानी पिलाना), इटली की नदी **आर्नो** आदि में **अर्** क्रिया है।

संस्कृत **ओल** (भीगा), कन्नड़ **ओल्** (जल), तमिल **ऑलियल्** (नदी) का आधार **वर्** का प्रतिरूप **वल्** है जहाँ **व्** का स्थान ओकार ने लिया है। तमिल **आलम्** (जल, समुद्र) में **व** के स्थान पर अकार है। संस्कृत **ऊर्मि** (लहर), तमिल **ऊरु** (बहना), **उरवि** (झरना), **उरइ** (बरसना), **ऊरल्** (झरना) का आधार **वर्** है जहाँ **व्** के स्थार पर उकार है। संस्कृत **इरा** (जल), तमिल **ईरि** (भीगना), कोलमि **ईर्** (जल) का आधार **वर्** का प्रतिरूप **यर्** होगा।

गोंडी **ऊसा** (बाढ़), कन्नड़ **ऑसर्** (बहना) में **र्** के स्थान पर **स्** का व्यवहार हुआ है। आइरिश **उइस्गॅ** (जल, नदी) इसी शृंखला में है। ग्रीक **इख्** (बहना) में **स्** का रूपान्तर **ख्** है।

वर् के रूपान्तर **अर्** से कृदन्त **अर्भ** बना। **र्** के लोप होने पर **अभ** से संस्कृत

अभ्र (बादल) बना। **भ्र** का **र** बहुत्वसूचक होगा। **र्** का लोप न मानें तो वर्ण-विपर्यय से **अर्भ** का विकास **अभ्र** होगा। संस्कृत **अपस्, आपस्** को देखते हुए **अर्भ** के **र्** का लोप मानना उचित है। अभ में भ् की महाप्राणता का लोप न होने पर कश्मीरी **आबुर्** (बादल) रूप बना; संस्कृत **आबिल** (गँदला पानी) का आधार **आब** है। पुरानी आइरिशि में **अबन्** (नदी) में **अभ** का रूपान्तर **अब** है। फ़ारसी **आब** को अतिरिक्त सघोषता के योग से रचा हुआ **आप** का प्रतिरूप मानना चाहिए। संस्कृत में **आबिल** का वैकल्पिक रूप **आविल है,** यहाँ **ब्** को 'शुद्ध' करके **व्** बनाया गया है। किन्तु वेल्श **अवॉन्** (नदी) में **अव** का आधार **अप** होगा। लैटिन **अमनिस्** (नदी) में **अम्** का पूर्वरूप **अप्** होगा। संस्कृत **अपस्** और लैटिन **अम्निस्** में वैसा ही सम्बन्ध है जैसा संस्कृत स्वप्न और लैटिन **सॉम्नुस्** (निद्रा) में। मल्तो **अमु** (पानी), कुड़ुख **अम्म्** (उप०) से लेकर **आमू दरिया** और **आमूर नदी** तक एशिया में **अप** के रूपान्तर **अम** का व्यापक प्रसार हुआ है।

एक **अम्** (बहना) क्रिया संस्कृत में भी है। इसका सम्बन्ध जलवाचक **अम्भ, अम्बु** से है। जैसे लैटिन **उन्द** (जल) में **न्** ने **वर्** के **र्** का स्थान लिया है, वैसे ही **अम्भ, अम्बु** के **म्** को **र्** का रूपान्तर मानना चाहिए। संस्कृत **यमुना** में इसी प्रकार **यम्** क्रिया का पूर्वरूप **यर्** होगा। प्रवाहसूचक **यम्** क्रिया थी, इसकी पुष्टि फ़ारसी **यम्** (नदी) से होती है। **यर्-यस्-यह्** विकासक्रम से संस्कृत **यह्व** (प्रवहमान) की **यह्** क्रिया मिल जाती है। **यह्** का पूर्वरूप **यस्** था, इसकी पुष्टि कुइ **एसु** (जल) से होती है। **यस्** का पूर्वरूप **यर्** था, इसकी पुष्टि तेलुगु **एरु** (नदी) से होती है।

कुड़ुख **आॅप्ना** (भिगोना) का सीधा सम्बन्ध संस्कृत **अपस्, आपस्** से है। संस्कृत के इन प्रसिद्ध जलवाचक शब्दों का आधार कृदन्त **अर्भ** का रूपान्तर **अभ** है। जहाँ **भ्** ध्वनि का स्पर्श तत्व **प्** रूप में, महाप्राणता **स्** रूप में ग्रहण की जायगी, वहाँ **अभ** का रूपान्तर **अप्स** होगा। यही बाबुल का प्राचीन **अप्सु** है। जहाँ **प्, स्** सघोष होंगे, वहाँ सुमेरी भाषा के **अब्ज़ु** का चलन होगा।

अपस् का लैटिन रूपान्तर **अक्व** है, **व्** ओष्ठ्य तत्व के लिए, **क्** स्पर्शतत्व के लिए। यह उस बोली का शब्द है जिसमें **प्** का विकास न हुआ था।

वर्—व्र—र इस विकासक्रम से **व्** का लोप होने पर **र** क्रिया मिलेगी। **संस्कृत** री क्रिया का अर्थ है बहना। प्रसिद्ध नदी **नर्मदा** का एक नाम **रेवा** है। लैटिन **रिगो** (भिगोना), **रीवुस्** (छोटी नदी) का आधार यही **री** क्रिया है। अंग्रेज़ी **रिवर्** (नदी) का सम्बन्ध लैटिन **रीवुस्** से है। फ़ारसी **रूद्** (नदी), रूसी **रेक** (उप०) इसी क्रम में हैं।

ग्रीक भाषा **र्** के पहले **ह्** लगाती है। ग्रीक **र्हॅओ** (बहना), वेल्श **हंएद्र** (झरना) में **ह्** का उच्चारण **र्** से पहले होगा। किन्तु ग्रीक **हुॅतॉस्** (प्रवहमान), जर्मन नदी **हॉन** आदि में **हं** का पूर्वरूप **स्र** भी हो सकता है। **वर्>व्र>र** और **सर्>स्र>ह्>र,** दोनों तरह प्रवाहसूचक **र** क्रियामूल की प्राप्ति सम्भव है।

(ख) घूमना, चक्कर खाना

अभी तक जिन शब्दों की चर्चा की गई है, उनका सीधा सम्बन्ध बहने से है या

जल से है। पानी का बहना इन शब्दों का केन्द्रीय अर्थ है। इस केन्द्रीय अर्थ के चारों ओर, जल और प्रवाह से अन्य क्रियाओं और वस्तुओं के संसर्ग के कारण, एक विशद अर्थवृत्त बनता जाता है। इस अर्थ-वृत्त में ऐसे शब्द मिलते हैं जिनका उद्भव जल और प्रवाह वाले शब्दों से हुआ है किन्तु जो सीधे जल और प्रवाह का अर्थ नहीं देते। मनुष्य जिस भौतिक जगत् में रहता है, उसकी वस्तुएँ, क्रियाएँ एक-दूसरे से जुड़ी हुई हैं। उनकी यह परस्पर सम्बद्धता अर्थविस्तार की प्रक्रिया में, शब्द-रचना-प्रक्रिया में, दिखाई देती है। जो शब्द-शृंखलाएँ इस प्रकार सम्बद्ध हैं, उनका केन्द्रीय अर्थ इस बात से नियमित होता है कि मनुष्य का प्राकृतिक परिवेश किस प्रकार का है, मनुष्य ने जीवन-यापन के आवश्यक साधन जुटाते हुए इस परिवेश से किस तरह का सम्बन्ध स्थापित किया है। इन शब्द-शृंखलाओं के ध्वनिरूप इस बात से नियमित होते हैं कि कोई मानव-समाज शब्द-रचना के लिए किस तरह की ध्वनि-सम्पदा पर निर्भर है। जल और प्रवाह से सम्बद्ध शब्दमूलों में जैसी ध्वनिपरिवर्तन की शृंखलाएँ मिलती हैं, वैसी ही शृंखलाएँ उनके अर्थप्रसार की शृंखलाओं में भी मिलेंगी। दोनों शृंखलाओं पर एक साथ ध्यान देने से ध्वनि-परिवर्तन की रीतियों की पुष्टि होती है, अर्थ-विस्तार की रीतियों की पुष्टि भी होती है।

पानी सीधा नहीं बहता, टेढ़ा-मेढ़ा बहता है, चक्करदार राहों से बहता है। मुड़ना, टेढ़ा होना, रेंगना, घूमना, चक्कर खाना, ये सब परस्पर सम्बद्ध क्रियाएँ हैं। जो चीज़ें घूमती हों, टेढ़ी हों, रेंगती हों, गोल हों, वे सब अर्थविचार से सम्बद्ध हैं। विवेचन की सुविधा के लिए वक्र-गति से सम्बद्ध शब्द अलग रखेंगे, चक्र-गतिवाले शब्द पहले लेंगे। चक्कर लगाने और भ्रमण करने की क्रियाएँ बहुत मिलती-जुलती हैं। भ्रमण वाली शब्द-शृंखला भी बाद में लेंगे। जो चीज़ बार-बार घूमती है, चलती है और चलकर आँखों से ओझल नहीं हो जाती, चक्कर खाकर फिर सामने आ जाती है, वह अपना अस्तित्व, अपनी निरन्तरता प्रमाणित करती है। किसी चीज़ का घटित होना, उसका वर्तमान होना, उसका अस्तित्व मनुष्य उक्त प्रकार के गतिबोध से पहचानता है। इसी गतिबोध से मनुष्य का कालबोध जुड़ा हुआ है। अस्तित्व, वर्तमानता और काल से सम्बद्ध शब्द भी बाद में लेंगे।

हिन्दी में **घूमने** का अर्थ होता है भ्रमण करना और एक ही जगह चक्कर लगाना। अर्थप्रसार की इस पहली शब्द-शृंखला में **घूमने** का दूसरा अर्थ अभीष्ट है—एक ही जगह चक्कर लगाना।

संस्कृत **घट्ट्** (घुमाना), अरघट्ट (रहँट), **घूर्ण्** (घूमना, लुढ़कना), प्राकृत **घरट्ट** (उप०), **घोल** (घूमना), **घोलिअ** (घुमाया हुआ) का आधार **घर्** क्रिया है। हिन्दी **घुराना** (घुमाना), **घिरनी** (चरखी), बँगला **घुरानो** (घुमाना), सिन्धी **घोरानो** (फेरी लगाना) में मूलक्रिया की र् ध्वनि विद्यमान है। **घर्, घॅर्, घॉर्** तीनों रूप उक्त शब्दों में आधारभूत हैं। हिन्दी **घूमना, घुमाना, घुमनी** (चक्कर आना), **घुमरी** (भँवर) में **घुम, घूम** का आधार **घुर्म** है। संस्कृत **घूर्ण** का समकक्ष रूप **घुर्म** है। जैसे संस्कृत **घर्म** से हिन्दी **घाम,** वैसे ही **घुर्म** से **घूम**। **र्** के **न्** रूप में ग्रहण किये जाने पर प्राकृत **घाण** (कोल्हू),

हिन्दी **घानी** (उप०) शब्द बने । **घुंडी, घुँघराले** आदि हिन्दी शब्दों का आधार **घुर्** का रूपान्तर **घुन्** है ।

जैसा कि सहज अनुमेय है, **घ्**-मूलक शब्द केवल आर्य भाषाओं में हैं, **घर्** के रूपान्तर **गर्** का प्रसार भारतीय भाषाओं में है, भारत से बाहर की भाषाओं में है। संस्कृत **गरगरा** (गड़ारी; चर्खी), हिन्दी **गरेरना** (चक्कर लगाना), गुजराती **गरबो** (मंडलाकर नृत्य), लैटिन **गुर्गॅस्** (भँवर) में **गर्** क्रिया है । संस्कृत **गोल** (गेंद; गोला), फ़ारसी **गोल** (गोला), हिन्दी **गोल** में मूल क्रिया के **र्** के स्थान पर **ल्** है । कन्नड़ **गालि** (पहिया) इसी क्रम में है । **रथ** और **चक्र** का गहरा सम्बन्ध है । संस्कृत **गर्त** (रथ) में **गर्** क्रिया जिस चक्रगति की ओर संकेत करती है, वह पहिये की है । **गर्त-गर्द-गड्ड** का विकास बाँगरू-पंजाबी की **गड्डी**, मानक हिन्दी की **गाड़ी** है । **गाड़ी-गाळि-गालि** इस विकासक्रम से कन्नड़ **गालि** तक पहुँच सकते हैं, **गल्** के आधार पर भी । तमिल प्रतिरूप **काल्** का अर्थ पहिया और गाड़ी दोनों है ।

जैसे **गर्त** से **गड्डी**, वैसे ही **गुर्त** से संस्कृत **गुड** (गेंद, गोला), कन्नड़ में **गुडि**(वृत्त), **गुड्डि** (अण्डा)। **र्** का स्थान **न्** लेगा, तब तुलु **गुण्डॅ** (गोल), कन्नड़ **गुण्डु** (गोल वस्तु), हिन्दी **घुंडी** की तरह, बनेंगे । **र्** का स्थान **स्** लेगा, तब **गश्** क्रियामूल से फ़ारसी का **गश्तन्** (चक्कर लगाना) रूप बनेगा । संस्कृत **कुरुल** (छल्लेदार बाल), तमिल **कुरुळ्** (उप०), लैटिन **कुर्रुस्** (रथ), अंग्रेज़ी **कर्ल्** (छल्लेदार बाल), रूसी **क्रुग्** (वृत्त), **क्रुभ्-निए** (चक्कर लगाना), तमिल **काल्** (पहिया, गाड़ी), **कलुक्कइ** (गोल पात्र), **कुळल्** (छल्लेदार बाल), ग्रीक **कुलिन्दो** (लुढ़कते जाना), प्राकृत **कोल्हु** (कोल्हू), हिन्दी **कोल्हू** का आधार **कर्, कल्** क्रियामूल है । कन्नड़ **कडि** (मथना), तमिल **कडइ** (उप०) का आधार **कर्द** है । **र्** का स्थान **न्** लेता है, तब संस्कृत **कन्द** (गोला), **कन्दुक** (गेंद), तमिल **कुण्डु** (गेंद), **कणइ** (कोई गोल चीज़), गद्ब **किन्द्रप्** (घुमाना) आदि रूप बनते हैं । तमिल **कवर्** (मथना), कन्नड़ **कव्वरॅ** (चक्कर लगाना) का आधार **कर्** का रूपान्तर **कव्** है; **कर्प-कप-कव**, इस क्रम से भी **कव्** क्रिया प्राप्त हो सकती है ।

घर् के रूपान्तर **खर्** से, गुजराती **गरबो** के समान, ग्रीक **खॉरॉस्** (मंडलाकार नृत्य), रूसी **खॉरॉवॉद्** (उप०) रूप बने । लैटिन **गुर्गॅस्** (भँवर) का **खर्**-आधारित ग्रीक प्रतिरूप **खरुब्दिस्** (उप०) है । प्राकृत **हल्लीस** (मंडलाकार नृत्य) का आधार **घर्** का रूपान्तर **हल्** है ।

हिन्दी **गाड़ी** और अंग्रेज़ी **कार** में बड़ा फ़ासला है, उतना फ़ासला जितना देशी और विलायती में, काले और गोरे में । **कार** अब पेट्रौल से चलती है, **गाड़ी** में बैल नहे जाते हैं । किन्तु पहियों के बिना न कार चलती है, न गाड़ी । **कार** लैटिन और केल्त क्षेत्रों से अंग्रेज़ी में पहुँची है । लैटिन **कर्रुस्** दो पहियोंवाली लद्दू गाड़ी थी; रोमन लोग चार पहियोंवाले रथ को **कर्रूक** कहते थे । केल्त भाषा-समुदाय में गाड़ी के लिए **कर्** शब्द था । लैटिन **कुर्रुस्** और **कर्रूक** दोनों शब्दों का अर्थ है रथ; **कर्** और **कॉर्** दोनों रूप चक्रगतिसूचक थे । तमिल **काल** (पहिया, गाड़ी) और अंग्रेज़ी **कार** का गोत्र एक है।

संस्कृत **चक्र** का ग्रीक प्रतिरूप **कुक्लॉस्** है। **चक्र** का पूर्वरूप **चर्क** होगा; वर्णविपर्यय से र् का स्थानान्तरण हुआ। **कुक्लॉस्** का पूर्वरूप **कुल्कॉस्** होगा; यहाँ भी वर्णविपर्यय से ल् का स्थानान्तरण हुआ। **कुल्, कुर्** क्रिया का पूर्वरूप **घुर्** होगा। **कर्, सर्, चर्** परस्पर सम्बद्ध हैं। **सर्, चर्** वाले रूप द्रविड़ भाषाओं में उल्लेखनीय हैं। तेलुगु **सारि** (आवर्तन), **सुरगालि** (बवंडर), कन्नड़ **सुळि** (घूमना), **सुरुळि** (छल्ला), तुलु **सुळि** (भँवर), **सुत्तु** (चक्कर खाना), तमिल **चुरुं** (उप०), **चूरइ** (बवंडर) आदि से संस्कृत **चक्र**, फ़ारसी **चर्ख़** तुलनीय हैं।

संस्कृत **चक्र** का एक ग्रीक प्रतिरूप और है : **किर्कॉस्**। ग्रीक भाषा में ही इसका एक वैकल्पिक रूप **क्रिकॉस्** है। **कर्, कल्**, दोनों क्रियारूप ग्रीक में हैं; **कॅर्** और **कॉर्**, ये दोनों रूप उस भाषा में हैं। **किर्कॉस्** से इस बात की पुष्टि होती है कि **कुक्लॉस्** का पूर्वरूप **कुल्कॉस्** था। इसी प्रकार फ़ारसी **चर्ख़** से इस बात की पुष्टि होती है कि संस्कृत **चक्र** का पूर्वरूप **चर्क** था। लैटिन **किर्कुस्** (चक्र), **किर्रुस्** (छल्लेदार बाल) का आधार **कॅर्** है।

कॅर् के प्रतिरूप **चॅर्** से तमिल **चीडइ** (गोल टिकिया), हिन्दी **चिल्ला, चीला** रूप बने। तमिल **चॅण्डु** (गेंद) का आधार **चॅर्** का रूपान्तर **चॅन्** है।

प्राकृत **धन्धोलिय** (भ्रमित), **धङ्ग** (भौंरा) में **धन्** क्रिया **धर्** का रूपान्तर है और **धर्** स्वयं **घर्** का वैकल्पिक रूप है। कन्नड़ **दुण्डगॅ** (गोल, गोलाई) में **दुन्** क्रिया **दुर्** का रूपान्तर है। तमिल **तिरि** (घूमना), **तिरळ्** (गोला), **तेर्** (रथ) में क्रिया की मूलध्वनि र् विद्यमान है। तमिल **तिगिरि** (पहिया, रथ), तोद **तूत्** (चक्कर खाना) के आधारभूत कृदन्त रूपों में र् का लोप हुआ है। तमिल **तिण्डु** (गोल तकिया) में **र्** के स्थान पर **न्** है। हिन्दी **लुढ़कना** का पूर्वरूप **ढुलकना** होगा और **ढुल** का पूर्वरूप **धुल्, धुर्** होगा। तेलुगु **डोल्लु** (लुढ़कना), कुइ **डुड़ि** (उप०) का आधार वही **धुल्, धॉल्** या **धॉर्** है।

चक्रगतिसूचक संस्कृत की मुख्य क्रिया **भर्** है। **भ्रम** (भँवर, कुम्हार का चक्का), **भ्रमर** (भौंरा), **भृमि** (चक्कर खाने की क्रिया), **भृङ्ग** (भौंरा) का आधार **भर्, भॅर्** क्रिया है। संस्कृत **भण्डि** का अर्थ गाड़ी इसलिए है कि **भन्** का पूर्वरूप **भर्** चक्रगति-सूचक है। संस्कृत **भसन, भसल** (भौंरा) में **स्** स्थानापन्न है।

संस्कृत **भण्डि** इसी रूप में तुलु में भी है। द्रविड़ भाषा तुलु में आदिस्थानीय सघोष महाप्राण ध्वनि संस्कृत के अनुरूप सुरक्षित है। तुलु में ही इसका प्रतिरूप **बण्डि** है; आदिस्थानीय सघोष अल्पप्राण ध्वनिवाला यह रूप तेलुगु, कन्नड़ और कोलमि में भी है। तमिल **पण्डि** में आदिस्थानीय ध्वनि अल्पप्राण ही नहीं, अघोष भी है। तमिल में ही **पण्डि** का प्रतिरूप **वण्डि** है। यह शब्द-शृंखला **व्** के पूर्व ध्वनिरूप **भ्** का अच्छा उदाहरण है।

संस्कृत **परि** (गोल; चारों ओर), **पार्श्व** (चक्र की परिधि), तमिल **पर** (भँवर), **पुरळ्** (लुढ़कना), ग्रीक **पॅरि** (चारों ओर) का आधार **पर्** है। संस्कृत **पिण्ड** (गोला), तमिल **पन्दु** (गेंद), **पम्बरम्** (गोला) का आधार **पन्** है। **पर्** और **पन्** दोनों का पूर्वरूप **भर्** है।

संस्कृत तथा इंडोयूरोपियन परिवार की अन्य भाषाओं में **पर्** के रूपान्तर **वर्** का खूब प्रसार हुआ। यह प्रसार **भर्-पर्-वर्** का विकासक्रम पूरा करने के बाद हुआ। इस प्रसार का कारण यह था कि स्पर्शध्वनि **प्** के बदले स्पर्शक्षीण **व्** का व्यवहार करनेवाले **भ्** ध्वनिक्षेत्र के आसपास बहुत बड़ी संख्या में विद्यमान थे। संस्कृत में **वरण्ड** (गोल), **वर्तन** (लुढ़कने की क्रिया), **वर्तते** (लुढ़कता है), **वर्तुल** (गोलाकार), **वृत्त** (गोल; चक्र), **वृत्ति** (लुढ़कने की क्रिया), **वेल्लन** (उप०), **वल्** (चक्कर खाना), **वलन्** (चक्र-गति), **वल्ग्** (नाचना; मूल अर्थ होगा गोल बाँधकर नाचना), लैटिन में **वॉल्वो** (घूमना), **वॉलूमॅन्** (भँवर), **वॉलूतो** (लुढ़कना), पुरानी जर्मन में **वल्त्सु** (लुढ़कना), पुरानी आइसलैन्डिक में **वॅल्त्** (उप०), रूसी में **वॅर्तेत्** (किसी चीज़ को घुमाते जाना) आदि से **वर्**, **वल्** के प्रसार का बोध होगा। संस्कृत **वट**, **वटक**, **वड** (गोल टिकिया) का आधार कृदन्त **वर्त** है। कन्नड़ **वडॅ**, **वटक** (उप०) और हिन्दी **बड़ा** (दही-बड़े वाला बड़ा) इसी क्रम में हैं। **वर्-वस्-वच्**, इस प्रकार तमिल **विजिरु** (तेज़ी से घुमाना) रूप बना।

वर्-व्र-र, इस क्रम से संस्कृत **रथ**, लैटिन **रॉत** (पहिया), **रॉतो** (घूम जाना), **रॉतुन्दुस्** (गोल), अंग्रेज़ी **राउन्ड्** (उप०) रूप बने। हिन्दी **लट्टू** में **र्** के स्थान पर **ल्** है; कृदन्त **रत्त** से **लट्टू** रूप बनेगा। हिन्दी **बंगी** (लट्टू) की आधार क्रिया **बन्** हो सकती है, **वन्** भी। तमिल **वण्डु** (भौंरा), **वण्डि** (गाड़ी), पुरानी अंग्रेज़ी में **वॅन्डन्** (घुमाना) का आधार **वर्** का रूपान्तर **वन्** है।

पर् के रूपान्तर **मर्** से **मर्ग**, फिर कन्नड़ **मगुळ्** (घूम जाना), **मर्** के रूपान्तर **मन्** से संस्कृत **मंथ्** (मथना), और **मथ्** (उप०), **मर्** से **मर्त**, फिर कन्नड़ **मॉट्टॅ** (अंडा), तमिल **मुट्टइ** (उप०), **मन्** से **मन्त**, फिर तमिल में ही **मुट्टइ** का प्रतिरूप **मुण्डइ**।

भर् के रूपान्तर **फर्** से हिन्दी **फेरना**, **फिरकी**, **फेरी**, **भर्** के रूपान्तर **स्फर्-स्फन्** से ग्रीक **स्फॉन्दुलॉस्** (गोलाकार जीव) तथा **स्फर्-स्फय्** से ग्रीक **स्फइर्** (गेंद, अंग्रेज़ी का **स्फिअर्**) रूप बने।

वर् के आदिस्थानीय **व्** का लोप होने पर **अर्** से तमिल **उरुळ्** (पहिया, चक्कर खाना), **उरुडइ** (गाड़ी), **उरुण्डइ** (गेंद; गोला), फ़ारसी **अराबा** (गाड़ी), लैटिन **ऑर्बिस्** (वृत्त), ग्रीक **ॲलुओ** (लुढ़कना), तमिल **उळल्** (घूमना), **उळलइ** (कोल्हू) रूप बने। ग्रीक **इतुस्** (चक्र की परिधि) में **र्** का लोप हुआ है; ग्रीक **ॲइलो** (घूमना) का आधार **अर्** का रूपान्तर **अय्** है। तमिल **उण्डइ** (गेंद) में **र्** के स्थान पर **न्** है।

(ग) भ्रमण करना, भटकना

हिन्दी **घूमना** का एक अर्थ है एक ही जगह चक्कर लगाना, दूसरा अर्थ है इधर-उधर चलना। चक्कर लगाना और भ्रमण करना दोनों मिलती-जुलती क्रियाएँ हैं। **भ्रान्ति**, **भूल**, **भटकाव**, ये धारणाएँ **भ्रमण** की अर्थ-परिधि में हैं। प्राकृत **घोर** (भटकने वाला; **घंघोर** में), बँगला **घुरुनि** (भटकना) में **घर्** क्रिया है। प्राकृत **घट्ट** (भ्रष्ट), **घाड** (उप०), **घुम्म** (घूमना), हिन्दी **घूमना**, **घुमक्कड़** का आधार **र्**-विहीन कृदन्त हैं।

फ़ारसी **गर्दीदन्** (भ्रमण करना) और संस्कृत **गर्त** (रथ) का आधार एक है।

कर् से तेलुगु **क्रालु** (भ्रमण करना) रूप बना, **घर्** के रूपान्तर **स्कर्** से कृदन्त **स्कर्त**, फिर रूसी **स्किताल्स्य** (उप०), **घर्-झर्-झन्** क्रम से प्राकृत **झण्ट** (उप०), **झम्प** (उप०) रूप बने। प्राकृत **ढुम** (उप०), **ढुंढुल्ल** (उप०), **ढोङ्घर** (भ्रमणशील), **ढुस** (भ्रमण करना) का आधार **ढर्** है और **ढर्** का पूर्वरूप **धर्** है। **धर्** के **दर्** रूपान्तर से **दरिद्र** (घुमन्तू; निर्धन) रूप बना। रूसी **तॅर्यात्** (भूलना), कन्नड़ **तॉळल्** (भटकना), तोद **तुड्य्** (आवारा घूमना) का आधार **तर्** है। **धर्** के रूपान्तर **स्तर्** से जर्मन **श्ट्रोम्** (भ्रमण करना) रूप बना।

कन्नड़ **सुळि** और तमिल **चुरु** का एक अर्थ चक्कर खाना है तो दूसरा अर्थ भ्रमण करना है, हिन्दी **घूमना** के समान।

संस्कृत **भ्रम** (भ्रमण, भ्रान्ति), हिन्दी **भटकना**, प्राकृत **भुल्ल**, हिन्दी **भूल** का आधार **भर्** है। **भर्** के रूपान्तर **बर्** से रूसी **ब्रॉदीत्** (भ्रमण करना) बना, **भर्** के रूपान्तर **पर्** से तमिल **पर** (भ्रमण करना), **परक्कु** (इधर-उधर घूमना), अंग्रेज़ी **प्राउल्** (उप०) रूप बने।

पर् के रूपान्तर **वर्** का भ्रमणसूचक व्यापक व्यवहार हुआ। संस्कृत **व्रज्** (भ्रमण करना), **व्रात्य** (घुमन्तू जन), **परिव्राजक** (घुमन्तू संन्यासी) का आधार **वर्** है। **व्रज** वह प्रदेश है जहाँ घुमन्तू जन पशु चराते थे। संस्कृत **वृजि** गण विशेष का नाम है, उसके घुमन्तू होने के कारण। इतिहास-प्रसिद्ध **वज्जि** गण का पूर्वरूप **वर्जि** होगा जो **व्रात्य** के समान उसके घुमन्तू होने का सूचक है। मलयालम **वलयुग** (इधर-उधर घूमना), तमिल **वऴु** (भूल), **विलगु** (भटक जाना) का आधार **वर्** का प्रतिरूप **वल्** है। **वर्** के कृदन्त **वर्ग** > **वग** से लैटिन **वगातिओ** (इधर-उधर घूमना) और **वर्द** > **वद** से लैटिन **वादो** (उप०) रूप बने। अंग्रेज़ी **वान्डर्** (उप०) का आधार **वन्** से बना कृदन्त **वन्द** है। **वर्** के **र्** का लोप होने पर तमिल **वी** (भटक जाना) क्रिया बनी। तमिल **मिगइ** (भूल), तेलुगु **मॅदलु** (इधर उधर घूमना) का आधार **पर्** के रूपान्तर **मर्** से बने कृदन्त **मॅर्ग** > **मॅग**, **मॅर्द** > **मॅद** हैं।

वर् के **व्** का लोप होने पर **अर्** क्रिया से लैटिन **अॅर्रो** (इधर-उधर घूमना), अंग्रेज़ी **अॅर्** (भटकना), **एरर्** (गलती), ग्रीक **अलुओ** (भ्रमण करना), **अलतॉस्** (घुमन्तू), तमिल **उळि** (इधर-उधर घूमना) रूप बने। तमिल **आडु** (उप०) का आधार कृदन्त **अर्त** है। इसी **अर्त** से संस्कृत क्रिया **अट्** (उप०), **अटन** (भ्रमण), **अटवी** (वन) आदि रूप बनते हैं। **अर्** से **अरण्य**, **अट्** से **अटवी**, **वन्** से **वन**, इन समानार्थी शब्दों की आधार क्रियाएँ भ्रमणसूचक हैं। बस्ती से अलग **वन** वह स्थान है जहाँ घुमन्तू जन अपना वन्य जीवन बिताते हैं।

भर् का एक रूपान्तर **फर्** है। फ़ारसी के **फ़रामोश** (भूला हुआ) में यही **फर्** है। प्राकृत **फिर** (फिरना), **फुम** (उप०), **फुस** (उप०), हिन्दी **फिरना** (यथा मारे-मारे फिरना) परस्पर सम्बद्ध रूप हैं।

(घ) मुड़ना, टेढ़े चलना

एक जगह चक्कर खाना और एक जगह से दूसरी जगह तक चक्कर लगाना, दोनों तरह के घूमने की ये क्रियाएँ मिलती-जुलती हैं। मुड़ना, टेढ़े चलना, रेंगना, ये क्रियाएँ भी घूमने से बहुत दूर नहीं हैं। वे उसी अर्थ-परिधि में हैं जिसके केन्द्र में प्रवाहसूचक **घर्**, **धर्**, **भर्** हैं।

संस्कृत **घुण्ट** (घुटना), हिन्दी **घोंटू** का आधार **घर्** का रूपान्तर **घन्** है। **घुण्ट** का संस्कृत में ही एक प्रतिरूप **घुट** (उप०) है जहाँ **घुर्त** के **र्** अथवा **घुण्ट** के **ण्** का लोप हुआ है। हिन्दी **घुटना** में यही **घुट** है। संस्कृत **घोटते** (मुड़ता है) से विदित होता है कि अंग विशेष को **घुण्ट**, **घुट** क्यों कहा गया। कन्नड़ **गोण्टु** (कोना) और **गोटु** (उप०) परस्पर वैसे ही सम्बद्ध हैं जैसे संस्कृत **घुण्ट** और **घुट**। ग्रीक **गॉनु** (घुटना), लैटिन **गॅनु** (उप०), कन्नड़ **गाण** (अंकुश), कोत **गोण्** (कोण), तुलु **गूनु** (कूबड़), गोंडी **गुन्तु** (धनुष) एक ही अर्थवृत्त के भीतर हैं।

संस्कृत **कुल्फ** (घुटना) और **घुण्ट**, दोनों का मूलाधार **घुर्** है। संस्कृत **कर्कट** (तराज़ू की डांड़ी का मुड़ा हुआ सिरा), तमिल **कुरङ्ङ्** (मुड़ना), कन्नड़ **कुर्गु** (कूबड़), तमिल **कूर्** (झुकना), तेलुगु **कॉलिक** (अंकुश), कन्नड़ **कॉळिकॅ** (उप०), फ़ारसी **कोर्निश्** (झुककर बन्दगी करना), ग्रीक **कॉर्निस्** (टेढ़ा), **कुर्तॉस्** (उप०), **कॉनिअओ** (झुकना), **कोलॉन्** (अंग), लैटिन **कुर्वो** (मुड़ना), **कुर्वुस्** (वक्र, अंग्रेज़ी कर्व), **कॉर्नू** (सींग), रूसी **क्रिवीत्** (मुड़ना), **क्रिवोइ** (टेढ़ा), **क्र्यूचॉक्** (अंकुश), वेल्श **क्रुबि** (कूबड़), **क्रम्प्** (उप०), **क्रुक** (टेढ़ा), **क्रिमन्** (हँसिया), **क्रिमु** (झुकना), **कॉर्नॅल्** (कोना), अंग्रेज़ी **कौर्नर्** (उप०), लैटिन **कॉलुबॅर्** (साँप), संस्कृत **कृमि** (कीड़ा), लिथुआनियन **किर्मिस्** (उप०), पुरानी आइरिश में **क्रुइम्** (उप०) का आधार **कर्** है। इन रूपों से ज्ञात होगा, **घ्** के अल्पप्राण और अघोष होने पर **कर्**, **कॅर्**, **कॉर्** का व्यवहार कितने बड़े पैमाने पर हुआ है।

अंग्रेज़ी **क्रीप्** (रेंगना) का आधार संस्कृत **सृप्** हो सकता है, सीधे **घॅर्** का रूपान्तर **कॅर्** भी।

तमिल **कॉक्कि** (अंकुश), **कॉक्करइ** (वक्रता), कन्नड़ **कॉग्ग** (उप०), **कॉक्कि** (मोड़), **कॉक्कु** (चोंच) का आधार **कर्क** है। संस्कृत **कुटिल**, **कुटी** (वक्रता), **कोट** (उप०), **कोटि** (किसी वस्तु का मुड़ा हुआ सिरा), गोंडी **कोन्** (सींग), कोडगु **कत्ति** (चोंच), **कोट्टि** (उप०), तमिल **कोट्टु** (झुकाना), **कोडु** (मुड़ना), मलयालम **कोट्टम्** (वक्रता), कन्नड़ **कॉल्लि** (कोना), **कोडु** (सींग) का आधार **कॉर्त** है। संस्कृत **ककुद्** (बैल का कूबड़) का आधार यही **कॉर्त** है। संस्कृत **ककुभ** (वाद्ययन्त्र का मुड़ा हुआ सिरा) का आधार **कॉर्भ** है। **कुभा** (काबुल वाली **कुभा**) नदीवाचक है, वक्र गति के कारण। रूसी नदी **कुबान्** का पूर्वरूप **कुभा** है। संस्कृत **कुबेर** (टेढ़े-मेढ़े अंगों वाला), **कुब्ज** (टेढ़ा, कुबड़ा), हिन्दी **कूबर**, **कुबड़ा**, तोद **कुबिड्** (बन्दगी करना), कुड़ुख **कब्कुबुर्ना** (खूब झुक जाना) में **कुभ्** का रूपान्तर **कुब्** है।

कर् से **कर्प** > **कप** > **कव**, इस क्रम से कश्मीरी **कॉव्य्** (कुबड़ा), तमिल **कविळ्** (झुकना), कोडगु **कविन्** (उप०) की **कव्** क्रिया प्राप्त होती है।

संस्कृत में **कर्** के रूपान्तर **कन्** से बने रूपों की भरमार है। **कोण, कुणि** (टेढ़ा हाथ), **कुञ्चित** (वक्र), **कन्दर** (अंकुश) के **कन्** से ही हिन्दी के **कुंडा, कुंडी** बने हैं। **कुञ्चित** केशों के लिए संस्कृत और तमिल में **कुन्तल** शब्द है। तमिल **कून्** (मुड़ना, कूबड़), **कोण्** (कोण, वक्रता), **कोणन्** (कुबड़ा), कन्नड़ **कॉङ्कु** (वक्र होना), **कॉङ्कि** (अंकुश), **कुण्डरु** (झुकना), मलयालम **कुज्जुग** (उप०), कन्नड़ **कुम्बु** (झुकने की क्रिया), तमिल **कुमिळ्** (बैल का कूबड़) से तुलनीय हैं वेल्श **कम्** (वक्र), **कमु** (झुकना), **कमॅद्** (मोड़), ग्रीक **कम्पे** (मोड़), **कम्प्तो** (झुकना), **कमर** (कमरा; वह स्थान जिस पर महराबी छत हो)।

फ़ारसी **कज्** (टेढ़ा), **कझ्** (उप०) का आधार **कध**<**कर्ध** है।

हिन्दी **खोर, खोरि** (दोष) का आधार **घॉर्** का रूपान्तर **खॉर्** है। काने, खोरे, कूबरे के प्रसंग में **खोर** (लँगड़ा) से ग्रीक **खोलॉस्** (उप०) तुलनीय है। प्राकृत **खव्व** (कुबड़ा) का पूर्वरूप **खर्व** होगा। **र्** के स्थान पर नासिक्य ध्वनि का व्यवहार होने पर प्राकृत **खुम्मिय** (नवाया हुआ), कुड़ुख **खोङ्घ्ना** (झुकाना) रूप बने।

कर् का रूपान्तर **कस्** कन्नड़ **कुसि** (झुकना), **कोसु** (वक्रता) में है। **कस्** के रूपान्तर **कच्** का सम्बन्ध कन्नड़ **कोचु** (वक्रता), संस्कृत **कच** (कुन्तल, केश) से है। संस्कृत क्रिया **कच्** का अर्थ चिल्लाना, बाँधना, चमकना है; इन तीनों अर्थों की अपेक्षा वक्रतासूचक कुन्तल वाला अर्थ अधिक संगत है। संस्कृत **केश** का आधार **कॅर्** का रूपान्तर **कॅस्** होगा। जब यह **क्** स्पर्शतत्व के क्षीण होने पर **ह्** रूप में ग्रहण किया जाता है, तब **कॅर्** से अंग्रेज़ी **हॅअर्** (बाल), **कॉर्** से अंग्रेज़ी **हौर्न्** (सींग, लैटिन **कॉर्नू**) रूप बनते हैं।

घर् का एक रूपान्तर **स्कर्** है। इससे रूसी **स्क्र्यूचिवात्** (मुड़ना), ग्रीक **स्कॉलिऑस्** (वक्र) रूप बने।

कर् के रूपान्तर **कन्** से वर्णसंकोचन द्वारा जर्मन **क्नी** (घुटना), अंग्रेज़ी नी (उप०) बना।

तालव्यीकरण के फलस्वरूप प्राकृत **झण्टलिअ** (कुटिल गमन), **झण्डली** (कुलटा) रूप बने। प्राकृत **झूर** का पूर्वरूप **धूर** (**धूर्त** का **धूर्**) हो सकता है, घूर् भी। **झन्** के **झ्** की महाप्राणता का लोप होने पर संस्कृत **जानु** (घुटना), प्राकृत **जण्हुआ** (उप०) की रचना हुई। पुनः **झर्** के रूपान्तर **चर्** से प्राकृत **चोल** (कुबड़ा), तमिल **चुळि** (टेढ़ा होना, चालाक होना), **चिलइ** (धनुष), मलयालम **चरिक्क** (मुड़ना), फ़ारसी **चालाक** का निर्माण हुआ। तमिल **चॉत्ति** (लँगड़ा), **चॉट्टु** (वक्रता) का आधार **चर्त्** है। संस्कृत **चाप** (धनुष), तमिल **चप्पु** (वक्र होना) का आधार **चर्प** है। संस्कृत **चञ्चु** (चोंच), कन्नड़ **चुञ्चु** (घुँघराले बाल) का आधार **चम्** है।

संस्कृत **धूर्व्** (झुकना) और **धूर्त** का आधार **धूर्** है। संस्कृत **धूक** (धोखा) का पूर्वरूप **धूर्क** होगा। **धनुष** में **र्** के स्थान पर **न्** है। **दम्भ** (धूर्तता), हिन्दी **डङ्क** और कन्नड़ **डॉङ्कु** (मुड़ना, मोड़) में वक्रता का भाव है। संस्कृत **दभ** (धोखा) में **म्** का लोप हुआ है। तेलुगु **देंकु** (रेंगना) में नासिक्य ध्वनि विद्यमान है; स्पर्श-क्षीणता से **द्** जब **र्** रूप में ग्रहण किया गया, तब संस्कृत की **रिङ्ग्, रिङ्ख्** (रेंगना) क्रियाएँ बनीं। **देंकु, डेंकु** रूप

तेलुगु और कन्नड़ में हैं। मलयालम में इनका प्रतिरूप **इळ्युग** है। तमिल और मलयालम जैसे आदिस्थानीय र्-ल् के पहले अतिरिक्त स्वर लगाती हैं, वैसे ही यहाँ ड् के पहले उन्होंने इ लगाया; और दो स्वरों के बीच में जैसे ड् हिन्दी में ड़् बोला जाता है, वैसे ही यहाँ ड़् की समकक्ष ध्वनि **ळ्** है जिसका स्पर्श-तत्व और भी क्षीण है। तेलुगु, कन्नड़ आदि में आदिस्थानीय **द्, ड्** हैं; तमिल, मलयालम आदि में **इळ्** है। द्, ड् ध्वनियों वाले शब्द पुराने हैं। तेलुगु **दिगु, डिगु** (उतरना, गिरना) का कुवि प्रतिरूप **रीग्रलि** है; **द्** के स्थान पर **र्** है। इनके तमिल प्रतिरूप **इळि** में ड् के स्थान पर **ळ्** है और उसके पहले अतिरिक्त स्वर **इ** है।

तेलुगु **देंकु** उन थोड़े शब्दों में है जहाँ संस्कृत प्रतिरूप की अपेक्षा द्रविड़ भाषा में पूर्वरूप की ध्वनि सुरक्षित है।

संस्कृत **तिर्यक्** (तिरछा), तमिल **तिरुगु** (मोड़) का आधार **तॅर्** है। तमिल **तोट्टि** (अंकुश), **तॉडुप्पु** (शृंखला) कृदन्त **तॉर्त** से बने हैं। तमिल **तवळ्** (रेंगना) का आधार **तर्प>तप>तव** होगा। तेलुगु **तॉङ्गु** (झुकना), कोलमि **तॉङ्गें** (घुटना) में क्रियामूल के र् के स्थान पर **न्** है। तमिल **नॅरि** (मुड़ना), मल्तो **नॅरु** (साँप) में **तॅर्** के **त्** का स्थान **न्** ने लिया है। अवधी **निहुरब** (झुकना) का आधार **निघ>निर्घ** हो सकता है।

यहाँ संस्कृत **नम्** (झुकना) विचारणीय है। जैसे **रिंग्** के **र्** का पूर्वरूप **द्** है, वैसे ही **नम्** के **न्** का पूर्वरूप **त्** हो सकता है। संस्कृत के **नम्** और **तिर्यक्** रूप सम्बद्ध हैं जैसे तमिल के **तिरुगु** और **नॅरि** सम्बद्ध हैं। **तर्प्>तप्>नप्>नम्**, अथवा **तर्>तम्>नम्** इस क्रम से **नम्** रूप सिद्ध होगा। **तर्प** और **सर्प** की समानता उल्लेखनीय है। वक्रता और नम्रता के विरोधी भावों का सामान्य स्रोत है झुकने की क्रिया।

हिन्दी **झुकना** की आधारभूत क्रिया वही है जो **धूर्त** और **धोखा** की है। **धुर्** से **धुर्क>धुक>झुक**।

घुर् से भी झुक रूप बन सकता है। संस्कृत **शृंग** (सींग, चोटी) और **शृंखला** में **शॅर्** क्रियामूल का आधार **घॅर्** हो सकता है, **धॅर्** भी। **घर्** या **धर्** का बहुप्रचलित रूपान्तर **सर्** है। संस्कृत **सर्प**, लैटिन **सॅर्पॅन्स्** (साँप), अंग्रेज़ी **सर्पॅन्ट्** (उप०) के साथ तालव्य ध्वनि वाला जर्मन **श्लाङ्ग** (उप०) है। द्रविड़ भाषाओं में समानार्थी रूपों का **स्** उतना ही पुराना है जितना आर्य रूपों का : कोन्ड **सरस्** (साँप), गोंडी **सेरि** (उप०), कुइ **स्रासु** (उप०); इनके साथ कृदन्त आधारित कन्नड़ **सुत्तु** (मोड़), **सॉट्ट** (टेढ़ा) और **न्** के स्थानापन्न होने पर कन्नड़ **सञ्चु** (धूर्तता करना)। ग्रीक **हॅर्पो** (रेंगना), **हॅर्पॅतॉन्** (साँप) में **स्** का रूपान्तर **ह्** है।

धर् के समकक्ष **भर्** से बने वक्रतासूचक संस्कृत शब्दों में महत्वपूर्ण **भ्रू** (भौंह) है, **भृष्टि** (कोना), **भृणाति** (टेढ़ा होता है) का आधार **भॅर्** है। संस्कृत **भोग** (वक्रता), **भुजा** (उप०), **भुजग** (साँप) में **र्** का लोप हुआ है, **भङ्ग** (मो ़), **भण्डन** (धूर्तता) में **र्** के स्थान पर नासिक्य ध्वनि है। प्राकृत **भमुहा, भुमग** (भौंह) में भी नासिक्य ध्वनि है और इनका सम्बन्ध हिन्दी **भौंह** से है। कन्नड़ **बलङ्कु** (झुकना), **बिल्** (धनुष) में **भर्** का रूपान्तर **बल्** है। कन्नड़ **बागु** (झुकना), पुरानी अंग्रेज़ी के **बॉग** (वक्र रेखा, धनुष)

का पूर्वरूप **बर्ग** या **बङ्ग** है। **बॉग** के **ग्** का संघर्षीकरण और लोप होने पर आधुनिक अंग्रेज़ी के **बो** (धनुष), **बाउ** (झुकना) रूप प्राप्त होते हैं। संस्कृत **बन्धुर** (वक्र), हिन्दी **बंसी** (मछली पकड़ने का काँटा), कन्नड़ **बङ्कु** (टेढ़ा होना), कुवि **बाँङ्गिनइ** (झुकना), अंग्रेज़ी **बॅन्ड्** (उप०) में **र्** के स्थान पर **न्** है।

संस्कृत **पर्शु** (हँसिया, टेढ़ा चाकू, कुठार), **पार्श्व** (कपट गति) का आधार **भर्** का रूपान्तर **पर्** है। शरीर के अंग जहाँ से मुड़ते हैं, उस स्थान को हम जोड़ कहते हैं। संस्कृत **पर्व** (जोड़) और हिन्दी **पोर** (उप०) में मूल भाव मुड़ने का है। कुइ **पल्ग** (झुकना), तोद **पळ्** (उप०) इसी श्रृंखला में हैं। कन्नड़ **पडुगु** के आधाररूप कृदन्त **पड** में **र्** का लोप हुआ है। प्राकृत **पब्भ** (नम्र) के पूर्वरूप **पर्भ** में **पर्** का झुकने वाला भाव स्पष्ट है। **पर्** के रूपान्तर **मर्** से तमिल **मरि** (झुकना), **मुरि** (उप०), **मूलइ** (कोना), कन्नड़ **मलकु** (मोड़) रूप बने; कृदन्त **मर्क** से तमिल **मुक्कु** (कोना), कन्नड़ **मॉक्कु** (झुकना), पुनः **मक्** के प्रतिरूप **नक्** से हिन्दी **नुक्कड़** और अंग्रेज़ी **नुक्** (कोना) रूप बने। **नुक** का आधार **तुक** भी हो सकता है। हिन्दी **मटकना, मुड़ना** का आधार **मर्त** होगा; हिन्दी शब्दों से तमिल **मुडक्कु** (कोना), **मुट्टु** (घुटना), **मडङ्गु** (टेढ़ा होना) आदि तुलनीय हैं। हिन्दी **टेढ़ामेढ़ा** का **मेढ़ा** कभी **टेढा** का समानार्थी स्वतन्त्र रूप से प्रयुक्त होने वाला शब्द रहा होगा। **तॅर** से **तॅर्धा**>**टेढ़ा** और **तिर्छा** रूप बनेंगे। **तॅर्धा**>**नॅर्धा** से **मेढ़ा** सम्भव है। कन्नड़ **मणि** (झुकना), **मण्डि** (घुटना) में अपेक्षित नासिक्य ध्वनि है।

संस्कृत **पङ्गु** (लँगड़ा) में मुख्य भाव पैरों के टेढ़े होने का है। इसकी पुष्टि लैटिन **पन्दो** (झुकना), **पन्दुस्** (वक्र) से होती है। अंग्रेज़ी **फिंगर्** (उँगली) में अतिरिक्त महाप्राणता के योग से **पिन्** का रूपान्तर **फिन्** है। लैटिन **फ़ॉनिक्स्** (महराब), **फ़ल्क्स्** (हँसिया), **फ़ल्लो** (धोखा देना), अंग्रज़ी **फ़ाल्स** (मिथ्या) में **फ़्** सीधे **भ्** का रूपान्तर है।

चक्रगति के समान वक्रगति के लिए **पर्** के विकार **वर्** का व्यापक व्यवहार हुआ है। संस्कृत **वृजन** (वक्रता, धूर्तता), **वृन्त** (रेंगने वाला जीव), लैटिन **वॅर्मिस्** (कीड़ा), अंग्रेज़ी **वर्म्** (उप०), **वार्प्** (टेढ़ा होना) में **र्** ध्वनि वाला क्रियारूप है; संस्कृत **वल्** (मुड़ना), **वेल्लित** (वक्र), तमिल **वळइ** (झुकना), **वलयु** (लौट पड़ना) में **ल्** ध्वनि वाला क्रियारूप है। संस्कृत **वक्** (टेढ़ा होना), **वक** (बगुला, धूर्त), कोत **वक्** (झुकना), तमिल **वाक्कु** (मोड़) में **र्**-विहीन कृदन्त है। संस्कृत **वम्र** (चींटी) वर्णविपर्यय का परिणाम है, पूर्वरूप होगा **वर्म**। इसकी पुष्टि संस्कृत **वल्मी** (चींटी) से होती है जहाँ **र्** का जोड़ीदार **ल्** वर्णविपर्यय से अप्रभावित है। इसी प्रकार संस्कृत **वक्र** का पूर्वरूप **वर्क** है; इसकी पुष्टि संस्कृत **वङ्कु** से होती है जहाँ **र्** का स्थान लेने वाली नासिक्य ध्वनि वर्णविपर्यय से अप्रभावित है। संस्कृत **वृक** (चोर, भेड़िया), लैटिन **वुल्पॅस्** (उप०), अंग्रेज़ी **वुल्फ़** (उप०) में जन्तु विशेष की धूर्तता के कारण वक्रतासूचक **वर्** क्रिया का व्यवहार किया गया है। लैटिन **वुल्पॅस्** का एक प्रतिरूप उसी भाषा में **लुपुस्** है; **वल्**>**व्ल्**>**ल्**, इस क्रम से **व्** का लोप हुआ। ग्रीक **लुकॉस्** (भेड़िया) भी इसी प्रक्रिया से बना है, केवल **प** के स्थान पर कृदन्त प्रत्यय **क** है, संस्कृत **वृक** के समान। अंग्रेज़ी **राइ**

(टेढ़ा), **रौंग्** (गलत), आइसलैन्डिक **रंग्र्** (टेढ़ा) के **र्** का पूर्वरूप **व्र्** है। अंग्रेज़ी वर्तनी में **व्** ध्वनिचिन्ह विद्यमान है।

संस्कृत **ध्वरति** (झुकता है) का आधार **धॉर्** क्रिया होगी अथवा मानना होगा कि **व्** के पहले अतिरिक्त व्यंजन जोड़ा गया है। फ़ारसी **गुर्ग्** (भेड़िया) **वुर्ग** के **व्** से पहले **ग्** जोड़ने से बना है।

संस्कृत **अराल** (वक्र), तुलु **आॅर** (उप०), कन्नड़ **अॅरगु** (झुकना), **आॅलॅ** (उप०), ग्रीक **अर** (भंगिमा; प्रार्थना; धूर्तता), लैटिन **अर्कुस्** (धनुष, महराब), अंग्रेज़ी **आर्च्** (महराब), ग्रीक **इरिस्** (इन्द्रधनुष) में **वर्** का रूपान्तर **अर्** है।

वर् के रूपान्तर **वन्** से संस्कृत **वङ्क** (वक्र), **वञ्च्** (ठगना), **वम्भ** (मोड़), तेलुगु **वंगु, वंचु, वंपु** (झुकना), तमिल **वणङ्ङु** (उप०), **वङ्कि** (अंकुश), जर्मन **वेन्डॅन्** (मुड़ना) रूप बने। जैसे **व्** का लोप होने पर **वर्** से **अर्** का विकास हुआ, वैसे ही **वन्** का समकक्ष रूप **अन्** सुलभ हुआ। संस्कृत **अङ्क** (वक्र वस्तु), **अङ्ग, अङ्कुश, अङ्गुरि, अञ्च्** (मुड़ना), **अञ्चित** (कुञ्चित) का आधार **अन्** है। कन्नड़ **आॅङ्कि** (अंकुश), तेलुगु **इञ्च** (वक्रता) से तुलनीय हैं ग्रीक **अङ्कॉस्** (मोड़), **अङ्कुर** (लंगर), **अङ्कले** (मुड़ी हुई बाँह), लैटिन **अङ्गुलुस्** (कोण), **अङ्गुइस्** (साँप), लिथुआनियन **अङ्गिस्** (उप०), जर्मन **अॅङ्कॅल्** (घुटना)।

संस्कृत **अङ्घ और अघ** का एक ही अर्थ है पाप। इससे अनुमान होता है कि **अघ** में **अ** के बाद **र्** या **न्** का लोप हुआ है। **पाप और साँप** का सम्बन्ध पुराना है; संस्कृत **अङ्घ** (पाप) से लैटिन **अङ्गुइस्** (साँप) तुलनीय है। जैसे **अङ्घ और अङ्गुइस्** सम्बद्ध हैं, वैसे ही संस्कृत **पाप** और तमिल **पाम्बु** (साँप) सम्बद्ध हैं। जैसे **अङ्घ** का प्रतिरूप **अघ** है, वैसे ही **पाम्बु** का प्रतिरूप कोत **पाब्**, कन्नड़ **पावु** और प्राकृत **पाव** है। प्राचीन धर्मकथाओं में पाप से सर्प को सम्बद्ध करना स्वाभाविक था।

संस्कृत **अग्** (टेढ़ी चाल चलना), ग्रीक **अगॉस्** (अपराध) में **अघ्** का रूपान्तर **अग्** है। कन्नड़ **आॅग्गु** (झुकना), तुलु **आॅग्गि** (अंकुश) में क्रिया का वक्रगति वाला मूल भाव निहित है।

फ़ारसी **फ़रेब** (छल), **फ़रेफ़्ता** (धोखा खाया हुआ) का आधार **पर्** है जहाँ **प्** में अतिरिक्त महाप्राणता का योग हुआ है।

(ङ) घेरना, रक्षा करना

चक्कर लगाने और घेरने की क्रियाएं मिलती-जुलती हैं। किसी का घेरा डालने का अर्थ है उसके चारों ओर एक वृत्त बनाना। वृत्त पूरा हो सकता है, अधूरा भी। कोई रेखा मुड़े बिना वृत्त नहीं बना सकती। अतः मुड़ने और घेरने की क्रियाओं में भी समानता है। **घर,** गाँव, नगर के चारों ओर दीवाल हो तो घेरनेवाली क्रिया से इनका अर्थ देने वाला शब्द बनेगा। यह घेरा मनुष्य की रक्षा करता है, अतः घेरने की क्रिया का व्यवहार रक्षा करने के लिए भी होगा।

प्राकृत **घार** (दुर्ग), हिन्दी **घेरा, घेरना** में मूल क्रिया का **र्** विद्यमान है। संस्कृत

घुटंति (रक्षा) करता है में र् का लोप हुआ है। प्राकृत घग्घर (घाँघरा) में भी र् का लोप हुआ किन्तु हिन्दी घाँघरा के पूर्वरूप घंघर में र् का स्थान न् ने लिया है। प्राकृत में ही घार का प्रतिरूप गार (घर) है और संस्कृत अगार, आगार में शब्दमूल गार है।

घर्, गर् की अपेक्षा कर् रूप का प्रसार अधिक हुआ है। संस्कृत कारा (बन्दी-गृह) में गोल दीवार का भाव हो सकता है, अवरोध का भी। संस्कृत वार में वारण करने, रोकने का भाव है, बाड़ा बनाकर घेरने का भाव भी। संस्कृत करभ (दीवाल) में भी दोनों भाव हो सकते हैं। संस्कृत कलत्र (दुर्ग) में घेरे वाला भाव असंदिग्ध है। तमिल करइ (किनारा), कुरुम्बु (दुर्ग), रूसी क्राइ (किनारा), वेल्श कओंर् (दुर्ग), अंग्रेज़ी कोर्ट् (दीवालों से घिरा स्थान) तुलनीय हैं। संस्कृत कुट और कोट (दुर्ग), कटक (कंगन), प्राकृत कोट्ट (नगर), तमिल कोट्टइ (दुर्ग), कडगम् (कंगन) के आधारभूत कृदन्त में र् का लोप हुआ है। हिन्दी कड़ा इसी शृंखला में है।

तमिल काप्पु (किलेबन्दी, कारागार) का आधार कप<कर्प है। कप् या कर् के रूपान्तर कव् से तमिल कवि (घेरना), लैटिन कवॅअ (बाड़ा) रूप बने। कर्प>कप्प>काप>काव, इस विकासक्रम से तमिल कावल् (किलेबन्दी, कारागार) रूप बना। तमिल का (रक्षा करना) का पूर्वरूप कर् या कव् होगा। संस्कृत कुंठित (घिरा हुआ), कंकण, कुंडल, काञ्ची (करधनी) का आधार कन् है। तेलुगु कम्मु (घेरना), तमिल कानल् (समुद्रतट) में यही कन् है। प्रदेश विशेष का नाम कोङ्कण उसके समुद्रतटवर्ती होने से पड़ा। संस्कृत कोष्ठ (घेरे की दीवाल, घिरा हुआ स्थान) का आधार कर् का रूपान्तर कस् है। संस्कृत कक्ष (किनारा, घिरा हुआ स्थान) का पूर्वरूप कश्क होगा अथवा श् के रूपान्तर क् में स जुड़ने पर, शिष्य के शिष् से शिक्षा के समान, कक्ष रूप बना होगा। संस्कृत कच्छा (किनारा, कटिबन्ध) का आधार कश् है। कोंकण के समान कच्छ भी समुद्रतटवर्ती प्रदेशविशेष का नाम है।

संस्कृत खल (खलिहान), कुड़ुख खली (उप०), हिन्दी खलिहान का मूल अर्थ होगा घिरा हुआ स्थान। ग्रीक खोरिऑन् (दुर्ग) तुलनीय है। संस्कृत खादि (अँगूठी) का आधार खर् क्रिया है। तमिल कळम् (खलिहान) संस्कृत खल का प्रतिरूप है। प्राकृत झस (किनारा), संस्कृत अजिर (प्राङ्गण), चषाल (अँगूठी), तमिल चिरइ (किनारा; सीमा) का आधार घर् के तालव्य रूपान्तर हैं। अंग्रेज़ी स्कर्ट् (किनारा, घाँघरा) में घ् का रूपान्तर स्क् है।

संस्कृत शरण का मूल अर्थ था दुर्ग। तमिल अरण् (दुर्ग) का सम्बन्ध द्रविड़ व्युत्पत्तिकोश में शरण से ठीक जोड़ा गया है। संस्कृत शाल (प्राङ्गण), शाला (भवन), तुलु शॅरॅ (कारागार), तोद सॅर् (कैद), लैटिन सलूस् (सुरक्षित अवस्था), फ्रान्सीसी साल (शाला) का आधार घर् का रूपान्तर सर् है। कन्नड़ सुत्तु (घेरना, घेरा) और संस्कृत सेतु (किनारा, बाँध, सीमा) की आधारभूत क्रियाएँ सॉर् और सॅर् समानार्थी हैं। अंग्रेज़ी हाल् (बड़ा कोठा) का पूर्वरूप साल होगा।

तुलु कॅरॅ (ताल), तमिल चॅरु (उप; बाग) में घेरे वाला भाव है।

संस्कृत धरण (किनारा), धारा (उप०; बाड़े की दीवाल), प्राकृत धाडिअ

(बाग) का आधार **घर्** की समकक्ष क्रिया **धर्** है। प्रसिद्ध संस्कृत शब्द **दुर्ग** में घेरेवाला भाव है; इसकी पुष्टि संस्कृत **दरद्** (किनारा) से होती है। **कर्** के समान अघोष अल्प-प्राण ध्वनि वाले **तर्** का व्यवहार बड़े पैमाने पर हुआ है। संस्कृत **तीर** (किनारा), मलयालम **तिरुक्कु** (उप०) में **तर्** का **र्** विद्यमान है। संस्कृत **तट** (उप०), **तटाक** (उप०; ताल), प्राकृत **तट्टी** (बाड़े की दीवाल), तमिल **तडवु** (कारागार), **तॉडु** (घेरना) में **र्** का लोप हुआ है। **तर्ग** > **तग** से तमिल **तगइप्पु** (दुर्ग) रूप बना। तमिल **तुम्बु** (किनारा) में नासिक्य ध्वनि ने **र्** का स्थान लिया है। अंग्रेज़ी **स्ट्रैन्ड्** (किनारा) में **धर्** का रूपान्तर **स्तर्** आधार क्रिया है।

संस्कृत **भरण** (संरक्षण) में पालन का भाव ऐसा पुष्ट हुआ है कि घेरे वाला भाव लुप्त हो गया है। संस्कृत **भास्** का अर्थ पशुओं का बाड़ा इसलिए है कि **भस्** के पूर्वरूप **भर्** का अर्थ घेरना था। **भर्** के रूपान्तर **बर्** से दुर्ग के समानार्थी अनेक शब्द बने हैं। तुलु **बरॅ** (हाते की दीवाल), हिन्दी **बाड़ा** में यह **बर्** (अथवा **वर्**) क्रिया है। जर्मन **बुर्ग** संस्कृत **दुर्ग** का प्रतिरूप है। जर्मन **बॅर्गॅन्** (शरण देना), रूसी **बारॉन्** (सुरक्षा) में भरण वाला भाव है। हिन्दी **बाली** (कान की बाली), कन्नड़ **बळॅ** (कंगन) में घेरे वाला भाव है। भारत के **गुलबर्ग** जैसे नगरनामों में **बर्ग** का दुर्ग, कोट वाला भाव है।

भर् के रूपान्तर **पर्** का प्रसार विशद है। संस्कृत **पालि** (किनारा, परिधि) और **पालन** का **पाल्** (रक्षा करना) परस्पर सम्बद्ध हैं। संस्कृत **पुर** (दुर्ग) और तमिल **पुर** (रक्षा करना) से ग्रीक **पुर्गॉस्** (दुर्ग; दीवाल) सम्बद्ध हैं। ग्रीक **पुक्नॉस्** (सुरक्षित) वर्णविपर्यय से बना रूप है: **पुर्क** > **पुन्क** > **पुक्न**। संस्कृत **पुञ्ज** (प्राङ्गण), तमिल **पेण्** (संरक्षण), अंग्रेज़ी **पॅन्** (बाड़ा) में **पुक्न** के समान **न्** स्थानापन्न है। संस्कृत **पूग** (प्राङ्गण), तुलु **पुडॅ** (किनारा) के कृदन्तरूपों में **र्** का लोप हुआ है। फ़ारसी **पास्**, **पास्बान्** (रक्षक) में **स्** स्थानापन्न है। संस्कृत **पक्ष** (कंगन) की आधार क्रिया **पश्** होगी। ग्रीक **प्सलिअॉन्** (कंगन) में **भ्** का रूपान्तर **प्स्** है।

जैसे एक शहर का नाम **गुलबर्ग** है, वैसे ही एक अन्य नगर का नाम **गुलमर्ग** है। **बर्ग** और **मर्ग** जोड़ीदार हैं। तमिल **मुरु** (घेरना), **मुर्रम्** (प्राङ्गण), तेलुगु **मुरुगु** (कङ्गन), लैटिन **मूरुस्** (नगरकोट), **मर्गो** (किनारा) की **मुर्** क्रिया **पुर्** का रूपान्तर है। संस्कृत **मुद्रा**, **मुद्रिका** (अँगूठी) का पूर्वरूप **मुर्द** होगा। वेल्श **मॉद्रुइ** (अँगूठी) में भी **मुद्रा** वाला वर्ण-विपर्यय है। संस्कृत **मन्दिर**, तमिल **मन्दइ** (गाँव के बीच का सभास्थान), **मन्रु** (सभा भवन, पशुशाला), ग्रीक **मन्द्र** (पशुशाला), लैटिन **मूनिओ** (किलेबन्दी करना) का आधार **मर्** का रूपान्तर **मन्** है। तमिल **मनइ** (घर), **मनइवि** (घरैतिन) और संस्कृत मेना (नारी) परस्पर सम्बद्ध हैं। कन्नड़ **मुत्तु** (घेरना) में **र्** का लोप हुआ है।

जैसे अन्यत्र **पर्** के रूपान्तर **वर्** का प्रसार है, वैसे ही यहाँ भी। **वर** (घेरा), **वार्** (रक्षक), **वार** (घिरा हुआ स्थान), **वल** (उप०), **वलय** (कंगन) आदि संस्कृत रूपों के साथ तमिल **वरइ** (किनारा), **वरइप्पु** (घिरा हुआ स्थान), **वळइ** (घेरना), **वेलि** (हाते की दीवाल), लैटिन **वल्लुम्** (घेरे की दीवाल), अंग्रेज़ी **वाल्** (दीवाल) इस प्रसार का प्रमाण हैं। संस्कृत **वप्र** (किनारा, मिट्टी की दीवाल) वर्णविपर्यय का फल है; पूर्वरूप

होगा **वर्ष**। संस्कृत **वापी** (जलाशय), **वाटिका** में **र्** का लोप हुआ है। पंजि **वत्** (अँगूठी) में **र्** का लोप है।

तमिल **अरइ** (कोठा), **ओरम्** (किनारा), लैटिन **उर्ब्स्** (दीवाल से घिरा नगर), कन्नड़ **अळ्ुर्** (घेरना) की आधार क्रिया **अर्** है, **व्** का लोप होने से **वर्** का रूपान्तर। तमिल **अरण्** (दुर्ग) का पूर्वरूप **शरण** है किन्तु **अरुप्पम्** (उप०), **अळ्ुवम्** (उप०), मलयालम **अळ्ु** (बाड़े की दीवाल), **अरु** (किनारा) का आधार सम्भवतः प्रस्तुत प्रसंग की **अर्** क्रिया है।

ग्रामवाचक **पुर** को दुर्गवाचक **पुर** से अलग रखना चाहिए; इसी प्रकार तमिल के ग्रामवाचक **ऊर्** को दुर्गवाचक **अरुप्पम्** से अलग रखना चाहिए। आगे चलकर **दुर्ग** और ग्राम वाले **पुर, उर** का भेद मिट गया। तमिल **उड्डु** (घेरना), तुलु **अदॅ** (कोठा) के कृदन्तों में **र्** का लोप हुआ है।

संस्कृत **अङ्गन** (आँगन) और तमिल **अंगणम्** (दो खम्भों के बीच का स्थान) का आधार एक है। संस्कृत **अण्ड** (अण्डा), **अम्बर** (परिधि) से कन्नड़ **ऑण्डि** (किनारा), तमिल **अम्बल्** (शाला), तुलु **अम्बिल** (प्राङ्गण) से ग्रीक **अम्फि** (चारों ओर), लैटिन **अम्बि** (उप०) और जर्मन **उम्** (उप०) तुलनीय हैं।

(च) ढाँकना, छिपाना

घेरने और ढांकने, छिपाने की क्रियाएँ एक दूसरे से मिलती-जुलती हैं। **अम्बर** धरती को घेरे है, ढँके हुए भी है; **वरुण** (आकाश), **अम्बर** के समान, दोनों क्रियाएँ सम्पन्न करता है। **वार, वारण, आवरण, वरुण** आदि में **वर्** क्रिया का अर्थ-प्रसार देखा जा सकता है। शरीर को ढांकनेवाले वस्त्रों से लेकर बालों तक यह क्रिया काम देती है। जैसे धूर्तता का भाव वक्रगति से जुड़ा हुआ है, वैसे ही जो काम छिपाकर किया जाय, उससे छल का भाव जुड़ा हुआ है। ढाँकने, छिपाने के साथ किसी चीज़ को बन्द रखने या बन्द करने का भाव सम्बद्ध है।

संस्कृत **घट्** (बन्द करना) की **घर्** क्रिया का मूल अर्थ ढाँकना, छिपाना है। भवन या शरीर का भीतरी भाग **गर्भ** है। संस्कृत **गर्त** (गुफा) में यही छिपने का भाव है। हिन्दी **घूँघट**, बँगला प्रतिरूप **घोम्टा** में **घर्** के रूपान्तर **घन्** का आवरण वाला भाव स्पष्ट है। लैटिन **ग्लूबो** (छाल उतारना), **ग्लूम** (भूसा) के क्रियामूल **गॉल्** में ढाँकने का भाव है। संस्कृत **गुध्** (ढाँकना), **गूढ** (प्रच्छन्न) का पूर्वरूप **गुर्ध** है। संस्कृत **गुहा** (गुफा) और **गुह्** (छिपाना) से छिपने के साथ गुफा का सम्बन्ध स्पष्ट होगा। संस्कृत **गुप्त, गोपन** की **गुप्** क्रिया मूलतः कृदन्त **गुप** है जिसके पूर्वरूप **गुर्प** के **र्** का लोप हुआ है। **गुप** के प्रतिरूप **गुफ** से हिन्दी **गुफा** बना। संस्कृत **गुण्ठन, गुण्ठ्** (ढाँकने) में **र्** के स्थान पर **न्** है।

इस प्रसंग में भी **घर्** के रूपान्तर **कर्** का प्रसार उल्लेखनीय है। संस्कृत **कट्** (ढाँकना), **कूट** (धोखा), **उत्कूट** (छाता), **कुटी** (झोंपड़ी) में **र्** का लोप हुआ है। संस्कृत **कलह** (म्यान, धूर्तता) में **कर** का प्रतिरूप **कल** है। तमिल **कर** (छिपाना, चुराना), **कूरइ**

(वस्त्र), कुरम्बइ (झोंपड़ी) से ग्रीक क्रुप्ते (गुफा), क्लॅप्तो (चुराना), रूसी क्रीत (ढाँकना), क्रीश्क (ढक्कन), क्रीश (छत) तुलनीय हैं। संस्कृत कुटी के प्रतिरूप तमिल कुडिल् (झोंपड़ी), कुडइ (छाता, तम्बू), कत्तणम् (कवच), लैटिन कुतिस् (खाल) में र् का लोप हुआ है। अंग्रेज़ी हट् (झोंपड़ी), जर्मन ह्यु ट्टॅ (उप०) का आधारभूत रूप कृदन्त कुट है।

संस्कृत कपाल का अर्थ खोपड़ी के अलावा ढक्कन, अंडे का छिलका भी है। खोपड़ी और नारियल का अर्थ देनेवाले खोपड़ा में कठोर आवरण का भाव सामान्य है। कपाल का प्राकृत रूप कभल्ल है। इसका आधार कभ < कर्भ होगा। ग्रीक कॅफले (कपाल) में भ् का रूपान्तर फ् है। प्राकृत कप्पर (खोपड़ी), इटालियन कपो (उप०), कपॅल्लो (बाल, ऊन), लैटिन कपिल्लुस् (सिर के बाल), तेलुगु कप्पु (छिपाना), संस्कृत कपट में कभ के रूपान्तर कप का व्यवहार हुआ है। कप अथवा कर के रूपान्तर कव से संस्कृत कवच, तमिल कवि (ढाँकना), कावणम् (पंडाल, झोंपड़ी), लैटिन कवॅर्न (गुफा), अंग्रेज़ी केव (उप०), कवर् (ढाँकना) रूप बने हैं।

संस्कृत कोश (म्यान, खजाना), रूसी कास्सा (पेटी), लैटिन कस (झोंपड़ी), अंग्रेज़ी केस् (पेटी, म्यान) में कर् का रूपान्तर कस् है। जहाँ स्क् ने घ् का स्थान लिया, वहाँ ग्रीक स्कुल्लो (खाल), अंग्रेज़ी स्कल् (खोपड़ी) रूप बने। त और प वाले कृदन्तों में र् का लोप होने पर ग्रीक स्कुतॉस् (खाल), स्कॅपस् (आवरण), स्कर् के र् के स्थान पर न्, य् का प्रयोग होने पर ग्रीक स्कॅने (तम्बू), अंग्रेज़ी स्किन् (खाल), ग्रीक स्कॅउए (वस्त्र) रूप बने। जहाँ घर् के घ् की महाप्राणता बची रही, केवल सघोषता का लोप हुआ, वहाँ संस्कृत खर्पर (कपाल, छाता, धूर्त), खल (धूर्त), खोल (शिरस्त्राण), प्राकृत खलियार (ठगना), ग्रीक ख्लइन (लबादा) की रचना हुई। प्राकृत खल्ला, उसकी हिन्दी समानार्थी खाल इसी क्रम में हैं। ग्रीक खितोन् (कवच) में र् लुप्त है।

घ् का तालव्यीकरण होने पर प्राकृत झुट्ठ, हिन्दी का सुपरिचित झूठ, प्राकृत झुम्पड़ा और हिन्दी झोंपड़ी, झ् की सघोषता का लोप होने पर हिन्दी छाल, छोलना, छीलना, संस्कृत छल, केवल महाप्राणता का लोप होने पर प्राकृत जूअ (ठगना) रूप बने। कर् की तरह चर् वाले रूपों का प्रसार भी अधिक हुआ। संस्कृत चर्म (खाल), चलि (आवरण), चीर (वस्त्र), तमिल चीरइ (उप०), चॉलि (छीलना) का आधार चर् है। कन्नड़ चक्कल (चमड़ा), संस्कृत चतुर, तमिल चदि (धोखा देना), चदुर् (चतुराई) के आधारभूत कृदन्तों में र् लुप्त है। तमिल चण्डु (भूसा) में र् के स्थान पर न् है। तमिल चवळि (कपड़ा) में चप् का रूपान्तर चव् है।

संस्कृत छत्र का पूर्वरूप छर्त है; वर्णविपर्यय से छत्र। मूलरूप होगा घर्त। घ् और ध् दोनों का रूपान्तर झ् हो सकता है, अतः घर् क्रिया के साथ धर् विकल्प भी ध्यान में रखना चाहिए। छाद्मन् (छल, छत) और छादन (आवरण) में छद् का पूर्वरूप छर्द् होगा। हिन्दी छत सीधे छर्त से बन सकता है, छत्र और छद् से भी। छान में र् के स्थान पर न् है। छिपना में छिर्प का र् लुप्त है।

घर् के रूपान्तर सर्, शर्, शल् से संस्कृत शल्क (छाल), दुशाला, फ़ारसी शाल,

हिन्दी **सारी, साड़ी**, कन्नड़ **सीरॆ** (वस्त्र), जर्मन **शाटॅन्** (ढाँकना), अंग्रेज़ी **शर्ट्** (कमीज़) रूप बने।

संस्कृत **चीर** (वस्त्र), तमिल **चीरइ** का आधार रूप **सीर** हो सकता है, **कीर** भी।

धर्>धव् से हिन्दी **धोती, धॉर्>धॉस्** से **धुस्सा** रूप बने। **धर्>दर्** से ग्रीक **दॅर्म** (चर्म), जर्मन **डॅकॅ** (छत), **डॅकॅन्** (ढाँकना), **धर्>तर्** से संस्कृत तिरय (छिपाना), तमिल **तोल** (खाल) का निर्माण हुआ। **तॉर्क्** के संस्कृत **त्वक्** (खाल), तमिल **तॉक्कु** (छाल), **तॅर्ग** से ग्रीक **तॅगॉस्** (छत), लैटिन **तॅगो** (ढाँकना), **तर्त** से कन्नड़ **ताटि** (खोल), तुलु **तुत्तुनि** (पहनना) की रचना हुई। प्राकृत **तमणि** (छाल), पर्जि **तुन्द्** (पहनना) में **र्** की जगह नासिक्य ध्वनि है। **तमणि** के **तम** का पूर्वरूप **तर्म** हो सकता है; संस्कृत **चर्म** इस **तर्म** का रूपान्तर हो सकता है। इस विकल्प की पुष्टि ग्रीक **दॅर्म** (चर्म) से होती है।

संस्कृत **स्थग्** (ढाँकना), **स्थग** (ठग), **स्थगन** (गोपन) में र्-विहीन कृदन्त है, **ध्** का रूपान्तर **स्थ्** है। हिन्दी **ठग** का पूर्वरूप है संस्कृत **स्थग**। हिन्दी **ढोंग, ढाल, ढाँकना, ढाँपना** में **ध्** का मूर्धन्य रूप **ढ्** है। संस्कृत **स्तरति** (ढाँकता है), **स्तायु** (चोर), **स्तेन** (उप०), ग्रीक **स्तॅगो** (ढाँकना), **स्तॅगे** (छत) में **ध्** का रूपान्तर **स्त्** है, ग्रीक **थेके** (म्यान) में **थ्**। तमिल **तगर** (भेड़) का आधार **तर्** है। संस्कृत **भेण्ड** (मेढ़ा) की आधार क्रिया **भॅन्>भॅर्** है। **भॅर्द** से हिन्दी रूप **भेड़** बनेगा। पशु विशेष ने बालों से ढँके होने के कारण **भेड़** नाम पाया। **भण्डन** (कवच) का आधार **भन्** है। संस्कृत **भूषा** (वस्त्र धारण) में **भॉर्** का **स्** वाला रूपान्तर है।

हिन्दी **भुस** और संस्कृत **बुस** (भूसा) में हिन्दी रूप प्राचीन है।

संस्कृत **वल्क** (वल्कल) और अंग्रेज़ी **बार्क्** (छाल) के **व्, ब्** मूल **भ्** के रूपान्तर हैं। ब्राहूइ **बेरिंफिंग्** (पहनाना, छत डालना) का **प्रतिरूप बेनिंग्** (पहनना) है, एक में **र्** है, दूसरे में उसके स्थान पर **न्**। तुलु **बेपुनि** (छत डालना), कुड़ुख **बईना** (उप०) का आधार **बर्** का रूपान्तर **बय्** है। संस्कृत **बुस** (भुस) में **र्** के स्थान पर **स्** है, **स्** जब **च्** रूप में ग्रहण किया गया, तब कन्नड़ **बॉच्चु** (ऊन, बाल, पंख) रूप प्राप्त हुआ।

तमिल **पोर्** (पहनना), **परम्** (कवच), **पॉरुक्कु** (छाल, खाल), **पिरट्टु** (धोखा) में **पर्, पॉर्, पॅर्**, तीनों आधाररूप देखे जा सकते हैं। संस्कृत **पल** (भूसा), लैटिन **पलॅअ** (उप०), संस्कृत **पुलकित** का **पुल** (रोम) सम्बद्ध रूप हैं। प्राकृत **पोत्ती** हिन्दी **धोती** का पर्याय है और तमिल **पोत्ति** (वल्कल, वस्त्र) उसका प्रतिरूप है। संस्कृत **पोत** (वस्त्र), **पट** (उप०) तमिल **पट्टइ** (छाल) की आधारभूत क्रिया **पर्** है। फ़ारसी **पर्दा** में **पर्** का **र्** विद्यमान है। लैटिन **पल्ल** (लबादा), **पॅल्लिस्** (खाल) भद्र-भल्ल पद्धति से बने रूप जान पड़ते हैं। बहुप्रयुक्त **पंडाल** का पूर्वरूप तमिल **पन्दल्** है और यह प्राकृत **पङ्गुर** (ढाँकना), **पङ्गुरण** (वस्त्र) से **पर्** के रूपान्तर **पन्** क्रियामूल द्वारा सम्बद्ध है। फ़ारसी **पोस्त** (खाल, छाल, कपड़ा), **पोश** (आवरण), **पोशाक, पश्म** (बाल, ऊन) का द्रविड़ समकक्ष रूप तोद भाषा का **पोष्म्** (पूँछ) है। **पोस्त** का प्राकृत रूपान्तर **पोत्थ** (वस्त्र) है। यहाँ **र्** के स्थान पर **स्** है। संस्कृत **पुस्त** का अर्थ है ढँका हुआ।

पंख, बाल, ऊन, तीनों चीज़ें ढाँकने का काम करती हैं। ऊपर उद्धृत कन्नड़ **बॉच्चु** शब्द ये तीनों अर्थ देता है। संस्कृत **पक्ष** (पंख) और **पक्ष्मल** (बड़े घने बालों वाला) में वही अर्थ-संसर्ग है। कन्नड़ **बॉच्चु** का तमिल प्रतिरूप **पॉच्चु** (बाल) है। संस्कृत **पुच्छ** (पूंछ) और तमिल **पॉच्चु** का आधार **पच्** है। तोद **पोष्म्** (पूंछ) और संस्कृत **पुच्छ**, दोनों रूप बालों वाली वस्तु की ओर संकेत करते हैं।

भर्>**प्सर्**>**प्सय्** क्रम से ग्रीक **प्सॅउदो** (धोखा देना), **प्सॅउदेस्** (झूठ) रूप बने।

संस्कृत **मुद्रित** (ढँका हुआ, बन्द) में **मुर्द** का वर्ण-विपर्ययवाला **मुद्र रूप** है, **मुर्** का पूर्वरूप **पुर्** है। तुलु **मगर**, **मॉगुरु** (बाल) का आधार कृदन्त **मग**<**मर्ग** है। **र्** के **य्**, **व्** रूप में ग्रहण किये जाने पर अथवा **मग** के **ग्** का लोप होने पर तमिल **मयिर्** (बाल), तुलु **मइरु** (मोर), संस्कृत **मयूर**, तमिल **मयिल्** (मोर) और प्राकृत **मोर** रूप बने। मोर की पूँछ उसकी खास पहचान है, इसलिए बालों और पूंछ के लिए जो शब्द प्रयुक्त होते थे, उनके आधार पर इस पक्षी का नाम रखा गया। मोर के लिए अवधी में **पुछांड़ि** (अर्थात् पूंछ वाली चिड़िया) शब्द भी है। संस्कृत **मण्ड्** (वस्त्र पहनाना), **मण्डन** (अलंकरण), **मण्डप** (तम्बू, पण्डाल) में **मर्** का रूपान्तर वही **मन्** क्रिया है जो प्राकृत **मण्डी** (ढकनी) में है। हिन्दी के **मेंढ़ा** और **मूँदना** उसी क्रिया से बने हैं। तमिल **मेय्** (ढाँकना, छप्पर डालना), **मेवु** (उप०) और ग्रीक **मुओ** (मूँदा जाना) में **र्** का स्थान **य्**, **व्** ने लिया है। **मर्** के रूपान्तर **मस्** के आधार पर तोद **मीष्** (मोर), कुड़ुख **मॅस्गा** (छत) रूप बने। हिन्दी **मूछ** और मलयालम **मेच्चल्** (छप्पर डालने की क्रिया) में **च्**, **छ्** मूल **स्** के रूपान्तर हैं। **मूछ** के इटालियन प्रतिरूप **मॉस्ताच्चिओ में स्** है। **स्** जब **ख्** रूप में ग्रहण किया गया, तब रूसी **मॉख्** (काई), **मॉखनातुइ** (बालोंवाला) रूप बने। अंग्रेज़ी **मौस्** (काई) का प्रतिरूप है रूसी **मॉख्**।

तमिल **नविर्** (बाल) ऊपर उल्लिखित **मयिर्** (उप०) का प्रतिरूप है।

संस्कृत **वार** का अर्थ आवरण और पूँछ के बाल दोनों हैं। **वर्ण** (आवरण) और **वरुण** (आकाश) में ढाँकने का अर्थ देनेवाली **वर्** क्रिया है। तमिल **वरि** (ढाँकना) में प्राचीन अर्थ स्पष्ट है। संस्कृत **वल्कल**, लैटिन **वॅलो** (ढाँकना), **वॅल्लस्** (ऊन), अंग्रेज़ी **वूल्** (उप०) में **वर्** का प्रतिरूप **वल्** है। ऊन और वस्त्रों के संसर्ग से इस क्रिया का व्यवहार बुनने के लिए हुआ। तमिल **वल** (बुनना) और संस्कृत **वयति** (बुनता है) का मूलाधार **वर्** है। संस्कृत **व्ये, वी** (ढाँकना) क्रिया **वय्** का प्रतिरूप है। जैसे **वरुण** आकाशवाचक है, वैसे ही **व्योमन्**। इन संस्कृत रूपों से सम्बद्ध है संस्कृत का ही **वेमन** (करधा) और **तन्तुवाय** (बुनकर) का **वाय**। तमिल **वेय्** (ढाँकना), **वेय्वु** (आवरण), अंग्रेज़ी **वीव्** (बुनना), **वॅब्** (बुनी हुई चीज) की आधारभूत क्रिया एक है।

वर् के रूपान्तर **वन्** से संस्कृत **वाणि** (बुनाई), हिन्दी **बाना** (उप०; पोशाक), **बुनना**, अंग्रेज़ी **विम्प्ल्** (अवगुण्ठन) रूप बने। **वस्त्र, वसन** (वस्त्र), **वस्मन्** (उप०; आवरण), **वेष** आदि संस्कृत रूपों के साथ लैटिन **वॅस्तिस्** (वस्त्र) में **वर्** का रूपान्तर **वस्** है। **वर्**>**व्र**>**र**, इस क्रम से अंग्रेज़ी **रैप्** (ढाँकना, लपेटना) बना, **वर्**>**व्ल**>**ल**, इस क्रम से ग्रीक **लेनॉस्** (ऊन), लैटिन **लान** (ऊन) रूप बने।

हिन्दी **ऊन** के संस्कृत पूर्वरूप **ऊर्ण में वर्** का रूपान्तर **उर्** है। संस्कृत **उरा** (भेड़), **उरण** (उप०) से भेड़ और ऊन का सम्बन्ध स्पष्ट है। तमिल **उरइ** (म्यान), कुड़ुख **ऑरॉक्** (छाल) में ढाँकनेवाला भाव विद्यमान है। तमिल **ऑळि** (छिपना), **ऑलियल्** (खाल) में **वल्** का रूपान्तर **ऑल्** है। तमिल **अरुवइ** (वस्त्र), कन्नड़ **अर** (उप०), **अळुर्** (ढाँकना) में **ऑर्** का वैकल्पिक रूप **अर्**, **अल्** है। ग्रीक **अरेप्सो** (ढाँकना, छत डालना) इससे सम्बद्ध है। ग्रीक **ऑउर** (पूँछ), **ऑउरनॉस्** (वरुण) में **व** का रूपान्तर **ऑउ** है।

संस्कृत **ओतवे** (बुनाई), **ओतु** (बाना, आड़ा धागा), तमिल **ऊडु** (उप०), **उडइ** (वस्त्र) का आधार **र्**-विहीन कृदन्त हैं।

तमिल **उरि** (छिलका) का **र्** जहाँ **म्** रूप में ग्रहण किया गया, वहाँ तमिल का ही **उमि** (भूसा) रूप बना। **ऊर्मि** भी **उमि** का पूर्वरूप हो सकता है।

(छ) पार उतरने की क्रिया, उसके उपकरण

ढाँकने, घेरने आदि क्रियाओं का अर्थ देनेवाले शब्द जलप्रवाह से बहुत दूर जा पड़े हैं, अधिक निकट वे शब्द हैं जिनका सम्बन्ध जलमार्गों से है, नदी पार करने से है। जो शब्द वक्रगति अथवा चक्रगतिसूचक हैं, वे क्रमशः गतिविशेष से प्रतिबद्ध न होकर सामान्य गति का अर्थ देने लगते हैं। वे स्थान जहाँ यह गति सम्पन्न होती है, वे उपकरण जिनसे यह गति सम्पन्न की जाती है, उन्हीं गतिसूचक शब्दों से अथवा उन शब्दमूलों के आधार पर बने हुए नये शब्दों से अभिहित होते हैं। उदाहरण के लिए मनुष्य आवाजाही के लिए जिस स्थान का बार-बार उपयोग करते हैं, वहाँ एक **पथ** बन जाता है। **पथ** का मूल अर्थ है जलमार्ग, नदी पार करने का स्थान। **पथ** का विकल्प **पंथ** है, **पंथ** का **न्** अनावश्यक रूप से जोड़ी हुई ध्वनि नहीं है। इस तथ्य का बोध ग्रीक रूप **पोर्थमॉस्** से होता है जिसका एक अर्थ है जलमार्ग, दूसरा है नाव। इस रूप का मूल भाग है **पोर्थ**। वेल्श में **पोर्थ्** का अर्थ है नाव। इसका अंग्रेजी प्रतिरूप है **फ़ोर्ड्**, नदी पार करने का उथला स्थान। जहाँ **र्** के स्थान पर **न्** है, वहाँ एक ओर ग्रीक **पॉन्तॉस्** का अर्थ है समुद्र, दूसरी ओर लैटिन **पॉन्तॉ** का अर्थ है पुल, अर्थात् नदी पार करने का साधन। इस **पॉन्तॉ** का अंग्रेज़ी प्रतिरूप है **पन्ट्** जिसका अर्थ है नाव। **पोर्थ** और **पोन्त** शब्दमूलों के आपसी सम्बन्धों के बारे में सन्देह नहीं रह जाता।

संस्कृत **पार** (पार उतरने की क्रिया), तमिल **पारु** (पार उतरना, जहाज़), ग्रीक **पॉरॉस्** (जलमार्ग), **पॅरओ** (पार करना), रूसी **परोम्** (नाव) में क्रिया का **र्** ध्वनि वाला रूप विद्यमान है। चलने, जाने के लिए द्रविड़ भाषाओं की प्रचलित क्रिया **पो** इसी **पर्** से सम्बद्ध है। तमिल **पोक्कु** (मार्ग) का पूर्वरूप **पॉर्कु** होगा। जहाँ क्षतिपूर्ति के बिना **र्** का लोप हुआ है, वहाँ तमिल **पुगु** (जाना), **पुगुदि** (मार्ग) रूप बने। चलने का उपकरण पैर हैं। तमिल **पुगु** का हिन्दी समानान्तर रूप **पग** है। इसी प्रकार संस्कृत **पद्** का अर्थ है चलना, और **पद** का अर्थ है पैर। कन्नड़ **पादि** का अपेक्षित अर्थ है मार्ग। नदी पार करने के मार्ग से लेकर जंगल पार करने के मार्ग तक, नगर और ग्राम की

गलियों से लेकर शरीर के भीतर नसों तक, जहाँ भी किसी तरह की गति सम्पन्न होती है, हमें प्रवाहसूचक शब्दमूलों से सम्बद्ध रूपों की शृंखला मिल जाती है।

संस्कृत **घट्ट** का एक **अर्थ है** घाट अर्थात् नदी पार करने का स्थान, दूसरा है नाव अर्थात् नदी पार करने का साधन। **घट्ट** के पूर्वरूप **घर्त** में **घर्** क्रिया है। **घर्** के रूपान्तर **गर्** से संस्कृत **गर्त** (नहर), लैटिन **ग्रदिग्रोर्** (कदम उठाना), हिन्दी **गोड़** (पैर) और **गली** रूप बने। संस्कृत **गाध** नदी पार करने का स्थान है, अंग्रेज़ी **फ़ोर्ड्** का समानार्थी। **गाध** का पूर्वरूप होगा **गर्ध**। संस्कृत में एक क्रिया है **गन्ध्** जिसका **अर्थ** है जाना। यहाँ कृदन्त रूप **गन्ध** को क्रिया बनाया गया है, और **गन्ध** का पूर्व रूप है **गर्ध**। संस्कृत **गम्** (जाना) और **गन्ध** का **गन्** एक हैं। मूलरूप **गर्** का **र्** जहाँ **स्** रूप में ग्रहण किया गया, वह **गस्, गश्** क्रिया का व्यवहार हुआ। जर्मन भाषा में **गन्** से **गांग्** (गति) बना, **गस्** से **गसॅ** (गली)। **गश्** का रूपान्तर संस्कृत की **गच्छ्** क्रिया है। **गच्छति** और **गमिष्यति** एक ही क्रिया के दो रूप माने जाते हैं, यह उचित ही है। जैसे **पर्** से तमिल **पो**, वैसे ही **गर्** से अंग्रेज़ी **गो** (जाना)। जहाँ **गस्** का **स्** बदलकर **ह्** बना, वहाँ जर्मन भाषा का **गेहॅन्** (जाना) रूप बना।

गर् के साथ **कर्** से बने रूपों में संस्कृत **क्रम्** (पार जाना, जाना) और **कर्ण** (पतवार) के साथ ब्राहूइ **कार्** (जाना), कन्नड़ **कारि** (नदी पार करने का स्थान), लैटिन **करीन** (नाव) उल्लेखनीय हैं। संस्कृत **कला** (नाव), तमिल **कलम्** (जहाज़), लैटिन **कॅलॉक्स्** (नाव) में **कर्** का प्रतिरूप **कल्** है। संस्कृत **कलह** (मार्ग), कन्नड़ **कळि** (जाना), हिन्दी **कॉलिया** (गली) का आधार **कल्** है। ब्राहूइ में एक रूप **कार् है** तो दूसरा समानार्थी रूप है **कान्** (जाना)। संस्कृत **गम्** का अंग्रेज़ी प्रतिरूप है **कम्** (आना)। ग्रीक **कन्थरॉस्** (पतवार) और संस्कृत **काण्ड** (उप०) का आधार रूप **कन्** है। कश्मीरी **कदल** (पुल), और तमिल **कड** (पार करना, जाना) की रचना कृदन्त रूप **कर्द** से हुई है। हिन्दी **गोड़** का कुवि प्रतिरूप **है कॉड्ड** (पैर); ब्राहूइ में **कार्, कान्** के साथ **स्** वाला रूप भी है **कास्** (जाना)। **घ्** के **स्क्** रूपान्तर से ग्रीक **स्कॅलॉस्** (पैर) और **ख्** रूपान्तर से संस्कृत **खल्ल** (नहर), ब्राहूइ **खरिङ्ग** (चलना) का निर्माण हुआ।

प्राकृत का एक महत्वपूर्ण रूप है **झत्थ** (गत)। संस्कृत **गत** में आदिस्थानीय व्यंजन की महाप्राणता का लोप हुआ है, प्राकृत में सघोषता के साथ महाप्राणता सुरक्षित है। **झत्थ** का पूर्व रूप होगा **झस्त** जो **घस्त** का तालव्य रूपान्तर है। **घस्** और **घर्** समकक्ष रूप हैं। प्राकृत **छेंडी** और हिन्दी **छिड़िया** का अर्थ है गली; इसका आधार **झर्**> **झन्**>**छन्** है।

संस्कृत **सरति** (पार करता है), **सरणि** (पथ), कन्नड़ **सार्** (जाना, आना), **सल्** (चालू होना), लैटिन **सोलेन्** (नाली) की **सर्** क्रिया का पूर्वरूप **घर्** है। **सर्** के रूपान्तर **सन्** से संस्कृत **स्नायु** बना। कन्नड़ **सन्द्** (चालू होना), गदब **सॅन्** (जाना) में **सर्** का प्रतिरूप **सन्** है। तेलुगु **चनु** (जाना) का सम्बन्ध **सॅन्** से प्रतीत होता है। संस्कृत **चर्** (चलना), **चल्** का विकास **झर्** से हो सकता है, **सर्** से भी। तमिल **चॅल्** (जाना), **चॅलवु** (मार्ग) संस्कृत **चल्** से सम्बद्ध हैं। प्राकृत **हल्लिअ** (गतिशील), सिन्धी **हलि** (चलना);

कुवि हल्ल (जा) का **ह्**, **सर्** के **स्** का रूपान्तर है। हिन्दी **हलचल** में **चल** के साथ पुराना रूप **हल** है; ऐसे ही हिन्दी **हालचाल** में **चाल** के साथ हाल है। अवधी **हाल-हाल** (जल्दी) में वही **हल्** है।

संस्कृत **धरणी** (नस), **धमनि** (नली) में **ध्** वाली क्रिया है, तुलु **दारि** (मार्ग) में **द्** वाली। संस्कृत **तरति** (पार करता है), **तरी** (नाव), **तीर्थ** (जल; जलमार्ग), प्राकृत **तरण्ड** (नाव), तमिल **तारि** (मार्ग), **तुरइ** (उप०; घाट), **ताऴ्** (पैर) में अघोष अल्प-प्राण ध्वनि वाली क्रिया का प्रसार है। तमिल **तण्डल्** (छोटे जहाज़ का नायक) में **तर्** का रूपान्तर **तन्** है। हिन्दी **टाँग** (पैर) की आधार क्रिया चलने का अर्थ देनेवाली **तन्** क्रिया होगी। पर्जि **ताक्** (चलना), तमिल **तडम्** (मार्ग), प्राकृत **तप्प** (नाव) का आधार **क, त, प** वाले कृदन्त हैं। जर्मन **श्टॅग्** (मार्ग), अंग्रेज़ी **स्टॅप्** (कदम) में **ध्** का रूपान्तर **स्त** है।

तीर और **नीर** के समान **तर्** और **नर्** की जोड़ी है। संस्कृत **नर्द्** (चलना), **नाडी** (नली, नस), हिन्दी **नार, नाला, नली,** कन्नड़ **नर** (नस), **नरवु** (उप०), लैटिन **नॅर्वुस्** (उप०), अंग्रेज़ी **नर्व** (उप०) का आधार **नर्** है। संस्कृत **नाडी** में **र्** का लोप हुआ है, वही स्थिति तमिल **नड** (चलना), **नडवइ** (मार्ग) की है। **नर्** के रूपान्तर **नव्, नय्** से संस्कृत **नाव**, ग्रीक **नाउस्** (जहाज़), **नॅउरॉन्** (नस)। **नर्** के **र्** को **स्** रूप में ग्रहण करने पर हिन्दी **नस** बना।

संस्कृत **भेल** (नाव) और बँगला **भेला** (उप०) **भर्** वाली शृंखला के शब्द हैं। संस्कृत **भसद्** (नाव) में **स्** स्थानापन्न है। कन्नड़ **बर्** (आना) में **भर्** का रूपान्तर **बर्** है; **र्** के स्थान पर **य्** के व्यवहार से ग्रीक **बइनो** (चलना), **न्** के व्यवहार से ब्राहुइ **बन्निङ्ग्** (आना), जर्मन **बान्** (मार्ग), **स्** के व्यवहार से ब्राहुइ **बस्** (आना), कृदन्त **बर्द** के **र्**-विहीन रूप से ग्रीक **बदिज़ो** (चलना) और **र्**-युक्त रूप से रूसी **ब्रोद्** (नदी पार करने का स्थान) बने। ग्रीक **बतोस्** (जिसे पार किया जा सके), फ्रान्सीसी **बातो** (नाव), हिन्दी **बेड़ा बर्द-बर्त** आदि कृदन्तों से बने हैं। हिन्दी **बाट** ग्रीक **बतोस्** से तुलनीय है।

पर् वाली शृंखला के कुछ शब्दों का उल्लेख पहले हो चुका है। संस्कृत **पालि** (पुल), तमिल **पालम्** (उप०), हिन्दी **पुल** परस्पर सम्बद्ध हैं। संस्कृत **पंथ** के साथ प्राकृत **पुण्डे** (जाओ) तुलनीय है। कन्नड़ में **पंग-हंग-अंग**, इस क्रम से **अंग** का अर्थ हुआ मार्ग। संस्कृत **पवते** (चलता है), कोलमि **पाव्** (मार्ग) के **पव्** में **र्** के स्थान पर **व्** है। तमिल **पो** और संस्कृत **पव्** सम्बद्ध रूप हैं। जहाँ **र्** की जगह **स्** है, वहाँ लैटिन **पस्सुस्** (कदम), अंग्रेज़ी **पास्** (गुज़रना) रूप बने। **पर्द** कृदन्त से **र्**-विहीन **पद** बना। कन्नड़ की तरह **प्** के **ह्** रूपान्तर से बना ग्रीक **हॉदॉस्** (मार्ग, यात्रा)। ग्रीक **पतॉस्** (मार्ग), संस्कृत **पोत** (नाव), हिन्दी **पतवार**, रूसी **पुत्** (पथ) और पुरानी स्लाव के **पति** (उप०) का आधार **त** प्रत्यय वाला **र्**-विहीन कृदन्त है। फ़ारसी **पेशवा** (आगे चलने वाला) और रूसी **पॅश्कॉम्** (पैदल) में **श्** को **र्** का रूपान्तर मानना चाहिए; ग्रीक पेज़ (पैर), **पेज़ॉस्** (पैदल यात्रा) में **स्** का सघोष रूप **ज़्** है। **पेशवा** के **पेश** का लैटिन प्रतिरूप **पेस्** (पैर)

है। **स्** ध्वनि **द्** का रूपान्तर भी हो सकती है। लैटिन **पॅदॅस्** (पैदल) और **पेस्** (पैर), ग्रीक **पॉद्** (उप०), **पॉउस्** (उप०) में **द्** और **स्** का सम्बन्ध देखा जा सकता है। **प्** में अतिरिक्त महाप्राणता के योग से जर्मन **फ़ुर्ट्** (नदी पार करने का स्थान), अंग्रेज़ी **फ़ोर्ड्** (उप०), **फ़ेरी** (नाव) और **र्**-विहीन कृदन्त से अंग्रेज़ी **फ़ुट्** रूप बने। लैटिन **फ़िस्तुल** (नली) का **फ़्** सीधे **भ्** का रूपान्तर है, **र्** का स्थान **स्** ने लिया है।

हिन्दी के **पग** और **मग** सम्बद्ध शब्द हैं। **पर्** के रूपान्तर **मर्** से संस्कृत **मार्ग** बना; **र्**-विहीन कृदन्त है हिन्दी मग। वेल्श **मॉरिओ** (जलयात्रा करना), **मॉरुर्** (मल्लाह) और अंग्रेज़ी **मार्च्** (चलना) की आधारभूत क्रिया एक है। लैटिन **मोतुस्** (गतिशीलता), अंग्रेज़ी **मोटर्** (जो गति प्रदान करे), तेलुगु **मॅदलु** (सरकना), तमिल **मदगु** (नाली) में **मर्द, मर्त** का **र्** लुप्त है। तमिल **मंजि** (बड़ी नाव) में नासिक्य ध्वनि ने **र्** का स्थान लिया है। लैटिन **मॉवॅओ** (गतिशील होना), अंग्रेज़ी **मूव्** (उप०) में **र्** के स्थान पर **व्** है।

संस्कृत **वर्त्मन्** (मार्ग) में वही **वर्** क्रियामूल है जो तमिल **वरु** (आना), **वारि** (मार्ग) में है। कश्मीरी **वत्** (मार्ग), लैटिन **वदो** (पैदल नदी पार करना), **वादो** (चलना), अंग्रेज़ी **वेड** (पानी में चलकर पार जाना) में **र्**-विहीन कृदन्त है। अंग्रेज़ी **वाक्** (चलना) का पूर्वरूप **वल्क** है जैसाकि वर्तनी में दिखाया जाता है। कश्मीरी **वल्** (आना), मैथिली **बुल्** (चलना) का आधार **वर्** का प्रतिरूप **वल्** है। जर्मन **वेग्** (मार्ग) के **ग्** का संघर्षीकरण और लोप होने पर अंग्रेज़ी **वे** (उप०) बना। **वर्** के रूपान्तर **वय्** से संस्कृत **वी** (जाना), **वीथि** (मार्ग), तमिल **वीदि** (उप०), लैटिन **विआ, वॅआ** (उप०) रूप बने। गोंडी **वइयाना/वायाना** (आना) में वही **वय्** है; कुइ **वाव** (उप०) में **वर्** का रूपान्तर **वव्** है। जर्मन **वेग्** (मार्ग) का पूर्वरूप **वॅर्ग्** हो सकता है, **वय्** से भी **वेग्** रूप बन सकता है। प्राकृत **बेगड** (जहाज़) के **बेग** के बारे में यही बात कही जा सकती है। एक रोचक संस्कृत रूप है **विष** (पोत)। यहाँ **र्** के स्थान पर सकार है। **वर्** के **वन्** रूपान्तर से तमिल **वन्द्** (आना), मलयालम **वंजि** (बड़ी नाव), पंजाबी **वञ्ज** (आना), लैटिन **वॅनिओ** (उप०), अंग्रेज़ी **वॅन्ड्** (जाना) रूप बने।

वर् के **व्** का लोप होने पर **अर्** से संस्कृत **अरित्र** (नौका चालन), ग्रीक **अॅरॅस्सो** (नाव खेना), **अॅरॅतेस्** (नाविक) रूप बने। डाँड़ के लिए ग्रीक शब्द **अॅरॅतमॉस्** है। **अॅर्** से **अॅग**, उससे तमिल **इग** (पार करना)। तमिल **उरु** (लघु पोत) में **वर्** का रूपान्तर **उर्** है। **वर्**>**व्र**>**र**, इस क्रम से लैटिन **रेमुस्** (डाँड़), अंग्रेज़ी **रो** (नाव खेना) रूप बने।

ध् के **स्थ्** रूपान्तर से बना संस्कृत **स्थाघ, ध्** के **स्त्** रूपान्तर से बना संस्कृत का ही **स्ताघ**। दोनों रूपों का अर्थ है नदी पार करने का उथला स्थान। **स्थाघ** का पूर्वरूप होगा **स्थर्घ**; इसी का प्राकृत प्रतिरूप है **थग्घ**। संस्कृत में **घ** प्रत्यय है, प्राकृत में **ध**। **थग्घ** से यह सिद्ध होता है कि **स्थाघ** का विकास **स्थर्घ**>**स्थग्घ** क्रम से हुआ है। **स्थाघ** का हिन्दी तद्भव रूप है **थाह**। **गाध** और **स्थाघ** अर्थविचार की दृष्टि से तुलनीय हैं; दोनों में **गा** और **स्था** (अर्थात् **गर्** और **स्थर्**) क्रियामूल गतिसूचक हैं; पार करने का अर्थ देते हैं। **स्ताघ** का जर्मन प्रतिरूप है **श्टॅग** (मार्ग)। **धर्** के रूपान्तर **दर्** से हिन्दी **डग**

बना; वर्ग से डग, जैसे मर्ग से मग । थर् के रूपान्तर तर् से रूसी त्रोप (मार्ग) बना; लिथुआनियन तकस् (मार्ग) में र् लुप्त है ।

(ज) सांस्कृतिक और भाषाई विकास तथा गतिबोध

मनुष्य के गतिबोध से भाषा का विकास जुड़ा हुआ है, भाषा के विकास से मानव-सभ्यता का विकास जुड़ा हुआ है । इस गतिबोध में सर्वाधिक महत्वपूर्ण स्थान है चक्रगति बोध का । मानव-सभ्यता में पहिये के आविष्कार और निर्माण की भूमिका अद्वितीय है । पहियोंवाली गाड़ी यातायात का मूल्यवान साधन बनी; इससे जलमार्गों पर मनुष्य की एकान्त निर्भरता का अन्त हुआ । दो या चार पहियों वाले रथ से युद्ध-विद्या में मौलिक परिवर्तन हुए; रथ सम्पत्तिशाली वर्गों की सामाजिक स्थिति का प्रतीक बन गया । मनुष्य ने उत्पादन और विनिमय के जो सम्बद्ध केन्द्र कायम किये, उनकी रक्षा के लिए चारों ओर गोल दीवार बनाई । पशुओं का बाड़ा, मनुष्यों के रहने का पाड़ा, सामन्तों का प्रासाद, गाँव के बीच सार्वजनिक मैदान, मन्दिर का प्राङ्गण, इन सबके लिए ऐसे शब्दों का व्यवहार हुआ जो चक्रगति के सूचक हैं । **परिवर्तन** और **क्रान्ति** दोनों का मूल अर्थ समान है : एक ही स्थान पर घूमना । **परिवर्तन, परिवेश, परिस्थिति** का **परि**, ग्रीक प्रतिरूप **पॅरि** का अर्थ है चारों ओर, और इस उपसर्ग का आधार है **पर्** क्रिया जो **भ्रम्** के आधारभूत भर् का रूपान्तर है । यदि ग्रीक और संस्कृत से **परि** और **पॅरि** निकाल दिए जाएँ तो न केवल वे प्राचीन भाषाएँ अनेक महत्वपूर्ण धारणाएँ प्रस्तुत करने में अक्षम हो जाएँगी वरन् अनेक आधुनिक भाषाओं की पारिभाषिक शब्दावली में भारी कमी हो जाएगी । **परिभाषा, परिवार, परिषद्, परिणय, परिणाम** आदि शब्दों से हम (हिन्दी तथा अन्य सम्बद्ध भाषाएँ बोलने वाले) इतने परिचित हैं कि उनमें **परि** के अलग अस्तित्व का बोध धुँधला हो गया है । अंग्रेज़ी **पॅरिअड्** (**पॅरि** तथा ग्रीक **ऑदॉस्**>**हॉदॉस्** अर्थात् पद, **पथ**; कालचक्र, अवधि), **पॅरीमीटर्** (परिधि), **पॅरीफॅरी** (**पॅरि** तथा ग्रीक **फॅरो**, अर्थात् भर्, **परिधि**), **पॅरिस्कोप** (दूरदर्शक यन्त्र) का **पॅरि** उस क्षेत्र की देन है जहाँ लोग भर् को **पर्** बोलते थे ।

समयसूचक **वार, काल** आदि भारतीय शब्दों में केवल सामान्य गति का भाव नहीं है वरन् ऐसी गति का भाव है जिससे एक वृत्त बनता है । दिन, सप्ताह, वर्ष, इन सभी के लिए आर्य द्रविड़ भाषाओं में **वर्** क्रिया से सम्बद्ध शब्दों का चलन है; इसका कारण यह है कि दिन, सप्ताह, वर्ष की आवृत्ति होती है, वे एक वृत्त पूरा करने के बाद दूसरा वृत्त आरम्भ करते हैं । इस दृष्टि से भूत, भविष्य और वर्तमान, तीनों एक ही कालचक्र के विभिन्न पक्ष हैं; काल चक्र है, **वर्तमान**, चक्रवत् सतत गतिशील ।

वर् क्रिया आर्य-द्रविड़ भाषाओं की सामान्य सम्पत्ति है । यदि **भर्** क्रिया आर्यों की है तो **वर्** क्रिया उनकी है जो **भर्** को **पर्** ही न बोलते थे वरन् **प्** के स्पर्शतत्व का लोप करके उसे अर्ध स्वर **व्** भी कर देते थे । आर्यों और आर्येतर गणसमाजों के गहन सम्पर्क के बिना **भर्** से **वर्** तक का विकास असम्भव है । आर्यों की कल्पित शुद्ध भाषा के इस विकास के बिना आर्य-द्रविड़ भारतीय भाषाओं का ही नहीं, यूरुप की अनेक

भाषाओं का विकास कुंठित रह जाता।

संस्कृत **वृत्त** वह है जो घटित हो चुका है। रूसी **व्रॅम्य** (समय) में वही **वर्** क्रिया है। संस्कृत **वत्सर** (वर्ष) में क्रियामूल **वत्** का पूर्वरूप **वर्त्** है। **वत्स, बछवा, बच्चा** वह जीव है जो साल भर का है। **वत्स** से स्नेह का भाव **वात्सल्य** है। **वत्** के रूपान्तर **ऍत्** से ग्रीक **ऍतॉस्** (वर्ष) बना; रूसी **लॅत** (वर्ष; आयु) में **वॅत्** का रूपान्तर **लॅत्** है। अंग्रेज़ी **वीक्** (हफ्ता) और नॉर्वीजियन **विक्य्** (घूमना) में आवर्तन का भाव स्पष्ट है; आधार है **क** प्रत्यय वाला कृदन्त **वॅर्क**। हिन्दी में **बार** (कितनी बार), **बारी** (मेरी बारी आदि) में वही आवृत्ति का भाव है। **वॅर्>वृ>ऋ,** इस विकासक्रम से संस्कृत **ऋतु** की **ऋ** क्रिया प्राप्त हुई। **ऋतु** वह काल खण्ड हैं जिसकी आवृत्ति होती है।

जो बार-बार घटित होता है, वह सत्य है। संस्कृत **ऋतु** वह है जो नियमित है, उचित है, बार-बार घटित होता है। **ऋत** और **ऋतु** की आधार क्रिया एक है—**ऋ**। नियम, रीति, कर्तव्य के लिए **ऋत** का समानार्थी संस्कृत **व्रत** है। **व्रत** और **ऋत** के समानार्थी होने का कारण यह है कि दोनों की मूलक्रिया **वर्** हैं। जिस राह पर सब चलें, वह समाज की **रीति** है। **रीति** का निबाह, नियम का पालन उचित है, रीति से भटकना अनुचित। सीधी राह वह है जो रीति के अनुसार है; इस प्रकार जो क्रिया पहले चक्र-गति की सूचक थी, वह अब सीधा चलने का अर्थ देने लगी। संस्कृत **ऋजु** (सीधा, ईमानदार) में **ऋतु** की **ऋ** का मूल अर्थ बदलकर उससे सम्बद्ध किन्तु भिन्न अर्थ देने लगा। इस **ऋजु** की कृदन्तमूलक **ऋज्** क्रिया का लैटिन प्रतिरूप है **रॅगो** (सीधी राह चलना); लैटिन **रॅक्तॉर्** वह व्यक्ति है जो सही रास्ता दिखाता है। इस **रॅक्तोर्** का आधुनिक अवतार है अंग्रेज़ी का **डाय्रेक्टर्**। जर्मन **रॅख़्ट्**, अंग्रेज़ी **राइट्** (सही, उचित) में वही **रिग्** क्रियामूल है। संस्कृत **ऋजु,** जर्मन **रॅख़्ट्** और लैटिन **रॅगो** की आधारभूत कृदन्तमूलक क्रिया **ऋघ्** हो सकती है। **ऋघ्** का एक विकास **ऋष्** होगा; संस्कृत **ऋष्** का अर्थ है बहना।

जर्मन **गांग्, गॅंग्** (रीति के अनुसार) में **गम्** क्रिया है। तमिल **तारि** (मार्ग, रीति) **तर्** वाली श्रृंखला में है। कन्नड़ **बळकॅ** (रीति, व्यवहार) **पर्** वाले शब्दक्रम में है। तमिल **वळक्कम्** (उप०) का **वळ** कन्नड़ **बळ** से सम्बद्ध है। अंग्रेज़ी **वोन्ट्** (रीति के अनुसार) में **वर्** का रूपान्तर **वन्** है। तमिल **अरम्** (धर्म, कर्तव्य) में **वर्** का रूपान्तर **अर्** है। मलयालम **उरियन्** (योग्य, उचित) में **अर्** का प्रतिरूप **उर्** है। तमिल **ऊळ्** (रीति, समय, बारी) के कन्नड़ प्रतिरूप **सूळ्** (समय, ऋतु, बारी) में **सर्** श्रृंखला की क्रिया है। **सूळ्-चूळ्-ऊळ्,** इस क्रम से तमिल रूप प्राप्त हुआ।

संस्कृत **घट्ट्** (चक्कर लगाना) और **घट्** (होना) के आधार-रूप **घर्त** में एक ही चक्रगतिसूचक क्रिया **घर्** है। **घट्टन** (वृत्ताकार गति) और **घटन** (गति, कार्यपद्धति) का मूल भाव एक है। **घटना** वह क्रिया है जो सम्पन्न होती है। **घटिका** लघु कालखण्ड है; प्राचीन **घटी** का आधुनिक संस्करण समयसूचक **घड़ी** है। **घर्त** से प्राकृत **घल्लिअ** (घटित) रूप बना। **घल्** का रूपान्तर **कल्** तमिल **कल** (घटित होना), तेलुगु **कलुगु** (उप०, होना), **कल** (वर्तमान, वास्तविक), **कलिमि** (अस्तित्व) में अवलोकनीय है। संस्कृत **कल्प**

(उचित, नियम, रीति, युगसमवाय) और **कल्य** (शुभ, प्रभात, कल) में यही **कल्** है।

संस्कृत **वर्तते** (घूमता है, चलता है, घटित होता है) में चक्कर लगाने और विद्यमान होने, दोनों प्रकार के भाव हैं। तमिल **वरु** (घटित होना, पूर्ण होना), तेलुगु **वॅरयु** (घटित होना), तमिल **उरु** (उप०), कोलमि **ॲर्** (उप०), तमिल **इरु** (उप०), **आ** (उप०), **आगु** (उप०), तेलुगु **अगु**, **अवु** (उप०), तमिल **उळ** (होना), **उण्डु** (है), **उळमइ** (यथार्थ), **उण्मइ** (अस्तित्व) सम्बद्ध रूप है। जर्मन **वॅर्दॅन्**, **वर्द**, **वुर्दॅ**, **गॅवॉर्देन्** आदि रूपों का आधार **द** प्रत्यय वाला कृदन्त रूप है; क्रियामूल **वर्** का अर्थ है होना। अंग्रेज़ी में **वर्** शृंखला का रूप **वॅअर्** (थे) है। **वॅअर्** का एकवचन रूप **वाज़** (था) बहुत दिलचस्प है। इसका सम्बन्ध संस्कृत **वस्** से ठीक जोड़ा गया है। संस्कृत में अनेक **वस्** क्रियाएँ हैं; जिस विशेष क्रिया **वस्** की यहाँ चर्चा है, उसका अर्थ है रहना, ठहरना, बैठना। इसके प्रेरणार्थक रूप **वासयति** का एक अर्थ है किसी को विद्यमान करना। **वस्** क्रिया वास्तव में **वर्** का रूपान्तर है और उसका सम्बन्ध अस्तित्व-बोध से वैसे ही है जैसे **वर्** का। **वर्** की अर्थ-परिधि में बैठना, ठहरना, रहना आदि के भाव आते हैं, इसका प्रमाण द्रविड़ भाषा के अनेक अस्तित्व-सूचक शब्द हैं। तमिल **इरु** (विद्यमान होना, रहना, बैठना), तेलुगु **उण्डु** (होना, रहना, निवास करना), **उनिकि** (अस्तित्व, निवास, घर), तमिल **उरु** (घटित होना, निवास करना) का आधार **वर्**, **वन्** हैं। **वर्** के पूर्वरूप **पर्**>**मर्**>**मन्** से तेलुगु **मनु** (जीना, विद्यमान होना) और **मनिकि** (अस्तित्व, स्थान, घर) में भी अस्तित्व और निवास के भावों का घनिष्ठ सम्बन्ध देखा जा सकता है। होने और रहने के स्थान में जो आन्तरिक सम्बन्ध है, वह संस्कृत **भवति** और **भवन** से स्पष्ट है। इसी तरह बैठने और बैठने के स्थान का सम्बन्ध संस्कृत **सद्** (बैठना) और **सदन**, **सद्म** से स्पष्ट है।

संस्कृत की **वस्** क्रिया, **वर्** के समान, मूलतः चक्रगतिसूचक थी। बैठने, रहने, बसने के भाव अर्थप्रसार का परिणाम हैं। इस अर्थप्रसार की एक महत्वपूर्ण कड़ी है अस्तित्वबोध। इसीलिए अंग्रेज़ी **वाज़्** (था) का सम्बन्ध संस्कृत **वस्** से जोड़ना सही है।

अंग्रेज़ी में एक क्रिया और है **इज़्** (है)। इसका सम्बन्ध संस्कृत **अस्** (होना), ग्रीक **ॲस्ति** (है) आदि से है। संस्कृत **अस्त** का एक अर्थ है घर। यहाँ होने और निवास करने का सम्बन्ध **अस्** क्रिया के सन्दर्भ में भी स्पष्ट है। संस्कृत **अस्** का एक प्रतिरूप इसी भाषा में **आस्** है। **आस्** का अर्थ है विद्यमान होना और बैठना। **आसन** शब्द से बैठने और निवास करने की दोनों क्रियाओं का बोध होता है। **आवास**, **निवास** आदि का वास् ही **आस्** है, **वस्तु**, **वास्तव**, **वसन** का **वस्** ही **अस्** है। जो विद्यमान हो, जिसका अस्तित्व हो, वह वस्तु है। **अस्तित्व** और **वास्तविकता** में अर्थसाम्य है, उसका आधार **वस्** और **अस्** की मूलभूत एकता है। वस्तु का एक अर्थ है आसन, बैठने का स्थान। **वस्तु** और **वास्तव** वाली **वस्** क्रिया संस्कृत में है, ग्रीक या लैटिन में नहीं। किन्तु **वस्** के रूपान्तर **अस्** का प्रसार संस्कृत तथा इंडोयूरोपियन परिवार की अन्य भाषाओं में दूर-दूर तक है। यह प्रसार उस समय का है जब आदिस्थानीय **व्** के लोप की प्रवृत्ति खूब ज़ोर पकड़ चुकी थी। द्रविड़ भाषाओं में **वर्** और **अर्** दोनों तरह के रूप हैं और ये

भाषाई विकास की दो ऐतिहासिक मंज़िलों की सूचना देते हैं।

वस् और **वर्**, **अस्** और **अर्** परस्पर सम्बद्ध रूप हैं। लैटिन ने **स्** और **र्** दोनों ध्वनियोंवाले रूपों की रक्षा की है: **ऍस्त्** (है), **ऍरित्** (होगा), **ऍरत्** (था)।

लैटिन **ऍरित्** का **ऍर्** और तमिल **इरु** का **इर्** एक हैं। तमिल **वरु** का **वर्** और संस्कृत **अस्** एक हैं। शब्द-शृंखलाओं के अध्ययन से यह सम्भावना पुष्ट होती है कि **वर्** और **वस्** में **वर्** रूप पुराना है। **वस्** और **अस्** में **वस्** पुराना है। इससे निष्कर्ष यह निकलता है कि भारतीय आर्य-द्रविड़ भाषाओं में **वर्-वस्** का विकास हो जाने के बाद इंडोयूरोपियन परिवार में **अर्-अस्** का प्रसार हुआ है। आर्यों और द्रविड़ों का सम्पर्क इंडोयूरोपियन भाषाओं में अनेक बहुप्रचलित रूपों के निर्माण से पहले का है, बाद का नहीं।

अंग्रेज़ी **इज़्** (है) का सम्बन्ध **अस्** से है, **वाज़्** (था) का **वस्** से, **वॅअर** (अथवा **वर्**) का **वर्** से और **आर** (हैं) का **अर्** से।

वर् का पूर्वरूप **भर्** है, **वस्** का पूर्वरूप **भस्** है। संस्कृत **आस्** माने बैठना और **आस** माने शरीर का वह भाग जिसके बल आदमी बैठता है। नितम्ब के लिए, गुप्त अंगों के लिए संस्कृत में एक शब्द है **भसद्**। इससे विदित होता है कि कभी **भस्** क्रिया बैठने के लिए प्रयुक्त होती थी। **भस्** क्रिया बहने, पार करने का अर्थ देती थी, इसका प्रमाण **भसद्** का अन्य अर्थ है नाव। **भस्** क्रिया चक्रगतिसूचक थी, इसका प्रमाण संस्कृत **भसन्त** (समय) है। **भसन्त** में वही अर्थप्रक्रिया घटित है जो **ऋतु**, **वार**, **काल** में देखी जाती है।

भस्, **भर्**, **भव्** क्या ये रूप सम्बद्ध हैं? **भवति** और **अस्ति** में क्या कोई मूलभूत सम्बन्ध है? **अस्ति** का भविष्यकालिक रूप **भविष्यति** क्या उससे वैसे ही जुड़ा है जैसे लैटिन **ऍस्त्** से भविष्यकालिक **ऍरित्** जुड़ा है?

मेरा अनुमान है कि **अस्**, **वस्** का पूर्वरूप **भस्** था। जैसे **भर्-पर्-वर्-अर्** का विकासक्रम है, वैसे ही **भस्-पस्-वस्-अस्** का विकासक्रम होगा। वैदिक रूप **पस्त्या** (बस्ती) में **वस्** का पूर्वरूप **पस्** है।

अस्ति के समानान्तर **भवति** संस्कृत का महत्वपूर्ण अस्तित्वबोधक क्रियारूप है। अंग्रेज़ी **बी** (होना), रूसी **बीत्** (उप०), लैटिन **फ़ुइत्** (वह था) आदि **भू** के प्रतिरूप हैं। संस्कृत **भूत** (हुआ) में एक ओर अतीत का भाव है, दूसरी ओर वर्तमान का बोध भी उसमें निहित है। **भूत** वह है जो विद्यमान है, अतः **भूत** का अर्थ हुआ जीव। **भुवन** का एक अर्थ है जीव, मनुष्य, दूसरा अर्थ है रहने का स्थान, घर। **भवन** का एक अर्थ है घर, दूसरा है अस्तित्व में आने की क्रिया। **भुवन** और **भवन** का एक अर्थ है जल; **भुवस्** का एक अर्थ है वायुमण्डल। **भुव** का प्रयोग छत्रक या कुकुरमुत्ता के लिए भी होता था। कारण यह कि **भू**, **भुव्**, **भव्** क्रिया मूलतः प्रवाहसूचक, चक्रगतिसूचक थी। **भूमन्** का अर्थ है प्राणी, प्रदेश, धरती, संसार। **भूमन्** और **भूमि** की व्याख्या दो तरह से हो सकती हैं; **भू** माने रहना, निवास करना, जहाँ मनुष्य रहते हैं, वह **भूमि** है। और **भू** माने चक्कर खाना, वृत्ताकार दिखना, अतः **भूमि** गोल दिखनेवाली धरती है, अतः वायुमण्डल

और छत्रक दोनों की व्यंजना करने वाले शब्द **भू** क्रिया से बनेंगे।

भूर्भुवः में **भूर्** का अर्थ भी धरती है। **भूय** (विद्यमानता, अस्तित्व) की व्याख्या **भूर्** को पूर्वरूप मानने से अच्छी तरह हो जाती है। **भुर्** से **भुव्**, और **भुव्** का एक प्रतिरूप होगा **भुय्**।

भस् क्रिया का व्यवहार बसने, रहने के लिए होता था, इसका संकेत वैदिक रूप **पस्त्या** (घर) से मिलता है। हिन्दी **बस्ती** का **बस्** तो **वस्** का विकार माना जायगा पर **पस्त्या** के **पस्** के लिए सम्भावना यही है कि वह **भस्** का रूपान्तर है।

संस्कृत **सत्** (विद्यमानता) का सम्बन्ध **अस्** से माना जाता है। जो निरन्तर घटित हो वह **सत्य** है; विद्यमानता का भाव है **सत्व**। **सत्** में विद्यमानता के अलावा साधुता का भाव है। संस्कृत **सन** (प्राचीन), **सनातन**, लैटिन **सॅनॅओ** (बूढ़ा होना) में कालगतिसूचक **सन्** क्रिया है। सम्भव है **सन्त** के **न्** का लोप होने पर **सत्** रूप बना हो। **साधू-सन्त** के **सन्त** से साधुतासूचक **सत्** तुलनीय है। **सन्** क्रिया **सर्** का रूपान्तर जान पड़ती है। संस्कृत **साध्** (सीधे चलना), **साधु**, अवधी **सूध**, मानक हिन्दी में **सीधा** के **सा**, **सू**, **सी** का आधार **सर्**, **सॉर्**, **सॅर्** होंगे। पकने का अर्थ देनेवाली **साध्**, **सिध्** क्रियाएँ अन्य वर्ग की हैं। **ऋजु** के समान **साधु** में सिधाई के अर्थ का विकास हुआ है।

सत् के विकल्प **सॉत्** से फ़ारसी की **शुदन्** (होना) क्रिया बनी।

सर्>सस्>हस् से फ़ारसी **हस्ती** की व्याख्या होती है। हिन्दी की **होना** क्रिया का आधार **भव्**, **भू** है; **है** का आधार बाँगरू **सै** है। **सर्>सय्>सै**, इस क्रम से **सै**, **है** की व्याख्या सम्भव है।

भारतीय भाषाओं के अनेक समूहवाचक शब्दों का सम्बन्ध उन क्रियामूलों से है जो वर्तुल गति व्यंजित करते हैं। मनुष्यों का समूह हो या वस्तुओं का समूह हो या किसी एक वस्तु का ढेर हो, ये सब 'पदार्थ' एक ही अर्थवृत्त में आते हैं। सघनता का भाव समूह की व्यंजना से जुड़ा हुआ है। संस्कृत **घन** इस प्रक्रिया का अच्छा उदाहरण है। वह सघनता व्यंजित करता है और उसका समूहवाला अर्थ है जनसाधारण। अवधी **झन** (जन), संस्कृत **जन** और **गण** इस **घन** के विकास हैं। गिनने का अर्थ देनेवाली **गण्** क्रिया संज्ञारूप **गण** से बनी। **गण** के पूर्वरूप **घन** की **गन्** क्रिया प्रवाहसूचक है। प्राकृत **घट्ट** (समूह), **घडिआ** (मंडली) और संस्कृत **घटा** का आधार **घर्त** है। हिन्दी **घूर** में स्तूपवाला भाव है। प्राकृत **गच्छ** (समूह) संस्कृत **गच्छति** के **गच्छ्** से इस कारण सम्बद्ध है कि **गर्**, **गश्** का अर्थ बहना, चक्कर लगाना है। संस्कृत **गुच्छ** (गुच्छा), तमिल **कुच्चु** (उप०) प्राकृत **गच्छ** के प्रतिरूप हैं। संस्कृत **कुञ्ज** (वृक्ष समूह), तमिल **कुञ्जम्** (गुच्छा) इसी क्रम में हैं। संस्कृत **कदम्ब** (समूह), तमिल **कदुप्पु** (पशुयूथ), संस्कृत **कटक**, प्राकृत **कडप्प** (समूह), तमिल **कळगम्** (सभा), संस्कृत **कुटुम्ब** और तमिल **कुडि**, **कुडिमइ** (कुटुम्ब) में र्-विहीन कृदन्त हैं। संस्कृत कूल (ढेर) हिन्दी **घूर** का प्रतिरूप है। हिन्दी **झुंड** में **घ्** का तालव्य रूप है।

हिन्दी **ढेर**, **ढूह**, प्राकृत **थट्ट** (झुण्ड), हिन्दी **ठट्ठ**, प्राकृत **थंडिल्ल** (मण्डल), ग्रीक **थिस्** (ढूह), लैटिन **दॅन्सुस्** (सघन), **स्तिपो** (समूह), संस्कृत **स्तूप**, **स्तोम** (ढेर), **स्तबक**

(गुच्छा) तमिल **तुरु** (भीड़ लगाना) **धर्** वाले क्रम में हैं। संस्कृत **भर** (समूह; बड़ी संख्या; अधिकता), **भूरि** (अधिक), **भूयः** (उप०), ग्रीक **प्लेथॉस्** (समूह), **पुक्नॉस्** (सघन), संस्कृत **पूग** (समूह), संस्कृत **पुञ्ज भर्** वाले क्रम में हैं। कन्नड़ **मल्लळि** (समूह) का आधार **पर्** का रूपान्तर **मर्** है।

संस्कृत **वृन्द** (समूह), तमिल **वलजइ** (उप०), **उर** (भीड़ लगाना) का आधार **वर्** है।

संस्कृत का समूहवाचक उपसर्ग **सम्** और इसका लैटिन प्रतिरूप **कॉम्**, दोनों का पूर्वरूप **घर्** या **घम्** हो सकता है। लैटिन **कॉम्** संस्कृत **सम्** का रूपान्तर हो, यह भी सम्भव है। जो क्रियाएँ अनेक जन मिलकर सम्पन्न करें, उनके साथ **सम्** उपसर्ग का प्रयोग होता था। **सम्** घनत्वसूचक भी है यथा **सन्ताप** में। जो नियमित, व्यवस्थित है, वह **सम** है, **ऋत** की तरह। **सम** की व्याख्या के लिए **सम्** क्रिया का अस्तित्व मानना होगा। कालसूचक **सन** (प्राचीन) में इसी **सम्** का प्रतिरूप **सन्** है। **संघ** में **घ** को **हन्** क्रिया से जोड़ना अनावश्यक है; **सन्** क्रिया में कृदन्त प्रत्यय **घ** जोड़कर समूहवाचक **संघ** बनेगा। इसी प्रकार **सन्** में **ग** जोड़कर **संग** द्वारा एकत्र होने का भाव व्यंजित हुआ। संस्कृत की **संज्** क्रिया में जुड़ने, चिपकने का भाव है, उसका आधार वही **सन्** है। **सन्** से कृदन्त **सञ्ज**; फिर उसका क्रियामूल के समान व्यवहार हुआ। **सञ्ज** का एक प्रतिरूप संस्कृत **सञ्च** (लिखने के लिए पत्रों का समूह) है। **सञ्च** के **ञ्** का लोप होने पर **सच** को फिर क्रिया माना गया; **सच्** (सम्बद्ध होना, साथ होना) का वही अर्थ है जो **सञ्ज्** का है। **सक्त, आसक्ति, सक्मन्** आदि संस्कृत शब्दों में वही सम्बद्ध होने का भाव है। **सख, सखा, सखि** आदि रूपों में **घ** के स्थान पर कृदन्त प्रत्यय **ख** है, **सभा** में **भ** है; यहाँ **सन्** क्रिया की नासिक्य ध्वनि का लोप हुआ है।

सर्व शब्द सर्वनाम है। इसमें समूह का भाव इसलिए है कि **सर्व** कृदन्त है और **सर्** क्रिया से बना है। **गोल, झुण्ड** की तरह **सर्व** का वही अर्थ हुआ जो **वृन्द** का है। **सर्व** का समानार्थी **विश्व** है। यह भी कृदन्त है और संस्कृत में सर्वनाम की तरह प्रयुक्त हुआ है। इसका सम्बन्ध **विश्** क्रिया से है। इस क्रिया का एक अर्थ है व्यापक होना। जैसे **वरुण** व्यापक हैं, संसार को घेरे हुए हैं, वैसे ही **विष्णु** व्यापक हैं। **विश्** का अन्य अर्थ है बसना, बैठना। यह अर्थ **वस्** की याद दिलाता है। **विश** शब्द गणवाचक है। बसने का भाव प्रधान होने से **विश** वह गण हुआ जो घुमन्तू नहीं है। **विश्** और **वर्** क्रियाएँ परस्पर सम्बद्ध हैं। **वेष** की **विष्** क्रिया इस **विश्** का प्रतिरूप है और उसमें आवरण का भाव वैसे ही निहित है जैसे **आवरण** की **वर्** क्रिया में। **विषय** का अर्थ हुआ क्षितिज (गोल होने से), प्रदेश, आवास (बसने के भाव से)। **विशाल** में **विश** की वही व्यापकता है। रूसी **वॅस्, व्स्य, व्स्यॉ** (सब) संस्कृत **विश्व** के प्रतिरूप हैं।

जर्मन **आल्** का अर्थ है संसार (विश्व के समान) और सब। इसका आधार है **वल्** क्रिया। जर्मन **वॅल्ट्** (संसार), अंग्रेज़ी **वर्ल्ड्** (उप०) की व्याख्या भी **वॅल्, वर्** क्रियामूलों के आधार पर की जानी चाहिए। ब्रह्माण्ड अण्डाकार है, यह एक अत्यन्त प्राचीन धारणा है। तमिल **मुट्टइ** का अर्थ है अण्डा, संसार। अण्डे के लिए इसी का तमिल

प्रतिरूप है **मुण्डइ**। लैटिन **मुन्दुस्** का अर्थ है संसार, विशेष रूप से आकाश, शब्द में गोलाई का भाव निहित होने से।

संस्कृत **संग** का एक अर्थ है युद्ध, शब्द के समूहवाले अर्थ के कारण। **संग, संगर, संग्राम** आदि शब्दों में एक ओर साथ चलने, एकत्र होने का भाव है, दूसरी ओर लड़ने का भाव है। दोनों अर्थों में कोई विरोध नहीं है। गोलबन्दी के बिना, एकत्र हुए बिना, शत्रु से लड़ाई की नहीं जा सकती है। एक दल के लोग साथ चलेंगे; जिससे लड़ना है, उसके साथ नहीं चलना है। **सेना** में वही समूह का भाव है; **सेन** गणवाचक शब्द था, यह **शूरसेन** से ज्ञात होता है। **श्रेणि** में भी समूह का भाव है; वहाँ **सर्** का प्रतिरूप **शॅर्** है; **सेन, सेना** में **सर्** का प्रतिरूप **सॅन्** है।

संघ का भाव व्यक्त करनेवाला प्राचीन वैदिक शब्द **समन सम्** क्रिया से बना है। **समर** में **अर्** अथवा **ऋ** क्रिया मानी जाय तो **सम्** समूहवाचक उपसर्ग होगा, वर्ना **समन** और **समर** की रचनाप्रक्रिया एक-सी है, **सम्** क्रिया के आधार पर **समा** का अर्थ है ऋतु, वर्ष, **वर** क्रिया से बने **वार, वर्ष** के समान। **सम** का अर्थ है सब, सम्पूर्ण, **सर्** से बने **सर्व** के समान। **समय** का ठीक वही अर्थ है जो **समन** का है, एकत्र होना। साथ ही **समय** कालवाचक है, **सम्** (क्रिया अथवा उपसर्ग) में गति, विशेषतः चक्रगतिवाले भाव के निहित होने से। संस्कृत **सम** (कोई, प्रत्येक) सर्वनाम भी है, मूलतः समूहवाचक, **सर्व** के समान।

संस्कृत **वैर** (शत्रुता), **वैरिन्** (वैरी) का सम्बन्ध **वीर** से जोड़ना ठीक नहीं है। इसकी व्याख्या **वर्** से हो सकती है। **वर्** के रूपान्तर **अर्** से **अरि** (शत्रु) बना और **अरि** का एक अर्थ है आसक्त, भक्त, साथ चलने के भाव के कारण। अंग्रेज़ी **वार्** (युद्ध) का सीधा सम्बन्ध **वर्** से है और **वर्** का मूलरूप **भर्** है, यह संस्कृत **भर** (युद्ध) से सिद्ध है। **भर** का अर्थ युद्ध इसलिए है कि **समर, संगर** की तरह **भर्** में संघबद्ध होने का भाव है। **भर** शब्द गणवाचक था, **भरत** नामक प्रसिद्ध गण इसका प्रमाण है। **भ्रातृ** के प्रतिरूप **बिरादरी** में यह गणभाव अभी तक विद्यमान है। ग्रीक **फ्रात्र** का अर्थ है गण, गोत्र के लोग।

तमिल **पॉरु** का एक अर्थ है लड़ना, दूसरा अर्थ है समानता। यह दूसरा अर्थ संस्कृत **सम** में भी है। जो चीज़ बार-बार एक ही तरह घटित हो, वह **सम** है, **पॉरु** भाव वाली है। इसके अतिरिक्त जितने गण-सदस्य हैं, वे सब एक दूसरे के बराबर हैं। **पोर्** (युद्ध) से तुलनीय है तमिल क्रिया **पॉरु** (संयुक्त होना); **पुरइ** का अर्थ है घटित होना, किसी चीज़ का उचित होना। जो वस्तु है, वास्तव में जिसका अस्तित्व है, वह **पॉरुळ्** है, ठीक संस्कृत **वस्तु** के समान। कुइ **पॉर** संस्कृत **वस्तु, भूत** का समानार्थी है। ये एक दूसरे से भिन्न, परस्पर विरोधी से दिखनेवाले अर्थ एक ही मूल ध्वनिरूप से जुड़े हैं, उस ध्वनिरूप के मूल अर्थ के परिधि में ही हैं। रूसी **बॉर्ब** (लड़ाई) में **भर्** का रूपान्तर **बर्** है। मलयालम **पॉय्युग** (लड़ना) में **पॉर्** का रूपान्तर **पॉय्** है।

(झ) वायु, वग, ऊर्जा

हवा और पानी एक दूसरे से भिन्न वस्तुएँ हैं किन्तु **वारि**, और **वायु, वात** में

मूलतः एक ही क्रिया है। तमिल **वळि** (वायु), **विण्डु** (उप०), अंग्रेज़ी **विन्ड्** (उप०), लैटिन **वॅन्तुस्** (उप०) में वही क्रियामूल हैं जिनसे प्रवाहसूचक या प्रवाह से सम्बद्ध शब्द बने हैं। **वर्** से बने **वर्त** कृदन्त का रूपान्तर **अर्त**, फिर **र्** लोप से **अत** रूप बना। संस्कृत **अतस** का अर्थ है वायु, आत्मा। धुआँ, भाफ़ के लिए ग्रीक **अतमॉस्** से अंग्रेज़ी **ऐट्मौस्फिअर्** (वायुमण्डल) शब्द बना। संस्कृत **आत्मन्** का आधार वही **अत्** क्रिया है। **अर्** के रूपान्तर **अन्** से **अनिल** (वायु) बना। **वर्** का पूर्वरूप **पर्** है, यह तमिल **पर** (उड़ना), लैटिन **वॉलु** (उप०) से सिद्ध है। तमिल **काल्** (वायु), कन्नड़ **गाळि** (उप०) आदि **कर्** वाले क्रम में हैं। **पर्** के रूपान्तर **मर्** से **मरुत्** (वायु) शब्द बना। तमिल **पर** (उड़ना) और **परि** (बह जाना) सम्बद्ध शब्द हैं। तेलुगु **पारु** का अर्थ उड़ना और बहना दोनों है। तमिल **पारु** (बाज, चील), मलयालम **पारु** (उड़ान), कन्नड़ **परि** (उप०) में वही क्रियामूल है जो फ़ारसी **परवाज़** (उड़ान), **परीदन्** (उड़ना) में है।

संस्कृत **पत्** का अर्थ उड़ना और डूबना दोनों है। **पतन** का प्रयोग गिरने के अलावा उड़ने के लिए भी होता था। **पतंग** वह है जो उड़े; यही भाव **पताका** (झण्डा) में है। **पतित** का एक अर्थ घटित भी है। **पत्र** पत्ते के अलावा पक्षी का अर्थ भी देता है। **पत्र** के प्रतिरूप **पर्ण** (पत्ता, पंख) में **पर्** क्रिया विद्यमान है; **पत्** का पूर्वरूप **पर्त्** था।

उड़ने, पानी के तेज़ बहने से दौड़ने, धावा करने, किसी भी प्रकार की शीघ्रता के भाव सम्बद्ध हैं। संस्कृत **द्रव** में दौड़ने और बहने का भाव है; **द्रव्य** का वही अर्थ है जो **वस्तु** का है, आवृत्ति से अस्तित्वबोध के कारण। **द्रुत** का अर्थ है शीघ्र; जो चीज़ बही हो, उड़ी हो, वह भी **द्रुत** है। **द्रुत** में क्रियामूल **दॉर्** का प्रतिरूप होगा **तॉर्**। संस्कृत **त्वर्** (जल्दी करना), **तुर** (द्रुत) का आधार यह **तॉर्** है। ग्रीक **त्रॉखिस्** (धावक) और संस्कृत **तरस्** (वेग) इसी शृंखला के शब्द हैं।

एक पशु जो अपनी द्रुत गति से प्राचीन गणसमाजों का ध्यान अपनी ओर विशेष आकर्षित करता था, घोड़ा था। संस्कृत **घोट, घोटक** का आधार **घॉर्** है। द्रविड़ व्युत्पत्तिकोश में द्रविड़ भाषा नइकि का **घुर्रम्** (घोड़ा) रूप दिया है। यद्यपि द्रविड़ भाषाओं में सघोष महाप्राण स्पर्श ध्वनि संदिग्ध मानी जायगी, विशेषतः शब्द के आरम्भ में, पर वह असम्भव नहीं है। **घुर्रम्** में **घोट** की **घॉर्** क्रिया बहुत स्पष्ट है। तेलुगु **गुर्रमु** और कश्मीरी **गुरु** (घोड़ा) में **घुर्** का रूपान्तर **गुर्** है। तमिल **कदळ्** (तेज़ भागना), **कडुक्कम्** (वेग) में **घोट** के समान **र्** लुप्त है। तमिल **कुदिरइ** (घोड़ा) और संस्कृत **घोट** की आधारभूत क्रिया एक है। लैटिन **कुर्रो** (दौड़ना), **कुर्सिम्** (जल्दी), पुरानी फ्रान्सीसी का **कोर्सिअॅर्** (घोड़ा), अंग्रेज़ी **कोर्सर्** (उप०) में **कुर्** क्रिया है जिसका **र्** तमिल **कुदिरइ** के **कुदि** में लुप्त है।

अंग्रेज़ी **हौर्स** (घोड़ा) का पूर्वरूप **घौर्त** हो सकता है, **कौर्त** भी।

तुर् वाली शृंखला में घोड़े के लिए संस्कृत के **तुरग, तुरंग** शब्द हैं। **पर्** वाली शृंखला में मलयालम **परि** का अर्थ है घोड़ा। घोड़े के लिए लैटिन **ॲक्वुउस्** का संस्कृत प्रतिरूप **अश्व** है। संस्कृत **आशु** में जो द्रुत गति का बोध निहित है, उससे **अश्व** की व्याख्या हो जाती है। **आशु** का ग्रीक प्रतिरूप **ओकुस्** (द्रुत) है। लैटिन **अकूपॅदिउस्**

(द्रुतगामी) में **अश्** का प्रतिरूप **अक्** है। पहले मैंने **अश्व** का सम्बन्ध **श्व** (जीव) से जोड़ा था, वह सही नहीं है।

अश् का पूर्वरूप **वस्** होना चाहिए। संस्कृत **वस्क** (गति) में **वस्** क्रिया विद्यमान है यद्यपि उसका द्रुतगति वाला भाव लुप्त हो गया है। **वस्** के पूर्वरूप **वर्** से **व्** का लोप होने पर **अर्** क्रिया बची। इससे संस्कृत **अरावन्** (घोड़ा) बना।

एक अन्य पशु अपनी द्रुतगति से ध्यान आकर्षित करता था, वह था हिरन। संस्कृत **कुरंग** में दौड़ने का अर्थ देने वाली **कुर्** क्रिया है। **मृग** का आधार **पर्** का रूपान्तर **मर्** है। **मर्ग** कृदन्त से एक रूप कोलमि **माग्** (हिरन) बना, ग् के संघर्षीकरण और लोप से दूसरा रूप तेलुगु **मावु** (घोड़ा) बना। यहाँ **मर्** क्रिया से हिरन और घोड़ा, इन दोनों पशुओं का सम्बन्ध देखा जा सकता है।

केल्त समुदाय की वेल्श भाषा में घोड़े के लिए **मर्क** शब्द है। इसमें वही **मर्** क्रिया है जो र्-विहीन द्रविड़ **माग्** और **मावु** में है।

कुछ अन्य द्रुतगति वाले शब्द देखें। प्राकृत **झन्दिय** (भागा हुआ) की **झन्** क्रिया का पूर्वरूप **घन्** होगा। प्राकृत **हल्लुत्ताल** (जल्दी) में **घन्** के प्रतिरूप **घर्** अथवा **घर्** के रूपान्तर **सर्-हर्** से बना **हल्लु** रूप है जो अवधी **हल्दी, हालहाल** (जल्दी) की याद दिलाता है। फ़ारसी **जल्दी** इसी क्रम में है। **जल्दी** के **जल्** का आधार **चल्**<**सर्** हो सकता है, **घर्**>**जर्** भी। प्राकृत **घट्ट** (चलना) में क्रिया का सामान्य अर्थ रह गया है। प्राकृत **छिप्प** का संस्कृत पूर्वरूप **क्षिप्त** (शीघ्र) होगा और **क्षिप्र** की **क्षिर्** क्रिया का पूर्वरूप **घिर्** होगा। घ् के स् में बदलने से **शिर्** क्रिया का कृदन्त **शिर्घ**, वर्णविपर्यय से, **शीघ्र** बनेगा, **क्षिर्प** से **क्षिप्र** के समान। घ् के **स्क्** वाले रूपान्तर से रूसी **स्कोरो** (द्रुत) बना।

फ़ारसी में **दवानी** और **रवानी** दोनों शब्द दौड़ का अर्थ देते हैं। संस्कृत **धाव्** के क्रियामूल **धव्** से **दव्** और **रव्** रूप बनेंगे। **रव्** से रवानी का अर्थ देने वाला फ़ारसी का अन्य रूप **रविश्** बनता है।

संस्कृत **भुरण** (द्रुत), **भुर्वन्** (जल की चंचलता), **भूर्णि** (चंचल), **भृश** (शीघ्र) में **भॅर्**, **भॉर्** क्रियामूल देखे जा सकते हैं। हिन्दी **भागना** का आधार कृदन्त रूप **भर्ग** है। संस्कृत की शीघ्रताबोधक **भुर्** क्रिया का वैकल्पिक रूप है **भर्ग** का **भर्**। ग्रीक **फॅउगो** (भागना) के **फॅउ** का आधार **भॅर्** का प्रतिरूप **भॅव्** वैसे ही होगा जैसे ग्रीक **थॅओ** (दौड़ना) का आधार संस्कृत **धाव्** का प्रतिरूप **धॅव्** है। तमिल **पाय्** (भागना) में **भ्** के स्थान पर **प्** है।

संस्कृत **वल्** (जल्दी करना), कन्नड़ **वलसॅ** (पलायन) का आधार **भर्** का रूपान्तर **वर्** है। जैसे **भर्ग** से **भागना** का **भाग** बना, वैसे ही **वॅर्ग** से संस्कृत **वेग** बना। संस्कृत **विज्** (दौड़ना) का मूलरूप **विर्ग** या **विर्ज** कृदन्त होगा। **विज्** का संस्कृत प्रतिरूप **वज्** है। संस्कृत **वाज** (द्रुत गति), **वाजिन्** (घोड़ा) में क्रिया का दौड़ने वाला भाव बना है। **व्** के पहले अतिरिक्त व्यंजन जोड़कर रूसी में **द्विगात्** (गतिशील होना), **द्विझॅनिये** (गति) रूप बने किन्तु **बॅगात्** (दौड़ना), **बॅझात्** (जल्दी करना) का **ब्** **भागना** के **भ्** का रूपान्तर है।

तेलुगु **वीगु** (भागना) और रूसी **बॅगात्** का स्रोत एक है। वह स्रोत है **विर्** और तमिल **विरइ** (जल्दी करना) में विद्यमान है। कन्नड़ **उरुबु** (द्रुत गति) में **व** के स्थान पर **उ** है।

संस्कृत **ऊर्ध्व** (ऊपर को उठता हुआ, ऊपर को उठा हुआ) में **ऊर्** क्रिया है। **उत्तर, उत्तम** के **उत्** उपसर्ग का आधार **उर्त** कृदन्त है और **उर्** का पूर्वरूप **वर्** है। जल की ऊर्ध्व गति से ऊपर उठने, बढ़ने, शक्तिशाली होने के भाव **वर्** क्रिया से जुड़ गये। **ऊर्जा** में **ऊर्ध्व** वाली **ऊर्** क्रिया है। **उग्र** का पूर्वरूप **उर्ग** होगा। **वज्र** का पूर्वरूप इसी प्रकार **वर्ज** होगा। संस्कृत **ओजस्** का अर्थ जल, प्रकाश और शक्ति है। यहाँ शक्ति की धारणा जल से कैसे जुड़ी है, यह देखा जा सकता है। अंग्रेज़ी में एक मुहावरा है **विद् माइट् ऐन्ड् मेन्** (पूरी शक्ति से)। **मेन्** का अर्थ है समुद्र; मुहावरे में उसका शक्तिवाला अर्थ है। **मेन्** का पूर्वरूप पुरानी अंग्रेज़ी में **मैगॅन्** है जो संस्कृत **मघ** का प्रतिरूप है। **माइट्** (शक्ति) का सम्बन्ध भी **मघ** से है। जर्मन **माख़्ट्** (शक्ति) में **घ्** का रूपान्तर **ख़्** है। **वृध्** (बढ़ना), **वृद्धि** (बढ़ती) के **वृ** का **व्** लुप्त हुआ तब **रुध्** (बढ़ना) और **ऋध्** (उप०) क्रियारूप बने। **ऋद्धि** का वही अर्थ है जो **वृद्धि** का है। **रुद्ध, रोधस्** आदि में जो रोकने, घेरने का भाव है, वह **वर्** के अर्थ-प्रसार के अनुरूप है। संस्कृत **रोदस्, रोदसी** (धरती और आकाश) के **रोद** में घेरने, ढाँकने का भाव है, **ध** के स्थान पर अल्पप्राण **द** है।

संस्कृत **सघ्** का अर्थ है योग्य होना। **सगर** (वायुमण्डल) और **सागर** (समुद्र) का आधार **सघ्** का रूपान्तर **सग्** है। संस्कृत में एक **सग्** क्रिया भी है जिसका अर्थ ढाँकना है। इसे **स्थग्** का विकार मानना आवश्यक नहीं है। **वर्** की समानार्थी **सर्** क्रिया से **सर्ग** <**सग, सर्घ**<**सघ** रूप बनेंगे। संस्कृत **शक्** (सकना), **शक्ति** में **मघ** वाली अर्थविस्तार की प्रक्रिया है। **सघ्**<**सक्** का प्रतिरूप **शक्** है।

संस्कृत **सृज्** का अर्थ है बहना, दौड़ना, रचना। **सर्ग** का अर्थ है विसर्जन, प्रवाह, दौड़, समूह, वृष्टि, हवा का झोंका। **सर्ग** का अर्थ रचना भी है। प्रवाह के संसर्ग से जो अर्थविस्तार होता है, उसका अच्छा उदाहरण यह **सर्ग** है। **सृष्टि** का अर्थ संसार की रचना है, विसर्जन भी।

लैटिन **क्रॅओ**, प्राचीन रूप **कॅरॅओ** (रचना), अंग्रेज़ी **क्रिएट्** (उप०) संस्कृत **सृज्** के प्रतिरूप हैं।

संस्कृत **वृष्** (बरसना) से शक्तिवाचक **वृष** शब्द बना जो बैल और मर्द दोनों के के लिए प्रयुक्त हुआ। जो शक्तिशाली हो, वह **वृषभ** है। **व्** का लोप होने पर ठीक **वृषभ** के अर्थ में **ऋषभ** का चलन हुआ।

संस्कृत **वृध्** का एक प्रतिरूप उसी भाषा में **बृह्** है। **बृह्** का **ब्** सीधे **भ्** का रूपान्तर है। **बृहत्** का **ह** पहले **ध** रहा होगा या **घ**। अंग्रेज़ी **बिग्** (बड़ा) से अनुमान होता है कि एक रूप **बॅर्घ** रहा होगा; हिन्दी **बड़ा** से अनुमान होता है, एक रूप **बर्ध** रहा होगा। **वर्, बर्** का प्रतिरूप **पर्** द्रविड़ भाषाओं में है। तमिल **पॅरु** (बड़ा) का एक अर्थ सघन होना है। **पॅरुगु** में बढ़ने और समृद्ध होने का भाव है। **पॅरुक्कु** (बह चलना),

पॅरुक्कम् (बढ़िया, बढ़ती), **पॅरुक्क** (बहुश:) आदि द्रविड़ व्युत्पत्तिकोश में एक ही शब्द-मूल के अन्तर्गत दिये गये हैं। इनसे बहने, बढ़ने और बड़े होने के भावों का भीतरी सम्बन्ध प्रकट होता है। संस्कृत **वृष्**, **वृध्** आदि के **वृ** का पूर्वरूप यह **पॅर्** है। संस्कृत रूप भाषाई विकास में **पॅर्** की अपेक्षा बाद के हैं, केवल इस कारण नहीं कि उनमें **प्** का रूपान्तर **व्** है वरन् इसलिए भी कि वे कृदन्तों के आधार पर रची गई नयी क्रियाएँ हैं, तमिल रूपों में **पॅर्** क्रिया अपने मूल अकृदन्त रूप में दिखाई देती है। तमिल **परु** (बड़ा होना) में **पॅर्** का प्रतिरूप **पर्** है।

(ञ) वृद्धि, उच्चता, पर्वत

संस्कृत में एक **पर** का अर्थ है अन्य; यह सर्वनाम है। दूसरे **पर** का अर्थ है ऊँचा; यह विशेषण है। कोश में इन दोनों रूपों को एक मानकर उनका अर्थ लिखा गया है। दूसरे **पर** का सम्बन्ध वृद्धिसूचक तमिल **परु** से है। सुपरिचित **परम** इसी **पर** का अतिशयताबोधक रूप है। श्रेष्ठता व्यंजक संस्कृत **वर** इस **पर** का रूपान्तर है। **वर** का तमिल प्रतिरूप **वरइ** (पहाड़, चोटी) उच्चता का अर्थ देता है। तमिल **परम्बु** (पर्वत), **पिरङ्गल्** (उप०), **पॉरइ** (उप०) में **पर, पॅर, पॉर,** तीनों अपेक्षित रूप बने हुए हैं। **परइ** का रूपान्तर है तमिल **मलइ** (पर्वत), कन्नड़ **मलॅ**, संस्कृत **मलय**। **मलयानिल** से लेकर **मलबार** और **मलयालम** तक इस **मलइ** का प्रसार है। **प्** के **ब्**, **म्** वाले रूपान्तर आर्य-द्रविड़ दोनों भाषा-समुदायों में घटित हो रहे हैं। इससे भी अधिक महत्वपूर्ण है अर्थ-विस्तार की प्रक्रिया। **वृषभ** का समानार्थी तमिल **पॅरम्** बैल और बड़प्पन, दोनों अर्थ देता है।

कन्नड़ **मलॅ** का गद्‌ब प्रतिरूप **मरॅ** है और ब्राहुइ प्रतिरूप **मश्**। **र्** अथवा **ल्** ध्वनि का **श्** रूप में ग्रहण किया जाना यहाँ उल्लेखनीय है।

मद्र भारत का प्रसिद्ध प्राचीन गण है। इसका पूर्वरूप होगा **मर्द**, वर्णविपर्यय से **चक्र** और **वक्र** के समान **मद्र**। **मद्र** का अर्थ होगा पहाड़ी। **भद्र** से **भल्ल** के समान **मद्र** से **मल्ल** बना। **मद्र** जन अपनी मल्ल विद्या के लिए विख्यात थे; अतः मल्ल शब्द अपनी पार्वतीय व्यंजना छोड़कर इस विद्या से सम्बद्ध विशिष्ट अर्थ देने लगा। **मलइ** का सम्बन्ध **मल्ल** से अवश्य है किन्तु **मद्र** को उसका पूर्वरूप मानना आवश्यक नहीं है। द्रविड़ भाषाओं में **मरॅ, मलॅ, मश्** का अस्तित्व **मर** को पूर्वरूप मानने का आधार है। **मद्र** की व्याख्या इस **मर** से भली प्रकार हो जाती है। **मर** का पूर्वरूप **पर** भी **परइ** आदि द्रविड़ रूपों में विद्यमान है।

मल्लों का स्थान है **मल्लस्थान**, **मुल्तान**। **मुल्तान** के लिए **मूलस्थान** की कल्पना अनावश्यक है। **मुल्तान** के **मु** की व्याख्या तमिल **पॉरइ** से हो जाती है। जैसे **पर**>**मर**>**मल**, वैसे ही **पॉर**>**मॉर**>**मॉल**।

मालवा नामक विख्यात प्रदेश अपनी पार्वतीय स्थिति से नाम सार्थक करता है। **मुल्तान** से लेकर **मालवा** होते हुए **मलाबार** तक **परइ** का रूपान्तर **मलइ** अपने प्रसार के प्रमाण देता है।

संस्कृत **मन्दार** (पर्वत विशेष) में **मर्** का रूपान्तर **मन्** है। लैटिन **मॉन्स्** (पर्वत) में **मन्** का प्रतिरूप **मॉन्** है। इसी शब्दमूल से अंग्रेज़ी **माउन्टॅन्** (पर्वत), **माउन्ट्** (चढ़ना) शब्द बने।

संस्कृत **पर्वत** के लिए कल्पना की गई है कि **पर्व** (गाँठ, जोड़) होने से, पहाड़ के ऊबड़-खाबड़ होने से, यह शब्द अपना विशेष अर्थ देने लगा। **पर्वत** की अन्य व्याख्या सम्भव है। **पर** अर्थात् ऊँचा और **वत** अर्थात् पहाड़। **पर** और **वत** दोनों शब्द ऊँचाई और पहाड़ की व्यंजना करते हैं। **वत** का पूर्वरूप **वर्त** होगा। पर और **वत** से संयुक्त शब्द **पर्वत** बना। तुलु **बॉट्टु** (ऊँचा), ब्राहूइ **बुट्** (पहाड़ी), **बाटग्** (चोटी) का सम्बन्ध **वर्त, बर्त** से है। तोद **पॉट्** (पहाड़) का पूर्वरूप **पॉर्त** होगा। कन्नड़ **बॅट्ट** (उप०), ब्राहूइ **बिट्** (पहाड़ी), तमिल **विडम्** (पहाड़) का सम्बन्ध **वॅर्त, बॅर्त** से होगा। तमिल **विण्डु** (उप०) में **र्** का स्थान **न्** ने लिया और **र्** के समान उसका लोप नहीं हुआ।

कन्नड़ **बॅट्ट**, ब्राहूइ **बिट्** का पूर्वरूप **भॅर्त** था, यह हिन्दी **भीट** से सिद्ध है।

हिन्दी **बट्टा, सिलबट्टे** का **बट्टा, पर्वत** के **वत** < **वर्त** का लघु संस्करण है।

संस्कृत **पाषाण** की व्याख्या **पर** के रूपान्तर **पष** से होती है। गद्ब **मर्** का ब्राहूइ प्रतिरूप **मश्** स्मरणीय है। कोत भाषा में नीलगिरि के पश्चिमी पठार को **मल् आड़्** कहते हैं; तोद भाषा में उसे **मष् ओड़्** कहते हैं। द्रविड़ व्युत्पत्तिकोश ने ये रूप देकर **पाषाण** की समस्या हल करने में सहायता की है। **पाषाण** में शब्दमूल **पष** पर्वत का अर्थ देता है और **पर** का रूपान्तर है। **र्** को **श्, ष्, स्** रूप में ग्रहण करने की प्रवृत्ति भारत के उत्तर-पश्चिमी सीमान्त प्रदेशों में व्यापक थी, इसमें सन्देह नहीं रह जाता। प्राचीन **पक्थ** (गण विशेष) का आधार **पष्** है। **पश्तू, पख्तून** में **पश्, पख्** इस पहाड़ी **पष्** के प्रतिरूप हैं। **पक्थ, पश्त, पस्थ** जैसे रूप का विकार होगा **पठ**। **पठान** और **पठार** दोनों का आधारभूत **पठ** उनके पहाड़ी होने की सूचना देता है।

पाषाण का **आण, पठार** का **आर,** ऊपर उल्लिखित **मलाड़्** का **आड़्** वही है जो **पहाड़** में है। **मल् आड़्** की तरह **पहाड़** का पूर्वरूप **पष्** अथवा **पस् आड़्** होगा। **आर, आड़, आण** का पूर्वरूप सम्भवतः **वार, बाड़ा** वाला **वार,** था। तब **पाषाण** का मूल अर्थ होगा पहाड़ी इलाका, **पठार** की तरह।

पर्वत में **पर** और **वत** का सम्बन्ध वैसा ही है जैसा तमिल **पिरङ्गल्** (अर्थात् **पिरङ्कल्**) में **पिर** और **कल** का है। **कल** का अर्थ है पहाड़, पत्थर। **पिरङ्कल्** हुआ ऊँचा पहाड़। **पिरङ्कल्, पॅरम्** के **पॅर्** से एक रूप बनेगा **पॅर्त**। वर्णविपर्यय से इसका रूपान्तर होगा **पॅत्र**। ग्रीक **पॅत्र, पॅत्रे, पॅत्रॉस्** का अर्थ है पत्थर, चट्टान।

पत्थर के पूर्वरूप संस्कृत **प्रस्तर** की व्याख्या के लिए **स्तर, विस्तार** वाली **स्तृ** क्रिया को आधार मानना अनावश्यक है। **प्रस्तर** में वर्णसंकोचन से **पर** का रूपान्तर **प्र** है। **प्रस्तर** का अर्थ होगा ऊँचा स्थान, ऊँची भूमि। **स्तर** को **स्थल** का प्रतिरूप मानना चाहिए।

संस्कृत के बहुप्रयुक्त उपसर्ग **प्र** के अनेक स्रोत हैं। इनमें एक ऊँचाई का बोध व्यक्त करनेवाला **पर** है।

आधुनिक तुर्की के एक प्राचीन क्षेत्र का नाम **फ्रुगिया** था। यहाँ प्राचीन ग्रीक से मिलती-जुलती भाषा बोलनेवाले इंडोयूरोपियन समुदाय के लोग रहते थे। डा. सुनीतिकुमार चाटुर्ज्या ने भाषाविद् रोमन जेकब्सन को सम्मानार्थ भेंट किये हुए ग्रन्थ (प्रथम खण्ड, मूतों, १९६७) में इंडोयूरोपियन गणनामों पर एक लेख लिखा था। उसमें **फ्रुगिया** का सम्बन्ध उन्होंने प्राचीन भारतीय **भृगु** शब्द से जोड़ा है। **भृगु** और **भर्ग** प्राचीन गणविशेष के नाम थे, इसमें सन्देह नहीं। इनकी **भर्** क्रिया प्रकाशसूचक है, यह भी सही है। किन्तु **भर्** के अनेक अर्थ हैं अथवा अनेक **भर्** शब्दमूल हैं जो देखने में एक प्रतीत होते हैं। **भर्ग** और **भृगु** का अर्थ पार्वतीय भी हो सकता है। इस सन्दर्भ में जर्मन **बॅर्ग्** (पर्वत) उल्लेखनीय है।

बर्ग के **बर्** का **र्** जहाँ **न्** रूप में ग्रहण किया जायगा, वहाँ **बर्ग** का एक प्रतिरूप होगा **बङ्ग**। इस शब्द का मूल अर्थ होगा पहाड़। **बाँगरू** का अर्थ होगा पहाड़ी। **बर** के प्रतिरूप **वर** के **व्** का लोप होने पर इसी प्रकार **अङ्ग** शब्द बनेगा। **अङ्ग** एक प्राचीन भारतीय प्रदेश का नाम है। **अङ्ग** का भी यहाँ मूल अर्थ होगा पहाड़, पहाड़ी।

ईरानी क्षेत्र की कुर्द भाषा में **बर्ग** का प्रतिरूप **बर्ज्** (ऊँचा) है। बलोची **बुर्ज्** (उप०) संबद्ध शब्द है। फ़ारसी **बाला** (ऊँचा), **बुलन्द** (उप०) में **बर्ज्**, **बर्ग्** का क्रियामूल **बर्, बल्** है। अरबी **बुर्ज्** (मीनार) ईरानी क्षेत्र से सामी भाषा में आया हुआ शब्द है। फ़ारसी क्रिया **बालीदन्** (बढ़ना, बड़े होना) में वही **वर्ध्** क्रियामूल का भाव है जो **वर्ध** के रूपान्तर हिन्दी **बढ़** में है। अरबी **बालिग़** (वयस्क) का आधार **बालीदन्** है। आर्य-द्रविड़ भाषाओं का एक शक्तिवाचक शब्द है **बल**। **वृद्धि** के क्रियामूल **वर्**, अथवा **बृहत्** के क्रियामूल **बॅर्** से सम्बद्ध होने के कारण शक्तिवाला अर्थ-संसर्ग स्वाभाविक है।

भृगुतुङ्ग हिमालय के एक पर्वत का नाम है। **भृगुपतन** का अर्थ है पहाड़ की ढलान से गिरने की क्रिया। इन शब्दों में **भृगु** का पर्वतवाला अर्थ-संसर्ग बना हुआ है, विशेष रूप से **भृगुपतन** में। **भृगु** का पर्वत अर्थ करने से तर्कसंगत शब्द बनता है। सम्भव है, **भृगुकच्छ** नामक प्रसिद्ध स्थान के **भृगु** का ऐसा ही अर्थ हो।

भर्>**वर्**>**अर्**, इस क्रम से **अर्** का कृदन्त **अर्त** बना। मूर्धन्यीकरण से यह संस्कृत का **अट्ट** (ऊँचा) बना। **अर्** के प्रतिरूप **अल्** से लैटिन **अल्तुस्** (ऊँचा), **अल्तुम्** (ऊँचाई), **अल्तितूदो** (उप०), जर्मन **आल्ट्** (पुराना, वृद्ध), अंग्रेज़ी **ओल्ड्** (उप०) शब्द बने। **अल्तुस्** आदि का सम्बन्ध पोषण का अर्थ देनेवाली **अलो** क्रिया से जोड़ना उचित नहीं लगता।

अधिक की व्याख्या **अधि** उपसर्ग से नहीं होती। **अर्** से बने कृदन्त **अर्ध** के **र्** का लोप होने से **अध्** क्रिया बनेगी। उससे आधिक्य भावसूचक अधिक बनेगा। **वर्** के कृदन्त **वर्ध** से इसी प्रकार हिन्दी **बढ़िया** बनता है। पश्चिमी पंजाब से आये हुए लोग आगरा में **बढ़िया** की जगह **वधिया** कहते सुने जाते हैं। इस पंजाबी **वधिया** में **वर्ध्** का **र्**-विहीन रूपान्तर **वध्** है।

पर शब्द संस्कृत में अधिकता भी सूचित करता है। **पर** का एक रूपान्तर होगा **मर**। पुरानी आइरिश में **मार्, मोर्** (बड़ा) दोनों रूप हैं, अंग्रेज़ी में **मोर** (अधिक) है।

तमिल **मल्** (शक्ति, समृद्धि), **मलि** (बढ़ना, बड़ा होना), कन्नड़ **मल्य** (बड़ा, मुख्य) **में** **मर्** का प्रतिरूप **मल्** है। लैटिन **मॉल्तुस्, मुल्तुस्** (अधिक, बहुत से) में वही **मल्** है। मानो इन शब्दों का जलप्रवाह से सम्बन्ध सिद्ध करने के लिए, और र् ध्वनि **स्** में बदलती है यह जताने के लिए, द्रविड़ व्युत्पत्तिकोश ने **मल्, मल्य** आदि तमिल-कन्नड़ रूपों के साथ तोद रूप **मष्न्** (बाढ़, प्रवाह) भी दिया है।

(ट) बहना, वहन करना

संस्कृत **वह्** का एक अर्थ बहना है, दूसरा ढोना, ले जाना है। **वह** नदी है, वायु है और वहन करने की क्रिया है। संस्कृत **भृ** अर्थात् **भरति** की **भर्** क्रिया में वहन करनेवाला भाव विद्यमान है। **वह्** का आधारभूत कृदन्त **वध** होगा, यह **वोढम्** जैसे रूपों से ज्ञात होता है। **वध** का पूर्वरूप होगा **भर्ध**। इस **भर्ध** से लैटिन क्रिया **पोर्तो** (ढोना, ले जाना) बनती है। रूसी **वॉदीत्** (ले जाना) में **वध** का रूपान्तर **वद** है। **वॉझाक्** और **वॉङ्द** (नेता) में **वझ्** रूपान्तर है। **वॉदीत्** के प्रतिरूप **वॅस्ति** में **ध्** के स्थान पर **स्** है। जो ढोया जाय, वह **भार** है। **भार** का कन्नड़ प्रतिरूप है **पॉरॅ** (बोझ)। कन्नड़ **पॉर्** (बोझ ढोना), तमिल **पॉरु** (वहन करना) में वही **पॉर्** है जो लैटिन **पोर्तो** में है। हिन्दी **बोझ** का पूर्वरूप **बॉर्ध** होगा। ग्रीक **बरुस्** (भारी), फ़ारसी **बार्** (भार) में **भ्** का रूपान्तर **ब्** है। अंग्रेज़ी **बॅअर्** (वहन करना), **बर्डन्** (बोझ) इसी शृंखला में हैं। ग्रीक **फॅरो** (वहन करना) में महाप्राण **फ्** है।

पर् का एक रूपान्तर **मर्** है। कन्नड़ **मोर्** (सिर पर बोझ ले चलना), तेलुगु **मोंट** (बोझ) से हिन्दी **मॉटरी** (गठरी मॉटरी) सम्बद्ध है।

संस्कृत **गुरु** (बड़ा, भारी) का पूर्वरूप **गरु** है। इसका सम्बन्ध **भर्** के प्रतिरूप **घर्** से है। तमिल **का** वह बाँस है जिसे, दोनों तरफ बोझ लटकाकार, आदमी कन्धे पर रखकर चलता है। कन्नड़ **कागडि, कावडि** का यही अर्थ है। द्रविड़ व्युत्पत्तिकोश ने संस्कृत **काच, काज,** प्राकृत **कावड** आदि रूप दिये हैं। हिन्दी में सम्बद्ध शब्द **काँवरि** है। इन सब रूपों में **कर्** (वहन करना) का रूपान्तर **का** आधारभूत है। हिन्दी में **काँवरि** के लिए दूसरा शब्द **बहँगी** है; उसमें ढोने का अर्थ देनेवाली **वह्** क्रिया **काँवरि** की व्युत्पत्ति समझने में सहायक है। कन्नड़ **कॉर्वु** (बढ़ना, गर्व करना) का सम्बन्ध सम्भवतः संस्कृत **गर्व** से है; ब्राहूइ **कुबेन्** (भारी, मूल्यवान्) में **र्** का लोप हुआ है। वेल्श में **करिओ** (वहन करना) और **करोंग्** (धारा) में **वह्** के समान **कर्** क्रिया बहने और ढोने के दो अर्थ देती है। अंग्रेज़ी **कैरी** (ले जाना) में यही **कर्** है।

यहाँ हिन्दी **घमंड** विचारणीय है। इसका निकटतम संस्कृत पूर्वरूप **गर्व** है किन्तु **गर्व** और **घमंड** में ध्वनिगत दूरी काफी है। **गर्व** का सम्बन्ध भारी होने से हो तो यह माना जा सकता है कि **गर्** (बोझ ढोना) का पूर्वरूप **घर्** होगा, **घर्** का प्रतिरूप है **घम्**, उसका कृदन्त रूप है **घमन्द**, उससे हिन्दी **घमंड**। **गर्व** का समानार्थी है **दर्प**; यहाँ भी **दर्** (बोझ ढोना) क्रिया की कल्पना **धर्** से पुष्ट होगी।

संस्कृत **धारण** की **धर्** क्रिया के अलावा **धुर्** का अर्थ है बोझ। **धुरंधर** वह है

जो बोझ लेकर चले। **धर्** क्रियामूल का कन्नड़ प्रतिरूप है **तळ्** (वहन करना, ले चलना)।

(ठ) गतिबोध और स्थिरता

मनुष्य के गतिबोध से उसकी भाषा के विकास, उसकी सभ्यता के विकास का गहरा सम्बन्ध है। अपने परिवेश की निकटतम प्राकृतिक वस्तुओं पानी और हवा, उनके प्रवाह के लिए वह जिन शब्दों का व्यवहार करता है, वे मूलतः गतिसूचक हैं। यहाँ संसार के सभी मानव-समाजों की बात नहीं है वरन् बृहत्तर भारत के उन मानव-समाजों की बात है जो **घ्-ध्-भ्,** इन सघोष महाप्राण ध्वनियों का व्यवहार करते थे। प्रवाह की चक्रगति से ऋतु और काल सम्बन्धी धारणाएँ जुड़ी हुई हैं, उससे सभ्यता के भौतिक उपकरण, जैसे पहिया, गाड़ी और चर्खा, जुड़े हुए हैं। यह सहज अनुमेय है कि जिनके जीवन, परिवेश और भाषा में चक्रगति का इतना महत्व है, उन्होंने पहिये का आविष्कार किया होगा। नगर के चारों ओर कोट बनाने से लेकर क्षितिज तक आवरण, आवेष्टन, आच्छादन आदि तक चक्र गतिबोध का प्रसार देखा जाता है। दशमलव के आविष्कार का श्रेय भारत को है। शून्य के अस्तित्व की कल्पना के बिना दशमलव प्रणाली की कल्पना सम्भव नहीं है। शून्य वह है जो खाली हो, जिसमें कुछ न हो, जिसका अस्तित्व न हो। शून्य का एक अर्थ आकाश, अन्तरिक्ष, वायुमण्डल है। आकाश मानो शून्य का प्रत्यक्ष रूप था।

नृत्य, समूह, परिवर्तन, युद्ध आदि से सम्बन्धित शब्दों के मूल में बहुधा चक्रगति वाले शब्द मिलते हैं। चक्रगति से निरन्तरता का, अपने और दूसरों के अस्तित्व का बोध जुड़ा हुआ है। जहाँ एक ही तरह का चक्र बार-बार न बने, वहाँ भ्रमण करने, भटकने, इधर-उधर घूमने की क्रिया घटित होती है। घूमना और स्थिर रहना, गति और गतिहीनता का वैषम्य मानव-चिन्तन के लिए, परिवेश के भिन्न प्रपंचों की व्याख्या के लिए, महत्वपूर्ण था। **गो, गोरू** आदि भारतीय शब्द घुमन्तू पशुओं के लिए प्रयुक्त होनेवाले शब्द हैं, जो पालतू हो, बाँधकर रखा जाय, वह **पशु** है। **पशु** और **पाश** का सम्बन्ध अटूट है। **व्रात्य, दरिद्र** आदि शब्द उन मनुष्यों के लिए प्रयुक्त हुए जो घुमन्तू जीवन बिता रहे थे; इनका प्रयोग उन्होंने किया जो नगरों और ग्रामों में निवास करते थे।

टेढ़े-मेढ़े चलने, रेंगने आदि की क्रियाओं से **सर्प, सरिता** आदि पदार्थों का, **कुटिलता** आदि सभ्यता की अनिवार्य विशेषताओं का बोध हुआ; चुराने, ठगने, छलने की क्रियाएँ ढाँकने आदि के भावों से सम्बद्ध हुईं। जल का विशाल प्रवाह शक्ति का परिचायक हुआ; जल की तीव्र गति वेग की, सृजन की परिचायक हुई। चलने आदि की सामान्य गति का बोध जल की विशेष गति के बोध से जुड़ा हुआ है। बहुत जगह जल और वायु के लिए एक ही शब्दमूल का प्रयोग हुआ है, वह गति चाहे सामान्य हो चाहे विशिष्ट। उड़ने और गिरने के विशेष भाव मूलतः प्रवाह के वेगबोध से जुड़े हैं। जिन उपकरणों से मनुष्य गतिक्रिया सम्पन्न करे, नौका, मार्ग, चरण आदि, उनके

लिए सम्बद्ध शब्दों का प्रयोग हुआ। किन्तु चलना और खड़े होना, दो नितान्त विरोधी क्रियाएँ हैं। आश्चर्य की बात होगी यदि खड़े होने की धारणा का उद्भव चलने की धारणा से हुआ हो, वह भी सामान्य चलने की धारणा नहीं, वरन् चलकर नदी पार करने की धारणा से।

गति और स्थिरता का वैषम्यबोध मानव-परिवेश और विभिन्न प्रक्रियाओं के बोध के लिए, उनकी अभिव्यक्ति और मनुष्य की विचार-क्षमता के विकास के लिए, अत्यन्त आवश्यक और महत्वपूर्ण था। इस गतिप्रपंच में थोड़ा ठहरकर स्थिरता के भाव पर विचार करना चाहिए।

संस्कृत में खड़े होने, ठहरने का अर्थ देनेवाली मुख्य क्रिया **स्था** है। **स्थान** का अर्थ है ठहराव और (ठहरने की) जगह। जो दृढ़तापूर्वक स्थिर हो, वह **स्थाणु** है। संस्कृत में शब्द है **स्थाघ** (नदी पार करने का उथला स्थान)। जो अर्थ **गाध** का है, ठीक वही अर्थ **स्थाघ** का है। **स्थाघ** का आधार **स्था** क्रिया है, यह कल्पना सही है किन्तु इस **स्था** का मूल अर्थ पैदल चलते हुए नदी पार करना है, खड़े होना उसका परिणामी अर्थ है। आदमी पानी की थाह खड़े-खड़े लेता है, झुककर या लेटकर नहीं। वह नदी पार करता है चलकर, खड़े होकर नहीं। अतः जो **स्था** क्रिया **स्थाघ** में गतिसूचक थी, वह **स्थान** आदि में स्थिरतासूचक है।

स्थान के साथ **स्थल, स्थिर, स्थूल** आदि पर ध्यान दें तो विदित होगा कि **स्था** का पूर्वरूप **स्थर्** है। **स्थॅर्, स्थॉर्** इसके वैकल्पिक रूप हैं। अब इस स्थिरतासूचक क्रिया का अर्थ-प्रसार देखें। **स्थल** (धरती), **स्थगणा** (उप०), **स्थण्डिल** (उप०), **स्थाय** (उप०) **स्थूण** (उप०), इन सभी शब्दों का एक अर्थ धरती है। यह देखकर अनुमान होता है कि गतिशील जल की तुलना में जो वस्तु स्थिर प्रतीत होती थी, वह धरती है। तब यह भी सम्भव है कि **स्थर्** का पूर्वरूप **धर्** हो। खड़े होना और हिले-डुले बिना अचल रहना दोनों भाव सम्बद्ध हैं। **स्थिर, स्थित, स्थावर** में अचलता का भाव है। एक वस्तु जो स्थिर रहती है और खड़ी भी जान पड़ती है **खंभा** है, **स्कम्भ** और **स्तम्भ** वाला खंभा। **स्थूणा** का अर्थ हुआ खंभा।

स्थाघ का संस्कृत में ही एक प्रतिरूप है **स्ताघ**। जैसे **स्था** का पूर्वरूप **स्थर्**, वैसे ही **स्ता** का पूर्वरूप **स्तर्**। इटालियन **स्तरे** (खड़े होना), ग्रीक **स्तेरिज़ो** (स्थिर करना), **स्तलिस्** (स्थिर), **स्तुलॉस्** (खंभा), रूसी **स्तोल्** (उप०); फिर **र्** के नासिक्य रूपान्तरण सहित संस्कृत **स्तंभ** (खम्भा), **स्तिमित** (निश्चल), ग्रीक **स्तमिस्** (सीधी खड़ी वस्तु), रूसी **स्तनोवीत्स्य** (खड़े होना), इटालियन **स्तङ्ग** (डण्डा), अंग्रेज़ी **स्टैन्ड्; स्तन्** और **ग** प्रत्यय का वर्णविपर्यय वाला रूप लैटिन **स्तग्नो** (स्थिर करना); **र्-न्**-विहीन कृदन्त ग्रीक **स्ततॉस्** (खड़ा हुआ), अंग्रेज़ी **स्टेक्** (लट्ठा), **स्टिक्** (छड़ी), **स्टॅड्** (स्थान), लैटिन **स्तबिलिओ** (स्थिर करना), संस्कृत **स्तब्ध** (स्थिर) आदि में अल्पप्राण अघोष ध्वनिवाले रूपों का प्रसार देखा जा सकता है। गतिमूलक शब्द बहुत हैं, उनकी तुलना में स्थिरता-सूचक शब्दमूल कम हैं किन्तु एक बार **स्थर्, स्तर्** हाथ आ जाने पर कहीं उपसर्गों की सहायता से यथा **प्रतिष्ठा**, कहीं उपसर्गों के बिना जैसे **स्थिति, स्थूल**, पचीसों रूप रचे

गये और अर्थसंसर्ग की प्रक्रिया निरन्तर विकसित होती गई। मध्य एशिया के पचीसों देशवाचक नामों में जो **स्तान** दिखाई देता है, वह इसी क्रियामूल का चमत्कार है। रूसी **स्तात्** (खड़े होना), **स्तान्** (पड़ाव), **स्तान्त्सिया** (ठहरने का स्थान), अंग्रेज़ी **स्टे** (ठहरना), **स्टेशन** आदि की रचना इस क्रिया के आधार पर हुई है।

द्रविड़ भाषाओं में स्वभावतः **स्त्** की जगह **त्** ध्वनि वाले शब्द हैं। तमिल **तरि** (खड़े होना, रुकना), कन्नड़ **तरबु** (ठहरना), तमिल **तळ्** (रोकना), **तङ्ङ्** (ठहरना) **स्थ, स्त** वाले रूपों के समान हैं। संस्कृत **तल** का अर्थ है जल के नीचे की धरती; पुरानी आइरिश के **तलम्** का अर्थ है धरती। **तल्** का **त्** जहाँ **न्** रूप में ग्रहण किया गया है, वहाँ **तल** और **नल** वैसे ही सम्बद्ध हैं जैसे **तीर** और **नीर**। तमिल **निलम्** (धरती), कन्नड़ **नॅल** (उप०) का सम्बन्ध तमिल **निल्** (खड़े होना, ठहरना), कन्नड़ **निलु** (स्थिर खड़े रहना) से है। जैसे संस्कृत **तल** जल के नीचे की धरती है, वैसे ही तमिल **निलइ** पानी की उतनी गहराई है जितनी में मनुष्य खड़ा रह सके। इस **निलइ** का अर्थ आवास, स्थिरता, ठहरने का स्थान भी है। तमिल **नट्टम्** (सीधे खड़े होने का भाव) में **र्** लुप्त है।

प्राकृत **थक्क** (रहना, बैठना), बँगला **थाका** (ठहरना) का पूर्वरूप होगा **स्थर्क** अथवा **स्तर्क**। **धर्** के रूपान्तर हैं **स्थर्** और **स्तर्**। **धर्>धम्>थम्**, इस क्रम से प्राप्त **थम्** क्रिया से ग्रीक **थम्बॉस्** (स्तंभित होने का भाव), **थॅमॅरॉस्** (अडिग), अंग्रेज़ी **थम्ब्** या **थम्** (ठेंगा) रूप बने। हिन्दी **ठेंगा** का पूर्वरूप **स्तॅङ्घ** अथवा **स्थॅङ्घ** होगा। बँगला **दांड़ानो** (खड़े होना), संस्कृत **दण्ड** (डंडा, डंठल), कन्नड़ **दण्ड** (डंठल), कुइ **डण्डि** (उप०), हिन्दी **डंडा, डंठल** में **दर्** का रूपान्तर **दन्** है। मनुष्य को अपनी तुलना में वृक्ष स्थिरता का सहज प्रतीक जान पड़ता था। संस्कृत **दारु, द्रुम, तरु,** ग्रीक **द्रुस्** (पेड़) अंग्रेज़ी **ट्री** में **धर्** के रूपान्तर **दर्, तर्** हैं।

प्राकृत **धड**, हिन्दी **धड़**, पेड़ के तने की तरह, मानवशरीर के शीशविहीन भाग का अर्थ देते हैं। संस्कृत **तण्डक** (तना), **तनू** (शरीर), हिन्दी **तना**, अंग्रेज़ी **स्टौक** (तना), **स्टब्** (उप०), कोत **तण्ड्** (तना), **तड्** (उप०), **ताळ्** (उप०) में स्थिरताबोधक क्रिया है। जैसे अंग्रेज़ी **ट्रंक्** से धड़ और तना, दोनों का बोध होता है, वैसे ही कोडगु **तडि** से। **धड़** और **तडि** की रचना और अर्थसंसर्ग की प्रक्रिया एक ही प्रकार की है।

संस्कृत में **स्तम्भ** और **स्कम्भ** समानार्थी शब्द हैं। यदि **स्त** का पूर्वरूप **ध** था, तो **स्क** का पूर्वरूप **घ** होगा। हिन्दी **खंभा** का आधार **स्कंभ** है। संस्कृत **स्कन्ध** (पेड़ का तना), प्राकृत **खन्ध** (उप०) पूर्वोल्लिखित **तण्डक** के जोड़ीदार हैं। संस्कृत **स्कंभ्** (स्थिर होना) का एक प्रतिरूप **स्कभ्** है; अंग्रेज़ी **स्टम्प्** (ठूंठ) के साथ **स्टब्** (तना) के समान, **स्कंभ्** के साथ **स्कभित** (स्थिर किया हुआ) है। **विष्कब्ध** (उप०) का **स्कब्ध** वैसे ही **स्तब्ध** का साथी है जैसे **स्कंभ** का **स्तंभ**। **स्कभ** के समानान्तर **स्कध** से हिन्दी **खड़ा** रूप बना। **ध** से **स्थ** के रूपान्तर के समान **घ** के रूपान्तर **स्ख** से ग्रीक रूप **स्खॅसिस्** (स्थिति) बना। बँगला **खान** (स्थान), फ़ारसी **ख़ाना** (उप०) का **ख्** सीधे **घ्** का रूपान्तर है। **घ्** के **क्ष्** वाले रूपान्तर इस क्रम के अनेक संस्कृत शब्दों में हैं: **क्षोण** (अचल), **क्षोणि**

(धरती), **क्षोड** (हाथी बाँधने का खंभा), **क्षियति** (ठहरता है), **क्षय** (आवास), **क्षिति** (उप०; धरती)। ग्रीक **ख्थोन्** (धरती), **खमइ** (धरती पर) के **ख्थ्** और **ख्** संस्कृत **क्ष्** के रूपान्तर लगते हैं; **घ्** के रूपान्तर भी हो सकते हैं।

जो पानी जम जाय, वह **हिम** है। **हिम** और **शिम** का पूर्वरूप हुआ **घिम**, **घिर्** क्रिया का र्-विहीन कृदन्त रूप। हिन्दी **ठंढ**, पूर्वरूप **स्तन्ध**, में स्थिर होने से जमने, फिर ठण्ढा होने के भावों का प्रसार देखा जा सकता है। तमिल **तन्नीर** (ठण्ढा पानी) का **तन्** और **स्तन्ध** का **स्तन्** एक हैं। **शीत** आदि शब्दों के पूर्वरूपों में स्थिरताबोधक **घॅर्** क्रियामूल मानना होगा। संस्कृत **जड** और हिन्दी **जमना** का **जम घर्** क्रिया के र्-विहीन **घद, घम** कृदन्त हैं। शिशिर में **घिर** का रूपान्तर **शिर** विद्यमान है; प्रथम वर्ण की आवृत्ति हुई है।

तमिल **काल्** (तना), लैटिन **कुल्मुस्** (उप०), प्राकृत **कण्ड** (दंड), कन्नड़ **कुन्द** (खंभा), **कावु** (तना), ग्रीक **कुश्रोन्** (खंभा) **घर्** के रूपान्तर **कर्, कन्, कव्** से सम्बद्ध हैं। ग्रीक **स्केप्त्रॉन्** (दंड), लैटिन **स्कपुस्** (उप०; तना) **स्कपुलश्रे** (कन्धे) का सम्बन्ध संस्कृत **स्कभित** (स्थिर किया हुआ) के **स्कभ्** से है। एक ग्रीक रूप **हिस्तेमि** (खड़ा करना) भी है। इसका पूर्वरूप होगा **घिस्तेमि** या **धिस्तेमि**। तुलनीय है अन्य ग्रीक रूप **हिस्तॉस्** (मस्तूल)। **घिर्, धिर्** जैसी क्रिया स्थिरताबोधक थी, इसकी पुष्टि इन ग्रीक रूपों के **हिस्** से होती है।

संस्कृत **भण्ड** (नदी की तलहटी), तमिल **निलइ** और संस्कृत **तल** का समानार्थी, **भर्** वर्ग का शब्द है। लैटिन **पालुस्** (लट्ठा), **पील** (खंभा), अंग्रेज़ी **पिलर्** (उप०), **पोल्** (लट्ठा) का आधार **भर्** का रूपान्तर **पर्, पल्** है। संस्कृत **पद्** (स्थिर खड़े रहना), **पद** (स्थान) से ग्रीक **पॅदॉन्** (धरती) का सम्बन्ध सटीक बैठता है। **पर्द्** का रूपान्तर है **पद्**। संस्कृत **मेदिनी** में **पॅदॉन्** के समान स्थिरता का भाव होगा। संस्कृत **पद्** माने चलना, फिर अर्थविकास के फलस्वरूप, **पद्** माने स्थिर रहना।

(ड) नहाना, तैरना, भरना

जब स्थिरता जैसा विरोधी भाव जलप्रवाह से सम्बद्ध है, तब यह स्वाभाविक है कि नहाने, धोने, तैरने, डूबने तथा गहरा होने के भाव प्रवाहसूचक शब्दमूलों से जुड़े हों। प्राकृत **झस** (गहरा) के पूर्वरूप **घर** से संस्कृत **क्षल्** (धोना) क्रिया बनी। बहने वाले **क्षर्** से इसका सम्बन्ध प्रकट ही है। **गाध** के रूपान्तर **गाह** से अवगाहन का भाव व्यक्त करनेवाली **गाह्** क्रिया बनी। जिस **गर्** से **गर्ध**>**गाध** रूप बना, उसके प्रतिरूप **गल्** से रूसी **ग्लुबोकिइ** (गहरा), **ग्लुबीन** (गहराई) का जन्म हुआ। **गल्** के प्रतिरूप **कल्**, **कर्** से मलयालम **कळम्** (गहराई), तमिल **कळुवु** (धोना, पवित्र होना), कन्नड़ **कचु** (धोना), तेलुगु **कडुगु** (उप०; नहाना) रूप बने।

हिन्दी **गहिर, गहरा** का आधार संस्कृत **गभीर** है। **गभीर** का संस्कृत में ही प्रतिरूप **गम्भीर** है। **गम्भीर** की **गम्** क्रिया जल से अपना सम्बन्ध प्रकट कर रही है। **गम्भ** के **म्** का लोप होने से **गभीर** का **गभ** प्राप्त हुआ। इसी तरह **गम्भ** का प्रतिरूप

दम्भ रहा होगा जिसके **दभ** रूपान्तर से हिन्दी **डूब**, लैतवियन **दुब्त्** (डूबना), लिथुआनियन **दुबुस्** (गहरा), अंग्रेज़ी **डिप्** (डुबकी लगाना), **डीप्** (गहरा) रूप बने। तुलु **ताउनि** (डूबना), तमिल **ताळ्** (उप०), जर्मन **टाउखॅन्** (डुबकी लगाना), **टीफ़्** (गहरा) अघोष अल्पप्राण **त्** की शब्द-शृंखला में हैं। संस्कृत **धाव्** (धोना) में मूल ध्वनि **ध्** है।

तिर् के रूपान्तर **निर्** से **निर्घ**>**निघ**>**निज**, इस प्रकार संस्कृत **निज्** (धोना) और **निक्त** (धुला हुआ) रूप बने। **निज्** का ग्रीक प्रतिरूप है **निज़ो** (धोना)। स्नान की **स्ना** क्रिया **धा**>**स्ना**>**स्ना**, इस क्रम से बन सकती है, **ना** में अतिरिक्त **स्** का योग भी हो सकता है।

संस्कृत **तोय** (जल) और तमिल **तोय्** (नहाना) का सम्बन्ध स्पष्ट है।

तमिल **नीन्दु** (तैरना, पार करना), कोत **नीञ्ज्** (तैरना) का आधार **निन्**<**निर्** है; तमिल **नीत्तु** (तैराकी), **नीच्चु** (उप०) में **र्** अथवा **न्** का लोप है। **निर्** के वैकल्पिक रूप **नॉर्** से गदब **नॉर्** (धोना), तमिल **नुडक्कु** (उप०) सम्बद्ध हैं। तमिल क्रियामूल **नुड** के समानान्तर **निड** रूप तुलु **निडिपिनि** (उप०) में है।

तमिल **पदि** (डूबना), **पडि** (उप०) का आधार **पर्** है। **पर्**>**पय्** से तमिल **पाय्** (डुबकी लगाना) बना। तमिल **पात्ति** (नहाने का टब) का आधार भी **पर्** है। ग्रीक **बथुस्** (गहरा), **बथॉस्** (गहराई) में **बर्** का **र्** लुप्त है, **पदि** के समान। ग्रीक **बप्तो** (डुबोना, डूबना) पहले **बर्प** से **बप**, फिर **बप्** से **बप्त**, दो कृदन्तों के मेल से बना है। **बथुस्** और **बथॉस्** गहराई के सिवा ऊँचाई की व्यंजना भी करते हैं।

रोचक शब्द है संस्कृत **बुध्न** (तलहटी, गहराई)। इसका **न्** मूलक्रिया के **र्** का रूपान्तर है, वर्णविपर्यय से **बुध्न** रूप बना। हिन्दी **बूड़** का पूर्वरूप होगा **बुर्ध**। **बूड़** और **डूब** दो भिन्न क्रमों से आये हुए शब्द सिद्ध होते हैं। ग्रीक **पुथ्मॅन्** (तलहटी) का **पुथ्म** संस्कृत **बुध्न** का प्रतिरूप है।

संस्कृत **प्लु** (नहाना, तैरना), **प्लव** (स्नान, तैराकी), ग्रीक **प्लूनो** (धोना), **प्लॅओ** (तैरना), रूसी **प्लवात्** (उप०), लैटिन **फ्लुइतो** (तैरना) का आधार **स्र**<**सर** हो सकता है, **प्ल**<**पल्** भी। संस्कृत **प्लवन** तैरने के अलावा उड़ान का भाव भी व्यक्त करता है।

संस्कृत **मार्जन** (धुलाई) में **मर्** क्रियामूल है जो लैटिन **मॅर्गो** (डूबना, डुबकी लगाना) और **मॅर्सो** (उप०) में विद्यमान है। **मॅर्सो** का **स्** **मॅर्ज्**>**मृज्** के **ज्**<**ज्** का रूपान्तर है। जैसे **सृज्** से **सृष्टि**, वैसे ही **मृज्** से संस्कृत **मृष्ट** (धुला हुआ)। संस्कृत **मज्ज्** (डूबना, नहाना) में **र्** की क्षतिपूर्ति अतिरिक्त **ज्** से हुई है। **मग्न** (डूबा हुआ) की व्याख्या वर्णविपर्यय से हो सकती है : **मर्ग**>**मग्र**>**मग्न**, **मर्ज्**>**मज्**>**मग्** से भी। तमिल **मण्णु** (नहाना, धोना) का आधार **मन्**<**मर्** है। तमिल **मुळ्गु** (नहाना) में **मर्** का विकल्प **मॉर्** है। **मॅर्** वाले क्रम में गोंडी **मीना** (नहाना, धोना), कुवि **मॉर्**>**मॉन्** से मल्तो **मुञ्जॅ** (मुँह धोना), कुड़ुख **मूज्ना** (उप०)। कुइ **मुस** (सिर धोना) का **स्** **मुज्** के **ज्** का रूपान्तर हो सकता है, **मुर्** के **र्** का भी। कुइ **मीस्प** (नहाना), कन्नड़ **मीह** (उप०), **मीण** (उप०), **मीयु** (उप०) **मिर्** शृंखला के विभिन्न रूप हैं।

कोडगु **मीन्द्** (तैरना) तमिल **नीन्दु** (उप०) का रूपान्तर हो सकता है, गोंडी

मीना (नहाना, धोना), कुवि **मीनइ** (धोना) से भी सम्बद्ध हो सकता है। संस्कृत **मीन** (मछली) का सम्बन्ध तैरने वाली **मिन्** क्रिया से है, चमकने वाली **मिन्** से नहीं। तमिल की जिस **मिन्** क्रिया का अर्थ चमकना है, उससे नक्षत्रवाचक रूप तमिल **मीन्** बनता है, संस्कृत **मीन** नहीं। **मिन्** के विकल्प **मन्** से संस्कृत **मण्डूक**, हिन्दी **मेंढक** शब्द बनते हैं।

तमिल **मीन्** (मछली) का कुवि प्रतिरूप **म्रीक** (मछलियाँ) **मॅन्** के पूर्वरूप **मॅर्** की सूचना देता है। ग्रीक **मइने** (**मर>मय>मइ**) एक प्रकार की छोटी समुद्री मछली थी। संस्कृत **मकर** (घड़ियाल, जलचर), **नक्र** (उप०) के समान, पहले **मक्र** था और **मक्र** का पूर्वरूप था **मर्क**। **नक्र<नर्क** और **मक्र>मर्क** में **नर्** और **मर्** जलवाचक शब्द थे। कन्नड़ **नॅगळ्** (मगर) इनसे सम्बद्ध है। तमिल **मुदलइ** (मगर) का आधार **मॉर्** है। कन्नड़ **मसळॅ** (उप०) का **स्** **मर्** के **र्** का रूपान्तर है। संस्कृत **माचल** (उप०) में **स्** का रूपान्तर **च्** है। संस्कृत **मृणाल** (कमल नाल) की व्याख्या **मॅर** (जल) और **नाल** के योग से भली प्रकार हो जाती है। **मत्स्य** (मछली) का **मत्** प्रवाहसूचक **पत्** का रूपान्तर है। संस्कृत **पातुक** (जल हाथी, जलजीव), **पाताल** (मूल अर्थ जलमय लोक), **पद्म** (जो जल में उत्पन्न हो, कमल), तमिल **पदम्** (जल), कोत **पद्म्** (भीगी धरती) स्मरणीय हैं। संस्कृत **पत्तन** नदी या समुद्र के किनारे बसा हुआ नगर है।

संस्कृत **भेक<भॅर्क** (मेंढक) में **पॅर्**, **मॅर्** आदि का पूर्वरूप जलवाचक **भॅर्** है। संस्कृत **भण्डूक** (**भर्ड>भण्ड**) एक मछली के लिए प्रयुक्त होने वाला शब्द था और **मण्डूक** से मिलता-जुलता है।

अंग्रेज़ी **फ़िश्** (मछली) का आधार लैटिन **पिस्किस्** है। **भॅर्>भॅस्>पॅस्**, इस क्रम से विकसित जलवाचक शब्दमूल **पिस्** से उक्त रूप बनेगा।

संस्कृत **झष** (मछली, हिन्दी मुहावरे **झख मारने** की **झख**), प्राकृत **झस** का पूर्वरूप **घस्<घर्** होगा। **घस्** के रूपान्तर **कस्** से संस्कृत **कश्यप** (कछुवा), **कश्>कम्** से **कमठ**। **कूर्म** (उप०) में **घर्** के रूपान्तर **कर्** का प्रतिरूप **कॉर्** है।

घर्>कर्>कल् से संस्कृत **कलम** (सरकंडा), ग्रीक **कलमॉस्** (उप०), लैटिन **कलमुस्** (उप०), फिर लेखनी के लिए इसी से सुपरिचित **कलम**। **कर्>कय्** से कोलमि **कयॅ** (मछली), तमिल **कयल** (एक मछली), संस्कृत **कैवर्त** (मछुवा) का आपसी सम्बन्ध द्रविड़ व्युत्पत्तिकोश में उल्लिखित है। **कर्** से लैटिन **कर्प** (एक मछली), अंग्रेज़ी **कार्प** (उप०), **कर्प>कप्प** से कन्नड़ **कप्पॅ** (मेंढक)। **कॉर्>कॉल्** से संस्कृत **कुलीर** (केंकड़ा) और **कॉल्>कॉव्** से संस्कृत **कुव** (कमल), **कुवलय** (उप०), तमिल **कुवळइ**, कन्नड़ **कोवळ्** (उप०)। **कयॅ, कयल्, कैवर्त** आदि ऊपर उल्लिखित शब्दों के जलवाचक **कय्** से ग्रीक **केतॉस्** (विशाल मत्स्य), लैटिन **केतुस्** (उप०) की व्याख्या हो जाती है। पौराणिक कथाओं के अनुसार समुद्रमंथन के समय जिस दानव का सिर काटा गया, उसका धड़ **केतु** कहलाया।

तॅर् से **तॅम्** के आधार पर संस्कृत **तिमि** (मछली) रूप बना। **तर्>नर्** से संस्कृत **नक्र** (मगर), **नाग** (हाथी, सर्प) बने। **नॅर्>नॅय्** से तमिल **नॅय्दल्** (कुमुदिनी) रूप बना।

जल में रहने या उत्पन्न होने वाली चीज़ों के नाम का सम्बन्ध जल या **प्रवाह** से सम्बद्ध शब्दमूलों से हो, यह स्वाभाविक है।

ऐसा लगता है कि पूर्णता की धारणा जल के भराव से उत्पन्न हुई है। हिन्दी में **भरा पूरा**, **दिन भर** का **भर** और **पानी भरना** का **भर** एकरूप हैं। संस्कृत **भरति** (भरता है), **भरित** (भरा हुआ, पूर्ण) में क्रियामूल **भर्** है। संस्कृत **पूर**, भरने की क्रिया के अलावा, नदी या समुद्र के पानी के उभार का भी व्यंजक है। **पूरित**, **पूर्ण** में **भरित** वाला भाव है। **पॉर्** के विकल्प **पॅर्** से तमिल **पॅरुक्कु** (भरना, बहाना), **पॅरुक्कम्** (पूर्णता; प्रवाह) रूप बने। **पॅर्** के प्रतिरूप **पॅल्** से वर्णसंकोचन के बाद ग्रीक **प्लॅम्रॉस्** (भरा, पूर्ण), **प्लेथो** (भरा होना; नदियों आदि में पानी का उभार), लैटिन **प्लेनुस्** (भरा हुआ), और **पॅल्** के **प्** में अतिरिक्त महाप्राणता के साथ अंग्रेज़ी **फ़िल्** (भरना) की रचना हुई। **पॉर्**, **पॉल्** के रूसी **पॉल्नॅ** (पूर्णतः), अतिरिक्त महाप्राणता के साथ अंग्रेज़ी **फ़ुल्** (पूर्ण) रूप बने। **भॉर्**>**पॉर्**>**मॉर्** से तमिल **मुरञ्जु** (भरा होना), तेलुगु **मूरु** (उप०), और **मर्**>**मन्** से तमिल **माण्** (उप०) जैसे रूप निर्मित हुए।

घॅर्>**तॅर्** से तमिल **तेक्कु** (भरा होना), **तॅर्**>**नॅर्** से तमिल **निर**, **निरइ** (उप०) रूप बने। **घर्**>**कर्**>**कळ्** से तमिल **कळ्ंुमु** (भरा होना, बह चलना), **कर्**>**कर्प** से गदब **कॉप्** (उप०) का सम्बन्ध है।

(ढ) पानी, पान, पात्र

पानी पिये बिना मनुष्य जी नहीं सकता। **जीवन** शब्द का एक अर्थ ही संस्कृत में जल हो गया। मनुष्य जीने के लिए पीता है, आनन्द उल्लास के लिए भी पीता है। **पीता है** कहने से ही सुनने वाला समझ जाता है कि पानी नहीं, नशे की चीज़ पीता है। **चिलम पीता है**, **सिगरेट पीता है** में पीने की चीज़ धुआँ है, पानी, शराब या दूध नहीं। कुछ भाषाओं में खाने-पीने के लिए एक ही शब्द है जैसे बँगला में **खाबे** (खायेगा, पियेगा); इनमें शब्द का मूल अर्थ सम्भवतः पीना ही था। पीने की क्रिया व्यंजित करने वाले शब्दों के साथ पीने के उपकरण, पात्र, मुख आदि, पीने की वस्तु, जल, सुरा आदि, पीने की इच्छा, प्यास, तृप्ति, आनन्द आदि के भाव एक से शब्दमूलों से जुड़े हों तो इससे अर्थसंसर्ग की वह प्रक्रिया और पुष्ट होगी जिसका अन्य प्रसंगों में पहले विवेचन हो चुका है।

संस्कृत **घस्** (खाना), **घसि** (भोजन), **घास** (उप०), प्राकृत **घसिर** (पेटू) और हिन्दी **घास** में पीने का भाव नहीं है, खाने का है। द्रविड़ व्युत्पत्तिकोश में कुवि भाषा का **घॉह्नइ** (पीना) रूप दिया है। यदि **घॉह्** रूप सही लिखा गया है तो वह **घस्** के विकल्प **घॉस्** का रूपान्तर है और **घस्** के पीने वाले मूल अर्थ का प्रमाण है। यदि वह भ्रमवश वैसा लिखा गया है, वास्तव में **गॉह्** है, तो भी वह **गस्** के प्रतिरूप **गॉस्** का रूपान्तर होगा। फ़ारसी **गोश्त** का मूल अर्थ होगा भोजन, अंग्रेज़ी **मीट्** की तरह। इसके सिवा **गस्सा** मुँह का कौर है जो खाया जायगा।

हिन्दी **घूँट** में पीने का भाव स्पष्ट है; इसका आधार **घोर्**>**घॉन्** है।

गस् का पूर्वरूप **गर्** पीने की क्रिया से सम्बद्ध है; संस्कृत **गर** (पेय, निगलने की क्रिया), लिथुग्रानियन **गॅर्ति** (पीना), **गॅरिमस्** (पेय, मदिरा)। संस्कृत **गल्** (निगलना) के साथ उपकरण **गल** (गला), लैटिन **गुल** (उप०), हिन्दी **गला** (ग्रवधी रूप **गरु**)। एक पेय दूध है, ग्रतः ग्रीक **गल** का ग्रर्थ हुग्रा दूध। हिन्दी **गटकना**, कन्नड़ **गुटकु** (घूंट, कौर) का ग्राधार कृदन्त **गर्त** है। संस्कृत **ग्रास** (निगलने की क्रिया; कौर), ग्रंग्रेज़ी **ग्रास्** (घास), लैटिन **ग्रामॅन्** (उप०) में **गर्** का वर्णसंकोची परिणाम **ग्र** है। इसी प्रकार **गल्**>**ग्ल** से लैटिन **ग्लूतिग्रो** (निगलना)।

कर्<**घर्** से कुवि **कारू** (दारू), तेलुगु **क्रोलु** (पीना), ग्रीक **क्रोस्सॉस्** (जलपात्र), **कर्खॅसिग्रॉन्** (पान पात्र), फिर **कर्** के प्रतिरूप **कल्** से संस्कृत **कल्या** (सुरा), **कल्प** (सुरा विशेष), प्राकृत **कल्लाल** (मद विक्रेता), हिन्दी **कलवार**, **कलार**, **कलारी**, तुलु **कलि** (ताड़ी), तमिल **कळ्** (उप०), लैटिन **कलिक्स्** (पान पात्र), ग्रीक **कलथॉस्** (प्याला) ग्रादि रूप बने। संस्कृत **कड्** (नशे में होना), **कडङ्ग** (दारू), **कुटी** (उप०), तमिल **कुडि** (पीना), **कुडम्** (जलपात्र), लैटिन **कदुस्** (मदिरा का कलश) का ग्राधार **कद**<**कर्द** है। इसी प्रकार तमिल **कप्पु** (गपकना), लैटिन **कपिस्** (पान पात्र) का ग्राधार **कर्प**>**कप्प**/**कप** है। **कप्**>**कव्** ग्रथवा **कर्**>**कव्** से संस्कृत **कवल**(घूंट, कौर), तमिल **कव्वु**(गपकना) बने। **कर्**>**कम्** से लैटिन **कमॅल्ल** (पान पात्र), ग्रीक **कन्थरॉस्** (उप०), ग्रीक **कुम्बे** (उप०), संस्कृत **कुम्भ** (घड़ा), ब्राहूइ **कुनिङ्ग्** (पीना, खाना) की व्याख्या होती है।

घर्>**खर्** से प्राकृत **खरिग्र** (खाया हुग्रा), **खोर** (पात्र), **खोल** (मदिरा की तलछट), फ़ारसी **ख़ोर** (खाने वाला), ग्रीक **खॉर्तज़ो** (खिलाना), **खर्**>**खम्** से फ़ारसी **ख़ुमार** (शराब; नशा), **खर्**>**खस्** से कश्मीरी **खोसु** (प्याला) सम्बद्ध हैं। संस्कृत **खाद्** (खाना) का ग्राधार **खर्द** कृदन्त होगा।

संस्कृत **चषक** (पान पात्र), रूसी **चश**, **चश्क** (उप०) में **घस्** का रूपान्तर **चस्** है। **चस्**>**चम्** से संस्कृत **चम्** (पीना), **ग्राचमन** (पान), **चमस** (सोम पीने का पात्र), हिन्दी **चमचा**, ग्रौर **चम्**>**चव्**/**चय्** से कश्मीरी **च़यन्** (पेय) सम्बद्ध हैं। संस्कृत **क्षीर** (दूध) का पूर्वरूप **घीर** होगा, **क्षीब्** (पीकर मत्त होना) का ग्राधार कृदन्त **घिर्ब** है।

सम्भवतः यज्ञ की यज् क्रिया का सम्बन्ध द्रव पदार्थ के सेवन ग्रौर उसकी ग्राहुति से था। संस्कृत **इष** का ग्रर्थ पेय ग्रौर ग्राहुति दोनों है। **इष्ट** (यज्ञ कर्म) ग्रौर **यष्टि** (उप०) की क्रिया एक है, **यज्** का रूपान्तर **यस्**। ग्रवेस्ता का **यस्न** ग्रौर संस्कृत का **यज्ञ** एक हैं। संस्कृत **यूष** (जूस) ग्रौर लैटिन **यूस्** ग्रथवा **इऊस्** (उप०) मानक ग्रीक में **ज़ॉमास्** ग्रौर दोरिक में **दोमॉस्** है। **य्-ज्-द्** यह विकासक्रम सम्भव है। उधर संस्कृत **यक्ष** एक मानवेतर प्राणी हैं; **यक्ष्** ग्रौर **भक्ष्** में बड़ी समानता है। **घस्**>**जस्**>**यस्** इस तरह का विकास भी सम्भव है।

संस्कृत **धारु** (दूध पीता हुग्रा), **धरण** (स्तन), **धासि** (पेय), **धय** (पीने की क्रिया), **धे** (पीना), **धेनु**, हिन्दी **धाय**, प्राकृत **धणि** (तृप्ति) क्रियामूल **धर्** से बने रूप हैं। **दर्** से बना एक सुपरिचित रूप फ़ारसी **दारू** है। वर्णसंकोचन से **द्रि**>**दॅर्** का कृदन्त ग्रंग्रेज़ी **ड्रिङ्क** (पीना) है। **तर्** वाले क्रम में संस्कृत **तर्ष** (प्यास) के साथ **तृषा** है। हिन्दी **तरसना**

का सम्बन्ध **तर्ष** से है, फ़ारसी **तिश्नगी** (उप०) का **तृषा** और **तृष्णा** मे। **तर्ष** के समानान्तर जैसे संस्कृत में **तर्पण** (जलदान) है, वैसे ही **तृषा** के समानान्तर **तृप्ति** है। वर्णसंकोचन से प्राप्त **आ** से तेलुगु **आगु** (पीना, खाना), जर्मन **ट्रिङ्कॅन्** (पीना) कृदन्त आधारित क्रियाएँ बनीं। तमिल **तिन्** (खाना), फ़ारसी **तनावुल्** (उप०) का आधार **तन्**<**तर्** है। संस्कृत **तुष्** (तुष्ट करना), **तोष** (आनन्द) में **र्** के स्थान पर **स्** है। **तर्त** से कन्नड़ **तुत्तु** (गटकना), तमिल **तडा** (पात्र) रूप बने। **तर्**>**तय्**/**तव्** क्रियामूल तमिल **तुय्** (खाना), **तेक्कम्** (तृप्ति), **तुव्वु** (खाना) में स्पष्ट है।

तर् के रूपान्तर **नर्** से तेलुगु **नोरु** (मुख), तमिल **नॉळ्** (निगलना), अंग्रेज़ी **नरिश्** (पालन करना), **नर्**>**नस्** से फ़ारसी **नोशीदन्** (पीना), **नर्**>**नन्** से तमिल **नीन्दु** (बहुत पी जाना), संस्कृत **नन्द्** (प्रसन्न होना) **नर्ग**>**नग** से तमिल **नुगर्** (पीना), लैटिन **नॅक्तर्** (अमृत), और **नर्त**>**नत्र** से लैटिन **नूत्रिओ** (पालन करना) रूप बने।

धर्>**थर्** वाले क्रम में अंग्रेज़ी **थर्स्ट्** (प्यास), ग्रीक **थेलज़ो** (दूध पिलाना), **थेले** (स्तन), **थेलुस्** (नारी), **थेसइ** (दूध पिलाना), प्राकृत **थिम्प** (तृप्त होना), **थ्** के अभाव में **फ़्** से काम लेने वाली लैटिन के **फ़ॅल्लो** (दूध पिलाना), **फ़ेमिन** (नारी) रूप आते हैं। ग्रीक **थेलुस्** और लैटिन **फ़ेमिन** नारीवाचक शब्द हैं और उनका सीधा सम्बन्ध दूध पिलाने की क्रिया से है। इससे संस्कृत **स्त्री** की निर्माण-प्रक्रिया समझने में सहायता मिलती है। जहाँ **ध्** का रूपान्तर **स्त्** है, वहाँ **धर्**>**स्तर्** क्रिया से **स्तरी**>**स्त्री** रूप बनता है और उसका मूल अर्थ, धाय के समान, दूध पिलाने वाली है। **थेले** (स्तन) का अन्य ग्रीक प्रतिरूप **स्तॅर्नॉन्** (छाती) है। इसके क्रियामूल **स्तॅर्** का सीधा सम्बन्ध **स्त्री** से है। **स्तॅर्नॉन्**, **स्त्री** जैसे शब्द भारत के उत्तरपश्चिमी सीमान्त के शब्द हैं जहाँ **ध्** का उच्चारण गणसमाजों के लिए सम्भव नहीं है। वे उसे **स्त्** रूप में ग्रहण करते हैं।

स्तर्>**स्तन्** से संस्कृत **स्तन**, हिन्दी **थन** रूप बने।

संस्कृत **भृंग** (पात्र), **भंगा** (पेय; भाँग), **भस्** (चबाना), **भस्त्रा** (पानी ले जाने का पात्र), हिन्दी **भिश्ती** (पाने ले जाने वाला व्यक्ति) का आधार **भर्**, **भन्**, **भस्** हैं। **भक्ष्**<**भस्क्** का अर्थ खाना, पीना दोनों है; मोनियर विलियम्स के अनुसार प्राचीनतर भाषा में यह शब्द द्रव पदार्थों के लिए प्रयुक्त होता था। **भोजन** और **भोग** का आधार **र्**-विहीन कृदन्त है; खाने-पीने के अलावा इनमें अर्थ-संसर्ग से आनन्द का भाव भी है। तेलुगु **बॉक्कु** (हड़पना), इटालियन **बॉक्क** (मुख; स्वाद), संस्कृत **वक्त्र** (मुख) की याद दिलाते हैं। **बर्द** का **र्**-विहीन रूपान्तर फ़ारसी **बादा** (शराब) है; दूसरे वर्ण का **आ** कौरवी पद्धति के अनुरूप है। **बर्**>**बय्** से तुलु **बायि** (मुख), ब्राहुइ **बा** (उप०) बने। संस्कृत **पिब्** के समान लैटिन **बिबो** (पीना) में मूल वर्ण की आवृत्ति है।

संस्कृत **पार** (पान पात्र), **पेरु** (पान क्रिया), तमिल **परुगु** (पीना, खाना), कन्नड़ **पीर्** (पीना) में **भर्** का रूपान्तर **पर्** है। **पर्**>**पन्** से ग्रीक क्रिया **पिनो** (पीना) बनी। भविष्यकालिक ग्रीक रूप **पिओमइ** का आधार **पर्**<**पय्** है; भूतकालिक ग्रीक रूप **पॅपोक** का आधार **पर्**>**पव्** है। **पर्**>**पय्** से संस्कृत **पयस्** (दूध, पानी), तोद **पोय्** (मुख) बने। अवधी **पियत है** (पीता है) का **पिय्** मूल क्रिया **पॅर्** का रूपान्तर है। **पिय्**>**पी** से

संस्कृत **पीत**, हिन्दी **पीना** रूप बने। संस्कृत **पू** (पीना) का आधार **पव्**<**पर्** होगा। **पर्** >**पा** से संस्कृत **पाक** (पान क्रिया), **पान**, **पात्र**, हिन्दी **पानी** आदि रूप बने। ग्रीक **पॉतेस्** (पियक्कड़), लैटिन **पोतो** (पीना), रूसी **पीत्** (पीना) का आधार **र्**-विहीन कृदन्त हैं।

पर् के रूपान्तर **मर्** से तमिल **मरुळ्** (ताड़ी, नशा) और सम्भवतः संस्कृत **मैरेय** (सुरा विशेष) का सम्बन्ध है। **मर्** के प्रतिरूप **मल्** से तमिल **मुलइ** (स्तन) और लैटिन **मुलिअॅर्** (नारी) सम्बद्ध शब्द बनते हैं। लैटिन में एक ओर **मुल्** से **मुल्सुम्** सुरा और मधु का अर्थ देने वाला शब्द बना, दूसरी ओर दूध दुहने का अर्थ देने वाली **मुलॉओ** क्रिया बनी। मुल् के विकल्प **मिल्** से अंग्रेज़ी **मिल्क्** (दूध; दुहना), जर्मन **मिल्ख्** (दूध), **मॅल्कॅन्** (दुहना) और **अ** उपसर्ग सहित ग्रीक **अमॅल्गो** (दुहना) सम्बद्ध हैं।

मर्क>**मक** से तुलु **मुक्कुलि** (घूंट), तमिल **मगिळ्** (पीना, नशा), **मर्ध**>**मध** से संस्कृत **मधु** (दूध, शहद, मदिरा), **मेध** (पेय, रस), **मर्द**>**मद** से संस्कृत **मद**, **मदिरा**, रूसी **म्यॉद्** (मधु) आदि रूपों का सम्बन्ध है। तमिल **मान्दु** (पीना), तुलु **मॉनॅ** (मुख), जर्मन **मुन्द्** (उप०) में **मर्** का रूपान्तर **मन्** है।

संस्कृत **मुख** और पुरानी अंग्रेज़ी का **मुथ्** (वर्तमान **माउथ्**; मुख) **मुर्** क्रिया के **र्**-विहीन कृदन्त हैं। **मुर्क** से तमिल **मुक्कु** (गपकना) और **मुगम्** (मुख) रूप बने। **मुगम्** सीधे **मुख** का रूपान्तर भी हो सकता है। **मुख** के हिन्दी रूपान्तर **मुह** का सम्बन्ध **मुहरा** शब्द से है। **मुख** का एक गौण अर्थ सामने का भाग है; यही अर्थ **मुहरा** का है। **चॅहरा मॉहरा** में दोनों शब्द समानार्थी हैं। तमिल **मोरइ** (चेहरा), कन्नड़ **मोरॅ** का आधार यह **मॉहरा** (अथवा **मॉहर**) है।

तमिल **मद** (नशे में होना) सीधा संस्कृत **मद** है किन्तु तमिल **मडु** (<मर्दु) (खाना, पीना) से संस्कृत **मद** की आधारभूत पीने वाली मर् क्रिया का बोध होता है। ग्रीक **मॅथु** (मदिरा) में संस्कृत **मधु** के **ध्** का स्थान अपेक्षित **थ्** ग्रहण किये है। लैटिन **मॅल्** (मधु), ग्रीक **मॅलि** (उप०) का **मॅल्** **मॅर्** का वैकल्पिक रूप हो सकता है, **मद** का **ल्** वाला रूप भी। कन्नड़ **मॅलु** (खाना) निस्सन्देह **मॅर्** का विकल्प है। **मर्**>**मन्** से तमिल **मॉण्णि** (स्तन), **मॉञ्जि** रूप बने। ग्रीक **मज़ॉस्** (उप०) का आधार **मध्**>**मज़्** है। **मज़्**>**मस्** से फ़ारसी **मस्त** बना। संस्कृत **महिला** का मूल अर्थ मत्त नारी है; **मध** के **मह** रूपान्तर से यह शब्द बना। पुनः **मह** के **ह्** का लोप होने पर फ़ारसी के **मय**, **मै** (शराब) रूप का चलन हुआ।

पर् के रूपान्तर **वर्** से संस्कृत **वक्त्र**, तमिल **वाय्** (मुख) सम्बद्ध प्रतीत होते हैं। **वर्** के **व्** का लोप होने पर कोलमि **उत्**, **ऊत्** (पिलाना), तमिल **ऊट्टु** (खिलाना), फिर **उन्**<**उर्** से तमिल **उण्** (खाना, पीना), गोंडी **उण्डाना** (पीना), कुवि **ऊन्दलि** (उप०), तमिल **उण्णीर्** (पीने का पानी), मल्तो **ऑनॅ**, **ऑन्दॅ** (पीना) रूप बने। इन शब्दों को देखने से विश्वास होता है कि संस्कृत **अद्** (खाना) का पूर्वरूप **अर्द्** था और मूल अर्थ पीना था। **अद्** का अंग्रेज़ी प्रतिरूप है **ईट्**।

संस्कृत **ऊधन्**, **ऊधस्**, **ऊधर्** (स्तन) के **ऊध** का पूर्वरूप **उर्ध** होगा। ग्रीक प्रतिरूप **ऑउथर्** (छाती) के **ऑउ** का पूर्वरूप **व** था। **वर्थ**>**वथ**>**ऑउथ**; **उर्ध** का **उर्** भी

(**भर्**>**पर्**>**वर्**) **व** के स्थान पर **उ** को प्रतिष्ठित किये है।

अंग्रेज़ी **क्वाफ़्** (पी जाना), रूसी **क्वास्** (एक पेय) में **पा** (पीना) का रूपान्तर **क्वा** है।

जल और प्रवाह से सम्बद्ध शब्द आर्य-द्रविड़ भाषाओं के शब्दभण्डार का महत्वपूर्ण भाग हैं। मनुष्य के परिवेश, प्रकृति की विभिन्न प्रक्रियाओं, मनुष्य की अनेक क्रियाओं की व्यंजना के लिए इन शब्दों का व्यवहार हुआ है। इन शब्द-शृंखलाओं में ध्वनिरूपों का एक सा क्रम है, अर्थसंसर्ग और अर्थप्रसार का एक सा क्रम है। शब्दभण्डार के एक अंश पर ध्यान केन्द्रित करने से हम आर्य-द्रविड़ भाषा-समुदायों के घनिष्ठ सम्बन्ध को और अच्छी तरह समझ सकते हैं। ये शब्द शृंखलाएँ भारत से बाहर इंडोयूरोपियन परिवार की अन्य भाषाओं में फैलती चली गई हैं; ध्वनिक्रम और अर्थक्रम की वहाँ भी बहुत बड़ी समानता है। इससे इंडोयूरोपियन परिवार के विकास में आर्य-द्रविड़ धुरी के महत्वपूर्ण योगदान का बोध होगा, इस बात का ज्ञान होगा कि भाषाई क्षेत्र भारत के द्रविड़ भाग पर ध्यान दिये बिना संस्कृत समेत इंडोयूरोपियन परिवार के निर्माण का ऐतिहासिक विवेचन असम्भव है। उसी प्रकार द्रविड़ भाषापरिवार को निरपेक्ष रूप से स्वतन्त्र इकाई मान लेने पर उसका विवेचन नहीं हो सकता।

ऊपर जितने शब्दों का विवेचन किया गया है, उन सबका उद्भव ऐसे रूपों से हुआ है जिनमें **घ्-ध्-भ्** ध्वनियाँ विद्यमान थीं। ये ध्वनियाँ संस्कृत, प्राकृत तथा आधुनिक आर्यभाषाओं में प्राप्त हैं। जिस क्षेत्र में **घ्-ध्-भ्** का निरन्तर व्यवहार होता रहा है, वह क्षेत्र भारत में है, भारत के बाहर कहीं नहीं है; जिन क्षेत्रों में इनके **क्-त्-प्** आदि रूपान्तरों का व्यवहार होता रहा हैं, वे क्षेत्र भारत में हैं, भारत से बाहर भी हैं। इससे प्रमाणित हो जाता है कि **घ्-ध्-भ्** का मूल क्षेत्र भारत में था और है और यह भी कि सम्बद्ध भाषाओं के विकास में इस क्षेत्र की भूमिका मूलभूत है। संस्कृत तथा शेष आर्य भाषाएँ अपना मूलभूत आधार बहुत कुछ बनाये रह सकी हैं; साथ ही अन्य प्रभावों से उनमें अनेक ध्वनिरूपों और अर्थ-प्रक्रियाओं का विकास हुआ है। उनकी समृद्धि का यह एक महत्वपूर्ण कारण है।

(ण) प्रकाश, वर्ण, ऊष्मा

जल और प्रवाह से सम्बद्ध शब्दों से बहुत मिलते-जुलते वे शब्द हैं जिनका सम्बन्ध प्रकाश और अग्नि से है। संस्कृत **ओजस्** का अर्थ जल और प्रकाश दोनों है। जलवाचक शब्दों के मूलरूपों में **घ्-ध्-भ्** की जैसी भूमिका है, वैसी ही इन ध्वनियों की भूमिका प्रकाश वाली शब्द-शृंखला में है। कुछ पाठकों को परेशानी हो सकती है कि हर जगह लौट पौटकर वही **घर्, धर्, भर्** सामने आ जाते हैं। क्या आर्यों की प्राचीन भाषा में यही तीन शब्द थे? और तीन भी क्यों? **घ्-ध्-भ्** ध्वनियाँ स्वच्छन्द संचरण की स्थिति में हैं, इसलिए इन्हें एक ही शब्द मानना चाहिए; जैसे **घर्**, वैसे **धर्**, वैसे ही **भर्**। मानो ब्रह्म के समान शब्द एक हो, अर्थविस्तार का प्रपंच उसकी माया हो! इस तरह की शंकाओं और प्रश्नों का विवेचन बाद में होगा; पहले यह देखना चाहिए कि प्रकाश

वाली शब्द-शृंखला ध्वनिक्रम और अर्थक्रम की किन सरणियों में हमें ले जाती है। प्राप्त सामग्री के वस्तुगत विवेचन से जो परिणाम निकलें, उन पर ध्यान केन्द्रित करना चाहिए।

संस्कृत **घर्म** (ऊष्मा, दिन) में **घर्** शब्दमूल है, इस बारे में सन्देह नहीं हो सकता है। फ़ारसी **गरम** का **गर** मूलतः **घर** होगा। संस्कृत **ग्रीष्म**, रूसी **ग्रेत्** (गरमाना) में **गर्** का वर्णसंकोची परिणाम है; **घर्** का ऐसा ही परिणाम संस्कृत **घृत** (प्रकाशित), **घृण** (ऊष्मा) में है। **गर्** का विकल्प **गल्** अंग्रेज़ी **गोल्ड्** (सोना), संस्कृत **ग्लौ** (चन्द्रमा), अंग्रेज़ी **ग्लो** (दमकना) में है। संस्कृत **कर** (किरण), **कर्क** (श्वेत), तमिल **करुक्कु** (जलाना) में **कर्** और तेलुगु **कालु** (जलना), लैटिन **कलॅओ** (गरमाना), **कलॉर** (गर्मी) में वैकल्पिक रूप **कल्** है। सुनहले और काले रंगों में बड़ा अन्तर है पर दोनों एक ही क्रिया के भिन्न परिणाम हैं। धीमी आग या सूर्य का मद्धिम प्रकाश सुनहला प्रतीत होता है; ताप से कोई वस्तु जल जाय तो वह कोयला हो जाती है, काली दिखने लगती है। अन्धकार में जो **कार** है, वह अवधी **कार** (काला), संस्कृत **काल** (उप०), तमिल **करु** (काला), लैटिन **कर्बो** (कोयला) का प्रतिरूप है और उसका सम्बन्ध जलनेवाली क्रिया से है। कन्नड़ **करि** का अर्थ झुलसना है, कोयला और कालौंछ भी। संस्कृत **कर्पास** और **कर्पूर** में **कर्** इसलिए है कि ये पदार्थ श्वेत हैं। पहाड़ी लोगों को संस्कृत में **किरात** इसलिए कहते थे कि वे पीत वर्ण के थे। मलयालम **किराल्** (भूरा) शब्द का रूप-रंग वाला अर्थ देता है। तमिल प्रतिरूप **कुराल** (उप०) का **कुर्** तमिल **कुरंग** (कपि), संस्कृत **कुरण्ट** (पीताभ पुष्प) और उसका विकल्प **कुल्** संस्कृत **कुलूत** (पहाड़ी लोग) में है। संस्कृत **खरु** (श्वेत), **प्रखर**, ब्राहूइ **खाखर** (आग), ग्रीक **ख्रुसॉस्** (सोना) में **घर्** का रूपान्तर **खर्** है।

संस्कृत **घण्ट्** (चमकना) में **घन्**<**घर्**, ग्रीक **गनओ** (चमकना) में **गन्**<**घन्** और संस्कृत **कनक** (सोना), **कनल** (प्रकाशमान), तमिल **कनल्** (जलना, अग्नि), नइकि **काङ्ग** (गरम होना), कश्मीरी **कांगड़ी** (अग्निपात्र), लैटिन **कन्दॅओ** (चमकना), **कन्देल** (बत्ती), कोत **कॅन्** (लाल), लैटिन **किनिस्** (राख), कुइ **कम्ब** (जल जाना), ग्रीक **कमीनॉस्** (भट्टी) में **कर्** का रूपान्तर **कन्** है। कश्मीरियों के पड़ोसी गणविशेष का नाम **कम्बोज** इसलिए था कि वे पीत वर्ण के थे। स्वयं **कश्मीर** का **कश्** गौरवर्ण का सूचक है। **कश्मीर** का प्राकृत नाम **कम्भार** है। जो अर्थ **कम्** का है, वही **कश्** का है। **प्रकाश** में जो **कश्** है, वही **कश्मीर** में है। किसी गौरवर्ण के व्यक्ति को **कश्यप** कहा जाता था और पानी में रहने वाला एक कछुआ भी **कश्यप** था; **कश** का सम्बन्ध जल और प्रकाश दोनों से है। सूर्य के प्रकाश से जहाँ का नीलगगन दमकने लगता था, वहाँ के लोगों ने उसका नाम **आकाश** रखा।

भूरे लाल वस्त्र को संस्कृत में **काषाय** कहा गया। **काष्ठ** का मूल अर्थ होगा ईंधन, वह लकड़ी जो जलाई जाय।

तमिल **काय्** (जलना), ग्रीक **कइओ** (जलाना) का आधार **कय्**<**कर्** है।

संस्कृत **कद्रु** (पीला) वर्णविपर्यय का फल है; **कदम्ब** उस वृक्ष का नाम पड़ा जिसके लाल, पीले, सफेद फूल, अपने चटक रंग से लोगों को आकर्षित करते थे। इसका

कद र्-विहीन कृदन्त है। तमिल **कदिर्** (चमकना),कुवि **कदलि** (जल जाना), मलयालम **कदिर्** (किरण) में यह **कद** है। संस्कृत **केतु** (प्रकाश), तेलुगु **कित्तु** (अग्नि) में **त** प्रत्यय वाले कृदन्त हैं। तमिल **किच्चु** (अग्नि) में **त्** का तालव्यीकरण हुआ है। संस्कृत **चित्र** (प्रकाशमान) का **चित्** वही **कित्** है जो **केतु** में है। पजि **चिरचि्** (दिन) में **किर्** का रूपान्तर **चिर्** है। संस्कृत **कपि**, कोत **कॅप्** (लाल), कुइ **कप्प** (जलाना) अंग्रेज़ी में **कौपर्** (तांबा) में **कर्प्** > **कप्** है।

हिन्दी **झार** (गर्मी, तेज़ी), प्राकृत **झाम** (जलाना) का आधार **घर्**, **धर्** दोनों हो सकते हैं। तालव्यीकृत ध्वनि के रूपों में रूसी **झ़र** (गर्मी), **झ़रीत्** (भूनना) हैं। फ़ारसी **ज़र** (सोना), **ज़र्द** (पीला), रूसी **ज़र्देत्स्या** (लाल होना), **ज़ार्या** (प्रभात) में **घर** का रूपान्तर **ज़र्** है।

हिन्दी **चमक**, संस्कृत **चम्पक**, **चन्द्र**, **चण्ड** (उष्ण), कोडगु **चोन्दॅ** (लाल) में **कन्** का तालव्यीकृत रूपान्तर **चन्** है। **चन्द्र** का एक संस्कृत प्रतिरूप **श्चन्द्र** है। **घ्** का एक रूपान्तर **स्क्** है; उसका अन्य तालव्य रूपान्तर **श्च्** है।

संस्कृत **हर** (अग्नि, कपि), **हरि** (पीताभ), **हरिद्रा** (हल्दी) का **हर्** **घर्म** के **घर्** का रूपान्तर है। संस्कृत **हिरण्य** (स्वर्ण) के **हॅर्** से र्-विहीन कृदन्त **हेम** (उप०) बना। संस्कृत **हेम** का सखा है ग्रीक **हेमॅर्** (दिन)।

अपने श्वेत वर्ण से प्राचीन जनों को आकर्षित करने वाला एक पक्षी था **हंस**। इसका जर्मन प्रतिरूप **गन्स्** मूलरूप के **घ्** की ओर संकेत करता है। ग्रीक **खेन्** (बत्तख) में **घ्** का रूपान्तर **ख्** है; लैटिन **अन्सॅर्** में **हंस** के **ह्** का लोप हुआ है। **अन्सॅर्** का **अन्** स्पष्ट ही जर्मन रूप के **गन्**, संस्कृत रूप के **हन्** का समकक्ष है। अतः **घन्** > **हन्** से **अन्** के विकास में सन्देह नहीं रह जाता। संस्कृत **अनल** (अग्नि), तमिल **अनल्** (उप०) में यह **अन्** है। इसी प्रकार **हर्** के रूपान्तर **अर्** से संस्कृत **अरुण** (रक्ताभ; प्रभात), **अर्क** (सूर्य, अग्नि, ताँबा), **अर्च्** (चमकना), लैटिन **अर्दॉर्** (ऊष्मा, प्रकाश), तुलु **अर्लुनि** (जलना), **अरतॅ** (गर्मी), तमिल **ऍरि** (जलना, चमकना) की व्याख्या होती है। **अर्** का विकल्प **अल्** संस्कृत **अल** (पीत खनिज), हिन्दी **अलाव**, मल्तो **अलॅसि** (गर्मी, पसीना), तमिल **अऴल्** (जलाना) में है।

कामना, **काम**, **कमनीयता** आदि का सम्बन्ध जलने का अर्थ देनेवाली **कम्** क्रिया से है। **जलने** से **जलन**, ईर्ष्या, क्रोध आदि के भावों का सम्बन्ध है। संस्कृत **हिरण्य** के **हिर्** का **ह्** लुप्त हुआ, तब **इर्** से **ईर्ष्या**, ग्रीक **ऍरिस्** (ईर्ष्या), संस्कृत **इरस्** (क्रोध), लैटिन **ईर्** (उप०) रूप बने। तमिल **ऍरि** (जलना, चमकना), और **ऍरुप्पु** (ईर्ष्या) से ईर्ष्या का सम्बन्ध स्पष्ट है। हिन्दी **लोहा** जिस धातु का नाम है, उसके लिए संस्कृत **लोह** का एक अर्थ तांबा भी था। **लोहित** वह है जो लाल रंग का हो। ऐसा ही अर्थ तमिल **इरुम्बु** (लोहा) का है; इसका समकक्ष है तमिल **ऍरुवइ** (तांबा, रक्त)। लोहे और सोने के लिए एक संस्कृत शब्द है **अयस्**। इसका मलयालम प्रतिरूप **अयिर्** है; इसका सीधा सम्बन्ध अंग्रेज़ी **आयरन्** (लोहा) से है। तमिल **अयिल्**, लैटिन **अॲस्** (तांबा) **अयिर्** के प्रतिरूप हैं। **य**, **ॲ** का पूर्वरूप **ह** था, इसका बोध फ़ारसी **आहन्** (लोहा) से होता है।

संस्कृत **अहन्** (दिन) में प्रकाशसूचक **अय** का पूर्वरूप **अह** है। यहाँ भी **ह्** मूल ध्वनि नहीं है। तुलु **अर्लुनि** (जलना), **अरदॅ** (उप०; गर्मी) के **अर्** का तोद प्रतिरूप है **अष्** (ताप)। **अर्**>**अस्**>**अह्**, इस प्रकार **अहन्**, **आहन्**, हिन्दी **अहरा** का **अह्** प्राप्त होता है; **अह्**>**अय्** से **अयस्** आदि रूप बने। तमिल **ॲरि** (चमकना) और कन्नड़ **ॲसॅ** (उप०) में वही **र्-स्** समीकरण है।

ॲर् के रूपान्तर **ॲन्** से संस्कृत **इन्दु** (चन्द्रमा), तेलुगु **इनुमु** (लोहा), **ॲण्ड**(सूर्य), संस्कृत **इन्ध्** (जलाना) की रचना हुई। संस्कृत **इद्ध** (प्रज्वलित), **एध** (ईंधन), लैटिन **अॲदेस्** (अग्निस्थान, मन्दिर, घर), **अॲस्तस्** (ग्रीष्म), ग्रीक **अइथो** (जलना), संस्कृत **अथर्वन्** (अग्निपूजक, पुरोहित), फ़ारसी **आज़र्** (अग्नि), **आज़र्बादगान्** (अग्निमन्दिर, अज़रबैजान प्रदेश), में र्-न्-विहीन कृदन्त आधार रूप हैं। संस्कृत **उडु** (नखत) का पूर्वरूप **ऑर्दु** होगा; उडु से तुलनीय हैं तेलुगु **उडुकु** (गर्मी), कोलमि **उट्** (दिन), मल्तो **ऑदॅ** (आग जलाना), तेलुगु **अडरु** (जलना, चमकना), गोंडी **अट्टी** (धूप)। संस्कृत **उल्का** का **उल्** **उद्** अथवा **उड्** का रूपान्तर हो सकता है, **उर्** का भी। **उल्का** से तुलनीय हैं कोलमि **उल्** (दिन), तुलु **उलवुनि** (चमकना), तमिल **ऑळिरु** (उप०), **ऑळि** (प्रकाश, अग्नि, सूर्य), **ॲल्** (प्रकाश, सूर्य), **इलगु** (चमकना)। **इल्**, **इन्** प्रकाशवाचक क्रियामूलों से काम, कामिनी और कमनीयता का सम्बन्ध इस प्रकार है, गद्ब **इलॅ** (दुलहिन), तमिल **ॲळिल्** (सुन्दरता), **इन्** (कमनीय), **इन्बम्** (कामसुख), तेलुगु **इम्बु** (सुन्दरता)।

अर्, **अल्** आदि क्रियामूलों का सम्बन्ध ताप-त्रास से भी है।

संस्कृत **आलस्य** का वही आधार है जो मल्तो **ॲलसि** (गर्मी, पसीना) का है। ऊष्मा मनुष्य के सुख का कारण है, दुख का भी, जैसे आग सुनहला प्रकाश देती है और जलाकर काला भी कर देती है। तमिल **अरि** (सुन्दरता), कन्नड़ **अर्त** (कामना), **अरुमॅ** (प्रेम) में अग्नि का सुनहला प्रकाश है; तमिल **अल** (दुख सहना), कन्नड़ **अलसु** (थकना), **अलपु** (क्लेश) में उसकी दग्ध करनेवाली ज्वाला है। संस्कृत **आर्त** (दुखी) में **अल्** का प्रतिरूप **अर्** है। लिथुआनियन **अलिसन्‌मस्**, कन्नड़ **अलसु**, संस्कृत **अलस**, **आलस्य** का स्रोत एक है। **अल्** में **ग** प्रत्यय जोड़ने पर ग्रीक **अल्गॉस्** (दुख) बना। यही **अल्** तमिल **अल** (दुख सहना) में है।

अंग्रेज़ी **यलो** (पीला) का **य** पूर्वरूप में **ॲ** है। तमिल **ॲल्** (सूर्य, प्रकाश), **ॲल्लि** (सूर्य), **इलगु** (चमकना) से उसकी संगति बैठती है।

ष् का एक रूपान्तर **श्** है। संस्कृत **शोक** का एक अर्थ है जलता हुआ, दूसरा अर्थ है दुःख। शोक में अग्नि के दोनों रूपों की अभिव्यक्ति प्रत्यक्ष है। तोते के लिए **शुक** शब्द इसलिए है कि उसका रंग चटकीला हरा होता है। हरा, लाल, पीला, सफ़ेद, ये सब रंग हमारे लिए एक दूसरे से नितान्त भिन्न हैं। किन्तु प्राचीन गणसमाजों के लिए रंग वह जो चमके, इसलिए हरे-पीले का भेद उनके लिए गौण था। इसी कारण संस्कृत **हरि** का अर्थ है पीला, हरा, ललछौं, भूरा। **हरित** का अर्थ हरा और पीला दोनों है। अतः हरे रंग का तोता कहलाया **शुक**। यहाँ क्रियामूल **शुर्** के **र्** का लोप हुआ है किन्तु फ़ारसी **सुर्ख़** में वह विद्यमान है। संस्कृत **शुक्र** में **र्** है किन्तु स्थानान्तरित। जैसे **सुर्ख़**

वैसे **चर्ख**; जैसे **शुक्र** वैसे **चक्र**।

तमिल **चेगइ** (ललाई), **चेन्दु** (उप०), **चेप्पु** (उप०), **चेत्तु** (लाल), **चॅय्य** (उप०), **चिव** (लाल होना), मलयालम **चॉन** (ललाई), तुलु **चन्न** (लाल) का आधार **चर्, चन्, चय्** और इनके चॅं, चाँ वाले वैकल्पिक रूप हैं। इस **च्** का पूर्वरूप **श्** हो सकता है, **क्** भी। कोत **केत्** (लाल), **कॅन्** (उप०), **कॅप्** (उप०), कन्नड़ **कॅम्बु** (ललाई), **केसु** (उप०) आदि का **क्** **घर्** क्रियामूल के **घ्** का रूपान्तर हो सकता है, **श्** का भी। कुड़ुख **खेंसाँ** (लाल), ब्राहूइ **खीसुन्** (लाल, सोना) का **ख्** अतिरिक्त महाप्राणता का परिणाम हो सकता है, सीधे **घ्** का रूपान्तर भी। तुलु में एक **ग्** वाला रूप भी है गॅन्द (ललछौं)। इस शब्द-शृंखला में **क्, ख्, ग्** तीनों ध्वनियों से आरम्भ होने वाले शब्द हैं। सम्भावना इसी की अधिक है कि ये **श्** के नहीं वरन् **घ्** के रूपान्तर हैं। तमिल **चिव** (लाल होना) और संस्कृत **शिव** की समानता पर अनेक विद्वानों ने ध्यान दिया है और इस आधार पर **शिव** को आर्येतर जनों का देवता भी घोषित किया है। कन्नड़ **चन्न** (लाल) और संस्कृत **चन्द्र** का आधार भी एक है। मूल क्रिया **घर्** है; **कन्, चन्, शम्** आदि उसके रूपान्तर हैं। **हर** और **हरि** जैसे मूलतः अग्निवाचक शब्द हैं, वैसे ही **शिव, शम्भु** और **रुद्र** भी मूलतः अग्निवाचक हैं। **घ्** को **क्, ख्, ग्, श्,** और **क्-श्** को **च्** रूपों में ग्रहण करनेवाले विभिन्न प्राचीन समाज अग्नि और लालिमा के लिए इन ध्वनियों से आरम्भ होने वाले शब्दों का व्यवहार करते थे। द्रविड़ भाषाओं के ऊपर उल्लिखित शब्द लालिमा का भाव व्यक्त करते हैं; उनका अग्निवाचक शब्दों से सम्बन्ध असंदिग्ध है। तमिल **कनल्** (अग्नि) और तोद **कॅन्** (लाल), कुइ **कम्ब** (जलना) और तुलु **कॅम्बु** (ललाई), कुइ **कप्व** (जलाना) और कोत **कॅप्** (लाल), तेलुगु **कित्तु** (अग्नि) और कोत **केत्** (लाल) से उक्त सम्बन्ध की पुष्टि होती है।

घॅर् के रूपान्तर **शॅर्** से संस्कृत **श्री** (प्रकाश) और **शृंगार** (काम भावना) शब्द बने। **शुभ्र** का आधार **शॅर्** का विकल्प **शॉर्** है; जैसे **शुर्क** से **शुक्र**, वैसे ही **शुर्भ** से **शुभ्र**। **शुभ** में **र्** लुप्त है। इसी प्रकार **शुद्ध** (प्रकाशमान) में **र्** का लोप हुआ है। **शम्बर** (श्रेष्ठ), **शमी** (वह वृक्ष जिसमें अग्नि छिपी हो) में **शर्** का रूपान्तर **शम्** है। **शात** (प्रकाशमान, सुर्खी) और **शान्त** मूलतः एक हैं। **शात** में **न्** का लोप हुआ है; **कान्त** को **शान्त** का प्रतिरूप मानना चाहिए, **कान्ति** को **शान्ति** का। **शुष्**<**शुर्** का अर्थ हुआ सुखाना, **शुषि** (शक्ति), **शुष्मन्** (ऊर्जा), **शुष्मिन्** (आग्नेय, कामोत्तेजित) में अग्नि से सम्बद्ध अन्य भाव हैं। **शुच्** इस **शुष्** का रूपान्तर हो सकता है, **शुर्क** या **शुर्च** में **र्** का लोप होने से भी उसका विकास सम्भव है। **शूर** (शक्तिशाली) का आधार **शुर्** क्रिया है; अग्नि से सहज ही शक्ति का भाव जुड़ा हुआ है।

शॅर् के रूपान्तर **शॅय्, शॅव्** से **श्वित्** (चमकना), **श्वेत** (सफ़ेद), रूसी **स्वॅतीत्** (चमकना), **स्वेत्** (प्रकाश, संसार) आदि रूप बने। फ़ारसी **सफ़ेद** और अंग्रेज़ी **ह्वाइट्** (सफ़ेद) का आधार **श्वेत, स्वेत** है। **शान्त** और **कान्त** के समान **श्वेत** और **केतु** (प्रकाश) संस्कृत के समकक्ष रूप हैं। इसी तरह भिन्न प्रत्ययों वाले **शंख** और **कम्बु** समकक्ष हैं। **श्** और **क्** दोनों की आधारभूत ध्वनि **घ्** है।

जिस **शॅव्** से वर्णसंकोचन द्वारा **श्वेत** रूप बना, उसी का परिणाम **शिव** है; **शम** और **शम्बर** के **शम्** का आधार लेकर **शम्भु** रूप बना। अग्नि के साथ कल्याण और विनाश दोनों के भाव जुड़े हैं। **शंकर** में यह कल्याण वाला भाव है। पौराणिक गाथाओं में शिव कल्याण और विनाश दोनों के देवता हैं, उन्होंने अपने तीसरे नेत्र की अग्नि से कामदेव को भस्म कर दिया और वह कामचेतना के, आनन्द के प्रतीक भी हैं। ये सारे अर्थ एक ही वृत्त में हैं और इस वृत्त का केन्द्र है अग्नि। **घर्, घॅर्** शब्दमूलों के **शॅर्**, **शम्** आदि रूपान्तरों से परस्पर सम्बद्ध शब्दों की लम्बी शृंखला रची गई।

संस्कृत का एक रूप है **शुद्ध** (प्रकाशमान, श्वेत, निर्दोष); दूसरा रूप है **शुन्ध्** (शुद्ध होना), **शुण्ठ्** (सूखना), **शुण्ठि** (सोंठ)। दोनों का आधार **शुर्, शुन्** है; एक में **र्** लुप्त है, दूसरे में उसका स्थानापन्न **न्** है। इनसे तुलनीय हैं **इन्ध** (प्रज्वलन) और **इद्ध** (प्रज्वलित)। संस्कृत **सिद्ध** (पका हुआ) और **शुद्ध** मिलते-जुलते रूप हैं। संस्कृत **साधना** की **साध्** क्रिया का सम्बन्ध तपने, कष्ट सहकर लक्ष्य प्राप्त करने से है। **शुद्ध** की **शुध्** क्रिया से तुलनीय है कन्नड़ **सुडु** (जलाना), **सॉडरु** (दीप), **साधना** की **साध्** से पंजाबी **सड़ना** (जलना), **शुण्ठि** की **शुण्ठ्** (सूखना) से कन्नड़ **सुण्टगॅ** (जलाना)। संस्कृत **शुष्क** का तद्भव लैटिन रूप है **सिक्कुस्** (सूखा)। ऐसे ही हिन्दी **सूखा** का समकक्ष रूसी रूप है **सुखोइ** (सूखा), संस्कृत **शुष्** का रूसी प्रतिरूप है **सुशीत्** (सुखाना)। फ़ारसी **ख़ुश्क** संस्कृत **शुष्क** का प्रतिरूप है; **ख़ुश** और **ख़ुशी** से **ख़ुश्क** बहुत दूर है पर अग्नि से सुख-दुख दोनों का सम्बन्ध हो, तो **ख़ुश** और **ख़ुश्क** का एक ही आधार होगा। इसी प्रकार हिन्दी **सुखाना** और **सुख** का एक ही आधार होगा।

प्राकृत **चुडुली** (मशाल), तमिल **चुडर्** (सूर्य, दीप, अग्नि) का आधार **सुड** हो सकता है, **कुड** भी। मल्तो **कुड़ॅ** (जलाना) का **क्** मूलरूप के **घ्** का विकास हो सकता है, **स्** का रूपान्तर भी। संस्कृत **सित** (श्वेत), कोलमि **सिड्** (दिन) का **च्** वाला प्रतिरूप पॅजि **चॅडि** (प्रकाश) है। इसी प्रकार तुलु **तुडरु** (दीप) में **तुड** का पूर्वरूप **सुड** हो सकता है, **धुर्** वाले क्रम में उसका स्वतन्त्र विकास भी सम्भव है। कुवि **हूदलि** (जलाना) का **ह्** सम्भवत: **स्** का रूपान्तर है।

सर् क्रिया प्रवाहसूचक है, यह क्रिया प्रकाशसूचक भी थी, इसमें सन्देह नहीं है। फ़ारसी **साल्** (वर्ष), लैटिन **सोल्** (सूर्य, दिन, धूप), संस्कृत **सुर्** (चमकना), **सुर** (देवता), **सूर** (सूर्य), गदब **सिरिस्** (दिन), नइकि **शिल्** (उप०), लैटिन **सोरिउस्** (ग्रीष्म ऋतु में दिखने वाला नखत), अंग्रेजी **सन्** (सूर्य) का आधार **सर्** तथा उसके रूपान्तर हैं। ग्रीक **हेलिओस्** (सूर्य), संस्कृत **होला, होलिका** (होली), कुवि **हॉल्लु** (चूल्हा), ब्राहूइ **हूशिग्** (आग जलाना) के **ह्** का पूर्वरूप **स्** हो सकता है, **घ्** भी।

अब **घर्** के समानान्तर **धर्** वाली शब्द-शृंखला पर ध्यान देना चाहिए। संस्कृत **धरण** (सूर्य), **धृष्णि** (किरण), **धुर्** (चिनगी) की मूलभूत क्रियाएँ जलाने का अर्थ देनेवाली हैं। संस्कृत **धवल** का सम्बन्ध धोनेवाले **धव्** से हो सकता है, जलनेवाले **धव्** से भी। हिन्दी **धूप** का **धू** शब्दमूल **धव्, धॉर्**, दोनों में किसी का विकास हो सकता है। संस्कृत **दव** अग्निवाचक है; उसका पूर्वरूप **धव** हो सकता है। संस्कृत **धामन्** (प्रकाश) का

आधार **धर्** या **धम्** होगा। हिन्दी **धूप** और **धूनी** संस्कृत **धूम** से मिलते-जुलते रूप हैं। ग्रीक **थूमलोप्स्** (अंगार) में **धूम** का अग्निवाला अर्थ है; **थूमिअओ** (धुआँ करना) में **धूम** का सामान्य अर्थ है। जैसे **धव्** या **धॉर्** से **धूप** की **धू** क्रिया प्राप्त होगी, वैसे ही **धय, धॅय्, धॅर्** से संस्कृत रूप **धी** (प्रकाश) मिलेगा।

गेलिक **दार्सग्** (चमकना), **दॅरक** (लाल) में **धर्** का रूपान्तर **दर्** है। ग्रीक **दइओ** (जलाना) का आधार **दर्**>**दय्** है। **दर्**>**दा** से अथवा **दल्** से ग्रीक रूप **दालोस्** (जली हुई मशाल) बना। संस्कृत **दाघ, निदाघ** में **र्**-विहीन कृदन्त है। **दाह, दहन** में **दघ्** का रूपान्तर **दह्** है। संस्कृत **अहन्** (दिन) के **अह** के समान हिन्दी **दिन-दहाड़े** में **दह** है। **दघ, दह,** ये शब्द दिन का अर्थ भी देते थे। **ह्** का लोप करके गुजराती **दाड़ो** (दिन) बना। जलाने से सम्बद्ध हिन्दी **दागना, दाग** का आधार **दाघ** है। हिन्दी **जगमग**, तेलुगु **जग्गु** (चमक) में **द्** का रूपान्तर **ज्** है। तेलुगु का एक रूप **दगदग** (चमक) भी है। हिन्दी **झकाझक** के **झक** का पूर्वरूप **धक** होगा; **झक** का अर्थ गर्मी भी है खासतौर से दिमाग की गर्मी। रूसी **झ्गूचिइ** (जलता हुआ) में **धग्**>**झग्** का वर्णसंकोची परिणाम **झ्ग्** है।

संस्कृत **दीप** का पूर्वरूप **धिर्प** था, इसका बोध प्राकृत **धिप्पइ** (चमकता है) से होता है। संस्कृत **देव** के ग्रीक प्रतिरूप **थॅओस्** का **थ्** मूलरूप के **ध्** का रूपान्तर है। संस्कृत **दिव, दिवस,** लैटिन **दीवुम्** (आकाश), **दीवुस्, दॅउस्** (देव) के **दिव्** का विकास **दिर्प**>**दिप** से हो सकता है, सीधे **दिर्** से भी। **द्युति** के **द्** का रूपान्तर **ज् ज्योति** में है; ग्रीक **जॅओ** (गरम होना), **जॅउस्** (देवराज) के **ज्** का पूर्वरूप **ज्** प्रतीत होता है। हिन्दी **दामिनी** और **दमकना** की **दम्** क्रिया **दर्** या **दप्** का रूपान्तर है। **द्** के **ल्** रूप में ग्रहण किये जाने पर ग्रीक **लम्पो** (चमकना), **लम्पस्** (प्रकाश, दीप), अंग्रेज़ी **लैम्प्** बने। संस्कृत **दिति** (देवी विशेष), **दीति** (प्रकाश), **आदित्य** (सूर्य) में **दिव्**-मूलक कृदन्त हैं। **दिन** का पूर्वरूप **दिर** हो सकता है।

संस्कृत **तारा** (नखत), **तरल** (चमकीला), कोलमि **तरि** (जलना), तमिल **तॅरु** (उप०), **तॉर्म्** (चमक), वेल्श **तॅरुइन्** (आग्नेय) में **तर्** का प्रसार है। संस्कृत **धी** के समान तमिल **ती** (जलना) का पूर्वरूप **तॅर्, तॅय्** होगा। तेलुगु **तॅलि** (श्वेत), तमिल **तुलङ्ङु** (चमकना) में **तर्** का रूपान्तर **तल्** है। संस्कृत **ताम्र,** तमिल **तोम्बु** (ललाई) का आधार एक है। यहाँ पान के लिए **ताम्बूल** शब्द की व्याख्या हो जाती है। जिसे खाने से मुँह लाल हो, वह **ताम्बूल**। तमिल **तणल्** (आग), तेलुगु **तनुकु** (जलना) से हिन्दी **तिनगना** (खफ़ा हो जाना) तुलनीय है। **चिनगी** के **चिन** का पूर्वरूप **तिन्** होगा। तमिल **तिङ्गळ्** (चन्द्रमा) में चमकने का अर्थ देनेवाली **तिन्** क्रिया है। वेल्श **तॅस्** (धूप, गर्मी) और ग्रीक **दिस्** (देव; देव विशेष ज़ेउस्) में **र्** के स्थान पर **स्** है।

तिङ्गळ् का **तिन्** देखकर विश्वास होता है **दिन** का आधार **दिन्** क्रिया है और वह **दिर्** का रूपान्तर है।

दघ के समानान्तर **तर्** के कृदन्त **तघ** से तमिल **तगवु** (शुद्धता), **तॉगरु** (लाल रंग), **तिगळ्** (चमकना), जर्मन **टाग्** (दिन) रूप बने। संस्कृत **तप्** (तपना) का आधार

प कृदन्त प्रत्यय वाला रूप होगा। हिन्दी **ताव, तवा** में **प्** का रूपान्तर **व्** है। तमिल **तू** (श्वेतता), ब्राहूइ **तूबे** (चन्द्रमा), तुलु **तोपु** (लाल) सम्बद्ध रूप हैं।

तर् के रूपान्तर **नर्** से मल्तो **नरॅ** (लपट), तमिल **नॅरुप्पु** (अग्नि) और तोद **नाॅर्** (सूर्य) बने। सम्भवत: **नरक** उस स्थान को कहा गया जहाँ आग जला करती थी। कोलमि **नल्** (दिन), तमिल **निलवु** (चाँदनी) में **नर्** का प्रतिरूप **नल्** है। जैसे **शुभ** का सम्बन्ध प्रकाश से है, वैसे ही तमिल **नल्** (अच्छा), **नल्ल** (उप०), **नलवु** (अच्छाई) का सम्बन्ध प्रकाशवाचक **नल्** से है। संस्कृत **नल्** का अर्थ है चमकना। मूलरूप **नर्** है; वह तमिल **नर्गु** (अच्छा), **नरॅम्** (अच्छाई) के अलावा **न्, स्** वाले **र्** के रूपान्तरों सहित तमिल **नन्बु** (उप०), तोद **नष्** (सुन्दरता) में विद्यमान है। जैसे जलने का अर्थ देनेवाली क्रियाओं से जली हुई वस्तुओं के नाम का सम्बन्ध है, वैसे ही तमिल **नलम्** का अर्थ है शोभा, तो उसी भाषा के **नल्लम्** का अर्थ है अँधेरा, कोयला। संस्कृत **नर्म** में सुख का भाव है।

ताम्र, तमिल **तोम्बु** (ललाई) के साथ संस्कृत **तमस्, तिमिर** पर विचार करें तो विदित होगा कि **तम, तिम** का अर्थ है जला हुआ, अत: अँधेरा।

तमिल **नगु** (चमकना), **निगर्** (उप०), कन्नड़ **निग** (चमक) **नर्** क्रियामूल के कृदन्त रूप हैं। फ़ारसी **नग, नगीना** (रत्न) का आधार वही **नर्** है।

ध् का एक रूपान्तर **स्त्** है। इससे सम्बद्ध रूप संस्कृत **स्त्रि** (नखत), फ़ारसी **सितारा,** लैटिन **स्तॅल्ल** (उप०), ग्रीक **अस्तेर्** (उप०), अंग्रेजी **स्टार्** (उ०) हैं।

अन्त में **घर्, धर्** का समकक्ष रूप **भर्** लेते हैं। संस्कृत **भर्ग** (प्रकाश), **भ्राज्** (चमकना), **भृगु** (शुक्र), **भृंश्** (चमकना), **भीरु** (चाँदी), **भूरि** (स्वर्ण), **बभ्रु** (भूरा), हिन्दी **भोर, भूरा** में **भर्** क्रियामूल और उसके **भॅर्, भाॅर्** विकल्प हैं। **भा** (प्रकाश), **भाम** (उप०), **भानु** (सूर्य), प्रभात में **भर्** का रूपान्तर **भा** है। अवधी **बरबु** (जलना), जर्मन **ब्रेनॅन्** (जलना), अंग्रेज़ी **ब्राइट्** (चमकीला), मल्तो **बॅरु** (सूर्य), कन्नड़ **बुरुगलु** (भुने चावल) में **भर्** के अल्पप्राण **ब्** वाले रूपान्तर हैं। संस्कृत **पारु** (सूर्य, अग्नि), हिन्दी **परचना** (जलना), तोद **पर्ल्** (सूखा), संस्कृत **पेरु** (सूर्य, अग्नि), **पृश्णि** (किरण), तमिल **पाॅरि** (जलना), **पाॅरॅ** (सुनहला), ग्रीक **पुर्** (अग्नि) **पुर्राॅस्** (लाल), और प्रकाश की दिशा होने से संस्कृत **पूर्व**। जो सामने हो, वह भी **पूर्व** है किन्तु दिशाविशेष के लिए कुछ अन्य शब्द हैं जो प्रकाश का अर्थ देते हैं, अत: संस्कृत **पारु, पेरु** के साथ **पूर्व** को रखना समीचीन है। पूर्व दिशा से सम्बद्ध अन्य शब्दों की चर्चा आगे करेंगे।

संस्कृत **पट्** (चमकना), **पटर** (किरण) में **र्**-विहीन कृदन्त हैं। संस्कृत **पलित** (श्वेत, प्रज्वलित), फ़ारसी **पलीता** (आग लगाने की बत्ती), रूसी **पलीत्** (जलाना), **प्लाम्या** (लपट), तमिल **पाॅलि** (चमकना), **पुलर्** (भोर होना) में **पर्** का प्रतिरूप **पल्** है। संस्कृत **पाण्डु** (श्वेत, पीताभ), **पुण्ड्र** (श्वेत कमल), तमिल **पाॅन्** (स्वर्ण), पजि **पङ्ग** (प्रभात) में **पर्** का रूपान्तर **पन्** है। हिन्दी **पीला,** तमिल **पळु** (पीला होना), कन्नड़ **पळकनॅ** (चमक), लैटिन **पल्लॅग्रो** (पीला होना) का **पल्** सीधे **पर्** का प्रतिरूप हो सकता है, **पत, पीत** जैसे कृदन्तों का रूपान्तर भी। जैसे **तर्** का रूपान्तर **नर्**, वैसे ही

पर् का रूपान्तर **मर्**; इससे संस्कृत **मरकत** (रत्न), **मर्कट** (कपि), **मरीचि** (किरण), पंजि **मर्त्** (चमक उठना) रूप बने। जैसे **पर्** के साथ **पन्** है, वैसे ही **मर्** के साथ **मन्** है। संस्कृत **मणि**, तमिल **मण्डु** (जलना, दमकना), **मिन्नु** (चमकना), **मीन्** (नखत) में प्रकाशसूचक **मन्** क्रिया है।

भर् के अघोष **फ्** वाले रूपान्तर से सम्बद्ध हैं लैटिन **फ़ॉर्नुस्** (भट्टी), ग्रीक **फ़ुगो** (भूनना), फ़ारसी **अफ़्रोज़्** (दीप्त), लैटिन **फ़ुलगॅओ** (चमकना), ग्रीक **फ्लॉगिज़ो** (जलाना) आदि। तमिल **वर** (सूखना), **वरु** (भुनना), **वाळ्** (प्रकाश), तेलुगु **वालु** (चमकना) में **पर्** का रूपान्तर **वर्** है। तमिल **वान्** (आकाश), तेलुगु **विनु** (उप०) में **र्** का स्थानापन्न **न्** है।

वल्, **बल्** श्रेणी के अनेक आर्य, द्रविड़ और इंडोयूरोपियन शब्द मिलते-जुलते हैं। संस्कृत **बलक्ष** (श्वेत), लिथुआनियन **बल्तस्** (उप०), रूसी **बेलुइ** (उप०), बलूची **बेल्** (उप०), तुलु **बिळि** (उप०), तेलुगु **वॅल्लनि** (उप०), तमिल **वॅळ्** (उप०) की समानता आकस्मिक नहीं है। यह सम्भव है कि इनमें कुछ रूप **व्** को **ब्** बोलने से बने हों, अन्य **ब्** को **प्**, फिर **व्** बोलने से बने हों पर इनके परस्पर सम्बद्ध होने में सन्देह नहीं है, और इनका मूलाधार **भर्** और उसके प्रतिरूप हैं।

संस्कृत **वर्चस्** (प्रकाश), **वर्ण** (उप०, रंग) से उसी भाषा के **वसु** (शुभ), **वसाति** (उषा), **वासना** (कामना) सम्बद्ध हैं। **भर्ग** के **भर्** का प्रतिरूप **भस्** (जलना) है; इसलिए **प्रभात** के **भात** के साथ **भास** (प्रकाश) भी है। वैसे ही **वर्** के साथ **वस्** है। तमिल **वर** (सूखना) के साथ कुइ **वस** (उप०) है। अत: संस्कृत में **वस्** को **वर्** का प्रतिरूप मानने में दुबिधा न होनी चाहिए। **वासर** (दिन), **वसन्त** (प्रकाशमान, ऋतु विशेष), रूसी **वेस्न** (वसन्त), **वेसेले** (आमोद), संस्कृत **वश्** (कामना करना) में आधारभूत क्रिया **वस्** है। **वस्** के प्रतिरूप **वॅस्** से अंग्रेज़ी **विश्** (इच्छा करना) और **व्** का लोप होने पर संस्कृत **इष्** (उप०) क्रियाएँ बनीं। **वस्** या **वॉस्** से संस्कृत **उस्त** (भोर, कान्ति), **उशत्** (कामना करता हुआ), **उषा, उष्ण** रूप बने। यहाँ **उ** ने **व** का स्थान लिया है या **वु** के **व्** का लोप हुआ है।

पूर्व दिशा के लिए रूसी शब्द **वॉस्तॉक्** का आधार प्रकाशसूचक **वस्** है। समानार्थी जर्मन **ऑस्त्** में **ऑ** ने **व** का स्थान लिया है या **वॉ** के **व्** का लोप हुआ है। **वस्** के प्रतिरूप **वॅस्** से अंग्रेज़ी **ईस्ट्** (पूर्व) बना; पुरानी अंग्रेज़ी का रूप है **ॲअस्तन्**। दोनों में **व्** का लोप हुआ है।

प्रकाशवाचक शब्दों की एक शृंखला **र्**, **ल्** से आरम्भ होती है। इस बात की पूरी सम्भावना है कि **भ्र** > **व्र** > **र** तथा **भ्ल** > **व्ल** > **ल** इस क्रम से शब्दों के आदिस्थान में **र्, ल्** की प्रतिष्ठा हुई हो। संस्कृत में जो अर्थ **भ्राज्** का है, वही **राज्** का है अर्थात् चमकना। **भ्राज्** का एक प्रतिरूप **भ्राश्** है; **रश्मि** (किरण), **रशना** (उप०) में **राश्** का प्रतिरूप **रश्** है। **भ्राश्** का एक प्रतिरूप **भ्लाश, भ्लास्** है; **लस्** का अर्थ है चमकना। बीच की कड़ी होगी **व्र, व्ल**; इनका पूर्वरूप होगा **प्र, प्ल**।

संस्कृत **रुधिर, रोहित, लोहित** का आधार **रॉध्** है। ग्रीक **ॲरुथ्रॉस्** (लाल) में **र्**

के पहले अतिरिक्त स्वर है। संस्कृत **रुद्र** (उप०), लिथुआनियन **रुदस** में **ध्** अल्पप्राण हो गया है। लैटिन **रुबॅर्** में **ध्** का स्थान अल्पप्राण ओष्ठ्य ध्वनि ने लिया है। लैटिन **रुफ़ुस्** (उप०) में महाप्राण ओष्ठ्य ध्वनि है। कुइ **रुत** (आग लगाना) इन रूपों से तुलनीय है। अंग्रेज़ी रॅड् (लाल), रूसी **रीभ्झिइ** (उप०) रॅध् वाले क्रम में हैं। संस्कृत **रुच्** (चमकना), **रुचि** (प्रकाश) में **ध्**>**त्**>**च्**, इस तरह का विकास है। संस्कृत **रुक्म** (प्रकाश) में **क्** को **च्** का रूपान्तर मानना चाहिए या **रॉध्** के समानान्तर **रॉघ्** की कल्पना करनी चाहिए। **लोचन** और **आलोक** के **लोच्** और **लोक्** दोनों रॉघ् के विकास हो सकते हैं। लैटिन **लूकॅओ** (चमकना), **लुकॅर्न** (दीप) **आलोक** की परम्परा में हैं।

रॉध् के प्रतिरूप **रध्** के **रत्**, **रज्**, **रस्** जैसे रूप बनेंगे। संस्कृत में **रत्न** वह जो प्रकाशमान हो, **रजत** का व्यवहार चाँदी, सोना और रक्त तीनों के लिए होता था, **रजनी** और **राका** दोनों से चाँदनी रात का बोध होता है। **रक्त** और **रुधिर रध**, **रॉध्** समकक्ष क्रियामूलों से बने हैं। **रश्मि** (किरण) का आधार चमकने का अर्थ देनेवाली **रस्** क्रिया होगी। **रस्**>**रह्**>**रव्** इस क्रम से **रवि** शब्द बनेगा। **रम्** (प्रसन्न होना) का **म् स्** का रूपान्तर है। संस्कृत **रंज्** (चमकना, लाल होना), **रंग** से तुलनीय हैं कोण्ड **रुन्** (गर्मी), कुवि **रिंजलि** (जलना), **लॅञ्जू** (चन्द्रमा), लैटिन **लूमॅन्** (प्रकाश), **लून** (चन्द्रमा)।

(त) प्रकाश, दर्शन, ज्ञान

प्रकाश से देखने, जागने, जानने की क्रियाएँ सम्बद्ध हों, यह स्वाभाविक है।

जागने के लिए संस्कृत की **जागृ** क्रिया में वर्ण की आवृत्ति हुई है। **गर्**, **गॅर्** आधारभूत रूप होगा। जानने के लिए संस्कृत क्रिया **ज्ञा** का पूर्वरूप **जान्** या **जन्** होगा। **ज्ञाति** (जाति) के **ज्ञा** का आधार **जन्** है; वैसे ही **ज्ञान** के **ज्ञा** का आधार **जन्** या **जान्** है। जागने का अर्थ देनेवाली **गर्** क्रिया का अर्थ सम्भवतः जानना भी था और उसका पूर्वरूप **घर्** था। संस्कृत में **घर्** या **घृ** जैसी कोई क्रिया नहीं है जिसका अर्थ जागना या जानना हो। किन्तु संस्कृत **घ्रा** में क्रिया है जिसका अर्थ सूँघना, जानना है। कहा जा सकता है कि **घ्रा** का मूल अर्थ जानना नहीं है; अलंकार के रूप में सूँघने का अर्थ जानना हो सकता है। मोनियर विलियम्स ने **राजतरंगिणी** का हवाला देते हुए **घ्रात** का अर्थ जानते हुए, देखते हुए, अनुभव करते हुए लिखा है। इससे लगता है कि **घ्रा** का अर्थ जानना केवल अलंकार के रूप में नहीं है; सम्भव है, किसी भी प्रकार के संवेदन के लिए पहले **घर्** क्रिया का व्यवहार होता हो। इस **घर्** का रूपान्तर होगा **गर्**। प्राकृत **झरग** (चिन्तक) की **झर्** किया का पूर्वरूप **घर्** होगा या **धर्**। **धर्** जैसी चिन्तन का अर्थ देनेवाली क्रिया संस्कृत में नहीं है; यह **झर्** उत्तर-पश्चिमी **घर्** क्रिया का रूपान्तर हो सकता है। द्रविड़ भाषाओं में देखने का अर्थ देनेवाला क्रियामूल **कन्** है किन्तु कोलमि **कर्स्** (सपने देखना) और गद्‌ब **किर्क्** (उप०) से विदित होता है कि **कर्** का व्यवहार भी होता है। **कन्** इस **कर्** का रूपान्तर है। यूरुप की भाषाओं में **न्** वाले रूप पहुँचे हैं।

ग्रीक **गिग्नोस्को** (जानना) में, **जागर्ति** के समान, वर्ण की आवृत्ति है। **ग्नोतॉस्**

(ज्ञात), **ग्नोसिस्** (ज्ञान), रूसी **ज्नात्** (जानना), **ज्नानिए** (ज्ञान), पुरानी अंग्रेज़ी का **क्नावन्** (जानना), इन सबमें धातु का वर्ण-संकोची रूप है किन्तु जर्मन **कॅनॅन्** (पहचानना), **कॅनॅर्** (जानकार), अंग्रेज़ी **कॅन्** (दृष्टि-परिधि; पहचानना) में **क्न** के बदले **कन्** विद्यमान है।

द्रविड़ भाषाओं में आँख, देखना, जानना के लिए सम्बद्ध रूप हैं और इनसे अर्थसंसर्ग की प्रक्रिया समझने में सहायता मिलती है। तमिल **कण्** (आँख), **काण्** (देखना), **काङ्गइ** (ज्ञान), **कण्णु** (सोचना) में यह प्रक्रिया देखी जा सकती है। तमिल **काट्जि** (दृश्य), **काट्टु** (दिखाना), तोद **कोट्** (उप०) का आधार **कर्त, कॉर्त** होंगे।

कॅर्त से **कित्** और **केतु** रूप बने। संस्कृत **केतु** का एक अर्थ है कान्ति, दूसरा है बुद्धि। **कित्** का रूपान्तर **चित्** आर्यभाषाओं में खूब फला-फूला। **चित्** का अर्थ है जानना, **चित्त** का अर्थ है प्रकाशमान। **चिकित्** (जानकार, प्रकाशमान) में **कित्** के दर्शन होते हैं। **चिकित्सा** का मूल अर्थ होगा जानकारी; विशिष्ट अर्थ हुआ ओषधि उपचार की जानकारी। **चेतन** का एक अर्थ है दृश्यमान, दूसरा अर्थ है बुद्धिमान, चेतनायुक्त। जिससे संसार का ज्ञान प्राप्त होता है, वह है **चित्त**। अवधी **चितवत** (देखता), ब्रज **चितवनि, चितौनि** में **चित्** का मूल देखनेवाला भाव है। संस्कृत **चिन्तन** की **चिन्त्** क्रिया में **कॅर्**>**चॅर्** के **र्** का रूपान्तर है **न्**।

प्रकाश के **कश्** का रूपान्तर **चश्** हुआ। इससे संस्कृत **चक्षस्** (प्रकाश), **चक्षु** (आँख) रूप बने। फ़ारसी **चश्म** (उप०) में यही **चश्** है।

घ् के **स्-श्** वाले रूपान्तर-क्रम में, संस्कृत **सूर्य** और **शुक्र** की प्रकाशवाचक शब्दशृंखला में, तुलु **सूकॅ** (संवेदन), गोंडी **सूड़न्** (देखना), तुलु **हूपिनि** (उप०), गोंडी **हूड़ाना** (उप०), तुलु **चूळ्** (सोचना) हैं।

संस्कृत में **धर्** क्रियामूल का व्यवहार विशेष रूप से हुआ है। **धी** (जानना, चिन्तन, बुद्धि), **ध्यान, ध्येय** का आधार **धॅर्** है। **धिषण्** में **र्** के स्थान पर **ष्** है। **धॅर्** क्रिया का व्यवहार, देखने के अर्थ में, पहले होता था, इसकी जानकारी ग्रीक रूपों से होती है : **थॅओरॅओ** (देखना, सोचना), **थॅओरेम** (दृश्य, चिन्तन का विषय), **थॅओरिअ** (दर्शन, चिन्तन)। इन ग्रीक रूपों में देखने और सोचने का अर्थसम्बन्ध भी स्पष्ट है। पालि **थेर** (विवेक) का आधार **धॅर्** का रूपान्तर **थॅर्** है। जब **र्** का स्थान **न्** ने लिया, तब कृदन्त **थॅङ्क** बना; यही अंग्रेज़ी की **थिक्** (सोचना) क्रिया है। **थिक्** का जर्मन प्रतिरूप **डॅङ्कॅन्** है। **डॅन्** क्रियामूल का पूर्वरूप था **दॅर्**; इससे संस्कृत **दृष्टि, दृग्** (आँख) बने। **दर्शन** में **दॅर्** का प्रतिरूप **दर्** है। अंग्रेज़ी **ड्रीम्** (सपने देखना), जर्मन **ट्राउमॅन्** (उप०) में **डॅर्, टर्** के वर्णसंकोची रूप हैं।

तमिल **तॅरि** (दिखना, जानना), **तेर्** (जानना, परखना), **तॅर्रन्** (ज्ञानी) का आधार **तॅर्** है। कुइ **तिस्प** (जगाना) में **स्** ने **र्** का स्थान लिया है। तमिल **तोर्रम्** (दृष्टि, प्रकाश) में **तॅर्** का विकल्प **तॉर्** है। **तॉर्** का रूपान्तर **तॉस्** कुइ **तोस्प** (दिखाना) में है।

अंग्रेज़ी **सी** (देखना), जर्मन **ज़ॅहॅन्** (उप०) का आधार भी **धॅर्** क्रियामूल जान

पड़ता है।

भर् वाले क्रम में संस्कृत **भास्** (चमकना, स्पष्ट होना) है। **भास** प्रकाश है; मन पर जो प्रभाव पड़े, वह भी **भास** है। संस्कृत **बुध्** (जागना, देखना, जानना) का पूर्वरूप **भुर्ध्** था; यहाँ मूल क्रिया **भुर्** है, **ध्** कृदन्त-चिन्ह का अवशेष है। संस्कृत **भूरि** (बुद्धि) में यह **भुर्** है। **भूरि** का एक अर्थ स्वर्ण है; इससे ज्ञात होता है कि भुर् प्रकाश-सूचक क्रिया थी। लिथुआनियन **बुद्रुमस्** (जागरण) का आधार **बुर्द** है। संस्कृत **बुन्द्** (जानना) में र् के स्थान पर **न्** है। ग्रीक **पुन्थनॉमइ** (पूछना, समझना) में **न्** है, **पॅउथॉमइ** (उप०) में **न्** लुप्त है। **बुद्धि, बोध, बुद्ध** आदि आर्यभाषाओं के बहुप्रयुक्त सुपरिचित शब्द हैं।

रूसी **बुदीत्** (जागना) में **बुध्** का **ध्** अल्पप्राण हो गया है। जनपदीय भाषाओं का **समुझ**, मानक हिन्दी का **समझ सम्बुध** के **ध्** को तालव्य रूप देकर बना है।

ऊपर जिस **बुन्द्** का उल्लेख है, उसका प्राचीन अस्तित्व तमिल **पुन्दि** (बुद्धि) से प्रमाणित है। क्रियामूल **पुन्** है, यह कुइ **पुन्ब** (जानना; ज्ञान), कोलमि **पुन्त्** (उप०) से प्रकट है। **पुन्** का एक कुइ प्रतिरूप **पुस्** है जो पूर्वरूप के **र्** की सूचना देता है। गद्ब **पुन्** के साथ **पुय्** है; यहाँ **न्** का रूपान्तर **य्** नहीं है, वह **र्** का रूपान्तर है। **पुर्** के साथ **पुल्** का होना अनिवार्य है। अतः तमिल में **पुलम्** (बोध), **पुलमइ** (ज्ञान) उपलब्ध हैं। ये प्रकाशवाचक तमिल **पुलर्** (भोर होना) से तुलनीय है।

पुन् का विकल्प **पिन्** आवृत्ति सहित तुलु **पिन्पिनि** (जानना) में है। तमिल **विऴि** और **मिऴि** (आँख, ज्ञान) का पूर्वरूप **पिऴि** होगा; एक जगह **प्** का विकार **व्** है, दूसरी जगह **म्**। ये रूप कन्नड़ **बिऴि**, तोद **पिऴ्य्** (चाँदी), तमिल **वॅऴि** (उजाला) से तुलनीय हैं।

देखने के लिए तमिल, कन्नड़ आदि भाषाओं की सामान्य क्रिया **पार्** है। इसका आधार **भर्ग** के **भर्** का रूपान्तर **पर्** है। **पर्** का **र्** जहाँ **स्** रूप बना, वहाँ संस्कृत की **पश्** (**पश्यति** आदि की **पश्**) क्रिया बनी। जहाँ **भर्**>**भस्** का **भ्** केवल **प्** नहीं, महाप्राणता का स्थान लेनेवाले **स्** के साथ, **स्प्** बना, वहाँ **स्पष्ट** आदि की **स्पश्** क्रिया बनी। तमिल **पार्** लैटिन प्रतिरूप **पारॅओ** (प्रकट होना, दिखाई देना), अंग्रेज़ी **ट्रान्सपैरेन्ट्** (पारदर्शी) में है। कोश में लैटिन **पारॅओ** का पूर्वरूप **पर्रॅओ** दिया है जो **पर्** आधारित **पार्** के निर्माण की व्याख्या करता है। संस्कृत **स्पश्** के आधार पर लैटिन **स्पॅक्तो** (देखना) क्रिया बनी जो अंग्रेज़ी के **स्पेक्टेटर्** (दर्शक), **इन्सपेक्ट्** (जाँचना) आदि में है।

रूसी **मुद्रइ** (बुद्धिमान) का पूर्वरूप **बुद्र्** है जो ऊपर उल्लिखित लिथुआनियन **बुद्र्मस्** (जागरण) में प्राप्त है। संस्कृत **मन्** (सोचना), **मनस्** (मन) में वही प्रकाश-वाचक **मन्** है जो **मञ्जु** (सुन्दर) और **मणि** में है। **चन्द्रमस्** का **मस्** स्वयं चन्द्र का अर्थ देता है; **मस्** की आधारभूत क्रिया **मन्** है। **मंस्** से **न्** का लोप हुआ, तब **मस्** प्रचारित हुआ। ग्रीक **मेनस्** (चन्द्र), **मेने** (उप०) में **न्** विद्यमान है, किन्तु कुछ कारक रूपों यथा **मेसि** में **न्** लुप्त है। संस्कृत **मास** के लैटिन प्रतिरूप **मॅन्सिस्** में **न्** है। **मस्** का **मन्** से वही सम्बन्ध है जो **मति** का है। **मति, मत, मस्** में **न्** लुप्त है।

द्रविड़ भाषाओं में **मस्** से मिलता-जुलता कोन्ड रूप **नॅस्** (जानना) है। तमिल **निनइ** (सोचना), कन्नड़ **नॅनसु** (उप०) में **नॅन्** क्रियामूल है। **नॅस्** का पूर्वरूप **नॅन्स्** होगा या फिर **नॅन्** और **नॅस्** दोनों **नॅर्** के रूपान्तर हैं। तमिल में चमकने के लिए जो **मिन्नु** क्रिया है, उसका **मिन्** ग्रीक **मेने** और लैटिन **मॅन्सिस्** में प्राप्त है। लैटिन-ग्रीक में **मॅन्** संस्कृत **मन्** की तरह चिन्तन का द्योतक है। अतः इस बात की पूर्ण सम्भावना है कि तमिल **निन्** प्रकाशार्थी **मिन्** का रूपान्तर है।

ग्रीक **म्नओमइ** (याद करना), **म्नेसिस्** (स्मृति) में **मन्** का वर्णसंकोची परिणाम **म्न** है। **मन्** का पूर्वरूप **मर्** था, इसका संकेत अनेक ग्रीक-लैटिन रूपों से मिलता है। ग्रीक **मॅरिम्न** (चिन्ता) में, **चन्द्रमस्** के समान, एक ही **अर्थ** वाले दो शब्द हैं। **मर्तुस्** (साक्षी) में दर्शनसूचक **पर्** का रूपान्तर **मर्** है। **मर्तुर्** (साक्षी होना) अंग्रेज़ी में **मार्ट्यर्** बनकर शहीद हो गया। लैटिन **मॅमॉर्** (स्मृति) में **मर्, मॅर्** का विकल्प **मॉर्** है। संस्कृत **स्मर, स्मरण, स्मृति** में **स्**-युक्त **मर्, मॅर्** क्रियामूल हैं। जैसे **पश्य** के साथ **स्पष्ट** है, वैसे ही **भर्** का एक रूपान्तर **पर्** होगा, दूसरा **स्पर्**। **पर्** से प्राप्त हुआ **मर्**, और **स्पर्** से **स्मर्**। **स्मर** का अर्थ स्मरण करने के अलावा काम-चेतना भी है। जैसे **काम** का **कम्** प्रकाश से सम्बद्ध है, वैसे ही **स्मर** का **स्मर्**।

संस्कृत **बुध** देवता का लैटिन समानार्थी **मॅर्कुरिउस्** है। होना ही चाहिए क्योंकि प्रकाश और ज्ञान से जो सम्बन्ध **बुध्** का है, वही **मॅर्** का है।

बुधवार के लिए अंग्रेज़ी के **वेन्ज़डे** में **बुध** ने लम्बी यात्रा की है। **बुन्ध** से **बुध्न**, फिर **ब्** के स्थान पर **व्** का प्रयोग करते हुए पुरानी अंग्रेज़ी का **वॉन्दॅस्** रूप बना। **वॉदॅन, ऑॅदिन्** रूपों का चलन भी हुआ। **वॉन्दॅस्** के समानान्तर **वॅन्दॅस्** रूप भी प्रचलित रहा होगा। **वॅन्दॅस्** का दिन **वॅड्नॅस्डे**, संक्षेप में **वेन्ज़डे** कहलाया।

विद्या, विद्वान्, वेद ज्ञान-शब्द-शृंखला की चौथी कड़ी के शब्द हैं। पहली **ज्ञान**, दूसरी **ध्यान**, तीसरी **बोध**, चौथी **वेद** की कड़ी। **दर्शन** और **द्रष्टा** में देखने का जो भाव है, वही **विद्या** और **वेद** में है। लैटिन **विदॅओ** और रूसी **विदेत्** का अर्थ देखना है। इनका एक ग्रीक प्रतिरूप है **अॅइदो** जिसका अर्थ देखना, जानना है। ग्रीक **अॅइदॉस्** का अर्थ है रूप, आकृति, जो दिखाई दे। क्रियार्थी संज्ञा **इदॅइन्** में **अॅइ** के स्थान पर **इ** है। इसी से अंग्रेज़ी का **आइडिया** (विचार), फ्रांसीसी **ईदे** (उप०) बने हैं जो अब अमूर्त धारणा के व्यंजक हैं; इनका मूल अर्थ दृश्यमान आकार है। मूर्ति के लिए ग्रीक शब्द है **अॅइदोलॉन्** जिससे अंग्रेज़ी **आइड्ल्** बना है। अब **आइड्ल्** और **आइडिया** में स्थूल और सूक्ष्म का भेद हो गया है; इनके मूल में **विद्या** की **विद्** क्रिया है। ग्रीक क्रियारूपों में **विद्** के **द्** का संघर्षीकरण होने पर उसकी परिणति **स्** में होती है। अतः **विद्**-आधारित **अॅइसमेन्, इस्मॅन्, इस्तो** जैसे रूप भी मिलते हैं। अंग्रेज़ी के **विस्** (जानता हूँ), **वाइज़्** (बुद्धिमान), **विज़्डम्** (बुद्धिमानी), जर्मन **वाइस्हाइट्** (उप०) में इसी प्रकार **विद्** के विकार हैं। अंग्रेज़ी **विट्** (बोध) में **विद्** के **द्** का असंघर्षी प्रतिरूप है।

विद् का दूसरा प्रतिरूप **ऑइद** (जानता हूँ) है। तमिल **ओदु** (पाठ करना), **ओदुवि** (वेद पढ़ाना), **ओदि** (विद्या, विद्वान्), **ओत्तु** (वेद; मन्त्र पाठ) में या तो **ऑइ**

का संयुक्त स्वर दीर्घ **ओ** बना है या इन रूपों का आधार **विद्** का प्रतिरूप **वॉद्** है। कोत, कोडगु आदि भाषाओं में **ओद्** जैसी क्रिया का व्यवहार **विद्** या **वॉद्** के अखिल भारतीय प्रसार का सूचक है। कन्नड़, तुलु, मलयालम आदि अपेक्षाकृत विकसित समाजों की भाषाओं में **ओदु, ओदुनि, ओदुग** आदि रूप हैं ही। इन सबका सम्बन्ध पढ़ने, विशेषतः मन्त्र पढ़ने से है।

विद् क्रिया के संस्कृत रूपों में **विन्दते, विन्दति** ध्यान देने योग्य हैं। **मति, गति** देखकर पहले विश्वास नहीं होता कि इनमें **न्** का लोप हुआ है; वैसे ही **विद्या** और **वेद** को देखते **विन्दते** का **न्** फालतू मालूम होता है। किन्तु मूलक्रिया के **र्, न्, म्** का लोप बहुत बड़ पैमाने पर हुआ है, अतः **विन्दते** के **न्** को तुरत अतिरिक्त ध्वनि न मान लेना चाहिए। संस्कृत में एक शब्द **विन्दु** (जानकार) भी है। **विन्** क्रियामूल का अस्तित्व स्वीकार करें तो **विन्द** कृदन्त होगा, **विद** उसका **न्**-विहीन प्रतिरूप होगा, **विन्द्** और **विद्** कृदन्त-आधारित नई क्रियाएँ होंगी। **विन्** का सम्बन्ध तमिल **वॅण्** (प्रकाशमान, श्वेत), **विण्** (आकाश), **विण्णवन्** (दिव्य पुरुष) से है। इस **विन्** का सम्बन्ध तमिल **मिन्** (चमक) से होगा और **मिन्** का तुलु **विन्पिनि** (जानना) से। **पिन्<पॅर्<भॅर** क्रम से हम फिर आदिस्थानीय **भ्** तक पहुँच सकते हैं पर इसका प्रमाण नहीं है। जो तथ्य प्रमाणित है, वह यह है कि ज्ञान-सम्बन्धी **विद्** का मूल अर्थ देखना है और जानने, देखने, पढ़ने के अर्थ में इससे सम्बद्ध रूपों का, आर्य-द्रविड़ भाषाओं तथा इंडोयूरोपियन परिवार की अभारतीय भाषाओं में, व्यापक व्यवहार हुआ है। जानने और देखने के लिए जो अन्य शब्दमूल व्यवहार में आये हैं, उनका सम्बन्ध प्रकाश से है; अतः यह कल्पना तर्कसंगत है कि **विद्** का सम्बन्ध भी प्रकाश से रहा होगा।

संस्कृत **ईक्ष्** (देखना) का आधार **इश्<विश्** क्रिया होगी। **वीक्ष्** (देखना) में **वि** उपसर्ग हो सकता है, **विश्** का **वि** भी हो सकता है। **विश्** के वैकल्पिक रूप **वश्> अश्** से संस्कृत **अक्षि** (आँख) बना। ग्रीक **ऑस्सॅ** (आँखें) का आधार निस्सन्देह **वस्** है जो प्रकाशवाचक क्रिया है। **वस्** और **वश्**, देखने, चमकने के अर्थ में, दोनों रूप प्रचलित थे। जहाँ दन्त्य सकार था, वहाँ ग्रीक **ऑस्सॅ** में वह सुरक्षित रहा, जहाँ तालव्य सकार था, वहाँ **क्** रूप में ग्रहण किये जाने से **ऑस्सॅ** का लैटिन प्रतिरूप **ऑकुलुस्** (आँख) बना। जर्मन **अउगॅ** (आँख) में **क** सघोष है। **लोक, लोचन, अवलोकन** का प्रकाश-सन्दर्भ स्पष्ट ही है। अंग्रेजी **लुक्** (देखना) का आधार वह **लुक्** है जो **आलोक** में है।

पुरानी अंग्रेज़ी में **अउगॅ** का प्रतिरूप **ऍअगॅ** है, इससे अंग्रेज़ी के आधुनिक रूप **आइ** (आँख) का विकास हुआ। लिथुआनियन **अकिस्** (उप०), रूसी **ऑकॉ** (उप०), हिन्दी **आँख**, मल्तो **अग़ॅ** (जानना), कुड़ुख **अख़्ना** (उप०) परस्पर सम्बद्ध हैं।

(थ) अग्नि, आह्वान, वाणी

संस्कृत **घट्** के अनेक अर्थ हैं। इनमें दो पर यहाँ ध्यान देना है। एक है बोलना, दूसरा है चमकना। आलंकारिक रूप से किसी चीज़ का प्रकाशित होना उसका अभिव्यक्त होना है; अभिव्यक्ति का प्रमुख साधन वाणी है। अतः एक ही क्रिया बोलने और चमकने

का अर्थ दे सकती है। किन्तु शब्द के आलंकारिक व्यवहार की बात नहीं है। ऐसे अनेक शब्द हैं जिनका सम्बन्ध एक ओर प्रकाश या अग्नि से है दूसरी ओर बोलने, पढ़ने, चिल्लाने, या गाने से है। प्रश्न यह है कि प्रकाशवाचक शब्दों से इनका सम्बन्ध क्या वैसा ही है जैसा देखने और जानने की क्रियाओं का है। प्रकाश के बिना आदमी देख नहीं सकता, देखे बिना किसी वस्तु को जान नहीं सकता अर्थात् किसी वस्तु की प्रत्यक्ष जानकारी उसे नहीं हो सकती; यहाँ देखने और जानने से प्रकाश का सीधा भौतिक सम्बन्ध है। प्रकाश से बोलने का सम्बन्ध किस तरह का है ? है भी कि नहीं ?

घट् के समान संस्कृत में **घण्ट्** क्रिया के भी दो अर्थ हैं, चमकना और बोलना। घट् का आधार **घर्** है, **घण्ट्** का **घन्**। **केतु** का अर्थ कान्ति है और **केतन** का अर्थ है आह्वान। **भृंश्** का अर्थ है चमकना, बोलना; **नल्** का अर्थ है बोलना, चमकना। **चक्षस्** का अर्थ है प्रकाश, दृष्टि, आँख; **चक्षण** का अर्थ है भाषण। **भास्** का अर्थ है चमकना और **भाष्** का अर्थ है बोलना। यहाँ दन्त्य और मूर्धन्य सकारों का अन्तर है किन्तु जैसे **वसु** का **वस्** **उषा** के **उष्** का पूर्वरूप है, वैसे ही **भाष्** का पूर्वरूप **भास्** हो सकता है। मोनियर विलियम्स के अनुसार **हवन** का एक अर्थ है अग्नि; दूसरा अर्थ है आह्वान। यदि किसी क्षेत्र में अग्नि को देवता मानकर बार-बार उसका आह्वान किया जाता हो, भौतिक अग्नि प्रज्वलित करके उसका आह्वान किया जाता हो, तो उस क्षेत्र में, प्राचीन गणसमाजों के लिए, जलाने और बुलाने की क्रियाएँ इस तरह प्रत्यक्ष सम्बद्ध होंगी जिस तरह अन्य समाजों के लिए वे नहीं थीं, आधुनिक समाजों के लिए नहीं हैं।

अग्नि और वाणी का अर्थ-संसर्ग एक क्षेत्रविशेष की देन है।

हवते, हुवते (बुलाता है), **हुत, होम** (अग्नि में घृत आदि डालने की क्रिया), **होतृ** (पुरोहित) की आधारभूत **हव्, हॉव्** क्रिया का मूल अर्थ होगा जलना। अग्नि प्रज्वलित करना, उसमें कोई पदार्थ डालना, फिर देवता को बुलाना, ये तीनों परस्पर सम्बद्ध क्रियाएँ थीं। आग जलाये बिना न उसमें कोई पदार्थ डाला जा सकता है, न देवता को बुलाया जा सकता है। जिस क्रिया से अर्थ-प्रसार होगा, उसका सम्बन्ध जलने से होगा।

हव्, हॉव् का पूर्वरूप था **घव्, घॉव्**। **हवते, हुवते** के साथ **जुहुवे, जुहूमसि** का **ज्** अपने पूर्वरूप **घ्** की ओर संकेत करता है। **हन्ति** और **जघान** में **ह्-घ्-ज्** का सम्बन्ध स्पष्ट है। पुराने रूप थे **घवते, घुवते, घुत, घोम, घोतृ**।

घर्म की **घर्** क्रिया का रूपान्तर है **घव्**। **धरुण** (सूर्य) की **धर्** क्रिया का रूपान्तर है **धव्**। इस **धव्** से **धवल** बना। संस्कृत **दव** (प्रज्वलित) का पूर्वरूप था **धव**। वैसे ही जलने का अर्थ देने वाले **घव्, गव्** रूप यहाँ कभी प्रचलित थे। कन्नड़ **काय्** (जलना), **कावु** (ऊष्मा) यहाँ स्मरणीय हैं। एक रूप में **य्** है, दूसरे में **व्**। एक का आधार **कय्** होगा, दूसरे का **कव्**। **घव्** का वैकल्पिक रूप होगा **घॉव्**, जैसे तमिल **काय्** (जलना) का तोद प्रतिरूप है **कोय्**।

तोद भाषा में **कोय्** के साथ **कोस्** रूप भी है। दोनों का एक ही अर्थ है जलना। **कोय्** और **कोस्** को साथ रखने से **घॉव्** और संस्कृत **घोष** का सम्बन्ध समझ में आ जायगा। तोद रूपों के **य्** और **स्** दोनों **र्** के रूपान्तर हैं; संस्कृत **घोष** का **ष्** भी **र्** का

रूपान्तर है।

संस्कृत **घोष** का मूल अर्थ तोद **कोस्** (जलना) में सुरक्षित है।

संस्कृत **गायति** में **गै** (अर्थात् **गय्, गॅय्**) क्रिया है। इससे एक रूप बना **गेय** (जो गाया जाय), दूसरा **गेष्ण** (गाने वाला)। यहाँ भी **य्** और **ष्** दोनों **र्** के रूपान्तर हैं। **गिर्** (स्तवन, भाषण), **गिरा** (वाणी), **गृणाति** (पुकारता है), **गीर्णि** (प्रशंसा) में **र्** विद्यमान है।

गायति में **गै** क्रिया है तो हिन्दी **गावत** में **गौ** (अर्थात् **गव्, गॉव्**) होगी। **गायति** और **गावति** इन दोनों रूपों का चलन रहा होगा। रूसी **गॉवॉरीत्** (अथवा **गवारीत्**, बोलता है) में **गव्** आधार-क्रिया है; फ़ारसी **गुफ़्तन्** (बोलना) का आधार **गॉव्** है। जैसे **अश्व** फ़ारसी में **अस्प** है, वैसे ही **गॉव्** पहले **गॉप्** बना, फिर अतिरिक्त महाप्राणता के योग से **गॉफ़्**। फ़ारसी के ही **गोया** और **गोयन्दा** (बोलते हुए) का आधार **गॉय्** होगा।

संस्कृत **गाय** (गीत), **गायक, गायत्र** (गीत), **गायत्रिन्** (गायक) का आधार **गय्** है। **गातु** (गीत), **गातृ** (गायक), **गाथा** (गीत), **गाथिन्** और **गाथिन्** (गायक) में **गर्** का रूपान्तर **गा** है, **गीत** में **गॅर्** का रूपान्तर **गी**। संस्कृत **गवते** में **गु** (ध्वनि करना) क्रिया मानी गई है; यहाँ **गर्-गॉर्** का रूपान्तर **गव्-गॉव्** होगा।

एक पशु जो बहुत ज़ोर से ध्वनि करता है **गर्दभ** है। **गर्** से कृदन्त **गर्द**, फिर उससे **गर्दभ**। **गर्द्** का रूपान्तर है **गर्जन** की **गर्ज्** क्रिया। **र्** का लोप होने पर बोलने का अर्थ देने वाली **गद्** क्रिया प्राप्त हुई। **गद्य** वह जो बोला जाय। **गर्द** का एक पुराना संस्कृत प्रतिरूप **गल्द** (वाणी) था। **गल्** से **गल्प** बना, तालव्यीकरण से **जल्प**; इस कृदन्त को संस्कृत में फिर धातु बनाया गया **जल्प्** (बोलना)। पंजाबी **गल्ल** (बात) तालव्यीकरण के क्षेत्र से बाहर का रूप है, **गल्द-गल्प** से सम्बद्ध है।

जैसे प्रवाहसूचक शब्द आगे चलकर सामान्य गति का बोध कराने लगे, जल-संसर्ग छूट गया, वैसे ही आह्वान-गायनसूचक शब्द सामान्य भाषण का बोध कराने लगे, अग्निसंसर्ग छूट गया।

गव् का रूपान्तर हुआ **कव्**। इससे बना **कवि** जिसका मूल अर्थ होगा आह्वान करने वाला। **ऋग्वेद** के पहले ही सूक्त में **अग्निर्होता कविक्रतुः** आदि से यज्ञ, अग्नि, कवि, होता का परस्पर सम्बन्ध व्यक्त होता है। संस्कृत **कोक** (कोयल), **कोकिल** का आधार **कॉर्** अथवा **कॉव्** है। **केकय** नाम का प्राचीन गण, गन्धर्वों के समान, गानविद्या के लिए प्रसिद्ध रहा होगा। **कय्** की आवृत्ति से **केकय** बना। **केका** (मयूरध्वनि) में यही **कय्** है।

तमिल **कुरल्** (ध्वनि, शब्द), कन्नड़ **कुरल्** (चिल्लाना), तेलुगु **कोलुचु** (गीत गाना, पढ़ना) में **कॉर्** का **र्** विद्यमान है। वैदिक **कीरि** का अर्थ है कवि, प्रशंसक। **कीर्तन** (कथन), **कीर्ति** (विवरण, ख्याति) की **कीर्त्** क्रिया का आधार **कॅर्** है जिससे **कीरि** रूप बना। द्रविड़ भाषाओं में पॅङ्गो **केर्** (गाना), कुवि **के** (उप०) प्राचीन **कॅर्** से सम्बद्ध हैं। **कुरल्** का **कॉर्** और **कीरि** का **कॅर्** वैकल्पिक रूप हैं।

कुर का एक रूपान्तर **कुश** था। वाल्मीकि के लिए **कुशिन्, कुशीलव** का प्रयोग हुआ है; इनका मूल अर्थ होगा गायक, कवि।

कर् के रूपान्तर **कन्** से लैटिन **कनो** और **कन्तो** (गीत गाना) बने। पुरानी आइरिश के **कनिद्** (गाता है) में यही **कन्** है।

जैसे **गर्द** से **गद्** क्रिया बनी, वैसे ही **कर्थ** से संस्कृत की **कथ्** (कहना)। **कथा** और **गाथा** मूलतः एक हैं। **कथक** वह है जो कथा कहता है; गाता है, नृत्य के भाव बताता है, इस कारण **कुशीलव** के समान **कथक** अभिनेता का अर्थ देने लगा।

ध्वनि करने के लिए एक प्राचीन क्रिया **ध्वर्** थी। इससे **अध्वर्यु** (पुरोहित) बना। यहाँ **अ** घनत्वसूचक उपसर्ग है। **अध्वर्यु** का काम यज्ञ के लिए वेदी बनाना, आग जलाना था। **ध्वृ** (झुकाना, कष्ट देना) से **ध्वर**, फिर निषेधात्मक **अ** जोड़कर **अध्वर, अध्वर** वह जो दुख न दे अर्थात् यज्ञ, जो यज्ञ कराये वह **अध्वर्यु**; यह सब कष्ट-कल्पना है। **ध्वर्** को क्रियामूल मानने से आग जलाने वाला, यह अर्थ सहज स्पष्ट हो जाता है। **ध्वर्** का रूपान्तर **ध्वन्** है; इससे **ध्वनि** बना। रूसी **ज्वॉन्** (बजने का शब्द) का आधार **ध्वॉन्** है। **ध्वॉन्** के विकल्प **ध्वॅन्** से रूसी क्रिया **ज्वॅनेत्** (बजना) बनी। **ध्वर्** के रूपान्तर **ध्वा** (अथवा **ध्वा**) से रूसी क्रिया **ज्वात्** (बुलाना) बनी। **ज्वानिए** (पदवी, नाम) का आधार वही है जो **ज्वात्** का है। यहाँ ध्वनि करने का सामान्य अर्थ नहीं, आह्वान वाला विशिष्ट अर्थ है। रूसी **झेर्त्वे** (बलिदान, यज्ञ) रूप भी उल्लेखनीय है। **धॉर्** के विकल्प **धॅर्** से यह रूप बना। रूसी में **ध्** ध्वनि **ज्**, **झ्** दोनों रूपों में ग्रहण की जाती है। **धॉर्** और **धॅर्** का सम्बन्ध अग्नि और यज्ञ से था; जिस **धॅर्** से रूसी **झेर्त्वे** बना, उसका विकल्प **धॉर्** संस्कृत **अध्वर्यु** में है।

हिन्दी **झूर, झूरा** (सूखा) का आधार **धॉर्** है।

ध्वर् का रूपान्तर है संस्कृत **ज्वर्, ज्वल्**।

ध्वर् का अन्य रूपान्तर है **स्वर्** (प्रकाश)। **स्वर** का अर्थ है घोष। प्रकाशवाचक **स्वर्** से **ध्वर्** का ऊपर प्रस्तावित अर्थ पुष्ट होता है। घोषवाचक **स्वर** के लिए, **स्वर्** से भिन्न, अन्य धातु की कल्पना अनावश्यक है।

जैसे **ध्वर्** का रूपान्तर संस्कृत **स्वर्** है, वैसे ही **ध्वन्** का रूपान्तर संस्कृत **स्वन्** (ध्वनि करना) है। **स्वन्** का लैटिन प्रतिरूप है **सॉनो** जिससे अंग्रेज़ी रूप **साउन्ड्** (ध्वनि; ध्वनि करना) बना।

धॉर् के विकल्प **धॅर्** का सम्बन्ध प्रकाश से था, यह संस्कृत **घृणि** (किरण) से सिद्ध है। **धॅर्** के रूपान्तर **धॅस्** से संस्कृत **धिषण** (भाषा, स्तुति) बना।

जैसे **घर्** से संस्कृत की **घट्** (बोलना) क्रिया बनी, वैसे ही **भर्** से संस्कृत का संज्ञारूप **भट्ट** (विद्वान्, कवि) बना। **भरत** का एक अर्थ है अग्नि, दूसरा पुरोहित, तीसरा नट। गान, स्तुति, मन्त्रोच्चार, ये सब किसी समय सम्बद्ध क्रियाएँ थीं। अतः यह स्वाभाविक है कि **नाट्यशास्त्र** के रचयिता **भरत** नाम से विख्यात हों, वाणी की देवी का नाम **भारती** हो।

घर् के रूपान्तर **घन्** से संस्कृत की **घण्ट्** (बोलना, शब्द करना) क्रिया बनी; उसी तरह **भर्** का रूपान्तर संस्कृत **भण्** (बोलना) है और उससे **भण्ड्** (बोलना, हँसी करना) क्रिया बनी।

जैसे **घण्ट्** के साथ **घुष्** (पुकारना) क्रिया है, वैसे ही **भण्ड्** के साथ **भाष्** क्रिया है। **घर्** के विकल्प **घॉर्** का रूपान्तर **घॉष्** होगा; उसी प्रकार **भर्** का रूपान्तर **भष्** होगा जिससे **भाष्** सम्बद्ध है।

भर् के **भ्** की महाप्राणता का लोप होने पर **बर्** क्रियामूल प्राप्त हुआ। इससे केल्त समुदाय में वेलश भाषा का **बर्द् द्** (कवि) रूप बना; यही अंग्रेज़ी का **बार्ड्** (उप०) है। द्रविड़ समुदाय में कुड़ुख भाषा की **बार्ना** (कहा जाना, पदवी पाना) का आधार **बर्** है। तुलु **बुळ् पुनि** (चिल्लाना) में **र्** के स्थान पर **ळ्** है। मल्तो **बचें** (कहना), कुड़ुख **बाचस्** (उप०) का सम्बन्ध संस्कृत **वाक्** और **वचन** से है। द्रविड़ रूपों में संस्कृत **व्** बदलकर **ब्** हो गया हो, यह आवश्यक नहीं है। **बच्** का पूर्वरूप **बस्** होगा; यह **बस्** संस्कृत **भाष्** के आधार **भस्** का रूपान्तर होगा। ग्रीक **बज़ो** (बोलना) में **बस्** का **स्** सघोष है। मैथिली की **बज्** (बोलना) क्रिया ग्रीक **बज़ो** और मल्तो **बचें** की शृंखला में है।

भर् के रूपान्तर **पर्** का यथेष्ट विस्तार द्रविड़ भाषाओं में है। तमिल **परइ** (बोलना), कन्नड़ **परिसु** (उप०), गद्‌ब **पर्क्** (उप०), तमिल **परजु** (प्रशंसा करना), **परवु** (उप०, गाना), कन्नड़ **परसु** (आशीर्वाद देना), तोद **पर्त्** (प्रार्थना करना), गोंडी **पाराना** (गाना), कोन्ड **पार्** (उप०) आदि में **पर्** क्रियामूल का **र्** स्पष्ट देखा जाता है। तमिल **पुगल्** (कहना), गद्‌ब **पॉक्** (उप०), तमिल **पाडु** (गाना), **पाट्टु** (गायन) में **र्** लुप्त है। इस शब्दशृंखला से संस्कृत **पठ्** (पढ़ना), **पद** (गीत, शब्द) की आधार क्रिया **पर्** का ज्ञान होता है। तेलुगु **पॉगडु** (प्रशंसा करना) का एक प्रतिरूप **पॉवडु** है, यही मराठी का **पवाडा, पँवाडा,** हिन्दी का **पँवारा** है।

संस्कृत **पणित** (प्रशंसित), **पण्य** (स्तुत्य), **पणव** (वाद्ययन्त्र), तमिल **पणि** (बोलना), **पणइ** (ढोल), ब्राहूइ **पानिग्** (कहना) में **पर्** का रूपान्तर **पण्** है। रूसी **पॅस्न्या** (गीत) में **पॅर्** का रूपान्तर **पॅस्** ध्यान देने योग्य है। द्रविड़ व्युत्पत्तिकोश में तुलु **पेर्मॆ** (कीर्ति), कुड़ुख **पेस्ना** (आज्ञा देना), **पेस्का** (आज्ञा), तमिल **पेजु** (बोलना) एक ही शब्दमूल के अन्तर्गत दिये गये हैं और यह कार्य उचित है। **पॅर्** ही बदलकर **पॅस्** हुआ है और **पॅस्** का रूपान्तर **पॅच्** है। इन रूपों से इस स्थापना की पुष्टि होती है कि संस्कृत **भाष्** के आधार क्रियामूल **भष्** का पूर्वरूप **भर्** था। रूसी **पॅवॅत्स्** (गायक), **पेनिए** (गायन), ग्रीक **पइअन्** (गान) का आधार **पर्** का रूपान्तर **पय्, पव् है**।

जर्मन **स्प्राखॆ** (भाषा), **स्प्रेखॆन्** (बोलना) में **भाष्** के **भ्** को **प्** रूप में ग्रहण करने के साथ महाप्राणता की दोहरी क्षतिपूर्ति **स्** और **र्** द्वारा की गई है। अंग्रेज़ी **स्पीक्** (बोलना), **स्पीच्** (भाषा) में या तो **र्** कभी था नहीं, और यदि था तो उसका लोप हो गया है।

पर् का एक रूपान्तर **मर्** हुआ। संस्कृत **मुरली, मुरज** (ढोल), तमिल **मुरल्** (ध्वनि करना), मलयालम **मार्रम्** (शब्द) में **र्** बना हुआ है। तमिल **मॉऴि** (बोलना) में **र्** के स्थान पर **ऴ्** है। संस्कृत **मति** (प्रार्थना), कन्नड़ **मात** (शब्द), तमिल **माट्टु** (उप०), इटालियन **मोत्तो** (उप०) में **र्** का लोप हुआ है।

पर् का दूसरा रूपान्तर **वर्** हुआ। जैसे **पर्** से संस्कृत **पद**, वैसे ही **वर्** से संस्कृत **वद्** (बोलना)। **वद्** क्रिया सीधे **पद्** का रूपान्तर भी हो सकती है। जैसे **पर्** का रूपान्तर **पन्** है, वैसे ही **वर्** का रूपान्तर **वन्** हुआ। संस्कृत **वाणी**, गोंडी **वङ्काना** (कहना) में यह **वन्** है। जैसे **पर्** का रूपान्तर **पस्** है, वैसे ही **वर्** का रूपान्तर **वस्** है। कुइ **वॅस्प** (कहना), कुवि **वॅस्सलि** का आधार **वॅस्** है। जैसे **पर्** का रूपान्तर **पय्** है, वैसे ही तमिल **वाय्** (शब्द) में **वर्** का रूपान्तर **वय्** है। जैसे तमिल **पुगल** (कहना) में **पुर्** का **र्** लुप्त है, वैसे ही तमिल **वगुणि** (ध्वनि), **वगुळि** (उप०) में **वर्** का **र्** लुप्त है। **वगुणि** का **वग्** सीधे **पग्** का रूपान्तर भी हो सकता है। यहाँ जिस बात पर ज़ोर देना है, वह यह है कि आर्य-द्रविड़ भाषाओं में **भ्** और **प्** से आरम्भ होने वाले शब्दों के ऐसे प्रतिरूप बराबर मिल रहे हैं जिनकी आदिस्थानीय ध्वनि **व्** है। इस सन्दर्भ में संस्कृत **वाक्** पर विचार करें तो यह मानने का पर्याप्त कारण दिखाई देगा कि इसका पूर्वरूप **भाष्** था। **वचन, वाक्य, वाच्य** आदि इसी क्रम में हैं।

ग्रीक **अएंइदो** (गीत गाना), **अआॅइदे** (गीत) में **वय्** क्रियामूल का **व्** दो तरह के संयुक्त स्वरों में ग्रहण किया गया है, एक **अए**, दूसरा **अआॅ**। **वय्** का पूर्वरूप होगा **वर्**।

भर् के **भ्** की सघोषता का लोप होने पर **फर्** क्रियामूल प्राप्त होगा। फ़ारसी **फ़र्मान्** (आज्ञा), **फ़र्माइश्** (उप०), **फ़र्मूदन्** (आज्ञा देना) का आधार यह **फर्** है। **फर्** का रूपान्तर **फन्** अथवा सीधे **भन्** का रूपान्तर **फन्**; इससे ग्रीक **फोनॅओ** (बोलना, ध्वनि करना), **फोने** (ध्वनि) रूप बने। ग्रीक **फेमे** (वाणी, गीत), **फेमि** (कहना) इनसे सम्बद्ध हैं। **फोने** और **फेमे** दोनों के लिए सम्भव है कि **र्** के लोप होने से प्रथम वर्ण दीर्घ हुआ हो। **फॅर्** से **फे**, **फॉर्** से **फो**।

वर् के **व्** का लोप होने पर **अर्** क्रियामूल से तमिल **अरइ** (बोलना), **उरइ** (उप०) रूप बने। **अर्** के रूपान्तर **अन्** से तमिल **अॅन्** (कहना) का सम्बन्ध है; **अर्** के रूपान्तर **अस्** से कन्नड़ **उसिर्** (उप०) का। कुइ **एस** (कहना, गाना), तमिल **इजइ** (ध्वनि, शब्द), **इयम्बु** (कहना, ध्वनि करना) में **स्** का **च्** में, फिर **च्** का **य्** में रूपान्तर देखा जा सकता है। तमिल **अगवु** (गाना, ध्वनि करना), मलयालम **एगल्** (आदेश), **एगुग** (कहना) में **र्** लुप्त है। तमिल **एवु** (आदेश) के **व्** का पूर्वरूप **ग्** है।

इस शृंखला का शब्दमूल **भर्** वही है जो **भर्ग** में है; वह वाणी और प्रकाश का अर्थसंसर्ग सिद्ध करता है।

वाणी और प्रकाश की व्यंजना करने वाले शब्दों के विवेचन में **ऋषि** और **ऋच्** (स्तुति करना) पर भी ध्यान देना चाहिए। ऋषियों का सम्बन्ध यज्ञकर्म से था और अग्नि के बिना यज्ञ होता नहीं है, यह तो स्पष्ट है। किन्तु इस प्रकार **ऋच्** और अग्नि का सम्बन्ध प्रत्यक्ष न हुआ, दो भिन्न क्रियाएँ साथ-साथ सम्पन्न होती हैं, इतना ही ज्ञात होता है।

धर् वाली प्रकाशवाचक शब्दशृंखला में **धरण** (सूर्य), **धृष्णि** (किरण), **धुर्** (चिनगी) को स्मरण करें। **धृष्णि** के आधारभूत क्रियामूल **धॅर्** का रूपान्तर **धॅस्** होगा। इससे संस्कृत का **धिषण** (भाषा, स्तुति, ज्ञानी) शब्द बना। **धिषण** की **धिष्** का एक

संस्कृत प्रतिरूप है **दिश्** (आज्ञा देना)। बोलने के सामान्य अर्थ में इसके वैकल्पिक रूप **दस्** का प्रयोग पंजाबी में अब भी होता है। **दिश्** का ग्रीक प्रतिरूप है **लॅगो** (कहना, बोलना); इसका वैकल्पिक ग्रीक रूप है **लॉगॉस्** (शब्द)। **लॅगो** क्रिया लैटिन में भी है; इससे कृदन्त रूप **लॅक्तिओ** (पाठ) बना। अंग्रेज़ी **लॅक्चर्** (व्याख्यान) का आधार यही है। लैटिन में **लॅक्तिओ** के समानान्तर **दिक्तिओ** (भाषण), **दिक्तो** (आज्ञा देना) रूप भी हैं। एक जगह **दिश्** का **द्** बना रहा, दूसरी जगह वह **ल्** रूप में ग्रहण किया गया। अंग्रेज़ी **डिक्टेटर** का सम्बन्ध इस **दिक्तो** से है। रूसी **रॅच्** (भाषण), चेक **रिकात्** (बोलना) में **दिश्** की **द्** ध्वनि **र्** रूप में ग्रहण की गई है। इस प्रकार **धिष्** क्रिया, **दिश्** की मंज़िल पार करती हुई, **लिक्** और **रिक्** तक पहुँचती है। आज्ञा देना, कहना, बोलना, ये गौण अर्थ हैं। **धिष्** और **ऋक्**, **ऋच्**, दोनों का मूल अर्थ स्तवन, मंत्रोच्चार है। ज्ञान, भाषा और प्रकाश का सम्बन्ध **धिषण से स्पष्ट है**।

(द) अग्नि, पवित्रता, उपासना

प्राचीन गणसमाजों के सांस्कृतिक जीवन में अग्नि और प्रकाश की जो अन्यतम भूमिका रही है, उसकी छाप इंडोयूरोपियन परिवार की भाषाओं पर अमिट है। पवित्रता और शुद्धता का भाव या तो जल से जुड़ा हुआ है या अग्नि से। संस्कृत **पावक** का अर्थ है पवित्र, प्रकाशमान; यह शब्द अधिकतर अग्नि के लिए प्रयुक्त होता रहा है किन्तु जल के लिए भी उसका व्यवहार हुआ है। **पवन** शब्द का अर्थ है पवित्र; यह शब्द गृहस्थ की पवित्र अग्नि के लिए प्रयुक्त हुआ है, जल के लिए भी। **पवन** और **पावक** की **पू** क्रिया का पूर्वरूप होगा **पॉव**। **पुनाति** (पवित्र करता है) में **पॉव्** का विकल्प **पॉन्** है। **पॉव्** और **पॉन्** दोनों का पूर्वरूप होगा **पॉर्**। ग्रीक **पुर्** का अर्थ है अग्नि। इससे लैटिन की एक क्रिया बनी **पुर्गो** (शुद्ध करना), दूसरी बनी **पूरिफिको** (उप०)। जो शुद्ध और पवित्र है, वह लैटिन में **पुरुस्** है; प्रकाशमान निरभ्र आकाश के लिए शब्द है **पूरुम्**। अंग्रेज़ी के **प्योर** (शुद्ध), **प्यूरीफाइ** (शुद्ध करना) आदि पर प्राचीन आग्नेय संस्कृति की छाप है। फ़ारसी **पाक्** (पवित्र) और संस्कृत **पाक** (जलने, पकने की क्रिया) मूलतः एक हैं।

शुद्ध और पवित्र के लिए ग्रीक भाषा में एक शब्द है **हग्नॉस्**। **हग्निज़ो** क्रिया का अर्थ पवित्र करना, यज्ञ की आग जलाना है। पवित्रता और अग्नि का सम्बन्ध यहाँ स्पष्ट है। **हग्नॉस्** और **अग्नि** की समानता आकस्मिक प्रतीत नहीं होती। ग्रीक भाषा में कुछ अन्य सम्बद्ध शब्द रोचक हैं: **हगिज़ो** (पवित्र करना), **हगिअस्म** (पवित्र स्थान), **हगिअॉस्** (देवभक्त), **हगिस्तेस्** (पवित्रता)।

हग्नॉस्, **हगिज़ो**, **अग्नि** की व्याख्या इस प्रकार होती है।

क्रियामूल है **घर्** जिसका अर्थ है जलना, चमकना। **घर्** से **घर्घ**, फिर **घघ** और **हग**, यह एक क्रम हुआ। **घर्** से **घर्घ**, फिर **घघ्र**, **घघ्न**, **हग्न** यह दूसरा क्रम हुआ। संस्कृत **स्रवति** (बहना) और **स्नौति** (उप०) सम्बद्ध रूप हैं। **स्रु** का **र्** ही **स्नु** का **न्** है। वैसे ही **घघ्र** का रूपान्तर होगा **घघ्न**। **घर्घ, घंघ, हंग, अंग**, इस क्रम से संस्कृत **अंगार** रूप प्राप्त होगा।

ग्रीक भाषा में शुद्धता का भाव **अग्नि से सम्बद्ध** है, यह तथ्य महत्वपूर्ण है।

रोमन जन आग जलाने वाले पुरोहित को **फ़्लामॅन्** कहते थे। **ब्राह्मण** से मिलता-जुलता शब्द है। लैटिन **फ़्लम्म** (प्रज्वलित अग्नि) **ब्रह्म** की याद दिलाता है। ग्रीक **फ्लॅग्म** (उप०) का पूर्वरूप होगा **भॅघ्म। भर्** क्रियामूल से **भर्घ**, फिर **भ्रघ**; इससे संस्कृत की **भ्राज्** (चमकना) क्रिया बनी, उसका लैटिन प्रतिरूप **है फ़्लाग्रो** (जलना, जलाना)। **भ्राज्** के अन्य लैटिन प्रतिरूप **फ़्लागितो का अर्थ है** प्रार्थना करना। अग्नि से प्रार्थना का भाव जुड़ा हुआ है। **ब्रह्मन्** का अर्थ भी यही है, प्रार्थना, मन्त्र। **ब्रह्म** शब्द का मूलरूप **भ्रघ्म** था, मूल अर्थ अग्नि था, यह मान लिया जाय, तो मन्त्र वाले अर्थ की व्याख्या सहज हो जाती है। अग्नि के संसर्ग से **ब्रह्म का अर्थ मन्त्र हुआ**। जो अग्नि प्रज्वलित करे, मन्त्र पढ़कर देवता का आह्वान करे, वह **ब्रह्मन्, ब्राह्मण।**

ब्राह्मण और फ़्लामॅन् का आपसी सम्बन्ध पकोर्नी ने स्वीकार किया है। अपने इंडोजर्मैनिक व्युत्पत्तिकोश में उन्होंने आदिम इंडोयूरोपियन रूप **भ्लघ्मॅन्** दिया है, उसके बाद संस्कृत **ब्रह्मन्**, ग्रीक **ब्लमिनि** (पुरोहित), लैटिन **फ़्लामॅन्** रूप दिये हैं।

अग्निपूजक मनुष्य जहाँ रहते थे, वहाँ आग जलाये रखने के लिए एक विशेष स्थान निश्चित कर लेते थे। वह स्थान पूजागृह के समान पवित्र माना जाता था। अग्नि से संसर्ग होने के कारण कुछ भाषाओं में देवस्थान और मानवभवन के लिए अग्नि से सम्बद्ध शब्दों का प्रयोग हुआ। संस्कृत **एध** (ईंधन), ग्रीक **अइथॉस्** (अग्नि) से सम्बद्ध लैटिन **अॅदेस्** शब्द का व्यवहार अग्निस्थान, देवस्थान, मानवभवन के लिए होता था। अंग्रेजी में **होम्** (घर) के साथ जिस **हर्थ्** का प्रयोग होता है, उसका अर्थ अग्निस्थान है। संस्कृत **गृह** का **गृ**, ग्रीष्म के **ग्री** के समान, मूलतः अग्निवाचक है। **गृह, गृध**, अग्नि रखने का स्थान संस्कृत **हर्म्य** का अर्थ भवन है; मोनियर विलियम्स ने ठीक सुझाव दिया है कि इसका सम्बन्ध **घृ** और **घर्म** से होगा और इसका मूल अर्थ होगा पारिवारिक अग्निस्थान। **हर्म्य** के पूर्वरूप **धर्म्य** के **घर्** से हिन्दी **घर** बना और **र्** के **न्** में रूपान्तरण के साथ **घ** प्रत्यय जोड़कर प्राकृत **घंघ** (घर) रूप बनाया गया।

घर् के प्रतिरूप **धर्** से, सघोषता का लोप होने पर, ग्रीक **थलमॉस्** (अन्तःपुर) रूप बना। इसका मूल अर्थ भी अग्निस्थान रहा होगा। **थलमॉस्** का **थल्** ग्रीक **थॅर्** का प्रतिरूप है जिससे ऊष्मावाचक **थॅर्मे** शब्द बना है।

ईरान के प्रान्त **आजर् बायजान्** (**आजर्-बादगान्**) का मूल अर्थ है अग्नि-मन्दिर। तबरीज नगर के अग्निमन्दिर की प्रसिद्धि से सारे प्रान्त का वही नाम पड़ा।

ब्रह्मन् का मूल अर्थ हुआ अग्नि। अग्नि का आह्वान करते हुए मन्त्र पढ़ा गया, वह भी **ब्रह्मन्** कहलाया। मन्त्र पढ़ने वाला भी **ब्रह्मन्** हुआ; आगे चलकर **ब्रह्मन्** से व्युत्पन्न **ब्राह्मण** का चलन अधिक हुआ।

रोमन जनों में पुरोहित का विशिष्ट स्थान था, वह यज्ञ के लिए आग जलाता था और **फ़्लामॅन्** कहलाता था, यह तथ्य असंदिग्ध है। संस्कृत **ब्राह्मण** का लैटिन प्रतिरूप है **फ़्लामॅन्**।

इंडोयूरोपियन परिवार की जिन भाषाओं का सम्बन्ध लैटिन से है, उनमें देवता

या ईश्वर के लिए भारतीय **देव** के लैटिन प्रतिरूप **दॅउस्** और उसके तद्भव रूपों का व्यवहार होता है। **दॅउस्** का सम्बन्ध प्रकाश से स्पष्ट ही है। जर्मन समुदाय की भाषाओं में अंग्रेज़ी **गौड्** और उसके प्रतिरूपों का व्यवहार होता है। **गौड्** का सम्बन्ध भी अग्नि से है। ब्रुगमन ने अपने तुलनात्मक व्याकरण के दूसरे खण्ड में बताया है कि **गौड्** का पुराना गौथिक रूप **गुथ्** (या **गूथ्**) है, **अवेस्ता** में इसका प्रतिरूप **ज़ूत** और संस्कृत में **हूत** अथवा **हुत** है। (पृ० २२५)। जिसे पुकारा जाय, वह हूत, ज़ूत, गूथ् है। इस शब्द का सम्बन्ध सामान्य पुकारने से नहीं है; यह देवता का आह्वान है और अग्नि जलाकर आह्वान-क्रिया सम्पन्न की जाती है। जिस देवता का सर्वाधिक आह्वान किया जाता है, वह अग्नि है। संस्कृत **हुत** और **हूत** का अग्निवाला अर्थ-संसर्ग बहुत स्पष्ट है; धर्म और संस्कृति में परिवर्तन होने से **गौड्** का मूल अर्थ लोगों की चेतना से निकल गया। ऐतिहासिक भाषाविज्ञान की भूमि पर अर्थसंसर्ग की प्रक्रिया पर विचार करते हुए प्राचीन सांस्कृतिक परिवेश को ध्यान में रखना उचित है।

गौड् से मिलता-जुलता शब्द फ़ारसी **ख़ुदा** है। **भारतीय आर्य भाषा और हिन्दी** पुस्तक में डॉ० सुनीतिकुमार चाटुर्ज्या ने **ख़ुदा** का पूर्वरूप संस्कृत **स्वधा** माना है। (पृ० २३९)। उनके अनुसार जो स्वतः कार्य करता है, वह **स्वधा** है। मोनियर विलियम्स ने इस मत का उल्लेख किया है कि **स्वधा** प्रकृति का नाम है क्योंकि वह स्वयं निर्मित हुई है। जो लोग अग्नि को आदि तत्व मानते होंगे, वे भी उसे स्वयंभू, स्वनिर्मित के अर्थ में **स्वधा** कहते रहे होंगे। **स्वधा** की व्युत्पत्ति जो भी हो, अग्नि से उसका सम्बन्ध सन्देह से परे है। जो कुछ अग्नि को अर्पित किया जाय वह **स्वधा** है, अर्पित करते समय जिस पवित्र शब्द का उच्चारण किया जाय, वह **स्वधा** है।

यहाँ विचारणीय है कि संस्कृत की **पूज्** (पूजना) क्रिया का सम्बन्ध संस्कृत की ही **पू** (प्रकाशित करना) क्रिया से है या नहीं। तमिल **पू** का अर्थ है फूल; अतः यह कल्पना की जा सकती है कि पुष्प अर्पित करने की क्रिया **पूजा** कहलाई। किन्तु **पू** का अर्थ फूल इसलिए हुआ कि **पू** प्रकाशवाचक क्रिया है। प्रकाशित करनेवाला अर्थ संस्कृत **पू** में बना हुआ। द्रविड़ व्युत्पत्तिकोश में **पू** शब्दशृंखला के अन्तर्गत कुड़ुख भाषा की **पुईद्ना** क्रिया दी हुई है। इसका एक अर्थ है फूल का खिलना, दूसरा अर्थ है स्वर्णाभा से मण्डित सूर्य का अस्त होना। इस दूसरे अर्थ में **पू** अथवा **पुइ** क्रिया का पुराना प्रकाशवाला सम्बन्ध बना हुआ है। अतः संस्कृत **पूज्** का सम्बन्ध पुष्पों से नहीं, सीधा अग्निवाचक **पू** से हो सकता है।

पूज् क्रिया अलग रखें, केवल **पुष्प**, तमिल **पू** पर विचार करें। जैसे प्रकाश-वाचक शब्दों से आनन्द, शृंगार, सौन्दर्य, हास्य आदि की व्यंजना करने वाले शब्दों का सम्बन्ध है, वैसे ही फूल के लिए जिन शब्दों का प्रयोग हुआ, वे अधिकतर प्रकाश-वाचक शब्दमूलों से जुड़े हुए हैं। ऊपर जलने, प्रकाशित होने का अर्थ देने वाली **पुर्** क्रिया की चर्चा की गई है जिससे अनेक पवित्रतासूचक शब्द बने। **पुर्** के **पुन्**, **पुय्**, **पुस्**, **पू** आदि विकार होंगे। लगभग ये सभी विकार द्रविड़ भाषाओं में सुरक्षित हैं। गोंडी **पुङ्गार्** (फूल), कुवि **पूङ्ग** (उप०) का आधार **पुन्** है। कुड़ुख **पुइद्ना** (खिलना) का

आधार पुष् है। संस्कृत पुष्प का आधार पुस् है। पुष्प का तमिल प्रतिरूप पूप्पु (खिलने की क्रिया) है। पुस् में प के बदले क कृदन्त प्रत्यय जोड़ने पर संस्कृत का पुष्कर (कमल) शब्द बना। पुष्कर के आधारभूत पुष्क का मलयालम प्रतिरूप है पूक्क (खिलना)। पूप्पु और पूक्क में सकार लुप्त है, पुष्प में वह सुरक्षित है। कुइ पूजु (फूल) में स् का रूपान्तर ज् है। ज् का पूर्वरूप त् भी हो सकता है; नइकि और कोलमि में फूल के लिए पूत रूप है।

हिन्दी फूल का सम्बन्ध संस्कृत फुल्ल (खिला हुआ) से है। फुल्ल का फुल् पूर्वोक्त पुर् का प्रतिरूप है। इस फुल् का वैकल्पिक रूप फल् है जिससे संस्कृत का फल्गु (रक्ताभ, वसन्त) रूप बना। लैटिन फ़्लॉरॅओ (खिलना), फ़्लॉस् (फूल), अंग्रेज़ी फ़्लावर् में फ़ॉल् का वर्णसंकोचन वाला फ्लॉ आधार है। अंग्रेज़ी ब्लूम् (खिलना), ब्लौसम् (उप०) में फ्लॉ का प्रतिरूप ब्लॉ है जो भ्राज् के भर् क्रियामूल की ओर संकेत करता है। कन्नड़ मलर् (फूल), तमिल मलर् (खिलना, प्रसन्न होना), तेलुगु मलयु (प्रसन्न होना, चमकना) में फल् का प्रतिरूप मल् है। फूल और प्रकाश का सम्बन्ध मलयालम अलरि (फूल) और अलर्च्च (ऊष्मा, कामवासना) से और भी स्पष्ट होता है। इस समस्त अर्थ-प्रक्रिया को देखते हुए तमिल पू (फूल) का सम्बन्ध प्रकाशवाचक संस्कृत पू से जोड़ना उचित है।

ईश्वर और ऐश्वर्य का सम्बन्ध स्पष्ट है। ईश्वर के लिए उत्तर भारत का सामान्य शब्द भगवान् है। भग शब्द के अर्थों में स्वामी, समृद्धि, गरिमा, सूर्य, चन्द्र आदि का उल्लेख है। भग का पूर्वरूप भर्ग मानें तो प्रकाशवाले अर्थ का आधार समझ में आ जाता है। भग का रूसी प्रतिरूप बॉग् (ईश्वर) है। बॉगातिइ (धनी) में ऐश्वर्य वाला भाव है। चेक भाषा में बॉग् का रूपान्तर बुह् प्रचलित है। इस प्रकार लैटिन समुदाय में देव-कुल का दॅउस्, जर्मन समुदाय में हुत, हूत का प्रतिरूप गौड्, ईरानी समुदाय में स्वधा का प्रतिरूप खुदा और स्लाव समुदाय में भग का प्रतिरूप बग का चलन हुआ और ये सभी रूप प्रकाश और अग्नि से सम्बद्ध हैं।

संस्कृत सूर्य के सूर् का कन्नड़ प्रतिरूप सूळ् और सूळ् का तमिल रूपान्तर ऊळ् (सूर्य, समय) है। तमिल उळियान् (ईश्वर) का आधार कालवाचक उळ् है और उसका एक अर्थ सूर्य है। कन्नड़ बेळ् का अर्थ है अग्नि में किसी वस्तु की बलि देना; इसका तेलुगु प्रतिरूप वेलुचु है। इससे देवता के लिए तेलुगु शब्द वेलुपु, वेल्पु बना। कुइ वेल का अर्थ है सूर्य। कालवाचक शब्दों का एक स्रोत है गतिसूचक क्रिया, दूसरा स्रोत है प्रकाशवाचक क्रिया। ये क्रियाएँ एक दूसरे से इतना मिलती-जुलती हैं कि कहाँ गतिवाचक क्रिया आधार है, कहाँ प्रकाशवाचक, इसका विश्लेषण सरल नहीं होता। द्रविड़ व्युत्पत्तिकोश में तमिल तेर् (रथ) और कोलमि देर् (देवता) एक ही शब्दमूल के अन्तर्गत दिये गये हैं। तेर् की तॅर् क्रिया गतिवाचक है, देर् की दॅर् क्रिया प्रकाशवाचक।

भग का एक रूपान्तर पग होगा। तमिल पगल् (दिन, प्रभात, सूर्य), पगरम् (प्रकाश) का आधार यह पग है। पर्जि रूप पङ्ग (प्रभात) में पर् का रूपान्तर पन् है; पङ्ग और पगल् का सम्बन्ध ध्यान में रखने से भर्ग और भग का सम्बन्ध समझ में आ जायगा। पङ्ग के पन् का पूर्वरूप पर् है, पर् का पूर्वरूप भर् है। भग और पगल में र् लुप्त है; पङ्ग में र् के स्थान पर न् है, भर्ग में मूल र् है।

(ध) मुख्य निष्कर्ष

उक्त शब्दशृंखलाओं से जो मुख्य निष्कर्ष निकलते हैं, वे इस प्रकार हैं।

किसी समय **घ्-ध्-भ्** ध्वनियाँ स्वच्छन्द संचरण की स्थिति में रही हैं। यदि **घर्** शब्द का अर्थ बहना है, तो **धर्** और **भर्** शब्दों का अर्थ भी यही है। ये तीनों ध्वनियाँ तीन भिन्न केन्द्रों में विकसित हुई हैं, साथ ही ये केन्द्र एक दूसरे के इतना निकट रहे हैं कि **घर्, धर्, भर्** आदि शब्दों की निर्माण-प्रक्रिया, अर्थविस्तार की प्रक्रिया एक सी है। इनके साथ **अ, अॅ, ऑ** स्वरों के तीन केन्द्र हैं जिससे **घर्** के साथ **घॅर्** और **घॉर्, धर्** के साथ **धॅर्** और **धॉर्, भर्** के साथ **भॅर्** और **भॉर्** के अस्तित्व का प्रमाण मिलता है।

उक्त रूपों में जैसा परिवर्तन एक ध्वनि के साथ होता है, लगभग वैसा ही परिवर्तन दूसरी ध्वनि के साथ होता है। यदि **घ्** सघोष अल्पप्राण **ग्** रूप में ग्रहण किया जाता है तो **ध्** भी **द्** रूप में ग्रहण किया जाता है; यदि **घ्** अघोष अल्पप्राण **क्** रूप में ग्रहण किया जाता है तो **ध्** भी **त्** रूप में ग्रहण किया जाता है। इससे आशय यह नहीं है कि **क्-त्-प्** सर्वत्र **घ्-ध्-भ्** के रूपान्तर हैं। संभावना यह है कि **घ्-ध्-भ्** के समान **क्-त्-प्** के भी भिन्न और स्वतंत्र केन्द्र थे।

घ्-ध्-भ् के अनेक रूपान्तर ऐसे हैं जो इंडोयूरोपियन तथा द्रविड़ परिवारों की अनेक भाषाओं में समान रूप से मिलते हैं। न केवल ध्वनि-परिवर्तन एक से हैं, वरन् शब्दविशेष का ध्वनिरूप एक सा है, अर्थसंसर्ग की प्रक्रिया एक सी है। भाषाई विकास की यह सारी प्रक्रिया ऐसे प्रदेश में घटित होती है जहाँ द्रविड़ तथा इंडोयूरोपियन परिवारों की भाषाएँ बोलने वाले गणसमाजों का पड़ोसी होना अनिवार्य है। इन दोनों समुदायों के निकट ही वे गणसमाज होंगे जो **घ्-ध्-भ्** ध्वनियों का व्यवहार करते आये थे और द्रविड़ जनों से संपर्क होने पर भी करते रहे थे। भाषाई विकास के विवेचन में आर्यों और द्रविड़ों को एक दूसरे से अलग रखिये, सारा इतिहास अज्ञात देशकाल के धुँधलके में खो जायगा। दोनों को मिलाकर देखिये, न केवल आर्य भाषाओं के विकास में, वरन् इंडोयूरोपियन भाषाओं के विकास में द्रविड़ों की भूमिका स्पष्ट हो जायगी और उस प्रदेश का पता लगाने में कठिनाई न होगी जहाँ द्रविड़ तथा इंडोयूरोपियन परिवारों की भाषाएँ बोलने वाले समाज पड़ोसी थे।

द्रविड़ भाषाएँ **घ्-ध्-भ्** को जिन रूपों में ग्रहण करती हैं, उन रूपों का चलन भारतीय आर्य भाषाओं में है, इंडोयूरोपियन परिवार की अभारतीय भाषाओं में भी। यह सारी प्रक्रिया भाषाई विकास की सूचक है, भाषाई ह्रास की नहीं। **भर्** के साथ **पर्, बर्, वर्, अर्** का चलन होता है तो इससे भाषाओं के पास रूपों का बहुत बड़ा कोश एकत्र हो जाता है और आवश्यकतानुसार वे इसका उपयोग सूक्ष्म अर्थभेद के लिए कर सकती हैं। द्रविड़ों के मिश्रण से शुद्ध आर्य रक्त दूषित हो गया और भाषाई ह्रास आरम्भ हो गया, यह एक अवैज्ञानिक, अनैतिहासिक, रूढ़िवादी धारणा है। यदि **भर्** का **पर्** रूपान्तर द्रविड़ भाषाओं में है तो वह आर्य भाषाओं में भी है और उससे आर्य भाषाएँ समृद्ध हुई हैं। इंडोयूरोपियन परिवार की अभारतीय भाषाओं का विकास ऐसे परिवर्तनों से ही संभव हुआ है। अज्ञात देशकाल की आदि इंडोयूरोपियन भाषा का रूप स्थिर करके

उसकी शाखाओं का प्रसार-विकास खोजने के बदले यहाँ सुनिश्चित, प्राप्त सामग्री के आधार पर, द्रविड़ और इंडोयूरोपियन भाषाओं के सम्बन्धों का अध्ययन करते हुए, विभिन्न गणसमाजों के भाषाई केन्द्रों, उनकी विशेषताओं और परस्पर सम्पर्क तथा विकास की लम्बी और पेचीदा, फिर भी एक मूर्त प्रक्रिया दिखाई देने लगती है।

द्रविड़ और इंडोयूरोपियन (अभारतीय) समुदायों में व्यापक समानता यह है कि दोनों में सघोष महाप्राण ध्वनियों का अभाव है। इस व्यापक समानता के बाद यह स्मरणीय है कि द्रविड़ भाषाओं के अनेक केन्द्र हैं और इसी प्रकाश इंडोयूरोपियन (अभारतीय समुदाय) के अनेक केन्द्र हैं। यही कारण है कि एक ही ध्वनि इनमें अलग-अलग प्रकार से ग्रहण की जाती है। घ् ध्वनि सभी द्रविड़ भाषाओं में क् रूप में ग्रहण की जाय, ऐसा कोई अखिल-द्रविड़ नियम नहीं है। इसी तरह इंडोयूरोपियन (अभारतीय) भाषाएँ घ्-ध्-भ् को अनेक प्रकार से ग्रहण करती हैं। स्वयं आर्य भाषाएँ ध्वनिपरिवर्तन के ऐसे प्रकार अपनाती हैं, यथा घ् ध्वनि का क्ष् और भ् रूप में ग्रहण, जो न द्रविड़ समुदाय में हैं, न अभारतीय इंडोयूरोपियन भाषाओं में।

जिसे भाषा का मूल शब्दभंडार कहते हैं, उसके अनेक तत्व पूर्वविवेचित शब्द-शृंखलाओं में मिलेंगे। ये तत्व द्रविड़ और इंडोयूरोपियन परिवारों में सामान्य हैं। इससे भारत को भाषाई क्षेत्र मानकर भिन्न परिवारों के निर्माण और विकास का विवेचन करने की पद्धति सार्थक सिद्ध होती है; इससे सिद्ध होता है कि संस्कृति के अन्य उपकरणों के समान भाषातत्वों का विकास भी एकान्त शून्य की स्थिति में नहीं होता वरन् विभिन्न भाषाकेन्द्रों के परस्पर सम्पर्क से होता है।

भ् का एक रूपान्तर प् द्रविड़ भाषाओं में है तो वह अनेक इंडोयूरोपियन भाषाओं में है; प् का ही रूपान्तर व् द्रविड़ भाषाओं में है तो इंडोयूरोपियन भाषाओं में भी है और संस्कृत में भी है। भ् को प् कहने वाले तो द्रविड़ थे, प् को व् कहने वाले कौन थे? इन्हें हम न आर्य कह सकते हैं, न द्रविड़, न इंडोयूरोपियन परिवार के किसी समुदाय से इन्हें जोड़ सकते हैं। इससे विदित होगा कि जो अब सुनिश्चित भाषा-परिवार दिखाई देता है, उसके निर्माण में अनेक भाषा-समुदायों का योग रहा है जिन्हें हम ज्ञात भाषा-परिवारों के दायरे में नहीं रख सकते।

द्रविड़ और इंडोयूरोपियन परिवारों की भाषाएँ बोलने वाले पड़ोसी थे। इनका क्षेत्र बृहत्तर भारत का उत्तर-पश्चिमी सीमान्त प्रदेश था। इनकी भाषाओं की विकास-प्रक्रिया बहुत पुरानी है; वैदिक भाषा की विकास-परम्परा सुमेर और सिन्धु घाटी की सभ्यता से पुरानी है, अर्थात् वह पाँचवीं सहस्राब्दी ई० पू० से पहले की है। इस प्रकार ऐतिहासिक भाषाविज्ञान के लिए देशकाल की एक अपेक्षाकृत मूर्त रूपरेखा प्राप्त होती है।

तब एक ही भर् जैसे रूप से जल, प्रकाश, भाषण आदि भिन्न अर्थों का बोध कैसे होता था? वैसे ही जैसे दिव् क्रिया से दस अर्थों का बोध होता था: खेलना, जीतने की इच्छा करना, व्यवहार करना, सोना, मद के वशीभूत होना, प्रकाश करना, स्तुति करना, प्रसन्न होना, शोभित होना, गतिशील होना। शब्द के अर्थ का बोध सन्दर्भ से होता है;

व्यवहार में वाक्य से अलग शब्द की सत्ता नहीं है। मनुष्य के पास ध्वनिरूप सीमिति संख्या में हैं, उनकी तुलना में जिन वस्तुओं और क्रियाओं का बोध कराना है, उनकी संख्या बहुत अधिक है। इसीलिए शब्द और अर्थ का सम्बन्ध सापेक्ष रूप में स्थिर है, निरपेक्ष रूप में नहीं। मनुष्य बाध्य है कि वह एक ही ध्वनिरूप से अनेक वस्तुओं और अर्थों का बोध कराये। प्रस्तुत विवेचन में मैंने यह पता लगाने का प्रयास किया है कि अर्थ-विस्तार की वह प्रक्रिया किस तरह की है जिससे एक ही ध्वनिरूप के चारों ओर अनेक संबद्ध अर्थों का एक वृत्त बनता जाता है। अर्थविस्तार की यह प्रक्रिया एक वस्तुगत प्रक्रिया है, वह भाषा पर विवेचक द्वारा आरोपित नहीं की गई। इस प्रक्रिया के दो पक्ष हैं। एक ओर एक ही ध्वनिरूप से अनेक अर्थ जुड़ते चले जाते हैं, दूसरी ओर एक ही अर्थ के लिए अनेक ध्वनिरूपों की शृंखला भी बढ़ती चली जाती है। यदि एक ही भर् क्रिया से जल, प्रकाश, भाषण आदि से संबद्ध अर्थों का बोध होता है तो दूसरी ओर केवल प्रकाश की व्यंजना के लिए भर्, बर्, पर्, वर् आदि अनेक ध्वनिरूप सुलभ होते हैं। कोश में संस्कृत **वार** के जो अर्थ दिये जाते हैं—अवरोध, आवरण, द्वार, घेरा, अवधि, अवसर, दिन आदि—वे या तो असंबद्ध हैं या फिर अर्थसंसर्ग की किसी प्रक्रिया से परस्पर जुड़े हुए हैं। जो कोशकार वार के उक्त अनेक अर्थ देता है, वह अर्थविस्तार की प्रक्रिया स्वीकार करता है। यह प्रक्रिया कैसे सम्पन्न होती है, इसके अनुसंधान का प्रयत्न प्रस्तुत विवेचन में है।

ऐतिहासिक भाषाविज्ञान के ग्रन्थों में ध्वनिपरिवर्तन पर बहुत लिखा गया है। इस ध्वनिपरिवर्तन की चर्चा को अर्थविस्तार की प्रक्रिया से अलग रखा गया है। मेरे विचार से दोनों को साथ रखकर देखना चाहिए क्योंकि वे सम्बद्ध प्रक्रियाएँ हैं। केवल ध्वनिपरिवर्तन का विश्लेषण करते समय यदि प्रत्येक भाषा-समुदाय को निरपेक्ष स्वाधीन इकाई माना जायगा, तो ध्वनिपरिवर्तन की समस्त प्रक्रिया आकस्मिक और अकारण प्रतीत होगी। जहाँ हम विभिन्न ध्वनि-केन्द्रों की कल्पना करते हैं, वहाँ परिवर्तन के कारण दिखाई देने लगते हैं। यदि भ् ध्वनि अनेक द्रविड़ और इंडोयूरोपियन भाषाओं में प्-वत् ग्रहण की जाती है, तो इसका कारण दो भाषाकेन्द्रों का अस्तित्व है, एक सघोष महाप्राण ध्वनि वाला, दूसरा अघोष अल्पप्राण वाला। इस तरह के परिवर्तन भाषा परिवारों की सीमाएँ तोड़ते हुए सम्पन्न होते हैं। यदि क् का तालव्यीकरण आर्य भाषाओं में होता है तो वह द्रविड़ भाषाओं में भी होता है। इस प्रकार तालव्यीकरण के मुख्य केन्द्रों की भौगोलिक स्थिति का पता लगाने में सहायता मिलती है।

भारतीय भाषाक्षेत्र में एक ओर सघोष महाप्राण ध्वनियों के केन्द्र हैं, दूसरी ओर अघोष अल्पप्राण ध्वनियों के, एक ओर क् वर्गीय केन्द्र हैं, दूसरी ओर च् वर्गीय केन्द्र हैं, एक ओर त् वर्गीय केन्द्र हैं, दूसरी ओर ट् वर्गीय केन्द्र हैं, एक ओर दन्त्य सकार के केन्द्र हैं तो दूसरी ओर तालव्य और मूर्धन्य सकारों के, एक ओर अ स्वर के केन्द्र हैं तो दूसरी ओर ॲ और ऑ के। ध्वनिपरिवर्तन की प्रक्रिया इस मूर्त भाषाई परिवेश में सम्पन्न होती है। ध्वनिपरिवर्तन के प्रपंच में रास्ता पहचानने का महत्वपूर्ण साधन है सघोष महाप्राण ध्वनियों का सूत्र। जब से भारत में आर्य भाषाओं का अस्तित्व है, तब से भारत

में इन ध्वनियों का अस्तित्व है। कौन से भाषातत्व किस प्रदेश से कहाँ पहुँचे, इसकी जानकारी के लिए इस बात का पता लगाना चाहिए कि घ्-ध्-भ् ध्वनियों वाले शब्दों के प्रतिरूप भारत में और भारत के बाहर कहाँ मिलते हैं।

५. भाषापरिवारों के सम्बन्धसूत्र

(क) कृदन्त

कौन से भाषातत्व किस प्रदेश से कहाँ पहुँचे, इसकी जानकारी के लिए एक अन्य सूत्र है कृदन्तों का क्रियामूलों के रूप में व्यवहार। **वस्** (ढाँकना, पहनना) से कृदन्त **वस्त** बना; इसे लैटिन में फिर क्रियामूल बनाया गया **वॅस्तिओ**। **वस्** क्रिया संस्कृत में है, लैटिन में उसका कृदन्त रूप पहुँचा है। इस भाषातत्व के प्रसार का केन्द्र वह है जहाँ **वस्** अभी क्रियामूल बना हुआ है; जहाँ **वॅस्त्** क्रियामूल है, वहाँ कृदन्त रूप पहुँचा है।

कृदन्तों का निर्माण और प्रसार एशिया और यूरुप के भाषाई विकास की महत्वपूर्ण घटना है। संस्कृत में ही बहुत से क्रियामूलों से कृदन्त बनाये गये, उन कृदन्तों को फिर क्रियामूल बनाया गया। एक क्रिया है **सृ** और दूसरी है **सृप्** (सरकना); भाषाई विकास में **सृ** के व्यवहार की मंजिल पुरानी है। लैटिन में एक क्रिया है **फ़्लुओ**, दूसरी है **फ़्लुइतो** (बहना); इनमें **फ़्लुओ** के व्यवहार की मंज़िल पुरानी है।

लैटिन **वॅस्तिओ** का ग्रीक प्रतिरूप है **अॅस्थॅओ** (पहनना)। **वस्** क्रिया केवल संस्कृत में है। **जानाति** की **ज्ञा** क्रिया से कृदन्त बना **ज्ञात**। इसका रूपान्तर हुआ **ग्नास्**। **ग्नास्** के विकल्प **ग्नोस्** से ग्रीक क्रिया **गिग्नोस्को** (जानना) बनी। **ग्नोस्को** के **ग्** का लोप होने पर लैटिन की **नॉस्को** (उप०) क्रिया बनी। **स्वप्न** की **स्वप्** क्रिया संस्कृत में है, कृदन्त-आधारित **हुप्नॉओ** (सोना, सुलाना) ग्रीक में, **सॉम्निओ** (सपना देखना) लैटिन में है। **पश्यति** की **पश्** क्रिया का एक प्रतिरूप **स्पश्** था जिससे संस्कृत **स्पष्ट** बना। लैटिन में **पश्** या **स्पश्** जैसी क्रिया नहीं है, कृदन्तमूलक **स्पॅक्तो** (देखना) है। संस्कृत **वल्** (चलना, ढाँकना, घेरना) के आधार पर लैटिन क्रिया **वॉल्वो** (मुड़ना, घूमना) बनी। संस्कृत **वृ** (ढाँकना, घेरना) और **वृत्** (चलना, घूमना) परस्पर सम्बद्ध हैं। लैटिन में कृदन्तमूलक क्रिया है **वॅर्तो, वॉर्तो** (घुमाना)। संस्कृत **पण्** (सौदा करना) का **वण्** रूपान्तर **वणिज्** में है; लैटिन क्रिया है **वॅन्दो** (बेचना)। **भार** की **भर्** क्रिया के विकल्प **भॉर्** से लैटिन की **पोर्तो** (ढोना, ले जाना) क्रिया बनी; **भृ** क्रिया संस्कृत में है जिससे **भरति** (ढोता है) रूप बनता है। इसी प्रकार संस्कृत **पा** (पीना) के विकल्प **पो** से लैटिन क्रिया **पोतो** बनी।

ग्रीक **अल्गॅओ** (दुखी होना) का आधार है तमिल **अल** (उप०); तेलुगु **अलागु** (उप०) में वही कृदन्त प्रत्यय है जो ग्रीक **अल्गॉस्** (पीड़ा) में है। **अल्** से **अल्गॉस्**, फिर उससे क्रिया **अल्गॅओ**।

यदि भारतीय क्रियामूलों से बने कृदन्तों को यूरुप की भाषाओं ने मूल क्रिया मानकर अपनाया, तो इससे सिद्ध यह होता है कि वे क्रियामूल प्राचीन हैं, उनसे बने कृदन्त बाद के हैं, उन कृदन्तों को मूल क्रिया बनाने की प्रक्रिया और भी बाद की है।

(ख) सर्वनाम : उत्तम पुरुष

कौन से भाषातत्व किस प्रदेश से कहाँ पहुँचे, इसकी जानकारी के लिए एक महत्वपूर्ण सूत्र सर्वनामों का है। वाक्य में सर्वनामों का व्यवहार स्वतन्त्र रूप से होता है, अन्य शब्दों के अंशरूप में भी। अनेक भाषाओं में मूल क्रिया के बाद सर्वनाम या सर्वनाम चिह्न का व्यवहार होता है; वहाँ सर्वनाम स्वतन्त्र नहीं हैं। क्रिया के बाद सर्वनाम जोड़ने की पद्धति उन भाषाओं में है जिनके वाक्यतन्त्र में विधेय पहले होता है, उद्देश्य बाद को। यह पद्धति प्राचीन है; क्रिया के बाद प्रयुक्त सर्वनाम चिन्ह भी प्राचीन हैं।

उत्तम पुरुष के लिए प्रयुक्त होनेवाला एक पुराना सर्वनाम था **मध्**। संस्कृत **बोधामसि, अचिन्महि,** ग्रीक **हिस्तमॅथ** (हम बनाते हैं), अवेस्ता के क्रियारूप **वरमइदि** (हम वरण करते हैं) में **मध्** के रूपान्तर हैं **मस्, मह्, मॅथ्, मॅद्**। **ध्** ध्वनि अनेक रूपों में ग्रहण की जाती है, उक्त क्रियारूपों की रचना एक ही पद्धति से हुई है, सभी रूपों के अन्त में एक ही सर्वनाम के रूपान्तर हैं, मूल सर्वनाम है **मध्**।

मध् का रूपान्तर **मद्** संस्कृत **मदीय** (मेरा) में है। **मद्** का रूपान्तर **मन्** तेलुगु **मनमु** (हम) में है। यही फ़ारसी का **मन्** (मैं) है। संस्कृत **मम** (मेरा), **माम्** (मुझे), **मया** (मेरे द्वारा) में **मन्** का **म** अथवा **मा** है। **मह्यम्** (मेरे लिए) रूप का **ह्** पूर्वरूप के **ध्** की ओर संकेत करता है। **तुभ्यम्** (तेरे लिए) में सघोष महाप्राण ध्वनि सुरक्षित है। ग्रीक **दिदॉमॅन्** (हम देते हैं) में **मन्** का विकल्प **मॅन्** है।

संस्कृत **पठामि** के समान फिन भाषा के **लउलम्मॅ** (हम गाते हैं) में **मन्** से सम्बद्ध **मॅ** है। संस्कृत **अपठम्** के समान तुर्की **ऑल्दुम्** (मैं हुआ), **सॅवॅरिम्** (मैं पसन्द करता हूँ), **गिदॅचॅगिम्** (मैं जाऊँगा) में **मन्** का अवशेष **म्** है। यही **म्** तुर्की आदि में संज्ञा शब्दों के साथ जुड़ता है यथा तुर्की **बाबम्** (मेरा बाप)।

लिंगुआ पत्रिका (संख्या १४) में आस्ट्रो एशियाटिक भाषाओं के सर्वनामों पर अपने निबन्ध में पिनोव् ने उत्तम पुरुष सर्वनाम के एकवचन रूपों **इङ्, अङ्** के साथ **मिङ्, मङ्** दिये हैं। फ़ारसी **मन्** का प्रतिरूप **मङ्**, ग्रीक **मॅन्** का प्रतिरूप है **मिङ्**। कोल समुदाय का **मा-नॅय्** दो सर्वनामों के योग से बना रूप है; **मा** का अर्थ है हम, **नॅय्** का मैं।

आर्य-द्रविड़-कोल भाषाओं में, भारत से बाहर की ग्रीक-फ़ारसी आदि भाषाओं में, एशिया की तुर्क मंगोल, एशिया-यूरुप की फिनोउग्रियन भाषाओं में उत्तम पुरुष के लिए ऐसे सर्वनाम का व्यवहार होता है जिसका मूलरूप **मध्** था।

पैशाची प्राकृत में उत्तम पुरुष का एक बहुवचन रूप **अम्फ** है। इसका पूर्वरूप **अम्भ** होगा। पैशाची समेत अनेक प्राकृतों में जो **अम्हे** (हम) रूप है, उसका सम्बन्ध बंगला **आमि**, मराठी **मी** से है। संस्कृत **अस्मि**, अंग्रेज़ी **ऐम्** (हूँ) के सर्वनामचिन्ह का सम्बन्ध या तो **अम्भ** से है या **मध्** से।

मध् का रूपान्तर हुआ **मह्**, फिर **मह्** का रूपान्तर हुआ **नह्**। संस्कृत में कर्म-सम्प्रदान-सम्बन्ध का बहुवचन रूप है **नः**, द्विवचन रूप है **नौ**। **पठामि** के **मि** के समान कुछ प्राचीन संस्कृत रूपों में उत्तम पुरुष का चिन्ह **नि** है यथा **अद्य जीवानि** (मैं आज का

दिन जिऊँ)। **जीवानि** के समान ग्रीक **हिस्तेन्** (मैंने रखा) में **न्** ध्वनि वाला उत्तम पुरुष का चिन्ह है। ग्रीक भाषा में कर्ता-कर्म का द्विवचन रूप **नो** है, सम्प्रदान-सम्बन्ध का वैसा ही रूप **नोन्** है।

मध् का रूपान्तर हुआ **मस्**, फिर **मस्** का रूपान्तर हुआ **नस्**। लैटिन **नोस्** (हम) का आधार यह **नस्** है। **मध्** का रूपान्तर हुआ **मद्**, फिर **मद्** का रूपान्तर हुआ **मन्**, पुनः **मन्** का रूपान्तर हुआ **नन्**। ब्राहूइ में यह **नन्** (हम) प्राप्त है। ब्राहूइ के पड़ोस में है फ़ारसी। फ़ारसी **मन्**, तेलुगु **मनमु** और ब्राहूइ **नन्** परस्पर सम्बद्ध रूप हैं। तुलु **नम**, तमिल **नाम्**, **नाङ्गळ्** (हम) का आधाररूप **नन्** है। ग्रीक **हिस्तेन्** (मैंने रखा) के समतुल्य तमिल रूप हैं **पडिक्किरेन्** (मैं पढ़ता हूँ), **पडिप्पेन्** (मैं पढ़ूँगा) और **पडित्तेन्** (मैंने पढ़ा)।

जिन भाषाओं को **म्** और **न्** ध्वनियों वाले दोनों रूप सुलभ हुए, उन्होंने उनमें कार्यभेद निश्चित किया। संस्कृत में **न्** वाले रूप बहुवचन और द्विवचन में हैं, एकवचन में नहीं, ग्रीक में केवल द्विवचन में हैं, लैटिन में बहुवचन में। इंडोयूरोपियन भाषाओं में **न्** मूलक रूप कर्ता कारक में प्रयुक्त नहीं होता। फिन भाषा में **न्** वाला रूप एकवचन के लिए है, **म्** वाला बहुवचन के लिए यथा **तलोनि** (मेरा घर), **तलोमॅ** (हमारा घर)। **न्** वाले रूप का प्रसार सर्वाधिक हुआ है। कोल-समुदाय की नहाली भाषा में **नॅय्** (मैं), जुअङ् में **निन्** का रूपान्तर **निङ्** (हम), नाग-समुदाय की आओ में **नी** (मैं) और **ङी**, खल्ख मंगोल में **नद्**, **नमइग्** (मुझे), अरबी **ना** (हम), **नहर्ना** (दिन हमारा अर्थात् हमारा दिन), एशिया और यूरुप के प्रमुख भाषा परिवारों में **न्** ध्वनि वाला उत्तम पुरुष सूचक सर्वनाम फैला हुआ है। कोल भाषाओं में **न्** ध्वनि बहुधा **ञ्** रूप में ग्रहण की जाती है।

पठामि की संरचना से मिलते-जुलते रूप कोल समुदाय की संथाली भाषा में देखें: **उडिञ्** (पियूँगा), **उड्तिञ्** (पीता हूँ), **गिलिञ्** (मारूँगा), **गिल्तिञ्** (मारता हूँ)। यहाँ **न्** के स्थान पर सर्वनामचिन्ह **ञ्** है। जैसे तुर्की में **बाबम्** (मेरा बाप) रूप है, वैसे ही संथाली में **अपुञ्** (उप०) रूप है। संथाली में स्वतन्त्र सर्वनाम **इञ्** (मैं) है।

नाग समुदाय में सेम जनों की भाषा का ङि (मैं), **आओ** जनों का ङी (उप०), कुछ नाग बोलियों का ङा (उप०) ञ्, न् ध्वनियों वाले रूपों से सम्बद्ध हैं। कण्ठ्य नासिक्य ध्वनि का आदिस्थानीय प्रयोग नाग भाषाओं की विशेषता है।

ङ् ध्वनि वाले रूपों का व्यवहार अपेक्षाकृत कम है, **ञ्** वाले रूपों का व्यवहार अधिक है। **न्** वाले रूपों का प्रसार सर्वाधिक है। नाग भाषाओं का प्रभाव क्षेत्र सीमित है, कोल भाषाओं का प्रभावक्षेत्र उससे बड़ा है। द्रविड़ भाषाओं का प्रभावक्षेत्र इन दोनों के प्रभावक्षेत्र से बड़ा है; नाग-कोल क्षेत्रों में **न्**-मूलक सर्वनाम द्रविड़ क्षेत्र से पहुँचे हैं। संस्कृत समेत इंडोयूरोपियन भाषाओं में **न्** वाले रूप द्रविड़ प्रभाव से स्वीकृत हुए हैं। तेलुगु जैसी भाषा में **म्** वाले रूप आर्य प्रभाव से पहुँचे हैं।

मध् का एक रूपान्तर होगा **मथ्**, दूसरा **मस्त्**, **मस्थ्**। इस **मस्त्** का फिर रूपान्तर होगा **वस्त्**। संस्कृत क्रियारूपों के सर्वनाम **मसि**, **महि** का एक ग्रीक प्रतिरूप है **मॅथ**, दूसरा है **मॅस्थ**। बरो ने ग्रीक **मॅस्थ** की तुलना हित्ती **वस्त** से की है, पुनः ग्रीक सर्वनामचिन्ह

मॅन् की तुलना हित्ती **वॅन्** से की है। यह तुलना इसलिए महत्वपूर्ण है कि उत्तम पुरुष के सर्वनामों में जहाँ आदिस्थानीय **व्** है, वहाँ उसे **म्** का रूपान्तर मानना चाहिए। संस्कृत का बहुवचन रूप है **पठामः**, द्विवचन रूप है **पठावः**। जैसे एकवचन सर्वनाम रूप है **मम** और बहुवचन रूप है **नः**, दोनों का स्रोत एक है; पर जब दो भिन्न ध्वनियों वाले सर्वनाम रूप सुलभ हो गये, तब उनमें कार्यभेद किया गया; वैसे ही **पठामः** और **पठावः** के **मः** और **वः** का स्रोत एक है, पर जब दो रूप सुलभ हो गये, तब **मः** सुरक्षित रहा बहुवचन के लिए, **वः** का उपयोग हुआ द्विवचन के लिए। संस्कृत **वयम्** (हम) का पालि प्रतिरूप **मयम्** (अथवा **मयङ्**) है। पालि **मयम्** अज्ञानी जनों का प्रयोग नहीं है; संस्कृत **इह** का पूर्वरूप पालि **इध** है। **मयम्** का रूपान्तर **वयम्** है जैसे ग्रीक **मॅन्** का हित्ती प्रतिरूप **वॅन्** है।

वॅन् का पूर्वरूप **मॅन्** होगा, **नॅन्** नहीं; **वयम्** का पूर्वरूप **मयम्** होगा, **नयम्** नहीं। किन्तु **नॅन्** से **ञॅन्**, फिर नासिक्य गुण का लोप होने पर **यॅन्**, **अॅन्** रूपों का विकास सम्भव है। संथाली **बॉ**, मुंडारी **बु** उत्तम पुरुष सर्वनाम के बहुवचन रूप हैं। तुर्की **बॅन्** (मैं), खल्ख मंगोल **बि** (उप०), अंग्रेज़ी **वी**, संस्कृत **वयम्** से सम्बद्ध हैं। तमिल में एक रूप है **नान्** (मैं), दूसरा है **यान्**; बीच की कड़ी है मलयालम **ञान्**। कन्नड़ **आन्** में **य्** का लोप हुआ। तमिल में एक रूप है **नाम्** (हम), दूसरा रूप है **याम्**; बीच की कड़ी है मलयालम **ञाङ्ङळ्**। कन्नड़ **आम्** में **य्** का लोप है। आदिस्थानीय **म्**, **न्**, **य्**, **अ** वाले रूप परस्पर सम्बद्ध हैं, यह तेलुगु **मेमु**, **नेमु**, **एमु** (हम) को देखने से समझ में आ जाता है। **मे-ने-ञे-ये-ए**, यह विकासक्रम है। इनमें आदिम रूप **म्** ध्वनि वाला है। तमिल **ऍनव** (मेरा), **ऍङ्गळ्** (हम), कन्नड़ **ऍन्** (मैं) का आधार **नॅन्** है। कोलभाषाओं में एक ओर **न्** से आरम्भ होनेवाले सर्वनाम हैं यथा खरिया में **निङ्**, **निञ्** (हम), दूसरी ओर **अ** या **इ** से आरम्भ होनेवाले रूप हैं। यथा मुंडारी **इङ्**, नहाली **ऍङ्**, संथाली **इञ्** (मैं)। ये दोनों तरह के रूप परस्पर वैसे ही सम्बद्ध हैं जैसे तेलुगु **नेमु** और **एमु**। यह शृंखला दक्षिणपूर्वी एशिया तक फैलती चली गई है। मोन्-ख्मेर **यङ्**, **यॉङ्** (हम) रूपों में **न्** के रूपान्तर **ञ्** का **य्** बना हुआ है जैसे तमिल **नान्** के प्रतिरूप **यान्** में **य्** बना हुआ है।

द्रविड़ और कोल परिवारों के सर्वनामों का मिलान करने पर नतीजा यह निकलता है कि उक्त सर्वनाममूल कोल भाषाओं में द्रविड़ क्षेत्र से पहुँचे हैं। द्रविड़ भाषाओं में इनके ध्वनिरूपान्तरों की सारी कड़ियाँ विद्यमान हैं।

कोल भाषाओं से मिलती-जुलती स्थिति नाग भाषाओं की है। गलोङ **ङो** (मैं), **ङोलु**, **ङोनु** (हम), आओ **नी**, **ङी** (मैं) **न्**-मूलक वर्ग के हैं। बोरो **अङ्** (मैं) में आदिस्थानीय **न** की जगह **अ** है। नाग भाषाओं को ये सर्वनाम द्रविड़ या कोल स्रोत से या दोनों स्रोतों से प्राप्त हुए होंगे।

(ग) सर्वनाम : मध्यम पुरुष

म् और न् ध्वनियों से आरम्भ होनेवाले सर्वनाम रूप अनेक भाषाओं में मध्यम पुरुष के लिए भी प्रयुक्त होते हैं। ब्रुगमन ने इंडोयूरोपियन भाषाओं में उत्तम और मध्यम पुरुषों के लिए एक से सर्वनाम रूपों का व्यवहार देखकर नतीजा निकाला था कि इन

पुरुषों का आदिम भेद आगे चलकर मिट गया। लोग बहुवचन रूपों की जगह एकवचन रूपों का व्यवहार करने लगे; वे वचन भेद भूल गये। वे मध्यम पुरुष रूपों की जगह उत्तम पुरुष रूपों का व्यवहार करने लगे, वे पुरुषभेद भूल गये। किन्तु इस धारणा के विपरीत यह भी सम्भव है कि पहले पुरुषभेद सुनिश्चित न हो, इस कारण वक्ता और श्रोता दोनों के लिए एक ही रूप प्रयुक्त होता हो। लिथुआनियन **मॅनस्**, पुरानी आइरिश के **मॉ, मु** का सम्बन्ध मध्यम पुरुष से है। यह स्थिति द्रविड़ भाषाओं में भी है यथा तेलुगु **मेमु** (हम) और **मीरु** (तुम), नइकि **नेम्** (हम) और ब्राहूइ **नी, ने** (तू)। इसी प्रकार कोल भाषाओं में : संथाली का मध्यम पुरुष एकवचन रूप **मॅ** मोन्-ख्मेर **मि, मॅइ** और वियतनामी **मि, मॅय्** तक फैलता चला गया है। नहाली **नॅ** (तू), **नेको** (तुम) में **म्** के बदले **न्** वाला रूप है। इसी प्रकार नागभाषाओं में, यथा बोरो में, **नङ्, नम्** (तुम)। तुर्की **किज़िन्**, (तेरी लड़की), **इदिन्** (तू था) में मध्यम पुरुष का चिन्ह **इन्** द्रविड़ भाषाओं में प्राप्त है; पजि **ईन्, इन्** (तू), कुइ **ईनु** (उप०)।

(घ) सर्वनाम : अन्य पुरुष

उत्तम पुरुष सर्वनाम **मध्** में **म** स्वयं सर्वनाम मूल है, उसमें वस्तुवाचक **ध** प्रत्यय जोड़कर **मध** रूप बनाया गया। **मध** से **मध्** का विकास हुआ। **म** और **न** ये दोनों सर्वनाम मूल निकटवर्ती वस्तु की ओर संकेत करते थे; यही कारण है, **मद्, मन्, नन्** आदि वक्ता और श्रोता के लिए प्रयुक्त होते हैं। संस्कृत **नेदिष्ठ** (निकट) का आधार **नेद** है; सर्वनाम **नॅ** और वस्तुवाचक प्रत्यय **द** के योग से यह रूप बना। फ़ारसी **नज़दीक** में **नध्** का रूपान्तर है **नज्द**। संथाली और मुंडारी में **न, नॅ** (यह) निकटवर्ती वस्तुसूचक स्वतन्त्र सर्वनाम है।

दूरस्थ वस्तुसूचक सर्वनाममूल **त** है। **मध्** के समान इससे **तध्** रूप बना। जैसे **मध्** से **मद्**, वैसे ही **तध्** से **तद्**। यह **तद्** संस्कृत का नपुंसकलिंगी सर्वनाम है, इसका प्रतिरूप है अंग्रेज़ी **दैट्** (वह)। खल्ख मंगोल के **तॅद्, तॅदॅन्** (वे) इसी शृंखला के रूप हैं। जैसे **मद्** से **मन्**, वैसे ही **तद्** से **तन्**। तमिल **तान्**, ब्राहूइ **तेन्**, तोद **तोन्** स्वयम् के अर्थ में प्रयुक्त होने वाले वैकल्पिक रूप हैं। **तद्** का एक रूपान्तर **तर्** हुआ। यह खल्ख मंगोल का **तॅर्** (वह) है। तमिल **तम्बि** (छोटा भाई), **तन्दइ** (पिता), **ताय** (माँ) में आदि-स्थानीय **त** वही सर्वनाम मूल **त** है। कोल समुदाय में खसी दूरस्थ वस्तुओं के लिए **त, तय्** सर्वनाम प्रत्ययों का व्यवहार करती है। यह सर्वनाम दक्षिण पूर्वी एशिया की मोन्-ख्मेर भाषाओं में पहुँचा है जहाँ **ते** (वह) दूरस्थ वस्तु की ओर संकेत करता है।

जैसे **मध्** से **मस्**, वैसे ही **तध्** (या **तद्**) से **तस्**। यह जर्मन भाषा का नपुंसक-लिंगी **डास्** (वह) है। जर्मन पुल्लिग **डॅर्** (उप०) और ऊपर उल्लिखित मंगोल **तॅर्** एक दूसरे के प्रतिरूप हैं।

तस् का रूपान्तर **सस्**; यह संस्कृत का पुल्लिग व्यक्तिवाचक सर्वनाम **सः** है। **सः** का बहुवचन **ते** है; दोनों परस्पर सम्बद्ध रूप हैं। **ते** का अंग्रेज़ी प्रतिरूप है **दे** (वे)। हिन्दी **सो** (वह), बँगला **से** (उप०) संस्कृत **सः** से सम्बद्ध हैं।

स सर्वनाममूल का रूपान्तर हुआ ह। ग्रीक भाषा में एक निर्देशक सर्वनाम है **हॉ**, **हे**, दूसरा है **तॉ**। ग्रीक **हॉ** और **तॉ** का आपस में वही नाता है जो संस्कृत **सः** और **ते** का है। **सध्**>**सद्**>**सन्**>**हन्**, इस क्रम से संथाली **हन्** (वह) प्राप्त हुआ। संथाली में ही इसके वैकल्पिक रूप हैं **हिन्**, **हॉन्**। **हन्** का मलय रूपान्तर है **हाङ्** (वह, वे)। नॉर्वे और स्वीडन की भाषाओं में पुल्लिग रूप **हन्** (वह) है, स्त्रीलिंग रूप **हॉन्**, **हुन्** हैं। फिनलैण्ड की भाषा में **हन्** का प्रतिरूप है **हैन्** (वह)। अंग्रेज़ी **ही** (वह) और अरबी **हु** (उप०) का आधार **सॅ**, **सॉ** हैं।

ह की महाप्राणता का लोप होने पर **अ** बचा। **अ**, **अॅ**, **ऑ** सर्वनाममूलों का व्यवहार देशकाल वाचक विशेषकों, जैसे **इधर**, **उधर**, के निर्माण में व्यापक रूप से हुआ। इसके अतिरिक्त **हन्** के **ह्** का लोप होने पर अन्य रूप **अन्** प्राप्त हुआ। संथाली **उन्** (वह), रूसी **अन्** (पुल्लिग, वह), **अना** (स्त्रीलिंग), **अनो** (नपुंसक लिंग) हन्, हॉन् आदि से सम्बद्ध हैं। **अ** का उपयोग अन्य सर्वनामों में उसे जोड़कर नये रूप बनाने के लिए हुआ। एक रूप **तस्** या **दस्**, उसमें **अ** जोड़ा तो संस्कृत सर्वनाम **अदस्** बना। एक रूप **तद्**, उसमें **ए** जोड़ा तो संस्कृत सर्वनाम **एतद्** बना। एक रूप **सः**, उसमें **ए** जोड़ा तो संस्कृत सर्वनाम **एषः** बना। एक सर्वनाम **ति**, उसमें **इ** जोड़ा तो संथाली **इति** (यह) बना। एक सर्वनाम **ते**, उसमें जोड़ा **उन्**, तो कोल समुदाय की सोर भाषा का **उन्ते** रूप बना। **उन्**, **इन्** में **ध** जोड़कर **उन्ध**, **इन्ध** रूप बने; हिन्दी के **उन्ह**, **इन्ह** इनके रूपान्तर हैं। भोजपुरी में **इन्हन्** के साथ उसका पूर्वरूप **हिन्हन्** है, **उन्हन्** के साथ उसका पूर्वरूप **हुन्हन्** है। यहाँ **ध** सर्वनाम हो, यह आवश्यक नहीं है। **ध** सर्वनाम था, इसकी चर्चा आगे करेंगे। **ध** वस्तुवाचक प्रत्यय भी था। **ध** में **म** जोड़कर **मध** रूप बनाया गया, वैसे ही **ध** में **उन्** जोड़कर **उन्ध** रूप बनाया गया। **ध** में **अ** जोड़कर **अध** रूप बनाया गया।

अध से **अधस्**, **अधम्**, **अधन्** रूप बने। विभिन्न पुरुषों के सर्वनाम एक दूसरे से कितना मिलते-जुलते हैं, यह **अध** शृंखला के रूपों में देखेंगे। **अधम्** का व्यवहार उत्तम पुरुष के लिए हुआ; पुरानी फ़ारसी में इसका रूपान्तर है **अदम्**, संस्कृत में **अहम्**। **अहम्**>**अअम्**>**अवम्**, इस क्रम से प्राप्त **अवम्** संस्कृत **अहम्** के द्विवचन रूप **आवाम्** में है। **अहम्**>**अअम्**>**अयम्**, इस क्रम से संस्कृत का अन्य पुरुष सूचक **अयम्** प्राप्त हुआ। अन्य पुरुष के लिए **अयम्** के साथ **अवम्** का चलन भी था, यह द्विवचन वैदिक **अवोः** से सिद्ध है। ब्रुगमन ने इसके समकक्ष अवेस्ता के **अवे**, **अवा**, पुरानी फ़ारसी के **अवइय्**, **अवा** रूपों का उल्लेख किया है। तमिल सर्वनाम **अवन्** (वह, पु०), **अवळ्** (वह, स्त्री०), **अवइ** (वह, वे) में वही **अव** है। संस्कृत **अयम्** और तमिल **अवन्** की रचना-प्रक्रिया एक है। **ह्** का लोप होने पर एक जगह **य्** श्रुति का आगम हुआ, दूसरी जगह **व्** श्रुति का।

संस्कृत में **अयम्** (पु०) के साथ **इयम्** (स्त्री०), **इदम्** (न०) रूप प्राप्त हैं। **अयम्** का आधार **अधम्** है, **इयम्** का **इधम्**। **घ्** का **द्** रूपान्तर **इदम्** में स्पष्ट है। **इयम्** का तमिल प्रतिरूप है **इवन्** (पु०), **इवळ्** (स्त्री०)। द्रविड़ भाषाओं में इ, **अ** के

साथ मध्यवर्ती वस्तुसूचक सर्वनाम मूल उ भी है। **अवन्** और **इवन्** के साथ एक तमिल रूप **उवन्** है। इन तीनों रूपों के समानान्तर तमिल में **अदु, इदु, उदु** (यह, वह) है; **इदम्** के समान तीनों नपुंसकलिंगी हैं और **इदम्** के समान ही तीनों में **द्** सुरक्षित है। मध्यवर्ती व्यंजन का लोप किसी समय आर्यों और द्रविड़ों, दोनों के लिए सुसंस्कृत होने का चिन्ह रहा होगा, तभी दोनों ने **इदम्** को नपुंसक वर्ग में रखा। हिन्दी **इन्ह, उन्ह** का विकास **इन्ध, उन्ध** से हुआ, इसकी पुष्टि तमिल **इन्द, उन्द** (ये, वे) से होती है। इनके साथ तमिल **अन्द** भी है। इसके पूर्वरूप **अन्ध** से संस्कृत **अन्य** का विकास हुआ। **अयम्** की तरह **अन्य** में भी **ध** के स्थान पर **य** है।

अधम् के समानान्तर एक रूप **अघम्** था। संस्कृत **अहम्** का ग्रीक-लैटिन प्रतिरूप **ऍगो** है। **अघम्** का **अ** पहले **स** था, इसका प्रमाण मागधी प्राकृत का **हगे, हग्गे** (मैं) रूप है; **स** और **अ** के बीच की कड़ी है **ह**। अन्य पुरुष के लिए इसका निर्देशक सर्वनाम रूप कन्नड़ में **आकॅ** (वह स्त्री), कोन्ड में **अकन्** (वह पुरुष) है। **अन्** में **भ** जोड़ने से एक रूप **अम्भ** बना; पैशाची प्राकृत में इसका रूपान्तर **अम्फ** (हम) है। अन्य पुरुष के लिए इसका निर्देशक सर्वनाम रूप **आमॅ** (वह स्त्री) तेलुगु में है। तेलुगु में **आमॅ** का प्रतिरूप **आपॅ** भी है। **आमॅ** इस **आपॅ** का रूपान्तर भी हो सकता है और **आपॅ** का पूर्वरूप होगा **अभ**।

अध, अघ, अभ ये तीनों सर्वनाम प्रयुक्त होते थे, कहीं उत्तम पुरुष के लिए, कहीं अन्य पुरुष के लिए। **अस** का स्रोत **अघ** हो सकता है, **अध** भी। संस्कृत **अस्मद्** स्पष्ट ही **अस्** और **मद्** दो सर्वनामों के योग से बना रूप है। **अस्माकम्** आदि में **अस्** है। पुरानी स्लाव बोलियों में इसका प्रतिरूप **ऍस्, अज़ु** है। जर्मन **इश्** या **इख्** (मैं) का एक पुराना रूप **इक्** है जो **ऍघ्** का रूपान्तर है। **इक्** का एक पुराना जर्मन प्रतिरूप **इह्** है; **इक्** और **इस्** दोनों से **इह्** का विकास सम्भव है। **ऍघ>ऍस>ऍह>ऍय**, इस क्रम से अंग्रेज़ी **आई** (मैं), रूसी **या** (उप०) रूप प्राप्त हो सकते हैं। **अस्मद्** के **अस्** से सम्बद्ध है पंजाबी **असां** (हम); **असांदा** का विकास है उसी भाषा का **साड्डा** (हमारा)। अन्य पुरुष के लिए **अस्**-वर्ग के निर्देशक सर्वनाम रूप ऍस् (यह), ऑस् (वह) भी पंजाबी में हैं। अस्, ऍस्, ऑस्, तीन रूप सुलभ होने पर इनमें कार्य का विभाजन हुआ; **अस्** आरक्षित हुआ उत्तम पुरुष के लिए, शेष दो अन्य पुरुष के लिए। **ऍस् ऑस्** के हिन्दी प्रतिरूप हैं **इस, उस** और **यह, वह**। पुर्तगाली में **ऍस्, ऑस्** निश्चयार्थी संकेतक हैं।

ऍघम् का एक रूपान्तर **ऍगोन्** हुआ। इसके मध्यवर्ती **ग्** का लोप होने पर ग्रीक समुदाय की बिओशियन बोली का रूप **इओन्** बना। उसी बोली में इसका प्रतिरूप **हिओन्** है। इससे प्रमाणित होता है कि **ऍघम्** का पूर्वरूप **सॅघम्** था; **सॅ** और **ऍ** के बीच की कड़ी है **हॅ**।

अघम्, अधम् आदि में **घ, ध** वस्तुवाचक प्रत्यय हैं। **घ, ध, भ** स्वतन्त्र सर्वनामों के रूप में भी प्रयुक्त होते थे। इनमें सबसे महत्वपूर्ण **ध** है। अवधी **करहि** का आधार **करधि** है, संस्कृत करोति का **करोधि**। **ध** का विकल्प **धॅ** अन्य पुरुषसूचक सर्वनाम है। पुरानी फ़ारसी के **दिम्** (उसे; पु०, कर्मकारक), **दइश्** (उन्हें; पु०, कर्मकारक), दिश् (उन्हें; स्त्री०, कर्मकारक) का आधार **धॅ** है। अंग्रेज़ी का निश्चयार्थी संकेतक दि, जर्मन **डी**

(वह, स्त्री०) पुरानी फ़ारसी के **दिम्** से सम्बद्ध हैं। कोल समुदाय की कुर्कु भाषा में **दिकु** (वे) और मोन् में **दॅह्** (वह, वे) रूप हैं। अंग्रेज़ी **दि** का प्रतिरूप पश्तो का निश्चयार्थी संकेतक **दा** है।

द का रूपान्तर है **ल**। फ्रांसीसी में **ल** (पु०), **ला** (स्त्री०) निश्चयार्थी संकेतक के एकवचन रूप हैं, **लॅ** बहुवचन रूप है। इटालियन में **ला** (स्त्री०), निश्चयार्थी के अलावा अन्य पुरुष के तिर्यक् रूप **लुइ** (एकवचन) और **लोरो** (बहुवचन) हैं। **लुइ** रूप फ्रांसीसी में भी है। **ल** में एक ओर सर्वनाम जोड़ा तो **अल** रूप बना। फ्रांसीसी में **इल्** (पु०), **ऍल्** (स्त्री) व्यक्तिवाचक सर्वनाम के अन्य पुरुष वाले एकवचन रूप हैं। इटालियन में इनके प्रतिरूप **ऍल्लि, ऍल्ला** हैं। लैटिन **इल्लॅ, ऑल्लॅ** निर्देशक और व्यक्तिवाचक दोनों तरह के सर्वनामों का काम करते हैं। इटालियन **इल,** स्पैनिश **ऍल्** निश्चयार्थी संकेतक हैं। इन्हीं का प्रतिरूप है **अल्** क़ाहिरा, **इल्** किताब का अरबी निश्चयार्थी **अल्, इल्**।

अल संस्कृत **अदस्** के **अद** का प्रतिरूप है, **इल** संस्कृत **इदम्** के **इद** का। संस्कृत **अदः** (यह, वह) नपुंसक लिंग है, **इदम्** के समान। **इदम्** का पुल्लिंग रूप **अयम्** है; **अदस्** का पुल्लिंग रूप **असौ** है। **अद** का एक रूपान्तर है **अस**; दूसरा है **अन** जो **अयम्** के करण कारक रूप संस्कृत **अनेन** में है। **अद** का **अस** रूपान्तर केवल कर्ता के एकवचन रूप **असौ** में है, अन्यत्र आधार रूप **अम** है यथा कर्ता के बहुवचन रूप **अमी** में। इसी प्रकार **अयम्** केवल कर्ता के एकवचन में है, कर्ता का बहुवचन रूप है **इमे**। सम्भवतः **इमे** और **अमी** के पूर्व आधार रूप **इभ, अभ** थे। फ़ारसी के **इम्रोज़्** (आज का दिन), **इम्साल्** (यह साल) में संस्कृत **इमे** वाला **इम्** है। **रोज़्** का आधार संस्कृत **द्योस्** (दिवस) है। कन्नड़ **इन्दु** (आज), कोत **इन्द्य्** (उप०), कोडगु **इन्दि** (उप०) में **द्** बना हुआ है, तमिल **इन्रु** (उप०) में **द्** के स्थान पर **र्** है, फ़ारसी की तरह। द्रविड़ शब्दों में **इम्** का प्रतिरूप **इन्** है।

स्पेन और पुर्तगाल पड़ोसी देश हैं, दोनों की भाषाएँ एक-दूसरे से बहुत मिलती-जुलती हैं। स्पैनिश के निश्चयार्थी **ऍल्** का पुर्तगाली प्रतिरूप है **अस्, ऑस्**। दोनों का स्रोत एक है। एक जगह **अद** के **द्** का स्थान **ल्** ध्वनि ने लिया, दूसरी जगह **स्** ने। पुर्तगाली में निश्चयार्थी **अ, ऑ** सर्वनाम मूल **स, सॉ** के रूपान्तर हैं।

(ङ) सर्वनाम : संज्ञा-क्रियापद-रचना

क्रिया और संज्ञा शब्दों के बाद सर्वनामचिन्ह जो ना, यह एक पद्धति है। यह पद्धति पुरानी है और इसका प्रसार आर्यभाषाओं के एक केन्द्र से अन्य क्षेत्रों में हुआ है। **अहम् पठामि** में **पठामि** की रचना पुरानी पद्धति से हुई है। इसी प्रकार **रामस्** का **स्** या **अस्** निश्चयार्थी संकेतक है। तमिल **रामन्** (या **इरामन्**) का **न्** या **अन्** अरबी **मलिकुन्** (राजा) का **उन्** इसी प्रकार निश्चयार्थी है। सर्वनामों की संरचना, उनके पूर्व-रूपों के अध्ययन से हम इस निष्कर्ष पर पहुँचते हैं कि मूल शब्द के बाद सर्वनाम जोड़ने की प्रथा भारतीय है, वह आर्यभाषाओं के एक समुदाय की विशेषता है।

इससे विरोधी प्रवृत्ति वह है जो संज्ञा के पहले सर्वनाम जोड़ती है, क्रिया के पहले कर्ता को स्थान देती है। **अहम् पठामि** का **अहम्** आर्यभाषाओं के दूसरे समुदाय की देन है। संस्कृत **अद्य** (आज) का **अ**, कन्नड़ **इन्दु** (उप०) का **इन्** सर्वनाममूल हैं।

माता के लिए मराठी आदि का **आई** और तमिल आदि का **आय्** सम्बद्ध रूप हैं। इनमें **त** सर्वनाममूल जोड़ा तो हिन्दी **ताई**, तमिल **ताय्** (माँ) रूप प्राप्त हुए। अंग्रेज़ी **आन्ट्** (चाची) में **त** जोड़ने से फ्रांसीसी रूप **तांत** (उप०) बना। तमिल **अत्तन्** का अर्थ है पिता; **त** जोड़ा तो तमिल **तात्ता** (पितामह), पंजि **तात** (पिता) रूप बने। इस पुस्तक के दूसरे खण्ड में **तात** का सम्बन्ध मैंने प्रजननसूचक क्रिया से जोड़ा है, वह सही नहीं है। पिता के लिए एक अन्य तमिल शब्द है **अप्पु, अप्पन्**। नाग समुदाय की गलोङ् भाषा में **अप्पु** का प्रतिरूप **अबॉ** है। इसी समुदाय की इदु भाषा में **अबॉ** के प्रतिरूप **अब में न** सर्वनाम जोड़कर **नब** (पिता) रूप बनता है। **अप्पन्** में **ब** सर्वनाम जोड़ा जाय तो **बाप्पन्** रूप मिलेगा। हिन्दी **बाप** का स्रोतरूप संस्कृत **वप्तृ** (बोने वाला) हो, यह सम्भव है, **अप्पन्** में **ब** जोड़ने से भी हिन्दी रूप बनेगा। **ब** सर्वनाम था, यह **आई** के समकक्ष रूप हिन्दी मराठी **बाई** से सिद्ध है। तुर्की **बाबा** भारतीय **बापा** का रूपान्तर है। अरबी **अब** (पिता), या **अबति** (ओ मेरे पिता) में **अप्पु** का प्रतिरूप **अब** है। **अबति** में सर्वनामचिन्ह मूल शब्द के बाद लगा है।

नाग समुदाय की बोरो भाषा में **नम्बाव्** (तुम्हारा बाबा), **अबाव्** (मेरा बाबा), **बिबाव्** (उसका बाबा) रूप हैं जहाँ मूल शब्द के पहले सर्वनाम लगा है। यहाँ **बाव्** हिन्दी **बाप** का रूपान्तर है। **बिबाव्** का **बि** हिन्दी **बाई के ब** का वैकल्पिक रूप है। बोरो में **बिबाव्** के साथ **बिप** (उसका बाप) रूप भी है। **बापू** की तरह **अप** के आधार पर **बिप** की रचना हुई है। तेलुगु में **अप्प** शब्द पिता, माता, बड़ी बहन तीनों के लिए प्रयुक्त होता है। तेलुगु **अन्न** बड़े भाई के लिए प्रयुक्त होता है; तमिल **अन्नइ** बड़ी बहन, माता के लिए प्रयुक्त होता है। वृन्दावनलाल वर्मा के पुत्र सत्यदेव अपनी माँ को **नन्ना** कहते थे। **अन्न में न** सर्वनाम जोड़ने से **नन्ना** रूप बनेगा। मातामही के लिए हिन्दी का **नानी** शब्द इसी तरह बना है। गलोङ् भाषा का **आनॅ** (माँ) उक्त **अन्न** का प्रतिरूप है। इदु में **आनॅ** के पहले **न** जोड़कर **नानि** (माँ) रूप बनता है, हिन्दी **नानी** की तरह। बोरो में माँ के लिए **आय्** शब्द है; इदु इसमें **न** जोड़कर **नाय्** (दादी) रूप बनाती है। **अत्तन्** के प्रतिरूप **आता में न** जोड़ने से इदु रूप **नाता** (दादा) बनता है। बोरो में इस प्रवृत्ति का व्यापक प्रसार हुआ है : **अगय्** (मेरा छोटा भाई), **अबो** (मेरी बड़ी बहन), **असय्** (मेरा मामा), और इन्हीं के सम पर **अकाय्** (बाँह), **अतेङ्** (टाँग)। इन सबमें **अ** उत्तम पुरुष बोधक सर्वनाम है। **अतेङ्** का शाब्दिक अर्थ होगा मेरी टाँग। **तेङ्** हिन्दी **टाँग** का ही रूपान्तर है। नाग भाषाओं में न केवल सर्वनाममूल आर्यद्रविड़ स्रोतों से पहुँचे हैं, वरन् जिन शब्दों में वे जोड़े जाते हैं, वे भी बहुधा वहाँ इन्हीं स्रोतों से पहुँचे हैं।

(च) सर्वनाम : विशेषक-कारकचिन्ह-रचना

सर्वनामों से अनेक भाषाओं में देशकालवाचक विशेषक बने हैं। इनकी रचना

उस समय हुई है जिस समय सर्वनामचिन्ह मूल शब्द से पहले जोड़ने की प्रवृत्ति सुदृढ़ हो चुकी है। सर्वनामचिन्ह विशेषण का काम करता है यथा हिन्दी **इधर** का अर्थ होगा यह स्थान। **इ** सर्वनाम स्थान की विशेषता बताता है।

संस्कृत **मध्य**, उसके प्रतिरूपों ग्रीक **मॆत, मॆसॉस्**, लैटिन **मॆदिउस्**, रूसी **मॆझ्दु** में सर्वनाम **म** है, अतिदूर और अतिसमीप के बीच की स्थिति का सूचक; वह देशकालवाचक **ध** प्रत्यय में जो ा गया है। **त्, द्, स्, झ्द्** भारतीय **ध्** के रूपान्तर हैं।

संस्कृत **अधस्** (निम्न) के समान एक रूप **निधस्** था। इससे संस्कृत **नीच** बना। जर्मन **नीडॅर्** में **नी** सर्वनाम है, हिन्दी **इधर** के **धर** का रूपान्तर है **डॅर्**। अंग्रेज़ी में **नेदर्** (नीचा) है। संस्कृत **नेदिष्ठ** (अति निकट) में यही **नॆ** है। ग्रीक **नुन्** (अब), लैटिन **नुंक्** (उप०), अंग्रेज़ी **नाउ** (उप०) में **नॉ** सर्वनाम है। संथाली में **न, नॅ** का प्रसार देखते ही बनता है : **नण्डॅ** (यहाँ), **नॅण्डॅ** (उप०), **नॅतॅ** (इधर)।

संस्कृत **तदा, तत्र**, हिन्दी **तब, तहाँ**, अंग्रेज़ी **दिदर्** (वहाँ) में सर्वनाम **त** है। संस्कृत **सदा**, लैटिन **सुपॅर्** (ऊपर) में सर्वनाम **स** है। लैटिन **हॅइक्, हीक्** (यहाँ), अंग्रेज़ी **हिदर्** (इधर), द्रविड़ भाषाओं में कुड़ुख **हुदा** (अन्तराल), कोलभाषाओं में संथाली **हन्तॅ** (वहाँ), **हंडॅ** (उप०), **हंगॅ** (उप०) में **स** का रूपान्तर **ह** है। लैटिन **हीक्** और संथाली **हंगॅ** के **क्, ग्** मूल प्रत्यय **घ** के रूपान्तर हैं।

हिन्दी क्षेत्र में अवधी **इंघे** (यहाँ), बाँगरू **इंघे**, तमिल **इङ्गॅ** (यहाँ), संथाली **अॅङ्गे** (वहाँ) में **घ** और उसका रूपान्तर **ग** हैं। **स** और **सन्, ह** और **हन्, अ** और **अन्** सम्बद्ध सर्वनाममूल हैं। तमिल में **इङ्गॅ** के साथ **इण्डु** (यहाँ) भी है। संस्कृत **अन्तर**, लैटिन प्रतिरूप **इन्तॅर्**, फ़ारसी **अन्दर्** में **तर, दर** देशवाचक **धर** के रूपान्तर हैं। हिन्दी **इधर, उधर** में यह **धर** है। संस्कृत **इह** के पूर्वरूप पालि **इध** में देशवाचक **ध** है। **धर** के समकक्ष रूप **भर** का रूपान्तर **पर** संस्कृत **उपरि**, लैटिन **सुपॅर्**, ग्रीक **हुपॅर्** में है। **अब, जब, कब, तब**, इन हिन्दी रूपों में कालवाचक **भ** का रूपान्तर **ब** है।

जैसे संस्कृत **अन्तर**, फ़ारसी **अन्दर** की रचना हुई है, वैसे ही हिन्दी **भीतर** की रचना हुई है। **तर** स्थानवाचक प्रत्यय है, **भी** निर्देशक सर्वनाम है। नाग समुदाय की बोरो भाषा में सर्वनाम **बि** (वह) इस **भी** का रूपान्तर है। **बितङ्** (वैसे, उधर), **बिबाव्** (उसका बाप) में यह **बि** है। बोरो के **अॅबी** (यही), **ऑबी** (वही) में **अॅ** निकटवर्ती, **ऑ** दूरवर्ती वस्तु की ओर संकेत करते हैं। जैसे **अब, जब** में **ब** कालवाचक प्रत्यय है, वैसे ही **अॅबी, ऑबी** में **ब** वस्तुवाचक है। लैटिन **इबी** (वहाँ), **उबी** (जहाँ) में वही **ब** प्रत्यय है। संस्कृत **निभ** (समान) में सम्भवतः **नि** समीपतासूचक सर्वनाम है और **भ** वस्तुवाचक प्रत्यय है। **जब, तब** के **ब** का पूर्वरूप होगा यह **भ**। इसका वैकल्पिक रूप होगा **भी**।

द्रविड़ भाषाओं में सर्वनाममूलों से बने कुछ अभावसूचक रूप दिलचस्प हैं। तमिल **इल्** (अभाव), **इल्लइ** (नहीं) का **इ** सर्वनाम है। कुइ **सिड**, पॅर्जि **चिल**, गोंडी **हिल्ॅ** तमिल **इल्** के प्रतिरूप हैं। **इ** सर्वनाम का मूल रूप है **सि**। निषेधवाचक प्रत्यय है **द**। तुलु **इज्जि** में **द्** का रूपान्तर **ज्** है, कुइ **सिड** में **ड्**, पॅर्जि **चिल** में **ल्**। द्रविड़ भाषाओं

के निषेधसूचक **द** का अरबी प्रतिरूप है **ला** (**लावारिस, लामकान** का **ला**)। द्रविड़ भाषाओं में **द्** का अस्तित्व प्रमाणित करने वाले **ड्, ज्** हैं, अरबी में केवल **ल्** है। अरबी **अल्** का पूर्वरूप **अद्** था, इसकी पुष्टि **ला** से होती है।

सर्वनामों से सम्बन्धक, कारकचिन्ह कैसे बनते हैं, इसका एक उदाहरण है तमिल **इल्**। यहाँ **इ** सर्वनाम है और **ल्** स्थानवाचक **द** का रूपान्तर है। **इल्** अधिकरण कारक का चिन्ह है। तमिल **इल्** का एक अर्थ घर, स्थान है। 'यह स्थान', इस मूल अर्थ से 'में', 'पर' वाले अधिकरण भाव का विकास हुआ। **इल्** के कुइ प्रतिरूप **इडु** (घर) में **द्** का रूपान्तर **ड्** विद्यमान है। कन्नड़ **अॅड** (मध्य) की रचना भी इसी प्रकार हुई है। पुरानी तमिल में अधिकरणचिन्ह **इल्** का प्रतिरूप **इन्** है। **द्** एक जगह **न्** में परिवर्तित हुआ, दूसरी जगह **ल्** में। **ल्** और **न्** भी एक दूसरे का स्थान ग्रहण करते हैं। संस्कृत **कस्मिन्, तस्मिन्** का इल् तमिल इन् से तुलनीय है। ग्रीक **अॅन्** स्वतन्त्र सम्बन्धक है यथा **अॅन् अथेनइस्** (एथेन्स में)। लैटिन **इन्** भी सम्बन्धक है और भीतर, ऊपर का भाव व्यक्त करता है। अंग्रेज़ी में भीतर और ऊपर के लिए **इन्** और **औन्** दो भिन्न रूप हैं; जर्मन में इनके प्रतिरूप **इन्, अन्** हैं। द्रविड़ भाषाओं से ज्ञात होता है कि इन सब रूपों का **न्** पहले **द्** था।

तमिल में **इन्** सम्बन्धकारक का चिन्ह भी है। तमिल **मगन्** (लड़का) में **इन्** जोड़ा तो रूप बना **मगनिन्** (लड़के का)। ठीक इसी तरह तुर्की में **अहमद** नाम के आगे **इन्** जोड़ा तो रूप बना **अहमदिन्** (अहमद का)। संस्कृत **दंड** में **इन्** जोड़ा तो **दंडिन्** का का अर्थ 'डंडे का' न हुआ वरन् 'डंडेवाला' हुआ। भाव वही सम्बन्धकारक का है। इसी तरह रूसी में **स्ताल्** (फौलाद) से **स्तालिन्** (फौलादी)। बुरिअत मंगोल में, तुर्की के समान, **इन्** सम्बन्धकारक का चिन्ह है; **अख़** (बड़ा भाई) से **अख़िन्** (बड़े भाई का)। इसी तरह अरबी में **जन्नत** से **जन्नतिन्** (जन्नत का)।

(छ) संश्लिष्ट भाषापद्धति

इंडोयूरोपियन परिवार की संस्कृत, ग्रीक आदि और सामी परिवार की अरबी आदि भाषाएँ संश्लिष्ट रूपों वाली हैं, इनमें कारकचिन्ह शब्दमूल से जुड़ा रहता है। जुड़ता इस तरह से है कि मूल शब्द पहले होता है और कारकचिन्ह बाद में आता है। इस रचना-प्रक्रिया का आधार वाक्यतन्त्र की वह पद्धति है जो स्वतन्त्र सम्बन्धक को सदा मूल शब्द के बाद रखती है। आर्य-द्रविड़ भाषाएँ कारकचिन्ह और सम्बन्धकों को सदा मूल शब्द के बाद रखती हैं। यूरुप की भाषाओं में जहाँ संश्लिष्ट रूप हैं, वहाँ कारकचिन्ह सदा मूल शब्द के बाद आता है यथा अंग्रेज़ी **ही** (वह) के कर्मरूप **हिम्** में कारकचिन्ह **म्** हि के बाद आया है। किन्तु यदि सम्बन्धक का व्यवहार करना हो, यथा **टु हिम्** (उसको), तो सम्बन्धक मूल शब्द से पहले आयेगा। यही स्थिति ग्रीक, लैटिन, जर्मन, रूसी की है। ठीक यही स्थिति अरबी की है; विभक्तिचिन्ह मूल शब्द के बाद आयेगा, सम्बन्धक उससे पहले। फिनोउग्रियन परिवार की फिन भाषा में कारकरचना संस्कृत पद्धति से होती है, सम्बन्धक मूल शब्द के पहले आते हैं, अंग्रेज़ी की तरह, और बाद को

भी, हिन्दी की तरह। तुर्क-मंगोल भाषाओं में सम्बन्धक मूल शब्द के बाद आते हैं, यही स्थिति नाग, द्रविड़, कोल भाषाओं की है। संश्लिष्ट पदरचना का स्रोत भारत है जहाँ कारकचिन्हों और सम्बन्धकों के व्यवहार में आन्तरिक संगति है। सम्बन्धकों की रचना का इतिहास भी भारतीय क्षेत्र को इस पद्धति का स्रोत सिद्ध करता है।

सर्वनामों के उद्भव और प्रसार से क्रियापद-रचना का इतिहास जुड़ा हुआ है। क्रियापद पुरुष की सूचना सर्वनामचिन्ह से देता है। इस तरह की क्रियापद-रचना संश्लिष्ट भाषाओं की विशेषता है। जैसे कारकरचना में विभक्ति जोड़ने की प्रक्रिया उन्हें संश्लिष्ट बनाती है, वैसे ही क्रियापद-रचना में पुरुषसूचक सर्वनामचिन्ह जोड़ने की प्रक्रिया उन्हें संश्लिष्ट बनाती है। क्रियापद-रचना की इस पद्धति का सम्बन्ध वाक्यतन्त्र की उस पद्धति से है जिसमें क्रिया पहले आती है, कर्ता बाद में आता है। इस पद्धति का स्रोत कहाँ है, इसका निर्णय सर्वनामों के स्रोत के ज्ञान से होगा। जो सर्वनामों का स्रोत है, वही उक्त विन्यासपद्धति का स्रोत है। सर्वनामों के बिना उस तरह की क्रियापद-रचना होती ही नहीं है। सर्वनामों के विवेचन से सिद्ध होता है कि उक्त विन्यास-पद्धति और तिङन्त क्रियापद-रचना का स्रोत आर्यभाषा-क्षेत्र है। इससे जो भिन्न पद्धति है, जिसमें कृदन्त-व्यवहार प्रधान है, उसका स्रोत भी आर्यभाषा क्षेत्र है। कारण यह कि तिङन्त-प्रयोग पूर्वी आर्यभाषा क्षेत्र की विशेषता है तो कृदन्त-प्रयोग उत्तरी क्षेत्र की।

यजामहे के **महे** का पूर्वरूप **मधे** है। **अहम्**, पुरानी फ़ारसी के **अदम्** का मूलरूप **अधम्** है। **श्रुधी हवम्** वैदिक पद में सर्वनामचिन्ह **धि** विद्यमान है। **तुभ्यम्, तेभ्यः** आदि कारक रूपों में सघोष महाप्राण **भ्** विद्यमान है। **स्कम्भ, स्तम्भ** में कृदन्त प्रत्यय **भ** है। बाँगरू-अवधी **इंघे, ईंघे** में सर्वनाम के बाद स्थानवाचक **घ** जोड़ा गया है। आर्यभाषा क्षेत्र **घ्-ध्-भ्** ध्वनियों के अविच्छिन्न व्यवहार का एकमात्र क्षेत्र है। सर्वनाम, कारक, क्रियापद, सम्बन्धक, कृदन्त, इन सभी की रचना में **घ्, ध्, भ्** की महत्वपूर्ण भूमिका है। क्रियापदों के बाद सर्वनाम जोड़ने की प्रथा भी वहीं की है जहाँ के सर्वनाम हैं। संज्ञा के बाद कारकचिन्ह जोड़ने की प्रथा, भाषा को संश्लिष्ट रूप देने की प्रथा वहीं की है जहाँ के सम्बन्धक हैं जो निरन्तर व्यवहार से कारकचिन्ह बने हैं। क्रियामूल से कृदन्त बनाने की प्रथा वहीं की है जहाँ **घ, ध, भ** इन मूल प्रत्ययों का व्यवहार होता था। इस प्रकार एशिया और यूरुप की भाषाओं के अनेक स्तरों पर भारतीय आर्यभाषाओं से उनके सम्पर्क की छाप है।

(ज) भाषापरिवारों का निर्माण

किसी भी भाषा-परिवार के मूल तत्वों का विश्लेषण किया जाय तो उनमें सर्वनामों की गिनती अवश्य होगी। एशिया और यूरुप की भाषाओं के सर्वनामों में बहुत बड़ी समानता है; इसका अर्थ यह है कि यूरुप और एशिया के भाषापरिवारों के मूल-तत्वों में बहुत बड़ी समानता है। इससे निष्कर्ष यह निकला कि किसी भी भाषा-परिवार का निर्माण एकान्त शून्य में नहीं होता; निर्माण और विकास की हर मंज़िल में उसका अन्य भाषासमुदायों से सम्पर्क रहता है। भारतीय सन्दर्भ में द्रविड़ परिवार के मूलतत्वों

का विवेचन करें तो कोई ऐसी मंजिल नहीं है जब आर्य भाषाओं से द्रविड़ सम्पर्क के प्रमाण न मिलते हों।

क्रिया के बाद सर्वनाम जोड़ने की पद्धति किसी भी भाषा-परिवार की मूल विशेषता मानी जायगी। किन्तु हम देखते हैं कि यह मूल विशेषता अनेक भाषापरिवारों में विद्यमान है। इसका अर्थ यह हुआ कि किसी भी भाषा-परिवार की मूल विशेषताएँ एकान्त शून्य में विकसित नहीं होतीं। ये विशेषताएँ केवल सापेक्ष रूप में मौलिक होती हैं। इससे निष्कर्ष यह निकला कि भाषापरिवारों के आपसी सम्बन्ध अनेक प्रकार के होते हैं। सर्वनामों में समानता का यह अर्थ नहीं कि शब्दभण्डार के अन्य स्तरों पर वैसी ही समानता होगी; क्रिया में सर्वनाम जोड़ने के चलन का यह अर्थ नहीं कि भाषा की संरचना के हर स्तर पर वैसी ही समानता होगी।

भाषा-परिवार का निर्माण विभिन्न गणभाषाओं के संयोग से होता है। इन गण-भाषाओं के ध्वनि-शब्द-रूपतन्त्रों की अपनी विशेषताएँ होती हैं। सामाजिक-सांस्कृतिक कारणों से ऐसे गणभाषासमवाय में यदि किसी एक गण भाषा का व्यवहार प्रधान हो, विभिन्न गणसमाजों में वह भाषा विचार-विनिमय का प्रमुख माध्यम बने, तो अन्य गण-भाषाओं में उसकी विशेषताओं का प्रसार होगा। साथ ही इतर भाषाओं की विशेषताएँ पूरी तरह नष्ट न होंगी, वे गौण स्थान पर होंगी। यूनान के गणसमाजों में पहले इओनिक भाषा का प्राधान्य था; उसी में होमर के काव्य हैं और उसका प्रभाव सभी गणभाषाओं पर पड़ा। आगे चलकर अत्तिक गणभाषा का प्राधान्य हुआ और वह यूनान की जातीय भाषा बनी। भारत में संस्कृत का मूलाधार कोसल की भाषा है; वैदिक काल तक कोसल की भाषा ने कौरवी से प्रभावित होकर नया रूप ग्रहण किया और यह संस्कृत भाषा अन्तरजनपदीय विचार-विनिमय का प्रमुख साधन बनी। स्वभावतः अन्य आर्य-गणभाषाओं पर उसका गहरा असर पड़ा। भिन्न गणभाषाओं की विशेषताएँ जब एक जगह सिमट आती हैं, तब उनका आपसी भेद लुप्त नहीं हो जाता। अतः प्रत्येक भाषा-परिवार में, हर स्तर पर, एक ही समय में, कभी-कभी एक ही स्थान पर, विरोधी प्रवृत्तियाँ सक्रिय होती हैं। प्रत्येक भाषा का निर्माण विभिन्न प्रभावों से हुआ है, अतः प्रत्येक भाषा किन्हीं एकरूप लक्षणों का जड़ समवाय नहीं होती; भाषा-व्यवस्था में विरोधी तत्व सक्रिय रहते हुए भी समन्वय स्थापित करते हैं। भाषा का स्वरूप, उसकी अस्मिता इस समन्वय पर निर्भर है; उसका विकास, भाषा-व्यवस्था की परिवर्तनशीलता विरोधी तत्वों की क्रियाशीलता पर निर्भर है।

किसी भाषापरिवार के पड़ोस में जो अन्य भाषापरिवार होगा, वह भी गण-भाषाओं का समवाय होगा। अतः दो परिवारों का सम्पर्क किन्हीं दो आदि भाषाओं का सम्पर्क नहीं होता; वह विभिन्न गणभाषाओं का सम्पर्क होता है। अतः उस सम्पर्क का परिणाम एकरूप नहीं होता; उसमें विविधता होती है। यह बिलकुल सम्भव है कि प्राचीन तमिल जनों का जैसा सम्पर्क कुरु जनों से रहा हो, वैसा कोसलों से न हो; आन्ध्रों का जैसा सम्पर्क कोसलों से हो, वैसा कुरु जनों से न हो। इसी तरह यह सम्भव है कि प्राचीन आर्मीनियन और आइरिश जनों का सम्पर्क कन्नड़-भाषियों से अधिक रहा हो,

तमिल जनों से कम रहा हो या न रहा हो।

भारत को भाषाई क्षेत्र मानकर यदि हम आर्य, द्रविड़, नाग, कोल भाषा-परिवारों को एक नाम भारतीय भाषासमुदाय दें और इस समुदाय से एशिया और यूरुप के भाषापरिवारों की तुलना करें, तो अन्तर-पारिवारिक सम्बन्धों की सारी पेचीदगी, उनकी विविधता हमारे सामने उजागर होगी। यदि केवल स्पर्शध्वनियों के संघर्षीकरण की प्रवृत्ति ली जाय, तो विदित होगा कि भारतीय समुदाय की नागभाषाओं का जितना प्रभाव जर्मन भाषावर्ग पर है, उतना इंडोयूरोपियन परिवार के किसी अन्य आर्येतर भाषा-वर्ग पर नहीं है। यदि सघोष महाप्राण स्पर्शध्वनियों को अघोष अल्पप्राण रूप देने की प्रवृत्ति ली जाय, तो विदित होगा कि इस प्रवृत्ति को जन्म देने वाला द्रविड़ प्रभाव जितना तुखारी और हित्ती पर है, उतना इंडोयूरोपियन परिवार की अन्य भाषाओं पर नहीं है। यदि क्रियाभिमुख वाक्यतन्त्र को लिया जाय, तो यह आर्य प्रभाव जितना केल्त भाषाओं पर है, उतना अन्य किसी भाषासमुदाय पर नहीं है। वाक्यतन्त्र की यह पद्धति जितने सुसंगत रूप में केल्त भाषाओं में बनी हुई है, उतने सुसंगत रूप में न आर्य भाषाओं में है, न कोल भाषाओं में।

भाषा-परिवार का निर्माण और विकास एक निरन्तर गतिशील प्रक्रिया है। वह मुख्यतः गणसमाजों के युग में सम्पन्न होती है किन्तु सामन्ती-पूँजीवादी युगों में वह पूरी तरह अवरुद्ध नहीं हो जाती। इसके विपरीत संचार साधनों के विकास के साथ भाषा-परिवारों का आपसी सम्पर्क और बढ़ता है और उनमें महत्वपूर्ण परिवर्तन होते हैं। साथ ही किसी भाषा-परिवार के अन्तर्गत जो भाषाएँ हैं, उनका आपसी सम्पर्क बढ़ता है; भाषापरिवार आन्तरिक रूप से सुगठित होता है। साथ ही पिछड़े समाजों की भाषाएँ जब इतिहास के रंगमंच पर आगे आती हैं, तब भाषा-परिवार की जो विविधता प्रच्छन्न थी, वह उजागर होती है। ऐतिहासिक भाषाविज्ञान के लिए पिछड़े समाजों की इन भाषाओं का विशेष महत्व है। द्रविड़ भाषा-परिवार के निर्माण के जिन रहस्यों का पता तमिल से न चलेगा, उनका पता—सदा नहीं, कभी-कभी—तोद, कुइ, कुड़ुख से चल जायगा। इसी प्रकार ऐतिहासिक भाषाविज्ञान के लिए मानक भाषा के अतिरिक्त उप-भाषाओं, जनपदीय बोलियों का महत्व है। ऐतिहासिक भाषाविज्ञान से बोलीविज्ञान का गहरा नाता है। आधुनिक भाषाओं का विकास समझने के लिए प्राचीन भाषाओं का ज्ञान आवश्यक है; साथ ही प्राचीन भाषाओं के विकास की अनेक बातों का ज्ञान हमें आधुनिक भाषाओं के विश्लेषण से होता है।

भाषा-परिवारों की भिन्नता और समानता भाषा के सभी स्तरों पर एक सी नहीं होती। सर्वाधिक भिन्नता ध्वनितन्त्र के स्तर पर देखी जाती है, उससे कम शब्दभण्डार में, उससे कम रूपतन्त्र या वाक्यतन्त्र में। किन्तु भिन्नता और समानता हर स्तर पर है और ऐतिहासिक भाषाविज्ञान के लिए दोनों महत्वपूर्ण हैं।

भारत को भाषाई क्षेत्र माननेवाले विद्वान् कहते हैं कि यहाँ अन्य देशों से विभिन्न परिवारों की भाषाएँ बोलने वाले लोग आये और बहुत दिनों तक साथ रहने के कारण उन्होंने कुछ ऐसी सामान्य विशेषताओं का विकास किया जो मूल परिवारों में न थीं।

एक ही क्षेत्र में बोली जानेवाली भाषाओं में अन्तरपारिवारिक विशेषताओं का विकसित होना स्वाभाविक है। एक क्षेत्र में रहने का अर्थ है निरन्तर सम्पर्क में आना, और इसका परिणाम भाषातत्वों का आदान-प्रदान होगा ही। किन्तु ये भाषापरिवार अपनी मूल विशेषताएँ विकसित करके आये थे, इसका प्रमाण क्या है? जब तक इंडोयूरोपियन परिवार की आर्येतर भाषाओं के साथ द्रविड़ भाषाओं का तुलनात्मक अध्ययन नहीं किया जाता, तभी तक भाषाई क्षेत्र की उक्त व्याख्या वैज्ञानिक होने का आभास देती रहेगी। जैसे ही संस्कृत **पितृ** और ग्रीक **पतेर्** (पिता) का सम्बन्ध पहचानने के साथ-साथ लोगों ने तमिल **अत्तन्** और ग्रीक **अत्त** (पिता) का भी सम्बन्ध पहचाना, वैसे ही भाषापरिवारों के निर्माण के बारे में अनेक प्रचलित धारणाओं का यथार्थ अवैज्ञानिक रूप प्रकट हो जायगा।

ग्रीक भाषा तमिल की पुत्री नहीं है, वह संस्कृत की पुत्री नहीं है, संस्कृत किसी आदि इंडोयूरोपियन भाषा की पुत्री नहीं है। ग्रीक, जर्मन, केल्त, स्लाव आदि भाषा-समुदायों के अपने स्वतन्त्र केन्द्र थे, हर समुदाय का एक मूल केन्द्र नहीं, अनेक केन्द्र थे, इसीलिए तो रूसी स्लाव **फ़िलिप** मज़े में कह लेते हैं पर उक्रैनी स्लाव **फ़िलिप** की कायापलट करके कहेंगे **खिवलिप**। यूरुप के इन भाषा-समुदायों के स्वतन्त्र केन्द्र थे, हर समुदाय में भाषातत्वों का आन्तरिक विनिमय हुआ, हर समुदाय ने अन्य समुदायों से ऐसे तत्वों का लेन-देन किया। इस प्रक्रिया में इन समुदायों ने बहुत से भारतीय भाषातत्व ग्रहण किये। इनमें काफी तत्व ऐसे हैं जो केवल आर्य भाषाओं में नहीं, द्रविड़ भाषाओं में भी प्राप्त हैं। द्रविड़ भाषाओं से तुलना करने पर एक ओर उन नये भाषातत्वों का पता लगता है जो यूरुप और भारत की भाषाओं में सामान्य हैं, दूसरी ओर ध्वनितन्त्र और अर्थविस्तार की उन प्रक्रियाओं का बोध होता है जिन्हें पार करके ये भारतीय भाषातत्व यूरुप की भाषाओं में पहुँचे हैं।

भाषासमुदायों में परस्पर कितना आदान-प्रदान होता है, यह मुख्यतः सामाजिक-सांस्कृतिक कारणों पर निर्भर है। कभी-कभी पड़ोसी भाषाएँ एक दूसरे से नितान्त अलग-थलग पड़ी दिखाई देती हैं, इसके विपरीत दूर देशों की भाषाओं से गहरा सम्बन्ध स्थापित हो जाता है। भौगोलिक सान्निध्य या दूरी गौण होते हुए भी उपेक्षणीय नहीं है, विशेष रूप से उस युग में जब सामन्ती सम्बन्धों का विकास नहीं हुआ और समाज गण-आधार पर संगठित हैं। गण-व्यवस्था के युग से सामन्ती और पूँजीवादी युगों तक आते-आते पुरानी गणभाषाओं, फिर उनकी उत्तराधिकारी जनपदीय भाषाओं, की भौगोलिक स्थिति में काफी परिवर्तन हो, यह सम्भव है पर अनिवार्य नहीं। एक भाषा बोलनेवाला समाज दूसरी भाषा अपना ले, यह एक स्थिति है। जब उसकी भाषा का ही पता न चलेगा तब उस भाषा के भौगोलिक क्षेत्र का ज्ञान कहाँ से होगा? एक भाषा बोलनेवाला समाज किन्हीं कारणों से स्थानान्तरित हो जाय, यह दूसरी स्थिति है। किसी भाषा को बोलनेवाला पूरा समाज ही नष्ट हो जाय, उसके साथ उसकी भाषा का लोप हो जाय, यह तीसरी स्थिति है। यह स्थिति पूँजीवादी युग में बहुधा उत्पन्न होती है। उसे गणव्यवस्था के युग पर आरोपित करना वास्तव में पूँजीवादी

प्रचार के भुलावे में आ जाना है। यूरुप के पूँजीपति वर्ग ने जो कुछ उत्तरी-दक्षिणी अमरीका में किया, उसे इतिहास की सामान्य घटना बताने के लिए कहा जाता है कि ऐसा तो सनातन से होता आया है।

पठान देश की कुभा (काबुल) नदी के किनारे किसी समय यूनानियों की बस्तियाँ थीं। इतिहासकार काशीप्रसाद जायसवाल ने अपने ग्रन्थ **हिन्दू पौलिटी** (बंगलोर, १९४३) में **महाभारत** के शान्ति पर्व (अध्याय ६५), पाणिनि की **अष्टाध्यायी** और अशोक के शिलालेखों में यवनों के उल्लेख की चर्चा करते हुए बताया है कि कुभा या काबुल नदी के तट पर सिकन्दर के आक्रमण से बहुत समय पहले यूनानियों की बस्ती के बारे में निश्चित प्रमाण मिलते हैं। पतञ्जलि के **नैश्य** नाम जनपद में ये रहते थे। सिकन्दर के साथ के लोगों ने इन्हें देखा तो समझा कि ये भारतीय हैं। किन्तु उन्होंने कहा, हम यूनानी हैं; और पता चला कि वे यूनान की देवगाथाओं से भलीभाँति परिचित हैं और यूनानी ही हैं। ये यूनानी वहाँ कब से रहते थे, पता नहीं; वे पठानों में घुल-मिल गये या यूनान चले गये, पता नहीं।

महाभारत के उक्त स्थल में यवनों के साथ तुषारों का उल्लेख है। इनकी तुखारी भाषा इंडोयूरोपियन परिवार की केन्तुम् शाखा के अन्तर्गत मानी जाती है और प्राचीनता के लक्षणों के कारण हित्ती की समकक्ष कही जाती है। ये संस्कृत **श्** को **क्** कहनेवाले, ग्रीक-लैटिन बिरादरी की भाषा बोलनेवाले कहाँ विलीन हो गये, पता नहीं।

महाभारत में यवनों, तुषारों के साथ काम्बोज जनों का उल्लेख है। जायसवाल ने बताया है कि **महाभारत** के अतिरिक्त इनका उल्लेख **रामायण**, **मनुस्मृति** और अशोक के शिलालेखों में है। इन सब उल्लेखों में इनके साथ यवनों का नाम भी आता है। कौटिल्य के **अर्थशास्त्र** में इन्हें **काम्भोज** कहा गया है। अपनी घुड़सवारी के कारण ये **अश्वक** नाम से विख्यात थे और जायसवाल के अनुसार पूर्वी अफगानिस्तान में रहते थे। अनेक भारतीय ग्रन्थों में इनके निरन्तर उल्लेख से ज्ञात होता है कि वे शताब्दियों तक भारतीय आर्यों के पड़ोसी रहे हैं। **महाभारत** के अनुसार वे कौरवों का पक्ष लेकर पाण्डवों से लड़े थे। कौरव सेना के कृतवर्मा से युद्ध करने के बाद पाण्डव पक्ष के सात्यकि जब आगे बढ़े, तब काम्बोजवाहिनी ने उनका मार्ग अवरुद्ध कर दिया :

प्रययौ त्वरितस्तूर्णं काम्बोजानां महाचमूम् ।
स तत्र बहुभिः शूरैः संनिरुद्धो महारथैः ॥
(**द्रोण पर्व**, अध्याय ११३)

जो विद्वान् भाषापरिवार को किसी नस्ल के साथ जोड़ते हैं और फिर एक नस्ल के लोगों को पराजित और दूसरी नस्ल के लोगों को विजय पाते दिखलाते हैं, वे देखें कि एक ही भाषा बोलनेवाले कौरव-पाण्डव आपस में लड़ रहे हैं और अन्य भाषा बोलने वाले काम्बोज उनमें एक दल का साथ दे रहे हैं।

कम्बोज जनों के विशिष्ट भाषाई प्रयोगों को लक्ष्य करके पतञ्जलि ने **महाभाष्य** में गत्यर्थे **शव्** क्रिया के व्यवहार का उल्लेख किया था :

शवतिर्गतिकर्मा कम्बोजेष्वेव भाषितो भवति ।

कम्बोज जन पूर्वी अफगानिस्तान में रहते थे। अफगानिस्तान में, तुर्कों के प्रसार अभियान के बाद, भारी आन्तरिक परिवर्तन हुए। पुरातत्वज्ञ अलेग्ज़ान्डर कनिंघम् ने **द एन्शेन्ट् जिऑग्राफ़ी आफ़ इन्डिया** (१८७१; वाराणसी, १९६३) में लिखा है कि ईसापूर्व तीसरी-चौथी शताब्दियों में काबुल घाटी पर भारत का अधिकार था। यूनानियों और शकों की मुद्राओं पर सन् १०० ई० और बाद तक भारतीय भाषाओं का व्यवहार होता रहा था। दसवीं ईस्वी सदी में काबुल घाटी पर ब्राह्मणवंश के राजाओं का शासन था और 'इनकी शक्ति महमूद गज़नवी के शासनकाल के अन्तिम दिनों से पहले ध्वस्त नहीं की जा सकी।' (पृ. १३)। स्मरणीय है कि महमूद ग़ज़नवी तुर्क था। कनिंघम् के अनुसार पूर्वी अफगानिस्तान के लोग भारतीय उद्‌भव के थे; वे बौद्ध धर्म के अनुयायी थे। गज़नवी शासन में उनका दमन किया गया और उन्हें वहाँ से बाहर निकाला गया।

कम्बोज लोगों का मुख्य केन्द्र अब कम्पूचिया है। इनकी भाषा के वाक्यतन्त्र में कुछ ऐसी विशेषताएँ हैं जो इंडोयूरोपियन परिवार की आर्येतर भाषाओं में मिलती हैं, भारतीय आर्य भाषाओं में नहीं। इसका कारण भारत के उत्तरी सीमान्त पर कम्बोज गण का दीर्घकालीन निवास और यवन आदि आर्येतर गणों से उनका सम्पर्क हो सकता है।

जायसवाल ने **मनुस्मृति** में काम्बोज, यवन, शक गणों के साथ द्रविड़जनों के नामोल्लेख का प्रसंग उद्धृत किया है। **महाभारत के भीष्म पर्व** (अध्याय ९) में जहाँ दक्षिण के जनपद गिनाये गये हैं, वहाँ केरल, कर्णाटक के साथ द्रविड़ों का नाम है। **द्रविड़** शब्द जिस व्यापक अर्थ में अब प्रयुक्त होता है, उस अर्थ में पहले, **महाभारत** के रचना-काल में, न प्रयुक्त होता था। इसीलिए केरल, कर्णाटक से भिन्न द्रविड़ जनपद का उल्लेख है। **द्रविड़ाः केरलाः** नाम एक साथ आये हैं; केरल के पड़ोसी द्रविड़ वे लोग हो सकते हैं जो अब तमिल कहलाते हैं। एक द्रविड़ केरल के पड़ोसी रहे हों, दूसरे द्रविड़ कम्बोज गण के पड़ोसी रहे हों, यह सम्भव है।

द्रविड़ भाषाएँ बोलनेवालों में एक प्रमुख समुदाय आन्ध्रों का है। मध्य पूर्व से द्रविड़ों का कितना घनिष्ठ और दीर्घकालीन सम्बन्ध रहा है, इसका ज्ञान वक्षु नदी तट-वासी आन्ध्रों के अस्तित्व से होता है। ये लोग वहाँ अशोक के समय तक विद्यमान थे। जायसवाल ने लिखा है कि अशोक के शिलालेखों में अफगानिस्तान से गुजरात तक के उत्तर पश्चिमी गणराज्य गिनाये गये हैं और फिर भारत से बाहर वक्षु प्रदेश के राज्यों का उल्लेख है। यहाँ पारदों और आन्ध्रों के राज्य हैं। जायसवाल ने कहा है कि ये उत्तरी आन्ध्र दक्षिणी आन्ध्रों से भिन्न थे। दो पीढ़ी पहले, चन्द्रगुप्त के शासनकाल में, आन्ध्रों का शक्तिशाली राज्य था; केवल मगध राज्य उससे अधिक शक्तिशाली था।

दक्षिण भारत के आन्ध्र अब भी अपनी जगह हैं; पश्चिमी एशिया के आन्ध्रों का पता नहीं, कहाँ विलीन हुए। वे उत्तर-पश्चिमी सीमान्तों में बहुत दिनों तक रहे, यह तथ्य असंदिग्ध है। भागवत में किरात, हूण, यवन आदि के साथ **अन्ध्र** जनों के उल्लेख का हवाला देने के बाद जायसवाल कहते हैं कि **आन्ध्र** से मिलता-जुलता कोई कबीलाई नाम अफगानिस्तान में है या नहीं, इसका पता नहीं लगा किन्तु बल्ख के पश्चिम में **अन्ध-**

खुइ नाम का स्थान नक्शे में है **और मत्स्य पुराण** के अनुसार **पुर अन्ध्र** जन बाह्लीक समुदाय में थे। फिर पादटिप्पणी में सूचना दी है कि ग़ज़नी के नज़र खाँ ने अफगानिस्तान के एक लड़ाकू गिल्ज़ाई कबीले का नाम **अँधेड़ी, अँधड़ी** बताया है। (**हिन्दू पौलिटी**, पृ० १३०)।

आन्ध्र, अन्ध्र का सम्बन्ध **अँधेड़ी** से हो चाहे न हो, ग्रीक **अन्थ्रोपॉस्** (पुरुष) और **अन्द्रॅइअ** (पुरुषत्व) से अवश्य है। **आन्ध्र** शब्द तेलुगु का शब्द नहीं है, न किसी अन्य द्रविड़ भाषा का है। यह एक खोया हुआ प्राचीन आर्य शब्द है जिसका मूल अर्थ उसके ग्रीक रूपान्तर में विद्यमान है। ठीक यही अर्थ उसके तमिल रूपान्तर **आण्** (पुरुष), **आण्मइ** (पुरुषत्व) में सुरक्षित है। **द्रविड़** अर्थात् **तमिल, आन्ध्र** अर्थात् **तेलुगु** और **यवन** अर्थात् **यूनानी** कभी पड़ोसी रहे हों तो ऐसा होना स्वाभाविक है। जायसवाल ने **अन्धखुइ** नाम के स्थान का उल्लेख किया है। यह नाम स्पष्ट ही दो शब्दों से मिलकर बना है। इनमें **अन्ध** तो **आन्ध्र** है, **खुइ** द्रविड़ समुदाय की **कुइ** भाषा बोलनेवाला गणसमाज होगा।

भारत की एक भाषा नहाली है। कुछ लोग इसे कोल परिवार की भाषा मानते हैं; अन्य कहते हैं कि है तो कोल परिवार की पर इस पर द्रविड़ और आर्य भाषाओं का काफी प्रभाव है। एक मत यह है कि कोल और द्रविड़ परिवारों के पूर्ववर्ती किसी भाषा-समुदाय से इसका सम्बन्ध है क्योंकि शरीर के अंगों के लिए जो शब्द नहाली में हैं, उनके प्रतिरूप न तो कोल भाषाओं में हैं, न द्रविड़ भाषाओं में। ये तीनों मत अपनी-अपनी जगह सही हो सकते हैं। नहाली का अपना स्वतन्त्र भाषाकेन्द्र रहा है, इसलिए उसके शब्दभण्डार का एक अंश अन्यत्र अप्राप्य है। उसके शेष शब्दभण्डार और रूपतन्त्र पर कोल भाषाओं का इतना गहरा प्रभाव है कि वह वस्तुतः कोल परिवार की भाषा बन गई है। कोलजन आर्यों और द्रविड़ों के पड़ोसी रहे हैं, इसलिए नहाली पर आर्य-द्रविड़ प्रभाव पड़ना स्वाभाविक है। भाषाविद् कुइपर ने **नहाली ए कम्परेटिव स्टडी**(अम्स्टरडम, १९६२) में लिखा है कि अकबर के समय में नहालीभाषियों का कत्ले आम हुआ था। जिस राजा ने कत्लेआम का आयोजन किया था, उसे बादशाह से पुरस्कार मिला था। आगे चलकर, कुइपर के अनुसार, मराठा शासक सिन्धिया के अरब सैनिकों ने स्त्रियों, बच्चों समेत इनका कत्लेआम किया। ग्रियर्सन के सर्वेक्षण ग्रन्थ (खण्ड ४) में १९०१ के जनगणना विवरण के आधार पर उल्लेख है कि कुड़ुख जनों को उनकी भूमि से मुसलमानों ने भगाया था; गण समाज का एक भाग राजमहल की पहाड़ियों में बस गया, दूसरा छोटा नागपुर के उत्तर पश्चिमी भाग में जा बसा।

डी. ऐन्. मजूमदार ने अंग्रेज़ी राज में आदिवासियों की दशा पर अपनी पुस्तक **रेसॅज् ऐन्ड कल्चर्स् आफ् इन्डिया** (इलाहाबाद) में लिखा है : "इनके सांस्कृतिक जीवन की बहुत सी अज्ञात या अल्पज्ञात बातों का अब पता लगा है। दस साल पहले जिस तरह के परिवर्तन कल्पनातीत थे, वे घटित हुए हैं। नये सम्पर्कों से नयी असुविधाएँ पैदा हुई हैं। इन सब बातों से ऐसी समस्याएँ उठ खड़ी हुई हैं जिनका समाधान सचमुच कठिन है। उनके परिवेश में यहाँ, और भारत से बाहर, विकट परिवर्तन हुए हैं जिन पर इनका बस

न था। अतः अनेक आदिम जातियों में जीते रहने की इच्छा नहीं रह गई। अनेक आदिम जातियों का ह्रास हुआ है या वैसा रुझान पैदा हुआ है। गंजम एजेन्सी क्षेत्र के खोंड, छोटा नागपुर के असुर, यू. पी. और बिहार के कोर्वा, निलिगिरि के तोद उन बहुत सी आदिम जातियों में कुछ एक हैं जिनकी ज़िन्दगी मौत के बहुत नज़दीक पहुँच गई है।" (पृ० २५६-५७)

आदिम जातियों के परिवेश में जो विकट परिवर्तन हुआ है, उसका कर्ता साम्राज्यवाद है। इसलिए यह परिवर्तन भारत तक सीमित नहीं है। इस परिवर्तन की मुख्य दिशा ह्रास की है। इस ह्रास को रोकने में नवस्वाधीन देशों का पूँजीवाद असमर्थ सिद्ध हो रहा है। इन आदिम जातियों का पूँजीवादी-सामन्ती शोषण और बढ़ा है। केवल समाजवादी क्रान्ति इन जातियों को नष्ट होने से बचा सकती है, उन्हें नया जीवन दे सकती है। किन्तु पूँजीवादी युग में उनके विनाश को सामन्त युग पर आरोपित न करना चाहिए और सामन्तयुग में उनके नरसंहार को गणव्यवस्था के युग पर आरोपित न करना चाहिए। इससे शोषकों को राजनीतिक लाभ अवश्य होता है; भाषाओं का इतिहास उसके सहारे नहीं लिखा जा सकता।

(झ) ऐतिहासिक भाषाविज्ञान और द्रविड़

आर्य-द्रविड़ भाषाओं का सम्बन्ध बहुत पुराना है और बहुत घनिष्ठ है किन्तु वे एक ही परिवार की दो शाखाएँ नहीं हैं। द्रविड़ भाषाओं की उत्पत्ति संस्कृत से नहीं हुई; प्राचीन तमिल से संस्कृत की उत्पत्ति नहीं हुई। आर्य और द्रविड़ भाषाओं में मौलिक भेद महाप्राण ध्वनियों को लेकर है। ध्वनितन्त्र, शब्दतन्त्र, विन्यासतन्त्र के स्तरों पर क्या द्रविड़ है, क्या आर्य है, इसके विश्लेषण में मतभेद और वादविवाद की बहुत गुंजाइश है, किन्तु द्रविड़ भाषाक्षेत्र मूलतः अल्पप्राण ध्वनियों का क्षेत्र है और आर्य भाषा क्षेत्र महाप्राण ध्वनियों का क्षेत्र है, इस बारे में मतभेद और विवाद की गुंजाइश नहीं है। विशेषरूप से सघोष महाप्राण स्पर्शध्वनियाँ आर्य भाषाओं का लक्षण हैं और यह लक्षण उन्हें द्रविड़ भाषाओं से अलग करता है, यह तथ्य असंदिग्ध है। कहने वाले कह सकते हैं कि संस्कृत का जन्म प्राचीन तमिल से ही हुआ है, संस्कृत ने तमिल शब्दों की अल्पप्राण ध्वनियों में अतिरिक्त महाप्राणता जोड़कर उन्हें 'आर्य' बना लिया है अथवा तमिल का जन्म संस्कृत से हुआ है, संस्कृत की महाप्राण ध्वनियों को अल्पप्राण करके तमिल ने उन्हें द्रविड़ बना लिया है। इन दोनों मान्यताओं में कोई भी सही हो, तो उससे सिद्ध क्या होता है ? यही कि एक क्षेत्र महाप्राण ध्वनियों का है और दूसरा उससे भिन्न प्रकृतिवाला, अल्पप्राण ध्वनियों का क्षेत्र है। यह ध्वनितन्त्रीय मौलिक भेद दोनों परिवारों को एक दूसरे से अलग करता है।

द्रविड़ किसी विशेष वर्ग और शारीरिक गठन के जनसमुदाय का नाम नहीं है, द्रविड़ नाम की कोई नस्ल नहीं थी। द्रविड़ भाषासमुदाय का निर्माण कई मंजिलों में कई गणसमाजों के परस्पर सम्पर्क से हुआ है। **क्-त्-प्** इन तीन अल्पप्राण अघोष ध्वनियों के बिना द्रविड़ भाषाओं के अस्तित्व की कल्पना नहीं की जा सकती किन्तु इस

स्थापना के अनेक प्रमाण हैं कि ये ध्वनियाँ तीन भिन्न केन्द्रों की उपज हैं। तमिल में एक रूप है **कडा** (भैंसा), **किडा** (उप०); तेलुगु में प्रतिरूप है **पड्ड** (पड़िया), पर्जि में **पॅड्ड** (उप०); कन्नड़ में एक रूप है **गुण्ड** (चाकर), मलयालम में **कुण्ड** (गुलाम, गंदी स्त्री), कन्नड़ में सम्बद्धरूप है **पुण्ड** (बदमाश); तमिल **किड** (लेटना), कन्नड़ **कॅडॅ** (गिरना), इसके साथ कन्नड़ **पडु** (लेटना), पर्जि **पड्** (गिरना); तमिल **तूऱ्** (भरा जाना), इसके साथ कोलमि **पुर्** (उप०); तमिल **कुप्पइ** (ढेर, घूर), इसके साथ तुलु तुप्पॅ (अनाज का ढेर); कन्नड़ **दारु** (कौन) के साथ गोंडी **बार्** (क्या)। वास्तव में आर्य भाषाओं की अपेक्षा ऐसे भिन्न ध्वनियों और सम्बद्ध अर्थों वाले शब्द द्रविड़ भाषाओं में अधिक हैं। इसका कारण यह है कि द्रविड़ भाषाक्षेत्र में किसी एक मानक अन्तरजनपदीय भाषा का प्रसार उस तरह नहीं हुआ जिस तरह आर्य-भाषा क्षेत्र में संस्कृत का प्रसार हुआ। प्राचीन गणभाषाओं की विविधता द्रविड़ प्रदेशों में अधिक सुरक्षित है।

क्-त्-प् ध्वनि केन्द्रों में मिलते-जुलते रूपों का विकास हुआ, ये रूप द्रविड़ भाषाओं में पुरानी भिन्नता के प्रमाण हैं, किन्तु परस्पर सम्पर्क से वह भिन्नता समाप्त हो गई, अब हर द्रविड़ भाषा में **क्-त्-प्** तीनों ध्वनियाँ विद्यमान हैं। अन्य ध्वनियों का विकास द्रविड़ भाषाओं में विषम रूप में हुआ है यथा तोद में **स्, श्** के साथ **ष्** भी है और अर्थ भेदक है; अन्य भाषाओं में **ष्** का पूर्ण अभाव है और **स्, श्** का व्यवहार कम होता है। तमिल में **ण्** की भरमार है, तेलुगु में उसका अभाव-सा है। इसी प्रकार संरचना की दृष्टि से द्रविड़ भाषाओं में महत्वपूर्ण भेद हैं। तमिल में क्रियापद लिंगभेद सूचित करता है तो मलयालम में वह ऐसा भेद सूचित नहीं करता।

द्रविड़ गणसमाज भारत के उत्तरी और उत्तरी-पश्चिमी सीमान्तों पर रहते थे, वह बात अनेक भाषाविज्ञानी मानते हैं। बलूचिस्तान में ब्राहूइ भाषा इन सीमान्तों में उनके प्राचीन निवास का प्रमाण है। डॉ० सिद्धेश्वर वर्मा को कश्मीर के उत्तरी भाग में **नूरु** (सौ) आदि द्रविड़ शब्दों का जो व्यवहार होता दिखाई दिया था, वह उक्त प्रमाण को और पुष्ट करता है। किन्तु इससे यह सिद्ध नहीं होता कि उसी समय भारत के अन्य प्रदेशों में द्रविड़ जन न रहते थे। द्रविड़ भाषाओं के शब्दभण्डार के अनेक स्तर हैं। इनमें एक स्तर वह है जो द्रविड़ भाषाओं को आर्य भाषाओं से जोड़ता है, इसमें जल और प्रकाश से सम्बद्ध शब्द, अर्थप्रसार से विकासमान इन शब्दों की दीर्घ शृंखलाएँ और सर्वनाम रूप सबसे महत्वपूर्ण हैं। दूसरा स्तर वह है जहाँ अनेक शब्द द्रविड़ भाषाओं में तो व्यापक रूप से व्यवहृत हैं किन्तु उनके प्रतिरूप आर्य भाषाओं में नहीं हैं। इनमें संख्यावाचक **नूरु** (सौ) है जिसके प्रतिरूप तमिल कन्नड़ आदि विकसित समाजों के अलावा तोद, गोंडी आदि अपेक्षाकृत अविकसित समाजों की भाषाओं में मिलते हैं। तीसरा स्तर उन शब्दों का है जो दो-चार भाषाओं में ही प्रयुक्त होते हैं। इनमें धान और चावल का अर्थ देने वाले शब्द हैं, इनकी चर्चा इस खण्ड के दूसरे अध्याय में हो चुकी है।

द्रविड़ भाषाओं में ध्वनितन्त्र, शब्दतन्त्र और रूपतन्त्र को लेकर आपस में जो समानता है और भिन्नता है, इन तन्त्रों को लेकर आर्य भाषाओं से जो भिन्नता और समानता है, उस सबको ध्यान में रखें तो भाषापरिवार के निर्माण की दीर्घकालीन पेचीदा

प्रक्रिया समझ में आ जायगी।

द्रविड़ भाषाएँ शक परिवार अथवा फिनोउग्रियन किंवा तुर्कमंगोल परिवार की शाखा नहीं हैं। फिनो-उग्रियन और तुर्कमंगोल परिवारों से उनका सम्बन्ध अवश्य है। उत्तर-पश्चिमी भारतीय सीमान्तों पर बसे हुए द्रविड़ जनों की भौगोलिक स्थिति के कारण ऐसा होना अनिवार्य था। इसी तरह इंडोयूरोपियन परिवार की प्राचीन भाषाएँ बोलने वालों से भी उनका सम्पर्क होना अनिवार्य था। इस सम्पर्क की ओर लोगों ने कम ध्यान दिया है। इस अध्याय में जो शब्दशृंखलाएँ दी गई हैं, उनसे ज्ञात होता है कि न केवल **घ्-ध्-भ्** ध्वनियों के रूपान्तर द्रविड़ और इंडोयूरोपियन भाषाओं में एक से हैं, वरन् शब्द-रूप एक से हैं, अर्थविस्तार की प्रक्रिया एक-सी है। इंडोयूरोपियन परिवार के पड़ोस में द्रविड़ों की प्राचीन स्थिति को ध्यान में रखने से उक्त परिवार के विकास की अनेक समस्याएँ सुलझ जाती हैं। कुछ विद्वानों ने इस बात का उल्लेख किया है कि द्रविड़ और सामी भाषाओं में अनेक समानताएँ हैं। ऐसी समानताएँ होना स्वाभाविक है क्योंकि बाबुल, सामी जनों का पुराना केन्द्र, भारत के पड़ोस में है।

द्रविड़ भाषाएँ हिन्दी प्रदेश को घेरे हुई थीं और बहुत कुछ अब भी घेरे हुए हैं। इसी कारण महाप्राण ध्वनियों की जितनी रक्षा मध्यदेश में हुई है, उतनी मध्यदेश के आसपास की आर्य भाषाओं में नहीं हुई। द्रविड़ जन मध्यदेश के निवासी नहीं थे; यदि होते तो आर्य भाषाओं में सघोष महाप्राण ध्वनियों का वैसे ही अभाव होता जैसे फ़ारसी, पश्तो और कश्मीरी में है, इंडोयूरोपियन परिवार की सभी प्राचीन नवीन आर्येतर भाषाओं में है।

टवर्गीय ध्वनियाँ द्रविड़ परिवार के प्रभाव से आर्य भाषाओं में आईं, यह धारणा निराधार है। जिन प्राचीन भाषाओं से सिन्धी, गुजराती, असमिया का सम्बन्ध है, वे भाषाएँ टवर्गीय ध्वनियाँ अन्य भाषाओं को देती रही हैं। टवर्गीय ध्वनियाँ द्रविड़ शब्दों में प्रायः आदिस्थानीय नहीं होतीं। ऐसे रूप भी मिलते हैं कि द्रविड़ भाषाओं में **त्** है किन्तु आर्य भाषाओं में **ट्** है। तमिल **नुदल्** (माथा) के साथ द्रविड़ व्युत्पत्तिकोश में संस्कृत **निटाल** (उप०) रूप दिया है। संस्कृत में **निटल** भी है और वह **नुदल्** से और भी मिलता है। संस्कृत में **ट्** है, तमिल में **द्**। हिन्दी **टांडा** तेलुगु में **तण्डा** है, हिन्दी **टिल्लाना** कन्नड़ तमिल में **तिल्लाना** है, संस्कृत **तड्** (पीटना) कन्नड़ में **तदकु** है। स्वभावतः द्रविड़ भाषाओं में कभी-कभी **त्-ट्** ध्वनियों वाले वैकल्पिक रूप मिलते हैं यथा तमिल **कॉत्तलम्** (दुर्ग-प्राचीर) और **कोट्टम्** (दुर्ग)।

आर्य और द्रविड़ दोनों भाषा-समुदायों में समस्त टवर्गीय ध्वनियों का विकास एक-सा नहीं हुआ। मूर्धन्य **ष्** द्रविड़ भाषाओं में केवल तोद की विशेषता है। **ण्** का प्रसार तमिल में अधिक है, तेलुगु की स्थिति ब्रज और अवधी से मिलती-जुलती है। **ठ्, ढ्** ध्वनियाँ द्रविड़ भाषाओं में दुर्लभ हैं।

द्रविड़ गणसमाजों की अनेक भाषाएँ थीं; उनकी अपनी विशेषताएँ थीं, अतः उनका सम्पर्क जहाँ अन्य भाषाओं से हुआ है, वहाँ इस सम्पर्क का रूप भी अलग-अलग तरह का है। बहुधा ऐसा भी होता है कि द्रविड़ और गैरद्रविड़ दो भाषा-समुदायों पर

किसी तीसरे समुदाय का प्रभाव पड़ रहा है और उसके स्रोत्र का पता लगाना आसान नहीं है। टवर्गीय ध्वनियाँ यूरुप की भाषाओं में केवल जर्मन समुदाय में हैं। जर्मन में अंग्रेज़ी की अपेक्षा इनका वर्त्स्य रूप अधिक स्पष्ट है, कभी-कभी वे दन्त्य ध्वनियों जैसी भी सुनाई देती हैं। अंग्रेज़ी की ट्, ड् ध्वनियाँ असमिया, तमिल और हिन्दी की वर्त्स्य ध्वनियों से मिलती-जुलती हैं। इंग्लैण्ड के उत्तरी भाग नौर्थम्बरलैन्ड में तथा नौर्वे और स्वीडन में प्रतिवेष्टित ट्, ण् ध्वनियों का व्यवहार होता है, भारतीय मूर्धन्य ध्वनियों के समान। मूर्धन्य और वर्त्स्य ध्वनियों को पूरी तरह एक दूसरे से अलगाया नहीं जा सकता। भौगोलिक दृष्टि से जर्मन क्षेत्र की जो भाषाएँ उत्तरी सीमान्तों पर हैं, उन्हीं में मूर्धन्य लक्षण स्पष्ट है। इनसे नीचे उतरकर वर्त्स्य लक्षण की प्रधानता है। स्वयं जर्मनी में वर्त्स्य लक्षण उत्तर की ओर दन्त्य लक्षण दक्षिण की ओर प्रधान है। स्लाव, लैटिन, ग्रीक आदि अन्य समुदायों में वर्त्स्य ध्वनियों का अभाव है। भारत के पड़ोस में पश्तो में वर्त्स्य-मूर्धन्य ध्वनियों की भरमार है, फ़ारसी में उनका अभाव है। इससे निष्कर्ष यह निकलता है कि इंडोयूरोपियन भाषाओं के एक वर्ग में तथा द्रविड़ भाषाओं में वर्त्स्य-मूर्धन्य ध्वनियों के व्यवहार का लक्षण सामान्य है; इस सामान्य लक्षण का एक ही स्रोत है, यह स्रोत उन गणभाषाओं के क्षेत्र में है जिनसे सिन्धी, गुजराती और असमिया का विकास हुआ है।

इसी तरह तालव्य ध्वनियों के प्रसार की समस्या का विवेचन होगा। क्-त् के स्थान पर च् का व्यवहार कन्नड़ की अपेक्षा तमिल में अधिक है, इंडोयूरोपियन परिवार के स्लाव समुदाय में इसका व्यवहार होता है, पड़ोस में फ़ारसी और तुर्की में इसका प्रसार है। च्-वर्ग की सभी ध्वनियों का विकास आर्य भाषाओं में हुआ है; इसी तरह ट्-वर्ग की सभी ध्वनियों का विकास आर्य भाषाओं में हुआ है। जैसे ट्-ण् के साथ ष् है, वैसे ही च्-ञ् के साथ श् है। यह श् मागधी भाषा समुदाय का एक मात्र सकार था; अतः यह सम्भावना असंगत नहीं है कि तुर्क-स्लाव-द्रविड़ भाषाओं पर इस समुदाय की तालव्य ध्वनियों का प्रभाव पड़ा है।

जर्मन और द्रविड़ भाषाओं में मध्यवर्ती स्पर्शध्वनि को संघर्षी रूप देने, ग् को ग़् बोलने, की प्रवृत्ति है। अंग्रेज़ी में संघर्षी ध्वनि के लोप की प्रवृत्ति है, अनेक द्रविड़ शब्दों—यथा तेलुगु तग और तवु (योग्य होना)—में यही प्रवृत्ति है। प्राकृतों में इस प्रवृत्ति का चरम विकास देखा जाता है। यह सम्भव है कि जिन गणभाषाओं का यह लक्षण प्राकृतों में प्रतिबिम्बित है, उन्होंने द्रविड़-जर्मन समुदायों को समान रूप से प्रभावित किया हो।

द्रविड़ भाषाओं में कन्नड़ आदिस्थानीय प् का स्पर्शतत्व क्षीण करके उसे ह् रूप में ग्रहण करती है। यह प्रवृत्ति इंडोयूरोपियन परिवार की आर्मीनियन और आइरिश भाषाओं में है। इससे मिलती-जुलती प्रवृत्ति पूर्वी बंगाल की बोलियों में है। सम्भव है, द्रविड़-इंडोयूरोपियन समुदायों का एक वर्ग नागभाषाओं से प्रभावित हुआ हो।

तमिल-मलयालम में व्यंजन द्वित्व की प्रवृत्ति अपेक्षाकृत प्रबल है। तमिल कुत्तु (सीना, चुभाना), कोत-तोद कुत्, तमिल कप्पु (गपकना), कन्नड़ कप, तमिल चाक्कु

(बहाना), कन्नड़ **साकु**, तमिल **पट्टइ** (पटिया), तुलु-नइकि **पटि**, तमिल **पाट्टु** (गायन), कन्नड़ **पाट**; व्यंजन-द्वित्व की यह प्रवृत्ति फिन भाषा में है यथा अंग्रेज़ी **लैम्प** और फिन **लम्प्पु**, अंग्रेज़ी **मैट्** (चटाई) और फिन **मत्तो**, अंग्रेज़ी **कप्** और फिन **कुप्पि**। सम्भव है, अन्य द्रविड़ भाषाओं की अपेक्षा तमिल गण फिन-क्षेत्र के अधिक समीप रहे हों। फिन भाषा में आदिस्थानीय **र्** का व्यवहार खूब होता है, तुर्की में तमिल के समान **र्** के पहले अतिरिक्त स्वर जोड़ने की प्रवृत्ति है। **र्** के पहले **ह्** जोड़ने की प्रवृत्ति ग्रीक और केल्त भाषाओं में है। यह समानता आकस्मिक नहीं है यद्यपि यह कहना कठिन है कि इस प्रवृत्ति का मूल स्रोत कहाँ है। तेलुगु में **र्** से आरम्भ होने वाले काफी शब्द हैं; इसका अर्थ यह है कि तमिल की अपेक्षा तेलुगु उस स्रोत से दूर है।

द् को **र्-ल्** रूप में ग्रहण करने की प्रवृत्ति हिन्दी, पश्तो, फ़ारसी, लैटिन, तमिल आदि अनेक भाषाओं में है। यह प्रवृत्ति मूलतः किस भाषा-समुदाय की है, यह कहना कठिन है। इसका प्रसारकेन्द्र कहीं भारत के उत्तर-पश्चिमी सीमान्त पर था, यह निश्चित है। हिन्दी **दस** का पश्तो प्रतिरूप **लस्**, संस्कृत **देवर** का लैटिन प्रतिरूप **लेविर्** यहाँ स्मरणीय हैं। फ़ारसी **रोज़्** (दिन) का पूर्वरूप वैदिक **द्योस्** है, **द्यौस** (दिन, आकाश) इसी का प्रचलित विकल्प है। **इम्** सर्वनाम जोड़कर फ़ारसी रूप **इम्रोज़्** बनता है जैसे **द्य** में सर्वनामचिन्ह **अ** जोड़कर संस्कृत **अद्य** बनता है। **इम्रोज़्** का, फ़ारसी की यज़्दी बोली में, **इम्रु** प्रतिरूप है। **इम्रु** का तमिल जोड़ीदार है **इन्रु** (आज)। **इम्रु, इन्रु** और **इम्रोज़्** का **र्** मूलतः **द्** है, इसका ज्ञान कन्नड़ **इन्दु**, कोत **इन्द्य**, कोडगु **इन्दि** आदि से होता है। इन रूपों का वही अर्थ है जो तमिल **इन्रु** का है। इसी अर्थ के द्योतक तेलुगु **नेंडु**, गोंडी **नेन्ड्**, कुइ **नेञ्जु** हैं; इनमें सर्वनाममूल **न** जोड़ा गया है। **डु, जु** का पूर्वरूप **द्यु** है। तमिल प्रतिरूप **ञान्रु** (दिन, समय) में **द्** का रूपान्तर **र्** है। तमिल **अॅन्रु** (सूर्य) और **इन्रु** (आज) वास्तव में एक ही प्रकाशवाचक शब्दमूल से बने दो रूप हैं। तमिल **अॅन्रु** का तेलुगु प्रतिरूप है **अॅण्ड** (सूर्य)। यहाँ **ड** पुनः **र्** के पूर्वरूप **द्** की ओर संकेत करता है। गोंडी **अॅद्दि** (धूप) में **द्** ही है। जहाँ प्रकाशवाचक **दि** में **न** सर्वनाम जोड़ा गया, वहाँ पर्जि के **नॅन्दि, नॅन्डि** (धूप) रूप बने। तेलुगु **नेंडु** (आज) और पर्जि **नेन्डि** में एक ही सर्वनाम **न** है, एक ही शब्दमूल **डु, डि** है।

इन रूपों से सिद्ध यह हुआ कि **द्** ध्वनि को जैसे तमिल **र्** बनाती है, वैसे सभी द्रविड़ भाषाएँ नहीं बनातीं। तमिल, फ़ारसी, पश्तो, हिन्दी इस व्यापार में एक दूसरे के बहुत निकट हैं।

इसी प्रकार आर्य भाषाओं से द्रविड़ भाषाओं का सम्बन्ध विविध प्रकार का है। संस्कृत **भण्डि** (गाड़ी) तुलु में **बण्डि** है और ज्यों की त्यों **भण्डि** भी है। तुलु के साथ कन्नड़, तेलुगु और कोलमि में **बण्डि** रूप है। इसका अर्थ यह है कि आर्य भाषाओं की सघोष महाप्राण ध्वनियाँ द्रविड़ समुदाय में ज्यों की त्यों बहुत कम ग्रहीत होती हैं किन्तु उनका सघोष अल्पप्राण रूपान्तर आदि स्थान में अनेक द्रविड़ भाषाएँ ग्रहण करती हैं। संस्कृत **भ्रातृ** का रूसी प्रतिरूप **ब्रात**, अंग्रेज़ी प्रतिरूप **ब्रदर्** इस प्रवृत्ति के अनुरूप है। **बण्डि** का तमिल प्रतिरूप **पण्डि** है। तब संस्कृत क्रिया **भृ** (वहन करना) का लैटिन

प्रतिरूप **पॉर्तो**, तमिल प्रवृत्ति के अनुरूप, यहाँ **भ्** का रूपान्तर **प्** ग्रहण करता है।

संस्कृत और बाँगरू के समान तमिल दीर्घस्वर के बाद व्यंजन-द्वित्व स्वीकार करती है, कन्नड़ में यह प्रवृत्ति नियंत्रित है। कुछ तमिल-कन्नड़ रूप इस प्रकार हैं: **काक्कइ—काकॅ** (कौआ), **कूत्तु—कूतु** (नाचना), **कोट्टइ—कोटॅ** (कोट), **ताक्कु—ताकु** (टकराना); **पोक्किरि—पोकरि** (बदमाश), **ओत्ति—ओति** (गिरगिट), **ओक्काळम्—ओकाळ** (उल्टी करना, अवधी उकिल्याबु)। इससे विदित होता है कि तमिल का ध्वनितन्त्र हिन्दी प्रदेश की नवीन-प्राचीन उत्तरी बोलियों से अधिक मिलता है, कन्नड़ का ध्वनितन्त्र मध्यदेश की बोलियों से अधिक मिलता है। मानक हिन्दी का ध्वनितन्त्र, बोलचाल के स्तर पर, मध्यदेशीय बोलियों से प्रभावित है; अतः यह ध्वनितन्त्र तमिल की अपेक्षा कन्नड़ के ध्वनितन्त्र से अधिक मिलता-जुलता है। संस्कृत और बाँगरू के समान तमिल में **ण्** ध्वनि का खूब व्यवहार होता है किन्तु इस बात में कन्नड़ की अपेक्षा तेलुगु मध्यदेशीय बोलियों के अधिक निकट है। तेलुगु **ण्** का पूर्ण बहिष्कार नहीं करती किन्तु उसकी मूल प्रवृत्ति **न्** का व्यवहार करने की ही है। यह प्रवृत्ति मध्यदेश के अलावा मागधी भाषाओं के क्षेत्र में भी है; उधर **ण्** के व्यवहार की प्रवृत्ति बाँगरू के अलावा राजस्थानी, गुजराती, मराठी आदि पश्चिमी भाषाओं में भी है। कन्नड़-तेलुगु के **ण्-न्** ध्वनियोंवाले कुछ जोड़े इस प्रकार हैं: **कण्—कनु** (आँख), **काण्—कानु** (देखना), **पण्णु—पन्नु** (तैयारी करना), **पॅणॅ—पॅन** (बंधन), **मण्—मनु** (मिट्टी), **अणॅ—अन** (बाँध)।

द्रविड़ भाषाएँ सामान्यतः शब्द के आरम्भ में व्यंजन-द्वित्व स्वीकार नहीं करतीं किन्तु तेलुगु में **क्रङ्ङ्** (घण्टाध्वनि), **क्रन्दु** (ध्वनि करना), **क्रायु** (वमन करना), **क्रुक्कुडु** (ठूंसमठाँस) जैसे रूप काफी हैं। ये रूप बहुधा वर्ण-संकोचन के परिणाम हैं: कन्नड़ **करॅ** (ध्वनि करना), इससे तेलुगु कृदन्त **क्रङ्ङ्** और **क्रन्दु**; कन्नड़ **कार्** (वमन करना) से तेलुगु **क्रायु**; तेलुगु **कूरु** (ठूँसना) से **क्रुक्कुडु**। तेलुगु में **क्-र्** संयुक्त हैं तो कुइ में **प्-ल्**। तेलुगु **पलुकु** (कहना) और कुइ **प्लाप** (उप०), तमिल **पिळ** (दरकना) और कुइ **प्लिप्क** (उप०), कन्नड़ **पीलि** (मोरपंख) और कुइ **प्लिअँरि** (उप०); यहाँ भी संयुक्त व्यंजन वर्ण-संकोचन का परिणाम हैं।

द्रविड़ भाषाओं में तोद ऐसी भाषा है जो तमिल के **अ** के स्थान पर बहुधा **ऑ** का व्यवहार करती है यथा **कण्—कॉण्** (आँख), **तरु—तोर्** (देना), **पण्—पॉण्य्** (काम), **पर—पोर्** (उड़ना), **अडु—ऑड़्** (पकाना), **अडि—ऑड़्य्** (पैर)। तोद में **अ** का बहिष्कार नहीं है, इसलिए ऑकार वाले रूप और भी दिलचस्प हैं। सम्भव है, इसका कारण मागधी भाषाओं से तोद का सम्पर्क हो। इसी प्रकार एक द्रविड़ भाषा में **अ** है तो दूसरी में **अँ** है। तमिल **पॅट्टइ** (मादा) और ब्राहूइ **पट्टी** (उप०), तमिल **चॅम्मइ** और तुलु **चन्न** (लाल), तेलुगु **तॅलुचु** (प्रार्थना करना) और गोंडी **तलह्काना** (माँगना), तमिल **तॅरु** (काँटों की टटिया) और कन्नड़ **तदलु** (उप०); सम्भव है **अँ** स्वर वाले रूपों का चलन कौरवी भाषासमुदाय से सम्पर्क का परिणाम हो। हिन्दी क्षेत्र में **छह** के **छै** (कौरवी), **छा** (कोसली) और **छौ** (मागधी) तीन स्पष्ट रूपान्तर तीन विशेष क्षेत्रों की देन हैं; वैसे तीन

क्षेत्र द्रविड़ भाषाओं के नहीं हैं। इसीलिए **अॅ, अ, ऑ** स्वरों के मूल केन्द्र कौरवी, कोसली और मागधी भाषाक्षेत्रों में थे, यह मानना युक्तिसंगत है। **अॅ** स्वर का व्यवहार द्रविड़ भाषाओं में व्यापक रूप से होता है किन्तु तमिल में ऐसा व्यवहार सर्वाधिक है। अन्य लक्षणों के साथ तमिल की इस विशेषता को भी तमिल-कौरवी सम्पर्क का परिणाम मानना चाहिए। किन्तु तेलुगु में ही एक रूप **मट्टु** है तो उसके साथ **मॅट्टु** (कुचलना) है, एक रूप **मॅट्टॅ** है तो उसके साथ **मट्टॅ** (छल्ला) है, कन्नड़ में एक रूप **मॅलकु** है तो दूसरा **मलकु** (जुगाली करना) है, एक रूप **कय्** है तो दूसरा **कॅय्** (हाथ) है। इन समानार्थी रूपों के चलन का कारण यह है कि एक ही द्रविड़ भाषा का सम्पर्क स्वरों के अनेक मूल केन्द्रों से रहा है। **अ, अॅ, ऑ** स्वर किसी समय स्वच्छन्द संचरण की स्थिति में थे, इस धारणा की पुष्टि के लिए सर्वाधिक प्रमाण द्रविड़ भाषाओं में हैं; और उक्त स्थिति आकस्मिक नहीं है, **क्, त्, प्** के समान वह **अ, अॅ, ऑ** स्वरों के भिन्न केन्द्रों के अस्तित्व की सूचना देती है।

जैसे द्रविड़ भाषाओं में **अ, अॅ, ऑ** स्वरों के वैकल्पिक रूप प्रचुर हैं, वैसे ही उनमें **क्, त्, प्** व्यंजनों के वैकल्पिक रूप प्रचुर हैं। यह स्थिति आर्य भाषाओं तथा आर्येतर इंडोयूरोपियन भाषाओं के विवेचन के लिए अतिशय महत्व की है। संस्कृत **गान** के साथ समानार्थी तमिल रूप **पाण्** देखकर समझना चाहिए कि ये वैकल्पिक रूप हैं, एक का सम्बन्ध **क्** केन्द्र से है, दूसरे का **प्** केन्द्र से। हिन्दी **पिल्ला** के साथ तमिल **पिळ्ळइ** को मिलाने से जानना चाहिए कि **पिल्ला** का मूल अर्थ बच्चा है। तमिल **कुट्टि** का अर्थ पिल्ला है और छोटी लड़की भी। इससे विदित होगा कि हिन्दी **कुत्ता** का मूल अर्थ वही है जो **पिल्ला** का है। **र्, स्, न्** ध्वनियाँ किसी समय स्वच्छन्द संचरण की स्थिति में रही हैं, यह तथ्य भी सर्वाधिक द्रविड़ भाषाओं से उद्घाटित होता है। इससे सम्बद्ध शब्दों को पहचानने, उनकी शृंखलाएँ निर्धारित करने, अर्थ-विस्तार की प्रक्रिया का विवेचन करने के लिए अलभ्य सामग्री प्राप्त होती है। इस सामग्री का यथेष्ट निदर्शन इस अध्याय के पूर्वभाग में हो चुका है।

यह मानने का पर्याप्त आधार है कि आर्य-द्रविड़ भाषाओं का प्राचीनतम विकास एक से सांस्कृतिक वातावरण में हुआ है। जल और प्रकाश से सम्बन्धित जो शब्द-शृंखलाएँ बनती हैं, उनमें अर्थ-विस्तार की जो सामान्य प्रक्रिया दिखाई देती है, उससे यही प्रमाणित होता है। संरचना के विचार से शब्दनिर्माण में अनेक आर्य-द्रविड़ प्रत्यय सामान्य हैं। उत्तरी आर्य भाषाएँ कृदन्तरचना पर विशेष बल देती रही हैं, द्रविड़ भाषाओं में कृदन्तों की भूमिका महत्वपूर्ण है। क्रिया में सर्वनामचिन्ह जोड़ने की पद्धति अनेक आर्य भाषाओं के समान अनेक द्रविड़ भाषाओं में है, पुनः आर्य भाषाओं के समान द्रविड़ भाषाओं के पुराने क्रियामुख वाक्यतन्त्र पर कर्तामुख वाक्यतन्त्र का प्रभाव पड़ा है।

जब से संस्कृत में **घ्-ध्-भ्** ध्वनियों वाले शब्दों के साथ **क्-त्-प्** ध्वनियों वाले समानार्थी वैकल्पिक रूपों का चलन आरम्भ हुआ, तब से लेकर अब तक आर्य-द्रविड़ भाषाएँ निरन्तर सम्पर्क में रही हैं। यह सम्पर्क **ऋग्वेद** की रचना से पहले का है, वह

सुमेर और बाबुल की सभ्यता से पहले का है, वह प्राचीन ग्रीक, लैटिन और हित्ती के निर्माण से पहले का है। इस सुदीर्घ अवधि में आर्य-द्रविड़ धुरी एशिया और यूरुप के अनेक भाषा-समुदायों के विकास को अनेक रूपों में प्रभावित करती रही है।

पुस्तक के अन्त में द्रविड़ तथा इंडोयूरोपियन परिवारों के सामान्य शब्दों की सूची दी हुई है। इंडोयूरोपियन परिवार में भारतीय आर्य भाषाएँ शामिल हैं। जहाँ आर्येतर इंडोयूरोपियन भाषाओं से समानता है, वहाँ शब्दसंख्या कोष्टक में है; जहाँ केवल भारतीय भाषाओं से समानता है, वहाँ कोष्टक नहीं है। शब्दसंख्या बरो और एमेनो के द्रविड़ व्युत्पत्तिकोश की है।

बरो और एमेनो ने अपने कोश में यथासम्भव विशुद्ध द्रविड़ शब्दमूलों का संग्रह किया है। कोश में कुल मिलाकर ४५७२ शब्दमूल हैं; इसके प्रकाशन के बाद उन्होंने एक पूरक शब्दसूची भी प्रकाशित की है। इसमें ८८९ नये शब्दमूल हैं; शेष सामग्री पहले वाले कोश में दिए हुए शब्दमूलों में जोड़ी गई है। पूरक कोश की यह सारी सामग्री अधिकतर मध्य द्रविड़ भाषासमुदाय की है; दक्षिण की द्रविड़ भाषाओं के अध्ययन के लिए पहला कोश पर्याप्त है। अपनी शब्दसूची के लिए मैंने उसी को आधार बनाया है। मूल और पूरक कोशों में एकाध जगह शब्दसंख्या दी गई है पर उसके साथ कोई शब्दमूल नहीं है। कोश में ४५७२ शब्दमूल हैं या ४५७१, यह प्रश्न महत्वपूर्ण नहीं है। महत्वपूर्ण बात यह है कि कहीं-कहीं एक ही शब्दमूल एक शब्दसंख्या के अतिरिक्त अन्य शब्दसंख्या के साथ भी दिया हुआ है और कहीं-कहीं भिन्न शब्दमूल एक ही संख्या के अन्तर्गत हैं। तमिल **विळि** चमकना (४४५६) और **वॆळ्** प्रकाशमान (४५२४) का शब्दमूल एक है किन्तु दोनों शब्द अलग-अलग दिये गये हैं। इसके विपरीत **मरल्** (युद्ध; ३९००) और **मरल्** मृत्यु को एक ही शब्दमूल के अन्तर्गत दिया गया है। आर्य-भाषाओं का **मर्** (मरना) क्रियामूल द्रविड़ भाषाओं में प्रयुक्त होता है, इसका प्रमाण तुलु **मर्गु** (मुर्दा) है जो फ़ारसी **मर्ग** (मौत) का प्रतिरूप है।

कोश में किसी शब्द का मूलरूप देने का प्रयास नहीं है। आदि द्रविड़ भाषा में शब्दों का मूलरूप कैसा था, यह बताना कोशकारों का उद्देश्य नहीं है यद्यपि उनकी मान्यता यही है कि आदि द्रविड़ रूपों से ही विभिन्न द्रविड़ भाषाओं के प्रतिरूप बने हैं। शब्दों के मूलरूप न देने से कोश का महत्व घटा नहीं, और बढ़ा है। आधुनिक द्रविड़ शब्दों के पुराने रूपों की विविधता, प्राचीन द्रविड़ गणभाषाओं के ध्वनितन्त्रों की भिन्नता यहाँ पहचानी जा सकती है।

कोशकारों ने अनेक शब्दमूलों के साथ आर्य भाषाओं के प्रतिशब्द दिये हैं। कहीं समानता की सम्भावना शंकासहित व्यक्त की गई है, कहीं निःशङ्क भाव से। अपनी शब्द-सूची में जहाँ कोश में उल्लिखित आर्य शब्द मैंने दिये हैं, वहाँ (द्र०) के संकेत से बता दिया है कि समानता वाले शब्द उक्त कोश से लिये गये हैं। इससे यह न समझना चाहिए कि कोशकारों की दृष्टि में ये सारे शब्द संस्कृत से द्रविड़ भाषाओं में पहुँचे हैं। वह प्रश्न अलग है। मेरी शब्दसूची में आर्येतर इंडोयूरोपियन भाषाओं से द्रविड़ शब्दों की जो समानता दिखाई गई है, उसके लिए उक्त कोशकार किसी प्रकार भी उत्तरदायी नहीं हैं।

किसी एक द्रविड़ शब्दमूल के अन्तर्गत द्रविड़ शब्दरूपों में जितनी ध्वनिगत भिन्नता है, उससे कम ध्वनिगत भिन्नता मेरे सुझाये इंडोयूरोपियन प्रतिरूपों में है। **पगल, पोल्, पक्ट, पियल्** एक ही शब्दमूल के अन्तर्गत दिये हुए दिन-वाचक रूप हैं। इंडोयूरोपियन प्रतिरूपों में इतनी भिन्नता न मिलेगी। तमिल **कॉरम्** और ग्रीक **कुरॉस्** (प्रभुत्व) में सामान्य शब्दमूल **कॉर्** पहचान में आता है। तमिल **कॉर्‌** (भोजन) और फ़ारसी **ख़ुर्दन्** (भोजन करना) में आदिस्थानीय ध्वनि की अल्पप्राण-महाप्राण भिन्नता स्वाभाविक है। **ख़ु** में महाप्राणता जोड़ी हुई है या महाप्राणता के लोप से **कॉ** प्राप्त हुआ, यह प्रश्न अलग है। इसका जो भी उत्तर दें, **कॉर्** और **ख़ुर्** की समानता पहचानने में कोई दिक्कत न होगी। जिन भाषाओं में **ण्, ळ्** आदि ध्वनियाँ नहीं हैं, उनके प्रतिरूपों में **न्, ल्** आदि मिलती-जुलती ध्वनियाँ हों, यह स्वाभाविक है।

शब्दसूची में सभी समान रूप प्राचीन काल के नहीं हैं। तमिल **तेक्कु** और अंग्रेज़ी **टीक्** (टीक वृक्ष) की समानता आधुनिक युग की है, भारत में अंग्रेज़ों के प्रवेश के बाद की है। तमिल **कूळ्इ** (कूढ़मग्ज़ होना) और हिन्दी **कूढ़** की समानता भी आधुनिक लगती है। किन्तु अधिकांश प्रतिरूपों की समानता पुरानी है। इन प्रतिरूपों के अध्ययन में कुछ ध्वनियाँ विशेष महत्वपूर्ण हैं; इनमें एक है **र्**।

द्रविड़ भाषाओं में आदिस्थानीय **र्** का व्यवहार जितना विरल है, मध्य-स्थानीय व्यवहार उतना ही व्यापक है। इससे यह निष्कर्ष निकलता है कि द्रविड़ भाषाओं में बहुत बड़ी संख्या ऐसे शब्दों की है जो **र्** क्षेत्र के हैं। आर्य शब्द, आर्येतर इंडोयूरोपियन शब्द, द्रविड़ शब्द, इनमें **र्** ध्वनि वाले प्रतिरूप ऐतिहासिक दृष्टि से महत्वपूर्ण हैं।

तमिल क्रिया **परि** का अर्थ है विभाजित करना, तोड़ना। इसी के कुइ प्रतिरूप **पङ्ग** में **र्** के स्थान पर नासिक्य ध्वनि का व्यवहार हुआ है। जो **भंग** किया जाने को हो, वह **पङ्ग** है। संस्कृत **भङ्ग** का सहज द्रविड़ रूपान्तर **पङ्ग** है। **भंग** के लिए संस्कृत की **भंज्** धातु है किन्तु **भाग** के लिए **भज्** है। **भंग** का एक अर्थ अलगाव है; जो अंश अलग किया जाय, वह भी **भंग** है। कुइ **पङ्ग** में तोड़ने और विभाजित करने दोनों क्रियाओं के भाव शामिल हैं। वास्तव में संस्कृत **भञ्ज्** और **भज्** एक ही क्रिया के दो रूप हैं।

कुइ **पङ्ग** की नासिक्य ध्वनि मूलतः **र्** थी, यह बोध तमिल **परि** के अलावा तुलु **पर्तॅ** (फटा हुआ), मल्तो **पर्गॅ** (चीरना) से होता है। इसकी पुष्टि अंग्रेज़ी **ब्रॅक्** (तोड़ना) के **र्** से होती है। इससे यह सिद्ध हुआ कि **भञ्ज्** का पूर्वरूप **भर्ज** है और धातु मूलतः **भर्** है, कृदन्त **भर्ज** को पुनः क्रियामूल बनाया गया है।

यदि **भज्** और **भञ्ज्** एक ही क्रिया हैं तो **भज्** का पूर्वरूप भी **भर्ज्** होगा; **र्** का लोप होने से **भज्** बचा रहा। कहा जा सकता है कि तोड़ने और बाँटने में बड़ा अन्तर है; **भज्** और **भञ्ज्** को मिलाना ठीक नहीं है। अंग्रेज़ी **पार्ट्** याद करें। **पार्ट्** में तोड़ने का भाव नहीं है; **पार्ट्** का अर्थ है विभाजित करना, विभाजन का परिणाम **भाग** भी **पार्ट्** है। तमिल **परि** के साथ कोलमि **पर्त्** (काटना) बता रहा है कि **पर्** के साथ **त** प्रत्यय जोड़कर **पर्त** कृदन्त बनाने, फिर उसे क्रियामूल के समान व्यवहार में लाने की प्रक्रिया उतनी ही पुरानी है जितनी अंग्रेज़ी **पार्ट्** के निर्माण की।

संस्कृत-हिन्दी **भाग** का पूर्वरूप होगा **भर्ग**। अंग्रेज़ी **पार्ट्** का पूर्वज है लैटिन **पर्तिओ** (विभाजित करना), **पर्स्** (भाग)। इससे प्रमाणित हो जाता है कि **भज्** का पूर्वरूप **भर्ज्** था। यह **भर्**, कृदन्त की मंज़िल पार किए बिना, अपने आदिम क्रियारूप में, तमिल भाषा में प्राप्त है। **भ्** का रूपान्तर **प्** तमिल में है, लैटिन में है। प्राचीन आर्य गणभाषाओं में **भज्** और **भञ्ज्** की रचना से पहले **भर्** क्रियामूल का व्यवहार बाँटने और तोड़ने के लिए होता था। **भज्** और **भञ्ज्** के विकास से पहले **भर्** का रूपान्तर **पर्** किन्हीं प्राचीन द्रविड़ गणभाषाओं में सुप्रतिष्ठित हो गया था। उस **पर्** के आधार पर लैटिन आदि भाषाओं के **पर्तिओ, पर्स्** आदि रूपों की रचना हुई।

तमिल में एक क्रिया है **पगु** (विभाजित करना)। इसका निर्माण **र्** के लोप से वैसे ही हुआ है जैसे संस्कृत **भज्** का।

तमिल **पाल्** (भाग) में **र्** का स्थान **ल्** ने लिया है। तेलुगु **पञ्चु** (विभाजित करना) में **र्** की जगह **न्** है; **पञ्चु** और **भञ्ज्** की रचना-प्रक्रिया एक है। **पञ्चु** के विभाजन वाले अर्थ से इस बात की पुष्टि होती है कि **भज्** और **भञ्ज्** मूलतः एक हैं। कन्नड़ में **पञ्चु** के साथ **पसु** (विभाजित करना) रूप भी है। यहाँ या तो **पर्** का **र्** सीधे **स्** में बदल गया है या फिर **पञ्च** से **पच** और **पच** से **पसु** का विकास हुआ है। ग्रीक **पॉरो** (अपना भाग पाना), लैटिन **पॉर्तिओ** (भाग) में **पर्** का विकल्प **पॉर्** है।

हिन्दी में एक **भाग** विभाजन वाला है, दूसरा **भाग-दौड़** वाला। दूसरे **भाग** का पूर्वरूप संस्कृत में नहीं है। किन्तु यह **भाग-दौड़** वाला **भाग** उतना ही पुराना है जितना विभाजन वाला **भाग**। इसका ग्रीक प्रतिरूप **फ़ॅउगो** (भागना) है। पकोर्नी ने अपने इंडोजर्मैनिक शब्दकोश में **भाग** का आदिम इंडोयूरोपियन रूप **भॅगु** माना है और उससे व्युत्पन्न शब्दों में सबसे पहले **'हिन्दी भाग्-'** का उल्लेख किया है। यह उल्लेख इसलिए महत्वपूर्ण है कि संस्कृत में अप्राप्त एक हिन्दी रूप का सीधा सम्बन्ध आदिम इंडोयूरोपियन शब्द से जोड़ा गया है। इसका अर्थ यह हुआ कि पकोर्नी हिन्दी जैसी आधुनिक भाषाओं के कुछ शब्दों की प्राचीनता स्वीकार करते हैं। वह मानते हैं कि ग्रीक प्रतिरूप की तुलना के लिए संस्कृत में शब्द नहीं है, हिन्दी में है। ग्रीक प्रतिरूप में **फ्** है, हिन्दी रूप में **भ्** है। आदिम रूप **भॅगु** माना गया है; अतः स्पष्ट है कि उस रूप की मूल ध्वनि **भ्** हिन्दी में है और ग्रीक **फ्** की अपेक्षा अधिक प्राचीन है।

पकोर्नी ने **भाग** का ग्रीक प्रतिरूप **फॅबॉमइ** (भागना), **फॉबॉऑमइ दिया है।** उनकी कल्पना है कि मूलरूप **भॅगु** का **उ** स्वर और व्यंजन दोनों हैं। ग्रीक में व्यंजन तत्व **व्** बदलकर **ब्** हो गया, हिन्दी में **व्** का लोप हो गया, **ग्** बच रहा। यह कष्ट-कल्पना नितान्त अनावश्यक है। हिन्दी **भाग** का सीधा ग्रीक प्रतिरूप **फ़ॅउगो** है। **फ़ॅउगो** और **फॅबॉ**-रूप परस्पर सम्बद्ध हैं किन्तु परम्परागत भाषाविज्ञान में इनकी सम्बद्धता न तो स्वीकार की जा सकती है, न स्वीकार करने पर उसकी कैफ़ियत दी जा सकती है। यदि कहा जाय कि मूलरूप **भॅगु** के **उ** का **व्** तत्व **फॅबॉ** में **ब्** बना किन्तु **फ़ॅउगो** में उसका लोप होने से **ग्** बच रहा तो एक ही भाषा में ध्वनि-परिवर्तन के दो 'अटल' नियम मानने होंगे और इससे ऐतिहासिक भाषाविज्ञान की सारी व्यवस्था ही उलट जाएगी। तब तो मानना

होगा कि हिन्दी **भाग** और ग्रीक **फॅउगो** में **ग्** के अवतरण की एक ही सामान्य प्रक्रिया है। पकोर्नी ने स्वभावतः ग्रीक **फॅबॉ-** को उसी भाषा के **फॅउगो** से अलग रखा है; **फॅबॉ-** का आदिम रूप है **भॅगु** और **फॅउगो** का आदिम रूप है **भॅउग्**।

फॅउगो और **फॅबॉ-** दोनों रूप सम्बद्ध हैं और उनकी सम्बद्धता की कैफियत इस प्रकार है।

फॅउगो और **फॅबॉ-** दोनों कृदन्त हैं जिन्हें विशुद्ध क्रिया बनाया गया है। एक रूप में कृदन्त प्रत्यय **ग** है, दूसरे में **ब**। मूल क्रिया है **भर्** अथवा **भॅर्**। हिन्दी **भाग** के समान ग्रीक रूपों में भी **र्** का लोप हुआ है। **फॅउगो** में **र्** की क्षतिपूर्ति **उ** से हुई, **फॅबॉ-** में, **भगना** की तरह, क्षति हुई, पूर्ति नहीं। **भर्** क्रिया से कृदन्त **भर्ग** बना; **भर्ग** से **भग** और **भाग** दोनों रूप व्युत्पन्न हुए। **भागना** और **भगना** दोनों हिन्दी क्रियारूप **भर्ग** से विकसित हुए। किन्तु मूलक्रिया **भर्** थी, इसका प्रमाण क्या है?

यहीं द्रविड़ शब्दतन्त्र इंडोयूरोपियन परिवार के विवेचन में सहायक होता है।

तमिल **परि**, तुलु **परियुनि**, तेलुगु **परुगु**, **तमिल-कन्नड़** परि का अर्थ है दौड़ना। **पर्** क्रियामूल में **र्** विद्यमान है। तेलुगु **परुगु** (दौड़) और तुलु **परपु** (उप०) **ग-प** प्रत्ययों वाले कृदन्त रूप हैं। तेलुगु-कन्नड़ **परपु** (बहाना) में प्रेरणार्थक भाव के साथ कृदन्त को क्रिया बनाया गया है। तेलुगु **परुविड्डु** (दौड़ना) का **परुव** वास्तव में **परुग** है। तेलुगु में **परुगु** का प्रतिरूप **परुवु** (दौड़) सुलभ है। इसी कृदन्त से **परुविड्डु** क्रिया बनी। इसी प्रकार विभाजन वाले **पर्** क्रियामूल से मल्तो **परॅगॅ** और कोलमि **पर्त्** कृदन्तमूलक क्रियाएँ बनीं। तुलु **पर्तॅ** और पर्जि **पर्क** संज्ञा रूप हैं।

ग्रीक **फॅउगो** का एक विकार **फुगॅइन्** है जिससे **फुगे** (भगदड़) रूप बना। यहाँ स्पष्ट देखा जा सकता है कि **फुगे** कृदन्त रूप है; **फुगे** रूप **फुगॅइन्** क्रिया से नहीं बना, वास्तव में **फुगॅइन्** क्रिया **फुगे** कृदन्त से बनी है। **फॅउगो** और **फुगे** दोनों का आधार **ग** प्रत्ययवाला कृदन्त रूप है। ग्रीक **फुगस्** (भगोड़ा) के **फुग** और हिन्दी **भगोड़ा** के **भग** की रचना-प्रक्रिया एक है; दोनों में **र्** का लोप हुआ है। **फुगस्** का कृदन्त मूल **फुग** लैटिन क्रिया **फुगिओ** (भागना) में है। जर्मन **फ़्लुख़्ट्** (भगदड़) में **फ़्लुख़्** का पूर्वरूप होगा **भ्रुग्**। यहाँ **भर्** या **भॉर्** क्रियामूल का **र्** अपने **ल्** रूपान्तर में प्राप्त है। वर्णसंकोचन से **भ्रु**, सघोषता के लोप से **फ़्लु**, **ग** प्रत्यय जोड़कर **फ्लुग**, इसे फिर क्रिया बनाया तब **फ़्लुग्**, **ग्** को संघर्षी-रूप देने से **फ़्लुग़्**, इसमें कृदन्त प्रत्यय **ट** जोड़कर जर्मन रूप बना **फ़्लुख़्ट्**। जर्मन **फ़्लुख़्ट्** और तेलुगु **परुगु** एक ही कुल के शब्द हैं। दोनों के क्रियामूलों में **र्-ल्** ध्वनियाँ विद्यमान हैं।

संस्कृत क्रिया **दा** का पूर्वरूप **दर्** था, इसका ज्ञान तमिल **तरु** (देना) से होता है। तमिल-कन्नड़ आदि प्रमुख द्रविड़ भाषाओं के अलावा कोत **तार्**, तोद **तोर्**, कोडगु **तर्** में **र्** युक्त क्रिया किसी समय **दर्** के व्यापक व्यवहार का प्रमाण है। करना, देना आदि क्रियाओं के लिए जो शब्द प्रयुक्त होते हैं, आर्य-द्रविड़ भाषाओं में उनसे सम्बद्ध शब्द हाथ के लिए प्रयुक्त होते हैं। जैसे हिन्दी क्रिया **करना** का **कर** और संस्कृत **कर** (हाथ), जैसे तमिल **पण्णु** (करना) और संस्कृत **पाणि** (हाथ)। संस्कृत **दा** का पूर्वरूप

था **दर्**; इसका तमिल प्रतिरूप हुआ **तर्**; इनका मूलरूप हुआ **धर्**। **धर्** का **र्** जब **न्** रूप में ग्रहण किया गया, तब हिन्दी रूप **धन्धा** बना। कन्नड़ में **तर्** से एक रूप बना **तन्द्** (देना, ले जाना), ठीक उसी तरह **र्** के **न्** वाले रूपान्तर से। अंग्रेज़ी **हैन्ड्** में उसी प्रक्रिया से **न्** विद्यमान है। रूसी **देलात्** में या तो **ल्** ने **र्** का स्थान लिया है या वह कृदन्त चिन्ह है। रूसी **दान्** (खिराज) के साथ उसी भाषा में **दार्** (भेंट की हुई वस्तु) में **र्** मूलक्रिया का अंश हो सकता है, कृदन्त चिन्ह भी। **धर्** का **र्** जब **स्** रूप में ग्रहण किया गया, तब **धस्त** रूप बना जिससे एक ओर संस्कृत **हस्त** और दूसरी ओर फ़ारसी **दस्त** की उत्पत्ति हुई। तोद भाषा में **तोर्** (देना) के साथ **तश्** प्रतिरूप भी है। **तश्** का **श्** तमिल **तरु** के **र्** का रूपान्तर है; इससे ज्ञात होता है कि फ़ारसी **दस्त** का **स्** पहले **र्** था। संस्कृत **हस्त** का **स्** भी पहले **र्** था। संस्कृत **दा** का पूर्वरूप **दर्** था; फ़ारसी **दादन्** (देना) के **दा** का पूर्वरूप **दर्** था। तमिल-कन्नड़ के साथ कोत और कोडगु में एक रूप **तर्** है, दूसरा **ता**। यहाँ पूर्वरूप की बात नहीं है, समवर्ती रूप की बात है। **तर्** का समवर्ती रूप **ता** द्रविड़ भाषाओं में विद्यमान है। संस्कृत **दा** के पूर्वरूप **दर्** की पुष्टि **ता** और **तर्** के प्राप्त रूपों से होती है।

हिन्दी में एक शब्द-युग्म है **काम-काज**; प्रत्यय भिन्न हैं, क्रिया एक है। हिन्दी में अन्य शब्द-युग्म है **काम-धाम**। यहाँ **धाम** का अर्थ क्या घर है? या तो **काम-धाम** का **धाम** निरर्थक है या वह **घर** का अर्थ देनेवाले **धाम** से भिन्न है। मेरी समझ में **काम** और **धाम** समानार्थी हैं; **धाम** की रचना **धा** से हो तो संस्कृत **दा** का पूर्वरूप **धा** यहाँ प्राप्त है, न हो तो **कर्म** और **काम** की तरह **धाम** का पूर्वरूप होगा **धर्म**। जो किया जाय वह **धर्म**। **धरम-करम** में दोनों शब्द मिलता-जुलता अर्थ देने वाले हैं।

ठहरने, खड़े होने के लिए संस्कृत क्रिया **स्था** का पूर्वरूप **स्थर्** था। **स्थल** में **र्** के स्थान पर **ल्** है, **स्थिर** में **स्थ** के विकल्प **स्थि** के साथ **र्** है। संस्कृत **स्तम्भ** और अंग्रेज़ी **स्टैन्ड्** में **र्** के स्थान पर **न्** है। तमिल **तरि** (ठहरना, खड़े होना) में **र्** अपरिवर्तित है, **तण्डु** (डण्ठल) में उसके स्थान पर **न्** है। तमिल **परुगु** (पीना) और संस्कृत **पा** (उप०) में तमिल रूप **र्** बनाये हुए है; लैटिन **पोतो** (उप०) में **र्** का लोप हुआ है। लैटिन **पोतो** के **पो** और संस्कृत **पा** की तुलना में तमिल **परुगु** का **पर्** क्रियामूल पुराना है। तमिल **उरु** (जलना) और संस्कृत **उष्** (उप०) में **उरु** पुराना रूप है; संस्कृत **ऊर्जा** में **र्** विद्यमान है। संस्कृत **उल्का** और कन्नड़ **उळकु** (चमकना) में **र्** के स्थान पर **ल्**, **ळ्** हैं। तमिल **नरम्बु** (नस), लैटिन **नॅर्वुस्** (उप०) का **र्** हिन्दी **नस** में **स्** बना है।

हिन्दी **कनेर** का पूर्वरूप संस्कृत **कणवीर** है और संस्कृत में ही इसका प्रतिरूप **करवीर** है। तमिल **कणवीरम्** में संस्कृत **कणवीर** के समान **र्** के स्थान पर **न्** है। तमिल **कून्** (मोड़), संस्कृत **कोण** के **न्** का पूर्वरूप **र्** लैटिन **कुर्वो** (मुड़ना) में है। कन्नड़ **गण्टलु** (कण्ठ) और फ़ारसी **गर्दन** का मूल **र्** फ़ारसी रूप में है। संस्कृत **कण्ठ** का **ण्** भी **र्** का रूपान्तर है। संस्कृत **गल** (गला) में **र्** के स्थान पर **ल्** है। संस्कृत **सर्प** के रूपान्तर **सम्प** से हिन्दी **साँप** बना।

द्रविड़ शब्दों में **र्** सर्वत्र उन रूपों की मूलध्वनि नहीं है; वह **त्**, **द्** का रूपान्तर

भी है। तुलु **मदपुनि** और **मरपुनि** (भूलना) में **द्** वाला रूप पुराना है; कन्नड़ **इन्दु** (आज) और तमिल **इन्रु** (उप०) में उसी प्रकार **द्** वाला रूप पुराना है। मध्याह्न के लिए लैटिन रूप **मॅरीदिअॅस्** में **मॅरी** का पूर्वरूप **मॅदी** है और **मॅदी** संस्कृत **मध्य** का प्रतिरूप है। **द्** के **र्** में बदलने की प्रक्रिया वही है।

द्रविड़ भाषाएँ **र्** के स्थान पर बहुधा **ळ्** या **ऴ्** का व्यवहार करती हैं। संस्कृत **कीर** तमिल में **किळि** (तोता) है। संस्कृत **जरा** के ग्रीक प्रतिरूप **गेरस्** (बुढ़ापा) का **गेर** तमिल में **किऴम्** (उप०) है। तमिल **नॅरि** (मुड़ना) का कन्नड़ प्रतिरूप **नॅऴ्गु** है। द्रविड़ व्युत्पत्तिकोश में इस **नॅऴ्गु** के दो अर्थ हैं; पहला अर्थ है मुड़ना, दूसरा अर्थ है डूबना। डूबनेवाला **नॅऴ्गु** भिन्न है, वह लैटिन **मॅर्गो** (डूबना) का प्रतिरूप है। इस **मॅर्गो** से अंग्रेज़ी का **मर्ज्** (उप०) बना है। संस्कृत **मज्ज्** में **र्** लुप्त है। **नॅऴ्गु** और **मज्ज्** में पहले कोई समानता नहीं दिखाई देती, किन्तु **मॅर्गो** पर ध्यान देने से दोनों का सम्बन्ध स्पष्ट हो जाता है। **म्** के स्थान पर कन्नड़ रूप में **न्** है, **र्** के स्थान पर **ऴ्**।

र् के स्थान पर अनेक द्रविड़ शब्दों में **ळ्** का व्यवहार वैसे ही है जैसे अरबी **ज़रा** के 'शुद्ध' किये हुए पछाँही उच्चारण **जड़ा** में **ड्** है। **र्** और उसके साथ **ल्** के मूर्धन्यीकरण की प्रवृत्ति कुरु जनपद और पड़ोसी क्षेत्रों की विशेषता है। संस्कृत **तुलसी** इसी प्रकार तमिल में **तुळजि** है। तमिल **कुरु** (छोटा) का **र्** तमिल के ही **कुळऴम्** (छुटपन) में **ळ्** बना है। **र्** जहाँ **द्** से पहले आता है, वहाँ भी **र्द्** के स्थान पर **ळ** या **ऴ्** का व्यवहार हो सकता है। संस्कृत **कर्दम** (कीचड़) का **कर्द** तमिल में **कळनि** (उप०) है। **कर्द** का एक पुराना कन्नड़ प्रतिरूप **गऴ्दॅ** है। यहाँ केवल **र्** परिवर्तित हुआ है। **गर्दभ** के तमिल प्रतिरूप **कऴुदइ** में इसी प्रकार **र्** को अलग करके उसके साथ एक स्वर जोड़ दिया गया है। फ़ारसी **गर्दन** के तमिल प्रतिरूप **कऴुत्तु** में इसी तरह **गर्द** का रूपान्तर **कऴुत्तु** है। हिन्दी **कढ़ी** का एक तमिल प्रतिरूप **कळि** है, दूसरा **करि**। **ढ्** का अल्पप्राण रूपान्तर हुआ **ड्**; इसे एक जगह **ळ्** रूप में ग्रहण किया गया, दूसरी जगह **र्** रूप में। **गणेश** के ग्राम्य हिन्दी उच्चारण **गड़ेस** की तरह कभी-कभी **ण्** के स्थान पर द्रविड़ भाषाएँ **ळ्** का व्यवहार करती हैं। तमिल **आण्** (पुरुष) का एक प्रतिरूप उसी भाषा में **आळ्** है।

जैसे **र्** बहुधा **स्** रूप में ग्रहण किया जाता है, वैसे ही द्रविड़ भाषाएँ कभी-कभी **ल्** के स्थान पर **स्** का व्यवहार करती हैं। तमिल **नल** (अच्छा) के तोद प्रतिरूप **नष्** (सुन्दरता) में **ल्** के स्थान पर **ष्** है। तुलु **पेर्मॅ** (ख्याति) का **र्** कन्नड़ **पेऴ्** (बोलना) में **ऴ्** है, कुड़ुख **पेस्ना** (आज्ञा देना) में **स्**। तमिल **पेच्चु** (भाषा) में **स्** का रूपान्तर **च्** है। संस्कृत **भाष्** का आधाररूप **भर्** है, **भर्** का रूपान्तर **भण्** है। संस्कृत में **भर** का एक अर्थ प्रशस्तिगान है। इसी के क्रियामूल **भर्** से **भण्** और **भष्**, तमिल के **पणि** (बोलना) और **पेजु** (उप०) रूप बने हैं। कन्नड़ **आॅण** (सूखा), **आॅणगु** (सूखना), तमिल **उणङ्ङु** (उप०) का आधार सम्भवतः संस्कृत **उष्** है। प्रकाश के **कश्** और **कनक** के **कन्** में जो सम्बन्ध है, वही **उष्** और **आॅण्** में है। किन्तु **कश्** और **उष्** के **श्-ष्** स्वयं

र के रूपान्तर हो सकते हैं, अतः **ऑण्** का पूर्वरूप **ऑर्** भी हो सकता है।

द्रविड़ भाषाओं की **न्**, **ण्** ध्वनियाँ **स्** के अतिरिक्त **त्**, **द्** का रूपान्तर हो सकती हैं। पर्जि **टिट्ट** (सीधा), तेलुगु **निट्ट** (सीधा खड़ा), तमिल **नॅरु** (मार्ग) और उसी भाषा में **नॅरि** (उप०), ब्राहूइ **दीर्** (पानी) और तमिल **नीर्** (उप०) में उस तरह का रूपान्तर देखा जा सकता है।

द्रविड़ भाषाओं में **स्** के स्थान पर कभी-कभी **त्** का व्यवहार होता है। **समय** का एक पुराना रूपान्तर **तमयम्** है। कुछ रूपों में **त्** मूलध्वनि है, प्रतिरूपों का **स्** उसका रूपान्तर है। तुलु **तू** (आग) के साथ उसी भाषा में **सू** है। इस **तू** का तमिल प्रतिरूप **ती** (जलना) है। संस्कृत **दीप्** के **दी** का प्रतिरूप है **ती**। अतः **सू** का पूर्वरूप होगा **तू**। यह सम्भव है कि **त्** के तालव्य रूपान्तर **च्** से **स्** का विकास हुआ हो। तमिल **चूरइ** (डकैती) और कन्नड़ **सूरॅ** (लूट) में सम्भवतः **च्** शब्द की मूल ध्वनि है। तोद **स्विद्** (बूँद), कन्नड़ **तॉट्टु** (उप०), तमिल **चॉट्टु** (उप०) में **त्**, **च्** दोनों **स्** के रूपान्तर प्रतीत होते हैं। अंग्रेज़ी **स्वॅट्** (पसीना), संस्कृत **स्विद्** (पसीना आना) तोद **स्विद्** से तुलनीय हैं। संस्कृत **च्यु** (टपकना) और तमिल **चॉट्टु** सम्बद्ध रूप हैं; दोनों के **च्** का पूर्वरूप होगा **स्**।

संस्कृत **मसि** (काली वस्तु) और **मलिन** का आधारभूत शब्द **मल्** होगा। तमिल **माल्** (काला) का कन्नड़ प्रतिरूप है **मासु** (धुँधला होना)। द्रविड़ व्युत्पत्तिकोश में एक कन्नड़ **मासु** (गन्दा होना) अन्य शब्दमूल के साथ दिखाया गया है। इसका तमिल प्रतिरूप है **माजु** (धब्बा)। दोनों शब्दमूल एक हैं। तमिल **माल्** (काला) का एक प्रतिरूप उसी भाषा में **माजु** (अँधेरा) है। दोनों तमिल **माजु** और दोनों कन्नड़ **मासु** एक हैं। **ल्** ध्वनि **स्** में परिवर्तित हुई, **स्** ध्वनि **च्** में परिवर्तित हुई।

तमिल **वेण्डु** (चाहना), **वेण्** (चाह), **वेट्टम्** (उप०), **विऴइ** (चाहना) का आधार **वॅर्** क्रियामूल है। यही संस्कृत की **वृ** धातु है। जो चाहा जाय वह **वर** है, चाहनेवाला भी **वर** है। **वर्** का रूपान्तर संस्कृत **वश्** (चाहना) है, **वॅर्** का रूपान्तर अंग्रेज़ी **विश्** (उप०) है। **विश्** जैसा रूप भारत में भी प्रचलित था, इसके मूर्धन्यीकृत रूप **विष्** के **व्** का लोप होने पर **इष्ट** की **इष्** क्रिया प्राप्त हुई; **इच्छा** का आधार यही **इष्** क्रिया है। **वॅर्** का प्रतिरूप अंग्रेज़ी **विल्** (इच्छा) है, **वॉर्** का लैटिन प्रतिरूप **वॉलो** (चाहना) है। **र्** अथवा **स्** का रूपान्तर **न्** हुआ; उससे तमिल **वेण्डु** (चाहना) और अंग्रेज़ी **वान्ट्** (उप०) रूप बने। **ण्** अथवा **र्-ल्** का रूपान्तर है **ऴ्**; इससे तमिल का **वेऴ्** (चाहना) रूप बना। **वेट्टम्** (चाह) का पूर्वरूप **वॅण्टम्** हो सकता है, **वॅर्टम्** या **वॅर्तम्** भी। **वॅट्टम्** का एक तमिल प्रतिरूप **वेडम्** भी है। यहाँ **वॅट्टम्** का **वॅ** क्षतिपूर्ति के लिए **वे** बना। मानक हिन्दी में जैसे मध्यवर्ती **ड्**, उच्चारण में, **ड़्** बन जाता है, वैसे ही **वेडम्** तमिल उच्चारण में **वेळम्** हो सकता है, **वेऴम्** भी। तब तमिल **वेऴ्** (चाहना), **विऴइ** (उप०) के **ळ्**, **ऴ्** का पूर्वरूप मध्यवर्ती **ड्** होगा।

तमिल **पोरइ** (छेद), **पोऴ्** (छिन्न करना) द्रविड़ व्युत्पत्तिकोश में अलग-अलग शब्दमूलों के अन्तर्गत दिखाये गये हैं। दोनों एक हैं। तेलुगु-कन्नड़ **पॉञ्जु** (छिन्न करना)

में **र्** का रूपान्तर **न्** है । पर्जि **पोड्** (उप०) और तमिल **पोडु** (छेद), **पोळ्** (छिन्न करना) में **ड्, ड़्, ळ्** का सम्बन्ध देखा जा सकता है। तमिल **पोरइ** (छेद), **पोळ्** (छिन्न करना) का अंग्रेजी प्रतिरूप **बोर्** (छेद करना) है । बढ़ई जिस औजार से लकड़ी में छेद करता है, वह हिन्दी में **बरमा** कहलाता है। तेलुगु **बॉरिय** (छेद, कोटर) और अंग्रेज़ी **बोर्** सम्बद्ध रूप हैं। कन्नड़ **पोर्** (छेद) और **पॉळळु** (पोलापन) भिन्न शब्द-मूलों से सम्बद्ध माने गये हैं। दोनों एक हैं। **पॉळ्ळु** का कन्नड़ प्रतिरूप **हॉळ्ळु** अंग्रेज़ी **होल्** (छेद) और **हौलो** (पोला) की निर्माण-प्रक्रिया उद्घाटित करता है। हिन्दी **पोल (ढोल के भीतर पोल** वाला **पोल**), **पोला** कन्नड़ **पोर्, पॉळळु** से सम्बद्ध हैं। कन्नड़ **पॉळळु** के प्रतिरूपों में तमिल **पॉल्लु** (भूसा), कुवि **पॉरु** (उप०) आदि दिखाये गये हैं। ये भिन्न वर्ग के शब्द हैं। इनमें भीतर से पोले होने का भाव नहीं है; संस्कृत **वल्क**, अंग्रेज़ी **बार्क्** (छाल) की तरह इनमें किसी चीज़ को ऊपर से ढाँकने का भाव है। इनका प्रतिरूप लैटिन **पॅल्लिस्** (खाल) है।

करना, कर (हाथ) के साथ **क्रय, विक्रय** वाले शब्द मूल रूप का अर्थ-विस्तार करते हैं। इसी प्रकार तमिल **पण्णु** (करना), संस्कृत **पाणि** के साथ **पण्य** उसी तरह का अर्थ-विस्तार करता है। **पण्** क्रियामूल से **पणिक** रूप बनेगा। संस्कृत के **बणिज्, वणिज्** (व्यापारी) इसी के प्रतिरूप होंगे। जो मोल-भाव बहुत करे, कंजूस हो, वह वैदिक भाषा का **पणि** है। द्रविड़ भाषाओं में जैसे **त्** का रूपान्तर **न्** है, वैसे ही **प्** का रूपान्तर **म्** है। अत: तमिल **पण्णु** का एक प्रतिरूप उसी भाषा में **मण्णु** (करना) है। संस्कृत **पाणि** के समान, **मन्** क्रिया से लैटिन **मनुस्** (हाथ) सम्बद्ध है। अंग्रेजी के **मैनुअल्** (हाथ से जो किया जाय), **मैनुफैक्चर्** (दस्तकारी) आदि लैटिन **मनुस्** और तमिल **मण्णु** के सम्बन्धी हैं। हिन्दी में बाज़ार के लिए एक पुराना शब्द **मंडी** है; भारत के नगरों में **मंडी** नाम वाले बाज़ार (और मॉहल्ले) सबसे ज़्यादा आगरे में हैं। **कर्** की तरह **पण्** और **मण्** का **ण्** भी पहले **र्** था। तमिल **मारु** (बेचना), तुलु **माराट** बिक्री, कन्नड़ **माराळि** (विक्रेता, वैश्य) में **पण्** और **मण्** के **ण्** की आधारभूत ध्वनि **र्** विद्यमान है। लैटिन **मॅर्कॉर** (खरीदना), **मॅर्कातूर्** (व्यापारी), अंग्रेज़ी **मर्चॅन्ट्** और **मार्कॅट्** में प्राचीन **मर्** प्रतिष्ठित है।

मंडी और **मार्कॅट्, बनिया** और **मर्चॅन्ट्, पण्य** और **मारु**, ये सब एक ही गोत्र के शब्द हैं।

देखना चाहिए, जैसे **मण्** का पूर्वरूप **मर्** है, वैसे ही **पण्** का पूर्वरूप **पर्** कहीं प्राप्त है या नहीं।

द्रविड़ व्युत्पत्तिकोश की शब्दसंख्या ३२५५ के अन्तर्गत तमिल **पर** (फैलाना), **परक्कु** (इधर-उधर घूमना), तुलु **परपुनि** (रेंगना), कुइ **प्राप** (बेचना), कुवि **प्रहनइ** (उप०) रूप दिये हुए हैं। अन्तिम रूप अन्य शब्दों से भिन्न वर्ग का है। पूरक सूची में फैलाने, रेंगने आदि का अर्थ देनेवाले शब्दों के साथ क्रय-विक्रय अर्थवृत्त के ये महत्वपूर्ण शब्द हैं : कन्नड़ **परड्ु** (व्यापार), **परद** (व्यापारी), कोन्ड **पॉर्** (बेचना), पॅङ्ग **प्रॉ** (उप०), मंड **प्रॅ** (उप०), कुवि **प्र** (उप०)। इन शब्दों को देखने से सन्देह नहीं रह जाता कि

पर् क्रियामूल वेचने के **अर्थ में** व्यापक रूप से प्रयुक्त होता था, यह **मर्** का पूर्वरूप है, **पण्** का पूर्वरूप भी यह **पर्** है **और** इसका सम्बन्ध करनेवाली क्रिया से है, घूमने-रेंगने-फैलाने की क्रिया से नहीं।

ग्रीक **पोलॅंग्रो** (बेचना), **पोलेस्** (विक्रेता) में **र्** के स्थान पर **ल्** है।

जो वस्तु बिकाऊ हो, खरीदी जा सके, वह **मूल्य** है, उसके लिए जो पैसा दिया जाय, वह भी **मूल्य** है। संस्कृत **मूल्य** का **मूल् पोलॅंग्रो** के **पोल्** का रूपान्तर है, हिन्दी **मोल** ग्रीक **पोल्** के और भी निकट है। **मूल** (जड़) से **मूल्य** का कोई सम्बन्ध नहीं है।

तमिल **मारु** (बेचना) और संस्कृत **मूल्य** परस्पर सम्बद्ध रूप हैं।

हिन्दी **धन्धा** के **धन्** का पूर्वरूप **धर्** था। व्यापार वाले **अर्थ** में **मारु** और **मूल्य** के साथ तमिल **तरगु** (दलाली) और रूसी **तॉर्गॉवात्** (व्यापार करना) उल्लेखनीय हैं। विनिमय के लिए दो चीज़ों की समानता देखना आवश्यक होता है। समान मूल्य की वस्तुएँ **तुल्य** हैं; उनकी समानता पहचानने का एक तरीका उन्हें **तराज़ू** में **तौलना** है। संस्कृत में तौलने का उपकरण **तुला** है, तमिल में **तक्कडि**, मराठी में **ताग्डी**, हिन्दी में **तराज़ू** के साथ **तखरी**। डाँड़ी मारने की क्रिया बहुत पुरानी है, अतः तमिल **तक्कडि**, तेलुगु **तक्किडि** का अर्थ धोखा भी है, अंग्रेजी **ट्रेड** (व्यापार) का मूल अर्थ, औक्सफर्ड डिक्शनरी के अनुसार, रास्ता था और वह **ट्रॅड्** (चलना) क्रिया से बना है। मेरी समझ में **ट्रेड** का आधार वही **तर्** क्रिया है जो तमिल **तरगु** और रूसी **तॉर्गॉवात्** में है।

व्यापार में जो लगाया जाय, व्यापार से जो कमाया जाय, वह **धन** है।

लैटिन **वॅन्दो** (बेचना) में **पण्** के **प्** का रूपान्तर **व्** है। लैटिन **वलॅंग्रो** (बलवान होना) का आधार संस्कृत **बल** है; **वलॅंग्रो** (मूल्यवान होना) का आधार **पर्-पल्** का रूपान्तर **वल्** है। तमिल **विल्** (बेचना), **विलइ** (विक्रय; मूल्य), **वीर्** (बेचना) का सीधा सम्बन्ध मूल्य वाले लैटिन **वलॅंग्रो** से है। कन्नड़ **बिल्** (बेचना, खरीदना), तोद **पिल्** (मूल्य), तुलु **बिलॅ** (उप०) के **प्-ब् विल्** के **व्** के रूपान्तर हो सकते हैं, उसके पूर्वरूप भी। कुड़ुख **बीस्ना** (बेचना) हिन्दी **बेचना** का रूपान्तर जान पड़ता है।

द्रविड़ भाषाओं में आदिस्थानीय **र्** विरल है किन्तु मध्यस्थानीय **र्** उनमें बहुधा सुरक्षित मिलता है और वहाँ सुरक्षित मिलता है जहाँ वह संस्कृत में लुप्त हो गया है। यह तथ्य **र्** क्षेत्र की प्राचीन आर्यभाषाओं से उनका घनिष्ठ सम्पर्क प्रमाणित करता है।

द्रविड़ और इन्डोयूरोपयन (आर्य और आर्येतर) शब्दमूलों में समानता हो सकती है, इस समानता का पता किस तरह लगाया जाय, यह बताने के लिए ऊपर कही हुई बातें पर्याप्त होनी चाहिए। इन्डोयूरोपियन परिवार की आर्येतर भाषाओं के विकास की कुंजी द्रविड़ भाषाओं में है। इन्डोयूरोपियन परिवार की आर्य और आर्येतर भाषाओं का सम्बन्ध अपेक्षाकृत सरलता से पहचान में आ जाता है। इसका एक कारण यह है कि यह सम्बन्ध उतना पुराना नहीं है जितना आर्य-द्रविड़ भाषाओं का प्राचीनतम सम्बन्ध। जो सम्बन्ध ज्यादा पुराना होगा, उसे पहचानने में ज्यादा कठिनाई हो, यह स्वाभाविक है। आर्यभाषाओं के बिना द्रविड़ भाषाओं का, द्रविड़ भाषाओं के बिना आर्यभाषाओं का, दोनों के बिना आर्येतर इन्डोयूरोपियन भाषाओं का विवेचन असम्भव

है। इस विवेचन की आधारभूमि है भाषाई क्षेत्र भारत। यहाँ जो कुछ कहा गया है, शब्द-सूचियों के रूप में जो सामग्री दी गई है, उसे केवल विषय प्रवर्तन के रूप में ग्रहण करना चाहिए। विवेचन का काम आगे आनेवाले विद्वान् करेंगे।

(ञ) हिन्दी, संस्कृत और मध्यदेश

हिन्दी भाषा के उद्भव और विकास का इतिहास लिखते समय सबसे पहले हिन्दी क्षेत्र की जनपदीय उपभाषाओं पर ध्यान देना चाहिए। इन पर ध्यान देते ही यह तथ्य स्पष्ट होगा कि यह सारा क्षेत्र **न्** और **ण्** ध्वनियों के दो भागों में बँटा हुआ है। **ण्** ध्वनि बाँगरू जनपद की विशेषता है, ब्रज से लेकर मिथिला तक **न्** की प्रधानता है। इस तथ्य से जहाँ संस्कृत के ध्वनितन्त्र का मिलान करेंगे, वहीं यह बात छिपी न रहेगी कि संस्कृत शब्दमूलों में, धातुओं, सर्वनामों, प्रत्ययों, उपसर्गों में, **ण्** की भूमिका नगण्य है। विदित होगा कि जो भाषा आगे चलकर संस्कृत कहलाई, वही नहीं, वैदिक भाषा भी एक दीर्घकालीन विकास-परम्परा का परिणाम है। इस विकास-परम्परा की अनेक विशेषताएँ हैं। वैदिक भाषा में जो **ण्** का महत्व है, वह उस मूल भाषा में नहीं है जिसका वह विकास-परिणाम है। वैदिक भाषा में **ष्**, **क्ष्** जैसी मूर्धन्य ध्वनियों की बहुलता है; मूल भाषा में इनका अभाव है। हिन्दी क्षेत्र में ब्रज से लेकर मिथिला तक **न्** के समान **स्** की प्रधानता है। किसी समय बड़े पैमाने पर संस्कृत की मूल शब्दराशि की दन्त्य ध्वनियों का मूर्धन्यीकरण और तालव्यीकरण हुआ है। **श्-ल्** का व्यवहार मागधी प्राकृत की विशेषता है; **स्-र्** का व्यवहार मध्यदेश की भाषाओं की विशेषता है। इससे निष्कर्ष यह निकलता है कि जनपदीय स्तर पर बाँगरू को छोड़कर हिन्दी की शेष उपभाषाएँ उस प्राचीन भाषा से सम्बद्ध हैं जिसकी प्रमुख ध्वनियाँ **न्, स्, र्** हैं।

बनारस से लेकर दरभंगा तक की जनपदीय भाषाओं में **अ** का अभाव है। **अ** के स्थान पर ह्रस्व औकार बोला जाता है। किन्तु संस्कृत में **अ** ध्वनि सुप्रतिष्ठित है। अतः जिस मूल भाषा के आधार पर संस्कृत का विकास हुआ है, वह मूर्धन्य नासिक्य और ह्रस्व औकार के बीच के क्षेत्र, मध्यदेश की भाषा है।

संस्कृत में **न्, ण्, र्, ल्, श्, ष्, स्** आदि सभी ध्वनियाँ हैं किन्तु संस्कृत के ध्वनि-तन्त्र में एक साथ इनका समावेश नहीं हो गया। जैसे ब्रज और बाँगरू क्षेत्रों में **न्, ण्** का भेद आज एक स्पष्ट विभाजक रेखा है, वैसे ही प्राचीनकाल में **स्, श्, र्, ल्** आदि के विभिन्न केन्द्र थे। संस्कृत में समानार्थी किन्तु भिन्न ध्वनियों वाले **स्कम्भ** और **स्तम्भ** जैसे रूपों के अस्तित्व का यही कारण है। जनपदीय बोलियों के **खड़े** का सम्बन्ध **स्क** क्रियामूल के क्षेत्र से है, **ठाढ़े** का **स्त, स्था** क्रियामूल के क्षेत्र से। **ख़ाना** फ़ारसी में है, संस्कृत में नहीं; जनपदीय स्तर पर जहाँ अब **ठाढ़े, ठड़े, ठाँव** आदि रूपों का व्यवहार होता है, वहीं प्राचीनकाल में **तिष्ठति, स्थिर, स्थान** आदि का होता था। मध्यदेशीय भाषा का विशेष सम्बन्ध तवर्गीय ध्वनियों से है।

मध्यदेश के उत्तर में बाँगरू को लें और पश्चिम में बुन्देलखण्डी को, इनके साथ मध्यदेश की ही ब्रजभाषा को लें, तो अवधी से इनकी तुलना करने पर ज्ञात होगा कि

अवधी में जहाँ महाप्राण ध्वनियाँ सुरक्षित हैं, वहाँ उक्त बोलियों में उनके अल्पप्राण रूपान्तरों का चलन अधिक है। **हाथ** और **हात, पहिले** और **पैले** जैसे रूपों का भेद है। हिन्दी परिवृत्त की भाषाओं पर ध्यान दें तो पंजाबी, मराठी, बँगला आदि में महाप्राण के स्थान पर अल्पप्राण ध्वनियों के व्यवहार की प्रवृत्ति है। इसका कारण यह है कि मध्यदेश और उसके परिवृत्त को द्रविड़ भाषाएँ घेरे हुए हैं। मध्यदेश पर उनका प्रभाव भारत के अन्य आर्यभाषा क्षेत्रों की अपेक्षा कम है, मध्यदेश में अवधी पर विशेष रूप से कम है। द्रविड़ भाषाएँ वर्तमान हिन्दी प्रदेश के उत्तर-पश्चिमी सीमान्तों में किसी समय बड़े पैमाने पर बोली जाती थीं। यही कारण है कि संस्कृत में **घर्म** और **ग्रीष्म** जैसे महाप्राण-अल्पप्राण ध्वनियों वाले, मिलते-जुलते अर्थवाले रूप मिलते हैं। किन्तु यह स्थिति उस समय नहीं है जिस समय मध्यदेश की भाषा का निर्माण हो रहा है।

मध्यदेश की भाषा का अर्थ है सामान्य लक्षणों वाली गणभाषाओं का समुदाय। यह समुदाय दूर-दूर तक फैला हुआ है। ऐसा न होता तो मध्यदेश से दूर सिन्धु नदी और सिन्धु प्रदेश का यह नाम न होता। कश्मीरी और सिन्धी में मध्यदेशीय भाषाओं के जो अनेक लक्षण मिलते हैं, उसका यही कारण है। द्रविड़ जन, और उनके साथ कोल, नाग आदि, वर्तमान हिन्दी प्रदेश के मूल निवासी नहीं हैं। होते तो संस्कृत या हिन्दी में सघोष महाप्राण ध्वनियों का अस्तित्व न होता जैसे अब कश्मीरी में नहीं है।

हिन्दी का विकास समझने के लिए आदि इंडोयूरोपियन भाषा से चलकर इंडो-ईरानी शाखा तक पहुँचने के बदले यदि आर्यभाषा क्षेत्र से ईरान होते हुए एक ओर यूनान और दूसरी ओर स्लाव प्रदेश की दिशा में बढ़ें, तो विदित होगा कि प्राचीनतम अभि-लेखों में कहीं भी भारत के बाहर सघोष महाप्राण ध्वनियों का व्यवहार नहीं होता। इंडोयूरोपियन परिवार के विकास की जो गाथा रची गई है, उससे न यूरुप की भाषाओं का विकास समझ में आ सकता है, न संस्कृत का; तब हिन्दी का विकास क्या समझ में आयेगा? किन्तु मध्यदेशीय भाषा-समुदाय पर ध्यान केन्द्रित करने से, विशेष रूप से सघोष महाप्राण ध्वनियों के सूत्र के सहारे, संस्कृत समेत इंडोयूरोपियन भाषाओं का विकास समझ में आने लगता है। इसके साथ ही आर्येतर इंडोयूरोपियन भाषाओं तथा द्रविड़ भाषाओं के तुलनात्मक विवेचन से प्राचीन आर्यभाषाओं के अनेक गुप्त या लुप्त भाषातत्व प्रकाश में आते हैं।

जैसे **आन्ध्र** शब्द संस्कृत में एक जन-समुदाय के लिए प्रयुक्त होता है, इसके अतिरिक्त उसका अपना कोई अर्थ नहीं है। ग्रीक और तमिल रूपों—**अन्थ्रोपॉस्** और **आण्**—से इसके अर्थ 'पुरुष' का बोध होता है। गणों के नाम रखने की एक विशेष पद्धति से यह नाम मेल खाता है।

संस्कृत में बहुत से मध्यदेशीय रूप बदल गए किन्तु इसका यह अर्थ नहीं कि उनका चलन सर्वथा बन्द हो गया। पालि और प्राकृतों में संस्कृत के अनेक शब्दों का रूपान्तर हुआ है पर इसके साथ उनमें कुछ प्राचीन रूप सुरक्षित भी रहे हैं। संस्कृत में इन मूल शब्दों का रूपान्तर मिलता है। इनमें एक है पालि **इध** जिसका संस्कृत रूपान्तर है **इह**। हिन्दी **इधर** का सम्बन्ध **इध** वर्ग के शब्दों से है, **इह** से नहीं। संस्कृत क्रिया **दिव्**

और प्राकृत **धिप्पइ** में **धि** वाला रूप प्राचीन है; इसकी पुष्टि संस्कृत **देव** के ग्रीक प्रतिरूप **थॅआॅस्** से होती है जहाँ **थॅ** मूल **धॅ** का रूपान्तर है। संस्कृत के अनेक प्राकृत रूपान्तर, जहाँ वे बहुत अप्राकृतिक नहीं हैं; हिन्दी तथा अन्य भारतीय भाषाओं में प्रचलित हुए हैं। जैसे **पुर** का रूपान्तर **बुर, उर, ऊर** अनेक आर्य-द्रविड़ भाषाओं में प्रचलित है। किन्तु कुछ रूप आधुनिक आर्य भाषाओं में ऐसे हैं जो न प्राकृतों में हैं न संस्कृत में। ऐसा एक शब्द अवधी (बघेलखंडी) का **झन** है जो संस्कृत **जन** का पूर्वरूप है। संस्कृत में समानार्थी **घन** है और **झन** का विकास **घन** से ही हुआ है किन्तु **झन** और **जन** रूपों में संस्कृत ने **जन** ही स्वीकार किया।

आधुनिक आर्यभाषाओं का सम्बन्ध केवल संस्कृत से नहीं है, संस्कृत की समकालीन और उससे पूर्व की गणभाषाओं से है। इन गणभाषाओं में मध्यदेशीय भाषाओं की भूमिका निर्णायक है। संस्कृत के प्रसारकाल में यह मध्यदेशीय सरस्वती निरन्तर प्रवाहित रहती है। जब संस्कृत में **करोति** का व्यवहार होता है, तब अन्य क्षेत्र में **करोधि, करधि** जैसे रूप का चलन बना रहता है। पुरानी अवधी के **करहि** का आधार **करधि** है, **करति** या **करोति** नहीं। इसी के बहुवचन रूप **करन्धि** से **करहिं** रूप बनता है। अपभ्रंश में **करइ** का आधार **करहि** है; **करइ** से **करहि** का विकास नहीं हुआ। अपभ्रंश का ध्वनितंत्र प्राकृतों का है, उनका रूपतन्त्र आधा प्राकृत है, आधा मध्यदेशीय, अर्थात् उसमें पुरानी अवधी के अनेक रूप हैं। अपभ्रंशों के आधार पर आधुनिक आर्य भाषाओं के विकास की व्याख्या नहीं हो सकती। वास्तव में आर्य भाषा क्षेत्र की जनपदीय भाषाएँ उस समय विकसित होती हैं जिस समय साहित्य में प्राकृतों का बोलबाला है। प्राकृतों के ध्वनितन्त्रीय लक्षणों में जनपदीय भाषातत्वों को मिलाकर अपभ्रंश की रचना हुई। इन भाषातत्वों में कोसल जनपद के तत्व प्रधान हैं।

हिन्दी का विकास समझने के लिए मानक भाषा की रचना में जनपदीय भाषाओं के योगदान पर ध्यान देना आवश्यक है। हिन्दी का व्याकरण मूलतः बाँगरू का है किन्तु उसके बोलचाल वाले अन्तरजनपदीय ध्वनितन्त्र पर ब्रजभाषा की गहरी छाप है। यही कारण है कि रेख़्ता, हिन्दुई, पुरानी उर्दू में **ण्** का अभाव है। उर्दू में **ण्** का अभाव अब भी है, हिन्दी में **ण्** की पैठ बोलचाल के स्तर पर कम, लिखित और शिष्ट भाषा के स्तर पर अधिक है। मानक हिन्दी के अनेक क्रियारूप अवधी के आधार पर बने हैं यथा **करहु** से **करो** फिर **करोगे, करहिं** से **करें** फिर **करेंगे, करहि** से **करे** फिर **करेगा**। मानक हिन्दी के निर्माण में अनेक जनपदीय भाषाओं का योगदान है, विशेष रूप से ब्रज और अवधी का, और इनका सम्बन्ध प्राचीन मध्यदेशीय आर्यभाषा से है।

किसी भी आधुनिक आर्यभाषा का विकास समझने के लिए उसकी जनपदीय उपभाषाओं पर ध्यान देना आवश्यक है। जनपदीय भाषाओं में कोई एक मानक भाषा के रूप में विकसित होती है और इस विकासक्रम में वह अपना पुराना रूप काफी बदलती है, अन्य जनपदीय भाषाओं से अनेक तत्व ग्रहण करती है। यह प्रक्रिया उस मानक भाषा के क्षेत्र तक सीमित नहीं रहती, वह पड़ोसी भाषाओं के क्षेत्र तक फैलती चली जाती है। समस्त आधुनिक आर्यभाषाओं के विकास में केन्द्रीय स्थिति मध्यदेश के जनपदों की

है। बारहवीं सदी के **उक्तिव्यक्तिप्रकरण** में क्रिया के वर्तमानकालिक अन्य पुरुष एक-वचन रूप इस प्रकार हैं : **मनावेउ न मानइ, रसु काहु न सीझइ, मीच्छें बोले काउ न रोहइ।** चौदहवीं सदी में **मुग्धावबोधमौक्तिक** संस्कृत-व्याकरण गुजराती भाष्य के साथ रचा गया। ध्रुव द्वारा सम्पादित इस ग्रन्थ के आधार पर ग्रियर्सन ने अपने सर्वेक्षण ग्रन्थ के नवें खण्ड के दूसरे भाग में पुरानी गुजराती का संक्षिप्त व्याकरण लिखा। इसमें क्रिया के वर्तमानकालिक अन्य पुरुष एकवचन रूप इस प्रकार हैं : **शिष्य पूछइ, लोक देखइ, जीव धर्मिइँ संसारु तरइ। मानइ, सीझइ, रोहइ** के समान **पूछइ, देखइ, तरइ** का इ पहले **हि** था। बहुवचन रूपों में मुल्ला दाऊद, जायसी, तुलसीदास **हिं** वाले रूपों का प्रयोग करते हैं। इससे ज्ञात होता है कि एकवचन में **हि** था। चौदहवीं सदी में मुल्ला दाऊद चांदायन में लिखते हैं :

> **राधा कान्ह देस छद ल्यावहिं।**
> **मटकि मूँड मसि देह चरावहिं।**
> **गावहिं गीत औ कहहिं पँवारा।**
> **नट नाचहिं अउ बाजहिं तारा।**

स्वामी विवेकानन्द ने गीत लिखा :

> **ताथेइया ताथेइया नाचे भोला,**
> **बोम् रव बाजे गाल,**
> **डिमि डिमि डिमि डमरू बाजे, दुलिछे कपालमाल।**
> **गरजे गंगा जटामाझे, उगरे अनल त्रिशूल राजे,**
> **धक् धक् धक् मौलिबन्ध, ज्वले शशाङ्क-भाल।**

यहाँ **नाचे, बाजे, गरजे** आदि के पूर्वरूप होंगे **नाचहि, बाजहि, गरजहि।**

गुजराती, अवधी, बँगला, एक छोर से दूसरे छोर तक वर्तमानकालिक क्रिया-रूपों की ऐसी एकता है। **करइ** का पूर्व **करति** था, जो यह मानते हैं, वे सिद्ध करें कि **करहिं** के पूर्वरूप **करन्ति** का **त्** यहाँ **ह्** में परिवर्तित हुआ है। प्राकृतों में **ति** के स्थान पर **इ** का व्यवहार सम्भव है, **हि** का नहीं। अतः गुजराती, बँगला, अवधी के क्रियारूपों की व्याख्या करने के लिए **ह्** की कैफियत देनी होगी। मूलरूप **करधि** मानने से **करहि** और **करति** दोनों की व्याख्या हो जाती है। और इससे आधुनिक आर्य भाषाओं के विकास में मध्यदेश की भूमिका स्पष्ट होगी।

सिन्धी **किओ, कयो, कीतो** से गुजराती **कीधो** (किया) की तुलना करें तो यह स्पष्ट होगा कि **कीधो** का विकास **कीतो** से नहीं हुआ, **कीतो** का विकास **कीधो** से हुआ है। **किओ** और **कयो** का **अ, य** पहले **त** था या **ध**, इसका निर्णय अवधी **दिहिसि, दीन्हेंसि** को देखकर किया जा सकता है। **दिह** का पूर्वरूप होगा **दिध, दीन्ह** का पूर्वरूप होगा **दिन्ध**। इन कृदन्तों से तिङन्त **करइ, करहिं** के प्रस्तावित पूर्वरूपों **करधि, करन्धि** की पुष्टि होती है।

संस्कृत के प्रसारकाल में पुरानी गणभाषाओं के रूप नष्ट नहीं हो जाते; साहित्य की भाषा में प्रवेश न पाने पर भी वे जनसाधारण की बोलचाल में बने रहते हैं। अतः

मानक भाषाओं के विकास का अध्ययन करते समय उनके अन्तरजनपदीय सन्दर्भ पर ध्यान देना उचित है। बँगला और गुजराती के विकास में हिन्दी जनपदों का योगदान महत्वपूर्ण है।

आर्यभाषाओं के विकास में मध्यदेश की भूमिका की व्याख्या मैंने दूसरे ढंग से की है किन्तु यह भूमिका अत्यन्त महत्वपूर्ण है, यह बात अन्य विद्वान् बहुत ज़ोरदार शब्दों में इससे पहले कह चुके हैं। जातीय प्रतिद्वन्दिता के युग में किसी बुद्धिमान पाठक का यह कहना असम्भव नहीं कि मध्यदेश की भूमिका की व्याख्या करते हुए मैंने इस क्षेत्र के साथ पक्षपात किया है। अतः इस प्रसंग में डा. चाटुर्ज्या का उल्लेख उचित है।

डा. सुनीतिकुमार चाटुर्ज्या ने पालि के प्रसार-व्यवहार के सन्दर्भ में लिखा है: 'मध्यदेश की भाषा के रूप में, पालिभाषा आधुनिक हिन्दी या हिन्दुस्थानी की भाँति केन्द्र की—आर्यावर्त के हृदय-प्रदेश की—भाषा थी; अतएव, आसपास में पूर्व, पश्चिम, पश्चिमोत्तर, दक्षिण-पश्चिम आदि के जन इसे सरलता से समझ लेते थे।' (**भारतीय आर्य भाषा और हिन्दी**, पृ० १७५)।

आर्यभाषाओं का क्षेत्र है आर्यावर्त। आर्यावर्त का केन्द्र, उसका हृदय-प्रदेश है मध्यदेश। भाषाई प्रभावों के विकीरण की यह केन्द्रभूमि है। यहाँ की भाषा पूर्व और पश्चिम, पश्चिमोत्तर और दक्षिण-पश्चिम के जन सरलता से समझ लेते थे। स्वभावतः आधुनिक भाषाओं के निर्माण में मध्यदेश की भूमिका प्रमुख होगी।

डा. चाटुर्ज्या ने आगे लिखा है: 'मध्यदेशीय भाषा का प्रभुत्व अविच्छिन्न रूप से ईसा की प्रथम सहस्राब्दी के सारे काल में, और उससे पहले भी, कायम रहा; अर्थात् पालि के रूप में, (ईसापूर्व की शतियों में) शौरसेनी प्राकृत के रूप में, (ईसा की आरम्भिक शतियों में) 'प्राकृत' या संकुचित अर्थ में तथाकथित 'महाराष्ट्री प्राकृत' के रूप में (लगभग ४०० ई० स० के आसपास), तथा शौरसेनी अपभ्रंश के रूप में (४०० ई० स० से १००० ई० स० तक के बाकी काल में)। मध्यदेश वास्तव में भारत का हृदय एवं जीवन-संचालन का केन्द्र-स्थान था।' (उप०, पृ० १७७-७८)।

डा. चाटुर्ज्या के लिए जीवन-संचालन का अर्थ है सामन्ती व्यवस्था का संचालन, उसमें भी विशेष रूप से 'अखिल ब्राह्मणीय संस्कृति का सूत्र-संचालन' (उप०, पृ० १७८)। यद्यपि वह पालिभाषा के प्रसार-व्यवहार की बात करते हैं और उसे बौद्धों के थेरवाद सम्प्रदाय की 'महान् साहित्यिक भाषा' (उप०, पृ० १७५) मानते हैं, फिर भी वह ब्राह्मण संस्कृति के सूत्र से मध्यदेश को बाँधे रहते हैं। मैंने प्राचीन गणभाषाओं की विशेषताओं का विवेचन करके स्वयं संस्कृत के विकास में मध्यदेश की भूमिका प्रतिपादित की है, प्राकृत-अपभ्रंश के तानेबाने से अलग हटकर जनपदीय भाषातत्वों के आधार पर आधुनिक आर्यभाषाओं के निर्माण में मध्यदेश की भूमिका का उल्लेख किया है। मध्यदेश के महत्व की व्याख्या डा. चाटुर्ज्या ने जिस ढंग से की है, उससे मेरा ढंग बिलकुल अलग है, उसका उल्टा है। पर यह सत्य है कि मध्यदेश की भाषाई भूमिका के महत्व की चर्चा मेरी इस पुस्तक से आरम्भ नहीं होती; मुझसे बहुत पहले डा. सुनीतिकुमार चाटुर्ज्या उसे आरम्भ कर चुके हैं।

(ट) भारत और दक्षिणपूर्वी एशिया

मध्य एशिया, पश्चिमी एशिया और यूरुप के भाषासमुदायों से भारतीय भाषाओं का गहरा सम्बन्ध रहा है। आर्य और द्रविड़ दोनों परिवारों के केन्द्र उत्तरी भारत में रहे हैं। अतः उक्त कोटि के सम्बन्धों का गहरा होना स्वाभाविक है। इन सम्बन्धों को लेकर केवल इन्डोयूरोपियन परिवार की छानबीन की गई है। ये सम्बन्ध, कहीं गहरे कहीं उथले, अन्य परिवारों तक फैले हुए हैं। इन्डोयूरोपियन परिवार की छानबीन में द्रविड़ों को अलग रखा जाता है, कोल-नाग जनों को और भी दूर माना जाता है। कम्बोजगण उत्तर भारत में रहते थे, यह ऐतिहासिक तथ्य है। यदि उनके साथ अन्य कोल समाज भी रहते हों त। यह स्वाभाविक घटना होगी। इससे उन शब्दों की व्याख्या आसानी से होगी जो कोल और आर्येतर इन्डोयूरोपियन भाषाओं में मिलते हैं। वाक्यतन्त्र की अनेक विशेषताएँ कम्बोज तथा आर्येतर इन्डोयूरोपियन भाषाओं में मिलती हैं। क्रिया के बाद कर्म का व्यवहार, पश्चसम्बन्धक की जगह पूर्वसम्बन्धक (प्रिपोजीशन) का व्यवहार अंग्रेज़ी को हिन्दी से अलग करता है। इस अलगाव की व्याख्या यूरुप की भाषाओं पर कम्बोज प्रभाव से होती है।

इन्डोयूरोपियन परिवार पर ध्यान केन्द्रित करने का एक परिणाम यह हुआ है कि दक्षिणपूर्वी एशिया और हिन्द-प्रशान्त महासागरों के द्वीपसमूह से भारत के भाषाई सम्बन्ध का विवेचन उपेक्षित रहा है। आस्ट्रोएशियाटिक भाषाओं से कोल भाषाओं के सम्बन्ध का जो विवेचन हुआ है, उससे आर्य-द्रविड़ भाषाओं को बाहर रखा गया है। दक्षिणपूर्वी एशिया का क्षेत्र आर्थिक दृष्टि से पिछड़ा हुआ है, उसकी भाषाओं पर कम ध्यान दिया गया है, किन्तु इनसे भारत का भाषाई सम्बन्ध ऐतिहासिक भाषाविज्ञान के लिए महत्वपूर्ण है, उसका विवेचन मध्य और पश्चिमी एशिया की भाषाओं से भारतीय सम्बन्धों को समझने में सहायक होता है।

दक्षिणपूर्वी एशिया में भारत के उपनिवेश थे और, तुर्क-अभियान से पहले, लगभग डेढ़ सहस्राब्दी तक वहाँ कायम रहे, विशेष रूप से इंडोनीशिया के द्वीपों में, यह बात अधिकांश पढ़े-लिखे लोग जानते हैं। इंडोनीशिया की भाषा में बहुत से संस्कृत के शब्द प्रचलित हैं, इस बात से भी वे परिचित हैं। इंडोनीशिया की भाषाएँ कोल भाषाओं से मिलती हैं, इंडोनीशिया की भाषाओं में आर्य भाषातत्व वैसे ही घुलमिल गये हैं जैसे ये तत्व भारतीय कोल भाषाओं में घुलमिल गए हैं, आर्य-कोल भाषातत्वों का प्रसार अरब सागर, हिन्द महासागर और प्रशान्त महासागर के द्वीपों में दूर-दूर तक हुआ है, इस प्रसार का एक केन्द्र मलय-इंडोनीशिया का क्षेत्र है, इस बात पर बहुत कम ध्यान दिया गया है। इंडोनीशिया की भाषाओं में जो संस्कृत के शब्द मिलते हैं, वे भारतीय उपनिवेश कायम होने के बाद ही वहाँ पहुँचे हों, यह आवश्यक नहीं है। इनमें अनेक ऐसे प्राचीन रूप हो सकते हैं जिन्हें कोलजन अपने साथ भारत से इंडोनीशिया ले गये हों, इनमें कुछ रूप उस समय के हो सकते हैं जिस समय संस्कृत का वह रूप निश्चित न हुआ था जो साहित्य में प्राप्त है।

इस सन्दर्भ में मुंडारी रूप **सुर्द्** (हृदय) याद करें। यह रूप संस्कृत **हृदय** से

पुराना है और उसके समकक्ष रूप यूरुप की भाषाओं में हैं। ऐसे रूप इंडोनीशिया की 'संस्कृत' में भी मिल सकते हैं। जावा की भाषा में संस्कृत **हंस** के **अंस, कंस, गंस** और **रंस** प्रतिरूप हैं। यहाँ **अंस** की तुलना करें लैटिन **अन्सॅर्** से, **गंस** की जर्मन **गंज्** से। **हंस** का पूर्वरूप **घंस** है; एक विकास **घ>ह>अ**, दूसरा विकास **घ>ग/क**। जावा की भाषा के **अंस** का आधार **हंस** है जैसे लैटिन **अन्सॅर्** का आधार **हंस** है किन्तु **गंस** और **कंस** का आधार **घंस** है जैसे वह जर्मन **गंज्** का है। **रंस** में महाप्राण **ह्** का स्थान **र्** ने लिया है।

मलय भाषा में एक रूप है **दग**, दूसरा **हग**, दोनों का अर्थ प्यास है। यह **दाघ, निदाघ** वाले **दघ** से सम्बद्ध है, **दह** और **दाह** से नहीं। रोचक रूप है **हग**। यहाँ **द्** ध्वनि **ह्** में परिवर्तित नहीं हुई। **हग** का पूर्वरूप है **धघ** जैसे **गंस** का पूर्वरूप है **घंस**। इस **हग** से तुलनीय है ग्रीक **हग्निज़ो** (शुद्ध करना, बलि को आग में जलाना)। जैसे **हंस** और **अंस**, वैसे ही **हग्नि** और **अग्नि**।

जावा की भाषा में **अग्नि** के लिए एक शब्द है **ग्रम**। यह उस समय का शब्द है जिस समय **घर्** का अर्थ जलना था और उसके रूपान्तर **गर्** से ऊष्मासूचक **ग्रीष्म** आदि शब्द बन रहे थे।

यहाँ उल्लेखनीय है कि जावा की भाषा में नवीं ईस्वी सदी से साहित्य लिखा जाने लगा था; भाषाविज्ञानियों के अनुसार नवीं सदी में भारत की आधुनिक आर्य भाषाओं का जन्म न हुआ था। जावा की इस 'कवि' भाषा में संस्कृत शब्दावली की भरमार है जैसे बंकिमचन्द्र चटर्जी की बँगला में संस्कृत शब्दावली की भरमार है। इंडोनीशिया की संस्कृतगर्भित भाषा और भारत की संस्कृतगर्भित आधुनिक बँगला भाषा में केवल एक हज़ार साल का अन्तर है। आदि-मध्य-नव्य की जो कालमापिका हमने आर्य भाषाओं के लिए बना रखी है, वह जावा में पहुँचकर टूट जाती है। वास्तव में वह आर्य भाषाओं का विकासक्रम नापने के लिए भी असंगत और भ्रामक है।

इंडोनीशिया की भाषाओं में कुछ तत्व उस समय के हैं जब संस्कृत की निर्माण-प्रक्रिया समाप्त नहीं हुई; अधिकतर तत्व उस समय के हैं जिस समय यह प्रक्रिया समाप्त हो चुकी है, ये तत्व कोलों के, द्रविड़ों के, आर्य-भाषाभाषियों के माध्यम से पहुँचे हैं, इनमें संस्कृत के अतिरिक्त हिन्दी के तत्व हैं। इंडोनीशिया और शेष दक्षिणपूर्वी एशिया से हमारा भाषाई सम्बन्ध पहले था और आधुनिक युग में भी बना हुआ है। इन आर्य भाषातत्वों पर कहीं प्राकृतों की छाप नहीं है। उत्तर भारत की आर्य भाषाओं के समान जावा की भाषा ने अपने ढंग से तद्भव रूप रचे हैं। जैसे बोलचाल की हिन्दी के लिए जो अनेक संस्कृत शब्द अपरिचित से हैं किन्तु वे कोल भाषाओं के लिए सुपरिचित हैं, वैसे ही हिन्दी के लिए अपरिचित से अनेक प्राचीन शब्द जावा आदि की भाषाओं के लिए सुपरिचित हैं।

जे. गोन्डा नाम के विद्वान् ने **संस्कृत इन् इंडोनीशिया** (१९५२) नाम का महत्व-पूर्ण ग्रन्थ लिखा है। ग्रन्थ के नाम का अर्थ लगाना चाहिए : इंडोनीशिया में भिन्न स्रोतों से पहुँचे हुए आर्य भाषातत्व। इन स्रोतों में द्रविड़ और हिन्दी का उल्लेख है, कोल स्रोत

का नहीं।

इंडोनीशिया के द्वीपों में जो भाषाएँ अब बोली जाती हैं, वे वहाँ एशिया महाद्वीप से पहुँची हैं। इंडोनीशिया की भाषा, बहासा इंदोनीशिया, गोन्डा के अनुसार प्राचीन मलय का आधुनिक रूप है। यहाँ आर्य भाषातत्वों की बात नहीं है; बात है उस आस्ट्रिक भाषा की जो इंडोनीशिया में बोली जाती है और जो वहाँ मलय प्रदेश से पहुँची है। द्वीप समूहों की भाषाएँ मलय प्रदेश में पहुँची हों, इसका प्रमाण नहीं है। यदि हिन्द महासागर के समीपवर्ती द्वीपों की भाषाएँ मलय प्रदेश में नहीं पहुँची, तब सोचने की बात है कि हिन्द या प्रशान्त महासागर के दूरस्थ द्वीपों की भाषाएँ भारत में कैसे पहुँच जायँगी।

जावा की भाषा में महाप्राण ध्वनियाँ नहीं हैं। **भाषा** जैसा शब्द या तो **बहासा** बोला जायगा या **बासा**। **भार, भय, भाग** या तो **बहर, बहय, बहगि** हैं या **बार, बय, बागि** हैं। सघोष ध्वनि से महाप्राण अंश अलग करने की यह पद्धति इस भाषा का अपना कौशल है। यह पद्धति न द्रविड़ भाषाओं में है, न कोल भाषाओं में। सघोष महाप्राण ध्वनियों के अलावा अघोष महाप्राण ध्वनियों के रूपान्तर में भी यही कौशल दिखाई देता है। **छाया** और **फल** या तो **चहय** और **पहल** हैं या **चाय** और **पल**। कोल भाषाएँ तथा हिन्द महासागर के द्वीपों की भाषाएँ ह् के स्थान पर बहुधा काकल्य स्पर्शध्वनि ऽ् का व्यवहार करती हैं। उनमें **ह्** का व्यवहार आर्य भाषाओं के प्रभाव के कारण है। उनमें जहाँ भी ऽ् का व्यवहार हो, वहाँ ह् के लोप की सम्भावना को ध्यान में रखना उचित है। संस्कृत **वहित्र** (जहाज़) मलय में **बह्तॅर** है। मध्यवर्ती ह् की सुरक्षा आर्य प्रभाव से सम्भव हुई है। मलय और बहासा इंदोनीशिया में सघोष महाप्राण ध्वनि बहुधा सघोष अल्पप्राण रूप में ग्रहण की जाती है यथा **भय** का रूपान्तर **बय है, अधिपति, विद्याधरी, भाग्यवान** क्रमशः **अदिपति, बिदिअदरि, बॅगवन्** हैं। यह वही प्रक्रिया है जिससे **भातृ** के रूसी-अंग्रेज़ी रूपान्तर **ब्रात्** और **ब्रदर्** होते हैं। दक्षिणपूर्वी एशिया में **अधिपति** आदि भारत से जाते हुए साफ़ दिखाई देते हैं, उनकी महाप्राणता क्षीण होते देखी जाती है; इससे **भ्रातृ** आदि के इंडोयूरोपियन रूपान्तरों का रहस्य समझने में सहायता मिलनी चाहिए।

संस्कृत **ख्याति** का रूपान्तर **क्याति** जावा की पुरानी भाषा में है; जावा की आधुनिक भाषा में **शपथ** का रूपान्तर **सुपत** है। यहाँ महाप्राणता के लोप के बाद अघोष ध्वनि बची जैसे संस्कृत **फल** के तमिल रूपान्तर **पळम्, स्थल** के तमिल रूपान्तर **तलइ, खंड** के तमिल रूपान्तर **कंडम्** में अघोष ध्वनि बची। इसी प्रकार **पथ** का रूसी रूपान्तर **पुत्** है। सघोषता और महाप्राणता के लक्षण द्रविड़-कोल भाषाओं में मूलतः अर्थ-विच्छेदक न थे, अतः जावा, मलय आदि की भाषाएँ उधार लिए हुए शब्दों में अतिरिक्त सघोषता या अतिरिक्त महाप्राणता जोड़ भी देती हैं। **चंचल** का मलय रूपान्तर **चिंचल** (वाचाल) है, **जॅञ्जल** भी। **अर्थ** का मलय रूपान्तर **हर्त** है, **अर्त** भी। **अर्त** रूप में यह शब्द मलय से न्यूगिनी पहुँचा है।

जावा की भाषा में **अ** के स्थान पर **अॅ** के व्यवहार की प्रवृत्ति है। **शरीर, शत्रु,**

सन्तान, भ्रान्ति क्रमशः **सॅलिर, सॅतॅरु, सॅन्तन, बॅरन्ति** (प्रेम) हैं। इसी प्रवृत्ति के अनुरूप **दक्षिण** तमिल में **तॅक्कणम्** है, **मधु** ग्रीक में **मॅथु** है।

मलय और इंडोनीशिया की भाषाएँ आर्य भाषाओं से प्राप्त शब्दों में बहुधा अतिरिक्त नासिक्य ध्वनि जोड़ देती हैं। **मिथुन, मैथिली, जटायु, भूतल, आकाश** के रूपान्तर क्रमशः **मिन्तुन, मन्तिलि, जॅन्तय, बुन्तल, अंकस** हैं। इससे **शतम्** और **कॅन्तुम्** का सम्बन्ध समझने में सहायता मिलनी चाहिए। इन भाषाओं में वर्णसंकोचन के अनेक उदाहरण मिलते हैं; **महाराज, परवश, गर्भिणी, पर्वत** क्रमशः **म्रज, प्रवस, ग्रेम्बिनि, प्रवत** हैं। संस्कृत में **भर्** क्रियामूल से **भ्रम, कॅर्** क्रियामूल से **कृत, क्रिया** रूप कैसे बनते हैं, तेलुगु में **क्रायु** (कन्नड़ **कार्** उल्टी करना) जैसे रूप कैसे बने, यह समझने में उक्त रूपों से सहायता मिलेगी। जावा की साहित्यिक भाषा में **दिवाकर** के लिए **गिवंकर**, बाली द्वीप की भाषा में **भूमि** के लिए **गुमि**, जावा की पुरानी भाषा में **केयूर** के लिए **तयूर** स्पर्श ध्वनियों के स्वच्छन्द संचरण की अवस्था के सूचक हैं। या तो **द्-ब्** को **ग्** रूप में, **क्** को **त्** रूप में जावा-बाली में ग्रहण किया गया, या यह प्रक्रिया भारत में घटित हो चुकी थी। गोन्डा ने **किरीट** और **कन्दुक** के अर्धमागधी रूपान्तरों **तिरीड** और **तिन्दुस** का उल्लेख किया है। संस्कृत में **स्कम्भ** के साथ **स्तम्भ** है, ग्रीक में **कइग्रो** के साथ **दइग्रो** (जलाना) है। स्पर्शध्वनियों के भिन्न केन्द्र होने से जो स्थिति उत्पन्न होती है, उसके उदाहरण भारत से लेकर यूनान और इंडोनीशिया तक प्राप्त हैं।

जावा की पुरानी भाषा में तद्भव रूप गढ़ने की अपूर्व क्षमता है, गढ़ने की क्रिया में उसने मौलिकता का परिचय दिया है। मुख्य पद्धति आदिवर्ण का लोप करने की है। **हृदय** से **दय, निमित्त** से **मित, उपाय** से **पय, उपवास** से **पुवस, संशय** से **सय**, इसी प्रकार मलय में **विरही** से **रहि, तथापि** से **तपि** रूप बने हैं। अन्तिम उदाहरण में मध्य वर्ण का लोप है।

मलय और इंडोनीशिया की भाषाओं में संस्कृत के अनेक शब्द ऐसे हैं जो सामान्य हिन्दीभाषियों के लिए अति साहित्यिक या अपरिचित हैं। प्रेम के लिए **अस्मर** (अर्थात् **स्मर**), जहाज़ के लिए **पल्व** (अर्थात् **प्लव**), इकरार के लिए **संकेत** (ठीक वैसे ही जैसे संस्कृत में), विश्वास के लिए **पॅर्चय** (अर्थात् **प्रत्यय**) उक्त धारणा के लिए प्रमाण हैं। साथ ही ये भाषाएँ संस्कृत शब्दों को नया अर्थ देकर उनका व्यवहार मौलिक सन्दर्भों में करती हैं। राज्य के लिए **नॅगर** (**नगर**) राष्ट्र या जाति के लिए **वंस** (**वंश**), प्रेम के लिए **बॅरन्ति** (**भ्रान्ति**), राजकुमारी के लिए **पुत्नि, पुतॅरि** (**पुत्री**), क्रुद्ध के लिए **कद्गद्** (**गद्गद्**), और ऐसे मौलिक रूप मलय-इंडोनीशिया से सुदूर फिलिपीन टापुओं में पहुँचे हैं यथा प्रेमी या प्रेमिका के लिए **कलुन्य** (**कारुण्य**)।

गोन्डा के अनुसार मलय-इंडोनीशिया की भाषाओं में अनेक शब्द सीधे हिन्दी से पहुँचे हैं। इनमें एक है नित्यप्रति के व्यवहार का शब्द **रोटी**। कसौटी के लिए **बतु-चनइ** शब्द का **बतु** तो पर्वत का **वत**, हिन्दी के **सिलबट्टे** का **बट्टा** है; **चनइ** संस्कृत **शाण** का तमिल रूपान्तर है। मुद्रा के लिए **मॅतॅरइ** तमिल **मुत्तिरइ** के माध्यम से पहुँचा है।

मलयवासी समुद्री यात्राओं के अभ्यस्त थे। दूर-दूर के द्वीपों तक वे अपने भाषा-

तत्वों के साथ आर्य भाषातत्व ले गये हैं। बनिये के लिए जावा में **बिनिअग**, फिलिपीन में **बुन्याग** उनके अध्यवसाय का परिणाम है। मदागास्कार में **असर, वत्रवत्र, फुस, मक, फिसक** क्रमशः **आषाढ़, भाद्रपद, पौष, माघ, वैशाख** हैं।

एशिया में जहाँ आर्य होंगे, वहाँ आसपास कहीं द्रविड़ अवश्य होंगे। इंडोनीशिया में इतने द्रविड़ थे कि सत्रहवीं सदी में डच ईस्ट इंडिया कम्पनी ने तमिल और तेलुगु को पत्रव्यवहार का माध्यम बनाया था। तब मुद्रा का रूपान्तर **मुत्तिरइ, अधिपति** का रूपान्तर **अदिपति** इंडोनीशिया में पहुँचा तो यह स्वाभाविक था। पर यह सिलसिला सत्रहवीं सदी से बहुत पहले शुरू हुआ था।

५
भारतीय व्याकरण-परम्परा और ऐतिहासिक भाषाविज्ञान

१. व्याकरण परम्परा की प्राचीनता और पाणिनि की भाषा

भारतीय आर्य भाषाओं की प्राचीनता के समान भारतीय भाषाशास्त्र की परम्परा भी प्राचीन है। इस परम्परा की सबसे महत्वपूर्ण कड़ी हैं पाणिनि। ध्वनियों का स्थान, प्रयत्न के अनुसार विश्लेषण, शब्दों का वर्गीकरण, धातु, प्रत्यय, उपसर्ग के उपकरणों द्वारा शब्दनिर्माण प्रक्रिया का विवेचन, लकारों और कारकों के आधार पर वाक्य-तन्त्र की व्याख्या, उच्चरित वाक्य में अर्थबोध के अनुरूप शब्द पर बलाघात का विवरण आदि व्याकरण की विशेषताएँ पाणिनि की **अष्टाध्यायी** से आरम्भ नहीं होतीं, वे पाणिनि से पहले की व्याकरण-परम्परा में विद्यमान हैं। पाणिनि ने अनेक वैयाकरणों का जो नाम लेकर उल्लेख किया है, उसके अतिरिक्त वह अनेक बार प्राच्य वैयाकरणों के मत का उल्लेख करते हैं। इससे सिद्ध होता है कि उनके समय में उत्तरी और पूर्वी, कम से कम ये दो परम्पराएँ विद्यमान थीं। पाणिनि का महत्व इस बात में है कि वह अनेक वैयाकरणों के मतों और उत्तरी तथा पूर्वी व्याकरण-परम्पराओं को परखकर, विवेक सहित उन्हें आत्मसात् करके, एक समन्वित व्याकरण-परम्परा को जन्म देते हैं।

पाणिनि की **अष्टाध्यायी** में उनकी विवेच्य भाषा का जैसा विवरण है, वैसा ग्रीक, लैटिन या अन्य किसी प्राचीन भाषा का विवरण उपलब्ध नहीं है। अठारहवीं सदी के उत्तरार्ध में जब यूरुप के विद्वानों का परिचय संस्कृत से हुआ और अनेक कठिनाइयों का सामना करते हुए जब उन्होंने पाणिनि का अध्ययन कर लिया, तब उनके इस ज्ञान का प्रभाव भाषाविज्ञान के हर अंग पर पड़ा। उन्नीसवीं सदी के ऐतिहासिक भाषाविज्ञान और बीसवीं सदी के विवरणात्मक भाषाविज्ञान को पाणिनि ने अनेक प्रकार से प्रभावित किया है।

प्राचीन भारतीय व्याकरण-परम्परा का सम्बन्ध मुख्यतः संस्कृत से है। संस्कृत में, और संस्कृत पर, लिखने वालों का कोई युग ऐसा नहीं रहा जब उनसे पहले की एक

भाषा-परम्परा, **ऋग्वेद** की भाषा के रूप में, उनके सामने न रही हो। वैदिक और लौकिक संस्कृत एक ही भाषा-परम्परा के अन्तर्गत हैं, वे एक दूसरे के समान हैं और एक दूसरे से भिन्न भी हैं। पाणिनि का व्याकरण भाषा-परम्परा की दोनों अवस्थाओं को एक ही व्यवस्था में समेटकर रचा गया है। इस प्रकार इस व्याकरण में भाषा के प्राचीन तथा अर्वाचीन रूपों की तुलना, उनकी भिन्नता का निदर्शन पगपग पर विद्यमान है; प्रयोगों की विविधता और भाषा की परिवर्तनशीलता समस्त व्याकरण में अन्तर्धारा के समान प्रवाहित है। अन्य देशों में न **ऋग्वेद** जैसा प्राचीन ग्रन्थ था, न भारत की सी भाषा-विश्लेषण-परम्परा थी; अतः एक ही भाषा का व्याकरण लिखते हुए उस भाषा की दो अवस्थाओं का विवरण दिया गया हो, ऐसा कार्य वहाँ सम्पन्न नहीं हुआ।

अष्टाध्यायी विवरणात्मक भाषाविज्ञान का ही ग्रन्थ नहीं है, वह तुलनात्मक और ऐतिहासिक भाषाविज्ञान का भी अद्वितीय ग्रन्थ है।

पतंजलि के समय में संस्कृत के अतिरिक्त प्राकृतों का चलन था। उन्होंने संस्कृत-प्राकृत का सम्मिलित व्याकरण नहीं लिखा किन्तु वह संस्कृत-प्राकृत-भेद से परिचित हैं, यह उनके महाभाष्य से स्पष्ट है। जिन विद्वानों ने प्राकृतों, और आगे चलकर अपभ्रंशों का व्याकरण लिखा, उनके सामने संस्कृत के बाद वैदिक भाषा की यह तीसरी अवस्था थी और वे स्वभावतः संस्कृत रूपों को आधार मानकर प्राकृतों का विवेचन करते थे। संस्कृत व्याकरण-परम्परा के अनुकरण पर आगे बढ़ने वाली प्राकृत-परम्परा विवेचन की तुलनात्मक पद्धति अपनाये रहती है। दामोदर पण्डित ने जब अवधी के माध्यम से बालकों को संस्कृत पढ़ाने का प्रयास किया, तब उन्होंने संस्कृत से समकालीन जनपदीय भाषा अवधी की एक नयी कड़ी जोड़ दी। संस्कृत के रूप परिवर्तित होकर अवधी के रूप बने हैं, यह तुलनात्मक ऐतिहासिक दृष्टि उनके **उक्तिव्यक्तिप्रकरण** में निहित है। उनके बाद हेमचन्द्र ने प्राकृत अपभ्रंश का व्याकरण लिखते समय देशी शब्दों की जो सूची बनाई, वह उसी जनपदीय भाषाओं के विवेचनक्रम में है।

उन्नीसवीं सदी में जर्मन विद्वानों ने जब पहाड़ी जर्मन और मैदानी जर्मन, गौथिक और समकालीन जर्मन के रूपों की तुलना आरम्भ की, तब वह उसी तुलनात्मक-ऐतिहासिक विवेचन-पद्धति का अनुसरण कर रहे थे, जिसके अनुसार यहाँ सैकड़ों वर्षों से संस्कृत, प्राकृत आदि के व्याकरण लिखे जाते रहे थे।

अष्टाध्यायी संस्कृत का व्याकरण ग्रन्थ है। यह संस्कृत वैदिक भाषा के समान है और भिन्न है किन्तु वैदिक भाषा के बाद की संस्कृत भी एक सी नहीं रही। जिस संस्कृत का अध्ययन करने के लिए **अष्टाध्यायी** को आधारग्रन्थ बनाया जाता है, वह रामायण-महाभारत महाकाव्यों की संस्कृत है, कालिदास के नाटकों, दर्शन और तर्क-शास्त्र के ग्रन्थों की संस्कृत है। पाणिनि ने जिस भाषा का व्याकरण लिखा है, वह महाकाव्य-नाटक-दर्शन आदि की संस्कृत नहीं है। दोनों में साम्य है, यह तो स्पष्ट है। साम्य न हो तो उक्त संस्कृत के अध्ययन के लिए **अष्टाध्यायी** आधारग्रन्थ कैसे बने? किन्तु वह आधारग्रन्थ तभी तक है जब तक उसका वह अंश छोड़ दिया जाता है जो उक्त संस्कृत के ज्ञान के लिए अप्रासंगिक है। पूरे ग्रन्थ को आधार माना जाय तो जो भाषा

लिखी और बोली जायगी, वह उक्त संस्कृत से काफी भिन्न होगी। **अष्टाध्यायी** के जिस अंश का सम्बन्ध वैदिक भाषा से है, वही अंश संस्कृत के लिए अप्रासंगिक नहीं है; उसके अतिरिक्त पाणिनि जिस भाषा का व्याकरण लिख रहे हैं, उससे सम्बन्धित काफी अंश भी उक्त संस्कृत के लिए अप्रासंगिक हैं। पाणिनि की भाषा वेदों के अतिरिक्त महाकाव्यों की भाषा से भिन्न है, यह बात बलपूर्वक और बहुत स्पष्ट रूप में रामकृष्ण गोपाल भाण्डारकर ने कही थी।

सन् १८७७ ई० में विलसन भाषाशास्त्रीय व्याख्यानमाला के अन्तर्गत अपने भाषण में उन्होंने कहा था कि जिस संस्कृत में पाणिनि के क्रियापदों और तद्धित रूपों का सही-सही प्रतिनिधित्व हो, उस संस्कृत में रचे हुए ग्रन्थ प्राप्त नहीं हैं। पाणिनि की भाषा ब्राह्मण ग्रन्थों की भाषा के अधिक समीप है और महाकाव्यों से पहले की है। उसमें अनेक शब्द ऐसे हैं जो बाद की संस्कृत के लिए पुराने पड़ चुके हैं। पाणिनि ने जिन क्रियारूपों की व्याख्या की है, वे किसी समय अवश्य प्रचलित रहे होंगे। ब्राह्मण ग्रन्थों में जो क्रिया-रूप प्राप्त हैं, उनसे अलग और क्रियारूप भी उनके व्याकरण में हैं। "सम्भवतः उनके समय की बोलचाल की भाषा उनके व्याकरण का आधार है।" (कलेक्टेड वर्क्स ग्राफ़ आर. जी. भाण्डारकर, खण्ड ४, पूना; पृ. २६३, २६७)।

भाण्डारकर का यह मत अनेक दृष्टियों से महत्वपूर्ण है। पाणिनि की भाषा महाकाव्यों की रचना से पहले की है; तब उसे उत्तर वैदिककाल की भाषा कहना अनुचित न होगा। इस उत्तर वैदिककाल और **ऋग्वेद** के रचनाकाल में यथेष्ट अन्तर हो सकता है किन्तु इसी अन्तराल में व्याकरण की प्रशस्त परम्परा निर्मित हो चुकी है। भाण्डारकर के अनुसार पाणिनि का समय ८०० ई० पू० के आसपास है। यदि ८०० ई० पू० तक एक प्रशस्त व्याकरण-परम्परा निर्मित हो चुकी है, तो यह सहज अनुमेय है कि उसका प्रारम्भिक काल ८०० ई० पू० से काफी पहले होगा। इस प्रारम्भिक काल के अन्तर्गत हम अनेक प्रकार के भाषासम्बन्धी चिन्तन का समय नहीं लेते; वह चिन्तन तो और भी पुराना है। जिस व्याकरणपरम्परा ने अपनी विश्लेषणविधि निश्चित कर ली हो, सूत्रशैली का व्यवहार व्यापक रूप से किया हो, शब्दों के वर्ग निश्चित कर लिए हों कि किसी वर्ग का प्रथम शब्द कहने से विशेषज्ञों को शेष शब्दों का ज्ञान हो जाय, जिसने व्याकरण के ऐसे पारिभाषिक शब्द स्थिर कर लिए हों जो सर्वत्र स्वीकृत हों, ऐसी व्याकरण-परम्परा का प्रारम्भिक काल दूसरी सहस्राब्दी ई० पू० का उत्तरार्ध होगा। भारत की व्याकरण-परम्परा कम से कम इतनी प्राचीन है।

पाणिनि ने सूत्र रचा : **भूवादयो धातवः** (१-३-१)। **भू** से आरम्भ होने वाली धातुओं की सूची पाठक के सामने न होगी तो वह कैसे जानेगा कि **भू** आदि में संज्ञाशब्द सम्मिलित नहीं किये गये ?

चादयोऽसत्वे (१-४-५७)। **च** आदि किसी सत्व का बोध न करायें तो निपात कहे जायेंगे। पाठक को पहले से पता है कि **च** से आरम्भ होने वाली सूची में अन्य शब्द कौन से हैं। इसके बाद **प्रादयः** (१-४-५८) में निपातों की दूसरी सूची की ओर संकेत है जिसकी शुरूआत **प्र** से होती है।

तिष्ठद्गु प्रभृतीनि च (२-१-१७)। **तिष्ठद्गु** आदि अव्ययीभाव समास हैं। यहा समासों की एक सूची पहले से तैयार है जिसके आरम्भ में **तिष्ठद्गु** (गोदोहनवेला) पद है। **गवाश्वप्रभृतीनि** (२-४-११)। द्वन्द्व समासों की एक सूची बनी जिसके आरम्भ में **गवाश्व** है और ये एकवचन में प्रयुक्त होते हैं।

पैलादिभ्यश्च (२-४-५९)। **पैल** आदि शब्दों से गोत्रनाम बनाते समय **युवन्** प्रत्यय का लोप होगा। किन्तु **न तौल्वलिभ्यः** (२-४-६१), **तौल्वलि** आदि से गोत्रनाम बनाते समय यूवन् का लोप न होगा। एक सूची **पैल** आदि की, दूसरी सूची **तौल्वलि** आदि की सामने होनी चाहिए, नहीं तो पता न चलेगा, कहाँ गोत्रनाम में प्रत्यय का लोप होगा, कहाँ न होगा। ये **पैल** आदि, **तौल्वलि** आदि प्रसिद्ध पुरुष रहे हैं जिनके नाम से उनका वंश चला; वे सब एक साथ पाणिनि के समय में पैदा न हुए होंगे, कई पीढ़ियों से उनका नाम चला आ रहा होगा, तब गोत्रनाम रचना के विचार से अलग-अलग वर्गों में विभाजित करके उनके नामों की सूचियाँ बनाई गई होंगी। इस सूची-निर्माण-कार्य में काफी समय लगा होगा।

अनेक सन्दर्भों के लिए ऐसी बहुत सी शब्द-सूचियाँ दरकार हैं। इन सन्दर्भों में बलाघात भी है, शब्द के वर्णविशेष का उदात्त, अनुदात्त या स्वरित उच्चारण भी है। **वृषादीनां च** (६-१-२०३)। **वृष** आदि शब्दों के प्रथम वर्ण का उच्चारण उदात्त होता है। शब्द का लिखित रूप देखकर, केवल लघुदीर्घ स्वर का ध्यान रखते हुए उसे बोल दो, इतना काफी नहीं है। लघु या दीर्घ स्वर पर बलाघात है कि नहीं, है तो किस प्रकार का है, इसका ध्यान रखना होगा। यदि बात वेदमन्त्रों की हो तो समझ में आती है; उनके सही पाठ, अर्थात् गायन, के लिए स्वरों का उतार-चढ़ाव आवश्यक है। किन्तु बात वैदिक भाषा की नहीं है, बात है पाणिनि की समकालीन भाषा की। जब बोलचाल की भाषा का व्याकरण लिखना हो, तभी शब्दों के बलाघात को लेकर बहुत से सूत्र रचना आवश्यक होगा।

पाणिनि की भाषा में बलाघात अर्थभेदक है। **क्षयोनिवासे** (६-१-२०१)। **क्षय** शब्द जब निवास के अर्थ में प्रयुक्त होता है, तभी उसका प्रथम वर्ण उदात्त बोला जाता है। जब विनाश का अर्थ होगा तो बलाघात दूसरे वर्ण पर होगा। लिखित रूप में जो एक शब्द प्रतीत होता है, वह उच्चारण में दो है। **जयः करणम्** (६-१-२०२)। जब **जय** करण का अर्थ दे, जिस वस्तु के व्यवहार से विजय मिली हो उसकी ओर संकेत करे, तब प्रथम वर्ण पर बलाघात होगा; साधारण विजय के अर्थ में बलाघात दूसरे वर्ण पर होगा। यहाँ वास्तव में शब्द एक है किन्तु बलाघात से प्रयोगभेद किया गया है। जब **द्वितीयः** का अर्थ होता है दूसरा, तब बलाघात दूसरे वर्ण पर होगा किन्तु जब अर्थ होगा आधा, तब बलाघात पहले वर्ण पर होगा। इसके लिए पाणिनि ने अलग सूत्र बनाया **पूरणाद्भागे तीयादन्** (५-३-४८)। पूरी वस्तु के भाग की बात करनी हो तो **तीय** प्रत्यय में **अन्** जुड़ेगा; **अन्** जुड़ने का अर्थ है, बलाघात **द्वितीयः** के प्रथम वर्ण पर होगा। इसी प्रकार **तृतीयः** के दूसरे वर्ण पर आघात होने से अर्थ होगा तीसरा, किन्तु प्रथम वर्ण पर आघात होने से अर्थ होगा तिहाई। इसी प्रकार **चतुर्थः, पञ्चमः, सप्तमः, नवमः, दशमः** में दूसरे वर्ण पर

आघात होने से अर्थ होगा चौथा, पाँचवाँ इत्यादि; पहले वर्ण पर आघात होने से अर्थ होगा चौथा भाग, पाँचवाँ भाग इत्यादि। यह वैदिक भाषा की नकल नहीं है। **प्रागेकादशभ्योऽच्छन्दसि** (५-३-४९); ग्यारह से पहले **चतुर्थः** आदि के प्रथम वर्ण पर आघात से चौथा भाग आदि अर्थ पाणिनि की समकालीन भाषा में होता है, वैदिक भाषा में नहीं।

चतुर् का एक अर्थ है चार। तब आघात है प्रथम वर्ण **च** पर। **चतुर्** का दूसरा अर्थ है चार बार। अब आघात है द्वितीय वर्ण **तुर्** पर। आगे चलकर संस्कृत के लिए बलाघात की यह अर्थविच्छेदक भूमिका समाप्त हो गई। इस बाद वाली संस्कृत की छन्दरचनापद्धति पर ध्यान दें तो पाणिनि की भाषा की प्राचीनता आसानी से समझ में आ जायगी। इस छन्दरचनापद्धति की विशेषता है गणों और मात्राओं के आधार पर लय का नियमन। प्रत्येक गण में तीन वर्ण होंगे। इस प्रकार गणात्मक छन्द की प्रत्येक पंक्ति में वर्णों की संख्या एक सी रहेगी। अतः गणात्मक छन्द वर्णवृत्त है। साथ ही गण विशेष में गुरु-लघु वर्णों का क्रम निश्चित होगा; इस प्रकार उसकी मात्राएँ एक सी होंगी। गणात्मक छन्द की प्रत्येक पंक्ति में मात्राओं की संख्या एक सी होगी। अतः गणात्मक छन्द मात्रिक भी है। हम उसे वर्णमात्रिक छन्द कह सकते हैं। वैदिक छन्दों में वर्णों की संख्या निर्धारित है किन्तु गुरु-लघु वर्णक्रम की पाबन्दी नहीं है, मात्राओं की संख्या अनिश्चित है, लय में स्वच्छन्दता है, उदात्त-अनुदात्त उच्चारणभेद के लिए छन्द में पूरी सुविधा है। गणात्मक छन्द में **क्षय** और **जय** का, **चतुर्** और **चतुर्थः** आदि का दो-दो प्रकार से उच्चारण करना सम्भव नहीं है। वास्तव में इन शब्दों के बलाघात का कोई मूल्य नहीं है; छन्द के लिए लघुगुरु वर्णक्रम और मात्राकाल पर्याप्त है। पाणिनि के बलाघात सम्बन्धी सूत्र गणात्मक छन्द रचने वालों के लिए बेकार हैं। भाण्डारकर की बात सही है; पाणिनि की भाषा महाकाव्यों की भाषा से पहले की है।

संस्कृत का मूलाधार मध्यदेशीय है; गण-मात्रिक छन्दों की लय-पद्धति भी मध्यदेशीय है। संस्कृत से **ण्, ष, क्ष्** निकाल दें तो उसके शब्दमूलों की रचना में, उनके परिमाण में विशेष अन्तर न पड़ेगा। शब्दमूलों की आधारभूत ध्वनियाँ अमूर्धन्य हैं, बहुत कुछ वही हैं जो मध्यदेश में अब भी प्रचलित हैं। मध्यदेश की भाषा बलाघात से अर्थभेद नहीं करती; न वह स्वरतानों का व्यवहार करती है। गणात्मक वृत्तों में मध्यदेशीय भाषा की मूल प्रवृत्ति, उसकी लयात्मक प्रकृति पुनः व्यक्त हुई है। अनुष्टुप् वर्णवृत्त है यद्यपि उदात्त-स्वरित भेद से मुक्त है। वह वैदिक वर्णवृत्तों के अधिक समीप है।

संस्कृत में **र्-ल्** ध्वनियों के व्यवहार की चर्चा करते हुए संस्कृत पर अपने ग्रन्थ में बरो ने लिखा है : '**ऋग्वेद** की भाषा का आधार उत्तर-पश्चिम की बोली है; संस्कृत ('दि क्लासिकल् लैंग्वेज्') का निर्माण मध्यदेश में हुआ था।' (पृ. ८३)। छन्दरचना की दृष्टि से यह बात सही है। यदि **ऋग्वेद** की भाषा के शब्दमूलों का ध्वनितन्त्रीय विश्लेषण किया जाय तो इस भाषा का प्राचीन अमूर्धन्य स्तर तुरत स्पष्ट हो जायगा। ब्राह्मणों में **ऋग्वेद** के पठन-पाठन का जो महत्व था, उसे देखते वैदिक छन्द-परम्परा कभी टूटती ही नहीं यदि उसके साथ-साथ उच्चारण की अन्य परम्परा व्यापक और बलवती होने से दूसरी तरह की लय वाले छन्दों का व्यवहार अनिवार्य न बना देती।

पाणिनि के बारे में प्रचलित धारणा यह है कि उन्होंने संस्कृत का रूप स्थिर कर दिया। यह धारणा देशविदेश के वैयाकरणों, संस्कृत-विशेषज्ञों में भी प्रचलित है। बरो ने भी यह धारणा व्यक्त की है। उनके अनुसार पाणिनि चौथी शताब्दी ई० पू० के हैं। उनके समय की जनभाषा वह है जो कुछ समय बाद अशोक के शिलालेखों में मिलती है। पाणिनि के व्याकरण ने संस्कृत का बाह्य कलेवर अन्तिम रूप से स्थिर कर दिया और उसके बाद किसी तरह का परिवर्तन निषिद्ध हो गया। वैदिक और क्लासिकल् संस्कृत में जो भेद हैं, वे भाषा की ध्वनिगत संरचना को बहुत कम प्रभावित करते हैं। (पृ. ३६)। 'संस्कृत का समस्त क्लासिकल् साहित्य भाषा के उस रूप में है जो छोटी से छोटी बात में भी पाणिनि और उनके अनुयाइयों की कृतियों द्वारा निर्धारित है।' (पृ. ४७)।

इन छोटी बातों में अर्थभेदक बलाघात का व्यवहार भी है किन्तु पाणिनि द्वारा निर्दिष्ट बलाघात के नियमों के अनुसार संस्कृत की गणात्मक छन्दरचना सम्भव नहीं है। पाणिनि का लक्ष्य केवल वैदिक भाषा का विवरण देना नहीं है; उनका प्रधान लक्ष्य समकालीन भाषा का विवरण देना है और यह भाषा, बलाघात समेत, अनेक बातों में पाणिनि से पहले और बाद की, दोनों तरह की, संस्कृत से भिन्न है। पाणिनि की भाषा और बाद की संस्कृत का भेद न पहचानने के कारण बरो ने पाणिनि का समय चौथी शताब्दी ई० पू० माना है।

२. जनपदीय प्रयोग भेद

पाणिनि ने संस्कृत को जो स्थिरता प्रदान की, वह तो बाद को सोचने की बात है। उससे पहले यह देखना चाहिए कि जो सामग्री समेटकर वह व्याकरण लिखने बैठे हैं, उसमें कितनी अस्थिरता अर्थात् विविधता है। विपाशा नदी के उत्तरी किनारे पर गुप्तजी ने कुआँ बनवाया; वह कुआँ **गौप्त**: कहलायेगा और प्रथम वर्ण उदात्त बोला जायगा; किन्तु यदि कुआँ दक्खिनी किनारे पर है तो दूसरा वर्ण उदात्त होगा। केवल एक नदी का अन्तर है और बात है कूपनिर्माता के नाम के अनुसार कूप-नाम के उच्चारण की। उच्चारण दो तरह से होता है, उत्तरी किनारे पर एक तरह से और दक्खिनी किनारे पर दूसरी तरह से। इसके लिए पाणिनि को अलग सूत्र रचना पड़ा : **उदक् च विपाशः** (४-२-७४)। पाणिनि भाषाई भूगोल लिख रहे हैं या मानक भाषा का रूप स्थिर कर रहे हैं ?

रूपों और प्रयोगों की विविधता, प्रत्येक नियम के साथ अपवादों की भरमार, नियमों के बारे में अन्य वैयाकरणों के मतों का आदर, **अष्टाध्यायी** की प्रमुख विशेषताएँ हैं। पाणिनि के समय में संस्कृत अन्तरजनपदीय भाषा बन चुकी है, इसमें सन्देह नहीं, किन्तु यह समय गणभाषाओं के युग से बहुत दूर नहीं है। पाणिनि अपने या किसी अन्य के जनपद की भाषा का व्याकरण नहीं लिख रहे, वह अन्तरजनपदीय भाषा का व्याकरण लिख रहे हैं, और यह शिष्ट जनों के सामान्य व्यवहार की भाषा है, केवल ब्राह्मणों के व्यवहार की भाषा नहीं है। इसी कारण इसके व्यवहार में जनपदीय भेद हैं; कभी-कभी एक ही जनपद में स्थानीय भेद हैं। पाणिनि शिष्ट जनों के प्रयोग-भेद

को अस्वीकार नहीं करते; इसीलिए प्रयोग भिन्नता को **शब्दानुशासन** में शामिल करन के लिए वे बहुत से सूत्र बनाते हैं। यदि वे भाषा को स्थिर करने के लिए अस्थिर (या अनस्थिर!) रूपों को छाँटना शुरू करते तो आठ अध्याय के बदले दो से काम चल जाता।

वेणु में बलाघात कहाँ है? **इन्धान** में बलाघात कहाँ है? पाणिनि ने इन दो शब्दों के लिए एक सूत्र बनाया : **विभाषा वेण्विन्धानयोः** (६-१-२१५)। **वेणु** में **वे** पर हो सकता है, **णु** पर भी। इसी तरह **इन्धान** में **इ** पर हो सकता है, **धा** पर, और **न** पर भी हो सकता है। **वेणु** शब्द दो तरह से बोला जाता है, **इन्धान** तीन तरह से। पाणिनि एक तरह के उच्चारण को शिष्ट मानकर दूसरी तरह के उच्चारण का बहिष्कार नहीं करते। **विभाषा** का अर्थ है वैकल्पिक प्रयोग। केवल **विभाषा** शब्द से आरम्भ होने वाले पाणिनि के सूत्र साठ से ऊपर हैं। जहाँ विभाषा कहे बिना सन्दर्भ से आदमी जान लेता है कि दो तरह के प्रयोग मान्य हैं, या **वा, अन्यतरस्याम्** आदि से विकल्प-संकेत करते हैं, उन सूत्रों की संख्या और भी अधिक है।

अष्टाध्यायी में ऐसे अनेक सूत्र हैं जिनसे जनपदों के अपने प्रयोगों की विशेषता का बोध होता है। उत्तर के लोग अपने ग्राम से सम्बन्ध व्यक्त करनेवाला शब्द बनायेंगे तब अन्य जनपदों की रीति छोड़कर भिन्न वर्ण पर बलाघात करेंगे। **शिवपुरम्** से जो सम्बन्धित हो, वह **शैवपुरम्**; उत्तरी जनपदों का गाँव है, उदात्त उच्चारण प्रथम वर्ण का होगा। किन्तु **मथुरा** से **माथुरम्**; यहाँ उदात्त उच्चारण अन्तिम वर्ण का होगा क्योंकि **मथुरा** उत्तरी जनपदों में नहीं है। उत्तरी जनपदों के ग्रामनामों से बने तद्धितों के लिए पाणिनि का विशेष सूत्र है : **उदीच्य ग्रामाच्च बह्वचोन्तोदात्तात्** (४-२-१०९)। यह नियम उन ग्राम-नामों के लिए है जिनमें दो से अधिक वर्ण हैं।

इस तरह का भेद बलाघात तक सीमित नहीं है। शब्दों के निर्माण और उनके प्रयोग में भी यह भेद दिखाई देता है। **कच्छ** में जो पैदा हुआ, वह **काच्छक** कहलाया। ऐसे तद्धित केवल मनुष्यों की ओर संकेत करने के लिए हैं। **मनुष्य तत्स्थयोर्वुञ्** (४-२-१३४)। कच्छादि शब्दों में **वुञ्**, **अर्थात् अक**, प्रत्यय तभी जोड़ा जाता है जब अर्थ हो मनुष्य, या मनुष्य के भीतर जो कुछ है वह। **साल्व** जनपद का आदमी हो तो उसे **साल्वक** कहेंगे; किन्तु वह पैदल फौज का सिपाही हुआ तो उसे **साल्व** ही कहेंगे। इसके लिए सूत्र : **अपदातौ साल्वात्** (४-२-१३५)। जब वह पदाति न होगा, तभी **साल्वक** कहा जायगा। साथ ही **काच्छक** कहने से केवल कच्छ के मनुष्य का बोध होगा, वहाँ के पशुओं का नहीं। किन्तु **साल्वक** कहने से गाय और गाय के दूध और जौ से बने खाद्य यवागू का बोध भी होगा। इसके लिए अलग सूत्र लिखा : **गोयवाग्वोश्च** (४-२-१३६)।

तब सूत्र क्या हैं? नियम हैं जिनके अनुसार लोग संस्कृत बोलेंगे? सूत्र नियम हैं जिनके अनुसार शिष्ट जन अनेक प्रकार से अपने जनपदों में एक सामान्य जनपदीय भाषा का व्यवहार पाणिनि के समय में कर रहे थे। यह प्रयोग शुद्ध है और यह अशुद्ध है, यह बताने के लिए पाणिनि ने सूत्र नहीं रचे; यहाँ ऐसा होता है और वहाँ वैसा होता है, यह बताने के लिए उन्होंने सूत्र रचे हैं। सर्वत्र एक ही प्रयोग होता है, यह

स्थिति का एक पक्ष है; इसके बिना विभिन्न जनपदों में एक ही भाषा सामान्य संचार-साधन बन नहीं सकती। पर इसके साथ ही जनपदों में प्रयोगविविधता है, यह स्थिति का दूसरा पक्ष है।

कुरु से **कौरवक** और **कौरव** दोनों रूप बनेंगे। यहाँ विभाषा है, वैकल्पिक प्रयोग की छूट है। इसी तरह जनपदवाचक **युगन्धर** से **यौगन्धरकः** और **यौगन्धरः** दोनों रूप बनेंगे। इन दो जनपदों के लिए अलग सूत्र बना: **विभाषा कुरुयुगान्धराभ्याम्** (४-२-१३०)। **मद्र** और **वृज** से **मद्रक** और **वृजिक** रूप बनते हैं, इन दो के लिए **मद्रवृज्योः कन्** (४-२-१३१) सूत्र रचा। **वाहीक** प्रदेश के ग्राम नामों से **शाकलिकी, शाकलिका** रूप बनेंगे, किन्तु **उशीनरों** के यहाँ, **वाहीक** प्रदेश में ही, **सौदर्शनिकी, सौदर्शनिका** के अलावा **सौदर्शनीया** रूप भी बनेगा। (४-२-११७, ११८)। **उशीनरों** के यहाँ **सुशम** के वंशजों **सौशमयों** का गाँव होगा तो **सौशमिकन्थम्** कहलायेगा किन्तु **दाक्षि** जनों का गाँव होगा तो **दाक्षिकन्था** कहा जायगा। (२-४-२०)। जिस युग में जनपदों का अस्तित्व महत्वपूर्ण है, उनमें बसे हुए गावों का अस्तित्व महत्वपूर्ण है, उस युग में ये सूत्र रचे गये हैं। जिस युग में इन जनपदों का अस्तित्व मिट गया, उस युग में संस्कृत के लिए ये सूत्र भी अप्रासंगिक हो गये।

जिस क्षेत्र में **भरद्वाज** जन रहते थे, उसमें **कृकण** और **पर्ण** से **कृकणीयम्** और **पर्णीयम्** रूप बनते थे; अन्यत्र **कार्कणम्** और **पार्णम्** का चलन था। (४-२-१४५)। **सौवीर** जनपद में **दत्तामित्र** ने गाँव बसाया, वह **दात्तामित्री** कहलाया; इसी प्रकार **साल्व** जनपद का ग्राम **वंधूमाग्नी**, पूर्वी जनपदों के ग्राम **काकन्दी, माकन्दी** स्त्रीलिङ्ग में हैं। **स्त्रीषु सौवीरसाल्वप्राक्षु** (४-२-७६), सूत्र से स्पष्ट है कि ग्राम-नाम रखने की यह परिपाटी पूर्वी जनपदों में व्यापक है; जो अन्य दो जनपद इसका अनुसरण करते हैं और पूर्व में नहीं हैं, वे **सौवीर** और **साल्व** हैं। **पञ्चाल** जनपद के ब्राह्मण का लड़का **पाञ्चालि** कहलायेगा, क्षत्रिय का लड़का **पाञ्चाल** होगा। (४-१-१६८)। **मगध, कलिङ्ग, सूरमस** शब्द जब क्षत्रिय और जनपद, दोनों अर्थ व्यक्त करेंगे, तब **मागध, कालिङ्ग, सौरमस** रूप बनेंगे (४-१-१७०)। **मगधाः, अङ्गाः, वङ्गाः** शब्द जनपदों और जनपदवासियों दोनों का बोध कराते हैं। (४-२-८१)। **पाटलिपुत्र** से **पाटलिपुत्रकाः** जैसा रूप बनाना पूर्व की विशेषता है (४-२-१२३)। **मगध** का क्षत्रिय **मागध** है; **कम्बोज** का क्षत्रिय **कम्बोज** ही है (४-१-१७४)। पूर्वी जनपदों में **पन्नागर** के वंश में उत्पन्न पिता **पान्नागरि** है, पुत्र भी **पान्नागरि** है किन्तु उत्तरी जनपदों में **दक्ष** के वंश में उत्पन्न पिता **दाक्षि** है, पुत्र **दाक्षायण** है (२-४-६०)। पूर्वी जनपदों के **कट** से आरम्भ होने वाले स्थाननामों में छ, अर्थात् **ईय**, प्रत्यय जोड़कर रूप बनाते हैं यथा **कटनगरीयम्, कटघोषीयम्** (४-२-१३९)। **सिन्धु** आदि में **अण** प्रत्यय लगाकर **सैन्धव** आदि रूप बने और **तक्षशिला** आदि में **अञ** प्रत्यय जोड़कर **ताक्षशिल** आदि रूप बनाये (४-३-९३)। **सिन्धु** वर्ग और **तक्षशिला** वर्ग की शब्दसूचियों से कुछ गाँवों के नाम छूटे जा रहे थे। इनमें एक था **शलातुर** जहाँ पाणिनि का जन्म हुआ था। इसके साथ तीन नाम और जोड़कर पाणिनि ने सूत्र बनाया: **तूदीशलातुरवर्मतीकूचवाराड्ढक्छण्ढञ्यक** : (४-३-९४)। **तूदी** से **तौदेय, शलातुर** से

शालातुरीय, **वर्मती** से **वार्मतेय** और **कूचवार** से **कौचवार्य**। **शलातुर** ग्राम धन्य हुआ, अमर हो गया।

दक्ष वंश में उत्पन्न **दाक्षि** के शिष्य हुए **दाक्षाः** किन्तु **काशि** के शिष्य हुए **काशीयाः**, **पौष्कि** के शिष्य हुए **पौष्कीयाः**। **दाक्षाः** से भिन्न **काशीयाः** की रचना के लिए अलग सूत्र है : **न द्वयचः प्राच्यभरतेषु** (४-२-११३)। **दाक्षि** में अण प्रत्यय जोड़कर **दाक्षाः** बनाया; **प्राच्यों** और **भरतों** के यहाँ **अण** न जोड़ा जायगा। जिस क्षेत्र में **दाक्षाः** का चलन है, वह पूर्वी जनपदों से ही नहीं, भरतों के क्षेत्र से भी भिन्न है। कुछ बातों में भरतों और प्राच्यों की प्रयोग विशेषता एक-सी है।

भरतों और **प्राच्यों** का एक साथ उल्लेख अन्यत्र भी है : **परिस्कन्दः प्राच्य-भरतेषु** (८-३-७५)। **परिस्कन्द** शब्द का चलन, वैकल्पिक **परिष्कन्द** के बिना, प्राच्यों और भरतों की विशेषता है। जिस समय **स्** के मूर्धन्यीकरण की प्रक्रिया ज़ोरों पर थी, उस समय **स्-ष्** ध्वनियों वाले अनेक वैकल्पिक रूप बने। वैकल्पिक रूप क्यों? एकसे मानक रूप क्यों नहीं? इसलिए कि दन्त्य **स्** वाले वीर अपने जनपद की मिट्टी पकड़े हुए थे; **ष्** क्षेत्र वालों से कहते थे, तुम्हारा **ष्** ठीक, हमारा **स्** ठीक, दोनों को चलने दो; **स्** को एकबारगी हटायें क्यों? **स्** और **ष्** दो भिन्न क्षेत्रों की ध्वनियाँ थीं, इसका पता कैसे लगा? **परिस्कन्दः प्राच्यभरतेषु** इस सूत्र से। इससे पहले पाणिनि बता चुके हैं कि **परिस्कन्ता** और **परिष्कन्ता** दोनों रूपों का चलन है किन्तु **परि** उपसर्ग के बाद **परिस्कन्द** का विकल्प **परिष्कन्द प्राच्यों** और **भरतों** को स्वीकार नहीं है। वे **परिस्कन्द** ही कहेंगे, अपने यहाँ **परिष्कन्द** को घुसने न देंगे। इनसे भिन्न उत्तरी जनपदों में **परिष्कन्द** रूप भी चलेगा।

जो लोग **प्राच्य भरत** का अर्थ पूर्वी भरत करते हैं, वे इतना तो मानते ही हैं कि पूर्वी और पश्चिमी (अथवा उत्तरी) भरतों में **परिस्कन्द** को लेकर भेद था। किन्तु **प्राच्य-भरतेषु** का यहाँ भी वही अर्थ है जो **न द्वयचः प्राच्यभरतेषु** में है। **ष्** ध्वनि का केन्द्र भरतों के क्षेत्र से उत्तर पश्चिम में है, यह धारणा **प्राच्यों** और **भरतों** में वैकल्पिक रूप **परिष्कन्द** की अस्वीकृति से पुष्ट होती है।

संस्कृत के मूल ध्वनितन्त्र में **स्** की भूमिका अन्यतम है; अनेक सन्दर्भों में **स्** का मूर्धन्यीकरण होता है, **ष्** का दन्त्यीकरण नहीं होता। संस्कृत का ध्वनितन्त्रीय विकास पाणिनि के ग्रन्थ के आठवें अध्याय में बहुत स्पष्ट दिखाई देता है। क्रिया है **शास्** किन्तु जहाँ **शा** के स्थान पर **शि** का व्यवहार होगा, वहाँ **स्** का स्थान **ष्** लेगा। इस प्रकार **शास्** से **अन्वशिषत्**, **शिष्टः** रूप बने। क्रिया है **वस्**; जहाँ **उ** ने **व** का स्थान लिया, वहाँ रूप बने **उषितः**, **उषित्वा**। क्रिया है **घस्**; रूप बनता है **जक्षतु**, **जक्षुः**। इन तीनों क्रियाओं का उल्लेख ८-३-६० में है। एक लम्बा सूत्र है जिसमें ग्यारह क्रियाएँ गिनाई गई हैं, इन सबका आदिस्थानीय व्यंजन **स्** है किन्तु उपसर्ग लगने पर इस **स्** के स्थान पर **ष्** का व्यवहार होगा (८-३-६५)। **सिञ्चति** में **अभि** या **परि** जोड़ा तो सकार में परिवर्तन हुआ : **अभिषिञ्चति**, **परिषिञ्चति**। और ये मानक रूप हैं, **स्** के व्यवहार की गुंजाइश नहीं है। इसी प्रकार **सेवते** के पहले **परि**, **नि**, **वि** लगने पर **परिषेवते**, **निषेवते**, **विषेवते**

रूप चलेंगे (८-३-७०)। **स्तम्भ** के पहले उपसर्ग लगा तो **स्** के साथ **त्** का भी मूर्धन्यीकरण हुआ, **अभिष्टभ्नाति, परिष्टभ्नाति** रूप बने (८-३-६७)। **स्यन्द्** क्रिया में उपसर्ग लगेगा तो **ष्** के साथ **स्** वाला रूप भी चलेगा, **परिष्यन्दते** और **परिस्यन्दते** दोनों रूप मान्य हैं (६-३-७२)। इसी प्रकार **विष्कन्ता और विस्कन्ता, परिष्कन्ता** और **परिस्कन्ता** दोनों रूप मान्य हैं (८-३-७३, ७४)। **निस्, नि, वि** के साथ **स्फुर्** और **स्फुल्** का **स्** बना रहेगा, विकल्प में बदलेगा भी; **निष्फुरति, निस्फुरति, निष्फुलति, निस्फुलति** दोनों रूप मान्य हैं (८-३-७६)। **ष्** क्षेत्र के प्रभाव से जिन रूपों में **स्** के स्थान पर **ष्** दृढ़ता से जम गया, उन्हें पाणिनि ने मानक रूप मान लिया। जहाँ **स्** क्षेत्र के प्रभाव से दन्त्य सकार-वाले रूप का चलन बना हुआ था, वहाँ पाणिनि ने उसे भी वैकल्पिक मानक रूप माना। जहाँ इच्छा हुई वहाँ **ष्** वाला रूप स्वीकार किया, जहाँ इच्छा न हुई वहाँ **ष्, स्** वाले दोनों रूपों को मान्यता दी, पाणिनि के **शब्दानुशासन** में ऐसा स्वेच्छाचार नहीं है। वह अपने समय के प्रयोगों को देखते हुए सूत्र बना रहे हैं, इन सूत्रों से भाषा की स्थिरता नहीं; उसकी गतिशीलता प्रतिबिम्बित कर रहे हैं। ऐतिहासिक भाषा-विज्ञान के लिए उनके ये सूत्र अमूल्य हैं; ढाई हज़ार साल बाद के पाठक को वह समकालीन भाषा की झाँकी दिखाते हैं जहाँ एक प्राचीन ध्वनिव्यवस्था को एक अपेक्षाकृत अर्वाचीन ध्वनिव्यवस्था प्रभावित कर रही है। दो ध्वनिव्यवस्थाओं के मिलने से भाषा में जो तरलता उत्पन्न हुई है, उसे वह साकार कर देते हैं। वैदिक भाषा, अपने मूल रूप में, दन्त्य **स्** प्रधान है, यह तथ्य इन सूत्रों से पूर्णतः प्रकाशित हो जाता है।

स्वसृ के आदिस्थानीय **स्** का मूर्धन्य कायाकल्प **मातृ-पितृ** के बाद होता है; **मातृष्वसा, पितृष्वसा** ऐसे रूप बनेंगे (८-३-८४)। किन्तु **मातुः** और **पितुः** के बाद **ष्** के साथ **स्** वाला विकल्प चलेगा; **मातुःष्वसा** और **मातुःस्वसा, पितुःष्वसा** और **पितुःस्वसा** (८-३-८५)। **ऋ** मूर्धन्य क्षेत्र का अपना स्वर है; अपनी शक्ति से वह समीपवर्ती **स्** को मूर्धन्य बना लेता है। किन्तु यह शक्ति अघोष **ह्**, अथवा विसर्गों, में नहीं है। विसर्गों का स्थान **स्** लेता है, **ष्** नहीं; सामान्य नियम है **विसर्जनीयस्य सः** (८-३-३४)। किन्तु यदि विसर्गों के पहले **इ, उ** स्वर होगा और बाद को **क्** या **प्** से आरम्भ होने वाला प्रत्यय होगा तो **स्** का स्थान **ष्** ले लेगा (८-३-३९)। **सर्पिः** के आगे **ते** आया तो **सर्पिस्ते** रूप बना किन्तु **कल्प** या **पाश** आया तो **सर्पिष्कल्पम्, सर्पिष्पाशम्** रूप बने। **इ, उ** स्वर जहाँ मूर्धन्य होंगे, वहाँ **स्** अपनी जगह **ष्** को देगा किन्तु आगे यदि दन्त्य स्पर्शध्वनि **त्** है तो वह **इ, उ** की मूर्धन्यता को क्षीण कर देगा और अपनी समवर्गीय ध्वनि **स्** की रक्षा करेगा। **शास्** से **शिष्ट** और **वस्** से **उषितः** में **इ, उ** स्वर अपनी मूर्धन्य प्रकृति का प्रमाण दे रहे हैं। **नमस्कर्ता** और **पुरस्कर्ता** में विसर्गों के स्थान पर **स्** है, आगे **क्** भी है पर **स्** सुरक्षित रहता है (८-३-४०)। **निष्कृतम्, निष्पीतम्** में **इ स्** को प्रभावित करती है (८-३-४१)। समास में पहले शब्द के अन्त में **इस्, उस्** होगा और अगला शब्द **क-प**-वर्गीय होगा तो **स्** निरपवाद रूप में मूर्धन्य हो जायगा, **सर्पिष्कण्डिका** और **सर्पिष्पानम्** के समान (८-३-४५)। यहाँ भी मूर्धन्यीकरण में **इ** की भूमिका स्पष्ट है। **अग्नि** के साथ **स्तुत्** या **स्तोम** जोड़कर समास बनाया **अग्निष्टुत्, अग्निष्टोम**; **अग्नि** को **अग्नी** करके

सोम के साथ मिलाया तो **अग्नीषोमः** रूप बना (८-३-८२)। इ की भूमिका सर्वत्र निर्णायक नहीं होती, यह **अग्निसोमौ** से स्पष्ट है। **सह्** क्रिया से एक रूप बना **साट्**, तब **जलाषाट्** में स् मूर्धन्य हुआ; **सह्** क्रिया से अन्य रूप बना **साह**, तब **जलासाहम्** में **स्** अपरिवर्तित रहा (८-३-५६)। यहाँ मूर्धन्य **ट्** अपने सान्निध्य से **स्** का रूपान्तर करता है; **ह्** का सान्निध्य **स्** के लिए निरापद है।

आठवें अध्याय के इन षत्व सम्बन्धी सूत्रों से यही विदित नहीं होता कि अनेक संस्कृत रूपों में **ष्** ने **स्** का स्थान लिया है वरन् उन ध्वनितन्त्रीय स्थितियों का भी बोध होता है जिनमें ऐसा परिवर्तन घटित होता है। यह परिवर्तन कहीं अनिवार्य है, कहीं वैकल्पिक है। इस समस्त व्यापार की ऐतिहासिक व्याख्या केवल इस आधार पर हो सकती है कि दो भिन्न प्रकृति के ध्वनितन्त्र घनिष्ठ सम्पर्क में आये हैं, एक में **स्** की प्रधानता है और संस्कृत के विकास की दृष्टि से यह ध्वनितन्त्र उसका मूलाधार है; दूसरे में **ष्** की प्रधानता है और वह अधिकतर पहले से विद्यमान **स्** का रूपान्तर करता है। स्वभावतः इन दो ध्वनितन्त्रों के दो भिन्न मूल केन्द्र होंगे।

संस्कृत में **ष्** की अपेक्षा **ण्** का व्यवहार और भी व्यापक है; शब्द-रचना में **ष्** को देखते **ण्** की भूमिका और भी सीमित है। पाणिनि के णत्व सम्बन्धी सूत्र ध्वनि-परिवर्तन का वैसा ही व्यापार प्रस्तुत करते हैं जैसा उनके षत्व सम्बन्धी सूत्र। अनेक सन्दर्भों में **न्** के स्थान पर **ण्** का व्यवहार होता है, **ण्** के स्थान पर **न्** का नहीं। आगे चलकर जब सामान्य जन संस्कृत रूपों के **ण्** को **न्** में बदलने लगे, तो विद्वानों ने उसे अशुद्ध उच्चारण माना; वास्तव में वे मूर्धन्यीकरण से पहले की नासिक्य ध्वनि का व्यवहार चालू किये हुए थे। **ण्** की भरमार का मुख्य कारण यह है कि संस्कृत में **र्** ध्वनि की प्रधानता है, यह ध्वनि **स्** के समान दन्त्य थी किन्तु मूर्धन्य क्षेत्रवासियों के यहाँ उसका उच्चारण मूर्धन्य होता था। **स्** और **ष्** में तो लिपिचिन्ह का भेद है किन्तु **र्** को लेकर ऐसा भेद नहीं है। बोलचाल में ऐसा भेद था और **र्** का मूर्धन्य उच्चारण ही **न्** के **ण्** में बदलने का मुख्य कारण है। **स्-ष्** के समान **न्-ण्** के लिए भिन्न लिपिचिन्ह हैं, **र्** दन्त्य और **र्** मूर्धन्य के लिए नहीं हैं, केवल **ऋ** को स्वर मानकर **रि** और **ऋ** में लिपिचिन्ह का भेद किया गया है। **ऋ** में **र्** तत्व विद्यमान है, यह तथ्य स्वीकृत है।

रषाभ्यां नो णः समानपदे (८-४-१) णत्व-सम्बन्धी यह मुख्य सूत्र है। एक ही शब्द में **र्**, **ष्** के बाद **न्** हो तो वह **ण्** बोला जाएगा। **र्**, **ष्** में **र्** की ही भूमिका प्रधान है। **ष्** के साथ **र्** का उल्लेख णत्व-सन्दर्भ में है, इसी से समझ लेना चाहिए कि **ष्** के समान **र्** मूर्धन्य है; सर्वत्र नहीं, किन्तु अनेक स्थितियों में वह मूर्धन्य बोला जाता था। **मातॄणाम्** में दीर्घ **ॠ** ने इस सूत्र के अनुसार **न्** को **ण्** में बदला है। **विस्तीर्णम्** में **र्** के बाद ही **न्** था, वह **ण्** बना किन्तु **मूर्खेण**, **गुरुणा**, **दर्पेण** में **र्-न्** के बीच स्वर है या व्यंजन के साथ स्वर है (८-४-२)। थोड़ा फ़ासला होने पर भी **र्** ने **न्** को प्रभावित किया। उल्लेखनीय है कि र् के बाद इसी तरह **त्**, **थ्**, **द्**, **ध्** हों, तो **न्** के स्थान पर **ण्** का व्यवहार न होगा। **मूर्धन्ना**, **अर्थेन** में न् सुरक्षित है।

ऋग्वेद में सर्वनाम **नः** भी पड़ोसी **र्**, **ष्** से प्रभावित होता है (८-४-२७)। **अग्ने**

रक्षा णः (ऋ० ७-१५-१३) (हे अग्नि हमारी रक्षा करो), यहाँ मूल **नः** के पहले **र्** और **ष्** (क्ष् का ष्) दोनों विद्यमान हैं। वेदोत्तर संस्कृत में **न्** से आरम्भ होने वाला शब्द भिन्न पद के **र्, ष्** से प्रभावित होकर **ण्** नहीं बनता। इसका अर्थ यह है कि वैदिक काल में णत्व का जितना ज़ोर है, उतना बाद में नहीं है। जो **ण्**-युक्त रूप बहुत प्रचलित हुए, उनमें **ण्** दृढ़तापूर्वक जमा रहा, जो कम प्रचलित थे या **न्**-क्षेत्र में अधिक प्रचलित थे, वहाँ या तो वैकल्पिक रूप स्वीकृत हुए या **न्** अपरिवर्तित रहा। **र्** के सान्निध्य से भी **न्** ध्वनि बदलती नहीं है या बदलाव सीमित शब्दों में होता है, इसकी जानकारी से संस्कृत ध्वनितन्त्र के विकास का, और इस विकास में भिन्न प्रवृत्तियों के अस्तित्व का बोध होता है। **शूर्पणखा** प्रसिद्ध नाम था। नियम बना कि पूर्वपद में **र्** हो तो उत्तरपद का आदि-स्थानीय **न्** बदल जाएगा। किन्तु **चर्मनासिकः** में **न्** नहीं बदलता। अतः पाबन्दी लगाई कि नामों में **न्** बदलेगा। (८-४-३)। एक नाम **ऋगयनम्** है; यहाँ **ऋ** के रहते भी **न्** अचल रहा। तब एक पाबन्दी और लगाई कि पूर्वपद के अन्त में **ग्** होगा तो **न्** न बदलेगा।

अनेक समासों में **वन** का **वण** हो जाता है और अनेक में नहीं होता। अतः एक सूत्र में वे शब्द गिना दिये जिनका साथ होने पर **वन** का **न्** बदलेगा। **पुरगा, मिश्रका, सिध्रका, शारिका, कोटरा** के साथ **वन** जोड़कर समास बनेगा तो वहाँ **वण** बोला जाएगा। (८-४-४)। किसी समय क्षेत्र विशेष में **पुरगावणम्, मिश्रकावणम्** जैसे रूप बहुत प्रचलित रहे होंगे, इसीलिए **वन** का रूपान्तर करनेवाले **पुरगा, मिश्रका** एक सूत्र में गिना दिये। इन्हें गिनाने का मतलब ही यह है कि ऐसी ही ध्वनिगत परिस्थितियों में **न्** अन्यत्र नहीं बदलता यथा **कुबेरवनम्** में। **पुरगावणम्** आदि नाम हैं किन्तु **खदिरवणम्, शरवणम्** नाम नहीं हैं। एक सूत्र में फिर गिनाये, **प्र, निर्, अन्तर्, शर, इक्षु, पक्ष, आम्र, कार्ष्य, खदिर, पीयूक्षा** के साथ **वन** जोड़कर समास बनाया जाय तो वहाँ **वण** बोला जायगा। (८-४-५)। किन्तु **बदरीवनम्**? ओषधियों, वनस्पतियों के साथ **न्** में परिवर्तन विकल्प से होगा। (८-४-६)। **बदरीवनम्** ठीक, **बदरीवणम्** भी। किन्तु **देवदारुवनम्** का विकल्प **देवदारुवणम्** होगा क्या? न होगा; पाबन्दी लगाई कि ओषधि-वनस्पति वाले शब्द में दो या तीन वर्णों से अधिक न होने चाहिए! इसी तरह **अहन्** के पहले **पूर्व** आया तो **पूर्वाह्णः** बना। (८-४-७)। किन्तु **निर्** के बाद **अहन्** आया तो **निरह्न** बना; **न्** अपरिवर्तित रहा। पाबन्दी यह कि **अहन्** का **न्** तभी बदलेगा जब **र्**-युक्त पद के अन्त में **अ** होगा। समास में **र्-ष्** के सान्निध्य से **वाहन** का **न** बदलेगा जैसे **इक्षुवाहणम्**। (८-४-८)। किन्तु **दाक्षिवाहनम्** में **न्** प्रभावित नहीं होता। पाबन्दी लगाई कि **वाहन** के साथ वाला पद जब यह बताये कि क्या ढोया जा रहा है, तभी वैसा परिवर्तन होगा। **इक्षुवाहणम्** ईख ढोने की गाड़ी है किन्तु **दाक्षिवाहनम्** में **दाक्षि** गाड़ी के मालिक हैं। समान ध्वनिगत परिस्थितियों में प्रयोग-भिन्नता के कारण एक जगह णत्व आदेश होता है, एक जगह नहीं होता।

प्रणमति समास नहीं है, उपसर्ग के **र्** ने **नमति** के **न्** को प्रभावित किया। आज्ञार्थी क्रियारूप का **आनि** इसी प्रकार **र्** के संसर्ग से **आणि** बनता है यथा **प्रयाणि, परियाणि** (८-४-१६)। **प्र** के बाद **नि** उपसर्ग हो तो वह **णि** हो जायगा जैसे **पतति**, फिर

प्रणिपतति। ऐसा सर्वत्र नहीं होता, इसलिए एक सूत्र में क्रियाएँ गिना दीं; **गद्, नद्, पत्, पद्, मा, या, वा, द्रा, प्सा** आदि (८-४-१७)। इनके बाद बहुत-सी क्रियाएँ रह गईं; वहाँ विभाषा है, **न्** चलेगा, **ण्** भी। (८-४-१८)। बहुप्रचलित **प्राण** शब्द में **प्र** उपसर्ग के **र्** से **न्** बदलता है। एक सूत्र इसी के लिए है (८-४-१९)। **प्राणिति** अर्थात् साँस लेता है।

यद्यपि संस्कृत में **ण्** का व्यापक व्यवहार होता है, फिर भी शब्द के अन्त में उसका प्रयोग दुर्लभ है। सामान्य नियम यह है कि पद के अन्त में **न्** के स्थान पर **ण्** का व्यवहार न होगा। (८-४-३७)। किन्तु पद के अन्त में **र्-युक्त** उपसर्ग के बाद **अन्** हो तो **न्** का स्थान **ण्** ले लेगा। (८-४-२०)। हे **प्राण**! हे **परण्**! यह उदाहरण भी अपवाद-सा है। इसके विपरीत तमिल **कण्** (आँख), **पण्** (सेवाकार्य), **मण्** (धरती) आदि में पदान्त **ण्** का व्यवहार सामान्य बात है। जिस **ण्** क्षेत्र ने मध्यदेशीय भाषा को प्रभावित किया है, उसने तमिल को और भी अधिक प्रभावित किया है।

संस्कृत में दो सघोष महाप्राण ध्वनियों का एक साथ व्यवहार असाधारण है; **भभूव** को **बभूव** बना लेने का चलन है। किन्तु दो **ण्** आसपास आ जायें तो उसे आपत्ति नहीं है। **अन्** क्रिया की आवृत्ति करके उपसर्ग सहित **प्राणिणिषति, पराणिणिषति** रूप बनेंगे। (८-४-२१)। हिन्दी के लिए ऐसे रूप **अस्वाभाविक हैं, भूभल** जैसे रूप स्वाभाविक। **हन्** क्रिया से **प्र** के संसर्ग के कारण **प्रहण्यते** रूप बनेगा। (८-४-२२)। **हन्** के बाद **व** या **म** हो तो **प्र** का संसर्ग होने पर भी णत्व अनिवार्य न होगा। **प्रहण्वः, प्रहन्वः** दोनों रूप चलेंगे; **प्रहण्मः, प्रहन्मः** दोनों शिष्ट प्रयोग हैं। कुछ प्रत्ययों का **न्** पूर्ववर्ती **र्** के प्रभाव से बदलता है यथा **प्रयायमाणम्** के **मान** का **न्** बदला है (८-४-२९); अन्यत्र परिवर्तन वैकल्पिक रहता है यथा **प्रयापणम्** और **प्रयापनम्** (८-४-३०), **प्रकोपणम्** और **प्रकोपनम्** (८-४-३१)। कुछ क्रियाएँ ऐसी हैं जिनके **कृत्** प्रत्यय का **न्**, पड़ोसी **प्र** के **र्** से अप्रभावित रहता है; **भा** से **प्रभानम्, भू** से **प्रभवनम्, गम्** से **प्रगमनम्** (८-४-३४)। **नश्** क्रिया से **नष्टः** बना, किन्तु **प्र** जोड़ने पर भी **प्रनष्टः** का **न्** अडिग रहा। (८-४-३६)। **र्, ष्, ट्** का सान्निध्य भी **न्** को प्रभावित न कर सका। कहना न होगा कि ऐसे नियम पाणिनि के मन की उपज नहीं हैं; उन्होंने उत्तरी और पूर्वी जनपदों में **नष्टः, प्रनष्टः** का व्यापक व्यवहार होते देखा, इसीलिए उनके लिए अलग सूत्र बनाया। **आचार्यानी, परिनर्त्तनम्, क्षुभ्नाति** आदि में **न्** विस्थापित नहीं होता; एक सूत्र **क्षुभ्नादिषु च** (८-४-३९) में **क्षुभ्न** से आरम्भ होने वाली शब्दसूची की ओर संकेत कर दिया। कोई आश्चर्य नहीं कि मध्यदेश और पूर्वी जनपदों के लोग णत्व-प्रसार के पहले जैसे न् का व्यवहार करते थे, वैसे ही आधुनिक जनपदीय भाषाओं के अभ्युदय काल में करते रहे। और प्राकृतों में **ण्** की भरमार है! चाहे ब्रजभाषा हो, चाहे मैथिली हो, णत्वबहुल प्राकृतों या अपभ्रंशों के ध्वनितन्त्र से ये भाषाएँ दूर हैं। वे उस भाषा के ध्वनितन्त्र के अधिक समीप हैं जिसके **न्** का स्थान, **र्** के संसर्ग से, **ण्** लेता है, किन्तु जहाँ अनेक वैकल्पिक रूपों का चलन भी है, और बहुत जगह मूर्धन्यीकरण के लिए उपयुक्त परिस्थिति के रहते भी **न्** अपरिवर्तित रहता है।

पाणिनि के समय तक, **और** उससे काफी पहले भी, **ष्** की अपेक्षा **श्** संस्कृत के ध्वनितन्त्र में अधिक प्रतिष्ठित हो चुका था। **श्** और **ष्** की स्थितियों में भेद है। प्राच्यों और भरतों में **ष्** की स्थिति उतनी सुदृढ़ नहीं है जितनी **श्** की। इसका कारण यह है कि **ष्** उत्तरी जनपदों की ध्वनि है और **श्** मगध की। उत्तरी जनपदों की अपेक्षा अधिक, और उनसे पहले, मगध ने मध्यदेश को प्रभावित किया है। **वृक्षस् शेते**, ऐसी पद-रचना में **स्** और **श्** का सामना हो तो **स्** ही चोला बदलेगा, दन्त्य-तालव्य सकारों के मिलन का परिणाम होगा **वृक्षश्शेते**। (८-४-४०)।

ष् के साथ जो सम्बन्ध **ट्** का है, वही **श्** के साथ **च्** का है। **ष्** और **ट्** का एक ही क्षेत्र रहा हो यह आवश्यक नहीं; बोलचाल के स्तर पर हिन्दी क्षेत्र में **ट्** की भरमार है, **ष्** का अभाव है। इसी तरह **श्** और **च्** के केन्द्र सम्भवतः पहले अलग-अलग थे। अब **श्** की प्रधानता बंगाल में है तो **च्** की महाराष्ट्र और पड़ोसी क्षेत्रों में। **वृक्षस् चिनोति** में **स्** और **च्** सामने हों तो **स्** का तालव्यीकरण होगा। **स्तोः श्चुना श्चुः** (८-४-४०), तालव्यीकरण के बारे में यह मुख्य सूत्र है। **स्** और **श्** सामने हों तो **स्** बदलकर **श्** होगा; **त्** और **च्** सामने हों तो **त्** बदलकर **च्** होगा यथा **अग्निचित् चिनोति** से **अग्निचिच् चिनोति**। **यत्** में **न** प्रत्यय जोड़कर बनाया **यत्न** (३-३-९०) किन्तु **यज्** में **न** जोड़ा तो **न्** का तालव्यीकरण हुआ और रूप बना **यज्ञ**। **त्** और **श्** सामने हुए तो **त्** का तालव्य रूप **च्** होगा, फिर **च्** के प्रभाव से **श्** के सकारतत्व का लोप होगा और वह **छ्** बनेगा। **अग्निचित् शेते**, परिणाम होगा **अग्निचिच्छेते**। **प्रश्न** और **प्रच्छ्** में मूलरूप की ध्वनि **छ्** है या **श्** ? पाणिनि क्रियारूप को प्रधानता देते हैं; वे **प्रच्छ्** में **न** जोड़कर **प्रश्नः** बनाते हैं। (३-३-९०)। **प्रच्छ्** से एक रूप **पृष्टः** बनता है। (६-१-१६)। **ऋ** ने तालव्य सकार को मूर्धन्य किया। **प्रश्न** और **पृष्ट** दोनों से संकेत मिलता है कि मूल क्रिया की ध्वनि, ऐतिहासिक दृष्टि से, **श्** है, **च्छ्** नहीं।

एक रूप है **स्फातिः**, दूसरा समानार्थी रूप है **स्फीतः**। यहाँ पाणिनि **स्फा** को मूल धातु मानते हैं; निष्ठा प्रत्यय लगने पर **स्फा** बदलकर **स्फी** हो जायेगा। (६-१-२२)। जब ऐसे अनेक रूपों में स्वरभेद दिखाई दे, तब समझना चाहिए कि **ष्-स्** के समान यहाँ भी स्वरों के भिन्न केन्द्र हैं और **स्फा** तथा **स्फी** एक ही केन्द्र की उपज नहीं हैं। जहाँ कुछ प्रत्ययों के साथ **स्फी** या **स्फा** का प्रयोग रूढ़िबद्ध हो गया, वहाँ तो नियम बन गया कि **स्फा** बदलकर **स्फी** हो जायेगा किन्तु जहाँ प्रयोग रूढ़ नहीं है, वहाँ विभाषा से काम चलेगा। **स्फुरति** की **स्फुर्** धातु में **घञ्** प्रत्यय लगा, तब **विस्फारः** रूप बना। (६-१-४७)। **मी, दी** क्रियाओं के बाद **ल्यप्** प्रत्यय लगेगा, तब **प्रमाता, उपदाता** रूप बनेंगे। (६-१-५०)। किन्तु **विभाषा लीयतेः** (६-१-५१); **विलाता, विलेता** दोनों रूप मान्य हैं। **ल्यप्** प्रत्यय लगने से **ली** के स्थान पर **ला** का व्यवहार अनिवार्य नहीं है। **अपगारम्, अपगोरम्**, दोनों रूप मान्य हैं। पाणिनि ने **गुर्** धातु को मूलरूप माना; **अप** उपसर्ग लगाकर जब शब्द की आवृत्ति की जाय, तब वैकल्पिक रूप से **उ** के स्थान पर **आ** होगा। (६-१-५३)। लोग **अपगारम्-अपगारम्** कहते थे, **अपगोरम्-अपगोरम्** भी। प्रयोग भिन्नता स्पष्ट है; दो भिन्न स्वरों वाली समानार्थी क्रियाओं का अस्तित्व स्पष्ट है। **स्फोरयति** और **स्फारयति** दोनों

रूप मान्य हैं। (६-१-५४)। **चिरवाद** और **चिरवेद** (६-१-५२), **जेरतुः** और **जजरतुः** (६-६-१२४), **रेजतुः** और **रराजतुः** (६-६-१२५) आदि वैकल्पिक रूपों का प्रयोग मान्य ठहराया, तो इसका कारण यही हो सकता है कि विभिन्न जनपदों में समानार्थी भिन्न रूपों का चलन था।

इसी तरह ह्रस्व और दीर्घ स्वरों के व्यवहार के बारे में प्रयोगविविधता थी। **अशमि** और **अशामि** (६-४-९३), **बिभितः** और **बिभीतः** (६-४-११५), **जहितः** और **जहीतः** (६-४-११६), **जहिहि** और **जहीहि** (६-४-११७) दोनों तरह के रूप मान्य हैं। इससे यह निष्कर्ष न निकालना चाहिए कि एक केन्द्र में दीर्घ स्वरों का ही व्यवहार होता था, दूसरे में ह्रस्व स्वरों का। निष्कर्ष यह निकलेगा कि बोलचाल की भाषा में ह्रस्व दीर्घ स्वरों का सदा भेद नहीं किया जाता; मानक भाषा में इस तरह का भेद क्रमशः निश्चित होता है। पाणिनि ह्रस्व-दीर्घ स्वरों वाले दोनों रूपों का चलन देखते हैं; अपनी ओर से एक को शुद्ध और दूसरे को अशुद्ध नहीं कहते। दोनों को मान्यता देते हैं। जब देखते हैं कि एक कोटि के रूपों में क्रिया का लघु या दीर्घ स्वर रूढ़ हो गया है, तब विभाषा की बात छोड़कर वह लघु या दीर्घ स्वर वाली क्रिया को आधार मान लेंगे और कहेंगे, अन्य रूपों में लघु के स्थान पर दीर्घ स्वर का व्यवहार होगा अथवा दीर्घ के स्थान पर लघु का व्यवहार होगा। **परन्तपः** में **ताप्** क्रिया ह्रस्व स्वर के साथ ही प्रयुक्त होगी; नियम बनाया **खचि ह्रस्वः** (६-४-९४)। प्रेरणार्थक क्रिया के बाद **खच्** प्रत्यय होने पर दीर्घ स्वर ह्रस्व हो जायेगा। ऐसा भी होता है कि जब दो पद्धतियों से बने एक ही क्रिया के दो रूप प्राप्त होते हैं तो जनता उनमें सूक्ष्म अर्थभेद कर लेती है। **अर्य** और **आर्य** ऐसे ही दो रूप हैं। **अर्यो वैश्यः** किन्तु **आर्यो ब्राह्मणः**। नियम बना **अर्यः स्वामिवैश्ययोः** (३-१-१०३)।

स्थान और **स्थितः** सम्बद्ध रूप हैं। यहाँ ह्रस्व-दीर्घ के साथ अकार-इकार भेद भी है। पाणिनि ने **स्था** को मूलक्रिया मानकर **आ** के स्थान पर, स्थिति विशेष में, **इ** के व्यवहार का विधान किया। (७-४-५)। अन्य स्थिति में **स्था** से सम्बद्ध क्रियारूप **अतिष्ठिपत्** है। वहाँ भी **आ** के लिए **इ** के व्यवहार का विधान किया। **दधाति** की **धा** क्रिया से **हितः** बना; **आ** के स्थान पर **इ** का प्रयोग, और **ध्** के स्थान पर **ह्** का, दोनों के लिए एक सूत्र बनाया **दधातेर्हिः** (७-४-४२)। **निशितम्** और **निशातम्** स्वरभेद और मात्राभेद वाले दोनों रूप मान्य हैं; कहीं **विभाषा,** कहीं **वा,** कहीं **अन्यतरस्याम्,** बात एक ही है विकल्प की। **दा** क्रिया और **दत्तः** का सम्बन्ध स्पष्ट है; पाणिनि ने नियम बनाया कि देने के अर्थवाली **दा** क्रिया में जब **त्** से आरम्भ होनेवाला **कित्** प्रत्यय जुड़ेगा, तब **दा** के स्थान पर **दद्** का व्यवहार होगा। (७-४-४६)। कहीं न कहीं **दित्तः** भी बोला जाता होगा; शिष्टजनों में प्रचलित न होने से पाणिनि ने उसका उल्लेख नहीं किया। यही पंजाबी का **दित्ता** है।

३. सूत्र और ऐतिहासिक भाषाविज्ञान

पाणिनि के सूत्रों से जिन भाषातत्वों की जानकारी होती है, उनसे ऐतिहासिक

भाषाविज्ञान की अनेक समस्याओं के समाधान में सहायता मिलती है। यही नहीं, ऐतिहासिक भाषाविज्ञान की दृष्टि से उनके अनेक सूत्रों की नयी और तर्कसंगत व्याख्या की जा सकती है। तीसरे अध्याय में एक निरर्थक-सा लगनेवाला सूत्र है : **स्तम्भुस्तुम्भुस्कम्भुस्कुम्भुस्कुञ्भ्यः श्नुश्च** (३-१-८२)। यहाँ पाँच क्रियाएँ गिनाई गई हैं; कर्तासूचक सार्वधातुक प्रत्यय लगने पर इनमें **श्ना** के अतिरिक्त **श्नु** भी जोड़ा जाता है। अन्तिम क्रिया है **स्कु** जिससे **स्कुनाति, स्कुनुते** आदि रूप बनते हैं। इस क्रिया से उत्तरकालीन वैयाकरण परिचित थे। प्रथम चार क्रियाएँ धातुपाठ में नहीं हैं; इसलिए इन्हें केवल सूत्रों में प्राप्त धातुएँ कहा गया। इनका अर्थ क्या है, यह उत्तरकालीन विद्वानों के लिए स्पष्ट न था। कुछ का कहना था कि सबका एक ही अर्थ है रोकना। कुछ का मत था कि **स्तम्भ्** और **स्कम्भ्** का अर्थ है थामना, **स्तुम्भ्** का अर्थ है निकालना, और **स्कुम्भ्** का अर्थ है धारण करना। वार्तिक में कहा गया : **स्तम्भ्वादयश्चत्वारः सौत्राः। सर्वे रोधनार्था इत्येके। माधवस्तु प्रथमतृतीयौ स्तम्भार्थौ द्वितीयो निष्कोषणार्थश्चतुर्थो धारणार्थ इत्याह**। ये वाक्य पाणिनिकालीन भाषा की प्राचीनता सिद्ध करते हैं।

ये सब **स्कम्भ** और **स्तम्भ, स्कन्ध** और **स्तन्ध, खड़े** और **ठाढ़े** वाली क्रियाएँ हैं। मूल क्रिया में **भ्** जोड़कर कृदन्त रूप बना, फिर मूल क्रियावत् उसका व्यवहार हुआ, **स्तन्ध** के अंग्रेज़ी रूपान्तर **स्टैन्ड्** के समान। हिन्दी **खंभ** और **थंभ** दोनों **स्कम्भ्** और **स्तम्भ्** क्रियाओं से सम्बद्ध हैं। यहाँ पहली ध्यान देने की बात यह है कि **क्** और **त्** ध्वनियों वाली दो समानार्थी क्रियाएँ हैं। इनमें किसी को मूलरूप मानकर पाणिनि ने **क्** के स्थान पर **त्** अथवा **त्** के स्थान पर **क्** के व्यवहार का नियम नहीं बनाया। **खड़े** और **ठाढ़े**, संस्कृत **स्थान** और फ़ारसी **ख़ाना** दो क्षेत्रों के रूप हैं। पाणिनि उसी क्षेत्र के हैं जहाँ **स्कम्भ्** का व्यवहार होता था; इसलिए उन्होंने **स्तम्भ्** के साथ **स्कम्भ्** को जगह दी। दूसरी बात यह है कि उन्होंने **स्कम्भ्** के साथ **स्कुम्भ्, स्तम्भ्** के साथ **स्तुम्भ्** रूप भी दिये। आर्य भाषा क्षेत्र में **अ** स्वर **अॅ, ऑ** रूपों में बोला जाता था, इसका प्रमाण है **स्तम्भ्-स्कम्भ्** के साथ **स्तुम्भ्-स्कुम्भ्** का अस्तित्व। तीसरी बात यह कि इन क्रियाओं में नासिक्य ध्वनि का लोप होने पर **स्तभ्नाति, स्तुभ्नाति** जैसे रूप बनते थे। **स्तम्भ** का जर्मन प्रतिरूप है **श्टुम्प्फ़्**, अंग्रेज़ी **स्टम्प्** (तना); **स्तुभ** का ग्रीक प्रतिरूप है **स्तुपॉस्** (उप०), अंग्रेज़ी प्रतिरूप है **स्टब्** (उप०)। लैटिन **स्तुपॉर्** में स्तम्भित रहने का भाव है और अंग्रेज़ी **स्ट्यूपिड्** (मूर्ख) में स्थिरता से जड़ता के अर्थ का विकास है। क्रियाओं का मूल अर्थ है स्थिर होना, खड़े होना; इससे अन्य अर्थों का विकास होता है। रुकने का अर्थ अंग्रेज़ी **स्टौप्** में है। पाणिनि के सूत्र से ज्ञात होता है कि उनके समय में **स्तुभ्, स्कुभ्** जैसी क्रियाओं का व्यवहार होता था। लैटिन **स्तिपुल** (तना, डण्ठल) में **स्तु** का विकल्प **स्ति** है। मलयालम और तुलु **कुम्बि** (पुरुष की जननेन्द्रिय) का आधार **स्कुम्भ्** है; अर्थ-प्रक्रिया वही है जो संस्कृत **दण्ड** (उप०) में है। **कुम्बि** और **दण्ड** दोनों का मूल अर्थ है खड़ी हुई वस्तु।

इसी तरह ऐतिहासिक दृष्टि से रोचक अन्य सूत्र है : **द्व्यन्तरुपसर्गेभ्योऽपईत्** (६-३-९६)। **द्वि, अन्तर्** और उपसर्गों के बाद **अप्** बदलकर **ईप्** हो जायगा। यहाँ **द्वि**

और अन्तर् से बने **द्वीप** और **अन्तरीप** शब्दों पर ध्यान देना है। पानी के बीच जो भूमि हो वह **अन्तरीप** है; पानी से घिरी भूमि **द्वीप** है। दोनों शब्दों में **ईप** की व्यंजना स्पष्ट है। यह आप का विकल्प है। **अप** का पूर्वरूप **अभ है, आप** का पूर्वरूप **आभ** होगा। **ईप** का पूर्वरूप **ईभ** होगा; **आप** के साथ **अप** है तो **ईभ** के साथ **इभ** भी होगा। संस्कृत में **इभ** का अर्थ हाथी है; ग्रीक **ऑफिस्**, संस्कृत **अहि**, पूर्वरूप **अभि** का अर्थ सर्प है। हाथी और सर्प का सम्बन्ध जल से मानकर ये नाम रखे गये थे, इसका उल्लेख पूर्व अध्याय में हो चुका है। **अम्भ** शब्द में **म्** का लोप दो तरह से होगा, क्षतिपूर्ति के बिना, तब **अभ, अप** रूप प्राप्त होंगे; क्षतिपूर्ति के लिए स्वर का दीर्घ होना, तब **आभ, आप** रूप प्राप्त होंगे। **अम्भ** से जैसे **अम्बु** का विकास हुआ, वैसे ही **इभ, ईभ** के पूर्वरूप **इम्भ** से **इम्बु** का विकास भी हुआ होगा। पाणिनि के समय तक **इभ, ईप, इम्बु** आदि का जल वाला अर्थ लुप्त हो गया था। तभी उन्होंने **द्वि** और **अन्तर्** के साथ उपसर्गों की बात कही। **समीप** की व्याख्या भी **द्वीप, अन्तरीप** के साथ उसी सूत्र से हो गई। यहाँ पाणिनि ने **अप्** के ध्वनिरूप पर ध्यान दिया है। **द्वीप** और **अन्तरीप** का सम्बन्ध जल से है, **समीप** का नहीं।

अम्भ में **म्** का लोप होने पर **अभ** रूप बच रहेगा, इस तरह की ध्वनि-प्रक्रिया अन्यत्र भी देखी जाती है। **ध्वन्स्** से **ध्वस्त** (६-४-२४), **दंश्** से **दशति** (६-४-२५), **रञ्ज्** से **रजति** (६-४-२६) और **राग** (६-४-२७); **भञ्ज्** से **अभाजि** और **अभञ्जि** (६-४-३३), **रंज्** से **रङ्क्त्वा** और **रक्त्वा**। आधुनिक ऐतिहासिक भाषाविज्ञान में **गतः, मतः** जैसे रूपों को लेकर कुछ अनावश्यक माथापच्ची की गई है। पाणिनि ने इनमें नासिक्य ध्वनि का लोप माना है और ऐतिहासिक दृष्टि से यह सही है। उन्होंने नियम बनाया कि धातुपाठ की जिन धातुओं का स्वर अनुदात्त होगा, अर्थात् उस पर बलाघात न होगा, स्पर्शध्वनि से आरम्भ होनेवाला प्रत्यय जुड़ने पर उनके अनुनासिक का लोप होगा। इसका अर्थ यह है कि अनुदात्त स्वरवाली धातु, प्रत्यय लगने पर, अपना बलाघातहीन रूप बनाये रहती है। किन्तु **यम्** से **यतः, रम्** से **रतः, गम्** से **गतः, नम्** से **नतः, हन्** से **हतः, मन्** से **मतः**, यहाँ धातु के स्वर को अनुदात्त मान लिया गया है; धातुपाठ में वे उदात्त स्वरवाली हैं। कोई प्रवृत्ति ऐसी है जो **गतः, मतः** आदि में प्रथम वर्ण पर बलाघात पसन्द नहीं करती। सिन्धी और अवधी के प्रसंग में इसका उल्लेख इस पुस्तक के पहले खण्ड में हो चुका है। **गतिः** में **ग** का स्वर उदात्त माना गया है; यह भिन्न प्रवृत्ति है जो नासिक्य ध्वनि का लोप होने पर भी प्रथम वर्ण पर बलाघात बनाये रहती है। **वन्** से **वतिः**, और **वन्ति** दोनों; **वतिः** में **क्तिन्** प्रत्यय माना, **वन्ति** में **क्तिच्**। **तन्** से **ततः, क्षण्** से **क्षतः** आदि भी इसी क्रम में हैं। (६-४-३७)। लैटिन **फिंगो** (निर्माण करना) से **फिगूर** (निर्मिति, आकार), संस्कृत **खुण्ड्** लँगड़ाना, कन्नड़ **कुण्टु** (उप०) के साथ तोद **कुट्** (लँगड़ापन) पर ध्यान दें तो विदित होगा कि अनुनासिक का लोप काफी बड़े क्षेत्र में होता था।

कभी **मित्र** को **मित्रा, इन्द्र** को **इन्द्रा** बोलते रहे हों तो यह बात बाँगरू और मानक हिन्दी के लिए रोचक होगी। अवधी **सार**, मानक हिन्दी में **साला**, अवधी **कार,**

मानक हिन्दी में **काला**; एक क्षेत्र में अन्तिम स्वर को दीर्घ करके बोलने की प्रवृत्ति है। **इन्द्रावरुणौ, मित्रावरुणौ, अग्नीवरुणौ** में पूर्वपद का अन्त्य स्वर दीर्घ किया गया है। (६-३-२६, २७)। **विश्वामित्र** ऋषि का नाम है (६-३-१३०); **विश्वानरः** नाम है (६-३-१२९) किन्तु ऋषि का नहीं। दोनों में **विश्व** की जगह **विश्वा** है। **सोमावती, अश्वावती, इन्द्रियावती** वैदिक रूप हैं (६-३-१३१); यहाँ भी **वती** के पहले वाला स्वर दीर्घ किया गया है। **ऋग्वेद में विद्म** को **विद्मा** कहेंगे (६-३-१३५), **एव** को **एवा** कर देंगे (६-३-१३६), कहाँ **तु** को **तू, नु** को **नू** पढ़ेंगे (६-३-१३३), यह सब बताने के बाद जब पाणिनि ने देखा कि अब भी अन्त्य लघु स्वर को दीर्घ करनेवाले रूप बच रहते हैं, तब उन्होंने एक सूत्र बना दिया : **अन्येषामपि दृश्यते** (६-३-१३७)। व्याकरण में कोश के सभी शब्दों की ध्वनितन्त्रीय व्याख्या कर दी जाय, यह आवश्यक नहीं। शिष्ट जनों का प्रयोग देख लो; वे अन्त्य स्वर को दीर्घ बोलते हों तो उसे **शब्दानुशासन** के बिना भी स्वीकार कर लो।

हन् क्रिया के **जहि** रूप में **ह्** के स्थान पर **ज्** है। पाणिनि ने यह नहीं कहा कि मूल क्रिया **घन्** है और **घ्** का रूपान्तर **ज्** है। उन्होंने प्रचलित रूप **हन्** को आधार मानकर **जहि** की व्याख्या यों कर दी कि **हि** से संयोग होने पर **हन्** के **ह्** के स्थान पर **ज्** होगा : **हन्तेर्जः** (६-४-३६)। इसका यह अर्थ नहीं है कि वह **हन्ति** और **घ्नन्ति** का सम्बन्ध जानते न थे। **सह** का पूर्वरूप **सध** था; वैदिककाल में ही **सह** ने **सध** को अपदस्थ कर दिया था, **सधस्थाः, सधमादः** जैसे कुछ पदों में **सध** बचा था। पाणिनि ने इन रूपों की व्याख्या के लिए **सह** को आधार माना; **सधमादस्थयोश्छन्दसि** (६-३-९६)। इससे यह अर्थ न निकालना चाहिए कि संस्कृत में **ह्** ध्वनि जहाँ-तहाँ बदलकर **ध्** हो जाती है। **शास्** क्रिया से **शाधि, प्रशाधि** रूप बनते हैं। पाणिनि ने यहाँ भी **हि** के स्थान पर **धि** के व्यवहार का नियम माना (६-४-३५); **भिन्द्धि, छिन्द्धि** के लिए भी **हि** के स्थान पर **धि** के प्रयोग का नियम माना (६-४-१०१)। एक सूत्र में उन्होंने कहा कि **हन्** के स्थान पर **वध्** का व्यवहार होगा। **हनश्च वधः** (३-३-७६); **हन्** के पहले उपसर्ग न हो, कार्य की सूचना मिलती हो, आगे **अप्** प्रत्यय हो, तो **हन्** के स्थान पर **वध्** होगा, यथा **वधो दस्यूनाम्**। **अप्** केवल बलाघात की सूचना के लिए है। **वध्** में **अप्** लगने का अर्थ है क्रिया के स्वर का अनुदात्त उच्चारण। अगले सूत्र में उसी **हन्** के स्थान पर **घन्** के व्यवहार का नियम है; **हन्** के बाद **अप्** होगा, अर्थ होगा मूर्तिमत्ता का। **मूर्तौ घनः** (३-३-७७) यथा **अभ्रघनः**। इन दो सूत्रों का यह अर्थ नहीं है कि ध्वनिपरिवर्तन के किन्हीं नियमों से एक जगह **हन्** बदलकर **वध्** हो जाता है, दूसरी जगह **घन्** हो जाता है ! विश्लेषण की सुविधा के लिए **हन्** की जगह **वध्** और **घन्** के व्यवहार का विधान है।

इषुगमियमां छः (७-३-७७); **इष्, गम्, यम्** धातुओं के वर्तमानकालिक रूपों में **ष्, म्** के स्थान पर **छ** होगा। इसका यह अर्थ नहीं है कि संस्कृत में **ष्** की तरह **म्** ध्वनि का भी तालव्यीकरण होता है। **गम्** का पूर्वरूप **गश्** है यथा फ़ारसी **गश्तन्** में; **इष्** का पूर्वरूप **इश्** है। यह **श्** अन्य तालव्य ध्वनि **छ्** के रूप में ग्रहण किया जाता है। **श्** ध्वनि

एक क्षेत्र में **म्** रूप में ग्रहण की जाती है। **कश्मीर** के प्राकृत प्रतिरूप **कम्भार** में **कश्** का रूपान्तर **कम्** है। **गश्** और **गम्** दोनों का पूर्वरूप **गर्** है जो संस्कृत **गर्त** (रथ) में प्राप्त है।

जो नापा जाय वह **मेयम्** है; इसका एक प्रतिरूप है **पाय्य**। पाणिनि ने **मा** क्रिया को आधार मानकर **म्** के **प्** में बदलने का विधान किया। (३-१-१२९)। बहुत सम्भव है, मूलरूप **पा** हो। पाणिनि के एक सूत्र में **पथ** के समानार्थी **माथ** का उल्लेख है (४-४-३७)। उन्होंने उसका सम्बन्ध **पथ** या **पाथ** से नहीं जोड़ा किन्तु ऐसा सम्बन्ध जोड़ना उचित होगा। एक सूत्र में **भद्र** के समानार्थी **मद्र** का उल्लेख है (५-४-६७)। यहाँ भी दोनों शब्दों का सम्बन्ध जोड़ना उचित होगा। **भ्**, **प्** का **म्** रूप में ग्रहण इंडोयूरोपियन परिवार की अनेक भाषाओं तथा द्रविड़ भाषाओं में उपलब्ध है।

सह् क्रिया से **साढ्यै**, **साढ्वा** जैसे रूप बने; वे वैदिक भाषा में हैं; **सोढा**, **सोढ्वा** जैसे रूप उत्तरकालीन संस्कृत में हैं (६-३-११२, ११३)। यहाँ हिन्दी **छह** के रूपान्तर **छा** और **छौ** को स्मरण करें, **बहन** के बँगला रूपान्तर **बोन्** को स्मरण करें। **वृक्षः** और **अत्र** के मिलने पर **वृक्षोऽत्र** कहेंगे (६-१-११३); **पुरुषः** बाद **ददाति**, कहेंगे **पुरुषो ददाति** (६-१-११४); यजुर्वेद में **उरस्** से **उरः**, फिर **उरो अन्तरिक्षस्** (६-१-११७), **आपो अस्मान्**, **जुषाणो अप्तुराज्यस्य**, **वृष्णो अंशुभ्यां** (६-१-११८) में विसर्गों के स्थान पर **ओ** का व्यवहार उसी मागधी प्रवृत्ति का परिणाम है।

प्र और **सम्** के बाद **जानु** के स्थान पर **ज्ञु** का व्यवहार होगा (५-४-१२९)। यह वर्णसंकोचन का बहुत स्पष्ट उदाहरण है। **ध्मा** को आधार मानकर पाणिनि कहते हैं **धमति** में **ध्मा** के स्थान पर **धम्** है; **म्ना** को आधार मानकर वह **मनति** में **म्ना** के स्थान पर **मन्** का व्यवहार मानते हैं (७-३-७८)। इसी सूत्र में वह **दृश्** को मूल क्रिया मानकर **पश्यति** में **पश्य्** को **दृश्** का स्थान लेते बताते हैं, **धावति** की **धौ** को **सृ** क्रिया का स्थान देते हैं। यह सब यान्त्रिक रूप से ग्रहण न करना चाहिए। अगले सूत्र में **जानाति** और **जायते** दोनों की सिद्धि के लिए **ज्ञा** और **जन्** के स्थान पर **जा** के व्यवहार की बात कही (७-३-७९)। ध्वनितन्त्र की दृष्टि से **जान्** मूलरूप है, **ज्ञा** उसका वर्णसंकोची परिणाम है। **जन्** में **न्** का लोप होने पर क्षतिपूर्ति के लिए क्रिया का ह्रस्व स्वर दीर्घ होता है।

संस्कृत में किसी समय क्रिया से संज्ञा रूप बनाते हुए क्रिया के स्वर को दीर्घ करने का बड़ा ध्यान रखा जाता था। **अष्टाध्यायी** के पहले अध्याय का पहला सूत्र है **वृद्धिरादैच्**; **आ, ऐ, औ** वृद्धिस्वर हैं। सूत्रकार, चाटुकार जैसे शब्दों के हम अभ्यस्त हो गये हैं। **चित्रकरः**, **किङ्करः**, **दिवाकरः** में क्रियामूल **कर्** का स्वर दीर्घ नहीं होता। (३-२-२१)। **पाण्य** के साथ **पण्य** का व्यवहार होता था (३-१-१०१)। **आर्य** के साथ इसी तरह **अर्य** का अस्तित्व था। **आर्य** महिमान्वित हुआ; पुराना रूप **अर्य** ही है। **वह्** से एक रूप बना **वह्य**, दूसरा **वाह्य**; **वह्य** सामान ढोने की गाड़ी के लिए आरक्षित हुआ, **वाह्य** सामान ढोनेवाले बैल के लिए (३-१-१०२)। **ज्वालः** और **ज्वलः**, **चालः** और **चलः** दोनों रूप स्वीकार किये गये। (३-१-१४०)। **ग्रहः** और **ग्राहः** में अर्थभेद किया; **ग्राहः** जल में रहनेवाला जीव, **ग्रहः** ग्रह-नक्षत्रों वाला आकाशचारी प्रपंच (३-१-१४३)। **चकार**

के साथ **चकर**, **पपाच** के साथ **पपच** क्रियारूप मान्य हैं (७-१-६१)।

एक रूप है **नभ्यः** (५-१-२); इसका अर्थ है धुरी। अन्य रूप है **नाभ्यम्** (५-१-६); किसी जीव की नाभि के लिए जो उपयुक्त हो, वह है **नाभ्यम्**। दीर्घ स्वर वाला रूप जीव के लिए है, ह्रस्व स्वर वाला निर्जीव के लिए। **नाभि** से **नाभ्यः** बनाते हुए **आ** को ह्रस्व किया या **नभि** से **नाभ्यम्** बनाया, यह प्रश्न गौण है। आदि वर्ण में गुरु स्वर वाला रूप सम्मानसूचक है, यह मुख्य बात है। **शूरसेन** से पुंलिग रूप **शौरसेनः** बना; स्त्रीलिंग के लिए **शूरसेनी** काफी है। (४-१-१७७)। **कुरु** से पुंलिंग **कौरव्यः**, स्त्रीलिंग में **कुरूः** से काम चलेगा। (४-१-१७६)। **अज्** क्रिया से **सम्** उपसर्ग सहित एक रूप बना **समाज**; यह मनुष्यों का समुदाय है; पशुओं का झुंड **समज** कहलायेगा (३-३-६६)। **पर्वतीय** और **पार्वत** में प्रयोगभेद है। मनुष्य के लिए **पर्वतीय** रूप का ही प्रयोग होगा; मनुष्येतर के लिए दोनों रूपों का प्रयोग हो सकता है। यहाँ वृद्धिवाला **पार्वत** रूप गौरवसूचक नहीं बन पाया, अतः वह मनुष्य के लिए, **समाज** के समान, आरक्षित नहीं हुआ।

पाणिनिकालीन शिष्ट भाषा में व्याकरणगत लिंगभेद सुप्रतिष्ठित है। फिर भी उसमें चेतन-अचेतन, मानव और मानवेतर का भेद महत्वपूर्ण बना हुआ है। **चित्तवति नित्यम्** (५-१-८६), यहाँ द्विगुसमास में **वर्ष** शब्द के व्यवहार-सन्दर्भ में चेतन और अचेतन के बीच भेद किया गया है। **विभाषाऽ मनुष्ये** (४-२-१४४), यहाँ **पार्वत-पर्वतीय** को लेकर मनुष्य और मनुष्येतर में भेद किया गया है। इस तरह का भेद व्याकरणगत लिंगभेद की प्राचीन अवस्था सूचित करता है। **पर्वतीय** और **पार्वत**, **समज** और **समाज**, **शूरसेनी** और **शौरसेन**, ऐसे रूप देखकर लगता है कि लिंगभेद और वृद्धि स्वर वाली शब्दरचना में कहीं भीतरी सम्बन्ध है।

यहाँ **ब्राह्मण** शब्द के व्यवहार और उसकी प्रतिष्ठा पर ध्यान देना उचित होगा। आधार शब्द तो **ब्रह्मन्** है। **ब्रह्महन्** कहने से ब्राह्मणघाती का बोध होगा (३-२-८७), **सुराष्ट्रब्रह्मः** कहने से सुराष्ट्र के ब्राह्मण का बोध होगा (५-४-१०४)। **ब्राह्मण** की प्रतिष्ठा का कारण प्रथम वर्ण का दीर्घ स्वर तथा दूसरे वर्ण का **ण्** है। मूर्धन्य स्वरों का गौरव और वृद्धिस्वरों का गौरव; **ब्राह्मण** के आगे आधाररूप **ब्रह्मन्** अपदस्थ हो गया। फिर भी **ब्राह्म** शब्द अस्त्रों, ओषधियों के लिए प्रयुक्त होता रहा, **ब्राह्मं अस्त्रं**, **ब्राह्मी ओषधिः**। **ब्राह्म** शब्द जातिगत अर्थ में प्रयुक्त न होगा, इसके लिए सूत्र बनाया : **ब्राह्मोऽजातौ** (६-४-१७१)। पाणिनि के समय में आयुधजीवी ब्राह्मण भी थे; **ब्राह्मणक** वह प्रदेश है जहाँ इस कोटि के ब्राह्मण रहते हैं। वर्णधर्मवाला समाज अभी न तो देशव्यापी है, न सुदृढ़ और रूढ़िबद्ध है। गणसमाजों के अवशेष बिखरे पड़े हैं। इस स्थिति का प्रभाव भाषा पर है। **मद्र** का पुत्र **माद्र** होगा किन्तु **मद्र** और **माद्र** दोनों का बहुवचन रूप होगा **मद्राः**। (४-३-१००)। बहुवचन रूप गणवाचक है; उसने **माद्र** को अपदस्थ किया। **कठ** द्वारा उद्घोषित मन्त्रों को पढ़नेवाले **कठाः** कहलाये। **कठाः** वैदिक प्रयोग है, प्राचीन है (४-३-१०७); उत्तरकालीन रूप है **काठाः**। **मद्राः** के समान **कठाः** भी गणवाचक बहुवचन रूप है। इस प्रकार ऐतिहासिक भाषाविज्ञान की दृष्टि से पाणिनि के सूत्रों की नयी व्याख्या की जा सकती है।

एक रूप है **अग्निमान्**, दूसरा रूप है **वृक्षवान्**; **मान्** और **वान्** की भूमिका एक सी है। पाणिनि ने **मत्** को आधार मानकर **म्** के स्थान पर **व्** के व्यवहार की बात कही (८-२-९)। भारतीय परिवेश में **म्** ध्वनि **व्** में बदलती है जैसे **ग्राम** के तद्भव रूप **गाँव** में; पाणिनि का नियम ऐतिहासिक भाषाविज्ञान के अनुकूल है। **एत** से **एता**, **एनी** रूप बने, **हरित** से **हरिता** और **हरिणी**। पाणिनि ने **त्** के स्थान पर **न्** के व्यवहार की बात कही (४-१-३९)। भारतीय परिवेश में **त्** ध्वनि **न्** में बदलती है जैसे **तीर** के रूपान्तर **नीर** में। पाणिनि का नियम ऐतिहासिक भाषाविज्ञान के अनुकूल है। **तद्** और **सः** में **तद्** मूलरूप है, **एतद्** और **एषः** में **एतद्** मूलरूप है, **अदस्** और **असौ** में **अदस्** मूलरूप है; पाणिनि के अनुसार **त्-द्** के स्थान पर **स्** का व्यवहार हुआ (७-२-१०७, १०८)। भारत के उत्तर-पश्चिमी क्षेत्र में **त्** के **स्** में बदलने की प्रवृत्ति है। अवधी में **हमते**, मानक हिन्दी में **हमसे**; संस्कृत में **रक्त** और **रक्षस्**, **भक्त** और **भक्षण**, **नक्त** और **नक्षत्र**, **लक्त** और **लाक्षा** के सम्बन्ध का यही रहस्य है। दूसरी ओर **मास** से **माद्भिः**, **उषस्** से **उषद्भिः** रूपों में **द्** ने **स्** का स्थान लिया है। **समय** के पुराने तमिल प्रतिरूप **तमयम्** के समान यहाँ **स्** ध्वनि **त्** रूप में भी ग्रहण की जाती रही है। एक ही भाषा के ध्वनितन्त्र में दो भिन्न प्रवृत्तियाँ हैं। ऐतिहासिक भाषाविज्ञान की दृष्टि से दोनों का अस्तित्व स्वीकार करना होगा।

एक रूप है **धीवर्**, दूसरा रूप है **धीवन्**। यहाँ **धीवन्** को आधार मानकर पाणिनि ने नियम बनाया कि **न्** की जगह **र्** का व्यवहार होगा, तब स्त्रीलिंग रूप **धीवरी** बनेगा (४-१-७)। भारतीय सन्दर्भ में **र्** ध्वनि **न्** में बदलती दिखाई देती है, संस्कृत **कर्षण** और हिन्दी **खींचना** का सम्बन्ध इसी तरह ज्ञात होता है। पाणिनि के समय में **धीवर्** शब्द केवल **धीवरी** में सुरक्षित रहा किन्तु ऐतिहासिक भाषाविज्ञान की दृष्टि से है वह मूलरूप।

देखें गुणवृद्धि वाले नियमों की, ऐतिहासिक भाषाविज्ञान की दृष्टि से, ऐसी ही कोई व्याख्या सम्भव है या नहीं।

इको गुणवृद्धी (१-१-३); **इ** का गुण **ए** है, **उ** का गुण **ओ** है। **अ** का गुण रूप नहीं है। क्यों नहीं है? मेरी समझ में इसका कारण यह है कि **इ** और **ए** को जोड़नेवाली बीच की कड़ी **ॲ** है, **उ** और **ओ** को जोड़नेवाली बीच की कड़ी **ऑ** है। द्रविड़ भाषाओं में **ॲ** कहीं **इ** बनता है, कहीं **ए**, **ऑ** कहीं **उ** बनता है कहीं **ओ**। मलयालम **पॅरुग** (जन्म देना), **पिरक्क** (पैदा होना), **पेरु** (जन्म), यहाँ **इ** स्वरवाली क्रिया, उसके गुण रूप **ए** वाली संज्ञा, बीच की कड़ी **ॲ** वाला क्रियारूप तीनों विद्यमान हैं। तमिल **कोडु** (मुड़ना), **कुडा** (मोड़), **कॉडु** (मुड़ा हुआ), यहाँ भी **उ**, **ऑ**, **ओ** स्वरोंवाले तीन सम्बद्ध रूप विद्यमान हैं। इसी प्रकार अवधी **बॉलावत** है, मानक हिन्दी में **बोलता है**, **बुलाता है** से **ऑ**, **उ**, **ओ** का आपसी सम्बन्ध समझा जा सकता है। यदि हिन्दी में **बोलता**, **बुलाता** ही सुलभ हों तो **बुल्** क्रिया मानकर **बोल्** को गुण प्रक्रिया से उसका रूपान्तर कहा जा सकता है। संस्कृत में **ॲ**, **ऑ** नहीं हैं किन्तु पालि में हैं, द्रविड़ भाषाओं में हैं, प्राचीन आर्य गण भाषाओं में भी रहे होंगे, सबमें नहीं तो कुछ में। ये **ॲ**, **ऑ** वास्तव में **अ** का कौरवी-

मागधी प्रतिरूप हैं; ये जब **इ, उ** बनते हैं तब **ए, ओ** से उनका सम्बन्ध जोड़ना आवश्यक होता है क्योंकि **ए, ओ** भी बहुधा **अॅ, ऑ** का विकास होते हैं। **अ** के साथ ऐसी कोई समस्या नहीं है, अतः उसका सगुण रूपान्तर भी नहीं है। संस्कृत में जहाँ भी **वेदति, विदति, बोधति, बुधि** जैसे रूप मिलें जिनमें **इ-ए, उ-ओ** का सम्बन्ध मूल क्रिया में दिखाई देता हो, वहाँ यह सम्भावना सदा विचारणीय है कि धातु का स्वर **अॅ** या **ऑ** रहा होगा। **विध्यति** और **वेध** में **व्यध्** क्रिया मानी गयी है, **व्याध** में **व्यध्** का आधार स्पष्ट है। यहाँ मूल क्रिया **वॅध्** मानी जाय तो इन सभी रूपों की व्याख्या हो जायगी। **वॅध्** का **अॅ** **व्यध्** में **य** बना है। **व्यथा** की क्रिया **व्यथ्** है; ठीक उसी अर्थ में **वेधते** की मूल क्रिया **वेध्** (काँपना) है। **व्यथ्** और **वेध्** के बीच की कड़ी है **वॅध्**। **त्वर्** (शीघ्रता करना) और **तुर** (शीघ्रता करनेवाला), **तुरग** (तेज़ दौड़नेवाला, घोड़ा) का **तुर्** परस्पर सम्बद्ध हैं; **तॉर्** का रूपान्तर है **त्वर्**।

ऋ का गुण स्वर **अर्** है। **करोति** और **कृति** पर ध्यान दें तो **कर्** का वर्ण-संकोची परिणाम होगा **कृ**। यहाँ ऐतिहासिक दृष्टि से **कर्** मूलरूप है, **कृ** उसका विकास है। पाणिनि से बहुत समय पहले **कर्-कृ** वाली विकास-प्रक्रिया सम्पन्न हो चुकी है। कृदन्त रूप, अनेक संज्ञारूप बनाने में यह वर्णसंकोचन पद्धति सक्रिय रही है। विश्लेषण की सुविधा के लिए **कृ** को आधाररूप और **कर्** को उसका रूपान्तर कहा जाय, तो इसे ऐतिहासिक तथ्य न मान लेना चाहिए। **अर्** में **अ** स्वर है, **र्** अर्धस्वर है। विश्लेषण की सुविधा के लिए **अर्** को स्वर मान लिया गया है। एक बात और। **कृ** के उच्चारण में या तो **इ** स्वर हो या **उ**; **वृक्ष** से **बिरिछ** और **रूख** तद्भव रूप बने, **ऋ** की इकार-उकारवादी दो उच्चारणपद्धतियों के कारण। **करोति** का **कर्** एक जगह **कॅर्** बोला जाता था, दूसरी जगह **कॉर**। **कॅर्, कॉर्** दोनों का समाहार है **कृ**।

वृद्धि के **ऐ, औ** संयुक्त स्वर **अइ, अउ** हैं। ये संयुक्त स्वर **आ** से भिन्न स्तर के हैं। **आ** संयुक्त स्वर नहीं है, **ऐ, औ** संयुक्त स्वर हैं। फिर भी वृद्धि स्वरों में **ऐ, औ** के साथ **आ** भी है, विश्लेषण की सुविधा के लिए। **अइ, अउ** संयुक्त स्वरों में प्रथम स्वर **अ** है। यहाँ की अनेक आर्य-द्रविड़-कोल भाषाओं में **ॲइ, ऑउ** जैसे संयुक्त स्वर भी हैं। संस्कृत में **ॲइ, ऑउ** नहीं हैं, केवल **अइ, अउ** हैं, इसका कारण यह है कि संस्कृत मूलतः उस क्षेत्र की भाषा है जहाँ **अ** स्वर की प्रधानता थी।

इ का दीर्घ रूप **ई** है, **उ** का दीर्घ रूप ऊ है; इसी प्रकार **अ** का दीर्घ रूप **आ** माना गया है पर ध्वनितत्व की दृष्टि से ऐसा है नहीं। **आ** का उच्चारण विवृत है, **अ** का संवृत। **तुल्यास्यप्रयत्नं सवर्णम्** (१-१-६), इस सूत्र से पाणिनि ने सवर्ण ध्वनियों की व्याख्या की; जिनका उच्चारण-स्थान एक सा हो, उच्चारण में प्रयत्न एक सा हो, वे सवर्ण ध्वनियाँ हैं। **अकः सवर्णे दीर्घः** (६-१-१०१); जहाँ दो सवर्ण स्वर आमने सामने हों, वहाँ दोनों के स्थान पर सवर्ण दीर्घ स्वर का व्यवहार होगा। **दण्ड** के साथ **अग्रम्, अ** का सवर्ण दीर्घ स्वर **आ**; अतः परिणाम हुआ **दण्डाग्रम्**। पाणिनि ने **अष्टाध्यायी** के अन्तिम सूत्र में संकेत किया कि **आ** को **अ** का सवर्ण स्वर केवल व्याकरण की सुविधा के लिए माना गया है। **अ अ इति** (८-४-६८), इस कूट सूत्र की व्याख्या यह की गई है कि

समस्त ग्रन्थ में **अ** को विवृत स्वर माना गया है, तभी वह **आ** का सवर्ण है, किन्तु वास्तव में वह संवृत है। यह व्याख्या परम्परागत है और मेरी समझ में सही है। पाणिनि ने यहाँ ध्वनितत्व और ध्वनितन्त्र में भेद किया है। ध्वनि के स्थान और प्रयत्न के विचार से उसका विवरण देना ध्वनितत्व है; भाषा में व्यवहार की दृष्टि से, व्याकरण में विश्लेषण की सुविधा के विचार से उसका विवरण देना, ध्वनितन्त्र है। इसलिए ध्वनितान्त्रिक मूल्य सदा ध्वनितात्विक मूल्यों से मेल नहीं खाते। पाणिनि ने ध्वनितत्व, ध्वनितन्त्र शब्दों का प्रयोग नहीं किया किन्तु पूरी **अष्टाध्यायी** में **अ** को विवृत मानने का आधार एक है, अन्तिम सूत्र में उसे संवृत कहने का आधार दूसरा है। दोनों आधार वैज्ञानिक हैं, दोनों की अलग-अलग उपयोगिता है।

आधुनिक भाषाविज्ञान में **फॉनेटिक्स** (ध्वनितत्व) और **फॉनौलोजी** (ध्वनितन्त्र) को लेकर जो सार्थक भेद किया गया है, उसकी शुरूआत **अष्टाध्यायी** से होती है।

४. पाणिनि और आधुनिक भाषाविज्ञान

इसमें सन्देह नहीं कि आधुनिक भाषाविज्ञान पर—वह चाहे ऐतिहासिक और तुलनात्मक हो, चाहे विवरणात्मक—पाणिनि का गहरा प्रभाव है। फिर भी पाणिनि की विश्लेषण पद्धति में और आधुनिक भाषाविज्ञान की पद्धति में यथेष्ट अन्तर है।

सबसे पहले ऐतिहासिक भाषाविज्ञान को लें।

पाणिनि के विवेचन की सबसे बड़ी विशेषता उनकी जनपदीय दृष्टि है। उनके समय में अनेक जनपद हैं, इन जनपदों की भाषा में अनेक महत्वपूर्ण भेद हैं। वे इन भेदों को अस्वीकार नहीं करते, उन्हें अपने व्याकरण में स्थान देते हैं। यदि ऐतिहासिक भाषाविज्ञान के आधुनिक विशेषज्ञों ने पाणिनिकालीन भाषा में जनपदीय प्रयोगविविधता पर ध्यान दिया होता, तो वे भारतीय आर्यों की एकरूप आदिम भाषा की कल्पना न करते। भारतीय रूढ़िवाद ने संस्कृत को देववाणी बनाकर उसे जनपदीय प्रयोगविविधता से मुक्त कर दिया। पाणिनि के प्रति इस रूढ़िवादी दृष्टि का गहरा प्रभाव ऐतिहासिक भाषाविज्ञान के आचार्यों पर पड़ा। संस्कृत उनके सामने एक आदर्श परिनिष्ठित भाषा हो गई। पाणिनि के समय में आर्यों की आदिम एकरूप भाषा थोड़ा बदल गई; वैदिककाल में सभी आर्यों की एक परिनिष्ठित भाषा थी, यह धारणा उनके मन में मज़बूती से जम गई। इसका प्रभाव आदि ग्रीक, आदि स्लाव, आदि जर्मन सम्बन्धी कल्पनाओं पर पड़ा, इन सबकी मातामही आदि इंडोयूरोपियन भाषा सम्बन्धी कल्पना पर पड़ा। उन्होंने कल्पना की, आदि इंडोयूरोपियन भाषा मूलतः एकरूप थी; इससे जो भी शाखा फूटी, वह भी मूलतः एकरूप थी। थोड़ा-थोड़ा परिवर्तन होता गया, इस क्रम से आधुनिक भाषाओं तक पहुँचे। इसे वे भाषाओं का विकास कहते थे; प्राप्त भाषाओं का ऐतिहासिक विवेचन करके वे कल्पित आदि भाषा का स्वरूप पहचानने का प्रयत्न करते थे।

पाणिनि के सूत्रों को शब्दों की व्युत्पत्ति समझाने के लिए सर्वाधिक उद्धृत किया जाता है। एक शब्द है **इन्द्रिय**। इसकी व्युत्पत्ति क्या है? पाणिनि कहते हैं: **इन्द्र** का चिन्ह **इन्द्रिय है**, चिन्ह से **इन्द्र** को पहचानते हैं, इसलिए चिन्ह का नाम **इन्द्रिय** पड़ा;

अथवा **इन्द्र** उसे देखते हैं, इसलिए वह **इन्द्र** है; अथवा **इन्द्र** ने उसका सृजन किया है; अथवा **इन्द्र** ने उसकी कामना की है; अथवा **इन्द्र** ने उसे दिया है। ये सब विकल्प हैं, यह जताने के लिए सूत्र के अन्त में **वा** लिखा: **इन्द्रियम् इन्द्रलिङ्गम् इन्द्रदृष्टम् इन्द्रसृष्टम् इन्द्रजुष्टम् इन्द्रदत्तम् इति वा** (५-४-९३)। (सुविधा के लिए यहाँ सन्धिरूपों का विग्रह करके सूत्र लिखा है।) जैसे पाणिनि प्रयोगविविधता का ध्यान रखते हैं, वैसे ही वह व्युत्पत्ति के विषय में सम्भावित विकल्पों का ध्यान रखते हैं। जिस दृष्टि से पाणिनि ने अपना व्याकरण रचा है, वह उनके ग्रन्थ में निहित है। वह दृष्टि रूढ़िवादी दृष्टि से भिन्न है, पाश्चात्य भाषाविज्ञानी दृष्टि से भिन्न है।

अब विवरणात्मक भाषाविज्ञान को लें। इस विज्ञान के संस्थापक आचार्य ब्लूमफील्ड पाणिनि के बड़े प्रेमी थे, **अष्टाध्यायी** का कुछ अंश नित्य पढ़ते थे और तब सोते थे। उन्होंने ऐतिहासिक भाषाविज्ञान की पाठशाला में शिक्षा पाई, फिर उस ज्ञान का उपयोग भाषाओं का विवरण प्रस्तुत करने के लिए किया। वह समझते थे कि उनकी पद्धति तटस्थ और वैज्ञानिक है; उसमें अर्थविचार को जितना ही कम स्थान दिया जायगा, उतना ही वह अधिक वैज्ञानिक होगी। ब्लूमफील्ड पर यान्त्रिक भौतिकवाद का प्रभाव काफी था, यान्त्रिक भौतिकवाद से जो मनोविज्ञान प्रभावित था, उसका असर भी उन पर था। उनकी परम्परा में अन्य विद्वानों ने विवरणात्मक भाषाविज्ञान को परिष्कृत और विकसित करते हुए अर्थविचार से अपने को और भी दूर रखा। इसकी प्रतिक्रिया चोम्स्की के भाववादी चिन्तन में हुई जिसमें अर्थविचार की स्वीकृति के साथ भाषा को आत्मगत विचारप्रक्रिया का प्रतिफलन मानने पर ज़ोर दिया गया।

पाणिनि ने वैदिक और समकालीन भाषा का विवेचन किया है, उसका विवरण प्रस्तुत किया है। इस विवेचन-विवरण का आधार है शब्द, वाक्य में उसका प्रयोग। शब्द अर्थयुक्त होता है, अर्थहीन शब्द व्याकरण का विषय नहीं होता। **स्वं रूपं शब्दस्याशब्दसंज्ञा** (१-१-६८), यहाँ उन्होंने शब्द की व्याख्या की है। शब्द का रूप होता है, वह बोला और सुना जाता है, रूप के साथ उसका **स्व, अर्थ** होता है। व्याकरण के लिए जो संज्ञाशब्द अर्थात् पारिभाषिक शब्द गढ़ लिए गए हैं, उन्हें **शब्दानुशासन** के विवेच्य शब्दों से अलग रखा गया है।

विभाषा दिक्समासे बहुव्रीहौ (१-१-२८), एक विशेष प्रकार के बहुव्रीहि समास में **सर्व, विश्व** आदि का सर्वनामवत् वैकल्पिक प्रयोग होता है। समास के इस विशेष प्रकार की पहचान अर्थ से होती है; जब समास का अर्थ दिशा का संकेत करे, तभी यह नियम लागू होगा। **षष्ठ्या आक्रोशे** (६-३-२१); समास में षष्ठी रूप तब बना रहेगा जब आक्रोश व्यक्त करना हो यथा **चौरस्यकुलम्। ब्राह्मणकुलम्** में आक्रोशभाव नहीं है, षष्ठी रूप भी नहीं है। **स्यदो जवे** (६-४-२८); **स्यन्द्** क्रिया से **स्यद** रूप तब बनता है जब उसका अर्थ वेग होता है। **स्ना** क्रिया से **स्नात** बना। **नि** उपसर्ग लगने पर **स्** के स्थान पर **ष्** का प्रयोग हुआ। रूप बना **निष्णात**; उसके साथ **निस्नात** भी डटा रहा। दोनों में अर्थभेद हुआ। **निस्नात** वह जिसने स्नान किया है; **निष्णात** वह जो कुशल है। पाणिनि ने नियम बनाया **निनदीभ्यां स्नातेः कौशले** (८-३-८९); **नि** और **नदी** के बाद **स्नात** का

स् तभी **ष्** होगा जब कौशल का भाव व्यक्त करना हो। इसी प्रकार **प्रतिष्णात** केवल **सूत्र** के साथ आयेगा, **सूत्र** शुद्ध है, यह बतायेगा; **प्रतिस्नात** का सामान्य नहानेवाला अर्थ होगा। (८-३-६०)। **कपि और स्थल** के मेल से **कपिस्थल** बना, वानरों का स्थान; षत्व ने अर्थ बदल दिया, **कपिष्ठल गोत्रनाम है।** एक जगह **सेधयति,** दूसरी जगह **षेधयति।** जब चलने का अर्थ होगा तब **स्** बना रहेगा, निषेधभाव होगा तब **स्** का स्थान **ष्** लेगा। (८-३-११३)। एक ध्वनि के स्थान पर दूसरी ध्वनि के व्यवहार को ध्वनिपरिवर्तन कहें, **स्** के स्थान पर **ष्** का व्यवहार निस्सन्देह ध्वनि-परिवर्तन है, तो मानना होगा कि पाणिनि के लिए यह प्रक्रिया अर्थ-विचार से मुक्त नहीं है।

वाक्य **अहो** से आरम्भ हो **और** क्रिया प्रशंसा का भाव व्यक्त करे तब क्रिया में उसका बलाघात बना रहता है (८-१-४०), जब प्रशंसा का भाव व्यक्त न हो, तब **शेषे विभाषा** (८-१-४१); क्रिया में उसका बलाघात बना रहे चाहे जाय, कोई फर्क नहीं पड़ता। वाक्य के उच्चारण में सामान्य नियम यह है कि उसका अन्तिम स्वर प्लुत होगा और बलाघात उदात्त होगा। (८-२-८२)। अभिवादन के उत्तर में आशीर्वाद दिया जाय तो यही नियम लागू होगा किन्तु शूद्र के अभिवादन का उत्तर दिया जाय तो यह नियम लागू न होगा। (८-२-८३)। शूद्र और द्विज के अभिवादन का उत्तर देने में जो भेद प्रचलित था, वही पाणिनि के सूत्र में व्यक्त हुआ है। वार्तिक लिखनेवालों ने जोड़ा **स्त्रियां न;** स्त्री के अभिवादन का उत्तर देने में भी प्लुत स्वर, उदात्त बलाघातवाला नियम न चलेगा। पाणिनि ने शब्द और वाक्य के उच्चारण को लेकर जो सूत्र बनाये हैं, वे अर्थ-विचार और सामाजिक सन्दर्भ से मुक्त नहीं हैं।

पाणिनि के वाक्यतन्त्रीय विवेचन में कारकसम्बन्धी धारणा महत्वपूर्ण है। कारक प्रपञ्च किसी विश्वजनीन, मनुष्य के मन में सनातन से विद्यमान, अमूर्त चिन्तन-प्रक्रिया का प्रतिबिम्ब नहीं है। वह कोई सूक्ष्म मानसिक प्रक्रिया नहीं है जो व्याकरण में कारक-प्रक्रिया बनकर प्रकट हुई हो। उसका सम्बन्ध मनुष्य के सामाजिक जीवन से है, विचार-विनिमय की आवश्यकता से है, व्याकरण के अनेक विभागों के समान प्रयोगविविधता से है। कारक प्रपंच भी अर्थविचार से मुक्त नहीं है।

वाक्य में कर्ता की स्थिति क्या है? **स्वतन्त्रः कर्ता** (१-४-५४); वाक्य में वह स्वतन्त्र रूप से क्रिया सम्पन्न करता है। कर्ता और कर्म में क्या सम्बन्ध है? **कर्तुरीप्सिततमं कर्म** (१-४-४६), कर्ता अपनी क्रिया से जो पाने की सर्वाधिक कामना करता है, वह कर्म है। क्रिया सम्पन्न करने के लिए जो वस्तु सर्वाधिक साधक बनती है, वह करण है; **साधकतमं करणम्** (१-४-४२)। कर्ता जिसे कर्म से सम्बद्ध करना चाहे, वह सम्प्रदान है; **कर्मणा यमभिप्रैति स संप्रदानम्** (१-४-३२)। सम्प्रदान में देने की क्रिया का भाव निहित है। किन्तु सम्प्रदान कारक का सम्बन्ध केवल देने से नहीं है; अतः पाणिनि ने व्यापक व्याख्या की। किसी स्थिर विन्दु से अलग हटने पर क्रिया सम्पन्न होती हो, तो प्रस्थान-विन्दु सूचित करने वाली संज्ञा अपादान होगी। **ध्रुवमपायेऽपादानम्** (१-४-२४)। जिस स्थान पर क्रिया सम्पन्न हो, वह अधिकरण होगा। **आधारोऽधिकरणम्।** (१-४-४५)। ये सभी कारक विभिन्न रूपों में क्रिया से सम्बद्ध हैं, इसीलिए वे कारक कहलाते

हैं। वाक्य में क्रिया को विश्लेषण का आधार मानकर पाणिनि ने कारकों की व्याख्या की है। कर्ता स्वतन्त्र है, शेष कारक उस पर निर्भर हैं किन्तु वह कर्ता इसलिए है कि कोई क्रिया सम्पन्न करता है।

प्रत्येक कारक के साथ प्रथमा, द्वितीया आदि शब्द लगाकर संख्या शब्द से उसे पुकारने का विधान किया। इससे एक लाभ यह हुआ कि जहाँ कोई कारक अपना मूल कार्य नहीं करता, वहाँ संख्या शब्द के अन्तर्गत उसके गौण कार्य समेट लिए जाते हैं। **देवदत्तेन कृतम्** इस वाक्य में कार्य देवदत्त द्वारा सम्पन्न हुआ किन्तु **देवदत्तेन** करण है। इसलिए पाणिनि ने सूत्र बनाया : **कर्तृकरणयोस्तृतीया** (३-२-१८)। कर्ता और करण दोनों के लिए तृतीया का प्रयोग होता है। इस प्रकार तृतीया के अन्तर्गत मूल भूमिका करण की, गौण भूमिका कर्ता की हुई। कर्ता की भूमिका करण निबाहता है, यह कहने से भ्रम पैदा होने की सम्भावना है। तृतीया से करण और कर्ता दोनों की अभिव्यक्ति होती है, यह कहने से कर्ता और करण की मूलभूत भिन्नता बनी रहती है।

पाणिनि के लिए कारक रूप जड़ नहीं हैं, मुहावरों के शब्दों की तरह वे अपनी मूल भूमिका छोड़कर निरन्तर दूसरी भूमिका में क्रियाशील दिखाई देते हैं। कारक रूपों की इस गतिशीलता का एक कारण जनपदों की प्रयोग-भिन्नता अवश्य रही होगी। उदीच्यजन कृदन्तप्रेमी थे; उत्तरी जनपदों में **देवदत्तेन कृतम्** शैली का चलन ज़्यादा था। **कर्तृकरणयोस्तृतीया** सूत्र इन्हीं जनपदों के प्रयोगों की व्याख्या के लिए है।

ग्रामं गच्छति और **ग्रामाय गच्छति** दोनों तरह के वाक्यों का चलन था। जो विद्वान् अपभ्रंशों में कारकसम्बन्धी अराजकता देखकर खिन्न होते हैं, विशेषकर हिन्दी में कर्म-सम्प्रदान का भेद मिटते देखकर क्षुब्ध होते हैं, वे संस्कृत मुहावरों का अवलोकन करें। पाणिनि के समय में कर्म और सम्प्रदान का वैकल्पिक प्रयोग होता था और वास्तव में **ग्रामं गच्छति** का **ग्रामं** कर्म की भूमिका नहीं निबाहता। अर्थ-दृष्टि से **गच्छति** सकर्मक क्रिया नहीं है, उसका कर्म कहाँ से होगा? इसी प्रकार **ग्रामाय गच्छति** में **ग्रामाय** की भूमिका सम्प्रदान की नहीं है। मुहावरेदार भाषा में दोनों प्रयोग सही हैं।

रामम् विना, रामेण विना, रामात् विना (या **रामाद्विना**), तीनों प्रयोग सही हैं। **विना** के साथ कर्म, करण, अपादान किसी भी कारक का व्यवहार हो सकता है। (२-३-३२)। इससे अधिक 'अराजकता' और क्या होगी? और उक्त प्रयोगों में **राम** न कर्म हैं, न करण, न अपादान! जीवन्त भाषा के मुहावरे इसी तरह के होते हैं।

सम्बन्धकारक का सीधा सम्बन्ध क्रिया से नहीं होता, फिर भी कारकों में उसकी गिनती होती है। पाणिनि ने उसे सम्बन्धकारक नहीं कहा; अधिकरण के लिए सप्तमी है और उससे पहले है षष्ठी। **षष्ठी शेषे** (२-३-५०), इस सूत्र की व्याख्या उसी तरह की गई है जिस तरह सम्बन्धकारक की व्याख्या की जायगी। **कारक प्रतिपादिकार्थव्यतिरिक्तः स्वस्वामिभावादि संबन्धः शेषस्तत्र षष्ठी स्यात्**। यह वार्तिक है। कारक-प्रतिपादिक-अर्थ से भिन्न अपने स्वामी आदि का सम्बन्ध जताने के लिए षष्ठी का व्यवहार होगा। उदाहरण : **राज्ञः पुरुषः**, राजा का आदमी। संस्कृत मुहावरों में जितनी विविधता षष्ठी के व्यवहार में है, उतनी अन्य विभक्ति के व्यवहार में नहीं है। पाणिनि स्वयं षष्ठी का

प्रयोग अपने सूत्रों में किस अर्थ के लिए करते हैं, उन्होंने स्पष्ट किया है। **षष्ठीस्थानेयोगा** (१-१-४९), सूत्र में षष्ठी-प्रयोग से यह जानना कि 'उसके स्थान में' यह भाव है। **अस्तेर्भू** (२-४-५२) में **अस्तेः** षष्ठी है; अर्थ हुआ **अस्** के स्थान में **भू** का प्रयोग होगा।

जिस हेतु कोई काम होता हो, उसे बताने के लिए षष्ठी का व्यवहार होगा। **अन्नस्य हेतोर्वसति,** अन्न के हेतु रहता है; हिन्दी की तरह **अन्नस्य** का प्रयोग है। **अन्न** और **हेतु** का सम्बन्ध स्वामी और सेवक वाला नहीं है। हेतु के लिए अलग सूत्र आवश्यक हुआ, **षष्ठी हेतु प्रयोगे** (२-३-२६)। देवदत्त के तुल्य, यहाँ हिन्दी के समान षष्ठी होगी, तृतीया भी। (२-३-७२)। **मातुः अध्येति,** माता को याद करता है; यहाँ षष्ठी का प्रयोग कर्मभाव दिखाने के लिए है (२-३-५२)। दुख देने के अर्थ वाली क्रियाओं के साथ भाववाचक कर्ता के रहने पर षष्ठी प्रयोग होगा; **चौरस्य रुजति रोगः,** चोर को रोग सताता है (२-३-५४)। आशीष देते समय **नाथ्** क्रिया का प्रयोग हो तो कर्म षष्ठी विभक्ति में होगा, **मधुनो नाथते,** मधु का अर्थात् मधु को आशीष देता है। (२-३-५५)। विशुद्ध मुहावरे की बात है। सौदा करने और जुआ खेलने में इसी तरह षष्ठी होगी : **शतस्य व्यवहरति,** सौ का सौदा करता है, **शतस्य पणते,** सौ का दाँव लगाता है। (२-३-५७)। **शतस्य दीव्यति,** यहाँ भी दाँव लगाने का भाव है, अतः षष्ठी है किन्तु जहाँ **दिव्** का यह अर्थ नहीं है, वहाँ षष्ठी न होगी। **ब्राह्मणं दीव्यति,** ब्राह्मण से हँसी करता है। यहाँ द्वितीया है। (२-३-५८)। वैदिक भाषा में सौदा करने, जुआ खेलने के लिए **दिव्** क्रिया होगी तो द्वितीया आयेगी। (२-३-६०)। **घृतेन यजते,** घी से यज्ञ करता है, उसी अर्थ में **घृतस्य यजते।** वैदिक भाषा में करण का भाव बताने के लिए षष्ठी का प्रयोग भी होता है। (२-३-६३)। वैदिक भाषा में चतुर्थी के लिए षष्ठी का वैकल्पिक प्रयोग होता है (२-३-६२); **पुरुषमृगश्चन्द्रमसः,** चन्द्रमा के लिए पुरुष मृग, यहाँ षष्ठी; **चन्द्रमसे** कहें तो चतुर्थी। दोनों सही हैं। इतनी बार ऐसा हुआ, यह बताने के लिए अधिकरण के स्थान पर षष्ठी का व्यवहार होगा (२-३-६४)। **पंचकृत्वोऽह्नो भुंक्ते,** दिन में पाँच बार खाता है। शाब्दिक अर्थ होगा दिन का पाँच बार खाता है।

क्तस्य च वर्तमाने (२-३-६७), यह सूत्र कारक के साथ क्रिया की प्रयोग-विविधता सूचित करता है। **राज्ञां पूजितः, पूजितः** में **क्त** प्रत्यय अतीतकाल की व्यंजना से सम्बद्ध है किन्तु यहाँ वर्तमान का अर्थ देता है। वर्तमान का अर्थ दे तो षष्ठी का व्यवहार होगा।

पाणिनि के **लट्, लिट्** आदि लकार क्रिया की भिन्न स्थितियाँ सूचित करने के लिए वैसे ही संकेत-शब्द हैं जैसे कारकों के लिए **प्रथमा, द्वितीया** आदि। ये लकार कालभेद से मुक्त नहीं हैं। **वर्तमाने लट्** (३-२-१२३), इस सूत्र में वर्तमान की अभिव्यक्ति के लिए लट् के प्रयोग का विधान है। **परोक्षे लिट्** (३-२-११५) यहाँ परोक्ष भूत के लिए **लिट्** के प्रयोग की बात है। **अनद्यतने लङ्** (३-२-१११), जो कार्य आज का दिन शुरू होने से पहले हुआ हो, वह अन्य प्रकार का भूत है। इस अनद्यतन भूत के लिए **लङ्** का विधान है। किसी निश्चित भूत का आशय न हो तो **लुङ्** का प्रयोग होगा (३-२-११०)। क्रिया का समय चाहे भूत हो चाहे भविष्य, वह वर्तमान के निकट है तो

वर्तमानकाल सूचक प्रत्ययों का व्यवहार **हो** सकता है। (३-३-१३१)। किसी कार्य के होने की आशंसा हो तो भविष्यकालिक रूप प्रयुक्त होंगे किन्तु भूतकालिक भी प्रयुक्त हो सकते हैं : **आशंसायां भूतवच्च** (३-३-१३२)।

अभिज्ञावचने लट् (३-२-१११२); पुरानी बात याद करके कहें, हम ऐसा करते थे, वहाँ भविष्यकालिक रूप से अतीत का भाव व्यक्त किया जा सकता है। **अभिजानासि देवदत्त कश्मीरेषु वत्स्यामः**; देवदत्त, तुम्हें याद है, हम कश्मीर में रहेंगे, अर्थात् रहते थे। **यावत्** और **पुरा** इन निपातों के साथ वर्तमानकालिक क्रियारूप भविष्य का अर्थ देगा (३-३-४)। **आलोके ते निपतति पुरा**, तुम्हारे देखते उसका पतन अवश्य होता है अर्थात् होगा। **छन्दसि लुङ् लङ् लिटः** (३-४-६); वेद में **लुङ्**, **लङ्**, **लिट्** सभी कालों के लिए प्रयुक्त होते हैं। **अकरं नमः** नमस्कार किया अर्थात् करता हूँ; **देवो देवेभिरागमत्**, हे देव अग्नि, देवों के साथ आया, अर्थात् आओ।

जैसे **शौरसेनः** वृद्धि स्वर वाला रूप है, पुंलिंग है, सम्मानसूचक है, **शूरसेनी** सामान्य स्वर वाला रूप है, स्त्रीलिंग है, साधारण स्थिति का सूचक है, वैसे ही कहीं-कहीं कृदन्त रूप सम्मानसूचक हैं, तिङन्त सामान्य क्रिया के द्योतक। **सु** क्रिया से **सुन्वन्** रूप बना; यह रूप यज्ञ क्रिया से सम्बद्ध हो गया। **सुञो यज्ञसंयोगे** (३-२-१३२); यजमान है **सुन्वन्**। उसी **सु** से तिङन्त रूप **सुनोति** बना; **सुनोति सुरां** का अर्थ हुआ शराब बनाता है। **अर्हः प्रशंसायाम्** (३-२-१३३), किसी की प्रशंसा करनी हो तो **अर्हन्** का प्रयोग करेंगे; **अर्हन्निह भवान् पूजाम्**, आप पूजा के योग्य हैं। **अर्हति चौरो वधम्**, चोर वध के योग्य है, यहाँ तिङन्त रूप **अर्हति** से काम चलाया। कृदन्त रूपों को यह अर्थगौरव उत्तरी जनपदों में प्राप्त हुआ है।

पाणिनि ने आधुनिक भाषाविज्ञान को प्रभावित किया है। फिर भी विवरणात्मक भाषाविज्ञान के रूपवादी दृष्टिकोण और पाणिनि के अर्थबद्ध दृष्टिकोण में मौलिक अन्तर है। ऐतिहासिक भाषाविज्ञान में आदि आर्यभाषा का जो विवेचन हुआ है, वह पाणिनिकालीन भाषा की जनपदीय प्रयोगविविधता से मूलतः भिन्न है। आधुनिक भाषाविज्ञान के लिए पाणिनि से सीखने-समझने को अब भी बहुत कुछ शेष है।

पाणिनि ने जनपदीय प्रयोग-भिन्नता ही स्वीकार नहीं की, उन्होंने व्याकरणों और व्याकरण-परम्पराओं की भिन्नता भी स्वीकार की। प्राच्य और उदीच्य परम्पराओं का भेद स्पष्ट है। वेद में **पितरामातरा है** (६-३-३३); उदीच्य परम्परा में **मातरपितरौ** का चलन है (६-३-३२)। सामान्य प्रयोग था **मातापितरौ**। प्राच्य परम्परा में **शोणी वडवा** (लाल घोड़ी) कहेंगे, अन्यत्र **शोणा वडवा**। (४-१-४३)। उत्तरी परम्परा में **क्षत्रिया** से **क्षत्रियका** बनेगा (७-३-४६), अन्यत्र **क्षत्रियिका** चलेगा। प्राच्य परम्परा में इस तरह के विशिष्ट प्रयोग हैं : **खलु पीत्वा** (न पियो); **अलं कृत्वा** (न करो) (४-३-१८)। पाणिनि यह व्यवस्था नहीं देते, अमुक प्रयोग सही मानो, अमुक प्रयोग छोड़ दो। वह दूसरे वैयाकरणों के मतों को अपने ग्रन्थ में सम्मानपूर्वक स्थान देते हैं।

सब कुछ व्याकरण से नहीं सिखाया जा सकता। शिष्ट जनों की भाषा को प्रमाण मानकर उससे सीखना चाहिए। **दाराः** पुंलिंग बहुवचन है; स्त्रियों के लिए प्रयुक्त होने

वाला शब्द है। लिंग-वचन के बारे में जो बातें व्याकरण में नहीं कही गईं, उन्हें शिष्ट जनों के प्रयोग से सीखना चाहिए। **तदशिष्यं संज्ञाप्रमाणत्वात्** (१-२-५३)। जो प्रयोग चल पड़ा है, वह संज्ञा है। संज्ञा अर्थात् समाज में प्रचलित प्रयोग प्रमाण है, अतः अशिष्य है, वह सिखाया नहीं जाता। **वरिवाहकः** समाज में **बलाहकः** बोला जाने लगा। **पृषद्** और **उदर** से समास बना **पृषोदर**। **द्** का लोप हो गया। पाणिनि ने ऐसे शब्दों के लिए एक सूत्र बनाया : **पृषोदरादीनि यथोपदिष्टम्** (६-३-१०९)। **पृषोदर** आदि शब्दों में कहाँ किस ध्वनि का लोप हुआ, किस ध्वनि के स्थान में अन्य ध्वनि का व्यवहार हुआ, यह सब व्याकरणों में नहीं है। **पृषोदर प्रकाराणि शिष्टैर्यथोच्चारितानि तथैव साधूनि स्युः**। इस व्याख्या के अनुसार **पृषोदर** आदि शब्दों का जैसा उच्चारण शिष्ट जन करते हैं, वह सही माना जायगा।

५. लोकभाषाओं के विवेचन की परम्परा

पाणिनिकालीन भाषा की जो प्रयोगभिन्नता **अष्टाध्यायी** में प्रतिबिम्बित है, उससे प्राकृत व्याकरणों की प्रयोगसम्बन्धी अभिन्नता का मिलान करें तो कुछ महत्वपूर्ण निष्कर्ष सामने आयेंगे। प्राकृतों में कुछ साधारण भेद ध्वनितन्त्र को लेकर हैं, रूपतन्त्र में बहुत बड़ी समानता है। इसका कारण यह है कि पाणिनिकालीन भाषा में जनपदीय प्रयोगविविधता बनी हुई है; जिस संस्कृत के आधार पर प्राकृतों की रचना हुई है, उसमें जनपदीय विविधता की अपेक्षा एकरूपता पर बहुत अधिक बल है। प्राकृतें यदि वास्तविक लोकभाषाएँ होतीं, तो उनके ध्वनितन्त्र और रूपतन्त्र में पाणिनि-भाषा की अपेक्षा कहीं अधिक विविधता होती। यह विविधता लगभग वैसी होती जैसी आजकल जनपदीय भाषाओं में दिखाई देती है। मानक भाषाओं में जो भिन्नता है, उससे अधिक जनपदीय भाषाओं में है, गुजराती और बँगला में जितनी भिन्नता है, उससे अधिक गुजरात और बंगाल की जनपदीय भाषाओं में है। यह भिन्नता और विविधता प्राकृतों में दिखाई देनी चाहिए थी। पाणिनि शिष्ट जनों की भाषा का व्याकरण लिख रहे थे; प्राकृतें तो 'लोकभाषाएँ' थीं किन्तु पाणिनि की शिष्टजन भाषा की तुलना में इनका मानक रूप और भी स्थिर हो चुका था।

साहित्य में प्राकृतों का व्यवहार संस्कृत के विरुद्ध लोकभाषाओं का विद्रोह है, यह एक बचकानी मान्यता है। प्राकृतों में भाषाई विकास की जानकारी के लिए जो सामग्री है, उसका उपयोग सही तरीके से तभी हो सकता है जब पाणिनिकालीन भाषा में जनपदीय प्रयोगभिन्नता ध्यान में रखें। वर्ना जो संस्कृत में न मिले, वह सब देशज है! देशज और प्राकृत का भेद ही यह बताता है कि प्राकृत का आधार संस्कृत है। देशज की पहचान यह है कि वह प्राकृत में है, संस्कृत में नहीं है। यदि कोई प्राकृत संस्कृत का आधार होती तो जो कुछ संस्कृत में प्राप्त है, वह भी मूलतः प्राकृत होता, जो संस्कृत में नहीं है और प्राकृत में है, वह तो प्राकृत होता ही।

पाणिनि के ग्रन्थ में व्याकरण-परम्पराओं को लेकर जो भेद है, उसका कारण जनपदीय प्रयोगों का भेद है। वैसा भेद प्राकृत व्याकरणों में नहीं है।

जो बातें प्राकृतों के बारे में कही गई हैं, वे पालि पर भी लागू होती हैं। जनपदीय प्रयोगविविधता यहाँ भी क्षीण है।

तेरहवीं सदी में हेमचन्द्र ने जब अपना प्राकृत-अपभ्रंश व्याकरण लिखा, तब जनपदों में न प्राकृतें बोली जाती थीं न अपभ्रंश। उनसे पहले बारहवीं सदी में दामोदर पंडित **उक्तिव्यक्तिप्रकरण** में अवधी का विकसित रूप प्रस्तुत कर चुके थे। उनके इस ग्रन्थ का युगान्तरकारी महत्व यह है कि उसमें एक आधुनिक जनपदीय भाषा का जीता-जागता स्वरूप उस समय प्रस्तुत कर दिया गया जब साहित्य और व्याकरण की रूढ़ परम्पराओं में प्राकृतों और अपभ्रंशों को मान्यता प्राप्त थी। उस समय अवधी का वह रूप निश्चित हो चुका था जो बहुत थोड़े हेरफेर से आज प्रचलित है; उस समय की लोकभाषाओं के नाम पर प्राकृतों और अपभ्रंशों की बात करना इतिहास-विरोधी कार्य है। **उक्तिव्यक्तिप्रकरण** के अभाव में आधुनिक भाषाविज्ञानी यही कहते, कहते भी रहे हैं, कि बारहवीं सदी में आधुनिक जनपदीय भाषाएँ अभी अपभ्रंशों की कोख में थीं!

दामोदर पंडित का मूल उद्देश्य अवधी का व्याकरण लिखना न था। वह अवधी के माध्यम से छात्रों को संस्कृत सिखाने का प्रयत्न कर रहे थे और इस प्रयत्न का फल ऐतिहासिक भाषाविज्ञान के लिए अमूल्य सिद्ध हुआ। वह समकालीन अवधी के बारे में दुर्लभ जानकारी दे गये। उनके ग्रन्थ की प्रति खण्डित रूप में प्राप्त है; पूरी प्रति होती तो वह जानकारी और भी उपादेय होती। अन्तरजनपदीय स्तर पर यदि लोग प्राकृत या अपभ्रंश बोलते होते तो दामोदर पंडित के लिए उस प्राकृत या अपभ्रंश के माध्यम से छात्रों को संस्कृत पढ़ाना सरल होता। किन्तु बोलचाल के स्तर पर ऐसी कोई प्राकृत या अपभ्रंश कभी सुलभ न थी।

दामोदर पंडित अपनी भाषा तथा अन्य जनपदीय भाषाओं को अपभ्रंश कहते हैं। उनकी अपभ्रंश साहित्य की अपभ्रंश से एकदम भिन्न है। **गांग न्हाए धर्मु हो, पापु जा**, दामोदर पंडित की अपभ्रंश इस प्रकार की है। वह जानते हैं कि विभिन्न प्रदेशों में विभिन्न भाषाओं का चलन है। इन सबको वह संस्कृत का भ्रष्ट रूपान्तर मानते हैं। ये रूपान्तर शिष्ट जनों में नहीं, पामर जनों में प्रचलित हैं। संस्कृत भाषा एक है, मूर्खों की बोली में उसके अनेक रूप हैं। संस्कृत भाषा को हटाकर जो अपभ्रंश चल पड़ी है, उसके स्थान पर यदि लौटकर संस्कृत का फिर व्यवहार होने लगे तो अपभ्रंश भाषा दिव्यत्व को प्राप्त होगी। ब्राह्मणी पतित हो गई, प्रायश्चित करने पर वह फिर ब्राह्मणी हो जायगी। **पतिता ब्राह्मणी कृतप्रायश्चित्ता ब्राह्मणीत्वमिति चेति**। इस पुण्य कार्य में छात्रों का सहयोग अपेक्षित होगा। उन्हें हिम्मत बँधाते हुए कहते हैं कि संस्कृत में जो **सुप् तिङन्त** पद हैं, संज्ञा-क्रियापद हैं, वही अपभ्रंश में हैं, अर्थ में तनिक सा भी अन्तर नहीं है। केवल अक्षरों में विपर्यय है। अपभ्रष्ट होने पर भी संस्कृत पद का धर्म अव्यभिचारी बना रहता है; नटी अपना वेष सँवारती है, तब पहचान में नहीं आती। संस्कृत का रूप अपभ्रंश-वेष में छिप गया है। दामोदर पंडित **उक्तिव्यक्ति** द्वारा अपभ्रंश का वास्तविक संस्कृत रूप प्रकट करेंगे। अपभ्रंश के शब्दों, कारकों, क्रियारूपों के स्थान में संस्कृत रूप रख दिये जाएँ तो अपभ्रंश की आधारभूत भाषा का ज्ञान हो जायगा।

भारत में और भारत से बाहर जितने भाषाविज्ञानी आधुनिक आर्यभाषाओं को संस्कृत का अपभ्रंश रूप मानते रहे हैं, जिनके विवेचन का मुख्य लक्ष्य रहा है, नव्य आर्य रूपों के स्थान पर प्राचीन आर्य रूपों का बोध कराना, प्राचीन शुद्ध रूप कैसे अशुद्ध होकर आधुनिक रूप बने, यह बताना, वे सब दामोदर पंडित की शिष्य-परम्परा में हैं।

एक अन्तर है। दामोदर पंडित के साथ मध्य आर्य भाषा जैसा कोई झगड़ा नहीं है। वह अवधी का सम्बन्ध प्राकृत से, किसी साहित्यिक अपभ्रंश से नहीं, सीधे संस्कृत से जोड़ते हैं। आधुनिक भाषाविज्ञानियों की अपेक्षा प्राचीन और आधुनिक का सम्बन्ध उनके लिए अधिक स्पष्ट है। यदि वह अवधी को, अब से आठ सौ साल पहले, किसी प्राकृत से सम्बद्ध देखते, तो अवधी को पहले उसी का रूपान्तर बताते। उनके बाद कुछ अन्य विद्वानों ने भी जनपदीय भाषाओं से सम्बन्धित सामग्री प्रस्तुत की और उन्होंने भी उसे संस्कृत का रूपान्तर माना। इस रूपान्तरण में उन्होंने प्राकृतों को दखल न देने दिया, यह तथ्य महत्वपूर्ण है।

धर्मु आथि; इसका संस्कृत रूप है **धर्मः अस्ति**। **अस्ति** का सीधा सम्बन्ध **आथि** से है। **धर्मु कीज**; संस्कृत में **धर्मः क्रियते**। **कीज** का सम्बन्ध **क्रियते** से। **आंखि देखत आछ, अक्ष्णा वीक्षमाण आस्ते**। **आछ्** क्रिया का सम्बन्ध **आस्** से है। **जीभें चाख**; यहाँ **चाख** ने मजा किरकिरा कर दिया। **जिह्वया खादति**, इस रूपान्तर में **चाख्** और **खाद्** परस्पर असम्बद्ध हैं। अतः देशज का सहारा लेना पड़ा। **चाख चीख एते तु देशिपदे**। **कांध ले**; ऐसा मुहावरा संस्कृत में है नहीं। **स्कन्धे गृह्णाति वहति वा**। **ले** का सम्बन्ध न **गृह्** से है न **वह्** से। देशिपद लिखना आवश्यक न समझा। **चूतडं तलं देइ बइस**; यहाँ कठिनाई बढ़ गई। दामोदर पंडित ने रूपान्तर किया **स्फिजोस्तले दत्वोपविशति**। **भोजन किएसि, जेंवेसि**; यहाँ संस्कृत के अनेक भूतकालिक रूप सामने आ गये। किसे आधार रूप मानें? **अभुङ्क्त, अभुक्त, बुभुजे, अभोक्ष्यत्—इत्येषामेकः प्रयोज्यः**। कई रूप हैं, किसी को आधार मान लो। **किएसि** वाली क्रियापद रचना नहीं है, **भुज्** और **जेंव्** अलग हैं, इसकी वह चिन्ता नहीं करते। **पढणिहारे—पठिष्यमाणेन; काह करब—किं करिष्यते; इंहां को पढिह—अत्र कः पठिष्यति**। पग-पग पर दामोदर पंडित की मूल स्थापना खण्डित होती है, संस्कृत अवधी का सम्बन्ध काफी पेचीदा बनता जाता है। किन्तु उनका प्रयत्न उसी दिशा में है जिस दिशा में आधुनिक भाषाविज्ञान बढ़ा है। **सयाण—सज्ञान, सूख—शुष्क, जोन्ह—ज्योत्स्ना, सीझइ—सिध्यति, घाम—घर्म, जाग—जागृ, बूढ—वृद्ध, पूतु—पुत्र, अहिर—आभीर, नाउ—नापित, सासु—श्वश्रू, घिउ—घृत, मीठ—मिष्ट, अयाण—अज्ञान, भल—भद्र** आदि आदि अवधी-संस्कृत रूप **उक्ति-व्यक्ति** से संकलित किये जायँ तो विदित होगा कि इन्हीं का तत्सम-तद्भव विवेचन आधुनिक भाषाओं का विकास प्रस्तुत करने वाले ग्रन्थों में काफी स्थान घेरता है।

जो सम्बन्ध आठ सौ साल पहले दामोदर पंडित ने पहचाना था, उसे बीसवीं सदी के विद्वान् फिर पहचनवायें, उक्तिव्यक्ति रचनाकार के लिए यह कम गौरव की बात नहीं है। इस परम्परा में वह अकेले नहीं हैं।

प्राचीन गुजराती गद्यसंदर्भ (सम्पादक मुनि जिनविजय, गुजरात विद्यापीठ,

अहमदाबाद, सं. १९८६) में **बालशिक्षा** नाम की एक पुस्तक से कुछ अंश संकलित है। इसके कर्ता का नाम संग्रामसिंह और समय वि. सं. १३३६ दिया है। **कीजउ, दीजउ, लीजउ इत्यादौ कर्मण्यात्मने पदं ।** संस्कृत के माध्यम से भाषाव्याकरण सिखा रहे हैं। **आजु—अद्य, किसउ—कीदृशः, जिसउ—यादृशः, इहां—अत्र, तीहां—तत्र** आदि शब्द-सूची दी है। उक्त गद्यसन्दर्भ पुस्तक में **मुग्धावबोध औक्तिक** से एक अंश संकलित है। इसमें जनपदीय भाषा के माध्यम से ही समकालीन भाषा का व्याकरण सिखाया गया है। **जु पूछइ सु कर्त्ता। तिहां प्रथमा। किसउं पूछाई, अर्थ। जं पूछाइ तं कर्म्म। तिहां द्वितीया। जइ—यदि, ईहं—इह, अत्र, कांई—किमपि, हउ—अस्तु, भवतु** आदि शब्द-संग्रह है। **मुग्धावबोध औक्तिक** के कर्ता कुलमंडन सूरि हैं; उनका समय संवत् १४५० वि. है।

सत्रहवीं सदी ईस्वी के आरम्भ में साधुसुन्दर ने **उक्ति रत्नाकर** लिखा। इसे मुनि जिनविजय ने सम्पादित करके राजस्थान पुरातत्वान्वेषण मन्दिर, जयपुर की ओर से सन् १९५७ में प्रकाशित कराया। **करोतीति कर्ता। यत् क्रियते तत् कर्म।** संस्कृत के माध्यम से संस्कृत व्याकरण का परिचय कराया गया है। सम्पादक के अनुसार 'बाद में प्रायः २४०० जितने देश्य शब्द और उनके संस्कृत प्रतिरूप बतलाने वाले शब्दों का विशाल शब्दसंग्रह दिया गया है।' यह शब्दसंग्रह निस्सन्देह विशाल है और इस बात का पता लगाना चाहिए कि इसमें जो देश्य-संस्कृत प्रतिरूप दिये गये हैं, उनमें कितने बीसवीं सदी के भाषाविज्ञानियों को मान्य हैं। साधुसुन्दर के लिए यह समस्या नहीं है कि तत्समों के तद्भव बनने के नियम क्या हैं। सत्रहवीं सदी में सैंकड़ों तद्भवों को तत्समों से मिलाना भाषाविज्ञान के क्षेत्र में बहुत बड़ी प्रगति है। इतना याद रखना चाहिए कि साधुसुन्दर सर्वत्र तद्भवों के साथ तत्सम रूप नहीं देते; उद्देश्य आधुनिक भाषा बोलने वाले को संस्कृत सिखाना है, अतः वह समानार्थी संस्कृत शब्द दे देते हैं, देश्य शब्द का सम्बन्ध उससे हो, चाहे न हो। **बहिलउ—शीघ्रम्, जुआ जुआ—पृथक् पृथक्, दीरघइ कू—वृद्धौ कू, दडउ—कन्दुकः** आदि आदि में देश्य और संस्कृत रूप भिन्न हैं।

ओझउ—उपाध्यायः, वाजउ—वाद्यम्, आंसू—अश्रुः, छावडउ—शावकः, कायर—कातरः, सेठि—श्रेष्ठी, कोढ—कुष्टः, सगउ—स्वकः, बीकानयर—विक्रम-नगरम्, जालउर—जाबालपुरम्, अथाह—अस्थाघम्, महूअउ—मधूकः, कोहलउ—कूष्माण्डः, गोह—गोधा, हलुअउ—लघुकः, पीलउ—पीतम्, ग्वालेर—गोपालगिरिः, मणिआर—मणिकारः, सूआर—सूपकारः, पहिरणउ—परिधानम्, रान—अरण्यम्, सु—सः, जो—यद्, यः; इनसे साधुसुन्दर के कार्य का महत्व स्पष्ट होगा। क्रियापदों की सूची अलग है; **करइ, धरइ, भरइ, मरइ, हरइ, गिरइ, तरइ, भाजइ, सोचइ, बूडइ, नाचइ, हालइ, कांपइ, लहइ, सेवइ, निरखइ, परखइ** आदि इकारान्त क्रियापद हमें **रामचरित मानस** के संसार में खींच ले जाते हैं। **छइ—अस्ति, हवइ—भवति** जैसे कुछ रूप उल्लेखनीय हैं जहाँ आधुनिक जनपदीय क्रियाओं का सम्बन्ध संस्कृत क्रियारूपों से जोड़ा गया है। **मरइ—म्रियते, कूदइ—कूर्दते, सीखइ—शिक्षते, कांपइ—कम्पते** आदि से स्पष्ट है कि संस्कृत में जहाँ आत्मनेपद रूप प्रचलित थे, वहाँ समानान्तर परस्मैपद रूपों

का चलन भी था जिनसे **मरइ** आदि का विकास हुआ। **करइ** और **करोति** में अन्तर है; साधुसुन्दर ने लिखा : **करइ करोति, करति वा**। यहाँ **करति वा** लिखकर उन्होंने सिद्ध कर दिया है कि वह **करति** रूप का प्राचीन अस्तित्व स्वीकार करते हैं, **करोति** की अपेक्षा **करति** से **करइ** के विकास की कल्पना अधिक तर्कसंगत मानते हैं। साधुसुन्दर जिस भाषा को आधार मानकर शब्दसंग्रह कर रहे थे, उसमें सम्बन्धवाचक **केर** का चलन था। अतः **तुम्ह केरउ—युष्मदीयः, अम्ह केरउ—अस्मदीयः**। शब्दों के साथ कहीं-कहीं उस समय के मुहावरे, कहावतें भी देते हैं : **अरत परत बाप सरीखउ—आकृत्या प्रकृत्या बप्प सदृशः; आगइ बाघ पाछइ दोतडि—अग्रे व्याघ्रः पश्चाद्दुस्तटी** (**आगइ बाघ** अलग दिया है, **पाछइ दोतडि** अलग दिया है; दोनों एक ही कहावत के दो भाग।) **सुमिणउ—स्वप्नः** में लैटिन **सॉम्नुस्** के समान **प्** ध्वनि **म्** में परिवर्तित हुई है। **एकादशमः, द्वादशमः** आदि रूप देने से पहले **प्राच्यानां मते** लिखा है; उदीच्य और प्राच्य व्याकरण-परम्पराएँ अभी लोगों को याद थीं।

हवइ, दियइ, लियइ, करइ, इत्यादौ वर्त्तमानायाः परस्मैपदम्। दीजइ, लीजइ, कीजइ इत्यादौ कर्मणि वर्त्तमानाया आत्मनेपदम्। देजे, लेजे, करिजे इत्यादौ एकारान्त वचने सप्तमी। यहाँ वह संस्कृत का नहीं जनपदीय भाषा का व्याकरण लिख रहे हैं। **दीधउ दत्तः दत्तवान्, लीधउ लातः लातवान्, कीधउ कृतः कृतवान्** आदि में उन्होंने गुजराती कृदन्त प्रत्यय **ध** का सम्बन्ध संस्कृत **त** से जोड़ा है। यह समस्या अगली पीढ़ियों के लिए छोड़ी कि यहाँ **ध** का पूर्वरूप **त** है या **त** ही **ध** का विकास है।

उक्ति रत्नाकर के साथ मुनि जिनविजय ने **उक्तीयक** और **औक्तिकपदानि** नाम की दो रचनाएँ और छापी हैं। उनके बारे में लिखा है : 'इन रचनाओं के कर्ता या संग्राहक के नाम नहीं उपलब्ध हुए। जिन प्राचीन प्रतियों पर से इनका मुद्रण किया गया है वे प्रतियाँ विशेष प्राचीन हैं। अर्थात् उक्ति रत्नाकर के कर्ता के समय से भी पूर्व लिखी गई ज्ञात होती हैं।'

उक्तीयक में शब्दसूची मात्र है। **लीधी—नीता, लीधुं—लातम्, गृहीतम्, आत्तम्, दीधुं—दत्तम्, दत्तवान्, पीधुं—पीतम्** और क्रियारूप **हुइ—भवति, छइ—अस्ति, वर्त्तते, विद्यते** उल्लेखनीय हैं। **औक्तिकपदानि** में व्याकरण सिखाने के लिए संस्कृत और समकालीन जनपदीय भाषा दोनों का उपयोग किया गया है। **अथ षट् कारकाणि लिख्यन्ते**। फिर **जु करइ सु कर्त्ता। जं कीजइ तं कर्म्मु**। अपादान की व्याख्या में **हुइ** का प्रयोग दर्शनीय है : **जेहतउ अपाय विश्लेष हुइ, जेहतउ भयु हुइ, जेहतन आदान ग्रहण हुइ, तं कारक अपादान संज्ञकु हुइ। ते उक्ति कर्त्ता जाणिवी** में **जाणिवी** रूप तुलसीदास के **पालबी, छाइबी** का समकक्ष है। शब्दसंग्रह में कहीं-कहीं पूरे वाक्य दिये हैं : **वैष्णवु राति च्यारउ पुहुर जागइ** (वैष्णव रात में चारों पहर जागता है)। कहीं कहावतें हैं : **ऊपरि ऊपरि गामु हेठलि नगरु** (ऊपर ऊपर गाँव नीचे नगर)। **लिखइ, छांडइ, दहइ** के साथ **लिखिवा, बोजिबा, सूंघिवा, पूजिवा** की लम्बी श्रृंखला है जिससे इन **वा (बा)** वाले रूपों के व्यापक चलन का बोध होता है।

उक्तिव्यक्तिप्रकरण से लेकर **उक्ति रत्नाकर** तक, लगभग छह सौ वर्षों तक,

आधुनिक भाषाओं के विवेचन से सम्बन्धित भाषाविज्ञान की गौरवशाली परम्परा है। प्रत्यक्ष या अप्रत्यक्ष रूप से इसमें अध्ययन का विषय संस्कृत-प्राकृत-अपभ्रंश से भिन्न आधुनिक जनपदीय भाषाएँ हैं। वे अपभ्रंश से भिन्न हैं और थोड़े बहुत हेरफेर से अब भी बोली जाती हैं, इसलिए उन्हें आधुनिक कहा। वे मानक भाषाओं से भिन्न हैं, अतः जनपदीय हैं। ये उक्ति ग्रन्थ आधुनिक आर्य भाषाओं का ऐतिहासिक विकास समझने के लिए, विशेष रूप से अवधी, राजस्थानी, गुजराती का विकास तथा इनका आपसी सम्बन्ध समझने के लिए अनमोल सामग्री का भण्डार हैं। यह सारी सामग्री सम्पादित-प्रकाशित करके मुनि जिनविजय ने भाषाविज्ञानी शोधकर्ताओं का परम उपकार किया है। भाषाविज्ञान की प्रगति में यह उनका सराहनीय योगदान है।

उन्नीसवीं सदी में पुरानी व्याकरण-परम्परा जीवित ही नहीं थी, वह आधुनिक भाषाओं का विवरण प्रस्तुत करने में नये कीर्तिमान स्थापित कर रही थी। अंग्रेज़ी राज कायम हो जाने के बाद न तो किसी अंग्रेज़ ने, न अंग्रेज़ी विद्यालयों में शिक्षा पानेवाले किसी भारतीय विद्वान् ने किसी आधुनिक आर्य भाषा का वैसा विवरण प्रस्तुत किया जैसा ईश्वर कौल ने सन् १८७५-७९ ई. में कश्मीरी भाषा का विवरण प्रस्तुत किया था। कश्मीरी उनकी मातृभाषा थी, वह संस्कृत के पण्डित थे और अरबी-फ़ारसी के विद्वान् थे। कश्मीर के राजा ने उन्हें संस्कृत और भाषा में अरबी-फ़ारसी ग्रन्थों का अनुवाद करने के लिए रखा था। **कश्मीर शब्दामृत** संस्कृत में कश्मीरी का विवरण प्रस्तुत करता है। संधिप्रकरण, लिङ्ग-प्रकरण, समासप्रक्रिया, तद्धित प्रक्रिया, अव्यय प्रक्रिया, स्त्री प्रत्यय प्रकरण आदि परिच्छेदों में उन्होंने अपना विवरण प्रस्तुत किया है। इस ग्रन्थ का पहला भाग सन् १८९७ में कलकत्ते से एशियाटिक सोसायटी ने प्रकाशित किया था। दूसरा भाग १८९८ में छपा था। इस ग्रन्थ की प्रशंसा करते हुए ग्रियर्सन ने कहा है कि वह इतना अच्छा है कि स्वयं हेमचन्द्र उसके रचनाकार हो सकते थे।

इस ग्रन्थ की एक विशेषता यह है कि कश्मीरी ध्वनियों के लिए ईश्वर कौल ने नागरी लिपिचिन्हों का व्यवहार किया है। कश्मीरी के विशिष्ट स्वरों के लिए उन्होंने वर्ण के ऊपर या मात्रा के नीचे रेखा लगाई है। इसी तरह **च्**, **छ्** आदि के नीचे बिन्दी लगाकर उन्होंने **च्**, **च़्** में भेद किया है। कश्मीरी स्वरों को उन्होंने प्रसिद्ध और अप्रसिद्ध, दो वर्गों में बाँटा है। प्रसिद्ध वे हैं जो संस्कृत में भी हैं, अप्रसिद्ध वे हैं जो केवल कश्मीरी में हैं।

अन्य वैयाकरणों के समान उन्होंने भी शब्दसूची दी है, भाषाशब्दों के साथ उनके संस्कृत प्रतिरूप दिये हैं। इन प्रतिरूपों में सर्वत्र तत्सम-तद्भव का सम्बन्ध नहीं है। फिर भी उनकी शब्दसूची देखते ही संस्कृत-कश्मीरी का सम्बन्ध तुरत स्पष्ट हो जाता है। उदाहरण के लिए कुछ कश्मीरी शब्द और उनके संस्कृत प्रतिरूप यहाँ देता हूँ। मुद्रण की सुविधा के लिए ईश्वर कौल के विशिष्ट स्वर चिन्ह हटा दिये हैं। **अलतु—अलक्तः, आशिद्—आश्विनः, पोत्र्—पानीयम्, ऋथ्—ऋतुः, दरि — दृढ़ाः, पपु—पक्वः**। पुस्तक के दूसरे भाग में भी शब्दसूची है, यह क्रियाओं की सूची है। जैसे **अष्टाध्यायी** के साथ धातुपाठ का होना अनिवार्य है, वैसे ही **कश्मीर शब्दामृत** के साथ

ईश्वर कौल का धातुपाठ है। यहाँ **अच् प्रवेशे, अछ दौर्बल्ये, अड नैर्बल्येऽभियोगे च** से एक ओर कश्मीरी की अपनी क्रियाओं का ज्ञान होगा, दूसरी ओर **अदराव आर्द्रीकरणे, अर्ज अर्जने, आवर आवरणे, बास भासने, भ्रम भ्रान्तौ, श्वङ्ग शयने, तछ तक्षणे, वट वेष्टने, वव वापने, वुष्ण उष्णीभवने** से कश्मीरी संस्कृत क्रियाओं की समानता का बोध होगा। जहाँ उन्होंने संस्कृत प्रतिरूप नहीं दिया, समानार्थी भिन्न शब्द दिया है, वहाँ भी अनेक स्थलों पर वैसा सम्बन्ध है यथा **अबराव मेघाविर्भावे**। यहाँ कश्मीरी क्रिया संस्कृत **अभ्र** से सम्बद्ध है।

यदि कश्मीरी भाषा से परिचय प्राप्त करते समय किसी भी छात्र के सामने क्रियामूलों की सूची रख दी जाय जिसमें लगभग ७० फी सदी कश्मीरी-संस्कृत की सामान्य धातुएँ हों, २९$\frac{१}{२}$ फी सदी कश्मीरी की अपनी हों, $\frac{१}{२}$ फी सदी फ़ारसी की हों (यथा **न्यवाज़ निवेदने**), तो कश्मीरी, संस्कृत समुदाय से भिन्न, दरद वर्ग की भाषा है, इस 'वैज्ञानिक' स्थापना का क्या होगा? यह वैज्ञानिक स्थापना हवा हो जायगी! यदि कश्मीरी के लिए नागरी लिपि-चिन्हों का प्रयोग होता, जैसा कि **कश्मीर शब्दामृत** में है तो इसका परिणाम क्या होता? इसका परिणाम यह होता कि कश्मीरी भाषा से भारत के अन्य प्रदेशों की जनता को अपना सम्बन्ध पहचानने में बड़ी सुविधा होती, कश्मीरी जन शेष आर्य भाषाओं से अपना सम्बन्ध आसानी से पहचानते और कश्मीर की निर्धन जनता को साक्षर बनाने का काम आसान होता। पर तब कश्मीर की समस्या भी राष्ट्रसंघ में न पहुँची होती।

व्याकरण ग्रन्थ के साथ शब्दसूची देने की परम्परा बहुत पुरानी है और मूल्यवान है। शब्दानुशासन और कोशविज्ञान परस्पर सम्बद्ध विषय हैं। पाणिनि का उपयोग जिस तरह किया गया है, उससे उनका कोशविज्ञानी रूप छिप गया है। पाणिनि ने जिस शब्दसामग्री को आधार बनाया है, वह एक ओर वेदों और ब्राह्मण-ग्रन्थों में उपलब्ध है, दूसरी ओर वह तत्कालीन जनपदों की शिष्ट जनभाषा में—लिखित से भिन्न भाषित रूप में—उपलब्ध थी। या तो इस विशाल सामग्री के कोश पहले से बने हुए थे जिनका उपयोग पाणिनि ने किया, या उन्होंने स्वयं अपने उपयोग के लिए ऐसा कोश बनाया, लिखकर बनाया हो चाहे स्मृति का भरोसा किया हो, यह निश्चित है कि शब्दकोश के बिना, लिखित या अलिखित रूप में शब्दसंग्रह के बिना, **शब्दानुशासन** लिखा न जा सकता था।

पाणिनि के सामने प्रत्येक सूत्र रचते समय यह विपुल शब्दराशि प्रत्यक्षवत् उपस्थित रहती है। इस शब्दराशि को उन्होंने वर्गों में विभाजित कर लिया है। इन वर्गों में एक वर्ग क्रियाओं का है, दूसरा वर्ग क्रियाओं से बने शब्दों का है, तीसरा नाम शब्दों से बने नये नाम शब्दों का है। इनके अलावा उन्होंने एक वर्ग ऐसे शब्दों का बना रखा है जिनकी आधारभूत क्रियाओं के बारे में सन्देह है। इसके साथ कौन सा प्रयोग वेदों में है किन्तु पुराना पड़ गया है, वेदों में है और अब भी है, वेदों में नहीं है पर अब है, एक जनपद में है पर दूसरे में नहीं है, इस तरह वर्गीकृत प्रयोग उनके सामने बराबर रहते हैं। शब्द, शब्दांश, शब्दकण, बद्धरूप और स्वतन्त्र रूप, शब्द-समुदाय (समास), प्रत्येक शब्द

का वाक्यगत सन्दर्भ और इसके साथ शब्द और वाक्य का सामाजिक सन्दर्भ, यह सब कोशविज्ञानी पाणिनि के सामने विद्यमान है, उन्होंने अपूर्व पराक्रम और अद्भुत मेधा का परिचय देते हुए यह सामग्री संकलित और वर्गीकृत रूप में अपने सामने विद्यमान कर ली है, तब उनके सूत्र स्वतःस्फूर्त मन्त्रों के समान उनके मुख से निकलते हैं; **अथ शब्दानुशासनम्** से आरम्भ करके **अ अ इति** तक पहुँचते-पहुँचते वह एक अत्यन्त संवेदनशील कलाकार का परिचय देते हैं।

हेमचन्द्र ने देशी शब्दों की सूची बनाई, तब वह पाणिनीय परम्परा के अनुरूप कार्य कर रहे थे। साधुसुन्दर और ईश्वर कौल ने शब्दसूचियाँ बनाईं, तब वह उसी सुपरिचित राजपथ पर चल रहे थे। ईश्वर कौल के समकालीन जर्मन विद्वान् ब्रुगमन ने अपने व्याकरण ग्रन्थ के अन्त में शब्दसूची दी; उन्नीसवीं सदी के अन्त में, बीसवीं सदी के आरम्भ में ग्रियर्सन और उनके सहयोगियों ने अनेक भाषाओं के चुने हुए शब्दों की सूचियाँ बनाईं। व्याकरणरचना और कोशनिर्माण का आपसी सम्बन्ध उक्त विद्वानों की शब्दसूचियों से सिद्ध है। हेमचन्द्र, ईश्वर कौल आदि की शब्दसूचियाँ यह बराबर बताती हैं कि किसी भाषा में किन शब्दों के पूर्वरूप संस्कृत में हैं और किनके नहीं हैं। ग्रियर्सन ने अपने कश्मीरी व्याकरण में जो शब्दसूची दी है, उसमें संस्कृत प्रतिरूप नहीं दिये।

ग्रियर्सन ने आधुनिक भारतीय भाषाओं के बारे में महत्वपूर्ण सामग्री संकलित की और कराई। संकलन-कार्य में दोष होते हुए भी अभी तक वह अद्वितीय है, भारतीय शासनतन्त्र की अक्षमता के कारण। ग्रियर्सन ने भाषाओं का जो ऐतिहासिक विवेचन किया है, वह और भी दोषपूर्ण है। ज़्यूल ब्लौख् ने आर्य भाषाओं में केवल एक, मराठी, का ऐतिहासिक विवरण प्रस्तुत करके शोधकर्ताओं के सामने विवेचन का नया नमूना रखा। उनकी पुस्तक **ला फ़ौर्मासिओं द ला लांग् मराठ्** फ्रान्सीसी भाषा में लिखी गयी थी और पैरिस से १६२० में प्रकाशित हुई थी। अंग्रेज़ी विद्यालयों में प्रशिक्षित भारतीय विद्वानों ने अपनी भाषाओं के उद्भव और विकास का विवेचन प्रस्तुत करते हुए ब्लौख् के नमूने का अनुसरण किया था। इनके ग्रन्थों में महत्वपूर्ण सामग्री वहाँ है जहाँ वे ऐतिहासिक विवेचन से हटकर समकालीन भाषा और उसकी जनपदीय उपभाषाओं का विवरण देते हैं। उनका ऐतिहासिक विवेचन संस्कृत को मूलभाषा, प्राकृतों-अपभ्रंशों को आधुनिक भाषाओं की पूर्वभाषा मानने के कारण त्रुटिपूर्ण है। जहाँ तक विवरणात्मक भाषाविज्ञान का सम्बन्ध है, ब्लूमफील्ड की **लैंग्वेज** पुस्तक सन् १६३३ में प्रकाशित हुई थी। उससे अर्धशताब्दी पूर्व ईश्वर कौल **कश्मीर शब्दामृत** की रचना कर चुके थे। यह पुस्तक पाणिनीय परम्परा का अनुसरण करते हुए एक आधुनिक आर्य भाषा का विवरण प्रस्तुत करती है। अंग्रेज़ी में पुस्तक लिखी जाय तो आधुनिक होगी, संस्कृत में लिखी जाय तो मध्यकालीन होगी, बुद्धिजीवियों के उपचेतन में बसा हुआ यह एक अव्यक्त भाव है जिसकी अभिव्यक्ति उनके व्यवहार में होती है, वे स्वयं उसकी प्रेरक भूमिका के प्रति अचेत हैं। **कश्मीर शब्दामृत** आधुनिक आर्यभाषाओं का विवरण प्रस्तुत करनेवाले आदि ग्रन्थों में है। इस कार्य का बीजारोपण **उक्तिव्यक्तिप्रकरण** से हुआ था।

यदि भारत में अंग्रेज़ी राज कायम न होता तो भारत में भाषाविज्ञान का विकास न होता, इस धारणा के खण्डन के लिए **कश्मीर शब्दामृत** का अस्तित्व पर्याप्त है। बँगला भाषा के उद्भव और विकास पर डा. सुनीतिकुमार चाटुर्ज्या के ग्रन्थ से कश्मीरी पर ईश्वर कौल की पुस्तक का तुलनात्मक (या व्यतिरेकी !) अध्ययन शिक्षाप्रद होगा। डा. जगदेवसिंह पाणिनि के विशेषज्ञ हैं, अमरीका में प्रशिक्षित हैं। बाँगरू पर उनकी पुस्तक से भी ईश्वर कौल की कृति का तुलनात्मक अध्ययन शिक्षाप्रद होगा। डा. चाटुर्ज्या की पुस्तक ऐतिहासिक विवेचन प्रस्तुत करती है, डा. जगदेवसिंह की पुस्तक विवरणात्मक पद्धति से बाँगरू का विश्लेषण प्रस्तुत करती है। दोनों से **कश्मीर शब्दामृत** तुलनीय है। दोनों ग्रन्थ अंग्रेज़ी में हैं। ऐतिहासिक भाषाविज्ञान में अनुसन्धान करने-वालों के लिए मेरी ओर से उक्त विषय प्रस्तावित हैं।

६. परम्परा और विकास की नई दिशाएँ

भारतीय व्याकरण-परम्परा के ज्ञान का यह अर्थ नहीं है कि हम वर्तमान से असम्बद्ध अतीत का परिचय प्राप्त कर रहे हैं। यह ज्ञान भारत के सांस्कृतिक नव निर्माण का अभिन्न अंग है। अंग्रेज़ी राज कायम होने से पहले हम कहाँ थे, जिस दिशा में हम जा रहे थे वही सही थी या ग़लत, पूंजीवाद के विकास के साथ जो भाषाविज्ञान पुष्पित और पल्लवित हुआ, उसमें क्या सही है और क्या ग़लत, यह जानने के लिए भारतीय व्याकरण-परम्परा का ज्ञान आवश्यक है क्योंकि आधुनिक भाषाविज्ञान पाणिनि से प्रभावित है और उसने पाणिनि का सही मूल्यांकन नहीं किया। पूंजीवाद ने अपने अभ्युदयकाल में सामन्तवाद से समझौता किया, पूँजीवाद के गढ़ इंग्लैण्ड में ही हाउस् आफ़् लार्ड्स् स्थापित है, भारत के राजा और ज़मींदार अंग्रेज़ी राज के प्रमुख सहायक थे। साम्राज्यवाद और विश्वयुद्धों के युग में जर्जर पूँजीवाद सामन्तों, निरंकुश शासकों का सहारा और भी अधिक लेता है। बीसवीं सदी में पूँजीवादी भाषाविज्ञान और रूढ़ि-ग्रस्त सामन्तवादी भाषाशास्त्र के बीच का फासला और भी कम हो गया है। सामन्ती रूढ़ियों से चार कदम और आगे बढ़कर पूँजीवादी चिन्तन ऐतिहासिक भाषाविज्ञान को नस्ल-सम्बन्धी धारणाओं से जोड़ देता है। आर्य नस्ल के लोगों ने द्रविड़ नस्ल के लोगों को पराजित किया, यह वर्तमान पूँजीवादी भाषाविज्ञान की आधारशिला है।

भारतीय व्याकरण-परम्परा का प्रारम्भिक विकास सामन्ती व्यवस्था के अभ्युदय काल में हुआ। द्विज और शूद्र में भेद करनेवाली यह व्यवस्था ऐतिहासिक विकास की दृष्टि से प्रगतिशील थी। यूनान के महान् नाटककार सोफोक्लेस् आदि, वहाँ के महान् गद्यलेखक और विचारक प्लातोस् (उर्फ़ अफ़लातून) के ग्रन्थों ने यूरुप की संस्कृति को, उसकी प्रत्येक विकासमान अवस्था में प्रभावित किया है। ये महान् कवि और गद्य-लेखक दासों और दासों के स्वामियों के बीच का भेद स्वीकार करते थे, इस कारण उनका साहित्य तिरस्कृत नहीं होता। जिस समय अमरीका में दासप्रथा का चलन था, उस समय उसका कोई ऐतिहासिक औचित्य नहीं था। वर्तमान भारत में वर्णव्यवस्था का कोई औचित्य नहीं है। सामन्ती भारत में संस्कृत देववाणी बन गई; लोक भाषा

संस्कृत का भ्रष्ट रूपान्तर मात्र रह गई। किन्तु इसी समाजतन्त्र के भीतर जीवन्त जनपदीय भाषाओं का अध्ययन आरम्भ हुआ, और यह अध्ययन भी भारतीय व्याकरण परम्परा का अंग है।

व्याकरण-परम्परा का ज्ञान ऐतिहासिक भाषाविज्ञान का अभिन्न अंग है, उसे भाषाओं के ऐतिहासिक विवेचन से अलग नहीं रखा जा सकता।

पाणिनि के लिए संस्कृत देववाणी नहीं है, वह भाषा है। वह वेदों की भाषा को अपनी समकालीन भाषा का प्राचीन रूप मानते हैं; जैसे अपनी भाषा की प्रयोगविविधता का ध्यान रखते हुए उसका विश्लेषण करते हैं, वैसे ही वैदिक भाषा का। जहाँ वैदिक प्रयोग समकालीन प्रयोगों से भिन्न हैं, वहाँ उन्हें प्रमाण जानकर उनका व्यवहार करते रहने का विधान नहीं करते। समाज में शिष्टजन प्रयोग को वह सबसे बड़ा प्रमाण मानते हैं। रूढ़िवादी दृष्टि में संस्कृत कभी भाषा थी नहीं, वह देववाणी थी; वेदों में ईश्वर की वाणी है, तब संस्कृत देववाणी के अतिरिक्त और हो क्या सकती है? इसके ज्ञान और व्यवहार का ठेका पुरोहित वर्ग के पास है, अतः देववाणी के ठेकेदार होने के कारण मनुष्यों में यह वर्ग भी देवोपम है। आधुनिक भाषाएँ इस देववाणी का विकृत रूप हैं; उन्हें समृद्ध करने का एक ही उपाय है, यथासम्भव देववाणी के तत्व उनमें भर दिये जायँ। इन भाषाओं का अपना स्वतन्त्र अस्तित्व नहीं है, उनकी अपनी कोई प्रकृति नहीं है, ये पराश्रित हैं, सांस्कृतिक ह्रास का परिणाम हैं, वे भाषा के विकास का परिणाम हों, यह कल्पनातीत है, असम्भव है। ऐसी है रूढ़िबद्ध दृष्टि।

आवश्यकता इस बात की है कि पूँजीवादी भाषा विज्ञान और सामन्ती रूढ़िग्रस्त भाषाशास्त्र के प्रभाव से आधुनिक भाषाचिन्तन को मुक्त किया जाय। ऐतिहासिक भाषाविज्ञान ने पिछले डेढ़ दो सौ साल में बहुत-सी ज्ञात, अज्ञात, अल्प ज्ञात भाषाओं की नई जानकारी देकर मानवसंस्कृति को समृद्ध किया है किन्तु भाषाओं का सम्बन्ध पहचानने में, भाषा परिवारों के निर्माण का विवेचन करने में, विशेषतः भारतीय भाषा परिवारों के आपसी सम्बन्धों के विवेचन में, एशिया और यूरुप के भाषाई विकास में भारतीय भूमिका के मूल्याङ्कन में उसने बहुत बड़ी भूलें की हैं। विवरणात्मक भाषाविज्ञान जहाँ यान्त्रिक भौतिकवाद से प्रभावित है, वह रूपतत्व को अर्थतत्व से अलग करके देखता है, उसका विवेचन एकाङ्गी होता है और वह रूपतत्व का भी सही विवेचन प्रस्तुत नहीं करता। जहाँ यान्त्रिक भौतिकवाद की प्रतिक्रिया में वह भाववाद से प्रभावित होता है, वहाँ वह भाषा को सामाजिक सन्दर्भ से अलग करके देखता है, वह भाषा की संरचना को मानव की जन्मजात मानसिक संरचना का परिणाम मानता है, उसके लिए भाषा के विकास की बात वैसे ही कल्पनातीत है जैसे देववाणी के रूढ़िग्रस्त उपासक के लिए।

देववाणी नहीं मानवभाषा विवेच्य है; मानवभाषा की शुरूआत ऋग्वेद से नहीं होती, वैदिक भाषा एक सुदीर्घ विकास-परम्परा का परिणाम है, आधुनिक भाषाएँ ह्रास का परिणाम नहीं हैं, विकास का परिणाम हैं, व्याकरण शिष्ट जन प्रयोगों से ऊपर नहीं है, शिष्ट जन प्रयोग उससे ऊपर हैं, पाणिनि की गरिमा संस्कृत को एकरूपता देने में नहीं

है, जीवन्त प्रयोगों और इन प्रयोगों की भिन्नता को स्वीकार करने में है। पूँजीवादी भाषाविज्ञान की सीमाओं का उल्लंघन करने वाली, भारतीय रूढ़िग्रस्त चिन्तन को ध्वस्त करनेवाली मान्यताएँ हिन्दी में विद्यमान हैं, काफी समय से विद्यमान हैं। वे अभी समकालीन भाषाशास्त्र को प्रभावित नहीं कर पा रहीं क्योंकि भाषाविज्ञान पीठों में भारतीय रूढ़िवाद और अमरीकी तन्त्रवाद का प्रभाव है। यह तन्त्रवाद कुछ-कुछ वैसा ही है जैसा भक्ति आन्दोलन से पहले उत्तर भारत का तान्त्रिक वाममार्ग था। भाषा-विज्ञान में भारतीय रूढ़िवाद कुछ-कुछ वैसा ही है जैसा साहित्य का वह रीतिवाद जिसके विरुद्ध महावीरप्रसाद द्विवेदी और रामचन्द्र शुक्ल ने आजीवन संघर्ष किया था। भारत में भाषाविज्ञान का विकास विचारधारात्मक संघर्ष से अलग रहकर नहीं किया जा सकता। दिन पर दिन भाषाविज्ञान की सामाजिक भूमिका स्पष्ट होगी, दिन पर दिन विचारधारात्मक संघर्ष सामाजिक संघर्ष से जुड़ता जायगा।

इस सन्दर्भ में गर्व से मैं किशोरीदास वाजपेयी का स्मरण करता हूँ। वह भारतीय व्याकरण-परम्परा के श्रेष्ठ प्रतिनिधि हैं; पाणिनि की विश्लेषणपद्धति का रचनात्मक उपयोग करनेवाले वह समर्थ भाषाशास्त्री हैं। उन्होंने हिन्दी भाषा का विवेचन करते हुए जो दृष्टिकोण अपनाया है, वह केवल हिन्दी के लिए नहीं, समस्त भारतीय भाषाओं के विवेचन के लिए महत्त्वपूर्ण है। यह दृष्टिकोण पूँजीवादी भाषा-विज्ञान की सीमाओं का उल्लंघन करता है, भारतीय रूढ़िवादी मान्यताओं का खण्डन करता है। वह विकासोन्मुख है, भाषा को सामाजिक सन्दर्भ में परखने वाला है, व्याकरण के नियमों और लोकव्यवहार का सम्बन्ध पहचाननेवाला है। वह सूत्र शैली का अनुसरण नहीं करता, **हिन्दी शब्दानुशासन** की स्थापनाओं को समझाने के लिए वार्तिक दरकार नहीं है, भाष्य ग्रन्थ आवश्यक नहीं है, वह सरस हिन्दी गद्य में रचा हुआ सुपाठ्य ग्रन्थ है। उसकी गद्य शैली वर्तमान परिस्थितियों में भाषाई विवेचन के लिए आदर्श है। सूत्रों को बीजगणित का महत्व देकर, सूत्रों से या गणित-बीजगणित के फौर्मूलों से, विवेचन को दुरूह बनाना वर्तमानकाल में भाषाविज्ञान की प्रगति को रोकना है। शैली-भेद के कारण **हिन्दी शब्दानुशासन** पाणिनि के **शब्दानुशासन** की परम्परा से विच्छिन्न नहीं होता; वह उसका अविच्छिन्न अंग है, वर्तमान परिस्थितियों में उस परम्परा का आवश्यक विकास है।

सबसे पहले पाणिनि और उनके व्याकरण के प्रति **हिन्दी शब्दानुशासन** में वाजपेयीजी का दृष्टिकोण देखें। पाणिनिकालीन भाषा में प्रयोग-भेद थे या नहीं? वाजपेयीजी कहते हैं :

'ऐसा जान पड़ता है कि देश में **पाणिनि** के समय उच्च संस्कृत के दो प्रमुख भेद थे। भाषा एक होने पर भी शब्दप्रयोग में कहीं कुछ अन्तर था। पाणिनि जिस भाषा के थे, उसी पर उनका ध्यान था। भाषा के दूसरे रूप में जहाँ कहीं उन्हें अन्तर दिखाई दिया, उसे भी **अन्यतरस्याम्** कहकर बतला दिया। दो में से एक भाषा—**अन्य-तरा**। **अन्यतरस्याम्** कहने से उस समय **अन्यतरस्याम् भाषायाम्** लोग समझ लेते होंगे। **दूसरी में ऐसा**—यानी दूसरी संस्कृत में, संस्कृत के अन्यतर रूप में…पाणिनि का

व्याकरण संस्कृत के दोनों रूपों ने मान लिया और आगे चलकर संस्कृत ने जब प्रादेशिक भेदभाव छोड़ दिया, तो दोनों तरह के प्रयोग सर्वत्र चलने लगे और **अन्यतरस्याम्** शब्द विकल्प में ले लिया गया। चाहे ऐसा प्रयोग करो, चाहे वैसा।' (पृ० ५१८)।

अत्यन्त सारगर्भित स्थापना है, **अष्टाध्यायी** ही नहीं, संस्कृत का विकास समझने में सहायक है। भाषा के दो प्रमुख भेद थे; पाणिनि जिस भाषा के थे, उसी पर अधिक ध्यान था; संस्कृत में प्रादेशिक भेद-भाव आगे चलकर समाप्त हुए, पाणिनि के समय में वे विद्यमान थे। आप विचार करें, इस प्रादेशिक भेदभाव को नकारते हुए संस्कृत का ऐतिहासिक विकास कैसे दिखाएँगे, प्रादेशिक भेदभावहीन बाद वाली स्थिति को पाणिनि की भाषा पर आरोपित करके **अष्टाध्यायी** का सही रूप कैसे समझेंगे?

रूढ़िग्रस्त कठसिद्धान्ती दृष्टि वह है जो पाणिनि के प्रति बरो की है, जिसका उल्लेख इस अध्याय में पहले हो चुका है। यथार्थवादी, वैज्ञानिक दृष्टि वह है जो **हिन्दी शब्दानुशासन** में है।

अब भाषा के जनप्रचलित प्रयोगों और व्याकरण का सम्बन्ध देखें। शब्दानुशासन की व्याख्या करते हैं:

'**शब्दानुशासन** में **अनु** शब्द ध्यान देने योग्य है। व्याकरण भाषा पर (भाषा के शब्दों पर) शासन नहीं करता है। व्याकरण अपनी आज्ञा से शब्दों के स्वरूप में परिवर्तन नहीं कर सकता, उनके अर्थों में कोई हेरफेर नहीं कर सकता, भाषा की गति बदल नहीं सकता। वह तो **अनुशासन** मात्र करता है। **अनु** का अर्थ है **पश्चात्** अथवा **अनुसार**। परम्परा से जिस शब्द का जो रूप चलता आ रहा है और जिसका जिस अर्थ में प्रयोग है, व्याकरण उसी का अनुगमन करेगा।' (पृ० ७६)।

और भी। 'मैं यह हिन्दी व्याकरण लिख रहा हूँ, तो ध्यान प्रयोग-विधि पर है। वही यहाँ असली चीज़ है।' (पृ० ४६)। 'हिन्दी ही नहीं, सभी भाषाओं की अपनी प्रकृति होती है। उसे कोई व्याकरण क्या, महाव्याकरण भी नहीं बदल सकता।' (पृ० ५७)। 'व्याकरण का दर्पभंग, पद-प्रयोग के मार्ग में, जनता कर देती है!' (पृ० ६२)। 'सारांश यह कि जन-प्रवाह ने जिस शब्द को जैसा बना दिया है, वह वैसा बन गया।' (पृ० ४३)। 'स्वयं पाणिनि के ऐसे प्रयोग भाषा में नहीं चले, जो गति-विपरीत हैं।' (पृ० ७६)। 'जब स्वयं पाणिनि का प्रयोग भाषा में गति-विरुद्ध होने के कारण नहीं चला, तो हम पामर जनों की चर्चा ही क्या!' (पृ० ८०)।

जनप्रवाह सर्वोपरि है। पाणिनि समेत समस्त वैयाकरण तभी तक महान् हैं जब तक वे जन-प्रवाह के साथ हैं। जब वे उसके विरोध में खड़े होंगे तो प्रवाह उन्हें एक ओर ठेल देगा। कठसिद्धान्ती की विशेषता यह है कि वह स्वयं को, अपने रचे हुए व्याकरण को जनप्रवाह का नियामक मानता है, अनुशासन का अर्थ यह लगाता है कि वह जनता का, उसकी भाषा का शासक है। वाजपेयीजी का दृष्टिकोण इससे ठीक उल्टा है।

जनप्रवाह से व्याकरण का सम्बन्ध जोड़ने वाला व्यक्ति स्वभावतः भाषाई विकास को सामाजिक विकास के सन्दर्भ में देखता है। भाषा ईश्वरकृत नहीं है, सतयुग से

कलियुग तक की यात्रा में उसका ह्रास होता चला गया हो, यह बात नहीं है। उसका विकास हुआ है। भाषागत परिवर्तन, भाषा का विकास समाज से असम्बद्ध मानसिक प्रक्रिया नहीं है; वह सामाजिक विकास से जुड़ी हुई प्रक्रिया है। कहते हैं: 'भाषा मनुष्य की बनाई चीज़ है; परन्तु इसका विकास नैसर्गिक रूप में हुआ है—धीरे-धीरे। इस विकास में युग के युग बीत गये हैं। जैसे-जैसे मनुष्य का विकास होता गया, उसकी भाषा विकसित होती गई और जैसे-जैसे भाषा का विकास होता गया, मानव का विकास होता गया। यदि भाषा न बनती, तो मनुष्य कभी भी **मनुष्य** न बन पाता। मनुष्य ने भाषा का निर्माण किया और भाषा ने मनुष्य का निर्माण किया।' (पृ० ३९८)।

रूढ़िवादी के लिए समस्त ज्ञान-विज्ञान सृष्टि के आरम्भ में ही विद्यमान था, विकास किस चीज़ का होगा? संस्कृत बिगड़कर प्राकृत बनी, प्राकृत बिगड़कर अपभ्रंश बनी, अपभ्रंश बिगड़कर हिन्दी बनी, इस बिगाड़ को विकास कैसे कहा जायगा? वाजपेयीजी के लिए मनुष्य और भाषा के विकास परस्पर अटूट रूप में सम्बद्ध हैं। मनुष्य पशुओं से भिन्न है भाषा के कारण, अथवा इस भिन्नता का एक कारण है भाषा। भाषा का व्यवहार मानवविकास का महत्वपूर्ण साधन रहा है। मानव समाज का विकास भाषा के विकास को प्रभावित करता रहा है। इसीलिए दोनों का अन्योन्याश्रय सम्बन्ध है।

भाषा का विकास होता है, समाज के साथ भाषा विकसित होती है, इस तरह की घोषणा चलते-फिरते अन्य लोगों ने भी की है, काव्य रस के समान उन्होंने उसका ऐसा साधारणीकरण किया है कि भारतीय सन्दर्भ में उसकी सार्थकता ही नष्ट हो गई है। विकास की बात करनेवाले सज्जन अपनी बात समझकर कह रहे हैं या दूसरों से सुनी-सुनाई बिन समझे कह रहे हैं, इसकी कसौटी यह है कि वह हिन्दी-संस्कृत सम्बन्धों को किस रूप में देखते हैं। वाजपेयीजी **हिन्दी शब्दानुशासन** के आरम्भ ही में कहते हैं: 'हिन्दी की उत्पत्ति उस संस्कृत भाषा से नहीं है, जो कि वेदों में, उपनिषदों में तथा वाल्मीकि या कालिदास आदि के काव्यग्रन्थों में हमें उपलब्ध है।' (पृ० १)। हिन्दी का विकास संस्कृत से नहीं हुआ, यह बात समझने में भाषाविज्ञानियों को अभी समय लगेगा। शव-साधकों के समान वह अपनी कल्पना की देववाणी की पूजा करते रहे हैं, जीवन्त संस्कृत भाषा का विकास समझने का प्रयत्न उन्होंने किया ही नहीं। वाजपेयीजी की स्थापना युगान्तरकारी है किन्तु युग बहरा हो तो युगान्तर होगा कैसे?

हिन्दी का विकास संस्कृत से नहीं हुआ, इसलिए उसकी प्रकृति भी संस्कृत की प्रकृति से भिन्न होगी। वाजपेयीजी की मान्यता है कि 'हिन्दी एक स्वतन्त्र भाषा है, वह संस्कृत से अनुप्राणित है, जैसे अन्य भारतीय भाषाएँ; परन्तु वह अपने क्षेत्र में सार्वभौम सत्ता रखती है। हिन्दी की अपनी चाल है, अपनी प्रकृति है।' (पृ० ५६)। पुनश्च: 'हिन्दी ही नहीं, सभी भाषाओं की अपनी प्रकृति होती है।' (पृ० ५७)। 'हिन्दी सर्वत्र संस्कृत नियमों से बँधी नहीं है।' (पृ० ५८)। 'संस्कृत के जो पण्डित हैं, उन्हें **पुनर्रचना** जैसे शब्दरूप अखरेंगे, खटकेंगे। परन्तु उन्हें समझना चाहिए कि यह हिन्दी का क्षेत्र है। यहाँ अपना स्वरूप है, अपनी गति है।' (पृ० ११३)। 'हिन्दी प्राकृत-परम्परा की भाषा है और इसका अपना विपुल शब्द-भण्डार है। संस्कृत-साहित्य में उपलब्ध अनन्त शब्दराशि

भी इसकी **अपनी** ही सम्पत्ति है और संस्कृत के **धातु** तो अटूट शब्दस्रोत के रूप में इसे प्राप्त हैं। परन्तु तो भी, हिन्दी एक स्वतन्त्र भाषा है और किसी भी भाषा के मूल शब्द उसका **मूलधन** हैं, या होते हैं—१. क्रियापद २. अव्यय ३. विभक्तियाँ तथा ४. सर्वनाम। ये चार स्तम्भ हैं, जिन पर किसी भी भाषा का स्वतन्त्र अस्तित्व टिका रहता है।' (पृ० ४०)।

अब विकास की बात सुनें।

'इस व्याकरण में आपको हिन्दी की सिद्ध और साध्य क्रियाओं का स्पष्टीकरण भी मिलेगा। इससे पता चलेगा कि हिन्दी का विकास कितना वैज्ञानिक है! निःसन्देह हिन्दी की पद्धति संस्कृत से भी अधिक कलात्मक तथा वैज्ञानिक है; यह आप स्वयं इस पुस्तक का अध्ययन करके कहेंगे!' (भूमिका)। विकासवाद का साधारणीकरण नहीं है; भारतीय सन्दर्भ में उसका विशेषीकरण है। परिवर्तन और विकास की बात उन्होंने यों ही चलते फिरते नहीं कह दी; वह उनके भाषासम्बन्धी चिन्तन का अभिन्न अंग है।

'हिन्दी प्राकृत परम्परा की भाषा है', इस कथन में प्राकृत शब्द देखकर किसी को भ्रम न होना चाहिए। यह प्राकृत लिखित साहित्य में प्राप्त प्राकृत नाम की भाषा नहीं है। साहित्य की प्राकृत के बारे में वाजपेयीजी का मत है: 'ऐसा विकृत रूप भाषा का कर दिया गया है कि अचरज होता है! **प्राकृत के** नमूने लीजिए—(शुक>सुअ+आ=) सुआ देखकर कोई वैसा नियम बना दे और **पिक** को **पिआ** तथा **काक** को **काआ** कर दे तो कैसा रहेगा? ... कर्णकटुता का तो कोई ठिकाना ही नहीं! संस्कृत में तथा हिन्दी आदि आधुनिक भाषाओं में ऐसा कोई शब्द न मिलेगा, जिसके प्रारम्भ में **ण** हो। परन्तु प्राकृतों में णकरादि शब्दों की बेहद भरमार है! यहाँ तक कि **न** भी **ण** कर दिया गया है!' (पृ० ११)। आगे कहते हैं: 'और, यदि यह मान लिया जाए कि उपलब्ध प्राकृत-काव्यों में जो भाषा है, वही उस समय की जनभाषा थी, तो कहना पड़ेगा कि वैसी किसी प्राकृत से हिन्दी का कोई दूर का भी सम्बन्ध नहीं है। उस प्राकृत की अपेक्षा तो संस्कृत ही हिन्दी के अधिक समीप है।' (पृ० १३)।

प्राकृतों से 'भाषा' का विकास प्रमाणित नहीं होता, प्राकृतों के आधार पर हिन्दी के विकास की व्याख्या नहीं होती। यही हाल अपभ्रंश का है। पुष्पदन्त से **णंदणवणि** आदि दो पंक्तियाँ उद्धृत करने के बाद वाजपेयीजी कहते हैं: 'क्या समझे? राहुलजी के द्वारा सम्पादित **हिन्दी काव्यधारा** में ऐसी कविताओं का मज़ा लीजिए, यदि इच्छा हो।' (पृ० १२)। फिर **गोरख वाणी से जड़ी बूटी का नावं** आदि ग्यारह पंक्तियाँ उद्धृत करने के बाद टिप्पणी करते हैं: 'गोरख पुष्पदन्त से एक शताब्दी पहले और भाषा उनकी ऐसी कि आज भी हम लोग सरलता से समझ लेते हैं। यही कारण है कि गोरख की वाणी समझाने के लिए राहुलजी को प्रतिरूप पंक्तियाँ नहीं देनी पड़ी हैं।' (पृ० १३)। दोनों की भाषा में जो भेद है, वह कृत्रिम और सहज भाषा का भेद है। पूछते हैं: 'तो फिर इस भाषा-भेद का कारण क्या है?' और उत्तर देते हैं: 'वही सहज और कृत्रिम रूपों का प्रयोग! गोरख सहज जनभाषा में सब-कुछ कहते हैं और दूसरे **कवि** प्राकृत-व्याकरण टटोलते हैं!' (पृ० १३)।

संस्कृत-प्राकृत-अपभ्रंश की नसेनी हटा लेने पर आधुनिक भाषाओं का उद्भव और विकास समझाने वाले पण्डित धराशायी हो जाते हैं। इस नसेनी पर चढ़ने-उतरने के वे आदी हो गये हैं, छात्रों को वैसा ही व्यायाम कराके वे उन्हें भाषाविद् बनाते हैं, देश-विदेश के प्रतिष्ठित विद्वानों को वही क्रिया करते देखकर वे मुग्ध हो चुके हैं। न संस्कृत, न प्राकृत, न अपभ्रंश! तब भाषा के इतिहास के नाम पर क्या पढ़ें, क्या दूसरों को पढ़ायें?

डारविन ने जब पहली बार अनुभव किया कि यह संसार ईश्वर ने नहीं बनाया तो अचानक स्वयं को ईश्वरविहीन संसार में पाकर वह विचलित हो उठा था। पर इसके बाद संसार के अध्ययन के लिए नये मार्ग निकल आये; डारविन की पहल के बाद प्रकृति-विज्ञान ने चमत्कारी प्रगति की। ऐसी प्रगति ऐतिहासिक भाषाविज्ञान में सम्भव है। इसके लिए पहले संस्कृत-प्राकृत-अपभ्रंश की नसेनी उठाकर एक ओर रख देनी होगी।

नये मार्ग कौन से हैं, इसका संकेत वाजपेयीजी के ग्रन्थों में है।

भाषा की शुरूआत ऋग्वेद से नहीं होती। वैदिक भाषा से पहले भाषाई विकास की सुदीर्घ परम्परा है। **भारतीय भाषाविज्ञान** में कहते हैं: 'क्या उस मूलभाषा या पहली प्राकृत की पहली रचना ही वेद है? सम्भव नहीं! इससे पहले छोटा-मोटा और हलका-भारी न जाने कितना साहित्य बना होगा, तब वेदों का नम्बर आया होगा।' (पृ० ११३)। किसी मूलभाषा का विकास है वेद की भाषा, सबसे पहले यह स्थापना ध्यान में रखनी चाहिए। इस मूलभाषा के प्रदेश-भेद थे, ध्यान में रखने की यह दूसरी स्थापना है। लिखा है: 'सो, वेदों की रचना के समय तक वह मूलभाषा पूरी तरह विकसित हो चुकी होगी और देश-भेद या प्रदेश-भेद से उसके रूप-भेद भी हो गए होंगे।' (उप०, पृ० ११३-११४)। इसके साथ पाणिनि के **अन्यतरस्याम्** की जो व्याख्या वाजपेयीजी ने की है, उसे याद करें। वह तीसरा संकेत है। प्रादेशिक भेद वैदिक काल में थे, पाणिनि के समय में थे। इनकी जानकारी वेदों से होगी, **अष्टाध्यायी** से होगी। प्रादेशिक भेदों की कल्पना ही मन में न होगी तो सामने रहते हुए भी वे दिखाई न देंगे। चौथा संकेत यह है कि संस्कृत की आधारभाषा के रूप, संस्कृत से बाहर, पालि, हिन्दी आदि में मिल सकते हैं। यथा—'पालि में **इध** है और संस्कृत में **इह** है। ऐसा जान पड़ता है कि **मूल भाषा** में **इध** ही था···हिन्दी का **इधर** पालि के **इध** से जान पड़ता है।' (उप०, पृ० १२६)। संस्कृत की आधारभाषा का पता लगाने के लिए पालि में, स्वयं संस्कृत में, विशेषत: पाणिनि की समकालीन और पूर्वकालीन भाषा में तथा हमारी जनपदीय भाषाओं में विपुल सामग्री बिखरी पड़ी है। अनुसन्धान की इस नई दिशा की ओर स्पष्ट संकेत **भारतीय भाषाविज्ञान** में है।

संस्कृत-प्राकृत-अपभ्रंश की नसेनी हटाकर धराशायी भाषाशास्त्री को वाजपेयीजी असहाय नहीं छोड़ते, नसेनी पर चढ़ने-उतरने के व्यायाम के बदले वह उसे और उपयोगी कार्य बताते हैं। इस नसेनी के हट जाने पर हम जनपदीय भाषाओं का आपसी सम्बन्ध और गहराई से पहचानने के योग्य बनते हैं, मानक भाषा के विकास में उनकी

ऐतिहासिक भूमिका पहचानने के योग्य बनते हैं। **हिन्दी शब्दानुशासन** में लिखा है: 'ब्रज में **आयो-गयो** प्रयोग होते हैं, परन्तु **आवत** में वह अवधी से प्रभावित है। **आवत** के पीछे फिर **लावत, सोवत, रोवत** आदि का चलन। ब्रजभाषा पर खड़ी बोली, राजस्थानी, कन्नौजी तथा अवधी का प्रभाव है।' (पृ० ३६)। 'सो, ब्रज पर खड़ी बोली, राजस्थानी तथा पश्चिमी पाञ्चाली का स्पष्ट प्रभाव है। **शौरसेन**-अपभ्रंश नाम से जो भाषा हमारे सामने है, उससे ब्रज की बोली का कोई सामञ्जस्य नहीं बैठता।' (पृ० ५३३)। यह जनपदीय भाषाओं के आपसी सम्बन्ध पहचानने की बात हुई। इस पहचान का सीधा सम्बन्ध अपभ्रंश-सम्बन्धी प्रचलित धारणाओं की अस्वीकृति से है।

अब मानक भाषा के विकास में जनपदीय भाषाओं का योगदान देखें। करहि से करे और करहु से करो का सम्बन्ध दिखा रहे हैं। हिन्दी शब्दानुशासन में ही कहते हैं: '**करइ** तथा **करै** भी **करहि** के विकास हैं। परन्तु **करै** रूप बनते-बनते **हि** की स्मृति उड़ गई।… इसी तरह **करहु** विधि या आज्ञा के रूप भी **करउ-करौ** होते हैं। यही **हु** राष्ट्रभाषा के **करो** आदि में भी है। **ह्** का लोप और **अ-उ** में सन्धि होकर **ओ। पढ़ो, गुनो, पटको, झटको** आदि में उसी **हु** की आत्मा है, विभक्ति के रूप में।' (पृ० ४०)।

मानक भाषाओं के विकास में जो पेचीदा सामाजिक प्रक्रिया घटित होती है, उसमें यह अनिवार्य है कि मानक भाषा जनपदीय भाषातत्व ग्रहण करे। मानक हिन्दी की आधार बाँगरू ब्रज से प्रभावित है, ब्रज अवधी से। एक ओर ब्रज और दूसरी ओर बाँगरू, दोनों अवधी से कुछ तत्व ग्रहण करती हैं, विवेचन की यह भूमि **हिन्दी शब्दानुशासन** में विद्यमान है।

भारत की व्याकरण-परम्परा संसार की प्राचीनतम व्याकरण परम्परा है। वह जितनी प्राचीन है, उतनी ही नवीन है क्योंकि वह गतिरुद्ध, रूढ़िग्रस्त परम्परा बनकर नहीं रह गई। उसमें रूढ़ियों को तोड़ने और पूँजीवादी भाषाविज्ञान की सीमाएँ लाँघने की क्षमता है, इसका प्रमाण **हिन्दी शब्दानुशासन** है। यह परम्परा संस्कृत से आतंकित नहीं होती, प्राकृतों-अपभ्रंशों के जाल में नहीं फँसती, क्या कृत्रिम है क्या सहज है, इसका विवेक करती है, वह भाषा की प्रकृति, उसका स्वरूप पहचानने पर बल देती है, भाषा के प्रति विकासोन्मुख दृष्टिकोण अपनाती है। भारत में अंग्रेज़ी राज कायम न होता तो भी **हिन्दी शब्दानुशासन** लिखा जाता। अंग्रेज़ी राज के बिना भारतीय भाषाओं के उद्भव और विकास पर जो अनेक ग्रन्थ अंग्रेज़ी में लिखे गये, वे न लिखे जाते, यह निश्चित है। यदि अंग्रेज़ी राज की 'प्रगतिशील' भूमिका के बिना यह देश भाषाविज्ञान में प्रगति कर सकता है तो वह विज्ञान के अन्य क्षेत्रों में, विशेषकर समाज सम्बन्धी विज्ञान के क्षेत्र में, भी प्रगति कर सकता था, यह निश्चित है। इस प्रगति के लिए पुरानी रोढ़ियाँ तोड़ना आवश्यक है। आचार्य किशोरीदास वाजपेयी ने भाषाविज्ञान में यह काम साहसपूर्वक किया है, यह ऊपर दिये हुए उद्धरणों से स्पष्ट है।

अंग्रेज़ी राज न होता तो भी **हिन्दी शब्दानुशासन** होता। **अष्टाध्यायी** न होती तो भी पाश्चात्य भाषाविज्ञान अपने आधुनिक रूप में विकसित होता, इसमें सन्देह है।

७. अक्षर-धातु-कारक-विज्ञान

भाषाओं के तुलनात्मक और ऐतिहासिक विवेचन के लिए यह आवश्यक है कि प्रयत्न और स्थान के अनुसार ध्वनियों में भेद किया जाय, सघोष और अघोष ध्वनियों में, अल्पप्राण और महाप्राण ध्वनियों में, ह्रस्व और दीर्घ स्वरों में भेद किया जाय, भिन्न-सी लगनेवाली ध्वनियों का सम्बन्ध पहचाना जाय, किस संदर्भ में कौन-सी ध्वनि भिन्न रूप में ग्रहण की जाती है, इसका बोध हो, विश्लेषण के लिए किसी भाषा की न्यूनतम ध्वनि-इकाई स्थापित करने की कला ज्ञात हो।

प्रयत्न और स्थान के अनुसार ध्वनियों में भेद करके भारतीय वर्णमाला रची गई है। इस वर्णमाला के एक भाग में स्वर हैं, दूसरे में स्पर्शध्वनियाँ हैं। स्पर्शध्वनियों में कण्ठ से आरम्भ करके ओठों की ओर आते हैं; पहले कवर्ग, अन्त में पवर्ग। प्रत्येक वर्ग के अन्त में समानधर्मा नासिक्य ध्वनि। इन स्पर्शध्वनियों के बाद वे ध्वनियाँ आती हैं जिनका स्पर्शतत्व क्षीण है, जो अर्धस्वर हैं, स्वर और व्यंजन के बीच स्थित हैं, अन्तःस्थ हैं। संसार की कोई भी वर्णमाला इस प्रकार ध्वनियों के विभाजन और वर्गीकरण के आधार पर नहीं रची गई। ध्वनियों के विश्लेषण के लिए ऐसी वर्णमाला का महत्व असंदिग्ध है; ऐसी वर्णमाला रची भी तब जायगी जब ध्वनिविज्ञान का यथेष्ट विकास हो चुका होगा। यूरुप और अमरीका के विद्वान् भारतीय क्रम उलटकर ओठों से कण्ठ की तरफ़ चलते हैं, पहले **प्**, अन्त में **क्**। वर्गीकरण वही है जो भारत में प्रचलित रहा है, केवल क्रम उलट दिया गया है। कुछ मौलिकता तो होनी ही चाहिए। किन्तु यह मौलिकता भाषाविज्ञान तक सीमित है, भाषा के सामान्य व्यवहार में वही वर्णमाला चालू है जो प्रथम सहस्राब्दी ई० पू० में यूनान में प्रचलित थी। पुरानी बुल्गारियन लिपि, आधुनिक रूसी लिपि, रोमन लिपि, पुरानी जर्मन लिपि आदि का आधार वही प्राचीन यूनानी लिपि है और इस लिपि का आधार फिनीशियन नाम के सामी जनों की लिपि है।

प्रयत्न और स्थान के अनुसार वर्णक्रम निर्धारित हो, यह आवश्यकता भाषा के मौखिक व्यवहार के लिए नहीं होती। बोलते समय मनुष्य के मुँह से जो ध्वनियाँ निकलती हैं, उनका वर्गीकरण न होने पर भी बोलने में कोई बाधा न पड़ेगी। यदि ध्वनियों के उचित वर्गीकरण के बिना लिपिचिन्ह स्थिर कर लिए जाएँ, तो लिखने में बाधा न पड़ेगी। यदि ध्वनियों के लिए लिपिचिन्ह निश्चित करने के बदले मिस्र और चीन की तरह लोग चित्रलिपि से काम लें तो भी लिखने में बाधा न पड़ेगी, लिखाई-पढ़ाई का काम कठिन अवश्य हो जायगा। प्रयत्न और स्थान के अनुसार ध्वनियों का वर्गीकरण न हो तो भाषा का ध्वनितन्त्रीय विश्लेषण असम्भव होगा। भारत में जब से कवर्ग-पवर्ग वर्गीकरण आरम्भ हुआ, तब से यहाँ विकसित ध्वनिविज्ञान का अस्तित्व स्वीकार करना चाहिए।

यूरुप की भाषाओं में **क्—ग्, त्—द्, प्—ब्** का भेद था और है किन्तु वहाँ के विद्वान् घोषीकरण की प्रक्रिया से अपरिचित थे। अंग्रेज विद्वान् डब्ल्यू० ऐस्० ऐलेन अपनी पुस्तक **फॉनॅटिक्स् इन् एन्शेन्ट् इन्डिया** (ऑक्सफॉर्ड युनिवर्सिटी प्रेस, १९५३) में

कहते हैं कि भाषाविज्ञान को भारत की सबसे बड़ी एक देन घोषीकरण की प्रक्रिया है। घोषीकरण की प्रक्रिया का बोध न होगा तो सघोषता और महाप्राणता के लक्षणों के मिश्रण की प्रक्रिया का बोध कहाँ से होगा ? **ग्** का ध्वनितात्त्विक विश्लेषण न होगा तो **घ्** का विश्लेषण कहाँ से होगा ?

भारत से बाहर इंडोयूरोपियन परिवार की समस्त प्राचीन-अर्वाचीन भाषाओं का ज्ञान भी यूरुप के विद्वानों को यह न बता सकता था कि **ब्रदर्** के **ब्** और **फ्रातेर्** के **फ्** का पूर्वरूप **भ्रातृ** का भ् है; भ् की सत्ता का बोध उन्हें तभी हुआ जब वे संस्कृत से और भारतीय व्याकरण-परम्परा से परिचित हुए। भारत से बाहर किसी भी प्राचीन-अर्वाचीन भाषा में **घ्-ध्-भ्** का अस्तित्व नहीं है। इस एक तथ्य से ऐतिहासिक भाषाविज्ञान के लिए संस्कृत तथा भारतीय ध्वनिविज्ञान का महत्व स्पष्ट हो जाता है।

वर्गीय वर्णक्रम में पहले अघोष अल्पप्राण, फिर अघोष महाप्राण, उसके बाद सघोष अल्पप्राण, अन्त में सघोष महाप्राण। प्रत्येक वर्ग के वर्णक्रम में सघोषता और महाप्राणता के लक्षणों का ध्यान रखा गया है।

बरो का विचार है कि वैदिक आर्य लिखना-पढ़ना न जानते थे। लेखन-कौशल के अभाव में मौखिक परम्परा द्वारा वैदिक साहित्य को सुरक्षित बनाये रखने के कौशल का आविष्कार हुआ। पाणिनि और उनसे पहले के वैयाकरणों की सूत्रशैली के बारे में उन्होंने यह विचार प्रकट किया है कि समस्त शिक्षाकार्य मौखिक था और स्मृति पर निर्भर था। जिस तर्क से वैदिक काल में लेखन-कौशल का अभाव सिद्ध किया गया है, उस तर्क से पाणिनि काल में भी उसका अभाव सिद्ध होगा। भारत में लेखन-कौशल का आविर्भाव कब हुआ, बरो कहते हैं, इसका पता नहीं (सिन्धु घाटी के लेखन-कौशल को आक्रमणकारी आर्यों ने नष्ट कर दिया था, वह कह चुके हैं); जहाँ तक प्राप्त अभिलेखों की बात है, वे तीसरी सदी ई० पू० में दो लिपियों, ब्राह्मी और खरोष्ठी, में मिलते हैं। किन्तु तीसरी सदी ई० पू० में वैदिक साहित्य को कण्ठस्थ करने की परम्परा बनी हुई थी और सूत्रशैली में अभी उन्नीसवीं सदी के अंतिम चरण में ईश्वर कौल कश्मीरी का व्याकरण लिख रहे थे। सूत्रशैली से यह सिद्ध नहीं होता कि शिक्षणक्रम मौखिक था; वैदिक साहित्य को कण्ठस्थ रखने से यह सिद्ध नहीं होता कि वैदिक काल में लेखन-कौशल का अभाव था।

भारत पर अंग्रेज़ों से पहले भी अनेक दस्यु-समुदायों ने आक्रमण किया था। व्याकरणसमेत समस्त वाङ्मय को कण्ठस्थ रखने की परम्परा का कारण लेखन-कौशल का अभाव नहीं है; इसका कारण भारतीय विद्वानों द्वारा अपनी ज्ञानराशि को सुरक्षित रखने की प्रबल आकांक्षा थी। इसके लिए उन्होंने अमित परिश्रम किया, अपूर्व मेधा का परिचय दिया और समस्त दस्युअभियानों के समक्ष उस ज्ञानिराशि की रक्षा करने में सफल हुए। ऐसी सफलता संसार में किसी भी अन्य देश के विद्वानों को नहीं मिली।

आश्चर्य की बात है कि यूरुप के विद्वान् तीसरी सदी ई० पू० के पहले से पढ़ना-लिखना तो जानते थे किन्तु घोषीकरण की प्रक्रिया से अपरिचित बने रहे। इस प्रक्रिया का ज्ञान उन्हें तब हुआ जब वह भारतीय ध्वनिविज्ञान से परिचित हुए।

लिपि के सम्बन्ध में ऊपर की बातें यहाँ इसलिए कहीं कि भारतीय वर्णमाला की रचना का गहरा सम्बन्ध लेखन-कौशल से है, ध्वनिविज्ञान से है।

सामी लिपियों में स्वरों के लिए अलग ध्वनिचिन्हों के व्यवहार की परम्परा नहीं है। यूनानियों ने फिनीशियन लोगों से जो लिपि सीखी, उसमें जो व्यंजनचिन्ह उनकी भाषा के लिए आवश्यक थे, उन्हें स्वरों के लिए उन्होंने निश्चित कर लिया। **ॲ** और ए, **ऑ** और **ओ** के लिए अलग चिन्ह हो गए, पर **अ—आ, इ—ई, उ—ऊ** के लिए एक-एक चिन्ह ही रहा। लैटिन में **ॲ**—ए, **ऑ—ओ** का चिन्हभेद न रह गया। यह स्थिति भाषाविज्ञान के विकास में बाधक थी। भाषाविज्ञान में एक ही ध्वनिचिन्ह पर निशान लगाकर जो ह्रस्व-दीर्घ स्वरों का भेद बताने का प्रयास है, वह नागरी लिपि के अनुरूप रोमन लिपि को ध्वनि विश्लेषण के लिए अधिक उपयोगी बनाने का प्रयास है।

संस्कृत में **ॲ—ए, ऑ—ओ** का भेद अनावश्यक है; **ॲ—ऑ** के लिए ध्वनि-चिन्ह भी नहीं हैं। तमिल में यह भेद आवश्यक है; उसमें उनके लिए ध्वनिचिन्ह हैं।

क् और **च्** में क्या सम्बन्ध है, यह **करोति** के **कर्** से **कार**, फिर आवृत्ति द्वारा **चकार** रूप का विश्लेषण करनेवाले जानते थे। इसी तरह **गम्** से **गाम**, फिर **जगाम** का विश्लेषण करनेवाले **ग्-ज्** का सम्बन्ध जानते थे। **हन्ति** और **घ्नन्ति** को क्रियारूपों की एक ही शृंखला में रखनेवाले **घ्-ह्** के परिवर्तन-सम्बन्ध से परिचित थे। **इ** का गुण **ए** है, **उ** का गुण **ओ** है, इस विश्लेषण-पद्धति के सहारे ही पाश्चात्य विद्वानों ने स्वरसंसृति (ऐब्लाउट) का ताना-बना रचा, विशेषतः ग्रीक-लैटिन संस्कृत के स्वरभेद निर्धारित करते हुए इन भाषाओं के सम्बद्ध प्रतिरूप निश्चित किये, उनकी शब्दरचना-प्रक्रिया और रूपतंत्र की विशेषताओं का विवेचन किया।

वर्णमाला में **क** है **क्** नहीं किन्तु **क्** की स्थिति ध्वनिविवेक के लिए आवश्यक है। वर्णमाला के रचनाकार **क्** और **क** के भेद से परिचित थे। **क** रूप उच्चारणसुगमता के लिए है जैसे अंग्रेज़ी में **क्** के लिए लिखा **K**, बोले **के**। पाणिनि के ग्रन्थ में **क** का मूल्य **क्** है; **कपय्** प्रत्याहार सूत्र में **क** और **प** वर्ण हैं; इनका मूल्य है **क्** और **प्**। **ऋऌक्** में अन्तिम ध्वनि **क्** है; स्वर के बाद उसका उच्चारण सुगम है। **अइउण्** से लेकर **हल्** तक हर प्रत्याहार सूत्र के अन्त में स्वरहीन व्यंजन ध्वनि है। **इको गुणवृद्धी** सूत्र में **इक्** द्वारा इ, उ, ऋ, ऌ स्वरों की ओर संकेत किया गया है। **अच्**, हल्, **इक्** आदि पाणिनि के संक्षिप्त ध्वनिसंकेत सम्भव ही न होते यदि वह **च—च्**, ल—ल्, क—**क्** में भेद न करते।

क ध्वनि की न्यूनतम इकाई नहीं है, न्यूनतम इकाई है **क्**। इस न्यूनतम इकाई को आधुनिक विद्वान् फ़ॉनीम् कहते हैं। क वर्ण है; न्यूनतम इकाई के लिए **अक्षर** शब्द उपयुक्त है। फ़ॉनीम् के प्रसंग में सोस्योर ने उस मूर्त इकाई को ढूँढ़ने की बात कही है जिसे घटाकर और सूक्ष्म न किया जा सके। उन्नीसवीं सदी के अन्तिम चरण में सोस्योर ने दस साल तक पैरिस में संस्कृत पढ़ाने का काम किया था। आधुनिक भाषाविज्ञान के विकास पर उनका भी प्रभाव है। मेरा अनुमान है कि ऊपर की बात उन्होंने अक्षर के अर्थ-तत्व को ध्यान में रखते हुए कही थी। संस्कृत के अन्य फ्रान्सीसी विद्वान् रॅनू ने

लिखा है कि फ़ॉनीम् के लिए संस्कृत में ठीक उसी अर्थ का द्योतक शब्द वर्ण है; उससे मिलता-जुलता शब्द अक्षर है जो 'सिलेब्ल्' के लिए प्रयुक्त होता था। फिर अक्षर के लिए पादटिप्पणी में लिखा है कि 'यह शब्द बहुधा फ़ॉनीम् के अर्थ में प्रयुक्त होता था' ('ल तॅर्म ए पारफ़्वा आम्प्लॉइये ओ सां द फॉनेम'; देखें जे. ऐफ़्. स्टाल द्वारा संपादित **ए रीडर ओन् द संस्कृत ग्रमेरिअन्स्**, मैसाचुसेट्स संस्थान; पृ० ४६०-१)। रॅनू ने यह भी लिखा है कि उकार, तकार आदि में **कार** का व्यवहार फ़ॉनीम् की व्यंजना के लिए है, उकार अर्थात् **उ** फ़ॉनीम्, तकार अर्थात् **त्** फ़ॉनीम्। तकार का अर्थ **त** कभी नहीं होता। फ़ॉनीम् के लिए चाहे अक्षर का व्यवहार हो, चाहे वर्ण का, उसकी कल्पना भारतीय व्याकरण में थी, यह निश्चित है।

डबल्यू. ऐस्. ऐलेन ने **फॉनॅटिक्स इन् एन्शेन्ट् इण्डिया** में बताया है कि वर्ण से मूलतः ध्वनि-इकाई का बोध न होता था; वह ध्वनि का विशिष्ट गुण था, यह गुण वस्तुतः सदैव स्वर का गुण होता था। (पृ० १४)। यहाँ इ का गुण ए है, इस गुण से अभिप्राय नहीं है। वर्ण से ध्वनि की 'क्वालिटी' का बोध होता है और यह 'क्वालिटी' है स्वर।

अतः ध्वनि की इकाई के लिए **अक्षर** और 'सिलेब्ल्' के लिए वर्ण का व्यवहार उचित होगा। **उ** अक्षर है, वर्ण भी; **क्** केवल अक्षर है।

बनारस के पादरी एदरिंगटन ने **भाषा भास्कर** नाम के अपने हिन्दी व्याकरण के आरम्भ में लिखा था : 'शब्द के उस खंड का नाम अक्षर है जिसका विभाग नहीं हो सकता।' आगरे के मदनमोहन ने अपने **भाषा व्याकरण** में **राजा** पद का विश्लेषण करते हुए बताया था **र्** में **आ** जोड़ा तब **रा** बना, **ज्** में **आ** जोड़ा तब **जा** बना, **रा** मिश्र ध्वनि है, **र्** और **आ** अमिश्र ध्वनि। 'ऐसे अमिश्र वर्णात्मक वे शब्द वा ध्वनिखण्ड अक्षर हैं जो मनुष्यों के मुख से निकलते हैं और सदा सर्वत्र अविकारी और एक से हैं और सब बोली की जड़ हैं।' ये दोनों व्याकरण उन्नीसवीं सदी के उत्तरार्ध में लिखे गये थे। भाषा की न्यूनतम इकाई के लिए यहाँ अक्षर शब्द का व्यवहार होता था, यह स्पष्ट है।

इस अक्षर को नया नाम दिया गया फोनीम्। अक्षर की व्यंजना से अपरिचित विद्वानों ने फोनीम् के लिए ध्वनिग्राम, स्वनिम आदि शब्दों का प्रयोग आरम्भ किया। फ़ॉनीम् के बारे में अनेक तरह के सिद्धान्त हैं; शब्द और वाक्य के बारे में भी अनेक तरह के सिद्धान्त हैं। इससे यह सिद्ध नहीं होता कि भारतीय वैयाकरण शब्द और वाक्य के अस्तित्व से अपरिचित थे, भाषा के विश्लेषण में इन धारणाओं का उपयोग न करते थे। विवरणात्मक भाषाविज्ञान में फ़ॉनीम् का बड़ा महात्म्य है। फ़ॉनीम्-सम्बन्धी कल्पना भारतीय व्याकरण की देन है। इस कल्पना के आधार पर ऐतिहासिक भाषाविज्ञान के आचार्यों ने ध्वनि-परिवर्तन के नियम बनाये, संस्कृत-ग्रीक-लैटिन आदि भाषाओं के ध्वनितन्त्र का तुलनात्मक अध्ययन किया। विवरणात्मक भाषाविज्ञान ने बीसवीं सदी में फ़ॉनीम् के बारे में कोई ऐसा नया सिद्धान्त प्रतिष्ठित नहीं किया जिससे ध्वनिपरिवर्तन के नियमों में परिवर्तन ज़रूरी होता। ऐतिहासिक भाषाविज्ञान की पुरानी मान्यताएँ अपनी जगह हैं; नये फ़ॉनीम्-सिद्धान्त इधर-उधर से कन्नी काटकर निकल जाते हैं।

ध्वनि की न्यूनतम इकाई, अक्षर, के आधार पर ऐतिहासिक भाषाविज्ञान में ही नहीं, विवरणात्मक भाषाविज्ञान में भी शब्द की ध्वनिसंरचना का विवेचन किया गया है। अक्षर के आधार पर पाणिनि का ध्वनिविश्लेषण विभिन्न देशों और युगों में मनुष्य के भाषा सम्बन्धी चिन्तन को प्रभावित करता रहा है।

ध्वनितन्त्र में जो महत्व अक्षर का है, शब्दतन्त्र में वही महत्व धातु का है। **करोति, चकार, करिष्यति, कर्ता, कृति, कार्य, कर्म** आदि परस्पर सम्बद्ध रूप हैं, यह बोध धातु सम्बन्धी कल्पना में व्यक्त होता है। अनेक संज्ञाक्रिया रूपों को एक श्रृंखला में पिरोनेवाली कड़ी है धातु। धातु में एक स्वर अवश्य होता है; विभिन्न रूपों में यह स्वर कैसे बदलता है, इसकी व्याख्या के लिए अनेक सूत्र रचे गये। धातु में कहाँ क्या जोड़ा जाता है, यह बताने के लिए सूत्र रचे गये। जिन भाषाओं में संज्ञा-क्रिया का भेद निश्चित हो चुका था, उनमें धातु के आधार पर शब्दनिर्माण की व्याख्या उपयोगी और भाषाओं की प्रकृति के अनुकूल थी। किन्तु जहाँ ऐसा भेद निश्चित नहीं था, वहाँ धातु सम्बन्धी कल्पना भ्रामक हो सकती है। वहाँ धातु के बदले शब्दमूल कहना युक्तिसंगत होगा। इस पुस्तक में शब्दमूल, क्रियामूल के साथ जहाँ तहाँ धातु शब्द का व्यवहार किया गया है। धातु वैयाकरणों की आत्मगत कल्पना नहीं है; शब्द में उसका वस्तुगत आधार है। कहाँ कौन-सी धातु है, इसके बारे में विभिन्न मत संभव हैं; विभिन्न शब्दों और शब्द-रूपों का आपसी सम्बन्ध किस तरह पहचानते हैं, इस पर यह निर्भर है कि धातु का स्वरूप हम किस तरह निर्धारित करते हैं। आधुनिक ऐतिहासिक भाषाविज्ञान में धातु, प्रत्यय, उपसर्ग आदि के साथ रूपनिर्माण की पूरी प्रक्रिया ग्रीक, लैटिन आदि पर लागू की गई है और इस प्रकार संस्कृत से इन भाषाओं की तुलना की गई है।

इंडोयूरोपियन परिवार की भाषाओं के विवेचन में धातुओं के वर्गीकरण पर, लकारों के विवेचन पर स्वभावतः संस्कृत का प्रभाव है।

लकार अर्थात् विभिन्न क्रियारूप और कारक अर्थात् क्रिया से सम्बद्ध विभिन्न संज्ञारूप वाक्य का ढाँचा निश्चित करते हैं, अतः वे वाक्यतन्त्र का अंग हैं। ऐतिहासिक भाषाविज्ञान ने संस्कृत के सात कारक ज्यों के त्यों ले लिये हैं और उन्हें अपनी काल्पनिक आदि इंडोयूरोपियन भाषा पर आरोपित कर दिया है। अपने तुलनात्मक व्याकरण के तीसरे खण्ड में ब्रुगमन ने यह मत प्रकट किया है कि मूल भाषा में सात कारक थे—कर्ता, कर्म, सम्बन्ध, अपादान, संप्रदान, अधिकरण और करण। इस वर्गीकरण का उपयोग सावधानी से करना चाहिए, यह बताते हुए कहते हैं : 'यह इंडोजर्मैनिक की आदिम अवस्था के लिए ही मुख्यतः सही है। कारकों के पुराने भेद संस्कृत काफी अच्छी तरह सुरक्षित किये रही है; किन्तु अन्य भाषाओं में रूप-संसर्ग और पुर्ननिमाण से बहुत हद तक उनका कायाकल्प हो गया है और वे मिट गये हैं।' (पृ० ५६)।

जैसे मूल भाषा की घ्-ध्-भ् ध्वनियाँ संस्कृत 'काफी अच्छी तरह' सुरक्षित किये रही, भले ही भारत से बाहर उनके अस्तित्व का कहीं पता न हो, वैसे ही सात कारकों का भेद संस्कृत 'काफी अच्छी तरह' सुरक्षित किये रही है, भले ही इनमें कुछ कारकों का अन्यत्र पता न हो। ग्रीक और लैटिन के तुलनात्मक व्याकरण में बक कहते हैं कि लैटिन

में अधिकरण और करण कारक अपादान में घुल-मिल गये हैं; ग्रीक में अपादान सम्बन्ध कारक में घुलमिल गया है; अधिकरण और करण कारक संप्रदान में घुलमिल गये हैं। इससे विदित होगा कि काल्पनिक आदि भाषा के ध्वनितन्त्र के समान उसके रूपतन्त्र के विश्लेषण को भी संस्कृत-व्याकरण की मान्यताएँ प्रभावित करती रही हैं।

पुराने समय में ग्रीक वैयाकरणों ने कारक-पद्धति से अपनी भाषा के रूपतन्त्र का विवेचन किया। यह पद्धति उनका अपना आविष्कार थी या उन्होंने उसे अन्य किसी से सीखा था? ग्रीक वर्णमाला, उसके लिए प्रयुक्त लिपिचिन्ह फिनीशियन लोगों की देन हैं, यह सांस्कृतिक इतिहास का व्यक्त रहस्य है। कारकभेद उन्होंने किससे सीखा, यह रहस्य अव्यक्त है। सामी जनों से वे कारकपद्धति न सीख सकते थे, यह निश्चित है। जौन लायन्स ने सैद्धान्तिक भाषाविज्ञान पर अपने ग्रन्थ **इंट्रोडक्शन् टु थ्योरेटिकल् लिंग्विस्टिक्स** (केम्ब्रिज, १९६८) में बताया है कि व्याकरण लिखने की कला यूनानियों से रोमनों ने, रोमनों से अरबों ने, अरबों से हीब्रू लोगों ने सीखी। इस शृंखला की पहली कड़ी यूनानी हैं, आखिरी कड़ी सामी जन हैं। भारतीय व्याकरण-परम्परा के लिए कहते हैं कि वह अधिक प्राचीन, स्वतन्त्र और श्रेष्ठ है। (पृ० १८-१९)। यूनान के विद्वान् किसी से व्याकरण लिखना सीख सकते थे तो वह भारत था। ग्रीक भाषा का पहला भरापूरा व्याकरण द्योनिसुस् थ्राक्स ने लिखा था। वह दूसरी सदी ई० पू० के हैं और यूनान से बाहर मिस्र के सिकन्दरिया नगर में रहते थे। मिस्र से भारत का पुराना और घनिष्ठ सम्बन्ध रहा है, अतः ग्रीक व्याकरण रचना पर भारतीय प्रभाव की संभावना युक्तिसंगत है।

अक्षर, धातु और कारक भारतीय व्याकरण के तीन स्तंभ हैं। यूनानियों ने व्याकरण लिखना चाहे जहाँ से सीखा हो, ऐतिहासिक भाषाविज्ञान की इमारत इन्हीं तीन स्तंभों पर खड़ी की गई है और इस इमारत के निर्माताओं ने इन स्तंभों का उपयोग करना भारत से सीखा।

६

भाषाविज्ञान और भौतिकवाद

१. भौतिकवाद की प्राचीनता

भौतिकवाद भारतीय दर्शन की परम्परा के अन्तर्गत है। भौतिकवाद इस परम्परा का अभिन्न अंग है, वह उतना ही प्राचीन है जितना प्राचीन भारतीय दर्शन है। संसार के प्राचीनतम दार्शनिक चिन्तन में भौतिकवाद का अस्तित्व है और इस चिन्तन में उसका स्थान महत्वपूर्ण है।

भारत की प्रसिद्ध सांस्कृतिक संस्था रामकृष्ण मिशन ने इस देश के सांस्कृतिक ऋक्थ पर **द कल्चरल हेरिटेज आफ़ इन्डिया** नाम का ग्रन्थ प्रकाशित किया है। इसके तीसरे खण्ड में नदिया (बंगाल) के संस्कृत अध्यापक दक्षिणारंजन शास्त्री ने संदेहवाद, अज्ञेयवाद के साथ प्राचीन भौतिकवाद का परिचय दिया है। उनका कहना है कि बृहस्पति लौक्य अथवा ब्रह्मणस्पति भारतीय भौतिकवाद के संस्थापक हैं। उनकी मान्यता थी: **असतः सदजायत** (**ऋग्वेद** १०-७२-२); भूत ही परम सत्य है। चेतना शरीर का धर्म है; भूतकणों में चेतना निहित नहीं है, केवल उपयुक्त मात्रा में संघटित होने पर परमाणुओं में जीवन के चिन्ह प्रकट होते हैं। जीवन और चेतना अभिन्न हैं, तत्वों के विघटन के साथ चिन्तनशक्ति का नाश होता है।

दर्शन शब्द का मूल अर्थ है प्रत्यक्ष अनुभव। लोकायत (अर्थात् प्राचीन भारतीय भौतिकवाद) में प्रत्यक्ष अनुभव पर बल है। 'फ़िलौसफ़ी' जैसे शब्दों की अपेक्षा 'दर्शन' अपने मूल अर्थ से ही भारतीय भौतिकवाद की प्राचीनता सिद्ध कर रहा है। दक्षिणारंजन शास्त्री ने बताया है कि अन्य सभी दर्शन इसका खण्डन करते दिखाई देते हैं, अतः कुछ लोग मानते हैं कि भारत का प्राचीनतम दर्शन भौतिकवाद ही है।

रोज़ेन्थाल और यूदिन द्वारा संपादित दर्शन शास्त्र का कोश (**ए डिक्शनरी आफ़ फिलासफ़ी**, मास्को, १९६७) में भौतिकवाद के अभ्युदय के बारे में लिखा है: 'दर्शन शास्त्र के अभ्युदय के साथ भारत, चीन और यूनान के दासप्रथा वाले समाजों में खगोल

विद्या, गणित तथा ज्ञान के अन्य क्षेत्रों में प्रगति के फलस्वरूप प्रथम भौतिकवादी सिद्धान्त प्रकट हुए।'

भारतीय भौतिकवाद की प्राचीनता असंदिग्ध है। भारत और सोवियत संघ दोनों देशों के अनेक विद्वान् यह तथ्य स्वीकार कर चुके हैं।

भारत में भौतिकवाद का अभ्युदय उस समय होता है जब गणसमाज विघटित हो रहे हैं और उनके गर्भ में सामन्ती व्यवस्था के नये सम्बन्ध पुष्ट हो रहे हैं। गण समाजों का आधार सामूहिक श्रम की पद्धति है; पूरे गण समाज के बदले जब उत्पादन का आधार कुटुम्बगत श्रम हो जाता है, तब श्रमविभाजन के साथ कौशल का विकास होता है और गणव्यवस्था अनावश्यक हो जाती है और क्रमशः नष्ट हो जाती है। दास-प्रथा का चलन सामन्ती व्यवस्था के अन्तर्गत होता है; इस व्यवस्था में मुख्य अन्तर्विरोध भूस्वामियों-पुरोहितों तथा शेष जनता में होता है। पुरोहित नयी व्यवस्था को सुदृढ़ बनाते हैं, धर्मशास्त्र रचते हैं, अधिकारहीन निर्धन जनों को अपनी स्थिति स्वीकार करने के लिए पुराणकथाएँ गढ़ते हैं। इसी कारण भारतीय भौतिकवाद की प्रमुख विशेषता पुरोहितों की आलोचना है। गणित, खगोल आदि में प्रगति के साथ भौतिकवाद और पुष्ट होता है किन्तु उसका उद्भव इससे पहले हो चुका है।

उक्त कोश में कहा गया है कि प्राचीन भौतिकवाद का सामान्य लक्षण यह है कि वह संसार की भौतिकता स्वीकार करता है और मनुष्य की चेतना से बाहर उसका स्वतन्त्र अस्तित्व मानता है। कोश के अनुसार यह भौतिकवाद यथार्थ को बहुत सरल मानकर चलता है; उसमें पुराणकथाओं की विचारधारा की मिलावट है।

पहली बात बहुत कुछ सही है; दूसरी बात भारत के संदर्भ में सही नहीं है। उत्पादन और कौशल में जैसी प्रगति पिछले दो-ढाई सौ वर्षों में हुई है, वैसी प्रगति पहले न हुई थी; इस कारण प्रकृति और मनुष्य के बारे में ज्ञान सीमित था। किन्तु पुराण-कथाओं की विचारधारा की मिलावट तो दूर की बात है, उसकी बहुत खरी आलोचना चार्वाक के चिन्तन में है। चार्वाक के निरन्तर विरोध—तर्क के बदले गालियों की बौछार—का कारण उनके द्वारा वेद को प्रमाण न मानना तथा वैदिक कर्मकाण्ड की आलोचना है। आगे चलकर अनेक समाजसुधारकों ने चार्वाक की बातें दोहराईं, भले ही वे चार्वाक की तरह नास्तिक न रहे हों। समाज के प्रतिक्रियावादियों की गालियाँ उन्होंने भी खाईं।

भारत का प्राचीन भौतिकवाद मनुष्य के सामाजिक जीवन से अपने को अलग नहीं रखता। पुरोहित वर्ग एक तरह का जीवन बिताने पर बल देता है, भौतिकवाद दूसरी तरह का। इस तरह वह मनुष्य के सामाजिक जीवन से, जीवन बिताने की विशेष पद्धति के लिए संघर्ष से घनिष्ठरूप में सम्बद्ध है। किन्तु इस भौतिकवाद के सामने विचारधारा और समाज-व्यवस्था का सम्बन्ध स्पष्ट नहीं है, तत्कालीन समाज-व्यवस्था कैसे बदली जाय, यह स्पष्ट नहीं है, उक्त व्यवस्था के बदले अन्य व्यवस्था किस प्रकार की होगी, यह स्पष्ट नहीं है। यह सब उस समय स्पष्ट हो भी न सकता था। यह तब स्पष्ट होता है जब एक विशेष समाज-व्यवस्था, पूंजीवादी व्यवस्था, को बदलने में समर्थ

एक विशेष वर्ग, मज़दूर वर्ग, का आविर्भाव हो जाता है। आधुनिक युग में पुराने भौतिकवाद की सीमाएँ लाँघकर नई परिस्थितियों के अनुरूप उसे विकसित करने का युगान्तरकारी कार्य मार्क्स और एङ्गेल्स नाम के दो जर्मन विद्वानों ने किया।

२. अनेकान्तवाद

तर्कशास्त्र की एक प्राचीन पद्धति है अनेकान्तवाद। भारत में इसका विकास जैन आचार्यों ने किया। किसी भी प्रपंच के परस्पर विरोधी लगनेवाले अनेक पक्ष होते हैं। यदि कोई एक पक्ष देखे तो उसका दृष्टिकोण एकान्तवादी होगा; यदि वह अन्य पक्ष भी देखे तो उसका दृष्टिकोण अनेकान्तवादी होगा। मुनि नथमल ने **जैन दर्शन, मनन और मीमांसा** (आदर्श साहित्य संघ, चूरू, राजस्थान, १६७३ ई०) में बताया है कि मनुष्य केवल अस्ति धर्म मात्र नहीं है, उसमें नास्ति धर्म भी है। जो वस्तु सत् है, वही असत् भी है। द्विरूपता वस्तु का स्वभावसिद्ध धर्म है, एकरूपता हमारे वचन से उत्पन्न है।

अनेकान्तवाद को स्याद्वाद भी कहते हैं। अनेक विद्वान् स्याद्वाद को संशयवाद का पर्याय मानते आये हैं। मनुष्य अस्तिधर्म है और नास्तिधर्म है, तब उसका एक धर्म रह ही न गया और एक के बिना निश्चयात्मक ज्ञान सम्भव नहीं है। इस धारणा का खण्डन करते हुए मुनि नथमल ने लिखा है—'संशय एक-रूप पदार्थ में अनेक-रूपों की कल्पना करता है। इसलिए वह अनिर्णायक विकल्प है। स्याद्वाद अनेक धर्मात्मक पदार्थों में अनेक धर्मों की निश्चित स्थिति बताता है। वह निर्णायक विकल्प है।' (**जैन दर्शन**, पृ० ३१२)।

मुनि नथमल का यह तर्क विज्ञानसम्मत है। निश्चयात्मक ज्ञान प्राप्त करने के लिए एक ही प्रपंच के विरोधी पक्षों की जानकारी आवश्यक है। प्रत्येक तर्कपद्धति का विकृत रूप प्रस्तुत किया जा सकता है; ऐसा तब होता है जब विवेचक यथार्थ की भूमि छोड़कर हवा में तर्कजाल फैलाता है। इससे मूल पद्धति की उपयोगिता खण्डित नहीं होती।

हिन्दी साहित्य में निराला ने **साहित्यिक सन्निपात या वर्तमान धर्म** नाम के अपने प्रसिद्ध निबन्ध में अनेकान्तवादी दृष्टि का ही प्रतिपादन किया है। एक पक्ष सृष्टि में केवल ज्ञान देखता है, दूसरा पक्ष ज्ञान के साथ अज्ञान भी देखता है; 'बिना इस विरोध के सृष्टितत्व में उतरा नहीं जा सकता; कुछ कहा नहीं जा सकता। सृष्टितत्व है जब भला और बुरा दोनों हैं।' (**प्रबन्ध प्रतिमा**, पृ० ६४)।

अनेकान्तवाद के लिए अंग्रेज़ी में **डायलेक्टिक्स** शब्द का व्यवहार होता है। ग्रीक शब्द **दिअलॅक्तॉस्** का अर्थ है बातचीत, विवाद, भाषा, बोली। अंग्रेज़ी **डायलॅक्ट्** (बोली) उक्त ग्रीक शब्द का प्रतिरूप है। विवाद के अर्थ से विवाद की पद्धति का भाव जुड़ गया।

भौतिकवाद के समान **डायलेक्टिक्स** का विकास भी मार्क्स और एङ्गेल्स ने किया। उनका भौतिकवाद डायलेक्टिकल मैटीरियलिज़्म अथवा द्वन्द्वात्मक भौतिकवाद कहलाता है।

प्राचीनकाल में द्वंदात्मक चिन्तन का विकास भारत और यूनान में हुआ। इस सम्बन्ध में एङ्गेल्स ने अपनी पुस्तक **प्रकृति का द्वंदवाद** (अंग्रेज़ी में **डायलेक्टिक्स आफ़ नेचर**) में लिखा है : 'द्वंदात्मक चिन्तन केवल मनुष्य के लिए सम्भव है, क्योंकि उसके लिए विचारों के लक्षणों की छानबीन ज़रूरी होती है, और मनुष्य के लिए भी वह विकास की अपेक्षाकृत ऊँची मंज़िलों में (बौद्धों और यूनानियों में) सम्भव होता है। आगे चलकर उसका पूर्ण विकास आधुनिक दर्शन में होता है। फिर भी यूनानियों में उसके विराट् परिणाम पहले ही विद्यमान हैं और ये परिणाम बहुत हद तक [आगे की] छानबीन का पूर्वानुमान कर चुके हैं।' (**डायलेक्टिक्स आफ़ नेचर**, लारेन्स एण्ड विशार्ट, लंदन; १९४६; पृ० २०३-२०४)।

तर्क की द्वंदात्मक पद्धति प्राचीन है, इसमें सन्देह नहीं रह जाता। इस पद्धति के विकास में भारत का योगदान है यद्यपि इस योगदान की पूरी छानबीन अभी नहीं की गई।

३. एकान्तवाद और यान्त्रिक भौतिकवाद

डायलेक्टिक्स से ठीक उल्टी तर्कपद्धति का नाम **मेटाफ़िज़िक्स** है। इस शब्द का व्यवहार भी यूनान में होता था किन्तु द्वंदवाद की विरोधी तर्कपद्धति के लिए इसका व्यवहार जर्मनी में हेगल ने किया। हेगल के बाद मार्क्स और एङ्गेल्स ने, उनके बाद अन्य मार्क्सवादियों ने, उसी अर्थ में **मेटाफ़िज़िक्स** शब्द का व्यवहार किया है। डूयरिंग नाम के विचारक की स्थापनाओं का खण्डन करने के लिए एङ्गेल्स ने **ऐन्टी-डूयरिंग** ग्रन्थ लिखा था। इसकी भूमिका में उन्होंने **मेटाफ़िज़िक्स** चिन्तन-पद्धति की विशेषताएँ बताते हुए लिखा है : 'मेटाफिज़ीशियन के लिए वस्तुएँ और उनके मानसिक प्रतिबिम्ब, विचार, एक दूसरे से अलग-थलग हैं, वे छानबीन के लिए सदा को दे डाली गईं जड़ और स्थिर वस्तुएँ हैं जिन पर एक के बाद दूसरी, इस क्रम से, अलग-अलग विचार करना होगा। उसके लिए दो वस्तुओं की भिन्नता पूर्ण और निरपेक्ष है। वह कहता है : या तो हाँ, या फिर नहीं; इनसे जो कुछ भी घट बढ़कर है, वह शैतान की देन है। उसके लिए या तो किसी वस्तु का अस्तित्व है या फिर उसका अस्तित्व नहीं है। सकारात्मक और नकारात्मक निरपेक्ष रूप में एक दूसरे से अलग हैं; कारण और परिणाम इसी प्रकार जड़ बने हुए एक दूसरे के विरोध में हैं।'

एक ही समय में किसी वस्तु का अस्तित्व और अनस्तित्व दोनों सम्भव हैं। इस दृष्टिकोण को भारत में अनेकान्तवाद कहा गया। जिस दृष्टिकोण के अनुसार किसी वस्तु का या तो अस्तित्व होगा या अनस्तित्व, उसे यूरप में **मेटाफ़िज़िक्स** कहा गया। वह अनेकान्तवाद का ठीक उल्टा है, इसलिए उसे एकान्तवाद कहना तर्कसंगत है। **मेटाफ़िज़िक्स** की अपेक्षा एकान्तवाद अधिक सार्थक भी है। जो **फ़िज़िक्स**, भौतिकी, से परे हो, वह **मेटाफ़िज़िक्स** है। जैसे द्वन्दवाद की तर्कपद्धति का व्यवहार भाववादी हेगल ने किया, वैसे ही **मेटाफ़िज़िक्स** नाम की तर्कपद्धति का व्यवहार वस्तुवादी (या भौतिकवादी) भी कर सकता है। एकान्तवाद के साथ भौतिक-अभौतिक का झंझट नहीं है।

इसके सिवा **मेटाफ़िज़िक्स** नामक तर्कपद्धति की विशेषता है दो वस्तुओं, स्थितियों का नितान्त अलगाव। यह विशेषता एकान्तवाद शब्द से बहुत अच्छी तरह व्यंजित होती है।

भाववाद, भारत का पुराना **विज्ञानवाद**, यूरुप का **आइडियलिज़्म** दो तरह का होता है; एक वह जो एकान्तवादी पद्धति अपनाता है, दूसरा वह जो अनेकान्तवादी पद्धति के अनुरूप चलता है। **डायलेक्टिक्स** की विरोधी तर्कपद्धति **मेटाफ़िज़िक्स** है; **डायलेक्टिकल मैटीरियलिज़्म** का उल्टा **मैटीरियलिज़्म** क्या कहलायेगा? कुछ लोग इसे **वल्गर मैटीरियलिज़्म** कहते हैं, ऐसा भौतिकवाद जिसे नासमझ लोग घटिया रूप दे देते हैं। भौतिकवाद अनेक प्रकार का है; एक प्रकार का भौतिकवाद वह है जिस पर यान्त्रिकता का गहरा असर है। आधुनिक चिन्तन के सन्दर्भ में द्वन्दात्मक भौतिकवाद से इस यान्त्रिक भौतिकवाद को अलग करना बहुत ज़रूरी है। यान्त्रिक भौतिकवाद की एक विशेषता उसकी एकान्तवादी तर्कपद्धति है। अनेकान्तवादी तर्कपद्धति के भौतिकवाद को द्वन्दात्मक भौतिकवाद कहना उचित है; एकान्तवादी तर्कपद्धति के भौतिकवाद को यान्त्रिक भौतिकवाद कह सकते हैं।

जर्मन दार्शनिक **लुडविग फायरबाख़** पर अपनी पुस्तक में एङ्गेल्स ने १८वीं सदी के भौतिकवाद के बारे में लिखा है कि वह प्रधानतः यान्त्रिक था। उन्होंने इसका कारण यह बताया है कि उस समय तक प्रकृतिविज्ञानों में केवल यान्त्रिकी (**मेकैनिक्स**) का विकास हुआ था। उन्होंने उक्त भौतिकवाद की दूसरी विशेषता यह बताई है कि वह संसार को एक प्रक्रिया के रूप में, ऐतिहासिक प्रक्रिया के दौरान विकसित होते हुए भूत (मैटर) के रूप में नहीं देख पाता। एङ्गेल्स कहते हैं: 'उस समय प्रकृति-विज्ञान का जो स्तर था, और उससे जो मेटाफ़िज़िकल अर्थात् डायलेक्टिक्स-विरोधी दार्शनिक विवेचन-पद्धति सम्बद्ध थी, यह उसके अनुरूप ही था।' यहाँ एङ्गेल्स यान्त्रिकी के विकास वाले प्रकृति-विज्ञान और एकान्तवादी विवेचनपद्धति का सम्बन्ध दिखाते हैं। १८वीं सदी का भौतिकवाद एकान्तवादी है क्योंकि वह उस प्रकृति-विज्ञान से जुड़ा हुआ है जिसमें यान्त्रिकी का विकास सर्वाधिक हुआ है।

१९वीं सदी में अन्य विज्ञानों का विकास तेज़ी से हुआ। विशेषरूप से डारविन की स्थापनाओं ने एकान्तवादी चिन्तन की जड़ काट दी। उन्होंने दिखाया कि पशु, वनस्पति और मनुष्य लाखों वर्ष तक चलने वाली विकास-प्रक्रिया का परिणाम हैं। अतः संसार-सम्बन्धी एकान्तवादी चिन्तन समाप्त हो जाना चाहिए था। एङ्गेल्स ने **ऐन्टी-ड्यूरिंग** में बताया कि द्वन्दात्मक ढँग से सोचनेवाले प्रकृतिविज्ञानी बहुत थोड़े हैं; पुरानी परम्परागत चिन्तनपद्धति से नयी खोज टकराती है और इससे प्रकृतिविज्ञान के सिद्धान्त-पक्ष में जो बेहिसाब उलझन पैदा होती है, उससे अध्यापक और छात्र, लेखक और पाठक, दोनों निराश हो जाते हैं। इस पुस्तक का पहला संस्करण सन् १८७८ में प्रकाशित हुआ था। सात साल बाद १८८५ में इसके दूसरे संस्करण की भूमिका में एङ्गेल्स ने जीवविज्ञान की प्रगति, उससे द्वन्दवाद की पुष्टि की चर्चा करते हुए प्रकृतिविज्ञान के सिद्धान्तपक्ष के बारे में फिर लिखा: 'जो उत्तरी-दक्षिणी ध्रुवों जैसे अमिट और असाध्य

अन्तर्विरोध प्रस्तुत किय गये हैं, श्रेणियों के बीच विभेद और विभाजन की जो अचल रेखाएँ ज़बर्दस्ती खींची गई हैं, इन्हीं से आधुनिक प्रकृतिविज्ञान के सिद्धान्तपक्ष को उसका सीमित और मेटाफ़िज़िकल लक्षण प्राप्त हुआ है। ये विभेद और विभाजन प्रकृति में मिलते तो हैं किन्तु उनकी सार्थकता केवल सापेक्ष है, उनकी निरपेक्ष सार्थकता और कल्पित स्थिरता प्रकृति पर केवल हमारे मन द्वारा आरोपित की गई है, इस बात की पहचान प्रकृति के बारे में द्वन्दात्मक धारणा का सारतत्व है।'

१६वीं सदी के अन्त तक प्रकृतिविज्ञानियों का सैद्धान्तिक चिन्तन यदि एकान्तवाद के प्रभाव से मुक्त न हो पाया था, तो यह सोचना भ्रम होगा कि उस समय का भाषाविज्ञान इस प्रभाव से मुक्त हो गया था।

उक्त ग्रन्थ के दूसरे संस्करण की भूमिका के अन्त में एङ्गेल्स ने प्रकृतिविज्ञान के लिए दर्शनशास्त्र का महत्व प्रतिपादित करते हुए लिखा कि 'पिछले ढाई हज़ार वर्षों में दर्शनशास्त्र का जो विकास हुआ है, प्रकृतिविज्ञान उसके परिणामों को आत्मसात् करना सीखे, तब वह अपने से अलग-थलग पड़े, अपने से अलग और अपने से ऊपर खड़े प्राकृतिक दर्शनशास्त्र से मुक्त हो सकेगा, साथ ही अपनी उस सीमित चिन्तन-पद्धति से मुक्त हो सकेगा जो उसे अंग्रेज़ी एम्पिरिसिज़्म (अनुभववाद) से विरासत में मिली है।'

ढाई हज़ार वर्षों में दर्शनशास्त्र का जो विकास हुआ है, उसके परिणाम प्रकृतिविज्ञान आत्मसात् करना सीखे, तब वह अपनी सीमित चिन्तनपद्धति से मुक्त होगा। ये परिणाम जब भाषाविज्ञान आत्मसात् करेगा, तब वह एकान्तवादी चिन्तनपद्धति से मुक्त होगा। ढाई हज़ार वर्षों में दर्शनशास्त्र का जो विकास हुआ है, उसमें एक हिस्सा भारतवर्ष का भी है।

४. भाषाविज्ञान में एकान्तवाद और यान्त्रिक भौतिकवाद

ब्रुगमन जानते थे कि संस्कृत में **स्कम्भ** और **स्तम्भ** दो समानार्थी शब्द हैं और एक दूसरे से सम्बद्ध हैं। सम्बद्धता की व्याख्या करने का एक ही तरीका उनके सामने था, वह क् को त् का परिवर्तित रूप मानें या त् को क् का। दोनों ही स्थितियाँ उन्हें स्वीकार न थीं, इसलिए इस तथ्य का उल्लेख करके, समस्या का समाधान नहीं मिल रहा, यह स्वीकार करके आगे बढ़ गये। यह उनका परम प्रशंसनीय कार्य है क्योंकि समस्या प्रस्तुत करने के बाद ही उसका समाधान ढूंढ़ा जा सकता है। समस्या का समाधान उनकी चिन्तन-पद्धति की सीमाओं में मिल ही न सकता था, इसका आभास उन्हें न था। वह चाहते तो संस्कृत, ग्रीक आदि भाषाओं से और ऐसे जोड़े तलाश कर सकते थे जिनका अर्थ एक था, ध्वनिरूप एक था, केवल एक व्यंजन में अन्तर था। तब **स्कम्भ** और **स्तम्भ** का जोड़ा अपवाद जैसा न लगता। उनकी और अन्य भाषाविज्ञानियों की चिन्तनपद्धति की सीमा यह थी कि वे कल्पित आदि इंडोयूरोपियन भाषा की ध्वनियों को विकास का परिणाम न मानकर उन्हें उक्त भाषा के जन्मकाल से विद्यमान स्थिर इकाइयाँ समझते थे। इंडोयूरोपियन परिवार की भाषाओं में क्, त् ध्वनियाँ हैं, इसलिए इनकी जननी भाषा में ये ध्वनियाँ रही होंगी; अतः जब किंचित् ध्वनिभेद वाले दो समानार्थी शब्द दो

भाषाओं में मिलें, तो वह भेद ध्वनिपरिवर्तन का परिणाम होगा, और ध्वनिपरिवर्तन के ये नियम निरपवाद और अटल होंगे। ध्वनिपरिवर्तन के प्रति इस एकान्तवादी दृष्टि के कारण वे **स्कम्भ** और **स्तम्भ** की सम्बद्धता की कैफियत न दे सके।

प्राणिजगत् और भाषा दोनों में विकास होता है किन्तु दोनों का विकास एक ही ढँग से नहीं होता। दो गणसमाज हैं, एक ने **क्** ध्वनि का विकास किया, दूसरे ने **त्** का। परस्पर सम्पर्क के फलस्वरूप **क्** वाले समाज ने **त्** ध्वनि अपनाई, **त्** वाले समाज ने **क्** ध्वनि। इस प्रकार एक ही ध्वनितन्त्र में दो भिन्न भाषाकेन्द्रों की ध्वनियों का समावेश हुआ। इस समावेश से ध्वनितन्त्र का विकास हुआ; यह विकास मानवेतर प्राणि-जगत् के विकास से भिन्न है।

स्कम्भ और **स्तम्भ** वाली समस्या एशिया के हर भाषापरिवार में मौजूद है। जिन भाषापरिवारों का सम्बन्ध पिछड़े हुए समाजों से है, जिनमें मानक भाषाओं का निर्माण, व्यवहार और प्रसार रुका रहा है, उनमें उक्त समस्या और भी बड़े पैमाने पर है। भाषाविज्ञानी इसकी अनदेखी नहीं कर सकते किन्तु ध्वनिपरिवर्तन के अटल नियमों में अपनी अडिग आस्था के कारण वे उक्त समस्या हल भी नहीं कर सकते।

ऐतिहासिक भाषाविज्ञान ध्वनिपरिवर्तन के जो नियम बताता है, उनके अनेक अपवाद एक ही भाषा में मिल जाते हैं। संस्कृत **भ्** ग्रीक में **फ्** है किन्तु वहाँ वह **ब्** और **प्** भी है। **भ्रातृ** का ग्रीक प्रतिरूप **फ्रातेर्** है तो **भार** का प्रतिरूप **बरॉस्** भी है, **भर** (युद्ध) का प्रतिरूप **पॉलॅमॉस्** भी है। मान लीजिये, **बरॉस्** और **पॉलॅमॉस्** संस्कृत **भार** और **भर** के प्रतिरूप नहीं हैं, लैटिन **रुबॅर्** तो संस्कृत **रुधिर** का प्रतिरूप है। यहाँ **ध्** की जगह अन्य वर्ग की ध्वनि **ब्** क्यों है? और लैटिन में **घ्-ध्-भ्** का महाप्राण रूपान्तर मिलेगा तो केवल **फ़्**, न **थ्**, न **ख्**। लैटिन **फ़ूमुस्** संस्कृत **धूम** का प्रतिरूप इसलिए है कि लैटिन में **फ्** के अतिरिक्त अन्य किसी महाप्राण ध्वनि का विकास हुआ ही नहीं। **रुधिर** का लैटिन रूपान्तर **रुबॅर्** इसलिए है कि लैटिन का निर्माण दो ऐसी गणभाषाओं के सम्पर्क से हुआ है जिनमें एक सघोष महाप्राण ध्वनि को अघोष महाप्राण रूप में ग्रहण करती है, दूसरी सघोष अल्पप्राण रूप में।

भाषा का विवेचन उसके बोलनेवाले मानवसमाज के गठन को ध्यान में रखे बिना सम्भव नहीं है। गणभाषा, जनपदीय भाषा, जातीय भाषा, तीन भिन्न सामाजिक गठनों की भाषाएँ हैं, तीन भिन्न युगों की भाषाएँ हैं। इन तीन युगों की अवधि बहुत भिन्न है, भाषातत्वों के विनिमय की परिस्थितियाँ बहुत भिन्न हैं। प्राचीन काल में गण-भाषा या जातीय भाषा से अलग कोई भाषा नाम की इकाई नहीं है।

विभिन्न पदार्थों में जो भूत, द्रव्य या मैटर है, उससे अलग भूत की सत्ता नहीं है, वैसे ही गणभाषाओं आदि से अलग भाषा की सत्ता नहीं है। प्रकृति के बारे में यान्त्रिक धारणा का जो विवेचन **ऐन्टी-डूर्यारिंग** में है, उस पर एङ्गेल्स ने एक टिप्पणी लिखी थी। ऐसी अनेक टिप्पणियाँ उस ग्रन्थ के साथ नहीं छपीं; वे बाद को **प्रकृति का द्वन्दवाद** के परिशिष्ट में दी गई हैं। वहाँ एङ्गेल्स कहते हैं कि भूत के विभिन्न निश्चित खण्डों से अलग गोचर रूप में विद्यमान भूत कहीं नहीं है; उनसे अलग भूत कल्पना की सृष्टि है और

अमूर्त है। ठीक यही बात गणभाषाओं से भिन्न 'भाषा' के विवेचन पर लागू होती है।

जो लोग यह मानते हैं कि गणव्यवस्था सामाजिक विकासक्रम की एक विशेष व्यवस्था है, वे ऐतिहासिक भाषाविज्ञान में गणभाषाओं के तथ्य की अनदेखी नहीं कर सकते।

दर्शनशास्त्र में जो भेद अस्ति और नास्ति में है, ऐतिहासिक भाषाविज्ञान में वही भेद आर्य और द्रविड़ में है। कोई प्राचीन शब्द आर्य हो और द्रविड़ भी हो, यह वैसे ही सम्भव नहीं है जैसे मनुष्य अस्ति धर्म है तो उसका नास्ति धर्म होना सम्भव नहीं है। भारत में द्रविड़-सम्पर्क से शुद्ध आर्य शब्द विकृत हुआ हो, यह तो सम्भव है किन्तु ऐसी विकृति यूरुप की भाषाओं में हो, यह नितान्त असम्भव है। संस्कृत **भर** माने युद्ध, ग्रीक **पॉलॅमॉस्** माने युद्ध, तमिल **पोर्** माने युद्ध; इनमें कोई आपसी सम्बन्ध नहीं है। भाषा-परिवारों की सीमाएँ अचल हैं, उनकी भिन्नता निरपेक्ष है!

इस स्थिति में भाषाई क्षेत्रों के आधार पर विभिन्न भाषापरिवारों का विवेचन स्वागत-योग्य है। इस पद्धति से भाषापरिवारों का अलगाव निरपेक्ष, अचल, अपरि-वर्तित नहीं रह जाता; उनके आपसी सम्पर्क, भाषातत्वों के आदान-प्रदान का पता लगाने में इससे सहायता मिलती है। किन्तु वास्तविक स्थिति में इससे न तो कोई उल्लेख-नीय परिवर्तन हुआ है और न हो सकता है। कारण यह है कि भाषाई क्षेत्र की बातें करनेवाले विद्वान् यह मानकर चलते हैं कि प्राचीन काल में विभिन्न परिवारों का निर्माण अलगाव की स्थिति में हो चुका है, किसी भाषाई क्षेत्र में उनका सम्पर्क बाद को हुआ है।

द्वन्दवाद की यह स्थापना प्रसिद्ध है कि संसार के विभिन्न प्रपंच एक दूसरे से नितान्त अलग नहीं हैं वरन् आपस में जुड़े हुए हैं। यान्त्रिक भौतिकवाद वस्तुओं को जड़, स्थिर इकाइयाँ मानकर उन्हें निरपेक्ष रूप में एक दूसरे से अलग करके देखता है। प्राचीन भाषापरिवारों के सन्दर्भ में ठीक यही दृष्टिकोण ऐतिहासिक भाषाविज्ञान का है।

द्वन्दवाद के लिए प्रत्येक वस्तु एक प्रक्रिया है, गतिशील है, उसकी गतिशीलता का एक कारण उसमें निहित अन्तर्विरोध है। ऐतिहासिक भाषाविज्ञान के लिए भाषा अन्तर्विरोधहीन, एकरूप व्यवस्था है। भाषाओं के विवेचन में पगपग पर एक ही भाषा में परस्पर भिन्न ही नहीं, परस्पर विरोधी प्रवृत्तियाँ भी मिलती हैं। संस्कृत **सीमिक** का फ़ारसी प्रतिरूप **दीमक्** है, फिर विपरीत दिशा में संस्कृत **पुत्र** का फ़ारसी प्रतिरूप **पिसर्** है।

किसी प्रपंच के भीतर जो विरोध है, वह सापेक्ष रूप में भीतरी है; जो विरोध बाहरी है, वह बृहत्तर प्रपंच में भीतरी बन जाता है। ब्रज और अवधी में जो भेद है, वह इनका बाहरी विरोध है; मध्यदेश को आधार मानें तो वही इस क्षेत्र का भीतरी विरोध है।

जैसे भाषापरिवार एक दूसरे से भिन्न हैं, वैसे ही शब्द एक दूसरे से भिन्न हैं, उनका अर्थ एक दूसरे से भिन्न है। संस्कृत **पत्** का अर्थ है उड़ना और इसी **पत्** का अर्थ है गिरना। ये दो विरोधी क्रियाएँ एक ही शब्दमूल से कैसे व्यक्त होने लगीं? आवरण, अवरोध, द्वार, घिरा हुआ स्थान, निर्धारित समय आदि अनेक अर्थ संस्कृत **वार** के हैं।

ये भिन्न अर्थ हैं फिर भी सम्बद्ध हैं। किस कारण सम्बद्ध हैं ? शब्द और अर्थ का सम्बन्ध स्थिर माना जायेगा तो ऐसी अर्थश्रृंखलाओं की व्याख्या नहीं हो सकती। किन्तु भाषाओं का विकास समझने के लिए, रूप (शब्द) और विषयवस्तु (अर्थ) का सम्बन्ध समझने के लिए, और भाषाओं का आपसी सम्बन्ध पहचानने के लिए, ऐसी अर्थश्रृंखलाओं का अध्ययन आवश्यक है। आर्येतर इंडोयूरोपियन और द्रविड़ भाषाएँ अस्ति और नास्ति के समान एक दूसरे से जुदा लगती हैं, समान ध्वनिरूपों और समान अर्थों वाले शब्दों की श्रृंखलाएँ देखने पर अस्ति और नास्ति का अभेद सम्बन्ध बहुत स्वाभाविक लगेगा।

यान्त्रिक भौतिकवाद के लिए भाषापरिवार ऐसा प्रपंच है जिसकी सीमाएँ दृढ़तापूर्वक निर्धारित हैं और जब यह भाषापरिवार निर्मित हो रहा था, तब ये सीमाएँ अन्य परिवारों से आनेवाले भाषातत्वों के लिए बन्द थीं। यद्यपि बारह कोस पर बोली बदलती है, जनसाधारण का पहचाना हुआ यह सुपरिचित सिद्धान्त है, फिर भी भाषा परिवारों के विवेचक बड़ी दृढ़ता से उनकी सीमाएँ निर्धारित कर देते हैं। भाषापरिवार के भीतर भाषाओं की सीमा निर्धारित करना और कठिन होता है किन्तु यह दुष्कर कार्य भी वे दृढ़तापूर्वक सम्पन्न कर लेते हैं। भाषा के भीतर बोलियों की सीमाएँ निर्धारित करना सबसे कठिन कार्य होता है किन्तु यहाँ भी वे साहसपूर्वक सीमारेखाएँ खींच ही देते हैं। ये सीमारेखाएँ भौगोलिक ही नहीं होतीं, भाषातात्विक भी होती हैं। वे प्रदेशों और जनपदों के अलावा ध्वनि-शब्द-रूपतन्त्रों की सीमारेखाएँ भी होती हैं। जब तक भाषाविज्ञानी यह मानकर चलता है कि ये सीमारेखाएँ अचल नहीं हैं, सापेक्ष रूप में ही उचित हैं, तब तक वह भटकाव से बचा रहता है। जहाँ उसने इन्हें अस्ति-नास्ति में भेद करनेवाली निरपेक्ष रेखा माना, वहीं भाषाविज्ञान की प्रगति के वह आड़े आया।

कोई बोली एकसाथ अवधी और ब्रज दोनों हो सकती है, यह एकान्तवादी दृष्टि के लिए कल्पनातीत है किन्तु ऐसा होना सम्भव है। जर्मनी में कुछ बोलियाँ पहाड़ी ('हाई') और कुछ मैदानी ('लो') कहलाती हैं। इनका विभाजन जिस नियम के आधार पर किया गया था, उसे बहुत सुदृढ़ माना जाता था। **प्रकृति का द्वन्दवाद** में इस पर एङ्गेल्स की टिप्पणी महत्वपूर्ण है। उन्होंने लिखा है : 'जे० ग्रिम के लिए यह अभी दृढ़तापूर्वक स्थापित नियम बना हुआ था कि कोई भी जर्मन बोली या तो पहाड़ी होगी या मैदानी। यहाँ फ्रैङ्किश बोली उनकी निगाह से पूरी तरह ओझल हो गई थी।'

एङ्गेल्स ने बताया है कि एक समय की लिखित फ्रैङ्किश पहाड़ी जर्मन थी, इससे ग्रिम ने कल्पना की कि फ्रैङ्किश बोली एक जगह पुरानी पहाड़ी जर्मन में विलीन हो गई, दूसरी जगह फ्रेंच में। प्राचीन सालिक क्षेत्र की डच बोली के स्रोत की व्याख्या करना असम्भव हो गया। ग्रिम की मृत्यु के बाद फ्रैङ्किश बोली के अस्तित्व का नये सिरे से पता लगा। सालिक नया जीवन पाकर डच बोली बनी; मध्य और निम्न र्हाइन क्षेत्र में रिपुआरिक बोलियाँ पहाड़ी जर्मन की विभिन्न अवस्थाओं में विलीन हुईं और अंशत: मैदानी जर्मन बनी रहीं।

इससे जो परिणाम निकला, वह यह है : 'फ्रैङ्किश ऐसी बोली है जो पहाड़ी जर्मन **और** मैदानी जर्मन **दोनों** है।' (शब्दों पर जोर एङ्गेल्स का है।)

एङ्गेल्स की संक्षिप्त टिप्पणी अनेकान्तवादी दृष्टिकोण का बहुत अच्छा उदाहरण है। वह भाषाई क्षेत्र से सामग्री जुटाकर इस दृष्टिकोण की सार्थकता सिद्ध करते हैं। यहाँ जिन ग्रिम का उल्लेख है, यह वही प्रसिद्ध ग्रिम-नियम वाले ग्रिम हैं।

ध्वनि-परिवर्तन के नियम अटल हों, इसके लिए आवश्यक है कि ध्वनि स्वयं अटल हो। ऐतिहासिक भाषाविज्ञान में जिस ध्वनि-परिवर्तन की बात की जाती है, उसमें कोई ध्वनि वास्तव में परिवर्तित नहीं होती, वह अन्य ध्वनि के रूप में ग्रहण की जाती है। इसलिए ध्वनि का अटल होना और ध्वनि का परिवर्तित होना, इन दो बातों में कोई विरोध नहीं है। ध्वनि-परिवर्तन की ध्वनि भाषाविज्ञानी के लिए अपरिवर्तित इकाई है। वह अटल है। उसकी जगह दूसरी अटल ध्वनि आ गई। इतना ही परिवर्तन है।

वस्तु स्थिर इकाई नहीं प्रक्रिया है, वस्तुओं का भेद निरपेक्ष नहीं सापेक्ष है, यह मान्यता द्वन्दवाद की है। वस्तु स्थिर इकाई है, वस्तुओं का भेद निरपेक्ष है, यह मान्यता एकान्तवाद की है। इसी एकान्तवादी मान्यता के अनुसार ध्वनि अटल है, उसके परिवर्तन के नियम अटल हैं। प्रत्यक्ष संसार में ऐसा होता नहीं है।

डा. सुनीतिकुमार चाटुर्ज्या ने बँगला भाषा के उद्भव और विकास वाले ग्रन्थ में बताया है कि **प्** ध्वनि के बँगला उच्चारण में यह प्रवृत्ति है कि ओंठ एक दूसरे को न छुएँ। इसका परिणाम यह होगा कि **प्** ध्वनि **प्** जैसी सुनाई देगी और **व्** जैसी भी। जब उसका स्पर्शतत्व क्षीण हो जायगा, तब **प्** ध्वनि **व्** बन जायगी। यह वास्तविक ध्वनि-परिवर्तन हुआ। यह **प्** ध्वनि एक प्रक्रिया है जिसके एक छोर पर स्पर्शतत्व वाला **प्** है, दूसरे छोर पर स्पर्शतत्व से मुक्त **व्**। डा. चाटुर्ज्या ने पूर्वी बंगाल की बोलियों के बारे में बताया है कि उनमें **प्** संघर्षी महाप्राण **फ़्** रूप में बोला जाता है। इस **फ़्** के उच्चारण में ओंठ एक दूसरे से इतनी दूर रहते हैं कि **फ़्** ध्वनि अघोष **ह्** जैसी सुनी जाती है। यहाँ भी **प्** ध्वनि एक प्रक्रिया है जिसके एक छोर पर **फ़्** है, दूसरे छोर पर **ह्**। इस प्रक्रिया के बोध से समझ में आ जाता है कि अन्य द्रविड़ भाषाओं का आदिस्थानीय **प्** कन्नड़ में **ह्** क्यों बोला जाता है। कन्नड़ और पूर्वी बँगला में यह सामान्य विशेषता देखकर विद्वान् कहेंगे, यह आर्य भाषा पर द्रविड़ प्रभाव है। किन्तु जब यही प्रपंच भारत से बाहर आर्मीनियन भाषा में दिखाई देगा तब या तो कहेंगे कि यह समानता आकस्मिक है या फिर कुछ न कहेंगे।

कोई भी ध्वनि किसी अन्य ध्वनि से कितनी भिन्न है, यह किसी समाज विशेष की भाषाई संस्कृति पर निर्भर है। एक समाज सघोष-अघोष ध्वनियों में अर्थविच्छेदक भेद करता है, उसके लिए **क्-ग्, त्-द्, प्-ब्** का भेद महत्वपूर्ण है, अन्य समाज ऐसा भेद शब्द के आदिस्थान में करता है, अन्त्य में नहीं, उसके लिए ऐसा भेद अपेक्षाकृत कम महत्व का है। तीसरा समाज आदिस्थान में अघोष ध्वनि का व्यवहार करेगा और मध्यस्थान में सघोष का, उसके लिए ऐसा भेद अर्थविच्छेदक नहीं है। ऐसे समाज के लिए सघोष-अघोष के भेद का महत्व नहीं के बराबर है। तीनों समाजों की भाषाई संस्कृति अलग-अलग है, उसी के अनुसार उनके लिए ध्वनियों में तात्विक भेद है।

भौतिक प्रक्रिया के रूप में ध्वनि की बहुत सी विशेषताएँ होती हैं जिन पर हम ध्यान नहीं देते। भाषाविज्ञान के लिए वही विशेषताएँ महत्वपूर्ण हैं जो शब्दों और वाक्यों को समझने में काम आती हैं। कौन सी विशेषताएँ काम में आती हैं और कौन सी नहीं आतीं, यह समाज विशेष की भाषाई संस्कृति पर निर्भर है।

जर्मनी में ऐतिहासिक भाषाविज्ञान के विकास के पहले दौर में ध्वनिपरिवर्तन के नियमों के बहुत से अपवाद स्वीकृत थे। इस कारण ये नियम अटल नहीं थे। दूसरे दौर में अपवादों के कारणों का पता लगाया गया और नियम अटल हो गये। इस दूसरे दौर के भाषाविज्ञानी **फ़ॉनीम** शब्द का व्यवहार न करते थे किन्तु जिसे वह ध्वनि कहते थे, वह थी वही स्थिर इकाई जिसे आगे चलकर अमरीका में **फ़ॉनीम** कहा गया। जैसे ग्रिम के बाद दूसरे दौर के जर्मन भाषाविज्ञानियों ने ध्वनि-परिवर्तन के नियमों को अटल बनाया, वैसे ही अमरीका में ब्लूमफील्ड के बाद भाषाविज्ञानियों ने फ़ॉनीम को अर्थ-संसर्ग से पूर्णतः मुक्त कर दिया। अर्थ से मुक्त होकर ध्वनि उनके लिए विशुद्ध रूप रह गई। इस प्रकार भाषाविज्ञान में रूपवाद का जन्म हुआ।

मनुष्य का शरीर एक यन्त्र है, उसका मस्तिष्क इसी यन्त्र का एक भाग है, उसकी चेतना यांत्रिक ढँग से काम करती है; इस मान्यता से जिस मनोविज्ञान का विकास हुआ, वह व्यवहारवाद ('बिहेवियरिज़्म') कहलाया। मनोविज्ञान के क्षेत्र में यांत्रिक भौतिकवाद का प्रतिफलन है व्यवहारवाद; भाषाविज्ञान के क्षेत्र में व्यवहारवाद का प्रतिफलन है रूपवाद, संरचनावाद। भाषा एक संरचना ('स्ट्रक्चर') है; अर्थविचार से अलग हटकर उसका विवेचन करना चाहिए। इस प्रकार संरचनावाद ('स्ट्रक्चर-लिज़्म') एक प्रकार का रूपवाद ('फौर्मेलिज़्म') हुआ।

यांत्रिक भौतिकवाद की परिणति सदा रूपवाद में हो, यह आवश्यक नहीं है। यांत्रिक भौतिकवाद ने १८वीं सदी के यूरुप में दर्शन, विज्ञान और साहित्य के विकास में महत्वपूर्ण सकारात्मक भूमिका निबाही। फ्रांस यांत्रिक भौतिकवाद का गढ़ था। जहाँ १८वीं सदी में इस दर्शन का विकास हुआ, वहीं १९वीं सदी में ज़ोला और अनातोल फ्रान्स नाम के उपन्यासकारों ने साहित्य में 'नैचुरलिज़्म' का विकास किया। यह 'नैचुरलिज़्म' एक प्रकार का यथार्थवाद था जो यांत्रिक भौतिकवाद से प्रभावित था। 'नैचुरलिज़्म' रूपवाद नहीं है; विषयवस्तु की दृष्टि से उसने अनेक क्रान्तिकारी रचनाएँ दीं। ब्लूमफील्ड ने विवरणात्मक भाषाविज्ञान के लिए जो कौशल निखारा, उससे अनेक अज्ञात, अल्पज्ञात भाषाओं का विवरण देने में विद्वानों को सफलता मिली। दूसरे महायुद्ध के बाद भाषाई विवेचन कौशल को चुस्त-दुरुस्त बनाने के फेर में यांत्रिक भौतिकवाद ने उसे अधिक जड़ बना दिया। ब्लूमफील्ड परम्परा के भाषाविज्ञानी हौकेट ने अपनी पुस्तक **द स्टेट आफ़ आर्ट** (१९६८) में इस स्थिति का वर्णन किया है।

अर्थ क्या है? भाषाई रूपों का अर्थ वे वस्तुएँ और परिस्थितियाँ हैं जिनसे भाषा के बोलने वाले का सामना होता है। रूप और अर्थ में जो संसर्ग-सम्बन्ध है, वह उस स्नायविक ताने बाने ('न्यूरोलौजीकल मेकेनिज़्म') के माध्यम से गुज़रता है जिसके बारे में हम बहुत कम जानते हैं। जिन परिस्थितियों से प्रेरित होकर मनुष्य कुछ कहते

हैं, उनमें विश्व की प्रत्येक वस्तु, प्रत्येक घटना शामिल है। [यह अर्थविचार का 'नेचुर-लिज़्म' है।] इस दृष्टि से अर्थ की व्याख्या करना कठिन है, इसलिए अर्थ-विचार एक तरफ़ रखकर रूपों का विवेचन करना चाहिए। व्याकरण क्या है? वह ऐसी रीतियों ('पैटर्न्स') का समुदाय है जिनका अर्थ से कोई सम्बन्ध नहीं है। शब्दकोष और व्याकरण दोनों को अर्थविचार से अलग रखना चाहिए; अर्थविचार पर कुछ कहना ही हो तो उस पर अलग कहना चाहिए, शब्दकोश और व्याकरण की चर्चा में नहीं। [यहाँ मान्यता यह थी कि अर्थ आत्मगत है, मानसिक है; विज्ञान वस्तुगत है, इसलिए अर्थ की बात अलग रखना चाहिए। स्वभावत: अर्थ से बिछुड़कर वस्तु केवल रूप रह गई।] **फ़ॉनीम** क्या है? **फ़ॉनीम** भाषा का अल्पतम अर्थहीन तत्व है। **फ़ॉनीम** इतना लोकप्रिय हुआ कि उसके अनुकरण पर शब्द के लिए **मौर्फ़ीम** का चलन हुआ। फिर इनके अनुकरण पर हिन्दी में **ध्वनिम, रूपिम** आदि का अवतरण हुआ।

अर्थहीन अल्पतम ध्वनितत्वों से अर्थयुक्त अल्पतम रूपतत्व (**मौर्फ़ीम**) बनता है। इन अल्पतम रूपतत्वों को बड़े रूपतत्वों (वाक्यों) में व्यवस्थित करने की रीतियाँ व्याकरण हैं। ये रीतियाँ अमूर्त हैं; इस प्रकार भाषा की संरचना अमूर्त है।

हौकेट ने अपने और अन्य समकालीन संरचनावादियों के चिन्तन की सीमाओं की आलोचना की है, अर्थविचार का महत्व स्वीकार किया है।

रूपवाद के विरोध में जो भाववादी प्रतिक्रिया हुई, उसमें सामाजिक व्यवहार से मुक्त, मनुष्य की चेतना में निहित, अर्थ पर ज़ोर दिया गया। मनुष्य की चेतना में अलिखित व्याकरण, भाषाविशेष से मुक्त सभी भाषाओं के लिए सार्थक विश्वजनीन व्याकरण, विद्यमान है; भाषा के रूपतत्वों में, वाक्यतन्त्र में, वही प्रतिफलित होता है। हौकेट ने उक्त पुस्तक में इस दृष्टिकोण की भी उचित आलोचना की है।

रूपवाद में रूप और विषयवस्तु का द्वन्दात्मक सम्बन्ध उपेक्षित है। उसके विरोध में जिस परिणामी व्याकरण-पंथ का चलन हुआ, उसमें भी उक्त सम्बन्ध उपेक्षित है। दूसरे महायुद्ध के बाद भाषाविज्ञान के क्षेत्र में संरचनावाद और परिणामवाद के बीच जो संघर्ष हुआ है, वह यांत्रिक भौतिकवाद और भाववाद का संघर्ष है और भाषाविज्ञान के विकास के लिए बहुत कुछ निरर्थक है।

५. मानवचेतना और प्रतिबिम्ब सिद्धान्त

कहा जा सकता है कि मनुष्य की चेतना, उसके विचार बाह्य जगत् का प्रतिबिम्ब हैं, इसलिए यांत्रिक भौतिकवाद और द्वन्दात्मक भौतिकवाद में विशेष अन्तर तो होना न चाहिए।

जो भौतिकवाद चेतना को दर्पण मात्र समझता है, मानता है कि चेतना स्वयं निष्क्रिय है, सक्रिय केवल मनुष्य का प्राकृतिक और सामाजिक परिवेश है, चेतना का का काम इस गतिशील सक्रिय परिवेश को प्रतिबिम्बित करना भर है, वह यांत्रिक भौतिकवाद है, द्वन्दात्मक भौतिकवाद नहीं है। जो भौतिकवाद चेतना को विकासमान समझता है, मानता है कि मनुष्य की सचेत कार्यवाही उसके परिवेश को बदलती है और

इस कार्यवाही के फलस्वरूप चेतना विकसित होती है, उसका काम केवल संसार को प्रतिबिम्बित करना नहीं है वरन् मनुष्य की भौतिक कार्यवाही द्वारा उसे बदलना है, वह द्वन्दात्मक भौतिकवाद है।

मार्क्स और एङ्गेल्स से पहले का दर्शन भाववाद हो चाहे भौतिकवाद, वह संसार को जानने पर बल देता है, मार्क्स और एङ्गेल्स का दर्शन संसार को बदलने पर बल देता है। बदलने की क्रिया संसार को जानकर ही सम्पन्न की जा सकती है। चेतना की जैसी सक्रिय और रचनात्मक भूमिका द्वन्दात्मक भौतिकवाद में है, वैसी अन्य किसी दर्शन में नहीं है।

एङ्गेल्स का एक निबन्ध है : **बनमानुस के मानव बनने की प्रक्रिया में श्रम की भूमिका।**

आदमी के पुरखे बनमानुस थे कि नहीं, इस पर बहुत बहस हो सकती है। गाँवों और नगरों में बसने के पहले मनुष्य वन्य प्राणी था, इस बारे में बहस की बहुत कम गुंजाइश है। वन्य मानव के हाथ, अन्य पशुओं की अपेक्षा, उसके पैरों से अलग, स्वतन्त्र इन्द्रियों के रूप में कार्य करते थे। मनुष्य वन्य दशा में भी हाथ से अनेक काम करता है जिन्हें दूसरे पशु नहीं करते। हाथ उसके लिए काम करने की मुख्य इन्द्रिय है। एक इन्द्रिय का विकास दूसरी इन्द्रियों को प्रभावित करता है। हाथ काम करने में जितना ही दक्ष हुआ, उतना ही मनुष्य प्रकृति के आगे विवश न होकर उस पर अधिकार करने लगा।

कोई भी बनमानुस खाना पकाने या अन्य किसी काम के लिए आग का व्यवहार नहीं करता। कोई भी बनमानुस हाथ से किसी भी तरह का हथियार या औजार नहीं बना सकता, कोई भी बनमानुस भाषा का व्यवहार नहीं करता। समाज के बिना भाषा नहीं है, भाषा के बिना समाज नहीं है। वन्य मानव भाषा का व्यवहार करने वाला प्राणी और सामाजिक प्राणी एकसाथ बनता है।

कर्म से ज्ञान का गहरा सम्बन्ध है। एङ्गेल्स ने डारविन की आलोचना की है कि वह भाववादी चिन्तन के प्रभाव से मनुष्य के विकास में श्रम का महत्व नहीं समझ पाता। एङ्गेल्स के अनुसार मानवमस्तिष्क और इन्द्रियों के विकास का प्रभाव श्रम और भाषा पर पड़ता है, 'चेतना का निरन्तर निखार' इन्हें प्रभावित करता है, मनुष्य में अमूर्त चिन्तन और विवेक की क्षमता बढ़ती है और इससे श्रम और भाषा का और आगे विकास होता है।

एङ्गेल्स की उक्त स्थापना से स्पष्ट है कि उनके दर्शन में कर्म और ज्ञान के द्वैत की गुंजाइश नहीं है। मनुष्य का कर्म और उसकी बुद्धि दोनों एक दूसरे को प्रभावित करते हैं। बुद्धि और कर्म का सम्बन्ध यांत्रिक नहीं द्वन्दात्मक है। इस कारण मानव चेतना दर्पण जैसा निष्क्रिय यन्त्र नहीं है, वह कर्ममय जीवन से सम्बद्ध निरन्तर विकासमान प्रक्रिया है।

प्रकृति का द्वन्दवाद में अन्यत्र एङ्गेल्स कहते हैं : 'दर्शन के समान प्रकृति-विज्ञान अब तक मनुष्य के चिन्तन पर उसके कर्म के प्रभाव की पूरी तरह अनदेखी करता आया

है; दोनों के लिए एक तरफ प्रकृति है तो दूसरी तरफ कर्म है। मानवचिन्तन का सर्वाधिक तत्वपूर्ण और निकटतम आधार **मानव द्वारा परिवर्तित प्रकृति** ही है, न कि कोरी प्रकृति। और उसकी बुद्धि उसी अनुपात में बढ़ी है जिस अनुपात में उसने प्रकृति को बदलना सीखा है।' (पृ. १७२; शब्दों पर ज़ोर एङ्गेल्स का है।)

यहाँ फिर वही बुद्धि के विकास की बात है, कर्म और ज्ञान के द्वन्द्वात्मक सम्बन्ध की बात है।

प्रतिबिम्ब दिखाने वाला दर्पण एकान्तवादियों के पास भी था। इसमें उन्हें वस्तुएँ अलगथलग दिखाई देती थीं, 'तारतम्य विश्व का सघन' उनकी आँखों से ओझल रहता था। अनेकान्तवादियों ने यह तारतम्य देखा तो यह उनकी चेतना की रचनात्मक भूमिका थी। यांत्रिक भौतिकवादी संसार को यन्त्र मानता है; स्वभावतः वह मस्तिष्क को भी यन्त्र मानता है, चिन्तन-प्रक्रिया को यांत्रिक मानता है। **प्रकृति का द्वन्दवाद में ऐन्टी-डूर्यरिंग** ग्रन्थ से सम्बन्धित जो टिप्पणियाँ प्रकाशित हैं, उनमें एक जगह एङ्गेल्स ने यांत्रिकी के लिए लिखा है कि उसमें केवल परिमाण की पहचान है, किन्तु भौतिकी और रसायन विज्ञान में परिमाणात्मक परिवर्तन के फलस्वरूप गुणात्मक परिवर्तन भी होता है; यही नहीं कि परिमाण बदलकर गुण बनता है वरन् यहाँ ऐसे गुणात्मक परिवर्तनों पर भी ध्यान देना होगा जिनकी परिमाणात्मक परिवर्तन पर भी निर्भरता सिद्ध नहीं है। गति केवल स्थान-परिवर्तन नहीं है; यांत्रिकी से उच्चतर क्षेत्रों में वह गुण-परिवर्तन भी है। (पृ. ३२०)।

जिन्होंने प्रकृति में घटित गुणात्मक परिवर्तन पहचाने और यांत्रिक भौतिकवाद से आगे बढ़कर द्वन्दात्मक भौतिकवाद का विकास किया, उन्होंने चेतना की सक्रिय भूमिका का अपूर्व उदाहरण प्रस्तुत किया।

मानवचेतना की रचनात्मक क्षमता का श्रेष्ठ निदर्शन है भाषा। प्रकृति में ऐसी कोई चीज़ नहीं है, भाषा को जिसका प्रतिबिम्ब कहा जा सके। वह मानवसमाज की रची हुई वस्तु है। सैकड़ों मानवसमाज हैं और पहले हो चुके हैं; संसार में सैकड़ों भाषाएँ हैं और पहले भी रही हैं। चेतना की रचनात्मक क्षमता का इससे अच्छा निदर्शन और क्या होगा ?

कोई मनुष्य प्राचीनकाल में यह तै करने नहीं बैठा कि अब भाषा की ज़रूरत है, इसलिए भाषा की रचना कर डाली जाय। मनुष्यों का समूह यह तै करने नहीं बैठा कि जिसे हम पीते हैं, उसे जल कहेंगे, सब लोग इस पदार्थ विशेष से जल शब्द का सम्बन्ध समझ लें। न मनुष्यों का समूह यह तै करने बैठा कि हर वाक्य में एक उद्देश्य और एक विधेय ज़रूर होना चाहिए, उद्देश्य और विधेय के बिना कोई मनुष्य कुछ कहेगा, तो उसे हम वाक्य न मानेंगे।

मानवसमूह भाषा की रचना स्वतःस्फूर्त ढँग से करता है। सामूहिक स्तर पर मानवचेतना कैसे क्रियाशील होती है, उसका निदर्शन भाषा की रचना है। सामूहिक जीवन जितना पशु के लिए आवश्यक है, जीवित रहने के लिए उससे अधिक वह मनुष्य के लिए आवश्यक है। व्यक्ति से अलग समूह की चेतना का कहीं अस्तित्व नहीं है; समूह

से अलग व्यक्ति का जीवन सम्भव नहीं है। भाषा की रचना व्यक्ति ही करते हैं किन्तु ऐसा वे सामूहिक कार्यवाही के दौरान करते हैं। मनुष्य भाषा की रचना कर रहा है, कब और कैसे कर रहा है, इसका उसे पता नहीं। कोई आश्चर्य नहीं, वह जब भाषा के बारे में सोचने लायक बनता है तो कहता है, यह किसी दैवी शक्ति की रची हुई वस्तु है।

चेतना को पहचानने का अद्वितीय साधन है भाषा। विचारों की अभिव्यक्ति का साधन है भाषा, इसके साथ ही वह विचारों के निर्माण का साधन भी है। जो विचार भाषा द्वारा व्यक्त नहीं हुआ, वह अव्यक्त है; जो अव्यक्त है, वह विचार नहीं है। भावना, संवेदन, अनुभूति, सहजबोध, उसे किसी नाम से पुकारें, वह विचार नहीं है। विचार वही है जो भाषा द्वारा व्यक्त होता है। व्यक्त होने का अर्थ यह है कि उसका एक ध्वनिरूप है जो बोला और सुना जाता है; इस रूप के बिना वह अव्यक्त है। अर्थ निर्गुण, निराकार, अनाम, अरूप नहीं होता। भाषा उसे रूपायित करती है, साकार करती है। साथ ही रूप अर्थसंसर्ग से मुक्त नहीं होता। अर्थमुक्त शब्द ध्वनिमात्र है, भाषा का ध्वनिरूप नहीं। शब्द और वाक्य तो अर्थयुक्त होते ही हैं, ध्वनि की अल्पतम इकाई भी भाषातत्व तभी है जब वह अर्थयुक्त शब्द में प्रयुक्त होने से अपनी निश्चित विशेषताओं के कारण पहचान में आती है। क् ध्वनि की बहुत सी विशेषताएँ भौतिकी के लिए महत्वपूर्ण हो सकती हैं; कितनी ज़ोर से उसका उच्चारण किया, कितनी दूर तक सुनाई दी, हवा में कितने कम्पन पैदा हुए, उच्चारण की मंज़िल से श्रवण की मंज़िल तक पहुँचने में ध्वनि के घनत्व में कितना परिवर्तन हुआ, इस तरह की बहुत सी बातें भौतिकी के लिए विवेच्य हो सकती हैं, भाषा में क् की वही विशेषताएँ महत्वपूर्ण हैं जिनसे विभिन्न सार्थक शब्दों में क् ध्वनि का अस्तित्व हम पहचान लेते हैं। इस प्रकार ध्वनि की अल्पतम इकाई भी अर्थसंसर्ग से मुक्त नहीं है। रूपवाद अर्थ से अलग रूप देखता है, भाववादी रूप से अलग अर्थ देखता है। ज्ञानी दोनों का अटूट सम्बन्ध देखता है : **गिरा अरथ जल बीचि सम कहियत भिन्न न भिन्न।**

किसी ध्वनिरूप से किसी वस्तु या क्रिया विशेष का सम्बन्ध पशु भी पहचान लेते हैं, मनुष्य थोड़ा सा प्रयत्न करके उन्हें यह सम्बन्ध पहचनवा देता है। मनुष्य के बिना भी आक्रमण, रक्षा, रति आदि के लिए पशुपक्षी विभिन्न ध्वनिसंकेतों का व्यवहार करते हैं। किन्तु विचारों की अभिव्यक्ति के लिए ध्वनिरूपों का व्यवहार मानव की विशेषता है। इस विशेषता के कारण वह निरन्तर प्रकृति, समाज, व्यक्ति, चेतना आदि के बारे में अपनी जानकारी बढ़ाता है, जानकारी का विश्लेषण करता है, ज्ञान की एक मंज़िल से दूसरी मंज़िल की तरफ बढ़ता है।

प्रत्येक विचार मूलतः किसी न किसी एक मूर्त वस्तु या क्रिया से जुड़ा होता है; जब तक वह जुड़ा है, तब तक वह बिम्बविशेष से बँधा है, **विचार** संज्ञा पूर्णतः सार्थक नहीं करता। विचार अमूर्त है, केवल शब्द के माध्यम से उसकी अभिव्यक्ति मूर्त होती है। अमूर्त विचार के बिना मनुष्य प्रकृति, समाज आदि के बारे में अपनी जानकारी का विश्लेषण नहीं कर सकता, उस जानकारी का विस्तार नहीं कर सकता। मूर्त संसार से शब्द का जो अर्थ बिम्बविशेष के रूप में जुड़ा हुआ था, जैसे संस्कृत **कर** (हाथ), वह

विम्बविशेष से मुक्त होकर, विचार की विशेषताएँ प्राप्त करके, उसी मूर्त संसार को जानने का साधन बनता है, जैसे संस्कृत **कर्म**। कहीं जाना, कहीं बैठना, कुछ कहना, कुछ सुनना, कुछ सोचना, यह सब **कर्म** है। जैसे **कर** मनुष्य का मूर्त अंगविशेष है, वैसे ही कोई एक क्रियाविशेष कर्म नहीं है। **कर्म** के व्यापक अर्थ के कारण उसके द्वारा अनेक मूर्त क्रियाओं का बोध कराया जा सकता है। अतः विचार सापेक्षरूप में अमूर्त है। जैसे ज्ञान का सम्बन्ध यथार्थ जगत् से नहीं टूटता, वैसे ही विचार का सम्बन्ध पूर्ण और निरपेक्ष रूप में संसार से नहीं टूटता। ऊपर से देखने में भाषा किसी परोक्ष सत्ता की कृति जान पड़ती है, विचार मूर्त गोचर संसार से स्वतन्त्र जान पड़ता है। इस भाववादी धारणा का आंशिक कारण भाषा है जो ज्ञानप्राप्ति का साधन है, विचारों की अभिव्यक्ति का माध्यम है, और जो मनुष्य के सामाजिक कर्मों से स्वतन्त्र जान पड़ती है।

हेगल ने कहा : बाह्य जगत् विचारों का प्रतिबिम्ब है। इसके विरोध में मार्क्स ने कहा : विचार बाह्य जगत् के प्रतिबिम्ब हैं। इसका यह अर्थ नहीं है कि मनुष्य की चेतना यांत्रिक ढंग से प्रतिबिम्ब ग्रहण करती है और चेतना की सक्रिय भूमिका नहीं है। यदि मनुष्य की चेतना ऐसा दर्पण होती जिसमें यथार्थ जगत् पूरी तरह प्रतिबिम्बित होता है तो ज्ञान की प्रक्रिया बहुत सरल हो जाती। **ऐन्टी-ड्यूरिंग** के पहले भाग में दर्शन-शास्त्र पर लिखते हुए एङ्गेल्स कहते हैं : 'मानवजाति के सामने यह अन्तर्विरोध रहता है, एक ओर उसे विश्वव्यवस्था के तमाम आन्तरिक सम्बन्धों सहित उसका भरापूरा ज्ञान प्राप्त करना है, दूसरी ओर मनुष्यों और विश्वव्यवस्था की प्रकृति ऐसी है कि यह कार्य कभी भी पूर्णतः सम्पन्न किया नहीं जा सकता। किन्तु यह अन्तर्विरोध विश्व-व्यवस्था और मनुष्य की प्रकृति के भीतर सीमित नहीं है; बौद्धिक प्रगति का वह मुख्य कारण भी है, उसका समाधान दिन-प्रति-दिन, निरन्तर, मानवजाति के अनन्त प्रगतिशील विकास में प्राप्त होता है।'

ज्ञान मनुष्य की प्रयत्नसाध्य अर्जित सम्पत्ति है। चेतना के निष्क्रिय दर्पण में उभरने वाले बाह्य जगत् के बिम्ब विकासमान ज्ञान की अनन्त प्रक्रिया नहीं बनते। ज्ञान की यह प्रक्रिया भाषा के बिना सम्पन्न नहीं होती।

द्वन्द्वात्मक भौतिकवाद विकासमान ज्ञान की प्रक्रिया की बात करता है, इस प्रक्रिया को अनन्त मानता है, इसीलिए वह ज्ञान की कोई भी पुरानी कड़ी हाथ से जाने नहीं देता। वह स्वयं को इस प्रक्रिया की एक मंजिल मानता है, उसका खातमा नहीं। यांत्रिक भौतिकवाद के लिए ज्ञानशृंखला की कड़ियाँ एक दूसरे से जुदा हैं; वह उनका आपसी सम्बन्ध पहचान नहीं पाता। जैसे वह बाह्य जगत् का विकास नहीं समझ पाता, वैसे ही वह ज्ञान का विकास नहीं समझ पाता। किन्तु एङ्गेल्स वैज्ञानिकों से कहते हैं, ढाई हज़ार साल में दर्शनशास्त्र का जो विकास हुआ है, उसके निष्कर्षों को आत्मसात् करना सीखो, वर्ना अपनी सीमित चिन्तनपद्धति के दायरे से बाहर न निकल पाओगे।

भारत में भाषाविज्ञान की प्रगति के लिए आवश्यक है कि हम अपने दर्शनशास्त्र के निष्कर्षों को विवेकपूर्वक आत्मसात् करें और दर्शनशास्त्र के अलावा यहाँ जो भाषा-

विज्ञान का विकास हुआ था और हुआ है, उसके निष्कर्षों को भी विवेकपूर्वक आत्मसात् करें। ज्ञान की विरासत ठुकराना यांत्रिक भौतिकवाद की विशेषता है।

६. भौतिकवाद, द्वन्दात्मक और ऐतिहासिक, और भाषा

भौतिकवाद के दो भाग किये गये हैं। एक भाग है द्वन्दात्मक भौतिकवाद, दूसरा भाग है ऐतिहासिक भौतिकवाद। जो भौतिकवाद प्रकृति का विवेचन करता है, वह द्वन्दात्मक भौतिकवाद है। प्रकृति में वनस्पतियाँ और मानवेतर प्राणी शामिल हैं। जो भौतिकवाद मानवसमाज का विवेचन करता है, वह ऐतिहासिक भौतिकवाद है। यह विभाजन उपयोगी है क्योंकि मानवसमाज तथा मानवेतर प्रकृति में गुणात्मक अन्तर है। किन्तु ये पारिभाषिक शब्द भ्रामक भी हैं। प्रकृति का अपना इतिहास है। वनस्पतियों और मानवेतर प्राणियों का अपना इतिहास है, जीव-जन्तुओं से भिन्न शेष प्रकृति का अपना इतिहास है। इसलिए प्रकृति का विवेचन करने वाला भौतिकवाद उतना ही ऐतिहासिक है जितना मानवसमाज का विवेचन करने वाला भौतिकवाद। इसी प्रकार द्वन्दवाद जितना प्रकृति के लिए सही है, उतना ही मानवसमाज के लिए। भौतिकवाद द्वन्दात्मक है, ऐतिहासिक है, प्रकृति पर लागू होता है, मानवसमाज पर लागू होता है। फिर भी प्रकृति और मानवसमाज के विकास के नियम बिलकुल एक जैसे नहीं हैं, न हो सकते हैं।

जीव का उद्भव होने से पहले की प्रकृति और उसका उद्भव हो जाने के बाद की प्रकृति गुणात्मक रूप से भिन्न हैं। जीवित रहने के लिए प्राणी स्वयं को प्राकृतिक परिवेश के अनुकूल बनाने का प्रयास करते हैं, जो नहीं बना पाते वे नष्ट हो जाते हैं; विकास के लिए यह स्थिति तभी उत्पन्न हो सकती है जब जीव का प्रादुर्भाव हो गया हो। जीव के विकासक्रम में जब मानव का आविर्भाव होता है, तब प्रकृति में फिर गुणात्मक परिवर्तन होता है। मानव नाम का यह जीव ऐसा है जो अपने प्राकृतिक परिवेश में परिवर्तन करता है। मानवविहीन प्रकृति और मानवयुक्त प्रकृति, दोनों में परिवर्तन एक ही ढँग से नहीं होते। मानवसमाज ऐसे जीवों का समूह है जो भाषा का व्यवहार करता है। अन्य किसी वर्ग के जीव भाषा का व्यवहार नहीं करते। जो मानव वन्य जन्तु है, वह सामाजिक प्राणी बनता है; दोनों में गुणात्मक अन्तर है और गुणात्मक अन्तर का एक कारण है भाषा। समाज से बाहर भाषा का अस्तित्व नहीं है किन्तु भाषा और समाज दो भिन्न वस्तुएँ हैं; एक ही वस्तु के दो नाम नहीं हैं। इस कारण सामाजिक विकास की सारी प्रक्रिया भाषा के क्षेत्र में ज्यों की त्यों घटित नहीं होती। पूंजीवादी समाज में वर्ग हैं, एक वर्ग द्वारा दूसरे वर्ग का उत्पीड़न है, वर्ग संघर्ष है; इसका यह अर्थ नहीं है कि यह सारी प्रक्रिया भाषा में घटित होती है। मार्क्सवाद और भाषाविज्ञान पर अपने प्रसिद्ध निबन्ध में स्तालिन ने आर्थिक आधार और उस पर रचे जाने वाली संस्कृति की इमारत से भाषाप्रपंच को अलग किया था। यह इस बात की स्वीकृति थी कि सामाजिक विकास के नियम ज्यों के त्यों भाषाई विकास पर लागू नहीं किये जा सकते। भाषा समाज से अलग नहीं है, साथ ही वह सापेक्ष रूप में स्वतन्त्र है; इस कारण

भाषाविज्ञान समाजशास्त्र से अलग नहीं किया जा सकता, साथ ही सापेक्ष रूप में स्वतन्त्र वह उससे भिन्न विज्ञान है।

विकासमान ज्ञान की जिस कभी न समाप्त होने वाली प्रक्रिया का उल्लेख पहले हो चुका है, भाषा की विकासप्रक्रिया उससे जुड़ी हुई है। अपने ज्ञान का निरन्तर विकास करते हुए मनुष्य भाषा को ज्ञान अर्जित करने का कारगर माध्यम बनाता है। भाषा के पास सीमित ध्वनितत्व हैं; इन सीमित ध्वनितत्वों से वह नये-नये ध्वनिरूप रचता है, उनका अर्थविस्तार करता है, अपनी आवश्यकताओं के अनुसार अर्थसंसर्ग की प्रक्रिया में परिवर्तन करता है।

दर्शनशास्त्र में भौतिकवादी दृष्टिकोण, तर्कशास्त्र में अनेकान्तवादी पद्धति, ज्ञान के अन्य क्षेत्रों के समान, भाषाविज्ञान के विकास में सहायक हैं। जैसे प्रकृतिविज्ञान और समाजशास्त्र के विकास से भौतिकवाद समृद्ध हुआ है, वैसे ही वह भाषाविज्ञान के विकास से भी समृद्ध हो सकता है।

७. भौतिकवाद और भाववाद

यान्त्रिक भौतिकवाद और द्वंदात्मक भौतिकवाद एक दूसरे के विरोधी हैं, एकान्तवादी और अनेकान्तवादी विवेचन-पद्धतियाँ एक दूसरे की विरोधी हैं। अनेकान्तवादी पद्धति केवल भौतिकवाद में प्राप्त नहीं है, वह भाववाद में भी प्राप्त है; इसलिए किसी दार्शनिक विचारधारा को अपने अध्ययन-क्षेत्र के बाहर इसलिए न कर देना चाहिए कि वह भाववादी है। यूरुप के भौतिकवादी दर्शन में अनेकान्तवाद वहाँ के भाववादी दर्शन से आया है; मार्क्स और एङ्गेल्स ने भाववादी हेगल का द्वन्दवाद आत्मसात् करके अपने भौतिकवाद में उसे नया रूप दिया। फ्रान्स में अठारहवीं सदी में जो भौतिकवाद विकसित हुआ, वह एक तरफ़, और जर्मनी में उसके समानान्तर हेगल का जो भाववाद विकसित हुआ, वह दूसरी तरफ; इन दोनों में मार्क्सवादी विचारधारा के विकास के लिए जिस दर्शन का महत्व अधिक है, वह फ्रान्स का भौतिकवाद नहीं, जर्मनी का भाववाद है। ऐसा इसलिए है कि फ्रान्स का भौतिकवाद द्वन्दवाद से मुक्त था किन्तु जर्मनी के भाववाद में यह बहुमूल्य तत्व विद्यमान था। भारत के सन्दर्भ में लोकायत दर्शन का महत्व प्रतिपादित करना उचित है क्योंकि इसके महत्व की अनदेखी की गई है। पर इसके साथ जैन और बौद्ध दर्शन की अनेक धाराओं, वेदान्त, सांख्य, न्याय आदि की दार्शनिक परम्पराओं में जहाँ भी अनेकान्तवाद के तत्व मिलते हैं, उन पर ध्यान देना उचित है, और इसलिए उचित है कि इनकी तर्कपद्धति की अनेकान्तवादी विशेषताओं की अनदेखी की गई है।

यान्त्रिक भौतिकवाद और द्वन्दात्मक भौतिकवाद एक दूसरे के विरोधी हैं, भाववाद और भौतिकवाद एक दूसरे के और भी अधिक विरोधी हैं। फिर भी यह सम्भव है कि भाववाद, अपनी सीमाएँ त्यागे बिना, भौतिकवाद की बहुत सी विशेषताएँ आत्मसात् कर ले। ऐसे भाववाद की छानबीन किये बिना यदि कोई भौतिकवादी विचारक उसे त्याग देता है, तो वह अपना ही अहित करता है। अस्ति और नास्ति के समान

भौतिकवाद और भाववाद एक दूसरे से भिन्न हैं। यह भिन्नता अचल और निरपेक्ष नहीं है। यूरुप के सन्दर्भ में इनकी सापेक्ष भिन्नता का बहुत अच्छा विवरण लुडविग फायरबाख पर अपनी पुस्तक में एङ्गेल्स ने दिया है। देकार्त से हेगल तक और हौब्स से फायरबाख तक की लम्बी अवधि में दर्शनशास्त्री विशुद्ध विवेक से प्रेरित न हुए थे जैसा कि वे समझते थे। (देकार्त फ्रान्सीसी और हौब्स अंग्रेज़ दार्शनिक थे; दोनों का समय सत्रहवीं सदी है। हेगल और फायरबाख दोनों जर्मन दार्शनिक थे; हेगल अठारहवीं के अन्तिम चरण और उन्नीसवीं के प्रथम चरण के हैं, फायरबाख उन्नीसवीं सदी के मध्य के हैं।) इसके विपरीत जिस चीज़ ने दरअसल उन्हें आगे धकेला, वह 'प्रकृतिविज्ञान और उद्योगधन्धों की शक्तिशाली और निरन्तर द्रुत वेग से बढ़ती हुए प्रगति' थी। जहाँ तक भौतिकवादियों का सम्बन्ध है, उन्हें प्रेरित करनेवाली यह प्रक्रिया सतह पर देखी जा सकती थी, किन्तु इनसे भिन्न भाववादी दार्शनिक व्यवस्थाओं ने भी 'स्वयं को अधिकाधिक भौतिकवादी विषयवस्तु से भर लिया' (यहाँ एङ्गेल्स केवल विवेचनपद्धति की बात नहीं कह रहे हैं, वह भाववादी व्यवस्था के भौतिकवादी विषयवस्तु से भरे जाने की बात कह रहे हैं), और उन्होंने 'पैन्थीइज़्म' के ढँग से, भूत और चेतना का भेद दूर करके, उन्हें मिलाने का प्रयत्न किया ('पैन्थीइज़्म' उन लोगों का दर्शन है जो प्रकृति में परम सत्ता का अस्तित्व मानते हैं)। 'इस प्रकार अन्ततः हेगल की व्यवस्था उस भौतिकवाद का निदर्शन है जिसे विचारपद्धति और विषयवस्तु में भाववादी ढँग से सिर के बल खड़ा कर दिया गया है।'

एङ्गेल्स १८वीं-१९वीं सदी के भाववाद की उस सामाजिक-सांस्कृतिक पृष्ठभूमि पर ध्यान देते हैं जिसकी दो मुख्य विशेषताएँ हैं, प्रकृतिविज्ञान की शक्तिशाली प्रगति और उद्योगधन्धों का द्रुत विकास। इस पृष्ठभूमि से भाववाद और भौतिकवाद दोनों प्रभावित होते हैं, भौतिकवाद में यह प्रभाव सतह पर है और साफ़ दिखाई देता है, भाववाद में वह सतह के नीचे है और अस्पष्ट है। जो सतह के नीचे है, उसे सतह पर लाना, जो अस्पष्ट है उसे स्पष्ट करना एङ्गेल्स का काम है। भौतिकवाद से भाववाद कैसे प्रभावित होता है, इसका उदाहरण है 'पैन्थीइज़्म'। उन्नीसवीं सदी में वर्ड्स्वर्थ और शेली जैसे अंग्रेज़ कवियों की प्रकृति सम्बन्धी रचनाओं में (और अनेक मानवसम्बन्धी रचनाओं में भी) 'पैन्थीइज़्म' भरा हुआ है। हमारे यहाँ उपनिषदों में, कालिदास, रवीन्द्रनाथ ठाकुर, जयशंकर प्रसाद, निराला के काव्य में, पूर्वी बंगाल के लोकगीतों में (जिनका गहरा असर रवीन्द्रनाथ पर है), पड़ोसी ईरान के उमर खैयाम जैसे सूफ़ी कवियों में और यूनान के भाववादी दार्शनिक प्लैटो (प्लतोस् या अफ़लातून) के बहुत से गद्यलेखन में यह 'पैन्थीइज़्म', प्रकृति और मानव में यह परम सत्ता का दर्शन, विद्यमान है। जब प्रकृतिविज्ञान का विकास न हुआ था, जब औद्योगिक क्षेत्र में आधुनिक प्रगति न हुई थी, 'पैन्थीइज़्म' तब भी था। इसका कारण यह है कि भौतिकवाद का जितना ही विरोध हुआ, उतना ही वह चोला बदलकर भाववादी व्यवस्था में अपनी जड़ जमाता गया। भारत और ईरान में जितने समाज-सुधारक हुए हैं, वे कहीं न कहीं वेदान्त और सूफ़ी दर्शन से प्रभावित हैं। समकालीन सामाजिक मर्यादाओं से अप्रसन्न सौन्दर्यप्रेमी

कालिदास और रवीन्द्रनाथ प्रकृति को परम सत्ता का मूर्त रूप मानते हैं।

अस्ति और नास्ति के समान भौतिकवाद और भाववाद का भेद सापेक्ष है। यह सापेक्षता साहित्य में प्रतिफलित है, ज्ञान के अन्य क्षेत्रों में भी। वह भारत में प्रतिफलित है, यूरुप में भी प्रतिफलित है। उसका महत्व ज्ञान के सभी क्षेत्रों के लिए है, उसका महत्व भाषाविज्ञान के लिए भी है। रघुवंश के आरम्भ में कालिदास कहते हैं :

वागर्थाविव संपृक्तौ वागर्थप्रतिपत्तये ।
जगतः पितरौ वन्दे पार्वतीपरमेश्वरौ ।।

वाणी और अर्थ को समझने के लिए कालिदास, वाणी और अर्थ के समान सम्बद्ध, संसार के माता-पिता पार्वती और शिव की वन्दना करते हैं। इस वन्दना के कारण वाणी और अर्थ की सम्बद्धता के सिद्धान्त का मूल्य नष्ट नहीं हो जाता। कालिदास ने वाणी और अर्थ के संपृक्त होने की बात कही है; तुलसीदास ने संपृक्त होने के साथ असंपृक्त होने की बात भी कही है : **गिरा अरथ जल बीचि सम कहियत भिन्न न भिन्न।** भिन्नता और अभिन्नता की विरोधी स्थितियों का समन्वय अनेकान्तवादी दृष्टि से ही सम्भव है। तुलसीदास ने वाणी और अर्थ के भेद-अभेद सम्बन्ध का जो सिद्धान्त प्रतिपादित किया है, उसका महत्व इसलिए नष्ट नहीं हो जाता कि उन्होंने समस्त संसार को सियाराममय जानकर उसे प्रणाम किया है (**सियाराममय सब जग जानी। करौं प्रनाम जोरि जुग पानी ।।**)

८. भौतिकवाद और नियतिवाद

मान लीजिये **हस्त** शब्द वाणी है, **हस्त** कहने से अंग विशेष का बोध होता है, वह अर्थ है; दोनों का सम्बन्ध भिन्न और अभिन्न दोनों है। किन्तु हाथ नामक अंग का बोध करानेवाला एक शब्द **कर** है, अन्य शब्द **पाणि** है; यदि शब्द और अर्थ का सम्बन्ध अभिन्न है, तो एक ही अर्थ के लिए ये तीन शब्द क्यों हैं ?

पाणि या **कर** या **हस्त** कहे बिना अंग विशेष का बोध नहीं होता; यही शब्द और अर्थ की अभिन्नता है। इसके साथ ही शब्द और अर्थ भिन्न हैं, इस कारण एक शब्द के अनेक अर्थ होते हैं और एक अर्थ के लिए अनेक शब्द होते हैं। इस प्रकार शब्द और अर्थ का अनेकान्तवादी सम्बन्ध भाषा की वास्तविक स्थिति से सिद्ध है।

भौतिकवाद हर प्रपंच के परिवर्तन, उसकी गति और उसके विकास के नियमों का पता लगाता है। द्वन्दात्मक भौतिकवाद एक प्रकार का नियतिवाद है; हर प्रपंच की गति के नियम हैं, अतः उनकी जानकारी के आधार पर उसकी भावी गति पहले से बताई जा सकती है। संसार के हर प्रपंच के अपने नियम हैं, उसका अपना धर्म है, अतः संसार के समस्त प्रपंच नियतिवाद के दायरे में हैं, उसके बाहर नहीं हैं। तब एक समुदाय ने अंग विशेष के लिए **हस्त** शब्द का व्यवहार किया, दूसरे ने **कर** का, अथवा एक ही समुदाय ने **हस्त** और **कर** दो शब्दों का प्रयोग किया, ऐसा क्यों ? मनुष्य किसी ध्वनिरूप से वस्तु-विशेष का सम्बन्ध जोड़ देते हैं, यह कार्य नियमित है या आकस्मिक ? **हस्त** का पूर्वरूप **घस्त** था, **घ्** जैसी सघोष महाप्राण ध्वनि का विकास केवल भारत में हुआ, क्या इसका

कारण भारत का विशेष प्राकृतिक परिवेश था ? या भारतीय मानव का शारीरिक गठन, उसके नादयन्त्र की कोई विशेषता थी ? यदि ऐसा था तो भारतीय प्रकृति के शेष विश्व प्रकृति से भिन्न होने का कारण रहा होगा, भारतीय मानव के विशेष शारीरिक गठन, उसके विशेष नादयन्त्र का कारण रहा होगा ? जब पृथ्वी पर मानव न था, तब भी यह कारण रहा होगा; जब पृथ्वी अपने मूल पिण्ड से अलग न हुई थी, तब भी यह कारण रहा होगा; यदि यह मानें कि समस्त प्रकृति पहले अव्यक्त थी, ऐसी ऊर्जा थी जो भूत में परिवर्तित न हुई थी, तो अव्यक्त प्रकृति में, अनादि ऊर्जा, में **ध्** के भारत में ही विकसित होने का आदि कारण विद्यमान रहा होगा ! यदि ऐसा नहीं था तो बतायें कि वह कार्य-कारण-शृंखला कहाँ से आरम्भ होती है जिसका परिणाम **ध्** का विकास है। यदि **ध्** का विकास आकस्मिक है, तो नियतिवाद का तानाबाना बिखर जाता है; तब द्वन्दात्मक भौतिकवाद की सार्थकता ही क्या रह जाती है ?

ठीक यही प्रश्न नहीं किन्तु इससे मिलते जुलते प्रश्न हेगल और मार्क्स के समय दर्शन और विज्ञान में प्रस्तुत थे। एङ्गेल्स ने हेगल का हवाला देते हुए इन प्रश्नों का उत्तर दिया है।

एक दृष्टि वह है जो प्रकृति में कुछ घटनाओं को कार्य-कारण-शृंखला के अनुरूप घटित मानती है और कुछ को इस शृंखला के प्रतिकूल अकस्मात् घटित मानती है। जो कुछ कार्य-कारण-शृंखला के अनुरूप घटित होता है, वह नियमित है, अनिवार्य है; जो कुछ अकस्मात् घटित होता है, वह आकस्मिक है, अनियमित है। एक ओर अनिवार्यता, दूसरी ओर आकस्मिकता, दोनों का मेल सम्भव नहीं है। एङ्गेल्स ने **प्रकृति का द्वन्द-वाद** में लिखा है कि एकान्तवाद (मेटाफ़िज़िक्स) आकस्मिक और अनिवार्य के अन्त-विरोध में उलझकर रह गया है। इन दो धारणाओं से अधिक परस्पर भिन्न और क्या होगा ? सहज बुद्धि कहती है, और उसके साथ बहुसंख्यक प्रकृतिविज्ञानी कहते हैं, (एङ्गेल्स बता रहे हैं) कि आकस्मिक और अनिवार्य एक दूसरे से निरपेक्षतः, पूर्णतः, विलग हैं। कोई वस्तु, परिस्थिति, प्रक्रिया या तो आकस्मिक है या अनिवार्य है, दोनों एक साथ नहीं हो सकतीं। अतः प्रकृति में दोनों हैं; प्रकृति में तरह-तरह की चीजें हैं, तरह-तरह की प्रक्रियाएँ हैं, इनमें कुछ आकस्मिक हैं, कुछ अनिवार्य हैं। ध्यान केवल इस बात पर देना है कि दोनों को मिलाकर गड़बड़ न पैदा की जाय। जहाँ तक विज्ञान का सम्बन्ध है, उसे केवल अनिवार्य वस्तुओं से दिलचस्पी है; जो आकस्मिक है, उसकी तरफ से विज्ञान उदासीन है। जो नियमबद्ध हुआ, उसी का हमें ज्ञान हुआ, उसी से हमें दिलचस्पी है। जो नियमबद्ध न हुआ, वह ज्ञान की परिधि से बाहर है, उसके प्रति हम उदासीन हैं। एङ्गेल्स कहते हैं कि यहाँ विज्ञान का खात्मा ही हो जाता है क्योंकि जो ज्ञान की परिधि में नहीं आया, विज्ञान उसी को तो जानना चाहता है। जिसकी व्याख्या हो जाय, वह तो प्राकृतिक है, जिसकी व्याख्या न हो सके, वह प्रकृति से परे है, दैवी है !

यह एकान्तवादी दृष्टि हुई। इसकी विरोधी दृष्टि है नियतिवादी। एङ्गेल्स कहते हैं कि उपर्युक्त मत के विरोध में नियतिवाद अवतरित हुआ, फ्रान्सीसी भौतिकवाद से प्रकृतिविज्ञान में पहुँचा। उसका कहना है कि प्रकृति में आकस्मिक कुछ होता ही नहीं

है। इस मत के अनुसार प्रकृति में केवल सादी, प्रत्यक्ष अनिवार्यता का बोलबाला है। मटर की एक फली में पाँच ही दाने हैं, चार या छह नहीं, किसी कुत्ते की पूँछ सिर्फ़ पाँच इंच लम्बी है, रत्तीभर घट बढ़ कर नहीं, इस साल किसी एक फूल पर मधुमक्खी बैठी और उससे उर्वरीकरण हुआ, दूसरे फूल का न हुआ, और इस विशेष मधुमक्खी ने एक विशेष समय में ही यह कार्य सम्पन्न किया, हवा किसी फूल के दो बीज उड़ाकर ले गई, इनमें एक से अंकुर फूटा, दूसरे से न फूटा, पिछली रात के चौथे पहर किसी एक मच्छर ने काटा, दूसरे ने नहीं, और चार बजे काटा, तीन या पाँच बजे नहीं, दायें कन्धे में काटा, बाईं पिंडली में नहीं, ये समस्त घटनाएँ एक अपरिहार्य कार्य-कारण परम्परा का परिणाम हैं, वे ऐसी अप्रतिहत अनिवार्यता से प्रेरित हैं कि जिस गैस मंडल से सौरमण्डल का उद्भव हुआ, उस गैसमण्डल की संरचना पहले ही ऐसी थी कि इन समस्त घटनाओं को ठीक इसी रूप में घटित होना था, उस रूप से ज़रा भी इधर-उधर हटे बिना ही उन्हें घटित होना था। (यह सब एङ्गेल्स ने लिखा है। आगे कहते हैं :) इस तरह की अनिवार्यता हमें फिर वहाँ ले आई जहाँ प्रकृति में सब कुछ दैवी इच्छा से होता है। इसे चाहे भगवदिच्छा कहिये, चाहे भाग्य कहिये, चाहे अनिवार्यता कहिये, विज्ञान के लिए बात बहुत कुछ एक ही है। उक्त घटनाओं की कार्य-कारण-परम्परा का हम पता नहीं लगा सकते, इसलिए अनिवार्यता एक छूँछा शब्दमात्र रह जाती है, और आकस्मिकता अपनी जगह जमी रहती है। जब तक हम यह बता न दें कि मटर की किसी फली में पाँच ही दाने क्यों हैं, तब तक उसमें पाँच दानों का होना आकस्मिक ही है [जब तक हम यह बता न दें कि ध् का विकास भारत में ही क्यों हुआ, तब तक भारत में उसका विकास आकस्मिक ही है !], और यह कहने से कि इसका मूल कारण सौरमण्डल की आदिम संरचना में विद्यमान था, हम एक कदम भी आगे नहीं बढ़ते। इसके सिवा जो विज्ञान किसी फली में पाँच दानों के होने की कार्य-कारण-परम्परा का पता लगाने बैठेगा, वह विज्ञान नहीं खिलवाड़ होगा, क्योंकि उस फली में दानों की संख्या के अलावा और बहुत सी आकस्मिक लगनेवाली विशेषताएँ हैं, उसका रंग, मोटाई, फली की कोमलता या कठोरता, दानों का आकार; और माइक्रोस्कोप से उसकी जो अन्य विशेषताएँ उद्घाटित होंगी, उनकी बात अलग है। इस प्रकार एक फली को लेकर पता लगाने के लिए इतनी कार्य-कारण-परम्पराएँ प्रस्तुत हो जायँगी कि संसार के समस्त वनस्पति-शास्त्री उनका पता लगाते ही रह जायँगे।

एङ्गेल्स कहते हैं कि उक्त मत में [अर्थात् यान्त्रिक भौतिकवाद के नियतिवाद में] आकस्मिक की व्याख्या इस प्रकार नहीं की जा सकती कि वह अनिवार्य प्रतीत हो वरन् अनिवार्य को ऐसा घटिया दर्जा दिया जाता है कि वह आकस्मिक प्रतीत होने लगता है। यदि किसी फली में पाँच दानों का होना उसी स्तर का तथ्य है जिस स्तर का तथ्य सौरमण्डल की गति का नियम है अथवा ऊर्जा के रूपान्तर का नियम है, तो आकस्मिक का स्तर ऊँचा नहीं होता, वह ऊपर उठकर अनिवार्य सिद्ध नहीं हुआ, वरन् अनिवार्य का स्तर गिरा, वह नीचे गिरकर आकस्मिक सिद्ध हुआ।

उक्त दोनों धारणाओं से हेगल का मत भिन्न है।

एङ्गेल्स कहते हैं कि उक्त दोनों धारणाओं से भिन्न, हेगल ऐसी स्थापनाएँ लेकर आये जैसी पहले किसी ने सुनी न थीं। हेगल ने कहा कि आकस्मिक सकारण होता है क्योंकि वह आकस्मिक है, इसके साथ ही उसका कोई कारण नहीं होता क्योंकि वह आकस्मिक है; जो आकस्मिक है, वह अनिवार्य भी है और अनिवार्यता स्वयं को आकस्मिक के रूप में घटित होने देती है; यह जो आकस्मिक है, वह पूर्णतः अनिवार्य है। [बेसिर-पैर की बातें हैं न? प्रकृतिविज्ञानियों को भी ऐसी ही लगी थीं। एङ्गेल्स इन विज्ञानियों को लक्ष्य करके कहते हैं:] प्रकृति-विज्ञान ने इन स्थापनाओं को परस्पर विरोधी और बेसिर-पैर की बातें कहकर उनकी अवहेलना की; सिद्धान्त की दृष्टि से प्रकृतिविज्ञान एकान्तवाद की बंजर विचारभूमि नहीं छोड़ सका जिसके अनुसार कोई चीज़ या तो आकस्मिक होगी या अनिवार्य होगी, दोनों एकसाथ नहीं हो सकती। 'यान्त्रिक भौतिकवाद इससे कम विचारशून्य नहीं है; वह एक शब्द के प्रयोग भर से आकस्मिक को सामान्य रूप में अस्वीकार करता है, किन्तु किसी भी प्रपंच के विशेष रूप में उसे व्यवहारतः स्वीकार करता है।'

९. प्रकृतिसम्बन्धी निरंकुश स्थापनाएँ और विज्ञान

एङ्गेल्स की ऊपर कही हुई बातों से यान्त्रिक भौतिकवाद और द्वन्द्वात्मक भौतिकवाद का भेद स्पष्ट हो जायेगा। यदि किसी को लगे यह सब चर्चा १९वीं सदी के प्रकृति-विज्ञान के लिए भले ही सार्थक रही हो, २०वीं सदी के भाषाविज्ञान के लिए वह व्यर्थ है, तो मैं उसे ब्लूमफील्ड की अर्थ-व्याख्या की ओर ध्यान देने को कहूँगा। ब्लूमफील्ड-परम्परा के प्रमुख विद्वान् हौकेट ने इसकी चर्चा की है और इस अध्याय में उसका उल्लेख हो चुका है। अर्थ में वे तमाम वस्तुएँ और परिस्थितियाँ शामिल हैं जिनसे प्रेरित होकर मनुष्य कुछ कहते हैं। इन वस्तुओं और परिस्थितियों का आकलन और मनुष्य की उक्ति विशेष से उनका सम्बन्ध-निर्धारण मटर की फली की विशेषताओं की कार्यकारण परम्परा का पता लगाने से कम मुश्किल नहीं है। इससे सिद्ध हुआ कि प्रकृति-विज्ञान पर यान्त्रिक भौतिकवाद के जिस तरह के प्रभाव की चर्चा एङ्गेल्स ने की है, उसका भाषाविज्ञान पर उसी तरह का प्रभाव २०वीं सदी में बना हुआ था। यान्त्रिक भौतिकवाद प्रकृतिविज्ञान और भाषाविज्ञान के अलावा राजनीति समेत समाजविज्ञान के अन्य क्षेत्रों को भी प्रभावित करता है और अक्सर वह मार्क्सवाद होने का दावा भी करता है, इसलिए उसे द्वन्द्वात्मक भौतिकवाद से अलगाना अत्यन्त आवश्यक है।

इस प्रसंग में एङ्गेल्स की दो एक बातें और सुन लें। वह पूछते हैं: जब प्रकृति-विज्ञान इस प्रकार एकान्तवादी चिन्तन में लीन था, तब उसने डारविन के रूप में क्या किया?

वह उत्तर देते हैं (उसी **प्रकृति का द्वन्दवाद** पुस्तक में): जो कुछ आकस्मिक रूप से विद्यमान है, उसे अधिक-से-अधिक अपना आधार बनाकर डारविन ने अपने युगान्तरकारी कार्य की शुरूआत की। एक ही जाति ('स्पिशीज़') के सदस्यों में जो अनन्त आकस्मिक भिन्नताएँ थीं, वे इतना प्रबल हुईं कि वे जाति के लक्षणों का अतिक्रमण

करने लगीं; ये भिन्नताएँ ऐसी थीं कि उनके तात्कालिक कारण भी बहुत कम बताये जा सकते थे। इन भिन्नताओं से बाध्य होकर डारविन ने जीवविज्ञान में अब तक स्वीकृत नियमितता के आधार के आगे प्रश्नचिन्ह लगा दिया, अर्थात् जीव-जन्तुओं और वनस्पतियों की जातियों को अब तक जो अचल और अपरिवर्तनशील माना जाता था, उस धारणा के आगे उन्होंने प्रश्नचिन्ह लगा दिया। (डारविन से पहले माना जाता था कि प्रकृति में सब कुछ नियमित है; प्राणिजगत् में सब कुछ नियमित होने का परिणाम हैं प्राणियों की जातियाँ। ये जातियाँ अपरिवर्तनशील हैं, जब से संसार है, तब से विद्यमान हैं। जब तक संसार रहेगा, तब तक विद्यमान रहेंगी। जातियों के लक्षण अचल हैं; एङ्गेल्स ने इस अचलता को एकान्तवादी जड़ता कहा है। जाति की जगह भाषा-परिवार कर दीजिये, जीव-विज्ञान की नियमितता की जगह ध्वनिपरिवर्तन की नियमितता कर दीजिए, जीव-विज्ञान की एकान्तवादी दृष्टि भाषाविज्ञान में घटित होती दिखाई देगी।)

एङ्गेल्स कहते हैं: जाति-सम्बन्धी धारणा के बिना समस्त विज्ञान शून्य है। उसके सभी विभागों में इस धारणा की ज़रूरत थी। जीवविज्ञान, वनस्पतिशास्त्र, शरीरविज्ञान आदि में जाति सम्बन्धी धारणा के बिना सब कुछ बेकार था। इन सब विज्ञानों ने जो निष्कर्ष अब तक निकाले थे, उनके आगे प्रश्नचिन्ह ही नहीं लगा, वे सब स्थगित कर दिये गये। जिसे लोग अब तक अनिवार्य समझते आये थे, उसे आकस्मिक ने पछाड़ दिया। आकस्मिक रूप से घटित होनेवाली घटनाओं के समवाय ने अनिवार्यता सम्बन्धी पुरानी धारणा को ध्वस्त कर दिया। 'उस धारणा को बनाये रखने का मतलब था, प्रकृति पर तानाशाही ढँग से मनुष्य की निरंकुश स्थापना को नियम कहकर लाद देना। यह ऐसी स्थापना थी जो स्वयं के और प्रकृति के विरोध में थी। उस धारणा को बनाये रखने का मतलब था, जीवन्त प्रकृति में समस्त आन्तरिक अनिवार्यता को नकारना, जीवन्त प्रकृति में आकस्मिकता की अराजकता को स्वीकार करना।'

यहाँ एङ्गेल्स की बात समाप्त हुई।

निरंकुश स्थापनाएँ प्रकृति पर तानाशाही ढँग से नहीं लादी जा सकतीं। भाषाओं के विकास पर कल्पित नियमितता भी नहीं लादी जा सकती। कल्पित नियमितता लादने का मतलब है भाषाओं के विकास की आन्तरिक अनिवार्यता को अस्वीकार करना।

एक उदाहरण लें।

संस्कृत **विश** (बस्ती) का ग्रीक प्रतिरूप है **ऑइकॉस्**। दोनों शब्द पुराने हैं, दोनों का स्रोत एक होना चाहिये। यह मानें कि संस्कृत **श्** बदलकर ग्रीक में **क्** हुआ तो इससे आदि इंडोयूरोपियन भाषा की मूल भूमि के बारे में अनचाही गड़बड़ी पैदा होती है। यह मूल भूमि भारत या कहीं उसके आस-पास, यूरुप को देखते पूर्व की ओर, माननी पड़ेगी। इस अनचाही स्थिति से बचने के लिए भाषाविज्ञानियों ने कण्ठ्य **क्** से भिन्न एक तालव्य **क्** की कल्पना की। तालव्य **क्** ने यूरुप की भाषाओं में अपना तालव्य तत्व त्याग दिया; भारत और पूर्व की भाषाओं में उसने **क्** का कण्ठ्य तत्व त्याग दिया और तालव्य तत्व **य्** को **श्** रूप में ग्रहण किया। यह सब तब तक कुछ युक्तिसंगत लग सकता है जब तक द्रविड़ भाषाओं को इंडोयूरोपियन परिवार के मामलों में दखल न देने दें। जहाँ उन्हें

दखल देने की अनुमति दी, वहीं तालव्य **क्** सम्बन्धी 'नियम' की निरंकुशता सिद्ध हो जायगी। तमिल **ऑक्कल्** (सम्बन्धी), कोडगु **ऑक्क** (कुटुम्ब), कन्नड़ **ऑक्कल्** (घर), **ऑक्कल** (किसान) से संस्कृत **विश** को अलग रखना और केवल ग्रीक **ऑइकॉस्** से उसका सम्बन्ध जोड़ना सरासर अन्याय है। यदि तालव्य **क्** ने अपना तालव्य तत्व ग्रीक में त्याग दिया है तो मानिये कि उसने यह अनुपम कार्य द्रविड़ भाषाओं में भी सम्पन्न किया है।

संस्कृत **श्रु** (सुनना) का ग्रीक प्रतिरूप है **क्लुओ**; तमिल, कन्नड़, कोत, तोद आदि अनेक द्रविड़ भाषाओं में इसका प्रतिरूप है **केळ्** (सुनना)। संस्कृत **शेते** (लेटता है) का ग्रीक प्रतिरूप है **कॅइतइ** और द्रविड़ भाषाओं में सुलभ हैं तमिल **किड** (लेटना), कन्नड़ **कॅडॅ** (पड़ना), कोडगु **कडकॅ** (शय्या) आदि।

कल्पित तालव्य **क्** के समान तालव्य **ग्** भी है। संस्कृत **जरा** (बुढ़ापा) से सम्बद्ध ग्रीक रूप है **गॅरोन्** (बूढ़ा), इधर द्रविड़ भाषाओं में सुलभ हैं तमिल **किळम्** (बुढ़ापा), कन्नड़ **कॅळव** (बूढ़ा)। मानना होगा, ग्रीक भाषा के समान द्रविड़ भाषाओं ने कल्पित **ग्** का तालव्य तत्व त्याग दिया।

तालव्य **क्** के समान एक ओष्ठ्य **क्** (**क्य्** की तरह **क्व्**) भी था। संस्कृत **कः** (कौन), ग्रीक **पॉथॅन्** (कहाँ से); यहाँ कण्ठ्य तत्व संस्कृत में बना रहा, ओष्ठ्य तत्व **व्** ग्रीक में **प्** हो गया। इधर गोंडी में **बोर, बोल्** (कौन) ग्रीक की तरह ओष्ठ्य तत्व सुरक्षित किये हैं। संस्कृत **कः** का एक ग्रीक प्रतिरूप **तिस्** (कौन) भी है। यहाँ **इ** स्वर के संसर्ग से ओष्ठ्य **प्** बदलकर **त्** हो गया! इधर कोडगु में **दारि** (कौन) **इ** स्वर के बिना भी ओष्ठ्य **ब्** को **द्** बना रहा है और कोल भाषा संथाली में प्रश्नवाचक **तिस्** (कब) ठीक ग्रीक रूप की तरह विद्यमान है। कल्पित ओष्ठ्य **क्** के समान् ओष्ठ्य **ग्** है। संस्कृत **ग्ना** (देवी, पत्नी) का ग्रीक प्रतिरूप **बना** है। इधर नारी, पत्नी के लिए तमिल और कन्नड़ का **पॅण्** रूप है। संस्कृत **घर्म** का **घ्** ओष्ठ्य था, इसलिए फ़ारसी में तो **गर्म** रूप प्राप्त हुआ, ग्रीक में **थॅर्मॉस्** (गर्म)। यहाँ भी **घ्** का ओष्ठ्य तत्व **प्**, आगे **ॲ** स्वर होने से, **थ्** बन गया। तमिल **तॅरु** (जलना), **तॅरल्** (गर्मी) में भी वही कल्पित परिवर्तन घटित होता है।

संस्कृत और ग्रीक पर तालव्य और ओष्ठ्य **क्**, **ग्** आदि लादना एक निरंकुशता है, इन भाषाओं के विवेचन से द्रविड़ भाषाओं को अलग रखना दूसरी निरंकुशता है।

एकान्तवादी दृष्टि की आलोचना करते हुए १९वीं सदी में एङ्गेल्स ने प्रकृति-विज्ञान के बारे में जो कुछ कहा था, वह २०वीं सदी में भाषाविज्ञान के सन्दर्भ में सार्थक है। यदि द्रविड़ और इंडोयूरोपियन परिवारों की जबर्दस्ती खींची हुई अचल सीमारेखाएँ नष्ट हो जाती हैं, तो इसका प्रभाव द्रविड़ और इंडोयूरोपियन परिवारों के इतिहास तक सीमित न रहेगा, उसका प्रभाव एशिया और यूरुप के समस्त भाषा-परिवारों के ऐतिहासिक विवेचन पर पड़ेगा, ऐतिहासिक भाषाविज्ञान की सामान्य धारणाओं पर पड़ेगा।

जो आकस्मिक प्रतीत होता है, वह अनिवार्य है, एक उदाहरण इसका देखें।

गोंडी सुंज् (सोना) और फ्रन्सीसी सोंज़् (स्वप्न) की समानता नितान्त आकस्मिक प्रतीत होती है। कहाँ भारत के पिछड़े हुए गोंड और कहाँ यूरोपियन सभ्यता के गढ़ फ्रान्स के निवासी, दोनों का एक साथ नाम लेते ही हँसी आती है!

किन्तु सोंज़् शब्द उस समय का नहीं है जब फ्रान्स सभ्यता का गढ़ बन चुका है, उससे पहले का है, और गोंड सदा निर्धन और आज की तरह पिछड़े हुए रहे हों, यह आवश्यक नहीं है। फ्रान्स और गोंडों की निवासभूमि के बीच बहुत बड़ा फ़ासला है। पर उतना फ़ासला भारत की आर्य और यूरुप की आर्येतर इंडोयूरोपियन भाषाओं के बीच भी है। द्रविड़ जन भारत के उत्तर-पश्चिमी प्रदेशों में रहते थे और आर्यों के पड़ोसी थे; दोनों में भाषा-तत्वों का आदान-प्रदान हो इससे अधिक स्वाभाविक और क्या होगा? यह आदान-प्रदान केवल भारतीय आर्यों से होता है, इंडोयूरोपियन परिवार के अन्य समाजों से नहीं, हम यह पहले ही से क्यों मान लें? भारतीय आर्य भाषातत्व यूरुप की भाषाओं में जा न सकते थे, यह एक निरंकुशता हुई। द्रविड़ तत्व यूरुप की भाषाओं में और भी न जा सकते थे, यह दूसरी निरंकुशता हुई।

संस्कृत स्वप् (सोना) से स्वप्न बना है। स्वप्न का मूल अर्थ होगा निद्रा; फिर नींद में जो दिखाई दे, वह भी स्वप्न कहलाया। लैटिन सॉपॉर (नींद) के सॉप् क्रियामूल का प् जब म् में बदला, तब स्वप्न का लैटिन प्रतिरूप सॉम्नुस् बना। सॉम्नुस् का एक अर्थ है नींद, दूसरा अर्थ है सपना। सॉप् क्रियामूल के सॉम् रूपान्तर से फ्रान्सीसी भाषा में एक रूप बना सॉमॅइ (ल्) अर्थात् नींद, दूसरा रूप बना सोंज़् (या सोंझ़्) अर्थात् सपना। सोंज़् में वही सॉम् क्रियामूल है। प् का म् में रूपान्तरण द्रविड़ भाषाओं में भी प्रचलित है और यूरुप के किसी भी भाषासमुदाय की अपेक्षा अधिक प्रचलित है। वहाँ सॉपॉर् और सॉम्नुस् के उदाहरण खोजने पड़ेंगे; यहाँ तमिल के पण्णु-मण्णु (करना) जैसे जोड़े भरे पड़े हैं। संस्कृत स्वप्, सॉपॉर् का सॉप् द्रविड़ भाषाओं में सॉम् बोला जाय, यह अत्यन्त स्वाभाविक है। सॉम् में ग प्रत्यय लगा तो सॉङ्ङ रूप बना। ग का रूपान्तरण है ज। जैसे लैटिन सागुस् (भविष्यवक्ता) का अंग्रेज़ी प्रतिरूप सेज् (ज्ञानी) है, फ्रांसीसी प्रतिरूप साज़् (या साझ़्) है, वैसे ही सॉङ्ङ का एक रूपान्तर है सुञ्ज्, दूसरा है सुञ्ज़्। सुञ्ज् गोंडी में है, सुञ्ज़् कोण्ड में। तमिल में एक रूप है तूङ्ङ् (सोना), दूसरा रूप है तूञ्जु (उप०)। संस्कृत समय के तमिल प्रतिरूप तमयम् की तरह सूङ्ङ् का रूपान्तर होगा तूङ्ङ्। स् के ह् रूपान्तर से मण्ड और कुवि भाषाओं में हुंज् रूप बना। कन्नड़ में अवधी की तरह कागज जैसे कागद है, वैसे ही सुंज् का प्रतिरूप सुन्दु है। स् का एक रूपान्तर च् हुआ; उससे पर्जि में चुञ्ञ् (<चुञ्ज्) रूप बना। उसी भाषा में उसके समानान्तर तुञ्ञ् भी है। सॉप् के प्रतिरूप सॉम् का जैसा प्रसार द्रविड़ भाषाओं में है, वैसा यूरुप की भाषाओं में नहीं है। सम्भावना यही है कि सॉम् क्रियामूल यूरुप की भाषाओं में द्रविड़ भाषासमुदाय से पहुँचा है। अतः गोंडी सुंज् और फ्रान्सीसी सोंज़् सम्बद्ध हैं।

जो आकस्मिक प्रतीत होता था, वह सम्भव बना। आकस्मिक समानताओं के ऐसे काफी उदाहरण, मान लीजिये सौ उदाहरण, प्रस्तुत किये जायँ, तो वे मात्र सम्भव न रह जायँगे। वे द्रविड़ और इंडोयूरोपियन परिवारों की विभाजन-रेखा केवल भारत के

लिए नहीं, यूरुप के लिए भी तोड़ देंगे। जो आकस्मिक प्रतीत होता था, वह अनिवार्य सिद्ध होगा।

१०. श्रम और संख्यासूचक शब्द

डारविन के जीवविज्ञान में और मार्क्स-एङ्गेल्स के समाजविज्ञान में मौलिक अन्तर है श्रम की भूमिका को लेकर। वन में जीव अपने अस्तित्व के लिए संघर्ष करते हैं, निर्बल मारा जाता है, सबल विजयी होता है। वन्य जीव श्रम द्वारा वस्तुओं का उत्पादन नहीं करते, वे केवल वस्तुओं का संग्रह करते हैं। सामाजिक कार्यवाही के रूप में आवश्यक वस्तुओं का उत्पादन मनुष्य की विशेषता है। इस कार्यवाही का मुख्य उपकरण मनुष्य का हाथ है। हाथ के लिए जो शब्दमूल द्रविड़ और इंडोयूरोपियन परिवारों में प्रयुक्त होते रहे हैं, उन्हीं से अर्थप्रसार द्वारा करने, लेने, देने, विनिमय, व्यापार आदि के भाव व्यक्त किये गये। ये कार्य हाथ से प्रत्यक्ष रूप में सम्बद्ध दिखाई देते हैं। किन्तु हाथ से ऐसे शब्द भी सम्बद्ध हैं जिनका सम्बन्ध प्रत्यक्ष नहीं है। ऐसा एक शब्द है तमिल अइन्दु (पाँच)।

केरल से प्रकाशित **इंटरनैशनल जर्नल आफ ड्रैवीडियन लिंग्विस्टिक्स** (खण्ड ५, संख्या १; जनवरी १९७६) में सोवियत भाषाशास्त्री आन्द्रोनोव का एक रोचक लेख छपा है जिसका विषय संख्यासूचक द्रविड़ शब्दों की व्युत्पत्ति है। उन्होंने तमिल **अइन्दु** का सम्बन्ध **कय्** शब्दमूल से जोड़ा है जिसका अर्थ हाथ है। हाथ कहने से पाँच उँगलियों का बोध हुआ और इस बोध से मनुष्य ने पाँच की संख्या जोड़ी। इस प्रकार **अइन्दु** का पूर्वरूप हुआ **चइन्दु**; **च्** का लोप हुआ, तब **अइन्दु** रह गया। **चइ** का पूर्वरूप था **कय्**। पर्जि **चेविर्** (पाँच आदमी) में **च्** विद्यमान है।

जो बात आर्य-द्रविड़ भाषाओं को जोड़ती है, वह यह कि **कय्** का पूर्वरूप **कर** (हाथ) संस्कृत में है। संस्कृत में **कर** से पाँच की संख्या बताने वाला शब्द नहीं बना। संस्कृत **पाणि** (हाथ) के **पण्** क्रियामूल से संस्कृत **पञ्च** बना; **पण्णु** (करना) क्रिया तमिल में है किन्तु उसमें हाथ के लिए **पाणि** या पाँच के लिए **पंच** जैसा शब्द नहीं है। जो चीज सामान्य है, वह है अर्थसंसर्ग की प्रक्रिया और **कर्** तथा **पण्** शब्दमूलों से बनी शब्दावली। संस्कृत में **कर्** क्रियामूल से **कर्म** शब्द बना, तमिल में **पण्**, **पणि** कर्मसूचक शब्द हैं। ग्रीक **खेंइर्** (हाथ) संस्कृत **कर** से सम्बद्ध है किन्तु तमिल की तरह ग्रीक में भी **कर्म** जैसा शब्द नहीं है। इसके विपरीत तमिल **पण्** के समान ग्रीक **पॉनॉस** श्रमसूचक है और संस्कृत **पाणि** से सम्बद्ध है।

अर्थप्रसार की प्रक्रिया सामान्य द्रविड़-इंडोयूरोपियन परिवारों की अचल सीमा-रेखा भंग करके उनके प्राचीन सम्बन्धों की पुष्टि करती है।

एक हाथ की पाँच उँगलियों से पाँच की संख्या का बोध जुड़ा, फ़ारसी **पंज** (पाँच) और **पंजा** में संख्या और उँगलियों का सम्बन्ध देखा जा सकता है। दोनों हाथों की उँगलियाँ दस हुईं; अर्थ-संसर्ग की उसी प्रक्रिया से हस्तसूचक शब्द दस की संख्या के लिए प्रयुक्त हुआ। संस्कृत **दश** का पूर्वरूप **दस** फ़ारसी **दस्त** (हाथ) के **दस्** से सम्बद्ध है। पश्तो में **दस** का रूपान्तर **लस्** हाथ और **दस** दोनों के लिए प्रयुक्त होता है। **दस्त** का

पूर्वरूप **धस्त** है और **धस्** क्रिया का पूर्वरूप **धर्** है और **धर्** का एक रूपान्तर **धन्** है। इस **धन्** से एक ओर हिन्दी **धन्धा** बनता है, दूसरी ओर इसके **तन्** रूपान्तर से अंग्रेज़ी **टॅन्** (दस), जर्मन **त्सेन्** (उप०) रूप बनते हैं। **दश** के ग्रीक प्रतिरूप **दॅक, दशम्** के लैटिन प्रतिरूप **दॅकॅम्** में **क्** ध्वनि का पूर्वरूप **श्** है। **र्** ध्वनि **स्** और **न्** में बदलती है, इसका विवेचन इस पुस्तक के प्रस्तुत खण्ड के चौथे अध्याय में हो चुका है।

पाँच का सम्बन्ध हाथ से है, दस का सम्बन्ध हाथ से है; तमिल **अइन्दु** (पाँच) का सम्बन्ध हाथ से है और तमिल **पत्तु** (दस) का सम्बन्ध भी हाथ से है। **पंच** की **पन्** क्रिया से **पन्त, पन्द** जैसा कृदन्त रूप बनेगा। **पत्तु** का पूर्वरूप **पन्दु** था, इसका प्रमाण मलयालम **पण्ड्रण्डि** (बारह) और तेलुगु **पण्ड्रॅण्डु** (उप०) हैं जहाँ **पण्ड्** दस के लिए है, **रण्डि** और **रॅण्डु** दो के लिए। तमिल **पन्न् इरण्डु** (बारह), **पन्नण्डु** (उप०) में **पन्द्** का रूपान्तर **पन्न्** है। **पत्तु, पदि** आदि रूप **पर्त** और **पन्त** दोनों का विकास हो सकते हैं।

तमिल में **पत्तु** का एक प्रतिरूप **पक्तु** या **पग्दु** भी है। यहाँ **पक्** का पूर्वरूप **पश्** वैसे ही है जैसे ग्रीक **दॅक** का पूर्वरूप **दश** है। **पश्** और **पन्** सम्बद्ध रूप हैं और दोनों का आधार है **पर्**।

पक्तु के **पक्** का लैटिन प्रतिरूप है **फकिओ** (करना)।

तमिल **ऑरुबान्** (एक दहाई अर्थात् दस), **इरुबान्** (दो दहाई अर्थात् बीस), **मुप्पान्** (तीन दहाई अर्थात् तीस) के **पान्** का आधार वही **पन्** है जो **पंच** में है। **पन्** रूप आर्य-द्रविड़ दोनों समुदायों के पास है; एक ने उसका उपयोग पाँच की संख्या के लिए किया, दूसरे ने दस के लिए।

आन्द्रोनोव ने दस का बोध कराने वाले द्रविड़ शब्दों के लिए **पत्तु, पद्, पदि, पद्दु, पन्, पान्** और **पख्दु** (अर्थात् **पग्दु** अथवा **पक्तु**) आधाररूपों की कल्पना की है। इतने आधाररूप अनावश्यक हैं, केवल **पर्** काफी है। उन्होंने इनका सम्बन्ध तमिल **पल** (बहुत से), आधाररूप **पल्** से, जोड़ा है जो और भी अनावश्यक है। तमिल **अइन्दु** (पाँच) और **पत्तु** (दस) आपस में वैसे ही सम्बद्ध हैं जैसे संस्कृत **पञ्च** और **दश**।

ऊपर **पण्ड्रण्डि** (बारह) में दो का अर्थ देनेवाला जो **रण्डि** है, उसका सम्बन्ध भी हाथ से है। कोडगु **दण्डि** (दो चीज़ें), **दण्डनॅ** (दूसरा) में **रण्डि** का पूर्वरूप **दण्डि** स्पष्ट है। गोंडी, नइकि, कोलमि आदि में **दंड, दंड्** बाहुवाचक शब्द है। द्रविड़ भाषाओं में **दण्ड** रूप दो स्रोतों से आया है। एक स्रोत है **दन्** क्रिया जिसका अर्थ है खड़ा होना; संस्कृत **दंड** (डण्डा), **तण्डक** (तना), तमिल **तण्डु** (उप०), तुलु **दण्डु** (उप०) का सम्बन्ध इस **दन्** से है। दूसरा स्रोत है **दन्** क्रिया जिसका अर्थ है करना; तमिल **तण्डु** (इकट्ठा करना), तुलु **दण्डियुनि** (कुछ पाने को हाथ पसारना), नइकि **दण्ड्** (बाँह) का सम्बन्ध इस क्रिया से है। इस दूसरे **दण्ड्** से कोडगु **दण्डि** (दो चीज़ें), **रण्डि** का विकास हुआ है। तमिल **इरण्डु** में **इ** अतिरिक्त स्वर है जो **र्** के पहले जोड़ा गया है। **इर्** को आधाररूप मानकर (**चीरने** के **चीर्** क्रियामूल के तमिल प्रतिरूप) **ईर्** से उसे जोड़ना कष्ट कल्पना है।

दण्ड और **पत्तु** कृदन्त रूप हैं **हस्त** के समान। यही स्थिति **अइन्दु** (पाँच) की है।

यहाँ प्रश्न किया जा सकता है कि हाथ का बोध करानेवाले शब्द कृदन्त हैं तो हाथ से करने की क्रिया का भाव कैसे उत्पन्न हुआ ? पहले **दस्** (करना), फिर **दस्त** (हाथ)। इस प्रश्न का उत्तर यह है कि **दस** शब्द पहले हाथ का बोध कराता था, इसीलिए पश्तो में उसका रूपान्तर **लस्** (हाथ; दस) प्राप्त है। इसके सिवा प्राकृत **दोस** (हाथ) में **त** प्रत्यय का अभाव है। उसी प्रकार संस्कृत **कर** (हाथ) कृदन्त रूप नहीं है; इस संज्ञा **कर** से क्रिया **कृ** उत्पन्न हुई है। अनेक भाषाओं में ऐसे काफी शब्द हैं जिनके संज्ञा और क्रियारूप एक हैं। **तू ऐसा कर**, यहाँ **कर** अपने शुद्ध क्रियारूप में है। **कर्** या **कृ** वह धातु है जो अनेक क्रियारूपों में प्राप्त है।

तमिल **नालु** (चार) का पूर्वरूप **तालु** हो सकता है। हिन्दी **तेंतालिस, पैंतालिस** आदि का **तालिस** ग्रीक (अत्तिक) **तॅत्तरॅस्** (चार) से तुलनीय है। द्रविड़ भाषाओं में **त्-द्** ध्वनियों का एक रूपान्तर **र्** है, दूसरा **न्**। एक ओर **दण्डि** का रूपान्तर **रण्डि** है, दूसरी ओर ब्राहुइ **दीर्** (पानी) का तमिल रूपान्तर **नीर्** है। हिन्दी और तमिल दोनों में **चार** और **नालु** शब्द अनेक के अर्थ में प्रयुक्त होते हैं। **किसी की चार बातें क्यों सुनें**, यहाँ **चार** शब्द निश्चित संख्या बताने के लिए प्रयुक्त नहीं हुआ।

तमिल **आरु** (छह) का तुलु प्रतिरूप **आजि** है। **आजि** का **ज्** पहले **य्** होगा अथवा **स्**। **आरु** के **र्** को देखते, उसके रूपान्तर **स्** से, **आसि** रूप बनेगा। कुइ **सज्गि** (छह) में **अ** की जगह **स** है। तब **आसि** का पूर्वरूप होगा **सासि**। गोंडी **सारुङ्ग्** (छह) से विदित होता है कि तमिल **आरु** का पूर्वरूप **सारु** था। संस्कृत **षष्** का पूर्वरूप **सर्** होगा। **सर्** से **सस्, सज्**; और **सर्** से **सस्, षष्**। **सारु** और **आरु** के बीच की कड़ी **हारु** गोंडी के **हारूङ्ग्** (छह) रूप में है।

तमिल **एळ्** (सात) का तेलुगु प्रतिरूप **एडु** है। कुइ प्रतिरूप **ऑंद्गि** (उप०) का **द्** ध्यान देने योग्य है। **ळ्** बदलकर **द्** नहीं हुआ, **द्** बदलकर **ड्, ळ्** हुआ है। गोंडी में **यॅंदुंग्, ऑंरूङ्ग्, ऑंड़ुंग्** रूप हैं; इनमें **र्** बदलकर **द्** नहीं हुआ, **द्** बदलकर **र्, ड़्** बना है। **सप्त-सत्त-सद-हद-अद**, इस प्रकार **ऍदु, ऑदु** का विकास सम्भव है। फ़ारसी **हफ़्त्** (सात), ग्रीक **हॅप्त** (उप०) में **ह्** विद्यमान है, आर्मीनियन **ऍविन्** (अंग्रेज़ी **सॅवॅन्**) में **ह्** का लोप हुआ है। द्रविड़ रूपों में सम्भवतः इसी तरह **ह्** का लोप हुआ है।

तमिल **ऍट्टु** (आठ), कोत **ऍट्** सीधे संस्कृत **अष्ट** का विकास जान पड़ते हैं। कन्नड़ **ऍण्डु** (उप०) में **ष्** के स्थान पर **ण्** है। **कश्मीर** के प्राकृत प्रतिरूप **कम्भार** का स्मरण करें; संस्कृत **प्रकाश्** का **कश्** और **कनक, कञ्चन** का **कन्** एक हैं। कन्नड़ **ऍण्डु** इस सम्भावना को पुष्ट करता है कि अंग्रेज़ी **एट्** के समान तमिल **ऍट्टु** संस्कृत **अष्ट** का विकास है।

आन्द्रोनोव ने काल्डवेल की सुझाई हुई व्युत्पत्ति स्वीकार की है कि **ऍट्टु** का आधार **ऍण्** क्रिया है जिसका अर्थ संख्या, गिनना है। उन्होंने ध्यान दिलाया है कि द्रविड़ भाषाओं में गणना-पद्धति का आधार आठ की संख्या थी। काल्डवेल और आन्द्रोनोव की बात सही है। चार उँगलियों का चउआ, दो चउओं का अट्ठा; जब अँगूठे को शामिल कर लिया तब पाँच उँगलियों से बना पञ्जा, दो पञ्जों से दहला। गिनतीवाली

ऑण् क्रिया का पूर्वरूप **अर्** है; **अर्** का रूपान्तर **अस्** संस्कृत **अष्ट** में है। **अस्** के अस्तित्व का प्रमाण तमिल **ऑण्** के प्रतिरूप पर्जि **अज** का **ज्** है। तमिल **आरु** (छह) का तुलु प्रतिरूप **आजि** है; तमिल **ऑण्** का पर्जि प्रतिरूप **अज** है। दोनों जगह मूल ध्वनि **र्** पहले **स्** में परिवर्तित हुई, फिर **स्** ध्वनि च् में बदली। गोंडी **सारुंग्** (छह) और कुइ **सज्गि** (उप०) के बीच की **स्** वाली कड़ी संस्कृत **षष्** है; तमिल **ऑण्** (गिनना) और पर्जि **अज** (आठ) के बीच की **स्** वाली कड़ी संस्कृत **अष्ट** है। **ऑण्** का पूर्वरूप **अर्** था, इसका एक प्रमाण और है; ग्रीक **अरिथ्मॉस्**, गौथिक **रथ्** का अर्थ है संख्या। कन्नड़ **ऑण्डु** (आठ) के **ऑण्** का पूर्वरूप **ऑर्** था, इसकी पुष्टि संथाली **इरल्** (आठ) से होती है।

संस्कृत का विकास जिस क्षेत्र में हुआ है, उसमें मध्यदेशीय **र्** को **स्**, **श्**, **ष्** में बदलने की जबर्दस्त प्रवृत्ति रही है। यह प्रवृत्ति द्रविड़ भाषाओं में भी है यथा तमिल **करुक्कल्** (अँधेरा) का तोद प्रतिरूप **कश्तल्** है, तमिल **वर** (सुखाना) का कुइ प्रतिरूप **वस** है। गणनासूचक **अर्** **अस्** हुआ, उसका कृदन्त रूप है **अष्ट**। तमिल **ऍट्टु**, **अइन्दु** आदि में **टु**, **दु** कृदन्त प्रत्यय है, नपुंसक लिंग सूचक **दु** प्रत्यय नहीं, इसका एक प्रमाण यह भी है कि **द** के समानान्तर अन्य कृदन्त प्रत्यय **ग** का व्यवहार भी होता है। नइकि **सेन्दि** (पाँच) का कुइ प्रतिरूप **सेङ्गि** है।

आठ वाली गिनती का चलन पहले था, दसवाली गिनती का चलन बाद में हुआ। **आठ** और **दस** (दो चउए और दो पञ्जे) प्राप्त हुए, तब बीच की संख्या के लिए संस्कृत में **नव** शब्द का व्यवहार हुआ। द्रविड़ भाषाओं में भी नौ वाली संख्या की धारणा का विकास विलम्ब से हुआ, आन्द्रोनोव ने इस ओर ध्यान दिलाया है। तमिल **ऑन्पदु**, **ऑम्पदु** में **पदु** वही दस की संख्या बताने वाला **पत्तु** है। एक कम दस, यह हुआ नौ।

आर्य-द्रविड़ संख्याशब्द सबके सब एक जैसे नहीं हैं, साथ ही उनमें यथेष्ट समानता है और उनका विकास समानान्तर हुआ है। इंडोयूरोपियन रूपों से द्रविड़ संख्या-शब्दों की समानता आकस्मिक लग सकती है किन्तु अंग्रेज़ी के **ट्वेन्टीवन्** (बीस-एक) वाली गिनती की पद्धति द्रविड़ भाषाओं में है, आर्य भाषाओं में नहीं। उधर अंग्रेज़ी की ही **नाइन्टीन्** (नौ-दस) वाली पद्धति आर्य भाषाओं में है, द्रविड़ भाषाओं में नहीं। जब दो भाषा परिवारों में संख्या शब्दों के साथ गणनापद्धति में भी समानता हो, तब दो आकस्मिक समानताएँ मिलकर अनाकस्मिक हो जायँगी।

द्रविड़ और इंडोयूरोपियन परिवारों के बीच सीमारेखा है किन्तु वह अचल नहीं है।

द्रविड़ और इंडोयूरोपियन परिवारों के बीच की सीमारेखा अचल बने रहने के बदले थोड़ा सचल हुई, तो अन्य परिवारों के बीच की सीमारेखाओं की अचलता भी समाप्त हो जायगी। भारत के पूर्वी क्षेत्र में नाग भाषाएँ बोली जाती हैं। इनमें आओ नागों की भाषा में संख्यासूचक **तॅर्** (दस) शब्द है। ऊपर **हस्त** के पूर्वरूप **धस्त** और **धस्** के पूर्वरूप **धर्** की बात हो चुकी है। **र्** और **स्** दोनों ध्वनियाँ **न्** में बदलती हैं; अंग्रेज़ी **हैन्ड्** (हाथ) सीधे **हस्त** का रूपान्तर हो सकता है, **हर्त** जैसे रूप का भी। आओ भाषा के **तॅर्** रूप की प्राचीनता में सन्देह नहीं हो सकता। यह रूप उस समय का है जब **दर** के

रूपान्तर **दस** का चलन नहीं हुआ। संस्कृत समेत इंडोयूरोपियन परिवार की सभी भाषाओं के संख्यासूचक **दश, दॅक** आदि की तुलना में **तॅर्** रूप पुराना है क्योंकि **धर्** का **र्** यहाँ अभी अपरिवर्तित है। इस रूप से पहले की मंज़िल वह है जिसमें हाथ के लिए **धर** शब्द का व्यवहार होता था। **धस्त, हस्त, दस्त, हैन्ड्, लस्** आदि रूप बाद के हैं।

देना क्रिया का भाव हाथ से सम्बद्ध है। तमिल **तरु** (देना) बता रहा है कि हाथ के लिए भारत में **धर** के रूपान्तर **तर** का चलन था। उसी **तर** से तमिल **तरु** सम्बद्ध है, उसी से आग्रॉ **तॅर्**। **धर्** के रूपान्तर **दर्** से संस्कृत **दा** (देना) का विकास हुआ। करना के अर्थ वाला **दर्** लिथुआनियन **दर्बस्** (कर्म) में है। **दर्** के रूपान्तर **दस्** से **दास** शब्द बना; यही **दस्** फ़ारसी **दस्त** में है। **स्** का तालव्यीकरण होने पर संस्कृत का **दश**, पुनः **श्** के **क्** में बदलने पर **दक्ष** (**दक्+स** अथवा **दस्+क>दस्क>दक्स>दक्ष**) रूप बने। **तर्** के रूपान्तर **तश्** से इसी प्रकार संस्कृत **तक्षन्** (कारीगर, बढ़ई) बना। पंजाबी **तिरखाणा** संस्कृत **तक्षन्** का प्रतिरूप है। सम्भव है, पंजाबी रूप में दो स्रोतों से आये हुए शब्द घुल-मिल गये हों; एक स्रोत **तर्** (करना, काटना) का, दूसरा **तक्ष्** (काटना) का। फ़ारसी **तराशीदन्** (काटना) में वही **तर्** क्रियामूल है जो तमिल **तरि** (उप०) में है।

हिन्दी **धन्धा** के **धन्** का अर्थ किसी समय करना रहा हो तो इसके रूपान्तर **तन्** का भी वही अर्थ रहा होगा। तमिल **तण्ड** (मेहनत करना) में सम्भवतः यह **तन्** है और किसी को जो **दंड** दिया जाय, उस **दंड** से यह **तंडि** भिन्न है। **तन्** के अस्तित्व का प्रमाण तमिल **नण्णु** (करना, बनाना) भी है। जैसे तमिल **मण्णु** (उप०) का पूर्वरूप **पण्णु** है, वैसे ही **नण्णु** का पूर्वरूप **तण्णु** होगा। जर्मन **गॅतन्** (किया) में **गॅ** उपसर्ग है, क्रियामूल **तन्** है; उसी भाषा में सामान्य क्रियार्थी संज्ञारूप **तुन्** (करना) है जो **तन्** का वैकल्पिक रूप **तॉन्** है। तमिल **पण्णु-मण्णु** का **ण्** पहले **र्** था, इसका प्रमाण ग्रीक **पॉरु** (देना) और **मरे** (हाथ) हैं।

नाग भाषाओं में पाँच की संख्या बतानेवाले **पङ्ङ्, पॅङ्ङ्, पॉङ्ङ्, पूङ्ग्** आदि रूप प्रचलित हैं। ग्रियर्सन के सर्वेक्षण ग्रन्थ (खण्ड ३, भाग २) में ये रूप दिये हुए हैं। इनका सम्बन्ध तमिल **पण्णु**, संस्कृत **पाणि**, **पञ्च** के क्रियामूल **पन्** से है। द्रविड़ भाषाओं में नइकि **सेन्दि** (पाँच) का कुइ प्रतिरूप **सेङ्गि** है; उसी प्रकार आर्य भाषाओं के **पञ्च** का नाग प्रतिरूप **पङ्ग** है। **सेङ्गि** और **पङ्ग** दोनों में **ग** कृदन्त प्रत्यय है।

जैसे तमिल में **पण्णु** का प्रतिरूप **मण्णु** है, वैसे ही नाग भाषाओं में **पूङ्ङ्** का प्रतिरूप **मूङ्ङॉ** (पाँच) है। यह **मूङ्ङॉ** मुंडारी में **मॉड़आ** (उप०) है।

श्रम के उपकरण हाथ का बोध कराने वाले शब्दों और उनसे सम्बद्ध संख्यासूचक शब्दों का व्यवहार भारत के अनेक भाषापरिवारों में प्राचीन काल से होता चला आ रहा है।

श्रम शब्द में **श्र** का पूर्वरूप **शर** वैसे ही होगा जैसे **क्रय** के **क्र** का पूर्वरूप **कर** है। **कर्म** और **कर** (हाथ) का सम्बन्ध स्पष्ट है; वैसे ही **श्रम** और **शर** में आपसी सम्बन्ध होना चाहिए। सुमेरी भाषा में करने का अर्थ देनेवाली **गर्** क्रिया है किन्तु हाथ के लिए **शु** शब्द है; **शु-गर्** का अर्थ होगा दस्तकारी। द्रविड़ भाषाओं में नइकि और कुइ के

सेन्दि और **सेङ्गि** (पाँच) का **स्** इन रूपों की मूल ध्वनि हो, यह सम्भव है, वह **च्** का रूपान्तर हो, यह भी सम्भव है। असंदिग्ध बात यह है कि नागभाषा गारो में **सॉत्** शब्द का प्रयोग दस की संख्या बताने के लिए होता है। **बॉङ्ग** माने पाँच, **सॉत्-बॉङ्ग** माने दस पाँच अर्थात् पचास; **ब्रि** माने चार, **सॉत्-ब्रि** माने चालिस। दस की संख्या बताने वाले अनेक शब्दों का जो सम्बन्ध हस्त-वाचक शब्दों से है, उसे देखते असम्भव नहीं कि **सॉत्** का मूल अर्थ हाथ हो। तब संस्कृत **श्रम**, सुमेरी **शु** (हाथ) और गारो **सॉत्** (दस) एक श्रृंखला के रूप होंगे। इस **सॉत्** का ऐतिहासिक महत्व यह है कि वह **शत** की पूरी ध्वनिछवि आत्मसात् किये है। दोनों का सम्बन्ध स्वीकार किया जाय तो **कॅन्तुम्** के **न्** की समस्या हल हो जाती है। **शर** माने हाथ; **शर्** माने करना; **शर्** के रूपान्तर **शन्** से **शन्त** रूप बना। **शन्त** के **न्** का लोप हुआ तब **शत** बचा जैसे **गम्** क्रिया से **गन्त** रूप बना और **न्** का लोप होने पर **गत** बचा। **कॅन्तुम्** में **न्** का लोप नहीं हुआ; शब्द का मूल अर्थ हुआ हाथ।

गारो में हाथ के लिए **जक्** शब्द है जो **दक्** का रूपान्तर है। इसी भाषा में **दक्** का अर्थ है करना। इस **दक्** का पूर्वरूप होगा **दश्**। संस्कृत में **श्रम** और **कर्म** समानार्थी हैं; **क्लम्** (थकान) सीधे **श्रम** का रूपान्तर जान पड़ता है। संस्कृत में **घ्** के **क्** और **श्** दोनों रूपान्तर मिलते हैं। **शर्** और **कर्** का मूल रूप होगा **घर्**। ग्रीक **खॅइर्** (हाथ) इस **घर्** का रूपान्तर होगा। **कॅन्तुम्** का सम्बन्ध हस्तवाचक शब्द से स्वीकार किया जाय तो **न्** ध्वनि **र्** का रूपान्तर होगी, ऊपर से जोड़ी हुई अतिरिक्त ध्वनि नहीं।

गारो में दस के लिए **चि** शब्द भी है यथा **कोर-चि** (बीस और दस अर्थात् तीस)। यह **चि** सम्भवतः **शि** का रूपान्तर है। हिन्दी **बीस**, **तीस** का **स** जैसे दहाई का संकेतक है, वैसे ही गारो **चि** है। मॉन्प में **सॅ** का अर्थ है दस।

सभी संख्यासूचक शब्दों का सम्बन्ध हाथ से नहीं है। दस तक की गिनती शुरू होती है **एक** से। संस्कृत **एक** का व्यवहार केवल एकवचन में होना चाहिए किन्तु इसके द्विवचन और बहुवचन रूप भी होते हैं। जो **एक** है, वह दो भी है, दो से अधिक अनेक भी है। हेगल का द्वंदवाद प्रकट हो गया! एक-अनेक का अर्थ एक ही शब्द देता है, इस विरोधाभास का कारण यह है कि **एक** मूलतः सर्वनाम है, संख्यावाचक शब्द नहीं। भाण्डारकर ने अपने **संस्कृत मन्दिरान्तः प्रवेशिका** नामक व्याकरण में पते की बात लिखी है कि **एक** का रूपविकार सर्वनाम के समान होता है; अंग्रेजी के अनिश्चयवाचक **वन्** (एक) का बहुवचन **वन्स्** होता है यथा **द ग्रेट् वन्स् औफ़्** दिस् कंट्री (इस देश के बड़े लोग), वैसे ही **एक** के बहुवचन और द्विवचन रूप होते हैं।

सर्वनाम का व्यवहार, एक नाम ऐसा जो अनेक नामों का स्थान ले सके, उसका चलन मानवचिन्तन में बहुत बड़ी प्रगति का सूचक है। सर्वनाम अमूर्त है; वह अनेक मूर्त बिम्बों का स्थान लेकर उनका विश्लेषण करने में अपूर्व सुविधा उत्पन्न करता है।

संस्कृत **एक** सर्वनाम है और निर्देशक सर्वनाम है अर्थात् वह विशेषण का कार्य भी करता है। **एकः** पुल्लिग रूप के साथ **एका** और **एकम्** स्त्रीलिंग तथा नपुंसक लिंग रूप भी हैं। फिर भिन्न कारकों में इनके एक-द्वि-बहु-वचन रूप होते हैं। संस्कृत **एक** का ग्रीक

प्रतिरूप **ऍइस्** है। यहाँ लिंग भेद नहीं है, कारक भेद है, वचन भेद है। किन्तु **ऍइस्** का व्यवहार केवल कर्ताकारक के एकवचन रूप में होता है। अन्य कारकों के एकवचन रूपों का आधार है **हॅन्**। कर्ता सहित सभी कारकों के बहुवचन रूपों में भी यह **हॅन्** विद्यमान है। अद्भुत है द्विवचन रूपों का ग्रीक आधार **मिश्र**। स्पष्ट है कि **ऍइस्, हॅन्** और **मिश्र** तीन स्रोतों से आये हुए रूप हैं जो एक ही रूपव्यवस्था में शामिल कर लिये गये हैं।

मिश्र जैसा कोई संख्यासूचक शब्द संस्कृत में नहीं है। किन्तु कोल भाषापरिवार की एक भाषा है मुंडारी। इसमें **मिश्राद्** का अर्थ है एक। **मिश्राद्** नपुंसक लिंग रूप है; **मॉद्, मॉइग्राद्, मिद्** रूप जीवधारियों के लिए प्रयुक्त होंगे। कोल भाषाओं का सिलसिला दक्षिणपूर्वी एशिया तक फैलता चला गया है। कम्पूचिया की भाषाएँ कोल परिवार से सम्बद्ध हैं। वियतनाम में मोन-ख्मेर समुदाय की जो भाषाएँ (सॅदङ्, कतु आदि) बोली जाती हैं, उनमें **मॉन्य्, मुय्, मुग्रॉइ, म्वॉइ** रूप हैं; इन सबका अर्थ है 'एक'। (ज़ाइड-सम्पादित **स्टडीज़ इन कम्पैरेटिव आस्ट्रोएशियाटिक लिंग्विस्टिक्स**, १९६६ ई०, में डेविड डी. टामस ने वियतनाम की मोन्-ख्मेर भाषाओं पर अपने लेख में उक्त रूप दिये हैं।)

एक ओर ग्रीक, दूसरी ओर वियतनाम की मोन्-ख्मेर भाषाएँ, बीच में मुंडारी, ऐसा प्रसार है भारतीय भाषातत्वों का। या मानिये कि ग्रीक **मिश्र** का मुंडारी **मिश्राद्** से कोई सम्बन्ध नहीं है।

ग्रीक **ऍइस्** के बहुवचन रूपों का आधार **हॅन्** अभी और है जिसकी व्याख्या करना आवश्यक है। संस्कृत **एक** और ग्रीक **ऍइस्** दोनों से भिन्न है यह रूप **हॅन्**। मुंडारी के **हॅन्तरॅ** (उधर) में विद्यमान है यह निर्देशक सर्वनाम **हॅन्**। संथाली में **हन्, हॉन्** उसके प्रतिरूप हैं। स्वीडन की भाषा में **हन्** (पुं० वह), **हॉन्** (स्त्री० वह) प्राप्त हैं। इसी तरह नोर्वे की भाषा में **हन्** (पुं० वह), **हुन्** (स्त्री० वह रूप) हैं। मुंडारी में **हॅन्** का रूपान्तर **ऍन्** (वह) है, **ऍनादॉ** (तब), **ऍन्तारॅ** (उधर), **ऍन्तॅ** (वहाँ)। इसी प्रकार संथाली में **अनॅ** (वहाँ), **ऍन्क** (इस प्रकार), **ऍण्डॅ** (वहाँ), **ऑनॅ** (वह), **ऑण्डॅ** (वहाँ), **ऑन्तॅ** (उप०)। **हॉन्** का रूपान्तर है रूसी **ऑन्** (वह)।

ग्रीक **मिश्र** और मुंडारी **मिश्राद्** की समानता आकस्मिक है तो मानना होगा कि कोल और इंडोयूरोपियन भाषाओं में ऐसे काफी सर्वनाम रूप हैं जिनमें इसी तरह की आकस्मिक समानता है। समानता का एक उदाहरण आकस्मिक हो सकता है; समानता के अनेक उदाहरण आकस्मिक को अनिवार्य बना देते हैं।

एक सर्वनाम है; अंग्रेज़ी **वन्** सर्वनाम है। द्रविड़ भाषाओं में तमिल **ऑरु** सर्वनाम है। भारतीय परिवेश में **र्** ध्वनि **स्** में बदलती है, **र्** और **स्** दोनों ध्वनियाँ **न्** में बदलती हैं। तब **हन्, हॅन्, हॉन्** के पूर्वरूप होंगे **हर्, हॅर्, हॉर्**। इनके रूपान्तर होंगे **हस्, हॅस्, हॉस्**। **ह्** का लोप होने पर **अर्, अन्, अस्** की शृंखलाएँ प्राप्त होंगी। ग्रीक **ऍइस्** का पूर्वरूप होगा **ऍइर्**। तमिल **ऑरु** (एक) का जोड़ीदार है उसी भाषा का **ऑण्डि** (अकेला)। यहाँ **र्** का रूपान्तर **न्** है, यह स्पष्ट देखा जा सकता है। तमिल **ऑन्रु** (एक) में **र्** के स्थान पर **न्** है; **ऑन्रु** का पूर्वरूप कन्नड़ **ऑन्दु** (एक चीज़) है। सर्वनाम है **ऑन्, दु** वस्तुवाचक प्रत्यय है। कोत **ऑद्** (एक), तोद **विद्** (उप०) में चाहे **न्** का

लोप हुआ हो, चाहे सर्वनाम मूल **आँ**, **वि** में **द्** जोड़ा गया हो, कोत **आँद्** और रूसी **आँदिन्** (एक) की समानता जितनी आकस्मिक है, उतनी ही चमत्कारी भी।

तेलुगु **आँक** (एक) और संस्कृत **एक** की समानता अब आकस्मिक न लगनी चाहिए।

संस्कृत **एक** का बहुवचन रूप होता है। तमिल **आँक्क** का अर्थ है एक साथ; मलयालम **आँक्क** का अर्थ है एक साथ, सब। **एक** का अर्थ एक है, अनेक भी। भाषा में यह द्वंदवाद की अभिव्यक्ति है।

संस्कृत का एक पुराना सर्वनाम है **सम** (कोई, प्रत्येक) और संस्कृत का एक बहु-प्रयुक्त उपसर्ग है **सम्** (एक साथ)। दोनों में अर्थगत वैसा ही सम्बन्ध है जैसा तेलुगु **आँक** (एक) और तमिल **आँक्क** (एक साथ) में है। **सम्** उपसर्ग उस युग की देन है जब गण समाज के सभी सदस्य मिलकर श्रम करते थे। यह **संगच्छध्वं संवदध्वं** (एक साथ चलें, एक साथ बोलें) वाला **सम्** है। जहाँ सामूहिक श्रम होगा, वहाँ ऊँच-नीच का भेदभाव न होगा; स्वभावतः संस्कृत **सम** समानता का भाव भी व्यक्त करता है। जहाँ सामूहिक श्रम होगा, वहाँ श्रम-फल पर पूरे समाज का अधिकार होगा। **सम्पत्ति** शब्द में सामूहिक स्वामित्व का ही भाव है। सामूहिक श्रम के प्राचीन युग में उत्पादन के साधन आज की तुलना में पिछड़े हुए थे। वर्तमान समाज में सामूहिक श्रम की प्रतिष्ठा हो चुकी है किन्तु स्वामित्व अभी सामूहिक नहीं है। श्रमिक जनता अपने संगठित प्रयत्न से जब यह अन्तर्विरोध मिटा देगी, तब **सम्पत्ति** शब्द नये स्तर पर एक बार फिर सार्थक होगा।

भाषा मनुष्य की अर्जित सम्पत्ति है। यह ऐसी सम्पत्ति है जिसमें व्यक्तिगत स्वामित्व की गुंजाइश नहीं है। जो स्थिति भाषाई सम्पत्ति की है, वही स्थिति एक दिन श्रमिक जनता द्वारा निर्मित शेष सम्पत्ति की होगी।

नाग, कोल, द्रविड़, आर्य, इन सभी भाषापरिवारों के बीच सीमारेखाएँ हैं पर वे अचल नहीं हैं। संस्कृत **सम** (प्रत्येक) का एक प्रतिरूप **सन्** (अकेला) नाग भाषा गारो में है। इसी **सन्** का संक्षिप्त रूप **स** गारो में एक की संख्या के लिए प्रयुक्त होता है। **स** का बोरो प्रतिरूप **सँ** (एक) है। यह **सँ** बँगला सर्वनाम **से** (वह) से बहुत मिलता-जुलता है।

ग्रीक **मिअ** का मुंडारी प्रतिरूप **मिआद्** है और मोन्ख्मेर भाषाओं में इसके **मॉन्**, **मॉन्य्** आदि प्रतिरूप हैं। यहाँ शब्दमूल **मॉन्** ग्रीक **मॉनॉस्** (अकेला) का रहस्य उद्घाटित करता है। **मिआद्** का **मिअ** और **मॉनॉस्** का **मॉन्** दोनों ग्रीक में हैं, कोल भाषाओं में हैं। आस्ट्रो एशियाटिक और इंडोयूरोपियन परिवारों के बीच की सीमारेखा अचल नहीं है।

मुंडारी के **मॉद्** (एक) रूप से तमिल **मुदल्** (प्रारम्भ), तोद **मुदाल्** (प्रथम) का **मुद्** तुलनीय है। इस रूप में सर्वनाम तत्व **मु, मॉ** है, **द्** वस्तुसूचक प्रत्यय है। **द्** के **न्** में बदलने पर **मॉन्** शब्दमूल प्राप्त हुआ। मोन्ख्मेर भाषाओं सहित कोल समुदाय में **मॉद्** और **मॉन्** दोनों रूप प्राप्त हैं। **पहले ऐसा होता था,** इस वाक्य में **पहले** संख्यासूचक नहीं है, कालवाचक है। इसी तरह तोद **मुदाल्** (पहला) का एक प्रतिरूप उसी भाषा में **मुद्क्** (अगला; अगले साल) है। **मुद्** का तमिल प्रतिरूप **मुन्** (सामने, पहले) है; **मुद्**

से ही तमिल प्रतिरूप **मुर्इ** (पहले) बनता है। एक जगह **द्** का रूपान्तर **न्** है, दूसरी जगह **र्** है। द्रविड़कोल भाषाओं के **मॉद्** का केवल **मॉन्** रूपान्तर ग्रीक में प्राप्त है।

सर्वनाम **मुद्** से संख्यावाचक शब्द मिला; उससे कालवाचक विशेषक प्राप्त हुआ, और तमिल **मुन्** अधिकरण कारक का चिन्ह भी है। इस पुस्तक के प्रथम खण्ड में कारकचिन्हों का विकास सर्वनाम मूलों से दिखाया गया है। उस स्थापना की पुष्टि उक्त **मुन्** से होती है। जो कारकचिन्ह हैं, वे सम्बन्धक भी हैं। कहीं वे स्वतन्त्र सम्बन्धक हैं, कहीं वे चिन्हमात्र रह गये हैं। **मॉद्** का प्राचीन सखा है **मध**; मराठी **मधीं** (मध्य में), **मधोमध** (बीचोबीच) में यही **मध** है। **मध** का विकास है संस्कृत **मध्य**। मराठी **मधील** (मध्यस्थित) जैसे रूप का विकास है अंग्रेज़ी **मिड्ल्**। **मध** का रूपान्तर है ब्रज अवधी आदि का **महँ** और इस **महँ** का एक रूपान्तर है आधुनिक अवधी का **मां**, दूसरा रूपान्तर है मानक हिन्दी का **में**। **में** स्वतन्त्र सम्बन्धक है या कारकचिन्ह मात्र, यह शास्त्रकारों के लिए विवाद का विषय है। इसी तरह रूसी **नाद्** (ऊपर) का पूर्वरूप **नध** होगा और इसके **नह** रूपान्तर से **नु, ने** आदि हिन्दी-पंजाबी के कारकचिन्हों का विकास होगा। **कध** के **कहँ** रूपान्तर का प्रयोग **महँ** की तरह होता था, **को, कूं, का** आदि कर्म-संप्रदान चिन्ह **कहँ** के रूपान्तर हैं। ब्रज अवधी का **पहँ** इसी प्रकार **पो, पं, पर** रूपों से सम्बद्ध है जिनका व्यवहार हिन्दी की अनेक जनपदीय उपभाषाओं में होता है। रूसी **पॉद्** का अर्थ है नीचे और संस्कृत **पर** का अर्थ है ऊँचा। यह भी अर्थ की द्वंदप्रक्रिया है; जैसे संस्कृत **पत्** का अर्थ उड़ना और गिरना दोनों है, वैसे ही **पॉद्** और **पर** के परस्पर विरोधी लगने-वाले अर्थ परस्पर सम्बद्ध हैं।

तहाँ स्थानवाचक है, **तब, तद** कालवाचक हैं, **तिसे, तिन्हें** विशुद्ध सर्वनाम हैं, **ते** (से) कारकचिन्ह है। हिन्दी के इन रूपों में सर्वनाम मूल **त** है जिसे **स, ह, अ** अपदस्थ करते आये हैं। **तहाँ** की जगह **वहाँ, तिन्हें** की जगह **उन्हें, ते** (यथा अवधी **हमते**) की जगह **से** ने मानक हिन्दी में प्रतिष्ठा पाई किन्तु कालवाचक **तब** का **त** अडिग रहा। संस्कृत में **तद्** को नपुंसक लिंग का दर्जा दिया गया पर पुंल्लिग **सः** का बहुवचन रूप **ते** ही रहा।

क, त, प आदि सर्वनाममूल भारत के आर्य तथा आर्येतर भाषासमुदायों में दीर्घकाल से प्रयुक्त होते रहे हैं। कन्नड़ **कय्** (हाथ) में नागभाषा बोरो ने **अ** सर्वनाम जोड़ा तो रूप बना **अकय्** (उप०), उसी भाषा ने **न** सर्वनाम जोड़ा तो रूप बना **नकय्** (उप०)। संथाली **न** (यह), **नण्डॅ** (यहाँ), मुंडारी **ना** (अब) के **न** पर ध्यान दिये बिना ग्रीक **नु** (अब), **नुन्** (उप०), लैटिन **नुन्क्** (उप०), अंग्रेज़ी **नाउ** (उप०) की व्याख्या नहीं की जा सकती। तेलुगु **अॅण्ड** (धूप) के पर्जि प्रतिरूप **नॅण्डि** में यही सर्वनाम **न** है। आर्य, कोल, द्रविड़ और नाग, इन चार परिवारों में जो भाषातत्व सामान्य हो, उसका भारतीय होना असंदिग्ध है। भारत के बाहर की भाषाओं में वह मिले तो उसे भारत से निर्यात किया हुआ भाषातत्व मानना चाहिए।

सॅम नागों की भाषा में **प** सर्वनाम का अर्थ है वह। बोरो में इसका प्रतिरूप है **बि; बिप** अर्थात् उसका बाप। मराठी **आई** में इसी तरह **ब** सर्वनाम जोड़ने से **बाई** रूप

बनता है; तमिल **श्राय्** (माँ) में **त** सर्वनाम जोड़ने से **ताय्** (उप०) रूप बनता है। तमिल **श्रत्तन्** में **त** जोड़ने से **तात्ता** (पितामह) रूप बना। तमिल **श्रप्पन्** (पिता) में **ब** जोड़ने से **बप्पा, बाप, बाबा** श्रादि रूप बने। इन रूपों में सर्वनाम पहले है, मूलशब्द उसके बाद है। इससे भिन्न प्रवृत्ति वह है जो **रामस्** जैसे रूप में मूलशब्द पहले रखती है, सर्वनाम चिन्ह बाद को। नाग भाषा **बिप** में पहली पद्धति है, सर्वनाम के बाद मूलशब्द। कुकि नागों की भाषा में **कुरि हे** (घोड़ा यह) में दूसरी पद्धति है, पहले मूलशब्द, फिर निर्देशक सर्वनाम।

प्रत्येक भाषासमुदाय में विरोधी प्रवृत्तियाँ क्रियाशील दिखाई देती हैं। भाषाव्यवस्था निश्चल नहीं होती; उसमें विरोधी प्रवृत्तियों की क्रियाशीलता उसकी गति का एक कारण है। भाषापरिवार भी निश्चल इकाई नहीं है; श्रन्य परिवारों से उसका सम्पर्क उसकी गति का एक कारण है। जो जानने को है वह श्रनन्त है, जो जाना है, वह सीमित है; ज्ञात श्रौर ज्ञेय का चिरन्तन श्रन्तर्विरोध मानवज्ञान के सतत विकासमान होने का कारण है। वह भाषा के भी सतत विकासमान होने का कारण है। ज्ञान की समस्त प्रक्रिया भाषा की विकास-प्रक्रिया से श्रभिन्न रूप में जुड़ी हुई है। द्वंदात्मक भौतिकवाद इस विकास-प्रक्रिया की व्याख्या करता है, साथ ही इस प्रक्रिया से सम्बद्ध होकर वह स्वयं भी विकसित होता है।

११. पुरानी विश्लेषण-पद्धति की सीमा

द्वन्दात्मक भौतिकवाद के श्रनुरूप भाषाई विश्लेषण के लिए जो भी पद्धति श्रपनाई जायगी, वह ऐतिहासिक भाषाविज्ञान की वर्तमान पद्धति से भिन्न होगी श्रौर उससे भिन्न परिणाम निकलेंगे, यह बताने के लिए यहाँ डा. सुनीतिकुमार चाटुर्ज्या के एक लेख से प्राचीन शब्दों की व्युत्पत्ति के कुछ उदाहरण लेता हूँ।

भाषाविद् शहीदुल्ला को भेंट किये हुए ग्रन्थ (१९६७) में डा. चाटुर्ज्या ने संस्कृत में ईरानी श्रौर तुर्की भाषाश्रों से उधार लिए हुए शब्दों पर एक निबन्ध लिखा था। यह निबन्ध **सम् इरानियन ऐण्ड तुर्की लोन्स् इन् सन्स्क्रित्** उनकी पुस्तक **सेलेक्ट् राइटिंग्स्** (विकास, १९७८) में संकलित है। इसमें उन्होंने **मुद्रा** शब्द को संस्कृत में ईरानी क्षेत्र से उधार लिया हुश्रा शब्द बताया है। उनका तर्क है कि मिस्र में दस्तावेजों पर जो मुहर लगाई जाती थी, उसी से उस देश का यह नाम पड़ा। सामी भाषाश्रों में, जो शब्द **मिस्र, मिस्र** है, वह ईरान होता हुश्रा भारत में **मुद्रा** बन गया।

संस्कृत के **मुद्रा** शब्द की व्युत्पत्ति जानने के लिए पहले इंडोयूरोपियन परिवार की भाषाश्रों में इससे मिलते-जुलते शब्द की खोज करनी चाहिए। इंग्लैण्ड, श्रमरीका श्रौर जर्मनी में इंडोयूरोपियन परिवार को लेकर जो कार्य हुश्रा है, उसमें केल्त भाषासमुदाय पर श्रपेक्षाकृत कम काम हुश्रा है। जो काम हुश्रा है, उससे भारत के भाषाविद् श्रनेक कारणों से प्रायः श्रपरिचित रहे हैं। यही कारण है कि संस्कृत के **मुद्रा** शब्द का विश्लेषण करते हुए डा. चाटुर्ज्या ने वेल्श **मॉद्रुइ** (श्रँगूठी) का उल्लेख नहीं किया। यदि **मुद्रा** शब्द संस्कृत में ईरानी क्षेत्र से श्राया है, तो उसी स्रोत से समानार्थी **मॉद्रुइ** भी वेल्श

में पहुँचा है। इसमें असंभव कुछ नहीं है; केवल ईरान से भारत में आर्यों के आगमन की गाथा हवा हो जाती है। आर्य ईरान से भारत आये, आगे चलकर ईरानी **मुद्रा** शब्द भारत आया। यहाँ तक ठीक; पर यह **मुद्रा** शब्द वेल्स कैसे पहुँच गया ?

मिस्र और **मुद्रा** में जो भी सम्बन्ध हो, उससे कहीं अधिक स्पष्ट सम्बन्ध **मुद्रा** और **मॉद्रुइ** में है।

वेल्स दूर है। पड़ोस की द्रविड़ भाषाओं को देखें। तमिल **मुरि** का अर्थ है मुड़ना। कन्नड़ **मुरि** का अर्थ है मुड़ना, मोड़, अँगूठी; तुलु **मुरि** का अर्थ है भंगिमा, वृत्त, अँगूठी। द्रविड़ शब्दावली बताती है कि **मुद्रा** और **मॉद्रुइ** का अर्थ अँगूठी क्यों है। इन शब्दों का आधार **मुर्** क्रियामूल है जिसका अर्थ है मुड़ना। **मुर्द** कृदन्त रूप हुआ। जैसे फ़ारसी **चर्ख़** और **सुर्ख़** संस्कृत में **चक्र** और **शुक्र** हैं, **चर्ख़** और **चक्र** दोनों का पूर्वरूप है **चर्क**, **सुर्ख़** और **शुक्र** दोनों का पूर्वरूप है **सुर्क**, वैसे ही **मुर्द** का रूपान्तर **मुद्र** हुआ, उससे **मुद्रा**। **मुद्रा** का मूल अर्थ अँगूठी है। नामाङ्कित अँगूठी मुहर लगाने के काम आती थी, इसलिए मुहर के लिए मुद्रा शब्द का व्यवहार होने लगा। सीता को अपने रामदूत होने का विश्वास दिलाने के लिए हनुमान ने उन्हें रामनामाङ्कित अँगूठी दिखाई। दुष्यन्त ने शकुन्तला को दुष्यन्तनामाङ्कित अँगूठी दी थी। **मुद्राराक्षस** में चाणक्य का गुप्तचर उन्हें **अंगुलिमुद्रा** दिखाता है, चाणक्य **मुद्रामवलोक्य गृहीत्वा राक्षस्य नाम वाचयति**; चाणक्य मुद्रा देखकर उसे लेते हैं और उसमें राक्षस का नाम पढ़ते हैं। अँगूठी और मुहर का सम्बन्ध स्पष्ट है; इसीलिए संस्कृत में **मुद्रा** का अर्थ मुहर और अँगूठी दोनों है।

मुर् का पूर्वरूप **पुर्** है जो संस्कृत **पुर** (दुर्ग), ग्रीक **पुर्गॉस्** (उप०) में है। **पुर्** और **मुर्** में वही सम्बन्ध है जो तमिल **पण्णु** और **मण्णु** (बनाना) में है। किन्तु अँगूठी और दुर्ग, दोनों में बड़ा अन्तर है। **मुर्** का पूर्वरूप **पुर्** हो भी तो इससे क्या ?

दुर्ग और अँगूठी के अर्थगत सम्बन्ध के बारे में डा. चाटुर्ज्या ही प्रमाण हैं।

उक्त निबन्ध में उन्होंने तुर्की शब्द **कतक्** लिया है, उसे एक पुराने तुर्की काव्य में प्रयुक्त बताया है, संस्कृत **कटक** को उसका रूपान्तर बताया है। तुर्की **कतक्** का अर्थ है दुर्ग, पड़ाव; **कटक** का भी यही अर्थ है। साथ ही **कटक** का अर्थ है अँगूठी, कंगन ! अँगूठी और दुर्ग के अर्थगत सम्बन्ध के बारे में डा. चाटुर्ज्या कहते हैं : 'और दुर्गवाला अर्थ, बहुत सम्भव है, अँगूठी या कंगन वाले मूल अर्थ का प्रसार हो।'

अर्थ का प्रसार अँगूठी और दुर्ग जैसी दो भिन्न वस्तुओं को जोड़ता है। यहाँ से सिर्फ एक कदम आगे बढ़ने की ज़रूरत है और घेरने-मुड़नेवाले शब्दमूलों की अनेक शृंखलाएँ सामने दिखाई देने लगेंगी। एक कदम आगे बढ़ने का अर्थ रूढ़िवादी भाषा-विज्ञान की सीमा लाँघ जाना होगा। डा. चाटुर्ज्या यह कदम नहीं उठाते, पर वह उस जगह खड़े हैं जहाँ से सीमा लाँघी जायगी। यह तथ्य भी ऐतिहासिक महत्व का है।

और वह कहते हैं कि बहुत सम्भव है, दुर्गवाला अर्थ अँगूठी या कंगनवाले 'मूल अर्थ' का प्रसार हो। यह 'मूल अर्थ' तुर्की रूप से सम्बद्ध नहीं है, वह संस्कृत **कटक** से सम्बद्ध है ! तब **कटक** तुर्की से आया ?

द्रविड़ भाषाओं की ओर ध्यान दें तो कन्नड़ **कटक**, **कडग** का अर्थ कंगन है।

कन्नड़ **कडॅ** का अर्थ अँगूठी भी है। संस्कृत **कट्** का अर्थ है घेरना। संस्कृत **कटक** का अर्थ है कंगन, छल्ला, वृत्त, पहिया, फौज, पड़ाव। संस्कृत **कट्** के साथ अर्थ-विस्तार की पूरी शृंखला विद्यमान है; **कटक** के उक्त सब अर्थ इसलिए हैं कि **कट्** का मूल अर्थ घेरना है। गोलबन्दी की धारणा से जनसमूह का जो अर्थबोध जुड़ा हुआ है, उसी से **कटक** का अर्थ सेना होता है। जनसमूह वाला अर्थ तमिल **कळगम्** में है।

जो सम्बन्ध तुर्की **कतक्** और तमिल **कळगम्** में है, वही सम्बन्ध तुर्की **ऑर्दु** (फौज, पड़ाव) और कन्नड़ **ऑड्ड** (फौज) में है। कन्नड़ में **ऑट्टु** क्रिया भी है जिसका अर्थ है एकत्र होना। **ऑट्टु** और **ऑड्ड** का आधार **वर्** क्रियामूल है जिसका अर्थ है घेरना। संस्कृत **वार** का एक अर्थ है समूह। **ऑर्दु** की व्युत्पत्ति तुर्की में ढूंढ़े न मिलेगी। **कतक्** की तरह **ऑर्दु** शब्द भी तुर्की में भारत से पहुँचा है। तुलनात्मक अध्ययन के लिए एक शब्द और उसके प्रतिरूप काफ़ी नहीं हैं। अनेक शब्द, उनके साथ अर्थसंसर्ग की अनेक शृंखलाएँ दरकार हैं। तब अधिक विश्वास से हम किसी परिणाम तक पहुँच सकते हैं।

मुद्रा वाली बात **कटक** से सिद्ध होती है, **कटक** वाली बात **ऑर्दु** और **ऑड्ड** से पुष्ट होती है। **मुर्**, **कट्** और **वर्** क्रियामूलों से व्युत्पन्न तीनों शब्द भारतीय उद्भव के हैं। जैसे **ऑड्ड** में **र्** लुप्त है किन्तु लुप्त होने से पहले **द्** को मूर्धन्य बना गया है, वैसे ही **कट्** में **र्** लुप्त है किन्तु लुप्त होने से पहले **त्** को मूर्धन्य बना गया है। इसकी जानकारी संस्कृत **कारा** (बन्दीगृह) से होती है। **वर्** क्रियामूल से हिन्दी बाड़ा, वैसे ही **कर्** क्रियामूल से संस्कृत **कारा**; दोनों में अर्थबीज है घेरा। तमिल **काप्पु** (दुर्ग, कारा) का पूर्वरूप होगा **कर्पु**।

कर् का **र्** जब **न्** रूप में ग्रहण किया जायगा, तब **कन्** क्रियामूल से एक कृदन्त बनेगा **कण्ट** (गाँव की सीमा), दूसरा बनेगा **कन्थ** (ग्राम, नगर) जिसका कौरवी रूप होगा **कन्था**। घेरेवाले अर्थ का प्रसार सीमा और नगर के लिए **कण्ट** और **कन्थ** शब्दों में है। डा. चाटुर्ज्या ने **कन्था** शब्द को ईरानी स्रोत से उधार लिया हुआ शब्द माना है। यह शब्द पाणिनि के **शब्दानुशासन** में आया है। बँगला में **कांथ** (दीवाल) और मध्य एशिया के **समरकन्द्**, **ताशकॅन्त्** आदि का उल्लेख करने के बाद उन्होंने तुलना के लिए वासुदेवशरण अग्रवाल की पुस्तक **पाणिनिकालीन भारतवर्ष** (अंग्रेज़ी) का हवाला दिया है।

वासुदेवशरण अग्रवाल ने लिखा है कि **कंथा** मूलतः 'शक भाषा का शब्द था जिसमें कंथ का अर्थ नगर होता है।' (**पाणिनिकालीन भारतवर्ष**, बनारस, संवत् २०१२ वि.)। मध्यएशिया में कंथान्त नामों के उदाहरणस्वरूप समरकन्द, ताशकन्द आदि का उल्लेख भी उन्होंने किया है।

कन्था शक शब्द है, यह सूझ वासुदेवशरण अग्रवाल की भी नहीं है। इसकी शुरूआत की है ग्रियर्सन के सहयोगी स्टेन कोनो ने। वासुदेवशरण अग्रवाल ने पाद-टिप्पणी में इनका उल्लेख इस प्रकार किया है: 'स्टेन कोनो, खरोष्ठी लेख; पृष्ठ ४३; लन्दन की राजकीय एशियाटिक सोसायटी की पत्रिका, १९३४, पृ० ५१६; तथा शक स्टडीज़ (ओस्लो, १९२९), पृ० ४२, १४९; **कंथ**, नगर।' (उप०, पृ० ८१)।

१९२९ और १९३४ में कोनो ने **कंथ** का सम्बन्ध शकों से जोड़ा। १९४१ और १९४५ में वासुदेवशरण अग्रवाल ने दो भागों में अपना पाणिनिसम्बन्धी शोधप्रबन्ध लखनऊ विश्वविद्यालय में प्रस्तुत किया। १९५३ में उनका शोधप्रबन्ध (अंग्रेज़ी) छपा। १९६७ में शहीदुल्ला के सम्मान में समर्पित ग्रन्थ में डा. चाटुर्ज्या का उक्त निबन्ध प्रकाशित हुआ। इस प्रकार **कंथा** के शक स्रोत की आवृत्ति बीसवीं शताब्दी के अनेक दशकों में होती रही।

इस प्रसंग में पहली बात ध्यान देने की यह है कि इन विद्वानों ने **कंथ** या **कंथा** का इसी रूप में कहीं भी मध्य एशिया में प्रयोग होते नहीं दिखाया। उनके उदाहरणों में **द्** या **त्**; **थ्** कहीं नहीं है। उन्होंने यह सहज भाव से मान लिया है कि ईरानी क्षेत्र का **त्** या **द्** भारत में आकर **थ्** हो गया है। अपने इस सहजबोध की पुष्टि के लिए उन्होंने कोई प्रमाण नहीं दिया। यदि यह माना जाय कि ईरानी **त्** भारत में आकर **थ्** हो जाता है, तो यह भी मानना चाहिए कि **सीस्तान, उज़बेकिस्तान, ताजिकिस्तान, तुर्किस्तान** का **स्तान** भारत में आकर **स्थान** हो गया है! यदि मध्य एशिया के **समरकन्द, ताशकॅन्त्** आदि में **कन्द-कन्त** का ताँता लगा है तो उसी तरह वहाँ के प्रदेश-नामों में **स्तान** का ताँता लगा है। **सीस्तान** भारत में आकर **शकस्थान** हो गया, यह कहने में संकोच क्यों?

दूसरी बात यह कि **कन्थ** नगरवाचक कैसे हुआ, इस बात की छानबीन करें तो **कन्** क्रियामूल के घेरनेवाले अर्थ तक पहुँचेंगे। संस्कृत **कङ्कण** में यही **कन्** है, संस्कृत **कण्ट** (ग्राम सीमा) में यही **कन्** है और यह **कन्** मूलरूप नहीं है, **कर्** का रूपान्तर है जो **कारा** में है। जो सम्बन्ध **मूर्धन्** और **मुण्ड** में है, संस्कृत **कर्ष** और प्राकृत **खञ्च** में है, वही **कर्** और **कन्** में है। बँगला **कांथा** का अर्थ दीवाल इसीलिए है कि वह निवासभूमि को घेरती है; ग्राम-नगर के लिए **कंथ** शब्द इसलिए सार्थक है कि वे दीवाल से घिरे होते थे।

कन्थ शब्द को निश्चयपूर्वक ईरानी मान लेने के बाद डा. चाटुर्ज्या इस सम्भावना का उल्लेख करते हैं कि वह संस्कृत **स्कन्ध** का प्रतिरूप है। यदि यह सम्भावना सही हो तो कहना होगा कि ईरानी **त्** भारत में आकर **थ्** ही नहीं **ध्** भी हो गया। असंभव इसमें कुछ नहीं है। ईरानी **हिन्दु** भारत में आकर **सिन्धु** बन गया, **कन्द** यहाँ **कन्ध** क्यों नहीं बन सकता? तब सघोष महाप्राण स्पर्शध्वनियों की समस्या भी हल हो जायगी। तुखारी **प्रचर्** भारत में आकर **भ्रातर्** हो गया! **कन्द** से **कन्ध** का विकास होगा तो उससे ऐसा ही निष्कर्ष निकलेगा। पर ऐतिहासिक भाषाविज्ञान को ऐसा निष्कर्ष अभी स्वीकार नहीं है।

स्कंध के अर्थप्रसार के बारे में डा. चाटुर्ज्या कहते हैं, **स्कंध** माने कन्धा, फिर सेना का अंग या भाग, और दुर्ग। **स्कन्धावार** की व्याख्या करते हैं: **स्कन्धावार** माने शाही पड़ाव, **स्कन्ध+आवार** 'संरक्षण, परिवेश (सराउंडिंग्)'।

स्कन्धावार की अन्य व्याख्या सम्भव है। जैसे **कंथ** का कौरवी रूप **कंथा**, वैसे ही **स्कन्ध** का कौरवी रूप **स्कन्धा** (वैदिक **यत्रा, तत्रा** की तरह)। इसमें जोड़ा गया **वार** जिसका अर्थ है घिरा हुआ स्थान। मोनियर विलियम्स ने **स्कन्ध्** का अर्थ एकत्र करना **धातुपाठ** के आधार पर लिखा है। यदि संस्कृत **कटक** (सेना) और तमिल **कळगम्** (सभा)

के सम्बन्ध पर विचार करें तो प्रतीत होगा कि **स्कन्ध्** का **धातुपाठ** वाला अर्थ सही है। **स्कन्ध** का अर्थ हुआ जनसमूह, सेना। कन्धे का अर्थ देनेवाले **स्कन्ध** में वह क्रिया है जिससे **स्कम्भ** रूप बनता है। समूहवाचक **स्कन्ध** और है, कंधे का अर्थ देनेवाला **स्कन्ध** और।

स्कन्धावार का रूपान्तर है कन्दहार। जो **स्कन्ध** यहाँ **कन्द** बना है, वही **समरकन्द** और **ताशकन्द** में प्रतिष्ठित है। **समरकन्द** की व्याख्या करते समय **कन्दहार** को कैसे भुलाया जा सकता है? चूलिका पैशाची में **धूलि** का रूपान्तर जैसे **थूळि** है, वैसे ही **स्कन्ध** का रूपान्तर **कन्थ** है। **स्कन्ध** और **कन्थ** में आदिस्थानीय **स्** को लेकर जो भेद है, वह **स्पष्ट** और **पश्यति** का सा भेद है।

वासुदेवशरण अग्रवाल का हवाला देते हुए डा. चाटुर्ज्या ने बाण के **हर्षचरित** में प्रयुक्त **वारवाण** (एक प्रकार का कवच) को पहलवी **बर्वन्** का रूपान्तर बताया है। तमिल **वरि** का अर्थ है ढाँकना। इसी का क्रियामूल **वर्** संस्कृत **वर्म** (कवच) में है। जो अर्थ **वर्म** का है, वही **वारवाण** के **वार** का है। वाणों से रक्षा करनेवाला कवच **वारवाण** कहलायेगा। संस्कृत **वार** में रोकने, बचाने का भाव विद्यमान है। सामी भाषा अरमाइक में **वारवाण** यदि **वरपनक्** बना तो कहना होगा कि **अश्व** के फ़ारसी रूपान्तर **अस्प** की तरह यहाँ **वान** बदलकर **पन** हो गया है। सम्भवतः यह रूप **वरपनक्** नहीं है, **वर्पनक्** है क्योंकि डा. चाटुर्ज्या ने इसी का अन्य अरमाइक रूप **क़ुर्मनक़** लिखा है। **वर्प** और **अस्प**, दोनों में मध्यवर्ती **व्** बदलकर **प्** बना है। एक सामी भाषा में **प्** का **म्** में रूपान्तरण बता रहा है कि पड़ोस में **पण्णु** (बनाना) को **मण्णु** (उप०) कहनेवाले कहीं विद्यमान हैं।

घेरने, ढाँकने के मूल भावों से जिस तरह का अर्थप्रसार हुआ है, उसका प्रमाण देनेवाली शब्दशृंखलाएँ **मुद्रा** से लेकर **वारवाण** तक भारत में विद्यमान हैं।

अन्य कोटि का शब्द है संस्कृत **आयतन**। **आयतन** निवासस्थान है, वह अग्निस्थान भी है। डा. चाटुर्ज्या ने संस्कृत **यज्**, प्राचीन ईरानी **यज्**, पुरानी फ़ारसी **यद्** से इसका सम्बन्ध जोड़ा है। पुरानी फ़ारसी के **आयदन्** का अर्थ है मन्दिर, अग्निमन्दिर। **यज्**, **यज्** की अपेक्षा **आयदन्** का सीधा सम्बन्ध होगा लैटिन **अएँदेस्**, **अएँदिस्** (अग्निस्थान, निवासस्थान) से और लैटिन रूपों का सम्बन्ध होगा संस्कृत **एध** (प्रज्वलन) से। लैटिन **अएँदेस्** मुंडारी भाषा के **अदिङ्** (पुरखों को पूजने का स्थान) का प्रतिरूप है; दोनों का सम्बन्ध हौफमन ने जोड़ा था। ईरानी **आयदन्** और संस्कृत **आयतन** पर विचार करते समय **अएँदेस्** और **अदिङ्** को ध्यान में रखना उचित है।

ईरान में अग्निपूजा भारत से गई है, उसके साथ यहाँ के यज्ञसम्बन्धी मन्त्र वहाँ गये हैं। यही कारण है कि वैदिक मन्त्रों की भाषा में थोड़े से परिवर्तन, मुख्यतः ध्वनिसम्बन्धी, किये जायँ, तो वे **अवेस्ता** की भाषा में रचे हुए मन्त्र बन जायँगे। खरोष्ठी लिपि में जिस प्राकृत के अभिलेख प्राप्त हैं, उसका व्यवहार वर्तमान भारत के उत्तर में, मध्य एशिया में, होता था। संस्कृत के प्राकृतीकरण की यह परम्परा **अवेस्ता** से आरम्भ होती है। ईरानी में अग्निपूजा और यज्ञसम्बन्धी मन्त्रों के साथ पुजारी और पुरोहित भी भारत से ईरान पहुँचे। ये लोग **मग** कहलाते थे। आगे चलकर इनमें बहुत से लोग भारत लौट आये, ईरान से बहुत से वे लोग भी आये जो पारसी कहलाते हैं। इसका

कारण यह था कि उनके धर्म का दमन किया जा रहा था और उन्हें भारत में ही शरण मिल सकती थी। मग लोग, उत्पीड़न से बचने के लिए, भारत लौट आये, इससे यह सिद्ध नहीं होता कि वे पहले भारत से ईरान गये न थे।

डा. चाटुर्ज्या ने **मग** शब्द पर विचार किया है, ईरान में **मग** नामी पुरोहितों से ग्रीक **मगॉस्** के सम्बन्ध का उल्लेख किया है, बाबुल की ज्योतिष को यूनानियों ने सँवारा, उसे **मग** भारत लाये, यह माना है। इस समस्त विवेचन में **मगध** के **मग** का उल्लेख उन्होंने नहीं किया।

मग भारत का प्रसिद्ध गणसमाज था। **मगध** शब्द से स्वतन्त्र **मग** की सत्ता तमिल तथा अन्य द्रविड़ भाषाओं में है। **मग** का अर्थ है युवा, किशोर। यह उस युग का शब्द है जब पितृसत्ताक समाज की स्थापना नहीं हुई, जब पुत्र और पुत्री के लिए एक ही शब्द **मग** का व्यवहार होता था। तमिल, कन्नड़ आदि विकसित जातियों के अतिरिक्त कोत, तोद, कोलमि, मल्तो आदि पिछड़े समाजों की भाषाओं में भी इस शब्द का व्यवहार होता है। भारत से बाहर केल्त भाषाओं में यही शब्द, **मक्, मैक्** रूप में प्रतिष्ठित, पुत्र का अर्थ देता है। गणसमाजों के नाम रखने के लिए एक परिपाटी पुरुष, युवा, पुत्र के लिए प्रयुक्त शब्द का उपयोग है। यह बात याद रखें तो द्रविड़ **मग** और आर्य **मगध** का सम्बन्ध सहज ही समझ में आ जायगा। दो चार पुरोहित नहीं, पूरा एक मग समाज ईरान में बस गया था। ग्रीक **मगॉस्** का व्यवहार ईरान के एक कबीले का बोध कराने के लिए होता था। इसके साथ जो ईरानी स्वप्नों का अर्थ बताते थे, वे भी **मगॉस्** कहलाते थे। पुनः अर्थविस्तार से जो भी जादूगरी का सा करिश्मा दिखाता था, वह भी यूनानियों के लिए **मगॉस्** था। यूनान से यह शब्द इटली पहुँचा। लैटिन **मुगस्** विद्वान् और जादूगर दोनों का अर्थ देता है; संज्ञा के अतिरिक्त वह विशेषण भी है। **मुगस्** का अर्थ जादू और जादूसम्बन्धी, दोनों है। **मग** जनों की विद्या **मगीअ** है; **मगीअ** का अर्थ जादू है। लैटिन **मगीअ** अंग्रेजी में **मैजिक** बना। अरबी में **मग** लोग **मजूसी** कहलाये।

मग का प्राकृत रूपान्तर **मय** होगा। **मगध** से **मगह**, फिर प्राकृत **मयह; मयह-सामिय** अर्थात् मगध के स्वामी। संस्कृत **माया** का अर्थ है कला, ज्ञान, दैवी शक्ति; मोनियर विलियम्स के अनुसार पुरानी संस्कृत में ही उसका यह अर्थ है, बाद की संस्कृत में भ्रान्ति, जादूगरी, प्रवञ्चना के अर्थ में इस शब्द का व्यवहार हुआ। **मय** शब्द का यह अर्थविस्तार **मगॉस्** के अर्थविस्तार से मिलता-जुलता है।

मग का पूर्वरूप **मघ** यहाँ छोड़ देते हैं, जल और क्षमता का अर्थ देने वाले **मग** के इंडोयूरोपियन रूपान्तर छोड़ देते हैं। किन्तु **मग** के प्रसंग में आर्य **मगध**, द्रविड़ **मग**, केल्त **मक** नहीं छोड़े जा सकते। इनका स्मरण करते ही आर्य अभियान की कथा ऐतिहासिक भाषाविज्ञान के लिए छलना मात्र रह जाती है।

मृच्छकटिक नाम के प्रसिद्ध संस्कृत नाटक में **नाणक** शब्द एक सिक्के के लिए आया है। डा. चाटुर्ज्या कहते हैं कि यह शब्द कुषाण काल में ईरान से भारत आया था। कुषाण काल के सिक्कों पर देवी-देवताओं की आकृति अंकित होती थी और उनके नाम

लिखे होते थे। **असुर-बाबुली** देवीमाता का नाम **नन** था जो सुमेरी में **इनन्न** है। **नना** का स्रोत यह सुमेरी **इनन्न** है। इस देवी से उमा अथवा दुर्गा का तादात्म्य स्थापित किया गया और वह ईरान, बलूचिस्तान और भारत में ननि नाम से अब भी विख्यात हैं। बलूचिस्तान में हिङ्गलाज मन्दिर में इनकी मूर्ति है जिसके दर्शन करने भारत से हिन्दू जाते हैं। उनकी यात्रा को वहाँ प्रतिवर्ष **नानी की हज** कहते हैं। प्राकृत **नाणक** रूप से पंजाब के महात्मा गुरु नानक को यह नाम दिया गया। भारत में इस शब्द के फिर परिवर्तित होने पर **आना** रूप बना जो एक सिक्का था और चार पैसे के बराबर होता था।

डा. चाटुर्ज्या की दी हुई उक्त जानकारी महत्वपूर्ण है। (**नन** और **आना** का सम्बन्ध सन्दिग्ध है। संस्कृत **अणक, आणक** का अर्थ है क्षुद्र; छोटे सिक्के के लिए **आणक,** हिन्दी **आना** का प्रयोग तर्कसंगत है।) **नन** शब्द निःसन्देह प्राचीन है और वह सुमेरी **इनन्न** में विद्यमान है। किन्तु कुषाण काल से बहुत पहले वह माता के लिए **ऋग्वेद** में प्रयुक्त है। मोनियर विलियम्स ने **नना** का माता अर्थ लिखने के बाद **ऋग्वेद** में उसका सन्दर्भ बता दिया है : **कारुरहं ततो भिषगुपलप्रक्षिणी नना।** (९-११२-३)। (**असौ नना माता दुहिता वा**—सायण)। नाग भाषा इदु में **ननॅ** का अर्थ माता है। द्रविड़ भाषा कुड़ुख में **ननी** का अर्थ माता की माता है। हिन्दी **नानी** का कुड़ुख प्रतिरूप है **ननी**। हिन्दी में **नानी** के अतिरिक्त माता के लिए भी जहाँ तहाँ **नन्ना** शब्द का प्रयोग होता है। उपन्यासकार वृन्दावनलाल वर्मा के पुत्र सत्यदेव अपनी माताजी को **नन्ना** कहते थे। उन्होंने बताया है कि बुन्देलखंड में बड़ोंबूढ़ों को लोग आदर से **नन्ना** कहते हैं।

आर्य-द्रविड़-नाग भाषाओं में जो शब्द प्राप्त हो, उसे अखिल भारतीय शब्द कहना उचित होगा। माता और माता की माता के लिए प्रयुक्त होने वाला शब्द एक ही है। मातृसत्ताक समाज में माता की माता का ही स्थान महत्वपूर्ण है, पिता की माता का नहीं। तमिल **अम्मा** (माता), **अम्मन्** (देवीमाता), **अम्माय्** (नानी) मूलतः एक हैं, वैसे ही वैदिक **नना** और हिन्दी **नानी** एक हैं। यह सम्भव है कि मूलशब्द **अना** में **न** सर्वनाम जोड़कर **नना** रूप बना हो। तमिल **अन्नइ** (माँ) में **त** सर्वनाम जोड़ा तो **तन्नइ** रूप बना; तमिल **आय्** (माँ) में **न** सर्वनाम जोड़ा तो **ञाय्** (< **नाय्**) (तेरी माँ) रूप बना। नाग भाषा इदु में माता के लिए जहाँ **ननि** शब्द है, वहाँ पिता के लिए **नब** शब्द है। **नब** में स्पष्ट ही **न** सर्वनाम जोड़ा गया है। मुंडारी **आपु** और **अब्बा** (पिता), बोरो **बव्** पिता, **नम्बव्** (तुम्हारे पिता), तमिल **आय्** (माँ), इदु **नय** (दादी) रूप **नना** की रचना से तुलनीय हैं।

सुमेरी **इनन्न** का स्रोत भारतीय है; **नना** शृंखला के शब्दों का स्रोत सुमेर या ईरान नहीं है।

संस्कृत **ठक्कुर**, हिन्दी **ठाकुर** पर विचार करते हुए डा. चाटुर्ज्या ने पुरानी तुर्की के तगिन्, तॅगिन् (राजकुमार) और आधुनिक तुर्की के **तङ्रि, तॅन्रि** (ईश्वर) रूप याद किये हैं। **तॅगिन्** और **तॅन्रि** दो भिन्न रूप हैं और इन दोनों में एक का भी सम्बन्ध **ठक्कुर** से नहीं है। **तॅन्रि** का पूर्वरूप कन्नड़ **तन्दॅ** (पिता), तेलुगु **तण्ड्रि** (उप०) है। उल्लेखनीय

है कि तमिल **तन्दइ** के साथ उस भाषा में **नन्दइ** (हमारे पिता) रूप भी है। **ठक्कुर** के सन्दर्भ में तमिल **तक्कोर्** (श्रद्धेय जन), **तगवु** (शक्ति, ज्ञान) विचारणीय हैं।

भारत में प्रान्तपति किसी समय **क्षत्रप** कहलाते थे। डा. चाटुर्ज्या ने लिखा है कि पुरानी फ़ारसी का **क्षत्रपवन्** (प्रान्तपालक) यूनानियों के यहाँ **सत्रपेस्**, अंग्रेज़ों के यहाँ **सैट्रैंप्**, भारत में **क्षत्रप** बना।

क्षत्रपवन् रूप अवश्य ही छापे की भूल का परिणाम है। पुराने फ़ारसी अभिलेखों पर सुकुमार सेन की पुस्तक (१९४१) में **ख़्शस्सपावा** रूप है जिसका संस्कृत रूपान्तर **क्षत्रपावा** है। **क्ष्** ध्वनि का एक व्यंजन **क्** पुरानी फ़ारसी में बहुधा **ख़्** बनता है जैसे **शुक्रस्य** के रूपान्तर थ् ुख़्रह्या में; **ष्** ध्वनि **श्** रूप में ग्रहण की गई है, तब **क्ष** का रूपान्तर **ख़्श** हुआ। जब यह सिद्ध किया जायगा कि फ़ारसी **ख़्** संस्कृत में **क्** हो जाता है, तब **ख़्शास्स** के **क्षत्र** बनने की सम्भावना विचारणीय होगी, उससे पहले नहीं। ईरान की किसी भाषा में किसी समय मूर्धन्य **ष्** का अस्तित्व प्रमाणित नहीं है, **क्षत्र** रूप पुरानी फ़ारसी में कहाँ से आ जायगा? **पुत्र** पुरानी फ़ारसी में **पुस्स** (<पुत्त) है, वैसे ही **क्षत्र** का **त्र** वहाँ **स्स** है। **क्षत्र**>**ख़्शत्त**>**ख़्शास्स**, विकास की यह सरणि है।

क्ष् उत्तरपश्चिमी भारत की विशिष्ट ध्वनि है। **क्ष्** ध्वनि वाले काफी शब्द ईरान पहुंचे हैं और उनके रूपान्तर पुरानी फ़ारसी के अभिलेखों में विद्यमान हैं। **ख़्शस्सपावा** के साथ, सुकुमार सेन की पुस्तक में प्राप्त, पुरानी फ़ारसी के कुछ अन्य अवलोकनीय रूप इस प्रकार हैं: **ख़्शस्सम्** (**क्षत्रम्** राज्य), **ख़्शयार्शा** (**क्षयार्षाः** सम्राट् विशेष), **अर्तख़्शास्सा** (**ऋतक्षत्रः** सम्राट् विशेष), **अख़्शत** (**अक्षत**)। एक पुरानी भारतीय क्रिया है **क्षि** जिसका अर्थ है शासन करना। **क्षय** का अर्थ हुआ शासित प्रदेश। मोनियर विलियम्स ने **क्षय** का यह अर्थ लिखते हुए **ऋग्वेद** के सन्दर्भ की सूचना भी दे दी है: **सहि क्षयेण क्षम्यस्य जन्मनः साम्राज्येन दिव्यस्य चेतति।** (७-४६-२)। (**क्षयेणैश्वर्येण चेतति**—सायण)।

यदि यह मान लिया जाय कि पुरानी फ़ारसी का **ख़्शय ऋग्वेद** में **क्षय** बन गया है, तो भी प्राचीन ग्रीक में संस्कृत **क्ष्** के ध्वनि-प्रतिरूप की समस्या बनी रहती है। संस्कृत **क्षोणि** का ग्रीक प्रतिरूप है **ख़्थोन्** (धरती)। संस्कृत की अन्य **क्षि** (नष्ट होना) क्रिया का ग्रीक प्रतिरूप है **फ़्थिओ**। पुनः **तक्षन्** से सम्बद्ध ग्रीक **तॅख़्ने** (कौशल) और **दक्ष** से सम्बद्ध लैटिन **दॅक्सतॅर्** (कुशल, दाहिना) में **क्ष्** के भिन्न ध्वनि-प्रतिरूप हैं। **क्स्, ख़्, ख़्थ्, फ़्थ्, ख़्श्**, इन सबका मूल ध्वनिरूप है **क्ष्**। उल्लेखनीय है कि बारहवीं सदी के पल्लव अभिलेखों में **तक्षन्** का **तइच्चन्** (**तच्चन्** बढ़ई) रूपान्तर प्राप्त है। (ज़्वेलेबिल : **कम्पैरेटिव ड्रैवीडियन फॉनोलौजी**, पृ. ४४)।

यूनान से लेकर दक्षिण भारत तक परस्पर सम्बद्ध शब्दों में **क्ष्** के भिन्न-भिन्न ध्वनि प्रतिरूप फैले हुए हैं। **क्षत्रप** का ईरानी उद्भव खोजते समय इन ध्वनि-प्रतिरूपों को ध्यान में रखना आवश्यक है।

डा. चाटुर्ज्या पर कोई भारी सैद्धान्तिक दबाव है जिससे वे ईरानी शब्दों पर विचार करते समय आर्य शब्दों के द्रविड़ तथा इंडोयूरोपियन प्रतिरूप देख नहीं पाते।

यदि **मुद्रा** के साथ वेल्श **मुद्रॉइ** और तमिल **मुरि** पर ध्यान दें, **मग** के साथ केल्त **मक**, तमिल **मग** पर विचार करें, **क्षत्रप** का स्रोत खोजते हुए क्ष् के ग्रीक-द्रविड़ रूपान्तरों को परखें तो अनेक भारतीय शब्दों के ईरानी उद्भव वाले उनके निष्कर्ष खण्डित हो जायँगे। तब आर्य अभियान की जो कथा उन्हें छात्रजीवन में पढ़ाई गई थी, वह भी निस्सार सिद्ध होगी।

मित्र (सूर्य) शब्द के प्रसंग में उन्होंने उक्त निबन्ध में लिखा है : 'आर्य नस्ल (द एर्यन् रेस्) की दोनों शाखाएँ, ईरानी और भारतीय, सूर्य की देवरूप में पूजा करती थीं।'

आर्यों की एक नस्ल है। इस नस्ल की एक आदि भाषा थी। आर्य नस्ल निरन्तर शाखाओं में बँटती चली गई, उसके साथ वह भाषा भी शाखाओं में बँटती चली गई। ईरान में किसी समय एक ही शाखा थी, फिर वह विभाजित हुई, एक ईरान में रह गई, दूसरी भारत आई। ईरानी और भारतीय आर्यभाषा में कोई सामान्य शब्द मिले तो वह ईरानी स्रोत का होगा। भारत में आर्यों के आ जाने के बाद ईरान से आर्य शब्दों की अवाती होती रही। यही वह सैद्धान्तिक दबाव है जिसके कारण डा. चाटुर्ज्या ईरान से भारत आने वाले शब्दों के ग्रीक या केल्त प्रतिरूप देख नहीं पाते, यूरप की भाषाओं में द्रविड़ भाषातत्वों का निवेश उनके लिए कल्पनातीत है। डा. सुनीतिकुमार चाटुर्ज्या जिस ऐतिहासिक भाषाविज्ञान के प्रतिनिधि हैं, उसकी आधारशिला यह नस्ल सिद्धान्त है।

प्रश्न दो-चार शब्दों के इधर-उधर पहुँचने का नहीं है, प्रश्न भाषापरिवार के निर्माण का है, उसके मूल शब्दभण्डार की रचना का है, उसके ध्वनितन्त्र, रूपतन्त्र, वाक्यतन्त्र की विशेषताओं के निश्चित होने का है। भारत को भाषाई क्षेत्र मानकर जब हम विस्तृत भाषाई परिवेश में इंडोयूरोपियन परिवार अथवा द्रविड़ परिवार के निर्माण का अध्ययन करते हैं, तब हर स्तर पर किसी एक परिवार के अनेक भाषातत्वों को अन्य परिवार के भाषातत्वों के घनिष्ठ सम्पर्क में आते देखते हैं। चाहे शब्दतन्त्र हो, चाहे ध्वनितन्त्र और चाहे रूपतन्त्र, किसी भी भाषातत्व का अध्ययन किसी एक परिवार की सीमाओं के भीतर सम्भव ही नहीं है। इन भाषातत्वों में वे अनेक तत्व भी शामिल हैं जिन्हें किसी भी परिवार के मूलतत्व कहा जा सकता है। किसी भाषा की सम्पूर्ण व्यवस्था अनेक गणसमाजों से आये तत्वों से निर्मित होती है। परम्परागत ऐतिहासिक भाषाविज्ञान मगध, कोसल, कुरु आदि इतिहासप्रसिद्ध गणसमाजों की भाषाई विशेषताएँ पहचानने नहीं देता, वह द्रविड़ भाषाओं से आर्य भाषाओं के बहुमुखी सम्बन्धों को विजित विजेता के एकमुखी सम्बन्ध बना देता है, वह पड़ोसी क्षेत्रों से हमारे भाषाई सम्बन्ध विकृत रूप में प्रस्तुत करता है, आधुनिक भाषाओं के समस्त विकास को ह्रास का इतिहास बना देता है। ऐतिहासिक भाषाविज्ञान ने भाषा-समुदायों के बारे में जिन धारणाओं का प्रचार किया है, उनका गहरा असर भारतीय जनता के सामाजिक जीवन पर पड़ा है। विभिन्न राजनीतिक दलों की कार्यवाही उक्त धारणाओं से प्रभावित होती है। राजनीति ऐतिहासिक भाषाविज्ञान से असम्पृक्त नहीं है, न ऐतिहासिक भाषाविज्ञान राजनीति से असंपृक्त है। वैज्ञानिक चिन्तन की प्रगति के लिए और भारतीय जनता की सामाजिक, सांस्कृतिक प्रगति के लिए आवश्यक है कि हम पूंजीवादी भाषाविज्ञान की रूढ़ियों से मुक्त हों। इस कार्य में भौतिकवादी दृष्टिकोण, अनेकान्तवादी विश्लेषणपद्धति से सहायता मिलेगी।

शब्दसूची-१

(ध्वनिपरिवर्तन और अर्थ-विस्तार प्रक्रिया)

[इस सूची में इंडोयूरोपियन और द्रविड़ परिवारों के उन शब्दों को लिया गया है जिनके मूल रूपों में सघोष महाप्राण स्पर्श ध्वनि थी और जो मूलतः प्रवाह और प्रकाश की अभिव्यक्ति के लिए प्रयुक्त होते थे। इनके विभिन्न प्रतिरूपों से एक ओर ध्वनि-परिवर्तन की रीतियाँ स्पष्ट होंगी, दूसरी ओर एक ही मूल रूप से सम्बद्ध भिन्न शब्दों की अर्थ-विस्तार प्रक्रिया स्पष्ट होगी। द्रविड़ भाषाओं की शब्दावली बरो और एमेनो के द्रविड़ व्युत्पत्तिकोश—**ए ड्रैवीडियन एटीमॉलौजीकल डिक्शनरी**—से ली गई है। तमिल, मलयालम, कोत, तोद, कन्नड़, बदग, कोडगु, तुलु, तेलुगु, कोलमि, नइकि, पर्जि, गदब, गोंडी, कोन्ड, कुइ, कुवि, कुड़ुख, मल्तो और ब्राहूइ कोश में उल्लिखित द्रविड़ भाषाएँ हैं। कोश का पूरक अंश अलग से प्रकाशित हुआ है। उसमें पेंङ्गो और मन्ड दो अन्य द्रविड़ भाषाओं का भी उल्लेख है। शब्दसूची में इनसे भिन्न जिन भाषाओं के नाम हैं, वे सब इंडोयूरोपियन परिवार की हैं। तमिल के लिए त० और संस्कृत के लिए सं० संकेतचिन्ह हैं; शेष भाषाओं के पूरे नाम दिये गये हैं। इस सूची पर विस्तृत टिप्पणी चौथे अध्याय के तीसरे चौथे अनुभागों में है।]

१.	**घर्**	बहना
सं०	**घर्घर**	नदी विशेष
	घार	छिड़काव
	घृ	भिगोना
	घृणि	पानी; लहर
	घृत	पानी; छिड़का हुआ
हिन्दी	**घाघरा**	नदी विशेष

घर्>गर्

सं०	गर	भिगोने की क्रिया
	गृ	भिगोना
हिन्दी	**गीला**	<*गिर्द

गर्>गन्

सं०	**गङ्गा**	नदी विशेष

गर्>गव्/गो

वेल्श	**गॉवॅर्**	पानी का बह निकलना
सं०	**गोदावरी**	नदी विशेष
प्राकृत	**गोदा**	नदी

घर्>कर्

सं०	**कर्द, कर्दम**	कीचड़
	कृत्स	जल
त०	**कारि**	नदी

ग्रीक	क्रॉउनॉस्	झरना, धारा
(दोरिक)	क्रन	झरना; जल
त०	काल्	बहना; नहर
सं०	कुल्या	छोटी नदी
	कूल	जलाशय
त०	कुळम्	उप०
	कूळइ	कीचड़
ग्रीक	क्लुदोन्	लहर
	क्लुज़ो	तरंगित होना
मलयालम	कळम्	जलाशय
सं०	कट्	बरसना
रूसी	कतीत्	बहना
सं०	कधि	समुद्र
कोडगु	कड	उप०
त०	कडल	उप०
	किडङ्गु	जलाशय
	किडङ्गर	समुद्र
	कुट्टम्	जलाशय
तुलु	केदु	कीचड़
कभ्ं>कभ्		
सं०	कुभा	नदी विशेष
कभ्>कब्		
रूसी	कुबान्	नदी विशेष
कर्>कन्		
सं०	कुण्ड	जलाशय
त०	कुण्डम्	जलाशय
ग्रीक	कुम	लहर
कर्>कय्/कव्		
सं०	कावेरी	नदी विशेष
ग्रीक	केने	जल; झरना
लैटिन	कश्रॅनुम्	कीचड़
कर्>कस्		
गोंडी	कस	ताल
कन्नड़	कसि	बहना
त०	कजि	रिसना
कन्नड़	कॉच्चॅ	कीचड़
हिन्दी	कीच	
घर्>क्षर्		
सं०	क्षर्	बहना
	क्षर	जल
	क्षार	उप०
	क्षीर	उप०
	क्ष्विड्	भीगा होना
घर्>झर्		
सं०	झर	झरना
हिन्दी	झरना	
झर्>झन्		
प्राकृत	झुण्टण	प्रवाह
झर्>जर्		
सं०	जल	
तेलुगु	जल्लु	वर्षा
गोंडी	जीर्ला	झरना
झर्>चर्		
त०	चल्लु	पानी छिड़कना
	चॅल्	बहना
तेलुगु	चिलुप	ताल
पर्जि	चिल्य	छोटी नदी
त०	चुरइ	प्रवहमान
	चुरप्पु	झरना
	चोरि	वर्षा
चर्>चस्		
फ़ारसी	चश्मा	सोता
हिन्दी	चूह	उप०
घर्>घय्>श्चय्/चय्/चव्		
सं०	श्चुत्, श्च्युत्	टपकना
	च्यु, च्युत्	उप०
हिन्दी (अवधी)	चुवबु	उप०
हिन्दी	चूना	
घर्/क्षर्>खर्		
ग्रीक	खूलॉस्	रस
	ख्लेदास्	कीचड़
	खुतॉस्	द्रवित
	खुदेन्	धारा प्रवाह
खर्>खन्		
ग्रीक	खुमॉस्	रस
खर्>खय्		
ग्रीक	खॅइश्रो, खॅश्रो	बहना
	खॅउम	धारा

खर्>खस्

ग्रीक	खुसिस्	प्रवाह

घर्>हर्

हिन्दी (अवधी)	हील	(<*हिर्द) गीला

घर्>सर्

सं०	सर	झरना; जलाशय
	सरि	झरना
	सरित्	नदी
	सरिर	जल प्लावन
	सलिल	प्रवहमान; जल
	सिरा	जल; नदी
प्राकृत	सिरा	धारा; प्रवाह
सं०	सृ, सृज्	बहना
	स्रु	उप०
	स्रव	प्रवहमान
	स्रू	नदी; झरना
बँगला	सरि	जिससे जल झरे
गुजराती	सरवाणी	सोता
	सरा	धारा
तुलु	सॅरॅ	लहर
कन्नड़	सॅलॅ	झरना
	सुरि	बहना
ग्रीक	सलॉस्	समुद्र
लैटिन	सलुम्	उप०; धारा
पु० आइरिश	स्रुथ्	धारा
लिथुआनियन	स्रूति	उप०

स्र>स्त्र

लैतवियन	स्त्राव	धारा
ग्रीक	स्त्रुमोन्	नदी विशेष
रूसी	स्त्रुया	धारा
अंग्रेज़ी	स्ट्रीम्	उप०

स्र>स्न

सं०	स्नुति	धारा; प्रवाह
	स्नव	टपकने की क्रिया

सर्>सन्

सं०	सिन्धु	नदी; समुद्र
	स्यन्द्(<*सॅन्द्)	बहना; टपकना

सर्>सव्/सय्

सं०	स्विद्	पसीना आना
तोद	स्विद्	टपकना
अंग्रेज़ी	स्वॅट्	पसीना आना
तेलुगु	सोन	वर्षा
हिन्दी	सोन	नदी विशेष
फ्रान्सीसी	सोम	उप०
वेल्श	सॅउ	रस
हिन्दी	सयी, सई	नदी विशेष

सर्>तर्/दर्

तुलु	सोरुनि, तोरुनि	रिसना
	दॉरियुनि	बहना

स्र>प्ल/प्र

सं०	प्रुष्	गीला करना
	प्रुष्व	वर्षा ऋतु
	प्लव, प्लावन	बाढ़
	प्लुत	उप०
	प्लुष्	छिड़कना
लैटिन	प्लुओ	बरसना
लैतवियन	प्लुदिनात्	बहाता हूँ

प्ल>फ्ल

ग्रीक	फ्लओ	बहना
	फ्लुओ	उप०
लैटिन	फ़्लुओ	उप०
	फ़्लुविउस्	नदी
जर्मन	फ़्लुट्	बाढ़
अंग्रेज़ी	फ़्लड्	उप०
गेलिक	फ़्लिउख्	गीला

धर् बहना

सं०	धारा	
	धरुण	पानी
	धीर	समुद्र

धर्>धन्

सं०	धन्व्	बहना
	धान	नदी विशेष

धर्>धय्/धव्

सं०	धेन	नदी; समुद्र
	धव्	बहना
	धौति	झरना

धर्>धस्

हिन्दी	**धसान**	नदी विशेष

धर्>दर्

सं०	**द्रव**	प्रवहमान
	द्रह	गहरा जलाशय
ब्राहूइ	**दीर्**	जल
फ़ारसी	**दरिया**	नदी
अंग्रेज़ी	**ड्रिप्**	टपकना

दर्>दव्

तेलुगु	**दॉन**	पहाड़ी जलाशय
रूसी	**दोन्**	नदी विशेष

धर्>तर्

सं०	**तरल**	सजल; लहर
कन्नड़	**तॉरॅ**	धारा
लैटिन	**टॉर्रॅन्स्**	उप०
फ़ारसी	**तर**	गीला
कन्नड़	**तड़ि**	उप०
प्राकृत	**तित्तिरिअ**	उप०
	तिप्प	टपकना
हिन्दी	**टपकना**	

तर्>तन्

त०	**तुमि**	फुहार
प्राकृत	**तिम्म**	गीला होना

तर्>तय्

सं०	**तोय**	जल
त०	**तोय्**	भीगना

तर्→तर्क>तक्/तच्

रूसी	**तॅच्, तॅचेनिए**	धारा
	तॅकूचॅस्त्	प्रवहमानता

धर्>स्तर्

सं०	**स्तीर्वि**	जल
ग्रीक	**स्तलग्रो**	टपकना
	स्तिले	बूंद
सं०	**स्तिप्**	टपकना

स्तर्>स्तय्/स्तव्/स्तम्

सं०	**स्तिमित, स्तीमित**	गीला
	स्तोक	बूंद
प्राकृत	**थिम**	गीला करना

स्तर्→स्तर्क>स्तक्

रूसी	**स्तॅकात्**	बहना

तर्>नर्

सं०	**नीर**	जल
त०	**नीर्**	उप०; समुद्र; नमी
ग्रीक	**नारॉस्**	प्रवहमान
तोद	**नोल्**	भीगना
तेलुगु	**नीळ्ळु**	जल
त०	**नीत्तम्**	बाढ़; समुद्र
कोत	**नात्**	बरसात में भीगने देना
लैटिन	**नतो**	बहना; उतराना

नर्>नन्

त०	**ननइ**	भीगना
	नीन्दु	समुद्र
फ़ारसी	**नम**	
	नमी	
त०	**नम, नमु**	नम होना

नर्>नस्

ग्रीक	**नस्मॉस्**	धारा; झरना

नस्>नच्

त०	**नजइवु**	नमी

नर्>नय्/नव्/ना

सं०	**नीवार**	जल; कीचड़
कश्मीरी	**नाग**	झरना
ग्रीक	**नाओ**	बहना

धर्>थर्

प्राकृत	**थाला**	धारा
ग्रीक	**थलस्स**	समुद्र
	भर्	बहना
सं०	**भिद्**	उमड़ना
	भिद्य	प्रवहमान नदी
	भुर्वन्	(जल के समान) चंचल
	भ्रम	निर्झर
	भडि	लहर
हिन्दी	**भीगना, भीजना**	

भर्>भन्

सं०	**भिन्धि**	छिड़काव

भर्>भव्

सं० **भवन** जल
भुवन उप०
भुविस् समुद्र

भर्>भस्

बँगला **भासा** उतराना
भासा काल वर्षा ऋतु

भर्>बर्

पु. नौर्वी-जियन **बर** लहर
अंग्रेज़ी **बोर** ज्वार की लहर
गोंडी **बॅरॅर्** नदी; बाढ़

बर्>बन्

लिथु-आनियन **बङ्ग** लहर

भर्>पर्

सं० **पेरु** समुद्र
पट् बहना
त० **परि** बहना
तेलुगु **पारु** उप०
परत, परव बाढ़
कोन्ड **पिरु** वर्षा
कन्नड़ **पॉळॅ** नदी
मलयालम **पुळ** उप०
ग्रीक **पेगे** झरना
पेगज़ो बहना
पॅलगॉस् समुद्र
प्लेम्मूर ज्वार
रूसी **पॉलिवात्** सींचना
त० **पदम्** जल; सीलन
ग्रीक **पॉतमॉस्** नदी
रूसी **पॉतोक्** धारा

पर्>पन्

सं० **पान** निर्झर
पङ्क कीचड़
प्राकृत **पण्डविअ** गीला
त० **पनि** बहना
पुनल्, पुनइ जल; नदी
ग्रीक **पॉन्तॉस्** समुद्र

पर्>पय्/पव्

सं० **पयस्** जल
कोत **पॅय्** नदी
तोद **पाव्** उप०

पर्>पस्

ग्रीक **पस्सो** छिड़कना

पर्>मर्

सं० **मारि** वर्षा
त० **मारि** उप०; जल
लैटिन **मरॅ** समुद्र
ग्रीक **मुरो** बहना
वेल्श **मोर्** समुद्र
मोरिन् लहर
रूसी **मोरॅ** समुद्र
मोर्स् जल
सं० **मेघ** (<***मॅघं**)
मिह् (<***मिघ्**) जल-वर्षण
मल्तो **मॅहरॅ** नम होना
हिन्दी (अवधी) **मिहाबु** उप०
पु. अंग्रेज़ी **मैगॅन्** समुद्र
त० **मुग** पानी भरना
सं० **मधु** (<**मधुं**) जल
लैटिन **मदॅओ** (<***मदॅ**) बहना; भीगना
ग्रीक **मुदओ** भीगना
वेल्श **मुद्** कीचड़
अंग्रेज़ी **मड्** उप०
त० **मळइ** वर्षा; जल
मडु जलाशय
कन्नड़ **मोड** बादल
रूसी **मोच** (<***मॉतं**) पानी
मॉचीत् भिगोना

मर्>मन्

लैटिन **मानो** बहना
पर्जि **मुण्ड** जलाशय

मर्>मय्

वेल्श **मुइदो** भिगोना

भर्>मस्

तोद	**मष्न्**	बाढ़
रूसी	**मॉस्क्वा**	नदी विशेष

भर्>फर्

ग्रीक	**फ्रॅअर्**	ताल
	फ्लॅप्स्	झरना
लैटिन	**फ़्रॅतुस्**	समुद्र
गेलिक	**फ़इर्गॅ**	उप०

फर्>फन्

लैटिन	**फ़ुन्दो**	भिगोना
	फ़ॉन्स्	झरना

फर्>फस्

लैटिन	**फूसिलिस्**	द्रवित

भर्>पर्>वर्

सं०	**वारि**	जल; वर्षा
	वर्षा	
अवेस्ता	**वरि**	समुद्र
पु. आइस-लैन्डिक	**वरि**	जल
लैटिन	**वीरुस्**	कीचड़
त०	**वार्**	बहना
	वरद	धारा; जलप्लावन
	वळि	वहना
प्राकृत	**विरय**	छोटी नदी
	वीली	लहर
जर्मन	**वॅल्लॅ**	उप०
रूसी	**वॉल्न**	उप०
	वॉल्गा	नदी विशेष
सं०	**वाह** (<*वर्घ)	प्रवाह
	वडवा (<*वर्द)	नदी विशेष
त०	**वडि**	टपकना
मलयालम	**वडियुग**	बहना
हिन्दी (अवधी)	**वाद**	गीला
रूसी	**वोद**	जल
अंग्रेज़ी	**वाटर्**	उप०
	वॅट्	भीगा

वर्>वन्

त०	**वान्**	वर्षा
	वन्द	छोटी नदी
बंगला	**बान्**	बाढ़
गद्‌ब	**वाङ्ग्**	बहना
त०	**वण्डल्**	कीचड़
	विण्	बादल

वर्>वस्

सं०	**वक्षु**(<*वस्कु)	नदी विशेष
प्राकृत	**विसालय**	समुद्र
तोद	**वस्य्**	झरना
सं०	**वीचि** (<*वीसि)	लहर
त०	**वजि**	जल
ग्रीक	**ओक्सॉस्** (<*ऑस्कॉस्)	नदी विशेष

वर्>व्र>र

सं०	**रस**	जल; द्रव पदार्थ
	रसा	नमी
हिन्दी	**रिसना**	
सं०	**री**	बहना
	रीति	धारा
	रेतस्	उप०
	रेवा	नदी विशेष
लैटिन	**रीवुस्**	नदी
रूसी	**रेक**	उप०
लैटिन	**रिगो**	भिगोना
फ़ारसी	**रूद्**	नदी
	रून्द	द्रव पदार्थ
ग्रीक	**र्हॅओ** (<ह्+रॅओ)	बहना
	र्हइनो	छिड़कना
वेल्श	**र्हएद्र**	निर्झर
जर्मन	**र्हाइन**	नदी विशेष
	र्हॉन	उप०

वर्>अर्

सं०	**अर्ण**	लहर
	अर्षण	प्रवहमान
	इरा	जल
	ऊर्मि	लहर
	ओल	भीगा
लैटिन	**अर्नुस्**	नदी विशेष
त०	**अरुवु**	बहना

	अरुवि	झरना
	आल्	जल
	आलम्	उप०; समुद्र
	ऑलियल्	नदी
	ईरि	भीगना
	ऊरु	बहना
	उरइ	बरसना
सं०	**आर्द्र**	गीला
ग्रीक	**अर्दो**	पानी देना
सं०	**अभ्र (*अर्भ > अभ)**	बादल
कश्मीरी	**आबुर्**	उप०
पु० आइ-रिशि	**अबन्न्**	धारा
सं०	**आबिल, आविल**	गँदला पानी
	अपस्, आपस् (< *अर्प)	जल
वेल्श	**अवॉन्** (< ***अपॉन्**)	नदी
लैटिन	**अक्वा** (< ***अपस्**)	जल
सं०	**ओघ** (< ***ऑर्घ**)	बाढ़; धारा
प्राकृत	**ओग्गाले**	लघु प्रवाह
तोद	**ऑक्**	बहना
ग्रीक	**हुग्रॉस्**	भीगा
	हुदोर्	जल
सं०	**उद्** (< ***उर्द्**)	बहना
	उद, उदन्	जल
त०	**ओदम्**	बाढ़; लहर; समुद्र
कुवि	**ऊर्दलि**	भीगना
लैटिन	**उदुस्**	भीगा
कुवि	**ऊथ, ऊत**	झरना
सं०	**ओजस्** (< ***ओघ**)	जल

अर् > अन्

सं०	**अम्भस्**	जल
	अम्बु	उप०

अर् → अर्प → अप > अम

मल्तो	**अमु**	उप०
कुड़ुख	**अम्म्**	उप०
इटालियन	**अम्निस्**	नदी

अर् > अस्

गोंडी	**ऊसा**	बाढ़
कन्नड़	**ऑसर्**	बहना
कुइ	**एसु**	जल
आइरिश	**उइस्गॅ**	जल; नदी
सं०	**उक्ष्** (***उस्क्**)	छिड़कना

वर्/यर्

त०	**यारु**	नदी
अंग्रेज़ी	**यँरो**	नदी विशेष

यर् > अर्

त०	**आरु**	नदी
कश्मीरी	**आर्**	उप०
तेलुगु	**एरु**	उप०
त०	**एरि**	जलाशय
ग्रीक	**इलुस्**	कीचड़

यर् > यम्

सं०	**यमुना**	नदी विशेष
फारसी	**यम्**	नदी

यर् > यस्

सं०	**यह्व**	प्रवहमान
	यूष	जूस
अंग्रेज़ी	**जूस्**	उप०

२.	**घर्**	घूमना; चक्कर खाना
सं०	**घट्ट्**	घुमाना
	अरघट्ट	रहँट
	घूर्ण्	घूमना
प्राकृत	**घरट्ट**	उप०
	घोल (परिघोल)	उप०
	घोलिअ	घुमाया हुआ
हिन्दी	**घुराना**	घुमाना
	घिरनी	चरखी
बँगला	**घुरानो**	घुमाना
सिन्धी	**घोरानो**	फेरी वाला
हिन्दी	**घूमना** (< ***घुर्म**)	
	घुमनी	
	घुमरी	भँवर

घर् > घन्

प्राकृत	**घाण**	कोल्हू
हिन्दी	**घानी**	उप०
	घुँघराले	
	घुंडी	

घर्>गर्

सं०	**गरगरा**	गड़ारी
	गर्त	रथ
हिन्दी	**गरेरना**	
	गरारी, गड़ारी	
गुजराती	**गरबो**	मंडलाकार नृत्य
लैटिन	**गुर्गॅस्**	भँवर
ग्रीक	**गुरॉस्**	गोल
सं०	**गोल**	गेंद; गोला
फ़ारसी	**गोल, गोला**	
कन्नड़	**गालि**	पहिया
	गिरु	चक्कर खाता हुआ
सं०	**गुड (<*गुर्द)**	गेंद; गोला
कन्नड़	**गुडि**	वृत्त
	गुड्डि	अंडा

गर्>गन्

कन्नड़	**गुण्डु**	गोल वस्तु
तुलु	**गुण्डॅ**	गोल
हिन्दी	**गेंद**	

गर्>गस्

फ़ारसी	**गश्तन्**	चक्कर लगाना

गर्>कर्

लैटिन	**करॅस्**	गाड़ी
	करॅक	रथ
अंग्रेज़ी	**कार्**	गाड़ी
	कर्ल्	छल्लेदार बाल
त०	**काल्**	पहिया; गाड़ी
	कलुक्कइ	गोल पात्र
ग्रीक	**किर्कॉस्**	चक्र
	क्रिकॉस्	उप०
लैटिन	**क्रिर्कुस्**	चक्र
	किरॅस्	छल्लेदार बाल
सं०	**कुरुल**	उप०
त०	**कुरुळ्**	उप०
लैटिन	**कुरॅस्**	रथ
रूसी	**क्रुग्**	वृत्त
	क्रुझ़्निए	चक्कर लगाना
ग्रीक	**कुलिन्दो**	लुढ़कते जाना
	कुक्लॉस् (<*कुल्कॉस्)	चक्र
त०	**कुळल्**	छल्लेदार बाल

प्राकृत	**कोल्हु**	कोल्हू
हिन्दी	**कोल्हू**	

कर्>कन्

सं०	**कन्द**	गोला
	कन्दुक	गेंद
	कुन्तल	(छल्लेदार) केश
त०	**कून्तल्**	उप०
	कण्डु	सूत का गोला
	कुण्डु	गेंद
	कॉण्डइ	जूड़ा
गदब	**किन्द्रप्**	घुमाना
मलयालम	**कण**	कोल्हू
त०	**कणइ**	कोई गोल चीज़

कन्→कन्त्>कत्

कन्नड़	**कूदल्**	कुन्तल

कर्>कव्

त०	कवर्	मथना
कन्नड़	कव्वरॅ	चक्कर आना

घर्>खर्

ग्रीक	**खॉरॉस्**	मंडलाकार नृत्य
रूसी	**खॉरॉवॉद्**	उप०
ग्रीक	**खरुब्दिस्**	भँवर

घर्>*हर्→*हर्द्>हल्ल्

प्राकृत	**हल्लीस**	मंडलाकार नृत्य
त०	**कडइ (<*कर्द)**	मथना
कन्नड़	**कडॅ**	उप०

घर्>सर्

तेलुगु	**सारि**	आवर्तन
कन्नड़	**सुळि**	घूमना
तुलु	**सुळि**	भँवर
	सुत्तु	चक्कर खाना
तोद	**सॅड्**	गेंद

घर्>झर्>चर्; सर्>चर्; कर्>चर्

सं०	**चक्र (<*चर्क)**	
फ़ारसी	**चर्ख़**	चक्र
त०	**चुरॅ**	चक्कर खाना
	चूरइ	बवंडर
हिन्दी	**चिल्ला, चीला**	
त०	**चीडइ**	गोल टिकिया

चर्>चन्

त० चॅण्डु गेंद
कन्नड़ चण्डु, चॅण्डु उप०

धर्

हिन्दी ढुलकना (<*धुर)
लुढ़कना (<ढुलकना)

धर्>धन्

प्राकृत धङ्ग भौंरा
धन्धोलिय भ्रमित

धर्>दर्

तेलुगु डोल्लु लुढ़कना
कुइ डुड़ि उप०

धर्>तर्

त० तेर् रथ
तिरि घूमना
तिरळ् गोल होना; गोला
तिगिरि (<*तिर्ग) पहिया; रथ
तुलु तगॉरि कुम्हार का चक्का
तोद तूत् (<*तुर्त) चक्कर खाना

तर्>तन्

त० तिण्डु गोल तकिया

भर्

सं० भ्रम भँवर; कुम्हार का चक्का
भ्रमर भौंरा; कुम्हार का चक्का
भृङ्ग उप०
भृमि चक्कर खाने की क्रिया

भर्>भन्

सं० भण्डि गाड़ी
तुलु भण्डि उप०

भर्>भस्

सं० भसन, भसल भौंरा

भर्>वर्>वन्

कन्नड़ बण्डि पहिया; गाड़ी
हिन्दी बंगी लट्टू

बर्>बस्

कन्नड़ बीसु घुमाना; घूम जाना

भर्>पर्

सं० परि गोल; चारों ओर
परिधि
पार्श्व चक्र की परिधि
त० पर भँवर
ग्रीक पॅरि चारों ओर
तोद पॉड्य् गाड़ी

पर्>पन्

त० पण्डि गाड़ी
पन्दु गेंद
पम्बरम् लट्टू
सं० पिण्ड गोला

पर्>वर्

सं० वरण्ड गोल
वर्तते लुढ़कता है
वर्तन लुढ़कने की क्रिया
वर्तुल चक्राकार
वृत्त गोल; चक्र
वृत्ति लुढ़कने की क्रिया
वल् चक्कर खाना
वलन चक्र गति
वल्ग् नाचना; (मूल अर्थ : मंडलाकार नृत्य करना)
वेल्लन लुढ़कने की क्रिया; बेलन
रूसी वॅर्तेत् घुमाते जाना
पु० जर्मन वल्त्सु लुढ़कना
पु० आइसलैन्डिक वॅल्त् उप०
लैटिन वॉलूतो उप०
वॉल्वो चक्कर खाना
वॉलूमॅन् भँवर
सं० वट, वटक, वड गोल टिकिया
कन्नड़ वटक, वडॅ उप०
हिन्दी बड़ा, बरा

वर्>वन्

त० वण्डि गाड़ी
वण्डु भौंरा
पु. अंग्रेज़ी वॅन्डन् घुमाना

वर्>वस्>वच्

त० विज़िरु तेज़ी से घुमाना

वर्>व्र>र

सं० रथ

लैटिन रॉत पहिया

रॉतातिओ घुमाना

रॉतो घूम जाना

रॉतुन्दो गोलाकार बनना

रॉतुन्दुस् गोल

अंग्रेज़ी राउन्ड् उप०

हिन्दी लट्टू

वर्>अर्

फ़ारसी अराबा गाड़ी

लैटिन ऑर्बिस् वृत्त

त० उरुडइ गाड़ी

उरुण्डइ गेंद; गोला

उरुळ् पहिया; चक्कर खाना

उळल् चक्कर खाना

उळलइ कोल्हू

ग्रीक ऍलुओ लुढ़कना

इतुस्(<*इर्तु)पहिये की परिधि

अर्>अन्

त० उण्डइ गेंद

तेलुगु उण्ड उप०; गोल

सं० अण्ड अंडा; गोल वस्तु

ग्रीक अम्फि चारों ओर

लैटिन अम्बि उप०

जर्मन उम् उप०

अर्>अय्

ग्रीक ऍइलो घूमना

पर्>मर्

कन्नड़ मगुळ् घूम जाना

मॉट्टॅ अंडा

त० मुट्टइ उप०

मर्>मन्

सं० मन्थ्, मथ् मथना

त० मुण्डइ अंडा

भर्>फर्

हिन्दी फेरी, फेरना

फिरकी

भर्>स्फर्>स्फन्/स्फय्

ग्रीक स्फॉन्दुलॉस् गोलाकार जीव

स्फइर गेंद

अंग्रेज़ी स्फिअर् वृत्त

३. घर् घूमना; भ्रमण करना

प्राकृत घोर (घं-घोर) भटकने वाला

घट्ट (<*घर्त) भ्रष्ट

घाड उप०

घुम्म (<*घुर्म) घूमना

बँगला घुरुनि भटकना

हिन्दी घूमना

घुमक्कड़

घर्>गर्

फ़ारसी गर्दीदन् भ्रमण करना

घर्>कर्

तेलुगु क्रालु उप०

घर्>स्कर्

रूसी स्कितात्स्य (<*स्कॅर्त) उप०

घर्>भर्>भन्

प्राकृत झण्ट उप०

झम्प उप०

घर्>सर्

कन्नड़ सुळि उप०

सर्>चर्

त० चुर्र इधर-उधर घूमना

धर्

धर्>धन्

प्राकृत ढुम घूमना

ढुंढुल्ल उप०

ढोङ्घर भ्रमणशील

धर्>धस्

प्राकृत ढुस घूमना

धर्>दर्

सं० दरिद्र घुमन्तू; निर्धन

धर्>तर्

रूसी तॅर्यात् भूलना

कन्नड़ तॉळल् भटकना

दोत तुड्य् आवारा घूमना

धर् > स्तर्

जर्मन	इट्रोम्	घूमना
अंग्रेज़ी	स्ट्रोल्	उप०
	स्ट्रे	उप०; भटकना

भर्

सं०	भ्रम्	भ्रमण करना
	भ्रम	भ्रमण; भ्रान्ति
	भ्रान्त	घुमन्तू; भटका हुआ
	भ्रान्ति	
	भृम	भ्रान्ति
हिन्दी	भटकना (<*भर्त)	
प्राकृत	भुल्ल	भूला हुआ
हिन्दी	भूल	

भर् > बर्

रूसी	ब्रॉदीत्	घूमना

भर् > पर्

त०	पर	उप०
	परक्कु	उप०
पु. अंग्रेज़ी	प्रोलॅन्	उप०
अंग्रेज़ी	प्राउल्	उप०

पर् > मर्

तेलुगु	मॅदलु	घूमना

पर् > वर्

सं०	व्रज्	उप०
	व्रज	(घुमन्तू जनों की भूमि); जनपद विशेष
	व्रात्य	घुमन्तू जन
	वृजि	(घुमन्तू जन); गण विशेष
पालि	वज्जि	उप०
त०	वळ्	भूल
	विलगु	भटक जाना
	विलत्तु	भूल
मलयालम	वलयुग	घूमना
लैटिन	वगातिश्रो (<*वर्ग)	उप०
	वादो (<*बर्द)	उप०
त०	वी (<*वॅर)	भटक जाना

वर् > वन्

सं०	वन	(घुमन्तू जनों का स्थान); जंगल
अंग्रेज़ी	वान्डर्	घूमना

वर् > अर्

सं०	अरण्य	वन
लैटिन	ॲरॅरे	घूमना
	ॲरॅरॅर्	भ्रमण
अंग्रेज़ी	ॲर्	भटकना; गलती करना
	एरर्	गलती
त०	अलइ	घूमना
	अलम्बु	उप०
	उलइ	उप०
	उळि	उप०
ग्रीक	अलॅ, अलुश्रो	घूमना
	अलतॉस्	घुमन्तू
सं०	अट् (*अर्त्)	उप०
	अटन	भ्रमण
	अटवी	वन
त०	आडु	घूमना

भर् > फर्

फ़ारसी	फ़रामोश	भूला हुआ
प्राकृत	फिर	फिरना
हिन्दी	फिरना	

फर् > फम्

प्राकृत	फुम	घूमना

फर् > फस्

प्राकृत	फुस	उप०

४. **घर्** मुड़ना, टेढ़े चलना

घर् > घन्

सं०	घुण्ट	घुटना
हिन्दी	घोंटू	उप०
सं०	घुट	उप०
	घोटते	मुड़ता है
हिन्दी	घुटना	

घन् > गन्

कन्नड़	गाण, गाळ	अंकुश
	गोण्टु	कोना
कोत	गोण्	उप०
तुलु	गूनु	कूबड़
गोंडी	गुन्ति	धनुष
ग्रीक	गॉनु	घुटना
लैटिन	गॅनु	उप०
कन्नड़	गोटु	कोना

घर्>कर्

सं०	**कर्कट**	तराजू की डांड़ी का मुड़ा हुआ सिरा
	कुल्फ	घुटना
त०	**कुरङ्ङु**	मुड़ना
	कुरण्डु	मुड़ा होना
	कूर्	झुकना
कन्नड़	**कुर्गु**	कूबड़
	कॉळिकॅ	अंकुश
तेलुगु	**कॉलिक**	उप०
फ़ारसी	**कोर्निश्**	झुककर बन्दगी करना
ग्रीक	**कॉर्निस्**	टेढ़ा
	कुर्तॉस्	उप०
	कॉर्निअओ	झुकना
	कोलॉन्	अंग
	कॅरस्	सींग
लैटिन	**कुर्वो**	मुड़ना
	कुर्वुस्	वक्र
	कॉर्नू	सींग
गोंडी	**कोर्**	उप०
अंग्रेज़ी	**हौर्न् (<*कौर्न्)**	उप०
	कौर्नर्	कोना
	क्रुक्	टेढ़ा
रूसी	**क्रिवीत्**	मुड़ना
	क्रिवोइ	टेढ़ा
	क्र्यूचॉक्	अंकुश
वेल्श	**क्रुबि**	कूबड़
	क्रुम्प्	उप०
	क्रुक	टेढ़ा
	क्रिमन्	हँसिया
	क्रिमु	झुकना
	कॉर्नॅल्	कोना
सं०	**कृमि**	कीड़ा
लिथु-आनियन	**किर्मिस्**	उप०
पु० आइ-रिश	**क्रुइम्**	उप०
लैटिन	**कॉर्लुबॅर्**	साँप
अंग्रेज़ी	**क्रीप्**	रेंगना
त०	**कॉक्कि**	अंकुश
	कॉक्करइ	वक्रता
कन्नड़	**कॉक्कि**	मोड़
	कॉक्कु	चोंच
	कॉग्ग	वक्रता
पर्जि	**कॉकॉर्**	टेढ़ा होना
मल्तो	**कॉक्रॅ**	झुकना
सं०	**कीट**	कीड़ा
	कुटिल	
	कुटी	वक्रता
	कोट	उप०
	कोटि	मुड़ा हुआ सिरा
त०	**कोट्टु**	झुकाना
	कोडु	मुड़ना
मलयालम	**कोट्टम्**	वक्रता
कन्नड़	**कोडु**	सींग
गोंडी	**कोत्**	उप०
कोडगु	**कत्ति**	चोंच
सं०	**ककुद्**	बैल का कूबड़
	ककुभ	वाद्ययंत्र का मुड़ा हुआ सिरा
कन्नड़	**कॉल्लि**	कोना
सं०	**कुब्ज**	कुबड़ा; टेढ़ा
	कुबेर	टेढ़े-मेढ़े अंगों वाला
हिन्दी	**कूबर, कुबड़ा**	
तोद	**कुबिड्**	बंदगी करना
फ़ारसी	**कज् (<*कर्द)**	टेढ़ा
	कझ् (<*कर्ध)	उप०
कश्मीरी	**कॉव्य् (<*कॉर्प्)**	कुबड़ा
त०	**कविळ्**	झुकना
कोडगु	**कविन्**	उप०

कर्>कन्

सं०	**कुणि**	टेढ़ा हाथ
	कोण	
	कुञ्चित	वक्र
	कन्दर	अंकुश
	कुन्तल	कुंचित केश
हिन्दी	**कुंडा; कुंडी**	
त०	**कून्**	मुड़ना; कूबड़
	कोण्	कोण; वक्रता
	कोणन्	कुबड़ा
कन्नड़	**कॉङ्कु**	वक्र होना
	कॉङ्कि	अंकुश
	कुण्डरु	झुकना

मलयालम कुञ्जुग — उप०
कन्नड़ कुम्बु — झुकने की क्रिया
त० कुमिळ् — बैल का कूबड़
वेल्श कम् — वक्र
कमु — झुकना
कमॅद् — मोड़
ग्रीक कम्पे — उप०
कम्प्तो — झुकना
कमर — कमरा; महराबी छत वाला कोठा
जर्मन क्नी — घुटना
अंग्रेज़ी नी — उप०

कर्>कस्
कन्नड़ कुसि — झुकना
कोसु — वक्रता
सं० केश
कच (*कस) — केश

घर्>स्कर्
रूसी स्त्र-यूचिवात् — मुड़ना
ग्रीक स्कॉलिग्रॉस् — वक्र

घर्>खर्
हिन्दी खोर, खोरि — दोष
ग्रीक खोलॉस् — लँगड़ा
प्राकृत खब्ब — कुबड़ा

खर्>खन्
प्राकृत खुम्मिय — नवाया हुआ
कुड़ुख खोङ्घना — झुकाना

घर्>झर्
प्राकृत झूर — कुटिल
हिन्दी झुकना (<*झुर्क)

झर्>झन्
प्राकृत झण्टलिअ — कुटिल गमन
झण्डली — कुलटा

झन्>जन्
सं० जानु — घुटना
प्राकृत जण्हुआ — उप०

झर्>चर्
प्राकृत चोल — कुबड़ा

त० चुळि — टेढ़ा होना; चालाक होना
चिलइ — धनुष
मलयालम चरिक्क — मुड़ना
फ़ारसी चालाक
त० चॉत्ति — लँगड़ा
चॉट्टु — वक्रता
चप्पु — वक्र होना
सं० चाप (<*चर्प) — धनुष
त० चवट्टु (<*चर्प) — झुकना

चर्>चन्
सं० चञ्चु — चोंच
कन्नड़ चुञ्चु — घुँघराले बाल

धर्
सं० धूर्व् — झुकना
धूर्त
धूक — धूर्त

धर्>धन्
सं० धनु, धनुष

धर्>दर्>दन्
सं० दम्भ् — धोखा देना
दम्भ — धूर्तता
दभ — धोखा
हिन्दी डंक
तेलुगु देंकु, डेंकु — रेंगना
कन्नड़ डॉङ्कु — टेढ़ा

दन्>रन्
सं० रिङ्ख् — रेंगना
रिङ्ख — धोखा
रिङ्ग् — रेंगना
हिन्दी रेंगना
मलयालम इळयुग — उप०

धर्>तर्
सं० तिर्यक्, तिर्यञ्च — वक्र
हिन्दी तिरछा
त० तिरुगु — मोड़
तुरडु — अंकुश
तोट्टि — उप०
तूण्डिल् — मछली पकड़ने का काँटा
तोण्डान् — भेड़िया

तेलुगु	ताँङ्गु	झुकना
कोलमि	ताँङ्गँ	घुटना
त०	तवळ् (<*तर्प)	रेंगना

तर्>नर्

त०	नरि	शृगाल; शृगालवत् चतुर होना
	नँरि	मुड़ना
मल्तो	नँरु	साँप
कन्नड़	नॅळ्गु	मुड़ा होना
	नॅग्गु	उप०

नर्>नन्

सं०	नम्	झुकना

घर्/धर्>सर्

सं०	सर्प	
कोन्ड	सरस्	साँप
कुइ	स्रासु	उप०
गोंडी	सेरि	उप०
कन्नड़	सरपणि	जंजीर
लैटिन	सॅर्पॅन्स्	साँप
अंग्रेज़ी	सर्पॅन्ट्	उप०
जर्मन	श्लाङ्ग	उप०
ग्रीक	हॅर्पो (<*सॅर्प)	रेंगना
	हॅर्पॅताँन्	साँप
सं०	शृङ्ग	सींग
	शृंखला	जंजीर
	शृगाल	सियार
कन्नड़	सिडि	अंकुश
	साँट्ट	वक्र; वक्रता
	सुत्तु	मोड़

धर्>स्थर्

सं०	स्थगु	कूबड़
	स्थडु	उप०
	स्थपुट	कुबड़ा

भर्

सं०	भृणाति	वक्र होता है
	भृष्टि	कोना
	भ्रू	भौंह
	भोग	वक्रता
	भुज्	झुकना
	भुजा	वक्रता; बाहु
	भुजग, भुजङ्ग	सर्प
	भग्न, भुग्न	वक्र

भर्>भन्

सं०	भञ्ज्	मोड़ना
	भङ्ग	मोड़; धोखा
	भङ्गुर	वक्र; धूर्त
	भण्ट्	धोखा देना
	भण्डन	धूर्तता

भर्>भन्

प्राकृत	भमुहा	भौंह
	भुमग	उप०
हिन्दी	भौंह	

भर्>बर्

अंग्रेज़ी	ब्राउ	उप०
फ़ारसी	अ-ब्रू	उप०
कन्नड़	बलङ्कु	झुकना
	बिल्	धनुष
अंग्रेज़ी	बिल्	चोंच
कन्नड़	बग्गु, बागु	झुकना
पु०अंग्रेज़ी	बॉग	वक्र रेखा; धनुष
	बुगन्	झुकना
अंग्रेज़ी	बाउ	उप०
	बो	धनुष

बर्>बन्

सं०	बन्धुर	वक्र
कन्नड़	बङ्कु	टेढ़ा होना
कुड़ुख	बॅङ्कना	मुड़ना
कुवि	बाँङ्गिनइ	झुकना
हिन्दी	बंसी	मछली पकड़ने का काँटा
फ़ारसी	बन्दगी	
अंग्रेज़ी	बॅन्ड्	झुकना; मोड़ना; मोड़

भर्>पर्

सं०	पर्शु	टेढ़ा चाकू; हँसिया; कुठार
	पर्व	जोड़
	पार्श्व	कपट गति
हिन्दी	पोर	जोड़
कुइ	पल्ग	झुकना
तोद	पळ्	उप०

त०	**पदिवु**	झुका होना
कन्नड़	**पडुगु**	झुकना; झुकाना
प्राकृत	**पब्भ (<*पर्भ)**	नम्र
फ़ारसी	**फ़रेब (<*परेब)**	छल

पर्>पन्

सं०	**पङ्गु**	लँगड़ा (टेढ़ी टाँगोंवाला)
लैटिन	**पन्दो**	झुकना
	पन्दुस्	वक्र
अंग्रेज़ी	**फिङ्गर् (<*पिङ्ग)**	उँगली

पर>मर्

हिन्दी (ब्रज)	**मोरिबो, मुरिबो**	मोड़ना, मुड़ना
त०	**मरि**	झुकना
	मुरि	उप०
	मूरि	कूबड़
तुलु	**मॉरम्पु**	घुटना
त०	**मूलइ**	कोना
कन्नड़	**मलकु**	मोड़
	मालु	झुकना
त०	**मुळि**	जोड़
	मुक्कु	कोना
कन्नड़	**मॉक्कु**	झुकना
कुड़ुख	**मूका**	घुटना
त०	**मुट्टु**	उप०
कोन्ड	**मॅड**	उप०
हिन्दी	**मटकना**	
त०	**मडङ्गु**	टेढ़ा होना
कन्नड़	**मडि**	मोड़ना
हिन्दी	**मोड़ना, मुड़ना**	
	मेढ़ा (टेढ़ा-मेढ़ा)	
त०	**मुडङ्गु**	मुड़ना; झुकना
कन्नड़	**मुडुगु**	टेढ़ा होना
त०	**मुडम्**	लुंजपुंज
हिन्दी	**नुक्कड़ (*मुर्क)**	
अंग्रेज़ी	**नुक्**	कोना

मर्>मन्

कन्नड़	**मणि**	झुकना
त०	**मण्डि**	उप०
कन्नड़	**मण्डि**	घुटना
गोंडी	**मॅण्डा**	उप०

भर्>फर्

लैटिन	**फ़ॉर्निक्स्**	महराब
	आ-फ़्रुस्	भौंह
	फ़ल्क्स्	हँसिया
	फ़ल्लो	धोखा देना
अंग्रेज़ी	**फ़ाल्स**	मिथ्या

पर्>वर्

सं	**वृक**	चोर; भेड़िया
	वृजन	वक्रता; धूर्तता
	वृन्त	रेंगनेवाला जीव
लैटिन	**वारुस्**	टेढ़ा
	वॅर्मिस्	कीड़ा
अंग्रेज़ी	**वर्म्**	उप०
	वार्प्	टेढ़ा होना
सं०	**वक्र (<*वर्क)**	
	वम्र (<*वर्म)	चींटी
	वल्मी	उप०
	वल्	रेंगना
	वेल्लित	वक्र
त०	**वळइ**	झुकना
	वलयु	लौट पड़ना
	विल्	धनुष
लैटिन	**वुल्पॅस्**	भेड़िया
अंग्रेज़ी	**वुल्फ्**	उप०
सं०	**वक् (*वर्क्)**	टेढ़ा होना
	वक, बक	बगुला; धूर्त
कोत	**वक्**	झुकना
त०	**वाक्कु**	मोड़
सं०	**वाम (<*वर्म)**	टेढ़ा; बायाँ
फ़ारसी	**गुर्ग (*वुर्ग)**	भेड़िया
सं०	**ध्वरति (<*वरति अथवा <*धॉरति)**	झुकता है

वर्/वल्>व्र/व्ल>र/ल

अंग्रेज़ी	**राइ (<*व्राइ)**	टेढ़ा
	रौंग	गलत; (जो टेढ़ा हो)
आइस-लैन्डिक	**रंग्र्**	टेढ़ा
ग्रीक	**लुकॉस्**	भेड़िया
लैटिन	**लुपुस्**	उप०

वर्>अर्

सं०	**अराल**	वक्र

तुलु	आँरँ	उप०
कन्नड़	अँरगु	झुकना
	आँलँ	उप०
ग्रीक	अर	भंगिमा; प्रार्थना; धूर्तता
लैटिन	आर्कुस्	धनुष; महराब
अंग्रेज़ी	आर्च्	महराब
ग्रीक	इरिस्	इन्द्रधनुष
सं०	अघ् (<*अर्घ्)	गलत राह पर चलना
	अघ	पाप
	अग्	टेढ़ी चाल चलना
ग्रीक	अगॉस्	अपराध
कन्नड़	आँग्गु	झुकना
तुलु	आँग्गि	अंकुश
हिन्दी (अवधी)	अउगी	बैलों को हाँकने का चाबुक जैसा उपकरण
ग्रीक	इद्नॉम्रो (<*इर्व)	झुकाना

वर्>वन्

सं०	वङ्क	टेढ़ा
	वञ्च्	ठगना
	वम्भ	भंगिमा; मोड़
तेलुगु	वङ्गु	झुकना
	वञ्चु	उप०
	वम्पु	उप०
त०	वणङ्गु	उप०
	वाङ्गु	उप०
	वङ्कि	अंकुश
गद्ब	विन्डु	धनुष
जर्मन	वॅन्डॅन्	मुड़ना
	वॅन्डुंग्	मोड़

अर्>अन्

सं०	अङ्क	भङ्गिमा; वक्र वस्तु
	अङ्कुश	
	अङ्ग (शरीर का वह भाग जो मुड़े)	
	अङ्गुरि, अङ्गुलि	उँगली
	अङ्घ	अघ; पाप
	अञ्च्	मुड़ना
	अञ्चित	मुड़ा हुआ
कन्नड़	आँङ्कि	अंकुश
तेलुगु	इंच	वक्रता
ग्रीक	अङ्क्ले	मुड़ी हुई बाँह
	अङ्कॉस्	मोड़
	अङ्कुर	लंगर
जर्मन	अँङ्कल्	घुटना
लैटिन	अङ्गुलुस्	कोण
	अङ्गुइस्	साँप
लिथु-आनियन	अङ्गिस्	उप०

५. घर्> घेरना, रक्षा करना

प्राकृत	घार	दुर्ग
हिन्दी	घेरा, घेरना, घॅराव, घिरना	
प्राकृत	घग्घर (<*घर्घर)	घाँघरा
सं०	घुटति (<*घुर्त)	रक्षा करता है

घर्>घन्

हिन्दी	घांघरा (<*घंघर)	

घर्>गर्

प्राकृत	गार	घर
सं०	अ-गार, आगार	उप०

घर्>कर्

सं०	करभ	दीवाल
	कारा	बन्दीगृह
त०	करइ	किनारा
रूसी	क्राइ	उप०
त०	कारइ	कंठी
वेल्श	कअॅर्	दुर्ग
तेलुगु	क्रञ्चु	घेरना
अंग्रेज़ी	कोर्ट्	दीवालों से घिरा हुआ स्थान
तुलु	कॅरँ	ताल
सं०	कलत्र	दुर्ग
	कट् (<*कर्त्)	घेरना
	कटक	कंगन
त०	कडगम्	उप०
	कळल्	कड़ा
हिन्दी	कड़ा	
तुलु	किदँ	बाड़ा
सं०	कुट, कोट	दुर्ग
प्राकृत	कोट्ट	नगर
त०	कोट्टइ	दुर्ग
	काप्पु (<*कर्पु)	किलेबन्दी; कारागार

	कावल् (<***कापल्**)	उप०
	कवि	घेरना
लैटिन	**कवॅश्र**	बाड़ा
त०	**का** (<***कर्**)	शरण देना
	कर्>कन्	
सं०	**कङ्कण**	
	काञ्ची	करधनी
	कन्दल	कटिबन्ध
	कुंठित	घिरा हुआ
	कुण्डल	
त०	**कम्बु**	घेरना
	कानल्	समुद्रतट
कर्>कस्		
सं०	**कोष्ठ**	घेरे की दीवाल; घिरा हुआ स्थान
	कक्ष (>***कश्क**)	किनारा; घिरा हुआ स्थान
	कच्छ	किनारा; कटिबन्ध
घर्>स्कर्		
अंग्रेज़ी	**स्कर्ट्**	किनारा; घाँघरा
घर्>खर्		
सं०	**खल**	खलिहान; नाज रखने का स्थान
कुड़ुख	**खली**	खलिहान
त०	**कळम्** (<***खलम्**)	उप०
सं०	**खादि**	अँगूठी
घर्>झर्>झस्		
प्राकृत	**झस**	किनारा
झर्>जर्		
सं०	**अ-जिर**	प्राङ्गण
कर्/झर्>चर्		
त०	**चिरइ**	किनारा; बाँध; ताल; सीमा
मलयालम	**चिर**	बाड़ा; बाँध; ताल
त०	**चुर्रु**	घेरना; चारों ओर की दीवाल
चर्>चस्		
सं०	**चषाल**	अँगूठी

घर्>सर्		
सं०	**शरण**	(मूल अर्थ : दुर्ग यथा त० **अरण्** दुर्ग)
	शाल	घिरा हुआ स्थान; दीवाल; प्राङ्गण
	शाला	भवन
तुलु	**शॅरॅ**	कारागार
तोद	**सॅर्**	क़ैद
लैटिन	**सलूस्**	सुरक्षित अवस्था
	सल्वुस्	रक्षित
फ्रान्सीसी	**साल**	शाला; कोष्ठ
सं०	**सेतु** (<***सॅर्तु**)	किनारा; बाँध; सीमा
कन्नड़	**सुत्तु**	घेरना; घेरा
सर्>हर्		
अंग्रेज़ी	**हाल्**	बड़ा कमरा
चर्/हर्>अर्		
त०	**अरण्** (<**शरण**)	दुर्ग (द्र०)
धर्		
सं०	**धरण**	किनारा
	धारा	उप०; बाड़े की दीवार
प्राकृत	**धाडिअ**	बाग
धर्>दर्		
सं०	**दरद्**	किनारा
	दुर्ग	
धर्>तर्		
सं०	**तीर**	किनारा
त०	**तॅरु**	काँटों का बाड़ा
	तॉरु	पशुशाला
मलयालम	**तिरुक्कु**	किनारा
सं०	**तट** (<***तर्त**)	उप०
	तटाक	उप०; ताल
प्राकृत	**तट्टी**	बाड़े की दीवाल
त०	**तडवु**	कारागार
	तॉडु	घेरना
	तगइप्पु	दुर्ग
	तॉट्टि	हाता
तर्>तन्		
त०	**तुम्बु**	किनारा
	तॉण्डु	पशुशाला

धर्>स्तर्

अंग्रेज़ी	**स्ट्रैन्ड्**	किनारा

भर्

सं०	**भरति**	रक्षा करता है
	भरण	संरक्षण

भर्>भस्

सं०	**भास्**	पशुओं का बाड़ा

भर्>बर्

तुलु	**बरॅ**	हाते की दीवाल
जर्मन	**बुर्ग**	दुर्ग
	बॅर्गॅन्	शरण देना
रूसी	**बॉरॉन्**	सुरक्षा
हिन्दी	**बर्ग**	(गुलबर्ग आदि का **बर्ग**)
कन्नड़	**बळसु**	घेरना; घिरना
	बळॅ	कंगन
हिन्दी	**बारी, बाली**	

भर्>पर्

सं०	**पुर**	दुर्ग
त०	**पुर**	रक्षा करना
ग्रीक	**पुर्गॉस्**	दुर्ग; दीवाल
सं०	**पाल्**	रक्षा करना
	पालि	किनारा; परिधि
तोद	**पर**	क्षितिज रेखा
	पळ्	कड़ा; चक्र
	पेल्य्	हाता
सं०	**पूग** (<*पुर्ग)	प्राङ्गण
तुलु	**पुडॅ**	किनारा

पर्>पन्

सं०	**पुञ्ज**	प्राङ्गण
त०	**पेण्**	संरक्षण
ग्रीक	**पुक्नॉस्** (<*पुन्कॉस्)	सुरक्षित

पर्>पस्

फ़ारसी	**पास्, पास्बान्**	रक्षक
सं०	**पक्ष** (<*पश्क)	कंगन

भर्>प्सर्

ग्रीक	**प्सलिश्रॉन्**	कंगन

पर्>मर्

हिन्दी	**मर्ग**	(गुलमर्ग आदि का मर्ग)
लटिन	**मर्गो**	किनारा
त०	**मुरुं**	घेरना
	मुरंम्	प्राङ्गण
लैटिन	**मूरुस्**	नगरकोट; सुरक्षा
तेलुगु	**मुरुगु**	कङ्गन
मराठी	**मुर्की**	बाली
सं०	**मुद्रा, मुद्रिका** (<*मुर्द)	अँगूठी
वेल्श	**मॉड्रइ**	उप०
कन्नड़	**मुत्तु**	घेरना

मर्>मन्

सं०	**मन्दिर**	निवासस्थान; नगर; शिविर; घुड़साल
	मन्दु, मन्दुरा	घुड़साल
त०	**मन्दइ**	गाँव के बीच सभास्थल
	मन्रु (<*मन्दु)	पशुशाला; सभाभवन
ग्रीक	**मन्द्र**	पशुशाला; अँगूठी में नग जड़ने का स्थान
त०	**मनइ**	घर
	मनइवि	घरैतिन
सं०	**मेना**	नारी
लैटिन	**मूनिश्रो**	किलेबंदी करना

पर्>वर्

सं०	**वर**	घेरा
	वार्	रक्षक
	वार	घिरा हुआ स्थान; बा ा
	वल	उप०
	वलय	कंगन
त०	**वरइ**	किनारा
	वरइप्पु	घिरा हुआ स्थान
	वळइप्पु	उप०
	वळइ	घेरना
	वेलि	हाते की दीवाल
लैटिन	**वल्लुम्**	घेरे की दीवाल
अंग्रेज़ी	**वाल्**	दीवाल
सं०	**वप्र** (<*वर्प)	किनारा; मिट्टी की दीवाल
	वापी	जलाशय

वाटिका
हिन्दी बाड़ा
बँगला बाड़ी घर
पंजि बत् (<*वर्त) अँगूठी

वर्>अर्

त० अरइ कोठा
अरुप्पम् दुर्ग
मलयालम अरु किनारा
त० ऑरॅम् उप०
अळ्ुवम् दुर्ग
कन्नड़ अळ्ुर् घेरना
लैटिन उर्ब्स् दीवाल से घिरा नगर
त० ऑरु कड़ा
ऑत्तु उप०
उडु घेरना
तुलु अर्द कोठा
कन्नड़ ऑड्डु किनारा

अर्>अन्

सं० अङ्गन आँगन
अम्बर परिधि
त० अङ्गणम् दो खंभों के बीच का स्थान
अम्बल शाला; सभास्थान
तुलु अम्बिल प्राङ्गण

६. घर् ढाँकना, छिपाना
सं० घट् (<*घर्त्) बन्द करना

घर्>घन्

हिन्दी घूँघट
बँगला घोम्टा घूँघट

घर्>गर्

सं० गर्त गुफा
गर्भ भीतरी भाग
लैटिन ग्लूबो छाल उतारना
ग्लूम भूसा
सं० गुध् ढाँकना
गूढ प्रच्छन्न
गुह् (<गुध्) छिपाना; ढाँकना
गुहा गुफा
गुप् (<*गुर्प्) छिपाना
गुप्त
हिन्दी गुफा (<*गुभा)

गर्>गन्

सं० गुण्ठ् ढाँकना
गुण्ठन ढाँकने, छिपाने की क्रिया

घर्>कर्

सं० करङ्क कपाल
कर्पट कपड़ा
कर्पर कपाल; खप्पर
त० कर छिपाना; चुराना
करप्पु छल; छिपाने की क्रिया
तेलुगु करटि ठग
त० कूरइ वस्त्र
कुरम्बइ झोंपड़ी
ग्रीक क्रुप्ते गुफा; धरती के भीतर बने मार्ग
रूसी क्रीत् ढाँकना
क्रीश छत
क्रीश्क ढक्कन
ग्रीक कर् बाल
कर शिर
सं० कलह म्यान; धूर्तता
ग्रीक क्लॅइओ बन्द करना
क्लॅप्तो चुराना
क्लॉपॉस् चोर
कुइ कॅलु पंख
गोंडी कॅल्कु बाल
सं० कितव धूर्त
कन्नड़ कॅयत् धूर्तता
सं० कट् ढाँकना
कूट धोखा; घर
उत्-कूट छाता
कुटी झोंपड़ी
त० कुडिल् उप०
कुडइ छाता; तम्बू
जर्मन ह्युट्टॅ (<*कुट्ट) झोंपड़ी
अंग्रेज़ी हट् उप०
त० कत्तणम् कवच
लैटिन कुतिस् खाल
प्राकृत कभल्ल कपाल
सं० कपट
कपाल खोपड़ी; ढक्कन; अंडे का छिलका

प्राकृत	कप्पर	खोपड़ी
तेलुगु	कप्पु	ढाँकना
तुलु	कॉप्प	झोंपड़ी
इटालिय	कपो	खोपड़ी
	कपॅल्लो	बाल; ऊन
लैटिन	कपुत्	खोपड़ी
	कपिल्लुस्	सिर के बाल
ग्रीक	कॅफले	कपाल
प्राकृत	कफाड	गुफा
सं०	कवच (<*कप)	
त०	कवि	ढाँकना
	कावणम्	पंडाल; झोंपड़ी
लैटिन	कवॅर्न	गुफा
अंग्रेज़ी	केव	उप०
	कवर्	ढाँकना

कर्>कन्

सं०	कञ्चुक	कवच; केंचुल; आवरण
	कन्दरा	गुफा
	कम्बल	
	केनार	कपाल; कनपटी
त०	किण्णि	म्यान
गदब	कॅन्दी	बाल
कुइ	कुम्बु	घर
कन्नड़	कॉम्पॅ	झोंपड़ी; छोटा गाँव
तेलुगु	कम्मु	ढाँकना
लैटिन	कॉम	बाल
ग्रीक	कॉमे	उप०
	कोमे	गाँव जो दीवाल से घिरा न हो

कर्>कस्

लैटिन	कस्	झोंपड़ी
इटालियन	कासा	घर
	कास्सा	पेटी; कोश
रूसी	कास्सा	उप०
अंग्रेज़ी	केस्	पेटी
	कैश्	द्रव्य
सं०	कोश	
	कोष्ठ	घर का भीतरीभाग; छिलका
	कक्ष (<*कश्क)	कोठा; छिपने का स्थान
	कुक्षि	भीतरी भाग; म्यान

घर्>स्कर्

ग्रीक	स्कुल्लो	खाल उतारना
अंग्रेज़ी	स्कल्	खोपड़ी
ग्रीक	स्कुतॉस् (<*स्कुर्त)	खाल
	स्कॅपस्	आवरण
लैटिन	स्कीतुस्	चतुर

स्कर्>स्कन्

ग्रीक	स्केने	तम्बू
अंग्रेज़ी	स्किन्	खाल

स्कर्>स्कय्

ग्रीक	स्कॅउए	वस्त्र
	स्किअ	छाया
	स्किअज़ो	ढाँकना; छाया करना

घर्>खर्

सं०	खर्पर	कपाल; छाता; धूर्त
हिन्दी	खप्पर	
ग्रीक	खॉरिअॉन्	खाल
	खोस्	उप०
सं०	खल	धूर्त
प्राकृत	खलियार	ठगना
सं०	खोल	शिरस्त्राण
ग्रीक	खलइन	लबादा
प्राकृत	खल्ला (<*खर्त)	खाल
हिन्दी	खाल	
ग्रीक	खितोन्	कवच; अँगरखा

घर्>झर्

प्राकृत	झुट्ठ (<*झुर्थ)	झूठ
हिन्दी	झूठ	

झर्>झन्

प्राकृत	झुप्पडा	झोंपड़ी
हिन्दी	झोंपड़ी	

झर्>जर्

प्राकृत	जूख (<*जुर्ख)	ठगना

झर्>चर्

सं०	चोर	
	चर्म	खाल
	चीर	वस्त्र
	चलि	आवरण

त०	चीरइ	वस्त्र
	चॉलि	छीलना
कन्नड़	चक्कल (<*चर्क)	खाल
प्राकृत	चोलअ	कवच
सं०	चतुर	
त०	चदि	धोखा देना
	चदुर्	चतुराई
मलयालम	चाप्प	झोंपड़ी
तेलुगु	चॉप्प	भूसा
त०	चवळि	कपड़ा

चर्>चन्

त०	चण्डु	भूसा

झर्>छर्

सं०	छत्र (<*छर्त)	छाता
	छल	
	छद्	ढाँकना
	छद्मन्	छत; धोखा
	छन्न	छिपा हुआ
	छादन	खाल; आवरण
	छल्लि	छाल
हिन्दी	छत	
	छाता	
	छप्पर	
	छाल	
प्राकृत	छोल्ल	छीलना
हिन्दी	छोलना, छीलना	
	छिलका	
	छिपना	

छर्>छय्

सं०	छाया	
हिन्दी	छाँह	

धर्>सर्

सं०	शिरस्	सिर
	शल्क	छाल
	दु-शाला	
फ़ारसी	शाल	
हिन्दी	सारी; साड़ी	
	साटक	छिलका
सं०	शाट	वस्त्र
जर्मन	शाटॅन्	ढाँकना
अंग्रेज़ी	शर्ट्	कमीज़
ब्राहूइ	सिल्	खाल; छिलका
कन्नड़	सुलि	छीलना
रूसी	शॅर्स्त्	बाल; ऊन

धर्

सं०	धटी	लँगोटी; कपड़ा

धर्>धन्

हिन्दी	ढाँकना, ढाँपना,	
	ढोंग	

धर्>धव्

हिन्दी	धोती	

धर्>धस्

हिन्दी	धुस्सा	दुशाला
	धज, धजा, धज्जी	

धर्>दर्

ग्रीक	दॅर्म	चर्म
जर्मन	डॅकॅ	छत
	डॅकॅन्	ढाँकना

धर्>तर्

सं०	तिरय	छिपाना
	तिरस्	गुप्त रूप से
त०	तॉलि	छिलका
	तोल्	खाल
सं०	त्वक् (<*तॉर्क्)	उप०
त०	तॉक्कु	छाल
कन्नड़	तॉगल्	छिलका
त०	तगर	भेड़
तेलुगु	तक्किडि	धोखा
ग्रीक	तॅगॉस्	छत
लैटिन	तॅगो	ढाँकना; छिपाना
	तॅक्तुम्	छत
पु० आइ-रिश	तॅग्	घर
कन्नड़	ताटि	खाल; छाल
तुलु	तुत्तुनि	पहनना; पोशाक

तर्>तन्

प्राकृत	तम्मणि	छाल
	तम्मि	वस्त्र

पजि	**तुन्द्**	पहनना

तर् > तय्

सं०	**तायु**	चोर

धर् > स्तर्

सं०	**स्तरति**	ढाँकता है
ग्रीक	**स्तॅगे**	छत
	स्तॅगो	ढाँकना

स्तर् > स्तय्

सं०	**स्तायु**	चोर
	स्तेय	चोरी
	स्तेन	चोर

धर् > स्थर्

सं०	**स्थग्**	ढाँकना
	स्थग	ठग
	स्थगन	गोपन
हिन्दी	**ठग**	

धर् > थर्

ग्रीक	**थेके**	म्यान; कोश

तर् > नर्

त०	**निरम्**	खाल
	नॅर	गुप्त बात
तुलु	**निरवु**	गुदा
तेलुगु	**नक्कु**	छिपना
सं०	**नाक**	आकाश
कोलमि	**नडि**	छिपना
सं०	**नापित (<*नर्पित)**	नाई
त०	**नविर् (<*नर्पिर)**	बाल
	नविरम्	जूड़ा; सिर

भर्

सं०	**भेड (<*भॅर्द)**	मेढ़ा
हिन्दी	**भेड़**	

भर् > भन्

सं०	**भण्डन**	कवच
	भेण्ड	मेढ़ा

भर् > भस्

सं०	**भूषा**	वस्त्र धारण
हिन्दी	**भुस, भूसा**	

भर् > बर्

ब्राहूइ	**बेरिंफिग्**	पहनाना; छत डालना
अंग्रेज़ी	**बार्क्**	छाल
कन्नड़	**बॉब्बड**	उप०
सं०	**बब्बुल, बब्बूल**	बबूल

(वह वृक्ष जो छाल के लिए महत्वपूण हो)

बर् > बन्

ब्राहूइ	**बेनिंग्**	पहनना

बर् > बय्

कुड़ुख	**बईना**	छत डालना
तुलु	**बेपुनि**	उप०

बर् > बस्

सं०	**बुस**	भूसा
कन्नड़	**बॉच्चु**	ऊन, बाल, पंख

भर् > पर्

त०	**परम्**	कवच
कन्नड़	**परॅ**	केंचुल; प्याज का छिलका
फ़ारसी	**पर्दा**	
त०	**पिरट्टु**	धोखा
	पोर	ढाँकना; पहनना
तेलुगु	**पॉर**	खाल; केंचुल
	पोरुव	वस्त्र
त०	**पॉरुक्कु**	छाल; खाल
	पोर्वइ	लबादा
सं०	**पल**	भूसा
लैटिन	**पलॅअ**	उप०
सं०	**पुल**	(बाल)

(**पुलक** रोमाञ्च; **पुलस्त्य** बालों से ढँका हुआ)

सं०	**पोत (<*पॉर्त)**	वस्त्र
प्राकृत	**पोत्ती**	धोती
त०	**पोत्ति**	वल्कल; वस्त्र
सं०	**पट (<*पर्त)**	वस्त्र
	पटल	छत; ढक्कन
	पट्ट	रेशमी कपड़ा
त०	**पट्टइ**	छाल
	पडङ्गु	तम्बू
सं०	**पुट**	वस्त्र; लँगोटी
त०	**पुडवइ**	वस्त्र; साड़ी
लैटिन	**पल्ल**	लबादा
	पॅल्लिस्	खाल

पर्>पन्

प्राकृत	**पङ्गुर**	ढाँकना
	पङ्गुरण	वस्त्र
त०	**पन्दल्**	पंडाल

पर्>पस्

सं०	**पुस्त**	ढँका हुआ
फ़ारसी	**पोस्त**	खाल; छाल; कपड़ा
	पोश	आवरण
	पोशाक	
	पश्म	बाल; ऊन
तोद	**पोष्म्**	पूँछ
प्राकृत	**पोत्थ**	वस्त्र
सं०	**पक्ष** (<***पस्क**)	पंख
	पक्ष्मल	बड़े, घने बालों वाला
त०	**पच्चइ**	खाल
ब्राहूइ	**पच्ख्**	खाल
त०	**पॉच्चु**	बाल
सं०	**पुच्छ**	पूंछ

भर्>प्सर्>प्सय्

ग्रीक	**प्सॅउदो**	धोखा देना
	प्सॅउदेस्	झूठ

पर्>मर्

सं०	**मुद्रित**(<***मुर्दित**)	ढँका हुआ; बन्द
तुलु	**मगर** (<***मर्ग**)	बाल
	मॉगुरु	उप०
त०	**मयिर्** (<***मगिर**)	उप०
	मयिल्	मोर
सं०	**मयूर** (<***मगूर**)	उप०
प्राकृत	**मोर** (<***मॉगर**)	
हिन्दी	**मेढ़ा**	

मर्>मन्

सं०	**मण्ड्**	वस्त्र पहनाना
	मण्ड, मण्डन	अलंकरण
	मण्डप	तम्बू; पंडाल
प्राकृत	**मण्डी**	ढकनी
हिन्दी	**मूँदना**	

मर्>मय्/मव्

त०	**मेय**	ढाँकना; छप्पर डालना
	मेवु	उप०
ग्रीक	**मुओ**	मूंदा जाना

मर्>मस्

कुड़ुख	**मॅस्गा**	छत; छप्पर
तोद	**मोष्**	मोर
इटालियन	**मॉस्ताच्चिओ**	मूंछ
अंग्रेज़ी	**मौस्**	काई
हिन्दी	**मस**	(मसें भीगना, ओंठ पर रोएँ सघन होना)
	मूछ	
मलयालम	**मेच्चल्**	छप्पर डालने की क्रिया
रूसी	**मॉख्** (<***मॉस्**)	काई
	मॉख़्नातुइ	बालोंवाला

भर्>स्पर्>स्मर्

सं०	**श्मश्रु**	मूछें, दाढ़ी के बाल
लिथु-आनियन	**स्मक्रस्**	दाढ़ी

(***श्मर्शु**>**श्मश्रु**; ***स्मर्कस्**>**स्मक्रस्**)

पर्>वर्

सं०	**वार**	आवरण; पूँछ
	वर्ण	आवरण
	वरुण	आकाश
त०	**वरि**	ढाँकना
सं०	**वल्क, वल्कल**	छाल
	वल्	ढाँकना
लॅटिन	**वॅलो**	उप०
	वॅल्लुस्	ऊन
अंग्रेज़ी	**वूल्**	उप०
त०	**वल**	बुनना
	वाल्	पूँछ
सं०	**वाल, बाल**	उप०; बाल

वर्>वन्

सं०	**वाणि**	बुनाई
हिन्दी	**बाना**	उप०; पोशाक
अंग्रेज़ी	**विम्प्ल्**	अवगुंठन

वर्>वय्

सं०	**व्ये, वी**	ढाँकना
	वाय (तन्तुवाय)	बुनकर
	वेमन	करघा
	व्योम	आकाश
त०	**वेय्**	ढाँकना
	वेय्वु	आवरण

अंग्रेज़ी	**वीव्**	बुनना
	वॅब्	बुनी हुई चीज़

वर्>वस्

सं०	**वस्त्र**	
	वसन	वस्त्र
	वस्मन्	उप०
	वस्	पहनना
	वास	वस्त्र
	वेष	
लैटिन	**वॅस्तिस्**	वस्त्र

व्र/व्ल>र/ल

अंग्रेज़ी	**रॅप्**	ढाँकना, लपेटना
ग्रीक	**लेनॉस्**	ऊन
लैटिन	**लान**	उप०

वर्>अर्

सं०	**उरा**	भेड़
	उरण	उप०
	ऊर्ण	ऊन
	ऊर्णु	ढाँकना, छिपाना
त०	**उरइ**	म्यान
कुड़ुख	**ऑरॉक्**	छाल
त०	**अरुवइ**	वस्त्र
कन्नड़	**अर**	उप०
ग्रीक	**अरेप्सो**	ढाँकना; छत डालना
त०	**ऑळि**	छिपना
	ऑलियल्	खाल
कन्नड़	**अळुर्**	ढाँकना
सं०	**उट**	घासफूस; पतावर (झोंपड़ी बनाने के उपकरण)
	उटज	झोंपड़ी
	ओतु (<*ऑर्तु)	बाना; आड़ा धागा
	ओतवे	बुनाई
त०	**उडइ**	वस्त्र
	ऊडु	बाना; आड़ा धागा
हिन्दी	**-उट**	(लँगोट में उट< वुट<पुट)

अर्>अम्

त०	**उमि**	भूसा

अर्>अव्

ग्रीक	**ऑउर्**	पूँछ
	ऑउरनॉस्	आकाश

७.	**घर्**	पार करना
सं०	**घट्ट**	घाट; नाव
प्राकृत	**घट्ट**	चलना
हिन्दी	**घाट**	

घर्>गर्

सं०	**गर्त**	नहर
कुवि	**ग्राञ्चलि**	पार करना
	ग्लानइ	उप०
लैटिन	**ग्रदिओर्**	कदम उठाना
	ग्रदुस्	कदम
पु० स्लाव	**ग्रॅद**	आता हूँ
सं०	**गाध** (<*गर्ध)	नदी पार करने का स्थान
अंग्रेज़ी	**गेट्**	चाल
	गेट्	गली
नइकि	**गॅट्ट**	पैर
हिन्दी	**गोड़**	
अंग्रेज़ी	**गो**	जाना

गर्>गन्

सं०	**गम्**	जाना
	गन्ध्	उप०
फ़ारसी	**गाम्**	कदम
जर्मन	**गांग्**	गति

गर्>गस्

सं०	**गच्छति** (<*गश्)	जाता है
कश्मीरी	**गछ्**	जा
जर्मन	**गसॅ**	गली
	गेहॅन्	जाना
फ़ारसी	**गुज़श्तन्**	पार करना
	गुज़र	नाव; पार जाने का मार्ग

घर्>कर्

सं०	**क्रप्**	जाना
	क्रम्	उप०; पार जाना
	कर्ण	पतवार
कन्नड़	**कारि**	नदी पार करने का स्थान
ब्राहूइ	**कार्**	जाना

लैटिन	**करीन**	नाव
सं०	**कला**	नाव
	कलह	मार्ग
त०	**कलम्**	जहाज़
	काल्	पैर
	कळल्	उप०
कन्नड़	**कळि**	जाना
पर्जि	**केल्**	पैर
लैटिन	**कॅलॉक्स्**	नाव
सं०	**कोल**	उप०
त०	**कोलम्**	उप०
हिन्दी (अवधी)	**कॉलिया**	गली
कश्मीरी	**कदल** (<***कर्द**)	पुल
त०	**कड**	पार करना; जाना
	कडत्तु	नाव
	कडवु	मार्ग
कन्नड़	**कड**	नाव; नदी पार करने का स्थान
कुइ	**काड्ड**	पैर
कुवि	**कॉड्ड**	उप०
त०	**कप्पल्**	जहाज़

कर्>कन्

ब्राहूइ	**कान्**	जाना
	काम्बॉ	उप०
कुड़ुख	**काना**	उप०
अंग्रेज़ी	**कम्**	आना
सं०	**कण्डरा**	नस
	काण्ड	पतवार
बँगला	**काण्डार**	उप०
	काण्डारी	केवट
ग्रीक	**कन्थरॉस्**	नाव

कर्>कस्

ब्राहूइ	**कास्**	जाना

घर्>स्कर्

ग्रीक	**स्कॅलॉस्**	पैर

घर्>खर्

ब्राहूइ	**खरिग्**	चलना
सं०	**खल्ल**	नहर
रूसी	**खॉद्** (<***खॉर्द**)	गति
	खॉदीत्	चलना

घर्>झर्>झस्

प्राकृत	**झत्थ** (<***झस्त**)	गत

झर्>झन्>छन्

प्राकृत	**छेंडी**	गली
हिन्दी	**छिड़िया**	उप०

घर्>सर्

सं०	**सरति**	पार करता है
	सर, सरक, सरण	गमन
	सरणि	पथ
	सृति	उप०
कन्नड़	**सार्**	आना; जाना
कोलमि	**सॅर्**	जाना
नइकि	**शॅर्**	उप०
कन्नड़	**सल्**	चालू होना
कोन्ड	**सॉल्**	जाना
लैटिन	**सोलेन्**	नाली
प्राकृत	**सक्क** (<***सर्क**)	जाना
	सत्त (<***सर्त**)	उप०
	सप्प (<***सर्प**)	उप०

सर्>सन्

सं०	**स्नायु**	
कन्नड़	**सन्द्**	चालू होना
गद्‌ब	**सॅन्**	जाना
कोन्ड	**सॉन्**	उप०

सन्>चन्

तेलुगु	**चनु**	जाना
पर्जि	**चॅन्**	उप०

घर्>झर्>चर्; सर्>चर्

सं०	**चर्**	चलना
	चरण	गमन; पैर
	चल्	चलना
	चलन	गमन
तेलुगु	**चलुपु**	चलाना; नाव खेना
त०	**चॅल्**	जाना
	चॅलवु	मार्ग
हिन्दी	**चप्पू** (<***चर्पु**)	डाँड़
फ़ारसी	**जल्द**	शीघ्र

सर्>हर्

प्राकृत	**हल्लिअ**	गतिशील

सिन्धी	**हलि**	चलना
हिन्दी	**हल-चल**	
	हाल-चाल	
(अवधी)	**हल्दी**	जल्दी
	हाल हाल	उप०

हर्>हन्

गोंडी	**हन्दाना**	जाना

धर्

सं०	**धरणी**	नस

धर्>धन्

सं०	**धमनि**	नली

धर्>दर्

तुलु	**दारि**	मार्ग
हिन्दी	**डग (<*दर्ग)**	

धर्>तर्

सं०	**तरति**	पार करता है
	तरी	नाव
	तीर्थ	जल; जलमार्ग
प्राकृत	**तरण्ड**	नाव
त०	**तारि**	मार्ग
	तॅरु	उप०
	तुरइ	उप०; घाट; नदी
रूसी	**त्रोप**	मार्ग
पर्जि	**ताक् (<*तर्क्)**	चलना
लिथु-आनियन	**तकस्**	मार्ग
त०	**तडम्**	मार्ग
	ताळ्	पैर
प्राकृत	**तप्प (<*तर्प)**	नाव

तर्>तन्

त०	**तण्डल्**	छोटे जहाज़ का नायक

(***तण्ड** पतवार यथा सं० **काण्ड** उप०)

हिन्दी	**टांग**	

धर्>स्तर्

सं०	**स्ताघ**	नदी पार करने का स्थान
	स्तिघ्	पैर उठाना; चलना
जर्मन	**श्टॅग्**	मार्ग
अंग्रेज़ी	**स्टॅप्**	चलना; कदम

धर्>स्थर्

सं०	**स्थाघ**	नदी पार करने का स्थान
प्राकृत	**थग्ध**	थाह
हिन्दी	**थाह**	

तर्>नर्

सं०	**नर्द्**	चलना
कन्नड़	**नर**	नस
	नरवु	उप०
कोत	**नव्**	उप०
त०	**नरम्बु**	उप०
लैटिन	**नॅर्वुस्**	उप०
अंग्रेज़ी	**नर्व**	उप०
सं०	**नाडी**	नली; नस
	नाल	उप०
कन्नड़	**नल्लु**	नाला
हिन्दी	**नाला, नाली**	
(अवधी)	**नारु, नरिया**	
त०	**नड**	चलना
	नडवइ	मार्ग

नर्>नव्/ना

सं०	**नाव, नौ, नौका**	
कोन्ड	**ना**	पार करना
ग्रीक	**नाउस्**	जहाज़
लैटिन	**नाविस्**	उप०
	नावित	नाविक
अंग्रेज़ी	**नेवी**	बेड़ा
ग्रीक	**नॅउरॉन्**	नस

नर्>नस्

हिन्दी	नस	

भर्

सं०	**भेल**	नाव
बँगला	**भेला**	उप०

भर्>भस्

सं०	**भसद्**	उप०

भर्>बर्

कन्नड़	**बर्, बार्**	आना
रूसी	**ब्रोद्**	नदी पार करने का स्थान
ग्रीक	**बदिज़ो (<*बर्द)**	चलना
	बतॉस्	जिसे पार किया जा सके

फ्रान्सीसी	**बातो**	नाव
अंग्रेज़ी	**बोट्**	उप०
हिन्दी	**बेड़ा**	
	बाट	
प्राकृत	**बेगड**	जहाज़

बर्>बन्

ब्राहूइ	**बन्निग्**	आना
जर्मन	**बान्**	मार्ग

बर्>बय्

ग्रीक	**बइनो**	चलना

बर्>बस्

ब्राहूइ	**बस्** (भूतकालिक)	आना

भर्>पर्

सं०	**पार**	पार उतरने की क्रिया
त०	**पारु**	पार उतरना
	पारु	जहाज़
तुलु	**परि**	मार्ग
लैटिन	**परो**	लघु पोत
रूसी	**परोम्**	नाव
ग्रीक	**पॅरओ**	पार करना
	पॉरॉस्	जलमार्ग
	पॉर्थमॉस्	उप०; नाव
वेल्श	**पॉर्थ्**	नाव
सं०	**पालि**	पुल
त०	**पालम्**	उप०
तोद	**पॉल्म**	उप०
हिन्दी	**पुल**	
	पग (<***पर्ग**)	
त०	**पुगु**	जाना
	पुगुदि	मार्ग
सं०	**पद्** (<***पर्द्**)	चलना
	पद	कदम; पैर
ग्रीक	**पॉद्**	पैर
कन्नड़	**पादि**	मार्ग
त०	**पडि**	कदम
	पडगु	नाव
ग्रीक	**हॉदॉस्** (<***पॉदॉस्**)	मार्ग; यात्रा
लैटिन	**पॅदॅस्**	पैदल
सं०	**पथ**	
अंग्रेज़ी	**पाथ्**	मार्ग
रूसी	**पुत्**	उप०
ग्रीक	**पतॅओ**	चलना
	पतॉस्	मार्ग
पु० स्लाव	**पति**	उप०
सं०	**पोत**	नाव; जहाज़
हिन्दी	**पतवार**	

पर्>फर्

पु० जर्मन	**फ़रन्**	यात्रा करना
अंग्रेज़ी	**फ़ॅअर**	उप०
	फ़ोर्ड्	नदी पार करने का स्थान
जर्मन	**फ़ुर्ट्**	उप०
अंग्रेज़ी	**फ़ेरी**	नाव

पर्>पन्

सं०	**पङ्किल**	नाव
	पन्थ	
प्राकृत	**पुण्डे**	जाओ
तेलुगु	**पुन्त**	पशुमार्ग
लैटिन	**पॉन्स्**	पुल
	पॉन्तॉ	उप०
अंग्रेज़ी	**पन्ट्**	नाव
हिन्दी	**पाँव**	
कन्नड़	**अङ्ग** (<***हङ्ग**<***पङ्ग**)	मार्ग

पर्>पव्/पय्

सं०	**पवते**	चलता है
कोलमि	**पाव्**	मार्ग
हिन्दी	**पैर, पैदल**	

पर्/पव्>पो

त०	**पो**	जाना
	पोक्कु	मार्ग
ग्रीक	**पॉउस्**	पैर

पर्>पस्

लैटिन	**पस्सुस्**	कदम
अंग्रेज़ी	**पास्**	गुज़रना
	पैसॅज्	यात्रा; सन्तरण मार्ग

पर्/पद्>पस्

फ़ारसी	**पेशवा**	आगे चलनेवाला
रूसी	**पॅश्कॉम्**	पैदल
ग्रीक	**पॅज़**	पैर
	पॅज़ॉस्	पैदल यात्रा
लैटिन	**पेस्**	पैर

भर्>फर्>फस्

लैटिन	फ़िस्तुल	नली

पर्>मर्

सं०	मार्ग	
वेल्श	मॉरिश्रो	जल यात्रा करना
	मॉरुर्	मल्लाह
अंग्रेज़ी	मार्च	चलना
त०	मदगु (<*मर्द)	नाली
तेलुगु	मॅदलु	सरकना
लैटिन	मोतुस् (<*मॉर्तुस्)	गतिशीलता
अंग्रेज़ी	मोटर्	गति-प्रेरक
हिन्दी	मग (<*मर्ग)	

मर्>मन्

त०	मञ्जि	बड़ी नाव

मर्>मव्

लैटिन	मॉवॅश्रो	गतिशील होना
अंग्रेज़ी	मूव्	उप०

पर्>वर्

सं०	वर्त्मन्	मार्ग
त०	वरु	श्राना
	वारि	मार्ग
कश्मीरी	वत् (<*वर्त्)	उप०
कोत	वद्	श्राना
लैटिन	वदो	पैदल नदी पार करना
	वादो	चलना
अंग्रेज़ी	वेड	पानी में चलकर पार जाना
जर्मन	वेग्	मार्ग
अंग्रेज़ी	वे (<वेग्)	उप०
कश्मीरी	वल्	श्राना
हिन्दी (मैथिली)	बुल्	चलना
अंग्रेज़ी	वाक् (<*वल्क्)	उप०

वर्>वन्

त०	वन्द्	आना
मलयालम	वञ्जि	बड़ी नाव
पंजाबी	वञ्ज	श्राना
लैटिन	वॅनिश्रो	श्राना
अंग्रेज़ी	वॅन्ड्	जाना

वर्>वय्

गोंडी	वइश्राना	श्राना
	वायाना	उप०
सं०	वी	जाना
	वीथि	मार्ग
त०	वीदि	उप०
लैटिन	विश्र, वॅश्र	उप०

वर्>वस्

सं०	विष	पोत

वर्>व्र>र

लैटिन	रेमुस्	डाँड़
अंग्रेज़ी	रो	नाव खेना

वर्>श्रर्

सं०	श्ररित्र	नौका चालन
ग्रीक	श्रॅरॅस्सो	नाव खेना
	श्रॅरॅतॅस्	नाविक
त०	इग (<*इर्ग)	पार करना
	उरु	लघु पोत
प्राकृत	श्रडणी	मार्ग

श्रर्>श्रन्

त०	श्रम्बि	नाव
मराठी	श्रम्बी	नाविक
८.	घर्	भागना
सं०	घोट, घोटक (<*घॉर्त)	घोड़ा
नइकि	घुर्रम्	उप०
	घाळि	हवा

घर्>गर्

कश्मीरी	गुरु	घोड़ा
तेलुगु	गुर्रमु	उप०
कन्नड़	गाळि	हवा

घर्>कर्

सं०	कुरंग	मृग
लैटिन	कुर्रो	दौड़ना
	कुर्सिम्	जल्दी
पु० फ्रान्सीसी	कोर्सिश्रर्	घोड़ा
अंग्रेज़ी	कोर्सर्	उप०
त०	काल्	हवा
	कदळ्	तेज़ भागना

	कडुक्कम्	वेग
	कुदिरइ	घोड़ा
अंग्रेज़ी	हॉर्स (*कौर्त)	उप०

धर्>भर्>भन्

प्राकृत	झन्दिय	भागा हुआ

धर्>क्षर्

सं०	क्षिप्र (<*क्षिर्प)	शीघ्र
प्राकृत	छिप्प (<क्षिप्र)	उप०
पंजाबी	छेत्ती (<*क्षेर्त)	उप०

धर्>सर्

सं०	शीघ्र (<*शिर्घ)	

धर्>स्कर्

रूसी	स्कोरो	शीघ्र

धर्>धव्

सं०	धाव्	दौड़ना

धर्>दर्

सं०	द्रु	दौड़ना
	द्रुत	शीघ्र
	द्रव	द्रुत गमन
हिन्दी	दौड़ना (अवधी दौरबु)	

धव्>दव्>रव्

फ़ारसी	रवानी	प्रवाह; तेज़ी
	रविश्	गति

धर्>तर्

सं०	त्वर् (<*तॉर्)	जल्दी करना
	तुर	द्रुत
	तरस्	वेग
	तुरग, तुरंग	
कुड़ुख	ताका (<*तर्क)	हवा
मल्तो	तर्क	उप०
ब्राहूइ	तहो (<*तर्को)	उप०
कन्नड़	तूळ्	भगाना
नइकि	तूळ्	भागना; बहना

धव्>थव्

ग्रीक	थॅओ	भागना

भर्

सं०	भुरण	द्रुत
	भुर्वन्	जल की चंचलता
	भूर्णि	चंचल
	भृश	शीघ्र
हिन्दी	भागना (<*भर्ग)	
	भगना	

भर्>बर्

रूसी	बॅग (<*बॅर्ग)	दौड़
	बॅगात्, बॅझ़ात्	दौड़ना
अंग्रेज़ी	बर्ड्	चिड़िया

बर्>बन्

कुड़ुख	बॉङ्‌ङना	उप०
मल्तो	बॉङ्‌ङ	उप०

भर्>पर्

त०	पर	उड़ना
	पारु	बाज; चील
मलयालम	पारु	उड़ान
कन्नड़	परि	उप०
तेलुगु	पारु	उड़ना; बहना
फ़ारसी	परवाज़्	उड़ान
	परीदन्	उड़ना
	परिन्दा	पक्षी
	परी	पर वाली स्त्री
	पर	पंख
सं०	पत् (<*पर्त्)	उड़ना
	पत्र (<*पर्त)	पत्ता; पक्षी
	पर्ण	पत्ता; पंख
	पतंग	उड़नेवाला जीव; घोड़ा
कुइ	पाग	धावा करना

पर्>फर्

जर्मन	फ़ाल्कॅ	बाज
	फ़्लीगॅन्	उड़ना
	फ़्लीहॅन्	भागना
	फ़्लूग्	उड़ान
	फ़ॉगॅल् (<*फॉर्ग)	पक्षी
अंग्रेज़ी	फ़्लाइ	उड़ना
	फ़्ली	भागना

पर्>पन्

कुइ	पाञ्ज	उड़ना

पर्>पय्

त०	पाय्	दौड़ना; उड़ना

पर्>पस्

कुइ	पास्क	उड़ना

पर्>मर्

सं०	मरुत्	वायु
	मृग	
वेल्श	मर्क्	घोड़ा
कोलमि	माग्	मृग
तेलुगु	मावु (<*मागु)	घोड़ा

मर्>मस्

सं०	मशक	मच्छर
	मक्ष्, मक्षा, मक्षिका	
	(<*मस्क)	मक्खी
	मक्षु	शीघ्र
हिन्दी	मसा	मच्छर
	मच्छर	

(<*मक्ष<*मस्क)

लैटिन	मुस्क	मक्खी
ग्रीक	मुइग्र, मुइस्क	उप०
स्पैनिश	मॉस्क	उप०
अंग्रेज़ी	मस्कीटो	मच्छर
जर्मन	म्युक्कॅ	मक्खी

भर्>फर्

ग्रीक	फॅउगो	भागना
	फुगे	भगदड़
लैटिन	फ़ुगिम्रो	भागना
ग्रीक	फॅबॉमइ	उप०

पर्>वर्

सं०	वल्	जल्दी करना
त०	वळि	वायु
लैटिन	वॉलु	उड़ना
सं०	वायु	
	वात	
	वेग	
	वज्, वाज्	दौड़ना
	वाजिन्	घोड़ा
तेलुगु	वीगु	भागना

वर्>वन्

त०	विण्डु	वायु
लैटिन	वॅन्तुस्	उप०
अंग्रेज़ी	विन्ड्	उप०

वर्>अर्

सं०	अर	द्रुत
	अरावन्	घोड़ा
	अर्वत्	दौड़ता हुआ; घोड़ा
	अर्वन्	उप०; द्रुतगामी
	अत् (<*अर्त)	दौड़ना
	अतस	वायु; आत्मा
	आत्मन्	श्वास; आत्मा
ग्रीक	अत्मॉस्	धुआँ; भाफ
अंग्रेज़ी	ऐट्मॉस्फिअर्	वायुमंडल
त०	ओडु (<*ऑर्दु)	भागना
कन्नड़	उरबु	द्रुतगति

कर्>अन्

सं०	अनिल	वायु

अर्>अस्

सं०	आशु	शीघ्र
	अश्व	घोड़ा
लैटिन	अकूपॅदिउस्	द्रुतगामी
ग्रीक	ओकुस्	द्रुत
लैटिन	ऍक्वुउस्	अश्व

९.	घर्	जलना; चमकना
सं०	घर्म	ऊष्मा; दिन
	घ्रंस	घाम
	घट्	चमकना
	घृ	उप०
	घृत	प्रकाशित
	घृण	ऊष्मा
	घोर	दिव्य; भयानक

घर्>घन्

सं०	घण्ट्	चमकना

घर्>गर्

फ़ारसी	गर्म, गर्मी	
सं०	ग्रीष्म	
कुइ	ग्रीप	शवदाह
रूसी	ग्रेत्	गरमाना
सं०	गौर	प्रकाशमान
कोलमि	गॉरिम्र	हिरन
रूसी	गॉरेत्	चमकना; जलना
सं०	ग्लौ	चन्द्रमा
अंग्रेज़ी	ग्लो	दमकना

जर्मन	ग्लुट्	लपट
पु. जर्मन	गुल्थ्	सोना
अंग्रेज़ी	गोल्ड्	उप०
	ग्लीम्	चमकना
	ग्लिटर्	उप०
जर्मन	गॅल्प्	पीला
लैटिन	गिल्वुस्	उप०

गर्>गन्

ग्रीक	गनओ	चमकना
जर्मन	गंस्	हंस

घर्>कर्

सं०	कर	किरण
	कर्क	श्वेत
	कर्पास	कपास
	कर्पूर	कपूर
	किरण	
	कुरण्ट	पीताभ पुष्प
	कुरबक	रक्ताभ पुष्प
	किरात	(पीत वर्ण के) पहाड़ी जन
त०	करुक्कु	जलाना
गोंडी	कर्वाना	जलना
त०	कुराल	भूरा
मलयालम	किराल्	उप०
सं०	कुलूत	(पीत वर्ण के) पहाड़ी जन
हिन्दी	कुल्लू	(पहाड़ी जनों का) स्थान विशेष
त०	कॉळ्ळि	आग
तेलुगु	कालु	जलना
लैटिन	कलॅओ	गरमाना
	कलॉर्	गर्मी
हिन्दी	कौड़ा	अलाव
सं०	कद्रु (<*कर्दु)	पीला
त०	कदिर्	चमकना
कन्नड़	कदरु	प्रकाश
सं०	केतु (<*कॅर्तु)	प्रकाश
कोत	केत्	लाल
तेलुगु	किस्तु	अग्नि
त०	किच्चु (<किस्तु)	उप०
कुड़ुख	कुड़ना	गरम होना
मल्तो	कुड़ें	जलाना
सं०	कपि	वानर
कुइ	कप्प	जलाना
कोत	कॅप्	लाल
ग्रीक	कुप्रॉस् (<*कुर्पॉस्)	तांबे की खानों के लिए प्रसिद्ध द्वीप
अंग्रेज़ी	कॉपर्	ताँबा
प्रजि	कॉव्व	कपि
कन्नड़	कॅक्करिसु	लाल होना
फ़ारसी	काग	अग्नि

कर्>कन्

सं०	कनक	स्वर्ण
	कन्दल	उप०
	कनल	प्रकाशमान
	कान्ति	
	काञ्चन	
	कुन्द	श्वेत पुष्प
	कम्बोज	(पीत वर्ण के) पहाड़ी जन
	कांस्	चमकना
	कांस्य	काँसा
त०	कनल्	अग्नि; जलना
कन्नड़	कनि	दमक
कोत	कॅन्	लाल
कन्नड़	कॅङ्कु	लालिमा
तुलु	कॅञ्च	लाल
त०	काणम्	स्वर्ण
नइकि	काङ्ग	गरम होना
कश्मीरी	कांगड़ी	अग्निपात्र
हिन्दी	कांगड़ा	वह प्रदेश जहाँ ज्वालामुखी पर्वत था
कुइ	कम्ब	जल जाना
तेलुगु	कॅम्पु	लाल
लैटिन	कानॅओ	श्वेत होना
	कन्दॅओ	चमकना
	कन्दॉर्	प्रकाश
	कन्देल	बत्ती
अंग्रेज़ी	कैन्डल्	मोमबत्ती
ग्रीक	कमीनॉस्	भट्टी

कर्>कय्/कव्

तमिल	काय्	जलना

ग्रीक	कइश्रो	उप०
(श्रत्तिक)	कश्रो	उप०
कुवि	कइयि	गरम
सं०	कोक (कोकनद में)	लाल
वेल्श	कोख्	उप०
तोद	को	उप०

कर्>कस्

सं०	कस्	चमकना
	काश्	उप०
	कश्मीर, काश्मीर (गौर वर्ण के जनों का)	प्रदेश विशेष
प्राकृत	कम्भार (कश्>कम्)	कश्मीर
मलयालम	काशु	स्वर्ण
त०	काजु	उप०
गोंडी	किस्	अग्नि
कन्नड़	किसु	लालिमा
मल्तो	कॅसाँ	लाल

घर्>खर्

सं०	खरु	श्वेत
	प्र-खर	अति उष्ण
हिन्दी	खर	गरम
ब्राहूइ	खाखर्	अग्नि
ग्रीक	खॅर्सॉस्	सूखी धरती
	ख्रुसॉस्	स्वर्ण

खर्>खन्

कुड़ुख	खेंसाँ	लाल
ग्रीक	खेन्	बत्तख
(दोरिक)	खन्	उप०

खर्>खस्

ब्राहूइ	खीसुन्	लाल; स्वर्ण

घर्>झर्

हिन्दी	झार	गर्मी; तेज़ी
	झलकना	चमकना
पालि	झान	अग्नि
	झापन	उप०
	झाम	उप०
	झायति	जलता है
प्राकृत	झाम	दग्ध
	झाय	उप०

झर्>झ़र्

रूसी	झ़र	गर्मी
	झ़रीत्	भूनना

झर्>जर्

अवेस्ता	ज़रि	पीला
फ़ारसी	ज़र	स्वर्ण
	ज़र्द	पीला
रूसी	ज़र्देत्स्य	लाल होना
	ज़र्या	प्रभात
	ज़रेवो	दमक
ग्रीक (थ्राके की बोली में)	ज़ेलिश्र	पीला

ज़र्>ज़न्

रूसी	ज़्नोइ	तेज़ गर्मी

झर्>चर्

सं०	चित्र (<*चित्)	प्रकाशमान
पर्जि	चिरिच्	दिन
	चॅडि	प्रकाश
तेलुगु	चिच्चु	आग; लपट

झर्>झन्>चन्

सं०	चन्द्र	प्रकाशमान
	चण्ड	उष्ण
	चम्पक	पीताभ पुष्प
हिन्दी	चमकना	
तुलु	चन्न	लाल
कोडगु	चोन्दँ	उप०
त०	चॅम्	उप०

घन्>श्चन्

सं०	श्चन्द्र	प्रकाशमान

घर्>सर्

सं०	सुर्	चमकना
	सुर	देवता
	सूर	सूर्य
	सूर्य	
	स्वर्	प्रकाश; सूर्य; आकाश
	श्री	प्रकाश
गद्‌ब	सिरिस्	दिन
नइकि	शिल्	उप०
रूसी	स्वॅर्कात्	चमकना

लैटिन	**सीरिउस्**	गर्मियों में दिखने-वाला नक्षत्र
सं०	**शुक्र** (<*शुर्क)	प्रकाशमान
फ़ारसी	**सुर्ख़**	लाल
सं०	**शुक्ल** (<*शुल्क)	श्वेत; प्रकाशमान
लैटिन	**सोल्**	सूर्य; दिन; धूप
सं०	**शुच्** (<*शुर्च्)	चमकना
	शुचि	प्रकाशमान; श्वेत; पवित्र
पालि	**सुक्क**	नखत
गोंडी	**सुक्कुम्**	उप०
त०	**चुक्कइ**	उप०
सं०	**सित**(<*सॅर्त)	श्वेत;कान्तिमान
	शुद्ध	उप०
कन्नड़	**सुडु**	जलाना
	सूटँ	मशाल
प्राकृत	**चुडुली**	उप०
	चुडु	जलना
कोलमि	**सिड्**	दिन
पंजाबी	**सड़ना**	जलना
सं०	**शुभ्र** (<*शुर्भ)	कान्तिमान
	शुभ	उप०
	श्वित्	चमकना
	श्वेत	प्रकाशमान
लिथुआनियन	**श्विस्रॅस्**	प्रकाश
रूसी	**स्वेत्**	उप०
	स्वेतीत्	चमकना
पु. अंग्रेज़ी	**ह्विट्** (<*स्विट्)	श्वेत
अंग्रेज़ी	**ह्वाइट्**	उप०
फ़ारसी	**सफ़ेद**	(<*स्पेद<*स्वेत)

सर्>सन्

सं०	**शुन्ध्**	शुद्ध होण
	शुण्ठ्	सूखना
	शुण्ठि	सोंठ
कन्नड़	**सुण्टगँ**	जलाने की क्रिया
सं०	**शोण**	लाल
मलयालम	**चोन**	लालिमा
अंग्रेज़ी	**सन्**	सूर्य
	समर्	ग्रीष्म

सर्>सस्

सं०	**शुष्**	सूखना
	शुष्क	सूखा
फ़ारसी	**खुश्क**	उप०
लैटिन	**सिक्कुस्**	उप०
	सिक्को	सुखाना
रूसी	**सुशीत्**	उप०
	सुश्क	सूखता हुआ
हिन्दी	**सूखना**	
रूसी	**सुख़ोइ**	सूखा
बुल्गारियन	**सुख़्**	उप०

घर्>हर्

सं०	**हर**	अग्नि; कपि
	हरि, हरित	पीताभ
	हरिण	हिरन; सूर्य
	हरिद्रा	हल्दी
	हिरण्य	स्वर्ण
	होला, होलिका	होली
हिन्दी	**हल्दी**	
	होरी, होली	
कुवि	**हूतिनइ**	जलाना
	हूदलि	उप०

हर्>हन्

सं०	**हंस**	
	हेम	स्वर्ण
ग्रीक	**हेमॅर्**	दिन

हर्>हस्

ब्राहूइ	**हूशिग्**	आग जलाना

झर्/सर्>चर्

त०	**चेत्तु**	लाल
	चेप्पु	ललाई
मलयालम	**चोप्पु**	लाल
त०	**चॅव्व्**	उप०
	चॅम्मइ	ललाई
	चुडर्	सूर्य; अग्नि; दीप

घर्/सर्>हर्

ग्रीक	**हेलिऑस्**	सूर्य
	(दोरिक) **हलिऑस्**	उप०

हर्>अर्

सं०	अरु	सूय
	अरुण	रक्ताभ; प्रभात
	अर्क	किरण; सूर्य
	अर्च्	चमकना
	अर्चिस्	किरण; प्रकाश
तुलु	अर्लुनि	जलना
	अरतँ	गर्मी
त०	अॅरि	चमकना
	इरलइ	हिरन
त०	उरु	जलना
सं०	उल्	उप०
	उल्का	मशाल; आकाश से गिरनेवाली आग
कन्नड़	उळकु	चमकना
त०	ऑळि	प्रकाश; सूर्य
	अॅल्	सूर्य; प्रकाश
	अॅल्लि	सूर्य; दिन
तेलुगु	अॅलमु	चमकना
सं०	अल	पीत खनिज
	अलात	अंगार
हिन्दी	अलाव	
त०	अऴल्	जलना; चमकना
सं०	उडु	नखत
कोलमि	उट्	दिन
तेलुगु	उडुकु	गर्मी
	अलराउ	चमकना
सं०	इद्ध (<*इर्ध/इन्ध)	प्रकाशमान; प्रज्वलित
गोंडी	अद्दी	गर्मी
लैटिन	अर्दॅओ	जलना
	अर्दॅन्स्	प्रज्वलित
	अर्दॉर्	ऊष्मा
ग्रीक	अॅलफॉस्	हिरन
आर्मीनियन	अॅले	उप०
लिथुआनियन	अॅलनिस्	उप०
पु० स्लाव	यॅलॅन्	उप०
अंग्रेज़ी	यलो	पीला
ग्रीक	इदॉस्	तेज़ गर्मी
लैटिन	ईदुस्	प्रकाशमान

अर्>अन्

सं०	अनल	अग्नि
त०	अनल्	उप०
	अनलि	उप०; सूर्य
सं०	इन्ध्	जलाना
	इन्दु	चन्द्रमा
तेलुगु	अॅण्ड	सूर्य
त०	अॅन्रु	उप०
	अम्बुलि	चन्द्रमा
लैटिन	अन्सॅर्	हंस जैसा पक्षी

अर्>अय्

सं०	अयस्	लोहा
त०	अयिल्	उप०
अंग्रेज़ी	आयरन्	उप०
लैटिन	अअॅस्	तांबा
ग्रीक	अॅइले	धूप

धर्

सं०	धरण	सूर्य
	धृष्णि	किरण
	धुर्	चिनगी
प्राकृत	धिप्पइ (<*धिर्प)	चमकता है
हिन्दी	धूप (<*धुर्प)	

धर्>धन्

सं०	धामन्	प्रकाश
हिन्दी	धूनी	

धर्>धय्/धव्

सं०	धी	प्रकाश
	धवल	श्वेत

धर्>दर्

कुइ	द्रे	लपट
गेलिक	द्यॅर्ग्	लाल
	द्यार्स्	चमकना
सं०	दिति (<*दिर्ति)	देवी विशेष
	अ-दिति	उप०
	आ-दित्य	देव; सूर्य
	दीति	प्रकाश
	दीद्यति	चमकता है
	दीप् (<*दिर्प्)	जलना; चमकना
	दीप	

हिन्दी **दिपना**
दाघ (<*दघँ) गर्मी
हिन्दी **दाग** जलाने का काम
सं० **दह् (<*दघ्)** जलाना
दाह जलन
हिन्दी **दहकना**
दहाड़ा (दिन दहाड़े) दिन
गुजराती **दाड़ो** उप०
सं० **दग्ध**
हिन्दी **दाझना, दाजना** जलाना
दाढ़ा, डाढ़ा दाह
डच **डाग्** दिन
अंग्रेज़ी **डे (<*डाग्)** उप०

दर्>दन्
सं० **दिन**
हिन्दी **दमकना**
दामिनी

दम्>लम्
ग्रीक **लम्पो** चमकना
लम्पस् प्रकाश; मशाल; दीप
अंग्रेज़ी **लैम्प**

दर्>दव्/दय्; दप्>दव्
सं० **दिव्** चमकना
दिव्, दिवस आकाश; दिन
देव
द्यु आकाश; दिन
द्युति प्रकाश; सूर्य
द्योस्, द्यौस् आकाश; दिन
दू जलाना
दव प्रज्वलन
ब्राहूइ **दे** सूर्य
ग्रीक **देओ** देवी
दे-मेतेर् (देवी माता); कृषि की देवी
दिओ दिव्य; ज़ेउस् देवता
लैटिन **दॅउस्, दीवुस्** देव
दिएस् दिन; आकाश
दीवुम् आकाश
फ़ारसी **रोज़् (<सं० द्योस्)** दिन

दर्/दह्>दय्
ग्रीक **दइओ** जलाना

दर्>दस्
ग्रीक **दिस्** ज़ेउस् देवता

दव्<जव्
सं० **ज्योति**
ज्योत्स्ना
प्राकृत **दोसिणा (<ज्योत्स्ना)** चाँदनी
फ़ारसी **रोशनी (<*दोसनी)**

दग>जग
हिन्दी **जगमग**
तेलुगु **जग्गु** चमक

धर्>तर्
सं० **तरल** चमकीला
तारा नखत
तृ उप०
कोलमि **तरि** जलना
त० **तॅरु** उप०
कन्नड़ **तिरि** प्रकाशमान
ब्राहूइ **तीरून्क्** चिनगारी
त० **तॉर्रम्** द्युति
तळल् आग
तेलुगु **तॅलि** श्वेत
त० **तुलङ्ङ्** चमकना
जर्मन **टाग् (<*तर्ग)** दिन
सं० **तडित्** बिजली
गोंडी **तड्मी** आग
पर्जि **तड्** गरम होना
त० **तिगळ्** चमकना
सं० **तिथि (<*तिर्थि)** चान्द्र दिवस
कोलमि **तर्प** जलाना
नइकि **तर्प** आग लगना
सं० **तप् (<*तर्प्)** चमकना; गरम होना
तपन सूर्य; प्रज्वलित
तुलु **तोपु** लाल
ब्राहूइ **तूबे** चन्द्रमा
वेल्श **तॅरुइन्** आग्नेय

तप्>तव्
हिन्दी **तवा**
ताव
त० **तुवर्** सुखाना; ईंधन

तर्>तन्

सं०	टङ्क	स्वर्ण मुद्रा
त०	तङ्गम्	स्वर्ण
	तणल्	आग
	तिङ्गळ्	चन्द्रमा
तेलुगु	तनुकु	जलना

तर्/तप्>तम्

सं०	ताम्र	ताँबा; लाल
	तामरस	स्वर्ण; कमल; ताँबा
त०	तामरइ	कमल
	तोम्बु	लालिमा
कन्नड़	चम्बु	ताँबा

तर्>तय्

त०	ती	जलना

तर्>तस्

वेल्श	तॅस्	धूप; गर्मी

धर्>स्तर्

सं०	स्त्रि	नखत
फ़ारसी	सितारा	
ग्रीक	अस्तेर्	उप०
लैटिन	स्तॅल्ल	उप०
अंग्रेज़ी	स्टार्	उप०

धर्>थर्

ग्रीक	थॅरो	गरमाना
	थॅर्मॉस्	गरम
	थल्पो	गरम होना

तर्>नर्; मर्>नर्

मल्तो	नरँ	लपट
त०	निर	चमकना
	निरम्	प्रकाश
	नॅरुप्पु	आग
	निलवु	चाँदनी
कोलमि	नल्	दिन
तोद	नोर्	सूर्य
त०	निगर्	चमकना
	नगु	उप०
तेलुगु	नाडु	दिन
त०	नाळ्	उप०
फ़ारसी	नग, नगीना	
सं०	नग	सूर्य

नर्>नन्

पजि	नॅन्दि	गर्मी

नर्>नय्

त०	नायिरु	सूर्य

नर्>नस्

प्राकृत	णेसर	सूर्य
कन्नड़	नेसरु	उप०

धक्>झक्

हिन्दी	झक	चमकीला; (दिमाग की) गर्मी

धक्>झ़क्

रूसी	झ़्गूचिइ	जलता हुआ

दव्>जव्

ग्रीक	ज़ॅओ	गरम होना
	ज़ॅउस्	देव; ज़ेउस् देवता

धर्/घर्>जर्

हिन्दी	जलना	
(अवधी)	जरबु	जलना
सं०	ज्वर	ताप
	ज्वल्	जलना

भर्

सं०	भर्ग	प्रकाश
	भ्राज्	चमकना
	भृगु	शुक्र
	भृंश्	चमकना
	भूरि	स्वर्ण
	बभ्रु	भूरा
हिन्दी	भोर	
	भूरा	
सं०	भा (<भर्)	चमकना
	प्रभात	
	भाल	प्रकाश

भर्>भन्

सं०	भानु	सूर्य
	भाम	प्रकाश

भर्>भस्

सं०	भस्, भास्	चमकना
	भासु	सूर्य

भर्>बर्

हिन्दी		
(अवधी)	बरबु, बारबु	जलना; जलाना
	बॅरउसी	अँगीठी
मल्तो	बॅरु	सूर्य
कन्नड़	बरॅ	सूखना
अंग्रेज़ी	बर्न्	जलना; जलाना
	ब्रास्	पीतल
फ्रान्सीसी	ब्रासिए (र्)	अँगीठी
अंग्रेज़ी	ब्राइट्	चमकीला
जर्मन	ब्रेनॅन्	जलना
पु० आइस-लैन्डिक	ब्रीमे	आग
पु० जर्मन	बॅरह्ट्	चमकीला
ग्रीक	बेरुल्लॉस्	भारत से प्राप्त चमकीला पत्थर
अंग्रेज़ी	ब्रिलिऐन्ट	चमकीला; हीरा
रूसी	ब्ॅभ्रीत्	चमकना
लैटिन	अल्-बॉर्	सफ़ेदी
	अल्-बुर्नुस्	सफ़ेद
सं०	बलक्ष	श्वेत
	बलाक, बलाका	सारस
लिथु-आनियन	बल्तस्	श्वेत
कन्नड़	बॅळ	प्रकाश
तुलु	बिळि	श्वेत
मल्तो	बिल्पु	चन्द्रमा
बलूची	बेल्	श्वेत
रूसी	बेलुइ	उप०
फ़ारसी	बिल्लौर	श्वेत पारदर्शक पत्थर
तुलु	बॉल्दु	श्वेत

बर्>बन्

कन्नड़	बान्	आकाश
फ़ारसी	बाम्	सबेरा

भर्>पर्

सं०	पारु, पेरु	सूर्य; अग्नि
	पृष्णि	किरण
	पलित	श्वेत; प्रज्वलित
	पट्	चमकना
	पटर	किरण
हिन्दी	परचना, परचाना	जलना; जलाना
त०	पॉरि	जलना
	पॉलि	चमकना
	पॉलम्	स्वर्ण
	पुलर्	भोर होना
तुलु	पॉर्तु	दिन; धूप
त०	पॉळ्ुदु	सूर्य
ग्रीक	पुर्	अग्नि
	पुर्सॉस्	मशाल
लैटिन	पूरे	प्रकाशमान
रूसी	प्लाम्या	लपट
	पलीत्	जलाना
फ़ारसी	पलीता	आग लगाने की बत्ती
बँगला	पोड़ानो	जलाना
लैटिन	पल्लॅओ	पीला होना

पर्>पन्

सं०	पाण्डु	श्वेत; पीताभ
	पुण्ड्र	श्वेत कमल
	पुण्डरीक	उप०
	पिञ्ज्	चमकना
	पिङ्गल	पीला
पर्जि	पङ्ग	प्रभात
त०	पॉन्	स्वर्ण

पर्>पय्/पव्

सं०	पावक	प्रकाशमान; अग्नि
	पीत	पीला
	पूत	प्रकाशमान
गोंडी	पियल्	दिन
हिन्दी (अवधी)	पियर, पेर	पीला
हिन्दी	पीला	
	पौ फटना	सबेरा होना
तोद	पॉय्	जलना
त०	पूवल्	लाल रंग

पर्>पस्

सं०	पिशङ्ग	पीताभ

पर्>मर्

सं०	मरकत	हीरा
	मराल	रक्ताभ; हंस
	मरीचि	किरण
	मर्कट	कपि

पंजि	मर्त्, मर्प	चमक उठना
कन्नड़	मिरुगु	चमकना
पंजि	मॅद्	उप०
गोंडी	मिड्कॉस्	नखत
त०	मूट्टु	जलाना
लैटिन	मार्स्	मंगल (रक्त वर्ण का ग्रह); युद्ध का देवता

मर्>मन्

सं०	मणि	
	मंह् (<*मंघ्)	चमकना
त०	मण्डु	जलना; दमकना
	मिन्नु	चमकना
	मीन्	नखत

मर्>मस्

सं०	मस् (चन्द्र-मस्),	
	मास	चन्द्रमा

भर्>फर्; पर्>फर्

सं०	फल्गु	रक्ताभ; वसन्त
फ़ारसी	आ-फ़ाज़्	लपट
	अ-फ़्रोग़्	किरणें
	अ-फ़्रोख़्त्	प्रकाशमान
ग्रीक	फ़्रुगो	भूनना
	फ़्रुक्तॉस्	मशाल
लैटिन	फ़ार्नुस्	भट्टी
	फ़्लाग्रो	जलना
	फ़्लम्मो	आग लगाना
	फ़ुल्गॅओ	चमकना
	फॅर्वॅओ	दमकना
ग्रीक	फ्लॅगो	जलाना
	फ्लॉगिज़ो	उप०
अंग्रेज़ी	फ़्लॅयर्	जल उठना
	फ़्लैश्	चमक उठना

फर्>फन्

फ़ारसी	फ़ानूस्	दीप पुंज
ग्रीक	फानॉस्	दीप; मशाल
	फॅङ्गॉस्	प्रकाश

फर्>फय्/फव्

ग्रीक	फअॅथो	चमकना
	फइद्रॉस्	प्रकाशमान
	फआॅस्	प्रकाश
	फॉओस्	उप०
	फॉइबे	चन्द्रमा
	फॉइबॉस्	सूर्य

फर्>फस्

फ़ारसी	फ़ाश्	स्पष्ट
ग्रीक	अल्-फॉस्	सफ़ेद

पर्>वर्

सं०	वर्चस्	प्रकाश; रूप
	वर्ण	उप०; रंग
त०	वर	सूखना
	वाळ्	प्रकाश
	विरगु	ईंधन
	विळि	चमकना
	वॅळ्	श्वेत
कुइ	वेल	सूर्य
त०	वक्कु	जलाना
	वडि	गर्मी
	वॅडि	भोर होना
लैटिन	अउरुम्, ओरुम्	स्वर्ण
	अउरोर	प्रभात

वर>वन्

त०	वॅण्	श्वेत
	वॅन्दि	गरम होना
	वेनल्	गर्मी
लैटिन	वॅनुस्	नक्षत्र विशेष

वर्>वय्/वव्

त०	वे	जलना
	वेवु	प्रज्वलित
तेलुगु	वेगु	भोर होना

वर्>वस्

सं०	वसा	श्वेत
	वसु	शुभ
	वसन्त	प्रकाशमान; ऋतु विशेष
	वासर	दिन
	वसाति	उषा
कश्मीरी	वशुन्	उप०
कुइ	वस	सूखना
	वस्क	भूनना

कुवि वॅंस्क इंधन
कोन्ड वॅस्नॅं गरम
रूसी वेस्न वसन्त

वस् > अस्

सं० **उस्त** प्रभात; कान्ति
उष् जलना; जलाना
उष्ण गरम

ऊष्मन् गर्मी
उषा
चेक **उस्वित्** प्रभात
ग्रीक **अउआॅस्** सूखा
कन्नड़ **अॅसॅ** चमकना
तेलुगु **अॅसकमु** प्रकाश
तोद **अष्** गर्मी

शब्दसूची-२

(द्रविड़ शब्दों के इंडोयूरोपियन प्रतिरूप)

[इस सूची में द्रविड़ शब्दों के इंडोयूरोपियन प्रतिरूप दिखाये गये हैं। आर्येतर इंडोयूरोपियन प्रतिरूप जिस शब्दसंख्या के साथ दिखाये गये हैं, उसे कोष्टकों में रखा गया है। शब्दसंख्या द्रविड़ व्युत्पत्ति कोश की है। जहाँ इस कोश में आर्य-द्रविड़ शब्दों की समानता की ओर किसी प्रकार का संकेत है, वहाँ इसका उल्लेख द्र० चिन्ह द्वारा कर दिया गया है। जिन शब्दों में ध्वनिगत अनुकरणात्मक समानता है, उन्हें छोड़ दिया गया है। वनस्पतियों के विशिष्ट नाम भी छोड़ दिये गये हैं। शब्दकोश के पूरक अंश से कुछ शब्द इस सूची के अन्त में दिये गये हैं। इन शब्दों के साथ जहाँ आर्य भाषाओं के शब्दों की समानता कोश के पूरक अंश में दिखाई गई है, वहाँ इसका उल्लेख द्र० पू० संकेतचिन्ह द्वारा किया गया है। पूरक अंश की सूची में शब्दसंख्या दो प्रकार से दी गई है; जिस संख्या के पहले पू० है, वह उस नये शब्दमूल की द्योतक है जो मूल कोश में नहीं है। इससे भिन्न सामान्य संख्या मूल शब्दकोश की संख्या है; पूरक अंश में नये शब्द उसके अन्तर्गत जोड़े गये हैं। त० और सं० क्रमशः तमिल और संस्कृत के लिए हैं। जिस शब्द के पहले* ऐसा पुष्पचिन्ह है, वह कल्पित रूप है। इस सूची पर टिप्पणी चौथे अध्याय के अनुभाग संख्या ५ (झ) में है।]

(१)

(क) त०	**अ**	दूरस्थ वस्तुसूचक सर्वनाम
सं०	**सः**	वह
मराठी	**हा**	उप०
ग्रीक	**हाँ**	उप०
गुजराती	**आ**	यह

(ख)

नइकि	**अन्धर्**	उतने पुरुष
संस्कृत	**अन्ध्र, आन्ध्र**	(पुरुष), गणविशेष
	अण्डर	उप०
	अण्डीर	पुरुष
ग्रीक	**अन्थ्रोपॉस्**	पुरुष
	अन्द्रॉ-	उप०
	अनेर्	उप०

(कुइ **अण्ड्र** नर १११, त० **आण्** पुरुष ३४२ से सम्बद्ध)

२२ त०	**अक्करम्**	मुँह का एक रोग
तेलुगु	**अक्षरमु**	उप०
सं०	**अक्षर**	(द्र०)
२४ त०	**अक्का**	बड़ी बहन

सं० अक्का माता (द्र०)
२६ त० अक्कि एक चर्मरोग
सं० अग्नि (द्र०)

(२७)त० अक्कम् रस्सा
कन्नड़ हग्ग (<*पग्ग) उप०
अग्ग उप०
हिन्दी पगही पशु बाँधने की रस्सी
पाग, पगड़ी (जो बाँधी जाय)
पु० लैटिन पको, पगो बाँधना
सं० पश् उप०

२८ क० अग्गळ महत्ता
सं० अग्र

२९ क० अङ्ग मार्ग
तेलुगु हङ्ग (<*पङ्ग) उप०
सं० पन्थाः उप०
(गतिसूचक *पन् से ण्ङ्ग और पन्थ)

३० त० अङ्गनम् दो खंभों के बीच का स्थान
सं० अङ्गन

३१ क० अङ्क युद्ध
सं० अङ्क उप० (द्र०)

३७ पजि अङ्गॉड् आँगन
त० अङ्गाडि बाज़ार
सं० अङ्गण आँगन (द्र०)

(४६)त० अच्चन् पिता
कन्नड़ अज्ज पितामह
सं० आर्य
ग्रीक अत्त पिता
(त० अत्तन् पिता १२१ से संबद्ध)

५६ (क)
त० अडङ्ग छिपाना
हिन्दी आड़ (आड़ करना, आड़ में होना)
(त० अडइ छिपाना, बन्द करना, ७३ से संबद्ध)

(ख)
नइकि ढाप ढाँकना
हिन्दी ढाँपना

६२ त० अडावडि ऊधम
हिन्दी
(अवधी) अडावटि बैर
(अरबी अदावत बैर)

६६ क० अट्टु सूखना
सं० अट्ट सूखा (द्र०)

६९ त० अडु पहुँचना
सं० अट् घूमना

७३. (क)
त० अडइ छिपाना; बंद करना
कन्नड़ अड्डन ढाल
सं० अड्डन उप० (द्र०)

(ख)
कुड़ुख अड्डे, आड़े आड़ा
प्राकृत अड्ड उप० (द्र०)
हिन्दी आड़ा

(ग)
ब्राहूइ अड़, अड़ी रुकावट
हिन्दी अड़ी (अड़ी भिड़ी) उप०
अड़ाना (द्र०)

(घ)
ब्राहूइ आड़् बचाव की जगह
हिन्दी आड़ (द्र०)

(ङ) तुलु अटकावु रोक
हिन्दी अटकाना, अटकाव
कन्नड़ आटङ्क अड़ङ्गा
हिन्दी अड़ङ्गा

८३ त० अट्टम् अटारी
सं० अट्ट उप० (द्र०)

९९ त० अणि सेना
सं० अनीक उप० (द्र०)

(१११)
कुइ अंड्रु नर
सं० अण्डीर उप० (द्र०)
ग्रीक अन्द्रॉ- पुरुष
सं० अन्ध्र, आन्ध्र (पुरुष);गणविशेष

११२ त० **अण्णा** बड़ा भाई; पिता
अण्णि भौजाई
प्राकृत **अण्णअ** देवर
अण्णी देवरानी; ननद; बुआ
मराठी **अण्णा** आदरणीय व्यक्ति

(१२१) त० **अत्तन्** पिता
कन्नड़ **अत्तॅ** सास
ग्रीक **अत्त** पिता
सं० **अत्ता** माता; बुआ; बड़ी बहन
(त० **तात्ता** पितामह, कन्नड़ **तात** उप०, पिता २५८०, सं० **तात** से संबद्ध)

(१३३) त० **अप्पन्** पिता
ग्रीक **अप्प** बड़ों के लिए आदर-सूचक संबोधन
(हिन्दी **बप्पा** से संबद्ध; तुलनीय मराठी **आई** माता और **बाई**)

(१४१) त० **अमिऴ्** डूबना
सं० **मज्ज्** उप०
लैटिन **मॅर्गो** उप०
(त० **मुऴ्गु** डूबना ४०९६ से संबद्ध)

(१४२)
(क) त० **अमुङ्ङ्** डूबना
लैटिन **मॅर्गो** उप०
(त० **मुऴ्गु** डूबना ४०९६ से संबद्ध)

(ख)
कन्नड़ **अमर्** आलिंगन करना
सं० **अम्बर** घेरा; वृत्त
(त० **अम्बलम्** मैदान १४५ से संबद्ध)

(१४५) त० **अम्बलम्** ग्राम सभा आदि के लिए मैदान
तुलु **अम्बिल** मन्दिर के पास की भूमि
ग्रीक **अम्फि** चारों ओर
सं० **अंगन** आँगन

१४९ त० **अम्बि** नाव
मराठी **अम्बी** उप० (द्र०)

१५२ त० **अम्मम्** स्तन
मराठी **अमा** उप० (द्र०)

(१५४) त० **अम्मा** माता
सं० **अम्बा** उप०
प्राकृत **अम्मो** उप० (द्र०)
आइस-लैन्डिक **अम्म** दादी

१५८ कुड़ुख **अम्म्** जल
सं० **अम्भ, अम्बु** उप० (द्र०)

(१६१) त० **अयिल्** लोहा
मलयालम **अयिर्** उप०
अंग्रेज़ी **आय्रन्** उप०
सं० **अयस्** उप०

१६३ त० **अय्यन्** पिता; गुरु; स्वामी
सं० **आर्य**
पालि **अय्य** (द्र०)
(त० **अच्चन्** पिता ४६ से सम्बद्ध)

१६४ त० **अरक्कु** लाख
सं० **अलक्तक** उप० (द्र०)

१६६ त० **अरङ्ङ्** रंगशाला
सं० **रङ्ग** उप० (द्र०)

(१६७) त० **अरजन्** राजा
(क) कन्नड़ **अरसु** उ०
सं० **राजन्** (द्र०)
ग्रीक **अर्खोन्** राजा; शासक
(ख) त० **अरण्** दुर्ग
सं० **शरण** (द्र०)

१७५ त० **अरि** काटना
हिन्दी **आरी, आरा**
सं० **वर्ध्** काटना

(१८५) तेलुगु **अरुगु** चलना
सं० **ऋ** उप०
फ़ारसी **रफ़्तन्** उप०
रवाज् चलन

१९१ कन्नड़ **अर, अर्न** रन्दा
फ़ारसी **रन्दा**

(१९२) त० **अरइ** आधा
सं० **अर्द्ध**
हिन्दी **अढ़ाई** ढाई

१९४ कन्नड़ **अर्गल** द्वार बन्द करने का डंडा
सं० **अर्गल** उप० (द्र०)

(२००) त० **अल** पीड़ित होना
(क) तेलुगु **अलागु** दुखी होना
ग्रीक **अल्गॉस्** पीड़ा
अलॅगो चिन्तित होना
सं० **आर्त** पीड़ित

(ख) कन्नड़ **अलसु** थकना
त० **अलजु** उप०
सं० **अलस** आलसी; थका हुआ (द्र०)
लिथुआनियन **अल्सिनमस्** थकना

(२०३) त० **अलइ** घूमना
ग्रीक **अलआॅमइ** उप०

(२११) त० **अलरु** चिल्लाना
ग्रीक **अललजो** उप०
हिन्दी (अवधी) **अललाबु** (उप०)

२३४ त० **अळल्** जलना; चमकना
सं० **अलात्** अंगार

(२४०) त० **अऴ** रोना
ग्रीक **अलॅगॉस्** विलाप

२४४ कन्नड़ **अऴ्दु** डुबोना
सं० **आर्द्र** गीला

२५३ त० **अळप्पु** बातें करना
सं० **आलाप**

(२५९)
मलयालम **अळर्क्क** विलाप
ग्रीक **अलॅगॉस्** (उप०)
(त० **अऴ** रोना २४० से सम्बद्ध)

२६६ त० **अरु** काटना
सं० **वर्ध्** (उप०)
(त० **अरि** काटना १७५ से सम्बद्ध)

२६९ कन्नड़ **अरचु** चिल्लाना
त० **अरइ** शब्द करना; बोलना
सं० **रु** शब्द करना
रव शब्द

२७७ त० **अनल्** अग्नि
सं० **अनल** उप० (द्र०)

२९० त० **आडु** घूमना
सं० **अट्** उप०

२९५ त० **आणि** कील
सं० **आणि** उप० (द्र०)

(३००) त० **आत्तइ** माता
ग्रीक **अत्त** पिता
(त० **अत्तन्** पिता, **अत्तइ** बुआ, सास, आदरणीय स्त्री १२१ से सम्बद्ध)

३०५ त० **आम्बि** कुकुरमुत्ता
प्राकृत **आलम्ब** उप० (द्र०)

३०८ त० **आयि** माता
(क) मराठी **आई** उप० (द्र०)

(ख) कुवि **माइय** मेरी माँ
हिन्दी **मैया, माई**

(ग) त० **ताय** माता
हिन्दी **ताई**

३०९ त० **आयिरम्** हज़ार
कन्नड़ **सासिर** उप०
सं० **सहस्र** उप० (द्र०)

३११ त० **आय्वु** चौड़ाई
सं० **आयत** चौड़ा

३१२ त० **आर्** चिल्लाना
सं० **रु** शब्द करना
(कन्नड़ **अरचु** चिल्लाना २६९ से सम्बद्ध)

३२८ त० **आलु** चिल्लाना
(त० **आर्** चिल्लाना ३१२ से सम्बद्ध)

३३१ त० **आवम्** धनुष की डोरी; तरकस
सं० **चाप** धनुष

३३५ त० **आवि** ताल
सं० **वापी** बावड़ी (द्र०)

३३६ कन्नड़ **आवि** आँवा
हिन्दी **आँवा**

३४२ त० **आण्, आळ्** पुरुष
सं० **आन्ध्र** (पुरुष); गण विशेष
(**आन्ध्र**>***आन्ह**>**आण्/आळ्**; कुइ **अंड्र** नर १११ से सम्बद्ध)

(३५१) त० **इ** निकटस्थ वस्तुसूचक
(क) सर्वनाम
बँगला **से** वह
मराठी **हे** उप० (स्त्री०)
ग्रीक **हे** वह
गुजराती **ए** उप०
हिन्दी
(अवधी) **ई** ये

(ख) कन्नड़ **इन्दु** आज
त० **इन्रु** उप०
(**इन्** यह; ***दु**<सं० **द्यु** दिन)

३६३ त० **इञ्जि** अदरक
सं० **शृंगवेर** उप० (द्र०)

३८१ नइकि **डाव** बायाँ
पजि **डॅब्रि** उप०
प्राकृत **डव्व** उप०
हिन्दी
(अवधी) **डॅबरा** उप०

(४०३) त० **इरलइ** हिरन
प्राकृत **एल** उप०
आर्मीनियन **ऍले** उप०
लिथुआनियन **ऍल्निस्** उप०

४०५ त० **इरिजन्** शत्रु
सं० **अरि** उप०

४०७ त० **इरु** रहना; होना
सं० **वृत्** उप०
(त० **वरु** होना ४३११ से सम्बद्ध)

४१४ त० **इरइ** शब्द करना
सं० **रु** उप०
(त० **अरइ** शब्द करना २६६ से सम्बद्ध)

४३५
मलयालम **इळच्चल्** थकान
सं० **अलस** आलसी
(त० **अलजु** थकना, कष्ट पाना २०० से सम्बद्ध)

४४० मल्तो **इच** एक मछली
सं० **इञ्चक** उप० (द्र०)

४४८
(क) त० **इरइ** स्वामी
कन्नड़ **अरॅय** उप०
सं० **अर्य** उप०
(ख)
मलयालम **रान्** उप०; राजा
इरान् उप०
हिन्दी **राणा**

४५४ त० **ईर्** पंख
हिन्दी **चिड़िया**
(त० **चिरइ, इरइ** पंख २१३३ से सम्बद्ध)

४५९ त० **ईन्दु** खजूर
कुइ **सीत** उप०
प्राकृत **सिन्दी** उप०
सं० **हिन्ताल** उप० (द्र०)

(४६०)
कुड़ुख **ईमा** दीमक
(कुवि **सीम** दीमक संख्या २१५६ से संबद्ध)
सं० **सीमिक** चींटी
फ़ारसी **दीमक**

४६८ त० **ईळम्** ताड़ी
हिन्दी **नीरा**

४६९ त० **ईळम्** श्री लङ्का
प्राकृत **सीहल** उप०
सं० **सिंहल** (द्र०)

(४७५) त० **उ** अनतिदूरस्थ वस्तु-सूचक सर्वनाम मूल
हिन्दी **सो** वह
ग्रीक **हॉ** उप०

४८० त० **उगु** बहना
सं० **वह्** (>***वघ्**) उप०
ओघ प्रवाह

४८१ त० **उक्कलइ** नितम्ब
सं० **उरु** जाँघ का एक भाग (द्र०)

४८६ तुलु **उक्कि** भाप
प्राकृत **उक्कोल** उमस (द्र०)

४८७ तेलुगु **उक्किस** सूखी खाँसी
सं० **उत्कासति** खाँसता है
पालि **उक्कासति** उप० (द्र०)

४९६ तेलुगु **उच्चि** शिखर
सं० **उच्च**

५०१ कन्नड़ **डॉल्लु** तोंद
ऑडल् शरीर; पेट
त० **उडल्** शरीर
हिन्दी **डौल** (**सुडौल**, **डील-डौल का डौल**) शरीर

५०२ त० **उडु** पहनना
सं० **पुट** गुप्त अंग ढँकने का वस्त्र

५०५ त० **उडुक्कइ** हुड़ुक
सं० **हुडुक्क** उप० (द्र०)

(५१६) त० **उण्** खाना; पीना
उण भोजन
ऊट्टि उप०
कन्नड़ **ऊट** उप०
ऊडु खिलाना
(सं० **अद्** खाना, **अन्न** के वैकल्पिक रूपों ***ऑद्**, ***ऑन्न** से सम्बद्ध)
सं० **ओदन** भोजन विशेष
अंग्रेज़ी **ईट्** खाना

५१७ त० **उणङ्ग्** सूखना, सुखाना
कन्नड़ **ऑणगु** उप०
सं० **उष्** जलना; जलाना
(**उष्ण** > ***उण्ण** > **उण** अथवा **उष्** > **उण्**)

५३५ त० **उन्दि** तोंदी; पेट
सं० **तुन्दि** तोंदी
तुन्द तोंद
(**तुन्दि** > ***चुन्दि** > **उन्दि**)

५३६ त० **तुन्दु**, **उन्दु** ठेलना
सं० **तुद्** उप०
कोत **उद्** उप०

५४३ कन्नड़ **उब्बस** साँस फूलना
त० **उप्पजम्** उप०
हिन्दी **ऊबासांसी**
(सं० **ऊर्ध्व**, प्राकृत **उब्भ** ऊपर और **श्वास**)

(५४७)
(क) त० **उमि** थूकना
उमिळ् उप०; उल्टी करना
सं० **वम्** उप०
लैटिन **वॉमो** वमन करना

(ख) तुलु **उकालु** वमन करना
कन्नड़ **उगळ्** थूकना; लार बहाना
हिन्दी **उगलना**

(ग) कन्नड़ **उब्बळ** ऊब
उब्बळिसु ऊबना
हिन्दी **ऊब**; **ऊबना**

(घ) त० **उवट्टु** ऊब
हिन्दी **ऊब**

५५३
मलयालम **मॉळ्ळ** मूत
कुइ **मूल्क** उप०
कुवि **मुन्क** उप०
हिन्दी **मूत**

५५७ त० **उरइ** गरजना
(क) सं० **रु** शब्द करना

(ख) तेलुगु **रॉद** शोर
सं० **रुद्** चिल्लाना; रोना

५६० त० **उरल्** ओखली
कोत **ऑल्काल्** उप०
सं० **उलूखल** उप०

५६५ त० **उरु** जलना
(क) सं० **उष्** उप०

(ख) ब्राहूइ **हुशिङ्ग्** जलाना
सं० **शुष्** सुखाना

५६६ त० **उरुपु**, **उरुव्** रूप
कोत **उर्प्** उप०
सं० **रूप** (द्र०)

(५७१) त० उरुट्टु घूमना
(क) उरुडइ गाड़ी
उरुळि पहिया; चक्र
सं० रथ
लैटिन रॉत पहिया
रॉतो चक्कर खाना

(ख) त० उण्डइ कोई गोल चीज़
सं० अण्ड उप०

५७३ कन्नड़ उर्बर समृद्धि
सं० उर्वर

५८० त० उलक्कल मूसल
सं० उलूखल ओखली (द्र०)

५८१ त० उलर् सूखना
सं० उष् जलना

५८४ कोलमि उल् दिन
सं० उषस् प्रभात
(तुलनीय सं० उल्का और उलूक)

५८५ तेलुगु उप्पु उबालना
हिन्दी उबालना

५८८ त० उळि स्थान
सं० पुर नगर
प्राकृत वुर उप०
कश्मीरी वुड़ी नगर विशेष

५९२ तुलु उर जोताई
कोलमि उर् हल चलाना
त० उळ् उप०
(सं० उर्वर से सम्बद्ध)

(५९८) तुलु उरॅं, उलॅं हिरन
आर्मीनियन ऑलॅं उप०

५९९ तेलुगु उण्डु रहना
उनिकि निवास स्थान
सं० वस् रहना

६०० ब्राहूइ उरा घर
सं० पुर

६०६ तेलुगु ऑरगु झुकना, झुकाव
हिन्दी ऑरौती }
ओलती } ढलवाँ छप्पर का किनारा जहाँ से पानी गिरता है
ओरती }

६०८ त० उरु होना, रहना
(क) सं० वृत् उप०
(<*वर्, *वॅर् होना, रहना)

(ख) त० उरु प्यार करना
सं० वस् उप०

(ग) त० उरुप्पु शरीर
सं० रूप

६०९ त० उरु समृद्ध
सं० उर्वर

६१६ त० उरुमु गरजना
सं० रु शब्द करना

६१७ कन्नड़ उरबु तीव्र गति
सं० ऋ तीव्र गति से किसी ओर बढ़ना

६३८ त० ऊदु हवा का चलना; फूलना
सं० वात हवा

६४३ त० ऊर् गाँव; नगर
प्राकृत ऊर गाँव (द्र०)
सं० पुर
प्राकृत वुर पुर

६४८ कोडगु उत्त् बहना
कुवि ऊत झरना
त० ऊरु बहना
गोंडी ऊसा जल प्रवाह
सं० उद् बहना

(६५१) कुइ ऍ निकटवर्ती वस्तुसूचक सर्वनाम मूल
बँगला से वह
ग्रीक हे उप०

६६४ त० ऍचर् अदहन
कन्नड़ ऍसर् उप०
(सं० वस् चमकना के विकल्प *वॅस् से)

६६५ कन्नड़ ग्रॅसॅ चमकना
(सं० वस् चमकना के विकल्प *वॅस् से)

६६५ त० ग्रॅच्चम् शेष
सं० शेष

(६७०) त० ग्रॅट्टु ग्राठ
सं० ग्रष्ट उप०
ग्रंग्रेज़ी एट उप०

६६१ कन्नड़ ग्रॅसु, इसु तीर मारना
त० ग्रॅय् उप०; तीर
सं० इष् फेंकना
इषु तीर

६६३ कन्नड़ ग्रयृदु पहुँचना
त० ग्रॅयृदु उप०
सं० ग्रय गमन
ग्रयति चलता है

६६४ त० ग्रॅरि जलना; चमकना
सं० ग्ररु सूर्य

६६६ त० ग्रॅरुगु गोबर करना
सं० रेक विसर्जन

६६६ त० ग्रॅरुमइ भैंस
हिन्दी ग्ररना जंगली भैंसा

(७००) तेलुगु ग्रॅरुपु लाल
लैटिन रुबॅग्रो लाल होना

७०२ कोलमि ग्रॅर् घटित होना
सं० वृत् होना

७०७ त० ग्रॅल् सूर्य
ग्रॅल्लि उप०
(त० ग्रॅरि चमकना ६६४ से सम्बद्ध)

(७११)
तेलुगु ग्रॅलुँगु ग्रावाज़
गोंडी लेङ्ग उप०
लैटिन लिङ्गुग्र भाषा; पक्षियों का कलरव

(७१३) कुइ डीम्बु दीमक
कुवि लीम्पु उप०
गोंडी ग्रॅलूम् उप०
सं० सीमिक चींटी
फ़ारसी दीमक

७१४
मलयालम ग्रॅल्लु हड्डी
सं० एड्रूक हड्डियाँ रखने का स्थान
(बौद्धों की मिश्रित सं० में)
एलूक उप० (द्र०)

(७१८)
कन्नड़ ग्रॅल्ल सब
जर्मन ग्रालॅ उप०
ग्रंग्रेज़ी ग्राल् उप०

७३२ त० ग्रॅरि चमकना
सं० ग्ररु सूर्य
(त० ग्रॅरि चमकना ६६४ से सम्बद्ध)

७३४ त० ग्रॅरुम्बु चींटी
(गोंडी ग्रॅलूम् दीमक ७१३ से सम्बद्ध)

७३८ तेलुगु ग्रॅण्ड सूर्य; धूप
त० ग्रॅन्रु सूर्य
सं० इन्ध् जलाना
इन्दु चन्द्रमा

७४० त० एगु जाना
सं० एति जाता है

७४८
मलयालम एषणि चुगलखोरी
त० एच्चु ग्रपमान
सं० एषण प्रार्थना

७६५ कुड़ुख एर्ना देखना
कुवि हेनइ पता लगाना
प्राकृत हेर् देखना (द्र०)
हिन्दी हेरना

७७४ कन्नड़ एर् चुनना
सं० वृ उप०

(७८२)
(क) तोद विकिल् कुटुम्ब
सं० विश् घर; गण
वेश्म् घर
ग्रंग्रेज़ी विक् बस्ती; गाँव
लैटिन वीकुस् उप०

(ख) कन्नड़ **ऑक्कल्** घर; प्रजा; किसान
त० **ऑक्कल्** कुटुम्बी जन
सं० **ओक** घर
प्राकृत **ऑक्किअ** उप०

ग्रीक **ऑइकॉस्** उप०
(त० **वीडु** घर ४४१९ से सम्बद्ध)

(७८४) कोत **ऑक्** मड़नी में पशुओं को हाँकना
कन्नड़ **ऑक्कु** मड़नी माड़ना
सं० **अज्** हाँकना
ग्रीक **अगो** ले जाना
लैटिन **अगो** उप०; हाँकना

७८६ मल्तो **ऑकॅ** बैठना
कुड़ुख **ऑक्कना** उप०
सं० **वस्** उप०

७८७ पर्जि **ऑक्प** ढोना
कुवि **ऑख़्नइ** ले जाना
सं० वह् (<*वघ्) ढोना

७९५ त० **ऑच्चियम्** कामव्यंजक वार्ता
सं० **वाच्यम्** कथनीय

८०४ त० **ऑडुङ्गल्** रोक; अटकाव
सं० **अड्डन** ढाल
हिन्दी **अड़ङ्गा**
(त० **अडइ** रोकना, छिपाना ७३ से सम्बद्ध)

८०८ त० **ऑट्टु** शर्त बदना
प्राकृत **हुड्डा** शर्त (द्र०)

८११ कोत **ऑड्** जाल लगाना
प्राकृत **ओड्डेति** जाल फेंकना (द्र०)

८१२ तेलुगु **ऑड्डु** रुकावट
हिन्दी **अड़ाना**
(त० **ऑडुङ्गल्** रोक ८०४ से सम्बद्ध)

८१७ त० **ऑट्टु** ओट होना
हिन्दी **ओट**

८२५ कुड़ुख **ऑदना** आग जलाना
सं० **इन्ध्** उप०
एध ईंधन

८३१ कन्नड़ **ऑय्, उय्** वहन करना
सं० **वह्** उप०

(८३४) कोत **ऑद्** एक
रूसी **ऑदिन्** उप०

(८३७) त० **ऑलि** आवाज़
ग्रीक **अललज़ो** चिल्लाना

८३८ तुलु **उलॅवुनि** चमकना
सं० **उल्** जलना
८४० त० **ऑलियल्** नदी
सं० **वर्षा, वारि**
(***वर्**>***ऑल्**)

८४१ त० **ऑलियल्** खाल; वस्त्र
सं० **वल्क** वल्कल

(८४३) त० **उलइ** घूमना
ग्रीक **अलऑमइ** उप०
(त० **अलइ** घूमना २०३ से सम्बद्ध)

८४५ तुलु **ऑल्लि** चादर
(त० **ऑलियल्** खाल, वस्त्र ८४१ से सम्बद्ध)

८४९ कोत **ऑक्** बहना
सं० **ओघ** प्रवाह

८५४ त० **ऑळि** प्रकाश
सं० **उल्** जलना

८५७ कन्नड़ **रोसु** घृणा करना
सं० **रोष**

८५९ तुलु **ऑट्टुनि** दबाना
हिन्दी **ओटना** 'कपास को चरखी में दबाकर बिनौलों को अलग करना' (संक्षिप्त हिन्दी शब्दसागर)

८६४
मलयालम **ओगु** प्रवाह-द्वार; नाली
सं० **ओघ** प्रवाह

८६६ त० **ओक्काळम्** वमन
हिन्दी
(अवधी) **उकिल्याबु** वमन करना
हिन्दी **ओकना** उप०

८६८ कुड़ ख **ओग्ना** तैरना
सं० **ओघ** प्रवाह

८७० त० **ओच्चम्** ऊँचाई
सं० **उच्च**

(८७३)
मलयालम **ओश** आवाज़
ऑच्च उप०; ख्याति
सं० **वच्** बोलना
लैटिन **वॉको** बुलाना
इटालियन **वोचे** आवाज़

८७४ त० **ओच्चन्** पुजारी
हिन्दी **ओझा** (द्र०)

(८७६) त० **ओडम्** नाव
सं० **होड** उप० (द्र०)
सं० **पोत** उप०
अंग्रेजी **बोट्** उप०

८७७ त० **ओडु** नाव खेना
सं० **उडुपु** नाव

(८८२) त० **ओदम्** नमी; प्रवाह
सं० **उद्** बहना
हिन्दी **ओद** गीला
रूसी **वॉद्** पानी

८८६ त० **ओदुवि** वेद पढ़ना
सं० **वेद**

८९४ त० **ओरम्** कोर; किनारा
हिन्दी **ओर** (द्र०)

८९६ कन्नड़ **ओर** झुका हुआ
हिन्दी (अवधी) **ऑरवबु** लटकाना
(तेलुगु **ऑरगु** झुकाव ९०६ से सम्बद्ध)

९०५ पर्जि **ओल्** सुखाना
सं० **उल्** जलना

९०८ कोलमि **कक्करें** तीतर
पालि **कक्कर** वन्य कुक्कुट (द्र०)

९१६ कन्नड़ **कसरु** कचरा
पालि **कसट** गन्दा
सं० **कच्चर** उप० (द्र०)

(९२०) त० **कच्चु** काटना
सं० **कर्तति** काटता है
अंग्रेज़ी **कट्** काटना

९२१ त० **कच्चु** चोली
सं० **कंचुक** उप० (द्र०)

९२२ त० **कच्चइ** कमरबन्द; नया वस्त्र
कन्नड़ **कच्चॅ** लांग
सं० **कक्ष्या** वस्त्र; लांग (द्र०)
कक्ष लांग
हिन्दी **कच्छा**

९२५ कन्नड़ **कज्जि** खुजली
सं० **खर्जु, कच्छू** उप० (द्र०)

९२७ त० **कञ्जि** माड़
सं० **काञ्जी, काञ्जिक** उप० (द्र०)

९२८ कन्नड़ **काञ्चि** खट्टी नारंगी या नीबू
सं० **काञ्जी** काँजी

९२९ कन्नड़ **कड** नदी पार करने का उथला स्थान
त० **कड** पार करना
कश्मीरी **कदल** पुल
सं० **गाध** जो पार किया जा सके

९३१ त० **कडगम्** कंगन
सं० **कटक** उप० (द्र०)
हिन्दी **कड़ा**

९३३ कन्नड़ **गडबड** गड़बड़
हिन्दी **गड़बड़** (द्र०)

९३४ त० **कडम्** ऋण
सं० **कर** देय
(त० **कट्टु** भुगतान करना ९६३ से सम्बद्ध)

९३८
(क) गोंडी **गन्धेल** बर्रे
सं० **गन्धाली** उप० (द्र०)

(ख) त० **कडम्बइ** उप०
सं० **कणभ** डंक मारनेवाली मक्खी (द्र०)

(९३९) त० कडल् समुद्र
सं० कधि उप०
रूसी कतीत् बहना

९४३ त० कडवु भैंसा
सं० कटाह पड़िया (द्र०)

९४४ त० कडारम् पतीली
सं० कटाह उप०
कन्नड़ कडायि उप०
हिन्दी कड़ाही (द्र०)

(९४५) त० कडि काटना
सं० कृत् (<*कत्) उप०
अंग्रेज़ी कट् उप०

९४६ त० कडि काट लेना
सं० कृत् (<*कत्) काटना

९५२
(क) त० कडु कड़वा
सं० कटु (द्र०)

(ख) त० कडु दर्द होना
सं० कष्ट

९५४ त० कडुक्कन् बाली
सं० कटक कंगन
(त० कडगम् कंगन ९३१ से सम्बद्ध)

९६० त० कट्टिल् खाट
सं० खट्वा उप०
हिन्दी खाट (द्र०)

९६१
(क) त० कट्टु बाँधना
तेलुगु कट्ट गट्ठा
सं० कट्ट ढेर लगाना
हिन्दी गट्ठा

(ख) तुलु कट्टाणि कंठी
सं० कटक कगन; डोरी

(ग) त० कट्टडम् भवन
मलयालम कॅट्टगम् घर
सं० केत, केतन घर

९६२ त० कट्टु कठोर होना ; जमना
सं० कठिन
कठोर (द्र०)

९६३ त० कट्टु भुगतान करना
सं० कर (<*कर् देना) देय
(त० कडम् क़र्ज़ ९३४ से सम्बद्ध)

९६५ त० कट्टइ नाटापन
हिन्दी गिट्टा नाटा

(९६६) त० कट्टइ शव
सं० कट उप० (द्र०)
लैटिन कदावॅर उप०
सं० कलेवर शरीर

९६९ कुड़ुख गड़ूर् पक्षी विशेष
सं० गरुड

९७२ तेलुगु गड्डि घास
सं० कट घास का पूला

९७४ त० कण् बाँस का जोड़
सं० काण्ड उप०

(९७५) त० कण् स्थान
बंगला खान उप०
फ़ारसी ख़ाना उप०
(सं० स्कम्भ खंभा के क्रियामूल स्कम् से सम्बद्ध)

९७७ त० कणवीरम् कनेर
कविरम् उप०
सं० करवीर उप०
पालि कणवीर उप० (द्र०)

९७९ त० कणइ तीर
सं० कणय भाला (द्र०)

९८० त० कण्णइ मिर्च
सं० कण उप० (द्र०)

९८६ त० कण्डन् योद्धा
सं० गण्ड, गण्डीर उप० (द्र०)

९९० त० कण्डु सूत का गोला
सं० कन्दुक गेंद

९९१ तेलुगु **कण्डुवा** उत्तरीय
प्राकृत **गेण्हिअ** स्तन ढँकने का वस्त्र
(<*ग्रंथित वस्त्र जिसकी गाँठ बाँधी जाय)

९९२ तेलुगु **क्रन्न, क्रन्नन** द्रुतगति से
सं० **क्रम्** चलना

९९४ त० **कण्णि** गाँठ
कन्नड़ **कणि** उप०
(सं० **ग्रन्थि**>*गण्हि से)

९९५ त० **कण्णि** रस्सा; (जो बाँधने में काम आये)
(सं० **ग्रन्थि** >*गण्हि से)

१००० त० **कदरु** दुख से चिल्लाना
सं० **कातर** दुखी
हिन्दी
(अवधी) **हदर्याबु** कातर होना

१००१ त० **कदिर्** चमकना
कन्नड़ **कदुरु** प्रकाश
सं० **कद्रु** पीताभ

१००६ त० **कदुप्पु** पशुओं का झुंड
सं० **कदम्बक** समूह

१००७ त० **कदुप्पु** कपोल
कन्नड़ **कदपु** उप०
सं० **गण्ड** उप०

१००९ तेलुगु **कदियु** निकट आना; मिलना
(त० **कदुप्पु** झुंड १००६ और सं० **कदम्बक** समूह से सम्बद्ध)

१०१२ त० **कत्ति** चाकू
सं० **कृत्** (*कर्त्) काटना

१०१४ कन्नड़ **कत्तु** जलना; जलाना
(कन्नड़ **कदुरु** प्रकाश १००१ और सं० **कद्रु** पीताभ से सम्बद्ध)

१०१५ पर्जि **कत्त्** काट डालना
सं० **कृत्** (*कर्त्) काटना

१०१८ त० **कॅन्दि** कूदना
सं० **स्कन्द्** उप०

१०२४ त० **कवि** ढकना; घेरना
कन्नड़ **कविचु, कवचु** पहनना
सं० **कवच** (द्र०)

(१०२५)
(क) त० **कव्वु, कप्पु** मुँह में ठूँसना; भकसना
सं० **कवल** कौर
त० **कवळम्** उप० (द्र०)

(ख)
मलयालम **कप्पुग** गपकना
कन्नड़ **गबक्कॅन्** उप०
हिन्दी **गपकना**
ग्रीक **कप्तो** (<सं० **ग्रभ्**) उप०

(१०२६)
कन्नड़ **कप्पु** खोदना; गड्ढा
तेलुगु **कावु** कूप; गड्ढा
ग्रीक **कुपे** गड्ढा
सं० **कूप** उप०; कूआँ

(१०२८)
कुड़ुख **कप्पना** पकड़ने के लिए हाथ से टटोलना
सं० **ग्रभ्**<*गर्भ् पकड़ना
लैटिन **कपिओ** पकड़ना, हथिआना

१०३१ त० कमरु क्षार अनुभव करना
सं० कवर खटास; तीखापन (द्र०)

१०३४ गोंडी **काक्री, कक्री** काख
हिन्दी **काख** (द्र०)
(अवधी) **कखरी** काख

(१०३६)
कन्नड़ **कम्पण** इलाका
त० **कम्बलइ** खेतिहर प्रदेश
लैटिन **कम्पुस्** मैदान
कम्पानिअ मध्य इटली का उपजाऊ प्रदेश
हिन्दी **चम्पारन** बिहार का एक क्षेत्र

१०४५ कन्नड़ कम्मगं — सुगंध
हिन्दी गमक — (द्र०)

१०४७ त० कच्चल् — कसैलापन
सं० कषाय — कसैला (द्र०)

१०४८ कन्नड़ कॅयूत — धूर्तता
सं० कितव — धूर्त

(१०५१)त० कयिरु — रस्सा
अंग्रेज़ी क्वायर् — नारियल के रेशे

(१०५४)त० कर — छिपाना
करप्पु — छल
सं० खर्पर — चोर
ग्रीक क्रुप्तो — छिपाना

१०५६ कुइ क्राडि — चीता
प्राकृत करड — उप० (द्र०)

१०६० त० करडि — ढोलकी
सं० करट — उप० (द्र०)

१०६१
(क) त० करट्टु — खुरदुरा
सं० करट — दुष्ट (द्र०)

(ख) तेलुगु कर — तेज़
सं० खर — उप० (द्र०)

(ग) तेलुगु करकस — खुरदुरापन
सं० कर्कश — (द्र०)

(घ) त० करुक्कु — आरी के दाँत
सं० करपत्र — आरा
पालि खर — उप० (द्र०)

(१०७०)
मलयालम करिऴ् — हृदय
कोत कर्ल — उप०
सं० *श्रद् (श्रद्धा का श्रद्) — उप०
ग्रीक कर्दिअ — उप०
(<*शर्द>*कर्द>कर्ल)

(१०७३)त० करु — काला
कार् — कालापन
तेलुगु कारु — काला
हिन्दी (अवधी) कार
सं० -कार (अन्धकार का कार)
रूसी च्योर्नुइ — काला

१०७४ त० करुप्पइ — गर्भ
सं० गर्भ

(१०७५)त० करुक्कु — पच्चीकारी
सं० कारु — शिल्प; शिल्पी
पु० अंग्रेज़ी कॅंआॅर्फ़न् — पच्चीकारी करना
अंग्रेज़ी कार्व् — उप०

१०७६ गद्‌ब कर्कं — अँबिया; आम
मलयालम करिक्कु — कच्चा नारियल
त० करुक्काय — कच्चा फल
हिन्दी केरी — कच्चा आम

१०८० त० करु निलम् — ऊसर
मलयालम करु, करुवि — उप०
सं० क्षार
हिन्दी खार

१०८३ त० करुमइ — महत्ता
मलयालम करु — तगड़ा
पालि गरु — बड़ा; भारी
सं० गरिमा

१०८६ त० करइ — गलना
गोंडी गरॅमन् — उप०
सं० गल् — पिघलना
हिन्दी गलना

(१०८७)
त० करइ — किनारा; कोर
तोद कर् — कपड़े की रंगीन किनारी
रूसी क्राइ — किनारा
(*कर् के प्रतिरूप *कॉर् से हिन्दी कोर)

(१०९०)
त० कल् — सीखना
कलइ — कला कौशल
सं० कला — (द्र०)
लैटिन कल्लॅओ — जानना
कल्लुदुस् — व्यवहारजन्य ज्ञान

(१०६१)त० **कल्** पत्थर
लिथुआनियन **कल्नस्** पहाड़
लैटिन **कलकुलुस्** छोटा पत्थर
कल्लिस् पथरीली राह
कल्लॅओ संगदिल होना
अंग्रेज़ी **कैलस्** संगदिल
सं० **कलिङ्ग** (पहाड़ी प्रदेश); प्रदेश विशेष
कलिन्द पर्वत विशेष
ब्राहूइ **ख़ल्** पत्थर
ग्रीक **खलिस्** छोटा पत्थर

१०६२ त० **कल्** मिलाना
सं० **अवकल्कन** मिश्रण (द्र०)
कलिल मिश्रित
कला लघु अंश

१०६३
(क) त० **कल** प्रकट होना; घटित होना
सं० **घट्** घटित होना
कट् (प्रकट का **कट्** < **घट्**) उप०

(ख) कोलमि **कल्** करना
हिन्दी **कर्** (करना का **कर्**)

१०६६ त० **कलुळ्** गँदला होना; गँदलापन
सं० **कलुष** गँदला

१०६७ त० **कलम्** जहाज़
सं० **कला** नाव

११०४
मलयालम **कल** दाग
सं० **कलङ्क** (द्र०)

११०८ त० **कल्लु** खोदना
सं० **खन्** उप०

११११ त० **कवण्** गोफना
सं० **गोफण** उप० (द्र०)

१११२ क० **कवदि** रजाई
त० **कवन्दि** उप०
(त० **कविप्पु** लिहाफ १०२४ और सं० **कवच** से सम्बद्ध)

१११३ तुलु **कब** दो उँगलियों के बीच की जगह
मलयालम **कव** दोनों पैरों के बीच की जगह
कवर् एक शाखा से फूटती हुई दूसरी शाखा
हिन्दी (अवधी) **गावा** दो उँगलियों के बीच की जगह

१११४ क० **कवर्** बलपूर्वक ले लेना
सं० **कवरकी** बन्दी स्त्री
लैटिन **कप्तो** पकड़ने का प्रयत्न करना
कप्तीवुस् युद्ध-बन्दी
(**कर्** → ***कप्** > ***कप्** > ***कव्**)

१११५ क० **कबरि, कवरि** वेणी
सं० **कबरी, कवरी** उप०

(१११६)त० **कॅवि** गुफा; घाटी
कन्नड़ **गवि** गुफा
सं० **गह्वर** उप०
लैटिन **कवुस्** उप०
अंग्रेज़ी **केव्** उप०

११२० तेलुगु **कमरु** जल जाना
(सं० **काम** की ***कम्** जलना, चमकना क्रिया से सम्बद्ध)

११२४ त० **कवुळ्** गाल
सं० **कपोल** (द्र०)

११२५ तुलु **गौळि** एक तरह की छिपकली
सं० **गौली** उप० (द्र०)

११२७
(क) तेलुगु **कवकव** ज़ोर की हँसी
हिन्दी **कहकहा**

(ख) त० **कव्वइ** बदनाम करनेवाली बातें
हिन्दी **गप**

११३८ त० कळल् कड़ा
हिन्दी कड़ा

११४० पर्जि कर्रि बाँस की टहनी
कन्नड़ कळिलें उप०
सं० करीर उप०
प्राकृत करिल्ल उप०
पालि कळीर उप० (द्र०)

११४१ त० कळनि कीचड़; खेत
सं० कर्द, कर्दम कीचड़

११४२ त० कळि पार करना
तुलु करियुनि उप०
तोद कॉड्य् उप०
(सं० गाध के *गध् पार करना क्रियामूल और त० कड पार करना ९२९ से सम्बद्ध)

११४३
मलयालम कळियुग सम्भव होना
सं० घट् घटित होना

११४९ त० कळुदइ गधा
तेलुगु गाडिद उप०
सं० गर्दभ उप० (द्र०)

(११५१)
कन्नड़ गण्टलु कंठ
सं० कण्ठ (द्र०)
त० कळुत्तु उप०
सं० गल उप०
कोन्ड गड़लि उप०
फ़ारसी गर्दन

(११५२)त० कळुन्दु मूसल आदि का गोल सिरा
फ़ारसी गर्दिश चक्कर
(*गर्दु गोल > कळु)

११५३ त० कळुमु केशों की-सी सघनता
सं० गाढ सघन

११५५ त० कळि डंडा
कळइ लट्ठा; बाँस; ईख का तना
काळ् खंभा
(सं० स्कम्भ और स्कन्ध की *स्क खड़ा होना क्रिया से सम्बद्ध)

(११५६)कु० खल्बस् चोर
सं० खल दुष्ट
त० कल् चोरी करना
सं० कलम चोर (द्र०)
खर्पर उप०
ग्रीक क्लोप्स् उप०
गोथिक ह्लिफ़ मैं चोरी करता हूँ

११५८ कुवि काडु ताड़ी
सं० कड् मत्त होना
कडङ्ग दारू
तुलु कलि उप०
तेलुगु कल्लु ताड़ी
त० कळ् उप०
सं० कल्या उप०
प्राकृत कल्ला उप०
हिन्दी कलवार, कलार दारू विक्रेता (द्र०)
(सं० कुटी मदिरा और त० कुडि पीना १३७८ से सम्बद्ध)

(११६०)
(क) त० कळम् खलिहान
तेलुगु कलनु उप०
कुड़ुख खली उप०
सं० खल उप० (द्र०)
हिन्दी खलिहान

(ख) त० कळम् युद्धभूमि
तेलुगु कलनु युद्ध
फ़ारसी कार् उप०

११६२ त० कळि लप्सी
सं० कलि, खलि उप० (द्र०)

११६६ त० करवु, करइ देय; कर
सं० कर (द्र०)

(११६८)त० करङ्ग चक्कर खाना
कन्नड़ गर चक्कर खाते हुए
फ़ारसी गर्दीदन् घूमना
गिर्द् गोल

(११७१)त० करि तरकारी; मांस
हिन्दी कढ़ी
अंग्रेज़ी करी साग और मांस से बना सालन

११७२ तोद कस्ँ हँसना
गोंडी गर्साना खेलना
सं० हर्ष(<*घर्ष)

११७३ तोद काय्ँ धातु पात्रों पर बिन्दी बनाकर अलंकृत करना
तुलु करँ पच्चीकारी करना
सं० कारु पच्चीकारी
(त० करुक्कु पच्चीकारी १०७५ से सम्बद्ध)

११७५ त० करु काला होना
कारु काला किया जाना
सं० कर्परि काजल (द्र०)
-कार (अन्ध-कार) काला; अँधेरा

(११७८)
त० करंइ गट्ठर
सं० ग्रथ् बाँधना
हिन्दी गट्ठर
ग्रीक खोर्दे तांत; रस्सी
फ्रान्सीसी कोर्द रस्सी

११८० त० कन ताँबा
(सं० कनक के *कन् चमकना से सम्बद्ध)

११८१ त० कनम् सघनता
सं० घन (द्र०)

११८३ कनल् जलना; आग
सं० कनल प्रकाशमान
कनक स्वर्ण (द्र०)

११८५ कनइ ढोल आदि की गंभीर ध्वनि करना
(सं० घण्टा के क्रियामूल *घन् से सम्बद्ध)

११८६
कन्नड़ कन्दु झुलसना
त० कन्रु उप०
(त० कनल् जलना ११८३ और सं० कनल प्रकाशमान से सम्बद्ध—द्र०)

११८७
कन्नड़ कन्द बच्चा
कश्मीरी गन्दुर् युवा

११८८ त० कन्नम् दीवाल में सेंध
तुलु कन्नु छेद
सं० खन् खोदना

११८९ त० कन्नम् कान
सं० कर्ण उप०

११९० त० कन्नल् गन्ना
हिन्दी गन्ना

११९३ त० का बहँगी
कुवि काच उप०
सं० काच, काज उप० (द्र०)
कन्नड़ कागडि, कावडि उप०
कोलमि कावड़ि उप०
प्राकृत कावड उप० (द्र०)
हिन्दी काँवर उप०

११९४ त० कान् वन
सं० कानन (द्र०)
कन् जाना; (मूल अर्थ घूमना)

११९५
कुड़ुख काना जाना
सं० कन् उप०

११९७ त० काक्कइ कौआ
सं० काक (द्र०)

१२०० तेलुगु कासु मुद्रा
त० काजु उप०; स्वर्ण
सं० कस् चमकना

१२०५
कन्नड़ काडिगँ काजल
सं० कज्जल उप०

१२०७
कन्नड़ काट कष्ट
सं० कष्ट

१२१० त० काणम् सोना
सं० कन् चमकना
कनक सोना

(१२१३)
(क) कन्नड़ कादुह लड़ाई
सं० कलह उप०
फ़ारसी कार् उप०

(ख)	त०	कादु	मारना; काटना
	सं०	कद्	मारना
	लैटिन	कअॅंदो	काट डालना
१२१६	त०	काम्बु	डंठल
	सं०	स्कंभ	खंभा
१२१८			
	कन्नड़	गाम्प	देहाती
	सं०	ग्राम	गाँव
(१२१९)			
(क)	कन्नड़	कासु	गरमाना
	सं०	कस्	चमकना
(ख)	त०	काय्	गरम होना
	ग्रीक	कइओ	जलाना
(ग)	नइकि	काङ्ग्	गरम होना
	हिन्दी	कांगड़ी	
(घ)	त०	कान्दु	जलना
	लैटिन	कन्दॅओ	चमकना
१२२३	त०	कायम्	चरफरा
	सं०	क्षार	उप०
१२२७	त०	कार्	खारा होना
	सं०	क्षार	खारा (द्र०)
(१२३०)			
	त०	कारि	नदी
	सं०	कर्द	कीचड़
	ग्रीक	कॉउनॉस्	झरना
१२३९	त०	काल्	सिंचाई के लिए नाली
	सं०	खल्ल	नहर (द्र०)
(१२४२)			
	त०	काल्	पहिया; गाड़ी
	कन्नड़	गालि	पहिया
	सं०	गर्त	रथ
	हिन्दी	गाड़ी	
	अंग्रेजी	कार्	गाड़ी
१२५१	त०	काट्टु	कटुता
	सं०	कटु	
	त०	काळ्	खारा होना
	सं०	क्षार	खारा
१२५३	त०	काळ्	कालापन
	सं०	काल	काला (द्र०)
(१२५९)	ते०	कालु	जलना
	लैटिन	कलॅओ	गरम होना
(१२६०)			
	त०	काळपम्	युद्ध
	फ़ारसी	कार्	उप०
१२७०	त०	कारु	कड़वा लगना
	सं०	क्षार	खारा
१२७७	त०	किड	लेटना
	सं०	शी	उप०
१२७९			
	कन्नड़	कडगु	नाली
	त०	किडङ्ङु	ताल
	सं०	कट्	बरसना
१२८९	त०	किण्डि	गड़ुवा; गड़ुई
	तुलु	गिण्डि	उप०
	हिन्दी	घंटी	पानी पीने का छोटा बर्तन
१२९४	त०	चिदर्	बिखरना, बिखेरना
	हिन्दी	छितराना	
१२९५	त०	चिदर्	काटना; विभाजित करना
	मलयालम	चिन्निग	उप०
	सं०	छिद्	उप०
		छिन्न	कटा; विभाजित
(१३०४)	त०	चिरि	हँसना; मज़ाक उड़ाना
	अंग्रेजी	जिअर्	मज़ाक उड़ाना
१३११	त०	चिलइ	चिल्लाना
	हिन्दी	चिल्लाना	
(१३१५)			
	त०	किळम्	बूढ़ा; बुढ़ापा
	सं०	जरा	बुढ़ापा
		जॄ (जीर्यति इत्यादि)	बूढ़ा होना
	ग्रीक	गॅरोन	बूढ़ा

१३१६ त० किळि चिरना
कीळ् चीरना
हिन्दी चीरना

१३१७
मलयालम किलुन्नु किल्ला; अंकुर
किलुक्क किल्ले फूटना; उगना
हिन्दी किल्ला
किल्ले फूटना

१३१८ त० किळि, किळ्ळइ तोता
सं० कीर उप०

(१३२३)त० किराव् पुकारना
कन्नड़ गीरु, जीरु, चीरु उप०; चिल्लाना
सं० गॄ (गृणाति इत्यादि) पुकारना
ग्रीक गेरुओ पुकारना; बोलना; गाना

(१३२७)
कन्नड़ गिरु चक्कर खाता हुआ
ग्रीक गुरॉस् गोल
लैटिन गीरो चक्कर खाना
अंग्रेज़ी जाइरेट् उप०

१३३६
कोडगु किन्न् छिन्न-भिन्न करना
सं० छिन्न
(*घिद् काटना > छिद्*किद्)

१३४६ त० कीलम् कील
सं० कील

१३४७
कुड़ुख कीबा हिम; तुषार
मल्तो किवॅ शीत
कश्मीरी शीन् हिम
सं० शीत

१३५१ त० कील् चीरना
तुलु चीलु चैला
हिन्दी चीरना

१३५२ त० कीरु लिखना
सं० किरिक लिपिक

१३५३ त० कीरु चीरना
कोडगु कीत् उप०
तेलुगु गीरु, गींटु उप०
सं० छिद् काटना; विभाजित करना
हिन्दी चीरना
(*घिद् > छिद्/*किद्)

१३६०
कन्नड़ गुग्गरि उबले गेहूँ या उबला हुआ अन्य नाज
हिन्दी (अवधी) घुघुरी उबले गेहूँ

१३६१ क० गुङ्गुरु, गुंजुरु घुँघराले होने की दशा
हिन्दी घुँघराले

१३६८ त० कुच्चु गुच्छा
सं० गुच्छ उप० (द्र०)
कन्नड़ कुञ्च उप०
सं० गुञ्ज उप० (द्र०)

१३७१ ते० कून बच्चा
कोलमि कून पिल्ला
सं० सूनु पुत्र
(तुलनीय पिळ्ळइ पुत्र और हिन्दी पिल्ला)

१३७६ त० कुडम् जलपात्र
सं० कुट उप० (द्र०)
(त० कुडि पीना १३७८ से सम्बद्ध)
प्राकृत कुड घड़ा

१३७८ त० कुडि पीना
सं० कुटी दारू (द्र०)

१३७९
(क) त० कुडि घर
कुडिगइ झोंपड़ी
सं० कुट, कूट, कुटी (द्र०)
हिन्दी कुटिया
(अवधी) कुरिया झोंपड़ी

(ख) त० कुडिमइ परिवार
मलयालम कुडि कबीला
सं० कुटुम्ब (द्र०)

१३८१ ते० **गुटक** घूंट
कन्नड़ **गुटकु** उप० कौर
गुटुकिसु गटकना
हिन्दी **गुटकना, गटकना**

१३८३
(क) कन्नड़ **गाँटरु** कोटर
सं० **कोटर**

(ख) कन्नड़ **काँडें** गड्ढा करना
गाँडगु गड्ढा
सं० **कर्त, गर्त** उप०
हिन्दी **गड्ढा, गोड़ना**

(ग) त० **कुडवु** गुफा
सं० **गुहा** उप०
गूढ छिपा हुआ

१३८६ त० **कुडइ** छाता
सं० **उत्कूट** उप० (द्र०)

१३८९ त० **कुण्डम्** कुण्ड
कुट्टम् गहराई
सं० **कुण्ड** (द्र०)

१३९० क० **गिड्ड** गिट्टा; बौना
तेलुगु **गिटक** गिट्टा
हिन्दी **गिट्टा** नाटा

१३९१ त० **कूट्टु** कूटना
सं० **कुट्टयति** कूटता है (द्र०)

१३९२ क० **कुट्टु** चुभना
तेलुगु **कुट्टु** चुभाना; सीना
कुइ **कुट** प्रेरित करना
सं० **सू** उप०
सूचि सुई
शूल (जो चुभे)
(त० **कुत्तु** कोंचना १४२९ से सम्बद्ध)

१३९३ त० **कुट्टु** गुप्त बात
कन्नड़ **गुट्टु** उप०
सं० **कूट** प्रच्छन्न अस्त्र; धोखा

१३९७ मल्तो **कुडॅ** सुई जैसी चीज़ चुभाना
सं० **सूचि** सुई
(कन्नड़ **कुट्टु** चुभना १३९२, त० **कुत्तु** कोंचना १४२९ से सम्बद्ध)

१४०० क० **गुडि** चक्र
सं० **गुड** गोल वस्तु; गेंद (द्र०)

१४०२ क० **गुड्ड** पहाड़
सं० **कूट** उप०

१४०८
मल० **कुण्डन्** लँगड़ा
सं० **खुण्ड्** लँगड़ाना (द्र०)

१४१४ त० **कुण्डु** गेंद
कन्नड़ **गुण्डु** कोई गोल चीज़
सं० **गुड** गेंद
(कन्नड़ **गुडि** चक्र १४०० से सम्बद्ध)

१४१९ त० **कुदि** कूदना
हिन्दी **कूदना**

१४२३ ते० **गुर्रमु** घोड़ा
कश्मीरी **गुरु** उप०
सं० **घोट** उप०
हिन्दी **घोड़ा** उप०
अंग्रेज़ी **हौर्स** उप०
(***घॉर्** दौड़ना > ***घॉर्त** > **घोट**; ***घॉर्त** > ***कॉर्त** > **हौर्स**)

१४२९ त० **कुत्तु** सीना; चुभाना
(सं० **सूचि** और **शूल** तथा तेलुगु **कुट्टु** सीना, चुभाना १३९२ से सम्बद्ध)

१४३२ त० **कुन्दालि** कुदाल
कन्नड़ **गुद्दालि** उप०
सं० **कुद्दाल** उप० (द्र०)

१४३३ क० **कुन्द** खंभा
(सं० **स्कन्ध** के विकल्प **स्कॉन्ध** से व्युत्पन्न)
हिन्दी **कुन्दा** लट्ठा

१४४० कुवि **कूप** स्तूप
कन्नड़ **कुप्पॅ** उप०
सं० **स्कु** इकट्ठा करना
(सं० **स्तूप** के प्रतिरूप ***स्कूप** से)

१४४१ तेलुगु **कॉम्प** घर
त० **कुप्पम्** गाँव
प्राकृत **खुम्पा** छप्पर (द्र०)
झुंपडा झोंपड़ी

१४७० त० **कुयिल्** कोयल
सं० **कोकिल** उप० (द्र०)

(१४७२)
(क) कन्नड़ **कुञ्चु** झुकना
सं० **कुञ्चित** वक्र

(ख) त० **कुरङ्ग्** झुकना
लैटिन **कुर्वो** उप०
ग्रीक **कुर्तॉस्** झुका हुआ

१४४९ त० **कूप्पु** ढेर लगाना
सं० **स्कु** इकट्ठा करना

१४५४ त० **कुम्बम्** कन्धों के बीच का भाग
सं० **कुम्भक** खंभे का निम्न भाग

(१४५८)
कन्नड़ **कुम्बु** झुकने की क्रिया
वेल्श **कुमन्** उप०

१४६५
कन्नड़ **गुम्म** भूत
सं० **कूष्म** उप० (द्र०)

१४७४ त० **कुरच्चइ** खुर
सं० **खुर** (द्र०)

(१४७७)
त० **कुरल्** आवाज; गला
सं० **गॄ** पुकारना
लैटिन **गुल** गला
कलो पुकारना
ग्रीक **कलॅओ** उप०

१४७९
मलयालम **किराल्** भूरा
सं० **किरात** (पीत वर्ण के पहाड़ी लोग); गण विशेष

१४८५ पर्जि **कुरि** हिरन
तेलुगु **कॉरि** उप०
सं० **कुरङ्ग** (द्र०)

(१४९४) त० **कुरुन्** छल्लेदार बाल
कुरल् स्त्री के बाल
सं० **कुरल, कुरुल** छल्लेदार बाल (द्र०)
अंग्रेजी **कर्ल** उप०
लैटिन **कुर्वो** झुकना; वक्र होना

१४९६ त० **कुरइ** भूँकना
कुक्कन् कुत्ता
तेलुगु **कुक्क** उप०
सं० **कुर्कुर, कुक्कुर, कुकुर** उप० (द्र०)

१५०५ त० **कुलइ** भूँकना
(त० **कुरइ** भूँकना १४९६ सं० **कुर्कुर, कुक्कुर** से सम्बद्ध)

(१५०७)
कन्नड़ **गुल्लु** गुल-गपाड़ा
फ़ारसी **गुल** हल्ला

(१५११)
(क) त० **कुळल्** छल्लेदार बाल
(त० **कुरुळ्** छल्लेदार बाल १४९४ सं० **कुरल** से सम्बद्ध)

(ख) त० **कुळल्** बाँसुरी
कोत **कॉल्** नली
तेलुगु **कोलु** उप०
सं० **सुरङ्गा** दीवाल या धरती में बनाया हुआ छेद
सुरुङ्ग उप०
ग्रीक **सुरिङ्गॉस्** बाँसुरी; नली
सुरिङ्क्स् उप०

(ग) कोत **कुप्** गड्ढा
कुय् उप०
सं० **कूप**

१५१३ त० **कुळुम्बु** समूह
कुळु उप०
(त. **कुडि** परिवार १३७९ और सं. **कुटुम्ब** से सम्बद्ध)

१५१४
(क) तुलु **कुरॅ** कूड़ा
हिन्दी **कूड़ा**

(ख) कन्नड़ **कॉच्चॅ** कीचड़
सं० **कच्छ** दलदल
हिन्दी **कीच, कीचड़**
कचरा

१५१७ त० **कुळगम्** माप विशेष
सं० **कुटप** उप० (द्र०)

१५१८ त० **कुळम्** जलाशय
सं० **कूल** उप० (द्र०)

१५१९ त० **कुळम्बु** खुर
कन्नड़ **कॉलगु** उप०
(त० **कुरच्चइ** १४७४ और सं० **खुर** से सम्बद्ध)

१५२२ त० **कुळि** नहाना
(त० **कुळम्** जलाशय १५१८ और सं० **कूल** से सम्बद्ध)

(१५२३)
त० **कुळिर्** ठंढ
अंग्रेज़ी **कूल्** ठंढा

१५२६ त० **कुळ्ळम्** बौनापन
प्राकृत **खुल्ल** (<क्षुद्र) छोटा

१५२७ पर्जि **कुडु** जाँघ
मलयालम **कुरगु** उप०
त० **कुरङ्गु** उप०
हिन्दी **कूल्हा**

१५३४ त० **कुरुम्बु** गाँव
सं० **कुटुम्ब**
(त० **कुडि** घर, नगर १३७९ से सम्बद्ध)

१५३६ त० **कुत्तु** कूटना
सं० **कुट्ट्** उप०

१५३७ ते० **कॉद** दोष; खोंट
प्राकृत **खोड** उप०
हिन्दी **खोंट, खोंटा**
(अवधी) **खोरि** दोष

१५४४ (क)
पर्जि **कुट्ट्** काटना
सं० **कुट्टन** कटाई
हिन्दी **कुट्टी** चारा काटना

(ख) कुइ **क्रात्** आरा चलाना
सं० **क्रकच** आरा

(१५४८)
मलयालम **कुरु** पर्वत
रूसी **गोर** उप०
कन्नड़ **कॉण्ड** उप०
सं० **कूट** उप०

१५५१ त० **कू** कुहू ध्वनि
सं० **कुहू**

१५५४ ते० **कूतु** लड़की
हिन्दी **कुत्ता**
(तुलनीय हिन्दी **पिल्ला** और त० **पिळ्ळइ** लड़की)

१५५७ म० **कुम्बि** पुरुष की जननेन्द्रिय
सं० **स्कुम्भ्** स्थिर होना
(सं० **दंड** के समान खड़ी हुई वस्तु)

१५६२ ते० **कूटमु** ढेर
कूटुवु उप०
मलयालम **कूट्टुग** ढेर लगाना
सं० **कूट** ढर
हिन्दी **कूड़ा**

१५६७ त० **कूट्टु** झाड़ू से बटोरना
कन्नड़ **गुडसु** झाड़ू लगाना
सं० **कूट** ढेर
हिन्दी **कूड़ा**

१५७० त० **कूत्तु** नाच
(त० **कुदि** १४१९, हिन्दी **कूदना** से सम्बद्ध)

१५७२ त० **कून्तल** केश
सं० **कुन्तल** (द्र०)

१५७४ त० **कुवळइ** नील कमल
सं० **कुवलय** (द्र०)

१५७५ त० **कूम्बु** मस्तूल
तुलु **कूवॅ** उप०
सं० **कूपक** उप०
प्राकृत **कूवय** उप० (द्र०)
सं० **स्कुम्भ्** स्थिर करना
(**स्कम्भ** के समान **स्कुम्भ** वह वस्तु है जो खड़ी हो)

१५७९ त० **कूर्** औजार की धार का तेज़ होना
सं० **क्षुर** तेज़ धार का औजार

१५७९ त० **कूर्** किसी चीज़ की बढ़ती होना

सं० **कूट** ढर
हिन्दी
(अवधी) **कूरा** उप०

(१५८०)
कन्नड़ **कूर्** बैठना
फ़ारसी **कुर्सी** (जिस पर बैठा जाय)

१५८१ त० **कूरन्** कुत्ता
(त० **कुरइ** भूंकना १४९६ और सं० **कुर्कुर**, **कुक्कुर** से सम्बद्ध)

१५८४ त० **कूरइ** झोंपड़ी
हिन्दी
(अवधी) **कुरिया** उप०
सं० **कुटी**
(त० **कुडि** घर १३७९ से सम्बद्ध)

(१५८५)
गोंडी **कूल** नितम्ब
हिन्दी **कूल्हा**
ग्रीक **कोले** जाँघ

१५९० त० **कूवल्** कूआ
सं० **कूप**

१५९२ तुलु **कूरु** भात
सं० **कूर** उप० (द्र०)

१५९३ त० **कूळइ** कूढ़ मगज होना
हिन्दी **कूढ़**

१५९५ त० **कूळ्** एकत्र होना
कूळि समूह; परिवार
सं० **कुल**

१५९९ कोलमि **कूल्** पानी का रिसना
सं० **कूल** जलाशय
कुल्या नहर

१६०० त० **कूरु** बोलना; पुकारना
(कन्नड़ **कुरल्** पुकारना १४७७, सं० **गृ** पुकारना से सम्बद्ध)

१६०५ त० **कूनु** झुकना
कून् भंगिमा; कूबड़
सं० **कोण**

१६०७
(क) कोत **कॅन्** लाल
कन्नड़ **कॅम्** उप०
सं० **कन्** चमकना
कनक

(ख) कोडगु **कॅञ्च** लाल
सं० **कञ्च्** चमकना

(ग) कोत **कॅप्** लाल
सं० **कपि** (लाल मुँह का जीव); बन्दर

(घ) कोडगु **चोन्दॅ** लाल
सं० **चन्द्र** प्रकाशमान

(ङ) कोत **केत्** लाल
त० **चेत्तु** उप०
सं० **केतु** चमक

(च) त० **चॅ** ललाई
चेप्पु उप०
चेय् उप०
चेक्कइ उप०
सं० **केतु** चमक

१६१४ तुलु **शॅट्टु** सड़ा हुआ
हॅट्टु उप०
तॅट्टु उप०
तेलुगु **चॅड्ड** उप०
त० **कॅडु** सड़ना
हिन्दी **सड़ना**

(१६१५)
कुवि **कॉड्ड** पैर
हिन्दी **गोड़** उप० (द्र०)
कोलमि **गॅट्ट** पैर
पर्जि **गेट** उप०
अंग्रेज़ी **गेट्** चाल
(सं० **गम्** के विकल्प **गो, गे** से सम्बद्ध)

१६१९ तुलु **गण्टु** जोड़
सं० **गण्डू** उप० (द्र०)

(त० **कण्** जोड़ ९७४ और सं० **काण्ड** से सम्बद्ध)

१६२४ त० चॅत्तु काटना; छीलना
कन्नड़ कॅत्तु छीलना
सं० छिद् काटना
(*घॅद्>*कित्/छिद्)

१६२६ त० चॅप्पु कहना
सं० शप् सौगन्ध खाना; शाप देना
प्राकृत चव कहना
हिन्दी चवाव

१६२८ त० चॅय् करना
कन्नड़ कॅय् उप०
कोलमि कक् उप०
ब्राहूइ कन्निङ्ग् (कर्—) उप०
सं० कृ (कर्) उप०
गोंडी कियाना उप०
हिन्दी किया
गद्‌ब कॅद्, कॅन् करना
सं० कृत
प्राकृत चेग्र करना, बनाना

(१६२९)
(क) तुलु कॅयि फसल
कन्नड़ कॅय् खेत
त० चॅय् उप०
पर्जि केन् उप०
मराठी शेत उप०
सं० क्षेत्र उप०
सीता खेत में हल से बनी नाली
ग्रीक सिताॅस् अनाज
लैटिन सॅरो बोना

(ख) त० कइदल् धान का खेत
कोडगु कॅत्तॅ कीचड़
सं० केदार जलमग्न क्षेत्र
(तुलु केडु कीचड़ १६८० से सम्बद्ध)

१६३०
तेलुगु केरु चिल्लाना
सं० गॄ पुकारना

१६३१ त० चॅरु युद्ध
(फ़ारसी कार् युद्ध के विकल्प *केर् से सम्बद्ध)

१६३३
कन्नड़ कॅर, कॅर्पु जूता; चप्पल
गोंडी सर्पुम् चप्पल
त० चॅरुप्पु उप०; जूता
हिन्दी चप्पल (द्र०)
(सं० सृ चलना से सम्बद्ध)

(१६४१)
त० कॅलि जीतना
(त० वॅल् ४५२२ से सम्बद्ध; वॅल्>क्वॅल्>कॅल्)
अंग्रेज़ी क्वॅल् जीतना; दमन करना

(१६४२)
(क) गोंडी कॅल्कु बाल
गद्‌ब कॅन्दी उप०
सं० केश

(ख) कुइ कॅलु बड़ा पंख
अंग्रेज़ी क्विल् पंख

(१६४५)
कुइ किरु कान
कुवि किरियू उप०
कन्नड़ किवि उप०
त० चॅवि उप०
सं० श्रु सुनना
ग्रीक क्लुओ उप०
अंग्रेज़ी हिअर् उप०
(*शर्>*कर्→सं० कर्ण; *शॉर्>सं० श्रु)

१६५६ त० चे रहना; लेटना; सोना
सं० शी लेटना; सोना

१६८० तुलु केडु कीचड़
त० चेरु उप०
सं० केदार जलमग्न क्षेत्र
प्राकृत केग्रार खेत (द्र०)
बँगला केदार उप०
हिन्दी क्यारी

(१६८३)

त०	**कइ**	हाथ
कन्नड़	**कय्, कॅय्**	उप०
तेलुगु	**चॅयि**	उप०
सं०	**कर**	उप०
ग्रीक	**खॅइर्**	उप०

१६८४ त० **कइ** सँवारना; अलंकृत करना

(सं० **कला** के समान क्रियामूल **कर्** से सम्बद्ध; ***कर्** >**कल्/कय्**)

१६८६

कन्नड़ **कइदु** औजार

(सं० **कर्** क्रियामूल से सम्बद्ध; **कइदु** अर्थात् उपकरण, जिससे काम किया जाय)

१६८९

कन्नड़ **कॉङ्कु** मुड़ना; वक्र होना

कॉङ्कि मछली पकड़ने का काँटा

कॉक्कि वक्रता; मोड़

सं० **कोण**

१६९०

कन्नड़ **कॉक्कु** चोंच

सं० **चञ्चु**

हिन्दी **चोंच**

(सं० **कोण** के वक्रतासूचक क्रियामूल **कॉन्** के पूर्वरूप **कॉर्** से सम्बद्ध)

१६९२ तुलु **कॉङ्ग** केरल प्रदेश

त० **कॉङ्गु** तमिलनाडु का एक भाग

सं० **कोङ्कण** महाराष्ट्र का एक भाग

(सं० **कोण** के क्रियामूल **कॉन्** से सम्बद्ध; वक्र सीमाओं के प्रदेश का सूचक)

१६९३

त० **कॉङ्गइ** कुच

सं० **कुच्** (<**कुञ्च्**) वक्र होना

कुच

हिन्दी **चूँची**

(**कोण, कुञ्चित** आदि के क्रियामूल ***कॉन्** से सम्बद्ध)

१७००

मलयालम **कॉडन्न** दो मुट्ठी

कोडगु **कॉडन्दॅ** उप०; अँजुरी

(हिन्दी **गोइँ** जोड़ी के **गो** के समान **कॉ** का अर्थ है दो और **डन्द, दण्ड** का पूर्वरूप है **धन्ध** हाथ। हिन्दी **धन्धा**, उक्त **धन्ध, दण्ड,** अंग्रेज़ी **हैन्ड** परस्पर सम्बद्ध हैं। कोडगु **दण्ड़ी** दो चीज़ें १०४ में दो की संख्या का भाव दो हाथों के कारण उत्पन्न हुआ। यहाँ दण्ड का मूल अर्थ है हाथ।)

१७०१ **कॉडम्बॅ, कॉडमॅ** मछली पकड़ने की दोहरी डलिया

(दोहरी के भाव का आधार **कॉडन्न** १७०० के **कॉ** की तरह यहाँ **कॉ** है।

१७०२	तुलु	**कुडरि**	कुल्हाड़ी
	कन्नड़	**कॉडलि**	उप०
	सं०	**कुठार**	(द्र०)
		कुद्दाल	कुदाल

१७०४	त०	**कोडु**	चोटी; पहाड़
	सं०	**कोटि**	चोटी (द्र०)

१७०८ त० **कॉडु** देना

(त० **कइ** हाथ १६८३, सं० **कर** से सम्बद्ध, जैसे सं० **दा** देना फ़ारसी **दस्त** हाथ से सम्बद्ध है)

१७०९

(क)	त०	**कॉडु**	टेढ़ा
		कुड	उप०
	सं०	**कुटिल**	उप० (द्र०)
(ख)	त०	**कोडि**	कोना
	कोत	**कोण्ड्**	मोड़
	सं०	**कोण**	

(१७१३)

तुलु	**कॉट्ट**	झोंपड़ी
कोडगु	**कॉट्टि**	उप०
त०	**कॉट्टम्**	पशु बाँधने का स्थान
सं०	**गोष्ठ**	उप० (द्र०)
अंग्रेज़ी	**कोट**	उप०
	कौटॅज़	झोंपड़ी

१७१७ त० कॉट्टु पीटना
(त० कुट्टु पीटना १३६१, सं० कुट्ट् से सम्बद्ध)

१७२२
(क) त० कॉट्टइ गुठली
कुड़ुख गॉटा उप०
हिन्दी गुठली

(ख) त० कॉट्टइ फल का गूदा
तुलु गॉट्टु उप०
हिन्दी गूदा

१७२९
कन्नड़ कॉणपि नाज पीटने का उपकरण
सं० कुणप भाला (द्र०)

१७३४
कुड़ुख खॉण्ड्खा गहरा गड्ढा
हिन्दी खन्दक

१७३६ त० कॉत्तलम् दुर्ग
सं० कोट उप०
(त० कोट्टइ दुर्ग १८३१ से सम्बद्ध)

१७४१ त० कॉत्तु परिवार; सभा
सं० कुटुम्ब

१७५१ त० कॉप्परइ नारियल
हिन्दी खोपड़ा (द्र०)

१७५५
कुड़ुख खॉपा जूड़ा
हिन्दी खोंपा उप० (द्र०)

१७५८ पर्जि कुप्लाङ्ग् कपोल
सं० कपोल

१७५९
मलयालम कॉम्बु मस्तूल
सं० स्कुम्भ् स्थिर होना
(त० कूम्बु मस्तूल १५७५ से सम्बद्ध)

१७६७
तेलुगु कॉङ्क सारस
सं० कङ्क उप०

१७८६ त० कोदु खोदना
हिन्दी खोदना

(१७८७)
(क) कोन्ड कॉड़ॉ पुत्र; लड़का
तेलुगु कॉडुकु पुत्र
पंजाबी कुड़ी लड़की
ग्रीक कॉरे उप०
कॉरॉस् लड़का

(ख) कुइ कोड़ु कोंपल
त० कॉळुन्दु उप०
सं० कोर कली (द्र०)
बँगला कुड़ि उप०

१७८८
(क) तेलुगु कॉण्डि आँकड़ा; कुंडी
हिन्दी कुंडी

(ख) कोलमि कॉर् लाना
कुवि कोर्दलि लेना; खरीदना
तेलुगु कॉनु उप०
त० कॉळ् उप०
(सं० *कर् करना के विकल्प *कॉर् से सम्बद्ध)

१७८९ त० कॉळ् मारना
(त० कॉल् मारना १७७२ से सम्बद्ध)

(१७९२)
त० कॉळइ गीत; धुन
गेलिक केलर् गायन

(१७९४)
त० कॉळ्ळि आग
हिन्दी कौड़ा अलाव
लैटिन कलॅओ गरमाना

(१८०३)
त० कॉर॑म् विजय; प्रभुत्व
ग्रीक कुरॉस् प्रभुत्व

(१८०५)
त० कॉरुं भोजन
फ़ारसी ख़ुर्दन् भोजन करना

(१८०७)

तः० **कॉनइ** नोक; सिरा
सं० **कण्ट** काँटा
ग्रीक **कॅन्तॅग्रो** चुभाना

(१८११)

त० **को** पहाड़
फ़ारसी **कोह्** उप०

१८१४

कन्नड़ **कोसु, कोचु** टेढ़ापन
सं० **कुच्** टेढ़ा होना

(१८२४)

गोंडी **कोर्** सींग
त० **कोडु** उप०
लैटिन **कॉर्नू** उप०
सं० **शृंग** उप०

१८३०

मलयालम **कोट्टि** हँसी मज़ाक
सं० **गोष्ठी** (द्र०)

(१८३१)

त० **कॉट्टइ** दुर्ग
तेलुगु **कोट** उप०
सं० **कोट** उप० (द्र०)
अंग्रेज़ी **कोर्ट्** दीवालों से घिरा स्थान

१८३३

कन्नड़ **गोडॅ** दीवाल
सं० **कुड्य** उप० (द्र०)
(त० **कोट्टइ** दुर्ग १८३१ से सम्बद्ध)

१८३४ त० **कोण्** कोण; वक्रता
सं० **कोण** (द्र०)

१८३५ त० **कोणि** बोरी
सं० **गोणी** उप०
अंग्रेज़ी **गनी** उप०
(**गोणी** और **गनी** के सम्बन्ध के लिए देखें आक्सफोर्ड डिक्शनरी)

१८३६ त० **कोदण्डम्** विद्यार्थियों के हाथ बाँधकर दण्ड देने का रस्सा
सं० **कोदण्ड** धनुष

१८३७

कन्नड़ **गोन्दॅ** बैल
गोंडी **कोण्डा, कोन्द** उप०
सं० **षण्ड** साँड़

१८३८ कुइ **कोप** पशुओं की देखभाल
सं० **गोप**

(१८४०)

तेलुगु **कोमटि** वैश्य
कन्नड़ **कोमटि** वैश्य दूकानदार
लैटिन **कउपो, कोपो** दूकानदार
ग्रीक **कम्पेलॉस्** उप०
सं० **काम्पिल्य** पाञ्चालों का नगर
(जो व्यापार-केन्द्र रहा होगा)

(१८४१)

त० **कोमाळि** विदूषक
कोत **कोमाळ्य्** नाटक का विदूषक
मलयालम **कोमाळम्** हास्य विनोद
ग्रीक **कोमॉस्** उप०
कोमोदॅग्रो व्यंग्य करना; नकल उतारना
कोमोदिग्र हास्य व्यंग्य का प्रदर्शन

(१८४४)

तेलुगु **कोर** कटोरा
त० **कोरम्** उप०; तश्तरी
हिन्दी **खोरा** कटोरा
फ़ारसी **आबखोरा** उप०

१८५३ त० **कोल्** नाव
सं० **कोल** उप० (द्र०)

१८५६

कुड़ुख **कूल्** पेट
सं० **कोल** छाती

१८६० त० **कोवणम्** लँगोटी
सं० **कौपीन** उप० (द्र०)

१८७२ त० **चक्कळि** चपटा होना
प्रा० **चक्कल** विस्तीर्ण
हिन्दी
(अवधी) **चाकल** चौड़ा

१८८०
कन्नड़ **जगति, जगलि, जगळि** चबूतरा
सं० **जगत्** मकान की कुर्सी
हिन्दी
(अवधी) **जगति** कुएँ के चारों ओर बना चबूतरा

१८८१
तेलुगु **जग्गु** चमक दमक
हिन्दी **जगमग**

१८८२
तेलुगु **जङ्कु** आगा पीछा करना; डरना
सं० **शंका**

१८९२
तेलुगु **चट्टन** शीघ्र
हिन्दी **चट, झट**
सं० **झटिति** उप०

१८९४
कन्नड़ **जडि** पीटना
सं० **तड्** उप०

१८९७ त० **चडइ** जटा
कन्नड़ **जटॅ** उप०
सं० **जटा** (द्र०)
प्राकृत **झंटी** केशकलाप

१९०५ त० **चट्टुगम्** चम्मच
सं० **चटुक** काष्ठपात्र

१९०८
गदब **सट्** भूनना
पंजाबी **सड़ना** जलना

१९०९
कन्नड़ **जड्ड** निकटता
हिन्दी **सटना**

१९१०
कन्नड़ **जड्डु** जड़ता
सं० **जड**

१९१६
(क) मल० **चद** घाव
सं० **क्षत**
(ख) कन्नड़ **तदॅ** पीटना
सं० **तड्** उप०

१९१७ त० **चदि** धोखा देना
सं० **छद्** उप०
छद्म छल (द्र०)

१९२० त० **चदुर्** कौशल
सं० **चतुर**

१९२१
कन्नड़ **चन्द** सुन्दर; प्रसन्न करने वाला
सं० **चन्द्** प्रसन्न करना

१९२४ त० **चप्पट्टइ** चपटापन
सं० **चर्पट** पट लेटा हुआ (द्र०)
हिन्दी **चपटा**

१९२७ त० **चप्पु** चबाना
पालि **चप्पेति** उप० (द्र०)
सं० **चर्व्** उप०
हिन्दी **चबाना**

१९२९ त० **चप्पइ** नीरस
सं० **चपट** उप० (द्र०)
त० **चप्पट्टइ** चपटापन
हिन्दी **चपटा**

१९३४
कन्नड़ **समरु, सवरु** सँवारना
संवरणॅ तैयारी
सं० **संवरण** आच्छादन
हिन्दी **सँवरना, सँवारना**

१९४३
तेलुगु **त्राडु** धागा
त० **चरडु** उप०
फ़ारसी **तार** सूत; धातु का तार

१९४८
कन्नड़ **सरपणि, सर्पळि** ज़ंजीर
त० **चरप्पणि** सोने की ज़ंजीर
(सं० **सर्प** की वक्रगति सूचक ***सर्** क्रिया से)

(१९४९)
कोन्ड **सरस्** साँप
तेलुगु **तरस्** उप०
त० **अरवु** (<***सरपु**) उप०
सं० **सर्प**
अंग्रेज़ी **सर्पॅन्ट्** उप०

१९५० त० **चरि** सरक जाना
कन्नड़ **सरि** चलना; भागना
सं० **सृ** (***सर्**) उप०

१९५३
गोंडी **सर्री** सड़क
सं० **सरणि** उप०
(गमनसूचक *सर् क्रिया से)

१९५९ त० **चलि** छानना
चल्लडइ चलनी
हिन्दी **छानना**
चलनी (<**छलनी**)

१९६४ तुलु **चल्लण** जाँघिया
सं० **चलनक** पेटीकोट (द्र०)
कन्नड़ **चड्डि** जाँघिया
हिन्दी **चड्डी**

१९७३
(क) त० **चवट्टु** नाश करना
सं० **शव**
प्राकृत **चव** मरण

(ख) कोडगु **चवटि** पगचिह्न
चवट् पैर रखना
त० **चवट्टु** पैर से कुचलना

कम्बोज **शव्** चलना
(**शवतिर्गतिकर्मा कम्बोजेष्वेव भाषितो भवति—महाभाष्य**)

१९७५
कन्नड़ **सवरु** काट-छाँट करना
प्राकृत **सब्बल** शस्त्र विशेष
हिन्दी
(अवधी) **सब्बरु, सबरा** लोहे का डंडा जो एक तरफ पैना होता है और खोदने के काम आता है।

१९७६ पर्जि **चविल्** ओखली
नइकि **सव्लि** उप०
त० **अवल्** भुने धान को कूटकर निकाला चावल
प्राकृत **चवल** चावल
हिन्दी **चावल**

१९९९
कन्नड़ **चन्नु** सुन्दरता
सं० **चन्** प्रसन्न होना

२००२
कन्नड़ **सावु** मृत्यु; शव
त० **चावु** मृत्यु; प्रेत
सं० **शव** (द्र०)
प्राकृत **चव** मरण

२००६
(क) कन्नड़ **सागु** चलना
कम्बोज **शव्** उप०
(कोडगु **चवटि** पगचिह्न १९७३ से सम्बद्ध)

(ख) कन्नड़ **सागु** खेती
सं० **शाक**
हिन्दी
(अवधी) **सागु**
(सं० **सू** पैदा करना के प्रतिरूप ***सव्**, ***सा** बोना से सम्बद्ध)

(२०१०)
कन्नड़ **जादु, जाजु** लाल रंग
सं० **यातु** जादू
यातुधान राक्षस
फ़ारसी **जादू**
(जैसे **रक्त** से **रक्ष, राक्षस**, वैसे ही **यातु** से **यातुधान; राक्षस** और **यातुधान** रक्त अथवा पीत वर्ण के लोग थे जो अपनी माया के लिए प्रसिद्ध थे।)

२०२१ त० **चान्दम्** चन्दन
सं० **चन्दन** (द्र०)

२०२२ त० **चात्तु** पहनना
सं० **छद्** उप०; ढकना
छादन आवरण

२०२६ त० **चाय्** लेटना; झुकना
सं० **शी** (**शयते** इत्यादि) लेटना

२०३७
कन्नड़ **साकु** पर्याप्त होना
कोत **चाग्** सम्भव होना
सं० **शक्** योग्य होना
हिन्दी **सकना**

२०३८
कन्नड़ **साल्** हल से बनी नाली
त० **चाल्** उप०; खेत बोते समय बोने वाल के आने-जाने से बनी राह
सं० **शालि** (जो बोया जाय); धान

२०४७
कन्नड़ **चार** रेखा; पट्टी
सं० **शार्** उप०
(यथा शार्दूल में; शार् रेखा, त० तोल् खाल। यह व्याख्या बरो की है।)
बँगला **सारि** पंक्ति

२०५० त० **चारु** रस
सं० **चरु** विशेष प्रकार की खीर

२०५१ गोंडी **सारुङ्ग्** छह
हरुङ्ग् उप०
आरु उप०
त० **आरु** उप०
कुइ **सज्** उप०
सं० **षष्, षट्** उप०

२०५३
कन्नड़ **जिगटु** चिपचिपाहट
सं० **चिक्क** गोंद
मराठी **चिकट** चिपचिपा (द्र०)
हिन्दी **चीकट; चिकटना**

२०५४ तुलु **सिगुरुनि** अंकुरित होना
तिगुरुनि उप०
चिगुरुनि उप०
इगुरुनि उप०
मराठी **शिग्री** कोंपल (द्र०)

२०५६
कुड़ुख **चीर्ना** चीरना
तेलुगु **चीरु** उप०
हिन्दी **चीरना** (द्र०)

२०६५ त० **चिङ्ङ्** क्षीण होना
प्राकृत **सिंग** क्षीण (द्र०)

२०६८
कन्नड़ **चिटकि** चुटकी
हिन्दी **चुटकी**

२०७१
गद्ब **सिट्** काटना; विभाजित करना
पर्जि **चिट्ट्** उप०
सं० **छिद्** उप०

२०७१ त० **चिट्टिक्कइ** उँगली चिटकाने की क्रिया
सं० **चोटिका** उप०
मराठी **चिट्की** उप० (द्र०)
हिन्दी **चिटकाना**

२०८६
कोलमि **सिन्ता** इमली
तेलुगु **चिन्त** उप०
सं० **चिञ्चा** उप० (द्र०)

२०८९ त० चिप्पि सीप
पालि,
प्राकृत सिप्पी उप० (द्र०)

२०९०
कन्नड़ सिब्ब, चिब्ब कोढ़ का दाग
सं० सिध्म उप०
मराठी शीबे उप० (द्र०)

(२०९३)
तुलु शिम ठंढ
सं० हिम
कश्मीरी शीन बरफ
रूसी जिम शीतकाल

२०९७
(क) त० चिमिळ् आँख मारना
सं० इमील् उप० (द्र०)

(ख) त० निमइ आँख मारना
सं० निमिष् उप०; आँखें बन्द करना

(२१२४)
कन्नड़ जिल्लु ठंढ लगना
कुइ जिलि ठंढ
अंग्रेज़ी चिल् उप०

२११०
तेलुगु चॅलगमु मकड़ा
सं० शलक उप० (द्र०)

२१२०
ब्राहूइ सिल् खाल; छिलका
तुलु चिल्कुनि खाल उतारना
हिन्दी छीलना (द्र०)

(२१२२)
तोद सिलोर् चाँदी
अंग्रेज़ी सिल्वर् (उप०)

२१३३ त० चिरइ पंख
हिन्दी
(अवधी) चिरई
चिड़िया

२१३५ त० चिन्न छोटा
प्राकृत चीण उप०

(२१५६)
कुवि सीम चींटी
तेलुगु चीम उप०
सं० सीमिक उप० (द्र०)
फ़ारसी दीमक

२१५८
नइकि शीर् चीलर
कोत चीर् उप०
कन्नड़ सीर् ईर् उप०
हिन्दी चीलर

२१६०
नइकि शीर् चिरौंजी
कोलमि सिरँ, चिरँ उप०
हिन्दी चिरौंजी

२१६१ त० चीरइ वस्त्र
तुलु शीरँ, सीरँ उप०
सं० चीर
(आवेष्टन, आवरण का अर्थ देने वाली हिन्दी सारी के क्रियामूल *सार् के विकल्प *सीर् से सम्बद्ध)

२१६७ त० चीवल् ढीला बुना हुआ
मलयालम चीवल् वस्त्र का झीनापन
सं० चीवर भिक्षुओं आदि का वस्त्र

२१७५
कोलमि सुक्क नखत
त० चुक्कइ उप०
पालि सुक्क उप० (द्र०)
सं० शुक्र प्रकाशमान; नक्षत्र विशेष

२१७६
कन्नड़ सुग्गि वसन्त; फसल काटने का समय; समृद्धि
मराठी सुगी समृद्धि की ऋतु (द्र०)

२१८०
कन्नड़ चुञ्चु माथे के घुँघराले बाल
प्राकृत चुञ्चुअ मस्तक का आभूषण (द्र०)

२१८३
कन्नड़ **सुडु** जलना
त० **चुडु** उप०
प्राकृत **चुडुली** मशाल (द्र०)

२१८४
कन्नड़ **जुट्ट** जूड़ा
सं० **जूट** (द्र०)

२१९०
कन्नड़ **सुण्ड** छछूँदर
सुण्ड-इलि (सूँड वाला चूहा); उप०
त० **चुण्डन्** उप०
सं० **शुण्डि-मूषिका** उप०
हिन्दी **छछूँदर** (द्र०)

२१९१
कन्नड़ **सुण्डु** सूखना
त० **चुण्डु** उप०
सं० **शुण्ठ्** उप० (द्र०)

२१९३ त० **चुण्डु** चोंच
सं० **तुण्ड** उप०

२२०४ त० **चुम्माडु** इँडुआ; इँडुरी
पालि **चुम्बट** उप०
प्राकृत **चुम्भल** सिर का आभूषण
मराठी **चुम्बळ्** इँडुरी (द्र०)

२२०७
कन्नड़ **सुयि** साँस लेना
सं० **श्वस्** उप०

२२११
गोंडी **सुरुन्डाना** चक्कर लगाना
कन्नड़ **सुरुटु** कुण्डली मारना
कुड़ुख **कूर्ना** साड़ी लपेटना
त० **चुरि** चक्कर खाना
हिन्दी **चूरी, चूड़ी**

(२२१२)
त० **चुरि** छेद
फ़ारसी **सूराख़**

२२१३
कन्नड़ **सुर्कु, सुक्कु** मुरझाना; सिकुड़ना
तुलु **कुरुण्टुनि** उप०
त० **चुरुङ्गु** उप०
सं० **शुष्** सूखना
शुष्क सूखा

२२१९
गद्‌ब **सूवँ** कूआ
गोंडी **चुवा** उप०
सं० **स्रु** बहना
(***स्रुव** से ***सूव**)

हिन्दी **चूह, चूहा, चोया** सोता; धरती से फूट निकलने वाले पानी की जगह

२२२० त० **चुवडु** पग; राह
(कोडगु **चवटि** पगचिह्न १९७३, प्राकृत **चव** चलना के विकल्प ***चॉव्** से सम्बद्ध)

२२२३
कन्नड़ **सुळि** चक्कर खाना; घूमना; चलना
तुळि चक्कर खाना
त० **चुळल्** उप०
चूळ् घेरना; लपेटना
उळल् चक्कर खाना; घूमना
(त० **चुरि** चक्कर खाना २२११ से सम्बद्ध)

२२३३ त० **चुळ्ळइ** भट्टी
सं० **चुल्ली** चूल्हा (द्र०)

२२३६ त० **चुरुक्कु** तेजी; शीघ्रता
सं० **त्वर्** जल्दी करना

२२३८
कन्नड़ **सुत्तु** घेरना; लपेटना
तोद **तुत्** भटकना; चक्कर खाना; लपेटना
कोत **चुत्** उप०
त० **चुरु** उप०
(कन्नड़ **सुळि** चक्कर खाना २२२३, त० **चुरि** उप० २२११ से सम्बद्ध)

२२४६
कन्नड़ **सूडग** कंगन
तुलु **चूड** उप०
सं० **चूडा** उप०

२२४६ त० **चूडु** घेरना; लपेटना
(तुलु **चूड** कंगन २२४६ से सम्बद्ध)

२२४९ त० **चूत्तु** गुदा; गुप्त स्थान
सं० **चूति, चूत, च्युति** गुदा
हिन्दी **चूतड़** (द्र०)

२२५५
तेलुगु **चूलु** बच्चा
प्राकृत **चुल्ल** उप०

२२५९ त० **चूळि** छत को सहारा देने के लिए दीवाल में ठोंकी हुई लकड़ियाँ
हिन्दी **चूल** "किसी लकड़ी का वह पतला सिरा जो किसी दूसरी लकड़ी के छेद में उसे जोड़ने के लिए ठोंका जाय"
(संक्षिप्त हिन्दी शब्दसागर)

२२६२
कन्नड़ **सूळॆ** वेश्या
सं० **शूला** उप० (द्र०)

२२६४ त० **चूरइ** डाका
सं० **चुर्** चुराना; लूटना

२२६६
कोलमि **सॅक्क, चॅक्क** छाल
हिन्दी (अवधी) **छाँकला** छिलका

२२७१ तुलु **शॅडिलु, तॅडिलु** बिजली
सं० **तडित्** उप० (द्र०)

२२७३ त० **चॅट्टि** गौरैया
सं० **चटक** उप० (द्र०)

२२७४ त० **चॅट्टइ** पंख
(त० **चिरइ** पंख २१३३ से सम्बद्ध)

२२८२ त० **चॅम्बु** ताँबा; सोना
सं० **ताम्र** ताँबा
प्राकृत **तम्ब** उप० (द्र०)

२२८३
नइकि **शेद्** सेही
कन्नड़ **एदु** उप०
सं० **सेधा** उप० (द्र०)

२२८६
कोलमि **सॅर्** जाना
सं० **सृ** चलना; बहना
कन्नड़ **सल्** चालू होना
कुइ **सल्ब** जाना
सं० **सल्** चलना
त० **चॅल्** जाना; बहना
सं० **चल्** चलना
कुवि **हल्ल** चल
प्राकृत **हल्ल** चलना
सिन्धी **हालणुं** उप०
हिन्दी **हाल** (हाल-चाल)

२२८८
(क) गोंडी **सेलार्** छोटी बहन
तेलुगु **चॅल्लॅ** उप०
सं० **स्वसृ** बहन
लैटिन **सॉरोर्** उप०
लिथुआनियन **सेसॅ, सेसॅलॅ** उप०

(ख) त० **चिलडन्** सेवक; सखा
तेलुगु **चॅलि** सखी
सं० **चेट** सेवक
चेटी सेविका

२२९०
कन्नड़ **सॅलॅ** झरना
सं० **सल्** बहना
सलिल प्रवहमान

(२२९१)
त० **चॅल्वन्** धनी; स्वामी
तुलु **चॅलुविकॅ** सुन्दर पुरुष
रूसी **चॅलॉवॅक्** मनुष्य

२२९४
कन्नड़ सॅळ्ळु लम्बी लचीली टहनी
हिन्दी
(अवधी) सॅल्ला सन के सूखे पतले पेड़ जिनके ऊपर से सन निकाल लिया गया हो

२२९५
कन्नड़ सळॅ तेज़ी से बढ़ना
सं० सल् चलना; बहना

२३०१
मलयालम शेखरम् स्तूप
सं० शेखर चोटी

२३०८
तेलुगु सेद थकान
सं० सीद् थकना

२३०९
कन्नड़ सेद्य खेती
मराठी शेत खेत

२३१३
गोंडी सेर् हल
कुवि हेरु उप०
त० एर् उप०
सं० सीर उप०

(२३१४)
गोंडी सेरि साँप
सं० सर्प उप०
लैटिन सॅर्पो रेंगना

२३२०
कन्नड़ सोगसु चमकना
चॉक्क सुन्दरता
सं० चोक्ष मनोहर
हिन्दी चोखा (द्र०)

२३२४ त० चॉट्टु टपकना
सं० च्यु (उप०)

२३२५
मलयालम चॉट्टु तमाचा
हिन्दी चोट

२३३५ त० चॉल् कहना
प्राकृत चव उप०

२३३६ त० चॉलि छीलना
हिन्दी छीलना उप० (द्र०)

२३३७ त० उलइ चूल्हा
प्राकृत चूल्लि उप०

२३५३
कन्नड़ सुरि बहना
सं० स्रु उप०

२३५९
तेलुगु जॉन्न ज्वार
सं० युवनाल उप० (द्र०)
हिन्दी
(अवधी) जॉन्ढी उप०

२३६० त० चोरु भात
सं० चरु खीर

(२३६४)
त० नरम्बु स्नायु
तोद नर्ब उप०
कन्नड़ नर, नरवु उप०
लैटिन नॅर्वस् उप०
अंग्रेज़ी नर्व उप०
हिन्दी नस
ग्रीक नस्मॉस् प्रवहमान; धारा

२३६८
गदब नाङ्गल् हल
कन्नड़ नेगल् उप०
त० नाञ्जिल् उप०
सं० लाङ्गल उप०
पालि नङ्गल उप०
बँगला नाङ्गल् उप०
मराठी नांगर उप० (द्र०)

२३७१
ब्राहूइ दे सूर्य; दिन; धूप; समय
कन्नड़ नेसरु सूर्य
त० नायिरु उप०
सं० दिव्, दिवस दिन; आकाश

(२३७९)
कन्नड़ नातु — गन्ध
तुलु नादुनि — गन्ध आना
कन्नड़ नारु — उप०
त० नारु — उप०
नरु — सुगन्ध
ग्रीक नर्दास् — सुगन्धित तेल देने वाला वृक्ष
सं० नासा — नाक

२३८१
कोडगु मॉनिश्रान्दि — परसों (गत)
निन्नान्दि — कल (गत)
तेलुगु नेंडु — आज
मलयालम आन्नु — दिन
त० आन्रु — उप०; समय
(सं० दिव्, द्यु से सम्बद्ध *दु दिवस के आधार पर बने रूप)

(२३८४)
तेलुगु नॅगडि — अलाव; तपता
त० नॅगिळि — आग
सं० नग — सूर्य
फ़ारसी नगीना, नग — रत्न

(२३८७)
(क) कन्नड़ नॅळगु, नॅग्गु — डूबना
लैटिन मॅर्गो — उप०
सं० मज्ज् — उप०

(ख) त० नरुक्कु — दलना; पीसना
सं० दरण — दलने की क्रिया
लैटिन तॅरो — दलना; पीसना

(ग) गोंडी नाड़ — मटके में दरार
हिन्दी दरार
फ़ारसी दर्ज़ — दरार
(*दर्>*नर्)

(२३८९)
(क) कुइ द्रे — लपट
गैलिक दॅर्ग् — लाल
द्यार्स् — चमकना
वेल्श तॅरुइन् — आग्नेय
सं० तरल — चमकीला
तारा — नखत

(ख) मल्तो नरें — लपट
त० नॅरुप्पु — अग्नि
(*दर्/*तर्>*नर्)

२३९१
(क) कन्नड़ नल्लु — नाला
हिन्दी नल्ला, नाला

(ख) तुलु नल्लॅ — पोली जगह
सं० नल — सरकण्डा

(२३९२)
कन्नड़ नॅळ्ळु — कराहना
फ़ारसी नाला — प्रार्थना
सं० नर्द — चिल्लाना

२३९५ त० नॅरि — मुड़ना
कन्नड़ नॅरि — धोती की लपेट
मराठी निरी — उप० (द्र०)

२३९७
कन्नड़ लॉदडि — लार
लोळ — उप०
तुलु नोणॅ — उप०
सं० लाला — उप०
हिन्दी लार — (द्र०)

२४१६ त० इडङ्कर् — पगडंडी
हिन्दी डगर

२४१८ त० टॉङ्कु — वक्रता
कन्नड़ डॉङ्कु — वक्र होना
मराठी डोंगा — वक्र (द्र०)
हिन्दी डंक — (जो टेढ़ा होता है)

२४२५
कन्नड़ तगडु — धातु पीट कर बनाई हुई थाली
मराठी तकट् — उप० (द्र०)
सं० स्तक् — पीटना

२४३० त० तगर् — भेड़
मराठी तगर — उप० (द्र०)
(सं० स्थग् ढँकना; *स्थगर ऊन से ढँका हुआ; भेड़)

२४३१
कन्नड़ **तमर** टीन
सं० **तमर** उप० (द्र०)

२४३२ त० **तगरम्** सुगन्ध; लता विशेष
सं० **स्थगर, तगर** सुगन्ध वाली लता (द्र०)

(२४३४)
(क) मल्तो **तकॅं** छूना
कन्नड़ **तगलु** उप०
सं० **त्वक्, त्वच** खाल
इटालियन **ताॅच्चारे** छूना
अंग्रेज़ी **टच्** उप०
(ख) कन्नड़ **तगुळ्चु** आग जलाना
सं० **दह्** जलाना
फ़ारसी **दाग़** जलने का निशान
जर्मन **टाग्** दिन
(*दघ्>*तग्)

२४३५ त० **तक्कार्** योग्य जन
तक्कोर् उप०
सं० **ठक्कुर** देव; श्रद्धेय

(२४३६)
(क) त० **तगइ** रोकना
कन्नड़ **तग** रुकावट
सं० **स्था** ठहरना
स्थगित रुका हुआ
(ख) त० **तगैप्पु** दुर्ग; प्रासाद; घर का एक भाग
ग्रीक **स्तॅगे** छत; घर
तॅगॉस् छत; कोठा
सं० **स्थग्** ढाँकना (छत डालना)

२४३७ त० **तक्कडि** तराजू
मराठी **तागडी** उप० (द्र०)
हिन्दी **तखरी** उप०
तगड़ी उप०

२४४१ त० **तक्कइ** कान छिदाने पर कान के छेद को बड़ा करने के लिए पहनी हुई पोंगी
हिन्दी **तर्की**

२४४२ त० **तङ्कम्** सोना
सं० **टङ्कम्** स्वर्ण मुद्रा (द्र०)

(२४४३)
त० **तक्कु** स्थायी होना
तङ्ङ्ु ठहरना
सं० **स्था** उप०
जर्मन **श्टाङ्ग** डंडा
श्टाकॅन् उप०

२४४६ त० **तजइ** मांस
सं० **तरस** उप० (द्र०)

२४४९
(क) तुलु **दट्टमु** स्थूल
मराठी **दाट्** उप० (द्र०)
(ख) त० **तड** चौड़ा; बड़ा
तडि फैलना; बड़ा होना
प्राकृत **तड्ड** विस्तार करना
तड्डिअ विस्तीर्ण
सं० **स्तृ (*स्तर्)** फैलाना
(*स्तर्द>*तर्द>तड)
(ग) कन्नड़ **दट्टु** समूह
हिन्दी **ठट्ठ**

२४५६ त० **तडा** बर्तन
प्राकृत **ठट्ठार** ठठेरा

२४५९ त० **तडि** डंडा
कन्नड़ **दडि, दण्डि** उप०
सं० **दंड** उप०

२४६३
तेलुगु **तट्ट** तश्तरी
हिन्दी **टाठी** थाली

२४६४ त० **तट्टि** टटिया
प्राकृत **टट्टी** उप० (द्र०)

२४६५
तेलुगु **दट्टि** लँगोटी
सं० **धटी** उप० (द्र०)

२४६६ त० **तट्टु** पीटना
सं० **तड्** उप० (द्र०)

२४७३ त० **तण्णीर** ठंढा पानी
प्राकृत **तण्णाये** गीला (द्र०)

(२४७६)
कोलमि **दण्ड** हाथ
मलयालम **तण्ड** उप०
(सं० **हस्त** <***धस्त** > फ़ारसी **दस्त**; ***धस्** करना > ***धन्** → हिन्दी **धन्धा**; ***धन्** → ***धन्ध** > ***दण्ड** हाथ; ***धन्ध** > ***हन्द** > अंग्रेज़ी **हैन्ड्**)

(२४७७)
त० **तण्डल्** नौकापति
कन्नड़ **तण्डेल्** उप०
मराठी **तांडेल** उप० (द्र०)
अंग्रेज़ी **टिन्डल्** उप०
(आक्सफोर्ड डिक्शनरी के अनुसार मलयालम **तण्डल्** से; जैसे सं० **काण्ड** पतवार से बँगला **काण्डार**, **काण्डारी** माँझी, वैसे ही सं० **दण्ड** डांड, नाव खेने का बल्ला से **तण्डल्**)

२४७९
मलयालम **दण्डम्** परिश्रम
दण्डिक्क परिश्रम करना
दण्डिप्पु परिश्रम और उसका फल; दक्षता
हिन्दी **धन्धा**
(***धन्** करना)

२४८२
(क) तुलु **दण्डियुनि** हाथ पसारना
(हिन्दी **धन्धा** की ***धन्** करना, ***धन्ध** हाथ से सम्बद्ध)

(ख) त० **तण्डम्** कर; टैक्स
कोत **दण्ड्** ऋण चुकाना
सं० **दण्ड** जुर्माना

२४८३
तेलुगु **तण्डा** काफिला
तुलु **तण्ड** समूह; सेना
हिन्दी **टांड़ा** झुंड; काफिला
मराठी **टांडा** उप० (द्र०)
सं० **दण्ड** सेना

२४८४ त० **तण्डु** डंठल
कन्नड़ **दण्ड** उप०
सं० **तण्डक** पेड़ का तना (द्र०)
हिन्दी **डंठल**
(***स्तन्ध** जिससे **तन्द**, **तण्ड** और **डंठ**, **डंठल**)

२४९५ त० **तप्पु** मरना
सं० **शव**

२५०३ त० **तप्पइ** धप्पा
हिन्दी **धप्पा** (**धौलधप्पा** का **धप्पा**)

२५०९
कन्नड़ **तमङ्ग** मंच
सं० **तमङ्ग** उप० (द्र०)

२५१८ त० **तयिर्** दही
सं० **तक्र** मठा (द्र०)

(२५१९)
त० **तरगु** दलाली
रूसी **तार्गॉवात्** व्यापार करना

(२५२२)
त० **तरि** रुकना; खड़े होना
अंग्रेज़ी **टैरी** रुकना

(२५२६)
त० **ता** देना
सं० **दा** उप०
रूसी **दवात्**, **दात्** उप०

२५२९ त० **तलइ** सिर; ऊपरी भाग
मलयालम **तलप्** सिरा
सं० **तल्प** ऊपरवाला कोठा
प्राकृत **तल** मुखिया
हिन्दी **तल्ला** घर का ऊपरी भाग

२५३२ त० **तल्लु** मारना
सं० **तड्** उप०

(२५३३)
त० **तवक्कम्** रुकावट
अंग्रेज़ी **स्टौप्** रोकना; रुकना
तेलुगु **तमकु** रुकना
हिन्दी **थमना**
सं० **स्था** ठहरना

२५४१ तुलु **तरॅपुनि** पीसना
सं० **दरण** दलने पीसने की क्रिया
लैटिन **तॅरो** दलना; पीसना

२५७४
गोंडी **ताराना** वस्त्रादि फैलाना
नइकि **ताड़्** फैलाना
सं० **स्तृ (स्तरति)** उप०

२५७६
कन्नड़ **ताटु** मारना
तेलुगु **ताटिञ्चु** तमाचा लगाना
सं० **ताड** आघात

(२५७८)
त० **ताण्डु** नाचना
सं० **ताण्डव** (द्र०)
जर्मन **टान्त्सॅन्** नाचना
अंग्रेज़ी **डान्स्** उप०

(२५८०)
कन्नड़ **तात** पिता; पितामह
पर्जि **तात** पिता
त० **तात्ता** पितामह
सं० **तात** (द्र०)
ग्रीक **तॅत्त** पिता
रूसी **त्यात्या** उप०; दादा

२५८१ त० **ताप्पु** प्रतीक्षित अवसर
हिन्दी **टापना** प्रतीक्षा करना

२५४२
(क) गोंडी **तड्मी** आग
सं० **तडाका** प्रकाश
तडित् बिजली

(ख) कोलमि **तरि** जलना
सं० **तार** प्रकाशमान

२५४५ त० **तळइ** कोंपल
सं० **दल** उप०

२५४६ त० **तळुक्कु** चमकना
सं० **तडित्** बिजली

२५५२
तेलुगु **तरलु** हिलना; काँपना
सं० **तरल** (द्र०)

२५५४
कन्नड़ **तळिसु** पीटना
सं० **तड्** उप०

२५५५ त० **तळिर्** कोंपल फूटना
सं० **दल्** खिलना; फूटना
दल कोंपल

२५५६ त० **तल्लु** हटाना
हिन्दी **टालना**

२५६६
कन्नड़ **तरट्** गंजपन
मराठी **तर्टे** उप० (द्र०)

२५७० त० **ताक्कु** टकराना
प्राकृत **टक्कर** टक्कर

२५७१ पर्जि **ताक्** चलना
हिन्दी **डग**

(२५८२)
त० **ताम्** वे; वे स्वयं
सं० **ते** वे
अंग्रेज़ी **दे** उप०

२५८३ त० **तामरइ** कमल
सं० **तामरस** उप० (द्र०)

(२५८६)
त० **तार्** रस्सा
कन्नड़ **दार्** रस्सी
सं० **दोरक** रस्सा
हिन्दी **डोर** (द्र०)
फ़ारसी **तार** धागा; (धातु का) तार
हिन्दी **तार**

२५८९ त० **तारि** मार्ग
कन्नड़ **दारि** उप०
सं० **तरति** पार करता है

(२५९३)
तेलुगु **त्रागु** पीना
सं० **तृष्** प्यासा होना
अंग्रेज़ी **ड्रिङ्क्** पीना
जर्मन **ट्राङ्क्** पेय

२५९४
कन्नड़ तालि सोने की गोल पत्ती जिसे ब्याह के समय स्त्रियाँ पहनती हैं
सं तालि एक आभूषण (द्र०)

२५९८ त० ताळ् द्वार बन्द करने की लकड़ी
सं० ताल उप० (द्र०)
मलयालम ताळ् उप०; ताला
हिन्दी ताला

२५९९
कन्नड़ ताळ् ताड़
सं० ताल उप० (द्र०)

२६०० त० ताळि थाली
सं० स्थाली उप० (द्र०)

२६०५
कन्नड़ तळॅ धारण करना
सं० धरति धारण करता है

२६१२
कन्नड़ तान् वह
सं० तद् उप०

(२६४१)
त० तिप्पइ ऊँची भूमि
अंग्रेज़ी स्टीप् ढलान

(२६५२)
त० तिरक्कु खोजना
ग्रीक थॅओरॅओ निरीक्षण करना

२६५३
(क) कन्नड़ तॅरॅ पर्दा
सं० तिरस् गुप्त रूप से

(ख) त० तिरङ्कु सलवटें पड़ना; बालों का छल्लेदार होना
सं० तिर्यक् वक्र

(२६६२)
पर्जि तिरि काँपना
कुवि त्रीगिनइ उप०
सं० त्रस् उप०

ग्रीक त्रॅओ उप०
लैटिन त्रॅमो उप०

(२६६३)
कोलमि तीरॅरॅ मीठा
फ़ारसी शीरीं उप०
शीर दूध
सं० क्षीर उप०

२६६४ त० तिल्लाना एक गीत
हिन्दी टिल्लाना

(२६७०)
त० तिन् खाना
फ्रान्सीसी दिने (र्) उप०
अंग्रेज़ी डाइन् उप०

(२६७२)
(क) त० तीय् जलना
सं० दीप् उप०
हिन्दी दिया

(ख) तेलुगु तीण्ड्रु प्रकाश
पु० अंग्रेज़ी टिण्डॅर् जलाना

२६८७ त० तुगिल् सुन्दर वस्त्र
कन्नड़ दुकुल रेशमी वस्त्र
सं० दुकूल (द्र०)

२६८८ त० तुक्कु क्षुद्रता
सं० स्तोक क्षुद्र

(२७१२)
तुलु सुण्डु टुकड़ा
पु० अंग्रेज़ी सुण्ड्रिअन् टुकड़े करना

२७१३ त० तुण्डम् चोंच; सूँड़
सं० तुण्ड उप० (द्र०)
कन्नड़ सॉण्डलु सूँड़
सं० शुण्डा उप० (द्र०)

२७३३ त० तुम्बि तूँबी
सं० तुम्बी उप० (द्र०)

(२७४३)
त० तुर सुरंग बनाना
कन्नड़ तुरि छेद करना
ग्रीक तॉरॅओ उप०
सं० सुरङ्गा सुरंग

(२७५३)
पंजि तुल बुनकर
फ़ारसी जूलाह् उप०

२७५६ त० तुवर् तीखा स्वाद
सं० तुवर उप० (द्र०)

२७५९ त० तुवइ डुबोना
हिन्दी डुबोना

२७६१ त० तुळजि तुलसी
सं० तुलसी (द्र०)

२७६२ त० तुळङ्ङ्० झूमना
सं० दुल् उप०

२७७१ तुलु तुरुत, तुर्तं द्रुत
हिन्दी तुरत
सं० त्वर् जल्दी करना
तुर जल्दी करने वाला

(२७७३)
त० तुरइ नदी
कंन्नड़ तॉरॅ धारा
लैटिन तॉर्रॅन्स् उप०

२७७७
तेलुगु तूलु झूलना; हिलना
सं० दुल् उप०

२७८० त० तूण खंभा; थूनी
सं० स्थूणा उप० (द्र०)

२७८६ त० तूम्बु नाली; बाँस
सं० तुम्बी तूंबी

२७९८ त० तूर्वं ओसाना; बिखराना
सं० शूर्प सूप

२८०९
तेलुगु तॅड्डु काठ का चमचा
सं० तर्दू उप० (द्र०)

(२८१२)
त० तॅप्पम् नाव
सं० तर्प उप०
ग्रीक त्रप्पग उप० (द्र०)

२८१८ त० तॅरु मार्ग
सं० तॄ पार करना

२८२८
कन्नड़ तॅळ्ळनॅ पतला
सं० तलिन उप०

२८२९ त० तॅरि फूटना
सं० दल् उप०

(२८३१)
त० तॅरु देर करना
हिन्दी देर
फ़ारसी देर् देर

२८३९
मलयालम तॅक्कन् दक्खिनी
हिन्दी दक्खिन

(२८४२)
त० तेक्कु टीक वृक्ष
पुर्तगाली तेक उप०
अंग्रेज़ी टीक् उप०

(२८४७)
कोत देर् देव; सिर पर देवता का आना
वेल्श दॅर प्रेत

२८४९ त० तेरि टीला
हिन्दी ढेरी

२८५२
कन्नड़ तेलु तैरना
सं० तॄ पार करना
हिन्दी तैरना

(२८५७)
तुलु देरुनि हाँकना
जर्मन ड्राइबॅन् उप०
अंग्रेज़ी ड्राइव् उप०

२८६१ त० तॉगइ समूह
हिन्दी थोक

२८६३ त० तॉङ्ङ्० टाँगना
हिन्दी टाँगना

२८६५ त० तॉड्डु छूना
प्राकृत छुत्त छुआ हुआ
हिन्दी छूत

२८८४
कन्नड़ **ताँदल्** तुतलाना
हिन्दी **तुतलाना**

२८८६
कन्नड़ **दाँन्दडि** संघर्ष
सं० **द्वन्द्व** उप०

२८८८ त० **ताँन्दि** तोंद
सं० **तुन्द** उप० (द्र०)
हिन्दी **तोंद**
(अवधी) **धोंधु** उप०

२८९०
मलयालम **ताँप्पन्** बहुत
सं० **स्तूप** ढेर

(२८९६)
कन्नड़ **दाँरॅ** प्राप्त होना
रूसी **दाँल्ग** ऋण

२९००
कन्नड़ **ताँलगु** चले जाना
सं० **सल्** चलना; बहना

(२९०७)
त० **ताँळ** छेद करना
ग्रीक **ताँरॅश्रो** उप०

२९०८
कन्नड़ **ताँळॅ** धोना
प्राकृत **धोव** उप०

२९११
कन्नड़ **ताँरॅ** छेद
ग्रीक **ताँरॅश्रो** छेद करना

२९१३ त० **ताँन्नइ** दोना
हिन्दी **दोना**
(अवधी) **दाँन्ना** उप०

२९१७
(क) कन्नड़ **तोकु** मारना
हिन्दी **ठोंकना**

(ख) कुइ **तोग** ठोकर लगाना
हिन्दी **ठोकर**

२९१९
कन्नड़ **दोचु** लूटना
सं० **दस्यु** लुटेरा

२९२०
तेलुगु **दोसॅ** टिकिया; दोसा
सं० **धोसक; दोशा** उप० (द्र०)

(२९२९)
तुलु **तोपु** वृक्ष समूह
त० **तोप्पु** उप०
अंग्रेज़ी **टोपॅ** उप०

२९३१ त० **तोम्बु** लालिमा
सं० **ताम्र**

२९३३ त० **तोय्** नहाना
सं० **तोय** पानी (द्र०)

(२९३५)
कन्नड़ **तोर** मुटापा
लैटिन **ताँरुस्** फूला हुआ स्थान

२९३७ त० **ताँक्कु** खाल
सं० **त्वक्** उप० (द्र०)

(२९४२)
त० **तोरॅम्** प्रकाश
लैटिन **ताँर्रॅश्रो** जलाना

२९४३ त० **नगर्** नगर; घर
सं० **नगर** (द्र०)

(२९४४)
(क) त० **नगु** हँसना
हिन्दी
(अवधी) **नकटउरा** ब्याह के समय स्त्रियों का हास्य विनोद और गायन

(ख) ब्राहूइ **मख़िङ्ग्** हँसना
हिन्दी **मखौल**
अंग्रेज़ी **मौक्** मज़ाक उड़ाना

(२९५७)
(क) त० **नड** चलना
सं० **नर्द्** उप०

(ख) कोन्ड ना पार करना
सं० नौका
ग्रीक नाउस् नाव

(२६५८)
तेलुगु नाड़ु घुसना; घुसाना
जर्मन नडॅल् सुई

२६५६ त० नडु मध्य
तेलुगु नट्ट् उप०
सं० मध्य

(२६६२)
(क) त० नट्बु नाता
नट्टार् नातेदार
हिन्दी नाता
लैटिन नातिग्रो जन्म
नातालिस् जन्म सम्बन्धी
सं० ज्ञाति नातेदार

(ख) त० नट्ट् निकट आना; मिलना
सं० नश्, नस् उप०

(२६६३)
त० नण्णु करना
(त० मण्णु उप०
पण्णु उप०
ग्रीक पॉनॅग्रो श्रम करना
सं० पाणि हाथ)

२६६६ त० नत्तु उल्लू
सं० नक्तक उप० (द्र०)

२६६८ त० नन्दु समृद्ध होना
सं० नन्द् प्रसन्न होना (द्र०)

(२६६६)
त० नम नम होना
फ़ारसी नम्

२६७१
तेलुगु अवुडु ओंठ
सं० ओष्ठ उप०
हिन्दी
(अवधी) ओंवठ बासन का ऊपरी किनारा

२६७७ त० नेयम् स्नेह
सं० स्नेह

२६८३ तुलु नरडु नाटा
हिन्दी नाटा

२६८७
तेलुगु नलाचु मर्दन करना
हिन्दी मलना
सं० मर्दति मर्दन करता है

२६८८
(क) कन्नड़ नलि प्रसन्न होना
सं० नन्द् उप०

(ख) कुड़ुख नलना नाचना
सं० नर्त नाच

२६६१
तेलुगु निवरि धान
सं० नीवार उप० (द्र०)

२६६७ त० नळ् रात
सं० नक्त उप०

३००८
तेलुगु नन्न छोटा
हिन्दी नन्हा

(३०१०)
त० नागु किशोर अवस्था
ग्रीक नॅग्रॉस् किशोर

३०११ त० नाट्टम् आँख
सं० नेत्र

३०१४ तुलु नाणु नग्नता
हिन्दी नांग, नंगा
सं० नग्न

३०१७
कन्नड़ नादिनि ननद
सं० नन्दा, ननान्दृ उप०
हिन्दी ननद (द्र०)

(३०१९)
त० नाम् — हम
ब्राहूइ नन् — उप०
सं० नः — हमारा
ग्रीक नो — हम दोनों
लैटिन नोस् — हम

(३०२३)
त० नार् — रेशे; रस्सी
हिन्दी नारा
लैटिन नॅर्वुस् — स्नायु

३०२७ त० निगर् — चमकना
प्राकृत णिक्ख — स्वर्ण

३०२८ त० निगर् — युद्ध
सं० निकर — समूह

३०२९ त० निकळ्वु — वर्तमान काल
सं० निकट

३०३०
कन्नड़ निळ्कु — अकड़कर खड़े होना
(पर्जि टिट्ट — सीधा खड़ा हुआ
तेलुगु निट्ट — उप०
सं० तिष्ठ — खड़ा हो)

(३०४३)
त० निल् — खड़े होना
निरइ — स्थिरता
सं० स्थिर
अंग्रेज़ी स्टिल् — स्थिर

३०४५
मलयालम निवरु — समूह
सं० निकर — उप०

(३०४६)
त० निळल् — चमकना
सं० स्त्रि — नखत
लैटिन स्तॅल्ल — उप०

(३०५०)
कन्नड़ नॅनॅ — सोचना
सं० मन् — उप०
लैटिन मॅन्स् — मन; चिन्तन

(३०५४)
त० नीन्दु — तैरना
कोडगु मीन्द — उप०
सं० मीन — मछली
लैटिन मॅर्गुस् — गोताखोर

३०५७ त० नीर् — पानी
सं० नीर

(३०६१)
त० नुगम् — जुआ
सं० युग — उप० (द्र०)
अंग्रेज़ी योक् — उप०

३०६९ त० नुदल् — माथा
सं० निटल — उप० (द्र०)

३०७६ तुलु नुरुम्पॅ — छेद
त० नुळइ — प्रविष्ट करना
सं० नुद् — उप०

(३०९०)
त० नूरु — सौ
ग्रीक मुरिऑस् — असंख्य

३०९३
कन्नड़ नॅगळ् — मगर
सं० नक्र — उप० (द्र०)
हिन्दी मगर

(३०९६)
पर्जि निको — अच्छा
कुइ नॅगि — उप०
फ़ारसी नेक — उप०
हिन्दी (अवधी) नीक — उप०

३०९७ त० नॅञ्जु — अन्तस; साहस
सं मज्जा

(३१००)
(क) कन्नड़ नीट, नॅट्टि — स्वच्छता
मराठी नीट — उचित (द्र०)
लैटिन नितॅओ — चमकना
नितिदुस् — सुन्दर
अंग्रेज़ी नीट् — स्वच्छ

(ख) पर्जि **टिट्ट** सीधा
तेलुगु **निट्ट** सीधा खड़ा हुआ
सं० **तिष्ठ** खड़ा हो

(३१०१)
तुलु **नॅडिलु** एक तरह की झाड़ी
अंग्रेज़ी **नेटल्** उप०

(३१०३)
त० **नॅय्** बुनना
लैटिन **नॅक्ष्रो** दो चीजों को बुनते हुए मिलाना; कातना
ग्रीक **नॅक्ष्रो** कातना

३१०४
मल्तो **नॅन्य** चर्बी
हिन्दी **नेनू** मक्खन
तेलुगु **नेयि** घी; तेल
सं० **स्नेह** तैलाक्त पदार्थ

३१०६
ब्राहुइ **दरो** बीता हुआ काल
कोत **नेर्** उप०
हिन्दी **नरसों**
(अवधी) **नरों**

(३११३)
कुइ **डाञ्जु** चन्द्रमा
कुवि **लॅञ्जू** उप०
त० **निलवु** उप०
लैटिन **लून** उप०

३११८
कोलमि **नॅत्ति** माथा
प्राकृत **मत्थ** उप०
हिन्दी **मत्था; माथा**
सं० **मस्तक**

३१२१
कन्नड़ **निट्टिसु** देखना
सं० **नेत्र**

(३१२५)
त० **नेर्** सुकुमार होना
नेर्मइ सुकुमारता
फ़ारसी **नर्म**

३१३७ त० **नॉडि** कहना
(त० **मॉळि** कहना ४०६२ से सम्बद्ध)

३१३८ त० **नॉण्डि** लँगड़ा
सं० **रुण्ड** कटे अंगों वाला
हिन्दी **लुण्ड** उप०

(३१४३)
मलयालम **नोग** कष्ट पाना
त० **नोवु** कष्ट
लैटिन **नॉकॅओ** कष्ट देना

(३१४४)
(क) त० **नोक्कु** देखना
सं० **लोक्** उप०
अंग्रेज़ी **लुक्** उप०

(ख) कन्नड़ **नोडु** उप०
लैटिन **नॉतो** उप०

३१५१ त० **पगल्** सूर्य; दिन
सं० **भग** सूर्य

३१५४ त० **पगु** विभाजित करना
सं० **भज्** उप०
कुइ **पङ्ग** विभाजित
सं **भङ्ग** उप०
त० **पात्ति** भाग
हिन्दी **पत्ती** उप०

३१६०
कन्नड़ **पङ्ग** दोनों पैरों या दो शाखाओं का अलगाव
सं० **भङ्ग** अलगाव
हिन्दी (ब्रज) **पैंगा** पैरों के बीच फासला देकर चलने वाला

(३१६१)
कन्नड़ **पसि** हरियाली
पसलॅ दूब; चरी
लैटिन **पस्तुस्** चरी; चारा
रूसी **पस्तीस्** चराना; चरी
पस्ति चराना; चरवाहा

(३१६५)
कन्नड़ **पसि** भूख; भुखाना
सं० **भस्** खाना
लैटिन **पस्को** खिलाना

३१७३
(क) कन्नड़ **पञ्जि** कपास का गोला
सं० **पञ्जि** उप० (द्र०)
(ख) त० **पञ्जि** वस्त्र
हिन्दी **पञ्चा** कमर में लपेटने का वस्त्र

३१७५ त० **पडगु** नाव
सं० **पोत** उप०

(३१७७)
कोलमि **पडस्** लड़का
पर्जि **पडिच्** उप०
तेलुगु **पडुचु** लड़की
ग्रीक **पइदास्** बच्चा; पुत्र; पुत्री
हिन्दी **पड़ा, पड़िया** पड्डा
(तेलुगु **पइद** बच्चा ३२४८ से सम्बद्ध)

३१८० त० **पडम्** फन
सं० (स्) **फटा, फणा** उप० (द्र०)

३१८१
मलयालम **पडम्** हाथ या पैर का चपटा भाग
सं० **पट्ट** चपटी सतह
हिन्दी **पट**

३१८३
कन्नड़ **पडि** कपाट; द्वार
त० **पडल** टटिया
सं० **पट, पटल** आवरण; पर्दा
हिन्दी **पट** कपाट

३१८४ त० **पडलइ** फलों का गुच्छा
सं० **पटल** समूह

३१८६ त० **पडि** धूल आदि का दबना; पराधीन होना; डूबना
हिन्दी **पड़ना**

३१८८ त० **पडि** कदम; सीढ़ी का डंडा
सं० **पद**

३१८९
तेलुगु **पडिसेमु** जुकाम
सं० **प्रतिश्याय** उप० (द्र०)

३१९० त० **पडु** लेटना; सोना; मरना
नइकि **पड़्** गिरना
हिन्दी **पड़ना**
सं० **पत्** गिरना

३१९१ त० **पडु** घटित होना
पाडु घटित होने की क्रिया
मलयालम **पॅडुक्क** घेरना; फँसाना
कन्नड़ **पडु** अनुभव होना; दुख उठाना
सं० **पत्** घटित होना

३१९५ त० **पडइ** सेना; समूह
सं० **पटल** समूह

३१९७ त० **पट्टडइ** गले का आभूषण
हिन्दी **पट्टा**

३१९९
(क) त० **पट्टि** पशुशाला; गाँव
हिन्दी **पाड़ा**
(ख) त० **पट्टिनम्** समुद्र तटवर्ती नगर
सं० **पट्टन** नगर

३२०० त० **पडिरु** धोखा
सं० **पटु** चतुर

३२०४ त० **पट्टइ** तख्त
सं० **पट्ट** उप०

३२०५ त० **पट्टइ** छाल
सं० **पट, पट्ट** वस्त्र

३२०६
कन्नड़ **पट्टि** धारी
हिन्दी **पट्टी**

३२०७ त० **पट्टइ** चपटापन
हिन्दी **पट**

३२०८
तेलुगु **पड्ड** गर्भाधानयोग्य पड़िया या बछिया
सं० **पड्डिक** बछड़ा
प्राकृत **पड्डिया** पड़िया
पड्डी पहली बार ब्याई गाय (द्र०)

(३२०६)
त० पण् काम
ग्रीक पॉनॉस् श्रम
सं० पाणि हाथ

(३२१२)
त० पणि कहना
सं० भण् उप०
ग्रीक फोने ध्वनि

३२१६ त० पणइ ढोल
सं० पणव उप० (द्र०)

३२१६ त० पण्डि, वण्डि गाड़ी
सं० भण्डि उप० (द्र०)

३२२० त० पण्डि पेट
सं० फण्ड उप० (द्र०)

३२२३ त० वण्डइ भ्रष्ट
तुलु भण्ड अश्लील
सं० भण्ड विदूषक

(३२२७)
त० पदम् पानी
ग्रीक पॉतमॉस् नदी
रूसी पॉतोक् धारा

(३२२८)
(क) त० पदम् भात
सं० भक्त उप०
प्राकृत भत्त उप०
कश्मीरी बत उप०

(ख) त० पदम् औचित्य
कन्नड़ पद उपयुक्त स्थिति
सं० पद स्थिति; स्थान

(ग) मल्तो पथि चलन
सं० पथ राह
अंग्रेज़ी पाथ् उप०

३२२६ त० पदर् भूसा
हिन्दी
(अवधी) पैरा पुयाल

३२३० त० पदलइ पतीली
मल्तो पत्लि उप०
सं० पातिली मिट्टी का बर्तन
हिन्दी पतेली

३२३२
मलयालम पदिवु चलन
सं० पद् चलना

३२३६
कन्नड़ पन्द दाँव; शर्त
सं० पण उप०

३२४० त० पन्दल् पंडाल
हिन्दी पंडाल

३२४३ त० पप्पडम् पापड़
सं० पर्पट उप० (द्र०)

३२४४ त० पम्बरम् लट्टू
सं० भ्रमरक उप० (द्र०)

३२४७
कन्नड़ पञ्चु विभाजित करना
सं० भज् उप०

(३२४८)
तेलुगु पइद लड़का
त० पइदल् उप०
पइयन् उप०
पयल् उप०
तेलुगु पेय बछड़ा
गोंडी पइया उप०; बछिया
हिन्दी पोये बछड़े
रूसी पइ, पइड्क बच्चा
ग्रीक पइदॉस् पइस् बच्चा
अंग्रेज़ी ब्वाय् लड़का
प्राकृत पुआय् उप०

(३२५५)
(क) त० पर फैलाना
कोल पर्त् उप०
सं० प्रथ् उप०
प्रथु, पृथु फैला हुआ
ग्रीक प्लतुस् चौड़ा
अंग्रेज़ी फ़्लैट् फैला हुआ; चपटा
हिन्दी फैलना; फैलाना

(ख) त० परक्कु इधर-उधर घूमना
सं० परि चारों ओर
ग्रीक पॅरि उप०

(३२५६)
तुलु परक्कि, पर्कि गरीब
कोत पर्क् गरीबी
लैटिन परुम् बहुत थोड़ा
पउकुस् थोड़ा
पउपॅर् गरीब
ग्रीक पउरॉस् थोड़ा
अंग्रेज़ी पुअर् गरीब

३२५७ त० परवु स्तुति करना
सं० भर स्तुति

३२५८ त० परण् अटारी
सं० पर ऊँचा

३२६० त० परणि बासन
सं० बरणिय उप० (द्र०)
हिन्दी बर्तन

(३२६४)
त० परम् कवच
सं० वर्मन् उप०
लैटिन अर्म उप०
(लैटिन अर्मुस् कंधा, बाँह इससे भिन्न है)

३२६७ त० परि विभाजित करना; तोड़ना
पर्जि पर्क भाग
कुइ पङ्ग् भङ्ग करना
सं० भज् विभाजित करना
भञ्ज् तोड़ना
लैटिन पर्स् भाग
अंग्रेज़ी ब्रेक् तोड़ना
पार्ट् विभाजित करना; भाग
(*भर् > पर् > पन्; *भर् > *बर् > ब्र;
*भर्ज् > भज्)

(३२६८)
तुलु परि पथ
त० परि दौड़ना
कन्नड़ परि उप०; बहना; धारा
ग्रीत पॉतमॉस् नदी
(*पर् → *पर्त् > *पत्)

(३२६९) त० परि प्रीति
परिवु प्रेम
तेलुगु पॅरिम प्रेम
सं० प्री प्रसन्न होना
सं० प्रिय
प्रीति
प्रेम
रूसी प्रियातुनइ प्रिय
प्रियातॅल् मित्र
लैटिन प्लकॅओ प्रसन्न करना
अंग्रेज़ी प्लीज् उप०

३२९४ त० पल्लि छिपकली
सं० पल्ली उप० (द्र०)

३२९५ त० पवळम् प्रवाल
सं० प्रवाल उप० (द्र०)

(३२९६)
त० पळ् बूढ़ा
सं० पलित उप०
ग्रीक पलइऑस् उप०

३२९८ त० पळिच्चु स्तुति करना
सं० पणित प्रशंसित

३२९९ त० पळु पकना; पीला होना
सं० पाण्डु पीला

३३०१ तुलु परकॅ शैया; नींद
कन्नड़ पळ्कॅ शयन
सं० पल्यङ्क पलँग
हिन्दी पलका

३३०३
कन्नड़ पळकनॅ प्रकाश
तुलु पळ्ळॅन उप०
सं० भाल उप०

३३०८ तुलु पल्लयि मिट्टी की तश्तरी
मराठी पाळे काठ का कटोरा (द्र०)

(३३०६)
त० पळ्ळम् घाटी; तराई
तेलुगु पल्लमु उप०
लैटिन वल्लॅस्, वल्लिस् घाटी
ग्रीक हॅलॉस् तराई
अंग्रेज़ी व्हैली घाटी

३३०६ त० **पळ्ळि** गाँव
सं० **पल्ली** उप० (द्र०)

(३३११)
त० **पर** उड़ना
परवइ पंख; पक्षी
सं० **पर्णिन्** पंखवाला
पारावत कबूतर
हिन्दी **पर** पंख
परेवा कबूतर; पक्षी
फ़ारसी **परिन्दा** पक्षी
परी पंखोंवाली स्त्री
अंग्रेज़ी **बर्ड्** चिड़िया

३३१६ त० **परम्बु** पर्वत
सं० **पर** ऊँचा

(३३१८)
त० **परइ** बोलना; शब्द
वेल्श **परब्लु** बोलना
पुर्तगाली **पलव्र** शब्द
फ्रान्सीसी **पार्ले (र्)** बोलना

३३२७
मलयालम **पन्नगम्** पालकी या नाव पर पत्तों की छत
सं० **पर्ण** पत्ता

३३३३ त० **पाक्कु** सुपारी
सं० **पूग** उप० (द्र०)

३३४७ त० **पाडि** गाँव; नगर
सं० **पाटक** गाँव; टोला
मराठी **पाडा** खेड़ा (द्र०)
हिन्दी **पाड़ा, बाड़ा**

(३३४८)
त० **पाडु** गाना
कुवि **पाचलि** उप०
सं० **पद्य**
हिन्दी **पद** गीत
ग्रीक **पॉइएतेस्** कवि
लैटिन **पॉएत** उप०
रूसी **पॉयूत्** गाता है
पेनिये गायन

(३३५१)
त० **पाण्** गीत
(त० पाडु गाना ३३४८ से सम्बद्ध)

३३५४ तुलु **बाणॅ** खेत के पास पहाड़ी या वन
कोडगु **बाणॅ** ऊसर
हिन्दी **बांगर** ऊँची भूमि
बंजर ऊसर

३३५७
तेलुगु **पादि** वाटिका
त० **पात्ति** छोटा खेत
सं० **वाटि** घिरी हुई भूमि
हिन्दी **बारी** खेत; बाग

(३३६०)
त० **पाप्पाट्टि** तितली
कोडगु **पापिलि** उप०
कुड़ुख **पप्ला** उप०
लैटिन **पापिलिओ** उप०

३३६१ त० **पाम्बु** साँप
कन्नड़ **पावु** उप०
प्राकृत **पाव** उप० (द्र०)

(३३६२)
कन्नड़ **पादि** पथ
सं० **पथ**
अंग्रेजी **पाथ्** उप०

(३३६६)
त० **पार्** देखना
लैटिन **पारॅओ** दिखाई देना

३३६७
तेलुगु **पार** फावड़ा
सं० **फाल** उप०

(३३६९)
त० **पार्प्पु** बच्चा
कन्नड़ **पाप** उप०
पंजाबी **पापे** उप०
तोद **पुपुप्** उप०
लैटिन **पूपुस्** उप०

३३७० त० **पाल्** दूध
तुलु **पेरु** उप०
तोद **पोष्** उप०
लैटिन **मुलगॅग्रो** दुहना
ग्रीक **अमॅल्गो** निचोड़ना
अंग्रेज़ी **मिल्क्** दूध; दुहना
(मल्तो **पिल्कॅ** निचोड़ना ३४३७)

(३३७१)
त० **पाल्** भाग
लैटिन **पर्स्** उप०
अंग्रेज़ी **पार्ट्** उप०
(त० **परि** विभाजित करना ३२६७ से सम्बद्ध)

३३७२ त० **पालम्** पुल; बाँध
सं० **पालि** उप० (द्र०)

(३३७९)
कन्नड़ **पापॅ** कठपुतली
त० **पावइ** उप०
लैटिन **पूपुस्** बच्चा
अंग्रेज़ी **पपॅट्** कठपुतली

(३३८०)
मल्तो **पाबु** पथ
सं० **पथ**
अंग्रेज़ी **पाथ्** उप०

३३८१ त० **पाळ्** उजाड़ होना
प्राकृत **पाल** जीर्ण (द्र०)

३३८३ त० **पाळि** मन्दिर; नगर; बस्ती
सं० **वाटि** घिरा हुआ स्थान
हिन्दी **बाड़ा, पाड़ा**
बँगला **बाड़ी** घर

३३८४
कन्नड़ **पाळि** पाँति
सं० **पालि** उप० (द्र०)

३३८६ कोत **पाळ्** पड़ा
प्राकृत **पड्डय** उप०
हिन्दी **पड़ा**
(तेलुगु **पड्ड** पड़िया ३२०८ से सम्बद्ध)

(३३९१)
त० **पारु** जहाज़
रूसी **परॉम्** नाव

(३३९२)
त० **पारइ** चट्टान
ग्रीक **पोरॉम्रो** पत्थर बना देना

(३३९४)
त० **पानइ** भाण्ड
कन्नड़ **बान** उप०
सं० **भाण्ड**
पु० अंग्रेज़ी **पन्नॅ** उप०
अंग्रेज़ी **पैन्** उप०

३३९५
तेलुगु **पिकिलि** बुलबुल
सं० **पिक** कोयल (द्र०)
लैटिन **पीक्** एक वाचाल पक्षी

३३९८
मलयालम **पिक्कुग** टूटना
कुइ **पिञ्ज** फूटना
सं० **भिद्** तोड़ना
भिन्न टूटा हुआ

३४०३
तेलुगु **पिसुनु** गोंद
त० **पिजिन्** उप०
सं० **पिच्छा** उप० (द्र०)

३४०४ तुलु **पीसुनि** दबाना
त० **पिजइ** उप०
सं० **पीड्** उप०
हिन्दी **पीसना**

३४१६ त० **पिडुङ्ग्** निचोड़ना; दुख देना
सं० **पीड्** उप०

३४०७ त० **पित्त, पिच्चु** पित्त
सं० **पित्त** (द्र०)

(३४११)
कन्नड़ **पॅड** पीठ; पीछे
सं० **पृष्ठ**
हिन्दी **पीठ**
पीछे
लैटिन **पोस्त्** पीछे

३४१२ तुलु **पुडि** मुठिया
सं० **मुष्टि** उप०; मुट्ठी

३४१७
गोंडी **पॅडॅ** बीज
सं० **बीज**

३४१८ त० **पिट्ट** चिड़िया
कोलमि **पिट्टॅ** छोटी चिड़िया
हिन्दी **पिद्दी**

३४१९
कन्नड़ **बिट्टल** विशालता
सं० **वृद्ध** बढ़ा हुआ

३४२० तुलु **पुण** शव
प्राकृत **पुणइ** चाण्डाल

(३४२३)
(क) त० **पिणइ** लपेटना; बाँधना
तेलुगु **पॅंडु** लपेटना; बटना
कोत **पिण्ड्** लपेटना
सं० **पिण्ड्** पिण्ड बनाना; बाँधना

(ख) त० **पुणर्** करना; बनाना
ग्रीक **पॉनॅओ** श्रम करना

३४२६ त० **पिदुक्क** दबाना; निचोड़ना
सं० **पीड्** उप०

(३४२८)
तेलुगु **पित्तु** पादना
गोंडी **पित्ताना** उप०
ग्रीक **पॅर्दॉमइ** उप०
अंग्रेज़ी **फ़ार्ट्** उप०
हिन्दी **पादना**

३४३१
कन्नड़ **पिञ्जु** कपास साफ करना
सं० **पिञ्ज** कपास

३४३२ कुइ **पकॉड़ि** कन्धा
कुड़ुख **पखड़ा** उप०
सं० **पक्ष** उप०
हिन्दी
(अवधी) **पखउरा** उप०

३४३५
गोंडी **पिड़ाना** फूटना; खिलना
सं० **भिद्** फूटना

(३४३७)
मल्तो **पिल्कॅ** निचोड़ना
अंग्रेज़ी **मिल्क्** दुहना; दूध

३४३८ त० **पिल्लि** बिल्ली
हिन्दी **बिल्ली** (द्र०)
सं० **बिडाल, विडाल** उप०

३४४० त० **पिळि** निचोड़ना
सं० **पीड्** उप०

३४४६ त० **पिळ्** फूटना
सं० **भिद्** उप०

(३४४९)
त० **पिळ्ळइ** बच्चा; शावक
सं० **पिल्लिक** चूज़ा
हिन्दी **पिल्ला** (द्र०)
प्राकृत **पीलुअ, पेल्ल** बच्चा
लैटिन **फ़ीलिउस्** पुत्र
तुलु **पुळ्ळि** नाती
लैटिन **पुअॅर्** बच्चा; लड़का
पुअॅल्ल लड़की

३४५० त० **पिरक्कम्** भय
कन्नड़ **पिरिकि** कायर
सं० **भीरु** उप०
अंग्रेज़ी **फ़िअर्** भय

(३४५२)
(क) गोंडी **पज्जा, पिज्जा** पीछे
सं० **पश्च** पिछला
लैटिन **पोस्त्** पीछे

(ख) कुड़ुख **पिसा** पीछे से
हिन्दी **पीछा**

(ग) कोत **पित्ल्, पितेल्** पीठ
हिन्दी **पीठ**

(घ) त० **पुरम्** पीछे
सं० **पुरा** पिछला
ग्रीक **परॉस्** पिछला समय

(ङ) त० **पिन्** पीछे
कोत **पिन्** पुन:
हिन्दी (कुछ बोलियों में) **फिन्** फिर
सं० **पुन:** उप०

३४५३ पंजि **पिन्** टूटना
सं० **भिन्न** टूटा हुआ

३४५४ त० **पिन्नु** बुनना
हिन्दी **बुनना**
(अवधी) **बिनबु**

(३४५५)
त० **पी** मल
सं० **पाय्** मल त्यागना
फ़ारसी **पायख़ाना** मल त्यागने का स्थान

३४६०
कुड़ुख **पीस्ना** माड़ निकालना
सं० **प्रस्रव** माड़

३४६२ त० **पीच्चु** पिचकारी छूटना
हिन्दी **पिचकारी**

३४६५ त० **पीर्** प्रवाह
सं० **पेरु** समुद्र

३४६६
कन्नड़ **पीर्** पीना
सं० **पीत** पिये हुए
हिन्दी **पीना**

(३४६८)
तेलुगु **पूरि** पयाल
सं० **पलाल** उप०
लैटिन **पलॅश्र** भूसा

(३४६९)
(क) मल्तो **पिचॅ** मोर की पूँछ
सं० **पिच्छ** उप० (द्र०)

(ख) त० **पीलि** मोर पंख
लैटिन **पिलुस्** बाल

३४७४ पंजि **पीद्** निचोड़ना
सं० **पीड्** उप०

३४७५ त० **पुगर्** चमक
सं० **भग** सूर्य
भर्ग प्रकाश

३४७६ त० **पुगल्** कहना; शब्द करना
हिन्दी **पुकारना**
(तेलुगु **पॉगडु** स्तुति करना ३४७८ से सम्बद्ध)

३४७७ त० **पुगल्वु** गर्व
सं० **प्रगल्भ** अभिमानी

३४७८
तेलुगु **पॉगडु, पॉवडु** स्तुति करना
त० **पुगळ्** उप०
मराठी **पॉवाडा, पवाडा** स्तुतिगीत
हिन्दी **पवाड़ा, पँवारा** उप०

३४७९
कन्नड़ **पुकळि** भग
सं० **भग**

३४८०
कन्नड़ **बुगडि** कान का आभूषण
मराठी **बुग्डी** उप० (द्र०)

(३४८१)
(क) त० **पुगु** जाना; पहुँचना
पुगुदि द्वार; मार्ग
(सं० **पद्** चलना, त० **पो** चलना, **पोक्कु** मार्ग ३७३४ से सम्बद्ध)

(ख) त० **पुगुत्तु** घुसेड़ना
तुलु **पॉग्गुनि** उप०; घुसना
अंग्रेज़ी **पोक्** घुसेड़ना

(३४८३)
तेलुगु **पॉगपु** भूनना; बघार लगाना; धुआँ करना
कन्नड़ **पॉगॅ** धुआँ
त० **पुगइ** उप०; भाप
सं० **भृज्** भूनना
ग्रीक **फ़्रुगो** उप०
अंग्रेज़ी **स्मोक्** धुआँ

(३४८५)

कन्नड़ **बुग्गि** गाल
कुवि **बुग्ग** उप०
इटालियन **बॉक्क** मुख
लैटिन **बुक्क** फुलाया हुआ गाल

३४८७ त० **पुङ्गन्** मूर्ख
हिन्दी **पोंगा**

३४९३

तेलुगु **पोड्डु** युद्ध
पॉड्डुचु लड़ना
(देखें त० **पोर्** युद्ध ३७०८)

३४९४ त० **पुडइ** फूलना
तुलु **पुड्कँ** मोटा
बॉड्डँ मोटा आदमी
गोंडी **पोड़ाना** मोटाना
सं० **स्फोट** फूला हुआ
हिन्दी **मोटा**
(सं० **स्फाय्** मोटा होना, **स्फीत** फूला हुआ का विकल्प; **स्फोट**>***पोट**>**मोट**→ **मोटा**)

३४९७

तेलुगु **पुट्टमु** वस्त्र
सं० **पुट** लँगोट

(३४९८)

(क) कन्नड़ **पुट्ट, पुट** छोटा
सं० **पुट्ट्** छोटा होना (द्र०)

(ख) पर्जि **पिटित्** छोटा
अंग्रेज़ी **पॅटी** उप०
(त० **मुट्टु** छोटाई ४०४७ से सम्बद्ध)

३५०१

कन्नड़ **पुट्टु** पैदा होना
(त० **पॅरु** पैदा करना ३६२२ का विकल्प; हिन्दी **पैदा** से सम्बद्ध)

(३५०३)

त० **पुट्टि** बोतल
कन्नड़ **बुड्डि** उप०
इटालियन **बॉत्तॅ** पीपा

(३५०४)

त० **पुट्टा** फूला हुआ अंडकोश
हिन्दी **पोता** अंडकोश
फ़ारसी **फ़ोता** उप०

(३५१०)

त० **पुद** द्वार
ग्रीक **पुले** उप०

३५१५

त० **पुर** पालन करना; रक्षा करना
सं० **पुष्** उप०

(३५१६)

तेलुगु **पॉरलु** लुढ़कना; बहना
अंग्रेज़ी **पोर्** बहाना

(३५१७)

कन्नड़ **पुरि** शक्ति; साहस
सं० **पुरुष**
लैटिन **पॉल्लंओ** शक्तिशाली होना

३५२३ तुलु **पुर** घर
पुरँ छत
सं० **पुर** घर

(३५२८)

त० **पुल्** घास
लैटिन **पुल्लॉ** अंकुरित होना

(३५२९)

(क) तुलु **पुल** चरी
(त० **पुल्** घास ३५२८ से सम्बद्ध)

(ख) त० **पुलम्** खेत
कन्नड़ **पॉल** उप०
रूसी **पोलॅ** उप०
ग्रीक **पॉलॉस्** जोती हुई भूमि
फ़ारसी **पल** खेत

(३५३१)

त० **पुलर्** भोर होना
हिन्दी **भोर**
ग्रीक **पुर्** अग्नि
लैटिन **पूरे** प्रकाशमान

३५३२ त० **पुलि** चीता
प्राकृत **पुल्लि** बाघ

३५३७ त० **पुळु** कीड़ा
कुइ **पिड़** उप०
सं० **पीलु, पुलक** उप० (द्र०)

(३५४०)
त० **पुळुक्कु** धान उबालना
सं० **पुलाक** भात (द्र०)
फ़ारसी **पुलाव**

३५४१ त० **पूति** भस्म
सं० **भूति** उप० (द्र०)

३५४२
तेलुगु **पुन्त** पशुमार्ग
सं० **पन्थ**

३५४३
कोत **पॅय्** नदी
सं० **पय** जल

(३५४४)
त० **पुळ्** चिड़िया
मलयालम **पुळ्** छोटी चिड़िया
लैटिन **पुल्लुस्** उप०; छोटा पशु
ग्रीक **पोलॉस्** छोटा पशु; लड़की

३५४७ त० **पुलिञन्** पहाड़ी जन
सं० **पुलिन्द** उप०; वन्यजन (द्र०)

३५४९
मल्तो **पॉण्डॅ** बाल पकना
सं० **पाण्डु** पीला

३५५४ त० **पिर** अन्य वस्तुएँ
पुरम पराया
सं० **पर** अन्य

३५५६
कन्नड़ **पुत्तु** चींटियों के बिल पर मिट्टी का ढेर
सं० **पुत्तिका** चींटी (द्र०)

३५६३ त० **पुन्दि** बुद्धि
पर्जि **पुत्त, पुन्द्** जानना
सं० **बुद्धि** (द्र०)
त० **पुलम्** ज्ञान
(**बुध्>*पुद्>पुन्/पुल्**)

(३५६४)
त० **पू** फूल
फ़ारसी **बू** गन्ध
सं० **पुष्प**

३५६६
कन्नड़ **पूसु** तेल लगाना; पलस्तर करना
सं० **पुस्त** मिट्टी
पुस्तकर्मन् चित्रकारी; पलस्तर लगाने का काम (द्र०)

(३५८८)
कोलमि **पुर्, पुर्त्** गड्ढे का भरा जाना
तेलुगु **पूडु** उप०
सं० **पूर** भरे जाने की क्रिया
हिन्दी **पूरना**
ग्रीक **प्लेरेस्** भरा
लैटिन **प्लेनुस्** उप०
अंग्रेज़ी **फ़ुल्** उप०

३५९३
कन्नड़ **पॅङ्ग** मूर्ख
हिन्दी **पोंगा**
(त० **पुङ्गन्** मूर्ख ३४८७ से सम्बद्ध)

(३५९८)
तेलुगु **पॅटिलु** फूटना; खिलना
सं० **स्फुट्** उप०; नाश करना
स्फिट् नाश करना; (फूटना)
अंग्रेज़ी **पेट्ल्** पंखुड़ी

३६०० त० **पेट्टि** पेटी
सं० **पेटिका** उप०
हिन्दी **पेटी** (द्र०)

(३६०१)

कन्नड़	पॅट्टु	पीटना
प्राकृत	पिट्ट	उप०
हिन्दी	पीटना	(द्र०)
अंग्रेज़ी	बीट्	उप०

३६०६

कन्नड़	पॅण्टॅ	पिण्ड
सं०	पिण्ड	

(३६०८)

त०	पॅण्	नारी; पत्नी; पुत्री
पु० आइरिश	बॅन्	नारी
वेल्श	बॅनिउ	उप०
	बनॉन्	रानी
हिन्दी	बना, बन्ना	दूल्हा
	बनी, बन्नी	दुलहिन
अंग्रेज़ी	क्वीन्	रानी
पु० जर्मन	क्वेन	पत्नी

३६१० त०	पॅय्	बरसना
गोंडी	पॅघ्	वर्षा
सं०	मेघ	
	पय	वर्षा; जल

३६१२

कोडगु	पॅद	नाम
तुलु	पुदरु	उप०
त०	पॅयर्	उप०
सं०	पद	चिह्न

(३६१३)

त०	पॅरुगु	संख्या में बढ़ना
	पॅरुक्कम्	बाढ़
ग्रीक	प्लेम्मूर	ज्वार
	प्लेयॉस्	बड़ी संख्या

३६१४ त०	पिरजम्	शहद; ममाखी; पराग
सं०	पराग	

(३६२२)

त०	पॅरु	जन्म देना; धारण करना
	पिर	पैदा होना
तुलु	पॅद्पिनि	जन्म देना
सं०	भृ	गर्भ धारण करना; धारण करना
ग्रीक	फॅरो	धारण करना; पैदा करना
लैटिन	फॅरो	गर्भ धारण करना
अंग्रेज़ी	बॅअर्	पैदा करना
फ़ारसी	फ़रज़न्द	पुत्र
	पैदा	उत्पन्न

(३६२६)

मल्तो	बॅहँ	होना
कुड़ुख	बेअॅना	रहना
हिन्दी (ब्रज)	भये	हुए
(अवधी)	भे	उप०
सं०	भू	होना
रूसी	बीत्	उप०
अंग्रेज़ी	बी	उप०

(३६२९)

कुड़ुख	पेस्ना	आज्ञा देना
कन्नड़	पेळ्	बोलना
त०	पेजु	उप०
सं०	भाष्	उप०
जर्मन	स्प्रेखॅन्	उप०
	स्प्राखॅ	भाषा
अंग्रेज़ी	स्पीच्	उप०
	स्पीक्	बोलना

३६३१ त०	पेडु	शिखंडी
कन्नड़	पोट	कायर
सं०	पोट	शिखंडी (द्र०)

(३६३४)

त०	पेडु	क्लेश; उलझन
तेलुगु	पेद	गरीब; चाकर
ग्रीक	पथे	दुर्भाग्य
	पथॉस्	उप०
रूसी	बेद	उप०
	बेद्नुइ	गरीब

(३६३६)

कन्नड़	पेल्	मल त्यागना
गोंडी	पेण्डा	गुदा

सं० पायु उप०
पाय् मल त्यागना
फ़ारसी पायख़ाना मल त्यागने का स्थान

३६३७ त० पेळइ पेटी
सं० पेटक उप० (द्र०)

३६३८
मलयालम पेळ वृक्ष विशेष
सं० पीलु उप० (द्र०)

३६४१
मलयालम पेरु बोझ
सं० भार
(कन्नड़ पाँरें बोझ ३७२९ से सम्बद्ध)

३६४२ तोद पोर् चोटी
सं० पर ऊँचा

३६४५
कन्नड़ पइ ऊपर; ऊपर का
सं० पर ऊँचा

३६४६ त० पाँगु छेद करना
सं० भूक छेद (द्र०)

(३६५८)
(क) त० पाँङ्गल् प्रकाश
सं० भर्ग उप०
(भर्ग > *पर्ग > *पङ्ग)
(ख) गोंडी पोङ्गाना बहना; उमड़ना
सं० भङ्गि लहर
लिथुआनियन बङ्ग उप०
(ग) कुइ पाँङ्ग टूटना
सं० भङ्ग

(३६५९)
मलयालम पाँङ्ङु नाव
लैटिन पाँन्तो उप०

(३६६१)
मल्तो बाँङ्ग भागना
हिन्दी भागना
ग्रीक फँउगो उप०
(*भर्ग > भाग/*बङ्ग/*फँउग)

३६६६
(क) कुइ पाँज गठरी बनाना
सं० पोटल पोटली
प्राकृत पोट्ट गठरी
(ख) ब्राहूइ पुच् वस्त्र
सं० पोत उप०

(३६६७)
त० पाँडि चूरा
लैटिन पुल्विस् उप०
फ्रान्सीसी पूद्र उप०

३६७१ तुलु पाँट्टु मूर्ख
सं० पोट शिखंडी

३६७३ कुवि पोट चिड़िया
सं० पोत शावक
हिन्दी पोत बच्चा

३६७४
मलयालम पाँट्टुग फूटना; खिलना
सं० स्फोट फूटने की क्रिया

३६७७
कन्नड़ पाँट्टॅ पेट
प्राकृत पोट्ट उप०
मराठी पोट उप० (द्र०)

(३६७९)
कोत पाँट् फफोला
सं० स्फोट फूटने की क्रिया
हिन्दी फोड़ा
फफोला
ग्रीक पाँम्फॉस् फफोला

३६८६
(क) त० पुदइ वस्त्र
कन्नड़ पाँदॅ पहनना
सं० पोत वस्त्र
(ख)
मलयालम पाँदि गठरी
सं० पोटल उप०
प्राकृत पोट्ट उप०

३६८९
कन्नड़ **पॉत्ति** वस्त्र
सं० **पोतिका** उप० (द्र०)

(३६९०)
त० **पॉत्ति** अंडकोश
हिन्दी **पोता**
फ़ारसी **फ़ोता**

(३६९१)
कन्नड़ **पॉत्तु** जलना
ग्रीक **पुर्** अग्नि

३६९२
कोलमि **पॉत्तें** उड़नेवाला कीड़ा
सं० **पतङ्ग**

(३६९६)
मलयालम **पॉन्दुग** उतराना
लैटिन **पॉन्तुस्** नाव

(३६९८)
कन्नड़ **बॉब्बुलि** बुलबुला
सं० **बुद्बुद** उप०
पालि **बुब्बुल** उप० (द्र०)
अंग्रेजी **बबल्** उप०
लैटिन **बुल्ल** उप०
हिन्दी **बुलबुला**

३७०३ त० **पॉय्गइ** झरना; ताल
सं० **पयस्** वर्षा; जल

(३७०५)
त० **पॉरि** जलना
तुलु **पॉरि** चिनगी
ग्रीक **पुर्** आग

(३७०८)
त० **पॉरु** लड़ना
पोर् युद्ध
सं० **भर** उप०
ग्रीक **पॉलॅमॅओ** लड़ना
रूसी **बॉरोत्स्य** उप०
बोर्बे संघर्ष
अंग्रेज़ी **वार्** युद्ध

३७१८ त० **पुलाल्** मांस
सं० **पल, पलल** उप० (द्र०)

३७२३
कन्नड़ **पुळिल्** तट
सं० **पुलिन** उप० (द्र०)

(३७२५)
त० **पॉळ्** छेद
अंग्रेज़ी **होल्** उप०

(३७२६) (क)
मलयालम **पॉळ्ळु** पोला
प्राकृत **पोल्ल** उप०
हिन्दी **पोला** (द्र०)
अंग्रेज़ी **हौलो** पोला
(ख) त० **पॉल्लु** भूसा
सं० **पलाल** पयाल
लैटिन **पलॅअ** भूसा
(तेलुगु **पूण्ि** पयाल ३४६८ से सम्बद्ध)

(३७२७)
(क) त० **पॉळ्ळु** फफोला पड़ना
(कोत **पॉट्** फफोला ३६७९ से सम्बद्ध)

(ख)
मलयालम **पॉळ्ळु** बुलबुला
लैटिन **बुल्ल** उप०
(कन्नड़ **बॉब्बुलि** बुलबुला ३६९८ से सम्बद्ध)

(३७२९)
(क) कन्नड़ **पॉरॅ** बोझ
सं० **भार**
ग्रीक **बरॉस्** उप०
(ख) त० **पॉरु** वहन करना
सं० **भरति** वहन करता है
ग्रीक **फॅरो** वहन करना
लैटिन **पॉर्तो** ढोना
ग्रीक **पॉरॅउओ** ले जाना

३७३० त० **पॉरइ** पहाड़
सं० **पर** ऊंचा

३७३२ त० **पॉन्** सोना
सं० **पाण्डु** पीला

(३७३४)
त० **पो** जाना
सं० **पद्** उप०
ग्रीक **पॉरॅउस्रो** उप०

३७४५
तेलुगु **पोहण** पोहना
हिन्दी **पोहना**

३७४७ त० **पोत्तु** पशु-पक्षी आदि में नर
सं० **पोत** शावक

३७४८ त० **पोत्तु** पौध
सं० **पोत** शावक; पौधा (द्र०)
हिन्दी **पौध, पौधा**

३७५०
कन्नड़ **बोयि** कहार
मराठी **भोई** उप० (द्र०)

३७५१ त० **पोर्** पहनना
हिन्दी **पहिरना; पहनना**
बँगला **पॉरा** उप०

(३७५६)
कन्नड़ **बोरॅ** पहाड़ी
जर्मन **बॅर्ग** पहाड़

३७५९ पर्जि **पोल्** पूरा करना
सं० **पूर** पूरा

(३७६४)
कन्नड़ **पोर** बच्चा; लड़का; लड़की
हिन्दी **पोत** बच्चा
बँगला **पोला** बेटा
ग्रीक **पॉलिस्** बछड़ा; लड़की
पोलॉस् बछेड़ा; लड़की

(३७६५)
तेलुगु **बॉरिय्** छेद
अंग्रेज़ी **बोर्** छेद करना
हिन्दी **बरमा** छेद करने का औजार

(३७६८)
(क) त० **मग** पुत्र; पुत्री
मल्तो **मकॅ** लड़का
मकि लड़की

जर्मन **मग्द्** उप०
आइरिश **मक्** पुत्र
गोलिक **मक्, मिक्** उप०
सं० **मगध** गण विशेष

(ख)
मलयालम **मोन्** पुत्र
मोळ् पुत्री
मराठी **मुलगा** पुत्र
हिन्दी
(बुंदेलखंडी) **मोड़ा** लड़का

३७६९
कन्नड़ **मगुळ्** वापस आना
तेलुगु **मगिडि** फिर से
प्राकृत **मगा** पीछे
मराठी **मग** पीछे से

३७७० त० **मगिळ्** उल्लसित होना
सं० **मख** उल्लसित

३७७१ त० **मगिळ्** मौलसिरी
सं० **मकुल, बकुल** उप०
हिन्दी **मौलसिरी** (द्र०)

३७७५ त० **मक्कम्** करघा
मराठी **माग** उप० (द्र०)

(३७७७)
तुलु **मङ्गॅ** बन्दर
अंग्रेज़ी **मंकी** उप०

३७७८
कन्नड़ **मसकु** धुंधला
सं० **मसि** काली वस्तु

३७८१ त० **मच्चिगइ** मठा
सं० **मथ्** मथना

३७८३
तेलुगु **मच्च** मसा; दाग
मराठी **मत्स्य** उप० (द्र०)
हिन्दी **मसा**

३७९१ त० **मञ्जिगइ** पेटी
सं० **मञ्जूषा** उप० (द्र०)

३७९३ त० मयिल् मोर
सं० मयूर उप० (द्र०)

३७९६
(क) त० मडक्कु अंग तोड़ना
हिन्दी मटकना

(ख) तोद मॉड़्ख् झुकना
हिन्दी मोड़ना, मुड़ना

३७९७ त० मडप्पम् नगर
प्राकृत मडम्ब उप०; गाँव (द्र०)

३७९८ त० मडम् अज्ञान
कन्नड़ मट उप०; उलझन
मड्ड मूर्ख
प्राकृत मट्ठ धीमा; मूर्ख (द्र०)
सं० मन्थर धीमा; आलसी
हिन्दी
(अवधी) मट्ठर, मठर धीमा

३८०१ त० मडा मटका
कन्नड़ मडकॅ उप०
प्राकृत मडक्क उप०
हिन्दी मटका (द्र०)

३८०२ त० मडि आलस; आलसी होना
प्राकृत मट्ठ आलसी; धीमा
सं० मन्थर

३८०३ त० मडि मरना
प्राकृत मड मरा हुआ
सं० मृत
(*मर् मरना→*मर्त मुर्दा>मड)

३८०४ त० मडि स्नानादि से शुद्धि
कन्नड़ मडि शुद्धि; धुला वस्त्र
प्राकृत मट्ठ धुला हुआ; शुद्ध
सं० मृष्ट मार्जित

३८११ त० मट्टम् नाप; सीमा
सं० मात्रा नाप

३८१२ त० मट्टम् नाटापन
हिन्दी नाटा

३८१३ त० मट्टु शहद; दारू
मलयालम मड़ु शहद; मिठास
मट्टु अमृत
सं० मधु

३८१७ त० मण् मिट्टी; धरती
तुलु मण्णु उप०
सं० मृत्स्न धूल
मृत्तिका मिट्टी

(३८१८)
(क) त० मण चमकना
सं० मणि

(ख) गोंडी मर्मिग् ब्याह
त० मणम् उप०
लैटिन मरीतुस् ब्याहना
अंग्रेज़ी मैरिज् ब्याह

३८२२ तुलु मणिपुनि बोलना
सं० भण् उप०
(त० पणि बोलना ३२१२ से सम्बद्ध)

(३८२४)
त० मणिक्कट्टु कलाई
सं० मणिबन्ध उप०
त० मङ्कट उप० (द्र०)
ग्रीक मन्नॉस् कंठी

३८२९ त० मण्डु दमकना
सं० पाण्डु पीला

३८३१ त० मण्डइ सिर
सं० मण्ड उप० (द्र०)

३८३२ त० मण्णान् धोबी
मण्णु नहाना; धोना
सं० मज्ज् उप०

(३८३३)
त० मण्णु करना
लैटिन मनुस् हाथ
(त० पण्णु करना ३२०९ से सम्बद्ध)

३८३५
(क) त० मद मस्त होना
मदन् घमंड
सं० मद (द्र०)

(ख) त० **मद** सुन्दरता; शक्ति
सं० **मदन** कामदेव

(३८४०)
त० **मदि** चन्द्रमा; महीना
सं० **मस्** (**चन्द्र-मस्**) चन्द्रमा
मास उप०; महीना
लैटिन **मॅन्सिस्** महीना

(३८४१)
त० **वदुवइ** वधू; विवाह
सं० **वधू**
अंग्रेज़ी **वॅड्** ब्याहना

(३८४७)
(क) कन्नड़ **मन्दि** बाड़ा
सं० **मन्दिर** शिविर; घुड़साल; नगर

(ख) कन्नड़ **मन्दि** जन
कोलमि **मन्दी** आदमी
हिन्दी (छत्तीसगढ़ी) **मन** जन

(३८५१)
तुलु **मम्म** स्तन
लैटिन **मम्म** उप०

३८५२
(क) त० **मयक्कम्** भ्रान्ति
सं० **माया**

(ख) त० **मयल्** कामवासना
प्राकृत **मयण** मदन

३८५४ त० **मयिर्** बाल; पूंछ
प्राकृत **माइ, माइअ** घने बालोंवाला

(३८५६)
त० **मरम्** वृक्ष
मल्तो **मनु** उप०
लिथुआनियन **मॅदिस्** उप०

३८५७ त० **मरल्** सन जिससे धनुष की डोरी बनाई जाती थी
सं० **मूर्वा** उप० (द्र०)

(३८६३)
कोत **मद्** ओषधि
लैटिन **मॅदिकीन** उप०

३८६४
मल्तो **मर्गा** हिरन
सं० **मृग**

(३८६५)
त० **मरुवु** संभोग करना
तेलुगु **मरगु** प्यार करना
सं० **मार** कामदेव
लैटिन **मरीतो** ब्याहना

(३८६६)
(क) त० **मरुलु** कामवासना
सं० **मार** कामदेव
(त० **मरुवु** संभोग करना ३८६५ से सम्बद्ध)

(ख) त० **मरुळ्** नशा
तुलु **मर्लु** पागल; पागलपन
सं० **मद**
अंग्रेज़ी **मैड्** पागल
ग्रीक **मर्गॉस्** उप०

३८६७
कन्नड़ **मरॅ** हिरन
सं० **मरूक** उप० (द्र०)
मरु उप०

३८७०
(क) तेलुगु **मलयु** चमकना
सं० **मरीचि** किरण

(ख) कन्नड़ **मलॅ** बड़ा आदमी होना
सं० **मल्ल** पहलवान

(३८७१)
त० **मल्लन्** पहलवान
सं० **मल्ल** उप० (द्र०)
ग्रीक **मोलॉस्** संघर्ष

३८७२
कन्नड़ **मल** अन्य
सं० **पर** उप०
(त० **मरु** अन्य ३९०३ से सम्बद्ध)

३८७३
कन्नड़ **मलकु** एक तरह की माला
सं० **माला**

(३८७५)
कोडगु **मलङ्ग्** काम न करना और पड़े रहना
फ़ारसी **मलङ्ग्** एक तरह के फ़कीर

३८७९ त० **मलर्** खिलना; फूल
तेलुगु **मलंचु** खिलना
सं० **मालती** पुष्प विशेष
माला
बँगला **मालञ्च** पुष्पवाटिका
हिन्दी **माली**

(३८८१)
त० **मलइ** लड़ना
सं० **मल्ल** पहलवान
ग्रीक **मोलॉस्** संघर्ष

३८८२ त० **मलइ** पर्वत
सं० **मलय** पर्वत विशेष (द्र०)
मद्र भारत का उत्तर-पश्चिमी सीमान्त; (पहाड़ी क्षेत्र; वहाँ रहने वाले जन)

३८८४
तेलुगु **मल्ल** मिट्टी का पात्र
सं० **मल्लि** उप० (द्र०)

३८८७ त० **मळ्**
कन्नड़ **मळक, मणक** पड़िया; बछिया
सं० **माणव, माणवक** लड़का; छोकरा

(३८८९)
त० **मळु** कुल्हाड़ी
गोंडी **मरस्** उप०
कोडगु **मट्टि** उप०
सं० **परशु** फरसा
पु. अंग्रेज़ी **मट्टुक्** कुल्हाड़ी
अंग्रेज़ी **मैटॉक्** उप०

(३८९०)
(क) त० **मळ्कु** धुँधला होना
कन्नड़ **मङ्कु** धुँधलका
सं० **मङ्कुल** अस्वस्थ; पीला (द्र०)
मल्तो **मड़्ग्राँ** काला
सं० **मल** गन्दगी
मलिन काला
लैटिन **मलुस्** गन्दगी
ग्रीक **मॅलस्** धुँधला; काला
अंग्रेज़ी **मर्की** धुँधला
रूसी **मरात्** गन्दा करना

(ख) तुलु **मर्गु** मुर्दा
तेलुगु **म्रग्गु** मरना
त० **मक्कु** उप०
सं० **मरण**
हिन्दी **मरना**
लैटिन **मॉरिऑर्** मरना
फ़ारसी **मर्ग** मौत

३८९१ त० **मळ्क्कु** माड़ना; पीटना
सं० **मर्द** पीटने कुचलने की क्रिया
मृण् कुचलना
हिन्दी **माड़ना**

३८९४ त० **मळिगइ** दूकान
मराठी **मळ्गी** उप० (द्र०)
सं० **पण्** खरीदना

३८९५ तुलु **मळ्पुनि** करना
(त० **पण्णु** करना ३२०९ और त० **मण्णु** उप० ३८३३ से सम्बद्ध)

३८९७ तुलु **मदपुनि, मरपुनि** भूलना
त० **मर** उप०
सं० **मद**

(३९००)
(क) त० **मरल्** मृत्यु
सं० **मर्त** मरणशील
लैटिन **मॉरिऑर्** मरना

(ख) त० **मरम्** युद्ध
मरवोन् योद्धा
ग्रीक **मर्नमइ** युद्ध करना
(त० पॉरु लड़ना ३७०८ से सम्बद्ध)

३९०३ त० **मरु** अन्य
सं० **पर** उप०

(३९०४)
तेलुगु **मरक** चिह्न
अंग्रेज़ी **मार्क्** उप०

३९०५
कन्नड़ **मरुगु** जलना; कामवासना से दग्ध होना
सं० **मरीचि** किरण
मार कामदेव

३९०६ त० **मरुगु** गली
सं० **मार्ग**

(३९११)
त० **मनइ** घर
सं० **मान** उप०
लैटिन **मनॅश्रो** ठहरना
मन्सिश्रो घर
ग्रीक **मॉने** उप०
त० **मनइ** स्त्री
सं० **मेना** उप०

३९१३
कन्नड़ **मन्दु** तोद जन का गाँव
त० **मन्रु** सभाभवन; प्राङ्गण
सं० **मन्दिर**

३९१८
कन्नड़ **मासु** धुंधला होना
सं० **मसि** काली वस्तु

(३९१९)
त० **माङ्गाय्** अँबिया
सं० **माकन्द** आम का पेड़ (द्र०)
कोडगु **माङ्ग** आम
अंग्रेज़ी **मैङ्गो** उप०

३९२३ त० **मा** बड़ा
सं० **महा**

३९२६ त० **मागुलर्** अहेरी
सं० **वागुरिक** उप० (द्र०)

३९२७
कन्नड़ **मासु** गन्दगी
सं० **मसि** काली वस्तु

३९२९
कुड़ुख **मास्** बाँस
हिन्दी **बाँस**

३९३० त० **माडम्** घर; झोंपड़ी
मेडइ भवन; मंच
सं० **माडि** भवन
मेट उप० (द्र०)

(३९३१)
(क) कन्नड़ **माडु** बनाना
सं० **मा** उप०
जर्मन **माखॅन्** उप०
अंग्रेज़ी **मेक्** उप०
मेड् बनाया

(ख) तेलुगु **माडिकि** मार्ग; पद्धति
लैटिन **मॉदुस्** उप०

३९३७ त० **माणम्** सम्मान
सं० **मान**

३९४० त० **मादुलइ** नीबू
सं० **मातुलुङ्ग** उप० (द्र०)

३९४२ त० **मादिग** मोची; अछूत
सं० **मातंग** चाण्डाल (द्र०)

३९४५ त० **मामा** मामा
सं० **माम (क)** (उप०)
हिन्दी **मामा** (द्र०)

(३९४६)
(क) त० **माय्** मरना
फ़ारसी **मैयत्** मौत

(ख) त० **माय्** छिपना; गायब होना
कन्नड़ **माजु** छिपाना; धोखा
सं० **माया**

३९४८ त० **मारि** वर्षा
सं० **मारि** उप० (द्र०)

३९४९

कोलमि	मारॉड्	बेल का पेड़
सं०	मालूर	उप० (द्र०)

३९५० त० **मालि** ताड़ी
सं० **मालका** एक शराब (द्र०)

३९५१ त० **मालर्** शूद्र पिता ब्राह्मणी माता की सन्तान
सं० **माल** शूद्र और सूत का पुत्र (द्र०)

३९५४ त० **मालइ** माला
सं० **माला** (द्र०)

(३९५८)
(क) त० **माट्टु** मारना
हिन्दी **मारना**

(ख) तेलुगु **मालुगु** क्षीण होना
रूसी **मालो** थोड़ा

(३९६०)
कन्नड़ **मातु** शब्द
त० **माट्टु** उप०
इटालियन **मोत्तो** उप०

(ख) त० **मारु** बेचना; विनिमय करना
तुलु **माराट** बिक्री; विनिमय
कन्नड़ **माराळि** विक्रेता; वैश्य
लैटिन **मॅर्कातूस्** व्यापार
मॅर्कातूर व्यापारी
मॅर्कॉर खरीदना
अंग्रेज़ी **मार्कॅट्** बाज़ार
मर्चॅन्ट् व्यापारी
हिन्दी **मंडी** (*मर् बेचना > *मन्)

(ग) तेलुगु **मारु** अन्य
सं० **पर** उप०

(३९६२)
त० **मिगु** बढ़ना
मिक्क बड़ा
सं० **मह** (< *मघ) उप०

ग्रीक **मॅगस्** उप०
मकॉस् अधिक
अंग्रेज़ी **मिक्ल्** उप०
मच् उप०

३९६५
कन्नड़ **मिसुगु** चमकना
प्राकृत **मिसमिस** चमकीला

३९६९
कन्नड़ **मिट्किसु** आँखें मिचमिचाना
सं० **मिष्** उप०

३९७३ त० **मिडि** गरीबी
(तेलुगु **पेद** गरीब ३६३४ से सम्बद्ध)

३९७४
कन्नड़ **मिडितॅ** टिड्डा
सं० **मटची** उप० (द्र०)

३९९६
मलयालम **मीश** मूछें
मराठी **मिशी** मूछ (द्र०)

३९९९ त० **मीन्** मछली
सं० **मीन** उप० (द्र०)

(४०००)
कन्नड़ **मूसु** सूंघना
फ़ारसी **मुश्क** कस्तूरी
अंग्रेज़ी **मस्क** उप०
पु. अंग्रेज़ी **नोसु** नाक
सं० **नासा** उप०
हिन्दी **नास** सुँघनी

४००२ त० **मुगडु** चोटी
सं० **मुकुट** (द्र०)

४००३ त० **मुगम्** मुख
सं० **मुख** (द्र०)

४००६ त० **मुगिल्** बादल
सं० **मेघ**

४००७ त० **मुगिळ्** मुकुलित होना
सं० **मुकुल** (द्र०)

४०११

तेलुगु	**बॉक्कु**	भकसना
त०	**मॉक्कु**	उप०
सं०	**भक्ष्**	खाना
	बुभुक्षा (<***भॉक्ष्**)	भूख

(४०१२)

त०	**मुक्कु**	कोना
अंग्रेज़ी	**नुक्**	उप०

(४०१४)

त०	**मुङ्गा**	नेवला
कोलमि	**मुङ्गुस्**	उप०
सं०	**मद्गुश**	उप०
प्राकृत	**मंगुस**	उप० (द्र०)
अंग्रेज़ी	**मंगूज़्**	उप०

४०१५	तुलु	**मॉसरु**	दही
	सं०	**मोरट, मोरण**	मठा (द्र०)

(४०२५)

कुड़ुख	**मुन्धना**	मूँदना
नइकि	**मुस्**	ढाँकना
त०	**मुच्चु**	उप०
	मूय्	उप०
सं०	**मुद्रित**	मुँदा हुआ
हिन्दी	**मूँदना**	
ग्रीक	**मुओ**	बन्द होना

४०२८	पजि	**मुड्**	झुकना
	त०	**मुडक्कु**	मोड़ना
	हिन्दी	**मुड़ना**	

४०३०	त०	**मुडि**	बाँधना; गाँठ
	कन्नड़	**मुडिपु**	पोटली
	हिन्दी	**मोटरी**	उप०

(४०३५)

त०	**मुड्गु**	अँगूठी
सं०	**मुद्रिका**	उप०
वेल्श	**मॉड्रइ**	उप०

४०३८	त०	**मुट्टाळ्**	मूर्ख
	ग्रीक	**मोरॉस्**	उप०

(तुलु **मुर्ताप** मूर्खता ४१११, त० **मॉत्तु** मूर्ख ४२०२ से सम्बद्ध)

४०४१	त०	**मुट्टिगइ**	हथौड़ी
	कन्नड़	**मॉट्टु**	किसी के सिर पर घूंसा मारना
	सं०	**मुष्टि**	मुट्ठी

४०४७	तुलु	**मुण्ड**	छोटा
	मलयालम	**मुण्डन्**	बौना; नाटा
	प्राकृत	**मुण्ट**	हीन शरीर वाला
	पंजाबी	**मुण्डा**	बच्चा

(४०४८)

त०	**मुण्डइ**	अण्डा
	मुट्टइ	उप०; धरती
लैटिन	**मुन्दुस्**	संसार

४०५५	पजि	**मोच**	मगर
	सं०	**माचल**	उप० (द्र०)

४०६२	त०	**मुत्तु**	मोती
	सं०	**मुक्ता**	उप०
	प्राकृत	**मुत्ता**	उप०; (द्र०)

(४०७०)

कन्नड़	**मॉगसु**	कार्य के लिए तैयार होना
तेलुगु	**मॉगि**	प्रयत्न
रूसी	**मॉगु**	कर सकता हूँ
	मॉच्	कर सकने योग्य होना

४०७२	त०	**मूरि**	प्राचीनता
	सं०	**पुरा**	प्राचीन

४०७६	त०	**मुरल्**	ध्वनि करना
		मुरळि	मुरली
		मुरजु	ढोल
	सं०	**मुरज**	उप०
		मुरली	(द्र०)

४०७७	त०	**मुरल्**	एक मछली
	सं०	**मुरल**	उप० (द्र०)

४०७८	त०	**मुरवु**	तोड़ना
	प्राकृत	**मुरिअ**	टूटा हुआ (द्र०)

४०८०	त०	**मुरि**	झुकना; मोड़
	तुलु	**मुरि**	वृत्त; अँगूठी
	प्राकृत	**मूरिअ**	मुड़ा हुअ

हिन्दी **मुड़ना**
(व्रज) **मुरिबो, मोरिबो** मुड़ना; मोड़ना
(त० **मुड्गु** अँगूठी ४०३५, सं० **मुद्रिका** <***मुर्दिका** से सम्बद्ध)

४०८२ तुलु **मुरु** कान की बाली
मुर्गि कड़ा
मराठी **मुर्की** कान की बाली (द्र०)

४०८३ तुलु **मुरिपुनि** जलना
सं० **मुर्मुर** जलता खरफूस; बुझता अंगार (द्र०)
ग्रीक **पुर्** आग

(४०८४)त० **मुरुक्कु** पलाश
ग्रीक **पुर्** आग
(तुलनीय सं० **पलित** प्रज्वलित और **पलाश**; तुलु **मुरिपुनि** जलना ४०८३ से सम्बद्ध)

४०८५ त० **मुरुङ्ङइ** जिमीकन्द
सं० **मुरुङ्गी** उप० (द्र०)

४०८०
कन्नड़ **मॉल्लॅ** चमेली
सं० **मल्लिका** उप० (द्र०)

(४०९२)
(क) त० **मॉऴि** बोलना; बोल
कोलमि **मुड्** बोलना
रूसी **मॉल्** लोग कहते हैं
मॉल्वा अफ़वाह
इटालियन **मोत्तो** शब्द
(कन्नड़ **मातु** शब्द ३९६० से सम्बद्ध)

(ख) त० **मुऴ़ङ्ङु** शब्द करना
(त० **मुरल्** शब्द करना ४०७६ से सम्बद्ध)

४०९३ त० **मॉऴि, मुऴि** किसी अंग का जोड़
हिन्दी **मोड़**

(४०९५)त० **मुऴु** समग्र; विशद
सं० **वि-पुल** उप०
ग्रीक **पॉलुस्** विशद; अनेक
मल पॉल्ल बहुत से
मल बहुत
(त० **पल** अनेक ३२८९ से सम्बद्ध)

(४०९६)
(क) कुइ **बड़्ड्ग** डूबना
प्राकृत **बुड्ड** उप०
हिन्दी
(अवधी) **बूड़बु** उप०

(ख) त० **मुऴ़्गु** डुबकी लगाना
लैटिन **मॅर्गो** उप०
सं० **मज्ज्** उप०

४०९९ त० **मुऴि** जलना
(तुलु **मुरिपुनि** जलना ४०८३ से सम्बद्ध)

४१०५ त० **मुळा** मूली
सं० **मूलक** उप० (द्र०)
हिन्दी **मूली**

(४१०८)
तेलुगु **मुरुगु** सड़ना
पर्जि **मुर** सड़ा हुआ
सं० **पूय्** सड़ना; गँधाना
पुरीष मल
लैटिन **पूतॅओ** सड़ना; गँधाना

(४१०९)
त० **मुरि** तोड़ना; टुकड़ा
लैटिन **मॉर्दॅओ** काटना
मॉर्सुस् कौर
अंग्रेज़ी **मॉर्सल्** उप०; टुकड़ा

(४१११)
त० **मुरइ** जड़ होना
तुलु **मुर्ताप** मूर्खता
सं० **मूर्ख**
ग्रीक **मोरॉस्** मूर्ख
लैटिन **मोरिऑन्** उप०

४११२ त० **मुरुक्कु** घुमाना; बटना
(त० **मुरि** मोड़ ४०८० से सम्बद्ध)

(४११५)
त० **मुरइ** समय; रीति
लैटिन **मोरॅस्** रीति-रिवाज

(४११७)
(क) कोत **मुत्** पकना

त० **मुरुं** उप०
लैटिन **मातुरो** उप०

(ख) त० **मुरुं** पूर्णत:
सं० **पूर** पूरा

(४११८)
त० **मुरुं** घेरना; घेराव
लैटिन **मूरुस्** नगरकोट; दीवाल; बर्तन की कोर

४११९ तोद **मुदाल्** पहला
त० **मुत्तइ** सामना
मुन् सामने
सं० **पुरस्** उप०
मराठी **पढें** उप०
(*पुर > *मुर् > *मुन्; *पुर् = *पुर्ध > *पुद > *मुद; *पुर्ध → पुढें)

४१२०
कन्नड़ **मुनि** क्रुद्ध होना
तेलुगु **मुनुगु** दुखी होना
सं० **मन्यु** क्रोध; शोक

४१२१
कुड़ुख **मूखा** मेंढक
सं० **मूकक** उप० (द्र०)

४१२२ त० **मूक्कु** नाक
(कन्नड़ **मूसु** सूंघना ४००० से सम्बद्ध)

४१२४ त० **मूङ्गइ** मूक
सं० **मूक** (द्र०)

(४१२६)
(क) कन्नड़ **मूति, मोति** मुख
पु० अंग्रेज़ी **मूथ्** उप०

(ख) गोंडी **मासॉक** नाक
सं० **नासा**

४१३२ त० **मूडु** मूंदना
हिन्दी **मूंदना**
(कुड़ुख **मुन्धना** मूंदना ४०२५ से सम्बद्ध)

४१३४
कन्नड़ **मूटॅ** गठरी
मॉट्टॅ उप०; झोला
सं० **मूट** झोला (द्र०)
हिन्दी **मॉटरी** गठरी

४१३५ त० **मूट्टइ** खटमल
सं० **मत्क, मत्कुण** उप०

४१३७ त० **मूरि** भैंसा; बैल
गोंडी **मुर्रि** गाय
हिन्दी **मुर्रा** एक तरह की भैंस

(४१४६)
त० **मूळइ** मज्जा
कोत **मीळ्** उप०
कुड़ुख **मुर्मा** उप०
सं० **मूर्धन्** कपाल
जर्मन **मार्क्** मज्जा
अंग्रेज़ी **मैरो** उप०

४१५३
कन्नड़ **मॅदुळ्** मज्जा; मगज
मल्तो **मॅदॉ** मगज
सं० **मेध** मज्जा
हिन्दी **भेजा** मगज
(*भॅर्ध > *भेध > *भेज/मेध; त० **मूळइ** मज्जा ४१४६ से सम्बद्ध)

(४१५५)
त० **मॅदलु** गतिशील होना
लैटिन **मोतुस्** गति

४१५९
कन्नड़ **मॅदु** कोमल
सं० **मृदु**
(त० **मॅल्** कोमल ४१६७ से सम्बद्ध)

४१६१ त० **मेदि** मेथी
सं० **मेथी** (द्र०)

४१६३
कन्नड़ **मॅरुगु** चमक
मल्तो **मॅर्गु** आकाश
सं० **मरीचि** किरण
(सं० **भर्ग** प्रकाश > *मर्ग)

(४१६७)
त० **मॅल्** कोमल
तुलु **मॅत्त** उप०

सं० **मृदु**
लैटिन **मॉल्लिस्** उप०
ग्रीक **मलकॉस्** उप०

४१७२
मल्तो **मॅहरॅं** नम होना
हिन्दी **मेह**
(अवधी) **मिहाबु** नम होना

४१७४
कन्नड़ **मेकॅं** बकरी
सं० **मेक** उप० (द्र०)

(४१७६)
कन्नड़ **मेसु** चराना
तेलुगु **मेंत** चराई; चरी
अंग्रेज़ी **मेडो** चरी

४१८०
कन्नड़ **मेरुवॅं** स्तूप; शृंग
सं० **मेरु** पर्वत विशेष

(४१८४)
तेलुगु **मिळिन्दमु** भौंरा
सं० **मिलिन्द** उप० (द्र०)
मधु
ग्रीक **मॅलि** शहद
लैटिन **मॅल्** उप०
(**मधु** > **मॅल्** → **मिलिन्द**)

४१८७
कन्नड़ **मसि** कालोंछ
सं० **मसि** (द्र०)

४१९८ त० **मॉट्टु** कली
(त० **पॉट्टु** खिलना ३६७४ से सम्बद्ध)

४१९९ त० **मॉण्डि** लँगड़ा
मोळइ बिन सींग का जानवर
सं० **मुण्ड** उप० (द्र०)

(४२०२)
त० **मॉत्तु** मूर्ख
ग्रीक **मोरॉस्** उप०

४२०७ तुलु **मुडु** कन्धे का जोड़
हिन्दी **मुड्ढे** कन्धे

४२०९
कन्नड़ **मॉळ्गु** झुकना
हिन्दी **मुड़ना**

(४२१७)
त० **मोडि** पद्धति
लैटिन **मॉडुस्** उप०

४२१९ त० **मोड्डु** मूर्खता
सं० **मूढ**

४२२० त० **मोदु** गठरी
हिन्दी **मॉटरी** उप०

४२२९
ब्राहूइ **हेट** बकरी
तुलु **एडु** उप०
तेलुगु **एट** मेढा
हिन्दी **भेड़**
सं० **एड** भेड़

(४२३०)
त० **याण्डु** वर्ष
गोंडी **येड** उप०
जर्मन **यार्** उप०

(४२३१)
त० **नाङ्गळ्** हम
सं० **नः** हमारा
ग्रीक **नो** हम दोनों

(४२३३)
त० **यारु, आरु** नदी
कश्मीरी **यार्** उप०
अंग्रेज़ी **यैरो** नदी विशेष
सं० **अर्ण** धारा
इटालियन **आर्नो** नदी विशेष

(४२३४)
त० **नान्** मैं
फ़ारसी **मन्** उप०
सं० **मम** मेरा
नः हमारा
ग्रीक **नो** हम दोनों

क्रम	भाषा	शब्द	अर्थ
४२३५	त०	**यानइ**	हाथी
	सं०	**यान**	वाहन
४२३६	तुलु	**रम्पि**	मोची का एक औजार
	हिन्दी	**रांपी**	
४२३७			
	कन्नड़	**रंप, रंभ**	गर्जन
	सं०	**रंभ**	उप० (द्र०)
	हिन्दी	**रँभाना**	
४२५५			
	कन्नड़	**बगॅ**	भाग
	सं०	**भाग**	
		भज्	बाँटना
	त०	**वगु**	उप०
४२५६	तुलु	**बगळुनि**	बकवास करना
	हिन्दी	**बकना**	
४२५८	त०	**वक्का**	बुगुला
	सं०	**बक**	उप० (द्र०)
४२६०	त०	**वङ्कि**	अंकुश
	सं०	**वंक**	वक्रता
		भंग	मोड़
४२६४			
	कन्नड़	**बसि**	टपकना; बहना
	त०	**वजि**	वर्षा; पानी
	बँगला	**भासा काल**	वर्षा ऋतु
		भासा	उतराना; बहना
४२६५	त०	**वञ्जि**	बेत
	सं०	**वञ्जुल**	उप० (द्र०)
४२६७	त०	**वड**	उत्तरी
	कन्नड़	**बड**	उत्तर
	हिन्दी	**भोट** (बौद्ध; बौद्धों का देश)	
	कश्मीरी	**ब्वटनु**	उत्तरापथ
४२६८	त०	**वडम्**	रस्सा
	सं०	**वट**	उप०
		वरत्रा	पट्टा
	हिन्दी	**बरेत**	मोटा रस्सा
		बटना	

(*वर् → *वर्त > वट/बट)

क्रम	भाषा	शब्द	अर्थ
४२६९	त०	**वडि**	बहना
	कन्नड़	**ऑडि**	उप०
	सं०	**उद्**	उप०
(४२७०)			
	तुलु	**बड**	गरीब
	रूसी	**बॅद्नुइ**	उप०

(तेलुगु पेद गरीब ३६३४ से सम्बद्ध)

क्रम	भाषा	शब्द	अर्थ
४२७२			
	कन्नड़	**बडि**	मारना
	मराठी	**बडगा**	डण्डा (द्र०)
४२७६	तुलु	**बटुवॅ**	बटुवा
	हिन्दी	**बटुवा**	
४२८१	त०	**वणङ्ङु**	झुकना
		वणक्कम्	प्रणाम
	सं०	**वन्द्**	प्रणाम करना
४२८५	त०	**वण्णान्**	धोबी
	प्राकृत	**वण्ण**	स्वच्छ

(त० **मण्णान्** धोबी ३८३२ से सम्बद्ध)

क्रम	भाषा	शब्द	अर्थ
(४२९१)			
	तेलुगु	**वन्द**	नदी
	लैटिन	**उन्द**	लहर; पानी
४२९४	त०	**वम्बु**	पालकी का बाँस
	सं०	**वम्भ**	बाँस (द्र०)
	अंग्रेज़ी	**बैम्बू**	उप०
४३०१	त०	**वरइप्पु**	घेरा
		वरइ	किनारा; समय
	सं०	**वार**	घेरा; समय
(४३०४)			
	त०	**वरि**	लिखना
	तेलुगु	**व्रायु**	उप०
		रायु	उप०
		व्रांत	लेखन
	पु० अंग्रेज़ी	**व्रिटन्**	लिखना
	अंग्रेज़ी	**रिटिन्**	लिखित
		राइट्	लिखना
४३०५	त०	**वरि**	ढाँकना
	सं०	**वार**	आवरण

४३०६ त० वरि धान
सं० व्रीहि उप०

४३१०
(क) कन्नड़ वरिसँ बारी; समय
सं० वार समय
वर्ष
हिन्दी बारी

(ख) त० वरिजइ श्रेष्ठता
सं० वर श्रेष्ठ

(४३११)
(क) त० वरु आना; घटित होना
सं० वृत्त घटना

(ख) त० वारि द्वार
सं० वार उप०
रूसी वॉरॉत उप०

४३१४ त० वरइ रोकना
सं० वरति रोकता है

(४३१५)
त० वरइ पर्वत
जर्मन बॅर्ग् उप०

(४३१७)
त० वल् सबल
तुलु बल बल
सं० बल
लैटिन वलिदुस् सबल

(४३१८)
त० वलजइ प्रवास; समूह
सं० वल् चलना
रूसी वलोत् भीड़ लगाना

(४३२१)
त० वलि कष्ट
कुइ वल्ग क्षीण होना
ग्रीक अल्गॉस् कष्ट

(४३२२)
त० वलि खींचना
रूसी वल्यात् उप०

४३२३ कुइ वडि पत्थर
हिन्दी बट्टा

(४३२४)
मलयालम वलयुग घूमना; भटकना
सं० वल् चलना; इधर-उधर घूमना
ग्रीक अलआॅमइ घूमना; भटकना

४३२५
कन्नड़ भत्त, बत्त धान
प्राकृत भत्त भात
हिन्दी भात (द्र०)
सं० भक्त पका हुआ अन्न (जो मुख्यतः चावल होता था)
कश्मीरी बत भात

(४३२६)
त० वल घेरना
सं० वल हाता
वलय कंगन
लैटिन वल्लो सुदृढ़ घेरा बनाना

४३३९
मल्तो बटङ्गॉ भांटा
तेलुगु वङ्ग उप०
सं० भण्टाकि उप०
वंगन उप०
हिन्दी बैंगन (द्र०)
भांटा

(४३४८)
त० वळइ घेरना
सं० वलय वृत्त; कंगन (द्र०)
लैटिन वल्लो सुदृढ़ घेरा बनाना

४३५१ त० वळ्ळि लता
सं० वल्लि उप० (द्र०)

४३५२ त० वळ्ळूरम् मांस
सं० वल्लूर सूखा मांस (द्र०)

(४३५८)
तेलुगु वरद बाढ़; धारा
सं० वारि प्रवाह; जल
पु. आइसलैंडिक वार् झरना

(४३५९)
कन्नड़ **बर्दु** मरना
ग्रीक **ब्रॉतॉस्** मर्त्य

(४३६०)
त० **वरु** भूनना; तलना
कोडगु **बर**
सं० **भ्रज्ज्** भूनना
ग्रीक **फ्रुगो** उप०

४३६२
कन्नड़ **बान्** बनाना
बाम्ब कुम्हार
हिन्दी **बनाना**
सं० **भाण्ड**
(त० **पानइ** घड़ा ३३९४ से सम्बद्ध; तुलनीय त० **पण्णु** बनाना ३२०९)

४३६८ त० **वागु** प्रकाश
सं० **भर्ग** उप०

(४३७१)
त० **वाङ्गु** झुकना
कोलमि **वङ्ग्** उप०
सं० **भङ्ग** मोड़
वङ्क टेढ़ा
ग्रीक **अङ्कॉस्** मोड़

(४३७२)
त० **वाङ्गु** लेना; खरीदना
अंग्रेज़ी **वॆङ्ग्ल्** छल से लेना
लैटिन **वॆन्दो** बेचना
सं० **पण्य** बिकाऊ

४३७६ त० **वाडिक्कइ** रीति
हिन्दी **बाट**

४३८१
कन्नड़ **बाणंति** हाल की जच्चा
मराठी **बाळात्** उप० (द्र०)

४३८७ त० **वार्** बहना
सं० **वारि** प्रवाह; जल

४३८९ त० **वारम्** भाड़ा
सं० **भट्** भाड़े पर लेना
हिन्दी **भाड़ा**

४३९४ त० **वाल्** पूंछ
सं० **वाल, बाल** उप०

(४३९५)
त० **वाल्** श्वेतता
लिथुआनियन **बल्तस्** श्वेत
सं० **भाल** प्रकाश

४४०५
(क) त० **वाळ्** तलवार
सं० **करवाल** उप० (द्र०)

(ख) त० **वाळ्** हल का फाल
सं० **फाल** उप०

(४४०६)
त० **वाळ्** प्रकाश
सं० **भाल** उप०
(त० **वॆळ्** श्वेत ४५२४ से सम्बद्ध)

४४१० त० **वान्** वर्षा; आकाश; बादल
बँगला **बान्** बाढ़

(४४१९)
त० **वीडु** बस्ती; घर
कन्नड़ **बिडु** बसना
तुलु **बुडार** डेरा
मराठी **बिडार** घर (द्र०)
सं० **विश्** बसना; निवास
लैटिन **वीकुस्** बस्ती; गाँव
(तोद **विकिल्** कुटुम्ब ७८२ से सम्बद्ध)

(४४२२)
त० **विण्डु** हवा
लैटिन **वॆन्तुस्** उप०
अंग्रेज़ी **विन्ड्** उप०

४४२६ त० **विदिर** बिखराना
कुड़ुख **बिद्ड़ाना** उप०
हिन्दी **बिथराना**

४४२८ त० **वित्तु, विच्चु** बीज; बोना
गोंडी **वीजा** बीज
विताना बोना
सं० **बीज**

४४४१

कन्नड़	**बिरुद**	प्रशंसा
त०	**विरुद**	पदवी
सं०	**बिरुद, विरुद**	प्रशंसात्मक काव्य (द्र०)

४४४५ त० **विरइ** बोना; बीज
(त० **वित्तु** बीज, बोना ४४२८ से सम्बद्ध)

(४४४८)

त०	**विल्**	बेचना
कोत	**वॅल्**	मूल्य
अंग्रेज़ी	**वैल्यू**	उप०
लैटिन	**वलॉर्**	उप०

(४४५६)

त० **विळि** चमकना
(त० **वॅळ्** प्रकाशमान ४५२४ से सम्बद्ध)

४४७९ त० **विजिरि** पंखा
सं० **वीज्, व्यज्** पंखा करना (द्र०)

४४८५ त० **वीयम्** बीज
सं० **बीजं** (द्र०)

४४९३

मलयालम	**वॅगुळि**	उद्विग्नता
सं०	**वेग**	उप०

(४४९८)

(क)	मल्तो	**बचॅ**	कहना
	कुड़ुख	**बाचस्**	उप०
	सं०	**वच्**	उप०
(ख)	कुइ	**वॅस्प**	कहना
	गोंडी	**वॅहाना**	उप०
	फ़ारसी	**बहाना**	

४५०१ त० **विडङ्गु** सुन्दरता
सं० **विटङ्क** सुन्दर (द्र०)

४५०२ त० **वॅडि** दरकना

कन्नड़	**बीडि**	दरार
सं०	**भिद्**	टूटना
	भेद	अन्तर

४५११ त० **वेण्णॅय्** मक्खन
सं० **स्नेह** चिकना पदार्थ
(**वॅण्** श्वेत ४५२४ और **नॅय्** मक्खन ३१०४)

(४५१२)

तेलुगु	**वॅदकु**	खोजना
कन्नड़	**बॅदकु**	उप०
सं०	**विद्**	जानना
लैटिन	**विदॅओ**	देखना, जानना
रूसी	**वॅदात्**	जानना

४५१३

कन्नड़	**बिदिरु**	फैलाना
कुड़ुख	**बिथआना**	उप०
सं०	**विस्तरति**	फैलाता है
हिन्दी	**बिथराना**	

(त० **विदिर** बिखराना ४४२६ से सम्बद्ध)

४५१५

तेलुगु	**बॅत्ता**	बित्ता
हिन्दी	**बित्ता**	

(४५१९)

त०	**वॅरु**	भय
सं०	**भीरु**	
अंग्रेज़ी	**फ़िअर्**	भय

४५२०

कन्नड़	**बॅर्कु**	बिल्ली
सं०	**बिराल, बिडाल**	उप० (द्र०)

(४५२२)

त०	**वॅन्**	जीत
लैटिन	**विन्को**	जीतना

४५२३ त० **वेल्लम्** गुड़
कन्नड़ **बॅल्ल** उप०
हिन्दी **भेली** (गुड़ की)

(४५२४)

त०	वॅळ, वॅण्	श्वेत; प्रकाशमान
कन्नड़	बॅळ	प्रकाश
प्राकृत	बिलल, बिल्ह	स्वच्छ
रूसी	बेलुइ	श्वेत

लैटिन	**वॅनुस्**	नक्षत्र विशेष
फ़ारसी	**बिल्लूर**	स्वच्छ पारदर्शक पत्थर
लिथुग्रानियन	**बल्तस्**	श्वेत
सं०	**बलक्ष**	श्वेत

(४५२६)

तेलुगु	**वॅळ्ळु**	जाना
कुइ	**वॅन्ड**	आगे बढ़ना
अंग्रेज़ी	**वॅन्ड्**	जाना

(४५२९)

त०	**वॅळ्ळम्**	बाढ़
तेलुगु	**वॅल्लि**	प्रवाह
प्राकृत	**वीली**	लहर
जर्मन	**वॅल्लॅ**	उप०

(४५४८)

त०	**वेळ्**	वासना
	वेण्	चाह
लैटिन	**वॅल्**	इच्छा करना
	वॉलॉ	उप०
अंग्रेज़ी	**विल्**	इच्छा

(४५४९)

त०	**वेन्दन्**	सूर्य; चन्द्र
लैटिन	**वॅनुस्**	नक्षत्र विशेष

(४५५२)

ब्राहूइ	**बेरिफ़िंग्**	पहनाना
	बेनिंग्	पहनना
सं०	**भृ** (<*भॅर्)	धारण करना
अंग्रेज़ी	**बॅअर्**	उप०
	वॅअर्	पहनना

(४५५६)

त०	**वेलि**	दीवाल
लैटिन	**वल्लुम्**	रक्षात्मक दीवाल
अंग्रेज़ी	**वाल्**	दीवाल

४५५८

मल्तो	**बेरु**	सूर्य
सं०	**पेरु**	उप०
४५६४ तुलु	**बेतॅ**	अलग
मलयालम	**वेरु**	अलगाव
सं०	**भेद**	

(४५७०)

(क)	त०	**वइगल्**	प्रभात
	कन्नड़	**बयिगॅ**	सन्ध्या
	बँगला	**बिकेल, बिकाल**	तीसरा पहर
(ख)	कुड़ुख	**बिज्ज्ना**	भोर होना
	रूसी	**वॅचॅर्**	सन्ध्या

[द्रविड़ व्युत्पत्तिकोश के पूरक अंश के आधार पर]

(पू० ३०)

तेलुगु	**अरक**	बैलों सहित हल
मल्तो	**अरॅ**	हल
ग्रीक	**अरॉओ**	हल चलाना
लैटिन	**अरो**	उप०

(त० उळु हल चलाना ५९२ से सम्बद्ध)

पू० ५४ त०	**आरल्**	आग
सं०	**अरु**	सूर्य

(त० ॲरि जलना ६९४ से सम्बद्ध)

(पू० १०८)

कन्नड़	**आॅसगॅ**	वाणी; समाचार
सं०	**वाच्**	वाणी
लैटिन	**वॉको**	पुकारना

पू० ११२

कुइ	**ऑड**	शुद्ध; प्रकाशमान
सं०	**उडु**	नखत

(पू० १२५)

कुइ	**ओस्प**	चमकना
	ओस्तॅरि	प्रकाश
सं०	**उस्त**	प्रभात
	उष्	जलना
चेक	**उस्वित्**	प्रभात

(पू० १२६)

कुड़ुख	**ओड़ा**	पक्षी
ग्रीक	**ऑर्निस्**	उप०

पू० १३३

कोन्ड	**कस्**	जलना
सं०	**कस्**	चमकना

पू० १४५

कन्नड़	**कडि**	कढ़ी
हिन्दी	**कढ़ी**	

पू० १५४

तेलुगु	**कन्दकमु**	खाइँ
हिन्दी	**खन्दक**	(द्र० पू०)

पू० १५५

पर्जि	**कन्दि**	कण्ठी
हिन्दी	**कण्ठी**	

पू० १६२

मलयालम	**कम्ब**	मोटा रस्सा
सिंहली	**कम्ब**	उप० (द्र० पू०)

पू० १६६

त०	**कलि**	शक्ति
सं०	**कलि**	तीर (द्र० पू०)

(पू० १८६)

तेलुगु	**काटु**	जला हुआ
ग्रीक	**कइओ**	जलना

पू० १६३

कुवि	**गाति**	ढलान
हिन्दी	**घाटी**	

पू० १६८

गोंडी	**कार्, कात्, काड़्**	खोदना
सं०	**खन्**	खोदना
	खात	खोदा हुआ

पू० २०५

कुड़ुख	**गिंजना**	मिलाना
हिन्दी	**गींजना**	उप०
(अवधी)	**गिंजावबु**	

पू० २२०

पर्जि	**गिलगिलट्**	मुलायम
हिन्दी	**गिलगिला**	

पू० २२१

त०	**किळाअन्**	दही
सं०	**किलाट, किलाल**	उप० (द्र० पू०)

पू० २२३

कन्नड़	**किरिगॅ**	चीर; वस्त्र
सं०	**चीर**	

(कन्नड़ **सीरॅ** वस्त्र २१६१ से सम्बद्ध)

(पू० २२६)

कुइ	**गीर**	आवाज़
कुवि	**गीत, गीग**	शब्द; वर्ण
सं०	**गिर्, गिरा, गीर्**	भाषा
ग्रीक	**गेरुस्**	उप०; आवाज़

पू० २३४

नइकि	**कुट्कॅ**	छोटा टुकड़ा; कण
हिन्दी (अवधी)	**कुटकी**	उप०

(पू० २३६)

पर्जि	**गुन्ड्**	झुकना
सं०	**घुण्ट**	घुटना
ग्रीक	**गॉनु**	उप०

(कन्नड़ **गोण्टु** कोना १७०६ से सम्बद्ध)

पू० २३८

कुड़ुख	**कुदर्**	नीची सतह पर धान का खेत

(तुलु **केदु** कीचड़ १६८० सं० **केदार** जल-मग्न खेत से सम्बद्ध)

पू० २४५

कुइ	**गुन्डुरि**	वृत्त; गोल चीज़
	गुञ्जॅरि	गोल
कुवि	**कून्ड्रोमि ग्रायु**	गोल छेद
सं०	**कुण्डल**	
	कुण्डली	
हिन्दी	**गुँडली**	कुंडली

(त० **कुण्डु** गोल चीज़ १४१४ से सम्बद्ध)

पू० २५३

त०	**कुरु**	चमक
सं०	**कुरबक**	रक्ताभ पुष्प

(त० **कुराल** भूरा १४७६ से सम्बद्ध)

पू० २५४

कुड़ुख	**गुद्दा**	गूदा
हिन्दी	**गूदा**	
त०	**कुरुदि**	भेजा; दिमाग
सं०	**गोर्द**	उप० (द्र० पू०)

(पू० २६१)
तोद क्वल् चक्कर खाना
त० कुल्व् चलना; घूमना
हिन्दी को [illegible]
ग्रीव [illegible] [illegible]दकते जाना

पू० २७७
तुलु कूटु नितम्ब
(त० चूत्तु नितम्ब, गुदा २२४६ से सम्बद्ध)

पू० २८५
कन्नड़ कॅसवु कुकुरमुत्ता
सं० कचक उप० (द्र० पू०)

(पू० २८८)
कोन्ड कॅद् उबालना
अंग्रेजी कॅट्ल् पानी उबालने का बर्तन; केतली
(तेलुगु कित्तु अग्नि १२७२ से सम्बद्ध)

(पू० २९७)
पॅङ्गो केर् गाना
कुवि केर्, के उप०
सं० गिर् भाषा
गै गाना
ग्रीक गेरुस् आवाज़
(कुइ गीर आवाज़ पू० २२६ से सम्बद्ध)

पू० २९८
कन्नड़ केल् घड़ा
मराठी केळी छोटा बर्तन (द्र० पू०)
हिन्दी
(बुंदेलखंडी) घैला घड़ा

पू० ३००
कुड़ुख काइया काई
हिन्दी काई

पू० ३०२
गोंडी कॉकॉं बच्चा
बँगला खोका उप०

पू० ३०३
(क) तुलु गॉङ्ग घोंघा
सं० शंख
हिन्दी घोंघा

(ख) कुइ गॉङ्गॉं छोटी मछली
सं० गाङ्गट उप० (द्र० पू०)

पू० ३०९
कुइ गुंगु घुन
सं० घुण उप० (द्र० पू०)

पू० ४०६
गोंडी सिड़ी, हिड़ी तोता
सं० कीर
(त० किळि तोता १३१८ से सम्बद्ध)

पू० ४३५
त० चॅकिळ् छिलका
सं० शकल, शल्क उप० (द्र० पू०)
(ब्राहूइ सिल् छिलका २१२० से सम्बद्ध)

पू० ४७५
गोंडी डय् भागना
सं० धाव् उप०

पू० ५१०
कुड़ुख तड़की कान का आभूषण
हिन्दी तरकी उप०

पू० ५२२
त० तिन्न सीधा
(पर्जि टिट्ट सीधा ३१०० से सम्बद्ध)

पू० ५२५
तुलु धुळु धूलि
दूळि उप०
मलयालम तूळि उप०
सं० धूलि (द्र० पू०)

पू० ५५५
गोंडी तड़ि, तॉड़ि धरती
सं० धरा

पू० ५६२
पॅङ्गो नागुड़ि नदी
कश्मीरी नाग झरना

पू० ५८०
कुड़ुख नेग रस्म
हिन्दी नेग

पू० ५८७
तं० **पगर्** कहना
(तं० **पुगल्** कहना ३४७६ से सम्बद्ध)

पू० ५९३
तेलुगु **पसि** गन्ध
हिन्दी **बास**

पू० ५९७
कन्नड़ **पडि** पद्धति; मार्ग
सं० **पथ**
(तुलु **परि** मार्ग ३२९८ से सम्बद्ध)

पू० ६०४
तं० **पट्टि** पुत्र
हिन्दी **पट्ठा**

पू० ६०६
कुइ **पट मल्ग** पट गिरना
हिन्दी **पट**

(पू० ६३३)
पॅङ्गो **पल** छाल
सं० **वल्क** उप०
अंग्रेज़ी **बार्क्** उप०

पू० ६४८
कुइ **पाण्ब** पाना
हिन्दी **पाना**

पू० ६६५
पॅङ्गो **पियल्** पुआल
हिन्दी **पुआल**

(पू० ६८६)
तेलुगु **बीद** गरीब
रूसी **बेद्नुइ** उप०
(तेलुगु **पेद** गरीब ३६३४ से सम्बद्ध)

(पू० ६९८)
तुलु **बुर्म** छेद करने का औजार
हिन्दी **बरमा** उप०
अंग्रेज़ी **बोर्** छेद करना
(तेलुगु **बॉरिय** छेद ३७६५ से सम्बद्ध)

पू० ७५१
कुइ **प्रास्का** मच्छर
सं० **प्राचिक** उप० (द्र० पू०)

पू० ७७५
कुइ **माक** पकाना
सं० **पाक** पका हुआ

पू० ८०६
कोडगु **मूडि** लड़की
हिन्दी
(बुंदेलखंडी) **मोड़ी** उप०

पू० ४८०
पॅङ्गो **लय्** उबले चावल
हिन्दी
(अवधी) **लइया** भुने चावल

पू० ८४९
कुवि **लॅङ्ङ्णि** पूंछ
सं० **लाङ्गूल** उप० (द्र० पू०)

पू० ८८२
तेलुगु **वेयु** पहनना
(तं० **वेय्** ढाँकना ४५५२ से सम्बद्ध)

१६ कुड़ुख **अखुआ** अंकुर
हिन्दी
(अवधी) **अँखुवा** उप०

२१ तेलुगु **अक्कटिक (मु)** दया
सं० **आः कष्टम्** (द्र० पू०)

५३ तं० **अन्नइ** माँ; बड़ी बहन
प्राकृत **अण्णी** बुआ; ननद; देवर की स्त्री (द्र० पू०)

१३२ तं० **अप्पम्, आप्पम्** पुआ
सं० **अपूप, पूप** उप० (द्र० पू०)

२१० तेलुगु **अलरारु** चमकना
सं० **अलात** अंगार

३०८ पॅङ्गो **इय** माँ
प्राकृत **इज्जा** उप० (द्र० पू०)

४३६ तुलु **अॅल्ल्यायॅ** युवा
प्राकृत **लीव** लड़का (द्र० पू०)

४८३ तं० **उक्कारि** एक मिठाई
सं० **उत्करिका** उप० (द्र० पू०)

४८८ त० उक्कम् बर्तन लटकाने की रस्सी
प्राकृत उक्का रस्सा (द्र० पू०)

५३५ त० तुन्दि तोंदी; पेट
सं० तुन्द उप०
हिन्दी तोंदी

५८५ त० उवळम् उबला चावल
कुवि ऊपलि उबालना
हिन्दी उबालना

९७० त० कट्टम् दाढ़ी
प्राकृत खड्ड दाढ़ी-मूंछ (द्र० पू०)

१०२४ कुवि गम्च, गामुच्छा गमछा
हिन्दी गमछा

११७८
तेलुगु कट्ट गट्ठा
हिन्दी गट्ठा

१२७२ त० किच्चु आग
प्राकृत चिच्ची उप० (द्र० पू०)

१२९५ त० चिदर् चिथड़ा
हिन्दी (अवधी) चिथरा
तेलुगु चिन्दर उप०
हिन्दी चिन्धी

१३२७
तेलुगु गिर्रं गड़ारी
हिन्दी (अवधी) गर्री

१३८१
कन्नड़ गुट्टि घूंटी
हिन्दी घूंटी (द्र० पू०)

१३९६
गोंडी कुट्ट, गुट्ट खूंटा
हिन्दी खूंटा (द्र० पू०)

१४३३
मल्तो कुन्द लट्ठा
हिन्दी कुन्दा उप०

१६६६ त० चेरि गली
प्राकृत सेरी उप०
मराठी शेरी उप० (द्र० पू०)

१८०७ कोत कॉत् ओर; तरफ
हिन्दी (अवधी) कोधी तरफ़; दिशा

१८३८
गोंडी कोपल्, कॉपाल् ग्वाला
सं० गोपाल

१८४४
तेलुगु कोर कटोरा
प्राकृत खोर (य) पात्र (द्र० पू०)
हिन्दी खोरा कटोरा

१८५२ त० कोल् डंडा
पु० मराठी कोल उप० (द्र० पू०)

१८६२
नइकि गॉगॉडि मुर्गा
सं० कुक्कुट

१८९९ त० चट्टगम् चौखटा
सं० सट्ट उप० (द्र० पू०)

१९२८
गोंडी चापॉड़ झोंपड़
हिन्दी झोंपड़

१९४९
कुवि नागराचु काला साँप
राचु साँप
सं० नागराज

१९५६
ब्राहूइ कल् पानी के इकट्ठे होने का स्थान
हिन्दी खाल नहर (द्र० पू०)

१९७०
ब्राहूइ सालुम् साला
सं० स्याल (द्र० पू०)

२०५१
नइकि सादि छह
सं० षट् उप०

२०७७
कोन्ड **सिर्कुलि** गिलहरी
सं० **चिक्रोड** उप० (द्र० पू०)

२२६६
कन्नड़ **सक्कें, चक्कें** टुकड़ा
सं० **शकल** उप० (द्र० पू०)

(२३०८)
पर्जि **सँद** पसीना
सं० **स्विद्** पसीना आना
अंग्रेज़ी **स्वॅट्** पसीना

२६४८ त० **तिमिलइ** एक तरह की ढोलकी
सं० **तिमिला** एक बाजा (द्र० पू०)

२६७४ त० **तेन्** शहद
प्राकृत **तिणिस** ममाखियों का छत्ता (द्र० पू०)

२८६३
कुड़ुख **टंगना** टाँगना
हिन्दी **टांगना**

२८७५
गोंडी **ढाँड्ढल्, धोदाल्** मोटा
हिन्दी **धोंधल**

२९८३
कुड़ुख **नर्म आना** नर्म करना
हिन्दी **नर्माना**

(३१२८)
ब्राहूइ **दे** सूर्य; दिन; समय
सं० **दह्** जलना
अंग्रेज़ी **डे** दिन

३१६१
कोन्ड **पसिङ्** हल्दी
प्राकृत **पसण्डि** सोना (द्र० पू०)

३१७८
मलयालम **पडक्कम्** पटाखा
हिन्दी **पटाखा**

३३४१
(क) नइकि **पास्** बासी होना
हिन्दी **बासी**

(ख) कोन्ड **पास्** सड़ना और गँधाना
हिन्दी **बास, बसाना**

३३७० त० **पाल्** दूध
सं० **पालन** नयी ब्याई गाय का दूध (द्र० पू०)

३४०० तुलु **बिसरुनि** फिसलना
हिन्दी **फिसलना** (द्र० पू०)

३४३१
तेलुगु **पॅञ्जारि** रुई धुनने वाला
सं० **पिञ्जन** रुई धुनने की धनुहीं (द्र० पू०)

३५९१
ब्राहूइ **पुन्डू** पोंद; गुदा
हिन्दी **पोंद**

३५९६
तेलुगु **पॅच्चु, पॅच्चिक** छिलका
सं० **पेशी, पेशिका** उप० (द्र० पू०)

३६०७
कन्नड़ **हणिगॅ** कंघा
प्राकृत **फणग** उप० (द्र० पू०)

३६१३
मल्तो **बॅडॉ** बड़ा
हिन्दी **बड़ा**

(३६१८)
तेलुगु **बरडु** छाल
सं० **वल्क** उप०
अंग्रेज़ी **बार्क्** उप०

३७३१
तेलुगु **बोडु** घुटा सिर
प्राकृत **बोड** उप० (द्र० पू०)

३८०७ त० **मडइ** उबले चावल
हिन्दी **माड़**

३९०४

कुड़ुख	**मसा**	मसा
हिन्दी	**मसा**	

४२९७

तेलुगु	**वयणम्**	ब्यौरा
सं०	**वचन**	
प्राकृत	**वयण**	(द्र० पू०)

(४३०४)

तेलुगु	**व्रायु**	लिखना
	रायु	उप०
प्राकृत	**रज्जु**	लेखक (द्र० पू०)
अंग्रेज़ी	**राइट्**	लिखना

४३७०

कुवि	**वाङ्**	बहना
बँगला	**बान्**	बाढ़

४४१०

मल्तो	**बनि**	बाढ़; धारा
बँगला	**बान्**	बाढ़

(४५४०)

कोन्ड	**वॅस्नि**	उष्ण
सं०	**वसा**	श्वेत
रूसी	**वेस्न**	वसन्त

शब्दसूची-३

(द्रविड़ तथा इंडोयूरोपियन परिवार की आर्येतर भाषाओं में ध्वनिपरिवर्तन सम्बन्धी सामान्य रीतियां)

[यहां द्रविड़ भाषाओं से तथा इंडोयूरोपियन परिवार की आर्येतर भाषाओं से ध्वनिपरिवर्तन संबन्धी कुछ सामान्य रीतियों के उदाहरण दिये गये हैं। ऐसी रीतियां और भी हैं और अन्य परिवारों में भी हैं। यहां भाषाई क्षेत्र को ध्यान में रखकर भाषा परिवारों की निर्माण-प्रक्रिया के विवेचन पर बल देने के लिए द्रविड़ और आर्येतर इंडोयूरोपियन भाषाओं से कुछ उदाहरण दिये गये हैं। इस सूची के प्रत्येक विभाग में पहले द्रविड़ भाषाओं में घटित होनेवाले ध्वनिपरिवर्तन के उदाहरण दिये गये हैं, फिर इंडोयूरोपियन भाषाओं से। जहां **घ्-ध्-भ्** के रूपान्तर दिखाना आवश्यक है, वहां स्वभावतः मूलरूप आर्य भाषाओं से दिये गये हैं। जहां **अ, अॅ** अथवा **अ, आॅ** स्वरों का स्वच्छन्द संचरण है, वहां विवेचन की सुविधा के लिए उक्त स्वच्छन्द संचरण को ध्वनिपरिवर्तन के अन्तर्गत स्वीकार कर लिया है। एक जगह **त्** ध्वनि **स्** में बदलती है, दूसरी जगह **स्** ध्वनि **त्** में; पूछा जा सकता है कि **त्** या **स्** के मूल ध्वनि होने का प्रमाण क्या है? यहां विवेचन का लक्ष्य मूल ध्वनि का पता लगाना नहीं है; लक्ष्य है **त्** के **स्** में या **स्** के **त्** में बदलने की प्रवृत्ति निश्चित करना। जहाँ **ग** या **प** के **अ** में बदलने की बात है, वहां **अ** को अन्य स्वरों के लिए भी प्रयुक्त संकेत-चिह्न मानना चाहिए।]

(क) अ/अॅ

१	कन्नड़	**चल्लु**	बिखेरना
		चॅल्लु	उप०
२		**कय्**	हाथ
		कॅय्	उप०
३	गोंडी	**तंडाना**	खींचना
		तॅन्डाना	उप०
४	मलयालम	**पडुग**	गिरना
		पॅडुग	उप०
५	त०	**अल्**	रात
		अॅल्	उप०
६	ग्रीक	**बरथ्रॉन्**	खाड़ी; खड्ड
	(इआॅनिक)	**बॅरॅथ्रॉन्**	उप०
७	ग्रीक	**बथॉस्**	गहराई
		बॅन्थॉस्	उप०
८	(दोरिक)	**ग**	तो; सचमुच
	ग्रीक	**गॅ**	
९	(दोरिक)	**कापॉस्**	बाग
	ग्रीक	**केपॉस्**	उप०
१०	(दोरिक)	**मातेर्**	माता

	ग्रीक	मेतेर्	उप०
२१	(दोरिक)	हाडुस्	सुख
	ग्रीक	हेदुस्	उप०

(ख) अ/ऑ

१	त०	कट्टु	बांधना
	तोद	कॉट्	उप०
२	त०	कण्	आंख
	तोद	कॉण्	उप०
३	त०	कइ	हाथ
	तोद	कॉय्	उप०
४	त०	तण्	ठंढा
	तोद	तॉण्य्	ठंढा होना
५	त०	पण्	काम
		पॉण्य्	उप०
६	कन्नड़	बड्डि	छिनाल
		बॉड्डि	उप०
७		सटुक	चमचा
		सॉटक	उप०
८	लात्वियन	मातॅ	माता
	लिथुआनियन	मोतॅ	उप०
९	लात्वियन	स्तात्	खड़े होना
	लिथुआनियन	स्तोति	उप०
१०	लात्वियन	नास्	नाक
	लिथुआनियन	नोसिस्	उप०
११	ग्रीक	बल्लो	फेंकना
		बॉलॉस्	फिंकाई
१२		ज़ाओ	जीवित रहना
		ज़ोओ	उप०
१३	लैटिन	पस्को	चराना
	ग्रीक	बॉस्को	उप०
१४	ग्रीक	अक्रिस्	पहाड़ी की चोटी
		ऑक्रिस्	उप०
१५	लैटिन	दतुम्	दी हुई वस्तु
		दतॉर्	दाता
		दोनुम्	दी हुई वस्तु; दान

(ग) घ्-ध्-भ् > ग्-द्-ब्

१	हिन्दी	घंटी	पानी पीने का छोटा बर्तन
	कन्नड़	गिण्डि	उप.
२	हिन्दी (अवधी)	घुघुरी	उबले हुए गेहूं
	कन्नड़	गुग्गुरि	उप०
३	हिन्दी	घुंघराले	
	कन्नड़	गुङ्गुरु	घुंघराले होना
४	हिन्दी	भट्टी	
	कन्नड़	बट्टि	
५	हिन्दी (अवधी)	ढील	
	तुलु	डील	
६	सं०	धूर्य	नेता; सरदार
	कन्नड़	दॉरॅ	उप०
७	प्राकृत	भल्ल	भाला
	कन्नड़	बल्लॅ	
८	सं०	भार	
	ग्रीक	बरॉस्	भार
		ब्रिथो	भारी होना
९	सं०	भूरि	बहुत
	ग्रीक	ब्रुओ	बहुत होना
१०	सं०	घण्ट	चमकना
	ग्रीक	गनॉस्	चमक
११	हिन्दी	घोंटू (<*घॉन्)	घुटना
	ग्रीक	गॉनु	उप०
१२	सं०	घूर्ण्	चक्कर लगाना
	ग्रीक	गुरॉस्	गोल
१३	सं०	धाम	
	ग्रीक	दोम	धाम
१४	सं०	स्तम्भित	
	ग्रीक	थम्बॅओ	स्तंभित होना
१५	सं०	ऊधर्	स्तन
	लैटिन	ऊबॅर्	उप०
१६	सं०	रुधिर	
	लैटिन	रुबॅर्	लाल
१७	सं०	भर	युद्ध
	लैटिन	बॅल्लुम्	उप०
	रूसी	बॉबं	उप०
१८	सं०	भ्रातृ	भाई
	रूसी	ब्रात्	उप०
१९	सं०	घर्म	घाम
	रूसी	गॉरेत्	जलना
	फ़ारसी	गर्म	

(घ) घ्-ध्-भ्>क्-त्-प्

१	सं०	धूम	
	त०	तूमम्	धुआं
२	सं०	भूमि	
	त०	पूमि	भूमि
३	सं०	धन	
	त०	तनम्	धन
४	सं०	धूर्त	
	त०	तुरुत्ति	धूर्त
५	सं०	धर्म	
	त०	तरुमम्	धर्म
६	सं०	भण्डि	गाड़ी
	त०	पण्डि	उप०
७	सं०	भरति	ले जाता है
	ग्रीक	पॉअॅरुओ	ले जाना
	लैटिन	पॉर्तो	उप०
८	सं०	हन् (<*घन्)	मारना
	ग्रीक	कइनो	उप०
९	सं०	घर्म	घाम
	ग्रीक	कइओ	जलाना
	लैटिन	कलॅओ	गरम होना
१०	सं०	धरा	
	लैटिन	तॅर	धरती
११	सं०	घूर्ण्	चक्कर लगाना
	लैटिन	कुर्वो	वक्र होना
१२	हिन्दी	घिरना	
	लैट्रिन	किकिनो	चक्कर लगाना
	ग्रीक	किर्कॉस्	घेरा
१३	सं०	भरति	गर्भ धारण करती है
	लैटिन	परिओ	पैदा करना
१४	सं०	मध्य	
	ग्रीक	मॅत	बीच में

(ङ) क्-त्-प्>ख्-थ्-फ्

१	त०	कण्	आंख
	ब्राहूइ	खन्	उप०
	कुड़ुख	खन्न्	उप०
२	त०	कडवु	पड़ा
	(सं०	कटाह	पड़िया)
	ब्राहूइ	खड़्	मेढ़ा
३	त०	कडु	कटुता
	(सं०	कटु)	
	कुड़ुख	खड़्खा	कटु
४	कन्नड़	बॅर्कु	बिल्ली
	कुड़ुख	बॅर्खा	उप०
५	कन्नड़	बिदुर्	खुलना
	मल्तो	बिथ्गॅ	उप०
६	तेलुगु	पूत	फूल
	मल्तो	पूथॅ	खिलना
७	त०	परइ	ढोलक
	गोंडी	फरा	उप०
८	त०	पर	उड़ना
	गोंडी	फर्हाना	उप०
९	कुइ	पूकि	ममाखी
	गोंडी	फुकी	उप०
१०	सं०	क्रीत	
	फ़ारसी	ख़रीद	
११	ग्रीक	पतेर्	पिता
	अंग्रेज़ी	फ़ादर्	उप०
१२	सं०	प्लुत	बाढ़
	अंग्रेज़ी	फ़्लड्	उप०
१३	लैटिन	कॉर्पुस्	शरीर
	पु० आइरिश	खॉर्प्	उप०
१४	अंग्रेज़ी	क्वार्टर्	स्थान
	वेल्श	ख्वार्तर्	उप०
१५	ग्रीक (इओनिक)	दॅकॉमइ	ले लेना
	ग्रीक	दॅखॉमइ	उप०
१६	ग्रीक (इओनिक)	अउतिस्	पुनः
	ग्रीक	अउथिस्	उप०
१७	ग्रीक (इओनिक)	अपिक्सिस्	आगमन
	ग्रीक	अफिक्सिस्	उप०
१८	लैटिन	कल्कुलुस्	छोटा पत्थर
	ग्रीक	खलिस्	उप०

(च) क्-ग्>च्-ज्

१	कन्नड़	कॅय्	करना
	त०	चॅय्	उप०
२	कन्नड़	कॅदर्	बिखरना
	त०	चिदर्	उप०
३	कन्नड़	किनिसु	क्रोध करना

त०	**चिन**	
४ कन्नड़	**केरि**	गली
त०	**चेरि**	उप०
५ कन्नड़	**केरॅं**	एक सांप
त०	**चारइ**	उप०
६ कन्नड़	**कॅरॅं**	खरोंचना
त०	**चुरण्डु**	उप०
७ सं०	**कार**	काला
रूसी	**च्यॉर्नइ**	उप०
८ सं०	**किम्**	क्या
फ़ारसी	**चि**	उप०
रूसी	**चॅइ**	किसका
९ लैटिन	**कॅलॅरितस्**	द्रुत गति
इटालियन	**चॅलॅरिता**	उप०
१० लैटिन	**कॅन्त्रुम्**	केन्द्र
इटालियन	**चॅन्त्रो**	उप०
११ ग्रीक	**कमर**	कमरा
अंग्रेज़ी	**चेम्बर्**	उप०
१२ जर्मन	**कल्क**	चूना
अंग्रेज़ी	**चाक्**	खड़िया
१३ जर्मन	**किन्**	ठोढ़ी
अंग्रेज़ी	**चिन्**	उप०
१४ लैटिन	**कन्तो**	गीत गाना
अंग्रेज़ी	**चान्ट**	उप०
१५ लैटिन	**कर्मॅन्**	पद्य
अंग्रेज़ी	**चार्म्**	उप०
१६ लैटिन	**कस्तुस्**	शुद्ध
अंग्रेज़ी	**चेस्ट्**	उप०
१७ हिन्दी	**गङ्गा**	
अंग्रेज़ी	**गॅन्जॅज़्**	

(छ) क्-ग्>ह्

१ त०	**कप्पु**	**गपकना**
कुड़ुख	**हब्क आना**	उप०
२ मल्तो	**कव्रु**	जंगल
कुड़ुख	**हर्गु**	उप०
३ नइकि	**केद्**	पछोरना
गोंडी	**हेच्**	उप०
४ त०	**केळ्**	सीखना; सुनना
	केळ्वि	ज्ञान; श्रुति
ब्राहूइ	**हेल्**	ज्ञान
	हेल् कन्निग्	सीखना
५ कुड़ुख	**काना**	जाना
ब्राहूइ	**कान्**	उप०
	हिंनिग्	उप०
६ कुइ	**गोर**	नाखून
ब्राहूइ	**होर्**	उँगली
७ कुड़ुख	**ताका**	हवा
ब्राहूइ	**तहो**	उप०
८ सं०	**कुटी**	
जर्मन	**हुटटॅ**	झोंपड़ी
९ लैटिन	**कॉर्नू**	सींग
अंग्रेज़ी	**हौर्न्**	उप०
१० लैटिन	**कपुत्**	सिर
जर्मन	**हउप्ट्**	उप०
अंग्रेज़ी	**हॅड्**	उप०
११ लैटिन	**कुतिस्**	खाल
पु० जर्मन	**हूत्**	उप०
१२ लैटिन	**कप्तुस्**	पकड़ा हुआ; बन्दी
पु० जर्मन	**हफ़्त्**	उप०
१३ लिथुआनियन	**कर्तुस्**	कठोर
पु० जर्मन	**हर्डुस्**	उप०
अंग्रेज़ी	**हार्ड्**	उप०
१४ ग्रीक	**कर्दिअ**	हृदय
अंग्रेज़ी	**हार्ट्**	उप०

(ज) —ग>-व/-अ

१ कन्नड़	**तगर**	टीन
	तवर	उप०
२ त०	**तुगिर्**	मूंगा
	तुवर्	उप०
३	**तुगिल्**	सुन्दर वस्त्र
	तुयिल्	उप०
४	**तॅगुळ्**	भर जाना; भरने पर बह निकलना
	तॅवुळ्	उप०
५ कुइ	**दॅग**	कूदना
कुवि	**दॅवलि**	उप०
६ तेलुगु	**निगुरु**	राख
	निवुरु	उप०
	नीरु	उप०
७	**पॉगडु**	प्रशंसा करना
	पॉवडु	उप०

८	त०	**मुगडु**	ऊंचाई
		मोडु	उप०
९		**मुगरइ**	मुख
		मोरइ	उप०
१०		**मगिडि** दो जादूगरों का द्वंद्व	
		मोडि	उप०
११	लैटिन	**मगिस्**	उच्चतर
		माइऑर् (अंग्रेज़ी **मेजर्**)	उप०
१२	लैटिन	**अउगुस्तुस्**	अगस्त
	वेल्श	**अउस्त्**	उप०
१३	जर्मन	**फ़ॉगॅल्**	चिड़िया
	अंग्रेज़ी	**फाउल्**	उप०
१४	जर्मन	**टाग्**	दिन
	अंग्रेज़ी	**डे**	उप०
१५	पु० अंग्रेज़ी	**मैगॅन्**	समुद्र
	अंग्रेज़ी	**मेन्**	उप०
१६	पु० अंग्रेज़ी	**फ़ैगॅर्**	सुन्दर
	अंग्रेज़ी	**फॅयर्**	उप०
१७	लैटिन	**बाक**	झलबेरी
	अंग्रेज़ी	**बे**	एक झाड़ी
१८	पु० अंग्रेज़ी	**बॉग**	धनुष
	अंग्रेज़ी	**बो**	उप०
१९	पु० अंग्रेज़ी	**स्टैगॅर्**	सीढ़ी का डंडा
	अंग्रेज़ी	**स्टेअर्**	उप०
२०	पु० अंग्रेज़ी	**ऐगॅन्**	स्वामी होना
	अंग्रेज़ी	**ओन्**	उप०

(झ) त्-द्>र्/ल्

१	कन्नड़	**इन्दु**	आज
	त०	**इन्रु**	उप०
२	त०	**पोडुम्**	पर्याप्त
	(बोली)	**पोरुन्** उप० (ज़्वेलेबिल)	
३	त०	**चिदम्बरम्**	
	(बोली)	**चिलम्बरन्**	उप०
४	कोडगु	**दण्डि**	दो चीज़ें
	तेलुगु	**रॅण्डु**	उप०
५	तुलु	**बदि**	बगल
		बरि	उप०
६	कुइ	**सिड**	न होना
	कोन्ड	**सिल्**	उप०

७	तेलुगु	**पॅद्द**	बड़ा
		पॅल्लु	बड़प्पन
८	लैटिन	**मॅदिउस् दिअॅस्**	मध्य दिवस
		मॅदि-दिअॅस्	उप०
		मेरीदिअॅस्	उप०
९	सं०	**देवर**	
	ग्रीक	**दएर्**	देवर
	लैटिन	**लेविर्**	उप०
१०	सं०	**मृदु**	
	लैटिन	**मॉल्लिस्**	मुलायम
११	सं०	**मधु**	
	ग्रीक	**मॅलि**	शहद
	लैटिन	**मॅल्**	उप०
१२	हिन्दी	**दमकना** (<**दम्**)	
	ग्रीक	**लम्पो**	चमकना
१३	ग्रीक	**दक्रु**	आंसू
	लैटिन	**लक्रुम, लक्रिम**	उप०
१४	सं०	**यकृत्**	जिगर
	फ़ारसी	**जिगर्**	
	अंग्रेज़ी	**लिवर्** (<***दिगर्**)	उप०
१५	सं०	**जीव्**	जीना
	अंग्रेज़ी	**लिव्** (<***दिव्**)	उप०
१६	सं०	**धाव्**	धोना
	लैटिन	**लवो**	उप०
१७	ग्रीक	**दसुस्**	घने बालों वाला
		लसिऑस्	उप०
१८	फ़ारसी	**पिदर्**	पिता
	पश्तो	**प्लार्**	उप०

(ञ) त्-द्>स्

१	त०	**तरि**	खड़े होना
	ब्राहूइ	**सलिग्**	उप०
२	त०	**तरु**	देना
	कोन्ड	**सी**	उप०
३	त०	**तङ्गम्**	सोना
	तोद	**सिन्**	उप०
४	तुलु	**तू**	आग
		सू	उप०
५	त०	**तू**	मांस
	ब्राहूइ	**सू**	उप०

६	त०	**तुप्पु**	थूकना
	कुइ	**सूप**	उप०
७	लैटिन	**तू**	तू
	ग्रीक	**सू**	उप०
८	सं०	**धाव्**	दौड़ना
	ग्रीक	**थॅओ**	उप०
	(दोरिक)	**सॅओ**	उप०
९	ग्रीक		
	(अत्तिक)	**थलत्त**	समुद्र
	ग्रीक	**थलस्स**	उप०
१०	ग्रीक	**मॅत**	मध्य
		मॅसॉस्	उप०
११	सं०	**पति**	
	ग्रीक	**पॉसिस्**	पति
१२	ग्रीक		
	(अत्तिक)	**पॅत्तो**	मुलायम करना
	ग्रीक	**पॅस्सो**	उप०
१३	सं०	**पतन**	
	ग्रीक	**प्तोम**	पतन
		पॅसेम	उप०
१४	सं०	**दन्त**	
	लैटिन	**दॅन्स्**	दांत
१५	सं०	**अद्**	खाना
	अंग्रेज़ी	**ईट्**	उप०
	जर्मन	**ॲस्सॅन्**	उप०
१६	सं०	**श्वेत**	
	अंग्रेज़ी	**व्हाइट्**	श्वेत
	जर्मन	**व्हाइस्**	उप०
१७	सं०	**उद**	जल
	अंग्रेज़ी	**वाटर्**	उप०
	जर्मन	**व्हास्सॅर्**	उप०
१८	सं०	**पुत्र**	
	फ़ारसी	**पिसर्**	पुत्र

(ट) त/प > न्त/म्प

१	कुइ	**जूप**	चूसना
		जूम्ब	उप०
२	तुलु	**तीडुनि**	घिसना
		तोण्डुनि	उप०
३	तुलु	**गुद्दालि**	कुदाल
	त०	**कुन्दालि**	उप०
४	कन्नड़	**दिड्ड**	भीट
		दीण्डु	उप०
५	कन्नड़	**तीडु**	छूना
	त०	**तोण्डु**	उप०
६	त०	**मडु**	हड़पना
		मण्डु	उप०
७		**मिडल्**	शक्ति
		मिण्डु	उप०
८	तुलु	**मुगुरु**	मुकुल
		मुङ्गुरु	उप०
९	त०	**पिगु**	ऐंठन; घमंड
	कन्नड़	**बिङ्कु**	उप०
१०	त०	**अडु**	योग्य होना
		अण्डु	उप०
११	तेलुगु	**इडियु**	तोड़ना
		इण्डे	उप०
१२	रूसी	**लेनिनग्राद्**	प्रसिद्ध नगर
	आधुनिक ग्रीक		
		लेनिङ्ग्रान्त्	उप०
१३	ग्रीक	**बथॉस्**	ऊंचाई या गहराई
		बॅन्थॉस्	उप०
१४		**पथॉस्**	विपत्ति
		पॅन्थॉस्	उप०
१५	ग्रीक	**ॲइकॉसि**	बीस
	(दोरिक)	**ॲइकति**	उप०
	लैटिन	**विगिन्ति**	उप०
१६	लैटिन	**पगो**	बांधना
		पङ्गो	उप०
१७	ग्रीक	**केपॉस्**	बाग
	(दोरिक)	**कपॉस्**	उप०
	लैटिन	**कम्पुस्**	मैदान
१८	सं०	**शतम्**	सौ
	लिथुआनियन	**शिम्तस्**	उप०
१९	पु० आइरिश	**केत्**	उप०
	वेल्श	**कन्त्**	उप०
२०	ग्रीक	**हॅकतॉन्**	उप०
	लैटिन	**कॅन्तुम्**	उप०

(ठ) प् > म्

१	त०	**पण्णु**	बनाना
		मण्णु	उप०
२		**पुगळि**	नारी की जननेन्द्रिय
		मुगळि	उप०

३		पड़ु	मरना
		मॉडु	उप०
४		पॉक्कणम्	झोला
		मॉक्कणम्	उप०
५	मलयालम	पॉट्टन्	मूर्ख
	त०	मुट्टन्	उप०
६	त०	पॉदि	बांधना
		मुडि	उप०
७	तोद	पेय्	छप्पर डालना
	त०	मेवु	उप०
८	त०	चोबम्	आलस
		चोमारि	आलसी
९	तेलुगु	कप्पु	ढांकना
		कम्मु	उप०
१०	कन्नड़	उब्बस	कठिनाई से सांस लेना
		उम्मलु	उप०
११	लैटिन	सॉपॉर्	नींद
		सॉम्नुस्	उप०
१२	सं०	स्वप्न	
	लैटिन	सॉम्निओ	सपना देखना
१३	सं०	पाणि	हाथ
	लैटिन	मनुस्	उप०
१४	सं०	वि-पुल	
	ग्रीक	पॉलुस्	बहुत से
	लैटिन	मुल्तुस्	उप०
	ग्रीक	मल	उप०
१५	सं०	नभ	
	पु० आइरिश	नॅम्	स्वर्ग
१६	पु० आइरिश	बॅन्	स्त्री
		म्ना	स्त्री का
१७	वेल्श	ब्रॉ	भूमि
	पु० आइरिश	म्रुइग्	उप०
१८	अंग्रेज़ी	पेल्	पीला
	वेल्श	मॅलॅन्	उप०
१९	सं०	क-कुभ्	चोटी
	वेल्श	कुम्	घाटी

(ङ) प/ब > व/अ

१	त०	पण्डि	गाड़ी
		वण्डि	उप०
२		पन्रि	सुअर
		वन्रि	उप०
३		पलप्पम्	खड़िया
		वलप्पम्	उप०
४	कन्नड़	बल्	बल
	त०	वल्	सबल
५	कन्नड़	पॅडसु	कठोरता
	त०	वॅट्टनवु	उप०
६	त०	अलप्पु	परेशानी
		अलवु	उप०
७	कन्नड़	अलपु	उप०
		अलवु	उप०
८	लैटिन	बि—	दो
		बिस्	दो बार
		विगिन्ति	बीस
९	सं०	बल	
	लैटिन	वलॅओ	सबल होना
१०	ग्रीक	बॉर	भोजन
		बिब्रोस्को	भोजन करना
	लैटिन	वॉरो	भकसना
११	ग्रीक	बिऑस्	जीवन
	लैटिन	वीवो	जीना
१२	लैटिन	पारॅओ	दिखाई देना
	जर्मन	वार्टॅन्	देखभाल करना
	अंग्रेज़ी	वार्ड्	उप०
	फ्रान्सीसी	वॉआर्	देखना
१३	रूसी	बॉर्ब	युद्ध
	अंग्रेज़ी	वार्	उप०
१४	जर्मन	हाबॅन्	रखना
	अंग्रेज़ी	हैव्	उप०
१५	जर्मन	क्नाबॅ	लड़का
	अंग्रेज़ी	नेव	बदमाश
१६	लैटिन	सपिओ	स्वाद लेना
	अंग्रेज़ी	सेवर्	उप०
१७	ग्रीक	इप्नॉस्	चूल्हा
	अंग्रेज़ी	अवॅन्	उप०
१८	लैटिन	सॅप्तॅम्	सात
	जर्मन	ज़ीबॅन्	उप०
	अंग्रेज़ी	सॅवॅन्	उप०
१९	लैटिन	लपिस्	पत्थर
	ग्रीक	लभस्	उप०

(ढ) प>ह/अ

१	कन्नड़	पर्गं	घृणा
		हर्गं	उप०
२	कन्नड़	पावु	सांप
	तुलु	हावु	उप०
३	कन्नड़	पळ्ळि	गांव
		हळ्ळि	उप०
४	कन्नड़	पत्तु	जोड़ा जाना
	तेलुगु	हत्तु	उप०
		अत्तु	उप०
५	तेलुगु	पॅद्द	बड़ा
	तुलु	हॅद्द	उप०
६	ग्रीक	पॅरुसि	परसाल
	आर्मीनियन	हॅरु	उप०
७	ग्रीक	पतेर्	पिता
	आर्मी०	हइर्	उप०
	पु० आइरिश	अथिर्	उप०
८	सं०	पंच	पांच
	आर्मी०	हिंग्	उप०
९	लैटिन	पॅन्न	पंख
	अंग्रेज़ी	हॅन्	मुर्गी
	पु० आइरिश	एन्	चिड़िया
१०	लैटिन	पॉर्कुस्	सुअर
	पु० आइरिश	ऑर्क्	उप०

(ण) र्-ल्>अर्-अल्

१	सं०	राजन्	राजा
	त०	अरजन्	उप०
२	सं०	रंग	
	त०	अरंगु	रंगभवन
३	सं०	रुधिर	
	त०	अॅरुवइ	रक्त
	कोलमि	अॅर्रॉडि	लाल
४	सं०	लक्ष्य	
	त०	इलक्कम्	लक्ष्य
५	सं०	लक्षण	
	त०	इलक्कणम्	लक्षण
६	सं०	रुधिर	
	ग्रीक	अॅरुथ्रॉस्	लाल
७	सं०	लघु	
	ग्रीक	अॅलखुस्	लघु
८	सं०	रजत	श्वेत
	ग्रीक	अर्गॉस्	चमकीला
९	सं०	ऋक्ष	रीछ
	ग्रीक	अर्क्तॉस्	उप०
१०	सं०	ऋषि	
	फ़ारसी	अरिश्	ज्ञाना

(त) श्>क्

१	तुलु	शॅट्टुनि	नष्ट होना
		कॅडगुनि	नष्ट करना
	त०	कॅडु	नष्ट होना
२	नइकि	शीम्	पस
	कन्नड़	कीमु	उप०
३	नइकि	शॅदल्	दीमक
	तोद	कॅजल्	उप०
४	सं०	शव	
	मल्तो	कॅयॅ	मरना
५	तुलु	शेरुनि	कुटुम्ब में शामिल होना
	कोडगु	केत्	किसी को घर में रखना
६	सं०	शेते	सोता है
	ग्रीक	कॅइतइ	सोना
७	सं०	श्रु	सुनना
	ग्रीक	क्लुओ	उप०
८	सं०	दृश्	देखना
	ग्रीक	दॅर्कॉमइ	उप०
९	सं०	विश्	बस्ती
	लैटिन	वीकुस्	उप०
१०	सं०	शत	
	लैटिन	कॅन्तुम्	सौ

(थ) स्>क्

१	गद्ब	सीन्दि	खजूर
	कुड़ुख	कीन्दा	उप०
२	कन्नड़	सेर्	जाना
	कुड़ुख	कॅर्	उप०
३	कन्नड़	सुरुटु	लपेटना
	कुड़ुख	कूर्ना	उप०
४	तुलु	सुरुण्डुनि	सिकुड़ना
		कुरुण्डु	सिकुड़न
५	नइकि	सरु	सरोवर
	कोत	कॅर्	उप०

६	ग्रीक	**ऑस्सॅ**	दो आंखें
	लैटिन	**ऑकुलुस्**	आंख
७	ग्रीक	**सुन्**	सहित
	लैटिन	**कुम्**	उप०
८	ग्रीक	**पस्सलॅउओ**	(खूंटे जैसी चीज़ गाड़ना)
	लैटिन	**पको, पगो**	उप०
९	लैटिन	**सेमॅन्**	बीज
	जर्मन	**कॅइम्**	उप०
१०	सं०	**सृप्**	रेंगना
	अंग्रेज़ी	**क्रीप्**	उप०

(द) स्>त्

१	तुलु	**सुडुपिनि**	जलना
		तुडुपिनि	उप०
२		**सॉप्पु**	हरियाली
		तॉप्पु	उप०
३	कन्नड़	**सुत्तु**	घेरना
	तोद	**तुद्प्य्**	घेरा
४	कन्नड़	**सॅकुं**	कपड़े का एक भाग खोंस लेना
	मलयालम	**तॅरुक्कुग**	उप०
५	कन्नड़	**सॉरॅं**	स्तन में दूध भरा होना
		तॉरॅं	उप०
६	कन्नड़	**सी**	मीठा
	त०	**तीम्**	उप०
७	सं०	**सि**	बांधना
	ग्रीक	**दॅओ**	उप०
८	सं०	**सीमिक**	दीमक
	फ़ारसी	**दीमक्**	

९	अंग्रेज़ी	**स्मॅल्**	सूंघना
	ग्रीक	**ऑस्मे**	गन्ध
	(इओनिक)	**ऑद्मे**	उप०
१०	सं०	**शव**	
	पु० जर्मन	**तॉउवॅन्**	मरना
११	सं०	**शाला**	
	गेलिक	**तल्ल**	

(ध) स्>ह्

१	कन्नड़	**सी**	मीठा
	कुवि	**हेनि**	उप०
२	गोंडी	**सुंज्**	सोना
	कुवि	**हुंज्**	उप०
३	कुइ	**सोरु**	पहाड़ी
	कुवि	**होरू**	उप०
४	गोंडी	**सॉन्दाना**	जाना
		हन्दाना	उप०
५		**सरुंग्**	छह
		हरुंग्	उप०
६	लैटिन	**सेमि**	आधा
	ग्रीक	**हेमि**	
७	लैटिन	**सॅप्तॅम्**	सात
	ग्रीक	**हॅप्त**	उप०
८	लैटिन	**सॅक्स्**	छह
	ग्रीक	**हॅक्स्**	उप०
९	सं०	**सन**	प्राचीन
	वेल्श	**हॅन्**	उप०
१०	लैटिन	**सोल्**	सूर्य
	वेल्श	**हउल्**	उप०
११	अंग्रेज़ी	**सोड्**	बीज
	वेल्श	**हद्**	उप०

शब्दसूची-४

(कोल शब्दों के द्रविड़ और इण्डोयूरोपियन प्रतिरूप)

[यहां कोलभाषाओं—मुंडारी, संथाली, बॉन्ड, कूर्कू, सवर, खरिया या खड़िया—से कुछ चुने हुए शब्द दिये गये हैं, उनके साथ उनके द्रविड़, इन्डोयूरोपियन प्रतिरूप दिये हुए हैं। जहां कुछ मुंडारी शब्दों के यूरोपियन प्रतिरूपों का उल्लेख हौफ़मन ने किया था, वहां कोष्टकों में उनका नाम दे दिया है। उनकी सूची से थोड़े ही शब्द यहां लिये गये हैं। मुंडारी, तमिल और संस्कृत के लिए संकेतचिन्ह क्रमशः **मुं०**, **त०** और **सं०** हैं।]

१	मुं०	**अइउम्**	सुनना
	ग्रीक	**अइओ**	उप० (हौफ़मन)
२	मुं०	**अअॅङ्गा**	मां
	संथाली	**अॅङ्गा**	उप०
	त०	**अम्मा**	उप०
३	संथाली	**अङ्गॅ**	प्रत्येक
	नइकि	**अङ्गॅल्न**	सब
४	बॉन्ड	**अजतत**	नाना
	सं०	**आर्य तात**	
५	संथाली	**अड़्**	चिल्लाना
	त०	**अळ्**	उप०
६	बॉन्ड	**अण्ड्**	नर
	कुइ	**अण्ड्**	उप०
७	बॉन्ड	**अत**	वहां
	सं०	**अतः**	यहां से
८	संथाली	**अतर्**	जलाना
	सं०	**अथरि**	ज्वाला
	फ़ारसी	**आतिश्**	आग
९	मुं०	**अदल्**	सम्मान
	जर्मन	**अडॅल्**	अभिजात वर्ग (हौफ़मन)
१०	मुं०	**अदॅलि**	अठन्नी
	हि०	**अधेली**	
११	मुं०	**अदिङ्**	घर में पुरखों की पूजा का स्थान
	लैटिन	**अअॅदेस्**	मन्दिर (हौफ़मन)

(**अअॅदेस्** का मूल अर्थ है अग्निस्थान और वह सं० **एध** प्रज्वलन से संबद्ध है।)

१२	संथाली	**आंन्हक्**	दैनिक
	सं०	**आह्निक**	
१३	बॉन्ड	**अप**	बड़ी बहन
	तुलु	**अप्पॅ**	मां
१४	मुं०	**अपु**	पिता
		आपु, आबा	उप०
	संथाली	**अप, अपु**	उप०
	त०	**अप्पन्**	उप०
१५	संथाली	**अबॅ**	अभी

	हि०	**अभी**	
१६	मु०	**अबॅन्**	हम तुम
	सं०	**आवाम्**	उप० (हौफ़मन)
१७	संथाली	**अभ्र**	जलाशय
	सं०	**अभ्र**	बादल
१८	संथाली	**अयाॅ**	मां; सास
	मुं०	**आयाॅ**	मां
	त०	**आयि**	उप०
	कुड़ुख	**अयो**	उप०
	मराठी	**आई**	उप०
१९	बॉन्ड	**अर्कॅ**	चन्द्रमा
		अङ्बेला	दोपहर
	सं०	**अर्क**	सूर्य
२०	कूर्कू	**इंग**	यहां
	त०	**इङ्गे**	उप०
	हि० (बाँगरू)	**इंघे**	उप०
२१	मुं०	**इतुआना**	जानना
		इतुन्	सीखना
	सं०	**विद्**	जानना
२२	संथाली	**इसि**	बीसी
	हि०	**बीसी**	
२३	खरिआ	**उप्लॅन्**	उतराना
	सं०	**प्लु**	उप०
	कुड़ुख	**उप्ल आना**	तैरना
२४	मुं०	**उलार**	उलार
	हि०	**उलार**	
२५	मुं०	**उसुन् उसुन्**	थोड़ा गरम
	सं०	**उष्ण**	
२६	बॉन्ड	**उँजुर्**	भोर
	हि० (अवधी)	**उज्यार**	
२७	बॉन्ड	**उञुर्**	अँधेरा
	हि० (अवधी)	**अँध्यार**	
२८	खरिया	**उड्**	पीना
	सं०	**उद**	पानी
२९	संथाली	**अँ**	वह
	त०	**इ**	निकटवर्ती वस्तु-सूचक सर्वनाम
३०	संथाली	**अॅण्डॅ**	वहां
	त०	**ईण्डु**	यहां
३१	मु०	**अॅन्**	वह

	सं०	**अन्य**	
३२	मु०	**अॅन्तॅ**	वहां
	हि० (अवधी)	**अन्ते**	अन्यत्र
३३	संथाली	**अॅर्**	बोना; बिखराना
	कन्नड़	**अॅरचु**	उप०
३४	संथाली	**अॅलङ्**	जलना; गर्मी
	त०	**अळ्ल्**	जलना
	हि०	**अलाव**	
	कुड़ुख	**ओल्ना**	जलना
३५	मु०	**आड़न्**	भैंसा
	तुलु	**अॅरु**	उप०
३६	मु०	**ऑड़ा**	घर
	संथाली	**ऑरक्**	उप०
	ब्राहूइ	**उरा**	उप०
	हि० (अवधी)	**उरा**	उप० (यथा **कंडउरा** कंडे रखने की कोठरी; **भुसउरा** भुस रखने की कोठरी)
३७	मुं०	**ऑड़ॅ**	पक्षी
	ग्रीक	**ऑर्निस्**	उप०
३८	संथाली	**ऑनॅ**	वह
	रूसी	**ऑन्**	उप०
३९	संथाली	**ऑण्डॅ**	वहाँ
	तुलु	**उन्दु**	यह
४०	खरिया	**कट**	पर
	मुं०	**काटा**	उप०
	कुवि	**कॉड्ड**	उप०
	हि० (अवधी)	**गोड़**	उप०
४१	संथाली	**कतॅ**	करके
		कॅदॅअ	किया
	सं०	**कृत**	उप०
४२	बॉन्ड	**कनि**	आँखें बंद करना
	त०	**कण्**	आँख
४३	खरिया	**करय्**	करना
	हि०	**करना**	
	(अवधी **करहि** करता है>**करइ**>**करय्**)		
४४	मुं०	**काकला**	बातचीत
	सं०	**काकली**	मधुर ध्वनि
४५	संथाली	**काङ्क**	मूर्ख
	हि०	**घोंघा**	

४६	मुं०	काड्कॉम्	केंकड़ा
	सं०	कर्कट	उप०
४७	मुं०	काडा	भैंसा
	त०	कडा	उप०
४८	मुं०	कड़ु	पड़वा
	कुड़ुख	कड़ा	उप०
४९	मुं०	कापाजी	गपशप
	हि०	गप-बाजी	
५०	मुं०	काम्रा	कंबल
	हि०	कम्बल	
५१	मुं०	कालॉम्	अगले साल
	सं०	काल	
५२	संथाली	कुड	लँगड़ा
	गोंडी	कूटा	उप०
	सं०	खुण्ड्	लँगड़ाना
५३	संथाली	कुड़ि	बीस
	बँगला	कुड़ि	उप०
५४	संथाली	कुड़ि	लड़की
	पंजाबी	कुड़ी	उप०
५५	संथाली	कुड़्बङ्	टेढ़ा
(क)	त०	कुरङ्गु	झुकना
	कन्नड़	कुगु	कूबड़
	लैटिन	कुर्वा	झुकना
(ख)	मुं०	कुबि	मुड़ना
	संथाली	कुब्ड़	मुड़ा हुआ
	हि०	कुबड़ा	
	(कुर् → कुर्भ > कुभ > कुब → कुब्ज)		
(ग)	संथाली	कॉम्बँ, हॉम्बँ	टेढ़ा
	कूर्कू	हॉम्ब	झुकना
	वेल्श	कुमन्	उप०
	अंग्रेजी	हम्प (कुम्प > हुम्प)	कूबड़
	(कुर् > कुम् → कुम्ब)		
५६	संथाली	कुम्ब	झोंपड़ी
	तेलुगु	कॉम्प	घर
	प्राकृत	खुम्पा	झोंपड़ी
५७	संथाली	कस्म्बि	गणिका
	हि० (अवधी)	कस्बिनि	उप०
५८	मुं०	कॅल्	खेड़ा
	हि०	खेड़ा	
५९	मुं०	केड़ा	पुकारना
	कुइ	कॅल्प	निवेदन; मंत्रोच्चार
६०	संथाली	—कॉ	क्या
		ऑकाँ	उप०
		ऑकॉनि	कोई
६१	संथाली	कॉल्	पुरुष
		हॉड़्	उप०
	मुं०	हॉड़ाँ	उप०
	कूर्कू	कोरो	उप०
		कुर्कु	उप० (बहुवचन)
	(कॉड, कॉड़, हॉड़् आदि शब्दों का प्रयोग ये लोग अपने लिए करते हैं— बोडिंग)		
(६२)	संथाली	कॉड़	लड़का
	मुं०	कॉड़	पति
		कुड़ि	पत्नी
	संथाली	कुड़ि	लड़की
	खरिया	कड़्	व्यक्ति
	कोन्ड	कॉड़ाँ	पुत्र; लड़का
	तेलुगु	कॉडुकु	पुत्र
	ग्रीक	कॉरॉस्	लड़का
		कॉरे	लड़की
६३	मुं०	कॉलॉम्	खलिहान
	त०	कळम्	उप०
	सं०	खल	उप०
६४	संथाली	गंडा	चार
	बँगला	गंडा	उप०
	हि०	गंडा	उप०, एक आना (जो चार पैसों के बराबर था)
६५	संथाली	गजड़्	झाड़ी
		गॅझॅड़्	घना
	हि० (अवधी)	गझिन्	उप०
६६	संथाली	गद्	ढेर
	हि०	गड्डी, गड्ड	

क्रम	भाषा	शब्द	अर्थ
६७	संथाली	गभ	घर का भीतरी भाग
	सं०	गर्भ	
६८	संथाली	गभण्ड	बाली में दाना आना
	सं०	गर्भ	
६९	संथाली	गाँड़ा आँड़ा	जानवर बांधने की जगह
	हि०	ग्वांड़ा	उप०
	(ग्वाँड़ा + आँड़ा घर, स्थान)		
७०	संथाली	गुत्रि	परिवार
		गुतिअ	नातेदार
	सं०	गोत्र	
	हि० (अवधी)	नात गोत	उप०
७१	संथाली	गुर्	घूमना
	सं०	घूर्ण्	उप०
	बँगला	घुर्नि	उप०
७२	संथाली	गुहुम्	गेहूँ
	सं०	गोधूम	
	हि० (अवधी)	गोहूँ	
७३	संथाली	गाँज	छड़ी
	हि० (अवधी)	गाँजाहु	डंडा; डाली तोड़कर मारने के लिए बनाया हुआ उसका एक भाग
७४	बॉन्ड	ङ्गम्	गाँव
	सं०	ग्राम	
७५	संथाली	चउकट	चौखट
	हि० (अवधी)	चउखटि	
७६	संथाली	चऑलॅ	भूसी निकालना
	नइकि	सव्लि	मूसल
	कोलमि	चव्लि	उप०
	त०	अवल्	धान कूटकर साफ किया हुआ चावल
	हि०	चावल	
७७	संथाली	चंग	बड़ी शाखा
	हि० (अवधी)	जांघा	उप०
७८	संथाली	चन्दाँ	सूर्य; चंद्रमा
	सं०	चन्द्र	
७९	संथाली	चपल	चपल
	सं०	चपल (चल में अन्त-प्रत्यय प लगाकर बना परस्पर चंचलतासूचक शब्द)	
८०	संथाली	चाँड्	शीघ्रता
	हि० (अवधी)	चाँड़	तेज
८१	मुं०	चांडु	चंद्रमा
	हि०	चाँद	
८२	मुं०	चाद् लोम्	पूंछ
	सं०	छाद + लूम (छाद ढँका हुआ; लूम पूँछ, मूलतः रोम; छादलूम बालों से ढँकी हुई वस्तु)	
८३	मुं०	चितिर् बितिर्	बिखेरना
	हि० (अवधी)	तितिर बितिर	बिखरा हुआ
८४	संथाली	चित्रि	तीतर
	हि०	तीतर	
८५	संथाली	चुङ्	छोटा
	ब्राहूइ	चुनक्	उप०
	त०	चिन्न	उप०
८६	संथाली	चॅ	प्रश्नवाचक सर्वनाम
		चॅत्	क्या
		चॅकतॅ	कैसे
		चॅदक्	क्यों
	मुं०	चि	क्या
	बँगला	के	कौन
	हि० (भोजपुरी)	के	उप०
	फ़ारसी	चे	उप०
८७	संथाली	चॅचॅत्	करना
		चॅदॅक्	उप०
	त०	चॅय्	उप०
		चॅय्दि	कार्य

(संथाली रूपों में प्रथम वर्ण की आवृत्ति है सं० चकार वत्; चॅत् शब्द-मूल सीधे सं० कृत का रूपान्तर हो सकता है। तुलनीय संथाली कॅदॅम्र किया।)

८८	खरिया	चाँन	चल
		चाँल्तकि	वे चलते हैं
	हि०	चलना	
८९	संथाली	छभ	बर्तन
	हि०	झाबा	बड़ी टोकरी
९०	मुं०	जन्	मारना
	सं०	हन् (<*घन्)	उप०
९१	बॉन्ड	जम्	दाढ़
	संथाली	जम्बॅ	उप०
	सं०	जम्भ	उप०
९२	मुं०	जाजक	पुरोहित
	सं०	याजक	
९३	संथाली	जिवॅत्	जीवन; जीवित
	सं०	जीवित	
९४	मुं०	जॅर्	जड़
	हि०	जड़	
९५	मुं०	जॉण्ड्रा	मक्का
	हि० (अवधी)	जॉन्ढी, जॉंढरी	ज्वार
	तेलुगु	जॉन्न	उप०
९६	मुं०	जॉति	पशुओं को जोतने की रस्सी
	हि०	जोतना	
९७	मुं०	जॉम्	खाना
	कूर्कू	जॉम्	उप०
	हि०	जीमना	
	मराठी	जेंवणें	उप०
	रूसी	झ्‌वानिए	चबाना
९८	संथाली	ञातॅम्र	भौजाइयाँ
	सं०	ज्ञाति	नातेदार
९९	मुं०	टंडा	पैर फैलाकर खड़े होना
	बँगला	दाँड़ानो	खड़े होना
१००	मुं०	टिकुरा	थोड़ी-सी भूमि
	हि० (अवधी)	टिकुरी	थोड़ी-सी ऊँची भूमि
१०१	संथाली	टॅङ्गॉन्	खड़े हुए
	सं०	स्था	खड़े होना
	जर्मन	श्टाङ्गॅ	डंडा
१०२	संथाली	ठॅङ्ग	डंडा
	हि०	ठेंगा	
१०३	बॉन्ड	डक्रा	बूढ़ा आदमी
	हि० (बुंदेलखंडी)	डुकरा	उप०
१०४	संथाली	डग् दग्	दमकता हुआ
	हि०	धक् धक्	
१०५	संथाली	डङ्	लाठी
	हि० (अवधी)	डांग	उप०
१०६	संथाली	डंग, डंगल	ऊँची बंजर भूमि
	मराठी	डांग	प्रदेश विशेष जहाँ की भूमि ऊँची और बंजर है
१०७	संथाली	डंग्र	बैल
	हि०	डांगर	उप०
१०८	संथाली	डट	दाँत
	सं०	दत, दन्त	
१०९	संथाली	डबॅर्	भीगा खेत
		डब्र	पानी से भरा खेत
		ढब	उप०
		ढबॅर्	बड़ा खेत
	मुं०	डाबर्	बड़ा खेत
	हि०	डाबर	मटमैला पानी
११०	संथाली	डब् डुब्	डूबना
	हि०	डूबना	
१११	मुं०	डहर्	राह
	हि०	डगर	
११२	संथाली	डि	गाँव
		डिह्, डिहट्	उप०
		डिह्लि	उप०
	फ़ारसी	दिह	उप०

		विहात	
	हि०	डीह	
	दॅहली, दिल्ली, डिल्ली (गाँव); भारत की राजधानी		
११३	संथाली	ढड़्	ठठरी
	हि०	ठठरी	
११४	संथाली	ढरॅम्राँ	ढालना
	हि०	ढरकाना	
११५	संथाली	ढॅम्राँ	ज्वार; बाढ़
	बँगला	ढॅउ	लहर
११६	संथाली	ढॉम्पाँ	ढेर
	ग्रीक	थॉमॉस्	उप०
	अंग्रेज़ी	डम्प् उप० ; ढेर लगाना	
११७	बॉन्ड	तअस्	खेत में काम करना
	सं०	दास	
११८	बॉन्ड	तत	बाबा; नाना
	मुं०	ताता	बाबा
	सं०	तात	
	कन्नड़	तात	बाबा
११९	बॉन्ड	तरऽ	चमकना
	त०	तळल्	उप०; जलना
	सं०	तारा	नखत
		तडित्	बिजली
१२०	बॉन्ड	तरऽग	तड़के
	हि०	तड़के	
१२१	मुं०	ता	वह
	सं०	ते	वे
	(हिन्दी तहाँ का त)		
१२२	मुं०	तिङ्	आग जलाना
	त०	तिङ्गळ्	चंद्रमा; महीना
१२३	संथाली	तॅत्	चाची
	रूसी	त्यॉत्या	उप०
		त्यॉत्का	उप०
१२४	खरिया	तॅर्	देन
	सवर	तिन्	उप०
		तियॅतॅ	दिया
	मुं०	दा	दे
	त०	तरु	देना
		ता	दे
	मलयालम	तन्न्	देना
	सं०	दा	उप०
	हि०	दिया	
१२६	मुं०	थोतना	मुँह
	हि०	थूथन	
१२७	संथाली	दउर	डलिया
	मुं०	दउरा, दउरी	उप०
	हि० (अवधी)	दउरी	उप०
१२८	संथाली	दप्	ढांपना
	हि०	ढांपना	
१२९	संथाली	दर	स्थान
		इन्दर	वह स्थान
	हि०	–धर (इधर, उधर)	
	फ़ारसी	अन्दर	भीतर; (वह स्थान)
१३०	संथाली	दल्	मारना
	सं०	दल्	तोड़ना
१३१	संथाली	दहम्राँ	जलाना
		डहि	आग जलाना
	सं०	दह्	जलाना
	हि०	डाह	जलन
१३२	मुं०	दारु	पेड़
	संथाली	दरॅ	उप०
	सं०	दारु	उप०
१३३	संथाली	दिलॉ दॉलॉ	ढीला-ढाला
	हि०	ढीला-ढाला	
१३४	मुं०	दुलाड़	प्यार
	हि०	दुलार	
१३५	बॉन्ड	दुस्	कम्बल
	हि०	धुस्सा	

१३६	संथाली	**घउँस घउँसि**	डाटडपट
	हि०	**धौंसा धौंसी**	
१३७	संथाली	**धिनुग्रड़**	बछड़े वाली गाय
	सं०	**धेनु**	
	ग्रीक	**थेले**	थन
		थेलज़ो	दूध पिलाना
	(**धिनुग्रड़** का मूल अर्थ होगा दूध देने वाली गाय)		
१३८	संथाली	**धिपउ**	गर्मी
	प्राकृत	**धिप्पइ**	चमकता है
	सं०	**दीप्**	चमकना; जलना
१३९	संथाली	**धुड़सग्रां**	जलना
	हि०	**झुलसना**	
१४०	मुं०	**धुन**	धुग्राँ
	सं०	**धूम**	
१४१	संथाली	**धुप्**	गरम
	हि०	**धूप**	
१४२	संथाली	**धुर्**	जिस बैल पर बोझ लादा जाय या जिसे नहा जाय
	सं०	**धुर्**	बोझ; जुग्राँ
१४३	संथाली	**धुसड़**	धूसर
	सं०	**धूसर**	
१४४	संथाली	**धॉर**	निश्चित
	सं०	**ध्रुव**	उप०
१४५	संथाली	**धॉरग्रां**	पकड़ना
	हि०	**धरना**	
१४६	कूर्कू	**नंगर**	हल
	सं०	**लाङ्गल**	उप०
	पालि	**नङ्गल**	उप०
	त०	**नाञ्जिल्**	उप०
१४७	संथाली	**नें, नि, नॉं, न**	यह
	मुं०	**नॅन्डें**	यहाँ
	खरिया	**नॉं**	वह
	मुं०	**ना**	ग्रब
		नी	वह
	पर्जि	**नॅण्डि** (तेलुगु **ग्रॅण्ड**)	धूप
	ग्रीक	**नु**	ग्रब
	ग्रंग्रेज़ी	**नाउ**	उप०
१४८	मुं०	**नू**	पीना
	संथाली	**ञू**	उप०
	कूर्कू	**नू**	उप०
	त०	**नुगर**	पीना
	फारसी	**नोश्**	पीने वाला
१४९	मुं०	**नॅल्**	देखना
	संथाली	**ञॅल्**	उप०
	त०	**नेडु**	खोजना
	(बोरो	**नय्**	देखना)
	सं०	**नयन**	ग्राँख
१५०	बॉन्ड	**पऽर्**	प्रभात
	त०	**पगल्**	दिन
	गोंडी	**पॅयल्**	उप०
१५१	मुं०	**पङ्कॅ**	पैंगा
	कन्नड़	**पङ्ग**	उप०
	हि० (ब्रज)	**पैंगा**	पैर फैला कर चलने वाला
१५२	संथाली	**पसि**	जाल
	सं०	**पाश**	
१५३	मुं०	**पाल्**	फाल
	सं०	**फाल**	
१५४	मुं०	**पुंडि**	श्वेत
	सं०	**पुंडरीक**	श्वेत कमल
	कुड़ुख	**पुण्ड्री**	उप०
१५५	मुं०	**पुरा सा**	ग्रनेक
	सं०	**पुरु**	उप०
१५६	मुं०	**पुर्सा**	पुरुष की ऊँचाई भर
	हि० (ग्रवधी)	**पुरछा**	उप०
१५७	खरिया	**पॅनॅर्**	पंख
	सं०	**पर्ण**	उप०
१५८	मुं०	**पॅरॅ**	भरना
	हि०	**भरना**	

१५९	खरिया	**पॅर्वा**	कबूतर
	हि०	**परेवा**	पक्षी
१६०	मुं०	**पाॅग्र**	बोना
	हि० (अवधी)	**बवबु**	
१६१	बाॅन्ड	**बऽ**	बाप
	मुं०	**अब्बा**	उप०
	(बोरो	**बव्**	बाबा)
	त०	**अप्पन्**	पिता
१६२	मुं०	**बइसओं**	बसना
	हि०	**बसना**	
१६३	बाॅन्ड	**बय्ग्**	भाग्य
	हि०	**भाग्य**	
१६४	मुं०	**बांकुड़ा**	टेढ़ा
	हि०	**बांका, बांकुरा**	
१६५	मुं०	**बान्ड़िआ**	सौदागर
	हि०	**बनिया**	
१६६	बाॅन्ड	**बिऽ**	बोना
	हि० (अवधी)	**बिया**	बीज
१६७	संथाली	**बुरि**	नारी की जननेन्द्रिय
	हि० (अवधी)	**बुरि**	उप०
	तेलुगु	**बाॅरं**	छेद
१६८	मुं०	**बुरु**	पहाड़
	जर्मन	**बॅर्ग्**	उप० (हौफ़मन)
	त०	**पाॅरइ**	पहाड़
१६९	मुं०	**बुसु**	भूसा
	हि० (अवधी)	**भुसु**	उप०
१७०	मुं०	**बॅन्**	तुम दोनों
	अंग्रेजी	**बोथ्**	दोनों (हौफ़मन)
	गुजराती	**बॅ**	दो
१७१	संथाली	**बाॅगॅ**	भद्र; भद्रता
	सं०	**भग**	भद्रता
१७२	संथाली	**बाॅण्डाॅ**	मूर्ख
	हि०	**भोंदू**	
१७३	मुं०	**भादुर्**	चमगादड़
	बॅंगला	**बादुड़**	उप०
	अंग्रेजी	**बॅट्**	उप०
१७४	मुं०	**मांडि**	भात
	हि०	**माड़**	भात का पानी
१७५	मुं०	**मिआद्**	एक
	ग्रीक	**मिअ**	उप० (हौफ़मन)
	बाॅन्ड	**मुइ**	उप०
	खरिया	**माॅञ्**	उप०
	ग्रीक	**माॅनाॅस्**	अकेला
	त०	**मुदल्**	प्रथम
		मुन्	सामने
१७६	मुं०	**मिंडि**	भेड़
	हि०	**मेढ़ा**	
१७७	मुं०	**मु**	नाक
	त०	**मो**	सूंघना
		मोप्पम्	गंध; नाक
१७८	खरिया	**मुगम्**	सामने
	मलयालम	**मुगम्**	उप०; मुख
	सं०	**मुख**	
१७९	खरिया	**मॅंज्रॅं**	खिलना
	सं०	**मञ्जरी**	
१८०	मुं०	**मॅत**	कहना
	कन्नड़	**मातु**	शब्द; भाषा
१८१	मुं०	**मॅद्**	आँख
	कुवि	**मॅह्नइ**	देखना
१८२	मुं०	**मॅन्**	सोचना
	जर्मन	**माइनॅन्**	उप० (हौफ़मन)
	सं०	**मन्**	उप०
	त०	**निनइ**	उप०
१८३	मुं०	**माॅअॅं**	कली
	तेलुगु	**माॅग्ग**	उप०
	सं०	**मुकुल**	
१८४	संथाली	**माॅट्र**	गठरी
	हि० (अवधी)	**माॅटरी**	उप०
	त०	**मुडि**	बांधना
१८५	मुं०	**माॅरा**	नाज का गट्ठा
	हि० (अवधी)	**माॅराई**	एक साथ खेत में बँधे थोड़े से पौधे

क्रम	भाषा	शब्द	अर्थ
१८६	मुं०	रा	पुकारना
	संथाली	रक्	चिल्लाना
	कन्नड़	अरचु	उप०
	लैटिन	रउकुस्	कर्कश ध्वनि
	सं०	रु	चिल्लाना
१८७	खरिया	रुसुङ्	लाल होना
	सं०	रुशत्	चमकीला
१८८	संथाली	रॉड़्	बोलना
	त०	उरइ	उप०
	तेलुगु	रॉद	आवाज
१८९	मुं०	लंगट्	नंगा
	बँगला	न्याङ्टा	उप०
	हि०	नंगा	
१९०	मुं०	लापाराइ	लड़ाई
	हि०	लड़ाई	
	(अवधी)	लराई	
	(परस्परतासूचक प अन्तर्प्रत्यय लगाकर **लराई** से बना रूप जैसे **चल** से **चपल**)		
१९१	मुं०	लॅङ्क	बायां
	जर्मन	लिङ्क उप० (हौफ़मन)	
	बँगला	नॅङ्गा, न्याङ्गा	वह व्यक्ति जिसका बायां दायें से ज़्यादा मज़बूत हो
१९२	संथाली	लॉ	नौ
	हि०	नौ	
१९३	संथाली	लॉ	जलना
	हि०	लौ	
१९४	संथाली	सऑ	सौ
	हि० (अवधी) **सै** (यथा **दुइ सै**; मानक हिन्दी में **सैकड़ा** का **सै**)		
१९५	संथाली	सगड़्	गाड़ी
	सं०	शकट	उप०
१९६	संथाली	समङ्	सामने
	सं०	सम्मुख	
१९७	संथाली	सर्	तीर
	मुं०	सार्	उप०
	कुड़ुख	चार्	उप०
	सं०	शर	
१९८	संथाली	सल्	घर
	सं०	शाला	
१९९	मुं०	साडॉम्	घर
	सं०	सद्म	उप०
२००	मुं०	साब्ड़ॉं	सब्बल
	हि० (अवधी)	सबरा	
२०१	मुं०	सातॅं	साथ
		सारॅं (<सातॅं)	उप०
	हि०	साथ	
२०२	संथाली	सि	जोतना
	मुं०	सी, सीनि	उप०
	सं०	सीर, सील	हल
२०३	मुं०	सिनिबिल्	मिठास
	कन्नड़	सी	मीठा
	कुइ	सॅम्ब, सॅम्बि	मिठास
२०४	सवर	सिन्दि	खजूर
	प्राकृत	सिन्दी	उप०
	सं०	हिन्ताल	उप०
	त०	ईन्दु	उप०
२०५	बॉन्ड	सियॅ	लाल
	त०	चॅय्य	उप०
२०६	संथाली	सिसिर्	ओस
	मुं०	सिसिर्दा	उप०
	सं०	शिशिर	उप०
	जर्मन	तउ	उप०
	(मुं० रूप में **सिसिर्** और **दा** समानार्थी हैं।)		
२०७	मुं०	सु	किसी चीज में हाथ घुसेड़ना
	सं०	सू	प्रेरित करना
२०८	मुं०	सइ	सुई
	हि०	सुई	

क्रम	भाषा	शब्द	अर्थ
२०६	संथाली	सुक्रि	सुअरिया
	सं०	शूकर	सुअर
२१०	मुं०	सुरुद्, सुर्द्	हृदय
	लैटिन	कॉर्दिस्	उप०
	अंग्रेज़ी	हार्ट्	उप० (हौफ़मन)
	रूसी	सॅर्द् त्सॅ	उप०
	सं०	श्रद्-(श्रद्धा) हृदय	उप०
२११	मुं०	सॅन्	जाना
	गदब	सॅन्, चॅन्	उप०
	त०	चॅल्	उप०; बहना
	सं०	सृ (सर्)	उप०
		चल्	चलना
२१२	संथाली	हन्	वह
		हिन्	उप०
		हाँ, हॉन्	उप०
	सं०	सः	वह
	हि०	सो	उप०
	बँगला	से	उप०
	मराठी	हा	उप०; यह
	हि० (भोजपुरी)	से	वह; वे
		हिन्हि	ये
		हुन्हि	वे
	ग्रीक	हो, हे	वह
	स्वीडिश	हन्	वह (पुरुष)
		हॉन्	वह (स्त्री)
२१३	संथाली	हङ्ङ्, अङ्ङ्	वहाँ
	त०	अङ्ङ्	उप०
२१४	संथाली	हण्डॅ	वहाँ
	त०	आण्डु	वह स्थान
२१५	खरिया	हॉकड़्	वह (स्त्री, पुरुष)
	कोन्ड	अकर्	उप०
२१६	मुं०	हादा, हाड़ा	बैल
	हि० (अवधी)	हरहा	पशु
२१७	मुं०	हुड़ार्	भेड़िया
	हि० (अवधी)	हुँड़ार	उप०
२१८	मुं०	हॉर	देखभाल करना
	जर्मन	वारॅन्	उप० (हौफ़मन)
	अंग्रेज़ी	वार्ड्	उप०
	त०	पार्	देखना
	लैटिन	पारॅओ	दिखना

शब्दसूची-५

(नाग शब्दों के द्रविड़ और इंडोयूरोपियन प्रतिरूप)

[यहाँ नाग भाषाओं के कुछ शब्द तथा उनके द्रविड़, इंडोयूरोपियन (जहाँ-तहाँ कोल) प्रतिरूप दिये गये हैं। तन्खुर अथवा तन्खुड़ तथा बोरो अथवा बोड़ो की सामग्री शंकर भट की पुस्तकों से, मॉन्प और गलॉङ् की सामग्री दासगुप्त की पुस्तकों से, इदु की सामग्री नार्थ ईस्ट फ्रन्टियर एजेन्सी, शिलङ् द्वारा प्रकाशित **ए फ़्रेजबुक इन** इदु से और गारो की सामग्री बर्लिंग की **ए गारो ग्रामर** से ली गई है। आओ, अंगामि, सॅम तथा अन्य नाग भाषाओं और बोलियों की सामग्री ग्रियर्सन से ली गई है। उन्होंने जिस भाषा और बोली को जो नाम दिया है, शब्दसूची में उसी का उल्लेख है। नाग शब्दों के साथ जहाँ 'हिन्दी' प्रतिरूप दिये गये हैं, वहाँ यह बात ध्यान में रखनी चाहिए कि ये रूप वहाँ असमिया और बँगला के माध्यम से भी पहुंच सकते हैं। जो शब्द हिन्दी में हो, असमिया और बँगला में न हो, किन्तु किसी नाग भाषा में हो, वहाँ उसके मूल स्रोत के बारे में निश्चयपूर्वक कुछ कहना कठिन होगा। एक कसौटी यह है कि कोई शब्द हिन्दी की अनेक जनपदीप भाषाओं में हो किन्तु उधर एक ही नागभाषा में हो तो संभावना यह है कि वह हिन्दी क्षेत्र का शब्द है। **लोगबाग** का **बाग** हिन्दी की अनेक जनपदीय बोलियों में है किन्तु नाग भाषाओं में वह मुझे केवल मॉन्प में मिला, इसलिये मेरे विचार से वह हिन्दी का पुराना शब्द है जो अन्य अनेक शब्दों के साथ हिन्दी क्षेत्र से पूर्व की ओर गया है।]

१	तन्खुर	**अ**	वह
	त०	**अ**	दूरस्थ वस्तुसूचक सर्वनाम
२	गलॉङ्	**अओ**	पुत्र
	पु० आइरिश	**अउअ**	नाती
३	तन्खुर	**अख**	एक
	तेलुगु	**ऑक**	उप०

४	बोरो	**अङ्कर्**	वर्णमाला
	सं०	**अक्षर**	
		(अक्षर>अक्कर>अङ्कर)	
५	तन्खुर	**अच**	आज
	हि०	**आज**	
६	बोरो	**अत्**	आठ
	त०	**ॲट्टु**	उप०
	सं०	**अष्ट**	

७	मॉन्प	**अत**	दादा
	त०	**अत्तन्**	पिता
	कन्नड़	**तात** (त-आत)	दादा
८	मॉन्प	**अथ, ऑथ**	यहाँ
	सं०	**इत्थम्, इत्था**	इस प्रकार
	पंजाबी	**ऑत्थे**	वहाँ
९	तन्खुर	**अन**	वह
	रूसी	**ऑन्**	उप०
	संथाली	**ऑनें**	उप०
१०	चाङ्	**अन**	छोटा भाई
	कन्नड़	**अण**	बड़ा भाई; लड़कों को प्यार से पुकारने का शब्द
	चाङ्	**अनाँउ**	बड़ी बहन
	गलॉङ्	**अनें**	माँ
	त०	**अण्णि**	भौजाई
	कन्नड़	**अण्णु**	स्त्री
११	बोरो	**अन्द्रि**	सांझ
		अन्द्रय	अँधेरा होना
	हि०	**अँधेरा**	
१२	मॉन्प	**अप, अब**	बाप
	गलॉङ्	**अबॉ**	उप०
	त०	**अप्पन्**	उप०
	बोरो	**प**	उप०
		अप	मेरा बाप
		बिप	उसका बाप
	अङ्गामि	**पापु**	उप०
	बोरो	**बपय्**	पिता
	हिन्दी	**बाप**	
	बोरो	**बब**	बाबा
	हिन्दी	**बाबा**	
	लैटिन	**अवुस्**	बाबा
	पर्जि	**अव्व**	दादी
	त०	**अव्वइ**	माँ
	मॉन्प	**अबि**	दादी
	बोरो	**अबो**	बड़ी बहन
	त०	**अप्पि**	उप०
	तुलु	**अप्पॅ**	माँ

१३	मॉन्प	**अम**	माँ
	त०	**अम्मा**	उप०
	हि०	**अम्मा**	
१४	बोरो	**अय्**	माँ
	त०	**आय्**	उप०
	असमिया	**आई**	उप०
१५	इदु	**अय**	वह
	सं०	**अयम्**	यह
१६	बोरो	**अलय् बिलय्**	परेशानी
	हि०	**अलाय बलाय**	
१७	बोरो	**अलु**	गरम होना
	त०	**अऴल्**	जलना
	हि०	**अलाव**	
१८	मॉन्प	**अशि**	हम
	सं०	**अस्** (**अस्-मद्**)	उप०
	पंजाबी	**असां**	उप०
१९	बोरो	**इ**	निकटस्थ वस्तुसूचक सर्वनाम
	त०	**इ**	उप०
२०	बोरो	**उगलय्**	उगलना
	हि०	**उगलना**	
२१	बोरो	**इत**	ईंट
	हि०	**ईंट**	
२२	बोरो	**इन्द्र**	कुँआ
	हि०	**इन्दारा**	उप०
२३	बोरो	**उतिकय्**	उठना
	हि०	**उठकर**	
	(अवधी)	**उठि कै**	उठकर
२४	मॉन्प	**उथु**	वह
	त०	**उ**	मध्यवर्ती वस्तुसूचक सर्वनाम
२५	बोरो	**उद्**	ऊँट
	हि०	**ऊँट**	
२६	बोरो	**उरन् जहद्**	हवाई जहाज
	हि०	**उड़न जहाज**	

२७	बोरो	उर्माल्	रूमाल
	हि०	रूमाल	
२८	बोरो	अँ	यह
	कुइ	अँ उप० (मध्यवर्ती वस्तुसूचक सर्वनाम)	
	संथाली	अँ	वह
२९	इदु	अँच	यह
	सं०	एषः	उप०
३०	बोरो	अँसॅ	इतना
	कुइ	अँसॅ	उतना
३१	बोरो	आँ	वह
	त०	उ मध्यवर्ती वस्तुसूचक सर्वनाम	
३२	बोरो	आँकॅ	सबेरा
	सं०	उषा	
३३	इदु	आँकाँ	घर
	कन्नड़	आँक्कल्	उप०
	ग्रीक	आँइकाँस्	उप०
	सं०	विश	बस्ती
३४	बोरो	आँज	ओझा
	त०	ओच्चन्	उप०
	हि०	ओझा	
३५	बोरो	आँरॉङ्	वन
	सं०	अरण्य	
३६	बोरो	क	वह
	सं०	कः	उप०
	(कस्मै देवाय हविषा विधेम उस देवता को हवि देते हैं)		
३७	इदु, बोरो	क	प्रश्नवाचक सर्वनाम
	सं०	कः	उप०
३८	बोरो	कगर्	सागर
	सं०	सागर	
३९	तन्खुर	कङ	जलना
	नइकि	काङ्ग्	गरम होना
	हि०	कांगड़ी	
४०	तन्खुर	कचय्	कीड़ा
	हि०	कॅचुवा	
४१	तन्खुर	कथ	कैसे
	सं०	कथम्	उप०
४२	बोरो	कद्	सात
	सं०	सप्त	
४३	बोरो	कन् बच्चा पैदा करना	
	सं०	जन्	उप०
४४	बोरो	कन्	दिन; सूर्य
	सं०	कन्	चमकना
४५	बोरो	कनॅ	सुनना
	तुलु	केणुनि	उप०
४६	बोरो	कप्नय् सपना दिखाना	
	हि०	सपन्याना	उप०
४७	बोरो	कमय्	एकत्र होना
	सं०	समय एकत्र होने की क्रिया	
४८	बोरो	कय्	हाथ
	कन्नड़	कय्	उप०
	सं०	कर	
४९	बोरो	करिल्	शरीर
	सं०	शरीर	
५०	बोरो	कलम्	करना
		कलय्	काम
	कोलमि	कल्	करना
	हि०	कर (ना)	
५१	बोरो	कलि	दिन; समय
	सं०	काल	
५२	बोरो	कव्	जलना
	त०	काय्	उप०
	नइकि	काप्	भूनना
५३	बोरो	कव् (म-कव्)	गाय
	सं०	गो	
	अंग्रेज़ी	काउ	उप०
५४	बोरो	कव्रा	अधपका
	हि० (अवधी)	सॅवरा	उप०

५५	बोरो	कस्ति	दंड
	सं०	शास्ति	उप०
५६	बोरो	कस्यव्	कछुवा
	सं०	कश्यप	उप०
५७	बोरो	सिङ्गाँ	सिंह
	सं०	सिंह	
५८	बोरो	सिम	सीमा
	सं०	सीमा	
५९	बोरो	कुग	चोंच
	कन्नड़	काॅक्कु	उप०
६०	सॅम	किवि	कौन
	तन्खुर	खि	क्या
	असमिया	की	उप०
	मॉन्प	गिति	कब
६१	बोरो	कुकुर्	शुक्र
	सं०	शुक्र	
६२	बोरो	कुज्	कुबड़ा
	सं०	कुब्ज	उप०
६३	बोरो	कुतुरु	शत्रु
	सं०	शत्रु	
६४	बोरो	कुद्	विशेषतः
	बँगला	शुधु	केवल
६५	बोरो	कुद्रय्	सुधारना
	हि० (अवधी)	सुधारे	ठीक करे
६६	बोरो	कुन्द	कुण्ड
	सं०	कुण्ड	
६७	बोरो	कुर	खुर
	हि०	खुर	
६८	बोरो	कुरङ् शब्द;	कथा; खबर
	त०	कुरल् शब्द;	आवाज़
६९	बोरो	कुरय्	कुहरा
	हि०	कुहरा	
७०	बोरो	कुन्त	खूंटा
	तेलुगु	कुन्द	खंभा

७१	बोरो	कुरि	बीस
	बँगला	कुड़ि	उप०
७२	बोरो	कुरिय	कोढ़
	हिन्दी (मैथिली)	कोँढ़िया दुष्ट;	कोढ़ी
७३	बोरो	कुलि लंबा लोहे का	डंडा
	सं०	शूली	
७४	आओ	काँ	क्या
	हि० (अवधी)	को	कौन
७५	बोरो	काँ	सौ
	हि०	सौ	
७६	बोरो	कॉक्लय	कोयल
	हि०	कोकिला	
७७	बोरो	कॉङ्	घोंघा
	हि०	घोंघा	
७८	बोरो	कॉङ्ग	लूला
	कन्नड़	कॉङ्ग	टेढ़ापन
७९	बोरो	कॉत्रव्	सत्रह
	हि०	सत्रह	
८०	बोरो	कॉद्	स्वाद
	सं०	स्वाद	
८१	बोरो	कॉनि	शनि
	सं०	शनि	
८२	बोरो	कॉब	सभा
	सं०	सभा	
८३	बोरो	कॉमय्	समय
	सं०	समय	
८४	बोरो	कॉर्, कॉरॉ	झील
	सं०	सरस्	जलाशय
८५	पछाहीं और मध्यवर्ती नाग-भाषाओं में	कॉर्, किर्, कॅरु, करुइ, ग्विरि (ग्रियर्सन)	घोड़ा

	मॉन्प	कुर्त	उप०
	तेलुगु	गुर्रमु	उप०
	वेलश	गॉरुअद्	उप०
	अंग्रेज़ी	हौर्स	उप०
	सं०	घोट	उप०
८६	बोरो	कॉल्लव्	सोलह
	हि०	सोलह	
८७	बोरो	कॉहय्	सहाय
	हि०	सहाय	
८८	मॉन्प	खु	कुत्ता
	सं०	श्वा	उप०
८९	मॉन्प	गॉङ्गरि	नदी
	बँगला	गांग	उप०
९०	बोरो	गबिन्	गाभिन
	हि०	गाभिन	
९१	बोरो	गन्ति	गाँठ
	सं०	ग्रन्थि	
९२	सॅम	ग्वाँ, ग्व	जाना
	सं०	गम्	उप०
	अंग्रेज़ी	गो	उप०
९३	गारो	-ग्रिम्	भीड़ में साथ होना
	सं०	ग्राम	समूह
९४	तन्खुर	चङ्	चांद; महीना
	हि०	चाँद	
९५	तन्खुर	चि	वह
	बँगला	से	उप०
९६	बोरो	ज	होना
	हि०	*स	उप०
	(बांगरू)	सै	है
९७	तन्खुर, मॉन्प	ज	खाना
	मुंडारी	जॉम्	उप०
	हि०	जीमना	
	मॉन्प	जम्	पीना
	सं०	चम्	उप०
९८	बोरो	जय्	जनना
	हि०	जनना	
	सं०	जाया	(जनने वाली); पत्नी
९९	तन्खुर	ज़िङ्	दिन
	हि०	दिन	
१००	बोरो	जॉक्कय्	चौका
	हि०	चौका	
१०१	बोरो	जॉन्	जन
	सं०	जन	
१०२	गारो	तङ्	अपना
	मॉन्प	दन्	वह
		दशि	वे
(१०३)	त०	तान्	स्वयं
	कन्नड़	तान्	वह
	सं०	तद्	उप०
१०४	बोरो	तय्	मरना
	कन्नड़	साय्	उप०
	सं०	शव	
	अंग्रेज़ी	डाइ	मरना
१०५	आओ	ताता-र्	गाँव का बूढ़ा
	त०	तात्ता	दादा
	हि०	दादा	
१०६	तन्खुर	तुङ्	ऊपरी भाग
	सं०	तुङ्ग	
१०७	तन्खुर	तुय्	पानी
	सं०	तोय	उप०
	त०	तोय्	नहाना
१०८	गारो	तुसि	सोना
	तोद	तूष्	नींद
१०९	आओ	तॅर्	दस
	अंगामि	तॅरि	उप०
	सं०	दश	
११०	कछारी	था	ठहरना
	पच्छाहीं नाग	था	खड़े होना
	सं०	स्था	उप०

१११ तन्खुर **थि** मरना
(बोरो **तय्** मरना से संबद्ध)

११२ गारो **दक्** करना
जक् हाथ
फ़ारसी **दस्-त** उप०
सं० **दक्ष** (दक्-स) कुशल

११३ बोरो **ददय्** चाचा
तय् उप०
हिन्दी **दाऊ, ताऊ**

११४ बोरो **दय्** मीठा
तेलुगु **तिय्य** उप०

११५ मॉन्प **दि** बहना
गारो **चि** उप०
ब्राहूइ **दीर्** पानी

११६ बोरो **दुबि** डूबना
हि० **डूबना**

११७ बोरो **दा** बनाना
जर्मन **तैतॅर्** कर्ता
सं० **दक्ष** कुशल
(***दर्**>**दा**; ***दर्**>***दस्**→**दक्ष**)

११८ गारो **दोर** पशुवाचक शब्दों के साथ प्रयुक्त वर्गसूचक पद
हि० **ढोर**

११९ तन्खुर **न** तुम
मॉन्प **नन्** उप०
सॅम **ना** उप०
गारो **नॉ** उप०
त० **नी** उप०
कुड़ुख **नीन्** उप०
(तिर्यक् रूप) **नीङ्ग्** उप०
पुरानी त० **निन्** उप०

१२० गारो **नख** रात
सं० **नक्त** उप०

१२१ बोरो **नय्** देखना
नय्न देखने में सुन्दर
गारो **नि** देखना
कन्नड़ **निट्टिसु** उप०
त० **नोक्कु** उप०
प्राकृत **णिअ** देखना
सं० **नयन**

१२२ इदु **ननॅ** माँ
सं० **नना** उप०
हि० **नानी**
कुड़ुख **नण्णॉस; ननी** नाना; नानी

१२३ तन्खुर **निङ्** मन
त० **नॅञ्जु** उप०

१२४ गारो **नॅतु** सूत
कुइ **नूडु** उप०
त० **नूल्** उप०

१२५ तन्खुर **पङ्क्त्** हाथ से बांटना
पछाहीं नाग **पॅङ्ङु, पॉङ्ङ** पाँच
आओ **पुङ्ङु** उप०
अंगामि **पॅङ्** उप०
कछारी **फाङ्ओ** उप०
पूर्वी नाग **बङ्ङ** उप०
सं० **पाणि** हाथ
पञ्च पाँच

१२६ बोरो **पग** पकाना
हि० **पकाना**

१२७ बोरो **पद्** मंत्र; गीत
सं० **पद**

१२८ बोरो **पद्** मारना
(**रय्पद्** मंत्र से मारना)
सं० **वध**

१२८ बोरो **पन्** बेचना
कछारी **फान्** उप०
सं० **पण्** खरीदना; भाव-तोल करना

१२९ बोरो **पन्ति** टुकड़ा
त० **पङ्गु** भाग

१३० बोरो **पप, पब** पाप
सं० **पाप**

१३१ बोरो **पय्** आना
तोद **पोर्** उप०
गोंडी **वइआना** उप०

१३२ बोरो **पय, पय्क** खीर
सं० **पायस** उप०

१३३ बोरो **पय्रव्** कबूतर
कन्नड़ **बॅळव** जंगली कबूतर

१३४ बोरो **पल** फाल
हि० **फाल**

१३५ बोरो **पल** झुंड
त० **पल** बहुत से

१३६ बोरो **पलङ्** साग
हिन्दी
(अवधी) **पलांकी** पालक

१३७ बोरो **पितिमि** पृथ्वी
सं० **पृथिवी**

१३८ बोरो **पिस** सन्तान
तुलु **पसि** बच्चा

१३९ बोरो **पुग** मुख
कन्नड़ **बुग्गि** गाल
तेलुगु **पुक्केडु** मुँह भर

१४० बोरो **पॅङ्क** पैंगा
हि० **पैंगा**

१४१ बोरो **पॅङ्ग** पङ्ग
हि० **पङ्ग**

१४२ गारो **पॅत** पक्षी
सं० **पत्** उड़ना
गोंडी **पित्तें** पक्षी

१४३ बोरो **पॅन्** फेन
हि० **फेन**

१४४ बोरो **पॅस** उल्लू
बँगला **पेंचा** उप०

१४५ बोरो **पे** पिये होना
हिन्दी **पीना**

१४६ बोरो **पाँङ्** गायनवाचक शब्दों के साथ प्रयुक्त वर्गसूचक पद
त० **पाण्** गीत

१४७ बोरो **पॉलॉङ्** पोला करना
हि० **पोला**
कन्नड़ **पॉळ्ळु** पोलापन

१४८ बोरो **पॉलन्** शिकारी
त० **पुळिङ्गन्** उप०
सं० **पुलिन्द**

१४९ बोरो **ब, बॉ** प्रश्नवाचक सर्वनाम
गोंडी **बद्, बउ** कौन

१५० गारो **बक्** भाग (वर्गसूचक पद)
पक् आधा भाग
सं० **भाग**
त० **पगु** विभाजित करना

१५१ बोरो **बकरी** कोठा
हि० **बखरी**

१५२ बोरो **बक्ला** छिलका
हि० **बकला**

१५३ बोरो **बजि** बांझ (पशु)
हि० **बाँझ**

१५४ बोरो **बय्क** आयु
सं० **वयस्**

१५५ बोरो **बय्ग** भाग्य
सं० **भाग्य**

१५६ बोरो **बय्सग** वैशाख
सं० **वैशाख**

१५७ बोरो **बर्** सप्ताह
त० **वारम्** उप०

१५८ गारो **बर्** भार
हि० **भार**

१५९ बोरो **बरय्** बूढ़ा
त० **पॅरु** बड़ा

१६०	बोरो	बसर	वर्ष
	सं०	वासर	
१६१	मॉन्प	-बाग गण; (बहुत्व-सूचक पद यथा सॉङ्ग बाग—आदमी लोग; कुर्त बाग घोड़ा लोग)	
	हिन्दी	-बाग (लोग-बाग)	
१६२	गारो	बिर्सि	वर्ष
	हि०	बरस	
१६३	बोरो	बुहुम्	भूमि
	हि०	पुहुमि	
१६४	बोरो	बॅल	सूर्य
	कन्नड़	बॅळ	प्रकाश
१६५	कुकि	बॉअॅ	रहता है; जीता है
	सं०	भू	
	मल्तो	बँहँ	होना
	कुड़ुख	बेअँना	रहना
१६६	मॉन्प	म	नहीं
	अंगामि	मॉ	उप०
	सं०	मा	उप०
	ग्रीक	मे	उप०
१६७	कुकि	मङ्ग	पाँच
	(अंगामि पॅङ् पाँच १२५ से संबद्ध)		
१६८	इदु	मजरि	बिल्ली
	सं०	मार्जार	उप०
१६९	गारो	मत्	गाय
	त०	माडु	बैल
१७०	तन्खुर	मतुय्	बोलना
	कन्नड़	मातु	शब्द; भाषा
१७१	बोरो	मदय्	मधु
	सं०	मधु	
१७२	गारो	मन्	मनुष्य
	बोरो	मन्सय्	उप०
	सं०	मनुष्य	
	हि० (अवधी)	मन्सवा	पुरुष

१७३	बोरो	मन्	पकना
	गद्ब	माङ्ग्	उप०
	तेलुगु	मांगु	उप०
१७४	बोरो	मुकङ्	मुख
	त०	मुगम्	उप०
	सं०	मुख	
१७५	इदु	यद्गो	कितना
	गलॉङ्	यॉगॉ	क्या
		यॅदि	उप०
	त०	या	क्या
१७६	तन्खुर	र	आना
	गारो	रे	उप०
		रो	चलना
	सं०	ऋ	उप०
	फारसी	रवा	चलना
	तेलुगु	अरुगु	चलना
१७७	बोरो	रन्द, लन्द	विधुर
		रण्डा	विधवा
१७८	बोरो	रयज्	राज्य
	हि०	राज्य	
१७९	मिकिर	रि	सम्पदा
	सं०	रयि	उप०
१८०	बॉरॉ	रॉतय्	सड़ना
	अंग्रेजी	रौट्	उप०
१८१	बॉरॉ	रॉदय्	जड़
	अंग्रेजी	रूट्	उप०
१८२	बोरो	रॉतॉ	चमकीला
	जर्मन	रॉत्	लाल
	सं०	रुधिर	
१८३	बोरो	लय	पत्ती
	त०	इलइ	उप०
१८४	बोरो	लॅब्रा	बायां
	हि० (अवधी)	डॅब्रा	उप०
१८५	मॉन्प	वा	जाना
	तन्खुर्	वय्	उप०
	अंगामि	वॉर्	आना
	त०	वरु, वा	उप०

१८६	गारो	वॅन्	हवा
	त०	विण् बादल; आकाश	
		विण्डु	हवा
१८७	मॉन्प	शरङ्	सिर
	सं०	शिरस् ('मूलरूप संभवतः शरस्'— मोनियर विलियम्स)	उप०
१८८	गारो	सि	मरना
	इदु	शिगाँ	उप०
		शिब	मृत
	मॉन्प	शॅखन्	उप०
	बोरो	तय्	मरना
	कन्नड़	साय्	मरना
	सं०	शव	
	अंग्रेज़ी	डाइ	मरना
१८९	पछाहीं नाग	सराँ, सॅर सुरु, सइरउ	छह
	गोंडी	सारुङ्ङ्	उप०
	सं०	षष	उप०
१९०	बोरो	सर्ग	आकाश
	सं०	स्वर्ग	
१९१	सॅम	सा	साथ
	सं०	सह	
१९२	तन्खुर	सि	जाड़ा
	सं०	शीत	
१९३	बोरो	सिकि	सखा
	सं०	सखि	उप०
१९४	गलॉङ्	सिगि, हिगि	यह
	बँगला	से	वह
१९५	सॅम	सु	होना
	बोरो	जा	उप०
	हि० (बांगरू)	सँ	है
	फ़ारसी	शुदन्	होना
१९६	बोरो	सु (अव्-सु)	बच्चा जनना
	सं०	सू	बच्चा पैदा करना
१९७	गारो	सु	जलना
	तुलु	सू	आग
१९८	बोरो	सुगुन्	गिद्ध
	सं०	शकुन	पक्षी
१९९	गारो	स्पाँ	फूटना
	सं०	स्फुट्	उप०
२००	कुकि	हन	वह
	संथाली	हन्	उप०
२०१	बोरो	हलि	हल
	हि०	हल	

शब्दसूचो-६

(सामी शब्दों के द्रविड़ और इंडोयूरोपियन प्रतिरूप)

[यहाँ कुछ चुने हुए सामी भाषाओं के, मुख्यत: अरबी के, शब्द दिये जाते हैं जिनसे द्रविड़, सामी और इंडोयूरोपियन भाषाओं के सम्बन्ध पहचानने में सहायता मिलेगी। एकाध जगह कोल और नाग भाषाओं के प्रतिरूप भी दिये गये हैं। सामी भाषाओं के प्राचीन केन्द्र ईरान के पड़ोस में थे, अब भी हैं। इन केन्द्रों से अरबी क्षेत्र के पश्चिमी भागों में अनेक भाषातत्व फैले हैं। यही कारण है कि द्रविड़ और इंडोयूरोपियन परिवारों की शब्दावली से बहुत जगह सामी शब्दावली मिलती-जुलती है। अरबी के बहुत से शब्द फ़ारसी से होते हुए भारत की भाषाओं में आये हैं; यह प्रक्रिया अपेक्षाकृत आधुनिक है। ऐसे शब्द **हिन्दी शब्दसागर** में मिल जायँगे; उनकी आवृत्ति यहाँ नहीं की गई। प्रयत्न यह है कि सामी भाषाओं के यथासंभव प्राचीन भाषाई परिवेश को पहचाना जाय। इस परिवेश में द्रविड़ भाषाओं का स्थान महत्वपूर्ण है।

इस सूची में अनेक सामी शब्द ऐसे हैं जो **फ़्** से आरंभ होते हैं; उनके द्रविड़ प्रतिरूपों की आदिस्थानीय ध्वनि **प्** है। **प्** में अतिरिक्त महाप्राणता का योग ईरानी क्षेत्र की विशेषता है। इस कोटि के आदि स्थानीय **प्-फ़्** ध्वनियों वाले द्रविड़-सामी शब्द द्रविड़-सामी-ईरानी समुदायों के पड़ोसी होने का प्रमाण हैं। कहना अनावश्यक है कि आशय सभी द्रविड़-सामी-ईरानी जनों से नहीं है, उनमें से कुछ जनसमुदायों से ही है। इसी तरह आदि स्थानीय **क्** ध्वनि वाले कुछ द्रविड़ शब्दों के सामी प्रतिरूप **ख़्** से आरंभ होते हैं। अरबी शब्द **फ़ील** हाथी के प्रसंग में डा. सुनीति कुमार चाटुर्ज्या के जिस लेख का हवाला दिया गया है, उसमें तमिल **पिटि** के **प्** को **फ़्** में बदलते बताया गया है।

द्रविड़ भाषाओं में कन्नड़ अपने बोलचाल के रूप में निरन्तर **प्** को **ह्** में बदलती है। इस शब्दसूची में कुछ अरबी रूप **ह्** से आरंभ होते हैं; उनके कन्नड़ या तुलु प्रतिरूप में **ह्** है, अन्य द्रविड़ भाषाओं में **प्** है। ये शब्द द्रविड़ स्रोतों से उधर गये हैं। स्मरणीय है कि इंडोयूरोपियन परिवार की आर्मीनियन भाषा में ऐसा ही ध्वनिपरिवर्तन दिखाई देता है।

आरमीनिया का यह नाम उसके पहाड़ी प्रदेश होने से पड़ा। संभव **है**, संस्कृत **परम** ऊँचा का सामी रूपान्तर **अरम** हो। एक प्राचीन सामी भाषा **अरमाइक** थी; हो सकता है, यह भी पहले पहाड़ी क्षेत्र की भाषा रही हो।

सामी भाषाओं में **ग्-ज्** को लेकर वैसा ही भेद है जैसा द्रविड़ भाषाओं में। आर्य, स्लाव और तुर्क भाषा समुदायों के साथ इस ध्वनि प्रपंच का अध्ययन करना उचित है।

व् के पहले **द्** जोड़ने की पुरानी आर्य और ईरानी प्रवृत्ति अरबी के **दार**, **दौर** जैसे शब्दों में लक्षित है। इनके चक्रगतिसूचक अर्थ का कारण **वार** आदि रूपों के **वर्** क्रियामूल का **वृत्त** वाला अर्थ है।

अ० अरबी के लिए, **सं०** संस्कृत के लिए, **त०** तमिल के लिए संकेतचिह्न हैं।]

१ अ० **अइलम्** कोमल
त० **इलइ** उप०

२ अ० **अक़रब** वृश्चिक
ग्रीक **स्कॉर्पिप्रॉस्** उप०
(तुलनीय सं० **वक्र** और अ० **मुअ़क़्ब्** टेढ़ा)

३ अ० **अकल** छीजना; जीर्ण होना
त० **अक्कु** जीर्ण शीर्ण होना

४ अ० **अक़ालिम्** प्रदेश; जलवायु
ग्रीक **क्लीम** उप०
अंग्रेजी **क्लाइम्** उप०
क्लाइमेट् जलवायु

५ अ० **अख्** भाई
उख़्त बहन
अख़वात् बहनें
त० **अक्का** बड़ी बहन
सं० **अक्का** माँ

६ अ० **अख़ज़** पकड़ लेना
कन्नड़ **अगचु** मज़बूती से पकड़ना

७ अक्कादी **अग** वह
अगन्नु यह
कोन्ड **अकन्** वह आदमी
कन्नड़ **आकँ** उप०

८ क़नानी **अद् अद्** पिता
सुमेरी **अद्द** उप०
ग्रीक **अत्त** उप०
(देखें क़नान के एक प्राचीन अभिलेख पर थिओडोर ऐच्. गैस्टर का निबंध, **जर्नल आफ़ अमेरिकन ओरिएन्टल सोसायटी**, खंड ६६, सन् १९४६)

९ अ० **अ़दल** न्याय से काम करना
आ़दिल् न्यायपूर्ण
जर्मन **अडॅल्** अभिजात
मुंडारी **अदल्** सम्मान

१० हीब्रू **अब्** पिता
अक्कादी **अबु** उप०
अ० **अब्** उप०
त० **अप्पन्** उप०
मुंडारी **अपु** उप०

११ अ० **अब्‌ज़न्** हाथ धोने का पात्र
सुमेरी **अब्ज़ु** जल का देवता
अक्कादी **अप्सु** उप०
सं० **अपः, आपः** जल
फ़ारसी **आब्** उप०
(तुलनीय अ० **दूलाब्** रहँट; **आब्** पानी, **दौल्** चक्का)

१२ अ० **अ़ब्ब** गटकना; पीना
अ़बाब् बाढ़; लहरें
(फ़ारसी **आब्** पानी, अ० **अब्‌ज़न्** से ११ संबद्ध)

१३	अक्कादी	अमतु	शब्द
	कन्नड़	मातु	उप०
१४	अ०	अमार	बेड़ा; जहाज़
	लैटिन	मरें	समुद्र
	सं०	मीर	उप०
१५	अ०	अमीराल्	नौ सेनानायक
	अंग्रेज़ी	ऐड्मिरल्	उप०
१६	अ०	अरफ़	जानना
	त०	अरि	उप०
१७	अ०	अरिक	लड़ना
	सं०	अरि	शत्रु
	त०	अॅरि	मारना
१८	अक्कादी	अरिरु	प्रज्वलित
		अरुतु	सूखा
	लैटिन	आरिदुस्	उप०
	(अ० हरक़् अग्नि से संबद्ध)		
१९	अ०	अरुज़्ज़्	चावल
	त०	अरिजि	उप०
२०	अ०	अर्क्	अनुभव
	कुड़ुख	अख़्ना	अनुभव करना
२१	अ०	अर्ज़	धरती
	हीब्रू	अॅरॅस्	उप०
	अरमाइक	अरॅअ	उप०
	जर्मन	अॅर्डॅ	उप०
	अंग्रेज़ी	अर्थ्	उप०
	ग्रीक	अॅरज़ॅ	धरती खोदना
२२	अ०	अल्	वह (निश्चयार्थी संकेतक)
	स्पैनिश	अॅल्	उप०
२३	अ०	अलक़	चमकना
	त०	अळल्	उप०
		इलगु	उप०
	तेलुगु	अलरु	उप०
	ग्रीक	अलॅअ	ऊष्मा
२४	अ०	अलम्	दर्द
	त०	अलम्	उप०
	ग्रीक	अल्गॉस्	उप०

२५	अ०	आर	इधर-उधर घूमना
	त०	आडु	उप०
	ग्रीक	अलआॅमइ	उप०
२६	अ०	आलम्	संसार
	त०	अॅल्लाम्	सब
	जर्मन	आलॅ	उप०
२७	अ०	इद्राक्	बुद्धि; चेतना
	ग्रीक	इद्रॅइअ	ज्ञान; कौशल
		इद्रिस्	कुशल
२८	अ०	इल्ला	यदि नहीं
	त०	इल्लइ	नहीं
२९	हीब्रू	ईर्	नगर
	त०	ऊर्	उप०
३०	अ०	अ र्ज़ो	छावनी
	तुर्की	ऑर्दु	फ़ौज
	कन्नड़	आॅड्ड	उप०
३१	अ०	उफ़ुक़्	क्षितिज
	सिन्धी	उभु	आकाश
३२	अ०	उक़ाब्	बाज
	त०	उग	ऊपर उठना; ऊँचे उड़ना
	लैटिन	अक्विल	बाज
३३	अक्कादी	अॅकलु	मंदिर; प्रासाद
	त०	कोयिल्	उप०
		को	राजा
३४	अक्कादी	अॅम	कहाँ
	अ०	अय्य्	क्या
		ऐन	कहाँ
	त०	या	क्या
		एन्	क्यों; क्या
३५	अक्कादी	अॅर्शु	बुद्धिमान
	सं०	ऋषि	
	फ़ारसी	अरीश्	चतुर
३६	अ०	कज़ा	वह; उस तरह
	सं०	कस्मै	उसे
	बोरो	क	वह

३७	अ०	**क़दम**	पहले आना; पहुंचना
		क़दम्	डग
		क़दीम्	प्राचीन
	त०	**कड**	जाना; पार करना
		कडु	निश्चित समय
३८	अ०	**कदह्**	पान पात्र
	सं०	**कड्**	नशे में होना
	त०	**कळि**	उप०
		कुडि	पीना
३९	अ०	**कदुर**	गँदला होना
		कदिर्	गँदला
		कुद्र	गँदलापन
	कुइ	**गदाँ**	गँदला
	त०	**कळनि**	कीचड़
	कोडगु	**कॅत्तँ**	उप०
	सं०	**कर्दम**	उप०
४०	अ०	**क़द्द**	काटना
		क़त्त	उप०
		क़तल	उप०
		क़स्स	उप०
		क़लम	उप०
	सं०	**कर्तन**	काटने की क्रिया
	त०	**कत्ति**	छुरी
	लैटिन	**कअँदो**	काटना
	अंग्रेज़ी	**कट्**	उप०
४१	अ०	**करब**	चिन्ता करना
		करस	उप०
	अंग्रेज़ी	**कॅअर**	उप०
४२	अ०	**क़ल्ल**	कम होना; छोटा होना
		क़िल्ल	क्षुद्रता; कमी
		अक़ल्ल्	और भी कम
	त०	**चिल्**	छोटा टुकड़ा
		चिन्न	क्षुद्र; छोटा
४३	अ०	**क़न्दील**	मोमबत्ती
	लैटिन	**कन्देल**	उप०
		कन्दॅओ	चमकना
	त०	**कनल्**	जलाना

४४	अ०	**कफ़न**	ढांकना
		कफ़न्	कफन
	अंग्रेज़ी	**कौफ़िन्**	शव मंजूषा
४५	अ०	**कफ़र**	ढांकना
	त०	**कवि**	उप०
	कोत	**कव्च्**	कपड़े से ढांकना
	कन्नड़	**कप्पु**	ढांकना
	सं०	**कवच**	
४६	अ०	**क़फ़श्**	बटोरना
	तोद	**कॉफ़्च्**	भीड़ लगाना
		कॉफ़्य्	घेर लेना
४७	अ०	**क़रज़**	उधार देना
		क़र्ज़्	ऋण
	त०	**कडम्**	उप०
	तोद	**कॉड़्न्**	उप०
४८	अ०	**क़लम्**	सरकंडे की लेखनी
	सं०	**कलम**	सरकंडा
	ग्रीक	**कलमॉस्**	उप०
४९	अ०	**कवा**	जलाना
		कव्य्	जलता हुआ
	त०	**काय्**	जलना; जलाना
	कन्नड़	**कावु**	गर्मी
	ग्रीक	**कइओ**	जलाना
	(अत्तिक)	**कओ**	उप०
५०	अ०	**कार्**	काम
	फ़ारसी	**कार्**	उप०
	हिन्दी	**करना**	
५१	अ०	**कीमिया**	रसायन
	अंग्रेज़ी	**अल्कॅमि**	उप०
		केमिस्ट्री	उप०
५२	अ०	**क़िर्मिज़्**	कृमि विशेष जिसके सूखे शरीर से लाल रंग बनता है
	अंग्रेज़ी	**कॅर्मॅस्**	उप०
		क्रिम्सन्	लाल

(फ़ारसी **किर्म्**, सं० **कृमि** कीड़ा और अ० क़ज़्ज़् रेशम)

५३	अ०	**कीरात्**	एक नाप
	अंग्रेज़ी	**कैरट्**	उप०
५४	अ०	**क़ुत्न्, क़ुतुन्**	कपास
	पु० स्पैनिश	**कॉतॉन्**	उप०
	अंग्रेज़ी	**कॉट्न्**	उप०
५५	अ०	**कुफ़्फ़्**	किनारा
	अंग्रेज़ी	**कफ़्**	वस्त्र में बांह का निचला भाग जो अलंकरण के लिए होता था
५६	अ०	**क़ुफ़्फ़्**	बड़ी डलिया
	ग्रीक	**कॉफिनॉस्**	डलिया
५७	अ०	**क़ुन्बूर्**	कूबड़
	त०	**कोणल्**	उप०
५८	हीब्रू	**क़ॉप्**	कपि
	सं०	**कपि**	
५९	अ०	**ख़न्दक़**	खाई खोदना
		ख़न्दक़्	खाई
	सं०	**खन्**	खोदना
६०	अ०	**ख़लक़**	बनाना; रचना
	सं०	**कल्**	बनाना; करना
	कोलमि	**कल्**	करना
	कुवि	**कल्ग्**	होना
६१	अ०	**ख़लत**	मिलाना; मिश्रित करना
	त०	**कल**	उप०
६२	अ०	**ख़लस**	चुराना
	त०	**कर**	उप०
	सं०	**खर्पर**	चोर
६४	अ०	**ग़ूल्**	प्रेत
	अंग्रेज़ी	**गूल्**	शवभक्षी प्रेत
६५	हीब्रू	**गॅदॅरह्**	भेड़ों का स्थान
		गॅदॅरॉथ्	उप०
	हिन्दी	**गाड़र**	
		गड़रिया	

६६	अ०	**जब्र**	टूटी चीज़ को जोड़ना
	अंग्रेज़ी	**अल्जॅब्रा**	बीजगणित
६७	अ०	**जमल्**	ऊँट
	हीब्रू	**गामाल्**	उप०
	ग्रीक	**कमेलोस्**	उप०
	अंग्रेज़ी	**केम्ल्**	उप०
६८	अ०	**ज़रअ़**	बोना; बिखेरना
		ज़िराअ़	खेती
	रूसी	**ज़ॅर्नो**	बीज
६९	अ०	**ज़रफ़**	बहना
		जरा	उप०
	सं०	**क्षर्**	उप०
		-झर (निर्झर)	प्रवाह
७०	अ०	**जाम्**	पान पात्र
	सं०	**चम्**	पीना
७१	अ०	**जिन्न्**	देव; प्रेत
	अंग्रेज़ी	**जीनियस्**	किसी वस्तु या व्यक्ति में अधिष्ठित देव
७२	अ०	**जुल्ल्**	फूल
	फ़ारसी	**गुल्**	उप०
	अ०	**जुल्लाब्**	गुलाबजल
	अंग्रेज़ी	**जूलॅप्**	औषधिरूप मधुर पेय
७३	अ०	**तब्ल**	तबला
	इटालियन	**तबल्लो**	डफ
	अंग्रेज़ी	**टेबर्**	उप०
	हिन्दी	**तबला**	
७४	अ०	**तम्र हिन्दी**	भारत का ख़जूर; इमली
	अंग्रेज़ी	**टैमैरिन्ड्**	इमली
७५	अ०	**तल्क्**	माइका; चमक पैदा करने वाला पदार्थ
	अंग्रेज़ी	**टैल्क्**	उप०
७६	अ०	**तिलस्म्**	गंडा तावीज़
	अंग्रेज़ी	**टैलिस्मैन्**	

७७ अ० **तुन्बूर्** तम्बूरा
त० **तम्बट्टम्** उप०
ग्रीक **तुम्पनॉन्** ढोल
अंग्रेज़ी **टैम्बूरिन्** उप०
हिन्दी **तम्बूरा**

७८ अ० **तुलूअ्** सूर्य या नक्षत्र का उदित होना
त० **तुलङ्गु, तुळुम्बु** चमकना

७९ अ० **दरक़** चमड़े की ढाल
ग्रीक **दॅर्म** खाल

८० अ० **दाग़्** दागना
फ़ारसी **दाग़्** निशान
सं० **दह्** जलाना

८१ अ० **दान** उधार लेना
दैन् ऋण
सं० **दा** देना
दान दी हुई वस्तु

८२ अ० **दार** चक्कर खाना
दौर चक्कर खाने की अवधि
दार् घर
सं० **वार** द्वार; घिरा हुआ स्थान
द्वार
रूसी **वॉरॉत** द्वार
द्वॉरॅत्स् महल
फ़ारसी **दर** द्वार
दार घर

८३ अ० **दाल** चक्कर खाना
दौल दौर
दुलाब् पहिया; रहँट
(अ० **दार** ८२ से संबद्ध)

८४ अक्कादी **दिपारु** मशाल
सं० **दीप्** चमकना

८५ अ० **नकत** मज़ाक उड़ाना
त० **नक्कल्** उप०
लैटिन **नक्कुस्** मखौल

८६ अ० **नतज्** पैदा करना
निताज् संतान
लैटिन **नातालिस्** जन्म संबंधी
नातिओ जन्म

८७ अ० **नदा** पुकारना
सं० **नद्** चिल्लाना

८८ अ० **नशिक़** सूँघना
कन्नड़ **मूसु** उप०
सं० **नासा** नाक

८९ अ० **नादिर्** श्रेष्ठ
अंग्रेज़ी **नेडिर्** आकाश का वह भाग जो दर्शक के सिर के ठीक ऊपर हो

९० अ० **नारजील्** नारियल
सं० **नारिकेल** उप०

९१ अ० **नारंज्** नारंगी
सं० **नारङ्ग** उप०
अंग्रेज़ी **ऑरॅञ्ज** उप०
(**ए नारंज् > ऐन् ऑरॅञ्ज्**)

९२ अ० **नाल** देना
त० **नल्गु** उप०

९३ अ० **नूती** मल्लाह
सं० **नौ** जहाज़
ग्रीक **नउस्** उप०
नउतिलॉस् मल्लाह
अंग्रेज़ी **नौटिकल्** मल्लाहों या समुद्र यात्रा से संबन्धित

९४ अक्कादी **पिलक्कु** फरसा
सं० **परशु**

९५ अ० **फ़ज्र्** प्रभात
त० **वइगल्** उप०
तेलुगु **वेगु** भोर होना

९६ अ० **फ़ख़र** गर्व करना
फ़ख़्र् गर्व; गौरव
पु० जर्मन **फ़गर्** सुन्दर
अंग्रेज़ी **फ़ॅअर्** उप०; निर्दोष

९७	अ०	फ़नार्	रात में जहाज़ों के लिए मार्गदर्शक दीपस्तंभ
	ग्रीक	फइनो	चमकना
९८	अ०	फ़रक़	विलग करना
		फ़र्क़	अन्तर
		फ़िर्क़	भाग
	त०	परि	विलग करना
	पर्जि	पर्क	भाग; टुकड़ा
९९	अ०	फ़रत	हद से ज़्यादा होना
		इफ़्रात्	बहुतायत
	त०	परप्पु	उदारता से देना; फैलाव
१००	अ०	फ़रश	फैलाना
		फ़र्श्	चटाई या दरी
		फ़र्श	बिस्तर
	त०	परत्तु	फैलाना
		पर	फैलना
	सं०	प्रथु	फैला हुआ
१०१	अ०	फ़र्र	भाग जाना
		फ़र्रार्	भगोड़ा; फ़रार
	त०	परि	भाग जाना
१०२	अ०	फ़लक़	चीरना
	कुड़ुख	पल्क्ना	उप०
१०३	अ०	फ़ल्सफ़ा	दर्शनशास्त्र
	अंग्रेज़ी	फ़िलौसॉफ़ी	उप०
१०४	अ०	फ़िर्फ़िर्	पीला
	फ्रान्सीसी	पुर्पुरीन	उप०
	अंग्रेज़ी	पर्प्ल्	उप०
१०५	अ०	फ़िलफ़िल्	काली मिर्च
	सं०	पिप्पलि	
	ग्रीक	पॅपॅरि	उप०
	लैटिन	पिपॅर्	उप०
	अंग्रेज़ी	पॅपर्	उप०
१०६	अ०	फ़ील्	हाथी
	पु० तमिल	पिटि, पॅटि	उप०

(देखें डा. सुनीतिकुमार चाटुर्ज्या की पुस्तक **सॅलॅक्ट राइटिंग्स**, खंड १, विकास प्रकाशन, १९७८, पृ० २९०-९३)

१०७	अ०	बज़र	बोना
		बिज़्र	बीज
	गोंडी	पॅडॅ	उप०
	पर्जि	पिड्क	उप०
	सं०	बीज	
१०८	अ०	बदुन	मोटा होना
		बादिन्	मोटा
	सं०	वात	हवा
	फ़ारसी	बाद्	उप०
१०९	अक्कादी	बनु	बनाना
	अ०	बना	उप०
	त०	पण्णु	उप०
	हिन्दी	बनाना	
११०	हीब्रू	बनॅ	पुत्र
	अ०	बनून्	उप०
		इब्न्	उप०
	अक्कादी	बिन्तु	बेटी
	पु० आइरिश	बॅन्	स्त्री
	वेल्श	बनॉन्	रानी
	त०	पॅण्	स्त्री; लड़की
१११	अ०	बरक़	चमकना
		बलज	उप०
	सं०	भ्राज्	उप०
	कन्नड़	बॅळगु	प्रकाश
	लिथुआनियन	बल्तस्	श्वेत
११२	अक्कादी	बाउ	चलना
	ग्रीक	बइनो	उप०
११३	अ०	बास	चूमना
		बोसा	चूमी
	फ्रान्सीसी	बइज़े (र्)	चूमना; चूमी
११४	अक्कादी	बेलु	स्वामी
	कुड़ुख	बेलस्	राजा
११५	अ०	बिल्लौर्	
	कन्नड़	बॅळ	चमक

११६	अक्कादी	बीतु	घर
	अ०	बैत्	उप०
	पु० आइरिश	बिथ्	संसार
		बॅथु	जीवन
	सं०	भुवन, भवन	
	लिथुआनियन	बुलस्	घर
११७	अ०	बुर्ज्	दुर्ग
	सं०	पुर	उप०
	ग्रीक	पुर्गॉस्	उप०
	जर्मन	बुर्ग्	उप०
११८	अ०	मख़ज़न्	भंडार
	अंग्रेज़ी	मैगज़ीन्	उप०
११९	अ०	मल्अ	भीड़
	कन्नड़	मल्लळि	उप०
	तेलुगु	मल्लडि	उप०
	ग्रीक	मल	बहुत से
१२०	अ०	मलअ	भर जाना
	त०	मलर्	उप०
१२१	अ०	मलह	सुन्दर होना
	त०	मल्लल्	सुन्दरता
१२२	अ०	मल्लाह्	
	वेल्श	मॉरूर्	मल्लाह
		मॉरिओ	जलयात्रा
		मॉर्	समुद्र
	लैटिन	मरॅ	उप०
	सं०	मीर	उप०
१२३	अ०	मसक	मुश्क से सुगंधित करना
		मुस्काती	सुगंधित मदिरा
	कन्नड़	मुसु	सूंघना
	फ़ारसी	मुश्क	
	अंग्रेज़ी	मस्कॅडाइन्	मुश्क की गन्ध वाले अंगूर
		मस्कॅट्	उक्त अंगूरों की मदिरा
		मस्क	कस्तूरी
	फ़ारसी	मुश्क	उप०
	सं०	मुश्क	अंडकोश

१२४	(क) अ०	मस्स	छूना
	ग्रीक	मस्सो	उप०; हाथ से काम करना
	(ख) अ०	मसद्	मालिश करना
	अंग्रेज़ी	मसाझ़्	उप०
१२५	अ०	मसह	ज़मीन की नाप-जोख करना
	लैटिन	मेतॉर्	नापना
		मॅन्सूर	नाप
	अंग्रेज़ी	मेझ़र्	नापना
	सं०	मस्	नापना
		मा	उप०
		मात्रा	नाप
१२६	अ०	मा	नहीं
	सं०	मा॑	उप०
	ग्रीक	मे	उप०
१२७	अ०	मात	मरना
		मौत्	मृत्यु
		मइत	शव
	सं०	मृत	
	लैटिन	मॉर्स्	मौत
		मॉर्तालिस्	मर्त्य
१२८	अ०	मुद्रिक्	बुद्धिमान
	रूसी	मुद्रइ	उप०
१२९	अ०	मूसवी	रंगीन कांच, पत्थर आदि के टुकड़े जोड़कर चित्र बनाना
	अंग्रेज़ी	मॉज़ेइक्	उप०
१३०	अ०	मूसीक़ा	संगीत
	ग्रीक	मॉउस	संगीत आदि कलाओं की देवी
		मॉउसिकॉस्	कला संबंधी
	अंग्रेज़ी	म्यूज़िक्	संगीत
१३१	अ०	मौसिम्	ऋतु
	अंग्रेज़ी	मौन्सून्	मानसून
१३२	हीब्रू	यॅलालाह्	विलाप
	तेलुगु	अॅलूगु	आवाज़
		अॅलूगिञ्चु	चिल्लाना

	ग्रीक	**अॅलॅगॉस्**	विलापगीत
	लैटिन	**लूगॅओ**	विलाप करना
	अंग्रेज़ी	**अॅलॅजी**	विलापगीत
१३३	अ०	**यासमिन्**	चमेली
	अंग्रेज़ी	**जैस्मिन्**	उप०
१३४	हीब्रू	**यॅम्**	दिन
	अ०	**यौम्**	उप०
	सं०	**याम**	एक प्रहर
१३५	अक्कादी	**रिग्मु**	शब्द
	सं०	**ऋच्**	स्तुति करना
	चेक	**रिकात्**	बात करना
१३६	अ०	**लइमून्**	नीबू
	अंग्रेज़ी	**लेमन्**	उप०
१३७	अ०	**लग़ा**	बोलना
		लुग़	भाषा
	ग्रीक	**लॅगो**	कहना
		लॉगॉस्	शब्द
१३८	अ०	**लमअ़**	चमकना
		लुमअ़	चमक
	लैटिन	**लूमॅन्**	प्रकाश
	ग्रीक	**लम्पो**	चमकना
१३९	अ०	**सन**	वर्ष
	सं०	**समा**	उप०
१४०	अ०	**सना**	चमकना
		सनाअ़	प्रकाश
	पु० अंग्रेज़ी	**सुन्नॅ**	सूर्य
	अंग्रेज़ी	**सन्**	उप०
	लैटिन	**सॉल्**	उप०
१४१	अ०	**सन्न**	तेज़ करना
		मिसन्न्	तेज करने का पत्थर
	सं०	**शो**	तेज़ करना
		शाण	तेज़ करने का पत्थर
१४२	अ०	**सन्दल्**	चन्दन
	अंग्रेज़ी	**सैन्डल्** (वुड्)	उप०
	सं०	**चन्दन**	

१४३	अ०	**सब्अ़**	सात
	हीब्रू	**शब**	उप०
	क़नानी (चौदहवीं सदी ई० पू०)	**शबद्**	उप०
	सं०	**सप्त**	
१४४	अ०	**सरअ़**	जल्दी करना
		सरिअ़	शीघ्र
		सरिब	बहना
		सराब	(बहता पानी); मरीचिका
		सर्र	जल बहुल
		सार	चलना
		सैर्	यात्रा
		साल	बहना
		सैल्	बहिया
	सं०	**सरिर**	उप०
		सर	प्रवाह
		सृ	बहना
		सल्	चलना
		सलिल	प्रवहमान
१४५	अ०	**सर्द**	ठंढ
		जलद	ठंढ से जमना; बरफ़ से ढँक जाना
		सलज	बरफ गिरी थी
	त०	**चळि**	ठंढ
१४६	अ०	**सलिम**	सकुशल होना
		सलाम	कुशल; शान्ति
	लैटिन	**सलूस्**	सकुशल
१४७	अ०	**सल्सल**	श्रृंखलाबद्ध होना
		सिल्सिल	श्रृंखला
	लैटिन	**सॅरिअ़ॅस्**	उप०
	कन्नड़	**सरपणि**	उप०
	सं०	**श्रृंखला**	
१४८	अ०	**साअ़ात्**	समय (बहुवचन)
	जर्मन	**त्साइट्**	समय
	हिन्दी	**साइत**	मुहूर्त

१४६	अ०	**सास**	शासन करना
	सं०	**शास्**	उप०
१५०	अ०	**सित्त**	छह
		अस् सात्त्	छठा
	सं०	**षष्ठ**	छठा
१५१	अ०	**सिफ़्र्**	शून्य
	अंग्रेज़ी	**साइफ़र्**	उप०
१५२	अ०	**सिम**	चिह्न
	ग्रीक	**सेम**	उप०
१५३	अ०	**सुक्कर्**	शक्कर
	अंग्रेज़ी	**शुगर्**	उप०
	सं०	**शर्करा**	उप०
१५४	अ०	**सुफ़्**	पीला
	अंग्रेज़ी	**सैफ़्न्**	उप०
१५५	अ०	**सौर्**	बैल
	ग्रीक	**तउरॉस्**	उप०
१५६	अ०	**शअ़्र्**	बाल
	रूसी	**शॉस्त्**	उप०; ऊन
१५७	अ०	**शअ़्ल**	जलना
		शुअ़्ल	आग
	सं०	**ज्वल्**	जलना
१५८	अ०	**शरिब**	पीना
		शराब	पेय; मदिरा
	लैटिन	**सॉर्बेओ**	पी डालना
१५६	अ०	**शाह् मात्**	शतरंज में हराना
	अंग्रेज़ी	**चेक्मेट्**	उप०
	फ़ारसी	**शाह्**	राजा
१६०	अ०	**शिता**	जाड़ा
	सं०	**शीत**	उप०
१६१	अ०	**शिरा**	एक नक्षत्र जिसका संबंध गर्मी पड़ने से है
	ग्रीक	**सेइरिओस्**	उप०
		सेइरॉस्	गरम
१६२	हीब्रू	**शुआल**	शृगाल
	अ०	**सुआल**	उप०
	सं०	शृगाल	

१६३	अ०	**शुक्र्**	गौरवर्ण; लालिमा
	सं०	**शुक्र**	प्रकाशमान
	फ़ारसी	**सुर्ख़**	लाल
१६४	अ०	**हरस**	खेत जोतना
		हारिस्	हलवाहा
		अरस	खेत जोतना
		अरीस्	किसान
	ग्रीक	**अरॉओ**	खेत जोतना
		अलॉस्	जोती हुई भूमि
१६५	अ०	**हरक़**	जलना
		हरक़्	आग
		हरार	गर्मी
		हर्र	गरम होना
		हर्व	जलता हुआ
	सं०	**हर**	आग
		हरस्	उप०; लपट
१६६	अ०	**हर्ब्**	लड़ाई
	त०	**पोर्**	उप०
	रूसी	**बॉर्ब**	उप०
१६७	अ०	**हरब**	भागना
		हरब्	भगदड़
	त०	**परि**	भागना
१६८	अ०	**हलब**	दूध दुहना
		हलब्	दूध
	कन्नड़	**पाल्, हाल्**	दूध
१६९	अ०	**हल्ल**	चमकना
	ग्रीक	**हेलिऑस्**	सूर्य
	(दोरिक)	**हलिऑस्**	उप०
१७०	अ०	**हाल**	प्रभामंडल
	ग्रीक	**हलोस्**	उप०
	अंग्रेज़ी	**हेलो**	उप०
१७१	अ०	**हय्य**	सांप
		हाविन्	सँपेरा
	कन्नड़	**पावु, हावु**	सांप
	तुलु	**हावु**	उप०
१७२	अ०	**हुर्**	अभिजात; भद्र
	जर्मन	**हॅर्**	उप०
१७३	अ०	**हूर्**	अप्सरा
	जर्मन	**हूरे**	वेश्या
	अंग्रेज़ी	**होर्**	उप०

शब्दसूची-७

(हाथ, श्रम, लेनदेन आदि से संबंधित द्रविड़-इंडोयूरोपियन शब्दावली)

[इस खंड के छठे अध्याय में हाथ और श्रम के बारे में जो बातें कही गई हैं, उनसे संबंधित यहाँ द्रविड़-इंडोयूरोपियन भाषाओं से कुछ चुने हुए शब्द दिये गये हैं। यहाँ अर्थ-प्रसार की एक व्यापक प्रक्रिया दिखाई देगी। साथ ही पहली शब्दसूची में ध्वनि-परिवर्तन की जो रीतियाँ सामने आती हैं, उनकी आवृत्ति यहाँ भी है।]

(क) घर्

१ घर्→घर्त>घट

सं०	**घट्**	बनाना
	घटित	नियोजित
प्राकृत	**घड**	बनाना; परिश्रम करना
	घडण	निर्माण
	घडिअ	निर्मित
मराठी	**घडण**	कारीगरी; रूप
	घडणें	बनाना
	घडींव	दोनों हाथों के बीच बनाई वस्तु जैसे रोटी

२ घर्→घर्प>घप्प

प्राकृत	**घेप्पइ**	ग्रहण करता है

३ घर्>घय्/घव्

मराठी	**घेणें**	ग्रहण करना
	घेणेकरी	महाजन
	घेणेंदेणें	लेनदेन
	घेवदेव	व्यापार
	घेवारी	लघु विक्रेता

(ख) गर्

१

नेपाली	**गर**	करना
फ़ारसी	**-गर (कारीगर)**	करने वाला
ग्रीक	**गेरस्**	दी हुई वस्तु
सं०	**गर्ध**	लोभ
	गृध्	पाने की इच्छा करना
	गृभ्	पकड़ना
	ग्रह्	उप०
	गृभित	पकड़ा हुआ
	गृहीत	उप०
फ़ारसी	**गिरिफ़्तन्**	पकड़ना
	गिरिफ़्तारी	
अंग्रेज़ी	**ग्रैब्**	उप०
	ग्रास्प्	उप०

२ गर्→गर्ध>गध

सं०	**गध्य**	लूट का माल

३ गढ<घट

हिन्दी	**गढ़ना**	बनाना

४ **गर्→गर्भ>गभ**

जर्मन	**गबॅ**	दी हुई वस्तु
	गॅबॅन्	देना
अंग्रेज़ी	**गिव्**	उप०
जर्मन	**बॅगेबॅन्**	बेचना

५ **गर्>गय्**

कन्नड़	**गॅय्**	करना
	गॅयमॅ	कार्य
तुलु	**गइपिनि**	करना
	गॅयिपिनि	उप०
कुइ	**गिव**	करना; कार्य

६ **गर्→गर्त>गत**

अंग्रेज़ी	**गॅट्**	प्राप्त करना

(ग) कर्

१ सं०	**कर**	हाथ; कर्ता; कार्य
	कार	कर्ता; कार्य
	कारक	निर्माण; कार्य
	कारण	
	कर	टैक्स
	कार	उप०
	कारु	निर्माता; शिल्पी; शिल्प
	करोति	करता है
	कर्म	
	कार्य	
	कृति	
	कृत्रिम	
	कृत्य	
	कल्	करना
	कलन	व्यवहार
	कला	शिल्प
	कला	ब्याज
	क्रिया	
	कल्प	व्यावहारिक; कार्यविधि
	कल्पित	निर्मित
	कल्पना	निर्माण; कार्य; मूर्ति
	कल्प	चतुर; कुशल
कोलमि	**कल्**	करना
कुवि	**कल्ग्**	पाना
कन्नड़	**कॅलस**	काम; व्यापार
त०	**कल्**	सीखना
	कलइ	शिल्प; ज्ञान
	कल्वि	व्यवहार; शिक्षा; विज्ञान
	कर्कइ	ज्ञान
कोत	**कल्य्व्**	कौशल
त०	**कॉळ्**	पकड़ना; पाना; खरीदना; सीखना; सोचना
	कॉळ्ळइ	लूट
	कॉळ्वोन्	ग्राहक
तेलुगु	**कॉलुवु**	सेवा कार्य

(तुलनीय तुर्की **कुल्** दास और अखिल भारतीय **कुली**)

त०	**कूलि**	पगार; मज़दूरी
	कूलिक्कारन्	कुली; मज़दूर
सं०	**क्री**	खरीदना
	क्रीत	खरीदा हुआ
	विक्री	बेचना; खरीदना और बेचना; व्यापार करना
हिन्दी	**बिक्री**	
	बिकाऊ	
	बेचना	
प्राकृत	**विकिण,**	
	विक्किण	बेचना
हिन्दी	**किराना**	पसारी के यहाँ मिलनेवाला सामान
फ़ारसी	**ख़रीद** (<**क्रीत**)	खरीदा हुआ

२ **कर्→कर्त>कत/कट**

त०	**कट्टु**	अदा करना
तोद	**कॉट्**	उप०
कन्नड़	**कडगु**	प्रयत्न करना
त०	**कडम्**	ऋण; कर्तव्य
	कडमइ	टैक्स; कर्तव्य

तोद कॉड़्न् ऋण
त० कॉंडु देना
कॉडइमइ उदारता
तोद क्वड़् जुर्माना
तुलु कॉंपिनि देना
कुड़ुख कुड़्पी बख्शीश
कुइ कॉड लेना; खरीदना
कुवि कोदलि उप०

३ कर्→कर्प>कप्प/कप

कन्नड़ कप्प टैक्स
लैटिन कप्तो पकड़ना

४ कर्>कॅन्

गद्‌ब कन् करना
ब्राहूइ कॉन्निग् उप०
तुलु कॉणुनि लेना; पकड़ना
तेलुगु कॉनु लेना; खरीदना
लूटना
बँगला केना खरीदना
सं० काण्ड विभाग
हिन्दी -कंडा (हथकंडा)
कौशल का नाम
कुड़ुख खेन्दना (<केन्)
खरीदना

५ कन्>चन्

प्राकृत चुण्णाश्रा कला; विज्ञान
चुण्णासी दासी

६ कर्>कय्/कव्

त० कइ हाथ
कन्नड़ कय्, कयि, कॅय् उप०
तोद कॉय् उप०
त० कइ अलंकरण
कन्नड़ कॅय, कइ करना
सं० केयूर कंगन
जर्मन कउफ़ॅन् खरीदना

७ कर्>कस्

कोलमि कॉस् लेना; ले जाना
कॉसि लेना और देना
नइकि कॉस् लेना

८ कय्>चय्

प्राकृत चेत्र करना
त० चॅय् उप०

(घ) घर्>खर्

१ ग्रीक खॅइर् हाथ
प्राकृत खरिश्रा दासी
खोट्टी (<*खॉर्त) उप०

२ खर्>खन्

ग्रीक खन्दानो पकड़ना

(ङ) घर्>सर्/शर्

१ सं० श्रम मेहनत; थकान
क्लम (<श्रम) थकान
कन्नड़ साल ऋण

२ सर्>सन्

सं० सन् प्राप्त करना
सन लाभ
शम् श्रम करना;
थकना
शमी परिश्रम

(च) धर्

१ हिन्दी धरना पकड़ना
धर (धरपकड़)
सं० धृ उप०

२ धर्>धा/धी

सं० धा बनाना; पकड़ना;
पास रखना; देना
धायु दान करने में
उदार
धि पकड़ना; पात्र
धित रखा हुआ
धितावन् दान करने में
उदार
हित (<धित)
रखा हुआ; लाभकारी

३ धर्>धन्

हिन्दी धन्धा कर्म
सं० धन लूट का माल;
संपत्ति

४ घर्>घस्

सं०	**-घस्**	देना; रखना
	वयोघस्	शक्ति देने वाला; शक्तिशाली

५ घस्>घह्

प्राकृत	**धुहअ**	पहले किया हुआ

६ घर्>घव्

पश्चिमी पंजाबी	**ढेवणी**	देनी

७ घर्>हर्

सं०	**हरति**	लेता है; ले जाता है
ग्रीक	**हर्पज़ो**	हरण करना; पकड़ना
	हर्पक्स्	लूट

८ हर्>हस्

सं०	**हस्त**	हाथ
हिन्दी	**हाथ**	
	हथिआना	

९ हर्/हस्>हन्

पु० जर्मन	**हंडुस्**	हाथ
	हंडुग्स्	बुद्धिमान

("**हंडुस्** 'हाथ' से, यद्यपि यह नितान्त संभव है कि दोनों शब्द ऐतिहासिक रूप से संबद्ध न हों, लोकप्रचलित व्युत्पत्ति ने उन्हें संबद्ध कर दिया हो"—**आगमन**, खंड २, पृ० २५६। किन्तु इससे आगे देखें **दक्ष** और **पण्डित**; लोकप्रचलित व्युत्पत्ति सही है।)

जर्मन	**हान्ड्**	हाथ
	हान्डॅल्	व्यापार
	हैन्ड्लर्	व्यापारी
	हान्डॅलन्	काम करना
	हान्ड्लुंग्	कार्य
	हान्ड्वॅर्क्	दस्तकारी
अंग्रेज़ी	**हैन्ड्**	हाथ
	हैन्डीक्राफ़्ट्	दस्तकारी
	हैन्ड्ल्	हाथ से छूना; व्यवहार करना

(छ) दर्

१

ग्रीक	**द्रओ**	करना
	द्रस्सॉमइ	हाथ से पकड़ना
रूसी	**दरीत्**	देना
	दार्	दी हुई वस्तु
लिथुआनियन	**दर्बस्**	कर्म; श्रम
ग्रीक	**दोरॅओ**	देना
	दोरॉन्	दी हुई वस्तु
रूसी	**देलात्**	करना
	देलो	कार्य
प्राकृत	**दल**	देना
	दलय	दिलाना
	दलाव	उप०
वेल्श	**दॅलु**	आकृति; मूर्ति

२ दर्>दा/दे/दो

सं०	**दा**	देना
	देय	देने योग्य
हिन्दी	**देना**	
लैटिन	**दो**	देना
	दोनो	उप०
अंग्रेज़ी	**डू**	करना
	डीड्	कार्य

३ दर्→दर्त>दत

लैटिन	**दतो**	दे डालना
	दतॉर्	दाता
	दतुस्	दान क्रिया
सं०	**दित्सा**	देने की इच्छा

४ दर्>दस्

प्राकृत	**दोस**	हाथ
ग्रीक	**दॉसिस्**	दी हुई वस्तु
अंग्रेज़ी	**डोज़्**	एक बार दी जाने वाली दवा
फ़ारसी	**दस्त**	हाथ
सं०	**दस्म**	आश्चर्यजनक कर्म
	दस्र	उप०
	दास	(मूल अर्थ कर्म कुशल)
	दस्यु	उप०
प्राकृत	**दत्थर** (<*दस्तर)	हाथ का वस्त्र

५ दस्→दक्त>दक्स

सं०	दक्ष	कुशल
	दक्षिण	उप०; दाहिना; दक्षिण दिशा
ग्रीक	दॅक्सिअ	दाहिना हाथ
	दॅक्सिऑस्	दाहिनी ओर; शुभ
	दॅक्सिस्तेस्	कौशल
लैटिन	दॅक्सतॅर्	दाहिनी ओर; कुशल
ग्रीक	दॅक्तेस्	पानेवाला; भिखारी
	दॅक्तॉस्	प्राप्य
	दॅक्सॉमइ	लेना

६ दस्>दह्

वेल्श	दॅहॅउइग्	कुशल
	दॅहॅउलउ	दाहिना हाथ
	दॅहॅउबर्थ्	दक्षिण दिशा
	दॅअउ	उप०; दाहिनी

७ दस्>दच्

रूसी	दाच	देने की क्रिया
	ज-दाच	कर्तव्य

८ दर्→दर्भ>दभ>लभ/रभ

सं०	रभ्	पकड़ना; शीघ्रता में काम करना; बहुत चाहना
	लभ्	पकड़ना; लेना; पाना

९ लभ्/रभ्>लब्/रब्

रूसी	रबॉत	काम
	रबॉतात्	काम करना
	रबॉतिनक्	श्रमिक
	राब्स्त्वॉ	दासता
मराठी	राबड़	श्रम
हिन्दी (अवधी)	रबर	व्यर्थ का श्रम
लैटिन	रपिओ	पकड़ना; हरण करना
	रपीन	लूट
जर्मन	अर्बाइट्	श्रम
	अर्बाइटॅन्	काम करना
	अर्बाइटॅर्	श्रमिक
लैटिन	लबॉर्	श्रम
	लबोरो	श्रम करना
अंग्रेज़ी	लेबर्	श्रम; श्रम करना

१० लब्/रब्>लम्/रम्

पु० आइरिश	लम्	हाथ
लिथुआनियन	रंक	हाथ
	रॅङ्कु	मैं बटोरता हूँ
पु० स्लाव	रक (<रङ्कु)	हाथ
रूसी	रुक	उप०

(ज) तर्

१ त० तरु देना

कन्नड़	तर्	उप०
तोद	तोर्	उप०
तेलुगु	तेर्, तेच्चु	पाना; बनाना
त०	तिरइ	टैक्स
रूसी	तॉर्ग्	भाव तोल करना; बाज़ार
	तार्गॉवात्	बेचना; व्यापार करना
	तॉर्गॉवल्य	व्यापार
	तॉर्गॉवॅत्स्	व्यापारी
त०	तॉल्लइ	परिश्रम; कष्ट
	तॉऴिल्	काम; कारीगरी
	तॉऴुक्कन्	दास
	तॉऴुम्बु	दासता
	तॉत्तन्, तॉत्तु (<*तॉऴ्त)	दास
	तॉण्डु (<*तॉऴ्डु)	दासता
अंग्रेज़ी	ट्रेड्	पेशा; व्यापार

२ तर्→तर्क>तक

अंग्रेज़ी	टेक्	हाथ से पकड़ना; प्राप्त करना
पु० अंग्रेज़ी	टकन्	उप०

३ तर्→तर्त>तत

जर्मन	टाट्	कार्य
	टैटॅर्	कर्ता

४ तर्>तन्

प्राकृत	तमणि	हाथ
जर्मन	टुन्	करना
	गॅ-टन्	किया
त०	तण्डि	मेहनत करना
मलयालम	तण्ड	बाहु
त०	तण्डु	वसूलना
	तण्डम्	टैक्स
मलयालम	तॅण्डुग	प्राप्त करना

५ तर्>तश्→तक्त>तक्ष

ग्रीक	तॅक्तॉन्	कारीगर; बढ़ई
सं०	तक्षन्	बढ़ई
ग्रीक	तॅख्ने	कला; कौशल
अंग्रेज़ी	टॅक्नीक्	कौशल

(झ) थर्>थस्>थस्

१ ग्रीक	थेस्	दास; बँधुआ
	थेस्स	श्रमिक नारी
(अत्तिक)	थेत्त	उप०

(ञ) भर्

सं०	भरित्र	बाहु
प्राकृत	भरण	वस्त्र में बेलबूटे बनाना

(ट) बर्

१ जर्मन	बॉर्गॅन्	उधार लेना
अंग्रेज़ी	बौरो	उप०
कन्नड़	बिलि	बेचना
तुलु	बॅलॅ	मूल्य
सिन्धी	बेली	सेवक

२ बर्>बन्

हिन्दी	बनाना	
तुलु	बॅन्पिनि	श्रम करना
हिन्दी	बनिहार	दास
सिन्धी	बान्ही	उप०

३ बर्>बश्→बख्त>बख़्त>बख़्श

फ़ारसी	बख़्त	सौभाग्य; समृद्धि
	बख़्शीदन्, बख़्शादन्	देना
	बख़्शिश्	बखशीश

४ बर्>बव्

जर्मन	बउअॅन्	बनाना

(ठ) पर्

१ ग्रीक	पॉरो	देना
	पलमे	हाथ; हथेली; हुनर का काम
	प्रास्सो	काम करना
	प्राक्सिस्	कर्म

२ पर्→पर्त>पत/पट

कोत	पत्	पकड़ना
कन्नड़	पट्टु	उप०
पर्जि	पत्त्	पकड़ना; खरीदना
त०	पर्रु	पकड़ना; पाना
सं०	पटु	कुशल
त०	पडु	करना, बनाना
	पडइ	बनाना; पाना
कोत	पड्	काम
कन्नड़	पडु	पकड़ना; पाना

३ पर्→पर्ध>पध

सिन्धी	पोढ़िओ	श्रम

४ पर्>पन्

सं०	पाणि	हाथ
त०	पण्	काम; सेवा; अलंकरण; धन्धा
	पणि	कार्य
	पणिक्कन्	बढ़ई
	पण्णु	बनाना
तेलुगु	पनि	श्रम
	पन्नु	नयी चीज़ बनाना
ग्रीक	पॉनॅओ	श्रम करना
	पॉनॉस्	कठिन परिश्रम
	पॅनेस्	प्रतिदिन के श्रम पर जीविका के लिए निर्भर; निर्धन
	पॅनॅस्तेस्	श्रमिक; सेवक
लैटिन	पोनो	बनाना
पर्जि	पण्ड्प्	करना; बनाना
गद्ब	पण्ड्	कर सकने योग्य होना

सं० **पण्डित** ज्ञानी
पण् सौदा करना
पण मूल्य; संपत्ति; व्यापार
पणन क्रय-विक्रय
पणस पण्य वस्तु
पणि भावतोल करनेवाला; बाज़ार
पण्य व्यापार-वस्तु
प्राकृत **पंग** ग्रहण करना
सं० **नि-पुण** कुशल

५ **पर्>पव्**
ग्रीक **पॉइअॅओ** बनाना
पॉइएतेस् निर्माता
हिन्दी (अवधी) **पवबु** दोनों हाथों से रोटी जैसी चीज़ बनाना

६ **पर्>पस्**
प्राकृत **पेसण** कार्य
फ़ारसी **पेशा** धन्धा
लैटिन **ऑपुस्** श्रम; कृति

(ड) **भर्>फर्**
१ लैटिन **फ़ॉर्मो** बनाना
फ्रान्सीसी **फ़ॅअर** करना
२ **फर्→फर्क>फक**
लैटिन **फ़किओ** करना; बनाना

(ढ) **पर्>मर्**
१ ग्रीक **मरे** हाथ
लैटिन **मॅर्कॅस्** भाड़ा; पगार
मॅर्कॉर् व्यापार करना
अंग्रेज़ी **मर्चॅन्ट्** व्यापारी
मार्कॅट् बाज़ार
तुलु **मळ्पुनि** करना; बनाना
तेलुगु **मलुचु** बनाना
२ **मर्>मर्त>मत**
कन्नड़ **माडु** करना; बनाना
अंग्रेज़ी **मेड** बनाया

३ **मर्→मर्क>मक**
जर्मन **माख़ॅन्** बनाना
अंग्रेज़ी **मेक्** उप०

४ **मर्>मन्**
त० **मण्णु** करना; बनाना
मनइ बनाना
मलयालम **मनयुग** गढ़ना
मिन कर्म
लैटिन **मनुस्** हाथ
रूसी **मॅन** विनिमय
मॅन्याल सराफ
मॅन्यात् बदलना
हिन्दी **मंडी**

५ **मर्>मस्**
ग्रीक **मस्सो** हाथ से काम करना; छूना

(ण) **पर्>वर्**
१ सं० **वर्धक** बढ़ई
फ़ारसी **वर्ज़िश्** मेहनत
पु० जर्मन (गौथिक) **वउर्क्य** काम
जर्मन **वॅर्क्** उप०
अंग्रेज़ी **वर्क्** उप०
ग्रीक **ऑर्गो** काम करना
ऑर्दो उप०
अर्गॉन् धन्धा
त० **वेलइ** काम; कारीगरी
वेलइक्कारन् श्रमिक
मलयालम **वेल** श्रम

२ **वर्>वन्**
कश्मीरी **वान्** (यथा **गान्वान्** वेश्याओं का बाज़ार); बाज़ार
त० **विनइ** काम
विनइनर् श्रमिक
मलयालम **विन** कर्म
लैटिन **वॅन्दो** बेचना
वेनालिस् बिकाऊ

शब्दसूची-८

(र् ध्वनि के स्, न् में बदलने के लिए द्रविड़-इंडोयूरोपियन उदाहरण)

[**र्** ध्वनि का **स्** में परिवर्तन उत्तरपश्चिमी भारतीय भाषाक्षेत्र का विशिष्ट ध्वनि-परिवर्तन है। वह आर्य-द्रविड़ भाषाओं में घटित होता है और द्रविड़-इंडोयूरोपियन परिवारों के मूल शब्दभण्डार के अनेक तत्वों का विकास समझने में सहायक है। मूल **र्** ध्वनि तमिल, संस्कृत आदि आर्य द्रविड़ भाषाओं के अतिरिक्त नाग-कोल भाषाओं के प्रतिरूपों में, तथा आर्येतर इंडोयूरोपियन भाषाओं के प्रतिरूपों में भी मिलती है। इंडोयूरोपियन परिवार के प्रत्येक भाषासमुदाय के विकास की जटिलता इस बात से समझी जा सकती है कि तमिल **पार्** (देखना), लैटिन **पारॅओ** (दिखाई देना) में **र्** ध्वनि बनी हुई है किन्तु संस्कृत **पश्यति** और **स्पष्ट** का **श्, ष्** पुनः **क्** में रूपान्तरित होता है और लैटिन में **पारॅओ** के साथ **स्पॅक्तो** (देखना) भी प्रतिष्ठित हो जाता है। **र** और **स्** ध्वनियाँ **न्** में भी बदलती हैं। यहाँ मुख्यतः द्रविड़-इंडोयूरोपियन भाषाओं से इस प्रक्रिया के कुछ उदाहरण दिये जाते हैं।]

१	ग्रीक	**अरिथ्मॉस्**	संख्या
	संथाली	**इरल्**	आठ
	त०	**ऍण्**	गिनना
	कन्नड़	**ऍण्डु**	आठ
	सं०	**अष्ट**	उप०
	ग्रीक	**ऑक्तो**	उप०
२	कोलमि	**ऍर्**	होना
	त०	**इरु**	होना; रहना; बैठना
	तोद	**इर्**	रहना; बैठना
		इष्त्	बिठाना
		इष्क्	निवास
	ग्रीक	**ऍस्-मॅन्**	हम हैं
		ऍस्-तॅ	तुम हो
	सं०	**अस्ति**	वह है
	लैटिन	**ऍर्-इत्**	वह होगा
		ऍस्-त्	वह है
	गद्ब	**ऍर्**	होना
		ऍन्	उप०
	कन्नड़	**इम्बु**	निवास स्थान
	अंग्रेज़ी	**आर्**	हैं
		इज्	है
३	त०	**उरु**	जलना
	ब्राहूइ	**हुशिग्**	जलाना
	सं०	**उष्**	उप०
४	त०	**करल्**	ईंधन
	सं०	**कर**	किरण
		काष्ठ	लकड़ी; (ईंधन)

		काश्	चमकना
	त०	कनल्	जलाना; आग
	सं०	कन्	चमकना
		कनक	सोना
		कश्मीर	प्रदेश विशेष; (गौर वर्ण के लोगों की निवास-भूमि)
	प्राकृत	कम्भार	कश्मीर
	सं०	कम्बोज	गण विशेष; प्रदेश विशेष; (गौर अथवा पीतवर्ण के जन, उनकी निवासभूमि)
	लैटिन	कमीनो	भट्टी
५	सं०	गर्त	रथ
	फ़ारसी	गर्दीदन्	घूमना
		गश्तन्	उप०
	सं०	गम्	जाना
		गन्त्री	गाड़ी
६	सं०	श्रम <*शर्	काम करना; थकना
		शम्	उप०
७	हिन्दी	धरना	पकड़ना
	सं०	धृ	उप०
		हस्त (<*धस्त)	हाथ
	फ़ारसी	दस्त	उप०
	लिथुआनियन	दर्बस्	कर्म
	ग्रीक	द्रओ	करना
	रूसी	दरीत्	देना
	प्राकृत	दोस	हाथ
	ग्रीक	दॉसिस्	दी हुई वस्तु
	त०	तरु	देना
	सं०	दास	(श्रमिक)
	जर्मन	गॅ-टन्	किया
	हिन्दी	धन्धा	
८	आओ	तॅर्	दस
	सं०	दश	
	ग्रीक	दॅक	दस
९	सं०	पर	उच्च
		परम	उच्चतम
	त०	परम्बु	पर्वत
	सं०	पाषाण	
	पश्तो	पश्तो, पश्तू	(पहाड़ी जनों की भाषा)
		पख़्तून्	पठान
	हिन्दी	पठान	
		पठार	
	सं०	पक्थ	गणविशेष; (पठान)
	पशइ	पशइ	(पहाड़ी जनों की भाषा)
१०	त०	पार्	देखना
	लैटिन	पारॅओ (परॅओ)	दिखाई देना
	सं०	पश्यति	देखता है
		स्पष्ट	
	लैटिन	स्पॅक्तो	देखना
	मराठी	पाहणें (<पास्)	उप०
	फ़ारसी	पास्बान्	चौकीदार
११	ग्रीक	पॉरु	देना
	त०	पत्तु, पद्दु (<*पश्तु)	दस
		-पान्	उप०
		(इरु-बान्)	(दो दस); बीस
		पण्णु	बनाना
	सं०	पाणि	हाथ
१२	हिन्दी (अवधी)	बारु	बाल
	कन्नड़	बाल	पूँछ; लंबे बाल
	सं०	वार	पूँछ के बाल
	ग्रीक	ऑउर	पूँछ
	त०	वाल्	उप०
	तोद	पोष्म	उप०
	फ़ारसी	पश्म	बाल; ऊन
१३	त०	वर	सूखना
	कुइ	वस	उप०
	सं०	वस्	चमकना
	लैटिन	वेर्	वसन्त
	रूसी	वॅस्न	उप०
	सं०	वसन्त	